U1021157

21 世纪法学系列教材参考资料

国际经济法学资料新编

上册

◎主 编 陈 安 房 东
◎撰稿人 陈 安 房 东 程红星 王中美

LAW

北京大学出版社
PEKING UNIVERSITY PRESS

图书在版编目(CIP)数据

国际经济法学资料新编/陈安,房东主编. —北京:北京大学出版社,2008.1
(21世纪法学系列教材参考资料)
ISBN 978-7-301-13227-2

Ⅰ.国…　Ⅱ.①陈…②房…　Ⅲ.国际经济法学-高等学校-教学参考资料
Ⅳ.D996

中国版本图书馆CIP数据核字(2007)第192062号

书　　名:国际经济法学资料新编
著作责任者:陈安　房东　主编
责 任 编 辑:李铎
标 准 书 号:ISBN 978-7-301-13227-2/D·1941
出 版 发 行:北京大学出版社
地　　址:北京市海淀区成府路205号　100871
网　　址:http://www.pup.cn
电　　话:邮购部 62752015　发行部 62750672　编辑部 62752027　出版部 62754962
电 子 邮 箱:law@pup.pku.edu.cn
印　刷　者:北京宏伟双华印刷有限公司
经　销　者:新华书店
730毫米×980毫米　16开本　97.25印张　2361千字
2008年1月第1版　2008年1月第1次印刷
定　　价:150.00元(上下全二册)

出版说明

《国际经济法学资料新编》是由中国国际经济法学会会长、厦门大学法学院陈安教授主持编纂的综合性参考资料读物。如所周知，国际经济法是新兴的、多门类、跨学科的边缘性和综合性法律部门，它所涉及的资料范围广泛，数量繁多，形式各异。目前的国内法学著作在论述时对有关资料多有引据或转述，但一般读者难以查索对照原始资料的全文或全译。为适应社会急需，本书特在较大范围内较为系统地择要选编有关的国际公约、国际惯例和其他国际性的法律文件，以便读者掌握第一手资料，联系实际，扩大探索，加深理解。全书共约200余万字，分为上、下两册。

本书由陈安、房东、程红星、王中美负责选编。在分类体例上，参照陈安教授主编的《国际经济法学》（第四版）（北京大学出版社2007年版），相应地分为十个部分，即国际经济法总论、国际贸易法、国际知识产权保护与技术转让法、国际投资法、国际货币金融法、国际税法、国际海事法、国际经济组织法、国际经济争端解决法以及世界贸易组织（WTO）争端解决成案汇编十个部分。

WTO/DSB成立并正式运作已经十余年，其已经终局裁断的各类成案具有重大的参考价值。但各案文档繁篇浩帙，普遍查索和广泛通读，颇为不易。有鉴于此，特将WTO官方网站发布的“WTO争端解决案件最新概览”（Update of WTO Dispute Settlement Cases）中“专家组和上诉机构成案简介”（Completed Panel and Appellate Body Review）部分的内容译成中文，收辑为本书第十编，便于读者通过浏览，初步了解迄今WTO争端解决机构已经审结的各案的基本案情及审理概况。在此基础上，读者可根据各自的实际需要和阅读能力，“按图索骥”，进一步查阅相关案件的专家组报告全文和上诉机构报告全文。

本书收辑的资料，主要取自国内公开出版发行的书刊和互联网上若干政府和国际组织的官方网站，并在篇末逐一注明了资料来源。对于所辑资料的原译者、原出版社或原网站，我们谨此表示深切的谢意。

本书所收辑的各类法律文献、文件，有中文正式文本的，即以之为准；没有中文正式文本的，则大多采用国内较为通行的译本，编者仅对个别词句作了认为必要的改译，并在相关脚注“①、②……”中列明原文和原译，以便读者进一步对照和查核;也有少量文献由编者组织人员另行翻译。本书还收录了若干英文原文文献,供有阅读能力的读者参考。

由于编者水平所限,加之时间匆促,难免有错漏之处,期待读者及时指正,俾便日后再版时订正。

编　者

2007 年 11 月

目录 Contents

上册

第一编 国际经济法总论

第二编 国际贸易法

第三编 国际知识产权保护与技术转让法

第四编 国际投资法

第五编 国际货币金融法

第六编 国际税法

第七编 国际海事法

下 册

第八编 国际经济组织法

第九编　国际经济争端解决法

第十编 世界贸易组织(WTO)争端解决成案汇编

上　册

第一编

国际经济法总论

关于自然资源永久主权的决议(1962)
Resolution on Permanent Sovereignty over Natural Resources, 1962

(联合国大会第1803(XII)号决议,第17届联合国大会第1194次会议1962年12月14日通过)

联合国大会,

回顾了1952年1月12日通过的第523(VI)号大会决议以及1952年12月21日通过的第626(VII)号大会决议;

铭记1958年12月12日通过的第1314(VIII)号大会决议,根据此项决议,设立了"自然资源永久主权问题委员会",责成该委员会全面调查作为自决权基本构成要素的、有关自然财富和自然资源永久主权的状况,并在必要场合,提出建议,以加强此种主权;同时决定:在全面调查各民族和各部族对本族自然财富和自然资源永久主权的享有情况时,应当适当注意各国在国际法上的权利和义务,适当注意在发展中国家经济开发方面鼓励国际合作的重要性;

铭记1960年12月15日通过的第1515(XV)号大会决议,此项决议曾经提出建议:应当尊重各国处置本国财富和自然资源的独立自主权利;

认为在这个方面采取的任何措施,其基础必须是承认各国享有根据本国国家利益自由处置本国自然财富和自然资源的不可剥夺的权利;

认为下文第四款的规定,绝不损害任何联合国会员国在既得财产上对于继承国和继承政府享有权利和承担义务这一问题的任何方面的立场,这些财产是在某些国家过去处在殖民统治下尚未获得完整主权以前就已被他人取得的;

注意到有关国家和政府的继承问题,目前正在作为优先事项,由"国际法委员会"加以审议;

认为应当加强国际合作,以促进发展中国家的经济开发;发达国家与发展中国家之间签订的各种经济与财政协定,必须以平等原则以及各民族和各部族都享有自决权的原则作为基础;

认为提供经济和技术援助、贷与款项以及增加外国投资,都不得附加与接受国利益相抵触的各种条件;

认为互相交换可能促进开发和利用上述财富与资源的科技情报,可以获得各种效益;在这方面,联合国以及其他国际组织理应发挥重大作用;

特别重视有关促进发展中国家的经济开发以及保证这些国家经济独立的问题;

注意到建立和加强各国对本国自然财富和自然资源的不可剥夺的主权,能够增进各国的经济独立；

殷切希望联合国根据在经济开发方面、特别在发展中国家的经济开发方面实行国际合作的精神，进一步审议关于自然资源永久主权的问题；

一

大会宣布：

(1) 各民族和各部族对本族的自然财富和自然资源行使永久主权时，必须为各自国家的发展着想，为有关国家的人民的福利着想。

(2) 对这些资源进行勘探、开发和处置，以及为此目的而输入所需的外国资本时，都应当遵守各民族和各部族在准许、限制或禁止上述活动方面自行认为有必要或应具备的各种规则和各种条件。

(3) 上述活动如果获得批准，那末，输入的资本以及此项资本的收益应当受批准条件、现行的国内法以及国际法的管辖。所获得的利润必须按照投资人与接受国双方逐项自由议定的比例，加以分配；同时，应当认真注意确保该接受国对本国自然财富和自然资源的主权，绝对不受损害。

(4) 采取国有化、征收或征用措施，应当以公用事业、社会安全或国家利益等理由或原因作为根据，这些事业、安全或利益被公认为远较纯属国内外个人的利益或私家的利益重要得多。在此类场合，采取上述措施以行使其主权的国家应当按照本国现行法规以及国际法的规定，对业主给予适当的赔偿。在赔偿问题发生争执时，应当尽量提交采取上述措施国家的国内司法裁判。但主权国家及其他当事人如另有协议，则应通过仲裁或国际审判解决争端。

(5) 各国必须根据主权平等原则，互相尊重，以促进各民族和各部族自由地、有效地行使对本族自然资源的主权。

(6) 为促进发展中国家的经济开发而实行的国际合作，不论其方式是公私投资、交换货物、交换劳务、技术援助，或是交换科学情报，都应以促进这些国家的独立发展为目的，并且应以尊重这些国家对本国自然财富和自然资源的主权为基础。

(7) 侵犯各民族和各部族对本族自然财富和自然资源的各种自主权利，就是完全违背联合国宪章的精神和原则，阻碍国际合作的发展，妨碍和平的维持。

(8) 对主权国家相互间自由签订的外国投资协定，应当诚意遵守；各国以及各种国际组织均应依据联合国宪章以及本决议所规定的各项原则，严格地、诚心诚意地尊重各民族以及各部族对本族自然财富和自然资源的主权。

二

大会欢迎“国际法委员会”作出的决定；针对国家责任问题，加速编纂法典草案，以便提交联合国大会审议。

三

联合国各会员国鼓励在经济开发方面实行国际合作,同时殷切希望确保各国的独立自主权利。大会要求联合国秘书长注意考虑会员国的上述愿望,继续研究有关自然资源永久主权问题的各个方面,并向联合国经济及社会理事会提出报告,如果可能,也向联合国大会第18届会议提出报告。

(资料来源:陈安、刘智中编选:《国际经济法资料选编》,法律出版社1991年版,第1—4页。)

建立国际经济新秩序宣言(1974)
Declaration on the Establishment of a New International Economic Order, 1974

(联合国大会第3201(S—VI)号决议,由联合国大会第6届特别会议的特别委员会提出,编目:A/AC. 166/L. 50, 1974年5月1日联合国大会第2229次会议通过,无人反对。)

联合国全体大会

通过下列宣言:

建立国际经济新秩序宣言

我们联合国会员国,

召开了联合国大会特别会议,首次共同探讨原料和发展问题,专心致志地审议了世界共同体所面临的各项主要经济问题之后,

念念不忘联合国宪章中有关促进世界各国人民经济发展与社会进步的精神、宗旨和各项原则,

郑重宣告:我们一致下定决心,刻不容缓地开展工作,以建立一种新的国际经济秩序,这种秩序应当建立在一切国家待遇公平、主权平等、互相依存、共同受益以及协力合作的基础之上,而不问它们的经济制度和社会制度如何。这种新的国际经济秩序将矫正各种不平等现象以及现存的不正义,从而能够消除发达国家与发展中国家之间日益扩大的鸿沟,并切实保证当前这一代人以及子孙后代在和平正义中稳步加速经济和社会的发展。为此目的,兹宣布如下:

一、最近几十年来,最宏伟和最重要的成就,就在于一大批民族和国家摆脱了殖民统治和外国支配,纷纷取得独立,从而使它们得以跻身自由民族大家庭之列,成为其中成员。同时,最近三十年来,在经济活动的一切领域里也都取得了技术上的进步,这就为增进世界各国人民的福利康乐提供了可靠的潜在力量。但是,异族殖民统治的各种残余痕迹、外国占领、种族歧视、种族隔离以及形形色色的新殖民主义,都仍然是阻挠发展中国家以及一切有关民族获得彻底解放和全面进步的最大障碍。技术进步带来的各种好处,并没有为国际社会中的一切成员公平分享。发展中国家占世界总人口的百分之七十,却只享有世界总收入的百分之三十。事实已经证明:在现存的国际经济秩序之下,国际社会不可能获得公正合理和平衡稳定的发展的。发达国家与发展中国家之间的鸿沟正在这种体制下继续扩大,这种体制原先是在绝大多数发展中国家尚未作为独立国家存在之际建立起来的,而且它使不平等状况长久保持

下去。

二、现存的国际经济秩序同当前国际政治与经济关系的发展是直接冲突的。自从一九七〇年以来,世界经济经历了一系列重大的危机,这些危机产生了严重的影响,特别是对许多发展中国家产生了严重的影响,因为它们一般更容易受到外来经济冲击的损害。发展中世界已经成为一项强有力的因素,它们在国际活动的一切领域中都具有不容忽视的影响。世界力量对比业已发生不可逆转的变化,这些变化使得发展中国家有必要积极地、全面地、平等地参与制订和实施涉及整个国际社会的一切决策。

三、所有这些变化突出地显示了世界共同体一切成员彼此互相依存的客观现实。当前的各种事态都促使人们清楚地认识到:发达国家的利益同发展中国家的利益,彼此再也不能截然分开;发达国家的兴旺发达同发展中国家的成长进步是息息相关的;整个国际社会的繁荣昌盛取决于它的各个组成部分的繁荣昌盛。开展国际合作以共谋发展进步,是一切国家义不容辞的目标和共同的职责。因此当前这一代人以及子孙后代在政治、经济和社会方面的福利康乐,比以往任何时候都更加仰赖于国际社会的一切成员,在主权平等以及消除彼此间现有不平衡状态的基础上开展合作。

四、新的国际经济秩序应当建立在充分尊重下列各项原则的基础上:

(1) 各国主权一律平等,一切民族实行自决,不得使用武力夺取他国领土,维护各国领土完整,不干涉他国内政。

(2) 国际社会的全体成员国在公平的基础上,开展最广泛的合作,这就有可能消除世界上普遍存在的各种差距,保证大家都能享受繁荣。

(3) 为了一切国家的共同利益,所有国家都在平等的基础上充分地、切实有效地参与解决各种世界性的经济问题;铭记必须保证一切发展中国家都能够加速发展,尤其注意采取各种特殊措施,以有利于最不发达的、局处内陆或岛屿的发展中国家以及那些受到经济危机和自然灾害影响最严重的发展中国家,同时也不忽视其他发展中国家的利益。

(4) 每一个国家都有权采用自认为最切合本国发展需要的经济和社会制度,而不致因此遭受任何形式的歧视。

(5) 每一个国家对本国的自然资源以及一切经济活动拥有完整的、永久的主权。为了保卫这些资源,各国都有权采取适合本国情况的各种措施,对本国的资源及其开发事宜加以有效的控制,包括有权实行国有化或把所有权转移给本国国民。这种权利是国家享有完整的永久主权的一种体现。任何国家都不应遭受经济、政治或其他任何形式的胁迫,阻挠它自由地、充分地行使这一不容剥夺的权利。

(6) 一切遭受外国占领、异族殖民统治或种族隔离的国家、地区和民族,在它们所固有的自然资源以及其他一切资源受到盘剥榨取、严重损耗和毁损破坏时,有权要求物归原主并获得充分的赔偿。

(7) 接纳跨国公司从事经营活动的国家,根据它们所拥有的完整主权,可以采取各种有利于本国国民经济的措施来管制和监督这些跨国公司的活动。

(8) 发展中国家以及遭受殖民统治、种族主义统治和外国占领地区的各个民族,有权获得解放,并且对本国的各种自然资源和经济活动恢复有效的控制。

(9) 加强援助那些遭受异族殖民统治、外国占领、种族歧视或种族隔离的发展中国家、民族和地区;加强援助那些遭到经济、政治或其他各种形式的威胁,以及遭到形形色色新殖民主义压迫的发展中国家、民族和地区，有人力图迫使它们在行使主权权利时俯首屈服，并从它们那里攫取各种权益；加强援助那些对本国自然资源和经济活动已经建立或正在努力建立有效控制的发展中国家、民族和地区，它们的这些自然资源和经济活动过去一直受外国控制或现在仍然受外国控制。

(10) 在发展中国家出口的原料、初级产品、制成品和半制成品的价格同这些国家进口的原料、初级产品、制成品、资本货物和设备的价格之间，建立某种公平合理的关系，从而不断改善它们所不满的贸易条件，并且进一步发展世界经济。

(11) 整个国际社会进一步加强向发展中国家提供积极援助，而不附加任何政治条件或军事条件。

(12) 改革国际货币制度，保证这种制度的主要目标之一应当是促进发展中国家的发展进步，并且促使足够的实际资金源源流入这些国家。

(13) 改善天然原料的竞争地位，以应付各种合成代用品的竞争。

(14) 在开展国际经济合作的一切领域中，只要可行，就对发展中国家给予特惠的和非互惠的待遇。

(15) 创造各种有利条件，以便把财政资金转移到发展中国家。

(16) 使发展中国家具有获得现代科学技术成就的方便途径，并且按照适合其本国经济状况的方式和程序，促进有利于发展中国家的技术转让以及本国技术的创建事宜。

(17) 一切国家都必须制止浪费各种自然资源（包括各种食物产品）的现象。

(18) 发展中国家必须集中本国的一切资源，投入发展事业。

(19) 通过单独的和集体的行动，在经济、贸易、财政以及技术等方面加强各发展中国家之间的相互合作。这种合作主要是在给予特惠待遇的基础上开展的。

(20) 增强各种原料生产国联合组织在国际合作体制中所能发挥的作用；为了实现它们的目标，尤其应当协助促进整个世界经济的持续增长，并且加速各发展中国家的发展进步。

五、《联合国第二个十年发展规划的国际发展战略》业已获得一致通过，这是在公平合理的基础上促进国际经济合作的一个重大步骤。加速履行国际社会在这种战略体制中所承担的各种责任和义务，特别是那些涉及发展中国家迫切发展需要的各种责任和义务，将大大有助于实现《宣言》的宗旨和目的。

六、作为一个全球性的组织，联合国应当有能力全面地处理国际经济合作中的各种问题，并且公正平等地保障所有国家的利益。它在建立新的国际经济秩序过程中，必须发挥更大的作用。在这方面，《各国经济权利和义务宪章》将作出重大的贡献，而本《宣言》的发表势必使制订这部《宪章》的准备工作获得新的鼓舞力量。因此，我们号召联合国的所有成员国作出最大的努力，以确保本《宣言》得到贯彻执行，因为贯彻执行本宣言是主要的保证之一，它能创造更好的条件，使全世界各国人民都赢得一种符合人类尊严的生活。

七、这一份《建立国际经济新秩序宣言》，应当成为全世界各个民族、各个国家之间建立经济关系的最主要的基础之一。

（资料来源：陈安、刘智中编选：《国际经济法资料选编》，法律出版社 1991 年版，第 5—9 页。）

建立国际经济新秩序行动纲领(1974)
Programme of Action on the Establishment of a New International Economic Order, 1974

(联合国大会第3202(S—VI)号决议,由联合国大会第6届特别会议的特别委员会提出,编目:A/AC.166/L.51,特别委员会的报告人作了口头上的修订,1974年5月1日联合国大会第2229次会议未经投票表决即行通过。)

联合国大会
通过下列行动纲领:

建立国际经济新秩序行动纲领

目　录

引　言

1. 鉴于在发达国家和发展中国家的关系中长期存在着严重的经济不平衡状态,鉴于发展中国家的经济不平衡状态持续不断地恶化,因而有必要减轻这些国家面临的各种经济困难,国际社会必须采取各种紧急而又有效的措施来援助发展中国家,同时特别关照最不发达的、局处内陆或岛屿的发展中国家,以及那些遭受经济危机和自然灾害打击最为严重因而发展进程受到严重阻碍的发展中国家。

2. 为了确保《建立国际经济新秩序宣言》得到贯彻实行,就有必要在特定的时期中采取和执行一种具有空前规模和意义的行动纲领,并且在所有国家之间,特别是在发达国家和发展中国家之间,以维护尊严和主权平等原则为基础,实现最大限度的经济合作和互相谅解。

一、同贸易和发展有关的各种原料和初级产品的基本问题

(一)原料

应当作出一切努力:

(1) 通过行使对自然资源的永久主权,结束一切形式的外国占领、种族歧视、种族隔离、殖民主义和新殖民主义的异族统治和剥削。

(2) 采取各种措施,恢复、开发、发展、销售和分配各国的自然资源,特别是发展中国家的自然资源,借以造福于这些国家,促进这些国家集体的自力更生,加强互利的国际经济合作,从而加速发展中国家的发展进步。

(3) 促进各种原料生产国联合组织的活动,推进这些组织目标的实现,包括:安排联合销售,进行有秩序的商品贸易,增加发展中的原料生产国的出口收入,改善它们的贸易条件,促进对大家都有利的世界经济的持续增长。

(4) 在发展中国家出口的原料、初级产品、制成品和半制成品的价格同这些国家进口的原料、初级产品、食品、制成品、半制成品和资本设备的价格之间,逐步建立某种公平合理的关系;并且在发展中国家的出口货价格同它们来自发达国家的进口货价格之间,建立某种连带关系。

(5) 采取各种措施,扭转发展中国家几种农矿出口商品实际价格长期停滞或不断下降的趋势。尽管物价普遍上涨,上述趋势却使这些发展中国家的出口收入日益减少。

(6) 考虑到发展中国家的利益,采取各种措施来扩大天然产品的市场,缩小合成品的市场,并且充分利用天然产品在环境方面的优点。

(7) 采取各种措施,促进生产原料的发展中国家的原料加工业。

(二)粮食

应当作出一切努力:

(1) 在解决粮食问题的各种国际性尝试中,必须充分考虑到发展中国家的特殊问题,特别是在粮食短缺时期的特殊问题。

(2) 必须考虑到某些发展中国家拥有巨大的潜力:由于缺乏生产手段和开发财力,这些国家里有许多尚未开垦或开垦不足的土地,如果把这些土地加以开垦并切实利用,势必会大大有助于解决粮食危机。

(3) 有些发展中国家(特别是在非洲地区)出现了土地沙漠化、盐碱化、蝗虫灾害或其他类似的反常现象,严重损害了这些国家的农业生产能力。国际社会应当迅速采取具体措施制止这类现象蔓延,并且帮助受到这类现象影响的发展中国家去开发受灾地区,从而协助解决这些国家的粮食问题。

(4) 为了避免损害或破坏自然资源和食物资源,特别是来自海洋的自然资源和食物资

源,应当防止污染,并且采取适当措施,以保护和恢复这些资源。

(5) 发达国家在制订有关食品的生产、储备、进口和出口的各种政策时,应当充分考虑到:

A. 发展中的进口国的利益。它们对进口货无法支付高昂的价钱;

B. 发展中的出口国的利益。它们需要有更多的销售出口货的机会;

(6) 确保发展中国家能够进口必要数量的粮食,而又不致过度消耗它们的外汇储备,也不致使它们的收支平衡发生难以预料的恶化。在这方面,应保证采取各种特殊措施,照顾最不发达的、地处内陆或岛屿的发展中国家,以及那些受经济危机和自然灾害打击最严重的发展中国家。

(7) 保证采取各种具体措施,以增加发展中国家的粮食产量和储藏设备,为此,特别应当保证它们可以按照优惠条件从发达国家方面获得更多必不可少的进口物资,包括各种肥料在内。

(8) 通过公平合理的安排,特别是逐步取消诸如保护性措施之类的不正当竞争手段,以促进发展中国家食物产品的出口。

(三) 一般贸易

应当作出一切努力:

(1) 采取下列各种措施,改善发展中国家的贸易条件,并且采取具体步骤,消除发展中国家长期性的贸易逆差:

A. 履行在联合国贸易和发展会议上和《联合国第二个十年发展规划的国际发展战略》中所已经承担的各项有关义务;

B. 通过逐步消除各种关税壁垒和非关税壁垒,逐步消除各种限制性贸易措施,以改善进入发达国家市场的条件;

C. 在适当的情况下,迅速订立各种商品协议,以便根据需要调整和稳定原料和初级产品的世界市场;

D. 为发展中国家有出口利益的形形色色商品制定一项全面的、综合性的方案,定出指导方针,并考虑安排这方面的当前工作;

E. 在发展中国家的产品同发达国家的国内产品互相竞争的场合,每个发达国家都应当提供方便,以扩大来自发展中国家的进口,并且使发展中国家获得公平合理的机会,分享市场增长的实惠;

F. 在进口的发达国家对这些进口产品征收关税、捐税以及采取其他保护性措施因而增添了收入的时候,应当考虑发展中国家所提出的要求,将这些收入全数归还给实行出口的发展中国家,或专门用于提供额外的资源,以满足它们的各种发展需要;

G. 发达国家应当对本国经济进行适当调整,提供方便,以扩大从发展中国家进口的数量,从而实行合理、公正和公平的国际分工;

H. 为发展中国家出口商品的价格政策制订一套总的原则,以便进行调整,使它们获得令人满意的贸易条件;

I. 在所有的发展中国家都获得令人满意的贸易条件以前,应当考虑采取某些替代性的办法,其中包括经过改进的补偿性资助方案,以满足有关的发展中国家的各种发展需要;

J. 对于发展中国家向发达国家输出的农业性初级产品、制成品和半制成品,实行、改进和推广普遍性的优惠制度，并且考虑把这一制度进一步扩大施行于其他性质的商品，其中包括加工品和半加工品。由于实行了并且可能推广普遍性优惠制度，有些发展中国家在某些发达国家里所已经享有的关税优惠待遇，正在被其他国家分享或将被其他国家分享，因此，应当刻不容缓地使这些发展中国家获得进入其他发达国家市场的新的机会，而这些发达国家则必须向它们提供各种出口的机会，以便至少可以弥补它们那些被分享的利益；

K. 在商品安排的基本结构中，建立缓冲库存储备制度，并由国际金融机构提供资金（在必要的情况下，由发达国家提供资金；在可能的情况下，也由发展中国家提供资金），目的在于维护发展中的生产国和发展中的消费国的利益，并为扩大整个世界的贸易作出贡献；

L. 在天然原料能够满足市场需要的场合，就不应当进行新的投资，去扩大合成原料以及合成代用品的生产能力。

（2）在发达国家同发展中国家的各种多边贸易谈判中，必须奉行对发展中国家的非互惠的优惠原则；应当设法使发展中国家的国际贸易获得经常性的额外利益，从而使它们大量增加外汇收入，使它们的出口商品多样化，并加快它们经济增长的速度。

（四）运输和保险

应当作出一切努力：

（1）使发展中国家更改地和公平合理地参与分享世界船舶运输吨位。

（2）稳定和降低不断上涨的运输费用，从而降低发展中国家进口货物和出口货物的成本。

（3）使发展中国家支付的保险费和再保险费下降到最低限度，帮助发展中国家扩大国内的保险和再保险市场；为此目的，只要条件合适，便在这些国家内部或在区域一级建立各种机构。

（4）保证早日实施海洋班轮公会行动守则。

（5）采取紧急措施，增强最不发达国家的进出口能力，并弥补局处内陆或岛屿的发展中国家因不利地理条件而带来的各种损失，特别是弥补内陆国家所必须支付的运输费和过境费，从而增强它们的贸易能力。

（6）使发达国家克制自己，不采取强迫课税措施或各种限制性政策，以妨碍按照公平合理的价格从发展中国家进口商品；也不阻挠发展中国家采取各种提高价格、鼓励这些商品输出的正当措施和政策。

二、国际货币制度和对发展中国家的发展资助

（一）目的

应当作出一切努力，改革国际货币制度，以实现下列目的：

（1）采取措施，制止发达国家中已经发生的通货膨胀，防止把它转嫁到发展中国家身上；在国际货币基金组织内部，进行研究并作出可能的安排，以减轻发达国家的通货膨胀对于发展中国家经济的影响。

（2）采取措施，消除国际货币制度的不稳状态，特别是消除对商品贸易相当不利的货币汇率动荡不定状况。

（3）维持发展中国家货币储备的实际价值，防止它受到通货膨胀和储备货币汇率下跌的

影响。

（4）在制定一种公正和持久的货币制度的过程中，发展中国家能够充分和有效地参加一切决策阶段，同时能够充分参加受托进行此项改革的一切机构，特别是参加拟设中的国际货币基金组织的理事会。

（5）世界性的清偿制度有必要根据新的国际环境加以适当改变。应当按照这种观点，对特别提款权进行补充分配，以便适当地和循序渐进地建立一种特别照顾发展中国家需要的补充性的清偿制度。建立国际清偿制度的一切活动，都应当通过国际多边机构来进行。

（6）依照特别提款权的货币特点，早日建立特别提款权同提供额外发展资金之间的连带关系，以利于发展中的国家。

（7）国际货币基金组织应当重新研究有关规定，以便确保发展中国家能够切实有效地参加决策过程。

（8）作出安排，促使发达国家把更多的实际资金净额转移给发展中国家。

（9）重新研究国际货币基金组织的办事方法，特别是关于偿还贷款和安排"备用款"的条件，关于提供补偿资金的制度，以及关于资助商品缓冲性库存储备的条件，以便使发展中国家能够更有效地利用它们。

（二）措施

应当作出一切努力，采取下列紧急措施，资助发展中国家的开发事业，对付发展中世界所面临的国际收支危机：

（1）发达国家加快步伐，执行《联合国第二个十年发展规划的国际发展战略》中所确定的、限期实现的方案，向发展中国家转让一定净数额的金融资源；在向发展中国家转让金融资源的净数额中，发达国家官方所提供的份量应当增大，以便达到甚至超过《国际发展战略》所规定的指标。

（2）各种国际金融机构作为向开发事业提供资金的银行，应当切实有效地发挥作用，不因任何成员国的政治制度或经济制度而加以歧视；而且，援助应当是不附带条件的。

（3）通过建立更公平合理的表决权制度，使发展中国家（不论是接受资助的国家还是提供资助的国家）都能够更加切实有效地参与国际复兴开发银行和国际开发协会主管机构的决策过程。

（4）在一切可能的场合，使发展中国家不受发达国家对一切进口以及资金外流所施加的各种控制措施的约束。

（5）根据接受投资国所自行确定的本国经济各部门的需要和要求，促进发达国家的政府和私人对发展中国家进行投资。

（6）应当采取适当的紧急措施，包括采取国际行动，以减轻发展中国家在苛刻条件下所借外债的负担对本国目前和将来的发展所造成的不良后果。

（7）对债务逐项重新谈判，以便就取消债务、延期偿还债款、另定分期还债进度或给予利息补贴签订相关协议。

（8）各种国际金融机构，应当考虑每个发展中国家的特殊情况，重新调整信贷政策，以适应它们的迫切需要。国际金融机构还有必要改进惯常的做法，特别是有关提供开发资金和处理国际货币问题的惯常做法。

（9）在为各种开发计划提供含有更多优惠条件的贷款方面，应当采取适当的步骤，优先照顾那些最不发达的、局处内陆或岛屿的发展中国家,以及那些受经济危机和自然灾害打击最严重的国家。

三、工 业 化

国际社会应当作出一切努力,采取各种措施,鼓励发展中国家实现工业化。为了这个目的:

(1) 发达国家应当在本国政府官方援助以及国际金融机构的范围内,对发展中国家关于为各种工业项目提供资金的要求,作出积极有利的响应。

(2) 发达国家应当鼓励私人投资家与发展中国家达成协议,并在这些国家法律和条例规定的范围内,为这些国家的工业生产项目提供资金,特别是为产品出口的生产项目提供资金。

(3) 为了要建立一种新的国际经济结构,增加发展中国家在全世界工业生产中的比重,发达国家以及联合国系统所属各机构应当同发展中国家进行合作,优先在那些生产原料和农矿产品的发展中国家内部,协助建立新的工业生产能力,其中包括上述原料和产品加工的各种生产设施。

(4) 国际社会应当在发达国家和各种国际机构的协助下,继续实行和进一步推广各种业务培训性的技术援助方案,其中包括根据特殊的开发需要,对发展中国家本国的人才加以专业训练,提高其管理能力。

四、技 术 转 让

应当作出一切努力:

(1) 制订一套关于技术转让的国际性行动准则,这种准则应当符合发展中国家当前的需要和条件。

(2) 按照改善了的条件提供现代技术,并使这种技术因地制宜地适合于发展中国家具体的经济、社会和生态条件,适合于这些国家的不同发展阶段。

(3) 大力扩大发达国家对发展中国家的援助范围,帮助发展中国家实现各种研究计划和开发计划,并创建切合需要的本地技术。

(4) 使支配着技术转让的各种商业惯例同发展中国家的需要协调一致,并且防止卖方权利的滥用。

(5) 在自然资源和一切能源的勘探、开发、保护以及合理利用的研究工作和开发工作方面,促进国际性的合作。

在采取上述措施时,应当考虑照顾最不发达的国家和局处内陆的国家的特殊需要。

五、对跨国公司活动的管制和监督

应当作出一切努力,制订、通过和实行一套关于跨国公司的国际性行动准则,以便:

(1) 防止跨国公司干涉它们从事经营的所在国的内政,防止它们同种族主义政权以及殖民政府互相勾结。

(2) 对跨国公司在东道国境内的各种活动加以管理,取消各种限制性的商业惯例,以顺应发展中国家本国的发展计划和发展目标。在这方面,必要时应当促进重新审议和修改过去签订的协议。

(3) 按照公平和优惠的条件向发展中国家提供各种援助、转让技术和传授管理技能。

(4) 对跨国公司把经营所得的利润汇回本国的行为加以管制,并照顾到一切有关方面的合法权益。

(5) 促进跨国公司把所得利润在发展中国家里进行再投资。

六、各国经济权利和义务宪章

联合国的一个工作小组正在起草一部《各国经济权利和义务宪章》,联合国大会已经表示,拟在第二十九届常会上加以通过。这部宪章必将成为在发达国家与发展中国家彼此待遇公平、主权平等、利益互相依存的基础上,旨在建立起国际经济关系新体制的有效文件。因此,促使联合国大会在第二十九届常会上通过上述宪章,是至为重要的。

七、促进各发展中国家之间的合作

1. 发展中国家之间集体的自力更生以及日益扩大的互助合作,将进一步加强它们在新的国际经济秩序中的作用。为了在区域一级、次区域一级以及区域之间扩大合作,发展中国家应当采取各种新的步骤,其中包括:

(1) 支持设立或改进适当的机构,以维护发展中国家各种出口商品的价格,改善这些商品进入市场的条件,稳定这些商品的市场。在这方面,应当欢迎整个石油输出国集团为了它们经济发展的利益而愈来愈有效地运用本国的自然资源。同时,十分需要在各发展中国家之间开展合作,本着团结一致的精神,刻不容缓地采取一切可能的办法,来帮助各发展中国家解决由于石油输出国集团采取上述合理合法、完全正当的行动而引起的各种紧迫问题。在这方面已经采取的各种措施便是一种明显的迹象,说明各发展中国家之间的合作正在不断加强。

(2) 保护发展中国家对本国自然资源拥有永久主权这一不容剥夺的权利。

(3) 在区域一级或次区域一级,促进、建立或加强经济上的一体化。

(4) 大大增加各发展中国家从其他发展中国家进口货物的数量。

(5) 切实保证任何发展中国家给予来自发达国家的进口货物的待遇,不得优于给予来自其他发展中国家的进口货物的待遇。考虑到现有的各种国际协议、现行的各种限制、现存的各种可能性及其未来的发展,各发展中国家对于从其他发展中国家输入各种必需品的采购活动,应当给予优惠待遇。在一切可能的场合,对于从发展中国家进口的货物以及这些国家的出口货物,都应当给予优惠待遇。

(6) 促进各发展中国家在财政金融、信贷关系以及货币问题等领域中的密切合作,其中包括在优惠的基础上,按照有利的条件,发展信贷关系。

(7) 加强发展中国家已经开始进行的各种努力,通过投资,通过资助产品出口的项目以及紧急需要的项目,通过提供其他长期援助,利用一切可以利用的财政资源,为发展中国家的开发事业提供资金。

(8) 在工业、科学技术、运输、航运以及新闻宣传媒体等领域中,促进和建立各种切实有效的合作设施。

2. 对于发展中国家在区域内、次区域内以及区域之间开展合作的各种倡议,发达国家应当采取更有效和更具体的行动,特别是在商务政策方面采取行动,通过扩大财政援助和技术援助,加以支持。

八、帮助各国行使对本国自然资源的永久主权

应当作出一切努力,做到:

(1) 一切国家都有权对本国的自然资源自由地和切实有效地行使完整的和永久的主权。必须挫败企图阻挠此项权利行使的各种尝试。

(2) 对于发展中国家就已经收归国有的生产设施的生产经营事宜所提出的援助要求,联合国系统的各种主管机构应当切实保证给予满足。

九、加强联合国系统在国际经济合作方面的作用

1. 为了促进《联合国第二个十年发展规划的国际发展战略》目标的实现,根据《建立国际经济新秩序宣言》的宗旨和目标,一切会员国都保证充分利用联合国体系来实施它们共同通过的本《行动纲领》,努力建立新的国际经济秩序,从而加强联合国在开展世界性互助合作方面所起的作用,以促进经济和社会的发展。

2. 联合国大会应当把本《行动纲领》的实施事宜作为一个优先的课题,全面地加以研究。联合国系统根据本《行动纲领》所进行的一切活动,以及已经列入计划的一切活动(诸如1974年的世界人口会议、世界粮食会议、联合国工业发展组织第二次大会以及对《联合国第二个十年发展规划的国际发展战略》进行的中期审议和评价),其所遵循的方针,都应当是促使根据1973年12月17日第3172(XXVIII)号大会决议召开的、讨论发展问题的联合国大会特别会议,能够对建立新的国际经济秩序作出充分的贡献。因此,要求全体会员国共同地或分别地作出努力,制订政策,促使这次特别会议获得成功。

3. 联合国经济及社会理事会应当确定实施政策的大纲,并且对受托负责实施本《行动纲领》的联合国系统内一切组织机构和附属单位的各种活动,加以全面协调。为了使经济及社会理事会能够有效地执行它的任务:

(1) 联合国系统中一切有关的组织机构和附属单位,对于在本部门主管范围内实施本《行动纲领》的进展情况,应当根据需要,经常向经济及社会理事会提出报告,每年至少报告一次。

(2) 经济及社会理事会应当把有关进展情况的报告作为紧急事项加以审议。为此目的,它可以根据需要召开特别会议,或者在必要时连续进行工作。它应当把实施本《行动纲领》过程中所产生的各种问题和困难,提请联合国大会加以注意。

4. 委托联合国系统的一切组织机构、附属单位以及各种会议实施本《行动纲领》。应当加强联合国大会1964年12月30日第1995(XIX)号决议所列举的联合国贸易和发展会议的各种活动,以便同其他主管机构互相配合,进一步发展遍及全世界的国际原料贸易。

5. 应当采取各种紧急和有效的措施,结合考虑每个发展中国家特殊局势,重新研究各种国际金融机构的贷款政策,以适应各种迫切的需要;特别是应当改进这些机构在资助开发事业以及处理国际货币问题方面的惯常做法,并且通过适当地修改表决权制度,保证各发展中国家(不论是接受资助的国家还是提供资助的国家)都能更加有效地参与决策过程。

6. 发达国家以及有能力提供捐助的其他国家,应当对联合国系统内部为了加速发展中国家的经济和社会发展而设立的各种组织机构、计划方案以及基金组织,大力捐助。

7. 本《行动纲领》补充和加强了在《联合国第二个十年发展规划的国际发展战略》中所体现的宗旨和目标,也补充和加强了联合国第28届大会为了弥补在实现这些宗旨和目标方面的不足之处而制定的各种新措施。

8. 在对《联合国第二个十年发展规划的国际发展战略》进行中期审议和评价时,应当结合考虑本《行动纲领》的实施情况。在适当的时候,还应当结合考虑《建立国际经济新秩序宣言》以及本《行动纲领》的规定,在上述国际发展战略中承担新的义务,并对此项战略作出新的修改、补充和调整。

十、特别计划

大会通过下列特别计划,特别是采取各种紧急措施,以减轻受经济危机打击最严重的发展中国家的困难,同时念念不忘那些最不发达的国家以及局处内陆的国家的特殊问题。

大会

考虑到下述各点:

1. 许多发展中国家必不可少的进口物品,诸如粮食、肥料、能源产品、资本货物、机器装备以及各种劳动服务,包括运费和过境费,价格急剧上涨,使得这些国家日趋不利的贸易条件进一步严重恶化,增加了它们的外债负担;如果听其自流,将使这些国家无法支付它们必不可少的进口货价款以及开发事业的费用,并导致这些国家的生活水平和生活条件进一步恶化。当前的危机是多年积累起来的各种问题所造成的结果。这些问题是:贸易问题、货币改革问题、世界性的通货膨胀局面、提供财政援助不充分、不及时,以及在经济和开发方面诸如此类的许多其他问题。面对这种危机,必须认真考虑上述复杂局势,从而切实保证使国际社会通过的特别计划能够向受经济危机打击最严重的国家提供紧急救济和及时援助。与此同时,还要采取步骤,通过彻底改革世界经济体制来解决上面这些悬而未决的问题,从而使这些国家既能解决目前的各种困难,又能达到可接受的发展水平。

2. 为了援助受经济危机打击最严重的国家而采取的特别措施,不仅必须包括向这些国家提供它们保持必要进口所急需的救济,而且必须在提供救济之外,采取各种步骤,有意识地提高这些国家发展生产和增加收入的能力。如果不采取这种综合性的措施,那么,受经济危机打击最严重的国家的各种困难就完全可能长期继续下去。诚然,国际社会首屈一指和刻不容缓的任务在于促使这些国家能够对付它们在国际收支方面所遇到的短缺困难,但是在这样做的同时,还必须额外提供附加的发展援助,以便维持并进一步加快这些国家的经济发展速度。

3. 受经济危机打击最严重的国家,恰恰就是那些在世界经济中处境最不利的国家:最不发达的、局处内陆的以及其他低收入的发展中国家;此外,还有那些由于当前的经济危机、自然灾害、外国侵略和外国占领而导致经济严重失调的其他发展中国家。受打击最严重的国家

的标志,它们的经济受影响的程度,以及它们所需要的救济与援助的种类,都可以着重根据下列这一类标准加以评估衡量:

(1) 按人口计算平均收入很低。这是比较贫困、生产能力低、技术水平和发展水平低的一种反映。

(2) 同本国出口收益相比,必需品的进口费用急剧增加。

(3) 同本国出口收益相比,还债比率很高。

(4) 出口收益不足,出口收入的灵活性较小,并且缺乏可供出口的剩余物资。

(5) 外汇储备量很低或不敷所需。

(6) 由于运费和过境费提高而受到不利影响。

(7) 对外贸易在整个发展过程中占比较重要的地位。

4. 对于受经济危机打击最严重的国家,必须灵活地估计它们的经济所受到的影响的程度和性质,应当考虑到当前世界经济不稳定的情况,考虑到某些发达国家可能采取的各种调整政策以及资金和投资的流动情况。对于受打击最严重国家的收支状况及其各种需要,只有根据它们在若干年中的平均水平,才能作出可靠的估计和预测。目前就作长期的预测,难免是靠不住的。

5. 在采取各种特别措施以减轻受经济危机打击最严重国家的困难的过程中,一切发达因家以及发展中国家都应当按照它们各自的发展水平、各自的经济能力和实力,作出应有的贡献,这是很重要的。值得注意的是,某些发展中国家,尽管它们自己也有各种困难,也有发展需要,却已经表示愿意在减轻更贫困的发展中国家的困难处境方面,发挥具体的帮助作用。最近,某些拥有充足资源的发展中国家在双边和多边的基础上,采取了帮助其他发展中国家解决困难的主动行为和各种措施,这反映了它们切实信守在发展中国家之间开展有效的经济合作的原则。

6. 发达国家拥有更大的能力,可以帮助受经济危机打击最严重的国家克服它们当前的困难。因此,发达国家所作出的响应行动应当同它们所担负的责任相称。它们所提供的援助,在现有援助水平之外,还应另行增加。这些国家应当完成并尽可能超额完成《联合国第二个十年发展规划的国际发展战略》所规定的向发展中国家提供财政援助的各种指标,特别是有关官方提供发展援助的指标。它们也应当认真考虑把受经济危机打击最严重的国家所欠的外债,予以一笔勾销。这样做,就会使那些受经济危机打击的国家获得最简便和最快捷的救济。此外,还应当对延期偿还债款以及重新安排还债日程的办法,给予赞同性的考虑。当前的形势不应当导致工业化国家采取那种加剧当前危机并且最终势必自招失败的政策。

大会回顾了伊朗国王陛下以及阿尔及利亚民主人民共和国总统胡阿里·布迈丁阁下提出的建设性倡议,

1. 决定发起一项特别计划,作为当务之急,在一段必要的时期里(至少要延续到《联合国第二个十年发展规划》结束为止),向受经济危机打击最严重的国家提供紧急救济和开发援助,以便帮助它们克服当前的困难,并且获得自给自足的经济发展。

2. 作为实行特别计划的第一个步骤,决定要求联合国秘书长发起一项紧急行动,对前面第(三)段所说明的受经济危机打击最严重的发展中国家提供及时的救济,以使它们在今后12个月内能够维持必不可少的进口;要求工业化国家以及其他可能提供捐款的国家在1974年6月15日以前宣布它们将通过双边或多边渠道为紧急援助所提供的捐献,或者宣布它们有打算这样做的意图,同时切实注意某些国家已经宣布承担的援助义务或已经采取的援助措施;此外,还进一步要求联合国秘书长通过经济及社会理事会第57次会议把上述紧急行动的进展情况,向联合国第29届大会汇报。

3. 号召工业化国家以及其他可能提供捐款的国家,向受经济危机打击最严重的国家立即提供救济和援助,其数量多寡必须同后面这些国家的需要相称。这种援助应当在现有的援助水平之外另行增加,并且应当尽早地、尽可能在无偿赠与的基础上提供;在不可能无偿赠与的场合,就应当按照优厚的条件来提供。款项支付以及有关的办事手续和各种条件,都必须反映出上述特殊情况。援助既可以通过双边渠道也可以通过多边渠道来提供,包括通过已经建立起来的或即将建立的若干新机构和新设施来提供援助。特别措施可以包括下列各点:

(1) 按照特别优惠的条件作出特殊安排,其中包括对于必不可少的商品和货物提供可能的补贴,并切实保证供应。

(2) 对于全部或部分必不可少的进口商品和货物实行延期付款。

(3) 在无偿赠与的基础上,或者以当地货币延期付款的方式,提供包括粮食援助在内的商品援助,同时切实注意,这种做法不应当对发展中国家的出口造成不利影响。

(4) 按照优厚的条件,提供长期的供货人贷款。

(5) 按照特惠的条件,提供长期的财政援助。

(6) 按照特惠的条件,从国际货币基金组织的各种专门机构中提取款项。

(7) 应当考虑到受经济危机打击最严重的国家额外的财政需要,在设置特别提款权与提供开发援助之间建立联系。

(8) 对于受经济危机打击最严重的国家按照商业条件借入债款所应支付的利息,以双边的或多边的方式提供补贴。

(9) 对债务逐项重新谈判,以便就取消债务、延期偿还债款或重新安排还债日程签订协议。

(10) 按照更加优惠的条件,提供资本货物和技术援助,以加速受经济危机打击的国家的工业化。

(11) 按照优惠的条件,对各种工业项目和开发项目进行投资。

(12) 对于额外增加的过境费和运费,特别是对于局处内陆的国家所支付的这些费用,提供补贴。

4. 呼吁发达国家按照受经济危机打击最严重的发展中国家提出的请求,用赞同的态度考虑取消债务、延期偿还债款或重新安排还债日程,以此作为一项重大贡献,减轻这些国家所面临的严重而又紧迫的困难。

5. 决定在联合国主持之下,通过工业化国家以及其他可能提供捐款的国家自愿捐献,建立一个特别基金组织,作为本特别计划的一个组成部分,用来提供紧急救济和开发援助。这个基金组织至迟应在1975年1月1日以前开始业务活动。

6. 根据本特别计划,设立一个特别委员会。这个委员会由联合国大会主席经过适当磋商以后,指定36个联合国会员国组成;切实注意上述特别基金组织的宗旨及其权限,以便:

(1) 就这个特别基金组织的范围、机构以及活动方式等等提出建议,同时结合考虑以下几点要求:

A. 基金组织主管机构的代表权分配应当公平合理;

B. 基金组织的财源分配应当公平合理；

C. 充分利用现有各种国际组织提供的服务和设施；

D. 考虑把“联合国资本开发基金会”同本特别基金组织的业务活动加以合并的可能性；

E. 设立一个中央监督机构，以监督各种双边性和多边性措施的执行。

为此目的，应当重视在联合国大会第6届特别会议上提出的不同观点和建议（其中包括伊朗提出的建议和在第2208次全体会议上提出的建议），也应当重视针对这些建议发表的意见；还应当重视在紧急时期过去以后利用这项特别基金为正常的开发援助提供另一条渠道的可能性。

（2）在本特别基金组织开始业务活动以前，监督执行为援助受经济危机打击最严重的国家而采取的各种双边性和多边性措施。

（3）根据有关国家以及联合国系统的相应机构提供的情况，就下列各点作出广泛评估：

A. 受经济危机打击最严重的国家所面临困难的程度；

B. 它们所需要的必不可少的商品和货物的种类和数量；

C. 它们需要财政援助的情况；

D. 它们需要技术援助的情况，特别包括取得技术的途径问题。

7. 请求联合国秘书长、联合国贸易和发展会议秘书长、国际复兴开发银行行长、国际货币基金组织总裁、联合国开发计划署署长以及其他主管国际组织的长官，协助本特别计划的特别委员会行使根据上述第（六）段规定所指派给它的各项职能；并且在适当的时候，协助上述特别基金组织开展业务活动。

8. 请求国际货币基金组织迅速就下列各点作出决定：

（1）建立一个扩大的特别机构，以便使那些受经济危机打击最严重的发展中国家能够按照优惠的条件加入这个机构。

（2）建立特别提款权制度，并且尽早在分配特别提款权同提供开发资金之间建立一种联系。

（3）建立拟议中的新的特别机构，开展业务活动，以扩大贷款范围，并且对联合国会员国借入商业资金所应付的利息给予补贴；同时认真考虑发展中国家的利益，特别是考虑受经济危机打击最严重的国家的额外财政需要。

9. 请求世界银行集团以及国际货币基金组织提供管理、财政和技术方面的服务，听从提供紧急财政救济的各国政府安排，以便它们能够毫不迟延地促使把资金输送到受援国，必要时应作出机构上和程序上的变动。

10. 请求联合国开发计划署采取必要的步骤，特别是采取国家这一级的步骤，对于可能在特别计划的范围内要求它提供额外援助的申请，作为当务之急加以响应。

11. 请求根据本特别计划设立的特别委员会向联合国经济及社会理事会第57次会议提出报告和建议，并且吁请该理事会在审议这份报告的基础上，向联合国第29届大会提出适当的建议。

12. 决定在联合国第29届大会上作为一个特别优先的事项，在新的国际经济秩序的结构内，审议对受经济危机打击最严重的国家采取特殊措施的问题。

（资料来源：陈安、刘智中编选：《国际经济法资料选编》，法律出版社1991年版，第11—30页。）

各国经济权利和义务宪章(1974)
Charter of Economic Rights and Duties of States, 1974

(联合国大会第 3281(XXIX)号决议,由联合国大会第二委员会提出,编目:A/9946,1974 年 12 月 12 日联合国大会第 2315 次会议以唱名表决方式通过,120 票赞成,6 票反对,10 票弃权)。

表决情况如下:

赞成票:阿富汗、阿尔巴尼亚、阿尔及利亚、阿根廷、澳大利亚、巴哈马、巴林、孟加拉国、巴巴多斯、不丹、玻利维亚、博茨瓦纳、巴西、保加利亚、缅甸、布隆迪、白俄罗斯、中非共和国、乍得、智利、中国①、哥伦比亚、刚果、哥斯达黎加、古巴、塞浦路斯、捷克斯洛伐克、达荷美、民主也门、多米尼加共和国、厄瓜多尔、埃及、萨尔瓦多、赤道几内亚、埃塞俄比亚、斐济、芬兰、加蓬、冈比亚、德意志民主共和国、加纳、希腊、格林纳达、危地马拉、几内亚、几内亚比绍、圭亚那、海地、洪都拉斯、匈牙利、冰岛、印度、印度尼西亚、伊朗、伊拉克、象牙海岸、牙买加、约旦、肯尼亚、柬埔寨、科威特、老挝、黎巴嫩、莱索托、利比里亚、利比亚、马达加斯加、马拉维、马来西亚、马里、马耳他、毛里塔尼亚、毛里求斯、墨西哥、蒙古、摩洛哥、尼泊尔、新西兰、尼加拉瓜、尼日尔、尼日利亚、阿曼、巴基斯坦、巴拿马、巴拉圭、秘鲁、菲律宾、波兰、葡萄牙、卡塔尔、罗马尼亚、卢旺达、沙特阿拉伯、塞内加尔、塞拉利昂、新加坡、索马里、斯里兰卡、苏丹、斯威士兰、瑞典、叙利亚、泰国、多哥、特立尼达和多巴哥、突尼斯、土耳其、乌干达、乌克兰、苏联、阿拉伯联合酋长国、喀麦隆、坦桑尼亚、上沃尔特、乌拉圭、委内瑞拉、也门、南斯拉夫、扎伊尔、赞比亚。

反对票:比利时、丹麦、德意志联邦共和国、卢森堡、英国、美国。

弃权:奥地利、加拿大、法国、爱尔兰、以色列、意大利、日本、荷兰、挪威、西班牙。

联合国全体大会

回忆起:联合国贸易和发展会议在其 1972 年 5 月 18 日的第 45(Ⅲ)号决议中,曾经强调迫切需要建立一种大家都能接受的标准规范来系统地调整国际经济关系,并且认识到只要还没有制定出一部宪章来保障一切国家的权利,特别是保障发展中国家的权利,就不可能建立起公正的秩序和稳定的世界;

进一步回忆起:在同一决议中,曾经决定设立一个由各国政府代表组成的工作小组,以便

---

① 1974 年 11 月至 12 月间,联合国大会第二委员会(经济和财政委员会)预先讨论、通过《各国经济权利和义务宪章》草案时,中国代表投了赞成票。在最后表决以前,对宪章草案进行了逐条表决。中国代表对其中某些条款表示保留,对第十五条(有关"普遍全面裁军……"的条款)投了反对票,并在会上发言,阐明了自己的观点。参照《人民日报》1974 年 12 月 2 日第 6 版、12 月 9 日第 6 版。——译者注

拟出一份《各国经济权利和义务宪章》的草案,而联合国全体大会则在1972年12月19日的第3037(XXⅦ)号决议中决定该工作小组应由40个联合国会员国组成;

注意到:联合国全体大会在其1973年12月6日的第3082(XXⅧ)号决议中,重申确信迫切需要在公正和公平合理的基础上,为国际经济关系的发展制订或修订全世界普遍适用的标准规范,并且敦促《各国经济权利和义务宪章》起草工作小组,作为制订和发展标准规范的第一步,务必经过精心推敲,拟定《各国经济权利和义务宪章》的最后草案,以便提交联合国第29届全体大会审议、通过;

念念不忘:联合国全体大会1974年5月1日的第3201(S—Ⅵ)号以及第3202(S—Ⅵ)号决议的精神和各项条款,这两项决议分别包含《建立国际经济新秩序宣言》和《建立国际经济新秩序行动纲领》,强调这部宪章将由联合国第29届全体大会加以通过的极大重要性,同时强调这部宪章必将成为一种得力的工具,大有助于在发达国家与发展中国家彼此待遇公平、主权平等以及利益相互依存的基础上,建立起国际经济关系的新体制;

审议了《各国经济权利和义务宪章》起草工作小组第4次会议所拟定、并由贸易和发展理事会第14次会议转呈给联合国全体大会的报告书;

表示感谢《各国经济权利和义务宪章》起草工作小组:作为工作小组在1973年2月至1974年6月期间举行四次会议执行任务的一大成果,它汇集了各种必要的因素,以便按照以前的建议,在联合国第29届全体大会上完成和通过《各国经济权利和义务宪章》;

兹特通过并郑重公布下述《宪章》:

各国经济权利和义务宪章

序 言

联合国全体大会:

重申联合国的基本宗旨,特别是重申要维持国际和平与安全,发展各国之间的友好关系,实现国际合作,以解决经济领域和社会领域中的国际问题;

确认在上述这些领域中加强国际合作的必要;

进一步重申为了发展而加强国际合作的必要;

声明本宪章的基本宗旨,在于促进建立以一切国家待遇公平、主权平等、互相依存、共同受益及协力合作为基础的、新的国际经济秩序,而不问这些国家的经济和社会制度如何;

迫切希望作出贡献,以便为以下各点创造条件:

(1) 一切国家都能实现更普遍的繁荣昌盛,一切民族都能达到更高的生活水平;

(2) 整个国际社会努力促进所有国家特别是发展中国家的经济进展和社会进步;

(3) 鼓励一切愿意贯彻执行本宪章各项规定的爱好和平的国家,在平等互利的基础上,在经济、贸易、科学和技术等领域中开展合作,而不问这些国家的政治、经济或社会制度如何;

(4) 克服发展中国家在经济发展路途中的各种主要障碍;

(5) 加速发展中国家的经济增长,以缩小发展中国家和发达国家之间的经济差距;

(6) 维护、保持和改善环境。

注意到必须通过下列措施,建立和维持公正和公平合理的经济秩序及社会秩序:

(1) 实现更合理和更公平的国际经济关系,鼓励世界经济的结构改革。

(2) 为在一切国家之间进一步扩大贸易、进一步加强经济合作创造条件。

(3) 加强发展中国家的经济独立性。

(4) 结合考虑各发展中国家在开发事业中大家公认的各种差别以及这些国家的各种特殊需要,建立并促进国际经济关系。

决心在严格尊重各国主权平等的条件下,通过整个国际社会的合作,增强集体的经济安全,以促进发展,特别是增进发展中国家的发展;

考虑到:在各项国际经济问题上,以联合审议和一致行动作为基础,开展各国之间的真诚合作,这对于满足国际社会的共同愿望、实现全世界一切地区的公平合理发展说来,是必不可少的;

强调:必须切实保证适当的条件,借以建立一切国家之间正常的经济关系,而不问各国社会制度和经济制度上的差别;并借以充分尊重世界一切民族的权利;同时,必须加强国际经济合作的各种手段,借以巩固和平,维护整体利益;

确信必须在一切国家主权平等、公平互利以及彼此利益息息相关的基础上,进一步发展国际经济关系的体制;

重申:每个国家的发展主要是依靠它本身的努力,但是,相应的和切实有效的国际合作对于彻底实现这些国家的发展目标说来,也是一项必不可少的因素;

坚信:逐步建立一种从本质上加以改进的国际经济关系体制,乃是一项当务之急;

因此,庄严地通过这一部《各国经济权利和义务宪章》。

第一章　国际经济关系的基本准则

各国之间的经济关系,同各国间的政治关系以及其他关系一样,应当特别受下列各项原则的制约:

(1) 各国主权、领土完整,各国政治独立;

(2) 一切国家主权平等;

(3) 互不侵犯;

(4) 互不干涉内政;

(5) 公平互利;

(6) 和平共处;

(7) 各民族权利平等,实行民族自决;

(8) 以和平手段解决各种争端;

(9) 纠正使用强迫手段侵夺别国正常发展所需要的自然资源的各种非正义行为;

(10) 真诚地履行各种国际义务;

(11) 尊重人权以及各种基本自由;

(12) 不谋求霸权以及各种势力范围;

(13) 增进国际社会正义;

(14) 开展国际合作以促进发展;

(15) 在上述各项原则的范围以内,局处内陆的国家享有进出海口的自由通道。

第二章 各国的经济权利和经济义务

第一条 每个国家都享有独立自主的和不容剥夺的权利,可以根据本国人民的意愿,不仅选择本国的政治、社会和文化制度,而且选择本国的经济制度,不受任何形式的外来干涉、压制和威胁。

第二条

一、每个国家对本国的全部财富、自然资源以及全部经济活动,都享有并且可以自由行使完整的、永久的主权,其中包括占有、使用及处置的权利。

二、每个国家都享有以下权利;

(1) 根据本国的法律和条例,按照本国的国家目标以及本国优先权的原则,在本国的管辖权范围以内,对外国投资加以管理并行使权力。不得强迫任何国家给予外国投资特惠待遇;

(2) 在本国的管辖权范围以内,对跨国公司的经营活动加以管理和监督;采取各种措施,以保证上项活动遵守本国的法律、规章及条例,并符合于本国的经济政策和社会政策。跨国公司不得干涉东道国的内政。各国在行使本款规定权利的过程中,在充分重视本国主权权利的同时,应当同其他国家进行合作;

(3) 把外国资产收归国有、征用或转移其所有权。在这种场合,采取上述措施的国家,应当考虑本国的有关法律、条例以及本国认为有关的一切情况,给予适当的赔偿。赔偿问题引起争执时,应当根据采取国有化措施国家的国内法,由该国法院进行审理。但各有关国家经过自由协商,一致同意在各国主权平等的基础上,按照自由选择解决途径的原则,采用其他和平解决办法的,不在此限。

第三条 在开发属于两个或两个以上国家共有的自然资源时,各国必须在互通声气和事前协商的基础上通力合作,以便在不致损害其他国家合法权益的前提下,最适当地利用这些资源。

第四条 每个国家都有权参加国际贸易以及其他各种形式的经济合作,而不问这些国家在政治、经济和社会制度上的任何差异。不得仅仅根据上述这些差异而对任何国家加以任何形式的歧视。在进行国际贸易以及其他各种形式的经济合作时,各国都可以自由选择本国对外经济关系的组织形式,自由参加各种双边和多边的安排。这些安排应当符合于它们应尽的国际责任,符合国际经济合作的需要。

第五条 一切国家都有权参加各种初级商品生产国的组织,以便发展本国的国民经济,实现财政稳定,促进本国的发展,并在实现本国目标的过程中,有助于促进世界经济的持续增长,特别是促进发展中国家的开发。相应地,一切国家都有义务尊重上述权利,克制自己,不采取经济措施和政治措施,以限制这种权利。

第六条 各国都有义务为发展国际商品贸易作出贡献,特别是通过各种安排以及在适当场合缔结长期多边商品协定来作出贡献;还应当兼顾生产国和消费国的利益。一切国家都负有责任,促使在稳定的、有利可图的以及公平合理的价格下进行交易的一切商品,都能正常流通,从而有助于世界经济的公平发展,并且特别照顾到发展中国家的利益。

第七条 各国首屈一指的责任是促进本国人民在经济、社会以及文化方面的发展。为了实现这一宗旨,每个国家都有权利和责任选择本国发展的道路和目标,充分动员和利用本国的资源,实行进步的经济改革和社会改革,并且切实保证本国人民能够充分参加发展的过程,充分分享发展的利益。一切国家都有义务进行个别的或集体的合作,以消除阻挡各国动员和利用本国资源的各种障碍。

第八条　各国应当加强合作,促进建立更加公平合理的国际经济关系,并且鼓励实行结构改革,争取实现同一切国家、特别是同发展中国家的需要与利益相协调的平衡稳定的世界经济;为此目的,应当采取相应的措施。

第九条　一切国家都有责任在经济、社会、文化、科学和技术等领域中协力合作,以促进整个世界特别是促进发展中国家的经济进展和社会进步。

第十条　所有国家在法律上一律平等;并且作为国际社会的平等成员,有权充分地和切实有效地参加解决世界性的经济、财政金融以及货币等重要问题的国际决策过程;特别是有权通过相应的国际组织,并遵循这些组织的现行规章或逐步改善中的规章,参加这种国际决策过程,并且公平地分享由此而来的各种效益。

第十一条　一切国家应当互相合作,加强和不断提高各种国际组织的工作效能,以便它们采取各种措施,促进所有国家尤其是发展中国家全面的经济进步;因此,一切国家应当互相合作,在适当的时候,促使上述各种国际组织适应于国际经济合作中不断变化的需要。

第十二条

一、各国有权与有关方面达成协议,参加区域性的、次区域性的以及区域之间的合作,以谋求经济和社会的发展。一切参加这种合作的国家都有义务保证它们所属集团奉行的政策,符合于本《宪章》的条款规定;对外视野开阔,符合于它们应尽的国际义务以及国际经济合作的需要;并且充分关照到第三方国家尤其是发展中国家的合法利益。

二、如果有关国家已将涉及到本《宪章》范围内某些事项的权限,转移给或可能转移给某些集团,那么,本《宪章》中有关这些事项的各种规定,应当同样适用于这些集团,从而符合于作为这些集团成员的国家所业已承担的责任。这些有关国家应当互相合作,使上述集团遵守本《宪章》的有关规定。

第十三条

一、每个国家都有权从科学技术的发展进步中获得利益,以加速本国的经济发展和社会进步。

二、一切国家都应当在适当尊重各方面的合法利益,特别是尊重技术的持有人、供应人以及承受人的权利与义务的基础上,促进国际科学技术合作和技术转让。各国尤其应当对发展中国家给予方便,使它们能够获得现代科技的成果和技术转让;并且为了发展中国家的利益,采取适合于这些国家的经济和需要的方式和程序,创建当地土生土长的技术。

三、为此,各发达国家应当与发展中国家合作,帮助它们建立、加强和发展科学技术的各种基础设施,加紧开展各种科学研究及技术活动,从而帮助它们发展和改造发展中国家的经济。

四、各国应当充分考虑发展中国家的利益,合作探讨如何进一步制定国际社会更易共同接受的有关技术转让的准则或规章。

第十四条　每个国家都有义务互相合作,促进世界贸易稳定地、持续地扩展和自由化,增进各国人民尤其是发展中国家人民的福利,提高他们的生活水平。因此,一切国家都应当通力合作，着重于逐步扫除贸易中的障碍，改善指导世界贸易的国际结构。为此目的，各国应当互相配合，共同努力，以公平合理的方式解决一切国家的各种贸易问题，并认真考虑解决发展中国家特殊的贸易问题。在这方面，各国应当采取措施使发展中国家从国际贸易中获得额外的收益，从而使它们的外汇收入大量增加，出口商品多样化，贸易额加速增长；同时，应当考虑到它们的发展需要，使这些国家有更多的机会参与扩大世界贸易，并按比较有利于发展中国家的公平比例，让它们分享由扩大世界贸易而来的实惠，为此，应当采取最可行的方法，即认真改进有利于发展中国家产品进入市场的条件；并且在一切适当的场合，采取各种措施，使初级产品能够得到稳定、公平和有利可图的价格。

第十五条　一切国家都有义务促进在有效的国际监督下实现普遍彻底的裁军，利用采取有效裁军措施所节余的资金，促进各国经济和社会的发展，并且将这些节余资金的一大部分用作发展中国家开发所需要的额外财源。

第十六条

一、一切国家都有权利和义务个别地或集体地采取行动，消除殖民主义、种族隔离、种族歧视、新殖民主义；消除各种形式的外国侵略、占领和统治；消除由此而产生的各种经济后果和社会后果，从而为发展提供先决条件。实行上述高压强制政策的国家，必须对受到侵害的国家、地区及民族，承担经济上的责任，必须做到物归原主，并充分赔偿这些国家、地区和民族的自然资源以及其他一切资源所受到的盘剥榨取、严重损耗和毁损破坏。一切国家都有义务向上述国家、地区和民族提供援助。

二、对于可能造成障碍、阻止被武力占领的地区获得解放的各种投资，任何国家都无权加以促进或鼓励。

第十七条　为了发展而进行国际合作，是各国共同的目标和共有的责任。各国都应当严格尊重他国主权平等，不附加任何有损于他国主权的条件，对发展中国家加速本国经济发展和社会进步的各种努力给予合作，按照这些国家的发展需要和发展目标，提供有利的外部条件，扩大对它们的积极支援。

第十八条　发达国家应当按照国际主管机构就关税问题所商定的有关结论和作出的有关决定，推广、改进和扩大针对发展中国家的普遍的、不要求互惠和不加以歧视的关税优惠制度。发达国家还应当认真考虑在某些可行的和适当的领域，采取其他区别对待的措施，通过给予特别优惠待遇的方式，满足发展中国家贸易和发展的需要。在处理国际经济关系时，发达国家应当尽量避免采取不利于发展中国家发展国民经济的各种措施；而关税的普遍优惠制度以及其他经过共同商定的对发展中国家有利的各种区别对待措施，则促进了它们的经济发展。

第十九条　为了加速发展中国家的经济增长，消除发达国家与发展中国家之间的经济鸿沟，发达国家应当尽可能在国际经济合作的领域内给予发展中国家以普遍优惠的、不要求互惠的和不加以歧视的待遇。

第二十条　发展中国家在努力增进它们的全面贸易时，应当适当地重视到同社会主义国家扩大贸易的可能性，为此，应当让社会主义国家也享有不低于通常给予发达市场经济国家的贸易条件。

第二十一条　各发展中国家应当尽量促使它们之间的相互贸易不断扩大，为此目的，可依据有关国际协议中现有的或不断改进的规定和程序，给予其他发展中国家以各种贸易优惠;只要这些安排并不妨碍一般的贸易自由化和贸易扩展,发展中国家就没有义务要把上述这些优惠待遇推广给予发达国家。

第二十二条

一、为了支援发展中国家加速本国经济发展和社会进步的努力,一切国家都应当对发展中国家所公认的或共同商定的发展需要和发展目标作出响应,结合考虑各有关国家所已经承担的各种责任和义务,从各种财源上增加实际资金流入发展中国家的净额。

二、因此,各国应当按照上述宗旨和目标,结合考虑自己在这方面所已经承担的各种责任和义务,尽量努力从官方财源上增加向发展中国家提供资金的净额,以改进它们的处境和条件。

三、在提供开发援助资金中,应当包括经济援助和技术援助。

第二十三条 为了更加有效地运用本国的资源,各发展中国家应当加强彼此间的经济合作和扩大相互贸易,借以加速它们的经济发展和社会进步。所有国家,特别是发达国家,都应当单独地以及通过本国所属的相应国际组织,提供适当的、有效的援助和合作。

第二十四条 一切国家在处理彼此间的相互经济关系时,都有义务照顾到其他国家的利益。特别是一切国家都应当避免损害发展中国家的利益。

第二十五条 为了促进世界经济发展,国际社会,特别是其中的发达成员国,对于最不发达的发展中国家、局处内陆的发展中国家以及发展中的岛屿国家的各种特殊需要和特殊问题,应当给予特殊的关注,帮助它们克服各种特殊困难,从而促进它们的经济发展和社会进步。

第二十六条 不问政治、经济、社会以及文化制度上的差别,一切国家都有义务互谅互让、和平共处,并促进经济及社会制度不同的国家开展彼此间的贸易。进行国际贸易时,应当根据公平互利以及互相给予最惠国待遇的原则,不应当损害对发展中国家有利的普遍的、不歧视和不要求互惠的优惠措施。

第二十七条

一、一切国家都有权充分享受世界无形贸易的利益,并积极扩大这种贸易。

二、在提高效率和公平互利的基础上,开展世界无形贸易,促进世界经济发展,这是一切国家的共同目标。应当按照上述目标,应当扩大和增强发展中国家在世界无形贸易中所起的作用,并对发展中国家的各种特殊需要加以特别关照。

三、一切国家都应当依据每个发展中国家的需要和可能,并且按照前述目标,同发展中国家协力合作,努力加强发展中国家从无形贸易中获得外汇的能力。

第二十八条 一切国家都有义务提供合作,参照发展中国家进口商品的价格,调整发展中国家出口商品的价格,以便为发展中国家增进公平合理的贸易条件,既使生产国有利可图,又对生产国和消费国双方都合理公平。

第三章 各国对于国际社会的共同责任

第二十九条 各国管辖范围以外的海床、洋底、海洋底土以及这些区域资源,都是人类共有的遗产。根据1970年12月17日联合国大会第2749(XXV)号决议所通过的原则,一切国家都应当切实保证:对这些区域的勘探以及对这些区域内资源的开发,仅仅用于和平目的;由此而获得的利益，应当由一切国家公平分享，同时，应当考虑到发展中国家的特殊利益和特殊需要；根据共同商定的、全球性的国际条约，建立一套适用于这些区域及其资源的国际制度，其中包括建立相应的国际机构，以便实施有关的条款规定。

第三十条 一切国家都有责任为当前这一代人以及子孙后代的利益，维护、保持和改善环境。根据这种责任，一切国家都应当作出努力，制订各国自己的环境保护政策和发展政策。各国的环境保护政策，都应当能增强而不应相反地损害发展中国家现在和将来的发展潜力。一切国家都有责任保证在自己管辖地区或控制地区以内的一切活动，不致对本国管辖区以外其他国家和地区的环境造成损害。各国应当协力合作，不断改进有关环境保护的国际规范和国际章程。

第四章 最后条款

第三十一条 一切国家都有义务对世界经济平衡稳定的发展作出贡献，充分注意到发达国家的福利康乐同发展中国家的成长进步是息息相关的；注意到整个国际的繁荣昌盛取决于它的各个组成部分的繁荣昌盛。

第三十二条 任何国家都不得使用或鼓励使用经济的、政治的或任何其他形式的手段，威胁另一个国家，迫使后者在行使独立自主权利时处于俯首屈从的地位。

第三十三条

一、不得将本《宪章》中的任何规定解释为削弱或损害《联合国宪章》的条款，或解释为削弱、损害根据《联合国宪章》所采取的各种行动。

二、在解释和实施本《宪章》时，其中各条款的规定互有关联，每一条款都应当同前后其他条款联系起来加以解释。

第三十四条 关于《各国经济权利和义务宪章》的议题，应当列入联合国大会第30次常会的议程；其后每隔五年，再一次列入常会议程。这样，就可以对本《宪章》的实施情况，包括已经取得的成就以及可能必要的修订补充，加以系统的、全面的审议，从而建议采取相应的措施。进行这种审议时，应当注意到同本《宪章》所依据的各项原则和宗旨有关的经济、社会、法律以及其他各种因素的发展变化。

（资料来源：陈安、刘智中编选：《国际经济法资料选编》，法律出版社1991年版，第31—44页。）

科托努协定(节录)(2000)
The Cotonou Agreement(Excerpts),2000

(Signed in Cotonou, Benin on 23 June 2000)

Table of Contents

Preamble

Having regard to the Treaty establishing the European Community, on the one hand, and the Georgetown Agreement establishing the Group of African, Caribbean and Pacific States (ACP), on the other;

Affirming their commitment to work together towards the achievement of the objectives of poverty eradication, sustainable development and the gradual integration of the ACP countries into the world economy;

Asserting their resolve to make, through their cooperation, a significant contribution to the economic, social and cultural development of the ACP States and to the greater well-being of their population, helping them facing the challenges of globalisation and strengthening the ACP-EU Partnership in the effort to give the process of globalisation a stronger social dimension;

Reaffirming their willingness to revitalise their special relationship and to implement a comprehensive and integrated approach for a strengthened partnership based on political dialogue, development cooperation and economic and trade relations;

Acknowledging that a political environment guaranteeing peace, security and stability, respect for human rights, democratic principles and the rule of law, and good governance is part and parcel of long term development; acknowledging that responsibility for establishing such an environment rests primarily with the countries concerned;

Acknowledging that sound and sustainable economic policies are prerequisites for development;

Referring to the principles of the Charter of the United Nations, and recalling the Universal Declaration of Human Rights, the conclusions of the 1993 Vienna Conference on Human Rights, the Covenants on Civil and Political Rights and on Economic, Social and Cultural Rights, the Convention on the Rights of the Child, the Convention on the Elimination of all forms of Discrimination against Women, the International Convention on the Elimination of all forms of Racial Discrimination, the 1949 Geneva Conventions and the other instruments of international humanitarian law, the 1954 Convention relating to the status of stateless persons, the 1951 Geneva Convention relating to the Status of Refugees and the 1967 New York Protocol relating to the Status of Refugees;

Considering the Convention for the Protection of Human Rights and Fundamental Freedoms of the Council of Europe, the African Charter on Human and Peoples' Rights and the American Convention on Human Rights as positive regional contributions to the respect of human rights in the European Union and in the ACP States;

Recalling the Libreville and Santo Domingo declarations of the Heads of State and Government of the ACP countries at their Summits in 1997 and 1999;

Considering that the development targets and principles agreed in United Nations Conferences and the target, set by the OECD Development Assistance Committee, to reduce by one half the proportion of people living in extreme poverty by the year 2015 provide a clear vision and must underpin ACP-EU cooperation within this Agreement;

Paying particular attention to the pledges made at the Rio, Vienna, Cairo, Copenhagen, Beijing, Istanbul and Rome UN conferences and acknowledging the need for further action to be taken in order to achieve the goals and implement the action programmes which have been drawn up in those fora;

Anxious to respect basic labour rights, taking account of the principles laid down in the relevant conventions of the International Labour Organisation;

Recalling the commitments within the framework of the World Trade Organisation,

Have Decided to Conclude This Agreement:

Part 1: General Provisions

Title I: Objectives, Principles and Actors

Chapter 1: Objectives and Principles

Article 1

Objectives of the Partnership

The Community and its Member States, of the one part, and the ACP States, of the other part, hereinafter referred to as the "Parties" hereby conclude this Agreement in order to promote and expedite the economic, cultural and social development of the ACP States, with a view to contributing to peace and security and to promoting a stable and democratic political environment.

The partnership shall be centred on the objective of reducing and eventually eradicating poverty consistent with the objectives of sustainable development and the gradual integration of the ACP countries into the world economy.

These objectives and the Parties' international commitments shall inform all development strategies and shall be tackled through an integrated approach taking account at the same time of the political, economic, social, cultural and environmental aspects of development. The partnership shall provide a coherent support framework for the development strategies adopted by each ACP State.

Sustained economic growth, developing the private sector, increasing employment and improving access to productive resources shall all be part of this framework. Support shall be given to the respect of the rights of the individual and meeting basic needs, the promotion of social development and the conditions for an equitable distribution of the fruits of growth. Regional and sub-regional integration processes which foster the integration of the ACP countries into the world economy in terms of trade and private investment shall be encouraged and supported. Building the capacity of the actors in development and improving the institutional framework necessary for social cohesion, for the functioning of a democratic society and market economy, and for the emergence of an active and organised civil society shall be integral to the approach. Systematic account shall be taken of the situation of women and gender issues in all areas-political, economic and social. The principles of sustainable management of natural resources and the environment shall be applied and integrated at every level of the partnership.

Article 2

Fundamental Principles

ACP-EC cooperation, underpinned by a legally binding system and the existence of joint institutions, shall be exercised on the basis of the following fundamental principles:

- equality of the partners and ownership of the development strategies: for the purposes of implementing the objectives of the partnership, the ACP States shall determine the development strategies for their economies and societies in all sovereignty and with due regard for the essential elements described in Article 9; the partnership shall encourage ownership of the development strategies by the countries and populations concerned;

• participation: apart from central government as the main partner, the partnership shall be open to different kinds of other actors in order to encourage the integration of all sections of society, including the private sector and civil society organisations, into the mainstream of political, economic and social life;

• the pivotal role of dialogue and the fulfilment of mutual obligations: the obligations assumed by the Parties in the framework of their dialogue shall be central to their partnership and cooperation relations;

• differentiation and regionalisation: cooperation arrangements and priorities shall vary according to a partner's level of development, its needs, its performance and its long-term development strategy. Particular emphasis shall be placed on the regional dimension. Special treatment shall be given to the least-developed countries. The vulnerability of landlocked and island countries shall be taken into account.

Article 3

Achievement of this Agreement's Objectives

The Parties shall, each as far as it is concerned in the framework of this Agreement, take all appropriate measures, whether general or particular, to ensure the fulfilment of the obligations arising from this Agreement and to facilitate the attainment of the objectives thereof. They shall refrain from any measures liable to jeopardise these objectives.

Chapter 2: The Actors of the Partnership

Article 4

General Approach

The ACP States shall determine the development principles, strategies and models of their economies and societies in all sovereignty. They shall establish, with the Community, the cooperation programmes provided for under this Agreement. However, the parties recognise the complementary role of and potential for contributions by non-State actors to the development process. To this end, under the conditions laid down in this Agreement, non-State actors shall, where appropriate:

• be informed and involved in consultation on cooperation policies and strategies, on priorities for cooperation especially in areas that concern or directly affect them, and on the political dialogue;

• be provided with financial resources, under the conditions laid down in this Agreement in order to support local development processes;

• be involved in the implementation of cooperation project and programmes in areas that concern them or where these actors have a comparative advantage;

• be provided with capacity-building support in critical areas in order to reinforce the capabilities of these actors, particularly as regards organisation and representation, and the establishment of consultation mechanisms including channels of communication and dialogue, and to promote strategic alliances.

Article 5

Information

Cooperation will support operation to provide more information and create greater awareness of the basic features of ACP-EU Partnership. Cooperation will also:

- encourage partnership and build links between ACP and EU actors;
- strengthen networking and exchange of expertise and experience among the actors.

Article 6

Definitions

1. The actors of cooperation will include:

a. State (local, national and regional);

b. Non-State:

- Private sector;
- Economic and social partners, including trade union organisations;
- Civil Society in all its forms according to national characteristics.

2. Recognition by the parties of non-governmental actors shall depend on the extent to which they address the needs of the population, on their specific competencies and whether they are organised and managed democratically and transparently.

Article 7

Capacity Building

The contribution of civil society to development can be enhanced by strengthening community organisations and non-profit non-governmental organisations in all spheres of cooperation. This will require:

- encouraging and supporting the creation and development of such organisations;
- establishing arrangements for involving such organisations in the design, implementation and evaluation of development strategies and programmes.

Title II: The Political Dimension

Article 8

Political Dialogue

1. The Parties shall regularly engage in a comprehensive, balanced and deep political dialogue leading to commitments on both sides.

2. The objective of this dialogue shall be to exchange information, to foster mutual understanding, and to facilitate the establishment of agreed priorities and shared agendas, in particular by recognising existing links between the different aspects of the relations between the Parties and the various areas of cooperation as laid down in this Agreement. The dialogue shall facilitate consultations between the Parties within international fora. The objectives of the dialogue shall also include preventing situations arising in which one Party might deem it necessary to have recourse to the non-

execution clause.

3. The dialogue shall cover all the aims and objectives laid down in this Agreement as well as all questions of common, general, regional or sub-regional interest. Through dialogue, the Parties shall contribute to peace, security and stability and promote a stable and democratic political environment. It shall encompass cooperation strategies as well as global and sectoral policies, including environment, gender, migration and questions related to the cultural heritage.

4. The dialogue shall focus, inter alia, on specific political issues of mutual concern or of general significance for the attainment of the objectives of this Agreement, such as the arms trade, excessive military expenditure, drugs and organised crime, or ethnic, religious or racial discrimination. The dialogue shall also encompass a regular assessment of the developments concerning the respect for human rights, democratic principles, the rule of law and good governance.

5. Broadly based policies to promote peace and to prevent, manage and resolve violent conflicts shall play a prominent role in this dialogue, as shall the need to take full account of the objective of peace and democratic stability in the definition of priority areas of cooperation.

6. The dialogue shall be conducted in a flexible manner. Dialogue shall be formal or informal according to the need, and conducted within and outside the institutional framework, in the appropriate format, and at the appropriate level including regional, sub-regional or national level.

7. Regional and sub-regional organisations as well as representatives of civil society organisations shall be associated with this dialogue.

Article 9

Essential Elements and Fundamental Element

1. Cooperation shall be directed towards sustainable development centred on the human person, who is the main protagonist and beneficiary of development; this entails respect for and promotion of all human rights.

Respect for all human rights and fundamental freedoms, including respect for fundamental social rights, democracy based on the rule of law and transparent and accountable governance are an integral part of sustainable development.

2. The Parties refer to their international obligations and commitments concerning respect for human rights. They reiterate their deep attachment to human dignity and human rights, which are legitimate aspirations of individuals and peoples. Human rights are universal, indivisible and interrelated. The Parties undertake to promote and protect all fundamental freedoms and human rights, be they civil and political, or economic, social and cultural. In this context, the Parties reaffirm the equality of men and women.

The Parties reaffirm that democratisation, development and the protection of fundamental freedoms and human rights are interrelated and mutually reinforcing. Democratic principles are universally recognised principles underpinning the organisation of the State to ensure the legitimacy of its authority, the legality of its actions reflected in its constitutional, legislative and regulatory system, and the existence of participatory mechanisms. On the basis of universally recognised principles, each country develops its democratic culture.

The structure of government and the prerogatives of the different powers shall be founded on rule of law, which shall entail in particular effective and accessible means of legal redress, an independent legal system guaranteeing equality before the law and an executive that is fully subject to the law.

Respect for human rights, democratic principles and the rule of law, which underpin the ACP-EU Partnership, shall underpin the domestic and international policies of the Parties and constitute the essential elements of this Agreement.

3. In the context of a political and institutional environment that upholds human rights, democratic principles and the rule of law, good governance is the transparent and accountable management of human, natural, economic and financial resources for the purposes of equitable and sustainable development. It entails clear decision-making procedures at the level of public authorities, transparent and accountable institutions, the primacy of law in the management and distribution of resources and capacity building for elaborating and implementing measures aiming in particular at preventing and combating corruption.

Good governance, which underpins the ACP-EU Partnership, shall underpin the domestic and international policies of the Parties and constitute a fundamental element of this Agreement. The Parties agree that only serious cases of corruption, including acts of bribery leading to such corruption, as defined in Article 97 constitute a violation of that element.

4. The Partnership shall actively support the promotion of human rights, processes of democratisation, consolidation of the rule of law, and good governance.

These areas will be an important subject for the political dialogue. In the context of this dialogue, the Parties shall attach particular importance to the changes underway and to the continuity of the progress achieved. This regular assessment shall take into account each country's economic, social, cultural and historical context.

These areas will also be a focus of support for development strategies. The Community shall provide support for political, institutional and legal reforms and for building the capacity of public and private actors and civil society in the framework of strategies agreed jointly between the State concerned and the Community.

Article 10

Other Elements of the Political Environment

1. The Parties consider the following elements as contributing to the maintenance and consolidation of a stable and democratic political environment:

- sustainable and equitable development involving, inter alia, access to productive resources, essential services and justice;
- greater involvement of an active and organised civil society and the private sector.

2. The Parties recognise that the principles of the market economy, supported by transparent competition rules and sound economic and social policies, contribute to achieving the objectives of the partnership.

Article 11

Peace-building policies, conflict prevention and resolution

1. The Parties shall pursue an active, comprehensive and integrated policy of peace-building and conflict prevention and resolution within the framework of the Partnership. This policy shall be based on the principle of ownership. It shall in particular focus on building regional, sub-regional and national capacities, and on preventing violent conflicts at an early stage by addressing their root-causes in a targeted manner, and with an adequate combination of all available instruments.

2. The activities in the field of peace-building, conflict prevention and resolution shall in particular include support for balancing political, economic, social and cultural opportunities among all segments of society, for strengthening the democratic legitimacy and effectiveness of governance, for establishing effective mechanisms for the peaceful conciliation of group interests, for bridging dividing lines among different segments of society as well as support for an active and organised civil society.

3. Relevant activities shall also include, inter alia, support for mediation, negotiation and reconciliation efforts, for effective regional management of shared, scarce natural resources, for demobilisation and reintegration of former combatants into the society, for addressing the problem of child soldiers, as well as for suitable action to set responsible limits to military expenditure and the arms trade, including through support for the promotion and application of agreed standards and codes of conduct. In this context, particular emphasis shall be given to the fight against anti-personnel landmines as well as to addressing an excessive and uncontrolled spread, illegal trafficking and accumulation of small arms and light weapons.

4. In situations of violent conflict the Parties shall take all suitable action to prevent an intensification of violence, to limit its territorial spread, and to facilitate a peaceful settlement of the existing disputes. Particular attention shall be paid to ensuring that financial resources for cooperation are used in accordance with the principles and objectives of the Partnership, and to preventing a diversion of funds for belligerent purposes.

5. In post-conflict situations, the Parties shall take all suitable action to facilitate the return to a non-violent, stable and self-sustainable situation. The Parties shall ensure the creation of the necessary links between emergency measures, rehabilitation and development cooperation.

Article 12

Coherence of Community policies and their impact on the implementation of this Agreement

Without prejudice to Article 96, where the Community intends, in the exercise of its powers, to take a measure which might affect the interests of the ACP States, as far as this Agreement's objectives are concerned, it shall inform in good time the said States of its intentions. Towards this end, the Commission shall communicate simultaneously to the Secretariat of the ACP States its proposal for such measures. Where necessary, a request for information may also take place on the initiative of the ACP States.

At their request, consultations shall be held promptly so that account may be taken of their concerns as to the impact of those measures before any final decision is made.

After such consultations have taken place, the ACP States may, in addition, transmit their concerns in writing to the Community as soon as possible and submit suggestions for amendments indicating the way their concerns should be met.

If the Community does not accede to the ACP States' submissions, it shall advise them as soon as possible giving its reasons.

The ACP States shall also be provided with adequate information on the entry into force of such decisions, in advance whenever possible.

Article 13

Migration

1. The issue of migration shall be the subject of in-depth dialogue in the framework of the ACP-EU Partnership.

The Parties reaffirm their existing obligations and commitments in international law to ensure respect for human rights and to eliminate all forms of discrimination based particularly on origin, sex, race, language and religion.

2. The Parties agree to consider that a partnership implies, with relation to migration, fair treatment of third country nationals who reside legally on their territories, integration policy aiming at granting them rights and obligations comparable to those of their citizens, enhancing non-discrimination in economic, social and cultural life and developing measures against racism and xenophobia.

3. The treatment accorded by each Member State to workers of ACP countries legally employed in its territory, shall be free from any discrimination based on nationality, as regards working conditions, remuneration and dismissal, relative to its own nationals. Further in this regard, each ACP State shall accord comparable non-discriminatory treatment to workers who are nationals of a Member State.

4. The Parties consider that strategies aiming at reducing poverty, improving living and working conditions, creating employment and developing training contribute in the long term to normalising migratory flows.

The Parties will take account, in the framework of development strategies and national and regional programming, of structural constraints associated with migratory flows with the purpose of supporting the economic and social development of the regions from which migrants originate and of reducing poverty.

The Community shall support, through national and regional Cooperation programmes, the training of ACP nationals in their country of origin, in another ACP country or in a Member State of the European Union. As regards training in a Member State, the Parties shall ensure that such action is geared towards the vocational integration of ACP nationals in their countries of origin.

The Parties shall develop cooperation programmes to facilitate the access of students from ACP States to education, in particular through the use of new communication technologies.

5. a. In the framework of the political dialogue the Council of Ministers shall examine issues arising from illegal immigration with a view to establishing, where appropriate, the means for a prevention policy.

b. In this context the Parties agree in particular to ensure that the rights and dignity of individuals are respected in any procedure initiated to return illegal immigrants to their countries of origin. In this connection the authorities concerned shall extend to them the administrative facilities necessary for their return.

c. The Parties further agree that:

i. each Member State of the European Union shall accept the return of and readmission of any of its nationals who are illegally present on the territory of an ACP State, at that State's request and without further formalities;

each of the ACP States shall accept the return of and readmission of any of its nationals who are illegally present on the territory of a Member State of the European Union, at that Member State's request and without further formalities.

The Member States and the ACP States will provide their nationals with appropriate identity documents for such purposes.

In respect of the Member States of the European Union, the obligations in this paragraph apply only in respect of those persons who are to be considered their nationals for the Community purposes in accordance with Declaration No 2 to the Treaty establishing the European Community. In respect of ACP States, the obligations in this paragraph apply only in respect of those persons who are considered as their nationals in accordance with their respective legal system.

ii. at the request of a Party, negotiations shall be initiated with ACP States aiming at concluding in good faith and with due regard for the relevant rules of international law, bilateral agreements governing specific obligations for the readmission and return of their nationals. These agreements shall also cover, if deemed necessary by any of the Parties, arrangements for the readmission of third country nationals and stateless persons. Such agreements will lay down the details about the categories of persons covered by these arrangements as well as the modalities of their readmission and return.

Adequate assistance to implement these agreements will be provided to the ACP States.

iii. for the purposes of this point (c), the term "Parties" shall refer to the Community, any of its Member States and any ACP State.

Part 2: Institutional Provisions

Article 14

The Joint Institutions

The institutions of this Agreement are the Council of Ministers, the Committee of Ambassadors and the Joint Parliamentary Assembly.

Article 15

The Council of Ministers

1. The Council of Ministers shall comprise, on the one hand, the members of the Council of the European Union and members of the Commission of the European Communities and, on the oth-

er, a member of the government of each ACP State.

The office of the President of the Council of Ministers shall be held alternately by a member of the Council of the European Union and a member of the government of an ACP State.

The Council shall meet as a rule once a year on the initiative of the President and whenever it seems necessary, in a form and a geographical composition appropriate to the issues to be addressed.

2. The functions of the Council of Ministers shall be to:

a. conduct the political dialogue;

b. adopt the policy guidelines and take the decisions necessary for the implementation of the provisions of this Agreement, in particular as regards development strategies in the specific areas provided for by this Agreement or any other area that should prove relevant, and as regards procedures;

c. examine and resolve any issue liable to impede the effective and efficient implementation of this Agreement or present an obstacle to achieving its objectives;

d. ensure the smooth functioning of the consultation mechanisms.

3. The Council of Ministers shall take its decisions by common agreement of the Parties. The proceedings of the Council of Ministers shall be valid only if half the members of the Council of the European Union, one member of the Commission and two-thirds of the members representing the governments of the ACP States are present. Any member of the Council of Ministers unable to attend may be represented. The representative shall exercise all the rights of that member.

It may take decisions that are binding on the Parties and frame resolutions, recommendations and opinions. It shall examine and take into consideration resolutions and recommendations adopted by the Joint Parliamentary Assembly.

The Council of Ministers shall conduct an ongoing dialogue with the representatives of the social and economic partners and other actors of civil society in the ACP and the EU. To that end, consultations may be held alongside its meetings.

4. The Council of Ministers may delegate powers to the Committee of Ambassadors.

5. The Council of Ministers shall adopt its rules of procedure within six months of the entry into force of this Agreement.

Article 16

The Committee of Ambassadors

1. The Committee of Ambassadors shall comprise, on the one hand, the permanent representative of each Member State to the European Union and a representative of the Commission and, on the other, the head of mission of each ACP State to the European Union.

The office of Chairman of the Committee of Ambassadors shall be held alternately by a Permanent Representative of a Member State designated by the Community, and a head of mission representing an ACP State, designated by the ACP States.

2. The Committee shall assist the Council of Ministers in the fulfilment of its tasks and carry out any mandate entrusted to it by the Council. In this context, it shall monitor implementation of

this Agreement and progress towards achieving the objectives set therein.

The Committee of Ambassadors shall meet regularly, in particular to prepare the Council sessions and whenever it proves necessary.

3. The Committee shall adopt its rules of procedure within six months of the entry into force of this Agreement.

Article 17

The Joint Parliamentary Assembly

1. The Joint Parliamentary Assembly shall be composed of equal numbers of EU and ACP representatives. The members of the Joint Parliamentary Assembly shall be, on the one hand, members of the European Parliament and, on the other, members of parliament or, failing this, representatives designated by the parliament of each ACP State. In the absence of a parliament, the attendance of a representative from the ACP State concerned shall be subject to the prior approval of the Joint Parliamentary Assembly.

2. The role of the Joint Parliamentary Assembly, as a consultative body, shall be to:

- promote democratic processes through dialogue and consultation;
- facilitate greater understanding between the peoples of the European Union and those of the ACP States and raise public awareness of development issues;
- discuss issues pertaining to development and the ACP-EU Partnership;
- adopt resolutions and make recommendations to the Council of Ministers with a view to achieving the objectives of this Agreement.

3. The Joint Parliamentary Assembly shall meet twice a year in plenary session, alternately in the European Union and in an ACP State. With a view to strengthening regional integration and fostering cooperation between national parliaments, meetings between EU and ACP members of parliament may be arranged at regional or subregional level.

The Joint Parliamentary Assembly shall organise regular contacts with representatives of the ACP-EU economic and social partners and the other actors of civil society in order to obtain their views on the attainment of the objectives of this Agreement.

4. The Joint Parliamentary Assembly shall adopt its rules of procedure within six months of the entry into force of this Agreement.

Part 3: Cooperation Strategies

Article 18

The cooperation strategies shall be based on development strategies and economic and trade cooperation which are interlinked and complementary. The Parties shall ensure that the efforts undertaken in both aforementioned areas are mutually reinforcing.

Chapter 1: General Framework

Article 19

Principles and Objectives

1. The central objective of ACP-EC cooperation is poverty reduction and ultimately its eradication; sustainable development; and progressive integration of the ACP countries into the world economy. In this context, cooperation framework and orientations shall be tailored to the individual circumstances of each ACP country, shall promote local ownership of economic and social reforms and the integration of the private sector and civil society actors into the development process.

2. Cooperation shall refer to the conclusions of United Nations Conferences and to the objectives, targets and action programmes agreed at international level and to their follow up as a basis for development principles. Cooperation shall also refer to the international development cooperation targets and shall pay particular attention to putting in place qualitative and quantitative indicators of progress.

3. Governments and non-State actors in each ACP country shall initiate consultations on country development strategies and community support thereto.

Article 20

The Approach

The objectives of ACP-EC development cooperation shall be pursued through integrated strategies that incorporate economic, social, cultural, environmental and institutional elements that must be locally owned. Cooperation shall thus provide a coherent enabling framework of support to the ACP's own development strategies, ensuring complementarity and interaction between the various elements. In this context and within the framework of development policies and reforms pursued by the ACP States, ACP-EC cooperation strategies shall aim at:

a. achieving rapid and sustained job-creating economic growth, developing the private sector, increasing employment, improving access to productive economic activities and resource, and fostering regional cooperation and integration;

b. promoting human and social development helping to ensure that the fruits of growth are widely and equitably shared and promoting gender equality;

c. promoting cultural values of communities and specific interactions with economic, political and social elements;

d. promoting institutional reforms and development, strengthening the institutions necessary for the consolidation of democracy, good governance and for efficient and competitive market economies; and building capacity for development and partnership; and

e. promoting environmental sustainability, regeneration and best practices, and the preservation of natural resource base.

2. Systematic account shall be taken in mainstreaming into all areas of cooperation the following thematic or cross-cutting themes: gender issues, environmental issues and institutional development and capacity building. These areas shall also be eligible for Community support.

3. The detailed texts as regards development cooperation objectives and strategies, in particular sectoral policies and strategies shall be incorporated in a compendium providing operational guidelines in specific areas or sectors of cooperation. These texts may be revised, reviewed and/or amended by the Council of Ministers on the basis of a recommendation from the ACP-EC Development Finance Cooperation Committee.

Chapter 2: Areas of Support

Section 1: Economic Development

Article 21

Investment and Private Sector Development

1. Cooperation shall support the necessary economic and institutional reforms and policies at national and/or regional level, aiming at creating a favourable environment for private investment, and the development of a dynamic, viable and competitive private sector. Cooperation shall further support:

a. the promotion of public-private sector dialogue and cooperation;

b. the development of entrepreneurial skills and business culture;

c. privatisation and enterprise reform; and

d. development and modernisation of mediation and arbitration systems.

2. Cooperation shall also support improving the quality, availability and accessibility of financial and non-financial services to private enterprises, both formal and informal; by:

a. catalysing and leveraging flows of private savings, both domestic and foreign, into the financing of private enterprises by supporting policies for developing a modern financial sector including a capital market, financial institutions and sustainable microfinance operations;

b. the development and strengthening of business institutions and intermediary organisations, associations, chambers of commerce and local providers from the private sector supporting and providing non-financial services to enterprises such as professional, technical, management, training and commercial support services; and

c. supporting institutions, programmes, activities and initiatives that contribute to the development and transfer of technologies and know-how and best practices on all aspects of business management.

3. Cooperation shall promote business development through the provision of finance, guarantee facilities and technical support aimed at encouraging and supporting the creation, establishment, expansion, diversification, rehabilitation, restructuring, modernisation or privatisation of dynamic, viable and competitive enterprises in all economic sectors as well as financial intermediaries such as development finance and venture capital institutions, and leasing companies by:

a. creating and/or strengthening financial instruments in the form of investment capital;

b. improving access to essential inputs such as business information and advisory, consultancy or technical assistance services;

c. enhancement of export activities, in particular through capacity building in all trade-related areas; and

d. encouraging inter-firm linkages, networks and cooperation including those involving the transfer of technology and know-how at national, regional and ACP-EU levels, and partnerships with private foreign investors which are consistent with the objectives and guidelines of ACP-EC Development cooperation.

4. Cooperation shall support microenterprise development through better access to financial and non-financial services; an appropriate policy and regulatory framework for their development; and provide training and information services on best practices in microfinance.

5. Support for investment and private sector development shall integrate actions and initiatives at macro, meso and micro economic levels.

Article 22

Macroeconomic and Structural Reforms and Policies

1. Cooperation shall support ACP efforts to implement:

a. macroeconomic growth and stabilisation through disciplined fiscal and monetary policies that result in the reduction of inflation, and improve external and fiscal balances, by strengthening fiscal discipline, enhancing budgetary transparency and efficiency, improving the quality, the equity and composition of fiscal policy; and

b. structural policies designed to reinforce the role of the different actors, especially the private sector and improve the environment for increases in business, investment and employment, as well as:

i. liberalise trade and foreign exchange regimes and current account convertibility, having regard to the particular circumstances of each country;

ii. strengthen labour and product-market reforms;

iii. encourage financial systems reforms which help to develop viable banking and non-banking systems, capital markets and financial services, including micro-finance;

iv. improve the quality of private and public services; and

v. encourage regional cooperation and progressive integration of macroeconomic and monetary policies.

2. The design of macroeconomic policies and structural adjustment programmes shall reflect the socio-political background and institutional capacity of the countries concerned, ensure a positive impact on poverty reduction and social services access and shall be based on the following principles:

a. the ACP States shall bear primary responsibility for the analysis of the problems to be solved, the design and the implementation of the reforms;

b. support programmes shall be adapted to the different situation in each ACP State and be sensitive to the social conditions, culture and environment of these States;

c. the right of the ACP States to determine the direction and the sequencing of their development strategies and priorities shall be recognised and respected;

d. the pace of reforms shall be realistic and compatible with each ACP State's capacities and resources; and

e. strengthening the communication and the information of populations on economic and social reforms and policies.

Article 23

Economic Sector Development

Cooperation shall support sustainable policy and institutional reforms and the investments necessary for equitable access to economic activities and productive resources, particularly:

a. the development of training systems that help increase productivity in both the formal and the informal sectors;

b. capital, credit, land, especially as regards property rights and use;

c. development of rural strategies aimed at establishing a framework for participatory decentralised planning, resource allocation and management;

d. agricultural production strategies, national and regional food security policies, sustainable development of water resources and fisheries as well as marine resources within the economic exclusive zones of the ACP States. Any fishery agreement that may be negotiated between the Community and the ACP States shall pay due consideration to consistency with the development strategies in this area;

e. economic and technological infrastructure and services, including transport, telecommunication systems, communication services and the development of information society;

f. development of competitive industrial, mining and energy sectors, while encouraging private sector involvement and development;

g. trade development, including the promotion of fair trade;

h. development of business, finance and banking; and other service sectors;

i. tourism development; and

j. development of scientific, technological and research infrastructure and services; including the enhancement, transfer and absorption of new technologies;

k. the strengthening of capacities in productive areas, especially in public and private sectors.

Article 24

Tourism

Cooperation will aim at the sustainable development of the tourism industry in ACP countries and sub-regions, recognising its increasing importance to the growth of the services sector in ACP countries and to the expansion of their global trade, its ability to stimulate other sectors of economic activity, and the role it can play in poverty eradication.

Cooperation programmes and projects will support the efforts of ACP countries to establish and improve the countries legal and institutional framework and resources for the development and implementation of sustainable tourism policies and programmes, as well as inter alia, improving the competitive position of the sector, especially small and medium-sized enterprises (SMEs), investment support and promotion, product development including the development of indigenous cultures in

ACP countries, and strengthening linkages between tourism and other sectors of economic activity.

Section 2: Social and Human Development

Article 25

Social Sector Development

1. Cooperation shall support ACP States' efforts at developing general and sectoral policies and reforms which improve the coverage, quality of and access to basic social infrastructure and services and take account of local needs and specific demands of the most vulnerable and disadvantaged, thus reducing the inequalities of access to these services. Special attention shall be paid to ensuring adequate levels of public spending in the social sectors. In this context, cooperation shall aim at:

a. improving education and training, and building technical capacity and skills;

b. improving health systems and nutrition, eliminating hunger and malnutrition, ensuring adequate food supply and security;

c. integrating population issues into development strategies in order to improve reproductive health, primary health care, family planning; and prevention of female genital mutilation;

d. promoting the fight against HIV/AIDS;

e. increasing the security of household water and improving access to safe water and adequate sanitation;

f. improving the availability of affordable and adequate shelter for all through supporting low-cost and low-income housing programs and improving urban development; and

g. encouraging the promotion of participatory methods of social dialogue as well as respect for basic social rights.

2. Cooperation shall also support capacity-building in social areas such as programmes for training in the design of social policies and modern methods for managing social projects and programmes; policies conducive to technological innovation and research; building local expertise and promoting partnerships; and round-table discussions at national and/or regional level.

3. Cooperation shall promote and support the development and implementation of policies and of systems of social protection and security in order to enhance social cohesion and to promote self-help and community solidarity. The focus of the support shall, inter-alia, be on developing initiatives based on economic solidarity, particularly by setting-up social development funds adapted to local needs and actors.

Article 26

Youth Issues

Cooperation shall also support the establishment of a coherent and comprehensive policy for realising the potential of youth so that they are better integrated into society to achieve their full potential. In this context, cooperation shall support policies, measures and operations aimed at:

a. protecting the rights of children and youth, especially those of girl children;

b. promoting the skills, energy, innovation and potential of youth in order to enhance their economic, social and cultural opportunities and enlarge their employment opportunities in the productive sector;

c. helping community-based institutions to give children the opportunity to develop their physical, psychological, social and economic potential; and

d. reintegrating into society children in post-conflict situations through rehabilitation programmes.

Article 27

Cultural Development

Cooperation in the area of culture shall aim at:

a. integrating the cultural dimension at all levels of development cooperation;

b. recognising, preserving and promoting cultural values and identities to enable inter-cultural dialogue;

c. recognising, preserving and promoting the value of cultural heritage; supporting the development of capacity in this sector; and

d. developing cultural industries and enhancing market access opportunities for cultural goods and services.

Section 3: Regional Cooperation and Integration

Article 28

General Approach

Cooperation shall provide effective assistance to achieve the objectives and priorities which the ACP States have set themselves in the context of regional and sub-regional cooperation and integration, including inter-regional and intra-ACP cooperation. Regional Cooperation can also involve Overseas Countries and Territories (OCTs) and outermost regions. In this context, cooperation support shall aim to:

a. foster the gradual integration of the ACP States into the world economy;

b. accelerate economic cooperation and development both within and between the regions of the ACP States;

c. promote the free movement of persons, goods, services, capital, labour and technology among ACP countries;

d. accelerate diversification of the economies of the ACP States; and coordination and harmonisation of regional and sub-regional cooperation policies; and

e. promote and expand inter and intra-ACP trade and with third countries.

Article 29

Regional Economic Integration

Cooperation shall, in the area of regional economic integration, support:

a. developing and strengthening the capacities of:

i. regional integration institutions and organisations set up by the ACP States to promote regional cooperation and integration, and

ii. national governments and parliaments in matters of regional integration;

b. fostering participation of Least Developed Countries (LDC) ACP States in the establishment of regional markets and sharing the benefits therefrom;

c. implementation of sectoral reform policies at regional level;

d. liberalisation of trade and payments;

e. promoting cross-border investments both foreign and domestic, and other regional or sub-regional economic integration initiatives; and

f. taking account of the effects of net transitional costs of regional integration on budget revenue and balance of payments.

Article 30

Regional Cooperation

1. Cooperation shall, in the area of regional cooperation, support a wide variety of functional and thematic fields which specifically address common problems and take advantage of scale of economies, including:

a. infrastructure particularly transport and communications and safety thereof and services, including the development of regional opportunities in the area of Information and Communication Technologies (ICT);

b. the environment; water resource management and energy;

c. health, education and training;

d. research and technological development;

e. regional initiatives for disaster preparedness and mitigation; and

f. other areas, including arms control, action against drugs, organised crimes, money laundering, bribery and corruption.

2. Cooperation shall also support inter and intra-ACP cooperation schemes and initiatives.

3. Cooperation shall help promote and develop a regional political dialogue in areas of conflict prevention and resolution; human rights and democratisation; exchange, networking, and promotion of mobility between the different actors of development, in particular in civil society.

Section 4: Thematic and Cross-Cutting Issues

Article 31

Gender Issues

Cooperation shall help strengthen policies and programmes that improve, ensure and broaden the equal participation of men and women in all spheres of political, economic, social and cultural life. Cooperation shall help improve the access of women to all resources required for the full exercise of their fundamental rights. More specifically, cooperation shall create the appropriate framework to:

a. integrate a gender-sensitive approach and concerns at every level of development cooperation including macroeconomic policies, strategies and operations; and

b. encourage the adoption of specific positive measures in favour of women such as:

i. participation in national and local politics;

ii. support for women's organisations;

iii. access to basic social services, especially to education and training, health care and family planning;

iv. access to productive resources, especially to land and credit and to labour market; and

v. taking specific account of women in emergency aid and rehabilitation operations.

Article 32

Environment and Natural Resources

1. Cooperation on environmental protection and sustainable utilisation and management of natural resources shall aim at:

a. mainstreaming environmental sustainability into all aspects of development cooperation and support programmes and projects implemented by the various actors;

b. building and/or strengthening the scientific and technical human and institutional capacity for environmental management for all environmental stakeholders;

c. supporting specific measures and schemes aimed at addressing critical sustainable management issues and also relating to current and future regional and international commitments concerning mineral and natural resources such as:

i. tropical forests, water resources, coastal, marine and fisheries resources, wildlife, soils, biodiversity;

ii. protection of fragile ecosystems (e. g. coral reef);

iii. renewable energy sources notably solar energy and energy efficiency;

iv. sustainable rural and urban development;

v. desertification, drought and deforestation;

vi. developing innovative solutions to urban environmental problems; and

vii. promotion of sustainable tourism.

d. Taking into account issues relating to the transport and disposal of hazardous waste.

2. Cooperation shall also take account of:

a. the vulnerability of small island ACP countries, especially to the threat posed by climate change;

b. the worsening drought and desertification problems especially of least developed and land-locked countries; and

c. institutional development and capacity building.

Article 33

Institutional Development and Capacity Building

1. Cooperation shall pay systematic attention to institutional aspects and in this context, shall support the efforts of the ACP States to develop and strengthen structures, institutions and procedures that help to:

a. promote and sustain democracy, human dignity, social justice and pluralism, with full respect for diversity within and among societies;

b. promote and sustain universal and full respect for and observance and protection of all human rights and fundamental freedoms;

c. develop and strengthen the rule of law; and improve access to justice, while guaranteeing the professionalism and independence of the judicial systems; and

d. ensure transparent and accountable governance and administration in all public institutions.

2. The Parties shall work together in the fight against bribery and corruption in all their societies.

3. Cooperation shall support ACP States' efforts to develop their public institutions into a positive force for growth and development and to achieve major improvements in the efficiency of government services as they affect the lives of ordinary people. In this context, cooperation shall assist the reform, rationalisation and the modernisation of the public sector. Specifically, cooperation support shall focus on:

a. the reform and modernisation of the civil service;

b. legal and judicial reforms and modernisation of justice systems;

c. improvement and strengthening of public finance management;

d. accelerating reforms of the banking and financial sector;

e. improvement of the management of public assets and reform of public procurement procedures; and

f. political, administrative, economic and financial decentralisation.

4. Cooperation shall also assist to restore and/or enhance critical public sector capacity and to support institutions needed to underpin a market economy, especially support for:

a. developing legal and regulatory capabilities needed to cope with the operation of a market economy, including competition policy and consumer policy;

b. improving capacity to analyse, plan, formulate and implement policies, in particular in the economic, social, environmental, research, science and technology and innovation fields;

c. modernising, strengthening and reforming financial and monetary institutions and improving procedures;

d. building the capacity at the local and municipal levels which is required to implement decentralisation policy and to increase the participation of the population in the development process; and

e. developing capacity in other critical areas such as:

i. international negotiations; and

ii. management and coordination of external aid.

5. Cooperation shall span all areas and sectors of cooperation to foster the emergence of non-State actors and the development of their capacities; and to strengthen structures for information, dialogue and consultation between them and the national authorities, including at regional level.

Title II: Economic and Trade Cooperation

Chapter 1: Objectives and Principles

Article 34

Objectives

1. Economic and trade cooperation shall aim at fostering the smooth and gradual integration of the ACP States into the world economy, with due regard for their political choices and development priorities, thereby promoting their sustainable development and contributing to poverty eradication in the ACP countries.

2. The ultimate objective of economic and trade cooperation is to enable the ACP States to play a full part in international trade. In this context, particular regard shall be had to the need for the ACP States to participate actively in multilateral trade negotiations. Given the current level of development of the ACP countries, economic and trade cooperation shall be directed at enabling the ACP States to manage the challenges of globalisation and to adapt progressively to new conditions of international trade thereby facilitating their transition to the liberalised global economy.

3. To this end economic and trade cooperation shall aim at enhancing the production, supply and trading capacity of the ACP countries as well as their capacity to attract investment. It shall further aim at creating a new trading dynamic between the Parties, at strengthening the ACP countries trade and investment policies and at improving the ACP countries' capacity to handle all issues related to trade.

4. Economic and trade cooperation shall be implemented in full conformity with the provisions of the WTO, including special and differential treatment, taking account of the Parties' mutual interests and their respective levels of development.

Article 35

Principles

1. Economic and trade cooperation shall be based on a true, strengthened and strategic partnership. It shall further be based on a comprehensive approach which builds on the strengths and achievements of the previous ACP-EC Conventions, using all means available to achieve the objectives set out above by addressing supply and demand side constraints. In this context, particular regard shall be had to trade development measures as a means of enhancing ACP States' competitiveness. Appropriate weight shall therefore be given to trade development within the ACP States' development strategies, which the Community shall support.

2. Economic and trade cooperation shall build on regional integration initiatives of ACP States, bearing in mind that regional integration is a key instrument for the integration of ACP countries into the world economy.

3. Economic and trade cooperation shall take account of the different needs and levels of development of the ACP countries and regions. In this context, the Parties reaffirm their attachment to

ensuring special and differential treatment for all ACP countries and to maintaining special treatment for ACP LDCs and to taking due account of the vulnerability of small, landlocked and island countries.

Chapter 2: New Trading Arrangements

Article 36

Modalities

1. In view of the objectives and principles set out above, the Parties agree to conclude new World Trade Organisation (WTO) compatible trading arrangements, removing progressively barriers to trade between them and enhancing cooperation in all areas relevant to trade.

2. The Parties agree that the new trading arrangements shall be introduced gradually and recognise the need, therefore, for a preparatory period.

3. In order to facilitate the transition to the new trading arrangements, the non-reciprocal trade preferences applied under the Fourth ACP-EC Convention shall be maintained during the preparatory period for all ACP countries, under the conditions defined in Annex V to this Agreement.

4. In this context, the Parties reaffirm the importance of the commodity protocols, attached to Annex V of this Agreement. They agree on the need to review them in the context of the new trading arrangements, in particular as regards their compatibility with WTO rules, with a view to safeguarding the benefits derived therefrom, bearing in mind the special legal status of the Sugar Protocol.

Article 37

Procedures

1. Economic partnership agreements shall be negotiated during the preparatory period which shall end by 31 December 2007 at the latest. Formal negotiations of the new trading arrangements shall start in September 2002 and the new trading arrangements shall enter into force by 1 January 2008, unless earlier dates are agreed between the Parties.

2. All the necessary measures shall be taken so as to ensure that the negotiations are successfully concluded within the preparatory period. To this end, the period up to the start of the formal negotiations of the new trading arrangements shall be actively used to make initial preparations for these negotiations.

3. The preparatory period shall also be used for capacity-building in the public and private sectors of ACP countries, including measures to enhance competitiveness, for strengthening of regional organisations and for support to regional trade integration initiatives, where appropriate with assistance to budgetary adjustment and fiscal reform, as well as for infrastructure upgrading and development, and for investment promotion.

4. The Parties will regularly review the progress of the preparations and negotiations and, will in 2006 carry out a formal and comprehensive review of the arrangements planned for all countries to ensure that no further time is needed for preparations or negotiations.

5. Negotiations of the economic partnership agreements will be undertaken with ACP countries which consider themselves in a position to do so, at the level they consider appropriate and in ac-

cordance with the procedures agreed by the ACP Group, taking into account regional integration process within the ACP.

6. In 2004, the Community will assess the situation of the non-LDC which, after consultations with the Community decide that they are not in a position to enter into economic partnership agreements and will examine all alternative possibilities, in order to provide these countries with a new framework for trade which is equivalent to their existing situation and in conformity with WTO rules.

7. Negotiations of the economic partnership agreements shall aim notably at establishing the timetable for the progressive removal of barriers to trade between the Parties, in accordance with the relevant WTO rules. On the Community side trade liberalisation shall build on the acquis and shall aim at improving current market access for the ACP countries through inter alia, a review of the rules of origin. Negotiations shall take account of the level of development and the socio-economic impact of trade measures on ACP countries, and their capacity to adapt and adjust their economies to the liberalisation process. Negotiations will therefore be as flexible as possible in establishing the duration of a sufficient transitional period, the final product coverage, taking into account sensitive sectors, and the degree of asymmetry in terms of timetable for tariff dismantlement, while remaining in conformity with WTO rules then prevailing.

8. The Parties shall closely cooperate and collaborate in the WTO with a view to defending the arrangements reached, in particular with regard to the degree of flexibility available.

9. The Community will start by the year 2000, a process which by the end of multilateral trade negotiations and at the latest 2005 will allow duty free access for essentially all products from all LDC building on the level of the existing trade provisions of the Fourth ACP-EC Convention and which will simplify and review the rules of origin, including cumulation provisions, that apply to their exports.

Article 38

Joint Ministerial Trade Committee

1. A Joint ACP-EC Ministerial Trade Committee shall be established.

2. The Ministerial Trade Committee shall pay special attention to current multilateral trade negotiations and shall examine the impact of the wider liberalisation initiatives on ACP-EC trade and the development of ACP economies. It shall make any necessary recommendations with a view to preserving the benefits of the ACP-EC trading arrangements.

3. The Ministerial Trade Committee shall meet at least once a year. Its rules of procedure shall be laid down by the Council of Ministers. It shall be composed of representatives of the ACP States and of the Community.

Chapter 3: Cooperation in the International Fora

Article 39

General Provisions

1. The Parties underline the importance of their active participation in the WTO as well as in other relevant international organisations by becoming members of these organisations and closely fol-

lowing their agenda and activities.

2. They agree to cooperate closely in identifying and furthering their common interests in international economic and trade cooperation in particular in the WTO, including participation in setting and conducting the agenda in future multilateral trade negotiations. In this context, particular attention shall be paid to improve access to the Community and other markets for products and services originating in the ACP countries.

3. They also agree on the importance of flexibility in WTO rules to take account of the ACP's level of development as well of the difficulties faced in meeting their obligations. They further agree on the need for technical assistance to enable the ACP countries to implement their commitments.

4. The Community agrees to assist the ACP States in their efforts, in accordance with the provisions set out in this Agreement, to become active members of these organisations, by developing the necessary capacity to negotiate, participate effectively, monitor and implement these agreements.

Article 40

Commodities

1. The Parties recognise the need to ensure a better operation of international commodity markets and to increase market transparency.

2. They confirm their willingness to step up consultations between them in the international fora and organisations dealing with commodities.

3. To this end, exchange of views shall take place at the request of either Party:

- regarding the operation of existing international agreements or specialised intergovernmental working parties with the aim of improving them and making them more effective, consistent with market trends;
- when it is proposed to conclude or renew an international agreement or set up a specialised intergovernmental working party.

The aim of such exchanges of views shall be to take account of the respective interest of each party. They may take place, where necessary, in the framework of the Ministerial Trade Committee.

Chapter 4: Trade in Services

Article 41

General Provisions

1. The Parties underline the growing importance of services in international trade and their major contribution to economic and social development.

2. They reaffirm their respective commitments under the General Agreement on Trade in Services (GATS), and underline the need for special and differential treatment to ACP suppliers of services.

3. In the framework of the negotiations for progressive liberalisation in trade and services, as provided for in Article XIX of GATS, the Community undertakes to give sympathetic consideration to the ACP States' priorities for improvement in the EC schedule, with a view to meeting their specific interests.

4. The Parties further agree on the objective of extending under the economic partnership agreements, and after they have acquired some experience in applying the Most Favoured Nation (MFN) treatment under GATS, their partnership to encompass the liberalisation of services in accordance with the provisions of GATS and particularly those relating to the participation of developing countries in liberalisation agreements.

5. The Community shall support the ACP States' efforts to strengthen their capacity in the supply of services. Particular attention shall be paid to services related to labour, business, distribution, finance, tourism, culture and construction and related engineering services with a view to enhancing their competitiveness and thereby increasing the value and the volume of their trade in goods and services.

Article 42

Maritime Transport

1. The Parties acknowledge the importance of cost-effective and efficient maritime transport services in a safe and clean marine environment as the main mode of transportation facilitating international trade and thereby constituting one of the forces behind economic development and the development of trade.

2. They undertake to promote the liberalisation of maritime transport and to this end apply effectively the principle of unrestricted access to the international maritime transport market on a non-discriminatory and commercial basis.

3. Each Party shall grant, inter alia, a treatment no less favourable than that accorded to its own ships, for ships operated by nationals or companies of the other Party, and for ships registered in the territory of either party, with respect to access to ports, the use of infrastructure and auxiliary maritime services of those ports, as well as related fees and charges, customs facilities and the assignment of berths and facilities for loading and unloading.

4. The Community shall support the ACP States' efforts to develop and promote cost-effective and efficient maritime transport services in the ACP States with a view to increasing the participation of ACP operators in international shipping services.

Article 43

Information and Communication Technologies, and Information Society

1. The Parties recognise the important role of information and communication technologies, as well as the active participation in the Information Society, as a pre-requisite for the successful integration of the ACP countries into the world economy.

2. They therefore reconfirm their respective commitments under existing multilateral agreements, in particular the protocol on Basic Telecommunications attached to the GATS, and invite those ACP countries, which are not yet members of these agreements, to accede to them.

3. They furthermore agree to participate fully and actively in any future international negotiation, which might be conducted in this area.

4. The Parties will therefore take measures that will enable inhabitants of ACP countries easy

access to information and communication technologies, through, amongst other, the following measures:

- the development and encouragement of the use of affordable renewable energy resources;
- the development and deployment of more extensive low-cost wireless networks.

5. The Parties also agree to step up cooperation between them in the area of information and communication technologies, and the Information Society. This cooperation shall, in particular, be directed towards greater complementarity and harmonisation of communication systems, at national, regional and international level and their adaptation to new technologies.

Chapter 5: Trade-Related Areas

Article 44

General Provisions

1. The Parties acknowledge the growing importance of new areas related to trade in facilitating progressive integration of the ACP States into the world economy. They therefore agree to strengthen their cooperation in these areas by establishing full and coordinated participation in the relevant international fora and agreements.

2. The Community shall support the ACP States' efforts, in accordance with the provisions set out in this Agreement and the development strategies agreed between the Parties to strengthen their capacity to handle all areas related to trade, including, where necessary, improving and supporting the institutional framework.

Article 45

Competition Policy

1. The Parties agree that the introduction and implementation of effective and sound competition policies and rules are of crucial importance in order to improve and secure an investment friendly climate, a sustainable industrialisation process and transparency in the access to markets.

2. To ensure the elimination of distortions to sound competition and with due consideration to the different levels of development and economic needs of each ACP country, they undertake to implement national or regional rules and policies including the control and under certain conditions the prohibition of agreements between undertakings, decisions by associations of undertakings and concerted practices between undertakings which have as their object or effect the prevention, restriction or distortion of competition. The Parties further agree to prohibit the abuse by one or more undertakings of a dominant position in the common market of the Community or in the territory of ACP States.

3. The Parties also agree to reinforce cooperation in this area with a view to formulating and supporting effective competition policies with the appropriate national competition agencies that progressively ensure the efficient enforcement of the competition rules by both private and state enterprises. Cooperation in this area shall, in particular, include assistance in the drafting of an appropriate legal framework and its administrative enforcement with particular reference to the special situation of the least developed countries.

Article 46

Protection of Intellectual Property Rights

1. Without prejudice to the positions of the Parties in multilateral negotiations, the Parties recognise the need to ensure an adequate and effective level of protection of intellectual, industrial and commercial property rights, and other rights covered by TRIPS including protection of geographical indications, in line with the international standards with a view to reducing distortions and impediments to bilateral trade.

2. They underline the importance, in this context, of adherence to the Agreement on Trade-Related Aspects of Intellectual Property Rights (TRIPS) to the WTO Agreement and the Convention on Biological Diversity (CBD).

3. They also agree on the need to accede to all relevant international conventions on intellectual, industrial and commercial property as referred to in Part I of the TRIPS Agreement, in line with their level of development.

4. The Community, its Member States and the ACP States may consider the conclusion of agreements aimed at protecting trademarks and geographical indications for products of particular interest of either Party.

5. For the purpose of this Agreement, intellectual property includes in particular copyright, including the copyright on computer programmes, and neighbouring rights, including artistic designs, and industrial property which includes utility models, patents including patents for bio-technological inventions and plant varieties or other effective sui generis systems, industrial designs, geographical indications including appellations of origin, trademarks for goods or services, topographies of integrated circuits as well as the legal protection of data bases and the protection against unfair competition as referred to in Article 10a of the Paris Convention for the Protection of Industrial Property and protection of undisclosed confidential information on know how.

6. The Parties further agree to strengthen their cooperation in this field. Upon request and on mutually agreed terms and conditions cooperation shall inter alia extend to the following areas: the preparation of laws and regulations for the protection and enforcement of intellectual property rights, the prevention of the abuse of such rights by rightholders and the infringement of such rights by competitors, the establishment and reinforcement of domestic and regional offices and other agencies including support for regional intellectual property organisations involved in enforcement and protection, including the training of personnel.

Article 47

Standardisation and Certification

1. The Parties agree to cooperate more closely in the field of standardisation, certification and quality assurance to remove unnecessary technical barriers and to reduce differences between them in those areas, so as to facilitate trade.

In this context, they reaffirm their commitment under the Agreement on Technical Barriers to trade, annexed to the WTO Agreement (TBT Agreement).

2. Cooperation in standardisation and certification shall aim at promoting compatible systems

between the Parties and in particular include:

- measures, in accordance with the TBT Agreement, to promote greater use of international technical regulations, standards and conformity assessment procedures, including sector specific measures, in accordance with the level of economic development of ACP countries,
- cooperation in the area of quality management and assurance in selected sectors of importance to the ACP States,
- support for capacity building initiatives in the ACP countries in the fields of conformity assessment, metrology and standardisation,
- developing functioning links between ACP and European standardisation, conformity assessment and certification institutions.

3. The Parties undertake to consider, in due course, negotiating mutual recognition agreements in sectors of mutual economic interest.

Article 48

Sanitary and Phytosanitary Measures

1. The Parties recognise the right of each Party to adopt or to enforce sanitary and phytosanitary measures necessary to protect human, animal or plant life or health, subject to the requirement that these measures do not constitute a means of arbitrary discrimination or a disguised restriction to trade, generally. To this end, they reaffirm their commitments under the Agreement on the Application of Sanitary and Phytosanitary Measures, annexed to the WTO Agreement (SPS-Agreement), taking account of their respective level of development.

2. They further undertake to reinforce coordination, consultation and information as regards notification and application of proposed sanitary and phytosanitary measures, in accordance with the SPS-Agreement whenever these measures might affect the interests of either Party. They also agree on prior consultation and coordination within the CODEX ALIMENTARIUS, the International Office of Epizootics and the International Plant Protection Convention, with a view to furthering their common interests.

3. The Parties agree to strengthen their cooperation with a view to reinforcing the capacity of the public and the private sector of the ACP countries in this field.

Article 49

Trade and Environment

1. The Parties reaffirm their commitment to promoting the development of international trade in such a way as to ensure sustainable and sound management of the environment, in accordance with the international conventions and undertakings in this area and with due regard to their respective level of development. They agree that the special needs and requirements of ACP States should be taken into account in the design and implementation of environment measures.

2. Bearing in mind the Rio Principles and with a view to reinforcing the mutual supportiveness of trade and environment, the Parties agree to enhance their cooperation in this field. Cooperation shall in particular aim at the establishment of coherent national, regional and international policies,

reinforcement of quality controls of goods and services related to the environment, the improvement of environment-friendly production methods in relevant sectors.

Article 50

Trade and Labour Standards

1. The Parties reaffirm their commitment to the internationally recognised core labour standards, as defined by the relevant International Labour Organisation (ILO) Conventions, and in particular the freedom of association and the right to collective bargaining, the abolition of forced labour, the elimination of worst forms of child labour and non-discrimination in respect to employment.

2. They agree to enhance cooperation in this area, in particular in the following fields:

- exchange of information on the respective legislation and work regulation;
- the formulation of national labour legislation and strengthening of existing legislation;
- educational and awareness-raising programmes;
- enforcement of adherence to national legislation and work regulation.

3. The Parties agree that labour standards should not be used for protectionist trade purposes.

Article 51

Consumer Policy and Protection of Consumer Health

1. The Parties agree to step up their cooperation in the area of consumer policy and consumer health protection, having due regard to domestic legislation to avoid barriers to trade.

2. Cooperation shall, in particular, aim at improving the institutional and technical capacity in this area, establishing rapid-alert systems of mutual information on dangerous products, exchanging information and experiences on the establishment and operation of post market surveillance of products and product safety, improving information provided to consumers on prices, characteristics of products and services offered, encouraging the development of independent consumer associations and contacts between consumer interest representatives, improving compatibility of consumer policies and systems, notifying enforcement of the legislation and promoting cooperation in investigating harmful or unfair business practices and implementing exports prohibitions in the trade between the Parties of goods and services the marketing of which has been prohibited in their country of production.

Article 52

Tax Carve-out Clause

1. Without prejudice to the provisions of Article 31 of Annex IV, the Most Favoured Nation treatment granted in accordance with the provisions of this Agreement, or any arrangement adopted under this Agreement, does not apply to tax advantages which the Parties are providing or may provide in the future on the basis of agreements to avoid double taxation or other tax arrangements, or domestic fiscal legislation.

2. Nothing in this Agreement, or in any arrangements adopted under this Agreement, may be construed to prevent the adoption or enforcement of any measure aimed at preventing the avoidance or evasion of taxes pursuant to the tax provisions of agreements to avoid double taxation or other tax

arrangements, or domestic fiscal legislation.

3. Nothing in this Agreement, or in any arrangements adopted under this Agreement, shall be construed to prevent the Parties from distinguishing, in the application of the relevant provisions of their fiscal legislation, between taxpayers who are not in the same situation, in particular with regard to their place of residence, or with regard to the place where their capital is invested.

Chapter 6: Cooperation in Other Areas

Article 53

Fishery Agreements

1. The Parties declare their willingness to negotiate fishery agreements aimed at guaranteeing sustainable and mutually satisfactory conditions for fishing activities in ACP States.

2. In the conclusion or implementation of such agreements, the ACP States shall not discriminate against the Community or among the Member States, without prejudice to special arrangements between developing States within the same geographical area, including reciprocal fishing arrangements, nor shall the Community discriminate against ACP States.

Article 54

Food Security

1. With regard to available agricultural products, the Community undertakes to ensure that export refunds can be fixed further in advance for all ACP States in respect of a range of products drawn up in the light of the food requirements expressed by those States.

2. Advance fixing shall be for one year and shall be applied each year throughout the life of this Agreement, it being understood that the level of the refund will be determined in accordance with the methods normally followed by the Commission.

3. Specific agreements may be concluded with those ACP States which so request in the context of their food security policies.

4. The specific agreements referred to in paragraph 3 shall not place in jeopardy production and trade flows in ACP regions.

(资料来源: http://www4. worldbank. org/afr/ssatp/Resources/HTML/legal_review/Annexes/Annexes%20III/Annex%20III-01. pdf)

关于对欧共体和非加太国家间《伙伴关系协定》豁免义务的决定(2001)

Decision on Waiver for EU —ACP Partnership Agreement*

(WTO Ministerial Conference, 14 November 2001 ,WT/MIN(01)/15)

The Ministerial Conference,

Having regard to paragraphs 1 and 3 of Article IX of the Marrakech Agreement Establishing the World Trade Organisation (the "WTO Agreement"), the Guiding Principles to be followed in considering applications for waivers adopted on 1 November 1956 (BISD 5S/25), the Understanding in Respect to Waivers of Obligations under the General Agreement on Tariffs and Trade 1994, paragraph 3 of Article IX of the WTO Agreement, and Decision-Making Procedures under Articles IX and XII of the WTO Agreement agreed by the General Council (WT/L/93);

Taking note of the request of the European Communities (EC) and of the Governments of the ACP States which are also WTO members (hereinafter also the "Parties to the Agreement") for a waiver from the obligations of the European Communities under paragraph 1 of Article I of the General Agreement with respect to the granting of preferential tariff treatment for products originating in ACP States as required by Article 36.3, Annex V and its Protocols of the ACP-EC Partnership Agreement (hereinafter also referred to as "the Agreement")①;

Considering that, in the field of trade, the provisions of the ACP-EC Partnership Agreement requires preferential tariff treatment by the EC of exports of products originating in the ACP States;

Considering that the Agreement is aimed at improving the standard of living and economic development of the ACP States, including the least developed among them;

Considering also that the preferential tariff treatment for products originating in ACP States as required by Article 36.3, Annex V and its Protocols of the Agreement is designed to promote the expansion of trade and economic development of beneficiaries in a manner consistent with the objectives of the WTO and with the trade, financial and development needs of the beneficiaries and not to raise undue barriers or to create undue difficulties for the trade of other members;

Considering that the Agreement establishes a preparatory period extending until 31 December

---

* 该项决定是在 WTO 多哈部长会议上达成的,它通过豁免欧共体及其成员国的最惠国待遇义务解决了《科托努协定》在 WTO 体制中的合法性问题——选遍者注。

① As contained in documents G/C/W/187, G/C/W/204, G/C/W/254 and G/C/W/269.

2007, by the end of which new trading arrangements shall be concluded between the Parties to the Agreement;

Considering that the trade provisions of the Agreement have been applied since 1 March 2000 on the basis of transitional measures adopted by the ACP-EC joint institutions;

Noting the assurances given by the Parties to the Agreement that they will, upon request, promptly enter into consultations with any interested member with respect to any difficulty or matter that may arise as a result of the implementation of the preferential tariff treatment for products originating in ACP States as required by Article 36.3, Annex V and its Protocols of the Agreement;

Noting that the tariff applied to bananas imported in the "A" and "B" quotas shall not exceed 75 €/tonne until the entry into force of the new EC tariff-only regime.

Noting that the implementation of the preferential tariff treatment for bananas may be affected as a result of GATT Article XXVIII negotiations;

Noting the assurances from the Parties to the Agreement that any re-binding of the EC tariff on bananas under the relevant GATT Article XXVIII procedures should result in at least maintaining total market access for MFN banana suppliers and their willingness to accept a multilateral control on the implementation of this commitment.

Considering that, in light of the foregoing, the exceptional circumstances justifying a waiver from paragraph 1 of Article I of the General Agreement exist;

Decides as follows:

1. Subject to the terms and conditions set out hereunder, Article I, paragraph 1 of the General Agreement shall be waived, until 31 December 2007, to the extent necessary to permit the European Communities to provide preferential tariff treatment for products originating in ACP States as required by Article 36.3, Annex V and its Protocols of the ACP-EC Partnership Agreement,① without being required to extend the same preferential treatment to like products of any other member.

2. The Parties to the Agreement shall promptly notify the General Council of any changes in the preferential tariff treatment to products originating in ACP States as required by the relevant provisions of the Agreement covered by this waiver.

3. The Parties to the Agreement will, upon request, promptly enter into consultations with any interested member with respect to any difficulty or matter that may arise as a result of the implementation of the preferential tariff treatment for products originating in ACP States as required by Article 36.3, Annex V and its Protocols of the Agreement; where a member considers that any benefit accruing to it under the General Agreement may be or is being impaired unduly as a result of such implementation, such consultations shall examine the possibility of action for a satisfactory adjustment of the matter.

3bis With respect to bananas, the additional provisions in the Annex shall apply.

---

① Any reference to the Partnership Agreement in this Decision shall also include the period during which the trade provisions of this Agreement are applied on the basis of transitional measures adopted by the ACP-EC joint institutions.

4. Any member which considers that the preferential tariff treatment for products originating in ACP States as required by Article 36.3, Annex V and its Protocols of the Agreement is being applied inconsistently with this waiver or that any benefit accruing to it under the General Agreement may be or is being impaired unduly as a result of the implementation of the preferential tariff treatment for products originating in ACP States as required by Article 36.3, Annex V and its Protocols of the Agreement and that consultations have proved unsatisfactory, may bring the matter before the General Council, which will examine it promptly and will formulate any recommendations that they judge appropriate.

5. The Parties to the Agreement will submit to the General Council an annual report on the implementation of the preferential tariff treatment for products originating in ACP States as required by Article 36.3, Annex V and its Protocols of the Agreement.

6. This waiver shall not preclude the right of affected members to have recourse to Articles XXII and XXIII of the General Agreement.

Annex

The waiver would apply for ACP products under the Cotonou Agreement until 31 December 2007. In the case of bananas, the waiver will also apply until 31 December 2007, subject to the following, which is without prejudice to rights and obligations under Article XXVIII.

- The parties to the Cotonou Agreement will initiate consultations with Members exporting to the EU on a MFN basis (interested parties) early enough to finalize the process of consultations under the procedures hereby established at least three months before the entry into force of the new EC tariff only regime.

- No later than 10 days after the conclusion of Article XXVIII negotiations, interested parties will be informed of the EC intentions concerning the rebinding of the EC tariff on bananas. In the course of such consultations, the EC will provide information on the methodology used for such rebinding. In this regard, all EC WTO market-access commitments relating to bananas should be taken into account.

- Within 60 days of such an announcement, any such interested party may request arbitration.

- The arbitrator shall be appointed within 10 days, following the request subject to agreement between the two parties, failing which the arbitrator shall be appointed by the Director-General of the WTO, following consultations with the parties, within 30 days of the arbitration request. The mandate of the arbitrator shall be to determine, within 90 days of his appointment, whether the envisaged rebinding of the EC tariff on bananas would result in at least maintaining total market access for MFN banana suppliers, taking into account the above-mentioned EC commitments.

- If the arbitrator determines that the rebinding would not result in at least maintaining total market access for MFN suppliers, the EC shall rectify the matter. Within 10 days of the notification of the arbitration award to the General Council, the EC will enter into consultations with those interested parties that requested the arbitration. In the absence of a mutually satisfactory solution, the same arbitrator will be asked to determine, within 30 days of the new arbitration request, whether the EC has rectified the matter. The second arbitration award will be notified to the General Council. If the EC has failed to rectify the matter, this waiver shall cease to apply to bananas upon entry into force of the new EC tariff regime. The Article XXVIII negotiations and the arbitration procedures shall be concluded before the entry into force of the new EC tariff only regime on 1 January 2006.

（资料来源：http://www.wto.org/english/thewto_e/minist_e/min01_e/mindecl_acp_ec_agre_e.doc）

七十七国联合宣言(1964)

Joint Declaration of the Seventy-seven Developing Countries Made at the Conclusion of the United Nations Conference on Trade and Development, 1964

(Geneva, 15 June 1964)

Afghanistan, Algeria, Argentina, Bolivia, Brazil, Burma, Burundi, Cambodia, Cameroon, Central African Republic, Ceylon, Chad, Chile, Colombia, Congo (Brazzaville), Congo (Leopoldville), Costa Rica, Cyprus, Dahomey, Dominican Republic, Ecuador, El Salvador, Ethiopia, Gabon, Ghana, Guatemala, Guinea, Haiti, Honduras, India, Indonesia, Iran, Iraq, Jamaica, Jordan, Kenya, Kuwait, Laos, Lebanon, Liberia, Libya, Madagascar, Malaysia, Mali, Mauritania, Mexico, Morocco, Nepal, Nicaragua, Niger, Nigeria, Pakistan, Panama, Paraguay, Peru, Philippines, Republic of Korea, Republic of Viet-Nam, Rwanda, Saudi Arabia, Senegal, Sierra Leone, Somalia, Sudan, Syria, Thailand, Togo, Trinidad and Tobago, Tunisia, Uganda, United Arab Republic, United Republic of Tanganyika and Zanzibar, Upper Volta, Uruguay, Venezuela, Yemen and Yugoslavia.

I

1. The developing countries named above recognize the United Nations Conference on Trade and Development as a significant step towards creating a new and just world economic order. They regard this Conference as the fruition of sustained efforts which found expression in the Cairo Declaration, , the Alta Gracia Charter, the Resolutions of Brasilia, Addis Ababa, Niamey, Manila and Teheran and, above all, in the Joint Declaration of the seventy-five countries made at the eighteenth session of the General Assembly of the United Nations. These efforts helped to forge the unity of the seventy-five - the outstanding feature of the entire Conference and an event of historic significance.

II

2. The basic premises of the new order were enumerated in these earlier declarations and in the report of the Secretary-General of the Conference. In brief, they involve a new international division

of labour oriented towards the accelerated industrialization of developing countries. The efforts of developing countries to raise the living standards of their peoples, which are now being made under adverse external conditions, should be supplemented and strengthened by constructive international action. Such action should establish a new framework of international trade that is wholly consistent with the needs of accelerated development.

3. The several themes of a new and dynamic international policy for trade and development, including the question of transit trade of land-locked countries, found concrete expression in specific programmes and proposals presented by the developing countries to this Conference as a united expression of objectives and measures in all major fields. The developing countries consider it an achievement that this Conference has provided a basis for the fullest discussion of these programmes and proposals by the entire international community. They are confident that the deliberations of this Conference will be of assistance in the formulation of new policies by the Governments of both developed and developing countries in the context of a new awareness of the needs of developing countries.

III

4. The developing countries declare, however, that they consider the final recommendations of the Conference as only an initial step towards an international endorsement of a new trade policy for development. They do not consider that the progress that has been registered in each of the major fields of economic development has been adequate or commensurate with their essential requirements. There has not, for instance, been an adequate appreciation of the problem of the "trade gap" of developing countries. Only the most limited approaches were made regarding trade in primary commodities, and of preferences for exports of manufactures. Similarly, only preliminary steps were possible relating to schemes for compensatory financing to meet long-term deterioration in the terms of trade. The developing countries have, nevertheless, accepted the results of this Conference in the hope that these results would lay the foundation for more substantial progress in the period ahead. They have also accepted these resolutions in recognition of the need for a co-operative effort in the international field. To this end they have chosen to arrive at the widest measure of agreements possible, rather than to register their aspirations by majority decisions.

IV

5. The developing countries attach singular importance to the establishment of international machinery in the field of trade and development. It is vitally necessary that this new machinery should be an effective instrument for the discussion of issues, the formulation of policies, the review of results, and for taking such operational measures as are needed in the sphere of international economic relations.

6. The developing countries recognize the value of the general agreement attained regarding the

establishment of continuing machinery. They note that some important issues pertaining to such machinery have been held over the decision by the General Assembly. In this connexion, it is their view that there should be ample scope for reaching workable agreement on substantial issues. But, they categorically declare that no arrangements designed for this purpose should derogate from the ultimate right of the proposed Board and the Conference to adopt recommendations on any point of substance by a simple majority vote in the case of the Board and two-thirds majority in the case of the Conference. The developing countries attach cardinal importance to democratic procedures which afford no position of privilege in the economic and financial, no less than in the political spheres. Furthermore, the developing countries would stress the need for continue evolution in the institutional field, leading not merely to the progressive strengthening of the machinery that is now contemplated, but also to the ultimate emergence of a comprehensive international trade organization.

V

7. The developing countries regard their own unity, the unity of the seventy-five, as the outstanding feature of this Conference. This unity has sprung out of the fact that facing the basic problems of development they have a common interest in a new policy for international trade and development. They believe that it is this unity that has given clarity and coherence to the discussions of this Conference. Their solidarity has been tested in the course of the Conference and they have emerged from it with even greater unity and strength.

8. The developing countries have a strong conviction that there is a vital need to maintain, and further strengthen, this unity in the years ahead. It is an indispensable instrument for securing the adoption of new attitudes and new approaches in the international economic field. This unity is also an instrument for enlarging the area of co-operative endeavour in the international field and for securing mutually beneficent relationships with the rest of the world. Finally, it is a necessary means for co-operation amongst the developing countries themselves.

9. The seventy-five developing countries, on the occasion of this declaration, pledge themselves to maintain, foster and strengthen this unity in the future. Towards this end they shall adopt all possible means to increase the contacts and consultations amongst themselves so as to determine common objectives and formulate joint programmes of action in international economic co-operation. They consider that measures for consolidating the unity achieved by the seventy-five countries during the Conference and the specific arrangements for contacts and consultations should be studied by government representatives during the nineteenth session of the United Nations General Assembly.

VI

10. The United Nations Conference on Trade and Development marks the beginning of anew era in the evolution of international co-operation in the field of trade and development. Such co-operation must serve as a decisive instrument for ending the division of the world into areas of affluence

and intolerable poverty. This task is the outstanding challenge of our times. The injustice and neglect of centuries need to be redressed. The developing countries are united in their resolve to continue to quest for such redress and look to the entire international community for understanding and support in this endeavour.

（资料来源：http://www.g77.org/doc/Joint%20Declaration.html）

建立南方中心协定(1994)
Agreement to Establish the South Centre, 1994

Preamble

The developing States Parties to the present Agreement:

Commending the work of the South Commission, including its Report "The Challenge to the South", and welcoming the activities of the South Centre during the two years of follow-up to the South Commission;

Acknowledging the recommendations made in "The Challenge to the South", and in United Nations General Assembly resolution 48/155 on the Report of the South Commission inviting Governments and international organizations to contribute to the implementation of its recommendations;

Stressing the need for close and effective cooperation among developing countries;

Reaffirming the importance of establishing mechanisms to facilitate and promote South-South cooperation on a South-wide basis;

Have agreed as follows:

Article I
Establishment and Headquarters of the Organization

1. The Parties to this Agreement hereby establish the South Centre, hereinafter called "the Centre".

2. The headquarters of the Centre shall be in Geneva, Switzerland. The Centre shall be authorized to have regional offices.

Article II
Objectives

The Centre shall have the following objectives:

(a) To promote South solidarity, South consciousness and mutual knowledge and understanding among the countries and peoples of the South;

(b) To promote various types of South-South cooperation and action, South-South links, networking and information exchange; to cooperate to these ends with concerned groups and persons who are willing and able to exchange ideas and/or to work together with the Centre for a common purpose;

(c) To contribute to South-wide collaboration in promoting common interests and coordinated participation by developing countries in international forums dealing with South-South and North-

South matters, as well as with other global concerns;

(d) To contribute to better mutual understanding and cooperation between the South and the North on the basis of equity and justice for all, and to this end to the democratization and strengthening of the United Nations and its family of organizations;

(e) To foster convergent views and approaches among countries of the South with respect to global economic, political and strategic issues related to evolving concepts of development, sovereignty and security;

(f) To make continual efforts to develop and maintain links with interested individuals of proven achievement and with intergovernmental and non-governmental organizations, particularly of the South, and with academic and research bodies, as well as with international and national entities;

(g) To give all developing countries and interested groups and persons access to the Centre's publications and to the results of its work, regardless of membership, for the use and benefit of the South as a whole, in pursuance of the objective set out in this Article.

Article III

Functions

In order to meet its objectives, the Centre shall:

(a) Assist in developing points of view of the South on major policy issues, for example by providing focused policy analyses through convening working groups and expert consultations, and by developing and maintaining close cooperation and interaction with a network of institutions, organizations and individuals, particularly of the South. In this context, the Centre shall also promote the implementation of the policies and actions proposed in "The Challenge to the South", and review and update them, as appropriate;

(b) Generate ideas and action-oriented proposals for consideration, as appropriate, by Governments of the South, institutions of South-South cooperation, intergovernmental organizations and non-governmental organizations, and the community at large;

(c) Respond, within the bounds of its capacity, resources and mandate, to new issues or events, and to ad hoc needs or requests for policy advice, and for technical and other support from collective entities of the South such as the Non-Aligned Movement (NAM), the Group of 77, the Group of 15 and others;

(d) Perform these functions by, inter alis:

(i) Defining and implementing programmes of analysis, research and consultation;

(ii) Collecting, systematizing, analysing and disseminating relevant information concerning South-South cooperation, ad well as North-South relations, multilateral organizations, and other matters of concern to the South;

(iii) Making accessible, and giving wide distribution to, the results of its work and, whenever possible, to views and positions which reflect analyses and deliberations of South institutions and experts, through publications, the mass media, electronic and other appropriate means.

(e) Extensively involve, where appropriate, intergovernmental and non-governmental organizations, particularly of the South, as well as academic and research bodies and other entities in its work and activities, thereby supplementing the Centre's in its work and activities, thereby supplementing the Centre's capacities while promoting South-wide cooperation and pooling of resources.

Article IV

Methods of work

The Centre shall discharge its responsibilities in the following manner:

(a) The Centre shall be a dynamic, action-oriented mechanism in the service of the countries and peoples of the South. It shall enjoy full intellectual independence, based on the precedent established by the South Commission and by the Centre during the first two years of work as the follow-up mechanism of that Commission.

(b) The Centre shall operate in a non-bureaucratic and flexible manner and shall continue and develop the methods of work initially used by the South Commission. The functions and structure of the Centre shall be reviewed periodically, in order to respond to evolving needs and to adjust the Centre's structure and methods of work to changing realities.

(c) The Centre shall perform its tasks in a transparent manner and remain an independent body focusing on substantive issues.

Article V

Membership

Membership of the Centre shall be open to all developing countries members of the Group of 77 and China listed in the Annex, and other developing countries considered eligible for membership by the Council of Representatives.

Article VI

Organs

The Centre shall consist of a Council of Representatives, a Board and a Secretariat.

Article VII

The Council of Representatives

1. The Council of Representatives, hereinafter called "the Council", shall be the highest authority established by the present Agreement. It shall be composed of one representative of each member State. Representatives shall be high-level persons known for their commitment and contribution to the development of the South, and to South-South cooperation.

2. The Council shall elect from amongst its members a Convenor who shall hold office for three years and who may be re-elected. The Convenor shall convene the sessions of the Council and preside over them.

3. The Council shall meet at least once every three years in ordinary session. Extraordinary meetings may be called by the Convenor, if requested to do so by one third of the Members.

4. The Council shall formulate and adopt its rules of procedure.

5. The Council shall examine the Centre's past, present and future activities. It shall, in particular, offer general advice and specific recommendations concerning the Centre's future activities. It

shall also perform any other function assigned to it by the present Agreement.

6. The Council shall review the Executive Director's Annual Reports, the Centre's work and fund-raising programmes, and the budgets and accounts presented by the Board in conformity with Article X.

7. The Council shall endeavour to take its decisions by consensus. If all efforts to achieve consensus have been exhausted, and no agreement has been reached, the Council shall, as a last resort, take decisions by a majority of two-thirds of its members present and voting. Each State Party shall have one vote in the Council.

8. The views expressed during Council meetings, and the Council's recommendations, shall guide the Board and the Executive Director in planing and implementing the next phase of the Centre's activities, fully bearing in mind the requirement that the Centre remains at all times free from encumbrances and deficits.

Article VIII

The Board

1. The Board of the Centre, hereinafter called "the Board", shall consist of nine members appointed by the Council, plus the Chairperson. The Board membership shall reflect a broad geographical balance among countries of the South. The Chairperson shall, after wide consultations with the members of the Council and the Board and other persons of standing in the South, present a list of candidates for Board membership to the Council for its consideration and approval.

2. Members of the Board shall be appointed for a three-year term. In no case shall a member of the Board serve for more then three consecutive terms. The members of the Board shall serve in their personal capacity. They should be persons highly respected for their integrity and personal qualities, should enjoy a high professional and intellectual reputation in their respective areas of competence, and should have been active in the cause of promoting development and South-South cooperation.

3. An appropriate formula to secure both continuity and change in the Board's membership shall be approved by the Council, which shall also approve the arrangements for filling vacancies arising in the Board through death or resignation.

4. The Chairperson of the Board shall be elected by the Council from among a short list prepared by the Board after consultation with Council members and with other South institutions and persons of high standing in the South. Candidates so nominated for consideration by the Council should be known for independence of mind, meritorious experience, intellectual ability and leadership qualities. The Chairperson shall be appointed for a three-year term. In no case shall the Chairperson serve more than three terms.

5. The Board shall meet at least once a year in ordinary session. Extraordinary meetings may be called by its Chairperson.

6. The Board shall formulate and adopt its rules of procedure.

7. The Board shall review and approve the Executive Director's Annual Report, the Centre's work programme, fund-raising programme, budget and yearly accounts, which shall be externally

audited. After approval, the Board shall submit to the Council the Annual Report, the work and fund-raising programmes, the budget and the accounts.

8. The Board shall appoint the Executive Director referred to in Article IX, paragraph 1, on the recommendation of its Chairperson.

9. The Board shall also perform any functions that may be assigned to it by the present Agreement or delegated to it by the Council.

10. Other persons from the South may attend Board meetings upon invitation, as appropriate.

11. The Board shall endeavour to take its decisions by consensus. If all efforts to achieve consensus have been exhausted, and no agreement has been reached, the Board shall, as a last resort, take decisions by a simple majority of its members present and voting. In the event of an equally divided vote, the Chairperson of the Board has the casting vote.

Article IX

The Secretariat

1. The Secretariat of the Centre, headed by the Executive Director who shall be a person of recognized stature from the South, shall consist of a small team of experienced and committed associates.

2. The Secretariat shall cooperate with a global network of institutions and individuals. Its size shall be kept to the minimum necessary for the proper carrying out of the Centre's functions.

3. The Secretariat shall assist the Chairperson of the Board, the Board and the Council in the performance of their duties. It shall in particular undertake substantive work to fulfil the objectives and functions of the Centre, with the Executive Director working in close consultation with the Chairperson. It shall also prepare the Annual Report of the Executive Director referred to in Article Ⅶ, Paragraph 6, and Article Ⅷ, paragraph 7.

4. The Secretariat shall draft financial and administrative rules and a set of staff regulations based on United Nations practice. These regulations shall be submitted to the Board and considered for adoption by the Council.

Article X

Finance

1. The Board, with the cooperation of the Board Chairperson and the members of the Council, shall be responsible for raising funds to fulfil the Centre's requirements for meeting the objectives set out in Article Ⅱ.

2. Member States are invited to make voluntary contributions to finance the Centre. The Centre shall also be empowered to accept contributions from other governmental or non-governmental sources, predominantly from the South including international , regional and subregional sources and the business sector. Additional funds may be sought for specific projects or programmes.

3. An appropriate part of the contributions shall be paid into a capital fund which shall be established for the purpose of generating an income to support the activities of the Centre. That fund will be managed by the Executive Director who shall be responsible for ensuing the appropriate pro-

fessional management of the fund and who shall be accountable for it to the Chairperson and through him to the Board and Council. The accounts of any such capital fund shall be subject to annual independent audit, together with all other accounts of the Centre, which shall be approved by the Board and submitted for review to the Council at its regular sessions.

4. The financial year shall be the twelve-month period from 1 January to 31 December inclusive. The budget for the following year and the externally audited accounts for the preceding year shall be submitted to the Board and to the Council in conformity with Articles Ⅷ, paragraph 7, and Ⅶ, paragraph 6.

5. The financial situation and perspectives of the Centre shall be reviewed by the Council at each of its regular sessions.

Article XI

Personality, Legal Capacity, Privileges and Immunities

1. The Centre shall have international legal personality. In addition, it shall have the capacity to contract, to acquire and to dispose of movable and immovable property, and to institute legal proceedings.

2. The Centre shall enjoy the privileges and immunities usually granted to intergovernmental organizations.

3. The Centre shall seek to conclude with the Swiss Government a headquarters agreement relating to its status and its privileges and immunities.

Article XII

Interpretation

Any dispute between States Parties concerning the interpretation or application of the present Agreement, which is not settled by the good offices of the Board or the Chairperson of the Board, shall be submitted to an arbitration panel appointed by the Board.

Article XIII

Signature, Definitive Signature, Ratification, Acceptance, Approval

1. The present Agreement shall be open for signature by all States as defined in Article V from 1 September to 27 September 1984 at the South Centre in Geneva, Switzerland. Subsequently, the Agreement will be open for signature at the United Nations Headquarters in New York from 30 September to 15 December 1984.

2. The present Agreement shall be subject to:

(a) Signature not subject to ratification, acceptance, or approval (Definitive Signature);

(b) Signature subjects to ratification, acceptance, or approval,

3. Instruments or ratification, acceptance or approval shall be deposited with the depositary who shall notify the Executive Director of the Centre of any such deposit.

Article XIV

Accession

This Agreement shall be open for accession by States referred to in Article V. The instruments of accession shall be deposited with the depositary.

Article XV
Entry into Force

1. The present Agreement shall enter into force on the sixtieth day after the date of deposit of the tenth instrument of ratification, acceptance, approval or accession or signature not subject to ratification, acceptance or approval.

2. For each Contracting Party which signs definitively, ratifies, accepts or approves this Agreement or accedes thereto after the deposit of the tenth instrument of ratification, acceptance, approval or accession or signature not subject to ratification, acceptance or approval (definitive signature), it shall enter into force on the sixtieth day after the date of definitive signature or deposit by such Contracting Party of its instrument of ratification, acceptance, approval or accession.

Article XVI
Reservations

No reservations shall be allowed to the present Agreement.

Article XVII
Amendments

1. Amendments to the present Agreement may be proposed by any State Party. A two-thirds majority of the Council shall be required for their adoption.

2. Amendments shall enter into force for all States Parties to the present Agreement when they have been accepted by three quarters of the States Parties. Instruments of acceptance of the amendments shall be deposited with the depositary.

Article XVIII
Withdrawal

1. Any State Party may withdraw from the present Agreement by written notice given to the Depositary. The Depositary shall inform the Executive Director of the Centre and the States Parties of any such notice.

2. Withdrawals shall become affective sixty days after the notice has been received by the Depositary.

Article XIX
Termination

1. The Centre shall remain in existence until the Council, acting in consultation with the Board, has decided its liquidation and, thereafter, for as long as may be necessary to wind it up.

2. After meeting all the outstanding liabilities of the Centre, the Council shall decide on the disposal of the remaining assets, giving due consideration to returning these funds on a pro rata basis to all contributors to the Centre, and/or to transferring them to support South-South cooperation activities and non-profit development work.

3. The present Agreement shall lapse once the Centre has been wound up.

Article XX

Depositary

The secretary -General of the United Nations shall be the depositary of the present Agreement.

IN WITNESS WHEREOF, the undersigned representatives, duly authorized by their respective Governments, have signed this Agreement.

Open for signature at Geneva this first day of September of 1994 in a single copy in the English language.

(资料来源:南方中心官方网站,http://www.southcentre.org/IntergovernmentalAgreement.pdf)

南方首脑会议宣言(2000)
Declaration of the South Summit, 2000

(Group of 77 South Summit, Havana, Cuba, 10—14 April 2000)

1. We, the Heads of State and Government of the member countries of the Group of 77 and China, fully convinced of the imperative need to act in close unity for the primary purpose of working for a peaceful and prosperous world, have gathered here in Havana, for the first-ever South Summit, from 12 to 14 April 2000.

2. We remain fully committed to the spirit of the Group of 77 and China, which has helped our countries since the inception of the Group in the early 1960s to pursue a common and constructive course of action for the protection and promotion of our collective interests and genuine international cooperation for development. At this historic event, we reaffirm our commitment to the principles and objectives that have guided the Group from the start. We also rededicate ourselves to strengthening the unity and solidarity of the Group in pursuit of its declared objectives and to reinforcing the role it is called-upon to play in international economic relations.

3. We are fully convinced that it is indeed imperative to gather here at the start of the new millennium, a critical juncture in contemporary human history, to reflect on the rapidly changing world economic situation and to discuss the emerging challenges facing the South in the economic and social spheres and seek a solution to them. We have also been brought together fully convinced that at the dawn of the 21st century, we need to act decisively to map out a better future for our countries and peoples and to work towards the establishment of an international economic system which will be just and democratic.

4. We reaffirm that in our endeavours we are guided by all the principles and purposes of the United Nations Charter and by full respect for the principles of international law. To this end we uphold the principles of sovereignty and sovereign equality of States, territorial integrity and non intervention in the internal affairs of any State; take effective measures for the suppression of acts of aggression or other breaches of peace and encourage the settlement of international disputes by peaceful means in such a manner that international peace and security, and justice, are not endangered; refrain in international relations from the threat or use of force against the territorial integrity or political independence of any State or in any other manner inconsistent with the purposes of the United Nations; develop friendly relations based on respect for the principle of equal rights and self determination of peoples; achieve international cooperation in solving international problems of an economic, social, cultural or humanitarian character, and in promoting and encouraging respect for hu-

man rights and fundamental freedoms for all without distinction as to race, sex, language or religion.

5. We emphasize that the process of globalization and interdependence must not be used to weaken or re-interpret the above-mentioned principles, which continue to be the foundation for friendly and peaceful relations among States and for the solution of disputes and conflicts by peaceful means. Furthermore, we stress that those principles inspire us to be fully committed to creating a more just and equitable international economic system that offers security for all people and growing opportunities to raise their standard of living.

6. We are committed to a global system based on the rule of law, democracy in decision-making and full respect for the principles of international law and the Charter of the United Nations. The new global system must reflect these principles.

7. We emphasize that development is the best contribution to peace, and that both are built together. Development is a continuing process, without arbitrary limits, through which we work for the prosperity and well-being of our peoples. Our highest priority is to overcome underdevelopment, which implies the eradication of hunger, illiteracy, disease and poverty. Although this is primarily our responsibility, we urge the international community to adopt urgent and resolute actions, with a comprehensive and multidimensional approach, to assist in overcoming these scourges, and to establish international economic relations based on justice and equity. Development for the well-being of our peoples will always remain the focus of action of the Group of 77, and in this respect we rededicate ourselves to that goal. We recognize the right of developing countries, in exercise of their sovereignty and without any interference in their internal affairs, to choose the path of development in accordance with their national priorities and objectives. We are, however, deeply concerned that international cooperation for development has been downplayed on the agenda of the international community, including the United Nations system. In view of our declared goal, we therefore call on the international community at the dawn of the new millennium to give priority to the development agenda of developing countries and adopt urgent and resolute actions which will help them to overcome the obstacles to their development objectives.

8. In this context, and noting the interdependence of nations and the varying levels of human development worldwide, we stress the need for a new global human order aimed at reversing the growing disparities between rich and poor, both among and within countries, through the promotion of growth with equity, the eradication of poverty, the expansion of productive employment and the promotion of gender equality and social integration. We therefore, pledge to work together to confront these challenges for the benefits of all our people.

9. We note that in recent decades, external factors have constrained the realization of the economic potential of the South. This has adversely affected external trade and the flow of foreign direct investments (FDI) and other forms of investments. It is thus, imperative to promote a North-South dialogue based on a spirit of partnership, mutual benefit and genuine interdependence in order to expedite the removal of these constraints.

10. We are deeply convinced of the need to create a new spirit of international cooperation based on the principle of achieving shared benefits, but also based on common but differentiated re-

sponsibilities, between the developing and industrialized countries. We concur that in order to do this, it is imperative to develop collective and peaceful solutions for the global problems affecting the world today, and this demands a search for concrete mechanisms that will guarantee full and effective participation by the South in international decision-making, on an equal basis. In this regard, the international machinery through which global norms are developed and actions taken must therefore ensure that the countries of the South can participate on an equal footing in decisions which affect them most of all. In particular, the international economic governance institutions must promote broad based decision-making which is essential if we are to have a more equitable global political economy. In the context of interdependence we underline the need for expeditions measures to make the existing mechanisms more transparent, inclusive, participatory, interactive and broad based. Similarly at the national level, we also note that the efforts to promote development require a true partnership that is more inclusive and participatory and which involves all stakeholders, including the private sector and NGOs.

11. We note with concern that the countries of the South have not been able to share in the benefits of globalization on an equal footing with the developed countries and have been excluded from the benefits of this process. Asymmetries and imbalances have intensified in international economic relations, particularly with regard to international cooperation, even further widening the gap between the developing countries and the industrialized countries. We are also concerned that, in the context of widening North-South gap, the social and economic conditions of the least developed countries (LDCs) have been deteriorating. Furthermore, the income gap within countries remains wide; social exclusion and inequalities are widespread; and the number of people living in poverty has increased. Urgent measures should be taken to address the needs of the large majorities of the population, in particular women and children, who are forced to live in extreme poverty, if this is not done, globalization will provide no lasting solutions to the essential problems of developing countries. For most of us, agriculture remains the mainstay of our economies, and the majority of our population still lives in rural areas; globalization has passed them by, but must address their needs.

12. We are concerned by the serious financial problems faced by many of our countries, with the systemic aspect of financial instability, the problems associated with excessive volatility in short-term capital flows, and the absence of an appropriate mechanism to regulate and monitor such flows, as well as hedge funds, and highly leveraged financial institutions. This situation urgently requires a fundamental reform of the international financial architecture, making it more democratic, more transparent and better attuned to solving the problems of development. It also requires the establishment of a clear programme that goes beyond the mere prevention of crises and includes actions addressing the interrelated problems of finance, trade, technology and development at the international level. The return to apparent normalcy of capital markets after the last crises should not lull us into complacency.

13. Even developing countries with limited or no financial markets suffer badly from financial volatility and contagion through lower commodity prices brought about by declining commodity demand, cross-instability in financial and commodity markets, and the postponement of investment,

which seriously weaken their overall economic situation and growth potential. Although financial contagion in these countries does not have systemic consequences, their economies are severely affected, and we therefore call on the multilateral financial institutions to take appropriate and timely supportive action to assist them.

14. As the focal point within the United Nations for the integrated treatment of trade and development and the interrelated issues in the areas of finance, technology, investment and sustainable development, UNCTAD should continue to examine these issues and to build a consensus for the reformulation of policies and options on globalization from a development perspective. We strongly reaffirm our commitment to the mandate given to UNCTAD at Bangkok to contribute to the ongoing process of reforms of the international financial institutions.

15. We recognize the need for our countries to continue with their efforts towards economic reforms to enhance sustained economic growth and sustainable development. We also urge the developed countries to take into account the possible negative impact of their domestic economic, monetary and fiscal policies on developing countries and to apply measures that are sensitive to the needs and interests of the South.

16. The world has become more interdependent than ever before. The persistence of endemic poverty and deprivation in the South constitutes a potential threat to the security and prosperity of the world. In this context we welcome the initiative launched for the creation of the World Solidarity Fund and encourage efforts by member States for its establishment. We underline the importance of this Fund in contributing to the efforts in the eradication of poverty.

17. We advocate the restoration of confidence in the multilateral trading system, which should contribute to the economic growth and development of the countries of the South. We insist on the need for the developed countries to fulfil their commitments fully and immediately to implement the provisions for special and differential treatment for the products and services exported by the developing countries, and for the strengthening of the system of trade preferences, which should also address the needs of LDCs and the specificities of a number of small developing countries, while taking into consideration their problems of vulnerability and the risk of marginalization in the global economy. We urge that priority should be given to the liberalization of those service sectors where developing countries have the comparative advantage. In this respect, the key issue of the free movement of natural persons should be adequately addressed.

18. We note with concern that the liberalization of international trade has not provided benefits for all developing countries. There is a need to restore confidence in the multilateral trading system through full participation of developing countries, full and faithful implementation of the Uruguay Round Agreements in their true spirit, and effective attention to the implementation concerns of developing countries. We stress the principle of universal membership of the WTO and call for acceleration of the accession process without political conditionalities. . We urge all WTO members to refrain from placing excessive demands on developing countries seeking accession to WTO. We recognize that there is a need for consultations among developing countries to promote effective participation in the WTO.

19. We welcome the invitation extended by the State of Qatar to host the Fourth Ministerial Conference of the WTO, and we call for an effective participation in this conference so as to achieve the goals and promote the interests of the countries of the South.

20. We underline the urgent need to redress the imbalances in the present WTO Agreements, and in particular, with regard to the right of developing countries to promote their exports, which have been curtailed by the abuse of such protectionist measures as anti-dumping actions and countervailing duties, as well as tariff peaks and escalation. Meaningful and expedited liberalization of the textiles sector, which is of particular interest to developing countries, is another important market access issue which should be addressed by the multilateral trading system as a matter of priority. We also call for the mandated negotiations on agriculture in accordance with the provisions of article 20 of the Agreement on Agriculture. In agriculture the objectives should be to incorporate the sector within normal WTO rules. We also call for the full and prompt implementation of the WTO Marrakech decision on measures related to the possible negative effects of the reform programme on Least Developed Countries (LDCs) and net food importing developing countries. The WTO Agreements should be implemented taking into consideration the need to extend the implementation period of particular Agreements that pose problems to developing countries. The review of Trade-related Aspect of Intellectual Property Rights Agreement (TRIPS) as mandated in articles 27 and 71 should make them more responsive to the needs of the South and to ensure access of developing countries to knowledge and technology on preferential terms. We will work towards harmonizing the TRIPS Agreement with the provisions of the sustainable use and conservation of biodiversity in the Convention on Biological Diversity.

21. We also call upon developed countries fully to implement special and differential treatment (SDT) for developing countries, to strengthen the system of preferences and to give the products and services of special export interest to developing countries free and fair access to their markets. In this connection, we urge all WTO members to grant the request of the European Union and the ACP Group for a waiver for the provisions of article 1, paragraph 1, of the General Agreement on Tariffs and Trade (GATT). We call upon the developed partners also to recognize the need to formulate appropriate measures to address the concerns of other eligible countries through strengthening the Generalized System of Preferences (GSP). Future multilateral trade negotiations should be based on a positive agenda and should take full consideration of the development dimension of trade and of the specific needs and concerns of developing countries. We call on all countries to support the mandate of the United Nations Conference on Trade and Development (UNCTAD) to assist developing countries in multilateral trade negotiations by providing sufficient resources. While recognizing the value of environmental protection, labour standards, intellectual property protection, indigenous innovation and local community, sound macroeconomic management and promotion and protection of all universally recognized human rights and fundamental freedoms, including the right to development, and the treatment of each issue in its competent international organization, we reject all attempts to use these issues as conditionalities for restricting market access or aid and technology flows to developing countries.

22. We have assessed the successful results of the recently held UNCTAD X Conference in Bangkok, Thailand, and request all countries duly to support the organization in its efforts to contribute to the promotion of the development dimensions of trade in the context of globalization and of the liberalization of the world economy.

23. We further believe that the member countries of the Group of 77 should coordinate their priorities and negotiating strategies effectively to promote their common interests by shaping and directing multilateral trade negotiations to take into account the needs of developing countries so that trade policies serve the objectives of development, and also provide enhanced market access to developing countries.

24. We note with deep concern the continuing decline of official development assistance, (ODA) which has adversely affected development activities in the developing countries, in particular the LDCs, and we therefore urge developed countries that have not yet done so to act immediately to honour their commitment of directing 0.7 per cent of their Gross National Product (GNP) to ODA, and within that target, to earmark 0.15 per cent to 0.20 per cent for the LDCs. We also urge that the provision of official aid should respect the national development priorities of developing countries, and that conditions attached to ODA should be brought to an end.

25. We support the holding of a high-level United Nations conference on financing for development in the year 2001, which should address national, international and systemic issues relating to financing for development in a holistic manner. We call on all countries and relevant stakeholders, particularly the World Bank, IMF and WTO, to attach the greatest urgency and importance and to participate actively in the preparatory process and in the conference itself. We also welcome the offers by Indonesia and Colombia to holding regional intergovernmental meetings in order to provide inputs for the preparatory process for the event. In this regard, we invite the member States of the Group of 77 to consider offering to host the conference.

26. We note with concern the persistence of the external debt problem and its unfortunate consequences in the South, where the vicious cycle of debt and underdevelopment has become even further entrenched. We are alarmed at the fact that debt servicing has grown at a much greater rate than the debt itself, and that the burden of debt payments has become heavier in many countries of the South, including countries with low and middle incomes. We therefore underline the need collectively to pursue a durable solution for the external debt problem of developing countries, including middle-income developing countries, which also addresses the structural causes of indebtedness. We further call for debt reduction arrangements for middle-income developing countries in order to expedite the release of resources for development.

27. We welcome the expanded initiative in favour of heavily indebted poor countries (HIPC), but consider that it should be extended, expedited and made more flexible, and that new and supplementary resources should be contributed. Debt relief or cancellation should not be at the expense of official development assistance. We advocate seeking renegotiation formulas applicable to middle-income countries, and promote the design of a global strategy for external debt, which addresses the interrelated problems of finance, the economy and development.

28. We note with grave concern the debt burden, which has put the least developed countries in a more vulnerable position, and urge the developed countries to write off their debt so as to relieve the LDCs of the burden and thereby strengthen their capacity to develop and to escape from the vicious circle of poverty.

29. We view with alarm the recent unilateral moves by some developed countries to question the use of fiscal policy as a development tool and to impose their own definition of so-called harmful tax competition. We reiterate the fundamental right of each State to determine its own fiscal policies and in this regard sovereignty of States must be respected. We subscribe to the view that the legitimate struggle against money laundering should not be used as a pretext to discredit genuine offshore financial centres because of their fiscal policies and incentives.

30. The contribution of the transnational corporations (TNCs) to sustained economic growth and sustainable development is determined by their global strategies, characterized by the search for increased competitiveness and ever-higher profits. Such a situation is not necessarily consistent with job creation and the realization of development objectives in many developing countries. Hence, we invite the relevant international institutions to address this dilemma with a view to attaining the proper balance between both objectives. In this context, we request UNCTAD and ILO, within their respective mandates, to study the merger trend among the TNCs and its impact on unemployment as well as its competitiveness impact on Small and Medium-sized (SMEs) in developing countries. We also call on the TNCs to integrate development objectives of the host developing countries into their business strategies.

31. We recognize that within the South, there are a group of countries, categorized as LDCs, which are at a particular disadvantage in the current phase of globalization and liberalization. Despite the efforts they are making and the attempts being made to help them, they continue to be marginalized in the world economy. We urge the international community to take special initiatives for them, particularly in regard to the eradication of poverty, equitable implementation of the WTO Agreements, free access to their exports in the world markets, debt cancellation, increased ODA, and incentives for FDI flows to the LDCs.

32. We reiterate our support for the initiative of the Group of 77 on the resolution entitled "Prevention of corrupt practices and illegal transfer of funds", adopted by the United Nations General Assembly at its 54th session. We support the demands in that resolution on the need for increasing cooperation at various levels, including the United Nations system, to devise ways and means of preventing and addressing the illegal transfer of funds and repatriation of illegally transferred funds to countries of origin. We also endorse the decision of the African and European leaders who, at the end of their recent summit in Cairo, resolved to take the necessary measures to combat corruption at both the national and international levels and to ensure that illegally acquired and transferred monies deposited in foreign banks are investigated and returned to countries of origin. We call on all countries and entities concerned to cooperate in this regard. We also call on the United Nations to commence preparatory work for the elaboration of a convention on this matter, to be submitted to the Millennium Assembly for adoption.

33. We recognize the special problems of small and vulnerable economies and encourage the relevant international institutions to take into account differences in the level of development and size of the economies of developing countries in order to create opportunities for full participation of the small economies and to increase their level of development. We insist that SDT for all developing countries, including small and vulnerable economies, should be recognized as a fundamental principle of the multilateral trading system.

34. We have recognized the handicaps faced by landlocked developing countries due to unfavorable geographic circumstances, and the concerns of transit developing countries. In the global economy the landlocked developing countries are being increasingly marginalized despite efforts on their part to devise appropriate national strategies. This is resulting in the further deterioration of their economies and already low living standards. We urge bilateral and multilateral donors to grant preferential treatment to landlocked and transit developing countries.

35. We are concerned by the special problems and vulnerabilities of small island developing states (SIDS), in particular the lack of market access and absence of special and differential treatment, which continue to create barriers for these countries to participate effectively in a rapidly globalizing world economy. We express concern that, although great efforts have been undertaken by the SIDS at the national level, there has not been commensurate support at the international level. We call for the strengthening of efforts at the international level in the implementation and follow-up of the Barbados Programme of Action. We emphasize the urgent need to maximize international support through, *inter alia*, strengthening the existing institutional agreements, mobilizing new, additional and external resources, and improving coordination mechanisms so as to focus and harmonize support for SIDS priorities. We note the regular incidence of natural disasters and their deleterious effects on the development of small and vulnerable economies and call for increasing international assistance for setting up and strengthening national, subregional, regional and international disaster prevention, preparedness and management mechanisms, including early warning systems, taking into account particularly the work accomplished during the International Decade for Natural Disaster Reduction.

36. We express our deep concern over the unprecedented floods in Southern Africa, and Mozambique in particular, that have caused loss of life, extensive destruction of infrastructures, deterioration of the socioeconomic situation and dislodgment and scattering of landmines. The unfolding humanitarian disaster is a further cause of concern. We commend the efforts of the Southern African Development Community (SADC) countries to address the devastating effects of the floods and thank the international community for the support, solidarity and humanitarian assistance rendered to Mozambique. We urge the international community to participate in the International Donors Conference to be held in Rome on 3—4 May 2000, aimed at mobilizing financial resources for the reconstruction of socioeconomic infrastructures and rehabilitation of the victims in Mozambique. We also urge the developed countries to write off the external debt of Mozambique in the light of its current critical socioeconomic situation. We further urge the international community to increase its assistance to mine clearance programmes, taking into account the far-reaching effects of the floods.

37. We are deeply alarmed about the persistent critical economic situation in Africa, exacerbated *inter alia* by a heavy debt burden, low levels of savings and investment, depressed commodity prices, declining levels of ODA, and insufficient levels of FDI. In particular we note with dismay that poverty in Africa has now reached intolerable levels, with negative consequences for the stability of most countries and regions of the continent. In order to reach internationally agreed targets of reducing poverty by half by the year 2015, African economies must grow at a rate of 7 per cent per annum. Present trends must therefore be reversed, starting with the writing off of bilateral and multilateral debts and a substantial increase in financial flows, including ODA. This would enable African countries to resume much-needed investment in human and physical infrastructure, a *sine qua non* for putting the continent back on the road to growth and development. In this context, we welcome the initiatives taken by some developed countries to write off the debts of LDCs and also welcome the Declaration and Plan of Action which emanated from the first Africa-Europe Summit, held in Cairo from 3 to 4 April 2000, and which examined ways and means to increase the integration of Africa into the world economy by elaborating a comprehensive solution to its debt problem, improving its productive and financial capacities, removing market access and supply-side obstacles to the flow of its exports to the international markets, and assisting its efforts to attract a larger share of world investment. We therefore urge the speedy implementation of measures supporting the development efforts of African countries.

38. We are deeply concerned about the spread of HIV/AIDS and of parasitic diseases in developing countries in general and sub-Saharan Africa in particular. The scourge threatens to undermine great advances achieved in the social and economic fields in developing countries over the past decade. We urge the international community to adopt concrete measures to mitigate the disastrous effects of HIV/AIDS, including by encouraging local production and ensuring access to drugs at affordable costs. Urgent assistance is needed, particularly to intensify information and awareness campaigns to make the causes of the disease and preventive measures well known to the masses. We call for the support of the international community to assist in addressing the challenge posed by HIV/AIDS in particular, but by all diseases in general, such as lack of adequate access to care and treatment for HIV/AIDS, tuberculosis and malaria epidemics. Policies to realize gender equality must be implemented with greater urgency in order to help combat one of the root causes of the spread of the disease. We also call for international cooperation, including South-South cooperation, and the establishment of multi-disciplinary mechanisms at regional and subregional levels to address these challenges.

39. We call for the design of investment promotion policies that correspond to national priorities for development, including capacity-building, technology transfer, infrastructure, the expansion of production facilities, job creation, and the diversification of exports and markets. The international community should support the efforts of developing countries to define FDI strategies for the creation of a favourable climate for investment.

40. We are convinced that South-South cooperation is an effective instrument for optimizing our potential to promote development through, among other things, mobilization and sharing of existing

resources and expertise in our countries, as well as complementing cooperation programme with donor countries. We therefore commit ourselves to overcoming whatever factors that have limited this cooperation. We believe such cooperation is imperative in the context of globalization and that it should therefore it should be pursued with determination and political will. We also believe that South-South cooperation is an essential mechanism for promoting sustained economic growth and sustainable development and that it constitutes a vital element in promoting constructive South-South relations and in achieving self-reliance. In view of the foregoing we reiterate our determination to take necessary measures, including the identification of resources and the design of appropriate follow-up mechanisms to exploit its potential fully.

41. In this regard, we commend and support recent initiatives taken by our countries to promote cooperation between Africa and Latin America and the Caribbean, as well as between Africa and Asia, as contained in cooperation agreements, to address issues of desertification, drought and land degradation in joint efforts to implement the United Nations Convention to Combat Desertification, particularly in Africa. We reaffirm our commitment for the full implementation of all the provisions of the Convention and call on developed countries and the international community to fulfil their financial commitments in this regard. We also support the decisions adopted at the African Ministerial Conference on Environment, held in Abuja, Nigeria, on 4—6 April 2000, and welcome the recent establishment in Tunisia of the observatory of the Sahel and Sahara.

42. We recognize that regional cooperation and integration is the most meaningful approach for the South to face the challenges of globalization and take full advantage of its opportunities. We also commend and support the work of the regional and subregional groupings established among developing countries to promote the sustainable socioeconomic development of their respective member States through regional integration and the harmonization of their economic and social policies. We further welcome and encourage the establishment of appropriate structures at the regional and subregional levels in the developing countries aimed at removing barriers to the free movement of goods, services and capital.

43. We note that the prevailing gap between the North and South in the scientific and technological field is still growing, and that the process of rapid accumulation of knowledge and technologies has not reached the hundreds of millions of people who continue to live in absolute poverty. It is essential to adopt appropriate measures to overcome the technological gap between the developing and industrialized countries and to work towards arrangements that facilitate the processes of technology transfer. While we are committed to promoting the development of science and technology by strengthening our political will, increasing the allocation of resources to that end, developing an appropriate institutional framework, and promoting technology and innovation through advanced, quality education, we urge developed countries to facilitate the transfer of technology, easing the costs and collateral conditions that presently stand in its way.

44. We believe that the prevailing modes of production and consumption in the industrialized countries are unsustainable and should be changed, for they threaten the very survival of the planet. We firmly believe that technological innovations should be systematically evaluated in terms of their

economic, social and environmental impact, with the participation of all the social sectors involved, including the business community, Governments, the scientific community, and other groups that have not traditionally been part of this process. We call on the developed countries to fulfil their commitment to provide developing countries with financial resources and environmentally sound technologies on a preferential basis.

45. We advocate a solution for the serious global, regional and local environmental problems facing humanity, based on the recognition of the North's ecological debt and the principle of common but differentiated responsibilities of the developed and developing countries.

46. We recognize that information technology constitutes one of the pillars of technological revolution and represents one of the most powerful development tools of our time. We should take full advantage of this unique opportunity to use information technology for development and to ensure that its benefits reach our people, as the future of the South depends on the inclusion of information technology in its economic and social development programmes. In this context, we underline the need to establish global knowledge partnerships that include encourage to developed countries to provide developing countries with the necessary assistance.

47. While we believe it is urgent to enhance our access to global information networks and to improve the benefits derived therefrom, we also emphasize the need to preserve our national and regional diversity of traditions, identities and cultures which may be affected by the globalization process, and to achieve a connection to contemporary international information and knowledge that does not entail sacrificing our national and regional cultures and identities. It is thus, it is necessary to pay special attention to the homogenizing tendencies that may threaten this diversity. In this context, we welcome the proclamation by the United Nations General Assembly of the year 2001 as the Year of Dialogue among Civilizations and stress the importance of this initiative as a means of enhancing understanding of diverse cultures and promoting North-South and South-South cooperation in a globalized world.

48. We firmly reject the imposition of laws and regulations with extraterritorial impact and all other forms of coercive economic measures, including unilateral sanctions against developing countries, and reiterate the urgent need to eliminate them immediately. We emphasize that such actions not only undermine the principles enshrined in the Charter of the United Nations and international law, but also severely threaten the freedom of trade and investment. We therefore, we call on the international community neither to recognize these measures nor apply them.

49. We are committed to promoting democracy and strengthening the rule of law. We will promote respect for all universally recognized human rights and fundamental freedoms, including the right to development. We pledge ourselves to provide transparent, effective and accountable governance, responsive to the needs of our peoples, which is necessary for economic growth, peace and prosperity. We reaffirm that every State has the inalienable right to choose political, economic, social and cultural systems of its own, without interference in any form by other States.

50. We express grave concern over the impact of economic sanctions on the development capacity in the targeted countries, in this context noting that Libya has now fulfilled all its obligations

in terms of pertinent Security Council resolutions, and we urge the Security Council to adopt a resolution completely lifting the sanctions against Libya. We also call for the immediate lifting of all unilateral sanctions imposed against Libya outside of the United Nations system.

51. We affirm that bringing an end to the Israeli occupation and establishing a comprehensive, just and lasting peace in the Middle East is a prerequisite for economic and social development in the region. We reaffirm our support for the Middle East peace process on the basis of Security Council resolutions 242 (1967), 338 (1973) and 425 (1978) and the principle of land for peace. Peace demands complete Israeli withdrawal from the occupied Palestinian territory, including Jerusalem, and the achievement of a final settlement by the agreed-upon deadline of September 2000, as well as the establishment of the State of Palestine with Jerusalem as its capital. It also demands complete Israeli withdrawal from the occupied Syrian Golan and the demarcation of the 4 June 1967 line, as well as the unconditional withdrawal from South Lebanon and Western Bekaa to the internationally recognized boundaries. We affirm that measures taken by Israel aimed at changing the legal status and the demographic composition of Jerusalem are null and void.

52. We call on all States in areas of conflict to refrain from attacks against civilian infrastructures, and consider the attacks on such targets as contrary to international law and detrimental to the pursuit of national economic and social development and to international trade.

53. We also express our deep concern over the air attack against the El-Shifa Pharmaceuticals Factory in the Sudan on 20 August 1998, and its negative impact on that country's economic and social development. We express our support and solidarity with the Sudan for its demand for a just and fair consideration of the matter by the United Nations on the basis of international law.

54. We stress the need to maintain a clear distinction between humanitarian assistance and other activities of the United Nations. We reject the so-called "right" of humanitarian intervention, which has no legal basis in the United Nations Charter or in the general principles of international law. In this context, we request the Chairman of the Group of 77, in conjunction with the Chairman of the Non-Aligned Movement (NAM), through the Joint Coordinating Committee, (JCC), to coordinate consideration of the concept of humanitarian intervention and other related matters as contained in the 1999 Report of the United Nations Secretary-General on the work of the Organization. We further stress the need for scrupulously respecting the guiding principles of humanitarian assistance, adopted by the General Assembly in its resolution 46/182, and emphasize that these principles are valid, time-tested and must continue to be fully observed. Furthermore, we stress that humanitarian assistance should be conducted in full respect of the sovereignty, territorial integrity, and political independence of host countries, and should be initiated in response to a request or with the approval of these States.

55. We call upon the international community to provide the necessary assistance to landmine clearance operations, as well as to the rehabilitation of the victims and their social and economic integration into the landmine affected countries. We express concern over the residues of the Second World War, in particular in the form of landmines which cause human and material damage and obstruct development plans in some developing countries. We demand that the States responsible for

laying the mines outside of their territories assume responsibility for the landmines, cooperate with the affected countries to get rid of them, and contribute defraying the costs of clearance and provide compensation for any ensuing losses and for reclaiming the affected areas for productive purposes.

56. We also express dismay at the increasing number of children involved in and affected by armed conflict. We call upon the international community to take concerted action to prevent and stop the use of children in armed conflicts and to assist in the rehabilitation of those affected children, as they are the future generation who would otherwise be able to contribute meaningfully to development.

57. We note with deep concern the increase of all kinds of criminal activities, including illicit traffic of arms, drugs and other products which are used to foster and finance organized crimes and all types of transnational crimes which continue to be a major factor of instability and a threat to development. In this context we are also deeply concerned by the trafficking of women and children, which is not only an offense against human dignity, but also a violation of International Law. We call upon all countries to join the multilateral effort of the international community to develop mechanisms that will strengthen cooperation in terms of prevention and elimination of these activities, so that the stability and prosperity of all economies and societies can be guaranteed.

58. We have appraised the importance of the Millennium Summit, and reaffirm the need for the Group of 77 and the NAM to duly coordinate their positions. In this regard, we endorse the proposal of the Joint Coordinating Committee that within the overall theme of the interactive debate being held at the South Summit on the role of the United Nations in the 21st century, there should be two subthemes, namely, "Peace, security and disarmament" and " Development and poverty eradication", and emphasize the need for developing countries to coordinate their positions to ensure, that their common interests and positions on every aspect of the two subthemes are fully reflected in the outcome of the Summit.

59. We welcome the decision to convene a special session of the General Assembly in the year 2001 to review the implementation of the Programme of Action of the World Children Summit, and express our commitment to participate fully in the preparatory process for the special session with a view to improving the lives of children in our countries. We are concerned that economic and social marginalization of developing countries, especially the poorest nations, is having a deleterious impact on children.

60. In this context, we express our deep concern over the insufficient level of resources for development at the disposal of the United Nations, thus hindering its capacity to fulfil its main economic and social objectives in a manner commensurate with the needs and aspirations of the developing countries. We note with concern the increasing erosion of the role and the contribution of the United Nations to the promotion of genuine international cooperation for development. In this regard, we reiterate that the United Nations has a central role to play in world economic matters by promoting a vital boost to the development of the South and by transforming international economic relations, making them more fair and equitably and pledge our full support and determination to working towards its strengthening in this regard.

61. We believe that in order to realize the goal of universal peace and prosperity, we will need to promote international cooperation that is just and equitable, giving high priority to integrated and comprehensive development, which can be achieved only by working together, both among ourselves and with the developed countries. We can make ourselves heard as a single voice, with the courage, perseverance, boldness and political will needed for the major and urgent transformations of the international economic system to which we all aspire.

62. In adopting this Declaration, we recognize the need for an action-oriented programme of practical solutions to be implemented within a specific timeframe. To guide us in this process, we adopt the Havana Programme of Action. The Chairman of the Group of 77 is requested to forward this Declaration and the Programme of Action to the President of United Nations General Assembly in order to be circulated as official documents of the Millennium Summit and the Millennium Assembly.

（资料来源：http://www.g77.org/summit/Declaration_G77Summit.htm）

哈瓦那行动纲领(2000)
Havana Programme of Action, 2000

(Group of 77 South Summit, Havana, Cuba, 10—14 April 2000)

I. Introduction

We the Heads of State and Government of the developing countries which account for almost four-fifths of the world's population, have assembled here in Havana for the first South Summit at a truly historic moment in the evolution of human society. At the dawn of a new millennium, our countries and people stand at the crossroads of history poised between the achievements of the past and the hope and expectations of a yet uncharted future. Rather than be passive witness of a history not of our own making, we in the South will exert every effort to shape the future through the establishment of a world order that will reflect our needs and interests while also laying the foundations for a more effective system of international development cooperation. To this end, we undertake to pursue a sharply focused action-oriented agenda geared to implementing a number of high priority initiatives within specified time frames. Accordingly, and in furtherance of our Declaration of the South Summit, we adopt the following final document which shall be known as the "Havana Programme of Action".

II. Globalization

1. Globalization, through trade, investment and capital flows and advancements in technology, including information technology, has had a profound impact on all aspects of international relations. As a result of technological development, especially in the electronic, transport and communication sectors, there has been a proliferation of economic, scientific, technological and cultural innovations, which have greatly affected all areas of human life, and especially the process of development in the countries of the South.

2. Globalization can be a powerful and dynamic force for strengthening cooperation and accelerating growth and development. It presents opportunities, as well as risks and challenges. Globalization is a process which can be uneven and unpredictable, but if it is properly harnessed and managed, the foundations for enduring and equitable growth at the international and national levels can be laid. National efforts need to be complemented by intensified international cooperation in order to reverse the marginalization and manage the risks, overcome the challenges and seize the opportuni-

ties crated by globalization.

3. The empirical evidence shows, among others, that the income gap between developed and developing countries has widened. Even those countries which seem to have adapted well to globalization were the most seriously affected by the Asian financial crisis. It is clear that there is no automatic process by which income levels of developing countries will converge towards those of developed nations. The challenge before the international community is to ensure that globalization should takes into account the development dimension.

4. We are concerned about the increased marginalization of a large number of developing countries, especially Least Developed Countries, owing to the globalization process, particularly in the finance, trade and technology sectors. We emphasize the importance of the effective and beneficial integration of the LDCs into the global economy and the multilateral trading system as its main driving force. In this context, we agree that the United Nations is in a unique position, as a universal forum, to strengthen international cooperation for promoting development in the context of globalization; in particular the integration of developing countries into the globalizing economy, on terms in which as they are able to take full advantage of all their potentials for economic growth and development. In this regard, the forthcoming Millennium Summit presents an important platform to strengthen the role of the United Nations in international cooperation for development.

5. In addition, globalization has increased the vulnerability of those countries of the South, which are in the process of being integrated into the world economy. As the recent financial crisis has illustrated, financial liberalization including speculative and volatile financial flows, over which the developing countries have little controls, in the absence of adequate institutional arrangements to manage the processes, has generated significant instability in the international economies, with specially disastrous results for the developing countries. Therefore, there is an increasing need for the reform of the international financial architecture. In this context, we should seek to ensure a more democratic and fair ordering of any mechanism which emerges from these discussions in order to increase the effective participation of developing countries in the management of the international economy. It will also be important to ensure that the reform of the international financial architecture addresses financing for development as well as issues of financial stability including the need for the regulation of hedge funds and highly leveraged institutions and strengthening of the early warning system to provide for improved response capabilities to help countries deal with the emergencies and spread of financial crises. In this context, UNCTAD should contribute to the debate on issues related to the strengthening and reforming of the international financial architecture by continuing to provide relevant analysis from a development perspective. The focus should be to achieve the objective of financing for development.

6. We stress the need for adjustment of the policies of developed countries which should lead to an improved market access for the exports of developing countries and the elimination of protectionist and support measures especially in agriculture, textile and clothing sectors. We also call for the mandated negotiations on agriculture in accordance with the provisions of article 20 of the Agreement on Agriculture. In agriculture the objectives should be to incorporate the sector within normal WTO

rules.

7. Vulnerability and volatility are major impediments to the countries of the South and contribute to perceived risks and difficulty in attracting foreign direct investment in developing countries, making ODA a crucial source of finance for developing countries and stressing the need for the continuation of flexible graduation procedures by the Bretton Woods Institutions. The completion of the work on a vulnerability index would be an important step in assisting multilateral institutions to assess effectively the needs of developing countries. As a number of underlying principles governing globalization and trade liberalization have been formalized in the agreements emanating from the Uruguay Round of multilateral trade negotiations, there is a need to address those aspects which have clearly operated to the disadvantage of developing countries and immediately implement fully the provisions for special and differential treatment in favor of developing countries. We are distressed that since the Ministerial Meeting in Marrakech held in 1994 establishing the WTO, little has been done to develop an effective program of concrete measures to assist the integration of these countries into the multilateral trading system. Of concern also is the volatility of international markets which have witnessed the deterioration of prices of commodities and terms of trade, which have imperiled the ability of developing countries in the global economy.

8. In this respect, it is necessary to adopt measures that improve access, for all products of export interest to developing countries, to the markets of developed countries, by means of reducing or eliminating tariff and non-tariff barriers, and by introducing measures that support capacity-building for production and export in our countries, as well as other measures that help to guarantee the stability of the prices of these products in the international markets. Within the framework of the WTO, to promote the idea of the creation of a fund for development.

9. Furthermore, increased international interaction, which has taken place in the context of globalization, has also led to problems which require enhanced international cooperation and solidarity for their resolution. Maximizing the benefits of globalization requires sound domestic macroeconomic policies supported by an enabling global environment and international economic cooperation. It is imperative that a collective solution is found to wide-scale collective problems. Globalization calls for approaches and methods in line with the global level of the problems facing the world; it calls for a view which includes the large majority and is based on an essential sense of social justice and human solidarity. In general, it will be necessary to ensure greater coordination in international policy-making.

10. Globalization and interdependence, whilst strengthening common values, should boost and maintain local development, taking into account the traditions, culture and identity of the people, who together make up the common heritage of humanity. Special attention should be paid to preserve diversity which is the principal wealth of human development. Respect and tolerance for cultures and cultural identity would contribute to peaceful co-existence and economic development.

11. We reaffirm the right to self-determination of all peoples, in particular of peoples under colonial or other forms of alien domination or foreign occupation, and the importance of the effective realization of this right, as enunciated, *inter alia*, in the Vienna Declaration and Programme of Ac-

tion adopted at the World Conference on Human Rights. We decide to continue working for removing the obstacles to the realization of the right of peoples to self-determination, in particular of peoples living under colonial or other forms of alien domination or foreign occupation, which adversely affect their social and economic development. We are deeply concerned also over the gravely negative impact of foreign occupation on the social and economic development of peoples under foreign occupation, and, in this context, we also reaffirm the principle of permanent sovereignty of peoples under foreign occupation over their natural resources.

12. We stress that democracy, respect for all internationally recognized human rights and fundamental freedoms, including the right to development, transparent and accountable public administration and governance, responsive to the needs of peoples, in all sectors of society, as well as effective participation by our citizens and their organizations are an essential part of the necessary foundations for the realization of people-centered sustainable development. We also stress that every State has the inalienable right to choose political, economic, social and cultural systems of its own, without interference in any form by another State.

We, the Heads of State and Government, commit ourselves to the following decisions and actions:

(1) ***To respond to globalization with a view to making it beneficial for all countries and peoples, and to actively promote effective participation of developing countries in the international economic policy decision making in the context of the globalizing world economy***

• Convene, in consultation with member States from the South a High Level Advisory Group of eminent personalities and intellectuals to prepare a report on globalization and its impact on developing countries, and report to the annual Ministerial Meeting in the year 2001.

• Intensify efforts to review and reform the WTO regime with a view to promoting a multilateral trading system that is fair, equitable and rules-based, and that operates in a non-discriminatory, inclusive and transparent manner, and in a way that provides benefits for all countries, especially developing countries. This will involve among other things, improving market access for goods and services of particular interest to developing countries, resolving issues relating to the implementation of WTO agreements, fully implementing special and differential treatment, facilitating accession to the WTO, and providing technical assistance. Invite member States to consult and make efforts as necessary for coordination of the position of developing countries prior to UNCTAD and WTO meetings, including through Ministerial Meetings

• Work to ensure that countries whose economies depend heavily on trade preferences be accorded the necessary transition period by the World Trade Organization to adjust to the new liberalized regime.

• Work within all relevant fora to ensure the establishment of a work programme for small economies to enhance their capacity to participate more effectively into the international trading system.

• Work towards reform of the international financial architecture that addresses issues of financing for development and stability of the international financial system including the need for regulation of hedge funds and highly leveraged institutions and strengthening of the early warning system to provide for improved response capabilities to help countries deal with the emergencies and spread of financial crises.

- Oppose application of all disguised protectionist measures such as labour standards and the attempts to further widen the environmental windows currently existing under the rules. We pledge to work together to ensure that linkages which act to curb the comparative advantage of developing countries are eschewed in WTO.

- Press for the freer movement of natural persons, in which developing countries have comparative advantage in the global economy, thus matching the arrangements applied in other areas such as finance and services. While the capital markets have been opened, including in developing countries, there has hardly been any movement in opening of the labour market in developed nations, particularly within the context of forthcoming negotiations on trade.

- Call on the relevant institutions to work towards the early completion of a vulnerability index.

- Urge UNCTAD to assist in collaboration with Common Fund for Commodities developing countries and upon request, in handling commodities in an integrated manner with attention on improving their prices, developing their processing, transportation and availability of capital and technology for production. We also urge UNIDO to continue its assistance to developing countries to enable them to diversify their economies.

- Pursue efforts to harmonize the South's position on monetary and financial matters and in this context welcomes the decision adopted by the Twenty-sixth meeting of the Chairmen/Coordinators of G-77 Chapters held in Geneva, from 6 to 7 April 1999, to convene annual coordinating meetings between the Chairmen of the G-77 and G-24 prior to the IMF/World bank spring and autumn sessions.

(2) ***To revitalize and strengthen the role of the UN system in promoting development and international cooperation in the context of globalization***

- Work for decisions on critical economic issues in institutions such as IMF, World Bank and the WTO, which promote the interests of developing countries through effective and full participation of all and on the basis of sovereign equality, and by asserting the key role of the UN in this sphere.

- Work towards strengthening the role of UNCTAD and the coordinating role of ECOSOC and the regional commissions in addressing the economic and social development priorities of developing countries.

- Continue to pursue the complementarity and coordination among the UN agencies, especially UNCTAD and other relevant international organizations including the IMF, the World Bank and the WTO with the view to promoting the development of developing countries while avoiding the imposition on governments of cross-conditionalities and other conditions which would operate to restrict their policy options further.

(3) ***To preserve and promote cultural diversity especially in the context of globalization***

- Invite national governments and institutions of the South to preserve and promote diversity in traditions, culture and identity of the people, as well as indigenous and local traditional knowledge, practices, and technology for achieving local development and request the Chairman of Group of 77 to examine the possibility of organizing a Southern Cultural Assembly, Art Festival of the South on a biennial basis. The Chairman would present his recommendations to the next Ministerial Meeting.

• Invite governments and institutions of the South to promote and intensify cultural exchanges and tolerance among the developing countries.

(4) ***To utilize institutions in the South in meeting the challenges of globalization***

• Invite the Chairman of G-77 to coordinate the networking of research institutions and centers from the South to undertake analytical and prospective research on globalization and related matters, with a view to strengthening the Group's negotiating capacities in various G-77 Chapters.

• Intensify efforts at institutional capacity building, including through the exchange of expertise, experiences, information, and documentation between the institutions of the South in order to develop human resources and strengthen the institutions of the South.

III. Knowledge and Technology

1. Today, more than ever, rapidly advancing scientific and technological developments, particularly in areas such as microelectronics, biotechnology and information technology, have played a critical role in economic and social development and have, therefore, influenced all areas of human endeavour. We are in the midst of a profound revolution of knowledge and technology. Therefore, we acknowledge that to invent, innovate, generate, acquire, absorb and use knowledge in any manner possible has been an important contribution to economic growth and the raising of standards of living for a long-term.

2. We recognize that there has been a shift from manufacturing to information and knowledge-based production activities in the global economy over the last two decades. Information Technology (IT) presents the most powerful technological revolution of our time. Its impact and rapid pace are ushering in fundamental changes that will define the challenges and opportunities for all countries in the future. Information Technology could become an effective instrument for fostering equality in the field of economic growth and development and for narrowing the gap between the developed and the developing countries, as well as for facilitating access to knowledge and education at all levels of society. We should take full advantage of this unique opportunity to help shape the use of Information Technology and to ensure that its vast benefits reach all humankind by undertaking efforts to make it more widely accessible to and within developing countries.

3. We note with concern that developing countries lag far behind in knowledge generation and its application to new areas of industry which provide increasing returns and rapid increases in income. With their modest investment in research and development, the countries of the South find it difficult to keep pace with these developments. The disparity between the developed and developing countries in their respective capacity to produce scientific and technical knowledge and to utilise this knowledge in support of social and economic development has emerged as a major problem facing the international community. The technology gap between developed and developing countries has be-

come an important cause of the increasing income gap between developed and developing countries and this gap is likely to increase further if developing countries cannot become actively involved in developing those new industries based on the application of knowledge and technology.

4. Advances in technology also carry risks and uncertainties and even have potentially destructive implications, particularly in terms of their impact on the environment. More than ever, science and technology are also likely to exert a major influence on the way in which the earth's resources are utilised and shared among its inhabitants. Scientific knowledge is therefore emerging as a major source of power and influence and as a key factor in determining the sustainability of our planet and the future prospects of mankind. This challenge implies the need to elaborate an appropriate strategy designed to promote international cooperation in the field of science and technology.

5. We are deeply concerned that the role of the United Nations, which was given the mandate at the 1979 Vienna Conference on Science and Technology, has been progressively marginalised over the years.

6. Moreover, the provisions under TRIPs agreement relating to the transfer of technology should work to the mutual advantage of producers and users of technical knowledge and should facilitate transfer of all required technologies to developing countries. Faced with the threat of increasing technological marginalization of the South, we have decided to make science and technology a priority item on the national agenda as well as in the area of South-South cooperation. We also intend to reintroduce the subject as a major item on the international development agenda, since science and technology can help the countries of the South to address more effectively the challenges faced by the South.

7. We are aware that a number of barriers have prevented the developing countries from seizing opportunities to exploit science and technology including lack of resources to generate and exploit traditional knowledge, particularly those of indigenous communities, the non-recognition of traditional knowledge - in technological development and patenting, lack of infrastructure, prohibitive costs of acquiring knowledge and technology and small size of their economies, including the challenges resulting from the changing role of the State, the emergence of such patenting which promotes corporate monopoly and the progressively decreasing importance assigned to science and technology on the international development agenda.

We, the Heads of State and Government, commit ourselves to the following decisions and actions at the national and international levels:

(1) ***Promotion and development of knowledge and technology in the South***

- Work towards achieving the objective of eradicating illiteracy and to promoting the concept of Education for All Throughout Life, through steps to promote basic education, ensuring special emphasis on the promotion of girls education, and higher level education, strengthening of education infrastructure and non-formal methods of education;

- Work towards addressing basic and other infrastructural impediments to the spread of knowledge, such as provision of electricity, transport and better telecommunication facilities, as well as finding ways, where appropriate, to remove the impediment on regional and interregional basis.

● Allocate adequate resources including from national budgets to further the access, specially of children and youth, to basic and higher level education and to strengthen science and technology sectors within our countries and to increase the percentage of GNP allocated to the development of research in the field of science and technology;

● Publish, on annual basis, national reports that provide data on national scientific and technology capacities as well as a roster of national researchers in different fields of science and technology;

● Establish, at the national level, networking of research institutions dealing with science and technology and promote closer links between universities, research institutions, industry and scientists. These networks should involve and link people, governments, private and public sectors, civil society and scientists of the South based in the North;

● Work together as countries of the South to exchange experiences and cooperate with others among us who have a competitive advantage in areas such as bio-engineering, communications, communication, administration and production, education, transport, banking and software development.

● Decide to establish a G-77 science and technology award for individuals from the South who have distinguished themselves in the area of science and technology.

● Promote the establishment of venture capital funds in our respective countries to promote science and knowledge based industries.

(2) ***To encourage the institutions of the South to launch further initiatives to promote knowledge and technology in developing countries***

● Establish a trust fund for the promotion of knowledge and technology in the South. Seed money for the Fund may be provided on a voluntary basis by governments, private sector, foundations and other organizations. The Chairman of the Group of 77 should initiate action for the establishment of such a trust fund and report to the following Ministerial Meeting on this issue;

● Establish a consortium on knowledge and technology comprising representatives from the governments, private sector and other relevant organizations which should meet on a regular basis in order to promote joint ventures in the South in the field of science and technology. The Chairman of the Group of 77 should initiate action for the establishment of such a consortium and report to the following Ministerial Meeting on this issue;

● Encourage South-South scientific organizations and research institutions dealing with science and technology to further expand their South-South fellowships and training programmes and develop dynamic strategic alliances with governments, private and public enterprises, universities, laboratories and civil society;

● Exploit the potential of communications and information technology for the development of the South through the adoption of policies, and measures that should narrow the gap between developed and developing countries in information and communication technologies and to strengthen information technology networks at the regional, sub-regional and interregional levels with linkages to global information networks.

• Establish a South-South network, linking research & development (R&D) institutions and other centers of excellence in order to enhance the South's efforts in establishing strategic South-South programmes of R&D on the development of vaccines, drugs and diagnostics for the prevention and cure of major communicable diseases in the South, such as malaria, tuberculosis and HIV.

• Decide to consider, as soon as possible, the possibility of convening a South-South high level conference on science and technology, with a view to formulating global strategies and clear policies within the South for the promotion of science and technology.

(3) ***To harness the potential of human resources, including expatriates, from the South for the benefit of developing countries and to address the challenges associated with brain drain***

• Create conducive conditions in our countries in order to attract and retain our important human resources.

• Encourage South-South transfer of skills and in this connection we urge the strengthening of the application of the United Nations Volunteers Programme for transfer of skills between countries of the South.

• Encourage research and scientific organizations from the South to open their chapters in developed countries. Expatriate scientists, professionals and research scholars from the South may be encouraged to run these chapters;

• Invite the Chairman of the Group of 77 in close coordination with the relevant G-77 Chapters to take necessary steps with a view to promoting, with relevant organizations of the UN system, Associate Schemes particularly in the field of communications, information and biotechnology. Such schemes would provide opportunities for scientists and professionals working and living in the South to have interaction with the fellow scientists in the North without permanently leaving their own countries and undertake further initiatives for the exchange of experiences and knowledge in order to achieve the universalization of knowledge and education.

(4) ***To create enduring international environment to ensure South's access to knowledge and technology and promote the United Nations central role in removing different barriers faced by the South in the acquisition of knowledge and technology***

• Invite the Chairman of the Group of 77 in coordination with the various G-77 chapters to work towards the strengthening of the United Nations Commission on Science and Technology for Development, and arrangements within the UN system, including UNESCO and the regional commissions dealing with knowledge and technology, and promoting annual consideration of science and technology within the relevant committees of the United Nations.

• Call for a better coordination within the UN system in the field of science and technology with a view to enabling the developing countries to participate in the knowledge based global economy and to elaborate programmes to use science and technology as a vehicle for development.

• Increase public investment in technologies for development and work towards ensuring transfer of technologies to developing countries on preferential terms and invite developed countries and international organizations to adopt policies and programme with a view to ensuring that developing countries can measurably benefit from the advances in technologies owned by both public and private sectors;

• Work towards operationalising the provisions of the TRIPS agreement, articles 7 and 8 thereof, which facilitates the access to dissemination and transfer of technologies and to explore benefits that could accrue to developing countries and particularly least developed countries. In this context, invite developing countries to hold consultations, prior to international meetings related to the review of the TRIPS agreement with a view to achieving common positions in this field. In addition, efforts should be made to ensure that future TRIPS-related agreements extend the provisions for transfer of technology from developed to all developing countries on concessional and preferential terms.

• Invite the Chairman of the Group of 77 to explore the possibility of formulating proposals to ensure that the TRIPS agreement promote the development of developing countries, including the possibility for a code of conduct for all countries which facilitate the access to, dissemination and transfer of technologies on concessional and preferential terms from developed to developing countries.

• Work towards full implementation of provisions of various conventions and agreements in order to ensure that proprietary patents based on traditional knowledge in all aspects including those of indigenous communities are developed only after obtaining the prior informed consent of the developing countries concerned after reaching agreement on benefit sharing with these developing countries, which are storehouses of such bio-diversity and traditional knowledge. Work towards fulfilling the clear and pressing need to extend and render effective protection to indigenous biotechnology, developed over the millennia, to ensure a flowback of benefits from patentees to original developers.

• Strengthen the UN bodies dealing with science and technology including the promotion of the implementation of the Vienna Plan of Action on Science and Technology adopted in 1979.

• Make universally accessible, proven appropriate technologies and safe and affordable, essential medicines to prevent and mitigate HIV/AIDS pandemic and other communicable diseases in order to arrest their catastrophic human and economic impact on developing countries.

IV. South-south Co-operation

1. South-South cooperation is a crucially important tool for developing and strengthening the economic independence of developing countries and achieving development and as one of the means of ensuring the equitable and effective participation of developing countries in the emerging global economic order. Economic and Technical Cooperation among Developing Countries (ECDC/TCDC) have become an integral part of the mutual relations between the States of the South and an important means of promoting the exchange of ideas, experience, knowledge, technical advances, skills and expertise across a broad range of sectors. It also remains a key vehicle for forging common positions in international forums on issues of concern to developing countries.

2. Since the establishment of the Group of 77 in 1964, we have formulated a number of platforms, strategies and plans of action on South-South co-operation. We recognize that the Non-A-

ligned Movement, as the other prominent platform of the South, has also adopted a number of action-oriented South-South programmes. Taken together, these documents set out a comprehensive philosophy and framework for action aimed at promoting an intensified pattern of co-operation among our countries in a wide range of areas such as trade, investment, technical cooperation, industrialization, energy, food and agriculture, and technology.

3. In the light of current global economic environment, which has been markedly influenced by the process of globalization, we agree that the need for strengthening South-South Cooperation is greater now than ever. We note, however, that although there has been an increasing pattern of co-operation among our countries, progress over the years has not been commensurate with the comprehensive nature of the commitments embodied in the various declarations and programmes of action. The lack of effective follow-up and implementation have militated against full exploitation of the potential of South-South co-operation. This has also tended to lessen the impact and effectiveness of such co-operation in recent years. We reaffirm the continued relevance and viability of South-South cooperation in view of the increasing differentiation among the developing countries in terms of level of development. Increasing contacts and interaction has provided an additional basis for increased co-operation among the countries of the South.

4. We emphasize that special attention should be paid to the Least Developed Countries owing to their particular needs so that they can effectively participate and benefit from programmes of economic and social cooperation among developing countries in all fields of such cooperation.

5. The tendency for decisions taken in multilateral fora at the global levels, to impact directly on the developing countries, makes it all the more necessary for our countries to foster increased co-operation and co-ordination of effort.

6. In addition, the increasing importance of subregional and regional economic groupings and arrangements in the South provide a powerful dynamic for enhanced South-South cooperation. Varying development experiences and know-how existing in developing countries as well as similar needs and problems offer opportunities for greater bilateral, subregional, regional and international cooperation among developing countries. The potential of these arrangements needs to be fully exploited.

7. We are convinced that the United Nations Convention to Combat Desertification, as a development convention, is an appropriate framework to promote sustainable development in developing countries, and that South-South cooperation could contribute to the implementation of this Convention. In this regard, we welcome the adoption of Platforms for action at the Second Africa-Asia Forum (Niamey, 1998) and at the second Africa-Latin America and the Caribbean Forum (Bamako, 2000) as an important contribution to the implementation of the Convention.

8. As eradication of poverty and inadequate access to basic social services remain major challenges facing the majority of the South, the social sector offers genuine complementarities to provide scope and ample potential for effective mutual cooperation through sharing of experiences, resources and institutional capabilities among developing countries, as appropriate.

We, the Heads of State and Government, commit ourselves to the following decisions and actions:

(1) ***To renew efforts to stimulate the expansion of South-South trade and investment in order to accelerate economic growth and development of the South.***

• Decide to consider further deepening and expansion of the GSTP in order to enhance its effects, through examination of possible ways of rationalizing the process of negotiations for a third round of GSTP negotiations.

• Decide to review the implementation and the performance and impact of the Global System of Trade Preferences (GSTP) among developing countries with a view to deepening and expanding the GSTP and invite the Chairman of the Group of 77, in coordination with the Geneva Chapter, to convene an intergovernmental consultative meeting as soon as possible and to request UNCTAD to contribute to this process.

• Invite the Chairman of the G-77, in consultation with the Chairman of the G-77 Chamber of Commerce and Industry, to convene an extraordinary meeting during the course of this year, to review the performance of the chamber, the operating modalities and its mandates as well as its subsidiary bodies, and to formulate a specific programme of work and to report on regular basis to the Chairman of G-77 on its activities. Also requests the Chairman of G-77 to present regular reports to the Ministerial Meeting of G-77 on the activities of the Chambers.

• Strengthen current modalities and mechanisms for South-South cooperation, including by regional economic groupings, and other relevant institutions, while enhancing and readapting these modalities wherever necessary.

• Intensify bilateral, subregional, regional and interregional cooperation and integration in all modes of transport among developing countries.

• Encourage the landlocked developing countries and the transit developing countries to further strengthen their collaboration and cooperation, through the implementation of existing transit arrangements and agreements between them and consideration of new arrangements and agreements in order to enhance the efficiency and increase the flow of transit trade without prejudice to the interests of the transit countries. In this regard, the convening of the Ministerial Meeting on Transit Transport Cooperation to be held in 2003, is strongly emphasized.

• Invite the Chairman of Group of 77 to encourage regular organization of a business forum and a South-South trade and investment fair and to take urgent necessary steps with a view to identifying the venue of the first trade and investment fair and business forum to be held in the year 2002.

• Harness effectively industrial complementarities among countries of the South, including through promotion of practical initiatives in the area of industry involving interested countries, with a view to increasing the productive capacity and value added in developing countries and fostering enhanced South-South investment. In this context, we invite the Chairman of the Group of 77 where requested to seek the support of relevant UN agencies in this endeavour.

(2) ***To strengthen cooperation in the monetary and financial field***

• Note the initiative of G-77 Chamber of Commerce and Industry to establish a G-77 Trade Development Bank with its headquarters in Nairobi and branches in all regions of G-77, and the financial support provided by the Government of Kenya for a feasibility study of the Bank. In that regard, request G-77 Chamber of Commerce and Industry to submit a report on the project as well as the Chamber's activities and operational modalities, through the Office of the Chairman of G-77, to the next Ministerial meeting of the G-77 in New York.

• Continue to review the proposal of the establishment of a South-South monetary fund, South-South economic and social development fund and a South-South commodity price stabilization fund, within the process of reviewing the feasibility study of the South Bank initiative undertaken by the Group of 77 in 1983 as an innovative financial arrangement of the South to build up capital markets and facilitate South-South trade and investment, and invites the Chairman of the Group of 77 to report on this matter to the forthcoming ministerial meeting of the Group of 77.

• Create at the national level institutional arrangements for developing and strengthening capital markets in the countries of the South.

• Establish linkages between the stock exchanges and secondary bond markets of the regions of the South.

(3) ***To strengthen cooperation in promoting social development including the enhancing of capacity-building and human resources***

• Decide to exchange experiences on:

(i) effective and pro-poor health care delivery, specially primary health care, population planning and education programmes, particularly basic education, developed in the South based on local skills and resources that can fit into diverse needs of communities.

(ii) innovative arrangements including centers of excellence established in the South for greater spread and utilization of knowledge existing in the South in the field of social development.

(iii) successful programmes focussing on youth, children and women.

(iv) arrangements and incentives to attract more capital, particularly in pharmaceutical industry, to generate more research aimed at finding remedies at affordable cost to diseases that have wide prevalence in the South.

(v) further actions to encourage spread of various alternative forms of medicine existing in the South.

• Invite national governments to compile and disseminate updated information and expertise available within countries to facilitate greater interaction and networking among the developing countries in all areas of social development.

• Pursue more vigorously the implementation of South-South technical cooperation agreements established at the bilateral and multilateral levels in the economic, social, scientific and cultural fields, and invite national governments to exchange information on technical cooperation schemes they have successfully established.

• Invite member States to consult and coordinate, as necessary, their position prior to the annual general conferences of all relevant intergovernmental organizations.

(4) *To promote multilateral cooperation and arrangements towards the expansion of South-South cooperation*

• Invite G-77 countries to contribute to the expansion of the resources of the Perez-Guerrero

Trust Fund for Economic and Technical Cooperation among Developing Countries (PGTF) in accordance with the relevant decision adopted by the Twenty-first Annual Ministerial Meeting of the Group of 77 held in September 1997 in New York, and invite the Chairman of the Group of 77 in coordination with the Chairman of the Committee of Experts of PGTF to intensify their efforts with the developed countries and relevant international organizations and private sector to support the expansion of the PGTF, and invite the Chairman of the Group of 77 to report on the matter to the forthcoming Ministerial Meeting of the Group of 77.

- Invite developing countries as well as developed countries to contribute generously to the UNDP Trust Fund on South-South Cooperation with a view to supporting the promotion and the implementation of South-South projects and initiatives adopted by the G-77 South Summit, and invite the Chairman of the Group of 77 and the Administrator of UNDP to report to the forthcoming Ministerial Meeting of the G-77 on this matter.

- Invite the Chairman of the Group of 77 to take the necessary steps for the publication, in collaboration with the TCDC Unit of UNDP, of an annual report on South-South cooperation which comprises, *inter alia*, programmes of ECDC/TCDC implemented by member States, including a list of national focal points in charge of ECDC/TCDC.

- Encourage the establishment of a network among focal points of developing countries by the Special Unit for TCDC, in the context of the creation of a multidimensional web of information for development.

- Decide to revitalize the role of various G-77 actions committees in various fields of cooperation as provided for in the Caracas Programme of Action, and invite the Chairman of the Group of 77 to propose mechanisms and arrangements to this end.

- Invite the Administrator of the UNDP to strengthen the TCDC Unit as the UN focal point for South-South cooperation through the preservation of its separate identity and the provision of adequate resources to ensure the full implementation of decisions of the South Summit under its sphere of competence and to enable it to carry out its relevant mandates and responsibilities.

- Invite the Chairman of the Group of 77 to conduct appropriate consultations with a view to identifying a possible venue for the tenth session of the Intergovernmental Follow-up and Coordination Committee on ECDC (FCC-X) to be held during the second half of 2000 in Africa as well as ensuring the regular meetings of the IFCC and to report to the forthcoming ministerial meeting of the Group of 77 on this matter.

- Promote the further use of experts from developing countries in the programmes and projects of the UN system executed in developing countries and invite the Chairman of the Group of 77 to take necessary steps with view to encouraging action in that regard.

- Identify and assess our needs as well as our capabilities and make them well known to other developing countries to promote complementarities and increase South-South cooperation.

- Encourage partner developing countries, within the context of the list of projects to take effective steps for early implementation of such projects. In this regard, examine the creation of an open portfolio of projects on continuing basis.

• Invite developing countries to promote further initiatives on regional and sub regional cooperation to enhance economic development.

• Invite international organizations and developed countries to further promote and facilitate South-South Cooperation through triangular arrangements.

• Invite developing countries to pursue further efforts to strengthen institutional support for South-South Cooperation with a view to maximizing the potentials of such cooperation among developing countries.

• Decide to convene a high level conference on South-South cooperation in the year 2003 and invite the Chairman of the Group of 77 to take necessary steps towards the implementation of this decision and to regularly report to the next annual ministerial meetings of the Group of 77 on this matter.

• Work to operationalize the Africa-Asia and Africa-Latin America and the Caribbean Platforms for action on the implementation of the Convention to Combat Desertification and call upon the international community to lend its full support to this cost effective and efficient initiatives.

V. North-south Relations

1. We are deeply concerned about the current state of North-South relations and the weakening of the commitment of the developed countries to international cooperation in support of development that was a hallmark of these relations prior to the 1980s. The post-cold War period with its promise of a peace dividend has not fulfilled the hopes and expectations of the developing world. Instead, we have witnessed a weakening of the commitment of the developed countries to international cooperation in support of development. At the same time we also noted with concern the declining commitment to multilateralism which has negatively affected international cooperation for development. In fact, despite the growing prosperity of the North, the level of finance for development for multilateral assistance including ODA has experienced a continuous decline over the years.

2. We have also witnessed with concern the marginalized role of the UN in decision making on the major international economic issues and the shift of such decision making to the Bretton Woods institutions, in which developed countries exercise effective control by virtue of the system of weighted voting, and to the WTO in which they have sought to pursue non transparent and exclusive decision making procedures inimical to the interest of the developing countries. These developments have adversely affected the climate for pursuing a constructive and effective dialogue between North and South in order to strengthen international economic cooperation.

3. It is our considered view that the creation of a stable international economic system supportive of development rests critically on the renewal of an effective North-South Dialogue aimed at the reinvigoration of international development co-operation geared to development and the increasing democratization of global economic decision-making structures. We strongly believe that such co-operation would need to be approached in a manner which is perceived by the developing countries to be equitable and fair and that will lead to fostering political will of all countries to build a construc-

tive dialogue based on the spirit of partnership, common but differentiated responsibility, mutual benefit, and genuine interdependence.

4. Within this framework we believe that a renewed North-South Dialogue should seek to achieve two major objectives namely, the restoration of the focus on development in existing international relations and the need to correct the imbalance in the operation of the international economic system which has placed the developing countries at a clear disadvantage vis-à-vis the developed countries.

5. For North-South relations to play a more dynamic and central role in the global economy, we need to thoroughly evaluate the obstacles in the way these relations were conducted. We will also assess our potentials and strengths with a view to formulating strategies to effectively confront these challenges.

6. In the context of North-South dialogue, special attention should be given to the solution to critical problems for developing countries, such as restrictions to world trade hindering development, the volatility and instability of the international financial system and the drastic reduction of financial flows under preferential terms and conditions towards the countries of the South; the widening technological gap between the North and the South; the worrisome foreign debt of developing nations and the extremely unequal distribution of world income to the detriment of the most vulnerable economies.

7. The process of globalization and any multilateral negotiations on agriculture must take fully into account concerns and special needs, including those related to food security and rural employment, of developing countries which are predominantly agrarian economies.

8. Recognizing that food security is an important issue, we call for the expeditious implementation of the Marrakech Ministerial decision on measures concerning possible negative effects of the reform programme on least developed and net food importing developing countries.

9. For the global economy to recover, it will be necessary to restore confidence in the international trading system, and offer new opportunities for the countries of the South to ensure access the markets of developed countries. Towards this end multilateral trade negotiations should pay special attention to the development dimension of international trading arrangement. Similarly, the principle of non-reciprocity and the preservation and full implementation of special and differential treatment for developing countries should be firmly entrenched in the multilateral trading system.

10. In the spirit of fostering North-South relations we underline the necessity for developed countries to eliminate laws and regulations with adverse extraterritorial effects and other forms of unilateral economic coercive measures, inconsistent with the principles of international law, UN Charter and the principles of the multilateral trading system.

11. We also express our grave concern over the impact of economic sanctions on the civilian population and development capacity in targeted countries and therefore urge the international community to exhaust all peaceful methods before resorting to sanctions, which should only be considered as a last resort. If necessary these sanctions must be established only in strict conformity with the Charter of the United Nations with clear objectives, clear time frame, provision for regular re-

view, precise conditions for their lifting and never be used as a form of punishment or otherwise exact retribution.

12. We express deep concern over the air attack against El-Shifa pharmaceutical factory in the Sudan on 20 August 1998. We recognize that such an act has had a negative impact on the economic and social development of the concerned country and express our continued solidarity and support of its demand for a just and fair consideration of the matter in accordance with the Charter of the United Nations and International Law.

We, the Heads of State and Government, commit ourselves to the following decisions and actions:

(1) ***Foster a new North-South partnership in order to promote consensus on key issues of international economic relations and development***

• Revitalize the North-South dialogue and to that end, invite the Chairman of the Group of 77 to take necessary steps to convey promptly the G-77 concerns and interests to our developed partners, including through the meetings of G-8, and to initiate appropriate action with a view to strengthen the existing international arrangements within the UN system in coordination with other groupings from the South.

• Request the High-level Advisory Group of Eminent Personalities from the South, while preparing its report on globalization and its impact on developing countries, to include therein a comprehensive assessment of the North-South dialogue.

• Work towards the formulation of a comprehensive international strategy to reverse the decline in ODA, to achieve the target of 0.7% of GNP of developed countries by the end of the first decade of the twenty-first century and also within that target ensure to earmark 0.15% of their GNP for the LDCs and to endeavour to reach the target of 0.20% for the LDCs by the year 2000.

• Work towards outright cancellation of unsustainable debt of developing countries, and reaffirm the need of a just and lasting solution to the problem of the foreign debt of developing countries, which considers the structural causes of indebtedness and prevents the recurrence of this phenomen in the future. In this regard, we attach special priority to the creation of appropriate conditions worldwide to curb financial volatility, ensure the necessary institutional reforms and reactivate the financial flows towards the countries of the South, and other ways of financing for development.

• Welcome and fully support the holding of the Third UN Conference on the LDCs in 2001, as mandated by the UN General Assembly. In this context, we urge all countries, the international organizations, the Funds and Programmes and International Financial Institutions to effectively participate in the preparatory process for the Conference so that a meaningful outcome could be achieved for implementation.

• Work towards an enabling international economic environment conducive to full implementation of Uruguay Round agreements in particular the operationalization and strengthening of the measures relating to the special and differentiated treatment for developing countries and the GSP and proper functioning of all principles of free multilateral trading system including its universality.

• Work towards incorporating the agriculture sector within normal WTO rules, addressing the particular problems of predominantly agrarian economies, small island developing economies and net food importing developing countries.

• In order to enhance the incorporation of the agricultural sector within the WTO rules, the necessary measures should be taken so as to fully address the particular problems of predominantly agrarian developing economies, small island developing economies and net food importing developing countries.

• Pursue action to encourage the major economies of the North, particularly the G-8, to enhance coordination and coherence of their macroeconomic policies with development objectives of the South.

• Support reforms, which should lead to the emergence of a new financial architecture, that ensures full participation of the developing countries in the international economic policy decision-making and that ensure stability, transparency and democratic functioning of the international financial system.

• Work to ensure for the effective integration of all countries into the international trading system including improving supply side capabilities of developing countries especially the least developed among them, overcoming the debt problem and to create conditions in our countries to attract adequate financial flows, including ODA, and to ensure institutional reforms and reducing financial volatility.

• Work towards ensuring that rescheduling of debt or its cancellation is financed through additionality of resources and not at the cost of other forms of official development assistance.

• Work towards achievement of the universal membership of the World Trade Organization as soon as possible in order to strengthen the multilateral trading system. We strongly believe that appropriate assistance should be made available to developing countries seeking accession. They should be offered terms that neither exceed nor are unrelated to the commitments of developing country and LDC members of WTO. We urge that all WTO members refrain from placing excessive or onerous demands on applications from developing countries. We, therefore, stressed the need for a transparent, streamlined and accelerated accession process that is in keeping with WTO rules and disciplines.

• Invite UNCTAD in close cooperation with the Geneva Chapter to establish and pursue a programme to elaborate trade policy tools that promote the development dimension within multilateral trading system.

• Advocate a solution to the serious environmental problems, on the basis of the recognition of the ecological debt of the North and of the principle of common but differentiated responsibilities between developed and developing countries, highlighting the need to gain access under preferential terms to the appropriate financial resources and technologies in order to ensure a sustainable development as provided in Agenda XXI.

(2) ***Restore the central role of the UN in global economic issues, development and international cooperation***

• Invite the Chairman of the Group of 77 to include the issue of the role of the UN in global economic issues, development and international cooperation in the draft agenda of the annual ministerial meetings of the Group of 77 as well as in the agenda of the Chapters meetings.

- Call upon UNCTAD, in view of the significant expansion of the activities of transnational corporations (TNCs), including the increasing number of mega-mergers among corporations in developed countries as well as cross border acquisitions in the developing countries, to monitor these activities and analyze their economic, social and environmental implications for the South with a view to maximizing their potential benefits and minimizing their possible negative effects.

- The contribution of the transnational corporations (TNCs) to sustained economic growth and sustainable development is determined by their global strategies characterized by the search for increased competitiveness and ever-higher profits. Such a situation is not necessarily consistent with job creation and the realization of development objectives in many developing countries. In this context, with a view to achieving a balance between the business plans of TNCs and the developmental objectives of developing countries, we call upon UNCTAD and ILO, within their respective mandates, to study the impact of TNCs activities on unemployment as well as on the competitiveness of small and medium enterprises in developing countries. We also call on the TNCs to integrate their development objectives of host developing countries in their business strategies.

VI. Institutional Follow-up

1. While the establishment of a secretariat of the Group of 77 remains relevant as recommended by various G-77 ministerial meetings and Chapter meetings, the articulation of a rational structure for the management of the affairs of the G-77 is a critical priority. Although the present loose arrangement has succeeded in achieving a reasonable level of support to the activities of the Chairman of the Group of 77 and the members of the Group of 77 as a whole, it is evident that given the multi-faceted nature of the challenges now facing the developing countries, and the expansion of UN agendas during the last two decades, the time has come for us to adopt a more structured arrangement for managing the affairs of the Group. To this end, decide to strengthen the existing arrangement of the Office of the Chairman of the Group of 77 in New York, as provided for two decades ago by the Caracas Programme of Action and recommended by the Twenty-first Annual Ministerial Meeting of the Group of 77 held in September 1997 in New York and the 26th Meeting of the Chairmen/Coordinators of the G-77 Chapters held in Geneva in April 1999, aiming at upgrading the current structures of the Office of the Chairman of the Group of 77 into a compact executive secretariat.

2. Decides, with a view to enabling the Chairman of the Group of 77 to undertake as soon as possible the process of strengthening the current structures of the Office of the Chairman of the Group of 77, an annual contribution of US $ 5000 and to invite those countries in position to contribute more to do so.

3. Invite the Chairman of the Group of 77 to review within an appropriate timeframe the complementaries and harmonization of various programmes of Action of South-South cooperation adopted by various South-South groupings and organizations. To harmonize the South's position there is a

need to explore areas where synergies can be realized taking into account the Programme of Action tabled by the Non-Aligned Movement, Panel of Economists and other groups from the South.

4. Decides to establish a special fund as a matter of urgency with a target of at least US $ 10 million to further assist the full implementation and follow-up of the decisions adopted by the South Summit. The G-77 member countries, other developing countries, developed countries, relevant UN organizations, and other relevant organizations and other development partners such as private sector and foundations can make voluntary contributions to the fund. In this regard, invite the Chairman of the G-77 to report to the forthcoming G-77 ministerial meeting on the terms of reference and operating modalities of the fund.

5. Invite the annual meeting of the Chairmen/Coordinators of Chapters of the Group of 77 in the year 2000 to consider ways and means to improve coordination mechanisms among the Chapters, with a view to strengthening existing arrangements for the advancement of the positions of the Group in the UN system, and to report on its deliberations and consultations to the upcoming Ministerial Meeting of the G. 77.

6. Decide to establish a research programme including through the establishment of systematic links with research institutions in the South which have the potential to carry out extensive analyses directly relevant to the work of the G-77, while stressing the need to maximize the work of the existing research institutions of the South in order to enhance the institutional research capacity of the Group of 77.

7. Decide to establish Groups of Experts in their individual capacities, to review and comment upon the agendas of major multilateral conferences with a view to providing guidance on the objectives and goals of the developing countries, as should be reflected in the outcome of such fora.

8. Invite the Chairman of the Group of 77 to establish a monitoring, analysis, identification, management, follow-up and evaluation mechanism to ensure effectiveness of its South-South projects and initiatives implemented such as mid-term reviews, identification of time frames for implementation of projects in the fields of economic and social development, capacity building and human resources development. This mechanism should consider the analysis of the cooperation initiatives that incorporate the portfolio of projects, provided for in chapter IV of South-South cooperation (numeral 4, bullet 10) and of the various sources of possible financing, with the aim of identifying and managing the procurement of funds for their implementation. This would include opportunities that are available within our countries, both in hard currency and local currency, in technical services, in kind, etc.; and those made available by inter-governmental organizations; regional development banks; donors from developed countries; non-governmental organizations and foundations; and the private and academic sector.

9. Invite the Committee of Experts of the Perez-Guerrero Trust Fund (PGTF) in close coordination with the Chairman of G-77 to make an annual allocation of resources from each project cycle of the PGTF to support the implementation of the South Summit decisions in various relevant sectors taking into account the guidelines for the utilization of the PGTF.

10. Decide to convene the Second G-77 South Summit in the year 2005 and request the President of the South Summit to ensure the effective implementation of decisions and activities in the period between this Summit and the Second G-77 South Summit in the year 2005.

(资料来源: http://www.g77.org/summit/ProgrammeofAction_G77Summit.htm)

第二编

国际贸易法

1947 年关税与贸易总协定(1947)*

General Agreement on Tariffs and Trade, 1947

(1947 年 10 月 30 日签订,1964 年 11 月 26 日修订)

澳大利亚联邦、比利时王国、巴西合众国、缅甸、加拿大、锡兰、智利共和国、中国、古巴共和国、捷克斯洛伐克共和国、法兰西共和国、印度、黎巴嫩、卢森堡大公国、荷兰王国、新西兰、挪威王国、巴基斯坦、南罗得西亚、叙利亚、南非联邦、大不列颠及北爱尔兰联合王国和美利坚合众国政府:

认识到在处理它们在贸易和经济领域的关系时,应以提高生活水平、保证充分就业、保证实际收入和有效需求的大幅稳定增长、实现世界资源的充分利用以及扩大货物的生产和交换为目的,

期望通过达成互惠互利安排,实质性削减关税和其他贸易壁垒,消除国际贸易中的歧视待遇,从而为实现这些目标做出贡献,

通过它们的代表达成协议如下:

第一部分

第 1 条

普遍最惠国待遇

1. 在对进口或出口、有关进口或出口或对进口或出口产品的国际支付转移所征收的关税和费用方面,在征收此类关税和费用的方法方面,在有关进口和出口的全部规章手续方面,以及在第 3 条第 2 款和第 4 款所指的所有事项方面,* 任何缔约方给予原产于①或运输往任何其他国家任何产品的利益、优惠、特权或豁免应立即无条件地给予原产于②或运往所有其

---

* 本附录包含总协定的完整文本,以及自其生效以来生效的所有修正。为方便读者,用星号(*)标出文本中应与总协定附件 I 中注释和补充规定一起理解的部分。

① 英文原文为"originating in",原译为"来自",下同。"来自"的语义既包括原产于一国的产品,也可能包括非原产于该国、但经过该国转售的产品,而该款规定所指的产品显然仅限于原产于一国的产品。因此,编者作了必要的改译。——房东注。

② 同上。

他缔约方领土的类似产品①。

2. 任何有关进口关税或费用的优惠,如不超过本条第4款规定的水平并属下列描述的范围,则不需根据本条第1款的规定予以取消:

(a) 本协定附件A所列只在两个或两个以上领土之间实施的优惠,但需遵守该附件中所列条件;

(b) 本协定附件B、附件C和附件D所列、只在1939年7月1日以共同主权、保护关系或宗教主权相结合的两个或两个以上领土之间实施的优惠;但需遵守这些附件中所列条件;

(c) 只在美利坚合众国与古巴共和国之间实施的优惠;

(d) 只在本协定附件E和附件F所列相邻国家之间实施的优惠。

3. 第1款的规定不得适用于原属奥托曼帝国、后于1923年7月24日与该帝国分离的国家之间的优惠,只要此类优惠根据第25条第5款②的规定获得批准,在此方面应按照第29条第1款的规定实施第25条第5款。

4. 根据本条第2款允许享受优惠的任何产品的优惠幅度*,如在本协定所附有关减让表中未明确列为最高优惠幅度,则该优惠幅度不得超过以下水平:

(a) 对于该减让表中所列任何产品的关税或费用,该优惠幅度不得超过其中规定的最惠国税率与优惠税率之间的差额,如未规定优惠税率,则应将1947年4月10日已实施的优惠税率作为本款中的优惠税率,如未规定最惠国税率,则该幅度不得超过1947年4月10日已存在的最惠国税率与优惠税率之间的差额;

(b) 对于有关减让表中未列明的任何产品的关税或费用,该优惠幅度不得超过1947年4月10日已存在的最惠国税率与优惠税率之间的差额。

对于附件G中所列缔约方,本款(a)项和(b)项所指的1947年4月10日这一日期,应以该附件中所列相应日期代替。

第2条

减 让 表

1. (a) 每一缔约方对其他缔约方的贸易所给予的待遇不得低于本协定所附有关减让表中有关部分所规定的待遇。

(b) 与任何缔约方相关的减让表第一部分中所述的、属其他缔约方领土的产品,在进口至与该减让表相关的领土时,在遵守该减让表中所列条款、条件或限制的前提下,应免征超过其中所列和所规定的普通关税的部分。此类产品还应免征超过本协定订立之日征收的或超过该日期在该进口领土内已实施的法律直接或强制要求在随后对进口和有关进口征收的任何种类的所有其他税费的部分。

(c) 与任何缔约方相关的减让表第二部分中所述的、属根据第1条在进口至与减让表相关的领土时有权享受优惠待遇的产品,在进口至该领土时,在遵守减让表中所列条款、条件或

---

① 英文原文为"like products",原译为"同类产品",下同。从GATT/WTO争端解决实践来看,"like products"不仅要求产品属于"同类",更要求彼此之间具有一定程度的相似性。例如,"欧共体石棉案"的上诉机构报告指出:"这一含义意味着'like products'是具有一些相同或相似特征或品质(identical or similar characteristics or qualities)的产品……'like'一词能够包括在一定范围内不同程度的'相似性'(likeness or similarity)。"因此,将"like products"一词译为"类似产品"更能体现其原意。——房东注。

② 正式文本误为"第5款(a)项"。

限制的前提下,应免征超过减让表第二部分所列和所规定的普通关税的部分。此类产品还应免征超过本协定订立之日征收的或超过该日期在该进口领土内已实施的法律直接或强制要求在随后对进口和有关进口征收的任何种类的所有其他税费的部分。本条的任何规定不得阻止任何缔约方维持在本协定订立之日关于货物以优惠税率进口的资格已存在的要求。

2. 本条的任何规定不得阻止任何缔约方对任何产品的进口随时征收下列关税或费用:

(a) 对于同类国产品或对于用于制造或生产进口产品的全部或部分的产品所征收的、与第 3 条第 2 款 * 的规定相一致且等于一国内税的费用;

(b) 以与第 6 条的规定相一致的方式实施的任何反倾销税或反补贴税; *

(c) 与所提供服务的成本相当的规费或其他费用。

3. 任何缔约方不得改变其确定完税价格的方法或货币折算方法从而减损本协定所附有关减让表中规定的任何减让的价值。

4. 如任何缔约方形式上或事实上对本协定所附有关减让表中列明的任何产品的进口设立、维持或授权实行垄断,除非该减让表中有所规定或最初谈判减让的各方之间另有议定,否则此种垄断不得以提供平均超过该减让表所规定的保护水平的方式实施。本条的规定不得限制缔约方使用本协定其他规定所允许的、对本国生产者提供任何形式的援助。 *

5. 如任何缔约方认为一产品未从另一缔约方获得其认为本协定所附有关减让表规定的减让所预期的待遇,则前一缔约方应直接提请后一缔约方注意该事项。如后者同意预期的待遇是前一缔约方所要求的待遇,但声明由于法院或其他有关机关裁定,该所涉及的产品不能根据该缔约方的关税法规进行归类而享受本协定预期的待遇,则以上两缔约方及任何其他有实质利害关系的缔约方应迅速进行进一步谈判、以期就此事项达成补偿性调整。

6. (a) 与属国际货币基金组织成员的缔约方相关的减让表所包括的从量关税和费用,及此类缔约方维持的从量关税和费用的优惠幅度,以本协定订立之日基金接受或临时认可的有关货币的平价表示。因此,如此平价以符合《国际货币基金组织协定》的方式降低超过百分之二十时,此类从量关税和费用及优惠幅度可考虑该项降低而进行调整;只要缔约方全体(即按第 25 条的规定采取联合行动的各缔约方)同意此类调整不致减损有关减让表或本协定其他部分所规定减让的价值,同时应适当考虑可影响此类调整的必要性或紧迫性的所有因素。

(b) 对于不属基金成员的任何缔约方,自其成为基金成员或按照第 15 条订立特别外汇协定之日起,类似规定应适用于该缔约方。

7. 本协定所附减让表特此成为本协定第一部分的组成部分。

第二部分

第 3 条 *

国内税和国内法规的国民待遇

1. 各缔约方认识到,国内税和其他国内费用、影响产品的国内销售、标价出售、购买、运输、分销或使用的法律、法规和规定以及要求产品的混合、加工或使用的特定数量或比例的国内数量法规,不得以为国内生产提供保护的目的对进口产品或国产品适用。 *

2. 任何缔约方领土的产品进口至任何其他缔约方领土时,不得对其直接或间接征收超过对同类国产品直接或间接征收的任何种类的国内税或其他国内费用。此外,缔约方不得以违反第1款所列原则的方式,对进口产品或国产品实施国内税和其他国内费用。*

3. 对于与第2款的规定不一致、但根据1947年4月10日已实施的一贸易协定明确授权征收的任何现有国内税,该协定规定征税产品的进口关税已经约束不再提高,征收该项国内税的缔约方有权推迟对该项税适用第2款的规定,直至其在该贸易协定中的义务得到解除,以便允许在补偿取消国内税保护因素的必要限度内提高该项税。

4. 任何缔约方领土的产品进口至任何其他缔约方领土时,在有关影响其国内销售、标价出售、购买、运输、分销或使用的所有法律、法规和规定方面,所享受的待遇不得低于同类国产品所享受的待遇。本款的规定不得阻止国内差别运输费的实施,此类运输费仅根据运输工具的经济营运,而不根据产品的国别。

5. 缔约方不得制定或维持与产品的混合、加工或使用的特定数量或比例有关的任何国内数量法规,此类法规直接或间接要求受其管辖的任何产品的特定数量或比例必须由国内来源供应。此外,缔约方不得以违反第1款所列原则的其他方式实施国内数量法规。*

6. 第5款的规定不得适用于1939年7月1日、1947年4月10日或1948年3月24日在任何缔约方领土内已实施的任何国内数量法规,具体日期由有关缔约方选择;但是任何此类违反本条第5款规定的法规不得进行修改从而损害进口产品,并应在谈判中将其视为关税。

7. 任何与产品的混合、加工或使用的特定数量或比例有关的国内数量法规,不得以在外部供应来源之间分配任何此种数量或比例的方式实施。

8. (a) 本条的规定不得运用于政府机构购买供政府使用、不以商业转售为目的或不以用以生产供商业销售为目的的产品采购的法律、法规或规定。

(b) 本条的规定不阻止仅给予国内生产者的补贴的支付,包括自以与本条规定相一致的方式实施的国内税费所得收入中产生的对国内生产者的支付和政府购买国产品所实行的补贴。

9. 各缔约方认识到,国内最高价格控制措施,尽管符合本条的其他规定,但是可对供应进口产品的缔约方的利益产生损害效果。因此,实施此类措施的缔约方应考虑出口缔约方的利益,以期最大限度地避免此类损害效果。

10. 本条的规定不得阻止任何缔约方制定或维持与已曝光电影片有关的、且满足第4条要求的国内数量法规。

第4条
有关电影片的特殊规定

如任何缔约方制定或维持有关已曝光电影片的国内数量法规,则此类法规应采取符合下列要求的放映限额的形式:

(a) 放映限额可要求在不少于1年的特定期限内,国产电影片的放映应在原产于任何国家的所有电影片的商业性放映实际使用的全部放映时间内占一定的特定最低比例。放映限额应根据每年或相等时间内每一电影院的放映时间计算;

(b) 除根据放映限额为国产电影片保留的放映时间外,包括原为国产电影片保留的、后经行政行为放开的时间在内的放映时间,不得在形式上或实际上在各供应来源之间进行分配;

(c) 虽然有本条(b)项的规定,但是任何缔约方仍可以维持符合本条(a)项要求的放映限额,即对实行放映限额的缔约方之外的一特定来源的电影片保留放映时间的最低比例;但是此类放映限额的最低比例不得提高至超过1947年4月10日已实施的水平。

(d) 放映限额的限制、放宽或取消需进行谈判。

第5条

过境自由

1. 货物(包括行李)及船舶和其他运输工具,如经过一缔约方领土的一段路程,无论有无转船、仓储、卸货或改变运输方式,仅为起点和终点均不在运输所经过的缔约方领土的全部路程的一部分,则应被视为经该缔约方领土过境。此种性质的运输在本条中定义为"过境运输"。

2. 对于通过国际过境最方便的路线、来自或前往其他缔约方领土的过境运输,应具有经过每一缔约方领土的过境自由。不得因船籍、原产地、始发地、入港、出港或目的地,或与货物、船舶或其他运输工具所有权有关的任何情况而有所区分。

3. 任何缔约方可要求通过其领土的过境运输自专门的海关入境,但是,除未能符合适用的海关法律和法规的情况外,此种来自或前往其他缔约方领土的运输不得受到任何不必要的迟延或限制,并应免除关税和所有过境税或对过境征收的其他费用,但运输费用或与过境所必需的管理费或提供服务的成本相当的费用除外。

4. 各缔约方对来自或前往其他缔约方领土的过境运输所征收的所有费用和实施的所有法规应合理,并应注意运输的条件。

5. 对于有关过境的所有费用、法规和程序,每一缔约方对来自或前往其他任何缔约方领土的过境运输所给予的待遇不得低于对来自或前往任何第三国的过境运输所给予的待遇。*

6. 每一缔约方给予经由其他任何缔约方领土过境产品的待遇,不得低于此类产品在不经该其他缔约方领土而自其原产地运至目的地的情况下所应给予的待遇。但是,任何缔约方有权维持在本协定订立之日已实施的直接交货要求,如直接交货是货物享受优惠关税税率进口的必要条件或与缔约方为征税目的而进行估价所规定的办法有关。

7. 本条的规定不得适用于航空器的过境,但适用于空运过境货物(包括行李)。

第6条

反倾销税和反补贴税

1. 各缔约方认识到,用倾销的手段将一国产品以低于正常价值的办法引入另一国的商业,如因此对一缔约方领土内一已建立的产业造成实质损害或实质损害威胁,或实质阻碍一国内产业的新建,则倾销应予以谴责。就本条而言,如自一国出口至另一国的一产品的价格符合下列条件,则被视为以低于其正常价值的价格进入一进口国的商业。

(a) 低于正常贸易过程中在出口国中供国内消费时的可比价格,或

(b) 如无此种国内价格,则低于

(i) 正常贸易过程中类似产品出口至第三国的最高可比价格;或

(ii) 该产品在原产国的生产成本加上合理的销售成本和利润。

但应适当考虑每种情况下销售条款和条件的差异、征税的差异以及影响价格可比性的其他差异。*

2. 为抵消或防止倾销，一缔约方可对倾销产品征收数额不超过此类产品倾销幅度的反倾销税。就本条而言，倾销幅度为依照第 1 款的规定所确定的差价。*

3. 在任何缔约方领土的任何产品进口至另一缔约方领土时所征收的反补贴税，金额不得超过对此种产品在原产国或出口国制造、生产或出口时所直接或间接给予的津贴或补贴的估计金额，包括对一特定产品的运输所给予的任何特殊补贴。“反补贴税”一词应理解为目的为抵消对制造、生产或出口所直接或间接给予的任何津贴或补贴而征收的一种特别税。*

4. 在任何缔约方领土的产品进口至任何其他缔约方领土时，不得由于此类产品被免除在原产国或出口国供消费的类似产品所负担的税费或由于退还此类税费而征收反倾销或反补贴税。

5. 在任何缔约方领土的产品进口至任何其他缔约方领土时，不得同时征收反倾销税和反补贴税以补偿倾销或出口补贴所造成的相同情况。

6. (a) 缔约方不得对另一缔约方领土的进口产品征收反倾销税或反补贴税（视情况而定），除非其确定倾销或补贴的效果会对国内一已建产业造成实质损害或实质损害威胁，或实质阻碍一国内产业的建立。

(b) 缔约方全体可豁免本款(a)项的要求，从而允许一缔约方对任何产品的进口征收反补贴税或反倾销税，以抵消对向进口缔约方领土出口有关产品的缔约方领土内一产业造成实质损害或实质损害威胁的倾销或补贴。如缔约方全体认为补贴正在对向进口缔约方领土出口有关产品的缔约方领土内一产业造成实质损害或实质损害威胁，则可豁免本款(a)项的要求，以允许征收反补贴税。*

(c) 但在迟延将会造成难以补救的损害的例外情况下，一缔约方为本款(b)项所指的目的，可在未经缔约方全体事先批准的情况下征收反补贴税；但是此行动应立即报告缔约方全体，如缔约方全体未予批准，则该反补贴税应迅速撤销。

7. 对于不受出口价格影响的、为稳定初级商品的国内价格或国内生产者利润的制度，有时虽会使供出口商品的销售价格低于向国内市场中类似产品的购买者收取的可比价格，但如对该有关商品有实质利害关系的各缔约方之间经磋商后确定下列条件，则仍应被视为不构成属本条第 6 款范围内的实质损害：

(a) 该制度也使供出口商品的销售价格高于向国内市场中类似产品的购买者收取的可比价格，且

(b) 由于有效生产调节或其他原因，该制度的实施并未过度刺激出口或严重侵害其他缔约方的利益。

第 7 条

海关估价

1. 对于应征关税或其他费用*或根据价值实行或根据价值以任何方式管理进出口限制的所有产品，各缔约方认识到本款下列各款所列估价一般原则的有效性，并承诺实施此类原则。此外，应另一缔约方请求，它们应按照这些原则审议各自与海关估价有关的法律或法规的运用情况。缔约方全体可要求各缔约方就其按照本条的规定所采取的步骤提出报告。

2. (a) 对进口商品的海关估价应根据进行关税估价的进口商品或同类商品的实际价格，不应根据国产品的价格或任意或虚构的价格。*

(b) “实际价格”应为在进口国立法确定的时间和地点，在正常贸易过程中和充分竞争

条件下,此类或同类商品销售或标价出售的价格。在此类或同类商品的价格在一特定交易中取决于数量的情况下,所考虑的价格应一律与下列内容有关:(i) 可比数量或(ii) 与在进口国和出口国的贸易中所销售的较大数量的商品相比,不使进口商处于不利地位的数量。*

(c) 如依照本款(b)项不能确定实际价格,则海关估价应依据可确定的最接近该价格的等值。*

3. 任何进口产品的完税价格不应包括原产国或出口国国内适用的、且进口产品已免除的或已经或将要通过退还方式予以免除的任何国内税的金额。

4. (a) 除本款另有规定外,如就本条第 2 款而言,一缔约方有必要将以另一国货币表示的价格兑换成其本国货币,则其对每一种所涉及货币使用的外汇汇率应依据按照《国际货币基金组织协定》确定的平价或基金认可的汇率,或依据依照本协定第 15 条订立的特殊外汇协定确定的平价。

(b) 如不存在此种确定的平价或此种公认的汇率,则兑换率应有效反映此种货币在交易中的现值。

(c) 缔约方全体经国际货币基金组织同意,应对维持与《国际货币基金组织协定》相一致的复汇率的任何外币制定适用于各缔约方兑换此种外币的规定。任何缔约方可为本条第 2 款的目的对此类外币适用此类规定,作为使用平价的替代手段。在缔约方全体未通过此类规定之前,任何缔约方可就本条第 2 款中的任何此种外币使用旨在有效反映此种外币在商业交易中价格的兑换规定。

(d) 本款的任何规定均不得解释为要求任何缔约方改变在本协定订立之日在其领土内已适用的为报关目的而使用的货币兑换方法,如此种改变会产生普遍增加应付关税的效果。

5. 确定应征关税或其他费用的产品的价值或根据价值实行或根据价值以任何方式管理进出口的限制的基础和方法应稳定并应充分公开,以使贸易商能够以合理程度的确定性对完税价格进行估计。

第 8 条

进出口规费和手续 *

1. (a) 各缔约方对进出口或有关进出口征收的任何性质的所有规费和费用(进出口关税和属第 3 条范围的国内税除外),应限制在等于提供服务所需的近似成本以内,且不得成为对国产品的一种间接保护或为财政目的而对进出口产品征收的一种税。

(b) 各缔约方认识到,有必要削减(a)项所指规费和费用的数量和种类。

(c) 各缔约方还认识到,有必要最大限度地减少进出口手续的影响范围和复杂程序,并减少和简化进出口的单证要求。*

2. 应另一缔约方或缔约方全体请求,一缔约方应按照本条的规定审议其法律和法规的运用情况。

3. 缔约方不得对轻微违反海关法规或程序要求的行为进行实质性处罚。特别是,对于海关单证中任何易于改正和显然不是因欺骗意图或重大过失而造成的遗漏和差错所给予的处罚不得超过警告所必需的限度。

4. 本条的规定应适用于政府主管机关实施的有关进出口的规费、费用、手续和规定,包括与下列内容有关的规费、费用、手续和规定:

(a) 领事事务,如领事发票和证书;

(b) 数量限制；

(c) 许可程序；

(d) 外汇管制；

(e) 统计服务；

(f) 文件、单证和证明；

(g) 分析和检查；以及

(h) 检疫、卫生和熏蒸消毒。

第 9 条

原产地标记

1. 每一缔约方在标记要求方面给予其他缔约方领土产品的待遇不得低于给予任何第三国类似产品的待遇。

2. 各缔约方认识到，在采用和执行与原产地标记有关的法律和法规时，应将此类措施对出口国的贸易和产业可能造成的困难和不便减少到最低程度，同时适当注意保护消费者不受欺骗性或误导性标记损害的必要性。

3. 只要管理上可行，缔约方即应允许在进口时加贴所要求的原产地标记。

4. 缔约方与进口产品标记有关的法律和法规应允许在遵照执行时不致严重损害产品，或实质性降低其价值，或不合理地增加其成本。

5. 通常，任何缔约方不得对在进口之前未能遵守标记要求的行为征收特殊关税或进行处罚，除非纠正标记受到不合理迟延，或加贴欺骗性标记，或有意遗漏要求的标记。

6. 各缔约方应互相合作，以期防止使用商品名称假冒产品的真实原产地，从而损害一缔约方领土内受其立法保护的产品的独特地区或地理名称。每一缔约方应对其他缔约方向其提出的有关对产品名称适用前句所列承诺的请求或交涉给予充分和积极的考虑。

第 10 条

贸易法规的公布和实施

1. 任何缔约方实施的关于下列内容的普遍适用的法律、法规、司法判决和行政裁定应迅速公布，使各国政府和贸易商能够知晓：产品的海关归类或海关估价；关税税率、国内税税率和其他费用；有关进出口产品或其支付转账、或影响其销售、分销、运输、保险、仓储检验、展览、加工、混合或其他用途的要求、限制或禁止。任何缔约方政府或政府机构与另一缔约方政府或政府机构之间实施的影响国际贸易政策的协定也应予以公布。本款的规定不得要求任何缔约方披露会妨碍执法或违背其公共利益或损害特定公私企业合法商业利益的机密信息。

2. 任何缔约方不得在产生以下结果的普遍适用的措施正式公布之前采取此类措施：根据既定和统一做法提高进口产品的关税税率或其他费用，或对进口产品或进口产品的支付转账实施新的或更难于负担的要求、限制或禁止。

3. (a) 每一缔约方应以统一、公正和合理的方式管理本条第 1 款所述的所有法律、法规、判决和裁定。

(b) 每一缔约方应维持或尽快设立司法、仲裁或行政庭或行政程序，目的特别在于迅速审查和纠正与海关事项有关的行政行为。此类法庭或程序应独立于受委托负责行政实施的机构，它们的决定应由此类机构执行，并应适用于此类机构的做法，除非进口商在规定的上诉时间内向上级法院或法庭提出上诉;但是如有充分理由认为该决定与既定法律原则或事实不一致,则该机构的中央管理机构可采取步骤在另一诉讼程序中审查此事项。

(c)(b)项的规定不得要求取消或代替本协定订立之日一缔约方领土内已实施的程序,尽管此类程序不能完全或正式独立于受委托进行行政管理的机构,但事实上为行政行为提供了客观和公正的审查。应请求,使用此类程序的任何缔约方应向缔约方全体提供所有有关信息,以便它们确定此类程序是否符合本项的要求。

第 11 条 *

普遍取消数量限制

1. 任何缔约方不得对任何其他缔约方领土产品的进口或向任何其他缔约方领土出口或销售供出口的产品设立或维持除关税、国内税或其他费用外的禁止或限制,无论此类禁止或限制通过配额、进出口许可证或其他措施实施。

2. 本条第 1 款的规定不得适用于下列措施:

(a) 为防止或缓解出口缔约方的粮食或其他必需品的严重短缺而临时实施的出口禁止或限制;

(b) 为实施国际贸易中的商品归类、分级和销售标准或法规而必需实施的进出口禁止或限制;

(c) 对以任何形式 * 进口的农产品和鱼制品的进口限制,此类限制对执行下列政府措施是必要的:

(i) 限制允许生产或销售的同类国产品的数量,或如果不存在同类国产品的大量生产,则限制可直接替代进口产品的可生产或销售的国产品的数量;或

(ii) 消除同类国产品的暂时过剩,或如果不存在同类国产品的大量生产,则消除可直接替代进口产品的同类国产品的暂时过剩,使国内消费者的某些群体免费或以低于现行市场水平的价格获得此种过剩;或

(iii) 限制允许生产的任何动物产品的数量,此种产品的生产全部或主要直接依赖进口商品,如该商品的国内生产相对可忽略不计。

根据本款(c)项对任何产品的进口实施限制的任何缔约方,应公布今后特定时期内允许进口产品的全部数量或价值及数量或价值的任何变化。此外,与在不存在限制的情况下国内总产量和总进口量的可合理预期的比例相比,根据以上(i)目实施的任何限制不得减少总进口量相对于国内总产量的比例,在确定此比例时,该缔约方应适当考虑前一代表期的比例及可能已经影响或正在影响有关产品贸易的任何特殊因素。*

第 12 条 *

为保障国际收支而实施的限制

1. 尽管有第 11 条第 1 款的规定,但是任何缔约方为保障其对外金融地位和国际收支,可限制允许进口商品的数量或价值,但需遵守本条下列各款的规定。

2. (a) 一缔约方根据本条规定设立、维持或加强的进口限制不得超过以下所必需的限度:

(i) 为防止货币储备严重下降的迫近威胁或制止货币储备严重下降,或

(ii) 对于货币储备很低的缔约方,为实现其储备的合理增长率。

在这两种情况下均应适当考虑可能正在影响该缔约方储备或对储备的需要的任何特殊因素,包括在其可获得特殊国际信用或其他资源的情况下,规定适当使用此类信用或资源的需要。

(b) 根据(a)项实施限制的缔约方应随着此类条件的改善而逐步放宽限制,只有在(a)项所列条件仍能证明其实施属合理时方可维持此类限制。如条件不再证明其根据(a)项设立或维持的限制是合理时,则应予以取消。

3. (a) 各缔约方承诺,在执行其国内政策时,适当注意需要在健全和持久的基础上维持或恢复其国际收支平衡,并宜注意避免生产资源的不经济使用。它们认识到,为实现这些目的,宜尽快采取扩大而不是缩小国际贸易的措施。

(b) 根据本条实施限制的缔约方可确定此类限制对不同产品或不同产品类别进口的影响范围,对更为必需产品的进口应给予优先考虑。

(c) 根据本条实施限制的缔约方承诺:

(i) 避免对任何其他缔约方的贸易或经济利益造成不必要的损害;*

(ii) 不实施不合理地阻止任何种类货物的最低商业数量进口的限制,如无此种进口即会损害正常贸易渠道;以及

(iii) 不实施可阻止商业样品进口或阻止遵守专利、商标、版权或类似程序的限制。

(d) 各缔约方认识到,由于为针对实现和维持充分和生产性就业或开发经济资源所实行的国内政策,一缔约方可能会经历进口需求增加从而造成本条第 2 款(a)项所指的对其货币储备的威胁。因此,在其他方面遵守本条规定的缔约方,不需以改变这些政策会使根据本条实施的限制成为不必要为由而撤销或修改限制。

4. (a) 实施新的限制或实质性加强根据本条实施的措施从而提高现有限制的总体水平的任何缔约方,应在设立或加强此类限制后立即(或在事先磋商可行的情况下,应在设立或加强此类限制之前)与缔约方全体就其国际收支困难的性质、可采取的替代纠正措施以及有关限制对其他缔约方经济可能产生的影响进行磋商。

(b) 缔约方全体应在由其确定的日期,* 审议在该日期根据本条仍然实施的所有限制。自该日期后 1 年起,根据本条实施进口限制的缔约方应每年与缔约方全体进行本款(a)项所规定类型的磋商。

(c) (i) 如在根据以上(a)项或(b)项与一缔约方进行磋商的过程中,缔约方全体认为有关限制与本条或第 13 条的规定(并需遵守第 14 条的规定)不一致,它们应指出不一致的性质,并可建议对有关限制进行适当修改。

(ii) 但是,如作为磋商结果,缔约方全体确定正在实施的限制包含与本条规定或第 13 条的规定(并需遵守第 14 条的规定)严重不一致之处,且对任何缔约方的贸易造成损害或威胁造成损害,则它们应如此通知实施限制的缔约方并应提出适当建议,以便在指定期限内符合此类规定。如该缔约方在指定期限内未能遵守这些建议,则缔约方全体可解除贸易受到有关限制不利影响的任何缔约方对实施限制的缔约方在本协定项下承担的、在这种情况下它们认为适当的义务。

(d) 如任何缔约方掌握初步确凿证据表明,限制与本条或第 13 条的规定(并需遵守第 14 条的规定)不一致,且其贸易因此受到不利影响,则在其请求下,缔约方全体应邀请根据本条实施限制的缔约方进行磋商。但是,除非缔约方全体确定有关缔约方之间的直接讨论未能

取得成功,否则不得发出此类邀请。如与缔约方全体的磋商未能达成协议,而它们确定正在实施的限制与此类规定不一致,且已对发起此程序的缔约方的贸易造成损害或威胁造成损害,则它们应建议撤销或修改有关限制。如有关限制未能在缔约方全体规定的时间内撤销或修改,则它们可以解除贸易受到限制不利影响的任何缔约方对实施限制的缔约方在本协定项下承担的、在这种情况下它们认为适当的义务。

(e) 在根据本款行事时,缔约方全体应适当注意对实施限制的缔约方的出口贸易产生不利影响的任何特殊外部因素。*

(f) 根据本款的确定应迅速做出,如可能,应在发起磋商后 60 天内做出。

5. 如存在持久和广泛的根据本条实施的进口限制,表明存在某种限制国际贸易的一般性不平衡,则缔约方全体应开始讨论,审议是否可由国际收支受到压力的缔约方、或由国际收支状况趋向特别有利的缔约方、或由任何适当的国际机构采取其他措施,以消除造成不平衡的主要原因,应缔约方全体的邀请,缔约方应参加此类讨论。

第 13 条 *
数量限制的非歧视管理

1. 任何缔约方不得禁止或限制来自任何其他缔约方领土的任何产品的进口,或向任何其他缔约方领土的任何产品的出口,除非来自所有第三国的类似产品的进口或向所有第三国的类似产品的出口同样受到禁止或限制。

2. 在对任何产品实施进口限制时,缔约方应旨在使此种产品的贸易分配尽可能接近在无此类限制的情况下各缔约方预期获得的份额,为此应遵守下列规定:

(a) 只要可行,代表准许进口产品总量的配额(无论是否在供应国之间进行分配)即应固定,并应依照本条第 3 款(b)项的规定公布其数量;

(b) 在配额不可行的情况下,有关限制可采取无配额的进口许可证的方式实施;

(c) 除为实施依照本款(d)项分配的配额外,缔约方不得要求进口许可证用于有关产品自一特定国家或来源的进口;

(d) 在配额在供应国之间进行分配的情况下,实施有关限制的缔约方可就份额的分配寻求与在供应有关产品方面有实质利害关系的所有其他缔约方达成协议。在这种方式不合理可行的情况下,有关缔约方应根据前一代表期内在供应该产品方面有实质利害关系的缔约方的供应量在该产品进口总量或总值中所占比例,将份额分配给此类缔约方,同时应适当考虑可能已经影响或正在影响该产品贸易的特殊因素。缔约方不得设立任何条件或手续以妨碍任何缔约方充分利用分配给它的任何此类总量或总值的份额,但进口应在与配额有关的任何指定期限内进行。*

3. (a) 在进口许可证的签发与进口限制有关的情况下,应对有关产品的贸易有利害关系的任何缔约方请求,实施有关限制的缔约方应提供关于限制的管理、最近发放的进口许可证及其在供应国之间分配此类许可证的所有有关信息;但是缔约方无义务提供关于进口企业或供应企业名称的信息。

(b) 在进口限制涉及固定配额的情况下,实施有关限制的缔约方应公布未来特定期限内将允许进口的产品总量或总值及此种数量和价值可能的变化情况。不得拒绝在做出公告时正在运输途中的所涉产品的任何供应;但是可将其尽可能计入在所涉期限内允许进口的数量中,且如果必要可计入下一个或几个期限内允许进口的数量中;此外,如任何缔约方对在做出此类公告之日起30日内进口供消费或自仓库提取供消费的产品按照惯例免除此类限制,则此种做法应被视为完全符合本项的规定。

(c) 在配额在供应国之间进行分配的情况下,实施有关限制的缔约方应将目前分配给各供应国的配额份额的数量或价值迅速通知所有对有关产品供应有利害关系的缔约方,并应做出有关公告。

4. 对于依照本条第2款(d)项或第11条第2款(c)项实施的限制,有关任何产品代表期的选择和影响该产品贸易的任何特殊因素的评估*应首先由实施该限制的缔约方做出;但是应对此产品供应有实质利害关系的任何其他缔约方请求或应缔约方全体的请求,该缔约方应迅速与其他缔约方或缔约方全体进行磋商,磋商的内容包括:对确定的比例或选择的基期进行调整的必要性、对所涉及的特殊因素进行重新评估的必要性、取消条件的必要性、单方面制定与充足配额的分配或无限制使用有关的条件、手续或其他规定的必要性。

5. 本条的规定适用于任何缔约方设立或维持的关税配额,且只要适用,本条的原则也应适用于出口限制。

第14条*

非歧视原则的例外

1. 根据第12条或第18条B节实施限制的一缔约方,在实施此类限制时可偏离第13条的规定,在某种意义上此种偏离对经常性国际交易的支付和转移所产生的效果,与该缔约方当时根据《国际货币基金组织协定》第8条或第14条或根据按照第15条第6款订立的特殊外汇协定的类似规定实施限制的效果相同。*

2. 经缔约方全体同意,根据第12条或第18条B节实施进口限制的一缔约方可对其一小部分对外贸易暂时偏离第13条的规定,此种做法对有关缔约方所带来的利益远远大于对其他缔约方的贸易可能造成的损害。*

3. 第13条的规定并不妨碍在国际货币基金组织中拥有一共同配额的一组领土依照第12条或第18条B节的规定,针对来自其他国家的进口实施限制,而不在它们之间实施限制,条件是此类限制在所有其他方面符合第13条的规定。

4. 本协定第11条至第15条或第18条B节的规定不得妨碍根据第12条或根据第18条B节实施进口限制的一缔约方采取措施引导其出口,以增加其可使用的外汇收入,而不偏离第13条的规定。

5. 本协定第11条至第15条或第18条B节的规定不得妨碍一缔约方实施以下数量限制:

(a) 与《国际货币基金组织协定》第7条第3节(b)款所允许实施的外汇限制有相同作用的数量限制,或

(b) 本协定附件A所指的谈判取得结果之前,根据该附件规定的优惠安排所实施的数量限制。

第15条

外汇安排

1. 缔约方全体应寻求与国际货币基金组织进行合作,以便缔约方全体和基金在基金管辖范围内的外汇问题和缔约方全体管辖范围内的数量限制和其他贸易措施方面,可以推行一

个协调的政策。

2. 在缔约方全体被提请审议或处理有关货币储备、国际收支或外汇安排问题的所有情况下,它们应与国际货币基金组织进行充分磋商。在此类磋商中,缔约方全体应接受基金提供的关于外汇、货币储备或国际收支的所有统计或其他事实的调查结果,并应接受基金有关一缔约方在外汇问题方面采取的行动是否与《国际货币基金组织协定》或该缔约方与缔约方全体之间订立的特殊外汇协定条款相一致的确定。缔约方全体在对涉及第12条第2款(a)项或第18条第9款所列标准形成最后决定时,应接受基金关于哪些内容构成该缔约方货币储备的严重下降、其货币储备非常低的水平或其货币储备合理增长率的确定,以及在此类情况下磋商中涵盖的其他事项的财政方面的确定。

3. 缔约方全体应寻求与基金就本条第2款下磋商的程序达成协议。

4. 缔约方不得通过外汇措施而使本协定各项条款的意图无效,也不得通过贸易行动而使《国际货币基金组织协定》各项条款的意图无效。*

5. 如缔约方全体在任何时候认为,一缔约方正在实施的有关进口的支付和转移方面的外汇限制与本协定对数量限制所规定的例外不一致,则它们应就此向基金报告。

6. 非基金成员的任何缔约方,应在缔约方全体与基金磋商后确定的时间内成为基金成员,如不能成为成员,则应与缔约方全体订立特殊外汇协定。终止其基金成员资格的一缔约方应立即与缔约方全体订立特殊外汇协定。一缔约方根据本款与缔约方全体订立的特殊外汇协定应成为其在本协定项下义务的组成部分。

7. (a) 一缔约方与缔约方全体根据本条第6款订立的特殊外汇协定应使缔约方全体确信,所涉缔约方在外汇事项上采取的行动不会阻碍本协定的目标。

(b) 任何此种特殊外汇协定的条款不得使缔约方在外汇事项上承担的义务普遍严于《国际货币基金组织协定》要求基金成员承担的义务。

8. 不属基金成员的缔约方应提供缔约方全体为履行在本协定项下的职责而可能要求提供的《国际货币基金组织协定》第8条第5节一般范围内的信息。

9. 本协定不得妨碍:

(a) 一缔约方依照《国际货币基金组织协定》或该缔约方与缔约方全体订立的特殊外汇协定,使用外汇管制或外汇限制,或

(b) 一缔约方对进出口实行的限制或管制,除第11条、第12条、第13条和第14条所允许的作用之外,其唯一作用是使此类外汇管制或外汇限制有效。

第16条*

补　贴

A节—　一般补贴

1. 如任何缔约方给予或维持任何补贴,包括任何形式的收入或价格支持,以直接或间接增加自其领土出口的任何产品或减少向其领土进口的任何产品的方式实施,则该缔约方应将该补贴的范围和性质、该补贴对自其领土出口、向其领土进口的受影响产品的数量所产生的预计影响以及使该补贴成为必要的情况向缔约方全体做出书面通知。在确定任何此类补贴对其他任何缔约方的利益造成或威胁造成严重侵害的任何情况下,应请求给予有关补贴的缔约方应与其他有关缔约方或缔约方全体讨论限制该补贴的可能性。

B节— 对出口补贴的附加规定 *

2. 各缔约方认识到,一缔约方对任何产品的出口所给予的补贴,可能对其他进口和出口缔约方造成有害影响,可能对它们的正常商业利益造成不适当的干扰,并可阻碍本协定目标的实现。

3. 因此,缔约方应寻求避免对初级产品的出口使用补贴。但是,如一缔约方直接或间接地给予任何形式的补贴,并以增加自其领土出口的任何初级产品的形式实施,则该补贴的实施不得使该缔约方在该产品的世界出口贸易中占有不公平的份额,同时应考虑前一代表期内该缔约方在该产品贸易中所占份额及可能已经影响或正在影响该产品贸易的特殊因素。*

4. 此外,自1958年1月1日或其后可能的尽早日期起,缔约方应停止对除初级产品外的任何产品的出口直接或间接地给予任何形式的补贴,此种补贴可使此种产品的出口价格低于向国内市场类似产品购买者收取的可比价格。在1957年12月31日之前,任何缔约方不得通过采用新的补贴或扩大现有补贴范围,使任何此类补贴的范围超过1955年1月1日实施的范围。*

5. 缔约方全体应经常审议本条规定的运用情况,以期根据实际经验审查其有效性,促进本协定目标的实现,并避免严重侵害缔约方的贸易或利益的补贴。

第17条

国家贸易企业①

1. * (a) 每一缔约方承诺,如其建立或维持一国家企业②,无论位于何处或在形式上或事实上给予任何企业专有权或特权 *,则该企业在其涉及进口或出口的购买和销售方面,应以符合本协定对影响私营贸易商进出口的政府措施所规定的非歧视待遇的一般原则行事。

(b) 本款(a)项的规定应理解为要求此类企业在适当注意本协定其他规定的前提下,应仅依照商业因素 * 进行任何此类购买或销售,包括价格、质量、可获性、适销性、运输和其他购销条件,并应依照商业惯例给予其他缔约方的企业参与此类购买或销售的充分竞争机会。

(c) 缔约方不得阻止其管辖范围内的企业(无论是否属本款(a)项所述企业)依照本款(a)项和(b) 项的原则行事。

2. 本条第1款的规定不得适用于直接或最终供政府消费使用、而不是为转售或用于生产供销售的货物 * 而进口的产品。对于此类进口产品,每一缔约方应对其他缔约方的贸易给予公平和公正的待遇。

3. 各缔约方确认,本条第1款(a)项所述企业在经营中可能对贸易造成严重障碍;因此,在互惠互利基础上进行谈判以限制或减少此类障碍对国际贸易的扩大具有重要意义。*

4. (a) 各缔约方应将由本条第1款(a)项所述类型企业进口至各自领土或自各自领土出口的产品通知缔约方全体。

---

① 英文原文为"state trading enterprises",原译为"国营贸易企业",下同。在汉语的语境中,"国营贸易企业"有其特定的历史含义,既国家所有和经营的贸易企业。但根据《关于解释1994年关税与贸易总协定第17条的谅解》的规定,本款的"state trading enterprises",指的是"被授予包括法定或宪法权力在内的专有权、特殊权利或特权的政府和非政府企业",也就是被国家授权从事某种垄断或专控商品经营的企业,企业是否属于国家所有和经营则与此无关。因此,将其译为"国家贸易企业"更为贴合原意。——房东注。

② 英文原文为"state enterprises",原译为"国营企业",下同。——房东注。

(b) 对一不属第 2 条下减让对象的产品设立、维持或授权实行进口垄断的一缔约方,应在有关产品贸易中占实质性份额的另一缔约方的请求,应将最近代表期内该产品的进口加价*通知缔约方全体,如无法进行此类通知,则应通知该产品的转售价格。

(c) 如一缔约方有理由认为其在本协定项下的利益受到第 1 款(a)项所述企业经营活动的不利影响,在其请求下,缔约方全体可请建立、维持或授权建立该企业的缔约方提供关于其运用本协定条款情况的信息。

(d) 本款的规定不得要求任何缔约方披露会阻碍执法或违背公共利益或损害特定企业合法商业利益的机密信息。

第 18 条*

政府对经济发展的援助

1. 各缔约方认识到,它们各自经济的逐步发展将便利本协定目标的实现,特别是那些经济只能维持低生活水平并处于发展初期阶段的缔约方。*

2. 各缔约方进一步认识到,为实施旨在提高人民总体生活水平的经济发展计划和政策,这些缔约方可能有必要采取影响进口的保护措施或其他措施,只要此类措施能够便利本协定目标的实现,即为合理的。因此它们同意,这些缔约方应享受额外的便利,以使它们(a) 在其关税结构方面保持足够的灵活性,从而能够给予建立一特定产业*所需的关税保护;及(b) 在充分考虑它们的经济发展计划可能形成持续高水平进口需求的情况下,为国际收支目的而实施数量限制。

3. 各缔约方最后认识到,由于可使用本条 A 节和 B 节规定的额外便利,本协定的规定在正常情况下将足以满足它们各自经济发展的需要。但是,它们同意,可能存在如下情况:即没有符合这些规定的可行措施以允许处在经济发展进程中的缔约方给予所需政府援助以促进特定产业*的建立,从而提高人民的总体生活水平。本条 C 节和 D 节中规定了用于处理这些情况的特殊程序。

4. (a) 因此,经济只能维持低生活水平*且经济处在发展初期阶段*的缔约方,有权按本条 A 节、B 节和 C 节暂时偏离本协定其他条款的规定。

(b) 经济处于发展过程中、但不属以上(a)项范围的缔约方,可根据本条 D 节向缔约方全体提出申请。

5. 各缔约方认识到,经济属以上第 4 款(a)项和(b)项所述类型并依赖少数初级产品出口的缔约方的出口收入会因此类商品销售的下降而严重减少。因此,如该缔约方的初级产品出口受到另一缔约方所采取措施的严重影响,则它可援用本协定第 22 条的磋商规定。

6. 缔约方全体应每年审议按照本条 C 节和 D 节实施的所有措施。

A 节

7. (a) 如一属本条第 4 款(a)项范围内的缔约方为促进一特定产业*的建立从而提高人民的总体生活水平,认为宜修改或撤销本协定所附有关减让表包含的一项减让,则它应为此通知缔约方全体,并应与最初谈判此项减让的任何缔约方和缔约方全体确定的对此有实质利害关系的任何其他缔约方进行谈判。如在此类有关缔约方之间达成协议,则它们有权修改或撤销本协定所附有关减让表下的减让,以便实施该协议,包括所涉及的任何补偿性调整。

(b) 如在以上(a)项规定的通知做出后 60 天内未能达成协议,则提议修改或撤销减让的缔约方可将该事项提交缔约方全体,缔约方全体应迅速审查该事项。如它们认为提议修改或撤销减让的缔约方为达成协议已尽一切努力,且它所提供的补偿性调整是充分的,则该缔约方有权修改或撤销减让,只要它同时作出补偿性调整即可。如缔约方全体认为提议修改或撤销减让的缔约方所提供的补偿性调整不充分,但认为它为提供充分补偿已尽一切合理努力,则该缔约方有权继续进行此种修改或撤销。如采取该行动,以上(a)项所指的任何其他缔约方有权修改或撤销最初与已经采取行动的缔约方谈判达成的实质相等的减让。*

B节

8. 各缔约方认识到,属本条第4款(a)项范围的缔约方在迅速发展的过程中,往往会遇到国际收支困难,这种困难主要由于扩大它们国内市场的努力和它们贸易条件的不稳定而产生的。

9. 为保护其对外金融地位和保证适用于实施其经济发展计划的储备水平,属本条第4款(a)项范围的缔约方在遵守第10款至第12款规定的前提下,可通过限制允许进口的商品数量或价值,控制其进口的总体水平;但是设立、维持或加强的进口限制不得超过以下所必需的限度:

(a) 为防止货币储备严重下降的威胁或制止货币储备严重下降,或

(b) 对于货币储备不足的缔约方,为使其储备能够维持合理增长率。

在这两种情况下均应适当考虑可能正在影响该缔约方储备或对储备的需要的任何特殊因素,包括在其可获得特殊国际信贷或其他资源的情况下,规定适当使用此类信贷或资源的需要。

10. 在实施这些限制时,各缔约方可确定这些限制对不同产品或不同产品种类进口的影响范围,对按照其经济发展政策更必需产品的进口给予优先考虑;但是限制的实施应避免对任何其他缔约方的贸易或经济利益造成不必要的损害,不致于是不合理地阻止任何种类货物的最低商业数量进口,如无此种进口则会损害正常贸易渠道;限制的实施也不应阻止商业样品的进口或阻止对专利、商标、版权或类似程序的遵守。

11. 在执行其国内政策时,有关缔约方应适当注意需要在健全和持久的基础上维持或恢复其国际收支平衡,并宜注意保证对生产资源的经济使用。随着条件的改善,有关缔约方应逐步放宽根据本节实施的任何限制,仅在根据本条第9款的条件证明必要时维持此类限制,并在条件不再证明维持其属合理时予以取消;但是不得以一缔约方发展政策的变更而使根据本节正在实施的限制成为不必要为由,要求该缔约方撤销或修改此类限制。*

12. (a) 实施新的限制或实质性加强根据本节实施的措施而提高现有限制总体水平的任何缔约方,应在设立或加强此类限制后立即(或在事先磋商可行的情况下,应在设立或加强此类限制之前)与缔约方全体就其国际收支困难的性质、可采取的替代纠正措施以及有关限制对其他缔约方经济可能产生的影响进行磋商。

(b) 缔约方全体应在由其确定的日期,*审议在该日期根据本节仍然实施的所有限制。该日期后2年起,根据本节实施限制的缔约方每隔大约2年,但不得少于2年,应根据缔约方全体每年草拟的计划,与缔约方全体进行以上(a)项所规定类型的磋商;但是在根据本款任何其他规定进行的一般性质的磋商结束后2年内,不得进行本项下的磋商。

(c) (i) 如在根据本条(a)项或(b)项与一缔约方进行磋商的过程中,缔约方全体认为有关限制与本节或第13条的规定(并需遵守第14条的规定)不一致,它们应指出不一致的性质,并可建议对有关限制进行适当修改。

(ii) 但是,如作为磋商结果,缔约方全体确定正在实施的限制包含与本节或第 13 条的规定(并需遵守第 14 条的规定)严重不一致之处,且对任何缔约方的贸易造成损害或威胁造成损害,则它们应如此通知实施有关限制的缔约方,并应提出适当建议,以便在一指定期限内符合此类规定。如该缔约方在指定期限内未能遵守这些建议,则缔约方全体可解除贸易受到有关限制不利影响的任何缔约方对实施限制的缔约方在本协定项下承担的、在这种情况下它们认为适当的义务。

(d) 如任何缔约方掌握初步确凿证据表明,限制与本条或第 13 条的规定(并需遵守第 14 条的规定)不一致,且其贸易因此受到不利影响,则在其请示下,缔约方全体应邀请根据本条实施限制的缔约方进行磋商。但是,除非缔约方全体确定有关缔约方之间的直接讨论未能取得成功,否则不得发出此类邀请。如与缔约方全体的磋商未能达成协议,而它们确定正在实施的限制与此类规定不一致,且已对发起此程序的缔约方的贸易造成损害或威胁造成损害,则它们应建议撤销或修改有关限制。如有关限制未能在缔约方全体规定的时间内撤销或修改,则它们可以解除贸易受到限制不利影响的任何缔约方对实施限制的缔约方在本协定项下承担的、在这种情况下它们认为适当的义务。

(e) 针对一缔约方依照本款(c)项(ii)目最后一句或(d)项采取行动后,该缔约方认为,缔约方全体授权的义务解除对其经济发展计划和政策的实施造成不利影响,则该缔约方有权在不迟于此项行动采取后 60 天,书面通知缔约方全体的执行秘书①其退出本协定的意图,此项退出自执行秘书收到通知之日后的第 60 天生效。

(f) 在根据本款行事时,缔约方全体应适当注意本条第 2 款所指的因素。根据本款的确定应迅速做出,如可能,应在发起磋商后 60 天内做出。

C 节

13. 如属本条第 4 款(a)项范围的一缔约方认为,需要政府援助以促进一特定产业 * 的建立,以期提高人民的总体生活水平,但缺乏符合本协定其他规定的可行措施用以实现该目标,则该缔约方可援用本节所列规定和程序。 *

14. 有关缔约方应通知缔约方全体在实现本条第 13 款所述目标方面所遇到的特殊困难,并应说明它为补救这些困难而提议采取的影响进口的措施。在本条第 15 款或第 17 款(视情况而定)规定的时限期满前,它不得采取该措施,或如果该措施所影响的进口产品是本协定所附有关减让表包含减让的对象,则除非该缔约方依照第 18 款的规定得到缔约方全体的同意,否则该缔约方不得采取该措施;但是,如接受援助的产业已经开始生产,则该缔约方在通知缔约方全体后,可采取必要措施以防止在此段时期内有关产品的进口实质性增加超过正常水平。 *

15. 如在就该措施做出通知后 30 天内,缔约方全体未要求有关缔约方与它们进行磋商, * 则该缔约方可在实施拟议的措施的必要限度内,偏离本协定其他条款的有关规定。

16. 如缔约方全体提出请求, * 有关缔约方应与它们就拟议措施的目的、本协定项下可能采取的替代措施以及拟议的措施对其他缔约方的商业和经济利益可能产生的影响进行磋商。如作为磋商结果,缔约方全体一致认为没有符合本协定其他规定的可行措施用以实现本

---

① 根据 1965 年 2 月 23 日的决定,缔约方全体将 GATT 秘书处负责人的头衔由"执行秘书"改为"总干事"。

条第 13 款所列目标,并同意 * 拟议的措施,则有关缔约方在实施该措施所必需的限度内,应被解除其在本协定其他条款的有关规定下的义务。

17. 如在根据本条第 14 款就拟议的措施做出通知后 90 天内,缔约方全体未能同意该措施,则有关缔约方在通知缔约方全体后可采取拟议的措施。

18. 如受拟议的措施影响的产品属本协定所附有关减让表包含减让的对象,则有关缔约方应与最初谈判此减让的任何其他缔约方和缔约方全体确定与此有实质利害关系的任何其他缔约方进行磋商。如缔约方全体一致认为没有符合本协定其他规定的可行措施用以实现本条第 13 款所列目标,且它们能够确信下列内容,则应同意 * 该措施:

(a) 作为以上所指磋商的结果,已经与此类其他缔约方达成协议,或

(b) 如缔约方全体在收到第 14 款规定的通知后 60 天内未达成该协议,援用本节的缔约方为达成协议已经做出所有合理努力,且其他缔约方的利益已得到充分保障。*

因此,援用本节的缔约方全体,在允许其实施该措施所必需的限度内,应被解除其在本协定其他条款的有关规定下的义务。

19. 如本条第 13 款所述类型的一拟议的措施涉及一产业,该产业在建立的最初阶段曾得到有关缔约方为国际收支目的而根据本协定有关规定实施限制的附带保护,则该缔约方可援用本节的规定和程序;但是未经缔约方全体同意 *,该缔约方不得实施该拟议措施。*

20. 本节前述各款并非授权可以偏离本协定第 1 条、第 2 条和第 13 条的规定。本条第 10 款的但书也应适用于根据本节实施的任何限制。

21. 在任何时候根据本条第 17 款实施一措施时,受到该措施实质性影响的任何缔约方可对援用本节的缔约方的贸易中止实施本协定项下实质相等的减让或其他义务,只要缔约方全体对此不持异议;* 但是,在不迟于采取一项不利于受影响缔约方的措施或对该措施进行实质性改变后 6 个月,应向缔约方全体做出此中止的 60 天预先通知。任何此类缔约方应依照本协定第 22 条的规定提供充分的磋商机会。

D 节

22. 属本条第 4 款(b)项范围的一缔约方为发展其经济,而期望对一特定产业 * 的建立采取本条第 13 款所述措施,可向缔约方全体申请批准此类措施。缔约方全体应迅速与该缔约方进行磋商,并应根据第 16 款所列因素做出决定。如缔约方全体同意 * 拟议的措施,则有关缔约方在允许其实施该措施所必需的限度内,应被解除其在本协定其他条款的有关规定下的义务。如拟议的措施影响的产品为本协定所附有关减让表包含减让的对象,则应适用第 18 款的规定。*

23. 根据本节实施的任何措施应符合本条第 20 款的规定。

第 19 条

对某些产品进口的紧急措施

1. (a) 如因不能预见的情况和一缔约方在本协定项下负担包括关税减让在内义务的影响,进口至该缔约方领土的产品数量增加如此之大且情况如此严重,以致对该领土内类似产品或直接竞争产品的国内生产者造成严重损害或严重损害威胁,则该缔约方有权在防止或补救此种损害所必需的限度和时间内,对该产品全部或部分中止义务或撤销或修改减让。

(b) 如属一优惠减让对象的任何产品,在本款(a) 项所列情况下进口至一缔约方领土,对目前接受或曾经接受此优惠的一缔约方领土内类似产品或直接竞争产品的国内生产者造

成严重损害或严重损害威胁,如该另一缔约方提出请求,则进口缔约方有权在防止或补救此种损害所必需的限度和时间内,对该产品全部或部分中止义务或撤销或修改减让。

2. 在任何缔约方根据本条第1款的规定采取行动之前,应尽可能提前书面通知缔约方全体,并应给予缔约方全体和对有关产品的有实质利害关系的出口缔约方就拟议的行动进行磋商的机会。如就关于优惠的减让做出通知,则通知应列明请求采取行动的缔约方名称。在迟延会造成难以补救的损害的紧急情况下,可不经事先磋商而临时采取本条第1款规定的行动,但条件是在采取该行动后应立即进行磋商;

3. (a) 如有利害关系的缔约方之间未能就该行动达成协议,则提议采取或继续采取该行动的缔约方仍然有权这样做,且如果采取或继续采取该行动,则受影响的缔约方有权在不迟于该行动采取后90天,在缔约方全体收到有关中止义务的通知起30天期满后,对采取该行动的缔约方的贸易,或在本条款第1款(b)项设想的情况下,对请求采取此项行动的缔约方的贸易,中止实施本协定项下与上述影响实质相等的减让或其他义务,只要缔约方全体对此不持异议。

(b) 尽管有本款(a)项的规定,但是在未经事先磋商而根据本条第2款采取行动并对一缔约方领土内受该行动影响的产品的国内生产者造成损害或威胁造成严重损害,则该缔约方在迟延会造成难于补救的损害的情况下,有权在采取措施后和整个磋商期间,中止防止或补救损害所必需的减让或其他义务。

第20条

一般例外

在遵守关于此类措施的实施不在情形相同的国家之间构成任意或不合理歧视的手段或构成对国际贸易的变相限制的要求前提下,本协定的任何规定不得解释为阻止任何缔约方采取或实施以下措施:

(a) 为保护公共道德所必需的措施;

(b) 为保护人类、动物或植物的生命或健康所必需的措施;

(c) 与黄金或白银进出口有关的措施;

(d) 为保证与本协定规定不相抵触的法律或法规得到遵守所必需的措施,包括与海关执法、根据第2条第4款和第17条实行有关垄断、保护专利权、商标和版权以及防止欺诈行为有关的措施;

(e) 与监狱囚犯产品有关的措施;

(f) 为保护具有艺术、历史或考古价值的国宝所采取的措施;

(g) 与保护可用尽的自然资源有关的措施,如此类措施与限制国内生产或消费一同实施;

(h) 为履行任何政府间商品协定项下义务而实施的措施,该协定符合提交缔约方全体且缔约方全体不持异议的标准,或该协定本身提交缔约方全体且缔约方全体不持异议;*

(i) 在作为政府稳定计划的一部分将国内原料价格压至低于国际价格水平的时期内,为保证此类原料给予国内加工产业所必需的数量而涉及限制此种原料出口的措施;但是此类限制不得用于增加该国内产业的出口或增加对其提供的保护,也不得偏离本协定有关非歧视的规定;

(j) 在普遍或局部供应短缺的情况下,为获取或分配产品所必需的措施;但是任何此类措施应符合以下原则：即所有缔约方在此类产品的国际供应中有权获得公平的份额，且任何此类与本协定其他规定不一致的措施，应在导致其实施的条件不复存在时即行停止。缔约方全体应不迟于1960年6月30日审议对本项的需要。

第21条
安全例外

本协定的任何规定不得解释为：

(a) 要求任何缔约方提供其认为如披露则会违背其基本安全利益的任何信息；或

(b) 阻止任何缔约方采取其认为对保护其基本国家安全利益所必需的任何行动：

(i) 与裂变和聚变物质或衍生这些物质的物质有关的行动；

(ii) 与武器、弹药和作战物资的贸易有关的行动，及与此类贸易所运输的直接或间接供应军事机关的其他货物或物资有关的行动；

(iii) 在战时或国际关系中的其他紧急情况下采取的行动；或

(c) 阻止任何缔约方为履行其在《联合国宪章》项下的维护国际和平与安全的义务而采取的任何行动。

第22条
磋　商

1. 每一缔约方应对另一缔约方就影响本协定运用的任何事项可能提出的交涉给予积极考虑，并应提供充分的磋商机会。

2. 在一缔约方请求下，缔约方全体可就经根据第1款进行的磋商未能满意解决的任何事项与任何缔约方进行磋商。

第23条
利益的丧失或减损

1. 如一缔约方认为，由于下列原因，它在本协定项下直接或间接获得的利益正在丧失或减损，或本协定任何目标的实现正在受到阻碍，

(a) 另一缔约方未能履行其在本协定项下的义务，或

(b) 另一缔约方实施任何措施，无论该措施是否与本协定的规定产生抵触，或

(c) 存在任何其他情况，

则该缔约方为使该事项得到满意的调整，可向其认为有关的另一缔约方提出书面交涉或建议。任何被接洽的缔约方应积极考虑对其提出的交涉或建议。

2. 如在一合理时间内有关缔约方未能达成满意的调整，或如果困难属本条第1款(c)项所述类型，则该事项可提交缔约方全体。缔约方全体应迅速调查向其提交的任何事项，并应向其认为有关的缔约方提出适当建议，或酌情就该事项做出裁定。缔约方全体在认为必要的情况下，可与缔约方、联合国经济与社会理事会及任何适当的政府间组织进行磋商。如缔约方全体认为情况足够严重而有理由采取行动，则它们可授权一个或多个缔约方对任何其他一个或多个缔约方中止实施在本协定项下承担的、在这种情况下它们认为适当的减让或其他义务。如对缔约方的减让或其他义务事实上已中止，则该缔约方有权在采取该行动后不迟于60天，向缔约方全体的执行秘书提出退出本协定的书面通知，退出应在执行秘书收到该通知后的第60天生效。

第三部分

第 24 条

适用领土—边境贸易—关税同盟和自由贸易区

1. 本协定的规定应适用于缔约方本土的关税领土,并适用于根据第 26 条接受本协定或根据第 33 条或《临时适用议定书》实施本协定的任何其他关税领土。每一此类关税领土,仅就本协定的适用领土而言,应被视为一缔约方;但是本款的规定不得解释为在根据第 26 条接受本协定或其中一缔约方根据第 33 条或《临时适用议定书》实施本协定的两个或两个以上关税领土之间产生任何权利或义务。

2. 就本协定而言,一关税领土应理解为一对与其他领土之间贸易的实质部分保留单独关税或其他贸易法规的任何领土。

3. 本协定的规定不得解释为阻止:

(a) 任何缔约方为便利边境贸易而给予毗连国家的优惠;

(b) 与的里雅斯特自由区毗连的国家给予与该自由区的贸易的优惠,只要此类优惠不与由第二次世界大战所产生的和平条约相抵触。

4. 各缔约方认识到,宜通过自愿签署协定从而发展此类协定签署国之间更紧密的经济一体化,以增加贸易自由。它们还认识到,关税同盟或自由贸易区的目的应为便利成员领土之间的贸易,而非增加其他缔约方与此类领土之间的贸易壁垒。

5. 因此,本协定的规定不得阻止在缔约方领土之间形成关税同盟或自由贸易区,或阻止通过形成关税同盟或自由贸易区所必需的临时协定,但是:

(a) 就关税同盟或导致形成关税同盟的临时协定而言,在建立任何此种同盟或订立临时协定时,对与非此种同盟成员或协定参加方的缔约方的贸易实施的关税和其他贸易法规,总体上不得高于或严于在形成此种同盟或通过此种临时协定(视情况而定)之前,各成员领土实施的关税和贸易法规的总体影响范围;

(b) 就自由贸易区或导致形成自由贸易区的临时协定而言,每一成员领土维持的且在形成此种自由贸易区或通过此种贸易协定时对非自由贸易区成员或非协定参加方的缔约方实施的关税或其他贸易法规,不得高于或严于在形成该自由贸易区或签署协定之前相同成员领土内存在的相应关税或贸易法规;以及

(c) (a)项和(b)项所指的任何临时协定应包括在一合理持续时间内形成此种关税同盟或此种自由贸易区的计划和时间表。

6. 如在满足第 5 款(a)项的要求时,一缔约方提议以与第 2 条规定不一致的方式提高任何关税税率,则应适用第 28 条所列程序,在提供补偿性调整时,应适当考虑同盟的其他成员削减相应关税而已经提供的补偿。

7. (a) 决定加入关税同盟或自由贸易区,或订立导致形成关税同盟或自由贸易区的临时协定的任何缔约方,应迅速通知缔约方全体,并应向它们提供拟议成立的同盟或贸易区的必要信息,以便它们能够向各缔约方提出它们认为适当的报告和建议。

(b) 如缔约方全体经与一临时协定参加方进行磋商,对第 5 款所指的临时协定所包括的计划和时间表进行研究,并考虑依照(a)项规定可获得的信息之后,认为该协定不可能在协

定参加方预期的期限内导致关税同盟或自由贸易区的形成,或认为该期限不合理,则缔约方全体应向协定参加方提出建议。如协定参加方不准备依照这些建议修改该协定,则不得维持或实施(视情况而定)此类协定。

(c) 对第5款(c)项所指的计划或时间表的任何实质性变更应通知缔约方全体,如此种变更似乎可能危及或不适当地延迟关税同盟或自由贸易区的形成,则缔约方全体可请有关缔约方与其进行磋商。

8. 就本协定而言:

(a) 关税同盟应理解为以一单一关税领土替代两个或两个以上关税领土,以便

(i) 对于同盟成员领土之间的实质上所有贸易或至少对于产于此类领土产品的实质上所有贸易,取消关税和其他限制性贸易法规(如必要,第11条、第12条、第13条、第14条、第15条和第20条下允许的关税和其他限制性贸易法规除外),及

(ii) 在遵守第9款规定的前提下,同盟每一成员对同盟以外领土的贸易实施实质相同的关税或其他贸易法规;

(b) 自由贸易区应理解为在两个或两个以上的一组关税领土中,对成员领土之间实质上所有有关产自此类领土产品的贸易取消关税和其他限制性贸易法规(如必要,按照第11条、第12条、第13条、第14条、第15条、第20条允许的关税和其他限制性贸易法规除外)。

9. 第1条第2款所指的优惠不得因形成关税同盟或自由贸易区而受到影响,但可以通过与受影响的缔约方进行谈判加以取消或调整。* 与受影响的缔约方谈判的程序应特别适用于为符合第8款(a)项(i)目和第8款(b)项的规定而需要取消的优惠。

10. 缔约方全体可以三分之二多数批准不完全符合第5款至第9款要求的建议,只要此类建议可导致形成本条意义上的关税同盟或自由贸易区。

11. 考虑到由于印度和巴基斯坦建成独立国家所产生的特殊情况,并认识到它们已经长期组成一经济单位的事实,各缔约方同意,本协定的规定不得阻止这两个国家在它们最终建立相互贸易关系之前,订立有关相互贸易的特殊安排。*

12. 每一缔约方应采取其可采取的合理措施,保证其领土内的地区和地方政府和主管机关遵守本协定的规定。

第25条
缔约方的联合行动

1. 各缔约方的代表应经常召开会议,以便实施本协定涉及联合行动的规定,更广泛地讲,以期便利本协定的运用和促进其目标的实现。凡本协定提及采取联合行动的各缔约方时,它们均被称为缔约方全体。

2. 提请联合国秘书长在不迟于1948年3月1日召开缔约方全体的第一次会议。

3. 每一缔约方在缔约方全体的所有会议上有权拥有一票。

4. 除非本协定另有规定,否则缔约方全体的决定应以所投票数的多数做出。

5. 在本协定其他部分未作规定的特殊情况下,缔约方全体可豁免本协定对一缔约方规定的义务;但是任何此种决定应以所投票数的三分之二多数批准,且此多数应包含全体缔约方的半数以上。缔约方全体还可通过此种投票

(i) 确定应对豁免义务适用其他投票要求的某些类别的特殊情况,及

(ii) 规定实施本款[1]所必需的标准。

第26条

接受、生效和登记

1. 本协定订于1947年10月30日。

2. 本协定开放供在1955年3月1日已成为缔约方或正在谈判加入本协定的任何缔约方接受。

3. 本协定用一份英文正本和一份法文正本写成,两种文本具有同等效力,应交存联合国秘书长,联合国秘书长应向所有有利害关系的政府提供本协定经核证的副本。

4. 接受本协定的每一政府应向缔约方全体的执行秘书交存一份接受书,执行秘书将通知所有有利害关系的政府每一接受书的交存日期和本协定根据本条第6款生效的日期。

5. (a) 接受本协定的每一政府即代表其本土及其负有国际责任的其他领土接受本协定,但在其自己接受本协定时即通知缔约方全体的执行秘书的单独关税区除外。

(b) 根据本款(a)项中的例外如此通知执行秘书的任何政府,可随时通知执行秘书,其接受应对被排除在外的一个或多个单独关税区生效,且此项通知应自执行秘书收到之日后的第30天生效。

(c) 如原由一缔约方代表其接受本协定的任何单独关税区拥有或获得处理其对外贸易关系和本协定中规定的其他事项的完全自主权,则该单独关税区经对其负责的缔约方提议发表声明证实上述事实,即被视为一缔约方。

6. 依照附件H所列适用百分比栏目计算,如向缔约方全体的执行秘书交存接受书的政府领土占该附件中所列政府领土对外贸易总额的85%,则协定应在此类政府交存接受书之日后的第30天在接受本协定的政府间生效,每一其他政府的接受书应在该接受书交存之日后的第30天生效。

7. 授权联合国一俟本协定生效即予以登记。

第27条

减让的停止或撤销

如任何缔约方确定一政府未成为或不再为缔约方,则该缔约方有权随时全部或部分停止或撤销与该政府最初谈判的、本协定所附有关减让表中规定的任何减让。采取此项行动的缔约方应通知缔约方全体,并应请求,应与对有关产品有实质利害关系的缔约方进行磋商。

第28条*

减让表的修改

1. 在每一三年期的第一天,第一个三年期自1958年1月1日开始(或缔约方全体以所投票数的三分之二规定的任何其他期限*的第一天),一缔约方(本条中下称“申请缔约方”)经与最初谈判此项减让的任何缔约方和缔约方全体确定拥有主要供应利益*的任何其他缔约方(以上两类缔约方及申请缔约方在本条中下称“主要有关缔约方”)谈判并达成协议,并在与缔约方全体确定此项减让中具有实质利益*的任何其他缔约方进行磋商的前提下,可修改或撤销本协定有关减让表中包括的一项减让*。

---

[1] 正式文本误作“项”。

2. 在此类谈判和协议中,可能包括对其他产品提供的补偿性调整,有关缔约方应努力保持互惠互利减让的总体水平不低于在谈判前本协定规定的总体水平。

3. (a) 如主要有关缔约方之间不能在1958年1月1日前或在本条第1款设想的期限期满前达成协议,则提议修改或撤销减让的缔约方仍有权这样做,如采取此项行动,则最初谈判此项减让的任何缔约方、根据第1款确定的拥有主要供应利益的任何缔约方和根据第1款确定的拥有实质利益的任何缔约方有权在不迟于此类行动采取后6个月,撤销与申请缔约方最初谈判的实质相等的减让,此项撤销应自缔约方全体收到此项撤销的书面通知之日起30天期满后开始进行。

(b) 如主要有关缔约方之间达成协议,但根据本条第1款确定的有实质利益的任何其他缔约方不满意,则此类其他缔约方有权在不迟于根据该协议采取行动后6个月,撤销与申请缔约方最初谈判的实质相等的减让,此项撤销应自缔约方全体收到此项撤销的书面通知之日起30天期满后开始进行。

4. 缔约方全体可随时在特殊情况下,授权 * 一缔约方进行谈判,在遵守下列程序和条件的前提下,修改或撤销本协定有关减让表中包括的一项减让:

(a) 此类谈判 * 和任何有关磋商应依照本条第1款和第2款的规定进行。

(b) 如谈判中主要有关缔约方之间达成协议,则应适用本条第3款(b)项规定。

(c) 如在授权谈判后60天内 * 或缔约方全体可能规定的更长期限内主要有关缔约方之间未能达成协议,则该申请缔约方可将此事项提交缔约方全体。

(d) 该事项提交后,缔约方全体应迅速审查该事项,并向主要有关缔约方提出其意见,以期获得解决办法。如达成解决办法,则应适用第3款(b)项的规定,如同主要有关缔约方之间已达成协议。如主要有关缔约方之间未达成解决办法,则申请缔约方有权修改或撤销减让,除非缔约方全体确定申请缔约方不合理地未能提供足够的补偿。* 如采取此项行动,则最初谈判减让的任何缔约方、根据第4款(a)项确定拥有主要供应利益的任何缔约方以及根据第4款(a)项确定拥有实质利益的任何其他缔约方,有权在不迟于此项行动采取后6个月,修改或撤销与申请缔约方最初谈判的实质相等的减让,此项撤销应自缔约方全体收到此项撤销的书面通知之日起30天期满后开始进行。

5. 在1958年1月1日之前和第1款设想的其他期限结束之前,一缔约方可通知缔约方全体,选择在下一期限内保留依照第1款至第3款的程序修改有关减让表的权利。如一缔约方这样选择,则其他缔约方有权在相同期限内,依照相同的程序修改或撤销与该缔约方最初谈判的减让。

第28条之二

关税谈判

1. 各缔约方认识到,关税经常对贸易构成严重障碍;因此,在互惠互利基础上进行谈判,以实质性削减关税和其他进出口费用的总体水平,特别是削减甚至阻碍最低数量进口的高关税,并在谈判中适当注意本协定的目标和各缔约方的不同需要,对于扩大国际贸易非常重要。因此,缔约方全体可时常发起此类谈判。

2. (a) 根据本条的谈判可在有选择的产品对产品基础上进行。或通过适用有关缔约方可接受的多边程序进行。此类谈判可针对削减关税、将关税约束在谈判时的实施水平或承诺各项关税或特定产品类别时平均关税不超过列明的水平。约束低关税或免税待遇而不再提高原则上应被视为与削减高关税价值相等的减让。

(b) 各缔约方认识到,多边谈判的成功通常取决于相互之间进行各自大部分对外贸易的所有缔约方参加。

3. 谈判应在提供考虑下列内容的充分机会基础上进行:

(a) 各缔约方和各产业的需要;

(b) 欠发达国家为帮助其经济发展而更灵活地使用关税保护的需要,及这些国家为财政收入目的而维持关税的特殊需要;以及

(c) 所有其他有关情况,包括有关缔约方的财政 *、发展、战略和其他需要。

第 29 条

本协定与《哈瓦那宪章》的关系

1. 各缔约方承诺在依照各自的宪法程序接受《哈瓦那宪章》之前,在其行政权的最大限度内遵守《哈瓦那宪章》第一章至第六章及第九章的一般原则。*

2. 本协定第二部分应在《哈瓦那宪章》生效之日中止。

3. 如截至 1949 年 9 月 30 日《哈瓦那宪章》仍未生效,则各缔约方应在 1949 年 12 月 31 日之前召开会议,以议定是否应对本协定予以修正、补充或保留。

4. 无论何时如《哈瓦那宪章》停止生效,则缔约方全体应在此后尽快召开会议,以议定是否对本协定予以补充、修正或保留。在达成此项协议之前,本协定第二部分应重新生效;但是第二部分的规定除第 23 条外,应由当时在《哈瓦那宪章》中这些规定的原样经在细节上作必要修改后所取代;且在《哈瓦那宪章》停止生效时未约束一缔约方的任何规定不得约束该缔约方。

5. 如有任何缔约方在《哈瓦那宪章》生效之日仍未接受该宪章,则缔约方全体应进行讨论,以议定本协定在影响该缔约方与其他缔约方的关系方面是否需要进行补充或修正,如需要,将以何种方式进行。在达成此项协议前,尽管有本条第 2 款的规定,但是本协定第二部分的规定继续在该缔约方与其他缔约方之间适用。

6. 属国际贸易组织成员的缔约方不得援引本协定的规定而阻止《哈瓦那宪章》任何规定的运用。本款所含原则对非国际贸易组织成员的任何缔约方的适用应为根据本条第 5 款达成协议的主题。

第 30 条

修　正

1. 除非本协定其他部分对修改做出规定,否则对本协定第一部分的规定或对第 29 条或本条规定的修正需经所有缔约方接受方可生效,对本协定的其他修正应经缔约方的三分之二接受后对接受修正的缔约方生效,并在此后对接受修正的每一其他缔约方生效。

2. 接受本协定修正的任何缔约方应在缔约方全体规定的期限内向联合国秘书长交存接受书。缔约方全体可决定根据本条生效的任何修正是否属如下性质:即在缔约方全体规定的期限内未接受修正的任何缔约方有权退出本协定,或经缔约方全体同意仍为本协定缔约方。

第 31 条

退　出

在不损害第 18 条第 12 款、第 23 条或第 30 条第 2 款规定的情况下,任何缔约方均可退出

本协定,或代表其负有国际责任且届时在处理对外贸易关系和本协定规定的其他事项方面享有完全自主权的任何单独关税区单独退出本协定。此退出应在联合国秘书长收到书面退出通知之日起6个月期满后生效。

第32条
缔　约　方

1. 本协定的缔约方应理解为指根据第26条或第33条或根据《临时适用议定书》适用本协定规定的政府。

2. 在本协定根据第26条第6款生效后的任何时候,根据本协定第26条第4款接受本协定的各缔约方,可决定任何未如此接受本协定的任何缔约方不再为缔约方。

第33条
加　入

不属本协定缔约方的政府,或代表在处理其对外贸易关系和本协定规定的其他事项方面享有完全自主权的单独关税区的政府,可代表该政府本身或代表该关税区,按该政府与缔约方全体议定的条件加入本协定。缔约方全体在本款下的决定应以三分之二多数作出。

第34条
附　件

本协定的附件特此成为本协定的组成部分。

第35条
本协定在特定缔约方之间的不适用

1. 在下列条件下,本协定或本协定第2条在任何一缔约方与任何其他缔约方之间不适用:

(a) 如两缔约方之间未进行关税谈判,且

(b) 如两缔约方中的任何一方,在一方成为缔约方时不同意在双方之间适用本协定或本协定第2条。

2. 在任何缔约方请求下,缔约方全体可审查本协定在特殊情况下的运用情况,并提出适当建议。

第四部分＊　贸易与发展

第36条
原则和目标

1. ＊各缔约方,

(a) 忆及本协定的基本目标包括提高生活水平和逐步发展所有缔约方的经济,并考虑到这些目标的实现对欠发达缔约方特别迫切;

(b) 考虑到欠发达缔约方的出口收入在其经济发展中可发挥至关重要的作用,且此种贡献的限度取决于欠发达缔约方对进口必需品所支付的价格、其出口量以及这些出口产品所获得的价格;

(c) 注意到欠发达国家与其他国家之间生活水平存在很大差距;

(d) 认识到单独和联合行动对促进欠发达缔约方经济的发展并使这些国家的生活水平迅速提高是必要的;

(e) 认识到国际贸易作为实现经济和社会进步的手段,应适用于符合本条所列目标的规则和程序以及符合这些规则和程序的措施;

(f) 注意到缔约方全体能够使欠发达缔约方采取特殊措施,以促进其贸易和发展;

协议如下。

2. 需要快速和持续地扩大欠发达缔约方的出口收入。

3. 需要做出积极努力,以保证欠发达缔约方在国际贸易的增长中获得与其经济发展需要相当的份额。

4. 由于许多欠发达缔约方继续依赖有限范围的初级产品出口,* 需要最大限度地为这些产品进入世界市场提供更优惠和可接受的条件,只要适当,需要制定措施以稳定和改善这些产品在世界市场中的条件,特别包括旨在获得稳定、公正和有利价格的措施,从而使世界贸易和需求得以扩大,使这些国家的出口实际收入得到有活力的和稳定的增长,从而为其经济发展提供不断扩大的资源。

5. 经济结构的多样化 * 和避免过分依赖初级产品出口将便利欠发达缔约方经济的快速发展。因此,对于欠发达缔约方目前或潜在具有特殊出口利益的加工产品或制成品,需要最大可能地扩大以优惠条件进入市场的机会。

6. 由于欠发达缔约方长期缺乏出口收入和其他外汇收入,贸易与用以发展的财政援助之间存在重要的相互关系。因此,需要在缔约方全体与国际贷款机构之间进行密切和持续的合作,从而使它们能够为减轻这些欠发达缔约方在其经济发展中承担的负担做出更有效的贡献。

7. 缔约方全体需要同其活动与欠发达国家贸易和经济发展有关的其他政府间机构及联合国系统的各组织和机构之间进行适当合作。

8. 在削减或取消针对欠发达缔约方贸易的关税和其他壁垒的谈判中,发达缔约方不期望因其做出的承诺而获得互惠。*

9. 为实施这些原则和目标而采取的措施应为各缔约方单独和联合做出的自觉和有目的的努力。

第 37 条

承　诺

1. 发达缔约方应尽最大可能实施下列规定,即除可能包括法律原因在内的无法控制的原因使其无法做到外:

(a) 对削减和取消欠发达缔约方目前或潜在具有特殊出口利益产品的壁垒给予最优先考虑,包括不合理地区分此类产品的初级形态和加工形态的关税和其他限制;*

(b) 对欠发达缔约方目前或潜在具有特殊出口利益的产品避免采用关税或非关税进口壁垒,或增加关税或非关税进口壁垒的影响范围:以及

(c) (i) 避免实施新的财政措施,及

(ii) 在对财政政策的任何调整中,对削减和取消财政措施给予最优先考虑,

上述财政措施将会严重阻碍或正在严重阻碍全部或主要在欠发达缔约方领土内生产的、

处于未加工形态和已加工形态初级产品的消费,且此种措施专门针对这些产品实施。

2. (a) 只要认为第1款(a)项、(b)项或(c)项中的任何规定未得到实施,则该事项即应由未实施有关规定的缔约方或其他任何有利害关系的缔约方向缔约方全体报告。

(b) (i) 如任何有利害关系的缔约方提出请求,则缔约方全体应在不损害任何可能进行的双边磋商的情况下,就此事项与有关缔约方和所有有利害关系的缔约方进行磋商,以期达成所有有关缔约方满意的解决办法,从而促进第36条所列目标的实现。在这些磋商的过程中,应审查未实施第1款(a)项、(b)项或(c)项规定所提出的理由。

(ii) 由于在某些情况下单个缔约方如与其他发达缔约方联合采取行动可能更容易实施第1款(a)项、(b)项或(c)项的规定,因此在适当时,此类磋商可为此目的而进行。

(iii) 在适当的情况下,缔约方全体进行的磋商也可以达成关于采取联合行动的协议,以促进第25条第1款设想的本协定目标的实现。

3. 发达缔约方:

(a) 在政府直接或间接确定全部或主要在欠发达国家领土内生产的产品的转售价格的情况下,应尽一切努力将贸易利润维持在公正的水平;

(b) 应积极考虑采取其他措施*,旨在为自欠发达缔约方的进口产品提供更大的发展余地,并为此在适当的国际行动中进行合作;

(c) 在考虑实施本协定项下允许的其他措施以解决特殊问题时,应特别注意欠发达缔约方的贸易利益,且如果此类措施会影响这些缔约方的基本利益,则应在实施此类措施之前,探索进行建设性补救的所有可能性。

4. 欠发达缔约方同意为了其他欠发达缔约方的贸易利益,在实施第四部分规定时采取适当行动,此类行动应符合它们各自目前和将来的发展、财政和贸易需要,同时考虑过去的贸易发展和欠发达缔约方的总体贸易利益。

5. 在实施第1款至第4款所列承诺时,每一缔约方应给予任何其他有利害关系的一个或多个缔约方充分和迅速的机会,以便根据本协定的正常程序就可能产生的任何事项和困难进行磋商。

第38条

联合行动

1. 各缔约方应在本协定范围内和在其他方面酌情共同合作,以促进第36条所列目标的实现。

2. 特别是,缔约方全体应:

(a) 在适当时,采取行动,包括通过国际安排在内的行动,对欠发达缔约方具有特殊利益的初级产品提供改善的和可接受的进入世界市场的条件,并制定旨在稳定和改善这些产品的世界市场条件的措施,包括旨在使此类产品的出口获得稳定、公正和有利价格的措施;

(b) 就贸易和发展政策的问题,寻求与联合国及其组织和机构进行适当合作,包括根据联合国贸易与发展会议的建议而设立的任何机构;

(c) 进行合作以分析各欠发达缔约方的发展计划和政策,审查贸易与援助的关系,以期制定具体措施,促进出口潜力的开发和便利所开发产业的产品进入出口市场,在这方面,应寻求与政府和国际组织进行适当合作,特别是与拥有用于经济发展的财政援助职权的组织进行合作,系统研究各欠发达缔约方中贸易与援助的关系,以便对出口潜力、市场前景和可能需要

的任何进一步行动进行明确的分析;

(d) 继续审议世界贸易的发展,特别是参考欠发达缔约方的贸易增长率,并向缔约方提出在这种情况下被视为适当的建议;

(e) 进行合作,以寻求为促进经济发展而扩大贸易的可行办法,如通过国家政策和法规的国际协调和调整,通过影响生产、运输和销售的技术和商业标准。以及通过建立提高贸易信息流和市场研究发展的设施以促进出口;以及

(f) 制定必要的机构安排,促进第36条所列目标的实施,并实施本部分的规定。

附件A　第1条第2款(a)项所指的领土名单

大不列颠及北爱尔兰联合王国

大不列颠及北爱尔兰联合王国的附属领土

加拿大

澳大利亚联邦

澳大利亚联邦的附属领土

新西兰

新西兰的附属领土

包括西南非洲在内的南非联邦

爱尔兰

印度(1947年4月10日)

纽芬兰

南罗得西亚

缅甸

锡兰

确信以上所列领土对某些产品实施两种或两种以上的优惠税率。任何此类领土经与属此类享受最惠国税率产品的主要供应者的其他缔约方达成协议,可以以单一优惠税率替代此类优惠税率,对享受最惠国税率的供应方,该单一优惠税率大体上不得低于进行替代前的优惠水平。

征收相等幅度的关税优惠以替代1947年4月10日只在本附件所列两个或两个以上领土之间存在的一国内税中的优惠幅度,或替代下段所述优惠数量安排,不应被视为构成关税优惠幅度的增加。

第14条第5款(b)项所指的优惠安排,为根据加拿大、澳大利亚和新西兰政府关于冷冻牛肉和小牛肉、冷冻羊肉和小羊肉以及冷冻猪肉和腊肉的合同协议,于1947年4月10日在联合王国中存在的优惠安排。其意图是在不损害根据第20条(h)项①采取的任何行动的情况下,这些优惠安排应予以取消或由关税优惠替代,且为此目的而进行的谈判应尽快在主要有关国家和所涉及的国家之间进行。

1947年4月10日在新西兰已实施的电影出租税,就本协定而言,应被视为第1条下的关

① 正式文本误为第一部分“(h)项”。

税。1947年4月10日在新西兰已实施的影片出租商电影配额应被视为第4条下的放映配额。

由于在1947年4月10日这一基础日期,印度和巴基斯坦尚未形成自治领,因此印度和巴基斯坦自治领未在上述名单中分述。

附件B 第1条第2款(b)项所指的法兰西联邦的领土名单

法兰西
法属赤道非洲(刚果流域按条约开放部分①及其他领土)
法属西非
法国托管的喀麦隆
法属索马里海岸及属地
法国在大洋洲的定居地
法国在新赫布里底群岛共管地的定居地
印度支那
马达加斯加及属地
摩洛哥(法属区)
新喀里多尼亚及属地
圣皮埃尔和密克隆
法国托管的多哥
突尼斯

附件C 第1条第2款(b)项所指的关于比利时、卢森堡和荷兰关税同盟的领土名单

比利时和卢森堡经济同盟
比属刚果
卢旺达乌隆迪
荷兰
新几内亚
苏里南
荷属安地列斯群岛
印度尼西亚共和国
仅就进入关税同盟成员领土的进口产品而言。

附件D 第1条第2款(b)项所指的美利坚合众国的领土名单

美利坚合众国(关税领土)

---

① 就进入法国本土和法兰西联邦领土的进口产品而言。

美利坚合众国的附属领土

菲律宾共和国

征收相等幅度的关税优惠以替代 1947 年 4 月 10 日只在本附件所列两个或两个以上领土之间存在的一国内税中的优惠幅度不应被视为构成关税优惠幅度的增加。

附件 E　第 1 条第 2 款(d)项所指的智利与邻国间优惠安排适用领土名单

只在智利与下列领土之间实施的优惠:

1. 阿根廷
2. 玻利维亚
3. 秘鲁

附件 F　第 1 条第 2 款(d)项所指的黎巴嫩和叙利亚与邻国间优惠安排适用领土名单

只在黎巴嫩—叙利亚关税同盟与下列领土之间实施的优惠:

1. 巴勒斯坦
2. 外约旦

附件 G　第 1 条第 4 款[①]所指的最高优惠幅度的确定日期

澳大利亚	1946 年 10 月 15 日
加拿大	1939 年 7 月 1 日
法兰西	1939 年 1 月 1 日
黎巴嫩—叙利亚关税同盟	1938 年 11 月 30 日
南非联邦	1938 年 7 月 1 日
南罗得西亚	1941 年 5 月 1 日

附件 H　做出第 26 条所指的确定时使用的对外贸易总额百分比份额

(根据 1949 年至 1953 年的平均数字)

如在日本政府加入总协定之前,在第一栏中的对外贸易总额占第 26 条第 6 款列明的贸易总额百分比的缔约方已接受本协定,则第一栏应适用于该款的目的。如本协定在日本政府加入之前未被接受,则第二栏应适用于该款的目的。

① 正式文本误为“第 3 款”。

	第一栏 （1955年3月1日 的缔约方）	第二栏 （1955年3月1日 的缔约方及日本）
澳大利亚	3.1	3.0
奥地利	0.9	0.8
比利时—卢森堡	4.3	4.2
巴西	2.5	2.4
缅甸	0.3	0.3
加拿大	6.7	6.5
锡兰	0.5	0.5
智利	0.6	0.6
古巴	1.1	1.1
捷克斯洛伐克	1.4	1.4
丹麦	1.4	1.4
多米尼加共和国	0.1	0.1
芬兰	1.0	1.0
法国	8.7	8.5
德意志联邦共和国	5.3	5.2
希腊	0.4	0.4
海地	0.1	0.1
印度	2.4	2.4
印度尼西亚	1.3	1.3
意大利	2.9	2.8
荷兰王国	4.7	4.6
新西兰	1.0	1.0
尼加拉瓜	0.1	0.1
挪威	1.1	1.1
巴基斯坦	0.9	0.8
秘鲁	0.4	0.4
罗得西亚和尼亚萨兰	0.6	0.6
瑞典	2.5	2.4
土耳其	0.6	0.6
南非联邦	1.8	1.8
联合王国	20.3	19.8
美利坚合众国	20.6	20.1
乌拉圭	0.4	0.4
日本	—	2.3
	100.0	100.0

注:以上百分比在计算时考虑了《关税与贸易总协定》适用的所有领土的贸易。

附件 I　注释和补充规定

关于第 1 条

第 1 款

就《临时适用议定书》而言,通过引用第 3 条第 2 款和第 4 款并入第 1 条第 1 款的义务及通过引用第 6 条并入第 2 条第 2 款(b)项的义务,应被视为属第二部分的范围。

在上段中和第 1 条第 1 款中对第 3 条第 2 款和第 4 款的交叉引用,只有在第 3 条经 1948 年 9 月 14 日《关于修改〈关税与贸易总协定〉第二部分和第 26 条的议定书》①规定的修正生效而得到修改后方可适用。

第 4 款

"优惠幅度"一词指类似产品的最惠国税率与优惠税率的绝对差额,而不是这些税率的比例关系。例如:

(1) 如最惠国税率为 36% 的从价税率,而优惠税率为 24% 的从价税率,则优惠幅度为 12% 的从价税率,而不是最惠国税率的三分之一;

(2) 如最惠国税率为 36% 的从价税率,而优惠税率表示为最惠国税率的三分之二,则优惠幅度为 12% 的从价税率;

(3) 如最惠国税率为每公斤 2 法郎,而优惠税率为每公斤 1.50 法郎,则优惠幅度为每公斤 0.50 法郎。

依照确定的统一程序采取的下列各种海关措施不违反对优惠幅度的普遍约束:

(i) 在对一进口产品实施的税则归类或关税税率在 1947 年 4 月 10 日临时中止或无效的情况下,对该产品重新实施完全适用的关税归类或关税税率;及

(ii) 在关税法规明确预期一特定产品可归入一个以上税号的情况下,将该产品归入与在 1947 年 4 月 10 日该产品的进口归入的税号不同的税号。

关于第 2 条

第 2 款(a)项

第 2 条第 2 款(a)项中对第 3 条第 2 款的交叉引用,只有在第 3 条经 1948 年 9 月 14 日《关于修改〈关税与贸易总协定〉第二部分和第 26 条的议定书》规定的修正生效而得到修改后方可适用。

第 2 款(b)项

见与第 1 条第 1 款相关的注释。

第 4 款

除最初谈判减让的缔约方之间另有明确议定外,本款的规定将按照《哈瓦那宪章》第 31 条的规定适用。

关于第 3 条

对于适用于进口产品和同类国产品的任何国内税或其他国内费用或本条第 1 款所指类

---

① 该议定书于 1948 年 12 月 14 日生效。

型的任何法律、法规或规定,如在进口时或在进口口岸对进口产品征收或执行,则仍应被视为国内税或其他国内费用或第1款所指类型的法律、法规或规定,并因此应遵守第3条的规定。

第1款

第1款对一缔约方领土内由地方政府和主管机关所征收的国内税的适用,应遵守第24条最后一款的规定。上述最后一款中的"合理措施"一词并不要求例如废除授权地方政府征收国内税的现行国家立法等,如此项废除会给地方政府或主管机关造成严重的财政困难,尽管该项立法从技术上讲与第3条的字面意义不一致,但事实上与其要旨并无抵触。对于地方政府或主管机关既与第3条的字面意义不一致又与其要旨不一致的税收,如突然的行动会造成严重的管理和财政困难,则"合理措施"将允许一缔约方在过渡期内逐步取消不符合规定的税收。

第2款

符合第2款第一句要求的国内税,只有在已税产品与未同样征税的直接竞争或替代产品之间存在竞争的情况下,方被视为与第二句的规定不一致。

第5款

在法规管辖的所有产品在国内大量生产的情况下,与第5款第一句规定相一致的法规不得被视为违反第5款第二句的规定。不能以分配给属一法规主体的每一产品的比例和数量在进口产品和国产品之间构成平等关系为理由,证明该法规与第5款第二句的规定相一致。

关于第5条

第5款

关于运输费用,第5款规定的原则指在相同条件下经相同路线运输的类似产品。

关于第6条

第1款

1. 商户联号的隐蔽倾销(即进口商以低于与之联号的出口商所开发票价格的相当价格,且低于出口国国内的价格进行销售)构成一种价格倾销,此种倾销的倾销幅度可根据进口商转售该货物的价格计算。

2. 各方认识到,在进口产品来自贸易被完全或实质上完全垄断的国家,且所有国内价格均由国家确定的情况下,在确定第1款中的价格可比性时可能存在特殊困难,在此种情况下,进口缔约方可能认为有必要考虑与此类国家的国内价格进行严格比较不一定适当的可能性。

第2款和第3款

1. 正如在海关管理的其他许多情况下,一缔约方可要求在对任何涉嫌倾销或补贴的案件做出最后确定之前,对反倾销税或反补贴税的支付提供合理保证(保证金或现金)。

2. 多种货币措施在某些情况下可构成一种出口补贴,对此可根据第3款征收反补贴税予以抵消,多种货币措施还可通过对一国货币部分贬值的办法构成一种倾销,对此可根据第2款采取行动予以抵消。"多种货币措施"指政府采取的措施或政府批准采取的措施。

第6款(b)项

根据本项实施的豁免仅在提议征收反倾销税或反补贴税(视情况而定)的缔约方提出申请后方可给予。

关于第 7 条

第 1 款

“或其他费用”的表达不视为包括对进口产品或有关进口产品征收的国内税或相等的费用。

第 2 款

1. 如认为实际价格可由发票价格代表,加上任何未包括在内的、属“实际价格”适当要素的合法成本的费用,再加上对正常竞争价格的不正常折扣或其他削减,则符合第 7 条的规定。

2. 如一缔约方将“在正常贸易过程中和充分竞争条件下”理解为排除买卖双方不相互独立且价格不是唯一因素的交易,则符合第 7 条第 2 款(b)项的规定。

3. “充分竞争条件”这一标准允许一缔约方不考虑涉及只给予独家代理商的特殊折扣的价格。

4. (a)项和(b)项的措辞允许一缔约方(1)根据进口商品的一特定出口商的价格,或(2)根据同类商品的一般价格水平统一确定完税价格。

关于第 8 条

1. 虽然第 8 条本身不涵盖使用复汇率,但第 1 款和第 4 款反对使用货币兑换税费作为实施多种货币措施的手段;但是如一缔约方由于国际收支原因并经国际货币基金组织批准正在使用多种货币兑换费,则第 15 条第 9 款(a)项的规定可充分保护其立场。

2. 如对于自一缔约方领土进口至另一缔约方领土的产品,只在绝对必要的限度内方要求出示原产地证明,则符合第 1 款的规定。

关于第 11 条、第 12 条、第 13 条、第 14 条和第 18 条

在第 11 条、第 12 条、第 13 条、第 14 条和第 18 条中,“进口限制”或“出口限制”包括通过国家贸易经营实施的限制。

关于第 11 条

第 2 款(c)项

本款中“任何形式”一词包括处于较早加工阶段仍易腐的相同产品,此类产品与新鲜产品直接竞争,如大量进口会使针对新鲜产品的限制变得无效。

第 2 款最后一项

“特殊因素”一词包括本国和外国生产者之间或不同外国生产者之间相对生产效率的变化,但不包括以本协定项下不允许的方法人为造成的变化。

关于第 12 条

缔约方全体在根据本条规定进行任何磋商时,应采取措施最大限度地保守秘密。

第 3 款(c)项(i)目

实施限制的缔约方应努力避免对一缔约方经济主要依赖的出口商品造成严重侵害。

第 4 款(b)项

各方同意,该日期应为在《修正本协定序言及第二部分和第三部分议定书》对本条所作修正生效后 90 天内。但是,如缔约方全体认为在设想的日期实施本项规定的条件不适宜,则它们可确定一稍后的日期;但是该日期不得晚于自《国际货币基金组织协定》第 8 条、第二节、第三节和第四节的义务适用于属基金成员的缔约方的时间后 30 天,且这些缔约方对外贸

易的总和至少应占所有缔约方对外贸易总量的50%。

第4款(e)项

各方同意,第4款(e)项不对由于国际收支原因而实施或维持的数量限制增加任何新的标准。本规定的目的仅为保证可能增加实施限制的缔约方收支困难的所有外部因素将得到充分考虑,如在贸易条件、数量限制、高关税和补贴方面的变化。

关于第13条

第2款(d)项

未提及将"商业因素"作为分配限额的一条规则,因为考虑到政府主管机关实施此原则不一定可行。此外,在可行的情况下,一缔约方可以与第2款首句中规定的一般原则相一致的方式,在寻求达成协议的过程中适用这些因素。

第4款

见第11条第2款最后一项有关"特殊因素"的注释。

关于第14条

第1款

本款的规定不得解释为妨碍缔约方全体在第12条第4款和第18条第20款规定的磋商中充分考虑进口限制方面存在的歧视的性质、作用和原因。

第2款

第2款预期的情况之一是,作为经常项目交易的结果,一缔约方持有余额,但该缔约方认为如不采取歧视性措施,则无法使用该余额。

关于第15条

第4款

"使…无效"一词旨在表明,例如,任何侵犯本协定任何条款文字的外汇行动,如在实际中不存在明显偏离该条款的意图,则不应被视为违反该条款。因此,一缔约方作为依照《国际货币基金组织协定》实施的其外汇管制的一部分,要求出口结算使用本国货币或国际货币基金组织一个或多个成员的货币的缔约方,不会因此被视为违反第11条或第13条。又如,一缔约方在进口许可证上列明货物可能的进口国,其目的不是在进口许可制度中增加任何新的歧视因素,而是实施容许施行的外汇管制,也不应被视为违反本协定。

关于第16条

对一出口产品免征其类似产品供国内消费时所负担的关税或国内税,或免除此类关税或国内税的数量不超过已增加的数量,不得视为一种补贴。

B节

1. B节的任何规定不阻止一缔约方依照《国际货币基金组织协定》使用多种复汇率。

2. 就B节而言,一"初级产品"被理解为天然形态的农产品、林产品、水产品或矿产品,或为在国际贸易中大量销售而经过通常要求的加工的产品。

第3款

1. 一缔约方在前一代表期未出口所涉产品的事实本身,并不阻止该缔约方确定其在有关产品的贸易中获得份额的权利。

2. 稳定与出口价格变动无关的一初级产品的国内价格或国内生产者利润的制度,有时会使供出口产品的销售价格低于向类似产品国内市场购买者收取的可比价格,如缔约方全体确定以下事项,则应被视为不涉及第 3 款意义内的出口补贴:

(a) 该制度也造成,或其目的是造成,供出口产品的销售价格高于向类似产品国内市场购买者收取的可比价格;且

(b) 该制度的实施、或实施的目的是,由于有效控制生产或以其他方式,不致不适当地刺激出口或不致严重侵害其他缔约方的利益。

尽管缔约方全体做出此种确定,但是如此种制度下的运作除自有关产品的生产者处募集资金外,全部或部分地由政府基金供资,则此类运作应遵守第 3 款的规定。

第 4 款

第 4 款的意图为,各缔约方应寻求在 1957 年年底前达成协议,以自 1958 年 1 月 1 日起取消所有剩余补贴;如不能达成协议,则应就延长维持现状的日期达成协议,直至此后它们可望达成此协议的最早日期为止。

关于第 17 条

第 1 款

缔约方建立的、从事购买或销售的销售局的运作需遵守(a)项和(b)项的规定。

缔约方建立的、不从事购买或销售、但制定涉及私营贸易法规的销售局的活动应按本协定的有关条款执行。

本条的规定不阻止一国家企业在不同市场内销售一产品时收取不同价格,只要此类不同价格出于商业原因,为适应出口市场中的供求条件而收取。

第 1 款(a)项

为保证对外贸易活动中的质量标准和经营效率而实施的政府措施,或为开发国家自然资源而给予、但不授权政府对所涉企业的贸易活动进行控制的特权,不构成"专有权或特权"。

第 1 款(b)项

接受"有条件贷款"的国家,在国外购买必需品时,可将此种贷款视为一种"商业因素"予以考虑。

第 2 款

"货物"一词限于商业惯例中理解的产品,无意包括服务的购买或销售。

第 3 款

缔约方同意根据本款进行的谈判可针对削减进出口产品的关税和其他费用,或达成符合本协定规定的任何其他相互满意的安排。(见第 2 条第 4 款及对该款的注释)。

第 4 款(b)项

本款中的"进口加价"应指进口垄断向进口产品收取的价格(不包括第 3 条范围内的国内税、运输和分销,及购买、销售或进一步加工所附带的其他费用,以及合理的利润)超出起岸成本的幅度。

关于第 18 条

缔约方全体和有关缔约方应对本条下产生的事项最大限度地保守秘密。

第 1 款和第 4 款

1. 在考虑一缔约方的经济是否"只能维持低生活水平"时,缔约方全体应考虑其经济的

正常状况,而不得根据对该缔约方一种或几种主要出口产品暂时存在特别有利条件的特殊情况做出判断。

2. “处于发展初期阶段”的措辞并不意味着仅适用于刚开始经济发展的缔约方,也适用于为纠正过分依赖初级生产而经济正处在工业化过程中的缔约方。

第2款、第3款、第7款、第13款和第22款

所指的特定产业的建立不仅适用于一新产业的建立,也适用于现有产业中一新的生产部门的建立和对一现有产业进行实质性改造,以及对供应相对较小比例的国内需求的一现有产业进行实质性扩大。还应包括对因敌对行为或自然灾害而遭到破坏或实质性损害的一产业的重建。

第7款(b)项

第7款(b)项所指的除申请缔约方外的一缔约方按照第7款(b)项进行的修改或撤销,应在不迟于申请缔约方采取行动之日起6个月做出,并应在缔约方全体收到该项修改或撤销的通知之日后的第30天生效。

第11款

第11款中的第二句不应解释为要求一缔约方放松或取消限制,如此种放松或取消会因此造成条件证明加强或设立根据第18条第9款采取的限制是正当的。

第12款(b)项

第12款(b)项所指的日期应为缔约方全体依照本协定第12条第4款(b)项的规定确定的日期。

第13款和第14款

各方认识到,在决定依照第14款采取措施和通知缔约方全体之前,一缔约方可能需要一合理期限评估有关产业的竞争地位。

第15款和第16款

各方理解,如一缔约方的贸易因另一缔约方根据C节采取的措施受到明显影响,则应其请求,缔约方全体应邀请提议采取此项措施的缔约方,根据第16款与它们进行磋商。

第16款、第18款、第19款和第22款

1. 各方理解,缔约方全体可同意一项受具体条件或限制约束的拟议措施。如实施的措施不符合缔约方全体同意的条件,则该措施在此限度内应被视为属未经缔约方全体同意的措施。在缔约方全体同意在一特定期限内实施一措施的情况下,如有关缔约方认为需要在更长的时间内维持该措施以实现其原定目标,则有关缔约方可依照C节或D节(视情况而定)的规定和程序,向缔约方全体申请延长该期限。

2. 各方期望,缔约方全体通常应不同意对一缔约方的经济主要依赖的商品的出口可能造成严重侵害的措施。

第18款和第22款

“其他缔约方的利益已得到充分保障”的措辞意味着提供足够的余地,以允许在每种情况下考虑保障这些利益的最适当方法。适当方法可采取的形式包括:由在对本协定其他条款的偏离仍然有效的时间内援用C节或D节的缔约方实施额外减让,或由第18款所指的任何其他缔约方临时中止与因采取所涉措施而造成的减损实质相等的减让。该缔约方有权使用此类中止减让以保障其利益;但是在一缔约方采取的措施属第4款(a)项范围的情况下,如缔

约方全体已确定拟议补偿性减让的范围是充分的,则不能行使此权利。

第 19 款

第 19 款的规定旨在涵盖一产业的存在超出第 13 款和第 14 款注释所指的“合理期限”的情况,且不应理解为,剥夺属第 18 条第 4 款(a)项范围的缔约方援用包括第 17 款在内的 C 节有关新建产业的其他规定的权利,即使该产业已从国际收支进口限制所提供的附带保护中获益。

第 21 款

如依照第 17 款采取的措施被撤销,或如果缔约方全体在第 17 款列明的 90 天期限期满后同意拟议的措施,则按照第 21 款采取的任何措施应立即撤销。

关于第 20 条

(h)项

本项规定的例外适用于符合经 1947 年 3 月 28 日经济与社会理事会第 30(Ⅳ)号决议批准的原则的任何商品协定。

关于第 24 条

第 9 款

各方理解,第 1 条的规定要求,如某一产品按优惠税率进口至一关税同盟或自由贸易区的一成员的领土后,复出口至该同盟或贸易区的另一成员的领土,则后一成员应征收与已付关税和该产品如直接进口至其领土所应付的任何较高关税之间的差额相等的关税。

第 11 款

一旦印度和巴基斯坦同意建立最终贸易安排,则两国为执行该安排而采取的措施可能偏离本协定的某些规定,但这些措施大体上应符合本协定的目标。

关于第 28 条

缔约方全体和每一有关缔约方应在安排谈判和磋商时最大限度地保守秘密,以避免过早披露预期关税变化的细节。对于援用本条而产生的国别关税的所有改变情况,应立即通知缔约方全体。

第 1 款

1. 如缔约方全体规定一除三年期之外的期限,则一缔约方可根据第 28 条第 1 款或第 3 款在此类其他期限期满后的第一天采取行动,且除非缔约方全体又规定另一期限,否则随后的期限将自该规定期限期满后每三年为一期限。

2. 关于一缔约方在 1958 年 1 月 1 日和根据第 1 款确定的其他日期“可…修改或撤销一项减让”的规定,是指在该日期和第一期限结束后的第一天,该缔约方在第 2 条下的法律义务已改变;而并非指其关税的改变必须在该日生效。如根据本条进行的谈判所产生的关税改变延迟,则任何补偿性减让的生效周期也应同样延迟。

3. 在 1958 年 1 月 1 日之前或随后任何期限的终止日期之前,在不早于 6 个月且不迟于 3 个月的期限内,如一缔约方希望修改或撤销有关减让表中包含的任何减让,则它应为此通知缔约方全体。缔约方全体于是应确定进行第 1 款所指的需与之谈判或磋商的一个或多个缔约方。被确定的任何缔约方应与申请缔约方进行此类谈判或磋商,以期在该期限结束前达成协议。对减让表有效期的任何延长应与依照第 28 条第 1 款、第 2 款和第 3 款进行谈判后修改的减让表联系起来。如缔约方全体正在安排于1958年1月1日之前或根据第1款确定的任何其他日期之前6个月内进行多边关税谈判,则它们应在此类谈判的安排中包括进行本款所指谈判的适当程序。

4. 除最初谈判减让的任何缔约方外,规定有主要供应利益的任何缔约方可参加谈判的目的,是保证与最初谈判减让的缔约方相比,被该项减让影响的贸易份额较大的缔约方应有充分的机会保护其在本协定项下享受的契约性权利。另一方面,此规定无意将谈判的范围扩大到使根据第28条进行的谈判和达成的协议出现过大的困难,或使今后将本条适用于谈判达成的减让时更加复杂。因此,只有在一缔约方在谈判前的一段合理期限内,在申请缔约方市场中占有份额大于最初谈判减让的缔约方,或根据缔约方全体的判断,如申请缔约方不维持歧视性数量限制,该缔约方本应占有此种份额,则缔约方全体方可以确定该缔约方具有主要供应利益。因此如缔约方全体确定一个以上的缔约方,或存在接近相当的特殊情况下,两个以上的缔约方拥有主要供应利益是不适当的。

5. 尽管有第1款注释4关于主要供应利益的定义,但是如所涉减让影响的贸易占一缔约方全部出口的主要部分,则缔约方全体可例外确定该缔约方具有主要供应利益。

6. 规定对申请缔约方寻求修改或撤销的减让具有主要供应利益的任何缔约方参加谈判,及规定与具有实质利害关系的缔约方进行磋商,无意产生如下效果:即根据拟议的撤销或修改减让时的贸易条件并考虑申请缔约方维持的任何歧视性数量限制进行判断,申请缔约方所做出的补偿或承受的报复大于所寻求的撤销或修改。

7. 对"实质利益"的表述并不能精确地加以定义,因此可能会给缔约方全体带来困难。但是,此表述是可理解为只涵盖那些在寻求修改或撤销该项减让的缔约方市场中占有,或在不存在影响它们出口的歧视性数量限制的情况下可合理预期占有重要份额的缔约方。

第4款

1. 任何关于谈判授权的请求应附所有有关统计数据和其他数据。关于此种请求的决定应在提交请求后30天内做出。

2. 各方认识到,对于某些主要依靠相对较少数量的初级商品和依靠关税作为促进其经济多样化的重要手段或作为重要税收来源的缔约方,通常只允许它们根据第28条第1款就减让的修改或撤销进行谈判,可能会使它们在当时做出最后被证明无必要的修改或撤销。为避免此种情况,缔约方全体应授权任何此类缔约方,根据第4款进行谈判,除非它们认为这样会造成或实质上促使关税水平提高,从而威胁本协定所附减让表的稳定或导致对国际贸易造成过分干扰。

3. 各方预期,根据第4款授权的为修改或撤销一项或为数很少的一组产品进行的谈判通常能在60天内结束,但是各方认识到,此期限对于修改或撤销较多数量产品的谈判是不够的,因此在这种情况下,缔约方全体宜规定一较长的期限。

4. 第4款(d)项中所指的确定应由缔约方全体在有关事项提交其后30天内做出,除非申请缔约方同意一更长的期限。

5. 在根据第4款(d)项确定一申请缔约方是否无理拒绝提供充分的补偿时,各方理解对于将较大比例的关税约束在非常低的税率水平的一缔约方、与其他缔约方相比做出补偿性调整的余地因而较小,缔约方全体将适当考虑该缔约方的特殊处境。

关于第 28 条之二

第 3 款

各方理解,所指的财政需要包括财政关税,特别是主要为税收目的而征收的关税,或为防止逃税而对可替代需交纳财政关税产品的产品所征收的关税。

关于第 29 条

第 1 款

《哈瓦那宪章》第七章和第八章已被排除在第 1 款之外,因为这两章一般处理国际贸易组织的机构、职能和程序。

关于第四部分

第四部分中使用的"发达缔约方"和"欠发达缔约方"应理解为属《关税与贸易总协定》参加方的发达国家和欠发达国家。

关于第 36 条

第 1 款

本条依据第 1 条所列目标订立,在《关于修正第一部分及第 29 条和第 30 条的议定书》① 生效时,第 1 条将通过该议定书第 1 款 A 节进行修正。

第 4 款

"初级产品"一词包括农产品,参见关于第 16 条 B 节的注释第 2 段。

第 5 款

多样化计划一般包括初级产品加工活动的加强和制造业的发展,同时考虑特定缔约方的状况和不同商品的生产和消费在世界范围内的前景。

第 8 款

各方理解,"不期望获得互惠"的措辞指,依照本条所列目标,不应期望欠发达缔约方在贸易谈判过程中,做出不符合它们各自发展、财政和贸易需要的贡献,同时考虑以往贸易发展的情况。

本款应适用于根据第 18 条 A 节、第 28 条、第 28 条之二(《关于修正第一部分及第 29 条和第 30 条的议定书》第 1 款 A 节所列修正生效后的第 29 条)、第 33 条或本协定项下任何其他程序可能采取的行动。

关于第 37 条

第 1 款(a)项

本款适用于根据第 28 条、第 28 条之二(《关于修正第一部分及第 29 条和第 30 条的议定书》第 1 款 A 节所列修正生效后的第 29 条)和第 33 条为削减或取消关税或其他限制法规而进行的谈判,以及关于缔约方可能承诺的、为使该项削减或撤销生效而采取的其他行动的谈判。

第 3 款(b)项

本款所指的其他措施可能包括为促进国内结构改变、鼓励特定产品消费或采用贸易促进措施而采取的步骤。

(资料来源:上海 WTO 事务咨询中心网站,http://www.sccwto.net:7001/wto/content.jsp?id=213.编者对其中的某些译法有所改动。)

---

① 该议定书于 1968 年 1 月 1 日废止。

1994年关税与贸易总协定(1994)
General Agreement on Tariffs and Trade, 1994

(1994年4月15日订于马拉喀什,1995年1月1日生效)

1.《1994年关税与贸易总协定》(“GATT1994”)包括:

(a)《联合国贸易与就业会议筹备委员会第二次会议结束时通过的最后文件》所附1947年10月30日的《关税与贸易总协定》的各项条款(不包括《临时适用议定书》),该协定历经《WTO协定》生效之日前已实施的法律文件的条款更正、修正或修改;

(b)《WTO协定》生效之日前在GATT1947项下已实施的以下所列法律文件的条款:

(i) 与关税减让相关的议定书和核准书;

(ii) 加入议定书(不包括(a)关于临时适用和撤销临时适用的规定及(b)规定应在与议定书订立之日已存在的立法不相抵触的最大限度内临时适用GATT1947第二部分的条款);

(iii) 根据GATT1947第25条给予的、且在《WTO协定》生效之日仍然有效的关于豁免的决定①;

(iv) GATT1947缔约方全体的其他决定;

(c) 以下所列谅解:

(i)《关于解释1994年关税与贸易总协定第2条第1款(b)项的谅解》;

(ii)《关于解释1994年关税与贸易总协定第17条的谅解》;

(iii)《关于1994年关税与贸易总协定国际收支条款的谅解》

(iv)《关于解释1994年关税与贸易总协定第24条的谅解》;

(v)《关于豁免1994年关税与贸易总协定义务的谅解》;

(vi)《关于解释1994年关税与贸易总协定第28条的谅解》;以及

(d)《1994年关税与贸易总协定马拉喀什议定书》。

2. 解释性说明:

(a) GATT1994的条款所指的“缔约方”应视为读作“成员”。所指的“欠发达缔约方”和“发达缔约方”应视为分别读作“发展中国家成员”和“发达国家成员”。所指的“执行秘书”应视为读作“WTO总干事”。

(b) 第15条第1款、第15条第2款、第15条第8款、第38条及关于第12条和第18条的注释中,以及GATT1994第15条第2款、第15条第3款、第15条第6款、第15条第7款和

---

① 本协定规定的豁免列入1993年12月15日MTN/FA号文件第二部分第11至12页脚注7中和1994年3月21日MTN/FA/Corr.6号文件中。部长级会议应在其第一届会议上制定一份本规定适用的豁免的修改清单,增加在1993年12月15日之后至《WTO协定》生效之日前根据GATT1947所给予的豁免,并删除届时将期满的豁免。

第 15 条第 9 款关于特殊外汇协定的规定中所指的采取联合行动的缔约方全体，应视为指 WTO。GATT1994 的条款指定采取联合行动的缔约方全体履行的其他职能应由部长级会议进行分配。

(c) (i) GATT1994 的英文、法文和西班牙文文本均为正式文本。

(ii) GATT1994 的法文文本应按以 MTN.TNC/41 号文件附件 A 所列更正词语为准。

(iii) GATT1994 的西班牙文正式文本应为《基本文件资料选编》第 4 卷中的文本，但应以 MTN.TNC/41 号文件附件 B 所列更正词语为准。

3. (a) GATT 1994 第二部分的规定不得适用于一成员根据在其成为 GATT1947 缔约方之前颁布的特定强制性立法而采取的禁止在其内水或在专属经济区水域内的各点之间使用、销售或租赁外国建造或外国改造的船舶用于商业目的的措施。此项豁免适用于:(*a*) 该项立法中不一致条款的继续或迅速延期:及(*b*) 在不降低该条款与 GATT1994 第二部分规定相符程度的限度内，对该项立法中不一致条款的修正。此项豁免限于根据上述立法采取的、并在《WTO 协定》生效之日前通知和列明的措施。如该项立法随后进行修改而降低其与 GATT1994 第二部分的相符程度，则不再有资格属本款涵盖范围。

(b) 部长级会议应在不迟于《WTO 协定》生效之日后 5 年审议此豁免，此后只要该项豁免仍然有效，则应每 2 年审议一次，以审查使该项豁免成为必要的条件是否仍然存在。

(c) 其措施受此项豁免涵盖的一成员应每年提交一份关于详细统计数字的通知，该项通知应包含有关船舶实际和预期交货的 5 年期变化情况平均数字，及此项豁免涵盖的有关船舶的使用、销售、租赁或修理的额外信息。

(d) 如一成员认为此项豁免的实施使它有理由对在援引该项豁免的成员领土内所制造船舶的使用、销售、租赁或修理设置对等和相称的限制，则该成员有权实行此种限制，但需事先通知部长级会议。

(e) 此项豁免不损害在部门协定中或在其他场所谈判关于对此项豁免所涵盖立法的特定方面的解决办法。

关于解释 1994 年关税与贸易总协定第 2 条第 1 款(b)项的谅解

各成员特此协议如下:

1. 为保证第 2 条第 1 款(b)项产生的法律权利和义务的透明度，该条款中所指的对约束税号所征收的任何"其他税费"的性质和水平，应记录在 GATT1994 所附减让表适用的税号中。各方理解，该项记录并不改变"其他税费"的法律性质。

2. 就第 2 条而言，约束"其他税费"的日期应为 1994 年 4 月 15 日。因此，"其他税费"应以该日期实施的水平记录在减让表中。在随后每一次有关减让的重新谈判或有关一项新的减让的谈判中，所涉税号的适用日期应成为该项新的减让并入有关减让表的日期。但是，据以将有关任何特定税号的减让首次并入 GATT1947 或 GATT1994 的文件的日期，也应继续记录在活页减让表第 6 栏中。

3. 对于所有约束关税均应记录"其他税费"。

4. 如一税号以往为一减让的对象，则记录在有关减让表中的"其他税费"的水平不得高于该项减让首次并入该减让表之时所获得的水平。在《WTO 协定》生效之日后 3 年内，或在将所涉减让表并入 GATT1994 的文件交存 WTO 总干事之日后 3 年内,如此日期迟于前一日期,任何成员均可以在所涉税号最初约束之时不存在此类“其他税费”,或以任何“其他税费”的记录水平与以往约束水平的一致性为由,对一“其他税费”的存在提出质疑。

5. “其他税费”记录在减让表中不损害各成员在 GATT1994 项下权利和义务的一致性,但受第 4 款影响的权利和义务除外。所有成员保留随时对任何“其他税费”与此类义务的一致性提出质疑的权利。

6. 就本谅解而言,应适用由《争端解决谅解》详述和适用的 GATT1994 第 22 条和第 23 条的规定。

7. 在《WTO 协定》生效之日前,将有关减让表并入 GATT1994 的文件交存 GATT1947 缔约方全体的总干事之时,或在此后交存 WTO 总干事之时,减让表中遗漏的“其他税费”不得随后加入此表,而以低于适用之日的实行水平记录在减让表中的任何“其他税费”不得恢复至该水平,除非此类增加或变更在该文件交存之日起 6 个月内作出。

8. 第 2 款中关于就 GATT1994 第 2 条第 1 款(b)项而言每项减让适用日期的决定应取代 1980 年 3 月 26 日作出的关于适用日期的决定(BISD27 册 24 页)。

关于解释 1994 年关税与贸易总协定第 17 条的谅解

各成员,

注意到第 17 条就该条第 1 款所指的国家贸易企业①的活动为各成员规定了义务,这些活动需与 GATT1994 为影响私营贸易商进出口的政府措施所规定的非歧视待遇的一般原则相一致;

进一步注意到对于影响国家贸易企业的政府措施,各成员应遵守各自在 GATT1994 项下的义务;

认识到本谅解不损害第 17 条规定的实质性纪律;

特此协议如下:

1. 为保证国家贸易企业活动的透明度,各成员应将此类企业通知货物贸易理事会,以便供根据第 5 款设立的工作组依照下列工作定义进行审议:

“被授予包括法定或宪法权力在内的专有权、特殊权利或特权的政府和非政府企业,包括销售局,在行使这些权利时,它们通过其购买或销售影响进出口的水平或方向。”

此项通知要求不适用于直接或最终供政府消费使用或为以上列明的一企业使用而非为转售或用于生产供销售的货物而进口的产品。

2. 每一成员应就其向货物贸易理事会提交的关于国家贸易企业的通知对各自的政策进行审议,同时考虑本谅解的规定。在进行此类审议时,每一成员应注意在其通知中保证最大限度透明度的必要性,以便明确评价所通知企业的经营方式及其经营活动对国际贸易的影响。

3. 通知应依照 1960 年 5 月 24 日通过的国家贸易问卷(BISD9 册 184 至 185 页)作出,无论进出口是否实际发生,各方理解各成员均应通知第 1 款所指的企业。

---

① 英文原文为“state-trading enterprises”,原译为“国营贸易企业”。

4. 任何成员如有理由认为另一成员未充分履行其通知义务,则可向有关成员提出该事项。如该事项未得到满意解决,则该成员可向货物贸易理事会作出反向通知,以供根据第 5 款设立的工作组审议,并同时通知有关成员。

5. 应设立一工作组,代表货物贸易理事会审议通知和反向通知。按照此审议,并在不损害第 17 条第 4 款(C)项的情况下,货物贸易理事会可就通知是否适当和是否需要提供进一步信息提出建议。工作组还应按照收到的通知,审议上述国家贸易问卷是否适当及根据第 1 款作出的国家贸易通知的范围是否适当。它还应制定一份例示清单,表明政府与企业关系的类型,及这些企业从事的可能与第 17 条的目的有关的活动类型。各方理解,秘书处将向工作组提供一份关于国家贸易企业的经营与国际贸易关系的总体背景文件。工作组的成员资格应向所有表示愿意在其中任职的成员开放。工作组应在《WTO 协定》生效之日起 1 年内召开会议,此后每年至少召开一次会议。工作组应每年向货物贸易理事会报告。①

关于 1994 年关税与贸易总协定国际收支条款的谅解

各成员,

认识到 GATT1994 第 12 条和第 18 条 B 节及 1979 年 11 月 28 日通过的《为国际收支目的而采取贸易措施的宣言》(BISD26 册 205 至 209 页,在本谅解中称"《1979 年宣言》")的规定,并为澄清此类规定②;

特此协议如下:

措施的实施

1. 各成员确认,承诺尽快公布其取消为国际收支目的而采取的限制性进口措施的时间表。各方理解,可考虑国际收支状况的变化情况而酌情修改此类时间表。只要一成员不公布时间表,则该成员即应为其中的原因提供正当理由。

2. 各成员确认,承诺优先选择那些对贸易干扰作用最小的措施。此类措施(本谅解中称"价格机制措施")应理解为包括进口附加税、进口押金要求或对进口货物价格有影响的其他等效贸易措施。各方理解,尽管有第 2 条的规定,但是一成员实施的为国际收支目的而采取的价格机制措施可超过该成员减让表中所列关税。此外,该成员应根据本谅解项下的通知程序,明确并单独表明价格机制措施超过约束关税的数量。

3. 各成员应寻求避免为国际收支目的而实施新的数量限制,除非由于严重的国际收支状况,价格机制措施不能阻止国际支付地位的急剧恶化。在一成员实施数量限制的情况下,该成员应对价格机制措施为何不能成为处理其国际收支状况的适当手段的原因提供正当理由。维持数量限制的一成员应在连续磋商中表明在大幅削减此类措施的影响范围和限制作用方面取得的进展。各方理解,对于同一产品不得为国际收支目的而采取一种以上的限制性进口措施。

---

① 工作组的活动应与 1994 年 4 月 15 日通过的关于通知程序的部长决定的第三节规定的工作组的活动进行协调。

② 本谅解的任何规定无意修改各成员在 GATT1994 第 12 条和第 18 条 B 节下的权利和义务。对于为国际收支目的而采取的限制性进口措施所产生的任何事项,可援引由《争端谅解详述》和适用的 GATT1994 第 22 条和第 23 条的规定。

4. 各成员确认,为国际收支目的而采取的限制性进口措施只能用于控制进口的总体水平,而不能超过处理国际收支状况所必需的程度。为使任何附带保护作用减到最低程度,一成员应以透明的方式管理限制。进口成员的主管机关应对确定受限产品的标准提供充分的正当理由。按第 12 条第 3 款和第 18 条第 10 款的规定,对于某些必需品,各成员可排除或限制实施全面适用的附加税或为国际收支目的而采取的其他措施。"必需品"一词应理解为满足基本消费需要或有助于该成员改善其国际收支状况努力的产品,如资本货物或生产所需投入物。在数量限制的管理中,一成员只有在不可避免的情况下,方可使用任意许可,并应逐步取消。应对用以确定允许进口的数量和价值的标准提供正当理由。

国际收支磋商的程序

5. 国际收支限制委员会(本谅解中称"委员会")应进行磋商以审议为国际收支目的而采取的所有限制性进口措施。委员会对所有表示愿意在其中任职的成员开放。委员会应遵循 1970 年 4 月 28 日批准的国际收支限制磋商程序(BISD18 册 48 至 53 页,本谅解中称"全面磋商程序"),并遵守下列规定。

6. 实施新的限制或通过实质性加强现有措施而提高其现有限制总体水平的一成员,应在采取此类措施后 4 个月内与委员会进行磋商。采取此类措施的成员可酌情请求根据第 12 条第 4 款(a)项或第 18 条第 12 款(a)项进行磋商。如未提出此类请求,则委员会主席应邀请该成员进行此类磋商。磋商中可审查的因素特别包括为国际收支目的而采取的新的限制措施、或限制水平的提高或产品范围的扩大。

7. 为国际收支目的而实施的所有限制应根据第 12 条第 4 款(b)项或第 18 条第 12 款(b)项在委员会中进行定期审议,同时考虑与磋商成员议定的修改磋商周期的可能性,或根据总理事会可能建议的任何具体审议程序。

8. 对于最不发达国家成员或对于按照在以往磋商中提交委员会的时间表推行自由化努力的发展中国家成员,磋商可根据 1972 年 12 月 19 日批准的简化程序(BISD20 册 47 至 49 页,本谅解中称"简化磋商程序")进行。如对一发展中国家成员的贸易政策审议定在与该磋商所定日期相同的日历年内进行,则也可使用简化磋商程序。在此类情况下,关于是否应使用全面磋商程序的决定将根据《1979 年宣言》第 8 段中列举的因素作出。除最不发达国家外,不得连续两次以上根据简化磋商程序进行磋商。

通知和文件

9. 一成员应将为国际收支目的而采取限制性进口措施的情况,或在实施此类措施过程中的任何变化情况,以及根据第 1 款宣布的取消此类措施时间表的任何变化情况通知总理事会。重大变化应在宣布之前或在宣布之后不迟于 30 天通知总理事会。每一成员应每年可使秘书处获得一份综合通知,包括法律、法规、政策声明或公告等方面的变更,供各成员审查。通知应尽可能包括细分至税号的关于实施措施的种类、管理措施的标准、受影响的产品范围和贸易流量的所有信息。

10. 在任何成员请求下,委员会可审议通知。此类审议仅限于澄清通知提出的具体问题,或审查是否需要根据第 12 条第 4 款(a)项或第 18 条第 12 款(b)项进行磋商。如成员有理由认为另一成员实施的限制性进口措施是为国际收支目的而采取的,则可提请委员会注意此事项。

委员会主席应请求提供该措施的信息,并使所有成员可获得该信息。在不影响委员会任何成员在磋商过程中寻求适当澄清权利的前提下,可提前提交问题,以供参加磋商的成员考虑。

11. 参加磋商的成员在除准备任何其他被视为有关的信息外,还应为磋商准备一份基本文件,包括:(a) 国际收支状况和前景概述,包括对国际收支状况有影响的内外因素的考虑,以及为在健全和持久的基础上恢复平衡而采取的国内政策措施;(b) 全面描述为国际收支目的而采取的限制,其法律根据和为减少附带保护作用所采取的步骤;(c) 自上一次磋商以来根据委员会的结论为放宽进口限制所采取的措施;(d) 取消和逐步放松剩余限制的计划。在相关的情况下,可参考已向 WTO 提交的其他通知或报告中的信息。根据简化磋商程序,参加磋商的成员应提交一份包含基本文件主要内容的书面声明。

12. 为便利委员会中的磋商,秘书处应准备一份涉及磋商计划各个方面的事实背景文件。对于发展中国家成员,秘书处的文件应包括关于外部贸易环境对参加磋商成员的国际收支状况和前景影响范围的有关背景和分析材料。在发展中国家成员请求下,秘书处的技术援助部门应协助准备磋商文件。

国际收支磋商的结论

13. 委员会应向总理事会报告其磋商的情况。在使用全面磋商程序的情况下,该报告应说明委员会对磋商计划不同组成部分的结论,及这些结论所依据的事实和理由。委员会应努力在其结论中包括旨在促进实施第 12 条和第 18 条 B 节、《1979 年宣言》以及本谅解的建议。在已经提交取消为国际收支目的而采取措施的时间表的情况下,总理事会可建议如一成员遵守该时间表,则应被视为符合其 GATT1994 的义务。只要总理事会提出具体建议,则即应根据这些建议评估成员的权利和义务。在委员会未提出具体建议的情况下,委员会的结论应记录在委员会中表达的不同意见。如使用简化磋商程序,报告则应包含委员会中讨论的主要问题的摘要和关于是否需要全面磋商程序的决定。

关于解释 1994 年关税与贸易总协定第 24 条的谅解

各成员,

注意到 GATT1994 第 24 条的规定;

认识到自 GATT1947 制定以来,关税同盟和自由贸易区的数量和重要性均大为增加,目前已涵盖世界贸易的重要部分;

认识到此类协定参加方的经济更紧密的一体化可对世界贸易的扩大作出贡献;

同时认识到如果成员领土之间关税和其他限制性商业法规的取消延伸至所有贸易,此种贡献则会增加,而如果排除任何主要贸易部门,此种贡献则会减少;

重申此类协定的目的应为便利成员领土之间的贸易,而非提高其他成员与此类领土之间的贸易壁垒;在此类协定形成或扩大时,参加方应在最大限度内避免对其他成员的贸易造成不利影响:

同时确信需要通过澄清用于评估新的或扩大的协定的标准和程序,并提高所有第 24 条协定的透明度,从而加强货物贸易理事会在审议根据第 24 条作出通知的协定方面所起作用的有效性;

认识到需要对各成员在 GATT 第 24 条第 12 款下的义务达成共同谅解；

特此协议如下：

1. 关税同盟、自由贸易区和导致形成关税同盟或自由贸易区的临时协定应与第 24 条相一致，特别是必须满足该条第 5 款、第 6 款、第 7 款和第 8 款的规定。

第 24 条第 5 款

2. 根据第 24 条第 5 款(a)项评估一关税同盟形成前后适用的关税和其他贸易法规的总体影响范围，应根据加权平均关税税率和实征的关税全面评估关税和费用。该评估应根据关税同盟提供的前一代表期的进口统计数据，细分至税号，列出价值和数量，并按 WTO 的原产国别进行分类。秘书处应依照乌拉圭回合多边贸易谈判中评估关税出价时使用的方法，计算加权平均关税税率和实征的关税。为此目的，将考虑的税费应为实施税率。各方认识到，为全面评估难以量化和归纳的其他贸易法规的影响范围，可能需要审查单项措施、法规、所涉产品以及受影响的贸易流量。

3. 第 24 条第 5 款(c)项所指的"合理持续时间"只有在例外情况下方可超过 10 年。如属一临时协定参加方的成员认为 10 年不够，它们应向货物贸易理事会提供需要更长期限的全面说明。

第 24 条第 6 款

4. 第 24 条第 6 款制定了一形成关税同盟的成员提议提高约束关税时所应遵循的程序。在这方面，各成员重申，在形成关税同盟或达成一导致形成关税同盟的临时协定的同时修改或撤销关税减让之前，必须开始由 1980 年 11 月 10 日通过的准则(BISD27 册 26 至 28 页)和《关于解释 1994 关税与贸易总协定第 28 条的谅解》详述的第 28 条所列程序。

5. 这些谈判将以诚信原则进行，以期达成双方满意的补偿性调整。在此类谈判中，按第 24 条第 6 款的要求，应适当考虑在关税同盟形成时其他成员领土对相同税号所作的削减。如此类削减不足以提供必需的补偿性调整，则关税同盟将提供补偿，此种补偿可采取削减其他税号关税的形式。对修改或撤销的约束关税拥有谈判权的成员应考虑此类出价。如该补偿性调整仍不能接受，则应继续进行谈判。如尽管作出此类努力，但是根据由《关于解释 1994 关税与贸易总协定第 28 条的谅解》详述的第 28 条所进行的补偿性调整的谈判不能在谈判开始后的合理期限内达成协定，则关税同盟仍然有权修改或撤销减让；受影响的成员因此有权依照第 28 条撤销实质相等的减让。

6. 对于因关税同盟形成或达成一导致关税同盟形成的临时协定而从关税削减中获益的成员，GATT 并不施加任何义务要求向同盟成员领土提供补偿性调整。

对关税同盟和自由贸易区的审议

7. 所有根据第 24 条第 7 款(a)项作出的通知应由一工作组按照 GATT1994 的有关规定和本谅解第 1 款的规定进行审议。工作组应就其在此方面的审议结果向货物贸易理事会提交报告。货物贸易理事会可向各成员提出其认为适当的建议。

8. 对于临时协定，工作组可在其报告中就拟议的时限和完成关税同盟或自由贸易区形成所需要的措施提出适当建议、如必要，工作组可规定对协定进行进一步审议。

9. 为一临时协定参加方的成员应将该协定中包括的计划和时间表的实质性变更通知货

物贸易理事会,如收到请求,理事会应审查这些变更。

10. 如根据第 24 条第 7 款(a)项进行通知的一临时协定未包括计划和时间表,而违背了第 24 条第 5 款(C)项的规定,则工作组应在其报告中建议此类计划和时间表。如参加方不准备依照这些建议修改该协定,则它们不得维持或实施(视具体情况而定)该协定。应对随后如何审议建议的实施情况作出规定。

11. 按 GATT1947 缔约方全体就区域协定的报告在其向 GATT1947 理事会作出的指示(BISD18 册 38 页)中所设想的,关税同盟和自由贸易区的成员应定期向货物贸易理事会报告有关协定的运用情况。协定中任何重大变更和/或进展一俟发生即应报告。

争端解决

12. 对于在实施第 24 条中关于关税同盟、自由贸易区或导致关税同盟或自由贸易区形成的临时协定的过程中产生的任何事项,可援引由《争端解决谅解》详述和适用的 GATT1994 第 22 条和第 23 条的规定。

第 24 条第 12 款

13. 每一成员在 GATT1994 项下对遵守 GATT1994 的所有规定负有全责,并应采取其所能采取的合理措施,保证其领土内的地区和地方政府和主管机关遵守这些规定。

14. 对于一成员领土内地区或地方政府或主管机关采取的影响其遵守的措施,可援引由《争端解决谅解》详述和适用的 GATT1994 第 22 条和第 23 条的规定。如争端解决机构裁定 GATT1994 的一项规定未得到遵守,则负有责任的成员应采取其所能采取的合理措施保证其遵守。如遇无法保证遵守的情况,则适用有关补偿和中止减让或其他义务的规定。

15. 每一成员承诺就另一成员提出的关于在前者领土内采取的影响 GATT1994 运用的措施的任何交涉给予积极考虑,并提供充分的磋商机会。

关于豁免 1994 年关税与贸易总协定义务的谅解

各成员特此协议如下:

1. 关于豁免的请求或延长现有豁免的请求应说明该成员提议采取的措施、该成员寻求推行的具体政策目标和阻止该成员以与其 GATT1994 义务相一致的措施实现其政策目标的原因。

2. 在《WTO 协定》生效之日仍然有效的任何豁免均应终止,除非已依照以上程序和《WTO 协定》第 9 条的程序,在期满之日或《WTO 协定》生效之日起 2 年内进行延期,以较早者为准。

3. 任何成员如认为由于以下原因而使其在 GATT1994 项下获得的利益丧失或减损:

(a) 被给予豁免的成员未能遵守豁免的条款或条件,或

(b) 实施一项符合豁免的条款和条件的措施

则可援引由《争端解决谅解》详述和适用的 GATT1994 第 23 条的规定。

关于解释 1994 年关税与贸易总协定第 28 条的谅解

各成员特此协议如下:

1. 就修改或撤销一项减让而言,受该项减让影响的出口(即进入修改或撤销该项减让的成员市场的产品出口)在其总出口中占有最高比率的成员,如不具有按第 28 条第 1 款规定的最初谈判权或主要供应利益,则应被视为具有主要供应利益。但是,各方同意,本款应由货物贸易理事会在《WTO 协定》生效之日起 5 年后进行审议,以期决定此标准在保证有利于中小出口成员的重新分配谈判权方面的效果是否令人满意。如情况并非如此,则应考虑进行可能的改进,包括按照充足数据的可获性,采用根据受该项减让影响的所涉产品出口在其向所有市场出口中占有的比率制定的标准。

2. 如一成员认为,按照第 1 款自己具有主要供应利益,则它应将其要求连同支持证据一起书面告知提议修改或撤销减让的成员,同时通知秘书处。在这种情况下应适用 1980 年 11 月 10 日通过的《根据第 28 条进行谈判的程序》(BISD27 册 26 至 28 页)的第 4 款。

3. 在确定哪些成员具有主要供应利益(无论按以上第 1 款的规定还是按 GATT 第 28 条第 1 款的规定)或实质利益时,只应考虑在最惠国基础上发生的受影响产品的贸易。但是,对于根据非契约性优惠发生的受影响产品的贸易,如在就修改或撤销此项减让进行谈判时或在谈判结束之后,所涉贸易已经停止或即将停止自此项优惠待遇中获益,而成为最惠国贸易,则此类贸易也应予以考虑。

4. 如对一新产品(即无法获得 3 年贸易统计数字的一产品)修改或撤销关税减让,则对该产品现归类或原归类的税号具有最初谈判权的成员,应被视为对所涉减让具有最初谈判权。主要供应利益和实质利益的确定以及补偿的计算,应特别考虑出口成员中受影响产品的生产能力和投资及所估计的出口增长,以及对该产品在进口成员中需求的预测。就本款而言,"新产品"应理解为包括通过分列现有税号而产生的一税号。

5. 如一成员认为,按照第 4 款自己具有主要供应利益或实质利益,则它应将其要求连同支持证据一起书面告知提议修改或撤销一项减让的成员,并同时通知秘书处。上述《根据第 28 条进行谈判的程序》的第 4 款应适用于这种情况。

6. 如一项无限制的关税减让被关税配额所取代,则所提供的补偿数量应超过实际受修改减让影响的贸易量。计算补偿的依据应为未来贸易前景超出配额水平的数量。各方理解,对未来贸易前景的计算应以下列两者中数额较大者为依据:

(a) 最近 3 年代表期年平均贸易量按同期年平均进口量的增长率增长,或增长 10%,以数量较大者为准;或

(b) 最近一年的贸易量再增长 10%。

一成员补偿的责任决不能超过全部撤销该项减让所应产生的责任。

7. 无论按以上第 1 款的规定还是按 GATT 第 28 条第 1 款的规定,对一项修改或撤销的减让具有主要供应利益的任何成员,应在补偿性减让中被给予最初谈判权,除非有关成员同意给予另一种形式的补偿。

1994 年关税与贸易总协定马拉喀什议定书

各成员,

已在 GATT1947 范围内根据《乌拉圭回合部长宣言》进行谈判,特此协议如下:

1. 本议定书所附与一成员有关的减让表应自《WTO 协定》对该成员生效之日起成为与

该成员有关的GATT1994减让表。依照《关于有利于最不发达国家措施的部长决定》提交的任何减让表应被视为附在本议定书之后。

2. 每一成员同意的关税削减应分5次均等税率削减实施,除非一成员减让表中另有规定。第一次削减应在《WTO协定》生效之日实施,每下一次削减应在每下一年的1月1日实施,最终税率应不迟于《WTO协定》生效之日后4年实施,除非该成员的减让表中另有规定。除非减让表中另有规定,否则在《WTO协定》生效后接受该协定的成员,应在该协定对其生效之日,实施已经发生的所有税率削减及根据上一句有义务在下一年1月1日应实施的削减,并应实施前一句列明的时间表中剩余的税率削减。每一阶段削减的税率应四舍五入至小数点后第一位。对于《农业协定》第2条定义的农产品,分阶段削减应按减让表中有关部分的规定实施。

3. 应请求,本议定书所附减让表中包含的减让和承诺的实施应由各成员进行多边审查。这并不损害各成员在《WTO协定》附件1A所列协定项下的权利和义务。

4. 在本议定书所附一成员减让表根据第1款的规定成为GATT1994减让表后,该成员有权随时针对主要供应方为任何其他乌拉圭回合参加方、但其减让表尚未成为GATT1994减让表的任何产品,全部或部分停止或撤销该减让表中的减让。但是,该项行动只有在以下条件下方可采取:即任何关于此类停止或撤销减让的书面通知已送交货物贸易理事会,并已应请求与有关减让表已成为GATT1994减让表、且对所涉产品具有实质利害关系的成员进行磋商。如此停止或撤销的任何减让应在具有主要供应利益的成员的减让表成为GATT1994减让表之日或之后实施。

5. (a) 在不损害《农业协定》第4条第2款规定的情况下,就GATT1994第2条第1款(b)项和(c)项所指的该协定的日期而言,作为本议定书所附一减让表中规定的减让对象的每一产品的适用日期应为本议定书的日期。

(b) 就GATT1994第2条第6款(a)项所指的该协定的日期而言,本议定书所附一减让表的适用日期应为本议定书的日期。

6. 在减让的修改或撤销涉及减让表第三部分包含的非关税措施的情况下,应适用GATT1994第28条的规定及1980年11月10日通过的《根据第28条进行谈判的程序》(BISD27册26至28页)。这并不损害各成员在GATT1994项下的权利和义务。

7. 如本议定书所附减让表造成任何产品的待遇低于在《WTO协定》生效之前GATT1947所附减让表中规定的该产品的待遇,则该减让表所涉成员应被视为已经采取在其他情况下根据GATT1947或GATT1994第28条的有关规定属必要的适当行动。本款的规定只适用于埃及、秘鲁、南非和乌拉圭。

8. 本议定书所附减让表自定使用英文、法文或西班牙文,三种文本同一作准。

9. 本议定书的日期为1994年4月15日。

(资料来源:广东省WTO事务咨询中心网站,http://www.gdwto.org.cn/list.asp? cid=15&pid=3. 编者对其中的某些译法有所改动。)

关于实施1994年关税与贸易总协定第6条的协定(1994)
Implementation of Article Ⅵ of GATT 1994

(1994年4月15日订于马拉喀什,1995年1月1日生效)

各成员特此协议如下:

第一部分

第1条
原　则

反倾销措施仅应适用于GATT 1994第6条所规定的情况,并应根据符合本协定规定发起①和进行的调查实施。GATT 1994第6条的适用按下列规定执行,但仅限于根据反倾销立法或法规所采取的行动。

第2条
倾销的确定

2.1　就本协定而言,如一产品自一国出口至另一国的出口价格低于在正常贸易过程中出口国供消费的类似产品②的可比价格,即以低于正常价值的价格进入另一国的商业,则该产品被视为倾销。

2.2　如在出口国国内市场的正常贸易过程中不存在该类似产品的销售,或由于出口国国内市场的特殊市场情况或销售量较低③,不允许对此类销售进行适当比较,则倾销幅度应通过比较类似产品出口至一适当第三国的可比价格确定,只要该价格具有代表性,或通过比较原产国的生产成本加合理金额的管理、销售和一般费用及利润确定。

2.2.1　类似产品以低于单位(固定和可变)生产成本加管理、销售和一般费用的价格在出口国国内市场的销售或对一第三国的销售,只有在主管机关④确定此类销售属在一持续时

---

①　本协定中使用的"发起"一词指正式开始第5条规定调查的一成员的程序性行动。

②　英文原文为"like products",原译为"同类产品",下同。改译的理由可参本书见第116页注释①。

③　出口国国内市场中供消费的类似产品的销售如占被调查的产品销往进口成员销售量的5%或5%以上,则此类销售通常应被视为确定正常价值的足够数量,但是如有证据表明较低比例的国内销售仍属进行适当比较的足够数量,则可接受该较低比例。

④　本协定中使用的"主管机关"一词应解释为适当高级别的主管机关。

间内①以实质数量②、且以不能在一段合理时间内收回成本的价格进行时,方可以价格原因将其视为未在正常贸易过程中进行的销售,且可在确定正常价值时不予考虑。如在进行销售时低于单位成本的价格高于调查期间的加权平均单位成本,则此类价格应被视为能在一段合理时间内收回成本。

2.2.1.1　就第2款而言,成本通常应以被调查的出口商或生产者保存的记录为基础进行计算,只要此类记录符合出口国的公认会计原则并合理反映与被调查的产品有关的生产和销售成本。主管机关应考虑关于成本适当分摊的所有可获得的证据,包括出口商或生产者在调查过程中提供的证据,只要此类分摊方法是出口商或生产者一贯延续使用的,特别是关于确定资本支出和其他开发成本的适当摊销和折旧期限及备抵的证据。除非根据本项已在成本分摊中得以反映,否则应对那些有利于将来和/或当前生产的非经常性项目支出或在调查期间支出受投产③影响的情况作出适当调整。

2.2.2　就第2款而言,管理、销售和一般费用以及利润的金额应依据被调查的出口商或生产者在正常贸易过程中生产和销售类似产品的实际数据。如此类金额不能在此基础上确定,则该金额可在下列基础上确定:

(i) 所涉出口商或生产者在原产国国内市场中生产和销售同一大类产品所产生和实现的实际金额;

(ii) 被调查的其他出口商或生产者在原产国国内市场中生产和销售类似产品所产生的加权平均实际金额;

(iii) 任何其他合理方法,但是如此确定的利润额不得超过其他出口商或生产者在原产国国内市场中销售同一大类产品所通常实现的利润额。

2.3　如不存在出口价格或据有关主管机关看来,由于出口商与进口商或第三者之间的联合或补偿性安排,而使出口价格不可靠,则出口价格可在进口产品首次转售给一独立购买者的价格基础上推定,或如果该产品未转售给一独立购买者或未按进口时的状态转售,则可在主管机关确定的合理基础上推定。

2.4　对出口价格和正常价值应进行公平比较。此比较应在相同贸易水平上进行,通常在出厂前的水平上进行,且应尽可能针对在相同时间进行的销售。应根据每一案件的具体情况,适当考虑影响价格可比性的差异,包括在销售条件和条款、税收、贸易水平、数量、物理特征方面的差异,以及其他能够证明影响价格可比性的差异。④ 在第3款所指的情况下,还应对进口和转售之间产生的费用(包括捐税)及所产生的利润进行减免。如在这些情况下价格的可比性已经受到影响,则主管机关应在与推定的出口价格相同的贸易水平上确定正常价值,或应根据本款进行适当减免。主管机关应向所涉各方指明为保证进行公平比较所必需的信息,并不得对这些当事方强加不合理的举证责任。

---

①　该持续时间通常应为1年,但决不能少于6个月。

②　如主管机关证实为确定正常价值而被调查的交易的加权平均销售价格低于加权平均单位成本,或低于单位成本的销售量不少于为确定正常价值而被调查交易的销售量的20%,则此类以低于单位成本的销售属以实质数量进行。

③　对投产所作调整应体现投产期结束时的成本,或如果该期限超过调查的期限,则应体现主管机关在调查中可合理考虑的最近成本。

④　各方理解,以上部分因素可能重叠,主管机关应保证不重复根据本条已经进行的调整。

2.4.1 如第 4 款下的比较需要进行货币换算，则该换算应使用销售之日①的汇率进行，但是如期货市场上外汇的销售与所涉及的出口销售有直接联系，则应使用期货销售的汇率。汇率波动应不予考虑，且在调查中，主管机关应给予出口商至少 60 天的时间调整其出口价格，以反映调查期间汇率的持续变化。

2.4.2 在遵守适用于第 4 款中公平比较规定的前提下，调查阶段倾销幅度的存在通常应在对加权平均正常价值与全部可比出口交易的加权平均价格进行比较的基础上确定，或在逐笔交易的基础上对正常价值与出口价格进行比较而确定。如主管机关认为一种出口价格在不同购买者、地区或时间之间差异很大，且如果就为何不能通过使用加权平均对加权平均或交易对交易进行比较而适当考虑此类差异作出说明，则在加权平均基础上确定的正常价值可以与单笔出口交易的价格进行比较。

2.5 在产品不直接从原产国进口、而自一中间国出口至进口成员的情况下，该产品自出口国向进口成员销售的价格通常应与出口国中的可比价格进行比较。但是如产品仅为通过出口国转运，或此类产品在出口国无生产，或在出口国中不存在此类产品的可比价格，则也可以与原产国的价格进行比较。

2.6 本协定所用"类似产品"一词应解释为指相同的产品，即与考虑中的产品在各方面都相同的产品，或如果无此种产品，则为尽管并非在各方面都相同，但具有与考虑中的产品极为相似特点的另一种产品。

2.7 本条不损害 GATT 1994 附件 I 中对第 6 条第 1 款的第 2 项补充规定。

第 3 条
损害的确定②

3.1 就 GATT 1994 第 6 条而言，对损害的确定应依据肯定性证据，并应包括对下述内容的客观审查：(a) 倾销进口产品的数量和倾销进口产品对国内市场类似产品价格的影响，及 (b) 这些进口产品随之对此类产品国内生产者产生的影响。

3.2 关于倾销进口产品的数量，调查主管机关应考虑倾销进口产品的绝对数量或相对于进口成员中生产或消费的数量是否大幅增加。关于倾销产品进口对价格的影响，调查主管机关应考虑与进口成员类似产品的价格相比，倾销进口产品是否大幅削低价格，或此类进口产品的影响是否是大幅压低价格，或是否是在很大程度上抑制在其他情况下本应发生的价格增加。这些因素中的一个或多个均未必能够给予决定性的指导。

3.3 如来自一个以上国家的一产品的进口同时接受反倾销调查，则调查主管机关只有在确定以下内容后，方可累积评估此类进口产品的影响：(a) 对来自每一国家的进口产品确定的倾销幅度大于第 5 条第 8 款定义的微量倾销幅度，且自每一国家的进口量并非可忽略不计；及(b) 根据进口产品之间的竞争条件和进口产品与国内类似产品之间的竞争条件，对进口产品的影响所作的累积评估是适当的。

3.4 关于倾销进口产品对国内产业影响的审查应包括对影响产业状况的所有有关经济

---

① 销售之日通常为订立合同、购买订单、确认订单或发票日期中任何一个可确定实质销售条件的日期。

② 在本协定项下，"损害"一词，除非另有规定，否则应理解为指对一国内产业的实质损害、对一国内产业的实质损害威胁或对此类产业建立的实质阻碍，并应依照本条的规定予以解释。

因素和指标的评估,包括销售、利润、产量、市场份额、生产力、投资收益或设备利用率实际和潜在的下降;影响国内价格的因素;倾销幅度大小;对现金流动、库存、就业、工资、增长、筹措资金或投资能力的实际和潜在的消极影响。该清单不是详尽无遗的,这些因素中的一个或多个均未必能够给予决定性的指导。

3.5 必须证明通过按第 2 款和第 4 款所列的影响,倾销进口产品正在造成属本协定范围内的损害。证明倾销进口产品与对国内产业损害之间存在因果关系应以审查主管机关得到的所有有关证据为依据。主管机关还应审查除倾销进口产品外的、同时正在损害国内产业的任何已知因素,且这些其他因素造成的损害不得归因于倾销进口产品。在这方面可能有关的因素特别包括未以倾销价格销售的进口产品的数量和价格、需求的减少或消费模式的变化、外国与国内生产者的限制贸易的做法及它们之间的竞争、技术发展以及国内产业的出口实绩和生产率。

3.6 如可获得的数据允许以工序、生产者的销售和利润等标准为基础单独确认类似产品的国内生产,则倾销进口产品的影响应与该生产相比较进行评估。如不能单独确认该生产,则倾销进口产品的影响应通过审查包含类似产品的最小产品组或产品类别的生产而进行评估,而这些产品能够提供必要的信息。

3.7 对实质损害威胁的确定应依据事实,而不是仅依据指控、推测或极小的可能性。倾销将造成损害发生的情形变化必须是能够明显预见且迫近的①。在作出有关存在实质损害威胁的确定时,主管机关应特别考虑下列因素:

(i) 倾销进口产品进入国内市场的大幅增长率,表明进口实质增加的可能性;

(ii) 出口商可充分自由使用的、或即将实质增加的能力,表明倾销出口产品进入进口成员市场实质增加的可能性,同时考虑吸收任何额外出口的其他出口市场的可获性;

(iii) 进口产品是否以将对国内价格产生大幅度抑制或压低影响的价格进入,是否会增加对更多进口产品的需求;以及

(iv) 被调查产品的库存情况。

这些因素中的任何一个本身都未必能够给予决定性的指导,但被考虑因素作为整体必须得出如下结论,即更多的倾销出口产品是迫近的,且除非采取保护性行动,否则实质损害将会发生。

3.8 对于倾销进口产品造成损害威胁的情况,实施反倾销措施的考虑和决定应特别慎重。

第 4 条

国内产业的定义

4.1 就本协定而言,"国内产业"一词应解释为指类似产品的国内生产者全体,或指总产量构成类似产品国内总产量主要部分的国内生产者,除非:

① 例如,但并不是只有此例,具备使人信服的理由相信在不久的将来,该产品以倾销价格的进口将会实质增加。

(i) 如生产者与出口商或进口商有关联[①],或他们本身为被指控的倾销产品的进口商,则“国内产业”一词可解释为指除他们外的其他生产者;

(ii) 在特殊情况下,对所涉生产,一成员的领土可分成两个或两个以上的竞争市场,在下述条件下,每一市场中的生产者均可被视为一独立产业:(a) 该市场中的生产者在该市场中出售他们生产的全部或几乎全部所涉产品,且(b) 该市场中的需求在很大程度上不是由位于该领土内其他地方的所涉产品生产者供应的。在此种情况下,则可认为存在损害,即使全部国内产业的主要部分未受损害,只要倾销进口产品集中进入该孤立市场,且只要倾销产品正在对该市场中全部或几乎全部产品的生产者造成损害。

4.2 如国内产业被解释为指某一地区的生产者,即按第 1 款(ii)项规定的市场,则反倾销税只能对供该地区最终消费的所涉产品征收[②]。如进口成员的宪法性法律不允许以此为基础征收反倾销税,则进口成员只能在下列条件下方可征收反倾销税而不受限制:(a) 应给予出口商停止以倾销价格向有关地区出口的机会或按照第 8 条作出保证,而出口商未能迅速在此方面作出保证,且(b) 此类反倾销税不能仅对供应所涉地区的特定生产者的产品征收。

4.3 如两个或两个以上国家已根据 GATT 1994 第 24 条第 8 款(a)项达到具有单一统一市场特征的一体化水平,则整个一体化地区的产业应被视为第 1 款所指的国内产业。

4.4 第 3 条第 6 款的规定应适用于本条。

第 5 条

发起和随后进行调查

5.1 除第 6 款的规定外,确定任何被指控的倾销的存在、程度和影响的调查应在收到由国内产业或代表国内产业提出的书面申请后发起。

5.2 第 1 款下的申请应包括以下证据:(a) 倾销,(b) 属由本协定解释的 GATT 1994 第 6 条范围内的损害,以及(c) 倾销进口产品与被指控的损害之间的一种因果关系。缺乏有关证据的简单断言不能被视为足以满足本款的要求。申请应包括申请人可合理获得的关于下列内容的信息:

(i) 申请人的身份和申请人提供的对国内类似产品生产的数量和价值的说明。如代表国内产业提出书面申请,则申请应通过一份列出类似产品的所有已知国内生产者的清单(或类似产品的国内生产者协会),确认其代表提出申请的产业,并在可能的限度内,提供此类生产者所占国内类似产品生产的数量和价值的说明;

(ii) 对被指控的倾销产品的完整说明、所涉一个或多个原产国或出口国名称、每一已知出口商或国外生产者的身份以及已知的进口所涉产品的人员名单;

(iii) 所涉产品销售供一个或多个原产国或出口国国内市场消费时的价格信息(或在适当时,关于该产品自一个或多个原产国或出口国向一个或多个第三国销售价格的信息,或关于该产品推定价格的信息),出口价格信息,或在适当时,该产品首次转售给进口成员领土内

---

① 就本款而言,只有在下列情况下,生产者方可被视为与出口商或进口商有关联:(a) 他们中的一方直接或间接控制另一方;或(b) 他们直接或间接被一第三者控制;或(c) 他们直接或间接共同控制一第三者,但应有理由相信或怀疑此种关系的后果是使有关生产者的行为不同于无关联的生产者。就本款而言,如一方在法律上或经营上处于限制或指导另一方的地位,即前者应被视为控制后者。

② 本协定所使用的“征收”应指最终或最后的合法课税或征收关税或国内税。

一独立购买者的价格信息;

(iv) 被指控的补贴进口产品数量变化的信息,这些进口产品对国内市场类似产品价格的影响,以及由影响国内产业状况的有关因素和指标所证明的这些产品对国内产业造成的影响,例如第3条第2款和第4款中所列的因素和指标。

5.3 主管机关应审查申请中提供的证据的准确性和充分性,以确定是否有足够的证据证明发起调查是正当的。

5.4 除非主管机关根据对国内类似产品生产者对申请表示的支持或反对程度①的审查确定申请是由国内产业或代表国内产业提出的,否则不得按照第1款发起调查。② 如申请得到总产量构成国内产业中表示支持或反对申请的国内类似产品的50%以上的生产者的支持,则该申请应被视为"由国内产业或代表国内产业提出"。但是,如表示支持申请的国内生产者的产量不足国内产业生产的类似产品总产量的25%,则不得发起调查。

5.5 主管机关应避免公布关于发起调查的申请,除非已决定发起调查。但是,在收到一份附有适当证明文件的申请后和在开始发起调查之前,主管机关应通知有关出口成员政府。

5.6 在特殊情况下,如有关主管机关在未收到国内产业或代表国内产业提出的发起调查的书面申请的情况下决定发起调查,则只有在具备第2款所述关于倾销、损害和因果关系的充分证据证明发起调查是正当的情况下,方可发起调查。

5.7 倾销和损害的证据应(a)在有关是否发起调查的决定中及(b)此后在调查过程中同时予以考虑,调查过程自不迟于依照本协定规定可实施临时措施的最早日期开始。

5.8 主管机关一经确信不存在有关倾销或损害的足够证据以证明继续进行该案是正当的,则根据第1款提出的申请即应予以拒绝,且调查应迅速终止。如主管机关确定倾销幅度属微量,或倾销进口产品的实际或潜在的数量或损害可忽略不计,则应立即终止调查。如倾销幅度按出口价格的百分比表示小于2%,则该幅度应被视为属微量。如来自一特定国家的倾销进口产品的数量被查明占进口成员中类似产品进口的不足3%,则该倾销进口产品的数量通常应被视为可忽略不计,除非占进口成员中类似产品进口不足3%的国家合计超过该进口成员中类似产品进口的7%。

5.9 反倾销程序不得妨碍通关程序。

5.10 除特殊情况外,调查应在发起后1年内结束,且决不能超过18个月。

第6条
证　据

6.1 应将主管机关要求的信息通知反倾销调查中的所有利害关系方,并给予它们充分的机会以书面形式提出其认为与所涉调查有关的所有证据。

6.1.1 应给予收到反倾销调查中所使用问卷的出口商或外国生产者至少30天时间作出答复。③ 对于延长该30天期限的任何请求应给予适当考虑,且根据所陈述的原因,只要可

---

① 在分割的产业涉及数量巨大的生产者的情况下,主管机关可通过统计上有效的抽样技术确定支持和反对程度。

② 各成员意识到,在某些成员的领土内类似产品,国内生产者的雇员或这些雇员的代表可提出或支持申请根据第1款进行调查。

③ 通常,出口商的时限应自收到问卷之日起计算,为此,该问卷应被视为在送往答卷者或转交出口成员的适当外交代表之日起一周内已经收到,如为WTO单独关税区成员,则为出口领土的官方领土。

行即应予以延期。

6.1.2 在遵守保护机密信息要求的前提下，一利害关系方提出的书面证据应迅速向参与调查的其他利害关系方提供。

6.1.3 调查一经发起，主管机关即应将根据第5条第1款收到的书面申请的全文向已知出口商①和出口成员的主管机关提供，并应请求，应向其他涉及的利害关系方提供。应适当注意按第5款规定的保护机密信息的要求。

6.2 在整个反倾销调查期间，所有利害关系方均有为其利益进行辩护的充分机会。为此，应请求，主管机关应向所有利害关系方提供与具有相反利益的当事方会面的机会，以便陈述对立的观点和提出反驳的论据。提供此类机会必须考虑保护机密和方便有关当事方的需要。任何一方均无必须出席会议的义务，未能出席会议不得对该方的案件产生不利。利害关系方还有权在说明正当理由后口头提出其他信息。

6.3 只有在随后以书面形式再次提出并按照第1款第2项的规定向其他利害关系方提供的情况下，主管机关方可考虑根据第2款提供的口头信息。

6.4 只要可行，主管机关即应迅速向所有利害关系方提供机会，使其了解与其案件陈述有关的、不属第5款规定的机密性质、且主管机关在反倾销调查中使用的所有信息，并使其能以此信息为基础准备陈述。

6.5 任何属机密性质的信息(例如，由于信息的披露会给予一竞争者巨大的竞争优势，或由于信息的披露会给信息提供者或给向信息获得者提供信息的人士带来严重不利影响)，或由调查参加方在保密基础上提供的信息，主管机关应在对方说明正当原因后，按机密信息处理。此类信息未经提供方特别允许不得披露。②

6.5.1 主管机关应要求提供机密信息的利害关系方提供此类信息的非机密摘要。这些摘要应足够详细，以便能够合理了解以机密形式提交的信息的实质内容。在特殊情况下，此类利害关系方可表明此类信息无法摘要。在此类特殊情况下，必须提供一份关于为何不能进行摘要的原因的说明。

6.5.2 如主管机关认为关于保密的请求缺乏正当理由，且如果信息提供者不愿公布信息，或不愿授权以概括或摘要的形式披露信息，则主管机关可忽略此类信息，除非主管机关可从适当的来源满意地证明该信息是正确的。③

6.6 除第8款规定的情况外，在调查过程中，主管机关应设法使自己确信利害关系方提供的、其调查结果所依据的信息的准确性。

6.7 为核实提供的信息或获得进一步的细节，主管机关可根据需要在其他成员领土内进行调查，但它们应获得有关企业的同意并通知所涉成员的政府代表，但该成员反对调查时除外。附件1中所述程序应适用于在其他成员领土内进行的调查。在遵守保护机密信息要求的前提下，主管机关应使任何此类调查的结果可获得，或根据第9款向有关企业披露，并可使申请人可获得此类结果。

---

① 各方理解，如所涉及的出口商的数量特别多，书面申请的全文应改为只向出口成员的主管机关或向有关贸易协会提供。

② 各成员意识到，在某些成员领土内，可能需要根据周密制定的保护性法令披露信息。

③ 各成员同意，不应任意拒绝关于保密的请求。

6.8　如任何利害关系方不允许使用或未在合理时间内提供必要的信息,或严重妨碍调查,则初步和最终裁定,无论是肯定的还是否定的,均可在可获得的事实基础上作出。在适用本款时应遵守附件2的规定。

6.9　主管机关在作出最终裁定之前,应将考虑中的、构成是否实施最终措施决定依据的基本事实通知所有利害关系方。此披露应使各方有充分的时间为其利益进行辩护。

6.10　主管机关通常应对被调查产品的每一已知出口商或生产者确定各自的倾销幅度。在出口商、生产者、进口商的数量或所涉及的产品种类特别多而使作出此种确定不实际的情况下,主管机关可通过在作出选择时可获得的信息基础上使用统计上有效的抽样方法,将其审查限制在合理数量的利害关系方或产品上,或限制在可进行合理调查的来自所涉国家出口量的最大百分比上。

6.10.1　任何根据本款作出的对出口商、生产者、进口商或产品类别的选择,最好应与有关出口商、生产者或进口商进行磋商并取得他们的同意后作出。

6.10.2　在主管机关按本款的规定限制其审查范围的情况下,它们仍应对及时提交在调查过程中将进行考虑的必要信息的、但最初未被选择的任何出口商或生产者单独确定倾销幅度,除非出口商或生产者的数目特别大,使单独审查给主管机关带来过分的负担并妨碍调查的及时完成。不得阻止自愿作出的答复。

6.11　就本协定而言,"利害关系方"应包括:

(i) 被调查产品的出口商或外国生产者或进口商,或大多数成员为该产品的生产者、出口商或进口商的同业公会或商会;

(ii) 出口成员的政府;以及

(iii) 进口成员中类似产品的生产者,或大多数成员在进口成员领土内生产类似产品的同业公会和商会。

除上述各方外,本清单不排除各成员允许国内或国外其他各方被列为利害关系方。

6.12　主管机关应向被调查产品的工业用户,或在该产品通常为零售的情况下,向具有代表性的消费者组织提供机会,使其能够提供与关于倾销、损害和因果关系的调查有关的信息。

6.13　主管机关应适当考虑利害关系方、特别是小公司在提供所要求的信息方面遇到的任何困难,并应提供任何可行的帮助。

6.14　上述程序无意阻止一成员主管机关依照本协定的有关规定,迅速发起调查,作出无论是肯定还是否定的初步或最终裁定,也无意阻止实施临时或最终措施。

第7条

临时措施

7.1　临时措施只有在下列情况下方可实施:

(i) 已依照第5条的规定发起调查,已为此发出公告,且已给予利害关系方提交信息和提出意见的充分机会;

(ii) 已作出关于倾销和由此产生的对国内产业的损害的初步肯定裁定;以及

(iii) 有关主管机关判断此类措施对防止在调查期间造成损害是必要的。

7.2　临时措施可采取征收临时税的形式,或更可取的是,采取现金保证金或保函等担保形式,其金额等于临时估算的反倾销税的金额,但不高于临时估算的倾销幅度。预扣估算的反倾销税是一种适当的临时措施，但需表明正常反倾销税和反倾销税估算的金额，且预扣估算的反倾销税需与其他临时措施受相同条件的约束。

7.3 临时措施不得早于发起调查之日起60天实施。

7.4 临时措施的实施应限制在尽可能短的时间内，不超过4个月，或经有关主管机关决定，并应在所涉及的贸易中占很大百分比的出口商请求，可不超过6个月。在调查过程中，如主管机关审查低于倾销幅度的反倾销税是否足以消除损害，则这些时间可分别为6个月和9个月。

7.5 在实施临时措施时应遵循第9条的有关规定。

第8条

价格承诺

8.1 如收到任何出口商关于修改其价格或停止以倾销价格向所涉地区出口的令人满意的自愿承诺，从而使主管机关确信倾销的损害性影响已经消除，则调查程序可以①中止或终止，而不采取临时措施或征收反倾销税。根据此类承诺的提价不得超过抵消倾销幅度所必需的限度。如提价幅度小于倾销幅度即足以消除对国内产业的损害，则该提价幅度是可取的。

8.2 除非进口成员的主管机关已就倾销和倾销所造成的损害作出初步肯定裁定，否则不得寻求或接受出口商的价格承诺。

8.3 如主管机关认为接受价格承诺不可行，则不必接受所提承诺，例如由于实际或潜在的出口商数量过大，或由于其他原因，包括一般政策原因。如发生此种情况且在可行的情况下，主管机关应向出口商提供其认为不宜接受承诺的理由，并应在可能的限度内给予出口商就此发表意见的机会。

8.4 如承诺被接受，且如果出口商希望或主管机关决定，则关于倾销和损害的调查仍应完成。在此种情况下，如作出关于倾销或损害的否定裁定，则承诺即自动失效，除非此种裁定主要是由于承诺的存在而作出的。在此类情况下，主管机关可要求在与本协定规定相一致的合理期限内维持承诺。如作出关于倾销和损害的肯定裁定，则承诺应按其条件和本协定的规定继续有效。

8.5 价格承诺可由进口成员的主管机关提出建议，但不得强迫出口商作出此类承诺。出口商不提出此类承诺或不接受这样做的邀请的事实，决不能有损于对该案的审查。但是，如倾销进口产品继续发生，则主管机关有权确定损害威胁更有可能出现。

8.6 进口成员的主管机关可要求承诺已被接受的任何出口商定期提供有关履行该承诺的信息，并允许核实有关数据。如违反承诺，则进口成员的主管机关可根据本协定的相应规定采取迅速行动，包括使用可获得的最佳信息立即实施临时措施。在此类情况下，可依照本协定对在实施此类临时措施前90天内进口供消费的产品征收最终税，但此追溯课征不得适用于在违反承诺之前已入境的进口产品。

第9条

反倾销税的征收

9.1 在所有征收反倾销税的要求均已满足的情况下是否征税的决定，及征收的反倾销

---

① “可以”一词不得解释为允许在执行价格承诺的同时继续进行调查程序，但第4款的规定除外。

税金额是否应等于或小于倾销幅度的决定,均由进口成员的主管机关作出。宜允许在所有成员领土内征税,如反倾销税小于倾销幅度即足以消除对国内产业的损害,则该反倾销税是可取的。

9.2　如对任何产品征收反倾销税,则应对已被认定倾销和造成损害的所有来源的进口产品根据每一案件的情况在非歧视基础上收取适当金额的反倾销税,来自根据本协定条款提出的价格承诺已被接受的来源的进口产品除外。主管机关应列出有关产品供应商的名称。但是,如涉及来自同一国家的多个供应商,且不能列出所有供应商的名称,则主管机关可列出有关供应国的名称。如涉及来自一个以上国家的多个供应商,则主管机关可列出所有供应商的名称,或如果这样做不可行,也可列出所有涉及的供应国的名称。

9.3　反倾销税的金额不得超过根据第2条确定的倾销幅度。

9.3.1　如反倾销税金额在追溯基础上课征,则应尽快作出最终支付反倾销税责任的确定,通常在提出对反倾销税金额作出最终课征的请求之日起12个月内作出,决不能超过18个月。① 任何退还应迅速作出,通常应在根据本项作出最终责任确定后90天内。在任何情况下,如退还未能在90天内作出,则主管机关如被请求应提供说明。

9.3.2　如反倾销税金额在预期基础上课征,则应请求,应对超过倾销幅度的任何已付反倾销税的迅速退还作出规定。对于超过实际倾销幅度的任何此种已付反倾销税的退还,通常应在被征收反倾销税产品的进口商提出以适当证据支持的退还请求之日起12个月内作出,决不能超过18个月。批准的退还通常应在作出上述决定后90天内完成。

9.3.3　如出口价格依照第2条第3款推定,则主管机关在作出是否偿付和偿付限度的确定时,应考虑正常价值的任何变化、进口与转售之间发生的成本的变化以及适当反映在随后售价中的转售价格的任何变化,且如果提出对上述情况的确凿证据,出口价格的计算不应扣除已付反倾销税的金额。

9.4　如主管机关已依照第6条第10款第2句限制其审查,则对来自审查未包括的出口商或生产者的进口产品征收的反倾销税:

(i) 不得超过对选定出口商或生产者确定的加权平均倾销幅度或;

(ii) 如反倾销税的支付责任以预期正常价值为基础计算,则不得超过选定出口商或生产者的加权平均正常价值与未经单独审查的出口商或生产者的出口价格之间的差额。

但是主管机关就本款的目的而言,应忽略任何零幅度、微量幅度和在第6条第8款所指的情况下确定的幅度。主管机关应对来自审查未包括的、按第6条第10.2款的规定在调查期间已提供必要信息的任何出口商或生产者的进口产品适用单独反倾销税或正常价值。

9.5　如一产品在一进口成员中被征收反倾销税,则主管机关应迅速进行审查,以便确定所涉出口国中在调查期间未向进口成员出口该产品的任何出口商或生产者的单独倾销幅度,只要这些出口商或生产者能够证明他们与出口国中该产品被征收反倾销税的任何出口商或生产者无关联。此种审查与进口成员正常的反倾销税课征和审查程序相比,应在加速的基础上开始和进行。在进行审查期间,不得对来自此类出口商或生产者的进口产品征收反倾销税。但是,主管机关可预扣估算和/或要求作出担保,以保证在该审查确定此类出口商或生产者存在倾销时,能够自该审查开始之日起追溯征收反倾销税。

---

① 各方理解,如所涉产品需进行司法审查程序,则不太可能遵守本项和3项2目的时限。

第10条
追溯效力

10.1　临时措施和反倾销税仅对在分别根据第7条第1款和第9条第1款作出的决定生效之后进口供消费的产品适用,但需遵守本条所列例外。

10.2　如作出损害的最终裁定(而不是损害威胁或实质阻碍一产业建立的最终裁定),或在虽已作出损害威胁的最终裁定,但如无临时措施,将会导致对倾销进口产品的影响作出损害裁定的情况下,则反倾销税可对已经实施临时措施(若有的话)的期间追溯征收。

10.3　如最终反倾销税高于已付或应付的临时税或为担保目的而估计的金额,则差额部分不得收取。如最终税低于已付或应付临时税或为担保目的而估计的金额,则差额部分应根据具体情况予以退还,或重新计算税额。

10.4　除第2款的规定外,如作出损害威胁或实质阻碍的裁定(但未发生损害),则最终反倾销税只能自作出损害威胁或实质阻碍的裁定之日起征收,在实施临时措施期间所交纳的任何现金保证金应迅速予以退还,任何保函应迅速予以解除。

10.5　如最终裁定为否定的,则在实施临时措施期间所交纳的现金保证金应迅速予以退还,任何保函应迅速予以解除。

10.6　如主管机关对所涉倾销产品作出如下确定,则最终反倾销税可对在实施临时措施之日前90天内进口供消费的产品征收:

(i) 存在造成损害的倾销的历史记录,或进口商已经知道或理应知道出口商实行倾销,且此类倾销会造成损害,及

(ii) 损害是由在相对较短时期内倾销产品的大量进口造成的,根据倾销产品的时间和数量及其他情况(例如进口产品的库存快速增加),该倾销产品可能会严重破坏即将实施的最终反倾销税的补救效果,只要已经给予有关进口商发表意见的机会。

10.7　主管机关在发起调查后,一旦掌握充分证据表明第6款所列条件已得到满足,即可采取该款规定的追溯征收反倾销税所必要的预扣估算或课征反倾销税的措施。

10.8　不得对调查发起之日前进口供消费的产品根据第6款追溯征税。

第11条
反倾销税和价格承诺的期限和复审

11.1　反倾销税应仅在抵消造成损害的倾销所必需的时间和限度内实施。

11.2　主管机关在有正当理由的情况下,自行复审或在最终反倾销税的征收已经过一段合理时间后,应提交证实复审必要性的肯定信息的任何利害关系方请求,复审继续征税的必要性。① 利害关系方有权请求主管机关复审是否需要继续征收反倾销税以抵消倾销,如取消或改变反倾销税,则损害是否有可能继续或再度发生,或同时复审两者。如作为根据本款复审的结果,主管机关确定反倾销税已无正当理由,则反倾销税应立即终止。

11.3　尽管有第1款和第2款的规定,但是任何最终反倾销税应在征收之日起(或在复审涉及倾销和损害两者的情况下,自根据第2款进行的最近一次复审之日起,或根据本款)5年内的一日期终止,除非主管机关在该日期之前自行进行的复审或在该日期之前一段合理时

---

① 按第9条第3款规定的关于反倾销税的最终支付责任的确定,其本身并不构成属本条含义范围内的审查。

间内由国内产业或代表国内产业提出的有充分证据请求下进行的复审确定,反倾销税的终止有可能导致倾销和损害的继续或再度发生。① 在此种复审的结果产生之前,可继续征税。

11.4　第 6 条关于证据和程序的规定应适用于根据本条进行的任何复审。任何此类复审应迅速进行,且通常应在自复审开始之日起 12 个月内结束。

11.5　本条的规定在细节上作必要修改后应适用于根据第 8 条接受的价格承诺。

第 12 条
公告和裁定的说明

12.1　如主管机关确信有充分证据证明按照第 5 条发起的反倾销调查是正当的,则应通知其产品接受该调查的一个或多个成员和调查主管机关已知与该调查有利害关系的其他利害关系方,并应发布公告。

12.1.1　关于发起调查的公告应包括或通过单独报告②提供有关下列内容的充足信息:

(i) 一个或多个出口国的名称和所涉及的产品名称;

(ii) 发起调查的日期;

(iii) 申请中有关被指控倾销的依据;

(iv) 关于损害的指控所依据因素的摘要;

(v) 利害关系方送交交涉的地址;

(vi) 允许利害关系方公布其意见的时限。

12.2　对于任何初步或最终裁定,无论是肯定的还是否定的,按照第 8 条接受承诺的决定、此种承诺的终止以及最终反倾销税的终止均应作出公告。每一公告均应详细列出或通过单独报告详细提供调查主管机关就其认为重要的所有事实问题和法律问题所得出的调查结果和结论。所有此类公告和报告应转交其产品受该裁定或承诺约束的一个或多个成员,及已知与此有利害关系的其他利害关系方。

12.2.1　实施临时措施的公告应列出或通过单独报告提供关于倾销和损害的初步裁定的详细说明,并应提及导致有关论据被接受或被拒绝的事实问题和法律问题。该公告或报告应在适当考虑保护机密信息要求的同时,特别包含下列内容:

(i) 供应商名称,如不可行,则为所涉及的供应国名称;

(ii) 足以符合报关目的的产品描述;

(iii) 根据第 2 条确定的倾销幅度及关于确定和比较出口价格和正常价值所使用方法的理由的完整说明;

(iv) 按第 3 条所列与损害确定有关的考虑;

(v) 导致作出裁定的主要理由。

12.2.2　在规定征收最终反倾销税或接受价格承诺的肯定裁定的情况下,关于结束或中止调查的公告应包含或通过一份单独报告提供导致实施最终措施或接受价格承诺的所有有关的事实问题和法律问题及理由,同时应适当考虑保护机密信息的要求。特别是,公告或报告应包含 2.1 项所述的信息,以及接受或拒绝出口商和进口商所提有关论据或请求事项的理

① 如反补贴税的金额在追溯基础上征收,则在最近根据第 9 条第 3 款 1 项进行的征税过程中产生的关于不拟征税的调查结果不得要求主管机关终止征收最终税。

② 如主管机关根据本条规定在单独报告中提供信息和说明,则应保证该报告可使公众容易获得。

由,及根据第 6 条第 10.2 款作出任何决定的依据。

12.2.3 关于在根据第 8 条接受承诺后终止或中止调查的公告应包含或通过一份单独报告提供该承诺的非机密部分。

12.3 本条的规定在细节上作必要修改后应适用于根据第 11 条进行和完成的审查,并适用于根据第10条追溯征税的决定。

第 13 条

司 法 审 查

国内立法包含反倾销措施规定的每一成员均应设有司法、仲裁或行政庭或程序,其目的特别包括迅速审查与最终裁定的行政行为有关、且属第 11 条范围内的对裁定的审查。此类法庭或程序应独立于负责所涉裁定或审查的主管机关。

第 14 条

代表第三国的反倾销行动

14.1 代表一第三国实施反倾销行动的申请应由请求采取行动的该第三国的主管机关提出。

14.2 此种申请应得到证明进口产品正在倾销的价格信息及证明被指控的倾销正在对第三国的有关国内产业造成损害的详细信息支持。第三国的政府应向进口国的主管机关提供所有帮助,以便使后者获得其可能要求的任何进一步信息。

14.3 在考虑此种申请时,进口国的主管机关应考虑被指控的倾销对第三国有关产业的整体影响;意即,对损害的评估不应仅限于被指控的倾销对该产业向进口国的出口的影响或甚至对该产业全部出口的影响。

14.4 关于是否继续进行一案件的决定应取决于进口国。如进口国决定准备采取行动,则与货物贸易理事会开始进行接触以寻求其对采取此类行动的批准取决于进口国。

第 15 条

发展中国家成员

各方认识到,在考虑实施本协定项下的反倾销措施时,发达国家成员应对发展中国家成员的特殊情况给予特别注意。在实施会影响发展中国家成员根本利益的反倾销税之前,应探讨本协定规定的建设性补救的可能性。

第 16 条

反倾销措施委员会

16.1 特此设立反倾销措施委员会(本协定中称“委员会”),由每一成员的代表组成。委员会应选举自己的主席,每年应至少召开 2 次会议,或按本协定有关规定所设想的在任何成员请求下召开会议。委员会应履行本协定项下或各成员指定的职责,并应向各成员提供机会,就有关本协定的运用或促进其目标实现的任何事项进行磋商。WTO 秘书处担任委员会的秘书处。

16.2 委员会可酌情设立附属机构。

16.3 委员会和任何附属机构在履行其职能时,可向其认为适当的任何来源进行咨询和寻求信息。但是,委员会或附属机构在向一成员管辖范围内的一来源寻求此类信息之前,应通知所涉及的成员。委员会应获得该成员和将进行协商的任何企业的同意。

16.4 各成员应立刻通知委员会其采取的所有初步或最终反倾销行动。此类报告应可从秘书处获得,供其他成员审查。各成员还应每半年提交关于在过去6个月内采取的任何反倾销行动的报告。半年期报告应以议定的标准格式提交。

16.5 每一成员应通知委员会:(a) 哪一个主管机关负责发起和进行第5条所指的调查,及(b) 适用于发起和进行此类调查的国内程序。

第17条
磋商和争端解决

17.1 除本协定另有规定外,《争端解决谅解》适用于本协定项下的磋商和争端解决。

17.2 每一成员应对另一成员提出的有关影响本协定运用的任何事项的交涉给予积极考虑,并应提供充分的磋商机会。

17.3 如任何成员认为其在本协定项下直接或间接获得的利益正在受到另一成员或其他成员的丧失或减损,或任何目标的实现正在受到阻碍,则该成员为就该事项达成双方满意的解决办法,可以书面形式请求与所涉一个或多个成员进行磋商。每一成员应对另一成员提出的磋商请求给予积极考虑。

17.4 如请求磋商的成员认为按照第3款进行的磋商未能达成双方同意的解决办法,且如果进口成员的行政主管机关已经采取征收最终反倾销税或接受价格承诺的最终行动,则该成员可将此事项提交争端解决机构(下称"DSB")。如一临时措施具有重大影响,且请求磋商的成员认为该措施的采取违反第7条第1款的规定,则该成员也可将此事项提交DSB。

17.5 在起诉方请求下,DSB应设立一专家组以依据以下内容审查该事项:

(i) 提出请求成员的书面陈述,其中表明该成员在本协定项下直接或间接获得的利益如何丧失或减损,或本协定目标的实现如何受到阻碍,及

(ii) 根据适当国内程序的使进口国的主管机关可获得的事实。

17.6 在审查第5款所指的事项时:

(i) 在评估该事项的事实时,专家组应确定主管机关对事实的确定是否适当,及他们对事实的评估是否无偏见和客观的。如事实的确定是适当的,且评估是无偏见和客观的,则即使专家组可能得出不同的结论,而该评估也不得被推翻;

(ii) 专家组应依照关于解释国际公法的习惯规则,解释本协定的有关规定。在专家组认为本协定的有关规定可以作出一种以上允许的解释时,如主管机关的措施符合其中一种允许的解释,则专家组应认定该措施符合本协定。

17.7 未经提供此类信息的个人、机构或主管机关正式授权,向专家组提供的机密信息不得披露。如该信息为专家组要求提供,但未授权专家组公布该信息,则经提供该信息的个人、机构或主管机关授权,应提供该信息的非机密摘要。

第三部分

第18条
最后条款

18.1 除依照由本协定解释的GATT 1994的条款外,不得针对来自另一成员的倾销出口

产品采取特定行动。①

18.2 未经其他成员同意,不得对本协定的任何规定提出保留。

18.3 在遵守第3条第1款和第3条第2款规定的前提下,本协定的规定应适用于根据在《WTO协定》对一成员生效之日或之后提出的申请而发起的调查和对现有措施的审查。

18.3.1 对于在第9条第3款下退还程序中有关倾销幅度的计算,应适用在最近倾销确定或复审中使用的规则。

18.3.2 就第11条第3款而言,现有反倾销措施应被视为在不迟于《WTO协定》对一成员生效之日起的一日期实施,除非一成员在该日有效的国内立法中已包括该款规定类型的条款。

18.4 每一成员应采取所有必要的一般或特殊步骤,以保证在不迟于《WTO协定》对其生效之日,使其法律、法规和行政程序符合可能对所涉成员适用的本协定的规定。

18.5 每一成员应将与本协定有关的法律和法规的任何变更情况及此类法律和法规管理方面的变更情况通知委员会。

18.6 委员会应每年审议本协定的执行和运用情况,同时考虑本协定的目标。委员会应每年将此类审议所涉期间的发展情况通知货物贸易理事会。

18.7 本协定的附件为本协定的组成部分。

附件1 根据第6条第7款进行实地调查的程序

1. 在发起调查后,应将进行实地调查的意向通知出口成员的主管机关和已知的有关公司。

2. 如在特殊情况下,有意在调查组中包含非政府专家,则应将此通知出口成员的公司和主管机关。此类非政府专家如违反保密要求,应受到有效处罚。

3. 标准做法应为,在访问最终确定之前,应获得出口成员中有关公司的明确同意。

4. 一经获得有关公司的同意,调查主管机关即应将准备访问的公司名称和地址以及商定的日期通知出口成员的主管机关。

5. 在进行访问之前,应向所涉公司作出充分的预先通知。

6. 对于解释问卷的访问,只应在出口公司提出请求后进行。此种访问只有在(a)进口成员的主管机关通知所涉成员的代表和(b)后者不反对该访问的情况下进行。

7. 由于实地调查的主要目的是核实所提供的信息或获得进一步的细节,因此应在收到对问卷的答复之后进行,除非该公司同意相反的做法,且调查主管机关已将预期的访问通知出口成员政府,而后者不持异议;此外,实地调查的标准做法应为,在访问之前告知有关公司需要核实信息的一般性质和需要提供的任何进一步信息,但是此点不应排除根据所获信息当场提出提供进一步细节的要求。

8. 出口成员的主管机关或公司提出的对成功进行实地调查所必要的询问或问题,只要可能,均应在访问前作出答复。

① 此点无意排除根据GATT1994的其他有关条款而酌情采取的行动。

附件2　按照第6条第8款可获得的最佳信息

1. 调查一经发起,调查主管机关即应尽快详细列明要求任何利害关系方提供的信息,及利害关系方在其答复中组织此类信息的方式。主管机关还应保证该方意识到,如信息未能在合理时间内提供,调查机关将有权以可获得的事实为基础作出裁定,包括在国内产业提出的发起调查的申请中包含的事实。

2. 主管机关还可要求利害关系方以一种特殊介质(如计算机用磁带)或计算机语言提供答复。如提出此类要求,则主管机关应考虑该利害关系方以选择的介质或计算机语言作出答复的合理能力,且不应要求利害关系方使用不同于该方使用的计算机系统作出答复。如利害关系方不建立计算机化账目,且如果按要求提交的答复会给利害关系方造成不合理的额外负担,例如需承担不合理的额外费用和麻烦,则调查机关不应坚持要求作出计算机化的答复。如利害关系方未以特殊介质或计算机语言建立计算机化账目,且如果按要求提交的答复会给利害关系方造成不合理的额外负担,例如需承担不合理的额外费用和麻烦,则调查机关不应坚持要求以此种介质或计算机语言作出答复。

3. 在作出裁定时应考虑所有可核实的、适当提交的可用于调查而无不当困难的、及时提供的信息,如适用,还应考虑按主管机关要求以一种介质或计算机语言提供的信息。如一方未以选择的介质或计算机语言作出答复,但主管机关认为第2款所列情况已得到满足,则未以该选择介质或计算机语言作出答复不应被视为严重阻碍调查。

4. 如主管机关无能力处理以特殊介质提供的信息(如计算机用磁带),则信息应以书面材料方式或主管机关可接受的任何其他方式提供。

5. 即使提供的信息并非在各方面都理想,但是此点并不能使主管机关有理由忽略该信息,只要利害关系方已经尽其所能。

6. 如证据或信息未被接受,则应将有关理由通知提供方,并应提供在合理时间内作出进一步说明的机会,同时适当考虑调查的时限。如主管机关认为该说明不令人满意,则应在任何公布的裁定中列出拒绝该证据或信息的理由。

7. 如主管机关的调查结果,包括对正常价值的调查结果,只能依据第二来源的信息,包括在发起调查的申请中提供的信息,则应特别慎重。在此类情况下,如可行,主管机关应自行核对来自其他独立来源的信息,例如公布的价格表、官方进口统计、海关报表以及调查期间自其他利害关系方获得的信息。但是很显然,如一利害关系方不予合作,而使调查机关不能获得有关信息,则此情况可导致比该方进行合作时更为不利的结果。

(资料来源:北大法律信息网,http://law.chinalawinfo.com/other/WTO/wto.htm)

服务贸易总协定(1994)
General Agreement on Trade in Services, 1994

(1994年4月15日订于马拉喀什,1995年1月1日生效)

各成员,

认识到服务贸易对世界经济增长和发展日益增加的重要性;

希望建立一个服务贸易原则和规则的多边框架,以期在透明和逐步自由化的条件下扩大此类贸易,并以此为手段促进所有贸易伙伴的经济增长和发展中国家的发展;

期望在给予国家政策目标应有尊重的同时,通过连续回合的多边谈判,在互利基础上促进所有参加方的利益,并保证权利和义务的总体平衡,以便早日实现服务贸易自由化水平的逐步提高;

认识到各成员为实现国家政策目标,有权对其领土内的服务提供进行管理和采用新的法规,同时认识到由于不同国家服务法规发展程度方面存在的不平衡,发展中国家特别需要行使此权利;

期望便利发展中国家更多地参与服务贸易和扩大服务出口,特别是通过增强其国内服务能力、效率和竞争力:

特别考虑到最不发达国家由于特殊的经济状况及其在发展、贸易和财政方面的需要而存在的严重困难;

特此协议如下:

第一部分 范围和定义

第1条 范围和定义

1. 本协定适用于各成员影响服务贸易的措施。

2. 就本协定而言,服务贸易定义为:

(a) 自一成员领土向任何其他成员领土提供服务;

(b) 在一成员领土内向任何其他成员的服务消费者提供服务;

(c) 一成员的服务提供者通过在任何其他成员领土内的商业存在提供服务;

(d) 一成员的服务提供者通过在任何其他成员领土内的自然人存在提供服务。

3. 就本协定而言:

(a)“成员的措施”指:

(i) 中央、地区或地方政府和主管机关所采取的措施;及

(ii) 由中央、地区或地方政府或主管机关授权行使权力的非政府机构所采取的措施。

在履行本协定项下的义务和承诺时,每一成员应采取其所能采取的合理措施,以保证其领土内的地区、地方政府和主管机关以及非政府机构遵守这些义务和承诺。

(b)"服务"包括任何部门的任何服务,但在行使政府职权时提供的服务除外;

(c)"行使政府职权时提供的服务"指既不依据商业基础提供,也不与一个或多个服务提供者竞争的任何服务。

第二部分　一般义务和纪律

第2条　最惠国待遇

1. 关于本协定涵盖的任何措施,每一成员对于任何其他成员的服务和服务提供者,应立即和无条件地给予不低于其给予任何其他国家类似服务①和服务提供者的待遇。

2. 一成员可维持与第1款不一致的措施,只要该措施已列入《关于第2条豁免的附件》,并符合该附件中的条件。

3. 本协定的规定不得解释为阻止任何成员对相邻国家授予或给予优惠,以便利仅限于毗连边境地区的当地生产和消费的服务的交换。

第3条　透　明　度

1. 除紧急情况外,每一成员应迅速公布有关或影响本协定运用的所有普遍适用的措施,最迟应在此类措施生效之时。一成员为签署方的有关或影响服务贸易的国际协定也应予以公布。

2. 如第1款所指的公布不可行,则应以其他方式使此类信息可公开获得。

3. 每一成员应迅速并至少每年向服务贸易理事会通知对本协定项下具体承诺所涵盖的服务贸易有重大影响的任何新的法律、法规、行政准则或现有法律、法规、行政准则的任何变更。

4. 每一成员对于任何其他成员关于提供属第1款范围内的任何普遍适用的措施或国际协定的具体信息的所有请求应迅速予以答复。每一成员还应设立一个或多个咨询点,以应请求就所有此类事项和需遵守第3款中的通知要求的事项向其他成员提供具体信息。此类咨询点应在《建立世界贸易组织协定》(本协定中称"《WTO协定》")生效之日起2年内设立。对于个别发展中国家成员,可同意在设立咨询点的时限方面给予它们适当的灵活性。咨询点不必是法律和法规的保存机关。

5. 任何成员可将其认为影响本协定运用的、任何其他成员采取的任何措施通知服务贸易理事会。

第3条之二　机密信息的披露

本协定的任何规定不得要求任何成员提供一经披露即妨碍执法或违背公共利益或损害特定公私企业合法商业利益的机密信息。

---

① 英文原文为"like services",原译为"同类服务",下同。——房东注。

第4条 发展中国家的更多参与

1. 不同成员应按照本协定第三部分和第四部分的规定,通过谈判达成有关以下内容的具体承诺,以便利发展中国家成员更多地参与世界贸易:

(a) 增强其国内服务能力、效率和竞争力,特别是通过在商业基础上获得技术;

(b) 改善其进入分销渠道和利用信息网络的机会;以及

(c) 在对其有出口利益的部门和服务提供方式实现市场准入自由化。

2. 发达国家成员和在可能的限度内的其他成员,应在《WTO 协定》生效之日起2年内设立联络点,以便利发展中国家成员的服务提供者获得与其各自市场有关的、关于以下内容的信息:

(a) 服务提供的商业和技术方面的内容;

(b) 专业资格的登记、认可和获得;以及

(c) 服务技术的可获性。

3. 在实施第1款和第2款时,应对最不发达国家成员给予特别优先。鉴于最不发达国家的特殊经济状况及其发展、贸易和财政需要,对于它们在接受谈判达成的具体承诺方面存在的严重困难应予特殊考虑。

第5条 经济一体化

1. 本协定不得阻止任何成员参加或达成在参加方之间实现服务贸易自由化的协定,只要此类协定:

(a) 涵盖众多服务部门①,并且

(b) 规定在该协定生效时或在一合理时限的基础上,对于(a)项所涵盖的部门,在参加方之间通过以下方式不实行或取消第17条意义上的实质上所有歧视:

(i) 取消现有歧视性措施,和/或

(ii) 禁止新的或更多的歧视性措施,

但第11条、第12条、第14条以及第14条之二下允许的措施除外。

2. 在评估第1款(b)项下的条件是否得到满足时,可考虑该协定与有关国家之间更广泛的经济一体化或贸易自由化进程的关系。

3. (a) 如发展中国家为第1款所指类型协定的参加方,则应依照有关国家总体和各服务部门及分部门的发展水平,在第1款所列条件方面,特别是其中(b)项所列条件方面给予灵活性。

(b) 尽管有第6款的规定,但是在第1款所指类型的协定只涉及发展中国家的情况下,对此类协定参加方的自然人所拥有或控制的法人仍可给予更优惠的待遇。

4. 第1款所指的任何协定应旨在便利协定参加方之间的贸易,并且与订立该协定之前的适用水平相比,对于该协定外的任何成员,不得提高相应服务部门或分部门内的服务贸易壁垒的总体水平。

---

① 此条件应根据部门数量、受影响的贸易量和提供方式进行理解。为满足此条件,协定不应规定预先排除任何服务提供方式。

5. 如因第1款下的任何协定的订立、扩大或任何重大修改,一成员有意修改或撤销一具体承诺,因而与其减让表中所列条款和条件不一致,则该成员应至少提前90天通知该项修改或撤销,并应适用第21条第2款、第3款和第4款中所列程序。

6. 任何其他成员的服务提供者,如属根据第1款所指协定参加方的法律所设立的法人,则有权享受该协定项下给予的待遇,只要该服务提供者在该协定的参加方领土内从事实质性商业经营。

7. (a) 属第1款所指任何协定参加方的成员应迅速将任何此类协定及其任何扩大或重大修改通知服务贸易理事会。它们还应使理事会可获得其所要求的有关信息。理事会可设立工作组,以审查此类协定及其扩大或修改,并就其与本条规定的一致性问题向理事会提出报告。

(b) 属第1款所指的在一时限基础上实施的任何协定参加方的成员应定期就协定的实施情况向服务贸易理事会提出报告。理事会如认为必要,可设立工作组,以审查此类报告。

(c) 依据(a)项和(b)项所指的工作组的报告,理事会可向参加方提出其认为适当的建议。

8. 属第1款所指的任何协定参加方的成员,不可对任何其他成员从此类协定中可能获得的贸易利益寻求补偿。

第5条之二 劳动力市场一体化协定

本协定不得阻止任何成员参加在参加方之间实现劳动力市场完全一体化①的协定,只要此类协定:

(a) 对协定参加方的公民免除有关居留和工作许可的要求;

(b) 通知服务贸易理事会。

第6条 国内法规

1. 在已作出具体承诺的部门中,每一成员应保证所有影响服务贸易的普遍适用的措施以合理、客观和公正的方式实施。

2. (a) 对每一成员应维持或尽快设立司法、仲裁或行政庭或程序,在受影响的服务提供者请求下,对影响服务贸易的行政决定迅速进行审查,并在请求被证明合理的情况下提供适当的补救。如此类程序并不独立于作出有关行政决定的机构,则该成员应保证此类程序在实际中提供客观和公正的审查。

(b) (a)项的规定不得解释为要求一成员设立与其宪法结构或其法律制度的性质不一致的法庭或程序。

3. 对已作出具体承诺的服务,如提供此种服务需要得到批准,则一成员的主管机关应在根据其国内法律法规被视为完整的申请提交后一段合理时间内,将有关该申请的决定通知申请人。在申请人请求下,该成员的主管机关应提供有关申请情况的信息,不得有不当延误。

4. 为保证有关资格要求和程序、技术标准和许可要求的各项措施不致构成不必要的服

① 一般情况下,此类一体化为其参加方的公民提供自由进入各参加方就业市场的权利,并包括有关工资条件及其他就业和社会福利条件的措施。

务贸易壁垒,服务贸易理事会应通过其可能设立的适当机构,制定任何必要的纪律。此类纪律应旨在特别保证上述要求:

(a) 依据客观的和透明的标准,例如提供服务的能力和资格;

(b) 不得比为保证服务质量所必需的限度更难以负担;

(c) 如为许可程序,则这些程序本身不成为对服务提供的限制。

5.(a) 在一成员已作出具体承诺的部门中,在按照第4款为这些部门制定的纪律生效之前,该成员不得以以下方式实施使此类具体承诺失效或减损的许可要求、资格要求和技术标准:

(i) 不符合第4款(a)项、(b)项或(c)项中所概述的标准的;且

(ii) 在该成员就这些部门作出具体承诺时,不可能合理预期的。

(b) 在确定一成员是否符合第5款(a)项下的义务时,应考虑该成员所实施的有关国际组织①的国际标准。

6. 在已就专业服务作出具体承诺的部门,每一成员应规定适当程序,以核验任何其他成员专业人员的能力。

第7条 承 认

1. 为使服务提供者获得授权、许可或证明的标准或准则得以全部或部分实施,在遵守第3款要求的前提下,一成员可承认在特定国家已获得的教育或经历、已满足的要求、或已给予的许可或证明。此类可通过协调或其他方式实现的承认,可依据与有关国家的协定或安排,也可自动给予。

2. 属第1款所指类型的协定或安排参加方的成员,无论此类协定或安排是现有的还是在将来订立,均应向其他利害关系成员提供充分的机会,以谈判加入此类协定或安排,或与其谈判类似的协定或安排。如一成员自动给予承认,则应向任何其他成员提供充分的机会,以证明在该其他成员获得的教育、经历、许可或证明以及满足的要求应得到承认。

3. 一成员给予承认的方式不得构成在适用服务提供者获得授权、许可或证明的标准或准则时在各国之间进行歧视的手段,或构成对服务贸易的变相限制。

4. 每一成员应:

(a) 在《WTO协定》对其生效之日起12个月内,向服务贸易理事会通知其现有的承认措施,并说明此类措施是否以第1款所述类型的协定或安排为依据:

(b) 在就第1款所指类型的协定或安排进行谈判之前,尽早迅速通知服务贸易理事会,以便向任何其他成员提供充分的机会,使其能够在谈判进入实质性阶段之前表明其参加谈判的兴趣;

(c) 如采用新的承认措施或对现有措施进行重大修改,则迅速通知服务贸易理事会,并说明此类措施是否以第1款所指类型的协定或安排为依据。

5. 只要适当,承认即应以多边议定的准则为依据。在适当的情况下,各成员应与有关政府间组织或非政府组织合作,以制定和采用关于承认的共同国际标准和准则,以及有关服务行业和职业实务的共同国际标准。

---

① "有关国际组织"指成员资格对至少所有WTO成员的有关机构开放的国际机构。

第8条　垄断和专营服务提供者

1. 每一成员应保证在其领土内的任何垄断服务提供者在有关市场提供垄断服务时，不以与其在第2条和具体承诺下的义务不一致的方式行事。

2. 如一成员的垄断提供者直接或通过附属公司参与其垄断权范围之外且受该成员具体承诺约束的服务提供的竞争，则该成员应保证该提供者不滥用其垄断地位在其领土内以与此类承诺不一致的方式行事。

3. 如一成员有理由认为任何其他成员的垄断服务提供者以与第1款和第2款不一致的方式行事，则在该成员请求下，服务贸易理事会可要求设立、维持或授权该服务提供者的成员提供有关经营的具体信息。

4. 在《WTO协定》生效之日后，如一成员对其具体承诺所涵盖的服务提供给予垄断权，则该成员应在所给予的垄断权预定实施前不迟于3个月通知服务贸易理事会，并应适用第21条第2款、第3款和第4款的规定。

5. 如一成员在形式上或事实上(a)授权或设立少数几个服务提供者，且(b)实质性地阻止这些服务提供者在其领土内相互竞争，则本条的规定应适用于此类专营服务提供者。

第9条　商业惯例

1. 各成员认识到，除属第8条范围内的商业惯例外，服务提供者的某些商业惯例会抑制竞争，从而限制服务贸易。

2. 在任何其他成员请求下，每一成员应进行磋商，以期取消第1款所指的商业惯例。被请求的成员对此类请求应给予充分和积极的考虑，并应通过提供与所涉事项有关的、可公开获得的非机密信息进行合作。在遵守其国内法律并在就提出请求的成员保障其机密性达成令人满意的协议的前提下，被请求的成员还应向提出请求的成员提供其他可获得的信息。

第10条　紧急保障措施

1. 应就紧急保障措施问题在非歧视原则基础上进行多边谈判。此类谈判的结果应在不迟于《WTO协定》生效之日起3年的一日期生效。

2. 在第1款所指的谈判结果生效之前的时间内，尽管有第21条第1款的规定，但是任何成员仍可在其一具体承诺生效1年后，向服务贸易理事会通知其修改或撤销该承诺的意向；只要该成员向理事会说明该修改或撤销不能等待第21条第1款规定的3年期限期满的理由。

3. 第2款的规定应在《WTO协定》生效之日起3年后停止适用。

第11条　支付和转移

1. 除在第12条中设想的情况下外，一成员不得对与其具体承诺有关的经常项目交易的国际转移和支付实施限制。

2. 本协定的任何规定不得影响国际货币基金组织的成员在《基金组织协定》项下的权利和义务，包括采取符合《基金组织协定》的汇兑行动，但是一成员不得对任何资本交易设置与其有关此类交易的具体承诺不一致的限制，根据第12条或在基金请求下除外。

第12条 保障国际收支的限制

1. 如发生严重国际收支和对外财政困难或其威胁，一成员可对其已作出具体承诺的服务贸易，包括与此类承诺有关的交易的支付和转移，采取或维持限制。各方认识到，由于处于经济发展或经济转型过程中的成员在国际收支方面的特殊压力，可能需要使用限制措施，特别是保证维持实施其经济发展或经济转型计划所需的适当财政储备水平。

2. 第1款所指的限制：

(a) 不得在各成员之间造成歧视；

(b) 应与《国际货币基金组织协定》相一致；

(c) 应避免对任何其他成员的商业、经济和财政利益造成不必要的损害；

(d) 不得超过处理第1款所指的情况所必需的限度；

(e) 应是暂时的，并应随第1款列明情况的改善而逐步取消。

3. 在确定此类限制的影响范围时，各成员可优先考虑对其经济或发展计划更为重要的服务提供。但是，不得为保护一特定服务部门而采取或维持此类限制。

4. 根据第1款采取或维持的任何限制，或此类限制的任何变更，应迅速通知总理事会。

5. (a) 实施本条规定的成员应就根据本条采取的限制迅速与国际收支限制委员会进行磋商。

(b) 部长级会议应制定定期磋商的程序①，以便能够向有关成员提出其认为适当的建议。

(c) 此类磋商应评估有关成员的国际收支状况和根据本条采取或维持的限制，同时特别考虑如下因素：

(i) 国际收支和对外财政困难的性质和程度；

(ii) 磋商成员的外部经济和贸易环境；

(iii) 其他可采取的替代纠正措施。

(d) 磋商应处理任何限制与第2款一致性的问题，特别是依照第2款(e)项逐步取消限制的问题。

(e) 在此类磋商中，应接受国际货币基金组织提供的与外汇、货币储备和国际收支有关的所有统计和其他事实，结论应以基金对磋商成员国际收支状况和对外财政状况的评估为依据。

6. 如不属国际货币基金组织成员的一成员希望适用本条的规定，则部长级会议应制定审议程序和任何其他必要程序。

第13条 政 府 采 购

1. 第2条、第16条和第17条不得适用于管理政府机构为政府目的而购买服务的法律、法规或要求，此种购买不是为进行商业转售或为供商业销售而在提供服务过程中使用。

2. 在《WTO协定》生效之日起2年内，应就本协定项下服务的政府采购问题进行多边谈判。

---

① 各方理解，第5款下的程序应与GATT1994的程序相同。

第14条　一般例外

在此类措施的实施不在情形类似的国家之间构成任意或不合理歧视的手段或构成对服务贸易的变相限制的前提下,本协定的任何规定不得解释为阻止任何成员采取或实施以下措施:

(a) 为保护公共道德或维护公共秩序①所必需的措施;

(b) 为保护人类、动物或植物的生命或健康所必需的措施;

(c) 为使与本协定的规定不相抵触的法律或法规得到遵守所必需的措施,包括与下列内容有关的法律或法规:

(i) 防止欺骗和欺诈行为或处理服务合同违约而产生的影响;

(ii) 保护与个人信息处理和传播有关的个人隐私及保护个人记录和账户的机密性;

(iii) 安全;

(d) 与第17条不一致的措施,只要待遇方面的差别旨在保证对其他成员的服务或服务提供者公平或有效地②课征或收取直接税;

(e) 与第2条不一致的措施,只要待遇方面的差别是约束该成员的避免双重征税的协定或任何其他国际协定或安排中关于避免双重征税的规定的结果。

第14条之二　安全例外

1. 本协定的任何规定不得解释为:

(a) 要求任何成员提供其认为如披露则会违背其根本安全利益的任何信息;或

(b) 阻止任何成员采取其认为对保护其根本安全利益所必需的任何行动:

(i) 与直接或间接为军事机关提供给养的服务有关的行动;

(ii) 与裂变和聚变物质或衍生此类物质的物质有关的行动,

(iii) 在战时或国际关系中的其他紧急情况下采取的行动;或

(c) 阻止任何成员为履行其在《联合国宪章》项下的维护国际和平与安全的义务而采取的任何行动。

---

① 只有在社会的某一根本利益受到真正的和足够严重的威胁时,方可援引公共秩序例外。

② 旨在保证公平或有效地课征和收取直接税的措施包括一成员根据其税收制度所采取的下列措施:

(ⅰ) 认识到非居民的纳税义务由源自或位于该成员领土内的应征税项目确定的事实,而对非居民服务提供者实施的措施;或

(ⅱ) 为保证在该成员领土内课税或征税而对非居民实施的措施;或

(ⅲ) 为防止避税或逃税而对非居民或居民实施的措施,包括监察措施;或

(ⅳ) 为保证对服务消费者课征或收取的税款来自该成员领土内的来源而对在另一成员领土内或自另一成员领土提供的服务的消费者实施的措施;或

(ⅴ) 认识到按世界范围应征税项目纳税的服务提供者与其他服务提供者之间在课税基础性质方面的差异而区分这两类服务提供者的措施;或

(ⅵ) 为保障该成员的课税基础而确定、分配或分摊居民或分支机构,或有关联的人员之间,或同一人的分支机构之间收入、利润、收益、亏损、扣除或信用的措施。

第14条(d)款和本脚注中的税收用语和概念,根据采取该措施的成员国内法律中的税收定义和概念,或相当的或类似的定义和概念确定。

2. 根据第1款(b)项和(c)项采取的措施及其终止,应尽可能充分地通知服务贸易理事会。

第15条 补 贴

1. 各成员认识到,在某些情况下,补贴可对服务贸易产生扭曲作用。各成员应进行谈判,以期制定必要的多边纪律,以避免此类贸易扭曲作用。① 谈判还应处理反补贴程序适当性的问题。此类谈判应认识到补贴在发展中国家发展计划中的作用,并考虑到各成员、特别是发展中国家成员在该领域需要灵活性。就此类谈判而言,各成员应就其向国内服务提供者提供的所有与服务贸易有关的补贴交换信息。

2. 任何成员如认为受到另一成员补贴的不利影响,则可请求与该成员就此事项进行磋商。对此类请求,应给予积极考虑。

第三部分 具体承诺

第16条 市场准入

1. 对于通过第1条确认的服务提供方式实现的市场准入,每一成员对任何其他成员的服务和服务提供者给予的待遇,不得低于其在具体承诺清单②中同意和列明的条款、限制和条件。③

2. 在作出市场准入承诺的部门,除非在其承诺清单中另有列明,否则一成员不得在其一地区或在其全部领土内维持或采取按如下定义的措施:

(a) 无论以数量配额、垄断、专营服务提供者的形式,还是以经济需求测试要求的形式,限制服务提供者的数量;

(b) 以数量配额或经济需求测试要求的形式限制服务交易或资产总值;

(c) 以配额或经济需求测试要求的形式,限制服务业务总数或以指定数量单位表示的服务产出总量④;

(d) 以数量配额或经济需求测试要求的形式,限制特定服务部门或服务提供者可雇用的、提供具体服务所必需且直接有关的自然人总数;

(e) 限制或要求服务提供者通过特定类型法律实体或合营企业提供服务的措施;以及

(f) 以限制外国股权最高百分比或限制单个或总体外国投资总额的方式限制外国资本

---

① 未来的工作计划应确定有关此类多边纪律的谈判如何进行及在什么时限内进行。

② 英文原文为"Schedule",原译为"具体承诺减让表",下同。此处的"Schedule"一词系指GATS第20条规定的有关服务贸易的各种"具体承诺清单"(Schedules of Specific Commitments),本身并无"减让"的含义,迥异于GATT1947第2条所规定的有关关税的各种"减让表"(Schedules of Concessions),两者不容混淆。——房东注。

③ 如一成员就通过第1条第2款(a)项所指的方式提供服务作出市场准入承诺,且如果资本的跨境流动是该服务本身必需的部分,则该成员由此已承诺允许此种资本跨境流动。如一成员就通过第1条第2款(c)项所指的方式提供服务作出市场准入承诺,则该成员由此已承诺允许有关的资本转移进入其领土内。

④ 第2款(c)不涵盖一成员限制服务提供投入的措施。

的参与。

第17条 国民待遇

1. 对于列入承诺清单的部门，在遵守其中所列任何条件和资格的前提下，每一成员在影响服务提供的所有措施方面给予任何其他成员的服务和服务提供者的待遇，不得低于其给予本国类似服务和服务提供者的待遇。①

2. 一成员可通过对任何其他成员的服务或服务提供者给予与其本国类似服务或服务提供者的待遇形式上相同或不同的待遇，满足第1款的要求。

3. 如形式上相同或不同的待遇改变竞争条件，与任何其他成员的类似服务或服务提供者相比，有利于该成员的服务或服务提供者，则此类待遇应被视为较为不利的待遇。

第18条 附加承诺

各成员可就影响服务贸易、但根据第16条或第17条不需列入承诺清单的措施，包括有关资格、标准或许可事项的措施，谈判承诺。此类承诺应列入一成员承诺清单。

第四部分 逐步自由化

第19条 具体承诺的谈判

1. 为推行本协定的目标，各成员应不迟于《WTO协定》生效之日起5年开始并在此后定期进行连续回合的谈判，以期逐步实现更高的自由化水平。此类谈判应针对减少或取消各种措施对服务贸易的不利影响，以此作为提供有效市场准入的手段。此进程的进行应旨在在互利基础上促进所有参加方的利益，并保证权利和义务的总体平衡。

2. 自由化进程的进行应适当尊重各成员的国家政策目标及其总体和各部门的发展水平。个别发展中国家成员应有适当的灵活性，以开放较少的部门，放开较少类型的交易，以符合其发展状况的方式逐步扩大市场准入，并在允许外国服务提供者进入其市场时，对此类准入附加旨在实现第4条所指目标的条件。

3. 对于每一回合，应制定谈判准则和程序。就制定此类准则而言，服务贸易理事会应参照本协定的目标，包括第4条第1款所列目标，对服务贸易进行总体的和逐部门的评估。谈判准则应为处理各成员自以往谈判以来自主采取的自由化和在第4条第3款下给予最不发达国家成员的特殊待遇制定模式。

4. 各谈判回合均应通过旨在提高各成员在本协定项下所作具体承诺总体水平的双边、诸边或多边谈判，推进逐步自由化的进程。

第20条 具体承诺清单②

1. 每一成员应在承诺清单中列出其根据本协定第三部分作出的具体承诺。对于作出此

---

① 根据本条承担的具体承诺不得解释为要求任何成员对由于有关服务或服务提供者的外国特性而产生的任何固有的竞争劣势作出补偿。

② 英文原文为“Schedules of Specific Commitments”，原译为“具体承诺减让表”，下同。参见上页第16条之脚注①——房东注。

类承诺的部门，每一承诺清单应列明：

(a) 市场准入的条款、限制和条件；

(b) 国民待遇的条件和资格；

(c) 与附加承诺有关的承诺；

(d) 在适当时，实施此类承诺的时限；以及

(e) 此类承诺生效的日期。

2. 与第 16 条和第 17 条不一致的措施应列入与第 16 条有关的栏目。在这种情况下，所列内容将被视为也对第 17 条规定了条件或资格。

3. 具体承诺清单应附在本协定之后，并应成为本协定的组成部分。

第 21 条 承诺清单的修改

1. (a) 一成员(本条中称"修改成员")可依照本条的规定，在承诺清单中任何承诺生效之日起 3 年期满后的任何时间修改或撤销该承诺。

(b) 修改成员应将其根据本条修改或撤销一承诺的意向，在不迟于实施修改或撤销的预定日期前 3 个月通知服务贸易理事会。

2. (a) 在本协定项下的利益可能受到根据第 1 款(b)项通知的拟议修改或撤销影响的任何成员(本条中称"受影响成员")请求下，修改成员应进行谈判，以期就任何必要的补偿性调整达成协议。在此类谈判和协定中，有关成员应努力维持互利承诺的总体水平，使其不低于在此类谈判之前具体承诺清单中规定的对贸易的有利水平。

(b) 补偿性调整应在最惠国待遇基础上作出。

3. (a) 如修改成员和任何受影响成员未在规定的谈判期限结束之前达成协议，则此类受影响成员可将该事项提交仲裁。任何希望行使其可能享有的补偿权的受影响成员必须参加仲裁。

(b) 如无受影响成员请求仲裁，则修改成员有权实施拟议的修改或撤销。

4. (a) 修改成员在作出符合仲裁结果的补偿性调整之前，不可修改或撤销其承诺。

(b) 如修改成员实施其拟议的修改或撤销而未遵守仲裁结果，则任何参加仲裁的受影响成员可修改或撤销符合这些结果的实质相等的利益。尽管有第 2 条的规定，但是此类修改或撤销可只对修改成员实施。

5. 服务贸易理事会应为更正或修改承诺清单制定程序。根据本条修改或撤销承诺的任何成员应根据此类程序修改其承诺清单。

第五部分 机构条款

第 22 条 磋 商

1. 每一成员应对任何其他成员可能提出的、关于就影响本协定运用的任何事项的交涉所进行的磋商给予积极考虑，并提供充分的机会。《争端解决谅解》(DSU)应适用于此类磋商。

2. 在一成员请求下，服务贸易理事会或争端解决机构(DSB)可就其通过根据第 1 款进行的磋商未能找到满意解决办法的任何事项与任何一个或多个成员进行磋商。

3. 一成员不得根据本条或第23条,对另一成员属它们之间达成的与避免双重征税有关的国际协定范围的措施援引第17条。在各成员不能就一措施是否属它们之间的此类协定范围达成一致的情况下,应允许两成员中任一成员将该事项提交服务贸易理事会。① 理事会应将该事项提交仲裁。仲裁人的裁决应为最终的,并对各成员具有约束力。

第23条　争端解决和执行

1. 如任何成员认为任何其他成员未能履行本协定项下的义务或具体承诺,则该成员为就该事项达成双方满意的解决办法可援用DSU。

2. 如DSB认为情况足够严重有理由采取此类行动,则可授权一个或多个成员依照DSU第22条对任何其他一个或多个成员中止义务和具体承诺的实施。

3. 如任何成员认为其根据另一成员在本协定第三部分下的具体承诺可合理预期获得的任何利益,由于实施与本协定规定并无抵触的任何措施而丧失或减损,则可援用DSU。如DSB确定该措施使此种利益丧失或减损,则受影响的成员有权依据第21条第2款要求作出双方满意的调整,其中可包括修改或撤销该措施。如在有关成员之间不能达成协议,则应适用DSU第22条。

第24条　服务贸易理事会

1. 服务贸易理事会应履行对其指定的职能,以便利本协定的运用,并促进其目标的实现。理事会可设立其认为对有效履行其职能适当的附属机构。

2. 理事会及其附属机构应开放供所有成员的代表参加,除非理事会另有决定。

3. 理事会主席应由各成员选举产生。

第25条　技术合作

1. 需要此类援助的成员的服务提供者应可使用第4条第2款所指的咨询点的服务。

2. 给予发展中国家的技术援助应在多边一级由秘书处提供,并由服务贸易理事会决定。

第26条　与其他国际组织的关系

总理事会应就与联合国及其专门机构及其他与服务有关的政府间组织进行磋商和合作作出适当安排。

第六部分　最后条款

第27条　利益的拒绝给予

一成员可对下列情况拒绝给予本协定项下的利益:

(a) 对于一项服务的提供,如确定该服务是自或在一非成员或与该拒绝给予利益的成员不适用《WTO协定》的成员领土内提供的;

---

① 对于在《WTO协定》生效之日已存在的避免双重征税协定,此类事项只有在经该协定各参加方同意后方可提交服务贸易理事会。

(b) 在提供海运服务的情况下,如确定该服务是:

(i) 由一艘根据一非成员或对该拒绝给予利益的成员不适用《WTO 协定》的成员的法律进行注册的船只提供的,及

(ii) 由一经营和/或使用全部或部分船只的人提供的,但该人属一非成员或对该拒绝给予利益的成员不适用《WTO 协定》的成员;

(c) 对于具有法人资格的服务提供者,如确定其不是另一成员的服务提供者,或是对该拒绝给予利益的成员不适用《WTO 协定》的成员的服务提供者。

第 28 条 定 义

就本协定而言:

(a) "措施"指一成员的任何措施,无论是以法律、法规、规则、程序、决定、行政行为的形式还是以任何其他形式;

(b) "服务的提供"包括服务的生产、分销、营销、销售和交付;

(c) "各成员影响服务贸易的措施"包括关于下列内容的措施:

(i) 服务的购买、支付或使用;

(ii) 与服务的提供有关的、各成员要求向公众普遍提供的服务的获得和使用;

(iii) 一成员的个人为在另一成员领土内提供服务的存在,包括商业存在;

(d) "商业存在"指任何类型的商业或专业机构,包括为提供服务而在一成员领土内:

(i) 组建、收购或维持一法人,或

(ii) 创建或维持一分支机构或代表处;

(e) 服务"部门",

(i) 对于一具体承诺,指一成员承诺清单中列明的该项服务的 一个、多个或所有分部门,

(ii) 在其他情况下,则指该服务部门的全部,包括其所有的分部门;

(f) "另一成员的服务",

(i) 指自或在该另一成员领土内提供的服务,对于海运服务,则指由一艘根据该另一成员的法律进行注册的船只提供的服务,或由经营和/或使用全部或部分船只提供服务的该另一成员的人提供的服务;或

(ii) 对于通过商业存在或自然人存在所提供的服务,指由该另一成员服务提供者所提供的服务;

(g) "服务提供者"指提供一服务的任何人①;

(h) "服务的垄断提供者"指一成员领土内有关市场中被该成员在形式上或事实上授权或确定为该服务的独家提供者的任何公私性质的人;

(i) "服务消费者"指得到或使用服务的任何人:

(j) "人"指自然人或法人。

---

① 如该服务不是由法人直接提供,而是通过如分支机构或代表处等其他形式的商业存在提供,则该服务提供者(即该法人)仍应通过该商业存在被给予在本协定项下规定给予服务提供者的待遇。此类待遇应扩大至提供该服务的存在方式,但不需扩大至该服务提供者位于提供服务的领土以外的任何其他部分。

(k)“另一成员的自然人”指居住在该另一成员或任何其他成员领土内的自然人,且根据该另一成员的法律:

(i) 属该另一成员的国民;或

(ii) 在该另一成员中有永久居留权,如该另一成员:

1. 没有国民;或

2. 按其在接受或加入《WTO 协定》时所作通知,在影响服务贸易的措施方面,给予其永久居民的待遇与给予其国民的待遇实质相同,只要各成员无义务使其给予此类永久居民的待遇优于该另一成员给予此类永久居民的待遇。此种通知应包括该另一成员依照其法律和法规对永久居民承担与其他成员对其国民承担相同责任的保证;

(l)“法人”指根据适用法律适当组建或组织的任何法人实体,无论是否以盈利为目的,无论属私营所有还是政府所有,包括任何公司、基金、合伙企业、合资企业、独资企业或协会;

(m)“另一成员的法人”指:

(i) 根据该另一成员的法律组建或组织的、并在该另一成员或任何其他成员领土内从事实质性业务活动的法人;或

(ii) 对于通过商业存在提供服务的情况:

1. 由该成员的自然人拥有或控制的法人;或

2. 由(i)项确认的该另一成员的法人拥有或控制的法人;

(n) 法人:

(i) 由一成员的个人所“拥有”,如该成员的人实际拥有的股本超过 50%,

(ii) 由一成员的个人所“控制”,如此类人拥有任命其大多数董事或以其他方式合法指导其活动的权力;

(iii) 与另一成员具有“附属”关系,如该法人控制该另一人,或为该另一人所控制;或该法人和该另一人为同一人所控制;

(o)“直接税”指对总收入、总资本或对收入或资本的构成项目征收的所有税款,包括对财产转让收益、不动产、遗产和赠与、企业支付的工资或薪金总额以及资本增值所征收的税款。

第29条 附 件

本协定的附件为本协定的组成部分。

附件 关于第2条豁免的附件

范 围

1. 本附件规定了一成员在本协定生效时豁免其在第 2 条第 1 款下义务的条件。

2.《WTO 协定》生效之日后提出的任何新的豁免应根据其第 9 条第 3 款处理。

审 议

3. 服务贸易理事会应对所给予的超过 5 年期的豁免进行审议。首次审议应在《WTO 协定》生效后不超过 5 年进行。

4. 服务贸易理事会在审议中应：

(a) 审查产生该豁免的条件是否仍然存在；并

(b) 确定任何进一步审议的日期。

终 止

5. 就一特定措施对一成员在本协定第2条第1款下义务的豁免在该豁免规定的日期终止。

6. 原则上，此类豁免不应超过10年。无论如何，此类豁免应在今后的贸易自由化回合中进行谈判。

7. 在豁免期终止时，一成员应通知服务贸易理事会已使该不一致的措施符合本协定第2条第1款。

第2条 豁免清单

[根据第2条第2款议定的豁免清单在《WTO协定》的条约文本中作为本附件的一部分。]

关于本协定项下提供服务的自然人流动的附件

1. 本附件在服务提供方面，适用于影响作为一成员服务提供者的自然人的措施，及影响一成员服务提供者雇用的一成员的自然人的措施。

2. 本协定不得适用于影响寻求进入一成员就业市场的自然人的措施，也不得适用于在永久基础上有关公民身份、居住或就业的措施。

3. 依照本协定第三部分和第四部分的规定，各成员可就在本协定项下提供服务的所有类别的自然人流动所适用的具体承诺进行谈判。应允许具体承诺所涵盖的自然人依照该具体承诺的条件提供服务。

4. 本协定不得阻止一成员实施对自然人进入其领土或在其领土内暂时居留进行管理的措施，包括为保护其边境完整和保证自然人有序跨境流动所必需的措施，只要此类措施的实施不致使任何成员根据一具体承诺的条件所获得的利益丧失或减损。①

关于空运服务的附件

1. 本附件适用于影响定期或不定期空运服务贸易及附属服务的措施。各方确认在本协定项下承担的任何具体承诺或义务不得减少或影响一成员在《WTO协定》生效之日已生效的双边或多边协定项下的义务。

2. 本协定，包括其争端解决程序，不得适用于影响下列内容的措施：

(a) 业务权，无论以何种形式给予；或

(b) 与业务权的行使直接有关的服务，

但本附件第3款中的规定除外。

① 对某些成员的自然人要求签证而对其他成员的自然人不作要求的事实不得视为使根据一具体承诺获得的利益丧失或减损。

3. 本协定适用于影响下列内容的措施：

(a) 航空器的修理和保养服务；

(b) 空运服务的销售和营销；

(c) 计算机预订系统(CRS)服务。

4. 本协定的争端解决程序只有在有关成员已承担义务或具体承诺、且双边和其他多边协定或安排中的争端解决程序已用尽的情况下方可援引。

5. 服务贸易理事会应定期且至少每5年一次审议空运部门的发展情况和本附件的运用情况，以期考虑将本协定进一步适用于本部门的可能性。

6. 定义：

(a)"航空器的修理和保养服务"指在航空器退出服务的情况下对航空器或其一部分进行的此类活动，不包括所谓的日常维修。

(b)"空运服务的销售和营销"指有关航空承运人自由销售和推销其空运服务的机会，包括营销的所有方面，如市场调查、广告和分销。这些活动不包括空运服务的定价，也不包括适用的条件。

(c)"计算机预订系统(CRS)服务"指由包含航空承运人的时刻表、可获性、票价和定价规则等信息的计算机系统所提供的服务，可通过该系统进行预订或出票。

(d)"业务权"指以有偿或租用方式，往返于一成员领土或在该领土之内或之上经营和/或运载乘客、货物和邮件的定期或不定期服务的权利，包括服务的地点、经营的航线、运载的运输类型、提供的能力、收取的运费及其条件以及指定航空公司的标准，如数量、所有权和控制权等标准。

关于金融服务的附件

1. 范围和定义

(a) 本附件适用于影响金融服务提供的措施。本附件所指的金融服务提供应指提供按本协定第1条第2款定义的服务。

(b) 就本协定第1条第3款(b)项而言，"在行使政府职权时提供的服务"指：

(i) 中央银行或货币管理机关或任何其他公共实体为推行货币或汇率政策而从事的活动；

(ii) 构成社会保障法定制度或公共退休计划组成部分的活动；以及

(iii) 公共实体代表政府或由政府担保或使用政府的财政资源而从事的其他活动。

(c) 就本协定第1条第3款(b)项而言，如一成员允许其金融服务提供者从事本款(b)项(ii)目或(iii)目所指的任何活动，与公共实体或金融服务提供者进行竞争，则"服务"应包括此类活动。

(d) 本协定第1条第3款(c)项不得适用于本附件涵盖的服务。

2. 国内法规

(a) 尽管有本协定的任何其他规定，但是不得阻止一成员为审慎原因而采取措施，包括为保护投资人、存款人、保单持有人或金融服务提供者对其负有信托责任的人而采取的措施，或为保证金融体系完整和稳定而采取的措施。如此类措施不符合本协定的规定，则不得用作逃避该成员在本协定项下的承诺或义务的手段。

(b) 本协定的任何规定不得解释为要求一成员披露有关个人客户的事务和账户的信息，或公共实体拥有的任何机密或专有信息。

3. 承认

(a) 一成员在决定其有关金融服务的措施应如何实施时，可承认任何其他国家的审慎措施。此类承认可以依据与有关国家的协定或安排，通过协调或其他方式实现，也可自动给予。

(b) 属(a)项所指协定或安排参加方的一成员，无论该协定或安排是将来的还是现有的，如在该协定或安排的参加方之间存在此类法规的相同法规、监督和实施，且如适当，还存在关于信息共享的程序，则应向其他利害关系成员提供谈判加入该协定或安排的充分机会，或谈判达成类似的协定或安排。如一成员自动给予承认，则应为任何其他成员提供证明此类情况存在的充分机会。

(c) 如一成员正在考虑对任何其他国家的审慎措施予以承认，则不得适用第 7 条第 4 款(b)项。

4. 争端解决

关于审慎措施和其他金融事项争端的专家组应具备与争议中的具体金融服务有关的必要的专门知识。

5. 定义

就本附件而言：

(a) 金融服务指一成员金融服务提供者提供的任何金融性质的服务。金融服务包括所有保险及其相关服务，及所有银行和其他金融服务(保险除外)。金融服务包括下列活动：

保险及其相关服务

(i) 直接保险(包括共同保险)：

(A) 寿险

(B) 非寿险

(ii) 再保险和转分保；

(iii) 保险中介，如经纪和代理；

(iv) 保险附属服务，如咨询、精算、风险评估和理赔服务；

银行和其他金融服务(保险除外)

(v) 接受公众存款和其他应偿还基金；

(vi) 所有类型的贷款，包括消费信贷、抵押信贷、商业交易的代理和融资；

(vii) 财务租赁；

(viii) 所有支付和货币转移服务，包括信用卡、赊账卡、贷记卡、旅行支票和银行汇票；

(ix) 担保和承诺；

(x) 交易市场、公开市场或场外交易市场的自行交易或代客交易：

(A) 货币市场工具(包括支票、汇票、存单)；

(B) 外汇；

(C) 衍生产品，包括但不仅限于期货和期权；

(D) 汇率和利率工具，包括换汇和远期利率协议等产品；

(E) 可转让证券；

(F) 其他可转让票据和金融资产，包括金银条块。

(xi) 参与各类证券的发行,包括承销和募集代理(无论公开或私下),并提供与该发行有关的服务;

(xii) 货币经纪;

(xiii) 资产管理,如现金或证券管理、各种形式的集体投资管理、养老基金管理、保管、存款和信托服务;

(xiv) 金融资产的结算和清算服务,包括证券、衍生产品和其他可转让票据;

(xv) 提供和传送其他金融服务提供者提供的金融信息、金融数据处理和相关软件;

(xvi) 就(v)至(xv)目所列的所有活动提供咨询、中介和其他附属金融服务,包括信用调查和分析、投资和资产组合的研究和咨询、收购咨询、公司重组和策略咨询。

(b) 金融服务提供者指希望提供或正在提供金融服务的一成员的自然人或法人,但"金融服务提供者"一词不包括公共实体。

(c) "公共实体"指:

(i) 一成员的政府、中央银行或货币管理机关,或由一成员拥有或控制的、主要为政府目的执行政府职能或进行的活动的实体,不包括主要在商业条件下从事金融服务提供的实体;或

(ii) 在行使通常由中央银行或货币管理机关行使的职能时的私营实体。

关于金融服务的第二附件

1. 尽管有本协定第 2 条和《关于第 2 条豁免的附件》第 1 款和第 2 款的规定,但是一成员仍可在《WTO 协定》生效之日起 4 个月后开始的 60 天内,将与本协定第 2 条第 1 款不一致的有关金融服务的措施列入该附件。

2. 尽管有本协定第 21 条的规定,但是一成员仍可在《WTO 协定》生效之日起 4 个月后开始的 60 天内,改善、修改或撤销列入其承诺清单的有关金融服务的全部或部分具体承诺。

3. 服务贸易理事会应为适用第 1 款和第 2 款制定必要的程序。

关于海运服务谈判的附件

1. 第 2 条和《关于第 2 条豁免的附件》,包括关于在该附件中列出一成员将维持的、与最惠国待遇不一致的任何措施的要求,只有在以下日期方可对国际海运、附属服务以及港口设施的进入和使用生效:

(a) 根据《关于海运服务谈判的部长决定》第 4 段确定的实施日期;或

(b) 如谈判未能成功,则为该决定中规定的海运服务谈判组最终报告的日期。

2. 第 1 款不得适用于已列入一成员承诺清单的任何关于海运服务的具体承诺。

3. 尽管有第 21 条的规定,但是自第 1 款所指的谈判结束起至实施日期前,一成员仍可改善、修改或撤销在本部门的全部或部分具体承诺而无需提供补偿。

关于电信服务的附件

1. 目标

认识到电信服务部门的特殊性,特别是其作为经济活动的独特部门和作为其他经济活动的基本传输手段而起到的双重作用,各成员就以下附件达成一致,旨在详述本协定中有关影

响进入和使用公共电信传输网络和服务的措施的规定。因此，本附件为本协定提供注释和补充规定。

2. 范围

(a) 本附件应适用于一成员影响进入和使用公共电信传输网络和服务的所有措施。①

(b) 本附件不得适用于影响电台或电视节目的电缆或广播播送的措施。

(c) 本附件的任何规定不得解释为：

(i) 要求一成员在其承诺清单中规定的之外授权任何其他成员的服务提供者建立、建设、收购、租赁、经营或提供电信传输网络或服务，或

(ii) 要求一成员（或要求一成员责成其管辖范围内的服务提供者）建立、建设、收购、租赁、经营或提供未对公众普遍提供的电信传输网络或服务。

3. 定义

就本附件而言：

(a)“电信”指以任何电磁方式传送和接收信号。

(b)“公共电信传输服务”指一成员明确要求或事实上要求向公众普遍提供的任何电信传输服务。此类服务可特别包括电报、电话、电传和数据传输，其典型特点是在两点或多点之间对客户提供的信息进行实时传输，而客户信息的形式或内容无任何端到端的变化。

(c)“公共电信传输网络”指可在规定的两个或多个网络端接点之间进行通讯的公共电信基础设施。

(d)“公司内部通信”指公司内部或与其子公司、分支机构进行通信的电信，在遵守一成员国内法律和法规的前提下，还可包括与附属公司进行通信的电信。为此目的，“子公司”、“分支机构”和适用的“附属公司”应由每一成员定义。本附件中的“公司内部通信”不包括向与无关联的子公司、分支机构或附属公司提供的商业或非商业服务，也不包括向客户或潜在客户提供的商业或非商业服务。

(e) 对本附件的各款或各项的任何提及均包括其中所有各目。

4. 透明度

在适用本协定第3条时，每一成员应保证可公开获得的关于影响进入和使用公共电信传输网络和服务条件的有关信息，包括：服务的收费及其他条款和条件；与此类网络和服务的技术接口规范；负责制定和采用影响进入和使用标准的机构的信息；适用于终端连接或其他设备的条件；可能的通知、注册或许可要求（若有的话）。

5. 公共电信传输网络和服务的进入和使用

(a) 每一成员应保证任何其他成员的任何服务提供者可按照合理和非歧视的条款和条件进入和使用其公共电信传输网络和服务，以提供其承诺清单中包括的服务。此义务应特别通过(b)至(f)项的规定实施。②

(b) 每一成员应保证任何其他成员的服务提供者可进入和使用其境内或跨境提供的任

---

① 本项被理解为每一成员应保证采取任何必要的措施使本附件的义务适用于公共电信传输网络和服务的提供者。

② “非歧视”一词理解为指本协定定义的最惠国待遇和国民待遇，反映在具体部门中，该词指“不低于在相似情况下给予同类公共电信传输网络或服务的任何其他使用者的条款和条件”。

何公共电信传输网络或服务,包括专门租用电路,并为此应保证在遵守(e)项和(f)项规定的前提下,允许此类服务提供者:

(i) 购买或租用和连接终端或服务提供者提供服务所必需的其他网络接口设备;

(ii) 将专门租用或拥有的电路与公共电信传输网络和服务互连,或与另一服务提供者租用或拥有的电路互联;以及

(iii) 在提供任何服务时使用该服务提供者自主选择的操作规程,但为保证公众可普遍使用电信传输网络和服务所必需的情况除外。

(c) 每一成员应保证任何其他成员的服务提供者可使用公共电信传输网络和服务在其境内或跨境传送信息,包括此类服务提供者的公司内部通信,以及使用在任何成员领土内的数据库所包含的或以机器可读形式存储的信息。如一成员采取严重影响此类使用的任何新的或修改的措施,则应依照本协定有关规定作出通知,并进行磋商。

(d) 尽管有上一项的规定,但是一成员仍可采取必要措施,以保证信息的安全和机密性,但要求此类措施不得以对服务贸易构成任意的或不合理的歧视或构成变相限制的方式实施。

(e) 每一成员应保证不对公共电信传输网络和服务的进入和使用附加条件,但为以下目的所必需的条件除外:

(i) 保障公共电信传输网络和服务提供者的公共服务责任,特别是使其网络或服务可使公众普遍获得的能力;

(ii) 保护公共电信传输网络或服务的技术完整性;或

(iii) 保证任何其他成员的服务提供者不提供该成员承诺清单中承诺所允许之外的服务。

(f) 只要满足(e)项所列标准,进入和使用公共电信传输网络和服务的条件可包括:

(i) 限制此类服务的转售或分享使用;

(ii) 使用特定的技术接口与此类网络和服务进行互联的要求,包括使用接口协议;

(iii) 必要时,关于此类服务互操作性的要求,及鼓励实现第7款(a)项所列目标的要求;

(iv) 终端和其他网络接口设备的定型,及与此类设备与此类网络连接有关的技术要求;

(v) 限制专门租用或拥有的电路与此类网络或服务互联,或与另一服务提供者租用或拥有的电路互联;或

(vi) 通知、注册和许可。

(g) 尽管有本节前几项的规定,但是一发展中国家成员仍可在与其发展水平相一致的情况下,对公共电信传输网络和服务的进入和使用可设置必要的合理条件,以增强其国内电信基础设施和服务能力,并增加其参与国际电信服务贸易。此类条件应在该成员承诺清单中列明。

6. 技术合作

(a) 各成员认识到高效和先进的电信基础设施在各国、特别是在发展中国家中是扩大其服务贸易所必需的。为此,各成员赞成和鼓励发达国家和发展中国家、其公共电信传输网络和服务的提供者以及其他实体,尽可能全面地参与国际和区域组织的发展计划,包括国际电信联盟、联合国开发计划署和国际复兴开发银行。

(b) 各成员应鼓励和支持发展中国家之间在国际、区域和次区域各级开展电信合作。

(c) 在与有关国际组织进行合作时,各成员在可行的情况下,应使发展中国家可获得有

关电信服务以及电信和信息技术发展情况的信息,以帮助增强其国内电信服务部门。

(d)各成员应特别考虑向最不发达国家提供机会,以鼓励外国电信服务提供者在技术转让、培训和其他活动方面提供帮助,支持发展其电信基础设施,扩大其电信服务贸易。

7. 与国际组织和协定的关系

(a)各成员认识到电信网络和服务的全球兼容性和互操作性的国际标准的重要性,承诺通过有关国际机构的工作,包括国际电信联盟和国际标准化组织,以促进此类标准。

(b)各成员认识到政府间和非政府组织和协定,特别是国际电信联盟,在保证国内和全球电信服务的有效运营方面所起的作用。各成员应作出适当安排,以便就本附件实施过程中产生的事项与此类组织进行磋商。

关于基础电信谈判的附件

1. 第2条和《关于第2条豁免的附件》,包括在该附件中列出一成员将维持的、与最惠国待遇不一致的任何措施的要求,只有在下列日期方可对基础电信生效:

(a)根据《关于基础电信谈判的部长决定》第5条确定的实施日期;或

(b)如谈判未能成功,则为该决定规定的基础电信谈判组最终报告的日期。

2. 第1款不得适用于已列入一成员承诺清单的任何关于基础电信服务的具体承诺。

(资料来源:上海WTO事务咨询中心网站,http://www.sccwto.net:7001/wto/include/sub.jsp? sub_num=8-1.编者对其中的某些译法有所改动。)

联合国国际货物销售合同公约(1980)
United Nations Convention on Contracts for the International Sale of Goods, 1980

(1980 年 4 月 11 日签订)

本公约各缔约国,

铭记联合国大会第六届特别会议通过的关于建立新的国际经济秩序的各项决议的广泛目标,

考虑到在平等互利基础上发展国际贸易是促进各国间友好关系的一个重要因素,认为采用照顾到不同的社会、经济和法律制度的国际货物销售合同统一规则,将有助于减少国际贸易的法律障碍,促进国际贸易的发展,

兹协议如下:

第一部分　适用范围和总则

第一章　适 用 范 围

第一条

(1) 本公约适用于营业地在不同国家的当事人之间所订立的货物销售合同:

(a) 如果这些国家是缔约国;或

(b) 如果国际私法规则导致适用某一缔约国的法律。

(2) 当事人营业地在不同国家的事实,如果从订立合同前任何时候或订立合同时,当事人之间的任何交易或当事人透露的情报均看不出,应不予考虑。

(3) 在确定本公约的适用时,当事人的国籍和当事人或合同的民事或商业性应不予考虑。

第二条

本公约不适用于以下的销售:

(a) 购买以供私人、家人或家庭使用的货物的销售,除非卖方在订立合同前任何时候或订立合同时不知道而且没有理由知道这些货物是购买以供任何这种使用;

(b) 经由拍卖的销售;

(c) 根据法律执行令状或其他令状的销售;

(d) 公债、股票、投资证券、流通票据或货币的销售;

(e) 船舶、船只、气垫船或飞机的销售;

(f) 电力的销售。

第三条

(1) 供应尚待制造或生产的货物的合同应视为销售合同，除非订购货物的当事人保证供应这种制造或生产所需的大部分重要材料。

(2) 本公约不适用于供应货物一方的绝大部分义务在于供应劳力或其他服务的合同。

第四条

本公约只适用于销售合同的订立和卖方和买方因此种合同而产生的权利和义务。特别是，本公约除非另有明文规定，与以下事项无关：

(a) 合同的效力，或其任何条款的效力，或任何惯例的效力；

(b) 合同对所售货物所有权可能产生的影响。

第五条

本公约不适用于卖方对于货物对任何人所造成的死亡或伤害的责任。

第六条

双方当事人可以不适用本公约，或在第十二条的条件下，减损本公约的任何规定或改变其效力。

第二章　总　　则

第七条

(1) 在解释本公约时，应考虑到本公约的国际性质和促进其适用的统一以及在国际贸易上遵守诚信的需要。

(2) 凡本公约未明确解决的属于本公约范围的问题，应按照本公约所依据的一般原则来解决，在没有一般原则的情况下，则应按照国际私法规定适用的法律来解决。

第八条

(1) 为本公约的目的，一方当事人所作的声明和其他行为，应依照他的意旨解释，如果另一方当事人已知道或者不可能不知道此一意旨。

(2) 如果上一款的规定不适用，当事人所作的声明和其他行为，应按照一个与另一方当事人同等资格、通情达理的人处于相同情况中，应有的理解来解释。

(3) 在确定一方当事人的意旨或一个通情达理的人应有的理解时，应适当地考虑到与事实有关的一切情况，包括谈判情形、当事人之间确立的任何习惯做法、惯例和当事人其后的任何行为。

第九条

(1) 双方当事人业已同意的任何惯例和他们之间确立的任何习惯做法，对双方当事人均有约束力。

(2) 除非另有协议，双方当事人应视为已默示地同意对他们的合同或合同的订立适用双方当事人已知道或理应知道的惯例，而这种惯例，在国际贸易上，已为有关特定贸易所涉同类合同的当事人所广泛知道并为他们所经常遵守。

第十条

为本公约的目的：

(a) 如果当事人有一个以上的营业地，则以与合同及合同的履行关系最密切的营业地为

其营业地,但要考虑到双方当事人在订立合同前任何时候或订立合同时所知道或所设想的情况;

(b) 如果当事人没有营业地,则以其惯常居住地为准。

第十一条

销售合同无须以书面订立或书面证明,在形式方面也不受任何其他条件的限制。销售合同可以用包括人证在内的任何方法证明。

第十二条

本公约第十一条、第二十九条或第二部分准许销售合同或其更改或根据协议终止,或者任何发价、接受或其他意旨表示得以书面以外任何形式做出的任何规定不适用,如果任何一方当事人的营业地是在已按照本公约第九十六条做出了声明的一个缔约国内;各当事人不得减损本条或改变其效力。

第十三条

为本公约的目的,"书面"包括电报和电传。

第二部分　合同的订立

第十四条

(1) 向一个或一个以上特定的人提出的订立合同的建议,如果十分确定并且表明发价人在得到接受时承受约束的意旨,即构成发价。一个建议如果写明货物并且明示或暗示地规定数量和价格或规定如何确定数量和价格,即为十分确定。

(2) 非向一个或一个以上特定的人提出的建议,仅应视为邀请做出发价,除非提出建议的人明确地表示相反的意向。

第十五条

(1) 发价于送达被发价人时生效。

(2) 一项发价,即使是不可撤销的,得予撤回,如果撤回通知于发价送达被发价人之前或同时,送达被发价人。

第十六条

(1) 在未订立合同之前,发价得予撤销,如果撤销通知于被发价人发出接受通知之前送达被发价人。

(2) 但在下列情况下,发价不得撤销:

(a) 发价写明接受发价的期限或以其他方式表示发价是不可撤销的;或

(b) 被发价人有理由信赖该项发价是不可撤销的,而且被发价人已本着对该项发价的信赖行事。

第十七条

一项发价,即使是不可撤销的,于拒绝通知送达发价人时终止。

第十八条

(1) 被发价人声明或做出其他行为表示同意一项发价,即是接受。缄默或不行动本身不等于接受。

(2) 接受发价于表示同意的通知送达发价人时生效。如果表示同意的通知在发价人所规定的时间内，如未规定时间，在一段合理的时间内，未曾送达发价人，接受就成为无效，但须适当地考虑到交易的情况，包括发价人所使用的通讯方法的迅速程度。对口头发价必须立即接受，但情况有别者不在此限。

（3）但是，如果根据该项发价或依照当事人之间确立的习惯作法或惯例，被发价人可以做出某种行为，例如与发运货物或支付价款有关的行为，来表示同意，而无须向发价人发出通知，则接受于该项行为做出时生效，但该项行为必须在上一款所规定的期间内做出。

第十九条

（1）对发价表示接受但载有添加、限制或其他更改的答复，即为拒绝该项发价并构成还价。

（2）但是，对发价表示接受但载有添加或不同条件的答复，如所载的添加或不同条件在实质上并不变更该项发价的条件，除发价人在不过分迟延的期间内以口头或书面通知反对其间的差异外，仍构成接受。如果发价人不做出这种反对，合同的条件就以该项发价的条件以及接受通知内所载的更改为准。

（3）有关货物价格、付款、货物质量和数量、交货地点和时间、一方当事人对另一方当事人的赔偿责任范围或解决争端等等的添加或不同条件，均视为在实质上变更发价的条件。

第二十条

（1）发价人在电报或信件内规定的接受期间，从电报交发时刻或信上载明的发信日期起算，如信上未载明发信日期，则从信封上所载日期起算。发价人以电话、电传或其他快速通讯方法规定的接受期间，从发价送达被发价人时起算。

（2）在计算接受期间时，接受期间内的正式假日或非营业日应计算在内。但是如果接受通知在接受期间的最后一天未能送到发价人地址，因为那天在发价人营业地是正式假日或非营业日，则接受期间应顺延至下一个营业日。

第二十一条

（1）逾期接受仍有接受的效力，如果发价人毫不迟延地用口头或书面将此种意见通知被发价人。

（2）如果载有逾期接受的信件或其他书面文件表明，它是在传递正常、能及时送达发价人的情况下寄发的，则该项逾期接受具有接受的效力，除非发价人毫不迟延地用口头或书面通知被发价人：他认为他的发价已经失效。

第二十二条

接受得予撤回，如果撤回通知于接受原应生效之前或同时，送达发价人。

第二十三条

合同于按照本公约规定对发价的接受生效时订立。

第二十四条

为公约本部分的目的，发价、接受声明或任何其他意旨表示“送达”对方，系指用口头通知对方或通过任何其他方法送交对方本人，或其营业地或通讯地址，如无营业地或通讯地址，则送交对方惯常居住地。

第三部分 货物销售

第一章 总 则

第二十五条

一方当事人违反合同的结果,如使另一方当事人蒙受损害,以致于实际上剥夺了他根据合同规定有权期待得到的东西,即为根本违反合同,除非违反合同一方并不预知而且一个同等资格、通情达理的人处于相同情况中也没有理由预知会发生这种结果。

第二十六条

宣告合同无效的声明,必须向另一方当事人发出通知,方始有效。

第二十七条

除非公约本部分另有明文规定,当事人按照本部分的规定,以适合情况的方法发出任何通知、要求或其他通知后,这种通知如在传递上发生耽搁或错误,或者未能到达,并不使该当事人丧失依靠该项通知的权利。

第二十八条

如果按照本公约的规定,一方当事人有权要求另一方当事人履行某一义务,法院没有义务做出判决,要求具体履行此一义务,除非法院依照其本身的法律对不属本公约范围的类似销售合同愿意这样做。

第二十九条

(1) 合同只需双方当事人协议,就可更改或终止。

(2) 规定任何更改或根据协议终止必须以书面做出的书面合同,不得以任何其他方式更改或根据协议终止。但是,一方当事人的行为,如经另一方当事人寄以信赖,就不得坚持此项规定。

第二章 卖方的义务

第三十条

卖方必须按照合同和本公约的规定,交付货物,移交一切与货物有关的单据并转移货物所有权。

第一节 交付货物和移交单据

第三十一条

如果卖方没有义务要在任何其他特定地点交付货物,他的交货义务如下:

(a) 如果销售合同涉及到货物的运输,卖方应把货物移交给第一承运人,以运交给买方;

(b) 在不属于上一款规定的情况下,如果合同指的是特定货物或从特定存货中提取的或尚待制造或生产的未经特定化的货物,而双方当事人在订立合同时已知道这些货物是在某一特定地点,或将在某一特定地点制造或生产,卖方应在该地点把货物交给买方处置;

(c) 在其他情况下,卖方应在他于订立合同时的营业地把货物交给买方处置。

第三十二条

(1) 如果卖方按照合同或本公约的规定将货物交付给承运人,但货物没有以货物上加标记、或以装运单据或其他方式清楚地注明有关合同，卖方必须向买方发出列明货物的发货通知。

(2) 如果卖方有义务安排货物的运输，他必须订立必要的合同，以按照通常运输条件，用适合情况的运输工具，把货物运到指定地点。

(3) 如果卖方没有义务对货物的运输办理保险，他必须在买方提出要求时，向买方提供一切现有的必要资料，使他能够办理这种保险。

第三十三条

卖方必须按以下规定的日期交付货物：

(a) 如果合同规定有日期，或从合同可以确定日期，应在该日期交货；

(b) 如果合同规定有一段时间，或从合同可以确定一段时间，除非情况表明应由买方选定一个日期外，应在该段时间内任何时候交货；或者

(c) 在其他情况下，应在订立合同后一段合理时间内交货。

第三十四条

如果卖方有义务移交与货物有关的单据，他必须按照合同所规定的时间、地点和方式移交这些单据。如果卖方在那个时间以前已移交这些单据，他可以在那个时间到达前纠正单据中任何不符合同规定的情形，但是，此一权利的行使不得使买方遭受不合理的不便或承担不合理的开支。但是，买方保留本公约所规定的要求损害赔偿的任何权利。

第二节 货物相符与第三方要求

第三十五条

(1) 卖方交付的货物必须与合同所规定的数量、质量和规格相符，并须按照合同所定的方式装箱或包装。

(2) 除双方当事人业已另有协议外，货物除非符合以下规定，否则即为与合同不符：

(a) 货物适用于同一规格货物通常使用的目的；

(b) 货物适用于订立合同时曾明示或默示地通知卖方的任何特定目的，除非情况表明买方并不依赖卖方的技能和判断力，或者这种依赖对他是不合理的；

(c) 货物的质量与卖方向买方提供的货物样品或样式相同；

(d) 货物按照同类货物通用的方式装箱或包装，如果没有此种通用方式，则按照足以保全和保护货物的方式装箱包装。

(3) 如果买方在订立合同时知道或者不可能不知道货物不符合同，卖方就无须按上一款(a)项至(d)项负有此种不符合同的责任。

第三十六条

(1) 卖方应按照合同和本公约的规定，对风险移转到买方时所存在的任何不符合同情形，负有责任，即使这种不符合同情形在该时间后方始明显。

(2) 卖方对在上一款所述时间后发生的任何不符合同情形，也应负有责任，如果这种不符合同情形是由于卖方违反他的某项义务所致，包括违反关于在一段时间内货物将继续适用于其通常使用的目的或某种特定目的，或将保持某种特定质量或性质的任何保证。

第三十七条

如果卖方在交货日期前交付货物，他可以在那个日期到达前，交付任何缺漏部分或补足

所交付货物的不足数量,或交付用以替换所交付不符合同规定的货物,或对所交付货物中任何不符合同规定的情形做出补救,但是,此一权利的行使不得使买方遭受不合理的不便或承担不合理的开支。但是,买方保留本公约所规定的要求损害赔偿的任何权利。

第三十八条

(1) 买方必须在按情况实际可行的最短时间内检验货物或由他人检验货物。

(2) 如果合同涉及到货物的运输,检验可推迟到货物到达目的地后进行。

(3) 如果货物在运输途中改运或买方须再发运货物,没有合理机会加以检验,而卖方在订立合同时已知道或理应知道这种改运或再发运的可能性,检验可推迟到货物到达新目的地后进行。

第三十九条

(1) 买方对货物不符合同,必须在发现或理应发现不符情形后一段合理时间内通知卖方,说明不符合同情形的性质,否则就丧失声称货物不符合同的权利。

(2) 无论如何,如果买方不在实际收到货物之日起两年内将货物不符合同情形通知卖方,他就丧失声称货物不符合同的权利,除非这一时限与合同规定的保证期限不符。

第四十条

如果货物不符合同规定指的是卖方已知道或不可能不知道而又没有告知买方的一些事实,则卖方无权援引第三十八条和第三十九条的规定。

第四十一条

卖方所交付的货物,必须是第三方不能提出任何权利或要求的货物,除非买方同意在这种权利或要求的条件下,收取货物。但是,如果这种权利或要求是以工业产权或其他知识产权为基础的,卖方的义务应依照第四十二条的规定。

第四十二条

(1) 卖方所交付的货物,必须是第三方不能根据工业产权或其他知识产权主张任何权利或要求的货物,但以卖方在订立合同时已知道或不可能不知道的权利或要求为限,而且这种权利或要求根据以下国家的法律规定是以工业产权或其他知识产权为基础的:

(a) 如果双方当事人在订立合同时预期货物将在某一国境内转售或做其他使用,则根据货物将在其境内转售或做其他使用的国家的法律;或者

(b) 在任何其他情况下,根据买方营业地所在国家的法律。

(2) 卖方在上一款中的义务不适用于以下情况:

(a) 买方在订立合同时已知道或不可能不知道此项权利或要求; 或者

(b) 此项权利或要求的发生,是由于卖方要遵照买方所提供的技术图样、图案、款式或其他规格。

第四十三条

(1) 买方如果不在已知道或理应知道第三方的权利或要求后一段合理时间内,将此一权利或要求的性质通知卖方,就丧失援引第四十一条或第四十二条规定的权利。

(2) 卖方如果知道第三方的权利或要求以及此一权利或要求的性质,就无权援引上一款的规定。

第四十四条

尽管有第三十九条第(1)款和第四十三条第(1)款的规定,买方如果对他未发出所需的

通知具备合理的理由,仍可按照第五十条规定减低价格,或要求利润损失以外的损害赔偿。

第三节 卖方违反合同的补救办法

第四十五条

(1) 如果卖方不履行他在合同和本公约中的任何义务,买方可以:

(a) 行使第四十六条至第五十二条所规定的权利;

(b) 按照第七十四条至第七十七条的规定,要求损害赔偿。

(2) 买方可能享有的要求损害赔偿的任何权利,不因他行使采取其他补救办法的权利而丧失。

(3) 如果买方对违反合同采取某种补救办法,法院或仲裁庭不得给予卖方宽限期。

第四十六条

(1) 买方可以要求卖方履行义务,除非买方已采取与此一要求相抵触的某种补救办法。

(2) 如果货物不符合同,买方只有在此种不符合同情形构成根本违反合同时,才可以要求交付替代货物,而且关于替代货物的要求,必须与依照第三十九条发出的通知同时提出,或者在该项通知发出后一段合理时间内提出。

(3) 如果货物不符合同,买方可以要求卖方通过修理对不符合同之处做出补救,除非他考虑了所有情况之后,认为这样做是不合理的。修理的要求必须与依照第三十九条发出的通知同时提出,或者在该项通知发出后一段合理时间内提出。

第四十七条

(1) 买方可以规定一段合理时限的额外时间,让卖方履行其义务。

(2) 除非买方收到卖方的通知,声称他将不在所规定的时间内履行义务,买方在这段时间内不得对违反合同采取任何补救办法。但是,买方并不因此丧失他对迟延履行义务可能有的要求损害赔偿的任何权利。

第四十八条

(1) 在第四十九条的条件下,卖方即使在交货日期之后,仍可自付费用,对任何不履行义务做出补救,但这种补救不得造成不合理的迟延,也不得使买方遭受不合理的不便,或无法确定卖方是否将偿付买方预付的费用。但是,买方保留本公约所规定的要求损害赔偿的任何权利。

(2) 如果卖方要求买方表明他是否接受卖方履行义务,而买方不在一段合理时间内对此一要求做出答复,则卖方可以按其要求中所指明的时间履行义务。买方不得在该段时间内采取与卖方履行义务相抵触的任何补救办法。

(3) 卖方表明他将在某一特定时间内履行义务的通知,应视为包括根据上一款规定要买方表明决定的要求在内。

(4) 卖方按照本条第(2)和第(3)款做出的要求或通知,必须在买方收到后,始生效力。

第四十九条

(1) 买方在以下情况下可以宣告合同无效:

(a) 卖方不履行其在合同或本公约中的任何义务,等于根本违反合同;或

(b) 如果发生不交货的情况,卖方不在买方按照第四十七条第(1)款规定的额外时间内交付货物,或卖方声明他将不在所规定的时间内交付货物。

(2) 但是,如果卖方已交付货物,买方就丧失宣告合同无效的权利,除非:

(a) 对于迟延交货,他在知道交货后一段合理时间内这样做;

(b) 对于迟延交货以外的任何违反合同事情:

① 他在已知道或理应知道这种违反合同后一段合理时间内这样做;或

② 他在买方按照第四十七条第(1)款规定的任何额外时间满期后,或在卖方声明他将不在这一额外时间履行义务后一段合理时间内这样做;或

③ 他在卖方按照第四十八条第(2)款指明的任何额外时间满期后,或在买方声明他将不接受卖方履行义务后一段合理时间内这样做。

第五十条

如果货物不符合同,不论价款是否已付,买方都可以减低价格,减价按实际交付的货物在交货时的价值与符合合同的货物在当时的价值两者之间的比例计算。但是,如果卖方按照第三十七条或第四十八条的规定对任何不履行义务做出补救,或者买方拒绝接受卖方按照该两条规定履行义务,则买方不得减低价格。

第五十一条

(1) 如果卖方只交付一部分货物,或者交付的货物中只有一部分符合合同规定,第四十六条至第五十条的规定适用于缺漏部分及不符合同规定部分的货物。

(2) 买方只有在完全不交付货物或不按照合同规定交付货物等于根本违反合同时,才可以宣告整个合同无效。

第五十二条

(1) 如果卖方在规定的日期前交付货物,买方可以收取货物,也可以拒绝收取货物。

(2) 如果卖方交付的货物数量大于合同规定的数量,买方可以收取也可以拒绝收取多交部分的货物。如果买方收取多交部分货物的全部或一部分,他必须按合同价格付款。

第三章　买方的义务

第五十三条

买方必须按照合同和本公约规定支付货物价款和收取货物。

第一节　支付价款

第五十四条

买方支付价款的义务包括根据合同或任何有关法律和规章规定的步骤和手续,以便支付价款。

第五十五条

如果合同已有效地订立,但没有明示或暗示地规定价格或规定如何确定价格,在没有任何相反表示的情况下,双方当事人应视为已默示地引用订立合同时此种货物在有关贸易的类似情况下销售的通常价格。

第五十六条

如果价格是按货物的重量规定的,如有疑问,应按净重确定。

第五十七条

(1) 如果买方没有义务在任何其他特定地点支付价款,他必须在以下地点向卖方支付

价款:

(a) 卖方的营业地;或者

(b) 如凭移交货物或单据支付价款,则为移交货物或单据的地点。

(2) 卖方必须承担因其营业地在订立合同后发生变动而增加的支付方面的有关费用。

第五十八条

(1) 如果买方没有义务在任何其他特定时间内支付价款,他必须于卖方按照合同和本公约规定将货物或控制货物处置权的单据交给买方处置时支付价款。卖方可以支付价款作为移交货物或单据的条件。

(2) 如果合同涉及到货物的运输,卖方可以在支付价款后方可把货物或控制货物处置权的单据移交给买方作为发运货物的条件。

(3) 买方在未有机会检验货物前,无义务支付价款,除非这种机会与双方当事人议定的交货或支付程序相抵触。

第五十九条

买方必须按合同和本公约规定的日期或从合同和本公约可以确定的日期支付价款,而无需卖方提出任何要求或办理任何手续。

第二节 收取货物

第六十条

买方收取货物的义务如下:

(a) 采取一切理应采取的行动,以期卖方能交付货物;和

(b) 接收货物。

第三节 买方违反合同的补救办法

第六十一条

(1) 如果买方不履行他在合同和本公约中的任何义务,卖方可以:

(a) 行使第六十二条至第六十五条所规定的权利;

(b) 按照第七十四条至第七十七条的规定,要求损害赔偿。

(2) 卖方可能享有的要求损害赔偿的任何权利,不因他行使采取其他补救办法的权利而丧失。

(3) 如果卖方对违反合同采取某种补救办法,法院或仲裁庭不得给予买方宽限期。

第六十二条

卖方可以要求买方支付价款、收取货物或履行他的其他义务,除非卖方已采取与此一要求相抵触的某种补救办法。

第六十三条

(1) 卖方可以规定一段合理时限的额外时间,让买方履行义务。

(2) 除非卖方收到买方的通知,声称他将不在所规定的时间内履行义务,卖方不得在这段时间内对违反合同采取任何补救办法。但是,卖方并不因此丧失他对迟延履行义务可能享有的要求损害赔偿的任何权利。

第六十四条

(1) 卖方在以下情况下可以宣告合同无效:

(a) 买方不履行其在合同或本公约中的任何义务,等于根本违反合同;或

(b) 买方不在卖方按照第六十三条第(1)款规定的额外时间内履行支付价款的义务或收取货物,或买方声明他将不在所规定的时间内这样做。

(2) 但是,如果买方已支付价款,卖方就丧失宣告合同无效的权利,除非:

(a) 对于买方迟延履行义务,他在知道买方履行义务前这样做;或者

(b) 对于买方迟延履行义务以外的任何违反合同事情:

① 他在已知道或理应知道这种违反合同后一段合理时间内这样做;或

② 他在卖方按照第六十三条第(1)款规定的任何额外时间满期后或在买方声明他将不在这一额外时间内履行义务后一段合理时间内这样做。

第六十五条

(1) 如果买方应根据合同规定订明货物的形状、大小或其他特征,而他在议定的日期或在收到卖方的要求后一段合理时间内没有订明这些规格,则卖方在不损害其可能享有的任何其他权利的情况下,可以依照他所知的买方的要求,自己订明规格。

(2) 如果卖方自己订明规格,他必须把订明规格的细节通知买方,而且必须规定一段合理时间,让买方可以在该段时间内订出不同的规格,如果买方在收到这种通知后没有在该段时间内这样做,卖方所订的规格就具有约束力。

第四章 风险移转

第六十六条

货物在风险移转到买方承担后遗失或损坏,买方支付价款的义务并不因此解除,除非这种遗失或损坏是由于卖方的行为或不行为所造成。

第六十七条

(1) 如果销售合同涉及到货物的运输,但卖方没有义务在某一特定地点交付货物,自货物按照销售合同交付给第一承运人以转交给买方时起,风险就移转到买方承担。如果卖方有义务在某一特定地点把货物交付给承运人,在货物于该地点交付给承运人以前,风险不移转到买方承担。卖方受权保留控制货物处置权的单据,并不影响风险的移转。

(2) 但是,在货物以货物上加标记,或以装运单据,或向买方发出通知或其他方式清楚地注明有关合同以前,风险不移转到买方承担。

第六十八条

对于在运输途中销售的货物,从订立合同时起,风险就移转到买方承担。但是,如果情况表明有此需要,从货物交付给签发载有运输合同单据的承运人时起,风险就由买方承担。尽管如此,如果卖方在订立合同时已知道或理应知道货物已经遗失或损坏,而他又不将这一事实告知买方,则这种遗失或损坏应由卖方负责。

第六十九条

(1) 在不属于第六十七条和第六十八条规定的情况下,从买方接收货物时起,或如果买方不在适当时间内这样做,则从货物交给他处置但他不收取货物从而违反合同时起,风险移转到买方承担。

(2) 但是,如果买方有义务在卖方营业地以外的某一地点接收货物,当交货时间已到而买方知道货物已在该地点交给他处置时,风险方始移转。

(3) 如果合同指的是当时未加识别的货物,则这些货物在未清楚注明有关合同以前,不得视为已交给买方处置。

第七十条

如果卖方已根本违反合同,第六十七条、第六十八条和第六十九条的规定,不损害买方因此种违反合同而可以采取的各种补救办法。

第五章 卖方和买方义务的一般规定

第一节 预期违反合同和分批交货合同

第七十一条

(1) 如果订立合同后,另一方当事人由于下列原因显然将不履行其大部分重要义务,一方当事人可以中止履行义务:

(a) 他履行义务的能力或他的信用有严重缺陷; 或

(b) 他在准备履行合同或履行合同中的行为。

(2) 如果卖方在上一款所述的理由明显化以前已将货物发运,他可以阻止将货物交付给买方,即使买方持有其有权获得货物的单据。本款规定只与买方和卖方间对货物的权利有关。

(3) 中止履行义务的一方当事人不论是在货物发运前还是发运后,都必须立即通知另一方当事人,如经另一方当事人对履行义务提供充分保证,则他必须继续履行义务。

第七十二条

(1) 如果在履行合同日期之前,明显看出一方当事人将根本违反合同,另一方当事人可以宣告合同无效。

(2) 如果时间许可,打算宣告合同无效的一方当事人必须向另一方当事人发出合理的通知,使他可以对履行义务提供充分保证。

(3) 如果另一方当事人已声明将不履行其义务,则上一款的规定不适用。

第七十三条

(1) 对于分批交付货物的合同,如果一方当事人不履行对任何一批货物的义务,便对该批货物构成根本违反合同,则另一方当事人可以宣告合同对该批货物无效。

(2) 如果一方当事人不履行对任何一批货物的义务,使另一方当事人有充分理由断定对今后各批货物将会发生根本违反合同,该另一方当事人可以在一段合理时间内宣告合同今后无效。

(3) 买方宣告合同对任何一批货物的交付为无效时,可以同时宣告合同对已交付的或今后交付的各批货物均为无效,如果各批货物是互相依存的,不能单独用于双方当事人在订立合同时所设想的目的。

第二节 损害赔偿

第七十四条

一方当事人违反合同应负的损害赔偿额,应与另一方当事人因他违反合同而遭受的包括利润在内的损失额相等。这种损害赔偿不得超过违反合同一方在订立合同时,依照他当时已知道或理应知道的事实和情况,对违反合同预料到或理应预料到的可能损失。

第七十五条

如果合同被宣告无效,而在宣告无效后一段合理时间内,买方已以合理方式购买替代货物,或者卖方已以合理方式把货物转卖,则要求损害赔偿的一方可以取得合同价格和替代货物交易价格之间的差额以及按照第七十四条规定可以取得的任何其他损害赔偿。

第七十六条

(1)如果合同被宣告无效,而货物又有时价,要求损害赔偿的一方,如果没有根据第七十五条规定进行购买或转卖,则可以取得合同规定的价格和宣告合同无效时的时价之间的差额以及按照第七十四条规定可以取得的任何其他损害赔偿。但是,如果要求损害赔偿的一方在接收货物之后宣告合同无效,则应适用接收货物时的时价,而不适用宣告合同无效时的时价。

(2)为上一款的目的,时价指原应交付货物地点的现行价格,如果该地点没有时价,则指另一合理替代地点的价格。但应适当地考虑货物运费的差额。

第七十七条

声称另一方违反合同的一方,必须按情况采取合理措施,减轻由于该另一方违反合同而引起的损失,包括利润方面的损失。如果他不采取这种措施,违反合同一方可以要求从损害赔偿中扣除原可以减轻的损失数额。

第三节　利　　息

第七十八条

如果一方当事人没有支付价款或任何其他拖欠金额,另一方当事人有权对这些款额收取利息,但不妨碍要求按照第七十四条规定可以取得的损害赔偿。

第四节　免　　责

第七十九条

(1)当事人对不履行义务,不负责任,如果他能证明此种不履行义务,是由于某种非他所能控制的障碍,而且对于这种障碍,没有理由预期他在订立合同时能考虑到或能避免或克服它或它的后果。

(2)如果当事人不履行义务是由于他所雇佣履行合同的全部或一部分规定的第三方不履行义务所致,该当事人只有在以下情况下才能免除责任:

(a)他按照上一款的规定应免除责任;和

(b)假如该款的规定也适用于他所雇佣的人,这个人也同样会免除责任。

(3)本条所规定的免责对障碍存在的期间有效。

(4)不履行义务的一方必须将障碍及其对他履行义务能力的影响通知另一方。如果该项通知在不履行义务的一方已知道或理应知道此一障碍后一段合理时间内仍未为另一方收到,则他对由于另一方未收到通知而造成的损害应负赔偿责任。

(5)本条规定不妨碍任何一方行使本公约规定的要求损害赔偿以外的任何权利。

第八十条

一方当事人因其行为或不行为而使得另一方当事人不履行义务时,不得声称该另一方当事人不履行义务。

第五节 宣告合同无效的效果

第八十一条

(1) 宣告合同无效解除了双方在合同中的义务,但应负责的任何损害赔偿仍应负责。宣告合同无效不影响合同中关于解决争端的任何规定,也不影响合同中关于双方在宣告合同无效后权利和义务的任何其他规定。

(2) 已全部或局部履行合同的一方,可以要求另一方归还他按照合同供应的货物或支付的价款。如果双方都须归还,他们必须同时这样做。

第八十二条

(1) 买方如果不可能按实际收到货物的原状归还货物,他就丧失宣告合同无效或要求卖方交付替代货物的权利。

(2) 上一款的规定不适用于以下情况:

(a) 如果不可能归还货物或不可能按实际收到货物的原状归还货物,并非由于买方的行为或不行为所造成;或者

(b) 如果货物或其中一部分的毁灭或变坏,是由于按照第三十八条规定进行检验所致;或者

(c) 如果货物或其中一部分,在买方发现或理应发现与合同不符以前,已为买方在正常营业过程中售出,或在正常使用过程中消费或改变。

第八十三条

买方虽然依第八十二条规定丧失宣告合同无效或要求卖方交付替代货物的权利,但是根据合同和本公约规定,他仍保有采取一切其他补救办法的权利。

第八十四条

(1) 如果卖方有义务归还价款,他必须同时从支付价款之日起支付价款利息。

(2) 在以下情况下,买方必须向卖方说明他从货物或其中一部分得到的一切利益:

(a) 如果他必须归还货物或其中一部分;或者

(b) 如果他不可能归还全部或一部分货物,或不可能按实际收到货物的原状归还全部或一部分货物,但他已宣告合同无效或已要求卖方交付替代货物。

第六节 保全货物

第八十五条

如果买方推迟收取货物,或在支付价款和交付货物应同时履行时,买方没有支付价款,而卖方仍拥有这些货物或仍能控制这些货物的处置权,卖方必须按情况采取合理措施,以保全货物。他有权保有这些货物,直至买方把他所付的合理费用偿还给他为止。

第八十六条

(1) 如果买方已收到货物,但打算行使合同或本公约规定的任何权利,把货物退回,他必须按情况采取合理措施,以保全货物。他有权保有这些货物,直至卖方把他所付的合理费用偿还给他为止。

(2) 如果发运给买方的货物已到达目的地,并交给买方处置,而买方行使退货权利,则买

方必须代表卖方收取货物,除非他这样做需要支付价款而且会使他遭受不合理的不便或需承担不合理的费用。如果卖方或受权代表他掌管货物的人也在目的地,则此一规定不适用。如果买方根据本款规定收取货物,他的权利和义务与上一款所规定的相同。

第八十七条

有义务采取措施以保全货物的一方当事人,可以把货物寄放在第三方的仓库,由另一方当事人担负费用,但该项费用必须合理。

第八十八条

(1) 如果另一方当事人在收取货物或收回货物或支付价款或保全货物费用方面有不合理的迟延,按照第八十五条或第八十六条规定有义务保全货物的一方当事人,可以采取任何适当办法,把货物出售,但必须事前向另一方当事人发出合理的意向通知。

(2) 如果货物易于迅速变坏,或者货物的保全牵涉到不合理的费用,则按照第八十五条或第八十六条规定有义务保全货物的一方当事人,必须采取合理措施,把货物出售。在可能的范围内,他必须把出售货物的打算通知另一方当事人。

(3) 出售货物的一方当事人,有权从销售所得收入中扣回为保全货物和销售货物而付的合理费用。他必须向另一方当事人说明所余款项。

第四部分　最后条款

第八十九条

兹指定联合国秘书长为本公约保管人。

第九十条

本公约不优于业已缔结或可能缔结并载有与属于本公约范围内事项有关的条款的任何国际协定,但以双方当事人的营业地均在这种协定的缔约国内为限。

第九十一条

(1) 本公约在联合国国际货物销售合同会议闭幕会议上开放签字,并在纽约联合国总部继续开放签字,直至一九八一年九月三十日为止。

(2) 本公约须经签字国批准、接受或核准。

(3) 本公约从开放签字之日起开放给所有非签字国加入。

(4) 批准书、接受书、核准书和加入书应送交联合国秘书长存放。

第九十二条

(1) 缔约国可在签字、批准、接受、核准或加入时声明它不受本公约第二部分的约束或不受本公约第三部分的约束。

(2) 按照上一款规定就本公约第二部分或第三部分做出声明的缔约国,在该声明适用的部分所规定事项上,不得视为本公约第一条第(1)款范围内的缔约国。

第九十三条

(1) 如果缔约国具有两个或两个以上的领土单位,而依照该国宪法规定,各领土单位对本公约所规定的事项适用不同的法律制度,则该国得在签字、批准、接受、核准或加入时声明本公约适用于该国全部领土单位或仅适用于其中的一个或数个领土单位,并且可以随时提出另一声明来修改其所做的声明。

(2) 此种声明应通知保管人,并且明确地说明适用本公约的领土单位。

(3) 如果根据按本条做出的声明,本公约适用于缔约国的一个或数个但不是全部领土单位,而且一方当事人的营业地位于该缔约国内,则为本公约的目的,该营业地除非位于本公约适用的领土单位内,否则视为不在缔约国内。

(4) 如果缔约国没有按照本条第(1)款做出声明,则本公约适用于该国所有领土单位。

第九十四条

(1) 对属于本公约范围的事项具有相同或非常近似的法律规则的两个或两个以上的缔约国,可随时声明本公约不适用于营业地在这些缔约国内的当事人之间的销售合同,也不适用于这些合同的订立。此种声明可联合做出,也可以相互单方面声明的方式做出。

(2) 对属于本公约范围的事项具有与一个或一个以上非缔约国相同或非常近似的法律规则的缔约国,可随时声明本公约不适用于营业地在这些非缔约国内的当事人之间的销售合同,也不适用于这些合同的订立。

(3) 作为根据上一款所做声明对象的国家如果后来成为缔约国,这项声明从本公约对该新缔约国生效之日起,具有根据第(1)款所做声明的效力,但以该新缔约国加入这项声明,或做出相互单方面声明为限。

第九十五条

任何国家在交存其批准书、接受书、核准书或加入书时,可声明它不受本公约第一条第(1)款(b)项的约束。

第九十六条

本国法律规定销售合同必须以书面订立或书面证明的缔约国,可以随时按照第十二条的规定,声明本公约第十一条、第二十九条或第二部分准许销售合同或其更改或根据协议终止,或者任何发价、接受或其他意旨表示得以书面以外任何形式做出的任何规定不适用,如果任何一方当事人的营业地是在该缔约国内。

第九十七条

(1) 根据本公约规定在签字时做出的声明,须在批准、接受或核准时加以确认。

(2) 声明和声明的确认,应以书面提出,并应正式通知保管人。

(3) 声明在本公约对有关国家开始生效时同时生效。但是,保管人于此种生效后收到正式通知的声明,应于保管人收到声明之日起六个月后的第一个月第一天生效。根据第九十四条规定做出的相互单方面声明,应于保管人收到最后一份声明之日起六个月后的第一个月第一天生效。

(4) 根据本公约规定做出声明的任何国家可以随时用书面正式通知保管人撤回该项声明。此种撤回于保管人收到通知之日起六个月后的第一个月第一天生效。

(5) 撤回根据第九十四条做出的声明,自撤回生效之日起,就会使另一个国家根据该条所做的任何相互声明失效。

第九十八条

除本公约明文许可的保留外,不得作任何保留。

第九十九条

(1) 在本条第(6)款规定的条件下,本公约在第十件批准书、接受书、核准书或加入书、包括载有根据第九十二条规定做出的声明的文书交存之日起十二个月后第一个月的第一天生效。

(2) 在本条第(6)款规定的条件下,对于在第十件批准书、接受书、核准书或加入书交存后才批准、接受、核准或加入本公约的国家,本公约在该国交存其批准书、接受书、核准书或加入书之日起十二个月后的第一个月第一天对该国生效,但不适用的部分除外。

(3) 批准、接受、核准或加入本公约的国家,如果是一九六四年七月一日在海牙签订的《关于国际货物销售合同的订立统一法公约》(《一九六四年海牙订立合同公约》)和一九六四年七月一日在海牙签订的《关于国际货物销售统一法的公约》(《一九六四年海牙货物销售公约》)中一项或两项公约的缔约国,应按情况同时通知荷兰政府声明退出《一九六四年海牙货物销售公约》或《一九六四年海牙订立合同公约》或退出该两公约。

(4) 凡为《一九六四年海牙货物销售公约》缔约国并批准、接受、核准或加入本公约和根据第九十二条规定声明或业已声明不受本公约第二部分约束的国家,应于批准、接受、核准或加入时通知荷兰政府声明退出《一九六四年海牙货物销售公约》。

(5) 凡为《一九六四年海牙订立合同公约》缔约国并批准、接受、核准或加入本公约和根据第九十二条规定声明或业已声明不受本公约第三部分约束的国家,应于批准、接受、核准或加入时通知荷兰政府声明退出《一九六四年海牙订立合同公约》。

(6) 为本条的目的,《一九六四年海牙订立合同公约》或《一九六四年海牙货物销售公约》的缔约国的批准、接受、核准或加入本公约,应在这些国家按照规定退出该两公约生效后方始生效。本公约保管人应与一九六四年两公约的保管人荷兰政府进行协商,以确保在这方面进行必要的协调。

第一〇〇条

(1) 本公约适用于合同的订立,只要订立该合同的建议是在本公约对第一条第(1)款(a)项所指缔约国或第一条第(1)款(b)项所指缔约国生效之日或其后作出的。

(2) 本公约只适用于在它对第一条第(1)款(a)项所指缔约国或第一条第(1)款(b)项所指缔约国生效之日或其后订立的合同。

第一〇一条

(1) 缔约国可以用书面正式通知保管人声明退出本公约,或本公约第二部分或第三部分。

(2) 退出于保管人收到通知十二个月后的第一个月第一天起生效。凡通知内订明一段退出生效的更长时间,则退出于保管人收到通知后该段更长时间期满时起生效。

公元一千九百八十年四月十一日订于维也纳,正本一份,其阿拉伯文本、中文本、英文本、法文本、俄文本和西班牙文本都具有同等效力。

(资料来源:联合国国际贸易法委员会网站,http://www.uncitral.org/pdf/chinese/texts/sales/cisg/CISG-c.pdf)

国际统一私法协会国际商事合同通则(2004)
UNIDROIT Principles of International Commercial Contracts, 2004

序　　言

(通则的目的)

通则旨在为国际商事合同制定一般规则。

在当事人约定其合同受通则管辖时,应适用通则。

在当事人约定其合同受法律的一般原则、商人习惯法或类似措辞管辖时,可适用通则。

在当事人未选择任何法律管辖其合同时,可适用通则。

通则可用于解释或补充国际统一法文件。

通则可用于解释或补充国内法。

通则也可作为国内和国际立法的范本。

希望在合同中规定其协议受《通则》管辖的当事人可以使用如下表述,并加上任何希望的例外或调整:

"本合同应受《国际统一私法协会国际商事合同通则》(2004)管辖,[除了某条款]。"

希望在合同中规定适用某一特定的辖区法律的当事人,可以使用如下表述:

"本合同应受《国际统一私法协会国际商事合同通则》(2004)管辖[除了某条款],必要时由【X管辖区】的法律补充。"

第一章　总　　则

第1.1条　(缔约自由)

当事人可自由订立合同并确定合同的内容。

第1.2条　(无形式要求)

通则不要求合同、声明或其他任何行为必须以特定形式作出或以特定形式证明。合同可通过包括证人在内的任何形式证明。

第1.3条　(合同的约束性)

有效订立的合同对当事人均具有约束力。当事人仅能根据合同的条款,或通过协议,或根据通则的规定修改或终止合同。

第1.4条　(强制性规则)

通则的任何规定都不应限制根据国际私法有关规则导致的强制性规则的适用,且不论这些强制性规则是源于国内的、国际的还是超国家的。

第1.5条 （当事人的排除或修改）

除通则另有规定外，当事人可以排除通则的适用，或者减损或改变通则任何条款的效力。

第1.6条 （通则的解释和补充）

(1) 在解释通则时，应考虑通则的国际性及其目的，包括促进其统一适用的需要。

(2) 凡属于通则范围之内但又未被通则明确规定的问题，应尽可能地根据通则确定的一般基本原则来处理。

第1.7条 （诚实信用和公平交易）

(1) 在国际贸易中，每一方当事人应依据诚实信用和公平交易的原则行事。

(2) 当事人不能排除或限制此项义务。

第1.8条 （不一致行为）

如果一方当事人使得另一方当事人产生某种理解，且该另一方当事人依赖该理解合理行事，并对自己造成不利后果，则该方当事人不得以与该另一方当事人理解不一致的方式行事。

第1.9条 （惯例和习惯做法）

(1) 当事人各方受其业已约定的任何惯例和其相互之间业已建立的任何习惯做法的约束。

(2) 在特定的有关贸易中的合同当事人，应受国际贸易中广泛知悉并惯常遵守的惯例的约束，除非该惯例的适用为不合理。

第1.10条 （通知）

(1) 在需要发出通知时，通知可以适合于具体情况的任何方式发出。

(2) 通知于送达被通知人时生效。

(3) 就第(2)款而言，通知于口头传达被通知人或递送到被通知人的营业地或通讯地址时，为通知"送达"被通知人。

(4) 就本条而言，通知包括声明、要求、请求或任何其他意思的表述。

第1.11条 （定义）

通则中：

——"法院"，包括仲裁庭。

——"营业地"，在当事人有一个以上的营业地时，考虑到在合同订立之前任何时候或订立合同之时各方当事人所知晓或考虑到的情况，相关的"营业地"是指与合同和其履行具有最密切联系的营业地。

——"债务人"是指履行义务的一方当事人；"债权人"是指有权要求履行义务的一方当事人。

——"书面"是指能保存所含信息的记录，并能以有形方式复制的任何通讯方式。

第1.12条 （当事人规定的时间的计算）

(1) 发生在由当事人规定的履行某一行为的期间内的法定节假日或非工作日应包括在期间的计算之内。

(2) 然而，如果期间的最后一天在履行该行为之当事人的营业地是法定节假日或非工作日，该期间可顺延至随后的第一个工作日，除非情况有相反的表示。

(3) 相关的时区是设定时间的当事人营业地的时区，除非情况有相反的表示。

第二章 合同的订立与代理人的权限

第一节 合同的订立

第2.1.1条 （订立的形式）

合同可通过对要约的承诺或通过能充分表明当事人各方合意的行为而成立。

第2.1.2条 （要约的定义）

一项订立合同的建议，如果十分确定，并表明要约人在得到承诺时受其约束的意旨，即构成一项要约。

第2.1.3条 （要约的撤回）

(1) 要约于送达受要约人时生效；

(2) 一项要约即使是不可撤销的，也可以撤回，如果撤回通知在要约送达受要约人之前或与要约同时送达受要约人。

第2.1.4条 （要约的撤销）

(1) 在合同订立之前，要约得予撤销，如果撤销通知在受要约人发出承诺之前 送达受要约人。

(2) 但是，在下列情况下，要约不得撤销：

(a) 要约写明承诺的期限，或以其他方式表明要约是不可撤销的；或

(b) 受要约人有理由信赖该项要约是不可撤销的，且受要约人已依赖该要约行事。

第2.1.5条 （要约的拒绝）

要约于拒绝通知送达要约人时终止。

第2.1.6条 （承诺的方式）

(1) 受要约人做出的声明或表示同意一项要约的其他行为构成承诺。缄默或不行为本身不构成承诺。

(2) 对一项要约的承诺于同意的表示送达要约人时生效。

(3) 但是，如果根据要约本身，或依照当事人之间建立的习惯做法或依照惯例，受要约人可以通过做出某行为来表示同意，而无须向要约人发出通知，则承诺于做出该行为时生效。

第2.1.7条 （承诺的时间）

要约必须在要约人规定的时间内承诺；或者如果未规定时间，应在考虑了交易的具体情况，包括要约人所使用的通讯方法的快捷程度的一段合理的时间内做出承诺。对口头要约必须立即做出承诺，除非情况有相反的表示。

第2.1.8条 （规定期限内的承诺）

要约人规定的承诺期限自要约发出时起算。要约中表示的日期应被视为是要约发出的时间，除非情况有相反的表示。

第2.1.9条 （逾期承诺与传递迟延）

(1) 逾期承诺仍应具有承诺的效力，但要约人应毫不迟延地告知受要约人该承诺具有效力或就此向受要约人发出通知。

(2) 如果载有逾期承诺的信息表明它是在如果传递正常即能及时被送达要约人 的情况下发出的，则该逾期的承诺仍具有承诺的效力，除非要约人毫不迟延地通知受要约人此要约

已失效。

第 2.1.10 条　(承诺的撤回)

承诺可以撤回,只要撤回通知在承诺本应生效之前或同时送达要约人。

第 2.1.11 条　(变更的承诺)

(1) 对要约意在表示承诺但载有添加、限制或其他变更的答复,即为对要约的拒绝,并构成反要约。

(2) 但是,对要约意在表示承诺但载有添加,或不同条件的答复,如果所载的添加或不同条件没有实质性地改变要约的条件,那么,除非要约人毫不迟延地表示拒绝这些不符,则此答复仍构成承诺。如果要约人不做出拒绝,则合同的条款应以该项要约的条款以及承诺通知中所载有的变更为准。

第 2.1.12 条　(书面确认)

在合同订立后一段合理时间内发出的意在确认合同的书面文件,如果载有添加或不同的条款,除非这些添加或不同条款实质性地变更了合同,或者接收方毫不迟延地拒绝了这些不符,则这些条款应构成合同的一个组成部分。

第 2.1.13 条　(合同的订立基于对特定事项或特定形式的协议)

在谈判过程中,凡一方当事人坚持合同的订立以对特定事项或以特定形式达成协议为条件的,则在对这些特定事项或形式达成协议之前,合同不能订立。

第 2.1.14 条　(特意待定的合同条款)

(1) 如果当事人各方意在订立一项合同,但却有意将一项条款留待进一步谈判商定或由第三人确定,则这一事实并不妨碍合同的成立。

(2) 考虑到当事人各方的意思,如果在具体情况下存在一种可选择的合理方法来确定此条款,则合同的存在不受此后发生的下列情况的影响:

(a) 当事人各方未就该条款达成协议;或

(b) 第三人未确定此条款。

第 2.1.15 条　(恶意谈判)

(1) 当事人可自由进行谈判,并对未达成协议不承担责任;

(2) 但是,一方当事人如果恶意进行谈判或恶意终止谈判,则该方当事人应对因此给另一方当事人所造成的损失承担责任;

(3) 恶意,特别是指一方当事人在无意与对方达成协议的情况下,开始或继续进行谈判。

第 2.1.16 条　(保密义务)

在谈判过程中,一方当事人以保密性质提供的信息,无论此后是否达成合同,另一方当事人有义务不予泄露,也不得为自己的目的不适当地使用这些信息。在适当的情况下,违反该义务的救济可以包括根据另一方当事人泄露该信息所获得之利益予以赔偿。

第 2.1.17 条　(合并条款)

若一个书面合同中载有的一项条款表明该合同包含了各方当事人已达成一致的全部条款,则此前存在的任何陈述或协议不能被用作证据对抗或补充该合同。但是,这些陈述或协议可用于解释该书面合同。

第 2.1.18 条　(特定形式修改)

如果书面合同中载有的一项条款要求合同的任何修改或终止必须以特定形式做出,则该合同不得以其他形式修改或终止。但是,在一方当事人的行为使另一方当事人产生信赖并依此行事的限度内,则该一方当事人因其行为可被拒绝主张本条款。

第2.1.19条 (按标准条款订立合同)

(1) 一方或双方当事人使用标准条款订立合同,适用订立合同的一般规则,但应受本章第2.1.20条至第2.1.22条的约束。

(2) 标准条款是指一方为通常和重复使用的目的而预先准备的条款,并在实际使用时未与对方谈判。

第2.1.20条 (意外条款)

(1) 如果标准条款中含有另一方当事人不能合理预见性质的条款,则该条款无效,除非对方明示地表示接受;

(2) 在确定某一条款是否属于这种性质时,应考虑到该条款的内容、语言和表达方式。

第2.1.21条 (标准条款与非标准条款的冲突)

若标准条款与非标准条款发生冲突,以非标准条款为准。

第2.1.22条 (格式合同之争)

在双方当事人均使用标准条款的情况下,如果双方对除标准条款以外的条款达成一致,则合同应根据已达成一致的条款以及在实体内容上相同的标准条款订立,除非一方当事人已事先明确表示或事后毫不迟延地通知另一方当事人其不愿受这种合同的约束。

第二节 代理人的权限

第2.2.1条 (本节的范围)

(1) 本节调整某人(代理人)通过与第三方之间的一项合同的订立或相关事项,影响另一人(本人)法律关系的权限,而不论代理人是以自己的名义还是以本人的名义行事。

(2) 本节仅调整以本人或代理人为一方当事人,以第三方为另一方当事人之间的关系。

(3) 本节并不调整由法律赋予代理人的权限,或由公共或司法机构指定的代理人的权限。

第2.2.2条 (代理人权限的确立和范围)

(1) 本人授予代理人的权限既可以是明示的也可以是默示的。

(2) 代理人为实现授权之目的,有权采取所有必要的行为。

第2.2.3条 (显名代理)

(1) 如当代理人在其权限范围内行事,且第三方已知或应知其以代理身份行事,代理人的行为将直接影响本人和第三方之间的法律关系,而在代理人和第三方之间不创设任何法律关系。

(2) 但是,当代理人经本人同意成为合同一方时,则代理人的行为应仅影响代理人和第三方之间的关系。

第2.2.4条 (隐名代理)

(1) 当代理人在其权限范围内行事,但第三方既不知道也不应知道代理人是作为代理人行事时,则代理人的行为将仅影响代理人与第三方之间的关系。

(2) 然而,代理人当代表一个商业与第三方达成合同时,声称是该商业的所有 人,则第三方在发现该商业的真实所有者后,可以向后者行使其对代理人的权利。

第 2.2.5 条　(代理人无权或越权行事)

(1) 代理人没有代理权或超越代理权行事时,其行为不影响委托人和第三方之间的法律关系。

(2) 但是,当本人造成第三方合理地认为代理人有权代表本人行事,且代理人是在该权限范围内行事时,则本人不得以代理人无代理权为由对抗第三方。

第 2.2.6 条　(代理人无权或越权行事的责任)

(1) 没有代理权或超越代理权行事的代理人,如未经本人追认,则应对第三人承担将其恢复至如同代理人有代理权或未超越代理权行事时第三方应处的同等状况的责任。

(2) 但是,如果第三方已知或应知代理人没有代理权或超越代理权,则代理人不承担责任。

第 2.2.7 条　(利益冲突)

(1) 如果代理人缔结的合同涉及到代理人与本人存在利益冲突,而且第三方已知或应知这一情况,则本人可主张合同无效。主张无效的权利由第 3.12 条和第 3.14 条至第 3.17 条调整。

(2) 但是,本人在以下情况不得主张合同无效:

(a) 本人已经同意,或已知或应知代理人涉及利益冲突;或

(b) 代理人已经披露与本人的利益冲突,但本人在合理时间内并未提出反对。

第 2.2.8 条　(次代理)

代理人有指定次代理人履行那些非合理预期代理人本身履行的行为的默示权力。本节的规则适用于次代理。

第 2.2.9 条　(追认)

(1) 代理人没有代理权或超越代理权的行为可由本人追认。经追认的行为如同代理人自始就依代理权行事产生同样的效力。

(2) 第三方可以通知本人在一段合理的时间内追认。本人如未在该时间内追认,则不能再予追认。

(3) 如果在代理人行事时,第三方既不知也不应知代理人无权代理,则第三方可在本人追认前,随时通知本人表示拒绝受追认的约束。

第 2.2.10 条　(代理权终止)

(1) 代理权的终止对第三方不产生效力,除非第三方已知或应知这一情况。

(2) 尽管代理权终止,但代理人仍有权为防止损害本人利益采取必要的行为。

第三章　合同的效力

第 3.1 条　(未涉及事项)

通则不处理由以下原因而导致的合同无效:

(a) 无行为能力;

(b) 不道德或非法。

第 3.2 条　(协议的效力)

合同仅由双方的协议订立、修改或终止,除此别无其他要求。

第3.3条 （自始不能）

（1）合同订立时不能履行所承担之义务的事实本身，不影响合同的效力。

（2）合同订立时一方当事人无权处置与该合同相关联之财产的事实本身，不影响合同的效力。

第3.4条 （错误的定义）

错误是指对合同订立时已经存在的事实或法律所做的不正确的假设。

第3.5条 （相关错误）

（1）一方当事人可因错误而宣告合同无效，此错误在订立合同时如此之重大，以至于一个通情达理的人处在与犯错误之当事人的相同情况之下，如果知道事实真相，就会按实质不同的条款订立合同，或根本不会订立合同，并且

（a）另一方当事人犯了相同的错误，或造成如此错误，或者另一方当事人知 道或理应知道该错误，但却有悖于公平交易的合理商业标准，使错误方一直处于错误状态之中；或者

（b）在宣告合同无效时，另一方当事人尚未依其对合同的信赖而行事。

（2）但是，一方当事人不能宣告合同无效，如果

（a）该当事人由于重大疏忽而犯此错误；或者

（b）错误与某事实相关联，而对于该事实发生错误的风险已被设想到，或者考虑到相关情况，该错误的风险应当由错误方承担。

第3.6条 （表述或传达中的错误）

在表述或传达一项声明过程中发生的错误应视为做出该声明之人的错误。

第3.7条 （对不履行的救济）

一方当事人无权因错误宣告合同无效，如果该方当事人所依赖的情况表明对不履行可以或本来可以提供救济。

第3.8条 （欺诈）

一方当事人可宣告合同无效，如果其订立合同是基于另一方当事人的欺诈性陈述，包括欺诈性的语言或做法，或按照公平交易的合理商业标准，该另一方当事人对应予披露的情况欺诈性地未予披露。

第3.9条 （胁迫）

一方当事人可宣告合同无效，如果其合同的订立是因另一方当事人的不正当之胁迫，而且考虑到在各种情况下，该胁迫如此急迫、严重到足以使第一方当事人无其他合理选择。尤其是当使一方当事人受到胁迫的作为或不作为本身属非法，或者以其作为手段来获取合同的订立属非法时，均为不正当的胁迫。

第3.10条 （重大失衡）

（1）在订立合同时，合同或其个别条款不合理地对另一方当事人过分有利，则一方当事人可宣告该合同或该个别条款无效。除其他因素外，尚应考虑下列各项：

（a）该另一方当事人不公平地利用了对方当事人的依赖、经济困境或紧急需要，或不正当地利用了对方当事人的缺乏远见、无知、无经验或缺乏谈判技巧的事实，以及

（b）合同的性质和目的。

（2）依有权宣告合同无效的一方当事人的请求，法院可以修改该合同或其条款，以使其符合公平交易的合理的商业标准。

(3) 依收到宣告合同无效通知的一方当事人的请求,法院亦可修改合同或其条款,只要该方当事人在收到此项通知后,且在对方当事人依据该项通知行事前,立即将其请求告知对方当事人。本章第 3.13 条第(2)款的规定此时应予适用。

第 3.11 条　(第三人)

(1) 如果欺诈、胁迫、重大失衡或一方当事人的错误可归因于第三人,或者该第三人知道或应当知道这些情况,而该第三人的行为由另一方当事人负责,则可按该另一方当事人本身所做行为或所知晓的相同条件,宣告该合同无效。

(2) 如果欺诈、胁迫或重大失衡可归因于第三人,而该第三人的行为不由另一方当事人负责,在该另一方当事人知道或理应知道此欺诈、胁迫或重大失衡,或在宣告合同无效时尚未按照对该合同的信赖而行事的情况下,则该合同可被宣告无效。

第 3.12 条　(确认)

有权宣告合同无效的一方当事人如果在发出合同无效通知的期间开始后,又明示或默示地确认合同,则该方当事人不得再宣告合同无效。

第 3.13 条　(丧失宣告合同无效的权利)

(1) 如果一方当事人有权因错误宣告合同无效,而另一方当事人声明他将愿意按或已按有权宣告合同无效的一方当事人对合同的理解履行合同,则该合同应视为按照该一方当事人的理解已经订立。该另一方当事人在收到有权宣告合同无效的一方当事人对合同的理解方式的通知后,而且在该一方当事人依据宣告合同无效通知合理行事之前,必须立即做出此种声明或进行此种履行。

(2) 在做出此种声明或履行之后,宣告合同无效的权利即行丧失,任何以前宣告合同无效的通知均丧失效力。

第 3.14 条　(宣告合同无效的通知)

一方当事人通过向另一方当事人发出通知行使其宣告合同无效的权利。

第 3.15 条　(时间期限)

(1) 考虑到各种情况,宣告合同无效的通知,应在宣告合同无效的一方当事人已知或不可能不知道有关事实或者在其可以自由行事之后的一段合理时间内做出。

(2) 如果一方当事人根据第 3.10 条的规定有权宣告合同中的个别条款无效,则宣告合同无效通知的期限自另一方当事人坚持该条款之时开始。

第 3.16 条　(部分无效)

如果宣告合同无效的理由仅影响合同的个别条款,则宣告合同无效的效力仅限于这些条款,除非考虑到各种情况,维持合同的其余部分是不合理的。

第 3.17 条　(宣告合同无效的追溯力)

(1) 宣告合同无效具有追溯力。

(2) 宣告合同无效后,任何一方当事人可要求返还其依据已被宣告无效的合同或部分合同所提供的一切,但要以该方当事人也同时返还其依据已被宣告无效的合同或部分合同所得到的一切为条件,或者如虽不能返还实物,但对其所得之物给予补偿。

第 3.18 条　(损害赔偿)

无论是否宣告合同无效,已知或理应知道合同无效理由的一方当事人应承担损害赔偿的责任,以使另一方当事人处于如同其未订立合同的地位。

第3.19条 （本章条款的强制性）

本章的各项规定具有强制性，但那些有关协议的约束力、自始不能或错误的规定除外。

第3.20条 （单方声明）

本章各项规定在适当修改后，适用于一方当事人向另一方当事人传达的任何意思表示。

第四章 合同的解释

第4.1条 （当事人的意思）

(1) 合同应根据当事人各方的共同意思予以解释。

(2) 如果该意思不能确立，合同应根据一个与各方当事人具有同等资格的、通情达理的人在处于相同情况下时，对该合同所应有的理解来解释。

第4.2条 （对陈述和其他行为的解释）

(1) 一方当事人的陈述和其他行为应根据该当事人的意思来解释，如果另一方当事人已知或不可能不知道该意思。

(2) 如果前款不适用，上述陈述和其他行为应根据一个与另一方当事人具有同等资格的、通情达理的人在处于相同情况下时，对该合同所应有的理解来解释。

第4.3条 （相关情况）

适用本章第4.1条和第4.2条时，应考虑所有情况，包括：

(a) 当事人之间的初期谈判；

(b) 当事人之间已确立的习惯做法；

(c) 合同订立后当事人的行为；

(d) 合同的性质和目的；

(e) 在所涉交易中，通常赋予合同条款和表述的含义；

(f) 惯例。

第4.4条 （合同或陈述作为整体考虑）

合同条款和表述应根据其所属的整个合同或全部陈述予以解释。

第4.5条 （给予所有条款以效力）

对合同各项条款的解释应以使它们全部有效为宗旨，而不是排除其中一些条款的效力。

第4.6条 （对条款提议人不利规则）

如果一方当事人所提出的合同条款含义不清，则应做出对该方当事人不利的解释。

第4.7条 （语言差异）

如果合同是以两种或两种以上具有同等效力的文字起草的，若这些文本之间存在差异，应优先依据合同最初起草的文字予以解释。

第4.8条 （补充空缺条款）

(1) 如果合同当事人各方就一项确定其权利和义务的重要条款未达成一致，应补充一项于该情况下适当的条款。

(2) 在决定何为适当的条款时，除其他因素外，还应考虑以下情况：

(a) 各方当事人的意思；

(b) 合同的性质和目的；

(c) 诚实信用和公平交易原则;

(d) 合理性。

第五章　合同的内容与第三方权利

第一节　合同的内容

第 5.1.1 条　(明示和默示的义务)

各方当事人的合同义务可以是明示的,也可以是默示的。

第 5.1.2 条　(默示的义务)

默示的义务源自于:

(a) 合同的性质与目的;

(b) 各方当事人之间确立的习惯做法,以及惯例;

(c) 诚实信用和公平交易原则;

(d) 合理性。

第 5.1.3 条　(当事人之间的合作)

每一方当事人应与另一方当事人合作,如果该一方当事人在履行其义务时,可合理地期待对方当事人提供此类合作。

第 5.1.4 条　(获得特定结果的义务和尽最大努力的义务)

(1) 如果一方当事人的义务在一定程度内涉及获得某一特定的结果,则该方当事人在该程度内有义务获得此特定结果。

(2) 如果一方当事人的义务在一定程度内涉及履行某一项活动时应尽最大的努力,则该方当事人在该程度内有义务尽一个具有同等资格的、通情达理的人在相同情况下所会付出的努力。

第 5.1.5 条　(确定所涉义务的种类)

在确定一方当事人的义务在多大程度内涉及履行某一项活动时应尽最大的努力或者应获得某一特定结果时,除其他因素外,应考虑以下情况:

(a) 合同中表述该 义务的方式;

(b) 合同的价格以及合同的其他条款;

(c) 获得预期结果时通常所涉及的风险程度;

(d) 另一方当事人影响义务履行的能力。

第 5.1.6 条　(确定履行的质量)

如果合同中既未规定而且也无法根据合同确定履行的质量,则一方当事人有义务使其履行的质量达到合理的标准,并且不得低于此情况下的平均水准。

第 5.1.7 条　(价格的确定)

(1) 如果合同未规定价格,也无如何确定价格的规定,在没有任何相反表示的情况下,应视为当事人各方引用在订立合同时相关贸易中可比较的情况下进行此类履行时通常收取的价格,或者,若无此价格,应为一个合理的价格。

(2) 如果合同的价格应由一方当事人确定,而且此定价又明显地不合理,则不管合同中是否有任何条款的相反规定,均应以一个合理的价格予以替代。

(3) 如果价格应由一个第三人来确定,而该第三人不能或不愿确定该价格,则应采用一个合理的价格。

(4) 如果确定价格需要参照的因素不存在,或已不复存在或已不可获得,则应取最相似的因素作为替代。

第5.1.8条 (无固定期限的合同)

对于一个无固定期限的合同,任何一方当事人可通过在事先一段合理时间内发出通知,终止该合同。

第5.1.9条 (通过协议放弃权利)

(1) 债权人可以通过与债务人达成协议放弃其权利。

(2) 一项无偿放弃权利的要约应视为被接受,如果债务人在知晓该要约后未毫不迟延地拒绝。

第二节 第三方权利

第5.2.1条 (第三方受益的合同)

(1) 合同当事人(即允诺人和受诺人)可通过明示或默示协议将权利授予第三方(即受益人)。

(2) 受益人对允诺人权利的存在以及内容,由当事人之间的协议确定,并受该协议项下的任何条件或其他限制性规定的约束。

第5.2.2条 (可确定的第三方)

根据合同,受益人必须能够充分明确地加以确定,但其不必须在订立合同时就存在。

第5.2.3条 (排除和限制条款)

授与受益人的权利,包括受益人援引合同中排除或限制其责任的条款的权利。

第5.2.4条 (抗辩)

允诺人可以向受益人主张其可以向受诺人主张的所有抗辩。

第5.2.5条 (撤销)

在受益人接受该权利或已依赖该权利合理行事之前,合同当事人可以修改或者撤销其通过合同授予受益人的权利。

第5.2.6条 (放弃权利)

受益人可以放弃被授与的权利。

第六章 履 行

第一节 履行的一般规定

第6.1.1条 (履行时间)

一方当事人必须在下列时间履行其合同义务:

(a) 如果合同规定了时间,或者依合同可确定时间,则为此时间;

(b) 如果合同规定了或依合同可确定一段时间,则为此段期间内的任何时间,除非情况表明履行时间应由另一方当事人选择;

(c) 在其他任何情况下,则在合同订立后的一段合理时间之内。

第 6.1.2 条 (一次或分期履行)

在属于本章第 6.1.1 条(b)项或(c)项的情况下,如果合同义务能一次完成履行,并且情况未有另外的表明,则当事人必须一次履行其全部合同义务。

第 6.1.3 条 (部分履行)

(1) 履行期限到来时,债权人有权拒绝任何部分履行的请求,无论该请求是否附有对未履行部分的担保,除非债权人这样作无合法利益;

(2) 因部分履行给债权人带来的额外费用应由债务人承担,并且不得损害任何其他救济。

第 6.1.4 条 (履行顺序)

(1) 在合同当事人能够同时履行的限度内,则双方当事人应同时履行其合同义务,除非情况有相反的表示。

(2) 在仅有一方当事人需要在一段时间内履行的限度内,则该方当事人应先行履行其义务,除非情况有相反的表示。

第 6.1.5 条 (提前履行)

(1) 债权人可拒绝接受提前履行,除非债权人这样做无合法利益。

(2) 一方当事人接受提前履行并不影响其履行自己义务的时间,如果该履行时间已经确定,而不管另一方当事人义务的履行。

(3) 因提前履行给债权人带来的额外费用应由债务人承担,并且不得损害其他任何救济。

第 6.1.6 条 (履行地)

(1) 如果合同中既未规定履行地,或者依据合同也无法确定履行地,则应按下述地点履行:

(a) 金钱债务,在债权人的营业地;

(b) 任何其他义务,在债务人自己的营业地。

(2) 当事人应承担在合同订立后因其营业地的改变而给履行增加的费用。

第 6.1.7 条 (以支票或其他票据付款)

(1) 付款可以采用在付款地正常商业做法中所使用的任何形式做出。

(2) 但是,债权人无论是根据第(1)款的规定还是自愿地接受支票、其他付款命令或付款承诺,均推定该接受是以这些票据能够获得支付为条件。

第 6.1.8 条 (转账支付)

(1) 除非债权人已指定特定账户,付款可以通过将款项转至债权人已告知其设有账户的任何金融机构进行。

(2) 在采用转账支付的情况下,债务人的义务在款项有效转至债权人的金融机构时解除。

第 6.1.9 条 (付款货币)

(1) 如果金钱债务是以非付款地的货币表示的,则债务人可以用付款地之货币支付,除非:

(a) 那种货币不能自由兑换;或者

(b) 当事人各方约定只能以表示金钱债务的货币进行支付。

(2) 如果债务人不可能以表示金钱债务的货币支付,则债权人可要求以付款地的货币支付,即便属第(1)款(b)项规定的情况亦可如此要求。

(3) 以付款地的货币支付时,应按照付款义务到期时付款地适用的通行汇率支付。

(4) 但是,如果债务人在付款到期时未支付款项,则债权人既可要求债务人根据付款义务到期时或实际付款时所适用的通行汇率进行支付。

第 6.1.10 条 (未规定货币)

如果一项金钱债务未以某一具体货币作表示,则付款应以付款地的货币进行支付。

第 6.1.11 条 (履行费用)

每一方当事人应承担其履行义务时所发生的费用。

第 6.1.12 条 (指定清偿)

(1) 对同一债权人负有多项金钱债务的债务人,可在付款时指定该款项用以偿还的债务。但是,该款项应首先偿付任何费用,其次为应付利息,最后为本金。

(2) 如果债务人未加指定,则债权人可在获得支付后的合理时间内向债务人声明该款项用以偿还的债务,但是该项债务必须是到期的,并且是无争议的。

(3) 如果根据第(1)款或第(2)款的规定无法确定清偿对象,则付款应按下列标准之一及指明的顺序偿还债务:

(a) 到期之债务,或者首先到期之债务;

(b) 债权人享有最少担保之债务;

(c) 对债务人属于负担最重之债务;或者

(d) 最先发生之债务。

若以上标准均不适用,则按比例用以清偿各项债务。

第 6.1.13 条 (非金钱债务的指定清偿)

本章第 6.1.12 条的规定经适当修改后适用于非金钱债务的指定履行。

第 6.1.14 条 (申请公共许可)

若一国法律所要求的公共许可影响到合同的效力或其履行,并且该法律或有关情况都无其他表明,则

(a) 如果只有一方当事人的营业地在该国,则该方当事人应采取必要的措施以取得该许可;

(b) 在任何其他情况下,履行须经许可的那一方当事人应当采取必要的措施。

第 6.1.15 条 (申请许可的程序)

(1) 有义务采取必要措施以取得许可的当事人,应毫不迟延地如此行事,并应该承担由此产生的一切费用。

(2) 该方当事人应在任何适当的时候,毫不迟延地向另一方当事人发出该许可已获批准或遭到拒绝的通知。

第 6.1.16 条 (许可既未获批准又未遭拒绝)

(1) 尽管有义务的当事人采取了所有必要的措施,如果在约定的期间之内,或若无此约定,则在合同订立后的合理时间之内,许可申请既未获得批准又未遭到拒绝,则任何一方当事人均有权终止该合同。

(2) 当许可仅影响合同的某些条款时,如果维持合同的其余部分是合理的,即便许可遭到拒绝,也不适用上述第(1)款。

第 6.1.17 条 (拒绝许可)

(1) 当拒绝许可影响合同的效力时,则该拒绝导致合同无效。如果拒绝许可只影响合同部分条款的效力,则仅该部分条款无效,如果考虑到各种情况维持合同的其余部分是合理的。

(2) 当拒绝许可导致合同的全部或部分履行不可能时,适用有关不履行的规定。

第二节 艰难情形

第 6.2.1 条 (合同必须遵守)

如果合同的履行使一方当事人变得负担加重,该方当事人仍应履行其义务,但属于下列艰难情形规定的除外。

第 6.2.2 条 (艰难情形的定义)

所谓艰难情形,是指发生的事件使得一方当事人履约成本增加或者一方当事人所获履约的价值减少,因而根本改变了合同均衡,并且

(a) 该事件的发生或为处于不利地位的当事人知道事件的发生在合同订立之后;

(b) 处于不利地位的当事人在订立合同时不能合理地预见事件的发生;

(c) 事件不能为处于不利地位的当事人所控制;而且

(d) 事件的风险不由处于不利地位的当事人承担。

第 6.2.3 条 (艰难情形的后果)

(1) 若出现艰难情形,处于不利地位的当事人有权要求重新谈判。但是,提出此要求应毫不迟延地,而且说明提出该要求的理由。

(2) 重新谈判的要求本身并不能使处于不利地位的当事人有权停止履约。

(3) 在合理时间内不能达成协议时,任何一方当事人均可诉诸法院。

(4) 如果法院认定存在艰难情形,只要合理,法院可以:

(a) 在确定的日期并按确定的条件终止合同,或者

(b) 为恢复合同的均衡而修改合同。

第七章 不 履 行

第一节 不履行的一般规定

第 7.1.1 条 (不履行的定义)

不履行是指一方当事人未能履行其合同项下的任何一项义务,包括瑕疵履行和迟延履行。

第 7.1.2 条 (另一方当事人的干预)

一方当事人不得依赖另一方当事人的不履行,如果该不履行是在由前者的作为或不作为或由其承担风险的其他事件所致的范围内。

第 7.1.3 条 (停止履行)

(1) 当事人各方应同时履行合同义务的,任何一方当事人可在另一方当事人提供履行前停止履行。

（2）当事人各方应相继履行合同义务的，后履行的一方当事人可在应先予履行的一方当事人完成履行之前停止履行。

第7.1.4条　（不履行方的补救）

（1）不履行一方当事人可自己承担费用对其不履行进行补救，但须符合下述条件：

（a）该方当事人毫不迟延地通知另一方当事人其拟进行补救的方式和时间；

（b）该补救在当时情况下是适当的；

（c）受损害方对于拒绝补救无合法利益；并且

（d）补救是立即进行的。

（2）补救的权利并不因终止合同的通知被排除。

（3）在收到有效的补救通知后，受损害方所享有的与不履行方的履行行为不一致的权利应予中止，直至补救期限届满。

（4）受损害方在补救期间有权停止履行。

（5）尽管进行补救，受损害方仍保留对迟延以及因补救所造成的、或补救未能阻止的损害要求损害赔偿的权利。

第7.1.5条　（履行的额外期间）

（1）在出现不履行的情况下，受损害方可通知另一方当事人，允许其有一段额外期间履行义务。

（2）在此额外期间内，受损害方可停止履行其对应的义务，并且可要求损害赔偿，但不得采取任何其他救济手段。如果受损害方收到另一方当事人在此额外期间内将不会履行的通知，或者，在此额外期间届满时另一方当事人仍未完成对其义务的履行，则受损害方可采取本章所规定的任何救济手段。

（3）在不属根本性的延迟履行的情况下，如果受损害方已发出通知，给予不履行方一段合理的额外期间履行其义务，则受损害方在该段期间届满时可终止合同。如果所允许的额外期间的长度不合理，则应延长至合理的长度。受损害方可在其通知中规定，如果另一方当事人在此额外期间内仍不履行其义务，合同应自动终止。

（4）如果未履行的义务只是不履行方合同义务中的一项轻微义务，则本条第（3）款不适用。

第7.1.6条　（免责条款）

若一项条款限制或排除一方当事人对不履行合同义务的责任，或者允许一方当事人的履行可与另一方当事人的合理期待有实质差异，在考虑到合同的目的的情况下，如援引该条款明显不公平，则不得援引该条款。

第7.1.7条　（不可抗力）

（1）若不履行的一方当事人证明，其不履行是由于非他所能控制的障碍所致，而且在合同订立之时该方当事人无法合理地预见，或不能合理地避免或克服该障碍及其后果，则不履行方应予免责。

（2）若障碍只是暂时的，则在考虑到这种障碍对合同履行影响的情况下，免责只在一段合理的期间内具有效力。

（3）未能履行义务的一方当事人必须将障碍及对其履约能力的影响通知另一方当事人。若另一方当事人在未履行方知道或应当知道该障碍后的一段合理时间内没有收到通知，则未履行方应对另一方当事人因未收到通知而导致的损害负赔偿责任。

(4) 本条并不妨碍一方当事人行使终止合同、停止履行或对到期应付款项要求支付利息的权利。

第二节　要求履行的权利

第 7.2.1 条　(金钱债务的履行)

如果有义务付款的一方当事人未履行其付款义务,则另一方当事人可以要求付款。

第 7.2.2 条　(非金钱债务的履行)

如果一方当事人未履行其不属支付金钱的债务,另一方当事人可要求履行,除非:

(a) 履行在法律上或事实上不可能;

(b) 履行或相关的执行带来不合理的负担或费用;

(c) 有权要求履行的一方当事人可以合理地从其他渠道获得履行;

(d) 履行完全属于人身性质;或者

(e) 有权要求履行的一方当事人在已经知道或应当知道该不履行后的一段合理时间内未要求履行。

第 7.2.3 条　(对瑕疵履行的修补和替换)

要求履行的权利,在适当的情况下,包括对瑕疵履行要求修补、替换或其他补救的权利。这里也适用第 7.2.1 条和第 7.2.2 条的规定。

第 7.2.4 条　(法院判决的罚金)

(1) 当法院判决一方当事人履行义务时,若该方当事人不执行该判决,法院还可责令其支付罚金。

(2) 罚金应支付给受损害方,除非法院地的强制性法规另有规定,向受损害方支付罚金并不排除其任何要求损害赔偿的主张权。

第 7.2.5 条　(救济的变更)

(1) 要求履行非金钱债务的受损害方,在规定的期限内或若无此规定在一段合理的时间内,未获得履行,则该方当事人可诉诸任何其他的救济手段。

(2) 当对于履行非金钱债务的法院判决不能得到执行时,受损害方可诉诸任何其他的救济手段。

第三节　合同的终止

第 7.3.1 条　(终止合同的权利)

(1) 合同一方当事人可终止合同,如果另一方当事人未履行其合同项下的某项义务构成对合同的根本不履行。

(2) 在确定不履行某项义务是否构成根本不履行时,应特别考虑是否存在以下情况:

(a) 不履行从实质上剥夺了受损害方根据合同有权期待的利益,除非另一方当事人并未预见也不可能合理地预见到此结果;

(b) 对未履行义务的严格遵守是合同项下的实质内容;

(c) 不履行是有意所致还是疏忽所致;

(d) 不履行使受损害方有理由相信,他不能信赖另一方当事人的未来履行;

(e) 若合同被终止,不履行方将因已准备或已履行而蒙受不相称的损失。

(3) 在迟延履行的情况下,如果另一方当事人未在第7.1.5条允许的额外期间届满前履行合同,受损害方亦可终止合同。

第7.3.2条 (终止通知)

(1) 一方当事人终止合同的权利通过向另一方当事人发出通知来行使。

(2) 若属迟延履行或履行与合同不符,受损害方将丧失终止合同的权利,除非他在已经知道或理应知道迟延履行或不符履行后一段合理时间内通知另一方当事人。

第7.3.3条 (预期不履行)

如果在一方当事人履行合同日期之前,情况表明该方当事人将根本不履行其合同义务,则另一方当事人可终止合同。

第7.3.4条 (如约履行的充分保证)

一方当事人如果有理由相信另一方当事人将根本不履行,可要求其对如约履行提供充分保证,并可同时停止履行其自己的合同义务。若在合理时间内不能提供这种保证,则要求提供保证的一方当事人可终止合同。

第7.3.5条 (终止合同的一般效果)

(1) 合同的终止解除双方当事人履行和接受未来履行的义务。

(2) 终止并不排除对不履行要求损害赔偿的权利。

(3) 终止并不影响合同中关于解决争议的任何规定,或者甚至在合同终止后仍应执行的其他合同条款。

第7.3.6条 (恢复原状)

(1) 终止合同时,任何一方当事人可主张返还他所提供的一切,但是要以该方同时亦返还他所收到的一切为条件。如果实物返还不可能或不适当,只要合理,应以金钱予以补偿。

(2) 但是若合同的履行已持续了一段时间,并且合同是可分割的,则只能对合同终止生效后的那段期间的履行请求此类恢复原状。

第四节 损害赔偿

第7.4.1条 (损害赔偿的权利)

任何不履行均使受损害方取得损害赔偿请求权,该权利既可以单独行使,也可以和任何其他救济手段一并行使,但该不履行根据本通则属可以免责的除外。

第7.4.2条 (赔偿)

(1) 受损害方对由于不履行而遭受的损害有权得到完全赔偿。该损害既包括该方当事人遭受的任何损失,也包括其被剥夺的任何收益,但应当考虑到受损害方因避免发生的成本或损害而得到的任何收益。

(2) 此损害可以是非金钱性质的,并且包括例如肉体或精神上的痛苦。

第7.4.3条 (损害的确定)

(1) 赔偿仅适用于根据合理的确定性程度而证实的损害,包括未来损害。

(2) 对机会损失的赔偿可根据机会发生的可能性程度来确定。

(3) 凡不能以充分确定性程度来确定损害赔偿的金额,赔偿金额的确定取决于法院的自由裁量权。

第 7.4.4 条 (损害的可预见性)

不履行方仅对在订立合同时他已经预见到的或应当合理预见到的、因其不履行可能产生的损害承担责任。

第 7.4.5 条 (存在替代交易情况时的损害证明)

在受损害方已终止合同并在合理时间内以合理方式进行了替代交易的情况下,该方当事人可对原合同价格与替代交易价格之间的差额以及任何进一步的损害要求赔偿。

第 7.4.6 条 (依时价确定损害的证明)

(1) 在受损害方已终止合同但未进行替代交易的情况下,如果对于合同约定的履行存在时价,则该方当事人可对合同价格与合同终止时的时价之间的差额以及任何进一步的损害要求赔偿。

(2) 时价是指在合同应当履行的地点,对应交付之货物或应提供之服务在可比情况下通常所收取的价格,或者如果该地无时价,时价为可合理参照的另一地的时价。

第 7.4.7 条 (部分归咎于受损害方的损害)

如果损害部分归咎于受损害方的作为或不作为,或是由该方当事人承担风险的其他事件所导致,在考虑到各方当事人行为的情况下,损害赔偿金额应扣除因上述因素导致的损害部分。

第 7.4.8 条 (损害的减轻)

(1) 不履行方对于受损害方所蒙受的本来可以通过其采取合理措施减少的那部分损害,不承担责任。

(2) 受损害方有权对试图减少损害而发生的一切合理费用要求补偿。

第 7.4.9 条 (未付金钱债务的利息)

(1) 如果一方当事人未支付一笔到期的金钱债务,受损害方有权要求支付自该笔债务到期时起至支付时止的利息,而不管该不付款是否可被免责。

(2) 利率应为付款地银行对主要借款人借贷支付货币的短期平均贷款通行利率。若该地无此利率,则为支付货币国家的此种利率。当上述两地均无此利率时,应为支付货币国法律规定的适当利率。

(3) 受损害方有权对不付款给其造成的更大的损害要求额外的损害赔偿。

第 7.4.10 条 (损害赔偿的利息)

除非另有约定,对非金钱债务不履行的损害赔偿的利息自不履行之时起算。

第 7.4.11 条 (金钱赔偿的方式)

(1) 损害赔偿应一次付清。但是,当损害的性质适于分期付款偿付时,也可分期偿付。

(2) 分期支付损害赔偿金时,可以按指数调整。

第 7.4.12 条 (估算损害赔偿金的货币)

损害赔偿金既可以用表示金钱债务的货币确定,也可以用遭受损害的货币确定,以两者中最为适当的货币为准。

第 7.4.13 条 (对不履行所约定的付款)

(1) 如果合同规定不履行方应支付受损害方一笔约定的金额,则受损害方有权获得该笔金额,而不管其实际损害如何。

(2) 但是,如果约定金额严重超过因不履行以及其他情况导致的损害,则可将该约定金额减少至一个合理的数目,而不考虑任何与此相反的约定。

第八章 抵 销

第8.1条 (抵销的条件)

(1) 当双方当事人互负金钱或其他同类履行时,任何一方("第一方当事人")可以将自己的债务与其债权人("另一方当事人")的债务抵销,如果抵销发生时满足以下条件:

(a) 第一方当事人有权履行其债务;

(b) 另一方当事人债务的存在和数量被确定,且履行到期。

(2) 如果双方当事人的债务基于同一合同产生,第一方当事人可将自己的债务与另一方当事人的债务抵销,即使另一方当事人债务的存在或数量尚未确定。

第8.2条 (外汇抵销)

当以不同货币支付金钱债务时,亦可行使抵销权,但要以该两种货币均为可自由兑换的货币,而且当事人没有约定第一方当事人必须以特定货币支付为条件。

第8.3条 (抵销通知)

行使抵销权时,应当通知另一方当事人。

第8.4条 (通知的内容)

(1) 通知必须指明拟抵销的债务。

(2) 如果通知没有指明行使抵销权的债务,另一方当事人可在合理的时间内向第一方当事人声明有关抵销的债务。如果未作出该声明,则抵销将按比例适用于所有债务。

第8.5条 (抵销的效力)

(1) 抵销解除双方债务。

(2) 如果债务的金额不等,则抵销以金额较小者为限解除债务。

(3) 抵销自通知之时起生效。

第九章 权利的转让、债务的转移、合同的转让

第一节 权利的转让

第9.1.1条 (定义)

"权利的转让"是指一人("让与人"),将其对第三人("债务人")金钱支付或其他履行的权利,以协议方式转移给另一人("受让人"),包括以担保为目的的转让。

第9.1.2条 (排除适用)

本节不适用于由特殊规则调整的下列转让:

(a) 票据转让,例如流通票据、权利凭证或金融票据,或者

(b) 一项商业转让过程中发生的权利转让。

第9.1.3条 (非金钱权利的转让)

一项非金钱履行的权利,只有转让不导致更重大履行负担时,方可转让。

第9.1.4条 (部分转让)

(1) 金钱支付的权利可以部分转让。

(2) 其他履行的权利,只有当该履行是可分割的,并且转让不导致更重大履行负担时,才可部分转让。

第9.1.5条 (未来权利)

未来权利视为在转让协议达成时转让,但以该项权利在出现时必须能够被确定是属于被转让的权利为条件。

第9.1.6条 (未逐一指明的权利的转让)

数项权利可同时转让,而无需逐一指明,但以这些权利能够于转让时或出现时被确定是与转让相关的权利为条件。

第9.1.7条 (让与人和受让人协议即可转让)

(1) 一项权利仅凭让与人和受让人之间的协议即可转让,而无须通知债务人。

(2) 转让无需债务人同意,除非此情况下债务实质上具有人身性质。

第9.1.8条 (债务人的额外成本)

因权利转让产生的任何额外成本,债务人有权要求让与人或受让人给予补偿。

第9.1.9条 (非转让条款)

(1) 尽管让与人和债务人之间存在限制或禁止转让的协议,金钱支付的权利的转让仍然具有效力。但是,让与人可能因此向债务人承担违约责任。

(2) 非金钱性履行的权利的转让,如果违反让与人与债务人之间限制或禁止转让的协议,则转让无效。但是,如果受让人在转让发生时既不知道也不应知道该协议,则转让有效。但让与人可能因此向债务人承担违约责任。

第9.1.10条 (通知债务人)

(1) 在收到让与人或受让人发出的转让通知以前,债务人可通过向让与人清偿来解除债务。

(2) 在收到该通知后,债务人只有通过向受让人清偿才能解除债务。

第9.1.11条 (连续转让)

如果同一让与人将同一权利连续转让给两个或两个以上受让人,则债务人按照收到通知的时间顺序清偿后,其债务得以解除。

第9.1.12条 (转让的充分证据)

(1) 当受让人发出转让通知时,债务人可以要求受让人在合理时间内提供做出转让的充分证据。

(2) 在提供充分证据之前,债务人可以停止清偿。

(3) 在提供充分证据之前,通知不产生效力。

(4) 充分证据包括但不限于,让与人作出的并能够表明转让已做出的任何书面文件。

第9.1.13条 (抗辩权和抵销权)

(1) 债务人可以其对抗让与人的所有抗辩权,对抗受让人。

(2) 债务人在收到转让通知时,可向让与人主张的任何抵销权,都可以向受让人主张。

第9.1.14条 (与权利转让相关之权利)

一项权利的转让将下列权利转至受让人:

(a) 根据与被转让权利相关的合同,让与人的所有金钱支付或者其他履行的权利,以及

(b) 担保被转让之权利得以履行的所有权利。

第9.1.15条 （让与人的担保）

除非已向受让人作了另外披露，让与人对受让人承担下述担保义务：

(a) 被转让之权利在转让发生时已经存在，但未来权利除外；

(b) 让与人有权转让该权利；

(c) 该权利此前没有转让给其他受让人，并且不存在第三方提出权利或请求；

(d) 债务人不存在任何抗辩；

(e) 债务人和让与人均未做出针对被转让权利的抵销通知，而且今后也不会发出此类通知；

(f) 让与人应将在转让通知做出前从债务人收到的任何清偿，退还给受让人。

第二节 债务的转移

第9.2.1条 （转移的模式）

支付金钱或者为其他履行的债务，可以通过以下方式由一人（"原债务人"）转移到另一人（"新债务人"）：

(a) 原债务人和新债务人之间达成协议，但要受到第9.2.3条的约束，或

(b) 债权人和新债务人之间达成的由新债务人承担债务的协议。

第9.2.2条 （排除适用）

本节不适用于在一项商业转让过程中，依管辖债务转移的特殊规则所做的债务转移。

第9.2.3条 （对债权人转移同意的要求）

原债务人和新债务人以协议方式转移债务，须经债权人同意。

第9.2.4条 （债权人的预先同意）

(1) 债权人可以预先同意。

(2) 债权人预先同意的，债务转移自转移通知到达债权人时，或者债权人认可该债务转移时，产生效力。

第9.2.5条 （原债务人债务的解除）

(1) 债权人可以解除原债务人的债务。

(2) 债权人可以继续将原债务人作为债务人，如果新债务人履行不适当。

(3) 其余情况下，原债务人和新债务人承担连带责任。

第9.2.6条 （第三方履行）

(1) 在没有债权人同意的情况下，债务人可以与另一个人约定由该人替代该债务人履行债务，但债务本质上具有人身性质的除外。

(2) 债权人保留对债务人的请求权。

第9.2.7条 （抗辩和抵销权）

(1) 新债务人可援用原债务人对抗债权人的所有抗辩，对抗债权人。

(2) 新债务人不可以向债权人主张原债务人可以向债权人主张的抵销权。

第9.2.8条 （与被转移债务相关的权利）

(1) 债权人可以对新债务人主张与被转移之债务相关的合同项下的金钱支付或者其他履行的所有各项权利。

(2) 原债务人根据第9.2.5条第(1)款解除债务的，除新债务人以外的任何其他人对于

债务履行提供的担保随之解除,但是该其他人同意该担保对债权人继续有效的除外。

(3) 原债务人之债务的解除,还包括原债务人向债权人提供的用以保证履行债务的任何担保的解除,但是设立担保的资产已作为原债务人和新债务人之间交易的一部分而转移的除外。

第三节 合同的转让

第 9.3.1 条 (定义)

“合同的转让”是指一人(“让与人”)将产生于与另一人(“另一方当事人”)的一项合同的权利与义务,以协议方式转移给另一人(“受让人”)。

第 9.3.2 条 (排除适用)

本节不适用于由特殊规则调整的商业转让过程中的合同转让。

第 9.3.3 条 (另一方当事人同意的要求)

一项合同的转让要求征得另一方当事人的同意。

第 9.3.4 条 (另一方当事人的预先同意)

(1) 另一方当事人可预先同意。

(2) 另一方当事人预先同意的,合同转让自转让通知到达该另一方当事人时,或者当该另一方当事人认可该合同转让时,生效。

第 9.3.5 条 (让与人债务的解除)

(1) 另一方当事人可解除让与人的债务。

(2) 另一方当事人可继续将让与人作为债务人,如果受让人的履行不适当。

(3) 其余情况下,让与人和受让人承担连带责任。

第 9.3.6 条 (抗辩和抵销权)

(1) 在一项合同的转让中涉及权利转让的范围内,适用第 9.1.13 条 的规定。

(2) 在一项合同的转让中涉及债务转移的范围内,适用第 9.2.7 条 的规定。

第 9.3.7 条 (随合同转让的权利)

(1) 在一项合同的转让中涉及权利转让的范围内,适用第 9.1.4 条的规定。

(2) 在一项合同的转让中涉及债务转移的范围内,适用第 9.2.8 条的规定。

第十章 时效期间

第 10.1 条 (本章范围)

(1) 根据本章的规则,受通则管辖的权利的行使因一段时间,期间称为“时效期间”,的届满而被禁止。

(2) 本章并不管辖依据本通则的规定要求一方当事人作为取得或行使其权利的条件,须通知另一方当事人或除司法程序之外履行任何行为的时间期间。

第 10.2 条 (时效期间)

(1) 一般时效期间为三年,自债权人知道或应该知道导致其能够行使权利的事实之日的次日起计算。

(2) 任何情况下最长时效期间为十年,自能够行使权利之日的次日起计算。

第10.3条 （当事人对时效期间的修改）

（1）当事人可以修改时效期间。

（2）但是他们不得：

（a）将一般时效期间缩短至不足一年；

（b）将最长时效期间缩短至不足四年；

（c）将最长时效期间延长超过十五年。

第10.4条 （认可导致时效期间重新计算）

（1）债务人在一般时效期间届满前认可债权人权利的，自认可之日的次日起，一般时效期间重新开始计算。

（2）最长时效期间不再重新计算，但可依一般时效期间按照第10.2条第（1）款的重新开始计算而超期。

第10.5条 （因司法程序而中止）

（1）时效期间在以下情况下中止计算：

（a）通过启动司法程序或者在已经启动的司法程序中，债权人采取被法院认可的债权人向债务人主张其权利的任何行为；

（b）在债务人破产的情况下，债权人在破产程序中主张其权利；

（c）在债务人实体进入解散程序的情况下，债权人在解散程序中主张其权利。

（2）时效中止持续至终局判决做出之时或以其他方式程序终止之时。

第10.6条 （因仲裁程序而中止）

（1）通过启动仲裁程序或者在已经启动的仲裁程序中，自债权人采取的被仲裁庭适用法所认可的债权人向债务人主张其权利的任何行为之时起，时效期间中止计算。如果没有确定启动仲裁程序的确切日期的仲裁程序规定或条款，则仲裁程序自要求审理争议之权利的请求送达债务人之日时被启动。

（2）时效中止持续至有约束力的裁决做出之时或以其他方式程序终止之时。

第10.7条 （替代性争议解决机制）

第10.5条和第10.6条的规定经适当修改，适用于下述程序：当事人各方请求第三方协助他们通过友好的方式解决他们之间的争议。

第10.8条 （因不可抗力、死亡或无行为能力而中止）

（1）如果债权人因其无法控制、无法避免，也无法克服的障碍，不能根据前述条款阻止时效期间的计算，则一般时效期间中止计算，使其不会在相关障碍消失之后一年内届满。

（2）如果债权人或债务人的无行为能力或死亡构成上述障碍，时效期间的中止于为无行为能力人，或死者或其遗产指定了代理人，或者继承人继承了前述相关人的地位时停止。第（1）款规定的一年额外期间同样适用于本款。

第10.9条 （时效期间届满的效力）

（1）时效期间届满不消灭权利。

（2）经债务人作为抗辩提出，时效期间届满方产生效力。

（3）即使权利的时效期间届满已经提出，仍可依据此权利作为抗辩。

第10.10条 （抵销权）

债权人可以行使抵销权，除非债务人主张时效期间已届满。

第 10.11 条　(返还)

当为了解除一项债务已经做了履行时,则无权仅凭时效期间届满要求返还。

(资料来源:http://www.unidroit.org/chinese/principles/contracts/principles2004/blackletter2004.pdf)

联合国独立担保和备用信用证公约(1995)
United Nations Convention on Independent Guarantees and Stand-by Letters of Credit, 1995

(1995年12月11日签订)

第一章　适用范围

第1条　适用范围

(1) 本公约适用于第2条所述而且符合下述条件的国际承保:

(a) 担保人/开证人出具该承保的营业地是位于一个缔约国之内,或

(b) 国际私法规则导致适用某一缔约国的法律,除非该承保排除本公约的适用。

(2) 本公约亦适用于第2条范围以内的一项国际信用证,条件是,该信用证明确声明它遵行本公约。

(3) 第21条和第22条的规定适用于第2条所指的国际承保,而不受本条第(1)款的约束。

第2条　承　保

(1) 就本公约而言,承保是一项独立承诺,在国际惯例中称之为独立担保或备用信用证,此种承诺系由银行或其他机构或个人("担保人/开证人")作出,保证当提出见索即付要求时,或随同其他单据提出付款要求,表明或示意因发生了履行义务方面违约事件、或因另一偶发事件、或索还借支或垫付款项、或由于委托人/申请人或另一人的欠款到期而应作出支付时,即根据承保条款和任何跟单条件向受益人支付一笔确定的或可确定数额的款项。

(2) 承保的作出可以是:

(a) 根据担保人/开证人的客户("委托人/申请人")的请求或指示;

(b) 根据另一银行、机构或个人("指示方")按该指示方的客户("委托人/申请人")的请求而发出的指示,或

(c) 担保人/开证人自己作出的承保。

(3) 可在承保书内规定任何支付方式,包括:

(a) 以指定的货币或记账单位支付;

(b) 承兑一张汇票;

(c) 延期支付;

(d) 提供规定的价值品。

(4) 承保可规定,担保人/开证人在替他人收款时,自己即为受益人。

第3条　承保的独立性

就本公约而言,一项承保在下述情况下即为独立的承保:

(a) 担保人/开证人对于受益人的义务不取决于任何基础交易的存在或有效性,也不取决于任何其他承保(包括保兑或反担保所涉及的备用信用证或独立担保);或

(b) 担保人/开证人对受益人的义务不取决于承保中未写明的任何条款或条件,除出示单据以外也不取决于任何未来不确定的行为或事件,或担保人/开证人业务范围内的另一此类行为或事件。

第4条　承保的国际性

(1) 若一项承保书内写明的下列人员中任何两者的营业地不在同一个国家,该承保即为国际承保:担保人/开证人、受益人、委托人/申请人、指示方、保兑人。

(2) 就上款而言:

(a) 若承保书所列某人的营业地不止一个,则以与该承保的关系最密切者为相关的营业地;

(b) 若承保书并未写明某人的营业地,但写明了其惯常住所,则根据该住所确定该承保是否具有国际性。

第二章　解　　释

第5条　解释原则

在解释本公约时,应考虑到其国际性以及促进其适用的统一和促进在独立担保和备用信用证的国际实践中遵守诚信的必要性。

第6条　定　　义

就本公约而言,除本公约某项规定另指明含义或上下文要求另作解释者外:

(a) "承保"包括"反担保"和"承保的保兑";

(b) "担保人/开证人"包括"反担保人"和"保兑人";

(c) "反担保"系指由另一项承保的指示方向担保人/开证人作出的承保,规定在提出见索即付要求时,或随同其他单据提出付款要求,表明或示意已根据该另一承保向开出该另一承保的人索取付款或已由该人作出付款时,即应根据承保条款及任何跟单条件作出付款;

(d) "反担保人"系指出具一项反担保书的人;

(e) 承保的"保兑"系指在担保人/开证人的承保之外,由担保人/开证人授权再增添一项承保,使受益人得以选择要求保兑人而不是要求担保人/开证人,根据该保兑承保的条款及任何跟单条件,在提出见索即付要求或随同其他单据提出付款要求时,即给予付款,但并不影响受益人向担保人/开证人索取付款的权利;

(f) "保兑人"系指对一项承保附加保兑的人;

(g) "单据"系指以某种可留下完整记录的通讯形式提出的文字材料。

第二章　承保的形式和内容

第7条　承保的出具、形式和不可撤销性

(1) 出具一项承保的时间和地点以该承保书离开了有关的担保人/开证人的控制范围的时间和地点为准。

(2) 一项承保可以任何形式出具，只要其留有承保案文的完整记录且经由公认的手段或经由担保人/开证人与受益人约定的程序对其来源作出核证。

(3) 一项承保自出具之后，即可随时按照该承保的条款和条件提出索款要求，除非承保另外规定了索付时间。

(4) 承保一经出具即不可撤销，除非承保规定可以撤销。

第8条 修　改

(1) 承保书只能以承保书中规定的形式作出修改，如无此种规定，则只能以第7条(2)款所述的形式作出修改。

(2) 除非承保书另有规定或担保人/开证人与受益人另有协议，否则，如有某项修改事先得到受益人允许，该承保的修改自开具修改时起生效。

(3) 除非承保书另有规定或担保人/开证人与受益人另有协议，否则，如有任何修改事先并未经过受益人允许，只有当担保人/开证人收到了受益人按第7条第(2)款所述形式发出的接受通知时，承保的修改才能生效。

(4) 承保书的修改并不影响委托人/申请人(或某一指示方)的权利和义务或该承保的某一保兑人的权利和义务，除非该人同意该项修改。

第9条 受益人索款权利的转让

(1) 受益人根据承保的索款权利只有在承保书写明允许转让的情况下才可以转让，而且只能按承保书允许的程序和方式转让。

(2) 如一项承保写明可以转让但并未说明实际转让时是否须得到担保人/开证人或另一获得授权的人的同意，则无论担保人/开证人或任何其他获得授权的人均无义务超越承保明示同意的程度和方式进行转让。

第10条 收益的转让

(1) 除非承保书中另有规定或担保人/开证人与受益人另有协议，受益人可以将其根据承保应得的任何收益转让给另一人。

(2) 如果担保人/开证人或承担了付款义务的另一人收到了来自受益人按第7条第(2)款所述形式关于受益人的不可撤销的转让的通知，则只要该承付人向受让人支付了款项，即按其支付数额解除了他在承保中所承担的赔偿责任。

第11条 索款权利的取消

(1) 受益人在承保下的索款权利在下列情况下即告取消：

(a) 担保人/开证人收到了受益人以第7条第(2)款所述形式提出的解除赔偿责任的通知；

(b) 受益人与担保人/开证人以承保书规定的形式，或者，在并无此种规定时，以第7条第(2)款所述形式，达成了终止承保的协议；

(c) 支付了承保规定应付的款额，除非承保书规定了自动续保或自动提高承保金额，或对延续承保另有规定；

(d) 承保的有效期根据第12条的规定已告到期。

(2) 承保书可以规定，或担保人/开证人与受益人可另行协议，为取消索款权利，只须将承保书退还担保人/开证人，如果承保是以非纸面形式出具，则只须办理功能上相当于退还文书的程序，或者连同本条第(1)款(a)和(b)项所述的任何一种办法。但是，在按照本条第

(1)款(c)或(d)项取消了索款权利之后,即使受益人仍持有任何此种文书,在任何情况下均不能保持受益人在承保下的任何权利。

第12条　到　期　日

承保的有效期以下述日期为到期日:

(a) 到期日的当天,即承保书中规定的某一日历日期或其规定期限的最后一天,但是,如果到期日在担保人/开证人出具承保书的营业地点不是营业日,或者在承保书规定应向其提出索款要求的另一人的营业地或另一地点并不是营业日,则顺延到下一个营业日;

(b) 如果按承保规定,到期日取决于担保人/开证人业务范围以外的某一行为或事件的发生,则在担保人/开证人得到通知该行为或事件已经发生并出示了承保书为此目的所规定的单据时为到期,如并未规定须出示的单据,则在出示了受益人关于该行为或事件已经发生的证明时为到期;

(c) 如果承保书未规定到期日,或所规定的到期行为或事件未能通过出示所需单据而确立而且又未写明到期日,则自承保书出具之日起六年后到期。

第四章　权利、义务和抗辩

第13条　权利和义务的确定

(1) 担保人/开证人及受益人根据承保而产生的权利和义务应按照承保书内所列条款和条件,包括其中提及的任何规则、一般条件或惯例,以及按本公约的有关条款来确定。

(2) 在解释承保书的条款和条件时,以及在解决承保书的条款和条件并未规定或本公约各条款也未规定的问题时,应考虑到有关独立担保或备用信用证实践中一般公认的国际规则和惯例。

第14条　担保人/开证人的行为准则和赔偿责任

(1) 在履行其根据承保书和本公约所应承担的义务时,担保人/开证人应恪守诚信,谨慎行事,并对独立担保或备用信用证方面一般公认的国际惯例标准给予应有的考虑。

(2) 担保人/开证人不得免除其未按诚信办事或任何重大疏忽行为而产生的赔偿责任。

第15条　索　　款

(1) 由承保而产生的任何索款要求均应以第7条第(2)款所述的形式并依照承保书的条款和条件提出。

(2) 除非承保书中另有规定,索款书以及承保书要求提交的任何证明或其他单据,应于可提出索款的期限内,在出具承保的地点,向担保人/开证人提出。

(3) 只要受益人提出索款要求,即视为证明该索款要求并非不守诚信,并且概不存在第19条第(a)、(b)和(c)项所述的任何情况。

第16条　索款要求和所附单据的审查

(1) 担保人/开证人应按照第14条第(1)款所述的行为准则审查索款要求及任何所附单据。在确定所附单据是否表面上符合承保的条款和条件以及相互之间是否一致时,担保人/开证人应适当考虑到在独立担保或备用信用证方面适用的国际标准。

(2) 除非承保书中另有规定,或担保人/开证人与受益人另有协议,担保人/开证人应有合理的时间,但在收到索款要求及任何所附单据之日后最多不超过七个营业日,以便在此

期间:

(a) 审查索款要求及任何所附单据;

(b) 决定是否付款;

(c) 如果决定不付款,则向受益人发出通知。

除非承保书中另有规定,或担保人/开证人与受益人另有协议,上面(c)项所述的通知应采用电信方式,如不可能,则用其他快捷手段,并应说明拒付的理由。

第17条　付　　款

(1) 除第19条规定的情况外,担保人/开证人应在按照第15条的规定提出索款时给予付款。一经确定索款要求符合规定,应立即付款,除非承保书规定延期付款,在这种情况下,则按规定的时间付款。

(2) 对于不符合第15条规定的索款要求而作出的付款,概不影响委托人/申请人的权利。

第18条　抵　　消

除非承保书另有规定或担保人/开证人与受益人另有协议,担保人/开证人可行使抵消权,抵消其根据承保所承担的付款义务,但不得用委托人/申请人或指示方转让而来的任何债权来抵消。

第19条　可以不付款的例外情况

(1) 如果下述任何情况是明显而清楚的:

(a) 有任何单据不是真的或者是伪造的;

(b) 根据索款要求和佐证单据中所述依据,并不应作出付款;或

(c) 从承保的类型和目的可断定该索款要求无任何可能根据,则担保人/开证人遵循诚信办事原则,有权不付款给受益人。

(2) 就本条第(1)款(c)项而言,在下述几类情况下索款要求即无任何可能根据:

(a) 为了保护受益人而出具承保书的意外事件或风险毫无疑问地没有发生;

(b) 法院或仲裁庭已宣布委托人/申请人的基本义务无效,除非承保书表明这类意外属于承保的风险范围之内;

(c) 承保所规定的基本义务已毫无疑问令受益人满意地得到了履行;

(d) 受益人的故意不当行为显然妨碍了基本义务的履行;

(e) 若是根据一项反担保而提出索款,反担保的受益人作为与该反担保相关的承保的担保人/开证人,不守诚信地作了付款。

(3) 在本条第(1)款(a)、(b)和(c)项列明的情况下,委托人/申请人有权按照第20条规定申请临时司法措施。

第五章　临时司法措施

第20条　临时司法措施

(1) 经委托人/申请人或指示方提出申请,证明受益人提出的或将会提出的索款要求大有可能存在第19条第(a)、(b)和(c)项所述的一种情况,法院可根据立即可得的有力证据:

(a) 发出一项临时命令,使受益人得不到付款,包括命令担保人/开证人扣留承保款

额,或

(b) 发出一项临时命令,冻结已支付给受益人的承保款项,

为此应考虑到若不发出此项命令是否会使委托人/申请人受到严重损害。

(2) 当发出本条第1款所述临时命令时法院可要求提出此申请者提供法院认为适宜形式的保证。

(3) 除第19条第(a)、(b)和(c)项所述拒付理由或利用承保达到犯罪目的之外,法院不得根据任何其他拒付理由发出本条第(1)款所述的临时命令。

第六章 法律冲突

第21条 适用法律的选择

承保由下述方式选择的法律管辖:

(a) 在承保书中规定的或由承保书的条款和条件指明的;或

(b) 由担保人/开证人与受益人另行约定的。

第22条 适用法律的确定

在未能根据第21条规定作出法律选择的情况下,承保即由担保人/开证人出具该承保的营业地所在国家的法律管辖。

第七章 最后条款

第23条 保存人

联合国秘书长为本公约保存人。

第24条 签字、批准、接受、认可、加入

(1) 本公约在纽约联合国总部开放供所有国家签字,直至1997年12月11日为止。

(2) 本公约须由签字国批准、接受或认可。

(3) 自开放签字之日起,本公约开放供所有未签字国家加入。

(4) 批准书、接受书、认可书和加入书应交由联合国秘书长保存。

第25条 对领土单位的适用

(1) 如果一国拥有两个或两个以上的领土单位,而各领土单位对于本公约所涉事项适用不同的法律制度,则该国是在签字、批准、接受、认可或加入时声明本公约将适用于该国全部领土单位或仅适用于其中一个或数个领土单位,并且可以随时提出另一声明来取代原先的声明。

(2) 此种声明应明确提出适用本公约的领土单位。

(3) 如果由于按本条规定作出的一项声明,本公约并不适用于某一国的所有领土单位,而担保人/开证人的营业地或受益人的营业地位于本公约并不适用的一个领土单位,则这一营业地视为不是在一个缔约国领土内。

(4) 如果一个国家并未提出本条第(1)款所述的声明,则本公约适用于该国所有领土单位。

第 26 条 声明的生效

(1) 按第 25 条规定的签字时作出的声明,须在批准、接受或认可时加以确认。

(2) 声明以及声明的确认须以书面形式提出,并正式通知保存人。

(3) 一项声明在本公约对有关国家开始生效时同时生效,但是,保存人在本公约对有关国家生效后才收到正式通知的一项声明,则于保存人收到通知之日起满六个月后的第一个月第一日起开始生效。

(4) 按第 25 条规定作出了一项声明的任何国家可以随时以书面形式正式通知保存人,撤回该项声明,此种撤回于保存人收到通知之日起满六个月后的第一个月第一日开始生效。

第 27 条 保 留

对本公约不得作任何保留。

第 28 条 生 效

(1) 本公约在第五件批准书、接受书、认可书或加入书交存之日起满一年后第一个月第一日开始生效。

(2) 对于在第五件批准书、接受书、认可书或加入书交存之日后始成为本公约缔约国的国家,本公约在以该国名义交存适当文书之日起满一年后的第一个月第一日开始生效。

(3) 本公约只适用于它对第 1 条第(1)款(a)项所述缔约国或对(b)项所述缔约国生效之日或之后出具的承保。

第 29 条 退 出

(1) 缔约国可随时以书面形式通知保存人,宣布退出本公约。

(2) 退出通知于保存人收到通知之日起满一年后的第一个月第一日开始生效。如通知内写明更长的时间,则退出应在保存人收到通知后该更长时间届满时生效。

公元一千九百九十五年十二月十一日于纽约订立,正本一份,其阿拉伯文本、中文本、英文本、法文本、俄文本和西班牙文本具有同等效力。

下列全权代表,经各自政府正式授权,在本公约上签字,以昭信守。

(资料来源:联合国国际贸易法委员会网站,http://www.uncitral.org/pdf/chinese/texts/payments/guarantees/guarantees-c.pdf)

联合国国际贸易法委员会电子商务示范法(1996)[①]
UNCITRAL Model Law on Electric Commerce, 1996

(1996年12月16日联合国大会第85次全体会议通过,1998年6月国际贸易法委员会第31届会议增加第5条之二)

第一部分 电子商务总则

第一章 一般条款

第1条 适用范围*

本法**适用于在商务***活动方面②使用的、以一项数据电文为形式的任何种类的信息。

第2条 定 义

为本法的目的:

(a)"数据电文"系指经由电子手段、光学手段或类似手段生成、储存或传递的信息,这些手段包括但不限于电子数据交换(EDI)、电子邮件、电报、电传或传真;

(b)"电子数据交换(EDI)"系指电子计算机之间使用某种商定标准来确定信息结构的信息电子传输;

(c)一项数据电文的"发端人"系指可认定是由其或代表其发送或生成该数据电文然后或许予以储存的人,但不包括作为中间人来处理该数据电文的人;

(d)一项数据电文的"收件人"系指发端人意欲由其接收该数据电文的人,但不包括作为中间人来处理该数据电文的人;

(e)"中间人",就某一特定数据电文而言,系指代表另一人发送、接收或储存该数据电

---

① 英文原文为"Electric Commerce",原译为"电子商业"。鉴于中国学者的许多相关著作中,均译为"电子商务",比较符合中文表达习惯,有"约定俗成"之势,故改译如上。——房东注。

* 贸易法委员会建议,凡欲使本法只适用于国际数据电文的国家似可采用下述案文:"本法适用于第2条第(1)款所界定的涉及国际商业的数据电文。"

** 本法并不废止旨在保护消费者利益的任何法律规则。

*** 贸易法委员会建议,凡欲扩大本法适用范围的国家似可采用下述案文:"本法适用于以一项数据电文为形式的任何种类的信息,但下述情况除外:[……]。"

② 对"商务"一词应作广义解释,使其包括不论是契约性或非契约性的一切商务性质的关系所引起的种种事项。商务性质的关系包括但不限于下列交易:供应或交换货物或服务的任何贸易交易;分销协议;商务代表或代理;客账代理;租赁;工厂建造;咨询;工程设计;许可贸易;投资;融资;银行业务;保险;开发协议或特许;合营或其他形式的工业或商务合作;空中、海上、铁路或公路的客、货运输。

文或就该数据电文提供其他服务的人；

(f)“信息系统”系指生成、发送、接收、储存或用其他方法处理数据电文的一个系统。

第3条 解 释

(1) 对本法作出解释时，应考虑到其国际渊源以及促进其统一适用和遵守诚信的必要性；

(2) 对于由本法管辖的事项而在本法内并未明文规定解决办法的问题，应按本法所依据的一般原则解决。

第4条 经由协议的改动

(1) 在参与生成、发送、接收、储存或以其他方式处理数据电文的当事方之间，除另有规定外，第三章的条款可经由协议作出改动。

(2) 本条第(1)款并不影响可能存在的、以协议方式对第二章内所述任何法律规则作出修改的权利。

第二章 对数据电文适用法律要求

第5条 数据电文的法律承认

不得仅仅以某项信息采用数据电文形式为理由而否定其法律效力、有效性或可执行性。

不得仅仅由于信息未载入据称产生法律效力的数据电文而只是在该数据电文中提及，因而否定其所具的法律效力、有效性和可执行性。

第6条 书 面 形 式

(1) 如法律要求信息须采用书面形式，则假若一项数据电文所含信息可以调取以备日后查用，即满足了该项要求。

(2) 无论本条第(1)款所述要求是否采取一项义务的形式，也无论法律是不是仅仅规定了信息不采用书面形式的后果，该款均将适用。

(3) 本条的规定不适用于下述情况：[……]。

第7条 签 字

(1) 如法律要求要有一个人签字，则对于一项数据电文而言，倘若情况如下，即满足了该项要求：

(a) 使用了一种方法，鉴定了该人的身份，并且表明该人认可了数据电文内含的信息；和

(b) 从所有各种情况看来，包括根据任何相关协议，所用方法是可靠的，对生成或传递数据电文的目的来说也是适当的。

(2) 无论本条第(1)款所述要求是否采取一项义务的形式，也无论法律是不是仅仅规定了无签字时的后果，该款均将适用。

(3) 本条的规定不适用于下述情况：[……]。

第8条 原 件

(1) 如法律要求信息须以其原始形式展现或留存，倘若情况如下，则一项数据电文即满足了该项要求：

(a) 有办法可靠地保证自信息首次以其最终形式生成，作为一项数据电文或充当其他用途之时起，该信息保持了完整性；和

(b) 如要求将信息展现,可将该信息显示给观看信息的人。

(2) 无论本条第(1)款所述要求是否采取一项义务的形式,也无论法律是不是仅仅规定了不以原始形式展现或留存信息的后果,该款均将适用。

(3) 为本条第(1)款(a)项的目的:

(a) 评定完整性的标准应当是,除加上背书及在通常传递、储存和显示中所发生的任何变动之外,有关信息是否保持完整,未经改变;和

(b) 应根据生成信息的目的并参照所有相关情况来评定所要求的可靠性标准。

(4) 本条的规定不适用于下述情况:[……]

第 9 条　数据电文的可接受性和证据力

(1) 在任何法律诉讼中,证据规则的适用在任何方面均不得以下述任何理由否定一项数据电文作为证据的可接受性:

(a) 仅仅以它是一项数据电文为由;或

(b) 如果它是举证人按合理预期所能得到的最佳证据,以它并不是原样为由。

(2) 对于以数据电文为形式的信息,应给予应有的证据力。在评估一项数据电文的证据力时,应考虑到生成、储存或传递该数据电文的办法的可靠性,保持信息完整性的办法的可靠性,用以鉴别发端人的办法,以及任何其他相关因素。

第 10 条　数据电文的留存

(1) 如法律要求某些文件、记录或信息须予留存,则此种要求可通过留存数据电文的方式予以满足,但要符合下述条件:

(a) 其中所含信息可以调取,以备日后查用;和

(b) 按其生成、发送或接收时的格式留存了该数据电文,或以可证明能使所生成、发送或接收的信息准确重现的格式留存了该数据电文;和

(c) 如果有的话,留存可据以查明数据电文的来源和目的以及该电文被发送或接收的日期和时间的任何信息。

(2) 按第(1)款规定留存文件、记录或信息的义务不及于只是为了使电文能够发送或接收而使用的任何信息。

(3) 任何人均可通过使用任何其他人的服务来满足第(1)款所述的要求,但要满足第(1)款(a)、(b)和(c)项所列条件。

第三章　数据电文的传递

第 11 条　合同的订立和有效性

(1) 就合同的订立而言,除非当事各方另有协议,一项要约以及对要约的承诺均可通过数据电文的手段表示。如使用了一项数据电文来订立合同,则不得仅仅以使用了数据电文为理由而否定该合同的有效性或可执行性。

(2) 本条的规定不适用于下述情况:[……]。

第 12 条　当事各方对数据电文的承认

(1) 就一项数据电文的发端人和收件人之间而言,不得仅仅以意旨的声明或其他陈述采用数据电文形式为理由而否定其法律效力、有效性或可执行性。

(2) 本条的规定不适用于下述情况:[……]。

第 13 条 数据电文的归属

(1) 一项数据电文,如果是由发端人自己发送,即为该发端人的数据电文。

(2) 就发端人与收件人之间而言,数据电文在下列情况下发送时,应视为发端人之数据电文:

(a) 由有权代表发端人行事的人发送;或

(b) 由发端人设计程序或他人代为设计程序的一个自动运作的信息系统发送。

(3) 就发端人与收件人之间而言,收件人有权将一项数据电文视为发端人的数据电文,并按此推断行事,如果:

(a) 为了确定该数据电文是否为发端人的数据电文,收件人正确地使用了一种事先经发端人同意的核对程序;或

(b) 收件人收到的数据电文是由某一人的行为而产生的,该人由于与发端人或与发端人之任何代理人的关系,得以动用本应由发端人用来鉴定数据电文确属源自其本人的某一方法。

(4) 第(3)款自下列时间起不适用:

(a) 自收件人收到发端人的通知,获悉有关数据电文并非该发端人的数据电文起,但收件人要有合理的时间相应采取行动;或

(b) 如属第(3)款(b)项所述的情况,自收件人只要适当加以注意或使用任何商定程序便知道或理应知道该数据电文并非发端人的数据电文的任何时间起。

(5) 凡一项数据电文确属发端人的数据电文或视为发端人的数据电文,或收件人有权按此推断行事,则就发端人与收件人之间而言,收件人有权将所收到的数据电文视为发端人所要发送的电文,并按此推断行事。当收件人只要适当加以注意或使用任何商定程序便知道或理应知道所收到的数据电文在传送中出现错误,即无此种权利。

(6) 收件人有权将其收到的每一份数据电文都视为一份单独的数据电文并按此推断行事,除非它重复另一数据电文,而收件人只要加以适当注意或使用任何商定程序便知道该数据电文是一份复本。

第 14 条 确认收讫

(1) 本条第(2)至(4)款适用于发端人发送一项数据电文之时或之前,或通过该数据电文,要求或与收件人商定该数据电文需确认收讫的情况。

(2) 如发端人未与收件人商定以某种特定形式或某种特定方法确认收讫,可通过足以向发端人表明该数据电文已经收到的

(a) 收件人任何自动化传递或其他方式的传递,或

(b) 收件人的任何行为,

来确认收讫。

(3) 如发端人已声明数据电文须以收到该项确认为条件,则在收到确认之前,数据电文可视为从未发送。

(4) 如发端人并未声明数据电文须以收到该项确认为条件,而且在规定或商定时间内,或在未规定或商定时间的情况下,在一段合理时间内,发端人并未收到此项确认时:

(a) 可向收件人发出通知,说明并未收到其收讫确认,并定出必须收到该项确认的合理

时限;

(b) 如在(a)项所规定的时限内仍未收到该项确认,发端人可在通知收件人之后,将数据电文视为从未发送,或行使所拥有的其他权利。

(5) 如发端人收到收件人的收讫确认,即可推定有关数据电文已由收件人收到,这种推断并不含有该数据电文与所收电文相符的意思。

(6) 如所收到的收讫确认指出有关数据电文符合商定的或在适用标准中规定的技术要求时,即可推定这些要求业已满足。

(7) 除涉及数据电文的发送或接收外,本条无意处理源自该数据电文或其收讫确认的法律后果。

第15条　发出和收到数据电文的时间和地点

(1) 除非发端人与收件人另有协议,一项数据电文的发出时间以它进入发端人或代表发端人发送数据电文的人控制范围之外的某一信息系统的时间为准。

(2) 除非发端人与收件人另有协议,数据电文的收到时间按下述办法确定:

(a) 如收件人为接收数据电文而指定了某一信息系统:

(一) 以数据电文进入该指定信息系统的时间为收到时间;或

(二) 如数据电文发给了收件人的一个信息系统但不是指定的信息系统,则以收件人检索到该数据电文的时间为收到时间;

(b) 如收件人并未指定某一信息系统,则以数据电文进入收件人的任一信息系统的时间为收到时间。

(3) 即使设置信息系统的地点不同于根据第(4)款规定所视为的收到数据电文的地点,第(2)款的规定仍然适用。

(4) 除非发端人与收件人另有协议,数据电文应以发端人设有营业地的地点视为其发出地点,而以收件人设有营业地的地点视为其收到地点,就本款的目的而言:

(a) 如发端人或收件人有一个以上的营业地,应以对基础交易具有最密切关系的营业地为准,又如果并无任何基础交易,则以其主要的营业地为准;

(b) 如发端人或收件人没有营业地,则以其惯常居住地为准。

(5) 本条的规定适用于下述情况:[……]。

第二部分　电子商务的特定领域

第一章　货物运输

第16条　与货运合同有关的行动

在不减损本法第一部分各项条款的情况下,本章适用于与货运合同有关或按照货运合同采取的任何行动,包括但不限于:

(a)(一) 提供货物的标记、编号、数量或重量;

(二) 指明或申报货物的性质或价值;

(三) 开出货物收据;

(四) 确认货物已装运;

(b)(一)将合同条件与规定通知某人；

(二)向承运人发出指示；

(c)(一)提货；

(二)授权放行货物；

(三)发出关于货物损失或损坏的通知；

(d)就履行合同的情况发出任何其他通知或作出任何其他陈述；

(e)承诺将货物交付给有名有姓的人或交付给获授权提货的人；

(f)给予、获取、放弃、交出、转移或转让对货物的权利；

(g)获取或转移合同权利和义务。

第17条 运输单据

(1)在本条第(3)款的限制下,如法律要求以书面形式或用书面文件来执行第16条所述的任何行动,则如果使用一项或多项数据电文来执行有关行动,即满足了该项要求。

(2)无论本条第(1)款所述要求是否采取一项义务的形式,也无论法律是不是仅仅规定了不以书面形式或不用书面文件执行有关行动的后果,该款均将适用。

(3)如需将一项权利授予一人而不授予任何其他人,或使一项义务由一人而不是任何其他人获得,又如法律要求,为了做到这一点,必须传送或使用一份书面文件,向该人移交权利或义务,则如果使用了一项或多项数据电文移交有关权利或义务,只要采用了一种可靠的方法使这种数据电文独特唯一,即满足了该项要求。

(4)为本条第(3)款的目的,应根据移交权利或义务的目的并参照所有各种情况,包括任何相关协议,评定所要求的可靠性标准。

(5)如果用一项或多项数据电文来实施第16条(f)项和(g)项所述的任何行动,除非数据电文的使用已被书面文件的使用所终止和替代,否则用来实施任何这种行动的书面文件均属无效,在这种情况下发出的书面文件应含有一项关于终止使用数据电文的陈述。用书面文件替代数据电文不得影响有关当事各方的权利或义务。

(6)如一项法律规则强制适用于作成书面文件或以书面文件为证据的货运合同,则不得以一份此种合同系以一项或多项数据电文而不是以一份书面文件作为证据为理由而使该项规则不适用于由此种数据电文作为证据的合同。

(7)本条的规定不适用于下述情况:[……]。

(资料来源:联合国国际贸易法委员会网站,http://www.uncitral.org/pdf/chinese/texts/electcom/MLEC_C_V05-89449_Ebook.pdf)

联合国国际贸易法委员会电子签名示范法(2000)
UNCITRAL Model Law on Electric Signatures, 2000

(2001 年 6 月 25 日至 7 月 13 日在维也纳举行的联合国国际贸易法委员会第 34 届会议的工作报告摘录。于 2000 年 7 月 5 日通过)

第 1 条　适 用 范 围

本规则适用于商务*活动过程中①电子签名的使用,并不优于旨在保护消费者的任何法律规则。

第 2 条　定　　义

在本法中:

(a)"电子签名"系指在数据电文中,以电子形式所含、所附或在逻辑上与数据电文有联系的数据,它可用于鉴别与数据电文相关的签名人和表明签名人认可数据电文所含信息;

(b)"证书"系指确认签名人与签名制作数据之间关系的某一数据电文或其他记录;

(c)"数据电文"系指经由电子手段、光学手段或类似手段生成、发送、接收或储存的信息,这些手段包括但不限于电子数据交换(EDI)、电子邮件、电报、用户电报或传真;

(d)"签名人"系指持有签名制作数据、代表其本人或代表他人行事的人;

(e)"认证服务提供人"系指签发证书和可能提供与电子签名有关的其他服务的人。

(f)"依赖方"系指可能根据某一证书或电子签名行事的人。

第 3 条　签名技术的平等对待

除第 5 条外,本法任何条款的适用概不排除、限制或剥夺第 6 条第 1 款所述要求或者符合适用法律要求的制作电子签名的任何方法的法律效力。

第 4 条　解　　释

1. 对本法作出解释时,应考虑到其国际渊源以及促进其统一适用和遵守诚信的必要性。

2. 由本法管辖的事项而在本法内未明文规定解决办法的问题,应按本法所依据的一般原则解决。

---

* 对"商务"一词应作广义解释,使其包括不论是契约型或非契约型的一切商务性质的关系所引起的种种事项。商务性质的关系包括但不限于下列交易:供应或交换货物或服务的任何贸易交易;分销协议;商务代表或代理;客账代理;租赁;工厂建造;咨询;工程设计;许可贸易;投资;融资;银行业务;保险;开发协议或特许;合营或其他形式的工业或商务合作;空中、海上、铁路或公路的客货运输。

① 委员会建议意欲扩大本规则适用范围的国家采用下列案文:"本规则适用于电子签名的使用,但下列情况除外:[……]。"

第 5 条 经由协议的改动

本法的规则可经由协议加以删减或改变其效力，除非根据适用法律，该协议无效或不产生效力。

第 6 条 符合签名要求

1. 凡法律规定要求有一人的签名时，如果根据各种情况，包括根据任何有关协议，所用电子签名既适用生成或传送数据电文所要达到的目的，而且也同样可靠，则对于该数据电文而言，即满足了该项签名要求。

2. 无论第 1 款所述要求是否作为一项义务，或者无论法律是否只规定了无签名的后果，第 1 款均适用。

3. 就满足第 1 款所述要求而言，符合下列条件的电子签名视作可靠的电子签名；

(a) 签名制作数据在其使用的范围内与签名人而不是还与其他任何人相关联；

(b) 签名制作数据在签名时处于签名人而不是还处于其他任何人的控制之中；

(c) 凡在签名后对电子签名的任何更改均可被觉察；以及

(d) 如果签名的法律要求目的是对签名涉及的信息的完整性提供保证，凡在签名后对该信息的任何更改均可被觉察。

4. 第 3 款并不限制任何人在下列任何方面的能力：

(a) 为满足第 1 款所述要求的目的，以任何其他方式确立某一电子签名的可靠性；或

(b) 举出某一电子签名不可靠的证据。

5. 本条规定不适用于下列情形：[……]。

第 7 条 第 6 条的满足

1. [颁布国指定的任何主管个人、公共或私人机关或机构]可确定哪些电子签名满足本法第 6 条的规定。

2. 依照第 1 款作出的任何决定应与公认的国际标准相一致。

3. 本条中任何规定概不影响国际私法规则的适用。

第 8 条 签名人的行为

1. 签名制作数据可用于制作具有法律效力签名的，各签名人应当做到如下：

(a) 采取合理的谨慎措施，避免他人未经授权使用其签名制作数据；

(b) 在发生下列情况时，毫无不应有的迟延，利用认证服务提供人依据本法第 9 条提供的手段，或作出合理的努力，向签名人可以合理预计的依赖电子签名或提供支持电子签名服务的任何人发出通知：

(一) 签名人知悉签名制作数据已经失密；或

(二) 签名人知悉导致签名制作数据可能已经失密的重大风险情况；

(c) 在使用证书支持电子签名时，采取合理的谨慎措施，确保签名人作出的关于证书整个寿命周期的或需要列入证书内容的所有实质性表述均精确无误和完整无缺。

2. 签名人应当对其未能满足第 1 款的要求承担法律后果。

第 9 条 认证服务提供人的行为

1. 认证服务提供人提供服务，以支持可用作具有法律效力的签名而使用的电子签名的，应当做到如下：

(a) 按其所作出的关于其政策和做法的表述行事；

(b) 采取合理的谨慎措施,确保其作出的关于证书整个寿命周期的或需要列入证书内容的所有实质性表述均精确无误和完整无缺;

(c) 提供合理可及的手段,使依赖方得以从证书中证实下列内容:

(一) 认证服务提供人的身份;

(二) 证书中所指明的签名人在签发证书时拥有对签名制作数据的控制;

(三) 在证书签发之时或之前签名制作数据有效;

(d) 提供合理可及的手段,使依赖方得以在适当情况下从证书或其他方面证实下列内容:

(一) 用以鉴别签名人的方法;

(二) 签名制作数据或证书的可能用途或使用金额上的任何限制;

(三) 签名制作数据有效,且未发生失密;

(四) 认证服务提供人规定的责任范围或程度上的任何限制;

(五) 是否存在签名人依照本法第 8 条第 1(b)款发出通知的途径;

(六) 是否开设及时的撤销服务;

(e) 在开设(d)(五)项所述服务的情况下,提供签名人依照第 8 条第 1 款(b)发出通知的途径;在开设(d)(六)项所述服务的情况下,确保提供及时的撤销服务;

(f) 使用可信赖的系统、程序和人力资源提供其服务。

2. 认证服务提供人应当对其未能满足第 1 款的要求承担法律后果。

第 10 条 可信赖性

就本法第 9 条第 1 款(f)而言,在确定认证服务提供人使用的任何系统、程序和人力资源是否可信赖以及在何种程度上可信赖时,可以注意下列因素:

(a) 财力和人力资源,包括是否存在资产;

(b) 硬件和软件系统的质量;

(c) 证书及其申请书的处理程序和记录的保留;

(d) 是否可向证书中指明的签名人和潜在的依赖方提供信息;

(e) 由独立机构进行审计的经常性和审计的范围;

(f) 是否存在国家、资格鉴定机构或认证服务提供人作出的关于上述条件遵守情况或上述条件是否存在的声明,或

(g) 其他任何有关因素。

第 11 条 依赖方的行为

依赖方应当对其未能做到如下承担法律后果:

(a) 采取合理的步骤查验电子签名的可靠性;或

(b) 在电子签名有证书支持时,采取合理的步骤;

(一) 查验证书的有效性、证书的暂停或撤销;以及

(二) 遵守对证书的任何限制。

第 12 条 对外国证书和电子签名的承认

1. 在确定某一证书或某一电子签名是否具有法律效力或在多大程度上具有法律效力时,不应考虑:

(a) 签发证书或制作或使用电子签名的地理位置;或

(b) 签发人或签名人营业地的地理位置。

2. 在[颁布国]境外签发的证书,具有实质上同等可靠性的,在[该颁布国]境内具有与在[该颁布国]境内签发的证书同样的法律效力。

3. 在[颁布国]境外制作或使用的电子签名,具有实质上同等可靠性的,在[该颁布国]境内具有与在[该颁布国]境内制作或使用的电子签名同样的法律效力。

4. 在确定某一证书或某一电子签名是否为第2款或第3款之目的而具有实质上同等的可靠性时,应当考虑到公认的国际标准或其他任何有关的因素。

5. 当事各方之间约定使用某些类别的电子签名或证书的,即使有第2款、第3款和第4款的规定,仍应承认该协议足以成为跨国境承认的依据,除非根据适用法律该协议无效或不产生效力。

(资料来源:联合国国际贸易法委员会网站,http://www.uncitral.org/pdf/chinese/texts/electcom/ml-elecsig-c.pdf)

联合国国际贸易中应收款转让公约(2001)
United Nations Convention on the Assignment of Receivables in International Trade, 2001

(2001 年 12 月 12 日联合国大会第 85 次全体会议通过)

序 言

各缔约国,

重申坚信平等互利基础上的国际贸易是促进各国间友好关系的一项重要因素,

考虑到适用于应收款转让的法律制度的内容和选择并不确定,由此产生的问题对国际贸易构成了障碍,

渴望就应收款的转让制订原则和通过规则,从而建立确定性和透明度,促进关于应收款转让的法律现代化,同时保护现有的转让惯例和便利新惯例的发展,

又渴望确保应收款转让情况下对债务人利益的充分保护,

认为采用一套有关应收款转让的统一规则将有助于以更可承受的费率获得资本和信贷,并从而促进国际贸易的发展,

兹协议如下:

第一章 适用范围

第1条 适用范围

1. 本公约适用于:

(a) 符合本章定义的国际应收款的转让和应收款的国际转让,前提是转让合同订立时转让人所在地在一缔约国国内;以及

(b) 后继转让,条件是先前的任何转让受本公约管辖。

2. 本公约适用于符合本条第 1 款(a)项标准的后继转让,即使本公约不适用于该应收款先前的任何转让。

3. 本公约不影响债务人的权利和义务,除非在原始合同订立时债务人所在地在一缔约国内或管辖原始合同的法律是一缔约国的法律。

4. 第五章的规定适用于符合本章定义的国际应收款的转让和应收款的国际转让,不受本条第 1 款至第 3 款的限制。但是,一国根据第 39 条作出声明的,这些规定不予适用。

5. 本公约附件的规定按第 42 条的规定适用。

第2条 应收款的转让

在本公约中：

(a)“转让”系指一人（“转让人”）以协议方式和另一人（“受让人”）转移该转让人应从第三人（“债务人”）获得一笔款额（“应收款”）的全部或部分合同权利或其中的未分割权益。作为对债务或其他义务的担保而产生的应收款权利应视为转移；

(b)就初始受让人或其他任何受让人作出的转让（“后继转让”）而言，作出转让者为转让人，转让的对方为受让人。

第3条 国际性

原始合同订立时，转让人和债务人所在地在不同国家的，该应收款具有国际性。转让合同订立时，转让人和受让人所在地在不同国家的，该转让具有国际性。

第4条 不适用的情况和其他限制

1. 本公约不适用于下列转让：

(a)对个人进行的为其个人、家人或家庭目的的转让；

(b)产生所转让应收款的企业作为企业变卖的一部分或变更其所有权或法律地位而进行的转让。

2. 本公约不适用于下列情况下或从其中而产生的应收款转让：

(a)受管制交易所的交易；

(b)由净额结算协议规范的金融合同，但所有未了结的交易终结时所欠的应收款不在此列；

(c)外汇交易；

(d)银行间支付系统、银行间支付协议或与证券或其他金融资产或工具相关的清算和结算系统；

(e)中间人所持证券或其他金融工具或资产的担保权转移、此类资产的买卖、借贷或持有或回购协议；

(f)银行存款；

(g)信用证或独立担保。

3. 本公约任何规定概不影响管辖流通票据的法律规定的任何人的权利和义务。

4. 本公约任何规定概不影响转让人和债务人根据关于保护为个人、家人或家庭目的进行的交易的当事方的特别法律而享有的权利和承担的义务。

5. 本公约任何规定：

(a)概不影响不动产所在国的法律适用于下列情况：

(一)根据该法律应收款的转让授予对该不动产权益的，适用于此种权益；或

(二)根据该法律不动产权益授予应收款权利的，适用于此种权利的优先权；

(b)也不使不动产所在国法律所不允许的不动产权益购置行为成为合法行为。

第二章 总 则

第5条 定义和解释规则

在本公约中：

(a)“原始合同”系指转让人与债务人之间据以产生所转让应收款的合同；

(b)“现有应收款”系指转让合同订立时或此前产生的应收款,“未来应收款”系指转让合同订立后产生的应收款;

(c)“书面”系指可供日后查阅用的任何可及的信息形式。凡本公约要求签署书面文件时,该书面文件通过普遍公认手段或通过需签字者所同意的程序标明签字者并表明其已认可该书面文件所载信息的,这项要求即已满足;

(d)“转让通知”系指合理指明所转让的应收款和受让人的书面通信;

(e)“破产管理人”系指在破产程序中经授权负责管理转让人资产或事务重整或清算的个人或机构,包括临时指定的个人或机构;

(f)“破产程序”系指集体的司法或行政程序,包括临时程序,在此程序中,转让人的资产和事务须受法院或其他主管当局为重整或清算目的而实行的控制或监督;

(g)“优先权”系指一人优先于另一人的权利,并以适合此目的为限,包括确定该项权利是一项对人权还是一项对物权,是否属于一项对负债或其他义务的担保权利,以及该项权利对竞合求偿人发生效力的任何必要条件是否得到满足;

(h)一人的所在地为其营业地所在国。转让人或受让人在一个以上国家境内设有营业地的,转让人或受让人的中央管理职能行使地为营业地。债务人在一个以上国家境内设有营业地的,与原始合同关系最密切的营业地为营业地。某人无营业地的,以其惯常居住地为准;

(i)“法律”系指在一国境内具有效力的除其国际私法规则外的法律;

(j)“收益”系指有关所转让应收款的任何所得,不论是应收款的全部或部分支付,还是其他手段的偿付。本术语包括有关收益的任何所得。本术语不包括退还的货物;

(k)“金融合同”系指涉及利率、商品、货币、股票、债券、指数或其他任何金融工具的任何现货交易、远期交易、期货交易、期权交易或互换交易、任何回购或证券借贷交易和在金融市场订立的与上述任何交易相类似的任何其他交易和上述交易的任何组合;

(l)“净额结算协议”系指双方或多方间规定下述一种或多种操作的协议:

(一)以债权更新或其他方式对同一天到期的同一种货币付款进行的净结算;

(二)一当事方发生破产或其他违约情况时,按重置或公平市场价值终结所有未了结的交易,将金额按一种货币折算,相互抵减后算出一当事方应向另一当事方支付的单独一笔付款净额;

(三)根据两项或多项净结算协议,按本条(1)项(二)规定的方式计算,各款额相互抵消;

(m)“竞合求偿人”系指:

(一)同一转让人相同应收款的另一受让人,包括因对转让人其他财产所享有的权利而依法要求对所转让应收款享有权利的人,即使该应收款不是国际应收款,向该受让人进行的转让也不是国际转让;

(二)转让人的债权人;或

(三)破产管理人。

第6条　当事方自主权利

在不违反第19条的情况下,转让人、受让人和债务人可通过协议(删减或更改)本公约对其各自权利和义务的规定。此类协议不影响非协议当事方的任何人的权利。

第7条 解释原则

1. 在解释本公约时,应考虑到序言所载的公约目标和宗旨、公约的国际性以及促进公约适用上的统一和在国际贸易中遵守诚信的必要性。

2. 涉及本公约所管辖事项而在本公约中并未明确解决的问题,应按本公约所依据的一般原则求得解决,或在无此种原则时,按国际私法规则指定的适用法律解决。

第三章 转让的效力

第8条 转让的效力

1. 应收款符合下列条件之一的,其转让对于转让人与受让人之间、对于债务人或对于竞合求偿人而言并非无效,而且也不得以这是一项以上应收款、未来应收款或应收款组成部分或其未分割权益的转让为由而否定一个受让人权利的优先权:

(a) 应收款被单独列明作为与该转让相关的应收款;

(b) 应收款由任何其他方式列明,但条件是在转让时,或就未来应收款而言在原始合同订立时,可被认明是与该转让相关的应收款。

2. 除非另行议定,一项或多项未来应收款的转让无须逐项应收款转让办理新的转移手续即可具有效力。

3. 除本条第1款、第9条和第10条第2款及第3款规定外,本公约不影响由法律产生的对转让的任何限制。

第9条 转让的合同限制

1. 尽管初始转让人或任何后继转让人与债务人或任何后继受让人之间的任何协议以任何方式限制转让人转让其应收款的权利,应收款的转让具有效力。

2. 本条规定概不影响转让人因违反此种协议而承担的任何义务或赔偿责任,但该协议的另一方不得仅以此项违反为由撤销原始合同或转让合同。非此种协议当事方的人仅因知悉该协议不承担责任。

3. 本条仅适用于下列应收款的转让:

(a) 根据供应或租赁货物或除金融服务外的服务的合同、工程建筑合同或买卖或租赁不动产的合同这类原始合同产生的应收款;

(b) 根据买卖或租赁工业产权或其他知识产权或专有资料或为其核发许可证的原始合同产生的应收款;

(c) 代表对信用卡交易支付义务的应收款;或

(d) 依照涉及两个以上当事方的净结算协议按净额结算应付款项后尚欠转让人的应收款。

第10条 担保权利的转移

1. 对人权或对物权,作为对所转让应收款的付款担保时,无须办理新的转移手续即可转移。根据对这种权利的管辖法律这种权利只有在办理新手续后方可转移的,转让人有义务将这种权利和任何收益转移给受让人。

2. 尽管转让人与债务人或与让出所转让应收款的付款担保权利的其他人之间可能有任何协议,以任何方式限制转让人应收款转让权利或所转让应收款的付款担保权利,所转让应收款的付款担保权利仍根据本条第1款实现转移。

3. 本条规定概不影响转让人因违反本条第2款所述任何协议而承担的任何义务或赔偿责任,但该协议的另一方不得仅以此项违反为由撤销原始合同或转让合同。非此种协议当事方的人仅因知悉该协议不承担责任。

4. 本条第2款和第3款仅适用于下列应收款的转让:

(a) 根据供应或租赁货物或除金融服务外的服务的合同、工程建筑合同或出售或租赁不动产的合同这类原始合同产生的应收款;

(b) 根据出售或租赁工业产权或其他知识产权或专有资料或为其核发许可证的原始合同产生的应收款;

(c) 代表对信用卡交易支付义务的应收款;或

(d) 依照涉及两个以上当事方的净结算协议按净额结算应付款项后尚欠转让人的应收款。

5. 根据本条第1款转移财产占有权不影响转让人根据管辖该财产权的现行法律,就转移的该财产而对债务人或让出财产权者所承担的任何义务。

6. 关于所转让应收款的任何付款担保权利,本公约以外法律规则对其转移形式或登记有任何要求的,本条第1款不影响此种要求。

第四章　权利、义务和抗辩

第一节　转让人和受让人

第11条　转让人和受让人的权利和义务

1. 转让人和受让人之间由其协议产生的相互权利和义务,依照该协议所载条款和条件,包括其中提到的任何规则或一般条件确定。

2. 转让人和受让人受双方协定的任何惯例约束,并且除非另行议定,也受双方之间已确立的任何习惯做法约束。

3. 除非另行议定,在国际转让中,转让人和受让人被视为已默认对该转让适用在国际贸易中该类转让或该类应收款转让的当事各方所熟知和通常遵守的习惯做法。

第12条　转让人的表示

1. 除非转让人与受让人之间另行议定,在转让合同订立时,转让人即表示;

(a) 转让人有权转让该应收款;

(b) 转让人此前未曾将该应收款转让给另一受让人;以及

(c) 债务人现在和将来均无任何抗辩或抵消权。

2. 除非转让人与受让人之间另行议定,转让人并不表示债务人具备或将会具备付款的能力。

第13条　通知债务人的权利

1. 除非转让人与受让人之间另行议定,转让人或受让人或双方均可向债务人发出转让通知和付款指示,但在通知发出后,只有受让人才可发出这种指示。

2. 就第17条而言,违反本条第1款所述任何协议而发出的转让通知或付款指示不因这种违反而无效。但本条规定概不违反该协议的当事方对其违反协议而造成的任何损害所应承担的任何义务或赔偿责任。

第14条 获得付款的权利

1. 除非另行议定,在转让人与受让人之间,不论转让通知是否已发出:

(a) 对所转让应收款的付款,支付给受让人的,受让人有权保留所转让应收款的收益和就其退还的货物;

(b) 对所转让应收款的付款,支付给转让人的,受让人有权获得属于收益的付款以及就所转让应收款而退还给转让人的货物;

(c) 对所转让应收款的付款,支付给另一人而受让人对该人拥有优先权的,受让人有权获得属于收益的付款,并有权获得就转让应收款退还该人的货物。

2. 受让人保留的部分不得超出其在应收款中所占权益的价值。

第二节 债 务 人

第15条 保护债务人的原则

1. 除本公约另有规定外,未经债务人同意,转让不影响债务人的权利和义务,包括原始合同内所载的付款条件。

2. 付款批示可改变债务人付款的受款人、受款地址或受款账户,但不得:

(a) 改变原始合同内规定的付款币种;或

(b) 把原始合同内规定的付款所在地国改为债务人所在国以外的国家。

第16条 通知债务人

1. 通知和付款指示所用的一种语文按情理预计可使债务人知道其内容的,债务人收到时即发生效力。转让通知或付款指示完全可以使用原始合同的语文写成。

2. 转让通知或付款指示可涉及通知后产生的应收款。

3. 一项后继转让的通知构成对所有先前转让的通知。

第17条 债务人通过付款解除义务

1. 债务人在收到转让通知前,有权根据原始合同付款而解除其义务。

2. 债务人收到转让通知后,除本条第3款至第8款的情况外,债务人仅可通过向受让人付款而解除其义务;转让通知中另有指示的,或受让人此后在债务人收到的书面通知中另有指示的,债务人须按付款指示付款而解除其义务。

3. 债务人收到关于同一转让人对相同应收款单独一次转让的不止一份付款指示的,债务人根据付款前收到的受让人最后一份付款指示付款而解除其义务。

4. 债务人收到关于同一转让人对相同应收款不止一次转让的通知的,债务人根据所收到的第一份通知付款而解除其义务。

5. 债务人收到一次或多次后继转让的通知的,债务人根据最后一次这种后继转让的通知付款而解除其义务。

6. 债务人收到一项或多项应收款的一部分或其未分割权益的转让通知的,债务人根据通知付款而解除其义务,或如同未曾收到通知一样,根据本条付款而解除其义务。债务人根据通知付款的,债务人义务的解除范围仅限于其所付的部分或所付的未分割权益。

7. 债务人收到受让人发出转让通知的,债务人有权要求受让人在一段合理时间内提供关于初始转让人向初始受让人的转让和任何中间转让确已作出的充分证据;除非受让人这样做,债务人可如同未曾收到受让人的通知一样,通过根据本条付款而解除义务。转让的充分证据包括但不限于由转让人签发并指明转让确已发生的任何书面文件。

8. 本条不影响债务人得以通过向有权获得付款者、主管的司法当局或其他当局或向公共存款基金付款而解除债务人义务的任何其他理由。

第 18 条　债务人的抗辩和抵消权

1. 受让人向债务人提出关于所转让的应收款的付款要求时,债务人可向受让人提出由原始合同产生的或由构成相同交易一部分的任何其他合同产生的、在如同未发生转让时若转让人提出此种要求则债务人可予利用的所有抗辩或抵消权。

2. 债务人可向受让人提出任何其他抵消权,但必须是在债务人收到转让通知时债务人可利用的抵消权。

3. 虽有本条第 1 款和第 2 款的规定,但在转让人违反以任何方式限制转让人转让权的协议情况下而使债务人可依照第 11 条或第 12 条向转让人提出的抗辩和抵消权,债务人不得向受让人提出。

第 19 条　不提出抗辩和抵消权的协议

1. 债务人可与转让人以债务人签署的书面文件议定,不向受让人提出依照第 18 条规定可提出的抗辩和抵消权。此种协议限制债务人不得向受让人提出这些抗辩和抵消权。

2. 债务人不得放弃下列抗辩:

(a) 由于受让人一方的欺诈行为所引起的抗辩;或

(b) 因债务人无行为能力而提出的抗辩。

3. 此种协议只能通过经债务人签署的书面协议而修改。此种修改对受让人所具有的效力依第 20 条第 2 款确定。

第 20 条　原始合同的修改

1. 在发出转让通知前,转让人与债务人之间订立的涉及受让人权利的协议对受让人具有效力,而受让人也取得相应的权利。

2. 在发出转让通知后,转让人与债务人之间订立的涉及受让人权利的协议对受让人不具效力,除非:

(a) 受让人同意该协议;或

(b) 履约不足未挣得全部应收款以及原始合同中写明可作修改,或根据原始合同,通情达理的受让人会同意此种修改。

3. 本条第 1 款和第 2 款不影响转让人或受让人因对方违反双方之间的协议而产生的任何权利。

第 21 条　支付款的收回

转让人未履行原始合同并不致使债务人有权向受让人收回债务人已付给转让人或受让人的款项。

第三节　第　三　方

第 22 条　适用于竞合权利的法律

除本公约其他条款已解决的事项外,并以符合第 23 条和第 24 条规定为条件,转让人所在国的法律管辖受让人对所转让应收款的权利相对于竞合求偿人权利的优先性。

第 23 条 公共政策和强制性规则

1. 转让人所在国法律的某项规定只有在该规定的适用明显违背法院所在地国公共政策的情况下才可拒绝适用。

2. 不论本可适用何种法律,法院所在地国或任何其他国家适用的强制性法律规则不得阻止转让人所在国法律某项规定的适用。

3. 尽管有本条第 2 款和第 22 条的规定,在非转让人所在国的一国发动的破产程序中,根据法院所在地国法律依法产生并根据该国法律在破产诉讼程序中相对于某一受让人的权利而被给予优先地位的任何优惠权利,可具有这种优先。一国可以随时交存一份声明,列明任何此类优惠权利。

第 24 条 特别收益规则

1. 受让人对所转让应收款的权利相对于竞合求偿人对该项所转让应收款的权利具有优先的,受让人收到收益后,有权保留这些收益。

2. 受让人对所转让应收款的权利相对于竞合求偿人对该项所转让应收款的权利具有优先的,在下列情况下,转让人收到收益后,受让人对这些收益的权利相对于该竞合求偿人对这些收益的权利,也同样具有优先:

(a) 转让人根据受让人的指示收到收益而为受让人的利益保管这些收益;以及

(b) 转让人为受让人的利益分开保管收益,并且这些收益可以合理地从转让人的资产中识别,例如一个仅存有现金或证券收益的单独存款账户或证券账户。

3. 本条第 2 款概不影响对收益拥有抵消权或拥有按协议设定而非由应收款权利产生的权利的人所享有的优先权。

第 25 条 退 让

享有优先权的受让人可以在任何时候单方面或通过协议将其优先权退让于任何现有或未来受让人之后。

第五章 独立适用的法律冲突规则

第 26 条 第五章的适用

本章的规定适用于下列事项:

(a) 根据第 1 条第 4 款规定属于本公约范畴的事项;

(b) 本公约其他条款未解决的本也属于本公约范畴的事项。

第 27 条 转让合同的形式

1. 所在地在同一国家的双方之间订立的转让合同,满足管辖该合同的法律要求的,或满足订立合同时所在国的法律要求的,在形式上对双方有效。

2. 所在地在不同国家的双方之间订立的转让合同,满足管辖该合同的法律要求的,或满足其中一方国家的法律要求的,在形式上对双方有效。

第 28 条 适用于转让人与受让人相互间权利和义务的法律

1. 转让人与受让人根据其协议产生的相互间权利和义务受其双方选定的法律管辖。

2. 转让人与受让人没有选择法律的,其协议所产生的相互间权利和义务受与该转让合同关系最密切的国家的法律管辖。

第 29 条　适用于受让人与债务人的权利和义务的法律

管辖原始合同的法律决定对受让人与债务人之间的转让在合同上的限制是否有效、受让人与债务人之间的关系、转让在哪些条件下可对债务人发生效力和债务人的义务是否已得到解除。

第 30 条　适用优先权的法律

1. 转让人所在地国家的法律管辖受让人对所转让应收款的权利相对于竞合求偿人权利的优先性。

2. 不论本可适用何种法律,法院所在地国或任何其他国家适用的强制性法律规则不得阻止转让人所在国法律某项规定的适用。

3. 尽管有本条第 1 款和第 2 款的规定,在非转让人所在国的一国发动的破产程序中,根据法院所在地国法律依法产生并根据该国法律在破产诉讼程序中相对于某一受让人的权利而被给予优先地位的任何优惠权利,可具有这种优先。

第 31 条　强制性规则

1. 不论本可适用何种法律,如果法院所在地国的法律规则是强制性的,第 27 条至第 29 条中的任何规定概不限制这些规则的适用。

2. 如果与第 27 条至第 29 条所作规定的事项有密切关系的另一国的法律规则是强制性的,而且根据该另一国的法律,不论本可适用何种法律这些强制性规则必须适用,这两条中的任何规定概不限制这些规则的适用。

第 32 条　公 共 政 策

对于本章所解决的事项,本章指明的一项法律规定只有在该规定的适用明显违背法院所在地国公共政策的情况下才能拒绝适用。

第六章　最 后 条 款

第 33 条　保　存　人

联合国秘书长为本公约保存人。

第 34 条　签署、批准、接受、认可、加入

1. 本公约在纽约联合国总部开放供所有国家签署,直至 2003 年 12 月 31 日为止。

2. 本公约须经签署国批准、接受或认可。

3. 自开放供签署之日起,本公约对所有未签署国家开放供加入。

4. 批准书、接受书、认可书和加入书应交联合国秘书长保存。

第 35 条　对领土单位的适用

1. 一国拥有两个或多个领土单位,而各领土单位对于本公约所涉事项适用不同法律制度的,可随时声明本公约将适用于本国全部领土单位或仅适用于其中一个或数个领土单位,并且可以随时提出另一声明代替原先的声明。

2. 此种声明应明确指明本公约适用的领土单位。

3. 由于按本条规定作出的一项声明,本公约不适用于一国所有领土单位,而转让人或债务人位于本公约并不适用的一个领土单位的,这一所在地被视为不在一缔约国领土内。

4. 由于按本条规定作出的一项声明,本公约并非对一国所有领土单位皆适用的,而管辖原始合同的法律是本公约不适用的领土单位的现行有效法律,管辖原始合同的法律被视为并非一缔约国的法律。

5. 一国未根据本条第1款提出声明的,本公约适用于该国所有领土单位。

第36条 所在地在一个领土单位内

一人的所在地在拥有两个或多个领土单位的国家的,其所在地为其营业地所在的领土单位。转让人或受让人在一个以上领土单位设有营业地的,转让人或受让人的中央管理职能行使地为营业地。债务人在一个以上领土单位设有营业地的,与原始合同关系最密切的营业地为营业地。某人无营业地的,以其惯常居住地为准。拥有两个或多个领土单位的国家可随时通过声明指定用以确定其本国内某人所在地的其他规则。

第37条 领土单位的适用法律

对于拥有两个或多个领土单位的国家,本公约中凡提及一国的法律,系指在该领土单位现行有效的法律。此类国家可随时通过声明指定用以确定适用法律的其他规则,包括致使该国另一领土单位的法律成为适用法律的规则。

第38条 与其他国际规定的冲突

1. 公约相对于任何已签订或可能签订的具体管辖本应由本公约管辖的交易的国际协定,以该协定为准。

2. 虽有本条第1款的规定,但相对于《统法社国际保理公约》("渥太华公约"),以本公约为准。本公约不适用于债务人权利和义务的场合,并不排除渥太华公约对该债务人权利和义务的适用。

第39条 关于适用第五章的声明

一国可随时声明其将不受第五章的约束。

第40条 与政府和其他公共实体有关的限制

一国可随时声明其将不受第9条和第10条的约束或不受其约束的范围,条件是在订立原始合同时,债务人所在地或作为所转让应收款付款担保的对人权或对物权的任何让出人的所在地在该国,而且该债务人或让出人是中央或地方政府、其中的任何分支机构,或为公共目的组建的实体。如果一国作出此项声明,第9条和第10条并不影响该债务人或让出人的权利和义务。一国可在声明中列明声明所指的实体种类。

第41条 其他不适用的情形

1. 一国可随时声明其将不对声明中明确说明的特定种类的转让或特定类别应收款的转让适用本公约。

2. 在根据本条第1款提出的声明生效后:

(a) 订立转让合同时转让人所在地在该国的,本公约不适用于这些种类的转让或这些类别应收款的转让;

(b) 订立原始合同时债务人所在地在该国的,或管辖原始合同的法律是该国法律的,本公约涉及债务人权利和义务的规定不适用。

3. 本条不适用于第9条第3款所列的应收款的转让。

第42条 附件的适用

1. 一国可随时声明其将:

(a) 受附件第一节所载优先权规则的约束,并将参加依照附件第二节建立的国际登记制度；

(b) 受附件第一节所载优先权规则的约束,并将通过采用一种可达到此种规则目的的登记制度实行此种规则,在此种情况下,就附件第一节而言,按此种制度登记与按附件第二节登记具有同等效力；

(c) 受附件第三节所载优先权规则的约束；

(d) 受附件第四节所载优先权规则的约束；或

(e) 受附件第7条和第9条所载优先权规则的约束。

2. 就第22条而言：

(a) 依照本条第1款(a)或(b)作出声明的一国的法律为附件第一节所载的全套规则,以依照本条第5款所作任何声明而涉及的范围为限；

(b) 依照本条第1款(c)作出声明的一国的法律为附件第三节所载的全套规则,以依照本条第5款所作任何声明而涉及的范围为限；

(c) 依照本条第1款(d)作出声明的一国的法律为附件第四节所载的全套规则,以依照本条第5款所作任何声明而涉及的范围为限；

(d) 依照本条第1款(e)作出声明的一国的法律为附件第7条和第9条所载的全套规则,以依照本条第5款所作任何声明而涉及的范围为限；

3. 依照本条第1款作出声明的一国可确立一些规则,在声明生效之前订立的转让合同应根据这些规则在一段合理时间内受其约束。

4. 未依照本条第1款作出声明的一国可根据本国现行有效的优先权规则,利用依照附件第二节建立的登记制度。

5. 一国依照本条第1款作出声明之时或之后,可声明其将：

(a) 不对某些种类的转让或某些类别应收款的转让适用根据本条第1款所选定的优先权规则；或

(b) 按该声明中列明的更改适用这些优先权规则。

6. 根据本公约缔约国和签署国总和不少于三分之一的缔约国或签署国的请求,保存人应当召开缔约国和签署国会议,指定监管当局和首席登记员,并拟定或修订附件第二节所述的条例。

第43条　声明的生效

1. 按第35条第1款、第36条、第37条或第39条至第42条在签字时作出的声明,须在批准、接受或认可时加以确认。

2. 声明和声明的确认须以书面形式提出,并正式通知保存人。

3. 一国的声明在本公约对该国生效时同时生效。但是,一项声明的正式通知在本公约对该国生效后才为保存人收到的,此项声明于保存人收到通知之日起满六个月后的下一个月第一日生效。

4. 按第35条第1款、第36条、第37条或第39条至第42条作出一项声明的国家,可随时以书面形式正式通知保存人,撤回该项声明。此种撤回于保存人收到通知之日起满六个月后的下一个月第一日生效。

5. 就依照第35条第1款、第36条、第37条或第39条至第42条作出一项声明而该声明是在本公约对该国生效后才具有效力的情形而言,或就撤回任何此种声明的情形而言,其结果将造成包括任何附件在内的本公约中的一条规则成为可适用规则的：

(a) 除本条第5款(b)规定的情形外，该规则只适用于在该声明或声明的撤回对第1条第1款(a)所述缔约国生效之日或之后订立转让合同的转让；

(b) 关于债务人权利和义务的规则只适用于在该声明或声明的撤回对第1条第3款所述缔约国生效之日或之后订立的原始合同。

6. 就依照第35条第1款、第36条、第37条或第39条至第42条作出一项声明而该声明是在本公约对该国生效后才具有效力的情形而言，或就撤回任何此种声明的情形而言，其结果将造成包括任何附件在内的本公约中的一条规则成为不适用规则的：

(a) 除本条第6款(b)规定的情形外，该规则不适用于在该声明或声明的撤回对第1条第1款(a)所述缔约国生效之日或之后订立转让合同的转让；

(b) 关于债务人权利和义务的规则不适用于在该声明或声明的撤回对第1条第3款所述缔约国生效之日或之后订立的原始合同。

7. 如果一条规则因本条第5款或第6款所述声明或声明的撤回而成为适用规则或不适用规则，而该规则关系到如何确定对在该声明或声明的撤回生效之前订立转让合同的一笔应收款或对其收益的优先权，则根据该声明或声明的撤回生效之前确定优先权的法律受让人权利具有优先权的，受让人权利相对于竞合求偿人权利具有优先权。

第44条 保 留

除本公约明文许可的保留，不得作任何保留。

第45条 生 效

1. 本公约于第五份批准书、接受书、认可书或加入书交存之日起满六个月后的下一个月第一日起生效。

2. 对于在第五份批准书、接受书、认可书或加入书交存之日后始成为本公约缔约国的国家，本公约于以该国名义交存适当文书之日起满六个月后的下一个月第一日起生效。

3. 本公约只适用于在本公约对第1条第1款(a)所述缔约国生效之日或之后订立转让合同的转让，但条件是本公约中涉及债务人权利和义务的规定只适用于在本公约对第1条第3款所述缔约国生效之日或之后订立的原始合同所产生的应收款的转让。

4. 如果一笔应收款是根据在本公约对第1条第1款(a)所述缔约国生效之日前订立的转让合同转让的，则根据无本公约时确定优先权的法律受让人权利具有优先权的，受让人对该笔应收款的权利相对于竞合求偿人的权利具有优先权。

第46条 退 出

1. 缔约国可随时以书面形式通知保存人，宣布退出本公约。

2. 退出于保存人收到通知之日起满一年后的下一个月第一日起生效。通知内写明更长期限的，退出于保存人收到通知后该更长期限届满时生效。

3. 本公约仍然适用于在公约的退出对第1条第1款(a)所述缔约国生效之日前订立转让合同的转让，但条件是本公约中涉及债务人权利和义务的规定只仍适用于在公约的退出对第1条第3款所述缔约国生效之日前订立的原始合同所产生的应收款的转让。

4. 如果一笔应收款是根据在公约的退出对第1条第1款(a)所述缔约国生效之日前订立的转让合同转让的，则根据本公约规定的确定优先权的法律受让人权利具有优先权的，受让人对该笔应收款的权利相对于竞合求偿人的权利具有优先权。

第 47 条　订正和修正

1. 根据本公约不少于三分之一缔约国的请求,保存人应当召开缔约国会议,对本公约进行订正或修正。

2. 在对本公约的修正生效后交存的任何批准书、接受书、认可书或加入书,视为适用于修正后的公约。

本公约附件

第一节　以登记为准的优先权原则

第 1 条　若干受让人之间的优先权

在同一转让人相同应收款的若干受让人之间,一个受让人对所转让应收款的权利的优先顺序,由根据本附件第二节登记有关转让数据的先后次序决定,不论应收款的转移时间如何。未登记此种数据的,优先顺序以各方分别订立转让合同的先后次序决定。

第 2 条　受让人与破产管理人或转让人的债权人之间的优先权

相对于破产管理人的权利和通过扣押、司法裁决或由主管当局类似的裁决产生对所转让应收款权利并因此而获得这种权利的债权人所享有的权利而言,应收款在发动此种破产程序、扣押、司法裁决或类似的裁决之前即已转让的,有关转让的数据也在此之前根据本附件第二节作了登记的,受让人对所转让应收款的权利享有优先权。

第二节　登　　记

第 3 条　登记制度的建立

将建立登记制度以根据拟由登记员和监管机构颁布的条例登记有关转让的数据,即使有关转让或应收款并非国际转让或国际应收款。登记员和监管机构根据本附件颁布的条例应与本附件相一致。条例将对登记制度的运作方式以及解决与登记制度运作有关的纠纷的程序作出详细规定。

第 4 条　登　　记

1. 任何人均可根据本附件和条例在登记处登记有关转让的数据。按条例规定登记的数据应为转让人和受让人的身份资料和所转让应收款的简要说明。

2. 单项登记可涵盖由转让人向受让人一次或多次进行的一笔或多笔现有的未来应收款的转让,而不论应收款在登记时是否存在。

3. 可事先就有关转让进行登记。条例将规定不进行转让时取消登记的程序。

4. 登记或其修改,自本条第 1 款所述数据可供查询时起生效。登记方可按条例中规定的选择办法指明登记的有效期。无此种指明的,一次登记的有效期为五年。

5. 条例将列明登记展期、修改或撤销的方式,并规定登记制度运作所需要的任何其他事项。

6. 转让人身份资料不全、不规则、有遗漏或有差错,致使根据转让人正确身份资料无法查到所登记数据的,该项登记无效。

第 5 条　登记处查询

1. 任何人均可按条例规定,根据转让人的身份资料查询登记处的记录并获得书面查询结果。

2. 凡载明是由登记处出具的书面查询结果,可作为证据接受,而且在无相反证据的情况下,可作为所查询数据的登记证明,包括登记的日期和时间。

第三节 以转让合同时间为准的优先权规则

第6条 若干受让人之间的优先权

在同一转让人相同应收款的若干受让人之间,一个受让人对所转让应收款的权利的优先顺序,以各方分别订立转让合同的先后次序决定。

第7条 受让人与破产管理人或转让人的债权人之间的优先权

相对于破产管理人的权利和通过扣押、司法裁决或由主管当局类似的裁决产生对所转让应收款的权利并因此而获得这种权利的债权人所享有的权利而言,应收款在发动此种破产程序、扣押、司法裁决或类似的裁决之前即已转让的,受让人对所转让应收款的权利享有优先权。

第8条 转让合同时间的证明

就本附件第6条和第7条而言,转让合同的订立时间可通过包括证人在内的任何方式加以证明。

第四节 以转让的通知时间为准的优先权规则

第9条 若干受让人之间的优先权

在同一转让人相同应收款的若干受让人之间,一个受让人对所转让应收款的权利的优先顺序,以债务人分别收到各方转让通知的先后次序决定。但是,受让人在订立向其进行转让的合同时已知悉先前的转让的,受让人不得通过通知债务人而获得相对于该先前转让的优先权。

第10条 受让人与破产管理人或转让人的债权人之间的优先权

相对于破产管理人的权利和通过扣押、司法裁决或由主管当局类似的裁决产生对所转让应收款权利并因此而获得这种权利的债权人所享有的权利而言,应收款在发动此种破产程序、扣押、司法裁决或类似的裁决之前即已转让的,债务人也在此之前收到通知的,受让人对所转让应收款的权利享有优先权。

2001年___月___日订立,正本一份,其阿拉伯文本、中文本、英文本、法文本、俄文本和西班牙文本具有同等效力。

下列全权代表,经各自政府正式授权,在本公约上签字,以昭信守。

(资料来源:联合国国际贸易法委员会网站,http://www.uncitral.org/pdf/chinese/texts/payments/receivables/ctc-assignment-convention-c.pdf)

国际统一私法协会国际保理公约(1988)
UNIDROIT Convention on International Factoring, 1988

(1988 年 5 月 28 日缔订于渥太华)

本公约缔约国:

意识到国际保理将在国际贸易发展中发挥重要作用的事实,进而认识到在保持保理交易不同当事人利益的公正平衡的同时,采用统一规则以提供有助于国际保理业务的法律制度的重要性。

达成协议如下:

第一章 适用范围和总则

第一条

1. 本公约适用于本章所规定的保理合同及应收账款的转让。

2. 为了本公约的目的,“保理合同”系指在一方当事人(供应商)与另一方当事人(保理商)之间所订立的合同,根据该合同:

(1) 供应商可以或将要向保理商转让由供应商与其客户(债务人)订立的货物销售合同所产生的应收账款,但主要供债务人个人、家人或家庭使用的货物销售所产生的应收账款除外;

(2) 保理商应至少履行两项下述职能:

A. 为供应商融通资金,包括贷款和预付款;

B. 管理与应收账款有关的账户(销售分户账);

C. 代收应收账款;

D. 对债务人的拖欠提供坏账担保。

(3) 应收账款的转让通知必须送交债务人。

3. 本公约所指的“货物”和“货物销售”应包括服务和服务的提供。

4. 为了本公约之目的:

(1) 书面通知不需要签字,但必须指明通知是由谁或是以谁的名义送交的;

(2) “书面通知”包括但不限于电报、电传以及其他任何可以恢复成有形形式的电讯手段;

(3) 书面通知应在收件人收到时方为送交。

第二条

1. 本公约适用于营业地位于不同国家的供应商和债务人之间订立的货物销售合同于任

何时候所产生的、并根据保理合同所转让的应收账款,而且:

(1) 这些国家和保理商营业地所在国均为缔约国;或者

(2) 货物销售合同与保理合同均受某一缔约国的法律管辖。

2. 如果当事人有一个以上营业地,则本公约所指的当事人营业地为与有关合同及其履行关系最密切的营业地,但应考虑到当事人在签订合同时或在此之前任何时候所已经知道或所设想的各种情况。

第三条

1. 本公约的适用可以由下述各方排除:

(1) 由保理合同的双方当事人;或

(2) 关于向保理商送交此种排除的书面通知之时或之后产生的应收账款,由货物销售合同的双方当事人。

2. 在根据前款规定排除本公约的适用时,只能将公约当作一个整体予以排除。

第四条

1. 在解释本公约时,应考虑到序言所申明的目的和目标、公约的国际性以及促进其适用的统一与在国际贸易中遵守诚信的需要。

2. 凡本公约未明确解决的属于本公约管辖范围的问题,应按照本公约所依据的一般原则来解决,在没有一般原则的情况下,则应按照国际私法规则确定的适用法律来解决。

第二章 当事人各方的权利与义务

第五条

在保理合同双方当事人之间:

1. 保理合同关于转让已经产生或将要产生的应收账款的规定,不应由于该合同没有单独指明这些应收账款的事实而失去其效力,如果在该合同订立时或这些应收账款产生时上述应收账款可以被确定在该合同项下的话。

2. 保理合同中关于转让将来所产生应收账款的规定可以使这些应收账款在其发生时转让给保理商,而不需要任何新的转让行为。

第六条

1. 尽管供应商和债务人之间订有禁止转让应收账款的任何协议,供应商向保理商进行的应收账款转让仍应有效。

2. 但是,如果在货物销售合同订立时债务人营业地位于一个已经根据本公约第十八条做出声明的缔约国内,则此种转让对债务人无效。

3. 第一款不应影响供应商根据诚信原则对债务人所承担的任何义务或供应商在违反货物销售合同条款做出的转让方面对债务人所应承担的任何责任。

第七条

无论有无新的转让行为,保理合同在其当事人之间可以对供应商根据货物销售合同取得的全部或部分权利的转让有效地作出规定,包括根据货物销售合同的任何条款所保留的货物所有权或产生的任何担保权益。

第八条

1. 如果并且只有在债务人不知道任何其他人针对付款的优先权利时,这种情况下,债务人才有义务向保理商付款,而且书面的转让通知:

(1) 系由供应商或经供应商授权的保理商向债务人做出的;

(2) 合理地确定了已经转让的应收账款和债务人须向其或向其账户付款的保理商;而且

(3) 所涉及的应收账款产生于送交转让通知之时或之前签订的货物销售合同。

2. 不论有无债务人向保理商付款可以解除债务人债务的任何其他原因,如果付款系根据前款规定做出的,则付款可有效实现这一目的。

第九条

1. 在保理商要求债务人支付根据货物销售合同产生的应收账款时,债务人在该合同项下可用来对抗供应商付款要求的所有抗辩都可用来对抗保理商。

2. 在符合第八条第一款的书面转让通知送交债务人时,债务人也可以根据针对供应商的现有反索和债务人可以利用并应付给供应商的账款向保理商要求行使抵消权。

第十条

1. 在不损害债务人在第九条项下权利的情况下,货物销售合同的不履行、部分履行或履行延误本身并不能使债务人有权收回该债务人已付给保理商的款项,如果该债务人有权向供应商收回该款项的话。

2. 然而,根据有关应收账款向保理商支付后,并有权从供应商那里收回已付款项的债务人在某种情况下可以向保理商收回该已付款项,如果:

(1) 该保理商尚未解除在有关应收账款项下对供应商的付款义务;或

(2) 保理商付款时已经知道供应商在与债务人付款有关的货物方面的不履约、部分履约或延误履约情况。

第三章　再　转　让

第十一条

1. 在应收账款由供应商根据一受本公约管辖的保理合同转让给保理商时:

(1) 在从属于下述(2)项的条件下,第五条至第十条的规定适用于保理商或再转让受让人对应收账款所作的任何再转让。

(2) 第八条至第十条的规定应适用,如将再转让受让人视为保理商。

2. 出于本公约的考虑,对债务人的再转让通知同样构成了对保理商的转让通知。

第十二条

本公约不适用于被保理合同条款所禁止的再转让。

第四章　最后条款

第十三条

1. 本公约在通过国际统一私法协会国际保理公约草案和国际融资租赁公约草案的外交会议闭幕会议上开放签字,并将在渥太华向所有国家继续开放签字直至一九九〇年十二月三十一日。

2. 本公约须经签字国认可、接受或批准。

3. 本公约自开放签字之日起开放给所有非签字国加入。

4. 认可、接受、批准或加入经向保管人交存具有该意图的正式文件生效。

第十四条

1. 本公约于第三份认可、接受、批准或加入文件交存之日起六个月后的第一个月的第一天生效。

2. 对于在第三份认可、接受、批准或加入文件交存后才认可、接受、批准或加入本公约的国家,本公约在该国交存其认可、接受、批准或加入文件之日起六个月后的第一个月的第一天对该国生效。

第十五条

本公约并不优于业已缔结或可能缔结的任何条约。

第十六条

1. 如果缔约国具有两个或两个以上的领土单位。而各领土单位对本公约规定的事项适用不同的法律制度,该国可以在签字、认可、接受、批准或加入时声明本公约适用于该国全部领土单位或仅适用于其中一个或数个领土单位,并且可以随时用另一声明来代替已做的声明。

2. 这些声明应通知保管人,并必须明确说明适用本公约的领土单位。

3. 如果根据按本条做出的声明,本公约适用于缔约国一个或数个但不是全部领土单位,而且一方当事人的营业地位于该缔约国内,鉴于本公约之目的,该营业地除非位于本公约适用的领土单位内,否则视为不在缔约国内。

4. 如果缔约国没有根据第一款做出声明,则本公约适用于该国所有领土单位。

第十七条

1. 对属于本公约范围内的事项具有相同或密切联系的法律规则的两个或两个以上的缔约国可以随时声明,在供应商、保理商和债务人营业地位于这些国家内时,本公约不适用。此种声明可以联合做出,或以相互的单方声明方式做出。

2. 对属于本公约范围的事项具有与一个或一个以上非缔约国相同或密切联系的法律规则的缔约国可以随时声明,在供应商、保理商和债务人营业地位于这些国家内时,本公约不适用。

3. 如果根据前款所做声明中列明的国家后来成为了缔约国,则该项声明自本公约对新缔约国生效之日起,具有根据第1款所做声明的效力,倘若该新缔约国加入这项声明或者做出相互单方面声明。

第十八条

缔约国可以随时根据第六条第2款做出声明,如果在订立货物销售合同时债务人营业地位于该国内,根据第六条第1款进行的转让对该债务人无效。

第十九条

1. 根据本公约在签字时做出的声明,须在认可、接受或批准时加以确认。

2. 声明和声明的确认,应以书面提出,并应正式通知保管人。

3. 声明在公约对有关国家生效时同时生效。但是,保管人在本公约对有关国家生效后收到正式通知的声明,应于保管人收到声明之日起六个月后的第一个月第一天生效。根据第十七条做出的相互单方面声明,应于保管人收到最后一份声明之日起六个月后的第一个月第一天生效。

4. 根据本公约规定做出声明的任何国家可以随时以书面正式通知保管人撤回该项声明。此种撤回应于保管人收到通知之日起六个月后的第一个月第一天生效。

5. 撤回根据第十七条做出的声明,自撤回生效之日起,将使另一个国家根据该条所做出的与该撤回声明国家有关的任何联合声明或相互单方面声明失去效力。

第二十条

除本公约明文许可的保留外,不得做任何保留。

第二十一条

当本公约在第二条第1款(1)项所指缔约国或第1款(2)项所指缔约国国家生效之日或之后签订的货物销售合同所产生的应收账款根据保理协议进行转让时,本公约适用,倘若:

1. 保理合同系在该日或该日以后订立的;或者

2. 保理合同的双方当事人已同意本公约适用。

第二十二条

1. 任何缔约国均可以在本公约对该国生效之日后的任何时候声明退出本公约。

2. 退出以向保管人交存具有该意图的文件有效。

3. 退出于向保管人交存退出文件之后六个月后的第一个月第一天生效。当退出文件内订明退出生效的更长时间时,则退出于向保管人交存该退出文件后该段更长时间期满时生效。

第二十三条

1. 本公约将存于加拿大政府。

2. 加拿大政府将:

(1) 通知所有业已签署或加入本公约的国家和国际统一私法协会主席;

A. 每一新的签署者或认可、接受、批准或加入书的交存及其日期;

B. 根据第十六、十七和十八条做出的每一项声明;根据第十九条第4款做出的任何声明的撤回;

C. 本公约生效的日期;

D. 退出本公约文件的交存,以及退出文件的交存日期和生效日期;

(2) 将经核对无误的本公约副本转交本公约所有签字国、加入国和国际统一私法协会主席。

下列全权代表,经各自政府正式授权,在本公约上签字,以资证明。

一九八八年五月二十八日订于渥太华,正本一份,其英文与法文本具有同等效力。

(资料来源:朱宏文著:《国际保理法律与实务》,中国方正出版社2001年版,附录1,第209—216页。)

统一汇票本票法(1930)
Uniform Law For Bills of Exchange and Promissory Notes, 1930

(1930年6月7日签订于日内瓦的《统一汇票本票法公约》第一附件)

第一编 汇　票

第一章 汇票的开立和格式

第一条 汇票应包含下列内容:

1. 票据主文中列有"汇票"一词,并以开立票据所使用的文字说明之;
2. 无条件支付一定金额的命令;
3. 付款人(受票人)的姓名;
4. 付款日期的记载;
5. 付款地的记载;
6. 受款人或其指定人的姓名;
7. 开立汇票的日期和地点的记载;
8. 开立汇票的人(出票人)的签名。

第二条 欠缺前条所载任何要求的票据,无汇票效力,但下列各款规定的情况除外:

未载付款日期的汇票,视为见票即付。

如无特殊记载,受票人姓名旁记载的地点视为付款地;同时视为受票人的住所地。

未载出票地的汇票,出票人姓名旁所载的地点视为出票地。

第三条 汇票得开立为付给出票人的指定人。

汇票得开立为付给出票人本人。

汇票得为第三人开立。

第四条 汇票得在第三人的住所付款,此第三人的住所,可以在受票人的所在地或其他地点。

第五条 凡汇票为见票即付或见票后定期付款者,出票人得就应付的金额规定附加利息。至于任何其他汇票,此项规定视为无记载。

利率应在汇票上表明;如未表明,上述规定视为无记载。

除表明其他日期外,利息自出票日起算。

第六条 凡汇票应付金额同时以文字及数字表示者,如有任何差异,以文字表示的数额为应付金额。

凡汇票应付金额多次以文字或数字表示者,如有任何差异,以较小的数额为应付金额。

第七条 如汇票上有无承担责任能力的人签名,或伪造的签名,或虚拟的人签名,或因任何其他理由不能使签名人或被代签的人承担义务的签名,其他签名人应负之责仍然有效。

第八条 任何无权代表他人签名而在汇票上代签名之人,应作为当事人对汇票自行负责,如该人付款,即与其所声称代表的人具有同样权利。此项规则同样适用于逾越权限的代表。

第九条 出票人保证汇票的承兑和付款。

出票人得解除其保证承兑的责任;但任何解除出票人保证付款责任的规定,视为无记载。

第十条 签发记载不全的汇票,如不按原订合约补全者,不得因未遵守该合约以对抗持票人,但持票人以恶意或严重过失取得汇票者除外 。

第二章 背 书

第十一条 汇票,即使未表明开立给指定人,得以背书方式转让。

如出票人在汇票上注有"不可付指定人"字样或相同词语,该票据只能按照通常债权转让方式让与,并具有该种转让方式的效力。

不论受票人已否承兑,汇票得以背书方式转让于受票人,或转让于出票人或汇票上任何其他人。上述人等得再以背书转让。

第十二条 背书须是无条件的。任何使背书受制约的条件视为无记载。

部分背书无效。

"付给来人"的背书与空白背书同。

第十三条 背书必须书写于汇票上或其所附的粘单上,须由背书人签名。

背书得不指明受益人,或仅由背书人签名(空白背书)。如为后者,为使背书有效,须书写于汇票背面或其所附的粘单上。

第十四条 背书转让汇票上所有权利。

如背书为空白背书,持票人得:

1. 以其本人或某一其他人的姓名填入空白;
2. 再为空白背书或再背书与某一其他人;
3. 不填载空白及不作背书而将汇票转让于第三人。

第十五条 如无相反规定,背书人保证汇票的承兑和付款。

背书人得禁止任何再背书;在此情况下,该背书人对禁止后再经背书而取得汇票的人,不承担保证责任。

第十六条 如以背书之连续而确立其所有权的汇票占有人,即使最后的背书为空白背书,应视为该汇票的合法持票人。在此情况下,已涂销的背书视为无记载。在空白背书后紧接另一背书时,最后背书的签名人,应视为以空白背书而取得汇票者。

任何人,不论以何方式丧失汇票,只要持票人系按上文所述方式确立其权利者,无义务放弃汇票,但该持票人以恶意取得或在取得时有严重过失者除外。

第十七条 因汇票而被诉之人,不得以其与出票人或前手持票人间的个人关系发生的抗辩,对抗持票人,但持票人在取得汇票时明知其行为有损于债务人者除外 。

第十八条 如背书载有“价值在托收中”、“为托收用”、“委托代理”或任何其他词语,以表明单纯委托的声明,持票人得行使汇票上所有的一切权利,但只能以代理人资格背书。

在此情况下,承担责任的各当事人对持票人提出的抗辩以能对抗背书人者为限。

由委托代理背书所载明的委托,不因委托人的死亡或成为在法律上无行为能力而终止。

第十九条 如背书载有“担保价值”、“抵押价值”,或任何其他抵押的声明,持票人得行使汇票上所有的一切权利,但只能以代理人资格背书。

承担责任的各当事人不得以其与出票人或前手持票人间的个人关系发生的抗辩对抗持票人,但持票人在接受汇票时明知其行为有损于债务人者除外。

第二十条 汇票到期后的背书与到期前的背书有同等效力。但因拒付而作成拒绝证书后,或规定作成拒绝证书的期限届满后的背书,只具有通常债权转让的效力 。

如无相反证明,凡未载明日期的背书,视为在规定作成拒绝证书期限届满前在汇票上所作的背书。

第三章 承 兑

第二十一条 汇票在到期前得由持票人或仅是占有汇票的人在受票人住所向受票人提示承兑。

第二十二条 出票人在任何汇票中均得规定汇票应提示承兑,并得规定或不规定提示的期限。

除汇票在第三人的地址付款,或在受票人住所以外的其他地点付款外,或除汇票开立为见票后定期付款外,出票人得禁止提示承兑。出票人并得规定在指定日期前不得提示承兑。

除出票人已禁止承兑,所有背书人均得规定汇票应提示承兑,并得规定或不规定提示期限。

第二十三条 见票后定期付款的汇票应在出票日起 1 年内提示承兑。

出票人得缩短或延长此期限。

此项期限背书人得予缩短。

第二十四条 受票人得要求在第一次提示后之次日作第二次提示。有关当事人不得以该项要求未在拒绝证书上注明而作为不履行该要求的理由。

持票人无义务把提示承兑的汇票放弃给受票人。

第二十五条 承兑应书写在汇票上,以“已承兑”或任何其他相同的词语表示之。承兑应由受票人签名。仅有受票人在票面上签名亦构成承兑。

如汇票为见票后定期付款或按照特别规定应在某一期限内提示承兑,除持票人要求以提示日作为承兑日外,承兑的日期应为作成承兑之日。汇票如未载明承兑日期,持票人为保留其向背书人和出票人的追索权,须在适当时间内作成拒绝证书以证明此项遗漏。

第二十六条 承兑是无条件的,但受票人得将其承兑限于应付金额的一部分。

所有其他在承兑时将汇票的主要条件修改者,作为拒绝承兑。但承兑人应按其承兑条件承担责任。

第二十七条 如汇票出票人表明以付款人住所以外之地为付款地,但未表明在第三人的地址付款时,则付款人得在承兑时指定该第三人。如未指定,即视为承兑人承担在付款地内自己付款的责任。

如汇票在付款人住所支付时,付款人在其承兑中可以表示在相同地点的一个地址付款。

第二十八条　受票人承兑后保证在到期日付款。

受票人到期不付,即使持票人为出票人,得就该汇票对承兑人直接起诉索偿第四十八条和第四十九条所规定的一切款项。

第二十九条　在汇票上作出承兑的受票人,如在归还汇票时涂销承兑,视为拒绝承兑。如无相反证明,该涂销视为在归还汇票前所为。

但受票人如已向持票人或任何在汇票上签名的当事人以书面通知其承兑者,仍按其承兑的条件向上述各当事人负责。

第四章　担　　保

第三十条　汇票的全部或部分金额得以担保方式保证付款。

此项保证得由第三人或甚至由在汇票上签名的当事人作出。

第三十一条　担保应在汇票或粘单上作出。

担保得以“与保证同”或任何其他相同的词语表示之。担保由保证人签名。

除受票人或出票人的签名外,仅有保证人在票面上的签名亦视为担保的成立。

担保须指明被保证人姓名,如未指明,视为为出票人担保。

第三十二条　保证人承担的责任与被保证人同。

保证人的“担保”,即使在被保证的债务因任何理由而无效时,仍属有效,除非“担保”的形式有缺陷。

保证人在对汇票付款后,拥有汇票上对抗被保证人和对被保证人就汇票负有责任者的权利。

第五章　到　期　日

第三十三条　汇票得开立为:

见票即付;

见票后定期付款;

出票后定期付款;

定日付款;

其他到期日的汇票或分期付款的汇票均属无效。

第三十四条　见票即付的汇票,在提示时付款,并应在出票日起1年内提示付款。出票人得缩短或延长此期限。此项期限背书人得予缩短。

出票人得规定,见票即付的汇票不得在指定日前提示付款。在此情况下,提示的期限自上述日期起算。

第三十五条　见票后定期付款的汇票的到期日得由承兑日或拒绝证书作成日决定。

如果拒绝承兑,未载明日期的承兑视为由承兑人在提示承兑期限的最后一日作出。

第三十六条 凡汇票开立为出票或见票后1个月或若干月付款者,该汇票应在付款月之相应日期为到期日。如无相应日期,则在该月的最后1日为汇票到期日。

凡汇票开立为出票或见票后1个月半或若干个月半付款者,首先应计算整月。

如汇票的到期日为月初,月中(如1月中、2月中等)或月末,应理解为每月的第1日、15日或最后1日。

“8日”或“15日”等词语并非指一或两星期,而是实际的8日或15日。

“半月”一语指15日。

第三十七条 定日付款的汇票之付款地的日历不同于出票地的日历,其到期日视为按照付款地的日历决定。

出票后定期付款的汇票之出票地的日历不同于付款地的日历,则出票日应为付款地日历的相应之日,并以此决定到期日。

汇票提示的时间按照上款规定计算。

如汇票规定或甚至票据的简单条款表明意图采用其他规定时,本条各项规定不予适用。

第六章 付 款

第三十八条 定日付款或出票或见票后定期付款的汇票之持票人在付款日或其后两个营业日之一作付款提示。

经票据交换所提示汇票等同于提示请求付款。

第三十九条 对汇票付款的受票人,得要求持票人在汇票上注明收讫后交还受票人。

持票人不得拒绝部分付款。

在部分付款的情况下,受票人得要求在汇票上载明该部分付款,并应给以收据。

第四十条 不得强制汇票的持票人接受到期日前的付款。

受票人在到期日前付款,由自己承担风险和危险。

在到期日付款的人除有欺诈行为或严重过失外,应是对汇票债务的有效清偿。付款人应负认定背书连续之责,但对背书人的签名,不负认定真伪之责。

第四十一条 如所开汇票应付的货币不是付款地的货币,其应付的金额得按到期日的价值,以付款国的货币支付。债务人如不付款,持票人得按其决定要求该汇票金额依到期日或付款日的汇率,以付款国的货币支付。

外国货币的价值依付款地的惯例决定。但出票人得规定按汇票上注明之汇率折算该应付金额。

上项规则不适用于出票人已规定必须以某一指定的货币(规定以外币作实际支付)支付的情况。

如用以表示汇票金额的货币在出票国及付款国为名称虽同而价值相异者,应视为指付款地的货币支付。

第四十二条 汇票如未在第三十八条规定的期限内提示付款,所有债务人有权将款项存于主管当局,所有费用、风险和危险由持票人承担。

第七章 拒绝承兑或拒绝付款的追索权

第四十三条 持票人得在下述日期向背书人、出票人及其他有责任的当事人行使追索权:

在到期日:如不作付款;

在到期日前:

1. 如全部或部分拒绝承兑;

2. 不论汇票已否承兑,如受票人破产;或即使未由仲裁宣告,受票人停止付款;或对其货物已执行扣押而无效果;

3. 如未承兑的汇票出票人破产。

第四十四条 拒绝承兑或拒绝付款须由公证书(拒绝承兑或拒绝付款的拒绝证书)证明之。

拒绝承兑的拒绝证书应于规定的提示承兑期限内作成。如发生第二十四条第一款所述的情况,第一次提示系在该期限的最后一日提示者,则拒绝证书得于次日作成。

定日付款或在出票或见票后定期付款的汇票,其拒绝证书须在汇票应付日后两个营业日之一作出。如系见票即付汇票,其拒绝证书须按前款有关作出拒绝承兑的拒绝证书的条件作成。

作成拒绝承兑的拒绝证书后,无需提示付款也无需作成拒绝付款的拒绝证书。

不论汇票已否承兑,如受票人停止付款,或对其货物已执行扣押而无效果,持票人在把汇票向受票人提示付款和拒绝证书作成前,不得行使追索权。

不论汇票已否承兑,如受票人已宣告破产,或未获承兑的汇票出票人已宣告破产,提示宣告破产的裁决即能使持票人行使追索权。

第四十五条 持票人应于在拒绝证书作成日后4个营业日内,将拒绝承兑或拒绝付款事由通知背书人和出票人。或如汇票上有“退票时不承担费用”的规定,应于提示日为上项通知。每一背书人应于收到通知日后两个营业日内,将收到通知的事由,并列举上项通知的各人姓名及地址,通知其前手背书人,依次直至出票人。上述期限自收到上一通知之日起算。

在按照前款规定通知曾签名于汇票上之人时,对其保证人,亦应于同一期限内发给同样通知。

背书人如未写明地址,或地址模糊不清,则此项通知发给其前手背书人即可。

应发出通知的人得以任何方式发给,甚至仅把汇票退回亦可。

发出通知的人须证明其在规定期限内发出。在规定期限内把通知信件投邮,应认为已遵守规定期限。

未在上述规定期限内发出通知的人,并不丧失其权利。但应对其疏忽造成的损失(如有的话)负责赔偿,其金额以不超过汇票上的数额为限。

第四十六条 出票人、背书人或保证付款的保证人得于票据上批注“退票时不承担费用”、“免作拒绝证书”或任何其他相同词语的规定及签名,从而解除持票人为行使追索权而必须作成拒绝承兑或拒绝付款之拒绝证书的责任。

此项规定,并不解除持票人在规定期限内提示汇票或发出必要通知的责任。不遵守期限的举证责任由企图以此作为对抗持票人的人承担。

上项规定如由出票人批写，对所有在汇票上签名的人均有效；如由背书人或保证人批写，则仅对该背书人或保证人发生效力。如持票人无视出票人所批写的规定，作成拒绝证书，有关的费用由其承担。如该项规定由背书人或保证人作出，则作成拒绝证书的费用，得向所有在汇票上签名的人索偿。

第四十七条 所有出票人、承兑人、背书人，或对汇票作出担保的保证人，对持票人负连带责任。

持票人有权对上述所有的人单独或集体起诉，无需遵照他们承担责任的先后顺序。

任何在汇票上签名的人，在接受汇票并予清偿后，与持票人享有同样权利。

对债务人之一起诉，不影响对其他债务人的起诉，即使其他债务人是被诉债务人的后手。

第四十八条 持票人在行使追索权时得向被追索人索偿下列款项：

1. 未承兑或未付款的汇票金额连同利息，如汇票上规定有利息者；

2. 自到期日起按6%利率计算的利息；

3. 作成拒绝证书及所发通知的费用，以及其他费用。

如在到期日前行使追索权，汇票金额应扣除贴息。贴息应按在持票人住所地行使追索权之日的官方贴现率（银行利率）计算。

第四十九条 接受汇票并予清偿的人，得向负有责任的人索偿下列款项：

1. 其已付的全部金额；

2. 自支付上述款项之日起按6%利率计算的利息；

3. 所支付的任何费用。

第五十条 任何被追索或得向之行使追索权的每一负有责任的人作清偿后，得要求持票人交出汇票及拒绝证书和收讫清单。

任何接受汇票并予清偿的背书人，得涂销其背书及其后手背书人的背书。

第五十一条 如在部分承兑后行使追索权，对汇票的未承兑部分付款的当事人，得要求把此项付款注明在汇票上，并要求取得付款的收据。持票人也须向其交付该汇票经证实的副本及拒绝证书，以使其以后能行使追索权。

第五十二条 每一有追索权的人，如无相反的协议，得另向负有责任的任一当事人开立在该当事人住所地付款的见票即付的新汇票（重开汇票），以资取偿。

重开汇票的金额，除包括第四十八条和第四十九条规定的金额外，还包括经纪费用和重开汇票的印花费用。

重开汇票如为持票人所开立，应付金额按照在原汇票的付款地开立，以负有责任的当事人在其住所地付款的即期汇票的汇率规定之。重开汇票如为背书人所开立，应付金额按照在该背书人的住所地开立，以负有责任的当事人住所地为付款地的即期汇票汇率规定之。

第五十三条 在下述规定的期限届满后，持票人即丧失其对背书人、出票人，以及其他负有责任的当事人的追索权，但承兑人除外：

见票即付或见票后定期付款的汇票的提示期限；

拒绝承兑或拒绝付款的拒绝证书作成的期限；

有“退票时不承担费用”的规定的提示付款期限；

如未在出票人规定的时限内提示承兑，除从规定的字义上看来仅是出票人解除其对承兑的保证外,持票人丧失其因拒绝承兑和拒绝付款而得行使的追索权。

如背书中载有提示期限的规定,该项规定仅对该背书人有效。

第五十四条　如由于不可克服的障碍(任何国家的法律禁令或其他不可抗力事故)而使汇票的提示或作成拒绝证书不能在规定的期限内为之,此项期限应予延长 。

持票人有责任将不可抗力事故立即向其背书人发出通知,并将通知内容详注于汇票或粘单上加具日期和签名,其他方面,适用第四十五条的规定。

不可抗力事故终止,持票人应立即将汇票提示承兑或提示付款,并在必要时作成拒绝证书。

如不可抗力事故持续至到期日后之10日以上时,持票人即得行使追索权,无需作出提示或作成拒绝证书。

汇票如为见票即付或见票后定期付款者,30日的期限应从持票人向其背书人发出不可抗力事故通知之日起算,不论该日是否在提示期限届满之前;汇票如为见票后定日付款者,上述之10日的期限应加在汇票规定的见票后的该段时期内。

纯属持票人或受持票人委托为汇票作出提示或作出拒绝证书的人的个人的事宜,不认为构成不可抗力事故。

第八章　为维护信誉而参加

第一节　一般规定

第五十五条　出票人、背书人或保证人得指定一人在必要时承兑或付款。

汇票得由为维护被索偿的任何债务人的信誉而参加之人按规定承兑或支付。

参加人可以是第三人,甚至是受票人或除承兑人以外的已对汇票承担责任的当事人。

参加人有责任在两个营业日内向被参加人发出其参加的通知。如未发出通知,则应对由于其疏忽而造成的损害(如有的话)负责,但赔偿额以不超过汇票上的数额为限。

第二节　参加承兑(为维护信誉)

第五十六条　凡持票人对可承兑的汇票在到期前有追索权者,在任何情况下均得参加承兑。

如汇票表明已指定一人必要时在付款地承兑或付款,持票人在到期前不得对该在必要时的受托人或其后手签名人行使追索权,除其已向该在必要时的受托人提示汇票,并经后者拒绝,且已由拒绝证书证明者外。

如在其他情况下参加承兑,持票人得拒绝接受参加承兑。但如同意接受,即丧失其在到期前对被参加承兑人及其后手签名人的追索权。

第五十七条　参加承兑应在汇票上表明,由参加人签名,并应注明被参加人姓名,如无该项记载,应视出票人为被参加承兑人。

第五十八条　参加承兑人对持票人和被参加承兑人的后手背书人承担的责任与被参加人承担的责任同。

纵有参加承兑,被参加承兑人及向被参加承兑人承担责任的当事人,在支付依第四十八条规定的金额时,得要求持票人交付汇票、拒绝证书以及收讫清单(如有的话)。

第三节 参加付款

第五十九条 凡持票人对汇票不论在到期日或到期前都有追索权者,在任何情况下,均得参加付款。

参加付款须包括被参加人应付的全部金额。此项付款至迟须在规定作成拒绝付款证书最后1日的次日为之。

第六十条 汇票如为住所在付款地的人参加承兑者或住所在付款地的被指定为必要时的受托人者,持票人须向上述各人提示汇票,并在必要时至迟在规定作成拒绝付款证书最后1日的次日为之。

如未在期限内作成拒绝证书,指定为必要时的委托人或被参加承兑人及所有后手背书人均解除责任。

第六十一条 拒绝接受参加付款的持票人对任何因参加付款而不解除责任的人丧失追索权。

第六十二条 参加付款须由记载在汇票上的收款事实所证明,并须注明被参加人姓名。如无该项记载,应视出票人为被参加付款人。

汇票和拒绝证书(如有的话)必须交于参加付款人。

第六十三条 参加付款人付款后取得汇票上得对抗被参加人及向被参加人承担责任的人的一切权利。但不得再将汇票背书。

被参加人的后手背书人因参加付款而解除责任。

如有数人参加付款,以参加付款后能解除较多人数责任的人有优先权。任何知晓该项事实,违反本规则而参加付款的人对因此而可解除责任的人丧失追索权。

第九章 成套汇票和副本

第一节 成套汇票

第六十四条 汇票得开立两张或两张以上同样的汇票。

票据文字中须载明各张的编号;如未编号,每张汇票应视为单独的汇票。

未注明为单张汇票的汇票持票人,得自行负担费用而要求交付两张或两张以上汇票。为此目的,该持票人应向其直接前手背书人请求;前手背书人有义务协助依次向其背书人直至出票人提出请求。背书人有义务在成套新开立的各张汇票上再为同样的背书。

第六十五条 就成套汇票中的一张汇票付款,即解除责任,即使汇票上并无对一张付款而使其他各张失效的规定。但受票人对未收回而已承兑的各张汇票仍应负责。

背书人将成套的各张汇票转让于不同的人时,该背书人及其后手背书人对未收回的载有彼等签名的各张汇票均应负责。

第六十六条 将一张汇票送请承兑的当事人,须在其他各张上注明占有该张汇票的人的姓名。该人有义务将该张汇票交于另一张汇票的合法持票人。

如该人拒绝交出,持票人在拒绝证书作成并载明下列事项前,不得行使追索权 。

1. 送请承兑的该张汇票经其要求,未获归还;

2. 未能根据另一张汇票获得承兑或付款。

第二节 副 本

第六十七条 每一汇票持票人有权作成该汇票的副本。

缮制副本须与正本内容一致,并记载正本上的背书和所有其他事项。副本应注明录自正本的何处为止。

副本得与正本同样方式背书和以"担保付款"保证之,其效力亦同。

第六十八条 副本须注明占有正本票据的人的姓名。该人有义务将正本票据交于汇票副本的合法持票人。

如该人拒绝交出,持票人在拒绝证书作成并载明正本经其要求未获归还前,不得对在副本上背书或以"担保付款"保证的人行使追索权。

如正本票据上的缮制副本前的最后一个背书后载有"此后仅在副本上所为的背书方为有效"字样或相同含义者,正本上后加的背书无效。

第十章 更 改

第六十九条 汇票文义如有更改,则签名在更改之后者,依更改后文义负责;签名在更改之前者,依原有文义负责。

第十一章 时 效

第七十条 汇票上对承兑人主张权利的一切诉讼,自到期日起算,3年后丧失时效。

持票人对背书人和出票人主张权利的诉讼,自在恰当时间内作成拒绝证书之日起算,或如有"退票时不承担费用"的规定者,自到期日起算,1年后丧失时效。

背书人相互间和对出票人主张权利的诉讼,自背书人接受并清偿汇票之日起算,或自其本人被诉之日起算,6个月后丧失时效。

第七十一条 时效中断,仅对与时效中断有影响的人有效。

第十二章 规 定

第七十二条 汇票的付款在法定假日到期,在其后1个营业日之前不得请求付款。因此,所有有关汇票的其他票据事宜,特别就提示承兑和作成拒绝证书而言,仅得在营业日办理。

如任何票据行为须在一定期限内完成者,而其最后1日为法定假日,则其期限可延长至假期届满后第一个营业日。期限中的假日,包括在应计算的期限内。

第七十三条 法定或合约上的期限不包括该期限开始之日。

第七十四条 宽限日,不论是法律上或司法上的,均不予适用。

第二编 本 票

第七十五条 本票应包含下列内容:

1. 票据主文中列有“本票”一词,并以开立票据所使用的文字表示之;

2. 无条件支付一定金额的承诺;

3. 付款日期的记载;

4. 付款地的记载;

5. 受款人或其指定人的姓名;

6. 签发本票的日期和地点的记载;

7. 签发本票的人的签名(签票人)。

第七十六条 欠缺前条所载任何内容的票据,无本票效力。但下列各款规定的情况除外:

未载付款日期的本票,视为见票即付;

如无特殊记载,票据的出票地视为付款地,同时视为签票人的住所地;

未载出票地的本票,出票人姓名旁所载的地点视为出票地。

第七十七条 下列有关汇票的规定,凡与本票的性质不相抵触者,适用于本票。

背书(第十一条至第二十条);

到期日(第三十三条至第三十七条);

付款(第三十八条至第四十二条);

拒绝付款的追索权(第四十三条至第五十条,第五十二条至第五十四条);

参加付款(第五十五条,第五十九条至第六十三条);

副本(第六十七条和第六十八条);

更改(第六十九条);

诉讼时效(第七十条和第七十一条);

假日、期限的计算及宽限日的禁止(第七十二条,第七十三条和第七十四条);

下述规定亦适用于本票:有关汇票在第三人住址或在受票人住所以外其他地点付款的规定(第四条和第二十七条);利息的规定(第五条);应付金额的差异(第六条);在第七条所述情况下签名的后果;未获授权者和越权者签名的后果(第八条);有关记载不全汇票的规定(第十条)。

下述规定亦同样适用于本票:有关以担保方式保证的规定(第三十条至第三十二条);根据第三十一条最后一款的规定,如担保时未指明被保证人姓名,视为为本票的出票人保证。

第七十八条 本票出票人应负之责,与汇票的承兑人同。

本票如为见票后定日付款者,须在第二十三条规定的期限内向出票人提示签名。期限从出票人在本票上的签名日起算。出票人拒绝签名并加注日期,须由拒绝证书证明(第二十五条),拒绝证书日期即为见票后期间的开始。

(资料来源:人民网,http://www.people.com.cn/zixun/flfgk/item/dwjjf/falv/10/10-1-01.html)

支票统一法公约(1931)
Convention Providing a Uniform Law for Cheques, 1931

(1931 年 3 月 19 日订于日内瓦,1934 年 1 月 1 日生效)

第一章　支票的开立和格式

第一条　支票应包含下列内容:

1. 票据主文中列有“支票”一词,并以开立票据所使用的文字说明之;
2. 无条件支付一定金额的命令;
3. 付款人(受票人)的姓名;
4. 付款地的记载;
5. 开立支票的日期和地点的记载;
6. 开立支票的人(出票人)的签名。

第二条　欠缺前条所载任何要求的票据,无支票效力。但下列各款规定的情况除外:

如无特殊记载,受票人姓名旁记载的地点视为付款地,如受票人姓名旁所载地点有数处时,以第一处为支票付款地;

未载付款地及无任何其他表示者,受票人主要机构所在地为支票付款地;

未载出票地的支票,出票人姓名旁所载的地点视为出票地。

第三条　支票必须对持有出票人存款的银行开出,并须符合出票人有权以支票方式处理该款之明示或默示之协议。但如不符合这些规定,所开票据作为支票仍有效。

第四条　支票不得承兑。有承兑记载者视为无记载。

第五条　支票得付给:

确定的人,不论是否载有“可付指定人”字样;或

确定的人,并载有“不可付指定人”字样或同等词语,或来人。

凡付给确定的人并有“或来人”字样,或任何同等字样的支票,视为来人支票 。

未载受款人的支票视为来人支票。

第六条　支票得开立为付给出票人的指定人。

支票得为第三人开立。

支票不得开立为以出票人本人为受票人,除非两个机构属同一出票人,则这一机构得对另一机构开立。

第七条　支票载有任何有关利息的规定,视为无记载。

第八条　支票得在第三人的住所付款,此第三人的住所,可以在受票人的所在地或其他地点,但此第三人必须是银行。

第九条 凡支票应付金额同时以文字及数字表示者，如有任何差异，以文字表示的数额为应付金额。

凡支票应付金额多次以文字或数字表示者，如有任何差异，以较小的数额为应付金额。

第十条 如支票上有无承担责任能力的人签名，或伪造的签名，或虚拟的人签名，或因任何其他理由不能使签名人或被代签的人承担义务的签名，其他签名人应负之责仍然有效。

第十一条 任何无权代表他人签名而在支票上代签名之人，应作为当事人对支票自行负责，如该人付款，即与其所称代表的人具有同样权利。此项规则同样适用于逾越权限的代表。

第十二条 出票人保证支票的付款。任何解除出票人承担保证责任的规定，视为无记载。

第十三条 签发记载不全的支票，如不按原订合约补全者，不得因未遵守该合约以对抗持票人，但持票人以恶意或严重过失取得支票者除外。

第二章 转 让

第十四条 付给确定的人的支票，不论是否载有“可付指定人”字样，得以背书方式转让。

付给确定的人的支票，如注有“不可付指定人”字样或任何相同词语，只能按照通常债权转让方式让与并具有该种转让方式的效力。

支票甚至得以背书方式转让于出票人或支票上任何其他当事人。上述人等得再以背书转让。

第十五条 背书必须是无条件的。任何使背书受制约的条件，视为无记载。

部分背书无效。

受票人背书无效。

“付给来人”的背书与空白背书同。

付给受票人的背书，仅视为票款收讫。但受票人有若干机构而背书系对非受票之机构而为者除外。

第十六条 背书必须书写于支票上或其所附的粘单上，须由背书人签名。

背书得不指明受益人，或仅有背书人签名（空白背书）。如为后者，为使背书有效，须书写于支票背面或其所附的粘单上。

第十七条 背书转让支票上所有权利。

如背书为空白背书，持票人得：

1. 以其本人或某一其他人的姓名填入空白；

2. 再为空白背书或再背书给某一其他人；

3. 不填载空白及不作背书而将支票转让于第三人。

第十八条 如无相反规定，背书人保证支票的付款。

背书人得禁止任何再背书，在此情况下，该背书人对禁止后再经背书而取得支票的人，不承担保证责任。

第十九条 如以背书之连续而确立其所有权的支票占有人，即使最后的背书为空白背书，应视为该支票的合法持票人。在此情况下，已涂销的背书视为无记载。以空白背书后紧接另一背书时,最后背书的签名人,应视为以空白背书而取得支票者。

第二十条　来人支票之背书,背书人应依追索权各条的规定负责;但不因此将票据转变为指定人支票。

第二十一条　任何人,不论以何方式丧失支票(不论其为来人支票或为可背书支票,只要持票人系按第十九条所述方式确立其权利者),占有支票之持票人无义务放弃支票,但该持票人以恶意取得或在取得时有严重过失者除外。

第二十二条　因支票而被诉之人,不得以其与出票人或前手持票人间的个人关系发生的抗辩,对抗持票人,但持票人在取得支票时,明知其行为有损于债务人者除外。

第二十三条　凡背书载有"价值在托收中"、"为托收用"、"委托代理"或任何其他词语,以表明单纯委托的声明,持票人得行使支票上所有的一切权利,但只能以代理人资格背书。

在此情况下,承担责任的各当事人对持票人提出的抗辩以能对抗背书人者为限。

由委托代理背书所载明的委托,不因委托人的死亡或成为在法律上无行为能力而终止。

第二十四条　在作成拒绝证书后或在相同声明后或在提示期限届满后的背书,只具有通常债权转让的效力。

如无相反证明,凡未载明日期的背书,视为在作成拒绝证书前或相同声明前或在上款提及的提示期限届满前在支票上所作的背书。

第三章　担　　保

第二十五条　支票的全部或部分金额得以担保方式保证付款。

此项保证得由受票人以外的第三人,或甚至由在支票上签名的人作出。

第二十六条　担保应在支票或粘单上作出。

担保得以"与保证同"或任何其他相同的词语表示之。担保由保证人签名。

除出票人签名外,仅有保证人在票面上的签名亦视为担保的成立。

担保须指明被保证人姓名,如未指明,视为为出票人担保。

第二十七条　保证人承担的责任与被保证人同。

保证人的担保,即使在被保证的债务因任何理由而无效时,仍属有效,除非担保的形式有缺陷。

保证人在对支票付款后,拥有支票上对抗被保证人和对被保证人就支票负有责任者的权利。

第四章　提示与付款

第二十八条　支票限于见票即付。任何相反规定视为无记载。

在载明为出票日期前作付款提示的支票,应于提示日付款。

第二十九条　在出票国付款的支票,应于8日内作付款提示。

在付款国以外的国家签发的支票,应于20日或70日内作付款提示,该期限的长短,依签发地和付款地是否位于同一洲或不同洲而定。

就本条而言,凡在一欧洲国家签发而在沿地中海的国家付款的支票,视为在同一洲签发及付款的支票。反之亦然。

上述期限,应依支票上所载的出票日期起算。

第三十条 如支票的签发地和付款地两者的日历不同,其出票日应解释为是付款地日历的相应之日。

第三十一条 支票在票据交换所提示,即为付款提示。

第三十二条 支票的止付,只在提示期限届满后方为有效。

支票如未支付,即使在提示期限届满后,付款人亦得付款。

第三十三条 支票签发后,出票人的死亡或无行为能力,均不应对支票发生任何影响。

第三十四条 对支票付款的受票人,得要求持票人在支票上注明收讫后交还受票人。

持票人不得拒绝部分付款。

在部分付款的情况下,受票人得要求在支票上载明该部分付款,并应给以收据 。

第三十五条 受票人对于可背书的支票之付款,应负认定背书连续之责,但对背书人的签名,不负认定真伪之责。

第三十六条 如所开支票应付的货币,不是付款地的货币,其应付的金额得按提示期限内付款日的价值,以付款国的货币支付。如不在提示日付款,持票人得按其决定要求该支票金额依提示日或付款日的汇率,以付款国的货币支付。

外国货币的价值依付款地的惯例决定。但出票人得规定按支票上注明之汇率折算该应付金额。

上项规则不适用于出票人已规定必须以某一指定的货币(规定以外币作实际支付)支付的情况。

如用以表示支票金额的货币在出票国及付款国为名称虽同而价值相异者,应视为以付款地的货币支付。

第五章 划线支票与转账支票

第三十七条 支票出票人或持票人得于支票上划线,使发生下条所述的效力。

划线的方式是在支票正面划平行线二行。划线支票得分为普通的或特别的两种 。

普通划线支票只是在票面上划二行线,或在二线之间再加注“银行”一词或其他相同词语。如将银行的名称注于二线之间者,系特别划线支票。

普通划线得转换成特别划线,而特别划线则不得转换成普通划线。

涂改划线或银行名称,应视为未涂改。

第三十八条 普通划线支票的受票人仅得对银行或受票人的客户支付。

特别划线支票的受票人仅得对指定的银行,或后者为受票人时,得对其客户支付。但指定的银行得委托另一银行收款。

银行除从其客户之一或另一银行外,不得取得划线支票;除其客户或另一银行外,不得为他人代收划线支票。

支票上有多处特别划线者,受票人不得付款;但有两处特别划线,其中之一系经由票据交换所收款除外。

受票人或银行不遵守上述规定者,应负责赔偿损失,但其金额以支票上的数额为限。

第三十九条　支票出票人或持票人得于支票正面横写“转账支付”一词或相同词语以禁止用现金支付。

在此情况下,受票人只能以记入贷方或从一账户转入另一账户或抵销或在票据交换所结算等方法支付。

凡任何涂改“转账支付”一词者,应视为未涂改。

受票人不遵守上述规定,应负责赔偿损失,但其金额以支票上的数额为限。

第六章　拒绝付款的追索权

第四十条　支票于限期内及时提示不获付款,而拒绝付款有下列证明时,持票人得向背书人、出票人及支票上其他债务人行使追索权:

1. 正式文据(拒绝证书);或

2. 受票人在支票上书写载有日期的声明,声明上要列明提示日期;或

3. 票据交换所在支票上记载附有日期的声明,声明该支票已于限期内及时提示而不获付款。

第四十一条　拒绝证书或相同的声明应于提示期限内作成。

如支票在提示期限的最后一日提示,则拒绝证书或相同的声明,得于其后的第一个营业日作成。

第四十二条　持票人应于拒绝证书或相同的声明作成日后4个营业日内,将拒绝付款事由通知背书人和出票人。或如支票上有“退票时不承担费用”的规定,应于提示日为上项通知。每一背书人应于收到通知日后两个营业日内,将收到通知的事由,并列举上项通知的各人姓名及地址,通知其前手背书人,依次直至出票人。上述期限自收到上一通知之日起算。

在按照前款规定通知曾签名于支票上的人时,则对其保证人,亦应于同一期限内发给同样通知。

背书人如未写明地址,或地址模糊不清,则此项通知发给其前手背书人即可。

应发出通知的人得以任何方式发给,甚至仅把支票退回亦可。

发出通知的人须证明其在规定期限内发出。在规定期限内把通知信件投邮,应认为已遵守规定期限。

未在上述规定期限内发出通知的人并不丧失其权利。但应对其疏忽造成的损失(如有的话)负责赔偿,其金额以不超过支票上的数额为限。

第四十三条　出票人、背书人或保证人得于票据上批注“退票时不承担费用”、“免作拒绝证书”或任何其他相同词语的规定及签名,从而解除持票人为行使追索权而必须作成拒绝证书或相同的声明的责任。

此项规定,并不解除持票人在规定期限内提示支票或发出必要通知的责任。不遵守期限的举证责任由企图以此作为对抗持票人的人承担。

上项规定如由出票人批写,对所有在支票上签名的人均有效;如由背书人或保证人批写,则仅对该背书人或保证人发生效力。如持票人无视出票人所批写的规定,作成拒绝证书或相同的声明,有关的费用由其承担。如该项规定由背书人或保证人作出,则作成拒绝证书或相同的声明的费用,得向所有在支票上签名的人索偿。

第四十四条 所有出票人、背书人及其他票据债务人,对持票人负连带责任。

持票人有权对上述所有的人单独或集体起诉,无需遵照他们承担责任的先后顺序。

任何在支票上签名的人,在接受支票并予清偿后,与持票人享有同样权利。

对债务人之一起诉不影响对其他债务人起诉,即使其他债务人是被诉债务人的后手。

第四十五条 持票人在行使追索权时得向被追索人索偿下列款项:

1. 未支付的支票金额;

2. 自提示日起按6%利率计算的利息;

3. 作成拒绝证书或相同的声明及所发通知的费用,以及其他费用。

第四十六条 接受支票并予清偿的人,得向负有责任的人索偿下列款项:

1. 其已付的全部金额;

2. 自支付上述款项之日起按6%利率计算的利息;

3. 所支付的任何费用。

第四十七条 任何被追索或得向之行使追索权的每一负有责任的人作清偿后,得要求持票人交出支票及拒绝证书或相同的声明和收讫清单。

任何接受支票并予清偿的背书人,得涂销其背书及其后手背书人的背书。

第四十八条 如由于不可克服的障碍(任何国家的法律禁令或其他不可抗力事 故)而使支票的提示或作成拒绝证书或相同的声明不能在规定的期限内为之,此项期限应予延长。

持票人有责任将不可抗力事故立即向背书人发出通知,并将通知内容详注于支票或粘单上,加具日期和签名;其他方面,适用第四十二条的规定。

不可抗力事故终止后,持票人应立即将支票提示付款,并在必要时,作成拒绝证书或相同的声明。

如不可抗力事故持续至持票人向背书人发出事故通知日后15日以上时,即使此项通知系在提示期限届满前,持票人即得行使追索权,无需作出提示或作成拒绝证书或相同的声明。

纯属持票人或受持票人委托为支票作出提示或作成拒绝证书或相同的声明的人的个人事宜,不认为构成不可抗力事故。

第七章 成套支票

第四十九条 除来人支票外,任何支票凡签发于一国而支付于另一国或同国的海外部分,或与之相反,或签发于一国的海外部分而支付于该国同一或不同的海外部分,均得开立两张或两张以上同样的支票。如支票成套开立,票据文字中须载明各张的编号,如未编号,每张支票应视为单独的支票。

第五十条 就成套支票中的一张支票付款即解除责任,即使支票上并无对一张付款而使其他各张失效的规定。

背书人将成套的各张支票转让于不同的人时,该背书人及其后手背书人对未收回的载有彼等签名的各张支票均应负责。

第八章 更 改

第五十一条 支票文义如有更改,则签名在更改之后者,依更改后文义负责;签名在更改之前者,依原有文义负责。

第九章 诉讼时效

第五十二条 持票人对背书人、出票人及其他债务人的追索权,自规定的提示期限届满日起算,6个月后丧失时效。

支票的债务人对其他债务人的追索权,自清偿之日或被诉之日起算,6个月后丧失时效。

第五十三条 时效中断,仅对与时效中断有影响的人有效。

第十章 一般规定

第五十四条 本法所谓"银行",包括法律上视同银行的人或团体。

第五十五条 支票的提示或作成拒绝证书,仅得在营业日办理。

如依法规定的有关支票行为期限的最后1日,特别是提示或作成拒绝证书或相同的声明期限的最后1日为法定假日,则其期限可延长至假期届满后第一个营业日。期限中的假日,包括在应计算的期限内。

第五十六条 本法规定的期限。不包括该期限开始之日。

第五十七条 宽限日,不论是法律上或司法上的,均不予适用。

(资料来源:人民网,http://www.people.com.cn/zixun/flfgk/item/dwjjf/falv/10/10-1-02.html)

华沙—牛津规则(1932)
Warsaw-Oxford Rules,1932

(国际法协会1928年通过,1932年修订)

序　　言

本规则是为了对那些愿按CIF条款进行货物买卖但目前缺乏标准合同格式或共同交易条件的人们提供一套可在CIF合同中易于使用的统一规则。

如果没有明示依照下述方式采用本规则,那么,按照CIF条款进行买卖的当事人,其权利和义务不受本规则的约束。

第一条　总　则

本规则称为《华沙——牛津规则》,如在合同中采用本规则,就肯定说明合同当事人意欲订立一个CIF合同。

在CIF合同中,本规则的任何一条都可以变更、修改或增添其他条款,但这样的变更、修改或增添必须经合同当事人明示的协议才能成立。如无上述明示的协议,则一切涉及全部或部分海上运输货物的买卖,凡明示采用《华沙——牛津规则》者,合同当事人的权利和义务均应援用本规则的规定办理。

如本规则与合同发生矛盾时,应以合同为准。凡合同没有规定的事项,应按照本规则的规定办理。

本规则所使用的"特定行业惯例",是指在特定行业中已形成的普遍通用的习惯,从而可以认为合同当事人已共知这一习惯的存在,并且在签订合同时参照了这一习惯。

第二条　关于卖方装船的责任

(Ⅰ)除依照下节的第七条第(Ⅲ)款、第(Ⅳ)款的规定外,卖方必须备妥合同规定的货物,并且依照装船港口的习惯方式,将货物装到该港口的船上。

(Ⅱ)如成交时订售的是海上路货,或按照第七条第(Ⅱ)款和第(Ⅳ)款规定的方式已经交给承运人保管,或者为履行合同起见,卖方有权按合同规格买进海上路货时,卖方只需将该货划拨到买卖合同项下。这种划拨不需在单据提交买方以前办理,提交单据即意味着该货划拨到买卖合同项下。

第三条　装船时间和日期证明

(Ⅰ)订售货物的全部数量必须依照买卖合同规定的时间或期限装船,或交给承运人保管。如合同没有规定时间或期限,则应在合理的时间内装船或交给承运人保管。

(Ⅱ)有效提供的作为运输合同证明的提单或其他单证,其所载明的装船日期或交给承运人保管的日期就是在该日实际装船或实际交付的表面证据,但并不因此使买方丧失提出反证的权利。

第四条　例　外

由于不可抗力、任何特殊原因、事故,或者由于不论何种或何处发生的阻碍,或由此而产生的结果,为当时卖方所不能预见或避免,以致卖方延迟或未能装运全部或部分订售货物或者延迟或未能将全部或部分订售货物,交给承运人保管,卖方对此将不负责任。

如果上述原因、事故或障碍,阻止、妨碍或耽误了全部或部分订售货物的生产、制造、交给卖方或装船,或者全部或部分船只的租赁,卖方应将有关情况通知买方,此项通知一经发出,装船时间或交给承运人保管的时间应展延到上述原因、事故或障碍解除时为止。但是上述那些原因、事故或障碍,如延续超过买卖合同规定的装船或交给承运人保管的日期或截止期限十四天(如果合同没有规定此项装船或交给承运人保管的日期或截止期限,则按第三条规定预计合理的期限截止时计算),全部或部分合同是否仍由卖方履行,可由买卖当事人的任何一方选择决定。对此,任何一方都可在上述十四天后的七天内进行抉择并通知对方。此项通知发出后,任何一方将无权由于此项抉择而对另一方提出索赔要求。

第五条　风　　险

风险应依照第二条规定从货物装到船上时起转由买方承担;如果卖方按照第七条第(Ⅲ)款、第(Ⅳ)款规定有权将货物交给承运人保管以代替装船,则从实际交给承运人之时起,风险转由买方承担。

第六条　所　有　权

除依照第二十条第(Ⅱ)款的规定外,货物所有权的转让时间,就是卖方将有关单据交到买方掌握的时刻。

第七条　卖方对提单的责任

(Ⅰ)卖方有责任由自己承担费用订妥运输合同。该项合同从货物的性质、预定航线或特定行业的现用条款来看,应该是合理的。除依照其中载有的惯常的例外以外,上述运输合同必须订明在买卖合同所规定的目的地交货。此外,除下述另有规定者外,上述运输合同必须用"已装船"提单作为证明,此项提单应当符合良好的商业要求,由船公司或它的正式代理人签发,或者依照租船合同的规定签发,注明日期,并注明船名。

(Ⅱ)如果买卖合同或特定行业惯例许可,除依照下述规定和限制外,运输合同可以用"备运"提单或类似单据(视情况而定)作为证明,此项提单或单据应当符合良好的商业要求,由船公司或它的正式代理人签发,或者依照租船合同的规定签发;在这种情况下,这样的"备运"提单或类似单据,就各方面讲,应当认为是有效提单,并可由卖方提供对方。再者,如果这样的单据已经恰当地注明船名和装船日期,它就应被认为在一切方面相当于"已装船"提单。

(Ⅲ)如果卖方有权提供"备运"提单,除依照第二条第(Ⅲ)款的规定外,卖方必须将合同规定的货物备妥,并有效地交给装船港口的承运人保管,以便尽速发运给买方。

(Ⅳ)如果卖方依照买卖合同的条款或特定行业惯例有权提供"联运"提单,而此项提单涉及到部分陆运和部分海运,签发"联运"提单的运输机构又是陆运承运人,则卖方除依照第二条第(Ⅱ)款的规定外,必须备妥合同规定的货物,并有效地交给承运人保管,以便尽速发运给买方。

除非卖方依照买卖合同的条款或特定行业惯例有权利用内河运输方式,否则货物不得经由内河运输。

如果买卖合同规定只用海运,卖方无权提供部分陆运、部分海运的"联运"提单。

(Ⅴ)如果货物用"联运"提单运输,此项单据必须规定自风险转由买方承担之时(按第五条的规定)起的全部运程中,对买方的完全和连续的保障,买方有权对参加运输该货物至目的地的每一个或任何一个承运人要求合法的补救。

(Ⅵ)如果买卖合同规定了特定路线,则有效地提交作为运输合同证明的提单或其他单据,必须规定货物由该条运输路线运输,如果买卖合同没有规定路线,则由特定行业惯例所采取的路线运输。

(Ⅶ)作为运输合同的证明,有效提供的提单或其他单据应当并且只限于用以处理合同中所订售的货物。

(Ⅷ)卖方无权使用提货单或船货放行单来代替提单,除非买卖合同有这样的规定。

第八条 特定的船只—船只的种类

(Ⅰ)在买卖合同规定由特定船只装运,或者一般地应由卖方租赁全部或部分船只,并承担将货物装船的情况下,非经买方同意,卖方不得随意改用其他船只代替。买方也不应不合理地拒绝同意。

(Ⅱ)如果买卖合同规定用蒸汽船装运(未指定船名),卖方在其他条件相同的情况下,可用蒸汽船或内燃机船运给买方。

(Ⅲ)如果买卖合同未规定装运船只的种类,或者合同内使用"船只"这样笼统名词,除依照特定行业惯例外,卖方有权使用通常在此路线上装运类似货物的船只来装运。

第九条 运费在目的地支付

货物运达最终卸货地点交给买方时,买方有责任支付可能未付承运人的任何运费。如果卖方未曾在提供的发票内将此项未付的运费作相应的扣除,买方有权从合同货款内扣去。

如果因单据无可避免地在货物运达后才能提供以致卖方必须支付可能未付承运人的运费,那么,卖方可向买方索还这笔款项。

除依照第十条规定外,关于未付的运费,不论在任何情况下,不能要求买方支付大于合同货款的金额。

第十条 进口税等

货物的关税和费用开支,或者货物在运输过程中或到达目的港后所发生的费用,除这种开支应当包括在运费内的以外,卖方一概不承担责任。如果由于单据无可避免地在货物到达后才能提供,以致卖方必须支付这种关税、费用开支和/或其他不包括在运费内的任何开支,那么,卖方可以向买方索还这笔款项。

第十一条 卖方对货物状况的责任

(Ⅰ)买卖合同货物应在这样的状况下装船或交给承运人保管:即在正常的航行后并在正常的情况下运到合同规定的目的地时能保持可商销状态。由于货物固有的变质、漏泄、体积或重量的损耗(不是由于货物在装船或交付承运人保管时已有 的缺陷造成的,也不是由于装船或运输发生的),不在此限。适当参照特殊行业惯例,容许通常的变质、漏泄、体积或重量的自然损耗。

(Ⅱ)如果在成交时,订售的是海上路货,或已经交给承运人保管;或者,如果卖方为履行合同起见,有权买进合同规格的海上路货,那么,可以认为买卖合同中含有这样的默示条件,即货物已经依照前款规定装船或交给承运人保管。

(Ⅲ)如果在装船或交给承运人保管时,对有关货物的状况发生争议,又没有依照买卖合同的条款、特定行业惯例或本规则第十五条规定所签发的任何证明书,那么,货物的品质、规格、状态和/或重量或数量,应当依照当时装到船上时的状况来决定。如果卖方是依照第七条第(Ⅲ)款,第(Ⅳ)款的规定,把货物交给承运人保管,以代替装船者,就按照确实交给时的状况决定。

第十二条　卖方对保险的责任

(Ⅰ)卖方有责任承担费用向信誉良好的保险商或保险公司投保,取得海运保险单,作为有效和确实存在的保险合同的证明,此项保险单是为维护买方的利益,承保了买卖合同规定的全部运程中的货物(包括习惯上的转船)。除依照本款第二段和买卖合同的特别规定外,此项保险单,对于货物在装船或交给承运人保管时,按照特定行业惯例或在规定航线上应投保的一切风险,必须向保险单持有人提供完全和延续的合同保障。

除符合下述情况之一者外,卖方不负投保"战争险"的责任:(a) 买卖合同 有投保"战争险"的特别规定者;(b) 货物装船或交给承运人保管前,卖方接到买方的通知,要求投保"战争险"者。同时,除买卖合同另有特殊规定外,投保"战争险"费用应由买方负担。

(Ⅱ)如果在提供单据时,未取到保险单,买方应接受信誉良好的保险商或保险公司(照上述保险单的规定)所签发的保险凭证以代替保险单,并作为承保海洋险的依据和代表本规则意义内的保险单,对于原应在保险单上载明的有关提单和发票项内货物的主要条款和条件,该保险凭证应转载清楚,并将保险单内的一切权利转让给持有人(持证人)。在这种情况下,卖方有责任保证在买方要求时,尽速提出或取得凭证中所指明的保险单。

(Ⅲ)除非特定行业惯例可以由卖方向买方提供保险经纪人的承保书以代替保险单,这种承保书不应作为代表本规则意义内的保险单。

(Ⅳ)投保货物的保险金额,应当依照特定行业惯例来定;如果没有此项惯例,保险金额应当是运交买方货物的 CIF 发票价,减去货到时应付的运费(如果有的话),再加 CIF 发票价(减去货到时应付的运费——如果有的话)的百分之十利润。

第十三条　装 船 通 知

为使买方便于自行增加投保本规则第十二条第Ⅰ款规定范围以外的风险,或增加投保"保险金额",卖方应当通知买方,说明货物业已装船或交给承运人保管,如有可能应列明船名,并说明唛头和全部细节,通知的费用由买方负担。

如果不曾收到这种通知,或因疏忽没有通知,买方不得因此而拒绝接受卖方提供的单据。

第十四条　进出口许可证、产地证明书等

(Ⅰ)如果合同规定的货物需要有出口许可证才能装船,卖方有责任承担费用,申请许可证,并竭力获得这种许可证的批准。

(Ⅱ)除下列情况外,本规则不赋予买方要求卖方提供有关订售货物的产地证明或领事发票的权利:(a) 特定行业惯例规定需取得这两种单据或其中任何一种者;(b) 货物装船或交给承运人保管前,卖方接获买方明确指示需要取得此种证明书和/或此种领事发票者。取得这种单据的费用应由买方负担。

如果合同规定的货物,目的港所在国需要进口许可证,买方应负责自行承担费用,取得这种许可证,并在货物装船前通知卖方,说明这种许可证已经取得。

第十五条 品质证明书等

如果买卖合同规定卖方应提供品质证明书和/或重量或数量证明书，但并未指明签发此项证明书的个人或团体，或者如果特定行业惯例向有此规定，那么，卖方应提供由有关当局（如果有的话）或有资格的独立检验人所签发的证明书，说明装船或交给承运人保管时的货物品质、规格、状态和/或重量或数量。取得这种证明书的费用（包括签证手续费——如果这种手续是必要的），应当依照特定行业惯例来负担；如果没有惯例，则由买卖双方平均负担。这种证明书，在买卖双方之间，应当作为依照合同交给的货物，在证书签发时的品质、规格和状态和/或重量或数量的全面证据。

第十六条 单据的提供

（Ⅰ）卖方应竭尽全力发送各种单据，并有责任尽速提交给买方。除买卖合同有规定外，单据不用航空寄递。

“单据”一词是指提单、发票、保险单或依照本规则用以代替这些单据的其他单据，以及根据买卖合同条款，卖方有责任取得并提交买方的其他单据（如有的话）。货物如分批发运，除末批外，每批发运的发票可以是形式发票。

（Ⅱ）提供买方的单据，提供时必须是完整、有效和有用的、并依本规则规定开给，如果提单或用以代替提单的其他单据是整套开给，并且以买方、他的代理人或代表为收货人，卖方只需提供一份。在任何其他情况下，提单或代替提单的其他单据必须提交一整套。但卖方对于未提供的提单或其他单据，如备有信誉良好银行签发的并为买方所满意的保证书时，不在此限。

（Ⅲ）如果卖方必须取得并提交买方的任何单据，有些实质性项目与买卖合同条款不符时，买方有权拒绝单据的提交。

第十七条 装船后货物灭失或损坏

如果合同规定的货物已经装船，或已经交给承运人保管，并取得正式单据，卖方可以有效地提供这些单据，即使在提供单据时，货物已经灭失或损坏。但是，签订买卖合同时，如卖方已知货物灭失或损坏，则不在此限。

第十八条 关于买方支付货款的义务

（Ⅰ）当正当的单据被提供时，买方有责任接受此种单据，并按买卖合同条款支付货款。买方有权要求检查单据的合理机会和进行检查的合理时间。

（Ⅱ）在上述单据提供后，买方不应以没有机会检查货物为借口，拒绝接受这种单据，或者拒绝按买卖合同条款支付货款。

第十九条 关于买方检查货物的权利

除依照第十五条、第十八条规定和特定行业惯例外，如果买方没有被给予检查货物的合理机会和进行这种检查的合理时间，那么不应认为买方已经接受了这项货物。这种检查是在货物到达买卖合同规定的目的地进行，还是在装船前进行，可由买方自行决定。在完成此项检查后的三日内（即使在买卖双方联合检查情况下），买方应将他所认为不符合买卖合同的情事通知卖方。如果提不出这种通知，买方便丧失其拒绝接受该货物的权利。凡因货物的潜在缺陷，或内在质量毛病而引起的灭失、损坏，买方应当享有补救的权利，不受本条规定的影响。

第二十条 买卖合同中的权利和补救

(Ⅰ)除依照买卖合同中按本规则第一条所作的变更、修改或增添其他条款外,当事人在已经履行本规则规定的职责后,本规则所规定的当事人应负的责任即告终结。

(Ⅱ)卖方依据法律对订售货物所享有的留置权、保留权或中止交货权,不受本规则的影响。

(Ⅲ)如果发生违约情事,尽管当事人有权取得其他补救,受害方有权将货物出售或买进,并责成对方负担由于出售或买进而遭受的损失。

(Ⅳ)本规则的任何规定不得影响买方或卖方由于违反合同而有权提出的补救,以及由于买卖合同中产生的其他索赔。

如果在货到目的地后的十二个月内(货物如未到达,按通常可以到达之日起计算的十二个月内),没有正式申请把争议提交仲裁或提起诉讼,则卖方或买方应当分别解除对方关于违约和/或因买卖合同引起的其他要求索赔的全部责任。

第二十一条 通 知

依照本规则的规定,由当事人的任何一方向对方或授权向对方发出的通知,应当以电报费付讫的有线电报、无线电报或海底电报发往最近知悉的对方营业所;如果挂号信在通常情况下能于投交邮局后二十四小时内送达收件人,此项通知也可用邮费付讫的挂号信寄发。

(资料来源:陈安、刘智中编选:《国际经济法资料选编》,法律出版社 1991 年版,第 235—244 页。)

国际商会跟单信用证统一惯例
（2007年修订版）（UCP600）
ICC Uniform Customs and Practices for Documentary Credits（2007 Revision）（UCP600）

（国际商会2006年11月制定，自2007年7月1日起生效）

Article 1　Application of UCP

The Uniform Customs and Practice for Documentary Credits, 2007 Revision, ICC Publication no. 600 ("UCP") are rules that apply to any documentary credit ("credit") (including, to the extent to which they may be applicable, any standby letter of credit) when the text of the credit expressly indicates that it is subject to these rules. They are binding on all parties thereto unless expressly modified or excluded by the credit.

Article 2　Definitions

For the purpose of these rules:

Advising bank　means the bank that advises the credit at the request of the issuing bank.

Applicant　means the party on whose request the credit is issued.

Banking day　means a day on which a bank is regularly open at the place at which an act subject to these rules is to be performed.

Beneficiary　means the party in whose favour a credit is issued.

Complying presentation　means a presentation that is in accordance with the terms and conditions of the credit, the applicable provisions of these rules and international standard banking practice.

Confirmation　means a definite undertaking of the confirming bank, in addition to that of the issuing bank, to honour or negotiate a complying presentation.

Confirming bank　means the bank that adds its confirmation to a credit upon the issuing bank's authorization or request.

Credit　means any arrangement, however named or described, that is irrevocable and thereby constitutes a definite undertaking of the issuing bank to honour a complying presentation.

Honour　means:

a. to pay at sight if the credit is available by sight payment.

b. to incur a deferred payment undertaking and pay at maturity if the credit is available by deferred payment.

c. to accept a bill of exchange ("draft") drawn by the beneficiary and pay at maturity if the credit is available by acceptance.

Issuing bank means the bank that issues a credit at the request of an applicant or on its own behalf.

Negotiation means the purchase by the nominated bank of drafts (drawn on a bank other than the nominated bank) and/or documents under a complying presentation, by advancing or agreeing to advance funds to the beneficiary on or before the banking day on which reimbursement is due to the nominated bank.

Nominated bank means the bank with which the credit is available or any bank in the case of a credit available with any bank.

Presentation means either the delivery of documents under a credit to the issuing bank or nominated bank or the documents so delivered.

Presenter means a beneficiary, bank or other party that makes a presentation.

Article 3 Interpretations

For the purpose of these rules:

Where applicable, words in the singular include the plural and in the plural include the singular.

A credit is irrevocable even if there is no indication to that effect.

A document may be signed by handwriting, facsimile signature, perforated signature, stamp, symbol or any other mechanical or electronic method of authentication.

A requirement for a document to be legalized, visaed, certified or similar will be satisfied by any signature, mark, stamp or label on the document which appears to satisfy that requirement.

Branches of a bank in different countries are considered to be separate banks.

Terms such as "first class", "well known", "qualified", "independent", "official", "competent" or "local" used to describe the issuer of a document allow any issuer except the beneficiary to issue that document.

Unless required to be used in a document, words such as "prompt", "immediately" or "as soon as possible" will be disregarded.

The expression "on or about" or similar will be interpreted as a stipulation that an event is to occur during a period of five calendar days before until five calendar days after the specified date, both start and end dates included.

The words "to", "until", "till", "from" and "between" when used to determine a period of shipment include the date or dates mentioned, and the words "before" and "after" exclude the date mentioned.

The words "from" and "after" when used to determine a maturity date exclude the date mentioned.

The terms "first half" and "second half" of a month shall be construed respectively as the 1st to the 15th and the 16th to the last day of the month, all dates inclusive.

The terms "beginning", "middle" and "end" of a month shall be construed respectively as the

1st to the 10th, the 11th to the 20th and the 21st to the last day of the month, all dates inclusive.

Article 4 Credits v. Contracts

a. A credit by its nature is a separate transaction from the sale or other contract on which it may be based. Banks are in no way concerned with or bound by such contract, even if any reference whatsoever to it is included in the credit. Consequently, the undertaking of a bank to honour, to negotiate or to fulfil any other obligation under the credit is not subject to claims or defences by the applicant resulting from its relationships with the issuing bank or the beneficiary.

A beneficiary can in no case avail itself of the contractual relationships existing between banks or between the applicant and the issuing bank.

b. An issuing bank should discourage any attempt by the applicant to include, as an integral part of the credit, copies of the underlying contract, proforma invoice and the like.

Article 5 Documents v. Goods, Services or Performance

Banks deal with documents and not with goods, services or performance to which the documents may relate.

Article 6 Availability, Expiry Date and Place for Presentation

a. A credit must state the bank with which it is available or whether it is available with any bank. A credit available with a nominated bank is also available with the issuing bank.

b. A credit must state whether it is available by sight payment, deferred payment, acceptance or negotiation.

c. A credit must not be issued available by a draft drawn on the applicant.

d. i. A credit must state an expiry date for presentation. An expiry date stated for honour or negotiation will be deemed to be an expiry date for presentation.

ii. The place of the bank with which the credit is available is the place for presentation. The place for presentation under a credit available with any bank is that of any bank. A place for presentation other than that of the issuing bank is in addition to the place of the issuing bank.

e. Except as provided in sub-article 29(a), a presentation by or on behalf of the beneficiary must be made on or before the expiry date.

Article 7 Issuing Bank Undertaking

a. Provided that the stipulated documents are presented to the nominated bank or to the issuing bank and that they constitute a complying presentation, the issuing bank must honour if the credit is available by:

i. sight payment, deferred payment or acceptance with the issuing bank;

ii. sight payment with a nominated bank and that nominated bank does not pay;

iii. deferred payment with a nominated bank and that nominated bank does not incur its deferred payment undertaking or, having incurred its deferred payment undertaking, does not pay at maturity;

iv. acceptance with a nominated bank and that nominated bank does not accept a draft drawn on it or, having accepted a draft drawn on it, does not pay at maturity;

v. negotiation with a nominated bank and that nominated bank does not negotiate.

b. An issuing bank is irrevocably bound to honour as of the time it issues the credit.

c. An issuing bank undertakes to reimburse a nominated bank that has honoured or negotiated a complying presentation and forwarded the documents to the issuing bank. Reimbursement for the amount of a complying presentation under a credit available by acceptance or deferred payment is due at maturity, whether or not the nominated bank prepaid or purchased before maturity. An issuing bank's undertaking to reimburse a nominated bank is independent of the issuing bank's undertaking to the beneficiary.

Article 8 Confirming Bank Undertaking

a. Provided that the stipulated documents are presented to the confirming bank or to any other nominated bank and that they constitute a complying presentation, the confirming bank must:

i. honour, if the credit is available by

a) sight payment, deferred payment or acceptance with the confirming bank;

b) sight payment with another nominated bank and that nominated bank does not pay;

c) deferred payment with another nominated bank and that nominated bank does not incur its deferred payment undertaking or, having incurred its deferred payment undertaking, does not pay at maturity;

d) acceptance with another nominated bank and that nominated bank does not accept a draft drawn on it or, having accepted a draft drawn on it, does not pay at maturity;

e) negotiation with another nominated bank and that nominated bank does not negotiate.

ii. negotiate, without recourse, if the credit is available by negotiation with the confirming bank.

b. A confirming bank is irrevocably bound to honour or negotiate as of the time it adds its confirmation to the credit.

c. A confirming bank undertakes to reimburse another nominated bank that has honoured or negotiated a complying presentation and forwarded the documents to the confirming bank. Reimbursement for the amount of a complying presentation under a credit available by acceptance or deferred payment is due at maturity, whether or not another nominated bank prepaid or purchased before maturity. A confirming bank's undertaking to reimburse another nominated bank is independent of the confirming bank's undertaking to the beneficiary.

d. If a bank is authorized or requested by the issuing bank to confirm a credit but is not prepared to do so, it must inform the issuing bank without delay and may advise the credit without confirmation.

Article 9 Advising of Credits and Amendments

a. A credit and any amendment may be advised to a beneficiary through an advising bank. An advising bank that is not a confirming bank advises the credit and any amendment without any undertaking to honour or negotiate.

b. By advising the credit or amendment, the advising bank signifies that it has satisfied itself as to the apparent authenticity of the credit or amendment and that the advice accurately reflects the terms and conditions of the credit or amendment received.

c. An advising bank may utilize the services of another bank ("second advising bank") to advise the credit and any amendment to the beneficiary. By advising the credit or amendment, the second advising bank signifies that it has satisfied itself as to the apparent authenticity of the advice it has received and that the advice accurately reflects the terms and conditions of the credit or amendment received.

d. A bank utilizing the services of an advising bank or second advising bank to advise a credit must use the same bank to advise any amendment thereto.

e. If a bank is requested to advise a credit or amendment but elects not to do so, it must so inform, without delay, the bank from which the credit, amendment or advice has been received.

f. If a bank is requested to advise a credit or amendment but cannot satisfy itself as to the apparent authenticity of the credit, the amendment or the advice, it must so inform, without delay, the bank from which the instructions appear to have been received. If the advising bank or second advising bank elects nonetheless to advise the credit or amendment, it must inform the beneficiary or second advising bank that it has not been able to satisfy itself as to the apparent authenticity of the credit, the amendment or the advice.

Article 10 Amendments

a. Except as otherwise provided by article 38, a credit can neither be amended nor cancelled without the agreement of the issuing bank, the confirming bank, if any, and the beneficiary.

b. An issuing bank is irrevocably bound by an amendment as of the time it issues the amendment. A confirming bank may extend its confirmation to an amendment and will be irrevocably bound as of the time it advises the amendment. A confirming bank may, however, choose to advise an amendment without extending its confirmation and, if so, it must inform the issuing bank without delay and inform the beneficiary in its advice.

c. The terms and conditions of the original credit (or a credit incorporating previously accepted amendments) will remain in force for the beneficiary until the beneficiary communicates its acceptance of the amendment to the bank that advised such amendment. The beneficiary should give notification of acceptance or rejection of an amendment. If the beneficiary fails to give such notification, a presentation that complies with the credit and to any not yet accepted amendment will be deemed to be notification of acceptance by the beneficiary of such amendment. As of that moment the credit will be amended.

d. A bank that advises an amendment should inform the bank from which it received the amendment of any notification of acceptance or rejection.

e. Partial acceptance of an amendment is not allowed and will be deemed to be notification of rejection of the amendment.

f. A provision in an amendment to the effect that the amendment shall enter into force unless rejected by the beneficiary within a certain time shall be disregarded.

Article 11 Teletransmitted and Pre-Advised Credits and Amendments

a. An authenticated teletransmission of a credit or amendment will be deemed to be the operative credit or amendment, and any subsequent mail confirmation shall be disregarded.

If a teletransmission states "full details to follow" (or words of similar effect), or states that the mail confirmation is to be the operative credit or amendment, then the teletransmission will not be deemed to be the operative credit or amendment. The issuing bank must then issue the operative credit or amendment without delay in terms not inconsistent with the teletransmission.

b. A preliminary advice of the issuance of a credit or amendment ("pre-advice") shall only be sent if the issuing bank is prepared to issue the operative credit or amendment. An issuing bank that sends a pre-advice is irrevocably committed to issue the operative credit or amendment, without delay, in terms not inconsistent with the pre-advice.

Article 12 Nomination

a. Unless a nominated bank is the confirming bank, an authorization to honour or negotiate does not impose any obligation on that nominated bank to honour or negotiate, except when expressly agreed to by that nominated bank and so communicated to the beneficiary.

b. By nominating a bank to accept a draft or incur a deferred payment undertaking, an issuing bank authorizes that nominated bank to prepay or purchase a draft accepted or a deferred payment undertaking incurred by that nominated bank.

c. Receipt or examination and forwarding of documents by a nominated bank that is not a confirming bank does not make that nominated bank liable to honour or negotiate, nor does it constitute honour or negotiation.

Article 13 Bank-to-Bank Reimbursement Arrangements

a. If a credit states that reimbursement is to be obtained by a nominated bank ("claiming bank") claiming on another party ("reimbursing bank"), the credit must state if the reimbursement is subject to the ICC rules for bank-to-bank reimbursements in effect on the date of issuance of the credit.

b. If a credit does not state that reimbursement is subject to the ICC rules for bank-to-bank reimbursements, the following apply:

i. An issuing bank must provide a reimbursing bank with a reimbursement authorization that conforms with the availability stated in the credit. The reimbursement authorization should not be subject to an expiry date.

ii. A claiming bank shall not be required to supply a reimbursing bank with a certificate of compliance with the terms and conditions of the credit.

iii. An issuing bank will be responsible for any loss of interest, together with any expenses incurred, if reimbursement is not provided on first demand by a reimbursing bank in accordance with the terms and conditions of the credit.

iv. A reimbursing bank's charges are for the account of the issuing bank. However, if the charges are for the account of the beneficiary, it is the responsibility of an issuing bank to so indicate in the credit and in the reimbursement authorization. If a reimbursing bank's charges are for the account of the beneficiary, they shall be deducted from the amount due to a claiming bank when reimbursement is made. If no reimbursement is made, the reimbursing bank's charges remain the obligation of the issuing bank.

c. An issuing bank is not relieved of any of its obligations to provide reimbursement if reimbursement is not made by a reimbursing bank on first demand.

Article 14 Standard for Examination of Documents

a. A nominated bank acting on its nomination, a confirming bank, if any, and the issuing bank must examine a presentation to determine, on the basis of the documents alone, whether or not the documents appear on their face to constitute a complying presentation.

b. A nominated bank acting on its nomination, a confirming bank, if any, and the issuing bank shall each have a maximum of five banking days following the day of presentation to determine if a presentation is complying. This period is not curtailed or otherwise affected by the occurrence on or after the date of presentation of any expiry date or last day for presentation.

c. A presentation including one or more original transport documents subject to articles 19, 20, 21, 22, 23, 24 or 25 must be made by or on behalf of the beneficiary not later than 21 calendar days after the date of shipment as described in these rules, but in any event not later than the expiry date of the credit.

d. Data in a document, when read in context with the credit, the document itself and international standard banking practice, need not be identical to, but must not conflict with, data in that document, any other stipulated document or the credit.

e. In documents other than the commercial invoice, the description of the goods, services or performance, if stated, may be in general terms not conflicting with their description in the credit.

f. If a credit requires presentation of a document other than a transport document, insurance document or commercial invoice, without stipulating by whom the document is to be issued or its data content, banks will accept the document as presented if its content appears to fulfil the function of the required document and otherwise complies with sub-article 14 (d).

g. A document presented but not required by the credit will be disregarded and may be returned to the presenter.

h. If a credit contains a condition without stipulating the document to indicate compliance with the condition, banks will deem such condition as not stated and will disregard it.

i. A document may be dated prior to the issuance date of the credit, but must not be dated later than its date of presentation.

j. When the addresses of the beneficiary and the applicant appear in any stipulated document, they need not be the same as those stated in the credit or in any other stipulated document, but must be within the same country as the respective addresses mentioned in the credit. Contact details (telefax, telephone, email and the like) stated as part of the beneficiary's and the applicant's address will be disregarded. However, when the address and contact details of the applicant appear as part of the consignee or notify party details on a transport document subject to articles 19, 20, 21, 22, 23, 24 or 25, they must be as stated in the credit.

k. The shipper or consignor of the goods indicated on any document need not be the beneficiary of the credit.

l. A transport document may be issued by any party other than a carrier, owner, master or charterer provided that the transport document meets the requirements of articles 19, 20, 21, 22, 23 or 24 of these rules.

Article 15 Complying Presentation

a. When an issuing bank determines that a presentation is complying, it must honour.

b. When a confirming bank determines that a presentation is complying, it must honour or negotiate and forward the documents to the issuing bank.

c. When a nominated bank determines that a presentation is complying and honours or negotiates, it must forward the documents to the confirming bank or issuing bank.

Article 16 Discrepant Documents, Waiver and Notice

a. When a nominated bank acting on its nomination, a confirming bank, if any, or the issuing bank determines that a presentation does not comply, it may refuse to honour or negotiate.

b. When an issuing bank determines that a presentation does not comply, it may in its sole judgement approach the applicant for a waiver of the discrepancies. This does not, however, extend the period mentioned in sub-article 14 (b).

c. When a nominated bank acting on its nomination, a confirming bank, if any, or the issuing bank decides to refuse to honour or negotiate, it must give a single notice to that effect to the presenter.

The notice must state:

i. that the bank is refusing to honour or negotiate; and

ii. each discrepancy in respect of which the bank refuses to honour or negotiate; and

iii. a) that the bank is holding the documents pending further instructions from the presenter; or

b) that the issuing bank is holding the documents until it receives a waiver from the applicant and agrees to accept it, or receives further instructions from the presenter prior to agreeing to accept a waiver; or

c) that the bank is returning the documents; or

d) that the bank is acting in accordance with instructions previously received from the presenter.

d. The notice required in sub-article 16 (c) must be given by telecommunication or, if that is not possible, by other expeditious means no later than the close of the fifth banking day following the day of presentation.

e. A nominated bank acting on its nomination, a confirming bank, if any, or the issuing bank may, after providing notice required by sub-article 16 (c) (iii) (a) or (b), return the documents to the presenter at any time.

f. If an issuing bank or a confirming bank fails to act in accordance with the provisions of this article, it shall be precluded from claiming that the documents do not constitute a complying presentation.

g. When an issuing bank refuses to honour or a confirming bank refuses to honour or negotiate and has given notice to that effect in accordance with this article, it shall then be entitled to claim a refund, with interest, of any reimbursement made.

Article 17 Original Documents and Copies

a. At least one original of each document stipulated in the credit must be presented.

b. A bank shall treat as an original any document bearing an apparently original signature, mark, stamp, or label of the issuer of the document, unless the document itself indicates that it is not an original.

c. Unless a document indicates otherwise, a bank will also accept a document as original if it:

i. appears to be written, typed, perforated or stamped by the document issuer's hand; or

ii. appears to be on the document issuer's original stationery; or

iii. states that it is original, unless the statement appears not to apply to the document presented.

d. If a credit requires presentation of copies of documents, presentation of either originals or copies is permitted.

e. If a credit requires presentation of multiple documents by using terms such as "in duplicate", "in two fold" or "in two copies", this will be satisfied by the presentation of at least one original and the remaining number in copies, except when the document itself indicates otherwise.

Article 18 Commercial Invoice

a. A commercial invoice:

i. must appear to have been issued by the beneficiary (except as provided in article 38);

ii. must be made out in the name of the applicant (except as provided in sub-article 38 (g));

iii. must be made out in the same currency as the credit; and

iv. need not be signed.

b. A nominated bank acting on its nomination, a confirming bank, if any, or the issuing bank may accept a commercial invoice issued for an amount in excess of the amount permitted by the credit, and its decision will be binding upon all parties, provided the bank in question has not honoured or negotiated for an amount in excess of that permitted by the credit.

c. The description of the goods, services or performance in a commercial invoice must correspond with that appearing in the credit.

Article 19 Transport Document Covering at Least Two Different Modes of Transport

a. A transport document covering at least two different modes of transport (multimodal or combined transport document), however named, must appear to:

i. indicate the name of the carrier and be signed by:

- the carrier or a named agent for or on behalf of the carrier, or
- the master or a named agent for or on behalf of the master.

Any signature by the carrier, master or agent must be identified as that of the carrier, master or agent.

Any signature by an agent must indicate whether the agent has signed for or on behalf of the carrier or for or on behalf of the master.

ii. indicate that the goods have been dispatched, taken in charge or shipped on board at the place stated in the credit, by:

• pre-printed wording, or

• a stamp or notation indicating the date on which the goods have been dispatched, taken in charge or shipped on board.

The date of issuance of the transport document will be deemed to be the date of dispatch, taking in charge or shipped on board, and the date of shipment. However, if the transport document indicates, by stamp or notation, a date of dispatch, taking in charge or shipped on board, this date will be deemed to be the date of shipment.

iii. indicate the place of dispatch, taking in charge or shipment and the place of final destination stated in the credit, even if:

a) the transport document states, in addition, a different place of dispatch, taking in charge or shipment or place of final destination, or

b) the transport document contains the indication "intended" or similar qualification in relation to the vessel, port of loading or port of discharge.

iv. be the sole original transport document or, if issued in more than one original, be the full set as indicated on the transport document.

v. contain terms and conditions of carriage or make reference to another source containing the terms and conditions of carriage (short form or blank back transport document). Contents of terms and conditions of carriage will not be examined.

vi. contain no indication that it is subject to a charter party.

b. For the purpose of this article, transhipment means unloading from one means of conveyance and reloading to another means of conveyance (whether or not in different modes of transport) during the carriage from the place of dispatch, taking in charge or shipment to the place of final destination stated in the credit.

c. i. A transport document may indicate that the goods will or may be transhipped provided that the entire carriage is covered by one and the same transport document.

ii. A transport document indicating that transhipment will or may take place is acceptable, even if the credit prohibits transhipment.

Article 20 Bill of Lading

a. A bill of lading, however named, must appear to:

i. indicate the name of the carrier and be signed by:

• the carrier or a named agent for or on behalf of the carrier, or

• the master or a named agent for or on behalf of the master.

Any signature by the carrier, master or agent must be identified as that of the carrier, master or agent.

Any signature by an agent must indicate whether the agent has signed for or on behalf of the carrier or for or on behalf of the master.

ii. indicate that the goods have been shipped on board a named vessel at the port of loading stated in the credit by:

- pre-printed wording, or
- an on board notation indicating the date on which the goods have been shipped on board.

The date of issuance of the bill of lading will be deemed to be the date of shipment unless the bill of lading contains an on board notation indicating the date of shipment, in which case the date stated in the on board notation will be deemed to be the date of shipment.

If the bill of lading contains the indication "intended vessel" or similar qualification in relation to the name of the vessel, an on board notation indicating the date of shipment and the name of the actual vessel is required.

iii. indicate shipment from the port of loading to the port of discharge stated in the credit.

If the bill of lading does not indicate the port of loading stated in the credit as the port of loading, or if it contains the indication "intended" or similar qualification in relation to the port of loading, an on board notation indicating the port of loading as stated in the credit, the date of shipment and the name of the vessel is required. This provision applies even when loading on board or shipment on a named vessel is indicated by pre-printed wording on the bill of lading.

iv. be the sole original bill of lading or, if issued in more than one original, be the full set as indicated on the bill of lading.

v. contain terms and conditions of carriage or make reference to another source containing the terms and conditions of carriage (short form or blank back bill of lading). Contents of terms and conditions of carriage will not be examined.

vi. contain no indication that it is subject to a charter party.

b. For the purpose of this article, transhipment means unloading from one vessel and reloading to another vessel during the carriage from the port of loading to the port of discharge stated in the credit.

c. i. A bill of lading may indicate that the goods will or may be transhipped provided that the entire carriage is covered by one and the same bill of lading.

ii. A bill of lading indicating that transhipment will or may take place is acceptable, even if the credit prohibits transhipment, if the goods have been shipped in a container, trailer or LASH barge as evidenced by the bill of lading.

d. Clauses in a bill of lading stating that the carrier reserves the right to tranship will be disregarded.

Article 21 Non-Negotiable Sea Waybill

a. A non-negotiable sea waybill, however named, must appear to:

i. indicate the name of the carrier and be signed by:

- the carrier or a named agent for or on behalf of the carrier, or
- the master or a named agent for or on behalf of the master.

Any signature by the carrier, master or agent must be identified as that of the carrier, master or agent.

Any signature by an agent must indicate whether the agent has signed for or on behalf of the carrier or for or on behalf of the master.

ii. indicate that the goods have been shipped on board a named vessel at the port of loading stated in the credit by:

- pre-printed wording, or
- an on board notation indicating the date on which the goods have been shipped on board.

The date of issuance of the non-negotiable sea waybill will be deemed to be the date of shipment unless the non-negotiable sea waybill contains an on board notation indicating the date of shipment, in which case the date stated in the on board notation will be deemed to be the date of shipment.

If the non-negotiable sea waybill contains the indication "intended vessel" or similar qualification in relation to the name of the vessel, an on board notation indicating the date of shipment and the name of the actual vessel is required.

iii. indicate shipment from the port of loading to the port of discharge stated in the credit.

If the non-negotiable sea waybill does not indicate the port of loading stated in the credit as the port of loading, or if it contains the indication "intended" or similar qualification in relation to the port of loading, an on board notation indicating the port of loading as stated in the credit, the date of shipment and the name of the vessel is required. This provision applies even when loading on board or shipment on a named vessel is indicated by pre-printed wording on the non-negotiable sea waybill.

iv. be the sole original non-negotiable sea waybill or, if issued in more than one original, be the full set as indicated on the non-negotiable sea waybill.

v. contain terms and conditions of carriage or make reference to another source containing the terms and conditions of carriage (short form or blank back non-negotiable sea waybill). Contents of terms and conditions of carriage will not be examined.

vi. contain no indication that it is subject to a charter party.

b. For the purpose of this article, transhipment means unloading from one vessel and reloading to another vessel during the carriage from the port of loading to the port of discharge stated in the credit.

c. i. A non-negotiable sea waybill may indicate that the goods will or may be transhipped provided that the entire carriage is covered by one and the same non-negotiable sea waybill.

ii. A non-negotiable sea waybill indicating that transhipment will or may take place is acceptable, even if the credit prohibits transhipment, if the goods have been shipped in a container, trailer or LASH barge as evidenced by the non-negotiable sea waybill.

d. Clauses in a non-negotiable sea waybill stating that the carrier reserves the right to tranship will be disregarded.

Article 22 Charter Party Bill of Lading

a. A bill of lading, however named, containing an indication that it is subject to a charter party (charter party bill of lading), must appear to:

i. be signed by:

- the master or a named agent for or on behalf of the master, or

- the owner or a named agent for or on behalf of the owner, or
- the charterer or a named agent for or on behalf of the charterer.

Any signature by the master, owner, charterer or agent must be identified as that of the master, owner, charterer or agent.

Any signature by an agent must indicate whether the agent has signed for or on behalf of the master, owner or charterer.

An agent signing for or on behalf of the owner or charterer must indicate the name of the owner or charterer.

ii. indicate that the goods have been shipped on board a named vessel at the port of loading stated in the credit by:

- pre-printed wording, or
- an on board notation indicating the date on which the goods have been shipped on board.

The date of issuance of the charter party bill of lading will be deemed to be the date of shipment unless the charter party bill of lading contains an on board notation indicating the date of shipment, in which case the date stated in the on board notation will be deemed to be the date of shipment.

iii. indicate shipment from the port of loading to the port of discharge stated in the credit. The port of discharge may also be shown as a range of ports or a geographical area, as stated in the credit.

iv. be the sole original charter party bill of lading or, if issued in more than one original, be the full set as indicated on the charter party bill of lading.

b. A bank will not examine charter party contracts, even if they are required to be presented by the terms of the credit.

Article 23 Air Transport Document

a. An air transport document, however named, must appear to:

i. indicate the name of the carrier and be signed by:

- the carrier, or
- a named agent for or on behalf of the carrier.

Any signature by the carrier or agent must be identified as that of the carrier or agent.

Any signature by an agent must indicate that the agent has signed for or on behalf of the carrier.

ii. indicate that the goods have been accepted for carriage.

iii. indicate the date of issuance. This date will be deemed to be the date of shipment unless the air transport document contains a specific notation of the actual date of shipment, in which case the date stated in the notation will be deemed to be the date of shipment.

Any other information appearing on the air transport document relative to the flight number and date will not be considered in determining the date of shipment.

iv. indicate the airport of departure and the airport of destination stated in the credit.

v. be the original for consignor or shipper, even if the credit stipulates a full set of originals.

vi. contain terms and conditions of carriage or make reference to another source containing the terms and conditions of carriage. Contents of terms and conditions of carriage will not be examined.

b. For the purpose of this article, transhipment means unloading from one aircraft and reloading to another aircraft during the carriage from the airport of departure to the airport of destination stated in the credit.

c. i. An air transport document may indicate that the goods will or may be transhipped, provided that the entire carriage is covered by one and the same air transport document.

ii. An air transport document indicating that transhipment will or may take place is acceptable, even if the credit prohibits transhipment.

Article 24　Road, Rail or Inland Waterway Transport Documents

a. A road, rail or inland waterway transport document, however named, must appear to:

i. indicate the name of the carrier and:

- be signed by the carrier or a named agent for or on behalf of the carrier, or
- indicate receipt of the goods by signature, stamp or notation by the carrier or a named agent for or on behalf of the carrier.

Any signature, stamp or notation of receipt of the goods by the carrier or agent must be identified as that of the carrier or agent.

Any signature, stamp or notation of receipt of the goods by the agent must indicate that the agent has signed or acted for or on behalf of the carrier.

If a rail transport document does not identify the carrier, any signature or stamp of the railway company will be accepted as evidence of the document being signed by the carrier.

ii. indicate the date of shipment or the date the goods have been received for shipment, dispatch or carriage at the place stated in the credit. Unless the transport document contains a dated reception stamp, an indication of the date of receipt or a date of shipment, the date of issuance of the transport document will be deemed to be the date of shipment.

iii. indicate the place of shipment and the place of destination stated in the credit.

b. i. A road transport document must appear to be the original for consignor or shipper or bear no marking indicating for whom the document has been prepared.

ii. A rail transport document marked "duplicate" will be accepted as an original.

iii. A rail or inland waterway transport document will be accepted as an original whether marked as an original or not.

c. In the absence of an indication on the transport document as to the number of originals issued, the number presented will be deemed to constitute a full set.

d. For the purpose of this article, transhipment means unloading from one means of conveyance and reloading to another means of conveyance, within the same mode of transport, during the carriage from the place of shipment, dispatch or carriage to the place of destination stated in the credit.

e. i. A road, rail or inland waterway transport document may indicate that the goods will or may be transhipped provided that the entire carriage is covered by one and the same transport document.

ii. A road, rail or inland waterway transport document indicating that transhipment will or may take place is acceptable, even if the credit prohibits transhipment.

Article 25 Courier Receipt, Post Receipt or Certificate of Posting

a. A courier receipt, however named, evidencing receipt of goods for transport, must appear to:

i. indicate the name of the courier service and be stamped or signed by the named courier service at the place from which the credit states the goods are to be shipped; and

ii. indicate a date of pick-up or of receipt or wording to this effect. This date will be deemed to be the date of shipment.

b. A requirement that courier charges are to be paid or prepaid may be satisfied by a transport document issued by a courier service evidencing that courier charges are for the account of a party other than the consignee.

c. A post receipt or certificate of posting, however named, evidencing receipt of goods for transport, must appear to be stamped or signed and dated at the place from which the credit states the goods are to be shipped. This date will be deemed to be the date of shipment.

Article 26 "On Deck", "Shipper's Load and Count", "Said by Shipper to Contain" and Charges Additional to Freight

a. A transport document must not indicate that the goods are or will be loaded on deck. A clause on a transport document stating that the goods may be loaded on deck is acceptable.

b. A transport document bearing a clause such as "shipper's load and count" and "said by shipper to contain" is acceptable.

c. A transport document may bear a reference, by stamp or otherwise, to charges additional to the freight.

Article 27 Clean Transport Document

A bank will only accept a clean transport document. A clean transport document is one bearing no clause or notation expressly declaring a defective condition of the goods or their packaging. The word "clean" need not appear on a transport document, even if a credit has a requirement for that transport document to be "clean on board".

Article 28 Insurance Document and Coverage

a. An insurance document, such as an insurance policy, an insurance certificate or a declaration under an open cover, must appear to be issued and signed by an insurance company, an underwriter or their agents or their proxies.

Any signature by an agent or proxy must indicate whether the agent or proxy has signed for or on behalf of the insurance company or underwriter.

b. When the insurance document indicates that it has been issued in more than one original, all originals must be presented.

c. Cover notes will not be accepted.

d. An insurance policy is acceptable in lieu of an insurance certificate or a declaration under an open cover.

e. The date of the insurance document must be no later than the date of shipment, unless it appears from the insurance document that the cover is effective from a date not later than the date of shipment.

f. i. The insurance document must indicate the amount of insurance coverage and be in the same currency as the credit.

ii. A requirement in the credit for insurance coverage to be for a percentage of the value of the goods, of the invoice value or similar is deemed to be the minimum amount of coverage required.

If there is no indication in the credit of the insurance coverage required, the amount of insurance coverage must be at least 110% of the CIF or CIP value of the goods.

When the CIF or CIP value cannot be determined from the documents, the amount of insurance coverage must be calculated on the basis of the amount for which honour or negotiation is requested or the gross value of the goods as shown on the invoice, whichever is greater.

iii. The insurance document must indicate that risks are covered at least between the place of taking in charge or shipment and the place of discharge or final destination as stated in the credit.

g. A credit should state the type of insurance required and, if any, the additional risks to be covered. An insurance document will be accepted without regard to any risks that are not covered if the credit uses imprecise terms such as "usual risks" or "customary risks".

h. When a credit requires insurance against "all risks" and an insurance document is presented containing any "all risks" notation or clause, whether or not bearing the heading "all risks", the insurance document will be accepted without regard to any risks stated to be excluded.

i. An insurance document may contain reference to any exclusion clause.

j. An insurance document may indicate that the cover is subject to a franchise or excess (deductible).

Article 29 Extension of Expiry Date or Last Day for Presentation

a. If the expiry date of a credit or the last day for presentation falls on a day when the bank to which presentation is to be made is closed for reasons other than those referred to in article 36, the expiry date or the last day for presentation, as the case may be, will be extended to the first following banking day.

b. If presentation is made on the first following banking day, a nominated bank must provide the issuing bank or confirming bank with a statement on its covering schedule that the presentation was made within the time limits extended in accordance with sub-article 29 (a).

c. The latest date for shipment will not be extended as a result of sub-article 29 (a).

Article 30 Tolerance in Credit Amount, Quantity and Unit Prices

a. The words "about" or "approximately" used in connection with the amount of the credit or the quantity or the unit price stated in the credit are to be construed as allowing a tolerance not to exceed 10% more or 10% less than the amount, the quantity or the unit price to which they refer.

b. A tolerance not to exceed 5% more or 5% less than the quantity of the goods is allowed, provided the credit does not state the quantity in terms of a stipulated number of packing units or individual items and the total amount of the drawings does not exceed the amount of the credit.

c. Even when partial shipments are not allowed, a tolerance not to exceed 5% less than the amount of the credit is allowed, provided that the quantity of the goods, if stated in the credit, is shipped in full and a unit price, if stated in the credit, is not reduced or that sub-article 30 (b) is not applicable. This tolerance does not apply when the credit stipulates a specific tolerance or uses the expressions referred to in sub-article 30 (a).

Article 31 Partial Drawings or Shipments

a. Partial drawings or shipments are allowed.

b. A presentation consisting of more than one set of transport documents evidencing shipment commencing on the same means of conveyance and for the same journey, provided they indicate the same destination, will not be regarded as covering a partial shipment, even if they indicate different dates of shipment or different ports of loading, places of taking in charge or dispatch. If the presentation consists of more than one set of transport documents, the latest date of shipment as evidenced on any of the sets of transport documents will be regarded as the date of shipment.

A presentation consisting of one or more sets of transport documents evidencing shipment on more than one means of conveyance within the same mode of transport will be regarded as covering a partial shipment, even if the means of conveyance leave on the same day for the same destination.

c. A presentation consisting of more than one courier receipt, post receipt or certificate of posting will not be regarded as a partial shipment if the courier receipts, post receipts or certificates of posting appear to have been stamped or signed by the same courier or postal service at the same place and date and for the same destination.

Article 32 Instalment Drawings or Shipments

If a drawing or shipment by instalments within given periods is stipulated in the credit and any instalment is not drawn or shipped within the period allowed for that instalment, the credit ceases to be available for that and any subsequent instalment.

Article 33 Hours of Presentation

A bank has no obligation to accept a presentation outside of its banking hours.

Article 34 Disclaimer on Effectiveness of Documents

A bank assumes no liability or responsibility for the form, sufficiency, accuracy, genuineness, falsification or legal effect of any document, or for the general or particular conditions stipulated in a document or superimposed thereon; nor does it assume any liability or responsibility for the description, quantity, weight, quality, condition, packing, delivery, value or existence of the goods, services or other performance represented by any document, or for the good faith or acts or omissions, solvency, performance or standing of the consignor, the carrier, the forwarder, the consignee or the insurer of the goods or any other person.

Article 35 Disclaimer on Transmission and Translation

A bank assumes no liability or responsibility for the consequences arising out of delay, loss in transit, mutilation or other errors arising in the transmission of any messages or delivery of letters or documents, when such messages, letters or documents are transmitted or sent according to the requirements stated in the credit, or when the bank may have taken the initiative in the choice of the delivery service in the absence of such instructions in the credit.

If a nominated bank determines that a presentation is complying and forwards the documents to the issuing bank or confirming bank, whether or not the nominated bank has honoured or negotiated, an issuing bank or confirming bank must honour or negotiate, or reimburse that nominated bank, even when the documents have been lost in transit between the nominated bank and the issuing bank or confirming bank, or between the confirming bank and the issuing bank.

A bank assumes no liability or responsibility for errors in translation or interpretation of technical terms and may transmit credit terms without translating them.

Article 36 Force Majeure

A bank assumes no liability or responsibility for the consequences arising out of the interruption of its business by Acts of God, riots, civil commotions, insurrections, wars, acts of terrorism, or by any strikes or lockouts or any other causes beyond its control.

A bank will not, upon resumption of its business, honour or negotiate under a credit that expired during such interruption of its business.

Article 37 Disclaimer for Acts of an Instructed Party

a. A bank utilizing the services of another bank for the purpose of giving effect to the instructions of the applicant does so for the account and at the risk of the applicant.

b. An issuing bank or advising bank assumes no liability or responsibility should the instructions it transmits to another bank not be carried out, even if it has taken the initiative in the choice of that other bank.

c. A bank instructing another bank to perform services is liable for any commissions, fees, costs or expenses ("charges") incurred by that bank in connection with its instructions.

If a credit states that charges are for the account of the beneficiary and charges cannot be collected or deducted from proceeds, the issuing bank remains liable for payment of charges.

A credit or amendment should not stipulate that the advising to a beneficiary is conditional upon the receipt by the advising bank or second advising bank of its charges.

d. The applicant shall be bound by and liable to indemnify a bank against all obligations and responsibilities imposed by foreign laws and usages.

Article 38 Transferable Credits

a. A bank is under no obligation to transfer a credit except to the extent and in the manner expressly consented to by that bank.

b. For the purpose of this article:

Transferable credit means a credit that specifically states it is "transferable". A transferable credit may be made available in whole or in part to another beneficiary ("second beneficiary") at the request of the beneficiary ("first beneficiary").

Transferring bank means a nominated bank that transfers the credit or, in a credit available with any bank, a bank that is specifically authorized by the issuing bank to transfer and that transfers the credit. An issuing bank may be a transferring bank.

Transferred credit means a credit that has been made available by the transferring bank to a second beneficiary.

c. Unless otherwise agreed at the time of transfer, all charges (such as commissions, fees, costs or expenses) incurred in respect of a transfer must be paid by the first beneficiary.

d. A credit may be transferred in part to more than one second beneficiary provided partial drawings or shipments are allowed.

A transferred credit cannot be transferred at the request of a second beneficiary to any subsequent beneficiary. The first beneficiary is not considered to be a subsequent beneficiary.

e. Any request for transfer must indicate if and under what conditions amendments may be advised to the second beneficiary. The transferred credit must clearly indicate those conditions.

f. If a credit is transferred to more than one second beneficiary, rejection of an amendment by one or more second beneficiary does not invalidate the acceptance by any other second beneficiary, with respect to which the transferred credit will be amended accordingly. For any second beneficiary that rejected the amendment, the transferred credit will remain unamended.

g. The transferred credit must accurately reflect the terms and conditions of the credit, including confirmation, if any, with the exception of:

- the amount of the credit,
- any unit price stated therein,
- the expiry date,
- the period for presentation, or
- the latest shipment date or given period for shipment,

any or all of which may be reduced or curtailed.

The percentage for which insurance cover must be effected may be increased to provide the amount of cover stipulated in the credit or these articles.

The name of the first beneficiary may be substituted for that of the applicant in the credit.

If the name of the applicant is specifically required by the credit to appear in any document other than the invoice, such requirement must be reflected in the transferred credit.

h. The first beneficiary has the right to substitute its own invoice and draft, if any, for those of a second beneficiary for an amount not in excess of that stipulated in the credit, and upon such substitution the first beneficiary can draw under the credit for the difference, if any, between its invoice and the invoice of a second beneficiary.

i. If the first beneficiary is to present its own invoice and draft, if any, but fails to do so on first demand, or if the invoices presented by the first beneficiary create discrepancies that did not exist in the presentation made by the second beneficiary and the first beneficiary fails to correct them on first demand, the transferring bank has the right to present the documents as received from the second beneficiary to the issuing bank, without further responsibility to the first beneficiary.

j. The first beneficiary may, in its request for transfer, indicate that honour or negotiation is to be effected to a second beneficiary at the place to which the credit has been transferred, up to and including the expiry date of the credit. This is without prejudice to the right of the first beneficiary in accordance with sub-article 38 (h).

k. Presentation of documents by or on behalf of a second beneficiary must be made to the transferring bank.

Article 39 Assignment of Proceeds

The fact that a credit is not stated to be transferable shall not affect the right of the beneficiary to assign any proceeds to which it may be or may become entitled under the credit, in accordance with the provisions of applicable law. This article relates only to the assignment of proceeds and not to the assignment of the right to perform under the credit.

(资料来源:http://www. dahdu. com/ShowArticle. shtml? ID = 20071060132834476. htm)

国际备用信用证惯例(1998)
International Standby Practice, 1998

(国际商会 1998 年制定,1999 年生效)

前　　言

《国际备用信用证惯例》(ISP98)反映了被普遍接受的有关备用信用证的惯例、习惯和术语。正如《跟单信用证统一惯例》(UCP)之对于商业跟单信用证,《见索即付保函统一规则》(URDG)之对于银行独立保函,《国际备用信用证惯例》对于备用信用证规定了独立的规则。

以独立规则制订备用信用证惯例证明了这一金融产品的成熟和重要性。备用信用证的已出总额远远超过了商业信用证的已出总额。尽管备用信用证与美国联系在一起,它的发源地在美国,在美国也被广泛使用着,但备用信用证确实是一项国际产品。非美国的银行已出的金额已经超过了那些只在美国的银行已出金额。而且,备用信用证在全世界范围被越来越多地使用。

备用信用证被开立来支持付款,当一项基于贷款或预付款或基于另一项或有条件的发生或不发生的义务到期或被违反时。

为了方便,备用信用证常常被依照它们在基础交易中的功能或其他并不与备用证本身的条款和条件有必要联系的因素,而被描述性地划分种类(并且对本规则的适用也无操作上的意义)。举例说:

"履约备用信用证"是用以支持付款义务以外的义务的履行,包括补偿因为在基础交易的完成中不履行义务而造成的损失。

"预付款备用信用证"是用以支持受益人向申请人支付预付款的义务。

"关联投标备用信用证"是用以支持申请人在中标时的践约义务。

"反向备用信用证"用以支持反向备用信用证的受益人开立独立备用信用证或履行其他承诺的义务。

"融资备用信用证"用以支持付款义务,包括任何证明存在偿还贷款义务的工具。

"直接付款备用信用证"用以支持一项基础的付款义务到期时的付款,而不论是否存在违约,其典型地与融资备用信用证联系在一起。

"保险备用信用证"用以支持申请人的保险或再保险义务。

"商业备用信用证"用以支持未以其他方式支付时申请人为商品或服务付款的义务。

过去,很多备用信用证的开立依照 UCP,尽管 UCP 是规定商业跟单信用证的。UCP 加强了备用信用证的独立性和单据性特征。它也为审核单据和通知拒付提供了标准,并为抵制在市场压力下采取容易导致纠纷的做法,如开立无到期日的备用信用证提供了基础。尽管有这些重要贡献,一直很明显的是 UCP 并不能完全或适当地适用于备用信用证,正如 UCP500 第 1 条所规定的,它只适用于那些可以适用的情况。即使是最简单的备用信用证(那些只要求提示一份汇票的备用信用证)也会产生 UCP 所未规定的问题。更复杂的备用信用证(那些涉及较长期限或自动展期、见索即转、要求受益人作出对另一人的承诺等等此类的备用信用证)则要求更专业化的习惯规则。ISP 填补了这些需求。

ISP 在风格和方法上与 UCP 不同,因为它必须不仅得到银行家或商人的接受,还须得到更大范围的备用信用证法律和实务所涉各方的接受——公司财务总管和信贷经理、信用评估机构、政府机构和管理者、债券受托人及其顾问。因为备用信用证经常本意就是被用以发生争议或申请人破产时,它们的内容受到的严格审查的程度是跟单信用证所不会遇到的。因此,ISP 也是为律师和法官解释备用信用证提供指南而制订的。

实质内容上的不同既来源于不同的实践,不同的问题,也来源于更大精确度的需要。另外,ISP 规定了如果备用信用证允许或要求以电子方式出示单据时的基本概念。因为备用信用证不常要求出示可转让的单据,所以备用信用证的实践晚可能导致电子出示,ISP 为鼓励这样一种出示规定了定义和规则。可以预见为 ISP 专门开发的 S. W. I. F. T 格式将出现。

ISP,正如 UCP 之对于商业跟单信用证,简化、标准化和梳理了备用信用证的起草,对普遍问题提供了清晰和被广泛接受的回答。它与 UCP 有基础性的相似之处,因为备用信用证与商业实务本质上是一样的。但是即使在那些有交叉的规则上,ISP 更为精确,它指出了 UCP 规则中隐含的本意,以使得备用信用证在提款和兑付有问题时更加可靠。

与 UCP 和 URDG 一样,ISP 将适用于任何受其约束的独立承诺。这种方法避免了不切实,甚至不可能的在备用信用证与独立保函,以及在很多情况下与商业跟单信用证之间进行确认和区分的任务。选择哪套规则应当留给当事人决定。他们既可以选择 ISP 适用于某些类型的备用信用证,也可选择 UCP 适用于其他,URDG 则适用于另一些。虽然 ISP 并不适用于一些从属性承诺,如附属担保和保险合同,但在某些情况下,对于某项按当地法律可能被认定为从属性的承诺,当事人实际上却意图将其作为独立的承诺,ISP 则是可用的。

为使 ISP 适用于备用信用证,一项使之遵守本规则的保证应当包括如下语句(但不限于此),如:

本保证依据《国际备用信用证惯例 1998》开立;或

受 ISP98 的约束。

尽管 ISP 的适用可能因备用信用证的具体内容而不同,它规定了大多数情况下可被接受的中立规则并提供了在其他情况下进行谈判的起点。它可以节约当事人(包括开立和保兑的银行以及备用信用证的受益人)在谈判和起草备用信用证条款上的大量时间和费用。

ISP 的规定符合《联合国关于独立保函和备用信用证公约》(其提供了一项关于备用信用证和独立保函的实用的法律规则),也和当地法相符合,不论是实体法抑或判例法,它是依照该法的备用信用证惯例的具体化。如果这些规则在诸如收益的转让和法律要求的转移等问题上与强行法相冲突,当然应以适用法为准。然而这些问题中大部分很少为当地法律所规定,在这样的情况下进步的商法常常从 ISP 中所规定的惯例中寻求指导,特别在是有关跨国保证情况下。可以预测,其结果将是 ISP 对当地法律进行补充,而非与其冲突。

ISP 可用于仲裁和司法程序[例如按国际信用证中心(ICLOCA)仲裁规则建立的以专家为基础的信用证仲裁体系或国际商会的一般商业仲裁],或其他解决争议的方式。对解决争议方式的选择必须明确并且适当的细致。至少它可以与有关 ISP98 的条款联系起来,例如:本保证受 ISP98 的约束,所有因之产生或与之有关的争议应按照 ICLOCA 规则(1996)付诸仲裁。

可以预见,ISP 将会被译成其他文字,虽然译文的忠实性将会得到严格控制,英文文本仍然是有争议时的作准文本。

ISP 是在国际银行法律与惯例学会主持下的 ISP 工作组的成果,它在过去五年间与数以百计的个人合作,并得益于来自个人、银行、国内和国际组织的意见。特别是由国际金融服务协会(前身是 USCIB)和由 Gary Collyer 作主席的特别工作组的参与(这引致了国际商会银行委员会的认可),我们对此十分感激。此外,还要感谢花旗银行、大通银行、荷兰银行、贝克·麦肯思律师事务所和泛美自由贸易全国法律中心的赞助和支持。或许 ISP 最大的意义在于揭开了国际银行实务界和法律界在国际层面进行合作的新篇章。在这方面联合国国际贸易法委员会秘书处在整个过程中所起的积极作用是无价的。

ISP 是为日常使用而制定的一套规则。其本意不在提供有关备用信用证及其使用的介绍性知识。虽然众所认可解释性评论对具体规则的理解是有益的,但本规则并未附带这些评论,因为那样产生的文本对日常使用而言太累赘了。实际上,介绍性材料和正式评解可以在《国际备用信用证惯例(ISP98)正式评解》中获得。如需要进一步有关支持性资料和有关 ISP 的发展的信息,以及提出咨询,可以查阅 ISP98 的网址:www. ISP98. com.

为了处理无法避免的问题,为了提供本规则的正式解释,以及为了保证本规则的正确发展,国际银行法律与惯例学会成立了国际备用信用证惯例委员会(它是对 ISP 作出贡献的一些支持者的代表),并责成它与学会、国际商会银行委员会、国际金融服务协会和其他支持的组织进行合作,承担保持 ISP 完整性的任务。

规则 1:总则

本规则的范围、适用、定义和解释

1.01 范围和适用

a. 本规则旨在适用于备用信用证(包括履约、融资和直接付款备用信用证)。

b. 备用信用证或其他类似保证,无论如何命名和描述,是国内使用或是国际使用,都可通过明确的援引而使其受本规则约束。

c. 受本规则约束的保证,可以明确地变更或排除这些规则的适用。

d. 受本规则约束的保证,在下文中简称“备用证”。

1.02 与法律和其他规则的关系

a. 本规则在不被适用法禁止的范围内对适用法进行补充。

b. 本规则优先于备用证也受之约束的其他惯例规则中与本规则有冲突的规定。

1.03 解释的原则

本规则应被解释为商业术语,须考虑:

a. 作为可信赖和有效率的付款保证的备用证的完整性;

b. 在日常业务中银行和商界的习惯做法和术语;

c. 银行操作和商业全球体系内的一致性;及

d. 在对它们的解释和适用上的全球统一性。

1.04 本规则的效力

除非上下文另有要求,或明确地对本规则作出修改或排除,本规则应作为被订人的条款,适用于备用证、保兑、通知、指定、修改、转让、开立申请或下述当事人的其他协议:

i. 开证人;

ii. 受益人(在其使用备用证的范围内);

iii. 通知人;

iv. 保兑人;

v. 在备用证中被指定并作为或同意作为的任何人;及

vi. 授权开立备用证或以其他方式同意适用本规则的申请人。

1.05 排除有关正当开立和欺诈性或滥用性提款等事项

本规则对下述事项不予定义或规定:

a. 开立备用证的权力或授权;

b. 制作备用证的形式要求(如经签字的书面形式);或

c. 以欺诈、滥用权利或类似事由提出的兑付抗辩。

这些事项留给适用法解决。

一般原则

1.06 备用证的性质

a. 备用证在开立后即是一项不可撤销的、独立的、跟单的及具有约束力的承诺,无须写明。

b. 因为备用证是不可撤销的,开证人在备用证下的义务不得被修改或撤销,除非在备用证中另有规定,或经该修改或撤销所针对的个人同意。

c. 因为备用证是独立的,备用证下开证人义务的履行并不取决于:

i. 开证人从申请人处获得偿付的权利和能力;

ii. 受益人从申请人处获得付款的权利;

iii. 在备用证中对任何偿付协议或基础交易的援引,或

iv. 开证人对任何偿付协议或基础交易的履约或违约的知悉。

d. 因为备用证是跟单性的,开证人的义务要依赖于单据的提示,以及对所要求单据的表面审查。

e. 因为备用证或修改在开立后即具有约束力,无论申请人是否授权开立,开证人是否收取了费用,以及受益人是否收到或信赖备用证或修改,它对开证人都是有强制效力的。

1.07 开证人——受益人关系的独立性

开证人对受益人的义务,不受开证人对申请人依照任何适用的协议、惯例或法律而具有的权利和义务的影响。

1.08 责任限制

开证人对以下事项不负责:

a. 任何基础交易的履行或违反;

b. 依照备用证提示的任何单据的准确性、真实性或有效性;

c. 其他人的作为或不作为，即使该人是由开证人或指定人选择的；或

d. 对备用证所选择的或开证地所适用的法律和惯例外的其他法律或惯例的遵守。

术 语

1.09 术语定义

除了标准银行实务和适用法中的含义外，以下术语具有或包括以下含义：

a. 定义

“申请人(Applicant)”是申请开立备用证的人或由他人代为申请开立备用证的本人，包括：(i) 以自己的名义但是为他人申请的人；或(ii) 自行办理的开证人。

“受益人(Beneficiary)“——是依备用证被指定有提款权利的人，见规则 1.11(c)(ii)。

“营业日(Business Day)”——是指有关行为实施的营业地通常有营业的一天。而“银行日(Banking Day)”是指在有关行为实施地有关银行通常有营业的一天。

“保兑人(confirmer)”——是指经开证人指定在开证人的承诺上加上其自身保证承兑该备用证的承诺的人，见规则 1.11(c)(i)。

“索付要求(Demand)”——依上下文而定，是指要求承兑备用证的请求，或者是指提出这种请求的单据。

“单据(Document)”——是指提示(书面形式或是电子载体形式)的汇票、索付要求、权利凭证、投资担保、发票、违约证明、或其他事实、法律、权利或意见的陈述，对之可审核是否与备用证的条款一致。

“提款(Drawing)”——依上下文而定，是指被提示或被承兑的索付要求。

“到期日(Expiration Date)”——是指备用证中规定的作出相符提示的最后日期。

“人(Person)”——包括自然人、合伙、公司、有限责任公司、政府机构、银行、受托人、以及任何其他法律的或商业的组织或团体。

“提示(Presentation)”——依上下文而定，是指依备用证提交供审核的单据的行为，或者是指提交的单据。

“提示人(Presenter)”——是指作为或代表受益人或被指定的人作出提示的人 。

“签名(Signature)”——包括当时为了证实某一单据，由某人签署或采用的任何符号。

b. 交叉引用

“修改(Amendment)”——规则 2.06

“通知(Advice)”——规则 2.05

“大约(Approximately)”/[“约(About)”或“近似(Circa)”]——规则 3.08(f)

“收益转让(Assignment of Proceeds)”——规则 6.06

“自动修改(Automatic Amendment)”——规则 2.06(a)

“副本(Copy)”——规则 4.15(d)

“面函指示(Cover Instructions)”——规则 5.08

“承兑(Honour)”——规则 2.01

“开证人(Issuer)”——规则 2.01

“多重提示(Multiple Presentations)”——规则 3.08(b)

“指定人(Nominated Person)”——规则 2.04

“非单据条件(Non-documentary Conditions)”——规则4.11

“正本(Original)”——规则4.15(b)(c)

“部分提款(Partial Drawing)”——规则3.08(a)

“备用证(Standby)”——规则1.01(d)

“转让(Transfer)”——规则6.01

“受让受益人(Transferee Beneficiary)”——规则1.11(c)(ii)

“因法律实施而转移(Transfer by Operation of Law)”——规则6.11

c. 电子提示

除非上下文另有要求,规定或允许电子提示的备用证中的下列术语,应具有以下含义:

“电子记录(Electronic Record)”是指:

i. 一项记录(即记录于有形载体上的信息,或储存在电子或其他载体上而能以可感知方式读取的信息);

ii. 通过电子方式发送到接受、储存、再传递,或以其他方式处理信息(数据、文本、图像、声音、代码、计算机程序、软件、数据库等)的系统中;并

iii. 能够被证实,进而被审核是否与备用证的条款相符。

“证实(Authenticate)”是指通过商业实践中被广泛接受的程序或方法来证明电子记录的:

i. 发送人的身份或来源,及

ii. 信息内容的完整性或传输中的错误。

评测电子记录中信息完整性的标准是视除任何背书,以及在正常传递、储存和演示过程中出现的变化以外,信息是否保持完整和未被改变。

“电子签名(Electronic Signature)”是指由某一方签署或采用的、附加于电子记录或与之逻辑地联系在一起的电子形式的字母、文字、数字或其他符号,目的是证明电子记录的真实性。

“收到(Receipt)”发生在:

i. 电子记录以一种由备用证指定的信息系统能够处理的形式进入时;或

ii. 电子记录发送至非开证人指定的信息系统,而开证人提取了该份电子记录时。

1.10 多余的或其他不宜使用的术语

a. 备用证不应或无须表明是:

i. 无条件的或抽象的(如果这样做,仅表示备用证下的付款完全取决于特定单据的提示);

ii. 绝对的(如果这样做,仅表示是不可撤销的);

iii. 基础性的(如果这样做,仅表示是开证人的独立义务);

iv. 从开证人自己的资金中支付(如果这样做,仅表示备用证下的付款并不依赖申请人资金的可得与否,用以确保此是开证人自身的独立义务);

v. 无单提示或见索即付(如果这样做,仅表示只须提示书面请求或备用证要求的其他单据,即可取得支付)。

b. 备用证中不应该使用“和/或”(如果这样做,即意味着是任一或两者皆须)。

c. 以下术语没有被接受的统一含义:

i. 应不予考虑的：

——“可随时支取的（callable）”，

——“可分的（divisible）”，

——“可零化的（fractionable）”，

——“不可分的（indivisible）”，及

——“可转移的（transmissible）”。

ii. 应不予考虑的，除非在上下文中给出了含义：

——“可转让的（assignable）”，

——“永久性的（evergreen）”，

——“使恢复（reinstate）”，及

——“循环的（revolving）”。

1.11 规则的解释

a. 本规则应依标准实践的情境进行解释。

b. 本规则中，“备用信用证”是指本规则意图适用之的此类独立保证，而“备用证”是指受本规则约束的保证。

c. 除非上下文中有不同的要求，

i. “开证人”包括“保兑人”，保兑人好比是一个单独的开证人，其保兑是为开证人开立一份单独的备用证；

ii. “受益人”包括有效地受让了指名的受益人提款权利的人（“受让受益人”）；

iii. “包括”指的是“包括但不限于”；

iv. “A 或 B”指的是“A 或 B 或者两者皆有”；“或 A 或 B”意指“A 或 B，但不可两者皆有”；“A 和 B”意指“A 与 B 皆有”；

v. 单数形式的词包括复数，复数形式的词包括单数；和

vi. 中性的词包括所有性别。

d. i. 规则中使用“除非备用证另有写明”或类似语句，强调的是备用证的内容优先于本规则；

ii. 其他规则中没有上述语句也并不默示其规定优先于备用证内容；

iii. 在“除非备用证另有写明”或类似语句中加上“明确地”或“清楚地”等词，强调的是该规则只有在备用证有特别和不含糊的措辞时才可以被排除或修改。

iv. 尽管所有这些规则的效力可以被备用证的内容所修改，其中一些规则效力的变动可能使备用证丧失在适用法下作为一项独立保证的资格。

e. “在备用证中写明的”或类似语句是指一份备用证的确实内容（或者是开立时的或者是经有效修改的），而短语“在备用证中规定的”或类似语句则既指备用证的内容，也指被订入的本规则。

规则 2：义务

2.01 开证人和保兑人对受益人的承兑承诺

a. 开证人保证当受益人作出与备用证条款表面相符的提示时，按照本规则和补充的标

准备用证实践给予承兑。

b. 开证人应按所要求的金额即期兑付向其作出的提示,除非备用证规定了兑付应:

i. 承兑受益人向开证人开立的汇票。在此种情况下,开证人的承兑是通过:

(a) 及时承兑汇票;和

(b) 然后在承兑的汇票到期时或到期后提示时,付款给汇票的持有人。

ii. 承担对受益人的索付要求的延期付款。在这种情况下,开证人兑付是通过:

(a) 及时承担延期付款义务;及

(b) 然后,在到期时付款。

iii. 议付。在这种情况下,开证人兑付是通过无追索权地即期支付所要求的金额。

c. 开证人如果在被允许审核提示及发出拒付通知的期限内,即期付款、承兑汇票或承诺延迟付款的义务(或,发出拒付通知),即为以及时方式行事。

d. i. 保兑人保证即期支付索付要求的金额,或者按备用证中的规定,以与开证人义务一致的其他付款方式承兑对其作出的相符提示。

ii. 如果保兑允许向开证人提示,则保兑人也承担在开证人错误拒付时承兑的义务,就如提示是向保兑人作出一样。

iii. 如果备用证允许向保兑人提示,则开证人也须承担在保兑人错误拒绝承兑时承兑的义务,就如提示是向开证人作出一样。

e. 开证人承兑时应以备用证中指定的币种支付立即可用的资金,除非备用证规定以下方式是可付的:

i. 以货币记账单位付款;在此种情况下,承兑应支付该货币记账单位;或

ii. 交付其他有价物。在此种情况下,承兑应交付该物品。

2.02　不同的分支机构、代理机构或其他办事处的义务

就本规则而言,开证人的分支机构、代理机构、或其他办事处,如果是以开证人以外的身份作为或承诺作出备用证下的行为的,则仅负有该身份下的义务,并应视为不同的人。

2.03　开证条件

备用证脱离开证人控制时为已开立;除非其中清楚注明该备用证那时尚未"开立"或"生效"。注明备用证不是"可用的"、"可操作的"、"有效的"(available, operative, effective)或类似的意思,并不影响在它脱离开证人控制后的不可撤销性和约束力。

2.04　指定

a. 备用证可以指定负责通知、接受提示、执行转让、保兑、付款、议付、承担延期付款义务,或承兑汇票的人。

b. 这种指定并不能使得被指定人有如此作为的义务,除非被指定人承诺作出这种行为。

c. 被指定的人无权约束作出指定的人。

2.05　备用证或修改的通知

a. 除非通知中另有声明,否则通知即表示:

i. 通知人按照标准信用证惯例已审查了所通知信息的表面真实性;及

ii. 该通知准确地反映了其收到时的内容。

b. 被要求通知备用证的人如决定不作通知时,应告知作出要求的一方。

2.06 授权修改和具有约束力的时间

a. 如果备用证明确表明该证可因可用金额的增减、到期日的延展或类似情形而“自动修改”，则该修改自动生效，不需要备用证明确规定以外的任何进一步的通知或同意。（这种修改可被称为“未作修改”而有效。）

b. 如果无自动修改的规定，一份修改应当约束：

i. 开证人，当修改脱离该开证人控制时，及

ii. 保兑人，当修改脱离该保兑人控制时，除非该保兑人表示它不保兑该修改。

c. 如果无自动修改的规定：

i.. 受益人必须同意该修改，才受其约束。

ii. 受益人的同意必须明确地告知通知该修改的人，除非受益人提示的单据符合修改后的备用证，而不符合修改前的备用证；及

iii. 一份修改无须申请人的同意即可约束开证人、保兑人或受益人。

d. 只同意部分修改视为拒绝整个修改。

2.07 修改的传递

a. 开证人如使用另一个人通知备用证，必须向该人通知所有的修改。

b. 如果指定人在收到修改或撤销通知之前已在其受指定范围内作为，备用证的修改或撤销并不影响开证人对指定人承担的义务。

c. 如该指定人在收到不展期通知之前已在其受指定范围内作为的，可自动展期（可更新）的备用证的不展期，并不影响开证人对指定人承担的义务。

规则3：提示

3.01 备用证下的相符提示

备用证应表明提示的时间、地点及在该地点以内的处所、接受提示的人和提示应使用的载体。如有此规定，提示必须依此作出。在备用证未表明的范围内，提示应依本规则作出，以使之相符。

3.02 提示的构成

收到备用证要求的并提示的单据即构成了提示，其要求审核是否与备用证的条款相符，即使并非所有要求的单据都已被提示。

3.03 备用证的确认

a. 提示必须确认凭以提示的备用证。

b. 提示可以通过以下方式确认备用证：标明备用证的完整序号，以及开证人的名称和住所或附上备用证的正本或副本。

c. 如果开证人不能从收到单据的表面确定是否应依据某一备用证来处理，或不能确定与该单据联系的备用证，该提示应被认为是在确定之日作出。

3.04 作出相符提示的地点和对象

a. 为使相符，提示必须在备用证中标明的或本规则规定的地点或处所作出。

b. 如果备用证未标明向开证人提示的地点，则提示必须在开立备用证的营业处所作出。

c. 如果备用证被保兑，但保兑中未标明提示地点，向保兑人（和开证人）的要求其承担义

务的提示必须在保兑人开立保兑的营业处所或向开证人作出。

d. 如果未注明提示地点的处所(如部门、楼层、房间、站点、邮递站、信箱或其他处所),提示可以对以下处所或人作出:

i. 备用证中注明的一般邮政地址;

ii. 指定接受邮件或单据的地点的任一场所;或

iii. 在提示地点实际上或表面为被授权接受提示的任何人。

3.05 何时为及时提示

a. 如果提示是在备用证开立之后、到期日之前任何时间作出的,该提示即为及时的。

b. 如果提示是在提示地结束营业后作出的,应视为是在下一个营业日作出的。

3.06 相符的提示载体

a. 为使相符,单据必须以备用证中标明的载体提示。

b. 如果没有标明载体,为使相符,单据必须以纸化单据的形式提示,除非只要求提交索付要求,在彼情况下:

i. 当受益人属于 SWIFT 成员时或银行同意依之,则可通过 SWIFT、加押电传或其他类似经证实的方式提出索付要求,否则

ii. 如该索付要求非以纸化单据的形式提出,则为不符,除非开证人自主决定允许使用该种形式。

c. 如果单据是通过电子方式传送的,则不能被视为是以纸化单据的形式提示的,尽管收到提示的开证人或指定人从中产生了一份纸化单据。

d. 如果标明以电子载体的方式提示的,单据必须以电子记录的方式提示,并能为开证人或对之提示的被指定人所证实。

3.07 每次提示的单独性

a. 作出一次不符的提示,撤回提示,或未完成预定的或允许的一系列提示中的任一次,并不丧失或以其他方式影响作出另一次及时提示或及进再提示的权利,无论备用证是否禁止部分或多重提款或提示。

b. 对一次相符提示的错误拒付,并不构成对该备用证下其他任何提示的拒付或对该备用证的否定。

c. 对一次不符提示的承兑,不论有无不相符处的通知,并不排除备用证对其他提示的要求。

3.08 部分提款和多重提示;提款金额

a. 提示可以少于全部可用金额("部分提款")。

b. 可以作出一次以上的提示("多重提示")。

c. "禁止部分提款"或类似表述表明提示必须是全部可用金额。

d. "禁止多重提款"或类似表述表明只能作出一次提示及承兑,但是提示金额可以少于全部可用金额。

e. 如果索付要求超过了备用证可使用的总金额,该项提款要求构成不符;索付要求以外的其他单据写明的金额如超出索付要求的金额的并不因此构成不符。

f. 使用"近似"、"约"、"大约",或类似措辞,则允许这些词所指的金额可以上下增减 10%。

3.09 展期或付款

受益人提出的延展备用证的到期日,或者便支付备用证下可用金额的要求:

a. 是备用证下要求付款的提示,应按本规则对其进行审核;及

b. 表明受益人:

i. 同意将到期日延展至所要求的日期的修改;

ii. 要求开证人自行征求申请人的同意,及开立这种修改;

iii. 在这种修改开立后收回其索付要求;和

iv. 同意本规则规定的审核单据和发出拒付通知的最长时限。

3.10 无须通知收到提示

开证人并不被要求须通知申请人已收到备用证下的提示。

3.11 开证人放弃和申请人同意放弃适用提示规则

除了备用证或本规则中的其他有关自主决定条款以外,开证人无须通知申请人或取得申请人同意,在不影响申请人对开证人的义务的情况下,自行放弃适用:

a. 下列规则,以及备用证中规定的主要是为开证人利益或操作便利而设的任何类似条款:

i. 应提示人要求将收到的单据视同在较晚日期收到(规则 3.02);

ii. 在提示中标明凭以作出的备用证[规则 3.03(a)];

iii. 除了备用证中标明的提示行为所在国家外,对应在何地和向谁提示的要求[规则 3.04(b),(c)和(d)];

iv. 将营业结束后作出的提示视同该提示是在下一个营业日作出[规则 3.05(b)]。

b. 下列规则,但不包括备用证中写明的类似条款:

i. 一份要求的单据,其签发日期在其标明的提示日之后(规则 4.06),或

ii. 受益人出具的单据须与备用证使用语言一致(规则 4.04)。

c. 下列与备用证操作的完整性有关的规则,但仅限于银行实际上是与真正的受益人交易:承兑电子载体方式的索付要求[规则 3.06(b)]。

保兑人放弃适用本条(b)项和(c)项所列规则时,须取得开证人的同意。

3.12 备用证正本丢失、被窃、受损或毁坏

a. 如果一份备用证正本丢失、遭窃、受损或毁坏,开证人无须将其替换或放弃备用证下提示正本的要求。

b. 如果开证人同意替换一份备用证正本或放弃提示正本的要求,它可以向受益人提供一份替本或副本,而不影响申请人向开证人偿付的义务;但是,如果开证人如此做,则它必须在该替本或副本上注明"替本"或"副本"字样。开证人可以自主决定向受益人要求其认为足够的担保,以及从指定人处获得关于付款尚未作出的确认。

到期日不营业

3.13 到期日是非营业日

a. 如果备用证规定的提示期限的最后一天(无论标明是到期日,或是必须收到单据的日期),不是开证人或提示地点的指定人的营业日,那么,在随后第一个营业日作出的提示将视为及时。

b. 收到此类提示的指定人,必须将此告知开证人。

3.14　在营业日停业及授权另一个合理地点作出提示

a. 如果在提示的最后一个营业日,备用证中规定的提示地点由于任何原因停业,而使提示未能及时作出,提示的最后一天将自动延期到提示地点重新营业后的第30个公历日,除非备用证另有规定。

b. 开证人可在提示地点停业时或预计停业时,在备用证中或受益人收到的通知中授权另一合理地点作为提示地点。如此,则:

i. 提示必须在该合理地点作出,以及

ii. 如果收到通知距提示的最后一天不足30个公历日收到的,并且因此而无法作出及时提示,那么提示的最后一天自动延展到原提示期限后的第30个公历日。

规则4:审核

4.01　对相符性的审核

a. 备用证的承兑要求必须与备用证的条款相符。

b. 提示是否表面相符,应依照本规则(其应在标准备用证实践的情境中解读)的解释和补充,审查提示的表面与备用证中规定的条款是否相符。

4.02　不审核多余单据

非备用证要求提示的单据无须审核,并且在任何情况下,为审核提示是否相符时都对之不予考虑。它们可被退还提示人或随着其他提示的单据一起转交,而无须承担任何责任。

4.03　审核不一致性

开证人或指定人只须在备用证规定的范围内审核各单据之间的一致性。

4.04　单据的语言

受益人出具的所有单据的语言应是备用证中使用的语言。

4.05　单据的签发人

所有备用证要求的单据必须由受益人签发,除非备用证中规定单据由第三方签发,或按标准备用证实践该单据属于由第三方签发的类型。

4.06　单据的日期

所要求单据的签发日期可以早于但不得晚于提示日期。

4.07　单据上要求的签名

a. 要求的单据无须签名,除非备用证规定该单据必须签名,或按标准备用证实践该单据属于需要签名的类型。

b. 所要求的签名可以任何方式为之,只要它适合用于该单据的载体。

c. 除非备用证中指明:

i. 必须签署单据的人的姓名,否则任何签名或证实都将被视为是符合要求的签名。

ii. 必须签名的人之身份,否则签名人身份的注明是非必要的。

d. 如果备用证中指明,签名必须由以下人作出:

i. 一个被指名的自然人,但不要求注明签名人身份,则一个看起来是被指名人的签名即为相符。

ii. 一个被指名的法人或政府机构，但没有指明由谁代表其签署或该人身份，则任何看来是代表被指名的法人或政府机构的签名都是相符的；或者

iii. 一位被指名的自然人、法人或政府机构，并要求注明签名人身份，则注明身份并看起来是被指名的自然人、法人或政府机构的签名即为相符。

4.08 默示的索付单据

如果一份备用证没有指明任何要求提交的单据，仍视为要求提交一份单据式的索付要求。

4.09 同样措辞与引号

如果备用证要求：

a. 一项没有要求精确措辞的声明，那么提示的单据中的措辞必须看起来表达的是与备用证中要求同样的意思。

b. 指定的使用引号、大写、附样或格式的措辞，那么并不要求复制在拼写、标点、空格或其他在上下文中读来十分明显的打印错误；为数据而留的空行和空格，可以通过不与备用证矛盾的任何形式加以完整；或

c. 指定的使用引号、大写、附样或格式的措辞，并规定票据应包含"完全一样"或"同样"的措辞，那么，提示的单据必须完全地复制指定的措辞，包括拼写、标点、空格等打印错误，以及为数据而留的空行和空格。

4.10 申请人的同意

备用证中不应规定要求的单据须由申请人出具、签署或反签。但是如果信用证中包含这样的要求，开证人不能放弃该要求，并且不对申请人的拒发单据或拒绝签署负责。

4.11 非单据条款

a. 备用证中的非单据条款不应予以考虑，不论其是否会影响开证人接受提示为相符，或认可备用证为已开立、已修改或已终止的义务。

b. 如果备用证的某些条款不要求提示单据证明之，并且开证人根据自己的记录或在开证人的正常业务范围内不能确认该条款被满足，则该条款为非单据条款。

c. 从开证人自己的记录或在其正常业务范围内的确认，包括确定以下内容：

i. 何时、何地、以何种方式向开证人提示或以其他方式交付单据；

ii. 何时、何地、以何种方式由开证人、受益人或任何指定人发送或接收影响备用证的通知；

iii. 转入或转出在开证人处所开立的账户的金额；以及

iv. 根据一个公布的指标可以确定的金额（例如：如果一份备用证规定根据公布的利率来确定产生的利息金额）。

d. 开证人无须依据备用证中标明或引用的公式，重新计算受益人的计算结果，除非备用证如此要求。

4.12 单据中的声明的形式

a. 一项要求的声明无须采用庄严式、官方化或任何其他专门形式作出。

b. 如果备用证规定要求的声明由声明人以某种形式作出，但没有指明何种形式或内容，则如果表明该声明是宣称的、主张的、经保证的、经验证的、经宣誓的，经确认的，经证明的或类似情况，该声明即为相符。

c. 如果备用证要求声明由另外一个人作见证,但没有指明形式或内容的,经见证的声明如果看起来包含一个不是受益人的签名,并注明该人系作为见证人,该证明即为相符。

d. 如果备用证要求由一个受益人之外的第三人以政府、司法机关、公司或其他的代表身份对声明给予反签、得到法律认可、签证或类似的行为,但没有规定形式和内容,则若该声明包含有一个非受益人的签名,并且注明该人的代表身份以及所代表的组织,该声明即为相符。

4.13　无责任确认受益人

除备用证要求提示电子记录外,

a. 承兑提示的人,对申请人无义务确认作出提示的任何人或任何收益受让人的身份;

b. 向被指名的受益人、承让人、被认可的受让人、依法产生的承继人付款,或向备用证写明的或受益人或指定人发出的面函指示中注明的账户或账号付款,即构成备用证下付款义务的完成。

4.14　被兼并或收购的开证人或保兑人的名称

如果开证人或保兑人被重组、兼并,或更换名称,在提示的单据中要求的开证人或保兑人名称的援引,可指其自身或承继人。

4.15　正本、副本及一式多份的单据

a. 提示的单据必须是正本。

b. 在允许或要求电子提示的情况下,提示的电子记录即视为"正本"。

c. i. 除非在表面上看起来是从正本复制的,则被提示的单据视为"正本"。

ii. 如果签名或证实看起来是原始的,则看起来是从正本复制的单据视为正本。

d. 备用证要求提示副本的,可以或提示正本或提示副本,除非在备用证规定只得提示副本或注明废置全部正本。

e. 如果要求多份的同一单据,只有一份必须是正本,除非规定:

i. 要求"两份正本"或"多份正本",则全部都必须是正本;或

ii. 要求"两份副本","双重的",或类似的情况下,则可以或者提示正本或者提示副本。

备用证单据类型

4.16　索付要求

a. 索付要求无须与受益人的声明或其他要求的单据分离。

b. 如果要求单独的索付要求,它必须包含:

i. 受益人向开证人或指定人的索付要求;

ii. 提出该要求的日期;

iii. 索付金额;及

iv. 受益人的签名。

c. 这种索付要求可以以汇票或其他指示、命令或付款要求的形式。如果备用证要求提示"汇票",该汇票无须是可流通的形式,除非备用证如此要求。

4.17　违约或其他提款事由的声明

如果备用证要求一份关于违约或其他提款事由的声明、证明或其他陈述,但未指明内容,则如果单据中包含以下内容,该单据即为相符的:

a. 一项表明因为备用证中规定的提款事由已经发生,应当付款的表述。

b. 声明出具的日期;及

c. 受益人的签名。

4.18 可流通的单据

如果备用证要求提示一份通过背书和交付即可转让的单据,但未注明是否、如何或必须向谁作出背书,则该单据可以不加背书,或如果作了背书,可以是空白背书。无论如何,该单据都可在有或没有追索权下开立或流通。

4.19 法律或司法文件

如果备用证要求提示政府出具的文件、法院命令、仲裁裁决或类似的文件,则一份文件或其副本被认为是相符的,如果它看起来是:

i. 由政府机构、法院、仲裁庭或类似机构出具的;

ii. 有适当的题头或名称;

iii. 经过签署的;

iv. 注明日期;并且

v. 经政府机构、法院、仲裁庭,或类似机构的官员的原始证明或证实。

4.20 其他单据

a. 如果备用证要求本规则中未规定内容的单据,而没有指明其出单人、数据内容或措辞,则如果该单据看起来有合适的名称,或服务于标准备用证实践中该种类型单据的功能,该单据即为相符。

b. 备用证下提示的单据,应当依据本规则在备用证通常实践的情境下进行审核,尽管该单据类型(例如商业发票、运输单据、保险单据,或类似的单据)在《跟单信用证统一惯例》中有详细规定。

4.21 开立单独保证的要求

如果备用证中要求该备用证的受益人向另一人开立其自身的单独保证(无论在备用证中是否复述了该承诺的内容),

a. 受益人仅取得备用证下的提款权利,即使开证人为开立此种单独保证而向受益人支付了费用;

b. 既不需要向开证人提示该单独保证,也不需要提示该保证下的任何单据;并且

c. 如果没有要求提示单独保证及其下的单据是备用证承兑的条件,而开证人收到该单独保证或其下单据的正本或副本的,

i. 开证人无须审核并在任何情况下都不应考虑它们与备用证、备用证下受益人的索付要求,或受益人的单独保证是否相符或一致;及

ii. 开证人可以把它们退还提示人,或与提示一起提交给申请人,而不承担责任。

规则5:单据的通知、排除和处理

5.01 及时的拒付通知

a. 拒付通知须在单据提示后一段并非不合理的期间内发出。

i. 3个营业日内发出的通知被视为并非不合理,而超过7个营业日则被认为是不合理的。

ii. 发出通知的期间是否不合理,并不取决于提示的最后期限是否临近。

iii. 须发出拒付通知的期间的起算时间应当为作出提示的营业当日的下一营业日。

iv. 除非在备用证中明确规定更短的发出拒付通知的期限,开证人无义务加快对提示的审核。

b. i. 如果可能的话,发出拒付通知的方式应使用电讯手段;如果不能,可以使用能实现快捷通知的其他合理方式。

ii. 如果拒付通知是在允许发出通知的期间内收到,即被视为是以快捷方式发送的。

c. 除非提示人另有要求,拒付通知须发给从其处收到单据的人(不管是受益人、指定人,还是送交人以外的其他人),除非提示人有不同的要求。

5.02　拒付理由的声明

拒付通知应注明拒付基于的所有不符点。

5.03　未能及时发出拒付通知

a. 如未能依照备用证或本规则规定的期间和方式,在拒付通知中告知不符点,即排除了对保留的或再提示的包含该不符点的该单据主张不符的权利,但是并不排除对同一或另一单独备用证下的不同提示主张不符的权利。

b. 未能通知拒付或承兑或认可已引致延迟付款承诺的,开证人在到期时有义务付款。

5.04　逾期通知

未能通知提示是在到期日以后作出,并不排除因此而拒付的权利。

5.05　开证人未经提示人要求而请求申请人放弃不符点

如果开证人认为提示不符,并且提示人没有不同的指示,开证人可以在发出拒付通知的可用期间内自主决定请求申请人放弃该不符点,或者授权承兑,但不得延长该期限。获得了申请人的放弃,并不使得开证人也有义务放弃该不符点。

5.06　经提示人要求,开证人请求申请人放弃不符点

如果在收到拒付通知后,提示人要求将提示的单据转交给开证人,或请求开证人向申请人寻求放弃不符点:

a. 无人有义务转交该不符的单据,或寻求申请人放弃不符;

b. 向开证人的提示仍然受本规则约束,除非提示人明确同意可以不守本规则;及

c. 如果单据被转交,或已寻求放弃,则:

i. 提示人就被排除了反对开证人通知的不符点的权利;

ii. 开证人不能被解除根据本规则审核提示的义务;

iii. 即使申请人放弃,开证人亦无义务放弃不符点;及

iv. 开证人必须持有单据,直至收到申请人的答复,或应提示人要求归还单据。如果开证人在其拒付通知后的10个营业日内没有收到此种答复或要求,可以把单据退还提示人。

5.07　单据的处置

被拒付的单据必须按提示人的合理指示退还、持有或处置。在拒付通知中未告知单据处置情况,并不排除开证人主张任何本就可用的抗辩来拒绝承兑。

5.08　面函指示/发件函

a. 备用证人提示附带的指示,在不与备用证条款、索付要求或本规则相抵触时可以作为依据。

b. 提示附带的由指定人作出的陈述,在不与备用证条款或本规则相抵触时可以作为依据。

c. 尽管收到了指示,开证人或指定人仍可以直接向提示人付款、发出通知、归还单据或进行其他事务。

d. 面函中对单据不符的声明,不能解除开证人审核单证是否相符的责任。

5.09 申请人的反对通知

a. 申请人应以迅捷的方式及时地通知反对开证人承兑不符的提示。

b. 如果申请人在收到单据后一段合理的时间内向开证人发出通知,说明其反对的不符点,则认为申请人行为为及时。

c. 如没有以迅捷的方式及时发出反对通知,申请人就被排除向开证人主张申请人收到的单据中任何表面显而易见的不符点和其他缺陷,但并不影响其对同一或不同备用证下的不同的提示主张该不符点。

规则6:转让及因法律规定的转让

提款权利的转让

6.01 请求转让提款权利

当受益人请求开证人或指定人向另外一个人承兑,犹如该人是受益人时,适用本部分关于提款权利转让(简称"转让")的规则。

6.02 提款权利何时可转让

a. 除非明确注明,否则备用证不可转让。

b. 如一份备用证注明为可转让备用证,但未作进一步规定,则提款权利:

i. 其全部金额可以不止一次被转让;

ii. 不可以部分转让;及

iii. 不可以转让,除非开证人(包括保兑人)或在备用证中具体指定的人,同意并办理受益人所要求的转让。

6.03 转让条件

可转让备用证的开证人或指定人无须履行转让,除非

a. 它确信备用证正本的存在及其真实性;及

b. 受益人提交或履行;

i. 按开证人或指定人可接受的形式提出的请求,包括转让的有效日期;及受让人的名称或地址;

ii. 备用证正本;

iii. 代受益人签署的人的签名证实;

iv. 代受益人签署的人的授权证实;

v. 支付转让费用;及

vi. 任何其他的合理要求。

6.04 转让对要求提交的单据的影响

如为全部提款权利的转让。

a. 汇票或索付要求必须由受让受益人签署,以及

b. 在任何其他要求的单据中,受让受益人的名称可以代替转让受益人的名称。

6.05　转让付款的偿付

根据规则6.03(a),(b)(i)和(b)(ii),进行转让付款后的开证人或指定人,有权获得偿付,犹如已向受益人作出了付款。

收益转让的确认

6.06　收益转让

若开证人或指定人被要求确认受益人关于将在备用证下受益人获得的全部或部分款项支付给受让人的请求,则适用本部分关于收益转让的规则,除非适用法另有要求。

6.07　请求确认

a. 除非适用法另有要求,开证人或指定人:

i. 在未确认转让请求的情况下,无义务执行收益转让;以及

ii. 无义务确认该转让请求。

b. 如果转让得到确认:

i. 该确认并未赋予受转让人有关备用证的权利,受让人只是对转让的收益享有权利,并且其权利可因备用证的修改或撤销而受到影响;以及

ii. 受让人的权利受制于:

A. 作了确认的人确有应当支付受益人的净款;

B. 指定人和受让受益人的权利;及

C. 其他被确认的受让人的权利;及

D. 根据适用法享有优先权的其他任何权益。

6.08　确认收益转让的条件

开证人或指定人可以规定其确认以收到下述文件为条件:

a. 备用证正本以备审核或批注;

b. 对代受益人签署的人的签名的证实;

c. 对代受益人签署的人的授权的证实;

d. 受益人签署的不可撤销的关于确认款项转让的请求,包括声明、约定、保证,以及开证人或指定人要求的请求确认的表格中可能包含的其他条款,如:

i. 如果备用证允许多次提款,所涉及的提款是哪一笔;

ii. 受益人和受转让人的全名、法律形式、地点及通信地址;

iii. 影响备用证款项支付和交付的任何要求的细节;

iv. 部分转让的限制和连续转让的禁止;

v. 有关转让的合法性和相对优先权的声明;或

vi. 如果开证人或指定人原本享有对受益人的追回全部或部分款项的权利,则对受转让人以其收到的款项为限仍然享有的对应的追回权利。

e. 支付确认费用;及

f. 履行其他合理要求。

6.09 相互冲突的对收益的数项主张

如果对收益有相互冲突的数项主张，则对被确认的受让人的付款可以暂缓，直至冲突解决。

6.10 基于转让的付款的偿付

根据规则 6.08(a)和(b)对确认的转让请求进行付款的开证人或指定人，有权得到偿付，犹如它已向受益人付款。如果受益人是银行，这种确认可以仅仅基于经证实的函电。

因法律规定而转让

6.11 法律规定的受让人

当继承人，遗产代管人、清算人、受托人、破产财产管理人、承继的公司或其他类似的声称由法律指定继承受益人利益的人，以其自身名义提示单据，犹如是受益人授权的受让人时，适用本部分有关因法律规定而转让的规则。

6.12 以承继人的名义提款时需提交的额外单据

对声称的承继人，应犹如它是受益人授权的有全部提款权利的受让人一样对待，只要它额外提示了看起来是由公职官员或代表（包括司法官员）签发的文件，表明：

a. 该声称为承继人的是在股份有限公司、有限责任公司或其他类似似组织的合并、联合或其他类似行为中产生的续存者；

b. 该声称的承继人系在破产程序中，被授权或任命为代表指定的受益人或其财产行事的人；

c. 该声称的承继人系由于受益人的死亡或丧失行为能力而被授权或被任命代表指定的受益人行事的人；或者

d. 受益人的名称已被更换为该声称为承继人的名称。

6.13 在承继人提示时义务的暂缓履行

开证人或指定人在从声称的承继人处收到提示后，如果该提示除了受益人的名称外都是相符的，则

a. 可以要求再提交形式和内容上都令其满意的下述：

i. 法律意见；

ii. 规则 6.12（以承继人名义提款的额外单据）中提及的由公职官员签发的额外单据；

iii. 有关该声称的承继人因法律规定而成为承继人的声明、约定及保证。

iv. 支付这些审核涉及的合理费用；及

v. 规则 6.03（转让条件）或规则 6.08（款项转让确认的条件）可能要求的任何事项。

但是，这些文件不应适用备用证要注的单据适用的的到期日规定。

b. 开证人或指定人在收到所要求的上述文件前，其承兑或发出拒付通知的义务暂缓履行，但是备用证要求的单据的最后提示期限并不因此而延长。

6.14 对因法律规定而转让的付款的偿付

开证人或指定人依据规则 6.12（以承继人名义提款的额外单据）在因法律规定而转让的情况下付款的，有权得到偿付，犹如它已向受益人付款。

规则7:撤销

7.01 不可撤销的备用证被撤销或终止

备用证下受益人的权利未经其同意不得撤销。这种同意须以书面形式作出,或采取诸如归还备用证正本的行为暗示受益人同意撤销。受益人对撤销的同意一经传达给开证人即不得取消。

7.02 开证人有关撤销决定的自主权

在同意受益人撤销的授权并将备用证完全撤销之前,开证人可以要求提交在形式和内容上都令其满意的以下文件:

a. 备用证正本;

b. 代受益人签署的人的签名的验证;

c. 代受益人签署的人的授权的验证;

d. 法律意见;

e. 受益人为撤销备用证而签署的不可撤销的授权书,包括:声明、合约、保证,以及要求的表格中包含的相似条款;

f. 任一保兑人的义务已被撤销的足够证据;

g. 未转让并且任何指定人未进行付款的足够证据;及

h. 任何其他合理措施。

规则8:偿付义务

8.01 获得偿付的权利

a. 如依据本规则基于相符提示而付款的,偿付应由:

i. 要求开立信用证的申请人向开证人作出;及

ii. 开证人向被指定承兑或以其他方式兑现的人作出。

b. 申请人必须补偿开证人承担的由下述事由而产生的权利主张、义务和责任(包括律师费);

i. 除在备用证中选定的或开证地适用的法律和惯例以外的其他法律和惯例的规定;

ii. 其他人的欺诈、伪造或其他非法行为;或

iii. 由于保兑人错误地拒绝承兑,开证人代为履行保兑人的义务。

c. 本规则是对基于次要的或其他的理由的偿付或补偿可适用的任何协议、交易习惯、惯例、习惯和术语的补充。

8.02 费用和成本的支付

a. 申请人必须支付开证人的收费,并偿付开证人向申请人同意的被指定进行通知,保兑、付款、议付、转让或开立单独承诺的人支付的任何费用。

b. 开证人有义务支付其他人的以下费用:

i. 依据备用证条款应支付的费用;或

ii. 应开证人要求进行通知、付款、议付、转让或开立单独保证的人的合理的和符合习惯

的费用,如果该费用由于没有备用证下的索付主张而不能从受益人或其他提示人处得到偿付或再偿付。

8.03 偿付的退还

如果开证人拒付,在开证人及时地拒付提示之前获得偿付的指定人必须退还偿付金额和利息,这种退还并不影响该指定人主张错误拒付的权利。

8.04 银行间偿付

从另一家银行取偿付的任何指示或授权,适用国际商会银行间偿付的标准规则。

规则9:时间安排

9.01 备用证持续的时间

备用证必须:

i. 包含到期日;或

ii. 允许开证人经合理的事前通知或付款而终止备用证。

9.02 到期日对指定人的效力

指定人在其被指定的范围内作为的权利,并不因随后备用证的到期而被影响。

9.03 期限的计算

a. 依据本规则须作出某一行为的期限,是从在本应作出该行为的地点,本可作出该行的营业日后的第一个营业日起算。

b. 延展的期限从规定的到期日后的第一个公历日起算,即使该日或到期日是开证人的停业日。

9.04 到期日的时间

如果未标明到期日的时间,则应为提示地营业结束时。

9.05 备用证的保留

在索付权利终止后,信用证正本的保留并不能保留信用证下的任何权利。

规则10:联合开证/参加开证

10.01 联合开证

如果有一个以上的开证人的备用证未规定应向谁作出提示,则可以向任一开证人作出提示,并对所有开证人具有约束力。

10.02 参加开证

a. 除非申请人和开证人另有约定,开证人可以将其对申请人和任何提示人的权益的参与权出售,并可向潜在参加人保密地披露有关申请人的信息。

b. 开证人对参加权的出卖,并不影响备用证下开证人的义务或在受益人和任何参加人之间产生任何权利和义务。

(翻译:王中美。英文本来源:《ISP 98 — International Standby Practice — The Rules》,Published by International Chamber of Commerce,1998)

托收统一规则（国际商会第522号出版物）（1995）
Uniform Rules for Collections（ICC No. 522），1995

（国际商会1995年修订）

一、总则和定义

第一款 《托收统一规则》第522号的应用

（1）国际商会第522号出版物《托收统一规则》1995年修订本将适用于第二款所限定的、并在第四款托收指示中列明适用该项规则的所有托收项目。除非另有明确的约定，或与某一国家、某一政府，或与当地法律和尚在生效的条例有所抵触，本规则对所有的关系人均具有约束力。

（2）银行没有义务必须办理某一托收或任何托收指示或以后的相关指示。

（3）如果银行无论出于何种理由选择了不办理它所收到的托收或任何相关的托收指示，它必须毫不延误地采用电讯，或者如果电讯不可能时采用其他快捷的工具向他收到该项指示的当事人发出通知。

第二款 托收的定义

就本条款而言：

（1）托收是指银行依据所收到的指示处理下述（2）款所限定的单据，以便于：

a. 取得付款和/或承兑；或

b. 凭以付款或承兑交单；或

c. 按照其他条款和条件交单。

（2）单据是指金融单据和/或商业单据。

a. 金融单据是指汇票、本票、支票或其他类似的可用于取得款项支付的凭证；

b. 商业单据是指发票、运输单据、所有权文件或其他类似的文件，或者不属于金融单据的任何其他单据。

（3）光票托收是指不附有商业单据的金融单据项下的托收。

（4）跟单托收是指：

a. 附有商业单据的金融单据项下的托收；

b. 不附有金融单据的商业单据项下的托收。

第三款 托收的关系人

（1）就本条款而言，托收的关系人有：

a. 委托人即委托银行办理托收的有关人；

b. 寄单行即委托人委托办理托收的银行；

c. 代收行即除寄单行以外的任何参与处理托收业务的任何银行；

(2) 付款人即根据托收指示向其提示单据的人。

二、托收的形式和结构

第四款 托收指示

(1) a. 所有送往托收的单据必须附有一项托收指示，注明该项托收将遵循《托收统一规则》第522号文件并且列出完整和明确的指示。银行只准允根据该托收指示中的命令和本规则行事；

b. 银行将不会为了取得指示而审核单据；

c. 除非托收指示中另有授权，银行将不理会来自除了他所收到托收的有关人/银行以外的任何有关人/银行的任何指令。

(2) 托收指示应当包括下述适宜的各项内容：

a. 收到该项托收的银行详情，包括全称、邮政和SWIFT地址、电传、电话和传真号码和编号；

b. 委托人的详情，包括全称、邮政地址或者办理提示的场所以及，如果有的话，电传、电话和传真号码；

c. 付款人的详情，包括全称、邮政地址或者办理提示的场所以及，如果有的话，电传、电话和传真号码；

d. 提示银行（如有的话）的详情，包括全称、邮政地址以及，如果有的话，电传和传真号码；

e. 待托收的金额和货币；

f. 所附单据清单和每份单据的份数；

g. i. 凭以取得付款和/或承兑的条件和条款；

ii. 凭以交付单据的条件

付款和/或承兑

其他条件和条款

缮制托收指示的有关方应有责任清楚无误地说明，确保单据交付的条件，否则的话，银行对此所产生的任何后果将不承担责任；

待收取的手续费指明是否可以放弃；

i. 待收取的利息，如有的话，指明是否可以放弃，包括利率、计息期、适用的计算期基数（如一年按360天还是365天）；

j. 付款方法和付款通知的形式；

k. 发生不付款、不承兑和/或与其他批示不相符时的指示。

(3) a. 托收指示应载明付款人或将要办理提示场所的完整地址。如果地址不全或有错误，代收银行可尽力去查明恰当的地址，但其本身并无义务和责任。

b. 代收银行对因所提供地址不全或有误所造成的任何延误将不承担责任或对其负责。

三、提示的形式

第五款　提示

(1) 就本条款而言,提示是表示银行按照指示使单据对付款人发生效用的程序。

(2) 托收指示应列明付款人将要采取行动的确切期限。

诸如首先、迅速、立即和类似的表述不应用于提示、或付款人赎单采取任何其他行动的任何期限。如果采用了该类术语,银行将不予理会。

(3) 单据必须以银行收到时的形态向付款人提示,除非被授权贴附任何必需的印花,除非另有指示费用由向其发出托收的有关方支付以及被授权采取任何必要的背书或加盖橡皮戳记,或其他托收业务惯用的和必要的辨认记号或符号。

(4) 为了使委托人的指示得以实现,寄单行将以委托人所指定的银行作为代收行。在未指定代收行时,寄单行将使用他自身的任何银行或者在付款或承兑的国家中,或在必须遵守其他条件的国家中选择另外的银行。

(5) 单据和托收指示可以由寄单行直接或者通过另一银行作为中间银行寄送给代收行。

(6) 如果寄单行未指定某一特定的提示行,代办行可自行选择提示行。

第六款　即期/承兑

如果是见单即付的单据,提示行必须立即办理提示付款不得延误;如果不是即期而是远期付款单据,提示行必须在不晚于应到期日,如是要承兑立即办理提示承兑、如是付款时立即办理提示付款。

第七款　商业单据的交单(承兑交单D/A和付款交单D/P)

(1) 附有商业单据必须在付款时交出的托收指示,不应包含远期付款的汇票。

(2) 如果托收包含有远期付款的汇票,托收指示应列明商业单据是凭承兑而不是凭付款交给付款人。如果未有说明,商业单据只能是付款交单,而代收行对由于交付单据的任何延误所产生的任何后果将不承担责任。

(3) 如果托收包含有远期付款的汇票而且托收指示列明应凭付款交出商业单据时,则单据只能凭该项付款才能交付,而代收行对由于交单的任何延误所产生的任何结果将不承担责任。

第八款　代制单据

在寄单行指示或者是代收行或者是付款人应代制托收中未曾包括的单据(汇票、本票、信托收据、保证书或其他单据)时,这些单据的格式和词句应由寄单行提供,否则的话,代收行对由代收行和/或付款人所提供任何该种单据的格式和词句将不承担责任或对其负责。

四、义务和责任

第九款　善意和合理的谨慎

银行将以善意和合理的谨慎办理业务。

第十款　单据与货物/服务/行为

(1) 未经银行事先同意,货物不得以银行的地址直接发送给该银行、或者以该行作为收货人或者以该行为抬头人。然而,如果未经银行事先同意而将货物以银行的地址直接发送给了该银行,或以该行做了收货人或抬头人,并请该行凭付款或承兑或凭其他条款将货物交付给付款人,该行将没有提取货物的义务,其风险和责任仍由发货方承担。

(2) 银行对与跟单托收有关的货物,即使接到特别指示也没有义务采取任何行动,包括对货物的仓储和保险,银行只有在个案中如果同意这样做时才会采取该类行动。撇开前述第一款(3)的规定,即使对此没有任何特别的通知,代收银行也适用本条款。

(3) 然而,无论银行是否收到指示,它们为保护货物而采取措施时,银行对有关货物的结局和/或状况和/或对受托保管和/或保护的任何第三方的行为和/或疏漏概不承担责任。但是,代收行必须毫不延误地将其所采取的措施通知对其发出托收指示的银行。

(4) 银行对货物采取任何保护措施所发生的任何费用和/或花销将由向其发出托收的一方承担。

(5) a. 撇开第十款(1)条的规定,如果货物是以代收行作为收货人或抬头人,而且付款人已对该项托收办理了付款、承兑或承诺了其他条件和条款,代收行因此对货物的交付作了安排时,应认为寄单行已授权代收行如此办理。

b. 若代收行按照寄单行的指示按上述第十款(1)条的规定安排交付货物,寄单行应对该代收行所发生的全部损失和花销给予赔偿。

第十一款　对被指示的免责

(1) 为使委托人的指示得以实现,银行使用另一银行或其他银行的服务是代该委托人办理的,因此,其风险由委托人承担;

(2) 即使银行主动地选择了其他银行办理业务,如该行所转递的指示未被执行,该行不承担责任或对其负责;

(3) 一方指示另一方去履行服务,指示方应受到被指示方的法律和惯例所加于的一切义务和责任的制约,并承担赔偿的责任。

第十二款　对收到单据的免责

(1) 银行必须确定它所收到的单据应与托收指示中所列表面相符,如果发现任何单据有短缺或非托收指示所列,银行必须以电讯方式,如电讯不可能时,以其他快捷的方式通知从其收到指示的一方,不得延误;

银行对此没有更多的责任。

(2) 如果单据与所列表面不相符,寄单行对代收行收到的单据种类和数量应不得有争议;

(3) 根据第五款(3)和第十二款(1)、(2),银行将按所收到的单据办理提示而无需做更多的审核。

第十三款　对单据有效性的免责

银行对任何单据的格式、完整性、准确性、真实性、虚假性或其法律效力、或对在单据中载明或在其上附加的一般性和/或特殊性的条款不承担责任或对其负责;银行也不对任何单据所表示的货物的描述、数量、重量、质量、状况、包装、交货、价值或存在、或对货物的发运人、承运人、运输行、收货人和保险人或其他任何人的诚信或行为和/或疏忽、清偿力、业绩或信誉承担责任或对其负责。

第十四款　对单据在传送中的延误和损坏以及对翻译的免责

(1) 银行对任何信息、信件或单据在传送中所发生的延误和/或损坏、或对任何电讯在传递中所发生的延误、残损或其他错误、或对技术条款的翻译和/或解释的错误不承担责任或对其负责;

(2) 银行对由于收到的任何指示需要澄清而引起的延误将不承担责任或对其负责。

第十五款　不可抗力

银行对由于天灾、暴动、骚乱、战争或银行本身不能控制的任何其他原因、任何罢工或停工而使银行营业中断所产生的后果不承担责任或对其负责。

五、付　　款

第十六款　立即汇付

(1) 收妥的款项(扣除手续费和/或支出和/或可能的花销)必须按照托收指示中规定的条件和条款不延误地付给从其收到托收指示的一方,不得延误;

(2) 撇开第一款(3)的规定和除非另有指示,代收行仅向寄单行汇付收妥的款项。

第十七款　以当地货币支付

如果单据是以付款地国家的货币(当地货币)付款,除托收指示另有规定外,提示行必须凭当地货币的付款,交单给付款人,只要该种货币按托收指示规定的方式能够随时处理。

第十八款　用外汇付款

如果单据是以付款地国家以外的货币(外汇)付款,除托收指示中另有规定外,提示行必须凭指定的外汇的付款,交单给付款人,只要该外汇是按托收指示规定能够立即汇出。

第十九款　分期付款

(1) 在光票托收中可以接受分期付款,前提是分批的金额和条件是付款当地的现行法律所允许。只有在全部货款已收妥的情况下,才能将金融单据交付给付款人。

(2) 在跟单托收中,只有在托收指示有特别授权的情况下,才能接受分期付款。然而,除非另有指示,提示行只能在全部货款已收妥后才能将单据交付给付款人。

(3) 在任何情况下,分期付款只有在符合第十七款或第十八款中的相应规定时将会被接受。

如果接受分期付款将按照第十六款的规定办理。

六、利息、手续费和费用

第二十款　利息

(1) 如果托收指示中规定必须收取利息,但付款人拒付该项利息时,提示行可根据具体情况在不收取利息的情况下凭付款或承兑或其他条款和条件交单,除非适用第二十款(3)条的规定。

(2) 如果要求收取利息,托收指示中应明确规定利率、计息期和计息方法。

(3) 如托收指示中明确地指明利息不得放弃而付款人拒付该利息,提示行将不交单,并对由此所引起的延迟交单所产生的后果将不承担责任。当利息已被拒付时,提示行必须以电讯，当不可能时可用其他便捷的方式通知曾向其发出托收指示的银行，不得延误。

第二十一款 手续费和费用

(1) 如果托收指示中规定必须收取手续费和（或）费用须由付款人承担，而后者拒付时，提示行可以根据具体情况在不收取手续费和（或）费用的情况下凭付款或承兑或其他条款和条件交单，除非适用第二十一款(2)条。

每当托收手续费和（或）费用被这样放弃时，该项费用应由发出托收的一方承担，并可从货款中扣减。

(2) 如果托收指示中明确指明手续费和（或）费用不得放弃而付款人又拒付该项费用时，提示行将不交单，并对由此所引起的延误所产生的后果将不承担责任。当该项费用已被拒付时，提示行必须以电讯，当不可能时可用其他便捷的方式通知曾向其发出托收指示的银行，不得延误。

(3) 在任何情况下，若托收指示中清楚地规定或根据本〈规则〉，支付款项和（或）费用和（或）托收手续费应由委托人承担，代收行应有权从向其发出托收指示的银行立即收回所支出的有关支付款、费用和手续费，而寄单行不管该托收结果如何应有权向委托人立即收回它所付出的任何金额连同它自己的支付款、费用和手续费。

(4) 银行对向其发出托收指示的一方保留要求事先支付手续费和（或）费用用以补偿其拟执行任何指示的费用支出的权利，在未收到该项款项期间有保留不执行该项指示的权利。

七、其他条款

第二十二款 承兑

提示行有责任注意汇票承兑形式看来是完整和正确的，但是，对任何签字的真实性或签署承兑的任何签字人的权限不负责任。

第二十三款 本票和其他凭证

提示行对在本票、收据或其他凭证上的任何签字的真实性或签字人的权限不负责任。

第二十四款 拒绝证书

托收指示对当发生不付款或不承兑时的有关拒绝证书应有具体的指示（或代之以其他法律程序）。

银行由于办理拒绝证书或其他法律程序所发生的手续费和（或）费用将由向其发出托收指示的一方承担。

第二十五款 预备人

如果委托人指定一名代表作为在发生不付款和（或）不承兑时的预备人，托收指示中应清楚地、详尽地指明该预备人的权限。在无该项指示时，银行将不接受来自预备人的任何指示。

第二十六款 通知

代收行应按下列规则通知托收状况：

(1) 通知格式

代收行对向其发出托收指示的银行给予所有通知和信息必须要有相应的详情，在任何情况下都应包括后者在托收指示中列明的银行业务编号。

(2) 通知的方法:

寄单行有责任就通知的方法向代收行给予指示,详见本款(3)a,(3)b 和(3)c 的内容。在无该项指示时,代收行将自行选择通知方法寄送有关的通知,而其费用应由向其发出托收指示的银行承担。

(3) a. 付款通知

代收行必须无延误地对向其发出托收指示的银行寄送付款通知,列明金额或收妥金额、扣减的手续费和(或)支付款和(或)费用额以及资金的处理方式。

b. 承兑通知

代收行必须无延误地对向其发出托收指示的银行寄送承兑通知;

c. 不付款或不承兑的通知

提示行应尽力查明不付款或不承兑的原因,并据以向对其发出托收指示的银行无延误地寄送通知。

提示行无延误地对向其发出托收指示的银行寄送不付款通知和(或)不承兑通知后 60 天内未收到该项指示,代收行或提示行可将单据退回给向其发出指示的银行,而提示行方面不承担更多的责任。

1995 年修订本,自 1996 年 1 月 1 日生效

(资料来源:中国出口商品网,http://www.shlawyer.org/old/ShowArticle.asp? ArticleID = 1306)

2000年国际贸易术语解释通则（2000）
International Commercial Terms, 2000

（1999年7月国际商会第六次修订,2000年1月1日生效）

引　言

1.《国际贸易术语解释通则》的宗旨和范围

《国际贸易术语解释通则》(以下称 Incoterms)的宗旨是为国际贸易中最普遍使用的贸易术语提供一套解释的国际规则,以避免因各国不同解释而出现的不确定性,或至少在相当程度上减少这种不确定性。

合同双方当事人之间互不了解对方国家的贸易习惯的情况时常出现。这就会引起误解、争议和诉讼,从而浪费时间和费用。为了解决这些问题,国际商会(ICC)于1936年首次公布了一套解释贸易术语的国际规则,名为 Incoterms 1936,以后又于1953年、1967年、1976年、1980年和1990年,现在则是在2000年版本中做出补充和修订,以便使这些规则适应当前国际贸易实践的发展。

需要强调的是,Incoterms 涵盖的范围只限于销售合同当事人的权利义务中与已售货物(指"有形的"货物,不包括"无形的"货物,如电脑软件)交货有关的事项。

关于 Incoterms,看来有两个非常普遍的特别误解。一个是常常认为 Incoterms 适用于运输合同而不是销售合同。第二个是人们有时错误地以为它规定了当事人可能希望包含在销售合同中的所有责任。

首先,正如 ICC 一贯强调的那样,Incoterms 只涉及销售合同中买卖双方的关系,而且,只限于一些非常明确的方面。

对进口商和出口商来讲,考虑那些为完成国际销售所需要的各种合同之间的实际关系当然是非常必要的。完成一笔国际贸易不仅需要销售合同,而且需要运输合同、保险合同和融资合同,而 Incoterms 只涉及其中的一项合同,即销售合同。

虽然如此,当双方当事人同意使用某一个具体的贸易术语时,将不可避免地对其他合同产生影响。举例说明,卖方同意在合同中使用 CFR 和 CIF 术语时,他就只能以海运方式履行合同,因为在这两个术语下他必须向买方提供提单或其他海运单据,而如果使用其他运输方式,这些要求是无法满足的。而且,跟单信用证要求的单据也必然将取决于准备使用的运输方式。

其次,Incoterms 涉及为当事方设定的若干特定义务,如卖方将货物交给买方处置,或将货物交运或在目的地交货的义务,以及当事双方之间的风险划分。

另外,Incoterms涉及货物进口和出口清关、货物包装的义务,买方受领货物的义务,以及提供证明各项义务得到完整履行的义务。尽管Incoterms对于销售合同的执行有着极为重要的意义,但销售合同中可能引起的许多问题却并未涉及,如货物所有权和其他产权的转移、违约、违约行为的后果以及某些情况下的免责等。需要强调的是,Incoterms无意取代那些完整的销售合同所需订入的标准条款或商定条款。

通常,Incoterms不涉及违约的后果或由于各种法律阻碍导致的免责事项,这些问题必须通过销售合同中的其他条款和适用的法律来解决。

Incoterms一直主要用于跨国境的货物销售交付,因此,它是一套国际商业术语。然而,有时Incoterms也被用于纯粹国内市场的货物销售合同中。在此情况下,Incoterms中的A2、B2以及任何与进出口有关的条款当然就变成多余了。

2. 为什么需要对国际贸易术语解释通则进行修订?

连续修订Incoterms的主要原因是使其适应当代商业的实践。1980年修订本引入了货交承运人(现在为FCA)术语,其目的是为了适应在海上运输中经常出现的情况,即交货点不再是传统的FOB点(货物越过船舷),而是在将货物装船之前运到陆地上的某一点,在那里将货物装入集装箱,以便经由海运或其他运输方式(即所谓的联合或多式运输)继续运输。

在1990年的修订本中,涉及卖方提供交货凭证义务的条款在当事方同意使用电子方式通讯时,允许用电子数据交换(EDI)讯息替代纸面单据。毫无疑问,为了使Incoterms更利于实物操作,其草拟和表述一直都在改进。

3. Incoterms 2000

在为期两年的修订过程中,ICC尽其最大努力通过ICC各国家委员会吸取了各行业国际贸易从业者的意见和建议,完成了修订稿的多次修改。令人高兴的是,在Incoterms的这次修订期间,ICC从全世界使用者得到的反馈意见超过了以往任何一次。ICC与Incoterms的使用者之间交流的结果产生了Incoterms 2000这个版本,与Incoterms 1990相比看上去变化很小。原因很明显,即Incoterms当前已得到世界承认,所以ICC决定巩固Incoterms在世界范围内得到的承认,并避免为了变化而变化。另一方面,在修订过程中,ICC尽量保证Incoterms 2000中的语言清楚准确地反映出国际贸易实务。新的版本在下面两个方面作出了实质性改变:

在FAS和DEQ术语下,办理清关手续和交纳关税的义务;

在FCA术语下装货和卸货的义务。

无论是实质变化还是形式变化都是在对Incoterms的使用者广泛调查的基础上作出的,而且对1990年以来Incoterms专家小组(专门为Incoterms使用者提供额外服务的机构)收到的咨询意见给予了充分考虑。

4. 在销售合同中订入Incoterms

鉴于Incoterms不时修订,所以,如果合同当事方意图在销售合同中订入Incoterms时,清楚地指明所引用的Incoterms版本是很重要的。人们很容易忽略这一点,例如当在标准合同或订货单中引用了早期版本时,未能引用最新版本,可能会对当事方的意图是在合同中引用新版本还是早期版本引起纠纷。希望使用Incoterms 2000的商人,应在合同中明确规定该合同受Incoterms 2000的约束。

5. Incoterms 的结构

1990 年,为了便于理解,将所有的术语分为 4 个基本不同的类型。第一组为“E”组(EX WORKS),指卖方仅在自己的地点为买方备妥货物;第二组“F”组(FCA、FAS 和 FOB),指卖方须将货物交至买方指定的承运人;第三组“C”组(CFR、CIF、CPT 和 CIP),指卖方须订立运输合同,但对货物灭失或损坏的风险以及装船和启运后发生意外所发生的额外费用,卖方不承担责任;第四组“D”组(DAF、DES、DEQ、DDU 和 DDP),指卖方须承担把货物交至目的地国所需的全部费用和风险。下表反映了这种分类方法:

2000 年国际贸易术语解释通则

	E 组(发货)
EXW	工厂交货(……指定地点)
	F 组(主要运费未付)
FCA	货交承运人(……指定地点)
FAS	船边交货(……指定装运港)
FOB	船上交货(……指定装运港)
	C 组(主要运费已付)
CFR	成本加运费(……指定目的港)
CIF	成本、保险加运费付至(……指定目的港)
CPT	运费付至(……指定目的地)
CIP	运费、保险费付至(……指定目的地)
	D 组(到达)
DAF	边境交货(……指定地点)
DES	目的港船上交货(……指定目的港)
DEQ	目的港码头交货(……指定目的港)
DDU	未完税交货(……指定目的地)
DDP	完税后交货(……指定目的地)

与 Incoterms 1990 相同,在 Incoterms 2000 中,所有术语下当事人各自的义务均用 10 个项目列出,卖方在每一项目中的地位“对应”了买方在同一项目中相应的地位。

6. 用语说明

在起草 Incoterms2000 过程中,工作小组力求使这 13 个术语中的不同表述尽可能地做到连贯一致,这样就避免了用不同表述表达相同的意义。而且,只要可能,均使用了 1980 年《联合国国际货物销售合同公约》中的表述。

“托运人”(shipper)

在一些情况下,需要用同一个词表示两个不同的意思,这只是由于无法找到合适的替代词的缘故。商人们在销售合同和运输合同中经常遇到这种困难。例如,“托运人”一词既表示将货物交付运输的人,又表示与承运人订立合同的人,而这两个“托运人”可能是不同的人,如在 FOB 合同中,卖方将货物交付运输,而买方则与承运人订立运输合同。

“交货”(delivery)

需要特别注意的是,“交货”这个词在 Incoterms 中有两种不同含义。首先,“交货”一词被用来判断卖方何时完成了其交货义务,这规定在所有 Incoterms 的 A4 条款中。其次,“交货”

也被用于买方受领或接受货物的义务，这规定在所有Incoterms的B4条款中。用于这第二种含义时，“交货”首先意味着买方“接受”C组术语的基本宗旨，即卖方在将货物交运时即完成其义务；其次，“交货”一词还意味着买方有受领货物的义务。为避免因买方提取货物前支付不必要的贮藏费，这后一种义务是很重要的。例如，在CFR和CIF术语的合同中，买方有义务接受货物并从承运人处领取货物，若买方未履行该义务，就可能对与承运人订立运输合同的卖方损失承担赔偿责任，或者向承运人支付货物滞期费以使承运人放货。在这方面，说买方必须“受领货物”并不表示买方将其作为符合销售合同而接受货物，而只是指买方接受这一事实，即卖方按C组术语A3a)款订立运输合同，完成了将货物交付运输的义务。如果买方在目的地收到货物后，发现货物与销售合同规定不符，买方可使用销售合同和适用的法律给予的任何一种补救办法向卖方寻求补偿。如前所述，此项事宜已完全超出Incoterms的适用范围。

当货物在某一特定地点可交给买方时，在适当之处Incoterms2000使用了“将货物交给买方处置”的表述。这种表述与《联合国国际货物销售合同公约》中“将货物交与”的表述含义相同。

“通常”(usual)

“通常”一词在很多术语中出现，如在EXW术语中表示交货时间的条款(A4)中，在C组术语下关于卖方必须提供的单据和必须订立的运输合同的条款中(A8、A3)。当然，说清楚“通常”的含义并非易事，然而在很多情况下，是有可能认定该行业内人士通常是如何行事的，这种行事惯例即可作为参照。在此意义上，“通常”这个词比“合理的”一词更有帮助。“合理的”要求的不是根据日常实践的评估，而是根据更难界定的善意和公平交易原则的评估。在一些情况下，可能还是需要判断什么是“合理的”。尽管如此，由于上述原因，在Incoterms中，一般使用“通常”一词而不使用“合理的”一词。

“费用”(charges)

在涉及到办理货物进口手续的义务时，判断货物进口时要支付的“费用”包括哪些内容是很重要的。在Incoterms1990中，DDP术语A6使用的是“在出口和进口中所需交纳的官方费用”。而在Incoterms2000中，删去了“官方”一词，其原因是当决定某项收费是否是“官方”收费时，“官方”一词会造成某些不确定性。虽然删去了“官方”一词，但本意并非改变这一条款的实质意义。必须支付的“费用’仅涉及进口必然发生并按适用的进口管理规定必须支付的费用。其他任何由私人机构在货物进口时收取的费用不应包括在“费用”中，如与清关义务无关的贮存费。然而，若承担义务的一方非亲自履行该义务时，则履行此项义务可能发生付给海关经纪人或运输行(freight forwarders)的一些费用。

“港口”(port)、“地点”(place)、“点”(point)和“所在地”(premise)

在交货地点的问题上，Incoterms中使用了不同的表达方法。只适用于海运的术语，如FAS、FOB、CFR、CIF、DES和DEQ，使用了“装运港”和“目的港”两种表述。在所有其他的术语中使用的是“地点”(place)一词。在某些场合，有必要指明在“港口”和“地点”(place)内的某“点”(point)，因为卖方不仅需要知道他要把货物交至一个特定地区，例如某个城市，而且也要知道在该地区的什么点将货物交给买方处置。销售合同经常缺少这一方面的信息，于是，Incoterms规定如果在指定地点没有约定交货点，并且有几个点可以选择，卖方可选择对其最有利的点交货(见FCA术语中的A4条款)。当交货点是卖方的“地点”时，则使用了“卖方所在地”(FCA 术语中的 A4 条款)。

“船只”(ship 和 vessel)

在适用海上运输货物的术语中,“ship”和“vessel”被当作同义词使用。无需说明,当“ship”作为贸易术语的组成部分时,如“船边交货(FAS)”和“目的港船上交货(DES)”,必然要使用“ship”一词。同样,由于 FOB 术语中传统上使用“越过船舷”的表述,因而必然会将“ship”一词用于相关内容。

“查对”(checking)和“检验”(inspection)

在 Incoterms 中,A9 和 B9 条款分别使用“查对、包装和标记”和“货物检验”作为条款标题。尽管“checking”和“inspection”是同义词,但是人们认为这样来区别使用比较合适:在涉及卖方按 A4 交货的义务时使用查对(checking),而后者则用于一些特别情况,即进行“装运前检验”,因为在通常情况下只有当买方或货物出口或进口国当局希望在货物装运前保证货物符合合同或官方规定时才要求进行“检验”。

7. 卖方的交货义务

Incoterms 将重点放在卖方的交货义务上。对与卖方交货有关联的责任和费用的准确分配在各当事方有持续商业关系的情况下一般不会有什么问题。他们会在相互之间确立一种习惯做法(course of dealing),而且他们会按这种方式处理今后的交易。然而,当建立一种新的商业关系或通过经纪人的中介订立合同(这在农矿产品销售中是普遍现象)时,当事人一定要按合同规定办事,在将 Incoterms2000 订入合同时,按照 Incoterms2000 的规定划分责任、费用和风险。

当然,人们希望 Incoterms 能够尽可能细致地划分与交货有关的各当事方的义务。与 Incoterms1990 相比,Incoterms2000 在某些具体情况下在这方面作了进一步努力(见 FCA 术语中 A4 条款)。但在 FAS 和 FOB A4 中,不可避免地要援用行业惯例(“按港口的习惯方式”),其原因是,在 FAS 或 FOB 合同下,将货物,尤其是农矿产品交运的具体做法在不同的海港是不一样的。

8. 与货物有关的风险和费用的转移

当卖方交货后,货物灭失或损坏的风险,以及负担与货物有关的费用的义务便从卖方转移到买方。由于不应给予买方任何拖延风险和费用转移的机会,因此,所有术语都作出规定,当买方没有按约定受领货物或没有给予卖方完成交货义务的必要指示(有关装船时间和/或交货地点)时,风险和费用甚至在交货之前就可转移。这种提前转移风险和费用的条件就是货物已指明为为买方准备的,或如术语所规定,已为买方“划出”。

在 EXW 术语下,这一点尤为重要,因为在所有其他术语下,当采取措施为交运、发送货物(F 组和 C 组)或在目的地交货作准备时(D 组),一般即可认为这批货物是专门为买方准备的。但在一些例外场合,如当卖方散装发运货物且未确定每一个买方的数量时,则在货物按前述规定特定化前,风险和费用不发生转移(参见《1980 年联合国国际货物销售合同公约》第 69.3 条)。

9. 术语

9.1 E 组术语下卖方的义务最小:卖方只要将货物在约定地点,通常是在卖方所在地,交给买方处置即可。但是,另一方面,在实务中,卖方经常会帮助买方将货物装至买方的运输工具上。如果将卖方的义务扩大到包括装货,那么 EXW 术语将更好地反映这一实务。但是,人们认为理想的是仍然保留EXW下卖方义务最小的传统原则,其目的是适用于那些卖方不愿意承担任何装货义务的情况。若买方希望卖方负担更多的义务,应在销售合同中写明。

9.2 F组术语要求卖方按照买方的指示将货物交运。在FCA术语下,当事各方所希望的交货点造成了困难,其原因是此术语所涉及的合同可能会遇到各式各样的情况。货物可能装上买方派往卖方所在地提取货物的车辆;或者货物也许需要从卖方派往买方指定的交货地点 的车辆上卸下。Incoterms2000考虑到了上述可能,规定若合同中指定交货地点是卖方所在地,当货物装上买方的装货车辆时即完成交货,在其他情况下,当货物在卖方的车辆上尚未卸货而交给买方处置时,即完成交货。Incoterms1990 FCA术语A4条款中提到的各种不同运输方式在Incoterms2000中未再重复。

FOB术语中的交货点与CFR和CIF术语中的相同,尽管对此有很多争论,在Incoterms2000中仍未做改动。虽然FOB术语中的"越过船舷"交货的原则在当前许多情况下已不合适了,但是既然已为商人们所深知,并根据货物的特点和可用的装载设备的具体情况加以运用,更改FOB的交货点可能会造成不必要的混乱,尤其对于按租船合同进行农矿产品运输来说,更是如此。

不幸的是,FOB术语被一些商人用来表示"任何"交货点,如"FOB工厂"、"FOB工场"、"FOB卖方工厂"或其他内陆地点,这样做就失去了FOB术语是"Free on Board"的缩写的意义了。如此使用FOB术语会造成混乱,应该避免。

FAS术语办理货物出口手续的义务出现了重要的变化,因为看来最普遍的做法是由卖方而不是由买方承担这项义务。为了保证这一变化得到足够的重视,在FAS序言中使用了黑体字来标出。

9.3 C组术语要求卖方按照通常条件自付费用订立运输合同。因此,卖方支付运费运到的地点,必须在C组每一项术语后指明。按照CIF和CIP术语,卖方还要负责办理保险和负担保险费用。由于费用划分地点确定为目的地国家的某个点,因而C组术语往往被误认为是到货合同,在到货合同中,卖方要承担货物实际被运到约定地点之前的全部风险和费用。

在此必须强调,C组术语与F组术语具有相同性质的一点,就在于卖方是在装运国或发货国完成合同履行。因此,C组术语的销售合同和F组术语的销售合同一样,属于装运合同。

装运合同的特点是,卖方要支付将货物按照惯常航线和习惯方式运至约定地点所需的通常运输费用,而货物灭失或损坏的风险以及在货物以适当方式交付运输之后发生意外而发生的额外费用则应由买方承担。因此,C组术语包含两个区别于其他所有术语的"分界点":一是指明卖方必须安排运输,并承担其费用的点;另一点是风险的划分点。为此,凡增加卖方在C组术语下的义务而扩大卖方的责任超出上述风险划分的"分界点"时,应特别小心。按照CIF和CIP术语,卖方在履行其合同义务,订立运输合同,将货物交付承运人并办理保险后,免除卖方任何进一步风险和费用,这正是C组术语的实质所在。

C组术语作为装运合同的本质也通过在此组术语下广泛使用跟单信用证作为人们喜用的付款方式显现出来。若销售合同的当事方同意,卖方凭跟单信用证向银行提交约定的运输单据后收取货款,则如果卖方在按照跟单信用证得到货款或在货物起运或发货后以其他方式得到货款之后,仍承担进一步的风险和费用,就与跟单信用证的中心目的背道而驰了。当然,不管运费在货物起运之前已经预付还是在目的地支付(运费到付),卖方必须支付运输合同的费用;然而,在货物装船或发货后的事件所发生的额外费用必须由买方承担。

如果卖方需要提供包括交纳关税、税款和其他费用在内的运输合同,那么,在合同约定这些费用由卖方支付时,当然应由卖方支付。这一点在所有C组术语的A6条款中已作出明确规定。

若按习惯要订立几份运输合同,以使货物中途转运以抵达约定的目的地,则卖方必须支付所有的费用,包括货物从一种运输工具转到另一种运输工具而发生的费用。但是,若承运人依据转运合同或一类似条款的规定行使其权利以避免意外的阻碍(例如,冰块、堵塞、劳工动乱、政府禁令,战争或类似战争行为),则由此发生的所有额外费用应由买方承担,因为卖方的义务只限于订立通常的运输合同。

销售合同的当事人往往希望明确卖方应在什么程度内订立运输合同,包括卸货费用由谁负担。由于当货物由通常的班轮运输时,这些费用一般包括在运费之内,因此,销售合同经常规定,货物必须由班轮运输或至少按"班轮条件"运输。有时在CFR或CIF术语后加上"卸到岸上(landed)"。然而,最好不要在C组术语后使用缩写语,除非在有关行业中,该缩写语为合同当事人或适用的法律或行业惯例所明确理解和接受。

具体而言,卖方不应当(在不改变C组术语本质的情况下,实际上也不能够)承担任何保证货物抵达目的地的义务,因为在运输途中任何迟延的风险应由买方承担。因此,涉及时间的任何义务必须表明装船 地或发货地,例如"装运(发货)不迟于……"。象"CFR汉堡不迟于……"这样的一份协议属于用词不当,并会引起不同的解释。当事人的意思可能被认为是货物必须在规定的日期抵达汉堡,在这种情况下该合同不是装运合同而是到货合同;另一种可能的理解是,卖方发运货物的时间必须是使其在通常情况下能在规定的时间前抵达汉堡,除非发生意外事件耽误运输。

在农矿产品贸易中,有时购买的货物正在海上运输途中,在这种情况下,贸易术语后应加上"在途(afloat)"一词。根据CFR和CIF术语,货物的灭失或损坏的风险这时已从卖方转移到买方,这就可能引起解释上的困难。一种可能是,维持CFR和CIF术语有关买卖双方风险划分的通常含义,即风险在装运时转移。这意味着买方也许不得不承担销售合同生效时已发生的事件的后果。另一种可能性是让风险的转移和合同订立的时间相一致。前一种可能性也许更切合实际,因为确定正在运输途中货物的状况往往是不可能的。鉴于这个原因,《1980年联合国国际货物销售合同公约》第68条规定"如果情况表明有此需要,从货物交付给签发体现运输合同的单据的承运人时起,风险就由买方承担",但是有一例外,即当"卖方知道或理应知道货物已经灭失或损坏,而不将这一事实告知买方"时。因此,CFR或CIF术语后加上"在途"一词的解释应取决于销售合同适用的法律。建议当事人弄清适用的法律及其可能导致的解决方法。如有疑问,当事人应在合同中加以明确规定。

在实务中,交易方继续频繁使用C&F或(C and F,C+F)这样传统的术语。然而,在绝大多数情况下,交易方视这些传统术语等同于CFR。为了避免解释合同时的困难,交易方应使用CFR术语,因为CFR是全球广泛接受的"成本加运费(……指定目的港)"术语的唯一的缩写。

在Incoterms1990中,CFR和CIF的A8条款要求:只要卖方提供的运输单据(通常是提单)中援引了租船合同,例如,最常用的表达方式"所有其他条款(terms)和条件(conditions)均按租船合同",这时卖方就有义务提供租船合同的副本。尽管签约人应该总是能够确知合同中所有条款的内容(最好是在订立合同时),但是这种提供租船合同的作法带来了一些问题，尤其是在跟单信用证业务中。所以，在 Incoterms2000 中，删去了 CFR 和 CIF 术语下卖方要随运输单据提供租船合同副本的义务。

虽然 Incoterms 中 A8 条款的目的在于保证卖方向买方提供"交货凭证"，但应该指出，这里强调的是只要卖方提供了"通常"的凭证，卖方就完成了这项义务。在 CPT 和 CIP 术语下，卖方要提供"通常的运输单据"，在 CFR 和 CIF 术语下，卖方要提供提单或海运单，运输单据必须是"清洁的"，即运输单据上不能出现声明货物和/或其包装有与合同不符的条款或批注。若单据中出现这样的条款或批注，那么这个单据就被认为是"不清洁的"，而在跟单信用证交易中则会被银行拒收。但是，一份运输单据，即使上面没有这样的条款或批注，对买方来说通常也不能成为对抗承运人的无可质疑的证据，证明货物在装运时是符合销售合同内容的。一般情况下，承运人会在运输单据的正面以标准文句指明，在运输单据中加入的细节（particulars）是托运人的声明，因此货物情况只是"据称"如其添加的细节所述。承运人以此拒绝承担有关货物状况的责任。根据大多数援用的法律或原则，承运人必须至少使用合理的方法检验货物状况是否正确，否则对收货人负有责任。然而，在集装箱贸易中，承运人无从检查集装箱内货物，除非承运人负责将货物装入集装箱。

涉及保险的术语只有两个，即 CIF 和 CIP。在这两个术语下，卖方有义务为买方的利益办理保险。在其他情况下，则是由当事方自己决定是否要办理保险以及投保到什么程度，由于卖方要为买方的利益办理保险，卖方不一定知道买方的详细要求。根据由伦敦保险人协会（Institute of London Underwriters）拟定的《协会货物保险条款》（Institute Cargo Clauses），（C）规定办理"最低程度"的保险，（B）规定办理中等程度的保险，（A）规定办理最高险别。在 CIF 术语下的农矿产品销售中，买方或许希望将在途货物卖给新的买方，而这个新的买方也许希望再将货物售出，所以，卖方不可能了解这些后继买方的保险要求。因此，在 CIF 术语下，传统上选择最低程度的保险，但买方可以要求卖方办理附加保险。但最低保险对制成品货物的销售可能不太适宜，因为对制成品而言存在偷盗、不当搬运或保管的风险，要求为货物投保超过《协会货物保险条款》（C）下"最低程度"的保险。由于 CIP 不同于 CIF，一般不用于农矿产品的销售，如果在 CIP 下采用最高险别而不是 CIF 下的最低险别，将会是可行的。但若在 CIF 和 CIP 术语下对卖方办理货物保险义务的要求不同，则容易导致混乱。所以，这两个术语要求卖方只限于办理"最低程度"的货物保险。对于 CIP 术语下的买方来说，注意到这一点是非常重要的。如果买方要求附加的险别，他可以与卖方协议由卖方办理或自行安排办理更高的保险。在某些情况下，买方也许会要求获得比《协会货物保险条款》（A）更高的保险，比如战争险、动乱险、民变险、罢工或其他劳工动乱险。若买方希望卖方安排这样的保险，买方必须指示卖方，而卖方必须在可能情况下负责安排这些保险。

9.4 D 组术语与 C 组术语有着本质区别。根据 D 组术语，卖方负责将货物运至边境或进口国内的约定目的地或点。卖方必须承担货物运至该地前的全部风险和费用，因此，D 组术语属于到货合同，而 C 组术语则属于离港（装运）合同。

在 D 组术语下，除了 DDP，卖方在目的地国交货时无须办理进口手续。

传统的做法，在 DEQ 术语下，卖方有义务办理货物的进口清关手续，因为货物需要搬运到码头，这样就进入了进口国。但是，由于大多数国家的清关手续发生了变化，现在由居住在该国的一方办理进口清关手续并交纳关税和其他费用更为合适。所以，DEQ 术语有了一些改变，正如前面提到的 FAS 术语的变化一样。DEQ 术语中的变化在序言中以黑体字标出。

看来,很多国家使用一些没有收进 Incoterms 中的贸易术语,尤其是在铁路运输中(如 franco border, franco-frontiere, Frei Granze)等。然而,在这些术语下,通常并不想让卖方承担将货物运至边境前的货物灭失或损坏的风险。在这些情况下,最好使用 CPT 指明边境。另一方 面,如果他们希望让卖方负担运输中的风险,使用指明边境的 DAF 术语将更合适。

DDU 术语是在 Incoterms1990 中新加入的。当卖方准备在目的国交货但不办理进口手续、不交纳关税时,该术语就发挥了重要作用。在那些办理海关手续很困难而且耗时很久的国家里,卖方承担在完成海关清关手续后交货的义务将是有风险的。尽管按照 DDU 术语的 B5 和 B6 条款,买方要承担其未完成货物进口手续情况时可能发生的额外风险和费用,我们仍然建议在与办理货物进口手续可能会有困难的国家的交易中,卖方不使用 DDU 术语。

10. "无义务"的表示

"卖方必须"和"买方必须"这样的表达方法体现出 Incoterms 只涉及当事双方对对方承担的义务。这样,"无义务"一词则被用于一方对另一方不承担义务的情况。如果按各该术语中 A3 条款卖方须安排并支付运输费用,则在 B3a)的"运输合同"项目下"无义务"的字样即规定了买方的地位。同样,当任何一方对对方都不承担义务时,在双方名下都会出现"无义务"一词,例如有关"保险"的情况。

在上述任何一种情况下,重要的是要指出,即使一方"无义务"为另一方履行某项任务,这并不意味着履行该任务不符合它的利益。例如,CFR 的买方按照 B4 对卖方并无投保的责任,但很明显买方投保符合其利益,因为在该术语下按照 A4 卖方也没有义务获取保险。

11. Incoterms 的变体

在实务中,当事双方经常在 Incoterms 术语基础上添加词句以求得比术语更精确的约定。需要强调的是,Incoterms 对任何这种添加的内容不提供任何指导规定。这样,如果当事方无法依赖一个公认的行业惯例来解释其新增内容时,他们可能会由于无法就新增内容证明有一贯的理解而面临严重的问题。以常用的"FOB 理舱"和"EXW 装车"为例,卖方的义务不仅被扩大至包括负担将货物分别装到船上或装上车辆的费用,而且也包括在装舱和装货期间货物意外的灭失或损坏的风险,这就无法在全世界达成一致的理解。由于上述原因,强烈建议当事双方明确表示他们是否只打算由卖方承担装舱和装车的任务及费用,还是卖方也需要承担装舱和装车全部结束之前的风险。对此 Incoterms 并无答案。其结果,假如合同也未对双方意图加以明确的话,双方就将面临不必要的麻烦和费用了。

尽管 Incoterms2000 未对许多这样的普遍使用的变体作出规定,某些术语的序言确实在提醒双方,如希望超出 Incoterms 的规定来分配双方义务的话,需要使用特殊的合同条款。例如:

EXW	关于卖方将货物装上买方的运输工具的额外义务
CIF/CIP	关于买方安排货物额外保险的需要
DEQ	关于卖方支付卸货之后的费用的额外义务

在一些情况下,卖方和买方援引班轮和租船合同中的商业惯例。这样就需要明确地区分当事双方在运输合同中的义务和彼此在销售合同中的义务。但是,对于"班轮条件"(liner terms)和"终点站搬运费"(terminal handling charges, THC)等表达法尚无权威解释。在这些条款下,费用的划分因地点的不同而不同,而且经常变化。建议当事方在销售合同中明确规定如何划分双方应承担的费用。

在租船合同中经常使用的表达法如“FOB 理舱”，“FOB 理舱和平舱”等，有时被用在销售合同中以明确在 FOB 术语下卖方要在何种程度内负担理舱和平舱的义务。当使用此类附加语时，有必要在销售合同中明确额外的义务只限于费用还是包括费用和风险。

如上所述，我们尽量使 Incoterms 反映出最通行的国际商业做法。然而，在某些情况下，尤其是当 Incoterms2000 与 Incoterms1990 有不同之处时，当事方也许会希望以不同方式使用贸易术语。在贸易术语的序言中，以“但是”作句子的开头专门提醒注意这些可能性。

12. 港口或特定行业的习惯做法

因为贸易术语要在不同行业和不同地区使用，对双方的义务不能总是规定得很精确。因此，在某种程度上，有必要参考港口的或特定行业的习惯做法，或当事方在先前的交易中已经建立的习惯做法（参见《1980 年联合国国际货物销售合同公约》第 9 条）。对于卖方和买方而言，当协商销售合同时，使自己及时了解这些习惯做法，并在不能确定时，通过在销售合同中适当的条款以澄清当事方的法律地位是值得推荐的做法。在具体合同中这些特别条款将取代或改变 Incoterms 规定的任何解释规则。

13. 买方关于装运地的选择权

在一些情况下，在订立销售合同时可能无法准确地确定卖方将货物交运的点（Point）甚至地点（Place）。比如，在这一阶段，可能只约定在“某一范围”或一个较大的地点，如海港。在这种情况下，通常规定买方随后有权或有义务在这一范围或地点内指定更精确的地点。若如上文所述买方有义务提供精确地点而他没有做到，则买方就要承担由这种未尽义务而造成的任何额外的风险和费用（如所有术语中 B5/B7 条款规定）。除此之外，若买方没能使用自己的权利指示交货点，则卖方可以选择在对卖方最合适的点交货（FCA A4）。

14. 清关

“清关”这个词已经造成了一些误解，因此，现在已明确，无论何时当卖方或买方承担将货物运付出口国或进口国的海关的义务时，这项义务不仅包括交纳关税和其他费用，而且包括履行一切与货物通过海关有关的行政事务以及向当局提供必要信息并交纳相关费用。在某些地区，如欧盟内部或其他自由贸易区，当不再有交纳关税的义务和对进出口的限制时，有人认为使用规定办理货物清关手续义务的术语是不恰当的（尽管这是错误的认识）。为此，“在需要办理海关手续时（where applicable）”的用语被加入了相关术语的 A2 和 B2、A6 和 B6 条款，这样，在无需办理海关手续的情况下，使用该用语就可以避免模棱两可。

清关手续由住所在该国的一方或其代表办理通常是可取的。因此，出口商通常应办理出口清关手续，进口商应办理进口清关手续。

Incoterms1990 中的 EXW、FAS（要求买方办理货物出口清关手续）和 DEQ（要求卖方办理进口清关手续）与上述原则不一致。Incoterms2000 的 FAS 和 DEQ 术语分别将办理出口和进口清关手续的义务规定给卖方和买方，但表示卖方最小义务的术语 EXW 却未被改动（买方仍承担办理出口清关的义务）。DDP 术语的字面含义即完税后交货（Delivered Duty Paid），采用该术语自然表示卖方明确同意完成该术语的义务，即办理进口清关手续并交纳全部相关费用。

15. 包装

大多数情况下，当事人事先知道货物安全运至目的地需要何种包装。但是，由于卖方包装货物的义务可能因具体的运输方式和期限而大相径庭，因而有必要规定卖方有义务使货物的包装适合运输方式的要求，但只限于在订立销售合同前已经知道有关运输的情况（参阅《1980年联合国国际货物销售合同公约》第35条1款和第35条2款b项规定，即货物包装必须“适用于订立合同时曾明示或默示地通知卖方的任何特定目的，除非情况表明买方并不依赖卖方的技能和判断力，或者这种依赖是不合理的”）。

16. 货物检验

在许多情况下，人们会建议买方在卖方把货物交付运输前或交付运输时安排货物检验（称为“装运前检验”）。除非合同另有规定，买方应承担检验费用，这种检验是为了他自身利益而安排的。但是，若进行的检验是为了使卖方履行在其本国适用于出口货物的任何强制性规定，则卖方应支付检验费用，除非使用的是EXW术语，这时买方应负担检验费用。

17. 运输方式和相应的Incoterms2000术语

适用于任何运输方式

	E组
EXW	工厂交货（……指定地点）
	F组
FCA	货交承运人（……指定地点）
	C组
CPT	运费付至（……指定目的地）
CIP	运费、保险费付至（……指定目的地）
	D组
DAF	边境交货（……指定地点）
DDU	未完税交货（……指定目的地）
DDP	完税交货（……指定目的地）

只适用于海运及内河运输

	F组
FAS	船边交货（……指定装运港）
FOB	船上交货（……指定装运港）
	C组
CFR	成本加运费（……指定目的港）
CIF	成本、保险加运费付至（……指定目的港）
	D组
DES	目的港船上交货（……指定目的港）
DEQ	目的港码头交货（……指定目的港）

18. 推荐使用

在某些情况下，序言推荐使用或者不使用某个术语。注意这一点在选择FCA和FOB时尤其重要。遗憾的是，商人们依然不适当地使用FOB，这使卖方在将货物交给买方指定的承运人之后依然会遇到风险。FOB仅在下列情况下适用，即当卖方只打算越过船舷交货，不管怎么样要交到船上，而不是将货物交给承运人以使货物能被继续运输和装载到船上，例如装到集装箱内或装上卡车等所谓集装运输工具上。所以，前言中有强烈的警告，若当事方无意超过船舷交货则不应使用该术语。

也会出现这样的情况，即当买卖双方考虑使用其他运输方式时却错误地使用了适合于海运的术语。这将会使卖方处于不利的处境，即无法完成向买方提交适当单据的义务（如提单、海运单或有同等作用的电子讯息）。第 17 节中的图表显示了不同运输方式适用的 Incoterms2000 的术语，而且，各个术语的序言也提示该术语是适用于所有运输方式或仅适用于海运。

19. 提单和电子商务

传统做法，在 CFR 和 CIF 术语下，装船提单是卖方应提供的唯一可接受的单据，提单起到了三个重要的作用，即：

- 将货物交付至船上的证明；
- 运输合同的证明；
- 一种通过将纸面单据（paper document）交给另一方而将在途货物的权利转移给另一方的方式。

除提单外的其他运输单据可以完成上述三项作用的前两项，但它们却无法控制货物在目的地交货或使买方能够通过将纸面单据交付给其买方而卖出在途货物。而其他运输单据则将指明在目的地有权接受货物的当事方的名字。为了保证在目的地能够向承运人提取货物，拥有提单是必要的，这就使用电子通讯方式取代提单变得尤其困难。

另外，习惯上签发数份正本提单，这时，买方或按其指示向卖方付款的银行，确信所有正本都已由卖方提交（所谓“全套”）至关重要。这也是 ICC 有关跟单信用证的规则（即《跟单信用证统一规则》，在 Incoterms2000 出版时其版本为 UCP500）的要求。

运输单据不仅必须证明货物已经交付承运人，而且要证明在承运人能够确定的范围内货物被收到时状况良好。在运输单据中任何表示货物并非呈良好状况的批注将会使该单据成为“不清洁”单据，这样的单据根据 UCP 将无法接受。

尽管提单具有特定的法律性质，但预计在不远的将来将会被电子方式替代。Incoterms1990 充分估计了这种可以预期的发展。根据 A8 条款，若当事方同意以电子方式通讯，则可以用具有同等作用的电子讯息取代纸面运输单据。这些电子讯息可以被直接或经由提供增值服务的第三方传送至有关当事人。一种第三方可以提供的有用的服务是登记提单的一系列持有人。提供这种服务的系统，如 BOLERO（提单电子登记组织）的服务，或许需要得到象《国际海运委员会电子提单 1990 年规则》第 16 条、第 17 条和《1996 年 UNCITRAL 电子商务示范法》那样的法律规范和原则的进一步支持。

20. 不可转让的运输单据替代提单

近几年，简化单据的做法取得了很大进展。提单经常被不可转让的运输单据所代替，它类似于海运以外的其他运输方式所使用的运输单据。这些单据被称为“海运单”、“班轮运单”、“货运收据”或其他名称。使用这些不可转让单据也无不可，但当买方希望通过提交单据给新的买方来出售在途货物时就不行了。为了使出售在途货物成为可能，有必要在 CFR 和 CIF 术语下保留卖方提供提单的义务。然而，如合同当事人知道买方不打算销售在途货物，他们可以达成明确协议来免除卖方提供提单的义务，或者在不需要提供提单时采用 CPT 和 CIP 这两种术语。

21. 对承运人给予指示的权利

在 C 组术语下，买方支付货款时应确信卖方收款后无权就货物的处置对承运人作出新的指示。有些用于特殊运输方式(空运、公路或铁路)的运输单据通过向买方交付特定的运单正本或两联中的一联,使买方有排除卖方对承运人作出新指示的可能性。但在海运中用以替代提单的运输单据通常并不包含这种"阻止"功能。国际海事委员会为弥补这一缺陷,引入了《海运单统一规则》,使当事方可以加入一"无处置权"条款,卖方据此放弃指示承运人向其他人或在运单中指定地点之外的地点交货的权利。

22. ICC 仲裁

若合同当事人愿意在相互间发生争议时提交 ICC 仲裁,则应在合同(或当没有单独的合同文本时,在达成协议的相互往来函电)中确切、清楚地约定采用 ICC 仲裁。合同中或与之有关的来往函电中订入一种或几种 Incoterms 术语本身并不构成采用 ICC 仲裁的协议。ICC 在此推荐下列标准 ICC 仲裁条款:

"与本合同有关的一切争议应根据 ICC 仲裁规则,由根据该规则指定的一名或几名仲裁员最终裁决。"

EXW 工厂交货(……指定地点)

"工厂交货(……指定地点)"是指当卖方在其所在地或其他指定的地点(如工场、工厂或仓库)将货物交给买方处置时,即完成交货,卖方不办理出口清关手续或将货物装上任何运输工具。

该术语是卖方承担责任最小的术语。买方必须承担在卖方所在地受领货物的全部费用和风险。

但是,若双方希望在起运时卖方负责装载货物并承担装载货物的全部费用和风险,则须在销售合同中明确写明。在买方不能直接或间接的办理出口手续时,不应使用该术语,而应使用 FCA,如果卖方同意装载货物并承担费用和风险的话。

A 卖方义务

B 买方义务

A1 提供符合合同规定的货物

卖方必须提供符合销售合同规定的货物和商业发票或有同等作用的电子讯息,以及合同可能要求的、证明货物符合合同规定的其他任何凭证。

B1 支付价款

买方必须按照销售合同规定支付价款。

A2 许可证、其他许可和手续

应买方要求并由其承担风险和费用,在需要办理海关手续时,卖方必须给予买方一切协助,以帮助买方取得为货物出口所需的出口许可证或其他官方许可。

B2 许可证、其他许可和手续

买方必须自担风险和费用,取得任何出口和进口许可证或其他官方许可,在需要办理海关手续时,并办理货物出口的一切海关手续。

A3 运输合同与保险合同

a) 运输合同

无义务。

b）保险合同

无义务。

B3 运输合同与保险合同

a）运输合同

无义务。

b）保险合同

无义务。

A4 交货

卖方必须按照合同约定的日期或期限，或如果未约定日期或期限，按照交付此类货物的惯常时间，在指定的地点将未置于任何运输车辆上的货物交给买方处置。若在指定的地点内未约定具体交货点，或有若干个交货点可使用，则卖方可在交货地点中选择最适合其目的的交货点。

B4 受领货物

买方必须在卖方按照A4和A7/B7规定交货时受领货物。

A5 风险转移

除B5规定者外，卖方必须承担货物灭失或损坏的一切风险，直至已经按照A4规定交货为止。

B5 风险转移

买方必须按照下述规定承担货物灭失或损坏的一切风险：

自按照A4规定交货之时起；及

由于买方未能按照B7规定通知卖方，则自约定的交货日期或交货期限届满之日起，但以该项货物已正式划归合同项下，即清楚地划出或以其他方式确定为合同项下之货物为限。

A6 费用划分

除B6规定者外，卖方必须负担与货物有关的一切费用，直到已经按照A4规定交货为止。

B6 费用划分

买方必须支付

- 自按照A4规定交货之时起与货物有关的一切费用；及
- 在货物交给买方处置而买方未受领货物或未按照B7规定给予卖方相应通知而发生的任何额外费用，但以该项货物已正式划归合同项下，即清楚地划出或以其他方式确定为合同项下之货物为限；及
- 在需要办理海关手续时，货物出口应交纳的一切关税、税款和其他费用，以及办理海关手续的费用。

买方必须偿付卖方按照A2规定给予协助时所发生的一切费用。

A7 通知买方

卖方必须给予买方有关货物将于何时何地交给买方处置的充分通知。

B7 通知卖方

一旦买方有权确定在约定的期限内受领货物的具体时间和/或地点时，买方必须就此给予卖方充分通知。

A8 交货凭证、运输单据或有同等作用的电子讯息

无义务。

B8 交货凭证、运输单据或有同等作用的电子讯息

买方必须向卖方提供已受领货物的适当凭证。

A9 查对、包装、标记

卖方必须支付为了将货物交给买方处置所需进行的查对费用(如查对货物品质、丈量、过磅、点数的费用)。

卖方必须自付费用提供按照卖方在订立合同前已知的有关该货物运输(如运输方式、目的地)所要求的包装(除非按照相关行业惯例,合同所指货物通常无需包装)。包装应作适当标记。

B9 货物检验

买方必须支付任何装运前检验的费用,包括出口国有关当局强制进行的检验。

A10 其他义务

应买方要求并由其承担风险和费用,卖方必须给予买方一切协助,以帮助其取得由交货地国和/或原产地国所签发或传送的为买方出口和/或进口货物可能要求的和必要时从他国过境所需要的任何单据或有同等作用的电子讯息。

应买方要求,卖方必须向买方提供投保所需的信息。

B10 其他义务

买方必须支付因取得A10所述单据或有同等作用的电子讯息而发生的一切费用,并偿付卖方给予协助时所发生的费用。

FCA 货交承运人(……指定地点)

"货交承运人(……指定地点)"是指卖方只要将货物在指定的地点交给买方指定的承运人,并办理了出口清关手续,即完成交货。需要说明的是,交货地点的选择对于在该地点装货和卸货的义务会产生影响。若卖方在其所在地交货,则卖方应负责装货,若卖方在任何其他地点交货,卖方不负责卸货。

该术语可用于各种运输方式,包括多式联运。

"承运人"指任何人在运输合同中,承诺通过铁路、公路、空运、海运、内河运输或上述运输的联合方式履行运输或由他人履行运输。

若买方指定承运人以外的人领取货物,则当卖方将货物交给此人时,即视为已履行了交货义务。

A 卖方义务

B 买方义务

A1 提供符合合同规定的货物

卖方必须提供符合销售合同规定的货物和商业发票或有同等作用的电子讯息,以及合同可能要求的、证明货物符合合同规定的其他任何凭证。

B1 支付价款

买方必须按照销售合同规定支付价款。

A2　许可证、其他许可和手续

卖方必须自担风险和费用，取得任何出口许可证或其他官方许可，并在需要办理海关手续时，办理货物出口所需要的一切海关手续。

B2　许可证、其他许可和手续

买方必须自担风险和费用，取得任何进口许可证或其他官方许可，并在需要办理海关手续时，办理货物进口和从他国过境的一切海关手续。

A3　运输合同与保险合同

a）运输合同

无义务。但若买方要求，或者如果是商业惯例而买方未适时给予卖方相反指示，则卖方可按照通常条件订立运输合同，费用和风险由买方承担。在任何一种情况下，卖方都可以拒绝订立此合同；如果拒绝，则应立即通知买方。

b）保险合同

无义务。

B3　运输合同与保险合同

a）运输合同

买方必须自付费用订立自指定的地点运输货物的合同，卖方按照 A3a）订立了运输合同时除外。

b）保险合同

无义务。

A4　交货

卖方必须在指定的交货地点，在约定的交货日期或期限内，将货物交付给买方指定的承运人或其他人，或由卖方按照 A3a）选定的承运人或其他人。

交货在以下时候完成：

a）若指定的地点是卖方所在地，则当货物被装上买方指定的承运人或代表买方的其他人提供的运输工具时；

b）若指定的地点不是 a）而是其他任何地点，则当货物在卖方的运输工具上，尚未卸货而交给买方指定的承运人或其他人或由卖方按照 A3a）选定的承运人或其他人的处置时。

若在指定的地点没有约定具体交货点，且有几个具体交货点可供选择时，卖方可以在指定的地点选择最适合其目的的交货点。

若买方没有明确指示，则卖方可以根据运输方式和/或货物的数量和/或性质将货物交付运输。

B4　受领货物

买方必须在卖方按照 A4 规定交货时，受领货物。

A5　风险转移

除 B5 规定者外，卖方必须承担货物灭失或损坏的一切风险，直至已经按照 A4 规定交货为止。

B5　风险转移

买方必须按照下述规定承担货物灭失或损坏的一切风险：

- 自按照 A4 规定交货之时起；及

• 由于买方未能按照 A4 规定指定承运人或其他人,或其指定的承运人或其他人未在约定时间接管货物,或买方未按照 B7 规定给予卖方相应通知,则自约定的交货日期或交货期限届满之日起,但以该项货物已正式划归合同项下,即清楚地划出或以其他方式确定为合同项下之货物为限。

A6 费用划分

除 B6 规定者外,卖方必须支付

• 与货物有关的一切费用,直至已按照 A4 规定交货为止;及

• 在需要办理海关手续时,货物出口应办理的海关手续费用及出口应交纳的一切关税、税款和其他费用。

B6 费用划分

买方必须支付

• 自按照 A4 规定交货之时起与货物有关的一切费用;及

• 由于买方未能按照 A4 规定指定承运人或其他人、或由于买方指定的人未在约定的时间内接管货物、或由于买方未按照 B7 规定给予卖方相应通知而发生的任何额外费用,但以该项货物已正式划归合同项下,即清楚地划出或以其他方式确定为合同项下之货物为限。

• 在需要办理海关手续时,货物进口应交纳的一切关税、税款和其他费用以及办理海关手续的费用及从他国过境的费用。

A7 通知买方

卖方必须给予买方说明货物已按照 A4 规定交付给承运人的充分通知。若在约定时间承运人未按照规定接收货物,则卖方必须相应地通知买方。

B7 通知卖方

买方必须就按照 A4 规定指定的人的名称给予卖方充分通知,并根据需要指明运输方式和向该指定的人交货的日期或期限,以及依情况在指定的地点内的具体交货点。

A8 交货凭证、运输单据或有同等作用的电子讯息

卖方必须自担费用向买方提供证明按照 A4 规定交货的通常单据。

除非前项所述单据是运输单据,否则,应买方要求并由其承担风险和费用,卖方必须给予买方一切协助,以取得有关运输合同的运输单据(如可转让提单、不可转让海运单、内河运输单据、空运单、铁路托运单、公路托运单或多式联运单据)。

如买卖双方约定使用电子方式通讯,则前项所述单据可以使用有同等作用的电子数据交换(EDI)讯息所代替。

B8 交货凭证、运输单据或有同等作用的电子讯息

买方必须接受按照 A8 规定提供的交货凭证。

A9 查对、包装、标记

卖方必须支付为了按照 A4 交货所需进行的查对费用(如核对货物品质、丈量、过磅、点数的费用)。

卖方必须自付费用提供按照卖方在订立销售合同前已知的有关该货物运输(如运输方式、目的地)所要求的包装(除非按照相关行业惯例,合同所述货物通常无需包装发运)。包装应作适当标记。

B9 货物检验

买方必须支付任何装运前检验的费用，但出口国有关当局强制进行的检验除外。

A10 其他义务

应买方要求并由其承担风险和费用，卖方必须给予买方一切协助，以帮助买方取得由装运地国和/或原产地国所签发或传送的、为买方进口货物可能要求的和必要时从他国过境所需要的任何单据或有同等作用的电子讯息（A8中所列的除外）。应买方要求，卖方必须向买方提供投保所需的信息。

B10 其他义务

买方必须支付因取得A10所述单据或电子讯息而发生的一切费用，并偿付卖方按照该款给予协助以及按照A3a）订立运输合同所发生的费用。

当买方按照A3a）规定要求卖方协助订立运输合同时，买方必须给予卖方相应的指示。

FAS船边交货（……指定装运港）

"船边交货（……指定装运港）"是指卖方在指定的装运港将货物交到船边，即完成交货。买方必须承担自那时起货物灭失或损坏的一切风险。

FAS术语要求卖方办理出口清关手续。

这一点与以前版本的内容相反，以前版本要求买方安排办理出口手续。

但是，如当事方希望买方办理出口手续，需要在销售合同中明确写明。

该术语仅适用于海运或内河运输。

A 卖方义务

B 买方义务

A1 提供符合合同规定的货物

卖方必须提供符合销售合同规定的货物和商业发票或有同等作用的电子讯息，以及合同可能要求的、证明货物符合合同规定的其他任何凭证。

B1 支付价款

买方必须按照销售合同规定支付价款。

A2 许可证、其他许可和手续

卖方必须自担风险和费用，取得任何出口许可证或其他官方许可，并在需要办理海关手续时，办理货物出口所需的一切海关手续。

B2 许可证、其他许可和手续

买方必须自担风险和费用，取得任何进口许可证或其他官方许可，并在需要办理海关手续时，办理货物进口和从他国过境所需的一切海关手续。

A3 运输合同与保险合同

a）运输合同

无义务。

b）保险合同

无义务。

B3 运输合同与保险合同

a）运输合同

买方必须自付费用订立自指定的装运港运输货物的合同。

b）保险合同

无义务。

A4 交货

卖方必须在买方指定的装运港，在买方指定的装货地点，在约定的日期或期限内，按照该港习惯方式将货物交至买方指定的船边。

B4 受领货物

买方必须在卖方按照 A4 规定交货时受领货物。

A5 风险转移

除 B5 规定者外，卖方必须承担货物灭失或损坏的一切风险，直至已按照 A4 规定交货为止。

B5 风险转移

买方必须按照下述规定承担货物灭失或损坏的一切风险：

- 自按照 A4 规定交货时起；及
- 由于买方未按照 B7 规定通知卖方，或其指定的船只未按时到达，或未接收货物，或较按照 B7 通知的时间提早停止装货，则自约定的交货日期或期限届满时起，但以该项货物已划拨到合同项下，即明确保留或以其他方式确定为合同项下之货物为限。

A6 费用划分

除 B6 规定者外，卖方必须支付

- 与货物有关的一切费用，直至已按照 A4 规定交货为止；及
- 在需要办理海关手续时，货物出口应办理的海关手续费用及应缴纳的关税、税款和其他费用。

B6 费用划分

买方必须支付

- 按照 A4 规定交货时与货物有关的一切费用；及
- 由于买方指定的船只未按时到达，或未装载上述货物或较按照 B7 通知的时间提早停止装货，或由于买方未按照 B7 规定给予卖方相应的通知而发生的任何额外费用，但以该项货物已正式划归合同项下，即清楚地划出或以其他方式确定为合同项下之货物为限；及
- 在需要办理海关手续时，货物进口应交纳的一切关税、税款和其他费用，及办理海关手续的费用，以及从他国过境的费用。

A7 通知买方

卖方必须给予买方说明货物已交至指定的船边的充分通知。

B7 通知卖方

买方必须给予卖方有关船名、装船点和要求交货时间的充分通知。

A8 交货凭证、运输单据或有同等作用的电子讯息

卖方必须自付费用向买方提供证明按照 A4 规定交货的通常单据。

除非前项所述单据是运输单据，否则，应买方要求并由其承担风险和费用，卖方必须给予买方一切协助，以取得运输单据（如可转让提单、不可转让海运单、内河运输单据）。

如买卖双方约定使用电子方式通讯，则前项所述单据可以使用有同等作用的电子数据交换（EDI）讯息代替。

B8　交货凭证、运输单据或有同等作用的电子讯息

买方必须接受按照A8规定提供的交货凭证。

A9　查对、包装、标记

卖方必须支付为按照A4交货所需进行的查对费用（如核对货物品质、丈量、过磅、点数的费用）。

卖方必须自付费用，提供按照卖方订立销售合同前已知的有关该货物运输（如运输方式、目的港）所要求的包装（除非按照相关行业惯例，合同所述货物无需包装发运）。包装应作适当标记。

B9　货物检验

买方必须支付任何装运前检验的费用，但出口国有关当局强制进行的检验除外。

A10　其他义务

应买方要求并由其承担风险和费用，卖方必须给予买方一切协助，以帮助买方取得由装运地国和/或原产地国所签发或传送的、为买方进口货物可能要求的或从他国过境所需的任何单据或有同等作用的电子讯息（A8所列的除外）。

应买方要求，卖方必须向买方提供投保所需的信息。

B10　其他义务

买方必须支付因获取A10所述单据或有同等作用的电子讯息所发生的一切费用，并偿付卖方因给予协助而发生的费用。

FOB 船上交货（……指定装运港）

“船上交货（……指定装运港）”是当货物在指定的装运港越过船舷，卖方即完成交货。这意味着买方必须从该点起承担货物灭失或损坏的一切风险。FOB术语要求卖方办理货物出口清关手续。

该术语仅适用于海运或内河运输。如当事各方无意越过船舷交货，则应使用FCA术语。

A　卖方义务

B　买方义务

A1　提供符合合同规定的货物

卖方必须提供符合销售合同规定的货物和商业发票或有同等作用的电子讯息，以及合同可能要求的、证明货物符合合同规定的其他任何凭证。

B1　支付价款

买方必须按照销售合同规定支付价款。

A2　许可证、其他许可和手续

卖方必须自担风险和费用，取得任何出口许可证或其他官方许可，并在需要办理海关手续时，办理出口货物所需的一切海关手续。

B2　许可证、其他许可和手续

买方必须自担风险和费用，取得任何进口许可证或其他官方许可，并在需要办理海关手续时，办理货物进口和在必要时从他国过境所需的一切海关手续。

A3　运输合同与保险合同

a）运输合同

无义务。

b）保险合同

无义务。

B3 运输合同与保险合同

a）运输合同

买方必须自付费用订立从指定的装运港运输货物的合同。

b）保险合同

无义务。

A4 交货

卖方必须在约定的日期或期限内，在指定的装运港，按照该港习惯方式，将货物交至买方指定的船只上。

B4 受领货物

买方必须在卖方按照A4规定交货时受领货物。

A5 风险转移

除B5规定者外，卖方必须承担货物灭失或损坏的一切风险，直至货物在指定的装运港越过船舷为止。

B5 风险转移

买方必须按照下述规定承担货物灭失或损坏的一切风险：

• 货物在指定的装运港越过船舷时起；及

• 于买方未按照B7规定通知卖方，或其指定的船只未按时到达，或未接收货物，或较按照B7通知的时间提早停止装货，则自约定交货日期或交货期限届满之日起，但以该项货物已正式划归合同项下，即清楚地划出或以其他方式确定为合同项下之货物为限。

A6 费用划分

除B6规定者外，卖方必须支付

• 货物有关的一切费用，直至货物在指定的装运港越过船舷时为止；及

• 需要办理海关手续时，货物出口需要办理的海关手续费用及出口时应交纳的一切关税、税款和其他费用。

B6 费用划分

买方必须支付

• 货物在指定的装运港越过船舷之时起与货物有关的一切费用；及

• 由于买方指定的船只未按时到达，或未接收上述货物，或较按照B7通知的时间提早停止装货，或买方未能按照B7规定给予卖方相应的通知而发生的一切额外费用，但以该项货物已正式划归合同项下，即清楚地划出或以其他方式确定为合同项下之货物为限；及

• 需要办理海关手续时，货物进口应交纳的一切关税、税款和其他费用，及办理海关手续的费用，以及货物从他国过境的费用。

A7 通知买方

卖方必须给予买方说明货物已按照A4规定交货的充分通知。

B7 通知卖方

买方必须给予卖方有关船名、装船点和要求交货时间的充分通知。

A8 交货凭证、运输单据或有同等作用的电子讯息

卖方必须自付费用向买方提供证明货物已按照A4规定交货的通常单据。

除非前项所述单据是运输单据，否则应买方要求并由其承担风险和费用，卖方必须给予买方一切协助，以取得有关运输合同的运输单据（如可转让提单、不可转让海运单、内河运输单据或多式联运单据）。如买卖双方约定使用电子方式通讯，则前项所述单据可以由具有同等作用的电子数据交换（EDI）讯息代替。

B8 交货凭证、运输单据或有同等作用的电子讯息

买方必须接受按照A8规定提供的交货凭证。

A9 查对、包装、标记

卖方必须支付为按照A4规定交货所需进行的查对费用（如核对货物品质、丈量、过磅、点数的费用）。

卖方必须自付费用，提供按照卖方订立销售合同前已知的该货物运输（如运输方式、目的港）所要求的包装（除非按照相关行业惯例，合同所述货物无需包装发运）。包装应作适当标记。

B9 货物检验

买方必须支付任何装运前检验的费用，但出口国有关当局强制进行的检验除外。

A10 其他义务

应买方要求并由其承担风险和费用，卖方必须给予买方一切协助，以帮助其取得由装运地国和/或原产地国所签发或传送的、为买方进口货物可能要求的和必要时从他国过境所需的任何单据或有同等作用的电子讯息（A8所列的除外）。

应买方要求，卖方必须向买方提供投保所需的信息。

B10 其他义务

买方必须支付因获取A10所述单据或有同等作用的电子讯息所发生的一切费用，并偿付卖方因给予协助而发生的费用。

CFR 成本加运费（……指定目的港）

“成本加运费（……指定目的港）”，是指在装运港货物越过船舷卖方即完成交货，卖方必须支付将货物运至指定的目的港所需的运费和费用。但交货后货物灭失或损坏的风险，以及由于各种事件造成的任何额外费用，即由卖方转移到买方。

CFR术语要求卖方办理出口清关手续。

该术语仅适用于海运或内河运输。如当事各方无意越过船舷交货，则应使用CPT术语。

A 卖方义务

B 买方义务

A1 提供符合合同规定的货物

卖方必须提供符合销售合同规定的货物和商业发票或有同等作用的电子讯息，以及合同可能要求的、证明货物符合合同规定的其他任何凭证。

B1 支付价款

买方必须按照销售合同规定支付价款。

A2 许可证、其他许可和手续

卖方必须自担风险和费用,取得任何出口许可证或其他官方许可,并在需要办理海关手续时,办理货物出口所需的一切海关手续。

B2 许可证、其他许可和手续

买方必须自担风险和费用,取得任何进口许可证或其他官方许可,并在需要办理海关手续时,办理货物进口及从他国过境的一切海关手续。

A3 运输合同与保险合同

a) 运输合同

卖方必须自付费用,按照通常条件订立运输合同,经由惯常航线,将货物用通常可供运输合同所指货物类型的海轮(或依情况适合内河运输的船只)运输至指定的目的港。

b) 保险合同

无义务。

B3 运输合同与保险合同

a) 运输合同

无义务。

b) 保险合同

无义务。

A4 交货

卖方必须在装运港,在约定的日期或期限内,将货物交至船上。

B4 受领货物

买方必须在卖方按照 A4 规定交货时受领货物,并在指定的目的港从承运人收受货物。

A5 风险转移

除 B5 规定者外,卖方必须承担货物灭失或损坏的一切风险,直至货物在装运港越过船舷为止。

B5 风险转移

买方必须承担货物在装运港越过船舷之后灭失或损坏的一切风险。

如买方未按照 B7 规定给予卖方通知,买方必须从约定的装运日期或装运期限届满之日起,承担货物灭失或损坏的一切风险,但以该项货物已正式划归合同项下,即清楚地划出或以其他方式确定为合同项下之货物为限。

A6 费用划分

除 B6 规定者外,卖方必须支付

- 与货物有关的一切费用,直至已经按照 A4 规定交货为止;及
- 按照 A3a)规定所发生的运费和其他一切费用,包括货物的装船费和根据运输合同由卖方支付的、在约定卸货港的任何卸货费;及
- 在需要办理海关手续时,货物出口需要办理的海关手续费用及出口时应缴纳的一切关税、税款和其他费用,以及如果根据运输合同规定,由卖方支付的货物从他国过境的费用。

B6 费用划分

除 A3a)规定外,买方必须支付

- 自按照 A4 规定交货时起的一切费用;及

• 货物在运输途中直至到达目的港为止的一切费用，除非这些费用根据运输合同应由卖方支付；及

• 包括驳运费和码头费在内的卸货费，除非这些费用根据运输合同应由卖方支付；及

• 如买方未按照B7规定给予卖方通知，则自约定的装运日期或装运期限届满之日起，货物所发生的一切额外费用，但以该项货物已正式划归合同项下，即清楚地划出或以其他方式确定为合同项下之货物为限；及

• 在需要办理海关手续时，货物进口应交纳的一切关税、税款和其他费用，及办理海关手续的费用，以及需要时从他国过境的费用，除非这些费用已包括在运输合同中。

A7　通知买方

卖方必须给予买方说明货物已按照A4规定交货的充分通知，以及要求的任何其他通知，以便买方能够为受领货物采取通常必要的措施。

B7　通知卖方

一旦买方有权决定装运货物的时间和/或目的港，买方必须就此给予卖方充分通知。

A8　交货凭证、运输单据或有同等作用的电子讯息

卖方必须自付费用，毫不迟延地向买方提供表明载往约定目的港的通常运输单据。

此单据（如可转让提单、不可转让海运单或内河运输单据）必须载明合同货物，其日期应在约定的装运期内，使买方得以在目的港向承运人提取货物，并除非另有约定，应使买方得以通过转让单据（可转让提单）或通过通知承运人，向其后手买方出售在途货物。

如此运输单据有数份正本，则应向买方提供全套正本。

如买卖双方约定使用电子方式通讯，则前项所述单据可以由具有同等作用的电子数据交换（EDI）讯息代替。

B8　交货凭证、运输单据或有同等作用的电子讯息

买方必须接受按照A8规定提供的运输单据，如果该单据符合合同规定的话。

A9　查对、包装、标记

卖方必须支付为按照A4规定交货所需进行的查对费用（如核对货物品质、丈量、过磅、点数的费用）。

卖方必须自付费用提供符合其安排的运输所要求的包装（除非按照相关行业惯例该合同所描述货物无需包装发运）。包装应作适当标记。

B9　货物检验

买方必须支付任何装运前检验的费用，但出口国有关当局强制进行的检验除外。

A10　其他义务

应买方要求并由其承担风险和费用，卖方必须给予买方一切协助，以帮助买方取得由装运地国和/或原产地国所签发或传送的、为买方进口货物可能要求的和必要时从他国过境所需的任何单据或有同等作用的电子讯息（A8所列的除外）。

应买方要求，卖方必须向买方提供投保所需的信息。

B10　其他义务

买方必须支付因获取A10所述单据或有同等作用的电子讯息所发生的一切费用，并偿付卖方因给予协助而发生的费用。

CIF 成本、保险费加运费(……指定目的港)

"成本、保险费加运费"是指在装运港当货物越过船舷时卖方即完成交货。

卖方必须支付将货物运至指定的目的港所需的运费和费用,但交货后货物灭失或损坏的风险及由于各种事件造成的任何额外费用即由卖方转移到买方。但是,在 CIF 条件下,卖方还必须办理买方货物在运输途中灭失或损坏风险的海运保险。

因此,由卖方订立保险合同并支付保险费。买方应注意到,CIF 术语只要求卖方投保最低限度的保险险别。如买方需要更高的保险险别,则需要与卖方明确地达成协议,或者自行作出额外的保险安排。

CIF 术语要求卖方办理货物出口清关手续。

该术语仅适用于海运和内河运输。若当事方无意越过船舷交货则应使用 CIP 术语。

A 卖方义务

B 买方义务

A1 提供符合合同规定的货物

卖方必须提供符合销售合同规定的货物和商业发票或有同等作用的电子讯息,以及合同可能要求的、证明货物符合合同规定的其他任何凭证。

B1 支付价款

买方必须按照销售合同规定支付价款。

A2 许可证、其他许可和手续

卖方必须自担风险和费用,取得任何出口许可证或其他官方许可,并在需要办理海关手续时,办理货物出口所需的一切海关手续。

B2 许可证、其他许可和手续

买方必须自担风险和费用,取得任何进口许可证或其他官方许可,并在需要办理海关手续时,办理货物进口及从他国过境的一切海关手续。

A3 运输合同和保险合同

a) 运输合同

卖方必须自付费用,按照通常条件订立运输合同,经由惯常航线,将货物用通常可供运输合同所指货物类型的海轮(或依情况适合内河运输的船只)装运至指定的目的港。

b) 保险合同

卖方必须按照合同规定,自付费用取得货物保险,并向买方提供保险单或其他保险证据,以使买方或任何其他对货物具有保险利益的人有权直接向保险人索赔。保险合同应与信誉良好的保险人或保险公司订立,在无相反明确协议时,应按照《协会货物保险条款》(伦敦保险人协会)或其他类似条款中的最低保险险别投保。保险期限应按照 B5 和 B4 规定。应买方要求,并由买方负担费用,卖方应加投战争、罢工、暴乱和民变险,如果能投保的话。最低保险金额应包括合同规定价款另加 10%(即 110%),并应采用合同货币。

B3 运输合同与保险合同

a) 运输合同

无义务。

b）保险合同

无义务。

A4 交货

卖方必须在装运港，在约定的日期或期限内，将货物交至船上。

B4 受领货物

买方必须在卖方已按照A4规定交货时受领货物，并在指定的目的港从承运人处收受货物。

A5 风险转移

除B5规定者外，卖方必须承担货物灭失或损坏的一切风险，直至货物在装运港越过船舷为止。

B5 风险转移

买方必须承担货物在装运港越过船舷之后灭失或损坏的一切风险。

如买方未按照B7规定给予卖方通知，买方必须从约定的装运日期或装运期限届满之日起，承担货物灭失或损坏的一切风险，但以该项货物已正式划归合同项下，即清楚地划出或以其他方式确定为合同项下之货物为限。

A6 费用划分

除B6规定者外，卖方必须支付

- 与货物有关的一切费用，直至已经按照A4规定交货为止；及
- 按照A3a）规定所发生的运费和其他一切费用，包括货物的装船费；及
- 按照A3b）规定所发生的保险费用；及
- 根据运输合同由卖方支付的、在约定卸货港的任何卸货费用；及
- 在需要办理海关手续时，货物出口需要办理的海关手续费用及出口时应缴纳的一切关税、税款和其他费用，以及根据运输合同规定由卖方支付的货物从他国过境的费用。

B6 费用划分

除A3规定外，买方必须支付

- 自按照A4规定交货时起的一切费用；及
- 货物在运输途中直至到达目的港为止的一切费用，除非这些费用根据运输合同应由卖方支付；及
- 包括驳运费和码头费在内的卸货费，除非这些费用根据运输合同应由卖方支付；及
- 如买方未按照B7规定给予卖方通知，则自约定的装运日期或装运期限届满之日起，货物所发生的一切额外费用，但以该项货物已正式划归合同项下，即清楚地划出或以其他方式确定为合同项下之货物为限；及
- 在需要办理海关手续时，货物进口应交纳的一切关税、税款和其他费用，及办理海关手续的费用，以及需要时从他国过境的费用，除非这些费用已包括在运输合同中。

A7 通知买方

卖方必须给予买方说明货物已按照A4规定交货的充分通知，以及要求的任何其他通知，以便买方能够为受领货物采取通常必要的措施。

B7 通知卖方

一旦买方有权决定装运货物的时间和/或目的港，买方必须就此给予卖方充分通知。

A8 交货凭证、运输单据或有同等作用的电子讯息

卖方必须自付费用,毫不迟延地向买方提供表明载往约定目的港的通常运输单据。

此单据(如可转让提单、不可转让海运单或内河运输单据)必须载明合同货物,其日期应在约定的装运期内,使买方得以在目的港向承运人提取货物,并且,除非另有约定,应使买方得以通过转让单据(可转让提单)或通过通知承运人,向其后手买方出售在途货物。

如此运输单据有数份正本,则应向买方提供全套正本。

如买卖双方约定使用电子方式通讯,则前项所述单据可以由具有同等作用的电子数据交换(EDI)讯息代替。

B8 交货凭证、运输单据或有同等作用的电子讯息

买方必须接受按照 A8 规定提供的运输单据,如果该单据符合合同规定的话。

A9 查对、包装、标记

卖方必须支付为按照 A4 规定交货所需进行的查对费用(如核对货物品质、丈量、过磅、点数的费用)。

卖方必须自付费用,提供符合其安排的运输所要求的包装(除非按照相关行业惯例该合同所描述货物无需包装发运)。包装应作适当标记。

B9 货物检验

买方必须支付任何装运前检验的费用,但出口国有关当局强制进行的检验除外。

A10 其他义务

应买方要求并由其承担风险和费用,卖方必须给予买方一切协助,以帮助买方取得由装运地国和/或原产地国所签发或传送的、为买方进口货物可能要求的和必要时从他国过境所需的任何单据或有同等作用的电子讯息(A8 所列的除外)。

应买方要求,卖方必须向买方提供额外投保所需的信息。

B10 其他义务

买方必须支付因获取 A10 所述单据或有同等作用的电子讯息所发生的一切费用,并偿付卖方因给予协助而发生的费用。

应卖方要求,买方必须向其提供投保所需的信息。

CPT 运费付至(……指定目的地)

"运费付至(……指定目的地)"是指卖方向其指定的承运人交货,但卖方还必须支付将货物运至目的地的运费。亦即买方承担交货之后一切风险和其他费用。

"承运人"是指任何人,在运输合同中,承诺通过铁路、公路、空运、海运、内河运输或上述运输的联合方式履行运输或由他人履行运输。如果还使用接运的承运人将货物运至约定目的地,则风险自货物交给第一承运人时转移。

CPT 术语要求卖方办理出口清关手续。

该术语可适用于各种运输方式,包括多式联运。

A 卖方义务

B 买方义务

A1 提供符合合同规定的货物

卖方必须提供符合销售合同规定的货物和商业发票或有同等作用的电子讯息。以及合同可能要求的、证明货物符合合同规定的其他任何凭证。

B1 支付价款

买方必须按照销售合同规定支付价款。

A2 许可证、其他许可和手续

卖方必须自担风险和费用，取得任何出口许可证或其他官方许可，并在需要办理海关手续时，办理货物出口所需的一切海关手续。

B2 许可证、其他许可和手续

买方必须自担风险和费用，取得任何进口许可证或其他官方许可，并在需要办理海关手续时，办理货物进口及从他国过境的一切海关手续。

A3 运输合同与保险合同

a）运输合同

卖方必须自付费用，按照通常条件订立运输合同，依通常路线及习惯方式，将货物运至指定的目的地的约定点。如未约定或按照惯例也无法确定具体交货点，则卖方可在指定的目的地选择最适合其目的的交货点。

b）保险合同

无义务。

B3 运输合同与保险合同

a）运输合同

无义务。

b）保险合同

无义务。

A4 交货

卖方必须向按照A3规定订立合同的承运人交货，或如还有接运的承运人时，则向第一承运人交货，以使货物在约定的日期或期限内运至指定的目的地的约定点。

B4 受领货物

买方必须在卖方已按照A4规定交货时受领货物，并在指定的目的地从承运人处收受货物。

A5 风险转移

除B5规定者外，卖方必须承担货物灭失或损坏的一切风险，直至已按照A4规定交货为止。

B5 风险转移

买方必须承担按照A4规定交货时起货物灭失或损坏的一切风险。

如买方未能按照B7规定给予卖方通知，则买方必须从约定的交货日期或交货期限届满之日起，承担货物灭失或损坏的一切风险，但以该项货物已正式划归合同项下，即清楚地划出或以其他方式确定为合同项下之货物为限。

A6 费用划分

除B6规定者外，卖方必须支付

- 直至按照A4规定交货之时与货物有关的一切费用，以及按照A3a）规定所发生的运费和其他一切费用，包括根据运输合同规定由卖方支付的装货费和在目的地的卸货费；及

• 在需要办理海关手续时，货物出口需要办理的海关手续费用，及出口时应缴纳的一切关税、税款和其他费用，以及根据运输合同规定，由卖方支付的货物从他国过境的费用。

B6 费用划分

除 A3a)规定外，买方必须支付

• 自按照 A4 规定交货时起的一切费用；及

• 货物在运输途中直至到达目的地为止的一切费用，除非这些费用根据运输合同应由卖方支付；及

• 卸货费，除非根据运输合同应由卖方支付；及

• 如买方未按照 B7 规定给予卖方通知，则自约定的装运日期或装运期限届满之日起，货物所发生的一切额外费用，但以该项货物已正式划归合同项下，即清楚地划出或以其他方式确定为合同项下之货物为限；及

• 在需要办理海关手续时，货物进口应交纳的一切关税、税款和其他费用，及办理海关手续的费用，以及从他国过境的费用，除非这些费用已包括在运输合同中。

A7 通知买方

卖方必须给予买方说明货物已按照 A4 规定交货的充分通知，以及要求的任何其他通知，以便买方能够为受领货物采取通常必要的措施。

B7 通知卖方

一旦买方有权决定发送货物的时间和/或目的地，买方必须就此给予卖方充分通知。

A8 交货凭证、运输单据或有同等作用的电子讯息

卖方必须自付费用（如果习惯如此的话）向买方提供按照 A3 订立的运输合同所涉的通常运输单据（如可转让提单、不可转让海运单、内河运输单据、空运货运单、铁路运单、公路运单或多式联运单据）。

如买卖双方约定使用电子方式通讯，则前项所述单据可以由具有同等作用的电子数据交换（EDI）讯息代替。

B8 交货凭证、运输单据或有同等作用的电子讯息

买方必须接受按照 A8 规定提供的运输单据，如果该单据符合合同规定的话。

A9 查对、包装、标记

卖方必须支付为按照 A4 规定交货所需进行的查对费用（如核对货物品质、丈量、过磅、点数的费用）。

卖方必须自付费用，提供符合其安排的运输所要求的包装（除非按照相关行业惯例该合同所描述货物无需包装发运）。包装应作适当标记。

B9 货物检验

买方必须支付任何装运前检验的费用，但出口国有关当局强制进行的检验除外。

A10 其他义务

应买方要求并由其承担风险和费用，卖方必须给予买方一切协助，以帮助买方取得由装运地国和/或原产地国所签发或传送的、为买方进口货物可能要求的和必要时从他国过境所需的任何单据或有同等作用的电子讯息（A8 所列的除外）。

应买方要求，卖方必须向买方提供投保所需的信息。

B10 其他义务

买方必须支付因获取 A10 所述单据或有同等作用的电子讯息所发生的一切费用，并偿付卖方因给予协助而发生的费用。

CIP 运费和保险费付至（……指定目的地）

“运费和保险费付至（……指定目的地）”是指卖方向其指定的承运人交货，但卖方还必须支付将货物运至目的地的运费，亦即买方承担卖方交货之后的一切风险和额外费用。但是，按照 CIP 术语，卖方还必须办理买方货物在运输途中灭失或损坏风险的保险。

因此，由卖方订立保险合同并支付保险费。

买方应注意到，CIP 术语只要求卖方投保最低限度的保险险别。如买方需要更高的保险险别，则需要与卖方明确地达成协议，或者自行作出额外的保险安排。

“承运人”指任何人在运输合同中，承诺通过铁路、公路、空运、海运、内河运输或上述运输的联合方式履行运输或由他人履行运输。

如果还使用接运的承运人将货物运至约定目的地，则风险自货物交给第一承运人时转移。

CIP 术语要求卖方办理出口清关手续。

该术语可适用于各种运输方式，包括多式联运。

A 卖方义务

B 买方义务

A1 提供符合合同规定的货物

卖方必须提供符合销售合同规定的货物和商业发票或有同等作用的电子讯息，以及合同可能要求的、证明货物符合合同规定的其他任何凭证。

B1 支付价款

买方必须按照销售合同规定支付价款。

A2 许可证、其他许可和手续

卖方必须自担风险和费用，取得任何出口许可证或其他官方许可，并在需要办理海关手续时办理货物出口所需的一切海关手续。

B2 许可证、其他许可和手续

买方必须自担风险和费用，取得任何进口许可证或其他官方许可，并在需要办理海关手续时办理货物进口和从他国过境所需的一切海关手续。

A3 运输合同与保险合同

a）运输合同

卖方必须必须自付费用，按照通常条件订立运输合同，依通常路线及习惯方式，将货物运至指定的目的地的约定点。若未约定或按照惯例也不能确定具体交货点，则卖方可在指定的目的地选择最适合其目的的交货点。

b）保险合同

卖方必须按照合同规定，自付费用取得货物保险，并向买方提供保险单或其他保险证据，以使买方或任何其他对货物具有保险利益的人有权直接向保险人索赔。保险合同应与信誉良好的保险人或保险公司订立，在无相反明示协议时，应按照《协会货物保险条款》（伦敦保险人协会)或其他类似条款中的最佳限度保险险别投保。保险期限应按照B5和B4规定。应买方要求,并由买方负担费用,卖方应加投战争、罢工、暴乱和民变险,如果能投保的话。最低保险金额应包括合同规定价款另加10%(即110%),并应采用合同货币。

B3 运输合同与保险合同

a)运输合同

无义务。

b)保险合同

无义务。

A4 交货

卖方必须在约定日期或期限内向按照A3规定订立合同的承运人交货,或如有接运的承运人时,向第一承运人交货,以使货物运至指定的目的地的约定点。

B4 受领货物

买方必须在卖方按照A4规定交货时受领货物,并在指定的目的地从承运人处收受货物。

A5 风险转移

除B5规定者外,卖方必须承担货物灭失或损坏的一切风险,直至已经按照A4规定交货为止。

B5 风险转移

买方必须承担按照A4规定交货后货物灭失或损坏的一切风险。买方如未按照B7规定通知卖方,则必须从约定的交货日期或交货期限届满之日起,承担货物灭失或损坏的一切风险,但以该项货物已正式划归合同项下,即清楚地划出或以其他方式确定为合同项下之货物为限。

A6 费用划分

除B6规定者外,卖方必须支付

- 与货物有关的一切费用,直至已经按照A4规定交货为止,以及按照A3a)规定所发生的运费和其他一切费用,包括装船费和根据运输合同应由卖方支付的在目的地的卸货费;及
- 按照A3b)发生的保险费用;及
- 在需要办理海关手续时,货物出口需要办理的海关手续费用,以及货物出口时应交纳的一切关税、税款和其他费用,以及根据运输合同由卖方支付的货物从他国过境的费用。

B6 费用划分

除A3规定者外,买方必须支付

- 自按照A4规定交货之时起与货物有关的一切费用;及
- 货物在运输途中直至到达约定目的地为止的一切费用,除非这些费用根据运输合同应由卖方支付;及
- 卸货费,除非这些费用根据运输合同应由卖方支付;及
- 如买方未按照B7规定给予卖方通知,则自约定的装运日期或装运期限届满之日起,货物所发生的一切额外费用,但以该项货物已正式划归合同项下,即清楚地划出或以其他方式确定为合同项下之货物为限;及
- 在需要办理海关手续时,货物进口应交纳的一切关税、税款和其他费用,及办理海关

手续的费用，以及从他国过境的费用，除非这些费用已包括在运输合同中。

A7 通知买方

卖方必须给予买方说明货物已按照A4规定交货的充分通知，以及要求的任何其他通知，以便买方能够为受领货物而采取通常必要的措施。

B7 通知卖方

一旦买方有权决定发运货物的时间和/或目的地，买方必须就此给予卖方充分通知。

A8 交货凭证、运输单据或有同等作用的电子讯息

卖方必须自付费用（如果习惯如此的话）向买方提供按照A3订立的运输合同所涉及的通常运输单据（如可转让提单、不可转让海运单、内河运输单据、空运货运单、铁路运单、公路运单或多式联运单据）。

如买卖双方约定使用电子方式通讯，则前项所述单据可以由具有同等作用的电子数据交换（EDI）讯息代替。

B8 交货凭证、运输单据或有同等作用的电子讯息

买方必须接受按照A8规定提供的运输单据，如果该单据符合合同规定的话。

A9 查对、包装、标记

卖方必须支付为按照A4规定交货所需进行的查对费用（如核对货物品质、丈量、过磅、点数的费用）。

卖方必须自付费用，提供符合其安排的运输所要求的包装（除非按照相关行业惯例该合同所描述的货物无需包装发运）。包装应作适当标记。

B9 货物检验

买方必须支付任何装运前检验费用，但出口国有关当局强制进行的检验除外。

A10 其他义务

应买方要求并由其承担风险和费用，卖方必须给予买方一切协助，以帮助买方取得由装运地国和/或原产地国所签发或传送的、为买方进口货物可能要求的和从他国过境所需的任何单据或有同等作用的电子讯息（A8所列的除外）。

B10 其他义务

买方必须支付因获取A10所述单据或有同等作用的电子讯息所发生的一切费用，并偿付卖方因给予协助而发生费用。

应卖方要求，买方必须向卖方提供办理投保所需的信息。

DAF 边境交货（……指定地点）

“边境交货（……指定地点）”是指当卖方在边境的指定的地点和具体交货点，在毗邻国家海关边界前，将仍处于交货的运输工具上尚未卸下的货物交给买方处置，办妥货物出口清关手续但尚未办理进口清关手续时，即完成交货。“边境”一词可用于任何边境，包括出口国边境。因而，用指定地点和具体交货点准确界定所指边境，这是极为重要的。

但是，如当事各方面希望卖方负责从交货运输工具上卸货并承担卸货的风险和费用，则应在销售合同中明确写明。

该术语可用于陆地边界交货的各种运输方式，当在目的港船上或码头交货时，应使用DES或DEQ术语。

A 卖方义务

B 买方义务

A1 提供符合合同规定的货物

卖方必须提供符合销售合同规定的货物和商业发票或有同等作用的电子信息,以及合同可能要求的、证明货物符合合同规定的其他任何凭证。

B1 支付价款

买方必须按照销售合同规定支付价款。

A2 许可证、其他许可和手续

卖方必须自担风险和费用,取得任何出口许可证或其他官方许可或其他必要文件,以便将货物交给买方处置,并在需要办理海关手续时办理货物出口并运至指定的边境交货地点以及从他国过境所需的一切海关手续。

B2 许可证、其他许可和手续

买方必须自担风险和费用,取得任何进口许可证或其他官方许可或其他必要文件,并在需要办理海关手续时办理货物进口所需的一切海关手续,及后继运输所需的一切海关手续。

A3 运输合同与保险合同

a) 运输合同

i) 卖方必须自付费用订立运输合同,将货物运至边境指定的交货地点和具体交货点。如未约定或按照惯例也无法确定边境指定的交货地点的具体交货点,则卖方可在指定的交货地点选择最适合其目的的交货点。

ii) 然而,若买方要求,卖方可以同意按照通常条件订立合同,由买方负担风险和费用,将货物从边境指定的地点继续运至由买方指定的进口国的最终目的地。卖方可以拒绝订立此合同,如果这样,应迅速通知买方。

b) 保险合同

无义务。

B3 运输合同与保险合同

a) 运输合同

无义务。

b) 保险合同

无义务。

A4 交货

卖方必须在约定日期或期限内,在边境的指定的交货地点,将仍处于交货运输工具上尚未卸下的货物交给买方处置。

B4 受领货物

买方必须在卖方按照 A4 规定交货时受领货物。

A5 风险转移

除 B5 规定者外,卖方必须承担货物灭失或损坏的一切风险,直至已经按照 A4 规定交货为止。

B5 风险转移

买方必须承担按照 A4 规定交货之时起货物灭失或损坏的一切风险。

如买方未按照B7规定通知卖方，则必须从约定的交货日期或交货期限届满之日起，承担货物灭失或损坏的一切风险，但以该项货物已正式划归合同项下，即清楚地划出或以其他方式确定为合同项下之货物为限。

A6 费用划分

除B6规定者外，卖方必须支付

• 按照A3a)规定发生的费用，及除此之外与货物有关的一切费用，直至已经按照A4规定交货为止；及

• 在需要办理海关手续时，货物出口需要办理的海关手续费用，及货物出口时应交纳的一切关税、税款和其他费用，以及按照A4规定交货之前从他国过境的费用。

B6 费用划分

买方必须支付

• 自按照A4规定交货时起与货物有关的一切费用，包括在边境的指定的交货地点将货物从交货运输工具上卸下以受领货物的卸货费；及

• 如按照A4规定交货而买方未受领货物或未按照B7规定给予卖方通知，因此发生的一切额外费用，但以该项货物已正式划归合同项下，即清楚地划出或以其他方式确定为合同项下之货物为限；及

• 在需要办理海关手续时，办理海关手续的费用及货物进口时应交纳的一切关税、税款和其他费用，以及办理后继运输的费用。

A7 通知买方

卖方必须给予买方有关货物发往边境指定的交货地点的充分通知，以及要求的任何其他通知，以便买方能够为受领货物而采取通常必要的措施。

B7 通知卖方

一旦买方有权决定在约定期限内的时间和/或在指定的地点受领货物的点，买方必须就此给予卖方充分通知。

A8 交货凭证、运输单据或有同等作用的电子讯息

a) 卖方必须自付费用向买方提供说明货物已按照A3a)i)规定交付至边境指定的地点的通常单据或其他凭证。

b) 如当事各方面同意按照A3a)ii)规定越过边境后继续运输，卖方必须根据买方要求，并由买方负担风险和费用，向其提供通常在发运国取得的联运单据，订明按照惯常条件从该国的发运地将货物运输至买方指定的进口国最终目的地。

如买卖双方约定以电子方式通讯，则前项所述单据可以由具有同等作用的电子数据交换(EDI)讯息代替。

B8 交货凭证、运输单据或有同等作用的电子讯息

买方必须接受按照A8规定提供的运输单据和/或其他交货凭证。

A9 查对、包装、标记

卖方必须支付为按照A4规定交货所需进行的查对费用（如核对货物品质、丈量、过磅、点数的费用）。

卖方必须自付费用提供包装（除非约定或按照相关行业惯例，合同所指货物通常无需包装即可交货），此项包装应按照卖方订立销售合同前已知的有关运输（如运输方式、目的地）

所要求,适合在边境交货及接运运输。包装应作适当标记。

B9 货物检验

买方必须支付任何装运前检验的费用,但出口国有关当局强制进行的检验除外。

A10 其他义务

应买方要求并由其承担风险和费用,卖方必须给予买方一切协助,以帮助买方取得由装运地国和/或原产地国所签发或传送的、为买方进口货物可能要求的和必要时从他国过境所需的任何单据或有同等作用的电子讯息(A8 所列的除外)。

应买方要求,卖方必须向买方提供投保所需的信息。

B10 其他义务

买方必须支付因获取 A10 所述单据或有同等作用的电子讯息所发生的一切费用,并偿付卖方因给予协助而发生的费用。

必要时,按照 A3a)ii)规定,应卖方要求,买方必须负担风险和费用,向卖方提供外汇管制许可、许可证件、其他单据或经认证的副本,或提供取得联运单据所需的进口国最终目的地地址或 A8b)中所指的任何其他单据。

DES 目的港船上交货(……指定目的港)

"目的港船上交货(……指定目的港)"是指在指定的目的港,货物在船上交给买方处置,但不办理货物进口清关手续,卖方即完成交货。卖方必须承担货物运至指定的目的港卸货前的一切风险和费用。如果当事各方希望卖方负担卸货的风险和费用,则应使用 DEQ 术语。

只有当货物经由海运或内河运输或多式联运在目的港船上交货时,才能使用该术语。

A 卖方义务

B 买方义务

A1 提供符合合同规定的货物

卖方必须提供符合销售合同规定的货物和商业发票或有同等作用的电子信息,以及合同可能要求的、证明货物符合合同规定的其他凭证。

B1 支付价款

买方必须按照销售合同规定支付价款。

A2 许可证、其他许可和手续

卖方必须自担风险和费用,取得任何出口许可证或其他官方许可或其他必要文件,并在需要办理海关手续时办理货物出口和从他国过境所需的一切海关手续。

B2 许可证、其他许可和手续

买方必须自担风险和费用,取得任何进口许可证或其他官方许可,并在需要办理海关手续时办理货物进口所需的一切海关手续。

A3 运输合同与保险合同

a)运输合同

卖方必须自付费用订立运输合同,将货物运至指定目的港的指定的点。如未约定或按照惯例也无法确定具体交货点,则卖方可在指定的目的港选择最适合其目的的交货点。

b)保险合同

无义务。

B3 运输合同与保险合同

a）运输合同

无义务。

b）保险合同

无义务。

A4 交货

卖方必须在约定的日期或期限内，在指定的目的港按照A3a）指定的卸货点，将货物于船上交给买方处置，以便货物能够由适合该项货物特点的卸货设备从船上卸下。

B4 受领货物

买方必须在卖方按照A4规定交货时受领货物。

A5 风险转移

除B5规定者外，卖方必须承担货物灭失或损坏的一切风险，直至已经按照A4规定交货为止。

B5 风险转移

买方必须承担按照A4规定交货之时起货物灭失或损坏的一切风险。

如买方未按照B7规定通知卖方，则必须自约定的交货日期或交货期限届满之日起，承担货物灭失或损坏的一切风险，但以该项货物已正式划归合同项下，即清楚地划出或以其他方式确定为合同项下之货物为限。

A6 费用划分

除B6规定者外，卖方必须支付

- 按照A3a）规定发生的费用，以及按照A4规定交货前与货物有关的一切费用；及
- 在需要办理海关手续时，货物出口需要办理的海关手续费用及货物出口时应交纳的一切关税、税款和其他费用，以及按照A4规定交货前从他国过境的费用。

B6 费用划分

买方必须支付

- 自按照A4规定交货之时起与货物有关的一切费用，包括为受领货物所需要的货物从船上卸下的卸货费；及
- 如货物按照A4规定交给买方处置而未受领货物，或未按照B7规定通知卖方，由此而发生的一切额外费用，但以该项货物已正式划归合同项下，即清楚地划出或以其他方式确定为合同项下之货物为限；及
- 在需要办理海关手续时，货物进口所需办理的海关手续费用及应交纳的一切关税、税款和其他费用。

A7 通知买方

卖方必须给予买方有关按照A4规定指定的船只预期到达时间的充分通知，以及要求的任何其他通知，以便买方能够为受领货物而采取通常必要的措施。

B7 通知卖方

一旦买方有权决定在约定期限内的时间和/或在指定的目地港受领货物的点，买方必须就此给予卖方充分通知。

A8 交货凭证、运输单据或有同等作用的电子讯息

卖方必须自付费用向买方提供提货单和/或通常运输单据(如可转让提单、不可转让海运单、内河运输单据或多式联运单据)以使买方得以在目的港从承运人处受领货物。如买卖双方约定以电子方式通讯,则前项所述单据可以由具有同等作用的电子数据交换(EDI)讯息代替。

B8 交货凭证、运输单据或有同等作用的电子讯息

买方必须接受按照A8规定提供的提货单或运输单据。

A9 查对、包装、标记

卖方必须支付为按照A4规定交货所需进行的查对费用(如核对货物品质、丈量、过磅、点数的费用)。

卖方必须自付费用提供为交付货物所要求的包装(除非按照相关行业惯例,合同所指货物无需包装即可交货)。包装应作适当标记。

B9 货物检验

买方必须支付任何装运前检验的费用,但出口国有关当局强制进行的检验除外。

A10 其他义务

应买方要求并由其承担风险和费用,卖方必须给予买方一切协助,以帮助买方取得由装运地国和/或原产地国所签发或传送的、为买方进口货物可能要求的任何单据或有同等作用的电子讯息(A8所列的除外)。

应买方要求,卖方必须向买方提供投保所需的信息。

B10 其他义务

买方必须支付因获取A10所述单据或有同等作用的电子讯息所发生的一切费用,并偿付卖方因给予协助而发生的费用。

DEQ 目的港码头交货(……指定目的港)

"目的港码头交货"是指卖方在指定的目的港码头将货物交给买方处置,不办理进口清关手续,即完成交货。卖方应承担将货物运至指定的目的港并卸至码头的一切风险和费用。

DEQ术语要求买方办理进口清关手续并在进口时支付一切办理海关手续的费用、关税、税款和其他费用。

这和以前版本相反,以前版本要求卖方办理进口清关手续。

如果当事方希望卖方负担全部或部分进口时交纳的费用,则应在销售合同中明确写明。

只有当货物经由海运、内河运输或多式联运且在目的港码头卸货时,才能使用该术语。但是,如果当事方希望卖方负担将货物从码头运至港口以内或以外的其他点(仓库、终点站、运输站等)的义务时,则应使用DDU或DDP术语。

A 卖方义务

B 买方义务

A1 提供符合合同规定的货物

卖方必须提供符合销售合同规定的货物和商业发票或有同等作用的电子信息,以及合同可能要求的、证明货物符合合同规定的其他任何凭证。

B1 支付价款

买方必须按照销售合同规定支付价款。

A2 许可证、其他许可和手续

卖方必须自担风险和费用，取得任何出口许可证或其他官方许可或其他文件，并在需要办理海关手续时办理货物出口和从他国过境所需的一切海关手续。

B2 许可证、其他许可和手续

买方必须自担风险和费用，取得任何进口许可证或其他官方许可，并在需要办理海关手续时办理货物进口所需的一切海关手续。

A3 运输合同与保险合同

a）运输合同

卖方必须自付费用订立运输合同，将货物运至指定目的港的指定码头。如未约定或按照惯例也无法确定具体码头，则卖方可在指定的目的港选择最适合其目的的码头交货。

b）保险合同

无义务。

B3 运输合同与保险合同

a）运输合同

无义务。

b）保险合同

无义务。

A4 交货

卖方必须在约定的日期或期限内，在按照A3规定指定的目的港码头上将货物交给买方处置。

B4 受领货物

买方必须在卖方按照A4规定交货时受领货物。

A5 风险转移

除B5规定者外，卖方必须承担货物灭失或损坏的一切风险，直至已经按照A4规定交货为止。

B5 风险转移

买方必须承担按照A4规定交货时起货物灭失或损坏的一切风险。

如买方未按照B7规定通知卖方，则必须自约定的交货日期或交货期限届满之日起，承担货物灭失或损坏的一切风险，但以该项货物已正式划归合同项下，即清楚地划出或以其他方式确定为合同项下之货物为限。

A6 费用划分

除B6规定者外，卖方必须支付

- 按照A3a)规定发生的费用，以及按照A4规定在目的港码头交货之前与货物有关的一切费用；及
- 在需要办理海关手续时，货物出口需要办理的海关手续费用，及货物出口时应交纳的一切关税、税款和其他费用，以及交货前货物从他国过境的费用。

B6 费用划分

买方必须支付

- 自按照A4规定交货时起与货物有关的一切费用，包括在港口搬运货物以便继续运输

或存入仓库或中转站的一切费用;及

• 如货物按照A4规定交给买方处置而未受领货物,或未按照B7规定通知卖方,由此而发生的一切额外费用,但以该项货物已正式划归合同项下,即清楚地划出或以其他方式确定为合同项下之货物为限;及

• 在需要办理海关手续时,货物进口所需办理的海关手续费用以及应交纳的一切关税、税款和其他费用以及继续运输的费用。

A7 通知买方

卖方必须给予买方说明按照A4规定的指定的船只预期到达时间的充分通知,以及要求的任何其他通知,以便买方能够为受领货物而采取通常必要的措施。

B7 通知卖方

一旦买方有权决定在约定期限内的时间和/或在指定的目地港受领货物的点,买方必须就此给予卖方充分通知。

A8 运输单据或有同等作用的电子讯息

卖方必须自付费用向买方提供提货单和/或通常运输单据(如可转让提单、不可转让海运单、内河运输单据或多式联运单据)以使买方得以提货,从码头上搬走。

如买卖双方约定以电子方式通讯,则前项所述单据可以由具有同等作用的电子数据交换(EDI)讯息代替。

B8 交货凭证、运输单据或有同等作用的电子讯息

买方必须接受按照A8规定提供的提货单或运输单据。

A9 查对、包装、标记

卖方必须支付为按照A4规定交货所需进行的查对费用(如核对货物品质、丈量、过磅、点数的费用)。

卖方必须自付费用提供交货所需要的包装(除非按照相关行业惯例,合同所指货物无需包装即可交货)。包装应作适当标记。

B9 货物检验

买方必须支付任何装运前检验的费用,但出口国有关当局强制进行的检验除外。

A10 其他义务

应买方要求并由其承担风险和费用,卖方必须给予买方一切协助,以帮助买方取得由装运地国和/或原产地国所签发或传送的、为买方进口货物所需的任何单据或有同等作用的电子讯息(A8所列的除外)。

应买方要求,卖方必须向买方提供投保所需的信息。

B10 其他义务

买方必须支付因获取A10所述单据或有同等作用的电子讯息所发生的一切费用,并偿付卖方因给予协助而发生的费用。

DDU 未完税交货(……指定目的地)

"未完税交货(……指定目的地)"是指卖方在指定的目的地将货物交给买方处置,不办理进口手续,也不从交货的运输工具上将货物卸下,即完成交货。卖方应承担将货物运至指定的目的地的一切风险和费用,不包括在需要办理海关手续时在目的地国进口应交纳的任何

“税费”（包括办理海关手续的责任和风险，以及交纳手续费、关税、税款和其他费用）。买方必须承担此项“税费”和因其未能及时办理货物进口清关手续而引起的费用和风险。

但是，如果双方希望卖方办理海关手续并承担由此发生的费用和风险，以及在货物进口时应支付的一些费用，则应在销售合同中明确写明。

该术语适用于各种运输方式，但当货物在目的港船上或码头交货时，应使用 DES 或 DEQ 术语。

A 卖方义务

B 买方义务

A1 提供符合合同规定的货物

卖方必须提供符合销售合同规定的货物和商业发票或有同等作用的电子信息，以及合同可能要求的、证明货物符合合同规定的其他凭证。

B1 支付价款

买方必须按照销售合同规定支付价款。

A2 许可证、其他许可和手续

卖方必须自担风险和费用，取得任何出口许可证或其他官方许可或其他文件，并在需要办理海关手续时办理货物出口和从他国过境所需的一切海关手续。

B2 许可证、其他许可和手续

买方必须自担风险和费用，取得任何进口许可证或其他官方许可或其他文件，并在需要办理海关手续时办理货物进口所需的一切海关手续。

A3 运输合同与保险合同

a）运输合同

卖方必须自付费用订立运输合同，将货物运至指定目的地。如未约定或按照惯例也无法确定具体交货点，则卖方可在目的地选择最适合其目的的交货点。

b）保险合同

无义务。

B3 运输合同与保险合同

a）运输合同

无义务。

b）保险合同

无义务。

A4 交货

卖方必须在约定的日期或交货期限内，在指定的目的地将在交货的运输工具上尚未卸下的货物交给买方或买方指定的其他人处置。

B4 受领货物

买方必须在卖方按照 A4 规定交货时受领货物。

A5 风险转移

除 B5 规定者外，卖方必须承担货物灭失或损坏的一切风险，直至已经按照 A4 规定交货为止。

B5 风险转移

买方必须承担按照 A4 规定交货时起货物灭失或损坏的一切风险。

如买方没有履行 B2 规定的义务，则必须承担由此而发生的货物灭失或损坏的一切额外风险。

如买方未按照 B7 规定通知卖方，则必须自约定的交货日期或交货期限届满之日起，承担货物灭失或损坏的一切风险，但以该项货物已正式划归合同项下，即清楚地划出或以其他方式确定为合同项下之货物为限。

A6 费用划分

除 B6 规定者外，卖方必须支付

● 按照 A3a）规定发生的费用，以及按照 A4 规定交货之前与货物有关的一切费用；及

● 在需要办理海关手续时，货物出口需要办理的海关手续费用，及货物出口时应交纳的一切关税、税款和其他费用，以及交货前货物从他国过境的费用。

B6 费用划分

买方必须支付

● 自按照 A4 规定交货时起与货物有关的一切费用；及

● 如买方未履行 B2 规定的义务，或未按照 B7 规定作出通知，由此而发生的一切额外费用，但以该项货物已正式划归合同项下，即清楚地划出或以其他方式确定为合同项下之货物为限；及

● 在需要办理海关手续时，货物进口所需要办理的海关手续费用以及应交纳的一切关税、税款和其他费用以及继续运输的费用。

A7 通知买方

卖方必须给予买方有关发运货物的充分通知，以及要求的任何其他通知，以便买方能够为受领货物而采取通常必要的措施。

B7 通知卖方

一旦买方有权决定在约定期限内的时间和/或在指定的目地港受领货物的点，买方必须就此给予卖方充分通知。

A8 交货凭证、运输单据或有同等作用的电子讯息

卖方必须自付费用向买方提供按照 A4/B4 规定受领货物可能需要的提货单和/或通常运输单据（如可转让提单、不可转让海运单、内河运输单据、空运单、铁路运单、公路单或多式联运单据）。

如买卖双方约定以电子方式通讯，则前项所述单据可以由具有同等作用的电子数据交换（EDI）讯息代替。

B8 交货凭证、运输单据或有同等作用的电子讯息

买方必须接受按照 A8 规定提供的适当的提货单或运输单据。

A9 查对、包装、标记

卖方必须支付为按照 A4 规定交货所需进行的查对费用（如核对货物品质、丈量、过磅、点数的费用）。

卖方必须自付费用提供交货所需要的包装（除非按照相关行业惯例，合同所指货物无需包装即可交货）。包装应作适当标记。

B9　货物检验

买方必须支付任何装运前检验的费用，但出口国有关当局强制进行的检验除外。

A10　其他义务

应买方要求并由其承担风险和费用，卖方必须给予买方一切协助，以帮助买方取得由装运地国和/或原产地国所签发或传送的、为买方进口货物可能要求的任何单据或有同等作用的电子讯息（A8 所列的除外）。

应买方要求，卖方必须向买方提供投保所需的信息。

B10　其他义务

买方必须支付因获取 A10 所述单据或有同等作用的电子讯息所发生的一切费用，并偿付卖方因给予协助而发生的费用。

DDP 完税后交货（……指定目的地）

“完税后交货（……指定目的地）”是指卖方在指定的目的地，办理完进口清关手续，将在交货运输工具上尚未卸下的货物交与买方，完成交货。卖方必须承担将货物运至目的地的一切风险和费用，包括在需要办理海关手续时在目的地应交纳的任何“税费”（包括办理海关手续的责任和风险，以及交纳手续费、关税、税款和其他费用）。

EXW 术语下卖方承担最小责任，而 DDP 术语下卖方承担最大责任。

若卖方不能直接或间接地取得进口许可证，则不应使用此术语。

但是，如当事方希望将任何进口时所要支付的一切费用（如增值税）从卖方的义务中排除，则应在销售合同中明确写明。

若当事方希望买方承担进口的风险和费用，则应使用 DDU 术语。

该术语可用于所有运输方式，但当货物在目的港船上或码头交货时，应使用 DES 或 DEQ 术语。

A　卖方义务

B　买方义务

A1　提供符合合同规定的货物

卖方必须提供符合销售合同规定的货物和商业发票或有同等作用的电子信息，以及合同可能要求的、证明货物符合合同规定的其他凭证。

B1　支付价款

买方必须按照销售合同规定支付价款。

A2　许可证、其他许可和手续

卖方必须自担风险和费用，取得任何出口许可证和进口许可证或其他官方许可或其他文件，并在需要办理海关手续时办理货物出口和进口以及从他国过境所需的一切海关手续。

B2　许可证、其他许可和手续

应卖方要求，并由其负担风险和费用，买方必须给予卖方一切协助，帮助卖方在需要办理海关手续时取得货物进口所需的进口许可证或其他官方许可。

A3　运输合同与保险合同

a）运输合同

卖方必须自付费用订立运输合同，将货物运至指定目的地。如未约定或按照惯例也无法确定具体交货点，则卖方可在目的地选择最适合其目的的交货点。

b）保险合同

无义务。

B3 运输合同与保险合同

a）运输合同

无义务。

b）保险合同

无义务。

A4 交货

卖方必须在约定的日期或交货期限内，在指定的目的地将在交货运输工具上尚未卸下的货物交给买方或买方指定的其他人处置。

B4 受领货物

买方必须在卖方按照 A4 规定交货时受领货物。

A5 风险转移

除 B5 规定者外，卖方必须承担货物灭失或损坏的一切风险，直至已经按照 A4 规定交货为止。

B5 风险转移

买方必须承担按照 A4 规定交货时起货物灭失或损坏的一切风险。

如买方没有履行 B2 规定的义务，则必须承担由此而发生的货物灭失或损坏的一切额外风险。

如买方未按照 B7 规定通知卖方，则必须自约定的交货日期或交货期限届满之日起，承担货物灭失或损坏的一切风险，但以该项货物已正式划归合同项下，即清楚地划出或以其他方式确定为合同项下之货物为限。

A6 费用划分

除 B6 规定者外，卖方必须支付

• 按照 A3a）规定发生的费用，以及按照 A4 规定交货之前与货物有关的一切费用；及

• 在需要办理海关手续时，货物出口和进口所需要办理的海关手续费用，及货物出口和进口时应交纳的一切关税、税款和其他费用，以及按照 A4 交货前货物从他国过境的费用。

B6 费用划分

买方必须支付

• 自按照 A4 规定交货时起与货物有关的一切费用；及

• 如买方未履行 B2 规定的义务，或未按照 B7 规定作出通知，由此而发生的一切额外费用，但以该项货物已正式划归合同项下，即清楚地划出或以其他方式确定为合同项下之货物为限。

A7 通知买方

卖方必须给予买方有关货物发运的充分通知，以及要求的任何其他通知，以便买方能够为受领货物而采取通常必要的措施。

B7 通知卖方

一旦买方有权决定在约定期限内的时间和/或在指定的目地港受领货物的点，买方必须

就此给予卖方充分通知。

A8 交货凭证、运输单据或有同等作用的电子讯息

卖方必须自付费用向买方提供按照A4/B4规定受领货物可能需要的提货单和/或通常的运输单据（如可转让提单、不可转让海运单、内河运输单据、空运单、铁路运单、公路单或多式联运单据），以使买方按照A4/B4规定受领货物。

如买卖双方约定以电子方式通讯，则前项所述单据可以由具有同等作用的电子数据交换（EDI）讯息代替。

B8 交货凭证、运输单据或有同等作用的电子讯息

买方必须接受按照A8规定提供的提货单或运输单据。

A9 查对、包装、标记

卖方必须支付为按照A4规定交货所需进行的查对费用（如核对货物品质、丈量、过磅、点数的费用）。

卖方必须自付费用提供交货所需要的包装（除非按照相关行业惯例，合同所指货物无需包装即可交货）。包装应作适当标记。

B9 货物检验

买方必须支付任何装运前检验的费用，但出口国有关当局强制进行的检验除外。

A10 其他义务

卖方必须支付为获取B10所述单据或有同等作用的电子讯息（A8所列的除外）所发生的一切费用，并偿付买方因给予协助发生的费用。

应买方要求，卖方必须向买方提供投保所需的信息。

B10 其他义务

应卖方要求并由其承担风险和费用，买方必须给予卖方一切协助，以帮助卖方取得为按照本规则将货物交付买方需要的、由进口国签发或传递的任何单证或有同等作用的电子讯息。

（资料来源：国际商会中国国家委员会编：《2000年国际贸易术语解释通则》，中信出版社2000年版，第3—93页。）

第三编

国际知识产权保护与技术转让法

保护工业产权巴黎公约(1967)

Paris Convention for the Protection of Industrial Property, 1967

(1883 年 3 月 20 日签订,1900 年 12 月 14 日在布鲁塞尔修订,1911 年 6 月 2 日在华盛顿修订,1925 年 11 月 6 日在海牙修订,1934 年 6 月 2 日在伦敦修订,1958 年 10 月 31 日在里斯本修订,1967 年 7 月 14 日在斯德哥尔摩修订。)

第一条 [本联盟的建立;工业产权的范围]

(1) 适用本公约的国家组成联盟,以保护工业产权。

(2) 工业产权的保护对象有专利、实用新型、外观设计、商标、服务标记、厂商名称、货源标记或原产地名称,和制止不正当竞争。

(3) 对工业产权作最广义的理解,不仅应适用于工业和商业本身,而且也应同样适用于农业和采掘业,适用于一切天然产品,例如:酒类、谷物、烟叶、水果、牲畜、矿产品、矿泉水、啤酒、花卉和谷类的粉。

(4) 专利应包括本联盟国家的法律所承认的各种工业专利,如输入专利、改进专利、增补专利和增补证书等。

第二条 [本联盟各国国民的国民待遇]

(1) 本联盟任何国家的国民,在保护工业产权方面,在本联盟所有其他国家内应享有各该国法律现有授予或今后可能授予各该国国民的各种利益;一切都不应损害本公约特别规定的权利。因此,他们应和各国国民享有同样的保护,对侵犯他们的权利享有同样的法律上的救济手段,但是以他们遵守对各该国国民规定的条件和手续为限。

(2) 但是,对于本联盟国家的国民不得规定在其要求保护的国家须有住所或营业所才能享有工业产权。

(3) 本联盟每一国家法律中关于司法和行政程序、管辖权、以及指定送达地址或委派代理人的规定,工业产权法中可能有要求的,均明确地予以保留。

第三条 [某类人与本联盟国家的国民同样待遇]

本联盟以外各国的国民,在本联盟一个国家的领土内设有住所或有真实和有效的工商业营业所的,应享有与本联盟国家国民同样的待遇。

第四条 [A 至 I 专利、实用新型、外观设计、商标、发明人证书:优先权。——G·专利:申请的分案]

A (1) 已经在本联盟的一个国家正式提出专利、实用新型注册、外观设计注册或商标注册的申请的任何人,或其权利继受人,为了在其他国家提出申请,在以下规定的期间内应享有优先权。

(2) 依照本联盟任何国家的本国立法，或依照本联盟各国之间缔结的双边或多边条约，与正规的国家申请相当的任何申请，应认为产生优先权。

(3) 正规的国家申请是指足以确定在有关国家中提出申请日期的任何申请，而不问该申请以后的结局如何。

B 因此，在上述期间届满前在本联盟的任何其他国家后来提出的任何申请，不应由于在这期间完成的任何行为，特别是另外一项申请的提出、发明的公布或利用、外观设计复制品的出售、或商标的使用而成为无效，而且这些行为不能产生任何第三人的权利或个人占有的任何权利。第三人在作为优先权根据的第一次申请的日期以前所取得的权利，依照本联盟每一国家的国内法予以保留。

C (1) 上述优先权的期间，对于专利和实用新型应为十二个月，对于外观设计和商标应为六个月。

(2) 这些期间应自第一次申请的申请日起算；申请日不应计入期间之内。

(3) 如果期间的最后一日是请求保护地国家的法定假日或者是主管机关不接受申请的日子，期间应延至其后的第一个工作日。

(4) 在本联盟同一国家内就第(2)项所称的以前第一次申请同样的主题所提出的后一申请，如果在提出该申请时前一申请已被撤回、放弃或驳回，没有提供公众阅览，也没有遗留任何权利，而且如果前一申请还没有成为要求优先权的根据，应认为是第一次申请，其申请日应为优先权期间的起算日。在这以后，前一申请不得作为要求优先权的根据。

D (1) 任何人希望利用以前提出的一项申请的优先权的，需要作出声明，说明提出该申请的日期和受理该申请的国家。每一国家应确定必须作出该项声明的最后日期。

(2) 这些事项应在主管机关的出版物中，特别是应在有关的专利证书和说明书中予以载明。

(3) 本联盟国家可以要求作出优先权声明的任何人提交以前提出的申请（说明书、附图等）的副本。该副本经原受理申请的机关证实无误后，不应要求任何认证，并且无论如何可以在提出后一申请后三个月内随时提交，不需缴纳费用，本联盟国家可以要求该副本附有上述机关出具的载明申请日的证明书和译文。

(4) 对提出申请时要求优先权的声明不得规定其他的手续。本联盟每一国家应确定不遵守本条规定的手续的后果。但这种后果决不能超过优先权的丧失。

(5) 以后，可以要求提供进一步的证明 。

任何人利用以前提出的一项申请的优先权的，必须写明该申请的号码，该号码应依照上述第(2)项的规定予以公布。

E (1) 在依靠以实用新型申请为根据的优先权而在一个国家提出外观设计申请的情况，优先权的期间应与对外观设计规定的优先权期间一样。

(2) 而且，依靠以专利申请为根据的优先权而在一个国家提出实用新型的申请是许可的，反之亦一样。

F 本联盟的任何国家不得由于申请人要求多项优先权（即使这些优先权产生于不同的国家），或者由于要求一项或几项优先权的申请中有一个或几个因素没有包括在作为优先基础的申请中，而拒绝给予优先权或拒绝专利申请，但以在上述两种情况都有该国法律所规定的发明单一性为限。

关于作为优先权根据的申请中所没有包括的因素,以后提出的申请应该按照通常条件产生优先权。

G (1) 如果审查发现一项专利申请包含一个以上的发明,申请人可以将该申请分为若干分案申请,保留第一次申请的日期为各该分案申请的日期,如果有优先权,并保有优先权的利益。

(2) 申请人也可以主动将一项专利申请分案,保留第一次申请的日期为各该分案申请的日期,如果有优先权,并保有优先权的利益。本联盟各国有权决定允许这种分案的条件。

H 不得以作为优先权根据的发明中的某些因素没有包含在原属国申请列举的请求权项中为理由,而拒绝给予优先权,但以申请文件从全体看来已经明确地写明这些因素为限。

I (1) 在申请人有权自行选择申请专利证书或发明人证书的国家提出发明人证书的申请,应产生本条规定的优先权,其条件和效力和专利证书的申请一样。

(2) 在申请人有权自行选择申请专利证书或发明人证书的国家,发明人证书的申请人,根据本条关于申请专利证书的规定,应享有以专利、实用新型或发明人证书的申请为根据的优先权。

第四条之二 [专利:就同一发明在不同国家取得的专利是互相独立的]

(1) 本联盟国家的国民向本联盟各国申请的专利,与在其他国家,不论是否本联盟的成员国,就同一发明所取得的专利是互相独立的。

(2) 上述规定,应从不受限制的意义来理解,特别是指在优先权期间内申请的各项专利,就其无效和丧失权利的理由以及其正常的期间而言,是互相独立的。

(3) 本规定应适用于在其开始生产时已经存在的一切专利。

(4) 在有新国家加入的情况下,本规定应同样适用于加入时各方面已经存在的专利。

(5) 在本联盟各国,因享有优先权的利益而取得的专利的有效期间,与假设没有优先权的利益而申请或授予的专利的有效期间相同。

第四条之三 [专利:在专利证书上记载发明人]

发明人有权要求在专利证书上记载自己是发明人。

第四条之四 [专利:在法律限制销售的情况下取得专利的条件]

不得以专利产品的销售或依专利方法制造的产品销售受到本国法律的限制或限定为理由,而拒绝授予专利或使专利无效。

第五条 [A. 专利:物品的输入;不实施或不充分实施;强制许可。——B. 外观设计:不实施;物品的输入。——C. 商标:不使用;不同的形式;共有人的使用。——D. 专利、实用新型、商标、外观设计:标记]

A (1) 专利权人将在本联盟任何国家内制造的物品输入到对该物品授予专利的国家的,不应导致该项专利的取消。

(2) 本联盟各国都有权采取立法措施规定授予强制许可,以防止由于行使专利所赋予的专有权而可能产生的滥用,例如:不实施。

(3) 除强制许可的授予不足以防止上述滥用外,不应规定专利的取消,自授予第一个强制许可之日起两年届满前不得提起取消或撤销专利的诉讼。

(4) 自提出专利申请之日起四年届满以前,或自授予专利之日起三年届满以前,以后满期的期间为准，不得以不实施或不充分实施为理由申请强制许可；如果专利权人的不作为有正当理由，应拒绝强制许可。这种强制许可不是独占性的，而且除与利用该许可的部分企业或商誉一起转让外，不得转让，包括授予分许可证的形式在内。

(5) 上述各项规定准用于实用新型。

B　对外观设计的保护，在任何情况下，都不得以不实施或以输入物品与受保护的外观设计相同为理由而予以取消。

C　(1) 如果在任何国家，注册商标的使用是强制的，只有经过适当的期间，而且只有有关人员不能证明其不使用有正当理由，才可以取消注册。

(2) 商标所有人使用的商标，在形式上与其在本联盟国家之一所注册的商标的形式只有细节的不同，而并未改变其显著性的，不应导致注册无效，也不应减少对商标所给予的保护。

(3) 根据请求保护地国家的本国法认为商标共同所有人的几个工商企业，在相同或类似商品上共同使用同一商标，不应妨碍在本联盟任何国家内注册，也不应以任何方式减少对该商标所给予的保护，但以这种使用并未导致公众产生误解，而且不违反公共利益为限。

D　不应要求在商品上表示或载明专利、实用新型、商标注册或外观设计保存，作为承认取得保护权利的一个条件。

第五条之二　[一切工业产权：缴纳权利维持费的宽限期；专利：恢复]

(1) 关于规定的工业产权维持费和缴纳，应给予不少于六个月的宽限期，但是如果本国法律有规定，应缴纳附加费。

(2) 本联盟各国对因未缴费而终止的专利有权规定予以恢复。

第五条之三　[专利：构成船舶、飞机或陆上车辆一部分的专利器件]

在本联盟任何国家内，下列情况不应认为是侵犯专利权人的权利：

(1) 本联盟其他国家的船舶暂时或偶然地进入上述国家领水时，在该船的船身、机器、滑车装置、传动装置及其他附件上使用构成专利主题的装置设备，但以专为该船的需要而使用这些装置设备为限；

(2) 本联盟其他国家的飞机或陆上车辆暂时或偶然地进入上述国家时，在该飞机或陆地上车辆的构造或操纵中，或者在该飞机或陆上车辆附件的构造或操纵中使用构成专利主题的装置设备。

第五条之四　[专利：利用输入国的专利方法制造产品的输入]

一种产品输入到对该产品的制造方面有专利保护的本联盟国家时，专利权人对该输入产品应享有输入国法律，根据方法专利对在该国制造的产品所授予的一切权利。

第五条之五　[外观设计]

外观设计在本国联盟所有国家均应受到保护。

第六条　[商标：注册条件；同一商标在不同国家所受保护的独立性]

(1) 商标的申请和注册条件，在本联盟各国由其本国法律决定。

(2) 但对本联盟国家的国民在本联盟任何国家提出的商标注册申请，不得以未在原属国申请、注册或续展为理由而予以拒绝，也不得使注册无效。

(3) 在本联盟一个国家正式注册的商标，与在本联盟其他国家注册的商标，包括在原属国注册的商标在内，应认为是互相独立的。

第六条之二　[商标:驰名商标]

(1) 本联盟各国承诺,如本国法律允许,应依职权,或依有关当事人的请求,对商标注册国或使用国主管机关认为在该国已经属于有权享受本公约利益的人所有而驰名、并且用于相同或类似商品的商标构成复制、仿制或翻译,易于产生混淆的商标,拒绝或取消注册,并禁止使用。这些规定,在商标的主要部分构成对上述驰名商标的复制或仿制,易于产生混淆时,也应适用。

(2) 自注册之日起至少五年的期间内,应允许提出取消这种商标的请求。本联盟各国可以规定一个期间,在这期间内必须提出禁止使用的请求。

(3) 对于依恶意取得注册或使用的商标提出取消注册或禁止使用的要求,不应规定时间限制。

第六条之三　[商标:关于国徽、官方检验印章和政府间组织徽记的禁例]

(1) (a) 本联盟各国同意,对未经主管机关许可,而将本联盟国家的国徽、国旗和其他的国家徽记、各该国用以表明监督和保证的官方符号和检验印章以及从徽章学的观点看来的任何仿制用作商标或商标的组成部分,拒绝注册或使其注册无效,并采取适当措施禁止使用。

(b) 上述(a)项规定应同样适用于本联盟一个或一个以上国家参加的政府间国际组织的徽章、旗帜、其他徽记、缩写和名称,但已成为现行国际协定规定予以保护的徽章、旗帜、其他徽记、缩写和名称除外。

(c) 本联盟任何国家无须适用上述(b)项规定,以免损害本公约在该国生效前善意取得的权利的所有人。在上述(a)项所指的商标的使用或使用性质上不会使公众理解为有关组织与这种徽章、旗帜、其他徽记、缩写和名称有联系时,或者如果这种使用或注册性质上大概不会使公众误解为使用人与该组织有联系时,本联盟国家无须适用该项规定。

(2) 关于禁止使用表明监督、保证的官方符号和检验印章的规定,应该只适用于在相同或类似商品上使用包含该符号或印章的商标的情况。

(3) (a) 为了实施这些规定,本联盟国家同意,将它们希望或今后可能希望、完全或在一定限度内受本条保护的国家徽记与表明监督保证的官方符号和检验印章的清单,以及以后对该项清单的一切修改,经由国际局相互通知。本联盟各国应在适当的时候使公众可以得到用这样方法通知的清单。

但是,就国旗而言,这种相互通知并不是强制性的。

(b) 本条第(1)款(b)项的规定,仅适用于政府间国际组织经由国际局通知本联盟国家的徽章、旗帜、其他徽记、缩写和名称。

(4) 本联盟任何国家如有异议,可以在收到通知后十二个月内经由国际局向有关国家或政府间国际组织提出。

(5) 至于国旗,上述第(1)款规定的措施仅适用于1925年11月6日以后注册的商标。

(6) 至于本联盟国家国旗以外的国家徽记、官方符号和检验印章,以及政府间国际组织的徽章、旗帜、其他徽记缩写和名称,这些规定仅适用于接到上面第(3)款规定的通知超过两个月后所注册的商标。

(7) 在有恶意的情况下,各国有权取消即使是在1925年11月6日以前注册的含有国家徽记、符号和检验印章的商标。

(8) 任何国家的国民经批准使用其本国国家徽记、符号和检验印章者,即使与其他国家的国家徽记、符号和检验印章相类似,仍可使用。

(9) 本联盟各国承诺,如未经批准而在商业中使用本联盟其他国家的国徽,具有使人对商品的原产地产生误解的性质时,应禁止其使用。

(10) 上述各项规定不应妨碍各国行使第六条之五B款第(3)项所规定的权利,即对未经批准而含有本联盟国家所采用的国徽、国旗、其他国家徽记,或官方符号和检验印章,以及上述第(1)款所述的政府间国际组织特有符号的商标,拒绝予以注册或使其注册无效。

第六条之四 [商标:商标的转让]

(1) 根据本联盟国家的法律,商标的转让只有在与其所属商行或商誉同时转让方为有效时,如该商行或商誉座落在该国的部分,连同在该国制造或销售标有被转让商标的商品的专有权一起转让予受让人,即足以承认其转让为有效。

(2) 如果受让人使用受让的商标事实上会具有使公众对使用该商标的商品的原产地、性质或重要品质发生误解的性质,上述规定并不使本联盟国家负有承认该项商标转让为有效的义务。

第六条之五 [商标:在本联盟一个国家注册的商标,在本联盟其他国家所受的保护]

A (1) 在原属国正式注册的每一商标,除应受本条规定的保留条件的约束外,本联盟其他国家也应和在原属国注册那样接受申请和给予保护。各该国家在正式注册前可以要求提供原属国主管机关发给的注册证书。该项注册证书无需认证。

(2) 原属国系指申请人设有真实、有效的工商业营业所的本联盟国家;或者如果申请人在本联盟内没有这样的营业所,则指他设有住所的本联盟国家;或者如果申请人在本联盟内没有住所,但是他是本联盟国家的国民,则指他有国籍的国家。

B 除下列情况外,对本条所适用的商标既不得拒绝注册也不得使注册无效:

(1) 商标具有侵犯第三人在被请求给予保护的国家的既得权利的性质的;

(2) 商标缺乏显著特征,或者完全是由商业中用以表示商品的种类、质量、数量、用途、价值、原产地或生产时间的符号或标记所组成,或者在被请求给予保护的国家的现代语言中或在善意和公认的商务实践中已经成为惯用的;

(3) 商标违反道德或公共秩序,尤其是具有欺骗公众的性质。这一点应理解为不得仅仅因为商标不符合商标立法的规定即认为该商标违反公共秩序,除非该规定本身同公共秩序有关。

但本规定以适用第十条之二为条件,方可适用。

C (1) 决定一个商标是否适合于受保护,必须考虑到一切实际情况,特别是商标已使用期间的长短。

(2) 商标中有的构成部分与在原属国受保护的商标有所不同,但并未改变其显著特征,亦不影响其与原属国注册的商标形式上的同一性的,本联盟其他国家不得仅仅以此为理由而予以拒绝。

D 任何人要求保护的商标,如果未在原属国注册,不得享受本条各款规定的利益。

E 但商标注册在原属国续展,在任何情况下决不包含在该商标已经注册的本联盟其他国家续展注册的义务。

F 在第四条规定的期间内提出商标注册的申请,即使原属国在该期间届满后才进行注册,其优先权利益也不受影响。

第六条之六　[商标:服务标记]

本联盟各国承诺保护服务标记。不应要求它们对该项标记的注册作出规定。

第六条之七　[商标:未经所有人授权而以代理人或代表人名义注册]

(1) 如果本联盟一个国家的商标所有人的代理人或代表人,未经该所有人授权而以自己名义向本联盟一个或一个以上的国家申请该商标的注册,该所有人有权反对所申请的注册或要求取消注册,或者,如该国法律允许,该所有人可以要求将该项注册转让给自己,除非该代理人或代表人能证明其行为是正当的。

(2) 商标所有人如未授权使用,以适用上述第(1)款的规定为条件,有权反对其代理人或代表人使用其商标。

(3) 各国立法可以规定商标所有人行使本条规定的权利的合理期限。

第七条　[商标:使用商标的商品的性质]

使用商标的商品的性质决不应成为该商标注册的障碍。

第七条之二　[商标:集体商标]

(1) 如果社团的存在不违反其原属国的法律,即使该社团没有工商业营业所,本联盟各国也承诺受理申请,并保护属于该社团的集体商标。

(2) 各国应自行审定关于保护集体商标的特别条件,如果商标违反公共利益,可以拒绝给予保护。

(3) 如果社团的存在不违反原属国的法律,不得以该社团未在被请求给予保护国家设有营业所,或不是根据该国的法律所组成为理由,拒绝对该社团的这些商标给予保护。

第八条　[厂商名称]

厂商名称应在本联盟一切国家内受到保护,没有申请或注册的义务,也不论其是否为商标的一部分。

第九条　[商标、厂商名称:对非法标有商标或厂商名称的商品在输入时予以扣押]

(1) 一切非法标有商标或厂商名称的商品,在输入到该项商标或厂商名称有权受到法律保护的本联盟国家时,应予以扣押。

(2) 在发生非法粘附上述标记的国家或在该商品已输入进去的国家,扣押应同样予以执行。

(3) 扣押应依检察官或其他主管机关或有关当事人(无论为自然人或法人)的请求,按照各国本国法的规定进行。

(4) 各机关对于过境商品没有执行扣押的义务。

(5) 如果一国法律不准许在输入时扣押,应代之以禁止输入或在国内扣押。

(6) 如果一国法律既不准许在输入时扣押,也不准许禁止输入或在国内扣押,则在法律作出相应修改以前,应代之以该国国民在此种情况下按该国法律可以采取的诉讼和救济手段。

第十条　[虚伪标记:对标有虚伪的货源或生产者标记的商品在输入时予以扣押]

(1) 前条各款规定应适用于直接或间接使用虚伪的货源标记、生产者、制造者或商人标记的情况。

(2) 凡从事此项商品的生产、制造或销售的生产者,制造者或商人,无论为自然人或法人,其营业所设在被虚伪标为货源所在地方、该地所在的地区,或在虚伪标为货源的国家、或在使用该虚伪货源标记的国家,无论如何均应视为有关当事人。

第十条之二 [不正当竞争]

(1) 本联盟国家有义务对各该国国民保证给予制止不正当竞争的有效保护。

(2) 凡在工商业事务中违反诚实的习惯做法的竞争行为构成不正当竞争的行为。

(3) 下列各项特别应予以禁止:

1. 具有不择手段地对竞争者的营业所、商品或工商业活动造成混乱性质的一切行为;

2. 在经营商业中,具有损害竞争者的营业所、商品或工商业活动商誉性质的虚伪说法;

3. 在经营商业中使用会使公众对商品的性质、制造方法、特点、用途或数量易于产生误解的表示或说法。

第十条之三 [商标、厂商名称、虚伪标记、不正当竞争:救济手段、起诉权]

(1) 本联盟国家承诺保证本联盟其他国家的国民获得有效地制止第九条、第十条和第十条之二所述一切行为的适当的法律上救济手段。

(2) 本联盟国家并承诺规定措施,准许不违反其本国法律存在的联合会和社团,代表有利害关系的工业家、生产者或商人,在被请求给予保护的国家法律允许该国的联合会和社团提出控诉的范围内,为了制止第九条、第十条和第十条之二所述的行为,向法院或行政机关提出控诉。

第十一条 [发明、实用新型、外观设计、商标:在某些国际展览会中的临时保护]

(1) 本联盟国家应按其本国法律对在本联盟任何国家领土内举办的官方的或经官方承认的国际展览会展出的商品中可以取得专利的发明、实用新型、外观设计和商标,给予临时保护。

(2) 该项临时保护不应延展第四条规定的期间。如以后要求优先权,任何国家的主管机关可以规定其期间应自该商品在展览会展出之日起算。

(3) 每一个国家认为必要时可以要求提供证明文件,证实展出的物品及其在展览展出的日期。

第十二条 [国家工业产权专门机构]

(1) 本联盟各国承诺设立工业产权专门机构和向公众传递专利、实用新型、外观设计和商标的中央机构。

(2) 该专门机构定期出版公报,按时公布:

(a) 被授予专利的人的姓名和取得专利的发明的概要;

(b) 注册商标的复制。

第十三条 [本联盟大会]

(1) (a) 本联盟设大会,由本联盟中受第十三条至第十七条约束的国家组成。

(b) 每一国政府应有一名代表,该代表可以由若干副代表,顾问和专家辅助。

(c) 各代表团的费用由委派该代表团的政府负担。

(2) (a) 大会的职权如下:

(i) 处理有关维持和发展本联盟及执行本公约的一切事项;

(ii) 对建立世界知识产权组织(以下简称"本组织")公约中所述的知识产权国际局(以下简称"国际局")作关于筹备修订会议的指示,但应适当考虑本联盟国家中不受第十三条至第十七条约束的国家所提的意见。

(iii) 审查和批准本组织总干事有关本联盟的报告和活动,并就本联盟权限内的事项对总干事作一切必要的指示;

(iv) 选举大会执行委员会的委员;

(v) 审查和批准执行委员会的报告和活动,并对该委员会作指示;

(vi) 决定本联盟计划和通过三年预算,并批准决算;

(vii) 通过本联盟的财务规则;

(viii) 为实现本联盟的目的,成立适当的专家委员会和工作组;

(ix) 决定接受哪些非本联盟成员国的国家以及哪些政府间组织和非政府间国际组织以观察员身份参加本联盟会议;

(x) 通过第十三条至第十七条的修改;

(xi) 采取旨在促进实现本联盟目标的任何其他的适当行动;

(xii) 履行按照本公约是适当的其他职责;

(xiii) 行使建立本组织公约中授予并经本联盟接受的权利。

(b) 关于与本组织管理的其他联盟共同有关的事项,大会应在听取本组织协调委员会的意见后作出决议。

(3) (a) 除(b)项另有规定应适用该规定外,一名代表仅能代表一个国家;

(b) 本联盟一些国家根据一项专门协定的条款组成一个共同机构,对各该国家具有第十二条所述的国家工业产权专门机构性质者,在讨论时,可以由这些国家中的一国作为共同代表。

(4) (a) 大会每一成员国应有一票表决权。

(b) 大会成员国的半数构成开会的法定人数。

(c) 尽管有(b)项的规定,如任何一次会议出席的国家不足大会成员国的半数,但达到三分之一或三分之一以上时,大会可以作出决议,但是,除有关其本身的议事程序的决议外,所有其他决议只有符合下述条件才能生效。国际局应将这些决议通知未出席的大会成员国,请其在通知之日起三个月的期间内以书面表示是否赞成或弃权。如该期间届满时,这些表示是否赞成或弃权的国家数目,达到会议本身开会的法定人数所缺少的国家数目,只要同时也取得了规定的多数票,这些决议即可生效。

(d) 除第十七条第(2)款另有规定应适用该规定外,大会决议需有所投票数的三分之二票。

(e) 弃权不应认为是投票。

(5) (a) 除(b)项另有规定应适用该规定外,一名代表只能以一国名义投票。

(b) 第(3)款(b)项所指的本联盟国家,一般应尽量派遣本国的代表团出席大会。然而,如其中任何国家由于特殊原因不能派出本国代表团时,可以授权上述国家中其他国家代表团以其名义投票,但每一代表团只能为一个国家代理投票。代理投票的权限应由国家元首或主管部长签署的文件授予。

(6) 非大会成员国的本联盟国家应被允许作为观察员出席大会的会议。

(7) (a) 大会通常会议每三历年召开一次,由总干事召集,如无特殊情况,和本组织的大会同时间同地点召开。

(b) 大会临时会议由总干事应执行委员会或占四分之一的大会成员国的要求召开。

(8) 大会应通过其本身的议事规程。

第十四条 [执行委员会]

(1) 大会设执行委员会。

(2) (a) 执行委员会由大会从大会成员国中选出的国家组成。此外,本组织总部所在地国家,除第十六条第(7)款(b)项规定的情况外,在执委会中应有当然的席位。

(b) 执行委员会各成员国政府应各有一名代表,该代表可以由若干副代表、顾问和专家辅助。

(c) 各代表团的费用应由委派该代表团的政府负担。

(3) 执行委员会成员国的数目应相当于大会成员国的四分之一。在确定席位数目时,用四除后余数不计。

(4) 选举执行委员会委员时,大会应适当注意公平的地理分配,以及组成执行委员会的国家中有与本联盟有关系的专门协定的缔约国的必要性。

(5) (a) 执行委员会委员的任期,应自选出委员会的大会会议闭幕开始,直到下届通常会议闭幕为止。

(b) 执行委员会委员可以连选连任,但其数目最多不得超过委员的三分之二。

(c) 大会应制定有关执行委员会委员选举和可能连选的详细规则。

(6) (a) 执行委员会的职权如下:

(i) 拟订大会议事日程草案;

(ii) 就总干事拟订的本联盟计划草案和三年预算向大会提出建议;

(iii) 在计划和三年预算范围内,批准总干事拟订的年度预算和计划;

(iv) 将总干事的定期报告和年度财务决算报告,附具适当的意见,提交大会;

(v) 根据大会决议,并考虑到大会两届通常会议中间发生的情况,采取一切必要措施保证总干事执行本联盟的计划;

(vi) 执行本公约所规定的其他职责。

(b) 关于与本组织管理的其他联盟共同有关的事项,执行委员会应在听取本组织协调委员会的意见后作出决议。

(7) (a) 执行委员会每年举行一次通常会议,由总干事召集,最好和本组织协调委员会同时间同地点召开。

(b) 执行委员会临时会议应由总干事依其本人倡议或应委员会主席或四分之一委员的要求而召开。

(8) (a) 执行委员会每一成员国应有一票表决权。

(b) 执行委员会委员的半数构成开会的法定人数。

(c) 决议需有所投票数的简单多数。

(d) 弃权不应认为是投票。

(e) 一名代表仅能代表一个国家,并以一个国家名义投票。

(9) 非执行委员会委员的本联盟国家可以派观察员出席执行委员会的会议。

(10) 执行委员会应通过其本身的议事规程。

第十五条 [国际局]

(1) (a) 有关本联盟的行政工作应由国际局执行。国际局是由本联盟的局和保护文学艺术作品国际公约所建立的联盟的局合并而成。

(b) 国际局特别应设置本联盟各机构的秘书处。

(c) 本组织总干事为本联盟最高行政官员,并代表本联盟。

(2) 国际局汇集有关工业产权的情报并予以公布。本联盟各成员国应迅速将一切有关保护工业产权的新法律和正式文本送交国际局;此外,还应向国际局提供其工业产权机构发表的和保护工业产权直接有关并对国际局工作有用的出版物。

(3) 国际局应出版月刊。

(4) 国际局应依请求向本联盟任何国家提供有关保护工业产权问题的情报。

(5) 国际局应进行研究,并提供服务,以促进对工业产权的保护。

(6) 总干事及其指定的职员应参加大会、执行委员会以及任何其他专家委员会或工作组的一切会议,但无表决权。总干事或其指定的职员为这些机构的当然秘书。

(7) (a) 国际局应按照大会的指示,与执行委员会合作,筹备对本公约第十三条至第十七条以外的其他条款的修订会议。

(b) 国际局可以就修订会议的筹备工作与政府间组织和非政府间国际组织协商。

(c) 总干事及其指定的人员应参加这些会议的讨论,但无表决权。

(8) 国际局应执行指定的任何其他任务。

第十六条　[财务]

(1) (a) 本联盟应制定预算。

(b) 本联盟的预算应包括本联盟本身的收入和支出,对各联盟共同开支预算的摊款,以及需要时对本组织成员国会议预算提供的款项。

(c) 不是专属于本联盟、而且也属于本组织所管理的其他一个或一个以上联盟的支出,应认为各联盟的共同支出。本联盟在该项共同支出中的摊款应与本联盟在其中所享的利益成比例。

(2) 本联盟预算的制定应适当考虑到与本组织管理的其他联盟预算相协调的需要。

(3) 本联盟预算的财政来源如下:

(i) 本联盟国家的会费;

(ii) 国际局提供有关本联盟的服务所收的费用或款项;

(iii) 国际局有关本联盟出版物的售款或版税;

(iv) 赠款、遗赠和补助金;

(v) 租金、利息和其他杂项收入。

(4) (a) 为了确定对预算应缴的会费,本联盟每一个国家应属于下列的一个等级,并以所属等级的单位数为基础缴纳年度会费:

等级Ⅰ……………………25

等级Ⅱ……………………20

等级Ⅲ……………………15

等级Ⅳ……………………10

等级Ⅴ……………………5

等级Ⅵ……………………3

等级Ⅶ……………………1

(b) 除已经指定等级外,每一国家应在交存批准书或加入书的同时,表明自己愿属哪一等级。任何国家都可以改变其等级。如果选择较低的等级,必须在大会的一届通常会议上声明。这种改变应在该届会议后的下一历年开始时生效。

(c) 每一国家的年度会费的数额在所有国家向本联盟预算缴纳的会费总额中所占的比例,应与该国的单位数额在所有缴纳会费国家的单位总数中所占的比例相同。

(d) 会费应于每年一月一日缴纳。

(e) 一个国家欠缴的会费数额等于或超过其前两个整年的会费数额的,不得在本联盟的任何机构(该国为其成员)内行使表决权。但是如果本联盟的任何机构证实该国延迟缴费系由于特殊的和不可避免的情况,则在这期间内可以允许该国在该机构继续行使其表决权。

(f) 如预算在新的财政年度开始前尚未通过,按财务规则的规定,预算应与上一年度预算的水平相同。

(5) 国际局提供有关本联盟的服务应收的费用或款项的数额由总干事确定,并报告大会和执行委员会。

(6) (a) 本联盟应设工作基金,由本联盟每一国家一次缴纳的款项组成。如基金不足,大会应决定予以增加。

(b) 每一国家向上述基金初次缴纳的数额或在基金增加时缴纳的数额,应与建立基金或决定增加基金的一年该国缴纳的会费成比例。

(c) 缴款的比例和条件应由大会根据总干事的建议,并听取本组织协调委员会的意见后规定。

(7) (a) 在本组织与其总部所在地国家缔结的总部协定中应规定,工作基金不足时该国应给予贷款。每次贷款的数额和条件应由本组织和该国签订单独的协定。该国在承担贷款义务期间,应在执行委员会中有当然席位。

(b) (a)项所指的国家和本组织都各自有权以书面通知废除贷款的义务。废除应于发出通知当年年底起三年后生效。

(8) 账目审查工作应按财务规则的规定,由本联盟一个或一个以上国家或外界审计师进行。审计师应由大会在征得其同意后指定。

第十七条　[对第十三条至第十七条的修正]

(1) 修正第十三、十四、十五、十六条和本条的提案,可以由大会成员国、执行委员会或总干事提出。这类提案应由总干事至少在提交大会审议六个月前通知大会成员国。

(2) 对第(1)款所述各条的修正案须由大会通过。通过需要所有投票数的四分之三票,但第十三条和本款的修正案需要所有投票数的五分之四票。

(3) 第(1)款所述各条的修正案,总干事在收到大会通过修正案时,四分之三的大会成员国依照各该国宪法程序,表示接受修正案的书面通知一个月后发生效力。各该条的修正案在经接受后,对修正案生效时大会成员国以及以后成为大会成员国的所有国家都有约束力,但有关增加本联盟国家的财政义务的修正案,仅对通知接受该修正案的国家有约束力。

第十八条　[对第一条至第十二条和第十八条至第三十条的修订]

(1) 本公约应交付修订,以便采用一些旨在改善本联盟制度的修正案。

(2) 为此目的,将陆续在本联盟国家之一举行各该国家代表的会议。

(3) 对第十三条至第十七条的修正应按照第十七条的规定办理。

第十九条　[专门协定]

不言而喻,本联盟国家在与本公约的规定不相抵触的范围内,保留有相互间分别签订关于保护工业产权的专门协定的权利。

第二十条　[本联盟国家的批准或加入;生效]

(1)(a)本联盟任何国家已在本议定书上签字者,可以批准本议定书,未签字者可以加入本议定书。批准书和加入书应递交总干事保存。

(b)本联盟任何国家可以在其批准书或加入书中声明其批准或加入不适用于:

(i)第一条至第十二条,或

(ii)第十三条至第十七条。

(c)本联盟任何国家根据(b)项的规定声明其批准或加入的效力不适用于该项所述的两组条文之一者,可以随时声明将其批准或加入的效力扩大至该项条文。该项声明应递交总干事保存。

(2)(a)第一条至第十二条,对于最早递交批准书或加入书而未作上述第(1)款(b)项第(i)目所允许的声明的本联盟十个国家,在递交第十份批准书或加入书三个月后,发生效力。

(b)第十三条至第十七条,对于最早递交批准书或加入书而未作上述第(1)款(b)项第(ii)目所允许的声明的本联盟十个国家,在递交第十份批准书或加入书三个月后,发生效力。

(c)以第(1)款(b)项第(i)目和第(ii)目所述的两组条文按照(a)项(b)项的规定每一组开始生效为条件,除第(1)款(b)项另有规定应适用该规定外,第一条至第十七条,对于(a)项和(b)项所述的递交批准书或加入书的国家以外的、或按第(1)款(c)项递交声明的任何国家以外的本联盟任何国家,在总干事就该项递交发出通知之日起三个月后,发生效力,除非所递交的批准书、加入书或声明已经指定以后的日期。在后一情况下,本议定书对该国应在其指定的日期发生效力。

(3)第十八条至第三十条,对递交批准书或加入书的本联盟任何国家,应在第(1)款(b)项所述的两组条文中任何一组条文,按照第(2)款(a)、(b)或(c)项对该国生效的日期中比较早的那一日发生效力。

第二十一条　[本联盟以外国家的加入;生效]

(1)本联盟以外的任何国家都可以加入本议定书,成为本联盟的成员国。加入书应递交总干事保存。

(2)(a)本联盟以外的任何国家在本议定书的任何规定发生效力前一个月或一个月以上递交加入书的,本议定书应在该规定按照第二十条第(2)款(a)项或(b)项最先发生效力之日对该国发生效力,除非该加入书已经指定以后的日期;但应遵守下列条件:

(i)如第一条至第十二条在上述日期尚未发生效力,在这些规定发生效力以前该国应暂时代之以受里斯本议定书第一条至第十二条的约束;

(ii)如第十三条至第十七条在上述日期尚未发生效力,在这些规定发生效力以前该国应暂时代之以受里斯本议定书第十三条、第十四条第(3)款、第(4)款和第(5)款的约束。

如果该国在其加入书中指定了以后的日期,本议定书应在其指定的日期对该国发生效力。

(b) 本联盟以外的任何国家在本议定书的一组条文发生效力以后,或发生效力前一个月内,递交加入书的,除应受(a)项但书的约束外,本议定书应在总干事发出该国已经加入的通知之日起三个月后对该国发生效力,除非该加入书已经指定以后的日期。在后一情况下,本议定书应在其指定的日期对该国发生效力。

(3) 本联盟以外的任何国家在本议定书全部发生效力后或发生效力前一个月内递交加入书的,本议定书应在总干事发出该国已经加入的通知之日起三个月后对该国发生效力,除非该加入书已经指定以后的日期。在后一情况下,本议定书应在其指定的日期对该国发生效力。

第二十二条　[批准或加入的后果]

除适用第二十条第(1)款(b)项和第二十八条第(2)款的规定可能有例外外,批准或加入应自动导致接受本议定书的全部条款并享受本议定书的全部利益。

第二十三条　[加入以前的议定书]

在本议定书全部发生效力以后,各国不得加入本公约以前的议定书。

第二十四条　[领地]

(1) 任何国家可以在其批准书或加入书中声明,或在以后任何时候以书面通知总干事,本公约适用于该国的声明或通知中所指定的由该国负责其对外关系的全部或部分领地。

(2) 任何国家已经作出上述声明或提出上述通知的,可以在任何时候通知总干事,本公约停止适用于上述的全部或部分领地。

(3) (a) 根据第(1)款提出的声明,应与包括该项声明的批准书或加入书同时发生效力;根据该款提出的通知应在总干事通知此事后三个月发生效力。

(b) 根据第(2)款提出的通知,应在总干事收到此项通知十二个月后发生效力。

第二十五条　[在国内执行本公约]

(1) 本公约的缔约国承诺,根据其宪法,采取保证本公约适用的必要措施。

(2) 不言而喻,各国在递交其批准书或加入书时将能根据其本国法律实施本公约的规定。

第二十六条　[退出]

(1) 本公约无限期地有效。

(2) 任何国家可以通知总干事退出本议定书。该项退出也构成退出本公约以前的一切议定书。退出仅对通知退出的国家发生效力,本公约对本联盟其他国家仍完全有效。

(3) 自总干事收到退出通知之日起一年后,退出发生效力。

(4) 任何国家在成为本联盟成员国之日起五年届满以前,不得行使本条所规定的退出权利。

第二十七条　[以前议定书的适用]

(1) 关于适用本议定书的国家之间的关系及其适用范围,本议定书取代 1883 年 3 月 20 日的巴黎公约和以后修订的议定书。

(2) (a) 关于不适用或不全部适用本议定书,但适用 1958 年 10 月 31 日的里斯本议定书的国家,里斯本议定书仍全部有效,或在按第(1)款的规定本议定书并未取代该议定书的范围内有效。

(b) 同样,关于既不适用本议定书或其一部分,也不适用里斯本议定书的国家,1934 年 6

月2日的伦敦议定书仍全部有效,或在按第(1)款的规定本议定书并未取代该议定书的范围内有效。

(c) 同样,关于既不适用本议定书或其一部分,也不适用里斯本议定书,也不适用伦敦议定书的国家,1925年11月6日的海牙议定书仍全部有效,或在按第(1)款的规定本议定书并未取代该议定书的范围内有效。

(3) 本联盟以外的各国成为本议定书的缔约国的,对非本议定书的缔约国或者虽然是本议定书的缔约国但按照第二十条第(1)款(b)项第(i)目提出声明的本联盟任何国家,应适用本议定书。各该国承认,上述本联盟国家在其与各该国的关系中,可以适用该联盟国家所参加的最近议定书的规定。

第二十八条 [争议]

(1) 本联盟两个或两个以上国家之间对本公约的解释或适用有争议不能依谈判解决时,有关国家之一可以按照国际法院规约将争议提交该法院,除非有关国家就某一其他解决办法达成协议。将争议提交该法院的国家应通知国际局;国际局应将此事提请本联盟其他国家注意。

(2) 每一国家在本议定书上签字或递交批准书或加入书时,可以声明它认为自己不受第(1)款规定的约束。关于该国与本联盟任何其他国家之间的任何争议,上述第(1)款的规定概不适用。

(3) 根据上述第(2)款提出声明的任何国家可以在任何时候通知总干事撤回其声明。

第二十九条 [签字、语言、保存职责]

(1) (a) 本议定书的签字本为一份,用法语写成,由瑞典政府保存。

(b) 总干事在与有关政府协商后,应制定英语、德语、意大利语、葡萄牙语、俄罗斯语、西班牙语以及大会指定的其他语言的正式文本。

(c) 如对各种文本的解释有不同意见,应以法语本为准。

(2) 本议定书在1968年1月13日以前在斯德哥尔摩开放签字。

(3) 总干事应将经瑞典政府证明的本议定书签字文本二份分送本联盟所有国家政府,并根据请求,送给任何其他国家政府。

(4) 总干事应将本议定书交联合国秘书处登记。

(5) 决干事应将签字、批准书或加入书的交存和各该文件中包括的或按第二十条第(1)款(c)项提出的声明,本议定书任何规定的生效、退出的通知以及按照第二十四条提出的通知等,通知本联盟所有国家政府。

第三十条 [过渡条款]

(1) 直至第一任总干事就职为止,本议定书所指本组织国际局或总干事应分别视为指本联盟的局或其局长。

(2) 凡不受第十三条至第十七条约束的本联盟国家直到建立本组织公约生效后五年为止,可以随其自愿行使本议定书第十三条至第十七条规定的权利,如同各该国受这些条文的约束一样。希望行使该项权利的国家应以书面通知总干事;该通知自其收到之日起发生效力。直至该期间届满为止,这些国家应视为大会的成员国。

(3) 只要本联盟所有国家没有完全成为本组织的成员国,本组织国际局也应行使本联盟的局的职责,总干事也应行使该局局长的职责。

（4）本联盟所有国家一旦都成为本组织成员国以后，本联盟的局的权利、义务和财产均应移交给本组织国际局。

（资料来源：陈安、刘智中编选：《国际经济法资料选编》，法律出版社 1991 年版，第 503—529 页。）

保护文学艺术作品伯尔尼公约(1971)

Berne Convention for the Protection of Literary and Artistic Works, 1971

(1886 年 9 月 9 日于伯尔尼签订,1896 年 5 月 4 日于巴黎补充,1908 年 11 月 13 日于柏林修订,1914 年 3 月 20 日于伯尔尼补充,1928 年 6 月 2 日于罗马修订,1948 年 6 月 26 日于布鲁塞尔修订,1967 年 7 月 14 日于斯德哥尔摩修订,1971 年 7 月 24 日于巴黎修订。)

本联盟各成员国,

受到尽可能有效地和尽可能一致地保护作者对其文学艺术作品所享权利的共同愿望的鼓舞,

承认一九六七年在斯德哥尔摩举行的修订会议工作的重要性,

决定修订斯德哥尔摩会议通过的文本,但不更动该文本第一至二十条和第二十二至二十六条。

下列签字的全权代表经交验全权证书认为妥善后,兹协议如下:

第一条

适用本公约的国家组成保护作者对其文学艺术作品所享权利的联盟。

第二条

一、"文学艺术作品"一词包括科学和文学艺术领域内的一切作品,不论其表现方式或形式如何,诸如书籍、小册子及其他著作;讲课、演讲、讲道及 其他同类性质作品;戏剧或音乐戏剧作品;舞蹈艺术作品及哑剧作品;配词或未配 词的乐曲;电影作品或以与电影摄影术类似的方法创作的作品;图画、油画、建筑、雕塑、雕刻及版画;摄影作品以及与摄影术类似的方法创作的作品;实用美术作品;插图、地图;与地理、地形、建筑或科学有关的设计图、草图及造型作品。

二、但本联盟各成员国法律有权规定仅保护表现于一定物质形式的文学艺术作品或其中之一种或数种。

三、翻译作品、改编作品、改编乐曲以及某件文字或艺术作品的其他改变应得到与原著同等的保护,而不损害原著作者的权利。

四、本联盟成员国得以立法确定对立法、行政或司法性质的官方文件及这些文件的正式译本的保护。

五、文字或艺术作品的汇编本,诸如百科全书和选集,由于对其内容的选择和整理而成为智力创作作品,应得到与此类作品同等的保护,而不损害作者对这种汇编本内各件作品的权利。

六、上述作品得在本联盟所有成员国内享受保护。此种保护应为作者及其权利继受人的利益而行使。

七、考虑到本公约第七条第四款的规定,本联盟成员国得以立法规定涉及实用美术作品及工业设计和模型的法律的适用范围,并规定此类作品,设计和模型的保护条件。在起源国单独作为设计和模型受到保护的作品,在本联盟其他成员国可能只得到该国为设计和模型所提供的专门保护。但如在该国并不给予这类专门保护,则这些作品将作为艺术品得到保护。

八、本公约所提供的保护不得适用于日常新闻或纯属报刊消息性质的社会新闻 。

第二条之二

一、本联盟成员国有权以立法规定把政治演讲和诉讼过程中发表的言论部分或全部排除于上条提供的保护之外。

二、本联盟成员国同样有权以立法规定对演讲、发言或其他同类性质作品进行报刊转载、无线或有线广播以及构成本公约第十一条之二第一款所指的公共传播对象的条件,如果上述报道之目的证明此种使用为正当的话。

三、但作者享有将上两款所提作品收编成汇编本的专有权。

第三条

一、根据本公约:

a)为本联盟任何一成员国公民的作者,其作品无论是否发表,应受到保护;

b)非为本联盟任何一成员国公民的作者,其作品首次在本联盟一成员国出版或在本联盟一成员国和一非本联盟成员国内同时出版的,应受到保护。

二、非本联盟任何一成员国公民但在一成员国国内有经常居所的作者,在适用本公约时,与该国公民作者同等对待。

三、"已发表作品"应理解为在其作者同意下出版的著作,不论其复制件的制作方式如何,但考虑到这部著作的性质,复制件的发行在数量和方式上需要满足公众的合理需要。戏剧、音乐戏剧或电影作品的上演,音乐作品的演奏,文学作品的当众朗诵,文学或艺术作品的广播或转播,美术作品的展出及建筑作品的建造不是发表。

四、在首次发表后三十天内在两个或两个以上国家出版的任何作品视为同时在几国发表。

第四条

即使第三条规定之条件未具备;下述作者根据本公约也应受到保护:

a)其电影作品的制片人在本联盟某一成员国有所在地或经常居所的;

b)建造在本联盟某一成员国内的建筑物或设置在本联盟某一成员国内房屋中的绘画和造型艺术品的。

第五条

一、根据本公约得到保护作品的作者,在除作品起源国外的本联盟各成员国,就其作品享受各该国法律现今给予或今后将给予其国民的权利,以及本公约特别授予的权利。

二、享受和行使这类权利不需履行任何手续,也不管作品起源国是否存在有关保护的规定。因此,除本公约条款外,只有向之提出保护要求的国家的法律方得规定保护范围及向作者提供的保护其权利的补救方法。

三、起源国的保护由该国本国法律作出规定。即使作者并非作品起源国的国民,但他就其作品根据本公约受到保护,他在该国仍享有同该国公民作者相同的权利。

四、起源国指的是:

a) 对于首次在本联盟一成员国发表的作品,应以该国家为起源国;对于在给予不同保护期的本联盟数成员国同时发表的作品,起源国为立法给予最短保护期的国家;

b) 对于在非本联盟成员国和本联盟某一成员国同时发表的作品,应视后者为起源国;

c) 对于未发表的作品或首次在非本联盟成员国发表而未同时在本联盟成员国发表的作品,则以作者为其公民的本联盟成员国为起源国,然而

i) 对于其制片人于本联盟某一成员国有所在地或经常居所的电影作品,则以该国为起源国;

ii) 对于建立在本联盟某一成员国内的建筑物或设置在本联盟某一成员国内房屋中的绘画和造型艺术作品,应以该国为起源国。

第六条

一、凡任何非本联盟成员国未能充分保护本联盟某一成员国国民为作者的作品时,后一国可对在作品首次发表时系前一国国民而又在任何一联盟成员国内无经常居所之作者的作品的保护加以限制。如首次发表作品国利用这种权利,则本联盟其他成员国对受此特殊待遇的作品无义务给予比首次发表作品国所给予的更广泛的保护。

二、根据前款规定所确定的任何限制均不应损害在此种限制实施之前作者就在本联盟任何一成员国发表的作品已经获得的权利。

三、根据本条对作品权利的保护施加限制的本联盟成员国应以书面声明通知世界知识产权组织总干事(以下称总干事),指出保护受到限制的国家以及为这些国家公民的作者的权利所受的各种限制。总干事应立即向本联盟所有成员通报该项声明。

第六条之二

一、不受作者财产权的影响,甚至在上述财产权转让之后,作者仍保有主张对其作品的著作者身份的权利,并享有反对对上述作品进行任何歪曲或割裂或有损于作者声誉的其他损害的权利。

二、根据前款给予作者的权利,在其死后至少应保留到财产权期满为止,并由向之提出保护要求的国家本国法所授权的人或机构行使。但在批准或加入本条约时其法律未包括保证作者死后保护前款承认之权利的各国,有权规定这些权利中某些权利在作者死后无效。

三、为保障本条所承认的权利而采取的补救方法由向之提出保护要求的国家的法律规定。

第七条

一、本公约给予保护的期限为作者终生及其死后五十年。

二、但对于电影作品,本联盟成员国有权规定,保护期限自作品在作者同意下公映后五十年届满,如自作品摄制完成后五十年内尚未公映,则自作品摄制完成后五十年届满。

三、对于不具名作品和具笔名作品,本公约给予的保护期为自其合法向公众发表之日起五十年。但如作者采用的笔名不致引起对其身份发生任何怀疑时,该保护期则为第一款所规定的期限。如不具名作品或具笔名作品的作者在上述期间内披露其身分,则适用第一款所规定的保护期限。本联盟成员国没有义务保护不具名作品或具笔名作品,如果有充分理由假定其作者已死去五十年。

四、本联盟成员国有权以法律规定摄影作品及作为艺术品加以保护的实用美术作品的保护期限；但这一期限不应少于自该作品完成时算起二十五年。

五、作者死后的保护期和上述第二、三及四款所规定的期限应从作者死亡日或上述款项提及事情发生日起算，但这种期限只能从死亡后或所述事件发生后次年的一月一日开始计算。

六、本联盟成员国有权规定比前述各款规定期限更长的保护期。

七、受本公约罗马文本约束并在本文件签署时有效的本国法律中规定了比前述各款规定期限更短的保护期的本联盟成员国，有权在加入或批准本文件时保留这种期限。

八、在一切情况下，期限由向之提出保护要求的国家的法律加以规定；但除该国法律另有规定外，这个期限不得超过作品起源国规定的期限。

第七条之二

前条规定同样适用于作品的版权属于合著者共有的场合，但作者死后的保护期应从最后死亡的作者死亡之日起算。

第八条

受本公约保护的文学艺术作品的作者，在对原著享有权利的整个保护期内，享有翻译和授权翻译其作品的专有权。

第九条

一、受本公约保护的文学艺术作品的作者，享有批准以任何方式和采取任何形式复制这些作品的专有权。

二、本联盟成员国法律有权允许在某些特殊情况下复制上述作品，只要这种复制不致损害作品的正常使用也不致无故危害作者的合法利益。

三、所有录音或录像均应视为本公约所指的复制。

第十条

一、从一部合法向公众发表的作品中摘出引文，包括以报刊摘要形式摘引报纸期刊的文章，只要符合善良习惯，并在为达到正当目的所需要范围内，就属合法。

二、通过出版物、无线电广播或录音录像使用文学艺术作品作为教学解说的权利，只要是在为达到正当目的所需要的范围内使用，并且符合正当习惯，即可由本联盟成员国法律以及成员国之间现已签订或将要签订的特别协议加以规定。

三、根据本条前两款使用作品时，应指明出处，如原出处有作者姓名，也应同时说明。

第十条之二

一、对在报纸或期刊上已发表的经济、政治和宗教问题的时事性文章，或无线电已转播的同样性质的作品，本联盟成员国法律有权准许在报刊上转载，或向公众作无线或有线广播，如果对这种转载、广播或转播的权利未作直接保留的话。但任何时候均应明确指出：不履行该项义务的后果由向之提出保护要求的国家以法律规定。

二、本联盟成员国法律也有权规定，在何种条件下，对在时事事件过程中出现或公开的文学和艺术作品，在为报导目的正当需要范围内，可予以复制，或者以摄影或电影手段或通过无线电或有线广播向公众作时事新闻报导。

第十一条

一、戏剧作品、音乐戏剧作品或音乐作品的作者享有下述专有权：1. 许可公开演奏和公演其作品,包括用各种手段和方式的公开演奏和公演;2. 许可用各种手段公开播送其作品的表演和演奏。

二、戏剧作品或音乐戏剧作品的作者,在对其原著权利的整个期间内,对其作品的翻译享有同样的专有权。

第十一条之二

一、文学和艺术作品的作者享有下述专有权:

1. 许可以无线电广播其作品或以任何其他无线播送符号、声音或图像方法向公众发表其作品;2. 许可由原广播机构以外的另一机构通过有线广播或无线广播向公众发表作品;3. 许可通过扩音器或其他任何传送符号、声音或图像的类似工 具向公众传送广播作品。

二、本联盟成员国的法律得规定行使上面第一款所指的权利的条件,但这些条件的效力只限于作出这些规定的国家。在任何情况下,这些条件均不应有损于作者的人身非财产权利,也不应有损于作者获得公正报酬的权利,该报酬在无友好协议的情况下应由主管当局规定之。

三、除另有规定外,根据本条第一款给予的许可,不包括利用录音或录像工具录制广播作品的许可。但本联盟成员国法律有权为某一广播机构使用其自己设备并为其自己播送之用而进行短期录制制定规章。本联盟成员国法律也可以批准由于这些录制品具有的特殊文献性质而交付官方档案馆保存。

第十一条之三

一、文学作品作者享有下述专有权:(1) 许可公开朗诵其作品,包括用各种手段或方式公开朗诵其作品,以及(2) 许可用各种手段公开播送其作品的朗诵。

二、文学作品作者在对其原著享有权利的整个期限内,对其作品的翻译也享有同样权利。

第十二条

文学和艺术作品的作者享有批准对其作品进行改编、整理和其他改变的专有权。

第十三条

一、本联盟每一成员国得就乐曲作者及允许歌词与乐曲一道录音的歌词作者对允许录制上述乐曲及乐曲连同歌词(如有歌词时)的专有权的保留及条件为本国作出规定;但这类保留及条件之效力严格限于对此作出规定的国家范围内,而且在任何情况下均不应损害作者获得在没有友好协议情况下由主管当局规定的公正报酬的权利。

二、根据 1928 年 6 月 2 日在罗马和 1948 年 6 月 26 日在布鲁塞尔签订的本公约文本第十三条第三款,在本联盟任何一成员国内录制的乐曲录音,自本条约文本在该国生效之日起两年内,可以不经乐曲作者同意在该国进行复制。

三、根据本条第一,二款制作的录音品,如未经利益关系人批准而输入认定此种录音属于违法行为的国家的,可在该国予以没收。

第十四条

一、文学和艺术作品的作者享有下述专有权:(一) 许可把这类作品改编或复制成电影以及发行经改编或复制的作品;(二) 许可公开演出演奏以及向公众作有线广播经改编或复制的作品。

二、根据文学或艺术作品制作的电影作品以任何其他形式进行改编，在不损害其作者批准权的情况下，仍须经原著作者批准。

三、第十三条第一款的规定不应适用。

第十四条之二

一、在不损害可能已经过改编或翻印的所有作品的版权的情况下，电影作品将作为原作品受到保护。电影作品版权所有者享有原作品作者的权利，包括前一条规定的权利。

二、a）向之提出保护要求的国家的法律有权决定电影作品版权的所有者。

b）然而，在其法律承认参加电影作品制作的作者应属于版权所有者的本联盟成员国内，这些作者，如果曾承担参加此项工作的义务，除非有相反或特别的规定，无权反对对电影作品的复制、发行、公开演出演奏、向公众有线广播、无线电广播、向公众发表、配制解说和配音。

c）为适用上面b项规定，上述义务是否应以书面合同或相当的书面文书规定的问题，由影片制片人所在地或居住地的本联盟成员国的法律加以规定。但向之提出保护要求的本联盟成员国有权规定这一义务应以书面合同或相当的书面文书予以确定。运用这一权利的国家应以书面声明通知总干事，并由后者将这一声明通知联盟其他成员国。

d）"相反或特别的规定"是指附加于上述义务的限制性条件。

三、除非国内法另有规定，本条第二款b项之规定不适用于为电影作品创作的剧本、台词和音乐作品的作者，也不适用于电影作品的主要导演。但其法律并未规定对电影导演适用上述第二款b项的本联盟成员国，应以书面声明通知总干事，总干事应将此声明转达本联盟所有成员国。

第十四条之三

一、对于作家和作曲家的艺术原著和原稿，作者或作者死后由国家法律授权的人或机构，享有从作者第一次转让作品之后对作品的每次销售中分取盈利的不可剥夺的权利。

二、只有在作者国籍所属国法律允许的情况下，才可对本联盟某一成员国要求上款所规定的保护，而且保护的程度应限于向之提出保护要求的国家的法律所规定的程度。

三、征税的程序和税额由各国法律决定。

第十五条

一、只要受本公约保护的文学或艺术作品的作者以通常方式在该作品上署名，在没有相反证据的情况下，即视为该作品的作者，并有权在本联盟的成员国中对侵犯其权利的人提起诉讼。即使作者采用的是笔名，只要根据该笔名即能确定作者身份，本款也同样适用。

二、以通常方式在电影作品上署名的自然人或法人，除非有相反的证据，即假定为该作品的制片人。

三、对于不具名作品和上述第一款所述作品以外的笔名作品，如果出版者的名字出现在作品上，在没有相反证据的情况下，该出版者即视为作者的代表，并以此资格有权维护和行使作者的权利。当作者披露其身份并证实其为作者时，本款的规定即停止适用。

四、a）对作者的身份不明但有充分理由假定该作者是本联盟某一成员国国民的未发表作品，该国法律有权指定主管当局代表该作者并据此维护和行使作者在本联盟各成员国内的权利。

b）根据本规定而指定主管当局的本联盟成员国应以书面声明将此事通知总干事，声明中应写明被指定当局的全部有关情况。总干事应将此声明立即通知本联盟其他所有成员国。

第十六条

一、对于侵犯版权的一切作品，给予原著法律保护的本联盟任何成员国都可以予以没收。

二、上款规定同样适用于从不保护或停止保护某一作品的国家所进口的复制品。

三、没收应按各国法律实行。

第十七条

本公约的规定绝不妨碍本联盟每一成员国政府以立法或行政程序行使允许、监督或禁止任何作品或其制品的发行、演出或展出的权利，如果有关当局认为有必要对这些作品行使这种权利的话。

第十八条

一、本公约适用于在本公约开始生效时尚未因保护期满而在其起源国成为公共财产的所有作品。

二、但是，如果作品因原来给予的保护期满而在向之提出保护要求的国家成为公共财产，则该作品不再重新受该国保护。

三、本原则应当遵照本联盟成员国之间现在或将来缔结的专门条约的规定实行。在没有这种规定的情况下，各国可在本国范围内自行决定实行本原则的条件。

四、新加入本联盟时以及因适用第七条或放弃保留而扩大保护范围时，以上规定也同样适用。

第十九条

本公约的规定不妨碍要求本联盟某一成员国法律可能提供的更广泛的保护。

第二十条

本联盟各成员国政府有权在它们之间签订特别协议，以给予作者比本公约所规定的更多的权利，或者包括不违反本公约的其他条款。凡符合上述条件的现有协议的条款仍然适用。

第二十一条

一、有关发展中国家的特别条款载于附件。

二、在遵守第二十八条第一款 b 项规定的情况下，附件构成本文件的组成部分。

第二十二条

一、a）本联盟设一大会，由本联盟中受第二十二条至二十六条约束的成员国组成。

b）每一国家政府应有一名代表，辅以若干副代表、顾问及专家。

c）各代表团的费用由派遣国政府负担。

二、a）大会：

① 处理有关维持及发展本联盟以及执行本公约的一切问题；

② 适当考虑本联盟中不受第二十二至二十六条约束的成员国的意见，向成立世界知识产权组织(以下称“产权组织”)公约中提到的国际知识产权局(以下称“国际局”)发布有关筹备修订会议的指示；

③ 审查和批准本组织总干事有关本联盟的报告及活动，并就本联盟主管范围内的问题向他发布一切必要的指示；

④ 选举大会执行委员会委员；

⑤ 审查和批准执委会报告及活动，并向它发布指示；

⑥ 制订计划,通过本联盟三年期预算和批准财政决算;

⑦ 通过本联盟财务条例;

⑧ 设立为实现本联盟目标而需要的专家委员会和工作组;

⑨ 决定哪些非本联盟成员国和政府间的及非政府间的国际性组织以观察员身分参加它的会议;

⑩ 通过对第二十二条至第二十六条的修改;

⑪ 采取旨在达到本联盟目标的其他适当行动;

⑫ 行使本公约规定的其他所有职权;

⑬ 行使它所接受的成立产权组织公约所赋予它的权利。

b) 就与产权组织管理的其他联盟的利益也有关的问题,大会在作决议时应考虑产权组织协调委员会的意见。

三、a) 大会每一成员国有一票。

b) 大会成员国的半数构成法定人数。

c) 尽管有b项的规定,但在某一次会议上,出席国家不足半数但相当于或多于大会会员国三分之一,则大会可作出决议;但除有关大会议事规则之决议外,大会的决议须具备下列条件方能生效:国际局将上述决议通知未出席大会的成员国,请它们在上述通知发出时起三个月内用书面投票表示同意或反对或弃权。如果在期满时,用这样方式投票或弃权的国家数目达到会议法定人数所欠缺的数目,同时已获得必要的多数,上述决议即可生效。

d) 在遵守第二十六条第二款规定的情况下,大会的决议以投票数三分之二的多数通过。

e) 弃权不计入投票数。

f) 一名代表只能代表一国,也只能以该国名义投票。

g) 作为大会成员国的本联盟成员国以观察员身份参加会议。

四、a) 大会每三年召开一次例会,由总干事召集,除特殊情况外,与产权组织的大会在同时同地举行。

b) 大会特别会议在执行委员会的要求下或大会成员国四分之一的要求下由总干事召集。

五、大会通过其议事规则。

第二十三条

一、大会设执行委员会。

二、a) 执委会由大会在其成员国中选出的国家组成。此外,产权组织总部所在地国在遵守第二十五条第七款b项规定的条件下,在执委会中有一当然席位。

b) 执委会各成员国政府有一名代表,并辅以若干副代表、顾问和专家。

c) 各代表团的费用由派遣国政府负担。

三、执委会成员国数目为大会成员国数目的四分之一。在计算席位数目时,以四相除剩下的余数不计算在内。

四、在选举执委会成员国时,大会要考虑到按地区公平分配和保证使与本联盟缔结特别协议的国家参加执委会的必要性。

五、a) 执委会成员国的任期自它们当选的该届大会闭会时起至大会下届例会闭会时止。

b）执委会的成员国得连选连任，但其数目最多不得超过三分之二。

c）大会应制定执委会成员国选举和连选的细则。

六、a）执行委员会：

① 拟订大会议事日程草案；

② 向大会提交有关总干事草拟的本联盟的计划草案和三年期预算草案的建议；

③ 在计划和三年期预算的范围内，通过总干事草拟的年度计划和预算；

④ 向大会提交总干事的定期报告和财务决算年度报告，并附以必要的意见；

⑤ 根据大会决议并考虑到大会两届例会之间出现的情况，采取一切必要措施以保证总干事执行本联盟的计划；

⑥ 履行本公约赋予它的其他一切职能。

b）就与产权组织管理的其他联盟的利益也有关系的问题，执行委员会在作决定时应考虑产权组织协调委员会的意见。

七、a）执委会在总干事的召集下，每年举行一次例会，尽可能与产权组织协调委员会在同一时期和同一地点举行。

b）执委会在总干事召集下，或是由他倡议，或是应执委会主席或四分之一成员国的要求，可举行非常会议。

八、a）执委会每一成员国有一票表决权。

b）执委会成员国半数构成法定人数。

c）决定以所投票数中的简单多数票通过。

d）弃权不计入投票数。

e）一名代表只代表一国，并只能以该国名义投票。

九、非执委会成员国的本联盟成员国将以观察员身份参加其会议。

十、执行委员会通过其议事规则。

第二十四条

一、a）本联盟的行政任务由国际局执行，该局接替与保护工业产权国际公约设立的联盟局合并的本联盟局的工作。

b）国际局特别应担任本联盟不同机构的秘书处工作。

c）产权组织总干事是本联盟最高官员并代表本联盟。

二、国际局汇编并出版有关保护版权的资料，本联盟每一成员国应及时将有关保护版权的所有新法令及官方文本送交国际局。

三、国际局出版一种月刊。

四、国际局应本联盟成员国的请求，向它们提供有关保护版权问题的资料。

五、国际局从事各项研究工作并提供有利于版权保护的服务。

六、总干事及由他指派的任何工作人员得出席大会、执委会、其他各种专家委员会或工作组的会议，但无表决权。总干事或他指派的一位工作人员行使这些机构的秘书职务。

七、a）国际局根据大会指示并与执委会合作，筹备修订除第二十二条至第二十六条外的公约条款的会议。

b）国际局得就筹备修订会议与政府间和非政府间的国际组织协商。

c）总干事和他指定的人员可参加这些会议的工作，但无表决权。

八、国际局执行交付给它的其他任务。

第二十五条

一、a）本联盟设立一项预算。

b）本联盟的预算包括本联盟本身的收入及支出，它向各联盟共同开支预算的摊款，以及按规定交给产权组织会议预算支配的款项。

c）不专归本联盟的而同时又属于产权组织管理的另一个或其他几个联盟所有的开支，被认为是各联盟的共同开支。本联盟在共同开支中所占份额视这些开支与它的权益而定。

二、在制定本联盟的预算时，须适当考虑与产权组织管理的其他联盟的预算相协调。

三、本联盟预算由下列经费资助：

① 联盟成员国的会费；

② 因国际局提供与本联盟有关的服务而收的费用；

③ 销售与本联盟有关的国际局的出版物所得的款项及转让这些出版物的版权所得的版税；

④ 捐款、遗赠及补助金；

⑤ 租金、利息及其他杂项收入。

四、a）为确定成员国在预算中应缴的会费，本联盟每个成员国分别归入一定等级并根据下列所定数量单位缴纳每年的会费：

第一级…………二十五个单位

第二级…………二十个单位

第三级…………十五个单位

第四级…………十个单位

第五级…………五个单位

第六级…………三个单位

第七级…………一个单位

b）除以前已经指明者外，每个国家在交存其批准书或加入书时，须说明它希望被列入哪一级别。任何国家也可以改变级别。如果某一成员国选择了较低的等级，它应在大会下一届会议上对此声明，这一变动自该届会议后的那一日历年开始时 生效。

c）每个国家的年度会费金额在所有国家每年向本联盟预算交付的会费总数中所占比例，同它的单位数在全部交费国家的单位总数中所占比例相同。

d）会费应于每年一月一日交付。

e）逾期未交纳会费的国家，如拖欠总数相当于或超过前两整年内它应缴纳的会费数，则不得在它为其成员的本联盟一切机构中行使表决权。但如本联盟任何机构确信这种拖欠是由非常的及不可避免的情况造成的，则仍可允许该国继续行使其表决权。

f）如在新的会计年度开始前预算尚未通过，则可按照财务条例规定的制度，以前一年度的水平实行预算。

五、因国际局提供与本联盟有关的服务应交费用的金额由总干事加以规定，并 由他向大会和执委会就此提出报告。

六、a）本联盟拥有一笔由每一会员国一次付款组成的周转基金。如基金不足，由大会决定增加。

b) 每个国家首次缴纳上述基金的金额或负担增加该基金的份额应与基金建立或决定增加基金的当年该国缴纳会费数成比例。

c) 付款的比例及条件由大会根据总干事的提议并征求产权组织协调委员会意见后决定。

七、a) 产权组织与该组织总部所在地国签订的关于总部的协定应规定,如周转基金不足,可由该国垫款。垫款数和提供垫款的条件由该国和产权组织每次以具体协定加以规定。该国在其承担垫款义务期间,在执委会中占有一当然席位。

b) a项所指国家和产权组织均有权以书面通知废除提供垫款的义务。这种废除自通知提出那一年底起三年后生效。

八、账目核查工作,根据财务条例规定的条件,由本联盟一个或几个成员国进行,或由大会指派并经它们同意的外部审计员进行。

第二十六条

一、所有大会成员国、执委会或总干事均可提出修改第二十二,二十三,二十 四,二十五条及本条的建议。这些建议要在提交大会审查前至少六个月由总干事通知大会成员国。

二、对第一款所指各条的修正案应由大会通过。通过需要投票数的四分之三;但对第二十二条及本款的任何修改需经投票数的五分之四通过。

三、对第一款所提各条的任何修正案,至少要在总干事收到在修正案通过时为大会成员国的四分之三国家关于它们根据各自的宪法程序批准修正案的书面通知一个月后才能生效。以此种方式通过的对上述各条的修正案对修正案生效时为大会成员国的所有国家或在该日期之后成为大会成员国的国家具有约束力;但任何增加本联盟成员国财务义务的修正案只对已通知批准该修正案的国家有约束力。

第二十七条

一、本公约可进行修订,以便使之得到改进,从而使本联盟体制臻于完备。

二、为此目的,可相继在本联盟成员国内举行各该国代表的会议。

三、在遵守第二十六条有关修改第二十二至二十六条的规定的情况下,所有对本公约文本的修订,包括附件的修订,均需以投票数全体一致通过。

第二十八条

一、a) 凡签署本公约文本的任何本联盟成员国均可批准本公约文本,如尚未签署,则可加入本公约文本。批准书或加入书交总干事保存。

b) 本联盟任何成员国在其批准书或加入书中均可声明其批准或加入不适用于第一至第二十一条及附件;但如该国已根据附件第六条第一款作出声明,则它在上述文件中只能声明其批准或加入不适用于第一至第二十条。

c) 凡根据b项已声明其批准或加入对该项所提各条不发生效力的本联盟任何成员国可在其后任何时候声明将其批准或加入的效力扩大到这些规定。这一声明交总干事保存。

二、a) 第一至二十一条及附件在具备下述两条件三个月后生效:

① 至少有五个本联盟成员国批准或加入本公约文本而未按照第一款b项作过声明;

② 西班牙、美利坚合众国、法国和大不列颠及北爱尔兰联合王国已受到197 1年7月24日在巴黎修订过的世界版权公约的约束。

b) 对于交存批准书或加入书但未按第一款b项作过声明的各国,a项规定的生效不应早于上述生效后三个月。

c）对于b项对之不适用的已批准或加入本公约文本的而又未按照第一款b项作过声明的本联盟任何成员国，第一至二十一条及附件在总干事通知交存该文件之日起三个月后生效，除非交存文件中注明更晚的日期。在后一情况下，第一至二十一条及附件则在注明的日期对该国生效。

d）a和c项的规定不意味着附件第五条的适用。

三、对不管是否按照第一款b项作过声明而批准或加入本公约文本的任何本联盟成员国，第二十二至三十八条在总干事通知已交存批准书或加入书之日起三个月后生效，除非在交存文件中注明更晚的日期。在后一情况下，第二十二至三十八条则按注明的日期对该国生效。

第二十九条

一、任何非本联盟成员国可加入本公约文本并因之成为本公约的当事国一方和本联盟成员国。加入书交总干事保存。

二、a）在遵守b项规定的情况下，对任何非本联盟成员国，本公约在总干事发出其加入书交存的通知之日起三个月后生效，除非交存文件注明更晚的日期。在后一情况下，本公约则在注明的日期对该国生效。

b）如依a项规定的生效先于第二十八条第二款a项规定的第一至第二十一条和附件的生效，则在此间隔期间，上述国家将受被第一至第二十一条及附件所取代的本公约布鲁塞尔文本第一至二十条的约束。

第二十九条之二

不受本公约斯德哥尔摩文本第二十二至三十八条约束的任何国家，为能适用成立产权组织公约的第十四条第二款，其对该文本的批准或加入即意味着批准或加入斯德哥尔摩文本，但应受本文本第二十八条第一款b项的限制。

第三十条

一、除本条第二款，第二十八条第一款b项、第三十三条第二款以及附件允许的例外以外，批准或加入就当然意味着接受本公约的一切条款并享有本公约规定的一切利益。

二、a）凡批准或加入本公约文本的本联盟任何成员国，除附件第五条第二款规定者外，可保持它原来作出的保留的效力，条件是在交存其批准书或加入书时对此作出声明。

b）任何非本联盟成员国在加入本公约文本并在不违背附件第五条第二款的情况下，可以声明它准备以1896年在巴黎经过修订的本联盟1886年公约第五条的规定至少临时代替本公约文本有关翻译权的第八条，条件是这些规定指的仅为译成该国通用语言的翻译。在不违背附件第一条第六款b项的情况下，对于使用这一保留条件的国家为其起源国的作品的翻译权，本联盟任何成员国有权实行与后一国提供的相等的保护。

c）任何国家可随时通知总干事，收回这类保留。

第三十一条

一、任何国家可在其批准书或加入书中声明，或在以后随时书面通知总干事，本公约适用于其对外关系由该国负责的全部领域或声明或通知中指明的若干部分领域。

二、任何已作出此项声明或通知的国家可在任何时候通知总干事本公约不再适用于这些领域的全部或部分。

三、a) 按照第一款作出的任何声明同载有该声明的文件中的批准书或加入书同日生效,根据该款作出的通知在总干事发出通知三个月后生效。

b) 按照第二款作出的通知在总干事收到该通知十二个月后生效。

四、本条不得解释为包含本联盟某一成员国对另一成员国根据按第一款作出的声明在某一领域适用本公约的事实情势表示明示或默示的承认。

第三十二条

一、本文本在本联盟各成员国之间的关系方面和在它适用的范围内代替1886年9月9日的伯尔尼公约及其以后的修订文本。在未批准或未加入本文本的本联盟成员国关系中,以前生效的各文本全部或在本文本依前句的规定未代替的限度内 保持其适用性。

二、成为本文本当事国的非本联盟成员国,在符合第三款规定的条件下,对于不受本文本约束的或虽受其约束但已作过第二十八条第一款b项规定的声明的本联盟任何成员国,适用此条例。上述国家承认,在同它们的关系上,本联盟该成员国:

① 适用它成为其当事国的最新的本公约文本的规定,并且

② 在符合附件第一条第六款规定的情况下,有权使保护与本文本规定的水平相适应。

三、在批准或加入本文本时作出附件所允许的某种保留的国家,在它与非本文本当事国的本联盟成员国的关系上,得适用附件中包含保留条款的规定,但以这些国家认可上述保留的适用为条件。

第三十三条

一、两个或两个以上本联盟成员国在解释或适用本公约方面发生争议,经谈判不能解决时,如果有关国家不能就其他解决办法达成协议,则其中任何一方均可根据国际法院规约的规定通过起诉将争端提交国际法院。起诉国应将交法院审理的争议通知国际局;国际局应将此事告知本联盟其他成员国。

二、任何国家在签署本文本或交存其批准书或加入书时,可声明它不受第一款规定的约束。在有关该国和本联盟其他任何成员国间的任何争端方面,第一款的规定不适用。

三、任何作了符合第二款规定的声明的国家,可随时通知总干事撤回其声明。

第三十四条

一、除第二十九条之二的情况外,任何国家在第一至二十一条及附件生效后,不得加入也不得批准本公约以前的各文本。

二、在第一至二十一条及附件生效后,任何国家不得根据附在斯德哥尔摩文本后的有关发展中国家的议定书第五条发表声明。

第三十五条

一、本公约无限期有效。

二、任何国家可通知总干事退出本文本。对本文本的退出即是退出以前的所有文本,退出只对该国有效,而对本联盟其他成员国,本公约继续有效并继续执行。

三、退出自总干事收到退出通知之日起算一年后生效。

四、一国自成为本联盟成员国之日起算未满五年者,不得行使本条规定之退出权。

第三十六条

一、本公约各参加国承担义务根据其宪法采取必要措施以保证本公约的执行。

二、不言而喻,一国在交存其批准书或加入书时,应能按照其本国法律执行本公约的

规定。

第三十七条

一、a）本文本在不违背第二款指出的情况下，以英法两种文字签署一份，并交总干事保存。

b）总干事在与有关政府协商后，制订阿拉伯文、西班牙文、意大利文、德文与葡萄牙文的正式文本以及大会指定的其他文本。

c）在对不同文本的解释发生争议时，以法文本为准。

二、本文本开放供签字到1972年1月31日为止，在此日期以前，第一款a项提到的文本交存法兰西共和国政府。

三、总干事应将经过签字并经核实的本文本的两份副本转送本联盟各成员国政府，并可根据请求，转送任何其他国家的政府。

四、总干事并将本文本向联合国组织秘书处登记。

五、总干事将下列情况通知本联盟所有成员国政府：签字情况，批准书或加入书的交存，包括在这些文件中的或依据第二十八条第一款c项、第三十条第二款a、b项和第三十三条第二款而作出的声明的交存，本文本任何规定生效的情况，退出的通知和根据第三十条第二款c项、第三十一条第一和二款、第三十三条第三款和第三十八条第一款的通知以及附件中规定的通知。

第三十八条

一、凡未批准或未加入本文本以及不受斯德哥尔摩文本第二十二至二十六条约束的本联盟成员国，如它们愿意，均可在1975年4月26日前，行使上述各条规定的权利，有如受它们约束一样。任何希望行使上述权利之国家应为此目的向总 干事交存一份书面通知，该通知自其签署之日起生效。直到上述期限届满为止，这些国家应视为大会成员国。

二、在本联盟成员国尚未全部成为产权组织成员国之前，产权组织国际局同时作为本联盟局进行工作，总干事即该局局长。

三、在本联盟所有成员国已成为产权组织成员国时，本联盟局的权利、义务和财产即归属产权组织国际局。

附　　件

第一条

（一）根据联合国大会的惯例被视为发展中国家的任何缔约国，凡已批准或加入由本附件作为其组成部分的本公约文本，但由于其经济情况及社会或文化需要而又不能在当前采取恰当安排以确保对本文本规定的全部权利进行保护的，可在其交 存批准书或加入书的同时，或依据附件第五条第一款c项规定，在以后任何日期，在向总于事提交的通知中声明，将利用附件第二条或第三条所规定的优惠，或这两条所规定的权益。它可以按照附件第五条第一款a项规定作出声明，以代替利用附件第二条所规定的优惠。

（二）a）按照第一款规定并在第一到二十一条及本附件依第二十八条第二款规定生效之日起算十年期满以前作出的任何此类声明，直到这一期限届满前均属有效。有关国家在该十年期限届满十五个月至三个月时间内得向总干事提交通知将此种声明全部或部分地每次续展十年。

b)按照第一款规定并在第一至二十一条及本附件依第二十八条第二款规定生效之日起算十年期满以后作出的任何声明,直到现行十年期满前均属有效。该种声明得按照a项第二句的规定予以延期。

(三)任何不再被视为第一款所指的发展中国家的本联盟成员国,无权继续第二款所规定的声明,也不管它收回其声明与否,该类国家在现行十年期满时,或在停止被视为发展中国家三年后(以后到期的期限为准),不能再利用第一款所指的优惠。

(四)根据第一款或第二款规定作出的声明有效期满时,依本附件规定已许可印制的并尚有存货的作品,可以继续发行至售完为止。

(五)受本文本规定约束并根据第三十一条第一款就使该文本适用其情况可能类似本条第一款所指国家情况的特殊领域作出声明或通知的任何国家,可就此领域作出第一款所指的声明或第二款所指的延期通知。只要这种声明或通知有效,本附件的规定就适用于它所指的领土。

(六)a)一国利用第一款所指的优惠这一事实,不应使另一国给予起源国为前一国家的作品低于根据第一至二十条所应给予的保护。

b)第三十条第二款b项第二句的规定的对等权利,在根据附件第一条第三款实施的期限满期前,不得用于其起源国为根据附件第五条第一款a项而作出声明的国家的作品。

第二条

(一)任何声明利用本条规定的优惠的国家,就有关以印刷形式或其他任何类似的复制形式出版的作品而言,均有权以主管当局根据附件第四条在下款所述情况下发给的非专有和不可转让的许可证的制度来代替第八条规定的专有翻译权。

(二)a)在遵守第三款的情况下,当一部作品自其初次出版起算三年或有关国家本国法规定的更长期限届满尚未以该国通行文字由翻译权所有者或在其授权下出版译本时,该国任何国民都有权得到用该国通行文字翻译该作品并以印刷形式或其他任何类似的复制形式出版该译文的许可证。

b)如果以有关文字出版的译文的所有版本均已售完,也可根据本条发给许可证。

(三)a)当作品译成在一个或若干发达的本联盟成员国中不通行的文字的情况下,则用一年期限来代替第二款a项规定的三年期限。

b)在通行同一种文字的发达的本联盟成员国的一致协议下,如果要译成这种文字,第一款所提到的任何国家均得以该协议规定的更短期限来代替第二款a项规定的三年期限,但不得少于一年。尽管如此,如涉及的文字为英文、西班牙文或法文,上一句规定即不适用。所有这方面的协议应由签订国政府通知总干事。

(四)本条规定的许可证,如果经过三年才能取得的,则需再过六个月才能发给;如果经一年才能取得的,则需再过九个月才能发给,并且,上述六个月或九个月期限:

① 自申请人履行附件第四条第一款规定的手续之日起算;

② 如翻译权所有者的身份或住址不详,则自申请人根据附件第四条第二款的规定向发给许可证的主管部门提交的申请书副本寄出之日起算。

b)如果在6个月或9个月的期限内,由翻译权所有者或经其授权用申请使用的文字将译本出版,则不得根据本条发给任何许可证。

(五)本条所指的任何许可证之发给只限于学校、大学教育或研究之用。

（六）如果翻译权所有者或经其授权出版的一部译作的价格同在有关国家内同类著作通行的价格类似，这本译作的文字和基本内容又同根据许可证批准出版的译文的文字和内容一样，则应撤销缔约国根据本条发给的许可证。在撤销许可证前业已出版的份数可一直发行到售完为止。

（七）对主要是图画组成的作品，其文字翻译与图画复制出版的许可证只有在附件第三条规定的条件得到履行的情况下才能发给。

（八）在作者停止其作品全部份数的发行时，则不得根据本条发给任何许可证 。

（九）a）对翻译一部以印刷形式或其他任何类似的复制形式出版的作品发给的许可证：也可根据广播机构向第一款所指国家主管当局提出的要求，发给设置在该国内的广播机构，但必须符合全部下列条件：

① 译文的根据必须是依该国法律制作和获得的样本；

② 译文只能用于教学广播或向特定专业的专家传播科技情报成果的广播；

③ 专门为②小项所指目的的译文，需用于合法的和对该国领土上的收听者的广播中，其中包括合法的和专为此项广播而录制的录音和录像；

④ 所有对译文的使用均无任何营利性质。

b）对广播机构根据依本款发给的许可证而制作的译文的录音或录像，在 a 项规定的保留和条件下，并按与上述广播机构所订合同，也可以为在其当局发给该许可证的国家设有所在地的另一广播机构所使用。

c）只要 a 项列举的所有准则和条件得到遵守，也可以向广播机构颁发翻译专为学校和大学使用而制作与出版的视听教材中所有课文的许可证。

d）在不违背 a 到 c 项的情况下，本条前几款的规定也适用于根据本款发给的任何许可证和对许可证的使用。

第三条

（一）任何声明利用本条规定的优惠的国家，均有权以主管当局在下述条件下并根据附件第四条发给的非专有和不可转让的许可证制度来代替第九条规定的专有复制权。

（二）a）对于根据第七款而对之适用本条的作品，当

① 第三款规定的自这一作品特定版首次出版时起算的期限满期后，或

② 由第一款所指的国家本国法律规定的并自同一日期起算的更长的期限满期后，若该版的印制件尚未以与同类著作在该国通行的价格相似的价格由复制权所有者或在他授权下在该国出售，从而，未能满足广大公众或学校及大学教学之需要，则该国任何国民均可取得以同等价格或更低价格复制和出版该版本的许可证，以满足学校及大学教学之需要。

b）根据本条规定之条件，又可对复制及出版符合 a 项规定发行的版本发给许可证，如果在适用期限满期后，该版本被批准的印制件在有关国家已脱销六个月，而无法以与该国同类著作通行价格相似的价格满足广大公众或学校及大学教学的需要。

（三）第二款 a 项①小项所指的期限为五年。但

① 对有关精密科学和自然科学以及技术的作品，则为三年；

② 对属于想象领域的作品，如小说、诗歌、戏剧和音乐作品以及艺术书籍，则为七年。

（四）a）在三年期满后取得许可证的情况下，须再经过六个月期限满期后才能根据本条发给许可证：

① 自申请人履行附件第四条第一款规定的手续之日起算；

② 如复制权所有者的身份或住址不详，则自申请人按附件第四条第二款的规定将许可证申请书副本寄给主管当局之日起算。

b) 在其他情况下如适用附件第四条第二款时，许可证不得在寄出申请书副本后三个月期满以前发给。

c) 如在 a 项和 b 项规定的六个月或三个月期间，已实现第二款 a 项提到的销售则不得根据本条发给任何许可证。

d) 在作者已停止发行为进行复制及出版而申请许可证的作品版本的全部份数时，不得发给许可证。

(五) 为复制和出版一本作品的译本的许可证，在下述情况下不得根据本条发给：

① 所涉及的译本并非由翻译权所有者或在其授权下出版的；

② 译本所用的不是向之申请许可证的国家通行的语言的。

(六) 如某一作品的版本的印制件以同该国同类著作的通行价格相似的价格，为满足广大公众或学校及大学教学需要，而在第一款所指的国内由复制权所有者或经其授权出售，而该版本的文字和基本内容又同根据许可证批准出版的版本的文字和内容相同，则应撤销根据本条发给的任何许可证。在撤销许可证前业已发行的所有份数可一直发行到售完止。

(七) a) 除 b 项规定的情况外，本条适用的作品只能是以印刷的形式或任何其他类似的复制形式出版的作品。

b) 本条同样适用于对包括被保护作品的合法制作的录像或录音的复制以及对附在其上的以向之申请许可证国通行语言印行的译文的复制，条件是所涉及的录像或录音的制作和出版需以学校和大学使用为唯一目的。

第四条

(一) 附件第二条或第三条所指的任何许可证只有在下述情况下才能发给：申请人按照有关国家的现行规定，证明已向权利所有者视不同情况提出翻译和出版译本，或复制和出版版本的要求，而又未能得到批准，或经过相当努力仍未能找到权利所有者。在向权利所有者提出这一申请的同时，申请人还必须把这一申请通知第二款提及的国内或国际情报中心。

(二) 如申请人无法找到权利所有者，即应将其向发给许可证提及的主管当局提交的申请书副本挂号寄给该作品上列有名称的出版者和据信为出版商主要业务中心所在国的政府为此目的向总干事递交的通知所指定的任何国内或国际情报中心。

(三) 在根据附件第二条和第三条发给的许可证出版的译本或复制本的所有印制件上都应列出作者姓名。在所有印制件上应有作品名称。如系译本，原著作名称在任何情况下应列于所有印制件上。

(四) a) 任何根据附件第二条或第三条发给的许可证不得扩大到印制件的出口，它只适用于在发给许可证的国家领域内出版的译本或复制本。

b) 为施行 a 项规定，凡从任何一领土向根据附件第一条第五款规定代表该领土作过声明的国家运寄印制件应视作出口。

c) 当根据附件第二条就译成英文、西班牙文或法文以外语言的译本发给许可证的一国政府机构或其他公共机构将根据该许可证出版的译本的印制件寄到另一国时，这一寄送不视为 a 项所禁止的出口，但需符合以下所有条件：

① 收件人需是发给许可证的主管当局所属国的国民或由这些国民组成的组织；

② 印制件只供学校、大学或科学研究使用；

③ 寄往收件人的印制件及其进一步分发均无任何营利性质；

④ 印制件寄往国与其主管当局发给批准接收或分发或两者同时批准的许可证的国家已订有协议，并且后者已将该协议通知总干事。

（五）任何根据按附件第二条或第三条发给的许可证出版的印制件均须载有适当语言的通知，说明该印制件只能在该许可证适用的国家或领土内发行。

（六）a）以国内程序采取适当措施，以使

① 许可证规定根据不同情况向翻译权或复制权所有者支付公平的报酬，其数额相当于两国有关方面在通过谈判给予许可证情况下正常支付的版税费率；

② 保证这笔报酬的支付和转汇；如果存在着国家对外汇的管制，则主管当局将求助于国际机构，以便尽一切努力保证使这笔报酬转换为国际上可兑换的货币或其等价物。

b）将以国内立法程序采取适当措施以便按照不同情况保证作品翻译和复制的准确性。

第五条

（一）a）任何有权声明将利用附件第二条规定的优惠的国家，在批准或加入本文本时，可不作这一声明，而代之以：

① 按照第三十条第二款a项有关翻译权的规定作一声明，如果它是第三十条第二款a项对之适用的国家的话；

② 按照第三十条第二款b项第一句的规定作一声明，如果它是第三十条第二款a项对之不适用的国家，甚至并不是本联盟成员国的话。

b）在一国已不再被视为是附件第一条第一款所指的发展中国家的情况下，根据本款所作的声明继续有效，直至按照附件第一条第三款规定的实施期限满期之日为止。

c）任何按照本款作出声明的国家不得进一步利用附件第二条规定的优惠，即使它将收回该项声明。

（二）除第三款的情况外，任何已利用附件第二条规定的优惠的国家不得再根据第一款作出声明。

（三）不再被视为附件第一条第一款所指的发展中国家的任何国家，在根据附件第一条第三款的实施期限满期前最迟两年，可以按照第三十条第二款b项第一句作出声明，即使它并不是本联盟成员国。这一声明将在根据附件第一条第三款的实施期限满期之日生效。

第六条

（一）本联盟任何成员国，自本文本生效之日起和在受到第一至二十一条和附件的约束以前的任何时候都可以声明：

① 对于如果受第一至二十一条和本附件约束，即有权利用第一条第一款提到的优惠的国家而言，可声明它将对其起源国为如下国家的作品适用附件第二条或第三条或同时适用两条的规定。这一国家在适用下面②小项时，同意把上述两条适用于这类作品或受第一至二十一条及本附件约束；这一声明可以援引附件第五条而不是第二条；

② 可声明它同意将本附件适用于其起源国为根据上述①小项而作过声明或根据附件第一条而提出过通知的国家的作品。

（二）任何按第一款的声明均应以书面形式作出并交存总干事。声明自交存之日起生效。

经正式授权的下列签名人特此在本文本上签名以资证明。(略)

1971 年 7 月 24 日于巴黎完成。

(资料来源:http://www.chnlaw.net/inter/HTML/inter_17666.htm)

商标国际注册马德里协定(1967)

Madrid Agreement Concerning the International Registration of Marks, 1967

(1891 年 4 月 14 日签订,1900 年 12 月 14 日修订于布鲁塞尔;1911 年 6 月 2 日修订于华盛顿;1925 年 11 月 6 日修订于海牙;1934 年 6 月 2 日修订于伦敦;1957 年 6 月 15 日修订于尼斯;1967 年 7 月 14 日修订于斯德哥尔摩。)

第一条 成立特别同盟;向国际局申请商标注册;所属国的定义

(1) 本协定所适用的国家组成商标国际注册特别同盟。

(2) 任何缔约国的国民,可以通过所属的注册当局,向成立世界知识产权组织(以下称"本组织")公约所规定的知识产权国际局(以下称"国际局")提出商标注册申请,使其在所属国已登记的用于商品或服务项目的标记,能在本协定的一切其他国家获得保护。

(3) 视为所属国的国家是:申请人设有真实的有效的工商业营业所的特别同盟国家;如果他在特别同盟国家中没有这种营业所,则在其有住所的特别同盟国家;如果他在特别同盟国家境内没有住所,但系特别同盟国的国民,则在其作为国民的国家。

第二条 关于《巴黎公约》第三条(给予某类人与本同盟国国民的同样待遇)

未参加本协定国家的国民,在依本协定组成的特别同盟国家领土内,满足《保护工业产权巴黎公约》第三条所规定的条件者,得与缔约国国民同样对待。

第三条 申请国际注册的内容

(1) 每一个国际注册申请必须采用细则所规定的格式提出;商标所属国的注册当局应证明这种申请的具体项目与本国注册簿中的具体项目相符合,并提出商标在所属国申请和注册的日期和号码,以及申请国际注册的日期。

(2) 申请人应说明要求商标保护的商品或服务项目,如果可能,也应说明其根据商标注册的商品和服务项目采用国际分类尼斯协定所划分的相应类别。如果申请人未作此说明,国际局应将商品或服务项目分人该分类的适当类别。申请人所作的类别说明须经国际局检查,由国际局会同本国注册当局进行检查。如果本国注册当局和国际局意见不一致时,以后者的意见为准。

(3) 如果申请人要求将颜色作为其商标的一个显著特点,则必须:

a. 说明实际情况,并随同申请书提出所要求的颜色或颜色组合的通知书。

b. 随同申请书加交所述商标的彩色图样,附于国际局的通知书后。这种图样的份数由细则规定。

(4) 国际局应对根据第一条规定提出申请的商标立即予以注册。注册上应注明在所属国申请国际注册的日期,如果国际局是在该日期后两个月内收到申请的话。如果在该期限内未收到申请,国际局则按其收到申请的日期进行登记。国际局应不迟延地将这种注册通知有关注册当局。根据注册申请所包括的具体项目,注册商标应在国际局所出的定期刊物上公布。如商标含有图形部分或特殊字体,则由细则决定是否须由申请人提供印版。

(5) 考虑到要在各缔约国公告注册商标,第一注册当局得依据《保护工业产权巴黎公约》第十六条第(4)款(a)所规定的单位数的比例和细则所规定的条件,从国际局那里免费收到一些刊物和减价本。这种公告在所有缔约国已经认为是足够的,因而不能再要求申请人有其他公告。

第三条(之二) “领域限制”

(1) 任何缔约国可在任何时候书面通知本组织总干事(以下称“总干事”),通过国际注册所得到的保护,只有在商标所有人明确要求时,才得以延伸至该国。

(2) 这种书面通知,在总干事通知其他缔约国后六个月生效。

第三条(之三) 要求“领域延伸”

(1) 将从国际注册所得到的保护要求延伸至一个利用第三条(之二)所规定的权利的国家时,必须在第三条(1)所规定的申请中特别说明。

(2) 在国际注册之后所提出的关于领域延伸的任何要求,必须采用细则所规定的格式,向所属国的注册当局提出。国际局应立即将这种注册要求,不迟延地通知有关注册当局,并在国际局出版的定期刊物上公布。这种领域延伸自在国际注册簿上已经登记的日期开始生效,在有关的商标国际注册的有效期届满时停止效力。

第四条 国际注册的效力

(1) 从根据第三条(之三)在国际局生效的注册日期开始,商标在每个有关缔约国的保护,应如同该商标直接在那里提出注册的一样。第三条所规定的商品和服务项目的类别说明,不得在决定商标保护范围方面约束缔约国。

(2) 办理国际注册的每个商标,享有《保护工业产权巴黎公约》第四条所规定的优先权,而不必再履行该条D款所规定的各项手续。

第四条(之二) 以国际注册代替原先的国家注册

(1) 如某一商标已在一个或更多的缔约国提出注册,后来又以同一所有人或其权利继承者的名义经国际局注册,该国际注册应视为已代替原先的国家注册,但不损及基于这种原先注册的既得权利。

(2) 国家注册当局应按照其请求将国际注册在其注册簿上予以登记。

第五条 各国注册当局的批驳

(1) 某一商标注册或根据第三条所作的延伸保护的请求,经国际局通知各国注册当局后,经该国法律授权的注册当局有权声明在其领域上不能给予这种商标以保护。根据《保护工业产权巴黎公约》,这种拒绝只能以在本国申请注册的商标也同样适用的理由为根据。但是,不得仅仅以除非用在一些限定的类别或限定的商品或服务项目上,否则本国法律不允许以注册为理由而拒绝给予保护,即使部分的拒绝也是不行的。

(2) 欲行使这种权利的各国注册当局,应在其本国法律规定的时间内,并最迟不晚于商标国际注册后或根据第三条(之三)所作的保护延伸的请求后一年之内,向国际局发出批驳通知,并随附所有理由的说明。

(3) 国际局不迟延地将该项批驳声明通知的抄件一份转给所属国的注册当局和商标所有人,如该注册当局已向国际局说明商标所有人的代理人,则转给其代理人。有关方得享有同样的补救办法,如同该商标曾由他向拒绝给予保护的国家直接申请注册一样。

(4) 经任何有关方请求,拒绝商标的理由应由国际局通知他们。

(5) 如在上述最多一年的时间内,国家注册当局未将关于批驳商标注册或保护延伸请求的任何临时或最终的决定通知国际局,则就有关商标而言,它即失去本条第(1)款所规定的权利。

(6) 假如未及时给予商标所有人以机会辩护其权利,主管当局不得声明撤销国际商标。撤销应通知国际局。

第五条(之二)　关于商标某些部分使用的合法性的证明文件

各缔约国注册当局可能规定需要就商标某些组成部分,例如纹章、附有纹章的盾、肖像、名誉称号、头衔、商号或非属申请人的姓名或其他类似标记等的使用的合法性提供证明文件。这些证明文件除经所属国认证或证明外,其他一概免除。

第五条(之三)　国际注册簿登记事项的副本;预先查询;国际注册簿摘录

(1) 国际局得对任何提出要求的人发给某项具体商标在注册簿登记事项的副本,但应征收根据细则规定的费用。

(2) 国际局可收费办理国际商标的预先查询。

(3) 应任何缔约国的请求,而发给国际注册簿的摘录,应免除其办理一切认证手续。

第六条　国际注册的有效期;国际注册的独立性;在所属国的保护的终止

(1) 在国际局的商标注册的有效期为二十年,并可根据第七条规定的条件续展。

(2) 自国际注册的日期开始满五年时,这种注册即与在所属国原先注册的国家商标无关系,但受下列规定的限制。

(3) 自国际注册的日期开始五年之内,如根据第一条而在所属国原先注册的国家商标已全部或部分不复享受法律保护时,那么,国际注册所得到的保护,不论其是否已经转让,也全部或部分不再产生权利。当五年期限届满前因引起诉讼而停止法律保护时,本规定亦同样适用。

(4) 如自动撤销或依据职权被撤销,所属国的注册当局应要求撤销在国际局的商标,国际局应予以撤销。当引起法律诉讼时,上述注册当局,应依据职权或经原告请求,将诉讼已经开始的申诉文件或其他证明文件的抄件以及法院的最终判决寄给国际局,国际局应在国际注册簿上予以登注。

第七条　国际注册的续展

(1) 任何注册均可续展,期限自上一次期限届满时算起为二十年,续展仅需付基本费用,需要时,则按第八条(2)的规定付补加费。

(2) 续展不包括对以前注册的最后式样的任何变更。

(3) 根据1957年6月15日尼斯议定书或本议定书的规定所办的第一次续展,得包括对注册的有关国际分类的类别说明。

(4) 保护期满前六个月,国际局应发送非正式通知,提醒商标所有人或其代理人确切的届满日期。

(5) 对国际注册的续展,可给予六个月的宽展期,但要收取根据细则规定的罚款。

第八条 国家收费;国际收费;多余收入的分配、附加费及补加费

(1) 所属国的注册当局可自行规定为其自身利益向申请国际注册或续展的商标所有人收取国家费用。

(2) 在国际局的商标注册预收国际费用,包括:

(a) 基本费;

(b) 对超过国际分类三类以上的所申请的商标的商品或服务项目,每超过一类收一笔附加费;

(c) 对根据第三条(之三)的保护延伸要求,收补加费。

(3) 然而,如若商品或服务项目的类数已由国际局确定或有争议,在不损及注册日期的情况下,第(2)款(b)所规定的附加费可于细则所规定的期限内交付。如在上述期限到期时,申请人还未交附加费,或者商品或服务项目单还未减缩到需要的程度,则国际注册申请被视作已经放弃。

(4) 国际注册各种收入每年所得,除第(2)款(b)(c)所规定的以外,经扣除为执行本议定书所需要的用款,由国际局在本议定书参加国之间平分。如在本议定书生效时,某国尚未批准或加入,要到它批准或加入时,才有权分得按对它适用的原先议定书计算的一份多余收入。

(5) 第(2)款(b)所规定的附加费所得的款额,按每年在每国申请保护的商标标数的比例,每年年终分给本议定书参加国或1957年6月15日尼斯议定书参加国;对于进行预先审查的国家,此数则要乘以细则所规定的系数。如在本议定书生效时,某国尚未批准或加入,要到它批准或加入时,才有权分得按尼斯议定书计算的一份金额。

(6) 第(2)款(c)所规定的补加费的金额,应根据第(5)款的条件,在行使第三条(之二)所规定的权利的国家间进行分配。如在本议定书生效以前,某国尚未批准或加入,要到它批准或加入时,才有权分得按尼斯议定书计算的一份金额。

第八条(之二) 在一国或更多的国家放弃权利

以自己名义取得国际注册的人,可在任何时候放弃在一个或更多的缔约国的保护,办法是向其本国注册当局提出一项声明,要求通知国际局;国际局据以通知保护已被放弃的国家。对放弃不收任何费用。

第九条 本国注册簿的变更亦影响到国际注册;在国际注册中言及减缩商品和服务项目单;该单项目的增加;该单项目的替代

(1) 以其自己名义取得国际注册的人的本国注册当局,应同样将在本国注册簿中所作一切关于商标的取消、撤销、放弃、转让和其他变更通知国际局,如果这种变更也影响到国际注册的话。

(2) 国际局应将这些变更在国际注册簿上登记,通知各缔约国注册当局,并在其刊物上公布。

(3) 以其自己名义取得国际注册的人,当要求缩减该项注册适用的商品或服务项目单时,应履行类似的手续。

(4) 办理这些事宜得交费,费用按照细则的规定。

(5) 在上述单子上后来新增加的商品或服务项目,须按第三条规定提出新的申请才能取得。

(6) 以一项商品或服务替代另一项,视同增加一项目。

第九条(之二)　所有人国家变更引起的国际商标的转让

(1) 当在国际注册簿上注册的一个商标转让给一个缔约国的人,而该缔约国不是此人以其自己名义取得国际注册的国家时,后一国家的注册当局得将该转让通知国际局。国际局应登记该转让,通知其他注册当局,并在刊物上予以公布。如果转让是在国际注册后未满五年时间内办的,国际局应征得新所有人所属国家的注册当局的同意,如有可能,并应将该商标在新所有人所属国家的日期和注册号码公布。

(2) 凡将国际注册簿上注册的商标转让给一个无权申请国际商标的人,均不予登记。

(3) 在因新所有人的国家拒绝同意,或因已转让给一个无权申请国际注册的人,因而不能在国际注册簿登记转让时,原所有人国家的注册当局有权要求国际局在其注册簿上撤销该商标。

第九条(之三)　仅就部分注册商品或服务项目转让国际商标,或仅转让给某些缔约国。关于巴黎公约第六条(之四)(商标:商标的转让)

(1) 如果已通知国际局仅就部分注册商品或服务项目转让国际商标,国际局应在注册簿上登记。如果所转让的那部份商品或服务项目与转让人所保留注册的那部份商品或服务项目类似,每个缔约国均有权拒绝承认转让的有效性。

(2) 国际商标只在一个与几个缔约国转让,国际局应同样予以登记。

(3) 在上述情况下,如果在所有人的国家发生了变更,且在从国际注册之时开始不满五年的时间里国际商标已经转让,新所有人所属国家的注册当局应按第九条(之二)的规定给予同意。

(4) 上述各段规定的执行,受《保护工业产权巴黎公约》第六条(之四)的约束。

第九条(之四)　几个缔约国的统一注册当局。几个缔约国要求按一单个国家对待

(1) 如果本特别同盟的几个国家同意统一其国内商标立法,它们可以通知总干事:

(a) 以一个统一注册当局代替其中每个国家的注册当局。

(b) 本条前面的全部或部分规定,在它们各自的全部领土适用被视为在一单个国家适用。

(2) 此项通知在总干事通知其他缔约国六个月后开始生效。

第十条　本特别同盟的大会

(1) (a) 本特别同盟设立由批准或加入本议定书的国家所组成的大会。

(b) 每国政府有一名代表,可由若干候补代表、顾问及专家辅助其工作。

(c) 代表团的费用,除每个成员国一位代表的旅费及生活津贴外,均由派遣它的政府负担。

(2) (a) 大会的职责是:

(i) 处理关于维持和发展同盟以及实施本协定的所有事宜;

(ii) 就修订会议的准备工作向国际局发指示,在这方面要对尚未批准或加入本议定书的本特别同盟成员国的意见予以适当考虑。

(iii) 修改细则,包括确定第八条第(2)段所提到的费用以及关于国际注册的其他费用。

(iv) 审查和批准总干事有关本特别同盟的报告和活动,就本同盟主管范围内的事宜向他作出必要的指示;

(v) 决定本特别同盟的计划,通过三年一次的预算,以及批准其最后账目;

(vi) 通过本特别同盟的财政条例;

(vii) 视需要成立专家和工作小组委员会,以实现本特别同盟的宗旨;

(viii) 决定允许哪些非本特别同盟成员国以及哪些政府间和非政府间国际组织作为观察员参加会议;

(ix) 通过对第十至十三条的修改;

(x) 采取其他合适的行为以进一步实现本特别同盟的宗旨;

(xi) 行使根据本协定认为合适的其他职责。

(b) 关于与本组织所管理的其他同盟有关的事宜,大会在听取本组织协调委员会的建议后,作出决定。

(3) (a) 大会的每个成员国均有表决权。

(b) 大会的成员国的半数构成法定人数。

(c) 不管(b)的规定如何,在任何一次会议上,如果出席会议国家的数目不到大会成员国的一半,但达到或超过三分之一时,大会可以作出决议,但所有这种决议,除有关其自身的程序的决定外,只有在履行下列条件,才能生效。国际局应将上述决议通知未出席的大会成员国,邀请它们在通知之日起三个月内以书面表示投票或弃权。如果在此期限届满时,以这种方式投票或弃权的国家的数目达到了会议本身所缺法定人数的数目,只要同时仍取得了所规定的多数,这种决议就生效。

(d) 除第十三条(2)规定的以外,大会决议需要三分之二的投票数。

(e) 弃权不得视为投票。

(f) 一位代表只能代表一个国家并以一个国家的名义投票。

(g) 本特别同盟成员国中的非大会成员国,得允许作为大会会议的观察员。

(4) (a) 如没有例外情况,大会例会在每第三个日历年举行一次,由总干事召集。时间与地点与开本组织大会的时间、地点一致。

(b) 经大会四分之一成员国的要求,应由总干事召集特别会议。

(c) 每次会议的日程由总干事准备。

(5) 大会制定自己的程序规则。

第十一条 国际局

(1) (a) 国际局办理国际注册和有关职责以及其他同本特别同盟有关的行政工作。

(b) 尤其是,国际局应为大会会议进行准备,并为大会以及可能已由大会成立的专家和工作小组委员会提供秘书处。

(c) 总干事是本特别同盟的行政首脑,并代表本特别同盟。

(2) 总干事及由他所指定的任何职员得参加大会及大会所成立的专家或工作小组委员会的所有会议,但没有表决权。总干事或由他所指定的一名职员是那些机构的当然秘书。

(3) (a) 国际局得根据大会的指示,为修订本协定中第十至十三条以外的规定所开的会议作准备。

(b) 国际局可以就修订会议要作的准备与政府间组织和非政府间的国际组织进行商议。

(c) 总干事及由他所指定的人得参加那些会议的讨论,但没有表决权。

(4) 国际局得执行分配给它的其他任务。

第十二条 财政

(1)(a)本特别同盟应有预算。

(b)本特别同盟的预算,包括本特别同盟的正当收入和开支,对各同盟共同开支的预算摊款,以及在适当时用作本组织成员国会议预算的款项。

(c)不是专为本特别同盟而同时也为本组织所管理的一个或更多的其他同盟的开支,视为各同盟共同开支。本特别同盟在这种共同开支中负担的部分,按本特别同盟在其中的权益的比例计算。

(2)制定本特别同盟的预算时,应适当考虑与本组织所管理的其他同盟的预算相协调的要求。

(3)特别同盟的预算从下述来源供给资金:

(i)国际注册费以及国际局所提供的与本特别同盟有关的服务的其他收费;

(ii)与本特别同盟有关国际局的出版物的售价或其版税;

(iii)赠款、遗赠和补助金;

(iv)租金、利息及其他杂项收入。

(4)(a)第八条第(2)款谈到的收费金额及其他有关国际注册的收费,经总干事提议后由大会确定。

(b)这些收费金额的规定,除第八条第(2)款(b)和(c)所规定的附加费和补加费外,应能使本特别同盟的各种收费及其他来源的总收入,至少足敷国际局有关本特别同盟的开支。

(c)如果预算未能在新的财政期开始前通过,则应按财政条例的规定保持上一年的预算水平。

(5)国际局提供的有关本特别同盟其他服务的收费额,除第(4)款(a)的规定的以外,由总干事制定并报告大会。

(6)(a)本特别同盟设有周转基金,由本特别同盟的每个国家一次付款组成。如果基金变得不足时,大会得决定增加基金。

(b)每个国家对上述基金的第一次支付额或其在基金增加时的份额,按该国作为保护工业产权巴黎同盟成员国在其成立基金或决定增加基金那年为巴黎同盟预算分摊的比例计算。

(c)付款的比例和条件,由大会根据总干事的提议并听取本组织协调委员会的意见后确定。

(d)只要大会授权使用本特别同盟的储备金作为周转基金,大会可以暂缓执行(a)、(b)、(c)的规定。

(7)(a)在与本组织总部所在国家所达成的总部协定中,应规定当周转基金不足时,该国应给予垫款。垫款的金额及条件由该国和本组织间根据具体情况另订协定。

(b)上述(a)所提到的国家以及本组织均有权以书面通知废止给予垫款的约定。废止通知从通知那年年底起三年后生效。

(8)账目稽核按财政条例的规定,由本特别同盟的一国或更多国家或由外面的查账员进行。查账员由大会得其同意后指定之。

第十三条 第十条至第十三条的修改

(1)对第十、十一、十二及本条进行修改提议,可由大会的任何成员国或总干事首先提出。这种提议至少应在大会审议前六个月由总干事通知大会成员国。

(2) 对第(1)款谈到的条文所作的修改,由大会通过,通过时需要四分之三投票数;如若对第十条或本条进行修改,通过时则需五分之四的投票数。

(3) 第(1)款所谈到的对条文的任何修改,当大会已经通过,且总干事已经从四分之三的大会成员国那里收到了根据各自宪法程序予以接受的书面通知后一个月起开始生效。对上述条文所作的修改,对其开始生效时的大会成员和以后变成大会成员的所有国家都有拘束力。

第十四条 批准和加入、生效;参加早先的议定书;关于巴黎公约第二十四条(领域)

(1) 任何本特别同盟成员国已经就本议定书签字的,可予以批准;如果尚未签字,可以加入。

(2) (a) 本特别同盟以外的任何国家但系《保护工业产权巴黎公约》成员者,可以加入本议定书,由此成为本特别同盟的成员。

(b) 一旦国际局被通知这样的一个国家已加入本议定书,它应根据第三条向该国的注册当局发出享受国际保护的商标的汇总通知。

(c) 这种通知本身应保证这些商标在所述国家的领土内享受上述规定的利益,并注明一年期限的开始日期,在这一年中,有关注册当局可以提出第五条所规定的声明。

(d) 但在加入本议定书时,任何这种国家可以声明,除对以前已在该国有了相同且仍有效的国家注册一经有关当事人请求即应予承认的那些国际商标外,本议定书仅适用于自该国的加入生效以后所注册的商标。

(e) 国际局接到这种声明即不必作出上面谈到的汇总通知。国际局仅就自新国家加入之日起一年之内收到了关于要利用(d)所规定的例外的详细请求的那些商标发出通知。

(f) 国际局对在加入本议定书时声明要利用第三条(之二)所规定的权利的国家不发汇总通知。所述国家亦可同时声时,本议定书仅适用于自其加入生效之日起所注册的商标;但这种限制不得影响已经在这些国家有了相同的本国注册,并可能引起根据第三条(之三)和第八条第(2)款(c)作出和通知了领域延伸要求的国际商标。

(b) 属于本款规定的一项通知中的商标注册,视为代替了在新缔约国的加入生效前直接向该国所办的注册。

(3) 批准书和加入书应交给总干事存案。

(4) (a) 对于已经将其批准书和加入书交存的头五个国家,本议定书自第五个文件交存后三个月起开始生效。

(b) 对于其他任何国家,本议定书在总干事将该国的批准书或加入书发出通知之日起后三个月起开始生效,除非在批准书或加入书上提到一个以后的日期。在后者情况下,本议定书对该国按所提到的那个日期开始生效。

(5) 批准或加入本议定书,应自动接受本议定书的所有条款并得享受本议定书的所有利益。

(6) 本议定书生效后,一个国家只有同时批准或加入本议定书,才可以参加 1957 年 6 月 15 日的尼斯议定书。加入尼斯议定书以前的议定书,即使是同时批准或参加本议定书,也是不允许的。

(7)《保护工业产权巴黎公约》第二十四条的规定适用于本协定。

第十五条 退约

(1) 本协定无时间限制地保持有效。

(2) 任何国家可以通知总干事声明退出本议定书。这种退约亦构成退出原先的所有议定书,并只影响到作此通知的国家,协定对本特别同盟的其他国家继续全部有效。

(3) 退约自总干事接到通知之日后一年开始生效。

(4) 成为本特别同盟成员尚不满五年的国家,不得行使本条所规定的退约权。

(5) 截至退约生效之日为止所注册的国际商标,如在第五条所规定的一年期限内未被拒绝,应在国际保护期内继续享有同在该退约国直接提出者一样的保护。

第十六条 先前议定书的适用

(1) (a) 在已经批准或加入本议定书的本特别同盟成员国家间,自本议定书对它们生效之日起,代替1891年《马德里协定》,先于本议定书的其他文本。

(b) 但是,已经批准或加入本议定书的本特别同盟的任何成员国,如先前没有基于1957年6月15日尼斯议定书第十二条(4)的规定退出先前文本,在它与示批准或加入本议定书的国家的关系中,应继续受先前文本的拘束。

(2) 已参加本议定书的非本特别同盟成员国,应对通过未参加议定书的任一本特别同盟成员国的国家主管机关向国际局办理的国际注册,适用本议定书,只就这些国家说这种注册满足本议定书的要求。对于通过已参加本议定书的非本特别同盟成员国的国家主管机关向国际局办理的国际注册,这些国家承认,上述本特别同盟成员国可以要求遵守它所参加的那个最新议定书的规定。

第十七条 签字;语言;交存职能

(1) (a) 本议定书在一个法文原本上签字,存于瑞士政府。

(b) 大会所指定国其他语言的正本,由总干事经与有关政府磋商后确定。

(2) 本议定书在斯德哥尔摩开放签字至1968年1月13日止。

(3) 总干事应将经过瑞士政府证明的本议定书签字副本两份,送给本特别同盟所有国家的政府,并送给提出请求的任何其他国家的政府。

(4) 总干事将本议定书在联合国秘书处登记。

(5) 总干事应将下述情况通知本特别同盟的所有国家:签字、批准书或加入书及这些文件所包括的任何声明的交存,本议定书任何规定的生效,退约通知,按照第三条(之二)、第九条(之四)、第十四条(7)以及第十五条(2)所发的通知。

第十八条 过渡规定

(1) 在第一任总干事就职以前,本议定书所指的本组织国际局或总干事,应分别理解为《保护工业产权巴黎公约》所成立的同盟局或其干事。

(2) 在成立本组织的公约生效后五年前,未批准或加入本议定书的本特别同盟成员国,如果希望的话,可以行使第十至第十三条所规定的权利,犹如这些国家受这些条文的约束一样。任何希望行使这种权利的国家得就此书面通知总干事。这种通知从接到之日起有效。这种国家被视为是大会成员,直到所述期限届满时为止。

(资料来源:陈安、刘智中编选:《国际经济法资料选编》,法律出版社1991年版,第530—545页。)

世界版权公约(1971)
Universal Copyright Convention, 1971

(1952年9月6日签订于日内瓦,1971年7月24日修订于巴黎,联合国科教文组织)

缔约各国,

出于保证在所有国家对文学、科学、艺术作品的版权给予保护的愿望;

确信适用于世界各国并以世界公约确定下来的、补充而无损于现行各种国际制度的版权保护制度,将保证对个人权利的尊重,并鼓励文学、科学和艺术的发展;

相信这种世界版权保护制度将会促进人类精神产品更加广泛的传播和增进国际了解;

决定修订一九五二年九月六日于日内瓦签订的《世界版权公约》(下称"一九五二年公约"),

为此特协议如下:

第一条

缔约各国承允对文学、科学、艺术作品——包括文字、音乐、戏剧和电影作品,以及绘画、雕刻和雕塑——的作者及其他版权所有者的权利,提供充分有效的保护。

第二条

(一) 任何缔约国国民出版的作品及在该国首先出版的作品,在其他各缔约国中,均享有其他缔约国给予其本国国民在本国首先出版之作品的同等保护,以及本公约特许的保护。

(二) 任何缔约国国民未出版的作品,在其他各缔约国中,享有该其他缔约国给予其国民未出版之作品的同等保护,以及本公约特许的保护。

(三) 为实施本公约,任何缔约国可依本国法律将定居该国的任何人视为本国国民。

第三条

(一) 任何缔约国依其国内法要求履行手续——如缴送样本、注册登记、刊登启事、办理公证文件、偿付费用或在该国国内制作出版等——作为版权保护的条件者,对于根据本公约加以保护并在该国领土以外首次出版而其作者又非本国国民的一切作品,应视为符合上述要求,只要经作者或版权所有者授权出版的作品的所有各册,自初版之日起,标有(C)的符号,并注明版权所有者之姓名、初版年份等,其标注的方式和位置应使人注意到版权的要求。

(二) 本条第(一)款的规定,不得妨碍任何缔约国在本国初版的作品或其国民于任何地方出版的作品为取得和享有版权而提出的履行手续或其他条件的要求。

(三) 本条第(一)款的规定,不得妨碍任何缔约国作出如下的规定:凡要求司法救助者,必须在起诉时履行程序性要求,诸如起诉人须通过本国辩护人出庭,或由起诉人将争讼的作品送交法院或行政当局,或兼送两处;但未能履行上述程序性要求,不应影响版权的效力,而且如对要求给予版权保护的所在地国家的国民不作这种要求，也不应将这种要求强加于另一缔约国的国民。

（四）缔约各国应有法律措施保护其他各缔约国国民尚未出版的作品，而不须履行手续。

（五）如果某缔约国准许有一个以上的版权保护期限，而第一个期限比第四条中规定的最短期限之一更长，则对于第二个或其后的版权期限，不应要求该国执行本条第（一）款的规定。

第四条

（一）根据第二条和本条规定，某作品的版权保护期限，应由该作品要求给予版权保护所在地的缔约国的法律来规定。

（二）甲、受本公约保护的作品，其保护期限不得少于作者有生之年及其死后的二十五年。但是，如果任何缔约国在本公约对该国生效之日，已将某些种类作品的保护期限规定为自该作品初版以后的某一段时间，则该缔约国有权保持其规定，并可将这些规定扩大应用于其他种类的作品。对所有这些种类的作品，其版权保护期限自初版之日起，不得少于二十五年。

乙、任何缔约国如在本公约对该国生效之日尚未根据作者有生之年确定保护期限，则有权根据情况，从作品初版之日或从出版前的登记之日算起，版权保护期限不少于二十五年。

丙、如果某缔约国的法律准许有两个或两个以上的连续保护期限，则第一个保护期限不得短于本款甲、乙两项所规定的最短期限之一。

（三）本条第（二）款的规定不适用于摄影作品或实用美术作品；但这些缔约国对摄影作品或实用美术作品作为艺术品给予保护时，对上述每一类作品规定期限不得少于十年。

（四）甲、任何缔约国对某一作品给予的保护期限，均不长于有关缔约国（如果是未出版的作品，则指作家所属的缔约国；如果是已出版的作品，则指首先出版作品的缔约国）的法律对该作品所属的同类作品规定的保护期限。

乙、为实施本款甲项，如果某缔约国的法律准予有两个或两个以上的连续保护期限，该国的保护期限应视为是这些期限的总和。但是，如果上述国家对某一特定作品在第二或任何后续的期限内，因某种原因不给予版权保护，则其他各缔约国无义务在第二或任何后续的期限内给予保护。

（五）为实施本条第（四）款，某缔约国国民在非缔约国首次出版的作品应按照在该作者所属的缔约国首先出版来处理。

（六）为实施本条第（四）款，如果某作品在两个或两个以上缔约国内同时出版，该作品应视为在保护期限最短的缔约国内首先出版。

任何作品如在初版三十日内在两个或两个以上缔约国内出版，则应视为在上述缔约国内同时出版。

第四条之二

（一）本公约第一条所述的权利，应包括保证作者经济利益的各种基本权利，其中有准许以任何方式复制、公演及广播等专有权利。本条的规定可扩大适用于受本公约保护的各项作品，无论它们是原著形式还是从原著衍生而来的任何形式。

（二）但是，任何缔约国根据其国内法可以对本条第（一）款所述的权利做出符合本公约精神和内容的例外规定。凡法律允许做出例外规定的任何缔约国，必须对已做出例外规定的各项权利给予合理而有效的保护。

第五条

(一)第一条所述各项权利,应包括作者翻译和授权他人翻译受本公约保护的作品,以及出版和授权他人出版上述作品译本的专有权利。

(二)然而,任何缔约国根据其国内法可以对作品的翻译权利加以限制;但必须遵照如下规定:

甲、如果某著作首次出版满七年之后,其翻译权所有人自己没有、也未授权他人将该著作以某缔约国的通用语言翻译出版,则该缔约国的任何国民可从主管当局获得非专有权利许可证,将该著作以通用语言翻译出版。

乙、该国民应按有关缔约国规定的程序,证明他曾要求授权翻译出版该作品,但遭翻译权所有人拒绝;或经其本人一再努力仍未能找到版权所有人。如果以前出版的缔约国通用语言的译本均已绝版,则根据同样条件也可颁发许可证。

丙、如果翻译权所有人未能找到,许可证申请人应将申请书的抄件送交作品上写明的出版者,如果翻译权所有人国籍业已弄清,则应将申请书的抄件送交翻译权所有人所属国家的外交或领事代表,或送交该国政府指定的机构。在申请书的抄件发出后两个月以前,不得颁发许可证。

丁、国内法律应做出相应规定,以保证翻译权所有人得到公平而符合国际标准的补偿,保证这种补偿的支付和转递,并保证准确地翻译该作品。

戊、凡经出版的各册译本,均应刊印原著名称及作者姓名。许可证只在申请发给许可证的缔约国境内出版译本时有效。此种翻译出版物可以输入到另一缔约国并在其境内销售,只要该国通用语言和作品的译文是同一种语言,并且该国的法律对此种许可做出了规定,而且对进口和销售不予禁止。如无上述条件,在某缔约国进口和销售上述译本应受该国法律和协定的管制。许可证不得由持证人转让。

己、如果作者已停止发行某一作品,则不得颁发该作品的翻译许可证。

第五条之二

(一)如果某缔约国依联合国大会确认的惯例被视为发展中国家,则该国在批准、接受或参加本公约时,或在此之后,向联合国教育、科学及文化组织总干事(下称总干事)交存通知书后,即可以援用第五条之三和之四中任何一条或全部例外规定。

(二)任何这种通知书自本公约生效之日起十年内有效,或在交存该通知书时的十年期限的所余时间内有效;如果在有关的十年期限届满之前三到十五个月中,该缔约国将延续通知书交存总干事,则原通知书可以全部或部分地每一次延期十年。根据本条规定,首次通知书也可在延续的十年期间提出。

(三)尽管有本条第(二)款的规定,如某缔约国不再视为第(一)款所指的发展中国家,该缔约国应无权延长本条第(一)和第(二)款规定的通知书。不管该缔约国是否正式撤回其通知书,在当前十年限期终止时或该国已不再视为发展中国家之后的三年期限届满时——以何者在后为准,该缔约国都不得援用第五条之三和之四的例外规定。

(四)根据第五条之三和之四的例外规定而已出版的著作,在根据本条规定交存的通知书有效期满后,仍可继续发行,直至其库存全部售完为止。

(五)如果任何缔约国依照第十三条关于本公约适用于一特定国家或领地的规定已交存

通知书,而该特定国家或领地的情况又可视为与本条第(一)款所述的国家情况相似,则该缔约国也可依照本条关于此类国家或领地的规定交存和延长其通知书。在上述通知书有效期内,对上述国家或领地也可适用本公约第五条之三和之四的规定。由上述国家或领地同缔约国递送的出版物应视为第五条之三和之四所述的出口出版物。

第五条之三

(一) 甲、凡适用第五条之二第(一)款的任何缔约国,均可以该国法律规定的三年或三年以上的期限取代第五条第(三)款规定的七年期限,然而,某一作品译成的文字如在一个或若干个发达国家内并非通用,而上述国家又是本公约或仅是一九五二年公约的缔约国,则上述期限应为一年而不是三年。

乙、在参加本公约或仅参加一九五二年公约的发达国家的一致协议下,如在上述各国通用同一种语言,而某作品又被译成上述语言,则凡适用第五条之二第(一)款的缔约国可将上述各国一致协议的另一期限代替本款甲项规定的三年期限,但此另一期限不得短于一年。然而,此项规定不适用于通用英、法、西班牙三种语言的地方。上述取得一致的任何协议的通知书应送交总干事。

丙、如果申请人按照有关缔约国规定的程序,证明他曾要求翻译权所有人授权,但被拒绝,或经其本人一再努力,仍未能找到版权所有人,他才可以获得许可证。他在提出上述要求的同时,应通知联合国教育、科学及文化组织设立的国际版权情报中心,或出版者主要营业地点所在的缔约国政府交存总干事的通书所指定的任何国家或地区的情报中心。

丁、如未能找到翻译权所有人,则许可证申请人应将其申请书的抄件用航空挂号寄给在该作品上写明的出版者,并同时寄给本款丙项所述的任何国家或地区的情报中心。如无上述中心可递交,他应将其申请书的抄件送交联合国教育、科学及文化组织设立的国际版权情报中心。

(二) 甲、根据本条规定三年后可获得的许可证须再过六个月后才能颁发;一年后可获得的许可证须再过九个月后才能颁发。上述六个月、九个月的期限应按第(一)款丙项的规定,从申请许可证之日算起,如翻译权所有人的身份、地址不详,则按第(一)款丁项的规定从申请书的抄件发出之日算起。

乙、翻译权所有人本人或授权他人在上述六个月或九个月内已将译著出版,则不得再颁发许可证。

(三) 本条规定的许可证只得为教学、学习或研究的目的而颁发。

(四) 甲、按本条规定颁发的许可证,仅在申请许可证的缔约国内有效,其出版物不得出口。

乙、按照本条颁发的许可证出版的任何出版物应用适当的语言刊印启事,申明该出版物仅在颁发许可证的缔约国内销售。如果该著作刊有第三条第(一)款规定的启事,其译本各册均应刊印相同的启事。

丙、某缔约国政府机构或其他公众团体根据本条规定已颁发许可证将某作品译成除英、法、西班牙语之外的另一种文字,而当该政府机构或公众团体向另一国递送根据上述许可证而准备好的某译著时,则不适用本款甲项有关禁止出口书籍的规定,如果:

(1) 收件者是个人,而该人是颁发许可证的缔约国的国民,或是此类个人组成的组织;

(2) 这些译本仅为教学、学习或研究之用;

(3) 译本的寄送及其后分发给收件人均不是为了营利的目的;

(4) 接受上述译本的国家已与该缔约国达成协议,同意接受或分发,或二者均可;而达成上述协议的任何一方政府已将该协议通知总干事。

(五) 应在国家一级做出相应规定,以保证:

甲、在颁发上述许可证时给予合理的补偿,该项补偿应符合有关两国个人间自由商谈版权许可证时通常偿付的版税标准。

乙、关于补偿的支付与转递,如果受到国家货币条例的阻挠,主管当局应尽力利用国际机构,以保证用国际可兑换货币或与之相当的货币进行转递。

(六) 如果某作品的译本一旦由翻译权所有人本人或授权他人在某缔约国内出版发行,其文字与该国已特许的版本一样,其内容又大体相同,其价格与该国同类作品的一般索价相当,则根据本条规定由上述缔约国颁发之许可证应停止生效。但在上述许可证失效之前出版的该译著各册可以继续发行,直至库存全部售完为止。

(七) 凡以插图为主的作品,只有具备第五条之四规定的条件,才可颁发翻译其文字、复制其插图的许可证。

(八) 甲、总部设在适用第五条之二的某一缔约国的广播组织根据下列条件在该国提出申请时,也可将受本公约保护用铅印或类似形式复制出版的作品的翻译许可证颁发给该组织:

(1) 译本是根据该缔约国法律规定制成和获得的复制品译成的;

(2) 译本仅供教学或向某一职业的专家传播专门技术或科研成果的广播使用;

(3) 译文专为第(2)条的目的使用,并通过对缔约国境内听众的合法广播进行的,其中包括专门为上述广播目的而通过录音或录相方式合法录制的广播;

(4) 译本的录音或录相只能在其总部设在颁发许可证的缔约国的广播组织之间交换;

(5) 译本的一切使用均无营利的目的。

乙、如果完全符合上述甲项的标准和条件,也可将任何专门为系统教育活动而准备和出版的视听材料中的任何课文的翻译许可证发给某广播组织。

丙、在遵守本款甲、乙两项规定的条件下,本条其他规定均适用于许可证的颁发和使用。

(九) 在遵守本条规定的条件下,依本条颁发的任何许可证应受第五条各项规定的约束;即使在第五条第(二)款规定的七年期限届满后,上述许可证也应继续受第五条和本条规定的约束。但上述期限到期后,许可证持有者有权请求以仅受第五条约束的新许可证来代替上述许可证。

第五条之四

(一) 凡适用第五条之二(一)款规定的任何缔约国均可采纳下述规定:

甲、(1) 在丙项规定的自本条第(三)款所述的文学、科学或艺术作品的特定版本首先出版之日算起的有关期限到期之后,或(2) 在缔约国国家法律规定的任何更长的期限到期之后,如果复制权所有者本人没有、也未授权他人将上述出版物以与该国同类作品的一般索价相当的价格在该国一般公众中或为系统教育活动的目的销售,则该国的任何国民均可向主管当局申请获得非专有的许可证,以上述价格或更低的价格为系统教育活动出版上述版本。如上述国民按照有关缔约国规定的程序,证明他曾要求授权出版该作品,但遭版权所有人拒绝;或经其本人一再努力仍未能找到版权所有者,他才可以获得许可证。他在提出上述要求的同时，应通知联合国教育、科学及文化组织设立的国际版权情报中心，或丁项所述的任何国家或地区的情报中心。

乙、如果在六个月内，经许可的上述版本的出版物未在有关国家以与该国同类作品的一般索价相当的价格在该国一般公众中或为系统教育活动的目的销售，则根据同样条件也可颁发许可证。

丙、本款甲项规定的期限应为五年，但下列情况除外：

(1) 自然和物理科学(包括数学)及技术著作，其期限为三年；

(2) 小说、诗歌、戏剧、音乐作品和艺术方面的读物，其期限为七年。

丁、如未能找到复制权所有者，许可证申请人应将其申请书的抄件用航空挂号寄给在该作品上写明的出版者，并同时寄给在出版者的主要营业地点所在的国家交存总干事的通知书中所指定的任何国家或地区性情报中心。如无上述通知书，他应将申请书的抄件送交联合国教育、科学及文化组织设立的国际版权情报中心。在发出申请书抄件之日起三个月内不得颁发许可证。

戊、在下述情况下，不得按本条规定颁发三年后可获得的许可证：

(1) 从本款甲项所述的申请许可证之日算起未满六个月者，或如果复制权所有者的身份或地址不明，则从本款丁项所述的申请书的抄件发出之日算起未满六个月者；(2) 如果在此期间本款甲项所述的出版物已开始发行。

己、作者姓名及其作品特定版本的标题应刊印在复制出版物的所有各册上。许可证仅在申请许可证的缔约国内有效，其复制出版物不得出口。许可证持有者不得转让其许可证。

庚、国内法律应做出相应规定，以保证准确复制上述特定版本。

辛、凡属下述情况，不得按本条规定颁发复制出版某一作品译本的许可证：

(1) 译本不是翻译权所有人本人出版的，也不是他授权别人出版的；

(2) 译本不是以有权颁发许可证的缔约国的通用语言出版的。

(二) 第(一)款的例外规定应受下述补充规定的约束：

甲、按照本条颁发的许可证出版的任何出版物应用适当的语言刊登启事申明该出版物仅在适用该许可证的缔约国内销售。如果该版本刊有第三条第(一)款规定的启事，则该版本的所有各册均应刊印相同的启事。

乙、应在国家一级做出相应规定，以保证：

(1) 在颁发许可证时给予合理的补偿，该项补偿应符合有关两国个人间自由商谈版权许可证时通常偿付的版税标准；

(2) 关于补偿的支付和转递，如果受到国家货币条例的阻挠，主管当局应尽力利用国际机构，以保证用国际可兑换货币或与之相当的货币进行转递。

丙、如果复制权所有者本人或授权他人将作品的一种版本的出版物向该国一般公众或为系统教育活动的目的出售，其价格与该国同类作品的一般索价相当，其文字与根据许可证出版的版本的语言相同，内容大体一致，则根据本条规定颁发的许可证应停止生效。但在上述许可证失效之前出版的所有各册可以继续发行，直至库存全部售完为止。

丁、如作者已将正在发行的该版本的所有各册收回，则不得再颁发许可证。

(三) 甲、在遵守本款乙项规定的条件下，本条适用的文学、科学或艺术作品，应限于以印刷或类似的复制形式出版的作品。

乙、本条规定也适用于录音、录相的形式复制的已经合法录制的包括任何受保护作品在内的视听材料,并适用于将上述视听材料中的课文翻译成有权颁发许可证的缔约国的通用语言,只要这些视听材料是专门为系统教育活动而准备和出版的。

第六条

本公约所用"出版"一词,系指对某一作品以一定的形式进行复制,并在公众中发行,以供览阅或观赏。

第七条

本公约不适用于在被要求给予保护的缔约国生效之日即已永久属于该国公有的那些作品或其版权。

第八条

(一)本公约的修订日期为一九七一年七月二十四日,它应交由总干事保存,并应在上述日期起的一百二十天内向一九五二年公约的所有参加国开放签字。本公约须经各签字国批准或接受。

(二)未在本公约上签字的国家均可加入。

(三)批准、接受或加入本公约须向总干事交存有关文件方为有效。

第九条

(一)本公约将于交存十二份批准、接受或加入证书之后三个月生效。

(二)其后,本公约将对每个国家在其交存批准、接受或加入证书三个月后生效。

(三)加入本公约的任何国家,如未加入一九五二年公约,也应被视为加入了该公约;但是,如果交存其加入证书是在本公约生效之前,则该国加入一九五二年公约须以本公约生效为条件。在本公约生效后,任何国家均不得只加入一九五二年公约。

(四)本公约参加国与只参加一九五二年公约的国家之间的关系,应服从一九五二年公约的规定。但是,只参加一九五二年公约的任何国家,可向总干事交存通知书,宣布承认一九七一年公约适用于该国国民的作品和在该国首次出版的本公约签字国的作品。

第十条

(一)每一缔约国应根据其宪法采取必要措施确保本公约的实施。

(二)不言而喻,本公约在任何一缔约国生效时,该国应依照其国内法使本公约各条款生效。

第十一条

(一)设立一"政府间委员会",其职责如下:

甲、研究世界版权公约的适用和实施事宜;

乙、做好定期修订本公约的准备工作;

丙、与"联合国教育、科学及文化组织"、"国际保护文学艺术作品联盟"、"美洲国家组织"等各有关国际组织合作,研究有关国际版权保护的任何问题;

丁、将"政府间委员会"的各项活动通知世界版权公约的参加国。

(二)该委员会将由参加本公约或只参加一九五二年公约的十八个国家的代表组成。

(三)该委员会成员的选择应根据各国的地理位置、人口、语言和发展水平,适当考虑到各国利益的均衡。

(四)联合国教育、科学及文化组织总干事、世界知识产权组织总干事和美洲国家组织秘书长或他们的代表可以顾问身份参加该委员会的会议。

第十二条

政府间委员会认为必要时，或经本公约至少十个缔约国的要求，得召集会议对本公约进行修改。

第十三条

（一）任何缔约国，在交存其批准、接受或加入证书时，或在其后的任何时间内，可在致总干事的通知书中，宣布公约适用于由它对其国际关系负责的所有国家或领地，或其中任何一个国家或领地；因此，本公约于第九条规定的三个月期限期满后，将适用于通知书中提到的国家或领地。倘无此类通知书，本公约将不适用于此类国家或领地。

（二）但是，本条款不得理解为某一缔约国承认或默认另一缔约国根据本条规定使本公约对之适用的国家或领地的事实状况。

第十四条

（一）任何缔约国可以自己的名义或代表根据第十三条规定发出的通知书所涉及的所有或其中任何一个国家或领地，退出本公约。退出本公约应以通知书方式寄交总干事。此类退出也构成对一九五二年公约的退出。

（二）此种退出只对有关的缔约国或其所代表的国家或领地有效，并应于收到通知书之日起一年后生效。

第十五条

如两个或数个缔约国对本公约的解释和实施发生争议，而通过谈判未能解决时，应将争议提交国际法庭裁决，除非有关国家同意采取其他解决办法。

第十六条

（一）本公约用英文、法文和西班牙文三种文字制成，三种文字应予签署并具有同等效力。

（二）总干事在和有关政府协商后，将制定阿拉伯文、德文、意大利文和葡萄牙文的正式文本。

（三）某个或数个缔约国有权与总干事协商后由总干事制定它们选择的语言的其他文本。

（四）所有这些文本均附在本公约签字文本之后。

第十七条

（一）本公约绝不影响伯尔尼保护文学艺术作品公约的条款或由该公约设立的联盟的会员资格。

（二）为实施前款规定，本条附有一项声明。对于在一九五一年一月一日受伯尔尼公约约束的各国或已受或在以后某一日期可能受该公约约束的国家，此声明是本公约的组成部分。这些国家在本公约上签字也应视为在该声明上签字，而这些国家的批准、接受或加入本公约应包括该声明。

第十八条

本公约将不废除美洲各共和国中仅限两国或数国之间现在有效或可能生效的多边或双边版权公约（专约）或协定。无论在现有的此类公约（专约）或协定生效的条款与本公约的条款之间，或在本公约的条款与本公约生效之后美洲两个或数个共和国可能制定的新公约（专约)或协定的条款之间出现分歧时,应以最近制定的公约(专约)或协定为准。任何缔约国在本公约生效前,对该国依据现有公约(专约)或协定所获得的版权不应受到影响。

第十九条

本公约将不废除在两个或数个缔约国之间有效的多边或双边公约(专约)或协定。一旦此类现有公约(专约)或协定的条款与本公约的条款出现分歧时,将以本公约的条款为准。任何缔约国在本公约对该国生效前,依据现有公约(专约)或协定所获得的版权将不受影响,本条规定将不影响第十七条、第十八条各款的实行。

第二十条

对本公约不得有任何保留。

第二十一条

(一) 总干事应将本公约的核证无误的副本送交各有关国家并送交联合国秘书长登记。

(二) 总干事还应将已交存的批准、接受和加入证书,本公约的生效日期,根据本公约发出的通知书及根据第十四条做出的退出,通知所有有关国家。

关于第十七条的附加声明

国际保护文学艺术作品联盟(以下称"伯尔尼联盟")的会员国和本公约的签字国,为了在该联盟基础上加强其相互关系,并避免在伯尔尼公约和世界版权公约并存的情况下可能出现的任何冲突,认识到某些国家按照其文化、社会和经济发展阶段而调整其版权保护水平的临时需要。经共同商定,接受以下声明的各项规定:

甲、除本声明乙项规定外,某作品根据伯尔尼公约,其原出版国家已于一九五一年一月一日之后退出伯尔尼联盟者,将不得在伯尔尼联盟的国家境内受到世界版权公约的保护。

乙、如某一缔约国按联合国大会确定的惯例被视为发展中国家,并在该国退出伯尔尼联盟时,将一份它认为自己是发展中国家的通知书交存联合国教育科学文化组织总干事,只要该国可以援用本公约第五条之二的例外规定,则本声明甲项的规定不应适用。

丙、只要涉及到所保护的某些作品,按伯尔尼公约规定,其原出版国家是伯尔尼联盟的一个成员国,世界版权公约即不应适用于伯尔尼联盟各国的关系上。

有关第十一条的决议

修订世界版权公约会议,

考虑了本公约第十一条规定的政府间委员会的问题,对此附加了本决议,

特决议如下:

(一) 委员会创始时应包括依一九五二年公约第十一条及其所附的决议而设立的政府间委员会的十二个成员国的代表;此外,还包括以下国家的代表:阿尔及利亚、澳大利亚、日本、墨西哥、塞内加尔和南斯拉夫。

(二) 任何未参加一九五二年公约并在本公约生效后召开的本委员会第一次例会之前未加入本公约的国家,应由委员会根据第十一条第(二)款和第(三)款的规定在其第一次例会上选择的其他国家来取代。

(三) 本公约一经生效,依本决议第(一)款成立的本委员会应被认为按本公约第十一条规定组成。

（四）本公约生效后一年内，委员会应举行一次会议。此后委员会应至少每两年举行一次例会。

（五）委员会应选举主席一人、副主席两人。并应按照下列原则确立自己的程序规则：

甲、委员会的成员国任期通常应为六年，每两年有三分之一成员国离任，但经理解：首批三分之一成员国的任期，应在本公约生效后召开的第二次例会结束时终止，下一批三分之一成员国的任期应在第三次例会结束时终止，最后一批三分之一成员国的任期应在第四次例会结束时终止。

乙、委员会递补空缺职位的程序、成员资格期满的次序连任资格和选举程序的规则应以平衡成员国连任的需要和成员国代表轮换的需要，以及本公约第十一条第（三）款的各点考虑为基础。

希望由联合国教育、科学及文化组织提供委员会秘书处的人员。

下列签署人交存各自的全权证书后，在本公约上签字，以昭信守。一九七一年七月二十四日订于巴黎，正本一份。

（资料来源：http://www.chnlaw.net/inter/HTML/inter_17688_4.htm）

建立世界知识产权组织公约(1967)
Convention Establishing World Intellectual Property Organization, 1967

(1967年7月14日签订,1970年4月26日生效。)

第一条　成立本组织

兹成立世界知识产权组织。

第二条　定义

本公约中:

(i)“本组织”系指世界知识产权组织(缩写WIPO);

(ii)“国际局”系指知识产权国际局;

(iii)“巴黎公约”系指1883年3月20日签订的《保护工业产权巴黎公约》及其一切修订本;

(iv)“伯尔尼公约”系指1886年9月9日签订的《保护文学艺术作品伯尔尼公约》及其一切修订本;

(v)“巴黎同盟”系指根据巴黎公约成立的国际同盟;

(vi)“伯尔尼同盟”系指根据伯尔尼公约成立的国际同盟;

(vii)“各同盟”系指根据第四第(iii)项由本组织经管其行政事务的巴黎同盟及与之有关的专门同盟和协定、伯尔尼同盟以及其他促进知识产权保护的国际协定;

(viii)“知识产权”包括:

——关于文学、艺术和科学作品的权利;

——关于表演艺术家的演出、录音和广播的权利;

——关于人们努力在一切领域的发明的权利;

——关于科学发现的权利;

——关于工业品式样的权利;

——关于商品商标、服务商标、厂商名称和标记的权利;

——关于制止不正当竞争的权利;

以及在工业、科学、文学或艺术领域里一切其他来自知识活动的权利。

第三条　本组织的宗旨

本组织的宗旨是:

(i)通过各国间的合作,并与其他有关国际组织适当配合,促进在全世界保护知识产权;

(ii)保证各同盟间的行政合作。

第四条　职权

为了实现第三条所述的宗旨,本组织通过其适当机构,并根据各同盟的权限:

(i) 促进旨在便利全世界对知识产权的有效保护和协调各国有关这方面的法令的措施的发展;

(ii) 执行巴黎同盟及其有关专门同盟和伯尔尼同盟的行政任务;

(iii) 可同意担任或参加其他旨在促进知识产权保护的国际协定的行政工作;

(iv) 鼓励缔结旨在促进知识产权保护的国际协定;

(v) 对请求知识产权方面的法律——技术援助的国家给予合作;

(vi) 收集和传播有关知识产权保护的情报,从事并促进这方面的研究,并公布这些研究的成果;

(vii) 提供促进知识产权国际保护的服务,适当办理这方面的注册,并公布有关注册的资料;

(viii) 采取其他适当的行动。

第五条 成员资格

(1) 凡属第二条(vii)项所规定的任何同盟的成员国都可以参加本组织。

(2) 没有参加任何同盟的国家,具备以下条件者,也可以参加本组织:

(i) 联合国、联合国专门机构、国际原子能组织成员或国际法院成员,或

(ii) 应大会的邀请参加本公约的国家。

第六条 大会

(1) (a) 大会由参加本公约的各同盟成员国组成;

(b) 每一个国家政府应有一名代表,可辅以副代表、顾问和专家;

(c) 各代表团的开支应由派遣国政府负担。

(2) 大会的职责:

(i) 根据协调委员会提名,任命总干事;

(ii) 审核并批准总干事关于本组织的报告,并给其一切必要的指示;

(iii) 审核并批准协调委员会的报告及活动,并给其指示;

(iv) 通过各同盟共同的三年开支预算;

(v) 批准总干事提出的关于第四条(iii)项所指的国际协定的行政管理措施;

(vi) 通过本组织的财务条例;

(vii) 参照联合国的惯例,决定秘书处的工作语言;

(viii) 约请第五条(2)款(ii)项所指的国家参加本公约;

(ix) 决定那些没有参加本组织的国家和那些政府间和非政府性的国际组织可派观察员参加其会议;

(x) 行使其他合于本公约的适当职权。

(3) (a) 每一个国家,无论其是一个或几个同盟的成员,在大会中应有一票表决权。

(b) 大会成员国的半数构成法定人数。

(c) 尽管有(b)的规定,如遇出席会议的国家数目不够半数,但相当于或多于大会成员国的三分之一时,大会可以作出决议,但是,除关于其本身程序的决议外,所有这些决议只有符合下列条件才能生效:国际局应将这些决议草案通知未出席的大会成员国,并应请它们在通知书发出之日起三个月内以书面表示投什么票或弃权。如在上述期限届满时,已这样表示投什么票或弃权的国家数目达到会议法定人数所缺少的数目,这些决议只要同时也取得了规

定的多数票,即应生效。

(d) 除(e)和(f)的规定者外,大会决议应由三分之二多数票通过。

(e) 批准关于第四条(iii)项所指的国际协定的行政管理措施,需四分之三多数票通过。

(f) 批准根据联合国宪章第五十七和第六十三条,与联合国签订的协定需十分之九多数票通过。

(g) 任命总干事(第(2)款(i)项),批准总干事提出的关于国际协定的行政管理措施(第(2)款(v)项),以及迁移总部(第十条),不仅须经本组织大会,以规定的多数票通过,而且须经巴黎同盟大会和伯尔尼同盟大会以规定的多数票通过。

(h) 弃权应不视为投票。

(i) 一名代表只代表一国,并只能以一国名义投票。

(4) (a) 大会例会每三年由总干事召开一次。

(b) 大会特别会议应由总干事按协调委员会的请求,或按大会四分之一的成员国的请求召开。

(c) 会议应在本组织总部举行。

(5) 已参加本公约,但并非任何同盟成员的国家,应允许作为观察员参加大会的会议。

(6) 大会应通过自己的议事规则。

第七条　成员国会议

(1) (a) 成员国会议由参加本公约的国家,不论其是否为任何同盟的成员组成。

(b) 每一个国家政府应有一名代表,可辅以副代表、顾问和专家。

(c) 各代表团的开支应由派遣国政府负担。

(2) 成员国会议的职责;

(i) 讨论知识产权方面共同有兴趣的事项,并且可在尊重各同盟的权限和自主的条件下,就此类事项通过建议;

(ii) 通过成员国会议的三年预算;

(iii) 在成员国会议预算的限度内,制定三年的法律——技术援助计划;

(iv) 按第十七条规定,通过对本公约的修订;

(v) 决定那些没有参加本组织的国家和那些政府间的和非政府性的国际组织可派观察员参加其会议;

(vi) 行使其他合于本公约的适当职权。

(3) (a) 每一个成员国在成员国会议中应有一票表决权。

(b) 成员国的三分之一构成法定人数。

(c) 除第十七条的规定外,会议应以三分之二的多数票作出决议。

(d) 对参加本公约但没有参加任何同盟的国家的会费数目的决定,只有这类国家的代表有表决权。

(e) 弃权应不视为投票。

(f) 一名代表只代表一国,并只能以一国名义投票。

(4) (a) 成员国会议例会应由总干事召开,与大会同期同地举行。

(b) 成员国会议的特别会议应由总干事按多数成员国的请求召开。

(5) 成员国会议应通过自己的议事规则。

第八条 协调委员会

(1)(a)协调委员会由担任巴黎同盟执行委员会委员或伯尔尼同盟执行委员会委员或两委员会委员的本公约参加国组成。然而,如果一个执行委员会的委员数超过了选举它的同盟大会成员国总数的四分之一,则该执行委员会应从其委员中选出参加协调委员会的国家,数目不得超过上述四分之一。计算上述四分之一数目时,本组织总部所在国不应包括在内。

(b)协调委员会每一个委员国政府应有一名代表,可辅以副代表、顾问和专家。

(c)每当协调委员会审议直接关系到成员国会议的计划或预算及其议事日程,或审议关于本公约的修订建议时,如其将影响到已参加本公约但没有参加任何同盟的国家的权利和义务,应有这类国家的四分之一参加协调委员会的会议并享有与该委员会同样的权利。这些国家应由成员国会议在每届例会上指定。

(d)各代表团的开支应由派遣政府负担。

(2)如本组织经管的其他同盟希望也参加协调委员会,其代表必须从协调委员会的委员国中指派。

(3)协调委员会的职责:

(i)就一切有关行政、财务以及其他对两个以上同盟,或一个以上同盟与本组织共同有关的事项,特别是关于各同盟共同开支预算事项,向各同盟的机构、本组织成员国大会、成员国会议和总干事提出意见;

(ii)拟订本组织大会的议程草案;

(iii)拟订本组织成员国会议的议程草案以及计划和预算草案;

(iv)以各同盟三年共同开支预算和本组织成员国会议三年预算以及法律——技术援助三年计划为基础,制定相应的年度预算和计划;

(v)在总干事任期即将届满,或总干事缺位时,提名一候选人以待成员国大会任命;如大会未任命其所提名的人,协调委员会应另提一名候选人;这一程序应反复进行直到最后提名的人被大会任命为止;

(vi)如总干事在两届成员国大会之间缺位,在新任总干事就职前任命一代理总干事;

(vii)行使本公约赋予的其他职权。

(4)(a)协调委员会例会每年由总干事召开一次,一般都在本组织总部举行。

(b)协调委员会特别会议,可由总干事以其个人名义创议或应协调委员会主席的请求或四分之一的委员国的请求召开。

(5)(a)每个国家,无论其是第(1)款(a)所指的一个或两个执行委员会的委员,在协调委员会中都只有一票表决权。

(b)协调委员会委员的半数构成法定人数。

(c)一名代表仅能代表一国,并仅能以一国名义投票。

(6)(a)协调委员会可以简单多数票表示意见和作出决议,弃权应不视为投票。

(b)尽管取得了多数,协调委员会的任何委员可以在表决后立即要求按下列办法对票数作一次特别重新计算:将巴黎同盟执行委员会委员国和伯尔尼同盟执行委员会委员国分别列成两个名单,将每个国家的投票记入所属名单中自己名称的旁边。如果这样的特别重新计算表明不是在每个名单中都取得了简单多数,则该项建议就应视为未通过。

(7)非协调委员会委员的本组织成员国可派观察员参加委员会会议,有权参加辩论,但无表决权。

(8)协调委员会应制定自己的议事规则。

第九条　国际局

(1)国际局为本组织的秘书处。

(2)国际局由总干事指导,并辅以两个以上副总干事。

(3)总干事应有一定的任期,不得少于六年,可以连任。初次任期和可能的连任期以及其他任命条件由成员国大会规定。

(4)(a)总干事为本组织的行政首脑。

(b)他代表本组织。

(c)他应向大会提出关于本组织内外事务的报告,并遵从其指示。

(5)总干事应准备计划和预算草案及定期的活动报告,并应将这些草案和报告寄送有关国家政府和各同盟及本组织的主管机构。

(6)总干事及其指派的工作人员应参加成员国大会、会议、协调委员会和其他委员会或工作组的一切会议,但无表决权。总干事或指派的一名工作人员应为这些机构的当然秘书。

(7)总干事应任命为有效执行国际局任务所必需的工作人员;应在协调委员会批准后任命副总干事。任用条件应在由总干事提出并经协调委员会批准的工作人员条例中规定。任用工作人员和决定服务条件应首先考虑必须保证最高标准的效率、能力和品德,并应适当注意在尽可能广泛的地理基础上任用工作人员的重要性。

(8)总干事和工作人员职责的性质应是纯国际性的。在他们执行职务时,不应寻求或接受任何政府或本组织以外的任何机关的指示。他们应不做可能妨碍其国际职员身份的任何行为。每一个成员国都尊重总干事和工作人员职责的纯国际性,在他们执行任务时不去影响他们。

第十条　总部

(1)本组织总部设在日内瓦;

(2)其迁移可按第六条(3)款(d)和(g)的规定来决定。

第十一条　财务

(1)本组织应有两项不同的预算:各同盟共同开支预算和本组织成员国会议预算。

(2)(a)各同盟共同开支预算应包括有关几个同盟的开支预算。

(b)这项预算的资金来源是:

(i)各同盟的分摊,但是每个同盟分摊金额应由该同盟大会根据其在共同开支中所享受的利益来决定;

(ii)国际局所做的与各同盟无直接关系的服务项目的收费,或国际局所做的不属于法律——技术援助方面的服务项目的收费;

(iii)国际局的与任何同盟都没有直接关系的出版物的售款和版税;

(iv)给本组织的赠款、遗赠或补贴,第(3)款(b)之(iv)所指的款项除外;

(v)本组织的租金、利息及其他杂项收入。

(3)(a)成员国会议的预算应包括该会议举行会议的开支和法律——技术援助计划的费用。

(b)这项预算的资金来源如下:

(i) 参加本公约但没有参加任何同盟的国家的会费;

(ii) 各同盟为这项预算提供的款项,但每个同盟所提供的款项金额应由各该同盟大会决定,而且各同盟可以不为这项预算摊款;

(iii) 国际局关于法律——技术援助方面服务项目的收费;

(iv) 为了前述(a)所指的目的,给本组织的赠款、遗赠或补贴。

(4) (a) 为了规定对成员国会议预算应缴的会费,参加本公约但没有参加任何同盟的国家应照以下规定按所属等级的单位数为基础缴纳年度会费:…

A 级　10 个单位

B 级　3 个单位

C 级　1 个单位

(b) 各国应在按照第十四条(1)款的规定采取行动的同时说明自己希望属于哪一级。任何国家都可改变等级,如要改为较低的等级,必须在成员国会议举行例会时声明。这种改动应于该届会议后的下一历年开始时生效。

(c) 每一个这类国家的年度会费金额,在所有这类国家对成员国会议预算交费总额中所占的比例,应相当于它的单位数在所有这类国家的总单位数中所占的比例。

(d) 会费应于每年一月一日缴纳。

(e) 如在新的财政年度开始时,预算尚未被通过,根据财务条例,应按上一年度预算的水平执行。

(5) 参加本公约但没有参加任何同盟的国家欠缴本条所规定的会费者和参加本公约的任何同盟的成员国欠缴该同盟会费者,如其所欠金额相当于或超过前两个整年的会费金额,就不能在它是其成员的本组织的任何机构内行使表决权。但这些机构,只要查明该国拖延缴费系由于特殊的、不可避免的情况,仍可允许其在该机构内继续行使其表决权。

(6) 国际局关于法律——技术援助方面服务项目的收费标准应由总干事制定,并报告协调委员会。

(7) 本组织经协调委员会批准,可以直接接受各国政府、公共或私人机构、协会或私人的赠款、遗赠或补贴。

(8) (a) 本组织应有一项周转基金,由各同盟和参加本公约但没有参加任何同盟的国家一次性缴纳。该项基金不足时,应予增加。

(b) 各同盟一次性缴纳的金额及可能增加的金额应由各该同盟大会决定。

(c) 参加本公约但没有参加任何同盟的国家一次性缴纳的金额及在基金增加时的份额,应依基金成立或决定增加那一年该国会费的比例计算。缴费的比例和条件应由成员国会议根据总干事的建议,并听取协调委员会的意见后规定。

(9) (a) 在与本组织总部所在国缔结的总部协定中,应规定遇周转基金不足时,该国应予垫款。该项垫款的金额和条件,应由该国和本组织根据具体情况另订协定。该国在承担垫款义务期间,应在协调委员会中有当然席位。

(b) 上述(a)所指的的国家和本组织都有权以书面通知废止垫款约定,废约应从发出通知那年年底起三年以后生效。

(10) 账目稽核工作应按财务条例的规定,由一个或一个以上成员国或外界查账员进行,他们应由大会征得其同意后指派。

第十二条　法律能力:特权和豁免

(1) 本组织在各成员国领土上应遵照各该国的法律,享受为完成本组织的宗旨和行使其职能所必需的法律能力。

(2) 本组织应与瑞士联邦,或与总部今后可能设在的其他国家,缔结一项总部协定。

(3) 本组织可与其他成员国,就本组织及其工作人员和一切成员国的代表,享有为完成本组织的宗旨和行使其职能所必需的特权和豁免,缔结双边或多边协定。

(4) 总干事可谈判,并经协调委员会批准后代表本组织缔结和签订上述第(2)和(3)款所指的协定。

第十三条　与其他组织的关系

(1) 本组织应在必要时与其他政府间组织建立工作关系和合作。总干事经协调委员会批准后可与这些组织缔结这类一般协定。

(2) 本组织可就其权限内的事项,适当安排与非政府性国际组织,或经有关国家政府同意与该国的政府性或非政府性组织进行协商和合作。有关这方面的安排应由总干事经协调委员会批准后进行。

第十四条　加入本公约

(1) 第五条所指的国家办理下列手续可以加入本公约,并成为本组织的成员:

(i) 签字,没有关于批准的保留,或

(ii) 签字,并于批准后递交批准书,或

(iii) 递交加入书。

(2) 尽管有本公约的其他规定,但参加巴黎公约或伯尔尼公约或参加两公约的国家只有同时批准或加入,或者已经批准或加入;

巴黎公约斯德哥尔摩议定书的全文或仅有其第二十条(1)款(b)之(i)所规定的限制;

或者伯尔尼公约斯德哥尔摩议定书的全文或仅有其第二十八条(1)款(b)之(i)所规定的限制;

才可以成为本公约的缔约国。

(3) 批准书或加入书应递交总干事保存。

第十五条　本公约的生效

(1) 本公约应在有十个巴黎同盟成员国和七个伯尔尼同盟成员国按第十四条(1)款规定采取行动三个月以后生效,但如一个国家同时兼为该两同盟的成员,应在该两组内都计数。在生效那天,本公约应对于那些在此日期三个月以前按第十四条(1)款规定已采取行动的非该两同盟成员的国家也生效。

(2) 对于其他国家,本公约应在这类国家按第十四条(1)款规定采取行动之日三个月以后生效。

第十六条　保留

对本公约不允许有保留。

第十七条　修正

(1) 关于修正本公约的建议可由任何成员国、协调委员会或总干事提出。此类建议应在成员国会议进行审议至少六个月以前由总干事通知各成员国。

(2) 修正案应由成员国会议通过。修正案会影响到参加本公约但没有参加任何同盟的

国家的权利和义务时,这些国家也有表决权。对于一切其他修正案,只有已参加本公约的各同盟成员国才有表决权。修正案应由简单多数表决通过,唯成员国会议仅能对那些以前已由巴黎同盟大会和伯尔尼同盟大会分别根据各该大会关于通过各该公约行政条款修正案的规则通过的修正案建议进行表决。

(3) 任何修正案应在总干事收到在成员国会议通过该项修正案时,根据上述(2)款规定对该修正案有表决权的本组织四分之三的成员国分别根据各该国宪法程序签署的接受通知书后一个月生效。这样通过的任何修正案一旦生效,即应对当时的或后来加入的本组织所有成员国都有约束力,但涉及增加成员国财务负担的修正案,应只对通知接受该修正案的国家有约束力。

第十八条 退约

(1) 任何成员国可以书面通知总干事退出本公约。

(2) 退约应在总干事收到通知书之日起六个月以后生效。

第十九条 通知

总干事应向一切成员国政府通知:

(i) 本公约生效日期;

(ii) 签字和递交批准书或加入书;

(iii) 接受本公约修正案,以及修正案生效日期;

(iv) 退出本公约。

第二十条 最后条款

(1) (a) 本公约应在一个用英、法、俄、西四种语言作成的约本上签字,并应交由瑞典政府保存,四种文本有同等效力。

(b) 本公约在斯德哥尔摩继续开放签字到1968年1月13日截止。

(2) 正式文本应由总干事经与有关国家政府协商后,以德、意、葡以及成员国会议可能指定的其他文字制定。

(3) 总干事应将经过正式认证的本公约副本和由成员国会议通过的每项修正案副本各两份,分送巴黎同盟或伯尔尼同盟各成员国政府、其他加入本公约的国家政府以及要求得到这些文件的国家政府,分送各国政府的本公约正本的副本,应由瑞典政府予以认证。

(4) 总干事应将本公约交联合国秘书处登记。

第二十一条 过渡条款

(1) 在第一任总干事就职前,本公约中凡提到国际局或总干事之处,应视为系指保护工业、文学和艺术产权联合国际局[亦称保护知识产权联合国际局(BIRPI)]或其总干事。

(2) (a) 凡属任何同盟的成员但尚未参加本公约的国家,如果它们希望的话,在从本公约生效之日起五年内,可行使如同它们参加了本公约一样的权利。凡希望行使这样权利的国家应以书面通知总干事。该项通知书应于收到之日生效。这类国家在上述期限届满前应视为大会和成员国会议的成员。

(b) 当五年期限届满时,这类国家在大会、成员国会议和协调委员会中应不再有表决权。

(c) 当这类国家参加本公约后,应再取得这种表决权。

(3) (a) 在巴黎同盟和伯尔尼同盟的成员尚未全部参加本公约以前,国际局和总干事应分别兼管保护工业、文学和艺术产权联合国际局及其总干事的职责。

(b) 该联合国际局任用的工作人员,自本公约生效之日起,在上述(a)所指的过渡期间,应被认为也是由国际局任用的。

(4) (a) 一旦巴黎同盟所有成员国全部成为本组织成员后,该同盟事务局的权利、义务和财产应移交给本组织国际局。

(b) 一旦伯尔尼同盟所有成员国全部成为本组织成员后,该同盟事务局的权利、义务和财产应移交给本组织国际局。

(资料来源:陈安、刘智中编选:《国际经济法资料选编》,法律出版社 1991 年版,第 607—620 页。)

与贸易有关的知识产权协定(1994)
Agreement on Trade-Related Aspects of Intellectual Property Rights, 1994

(1994年4月15日订于马拉喀什,1995年1月1日生效)

各成员,

期望减少对国际贸易的扭曲和阻碍,考虑到需要促进对知识产权的有效和充分保护,并保证实施知识产权的措施和程序本身不成为合法贸易的障碍;

认识到,为此目的,需要制定有关下列问题的新的规则和纪律:

(a) 1994年关贸总协定的基本原则和有关国际知识产权协定或公约的适用性;

(b) 就与贸易有关的知识产权效力、范围和使用,规定适当的标准和原则;

(c) 在考虑各国法律制度的差异的情况下,就实施与贸易有关的知识产权规定有效和适当的手段;

(d) 就防止和解决政府间争端规定有效和迅速的多边程序;

(e) 旨在最充分地分享谈判结果的过渡安排;

认识到需要一个有关原则、规则和纪律的多边框架,以处理冒牌货的国际贸易问题;

认识到知识产权属私权;

认识到各国知识产权保护制度的基本公共政策目标,包括发展目标和技术目标;

还认识到最不发达国家成员在法律和规则的国内实施方面特别需要最大的灵活性,以便它们能够创造一个良好和可行的技术基础;

强调通过达成以多边程序解决与贸易有关的知识产权争端的有力承诺而减少紧张的重要性;

期望在WTO与世界知识产权组织(本协定中称"WIPO")以及其他有关国际组织之间建立一种相互支持关系;

特此协议如下:

第一部分
总则和基本原则

第1条　义务的性质和范围

1. 各成员应实施本协定的规定。各成员可以,但并无义务,在其法律中实施比本协定要求更广泛的保护,只要此种保护不违反本协定的规定。各成员可以在其各自的法律制度和实践中自行确定实施本协定规定的适当方式。

2. 就本协定而言,"知识产权"一词指第二部分第 1 节至第 7 节规定的所有类型的知识产权。

3. 各成员应将本协定规定的待遇给予其他成员的国民。[①] 就有关知识产权而言,其他成员的国民应理解为《巴黎公约(1967)》、《伯尔尼公约(1971)》、《罗马公约》和《关于集成电路的知识产权条约》规定的保护资格标准的自然人或法人,将 WTO 的所有成员均视为这些公约的成员。[②] 任何利用《罗马公约》第 5 条第 3 款或第 6 条第 2 款规定的成员,均应按照这些条款规定的方式,通知与贸易有关的知识产权理事会("TRIPS 理事会")。

第 2 条　知识产权公约

1. 就本协定的第二部分、第三部分和第四部分而言,各成员应遵守《巴黎公约(1967)》第 1 条至第 12 条和第 19 条的规定。

2. 本协定第一部分至第四部分的任何规定,均不得减损各成员依据《巴黎公约》、《伯尔尼公约》、《罗马公约》和《关于集成电路的知识产权条约》可能承担的相互之间的现有义务。

第 3 条　国民待遇

1. 在知识产权保护[③]方面,每一成员给予其他成员国民的待遇不得低于给予本国国民的待遇,但《巴黎公约(1967)》、《伯尔尼公约(1971)》、《罗马公约》或《关于集成电路的知识产权条约》已分别规定的例外除外。就表演者、录音制品制作者和广播组织而言,此义务仅适用于本协定规定的权利。任何利用《伯尔尼公约》第 6 条或《罗马公约》第 16 条第 1 款(6)项规定的成员,均应按照这些条款规定的方式,通知 TRIPS 理事会。

2. 各成员可适用第 1 款允许的在司法和行政程序方面的例外,包括在成员的辖区内指定服务地址或委派代理人,但这些例外应为保证遵守与本协定规定不相抵触的法律和法规所必需,且这种做法的实施不得对贸易构成变相限制。

第 4 条　最惠国待遇

就知识产权保护而言,一成员给予任何其他成员的国民的任何利益、优惠、特权或者豁免,应立即和无条件地给予所有其他成员的国民。但是,一成员给予的下列任何利益、优惠、特权或者豁免,免除此义务:

1. 从并非专门限于知识产权保护的一般性司法协助或法律实施的国际协定中产生的;

2. 按照《伯尔尼公约(1971)》或者《罗马公约》的规定给予的不具有国民待遇性质而属于在另一国给予的待遇;

3. 本协定未作规定的有关表演者、录音制品制作者以及广播组织的权利;

4. 以《WTO 协定》生效之前已生效的有关知识产权保护的国际协定派生的,只要此类协定已通知 TRIPS 理事会,且对其他成员的国民不构成任意的或不合理的歧视。

---

① 本协定所称"国民",对 WTO 的单独关税区成员而言,是指在该关税区内定居或拥有真实有效的工商业场所的自然人或法人。

② 在本协定中,《巴黎公约》指《保护工业产权巴黎公约》;《巴黎公约(1967)》指 1967 年 7 月 14 日该公约的斯德哥尔摩文本。《伯尔尼公约》指《保护文学艺术作品伯尔尼公约》,《伯尔尼公约(1971)》指 1971 年 3 月 24 日该公约的巴黎文本。《罗马公约》指 1961 年 10 月 26 日在罗马通过的《保护表演者、录音制品制作者和广播组织的国际公约》。《关于集成电路的知识产权条约》(IPIC 条约)指 1983 年 5 月 26 日在华盛顿通过的该条约。《WTO 协定》指《建立世界贸易组织协定》。

③ 在第 3 条和第 4 条中,"保护"一词应包括影响知识产权的效力、取得、范围、维持和实施的事项,以及本协定专门处理的影响知识产权使用的事项。

第5条　关于保护取得或维持的多边协定

第3条和第4条规定的义务,不得适用于WIPO主持下缔结的有关知识产权取得或维持的多边协定规定的程序。

第6条　用尽

就本协定规定的争端解决而言,在遵守第3条和第4条规定的前提下,本协定的任何规定不得用于处理知识产权用尽问题。

第7条　目标

知识产权的保护和实施应有助于促进技术革新及技术转让和传播,有助于技术知识的创造者和使用者之间的互利,并有助于社会和经济福利及权利与义务的平衡。

第8条　原则

1. 各成员在制定或修改其法律和法规时,可以采取必要措施,用以保护公共健康和营养,促进对其社会经济和技术发展至关重要部门的公共利益,但此类措施应与本协定的规定相一致。

2. 只要与本协定的规定相一致,在必要时可以采取适当措施,用以防止权利所有人对知识产权的滥用,或防止采取不合理地限制贸易或对国际技术转让造成不利影响的做法。

第二部分
有关知识产权效力、范围和使用的标准

第一节　版权和相关权利

第9条　与《伯尔尼公约》的关系

1. 各成员应遵守《伯尔尼公约(1971)》第1条至第21条及其附录的规定。但是,对于该公约第6条之二授予或派生的权利,各成员不享有本协定规定的权利或义务。

2. 版权保护仅延伸至表达方式,而不延伸至思想、程序、操作方法或数学概念本身。

第10条　计算机程序和数据汇编

1. 计算机程序,无论是源代码还是目标代码,应作为《伯尔尼公约(1971)》规定的文学作品加以保护。

2. 数据汇编或其他资料,无论机器可读还是其他形式,只要由于对其内容的选取或编排构成智力创作,即应作为智力创作加以保护。这种不及于数据或资料本身的保护,不得损害存在于数据或资料本身的任何版权。

第11条　出租权

至少就计算机程序和电影作品而言,一成员应给予作者及其合法继承人准许或禁止向公众商业性出租其版权作品的原件或复制品的权利。对于电影作品,成员的此种义务可以免除,除非此种出租已导致对此类作品的广泛复制,从而严重损害了该成员授予作者及其合法继承人的专有复制权。就计算机程序而言,此义务不适用于该程序本身不为主要标的的出租。

第12条　保护期限

除摄影作品或实用艺术作品外,只要作品的保护期限不以自然人的寿命为基础计算,该期限自作品经授权出版的日历年年底计算不得少于50年,或者,如果该作品自创作后50年

内未授权出版,则为自作品完成的日历年年底起算50年。

第13条　限制和例外

只有在与作品的正常利用不冲突,且并不无理损害权利所有人的合法利益的特殊情况下,各成员可以对专有权作出限制或例外的规定。

第14条　对表演者、录音制品(唱片)制作者和广播组织的保护

1. 就将其表演录制在录音制品上而言,表演者应有可能防止下列未经其授权的行为:录制其未曾录制的表演和复制其表演录制品。表演者还应有可能防止下列未经其授权的行为:以无线方式广播和向大众传播其现场表演。

2. 录音制品制作者应享有准许或禁止直接或间接复制其录音制品的权利。

3. 广播组织应有权禁止下列未经其授权的行为:录制、复制录制品、以无线广播方式转播以及将其电视广播向公众传播。如各成员未授予广播组织此类权利,则在遵守《伯尔尼公约(1971)》规定的前提下,应为广播客体的版权所有人提供防止上述行为的可能性。

4. 第11条关于计算机程序的规定,在细节上作必要修改后,应适用于录音制品制作者和按照成员的法律确定的录音制品的其他权利持有人。如在1994年4月15日,成员在录音制品的出租方面已实施向权利持有人公平付酬的制度,则可维持该制度,只要录音制品的商业性出租不对权利持有人的专有复制权造成实质性的损害。

5. 本协定规定的表演者和录音制品制作者可获得的保护期限,从完成录制或进行表演的日历年年底起计算,应不少于50年。按照第3款给予的保护期限,从广播播出的日历年年底起计算,应不少于20年。

6. 任何成员可就第1款、第2款和第3款授予的权利,在《罗马公约》允许的限度内,规定条件、限制、例外和保留。但是,《伯尔尼公约(1971)》第18条的规定在细节上作必要修改后,也应适用于表演者和录音制品制作者对录音制品享有的权利。

第二节　商　　标

第15条　可保护客体

1. 任何标记或标记的组合,只要能够将一企业的货物或服务与其他企业的货物或服务区别开来,即可构成商标。此类标记,特别是包括人名的单词、字母、数字、图形要素和颜色的组合,以及任何此类标记的组合,均应符合注册为商标的条件,如果标记不具有区别相关货物或服务的固有特征,则各成员可以根据其使用而取得的显著性,给予注册。各成员可要求这些标记在视觉上可感知作为其注册的条件。

2. 第1款不得理解为阻止成员以其他理由拒绝商标的注册,只要这些理由不背离《巴黎公约(1967)》的规定。

3. 各成员可以将使用作为注册条件。但是,商标的实际使用不得作为提出注册申请的条件。不得仅仅以自申请日起3年内未按原计划使用为由,驳回申请。

4. 使用商标的货物或服务的性质在任何情况下均不得成为商标注册的障碍。

5. 各成员应在商标注册前或在注册后迅速公布每一商标,并应为申请撤销注册提供合理的机会。此外,各成员可以提供对商标的注册提出异议的机会。

第16条　授予的权利

1. 注册商标的所有人应享有下列专有权,即阻止所有第三方在贸易过程中不经该所有人同意，在与已注册商标的货物或服务相同或相似的货物或服务上使用相同或相似的标记，因为此种使用会导致混淆的可能性。对于在相同货物或服务上使用相同标记的情况，应推定存在混淆的可能性。上述权利不得损害任何现有的在先权利，也不得影响各成员根据使用授予权利的可能性。

2.《巴黎公约(1967)》第6条之二在细节上作必要修改后，应适用于服务。在确定一商标是否驰名时，各成员应当考虑相关公众时该商标的知悉程度，包括因该商标的宣传而在有关成员中获得的知名度。

3.《巴黎公约(1967)》第6条之二在细节上作必要修改后，应适用于与已注册商标的货物或服务不相似的货物或服务，只要该商标在那些有关货物或服务上的此种使用，可表明这些货物或服务与该注册商标所有人之间存在联系，且该注册商标所有人的利益可能因此种使用而受到损害。

第17条 例外

各成员可对商标所授予的权利规定有限的例外，例如，描述性词语的合理使用，只要此种例外考虑了商标所有人和第三方的合法利益。

第18条 保护期限

商标的首次注册及每次续展的期限均不得少于7年。商标注册应可以无限续展。

第19条 使用要求

1. 如果将使用作为维持注册的条件，只有在至少连续3年不使用后方可撤销注册，除非商标所有人基于商标使用障碍陈述正当理由。构成商标使用的障碍是商标所有人不可控制的情况，例如，对使用受保护商标的货物或服务实施进口限制或其他政府要求，应视为不使用商标的正当理由。

2. 在所有人控制的情况下，商标由他人进行的使用应当认定属于维持注册的商标使用。

第20条 其他要求

在贸易过程中，商标的使用不应受特殊要求的无理妨碍，例如，要求与其他商标一起使用，以特殊形式使用或以损害其将一企业的货物或服务区别于其他企业的货物或服务的能力的方式使用。此点不排除要求将识别生产该货物或服务的企业的商标与区别该企业所涉具体货物或服务的商标一起使用，但不得将两者联系起来。

第21条 许可和转让

各成员可以确定商标许可和转让的条件。与此相关的理解是，不得允许商标的强制许可，而且注册商标所有人应有权将其商标单独转让或与其使用该商标的业务一并转让。

第三节 地理标识

第22条 地理标识的保护

1. 就本协定而言，地理标识是指识别一货物来源于一成员的领土或该领土内一地区或地方的标识，而该货物的特定质量、声誉或其他特征主要归因于该地理来源。

2. 就地理标识而言，各成员应向利害关系方提供法律手段以防止：

(1) 在货物的标志或说明中，以任何方式明示或暗示该货物来源于并非真实原产地的地理区域，从而使公众在该货物的地理来源方面产生误解；

(2) 构成《巴黎公约(1967)》第10条之二意义上的不正当竞争行为的任何使用。

3. 如果一商标包含的或构成该商标的地理标识所标明的地域并非货物的来源地,且在该成员之内,在此类货物的商标中使用该标识会使公众对其真实来源产生误解,则该成员在其立法允许的情况下应依职权或利害关系方的请求,拒绝该商标注册或宣告注册无效。

4. 根据第1款、第2款和第3款给予的保护应适用于虽在文字上真实地表明货物来源的领土、地区或地方,但却虚假地向公众表明该货物来源于另一地域的地理标识。

第23条　对葡萄酒和烈酒地理标识的附加保护

1. 各成员应为利害关系方提供法律手段,以防止将识别葡萄酒的地理标识用于并非来源于该地理标识所标明地方的葡萄酒,或将识别烈酒的地理标识用于并非来源于该地理标识所标明地方的烈酒,即使标明了货物的真实来源,或以翻译的方式使用该地理标识,或附有“种类”、“类型”、“特色”、“仿制”之类的表达方式。①

2. 如果葡萄酒或烈酒的商标包含识别葡萄酒或烈酒的地理标识或由此类地理标识构成,成员应在其立法允许的情况下,依职权或应利害关系方的请求,对不具备该来源的此类葡萄酒或烈酒,拒绝该商标注册或宣告注册无效。

3. 在葡萄酒具有同名的地理标识时,在遵守第22条第4款规定的前提下,应对每一种标识予以保护。各成员应确定区分同名标识的可行条件,并考虑确保公平对待有关生产者且不误导消费者的需要。

4. 为便利葡萄酒地理标识的保护,应在TRIPS理事会内谈判建立葡萄酒地理标识通知和注册的多边制度,使之能在参加该多边制度的成员中获得保护。

第24条　国际谈判:例外

1. 各成员同意进行谈判,以加强根据第23条对各个地理标识的保护。各成员不得援引以下第4款至第8款的规定,拒绝进行谈判或缔结双边或多边协定。在这些谈判中,各成员应自愿考虑这些规定继续适用于其使用曾为此类谈判主题的各个地理标识。

2. TRIPS理事会应继续对本节规定的适用情况进行审议:第一次审议应在《WTO协定》生效后2年之内进行。任何影响履行这些规定下的义务的事项均属理事会关注的范围,理事会应依成员的请求,就有关成员之间通过双边或诸边磋商未能找到满意解决办法的事项,与任何一个或多个成员进行磋商。理事会应采取各方同意的行动,推动本节的适用,并促进本节目标的实现。

3. 在实施本节时,成员不得降低《WTO协定》生效前已在该成员中存在的对地理标识的保护。

4. 如果一成员的国民或居民在相同或相关的货物或服务上,已连续在该成员领土内使用另一成员识别葡萄酒或烈酒的某一特定地理标识(1)在1994年4月15日前已至少10年,或(2)在该日期前的使用是善意的,那么,本节的任何规定均不得要求该成员阻止其国民或居民在货物或服务上继续以类似方式使用该地理标识。

5. 如果一商标的申请或注册是善意的,或者一商标权已在以下日期之前通过善意的使用取得:

(1) 按第六部分确定的本协定适用于该成员之日前;或

---

① 尽管有第42条第1句的规定,但是,就这些义务而言,各成员仍可通过行政行为对实施作出规定。

(2) 该地理标识在其起源国获得保护之前,为实施本节规定而采取的措施,不得因一项商标与一项地理标识相同或相似而损害该商标注册的资格、有效性,或商标的使用权。

6. 如果任何其他成员有关货物或服务的地理标识与一成员以通用语言的习惯用语作为其领土内此类货物或服务的普通名称相同,则本节的任何规定不得要求该成员对其他成员的有关标识适用本节的规定。如果任何其他成员用于葡萄酒产品的地理标识与《WTO 协定》生效之日一成员领土内已存在的葡萄品种的惯用名称相同,则本节的任何规定不得要求该成员对其他成员的有关标识适用本节的规定。

7. 一成员可规定,根据本节提出的有关一项商标的使用或注册的任何请求,必须在该受保护标识的非法使用已在该成员中广为人知后 5 年内提出,或如果商标在一成员中的注册日期早于上述非法使用在该成员中广为人知的日期,只要该商标在其注册之日前已公布,则该请求必须在该商标在该成员中注册之日起 5 年内提出,只要该地理标识未被恶意使用或注册。

8. 本节规定决不能损害任何人在贸易过程中使用其姓名或其业务前任姓名的权利,除非该姓名的使用方式会使公众产生误解。

9. 各成员在本协定项下无义务保护在起源国不受保护或已停止保护,或在该国中已废止的地理标识。

第四节 工业品外观设计

第 25 条 保护的要求

1. 各成员应对独立创造的新的或原创性的工业品外观设计提供保护。各成员可以规定,如果设计与已知的设计或已知设计特征的组合没有显著区别,则不属新的或原创性的设计。各成员可以规定,此种保护不得延伸至主要出于技术或功能上的考虑而进行的设计。

2. 每一成员应保证,为获得纺织品设计的保护而规定的要求,特别是有关任何费用、审查或公布的要求,不得不合理地损害寻求和获得此种保护的机会。各成员可以通过工业品外观设计法或版权法履行该项义务。

第 26 条 保护

1. 受保护的工业品外观设计所有人应有权防止第三方未经其同意而生产、销售或进口所载或所含设计是该受保护设计的复制品或实质上为复制品的商品,但此种行为必须是出于商业目的。

2. 各成员可对工业品外观设计的保护规定有限的例外,只要此种例外在兼顾第三方合法利益的情况下不会不合理地与受保护的工业品外观设计的正常使用相冲突,也不会不合理地损害受保护设计的所有人的合法利益。

3. 可获得的保护期限应至少为 10 年。

第五节 专 利

第 27 条 可授予专利的客体

1. 在遵守第 2 款和第 3 款规定的前提下,专利应授予所有技术领域的任何发明,不论是产品还是方法,只要它们具有新颖性、包含发明性步骤并可供工业应用。① 在遵守第65条第4款、第70条第8款和本条第3款规定的前提下,专利的获得和专利权的享有应当不因发明地点、技术领域、产品是进口的还是当地生产的而受到歧视。

2. 如果在其领土内阻止某些发明的商业利用,是维护公共秩序或道德,包括保护人类、动物或植物的生命或健康,或者避免对环境造成严重损害所必需,各成员可拒绝授予这些发明的专利权,只要此种拒绝并非仅仅因为这种利用为其法律所禁止。

3. 各成员可拒绝对下列客体授予专利:

(1) 人或动物的诊断、治疗和外科手术方法;

(2) 微生物以外的植物和动物,以及非生物和微生物外的生产植物和动物的主要生物方法。但是,各成员应通过专利或一种有效的专门制度,或通过这两者的结合来规定植物品种的保护。本项的规定应在《WTO协定》生效之日起4年后进行审议。

第28条　授予的权利

1. 一项专利应授予其所有人下列专有权利:

(1) 如果专利的客体是产品,则防止第三方未经其所有人同意而制造、使用、许诺销售、销售或为此类目的进口②该产品的行为;

(2) 如果专利的客体是方法,则防止第三方未经其所有人同意而使用该方法的行为,并防止使用、许诺销售、销售或为此类目的进口至少以该方法直接获得的产品的行为。

2. 专利所有人还有权转让或以继承方式转让其专利,并订立许可合同。

第29条　专利申请人的条件

1. 各成员应要求专利申请人以足够清晰和完整的方式披露其发明,使该专业的技术人员能够实施该发明,并可要求申请人在申请之日,或在主张优先权的情况下,在申请的优先权日,指明发明人所知的实施该发明的最佳方式。

2. 各成员可要求专利申请人提供关于申请人相应的国外申请和授予情况的信息。

第30条　授予权利的例外

各成员可对专利授予的专有权规定有限的例外,只要此种例外在兼顾第三方合法利益的情况下不会与专利的正常利用发生不合理的冲突,也不会不合理地损害专利所有人的合法利益。

第31条　未经权利持有人授权的其他使用

如果成员的法律允许未经权利持有人授权即可对专利的客体作其他使用③,包括政府或经政府授权的第三方的使用,则应遵守下列规定:

1. 授权此种使用应当个案考虑;

2. 只有在此种使用之前,拟使用者已以合理的商业条款和条件争取权利持有人的授权,但此种努力在合理的期限内并未成功,方可允许此类使用。在成员处于国内紧急状态或其他紧迫情势,或者为非商业性公共使用的情况下,可豁免这些要求。但是,在国内紧急状态或其

---

① 就本条而言,成员可将"发明性步骤"和"可供工业应用"两措辞分别理解为与"非显而易见的"和"有用的"同义。

② 该权利与根据本协定授予的关于使用、销售、进口或分销货物的权利一样,应遵守第6条的规定。

③ "其他使用"是指第30条允许的使用以外的使用。

他紧迫情势的情况下，应尽快通知权利持有人。在非商业性公共使用情况下，如果政府或合同方未作专利检查即知道或有明显的理由知道，一项有效专利正在或将要被政府或为政府使用，则应立即通知权利持有人；

3. 此类使用的范围和期限应仅限于被授权的目的，如果是半导体技术，则只能用于非商业性公共使用，或补救经司法或行政程序确定的反竞争行为；

4. 此种使用应是非专有的；

5. 此种使用应是不可转让的，除非与享有此种使用的那部分企业或商誉一同转让；

6. 任何此种使用的授权应主要为供应授权此种使用的成员的国内市场；

7. 在充分保护被授权人合法权益的前提下，如果导致此种使用的情况已不复存在且不可能再次出现，则有义务终止此种使用的授权。如有明确请求，主管机关有权审议这些情况是否继续存在；

8. 在每种情况下，应根据授权的经济价值，向权利持有人支付适当报酬；

9. 任何有关此种使用授权的决定的法律效力应接受司法审查或该成员中上一级主管机关的其他独立审查；

10. 任何有关为此种使用提供报酬的决定应接受司法审查或该成员中上一级主管机关的其他独立审查；

11. 如果允许此种使用是为了补救司法或行政程序所确定的反竞争行为，则各成员没有义务适用(2)项和(6)项规定的条件。在确定此类情况下的报酬数额时，可考虑纠正反竞争行为的需要。如果导致此种授权的条件再次出现，则主管机关应有权拒绝终止授权；

12. 如果授权此种使用是为了允许利用一项专利（“第二专利”），而该专利不侵害另一专利（“第一专利”）即不能被利用，则应适用下列附加条件：

(1) 与第一专利要求的发明相比，第二专利要求的发明应包含具有巨大经济意义的重要技术进步；

(2) 第一专利的所有人应有权以合理的条件通过交叉许可方式使用第二专利中的发明；以及

(3) 对第一专利授权的使用不得转让，除非与第二专利一同转让。

第 32 条　撤销/无效

任何有关专利撤销或无效的决定均应给予司法审查的机会

第 33 条　保护期限

可获得的保护期限自申请之日①起不少于 20 年。

第 34 条　方法专利：举证责任

1. 就第 28 条第 1 款(2)项规定的有关侵害所有人权利的民事诉讼而言，如果一项专利的客体是获得产品的方法，则司法机关有权责令被告证明其获得相同产品的方法不同于已获专利的方法。因此，各成员应规定，至少在下列之一的情形下，任何未经专利所有人同意而生产的相同产品，如果没有相反的证据，则应视为是以该专利方法获得的：

(1) 如果通过专利方法获得的产品是新的；

(2) 如果相同产品由该方法获得的可能性实际存在，而且专利所有人经过合理努力不能

---

① 不言而喻，无原始授予制度的成员可规定，保护期限应自原始授予制度中的申请之日起计算。

确定其实际使用的方法。

2. 只要满足(1)项或(2)项规定的条件,任何成员就有权规定第1款所指的举证责任应由被诉侵权人承担。

3. 在援引相反证据时,应考虑被告保护其制造和商业秘密的合法权益。

第六节　集成电路布图设计(拓扑图)

第35条　与《IPIC条约》的关系

各成员同意按照《关于集成电路的知识产权条约》第2条至第7条(第6条第3款除外)及第12条和第16条第3款的规定,对集成电路的布图设计(拓扑图(本协定称之为"布图设计")提供保护。此外,还同意遵守下列规定。

第36条　保护范围

在遵守第37条第1款规定的前提下,各成员应将下列未经权利持有人①授权的行为视为非法:为商业目的的进口、销售或以其他方式分销受保护的布图设计、嵌入受保护的布图设计的集成电路,或嵌入受保护的布图设计的集成电路,或嵌入此种集成电路的物品,只要该集成电路仍然包含非法复制的布图设计。

第37条　无需权利持有人授权的行为

1. 尽管有第36条的规定,但是,如果在实施该条所指的与嵌入非法复制的布图设计的集成电路或嵌入此种集成电路的物品有关的行为时,行为人或命令实施该行为的人在获得该集成电路或嵌入该集成电路的物品时,不知道或没有合理的根据知道其中已嵌入此种非法复制的布图设计,则任何成员不得将该行为视为非法。各成员应规定,该行为人在收到关于该布图设计系非法复制的充分通知后,可对现有的存货和此前的订货实施此类行为,但有责任向权利持有人支付费用,其数额相当于就此种布图设计自愿达成的许可所应付的合理使用费。

2. 第31条(1)项至(11)项规定的条件在细节上作必要修改后,应当适用于布图设计的任何非自愿许可,或者未经权利持有人授权的被政府或为政府的使用。

第38条　保护期限

1. 在要求将注册作为保护条件的成员中,布图设计的保护期限自提交注册申请之日起或在世界的任何地方首次投入商业利用之日起,不得少于10年。

2. 在不要求将注册作为保护条件的成员中,布图设计的保护期限自世界任何地方首次投入商业利用之日起不得少于10年。

3. 尽管有第1款和第2款的规定,各成员仍可规定对布图设计的保护应在其创作15年后终止。

第七节　未披露信息的保护

第39条

1. 在确保对《巴黎公约(1967)》第10条之二规定的反不正当竞争进行有效保护的过程中,各成员应按照第2款对未披露信息和按照第3款对提交政府或政府机构的数据进行保护。

---

① 本节中的"权利持有人"一词,应理解为与《IPIC条约》中的"权利的持有人"一词同义。

2. 自然人和法人应有可能防止他人未经其同意,以违反诚实商业行为的方式①,披露、取得或使用其合法控制的信息,只要此种信息:

(1) 属秘密,即其作为一个整体或作为其各部分的精确结构和组合,不为通常处理此种信息的领域内的人们普遍知悉或容易获得;

(2) 因属秘密而具有商业价值;以及

(3) 合法控制该信息的人根据情况采取了合理的保密措施。

3. 当成员要求提交未披露的实验数据或其他数据,作为批准使用新化学成分的药品或农用化学产品上市的条件时,如果这些数据的创造付出了巨大的努力,则各成员应保护该数据,以防止不正当的商业使用。此外,除非有保护公众的必要,或者已经采取措施保证该数据不被不正当地商业使用,否则,各成员应保护这些数据不被披露。

第八节 合同许可中反竞争行为的控制

第 40 条

1. 各成员同意,一些限制竞争的有关知识产权的许可行为或条件,可能对贸易产生不利影响,并可能妨碍技术的转让和传播。

2. 本协定的任何规定均不得阻止各成员在其立法中明确规定在特定情况下可构成对知识产权的滥用,并对相关市场的竞争产生不利影响的许可行为或条件。如果作出上列规定,成员可在与本协定其他规定相一致的条件下,依据其有关的法律和法规,采取适当的措施防止或控制此类行为,包括诸如排他性返授条件、阻止对有效性提出质疑的条件和强制性的一揽子许可等。

3. 每一个成员应依请求与任何其他成员进行磋商,只要该成员有理由认为,被请求磋商成员的知识产权所有人,作为该成员的国民或居民,正在实施违反请求磋商成员与本节规定有关的法律和法规的行为,并希望在不损害根据法律采取的任何行动和多方作出最终决定的充分自由的情况下,确保此种立法的遵守。对于与请求成员的磋商,被请求成员应给予充分和积极的考虑,并提供足够的机会。在遵守国内法律和与请求成员就保密措施达成的相互满意的协议的前提下,通过提供与磋商问题有关的可公开获得的非机密信息和该成员可获得的其他信息进行合作。

4. 如果一成员的国民或居民在另一成员中因涉嫌违反其他成员与本节主题有关的法律和法规而被起诉,则其他成员应按与第 3 款规定相同的条件给予该成员磋商的机会。

第三部分
知识产权的实施

第一节 一般义务

第 41 条

1. 各成员应确保本部分规定的实施程序在其国内法中生效,以便对本协定规定的任何

---

① 就本规定而言,"违反诚实商业行为的方式"应至少包括诸如违反合同、违反信用和诱使违约,以及包括知道或因重大过失不知道上列行为的第三方获取未披露信息等做法。

侵犯知识产权的行为采取有效行动,包括阻止侵权的迅速救济和制止进一步侵权的救济。这些程序的实施应避免对合法贸易造成障碍,并为防止这些程序的滥用提供保障。

2. 有关知识产权实施的程序应公平和公正。这些程序不应有不必要的复杂化和费用高昂,也不应有不合理的时限或无理的拖延。

3. 对案件是非曲直的裁决,最好采取书面形式并说明理由。裁决至少应使诉讼当事方及时获得。对案件是非曲直的裁决只能根据已为当事方提供听证机会的证据作出。

4. 诉讼当事方应有机会要求司法机关对最终行政裁决进行审查,并在遵守成员法律根据案件重要性程度确定的管辖规定的前提下,至少在法律方面对案件是非曲直的初审判决进行审查。但是,没有义务对刑事案件中的无罪判决提供审查机会。

5. 不言而喻,本部分不创设任何建立与一般的法律实施不同的知识产权实施的司法制度的义务,也不影响各成员一般的法律实施能力。在知识产权实施与一般的法律实施之间的资源配置方面,本部分的任何规定均不创设任何义务。

第二节　民事和行政程序及救济

第 42 条　公平和公正的程序

各成员应使权利持有人[①]能够获得有关实施本协定规定的任何知识产权的民事司法程序。被告有权获得及时而又足够详细的书面通知,包括权利请求的根据。应允许当事方由独立的法律顾问代理,且程序不应对强制本人出庭强加过重的要求。此类程序的所有当事方均有权证明其权利请求并提供所有相关证据。该程序应规定一种确认和保护机密信息的方法,除非这会违反现行的宪法规定。

第 43 条　证据

1. 如果一当事方已出示其合理取得的足以支持其权利请求的证据,并已说明由对方控制的与证明其权利请求有关的证据,则司法机关有权责令对方提供该证据,但应遵守在适当情况下保证保护机密信息的条件。

2. 如果一诉讼当事方在合理的期限内,无正当理由擅自拒绝提供或不提供必要的材料,或严重妨碍有关实施行动的程序,成员可授权司法机关根据向其提供的材料,包括因拒绝提供材料而受到不利影响的当事方提出的申诉或陈述,作出肯定或否定的初步或最终裁决,但应向各当事方提供就陈述或证据进行听证的机会。

第 44 条　禁令

1. 司法机关有权责令一当事方停止侵权,特别是有权在海关结关后立即阻止涉及知识产权侵权行为的进口货物进入其辖区内的商业渠道。如果受保护的客体是在行为人知道或有正当理由知道从事该客体的交易会构成知识产权侵权之前取得或订购的,则各成员无义务给予此种授权。

2. 尽管有本部分的其他规定,但如果适用第二部分专门就未经权利持有人授权的政府使用或由政府授权的第三方使用作出的规定,则各成员可将此种使用可获得的救济限于依第 31 条第 8 项规定支付报酬。在其他情况下,应适用本部分规定的救济,或者,如果这些救济与成员的法律不一致,则应采取宣告式判决,并给予适当补偿。

---

① 就本部分而言,"权利所有人"一词包括具有主张此种权利的法律资格的联盟和协会。

第 45 条　损害赔偿金

1. 对于故意或有充分理由知道自己从事侵权活动的侵权人，司法机关有权责令其向权利持有人支付足以补偿其因知识产权侵权所受损害的赔偿金。

2. 司法机关还有权责令侵权人向权利持有人支付有关费用，其中可包括适当的律师费用。在适当的情况下，各成员可授权司法机关责令退还利润和/或支付预定损害赔偿金，即使侵权人不是故意或者没有充分理由知道自己从事侵权活动。

第 46 条　其他救济

为有效制止侵权，司法机关有权在不给予任何补偿的情况下，责令将已发现侵权的货物清除出商业渠道，以避免对权利持有人造成任何损害，或者在不违反现行宪法要求的情况下，责令将其销毁。司法机关还有权在不给予任何补偿的情况下，责令将主要用于制造侵权货物的材料和工具清除出商业渠道，以便将进一步侵权的风险减少到最低限度。在考虑此类请求时，应考虑侵权的严重程度与给予的救济和第三方利益之间的相称性。对于冒牌货，除例外情况外，简单地除去非法加贴的商标并不足以允许将该货物放行进入商业渠道。

第 47 条　信息权

各成员可规定，司法机关有权责令侵权人将生产和分销侵权货物或服务涉及的第三方的身份及其分销渠道告知权利持有人，除非这与侵权的严重程度不相称。

第 48 条　对被告的赔偿

1. 如果应一当事方的请求采取了措施且该当事方滥用了实施程序，则司法机关有权责令其对受到错误禁止或限制的当事方因此种滥用而受到的损害提供足够的补偿。司法机关还有权责令该申请人支付被告有关费用，其中可包括适当的律师费用。

2. 就管理有关知识产权保护或实施的法律而言，只有在管理该法律的过程中采取或拟采取的行动是出于善意时，各成员才可免除公共机构及其官员采取适当救济措施的责任。

第 49 条　行政程序

如果依行政程序对案件是非曲直进行裁决时能够责令进行民事救济，则此类程序应符合与本节所列原则基本相当的原则。

第三节　临时措施

第 50 条

1. 司法机关有权责令采取迅速和有效的临时措施，以便：

(1) 防止知识产权侵权行为的发生，特别是防止货物，以便包括海关结关后立即进入的进口货物，进入其辖区内的商业渠道；

(2) 保存有关被指控侵权的相关证据。

2. 在适当时，特别是在任何迟延可能对权利持有人造成不可弥补的损害时，或存在证据被销毁的显而易见的风险时，司法机关有权采取不作事先通知的临时措施。

3. 司法机关有权要求申请人提供任何可合理获取的证据，以使其能够充分确定申请人是权利持有人，申请人的权利正在受到侵害或此种侵害已迫近，并有权责令申请人提供足以保护被告和防止滥用的保证金或与此相当的担保。

4. 如果采取不作事先通知的临时措施，则至迟应在该措施完成后及时通知受影响的各方。应根据被告请求，对这些措施进行审查，包括举行听证，以便在作出有关措施的通知后的一段合理期限内,决定这些措施是否进行修改、撤销或者进一步确认。

5. 执行临时措施的主管机关可要求申请人提供确认有关货物的其他必要信息。

6. 在不损害第4款规定的情况下,如果对案件是非曲直作出裁决的程序未在合理期限内启动,则根据第1款和第2款采取的临时措施应依被告请求,予以撤销或终止生效,在一成员法律允许的情况下,该合理期限由责令采取该措施的司法机关确定,如未作出此等决定,则不超过20个工作日或31天,以时间长者为准。

7. 如果临时措施被撤销或因为申请人的任何作为或不作为而失效,或如果随后发现不存在知识产权侵权或侵权威胁,则司法机关有权依被告请求,责令申请人就这些措施造成的任何损害给予被告适当的补偿。

8. 如果按行政程序能够责令采取临时措施,则此类程序应符合与本节所列原则基本相当的原则。

第四节　与边境措施相关的特殊要求①

第51条　海关中止放行

各成员应在符合以下规定的情况下确立程序②,使有正当理由怀疑可能发生假冒商标或盗版货物③进口的权利持有人,能够向行政或司法主管机关提出书面申请,要求海关中止放行此类货物进入自由流通。只要符合本节规定的要求,各成员可针对涉及其他知识产权侵权的货物提出此种申请。各成员还可规定关于海关中止放行自其领土出口的侵权货物的相应程序。

第52条　申请

启动第51条规定的程序的任何权利持有人,均应提供充分的证据,以使主管机关确信,根据进口国的法律,已经存在侵犯权利持有人知识产权的事实,并提供货物的足够详细的说明,以便海关易于辨认。主管机关应在合理期限内告知申请人其申请是否已受理,如果海关采取行动的期限已由主管机关确定,则应将该期限通知申请人。

第53条　保证金或与此相当的担保

1. 主管机关有权要求申请人提供足以保护被告和主管机关并防止滥用的保证金或与此相当的担保。此种保证金或与此相当的担保不得不合理地妨碍对这些程序的援用。

2. 如果按照基于本节规定提出的申请,海关根据非司法机关或其他独立机关的决定对涉及工业设计、专利、布图设计或未披露信息的货物中止放行进入自由流通,而且,在持有正式授权机关授予临时救济的情况下,第55条规定的期限业已届满,只要符合进口的所有其他条件,则此类货物的所有人、进口商或收货人有权在交纳一笔足以在任何侵权情况下保护权利

① 如果一成员已取消对跨越与其形成关税同盟一部分的另一成员边境的货物的所有实质管辖,则不得要求该成员在该边境上适用本节的规定。

② 不言而喻,对于由权利持有人或经其同意投放到另一成员市场上的进口货物或过境货物,无义务适用此类程序。

③ 就本协定而言:(1)“冒牌货物”是指包括包装在内的任何如下货物:未经许可而载有的商标与此类货物已注册的有效商标相同,或其基本特征不能与此种商标相区分,从而根据进口国法律侵犯了所涉商标所有人的权利;(2)“盗版货物”是指任何如下货物:未经权利持有人或权利持有人在生产国充分授权的人同意而制造的复制品,及直接或间接由一物品制成的货物,如果此种复制品的制造,按照进口国的法律构成对版权或相关权利的侵犯。

持有人的保证金以后，要求将其货物放行。该保证金的支付不得损害权利持有人可获得的任何其他救济，不言而喻，如果权利持有人未能在合理期限内行使诉讼权，则该保证金应予解除。

第 54 条　中止放行的通知

根据第 51 条作出的关于货物中止放行的决定应迅速通知进口商和申请人。

第 55 条　中止放行的时限

如果在向申请人送达中止放行的通知后不超过 10 个工作日的期限内，海关未被告知被告以外的当事方已启动对案件是非曲直进行裁决的程序，或者未被告知获得正式授权的机关已采取临时措施延长货物中止放行的期限，只要符合进口或出口的任何其他条件，则此类货物应予放行：在适当的情况下，该时限可再延长 10 个工作日。如果就案件是非曲直进行裁决的程序已启动，则应依被告请求进行审查，包括举行听证，以期在合理期限内决定这些措施是否进行修改、撤销或进一步确认。尽管有上述规定，但如果依照临时司法措施中止或继续中止货物的放行，则应适用第 50 条第 6 款的规定。

第 56 条　对货物进口商和所有人的赔偿

对于因错误扣押货物或因扣押按照第 55 条放行的货物而给货物进口商、收货人和所有人造成的任何损害，有关主管机关有权责令申请人给予适当赔偿。

第 57 条　检验和获得信息的权利

在不影响机密信息保护的情况下，各成员应授权主管机关给予权利持有人足够的机会，检验被海关扣押的货物，以证实权利持有人的权利请求。主管机关还应有权给予进口商同等的机会对此类货物进行检验。如果对案件的是非曲直已作出肯定的裁决，则各成员可授权主管机关将发货人、进口商和收货人的姓名、地址及所涉货物的数量告知权利持有人。

第 58 条　依职权的行动

如果各成员要求主管机关主动采取行动，并对其已取得初步证据证明正在侵犯知识产权的货物中止放行，则：

(1) 主管机关可随时向权利持有人索取可帮助其行使这些权力的任何信息；

(2) 中止放行的行动应迅速告知进口商和权利持有人。如果进口商向主管机关就中止放行提出上诉，则中止放行应遵守在细节上作必要修改的第 55 条所规定的条件。

(3) 只有采取的或拟采取的行动是出于善意时，各成员方可免除公共机构及其官员采取适当救济措施的责任。

第 59 条　救济

在不损害权利所有人可享有的其他诉讼权，并在赋予被告寻求司法审查权利的前提下，主管机关有权按照第 46 条规定的原则，责令销毁或处理侵权货物。对于假冒商标货物，主管机关不得在未作改变的情况下，允许侵权货物再出口或对其适用不同的海关程序，但例外情况除外。

第 60 条　微量进口

各成员可将旅客个人行李中夹带的或在小件托运中运送的少量非商业性货物排除在上述规定的适用范围之外。

第五节　刑 事 程 序

第 61 条

各成员应规定至少适用于具有商业规模的蓄意假冒商标或盗版行为的刑事程序和刑罚。

可适用的救济应包括足以起到威慑作用的监禁和(或)罚金,并应与同等严重的犯罪所受到的刑罚水平相一致。在适当的情况下,可适用的救济还应包括扣押、没收或销毁侵权货物和主要用于犯罪活动的任何材料和工具。各成员可规定适用于其他知识产权侵权案件,特别是蓄意并具有商业规模的侵权案件的刑事程序和刑罚。

第四部分
知识产权的取得和维持及当事方之间的相关程序

第 62 条

1. 各成员可要求,作为取得或维持第二部分第 2 节至第 6 节规定的知识产权的条件,应遵守合理的程序和手续。此类程序和手续应与本协定的规定相一致。

2. 如果知识产权的取得须经该权利的授予或注册,则各成员应确保授予或注册的程序在符合权利取得的实质性条件的前提下,允许该权利在合理期限内获得授予或注册,以避免保护期限的无故缩短。

3.《巴黎公约(1967)》第 4 条在细节上作必要修改后应适用于服务标记。

4. 有关取得或维持知识产权的程序,以及由一成员的法律规定的行政撤销和诸如异议、撤销和作废军等事方之间的程序,应受第 41 条第 2 款和第 3 款规定的一般原则的约束。

5. 第 4 款所指的任何程序的行政终局裁决,均应由司法或准司法机关进行审查。但是,在异议或行政撤销不成立的情况下,只要此类程序的根据可成为无效程序的理由,则没有义务提供对裁决进行此种审查的机会。

第五部分
争端的防止和解决

第 63 条　透明度

1. 成员就本协定主题(知识产权的效力、范围、取得、实施和防止滥用)制定的相关法律、法规以及普遍适用的司法终审判决和行政终局裁决,均应以本国语言公布,或者在此种公布不能公开获得时,可以采用使政府和权利持有人知晓的方式公布。一成员政府或政府机构与另一成员政府或政府机构就本协定主题签订的有效协定也应予以公布。

2. 各成员应将第 1 款所指的法律和法规通知 TRIPS 理事会,以便帮助理事会审议本协定的实施情况。理事会应努力将各成员履行此项义务的负担减少到最小程度,如果与 WIPO 就建立法律和法规的共同登记处的磋商获得成功,则可决定豁免直接向理事会通知此类法律和法规的义务。理事会还应当按照本协定规定的源于《巴黎公约(1967)》第 6 条之三的义务,考虑在这方面采取有关通知所需要的任何行动。

3. 每一成员应准备就另一成员的书面请求向其提供第 1 款所指的信息。一成员如果有理由认为,知识产权领域的特定司法判决或行政裁定或双边协定影响其按照本协定享有的权利时,也可以书面请求为其提供或向其告知此类特定的司法判决或行政裁定或双边协定的足够详细的资料。

4. 第 1 款、第 2 款和第 3 款中的任何规定均不得要求各成员披露会妨碍执法或违反公共利益或损害特定公营或私营企业合法商业利益的机密信息。

第 64 条 争端解决

1. 由《争端解决谅解》详述和应用的 1994 年 GATT 第 22 条和第 23 条的规定,应适用于本协定项下的磋商和争端解决,除非本协定另有特殊规定。

2. 自《WTO 协定》生效之日起 5 年内,1994 年 GATT 第 23 条第 1 款(b)项和(c)项不得适用于本协定项下的争端解决。

3. 在第 2 款规定的期限内,TRIPS 理事会应审查按照本协定提出的、属于 1994 年 GATT 第 23 条第 1 款(b)项和(c)项规定类型的起诉范围和方式,并提出交部长会议批准的建议。部长会议关于批准此类建议或延长第 2 款规定的期限的任何决定只能经协商一致作出,经批准的建议应对所有成员生效,无需进一步的正式接受程序。

第六部分
过渡性安排

第 65 条 过渡性安排

1. 在遵守第 2 款、第 3 款和第 4 款规定的前提下,任何成员在《WTO 协定》生效之日起 1 年的一般期限届满前无义务适用本协定的规定。

2. 发展中国家成员有权将第 1 款规定的实施本协定规定的日期再推迟 4 年,但第 3 条、第 4 条和第 5 条的规定除外。

3. 正处在从中央计划经济向市场和自由企业经济转型过程中的任何其他成员,及正在进行知识产权制度结构改革且在制订和实施知识产权法律和法规方面面临特殊困难的成员,也可享受第 2 款规定的延迟期。

4. 如果发展中国家成员按本协定有义务将产品专利的保护扩大到第 2 款规定的、对其适用本协定的一般日期之前其领土内尚未保护的技术领域,则该成员在此类技术领域适用本协定第二部分第 5 节有关产品专利规定的期限可再推迟 5 年。

5. 依第 1 款、第 2 款、第 3 款或第 4 款规定享受过渡期的成员,应确保在过渡期内其法律、法规和实践的任何变化,均不得导致降低其与本协定规定相一致的程度。

第 66 条 最不发达国家成员

1. 鉴于最不发达国家成员的特殊需要和要求,其经济、财政和管理的局限性,以及其为创造可行的技术基础所需的灵活性,不得要求此类成员在第 65 条第 1 款规定的适用日期起 10 年内适用本协定除第 3 条、第 4 条和第 5 条之外的规定。TRIPS 理事会应依最不发达国家成员提出的正当请求,延长该期限。

2. 发达国家成员应鼓励其领土内的企业和组织,促进和激励向最不发达国家成员转让技术,以使这些成员创造一个良好而可行的技术基础。

第 67 条 技术合作

为了促进本协定的实施,发达国家成员应根据发展中国家成员和最不发达国家成员的请求,并按双方同意的条款和条件,提供有利于发展中国家成员和最不发达国家成员的技术和资金合作。此种合作应包括协助制定有关知识产权保护和实施以及防止其滥用的法律和法规,还应包括支持建立和加强与这些事项有关的国内机关和机构,包括人员培训。

第七部分
机构安排:最后条款

第 68 条　与贸易有关的知识产权理事会

TRIPS 理事会应监督本协定的实施,特别是监督各成员遵守本协定规定的义务,并为各成员就与贸易有关的知识产权事项进行磋商提供机会。理事会应履行各成员所指定的其他职责,特别是在争端解决程序方面,提供各成员要求的任何方面帮助。在履行其职能时,TRIPS 理事会可向其认为适当的任何方面进行咨询和收集信息。经与 WIPO 磋商,理事会应在其第一次会议之后 1 年内,寻求达成与该组织各机构进行合作的适当安排。

第 69 条　国际合作

各成员同意相互合作,消除侵犯知识产权的国际货物贸易。为此,它们应在其主管机关内设立联络点且就此作出通知,并交流侵权货物贸易的信息。特别是它们应就假冒商标货物和盗版货物的贸易,促进海关之间的信息交流和合作。

第 70 条　现有客体的保护

1. 对于本协定适用于所涉成员之日前发生的行为,本协定不产生义务。

2. 除非本协定另有规定,否则,本协定对本协定适用于所涉成员之日已存在的、在上述日期在该成员受保护的,或者符合或随后符合本协定规定的保护标准的所有客体产生义务。就本款和第 3 款、第 4 款而言,现有作品的版权义务只能根据《伯尔尼公约(1971)》第 18 条确定,录音制品制作者和表演者对现有录音制品享有权利的义务只能根据《伯尔尼公约(1971)》第 18 条和本协定第 14 条第 6 款确定。

3. 对于在本协定适用于所涉成员之日已进入公共领域的客体,该成员没有义务恢复对它的保护。

4. 对于有关包含受保护客体的特定对象的任何行为,如果按照与本协定相符的立法条款构成侵权行为,且在该成员接受本协定之前已经或已经为此进行大量投资,那么,对于在本协定适用于该成员之后继续实施的此类行为,任何成员可以限制权利持有人可获得的救济。但是,在此种情况下,该成员应当至少给予公平补偿。

5. 对于在其适用本协定之日前购买的原版或者复制品,成员无义务适用第 11 条和第 4 款的规定。

6. 对于未经权利持有人授权、但在本协定公布之日前政府已授权的使用,各成员不需适用第 31 条的规定或第 27 条第 1 款关于专利权的享有不应因技术领域的不同而受到歧视的要求。

7. 在以注册作为知识产权保护条件的情况下,应允许对本协定适用于所涉成员之日前未决的保护申请进行修改,以便申请人根据本协定的规定,提出强化保护的要求。此类修改不应包括新的事项。

8. 如果截至《WTO 协定》之日,成员尚未按照第 27 条规定的义务对药品和农用化学品提供专利保护,那么该成员应当:

(1) 虽然有第六部分的规定,自《WTO 协定》生效之日起提供据以提出此类发明专利申请的方法;

（2）自本协定适用之日起，这些申请适用本协定规定的专利授予标准，如同这些标准在申请之日已在该成员中适用，或如果存在并主张优先权，则适用优先的申请日期；以及

（3）自授予专利时起和在依照本协定第33条提出申请之日起计算的剩余专利期限内，按照本协定对这些符合第（2）项规定的保护标准的申请提供专利保护。

9. 如果按照第8款（1）项一种产品在一成员中属于专利申请的客体，则虽然有第六部分的规定，只要在《WTO协定》生效之后，已在另一成员中提出专利申请、该产品已获得专利，以及在该另一成员中已获得销售许可。仍应授予专有销售权，其期限或为在该成员中获得销售许可后5年，或至该产品专利在该成员中被授予或被拒绝时为止，以时间短者为准。

第71条　审议和修正

1. TRIPS理事会应在第65条第2款规定的过渡期届满后，审议本协定的实施情况。理事会应注意实施过程中获得的经验，在该日期后2年内进行审议，此后依此类推。理事会还可根据任何可能导致本协定改变或修正的新发展进行审议。

2. 旨在提高在其他多边协定中已达成和实施的、并由WTO所有成员依这些协定接受的知识产权保护水平的修正，在理事会协经协商一致所提建议的基础上，可依照《WTO协定》第10条第6款提交部长会议采取行动。

第72条　保留

未经其他成员同意，不得对本协定的任何规定提出保留。

第73条　安全例外

本协定的任何规定不得解释为：

1. 要求成员提供其认为如披露则会违反其安全利益的任何信息；或

2. 阻止成员采取其认为对保护其基本安全利益所必需的下列任何行动：

（1）与可裂变物质或衍生这些物质的物质有关的行动；

（2）与武器、弹药和战争工具的贸易有关的行动，及与此类贸易运输直接或间接供应军事机关的其他货物或物资有关的行动；

（3）在战时或在国际关系的其他紧急情况下采取的行动；或

3. 阻止成员为履行《联合国宪章》规定的维持国际和平与安全的义务而采取的任何行动。

（古祖雪译。英文本来自：http://www.wto.org/english/docs_e/legal_e/legal_e.htm. 本译本是译者在借鉴学习郑成思先生、孔祥俊先生，以及对外贸易经济合作部国际经贸关系司等译本的基础上，根据英文原文并结合自己的研究和体会翻译而成的，特此说明。）

第四编
国际投资法

跨国公司行动守则(草案)(1982)
Draft Codes of Conduct for Multinational Enterprises, 1982

(联合国经社理事会跨国公司委员会于1982年完成草拟工作,1993年随跨国公司中心的解散而被放弃)

序言与目标[①][②]
有关定义与适用范围

1. (a)[本守则所使用的“跨国公司”一词,系指一种企业,构成这种企业的实体分布于两个或两个以上的国家,而不论其法律形式和活动范围如何。各个实体通过一个或数个决策中心,在一个决策系统的统辖之下开展经营活动,彼此有着共同的战略并执行一致的政策。由于所有权关系或其他因素,各个实体相互联系,其中的一个或数个实体,对其他实体的活动能施加相当大的影响,甚至还能分享其他实体的知识、资源,并为它们分担责任。]

[本守则所使用的“跨国公司”一词,系指一种企业,它可以是公营企业、也可以是私营的或公私合营的企业。构成这种企业的实体分布于两个或两个以上的国家,不论其法律形式和活动范围如何。各个实体通过一个或数个决策中心,在一个决策系统的统辖之下开展经营活动,彼此有着共同的战略并执行一致的政策。由于所有权关系或其他因素,各个实体相互联系,其中的一个或数个实体,对其他实体的活动能施加相当大的影响,甚至还能分享其他实体的知识、资源,并为它们分担责任。]

(b)守则中的“实体”一词,除非本守则另有规定,则兼指母公司及母公司以外的其他实体。母公司是其他实体所受到的影响的主要根源。

(c)守则中的“跨国公司”一词指企业整体及构成这类企业的各个实体。

(d)“母国”一词系指母公司所在的国家。“东道国”一词系指母公司以外的其他实体所在的国家。

(e)“跨国公司营业地所在国”一词系指跨国公司的实体开展营业活动的母国或东

---

① 标题及其内容尚未最后确定。

② 本守则的序言与目标部分的草案尚未拟出。而在讨论本守则的其他部分时拟出了下列草案条文,并决议将其载入守则导言中的某一部分:

“为实现本守则的目标,国际劳工局理事会通过的《关于跨国企业及社会政策的三方宣言》所确定的原则应适用于员工的雇佣、培训、工作与生活条件的改善,以及调整劳资关系等方面的问题。”(本条规定将载入守则的确切位置尚未决定。)

道国。

2. [本守则可适用于所有国家,并以此为目的,对所有国家开放,以便各国采用。]

[本守则可适用于跨国公司(定义见1条a款)的母国及东道国。][本守则对所有跨国公司营业地所在国开放以便各国采用]并以此为目的,对所有国家(不论其政治经济制度及发展水平如何)开放以便各国采用。

[本守则适用于所有国家而不问其政治经济制度及发展水平如何。]

3. [本守则适用于1条(a)款所指的一切企业。][本条宜载入1条(a)款。]

4. 本守则对跨国公司所作的规定反映了所有企业所应遵循的良好做法。这些规定无意造成跨国公司与本国企业行为的差异。凡与两者有关的规定,跨国公司和国内企业在经营活动中都应遵照执行。

[删去。]①

5. [本守则涉及国家、政府、包括区域性国家集团的内容中,凡可能影响国家、政府、区域性国家集团管辖权的有关规定,应尊重她们的管辖权能。]

[删去。]

跨国公司的活动

A. 一般性与政治性的规定

尊重国家主权、遵守国家法律、条例及有关行政管理制度。

6. 跨国公司应/须尊重其营业地所在国的国家主权、以及每个国家[根据国际法][根据有关国家达成的双边协定或多边协定]对本国领土之内的自然资源[财富及经济活动]行使(充分永久主权)的权利。

7. [跨国公司][跨国公司的实体][须/应遵守][受制于]其营业地所在国的法律、条例[管辖权]及[行政管理制度][明确宣布的行政管理制度]。[跨国公司的实体务须接受其营业地所在国根据法律规定而实行的管辖。]

8. 跨国公司应/须尊重每个国家对本国境内的跨国公司实体的活动实行管制和监督的权利。

尊重经济目标和发展目标、政策与重点

9. 跨国公司须/应根据其营业地所在国政府制订的发展目标、政策与重点来开展活动,努力为其营业地所在国在全国范围内实现其经济目标;或根据区域性规划的需要,为在整个区域范围内实现其经济目标而作出积极的贡献。为协助营业地所在国推动发展进程,跨国公司须/应同这些国家的政府进行合作,并须/应就营业地所在国有关发展问题提供咨询,从而与营业地所在国建立互助互利关系。

10. 跨国公司须/应根据其营业地所在国所缔结的政府间合作协议的有关规定来开展自己的活动。

---

① 实际上,这一规定超出了行动守则政府间工作小组的权限。

合同的复审及重新谈判

11. 政府与跨国公司签订的合同,应通过谈判签订并诚意履行。这类合同,特别是长期合同,通常应含有复审条款或重新谈判的条款。

如合同中没有这类条款,并且合同或协定所赖以存续的情势已发生根本变化,由跨国公司须/应同有关国家的政府诚意合作,对这类合同或协议进行复审或重新进行谈判。

对这类合同或协定的复审或重新谈判,须/应按[东道国的法律][有关国家法律及国际法原则]进行。

尊重社会——文化目标及其价值

12. 跨国公司应/须尊重其营业地所在国的社会及文化目标、价值与传统。由于经济上及技术上的发展通常伴随着社会变革,所以跨国公司的活动、制造的产品或提供的服务,应/须避免给所在国政府认定的该国文化形态和社会文化目标造成不利影响。为此,若有关国家政府要求就这一方面的问题进行磋商,跨国公司应/须出积极的反应。

尊重人权和基本自由

13. 跨国公司应/须尊重其营业地所在国国民的人权及基本自由。在处理其社会及劳工关系时,不应/得对人种、肤色、性别、宗教信仰、语言、社会阶层、民族和种族血统、政治或其他见解等加以歧视。跨国公司应/须执行所在国政府为争取机会与待遇平等而制订的政策。

跨国公司不与南非的种族隔离政权同流合污

14. 为了同国际社会共同努力,敦促南非消除种族隔离并结束对纳米比亚的非法占领,

[(a) 跨国公司必须逐步减少它在南非的业务活动,不再扩大那里的投资,并立即停止在纳米比亚的一切业务活动;

(b) 跨国公司必须严禁同种族隔离政权的直接或间接的合作,尤应禁止与它们在南非的种族歧视政策及对纳米比亚的非法占领同流合污,以确保联合国关于这两个国家的决议得以顺利执行。]

跨国公司在南非的营业活动

(a) 应尊重根据"安理会关于南非问题的决议"而制订的国家法律及有关条例;

(b) 为帮助消除种族隔离制度之下的种族歧视行径,跨国公司应在其业务活动的范围内,采取适当的行动。]

不干涉国内政治事务

15. 跨国公司不应/得[非法地]干预营业地所在国的国内[政治]事务。[跨国公司应禁止采用[旨在]削弱其营业所在国政治社会制度的颠覆活动和其他的(不正当)活动。]

16. 跨国公司不应/得从事其营业地所在国的法律、政策及行政管理制度所禁止的带有政治性质的活动。

不干涉政府间关系

17. 跨国公司不应/得干涉[有关]政府间关系[的任何关系]。[这些事务纯粹是政府自己的事务。]

18. 跨国公司不得/应请求政府为了公司的利益而采取第 65 条第 2 句所指出的那些行动。

19. 跨国公司应/须尊重"用尽当地救济"的原则,不请求政府为了公司的利益而作出任何不符合第 65 条规定的行为。

避免贿赂行为

20. [跨国公司在其交易活动中应/须禁止向政府官员提出,允诺或给予任何款项、礼品或其他好处,以期促成或制止政府官员对这些交易的有关事宜履行其职责。

跨国公司必须保存其为了交易的目的而向政府官员或其他中介人支付款项的完整记录。当其营业地所在国主管机关要求查阅有关支付款项的凭据,以便对收受款项事宜进行调查或起诉时,跨国公司必须提供付款的记录。]

为实现本公约的目标,对避免贿赂行为的问题,应适用《关于非正当付款的国际协定》中所确立的原则。]①

B. 经济、金融及社会活动

所有权及其控制

21. 跨国公司应/须尽最大努力使各个企业享有决策权,以便它们能对其营业地所在国的经济发展和社会进步作出贡献。

22. 跨国公司的每一实体在其营业地所在国法律、政策及有关条例许可的范围内,应/须根据各自实际分担的责任,并按21条的规定,与其他实体合作,以便使每个实体都能够切实达到其营业地所在国法律、政策及有关条例规定的要求。

23. 跨国公司须/应同其营业地所在国的政府及国民合作,实现所在国的本地股权参与的目标,并使本地当事人按股权分享、或按本国法律和非股权安排的合同条款所取得的控制权能得到有效实施。

24. 跨国公司应/须根据其营业地所在国的政策来执行自己的人事制度,在企业的各个管理层次及公司活动的各个方面优先雇佣或晋升其营业地所在国[胜任工作的]国民,使他们能更多地参与决策进程。

25. 跨国公司应/须对其营业地所在国国民进行管理上和技术上的培训,并协助他们进入各个经济实体及整个企业的各级管理层次中就业。

国际收支与金融活动②

26. 跨国公司从事营业活动时,应/须遵守法律及有关条例,并充分尊重其营业地所在国,特别是发展中国家为解决国际收支和金融交易以及本标题项下的其他问题所制订的政策目标。

27. 跨国公司应/须明确答复其营业地所在国政府就公司的活动情况所提出的问题,以便帮助这些国家缓解国际收支及金融方面的压力。

28. [按政府有关条例的规定并出于推动政府政策的需要。]跨国公司应/须[在符合其营业目的、性质及范围的条件下],帮助营业地所在国推动出口[和进口]的多样化,并增加对当地货物、劳务和其他资源的利用。

29. 跨国公司因减少投资或汇回利润而汇出资金时,如转移的资金的数额和时间安排将给营业地所在国的国际收支带来严重困难,则跨国公司应/须尽量满足其营业地所在国政府,

---

① 将正式收入本守则的有关部分。

② 部分代表在"尚待进一步审议"的前提下,有条件地接受了守则的"国际收支与金融活动"这一部分的第26条、第30条、第31条和第32条的条文规定。

特别是发展中国家的政府提出的在一定期限内延缓汇回资金的要求。

30. 跨国公司应/须遵照营业地所在国所通行的金融活动惯例,不从事短期金融业务,转移、延迟或预付外汇等活动,包括公司内部的外汇支付,以免因从事此类活动而在一定程度上加剧有关国家的货币波动,从而给这些国家的国际收支造成严重的困难。

31. 跨国公司不应/得违反营业地所在国通常采用的商业习惯,强制其下属企业转移货物、劳务和资金,从而给营业地所在国的国际收支造成严重困难。

32. 当跨国公司需要求助于营业地所在国货币、资金市场时,不应/得违反营业地所在国通常采用的金融惯例办事,从事严重干扰当地金融市场的活动,尤其不得以限制其他企业获得资金为手段来干扰当地金融市场的正常经营。跨国公司为吸收更多的本地资本加入它在该国营业的企业,发行股票或在当地金融市场举借长期贷款等活动时,应/须在该国政府的要求下同政府共同商讨这类金融交易对当地货币金融市场造成的影响。

划拨价格

33. 跨国公司在其内部交易中,不应/得使用不以市场价格作为定价基础、或在没有市场价格可资参考的情况下不以公平原则为定价基础的划拨价格。这种价格策略可改变其下属企业据以计算税负的基准,或使其所属企业得以逃避其营业地所在国的外汇管制措施[或海关估价条例][这样的价格策略(违反了营业地所在国的法律和有关条例)对营业地所在国的经济和社会状况造成消极影响。]

税　负

34. 跨国公司不应/得违反营业地所在国的法律和有关条例,利用公司组织与经营方式,如违反公平原则的内部划拨价格或其他诸如此类的手段,来改变其所属企业据以计算税负的基准。

竞争与限制性商业行为

35. 为实现守则的目标,对限制性商业行为问题,应/须适用 1980 年 12 月 5 日联合国大会 35/63 号决议通过的《管制限制性商业行为的公平原则与规则的多边协议》的有关规定。①

技术转让

36. [跨国公司必须遵守营业地所在国关于技术转让的法律及有关条例的规定,并协助这些国家的主管部门评价国际技术转让对国内经济的影响,就各种技术选择相互磋商,以使技术引进有助于营业地所在国,特别是发展中国家,实现其经济发展与社会进步。

跨国公司在技术转让贸易中,包括公司内部的贸易,须避免作出影响国际技术流动,或阻碍有关国家,特别是发展中国家经济发展和技术进步的行为。

跨国公司必须根据发展中国家的科学技术政策及发展重点。帮助这些国家提高科技水平。跨国公司必须在发展中国家从事科学研究和技术开发活动,并在这个进程中充分利用当地的资源和人力。

为实现本守则的目标,在技术转让方面,须/应适用联合国大会 × 年 × 月 × 日以 × 号决议通过的《联合国国际技术转让行动守则》的有关规定。②

---

① 第 35 条的确切位置尚未作最后确定。

② 将正式收入本守则的有关部分。

消费者保护

37. 跨国公司的营业活动，特别是其生产活动和销售活动，须/应遵守营业地所在国为保护消费者而制订的法律、条例、行政管理制度及有关政策。跨国公司在其业务活动中还须/应对有关的国家标准给予应有的重视，以免影响消费者的健康或危及消费者的安全，并避免把可能有害于消费者的劣质产品引入各个市场。

38. 跨国公司在某个国家中生产或推销其产品和服务，或打算在某个国家中生产或推销其产品和服务，须/应按该国的要求，或按该国主管机关的规定，向有关主管部门提交下列资料：

所生产或推销的产品或服务所具有的可能危及消费者健康与安全的特性、包括其实验方法及其他有关问题；

别国以保障消费者健康与安全为理由，对这类产品或服务所采取的禁止、限制、警告、及其他公共管制措施的有关情况。

39. 跨国公司在其营业地所在国生产或推销制成品须/应外贴标签、登出能提供有关资料并能准确说明问题的广告，或采取其他的适当方法，向该国大众公开这种制成品的成份，它在已知范围内可能发生的有害的作用。制成品的包装应是安全的，对其成份的说明应准确无误。

40. 跨国公司须/应积极响应其营业地所在国政府的要求，并作好准备同有关国际组织合作，来发展与完善保护消费者健康与安全的国内标准及国际标准，并努力满足消费者的基本要求。

环境保护

41. 跨国公司开展其活动时，须/应遵照营业地所在国有关环境保护的法律、条例、行政管理制度、有关政策，并对有关环境保护的国际标准给予应有的重视。跨国公司须/应在其活动中采取保护环境的措施，对已遭受破坏的地方[应采取适当可行的办法修复之][应恢复其原状]。为达到这一目的，跨国公司应尽力发展和运用适当的环保技术。

42. 跨国公司向某一国家引入的，或准备引入的产品，生产方法及服务项目，须/应按该国主管机关的要求，或按照其指定的正常的办法，向该主管机关提交下列有关资料：

这些产品的特性、生产流程、与生产有关的活动，包括实验及与之相关的其他活动，有哪些因素可能对环境起破坏作用。为了避免或减轻这些危害，应采取哪些必需的措施，需付出多少费用。

其他国家以保护环境为理由而对这些产品、生产方法及服务项目的引入所采取的禁止、限制、警告或其他公共管制措施的情况。

43. 跨国公司须/应应营业地所在国政府的请求，准备在适当的情况下配合有关国际组织努力发展与完善保护环境的国家标准及国际标准。

C. 资料公开

44. 跨国公司应通过适当的传播途径，就整个公司的组织、政策、公司活动及营业情况，向其营业地所在国的大众披露清楚的、全面的、可能理解的资料。所公开的资料中既有非财务方面的内容，也包括了财务方面的内容，这些资料应逐年公布。通常在公司财政年度结束之后六个月之内，至迟不超过十二个月，应将资料整理完毕。此外，跨国公司上半年财务情况小结应在当年完成。

跨国公司逐年公布的财务资料应包括各类相应的报表，尤其是下列内容应一并汇总公布：

(a) 财务平衡表；

(b) 收益报表，包括营业实绩和销售实绩；

(c) 净利润或净收益的分配表；

(d) 资金的来源与使用情况；

(e) 新开办的长期资本投资的重大项目；

(f) 科研费用与开发费用。

本条第一段中提及的非财务方面的内容，应包括以下各项：

(a) 跨国公司的组织情况，母公司的名称及所在地，组成公司的主要企业，它在这些企业中直接或间接占有的股份的比例，包括所持有的这些企业的股票在内；

(b) 各个子公司的主要活动情况；

(c) 雇佣员工的情况，包括平均雇佣人数；

(d) 指导编制及汇总公开资料的会计政策；

(e) 关于公司内部划拨价方面的政策。

上述有关资料在整体上应尽可能按下列要求分类处理：

应就跨国公司主要企业的活动情况、公司的销售活动、经营效益、重大的投资新项目，及公司雇佣员工人数等几个方面的内容，按地区或按国别进行分类处理；

至于销售活动及重大的投资新项目的情形则按主要的行业进行分类。

上述资料的内容细节，以及对这些资料进行归类处理所依据的方法，应/须取决于跨国公司的营业活动的性质、营业活动的规模，以及各项营业活动相互间的关系等因素，并顾及跨国公司营业活动对有关国家或地区所具有的意义。

确定所提供资料的范围、细节及提供资料的频繁程度时，应考虑到跨国公司的性质、规模、有关资料的保密规定，编制资料所需费用，以及资料公开将对跨国公司的竞争地位所造成的影响。

跨国公司提交的上述资料，并不包括按营业地所在国法律、条例及行政管理制度规定所应提交的其他资料。

45. 跨国公司应/须按其营业地所在国主管机关的请求、或按其指定的通常办法，遵照该国法律的规定，向主管机关提交有关资料。所有这些资料是各个所在国针对境内跨国公司企业的活动及其奉行的策略而采取相应的立法和管理措施所需要的。

跨国公司应/须在有关国家的法律、条例、行政管理制度和政策许可的范围内，向其营业地所在国主管部门提交别国所掌握的，与所在国企业的活动有关的资料，以便所在国对有关跨国公司的整个情况能有真实的、公平的看法。

按本条规定，提交资料时应适用第51条中有关保守秘密的规定。

46. 跨国公司须/应按“国际劳工组织关于跨国企业和社会政策的三方声明”的有关规定，并遵守其营业地所在国有关劳资关系的法律、条例及惯例，通过适当的方法，向存在于各个营业地所在国的子公司中的工会或其他雇员组织提交本守则提到的有关跨国公司活动的资料，使他们对当地跨国公司企业的经营情况，必要时还须使他们对整个跨国公司的经营情况有全面、真实的了解。

这类资料应/须包括其营业地所在国法律和惯例规定必须提交的资料，特别是跨国公司的经营前景及对雇员具有重大经济与社会意义的发展计划。

跨国公司的企业应/须与企业中的工会或其他员工组织，依照所在国的法律及习惯做法达成协议，制订就劳资双方共同关心的问题进行磋商的程序。

按本条规定编制的资料必须有适当的保密措施，以免泄密而损害各方利益。

跨国公司的待遇

A．跨国公司在营业地所在国的一般待遇

47. 各国有权管制跨国公司进入本国活动，包括管制在本国国内建立机构、确定跨国公司在本国经济建设和社会发展中所起的作用，并有权禁止它参与某些特定部门的活动或限制其活动范围。

48. [根据][遵照]跨国公司营业地所在国的法律、条例和行政管理制度、[所在国政府自愿承担的政府间责任][依照国际义务][依照国际法]跨国公司应享有[公正的]平等的[以及毫无歧视的]待遇。

49. 根据[国家的宪政制度和][保护国家基本的/经济的利益、]维护公共程序、保护国家安全的需要，[并尊重国家、尤其是发展中国家之间签订的协议的有关规定]跨国公司应享有其他营业地所在国给予的[适当的待遇][当它们与所在国本国企业的营业环境相似或相同时][当它们与所在国企业处境相似时]跨国公司企业所享受的待遇[应不低于][应相同于]其所在国本国企业依据国家法律、条例及行政管理制度所享受的优惠制度、津贴或特许权。][为促进本国自力更生的发展能力，或为了保护重大的经济利益，本国企业所享有的优惠待遇或特许权无需让跨国公司分享。]①

50. 确保国家政策、法律、条例及行政管理制度的明确与稳定，其重要性是无可争议的。制约跨国公司的有关法律、条例及其他措施应能公开地、方便地加以引用。对这些法律、条约及其他措施进行修改时应适当尊重包括跨国公司在内的各方当事人的合法权利和利益。]

[删去]

51. 跨国公司向各营业地所在国政府提交[含有合法商业机密][含有机密商业情报]的资料应受合理的保护，对于该资料所适用的领域应格外严守秘密。

52. 为实现第25条规定的目标，跨国公司应对其营业地所在国国民进行管理和技术上的培训，雇用当地国民，在不违反有关国家法律、条例的前提下，应为跨国公司内部各企业之间的人员流动提供方便。

[删去]

53. 在不违反本守则“国际收支与金融活动”的有关规定（特别是第29条）的情况下，应允许跨国公司自由地、不受管制地实现资金转移，包括转移所有因投资而发生的资金，诸如投资收益的汇出、投资终止时的资本汇出，以及因许可证和技术援助所收取的费用和其他特许使用费的汇出。

[删去]

---

① 有些代表反对将此列为备选案文。

B. 国有化与赔偿

54. [一个国家行使权力,对在其境内营业的跨国公司的全部或部分资产采取国有化或征用措施时,采取这些措施的国家应根据本国的法律、条例,并全面考虑所有该国认为有关的情况,对有关资产作出适当的赔偿。当因赔偿或是否已发生了国有化等问题引起争议时,必须由采取国有化或征用措施的国家的法院按本国法律来解决这些争端。]

[各国在行使主权时,有权对外国人在本国境内的财产实行国有化或采取征用措施。但是各国不论直接或间接地对外国人财产作出这种处置时,按照国际法,必须是出于公共目的,必须是非歧视的,并须遵照适当的法律程序,并且不得违反合同或其他协议的具体责任;对外国人的财产实行国有化或采取征用措施时,应给予即时、充分、有效的赔偿。赔偿额应相当于所处置的外国人财产的全部价值。对其估价应以公正的市场价格为基准,并包括继续营业价值,或者按照其他适当的,国际上采用的方法作出估价,但不考虑因征用措施对价值所造成的影响或预期的价值。对外国人财产作出的这种赔偿应可自由兑换与转移,并且不受制于任何支付、收益或资本转移的限制。]

[国家在行使主权时,对跨国公司在本国境内拥有的全部或部分的资产,有权实行国有化或采取征用措施,并由采取这些措施的国家根据其本国法律、条例及所有该国认为有关的情况,对跨国公司作出适当的赔偿。各国必须履行其自愿承担的有关国际义务。]

[国家有权根据本国法律、条例及其承担的国际义务,在作出赔偿的情况下,对跨国公司在其境内拥有的资产实行国有化或采取征用措施。]

C. 管 辖 权

55. [跨国公司的企业应接受营业地所在国的管辖。]

[在某一国家中从事经营活动的跨国公司的企业,(其经营活动)应受该国管辖。]

[删去]

56. [一个国家与在其境内营业的跨国公司的企业之间发生的纠纷,受该国法院或其他主管机关管辖,但双方当事人通过友好协商获得解决者不在此限。]

[一个国家与跨国公司的企业发生纠纷,无法通过双方的友好协商来解决,或无法按双方事先约定的程序处理纠纷时,应提交有关法院或其他主管部门裁决,或采用双方认可的其他方法,如提交仲裁,予以解决。]

[国家与跨国公司的企业发生的纠纷,无法通过双方的友好协商来解决,须/应按第 7 条规定所确定的原则,提交法院或其他主管部门裁决。若各方当事人同意,这类纠纷也可按双方认可的解决办法来处理。]

57. [若合同当事人之中至少有一方为跨国公司的企业,则各方当事人应可自由选择适用的法律,以及包括仲裁在内的处理方式来解决双方的纠纷,不言而喻,这种自由选择的效力,应当受到有关国家法制的限制。]

[删去]

58. [国家应采取温和与克制的做法,以避免][竭力避免][不正当地]侵犯[纯属别国所有的管辖权或[更适合别国实施的管辖权。]若对跨国公司或其企业行使管辖权的国家不止一个,就可能导致管辖权的冲突,有关国家应在[相互尊重对方利益][尊重主权平等原则,并且相互尊重对方利益]的基础上,尽量采用各方当事人可接受的原则与方法,来规避或解决双方或多方管辖权的冲突。]

[本条宜载入"政府间合作"那一部分。]

政府间合作

59. [众所周知][各国一致赞同]政府间合作是实现本守则目标的重要因素。

60. [为促使跨国公司为各国,特别为发展中国家实现发展经济的目标多作贡献,同时控制、消除跨国公司所造成的消极影响][①][各国同意]建立并加强国际上的政府间合作,并酌情建立和加强双边的或区域性的,或区域间的政府间合作。

61. 各国[赞同][应]就各自为执行本守则所采取的措施以及所取得的经验等问题交换资料。

62. [各国赞同][应]酌情开展双边或多边谈判,来磋商与本守则及其运用有关的事项,[特别就各国对跨国公司所作的法律规定的冲突,以及管辖权的冲突等问题进行磋商。][特别就跨国公司的母公司对在不同国家中营业的子公司所作的规定的冲突等问题进行磋商],并对那些为解决本守则有关争议而缔结的国际协定及有关安排进行讨论。

63. 各国[赞同][应]在谈判有关跨国公司问题的双边协定或多边协定时,考虑在其条文中应体现出本守则的目标。

64. 各国[同意不][不应]把跨国公司当作干涉别国内外事务的工具。[并同意在各自管辖权的范围内采取适当的措施,以防止跨国公司从事本守则第 15 条至第 17 条所指出的活动。]

65. 政府代表在他国营业的跨国公司所作的行为应/须遵守各所在国"用尽当地救济"的原则,而在与有关国家达成一致的情况下,则须遵守各方共同认可的处理国与国之间法律权益问题的有关规定。政府代表跨国公司作出的行为绝对不得违背联合国宪章及有关各国和平共处、相互合作的国际法原则声明。

行动守则的实施

A. 国家一级的行动

66. 为保障与促进本守则在国内的实施,各国尤须/应做好下列各项工作:

(a) 公布并传播本守则的内容;

(b) 在本国境内遵照执行守则的规定;

(c) 就本国采取了哪些国家一级的行动使守则得以实施,并就实施过程中所取得的经验,向联合国跨国公司委员会提交报告;

(d) 采取行动以体现对守则的支持,并在介绍、实施与修订涉及本守则有关事宜的法律、条例及行政管理制度的时候,应考虑在条文中体现守则的目标。

B. 国际体制机构

67. 联合国跨国公司委员会将作为国际体制中的一个机构承担实施本守则的职能。作

---

① 如在序言与目标这一部分中列入这一原则,本备选条文可删去。

为这样的职能机构,该委员会将对所有接受本守则的国家开放,以便他们加入。[为了更有效地发挥作用,该委员会可下设分支机构并制订它认为必要的具体程序。]联合国跨国公司中心将作为该委员会的秘书处。

68. 该委员会将成为联合国组织中处理与本守则有关事项的核心机构。为协调与本守则有关的各项工作,委员会将同处理与本守则有关事项及负责本守则实施工作的其他联合国组织及联合国指定的办事机构建立并保持密切的联系。当出现守则中特别提到的,由联合国其他会议议定的国际协定管辖的事项时,应由该委员会将其移交这些国际协定的主管机构去处理。

69. 联合国跨国公司委员会具有如下职能:

(a) 在其年会上讨论与本守则有关的问题。如参与协商有关本守则的某些具体问题的各国政府一致赞同,则该委员会将在可能的范围内促进政府间协商。[工会代表、企业代表、消费者代表和其他有关团体的代表均可通过设在该委员会内的非政府组织,对与本守则有关事项发表各自的观点。]

(b) 对本守则的执行情况定期进行评估。评估工作以各国政府提交的报告为基础,并酌情参考负责守则实施工作的联合国组织和联合国指定的办事机构以及委员会的非政府组织所提交的文件。自本守则通过之日起,两年之后,三年之内,将对守则的执行情况进行首次评估。首次评估完成之后,相隔两年再进行第二次评估。该委员会将决定往后的评估是否仍然以两年为一个周期。评估工作的形式亦由委员会作出决定。

[(c) 当守则的适用性及其含义已成为政府间磋商的议题时,委员会[在有关国家政府的请求下]应根据当时的形势对守则的有关规定作出解释。委员会在解释时不应对所涉及的当事人的行为作出结论。委员会的解释仅适用当时形势中出现的问题。有关的具体程序将由委员会决定。]

[删去]

(d) 委员会就守则的实施所进行的活动[通过经济社会理事会]向联合国大会提交年度报告。

(e) 在有关国家政府的请求下,促进各国就围绕跨国公司所发生的某些具体问题,达成政府间协议或作出安排。

70. 联合国跨国公司中心必须对本守则的实施提供协助,特别是资料的搜集、分析和传播,并按委员会的要求和规定进行调查与研究。

C. 守则的审查程序

71. 跨国公司委员会应[通过经济社会理事会]向联合国大会提出审查守则的建议。第一次审查工作应在本守则通过后六年内进行。联合国大会将酌情制定审查的形式。①

(资料来源:陈安、刘智中编选:《国际经济法资料选编》,法律出版社 1991 年版,第 665—683 页。)

---

① 本条规定将在守则的通过、法律性质及其他有关问题决定之后,再作进一步讨论。

建立多边投资担保机构公约(1985)
Convention Establishing the Multilateral Investment Guarantee Agency, 1985

(1985年10月世界银行年会通过,同年10月11日于华盛顿开放签署,1988年4月12日生效。我国于1988年4月30日交存核准书,同日对我国生效。)

引 文

本公约签字国,

考虑到有必要加强国际合作以推动经济发展,并且促进一般的外国投资、特别是外国私人投资对上述发展作出贡献;

认识到通过消除与非商业性风险有关的忧虑,可促进并进一步鼓励外国投资流向发展中国家;

希望在以公正和稳定的标准对待外国投资的基础上,在其条件与发展中国家的发展需要、政策和目标相一致的情况下,促进以生产为目的的资金和技术流向发展中国家;

确信多边投资担保机构在鼓励外国投资、补充国家性和区域性的投资担保计划、以及非商业性风险的私人担保方面,能够发挥重要作用;并且

意识到该机构应尽可能在不动用其催缴资本的情况下,偿付其债务,而通过不断改善投资条件,可达到这一目标,

同意如下:

第一章　机构的建立、地位、宗旨和定义

第一条　机构的建立和地位

(a) 兹建立多边投资担保机构(以下简称机构)。

(b) 机构应有完全的法人地位,特别是有权:

(i) 签订合同;

(ii) 取得并处理不动产和动产;并且

(iii) 进行法律诉讼。

第二条　目标和宗旨

机构的目标应该是鼓励在其会员国之间、尤其是向发展中国家会员国融通生产性投资,

以补充国际复兴开发银行(以下简称银行)、国际金融公司和其他国际开发金融机构的活动。

为达到这些目标,机构应:

(a)在一会员国从其他会员国取得投资时,对投资的非商业性风险予以担保,包括共保和分保;

(b)开展合适的辅助性活动,以促进向发展中国家会员国和在发展中国家会员国间的投资流动;并且

(c)为推进其目标,使用必要和适宜的附带权力。

机构的所有决定均应以本公约的条款为指导。

第三条　定义

就本公约而言:

(a)"会员国"指本公约按第六十一条对之生效的国家。

(b)"东道国"或"东道国政府",指会员国,其政府,或会员国的任何政府机构在其按第六十六条规定的领土内将要作的投资,机构已予以担保或分保,或已考虑予以担保或分保。

(c)"发展中国家会员国"指本公约附录 A 中所列会员国,该附录可不时由第三十条中提到的理事会予以修改。

(d)"特别多数票"指代表机构认缴股份 55% 以上,不少于总投票权 2/3 的赞成票。

(e)"可自由使用货币"指:(i)国际货币基金组织不时指定可自由使用的任何货币;(ii)第三十条中提到的董事会经与国际货币基金组织协商,并取得有关国家同意,为本公约所需而指定的任何其他可自由获取并可有效使用的货币。

第二章　会员国资格和资本

第四条　会员国资格

(a)机构会员国资格应向银行所有成员国和瑞士开放。

(b)创始会员国应为本公约附录 A 中所列国家,并在 1987 年 10 月 30 日或在此之前加入本公约者。

第五条　资本

(a)机构法定资本为 10 亿特别提款权(SDR)。资本分为 10 万股,每股票面价值一万特别提款权,供会员国认购。会员国所有的有关股本的缴付义务应按 1981 年 1 月 1 日至 1985 年 6 月 30 日期间以美元标价值的特别提款权的平均价值结算,该价值为每一特别提款权等于 1.082 美元。

(b)在接受一新会员国时,如法定股份不够供该会员国按第 6 条认股,则应增加资本。

(c)理事会经特别多数票通过,可在任何时候增加机构的资本。

第六条　认缴股份

机构的每一创始会员国,须按票面价值和载明于本公约附录 A 中该会员国名下的股份数额认股,其他会员国将按理事会决定的资本股份数额及条件认股,但在任何情况下均不得按低于票面的发行价格认购。会员国的认缴不得低于 50 股。机构可制定规则,使会员国得以增加法定股本的认购份额。

第七条 认缴股份的区分和催缴

每一会员国首期认缴股份应按下列条件缴付：

(i) 自本公约对该会员国生效之日起90天内，每股股金的10%须按第八条(a)款中的规定缴付现金，另有10%为不可转让的无息本票或类似的债券，在机构需清偿其债务时，根据董事会的决定予以兑现；

(ii) 余下部分由机构在其需清偿其债务时催缴。

第八条 认缴股份的支付

(a) 认缴股份须用可自由使用货币支付，发展中国家会员国在按第七条(i)项应缴股金的现金部分中，25%可用本国货币支付。

(b) 未缴股份任何部分的催缴对所有股份应同等对待。

(c) 机构为偿付债务而需要催缴，而催缴所得金额不足以偿付其债务时，机构可对未缴股份连续催缴，直至所得总数足以偿付其债务。

(d) 股份承担的责任以股份发行价格的未缴部分为限。

第九条 货币的价值

为本公约所需而必须确定一种货币以另一种货币表示的价值时，本机构将在与国际货币基金组织协商之后，合理地确定该价值。

第十条 退款

(a) 本机构将于一旦可行时，在下列情况下将催缴股份的已缴数额退还会员国：

(i) 该催缴应是用于偿付因担保或分保合同而产生的索赔，嗣后，机构已用可自由使用货币全部或部分地补偿了这笔支付，或

(ii) 该催缴应是由于会员国在缴付中不履行义务所致，嗣后，该会员国又纠正了其全部或部分的违约；或

(iii) 理事会经特别多数票确定，机构的财务状况允许用其收入来退还会员国该金额的全部或一部分。

(b) 按本条向一会员国所作的任何退款应以可自由使用货币支付，并应按此类退款前催缴实付总额与该会员国缴付数额之间的比例支付。

(c) 按本款向一会员国退款的等量数额，应成为第七条(ii)项下该会员国催缴资本义务中的一部分。

第三章 机构的业务

第十一条 承保险别

(a) 本机构在不违反下列(b)和(c)款的规定时，可为合格的投资就来自以下一种或几种风险而产生的损失作担保：

(i) 货币汇兑

由于东道国政府的责任而采取的任何措施，限制将其货币转换成可自由使用货币或担保权人可接受的另一货币，并兑出东道国境外，包括东道国政府未能在合理的时间内对该担保权人提出的此类汇兑申请作出行动；

(ii) 征收和类似的措施

由于东道国政府的责任而采取的任何立法或行政措施,或懈怠行为,其作用为剥夺担保权人对其投资的所有权或控制权,或剥夺其投资中产生的大量效益。政府为管理其境内的经济活动而通常采取的普遍适用的非歧视性措施不在此列;

(iii) 违约

东道国政府对担保权人的毁约或违约,并且(a) 担保权人无法求助于司法或仲裁部门对毁约或违约的索赔作出裁决,或(b) 该司法或仲裁部门未能在根据机构的条例在担保合同上规定的合理期限内作出裁决,或(c) 有这样的裁决而不能实施;以及

(iv) 战争和内乱

依照第六十六条本公约适用的东道国境内任何地区的任何军事行动或内乱。

(b) 应投资者与东道国联合申请,董事会经特别多数票通过,可将本公约的担保范围扩大到上述(a)款中提及的风险以外的其他特定的非商业风险。但在任何情况下不包括货币的贬值或降低定值。

(c) 由下列原则而产生的损失,不在担保之列:

(i) 担保权人认可或负有责任的东道国政府的任何行为或懈怠;以及

(ii) 担保合同缔结之前发生的东道国政府的任何行为、懈怠或其他任何事件。

第十二条　合格投资

(a) 合格投资应包括产权投资,其中包括在有关企业中的产权持有人发放或担保的中长期贷款,以及董事会确定的直接投资的种种形式。

(b) 董事会经特别多数票通过,可将合格投资扩大到其他任何中长期形式的投资。但是,除以上(a)款中提及的贷款外,其他贷款只有当它们同机构承保或将要承保的特定投资有关时,才算合格。

(c) 担保限于要求机构给以担保的申请注册之后才开始执行的投资。这类投资包括:

(i) 为使现有投资更新、扩大或发展所进行的任何外汇转移;以及

(ii) 使用现有投资中产生的收益,这些收益可移出东道国。

(d) 在担保一项投资时,机构应彻底弄清下列情况:

(i) 该投资的经济合理性及其对东道国所作的贡献;

(ii) 该投资是否符合东道国的法律条令;

(iii) 该投资与东道国宣布的发展目标和重点是否相一致;以及

(iv) 东道国的投资条件,包括该投资是否可得到公正平等的待遇和法律保护。

第十三条　合格投资者

(a) 在下列条件下,任何自然人和任何法人都有资格取得机构的担保:

(i) 该自然人是东道国以外一会员国国民;

(ii) 该法人在一会员国注册并在该会员国设有主要业务地点,或其多数资本为一会员国,或几个会员国,或这些会员国国民所有。在上述任何情况下,该会员国都不是东道国。

(iii) 该法人无论是否为私人所有,均在商业基础上营业。

(b) 如果投资者有一个以上的国籍,就上述(a)款而言,会员国国籍应优于非会员国国籍,东道国国籍应优于其他任何会员国籍。

(c) 根据投资者和东道国的联合申请,董事会经特别多数票通过,可将合格投资者扩大到东道国国民的自然人,或在东道国注册的法人,或其多数资本为东道国国民所有的投资者。

但是,所投资产应是从东道国国外移入的。

第十四条 合格东道国

根据本条,只对在发展中国家会员国领土内所作投资予以担保。

第十五条 东道国的认可

在东道国政府同意机构就指定的承保风险予以担保之前,机构不得缔结任何担保合同。

第十六条 担保条件

每一担保合同的担保条件应由机构根据董事会发布的条例和规定予以确定,但机构对承保的投资将不承保其全部损失。担保合同应在董事会指导下由总裁批准。

第十七条 索赔支付

总裁应在董事会指导下,根据担保合同和董事会所能采用的政策,决定对担保权人的索赔支付。担保合同应要求担保权人在机构支付之前,寻求在当时条件下合适的、按东道国法律可随时利用的行政补救办法。这类合同要求在引起索赔的事件发生与索赔支付之间有一段合理的期限间隔。

第十八条 代位

(a) 在对担保权人支付或同意支付赔偿时,担保权人对东道国以及其他债务人所拥有的有关承保投资的权利或索赔权应由机构代位。担保合同应规定此类代位的条件。

(b) 按上述(a)款所定的机构的权力,全体会员国应予承认。

(c) 按上述(a)款,机构作为代位人所获得的东道国货币的数额,在其使用和兑换方面所得到的待遇,应与担保权人取得这种资金时应得到的待遇同样优惠。在任何情况下,机构均可将这笔资金用于支付其行政开支和其他费用。而且,如这类货币不可自由改用,机构应设法就其他使用与东道国作出安排。

第十九条 同全国性和区域性实体的关系

机构应与会员国的全国性实体和区域性实体进行合作,并设法补充它们的业务。这些实体的多数资本应为会员国所有,开展的业务活动也应与机构活动相似,目的是尽可能提高它们各自的业务效率和对增加外国投资流动的贡献。为达到这一目标,机构应就这类合作的细节、特别是分保和共保的方式同这些实体作出安排。

第二十条 全国性和区域实体的分保

(a) 对于会员国,或会员国机构,或多数资本为会员国所有的区域性投资担保机构已予保险的特定投资,机构可作分保,内容为因为一种或一种以上非商业性风险而引起的损失。董事会经特别多数票通过,应不时规定分保合同中机构可承担的或有负债的最大数额。在机构收到要求分保的申请之前,如特定的投资已在12个月以前完成,那么根据本条,一开始应将或有负债最大额限定在机构或有负债总额的10%,第十一条及第十四条中规定的合格条件适用于分保业务,但分保的投资不必在分保申请之后立即进行。

(b) 机构和分保分出会员国或分保分出机构双方的权利和义务应按董事会制定的规章制度在分保合同中阐明。董事会批准每份分保合同,为某一投资分保,该投资需在机构收到分保申请之前已经作出。机构分保应着眼于使风险极小化,确保机构得到与其所分担的风险相适用的保险费,并确保分保分出实体适当地作出承诺,促进在发展中国家的新投资。

(c) 机构应尽可能确保其自身或分保分出实体取得与作为初始担保人所可能拥有的相等的代位和仲裁的权利。在分保条件中,应要求在机构进行支付之前,先根据第十七条寻求行政补救方法。只有在机构批准分保之后,对有关东道国的代位方始生效。机构在其分保合同条款中应有规定,要求分保分出人作出适当的努力,运用与分保投资有关的权利或索赔权。

第二十一条　同私人担保人和分保人的合作

(a) 机构应同会员国中的私人担保人一起作出安排,以加强其业务,并鼓励私人担保人对发展中国家会员国的非商业性风险提供担保,条件应与机构所使用的条件相似。这种安排包括:机构按第二十条中规定的条件和程序制定分保条款。

(b) 机构可与合适的分保分出实体部分或全部地分保该实体所作的担保。

(c) 对于那些无法按合理条件从私人担保人或分保人处得到相应担保的投资,机构尤其要设法予以担保。

第二十二条　担保的限度

(a) 除非理事会以特别多数票另作决定,本条下机构可承担的或有负债总数不应超过机构未动用的认缴资本、储备以及董事会所确定的部分分保金总数的150%。董事会应根据其在索赔、风险多样化程度、分保范围和其他有关方面的经验,不时检查机构未满期责任中的风险状况,确定是否应向理事会建议改变或有负债的极值。理事会决定的或有负债极值总额在任何情况下都不得超越机构未动用的认缴资本、储备、以及被认为是合适的部分分保资金这三项的总数的五倍。

(b) 在上述(a)款提及的担保总限度不受损害的情况下,董事会可规定:

(i) 本条下机构对各成员国投资者予以担保所承担的或有负债总额的极值。在决定该极值时,董事会应适当考虑各成员国在机构资本中所占股份,并应考虑到有必要对来自发展中国家会员国的投资采取更宽的限度;以及

(ii) 机构对风险多样化因素所能承担的或有负债总额的极值,这些因素包括各个不同的项目,各个不同的东道国,以及投资类型或风险类型。

第二十三条　投资的促进

(a) 机构应进行研究,采取行动,促进投资流动,并就发展中国家会员国中的投资机会散发信息,以改善投资环境,吸引外资流向这些国家。应会员国要求,机构可提供技术建议和援助以改善在会员国领土内的投资条件。在进行这些活动时,机构应:

(i) 以会员国有关的投资协定为指导;

(ii) 努力消除在发达国家和发展中国家会员国间存在着的障碍,使投资流向发展中国家会员国;并且

(iii) 与其他促进外国投资的有关机构,尤其是与国际金融公司进行协调。

(b) 机构还应:

(i) 促成投资者和东道国对它们之间的争端取得和解;

(ii) 努力同发展中国家会员国,尤其是同未来的东道国缔结协议,以确保机构在关于其所担保的投资方面,所受到的待遇不应低于有关会员国在一投资协议中同意向享有最惠待遇的担保机构或国家提供的待遇,这类协议须由董事会特别多数票批准通过;并且

(iii) 推动和促进会员国之间缔结有关促进和保护投资的协议。

(c) 机构在发挥其推动作用时,应特别注意在发展中国家会员国之间增加投资融通的重要性。

第二十四条 倡议投资的担保

除在本条下机构所开展的担保业务外，对于按本公约附件Ⅰ中规定的倡议安排所作的投资，机构也可予以担保。

第四章 财务条款

第二十五条 财务管理

机构应按照其健全的业务惯例和谨慎的财务管理惯例开展其活动，以便在所有情况下都能保持履行其财务义务的能力。

第二十六条 担保费和手续费

机构应规定并定期检查适用于每一类风险的担保费率、手续费和可能有的其他收费。

第二十七条 净收入的分配

(a) 在不妨碍第十条(a)款(iii)项的情况下，机构应将净收入划归准备金，直至准备金达到机构认缴资本的五倍。

(b) 在机构的准备金达到上述(a)款所规定的水平后，理事会应决定机构的净收入应划归准备金还是分配给机构的会员国，或作其他用途，并决定分配程度。任何分配给机构会员国的净收入应根据理事会经特别多数票所作出的决定，根据每一会员国在机构资本中的股份按比例分配。

第二十八条 预算

总裁应准备一份机构的年度收支预算案，提交理事会批准。

第二十九条 账户

机构将公布年报，该年报应包括机构的各项项目报表，以及本公约附件Ⅰ中提及的倡议信托基金的账目报表，这些账目均经由独立的审计师审核。机构每隔适当时间应向会员国送交机构财务状况汇总表和说明其业务结果的损益计算书。

第五章 组织与管理

第三十条 机构设置

机构设有一理事会，一董事会，总裁一人和职员，以履行机构所确定的职责。

第三十一条 理事会

(a) 除根据本公约条款的规定特别赋予本机构的另一单位的权力外，机构的一切权力归理事会。理事会可将其任何权力委托董事会行使，但下列权力除外：

(i) 接受新会员并决定其加入的条件；

(ii) 暂停会员资格；

(iii) 决定资本的任何增减；

(iv) 按第二十二条(a)款，提高或有负债的限额；

(v) 按第三条(c)款，确定一会员国为发展中国家会员国；

(vi) 按第三十九条(a)款，为投票的需要，划分一新会员国属于第一类或第二类，或对一现有会员重新划分；

(vii) 确定董事和副董事的报酬;

(viii) 停止业务和清理机构资产

(ix) 清理资产时对会员国分配资产;以及

(x) 修改本公约,其附件和附表。

(b) 理事会由每一会员国按其自行决定的方法指派的理事及副理事各一人组成。副理事在理事缺席时始有投票权。理事会应推选一名理事为主席。

(c) 理事会将举行一次年会和经理事会的或由董事会召开的其他会议。每当有五个会员国或持有25%总投票权限的会员国请求时,董事会应召开理事会议。

第三十二条　董事会

(a) 董事会负责机构的一般业务,并且在履行这一职责中,可采取本公约所要求的或允许的任何行动。

(b) 董事会应不少于12名董事。董事人数可由理事会根据会员变动进行调整。每位董事可指定一名副董事在董事缺席或不能行使权力的情况下,全权代行其职权。世界银行行长为董事会兼任主席,除在双方票数相等时得投一决定票外,无投票权。

(c) 理事会将决定各董事的任期。第一届董事会由理事会在举行就职会议时予以组成。

(d) 董事会应在其主席本人提议下,或根据三位董事的请求召开会议。

(e) 在理事会决定设立一常驻董事会进行连续工作之前,董事和副董事只按其出席董事会会议及为机构履行其他官方职责所需费用而得到报酬。一旦建立了连续工作的董事会,董事和副董事将按理事会的决定得到报酬。

第三十三条　总裁和职员

(a) 总裁将在理事会总的控制之下,处理机构的日常事务。他应负责职员的组织、任命和辞退。

(b) 董事会经董事会主席的提名任命总裁。理事会应决定总裁的薪金和服务契约中的条件。

(c) 总裁和职员在履行其职责时应完全对机构负责,而不对其他权力当局负责。机构的每一个会员都应尊重这种职责的国际性,并应制止对总裁或职员施加影响的任何企图。

(d) 总裁在任命职员时,最重要的是保证达到最高的工作效率和技术水平,也要适当注意在尽可能广泛的地区基础上录用人员。

(e) 总裁和职员对于在开展机构业务中所得到的情报,在任何时刻均应予以保密。

第三十四条　禁止政治活动

机构及其总裁和职员不得干涉任何会员国的政治事务。在不伤害机构考虑与投资有关的所有因素这一权力的前提下,其一开始决定均不应受有关会员国政治性质的影响。在权衡与决策有关的各种考虑因素时应无所偏倚,以期达到第二条所阐明的宗旨。

第三十五条　与国际组织的关系

机构应在本公约条文范围内,与联合国和在有关领域内负有专门责任的其他政府间组织合作,尤其包括世界银行和国际金融公司。

第三十六条　总办事处所在地

(a) 机构总办事处应设在哥伦比亚特区华盛顿,除非理事会经特别多数票决定设在另一地点。

(b) 机构可因工作需要设立其他办事处。

第三十七条 资产存放机构

各会员国应指定其中央银行为存放机构,供机构存放所持有的该国货币或机构的其他资产。如无中央银行,则应为上述目的指定的机构可接受的其他部门。

第三十八条 通讯渠道

(a) 各会员国应指定一适当的权力机关便于机构可就与本公约有关的事项与之联系。机构将把该权力机关的意见作为会员国的意见予以信赖。应会员国请求,机构应就第十九条至第二十一条所涉事项以及与该会员国中的实体或担保人有关的事项,与该会员国进行磋商。

(b) 当机构在采取任何行动前需征得任何会员国的同意时,除非该会员国在机构给它的通知中规定的适当期限内提出反对意见,否则即被认为该会员国已经同意。

第六章 投票、认股的调整和代表权

第三十九条 投票和认股的调整

(a) 为对投票作出安排使之反映本公约附表 A 中所列二类国家在机构中的平等利益,以及各会员国的财务参与的重要性,每一会员国应享有 177 会员票,再按该会员国持有的股份,每一股增加一股份票。

(b) 本公约附表 A 中所列二类国家中的任何一类会员国,如其会员票和股份票的总数在本公约生效后 3 年内的任何时间低于总投票权 40%,则该类会员国应享有补充票,所需票数应使该会员国投票权总数等于总投票权的 40%。该补充票应按该类会员国中每一会员国的股份票与该类会员国股份票总数之间的比例,在该类会员国中进行分配。该补充票可自行调整,以确保 40% 这一比例,在上述 3 年期限结束时应予取消。

(c) 在生效后的第三年,理事会应检查股份的分配并在下列原则指导下进行决策:

(i) 会员国的票数应反映对机构资本的实际认股数以及本条(a)款中所规定的会员票数;

(ii) 如有国家已分到股份,但尚未签署本公约,则应将所分股份重新分配给这类会员国,采取的方式应使上述两类国家间的投票权可能取得平等;

(iii) 理事会将采取措施,提高会员国的能力,认购分配给它们的股份。

(d) 在本条(b)款所规定的 3 年期限内,理事会和董事会的一切决定均应经特别多数票通过,公约规定的需更多的多数票通过的决定除外,这类决定应由该更多的多数票通过。

(e) 如按第五条(c)款增加机构股本,各会员国如有要求,应批准其认购一定比例的新增股本,该比例应相当于股本增加之前该会员国认购的股份同机构股本总额之间的比例,但会员国并无认购任何新增股本的义务。

(f) 理事会应就如何进行本条(e)款下的增加认股制定规期。此类规则应对会员国提交此类认购的申请规定合理的期限。

第四十条 理事会投票

(a) 每一理事应有权为其所代表的会员国的票数投票。除非本公约另有规定,理事会的决定均应经多数票通过。

(b) 理事会任何会议的法定人数应由拥有总投票权中 2/3 以上投票权的多数理事组成。

(c) 理事会可根据规定建立一种程序,使董事会得以在认为其行动符合机构最高利益时,可采取不召开理事会议的办法要求理事会对某项特定问题作出决定。

第四十一条　选举董事

(a) 董事的选举应根据附表B进行。

(b) 董事应继续任职至其继任人被选出为止。如果董事在其任期终了前缺职超过九十天以上,应由原选举该董事的理事另选一董事以继任其未满的任期。当选需经多数票通过。在董事出缺期间,由原副董事代行其职权,但不得指派副执董。

第四十二条　董事会投票

(a) 每一董事享有使之当选的会员国在机构中的投票权,每一董事应有的投票权应作为一个单位投票。除非本公约另有规定,董事会的表决均应经多数票通过。

(b) 董事会会议的法定人数应由行使总投票权中半数以上投票权的多数董事组成。

(c) 董事会可按规定建立一种程序,使董事会主席得以认为其行动符合机构最高利益时,对某项特定问题可采取不召开董事会议的办法而要求董事会作出决定。

第七章　特权和豁免

第四十三条　本条目的

为使机构能完成其职能,在各成员国领土内应授予机构本条所规定的豁免和特权。

第四十四条　法律程序

对机构的诉讼如超越第五十七、五十八条的范围,则只能由会员国领土内有权受理法院予以受理。在该会员国领土内,机构须设有办事处或已指定可接受传票或诉讼通知书的代理机构。但是,(i) 会员国,代表会员国或享受会员国权利的个人,或(ii) 有关个人问题,不得对机构提出诉讼。机构的财产和资产,不论在何地为何人所保管,在对机构作最后宣判或裁决之前,均不得实行任何形式的扣押、查封或执行。

第四十五条　资产

(a) 机构的财产和资产,无论在何地为何人所保管,均应免受搜查、征用、没收、征收或其他行政或立法行为上的任何形式的扣押。

(b) 机构的一切财产和资产,在根据本公约而经营的业务所必需的范围内,应不受任何性质的限制、管制、控制以及延期偿付之限;但是,机构作为担保权人、分保分出实体、或经分保分出实体担保的投资者的继位人或代位人所获得的财产和资产,按机构对之代位的担保权人、实体或投资者原本享有此类待遇的程度、免于有关成员国领土内实施的对之适用的外汇限制、管制和控制。

(c) 就本公约而言,“资产”一词包括本公约附件I中提到的倡议信托基金的资产以及机构在推进其目标中所支配的其他资产。

第四十六条　档案和通讯

(a) 机构的档案无论在何地都不受侵犯。

(b) 各会员国对于机构的公务通讯应与对世界银行的公务通讯同等对待。

第四十七条　税收

(a) 对机构及其资产、财产、收益、和本公约授权经营的业务和交易,应豁免一切税收和关税。机构对于任何税收或关税的征收或交纳,均豁免任何责任。

(b) 机构理事、副理事如非当地本国公民,对或有关其自机构所得的费用津贴应免于纳税。机构的董事会主席、董事、副董事、总裁或职员,如非当地本国公民,对或有关其自机构所得薪金、费用补贴和其他报酬也应免于纳税。

(c) 对于机构所担保或分保的任何投资(包括从中所得利益),或机构所分保的保险单(包括从中所得保险费和其他效益),不论为何人所持有,均不得:

(i) 仅因该投资或保险单为机构所担保而课征以任何形式的歧视性税收;或

(ii) 仅以机构所维持的办事处或营业处所在地为法律根据而课征以任何形式的税收。

第四十八条　机构的官员

机构的所有理事、董事、其副职、总裁和职员:(i) 在执行公务中,应豁免法律诉讼;(ii) 倘非当地本国国民,则其所享受的移民限制、外国人登记法和国民兵役义务豁免权,及其在汇兑限制方面享有的便利,应与有关会员国给予其他会员国同等级的代表、官员及雇员者相同,并且(iii) 在旅行方面所享有的便利待遇,应与有关会员国给予其他会员国同等级的代表、官员和雇员的待遇相同。

第四十九条　本条约的施行

参照本章原则,各会员国应在其领土内采取必要行动,使本条文规定的原则能在其本国法律范围内生效,并应将已采取的具体行动通知机构。

第五十条　放弃

本条中豁免、免税和特权是为机构的利益而给予。如不损害其利益,机构可予以放弃,放弃的程度及在何种条件下放弃由机构决定。如机构认为豁免会妨碍公正原则,并认为放弃豁免权不会损害机构利益,则机构应放弃对其任何职员的豁免权。

第八章　会员国的退出、暂停会员国资格和停止业务

第五十一条　退出

任何会员国在本公约对之生效之日起 3 年期满后,可随时以书面通知机构总办事处退出机构。机构应将收到该项通知一事告知作为本公约存放人的世界银行。机构收到该项通知之日后 90 天,退出始可生效。只要退出尚未生效,会员国仍可撤销该项通知。

第五十二条　暂停会员国资格

(a) 如果一会员国不履行本公约规定的任何义务,理事会经持有多数总投票权的多数理事表决,可暂停其会员国资格。

(b) 在暂停资格期间,会员国除有权退出和有本条及第九条给予的其他权利外,不再享有公约规定的任何权利,但将继续承担其全部义务。

(c) 为了确定根据本公约第三条或附件 I 所作的担保或分保的合格性,一个已暂停资格的会员国不应作为机构的会员国对待。

(d) 暂停资格的会员国自其暂停之日起一年后即自动终止为会员国,除非机构决定延长暂停期限或恢复其会员国地位。

第五十三条　已停止为会员国的国家之权利和义务

(a) 当一国家停止为会员国后,对其在会员国资格未停止之前已生效的在本公约下的所

有义务,包括或有义务,继续承担责任。

(b) 在不妨碍上述(a)款的情况下,机构应与该国就各自的权利和义务的解决达成协议。此类协议均应经董事会批准。

第五十四条　暂停业务

(a) 董事会如认为有正当理由,可在任何时候暂停在某一特定期间进行新的担保。

(b) 在紧急情况下,董事会可暂停机构的一切活动,暂停期限不应超过该紧急情况延续的时间,但需作出必要安排以保护机构和第三者的利益。

(c) 暂停业务的决定不应影响本公约所规定的会员国的义务,也不影响机构对担保权人、分保单持有人或第三者所负有的义务。

第五十五条　清理债务

(a) 经过特别多数票通过,理事会可决定终止机构的业务,并清理其债务。机构终止业务时,机构应即停止一切活动,但与有秩序地变卖、保存和保管机构的资产以及清算债务有关的事项除外。在债务清理和资产分配最终完成之前,机构应继续存在,依据本公约所规定的会员国的权利和义务应继续有效。

(b) 在对担保权人和其他债权人的所有债务都已清偿或已作安排,且理事会已决定进行资产分配以前,不得将机构资产分配给会员国。

(c) 在前款规定下,机构应按各会员国在机构认缴资本中所占的股份额比例将剩余资产分配给会员国。机构还应将本公约附件 I 中提及的倡议信托基金的任何剩余资产,按各倡议人所倡议的投资占倡议投资总数的比例分配给倡议人。各会员国只有先解决机构对其所有未偿还的债权,方可分到其在机构或倡议信托基金中的股份。资产每次分配的时间应由理事会决定,并按其认为公平的方式进行分配。

第九章　争端的解决

第五十六条　本公约的解释和施行

(a) 机构的任一会员国和机构之间,或机构的会员国之间,对本公约的解释或施行发生的任何争端,均应提交董事会裁决。如该问题对在董事会中没有其国民为代表的会员国有特殊影响时,该国可派遣一名代表出席董事会对该问题进行考虑的任何会议。

(b) 如董事会已依据上述(a)款作出裁决,在任何情况下,任何会员国仍可要求将争端提交理事会作最终裁决。在理事会对所有提交的争端未作裁决前,机构如认为必要,可先按董事会的裁决执行。

第五十七条　机构与会员国之间的争端

(a) 如不损害第五十六条和本条(b)款的规定,机构与一会员国或与该会员国中一机构之间以及机构与一已停止为会员国的国家(或该国的机构)之间的任何争端,均应根据本公约附件 II 所制定的程序予以解决。

(b) 有关机构作为投资者代位人拥有债权的争端,应按(i) 本公约附件 II 中规定的程序予以解决;或者按(ii) 机构与有关会员国准备达成的协议,采用其他方法解决此类争端。在后一种情况下本公约附件 II 应作为此类协议的依据。此类协议每次均需先经董事会特别多数票通过,随后,机构方可在有关会员国领土内进行担保业务。

第五十八条 有关担保权人或分保分出人的争端

在担保或分保合同下,有关各方之间产生的任何争端应提交仲裁,根据担保或分保合同中规定或提及的规则进行最终裁决。

第十章 公约的修订

第五十九条 由理事会修订

(a) 本公约及其附件经由 3/5 的理事以占总投票权 4/5 的票数通过,可以修订,但是:

(i) 如对第五十一条所规定的退出机构的权利或对第八条(b)项所规定的责任限度作任何修改,须经全体理事投赞成票通过;并且

(ii) 如对本公约附件 I 中第一、三节所规定的损失分担安排作任何修改,且此类修改将导致本公约下任何会员国义务增加,须经每一个有关的会员国的董事投赞成票通过。

(b) 本公约附表 A 和 B 经理事会特别多数票通过可予修改。

(c) 如果修订案影响本公约附件 I 中的任何条款,则总票数还应包括根据该附件第七节分配给倡议会员国和接受倡议投资的东道国的追加票数。

第六十条 程序

任何修订本公约的建议,无论其为会员国、理事和董事所提出,均应通知董事会主席,由他将该建议提交董事会。如所提出的修改经董事会通过,则应提交理事会根据第五十九条予以批准。如修订案已经理事会正式批准,机构应以正式函电通知所有会员国作为证明。除非理事会确定另一日期,修订案应于正式函电发出之日起 90 天后对所有会员国生效。

第十一章 最后条款

第六十一条 生效

(a) 本公约应开放供世界银行所有成员国和瑞士的代表签字,并须由签字国根据其宪法程序予以核准、接受或批准。

(b) 本公约在代表第一类签字国交存的核准、接受或批准书达到 5 份,第二类签字国交存的达到 15 份之日起开始生效;并要求这些国家的总认股数额不少于第五条规定的机构法定资本的 1/3。

(c) 对本公约生效后交存其核准、接受、或批准书的每一个国家,本公约自其交存之日起开始生效。

(d) 如本公约在开放签字后两年内仍未生效,世界银行行长应召集有关国家举行会议,以确定将来的行动方针。

第六十二条 就职会议

本公约生效后,世界银行行长应召开理事会就职会议。该会议应于本公约生效后 60 天内或一旦可行时即在机构总办事处召开。

第六十三条 保存人

本公约及其修订案的核准、接受或批准书应交存世界银行,即本公约的保存人。保存人应将本公约经核证的副本送交银行会员国和瑞士。

第六十四条　注册

保存人应按照联合国宪章第一〇二条和联合国大会据此通过的规定,将本公约向联合国秘书处注册。

第六十五条　通知

保存人应将下列事项通知各签字国,并在本公约生效时通知机构下列事项:

(a) 本公约的签字;

(b) 依照第六十三条核准、接受或批准书的交存;

(c) 依据第六十一条本公约生效的日期;

(d) 依照第六十六条的不适用领土;和

(e) 依照第五十一条会员国退出机构。

第六十六条　领土适用

本公约应适用于会员国管辖下的所有领土,包括会员国对其国际关系负有责任的领土,但不包括该会员国在核准、接受或批准时或其后以书面形式通知本公约保存人予以除外的领土。

第六十七条　定期检查

(a) 理事会应定期对机构的活动及其取得的结果进行全面的检查,以作出必要的变动,提高机构为其宗旨服务的能力。

(b) 首次检查应于本公约生效后 5 年进行。此后的检查日期应由理事会确定。

本公约订于汉城,共一份,应一直存放于国际复兴开发银行档案库。银行已在下方签字,以表明它同意履行根据本公约所承担的职责。

附件一　关于第二十四条倡议投资担保

第一节　倡　议

(a) 任何会员国均可倡议担保投资,这项投资可由任何国籍的一个投资者或任何一个或几个国籍的投资者进行。

(b) 根据本附件第三节(b)和(d)款的规定,倡议投资担保下的损失如不能为本附件第二节所提及的倡议信托基金所抵补,则每一倡议会员国应当与其他倡议会员国一起分担此类损失,分担比例为该会员国所倡议的投资担保下或有负债的极值与所有会员国所倡议的投资担保下或有负债极值总数之比。

(c) 机构根据本附件决定进行担保时,应适当注意倡议会员国是否可望能履行本附件规定其承担的义务,并应给予有关的东道国联合倡议的投资以优先考虑。

(d) 机构应就其按本附件所开展的业务同倡议会员国进行定期磋商。

第二节　倡议信托基金

(a) 因倡议投资担保而得到的担保费和其他收入,包括将此类担保费和收入投资所产生的收益,应单独列入一个账户,称倡议信托基金。

(b) 所有行政费用以及因按本附件提供担保而产生的索赔付款,均应由倡议信托基金支付。

(c) 应由倡议会员国共同保管并管理倡议信托基金的资产,并应将其资产与机构的资产分开。

第三节 对倡议会员国的催缴

(a) 如机构因倡议担保下的损失而应付任何金额,但用倡议信托基金的资产又支付不出这一金额,则机构应要求每一倡议会员国向该基金缴付各自的份额,份额占机构应付金额的比例应按本附件第一节(b)款予以确定。

(b) 如一会员国支付的总额将超出其倡议投资的担保总额,则在按本节规定对其催缴时,该会员国没有义务支付超出部分的任何金额。

(c) 在一成员国对倡议投资的任何担保到期时,该会员国的责任应该减少,减少的数额应与该担保的金额相等;当机构对任何有关倡议投资的索赔进行支付时,此责任也应按比例减少,否则,该会员国的责任将继续有效,直到机构在进行上述支付时的所有未决倡议投资担保到期为止。

(d) 如任何倡议会员国因上述(b)和(c)款所含的责任范围,无义务承担按本节所规定的催缴款项,或对任何此类催缴应付款项不履行义务,则支付该款项的责任应由其他倡议会员国按比例分担。依照本款所规定的会员国责任,应从属于上述(b)和(c)款所列的责任范围。

(e) 倡议会员国对按本节进行的催缴付款时,其支付应及时并以可自由使用货币支付。

第四节 货币估值和退款

本公约所含有关资本认购方面的货币、估值和退款的条款,在细节上作必要的修改后,应适用于会员国因倡议投资而支付的资金。

第五节 分 保

(a) 机构可在本附件第一节所规定的条件下,向一会员国,会员国的一个机构,本公约第二十条(a)款所规定的一个区域性机构,或会员国中一私营保险单位提供分保。本附件有关担保的规定,以及本公约第二十、二十一条的规定,在细节上作必要的修改后,应适用于本项所规定的分保。

(b) 机构对其按本附件进行担保的投资,可取得分保。此类分保的费用由倡议信托基金支出。董事会可决定,本附件第一节(b)款提到的倡议会员国的损失分担义务是否因所取得的分保总额而减少,减少的程度如何。

第六节 业 务 原 则

在不损害本附件规定的情况下,本公约第三章中有关担保业务的规定,以及本公约第四章中有关财务管理的规定,在细节上作必要修改后,应适用于倡议投资的担保。但是,(i) 此类投资须由符合本附件第一节(a)款的一个或几个投资者在任何成员国,尤其是在任何发展中国家会员国的领土上进行,才有资格取得倡议;(ii) 机构对按本附件提供的担保或分保,无义务以其自身资产承担责任。根据本附件缔结的每一担保或分保合同,均应对此明确作出规定。

第七节　投　　票

对于有关倡议投资的决定,每一倡议会员国按其倡议的担保或分保金额,每一万特别提款权的相等额增加一票,每一倡议投资的东道国会员国,按其所接受的任何倡议投资的担保或分保的金额,每一特别提款权的相等额增加一票。此类追加票的投票,仅适用于有关倡议投资的决定,除此以外不可用以确定会员国的投票权。

附件二　关于第五十七条机构与会员国争端的解决

第一节　附件的适用范围

除机构依据第五十七条(b)款第(ii)项的规定,已同某一会员国达成协议的情况以外,在本公约第五十七条范围内的所有争端,均应按照本附件所规定的程序予以解决。

第二节　谈　　判

在本附件的范围内产生争端的各方,在寻求调解和仲裁之前,应致力于通过谈判解决这些争端。如果争端各方在要求谈判之日起的120天内无法达成协议,则这种谈判可视为已竭尽所能。

第三节　调　　解

(a) 如果通过谈判没有解决争端,任何一方均可依据本附件第四节的规定,将争端提交仲裁,除非经双方同意决定首先采用本条所述的调解程序。

(b) 同意调解的协议应该就争端的问题、双方在这方面的要求和调解人的姓名(如果可能的话)作出明确的说明。如果双方没有就调解人达成协议,则可向解决投资争端国际中心的秘书长或国际法庭的庭长要求为他们指定一位调解人。如果在调解协议之日起的九十天内仍没有指定调解人,则调解程序即行终止。

(c) 除非本附录另有规定或争端双方另有协议,调解人应确定规则以指导调解程序,在调解时还应依照"关于解决国家与其他国家国民间投资争端公约"所采用的调解规则。

(d) 争端双方应同调解人进行真诚的合作,尤其应向调解人提供有助于其执行任务的一切情况和文件;并对调解人的建议给予最认真的考虑。

(e) 除非争端双方另有协议,调解人自其任命之日起180天内,应向双方提交一份报告,载明其努力的结果,指出双方争端的问题,并提出其解决争端的建议。

(f) 自收到该报告之日起60天内,双方应以书面形式向另一方表明其对该报告的看法。

(g) 参加调解程序的任何一方无权请求仲裁权;除非:

(i) 调解人未能在(e)款所规定的期限内提交其报告;或

(ii) 争端双方未能在收到报告后60天内接受其中所含全部建议;或

(iii) 争端双方就调解人的报告互相交换意见后,未能在收到该报告的60天内同意解决所有有争议的问题;或

(iv) 一方未能按上述(f)款的规定对该报告发表意见;

(h) 除非争端双方另有协议,调解人的费用应在"解决投资争端国际中心"所用的调解

费基础上确定。调解程序中的这些费用和其他开支应由双方平均分担。每一方应支付其自身费用。

第四节 仲 裁

(a) 建立仲裁程序,开始应由寻求仲裁的一方(主告)向争端的另一方(被告)或争端所牵涉的其他有关各方发出通知书。该通知书应载明争端的性质,所要寻求的解决办法,以及该主告指定的仲裁人姓名。被告自收到该通知书之日起30天内,应将其指定的仲裁人姓名通知主告。自指定第二位仲裁人之日起30天内,双方应选出第三位仲裁人,任仲裁庭长。

(b) 如在发出通知书之日起60天,未能组成仲裁庭,应由"解决投资争端国际中心"之秘书长在争端双方联合请求下任命尚未指定的仲裁人或尚未选出的庭长。如双方未提出联合请求,或秘书长未能在提出请求后30天内作出任命,争端的任何一方均可请求国际法庭庭长作出任命。

(c) 一旦开始开庭审理争端,任何一方均无权更改已被任命的仲裁人。如果任何仲裁人(包括仲裁庭庭长)辞职、死亡或不能执行职务时,应按指定原仲裁人的方式指定其继任人,并且该继任人具有原仲裁人的一切权力和职责。

(d) 仲裁庭应在庭长所指定的时间和地点开庭。此后,应由仲裁庭决定其开庭的地点和日期。

(e) 除非本附件另有规定,或争端双方另有协议,仲裁庭应决定其程序,并应就此依照《关于解决国家和与其他国家国民间投资争端公约》所采纳的仲裁原则。

(f) 仲裁庭应是其本身权限的决定人,但是如有争端的任何一方向仲裁庭提出异议,认为该争端按第五十六条属于董事会或理事会的管辖范围,或属于按本附件第一节所协议中指定的司法或仲裁机构的管辖范围,且仲裁庭确信该异议是真实的,仲裁庭应酌情向董事会或理事会,或指定的机构提交该异议,并应延缓仲裁程序,直至就该问题作出决定。仲裁庭应受该决定的约束。

(g) 在本附件范围内的任何争端中,仲裁庭应运用本公约条款,争端双方之间的有关协议,机构的公约细则和规定,适用的国际法原则,有关会员国的国内法,以及可能有的投资合同中适用的条款。在不损害公约条款的情况下,经机构和有关会员国同意,仲裁庭可以按公平合理的原则对争端作出裁决。仲裁庭不得因法律无明文规定或含义不清而作出"碍难明确的"裁决。

(h) 仲裁庭应公正地倾听当事各方的意见。仲裁庭所有裁决均需经多数票通过,并应阐述裁决的依据。仲裁庭的裁决应以书面作成,并至少应由两仲裁人签字,裁决书的副本应送交双方。该裁决为最终裁决,对当事双方具有约束力,且不得上诉、撤销或修改。

(i) 如果双方就裁决书的含义和范围产生任何争议,任何一方可以在该裁决书颁布的60天以内,以书面形式向作出裁决的法庭庭长提出申请,要求对裁决书作出解释。如果可能,该庭长应该将这一请求提交作出裁决的仲裁庭,并应在收到该申请后的60天内,召开该法庭会议。如果召开该法庭会议已不可能,则应根据上列第一至第四节所述,组成新的仲裁庭。在对所要求的对裁决书进行解释作出决定前,仲裁庭可以延缓执行该裁决书。

(j) 每一会员国均应承认,根据本节所作的裁决在该国领土内与该会员国的法院所作的最终裁决同样有效和具有约束力。执行裁决,应遵循在其领土上执行裁决的国家关于实施判决的有效法律,而且不应背离有关免予执行的现行法律。

(k)除非双方另有协议,应付予仲裁者的费用和报酬应当根据“解决投资争端国际中心”的仲裁所适用费用率确定。争端各方应自己负担其在仲裁程序中的费用支出。除非仲裁庭另行规定仲裁庭的费用应由双方平均分担。任何有关仲裁庭费用的分摊或这些费用的支付程序方面的问题,均应由仲裁庭解决。

第五节　传票的送达

递送与本附件中的任何程序有关的传票与通知均应以书面形式作成。这项递送机构应送达依据有关会员国按本公约第三十八条所指明的权力机关,该成员国应送达机构的总办事处。

(资料来源:陈安、刘智中编选:《国际经济法资料选编》,法律出版社1991年版,第749—777页。)

外国直接投资待遇指南(1992)
Guidelines on the Treatment of Foreign Direct Investment, 1992

The Guidelines on the treatment of Foreign Direct Investment were prepared by the Development Committee of the Board of Governors of the International Monetary Fund and the World Bank. In September 1992, the Development Committee brought them to the attention of member countries.

The Development Committee

Recognizing

That a greater flow of foreign direct investment brings substantial benefits to bear on the world economy and on the economies of developing countries in particular, in terms of improving the long term efficiency of the host country through greater competition, transfer of capital, technology and managerial skills and enhancement of market access and in terms of the expansion of international trade;

That the promotion of private foreign investment is a common purpose of the International Bank for Reconstruction and Development, the International Finance Corporation and the Multilateral Investment Guarantee Agency;

That these institutions have pursued this common objective through their operations, advisory services and research;

That at the request of the Development Committee, a working group established by the President of these institutions and consisting of their respective General Counsel has , after reviewing existing legal instruments and literature, as well as best available practice identified by these institutions, prepared a set of guidelines representing a desirable overall framework which embodies essential principles meant to promote foreign direct investment in the common interest of all members;

That these guidelines, which have benefited from a process of broad consultation inside and outside these institutions, constitute a further step in the evolutionary process where several international efforts aim to establish a favorable investment environment free from non-commercial risks in all countries, and thereby foster the confidence of international investors; and

That these guidelines are not ultimate standards but an important step in the evolution of generally acceptable international standards which complement, but do not substitute for, bilateral investment treaties,

Therefore calls the attention of member countries to the following Guidelines as useful parameters in the admission and treatment of private foreign investment in their territories, without prejudice to the binding rules of international law at this stage of its development.

I SCOPE OF APPLICATION

1. These Guidelines may be applied by members for the World Bank Group institutions to private foreign investment in their respective territories, as a complement to applicable bilateral and multilateral treaties and other international instruments, to the extent that these Guidelines do not conflict with such treaties and binding instruments, and as a possible source on which national legislation governing the treatment of private foreign investment may draw. Reference to the "State" in these Guidelines, unless the context otherwise indicates, includes the State or any constituent subdivision, agency or instrumentality of the State and reference to "nationals" includes natural and juridical persons who enjoy the nationality of the State.

2. The application of these Guidelines extends to existing and new investment established and operating at all times as bona fide private foreign investments, in full conformity with the laws and regulations of the host State.

3. These Guidelines are based on the general premise that equal treatment of investors in similar circumstances and free competition among them are prerequisites of a positive investment environment. Nothing in these Guidelines therefore suggests that foreign investors should receive a privileged treatment denied to national investors in similar circumstances.

II ADMISSION

1. Each State will encourage nationals of other States to invest capital, technology and managerial skill in its territory and, to that end, is expected to admit such investments in accordance with the following provisions.

2. In furtherance of the foregoing principle, each State will:

(a) facilitate the admission and establishment of investments by nationals of other States; and

(b) avoid making unduly cumbersome or complicated procedural regulations for, or imposing unnecessary conditions on, the admission of such investments.

3. Each State maintains the right to make regulations to govern the admission of private foreign investments. In the formulation and application of such regulations. States will note that experience suggests that certain performance requirements introduced as conditions of admission are often counterproductive and that open admission, possibly subject to a restricted list of investments (which are either prohibited or require screening and licensing), is a more effective approach. Such performance requirements often discourage foreign investors from initiating investment in the State concerned or encourage evasion and corruption. Under the restricted list approach, investments in non-listed activities, which proceed without approval, remain subject to the laws and regulations applicable to investments in the State concerned.

4. Without prejudice to the general approach of free admission recommended in Section 3 above, a State may, as an exception, refuse admission to a proposed investment:

(i) which is, in the considered opinion of the State, inconsistent with clearly defined requirements of national security; or

(ii) which belongs to sectors reserved by the law of the State to its national on account of the State's economic development objectives or the strict exigencies of its national interest.

5. Restrictions applicable to national investment on account of public policy (ordre public), public health and the protection of the environment will equally apply to foreign investment.

6. Each State is encouraged to publish, in the form of a handbook or other medium easily accessible to other States and their investors, adequate and regularly updated information about its legislation, regulations and procedures relevant to foreign investment and other information relating to its investment policies including, inter alia, an indication of any classes of investment which it regards as falling under Sections 4 and 5 of this Guideline.

Ⅲ TREATMENT

1. For the promotion of international economic cooperation through the medium of private foreign investment, the establishment, operation, management, control, and exercise of rights in such an investment, as well as such other associated activities necessary therefor or incidental thereto, will be consistent with the following standards which are meant to apply simultaneously to all States without prejudice to the provisions of applicable international instruments, and to firmly established rules of customary international law.

2. Each State will extend to investments established in its territory by nationals of any other State fair and equitable treatment according to the standards recommended in these Guidelines.

3. (a) With respect to the protection and security of their person, property rights and interests, and to the granting of permits, import and export licenses and the authorization to employ, and the issuance of the necessary entry and stay visas to their foreign personnel, and other legal matters relevant to the treatment of foreign investors as described in Section 1 above, such treatment will, subject to the requirement of fair and equitable treatment mentioned above, be as favorable as that accorded by the State to national investors in similar circumstances. In all cases, full protection and security will be accorded to the investor's rights regarding ownership, control and substantial benefits over his property, including intellectual property.

(b) As concerns such other matters as are not relevant to national investors, treatment under the State's legislation and regulations will not discriminate among foreign investors on grounds of nationality.

4. Nothing in this Guideline will automatically entitle nationals of other States to the more favorable standards of treatment accorded to the nationals of certain States under any customs union or free trade area agreement.

5. Without restricting the generality of the foregoing, each State will:

(a) promptly issue such licenses and permits and grant such concessions as may be necessary for the uninterrupted operation of the admitted investment; and

(b) to the extent necessary for the efficient operation of the investment, authorize the employment of foreign personnel. While a State may require the foreign investor to reasonably establish his inability to recruit the required personnel locally, e. g. through local advertisement, before he resorts to the recruitment of foreign personnel, labor market flexibility in this and other areas is recognized as an important element in a positive investment environment. Of particular importance in this respect is the investor's freedom to employ top managers regardless of their nationality.

6. (1) Each State will, with respect to private investment in its territory by nationals of the other States:

(a) freely allow regular periodic transfer of a reasonable part of the salaries and wages of foreign personnel; and, on liquidation of the investment or earlier termination of the employment, allow immediate transfer of all savings from such salaries and wages;

(b) freely allow transfer of the net revenues realized from the investment;

(c) allow the transfer of such sums as may be necessary for the payment of debts contracted, or the discharge of other contractual obligations incurred in connection with the investment as they fall due;

(d) on liquidation or sale of the investment (whether covering the investment as a whole or a part thereof), allow the repatriation and transfer of the net proceeds of such liquidation or sale and all accretions thereto all at once; in the exceptional cases where the State faces foreign exchange stringencies, such transfer may as an exception be made in installments within a period which will be as short as possible and will not in any case exceed five years from the date of liquidation or sale, subject to interest as provided for in Section 6 (3) of this Guidelines; and

(e) allow the transfer of any other amounts to which the investor is entitled such as those which become due under the conditions provided for in Guidelines Ⅳ and Ⅴ.

(2) Such transfer as provided for in Section 6 (1) of this Guidelines will be made (a) in the currency brought in by the investor where it remains convertible, in another currency designated as freely usable currency by the International Monetary Fund or in any other currency accepted by the investor, and (b) at the applicable market rate of exchange at the time of the transfer.

(3) In the case of transfers under Section 6 (1) of this Guideline, and without prejudice to Sections 7 and 8 of Guideline Ⅳ where they apply, any delay in effecting the transfers to be made through the central bank (or another authorized public authority) of the host State will be subject to interest at the normal rate applicable to the local currency involved in respect of any period intervening between the date on which such local currency has been provided to the central bank (or the other authorized public authority) for transfer and the date on which the transfer is actually effected.

(4) The provisions set forth in this Guideline with regard to the transfer of capital will also apply to the transfer of any compensation for loss due to war, armed conflict, revolution or insurrection to the extent that such compensation may be due to the investor under applicable law.

7. Each State will permit and facilitate the reinvestment in its territory of the profits realized from existing investments and the proceeds of sale or liquidation of such investments.

8. Each State will take appropriate measures for the prevention and control of corrupt business

practices and the promotion of accountability and transparency in its dealings with foreign investors, and will cooperate with other States in developing international procedures and mechanisms to ensure the same.

9. Nothing in this Guideline suggests that a State should provide foreign investors with tax exemptions or other fiscal incentives. Where such incentives are deemed to be justified by the State, they may to the extent possible be automatically granted, directly linked to the type of activity to be encouraged and equally extended to national investors in similar circumstances. Competition among States in providing such incentives, especially tax exemptions, is not recommended. Reasonable and stable tax rates are deemed to provide a better incentive than exemptions followed by uncertain or excessive rates.

10. Developed and capital surplus States will not obstruct flows of investment from their territories to developing States and are encouraged to adopt appropriate measures to facilitate such flows, including taxation agreements, investment guarantees, technical assistance and the provision of information. Fiscal incentives provided by some investors' governments for the purpose of encouraging investment in developing States are recognized in particular as a possibly effective element in promoting such investment.

Ⅳ EXPROPRIATION AND UNILATERAL ALTERATIONS OR TERMINATION OF CONTRACTS

1. A State may not expropriate or otherwise take in whole or in part a foreign private investment in its territory, or take measures which have similar effects, except where this is done in accordance with applicable legal procedures, in pursuance in good faith of a public purpose, without discrimination on the basis of nationality and against the payment of appropriate compensation.

2. Compensation for a specific investment taken by the State will, according to the details provided below, be deemed "appropriate" if it is adequate, effective and prompt.

3. Compensation will be deemed "adequate" if it is based on the fair market value of the taken asset as such value is determined immediately before the time at which the taking occurred or the decision to take the asset became publicly known.

4. Determination of the "fair market value" will be acceptable if conducted according to a method agreed by the State and the foreign investor (hereinafter referred to as the parties) or by a tribunal or another body designated by the parties.

5. In the absence of a determination agreed by, or based on the agreement of, the parties, the fair market value will be acceptable if determined by the State according to reasonable criteria related to the market value of the investment, i. e. , in an amount that a willing buyer would normally pay to a willing seller after taking into account the nature of the investment, the circumstances in which it would operate in the future and its specific characteristics, including the period in which it has been in existence, the proportion of tangible assets in the total investment and other relevant factors pertinent to the specific circumstances of each case.

6. Without implying the exclusive validity of a single standard for the fairness by which compensation is to be determined and as an illustration of the reasonable determination by a State of the market value of the investment under Section 5 above, such determination will be deemed reasonable if conducted as follows:

(i) for a going concern with a proven record of profitability, on the basis of the discounted cash flow value;

(ii) for an enterprise which, not being a proven going concern, demonstrates lack of profitability, on the basis of the liquidation value;

(iii) for other assets, on the basis of (a) the replacement value or (b) the book value in case such value has been recently assessed or has been determined as of the date of the taking and can therefore be deemed to represent a reasonable replacement value.

For the purpose of this provision:

—A "going concern" means an enterprise consisting of income-producing assets which has been in operation for a sufficient period of time to generate the data required for the calculation of future income and which could have been expected with reasonable certainty, if the taking had not occurred, to continue producing legitimate income over the course of its economic life in the general circumstances following the taking by the State;

—"discounted cash flow value" means the cash receipts realistically expected from the enterprise in each future year of its economic life as reasonably projected minus that year's expected cash expenditure, after discounting this net cash flow for each year by a factor which reflects the time value of money, expected inflation, and the risk associated with such cash flow under realistic circumstances. Such discount rate may be measured by examining the rate of return available in the same market on alternative investments of comparable risk on the basis of their present value;

—"liquidation value" means the amounts at which individual assets comprising the enterprise or the entire assets of the enterprise could be sold under conditions of liquidation to a willing buyer less any liabilities which the enterprise has to meet;

—"replacement value" means the cash amount required to replace the individual assets of the enterprise in their actual state as of the date of the taking; and

—"book value" means the difference between the enterprise's assets and liabilities as recorded on its financial statements or the amount at which the taken tangible assets appear on the balance sheet of the enterprise, representing their cost after deducting accumulated depreciation in accordance with generally accepted accounting principles.

7. Compensation will be deemed "effective" if it is paid in the currency brought in by the investor where it remains convertible, in another currency designated as freely usable by the International Monetary Fund or in any other currency accepted by the investor.

8. Compensation will be deemed to be "prompt" in normal circumstances if paid without delay. In cases where the State faces exceptional circumstances, as reflected in an arrangement for the use of the resources of the International Monetary Fund of under similar objective circumstances of established foreign exchange stringencies, compensation in the currency designated under Section 7

above may be paid in installments within a period which will be as short as possible and which will not in any case exceed five years from the time of the taking, provided that reasonable, market-related interest applies to the deferred payments in the same currency.

9. Compensation according to the above criteria will not be due, or will be reduced in case the investment is taken by the State as a sanction against an investor who has violated the State's law and regulations which have been in force prior to the taking, as such violation is determined by a court of law. Further disputes regarding claims for compensation in such a case will be settled in accordance with the provisions of Guideline Ⅴ.

10. In case of comprehensive non-discriminatory nationalizations effected in the process of large scale social reforms under exceptional circumstances of revolution, war and similar exigencies, the compensation may be determined through negotiations between the host State and the investors' home State and failing this, through international arbitration.

11. The provisions of Section 1 of this Guideline will apply with respect to the conditions under which a State may unilaterally terminate, amend or otherwise disclaim liability under a contract with a foreign private investor for other than commercial reasons, i. e., where the State acts as a sovereign and not as a contracting party. Compensation due to the investor in such cases will be determined in the light of the provisions of Section 2 to 9 of this Guideline. Liability for repudiation of contract for commercial reasons, i. e., where the State acts as a contracting party, will be determined under the applicable law of the contract.

V SETTLEMENT OF DISPUTES

1. Disputes between private foreign investors and the host State will normally be settled though negotiations between them and failing this, through national courts or through other agreed mechanisms including conciliation and binding independent arbitration.

2. Independent arbitration for the purpose of this Guidelines will include any ad hoc or institutional arbitration agreed upon in writing by the State and the investor or between the State and the investor's home State where the majority of the arbitrators are not solely appointed by one party to the dispute.

3. In case of agreement on independent arbitration, each State is encouraged to accept the settlement of such disputes through arbitration under the Convention establishing the International Centre for Settlement of Investment Disputes (ICSID) if it is a party to the ICSID Convention or through the "ICSID Additional Facility" if it is not a party to the ICSID Convention.

(资料来源：World Bank Group (1992), "Guidelines on the Treatment of Foreign Direct Investment", Legal Framework for the Treatment of Foreign Investment: Volume Ⅱ: Guidelines (Washington, D. C.: The International Bank for Reconstruction and Development/THE WORLD BANK), pp. 35—44.)

与贸易有关的投资措施协定(1994)
Agreement on Trade-Related Investment Measures, 1994

(1994 年 4 月 15 日签订,1995 年 1 月 1 日生效)

各成员,

考虑到部长们在《埃斯特角城宣言》中同意"在审查与投资措施的贸易限制作用和扭曲作用有关的 GATT 条款的运用情况之后,谈判应酌情详述为避免此类对贸易的不利影响而可能需要的进一步规定"。

期望促进世界贸易的扩大和逐步自由化,便利跨国投资,以便提高所有贸易伙伴、特别是发展中国家成员的经济增长,同时保证自由竞争。

考虑到发展中国家成员、特别是最不发达国家成员特殊的贸易、发展和财政需要;

认识到某些投资措施可能产生贸易限制作用和扭曲作用;

特此协议如下:

第 1 条

范　　围

本协定仅适用于与货物贸易有关的投资措施(本协定中称"TRIMs")。

第 2 条

国民待遇和数量限制

1. 在不损害 GATT 1994 项下其他权利和义务的情况下,各成员不得实施任何与 GATT1994 第 3 条或第 11 条规定不一致的 TRIM。

2. 本协定附件列出一份与 GATT1994 第 3 条第 4 款规定的国民待遇义务和 GATT1994 第 11 条第 1 款规定的普遍取消数量限制义务不一致的 TRIMs 例示清单。

第 3 条

例　　外

GATT1994 项下的所有例外均应酌情运用于本协定的规定。

第 4 条

发展中国家成员

发展中国家成员有权以 GATT1994 第 18 条、《关于 1994 年关税与贸易总协定国际收支条款的谅解》和 1979 年 11 月 28 日通过的《关于为国际收支目的而采取贸易措施的宣言》(BISD 26 册 205 至 209 页)允许该成员按照偏离 GATT1994 第 3 条和第 11 条规定的同样程度和方式①，暂时偏离第2条的规定。

第5条

通知和过渡性安排

1. 各成员应在《WTO协定》原效之日起90天内，将其正在实施的、与本协定规定不一致的所有TRIMs通知货物贸易理事会。在通知这些普遍或具体适用的TRIMs时，应同时说明其主要特征。②

2. 每一成员均应取消根据第1款进行通知的所有TRIMs，发达国家成员应在《WTO协定》生效之日起2年内取消，发展中国家成员应在5年内取消，最不发达国家成员应在7年内取消。

3. 如一发展中国家成员，包括一最不发达国家成员可证明其在实施本协定规定方面存在特殊困难，则货物贸易理事会可应请求延长其取消根据第1款通知的TRIMs的过渡期。在考虑该请求时，货物贸易理事会应考虑该成员③特殊的发展、财政和贸易需要。

4. 在过渡期内，一成员不得修改根据第1款通知的任何TRIM的条件，使之不同于《WTO协定》生效之日通行的条件，从而增加其与第2条规定不一致的程度。在《WTO协定》生效之日前180天内采用的TRIMs不能获得第2款规定的过渡期安排的利益。

5. 尽管有第2条的规定，但是一成员为不使受根据第1款通知的一项TRIM约束的已建企业处于不利地位，在(i)该新投资的产品与已有企业的产品属类似产品④，且(ii)在有必要避免扭曲新投资与现有企业之间竞争条件的情况下，仍可在过渡期内对新投资实施相同的TRIM。任何如此对新投资实施的TRIM均应通知货物贸易理事会。该TRIM的条件在竞争效果上应与适用于已有企业的TRIM的条件相同，并应同时终止。

第6条

透 明 度

1. 对于TRIMs，各成员重申它们在GATT 1994第10条中、在1979年11月28日通过的《关于通知、磋商、争端解决和监督的谅解》包含的关于“通知”的承诺中以及在1994年4月15日通过的《关于通知程序的部长决定》中，就透明度和通知所承诺的义务。

2. 每一成员均应通知秘书处刊载TRIMs的出版物，包括由其领土内地区及地方政府和主管机关实施的TRIMs。

3. 每一成员应对另一成员就与本协定有关的任何事项提出的提供信息的请求给予同情⑤的考虑，并提供充分的磋商机会。根据GATT 1994第10条，不要求任何成员披露会妨碍执法或违背公共利益或损害特定公私企业合法商业利益的信息。

第7条

与贸易有关的投资措施委员会

1. 特此设立与贸易有关的投资措施委员会（本协定中称“委员会”），对所有成员开放。

---

① 英文原文为“To the extent and in such a manner as Article XVIII of GATT 1994”，原译为“偏离GATT1994第3条和第11条规定的程度和方式”。——房东注。

② 如TRIMs是根据酌定权实施的，则其每一次具体适用均应通知。但可能损害特定企业合法商业利益的信息不必披露。

③ 英文原文为“The member in question”，原译为“所涉成员”。——房东注。

④ 英文原文为“like products”，原译为“同类产品”。——房东注。

⑤ 英文原文为“Sympathetic”，原译为“积极”。——房东注。

委员会应选举自己的主席和副主席,每年应至少召开一次会议,或在任何成员请求下召开会议。

2. 委员会应履行货物贸易理事会所指定的职责,并为各成员就与本协定运用和执行有关的任何事项进行磋商提供机会。

3. 委员会监督本协定的运用和执行,并每年就此向货物贸易理事会报告。

第8条

磋商和争端解决

由《争端解决谅解》详述和适用的GATT 1994第22条和第23条的规定适用于本协定项下的磋商和争端解决。

第9条

货物贸易理事会的审议

在不迟于《WTO协定》生效之日后5年,货物贸易理事会应审议本协定的运用情况,并酌情建议部长级会议修正本协定的文本。在审议过程中,货物贸易理事会应考虑本协定是否应补充有关投资政策和竞争政策的规定。

附件 例示清单

1. 与GATT 1994第3条第4款规定的国民待遇义务不一致的TRIMs包括根据国内法律或根据行政裁定属强制性或可被执行的措施,或为获得一项利益而必须遵守的措施,且该措施:

(a) 要求企业购买或使用国内产品或自任何国内来源的产品,无论按照特定产品、产品数量或价值规定,还是按照其当地生产在数量或价值上所占比例规定;或

(b) 要求企业购买或使用的进口产品须限制在与其出口的当地产品的数量或价值相关的水平。

2. 与GATTl994第11条第l款规定的普遍取消数量限制义务不一致的TRIMs包括根据国内法律或根据行政裁定属强制性或可被执行的措施,或为获得一项利益而必须遵守的措施,且该措施:

a) 普遍限制企业对用于当地生产或与当地生产相关产品的进口,或将进口限制在与其出口的当地产品的数量或价值相关的水平;

b) 通过将企业可使用的外汇限制在与可归因于该企业外汇流入相关的水平,从而限制该企业对用于当地生产或与当地生产相关产品的进口;或

c) 限制企业产品出口或供出口产品进行的销售,无论是按照特定产品、产品数量或价值规定,还是按照当地产品在数量或价值上所占比例规定。

(资料来源:广东省WTO事务咨询中心网站,http://www.gdwto.org.cn/list.asp? cid = 15&pid = 3.编者对其中的某些译法有所改动。)

OECD跨国企业指南(2000)
The OECD Guidelines for Multinational Enterprises, 2000

(June 27, 2000 Committee on International Investment and Multinational Enterprises, OECD)

• Preface

• 1. The *OECD Guidelines for Multinational Enterprises* (the *Guidelines*) are recommendations addressed by governments to multinational enterprises. They provide voluntary principles and standards for responsible business conduct consistent with applicable laws. The *Guidelines* aim to ensure that the operations of these enterprises are in harmony with government policies, to strengthen the basis of mutual confidence between enterprises and the societies in which they operate, to help improve the foreign investment climate and to enhance the contribution to sustainable development made by multinational enterprises. The *Guidelines* are part of the *OECD Declaration on International Investment and Multinational Enterprises* the other elements of which relate to national treatment, conflicting requirements on enterprises, and international investment incentives and disincentives.

• 2. International business has experienced far-reaching structural change and the *Guidelines* themselves have evolved to reflect these changes. With the rise of service and knowledge-intensive industries, service and technology enterprises have entered the international marketplace. Large enterprises still account for a major share of international investment, and there is a trend toward large-scale international mergers. At the same time, foreign investment by small-and medium-sized enterprises has also increased and these enterprises now play a significant role on the international scene. Multinational enterprises, like their domestic counterparts, have evolved to encompass a broader range of business arrangements and organisational forms. Strategic alliances and closer relations with suppliers and contractors tend to blur the boundaries of the enterprise.

• 3. The rapid evolution in the structure of multinational enterprises is also reflected in their operations in the developing world, where foreign direct investment has grown rapidly. In developing countries, multinational enterprises have diversified beyond primary production and extractive industries into manufacturing, assembly, domestic market development and services.

• 4. The activities of multinational enterprises, through international trade and investment, have strengthened and deepened the ties that join OECD economies to each other and to the rest of the world. These activities bring substantial benefits to home and host countries. These benefits accrue when multinational enterprises supply the products and services that consumers want to buy at competitive prices and when they provide fair returns to suppliers of capital. Their trade and investment activities contribute to the efficient use of capital, technology and human and natural resources. They facilitate the transfer of technology among the regions of the world and the development of technologies that reflect local conditions. Through both formal training and on-the-job learning enterprises also promote the development of human capital in host countries.

• 5. The nature, scope and speed of economic changes have presented new strategic challenges for enterprises and their stakeholders. Multinational enterprises have the opportunity to implement best practice policies for sustainable development that seek to ensure coherence between social, economic and environmental objectives. The ability of multinational enterprises to promote sustainable development is greatly enhanced when trade and investment are conducted in a context of open, competitive and appropriately regulated markets.

• 6. Many multinational enterprises have demonstrated that respect for high standards of business conduct can enhance growth. Today's competitive forces are intense and multinational enterprises face a variety of legal, social and regulatory settings. In this context, some enterprises may be tempted to neglect appropriate standards and principles of conduct in an attempt to gain undue competitive advantage. Such practices by the few may call into question the reputation of the many and may give rise to public concerns.

• 7. Many enterprises have responded to these public concerns by developing internal programmes, guidance and management systems that underpin their commitment to good corporate citizenship, good practices and good business and employee conduct. Some of them have called upon consulting, auditing and certification services, contributing to the accumulation of expertise in these areas. These efforts have also promoted social dialogue on what constitutes good business conduct. The *Guidelines* clarify the shared expectations for business conduct of the governments adhering to them and provide a point of reference for enterprises. Thus, the *Guidelines* both complement and reinforce private efforts to define and implement responsible business conduct.

• 8. Governments are co-operating with each other and with other actors to strengthen the international legal and policy framework in which business is conducted. The post-war period has seen the development of this framework, starting with the adoption in 1948 of the Universal Declaration of Human Rights. Recent instruments include the ILO Declaration on Fundamental Principles and Rights at Work, the Rio Declaration on Environment and Development and Agenda 21 and the Copenhagen Declaration for Social Development.

• 9. The OECD has also been contributing to the international policy framework. Recent developments include the adoption of the Convention on Combating Bribery of Foreign Public Officials in International Business Transactions and of the OECD Principles of Corporate Governance, the OECD Guidelines for Consumer Protection in the Context of Electronic Commerce, and ongoing work on the OECD Guidelines on Transfer Pricing for Multinational Enterprises and Tax Administrations.

10. The common aim of the governments adhering to the *Guidelines* is to encourage the positive contributions that multinational enterprises can make to economic, environmental and social progress

and to minimise the difficulties to which their various operations may give rise. In working towards this goal, governments find themselves in partnership with the many businesses, trade unions and other non-governmental organisations that are working in their own ways toward the same end. Governments can help by providing effective domestic policy frameworks that include stable macroeconomic policy, non-discriminatory treatment of firms, appropriate regulation and prudential supervision, an impartial system of courts and law enforcement and efficient and honest public administration. Governments can also help by maintaining and promoting appropriate standards and policies in support of sustainable development and by engaging in ongoing reforms to ensure that public sector activity is efficient and effective. Governments adhering to the *Guidelines* are committed to continual improvement of both domestic and international policies with a view to improving the welfare and living standards of all people.

• I. Concepts and Principles

• 1. The *Guidelines* are recommendations jointly addressed by governments to multinational enterprises. They provide principles and standards of good practice consistent with applicable laws. Observance of the *Guidelines* by enterprises is voluntary and not legally enforceable.

• 2. Since the operations of multinational enterprises extend throughout the world, international co-operation in this field should extend to all countries. Governments adhering to the *Guidelines* encourage the enterprises operating on their territories to observe the *Guidelines* wherever they operate, while taking into account the particular circumstances of each host country.

• 3. A precise definition of multinational enterprises is not required for the purposes of the *Guidelines*. These usually comprise companies or other entities established in more than one country and so linked that they may co-ordinate their operations in various ways. While one or more of these entities may be able to exercise a significant influence over the activities of others, their degree of autonomy within the enterprise may vary widely from one multinational enterprise to another. Ownership may be private, state or mixed. The *Guidelines* are addressed to all the entities within the multinational enterprise (parent companies and/or local entities). According to the actual distribution of responsibilities among them, the different entities are expected to co-operate and to assist one another to facilitate observance of the *Guidelines*.

• 4. The *Guidelines* are not aimed at introducing differences of treatment between multinational and domestic enterprises; they reflect good practice for all. Accordingly, multinational and domestic enterprises are subject to the same expectations in respect of their conduct wherever the *Guidelines* are relevant to both.

• 5. Governments wish to encourage the widest possible observance of the *Guidelines*. While it is acknowledged that small-and medium-sized enterprises may not have the same capacities as larger enterprises, governments adhering to the *Guidelines* nevertheless encourage them to observe the *Guidelines* recommendations to the fullest extent possible.

• 6. Governments adhering to the *Guidelines* should not use them for protectionist purposes nor use them in a way that calls into question the comparative advantage of any country where multinational enterprises invest.

• 7. Governments have the right to prescribe the conditions under which multinational enterprises operate within their jurisdictions, subject to international law. The entities of a multinational enterprise located in various countries are subject to the laws applicable in these countries. When multinational enterprises are subject to conflicting requirements by adhering countries, the governments concerned will co-operate in good faith with a view to resolving problems that may arise.

• 8. Governments adhering to the *Guidelines* set them forth with the understanding that they will fulfil their responsibilities to treat enterprises equitably and in accordance with international law and with their contractual obligations.

• 9. The use of appropriate international dispute settlement mechanisms, including arbitration, is encouraged as a means of facilitating the resolution of legal problems arising between enterprises and host country governments.

• Governments adhering to the *Guidelines* will promote them and encourage their use. They will establish National Contact Points that promote the *Guidelines* and act as a forum for discussion of all matters relating to the *Guidelines*. The adhering Governments will also participate in appropriate review and consultation procedures to address issues concerning interpretation of the *Guidelines* in a changing world.

• II. General Policies

Enterprises should take fully into account established policies in the countries in which they operate, and consider the views of other stakeholders. In this regard, enterprises should:

Contribute to economic, social and environmental progress with a view to achieving sustainable development.

Respect the human rights of those affected by their activities consistent with the host government's international obligations and commitments.

Encourage local capacity building through close co-operation with the local community, including business interests, as well as developing the enterprise's activities in domestic and foreign markets, consistent with the need for sound commercial practice.

Encourage human capital formation, in particular by creating employment opportunities and facilitating training opportunities for employees.

Refrain from seeking or accepting exemptions not contemplated in the statutory or regulatory framework related to environmental, health, safety, labour, taxation, financial incentives, or other issues.

Support and uphold good corporate governance principles and develop and apply good corporate governance practices.

Develop and apply effective self-regulatory practices and management systems that foster a relationship of confidence and mutual trust between enterprises and the societies in which they operate.

Promote employee awareness of, and compliance with, company policies through appropriate dissemination of these policies, including through training programmes.

Refrain from discriminatory or disciplinary action against employees who make *bona fide* reports to management or, as appropriate, to the competent public authorities, on practices that contravene the law, the *Guidelines* or the enterprise's policies.

Encourage, where practicable, business partners, including suppliers and sub-contractors, to apply principles of corporate conduct compatible with the *Guidelines*.

Abstain from any improper involvement in local political activities.

III. Disclosure

• 1. Enterprises should ensure that timely, regular, reliable and relevant information is disclosed regarding their activities, structure, financial situation and performance. This information should be disclosed for the enterprise as a whole and, where appropriate, along business lines or geographic areas. Disclosure policies of enterprises should be tailored to the nature, size and location of the enterprise, with due regard taken of costs, business confidentiality and other competitive concerns.

• 2. Enterprises should apply high quality standards for disclosure, accounting, and audit. Enterprises are also encouraged to apply high quality standards for non-financial information including environmental and social reporting where they exist. The standards or policies under which both financial and non-financial information are compiled and published should be reported.

• 3. Enterprises should disclose basic information showing their name, location, and structure, the name, address and telephone number of the parent enterprise and its main affiliates, its percentage ownership, direct and indirect in these affiliates, including shareholdings between them.

• 4. Enterprises should also disclose material information on:

The financial and operating results of the company;

Company objectives;

Major share ownership and voting rights;

Members of the board and key executives, and their remuneration;

Material foreseeable risk factors;

Material issues regarding employees and other stakeholders;

Governance structures and policies.

• 5. Enterprises are encouraged to communicate additional information that could include:

a) Value statements or statements of business conduct intended for public disclosure including information on the social, ethical and environmental policies of the enterprise and other codes of conduct to which the company subscribes. In addition, the date of adoption, the countries and entities to which such statements apply and its performance in relation to these statements may be communicated;

b) Information on systems for managing risks and complying with laws, and on statements or codes of business conduct;

c) Information on relationships with employees and other stakeholders.

IV. Employment and Industrial Relations

Enterprises should, within the framework of applicable law, regulations and prevailing labour relations and employment practices:

1. a) Respect the right of their employees to be represented by trade unions and other bona fide representatives of employees, and engage in constructive negotiations, either individually or through employers' associations, with such representatives with a view to reaching agreements on employment conditions;

b) Contribute to the effective abolition of child labour;

c) Contribute to the elimination of all forms of forced or compulsory labour;

d) Not discriminate against their employees with respect to employment or occupation on such grounds as race, colour, sex, religion, political opinion, national extraction or social origin, unless selectivity concerning employee characteristics furthers established governmental policies which specifically promote greater equality of employment opportunity or relates to the inherent requirements of a job.

2. a) Provide facilities to employee representatives as may be necessary to assist in the development of effective collective agreements;

b) Provide information to employee representatives which is needed for meaningful negotiations on conditions of employment;

c) Promote consultation and co-operation between employers and employees and their representatives on matters of mutual concern.

3. Provide information to employees and their representatives which enables them to obtain a true and fair view of the performance of the entity or, where appropriate, the enterprise as a whole.

4. a) Observe standards of employment and industrial relations not less favourable than those observed by comparable employers in the host country;

b) Take adequate steps to ensure occupational health and safety in their operations.

5. In their operations, to the greatest extent practicable, employ local personnel and provide training with a view to improving skill levels, in co-operation with employee representatives and, where appropriate, relevant governmental authorities.

6. In considering changes in their operations which would have major effects upon the livelihood of their employees, in particular in the case of the closure of an entity involving collective layoffs or dismissals, provide reasonable notice of such changes to representatives of their employees, and, where appropriate, to the relevant governmental authorities, and co-operate with the employee representatives and appropriate governmental authorities so as to mitigate to the maximum extent practicable adverse effects. In light of the specific circumstances of each case, it would be appropriate if management were able to give such notice prior to the final decision being taken. Other means

may also be employed to provide meaningful co-operation to mitigate the effects of such decisions.

7. In the context of bona fide negotiations with representatives of employees on conditions of employment, or while employees are exercising a right to organise, not threaten to transfer the whole or part of an operating unit from the country concerned nor transfer employees from the enterprises' component entities in other countries in order to influence unfairly those negotiations or to hinder the exercise of a right to organise.

8. Enable authorised representatives of their employees to negotiate on collective bargaining or labour-management relations issues and allow the parties to consult on matters of mutual concern with representatives of management who are authorised to take decisions on these matters.

V. Environment

Enterprises should, within the framework of laws, regulations and administrative practices in the countries in which they operate, and in consideration of relevant international agreements, principles, objectives, and standards, take due account of the need to protect the environment, public health and safety, and generally to conduct their activities in a manner contributing to the wider goal of sustainable development. In particular, enterprises should:

1. Establish and maintain a system of environmental management appropriate to the enterprise, including:

Collection and evaluation of adequate and timely information regarding the environmental, health, and safety impacts of their activities;

Establishment of measurable objectives and, where appropriate, targets for improved environmental performance, including periodically reviewing the continuing relevance of these objectives; and

Regular monitoring and verification of progress toward environmental, health, and safety objectives or targets.

2. Taking into account concerns about cost, business confidentiality, and the protection of intellectual property rights:

a) Provide the public and employees with adequate and timely information on the potential environment, health and safety impacts of the activities of the enterprise, which could include reporting on progress in improving environmental performance; and

b) Engage in adequate and timely communication and consultation with the communities directly affected by the environmental, health and safety policies of the enterprise and by their implementation.

3. Assess, and address in decision-making, the foreseeable environmental, health, and safety-related impacts associated with the processes, goods and services of the enterprise over their full life cycle. Where these proposed activities may have significant environmental, health, or safety impacts, and where they are subject to a decision of a competent authority, prepare an appropriate environmental impact assessment.

4. Consistent with the scientific and technical understanding of the risks, where there are threats of serious damage to the environment, taking also into account human health and safety, not use the lack of full scientific certainty as a reason for postponing cost-effective measures to prevent or minimise such damage.

5. Maintain contingency plans for preventing, mitigating, and controlling serious environmental and health damage from their operations, including accidents and emergencies; and mechanisms for immediate reporting to the competent authorities.

6. Continually seek to improve corporate environmental performance, by encouraging, where appropriate, such activities as:

a) Adoption of technologies and operating procedures in all parts of the enterprise that reflect standards concerning environmental performance in the best performing part of the enterprise;

b) Development and provision of products or services that have no undue environmental impacts; are safe in their intended use; are efficient in their consumption of energy and natural resources; can be reused, recycled, or disposed of safely;

c) Promoting higher levels of awareness among customers of the environmental implications of using the products and services of the enterprise; and

d) Research on ways of improving the environmental performance of the enterprise over the longer term.

7. Provide adequate education and training to employees in environmental health and safety matters, including the handling of hazardous materials and the prevention of environmental accidents, as well as more general environmental management areas, such as environmental impact assessment procedures, public relations, and environmental technologies.

Contribute to the development of environmentally meaningful and economically efficient public policy, for example, by means of partnerships or initiatives that will enhance environmental awareness and protection.

VI. Combating Bribery

Enterprises should not, directly or indirectly, offer, promise, give, or demand a bribe or other undue advantage to obtain or retain business or other improper advantage. Nor should enterprises be solicited or expected to render a bribe or other undue advantage. In particular, enterprises should:

1. Not offer, nor give in to demands, to pay public officials or the employees of business partners any portion of a contract payment. They should not use subcontracts, purchase orders or consulting agreements as means of channelling payments to public officials, to employees of business partners or to their relatives or business associates.

2. Ensure that remuneration of agents is appropriate and for legitimate services only. Where relevant, a list of agents employed in connection with transactions with public bodies and state-owned enterprises should be kept and made available to competent authorities.

3. Enhance the transparency of their activities in the fight against bribery and extortion. Meas-

ures could include making public commitments against bribery and extortion and disclosing the management systems the company has adopted in order to honour these commitments. The enterprise should also foster openness and dialogue with the public so as to promote its awareness of and co-operation with the fight against bribery and extortion.

4. Promote employee awareness of and compliance with company policies against bribery and extortion through appropriate dissemination of these policies and through training programmes and disciplinary procedures.

5. Adopt management control systems that discourage bribery and corrupt practices, and adopt financial and tax accounting and auditing practices that prevent the establishment of "off the books" or secret accounts or the creation of documents which do not properly and fairly record the transactions to which they relate.

6. Not make illegal contributions to candidates for public office or to political parties or to other political organisations. Contributions should fully comply with public disclosure requirements and should be reported to senior management.

VII. Consumer Interests

When dealing with consumers, enterprises should act in accordance with fair business, marketing and advertising practices and should take all reasonable steps to ensure the safety and quality of the goods or services they provide. In particular, they should:

Ensure that the goods or services they provide meet all agreed or legally required standards for consumer health and safety, including health warnings and product safety and information labels.

As appropriate to the goods or services, provide accurate and clear information regarding their content, safe use, maintenance, storage, and disposal sufficient to enable consumers to make informed decisions.

Provide transparent and effective procedures that address consumer complaints and contribute to fair and timely resolution of consumer disputes without undue cost or burden.

Not make representations or omissions, nor engage in any other practices, that are deceptive, misleading, fraudulent, or unfair.

Respect consumer privacy and provide protection for personal data.

Co-operate fully and in a transparent manner with public authorities in the prevention or removal of serious threats to public health and safety deriving from the consumption or use of their products.

VIII. Science and Technology

- Enterprises should:

Endeavour to ensure that their activities are compatible with the science and technology (S&T) policies and plans of the countries in which they operate and as appropriate contribute to the development of local and national innovative capacity.

Adopt, where practicable in the course of their business activities, practices that permit the transfer and rapid diffusion of technologies and know-how, with due regard to the protection of intellectual property rights.

When appropriate, perform science and technology development work in host countries to address local market needs, as well as employ host country personnel in an S&T capacity and encourage their training, taking into account commercial needs.

When granting licenses for the use of intellectual property rights or when otherwise transferring technology, do so on reasonable terms and conditions and in a manner that contributes to the long term development prospects of the host country.

Where relevant to commercial objectives, develop ties with local universities, public research institutions, and participate in co-operative research projects with local industry or industry associations.

IX. Competition

Enterprises should, within the framework of applicable laws and regulations, conduct their activities in a competitive manner. In particular, enterprises should:

1. Refrain from entering into or carrying out anti-competitive agreements among competitors:

a) To fix prices;

b) To make rigged bids (collusive tenders);

c) To establish output restrictions or quotas; or

d) To share or divide markets by allocating customers, suppliers, territories or lines of commerce.

2. Conduct all of their activities in a manner consistent with all applicable competition laws, taking into account the applicability of the competition laws of jurisdictions whose economies would be likely to be harmed by anti-competitive activity on their part.

3. Co-operate with the competition authorities of such jurisdictions by, among other things and subject to applicable law and appropriate safeguards, providing as prompt and complete responses as practicable to requests for information.

4. Promote employee awareness of the importance of compliance with all applicable competition laws and policies.

X. Taxation

• It is important that enterprises contribute to the public finances of host countries by making timely payment of their tax liabilities. In particular, enterprises should comply with the tax laws and regulations in all countries in which they operate and should exert every effort to act in accordance with both the letter and spirit of those laws and regulations. This would include such measures as providing to the relevant authorities the information necessary for the correct determination of taxes to be assessed in connection with their operations and conforming transfer pricing practices to the arm's length principle.

（资料来源：http://www.oecd.org/dataoecd/56/36/1922428.pdf）

第五编
国际货币金融法

国际货币基金协定(1944)

Agreement of International Monetary Fund, 1944

(1944 年 7 月 22 日在布雷顿森林召开的联合国货币金融会议通过,1945 年 12 月 27 日生效;1968 年 5 月 31 日经理事会第 235 号决定同意修改,1969 年 7 月 28 日生效;1976 年 4 月 30 日经理事会第 314 号决议同意修改,1978 年 4 月 1 日生效。)

签字于本协定的政府同意如下:

引　　文

(i) 国际货币基金组织根据原先通过的本协定的规定及以后经修改的规定建立并开展业务活动。

(ii) 为使基金组织进行业务与活动,在基金组织内分设普通账户与特别提款权账户。基金组织会员国有权参与特别提款权账户。

(iii) 除涉及特别提款权的业务活动应通过特别提款权账户外,本协定所规定的业务与活动均应通过普通账户处理,按本协定规定,普通账户包括普通资金账户、特别支付账户和投资账户。

第一条　宗　　旨

国际货币基金组织的宗旨是:

(i) 通过设置一常设机构,便于国际货币问题的商讨与协作,以促进国际货币合作。

(ii) 便利国际贸易的扩大与平衡发展,以促进和维持高水平的就业和实际收入,以及所有会员国生产资源的发展,作为经济政策的首要目标。

(iii) 促进汇价的稳定,维持会员国间有秩序的外汇安排,并避免竞争性的外汇贬值。

(iv) 协助建立会员国间经常性交易的多边支付制度,并消除妨碍世界贸易发展的外汇管制。

(v) 在充分保障下,以基金组织的资金暂时供给会员国,使之有信心利用此机会调整其国际收支的不平衡,而不致采取有害于本国的或国际的繁荣的措施。

(vi) 依据以上目标,缩短会员国国际收支不平衡的时间,并减轻其程度。

基金组织的一切政策和决定,均应以本条所列宗旨为原则。

第二条　会员资格

第一节　创始会员国

凡参加联合国货币和金融会议的国家,其政府在 1945 年 12 月 31 日前接受会员席位的,皆为创始会员国。

第二节 其他会员国

其他国家的政府,依照基金组织理事会规定的日期和条件,这些条件包括认缴的条件,应依据适用于其他现有会员国的相同原则为基础。

第三条 基金的份额和认缴

第一节 份额和认缴的支付

对每一会员国将分配以特别提款权表示的份额。凡出席联合国货币和金融会议,在1945年12月31日前加入基金组织的会员国,其缴纳基金份额列于附录A。其他会员国的份额,由基金组织理事会决定。每一会员国的认缴额应等于其份额,并在适当的存款机构全部缴付给基金组织。

第二节 份额的调整

(a) 基金组织应每隔一定时期(不超过五年)进行一次总检查,并在认为必要时,得提出调整会员国之份额。根据某一会员国的要求,基金组织如认为合适,也可在任何其他时候考虑单独调整该国之份额。

(b) 基金组织可在任何时候提议给那些1975年8月31日已是会员的国家,按照该日它们份额比例增加份额,累计数额不超过依第五条、第十二节(f)、(i)和(j) 从特别支付账户转到普通资金账户的金额。

(c) 份额的任何变更,需经85%的多数票通过。

(d) 未经会员国的同意,并作出支付(除非依据本条第三节(b)可视作业已支付)不得改变该会员国的份额。

第三节 份额变更时的付款办法

(a) 任何依本条第二节(a)同意增加其份额的会员国,应在基金组织规定的期限内以特别提款权支付增加部分中的25%,但理事会可以规定,对所有会员国一样,也可全部或部分地用基金组织指定的其他会员国货币(经该会员国同意)或会员国本国货币支付。未参加特别提款权账户的会员国应用基金组织指定的其他会员国货币(经该会员国同意)支付所增加份额中的一定比例(相当于参与国以特别提款权支付的比例),所增加份额的其余部分以会员国本国货币支付。基金组织所持有的一会员国货币,不能因此项规定下其他成员国的支付而超过依第五条第八节(b)(ii)而须支付手续费的水平。

(b) 依本条第二节(b)同意增加其份额的各会员国,应被视作已向基金组织支付相当于其增加部分的认缴额。

(c) 如会员国同意减少其份额,基金组织应在60天内将减少的部分退回该国,基金组织将以会员国的货币,一定数量的特别提款权或基金组织指定的其他会员国货币(经该会员国同意)支付,须避免基金组织持有的货币减少到新的份额以下,但在特殊情况下,基金组织可以向该会员国支付其本国货币,从而使基金组织持有的货币减少到新的份额以下。

(d) 依上述(a)所作的任何决定,除有关期限和所用货币的规定外,需要总投票权的70%的多数票通过。

第四节 用证券替代货币的办法

基金组织如对于一会员国所应缴于普通资本账户的本国货币的任何部分认为在业务上不需要时,应接受该会员国或其依照第十三条第二节所指定的存款机构发行的证券或同类负债凭证作为替代。此项证券应不能转让,无利息,按票面见票即付,在指定存款机构收入基金组织账户内,此节不仅适用于会员国认缴的货币。而且对任何负欠基金组织的货币,或基金组织所获得之货币,亦均适用,并应存入普通资金账户。

第四条 关于外汇安排的义务

第一节 会员国的一般义务

鉴于国际货币制度的主要目的是提供一个便利国与国之间商品、劳务和资本的交流和保持经济健康增长的体制,鉴于主要目标是继续发展保持金融和经济稳定所必要的有秩序的基本条件,各会员国保证同基金组织其他会员国进行合作,以保证有秩序的外汇安排,并促进一个稳定的汇率制度。具体说,各会员国应该:

(i) 努力以自己的经济和金融政策来达到促进有秩序的经济增长这个目标,既有合理的价格稳定,又适当照顾自身的境况;

(ii) 努力通过创造有秩序的基本的经济和金融条件和不会产生反常混乱的货币制度去促进稳定;

(iii) 避免操纵汇率或国际货币制度来妨碍国际收支有效的调整或取得对其他会员国不公平的竞争优势;

(iv) 奉行同本节所规定的保证不相矛盾的外汇政策。

第二节 总的外汇安排

(a) 各会员国应在本协定第二次修改日之后30天内把它在履行本条第一节规定的义务方面打算采用的外汇安排通知基金组织,在外汇安排方面如有任何改变应及时通知基金组织。

(b) 根据1976年1月1日当时通行的国际货币制度,外汇安排可以包括:(i) 一个会员国以特别提款权或选定的黄金之外的另一种共同标准,来确定本国货币的价值;(ii) 通过合作安排,会员国使本国货币同其他会员国的货币保持比价关系;(iii) 会员国选择的其他外汇安排。

(c) 为适应国际货币制度的发展,基金组织可以总投票权85%的多数规定总的外汇安排,不限制各会员国根据基金组织的目的和本条第一节规定的义务选择外汇安排的权利。

第三节 对外汇安排的监督

(a) 基金组织应监督国际货币制度,以保证其有效实行,应监督各会员国是否遵守本条第一节规定的义务。

(b) 为了履行上述(a)款规定的职能,基金组织应对各会员国的汇率政策行使严密的监督,并应制定具体原则,以在汇率政策上指导所有会员国。各会员国应该向基金组织提供为进行这种监督所必要的资料,在基金组织提出要求时,应就会员国的汇率政策问题同基金组织进行磋商。基金组织制定的原则应该符合各会员国用以确定本国货币对其他会员国货币比价的合作安排,并符合一个会员国根据基金组织的目的和本条第一节规定选择的其他外汇安排。这些原则应该尊重各会员国国内的社会和政治政策,在执行这些原则时,基金组织应该对各会员国的境况给予应有的注意。

第四节 平 价

在国际经济条件允许的情况下,基金组织得以总投票权85%的多数票作出决定,实行一个在稳定但可调整的平价的基础上普遍的外汇安排制度。基金组织应在世界经济基本稳定的基础上作出决定，并为此目的应考虑价格变动和会员国的经济增长率。这项决定应根据国际货币制度的演变，特别是要考虑流动资金的来源，而且为了保证平价制度的有效实施，还要考虑使国际收支顺差国和逆差国都能采取迅速、有效和对称的调整行动的安排，以及对国际收支不平衡的干预和处理的安排。在作此决定时，基金组织应通知会员国附录C的规定。

第五节 会员国领土内的个别货币

(a) 会员国根据本条对本国货币采取的行动应该被认为适用于该会员国根据第三十一条第二节(g)款的规定接受本协定的所有领土的个别货币，除非会员国宣布，它的行动或者是仅仅针对宗主国的货币，或者仅仅针对一种或几种特定的个别货币，或者针对宗主国的货币和一种或几种特定的个别货币。

(b) 基金组织根据本条采取的行动应该被认为是针对上述(a)款里所提到的一个会员国的所有货币，除非基金组织另有具体宣布。

第五条 基金组织的业务交易

第一节 与基金组织往来的机构

各会员国应由其财政部、中央银行、平准基金会或其他类似的财政机关与基金组织往来，基金组织也只经由这些机关与会员国往来。

第二节 基金组织的业务范围

(a) 除本协定另有规定外，基金组织的业务限于经会员国请求，以该国货币向基金组织普通资金账户上的普通资金中购买特别提款权或其他会员国货币。

(b) 如经请求，基金组织可决定提供符合于基金组织宗旨的金融和技术服务，包括对会员国所缴资金的管理。在提供此项金融服务所涉及的业务不属基金组织业务。在此分节项下的服务未经会员国同意不能加给其任何义务。

第三节 使用基金组织普通资金的条件

(a) 基金应对使用其普通资金，包括对备用安排或类似的安排制定出政策，也可对特殊的国际收支问题制定特殊的政策，以便协助会员国按照符合于基金组织宗旨的一定方式来解决其国际收支问题，并对暂时使用基金组织资金作出充分保障。

(b) 在下列条件下会员国得以本国相当数额的货币向基金组织购买其他会员国货币。

(i) 会员国应根据本协定的规定及依该规定所制定的政策使用基金组织的普通资金。

(ii) 会员国应以其国际收支，储备状况或其储备变化等为理由提出购买的需要。

(iii) 请购的数额系指在储备部分额度内的购买，或不致使基金组织所持有的购买国的货币超过其份额200%。

(iv) 基金组织在以前并未根据本条第五节、第六条第一节以及第二十六条第二节(a)宣布过，该请购会员国已无资格使用基金组织的普通资金。

(c) 基金组织应审查此项请购是否符合本协定的规定以及根据该规定所制定的政策。但会员国申请在储备部分额度的购买不须受审查。

(d) 基金组织应制定有关选择所出售货币的政策和程序，要同会员国磋商，考虑到会员国的国际收支、储备状况、外汇市场的变化，以及在一段时间内改进在基金组织中的平衡地位的要求。假如一个会员国提出购买另一会员国的货币是因为希望获得其他会员国提供的相等数量的本国货币，该会员国应有权购买其他会员国的货币，除非基金组织按第七条第三节已通知其持有的货币已经稀少。

(e)(i)每个成员国应保证,从基金组织购买的其货币额是可以自由使用的货币额或在购买时可以兑换成其选择的一种自由使用货币。两种货币间兑换使用的汇率等于按第十九条第七节(a)两者间的汇率。

(ii)每个成员国,其货币被从基金组织所购买,或其货币是被从基金组织购买的货币所换得,应和基金组织及会员国合作,从而使它的这些货币额在购买时能够兑换成其他会员国的可自由使用的货币。

(iii)如按照上述(i)所购的是一种不能自由使用货币,应由其货币被购买的会员国进行兑换,除非该会员国和购买会员国同意采用另一种办法。

(iv)如一会员国从基金组织购买另一会员国的可自由使用货币,并希望在购买时兑换成另一种可自由使用货币,在该会员国的要求下应与另一会员国作出兑换。应按另一会员国选择的可自由使用货币进行兑换,汇率按照上述(i)的规定。

(f)基金组织按应制定的政策和程序,可同意按照本节规定提供给请购的参与国以特别提款权,而不是其他会员国货币。

第四节　放弃条件的办法

基金组织得在保障本身利益的条件下,酌情放弃本条第三节(b)(iii)和(iv)所规定的任何条件,特别是对过去一向不多用或不经常用基金组织普通资金的会员国。在放弃此项条件时,基金组织应考虑该申请国的周期性的或特殊的需要。基金组织并应考虑该国愿否提供基金组织认为是以保障其利益的可接受的资产作为担保,基金组织得要求提供此种担保作为放弃上述条件的交换条件。

第五节　使用基金组织普通资金资格的丧失

当基金组织认为任何会员国使用基金组织普通资金的方式违反基金组织的宗旨时,即应向该国提出报告,阐明基金组织的意见,并规定一答复的适当期限。在提出报告后,基金组织可限制该国使用基金组织的普通资金。如在规定期限内该会员国对于基金组织的报告不予答复,或者答复不能令人满意,基金组织得继续限制其使用基金组织的普通资金,或者在给予该会员国适当的通知后,宣告该会员国丧失使用基金组织资金的资格。

第六节　基金组织对特别提款权的其他购买和出售

(a)基金组织可接受参与国提供的特别提款权,兑换给相等金额的其他会员国货币。

(b)在参与国的要求下,基金组织可提供给该国的特别提款权换回相等金额的其他会员国货币。基金组织持有的会员国货币不能由于这些交易的结果而增加到超过本条第八节(b)(ii)所规定要征收手续费的水平。

(c)基金组织按本节所提供或接受的货币应按照政策,考虑到本条第三节(d)或第七节(i)的原则,进行选择。只有在基金组织提供或接受的会员国货币,得到该会员国同意使用时,基金组织才能按此节进行交易。

第七节　会员国向基金组织购回本国货币的办法

(a)会员国在任何时候有权购回基金组织所持有的该国货币额中按本条第八节(b)的规定要征收手续费的部分。

(b)按本条第三节已进行购买的会员国,由于其国际收支和储备状况有所改善时,一般情况应购回因购买而被基金组织所持有的该国货币额中按本条第八节(b)规定要征收手续费的部分。假如根据基金组织制定的购回政策并在与会员国磋商后,基金组织向该会员国提出，由于其国际收支和储备状况有所改善而应该购回时，会员国应购回基金组织持有的这些货币。

(c) 按本条第三节已进行购买的会员国，应在不超过自购买之日后的五年内，购回因购买而被基金组织所持有的该国货币额中按本条第八节(b)的规定要征收手续费的部分。基金组织可以规定会员国应从购买之日后三年起到五年止的期限内分期作出购回。基金组织可以总投票权85%的多数票改变本分节规定的购回期限。由此而规定的期限将适用于所有会员国。

(d) 基金组织可以总投票85%的多数票规定一个不同于上述(c)而适用于所有会员国的购回期限，购回依据使用基金组织普通资金的特殊政策而使基金组织持有的货币。

(e) 会员国应根据基金组织以总投票权70%多数票通过的政策，购回基金组织所持有的该国货币，基金组织持有的这些货币不是因购买的结果，但按本条第八节(b)(ii)的规定属于要征收手续费的部分。

(f) 如果作出决定，规定按使用基金组织普通资金的政策，在上述(c)或(d)项下购回期限应比政策执行中的期限减短，则该决定应仅适用于该决定生效之日后基金组织所得的持有额。

(g) 在会员国的要求下，基金组织可以延缓购回义务的日期，但不能超过上述(c)或(d)项下的或依上述(e)基金组织规定政策下的最长期限。除非经基金组织以总投票权70%的多数票决定，由于在规定日期偿还会给会员国造成额外的困难，因而延长购回(该项购回符合于暂时性使用基金组织普通资金)的期限是合理的。

(h) 本条第三节(d)的基金组织政策，可以通过政策加以补充，即基金组织在和会员国磋商后，可以决定按本条第三节(b)出售基金组织所持有的、尚未根据第七节购回的该会员国货币，不妨碍基金组织按本协定其他规定所允许基金组织采取的任何行动。

(i) 所有依本节所作的购回，应使用特别提款权或基金组织指定的其他会员国货币。基金组织在制定会员国进行购回所需使用货币的政策和程序时，应考虑本条第三节(d)的原则。基金组织所持有的被用于购回的会员国货币，不能由于购回而增加到高出依本条第八节(b)(ii)规定要征收手续费的水平。

(j) (i) 假如按上述(i)基金组织所指定的会员国货币不是自由使用货币，该会员国应保证进行购回的会员国在进行购回时可以它兑换成被指定货币的会员国所选择的自由使用货币。在此规定下的两种货币间兑换的汇率应等于按第十九条第七节(a)两者间的汇率。

(ii) 每个成员国，其货币被基金组织指定用作购回的，应和基金组织及其他会员国合作，从而使进行购回的会员国在购回时，能用获得的指定货币，兑换成其他会员国的自由使用货币。

(iii) 上述(j)(i)项下的兑换，应与被指定货币的会员国进行，除非该会员国和购回国间同意按另外的程序进行。

(iv) 假如进行购回的会员国，在购回时，希望获得基金组织按上述(i)所指定的其他会员国的自由使用货币，如其他会员国要求，它应按上述(j)(i)所提到的汇率，以可自由使用的货币，从其他会员国换得货币。基金组织可对在兑换时提供自由使用货币问题制定规章。

第八节 手 续 费

(a) (i) 基金组织对会员国用本国货币换购特别提款权或其他会员国货币应征收手续

费,对储备部分额度的购买可比其他部分的购买征收较低的手续费,购买储备部分的手续费不能超过0.5%。

(ii) 基金组织对备用安排或类似的安排征收手续费。基金组织可以决定,安排的手续费应抵销按上述(i)对该安排项下的购买所征收的手续费。

(b) 基金组织对在普通资金账户持有的每一会员国货币的每日平均余额在以下情况下征收手续费,该货币是:

(i) 属按第三十条(c)项下列作不包括项目的某项政策所获得者;

(ii) 在除去上述(i)所提及的任何余额后超过了会员国持有份额的数额。

在持有余额期间,手续费率应每隔一定时间而增高。

(c) 假如会员国不能按本条第七节所要求的进行购回,基金组织在和会员国就减少基金组织所持有的其货币进行磋商后,可对其所持有的、应当购回的该会员国货币征收基金组织认为合适的手续费。

(d) 应有总投票权70%的多数票来决定上述(a)和(b)项下的手续费率,它应对所有会员国一致,上述(c)项亦同。

(e) 会员国应以特别提款权支付所有的手续费,只有在特殊情况下,在基金组织与其他会员国磋商后,基金组织可允许该会员国以基金组织指定的其他会员国货币支付手续费,或者用本国货币。基金组织所持有的会员国的货币,不能因在此规定下其他会员国的支付结果而增加到超过依上述(b)(ii)规定要征收手续费的水平。

第九节　酬　　金

(a) 当下述(b)或(c)所规定的份额比例超过基金组织普通资金账户所持有的会员国货币的每日平均余额,(不包括按第三十条(c)项下列作不包括项目的政策所获得的余额),基金组织应付给酬金。酬金率应由基金组织按总投票权70%的多数票决定。对所有会员国均相同。并应不高于或低于第二十条第三节所定利率的4/5。在制定酬金率时,基金组织应考虑到第五条第八节(b)下的手续费率。

(b) 适用于上述(a)的目的的份额比例如下:

(i) 对第二次修改协定前成为会员国的国家,此项份额比例应相当于第二次修改协定之日其份额的75%,对第二次修改协定后成为会员国的,其份额比例的计算是:用相当于该国成为会员国当日适用于其他会员国的份额比例的总金额除以同日其他会员国的总份额;加上:

(ii) 会员国自上述(b)(i)中适用的日期起,按第三条第三节(a)以货币或特别提款权支付给基金组织的数额;减去:

(iii) 会员国自上述(b)(i)中适用的日期起,按第三条第三节(c)从基金组织所得到的货币或特别提款权的数额。

(c) 经总投票权70%的多数票通过,基金组织可以对每个成员国将适用于上述(a)的最新的份额比例提高到:

(i) 不超过100%的某一比例,对每个成员国应根据对所有会员国同样的准则来决定,或

(ii) 所有会员国均为100%。

(c) 酬金应以特别提款权支付,除非基金组织或会员国决定以本国货币支付给会员国。

第十节　计　　算

(a) 基金组织在普通账户所持有的资产价值以特别提款权表示。

(b) 适用于本协定规定的有关会员国货币的计算,除第四条和附录 C 外,均应按照本条第十一节基金组织计算这些货币的汇率。

(c) 为实行本协定规定,确定有关份额的货币金额的计算,不应将特别支付账户或投资账户的货币包括在内。

第十一节　价值的维持

(a) 在普通资金账户的会员国货币的价值,应依第十九条第七节(a)的汇率折成特别提款权表示。

(b) 基金组织按照本节变更其所持有的某会员国的货币额,应在基金组织和其他会员国进行业务活动中使用那些货币时进行,也可在基金组织决定的,或会员国要求的其他时候进行。因变更而须向基金组织的支付,或基金组织向会员国的支付,应在变更之日后由基金组织决定的一个合理期限内进行,或在会员国要求的任何其他时候进行。

第十二节　其他业务交易

(a) 基金组织在此节下的所有政策和决定,应遵守第八条第七节所规定的目标,和避免在黄金市场上管理价格或制订固定价格的目标。

(b) 基金组织按下述(c)、(d)和(e)进行业务活动的决定,应经总投票权 85% 的多数票同意。

(c) 基金组织在经与会员国磋商后,可以出售黄金换取该会员国的货币,但未经该会员国同意,不能因此项出售而使在普通资金账户里基金组织所持有的该会员国的货币增加到超过本条第八节(b)(ii)所规定要征收手续费的水平;但经会员国的要求,基金组织出售时,将一部分兑换另一会员国的货币,须经和该会员国协商后进行,并不得使基金组织持有的该会员国的货币增加到超过本条第八节(b)(ii)规定要征收手续费的水平。基金组织在制定有关兑换的政策和程序时应考虑到本条第七节(i)所用的原则。依本规定向一会员国的出售,应按照每笔交易双方根据市场价格所协议的价格。

(d) 在基金组织按本协定进行的任何业务活动中,可以从会员国接受黄金,以代表特别提款权或货币。依本规定向基金组织的支付,应按照每笔业务交易双方根据在市场价格所协议的价格。

(e) 基金组织可将在本协定第二次修改之日持有的黄金出售给在 1975 年 8 月 31 日已经参加并且同意购买的会员国,并按这一天会员国份额所定的比例售给。假如基金组织打算为下述(f)(ii)的目的而依据上述(c)出售黄金,可出售该部分黄金给同意购买的各发展中会员国,该部分黄金如依上述(c)出售会造成有多余,可以按下述(f)(iii)分配给会员国。按此规定出售黄金给按本条第五节宣布为无资格使用基金组织普通资金的会员国,应在其恢复资格时再售给,除非基金组织决定提前售给。依本分节(e)出售给会员国的黄金应收取该会员国的货币,并按出售时以一特别提款权合 0.888671 克纯黄金等值的价格。

(f) 基金组织依上述(c)在任何时候出售其在第二次协定修改之日所持有的黄金时,应把出售收入按出售时以一特别提款权合 0.888671 克纯黄金的等值存入普通资金账户。除非基金组织按下述(g)决定用另外办法,任何多余部分应存于特别支付账户。在特别支付账户所持有的资产应和普通账户的其他账户分开,并可在任何时候使用于:

(i) 转入普通资金账户,在本协定规定认可的、除本节以外的业务活动中立即使用。

(ii) 虽非本协定其他规定认可但符合基金组织宗旨的业务活动。在本分节(f)(ii)下,对处于困境的发展中会员国可按特别的条件提供给国际收支上的援助。为此目的,基金组织应考虑到平均国民收入的水平。

(iii) 对1975年8月31日为会员国的发展中会员国按其在这一天的份额的比例进行分配。基金组织按上述(ii)的目的决定使用的资产部分,相当于这些会员国在分配之日的份额与同日所有会员国份额总数的比例。但依本规定对于按本条第五节宣布为无资格使用普通资金的会员国的分配,应在其资格恢复后才能进行,除非基金组织决定提前给予分配。按上述(i)使用资产的决定须经总投票权70%的多数票通过,按上述(ii)(iii)所作的决定须经总投票权的85%多数票通过。

(g) 基金组织可经总投票权85%的多数票决定,将上述(f)提及的部分剩余额转入投资账户,按第十二条第六节(f)的规定使用。

(h) 在按上述(f)规定未使用期间,基金组织可将在特别支付账户持有的会员国货币投资于该会员国的可销售的债务,或国际金融机构的可销售债务,按上述(f)(ii)所得到投资和利息收入应存入特别支付账户。未经其货币被用于投资的会员同意,不得进行该项投资。基金组织只能对以特别提款权或用作投资的货币为单位的债务进行投资。

(i) 从普通资金账户支付的,有关特别支付账户的行政管理费用,应不时地得到偿还,根据对此项费用合理的估计数,从特别支付账户转拨到普通资金账户内。

(j) 特别支付账户应在基金组织清理时终止,并可经总投票权70%多数票在基金组织清理前终止。由于基金组织清理该账户终止时,对该账户内的任何资产应根据附录K的规定予以分配。在基金组织清理前该账户终止时,该账户内的任何资产应转到普通资金账户,在业务活动中立即使用。经总投票权70%的多数票通过,基金组织可对特别支付账户的管理制定出规章和条例。

第六条 资本转移

第一节 使用基金组织资金作资本转移的规定

(a) 除本条第二节规定的情况外,会员国不得使用基金组织普通资金作为大量或长期的资本输出之用。基金组织可以要求会员国实行管制,以防止对基金组织普通资金作如此使用。如会员国接到此项要求后不采取适当管制,基金组织可以宣布该会员国无资格使用基金组织资金。

(b) 本节规定不限制下列情况:

(i) 会员国为了扩大出口或进行正常贸易、金融业或其他业务使用基金组织普通资金作必需的合理数额资本交易。

(ii) 会员国使用其自有资金作符合基金组织宗旨的资本移动。

第二节 资本转移的特殊规定

会员国可以在储备部分额度内购买货币,作为资本转移之用。

第三节 资本转移的管制

会员国对国际资本转移得采取必要的管制,但这种管制,除第七条第三节(b)款及第十四条第二节规定者外,不得限制日常交易的支付或者不适当地阻滞清偿债务的资金转移。

第七条 补充货币和稀少货币

第一节 基金组织补进货币的办法

基金组织认为有补进普通资金账户中有关业务所需某种会员国货币的需要时，得采取下列措施之一，或两者同时采取：

（i）在基金组织与该会员国协议的期限和条件下，向该会员国提议借入稀少货币，或经该国同意，向其境内或境外的其他来源借入稀少货币。但该会员国并无出借货币给基金组织或同意基金组织向其他来源借入的任何义务。

（ii）要求会员国（如该会员国是参与国）将其货币出售给基金组织，换回在普通资金账户持有的特别提款权，并遵守第十九条第四节的规定。在以特别提款权补充时，基金组织应适当注意第十九条第五节指定参与国的原则。

第二节 货币的普遍稀少

基金组织如发现某种货币发生普遍稀少的情形在发展时，应即通告各成员国，并提出报告，阐明稀少的原因，并建议解决的办法。当准备此项报告时，稀少货币的当事国应派代表参加。

第三节 基金组织持有的某种货币的稀少

（a）如基金组织认为对于某会员国货币的需求明显地严重威胁基金组织供应该项货币的能力时，不论其已否按本条第二节规定发出报告，应即正式宣告该货币已经稀少。此后，对所存有和可收的该项稀少货币，应参酌各会员国的相对需要、总的国际经济形势及其他有关的考虑，进行分配。基金组织并应发出关于此项措施的报告。

（b）根据上述（a）所作的正式宣告，亦即是授权任何会员国，在与基金组织协商后，暂时限制稀少货币的自由汇兑。依照第四条和附录C，该会员国应有全权决定此项限制的性质。但此项限制，仅以使对稀少货币的需求能与该国已有或应有的供给相适应为限。一俟情况许可，应即尽速放宽或解除限制。

第四节 限制的执行

任何会员国依据本条第三节（b）的规定，对任何其他会员国货币施行限制时，应对其他会员国就此项限制措施所提的任何意见，尽量予以考虑。

第五节 其他国际协定对此项限制的效力

各会员国同意不引用本协定未签订前与其他会员国所订任何协定内的义务，以免妨碍本条文规定的施行。

第八条 会员国的一般义务

第一节 引 言

各会员国除承担本协定其他各条下的义务外，尚须履行本条规定的义务。

第二节 避免限制经常性支付

（a）除第七条第三节（b）及第十四条第二节的规定外，各会员国未经基金组织同意，不得对国际经常往来的付款和资金转移施加限制。

（b）有关任何会员国货币的汇兑契约，如与该国按本协定所施行的外汇管理条例相抵触时，在任何会员国境内均属无效。此外，各会员国得相互合作采取措施，使彼此的外汇管理条例更为有效，但此项措施与条例，应符合于本协定。

第三节　避免施行歧视性倾向货币措施

除本协定规定或基金组织准许者外,无论是在第四条或附录C规定的幅度之内或之外,任何会员国或第五条第一节所述之财政机关不得施行歧视性货币措施或多种货币汇率制。如在本协定生效前已经施行此项安排与措施,该有关会员国应与基金组织磋商逐步解除的办法,但其根据第十四条第二节规定而施行者不在此限。在该情况下得适用该条第三节的规定。

第四节　兑付外国持有的本国货币

(a) 任何会员国对其他会员国所持有的本国货币结存,如其他会员国提出申请,应予购回,但申请国应说明:

(i) 此项货币结存系最近经常性往来中所获得,或

(ii) 此项兑换系为支付经常性往来所必需。购买国得自行选用特别提款权支付(须遵守第十九条第四节规定)或者用该申请国的货币支付。

(b) 上述(a)所规定的义务,不适用下列情况:

(i) 按本条第二节或第六条第三节规定,已限制此项货币结存的兑换;

(ii) 此项货币结存系一会员国在撤销依照第十四条第二节所施行的限制前的交易所得;

(iii) 此项货币结存之获得违反被要求购买的会员国的外汇条例;

(iv) 申请国的货币,依照第七条第三节(a)的规定,已经被宣布为稀少货币;

(v) 被要求购买的会员由于其他原因,已经无资格用本国货币向基金组织购买其他国家的货币。

第五节　供给资料

(a) 基金组织得要求各会员国提供基金组织认为其进行活动所需的各种资料,为了有效地实现基金组织的任务,至少应包括以下全国性的资料:

(i) 官方在国内外持有的黄金、外汇;

(ii) 官方机构以外的银行和金融机构在国内外持有的黄金、外汇;

(iii) 黄金生产量;

(iv) 黄金输出入量,及输出入国别;

(v) 商品进出口量(价值用本国货币表示),及进出口国别;

(vi) 国际收支状况,包括商品与劳务的交易、黄金的交易、可知的资本往来和其他项目;

(vii) 国际投资状况,即外人在本国境内的投资,及本国人在国外的投资,就可能范围内提供此项资料;

(viii) 国民收入;

(ix) 物价指数,即批发和零售市场的商品价格指数,及进出口价格指数;

(x) 买卖外币的汇率;

(xi) 外汇管理情况,即加入基金组织时外汇管理的全面情况,以及后来变更的详情;

(xii) 如有官方的清算安排,关于商业及金融交易待清算的数额,及此项未清算款项拖欠的时间。

(b) 基金组织在要求此项资料时,应考虑到各会员国提供资料能力的不同。会员国并无义务提供资料详细到这样地步以致泄露了私人和公司的事务。但会员国应提供尽可能详细而准确的必要资料,避免单纯的估计。

(c) 基金组织得与会员国协商下,获取更多的资料。基金组织应成为收集和交换货币金融情况的中心,以便进行研究协助会员国拟定政策,促进基金组织目的的实现。

第六节 会员间对现行国际协定的协商

如根据本协定,某会员国被准许在本协定规定的特殊或临时情形下维持或施行外汇交易限制,而在本协定以前已与其他会员国签订的协议与此项外汇限制的实施相抵触时,有关会员国应互相协商,以作成双方可以接受的必要调整。本条规定不应影响第七条第五节的施行。

第七节 在储备资产政策上合作的义务

每个会员国应和基金组织或其他会员国进行合作,以保证会员国有关储备资产的政策应与促进对国际流动资金较好的国际监督,以及使特别提款权作为国际货币制度的主要储备资产的目标相一致。

第九条 法律地位、豁免与特权

第一节 本条的目的

为使基金组织能履行其受托的职能,基金组织在各会员国境内得享有本条所规定的法律地位、豁免与特权。

第二节 基金组织的法律地位

基金组织应有完整的法人权力,特别是有权:

(i) 签订契约;

(ii) 取得与处置动产与不动产;

(iii) 进行法律诉讼。

第三节 司法程序的豁免

基金组织的财产和资产,不论在何地和为何人所保管,均应享受任何形式司法程序的豁免,除为起诉或因履行契约,得自动声明放弃此项豁免权益。

第四节 其他豁免事项

基金组织的财产和资产,不论在何地和为何人所保管,均应免受搜查、征用、没收、征收及其他行政或立法行为上的任何形式的扣押。

第五节 档案的豁免

基金组织的档案不受侵犯。

第六节 资产免受限制

基金组织的一切财产和资产,在执行本协定规定业务所必需的范围内,应免受各种限制、管制、统制以及任何性质的延缓付款。

第七节 通讯的特权

各会员国对基金组织的公文邮电应与其他会员国的公文邮电同等对待。

第八节 官员和雇员的豁免事项与特权

基金组织的理事、执行董事、及其副职、委员会的成员、按第十二条第三节(j)所任命的代表,以上人员的顾问以及官员和雇员皆享有以下权益:

(i) 在执行公务中,应豁免法律程序。但基金组织放弃此项豁免权益时,不在此限。

(ii) 倘非当地本国人民,应豁免当地的移民限制、外国人登记办法和兵役义务,其在外汇限制方面享有的便利,应与其他会员国同等级的代表、官员及雇员同样待遇。

(iii) 在旅行方面的便利,应与其他会员国同等级的代表、官员及雇员同样待遇。

第九节　豁免捐税

(a) 基金组织的资产、财产、收益以及本协定授权的业务活动和交易,应豁免一切捐税和关税。基金组织对于任何捐税关税的征收或交纳,也均豁免承担任何责任。

(b) 基金组织的执行董事、副董事、官员和雇员非当地本国公民、属民或国民,对其自基金组织所得的薪金和报酬,不得征税。

(c) 对于基金组织发行的债务凭证或证券,包括红利和利息在内,不论为何人所持有,不得征取:

(i) 仅因该项负债凭证或证券的来源不同而发生的歧视性捐税;或

(ii) 仅以其发行及付款的地点和货币,或基金组织办事处或进行业务的地点为法律根据而征收的捐税。

第十节　本条的施行

各会员国应在境内采取必要的行动,使本条文的原则得在其本国法律内发生效力,并应将已采取的具体行动通知基金组织。

第十条　与其他国际组织的关系

基金组织应在本协定条文范围内,与一般的国际组织和在有关领域内负有专门责任的公共国际组织进行合作。凡此项合作的办法,如涉及变更本协定的任何条款时,须按照第二十八条规定修改本协定后方能生效。

第十一条　与非会员国的关系

第一节　与非会员国关系的约定

会员国约定:

(i) 不与非会员国或其境内的人民从事违反本协定条文或基金组织宗旨的交易。并不准第五条第一节所指定的任何财政机关,从事此种交易。

(ii) 不与非会员国或其境内的人民合作从事违反本协定条文或基金组织宗旨的事情。

(iii) 与基金组织合作在本国境内采取适当措施,防止与非会员国或其境内的人民间的违反本协定条文或基金组织宗旨的交易。

第二节　与非会员国交易的限制

本协定并不影响任何会员国对非会员国或其境内人民施行外汇限制的权力。但如基金组织认为该项限制有碍会员国的利益和违反基金组织宗旨时,得另行考虑。

第十二条　组织与管理

第一节　基金组织的机构

基金组织应设理事会、执行董事会、总裁及工作人员。如理事会决定,经总投票权85%多数票同意,可设一委员会。适用附录D的规定。

第二节　理　事　会

(a) 本协定下的一切权力,凡未直接授予理事会、执行董事会或总裁的,均属于理事会。理事会由每会员国按其自行决定的方法委派理事及副理事各一人组成。每一理事及副理事可任职到另有新的任命为止。副理事仅在理事缺席时始有投票权。理事会应推选理事一人为理事会主席。

(b) 理事会得将其权力委托执行董事会行使。除本协定直接赋予理事会的权力外。

(c) 理事会按理事会的规定或经执行董事会召集,得举行会议。理事会经 15 个会员国或持有 1/4 总投票权的会员国的请求时,得召集开会。

(d) 理事会每次会议的法定人数应为过半数理事,并持有不少于 2/3 的总投票权。

(e) 每一理事应依照本条第五节规定所分配于各会员国的票数投票。

(f) 理事会得制定规章建立一种程序,使执行董事会得在认为其行动最适合基金组织利益时,对某项特殊问题可采取不召开理事会而获得各理事的投票。

(g) 理事会及执行董事会在被授权范围内,得采用进行基金组织业务所必需或适合的规则和章程。

(h) 基金组织对理事及副理事不付给报酬,但应支付其出席会议而发生的合理费用。

(i) 理事会应决定执行董事和副董事的报酬及总裁服务契约的薪金和条件。

(j) 理事会和执行董事会在认为适当时可任命各种委员会,委员会的成员不必限于理事、执行董事或其副职。

第三节 执行董事会

(a) 执行董事会负责处理基金组织的业务。为此,应行使理事会所托付的一切权力。

(b) 执行董事会应由执行董事组成,由总裁任主席。

(i) 5 人应由持有最大份额的 5 会员国指派;

(ii) 其余 15 人由其他会员国选举产生。对执行董事的每次的定期选举,理事会可以经总投票权 85% 的多数增加或减少上述(ii)中的执行董事人数。在一些情况下,假如执行董事是按下述(c)任命的,上述(ii)中执行董事的人数可以减少 1 或 2 人,除非理事会经总投票权 85% 多数票决定,这样的减少将会妨碍执行董事会或执行董事的职能的履行,或会影响到执行董事会所希望有的平衡。

(c) 当举行第二次及以后的定期的董事选举时,如有两个会员国(不在上述(b)(i)有权指派董事的会员国内者),其存于基金组织普通资金账户的本国货币在过去两年内用特别提款权表示的平均数,下降至其份额之下,而且降低的绝对数量大,则该两国中任一国得指派一执行董事,或两国各派一执行董事。

(d) 按附录 E 及基金组织认为适当的补充规章,执行董事的选举每隔两年举行一次。对于执行董事的每次定期选举,理事会可制定规章,修改附录 E 规定的选举董事所需票数的比例。

(e) 每一执行董事应指派一副董事在其本人缺席时全权代行使其职权。当执行董事出席时,副董事可参加会议,但不得投票。

(f) 执行董事应继续任职至其继承人被派定或被选出为止。如某选任的执行董事在其任期终了前出缺超过 90 天以上时,应由原选举该前任执行董事的会员国另选一执行董事以继其未满的任期。当选的票数必须过半数。在执行董事出缺期间,由其副董事代行职权,但不得再派代理人。

(g) 执行董事会应常驻基金组织总部办公,并应根据基金组织业务的需要经常举行会议。

(h) 执行董事会每次会议的法定人数应为过半数执行董事,并代表不少于半数的总投票权。

(i) 每一被指派的执行董事应按本条第五节分配给指派该执行董事的会员国的票数

投票。

(ii) 假如按照上述(c)分配给一个指派执行董事的会员国的票数,是连同上次定期选举执行董事分配给其他会员国的票数,由一个执行董事一起投票,该会员国可和每个其他会员国协议,分配给它的票数应由指派的执行董事投票。作出此项协议的会员国不得参加执行董事的选举。

(iii) 每个被选任的执行董事应有权按其当选时所获得的票数投票。

(iv) 当适用本条第五节(b)的规定时,执行董事有权投票数应按该规定作相应增减。执行董事有权可投的全部票数均作为一个单位投票。

(j) 理事会应作出规定,使依据(b)之规定不能指派执行董事的会员国,在其提出请求或事关该国有特殊影响时,得派遣一代表出席执行董事的会议。

第四节　总裁和工作人员

(a) 执行董事会应选总裁一人。理事或执行董事皆不得兼任总裁。总裁应为执行董事会的主席,但除在双方票数相等时得投一决定票外,无投票权。总裁得参加理事会会议,但无投票权。总裁职务的终止由执行董事会决定。

(b) 总裁为基金工作人员的首脑,在执行董事会的指示下处理基金组织日常业务,并在执行董事会总的监督下负责有关基金组织工作人员的组织、任命及辞退。

(c) 总裁和基金组织工作人员在执行其职务时,应完全对基金组织负责,而不对其他官方负责。各会员国应尊重此种职守的国际性,并应避免任何对基金组织工作人员执行职务施加影响的企图。

(d) 总裁任命工作人员时,最重要的是应注意具有最高水平的效率和技术能力,并应适当注意在尽可能的最广泛地区录用人员的重要性。

第五节　投　　票

(a) 每一会员国应有 250 票,此外,按其份额每 10 万特别提款权可增加一票。

(b) 当依据第五条第四、五节的规定须投票表决时,各会员国应有上述(a)所述票数,并作如下的调整:

(i) 凡截止投票日,从基金组织普通资金中净出售的该国货币价值每 40 万特别提款权应增加一票。

(ii) 按照第五条第三节(b)和(f),凡截止投票日,净购入的该国货币价值每 40 万特别提款权应减少一票。但不论净购入或净出售,在任何时候均以不超过该国份额为限。

(c) 除另有特别规定外,所有基金组织的决议,必须有投票的过半数决定。

第六节　储备、净收入的分配和投资

(a) 基金组织的净收入哪些用于普通储备、特别储备,哪些用于分配,应每年由理事会决定。

(b) 除分配外,基金组织可使特别储备用于任何可用普通储备的用途。

(c) 如对任何一年的净收入进行分配,应依据会员国份额的比例分配给所有会员国。

(d) 基金组织经总投票权 70% 的多数票可以决定在任何时候分配普通储备的任何部分。任何分配应按会员国的份额的比例分给所有会员国。

(e) 上述(c)和(d)的付款应以特别提款权支付,除非基金组织或会员国决定对会员国使用其本国货币支付。

(f) (i) 基金组织可以根据本分节(f)设立一个投资账户。投资账户的资产应与普通账户项下的其他账户分别存放。

(ii) 基金组织可将根据第五节,第十二条(g)出售黄金收入的一部分转入投资账户。并且经总投票70%的多数,可将普通资金账户持有的货币转入到投资账户以作立即投资之用。这些所转入的数额不能超过作出决定时普通储备和特别储备的总额。

(iii) 基金组织可将在投资账户持有的会员国货币投资于该会员国可销售债务或国际金融机构的可销售债务。未经其货币被用于投资的会员国的同意,不能进行此项投资。基金组织仅对以特别提款权或用作投资的货币为单位的债务进行投资。

(iv) 投资的收入应根据分节(f)进行投资。未作投资的收入应存于投资账户或使用于基金进行业务活动的开支。

(v) 基金组织可使用投资账户内持有的一会员国的货币,去获得基金组织进行业务活动开支所需的货币。

(vi) 在基金组织进行清理时,投资账户应即终止。经总投票权70%的多数通过,基金组织可在清理以前终止投资账户,或减少投资数额。基金组织可以经总投票权70%的多数,制定与管理投资账户有关的、符合下述(vii)、(viii)和(ix)的规则和章程。

(vii) 由于基金组织清理而终止投资账户时,此账户的任何资产应根据附录K的规定进行分配。但是,这部分相当于按第五条第十二节(g)转入到此账户的资产占转入此账户的全部资产的比例的部分,应作为存于特别支付账户的资产,并按照附录K第2项(a)(ii)进行分配。

(viii) 在基金组织清理以前终止投资账户时,本账户所持有的资产的一部分,即按第五条第十二节(g)转入到此账户资产占转入到此账户的全部资产的比例的部分,应转入特别支付账户。假如此账户尚未终止,投资账户所持有的资产余额应转入到普通资金账户供业务活动直接使用。

(ix) 在基金组织减少投资数额时,减少额中相当于按第五条第十二节(g)转入到投资账户的资产占转入到本账户的全部资产的比例的部分,应转入到特别支付账户,如该账户还未终止的话。减少的余额应转入普通资金账户,供业务活动中直接使用。

第七节　报告的公布

(a) 基金组织应出版一种年报,载有已经审查过的决算报告,并应每隔三个月(或更短时期)发表一种关于基金组织业务活动及基金组织持有的特别提款权、黄金和各会员国货币存额的简报。

(b) 基金组织认为执行任务有需要时得发表其他报告。

第八节　向会员国传达意见

基金组织在任何时间内有权将其对本协定任何有关事项的意见非正式地传达给各会员国。基金组织经总投票权70%多数通过,得决定发表一项致某一会员国的报告,说明该国货币或经济的情况及发展变化将直接造成各会员国际收支的严重不平衡。如该会员国是无权委派执行董事的国家,则可按本条第三节(j)的规定,派遣代表出席。基金组织不得发表任何有关会员国经济组织基本结构变化的报告。

第十三条　办事处和存款机构

第一节　办事处地点

基金总部应设于持有最大基金份额的会员国境内,在其他会员国境内得设立代理或分支机构。

第二节　存款机构

(i) 各会员国应指定其中央银行为存放基金组织中所持有本国货币的机构。如无中央银行,应指定一基金组织同意的机构。

(ii) 基金组织得将其他资产,包括黄金在内,存于持有最大份额的5个会员国所指定的存款机构内,或基金组织所选择的其他指定存款机构内。最初成立时,基金组织所有资金至少应有一半存于总部所在地会员国所指定的存款机构内,并至少有40%存于上述其余的4个会员国所指定的存款机构内。但基金组织对黄金的转移应注意到运输费用,并预计到基金组织的需要。遇有紧急情况时,执行董事会得将黄金的一部或全部转移至任何有充分保障的地点。

第三节　基金组织资金的保证

各会员国保证基金组织资产如因其所指定的存款机构倒闭或赖欠而发生损失时负赔偿责任。

第十四条　过渡办法

第一节　对基金组织的通知

会员国应通知基金组织是否将采用本条第2节的过渡办法,或者是否将准备接受第八条第二、三、四节所规定的义务。采用过渡办法的会员国以后如准备接受上述义务时,应即通知基金组织。

第二节　外汇限制

会员国在通知基金组织准备按本规定用过渡办法后得不顾本协定的任何其他条文的规定,维持并根据情况的变化修改在其成为会员国时已在施行的各种限制国际经常性往来的付款和资金转移办法。会员国应继续在其外汇政策中注意基金组织的宗旨。一旦条件许可,应即采取各种可能的措施,与其他会员国发展各种商业上和金融上的办法,以便利国际支付,并促进一个稳定的汇率制度。特别是,一旦会员国自信取消此种外汇限制后已能解决本身国际收支问题,而不致过份依赖基金组织的普通资金时,应即取消本节规定下所维持的各种限制。

第三节　基金组织对限制办法的行动

基金组织应就依本条第二节实施的限制提出年度报告。任何会员国如仍保留不符合第八条第二、三、四节的任何限制,应每年与基金组织进行磋商有关继续施行的问题。如基金组织认为在特殊情况下有必要时得向会员国提议,指出目前情况有利于将不符合本协定其他条文规定的某项限制予以取消,或将全部限制予以放弃,并给予该会员国一答复的适当期限。如基金组织发现该会员国坚持仍保留不符合基金组织宗旨的限制,该会员国应受第二十六条第二节(a)的制裁。

第十五条　特别提款权

第一节　分配特别提款权的权力

当发生需要时,基金组织有权将特别提款权分配给参与特别提款权账户的会员国,以补充其现有储备资产之不足。

第二节 价值单位

确定特别提款权价值的方法由基金组织以总投票权70%的多数票决定。但是,改变定值的原则或根本改变应用实施中的原则,应经总投票权85%的多数通过。

第十六条 普通账户与特别提款权账户

第一节 业务活动的分列

凡涉及特别提款权之业务活动应通过特别提款权账户办理。本协定授权基金组织办理的其他业务活动应通过普通账户办理。按照第十七条第二节规定办理之业务活动应同时通过普通账户与特别提款权账户办理。

第二节 资产和财产的分列

除在第二十条第二节、第二十四条、第二十五条以及附录H和I项下获得的资产和财产应列入特别提款权账户以外,基金组织所有的资产和财产应列入普通账户(按第五条、第二节(b)所管理的资金除外)。列入其中一个账户之资产和财产不得用以支付另一账户业务项下之负债、义务以及损失。例外情况是:办理特别提款权账户的行政费用,应由基金组织从普通账户中开支。此项费用应根据合理估计,按照第二十条第四节之规定,以特别提款权偿付,由各参与国随时摊还。

第三节 账户记载与汇报情况

参与国的特别提款权持有额之变化只有在基金组织记入特别提款权账户以后始为有效。参与国在使用特别提款权时应通知基金组织,是引用协定中哪一条规定而使用的。基金组织还可以要求参与国提供在其职权范围内所需要的情报。

第十七条 参与国及特别提款权的其他持有者

第一节 参与国

基金组织的任何会员国在向基金组织提交保证书之日即可作为特别提款权账户之参与国。该参与国应在保证书中说明:它愿遵守基金组织的规定,承担提款权账户参与国应承担之一切义务,并已在国内采取必要步骤,使其能承担这些义务。在本协定有关特别提款权账户的规定尚未生效和至少有占总份额75%的会员国按本节规定交进了它们的保证书前,会员国不能成为参与国。

第二节 基金组织作为持有者之一

基金组织可以在普通资金账户上持有特别提款权,并按照本协定规定,在和会员国的业务交易中,或者和根据本条第三节的条款所规定的持有者的业务交易中,通过普通资金账户接受和使用特别提款权。

第三节 其他持有者

基金组织可以规定:

(i) 非会员国,未参与特别提款权账户之会员国,以及代理一个以上会员国执行中央银行职能的机构以及其他官方单位为特别提款权持有者;

(ii) 关于上述持有者在与参与国或其他指定的持有者业务往来时,准予持有以及可以接受和使用特别提款权的条件;

(iii) 参与国与基金组织通过普通资金账户可与指定持有者以特别提款权进行业务往来的条件。

制定上述(i)需经85%的多数票通过。基金组织制定的条件,应符合于本协定的规定及特别提款权账户的有效实施。

第十八条　分配与撤销特别提款权

第一节　分配与撤销的指导原则及考虑

(a) 基金组织在作出关于分配与撤销特别提款权的一切决定时,应是(当需要发生时)力求弥补世界长期性的现有货币储备之不足,从而促使达到设立基金组织之宗旨,并避免世界性的经济停滞与萧条或需求过度与通货膨胀。

(b) 在第一次作出分配特别提款权的决定时,应将集体判断作为一项特别因素来考虑。此项集体判断是:认为已发生了世界性的补充现有储备之需要;认为经过补充储备以后可以达成更好的国际收支平衡,以及可以促使将来调整过程更好地进行。

第二节　分配与撤销

(a) 基金组织作出分配与撤销特别提款权决定时,应以"基本期"为单元,此基本期应是连续的,一期为5年。第一个基本期应自作出第一次分配特别提款决定之日开始,或自该决定中所指定的稍晚日期开始,分配或撤销每年进行一次。

(b) 每年的分配率系指决定分配之日占份额的一定百分率。每年之撤销率系指决定撤销之日占累计分配净额的一定百分率。上述百分率对全体参与国都是相同的。

(c) 虽有上面(a)及(b)的规定,基金组织可以作出关于某一基本期的决定如下:

(i) 该基本期不是五年;或

(ii) 分配或撤销不是每年进行一次;或

(iii) 不是按照决定分配或撤销之日的份额或累计分配净额作为分配或撤销的标准,而是按照另一日的份额或累计分配净额作为标准。

(d) 某一基本期已开始后才参与的会员国,要等到下一个基本期开始后才能领取分配额。除非基金组织作出决定,准许该参与国可以从同一基本期之下一年度开始领取分配额。假如基金组织作出这一决定,即在某一基本期内参与的会员国可在剩余的基本期内领取分配额,由于该参与国在上面(b)及(c)所述的日期尚未参与,所以基金组织应另为该参与国规定一单独的分配标准。

(e) 参与国应接受根据分配决定而分配的特别提款权,除非:

(i) 代表该参与国的理事在基金组织作出分配决定时投反对票;以及

(ii) 在根据分配决定,进行第一次分配以前,该参与国以书面通知基金组织,它不准备接受根据该分配决定而分配的特别提款权。根据该参与国的要求,基金组织可以把上述书面通知视作失效,并允许该国接受该基本期内的以后几次的分配。

(f) 在撤销分配生效日,假如某一参与国所持有的特别提款权数额低于它所应撤销的份额,应由该参与国在其货币储备总值许可范围内尽速弥补这一赤字,并应保持与基金组织磋商解决办法。该参与国在撤销分配生效日以后所获得的特别提款权应用以扣抵这一赤字,并予以撤销。

第三节　意外的重大情况发展

遇有意外的重大情况发展,基金组织认为必要时,可以在一个基本期内改变分配率或撤销率,改变分配或撤销的间隔期,或改变该基本期之长短,或另外开始一新基本期。

第四节　关于分配与撤销的决定

(a) 本条第二节之(a)、(b)、(c)或第三节所述的决定,应由理事会根据总裁的提议(经执行董事同意)作出。

(b) 总裁在提议前,应先确定这一提议是符合本条第一节(a)的规定,然后再经多方面磋商,以确定参与国对这一提议是广泛支持的。此外,总裁在提议第一次分配时,应确定本条第一节(b)所述的条件已成熟,以及参与国对于开始分配是广泛支持的。他确定这种情况以后,一俟设立特别提款权账户,他就可以作出第一次分配的提议。

(c) (i) 总裁的提议应不迟于每一基本期结束前的6个月;

(ii) 当总裁确定上述(b)中规定的条件已成熟,但基金组织仍未作出关于某一基本期分配或撤销的决定时,总裁就可以提议;

(iii) 根据本条第三节的规定,总裁认为有必要改变分配率或撤销率,改变分配或撤销的间隔期,改变基本期的长短,或另行开始一新基本期,总裁可以提议;或

(iv) 根据理事会或执行董事会提出要求的6个月以内总裁可以提议;

例外情况是:在上述(i)、(iii)、(iv)的情况下,总裁认为虽然符合本条第一节的规定,但是缺乏依照上述(b)参与国的广泛支持时,他应向理事会和执行董事提出报告。

(d) 根据本条第二节(a)(b)(c)或第三节所作出的决定需要总投票权85%多数票通过;根据第三节作出关于降低分配率的决定时例外。

第十九条 以特别取款权进行的业务

第一节 特别提款权的使用

本协定中规定或批准的业务可以使用特别提款权。

第二节 参与国间的业务往来

(a) 一个参与国可以使用特别提款权向根据本条第五节规定而指定的另一参与国换取等值的货币。

(b) 一个参与国经征得另一参与国同意,可以使用特别提款权,换取另一参与国的等值的货币。

(c) 基金组织经70%的多数票通过,可以规定一参与国经授权和另一参与国按基金组织认为合适的条件所进行的业务,条件应符合于特别提款权账户的有效实施以及本协定中关于正当使用特别提款权的规定。

(d) 基金组织对于以上述(b)或(c)进行业务活动的参与国,如认为该业务活动不利于本条第五节规定的指定程序或不符第二十二条的规定,可向其提出意见。如该参与国仍坚持实行此项业务活动,则按第二十三条第二节(b)处理。

第三节 确有需要的原则要求

(a) 除下述(c)中所规定的例外情况下,一个参与国根据本条第二节(a)的业务往来使用特别提款权时,其目的应是为了国际收支方面的需要,或由于其货币储备地位的需要或货币储备变化。不能使用特别提款权来有意识地改变货币储备的构成。

(b) 参与国在使用特别提款权时,基金组织并不按照上述(a)的规定加以审查,但参与国如不按照规定使用时,基金组织可以提出意见。如该会员国仍坚持不改,将按第二十三条第二节(b)的规定处理。

(c) 基金组织可以放弃上述(a)中规定的约束,参与国在业务往来中可使用特别提款权向另一根据本条第五节指定的参与国换取等值货币,从而使后一参与国可以根据本条第六节(a)的规定补充特别提款权头寸;防止或减少后一参与国的特别提款权赤字;弥补后一参与

国由于未遵守上述(a)的规定,使用特别提款权不当而造成的后果。

第四节　提供货币的义务

(a) 由基金组织根据本条第五节所指定的参与国,应向根据本条第二节(a)之规定而使用特别提款权的另一参与国提供自由使用货币。前一参与国提供货币义务的限度是:其所持有的特别提款权超过其累计分配净额之数额等于其累计分配净额之两倍,或该参与国与基金组织所协议的更高限度。

(b) 参与国可以提供货币超过义务限度或协议的更高限度。

第五节　指定参与国提供货币

(a) 基金组织应通过指定某一参与国提供货币的方式来保证其他国可以使用特别提款权。使用特别提款权应按照规定的数额,符合本条第二节(a)及第四节所规定的精神。基金组织在指定参与国提供货币时,应遵照下列总的指导原则以及基金组织随时规定的其他补充原则:

(i) 一个国际收支状况及货币储备总额地位都相当强的参与国就够被指定的条件。这并不排除一个货币储备地位强但国际收支出现轻度逆差的参与国被指定。基金组织在指定参与国提供货币时,力求经过一段时间以后,各参与国所持有的特别提款权可以分配得更为均匀。

(ii) 为了促使该参与国按照本条第六节(a)的规定补充头寸或为了使其减少其持有特别提款权之赤字,或为了使其弥补因未遵守本条第三节(a)的规定而造成的后果,该参与国得被指定提供货币。

(iii) 在指定参与国提供货币时,基金组织一般应尽先指定上述(ii)中指的需要特别提款权的参与国。

(b) 为了按照上述(a)(i)的规定,促使经过一段时间以后,各参与国所持有的特别提款权可以分配得更为均匀,基金组织应采用附录 F 中所规定的"指定规则",或下列(c)中所述的规则。

(c) 基金组织可在任何时候检查上述"指定规则"并在必要时基金组织可以采用新规则。在采用新规则以前,仍延用检查时的现行规则。

第六节　补充头寸

(a) 已使用特别提款权之参与国应按照附录 G 以及下面(b)所规定的"补充头寸规则",来补充其持有的特别提款权。

(b) 基金组织可在任何时候检查"补充头寸规则",并在必要时采用新规则。除非采用新规则或决定废除"补充头寸规则",应仍延用检查时的现行规则。作出采用新规则,修改或废除现行规则时应有总投票权 70% 的多数票通过。

第七节　汇　率

(a) 除下述(b)所规定外,按本条第二节(a)和(b)参与国之间进行业务所采用汇率,应达到这样一个要求:即使用特别提款权的参与国不论兑取什么货币,也不论向哪一个参与国兑取,应能取得等价交换。基金组织将通过规定以执行这一原则。

(b) 基金组织经由总投票权 85% 的多数票通过,可以采取以下政策,即在例外情况下经总投票权 70% 的多数票通过,基金组织可以授权按本条第二节(b)而进行业务往来的参与国实行不同于上述(a)的汇率。

(c) 基金组织应与参与国协商关于确定其货币汇率的程序。

(d) 本节中所提到的"参与国"包括"即将退出的参与国"。

第二十条 特别提款权账户利息和手续费

第一节 利 息

凡持有特别提款权者,由基金组织对其持有的数额付给利息,利率对所有持有者一律相同,不论基金组织收入的手续费是否足以支付利息。

第二节 手 续 费

各参与国应以其累计分配净额,加上使用后之赤字,再加上以前欠付之手续费三项之总和作为基数,向基金组织交付手续费,费用率对各参与国一律相同。

第三节 利率与费用率

基金组织应以总投票权70%的多数票来决定利率。费用率应相同于利率。

第四节 摊 款

根据第十六第二节的规定,决定摊还费用时,应由基金组织根据各参与国的累计分配净额,按同一比率,计算出每一参与国应摊还的款额。

第五节 利息、手续费及摊款的支付

利息、手续费及摊款均应以特别提款权支付。凡需要获取特别提款权以支付手续费或摊款之参与国有义务、也有权利以基金组织可接受之货币向基金组织换取普通资金账户上的所存有的特别提款权。假如用这种方式不能获得足够的特别提款权,该参与国有义务、也有权以自由使用货币向基金组织组织指定的另一参与国换取特别提款权;该参与国在支付费用之日以后获得的特别提款权应用以支付未偿付的费用,并予以撤销。

第二十一条 普通账户与特别提款权账户的管理

(a) 普通账户与特别提款权账户应按照第十二条的规定管理,并受以下各条的约束:

(i) 当理事会召开单纯涉及特别提款权事项的会议,或作出关于这一事项的决定时,在决定是否召开会议,到会人数是否已达到法定人数,票数是否达到规定多数时只考虑或只计算:代表参与国的理事所提出的要求,它们出席的人数以及它们所投的票数。

(ii) 当执行董事会作出单纯涉及特别提款权事项的决定时,只有参与国所指派的执行董事或经至少一个参与国所选出的执行董事才有投票权。参与国指派的执行董事所投的一票按照分配给该参与国的票数计算;选任的执行董事所投的一票按照分配给选举该董事的参与国的票数计算。在决定出席人数是否达到法定人数以及票数是否达到规定的多数票时,只计算上述两类的执行董事。为执行本规定,一参与国按第十二条第三节(i)(ii)所作的协议,应授权一指派的执行董事按分配给该国的票数投票。

(iii) 关于基金组织一般行政方面的问题(包括第十六条第二节中述及的摊付费用)以及任何有关是否涉及两个账户事项还是纯属特别提款权账户事项的问题,一律视作纯属普通账户的问题作出决定。关于特别提款权的定值方法,普通账户中的普通资金账户上的接受,持有以及使用特别提款权的决定,以及关于同时通过普通账户的普通资金账户与特别提款权账户办理的业务项目的决定,应分别按照纯属前一账户或后一账户所需的多数票通过。在作出关于特别提款权账户事项的决定时应特别注明。

(b) 除本协定第九条所给予的特权或豁免权以外,对于持有的特别提款权以及办理使用特别提款权的业务予以免税。

(c) 本协定中关于纯属特别提款权账户事项的规定,如根据第二十九条(a)发生解释问题时,只能由参与国向执行董事会提出。关于此项解释经执行董事会作出决定后,只能由参与国根据第二十九条(b)的规定,要求向理事会申诉。理事会将决定,不是参与国的会员国所指派的理事是否有权在“解释条文委员会”内对于纯属特别提款权账户的问题进行投票。

(d) 当基金组织与退出特别提款权账户的参与国,以及在特别提款权账户清理期间与参与国发生关于纯属特别提款权账户的纠葛时,此项纠葛应按照第二十九条(c)所规定程序进行仲裁。

第二十二条　参与国的一般义务

除本协定其他各条所规定的参与国应承担关于特别提款权的各项义务以外,各参与国应保证与基金组织以及其他参与国合作,以促使特别提款权账户之有效实施,以及按照本协定正当使用特别提款权,并使其成为国际货币制度中的主要储备资产。

第二十三条　停止特别提款权业务贸易

第一节　紧急措施

在紧急情况下以及发生了危及基金组织管理特别提款权账户的意外情况时,执行董事会经总投票权85%的票数,可暂停执行本协定中所有关于特别提款权的规定,停止期不能超过一年。在这一时期内,将适用第二十七条第一节(b)(c)及(d)的规定。

第二节　未能遵守义务

(a) 如参与国未能按照第十九条第四节的规定履行义务,除基金组织另有决定外,可以停止该参与国使用特别提款权的权利。

(b) 如参与国未能履行除上述以外的其他有关特别提款权的义务时,基金组织可以不准许该国使用在撤销其权利以后所获得的特别提款权。

(c) 基金组织应作出规定以保证:在按照上述(a)或(b)对某参与国采取行动以前,应先立即给予警告,并给予该国口头或书面申诉的充分机会。在给予该国有关上述(a)所述的警告时,该国应即停止使用特别提款权,听候关于该警告之处理。

(d) 按上述(a)、(b)停止使用权,或按上述(c)限制使用权,并不影响第十九条第四节关于参与国提供货币义务的规定。

(e) 按上述(a)或(b)之规定,停止参与国的使用权以后,基金组织可以随时恢复其使用权。但因未能履行第十九条第六节(a)规定之义务按上述(b)的规定而停止使用权者,须在自该参与国按照规定补足了头寸的那个季度之末算起的180天后才能恢复。

(f) 按照第五条第五节、第六条第一节或第二十六条第二节(a)规定,宣布某会员国无资格使用基金组织普通资金后,并不影响该国使用提款权的权利。第二十六条第二节的规定不适用于参与国未能履行关于特别提款权方面义务的情况。

第二十四条　退出特别提款权账户

第一节　退出的权利

(a) 参与国只要将书面通知送交基金组织总部,可以随时退出特别提款权账户。通知收到之日,退出即生效。

(b) 凡退出基金组织的参与国,视同同时退出特别提款权账户。

第二节　退出时的账款结算

(a) 当参与国退出特别提款权账户时,应即停止特别提款权之一切业务,除非基金组织为了便利该国结清账款,根据下列(c)的规定,予以特准;或根据本条第三、五、六节或附录 H 的规定办理时也可例外。截止退出之日应付的利息与手续费用,以及在该日以前计算出该国应摊付的费用而尚未付清者,应即以特别提款权照付。

(b) 基金组织应兑付退出之参与国所持有的特别提款权。退出之参与国偿还基金组织的应是:相当于它的累计分配净额加上因参与特别提款权账户而应付的其他款额。这些债务应相互抵销,该退出参与国所持有的用以抵付债务的这部分提款权即视作已撤销。

(c) 按照上述(b)的规定,债务进行抵销以后,退出国或基金组织所应支付的余额应由双方迅速达成协议进行结算。如协议不能迅速达成,应按附录 H 的规定办理。

第三节　利息与手续费

在参与国退出之日后,基金组织应按第二十条规定的时间和利率对该国所持有的特别提款权余额支付利息;该国应按同样的费用率对积欠基金组织的特别提款权支付手续费。双方都应以特别提款权支付。退出的参与国有权以自由使用货币向基金组织指定的另一参与国或通过协议从其他持有者换取特别提款权,以支付积欠基金组织之手续费及摊款。该退出国也可以按第十九条第五节的规定,以特别提款权的利息收入向基金组织指定的另一参与国,或通过协议向其他持有者换取货币。

第四节　结算对基金组织的债务

基金组织从退出国收入的货币,应按收入时各参与国所持有的特别提款权超出其累计分配净额之数额,按比例地分配给各参与国,以兑取其特别提款权。这样兑取的特别提款权即行撤销。退出国按照本协定规定获得的特别提款权,用以支付按照结算协议应支付的分期付款,或按照附录 H 的规定,用以抵付该项分期付款,在支付或抵付后,此特别提款权即行撤销。

第五节　结算基金组织对退出国的债务

当基金组织应兑取退出国所持有的特别提款权时,基金组织应使用其指定的其他参与国所提供的货币进行兑取。如何指定这些参与国按第十九条第五节的规定办理。每一被指定的参与国按其选择,可以提供给基金组织以退出国的货币,或一种自由使用货币,并换取等值的特别提款权。如经基金组织许可。退出国可以使用其所持有的特别提款权向任何其他持有者换取退出国自己的货币,或一种自由使用货币,或其他资产。

第六节　通过普通资金账户的业务

为了便利与退出国的结算,基金组织可以决定

(i) 该退出国以其持有的特别提款权按照本条第 2 款(b)的规定进行抵销以后,如尚有余额应由基金组织兑换者,可准许该国通过普通资金账户兑取其本国货币或一种自由使用货币(由基金组织选择);或

(ii) 该退出国可以通过普通资金账户以基金组织所接受的某国货币换取特别提款权,以便支付按照协议或附录 H 的规定应支付的手续费或分期付款。

第二十五条　特别提款权账户的清理

(a) 特别提款权账户除非理事会决定,不得清理。当发生紧急情况,执行董事会认为有必要清理特别提款权账户时,他们可以在理事会作出决定以前,暂时停止分配或撤销特别提款权以及使用特别提款权的一切业务。当理事会作出清理基金组织的决定时,此项决定即应是同时清理普通账户与特别提款权账户。

(b) 当理事会决定清理特别提款权账户时,所有分配或撤销特别提款权,一切以特别提款权进行的业务以及基金组织有关特别提款权账户的一切活动将完全停止(惟属于有秩序地清理参与国以及基金组织的特别提款权债务的活动除外);本协定所规定的基金组织以及参与国应承担的有关特别提款权的一切义务也同时停止(惟下列情况除外:本条,第二十条,第二十一条(d),第二十四条,第二十九条(c),附录H中的规定;以及根据第二十四条所达成的协议,并受附录H第4段及附录I的约束)。

(c) 特别提款权账户清理时,截至清理之日应付的利息及手续费,以及在清理日以前计算出各参与国应负担但尚未付的摊款应一律以特别提款权支付。基金组织有义务兑付各参与国所持有的特别提款权,各参与国应偿还基金组织相等于它们各自的累计分配净额加上由于参与特别提款权账户而应支付的其他款项。

(d) 特别提款权账户的清理按照附录I的规定办理。

第二十六条　会员国的退出

第一节　会员国退出的权利

任何会员国得随时以书面通知基金组织总部退出基金组织,在基金组织接到该项通知之日起即应生效。

第二节　强制退出

(a) 如一会员国不履行本协定任何义务,基金组织得宣告该国丧失使用基金组织普通资金的资格。本节规定不应视作限制第五条第五节或第六条第一节各项规定的施行。

(b) 如经过一合理期限后,该会员国仍不履行本协定任何义务,经理事会85%总投票权的表决,得要求该会员国退出基金组织。

(c) 基金组织应拟定章程,使在按上述(a)或(b)对一会员国采取行动前,将对该会员国的警告于一合理时间内通知到该会员国,并给予充分的机会以便其得以口头和书面进行申述。

第三节　退出会员国账目的结算

当会员国退出基金组织时,基金组织以该国货币所作的正常交易应即中止。该国与基金组织间的一切账目,应根据双方商定的合理期间迅速结清。如双方不能取得一致意见,即按附录J的规定进行结算。

第二十七条　紧急措施

第一节　暂时停止业务

(a) 遇有紧急情况或意外情形的发展危及基金组织的活动时,执行董事会经85%总投票权的表决得暂行停止下列条款的施行,但其期限不超过一年。

(i) 第五条,第二、三、七、八节(a)、(i)和(e);

(ii) 第六条,第二节;

(iii) 第十一条,第一节;

(iv) 附录C,第5段。

(b) 按上述(a)暂停某项业务的时间不得超过一年。但如发现上述(a)的紧急情况和意外情形仍继续存在时,经理事会总投票85%的多数表决,得予以延长,最长期不超过2年。

(c) 执行董事会经总投票权过半数的表决,得随时终止施行暂停业务。

(d) 基金组织在暂停业务期间,可就某项条款有关事项制定规则。

第二节 基金组织的清理

(a) 本基金组织非经理事会决定,不得清理。在紧急情况下,如执行董事会认为有清理基金组织的必要,得在理事会作出决定前,暂时停止各项业务。

(b) 如理事会决定清理基金组织,基金组织除进行正常的收款,清理资产和清算债务外,应即停止一切活动。各会员国在本协定下的一切义务,除本条,第二十九条(c),附录J之第7段及附录K所规定的外,亦应即终止。

(c) 基金组织的清理按附录K的规定办理。

第二十八条 本协定的修改

(a) 任何修改本协定的建议,不论其为会员国、理事或执行董事会所提出,应先通知理事会主席,然后由其提交理事会。如修改建议经理事会通过,基金组织应用信函或电报征询各会员国是否接受该修改案。如有35会员国并持有85%总投票权接受此修改案,基金组织应即将此一事实通知各会员国。

(b) 虽有上列(a)款的规定,但属于下列的修改事宜仍须经全体会员国的同意。

(i) 关于退出基金组织的权利(第二十六条,第一节);

(ii) 关于未经会员国同意不得变更份额的规定(第三条,第二节(d));

(iii) 关于非经会员国提议不得变更其货币平价的规定(附录C第6段)。

(c) 修改案应于正式通知会员国之日起3个月后生效,但信函或电报中另规定有较短期限者,不在此限。

第二十九条 本协定的解释

(a) 凡会员国与基金组织间或会员国间对于本协定条文的解释发生任何异议时,应即提交执行董事会裁决。如该异议与某一无权指派执行董事的会员国有特殊影响时,该国得按照第十二条第三节(j)之规定派遣代表出席。

(b) 如执行董事会已按照上述(a)之规定裁决,任何成员国仍可以在裁决后3个月内要求将该异议提交理事会作最后裁决。提交理事会的异议将由理事会的"解释条文委员会"考虑。委员会成员投票权为每人一票。理事会应作出关于委员会成员、程序及票决多数的规定。委员会的决定应即视作理事会的决定,除非理事会以总投票权85%多数通过另有规定。在理事会未作出决定前,基金组织如认为必要时可以先按执行董事会的裁决执行。

(c) 当基金组织与退出的会员国间,或基金组织在清理期间与会员国间发生争议时,应提交由三人组成的法庭仲裁,其中一人由基金组织指派,另一人由会员国或退出的会员国指派,另有公正人一人,除双方另有协议外,应由国际法院院长或基金组织规章所规定的其他权力机关指派。公正人对双方争议的程序问题应有全权处理。

第三十条 名 词 说 明

在解释本协定条文时,基金组织与会员国应以下列规定为准:

(a) 基金组织在普通资金账户所持有的会员国货币应包括第三条第四节基金组织所接受的任何证券。

(b)"备用安排"是指基金组织的一种决定,保证会员国可按此决定的条件在规定期限内从普通资金账户中购买到规定数额的货币。

(c)"储备部分购买"是指会员国以本国货币购买特别提款权或其他会员国的货币时,此项购买不致使基金组织在普通资金账户上持有该国货币超出其份额。按此定义在下述政策下的购买和持有额不包括在内：

(i) 因出口波动补偿贷款而使用基金组织普通资金的政策；

(ii) 有关为初级产品的国际缓冲库存筹集资金而使用基金组织普通资金的政策；

(iii) 有关经总投票权 85% 多数通过,基金组织决定应不包括的其他使用基金组织普通资金的政策。

(d)“经常性往来支付”,是指不用作资本转移目的的支付,包括(但不限于)以下各项:

(i) 所有有关对外贸易,其他经常性业务(包括劳务在内),以及正常短期银行信贷业务的支付;

(ii) 贷款利息及其他投资净收入的支付;

(iii) 数额不大的偿还贷款本金或摊提直接投资折旧的支付;

(iv) 数额不大的商家汇款。

基金组织得与有关会员国协商后,确定何种特定往来属于经常性往来,或属于资本往来。

(e)“特别提款权累计分配净额”是指分配给一参与国的特别提款权总额减去第十八条第二节(a)撤销的其特别提款权部分。

(f)“自由使用货币”是指被基金组织指定的一会员国的货币,该货币:(i) 事实上国际往来支付中被广泛使用的;(ii) 在主要外汇市场上被广泛交易的。

(g) 1975 年 8 月 31 日已是会员国的会员国应包括:按照在该日以前理事会所通过的决议但在该日以后才被接纳的会员国。

(h)“基金组织的交易”是指基金组织用货币资产兑换其他货币资产,“基金组织的业务”是指基金组织对货币资产的其他使用或收受。

(i)“特别提款权交易”是指用特别提款权兑换其他货币资产,“特别提款权业务”指特别提款权的其他合作。

第三十一条　最后条款

第一节　生效时间

本协定经持有基金组织份额总额的 65% 的会员国政府(如附录 A 所载)签字,并按照本条第二节(a)的规定交存保证书后,应即生效。但其生效日期不得在 1945 年 5 月 1 日以前。

第二节　签　字

(a) 各签字于本协定的政府,应将述明业已依照本国法律接受本协定,并已采取履行本协定义务所必需的一切措施的保证书交存美国政府。

(b) 各政府自按上述(a)之规定交存保证书之日起即为基金组织会员国,但在本协定依本条第一节规定开始生效之前,各政府均不得成为会员国。

(c) 美国政府应将本协定签字情况及按上述(a)之规定交存保证书情况,通知附录 A 所列的各国政府及在第二条第二节下被批准加入基金组织的各国政府。

(d) 各政府应于签字于本协定时,将其认缴额的万分之一用黄金或美元交与美国政府,作为基金组织之行政管理费。美国政府应将此款专户储存,俟第一次理事会议后,即移交理事会。如本协定到 1945 年 12 月 31 日尚未生效时,美国政府应将此款退交各交款政府。

(e) 凡附录 A 所列各国政府,在 1945 年 12 月 31 日前,可以随时在华盛顿签字于本协定。

(f) 凡依照第二条第二节被批准加入基金组织的各国政府,可以在 1945 年 12 月 31 日以后签字于本协定。

(g) 凡签字于本协定的各国政府,不仅代表其本身,且也代表其一切殖民地,海外领土,所有在该国保护、统治下的领土及托管地接受本协定。

(h) 上述分节(d)对于签字政府自其签字之日起即发生效力。

在华盛顿签字的正本存档于美利坚合众国,副本寄给附录A名单所列的各国政府及按照第二条第二节批准会员国资格的各国政府。

(资料来源:陈安、刘智中编选:《国际经济法资料选编》,法律出版社1991年版,第829—878页。)

对银行国外机构的监管原则(1983)

Principles of the Supervision of Bank's Foreign Establishments, 1983

(1983年5月,巴塞尔银行监管委员会①)

I. 引　言

本报告②确立了委员会认为母国当局和东道国当局监管银行国外机构时应遵循的一些原则。本报告代替了1975年的"协定",并对其条款进行了修订。其中最特别之处在于,他考虑到行长们在上次订约之后接受了以下原则,即:除非银行监管当局通过并表技术对每家银行的全球业务进行彻底检查,否则不能对单个银行的稳健性完全放心。

本报告讨论了银行监管当局对于银行国外机构从事业务的审慎性及稳健性所负的监管责任。报告并不涉及中央银行的"最后贷款人"职能。

报告中所列原则不一定体现在委员会成员国的法律中,但它们被推荐为这一领域最佳行为的指南。所有成员国已采取力所能及的行动朝着实施这些原则而努力。

对银行国外机构的充分监管,不但要求在母国和东道国监管当局之间适当地划分责任,而且要求在二者之间进行联系与合作。促进这种合作在成员国之间以及更为广泛的范围内展开,一直是并仍将是委员会的一个主要目标。委员会受到了其他监管者组织所采取的类似做法的鼓舞,希望继续加强与这些集团的关系并发展新的关系。委员会大力推荐本报告所提原则,认为它适用于所有对从事国际业务的银行负有监管责任的监管者,并希望这些原则在世界范围内被逐渐接受和实施。若出现本报告所列原则未涵盖的情形,母国和东道国当局应共同探讨确保对银行国外机构进行充分监管的途径。

Ⅱ. 银行国外机构的类型

从事国际业务的银行可能对建立下列几类国外银行感兴趣:

(1) 分行:属于无独立法律地位的业务实体,是在国外的母银行的一部分;

(2) 附属机构:属于法律上独立的机构,全部或大部分为附属机构所在国以外的银行所

① 巴塞尔银行监管委员会是银行监管当局组成的委员会,于1975年由十国集团国家中央银行行长建立,其成员包括比利时、加拿大、法国、德国、意大利、日本、卢森堡、荷兰、瑞典、瑞士、英国和美国的监管当局及中央银行的高级代表。委员会的秘书处设在巴塞尔的国际清算银行,并经常在该行举行会议。

② 本文件统称"巴塞尔协定"(the Basle Concordat)。

拥有；

(3) 合资银行或国际财团：由两个以上母机构控制、在其主要业务所在国建立并具有独立法律地位的机构。通常主要由外国拥有，且并不一定都是银行。虽然持股的结构可能使一个母机构拥有实际控制权而其他股东只拥有少数股权，但最典型的合资银行是由很多小股东拥有的。

此外，国际银行集团的结构可能最终是从本身并非银行的一家持股公司派生出来的。这类持股公司可以是一家工业或商业公司，或是资产大部分由银行股票构成的一家公司。这类银行集团可能还包括中间层次的非银行持股公司或其他非银行公司。

银行还可能在外国银行或非银行公司里进行少量参股，而不是建立合资银行。这种少量参股可算作银行全部国外业务的一部分。本报告未谈及对于此类参与的监管处理，但有关监管当局应考虑到这种情况。

Ⅲ. 对银行国外机构进行监管的一般原则

对银行国际业务进行监管的一个中心前提，是东道国与母国当局之间的有效合作。与监管银行国外机构有关的两项基本原则是这种合作的基础。两项原则要求有关东道国和母国当局之间进行协商和联络：首先，任何银行国外机构不得逃避监管；其次，监管应当是充分的。为落实这些原则，东道国当局应确保母国当局能迅速知晓其所辖银行国外机构产生的任何严重问题。与此相似，母国当局在母银行发生问题并可能影响其国外机构时应通知东道国当局。

仅仅接受这些原则还不能确保在监管银行国外机构时不出现标准不一和监管不足的情况。有几个原因可能导致这些情况。第一，虽然应假定东道国当局会充分履行对其所辖外国银行机构实行监管的义务，但实际上并非总是如此。比如，当外国机构被母国监管当局划为银行但被东道国当局划分为非银行时，问题就会产生。在这种情况下，母国当局有责任确认东道国当局是否有能力从事充分的监管。而如果东道国当局无法从事这种监管，它应通知母国当局。

如果东道国当局监管不力，母国当局应尽可能扩大监管，或者应劝阻母银行不再继续从事在该国的业务。

第二，当东道国当局感到在其领土上经营的外国银行机构之母机构所受到的监管不力或没有监管时，问题就会产生。在这种情况下，对于此类外国机构在其领土上的活动，东道国当局应予以劝阻，或在可能时予以禁止。作为另一种选择，东道国当局可施加一些特别条件，以规范此类机构的业务行为。

第三，国际银行集团结构上的一些特征会导致监管方面的漏洞。比如，若在此类银行集团的顶层或中层存在持股公司，则会对充分监管构成障碍。而且，当这些本身并非银行的持股公司向国际银行系统大量借款时，会出现一些重大的监管问题。当一些持股公司处于银行集团的顶层，而银行集团由在不同国家分别注册和经营的银行所组成时，负责监管这些银行的不同监管当局应努力加强协调，要考虑到有关银行集团的总体结构。当一家银行是一个银行集团的母公司，而该银行集团含有中层持股公司时，母国当局应确保这些持股公司及其附属机构得到充分的监管。母国当局的另一个选择是不允许母银行经营此类中层持股公司。

当银行集团既包括银行也包括非银行机构时,银行监管当局和非银行监管当局应尽可能保持联络,特别是当非银行活动具有金融特征时更应如此。银行监管者在对银行集团进行全面监管时,应考虑到这些银行集团的非银行业务;如果无法充分监管这些业务,银行监管者应努力使银行集团的非银行业务活动对银行业务所造成的风险减到最小。

实施第二个基本原则,即应充分监管所有外国银行机构,则要求东道国当局和母国当局的积极参与。东道国当局负责对在本国领土上作为单个机构进行经营的外国银行机构进行监管。而母国当局以上述机构作为更大的银行集团的一部分进行监管,同时对上述机构在世界范围的全面业务负有总体监管责任。上述东道国当局和母国当局的责任既是互补的,又是重叠的。

并表监管的原则是,在银行于各地所从事的全部业务的基础上,母银行和母国监管当局对其所辖银行或银行集团的风险暴露程度(包括风险集中程度和资产质量)和资本充足率进行监测。尽管委员会承认并表原则的充分实施很可能导致母国监管责任的某种延伸,但它并不意味着东道国当局对在其领土上经营的外国银行机构的监管责任有任何减少。尽管并表监管重要,但它只是一系列监管技术之一,由监管当局掌握使用。这不应排除母国当局和东道国当局在不并表的基础上对单个银行机构进行监管。此外,实行并表监管原则需预先假定母银行和母国监管当局可以获得所辖银行国外机构的有关经营信息,实际上,一些国家现有的银行保密条款对于母国实行综合并表监管形成了一种束缚。

Ⅳ. 对银行国外机构进行监管的内容

本报告对银行国外机构监管问题的考虑体现在以下三个不同方面:清偿能力、流动性、外汇业务及头寸。它们在某种程度上有所重叠。比如,清偿能力和流动性互有渗透。此外,对于流动性和清偿能力的考虑都源于对银行外汇业务和头寸的监管。

1. 清偿能力

就银行国外机构的清偿能力,在母国当局和东道国当局之间划分监管责任取决于该机构的类型。

就分行而言,它们的清偿能力无法与总行的整体清偿能力相区别。因此,虽然东道国当局对于监测外国分行的财务稳健性负有整体责任,对清偿能力的监管主要是母国当局的事。某些东道国当局对该国开业的外国分行适用的“存放资本金”要求并不否定这一原则。它们之所以存在,首先是为了使建立在这些国家的外国银行有义务进行并保持某种最低限度的投资,其次是为了将外国分行和本国银行处于同等的竞争条件下。

就附属机构而言,对清偿能力的监管是东道国当局和母国当局的共同责任。东道国当局有责任对在其领土上经营的所有外国附属机构的清偿能力进行监管。它们对附属机构履行监管责任的出发点在于:这些机构是在东道国依法注册的单独实体。同时,母国当局在对母银行实行并表监管的情况下,需要估计母机构的清偿能力是否受到其国外附属机构业务的影响。在并表基础上进行母国监管出于以下两个原因:一是不考虑所有外国机构便无法对母银行的清偿能力进行充分的评价;二是母银行不可能不受其国外附属机构的影响。

对于合资银行,出于实际原因,在一般情况下监管清偿能力的责任应主要由注册国当局承担。国际银行集团的持股银行不能不受它们所建合资银行的影响,而且可能以承诺函的形式作出超出持股法律责任的承诺。母国当局在对持股行的清偿能力进行监管时应考虑所有这些承诺。在合资银行具有某种特定的持股结构时,特别是当一家银行成为支配性股东时,也会出现由注册当局和母国当局共同负责监管持股行的清偿能力的情况。

2. 流动性

本部分所涉及的对流动性的监管与中央银行的最后贷款人职能无关,但与监管当局对于所辖银行建立的控制系统和程序的监测责任有关。这些控制系统和程序使有关银行在支付责任到期时得以履行支付义务。必要时,上述支付义务包括有关银行国外机构所承担的义务。

如何在母国当局和东道国当局之间划分责任以便对银行国外机构的流动性进行监管,取决于有关国外机构的类型。这与监管清偿能力的情形是一样的。东道国当局有责任对境内的外国银行机构的流动性进行监测,而母国当局有责任监督银行集团的整体流动性。

就分行而言,最初的假定应为东道国当局负有对流动性进行监管的主要责任。东道国当局最有条件对流动性进行监管,因为它与当地的做法、规定和本国货币市场的运作密切相关。与此同时,由于所有分行的流动性通常由母银行直接控制,分行作为整体的一部分不能与母银行分开看待。母国当局需要了解母银行的控制系统,并考虑到国外发行可能对母银行提出的资金要求。在特定情况下,如果东道国当局和母国当局对于究竟应由谁来承担监管国外分行流动性的责任存在疑问,双方应就此进行协商。

就附属机构而言,监管流动性的主要责任应由东道国当局承担。母国当局应考虑到母银行为其国外机构提供的备用安排或其他便利措施以及任何其他形式的承诺,如由母银行向附属机构开出的承诺函。东道国当局应向母国当局说明此类安排或承诺的重要性,以确保母国当局在监管时能充分考虑到这些问题。若东道国当局在监管外国银行附属机构的流动性(特别是外汇)时遇到困难,它应通知母国当局并协商作出适当安排,以确保实行充分的监管。

对于合资银行来说,对流动性进行监管的责任主要在于注册国当局。合资银行股东的母国当局应考虑到股东银行作出的备用安排或其他便利措施以及任何其他形式的承诺,如由股东银行向合资银行开出的承诺函。合资银行的注册国当局应向股东银行的母国当局说明此类安排和承诺的重要性,以确保在对股东银行进行监管时充分考虑到这些情况。

在并表监管的框架内,母国当局对于监督所辖银行集团使用的流动性控制系统,以及确保这些系统和此类银行集团所持流动性的充足性负有整体责任。但是,人们也承认,由于各地监管和市场条件的差异以及在不同时区和币种间进行操作的银行业务的复杂性,作为流动性监管的工具,完全并表并不总是可行的。母国当局应与东道国当局协商,以确保后者了解外国机构从事营运的整个系统环境。东道国当局有责任确保将外国银行机构严重的流动性不足问题立即通知母国当局。

3. 外汇业务与头寸

至于对银行外汇业务和头寸的监管问题,母国当局和东道国当局应共同承担责任。特别重要的是,母银行应设置监测本银行集团全部外汇头寸的监测系统,而母国当局应对这些系统进行监测。东道国当局则应对境内外国机构的外汇头寸实行监督,并应了解母国当局对这些机构实行监管的内容及其实施的程度。

(资料来源:国际清算银行编:《巴塞尔银行监管委员会文献汇编》,中国金融出版社 1998 年版,第 281—284 页。)

对国际银行集团及其境外机构的最低监管标准(1992)

Minimum Standards for the Supervision of International Banking Groups and Their Cross-border Establishments, 1992

(1992年7月,巴塞尔银行监管委员会)

一、引　　言

1975年,巴塞尔委员会得到了十国集团中央银行行长的同意,发布了一份关于监管银行国外机构原则的文件。这些原则于1983年进行了修订,采用了最佳做法指南的形式,现在常常被人称之为"协定"(Concordat),委员会成员均致力于根据各自条件将其付诸实施。其后,上述原则的某些实务部分于1990年4月在"协定"的补充条款中得到了详细的阐述。

根据最近的发展,委员会重新审查了协调国际银行监管的安排。尽管协议的原则及其补充条款仍被视为是扎实可靠的,委员会成员现在认识到需要作出更大的努力以确保这些原则能付诸实践。为此,上述某些原则被重塑为最低标准开列在后,十国集团各监管当局希望彼此能共同遵守。

巴塞尔委员会中的各监管当局将采取必要的步骤以确保其自身的监管安排符合标准。此外,委员会将监督其成员实施标准的情况下,以便决定未来将作何种修订,这也是委员会目前加强国际银行监管合作的一项工作,委员会向世界各地的银行监管当局提供本文件,并敦促它们与委员会所代表的各国当局共同遵守这些最低标准。

委员会还重新审查了1990年4月对"协定"所做的关于"银行监管当局之间的信息交流"的补充规定,该补充对于监管当局之间的长期接触与合作提供了切实指导。委员会的结论是:监管当局之间信息共享的可能形式和程度必须依照具体情况而定;在目前阶段,共享的形式和程度尚不能以最低标准表述。然而,与1990年4月补充条款相一致的是,委员会相信监管当局应做一个肯定的承诺,与来自其他国家的监管当局在与国际银行有关的所有审慎事务方面进行力所能及的合作,尤其是在调查欺诈行为的书面指控、犯罪行为或违反银行法的行为上。此外,委员会及其成员将继续努力,以减少对监管当局之间信息共享的障碍。

二、监管的最低标准

银行集团的组织日益复杂,其中可能有几层所有权关系。在某些情况下,从事并表监管的银行集团母国监管当局也是直接负责监管银行集团的总行和附属行的机构。但在其他情况下,有一家当局负责对银行集团整体进行并表监管(银行集团的母国当局),而对银行集团拥有或控制的单个银行(及其附属行)的并表监管则由不同的当局负责(该银行的母国当局)。比如,当在某国注册的一家银行附属机构想在另一国建立机构,而该附属机构本身是由接受第三国母国并表监管的某一银行集团所拥有时,上述情况就会发生。东道国当局必须意识到此类中层机构母国当局与高层机构母国当局之间的区别。除非特别说明,母国当局一词包括上述两种类型。

各监管当局在评论自身与其他国家监管当局之间的关系时,将使用下述四种最低标准。特别是,当一家银行或银行集团申请在一东道国当局的辖区内扩展业务时,该东道国当局需决定这家银行或银行集团的所在国监管当局①是否拥有必要的能力来满足这些最低标准。在作这种决定时,东道国当局应对其他当局的法定权力、过去交往经历以及其他当局的管理范围进行审查。当某一当局未能满足其中的一项或多项标准时,仍应承认该当局为满足这些最低标准的各项指标而付出的努力。

1. 所有国际银行集团和国际银行应由有能力从事并表监管的母国当局实行监管。

作为建立并经营跨国银行机构的一个条件,东道国当局应确保有关银行和银行集团(如果二者不同的话)由一个有能力从事并表监管的监督者管辖。为满足这一最低标准,母国监管当局应(a) 收到与银行或银行集团全球业务有关的,经过并表处理的财务与审慎信息,通过现场检查和其他方式确认上述信息的可靠性,并评估这些信息所反映的银行或银行集团的安全性和稳健性;(b) 有能力防止不利于保持并表财务信息或妨碍对银行或银行集团进行有效监管的公司附属机构或其他机构出现;并且(c) 有能力防止银行或银行集团在特定辖区建立国外银行机构。

2. 跨国银行机构的成立,应事先得到东道国监管当局和银行或银行集团(如果二者有所不同)所在国监管当局的同意。

只有当银行或银行集团在境外设立机构首先得到适当的母国当局的批准后,才能考虑东道国当局对跨国机构在境内设立机构的批准。母国当局的境外批准应以东道国当局后来的境内批准为准。因此,若非得到东道国当局和银行或银行集团母国当局(如果二者有所不同的话)双方的认可,银行的跨国扩张不应得到许可。在程序上,东道国当局应首先确保直接负责试图建立机构之实体的监管当局表示同意;依此类推,该当局应确保更高层次的(如果存在的话)、直接负责(作为银行集团组成部分的)上述实体之并表监管的监管当局表示同意。

尽管一家银行的安全性和稳健性应根据它的总体情况来判断,在审查境内和境外的扩充建议时,东道国当局和母国当局至少应考虑(a) 银行和银行集团的资本实力以及(b) 银行和银行集团为在局部和整体范围内对风险实行有效管理而建立的组织和经营程序的完善程度。在判断这两项标准时,东道国当局应特别注意母机构对拟议的机构所能给予的支持程度。

主要国际银行集团的业务活动正在日益超出传统的监管范畴。单个活动或产品可能是在集中或分散的基础上进行管理,与公司形式、银行或银行集团总部的位置并无特别关系。因此,在同意设立跨国机构之前,东道国当局和银行及银行集团的母国当局应分别对协议所建议的监管责任分工进行审查,以决定这种分工对于拟议的机构是否适当。

---

① 在一些国家,监管责任由一家或多家机构分担。“当局”一词被用来包括一国所有有关当局。

若鉴于有关机构计划从事的活动和银行或银行集团的位置及管理结构,有一方当局认为协议中所建议的监管责任分工是不适当的,该当局有责任发起与另一方当局的协商,以就哪一方最有条件承担主要的监管责任达成明确的谅解,而上述监管可以是对特定活动的监管。如果银行或银行集团的活动或结构有重大的变化,所有有关当局应对监管责任分工进行类似的审查。

双方当局不采取行动将被理解为是接受协议对于监管责任的划分。因此,每一家当局均有责任在接受巴塞尔协定下的责任或提出对其他形成的监管分工进行磋商。

3. 当局在担当母国监管者角色时有权从其所辖银行或银行集团的跨国银行机构索取信息作为通过境外审批或境内审批以建立一家跨国银行机构的一个条件,一家监管当局应与另一家监管当局达成谅解,即各自通过现场检查或其他使检查者满意的方式,自位于对方辖区内的、属于在自已辖区注册的银行或银行集团的跨国机构那里得到必要的信息,以便有效进行母国监管。因此,一家未来的东道国当局对境内扩张予以认可的前提条件一般是与母国当局之间达成这种谅解。通过这种双边安排,所有母国当局均应能够增强其审查所辖银行或银行集团的跨国银行机构财务状况的能力。

4. 如果一家东道国当局判定前述最低标准中的任何一项没有达到,该当局应施加限制性措施,包括禁止银行机构的成立,以满足其与上述最低标准相一致的审慎性考虑。

当考虑是否同意一家外国银行或银行集团建立某一银行机构,或审查一家银行或银行集团需要得到批准的任何其他建议时,东道国当局应判定该银行或银行集团是否是由能够满足这些最低标准或正在积极争取满足这些最低标准的当局进行并表监管的。首先,东道国当局应判明该银行或银行集团是否是在东道国当局达成从跨国机构收集信息的相互谅解的国家注册的。第二,东道国当局应判明有关母国当局是否已同意这一境外扩张。第三,东道国当局应判明该银行或银行集团(如果二者有所不同)是否受到一家具有实际从事并表监管能力的母国当局的监管。

如果某一银行或银行集团不能满足这些最低标准,而且有关母国当局不愿或不能主动采取行动来达到这些标准,东道国当局应防止该银行或银行集团在其辖区内建立任何跨国机构。然而,如果东道国当局本身愿意在"单独"并表基础上承担对该银行或银行集团进行充分监管的责任,东道国当局也可以自行决定允许该银行或银行集团建立机构,并从审慎角度出发对该机构业务的范围和性质施加审慎性限制。

因此,如果对一家银行或银行集团的母国当局达不到这些最低标准所要求的监管或监管合作水平,而且有关监管当局并未主动争取掌握必要的能力,那么只有东道国当局本身愿意按照这些最低标准对该银行或银行集团的当地机构承担监管责任的前提下,方能允许该银行或银行集团在那些遵守这些最低标准的监管当局辖区内拓展业务。

(资料来源:国际清算银行编:《巴塞尔银行监管委员会文献汇编》,中国金融出版社 1998 年版,第 291—293 页。)

统一资本计量与资本标准的国际协定：修订框架（节录）（2004）

International Convergence of Capital Measurement and Capital Standards: A Revised Framework (Excerpts), 2004

(Basel Committee on Banking Supervision, June 2004)

Table of Contents

(iii) Risk weights

(iv) Currency mismatches

(v) Sovereign guarantees and counter-guarantees

6. Maturity mismatches

(i) Definition of maturity

(ii) Risk weights for maturity mismatches

7. Other items related to the treatment of CRM techniques

(i) Treatment of pools of CRM techniques

(ii) First-to-default credit derivatives

(iii) Second-to-default credit derivatives

III. Credit Risk — The Internal Ratings-Based Approach

A. Overview

B. Mechanics of the IRB Approach

1. Categorisation of exposures

(i) Definition of corporate exposures

(ii) Definition of sovereign exposures

(iii) Definition of bank exposures

(iv) Definition of retail exposures

(v) Definition of qualifying revolving retail exposures

(vi) Definition of equity exposures

(vii) Definition of eligible purchased receivables

2. Foundation and advanced approaches

(i) Corporate, sovereign, and bank exposures

(ii) Retail exposures

(iii) Equity exposures

(iv) Eligible purchased receivables

3. Adoption of the IRB approach across asset classes

4. Transition arrangements

(i) Parallel calculation

(ii) Corporate, sovereign, bank, and retail exposures

(iii) Equity exposures

C. Rules for corporate, sovereign, and bank exposures

1. Risk-weighted assets for corporate, sovereign, and bank exposures

(i) Formula for derivation of risk-weighted assets

(ii) Firm-size adjustment for small- and medium-sized entities (SME)

(iii) Risk weights for specialised lending

2. Risk components

(i) Probability of default (PD)

(ii) Loss given default (LGD)

(iii) Rating criteria

(iv) Rating assignment horizon

(v) Use of models

(vi) Documentation of rating system design

4. Risk rating system operations

(i) Coverage of ratings

(ii) Integrity of rating process

(iii) Overrides

(iv) Data maintenance

(v) Stress tests used in assessment of capital adequacy

5. Corporate governance and oversight

(i) Corporate governance

(ii) Credit risk control

(iii) Internal and external audit

6. Use of internal ratings

7. Risk quantification

(i) Overall requirements for estimation

(ii) Definition of default

(iii) Re-ageing .

(iv) Treatment of overdrafts

(v) Definition of loss for all asset classes

(vi) Requirements specific to PD estimation

(vii) Requirements specific to own-LGD estimates

(viii) Requirements specific to own-EAD estimates

(ix) Minimum requirements for assessing effect of guarantees and credit derivatives

(x) Requirements specific to estimating PD and LGD (or EL) for qualifying purchased receivables

8. Validation of internal estimates

9. Supervisory LGD and EAD estimates

(i) Definition of eligibility of CRE and RRE as collateral

(ii) Operational requirements for eligible CRE/RRE

(iii) Requirements for recognition of financial receivables

10. Requirements for recognition of leasing

11. Calculation of capital charges for equity exposures

(i) The internal models market-based approach

(ii) Capital charge and risk quantification

(iii) Risk management process and controls

(iv) Validation and documentation

12. Disclosure requirements

(ix) Eligible servicer cash advance facilities

(x) Treatment of credit risk mitigation for securitisation exposures

(xi) Capital requirement for early amortisation provisions

V. Operational Risk

A. Definition of operational risk

B. The measurement methodologies

1. The Basic Indicator Approach

2. The Standardised Approach

3. Advanced Measurement Approaches (AMA)

C. Qualifying criteria

1. The Standardised Approach

2. Advanced Measurement Approaches (AMA)

(i) General standards

(ii) Qualitative standards

(iii) Quantitative standards

(iv) Risk mitigation

D. Partial use

VI. Trading book issues

A. Definition of the trading book

B. Prudent valuation guidance

1. Systems and controls

2. Valuation methodologies

(i) Marking to market

(ii) Marking to model

(iii) Independent price verification

3. Valuation adjustments or reserves

C. Treatment of counterparty credit risk in the trading book

D. Trading book capital treatment for specific risk under the standardized methodology

1. Specific risk capital charges for government paper

2. Specific risk rules for unrated debt securities

3. Specific risk capital charges for positions hedged by credit derivatives

Part 3: The Second Pillar — Supervisory Review Process .

I. Importance of supervisory review

II. Four key principles for supervisory review

Principle 1

1. Board and senior management oversight

2. Sound capital assessment

3. Comprehensive assessment of risks

4. Monitoring and reporting
5. Internal control review
Principle 2
1. Review of adequacy of risk assessment
2. Assessment of capital adequacy
3. Assessment of the control environment
4. Supervisory review of compliance with minimum standards
5. Supervisory response
Principle 3
Principle 4
III. Specific issues to be addressed under the supervisory review process
A. Interest rate risk in the banking book
B. Credit risk
1. Stress tests under the IRB approaches
2. Definition of default
3. Residual risk
4. Credit concentration risk
C. Operational risk
IV. Other aspects of the supervisory review process
A. Supervisory transparency and accountability
B. Enhanced cross-border communication and cooperation
V. Supervisory review process for securitisation
A. Significance of risk transfer
B. Market innovations
C. Provision of implicit support
D. Residual risks
E. Call provisions
F. Early amortisation

Part 4: The Third Pillar — Market Discipline

I. General considerations
A. Disclosure requirements
B. Guiding principles
C. Achieving appropriate disclosure
D. Interaction with accounting disclosures
E. Materiality
F. Frequency
G. Proprietary and confidential information
II. The disclosure requirements

A. General disclosure principle

B. Scope of application

C. Capital

D. Risk exposure and assessment

1. General qualitative disclosure requirement

2. Credit risk

3. Market risk

4. Operational risk

5. Equities

6. Interest rate risk in the banking book

Annex 1: The 15% of Tier 1 Limit on Innovative Instruments

Annex 2: Standardised Approach — Implementing the Mapping Process

Annex 3: Illustrative IRB Risk Weights

Annex 4: Supervisory Slotting Criteria for Specialised Lending

Annex 5: Illustrative Examples: Calculating the Effect of Credit Risk Mitigation under Supervisory Formula

Annex 6: Mapping of Business Lines

Annex 7: Detailed Loss Event Type Classification

Annex 8: Overview of Methodologies for the Capital Treatment of Transactions Secured by Financial Collateral under the Standardised and IRB Approaches

Annex 9: The Simplified Standardised Approach

……

Introduction

1. This report presents the outcome of the Basel Committee on Banking Supervision's ("the Committee") ①work over recent years to secure international convergence on revisions to supervisory regulations governing the capital adequacy of internationally active banks. Following the publication of the Committee's first round of proposals for revising the capital adequacy framework in June 1999, an extensive consultative process was set in train in all member countries and the proposals were also circulated to supervisory authorities worldwide. The Committee subsequently released additional proposals for consultation in January 2001 and April 2003 and furthermore conducted three quantitative impact studies related to its proposals. As a result of these efforts, many valuable improvements

① The Basel Committee on Banking Supervision is a committee of banking supervisory authorities that was established by the central bank governors of the Group of Ten countries in 1975. It consists of senior representatives of bank supervisory authorities and central banks from Belgium, Canada, France, Germany, Italy, Japan, Luxembourg, the Netherlands, Spain, Sweden, Switzerland, the United Kingdom, and the United States. It usually meets at the Bank for International Settlements in Basel, where its permanent Secretariat is located.

have been made to the original proposals. The present paper is now a statement of the Committee agreed by all its members. It sets out the details of the agreed Framework for measuring capital adequacy and the minimum standard to be achieved which the national supervisory authorities represented on the Committee will propose for adoption in their respective countries. This Framework and the standard it contains have been endorsed by the Central Bank Governors and Heads of Banking Supervision of the Group of Ten countries.

2. The Committee expects its members to move forward with the appropriate adoption procedures in their respective countries. In a number of instances, these procedures will include additional impact assessments of the Committee's Framework as well as further opportunities for comments by interested parties to be provided to national authorities. The Committee intends the Framework set out here to be available for implementation as of year-end 2006. However, the Committee feels that one further year of impact studies or parallel calculations will be needed for the most advanced approaches, and these therefore will be available for implementation as of year-end 2007. More details on the transition to the revised Framework and its relevance to particular approaches are set out in paragraphs 45 to 49.

3. This document is being circulated to supervisory authorities worldwide with a view to encouraging them to consider adopting this revised Framework at such time as they believe is consistent with their broader supervisory priorities. While the revised Framework has been designed to provide options for banks and banking systems worldwide, the Committee acknowledges that moving toward its adoption in the near future may not be a first priority for all non-G10 supervisory authorities in terms of what is needed to strengthen their supervision. Where this is the case, each national supervisor should consider carefully the benefits of the revised Framework in the context of its domestic banking system when developing a timetable and approach to implementation.

4. The fundamental objective of the Committee's work to revise the 1988 Accord① has been to develop a framework that would further strengthen the soundness and stability of the international banking system while maintaining sufficient consistency that capital adequacy regulation will not be a significant source of competitive inequality among internationally active banks. The Committee believes that the revised Framework will promote the adoption of stronger risk management practices by the banking industry, and views this as one of its major benefits. The Committee notes that, in their comments on the proposals, banks and other interested parties have welcomed the concept and rationale of the three pillars (minimum capital requirements, supervisory review, and market discipline) approach on which the revised Framework is based. More generally, they have expressed support for improving capital regulation to take into account changes in banking and risk management practices while at the same time preserving the benefits of a framework that can be applied as uniformly as possible at the national level.

5. In developing the revised Framework, the Committee has sought to arrive at significantly

---

① International Convergence of Capital Measurement and Capital Standards, Basel Committee on Banking Supervision (July 1988), as amended.

more risk-sensitive capital requirements that are conceptually sound and at the same time pay due regard to particular features of the present supervisory and accounting systems in individual member countries. It believes that this objective has been achieved. The Committee is also retaining key elements of the 1988 capital adequacy framework, including the general requirement for banks to hold total capital equivalent to at least 8% of their risk-weighted assets; the basic structure of the 1996 Market Risk Amendment regarding the treatment of market risk; and the definition of eligible capital.

6. A significant innovation of the revised Framework is the greater use of assessments of risk provided by banks' internal systems as inputs to capital calculations. In taking this step, the Committee is also putting forward a detailed set of minimum requirements designed to ensure the integrity of these internal risk assessments. It is not the Committee's intention to dictate the form or operational detail of banks' risk management policies and practices. Each supervisor will develop a set of review procedures for ensuring that banks' systems and controls are adequate to serve as the basis for the capital calculations. Supervisors will need to exercise sound judgements when determining a bank's state of readiness, particularly during the implementation process. The Committee expects national supervisors will focus on compliance with the minimum requirements as a means of ensuring the overall integrity of a bank's ability to provide prudential inputs to the capital calculations and not as an end in itself.

7. The revised Framework provides a range of options for determining the capital requirements for credit risk and operational risk to allow banks and supervisors to select approaches that are most appropriate for their operations and their financial market infrastructure. In addition, the Framework also allows for a limited degree of national discretion in the way in which each of these options may be applied, to adapt the standards to different conditions of national markets. These features, however, will necessitate substantial efforts by national authorities to ensure sufficient consistency in application. The Committee intends to monitor and review the application of the Framework in the period ahead with a view to achieving even greater consistency. In particular, its Accord Implementation Group (AIG) was established to promote consistency in the Framework's application by encouraging supervisors to exchange information on implementation approaches.

8. The Committee has also recognised that home country supervisors have an important role in leading the enhanced cooperation between home and host country supervisors that will be required for effective implementation. The AIG is developing practical arrangements for cooperation and coordination that reduce implementation burden on banks and conserve supervisory resources. Based on the work of the AIG, and based on its interactions with supervisors and the industry, the Committee has issued general principles for the cross-border implementation of the revised Framework and more focused principles for the recognition of operational risk capital charges under advanced measurement approaches for home and host supervisors.

9. It should be stressed that the revised Framework is designed to establish minimum levels of capital for internationally active banks. As under the 1988 Accord, national authorities will be free

to adopt arrangements that set higher levels of minimum capital. Moreover, they are free to put in place supplementary measures of capital adequacy for the banking organisations they charter. National authorities may use a supplementary capital measure as a way to address, for example, the potential uncertainties in the accuracy of the measure of risk exposures inherent in any capital rule or to constrain the extent to which an organisation may fund itself with debt. Where a jurisdiction employs a supplementary capital measure (such as a leverage ratio or a large exposure limit) in conjunction with the measure set forth in this Framework, in some instances the capital required under the supplementary measure may be more binding. More generally, under the second pillar, supervisors should expect banks to operate above minimum regulatory capital levels.

10. The revised Framework is more risk sensitive than the 1988 Accord, but countries where risks in the local banking market are relatively high nonetheless need to consider if banks should be required to hold additional capital over and above the Basel minimum. This is particularly the case with the more broad brush standardised approach, but, even in the case of the internal ratings-based (IRB) approach, the risk of major loss events may be higher than allowed for in this Framework.

11. The Committee also wishes to highlight the need for banks and supervisors to give appropriate attention to the second (supervisory review) and third (market discipline) pillars of the revised Framework. It is critical that the minimum capital requirements of the first pillar be accompanied by a robust implementation of the second, including efforts by banks to assess their capital adequacy and by supervisors to review such assessments. In addition, the disclosures provided under the third pillar of this Framework will be essential in ensuring that market discipline is an effective complement to the other two pillars.

12. The Committee is aware that interactions between regulatory and accounting approaches at both the national and international level can have significant consequences for the comparability of the resulting measures of capital adequacy and for the costs associated with the implementation of these approaches. The Committee believes that its decisions with respect to unexpected and expected losses represent a major step forward in this regard. The Committee and its members intend to continue playing a pro-active role in the dialogue with accounting authorities in an effort to reduce, wherever possible, inappropriate disparities between regulatory and accounting standards.

13. The revised Framework presented here reflects several significant changes relative to the Committee's most recent consultative proposal in April 2003. A number of these changes have already been described in the Committee's press statements of October 2003, January 2004 and May 2004. These include the changes in the approach to the treatment of expected losses (EL) and unexpected losses (UL) and to the treatment of securitisation exposures. In addition to these, changes in the treatments of credit risk mitigation and qualifying revolving retail exposures, among others, are also being incorporated. The Committee also has sought to clarify its expectations regarding the need for banks using the advanced IRB approach to incorporate the effects arising from economic downturns into their loss-given-default (LGD) parameters.

14. The Committee believes it is important to reiterate its objectives regarding the overall level

of minimum capital requirements. These are to broadly maintain the aggregate level of such requirements, while also providing incentives to adopt the more advanced risk-sensitive approaches of the revised Framework. The Committee has confirmed the need to further review the calibration of the revised Framework prior to its implementation. Should the information available at the time of such review reveal that the Committee's objectives on overall capital would not be achieved, the Committee is prepared to take actions necessary to address the situation. In particular, and consistent with the principle that such actions should be separated from the design of the Framework itself, this would entail the application of a single scaling factor—which could be either greater than or less than one—to the IRB capital requirement resulting from the revised Framework. The current best estimate of the scaling factor using Quantitative Impact Study 3 data adjusted for the EL-UL decisions is 1.06. The final determination of any scaling factor will be based on the parallel running results, which will reflect all of the elements of the Framework to be implemented.

15. The Committee has designed the revised Framework to be a more forward-looking approach to capital adequacy supervision, one that has the capacity to evolve with time. This evolution is necessary to ensure that the Framework keeps pace with market developments and advances in risk management practices, and the Committee intends to monitor these developments and to make revisions when necessary. In this regard, the Committee has benefited greatly from its frequent interactions with industry participants and looks forward to enhanced opportunities for dialogue. The Committee also intends to keep the industry apprised of its future work agenda.

16. One area where such interaction will be particularly important is in relation to the issue of "double default." The Committee believes that recognition of double default effects is necessary, though it is essential to consider all of the implications, especially those related to measurement, before a solution is decided upon. It will continue work with the intention of finding a prudentially sound solution as promptly as possible prior to the implementation of the revised Framework. Alongside this work, the Committee has also begun joint work with the International Organization of Securities Commissions (IOSCO) on various issues relating to trading activities (e.g. potential future exposure).

17. One area where the Committee intends to undertake additional work of a longer-term nature is in relation to the definition of eligible capital. One motivation for this is the fact that the changes in the treatment of expected and unexpected losses and related changes in the treatment of provisions in the Framework set out here generally tend to reduce Tier 1 capital requirements relative to total capital requirements. Moreover, converging on a uniform international capital standard under this Framework will ultimately require the identification of an agreed set of capital instruments that are available to absorb unanticipated losses on a going-concern basis. The Committee announced its intention to review the definition of capital as a follow-up to the revised approach to Tier 1 eligibility as announced in its October 1998 press release, "Instruments eligible for inclusion in Tier 1 capital". It will explore further issues surrounding the definition of regulatory capital, but does not intend to propose changes as a result of this longer-term review prior to the implementation of the revised Framework set out in this document. In the meantime, the Committee will continue its efforts to en-

sure the consistent application of its 1998 decisions regarding the composition of regulatory capital across jurisdictions.

18. The Committee also seeks to continue to engage the banking industry in a discussion of prevailing risk management practices, including those practices aiming to produce quantified measures of risk and economic capital. Over the last decade, a number of banking organisations have invested resources in modelling the credit risk arising from their significant business operations. Such models are intended to assist banks in quantifying, aggregating and managing credit risk across geographic and product lines. While the Framework presented in this document stops short of allowing the results of such credit risk models to be used for regulatory capital purposes, the Committee recognises the importance of continued active dialogue regarding both the performance of such models and their comparability across banks. Moreover, the Committee believes that a successful implementation of the revised Framework will provide banks and supervisors with critical experience necessary to address such challenges. The Committee understands that the IRB approach represents a point on the continuum between purely regulatory measures of credit risk and an approach that builds more fully on internal credit risk models. In principle, further movements along that continuum are foreseeable, subject to an ability to address adequately concerns about reliability, comparability, validation, and competitive equity. In the meantime, the Committee believes that additional attention to the results of internal credit risk models in the supervisory review process and in banks' disclosures will be highly beneficial for the accumulation of information on the relevant issues.

19. This document is divided into four parts as illustrated in the following chart. The first part, scope of application, details how the capital requirements are to be applied within a banking group. Calculation of the minimum capital requirements for credit risk and operational risk, as well as certain trading book issues are provided in part two. The third and fourth parts outline expectations concerning supervisory review and market discipline, respectively.

Part 1: Scope of Application

I. Introduction

20. This Framework will be applied on a consolidated basis to internationally active banks. This is the best means to preserve the integrity of capital in banks with subsidiaries by eliminating double gearing.

21. The scope of application of the Framework will include, on a fully consolidated basis, any holding company that is the parent entity within a banking group to ensure that it captures the risk of the whole banking group. ① Banking groups are groups that engage predominantly in banking activities and, in some countries, a banking group may be registered as a bank.

---

① A holding company that is a parent of a banking group may itself have a parent holding company. In some structures, this parent holding company may not be subject to this Framework because it is not considered a parent of a banking group.

22. The Framework will also apply to all internationally active banks at every tier within a banking group, also on a fully consolidated basis (see illustrative chart at the end of this section). ① A three-year transitional period for applying full sub-consolidation will be provided for those countries where this is not currently a requirement.

23. Further, as one of the principal objectives of supervision is the protection of depositors, it is essential to ensure that capital recognised in capital adequacy measures is readily available for those depositors. Accordingly, supervisors should test that individual banks are adequately capitalised on a stand-alone basis.

II. Banking, securities and other financial subsidiaries

24. To the greatest extent possible, all banking and other relevant financial activities② (both regulated and unregulated) conducted within a group containing an internationally active bank will be captured through consolidation. Thus, majority-owned or -controlled banking entities, securities entities (where subject to broadly similar regulation or where securities activities are deemed banking activities) and other financial entities③ should generally be fully consolidated.

25. Supervisors will assess the appropriateness of recognising in consolidated capital the minority interests that arise from the consolidation of less than wholly owned banking, securities or other financial entities. Supervisors will adjust the amount of such minority interests that may be included in capital in the event the capital from such minority interests is not readily available to other group entities.

26. There may be instances where it is not feasible or desirable to consolidate certain securities or other regulated financial entities. This would be only in cases where such holdings are acquired through debt previously contracted and held on a temporary basis, are subject to different regulation, or where non-consolidation for regulatory capital purposes is otherwise required by law. In such cases, it is imperative for the bank supervisor to obtain sufficient information from supervisors responsible for such entities.

27. If any majority-owned securities and other financial subsidiaries are not consolidated for capital purposes, all equity and other regulatory capital investments in those entities attributable to the group will be deducted, and the assets and liabilities, as well as third-party capital investments in the subsidiary will be removed from the bank's balance sheet. Supervisors will ensure that the en-

① As an alternative to full sub-consolidation, the application of this Framework to the stand-alone bank (i.e. on a basis that does not consolidate assets and liabilities of subsidiaries) would achieve the same objective, providing the full book value of any investments in subsidiaries and significant minority-owned stakes is deducted from the bank's capital.

② "Financial activities" do not include insurance activities and "financial entities" do not include insurance entities.

③ Examples of the types of activities that financial entities might be involved in include financial leasing, issuing credit cards, portfolio management, investment advisory, custodial and safekeeping services and other similar activities that are ancillary to the business of banking.

tity that is not consolidated and for which the capital investment is deducted meets regulatory capital requirements. Supervisors will monitor actions taken by the subsidiary to correct any capital shortfall and, if it is not corrected in a timely manner, the shortfall will also be deducted from the parent bank's capital.

III. Significant minority investments in banking, securities and other financial entities

28. Significant minority investments in banking, securities and other financial entities, where control does not exist, will be excluded from the banking group's capital by deduction of the equity and other regulatory investments. Alternatively, such investments might be, under certain conditions, consolidated on a pro rata basis. For example, pro rata consolidation may be appropriate for joint ventures or where the supervisor is satisfied that the parent is legally or de facto expected to support the entity on a proportionate basis only and the other significant shareholders have the means and the willingness to proportionately support it. The threshold above which minority investments will be deemed significant and be thus either deducted or consolidated on a pro-rata basis is to be determined by national accounting and/or regulatory practices. As an example, the threshold for pro-rata inclusion in the European Union is defined as equity interests of between 20% and 50%.

29. The Committee reaffirms the view set out in the 1988 Accord that reciprocal crossholdings of bank capital artificially designed to inflate the capital position of banks will be deducted for capital adequacy purposes.

IV. Insurance entities

30. A bank that owns an insurance subsidiary bears the full entrepreneurial risks of the subsidiary and should recognise on a group-wide basis the risks included in the whole group. When measuring regulatory capital for banks, the Committee believes that at this stage it is, in principle, appropriate to deduct banks' equity and other regulatory capital investments in insurance subsidiaries and also significant minority investments in insurance entities. Under this approach the bank would remove from its balance sheet assets and liabilities, as well as third party capital investments in an insurance subsidiary. Alternative approaches that can be applied should, in any case, include a group-wide perspective for determining capital adequacy and avoid double counting of capital.

31. Due to issues of competitive equality, some G10 countries will retain their existing risk weighting treatment 7① as an exception to the approaches described above and introduce risk aggregation only on a consistent basis to that applied domestically by insurance supervisors for insurance

① For banks using the standardised approach this would mean applying no less than a 100% risk weight, while for banks on the IRB approach, the appropriate risk weight based on the IRB rules shall apply to such investments.

firms with banking subsidiaries. 8① The Committee invites insurance supervisors to develop further and adopt approaches that comply with the above standards.

32. Banks should disclose the national regulatory approach used with respect to insurance entities in determining their reported capital positions.

33. The capital invested in a majority-owned or controlled insurance entity may exceed the amount of regulatory capital required for such an entity (surplus capital). Supervisors may permit the recognition of such surplus capital in calculating a bank's capital adequacy, under limited circumstances. ② National regulatory practices will determine the parameters and criteria, such as legal transferability, for assessing the amount and availability of surplus capital that could be recognised in bank capital. Other examples of availability criteria include: restrictions on transferability due to regulatory constraints, to tax implications and to adverse impacts on external credit assessment institutions' ratings. Banks recognizing surplus capital in insurance subsidiaries will publicly disclose the amount of such surplus capital recognised in their capital. Where a bank does not have a full ownership interest in an insurance entity (e.g. 50% or more but less than 100% interest), surplus capital recognized should be proportionate to the percentage interest held. Surplus capital in significant minority-owned insurance entities will not be recognised, as the bank would not be in a position to direct the transfer of the capital in an entity which it does not control.

34. Supervisors will ensure that majority-owned or controlled insurance subsidiaries, which are not consolidated and for which capital investments are deducted or subject to an alternative group-wide approach, are themselves adequately capitalised to reduce the possibility of future potential losses to the bank. Supervisors will monitor actions taken by the subsidiary to correct any capital shortfall and, if it is not corrected in a timely manner, the shortfall will also be deducted from the parent bank's capital.

V. Significant investments in commercial entities

35. Significant minority and majority investments in commercial entities which exceed certain materiality levels will be deducted from banks' capital. Materiality levels will be determined by national accounting and/or regulatory practices. Materiality levels of 15% of the bank's capital for individual significant investments in commercial entities and 60% of the bank's capital for the aggregate of such investments, or stricter levels, will be applied. The amount to be deducted will be that portion of the investment that exceeds the materiality level.

---

① Where the existing treatment is retained, third party capital invested in the insurance subsidiary (i.e. minority interests) cannot be included in the bank's capital adequacy measurement.

② In a deduction approach, the amount deducted for all equity and other regulatory capital investments will be adjusted to reflect the amount of capital in those entities that is in surplus to regulatory requirements, i.e. the amount deducted would be the lesser of the investment or the regulatory capital requirement. The amount representing the surplus capital, i.e. the difference between the amount of the investment in those entities and their regulatory capital requirement, would be risk-weighted as an equity investment. If using an alternative group-wide approach, an equivalent treatment of surplus capital will be made.

36. Investments in significant minority- and majority-owned and -controlled commercial entities below the materiality levels noted above will be risk-weighted at no lower than 100% for banks using the standardised approach. For banks using the IRB approach, the investment would be risk weighted in accordance with the methodology the Committee is developing for equities and would not be less than 100%.

VI. Deduction of investments pursuant to this part

37. Where deductions of investments are made pursuant to this part on scope of application, the deductions will be 50% from Tier 1 and 50% from Tier 2 capital.

38. Goodwill relating to entities subject to a deduction approach pursuant to this part should be deducted from Tier 1 in the same manner as goodwill relating to consolidated subsidiaries, and the remainder of the investments should be deducted as provided for in this part. A similar treatment of

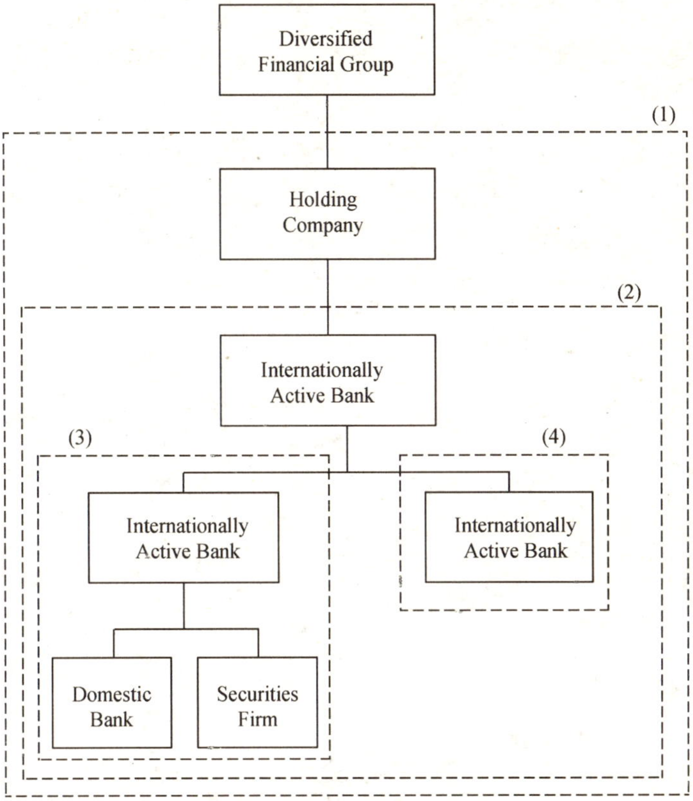

Illustration of New Scope of Application of the Accord

(1) Boundary of predominant banking group. The Accord is to be applied at this level on a consolidated basis, i. e. up to holding company level (paragraph 2).

(2), (3) and (4): the Accord is also to be applied at lower levels to all internationally active banks on a consolidated basis.

goodwill should be applied, if using an alternative group-wide approach pursuant to paragraph 30.

39. The limits on Tier 2 and Tier 3 capital and on innovative Tier 1 instruments will be based on the amount of Tier 1 capital after deduction of goodwill but before the deductions of investments pursuant to this part on scope of application (see Annex 1 for an example how to calculate the 15% limit for innovative Tier 1 instruments).

……

（资料来源：巴塞尔银行监管委员会网站，http://www.bis.org/publ/bcbs107.htm）

有效银行监管核心原则(2006)

Core Principles for the Effective Banking Supervision, 2006

(2006 年 10 月,巴塞尔银行监管委员会)

修 订 说 明

1. 本文件是 1997 年 9 月巴塞尔银行监管委员会(以下简称委员会)①颁布的有效银行监管核心原则的修订本。此后,核心原则评估方法②相继出台。为了达到良好监管实践的基本要求,许多国家都将核心原则作为评估本国监管体系的质量和明确未来工作要求的标杆。实践证明,各国核心原则达标情况的自我评估效果良好,有助于各国发现监管制度和实施方面存在的问题并为解决这些问题确定工作的重点。巴塞尔核心原则的修订本再次突出了开展自我评估的重要性。近年来,国际货币基金组织和世界银行一直在金融部门评估计划中利用核心原则评估各国银行监管体系和实践。然而,1997 年以来,银行监管制度发生了重大变化,各国通过实施核心原则积累了丰富的经验。由于监管制度和实施方面出现了不少新问题、人们的认识也不断加深,委员会相应颁布许多文件。基于上述情况,有必要对核心原则及评估方法进行修订。

2. 在修订核心原则和评估方法的工作中,委员会力求确保 1997 年核心原则总体架构的连续性及可比性。实践证明,1997 年的架构运转良好。因此,委员会不考虑对核心原则进行大范围的修改,而是将工作的重点放在对现行架构需要修订的一些方面,以便做到与时俱进。修订工作不会在任何方面对以往工作的有效性提出质疑,更不会对依据 1997 年的框架对有关国家的评估及改革方案提出质疑。

3. 修订工作的另一目的是,在可能的情况下,提高核心原则与证券、保险相关标准及反洗钱和透明度标准之间的一致性。但是,上述部门出台的核心原则旨在针对各个部门不同的主要风险点和监管任务。因此,原则之间合理的差异将继续存在。

4. 在修改工作中,委员会与核心原则联络小组(该工作小组由委员会部分成员国、非十

---

① 巴塞尔银行监管委员会是 1975 年由十国集团国家中央银行行长建立的银行监管当局的一个委员会。委员会由比利时、加拿大、法国、德国、意大利、日本、卢森堡、荷兰、西班牙、瑞典、瑞士、英国和美国的银行监管当局及中央银行的高级官员所组成。委员会秘书处设在位于巴塞尔的国际清算银行,并经常该行举行会议。

② 除核心原则外,委员会还制定了评估各项原则达标情况的详细指导文件,即核心原则评估方法。该文件 1999 年第一次发布,也在这本次审议中一并进行了修订。

国集团国家监管当局、国际货币基金组织和世界银行的高级官员组成，定期举行会议）密切配合，充分吸收了联络小组所做的工作。委员会还就修订稿的内容征求了其他国际标准制定机构，包括国际保险监管官协会（IAIS）、国际证监会组织（IOSCO）、金融行动工作组（FATF）和支付和清算体系委员会（CPSS）的意见。应委员会的邀请，各地区监管组织也对修订工作提出了意见。[1] 在定稿之前，委员会还在各国监管当局、中央银行、国际行业协会、学术界和其他有关方面广泛征求了意见。

核心原则

5. 核心原则是良好监管实践的最低标准，适用于世界各国。[2] 核心原则和评估方法制定为强化国际金融体系做出了贡献。不论是发展中国家还是发达国家，银行体系存在的问题会给一国和全球的金融稳定造成威胁。委员会认为，在世界各国实施核心原则将有助于大大提高国内外金融稳定，并为强化有效的监管体系奠定很好的基础。

6. 巴塞尔核心原则规定了有效监管体系应遵循的 25 条原则。这些原则总体上可划分为七个方面的内容：目标、独立性、权力、透明度和合作（原则 1），许可的业务范围（原则 2 至 5），审慎监管规章制度（原则 6 至 18），持续监管的各种方法（原则 19 至 21），会计处理与信息披露（原则 22），监管当局的纠正及整改权力（原则 23）和并表及跨境监管（原则 24 至 25）。各类原则的具体内容如下[3]：

- 原则 1—目标、独立性、权力、透明度和合作：有效的银行监管体系要求每个银行监管机构都有明确的责任和目标。每个监管机构都应具备操作上的独立性、透明的程序、良好的治理结构和充足的资源，并就履行职责情况接受问责。适当的银行监管法律框架也十分必要，其内容包括对设立银行的审批、要求银行遵守法律、安全和稳健合规经营的权力和监管人员的法律保护。另外，还要建立监管当局之间信息交换和保密的安排。

- 原则 2—许可的业务范围：必须明确界定已获得执照并等同银行接受监管的各类机构允许从事的业务范围，并在名称上严格控制“银行”一词的使用。

- 原则 3—发照标准：发照机关必须有权制定发照标准，有权拒绝一切不符合标准的申请。发照程序至少应包括审查银行及其所在集团的所有权结构和治理情况、董事会成员和高级管理层的资格、银行的战略和经营计划、内部控制和风险管理，以及包括资本金规模在内的预计财务状况；当报批银行的所有者或母公司为外国银行时，应事先获得其母国监管当局的同意。

- 原则 4—大笔所有权转让：银行监管当局要有权审查和拒绝银行向其他方面直接或间接转让大笔所有权或控制权的申请。

- 原则 5—重大收购：银行监管当局有权根据制定的标准审查银行大笔的收购或投资，

---

[1] 阿拉伯银行监管委员会、美洲国家银行监管协会、加勒比银行监管组织、东亚及太平洋地区中央银行行长会议组织银行监管工作小组、中欧和东欧银行监管组织、法语国家银行监管组织、海湾国家合作理事会银行监管委员会、伊斯兰金融服务理事会、离岸银行监管组织、中亚和外高加索监管组织、南部非洲国家银行监管组织、东南亚、新西兰、澳大利亚中央银行组织银行监管论坛、西非和中非银行监管委员会、太平洋国家金融监管协会。

[2] 核心原则是良好监管实践最低标准，自愿实施。各国将在自己的辖区内自由实施实现有效监管的其他配套措施。

[3] 核心原则有关内容的定义和解释参见核心原则评估方法。

其中包括跨境设立机构，确保其附属机构或组织结构不会带来过高的风险或阻碍有效监管。

• 原则 6—资本充足率:银行监管当局必须制定反映银行多种风险的审慎且合适的最低资本充足率规定,并根据吸收损失的能力界定资本的构成。至少对于国际活跃银行而言,资本充足率的规定不应低于巴塞尔的相关要求。

• 原则 7—风险管理程序:银行监管当局必须满意地看到,银行和银行集团建立了与其规模及复杂程度相匹配的综合的风险管理程序(包括董事和高级管理层的监督),以识别、评价、监测、控制或缓解各项重大的风险,并根据自身风险的大小评估总体的资本充足率。

• 原则 8—信用风险:银行监管当局必须满意地看到，银行具备一整套管理信用风险的程序;该程序要考虑到银行的风险状况,涵盖识别、计量、监测和控制信用风险(包括交易对手风险)的审慎政策与程序。这应包括发放贷款、开展投资、贷款和投资质量的评估、以及对贷款和投资的持续管理。

• 原则 9—有问题资产、准备和储备:银行监管当局必须满意地看到,银行建立了管理有问题资产、评价准备和储备充足性的有效政策及程序,并认真遵守。

• 原则 10—大额风险暴露限额:银行监管当局必须满意地看到,银行的各项政策和程序要能协助管理层识别和管理风险集中;银行监管当局必须制定审慎限额,限制银行对单一交易对手或关联交易对手集团的风险暴露。

• 原则 11—对关联方的风险暴露:为防止对关联方的风险暴露(表内外)所带来的问题并解决利益冲突问题,银行监管当局必须规定,银行应按商业原则向关联企业和个人发放贷款;对这部分贷款要进行有效的监测;要采取适当的措施控制或缓解各项风险。冲销关联贷款要按标准的政策和程序进行。

• 原则 12—国家风险和转移风险:银行监管当局必须满意地看到,银行具备在国际信贷和投资中识别、计量、监测和控制国家风险和转移风险的有效政策和程序,并针对这两类风险建立充足的准备和储备。

• 原则 13—市场风险:银行监管当局必须满意地看到,银行具备准确识别、计量、监测和控制市场风险的各项政策和程序;银行监管当局应有权在必要时针对市场风险暴露规定具体的限额和/或具体的资本要求。

• 原则 14—流动性风险:银行监管当局必须满意地看到,银行具备反映银行自身的风险状况的管理流动性战略,并且建立了识别、计量、监测和控制流动性风险及日常管理流动性的审慎政策和程序。银行监管当局应要求银行建立处理流动性问题的应急预案。

• 原则 15—操作风险:银行监管当局必须满意地看到,银行应具备与其规模及复杂程度相匹配的识别、评价、监测和控制/缓解操作风险的风险管理政策和程序。

• 原则 16—银行账户利率风险:银行监管当局必须满意地看到,银行具备与该项风险的规模及复杂程度相匹配的识别、计量、监测和控制银行账户利率风险的有效系统,其中包括经董事会批准由高级管理层予以实施的明确战略。

• 原则 17—内部控制和审计:银行监管当局必须满意地看到,银行具备与其业务规模和复杂程度相匹配的内部控制。各项内部控制应包括对授权和职责的明确规定、银行做出承诺、付款和资产与负债账务处理方面的职能分离、上述程序的交叉核对、资产保护、完善独立的内部审计、检查上述控制职能和相关法律、法规合规情况的职能。

• 原则 18—防止利用金融服务从事犯罪活动:银行监管当局必须满意地看到,银行具备完善的政策和程序,其中包括严格的“了解你的客户”的规定,以促进金融部门形成较高的职业道德与专业水准,防止有意、无意地利用银行从事犯罪活动。

• 原则 19—监管方式:有效的银行监管体系要求监管当局对单个银行、银行集团、银行体系的总体情况以及银行体系的稳定性有深入的了解,工作重点放在安全性和稳健性方面。

• 原则 20—监管技术:有效的银行监管体系应包括现场检查和非现场检查。银行监管当局必须与银行管理层经常接触。

• 原则 21—监管报告:银行监管当局必须具备在单个和并表基础上收集、审查和分析各家银行的审慎报告和统计报表的方法。监管当局必须有手段通过现场检查或利用外部专家对上述报表独立核对。

• 原则 22—会计处理和披露:银行监管当局必须满意地看到,银行要根据国际通用的会计政策和实践保持完备的记录,并定期公布公允反映银行财务状况和盈利水平的信息。

• 原则 23—监管当局的纠正和整改权力:银行监管当局必须具备一整套及时采取纠改措施的工具。这些工具包括在适当的情况下吊销银行执照或建议吊销银行执照。

• 原则 24—并表监管:银行监管的一项关键内容就是监管当局对银行集团进行并表监管,有效地监测并在适当时对集团层面各项业务的方方面面提出审慎要求。

• 原则 25—母国和东道国的关系:跨境业务的并表监管需要母国银行监管当局与其他有关监管当局、特别是东道国监管当局之间进行合作及交换信息。银行监管当局必须要求外国银行按照国内银行的同等标准从事本地业务。

7. 只要各项主要目标能得以实现,核心原则对不同的监管方式持中性的态度。核心原则无意覆盖各类体系的不同需求和不同情况。相反,各国的特殊情况应在评估时通过评估人员与本国监管当局之间的对话适当考虑。

8. 各国应对辖区内所有银行实施核心原则。[①] 各国可超越核心原则以求达到最佳监管实践的要求,特别是市场和银行发达的国家更加如此。

9. 提高核心原则的达标程度,有助于提高整个金融体系的稳定性。然而,这并不一定能够确保金融体系的稳定,也不会因此就避免单个银行的倒闭。银行监管不能也不应该确保所有的银行都不倒闭。在市场经济中,倒闭是承担风险的内容之一。

10. 委员会鼓励各国在会同其他监管部门及有关各方的配合下落实核心原则。委员会希望国际金融组织和捐助机构利用核心原则帮助各国强化监管工作。在监测各项银行审慎标准的实施方面,委员会将继续加强与国际货币基金组织和世界银行的合作。委员会还将继续加强与非十国集团国家监管当局的合作。

有效银行监管的先决条件

11. 有效的银行监管体系取决于一些外部因素或前提条件。虽然这些前提条件不在银行监管当局的直接管辖范围之内,但是实践中它们对银行监管的有效性有直接的影响。如果

---

① 一些国家的非银行金融机构也提供与银行类似的存贷款服务。本文中的多项原则对这类非银行金融机构也同样适用。然而,要注意的是,有些非银行金融机构吸收的存款在金融体系占比较小,因此对这类机构的监管方面可能不同于银行监管。

前提条件不完善,银行监管当局应提请政府注意这些问题,以及这些问题对实现监管目标的现实或潜在的负面影响。作为工作的一项内容,银行监管当局应对此有所反应,力争降低上述问题对监管效果的不良影响。这些外部因素包括:

- 稳健且可持续的宏观经济政策;
- 完善的公共基础设施;
- 有效的市场约束;和
- 适度的系统性保护机制(或公共安全网)。

12. 稳健的宏观经济政策是实现金融体系稳定的基础。这方面工作不是由银行监管当局负责。然而,如果注意到现行政策有损于银行体系的安全与稳健性,监管当局要做出反应。

13. 如果公共基础设施不完善,金融体系及市场的稳健性和发展将会受到影响。完善的公共基础设施包括以下内容:

- 有助于公平解决争议的长期实施的商业法律体系,其中包括公司法、破产法、合同法、消费者保护法和私有财产法;
- 国际普遍接受的综合、明确的会计准则和规定;
- 对规模较大的公司进行独立审计的体系,以确保财务报表的使用者(包括银行)相信各类账目能真实公允地反映公司的财务状况,各类账户应是按照既定的准则制定的,并且审计师对其工作负责;
- 有效独立的司法部门和接受监管的会计、审计和律师行业;
- 具备针对其他金融市场以及在适当情况下这些市场的参与者的明确规章制度和充分的监督。
- 安全、有效的支付和清算系统,确保金融交易的清算,并且控制交易对手风险。

14. 有效的市场约束取决于市场参与者能否得到充分的信息、管理良好的银行能否得到适度的财务奖励,是否存在使投资者对其决策结果负责的各项安排。这里涉及的许多问题包括,公司治理结构、以及借款人向投资者及债权人提供准确、有意义、及时、透明的信息。如果政府试图影响或改变商业决定(特别是贷款决定)以实现公共政策目标,市场信号将受到扭曲,市场纪律将受到削弱。在这些情况下,如果政府提供贷款担保,则应披露担保内容,并采取措施,当政策贷款违约时,对金融机构予以补偿。

15. 总体来说,确定适度的系统性保护是涉及其他部门(包括中央银行)的政策问题,特别是在需要动用公共资金时。由于对相关部门的情况十分了解,银行监管当局一般也能发挥一定作用。重要的是要明确系统性保护(或安全网)与正常机构日常监管两者之间的区别。在处理系统性问题时,一方面要解决影响金融体系的信心问题,避免问题扩散到其他健康的银行,另一方面要注意将对市场信号和市场约束的扭曲降到最低点。① 在许多国家,存款保险体系就是系统性保护的一种形式。如果存款保险制度设计合理,有助于降低道德风险,它可提高公众对银行体系的信心,防范有问题银行的风险扩散。

(资料来源:中国银行业监督管理委员会网站,http://www.cbrc.gov.cn/chinese/files/atts/2006/257.doc)

① 参见2002年3月委员会公布的处理有问题银行的监管指引。

国际统一私法协会国际融资租赁公约(1988)
UNIDROIT Convention on International Financial Leasing, 1998

(28 May 1988, UNIDROIT)

The States Parties to This Convention,

Recognising the importance of removing certain legal impediments to the international financial leasing of equipment, while maintaining a fair balance of interests between the different parties to the transaction,

Aware of the need to make international financial leasing more available,

Conscious of the fact that the rules of law governing the traditional contract of hire need to be adopted to the distinctive triangular relationship created by the financial leasing transaction,

Recognising therefore the desirability of formulating certain uniform rules relating primarily to the civil and commercial law aspects of international financial leasing,

Have Agreed as follows:

Chapter I—Sphere of Application and General Provisions

Article 1

1. —This Convention governs a financial leasing transaction as described in paragraph 2 in which one party (the lessor),

(a) on the specifications of another party (the lessee), enters into an agreement (the supply agreement) with a third party (the supplier) under which the lessor acquires plant, capital goods or other equipment (the equipment) on terms approved by the lessee so far as they concern its interests, and

(b) enters into an agreement (the leasing agreement) with the lessee, granting to the lessee the right to use the equipment in return for the payment of rentals.

2. —The financial leasing transaction referred to in the previous paragraph is a transaction which includes the following characteristics:

(a) the lessee specifies the equipment and selects the supplier without relying primarily on the skill and judgment of the lessor;

(b) the equipment in acquired by the lessor in connection with a leasing agreement which, to the knowledge of the supplier, either has been made or is to be made between the lessor and the lessee; and

(c) the rentals payable under the leasing agreement are calculated so as to take into account in particular the amortisation of the whole or a substantial part of the cost of the equipment.

3. —This Convention applies whether or not the lessee has or subsequently acquires the option to buy the equipment or to hold it on lease for a further period, and whether or not for a nominal price or rental.

4. —This Convention applies to financial leasing transactions in relation to all equipment save that which is to be used primarily for the lessee's personal, family or household purposes.

Article 2

In the case of one or more sub-leasing transactions involving the same equipment, this Convention applies to each transaction which is a financial leasing transaction and is otherwise subject to this Convention as if the person from whom the first lessor (as defined in paragraph 1 of the previous article) acquired the equipment were the supplier and as if the agreement under which the equipment was so acquired were the supply agreement.

Article 3

1. —This Convention applies when the lessor and the lessee have their places of business in different States and:

(a) those States and the State in which the supplier has its place of business are Contracting States; or

(b) both the supply agreement and the leasing agreement are governed by the law of a Contracting State.

2. —A reference in this Convention to a party's place of business shall, if it has more than one place of business, mean the place of business which has the closest relationship to the relevant agreement and its performance, having regard to the circumstances known to or contemplated by the parties at any time before or at the conclusion of that agreement.

Article 4

1. —The provisions of this Convention shall not cease to apply merely because the equipment has become a fixture to or incorporated in land.

2. —Any question whether or not the equipment has become a fixture to or incorporated in land, and if so the effect on the rights inter se of the lessor and a person having real rights in the land, shall be determined by the law of the State where the land is situated.

Article 5

1. —The application of this Convention may be excluded only if each of the parties to the supply agreement and each of the parties to the leasing agreement agree to exclude it.

2. —Where the application of this Convention has not been excluded in accordance with the previous paragraph, the parties may, in their relations with each other, derogate from or vary the effect of any of its provisions except as stated in Articles 8(3) and 13(3)(b) and (4).

Article 6

1. —In the interpretation of this Convention, regard is to be had to its object and purpose as

set forth in the preamble, to its international character and to the need to promote uniformity in its application and the observance of good faith in international trade.

2. —Questions concerning matters governed by this Convention which are not expressly settled in it are to be settled in conformity with the general principles on which it is based or, in the absence of such principles, in conformity with the law applicable by virtue of the rules of private international law.

Chapter II—Rights and Duties of the Parties

Article 7

1. —(a) The lessor's real rights in the equipment shall be valid against the lessee's trustee in bankruptcy and creditors, including creditors who have obtained an attachment or execution.

(b) For the purposes of this paragraph "trustee in bankruptcy" includes a liquidator, administrator or other person appointed to administer the lessee's estate for the benefit of the general body of creditors.

2. —Where by the applicable law the lessor's real rights in the equipment are valid against a person referred to in the previous paragraph only on compliance with rules as to public notice, those rights shall be valid against that person only if there has been compliance with such rules.

3. —For the purposes of the previous paragraph the applicable law is the la of the State which, at the time when a person referred to in paragraph 1 becomes entitled to invoke the rules referred to in the previous paragraph, is :

(a) in the case of a registered ship, the State in which it is registered in the name of the owner (for the purposes of this sub-paragraph a bareboat charterer is deemed not to be the owner);

(b) in the case of an aircraft which is registered pursuant to the Convention on International Civil Aviation done at Chicago on 7 December 1944, the State in which it is so registered;

(c) in the case of other equipment of a kind normally moved from one State to another, including an aircraft engine, the State in which the lessee has its principal place of business;

(d) in the case of all other equipment, the State in which the equipment is situated.

4. —Paragraph 2 shall not affect the provisions of any other treaty under which the lessor's real rights in the equipment are required to be recognised.

5. —This article shall not affect the priority of any creditor having:

(a) a consensual or non-consensual lien or security interest in the equipment arising otherwise than by virtue of an attachment or execution, or

(b) any right of arrest, detention or disposition conferred specifically in relation to ships or aircraft under the law applicable by virtue of the rules of private international law.

Article 8

1. —(a) Except as otherwise provided by this Convention or stated in the leasing agreement, the lessor shall not incur any liability to the lessee in respect of the equipment save to the extent that the lessee has suffered loss as the result of its reliance on the lessor's skill and judgment and of the

lessor's intervention in the selection of the supplier or the specifications of the equipment.

(b) The lessor shall not, in its capacity of lessor, be liable to third parties for death, personal injury or damage to property caused by the equipment.

(c) The above provisions of this paragraph shall not govern any liability of the lessor in any other capacity, for example as owner.

2. —The lessor warrants that the lessee's quiet possession will not be disturbed by a person who has a superior title or right, or who claims a superior title or right and acts under the authority of a court, where such title, right or claim is not derived from an act or omission of the lessee.

3. —The parties may not derogate from or vary the effect of the provisions of the previous paragraph in so far as the superior title, right or claim is derived from an intentional or grossly negligent act or omission of the lessor.

4. —The provisions of paragraphs 2 and 3 shall not affect any broader warranty of quiet possession by the lessor which is mandatory under the law applicable by virtue of the rules of private international law.

Article 9

1. —The lessee shall take proper care of the equipment, use it in a reasonable manner and keep it in the condition in which it was delivered, subject to fair wear and tear and to any modification of the equipment agreed by the parties.

2. —When the leasing agreement cones to an and the lessee, unless exercising a right to buy the equipment or to hold the equipment on lease for a further period, shall return the equipment to the lessor in the condition specified in the previous paragraph.

Article 10

1. —The duties of the supplier under the supply agreement shall also be owed to the lessee as if it were a party to that agreement and as if the equipment were to be supplied directly to the lessee. However, the supplier shall not be liable to both the lessor and the lessee in respect of the same damage.

2. —Nothing in this article shall entitle the lessee to terminate or rescind the supply agreement without the consent of the lessor.

Article 11

The lessee's rights derived from the supply agreement under this Convention shall not be affected by a variation of any term of the supply agreement previously approved by the lessee unless it consented to that variation.

Article 12

1. —Where the equipment is not delivered or is delivered late or fails to conform to the supply agreement:

(a) the lessee has the right as against the lessor to reject the equipment or to terminate the leasing agreement; and

(b) the lessor has the right to remedy its failure to tender equipment in conformity with the supply agreement, as if the lessee had agreed to buy the equipment from the lessor under the same terms as those of the supply agreement.

2. —A right conferred by the previous paragraph shall be exercisable in the same manner and shall be lost in the same circumstances as if the lessee had agreed to buy the equipment from the lessor under the same terms as those of the supply agreement.

3. —The lessee shall be entitled to withhold rentals payable under the leasing agreement until the lessor has remedied its failure to tender equipment in conformity with the supply agreement or the lessee has lost the right to reject the equipment.

4. —Where the lessee has exercised a right to terminate the leasing agreement, the lessee shall be entitled to recover any rentals and other sums paid in advance, less a reasonable sum for any benefit the lessee has derived from the equipment.

5. —The lessee shall have no other claim against the lessor for non-delivery, delay in delivery or delivery of non-conforming equipment except to the extent to which this results from the act or omission of the lessor.

6. —Nothing in this article shall affect the lessee's rights against the supplier under Article 10.

Article 13

1. —In the event of default by the lessee, the lessor may recover accrued unpaid rentals, together with interest and damages.

2. —Where the lessee's default is substantial, then subject to paragraph 5 the lessor may also require accelerated payment of the value of the future rentals, where the leasing agreement so provides, or may terminate the leasing agreement and after such termination:

(a) recover possession of the equipment; and

(b) recover such damages as will place the lessor in the position in which it would have been had the lessee performed the leasing agreement in accordance with its terms.

3. —(a) The leasing agreement may provide for the manner in which the damages recoverable under paragraph 2 (b) are to be computed.

(b) Such provision shall be enforceable between the parties unless it would result in damages substantially in excess of those provided for under paragraph 2(b). The parties may not derogate from or vary the effect of the provisions of the present sub-paragraph.

4. —Where the lessor has terminated the leasing agreement, it shall not be entitled to enforce a term of that agreement providing for acceleration of payment of future rentals, but the value of such rentals may be taken into account in computing damages under paragraphs 2(b) and 3. The parties may not derogate from or vary the effect of the provisions of the present paragraph.

5. —The lessor shall not be entitled to exercise its right of acceleration or its right of termination under paragraph 2 unless it has by notice given the lessee a reasonable opportunity of remedying the default so far as the same may be remedied.

6. —The lessor shall not be entitled to recover damages to the extent that it has failed to take all reasonable steps to mitigate its loss.

Article 14

1. —The lessor may transfer or otherwise deal with all or any of its rights in the equipment or

under the leasing agreement. Such a transfer shall not relieve the lessor of any of its duties under the leasing agreement or alter either the nature of the leasing agreement or its legal treatment as provided in this Convention.

2. —The lessee may transfer the right to the use of the equipment or any other rights under the leasing agreement only with the consent of the lessor and subject to the rights of third parties.

Chapter III—Final Provisions

Article 15

1. —This Convention is open for signature at the concluding meeting of the Diplomatic Conference for the Adoption of the Draft Unidroit Conventions on International Factoring and International Financial Leasing and will remain open for signature by all States at Ottawa until 31 December 1990.

2. —This Convention is subject to ratification, acceptance or approval by States which have signed it.

3. —This Convention is open for accession by all States which are not signatory States as from the date it is open for signature.

4. —Ratification, acceptance, approval or accession is effected by the deposit of a formal instrument to that effect with the depositary.

Article 16

1. —This convention enters into force on the first day of the month following the expiration of six months after the date of deposit of the third instrument of ratification, acceptance, approval or accession.

2. —For each State that ratifies, accepts, approves, or accedes to this Convention after the deposit of the third instrument of ratification, acceptance, approval or accession, this Convention enters into force in respect of that State on the first day of the month following the expiration of six months after the date of the deposit of its instrument of ratification, acceptance, approval or accession.

Article 17

This Convention does not prevail over any treaty which has already been or may be entered into; in particular it shall not affect any liability imposed on any person by existing or future treaties.

Article 18

1. —If a Contracting State has two or more territorial units in which different systems of law are applicable in relation to the matters dealt with in this Convention, it may, at the time of signature, ratification, acceptance, approval or accession, declare that this Convention is to extend to all its territorial units or only to one or more of them, and may substitute its declaration by another declaration at any time.

2. —These declarations are to be notified to the depositary and are to state expressly the territorial units to which the Convention extends.

3. —If, by virtue of a declaration under this article, this Convention extends to one or more but not all of the territorial units of a Contracting State, and if the place of business of a party is located in that State, this place of business, for the purposes of this Convention, is considered not to be in a Contracting State, unless it is in a territorial unit to which the Convention extends.

4. —If a Contracting State makes no declaration under paragraph 1, the Convention is to extend to all territorial units of that State.

Article 19

1. —Two or more Contracting States which have the same or closely related legal rules on matters governed by this Convention may at any time declare that the Convention is not to apply where the supplier, the lessor and the lessee have their places of business in those States. Such declarations may be made jointly or by reciprocal unilateral declarations.

2. —A Contracting State which has the same or closely related legal rules on matters governed by this Convention as one or more non-Contracting States may at any time declare that the Convention is not to apply where the supplier, the lessor and the lessee have their places of business in those States.

3. —If a State which is the object of a declaration under the previous paragraph subsequently becomes a Contracting State, the declaration made will, as from the date on which the Convention enters into force in respect of the new Contracting State, have the affect of a declaration made under paragraph 1, provided that the new Contracting State joins in such declaration or makes a reciprocal unilateral declaration.

Article 20

A Contracting State may declare at the time of signature, ratification, acceptance, approval or accession that it will substitute its domestic law for Article 8(3) if its domestic law does not permit the lessor to exclude its liability for its default or negligence.

Article 21

1. —Declarations made under this Convention at the time of signature are subject to confirmation upon ratification, acceptance or approval.

2. —Declarations and confirmations of declarations are to be in writing and to be formally notified to the depositary.

3. —A declaration takes effect simultaneously with the entry into force of this Convention in respect of the State concerned. However, a declaration of which the depositary receives formal notification after such entry into force takes effect on the first day of the month following the expiration of six months after the date of its receipt by the depositary. Reciprocal unilateral declarations under Article 19 take effect on the first day of the month following the expiration of six months after the receipt of the latest declaration by the depositary.

4. —Any State which makes a declaration under this Convention may withdraw it at any time by a formal notification in writing addressed to the depositary. Such withdrawal is to take effect on the first day of the month following the expiration of six months after the date of the receipt of the notification by the depositary.

5. —A withdrawal of a declaration made under Article 19 renders inoperative in relation to the withdrawing State, as from the date on which the withdrawal takes effect, any joint or reciprocal unilateral declaration made by another State under that article.

Article 22

No reservations are permitted except those expressly authorised in this Convention.

Article 23

This Convention applies to a financial leasing transaction when the leasing agreement and the supply agreement are both concluded on or after the date on which the Convention enters into force in respect of the Contracting States referred to in Article 3(1)(a), or of the Contracting State or States referred to in paragraph 1(b) of that article.

Article 24

1. —This Convention may be denounced by any Contracting State at any time after the date on which it enters into force for that State.

2. —Denunciation is effected by the deposit of an instrument to that effect with the depositary.

3. —A denunciation takes effect on the first day of the month following the expiration of six months after the deposit of the instrument of denunciation with the depositary. Where a longer period for the denunciation to take effect is specified in the instrument of enunciation it takes effect upon the expiration of such longer period after its deposit with the depositary.

Article 25

1. —This Convention shall be deposited with the Government of Canada.

2. —The Government of Canada shall:

(a) inform all States which have signed or acceded to this Convention and the President of the International Institute for the Unification of Private Law (Unidroit) of:

(i) each new signature or deposit of an instrument of ratification, acceptance, approval or accession, together with the date thereof;

(ii) each declaration made under Articles 18, 19 and 20;

(iii) the withdrawal of any declaration made under Article 21 (4);

(iv) the date of entry into force of this Convention;

(v) the deposit of an instrument of denunciation of this Convention together with the date of its deposit and the date on which it takes effect;

(b) transmit certified true copies of this Convention to all signatory States, to all States acceding to the Convention and to the President of the International Institute for the Unification of Private Law (Unidroit).

IN WITNESS WHEREOF the undersigned plenipotentiaries, being duly authorised by their respective Governments, have signed this Convention.

DONE at Ottawa, this twenty-eighth day of May, one thousand nine hundred and eighty-eight, in a single original, of which the English and French texts are equally authentic.

(资料来源:http://www.unidroit.org/english/conventions/1988leasing/1988leasing-e.htm)

第六编
国 际 税 法

联合国关于发达国家与发展中国家避免双重征税的协定范本(2001)

United Nations Model Double Taxation Convention between Developed and Developing Countries, 2001

协定名称

甲国和乙国关于对所得和财产避免双重征税的协定[①]

协定序言[②]

第一章 协定范围

第一条 人的范围

本协定适用于缔约国一方或缔约国双方居民的人。

第二条 税种范围

一、本协定适用于由缔约国一方、所属行政区或地方当局对所得和财产征收的各种税收,不论其征收方式。

二、对全部所得、全部财产或某种所得、某种财产征收的所有税收,包括对转让动产或不动产取得的收益征收的税收,对企业支付的工资或薪金总额征收的税收以及对资本增值征收的税收,应视为对所得和财产征收的税收。

三、本协定特别适用于下列现行税种:

(一)在甲国:

(二)在乙国:

四、本协定也应适用于本协定签订之日以后增加或代替现行税种的任何相同的或实质相似的各种税收。缔约国双方主管当局应相互将各自税法的重要变动通知对方。

第二章 定义

第三条 一般定义

一、除上下文另有规定的以外,在本协定中:

---

① 各国可根据国际通行做法在标题中加上"避免双重征税"或同时加上"避免双重征税"和"防止偷逃税"的字眼。

② 协定序言应按照缔约国双方的宪法程序起草。

(一)"人"一语包括个人、公司和其他团体;

(二)"公司"一语是指法人团体或者在税收上视同法人团体的实体;

(三)"缔约国一方企业"和"缔约国另一方企业"的用语分别指缔约国一方居民经营的企业和缔约国另一方居民经营的企业;

(四)"国际运输"一语是指在缔约国一方设有实际管理机构的企业以船舶或飞机经营的运输,但不包括以船舶或飞机仅在缔约国另一方各地之间的经营。

(五)"主管当局"一语是指:

1. 在甲国:

2. 在乙国:

(六)"国民"一语是指:

1. 任何具有缔约国一方国籍或公民身份的个人;

2. 任何根据缔约国一方现行法律建立的法人、合伙企业或团体。

二、缔约国一方实施本协定时,对未经本协定明确定义的用语,除上下文另有规定的以外,应当具有该国关于适用于本协定税种的法律所规定的含义,该国现行税法规定的该用语含义优先于其他法律规定的用语含义。

第四条 居 民

一、本协定中"缔约国一方居民"一语是指按照该国法律,由于住所、居所、管理场所或其他类似性质的标准,负有纳税义务的人,也包括该国、其所属行政区或地方当局。但是这一用语不包括仅由于来源于该国的所得或位于该国的财产在该国负有纳税义务的人。

二、由于第一款的规定,同时是缔约国双方居民的个人,其身份应确定如下:

(一)应认为是其有永久性住所所在国的居民;如果在两个国家同时有永久性住所,应认为是与其个人和经济关系更密切(重要利益中心)所在国的居民;

(二)如果其重要利益中心所在国无法确定,或者在其中任何一国都没有永久性住所,应认为是其有习惯性居处所在国的居民;

(三)如果其在两个国家都有,或者都没有习惯性居处,应认为是其国民所在国的居民;

(四)如果其同时是两个国家的国民,或者不是其中任何一国的国民,应由缔约国双方主管当局通过协商解决。

三、由于第一款的规定,除个人以外,同时是缔约国双方居民的人应认为是其实际管理机构所在国的居民。

第五条 常设机构

一、本协定中"常设机构"一语是指一个企业进行全部或部分营业的固定营业场所。

二、"常设机构"这一用语特别包括:

(一)管理场所;

(二)分支机构;

(三)办事处;

(四)工厂;

(五)作业场所;

(六)矿场、油井或气井、采石场或者任何其他开采自然资源的场所。

三、"常设机构"一语同样包括:

(一) 建筑工地,建筑、装配或安装工程或者与其有关的监督管理活动,但该工地、工程或活动以连续为期六个月以上的为限;

(二) 企业通过雇员或雇佣的其他人员为上述目的提供的劳务,包括咨询劳务,但这种性质的活动以在该国内(为同一工程或有关工程)在任何12个月中连续或累计为期六个月以上的为限。

四、虽有本条以上各项规定,"常设机构"这一用语应认为不包括:

(一) 专为储存或陈列本企业货物或商品的目的而使用的场所;

(二) 专为储存或陈列的目的而保存本企业货物或商品的库存;

(三) 专为通过另一企业加工的目的而保存本企业货物或商品的库存;

(四) 专为本企业采购货物或商品或者收集情报的目的而设有的固定营业场所;

(五) 专为本企业进行任何其他准备性质或辅助性质活动的目的而设有的固定营业场所。

(六) 专为本款(一)到(五)项各项活动的结合而设有的营业固定场所,如果由于这种结合使营业固定场所全部活动属于准备性质或辅助性质。

五、虽有第一款和第二款的规定,当一个人(适用第七款的独立地位代理人除外)在缔约国一方代表缔约国另一方的企业进行活动,对于这个人为企业进行的任何活动,应认为该企业在首先提及的缔约国设有常设机构,如果这个人:

(一) 有权并经常行使这种权利在该国以企业的名义签订合同。但如这个人的活动仅限于第四款的规定,即便是通过固定营业场所进行活动,按照该款规定,并不得使这一固定营业场所成为常设机构;或

(二) 没有该项权利,但经常在首先提及的国家保存货物或商品的库存,并代表该企业经常从该库存中交付货物或商品。

六、虽有本条以上各项规定,缔约国一方的保险企业,除再保险外,如通过适用第七款独立地位代理人以外的人在另一国领土内收取保险费或接受保险业务,应认为在缔约国另一方设有常设机构。

七、缔约国一方的企业仅由于通过经纪人、一般佣金代理人或任何其他独立地位代理人在缔约国另一方进行营业,而这些代理人又按常规进行其本身业务的,应不认为在缔约国另一方设有常设机构。但是如果这种代理人的活动全部或几乎全部代表该企业,且该企业和该代理人之间的商务和财务往来关系不同于独立企业之间的关系,则不认为是本款所指的独立地位代理人。

八、缔约国一方居民公司,控制或被控制于缔约国另一方居民公司或者在缔约国另一方进行营业的公司(不论是否通过常设机构),此项事实不能据以使任何一公司成为另一公司的常设机构。

第三章　对所得的征税

第六条　不动产所得

一、缔约国一方居民从位于缔约国另一方的不动产取得的所得(包括农业或林业所得),可以在另一国征税。

二、“不动产”一语应具有财产所在地的缔约国法律所规定的含义。该用语在任何情况下应包括附属于不动产的财产，农业和林业所使用的牲畜和设备，一般法律有关地产规定所适用的权利，不动产的收益权和由于开采或有权开采矿藏、水源与其他自然资源而取得不固定的或固定的收入的权利。船舶、船只和飞机不应视为不动产。

三、第一款的规定也应适用于直接使用、出租或任何其他形式使用不动产取得的所得。

四、第一款和第三款的规定也应适用于企业的不动产所得和用于完成独立个人劳务的不动产所得。

第七条　营业利润

一、缔约国一方企业的利润应仅在该国征税，但该企业通过设在缔约国另一企业的常设机构进行营业的除外。如果该企业通过在缔约国另一方的常设机构进行营业，其利润可以在另一国征税，但其利润应以仅属于：

（一）该常设机构，

（二）在另一国销售与通过常设机构销售的货物或商品相同或类似的货物或商品，或

（三）在另一国进行的其他与通过常设机构进行的经营活动相同或类似经营活动。

二、从属于第三款的规定，缔约国一方企业通过设在缔约国另一方的常设机构进行营业，应视同该常设机构是一个独立分设企业，在相同或类似的情况下从事相同或相似的活动，并完全独立地同其所隶属的企业进行交易，该常设机构在缔约国各方可能得到的利润应属于该常设机构。

三、确定一个常设机构的利润时，应允许扣除常设机构进行营业所发生的各项费用，包括行政和一般管理费用，不论其发生于常设机构所在国或其他任何地方。但是，常设机构由于使用专利或其他权利支付给企业总机构或其他办事处的特许权使用费、费用或其他类似款项，或者为提供特别劳务或管理而支付的手续费，或者借款给常设机构而支付的利息，银行企业除外，都不得作任何扣除（属于偿还代垫实际发生的费用除外）。同样，在确定常设机构的利润时，也不考虑由于使用专利或其他权利常设机构从企业总机构或其他办理处取得的特许权使用费、费用或其他类似款项，或者为提供特别劳务或管理而取得的手续费，或者借款给企业总机构或任何其他办事处而收取的利息，银行企业除外（属于偿还代垫实际发生的费用除外）。

四、如缔约国一方习惯于以企业总利润按一定比例分配给所属各部门的方法来确定一个常设机构的利润，上述第二款并不妨碍该缔约国按这种习惯分配方法确定其应税利润。但是采用的分配方法所得到的结果，应与本条所含的原则一致。

五、以上各款中，除了有适当的和充分的理由需要变动外，每年应采用相同的办法确定属于常设机构的利润。

六、利润中如包括有本协定中其他各条单独规定的所得项目时，本条规定不应影响其他各条的规定。

（注：关于仅由于常设机构为企业采购货物或商品，是否将此利润归属常设机构的问题，没有做出决定，留待双边谈判去解决）

第八条　船运、内河运输和空运

第八条 A（供选择的 A）

一、以船舶或飞机从事国际运输取得的利润，应仅在企业实际管理机构所在地缔约国

征税。

二、以船只从事内河运输取得的利润,应仅在企业实际管理机构所在缔约国征税。

三、如果船运企业或内河运输企业的实际管理机构设在船舶或船只上,应以船舶或船母港所在缔约国为所在国;或如果没有母港,应以船舶或船只经营者为居民的缔约国为所在国。

四、第一款的规定也适用于参加合伙经营、联合经营或者参加国际经营机构取得的利润。

第八条 B(供选择的 B)

一、以飞机从事国际运输取得的利润,应仅在企业实际管理机构所在缔约国征税。

二、以船舶从事国际运输取得的利润,应仅在企业实际管理机构所在缔约国征税,但经常在缔约国另一方从事业务发生的船运活动除外。如果这种活动比较经常,上述利润可以在另一国征税,另一国确定征税的利润,应以该企业从船运业务取得全部纯利润为基础作适当的划分。按照这种划分计算的税额应减去……%(这个百分数通过双边谈判加以确定)。

三、以船只从事内河运输取得的利润,应仅在企业实际管理机构所在缔约国征税。

四、如果船运企业或内河运输企业的实际管理机构设在船舶或船只上,应以船舶或船只母港所在缔约国为所在国;或如果没有母港,应以船舶或船只经营者为居民的缔约国为所在国。

五、第一款和第二款的规定也适用于参加合伙经营、联合经营或者参加国际经营机构取得的利润。

第九条 联属企业

一、当(一)缔约国一方企业直接或间接参与缔约国另一方企业的管理、控制或资本,或者

(二)同一人直接或间接参与缔约国一方企业和缔约国另一方企业的管理、控制或资本,

在上述任何一种情况下,两个企业之间的商业或财务关系不同于独立企业之间的关系。因此,由于这些情况而没有取得的任何利润,可以计入该企业的利润内,并据以征税。

二、当缔约国一方将缔约另一方已征税的企业利润,而这部分利润本应由首先提及的国家企业取得的,包括在该国企业的利润内,并且加以征税时,应视同这种情况发生在两个独立企业之间,另一国应对这部分利润所征收的税额加以适当调整。在确定这项调整时,应适当考虑本协定的其他规定,如有必要,缔约国双方主管当局应相互协商。

三、如果司法、行政或其他法律程序已经最终裁决,对企业因欺诈、重大过失或故意拖欠处以罚款,并按第一款对企业的利润进行了调整,则不适用于第二款的规定。

第十条 股 息

一、缔约国一方居民公司支付给缔约国另一方居民的股息,可以在另一国征税。

二、然而,这些股息也可以支付股息公司为其居民的缔约国,按照该国法律征税。但是如果股息受益所有人是缔约国另一方居民,则所征的税款:

(一)如果受益所有人是直接持有支付股息公司至少10%资本的公司(不是合伙企业),不应超过股息总额的……%(百分数通过双边谈判确定);

(二)在其他情况下,不应超过股息总额的……%(百分数通过双边谈判确定)。

缔约国双方主管当局应相互协商,解决实行上述限制的方式。

本款不应影响对该公司支付股息前的利润所征收的公司利润税。

三、本条“股息”一语是指从股份、“享受”股份或“享受”权利、矿业股份、发起人股份或非债权关系而是分享利润的其他权利取得的所得,以及按照分配利润公司是其居民的国家法律,视同股份所得同样征税的其他公司权利取得的所得。

四、如果股息受益所有人是缔约国一方的居民,在支付股息公司为其居民的缔约国另一方,通过所设常设机构进行营业或通过所设固定基地在另一国从事独立个人劳务,支付股息的股份与该常设机构或该固定基地有实际联系,不应适用第一款和第二款的规定。在这种情况下,应视具体情况适用第七条或第十四条的规定。

五、缔约国一方居民公司从缔约国另一方取得利润或所得,另一国不得对该公司支付的股息征收任何税收。但以付给另一国居民的股息或支付股息的股份与设在另一国的常设机构或固定基地有实际联系的除外。对于该公司的未分配利润,即使已以付的股息或未分配利润全部或部分是发生于另一国的利润或所得,另一国也不得征税。

第十一条 利 息

一、发生于缔约国一方并支付给缔约国另一方居民的利息,可以在另一国征税。

二、然而,这些利息也可以在其发生的缔约国,按照该国法律征税。但是,如果利息受益所有人是缔约国另一方居民,所征税款不应超过利息总额的……%(百分数通过双边谈判确定)。缔约国双方主管当局应相互协商,解决实行上述限制的方式。

三、本条“利息”一语是指从各种债权取得的所得,不论其有无抵押担保或者是否有权分享债务人的利润;特别是从公债取得的所得,从债券或信用债券取得的所得,并包括附属于这些证券、债券和信用债券的溢价和奖金。由于延期支付的罚款在本条中不作为利息。

四、如果利息受益所有人是缔约国一方的居民,在利息发生的缔约国另一方,通过所设常设机构进行营业或通过所设固定基地在另一国从事独立个人劳务,支付利息的债权与:(1)该常设机构或固定基地,或者(2)第七条第一款(三)项规定的营业活动有实际联系,不应适用第一款和第二款的规定。在这种情况下应视具体情况适用第七条或第十四条的规定。

五、当支付人是缔约国一方的居民,应认为利息发生于该国。然而,当支付利息的人,不论其是否缔约国一方的居民,在缔约国一方设有常设机构或固定基地,支付利息所发生的债务与该常设机构或固定基地有联系,并由其负担利息,上述利息应认为发生于该常设机构或固定基地所在国。

六、由于支付人与受益所有人之间或者他们双方与其他人之间的特殊关系,就有关债权支付的利息数额超出支付人与受益所有人没有上述关系所能同意的数额时,本条规定应仅适用于后来提及的数额。在这种情况下,支付款项的超出部分,仍应按各缔约国的法律征税,但应适当考虑本协定的其他规定。

第十二条 特许权使用费

一、发生于缔约国一方并支付给缔约国另一方居民的特许权使用费,可以在另一国征税。

二、然而,这些特许权使用费也可以在其发生的缔约国,按照该国法律征税。但是,如果特许权使用费受益所有人是缔约国另一方居民,所征税款不应超过特许权使用费总额的……%(百分数通过双边谈判确定)。缔约国双方主管当局应相互协商解决实行上述限制的方式。

三、本条“特许权使用费”一语是指由于使用,或有权使用任何文学、艺术或科学著作,包括电影影片、无线电或电视广播使用的胶片、磁带的版权,任何专利、商标、设计或模型、计划、秘密配方或程序作为报酬的各种款项;或者由于使用,或有权使用工业、商业或科学设备,或有关工业、商业或科学经验的情报作为报酬的各种款项。

四、如果特许权作用费受益所有人是缔约国一方的居民,在特许权使用费发生的缔约国另一方,通过所设常设机构进行营业或通过所设固定基地在另一国从事独立个人劳务,以付特许权使用费的权利或财产与(1)该常设机构或固定基地,或者(2)第七条第一款(三)项规定的营业活动有实际联系,不应适用第一款和第二款的规定。在这种情况下,应视具体情况适用第七条或第十四条的规定。

五、当支付人是缔约国一方的居民,应认为特许权使用费发生于该国。然而,当支付特许权使用费的人,不论其是否缔约国一方的居民,在缔约国一方设有常设机构或固定基地,支付特许权使用费所发生的义务与该常设机构或固定基地有联系,并由其负担特许权使用费,上述特许权使用费应认为发生于该常设机构或固定基地所在国。

六、由于支付人与受益所有人之间或者他们双方与其他人之间的特殊关系,就有关使用、权利或情报,支付特许权使用费数额超出支付人与受益所有人没有上述关系所能同意的数额时,本条规定应仅适用于后来提及的数额。在这种情况下,支付款项的超出部分,仍应按各缔约国的法律征税,但应适当考虑本协定的其他规定。

第十三条 财产收益

一、缔约国一方居民转让第六条所述位于缔约国另一方的不动产取得的收益,可以在另一国征税。

二、转让缔约国一方企业在缔约国另一方的常设机构营业财产部分的动产,或者附属于缔约国一方居民在缔约国另一方的从事独立个人劳务的固定基地的动产而取得的收益,包括转让整个常设机构(单独或随同整个企业)或该固定基地取得的收益,可以在另一国征税。

三、转让从事国际运输的船舶、飞机、内河运输的船只或附属于经营上述船舶、飞机或船只的动产取得的收益,应仅在该企业实际管理机构所在的缔约国征税。

四、转让一个公司股本的股票或合伙企业、信托或遗产的权益取得的收益,该财产权又主要直接或间接由位于缔约国一方的不动产所组成,可以在该国征税。

除非一个公司、合伙企业、信托或遗产从事管理不动产的营业活动,且该财产权又主要直接或间接由该公司、合伙企业、信托或遗产在营业活动中使用的不动产所组成,否则本款不适用于它们。

本款所说的与不动产所有权有关的“主要”,是指该不动产价值超过公司、合伙企业、信托或遗产拥有的资产总价值的50%。

五、转让第四款所述以外的其他股票取得的收益,该项股票又相当于参与缔约国一方居民公司的股权的……%(百分数通过双边谈判确定),可以在该国征税。

六、转让第一、二、三、四、五各款所述的财产以外的任何财产取得的收益,应仅在转让者为其居民的缔约国征税。

第十四条 独立个人劳务

一、缔约国一方居民由于专业性劳务或其他独立性活动取得的所得,应仅在该国征税。但在下列情况下,也可以在缔约国另一方征税:

(一)如在缔约国另一方为从事其活动的目的,设有其经常使用的固定基地;在这种情况

下,缔约国另一方可以对仅属于该固定基地的所得征税;或者

(二)如在缔约国另一方有关会计年度开始或结束的任何12个月中停留累计等于或超过183天;在这种情况下,另一国可以对仅在该国进行活动取得的所得征税;或者

(三)如在缔约国另一方进行活动的报酬,是由该缔约国居民支付或者由设在该缔约国的常设机构或固定基地负担,其金额在会计年度中超过……(具体金额通过双边谈判确定)。(删掉)

二、"专业性劳务"这一用语特别包括独立的科学、文学、艺术、教育或教学活动,以及医师、律师、工程师、建筑师、牙医师和会计师的独立活动。

第十五条 非独立个人劳务

一、从属于第十六、十八和十九条的规定,缔约国一方的居民由于受雇取得的薪金、工资和其他类似的报酬,除了受雇于缔约国另一方的以外,应仅在该国征税。如果受雇于缔约国另一方取得的该项报酬,可以在另一国征税。

二、虽有第一款的规定,缔约国一方的居民由于受雇于缔约国另一方而取得的报酬,在下列情况下应仅在首先提及的国家征税:

(一)收款在有关会计年度开始或结束的任何12个月中在缔约国另一方停留累计不超过183天;同时

(二)该项报酬是由并非缔约国另一方居民的雇主自付或代表雇主支付的;并且

(三)该项报酬不由雇主设在另一国的常设机构或固定基地所负担。

三、虽有本条以上规定,由于受雇于从事国际运输的船舶或飞机上,或受雇于从事内河运输的船只上而取得的报酬,可以在企业实际管理机构所在的缔约国征税。

第十六条 董事费和高级管理人员报酬

一、缔约国一方居民作为缔约国另一方居民公司董事会成员取得的董事费和其他类似款项,可以在另一国征税。

二、缔约国一方居民由于担任缔约国另一方居民公司高级管理职务取得的薪金、工资和其他类似报酬,可以在另一国征税。

第十七条 艺术家和运动员

一、虽有第十四条和第十五条的规定,缔约国一方居民,作为表演家,如戏剧、电影、广播或电视艺术家,或音乐家,或者作为运动员,在缔约国另一方从事其个人活动取得的所得,可以在另一国征税。

二、表演家或运动员从事其个人活动所取的所得,并非为了表演家或运动员本人而为了其他人,虽有第七、第十四和第十五条的规定,其所得可以在表演或运动员从事活动的缔约国征税。

第十八条 退休金和社会保险金

第十八条A(供选择的A)

一、从属于第十九条第二款的规定,由于过去的雇佣支付给缔约国一方居民的退休金和其他类似报酬,应仅在该国征税。

二、虽有第一款的规定,按照缔约国一方,所属行政区或地方当局社会保险金制度部分的公共计划,支付的退休金和其他款项,应仅在该国征税。

第十八条B(供选择的B)

一、从属于第十九条第二款的规定,由于过去的雇佣支付给缔约国一方居民的退休金和其他类似报酬,可以在该国征税。

二、然而,该项退休金和其他类似报酬,如果由缔约国另一方居民或者设在该国的常设机构支付,也可以在另一国征税。

三、虽有第一款和第二款的规定,按照缔约国一方所属行政区或地方当局社会保险制度部分的公共计划支付的退休金和其他款项,应仅在该国征税。

第十九条 政府服务

一、(一) 缔约国一方,所属行政区或地方当局支付给向其提供服务的个人退休金以外的工资、薪金或其他报酬,应仅在该国征税。

(二) 然而,该项工资、薪金或其他报酬应仅在缔约国另一方征税,如果该项服务是在另一国提供,提供服务的个人是该国居民,并且该居民

1. 是该国国民;或者

2. 不是为了提供该项服务的目的,而成为该国居民。

二、(一) 缔约国一方,所属行政区或地方当局支付的或从其建立的基金中对向其提供服务的个人支付的退休金,应仅在该国征税。

(二) 然而,如果提供服务的个人是缔约国另一方居民、并且是其国民的,该项退休金应仅在该另一国征税。

三、第十五条、第十六条、第十七条和第十八条的规定,应适用于向缔约国一方,所属行政区或地方当局进行营业提供服务所取得的工资、薪金或其他报酬和退休金。

第二十条 学 生

学生、企业实习生或学徒是,或在紧接前往缔约国一方访问前曾是缔约国另一方居民,仅由于接受教育或培训的目的停留在首先提及的国家,其为维持生活、教育或培训收到的来源于该国以外的款项,该国不应征税。

第二十一条 其他所得

一、缔约国一方居民的各项所得,不论在什么地方发生,凡本协定上述各条款未作规定的,应仅在该国征税。

二、第六条第二款规定的不动产所得以外的其他所得,如果所得的收款人是缔约国一方居民,通过设在缔约国另一方的常设机构进行营业,或者通过设在缔约国另一方的基地从事独立个人劳务,据以支付所得的权利或财产与该常设机构或固定基地有实际联系,不应适用第一款的规定。在这种情况下,应视具体情况适用第七条或第十四条的规定。

三、虽有第一款和第二款的规定,缔约国一方居民的各项所得,凡本协定上述各条未作规定,而发生在缔约国另一方的,也可以在另一国征税。

第四章 对财产的征税

第二十二条 财 产

一、第六条所指不动产为代表的财产,为缔约国一方居民所有并座落在缔约国另一方,可以在另一国征税。

二、缔约国一方企业设在缔约国另一方常设机构构成营业财产部分的动产,或者缔约国

一方居民设在缔约国另一方从事独立个人劳务的固定基地所附属的动产为代表的财产,可以在另一国征税。

三、从事国际运输的船舶、飞机和从事内河运输的船只,以及附属于经营上述船舶、飞机和船只的动产为代表的财产,应仅在该企业实际管理机构所在缔约国征税。

四、[缔约国一方居民的其他所有财产项目,应仅在该国征税。](保留可选性,与 OECD 区别)

(小组决定,对于缔约国一方居民,不动产和动产为代表的财产以及其他所有财产项目征税问题,留待双边谈判。如果谈判的双方决定在税收协定中包括财产征税这一条,应由他们决定是否采用本条第四款的文字,或者规定留给财产座落的国家征税。)

第五章 消除双重征税的方法

第二十三条 A 免税方法

一、缔约国一方居民取得的所得或拥有的财产,按照本协定的规定可以在缔约国另一方征税时,首先提及的国家应对该项所得或财产给予免税,但第二款和第三款的规定除外。

二、缔约国一方居民取得的各项所得,按照第十条、第十一条和第十二条的规定,可以在缔约国另一方征税时,首先提及的国家应允许从对该居民的所得所征税额中扣除,其金额等于另一国所缴纳的税款。但该项扣除应不超过对来自另一国的该项所得扣除前计算的税额。

三、按照本协定的任何规定,缔约国一方居民取得的所得或拥有的财产,在该国免税时,该国在计算该居民其余所得或财产的税额时,可对免税的所得或财产予以考虑。

第二十三条 B 抵免方法

一、缔约国一方居民取得的所得或拥有的财产,按照本协定的规定,可以在缔约国另一方征税时,首先提及的国家应允许从对该居民的所得征税额中扣除,其数额等于在另一国所缴纳的所得税收;和从对该居民财产所征税额中扣除,其数额等于在另一国所缴纳的财产税收;但该项扣除,在任何情况下应不超过视具体情况可以在另一国征税的那部分所得或财产在扣除前计算的所得税额或财产税额。

二、按照本协定的任何规定,缔约国一方居民取得的所得或拥有的财产,在该国免税时,该国在计算该居民其余所得或财产的税额时,可对免税的所得或财产予以考虑。

第六章 特别规定

第二十四条 无差别待遇

一、缔约国一方国民(尤其是居民)在缔约国另一方负担的税收和有关条件,不应比缔约国另一方国民在相同情况下,负担或可能负担的税收或有关条件不同或比其更重。虽有第一条的规定,本规定也应适用于不是缔约国一方或双方居民的人。

二、“国民”一语是指:

(一)所有具有缔约国一方国籍的个人;

(二)根据缔约国一方的现行法律取得其法律地位的所有法人、合伙企业和团体。(删掉)

三、缔约国一方居民无国籍的人(尤其是居民)在缔约国任何一方负担的税收和有关条件,不应比各该国国民在相同情况下,负担或可能负担的税收或有关条件不同或比其更重。

四、缔约国一方企业在缔约国另一方的常设机构税收负担,不应高于进行同样活动的另一国企业。本规定不应被理解为,缔约国一方由于公民地位或家庭负担原因给予本国居民在税收上任何个人的扣除、优惠和减税,也必须给予缔约国另一方居民。

五、除适用第九条第一款、第十一条第六款或第十二条第六款的规定外,缔约国一方企业支付给缔约国另一方居民的利息、特许权使用费和其他款项,在确定该企业纳税利润时,应与在相同条件下支付给首先提及的国家的居民一样扣除[同样,缔约国一方企业对缔约国另一方居民的任何债务,在确定该企业的纳税财产时,应与在相同条件下首先提及的国家的居民所确定的债务一样扣除]。

六、缔约国一方企业的资本全部或部分,直接或间接为缔约国另一方一个或一个以上的居民拥有或控制,该企业在首先提及的国家负担的税收和有关条件,不应与首先提及国家的其他类似企业负担或可能负担的税收和有关条件不同或比其更重。

七、虽有第二条的规定,本条规定应适用于各种税收。

第二十五条　相互协商程序

一、当一个人认为缔约国一方或双方的措施,导致或将导致对其不符合本协定规定的征税时,可以不考虑国内法律所规定的补救方法,将案情提交其本人为居民的缔约国一方主管当局;或者如果其案情属于第二十四条第一款,可以提交其本人为国民的缔约国主管当局。该项案情必须在不符合本协定规定的征税行动第一次通知起,三年内提出。

二、上述主管当局如果认为提出的意见合理,又不能单方面满意地解决时,应设法与缔约国另一方主管当局相互协商解决本案,以避免不符合本规定的征税。达成的任何协议应予执行,而不受该缔约国内法律的任何时间限制。

三、缔约国双方主管当局应相互协商设法解决在解释和实施本协定时发生的困难和疑义。缔约国双方主管当局也可以对为避免本协定未规定的双重征税进行协商。

四、缔约国双方主管当局为达成以上各款所指的协议,可以直接相互联系,包括通过其自身或其代表组成的联合委员会进行联系。为执行本条规定的相互协商程序,主管当局应通过协商确定适当的双边程序、条件、方法和技术。此外,主管当局可以设法采取适当的单方面程序、条件、方法和技术,以促进上述双边行动和相互协商程序的执行。

第二十六条　情报交换

一、缔约国双方主管当局应交换为实施本协定的规定所必需的情报,或缔约国双方关于本协定所涉及的税种的国内法律,按此征税与本协定不相抵触的情报,特别是防止欺诈或偷漏税收的情报。情报交换不受第一条限制。缔约国一方收到的任何情报,应与按该国国内法律取得的情报同样保密。但是,如果发送国对该情报已作密件,仅应告知本协定规定税收的查定、征收以及有关案件的执行或起诉或裁决上诉的人员或主管当局(包括法院和行政管理部门)。上述人员或主管当局仅应为上述目的使用该项情报,但可在公开法庭程序或法庭判决中透露有关情报。双方主管当局应通过协商确定有关情报交换事宜的适当条件、方法和技术,包括适当地交换有关逃税的情报。

二、第一款的各项规定,在任何情况下,不应被理解为,缔约国一方有义务:

(一)采取与该缔约国或缔约国另一方的法律或行政惯例不相一致的行政措施;

（二）提供按照该缔约国或缔约国另一方的法律或正常行政渠道得不到的情报；

（三）提供泄露任何贸易、经营、工业、商业或专业秘密或贸易过程的情报，或泄露后将违反公共政策（公共秩序）的情报。

第二十七条 外交使团成员和领馆领事

本协定应不影响按照国际法一般原则或按照特别协定规定的外交使团成员或领馆领事的财政特权。

第七章 最后规定

第二十八条 生 效

一、本协定应经过批准，批准文件应尽快在……互换。

二、本一应在互换批准文件后生效，其规定生效日期是：

（一）在甲国：

（二）在乙国：

第二十九条 终 止

本协定在缔约国一方终止以前应继续有效。缔约国任何一方，可以……年以后任何历年年底前至少六个月通过外交途径发出终止通知终止本协定。在这种情况下，本协定将自下列日期起停止有效：

（一）在甲国：

（二）在乙国：

结 束 语

注意：关于协定的生效和终止的规定以及有关签署的结束语应按照缔约国双方的宪法程序加以草拟。

（编者以该文件 1980 年版的中译本为基础，根据 2001 年版的英文本适当改译而成。2001 年版英文本来源：http:// unpan1. un. org/intradoc/groups/public/documents/un/unpan002084. pdf；1980 年版中译本来源：陈安、刘智中编选：《国际经济法资料选编》，法律出版社 1991 年版，第 949—968 页。）

经济合作与发展组织关于对所得和财产征税的协定范本（2005）
OECD Model Convention with Respect to Taxes on Income and on Capital, 2005

（2005 年 7 月 15 日）

协定标题

甲国与乙国关于所得和财产的税收协定[1]

协定序言[2]

第一章　协定范围

第一条　人的范围

本协定适用于缔约国一方或缔约国双方居民的人。

第二条　税种范围

一、本协定适用于缔约国一方、所属行政区或地方当局对所得和财产征收的各种税收，不论其征收方式。

二、对全部所得、全部财产或者某些项目所得、某些项目财产征收的所有税收，包括对转让动产或不动产取得的收益征收的税收，对企业支付的工资或薪金总额征收的税收以及对资本增值征收的税收，都应视为对所得和财产征收的税收。

三、本协定特别适用于下列现行税种：

（一）在甲国：

（二）在乙国：

四、本协定也应适用于本协定签订之日以后增加或代替现行税种的任何相同的或实质相似的各种税收。缔约国双方主管当局应相互将各自税法所作出的重要变动情况通知对方。

---

① 各国可根据国际通行做法在标题中加上“避免双重征税”或同时加上“避免双重征税”和“防止偷逃税”的字眼。

② 协定序言应按照缔约国双方的宪法程序加以草拟。

第二章 定 义

第三条 一般定义

一、除上下文另有解释的以外,在本协定中:

(一)"人"一语包括个人、公司和其他团体;

(二)"公司"一语是指任何法人团体或者任何在税收上视同法人团体的实体;

(三)"企业"一语指开展任何营业活动;

(四)"缔约国一方企业"和"缔约国另一方企业"的用语分别指缔约国一方居民经营的企业和缔约国另一方居民经营的企业;

(五)"国际运输"一语是指在缔约国一方设有实际管理机构的企业以船舶或飞机经营的运输,但不包括以船舶或飞机仅在缔约国另一方各地之间的经营;

(六)"主管当局"一语是指:

1. 在甲国:

2. 在乙国:

(七)缔约国一方的"国民"一语是指:

1. 任何具有该缔约国国籍或公民身份的个人;

2. 任何根据该缔约国现行法律而设立的法人、合伙企业或团体。

(八)"营业"一语包括从事专业性劳务或其他独立性活动。

二、缔约国一方在任何时候实施本协定时,对于未经本协定明确定义的用语,除上下文另有要求的以外,应当具有该国当时适用于本协定的税种的法律所规定的含义,此用语在该国有效适用的税法上的含义优先于在该国其他法律上的含义。

第四条 居 民

一、在本协定中,"缔约国一方居民"一语是指按照该缔约国法律,由于住所、居所、管理机构所在地,或者其他类似性质的标准,在该缔约国负有纳税义务的人,也包括该缔约国本身、其所属行政区或地方当局。但是,这一用语不包括仅由于来源于该缔约国的所得或位于该缔约国的财产在该缔约国负有纳税义务的人。

二、由于第一款的规定,同时是缔约国双方居民的个人,其身份的确定应按以下规则进行:

(一)应认为是其有永久性住所所在缔约国的居民;如果在缔约国双方同时有永久性住所,应认为仅是与其个人和经济关系更密切(重要利益中心)所在缔约国的居民;

(二)如果其重要利益中心所在国无法确定,或者在缔约国任何一方都没有永久性住所,应认为仅是其有习惯性居处所在国的居民;

(三)如果其在缔约国双方都有,或者都没有习惯性居处,应认为仅是其国民所属缔约国的居民;

(四)如果其同时是缔约国双方的国民,或者不是缔约国任何一方的国民,缔约国双方主管当局应通过相互协商解决。

三、由于第一款的规定,除个人以外,同时为缔约国双方居民的人,应认为仅是其实际管理机构所在缔约国的居民。

第五条 常设机构

一、在本协定中，“常设机构”一语是指企业进行全部或部分营业的固定营业场所。

二、“常设机构”一语特别包括：

（一）管理场所；

（二）分支机构；

（三）办事处；

（四）工厂；

（五）作业场所；

（六）矿场、油井或气井、采石场或者其他开采自然资源的场所。

三、“常设机构”一语包括建筑工地，建筑或安装工程，但仅以该工地、建筑、工程连续12个月以上为限。

四、虽有本条上述各项规定，“常设机构”一语应认为不包括：

（一）专为储存、陈列或者交付本企业货物或者商品的目的而使用的设施；

（二）专为储存、陈列或者交付的目的而保存本企业货物或者商品的库存；

（三）专为另一企业加工的目的而保存本企业货物或者商品的库存；

（四）专为本企业采购货物或者商品，或者收集情报的目的而设有的固定营业场所；

（五）专为本企业进行任何其他准备性或者辅助性活动的目的而设有的固定营业场所；

（六）专为本款第（一）项至第（五）项活动的结合而设有的固定营业场所，如果这种结合使该固定营业场所的全部活动属于准备性质或辅助性质。

五、虽有第一款和第二款的规定，如果一个人（适用第六款的独立地位代理人除外）在缔约国一方代表缔约国另一方的企业进行活动，有权以该企业的名义签订合同并经常行使这种权力，对于此人为该企业所进行的任何活动，应认为该企业在该缔约国一方设有常设机构，除非此人的活动限于第四款提及的活动，根据该款的规定，这些活动即使是通过固定营业场所进行，也不会使得该固定营业场所成为常设机构。

六、一个企业仅通过经纪人、一般佣金代理人或者任何其他独立地位代理人在缔约国一方进行营业，而这些代理人又按常规进行其本身业务的，应不认为在该国设有常设机构。

七、缔约国一方居民公司，控制或被控制于缔约国另一方居民公司或者在该缔约国另一方进行营业的公司（不论是否通过常设机构），此项事实不能据以使任何一公司构成另一公司的常设机构。

第三章 对所得的征税

第六条 不动产所得

一、缔约国一方居民从位于缔约国另一方的不动产取得的所得（包括农业或林业所得），可以在缔约国另一方征税。

二、“不动产”一语应具有财产所在地的缔约国法律所规定的含义。该用语在任何情况下应包括附属于不动产的财产、农业和林业所使用的牲畜和设备，一般法律有关地产规定所适用的权利，不动产的用益权和由于开采或有权开采矿藏、水源与其他自然资源而取得固定或不固定的收入的权利。船舶、船只和飞机不应视为不动产。

三、第一款的规定也应适用于从直接使用、出租或以其他任何形式使用不动产取得的所得。

四、第一款和第三款的规定也应适用于企业的不动产所得。

第七条 营业利润

一、缔约国一方企业的利润应仅在该缔约国征税,但该企业通过设在缔约国另一方的常设机构在该缔约国另一方进行营业的除外。如果该企业通过设在该缔约国另一方的常设机构在该缔约国另一方进行营业,其利润可以在该缔约国另一方征税,但应仅以可归属于该常设机构的利润为限。

二、除适用第三款的规定以外,缔约国一方企业通过设在缔约国另一方的常设机构在该缔约国另一方进行营业,应将该常设机构视同在相同或类似情况下从事相同或类似活动的独立分设企业,并完全独立地同其所隶属的企业进行交易,该常设机构可能得到的利润在缔约国各方应归属于该常设机构。

三、在确定常设机构的利润时,应当允许扣除为常设机构所发生的各项费用,包括行政和一般管理费用,不论其发生于该常设机构所在国或者其他任何地方。

四、如果缔约国一方习惯于以企业总利润按一定比例分配给所属各单位的方法来确定常设机构的利润,则第二款规定并不妨碍该缔约国按这种习惯分配方法确定其应税利润。但是,采用的分配方法所得到的结果,应与本条所规定的原则一致。

五、不应仅由于常设机构为企业采购货物或商品,将利润归属于该常设机构。

六、在上述各款中,除有适当的和充分的理由需要变动外,每年应采用相同的方法确定属于常设机构的利润。

七、利润中如果包含本协定其他各条单独规定的所得项目时,本条规定不应影响其他各条的规定。

第八条 船运、内河运输和空运

一、以船舶或飞机从事国际运输取得的利润,应仅在企业实际管理机构所在缔约国征税。

二、以船只从事内河运输取得的利润,应仅在企业实际管理机构所在缔约国征税。

三、如果船运企业或内河运输企业的实际管理机构设在船舶或船只上,应以船舶或船只母港所在缔约国为所在国;或如果没有母港,应以船舶或船只经营者为其居民的缔约国为所在国。

四、第一款的规定也应适用于参加合伙经营、联合经营或者参加国际经营机构取得的利润。

第九条 联属企业

一、当:

(一)缔约国一方企业直接或间接参与缔约国另一方企业的管理、控制或资本,或者,

(二)同一人直接或间接参与缔约国一方企业和缔约国另一方企业的管理、控制或资本,

并且,在上述任何一种情况下,两个企业之间在商业或财务关系中达成或施加的交易条件不同于独立企业之间达成的交易条件,此时,本应由其中一个企业取得,但由于这些条件而没有取得的利润,可以计入该企业的利润,并据以征税。

二、当缔约国一方将缔约国另一方已征税的企业利润,计入该缔约国一方企业的利润内并加以征税,且如果该被计入的利润在这两个企业之间达成的交易条件是独立企业之间的交易条件时本应由首先提及的缔约国的企业取得时,该缔约国另一方应对这部分利润已征收的税额予以适当调整。在确定上述调整时,应适当考虑本协定的其他规定,如有必要,缔约国双方主管当局应相互协商。

第十条 股 息

一、缔约国一方居民公司支付给缔约国另一方居民的股息,可以在该缔约国另一方征税。

二、然而,这些股息也可以在支付股息的公司为其居民的缔约国,按照该国法律征税。但是,如果股息受益所有人是缔约国另一方的居民,则所征税款:

(一) 如果受益所有人是直接持有支付股息公司至少 25 % 资本的公司(不是合伙企业),不应超过股息总额的 5 %;

(二) 在其他情形下,不应超过股息总额 15%。

缔约国双方主管当局应通过相互协商,确定实施该限制税率的方式。

本款不应影响对该公司支付股息前的利润所征收的公司利润税。

三、本条"股息"一语是指从股份、"享受"股份或"享受"权利、矿业股份、发起人股份或非债权关系而是分享利润的其他权利取得的所得,以及按照分配利润的公司是其居民的国家的法律,视同股份所得同样征税的其他公司权利取得的所得。

四、如果股息受益所有人是缔约国一方居民,在支付股息的公司是其居民的缔约国另一方,通过设在该缔约国另一方的常设机构进行营业,并且据以支付股息的股份与该常设机构有实际联系,则不适用第一款和第二款的规定。在这种情况下,应适用第七条的规定。

五、缔约国一方居民公司从缔约国另一方取得利润或所得,该缔约国另一方不得对该公司支付的股息征收任何税收(但支付给该缔约国另一方居民的股息或者据以支付股息的股份与设在缔约国另一方的常设机构有实际联系的除外),也不得对该公司的未分配的利润征收任何税收,即使支付的股息或未分配的利润全部或部分是发生于该缔约国另一方的利润或所得。

第十一条 利 息

一、发生于缔约国一方并支付给缔约国另一方居民的利息,可以在该缔约国另一方征税。

二、然而,这些利息也可以在该利息发生的缔约国,按照该国法律征税。但是,如果利息的受益所有人是缔约国另一方的居民,则所征税款不应超过利息总额的 10%。缔约国双方主管当局应通过相互协商,确定实施该限制税率的方式。

三、本条"利息"一语是指从各种债权取得的所得,不论其有无抵押担保或者是否有权分享债务人的利润;特别是指从政府证券取得的所得、从债券或者信用债券取得的所得,包括附属于这些证券、债券和信用债券的溢价和奖金。由于延期支付的罚款,不应视为本条所规定的利息。

四、如果利息受益所有人是缔约国一方的居民,在利息发生的缔约国另一方,通过设在该缔约国另一方的常设机构进行营业,并且据以支付该利息的债权与该常设机构有实际联系,则不适用第一款和第二款的规定。在这种情况下,应适用第七条的规定。

五、如果支付利息的人为缔约国一方居民，应认为该利息发生于该缔约国。然而，如果支付利息的人不论是否为缔约国一方居民，在缔约国一方设有常设机构，支付该利息的债务与该常设机构有联系，并由其负担利息，上述利息应认为发生于该常设机构所在缔约国。

六、由于支付利息的人与受益所有人之间或者他们与其他人之间的特殊关系，就有关债权所支付的利息数额超出支付人与受益所有人没有上述关系所能同意的数额时，本条规定应仅适用于后来提及的数额。在这种情况下，该支付款项的超出部分，仍应按各缔约国的法律征税，但应适当考虑本协定的其他规定。

第十二条　特许权使用费

一、发生于缔约国一方并由缔约国另一方居民受益所有的特许权使用费，应仅在该缔约国另一方征税。

二、本条中"特许权使用费"一语是指使用或有权使用任何文学、艺术或科学作品，包括电影影片的版权、任何专利、商标、设计或模型、计划、秘密配方或程序所支付的作为报酬的各种款项；或者有关工业、商业或科学经验的情报所支付的作为报酬的各种款项。

三、如果特许权使用费受益所有人是缔约国一方的居民，在特许权使用费发生的缔约国另一方，通过设在该缔约国另一方的常设机构进行营业，且据以支付该特许权使用费的权利或财产与该常设机构有实际联系，则不适用第一款的规定。在这种情况下，应适用第七条的规定。

四、由于支付特许权使用费的人与受益所有人之间或他们与其他人之间的特殊关系，就有关使用、权利或情报支付的特许权使用费数额超出支付人与受益所有人没有上述关系所能同意的数额时，本条规定应仅适用于后来提及的数额。在这种情况下，该支付款项的超出部分，仍应按各缔约国的法律征税，但应适当考虑本协定的其他规定。

第十三条　财产收益

一、缔约国一方居民转让第六条所述位于缔约国另一方的不动产取得的收益，可以在该缔约国另一方征税。

二、转让缔约国一方企业在缔约国另一方的常设机构营业财产部分的动产，包括转让整个常设机构（单独或随同整个企业）取得的收益，可以在该缔约国另一方征税。

三、转让从事国际运输的船舶、飞机、从事内河运输的船只或附属于经营上述船舶、飞机或船只的动产取得的收益，应仅在该企业实际管理机构所在的缔约国征税。

四、缔约国一方居民转让股份取得收益，该股份50%以上的价值直接或间接来自于位于缔约国另一方的不动产，该收益可在该缔约国另一方征税。

五、转让第一、二、三、四各款所述的财产以外的任何财产取得的收益，应仅在转让者为其居民的缔约国征税。

第十四条　独立个人劳务【已删除】

第十五条　受雇所得

一、除适用第十六条、第十八条和第十九条的规定以外，缔约国一方居民因受雇取得的薪金、工资和其他类似报酬，除在缔约国另一方从事受雇的活动以外，应仅在该缔约国一方征税。在缔约国另一方从事受雇的活动取得的报酬，可在该缔约国另一方征税。

二、虽有第一款的规定，缔约国一方居民因在缔约国另一方从事受雇的活动取得的报酬，在下列情况下应仅在首先提及的缔约国征税：

(一) 收款人在有关会计年度开始或结束的任何十二个月中在该缔约国另一方停留连续或累计不超过一百八十三天;同时

(二) 该项报酬由并非该缔约国另一方居民的雇主支付或代表该雇主支付;并且

(三) 该项报酬不由雇主设在该缔约国另一方的常设机构所负担。

三、虽有本条上述规定,在缔约国一方企业经营国际运输的船舶或飞机上,或在从事内河运输的船只上从事受雇的活动取得的报酬,可以在该企业实际管理机构所在的缔约国征税。

第十六条　董　事　费

缔约国一方居民作为缔约国另一方居民公司的董事会成员取得的董事费和其他类似款项,可以在该缔约国另一方征税。

第十七条　艺术家和运动员

一、虽有第七条和第十五条的规定,缔约国一方居民,作为表演家,如戏剧、电影、广播或电视艺术家、音乐家或作为运动员,在缔约国另一方从事其个人活动取得的所得,可以在该缔约国另一方征税。

二、表演家或运动员从事其个人活动取得的所得,并非归属于表演家或运动员本人,而是归属于其他人,虽有第七条和第十五条的规定,该所得可以在该表演家或运动员从事其活动的缔约国征税。

第十八条　退　休　金

除适用第十九条第二款的规定以外,因过去的雇佣关系支付给缔约国一方居民的退休金和其他类似报酬,应仅在该缔约国一方征税。

第十九条　政 府 服 务

一、(一) 缔约国一方、所属行政区或地方当局支付给向其提供服务的个人的工资、薪金和其他类似报酬,应仅在该缔约国一方征税。

(二) 但是,该项工资、薪金和其他类似报酬,应仅在缔约国另一方征税,如果该项服务是在该缔约国另一方提供,而且提供服务的个人是该缔约国另一方居民,并且该居民:

1. 是该国国民;或者

2. 不是仅由于提供该项服务的目的,而成为该国居民。

二、(一) 虽有第一款的规定,缔约国一方、所属行政区或地方当局支付的或者从其建立的基金中对向其提供服务的个人支付的退休金或其他类似款项,应仅在该缔约国一方征税。

(二) 但是,如果提供服务的个人是缔约国另一方居民,并且是其国民的,该项退休金或其他类似报酬应仅在该缔约国另一方征税。

三、第十五条、第十六条、第十七条和第十八条的规定应适用于向缔约国一方、所属行政区或地方当局从事的营业提供服务取得的工资、薪金、退休金或其他类似报酬。

第二十条　学　　生

学生或企业学徒是,或在直接前往缔约国一方访问前曾是,缔约国另一方居民,仅由于接受教育或培训的目的停留在首先提及的国家,其为维持生活、教育或培训收到来源于该国以外的款项,该国不应征税。

第二十一条　其 他 所 得

一、缔约国一方居民的各项所得,无论其发生于何地,凡本协定上述各条未作规定的,应仅在该缔约国一方征税。

二、第六条第二款规定的不动产所得以外的其他所得，如果所得的收款人是缔约国一方居民，通过设在缔约国另一方的常设机构进行营业，据以支付所得的权利或财产与该常设机构有实际联系，则不适用第一款的规定。在这种情况下，应适用第七条的规定。

第四章 对财产的征税

第二十二条 财 产

一、第六条所指不动产为代表的财产，为缔约国一方居民所有并且座落在缔约国另一方，可以在该缔约国另一方征税。

二、构成缔约国一方企业设在缔约国另一方的常设机构营业财产部分的动产为代表的财产，可以在该缔约国另一方征税。

三、从事国际运输的船舶、飞机和从事内河运输的船只或附属于经营上述船舶、飞机或船只的动产为代表的财产，应仅在该企业实际管理机构所在的缔约国征税。

四、缔约国一方居民的所有其他财产项目，应仅在该缔约国一方征税。

第五章 避免双重征税的方法

第二十三条A 免税方法

一、缔约国一方居民所取得的所得或拥有的财产，按照本协定的规定可以在缔约国另一方征税时，首先提及的国家应对该项所得或财产给予免税，但第二款和第三款的规定除外。

二、缔约国一方居民取得的各项所得，按照第十条和第十一条的规定，可以在缔约国另一方征税时，首先提及的国家应允许从该居民的所得纳税额中扣除相当于在缔约国另一方所缴纳的税款的金额。但该项扣除应不超过对来自于缔约国另一方的该项所得扣除前计算的税额。

三、按照本协定的任何规定，缔约国一方居民取得的所得或拥有的财产，在该国免税时，该国在计算该居民其余所得或财产的税额时，可对免税的所得或财产予以考虑。

四、缔约国一方居民取得的所得或拥有的财产，如果缔约国另一方已根据本协定的规定对该所得或财产给予免税，或者已将第十条第二款或第十一条第二款的规定适用于该所得，则不适用第一款的规定。

第二十三条B 抵免方法

一、缔约国一方居民所取得的所得或拥有的财产，按照本协定的规定可以在缔约国另一方征税时，首先提及的国家应允许：

（一）从该居民的所得征税额中扣除相当于在缔约国另一方缴纳的所得税的金额；

（二）从该居民的财产所征税额中扣除相当于在缔约国另一方缴纳的财产税的金额。

但该项扣除，在任何情况下，应不超过视具体情况可以在缔约国另一方征税的那部分所得或财产在扣除前计算的所得税额或财产税额。

二、按照本协定的任何规定，缔约国一方居民取得的所得或拥有的财产，在该国免税时，该国在计算该居民其余所得或财产的税额时，可对免税的所得或财产予以考虑。

第六章　特别规定

第二十四条　无差别待遇

一、缔约国一方国民在缔约国另一方负担的税收和有关要求，不应比缔约国另一方国民在相同情况下（尤其是居住情况下），负担或可能负担的税收和有关要求不同或比其更重。虽有第一条的规定，本规定也应适用于不是缔约国一方或双方居民的人。

二、作为缔约国一方居民的无国籍的人在缔约国任何一方负担的税收和有关要求，不应比缔约国国民在相同情况下（尤其是居住情况下），负担或可能负担的税收和有关要求不同或比其更重。

三、缔约国一方企业在缔约国另一方设立的常设机构在该缔约国另一方的税收负担，不应高于进行相同活动的缔约国另一方企业。本规定不应被理解为，缔约国一方由于公民地位或家庭负担原因给予本国居民在税收上的任何个人的扣除、优惠和减税，也必须给予缔约国另一方居民。

四、除适用第九条第一款、第十一条第六款或第十二条第四款的规定外，缔约国一方企业支付给缔约国另一方居民的利息、特许权使用费和其他款项，在确定该企业应纳税利润时，应与在相同条件下支付给首先提及的国家的居民一样扣除。同样，缔约国一方企业对缔约国另一方居民的任何债务，在确定该企业应纳税财产时，应与在相同条件下首先提及的国家的居民的债务一样扣除。

五、缔约国一方企业的资本全部或部分，直接或间接为缔约国另一方一个或一个以上的居民拥有或控制，该企业在首先提及的国家负担的税收和有关条件，不应与首先提及的国家的其他类似企业负担或可能负担的税收和有关条件不同或比其更重。

六、虽有第二条的规定，本条规定应适用于各种税收。

第二十五条　相互协商程序

一、当一个人认为，缔约国一方或者双方所采取的措施，导致或将导致对其不符合本协定规定的征税时，可以不考虑各缔约国国内法所规定的救济方法，将案情提交给本人为其居民的缔约国主管当局；或者如果其案情属于第二十四条第一款规定的情形，可以提交给本人为其国民的缔约国主管当局。该项案情必须在不符合本协定规定的征税措施第一次通知之日起，三年内提出。

二、上述主管当局如果认为所提意见合理，又不能单方面圆满解决时，应设法同缔约国另一方主管当局相互协商解决，以避免不符合本协定的征税。达成的任何协议应予执行，而不受各缔约国国内法的任何时间限制。

三、缔约国双方主管当局应通过相互协商设法解决在解释或实施本协定时所发生的困难或疑义。缔约国双方主管当局也可以对本协定未作规定的消除双重征税问题进行协商。

四、缔约国双方主管当局为达成前述条款的协议，可以相互直接联系，包括通过由他们或他们指派的代表组成的联合委员会进行联系。

第二十六条　情报交换

一、缔约国双方主管当局应交换可预见与本协定规定的实施相关的情报，以及可预见与缔约国、所属行政区及其地方当局所征收的税收的有关国内法的实施或执行相关的情报（以根据这些国内法征税与本协定不相抵触为限)。情报交换不受第一条和第二条的限制。

二、缔约国一方根据第一款收到的任何情报应视同根据该国国内法所得到的情报予以保密,仅应告知与第一款所述税收的查定、征收、执行、起诉、裁决上诉有关,或监督上述事务有关的人员或当局(包括法院和行政机关)。上述人员或当局应仅为上述目的使用该项情报,但可以在公开法庭程序或法院判决中披露有关情报。

三、在任何情况下,第一款和第二款的规定不应被理解为缔约国一方有以下义务:

(一)采取与该缔约国一方或缔约国另一方的法律和行政惯例不相一致的行政措施;

(二)提供按照该缔约国一方或缔约国另一方的法律或正常行政渠道无法得到的情报;

(三)提供泄露任何贸易、经营、工业、商业、专业秘密或贸易过程的情报,或者其披露违反公共政策(公共秩序)的情报。

四、缔约国一方依据本条向缔约国另一方请求情报,缔约国另一方应使用其情报收集手段去获取被请求的情报,即使该缔约国另一方为其自身的税收目的并不需要这些情报。上述义务受第三款的限制,但是,这种限制在任何情况下均不应被理解为允许缔约国一方仅因这些情报与本国利益无关而拒绝提供。

五、在任何情况下,第三款的规定不应被理解为允许缔约国仅因情报由银行、其他金融机构、被指定人、受托人或代理人所持有,或者由于情报与某人的所有权利益有关而拒绝提供情报。

第二十七条 税款征收协助①

一、缔约国相互之间应在税款征收方面提供协助。这种协助不受第一条和第二条的限制。缔约国双方主管当局可以通过相互协商来确定实施本条的方式。

二、本条中"税款请求权"一语是指纳税人欠缴的,缔约国一方、所属行政区或地方当局所征收的任何税收(但以该税款的征收不违背本协定或缔约国双方共同加入的其他国际法律文件为限),以及与该欠缴税款相关的利息、行政罚款以及征收或保全费用。

三、如果缔约国一方的税款请求权根据该国法律具有可强制执行性,且根据该国法律,欠税人当时不能阻止该税款的征收,应该国主管当局的请求,缔约国另一方的主管当局在征管上应承认该税款请求权。该缔约国另一方应将该税款请求权视同本国的税款请求权,按照本国关于相关国内税收的执行和征收的法律的规定加以征收。

四、如果缔约国一方的税款请求权,该国依照其法律可以采取保全措施以确保其征收,应该国主管当局的请求,缔约国另一方的主管当局在采取保全措施上应承认该税款请求权。该缔约国另一方应将该税款请求权视同本国的税款请求权,按照本国法律的规定,对该税款请求权采取保全措施,即使该税款请求权在首先提及的国家并无可强制执行性,或欠税人有权阻止该税款的征收。

五、虽有第三款和第四款的规定,缔约国一方在第三款或第四款上所承认的税款请求权在该国不应受到该国法律规定的税款请求权时效的限制,也不应享有该国法律给予本国税款

① 出于国内法、国内政策或征管方面的原因,有些国家不允许或无法提供本条所述的协助,或者要求对这种协助进行限制,例如仅限于税收制度、征管机制以及所涉税种相似的国家。因此,如果缔约国各方基于本条注释第1段所述的各种因素考虑,能够同意为缔约国另一方的税款征收提供协助,才应在其协定中加入本条。

请求权的优先权。同时,缔约国一方在第三款或第四款上所承认的税款请求权在该国也不应享有按照缔约国另一方法律所享有的任何优先权。

六、有关缔约国一方的税款请求权的产生、效力以及数额,不得向缔约国另一方的法院或行政机关提起诉讼。

七、缔约国一方根据第三款或第四款提出请求后,缔约国另一方征收相关税款并汇给首先提及的缔约国前的任何时间,如果相关的税款请求权

（一）在根据第三款提出请求的情况下,不再是首先提及的缔约国根据其法律具有可强制执行性,且欠税人当时根据该国法律不能阻止其征收的税款请求权;或者

（二）在根据第四款提出请求的情况下,不再是首先提及的缔约国根据其法律可以采取保全措施以确保税款征收的税款请求权,

首先提及的缔约国的主管当局应迅速将此项事实告知缔约国另一方的主管当局。经缔约国另一方选择,首先提及的缔约国应中止或撤回其请求。

八、在任何情况下,本条的规定不应被理解为缔约国一方有以下义务:

（一）采取与该缔约国一方或缔约国另一方的法律和行政惯例不相一致的行政措施;

（二）采取与公共政策(公共秩序)相违背的措施;

（三）提供协助,如果缔约国另一方并未用尽按照其法律或行政惯例视具体情况可以采取的一切合理的征收或保全措施;

（四）提供协助,如果在这些情况下,该缔约国一方因此所承受的行政负担明显超出缔约国另一方可获得的利益。

第二十八条　外交使团和领事馆的成员

本协定不应影响按照一般国际法规则或按照特别协定规定给予外交使团和领事馆的成员的财政特权。

第二十九条　区域的扩大①

一、本协定通过其全部或任何必要的修改,可以扩大到(实施本协定中具体未包括的甲国或乙国领土的任何部分,或)甲国或乙国负责其国际关系的任何国家或地区,而该国家或地区所征收的税收又与本协定适用的税收具有实质相似性。这种扩大,应从缔约国双方通过外交途径的换文或按照其宪法程序以其他方式指定的和同意的日期生效,并受到所指定的修改和条件(包括终止的条件)的约束。

二、除缔约国双方另有协议外,缔约国一方按照第三十条终止本协定时,本协定(对甲国或乙国的领土的任何部分,或)对任何按本条规定加以扩大的国家或地区也同样终止。

第七章　最后规定

第三十条　生　　效

一、本协定应经过批准,批准文件应尽快在 互换。

二、本协定应在互换批准文件后生效,其规定生效日期是:

（一）在甲国:

① 括号中的文字,适用于按照特别规定,缔约国一方的一部分地区不适用本协定的情况。

(二)在乙国:

第三十一条 终 止

本协定在一方终止以前继续有效。缔约国任何一方可以在 年以后任何历年年底前至少六个月通过外交途径发出终止通知终止本协定。

在这种情况下,本协定将自下列日期起停止有效:

(一)在甲国:

(二)在乙国:

结 束 语[①]

(陈延忠译。英文本来源:http://www.oecd.org/dataoecd/50/49/35363840.pdf)

① 关于签署的结束语应根据缔约国双方的宪法程序加以草拟。

中华人民共和国政府和巴基斯坦伊斯兰共和国政府关于对所得避免双重征税和防止偷漏税的协定(1989)

Agreement between the Government of the People's Republic of China and the Government of the Islamic Republic of Pakistan for the Avoidance of Double Taxation and the Prevention of Tax Evasion with Respect to Taxes on Income, 1989

(1989 年 11 月 15 日 伊斯兰堡)

中华人民共和国政府和巴基斯坦伊斯兰共和国政府,愿意缔结关于对所得避免双重征税和防止偷漏税的协定,达成协议如下:

第一条　人的范围

本协定适用于缔约国一方或者同时为双方居民的人。

第二条　税种范围

一、本协定适用于由缔约国一方、其行政区或地方当局对所得征收的所有税收,不论其征收方式如何。

二、本协定适用的现行税种是:

(一) 在巴基斯坦:

1. 所得税;

2. 特别税;

3. 附加税。

(以下简称"巴基斯坦税收")

(二) 在中国:

1. 所得税;

2. 中外合资经营企业所得税;

3. 外国企业所得税;

4. 地方所得税。

(以下简称"中国税收")

三、本协定也适用于本协定签订之日后征收的属于增加或者代替第二款所列现行税种的相同或者实质相似的税收。缔约国双方主管当局应将各自税法所作出的实质变动,在其变动后的适当时间内通知对方。

第三条 一般定义

一、在本协定中,除上下文另有解释的以外:

(一)"巴基斯坦"一语用于地理概念是指巴基斯坦伊斯兰共和国宪法确定的巴基斯坦,包括根据巴基斯坦法律和国际法,巴基斯坦对海底、底土以及海底以上水域自然资源行使主权权利和专属管辖权的巴基斯坦领土以外的区域;

(二)"中国"一语是指中华人民共和国;用于地理概念时,是指实施有关中国税收法律的所有中华人民共和国领土包括领海,以及根据国际法,中华人民共和国拥有勘探和开发海底和底土资源以及海底以上水域资源的主权权利的领海以外的区域;

(三)"缔约国一方"和"缔约国另一方"的用语,按照上下文,是指中国或者巴基斯坦;

(四)"税收"一语按照上下文,是指中国税收或者巴基斯坦税收;

(五)"人"一语包括个人、公司和其他团体;

(六)"公司"一语是指法人团体或者在税收上视同法人团体的实体;

(七)"缔约国一方企业"和"缔约国另一方企业"的用语,分别指缔约国一方居民经营的企业和缔约国另一方居民经营的企业;

(八)"国民"一语是指:

1. 任何具有缔约国一方国籍的个人;

2. 任何按照缔约国一方现行法律取得其地位的法人、合伙企业和团体。

(九)"国际运输"一语是指在缔约国一方设有其实际管理机构的企业以船舶或飞机经营的运输,不包括仅在缔约国另一方各地之间以船舶或飞机经营的运输;

(十)"主管当局"一语,在中国方面是指国家税务局或其授权的代表;在巴基斯坦方面是指中央税务局或其授权的代表。

二、缔约国一方在实施本协定时,对于未经本协定明确定义的用语,除上下文另有解释的以外,应当具有该缔约国适用于本协定的税种的法律所规定的含义。

第四条 居 民

一、在本协定中,"缔约国一方居民"一语是指按照该缔约国法律,由于住所、居所、总机构或实际管理机构所在地,或者其他类似的标准,在该缔约国负有纳税义务的人。

但是,这一用语不包括仅由于来源该国的所得在该国负有纳税义务的人。

二、由于第一款的规定,同时为缔约国双方居民的个人,其身份应按以下规则确定:

(一)应认为是其有永久性住所所在缔约国的居民;如果在缔约国双方同时有永久性住所,应认为是与其个人和经济关系更密切(重要利益中心)所在缔约国的居民;

(二)如果其重要利益中心所在国无法确定,或者在缔约国任何一方都没有永久性住所,应认为是其有习惯性居住所在国的居民;

(三)如果其在缔约国双方都有,或者都没有习惯性居处,应认为是其国籍所属缔约国的居民;

(四)如果其同时是缔约国双方的居民,或者不是缔约国任何一方的国民,缔约国双方主管当局应通过协商解决。

三、由于第一款的规定,除个人以外,同时为缔约国双方居民的人,应认为是其营业总机构所在缔约国的居民。但是,如果这个人在缔约国一方设有其营业实际管理机构,在缔约国另一方设有其营业总机构,缔约国双方主管当局应协商确定该人为本协定中缔约国一方的国民。

第五条　常设机构

一、在本协定中,“常设机构”一语是指企业进行全部或部分营业的固定营业场所

二、“常设机构”一语特别包括:

(一)管理场所;

(二)分支机构;

(三)办事处;

(四)工厂;

(五)作业场所;

(六)矿场、油井或气井、采石场或者其他开采自然资源的场所;

(七)永久性展销场所。

三、“常设机构”一语还包括建筑工地,建筑、装配或安装工程,或者与其有关的监督管理活动,但仅以该工地、工程或活动连续六个月以上的为限。

四、虽有第一款至第三款的规定,“常设机构”一语应认为不包括:

(一)专为储存、陈列本企业货物或者商品的目的而使用的设施;

(二)专为储存、陈列的目的而保存本企业货物或者商品的库存;

(三)专为另一企业加工的目的而保存本企业货物或者商品的库存;

(四)专为本企业采购货物或者商品,或者搜集情报的目的所设的固定营业场所;

(五)专为本企业进行其他准备性或辅助性活动的目的所设的固定营业场所。

五、虽有第一款和第二款的规定,当一个人(除适用第七款的独立代理人外)在缔约国一方代表缔约国另一方的企业进行活动,对于这个人为该企业进行的任何活动,应认为该企业在首先提及的缔约国设有常设机构,如果这个人:

(一)有权并经常行使这种权力在该国以该企业的名义签订合同。但是,除非这个人通过固定营业场所进行的活动限于第四款的规定,按照该款规定,并不得使这一固定营业场所成为常设机构;或

(二)没有该项权力,但经常在首先提及的国家保存货物或商品的库存,并代表该企业经常从该库存中交付货物或商品。

六、虽有本条以上各项规定,缔约国一方的保险企业,除再保险外,如果通过适用第七款独立代理人以外的人在缔约国另一方境内收取保险金或接受保险业务,应认为在该另一国设有常设机构。

七、缔约国一方企业仅通过按常规经营本身业务的经纪人、一般佣金代理人或者任何其他独立代理人在缔约国另一方进行营业,不应认为在该缔约国另一方设有常设机构。但如果这个代理人的活动全部或几乎全部代表该企业,不应认为是本款所指的独立代理人 。

八、缔约国一方居民公司,控制或被控制于缔约国另一方居民公司或者在该国另一方进行营业的公司(不论是否通过常设机构),此项事实不能据以使任何一方公司构成另一方公司的常设机构。

第六条　不动产所得

一、缔约国一方居民从位于缔约国另一方的不动产取得的所得(包括农业和林业所得),

可以在该缔约国另一方征税。

二、"不动产"一语应当具有财产所在地的缔约国的法律所规定的含义。该用语在任何情况下应包括附属于不动产的财产,农业和林业所使用的牲畜和设备,有关地产的一般法律规定所适用的权利,不动产的用益权以及由于开采或有权开采矿藏、水源和其他自然资源取得的不固定或固定收入的权利。船舶和飞机不应视为不动产。

三、第一款的规定应适用于从直接使用、出租或者任何其他形式使用不动产取得的不动产所得。

四、第一款和第三款的规定也适用于企业的不动产所得和用于进行独立个人劳务的不动产所得。

第七条 营业利润

一、缔约国一方企业的利润应仅在该国征税,但该企业通过设在缔约国另一方的常设机构在该缔约国另一方进行营业的除外。如果该企业通过在缔约国另一方的常设机构在该缔约国另一方进行营业,其利润可以在该另一国征税,但应以仅属于下列情况的为限:

(一) 该常设机构;

(二) 在该另一国销售的货物或商品与通过该常设机构销售的货物或商品相同或类似;或

(三) 在该另一国进行的其他经营活动与通过该常设机构进行的经营活动(第五条第三款所述的活动除外)相同或类似。

但是,如果企业能够证明上述销售或活动不是由常设机构进行的,可以不适用本款第(二)项和第(三)项的规定。

二、除适用第三款的规定以外,缔约国一方企业通过设在缔约国另一方的常设机构在该缔约国另一方进行营业,应将该常设机构视同在相同或类似情况下从事相同或类似活动的独立分设企业,并同该常设机构所隶属的企业完全独立处理,该常设机构可能得到的利润在缔约国各方应归属于该常设机构。

三、在确定常设机构的利润时,应当允许扣除其进行营业发生的各项费用,包括行政和一般管理费用,不论其发生于该常设机构所在国或者其他任何地方,按该常设机构所在缔约国的国内法律规定扣除。在实施该国内法规定时应与本款所规定的原则一致。但是,常设机构使用专利或者其他权利支付给企业总机构或该企业其他办事处的特许权使用费、报酬或其他类似款项,具体服务或管理的佣金,以及向其借款所支付的利息,银行企业除外,都不作任何扣除(属于偿还代垫实际发生的费用除外)。同样,在确定常设机构的利润时,也不考虑该常设机构从企业总机构或该企业其他办事处取得的特许权使用费、报酬或其他类似款项,具体服务或管理的佣金,以及贷款给该企业总机构或该企业其他办事处所取得的利息,银行企业除外(属于偿还代垫实际发生的费用除外)。

四、如果缔约国一方习惯于以企业总利润按一定比例分配给所属各单位的方法来确定常设机构的利润,则第二款规定并不妨碍该缔约国按这种习惯分配方法确定其应纳税的利润。但是,采用的分配方法所得到的结果,应与本条所规定的原则一致。

五、不应仅由于常设机构为企业采购货物或商品,将利润归属于该常设机构。

六、在第一款至第五款中,除有适当的和充分的理由需要变动外,每年应采用相同的方法确定属于常设机构的利润。

七、利润中如果包括有本协定其他各条单独规定的所得项目时，本条规定不应影响其他各条的规定。

第八条　海运和空运

一、以船舶或飞机经营国际运输业务所取得的利润，应仅在企业实际管理机构所在缔约国征税。

二、船运企业的实际管理机构设在船舶上的，应以船舶母港所在缔约国为所在国；没有母港的，以船舶经营者为其居民的缔约国为所在国。

三、第一款规定也适用于参加合伙经营、联合经营或者参加国际经营机构取得的利润。

第九条　联属企业

一、当：

（一）缔约国一方企业直接或者间接参与缔约国另一方企业的管理、控制或资本；或者

（二）同一人直接或者间接参与缔约国一方企业和缔约国另一方企业的管理、控制或资本。

在上述任何一种情况下，两个企业之间的商业或财务关系不同于独立企业之间的关系，因此，本应由其中一个企业取得，但由于这些情况而没有取得的利润，可以计入该企业的利润，并据以征税。

二、缔约国一方将缔约国另一方已征税的企业利润，而这部分利润本应由该缔约国一方企业取得的，包括在该缔约国一方企业的利润内，并且加以征税时，如果这两个企业之间的关系是独立企业之间的关系，该缔约国另一方应对这部分利润所征收的税额加以调整。在确定上述调整时，应对本协定其他规定予以注意，如有必要，缔约国双方主管当局应相互协商。

第十条　股　　息

一、缔约国一方居民公司支付给缔约另一方居民的股息，可以在该缔约国另一方征税。

二、然而，这些股息也可以在支付股息的公司是其居民的缔约国，按照该缔约国法律征税。但是，如果收款人是股息受益所有人，则所征税款不应超过股息总额的10%。

本款规定，不应影响对该公司支付股息前的利润所征收的公司利润税。

三、本条“股息”一语是指从股份或者非债权关系分享利润的权利取得的所得，以及按照分配利润的公司是其居民的国家法律，视同股份所得同样征税的其他公司权利取得的所得。

四、如果股息受益所有人是缔约国一方居民，在支付股息的公司是其居民的缔约国另一方，通过设在该缔约国另一方的常设机构进行营业或者通过设在该缔约国另一方的固定基地从事独立个人劳务，据以支付股息的股份与该常设机构或固定基地有实际联系的，不适用第一款和第二款的规定。在这种情况下，应视具体情况适用第七条或第十五条的规定。

五、缔约国一方居民公司从缔约国另一方取得利润或所得，该缔约国另一方不得对该公司支付的股息征收任何税收。但支付给该缔约国另一方居民的股息或者据以支付股息的股份与设在缔约国另一方的常设机构或固定基地有实际联系的除外。对于该公司的未分配的利润，即使支付的股息或未分配的利润全部或部分是发生于该缔约国另一方的利润或所得，该缔约国另一方也不得征收任何税收。

第十一条　利　　息

一、发生于缔约国一方而支付给缔约国另一方居民的利息，可以在该缔约国另一方征税。

二、然而,这些利息也可以在利息发生的缔约国,按照该缔约国的法律征税。但是,如果收款人是利息受益所有人,则所征税款不应超过利息总额的10%。

三、虽有第二款的规定,发生于缔约国一方的利息,应在该缔约国一方免予征税,如果该项利息是支付给:

(一)缔约国另一方政府;

(二)缔约国另一方国家银行;

(三)缔约国双方主管当局随时同意的缔约国另一方地方当局、金融机构或代理机构。第(二)项中所说的"国家银行",在中国是指中国人民银行和中国银行;在巴基斯坦是巴基斯坦国家银行。

四、本条"利息"一语是指从各种债权取得的所得,不论其有无抵押担保或者是否有权分享债务人的利润;特别是从公债、债券或者信用债券取得的所得,包括其溢价和奖金。由于延期支付所处的罚款,不应视为本条所规定的利息。

五、如果利息受益所有人是缔约国一方居民,在利息发生的缔约国另一方,通过设在该缔约国另一方的常设机构进行营业或者通过设在该缔约国另一方的固定基地从事独立个人劳务,据以支付该利息的债权与该常设机构或者固定基地有实际联系的,不适用第一款、第二款和第三款的规定。在这种情况下,应视具体情况适用第七条或第十五条的规定。

六、如果支付利息的人为缔约国一方政府、其他方当局或该缔约国居民,应认为利息发生在该缔约国。然而,当支付利息的人不论是否为缔约国一方居民,在缔约国一方设有常设机构或者固定基地,支付该利息的债务与该常设机构或者固定基地有联系,并由其负担该利息,上述利息应认为发生于该常设机构或固定基地所在缔约国。

七、由于支付利息的人与受益所有人之间或者他们与其他人之间的特殊关系,就有关债权所支付的利息数额超出支付人与受益所有人没有上述关系所能同意的数额时,本条规定应仅适用于后来的提及的数额。在这种情况下,对该支付款项的超出部分,仍应按各缔约国的法律征税,但应对本协定其他规定予以适当注意。

第十二条 特许权使用费

一、发生于缔约国一方而支付给缔约国另一方居民的特许权使用费,可以在该缔约国另一方征税。

二、然而,这些特许权使用费也可以在其发生的缔约国,按照该缔约国的法律征税。但是,如果收款人是特许权使用费受益所有人,则所征税款不应超过特许权使用费总额的12.5%。

三、本条"特许权使用费"一语是指使用或有权使用文学、艺术或科学著作,包括电影影片、无线电或电视广播使用的胶片、磁带的版权,专利、专有技术、商标、设计或模型、图纸、秘密配方或秘密程序所支付的作为报酬的各种款项,或者使用或有权使用工业、商业、科学设备或有关工业、商业、科学经验的情报所支付的作为报酬的各种款项。

四、如果特许权使用费受益所有人是缔约国一方居民,在特许权使用费发生的缔约国另一方,通过设在该缔约国另一方的常设机构进行营业或者通过设在该缔约国另一方的固定基地从事独立个人劳务,据以支付该特许权使用费的权利或财产与该常设机构或固定基地有实际联系的,不适用第一款和第二款的规定。在这种情况下,应视具体情况适用第七条或第十五条的规定。

五、如果支付特许权使用费的人是缔约国一方政府、其地方当局或该缔约国居民,应认为该特许权使用费发生在该缔约国。然而,当支付特许权使用费的人不论是否为缔约国一方居民,在缔约国一方设有常设机构或者固定基地,支付该特许权使用费的义务与该常设机构或者固定基地有联系,并由其负担这种特许权使用费,上述特许权使用费应认为发生于该常设机构或者固定基地所在缔约国。

六、由于支付特许权使用费的人与受益所有人之间或他们与其他人之间的特殊关系,就有关使用、权利或情报支付的特许权使用费数额超出支付人与受益所有人没有上述关系所能同意的数额时,本条规定应仅适用于后来提及的数额。在这种情况下,对该支付款项的超出部分,仍应按各缔约国的法律征税,但应对本协定其他规定予以适当注意。

第十三条　技术服务费

一、发生在缔约国一方而支付给缔约国另一方居民的技术服务费可以在该缔约国另一方征税。

二、然而,该项技术服务费也可以在其发生的缔约国,按照该国法律征税。但是,如果收款人是该项服务费受益所有人,则所征税款不应超过该项服务费总额的12.5%。

三、本条“技术服务费”一语是指缔约国一方居民在缔约国另一方提供管理、技术或咨询服务(包括该居民通过其他人员提供的技术服务)而收取的任何报酬(包括一次总付的报酬),但不包括本协定第五条第三款和第十五条所提及的活动的报酬。

四、如果技术服务费受益所有人是缔约国一方居民,在该技术服务费发生的缔约国另一方,通过设在该另一国的常设机构进行营业或者通过设在该另一国的固定基地从事独立个人劳务,据以支付该技术服务费的合同与该常设机构或固定基地有实际联系的,不适用第一款和第二款的规定。在这种情况下,应视具体情况适用第七条或第十五条的规定。

五、由于支付人和受益所有人之间或他们与其他人之间的特殊关系。就支付的技术服务费超出没有上述关系所能支付的数额时,本规定应仅适用于后来提及的数额。在这种情况下,对该支付款项的超出部分,仍应按各缔约国的法律征税,但应对本协定其他规定予以适当注意。

第十四条　财 产 收 益

一、缔约国一方居民转让第六条所述位于缔约国另一方的不动产取得的收益,可以在该缔约国另一方征税。

二、转让缔约国一方企业在缔约国另一方的常设机构营业财产部分的动产,或者缔约国一方居民在缔约国另一方从事独立个人劳务的固定基地的动产取得的收益,包括转让常设机构(单独或者随同整个企业)或者固定基地取得的收益,可以在该缔约国另一方征税。

三、转让从事国际运输的船舶或飞机,或者转让属于经营上述船舶、飞机的动产取得的收益,应仅在该企业实际管理机构所在缔约国征税。

四、转让一个公司财产股份的股票取得的收益,该公司的财产又主要直接或者间接由位于缔约国一方的不动产所组成,可以在该缔约国一方征税。

五、转让第四款所述以外的其他股票取得的收益,该公司的财产又主要直接或者间接由位于缔约国一方的不动产所组成,可以在该缔约国一方征税。

六、缔约国一方居民转让第一款至第五款所述财产以外的其他财产取得的收益,发生于缔约国另一方的,可以在该缔约国另一方征税。

第十五条 独立个人劳务

一、缔约国一方居民由于专业性劳务或者其他独立性活动取得的所得,应仅在该缔约国征税。但具有以下情况之一的,可以在缔约国另一方征税:

(一)在缔约国另一方为从事上述活动设有经常使用的固定基地。在这种情况下,该缔约国另一方可以仅对属于该固定基地的所得征税;

(二)在有关历年中在缔约国另一方停留连续或累计超过183天。在这种情况下,该缔约国另一方可以仅对属于该固定基地的所得征税;

二、"专有性劳务"一语特别包括独立的科学、文学、艺术、教育或教学活动,以及医师、律师、工程师、建筑师、牙医师和会计师的独立活动。

第十六条 非独立个人劳务

一、除适用第十七条、第十九条、第二十条和第二十一条的规定以外,缔约国一方居民因受雇取得的薪金、工资和其他类似报酬,除在缔约国另一方从事受雇的活动以外,应仅在该缔约国一方征税。在该缔约国另一方从事受雇的活动取得的报酬,可以在该缔约国另一方征税。

二、虽有第一款的规定,缔约国一方居民因在缔约国另一方从事受雇的活动取得的报酬,同时具有以下三个条件的,应仅在该缔约国一方征税:

(一)收款人在有关历年中在该缔约国另一方停留连续或累计不超过183天;

(二)该项报酬由并非该缔约国另一方居民的雇主支付或代表该雇主支付;

(三)该项报酬不是由雇主设在该缔约国另一方的常设机构或固定基地所负担。

三、虽有本条第一款和第二款的规定,在缔约国一方企业经营国际运输的船舶或飞机上从事受雇的活动取得的报酬,应仅在该企业实际管理机构所在缔约国征税。

第十七条 董 事 费

一、缔约国一方居民作为缔约国另一方居民公司的董事会成员取得的董事费和其他类似款项,可以在该缔约国另一方征税。

二、缔约国一方居民担任缔约国另一方居民公司高级管理职务取得的薪金、工资和其他类似报酬,可以在该缔约国另一方征税。

第十八条 艺术家和运动员

一、虽有第十五条和第十六条的规定,缔约国一方居民,作为表演家,如戏剧、电影、广播或电视艺术家、音乐家作为运动员,在缔约国另一方从事其个人活动取得的所得,可以在该缔约国另一方征税。

二、虽有第七条、第十五条和第十六条的规定,表演家或运动员从事其个人活动取得的所得,并非归属表演家或运动员本人,而是归属于其他人,可以在该表演家或运动员从事其活动的缔约国征税。

三、虽有本条第一款和第二款的规定,按照缔约国双方的文化协定或安排,从事第一款所提及的上述活动,取得的所得,如果对该国的访问全部或主要是由缔约国任何一方公共基金或者政府资金资助的,在从事上述活动的缔约国应予免税。

第十九条 退 休 金

一、除适用第二十条第二款的规定以外,因以前的雇佣关系支付给缔约国一方居民的退休金和其他类似报酬,应仅在该缔约国一方征税。

二、虽有第一款的规定,缔约国一方政府或地方当局按其社会保险制度的公共福利计划支付的退休金和其他类似款项,应仅在该缔约国一方征税。

第二十条 政府服务

一、(一)缔约国一方政府或地方当局对履行政府职责向其提供服务的个人支付退休以外的报酬,应仅在该缔约国一方征税。

(二)但是,如果该项服务是在缔约国另一方提供,而且提供服务的个人是该缔约国另一方居民,并且该居民:

1. 是该缔约国另一方国民;或者

2. 不是仅由于提供该项服务,而成为该缔约国另一方的居民。

该项报酬,应仅在该缔约国另一方征税。

二、(一)缔约国一方政府或地方当局支付或者从其建立的基金中支付给向其提供服务的个人的退休金,应仅在该缔约国一方征税。

(二)但是,如果提供服务的个人是缔约国另一方居民,并且是其国民的,该项退休金应仅在该缔约国另一方征税。

三、第十六条、第十七条、第十八条和第十九条的规定,应适用于向缔约国一方政府或地方当局举办的事业提供服务取得的报酬和退休金。

第二十一条 教师和研究人员

一、任何个人是、或者在直接前往缔约国一方之前曾是缔约国另一方居民,主要是为了在该缔约国一方的大学、学院、学校或为该缔约国一方政府承认的教育机构或科研机构从事教学、讲学或研究的目的,停留在该缔约国一方。对其由于教学、讲学或研究取得的报酬,以及从该缔约国一方境外取得的其他所得,该缔约国一方应自其到达之日起。两年内免予征税。

二、本条不应适用主要是为个别人或人们的私人利益从事研究取得的研究所得。

第二十二条 学生和实习人员

学生、企业学徒或实习生是、或者在直接前往缔约国一方之前曾是缔约国另一方居民,仅由于接受教育、培训的目的,停留在该缔约国一方,其为了维持生活、接受教育或培训的目的停留的该缔约国一方,自其到达之日起五年内,对其收到或取得的下列款项或所得,该缔约国一方应免予征税:

(一)为了维持生活、接受教育、学习、研究或培训的目的,从该缔约国一方境外取得的款项;

(二)政府或科学、教育、文化机构或其他免税组织给予的助学金、奖学金或奖金;

(三)在该缔约国一方从事个人劳务的所得。

第二十三条 其他所得

一、缔约国一方居民取得的各项所得,不论在什么地方发生的,凡本协定上述各条未作规定的,应仅在该缔约国一方征税。

二、第六条第二款规定的不动产所得以外的其他所得,如果所得收款人为缔约国一方居民,通过设在缔约国另一方的常设机构在该缔约国另一方进行营业,或者通过设在该缔约国另一方的固定基地在该缔约国另一方从事独立个人劳务,据以支付所得的权利或财产与该常设机构或固定基地有实际联系的,不适用第一款的规定。在这种情况下,应视具体情况分别适用第七条或第十五条的规定。

三、虽有第一款和第二款的规定，缔约国一方居民取得的各项所得，凡本规定上述各条未作规定，而发生在缔约国另一方的，可以在该缔约国另一方征税。

第二十四条 消除双重征税方法

一、在巴基斯坦方面，消除双重征税如下：

（一）按照巴基斯坦税收抵免的法律规定，对巴基斯坦居民从中国取得的所得，按照中国法律和本协定的规定，由巴基斯坦居民直接支付或被扣缴的中国税收，应允许在就该项所得应缴纳的巴基斯坦税收中抵免。但是，抵免额不应超过对该项所得按照巴基斯坦税法计算的巴基斯坦税收数额。

（二）从中国取得的所得是中国居民公司支付给巴基斯坦居民公司的股息，同时该巴基斯坦居民公司拥有支付股息公司股份不少于10%的，该项抵免应考虑支付该股息公司就该项所得缴纳的中国税收。

（三）在第（一）项和第（二）项中，所缴纳的中国税收应包括假如没有按以下规定给予免税、减税或者退税而本应缴纳的中国税收数额：

1.《中华人民共和国中外合资经营企业所得税法》第五条、第六条和《中华人民共和国中外合资经营企业所得税法施行细则》第三条；

2.《中华人民共和国外国企业所得税法》第四条和第五条；

3.《中华人民共和国国务院关于经济特区和沿海十四个港口城市减征、免征企业所得税和工商统一税的暂行规定》的第一部分的第一条、第二条、第三条、第四条、第十条；第二部分的第一条、第二条、第三条、第四条；第三部分的第一条、第二条和第三条；

4.《中华人民共和国国务院关于鼓励投资开发海南岛的规定》的第十条和第十九条；

5.《中华人民共和国国务院关于鼓励外商投资的规定》的第八条、第九条和第十条；以及

6.《中华人民共和国财政部关于沿海经济开放区鼓励外商投资减征、免征企业所得税和工商统一税的暂行规定》的第一条、第二条和第三条；

7. 本协定签订之日后，中华人民共和国为促进经济发展，在其法律中采取的经缔约国双方主管当局同意的其他类似特别鼓励措施。

二、在中国，消除双重征税如下：

（一）中国居民从巴基斯坦取得的所得，按照本协定规定在巴基斯坦缴纳的税额，可以在对该居民征收的中国税收中抵免。但是，抵免额不应超过对该项所得按照中国税法和规章计算的中国税收数额。

（二）从巴基斯坦取得的所得是巴基斯坦居民公司支付给中国居民公司的股息，同时该中国居民公司拥有支付股息公司股份不少于10%的，该项抵免应考虑支付该股息公司就该项所得缴纳的巴基斯坦税收。

（三）在第（一）项和第（二）项中，所缴纳的巴基斯坦税收应包括：

1. 假如没有按照巴基斯坦1979年所得税法随时修订的税收鼓励措施给予免税、减税或者退税，而本应缴纳的巴基斯坦税收数额。

2. 本协定签订之日后，巴基斯坦伊斯兰共和国为促进经济发展，在其法律中采取的经缔约国双方主管当局同意的其他类似特别鼓励措施。

三、在实施本条第一款第（三）项或第二款（三）项有关第十条、第十一条、第十二条和第

十三条分别适用的股息、利息、特许权使用费和技术服务费时，巴基斯坦税收数额或中国税收数额应视为相当于按下列规定支付的数额：

（一）股息，按股息总额的15%；

（二）利息，按利息总额的10%；

（三）特许权使用费，按特许权使用费总额的15%；以及

（四）技术服务费，按技术服务费总额的15%。

第二十五条　无差别待遇

一、缔约国一方国民在缔约国另一方负担的税收或者有关条件，不应与该缔约国另一方国民在相同情况下，负担或可能负担的税收或者有关条件不同或比其更重。虽有第一条的规定，本款规定也应适用于不是缔约国一方或者双方居民的人。

二、缔约国一方企业在缔约国另一方常设机构的税收负担，不应高于该缔约国另一方对其本国进行同样活动的企业。

三、除适用第九条、第十一条第七款或第十二条第六款规定外，缔约国一方企业支付给缔约国另一方居民的利息、特许权使用费和其他款项，在确定该应纳税利润时，应与在同样情况下支付给该缔约国一方居民同样予以扣除。

四、缔约国一方企业的资本全部或部分，直接或间接为缔约国另一方一个或一个以上的居民拥有或控制，该企业在该缔约国一方负担的税收或者有关条件，不应与该缔约国一方其他同类企业的负担或可能负担的税收或者有关条件不同或比其更重。

五、本条上述各款规定不应被理解为，缔约国任何一方有义务把根据法律仅给予其居民的税收上的扣除、免税、减税、抵免和退税，也必须给予缔约国另一方居民。

第二十六条　相互协商程序

一、当一个人认为，缔约国一方或者双方所采取的措施，导致或将导致对其不符合本协定规定的征税时，可以不考虑各缔约国国内法律的补救办法，将案情提交本人为其居民的缔约国主管当局；或者如果其案情属于第二十五条第一款，可以提交本人为其国民的缔约国主管当局，该案情必须在不符合本协定规定的征税措施第一次通知之日起，三年内提出。

二、上述主管当局如果认为所提意见合理，又不能单方面圆满解决时，应设法同缔约国另一方主管当局相互协商解决，以避免不符合本协定规定的征税。达成的协议应予执行。而不受各缔约国国内法律的时间限制。

三、缔约国双方主管当局应通过协议设法解决在解释或实施本协定时所发生的困难或疑义。也可以对本协定未作规定的消除双重征税问题进行协商。

四、缔约国双方主管当局为对以上各款达成协议，可以直接相互联系。为实施本条规定的相互协商程序，主管当局应通过协商确定适当的双边程序、条件、方法和技术。

第二十七条　情 报 交 换

一、缔约国双方主管当局应交换为实施本协定的规定所需要的情报，或缔约国双方关于本协定所涉及的税种的国内法律的规定所需要的情报（以根据这些法律征税与本协定不相抵触为限），特别是防止偷漏税的情报。情报交换不受第一条的限制。缔约国一方收到的情报应作密件处理，仅应告知与本协定所含税种有关的查定、征收、执行、起诉或裁决上诉有关的人员或当局（包括法院和行政管理部门）。上述人员或当局应仅为上述目的使用该情报，但可以在公开法庭的诉讼程序或法庭判决中公开有关情报。

二、第一款的规定在任何情况下,不应被理解为缔约国一方有以下义务:

(一)采取与该缔约国或缔约国另一方法律和行政惯例相违背的行政措施;

(二)提供按照该缔约国或缔约国另一方法律或正常行政渠道不能得到的情报;

(三)提供泄露任何贸易、经营、工业、商业、专业秘密、贸易过程的情报或者泄露会违反公共政策(公共秩序)的情报。

第二十八条 外交代表和领事官员

本协定应不影响按国际法一般规则或特别协定规定的外交代表或领事官员的税收特权。

第二十九条 生 效

缔约国各方在完成为使本协定生效其法律所需的程序后应通知对方。本协定自最后一方通知之日起生效,并有效于:

(一)在巴基斯坦:

(1)对本协定生效的次年7月1日或以后支付给或赊欠非居民的款项源泉扣缴的税款;

(2)在本协定生效的次年7月1日或以后开始的纳税年度中征收的其他税收。

(二)在中国:

(1)在本协定生效的次年7月1日或以后支付给或赊欠非居民的款项源泉扣缴的税款;

(2)在本协定生效的次年7月1日或以后开始的纳税年度中征收的其他税收。

第三十条 终 止

本协定应长期有效。但缔约国任何一方可以在本协定生效之日起满五年后任何历年6月30日或以前,通过外交途径书面通知对方终止本协定。在这种情况下,本协定对终止通知发出年度的次年1月1日或以后开始的纳税年度中取得的所得停止有效。

本协定于1989年11月15日在伊斯兰堡签订,一式两份,每份都用中文和英文写成,两种文本具有同等效力。

中华人民共和国政府	巴基斯坦伊斯兰共和国政府
代 表	代 表
钱其琛(签字)	雅各布·汗(签字)

(资料来源:http://www.chinatax.gov.cn/n480462/n480513/n481009/n1017149.files/n4637081.pdf)

中华人民共和国政府和美利坚合众国政府关于对所得避免双重征税和防止偷漏税的协定(1984)

Agreement between the Government of the People's Republic of China and the Government of the United States of America for the Avoidance of Double Taxation and the Prevention of Tax Evasion with Respect to Taxes on Income, 1984

(1984 年 4 月 30 日订立)

一、协　　定

中华人民共和国政府和美利坚合众国政府,愿意缔结关于对所得避免双重征税和防止偷漏税的协定,达成协议如下:

第一条

本协定适用于缔约国一方或者双方居民的人。

第二条

一、本协定适用于下列税种

(一) 在中华人民共和国:

1. 个人所得税;

2. 中外合资经营企业所得税;

3. 外国企业所得税;

4. 地方所得税。

(以下简称"中国税收")

(二) 在美利坚合众国:

根据国内收入法征收的联邦所得税。

(以下简称"美国税收")

二、本协定也适用于本协定签订之日后增加或者代替第一款所列税种的相同或者实质相似的税收。缔约国双方主管当局应将各自有关税法所作的实质变动,在适当时间内通知对方。

第三条

一、在本协定中,除上下文另有规定的以外:

（一）“中华人民共和国”一语用于地理概念时，是指有效行使有关中国税收法律的所有中华人民共和国领土，包括领海，以及根据国际法，中华人民共和国有管辖权和有效行使有关中国税收法律的所有领海以外的区域，包括海底和底土；

（二）“美利坚合众国”一语用于地理概念时，是指有效行使有关美国税收法律的所有美利坚合众国领土，包括领海，以及根据国际法，美利坚合众国有管辖权和有效行使有关美国税收法律的所有领海以外的区域，包括海底和底土；

（三）“缔约国一方”和“缔约国另一方”的用语，按照上下文，是指中华人民共和国或者美利坚合众国；

（四）“税收”一语，按照上下文，是指中国税收或者美国税收；

（五）“人”一语包括个人、公司、合伙企业或其他团体；

（六）“公司”一语是指法人团体或者在税收上视同法人团体的实体；

（七）“缔约国一方企业”和“缔约国另一方企业”的用语，分别指缔约国一方居民经营的企业和缔约国另一方居民经营的企业；

（八）“国民”语是指具有缔约国一方国籍的所有个人按照缔约国现行法律取得其地位的所有法人、合伙企业和团体；

（九）“主管当局”一语，在中华人民共和国方面是指财政部或其授权的代表；在美利坚合众国方面是指财政部长或其授权代表。

二、缔约国一方在实施本协定时，对于未经本协定明确定义的用语，除上下文另有规定的以外，应当具有该缔约国关于适用本协定税种的法律所规定的含义。

第四条

一、本协定中“缔约国一方居民”一语是指按照该缔约国法律，由于住所、居所、总机构、注册所在地，或者其他类似的标准，在该缔约国负有纳税义务的人。

二、由于第一款的规定，同时为缔约国双方的居民公司，双方主管当局应协商确定该公司为本协定中缔约国一方的居民。如经协商不能确定时，该公司不应作为任何一方的居民按照本协定享受优惠。

四、由于第一款的规定，美利坚合众国的居民公司根据中华人民共和国和第三国的税收协定，同时为第三国居民时，该公司不应作为美利坚合众国的居民按照本协定享受优惠。

第五条

一、本协定中“常设机构”一语是指企业进行全部或部分营业的固定营业场所。

二、“常设机构”一语特别包括：

（一）管理场所；

（二）分支机构；

（三）办事处；

（四）工厂；

（五）作业场所；

（六）矿场、油井或气井、采石场或者其他开采自然资源的场所。

三、“常设机构”一语还包括：

（一）建筑工地，建筑、装配或安装工程，或者与其有关的监督管理活动，仅以连续超过六个月的为限；

(二) 为勘探或开采自然资源所使用的装置、钻井机或船只,仅以使用期 3 个月以上的为限;

(三) 企业通过雇员或者其他人员,在该国内为同一个项目或有关项目提供的劳务,包括咨询劳务,仅以在任何 12 个月中连续或累计超过六个月的为限。

四、虽有第一款至第三款的规定,“常设机构”一语应认为不包括:

(一) 专为储存、陈列或者交付本企业货物或者商品的目的而使用的设施;

(二) 专为储存、陈列或者交付的目的而保存本企业货物或者商品的库存;

(三) 专为另一企业加工的目的而保存本企业货物或者商品的库存;

(四) 专为本企业采购货物或者商品,或者搜集情报的目的所设的固定营业场所;

(五) 专为本企业进行任何其他准备性或辅助性活动的目的所设的固定营业场所;

(六) 专为本款第(一)项至第(五)项活动的结合所设的固定营业场所,如果由于这种结合使该固定营业场所全部活动属于准备性质或辅助性质。

五、虽有第一款和第二款的规定,当一个人在缔约国一方代表缔约国另一方企业进行活动,有权并经常行使这种权力代表该企业签订合同,除适用于第六款的独立代理人以外,这个人为该企业进行的任何活动,应认为该企业在该缔约国一方设有常设机构。除非这个人通过固定营业场所进行的活动仅限于第四款的规定,按照该款规定,不应认为该固定营业场所是常设机构。

六、缔约国一方企业仅通过按常规经营本身业务的经纪人,一般佣金代理人或者任何其他独立代理人在缔约国另一方进行营业不应认为在该缔约国另一方设有常设机构。但如果这个代理人的活动全部或几乎全部代表该企业,该代理人和该企业之间的交易表明不是根据正常条件进行的,不应认为是本款所指的独立代理人。

七、缔约国一方居民公司,控制或被控制于缔约国另一方居民公司或者在该缔约国另一方进行营业的公司(不论是否通过常设机构),此项事实不能据以使任何一方公司构成另一方公司的常设机构。

第六条

一、缔约国一方居民从位于缔约国另一方的不动产取得的所得,可以在该缔约国另一方征税。

二、“不动产”一语应具有财产所在地的缔约国的法律所规定的含义。该用语在任何情况下应包括附属于不动产的财产,农业和林业所使用的牲畜和设备,一般法律规定的适用于地产的权利,不动产的用益权以及由于开采或有权开采矿藏、水源和其他自然资源取得的不固定或固定收入的权利。船舶和飞机不应视为不动产。

三、第一款的规定适用于从直接使用、出租或者任何其他形式使用不动产取得的所得。

四、第一款和第三款的规定也适用于企业的不动产所得和用于进行独立个人劳务的不动产所得。

第七条

一、缔约国一方企业的利润应仅在该缔约国征税,但该企业通过设在缔约国另一方常设机构在该缔约国另一方进行营业的除外。如果该企业通过设在该缔约国另一方的常设机构在该缔约国另一方进行营业,其利润可以在该缔约国另一方征税,但应仅以属于该常设机构的利润为限。

二、从属于第三款的规定，缔约国一方企业通过设在缔约国另一方的常设机构在该缔约国另一方进行营业，如果该常设机构是一个独立和分设的企业，在相同或相似情况下从事相同或相似活动，并完全独立地同其所隶属的企业进行交易，该常设机构在缔约国各方可能得到的利润应属于该常设机构。

三、确定常设机构的利润时，应允许扣除其进行营业发生的各项费用，包括行政和一般管理费用，不论其发生于常设机构所在国或者其他任何地方。但是，常设机构支付给企业总机构或该企业其他办事处的特权使用费或其他类似款项，以及因借款所支付的利息，都不作任何扣除（属于偿还代垫实际发生的费用除外）。同样，在确定常设机构的利润时，也不考虑该常设机构从企业总机构或该企业其他办事处取得的特许权使用费或其他类似款项，以及贷款给该企业总机构或该企业其他办事处所收取的利息（属于偿还代垫实际发生的费用除外）。

四、如果缔约国一方的税法规定，对于某具体行业，在核定利润基础上确定属于常设机构的利润，则第二款并不妨碍该缔约国执行其法律的规定。但是所得到的结果，应与本条所规定的原则一致。

五、不应仅由于常设机构为企业采购货物或商品，将利润归属于该常设机构。

六、在第一款至第五款中，除有适当的和充分的理由需要变动外，每年应采用相同的方法确定属于常设机构的利润。

七、利润中如果包括本协定其他各条单独规定的所得项目时，本条规定不应影响其他各条的规定。

第八条

一、（一）缔约国一方企业直接或者间接参与缔约国另一方企业的管理、控制或资本，或者

（二）同一人直接或者间接参与缔约国一方企业和缔约国另一方企业的管理、控制或资本。

在上述任何一种情况下，两个企业之间的商业或财务关系不同于独立企业之间的关系，因此，本应由其中一个企业取得，但由于这些情况而没有取得的利润，可以计入该企业的利润，并据以征税。

二、缔约国一方将缔约国另一方已征税的企业利润，而这部分利润本应由该缔约国一方企业取得的，包括在该缔约国一方企业的利润内，并且加以征税时，如果这两个企业之间的关系是独立企业之间的关系，该缔约国另一方应对这部分利润所征收的税额加以调整。在确定上述调整时，应适当考虑本协定的其他规定，如有必要，缔约国双方主管当局应相互协商。

第九条

一、缔约国一方居民公司支付给缔约国另一方居民的股息，可以在该缔约国另一方征税。

二、然而，这些股息也可以在支付股息的公司是其居民的缔约国，按照该缔约国的法律征税。但是，如果收款人是该股息受益所有人，则所征税款不应超过该股息总额的10%。

本款规定，不应影响对该公司支付股息前的利润所征收的公司利润税。

三、本条“股息”一语是指从股份或者非债权关系分享利润的权利取得的所得，以及按照分配利润的公司是其居民的缔约国税法，视同股份所得同样征税的其他公司权利取得的

所得。

四、如股息受益所有人是缔约国一方居民,在支付股息的公司是其居民的缔约国另一方,通过设在该缔约国另一方的常设机构进行营业或者通过设在该缔约国另一方的固定基地从事独立个人劳务,据以支付该股息的股份或其他公司权利与该常设机构或固定基地有实际联系的,不适用第一款和第二款的规定。在这种情况下,应视具体情况适用第七条或第十三条的规定。

五、缔约国一方居民公司从缔约国另一方取得利润或所得,该缔约国另一方不得对该公司支付的股息征收任何税收。但支付给该缔约国的另一方居民股息或者据以支付股息的股份或其他公司权利与设在该缔约国另一方的常设机构或固定基地有实际联系的除外。对于该公司的未分配的利润,即使支付的股息或未分配的利润全部或部分是发生于该缔约国另一方的利润或所得,该缔约国另一方也不得征税。

第十条

一、发生于缔约国一方而支付给缔约国另一方居民的利息,可以在该缔约国另一方征税。

二、然而,这些利息也可以在该利息发生的缔约国,按照该缔约国的法律征税。但是,如果收款人是该利息受益所有人,则所征税款不应超过利息总额的10%。

三、虽有第二款的规定,发生在缔约国一方而为缔约国另一方政府、行政区、地方当局、中央银行或者完全为其政府所有的金融机构取得的利息;或者为该缔约国另一方居民取得的利息,其债权是由该缔约国另一方政府、行政区、地方当局、中央银行或者完全为其政府所有的金融机构间接提供资金的,应在该缔约国一方免税。

四、本条"利息"一语是指从各种债权取得的所得,不论其有无抵押担保或者是否有权分享债务人的利润;特别是从公债、债券或者信用债券取得的所得,包括其溢价和奖金。

五、如果利息受益所有人是缔约国一方居民,在该利息发生的缔约国另一方,通过设在该缔约国另一方的常设机构进行营业或者通过设在该缔约国另一方的固定基地从事独立个人劳务,据以支付该利息的债权与该常设机构或者固定基地有实际联系的,不适用第一款、第二款和第三款的规定。在这种情况下,应视具体情况适用第七条或第十三条的规定。

六、如果支付利息的人为缔约国一方政府、行政区、地方当局或该缔约国居民,应认为该利息发生在该缔约国。然而,当支付利息的人不论是否为缔约国一方居民,在该缔约国一方设有常设机构或者固定基地,支付该利息的债务与该常设机构或者固定基地有联系,并由其负担这种利息,上述利息应认为发生于该常设机构或固定基地所在缔约国。

七、由于支付利息的人与受益所有人之间或者他们与其他人之间的特殊关系,就有关债权支付的利息数额超出支付人与受益所有人没有上述关系所能同意的数额时,本条规定应仅适用于后来提及的数额。在这种情况下,对该支付款项的超出部分,仍应按各缔约国的法律征税,但应适当考虑本协定的其他规定。

第十一条

一、发生于缔约国一方而支付给缔约国另一方居民的特许权使用费,可以在该缔约国另一方征税。

二、然而,这些特许权费用也可以在其发生的缔约国,按照该缔约国的法律征税。但是,如果收款人是该特许权使用费受益所有人,则征税款不应超过特许权使用费总额的10%。

三、本条“特许权使用费”一语是指使用或有权使用文学、艺术或科学著作,包括电影影片、无线电或电视广播使用的胶片、磁带的版权,专利、专有技术、商标、设计、模型、图纸、秘密配方或秘密程序所支付的作为报酬的各种款项,也包括使用或有权使用工业、商业、科学设备或有关工业、商业、科学经验的情报所支付的作为报酬的各种款项。

四、如果特许权使用费受益所有人是缔约国一方居民,在该特许权使用费发生的缔约国另一方,通过设在该缔约国另一方的常设机构进行营业或者通过设在该缔约国另一方的固定基地从事独立个人劳务,据以支付该特许权使用费的权利或财产与该常设机构或固定基地有实际联系的,不适用第一款和第二款的规定。在这种情况下,应视具体情况适用第七条或第十三条的规定。

五、(一) 如果支付特许权使用费的人是缔约国一方政府、行政区、地主当局或该缔约国居民,应认为该特许权使用费发生在该缔约国。然而,当支付特许权使用费的人不论是否为缔约国一方居民,在缔约国一方设有常设机构或者固定基地,支付该特许权使用费的义务与该常设机构或者固定基地有联系,并由其负担特许权使用费,上述特许权使用费应认为发生于该常设机构或者固定基地所在缔约国。

(二) 如果根据第(一)项,特许权使用费不发生于缔约国双方的任何一方,但该特许权使用费与在缔约国的一方使用或有权使用该权利或财产有关,上述特许权使用费应认为发生于该缔约国。

六、由于支付特许权使用费的人与受益所有人之间或他们与其他人之间的特殊关系,就有关使用、权利或情报支付的特许权使用费数额超出支付人与受益所有人没有上述关系所能同意的数额时,本条规定应仅适用于后来提及的数额。在这种情况下,对该支付款项的超出部分,仍应按各缔约国的法律征税,但应适当考虑本协定的其他规定。

第十二条

一、缔约国一方居民转让第六条所述位于缔约国另一方的不动产取得的收益,可以在该缔约国另一方征税。

二、转让缔约国一方企业在缔约国另一方的常设机构营业财产部分的动产,或者缔约国一方居民在缔约国另一方从事独立个人劳务的固定基地的动产取得的收益,包括转让该常设机构(单独或者随同整个企业)或者该固定基地取得的收益,可以在该缔约国另一方征税。

三、缔约国一方居民转让从事国际运输的船舶或飞机,或者转让属于经营上述船舶、飞机的动产取得的收益,应仅在该缔约国一方征税。

四、转让一个公司股本的股票取得的收益,该公司的财产又主要直接或者间接由位于缔约国一方的不动产所组成,可以在该缔约国征税。

五、转让第四款所述以外的其他股票取得的收益,该项股票又相当于参与缔约国一方居民公司的股权的25%,可以在该缔约国征税。

六、缔约国一方居民转让第一款至第五款所述财产以外的其他财产取得的收益,发生于缔约国另一方的,可以在该缔约国另一方征税。

第十三条

一、缔约国一方居民的个人由于专业性劳务或者其他独立性活动取得的所得,应仅在该缔约国征税,除非该居民在缔约国另一方为从事上述活动的目的设有经常使用的固定基地,或者在该缔约国另一方有关历年中连续或累计停留超过183天。如果该居民拥有上述固定基地或在该缔约国另一方连续或累计停留上述日期,其所得可以在该缔约国另一方征税,但仅限归属于该固定基地的所得,或者在该缔约国另一方上述连续或累计期间取得的所得。

二、"专业性劳务"一语特别包括独立的科学、文学、艺术、教育或教学活动,以及医师、律师、工程师、建筑师、牙医师和会计师的独立活动。

第十四条

一、除适用第十五条、第十七条、第十八条、第十九条和第二十条的规定以外,缔约国一方居民因受雇取得的薪金、工资和其他类似报酬,除在缔约国另一方受雇的以外,应仅在该缔约国一方征税。在该缔约国另一方受雇取得的报酬,可以在该缔约国另一方征税。

二、虽有第一款的规定,缔约国一方居民因在缔约国另一方受雇取得的报酬,同时具有以下三个条件的,应仅在该缔约国一方征税:

(一)收款人在有关历年中在该缔约国另一方停留连续或累计不超过183天;

(二)该项报酬由并非该缔约国另一方居民的雇主支付或代表雇主支付;

(三)该项报酬不是由雇主设在该缔约国另一方的常设机构或固定基地所负担。

第十五条

缔约国一方居民作为缔约国另一方居民公司的董事会成员取得的董事费和其他类似款项,可以在该缔约国另一方征税。

第十六条

一、虽有第十三条和第十四条的规定,缔约国一方居民,作为表演家,如戏剧、电影、广播或电视艺术家、音乐家或者作为运动员、在缔约国另一方从事其个人活动取得的所得,可以在该缔约国另一方征税。

然而,如果该缔约国一方居民作为表演家或运动员,按照缔约国双方政府同意的文化交流的特别计划从事这些活动,该项所得在该缔约国另一方应予免税。

二、虽有第七条、第十三条和第十四条的规定,表演家或运动员从事其个人活动取得的所得,并非归属表演或运动员本人,而是归属于其他人,可以在该表演家或运动员从事其活动的缔约国征税。

然而,如果这些活动是按照缔约国双方政府同意的文化交流的特别计划从事,该项所得在该缔约国应予免税。

第十七条

一、除适用第十八条第二款的规定以外,因以前的雇佣关系支付给缔约国一方居民的退休金和其他类似报酬,应仅在该缔约国一方征税。

二、虽有第一款的规定,缔约国一方政府、行政区或地方当局根据其社会保险制度或公共福利计划支付的退休金和其他款项,应仅在该缔约国征税。

第十八条

一、(一)缔约国一方政府、行政区或地方当局对向其提供服务的个人支付退休金以外的报酬,应仅在该缔约国征税。

(二)但是,如果该项服务是在缔约国另一方提供,而且提供服务的个人是该缔约国另一方的居民,并且该居民:

1. 是该缔约国国民;或者

2. 不是为了提供该项服务的目的,而成为该缔约国的居民,该项报酬,应仅在该缔约国另一方征税。

二、(一) 缔约国一方政府、行政区、地方当局支付的或者从其建立的基金中对向其提供服务的个人支付的退休金,应仅在该缔约国征税。

(二) 但是,如果提供服务的个人是缔约国另一方居民,并且是其国民的,该项退休金应仅在该缔约国另一方征税。

三、第十四条、第十五条、第十六条和第十七条的规定,应适用于为缔约国一方政府、行政区或地方当局进行营业提供服务所取得的报酬和退休金。

第十九条

任何个人是、或者在直接前往缔约国一方之前曾是缔约国另一方居民,主要由于在该缔约国一方的大学、学院、学校或其他公认的教育机构和科研机构从事教学、讲学或研究的目的暂时停留在该缔约国一方,其停留时间累计不超过三年的,该缔约国一方应对其由于教学、讲学或研究取得的报酬,免予征税。

第二十条

学生、企业学徒或实习生是、或者在直接前往缔约国一方之前曾是缔约国另一方居民,仅由于接受教育、培训或者获取特别的技术经验的目的,停留在该缔约国一方,对于下列款项,该缔约国应免予征税:

(一) 为了维持生活、接受教育、学习、研究或培训的目的,从国外收到的款项;

(二) 政府、科学、教育或其他免税组织给予的赠款或奖金;

(三) 在该缔约国从事个人劳务的所得,在任何纳税年度数额不超过 5,000 美元或等值的中国人民币。

根据本条提供的优惠,仅延伸到为完成接受教育或培训所必要的合理时期。

第二十一条

一、缔约国一方居民的各项所得,不论在什么地方发生,凡本协定上述各条未作规定,应仅在该缔约国征税。

二、第六条第二款规定的不动产所得以外的其他所得,如果所得的收款人是缔约国一方居民,通过设在缔约国另一方的常设机构在该缔约国另一方进行营业,或者通过设在该缔约国另一方的固定基地在该缔约国另一方从事独立个人劳务,据以支付所得的权利或财产与该常设机构或固定基地有实际联系,不适用第一款的规定。在这种情况下,应视具体情况适用第七条或第十三条的规定。

三、虽有第一款和第二款的规定,缔约国一方居民的各项所得,凡本协定上述各条未作规定,而发生在缔约国另一方的,可以在该缔约国另一方征税。

第二十二条

一、在中华人民共和国,消除双重征税如下:

(一) 中国居民从美国取得的所得,按照本协定规定对该项所得缴纳的美国所得税,应允许在对该居民征收的中国税收中抵免。但是,抵免额不应超过对该项所得按照中国税法和规章计算的中国税额。

(二) 从美国取得的所得是美国居民公司支付给中国居民公司的股息,同时该中国居民公司拥有支付股息公司股份不少于 10% 的,该项抵免应考虑支付该股息公司对于从中支付股息的利润向美国缴纳的所得税。

二、在美利坚合众国，按照美国法律规定，美国应允许其居民或公民在对所得征收的美国税收中抵免：

（一）该居民或公民或代表该居民或公民向中国缴纳的所得税；

（二）在美国公司拥有中国居民公司的选举权不少于10%，并且该美国公司从该公司取得股息的情况下，分配公司或代表该分配公司对于从中支付股息的利润向中国缴纳的所得税。

本协定第二条的第一款第（一）项和第二款中所述的税种应认为是本款所述的所得税。

三、缔约国一方居民所得的，按照本协定可以在缔约国另一方征税的所得，应认为发生于该缔约国另一方。

第二十三条

一、缔约国一方国民在缔约国另一方负担的税收或者有关条件，不应与缔约国另一方国民在相同情况下，负担或可能负担的税收或者有关条件不同或比其更重。虽有第一条的规定，本款规定也适用于不是缔约国一方或者双方居民的人。

二、缔约国一方企业在缔约国另一方的常设机构税收负担，不应高于该缔约国另一方对其本国进行同样活动的企业。本规定不应被理解为缔约国一方由于民事地位、家庭负担给予本国居民税收上的个人扣除、优惠和减税也必须给予缔约国另一方居民。

三、除适用第八条、第十条第七款或第十一条第六款规定外，缔约国一方居民支付给缔约国另一方居民的利息、特许权使用费和其他款项，在确定该缔约国一方居民应纳税利润时，应与在同样情况下支付给该缔约国一方居民同样予以扣除。

四、缔约国一方企业的资本全部或部分，直接或间接为缔约国另一方一个或一个以上的居民拥有或控制，该企业在该缔约国一方负担的税收或者有关条件，不应与该缔约国一方其他同类企业的负担或可能负担的税收或者有关条件不同或比其更重。

第二十四条

一、当一个人认为，缔约国一方或者双方的措施，导致或将导致对其不符合本协定规定的征税时，可以不考虑各缔约国国内法律的补救办法，将案情提交本人为其居民的缔约国主管当局，该项案情必须在不符合本协定规定的征税措施第一次通知之日起3年内提出。

二、上述主管当局如果认为所提意见合理，又不能单方面圆满解决时，应设法同缔约国另一方主管当局相互协商解决，以避免不符合本协定的征税。达成的协议应予执行，而不受各缔约国国内法律的时间限制。

三、缔约国双方主管当局应通过协议设法解决在解释或实施本协定时发生的困难或疑义，也可以对本协定未作规定的消除双重征税问题进行协商。

四、缔约国双方主管当局为达成第二款和第三款的协议，可能相互直接联系，为有助于达成协议，双方主管当局可以进行会谈，口头交换意见。

第二十五条

一、缔约国双方主管当局应交换为实施本协定的规定所必需的情报（以根据这些法律征税与本协定不相抵触为限），特别是防止税收欺诈、偷漏税的情报。情报交换不受第一条的限制。缔约国一方收到的情报应作密件处理，仅应告知与本协定所含税种有关的查定、征收、管理、执行或起诉、裁决上诉的有关人员或当局（包括法院和行政管理部门）。上述人员或当局应仅为上述目的使用该情报，但可以在公开法庭的诉讼程序或法庭判决中透露有关情报。

二、第一款的规定在任何情况下,不应被理解为缔约国一方有以下义务:

(一)采取与该缔约国或缔约国另一方法律或行政惯例相违背的行政措施;

(二)提供按照该缔约国或缔约国另一方法律或正常行政渠道不能得到的情报;

(三)提供泄漏任何贸易、经营、工业、商业、专业秘密、贸易过程的情报或者泄漏会违反公共政策的情报。

第二十六条

本协定应不影响按国际法一般规则或特别协定规定的外交代表或领事官员的财政特权。

第二十七条

缔约国双方应在完成各自使本协定生效的法律程序后,通过外交途径书面通知对方。本协定自最后一方的通知发出之日后第 30 天生效,并对次年 1 月 1 日或以后开始的纳税年度中取得的所得有效。

第二十八条

本协定应长期有效。但缔约国任何一方可以在协定生效之日起 5 年后任何历年 6 月 30 日或以前,通过外交途径书面通知对方终止本协定。在这种情况下,本协定对终止通知发出后次年 1 月 1 日或以后开始的纳税年度中取得的所得停止有效。

本协定于 1984 年 4 月 30 日在北京签订,一式两份,每份都用中文和英文写成,两种文本具有同等效力。

中华人民共和国政府	美利坚合众国政府
代　表	代　表
赵紫阳(签字)	罗纳德·里根(签字)

(资料来源:http://www.chinatax.gov.cn/n480462/n480513/n481009/n1017111.files/n5699613.pdf)

电子商务中适用常设机构概念的说明(2000)
Clarification on the Application of the Permanent Establishment Definition in E-Commerce, 2000

(Adopted on 22 December 2000 by the committee on Fiscal Affairs of the OECD)

Introduction

1. This document contains the changes to the Commentary on the OECD Model Tax Convention adopted by the Committee on Fiscal Affairs on 22 December 2000 concerning the issue of the application of the current definition of permanent establishment in the context of e-commerce. It follows two previous drafts which were released for comments by Working Party No. 1① in October 1999 and March 2000.

2. The Committee wishes to thank the individuals, organizations and non-member countries that have sent comments on the previous drafts. These comments have helped the Working Party to draft the changes to the Commentary on Article 5 which are included in this document. The comments that were received from non-member countries lead the Committee to believe that these changes reflect interpretations that have wide support both among OECD and non-OECD countries.

3. The conclusions reflected in this document have been reached after a thorough analysis of the various conditions underlying the current treaty definition of permanent establishment having regard to work done over the last few years by the Working Group on Permanent Establishments. When drafting the changes included in this document, the Working Party has taken care to ensure that its interpretation of these conditions in the context of e-commerce remained fully consistent with the views of its Member countries on the application of these conditions to more traditional business operations.

4. The Committee wishes to stress that the changes included in this document deal exclusively with the permanent establishment definition as it currently appears in Article 5 of the OECD Model Tax Convention. The Technical Advisory Group (TAG) on Monitoring the Application of Existing Treaty Norms for the Taxation of Business Profits in the Context of Electronic Commerce has been

---

① Working Party No. 1 on Tax Conventions and Related Questions is a subsidiary body of the OECDCommittee on Fiscal Affairs and is responsible for drafting changes to the OECD Model Tax Convention.

given the general mandate "to examine how the current treaty rules for the taxation of business profits apply in the context of electronic commerce and examine proposals for alternative rules." The Committee looks forward to receiving the views of the TAG on the more important issue of whether any changes should be made to that definition or whether the permanent establishment concept should be abandoned. The work of that group will assist the Committee in deciding whether changes need to made to the Model Tax Convention to address this broader issue.

5. The Committee also looks forward to receiving the views of that TAG and the conclusions of the Working Party No. 6 on the Taxation of Multinational Enterprises on the issue of how much income should be attributed to electronic commerce operations carried on through computer equipment in circumstances where there would be a permanent establishment.

6. As this document shows, the Committee has been able to reach a consensus on the various issues concerning the application of the current definition of permanent establishment in the context of e-commerce (subject to the two dissenting views described at the end of this paragraph and of paragraph 14 below). This consensus includes the important views that a web site cannot, in itself, constitute a permanent establishment, that a web site hosting arrangement typically does not result in a permanent establishment for the enterprise that carries on business through that web site and that an ISP will not, except in very unusual circumstances, constitute a dependent agent of another enterprise so as to constitute a permanent establishment of that enterprise. However, Spain and Portugal do not consider that physical presence is a requirement for a permanent establishment to exist in the context of e-commerce, and therefore, they also consider that, in some circumstances, an enterprise carrying on business in a State through a web site could be treated as having a permanent establishment in that State. That is the reason why Spain and Portugal look forward to the results of the work of the TAG on Monitoring the Application of Existing Treaty Norms for the Taxation of Business Profits in the Context of Electronic Commerce (see paragraph 4) as regards the issue of whether changes to the definition of permanent establishment should be made to deal with e-commerce.

7. As a number of commentators and delegates have noted, it is unlikely that much tax revenues depend on the issue of whether or not computer equipment at a given location constitutes a permanent establishment. In many cases, the ability to relocate computer equipment should reduce the risks that taxpayers in e-commerce operations be found to have permanent establishments where they did not intend to. Also, in circumstances where a taxpayer would want to have income attributed to a country where its computer equipment is located, that result can be achieved through the use of a subsidiary even if no permanent establishment is considered to exist. It is crucial, however, that taxpayers and tax authorities know where the borderlines are and that taxpayers not be put in a position to have a permanent establishment in a country without knowing that they have a business presence in that country (a result that is avoided by the conclusion that a web site cannot, in itself, constitute a permanent establishment).

8. Since a large part of the draft released in March 2000 discussed a minority view that some human intervention was required for a permanent establishment to exist and since many commentators have argued that this was the case, the Committee wishes to explain the position reached on that

issue and reflected in the changes that have been adopted.

9. Having further examination of the issue, the conclusion has been reached that human intervention is not a requirement for the existence of a permanent establishment.

10. There is no specific reference to human intervention in paragraph 1 of Article 5 but it has been argued that the Commentary on Article 5, in particular paragraphs 2 and 10 thereof, imply that there is a requirement of human intervention for a permanent establishment to exist. The Committee concluded, however, that the Commentary does not support this view.

11. The relevant part of paragraph 2 reads as follows:

"The definition, therefore, contains the following conditions: […] the carrying on of the business of the enterprise through this fixed place of business. This means usually that persons who, in one way or another, are dependent on the enterprise (personnel) conduct the business of the enterprise in the State in which the fixed place is situated."

12. Although electronic commerce is developing rapidly, this statement is still accurate, i. e. usually, enterprises that have fixed places of business carry on their business through personnel. This, however, does not, and was not intended to, rule out that a business may be at least partly carried on without personnel.

13. The same applies as regards to paragraph 10. According to the Committee, the example provided in that paragraph clearly supports the conclusion that no human intervention is required for a permanent establishment to exist. Also, the first sentence ("The business of an enterprise is carried on mainly by the entrepreneur or persons who are in a paid-employment relationship with the enterprise (personnel)") is still an accurate statement of how business operates but, again, does not rule out that a business may be at least partly carried on without personnel. Finally, the Committee believes that a requirement of human intervention could mean that, outside the e-commerce environment, important and essential business functions could be performed through fixed automated equipment located permanently at a given location without a permanent establishment being found to exist, a result that would be contrary to the object and purpose of Article 5.

14. The changes to the Commentary on Article 5 which appear below make it clear that, in many cases, the issue of whether computer equipment at a given location constitutes a permanent establishment will depend on whether the functions performed through that equipment exceed the preparatory or auxiliary threshold, something that can only be decided on a case-by-case analysis. Some countries did not like that outcome and the uncertainty that may result from it. They suggested that, in the case of e-tailers, it would have been better to simply conclude that a server cannot, by itself, constitute a permanent establishment. In order to reach a consensus, however, most of these countries have accepted the view expressed above, noting that they will take into account the need to provide a clear and certain rule in their own appreciation of what are preparatory or auxiliary activities for an e-tailer. The United Kingdom, however, has taken the view that in no circumstances do servers, of themselves or together with web sites, constitute permanent establishments of e-tailers and intends to make an observation to that effect when the changes to the Commentary on Article 5 are included in the Model Tax Convention.

15. In order to illustrate that it is possible for functions performed through computer equipment to go beyond what is preparatory or auxiliary, an example has been included in the last sentence of paragraph 42.9. It was noted during the discussion that this example is merely illustrative and should not be considered to determine the point at which the preparatory or auxiliary threshold is exceeded since many countries consider that this could be the case even if only some of the functions described in that example are performed through the equipment.

Changes to the Commentary on Article 5

Add the following heading and paragraphs 42.1 to 42.10 immediately after paragraph 42 of the Commentary on Article 5

"Electronic commerce"

42.1 There has been some discussion as to whether the mere use in electronic commerce operations of computer equipment in a country could constitute a permanent establishment. That question raises a number of issues in relation to the provisions of the Article.

42.2 Whilst a location where automated equipment is operated by an enterprise may constitute a permanent establishment in the country where it is situated (see below), a distinction needs to be made between computer equipment, which may be set up at a location so as to constitute a permanent establishment under certain circumstances, and the data and software which is used by, or stored on, that equipment. For instance, an Internet web site, which is a combination of software and electronic data, does not in itself constitute tangible property. It therefore does not have a location that can constitute a "place of business" as there is no "facility such as premises or, in certain instances, machinery or equipment" (see paragraph 2 above) as far as the software and data constituting that web site is concerned. On the other hand, the server on which the web site is stored and through which it is accessible is a piece of equipment having a physical location and such location may thus constitute a "fixed place of business" of the enterprise that operates that server.

42.3 The distinction between a web site and the server on which the web site is stored and used is important since the enterprise that operates the server may be different from the enterprise that carries on business through the web site. For example, it is common for the web site through which an enterprise carries on its business to be hosted on the server of an Internet Service Provider (ISP). Although the fees paid to the ISP under such arrangements may be based on the amount of disk space used to store the software and data required by the web site, these contracts typically do not result in the server and its location being at the disposal of the enterprise (see paragraph 4 above), even if the enterprise has been able to determine that its web site should be hosted on a particular server at a particular location. In such a case, the enterprise does not even have a physical presence at that location since the web site is not tangible. In these cases, the enterprise cannot be considered to have acquired a place of business by virtue of that hosting arrangement. However, if the enterprise carrying on business through a web site has the server at its own disposal, for example it owns (or leases) and operates the server on which the web site is stored and used, the place where that server is located could constitute a permanent establishment of the enterprise if the other requirements of the Article are met.

42.4 Computer equipment at a given location may only constitute a permanent establishment if it meets the requirement of being fixed. In the case of a server, what is relevant is not the possibility of the server being moved, but whether it is in fact moved. In order to constitute a fixed place of business, a server will need to be located at a certain place for a sufficient period of time so as to become fixed within the meaning of paragraph 1.

42.5 Another issue is whether the business of an enterprise may be said to be wholly or partly carried on at a location where the enterprise has equipment such as a server at its disposal. The question of whether the business of an enterprise is wholly or partly carried on through such equipment needs to be examined on a case-by-case basis, having regard to whether it can be said that, because of such equipment, the enterprise has facilities at its disposal where business functions of the enterprise are performed.

42.6 Where an enterprise operates computer equipment at a particular location, a permanent establishment may exist even though no personnel of that enterprise is required at that location for the operation of the equipment. The presence of personnel is not necessary to consider that an enterprise wholly or partly carries on its business at a location when no personnel are in fact required to carry on business activities at that location. This conclusion applies to electronic commerce to the same extent that it applies with respect to other activities in which equipment operates automatically, e.g. automatic pumping equipment used in the exploitation of natural resources.

42.7 Another issue relates to the fact that no permanent establishment may be considered to exist where the electronic commerce operations carried on through computer equipment at a given location in a country are restricted to the preparatory or auxiliary activities covered by paragraph 4. The question of whether particular activities performed at such a location fall within paragraph 4 needs to be examined on a case-by-case basis having regard to the various functions performed by the enterprise through that equipment. Examples of activities which would generally be regarded as preparatory or auxiliary include:

—providing a communications link — much like a telephone line — between suppliers and customers;

—advertising of goods or services;

—relaying information through a mirror server for security and efficiency purposes;

—gathering market data for the enterprise;

—supplying information.

42.8 Where, however, such functions form in themselves an essential and significant part of the business activity of the enterprise as a whole, or where other core functions of the enterprise are carried on through the computer equipment, these would go beyond the activities covered by paragraph 4 and if the equipment constituted a fixed place of business of the enterprise (as discussed in paragraphs 42.2 to 42.6 above), there would be a permanent establishment.

42.9 What constitutes core functions for a particular enterprise clearly depends on the nature of the business carried on by that enterprise. For instance, some ISPs are in the business of operating their own servers for the purpose of hosting web sites or other applications for other enterprises. For these ISPs, the operation of their servers in order to provide services to customers is an essential part of their commercial activity and cannot be considered preparatory or auxiliary. A different example is that of an enterprise (sometimes referred to as an "e-tailer") that carries on the business of selling products through the Internet. In that case, the enterprise is not in the business of operating servers and the mere fact that it may do so at a given location is not enough to conclude that activities performed at that location are more than preparatory and auxiliary. What needs to be done in such a case is to examine the nature of the activities performed at that location in light of the business carried on by the enterprise.

If these activities are merely preparatory or auxiliary to the business of selling products on the Internet (for example, the location is used to operate a server that hosts a web site which, as is often the case, is used exclusively for advertising, displaying a catalogue of products or providing information to potential customers), paragraph 4 will apply and the location will not constitute a permanent establishment. If, however, the typical functions related to a sale are performed at that location (for example, the conclusion of the contract with the customer, the processing of the payment and the delivery of the products are performed automatically through the equipment located there), these activities cannot be considered to be merely preparatory or auxiliary.

42.10 A last issue is whether paragraph 5 may apply to deem an ISP to constitute a permanent establishment. As already noted, it is common for ISPs to provide the service of hosting the web sites of other enterprises on their own servers. The issue may then arise as to whether paragraph 5 may apply to deem such ISPs to constitute permanent establishments of the enterprises that carry on electronic commerce through web sites operated through the servers owned and operated by these ISP. While this could be the case in very unusual circumstances, paragraph 5 will generally not be applicable because the ISPs will not constitute an agent of the enterprises to which the web sites belong, because they will not have authority to conclude contracts in the name of these enterprises and will not regularly conclude such contracts or because they will constitute independent agents acting in the ordinary course of their business, as evidenced by the fact that they host the web sites of many different enterprises. It is also clear that since the web site through which an enterprise carries on its business is not itself a "person" as defined in Article 3, paragraph 5 cannot apply to deem a permanent establishment to exist by virtue of the web site being an agent of the enterprise for purposes of that paragraph."

(资料来源：http://www.oecd.org/dataoecd/46/32/1923380.pdf)

第七编
国际海事法

提单法规统一化国际公约(1924)
International Convention for the Unification of Certain Rules of Law Relating to Bills of Lading, 1924

(1924 年 8 月 25 日订于布鲁塞尔)

第 1 条

在本公约中,下列用语的含义如下:

(a)"承运人":包括与托运人签订运输合同的船舶所有人或承租人。

(b)"运输合同":仅适用于由提单或者只要是与海上货物运输有关的任何类似的物权凭证所包含的运输合同,而对在租船合同下或依据租船合同所签发的上述任何提单或任何类似的物权凭证,则自此种提单或类似的凭证从调整承运人与凭证持有人之间的关系之时起,亦包括在内。

(c)"货物":包括各种货物、制品、商品和各类任何物件,但活动物和在运输合同中载明装于甲板上且已照装的货物除外。

(d)"船舶":是指用于海上运输的任何船舶。

(e)"货物运输":包括货物自装上船舶之时起至货物卸离船舶之时为止的一段时间。

第 2 条

除第 6 条另有规定外,每一个海上货物运输合同中的承运人,对该货物的装载、搬运、积载、运送、保管、照料以及卸载,应当按照下列规定承担义务与责任,并享受权利与豁免。

第 3 条

1. 承运人应当在开航之前和开航当时,谨慎处理:

(a) 使船舶适航;

(b) 妥善地配备船员、装备船舶和配备供应物品;

(c) 使货舱、冷藏舱、冷汽舱和该船其他载货处所适合于并能安全地收受、运送和保管货物。

2. 除第 4 条另有规定外,承运人应当妥善而谨慎地装载、搬运、积载、运送、保管、照料和卸下所运货物。

3. 承运人、船长或承运人的代理人在收到货物由其掌管之后,应按托运人的要求,向托运人签发提单,其上载明:

(a) 与装货开始前由托运人书面提供者相同的、为辨认货物所需的主要标志;如果此项标志是以印戳或其他方式清楚地标志在不带包装的货物上,或在装有该货物的箱子或包装上,此项标志通常应保持清晰易辨,直至航次终了;

(b) 由托运人书面提供的件数或包数,或者数量,或者重量;

(c) 货物的表面状况。

但是,如果承运人、船长 或承运人的代理人有合理依据怀疑任何标志、包件数、数量或重量不能确切代表其实际收到的货物,或无合理方法进行核对,便不必将其在提单上加以记载或注明。

4. 此种提单应当作为承运人按照第 3 款(a)、(b)和(c)项所述收到该提单中所载货物的初步证据。

5. 托运人应被视为已在货物装船时就他所提供的标志、包件数、数量和重量的正确性,向承运人作出保证,而且托运人应对由于其提供的此种情况的不正确所引起或造成的一切灭失、损害或费用,向承运人进行赔偿。承运人享有上述受偿的权利,并不影响其根据运输合同对托运人以外的任何人所应承担的义务与责任。

6. 除非根据运输合同有权提取货物的人,在卸货港将货物的灭失或损害以及灭失或损害的一般性质,在货物移交他掌管之前或者当时(如果灭失或损害不明显,则在 3 天之内),书面通知承运人或其代理人,否则这种移交应作为承运人按照提单规定交付货物的初步依据。

如果灭失或损害不明显,此种通知应在货物交付后 3 天之内递交。

如在收货时已对货物的状况进行联合检验或检查,便无需书面通知。

除自货物交付之日或本应交付之日起 1 年以内已经提起诉讼外,在任何情况下,承运人和船舶将被免除其对灭失或损害的一切责任。

如果发生任何实际的或担心的灭失或损害,承运人与受货人应当互相提供检查和清点货物的一切合理便利。

7. 货物装船以后,如经托运人要求,承运人、船长或承运人的代理人签发给托运人的提单应为"已装船"提单。如果托运人事先已取得这种货物的任何物权凭证,便应交还此种凭证,以换取"已装船"提单。但经承运人选择,承运人、船长和承运人的代理人可在装货港将装载货物的船名和装货日期,在上述凭证上注明。经过此种注明后的上述凭证,如载明第 3 条第 3 款所述的情况应被视为构成本条意义上的"已装船"提单。

8. 运输合同中的任何条款、约定或协议,凡是解除承运人或船舶对由于疏忽、过失或未履行本条规定的责任与义务而引起货物的或与货物有关的灭失或损害的责任,或以本公约规定以外的方式减轻这种责任的,都应作废并无效。有利于承运人保险利益的条款或类似条款,应视为免除承运人责任的条款。

第 4 条

1. 不论是承运人或船舶,对因船舶不适航所引起或造成的灭失或损害,都不负责,除非系承运人未按第 3 条第 1 款规定,谨慎处理使船舶适航;保证妥善地配备船员;装备船舶和配备供应物品;以及使货舱、冷藏舱、冷汽舱和该船其他载货的地方适合于,并能安全地收受、运送和保管货物所引起或造成。一旦由于船舶不适航引起灭失或损害,谨慎处理的举证责任应由承运人或请求本条免责的其他人承担。

2. 不论是承运人或是船舶,对由于下列原因引起或造成的灭失或损害,都不负责:

(a) 船长、船员、引航员或承运人的受雇人员在驾驶船舶或管理船舶中的行为、疏忽或不履行职责;

(b) 火灾,但由于承运人的实际过失或私谋所造成者除外;

(c) 海上或其他可航水域的风险、危险或意外事故;

(d) 天灾;

(e) 战争行为;

(f) 公敌行为;

(g) 君主、当权者或人民的扣留或拘禁,或依法扣押;

(h) 检疫限制;

(i) 托运人或货主、其代理人或代表的行为或不行为;

(j) 不论由于任何原因所引起的局部或全面罢工、关闭、停工或劳动力受到限制;

(k) 暴动或骚乱;

(l) 在海上救助或企图救助人命或财产;

(m) 由于货物的固有缺陷、质量或瑕疵所造成的体积或重量的损失,或任何其他灭失或损害;

(n) 包装不充分;

(o) 标志不充分或不当;

(p) 经谨慎处理仍不能发现的潜在缺陷;

(q) 非由于承运人的实际过失或私谋,或承运人的代理人或受雇人员的过失或疏忽所引起的其他任何原因,但请求此项免责利益的人应当负举证责任,表明灭失或损害既非由于承运人的实际过失或私谋,又非由于承运人的代理人或雇佣人员的过失或疏忽所造成。

3. 对非由于托运人、其代理人或受雇人员的行为、过失或疏忽所引起或造成的承运人或船舶的灭失或损害,托运人概不负责。

4. 为救助或企图救助海上人命或财产而发生的绕航,或者任何合理绕航,都不应被视为对本公约或运输合同的破坏或违反。承运人对由此引起的任何灭失或损害,都不负责。

5. 不论是承运人或船舶,对超过每件或每单位 100 英磅或与其等值的其他货币的货物或与货物有关的灭失或损害,在任何情况下,概不负责,除非货物的性质和价值已由托运人在货物装运前申明,并在提单上注明。

此项声明如被载入提单,应成为初步证据,但不应对承运人具有约束或终结效力。

经承运人、船长或承运人的代理人与托运人协议,可在本款所述金额之外另行确定一个最高金额,但此最高金额不得低于上述金额。

如果托运人在提单中故意谎报货物的性质或价值,则无论承运人或船舶,在任何情况下,对货物或与货物有关的灭失或损害,概不负责。

6. 承运人、船长或承运人的代理人对因知其性质及特征而未同意装运的属于易燃、易爆或危险性质的货物,可在卸货前将其卸于任何地点,或将其毁坏,或消除其危险性,而不予赔偿,此种货物的托运人应对由于装运此种货物而直接或间接引起或造成的一切损害和费用负责。已知其性质并已同意装运的任何上述货物将对船舶或货物构成危险时,可以同样地由承运人将其卸于任何地点,或将其毁坏,或消除其危险性,而不负赔偿责任,但发生共同海损时除外。

第 5 条

承运人可以自由地全部或部分放弃本公约规定的全部权利与豁免,或其中任何部分,或增加其 所应承担的任何责任与义务。但是,这种放弃或增加,需在签发给托运人的提单上注明。本公约中的规定不适用于租船合同,但如提单是在船舶处于租船合同的情况下签发,应符合本公约的规定。本规则中的任何规定,都不得被视为禁止在提单中加入有关共同海损的任何合法的规定。

第6条

虽有前述各条的规定,承运人、船长或承运人的代理人与托运人,仍可就承运人对任何特殊货物的义务与责任,以及权利与豁免,或其对船舶适航的义务(在该条款不违反公共秩序的前提下),或者,就承运人的雇佣人员或代理人在海运货物的装载、搬运、积载、运送、保管、照料和卸载的谨慎,自由地以任何条款达成任何协议,但以尚未签发或不拟签发提单为前提,而且协议的条款应载入不得流通和已注有此种字样的单证中。

这样达成的任何协议,具有完全的法律效力。

但是,本条规定不适用于在普通贸易过程中一般商业性货物运输,而仅在所拟装运的货物性质和状况,或所拟进行的运输所处的环境所订的条款和条件能合理地证明特别协议为正当时,才能使用。

第7条

本公约中的任何规定,都不禁止承运人或托运人就承运人或船舶对海运货物在装船前或卸船后的保管、照料和搬运或与之有关的义务,以及货物的灭失或损害的责任,订立任何协议、规定、条件、保留或免责条款。

第8条

本公约中的规定不影响有关海船所有人责任限制的任何现行法令所规定的承运人的权利与义务。

第9条

本公约中所述的货币单位应为金价。

凡是不以英镑作为货币单位的缔约国,可保留其将本公约中所指的英镑金额以整数折合为本国货币的权利。

各国法律可以为其债务人保留按船舶抵达有关货物卸货港之日通行的兑换率,以本国货币清偿其债务的权利。

第10条

本公约的规定适用于在任何缔约国所签发的一切提单。

第11条

在自本公约签字之日起不超过两年的期间后,比利时政府应与已经声明批准本公约的缔约国保持联系,以决定是否使本公约生效。批准文件应于各缔约国政府之间协议确定的日期交存于布鲁塞尔。第一批交存的批准书,应载入有参加国代表及比利时外交部长签署的官方记录。

此后交存的批准书,应以书面通知递交比利时政府,并随附批准书。

比利时政府应立即将有关记载第一批交存批准书的官方记录和前款所述通知,以及随附批准文件的核证无误的副本,通过外交途径送交已签署本公约或已加入本公约的国家。在前款所述情况下,比利时政府应在收到通知的同时通知各国。

第12条

未签署本公约的国家,不论其是否已出席在布鲁塞尔召开的国际会议,均可加入本公约。

拟加入本公约的国家,应将其意图以书面通知比利时政府,并递交其加入书。批准书应存于比利时政府档案库。

比利时政府应立即将加入本公约的通知书的核证无误的副本,分送已签署或已加入本公约的国家,并注明其收到上述通知的日期。

第 13 条

缔约国在签署、批准或加入本公约时,可以声明其接受本公约并不包括其任何或全部自治领地、殖民地、海外属地、保护领地、此后可以分别代表其任何自治领地、殖民地、海外属地、保护领地或声明中除外的领土加入本公约。各缔约国还可以依据本公约的规定,分别代表其任何自治领地或殖民地、海外属地、保护领地或处于其主权或权力之下的领土,声明退出本公约。

第 14 条

本公约在第一批交存批准书的各国内,于记载这一交存事项的议定书签订一年之后开始生效。此后批准或加入本公约的国家,或在根据第 13 条规定使公约生效的情况下,在比利时政府收到第 11 条第 2 款及第 13 条第 2 款所述通知满 6 个月后生效。

第 15 条

缔约国欲退出本公约,应书面通知比利时政府。比利时政府应立即将核证无误的通知副本分送其他国家,并注明其收到上述通知的日期。

此种退出仅对递交通知的国家生效,自上述通知送达比利时政府之日起 1 年以后生效。

第 16 条

任何缔约国都有权要求召开新的会议,以考虑对本公约可能的修正。

欲行使此项权利的国家,应通过比利时政府将其意图通知其他国家。比利时政府应就召开会议做出安排。

1924 年 8 月 25 日订于布鲁塞尔,共一份。

(资料来源:胡正良主编:《国际海事条约汇编》第六卷,大连海运学院出版社 1994 年版,第 1—6 页。)

修正提单法规统一化国际公约的 1968 年议定书(1968)

Protocol of 1968 to Amend the International Convention for the Unification of Certain Rules of Law Relating to Bills of Lading, 1924, 1968

(1968 年 2 月 23 日订于布鲁塞尔)

各缔约方,考虑到对 1924 年 8 月 25 日在布鲁塞尔制订的提单法规统一化国际公约加以修正是合乎需要的,兹协议如下:

第 1 条

1. 第 3 条第 4 款增加下列规定:

"但是,当该提单已被转让至善意行事的第三者时,与此相反的证据便不予接受。"

2. 第 3 条第 6 款第 4 项应改为:

"除第 6 款(之一)另有规定外,除自货物交付或本应交付之日起 1 年内提起诉讼外,在任何情况下,承运人和船舶将被免除对于货物的任何责任。但是,在诉因发生以后,经当事方同意,这一期限加以延长。"

3. 第 3 条第 6 款之后应增加第 6 款(之一):

"即使在前款规定的 1 年期限届满之后,只要在受案法院所在地法律允许期间内,仍可以向第三方提起追偿诉讼。但是,允许的时间自提起此种诉讼之人已经解决向其索赔的案件,或在对其本人的诉讼中收到送达的传票之日起算,不得少于 3 个月。"

第 2 条

第 4 条第 5 款应予删除,并改为下列规定:

(a) 不论是承运人或船舶,对超过每件或每单位相当于 1 万法郎,或按灭失或受损货物毛重计算,每公斤相当于 30 法郎(两者之中以较高者为准)的货物或与货物有关的灭失或损害,在任何情况下,概不负责,除非货物的性质和价值已由托运人在货物装运前声明,并在提单上注明。

(b) 可赔偿的总额应参照货物根据合同从船上卸下或本应卸下的当时当地的价值计算。

货物价值应按商品交换价格确定,或者,如无此种价格,按现时市场价格计算;如无商品交换价格和现时市场价格,参照相同品种和质量的货物的正常价值确定。

(c) 如货物是以集装箱、货盘或类似的运输工具集装,则提单中载明的装在此种运输工具中的件数或单位数,应视为本款所述件数或单位数。除上述情况之外,此种运输工具应视为一个包件或单位。

(d) 一个法郎是指一个含有纯度为千分之九百的黄金65.5毫克的单位。将裁判的赔偿金额折合成本国货币的日期,应按受案法院所在地法律确定。

(e) 如经证明,损害系承运人故意造成,或明知可能造成损害而轻率地采取的行为或不行为所引起,则无论是承运人或船舶,都无权享有本款规定的责任限制的利益。

(f) 本款第(a)项所规定的声明如被载入提单,应成为初步证据,但不应对承运人具有约束力或终结效力。

(g) 经承运人、船长或承运人的代理人与托运人协议,可在本款第(a)项所述金额之外另行确定一个最高金额。但此最高金额不得低于该第(a)项所述的相应最高金额。

(h) 如果托运人在提单中故意谎报货物的性质或价值,则无论是承运人或船舶,在任何情况下对货物或与货物有关的灭失或损害概不负责。

第3条

在本公约第4条和第5条之间应加入下述第4条(之一):

"1. 本公约所规定的抗辩和责任限制,应适用于运输合同所包含的货物灭失或损害对承运人提起的任何诉讼,而不论诉讼是以合同或是以侵权行为为依据。

2. 如果此种诉讼是对承运人的受雇人员或代理人(该受雇人员或代理人并非独立合同人),该受雇人员或代理人有权援引承运人依照本公约可援引的各项抗辩和责任限制。

3. 从承运人及此种受雇人员或代理人所能得到的赔偿总额,在任何情况下,不得超过本公约规定的限度。

4. 但是,如经证明,损害系受雇人员或代理人故意造成,或明知可能造成损害而轻率地采取的行为或不行为所引起,该承运人的受雇人员或代理人便无权援引本条各项规定。"

第4条

本公约第9条应改为下列规定:

"本公约不影响制约核损害责任的任何国际公约或国内法的规定。"

第5条

本公约第10条应改为下列规定:

"本公约各项规定,应适用于在两个不同国家港口之间与货物运输有关的每一提单,如果:

(a) 提单在某一缔约国签发;或者

(b) 货物从某一缔约国港口起运;或者

(c) 被提单所包含或所证明的合同受本公约各项规定或者给予这些规定以法律效力的任一国家立法的约束,而不论船舶、承运人、托运人、收货人或任何其他关系人的国籍如何。

每一缔约国应将本公约各项规定适用于上述提单。

本条规定不禁止缔约国将本公约适用于未在前述各款中列明的提单。"

第6条

在本议定书缔约方之间,公约与议定书应作为一个文件,一并理解和解释。

本议定书的缔约方没有义务将本议定书中各项规定适用于在公约缔约方、但非本议定书缔约方的国家签发的提单。

第7条

在本议定书缔约方之间,任何一方根据公约第15条退出公约,都不应被解释为退出经本议定书修正的本公约。

第8条

两个或两个以上缔约方就本公约的解释或适用发生争议而未能通过协商解决时,应根据其中一方请求而提交仲裁。自请求提交仲裁之日起六个月内,如当事方就仲裁组织不能达成协议时,任何一方可按照国际法院的章程,将纠纷提交国际法院解决。

第9条

1. 每一缔约方在签署或批准本议定书或加入本议定书时,可声明其不受本议定书第8条约束。其他缔约国就与作出这一保留的任何缔约国而言,不受本条的约束。

2. 根据第1款作出保留的任何缔约方,可在任何时间通知比利时政府撤销其保留。

第10条

本议定书对在1968年2月23日之前批准本公约或加入本公约的各国,以及出席1967年—1968年第十二届海洋法外交会议的任何国家开放供签字。

第11条

1. 本议定书须经批准。

2. 由非属本公约缔约方的任何国家批准本议定书,具有加入本公约的效力。

3. 批准文件应交比利时政府保存。

第12条

1. 未出席第十二届海洋法外交会议的国家,联合国会员或者联合国各专门机构成员国,可加入本议定书。

2. 加入本议定书,具有加入本公约的效力。

3. 加入书应交存比利时政府。

第13条

1. 本议定书自十份批准书或加入书交存之日起3个月后生效,并且,其中至少应有五份系由拥有100万或100万总吨以上船舶的国家所交存。

2. 本条第1款规定的决定本议定书生效的批准书或加入书交存之日以后,对于批准或加入本议定书的每一个国家,本议定书自其交存批准书或加入书起3个月后生效。

第14条

1. 任何缔约国可通知比利时政府退出本议定书。

2. 此种退出具有退出本公约的效力。

3. 此种退出自比利时政府收到通知之日起1年后生效。

第15条

1. 任何缔约国可在签署、批准或加入之时,或在此后任何时间,以送交比利时政府的书面通知,声明本议定书适用至处于在其主权之下或由其负责国际关系的领土。

本议定书自比利时政府收到此种通知之日起3个月后,扩大适用至通知中所述领土,但不得早于本议定书对该国生效的日期。

2. 如果本公约尚未适用于这些领土,则此种适用的扩大也应用于本公约。

3. 根据本条第1款作出声明的缔约国,可在此后任何时间通过送交比利时政府的通知,声明本议定书不再扩大适用于此种领土。此种退出应自比利时政府收到该通知之日起1年后生效。此种退出也应适用于本公约。

第 16 条

各缔约方可通过赋予本议定书以法律效力，或以国内立法相适用的方式在国内法中订入本议定书所采用的各项规定，而使本议定书生效。

第 17 条

比利时政府应将下列事项通知出席 1967—1968 年第十二届海洋法外交会议的各国，本议定书各参加国及本公约各缔约国：

1. 根据第 10 条、第 11 条及第 12 条收到的签署、批准和加入书；
2. 根据第 13 条规定，本议定书将生效的日期；
3. 根据第 15 条规定，有关领土适用的通知；
4. 根据第 14 条收到的退出文件。

下列署名的各全权代表，经正式授权，签署本公约，以昭信守。

本议定书于 1968 年 2 月 23 日订于布鲁塞尔，正本一份，用法文和英文写成，两种文本具有同等效力，应存于比利时政府档案库，经核证无误的副本由比利时政府分发。

（资料来源：中国交通部网站，http://www. moc. gov. cn/guojihz/guojihz. htm）

联合国海上货物运输公约(1978)

United Nations Convention on the Carriage of Goods by Sea, 1978

(1978年3月31日订于汉堡)

本公约各缔约国,

认识到通过协议确定某些关于海上货物运输的规则是合乎需要的,决定为此目的缔结一项公约,并已协议如下:

第一部分 总 则

第1条 定 义

在本公约中:

1. "承运人",是指由其本人或以其名义与托运人订立海上货物运输合同的任何人;

2. "实际承运人",是指受承运人委托从事货物运输或部分货物运输的任何人,包括受托从事此项工作的任何其他人;

3. "托运人",是指由其本人或以其名义或代其与承运人订立海上货物运输合同的任何人,或是由其本人或以其名义或代其将货物实际交给与海上货物运输合同有关的承运人的任何人;

4. "收货人",是指有权提取货物的人;

5. "货物",包括活动物;如果货物是用集装箱、货盘或类似装运工具集装,或者货物带有包装,而此种装运工具或包装系由托运人提供,则"货物"应包括此种装运工具或包装。

6. "海上运输合同",是指承运人收取运费据以将货物从一个港口运往另一个港口的合同;但是,对于既涉及海上运输又涉及某些其他运输方式的合同而言,只有在其涉及海上运输时,才应视为本公约所指的海上运输合同。

7. "提单",是指用以证明海上运输合同和货物由承运人接收或装船,以及承运人保证据以交付货物的单证。单证中关于货物应按记名人的指示交付、或者按指示交付、或者向提单持有人交付的规定,构成此种保证。

8. "书面",除其他方式外,包括电报和电传。

第2条 适用范围

1. 本公约各项规定,适用于在两个不同国家之间的所有海上运输合同,如果:

(a) 海上运输合同规定的装货港位于某一缔约国之内;或者

(b) 海上运输合同规定的卸货港位于某一缔约国之内;或者

(c) 海上运输合同规定的备选卸货港之一是实际卸货港,并位于某一缔约国之内;或者

(d) 提单或作为海上运输合同证明的其他单证,是在某一缔约国之内签发;或者

(e) 提单或作为海上运输合同证明的其他单证规定,本公约各项规定或者使其生效的任何国家立法制约该合同。

2. 不论船舶、承运人,实际承运人、托运人、收货人或任何其他有关的人的国籍如何,本公约各项规定均适用。

3. 本公约各项规定不适用于租船合同。但是,如果提单是根据租船合同签发,并对承运人和非属承租人的提单持有人之间的关系加以制约,则本公约各项规定应适用于此种提单。

4. 如果合同规定,今后的货载将在某一约定期间内分批运输,则本公约的规定应适用于每一批货载。但如运输系根据租船合同进行,则应适用本条第3款的规定。

第3条　本公约的解释

在解释或适用本公约各项规定时,应注意本公约的国际性质和促进统一的需要。

第二部分　承运人的责任

第4条　责任期限

1. 按照本公约,承运人对货物的责任期限包括货物在装货港、运输途中和卸货港处于承运人掌管之下的期间。

2. 就本条第1款而言,在下述期间,承运人应被视为已经掌管货物:

(a) 自承运人从下述各方接管货物时起:

(i) 托运人或代其行事的人;或者

(ii) 根据装货港适用的法律或规章,须将货物交其装运的当局或其他第三方。

(b) 直至他按下列方式交付货物之时为止:

(i) 将货物交付收货人;或者

(ii) 如果收货人不向承运人提货,则依照合同或在卸货港适用的法律或特定商业习惯,将货物置于收货人支配之下;或者

(iii) 根据卸货港适用的法律或规章,将货物交付所需交付的当局或其他第三方。

3. 本条第1、2款所述承运人或收货人,除他们本人之外,还包括承运人或收货人的受雇人或代理人。

第5条　责任基础

1. 如果引起货物的灭失、损坏或延迟交付的事故发生在第4条定义的承运人掌管货物的期间,承运人对由于货物的灭失、损坏以及延迟交付所造成的损失,应负赔偿责任,除非承运人证明,其本人及其受雇人和代理人已为避免事故的发生及其后果而采取一切所能合理要求的措施。

2. 如果货物未在明确约定的时间内,或者在没有这种约定时,未在按照具体情况对一个勤勉的承运人所能合理要求的时间内,在海上运输合同规定的卸货港交付,便是延迟交货。

3. 如果在本条第2款规定的交付时间届满之后连续60天之内,尚未根据第4条要求交付货物,则有权对货物的灭失提出索赔的人,可以视为货物已经灭失。

4. (a) 承运人应对下列事项负赔偿责任:

(i) 由火灾所引起的货物灭失、损坏或延迟交付,如果索赔人证明,火灾是由于承运人、其受雇人或代理人的过失或疏忽所造成。

(ii) 经索赔人证明,由于承运人、其受雇人或代理人在可能合理的要求他采取灭火以及避免或减轻其后果的一切措施方面的过失或疏忽所造成的货物的灭失、损坏或延迟交付。

(b) 在船上发生火灾影响货物时,如果索赔人或承运人要求,应根据航运惯例,对火灾的起因和情况进行检验,并根据要求,向索赔人和承运人提交检验人的报告。

5. 关于活动物,承运人对由于这类运输所固有的任何特殊风险造成的灭失、损害或延迟交付不负赔偿责任。如果承运人证明,他是按照托运人对有关活动物所作的专门指示行事,并且证明,根据具体情况,灭失、损害或延迟交付可以归之于这种风险,便应推定灭失、损害或延迟交付系因此而造成,除非提出证明,该灭失、损害或延迟交付的全部或一部是由于承运人、其受雇人或代理人的过失或疏忽所引起。

6. 除共同海损外,承运人对于海上救助人命的措施或救助财产的合理措施所引起的货物灭失、损坏或延迟交付,不负赔偿责任。

7. 如果货物的灭失、损坏或延迟交付是由于承运人,其受雇人或代理人的过失或疏忽连同另一原因所引起,承运人只在能归之于这种过失或疏忽所引起的灭失、损坏或延迟交付的范围内负责。但是,承运人应对不属于这种灭失、损坏或延迟交付的数额,提出证明。

第6条 责任限制

1. (a) 按照第5条规定,承运人对于货物的灭失或损坏所造成的损失的赔偿责任,以受灭失或损坏的货物每件或每一其他装运单位相当于835计算单位或毛重每公斤相当于2.5计算单位的金额为限,二者之中以较高者为准。

(b) 按照第5条规定,承运人对延迟交付的赔偿责任,以相当于所延迟交付货物应付运费的2.5倍金额为限,但不超过海上运输合同规定的应付运费总额。

(c) 承运人根据本款(a)(b)两项所应承担的总赔偿责任,在任何情况下,不超过根据本款第(a)项对货物全部灭失的赔偿责任所确定的责任限制。

2. 按照本条第1款规定,计算其中较高的金额时,适用下列规定:

(a) 当以集装箱、货盘或类似的装运工具集装货物时,如已签发提单,则在提单中所载的,否则,在作为海上运输合同证明的其他单证中所载的,装在此种装运工具中的件数或其他装运单位数,视为货物的件数或其他装运单位数。除上述情况之外,装在此种装运工具中的货物,视为一个装运单位。

(b) 如果装运工具本身遭受灭失或损坏,而该装运工具非为承运人所有,或非由他以其他方式提供,应视为一个单独的装运单位。

3. 计算单位是指第26条所述的计算单位。

4. 根据承运人和托运人之间的协议,可以确定高于第1款规定的责任限制。

第7条 对非合同索赔的适用

1. 本公约所规定的抗辩和责任限制,适用于就海上运输合同所包含的货物灭失或损坏以及延迟交付而对承运人提起的任何诉讼,不论诉讼是根据合同还是根据侵权行为或其他原因所提起。

2. 如果这种诉讼是对承运人的受雇人或代理人提起,而且该受雇人或代理人证明,他是在其受雇的范围内行事,他便有权援用承运人根据本公约有权提出的抗辩和责任限制。

3. 除第8条规定者外,从承运人和本条第2款所指任何人取得的赔偿金额总数,不得超过本公约所规定的责任限制。

第8条　责任限制权利的丧失

1. 如经证明,货物的灭失、损坏或延迟交付是由于承运人故意造成这一灭失、损坏或迟延交付、或是明知可能造成这一灭失、损坏或迟延交付,而轻率地采取的行为或不为所引起,承运人便无权享受第6条规定的责任限制的利益。

2. 虽有第7条第2款规定,如经证明,货物的灭失、损坏或延迟交付是由于承运人的受雇人或代理人故意造成这一灭失、损坏或迟延交付、或是明知可能造成这一灭失、损坏或迟延交付,而轻率地采取的行为或不为所引起,该承运人的受雇人或代理人便无权享受第6条规定的责任限制的利益。

第9条　舱　面　货

1. 承运人只有在依据和托运人达成的协议或该特定的贸易习惯,或为法规或规则所要求时,才有权在舱面载运货物。

2. 如果承运人和托运人已经约定,应当或者可以舱面载运货物,承运人便须在提单或其他作为海上运输合同证明的单证上作此种说明。如无此种说明,承运人便须证明,已就在舱面载运货物达成协议,但承运人无权援用此种协议以对抗善意取得提单的包括收货人在内的第三方。

3. 如果违反本条第1款的规定而在舱面载运货物,或者承运人不能按照本条第2款规定援用在舱面载货的协议,则虽有第5条第1款的规定,承运人对完全是由于舱面载货而造成的货物灭失或损坏以及延迟交付,应负赔偿责任。他所负责的程度,应分别按照本公约第6条或第8条的规定加以确定。

4. 违反在舱内载运的明文协议而在舱面载运货物时,视为第8条所述承运人的一种行为或不为。

第10条　承运人和实际承运人的责任

1. 如已将运输或部分运输委托实际承运人履行,则不论此种委托是否根据海上运输合同规定的权利而作出,承运人仍应按照本公约规定对全部运输负责。就实际承运人履行的运输而言,承运人应对实际承运人及其在受雇的范围内行事的受雇人和代理人的行为或不为负责。

2. 本公约制约承运人责任的所有规定,也适用于实际承运人对他所履行的运输的责任。如果诉讼对实际承运人的受雇人或代理人提起,则适用第7条第2款、第3款和第8条第2款的规定。

3. 承运人据以承担非由本公约所规定的义务,或放弃本公约所赋予的权利的任何特别协议,只有在实际承运人以书面明确同意时,才能对实际承运人发生影响。不论实际承运人是否已经同意,承运人仍受这种特别协议所产生的义务或弃权的约束。

4. 如果承运人和实际承运人均须负责,则在其应负责的范围内,他们负有连带责任。

5. 从承运人、实际承运人及其受雇人和代理人可取得的赔偿金额总数,不超过本公约所规定的责任限制。

6. 本条规定毫不妨碍承运人和实际承运人之间的追偿权利。

第11条 联 运

1. 虽有第10条第1款各项规定,如果海上运输合同明确规定,该合同所包含的某一特定阶段的运输应由承运人以外的指定人员履行,则该合同亦可规定,就这一特定运输阶段而言,承运人对由于货物在实际承运人掌管之下发生的事故所引起的灭失、损坏或延迟交付,不负赔偿责任。但是,如果不能在按照第21条第1款或第2款规定有管辖权的法院对实际承运人提起法律诉讼,则任何限定或免除这种责任的条款,均属无效。关于货物的灭失、损坏或延迟交付系由上述事故所引起的负责举证,由承运人承担。

2. 按照第10条第2款规定,实际承运人应对货物在其掌管期间发生的事故而引起的灭失、损坏或延迟交付负责。

第三部分 托运人的责任

第12条 一般规则

托运人对承运人或实际承运人所受损失或船舶所受损坏,不负赔偿责任,除非这种损失或损坏是由于托运人、托运人的受雇人或代理人的过失或疏忽所致。托运人的任何受雇人或代理人对此项损失或损坏亦不负赔偿责任,除非该损失或损坏是由他的过失或疏忽所致。

第13条 危险货物的特殊规则

1. 托运人必须以适宜的方式,在危险货物上加危险标志或标签。

2. 当托运人将危险货物交与承运人或实际承运人时,托运人须将货物的危险性质和必要时所应采取的预防措施通知承运人和实际承运人。如果托运人未通知,且承运人或实际承运人未以其他方式得知其危险性质,则:

(a) 托运人应对承运人或实际承运人因装运这类货物而造成的损失负赔偿责任;并且,

(b) 可以根据情况随时将该货卸下、销毁,或使之无害,而无须给予赔偿。

3. 如果在运输期间是在了解其危险性质的情况下接管货物的,则任何人不得援用本条第2款的规定。

4. 如果在不适用或者不得援用本条第2款(b)项的规定,而危险货物对生命或财产造成实际危险时,可以根据情况需要,将其卸下、销毁,或使之无害,除有分摊共同海损义务或按第5条规定承运人负有赔偿责任外,无需给予赔偿。

第四部分 运输单证

第14条 提单的签发

1. 当承运人或实际承运人接管货物时,承运人必须按照托运人的要求,向托运人签发提单。

2. 提单可由承运人授权的人签字。经载货船舶的船长签字的提单,视为代表承运人所签。

3. 提单上的签字,如不违反签发提单所在国法律,可以是手写、传真复制、打孔、盖章、使用符号或任何其他机械或电子方式。

第 15 条　提单的内容

1. 提单记载的事项中,必须包括下列事项:

(a) 货物的一般性质,识别货物所需的主标志,对货物的危险性质的明确说明(如果适用),货物的件数或包数和重量或以其他方式表示的数量。上述全部资料由托运人提供;

(b) 货物的外表状况;

(c) 承运人姓名及其主要营业地;

(d) 托运人姓名;

(e) 收货人姓名,如已由托运人指定;

(f) 海上运输合同规定的装货港以及货物由承运人在装货港接管的日期;

(g) 海上运输合同规定的卸货港;

(h) 提单正本超过一份时的提单正本份数;

(i) 签发提单的地点;

(j) 承运人或其代表的签字;

(k) 收货人应付运费的金额,或者应由收货人支付运费的其他说明;

(l) 第 23 条第 3 款所指的声明;

(m) 在适用时,货物应在或可在舱面载运的声明;

(n) 经双方明确协议的货物在卸货港的交付日期或期限,以及

(o) 依照第 6 条第 4 款规定而约定的责任限制的提高。

2. 货物装船后,如果托运人要求,承运人须向托运人签发"已装船"提单。"已装船"提单除载明本条第 1 款所规定的事项外,还须载明货物已经装上指定的船舶和装船日期。如果承运人已在事先就此种货物签发提单或其他物权凭证,则经承运人要求,托运人须交还此种单证,换取"已装船"提单。承运人为了满足托运人对"已装船"提单的要求,可以修改任何事先签发的单证,而只要修改后的单证载有"已装船"提单所需载有的全部情况。

3. 提单中缺少本条规定的一项或几项内容,并不影响其作为提单的法律性质,但该提单须符合第 1 条第 7 款规定的要求。

第 16 条　提单:保留和证据效力

1. 如果承运人或代其签发提单的其他人,得知或有合理根据怀疑提单中所载的有关货物的一般性质、主要标志、件数或包数、重量或数量等事项,并不能准确地表示其实际接管的货物,或者在签发"已装船"提单时,上述各项并不能准确地表示已经装船的货物,或者没有核对这些事项的合理手段,则承运人或上述其他人必须在提单中作出保留,说明这些不符之处、怀疑的根据或无合理核对手段等。

2. 如果承运人或代其签发提单的其他人,未在提单中对货物的外表状况加以批注,便应视为已在提单中注明货物的外表状况良好。

3. 除已就本条第 1 款所允许的事项在允许的范围内作出保留外:

(a) 提单是其上所载货物由承运人接管的初步证据,或者,如签发"已装船"提单,则是由承运人将提单所列货物装船的初步证据;而且,

(b) 如果提单已经转让至包括善意地信赖提单中所载货物情况行事的收货人在内的第三方,则承运人提出的与此相反的证据,便不予接受。

4. 如果提单未按第 15 条第 1 款(k)项规定载明运费,或者未以其他方式表明运费由收

货人支付,或未载明由收货人支付装货港发生的滞期费,则该提单便是运费或此种滞期费不是由收货人支付的初步证据。但是,当提单已被转让至包括善意地信赖未作此种记载的提单而行事的收货人在内的第三方时,承运人提出的与此相反的证据,便不予接受。

第 17 条 托运人的保证

1. 托运人应被视为已就其为列入提单的有关货物的一般性质、标志、件包数、重量及数量的准确性,向承运人作出保证。托运人须就由于此种事项之不准确而造成的损失,给予承运人赔偿。即使托运人已转让提单,托运人仍应负赔偿责任。承运人取得此种赔偿的权利,并不能限制其根据海上运输合同对托运人以外的任何人所负的责任。

2. 托运人为就承运人或代其行事的人,未对由托运人提供以载入提单的事项或货物的外表状况作出保留而签发提单所引起的损失,而据以给予承运人赔偿的任何保函或协议,对包括受让提单的收货人在内的第三方,一概无效。

3. 除非承运人或代其行事的人意图对包括信赖提单中所载货物情况的收货人在内的第三方进行欺诈,而不将本条第 2 款所述保留载入,此种保函或协议对托运人有效。在发生欺诈的情况下,如果未予列入的保留是关于由托运人提供以载入提单的事项,承运人便无权根据本条第 1 款向托运人要求赔偿。

4. 在本条第 3 款所述意图欺诈的情况下,承运人应对包括信赖其所发提单中所载货物情况的收货人在内的第三方所受任何损失,负赔偿责任,而不能享受本公约中规定的责任限制的利益。

第 18 条 提单以外的单证

如果承运人签发提单以外的单证用以证明收到交运的货物,这种单证是订立海上运输合同和该单证中所载货物由承运人接管的初步证据。

第五部分 索赔和诉讼

第 19 条 灭失、损坏或延迟交付的通知

1. 除非收货人已在不迟于货物向其交付的下一工作日,将载明灭失或损坏的一般性质的灭失或损坏的通知书面送交承运人,这种交接便是承运人已按运输单证所载交付货物,或者,在未签发此种单证时,以良好状态交付货物的初步证据。

2. 如果灭失或损坏不明显,则如在货物交付收货人之日以后连续 15 日内未曾送交书面通知,本条第 1 款的规定应相应地适用。

3. 如果货物的状况在其被交付收货人之时已经当事各方联合检验或检查,便无需就检验或检查时查明的灭失和损坏,送交书面通知。

4. 遇有任何实际的或预料发生的灭失或损坏时,承运人和收货人须为检验和清点货物相互提供一切合理的便利。

5. 除非在货物交付给收货人之日以后连续 60 天之内,已将书面通知送交承运人,对因延迟交付所造成的损失,不予以赔偿。

6. 如果货物已由实际承运人交付,则根据本条规定送交的任何通知,具有如同送交承运人的通知的同等效力;而送交承运人的任何通知,具有如同送交实际承运人的通知的同等效力。

7. 除非承运人或实际承运人已在不迟于灭失或损坏发生之后,或依照第4条第2款在货物交付之后(以较迟者为准)连续90天之内,将载明灭失或损坏的一般性质的灭失或损坏通知,书面送交托运人,否则,未送交此种通知便是承运人或实际承运人并未由于托运人、其受雇人或代理人的过失或疏忽而遭受灭失或损坏的初步证据。

8. 就本条而言,将通知送交代表承运人或实际承运人行事的人,包括船长或该船主管人员,或已送交代表托运人行事的人,视为已经分别送交承运人、实际承运人或托运人。

第20条　诉讼时效

1. 如果在2年之内未提起法律诉讼或仲裁,根据本公约的有关货物运输的任何诉讼,即失去时效。

2. 时效期限自承运人交付货物或交付部分货物之日,或者,在未交付货物时,则自应交付货物的最后1日起算。

3. 时效期限起算的当日,不包括在期限之内。

4. 被要求赔偿的人,可在时效期限之内的任何时间向索赔人提出书面声明,延长时效期限。该期限可以通过再次声明而进一步延长。

5. 负有赔偿责任的人提起的追偿诉讼,如果是在诉讼所在国法律所许可的时间之内提起,即使是在上述各款规定的时效期限届满之后,亦可提起。但是,所许可的时间,自提起此种诉讼的人已经解决索赔,或已接到向其本人送交的起诉传票之日起算,不得少于90天。

第21条　管　辖　权

1. 在根据本公约的有关货物运输的法律诉讼中,原告可以根据法院所在国家的法律,自行选定在有权进行管辖,而且是在其管辖范围之内的下列地点之一的法院提起诉讼:

(a) 被告的主要营业所,或者,在无主要营业所时,则为其通常住所;或者

(b) 合同订立地,而且合同通过被告在该地的营业所、分支或代理机构订立;或者

(c) 装货港或卸货港;或者

(d) 海上运输合同中为此目的而指定的任何其他地点。

2. (a) 虽有本条前述规定,如果载货船舶或属于同一船舶所有人的任何其他船舶,在某一缔约国的任何港口或地点依照该国的法律或国际法中适用的规则被扣押,诉讼便可向该港口或地点所在法院提起。但是,在这种情况下,经被告请求,索赔人须将诉讼转移至其在本条第1款规定的有管辖权的某一法院,以解决索赔。但在诉讼转移之前,被告必须提供充分的担保,以偿付日后可能判归索赔人的赔偿金额。

(b) 一切有关担保是否充分等问题,应由扣船港口或地点的法院确定。

3. 根据本公约而提起的有关货物运输的任何法律诉讼,不得在本条第1或2款未规定的地点提出。本款上述规定并不构成对缔约国采取临时性或保护性措施的管辖权的妨碍。

4. (a) 如已向根据本条第1款或第2款有管辖权的法院提起诉讼,或已由此种法院作出判决,则除非受理第一次诉讼的法院的判决不能在提起新的诉讼的国家执行,相同当事人之间不得以同样理由提起新的诉讼。

(b) 就本条而言,为了求得判决的执行而采取的措施,不视为提起新的诉讼。

(c) 就本条而言,诉讼转移至同一国家的另一法院,或者依照本条第2款第(a)项转移至另一国家的法院,不视为提起新的诉讼。

5. 虽有上述各款规定,在根据海上运输合同提出索赔之后,当事各方达成的关于索赔人

可以提起诉讼地点的协议，仍属有效。

第22条　仲　　裁

1. 根据本条规定，当事各方可用以书面证明的协议规定，有关按本公约运输货物所发生的争议，都应提交仲裁。

2. 如果租船合同中载有应将该租船合同所引起的争议提交仲裁的条款，而根据租船合同签发的提单并未载有一项特别注解，规定该条款对提单持有人具有约束力，则承运人不得援用该条款以对抗善意地取得提单的人。

3. 经索赔人选择，仲裁可在下列地点之一提起：

(a) 一个国家的某一地方，而在该国境内设有：

(i) 被告的主要营业所，或者，如无主要营业所，其通常住所；或者

(ii) 合同订立地，且合同是通过被告在该地的营业所、分支或代理机构订立；或者

(iii) 装货港或卸货港；或者

(b) 仲裁条款或协议中为此目的而指定的任何地点。

4. 仲裁员或仲裁庭应当适用本公约各项规则。

5. 本条第3款、第4款的规定，视为每一仲裁条款或协议的一部分；仲裁条款或协议中凡是与此相抵触的任何规定，概属无效。

6. 本条规定，不影响当事各方在根据海上运输合同产生索赔之后订立的有关仲裁协议的效力。

第六部分　补 充 规 定

第23条　合 同 条 款

1. 海上运输合同中或提单或作为海上运输合同证明的任何其他单证中的任何条款，在其直接或间接背离本公约规定的范围内，概属无效。此种条款之无效，并不影响以其作为部分内容的该合同或单证的其他规定的效力。将货物的保险利益转让予承运人的条款，或任何类似条款，概属无效。

2. 虽有本条第1款的规定，承运人仍可增加其根据本公约所承担的责任和义务。

3. 在签发提单或作为海上运输合同证明的任何其他单证时，其中必须载有一项声明，说明该运输应受本公约各项规定的约束，凡是与此相背离的有损于托运人或收货人的条款，概属无效。

4. 如果有关货物的索赔人由于根据本条而无效的条款，或由于未载有本条第3款所述声明而遭受损失，则承运人必须按照本公约规定，就货物的灭失或损坏以及延迟交付，在赔偿索赔人所需限度之内，支付赔偿金。此外，承运人还须赔偿索赔人为行使其权利而发生的费用。但援用上述规定而发生的诉讼费用，应根据诉讼所在国法律确定。

第24条　共 同 海 损

1. 本公约中的任何规定，不妨碍海上运输合同或国内法中有关共同海损理算的规定的适用。

2. 除第20条外，本公约关于承运人对于货物的灭失或损坏的责任的规定，也确定收货人可否拒绝分摊共同海损，以及承运人就收货人所作的任何此项分摊或所付的任何救助费用

而给予收货人赔偿的责任。

第25条　其他公约

1. 本公约并不改变有关海船所有人责任限制的国际公约或国内法中规定的承运人、实际承运人及其受雇人或代理人的权利或义务。

2. 本公约第21条及第21条各项规定,并不妨碍在上述条款所涉及的问题上适用在本公约生效之日已经生效的多边公约的强制性条款,但须以争议完全发生在其主要营业所位于此种其他公约的缔约国之间为条件。但是,本款规定并不影响本公约第22条第4款的适用。

3. 对于核事故引起的损害,如果核装置的经营人员根据下述情况而对此种损害负责,则不应根据本公约规定产生责任:

(a) 根据1964年1月28日补充议定书修订的1960年7月29日《核能领域第三方责任的巴黎公约》,或根据1963年5月21日《核损害民事责任的维也纳公约》;或者

(b) 根据对这种损害的责任加以规定的国内法,如果这种法律在各方面和《巴黎公约》或《维也纳公约》同样有利于可能遭受损害的人。

4. 对于按照有关海上运送旅客及其行李的国际公约或国内法,由承运人负责的行李的灭失、损坏或延迟交付,不应根据本公约规定产生责任。

5. 本公约各项规定,并不妨碍缔约国适用任何其他在本公约生效之日已经生效、并且强制适用于其主要运输方式不是海运的货物运输合同的公约。本款规定也适用于随后对此种国际公约的修订或修正。

第26条　计算单位

1. 本公约第6条所述计算单位,系国际货币基金组织规定的特别提款权。第6条所述金额,应按判决之日或当事人协议之日该国货币价值,折成该国货币。凡属国际货币基金组织成员国的本公约缔约国,其以特别提款权表示的本国货币价值,应按国际货币基金组织在上述日期进行营业和交易中适用的现行定值办法计算。非属国际货币基金组织成员国的本公约缔约国,其以特别提款权表示的本国货币价值,应按该国确定的方式计算。

2. 但是,非属国际货币基金组织成员国,且其法律又不允许适用本条第1款规定的国家,可在其签字或批准、接受、认可或加入时,或在其后任何时间提出声明,在其境内将适用的本公约规定的责任限制确定为每件或每一其他装运单位为1.25万货币单位,或按该货毛重计算,为每公斤37.5货币单位。

3. 本条第2款所述货币单位,相当于纯度为千分之九百的黄金65.5毫克。将第2款所述金额折算为国家货币时,应按该国法律规定进行。

4. 在进行本条第1款最后一句所述的计算,和本条第3款所述的折算时,其方式应使第6条所述金额在以缔约国本国货币表示时,尽可能具有与这一金额以计算单位表示时的相同真实价值。缔约国须视情况将按本条第1款规定所采用的计算方式或本条第3款所述折算结果,在签字或交存其批准、接受、认可或加入文件,或按本条第2款规定作出选择时,以及计算方式或折算结果发生变动时,通知本公约保管人。

第七部分 最后条款

第27条 保 管 人

兹指定联合国秘书长为本公约保管人。

第28条 签字、批准、接受、认可、加入

1. 本公约1979年4月30日以前,在纽约联合国总部对所有国家开放供签字。

2. 本公约须经签字国批准、接受或认可。

3. 1979年4月30日以后,本公约应对所有非签字国的国家开放供加入。

4. 批准、接受、认可和加入文件交存联合国秘书长。

第29条 保 留

对本公约不得作出保留。

第30条 生 效

1. 本公约自第二十份批准、接受、认可或加入书交存之日起满一年后的次月第一日起生效。

2. 对于在第二十份批准、接受、认可或加入书交存之日以后成为本公约缔约国的每一国家,本公约自该国交存适当的文件满一年后的次月第一日起生效。

3. 每一缔约国应将本公约各项规定适用于在本公约对该国生效之日或其后签订的海上运输合同。

第31条 退出其他公约

1. 凡是1924年8月25日在布鲁塞尔签订的提单法规统一化国际公约(1924年公约)的任何缔约国,在其成为本公约缔约国时,必须通知1924年公约的保管人——比利时政府退出该公约的声明,声明此种退出自本公约对该国生效之日起生效。

2. 本公约按第20条第1款生效时,本公约的保管人须将生效日期和本公约对之生效的缔约国名单,通知1924年公约的保管人——比利时政府。

3. 本条第1款及第2款,相应地适用于1968年2月23日签订的、修正1924年8月25日在布鲁塞尔签订的提单法规统一化国际公约的议定书的参加国。

4. 虽有本公约第2条规定,就本条第1款而言,缔约国如果认为必要,可以推迟对1924年公约和经1968年议定书修正的1924年公约的退出,推迟期限自本公约生效时起最多为五年。对此,该缔约国应将其意图通知比利时政府。在此过渡时期,该缔约国须对其他缔约国适用本公约,而不得适用任何其他公约。

第32条 修订和修正

1. 经不少于三分之一的本公约缔约国要求,保管人应召开缔约国会议,修订或修正本公约。

2. 凡在本公约修正案生效后交存的任何批准、接受、认可或加入文件,视为适用于经修订或修正的本公约。

第33条 对责任限额和计算单位或货币单位的修订

1. 虽有第32条规定,仅为了变更第6条和第26条第2款规定的金额,或者用其他单位代替第26条第1款和第3款规定的两个单位或其中之一而召开的会议,应由保管人根据本条第 2 款召集。只有由于真实价值发生重大变化时,才应对金额作出变更。

2. 经不少于四分之一的缔约国要求,保管人应召开修订会议。

3. 会议的任何决定须由会议参加国的三分之二多数作出。修正案应由保管人通知所有缔约国,以便接受,并应通报所有签字国周知。

4. 会议通过的任何修正案,应于三分之二缔约国接受后一年的次月第一日起生效。接受修正案时,应将接受的正式文件交保管人保存。

5. 修正案生效后,接受该修正案的缔约国,对于在修正案通过后六个月内未就其不受该修正案约束一事通知保管人的其他缔约国,有权适用经修正的本公约。

6. 凡在本公约修正案生效后交存的任何批准、接受、认可或加入书,应视为适用经修正的本公约。

第 34 条　退　出

1. 缔约国可在任何时候向保管人送交书面通知,退出本公约。

2. 此种退出自保管人收到通知满一年后的次月第一日起生效。如在通知中规定较长时间,则退出本公约应自保管人收到通知后的这一较长期间届满时起生效。

1978 年 3 月 31 日订于汉堡,正本共一份,其阿拉伯文、中文、英文、法文、俄文、西班牙文文本具有同等效力。

下列署名的各全权代表,经正式授权,签署本公约,以昭信守。

(资料来源:胡正良主编:《国际海事条约汇编》第六卷,大连海运学院出版社 1994 年版,第 14—26 页。)

联合国国际货物多式联运公约(1980)
United Nations Convention on International Multimodal Transport of Goods, 1980

(1980年5月24日签订)

本公约各缔约国,

认识到:

(a) 国际多式联运是促进世界贸易有秩序地扩展的途径之一;

(b) 有必要鼓励发展平稳、经济、高效的多式联运服务,使能满足有关贸易的要求;

(c) 需要为所有国家的利益,保证国际多式联运有秩序地发展,并有必要考虑到过境国家的特殊问题;

(d) 需要决定有关国际货物多式联运合同的某些规则,包括关于多式联运经营人赔偿责任的公正条款;

(e) 有必要使本公约不影响有关管理和控制运输业务的任何国际公约或国家法律的适用;

(f) 每个国家有权在国家一级水平上管理和控制多式联运经营人和多式联运业务;

(g) 有必要考虑发展中国家的特殊利益和问题,例如:引进新技术,其本国的承运人和经营人参加多式联运,以及这样做的经济效益,尽量利用当地的劳动力和保险;

(h) 有必要保证多式联运服务的提供者和使用者之间的利益均衡;

(i) 同意下列基本原则:

有必要便利海关手续,适当考虑到过境国家的问题;

(a) 在国际多式联运中,发达国家和发展中国家的利益应当保持均衡,发达国家和发展中国家之间的活动应进行公平分配;

(b) 在引进货物多式联运的新技术之前和之后,多式联运经营人、托运人、托运人组织和各国有关当局应就运输的条款和条件进行协商;

(c) 托运人有权自由选择多式联运或分段运输;

(d) 本公约规定的多式联运经营人的赔偿责任应以推定过失或疏忽原则为基础;

决定为此目的缔结一公约,并协议如下:

第I部分　总　　则

第1条　定　　义

本公约中:

1. “国际多式联运”是指按照多式联运合同,以至少两种不同的运输方式,由多式联运经营人将货物从一国境内接管货物的地点运至另一国境内指定交付货物的地点。为履行单一方式运输合同而进行的该合同所规定的货物接交业务,不应视为国际多式联运。

2. “多式联运经营人”是指其本人或通过其代其行事的他人订立多式联运合同的任何人,他是委托人,而不是发货人的代理人和参加多式联运的承运人的代理人或代表他们行事,他承担履行合同的责任。

3. “多式联运合同”是指多式联运经营人凭以收取运费、负责履行或实现履行国际多式联运的合同。

4. “多式联运单证”是指证明多式联运合同和多式联运经营人接管货物并保证按照该合同条款交付货物的单证。

5. “发货人”是指其本人、或以其名义、或其代表同多式联运经营人订立多式联运合同的任何人,或指其本人、或以其名义、或其代表将货物实际交给多式联运经营人的任何人。

6. “收货人”是指有权提取货物的人。

7. “货物”包括由发货人提供的任何集装箱、货盘或类似的装运工具或包装。

8. “国际公约”是指各国之间用书面签订,并受国际法制约的国际协议。

9. “强制性国家法律”是指任何有关货物运输的制定法,其规定不得用合同条款加以改变而不利于发货人。

10. “书面”包括电报或电传。

第2条 适用范围

本公约的各项规定适用于两国境内各地之间的所有多式联运合同,如果:

(a) 多式联运合同规定的多式联运经营人接管货物的地点是在一个缔约国境内;或者

(b) 多式联运合同规定的多式联运经营人交付货物的地点是在一个缔约国境内。

第3条 强制适用

1. 根据第2条,受本公约制约的多式联运合同一经签订,本公约各项规定即强制适用于此种合同。

2. 本公约的任何规定不得影响发货人在多式联运和分段运输之间进行选择的权利。

第4条 多式联运的管理和控制

1. 本公约不得影响任何国际公约或国家法律中有关运输业务的管理和控制的适用,或与之相抵触。

2. 本公约不得影响各国在国家一级水平上管理和控制多式联运业务和多式联运经营人的权利,包括就下列事项采取措施的权利:多式联运经营人、托运人、托运人组织以及各国有关当局之间就运输条件,特别是在引用新技术,开始新的运输业务之前,进行协商;颁发多式联运经营人的许可证;参加运输;为了本国的经济和商业利益而采取一切其他措施。

3. 多式联运经营人应遵守其营业所在国所适用的法律和本公约的规定。

第Ⅱ部分 单 证

第5条 多式联运单证的签发

1. 多式联运经营人接管货物时,应签发一多式联运单证。该单证应依发货人的选择,或为可转让单证,或为不可转让单证。

2. 多式联运单证应由多式联运经营人或经其授权的人签字。

3. 多式联运单证上的签字,如不违背签发多式联运单据所在国的法律,可以是手签、传真印制、打透花字、盖章、符号、或用任何其他机械或电子仪器打出。

4. 经发货人同意,可以用任何机械或其他保存第 8 条所述的多式联运单证应列明的事项 的方式,签发不可转让的多式联运单证。在这种情况下,多式联运经营人在接管货物后,应交给发货人一份可以阅读的单证,载有用此种方式记录的所有事项。就本公约而言,此种单证应视为多式联运单证。

第 6 条 可转让的多式联运单证

1. 多式联运单证以可转让的方式签发时:

(a) 应列明按指示或向持有人交付;

(b) 如列明按指示交付,经背书后转让;

(c) 如列明向持票人交付无须背书即可转让;

(d) 如签发一套一份以上的正本,应注明正本份数;

(e) 如签发任何副本,每份副本均应注明"不可转让的副本"字样。

2. 只有交出可转让的多式联运单证,并在必要时经正式背书,才能向多式联运经营人或其代为行事的人要求交付货物。

3. 如果所签发的、可转让的多式联运单证在一套中含一份以上正本,多式联运经营人或代其行事的人善意地凭其中一份正本交货后,该多式联运经营人便已履行其交货义务。

第 7 条 不可转让的多式联运单证

1. 多式联运单证以不可转让的方式签发时,应指明记名的收货人。

2. 多式联运经营人将货物交给此种不可转让的多式联运单证所指明的记名收货人或经收货人正式指定的其他人后,该多式联运经营人即已履行其交货责任。此种指定原则上应当是书面的。

第 8 条 多式联运单证的内容

1. 多式联运单证应当载明下列事项:

(a) 货物品类、识别货物所必需的主要标志、对危险货物的危险特性的明确声明、包数或件数、货物的毛重或以其他方式表示的数量,所有这些事项由发货人提供;

(b) 货物外表状况;

(c) 多式联运经营人的名称和主要营业地;

(d) 发货人名称;

(e) 收货人的名称,如已由发货人指定;

(f) 多式联运经营人接管货物的地点和日期;

(g) 交货地点;

(h) 在交付地点交货的日期或期间,如双方有明确协议;

(i) 表示该多式联运单证为可转让或不可转让的声明;

(j) 多式联运单证的签发地点和日期;

(k) 多式联运经营人或经其授权的人的签字;

(l) 如双方有明确协议,每种运输方式的运费,或者应由收货人支付的运费,包括用 以支

付的货币,或者关于运费由收货人支付的其他说明;

(m) 预期经过的路线、运输方式和转运地点,如在签发多式联运单证时已经确知;

(n) 第28条第3款所指的声明;

(o) 如不违背多式联运单证签发的国家的法律,双方同意列入多式联运单证的任何其他事项。

2. 多式联运单证缺少本条1款所指事项中的一项或数项,并不影响该单证作为多式联运单证的法律性质,但该单证必须符合第1条第4款规定的要求。

第9条 多式联运单证中的保留

1. 如果多式联运经营人或其代其行事的人知道、或有合理的根据怀疑,多式联运单证所列货物的品类、主要标志、包数和件数、重量或数量事项不能准确地表明实际接管的货物,或无适当方法进行核对,则该多式联运经营人或其代其行事的人应在多式联运单证上作出保留,注明不符之处、怀疑的根据、或无适当的核对方法。

2. 如果多式联运经营人或代其行事的人未在多式联运单证上对货物的外表状况加以批注,则应视为他已在多式联运单证上注明货物的外表状况良好。

第10条 多式联运单证的证据效力

如果已对第9条准许保留的事项作出保留,则除其保留的部分之外:

(a) 多式联运单证应是该单证所载明的货物由多式联运经营人接管的初步证据;

(b) 如果多式联运单证以可转让的方式签发,而且转让给善意信赖该单证所载明的货物状况的、包括收货人在内的第三方,则多式联运经营人提出的相反的证据不予接受。

第11条 有意谎报或漏报的赔偿责任

如果多式联运经营人意图诈骗,在多式联运单运上列入有关货物的不实资料,或漏列第8条第1款(a)项或(b)项或第9条规定应载明的任何资料,则须赔偿包括收货人在内的第三方因信赖该多式联运单证所载明的货物状况行事而遭受的任何损失、损坏或费用,且不得享有本公约规定的赔偿责任限制。

第12条 发货人的保证

1. 多式联运经营人接管货物时,发货人应视为已向多式联运经营人保证,他在多式联运单证中所提供的有关货物品类、标志、件数、重量和数量、危险货物的危险特性等事项,准确无误。

2. 发货人必须赔偿多式联运经营人因本条第1款所指各事项的不准确或不当而造成的损失。即使发货人已将多式联运单证转让,仍须负责赔偿责任。多式联运经营人的这种获取赔偿的权利,并不限制他按照多式联运合同对发货人以外的其他任何人应负的赔偿责任。

第13条 其他单证

多式联运单证的签发,并不排除必要时按照适用的国际公约或国家法律签发同国际多式联运的运输或其他服务有关的其他单证。但是签发此种其他单证不得影响多式联运单证的法律性质。

第Ⅲ部分 多式联运经营人的赔偿责任

第14条 责任期间

1. 根据本公约,多式联运经营人对货物的责任期间,自其接管货物之时起到交付货物时为止。

2. 就本条而言,在下述期间,货物视为在多式联运经营人掌管之下:

(a) 自多式联运经营人从下列一方接管货物之时起:

(i) 发货人或代其行事的人;或者

(ii) 根据接管货物地点适用的法律或规章,货物必须交付运输的当局或其他第三方;

(b) 直到他以下列方式交付货物时为止:

(i) 将货物交给收货人;或者

(ii) 如果收货人不向多式联运经营人提取货物,则按照多式联运合同或按照交货地点适用的法律或特定行业惯例,将货物置于收货人支配之下;或者

(iii) 根据交货地点适用的法律或规章,将货物交给必须向其交付的当局或其他第三方。

3. 本条第1款和第2款所指的多式联运经营人,包括他的受雇人、代理人或为履行多式联运合同而使用其服务的任何其他人;所指的发货人和收货人,也包括他们的受雇人或代理人。

第15条 多式联运经营人为其受雇人、代理人和其他人所负的赔偿责任

除第21条另有规定外,多式联运经营人应对其受雇人或代理人在其受雇范围内行事时的行为或不行为负赔偿责任,或对他为履行多式联运合同而使用其服务的任何其他人在履行合同的范围内行事时的行为或不行为负赔偿责任,如同他本人的行为或不行为一样。

第16条 赔偿责任基础

1. 如果造成灭失、损坏或迟延交货的事故发生于第14条所规定的货物由多式联运经营人掌管的期间,多式联运经营人对于货物的灭失、损坏和迟延交付所引起的损失,应负赔偿责任,除非多式联运经营人证明其本人、受雇人或代理人、或第15条所指的其他任何人为避免事故的发生及其后果已采取一切所能合理要求的措施。

2. 如果货物未在明确约定的时间内交付,或者如无此种协议,未在按照具体情况对一个勤勉的多式联运经营人所能合理要求的时间内交付,即为迟延交货。

3. 如果货物未在按照本条第2款确定的交货日期届满后连续90日内交付,索赔人即可认为货物已经灭失。

第17条 同时发生的原因

如果货物的灭失、损失或迟延交付是由于多式联运经营人、其受雇人或代理人或第15条所指的任何其他人的过失或疏忽与另一原因结合而产生,多式联运经营人仅在灭失、损坏或迟延交货可以归因于此种过失或疏忽的限度内负赔偿责任,但多式联运经营人必须证明不能归因于此种过失或疏忽的灭失、损坏或迟延交货的部分。

第18条 赔偿责任限制

1. 如果多式联运经营人根据第16条对货物的灭失或损坏造成的损失负赔偿责任,其赔偿责任以灭失或损坏的货物的每件或其他货运单位计不得超过920计算单位的数额,或按毛

重每公斤计不得超过2.75计算单位的数额,以较高者为准。

2. 根据本条第1款计算较高限额时,适用下列原则:

(a) 如果货物是用集装箱、货盘或类似的装运工具集装,多式联运单证载明装在这种装运工具中的件数或货运单位数,应视为计算限额的件数或货运单位数。否则,这种装运工具中的货物应视为一个货运单位。

(b) 如果装运工具本身灭失或损坏,而该装运工具并非由多式联运经营人所有或提供,则应视为一个单独的货运单位。

3. 虽有本条第1款和第2款的规定,国际多式联运如果根据合同不包括海上或内河运输,则多式联运经营人的赔偿责任按灭失或损坏货物毛重每公斤不得超过8.33计算单位的数额为限。

4. 多式联运经营人根据第16条的规定对迟延交货造成损失所负的赔偿责任限额,以相当于迟延交付货物应付运费的2.5倍的数额为限,但不得超过多式联运合同规定的应付运费的总额。

5. 根据本条第1款和第4款或第3款和第4款的规定,多式联运经营人赔偿责任的总和不得超过本条第1款或第3款所确定的货物全部灭失的赔偿责任限额。

6. 经多式联运经营人和发货人之间协议,多式联运单证中可规定超过本条第1款、第3款和第4款所规定的赔偿限额。

7. "计算单位"是指第31条所述的计算单位。

第19条　发生区段确定的货损

如果货物的灭失或损坏发生于多式联运的某一特定区段,而对这一区段适用的一项国际公约或强制性国家法律规定的赔偿限额高于适用第18条第1款至第3款所得出的赔偿限额,则多式联运经营人对这种灭失或损坏的赔偿限额,应按该公约或强制性国家法律予以确定。

第20条　非合同赔偿责任

1. 本公约规定的抗辩和赔偿责任限制,应适用于因货物灭失、损坏或迟延交付造成损失而对多式联运经营人提起的任何诉讼,不论这诉讼是以合同、侵权行为或其他为根据。

2. 如果有关货物灭失、损坏或迟延交付造成的诉讼是对多式联运经营人的受雇人或代理人、或对联运人为履行多式联运合同而使用其服务的其他人提起,该受雇人或代理人如能证明他是在受雇范围内行事,该其他人如能证明他是在履行合同的范围内行事,则该受雇人、代理人或其他人应有权援用多式联运经营人按本公约有权援用的抗辩和赔偿责任限制。

3. 除按第21条的规定外,从多式联运经营人、受雇人、代理人或为履行多式联运合同而使用其服务的其他人那里可得到的赔偿总额,不得超过本公约所规定的赔偿限额。

第21条　赔偿责任限制权利的丧失

1. 如经证明,货物的灭失、损坏或迟延交付是由于多式联运经营人有意造成或明知可能造成而轻率的行为或不为所引起,则多式联运经营人无权享受本公约所规定的赔偿责任限制的利益。

2. 虽有第20条第2款的规定,如经证明,货物的灭失、损坏或迟延交付是由于多式联运经营人的受雇人、或代理人、或为履行多式联运合同而使用其服务的其他人有意造成或明知可能造成而轻率的行为或不为所引起,则该受雇人、代理人或其他人无权享受本公约所规定的赔偿责任限制的利益。

第Ⅳ部分 发货人的赔偿责任

第22条 通 则

如果多式联运经营人遭受的损失是由于发货人的过失或疏忽、或者他的受雇人或代理人在其受雇范围内行事时的过失或疏忽所造成,发货人对这种损失应负赔偿责任。如果损失是由于发货人的受雇人或代理人本身的过失或疏忽所造成,该受雇人或代理人对这种损失应负赔偿责任。

第23条 危险货物的特殊规则

1. 发货人应以适当的方式在危险货物上加危险标志或标签。

2. 发货人将危险货物交给多式联运经营人或任何代其行事的人时,应告知货物的危险特性,必要时并告知应采取的预防措施。如果发货人未作此种告知,并且多式联运经营人又没有以其他方式知道货物的危险特性,则:

(a) 发货人对多式联运经营人由于载运这种货物而遭受的一切损失应负赔偿责任;

(b) 视情况需要,该货物可随时被卸下、销毁或使其无害而无须给予赔偿。

3. 任何人如果在多式联运期间接管货物时已得知货物的危险特性,则不得援用本条第2款的规定。

4. 如果本条第2款(b)项的规定不适用或不得援用,并且危险货物对生命或财产造成实际危险,视情况需要,该货物可被卸下、销毁或使其无害,除有分摊共同海损的义务、或根据第16条的规定多式联运经营人应负赔偿责任之外,无须给予赔偿。

第Ⅴ部分 索赔和诉讼

第24条 灭失、损坏或迟延交货的通知

1. 除非收货人在不迟于货物交给他的次一工作日,将说明灭失或损坏的一般性质的灭失或损坏的通知,书面送交多式联运经营人,否则,此种交付即为多式联运经营人交付多式联运单证所载明的货物的初步证据。

2. 在灭失或损坏不明显时,如果在货物交付收货人之日后连续6日内未提交书面通知,则本条第1款的规定相应适用。

3. 如果货物的状况在交付收货人时已经当事各方或其授权的代表在交货地点联合调查或检验,则无须就调查或检验所证实的灭失或损坏送交书面通知。

4. 遇有任何实际的或预料的灭失或损坏时,多式联运经营人和收货人必须为检验和清点货物相互提供一切合理的便利。

5. 除非在货物交付收货人之日后连续60日内,或者在收货人得到通知,货物已按照第14条第2款(b)(ii)或(iii)项的规定交付之日后连续60日内,向多式联运经营人送交书面通知,否则,对迟延交货所造成的损失无须给予赔偿。

6. 多式联运经营人应不迟于在灭失或损坏的事故发生后连续90日内,或在按照第14条第2款(b)项的规定交付货物后连续90日内(以较迟者为准),将说明此种灭失或损坏的

一般性质的灭失或损坏书面通知送交发货人。未送交这种通知,即为多式联运经营人未由于发货人、其受雇人或代理人的过失或疏忽而遭受任何灭失或损害的初步证据。

7. 如果本条第2款、第5款和第6款中规定的通知期限最后一日在交货地点不是工作日,则该期限应延长至次一工作日为止。

8. 就本条而言,向代表多式联运经营人行事的人,包括他在交货地点使用为其服务的人,或者向代表发货人行事的人送交通知,应分别视为向多式联运经营人或发货人送交通知。

第25条　诉讼时效

1. 根据本公约有关国际多式联运的任何诉讼,如果在两年期间内没有提起诉讼或交付仲裁,即失去时效。但是,如果在货物交付之日后6个月内,或者,如果货物未能交付,在本应交付之日后6个月内,没有提出说明索赔的性质和主要事项的书面索赔通知,则在此期限届满后即失去诉讼时效。

2. 时效期间自多式联运经营人交付货物或部分货物之日的次日起算,或者如果货物未交付,则自货物本应交付的最后一日次日起算。

3. 接到索赔要求的人可在时效期间的任何时候向索赔人提出延长时效期间的书面声明。此种期间可通过另一次声明或多次声明,再度延长。

4. 如果另一适用的国际公约有相反规定,根据本公约被认定负有赔偿责任的人,即使在上述各款规定的时效期间届满后,仍可在起诉地国家法律所许可的期限内提起追偿诉讼,但所许可的限期,自提起此种追偿诉讼的人已解决对其提出的索赔,或在对其本人的诉讼中接到诉讼传票之日起算,不得少于90日。

第26条　管　辖

1. 原告可在他选择的法院根据本公约提起有关国际多式联运的诉讼,如果该法院按其所在国法律规定有权管辖,而且下列地点之一是在其管辖之范围内:

(a) 被告主要营业地,或者,如无主要营业所,被告的习惯住所地;或者,

(b) 订立多式联运合同的地点,而且合同是通过被告在该地的营业所、分支或代理机构订立;或者,

(c) 为国际多式联运接管货物的地点或交付货物的地点;或者,

(d) 多式联运合同中为此目的所指定的并在多式联运单证中载明的任何其他地点。

2. 根据本公约有关国际多式联运的任何诉讼程序均不得在本条第1款所没有规定的地点进行。本条各款并不妨碍各缔约国对于临时性或保护性措施的管辖权。

3. 虽有本条上述各项规定,如果当事双方在索赔发生之后达成协议,指定原告可以提起诉讼的地点,该协议有效。

4. (a) 如果已根据本条规定提起诉讼,或者该诉讼中已作出判决,原当事人之间不得就同一理由提起新的诉讼,除非第一诉讼的判决不能在提起新诉讼的国家中执行。

(b) 就本条而言,凡为使判决得以执行而采取措施,或者在同一国内将一诉讼转移到另一法院,都不得视为提起新诉讼。

第27条　仲　裁

1. 按照本条的各项规定,当事人可用书面载明的协议,规定将根据本公约发生的有关国际多式联运的任何争议提交仲裁。

2. 仲裁应依索赔人的选择,在下列地点之一提起:

(a) 下列各地所在国中的任一地点:

(i) 被告的主要营业所,或者,如无主要营业地,则被告的习惯住所地;或者,

(ii) 订立多式联运合同的地点,而且合同是通过被告在该地的营业所、分支或代理机构订立;或者,

(iii) 为国际多式联运接管货物的地点或交付货物的地点;或者,

(b) 仲裁条款或协议中为此目的所指定的任何其他地点。

3. 仲裁员或仲裁法庭应适用本公约的各项规定。

4. 本条款第2款和第3款的规定应视为每一仲裁条款或协议的部分,仲裁条款或协议中与之相抵触的任何规定,概属无效。

5. 本条规定不影响当事人在有关国际多式联运的索赔发生之后订立的仲裁协议的效力。

第Ⅵ部分 补充规定

第28条 合同条款

1. 多式联运合同或多式联运单证中的任何条款,如果直接或间接背离本公约的规定,概属无效。构成合同或单证一部分的此种条款的无效,不影响该合同或单证的其他规定的效力。将货物的保险利益转给多式联运经营人的条款或任何类似条款,概属无效。

2. 虽有本条第1款的规定,经发货人的同意,多式联运经营人仍可增加其按照本公约所负的责任和义务。

3. 多式联运单证应载有一项声明,规定国际多式联运必须遵守本公约的各项规定。本公约的各项规定将使任何背离本公约并损害发货人或收货人的规定成为无效的规定。

4. 如果有关货物索赔人由于根据本条而无效的条款、或由于漏载本条第3款所指的声明而遭受损失,多式联运经营人必须按照本公约的规定,就货物的灭失、损坏或迟延交付,给予索赔人以必要的赔偿。此外,多式联运经营人须赔付索赔人为了行使其权利而引起的费用,但援用上述规定时,诉讼中引起的费用,应按照提起诉讼地国家的法律规定。

第29条 共同海损

1. 本公约不得妨碍多式联运合同或国家法律中有关共同海损理算规定,在其适用范围内的适用。

2. 除第25条外,本公约中有关多式联运经营人对货物的灭失或损坏应负赔偿责任的规定,也确定收货人是否可以拒绝共同海损的分摊,以及确定多式联运经营人对收货人已作的任何此种分摊或已支付的任何救助报酬的赔偿责任。

第30条 其他公约

1. 本公约不修改1924年8月25日统一关于海船所有人赔偿责任某些限制的规则的布鲁塞尔国际公约、1957年10月10日海船所有人赔偿责任限制的布鲁塞尔国际公约、1976年11月19日伦敦海事索赔责任限制公约,以及1973年3月1日内河船舶所有人赔偿责任限制的日内瓦公约(CLN),包括其修正案或关于海船和内河船舶所有人的赔偿责任限制的国家法律所规定的权利和义务。

2. 如果发生争议的当事人的主要营业所均在其他国际公约的缔约国境内,则本公约第26条 和第27条的规定不得妨碍适用各该其他国际公约有关这两条所述事项的强制性规定。但是,本款不影响本公约第27条第3款的适用。

3. 如果核装置经营人对核事故引起的损害负责,则根据本公约的规定,对此种损害不负赔偿责任:

(a) 经1964年1月28日补充议定书修正的1960年7月29日核能领域第三者赔偿责任的巴黎公约,或1963年5月21日核损害民事赔偿责任的维也纳公约,或这些公约的修正案,或者,

(b) 国家法律中关于核损害赔偿责任的规定,如果这种法律在各个方面都和巴黎公约或维也纳公约同样有利于可能遭受核损害的人。

4. 货物运输,例如按照1956年5月19日国际公路货物运输合同的日内瓦公约第2条,或按照1970年2月7日关于伯乐尼国际铁路货物运输公约第2条的规定进行的货物运输,如 果上述公约的缔约国对这种货物运输必须适用这种公约,则对这种运输公约的缔约国而言,不应视为本公约第1条第1款含义上的国际多式联运。

第31条　计账单位或货币单位及折算

1. 本公约第18条所述的计算单位是国际货币基金组织规定的特别提款权。第18条所述 数额应按照一国货币在判决之日或裁决之日或当事各方协议的日期的价值,折算成该国货 币。凡属国际货币基金组织成员的缔约国,其以特别提款权表示的本国货币的价值,应按国 际货币基金组织在上述日期在其业务和交易中采用的现行定值方法计算。非属国际货币基金 组织成员的缔约国,其以特别提款权表示的本国货币的价值,应按该国确定的方法计算。

2. 但是,凡不是国际货币基金组织成员而其本国法律又不准适用本条第1款规定的国家,可在签字、批准、接受、核准或加入时,或在其后任何时间,声明本公约规定的赔偿限额,适用于该国领土时,订定如下:关于第18条第1款所规定的限额,按货物的每包或其他货运单证计算不超过1.375万货币单位,或按毛重每公斤计算不超过41.25货币单位;关于第18条第3款所规定的限额,不超过124货币单位。

3. 本条第2款所述的货币单位相当于纯度为千分之九百的黄金65.5毫克。本条第2款所 述数额应按照有关国家的法律折算成该国货币。

4. 按本条第1款最后一句的规定进行计算,和按本条第3款的规定进行计算,以一缔约国的本国货币表示第18条所述数额时,其实际价值尽可能与第18条所述计算单位表示的实际价值相等。

5. 缔约国在签字时,或在交存其批准书、接受书、核准书或加入书时,或按本条第2款 的规定作出选择时,以及在计算方法或折算结果有改变时,应将按本条第1款最后一句话所确定的计算方法或本条第3款所得的折算结果,相应地通知保管人。

第Ⅶ部分　海关事项

第32条　海关过境

1. 各缔约国应准许使用国际多式联运的海关过境手续。

2. 除按国家法律、规章和政府间协议的规定外,国际多式联运货物的海关过境应依照本公约附件的第Ⅰ条至第Ⅵ条所载的规则和原则办理。

3. 缔约国在采用有关多式联运货物的海关过境手续的法律和规章时,应考虑到本公约附 件的第Ⅰ条到第Ⅵ的规定。

第Ⅷ部分 最后条款

第33条 保 管 人

兹指定联合国秘书长为本公约保管人。

第34条 签字、批准、接受、核准、加入

1. 所有国家均有权经下列手续成为本公约的缔约国:

(a) 签字而无需批准、接受或核准;或者

(b) 签字,但须经批准、接受或核准,并随后予以批准、接受或核准;或者

(c) 加入。

2. 本公约自1980年9月1日起1981年8月31日止,在纽约联合国总部开放以供签字。

3. 1981年8月31日以后,本公约对所有不是签字国的国家开放,以供加入。

4. 批准书、接受书、核准书和加入书应交保管人保存。

5. 由会议主权成员国组成的,并且有权在本公约范围内的特定领域谈判、缔结和实施国际协定的区域经济一体化组织,具有按照本条第1款至第4款的规定,同样有资格成为本公约的缔约方,并在上述特定领域中,对本公约其他缔结方而言,享有本公约赋予的权利,履行本公约所规定的义务。

第35条 保 留

对本公约不得作出任何保留。

第36条 生 效

1. 本公约在三十个国家的政府签字而无需批准、接受或核准、或者向保管人交存批准、接受、核准或加入书后12个月生效。

2. 对于在本条第1款规定的生效条件得到满足后批准、接受、核准或加入本公约的每个国家,本公约应在该国交存有关文件后12个月生效。

第37条 适用日期

每一缔约国,在本公约对该国生效之日或其后所订立的多式联运合同,应适用本公约的规定。

第38条 现行公约规定的权利和义务

如果两国之间的国际多式联运属于本公约范围内,其中只有一国为本公约缔约国,而这两国在本公约生效时同受某一其他国际公约所约束,则如在一缔约国中按第26条或第27条就这种国际多式联运提起诉讼或提交仲裁,该国的法院或仲裁庭可依照这种其他国际公约规定的义务,适用这种国际公约的规定。

第39条 修订和修正

1. 本公约生效后,经不少于1/3的缔约国要求,联合国秘书长应召开缔约国会议, 修订或修正本公约。联合国秘书长应至少在会议召开之日3个月前将任何修正提案的案文散发

给所有缔约国。

2. 修订会议作出的任何决定,包括修正案在内,应以出席并参加表决的国家 2/3 多数作出。会议通过的修正案应由保管人送交所有缔约国接受,并送交本公约所有签字国参考。

3. 除本条第 4 款另有规定外,会议通过的任何修正案在其获得 2/3 缔约国接受之日起满一年后的第一个月第一日才对接受该修正案的缔约国生效。对于在修正案已获得 2/3 缔约国接受后才接受修正案的任何国家,修正案应在该国接受之日起满一年后的第一个月第一日生效。

4. 会议通过的关于变更第 18 条及第 31 条第 2 款所规定数额的修正案,或关于以其他单位代替第 31 条第 1 款和(或)第 3 款所述单位的修正案,在其获得 2/3 缔约国接受之日 起满一年后的第一个月第一日生效。接受变更后数额或替代单位的缔约国,应在它们同所有 缔约国的关系中,适用这种数额或单位。

5. 接受修正案的正式文件交存保管人,即为对修正案的接受。

6. 在会议通过的修正案生效后交存的任何批准、接受、核准或加入书,应视为适用于修正后的本公约。

第 40 条　退　出

1. 任何缔约国可在本公约开始生效之日起满两年后的任何时间书面通知保管人,退出本公约。

2. 此种退出在保管人收到通知之日起满一年后的第一个月第一日生效。如果通知中指明更长的时间,则在保管人收到通知后,于该更长的期间届满时起,退出生效。

下列署名者,经正式授权,已于下列日期签署本公约,以昭信守。

1980 年 5 月 24 日订于日内瓦,正本一份,用阿拉伯文、中文、英文、法文、俄文和西班牙文写成,各种文本具有同等效力。

附件　有关国际货物多式联运的海关事项条款

第 I 条

在本公约中,

“海关过境手续”是指在海关管制下将货物从一处海关运到另一处海关的海关手续。

“目的地海关”是指结束过境作业地的任何海关。

“进出口关税及其他税”是关税及所有其他税项、费用或对货物的进出口或与其有关而征收的其他款项,但不包括金额大致相当于所提供服务的成本的费用和款项。

“海关过境单证”是指载有海关过境作业所需数据和资料记录的表格。

第 II 条

1. 除按本国境内实施的法律、规章和国际公约的规定外,缔约国应给予国际多式联运货物过境自由。

2. 如果海关当局认为用于过境作业的海关过境手续中规定的条件已满足,则国际多式联运的货物:

(a) 作为一项基本原则在途中不再受海关检查,除非海关认为有必要保证海关负责实施的规章得到遵守。因此,海关当局在进出口点上一般只应检验海关封印及其他安全措施;

(b) 在不影响有关公共和国家安全、公共道德或公共卫生的法律、规章的实施的情况下,不必履行用于过境作业的海关过境制度以外的任何海关手续或规定。

第Ⅲ条

为了便利货物过境,各缔约国:

(a) 如为启运地国家,应尽量采取一切可行的措施,保证其后过境作业所需资料的完整、准确;

(b) 如为目的地国家:

(i) 应采取一切必要措施,作为一项基本原则,保证海关过境货物能在其目的地海关结关;

(ii) 除非其本国的法律、规章另有规定,应设法在尽可能接近货物最后目的地点办理货物的结关手续。

第Ⅳ条

1. 如果海关当局认为海关过境手续中的条件已满足,则国际多式联运货物无须向过境国 家支付进出口关税和其他税或交付这种税项的保证金。

2. 前款的规定不排除:

(a) 根据公共安全或公共卫生方面的要求,按本国规章收取的费用和款项;

(b) 在平等条件下收取金额大致相当于所提供服务的成本的费用和款项。

第Ⅴ条

1. 如果海关过境作业需要财务担保,此项财务担保之提供,必须使有关过境国家的海关当局感到满意,而且应符合其国家法律、规章和国际公约的规定。

2. 为了便利海关过境,海关担保制度应当简单、有效、取费适中,并包括应付的进出口关税和其他税,并且,在担保需包括罚款的国家中,还包括应付的罚款。

第Ⅵ条

1. 在不影响国际公约和国家法律、规章所要求的任何其他单证的情况下,过境国家的海关当局应当接受多式联运单证作为海关过境手续的说明部分。

2. 为了便利海关过境,海关过境单证应当尽可能与后附单证格式相一致。

(资料来源:中国交通部网站,http://www.moc.gov.cn/guojihz/guojihz.htm)

国际海事委员会海运单统一规则(1990)
CMI Uniform Rules for Sea Waybills, 1990

(1990年6月29日国际海事委员会第34届大会通过)

1. 适用范围

(i) 本规则定名为“国际海事委员会海运单统一规则。”

(ii) 本规则为运输合同采纳时方得适用,而不论该合同是否以书面订立,但该合同非由提单或类似的物权凭证所包括。

2. 定义

(i) 在本规则中:

“运输合同”系指受本规则约束并全部或部分经海上履行的任何运输合同;

“货物”系指根据运输合同承运或接管待运的任何货物;

“承运人”和“托运人”系指运输合同载明的或从运输合同中可识别为承运人和托运人的当事人;

“收货人”系指运输合同载明的或从运输合同中可识别为收货人的当事人,或根据规则6第(i)款代替作为收货人的任何人;

“支配权”系指规则6所述的各项权利和义务。

(ii) 本规则中凡提及承运人、托运人或收货人的,应包括经他们授权的代表。

3. 代理

(i) 托运人订立运输合同,不仅代表其自己,同时作为收货人的代理人也代表收货人,并且向承运人保证他有此权限。

(ii) 本条在,并且仅在,根据适用于运输合同的法律,为使收货人能起诉或被诉所必需时,才予以适用。收货人承担的责任,不得超过当运输合同由提单或类似的物权凭证包含时,他应承担的责任。

4. 权利与责任

(i) 运输合同应受适用于该合同的,或者当运输合同由提单或类似的物权凭证包含时,强制适用于该合同的国际公约或国内法的制约。

(ii) 除始终受第(i)款约束外,运输合同还应受下列制约:

(a) 本规则;

(b) 除当事人另有协议外,承运人的标准运输条款和条件(如有的话)包括任何有关非海上运输部分的条款和条件;

(c) 当事人协议的任何其他条款和条件。

(iii) 如第(ii)款第(b)项或第(c)项下的条款和条件与本规则不一致,得以本规则为准。

5. 货物说明

(i) 托运人保证其提供的有关货物的详情的准确性,否则,应赔偿承运人因任何不准确而引起的任何灭失、损坏或费用。

(ii) 如承运人未作保留,海运单或类似的文件中有关货物数量或状态的任何记载,

(a) 在承运人与托运人之间,应是收到如此记载的货物的初步证据;

(b) 在承运人与收货人之间,应是收到如此记载的货物的绝对证据,并且,不得提出相反的证据,但以收货人始终善意行事为条件。

6. 支配权

(i) 除非托运人已按下述第(ii)款行使其选择权,否则,他应是唯一有权就运输合同向承运人发出指示的当事人。除非准据法禁止,否则,他有权在货物运抵目的地后,收货人请求提取货物之前的任何时候,改变收货人的名称,但他应以书面形式或为承运人接受的其他方式,给承运人以合理的通知,并就因此造成承运人的额外费用承担赔偿责任。

(ii) 托运人具有将支配权转让给收货人的选择权,但应在承运人收取货物之前行使。这一选择权的行使,应在海运单或类似的文件上(如有的话)注明。选择权一经行使,收货人便具有上述第(i)款所述的各项权利,同时,托运人便终止此种权利。

7. 交货

(i) 承运人凭收货人出示适当身份证明交付货物。

(ii) 如果承运人证明自己已合理克尽职责,核实自称为收货人的人确系事实上的收货人,则对错误交货不承担责任。

8. 效力

如本规则的任何内容,或者,根据规则4并入运输合同的任何规定,与强制适用于运输合同的国际公约或国内法不一致,则在该范围内,并且仅在该范围内,本规则和此种规定无效。

(资料来源:中国交通部网站,http://www.moc.gov.cn/guojihz/guojihz.htm)

联合国贸易和发展会议/国际商会
多式联运单证规则(1991)
UNCTAD/ICC Rules for Multimodal Transport Documents, 1991

(1991 年联合国贸易和发展会议与国际商会共同制定)

1. 规则的适用

1.1 本规则不论以书面、口头或其他方式将“贸发会议/国际商会多式联运单证规则”纳入运输合同,不论是订有涉及一种运输方式或者多种运输方式的合同,也不论是否签发了单证,本规则将予以适用。

1.2 在作出 1.1 款的这种纳入后,当事各方同意,本规则应当超越任何与本规则抵触的多式联运合同附加条款,除非这些条款增加多式联运经营人的责任或义务。

2. 定义

2.1 “多式联运合同”是指以至少通过两种不同的运输方式运送货物的合同。

2.2 “多式联运经营人”(MTO)是指签订一项多式联运合同并以承运人身份承担完成此项合同责任的任何人。

2.3 “承运人”是指实际完成或承担完成此项运输或部分运输的人,不管他是否与多式联运经营人属于同一人。

2.4 “托运人”是指与多式联运经营人签订多式联运合同的人。

2.5 “收货人”是指有权从多式联运经营人接收货物的人。

2.6 “多式联运单证”是指证明多式联运合同的单证,该单证可以在适用法律的允许下,以电子数据交换信息取代,而且

(a) 以可转让方式签发,或者

(b) 表明记名收货人,以不可转让方式签发。

2.7 “接管”是指货物已提交给多式联运经营人运送并由其接受。

2.8 “交付”是指:

(a) 将货物交给收货人,或者

(b) 按照多式联运合同或者交付地适用的法律或特殊贸易习惯,并货物置于收货人的支配之下,或者

(c) 根据交付地适用的法律或规定,将货物交给必须交给的当局或第三方。

2.9 “特别提款权”(SDR)是指国际货币基金的记账单位。

2.10 “货物”是指任何财产,包括活动物,也包括非由多式联运经营人提供的集装箱货

盘或类似的装载或包装工具,不论它们将要或已经装在舱面或舱内。

3. 载入多式联运单证的资料的证据效力

载入多式联运单证的资料应当是多式联运经营人按照此种资料接管货物的初步证据,除非已有相反的注明,例如"托运人的重量、装载和计数"、"托运人装载的集装箱"或类似表述已在单证上以印就文本或批注作出。

在多式联运单证已经转让或者等同的电子数据交换信息已经传输给收货人并经其接受,收货人又是善意信赖并据以行动的情况下,多式联运经营人提出的反证不予接受。

4. 多式联运经营人的责任

4.1 责任期间

按照本规则,多式联运经营人对于货物的责任期间自其接管货物之时起到交付货物之时为止。

4.2 多式联运经营人为其受雇人、代理人和其他人负担的赔偿责任

多式联运经营人应当对其受雇人或代理人在其受雇范围内行事时的行为或不为负赔偿责任,或对其为履行多式联运合同而使用其服务的任何其他人的行为或不为负赔偿责任,一如其自己的行为或不为一样。

4.3 向收货人交付货物

多式联运经营人为保证货物的交付,负责履行或安排履行下列必要的事项:

(a) 如多式联运单证是以可转让方式"向持单人交付"签发的,则应向提交一份正本单证的人交付货物;

(b) 如多式联运单证是以可转让方式"按指示交付"签发的,则应向提交一份经背书的单证的人交付货物;

(c) 如多式联运单证是以可转让方式"向记名人交付"签发的,则应向提交一份正本单证和本人身份证明的人交付货物;如果此种单证已以"按指示交付"或空白背书转让的,(b)项规定应予适用;

(d) 如多式联运单证以不可转让方式签发的,向单证上记名的收货人凭其身份证明交付货物;

(e) 没有签发单证的,应向托运人所指示的人交付,或者向按多式联运合同已获得托运人或收货人的权利的人所作出的此种指示的人交付货物。

5. 多式联运经营人的赔偿责任

5.1 赔偿责任基础

除规则5.4和规则6所规定的免责事项外,多式联运经营人应当对货物的灭失,损坏和延迟交付负赔偿责任,如果造成货物的灭失、损坏或延迟交付的事故发生在规则4.1所规定的货物由其掌管的期间,除非多式联运经营人证明,其本人、受雇人、代理人或规则4所规定的任何其他人对造成此种灭失或损坏或延迟交付没有过失或疏忽。但是,多式联运经营人不应当对货物延迟交付所造成的损失负赔偿责任,除非托运人对如期交付的利益作出声明,并经多式联运经营人接受。

5.2 延迟交付

货物未在明确协议的时间内交付的,或者虽无此种协议,但未在按照具体情况,对一个勤勉的多式联运经营人所能合理要求的时间内交付的,即为延迟交付。

5.3 延迟交付转为灭失

如果货物未在按照规则5.2确定交付日期届满后连续90日内交付,在无相反证据的情况下,索赔人即可认为该货物已经灭失。

5.4 海上或内河运输的免责条款

尽管有规则5.1的规定,多式联运经营人对在海上或内河运输中由于下列原因造成的货物灭失或损坏以及延迟交付不负赔偿责任:

- 承运人的船长、船员、引航员或受雇人在驾驶和管理船舶中的行为、疏忽或过失,
- 火灾,除非由于承运人的实际过失或私谋所造成。

但是,只要货物的灭失或损坏是由于船舶不适航所造成的,多式联运经营人就要证明,他已经谨慎处理使船舶在航次开始时适航。

5.5 赔偿额的估算

5.5.1 货物灭失或损坏的赔偿额应按交付给收货人的地点和时间或者按照多式联运合同应当交付的地点和时间的货物价值估算。

5.5.2 货物的价值应按当时商品交换价格计算,或者无此价格时,按照当时市场价格,或者上述两种价格都没有时,则按同类和同质量的货物正常价格计算。

6. 多式联运经营人的赔偿责任限制

6.1 除非在多式联运经营人接管货物之前,已由托运人对货物的性质和价值作出声明并已在单证上注明,多式联运经营人在任何情况下对货物灭失或损坏的赔偿额不得超过每件或每单位666.67SDR或者毛重每公斤2SDR,以其高者为准。

6.2 如果一个集装箱、货盘或类似运载工具载有一件或一个单位以上的货物,则在单证上列明的装载在此类运载工具中的件数或货运单位数即视为计算限额的件数或货运单位数。未按上述要求列明者,此种运载工具应作为该件或单位。

6.3 尽管有上述规则,如果按照多式联运合同,多式联运不涉及海上或内河运输的,多式联运经营人的赔偿责任以不超过灭失或损坏货物毛重每公斤8.33SDR为限。

6.4 如果货物的灭失或损坏发生在多式联运中的某一特定区段,而适用于该区段的国际公约或强制性的国家法律规定了另一项责任限额,如同对这一特定区段订有单独的运输合同一样,则多式联运经营人对此种灭失或损坏的赔偿责任限制应当按照此种公约或强制性国家法律的规定计算。

6.5 如果多式联运经营人对于延迟交付引起的损失或者非属货物灭失或损坏的间接损失,负有赔偿责任,则其赔偿责任应当以不超过根据多式联运合同计收的多式联运运费为限。

6.6 多式联运经营人的赔偿责任总额,不超过货物全部灭失的责任限额。

7. 多式联运经营人责任限制权利的丧失

如经证明货物的灭失或损坏或延迟交付是由于多式联运经营人本人故意,造成或者知道可能造成而毫不在意的行为或不为所引起的,则多式联运经营人就无权享受赔偿责任限制的利益。

8. 托运人的赔偿责任

8.1 多式联运经营人接管货物时,托运人应当视为已向多式联运经营人保证,他或以他的名义在多式联运单证中所提供的货物品类、标志、件数、重量、体积和数量,以及货物的危险特性(如果适用的话),概属正确。

8.2　托运人应当向多式联运经营人赔偿因上述事项的不正确或不适当而引起的任何损失。

8.3　即使托运人已将多式联运单证转让,托运人仍应负赔偿责任。

8.4　多式联运经营人取得这种赔偿的权利丝毫也不限制他按照多式联运合同对托运人以外的任何人应负的赔偿责任。

9. 货物灭失或损坏的通知

9.1　除非收货人在货物交付给他时,将说明灭失或损坏的一般性质的货物灭失或损坏书面通知送交多式联运经营人,否则,此种货物的交付即为多式联运经营人已将多式联运单证所载明的货物交付给收货人的初步证据。

9.2　在货物的灭失或损坏不明显时,如果在货物交付收货人之日后连续6日内未送交书面通知,则应当适用上述初步证据的效力。

10. 诉讼时效

除另有明确协议外,除非在9个月内提起诉讼,多式联运经营人应当被解除按本规则规定的赔偿责任。上述时限从货物交付之日或货物应当交付之日起算,或者按照规则5.3规定,由于未交付货物,收货人有权视为货物灭失之日起算。

11. 本规则对侵权行为的适用

本规则适用于对多式联运经营人提出的有关履行多式联运合同的所有索赔,不论其索赔基于合同还是侵权行为。

12. 本规则适用于多式联运经营人的受雇人,代理人和受雇于他的其他人

本规则适用于向多式联运经营人的受雇人、代理人或者为了履行多式联运合同所使用为其服务的其他人提出的有关履行多式联运合同的索赔,不论索赔基于合同还是侵权行为。多式联运经营人,其受雇人、代理人以及其他人的赔偿责任总额,不得超过规则6所规定的赔偿责任限额。

13. 强制性法律

本规则只在不违犯适用于多式联运合同的国际公约或国家法律的强制性规定的范围内生效。

(资料来源:中国交通部网站,http://www.moc.gov.cn/guojihz/guojihz.htm)

国际海事委员会电子提单规则(1990)
CMI Rules for Electronic Bills of Lading, 1990

(1990年6月24日至29日国际海事委员会第34届大会通过)

1. 适用范围

本规则经当事方同意援用后适用。

2. 定义

a. “运输合同”:指任何全部或部分经由海上运输货物的协议。

b. “EDI”:指电子数据交换,即通过电讯传输进行贸易数据交换。

c. “UN/EDIFACT”:指联合国行政、商业、运输电子数据交换规则。

d. “传输”:指一个或一个以上的文电通过电子传输作为一个发送单元共同向外传递,其中包括标题和结尾数据。

e. “确认”:指一次传输,其传输内容看上去完整、正确、但并不妨碍由该内容所引起的重新考虑和修改。

f. “密码”:指经当事方同意为确保传输的真实性和完整性而采用的任何技术上适当的方式,如一组数码和/或字母。

g. “持有人”:指享有根据本规则第7条a款所列权利并拥有有效密码的一方。

h. “电子监督系统”:指用于检查计算机系统中所记载的交易手段,如贸易数据日志或跟踪审核。

i. “电子储藏”:指电子数据的临时、中期或永久性储藏,包括此数据的替代或原始储藏。

3. 程序规则

a. 在不与本规则冲突的情况下,1987年“电讯传输贸易数据交换行为统一规则”将指导本规则当事方的行为。

b. 本规则项下的电子数据交换应符合联合国行政、商业、运输电子数据交换规则的有关标准。但是,当事方可使用为所有用户接受的任何其他商业数据交换方法。

c. 除另有协议外,运输合同的文件格式应符合联合国编排图例表,或与此相仿的国内提单标准。

d. 除另有协议外,一项传输的接收人除非在其接收后发回确认,否则无权根据该传输内容行事。

e. 因当事方之间发生由于实际传送数据所引起的争议时,可利用电子监督系统证实接收的数据。有关争议数据以外的、涉及其他交易的数据应视为贸易机密不予提供检查。由于作为电子监督系统检查的一部分而不可避免地暴露非争议数据,当事方应信守机密,并不向外界披露或挪作它用。

f. 任何货物所有权的转让都应视为私有情报，不应向与该货物运输或结关无关的任何其他方披露。

4. 收讯的形式和内容

a. 承运人在接收到托运人提供的货物之后应按照托运人说明的电子地址给予托运人一接收到货物的电讯通知。

b. 该收讫电讯应包括：

i. 托运人姓名；

ii. 货物说明，包括描述和保留，如同为签发一个书面提单所需求的一样；

iii. 接收货物的地点和日期；

iv. 援引承运人的运输条款；和

v. 用于日后传输的密码。

托运人必须向承运人确认收讫电讯，根据该确认电讯，托运人便成为持有人。

c. 根据持有人的要求，一旦货物实际装船，收讫电讯的地点和日期应及时更新。

d. 上述 b 款(ii)、(iii)和(v)中所含信息，以及根据本规则 c 款所更新的装运地和日期应如同该收讫电讯系书面提单的一部分一样具有效力。

5. 运输合同条款

a. 业经同意和谅解，无论何时当承运人援引其运输条款时，该运输条款将成为运输合同的一部分。

b. 该条款必须能够向运输合同方随时提供。

c. 当该条款与本规则发生冲突或不一致时，适用本规则。

6. 适用法律

运输合同应受任何强制性的国际公约或国内法的制约，如同已签发书面提单一样。

7. 支配和转让权

a. 持有人是唯一可以向承运人采取下列行动的一方：

i. 要求放货；

ii. 指定收货人或指定任何其他替换被指定的收货人，包括持有人自己；

iii. 向另一方转让支配和转让权；

iv. 根据运输合同条款，对货物的其他事项向承运人发出指示，如同一个书面提单持有人一样。

b. 支配和转让权的转让按下列程序进行：

i. 由现持有人向承运人发出其意欲将支配和转让权转让给一新的持有人的通知；

ii. 由承运人确认该通知电讯，并据此

iii. 向被建议的新持有人发送本规则第 4 条除密码以外的所有信息；之后

iv. 由被建议的新持有人通知承运人接受拟被转让的支配和转让权；据此

v. 承运人销毁现用密码，并向新持有人发出一新的密码。

c. 如果被建议的新持有人通知承运人其不欲接受该支配和转让权，或在一合理时间内未能通知承运人其是否接受，那么将不出现支配和转让权的转让，据此承运人应通知现持有人，同时现密码仍保持有效性。

d. 按上述方法进行的支配和转让权的转让应如同在书面提单项下转让权利一样具有

效力。

8. 密码

a. 密码对各个持有人各不相同。持有人不得转让密码。承运人和持有人应各自保持密码的安全性。

b. 承运人只负责向最后一个他给予密码的持有人发送确认的电子信息,该持有人亦利用此密码保证包括该项电子信息的传输内容。

c. 密码必须独立,并与任何用于鉴别运输合同的方法,和任何用于进入计算机网络的保密口令或识别相区别。

9. 交货

a. 承运人应将拟交货的地点和日期通知持有人。根据该项通知,持有人有义务指定一收货人,并给予承运人充分的交货指示,并利用密码加以核实。如无人被指定为收货人,持有人本人将被视为收货人。

b. 如果承运人证明自己已合理克尽职责核实自称为收货人的一方确系事实上的收货人,那么承运人对误交不负责任。

10. 要求书面单证的选择

a. 在交货前的任何时候,持有人有向承运人索要书面提单的选择。此份文件须在持有人指定的地点得以提供,除非在该地点承运人没有提供这份文件的便利条件,在这种情况下承运人只负责在离持有人指定地点最近的,并有其便利条件的地方提供此份文件,由于持有人采用上述选择而造成延迟交货,承运人不负责任。

b. 在交货前任何时候,承运人有向持有人签发书面提单的选择,除非采用上述选择会造成过分延迟交货或扰乱交货。

c. 根据本规则第 10 条 a 或 b 款签发的提单应包括(i) 本规则第 4 条收讫电讯中(除密码外)列明的事项;和(ii) 声明书面提单业已签发,国际海事委员会电子提单规则项下的电子数据交换程序也已终止。上述提单的签发应根据持有人的选择,或载明凭提单上指名的持有人指示,或载明交于持单人。

d. 根据本规则第 10 条 a 或 b 款签发的书面提单将销毁密码,并终止本规则上电子数据交换程序。持有人或承运人对该程序的终止并不解除运输合同任何一方根据本规则产生的权利、义务或责任,也不解除合同任何一方根据运输合同产生的权利,义务或责任。

e. 持有人可在任何时候要求承运人按本规则第 4 条要求发送一份打印的收讫讯件(除密码外),并加盖"不可转让复件"字样,发送该打印件并不销毁密码,亦不终止电子数据交换程序。

11. 电子数据与书写效力等同

承运人和发货人以及此后所有采用本程序的当事方均同意载于计算机数据贮藏中的、可用人类语言在屏幕上显示或由计算机打印的业经传输和确认的电子数据将满足任何国内法或地方法、习惯或实践规定运输合同必须经签署并以书面形式加以证明的要求。经采纳上述规定,所有当事方将被认为业已同意不再提出合同非书面形式的抗辩。

(资料来源:中国交通部网站,http://www.moc.gov.cn/guojihz/guojihz.htm)

班轮公会行动守则公约(1974)
Convention on a Code of Conduct for Liner Conferences, 1974

(1974年3月11日至4月6日在日内瓦召开的联合国班轮公会行动守则全权代表大会通过,1983年10月6日生效)

目标和原则

本公约各缔约国,希望改进班轮公会制度,认识到需要有一个普遍接受的班轮公会行动守则,考虑到发展中国家在承运其对外贸易货物的班轮公会的活动方面的特殊需要和问题,兹同意在守则内反映出下列基本目标和原则:

(a) 目标:便利世界海洋货运的有秩序扩展;

(b) 目标:促进适应贸易需要的、定期的和有效率的班轮服务的发展;

(c) 目标:保证班轮航运服务的提供者和使用者之间的利益均衡;

(d) 原则:公会的各种办法不应对任何国家的船东、托运人或对外贸易有任何歧视;

(e) 原则:公会与托运人组织、托运人代表和托运人就共同关心的事项进行有意义的协商,如经请求,有关当局亦可参加;

(f) 原则:公会的活动如与关系方面有关,公会应向他们提供有关其活动的资料,并应公布有关其活动的有意义的情报。

兹协议如下:

第一编

第I章 定 义

班轮公会或公会

两个或两个以上使用船舶的运输商的团体,这些运输商在特定的地理范围内,在某一条或数条航线上提供运送货物的国际班轮服务,并在一项不论何种性质的协定或安排的范围内,按照划一的或共同的运费率及任何其他有关提供班轮服务的协议条件而经营业务。

国家航运公司

某一国家的国家航运公司,是指其总管理处及其实际控制设在该国,并为该国有关当局或依照该国法律所如此承认的使用船舶的运输商。

牵涉到两个或两个以上国家的合营事业所拥有和经营的航运公司,其权益的大部分为这些国家的公(或)私利益所拥有,而其总管理处及其实际控制设在这些国家中之一国,则可被这些国家的有关当局承认为国家航运公司。

第三国航运公约

在两国之间使用船舶经营货运而并非该两国国家航运公司的运输商。

托运人

为了运送对他有利益的货物而同一个公会或航运公约订立或表示愿意订立合约性或其他协议的个人或实体。

托运人组织

促进、代表和保护托运人的利益,并为其所代表的托运人的国家的有关当局——如这些当局要这样做的话——承认其具有此种身份的会社或相等团体。

公会承运的货物

公会会员航运公司按照公会协议运输的货物。

有关当局

一个政府或由一个政府或国家立法指定来执行本守则中规定属于此种当局的任何职务的机构。

促进贸易性运费率

为了促进运输有关国家的非常规出口物而订定的运费率。

特别运费率

除促进贸易性运费率外,可由有关当事各方商订的优惠运费率。

第II章　会员公司间的关系

第1条　会　　籍

1. 任何国家的航运公司,在符合第1条第2款所定标准的条件下,都有权成为承运其国家对外贸易货物的公会的正式会员。不是公会任何航线上的国家航运公司的航运公司,在符合第1条第2款和第3款所定标准并遵守涉及第三国航运公司的第2条关于货载份额的规定的条件下,有权成为该公会的正式会员。

2. 申请参加公会的航运公司应提出证据,证明其有能力和愿望,按照公会协议的规定,在公会营运范围内,长期地经营定期的、适当的和有效率的航运服务,只要符合本项的标准,也可以使用租船;保证遵守公会协议的一切条款,并应于公会协议中有此规定时,提出财务担保,以便在以后退会、会籍中断或被开除会籍时,能够履行未清偿的债务。

3. 在审查不是有关公会任何航线上的国家航运公司的航运公司的入会申请时,除第1条第2款的规定外,并应特别考虑到下列各点:

(a) 公会经营航线的现有货运量及其增长的展望;

(b) 公会经营的航线对现有和预期的货运量是否有足够的舱位;

(c) 接纳该航运公司加入公会后,对公会航运业务的效率和质量可能发生的影响,

(d) 该航运公司目前是否在相同的航线上参加公会经营范围以外的货运;

(e) 该航运公司目前是否在相同的航线上参加别的公会经营范围以内的货运。

以上各点不得用来阻止执行第2条内关于参加货载承运的规定。

4. 关于入会或重新入会的申请,公会应迅速作出决定并迅速通知申请人,无论如何不得

迟于从申请之日起算6个月。公会如拒绝一个航运公司入会或重新入会,应同时以书面说明其拒绝的理由。

5. 公会审查入会申请时,应考虑公会承运其货载的国家的托运人和托运人组织所表示的意见,并于有关当局要求时考虑它们的意见。

6. 申请重新入会的航运公司,除第1条第2款所定的入会标准外,并应提出证据,证明业已依照第4条第1款和第4款的规定履行其义务。公会可以特别查询该航运公司以前脱离公会的原因。

第2条 参加货载承运

1. 被接纳为会员的任何航运公司,应在公会所经营的航线范围内享有航次和装货的权利。

2. 公会实行公摊制度时,在公摊制度的范围内参加货载承运的所有会员公司都有权参加该航线的公摊。

3. 为决定会员公司有权取得的货载承运份额起见,每一国的国家航运公司,不论公司数目多少,应被视为该国的一个单一的航运公司集团。

4. 在按照第2条第2款规定,确定个别会员公司及(或)国家航运公司集团的公摊货载份额时,除彼此间另有协议外,应遵守有关其参加公会承运货载的权利的下列原则:

(a) 两国之间的对外贸易由公会承运其货载时,这两国的国家航运公司集团参加承运彼此间对外贸易的、由公会承运的货物,在运价和数量上享有同等的权利;

(b) 倘有第三国的航运公司参加该航线的货载承运,它们有权获得运价和数量中一个相当大的部分,例如20%。

5. 如公会承运其货载的任何国家,没有国家航运公司参加承运其货载,则按照第2条第4款规定由国家航运公司承运的货载份额,应在参加货运的各个会员公司之间按照它们各自的份额比例加以分配。

6. 如一国的国家航运公司决定不承运它们的全部货载份额,则它们货载份额中它们不承运的部分,应在参加承运的各个会员公司之间按照它们各自份额的比例加以分配。

7. 如有关国家的国家航运公司不参加公会营运范围内的这些国家之间的营运,公会承运的这些国家之间的货载份额,应在参加的第三国会员公司之间通过商业谈判加以分配。

8. 一个地区内的国家航运公司,即公会经营的航线的一端的公会会员,可以按照第2条第4款至第7款规定互相商定把分配给它们的货载份额在它们之间重新分配。

9. 除遵守第2条第4款至第8款关于各个航运公司之间或各个航运公司集团之间货载份额的规定外,公会应按照公摊协议或货载分配协议中规定的时限以及公会协议所定的标准,定期审查公摊协议和货载分配协议。

10. 本条的适用,应在本守则生效后尽速开始,并应在无论如何不得超过2年的过渡期间内完成,要考虑到每一有关航线的具体情况。

11. 公会会员航运公司有权以租船来履行它们对公会的义务。

12. 在没有公摊制度,但订有靠港、航次和/或其他方式的货载分配协议时,应适用第2条第1款至第11款所订的分配份额和修改份额的标准。

13. 公会没有公摊、靠港、航次或他种参加货载承运的协议时,为公会会员的任何一个国家航运公司集团可以要求按照第2条第4款的规定,对公会承运的它们两国之间的货载采用公摊办法,或者,它们可以要求调整航次,使这些航运公司有机会享有大体上与第2条第4款规定相同的权利,参加公会经营的这两国之间的货运。任何这种要求应由公会予以考虑,并作出决定。如果在公会会员之间不能就成立这种公摊制度或航次调整达成协议,则航线两端国家的国家航运公司集团,在决定成立这种公摊制度或航次调整时,应有过半数的投票权。这个问题应在接到要求后6个月内予以决定。

14. 如公会营运的航线任何一端国家的国家航运公司之间对应否采用公摊办法的问题意见分歧时,它们可以要求在公会营运的范围内调整航次,使这些航运公司有机会享有大体上与第2条第4款规定相同的权利,参加公会经营的这两国之间的货运。如公会承运其货载的国家之中,一国没有国家航运公司,另一国的国家航运公司可以提出同样的要求。公会应尽最大努力以满足此一要求。如此一要求未获满足,航线两端国家的有关当局都可以过问,并表示意见,以供有关当事各方考虑。如不能达成协议,争议应依照本守则所定程序解决。

15. 为公会会员的其他航运公司,也可以要求采用公摊或航次协议,公会应依照本守则的有关规定加以考虑。

16. 公会应在任何公会公摊协议中规定适当措施,处理某项货载由于非因托运人供货延误的任何原因,致遭某会员公司拒运的事件。这些协议中应规定:在如不如此处理,货物将被拒运并被延误超出公会规定的时限的情形下,准许尚有未经预定舱位可供使用的船舶承运该批货物,甚至是超过该航运公司的货运分摊份额。

17. 第2条第1至16款的规定关系到一切商品,不论其发源地、目的地或预定用途,但国防用途的军事装备不在此限。

第3条　作出决定的程序

一项公会协议所包含的作出决定的程序,应以全体正式会员公司一律平等的原则为基础;这些程序应保证表决规则不致妨碍公会的正常工作和航运服务,并应规定将以一致赞同作出决定的事项。但是,没有经过两国的国家航运公司的同意,不能对公会协议中规定的有关这两国间贸易方面的问题作出决定。

第4条　制　裁

1. 除公会协议对退会期限另有规定外,为公会会员的航运公司有权在遵守公摊方案及(或)货载份额计划中关于退会规定的条件下,提出为期3个月的通知后,解除公会协议条款的约束而不受处罚,但应履行其公会会员义务至解除约束之日为止。

2. 会员如有不遵守公会协议条款的重大事情,公会可以在按照公会协议的规定给予通知后,中断或开除其会籍。

3. 开除或中断会籍,必须在书面提出有关理由并按照第VI章规定解决争议之后,方能生效。

4. 有关航运公司退会或被开除会籍时,应付清其至退会或被开除会籍之日为止公会尚未清偿的债务的应摊份额。航运公司在退会、中断会籍或开除会籍时,并不解除其本身根据公会协议所应负的债务或其对托运人的任何责任。

第5条　自我管制

1. 公会应拟订并不断刷新一份尽可能详尽的说明性明细单,载列被视为不当的行为和(或)违反公会协议的行为,并应设立有效的自我管制机构来处理这些行为,并就下列各点作出具体规定:

（a）对这些不当行为或违反协议行为订定的处罚或处罚的范围，应与其情节的严重程度相当；

（b）应公会或任何其他有关方面的要求，对于就不当行为或违反公会协议行为的申诉作出的裁决及（或）决定，由与任何会员航运公司或其所属机构无关的个人或团体，进行检查及公平的审查；

（c）在接到要求时，于不暴露有关当事方的基础上，向公会承运其货载的国家以及其航运公司为公会会员的国家的有关当局报告对于不当行为及（或）违反公会协议行为的申诉所采取的行动。

2. 航运公司和公会为打击不当行为和违反公会协议行为所作的努力，有权获得托运人和托运人组织的充分合作。

第6条　公会协议

所有的公会协议，以及公摊、靠港和航次权利的协议和修正，或其他直接有关及影响这种协议的文件，都应在接到请求时，提供给其货载由公会承运的国家及其航运公司为公会会员的国家的有关当局。

第III章　与托运人的关系

第7条　忠诚信约

1. 为公会会员的航运公司有权与托运人订立并维持忠诚信约，其形式和内容由公会与托运人组织或托运人代表协商议定。这种信约应提供保障，明确规定托运人和公会会员的权利。这种信约应以契约制度或任何其他合法制度为基础。

2. 不论签订何种忠诚信约，适用于忠诚托运人的运费率，应规定在适用于其他托运人运费率的一定百分比之内。如两种费率之间的差数变动提高了对忠诚托运人的费率，则该差数变动只能在向该托运人提出为期150天的通知后才能实行，或依照区域的惯例及（或）协议实行。因运费率差数的变动而引起的争议，应按忠诚信约的规定予以解决。

3. 忠诚信约应提供保障，依下列条文明确规定托运人和为公会会员的航运公司的权利和义务：

（a）托运人应对根据有关卖货契约条件由其掌握或由其分支公司或子公司或运输代理人掌握运输的货物承担责任，但托运人不得用规避、隐瞒或中间人的手法，企图违反忠诚信约，转移货物。

（b）如订有忠诚契约，契约内应明确规定赔偿金或违约金及（或）罚金的范围。但公会会员公司得决定征收较低额的违约金或放弃征收违约金。在任何情况下，托运人根据契约应付违约金的数目，不应超过对有关货物根据契约内规定费率计算的运费额。

（c）托运人在履行公会在忠诚信约中规定的条件后，应有权完全恢复忠诚地位。

（d）忠诚信约应载明：

（i）明白规定不在忠诚信约范围内的货物清单，其中可以包括不加标志或不计件数而交运的大宗散装货物；

（ii）一项定义，说明在何种情况下，以上（i）以外的货物将被认为不在忠诚信约范围之内；

（iii）因忠诚信约而发生的争议的解决方法；

(iv) 经托运人或公会请求,在提出书面的规定期限后,不受处罚而终止忠诚信约的条款;

(v) 给予特免的条件。

4. 如公会和托运人组织,托运人代表及(或)托运人对一项拟议忠诚信约的形式或内容发生争议,任何一方均可按照本守则所定适当程序将争议提付解决。

第8条 特 免

1. 公会应在忠诚信约的条款内规定,托运人请求特免时,应予迅速审查和作成决定;如扣留特免,应在对方请求时以书面说明理由。如公会未在忠诚信约规定的期间确认将为托运人的货物也在忠诚信约规定的期间内提供充分的舱位,托运人有权以任何船舶载运该项货物,而不受处罚。

2. 对于需有最低货载限额才予弯靠的港口,如托运人虽已及时发出通知,而航运公司未来装货,或航运公司未于议定期间内答复,则托运人自然有权以任何可用船舶载运其货物,而不损及其忠诚地位。

第9条 费率表及有关条件和(或)规章的获得

费率表、有关条件、规章及其任何补充规定,遇有请求时应以合理收费提供给托运人、托运人组织和其他有关当事方,并应在航运公司及其代理人的办事处备供检查。它们应载明与适用费率及运送货物有关的所有条件。

第10条 年度报告

公会应就其活动向托运人组织或托运人代表提出年度报告,旨在提供他们所关心的一般报导,包括有关下列各事的资料:同托运人和托运人组织进行的协商,对申诉采取的行动,会员的变动,以及航线、费率及运输条件的重大变动。遇有请求时,公会应向公会经营其货运各国的有关当局提送这种年度报告。

第11条 协商机构

1. 在公会与托运人组织、托运人代表、及——可行时——托运人之间,应就共同关心的问题进行协商,有关当局愿意时,可为此目的指定上述各方。此种协商应根据上述任何一方的请求随时举行。有关当局如提出请求,应有权充分参加此种协商,但他们的参加并不意味着具有作出决定的作用。

2. 下列问题可以作为协商的主题:

(a) 一般费率条件及有关规定的更动;

(b) 费率的一般水平及主要货物的费率的更动;

(c) 促进贸易性运费率及(或)特别运费率;

(d) 收取附加费和有关的更动;

(e) 订立忠诚信约,或变动其形式和一般条件;

(f) 港口运费率分类的更动;

(g) 托运人提供有关预期货物的数量及性质的必要资料的程序;

(h) 托运货物的提交,及有关通知备货情况的要求。

3. 下列问题,在属于公会活动范围的程度内,也得作为协商的主题:

(a) 实行货物检验;

(b) 服务方式的更动;

(c) 采取新的货运技术,特别是成组运输——随而引起常规服务的减少或直接服务的消失——的影响;

(d) 航运服务的适应情况和质量,包括公摊、靠港或航次安排对航运服务的能否获得,及对以何种运费率提供航运服务的影响;公会班轮营运区域及班次的更动;

4. 除本守则内另有规定外,协商应在作出最后决定以前举行。如欲对第 11 条第 2 和 3 款所述问题作出决定,应事先发出通知。如不可能,则可在举行协商以前先作出紧急决定。

5. 协商不得无故拖延,无论如何应在公会协议内规定的最长期限内开始,公会协议内如无此项规定,则应于收到协商提议后三十日内开始,但本守则内对期限另有规定时不在此限。

6. 进行协商时,有关各方应尽力供给有关情报,及时讨论并澄清问题,以寻求有关问题的解决。有关各方应考虑彼此的意见和问题,力争达成符合其商业发展的协议。

第IV章 运 费 率

第 12 条 决定运费率的标准

在本守则述及的所有情况下,对费率政策的问题作出决定时,除另有规定外,应考虑下列各项:

(a) 运费率应当在商业上可行的范围内尽量确定在最低的水平,同时应当使船东能有合理的盈利;

(b) 班轮公会的营运成本,原则上应以船舶往返航程估算,去程和回程视为一航程。在适用时,去程和回程应分开估算。运费率应考虑到,除别的因素外,货物的性质、货物体积与重量的相互关系以及货物的价值;

(c) 在确定特定货物的促进贸易性运费率及(或)特别运费率时,应考虑到在公会承运其货载的国家特别是发展中国家和内陆国家内这些货物的贸易情况。

第 13 条 公会运价表和运费率的分类

1. 公会运价表对相同情况的托运人不得有不公平的不同待遇。为公会会员的航运公司应严格遵守公会运价表及其他公布的当时有效文件内所订的费率、规则和条款,以及本守则所容许的任何特别安排。

2. 公会运价表应制订得简单明了,分类等级应尽量少,视货运的具体条件而定,规定每一商品的运费率,及适当时每一类别等级的运费率;为了便于进行统计编纂和分析,应于可行时按照"国际贸易标准分类"、或"布鲁塞尔税则名目"、或可能为国际间采用的任何其他税则名目,在运价表上标明该项目的相应适当号码。在可行范围内,运价表上商品的分类应同托运人组织及其他有关的国家和国际组织合作编定。

第 14 条 运费率的全面提高

1. 公会应将其实行全面提高运费率的意图至少于 150 日前或依照区域惯例及(或)协议,通知托运人组织或托运人代表及(或)托运人,并于有此要求时通知公会经营其货运的各国有关当局,通知内应指明提高的幅度,实行的日期,以及提高运费率的理由。

2. 如果本守则为此目的规定的任何当事方在接到通知后一个议定时期内提出要求,应根据本守则的有关条款,在不超过 30 日的规定时期内,或者有关各方事先商定的时期内开始协商,协商的内容应该是拟议提高运费率的根据和数额,以及开始实行的日期。

3. 公会为促进协商,可以,或在本守则规定有权参加关于运费率全面提高的协商的任何当事一方提出请求时,于可行时在协商之前的合理时间,向参加的当事各方提交一份由著名的独立会计师提出的报告,内中载有公会认为需要提高运费率的有关费用和收入的全面分析,以供提出要求的当事一方接受它作为协商的基础之一。

4. 如果协商结果取得协议,运费率的提高,除非有关当事各方商定更迟的日期,应从依照第 14 条第 1 款发出的通知内指明的日期开始生效。

5. 如在依照第 14 条第 1 款发出通知后 30 天内未能取得协议,在遵守本守则所规定程序的情形下,应按照第 VI 章,将问题立刻提交国际强制调解。调解人作出的建议,如经有关当事各方接受,应对它们具有约束力,并应于调解人建议内规定的日期起生效执行,唯须遵守第 14 条第 9 款的各项规定。

6. 在遵守第 14 条第 9 款规定的条件下,公会得在调解人作出建议之前实行全面提高运费率。调解人在作出建议时应考虑到上述公会提高运费率的幅度,和已经实行的时期。倘班轮公会拒绝调解人的建议,托运人和(或)托运人组织在作出适当的通知后,应有权认为他们不受同该公会缔约的、可能不许他们使用非公会航运公司的任何协议或其他契约的约束。倘订有忠诚信约,托运人和(或)托运人组织应于 30 天的期限内发出通知,声明他们认为他们不再受该信约的约束,该通知应自其中所述日期开始适用,并应为此目的在忠诚信约内规定不少于 30 天及不多于 90 天的期限。

7. 应该付给托运人的、经公会积留的未还退款,不得因为托运人按照第 14 条第 6 款采取的行动而被公会扣留或没收。

8. 如为公会会员的航运公司在某一航线上承运的某一国家的货物,主要是一种或几种基本商品,则对一种或一种以上商品的运费率提高,应即视为运费率的全面提高,适用本守则的各项有关规定。

9. 公会制定根据本守则生效的运费率的任何全面提高时,应订明最低限度的适用期间,但须计及关于附加费的规定,和关于因外汇率波动而导致的运费率调整的规定。运费率全面提高的适用期间,应该是依照第 14 条第 2 款进行协商时考虑的问题,但除非有关各方于协商时另有协议外,一次运费率全面提高的生效之日,与依照第 14 条第 1 款就下一次运费率的全面提高发出通知之日,两者之间的间隔期间最短不得少于 10 个月。

第 15 条　促进贸易性运费率

1. 公会应规定非传统出口商品的促进贸易性运费率。

2. 有关的托运人、托运人组织或托运人代表应向公会提出一切必要的和合理的资料,以证明促进贸易性运费率的需要。

3. 应当制定特别程序,规定应在收到这种资料之日起 30 天内对促进贸易性运费率的申请作出决定,有关各方另有协议者不在此限。这种程序,同对其他商品考虑能否减低运费率或免除其运费率提高的一般程序,二者之间应加以明确区分。

4. 公会应向它承运其货载各国的托运人及(或)托运人组织提供同促进贸易性运费率申请的审议程序有关的资料,并遇有请求时提供给各该国政府及(或)其他有关当局。

5. 促进贸易性运费率的订定,除有关双方另有协议外,通常应以 12 个月为期。在满期之前,应根据有关托运人及(或)托运人组织的请求,对促进贸易性运费率作出审查,审查时应由托运人及(或)托运人组织根据公会的请求证明确有理由必须在头一个期间过后继续使用该运费率。

6. 公会审查促进贸易性运费率的申请时可以考虑到:虽然这项为非传统产品而要求的运费率应该促进该产品的出口,但对公会经营其货运的另一国家的相似产品的出口,不致在竞争上造成重大的不利情况。

7. 按本守则第16条和第17条规定收取附加费或采用货币调整率时,促进贸易性运费率不构成例外。

8. 在公会营运航线上有关港口弯靠的每个公会会员航运公司应接受,不得无理拒绝,经公会规定促进贸易性运费率的货载的公平份额。

第16条 附 加 费

1. 公会因费用的突然增加或异常增加或收益减少而收取的附加费,应视为临时性质。上述附加费应随着所面临局势或条件的改善而减少,并应在促使其收取此项费用的局势或条件不再存在时立即撤销,但应遵守第16条第6款的规定。在开始征收附加费时即应指出这点,并应尽可能对足以导致附加费提高、减少或撤销的局势或条件变化加以说明。

2. 对运往某一港口或由某一港口运出的货物征收的附加费,也应视为临时性的,应随着该港情况的改变同样予以增减或取消,但应遵守第16条第6款的规定。

3. 不论全面地或仅对某一港口收取附加费,均应事先发出通知,并根据要求由有关公会同直接受附加费影响且经本守则中规定有权参加协商的其他当事各方,按照本守则的程序进行协商,但由于当时局势必须立即征收附加费时,不在此限。在事先未经协商即行收取附加费的情况下,应根据要求于开始改收后尽早进行协商。在这种协商之前,公会应提出它们所以认为应该收取附加费的资料。

4. 除各方另有协议外,如第16条所述有关各方之间,于收到依照该条第3款规定发出的通知后15天内,对于收取附加费问题不能达成协议时,则应按本守则所定有关解决争议的规定办理。除有关各方另有协议外,如在收到上述通知30天后仍未解决争议时,则可以在争议未解决前先收取附加费。

5. 如在特殊情况下未经第16条第3款所规定的事先协商即行收取附加费,又未能通过事后协商达成协议,则应按照本守则所定有关解决争议的规定办理。

6. 如因按照本守则的规定,就收取附加费的问题进行协商及(或)进行其他解决争议的程序,比依照第16条第3款规定发出的通知内所定收取附加费的日期延后,因而公会的会员航运公司有财务上的损失时,可以在取消附加费前延长一个相应的时期,以资补偿。相反地,公会收取的附加费,事后如经本守则所定的协商或其他程序,决定和同意其为不合理或超收时,则除另有协议外,如经有关当事各方提出要求,应于提出要求后30日内将所收的款额或上述决定的超收数额退还给他们。

第17条 货币变动

1. 外汇率变动,包括正式的贬值或增值,引起公会的会员航运公司在公会范围内营业的总营运费用及(或)收入的变动,为实行货币调整或变动运费率的正当理由。调整或变动应尽可能使有关会员公司总计起来不因调整或变动而有所损益。调整或变动可以采取货币附加费或折扣的方式,也可采取运费率增减的方式。

2. 这种调整或变动应先行通知,如有区域惯例,通知应依区域惯例办理,并应由有关公会同直接受影响、且经本守则规定有权参加协商的其他当事各方,按照本守则的规定进行协商,但如因情况特殊必须立即适用货币调整或运费率变动时,不在此限。如未经事先协商即行适用,应于其后尽速进行协商。协商的主题应是货币调整或运费率变动的适用幅度和实施日期,并应依照第16条第4及第5款中有关附加费的各项规定进行协商。这种协商应于宣布意图实行货币附加费或运费率变动之日起算15日内举行并完成。

3. 如果在15天内未能通过协商达成协议,则应按本守则所定有关解决争议的规定办理。

4. 第16条第6款的各项规定应在必要的调整后适用于本条述及的货币调整和运费率变动。

第V章　其他事项

第18条　战　斗　船

公会会员不得在公会营运的航线上使用战斗船驱逐非公会会员的航运公司,以达到排除、防止或减少竞争的目的。

第19条　服务的适应情况

1. 公会应采取必要的适当措施,保证其会员公司在所经营的航线上按需要班次提供定期的、足够的且有效的服务,并应为此作出安排,以尽可能避免航次过于集中或过于稀疏。公会于安排航次时也应考虑到任何必要的特别措施,以适应货物数量的季节性变化。

2. 公会及本守则中规定有权参加协商的其他各方,包括愿意参加的有关当局,应经常检查对舱位的需要、服务的适应及适合情况,尤其是合理化和提高服务效率的可能性,并应在这方面保持密切合作,查明是由服务合理化而得的利益,应在运费率水平上得到公平的反映。

3. 对需有一定最低限额的货载才予弯靠的港口,其最低限额应在运价表内明确规定,托运人应就有无这些货物提出适当通知。

第20条　公会总办事处

公会通常应在其经营货运的国家设立其总办事处,但公会的会员航运公司另有协议者不在此限。

第21条　代　　表

公会应在其经营货运的所有国家内派驻当地代表,唯如有实际困难,可设区域性的代表。各代表的姓名和地址应随时提供。这些代表应确保托运人及公会均能迅速获知彼此的意见,以便迅速作出决定。在公会认为适宜时,应授给代表作出决定的适当权力。

第22条　公会协议、参加货载承运协议和忠诚信约的内容

公会协议、参加货载承运协议和忠诚信约,应与本守则内可以适用的各项要求相符,并可包含经协议的而与本守则并无抵触的其他规定。

第二编

第VI章　解决争议的规则和机构

A. 总　　则

第23条

1. 下列当事各方间发生的、关于本守则条款的适用或实行的争议,适用本章的规定:

(a) 公会同航运公司之间；

(b) 公会会员航运公司之间；

(c) 公会或其会员航运公司同托运人组织或托运人代表或托运人之间；

(d) 二个或二个以上公会之间。

在本章中，"当事一方"一词是指原先发生争议的当事各方和按照第34条(a) 参加解决程序的第三方。

2. 同属一国的航运公司之间以及同属一国的组织之间的争议，除非使本守则规定的施行造成严重困难，应在该国国内司法范围内予以解决。

3. 争议各方应本着找到彼此满意的解决办法的意向，设法先通过交换意见或直接谈判来求得解决。

4. 第23条第1款所指当事各方间与下述情况有关的争议：

(a) 拒绝接纳公会承运其国家对外货载的国家航运公司加入公会；

(b) 拒绝接纳第三国航运公司加入公会；

(c) 被公会开除；

(d) 公会协议不符合本守则；

(e) 运费率的全面提高；

(f) 附加费；

(g) 由于汇率的变动而发生的运费率变动或征收货币调整费；

(h) 参加货载承运；

(i) 所提议的忠诚信约的形式和条款。

上列各项争议，如未能通过交换意见或直接谈判予以解决，则经争议任何当事一方的请求，应依照本章的规定提交国际强制调解。

第24条

1. 调解程序根据争议当事一方的要求而开始。

2. 要求如果是：

(a) 关于公会会籍的争议，至迟应于申请人收到第1条第4款和第4条第3款规定的列有作出决定的理由的公会的决定之日起60日内提出；

(b) 关于运费率的全面提高的争议，至迟应于第14条第1款规定的通知期限届满以前提出；

(c) 关于附加费的争议，至迟应于第16条第4款规定的30日期限届满以前提出；如未发通知，则至迟应于收取附加费之日起15日内提出；

(d) 关于因汇率变动而改变运费率或征收货币调整费的争议，至迟应于第17条第3款规定的期限届满之日起五日内提出。

3. 第24条第2款的规定，对依照第25条第3款规定提交国际强制调解的争议不适用。

4. 不属于第24条第2款所述争议的调解要求，可随时提出。

5. 第24条第2款规定的时限，可经双方协议延长。

6. 调解的要求，如证明已在第24条第2款或第5款所述期限内用挂号信、电报或印字电报或用专人将要求送达对方，应视为已经正式提出。

7. 如未在第24条第2款或第5款所定期限内提出要求，公会的决定即为定案，争议的任何一方均不得对该项决定提出异议,依照本章进行诉讼。

第 25 条

1. 如当事各方已协议第 23 条第 4 款(a)、(b)、(c)、(d)、(h)和(i)各项争议应通过该条所定以外的程序来解决,或对它们之间发生的某一特殊争议的调解程序达成协议,这些争议应在争议的任何一方提出要求时,按照它们协议的办法予以解决。

2. 第 25 条第 1 款的规定也适用于第 23 条第 4 款(e)、(f)、(g)各项的争议,但国家法律、规章不许托运人作此种自由选择时,不在此限。

3. 如调解程序已经开始,这种程序对于根据国内法可以适用的补救办法应居优先。当事一方,在一项适用本章的争议上,不援用本章规定的程序,而欲依照国内法谋求补救时,如经此种诉讼的被告请求,此种程序应即停止,依照国内法谋求补救的所在国的法院或其他当局应将争议提交本章规定的程序处理。

第 26 条

1. 各缔约国应授予公会和托运人组织援用本章各项规定所需要的行为能力,特别是:

(a) 公会或托运人组织可以凭其集体身份作为当事一方提起诉讼,或在诉讼中被指定为当事一方。

(b) 向公会或托运人组织凭其集体身份发出的任何通知,也构成对该公会或该组织每一成员的通知。

(c) 给公会或托运人组织的通知,应交该公会或该组织总办事处的地址。每一公会或托运人组织应向按照第 46 条第 1 款指定的登记人登记其总办事处的地址。如公会或托运人组织未设或未登记总办事处,则向任何成员视其为公会或托运人组织的代表所发出的通知,应视为对该公会或该组织的通知。

2. 公会或托运人组织对调解人建议的接受或拒绝,应视为该公会或该组织每一成员对该建议的接受或拒绝。

第 27 条

除当事各方另有协议外,调解人可决定不经口头程序,即根据书面证件作出建议。

B. 国际强制调解

第 28 条

在国际强制调解中,缔约国的有关当局如提出要求,应参加调解程序,以支持身为该缔约国国民的当事一方,或者支持在该缔约国对外贸易范围内发生争议的当事一方。有关当局亦可以观察者的身份参加这种调解程序。

第 29 条

1. 如属国际强制调解,调解程序应在当事各方一致同意的地点进行,如无此种协议,应在调解人决定的地点进行。

2. 调解人和当事各方在决定调解程序的地点时,应考虑到与争议有密切关系的国家,计及有关航运公司所属的国家,如果争议与货物有关,尤应计及货物的始发国。

第 30 条

1. 为了本章的目的,应成立一个国际调解人委员会,由各缔约国遴选在法律、海运经济学或对外贸易和财政等方面卓有声望或富有经验的专家组成,他们应以独立身份参加工作。

2. 每一缔约国可随时提名委员会的成员,以不超过12名为限,并将其姓名通知登记人。被提名人的任期应为6年,并得连任。如有委员会成员死亡或失去工作能力或辞职,则其提名的缔约国应提名一继任人,续完剩余的任期。被提名人的任期自登记人收到提名通知之日开始生效。

3. 登记人应保管委员会名单,并将委员会的组成情况定期通知各缔约国。

第31条

1. 调解的目的,是通过独立调解人所作出的建议,友好地解决争议。

2. 调解人应辨明并澄清争议的问题,为此目的从当事各方搜集任何资料,然后据以向当事各方提出解决争议的建议。

3. 当事各方应同调解人真诚合作,使其能够执行任务。

4. 在符合第25条第2款规定的条件下,争议当事各方得在进行调解期间的任何时候,商定另一种方式来解决他们的争议。遇有争议必须适用本章所规定程序以外的程序时,争议的当事各方可协议交付国际强制调解。

第32条

1. 调解程序应由当事双方商定或指定一名调解人或奇数的数名调解人主持。

2. 如当事双方不能按照第32条第1款规定商定调解人的人数或指定调解人,则调解程序应由三名调解人主持,每方各在主张书和答复书内指定一名调解人,再由这两名调解人指定第三名调解人,由他担任主席。

3. 在适用第32条第2款规定的情况中,如答复书中未指定调解人,则应在收到主张书后30日内,由主张书内指定的调解人抽签,从该被告为其国民的缔约国所指定的委员会成员中选出第二名调解人。

4. 如依照第32条第2款或第3款指定的两名调解人不能在第二名调解人指定后15日内就指派第三名调解人达成协议时,则应由这两名调解人在5日内抽签选出第三名调解人,在抽签之前:

(a) 与两名调解人国籍相同的调解人委员会的成员没有被选资格;

(b) 两名调解人可以各自从调解人委员会的成员中剔除数目相等的成员,但至少应有30名成员有资格在抽签时被选。

第33条

1. 如有几个当事方就同一问题或密切相关的数个问题要求与同一被告进行调解,该被告得要求将各案件合并处理。

2. 合并处理的要求应由当时已经选出的各位调解人主席加以审议,并以过半数票予以决定。如这种要求得到核准,则各位调解人主席将在当时已经指派或选出的调解人中指定若干调解人去审议合并的案件,但选出的调解人人数必须是奇数,而且当事各方所首先指派的调解人应是审议合并案件的调解人之一。

第34条

如调解已在进行,除第28条所提及的有关当局外,任何当事一方都可以参加调解程序:

(a) 如有直接的经济利害关系,即参加为当事一方;

(b) 如有间接的利害关系,即参加为原当事一方的支持者,但以任何原当事一方均不反对这种参加为限。

第 35 条

1. 调解人应按照本守则的规定作出建议。

2. 如有任何一点是本守则所未明文规定的,则调解人应适用当事方在调解程序开始时或以后——但不得迟于向调解人提出证据之日——同意适用的法律。如未能达成这样的协议,则应适用调解人认为与争议有最密切关系的法律。

3. 除非当事各方在争议发生后已有协议,调解人不得根据情理而不根据法律明文作出建议。

4. 调解人不得以法律规定含糊为理由而不作出建议。

5. 调解人可以建议适用于争议的法律中所规定的补救和救济办法。

第 36 条

调解人作出的建议应列举理由。

第 37 条

1. 除非当事各方在进行调解程序以前、当中或以后同意调解人的建议有约束力,否则该建议应在当事各方接受后才具有约束力。争议的某些当事方所接受的建议,应只在这些当事方之间具有约束力。

2. 当事各方应在接到建议的通知后 30 天内,按照调解人指定的地址向调解人声明接受其建议;否则,即视为不接受建议。

3. 不接受建议的任何当事一方应在第 37 条第 2 款所定期间之后 30 天内将其拒绝接受建议的理由详尽地以书面通知调解人及其他当事各方。

4. 建议如被当事各方接受,调解人应立即编写并签署一项结案记录,建议于该时对当事各方发生约束力。如果建议未被所有当事各方接受,则调解人应编写一份关于当事各方拒绝接受建议的报告,说明争议以及这些当事方未能解决争议的始末。

5. 对当事各方已发生约束力的建议应由他们立即执行,或于建议内规定的较迟时间执行。

6. 任何当事一方可以所有当事各方或任何当事方的接受,作为其接受的条件。

第 38 条

1. 对于接受建议的当事各方,建议应构成对争议的最后决定,但建议依照第 39 条的规定未被承认或执行者不在此限。

2. “建议”包括调解人在建议被接受以前对该建议作出的解释、说明或订正。

第 39 条

1. 各缔约国应承认一项建议在接受它的当事各方之间具有约束力,除有第 39 条第 2 款和第 3 款规定的情形外,并应在任何这些当事方要求时,执行建议内所规定的一切义务,就象执行该缔约国国内法院的确定判决一样。

2. 被要求承认及执行建议的国家,其法院或其他主管当局认定确有下列任何一项情形时,应根据第 39 条第 1 款所述当事一方的要求,不承认或不执行建议:

(a) 接受建议的任何当事一方,按照对其适用的法律规定,在接受时并无充分的法律行为能力;

(b) 受欺诈或胁迫而作出的建议;

(c) 建议违反执行国的公共政策(公共秩序);

（d）调解人选或调解程序不符合本守则的规定。

3. 倘法院或其他主管当局证实建议中的任何部分属于第39条第2款内所列任何一项的范围，且该部分可同建议的其他部分分开，则应不执行及不承认该部分。倘该部分不能分开，则整个建议应不予执行及不承认。

第40条

1. 如建议为所有当事各方接受，则建议及其中所附的理由，经当事各方同意，可予公布。

2. 如建议已为一个或一个以上当事方拒绝接受，但另有一个或一个以上当事方已予接受：

（a）拒绝接受建议的一个或一个以上当事方应遵照第37条第3款的规定公布其拒绝接受建议的理由，同时亦可公布建议及其中所附的理由；

（b）接受建议的当事一方可公布建议及其中所附的理由；亦可公布任何其他当事一方拒绝接受建议的理由，除非该当事一方已依照第40条第2款（a）项的规定自行公布其拒绝接受及所附的理由。

3. 如建议未为任何当事一方所接受，任何当事一方都可以公布建议及其中所附的理由，以及其本身拒绝接受的理由。

第41条

1. 任何当事一方向调解人提出的含有事实资料的单据和清单应予公布。但经该当事一方或过半数调解人同意不予公布时，不在此限。

2. 当事一方提出的这些单据和清单，该当事一方可以在相同的争议和相同当事各方之间以后引起的诉讼中提出作为证据。

第42条

如建议未能对当事各方发生约束力，则调解人所表示的意见或提出的理由，或当事各方为调解程序而作出的让步或建议，均不应影响任何当事一方的法律权利和义务。

第43条

1.（a）调解人的费用和调解程序的一切行政费用，除非调解程序的当事各方另有协议，否则应由他们平均分担。

（b）调解程序一旦开始进行，调解人应有权要求当事各方预付第43条第1款（a）项所指的各项费用，或交付保证金。

2. 除非当事各方另有协议，否则每一当事方应负担他在调解程序方面引起的一切费用。

3. 虽有第43条第1款和第2款的规定，调解人如果一致认为当事一方提出的要求系属诬告或无稽，则可以决定由该当事一方负担调解程序其他当事各方的任何或全部费用。这种决定即为定案，并对所有当事各方具有约束力。

第44条

1. 当事一方于调解程序的任何阶段没有出席或提出辩护，不得视为接纳另一当事方的主张。在这种情形下，另一当事方可以请求调解人结束调解程序，或请求调解人处理已经提交调解的问题，并按照本守则内关于作出建议的规定作出建议。

2. 在结束调解程序之前，调解人应给予没有出席或提出辩护的当事一方不超过10天的宽限期，但调解人确知该当事方无意出席或提出辩护的不在此限。

3. 不遵守本守则规定的或调解人决定的程序性时限，特别是有关提出说明或资料的时限,应视为没有出席。

4. 如因当事一方没有出席或提出辩护而调解程序结束,调解人应作出报告,说明该当事方没有出席或没有提出辩护。

第 45 条

1. 调解人应遵守本守则所规定的程序。

2. 本守则附件内的程序规则应视为指导调解人的典型规则,调解人得于共同同意时使用、补充或修正附件中所载的规则,或自行制定程序规则,但以此种补充、修正或另定的规则不与本守则的规定相抵触为限。

3. 当事各方可协议采用不与本守则的规定相抵触的任何程序规则。

4. 调解人的建议应以共同意见作出,如不能达成共同意见,应以过半数票决定作出。

5. 自指定调解人之日起算,至迟 6 个月内应结束调解程序,并作出调解人的建议,但第 23 条第 4 款 e、f 和 g 项所述的案情除外,因其适用第 14 条第 1 款和第 16 条第 4 款所规定的时限。这项期限得经当事各方同意而延长。

C. 制度机构

第 46 条

1. 在本公约开始生效前 6 个月,联合国秘书长应任命一位登记人,但需获得联合国大会批准,并要考虑各缔约国所表示的意见。登记人执行第 46 条第 2 款规定的各项职责时,如有需要,得由其他人员加以协助。登记人及其助理人员所需的行政服务,由联合国驻日内瓦办事处提供。

2. 登记人应斟酌情况同各缔约国磋商,以执行下列职责:

(a) 保管一份国际调解人委员会的名单并经常将委员会的组成通知各缔约国;

(b) 于当事各方要求时,向它们提供调解人的姓名和住址;

(c) 收受并保管下列文件的副本:调解要求书、答复、建议及其接受或拒绝,包括理由;

(d) 于托运人组织、公会和各国政府请求时,向它们提供建议和拒绝理由的副本,费用由它们负担,但应遵守第 40 条的规定;

(e) 为了编制第 52 条所述的审查会议所需的资料,提供关于已结束的调解案件的非机密性的资料,但不指明有关的当事各方;

(f) 第 26 条第 1 款(c)项第 30 条第 2 款和第 3 款规定的其他职责。

第 VII 章　最后条款

第 47 条　执　　行

1. 每一缔约国应制定必要的法律或其他措施以执行本公约。

2. 每一缔约国应将为执行本公约而制定的法律或其他措施的文本送交联合国秘书长,联合国秘书长应为保管人。

第 48 条　签字、批准、接受、核准和加入

1. 从 1974 年 7 月 1 日起到 1975 年 6 月 30 日止,本公约应在联合国总部开放,供签字,其后则继续开放,供加入。

2. 所有国家,均有权经下列手续成为本公约的缔约国:

（a）签字而有待批准、接受或核准，随后再予批准、接受或核准；或

（b）签字而在批准、接受或核准方面不作保留；或

（c）加入。

3. 批准、接受、核准或加入，必须履行向保管人交存批准、接受、核准或加入文件的手续。

第49条 开始生效

1. 本公约在至少24个国家，其合计吨位至少占世界吨位的25%，依照第48条规定成为公约当事国之日算起6个月后开始生效。本条所指吨位应以英国劳氏年鉴1973年统计表中的表二“世界船队主要类型分析”所列的一般货轮（包括客货轮）与集装箱货轮（全部格栅式）的吨位为准，但美国后备船队与美国、加拿大的大湖船队除外。

2. 对于在此后批准、接受、核准或加入公约的每个国家，则应自该国交存适当文件的六个月后开始生效。

3. 在一项修正案开始生效后成为本公约缔约国的任何国家，如不声明不同的意向，应：

（a）视为修正后公约的缔约国；

（b）就它对不受该修正案约束的任何缔约国而言，视为未修正公约的缔约国。

第50条 退 出

1. 任何缔约国可以在本公约开始生效之日起两年后的任何时间声明退出。

2. 退出应以书面通知保管人并应于保管人收到之日起1年后或退出书中可能规定的更长时期后生效。

第51条 修 正

1. 任何缔约国可对本公约提出一项或多项修正案，应将修正案交给保管人。保管人要将这些修正案散发给各缔约国，以供它们接受，并散发给有权成为公约缔约国而尚未成为缔约国的各国，以供他们参考。

2. 按第51条第1款规定散发的各项拟议修正案，如无任何缔约国在保管人散发修正案之日起算12个月内向保管人提出异议，应视为被接受。如有一缔约国对拟议修正案提出异议，该修正案即不得视为被接受，不得生效。

3. 如无异议提出，修正案应于第51条第2款内所述的12个月的期限满期后6个月对所有缔约国生效。

第52条 审查会议

1. 从本公约生效之日起5年后，保管人应召开审查会议，审查本公约的作用，特别是执行情况，并审议及通过适当的修正案。

2. 从本公约生效之日起4年后，保管人应向所有有权参加审查会议的国家征求意见，并根据所收到的意见，编写及散发备供会议审议的议程草案和拟议修正案。

3. 除第一届审查会议另有决定外，以后应照样每五年，或于本公约1/3的缔约国要求时随时召开审查会议。

4. 如于联合国班轮公会行动守则全权代表会议的总结文件通过之日起五年后本公约尚未生效，则不管第52条第1款的规定，经有资格成为本公约缔约国的1/3的国家要求，并获得联合国大会的批准，应由联合国秘书长召开审查会议，审查本公约的条款和其附件，并审议及通过适当的修正案。

第53条　保管人的职责

1. 保管人应将下列事项通知各签字国和加入国：

(a) 依照第48条规定作出的签字、批准、接受、核准和加入；

(b) 本公约依照第49条生效的日期；

(c) 依照第50条规定退出本公约的事件；

(d) 对本公约作出的保留和撤销保留；

(e) 各缔约国依照第47条规定为执行本公约而采取的立法或其他措施的文本；

(f) 依照第51条规定所作的拟议修正和对拟议修正的反对；

(g) 修正案依照第51条第3款生效。

2. 保管人亦应依照第52条采取必要的行动。

第54条　作准文本——存放

本公约的中文、英文、法文、俄文和西班牙文文本同等有效，其正本应交存联合国秘书长。

下列署名者，经各国政府为此正式授权，已于下列日期签署本公约，以昭信守。

（资料来源：中国交通部网站，http://www.moc.gov.cn/guojihz/guojihz.htm）

船舶碰撞民事管辖权若干规定的国际公约(1952)
International Convention on Certain Rules Concerning Civil Jurisdiction in Matters of Collision, 1952

(1952年5月10日签订)

各缔约方,认识到通过协议确定碰撞中民事管辖权方面某些统一规定是可取的,决定缔结一公约,并为此协议如下:

第1条

(1) 海船与海船或海船与内河航行船舶之间所发生的碰撞的诉讼,只能在下列法院提起:

(a) 被告经常居住地或营业所在地的法院;

(b) 被告船,或可依法扣押的,属于被告的任何其他船舶,被扣押的地点的法院,或本可进行扣押并已提供保证金或其他保全的地点的法院;

(c) 碰撞发生于港口界限或内河水域时,碰撞发生地的法院。

(2) 诉讼在本条第(1)款所列的哪一法院提起,应由原告决定。

(3) 请求人不得在未撤销已经提起的诉讼之前,就同一事实对同一被告在另一管辖区域内提起诉讼。

第2条

第1条的规定,在任何情况下都不得妨碍当事双方向其协议选定的法院就碰撞提起诉讼,或将该案提交仲裁的权利。

第3条

(1) 就同一碰撞提起的反诉,可向根据第1条填写对本诉具有管辖权的法院提起。

(2) 如有几个请求人,任一请求人可向已受理就同一碰撞对同一当事人的诉讼的法院,提起其诉讼。

(3) 在发生涉及两艘或多艘船舶的碰撞时,本公约中的任何规定,不得妨碍按本公约规定受理案件的法院,根据其国内法就同一事故产生的其他诉讼行使管辖权。

第4条

本公约亦适用于一船因进行或不进行某项操纵,或因不遵守规则而造成的对另一船或该船所载财物或人身的损害的诉讼,即使未曾发生实际碰撞。

第5条

本公约中的任何规定,不得改变目前或此后在各缔约国实施的关于军舰或国家所有的或从事国家事务船舶碰撞方面的法律规定。

第6条

本公约不影响运输合同或其他合同所引起的请求。

第7条

本公约不适用于经修订的1868年10月17日莱茵河航行公约中所规定的情况。

第8条

当任何诉讼中所涉及的一切船舶属于某一缔约国家所有时,本公约的规定应适用于全体利害关系人。

(1) 对于属于非缔约国利害关系人,上述规定的适用可由各缔约国根据互惠条件进行;

(2) 如果全体利害关系人与审理该案法院属于同一国家,则应适用该国国内法,而不适用本公约。

第9条

各缔约国保证将各国之间因本公约的解释或适用产生的争议,提交仲裁,但不得妨碍那些同意把其争议提交国际法院解决的缔约国所担负的义务。

第10条

本公约应开放,供出席第九届海洋法外交会议的国家签署。签署议定书需经比利时外交部的斡旋予以起草。

第11条

本公约需经批准。批准书应向比利时外交部交存,由其将任何此种文件的交存通知所有的签署国和加入国。

第12条

(a) 本公约应自第二份批准书交存之日起6个月后,在率先批准本公约的两个国家内生效。

(b) 对第二份批准书交存之后的批准本公约的国家,应自该国交存批准书之日起6个月后生效。

第13条

未出席第九届海洋法外交会议的任何国家,可以加入本公约。

加入本公约的任何国家应通知比利时外交部,由比利时外交部通过外交途径将此种通知通告所有公约签署国和加入国。

对于本公约加入国,本公约应自接到加入通知之日起6个月后生效,但不得早于按公约第12条第(a)款的规定本公约生效的时间。

第14条

各公约缔约国可在本公约对其生效三年之后或以后的任何时间,请求召开新的会议,考虑对本公约的修正。

提出行使此种权利的任何缔约国应通知比利时政府。比利时政府应在6个月内召集会议。

第15条

各缔约国在本公约对该国生效后,有权随时退出本公约。此种退出应自比利时政府接到退出通知之日起1年后生效。比利时政府应通过外交途径将此项通知通告所有其他缔约国。

第16条

(a) 各缔约国可在批准或加入本公约时,或此后任何时间,书面通知比利时外交部,将本公约适用于由其负责国际关系的任何领土。本公约自比利时外交部接到此项通知之日起6个月后适用于通知中指明的领土,但不得早于本公约对该国生效之日。

(b) 凡根据本条第(a)款声明本公约适用于由其负责国际关系的领土的缔约国,可在此后任何时间通过通知比利时外交部,声明本公约不再适用于此种领土。自比利时外交部接到此种通知一年后,本公约停止适用于此种领土。

(c) 比利时外交部应通过外交途径将根据本条规定接到任何通知通告所有公约签字国及加入国。

1952年5月10日订于布鲁塞尔,共一份,用法文和英文写成,两种文本具有同等效力。

(资料来源:中国交通部网站,http://www.moc.gov.cn/guojihz/guojihz.htm)

海船所有人责任限制国际公约(1957)
International Convention Relating to the Limitation of the Liability of Owners of Sea-Going Ships, 1957

(1957年10月10日订于布鲁塞尔)

第一条

1. 海船船舶所有人对由于下列事故所引起的请求,除引起请求的事故是出于船舶所有人的实际过失或私谋以外,都可以根据本规则第三条限制其责任。上述事故是:

(1) 船上所载的任何人的死亡或人身伤害,以及船上任何财物的灭失或损害。

(2) 由于应由船舶所有人对其行为,疏忽或过失负责的、在船上或不在船上的、任何人的行为、疏忽或过失所引起的陆上或水上任何其他人的死亡或人身伤害,任何其他财产的灭失或损害,或任何权利的侵犯。但对于后一种人的行为、疏忽或过失,船舶所有人仅在其行为、疏忽或过失是在驾驶或管理船舶时,或在货物装船、运输或卸船,以及在旅客上船、乘船或上岸时发生,才有权限制其责任。

(3) 与清除船舶残骸有关的法律所加于和由于有关浮起、清除或毁坏任何沉没、搁浅或被弃船舶(包括船上任何物件)而发生的任何义务或责任,以及由于港口工程、港池或航道所造成的损害引起的任何义务与责任。

2. 在本公约中,“人身请求”是指由于死亡或人身伤害而发生的请求;“财物请求”是指本条第1款所述以外的一切其他请求。

3. 在本条第1款所述情况下,即使其责任是由于他对船舶具有所有权、占有权、保管权或控制权而发生的,而在船舶所有人方面,或在船舶所有人应对其行为负责的一些人方面,并无疏忽行为的证明,船舶所有人亦应有限制其责任的权利。

4. 本条不适用于:

(1) 救助方面的请求或共同海损分担的请求。

(2) 船长、船员、船舶所有人所雇在船上的任何雇佣人员,或船舶所有人所雇其职务与船舶有关的雇佣人员提出的请求:包括其继承人、私人代表或家属的请求在内。如果对于这类请求,根据船舶所有人与上述雇佣人员之间的服务契约所适用的法律,船舶所有人不得限制其责任;或根据这种法律,只能以较本公约第三条所订者为高的金额限制其责任。

5. 如船舶所有人有权就同一事件向请求人提出请求,双方提出的请求应相互抵销,而本公约的规定只适用于其中的差额(如有)。

6. 对于引起请求的事故,是否由于船舶所有人的实际过失或私谋所引起的举证责任问题，须根据法庭地法决定。

7. 要求责任限制的行为，并不构成对于责任的承认。

第二条

1. 本公约第三条所规定的责任限制，应适用于在任何个别场合发生的人身请求和财产请求的总额，但对于在任何其他个别场合已经发生或可能发生的任何请求，不考虑在内。

2. 当在任何个别场合发生的请求总额，超过第三条规定的责任限额时，可将代表这项责任限额的总数，作为一项单独的限额基金。

3. 如此设立的基金，只能用以支付与能够要求责任限制有关的请求。

4. 基金设立以后，如该限额基金确为请求人的利益所用，请求人不得就其对该项基金的请求，对船舶所有人所有任何其他财产，行使任何权利。

第三条

1. 船舶所有人根据第一条规定，可以限制其责任的金额为：

(1) 如事故只引起财产请求，按船舶吨位计算，每吨赔偿总额为1000法郎。

(2) 如事故只引起人身请求，按船舶吨位计算，每吨赔偿总额为3100法郎。

(3) 如事故既引起人身请求，又引起财物请求，则按船舶吨位计算，每吨赔偿总额为3100法郎，其中第一部分以每吨2100法郎计算的款项，应专门用于支付人身请求，而第二部分以每吨1000法郎计算的款项，则用于支付财物请求。但如第一部分款项不足以支付全部人身请求，这种请求的未付差额，应与财物请求按比例排列，以第二部分基金支付。

2. 对于每一部分限额基金，应按照已经成立的请求数额的比例，分配给请求人。

3. 如在分配基金以前，船舶所有人对于第一条第1款所述任何请求，已经支付全部或一部分款项，则对该项基金来说，该船舶所有人应按比例安排在已由其偿付的请求人相同的地位，参加分配，但其数额仅以由其偿付的请求人，根据基金所在国国内法有权向他要求偿还的数额为限。

4. 如船舶所有人提出，他对于第一条第1款所述请求的全部或一部分款项，将在日后被强制支付，基金所在国的法院或其他主管当局，得发布命令，将一笔足够的款项暂时存放，以便船舶所有人能在日后按前款所述方式，就该项基金满足他的请求。

5. 为了按照本条规定确定船舶所有人限额，不足300吨的船舶应为300吨。

6. 本条所述法郎，应视为指含65.5毫克900‰的纯金的货币单位而言。本条第一款所述的数额，应在要求限制其责任的国家，按船舶所有人设立限额基金、支付款项或提出根据该国法律等于支付款额的保证的日期，根据上述货币单位的价值折合为该国货币。

7. 本公约所述船舶吨位应按下列方式计算：

对于蒸汽机船或其他机动船舶，应采用净吨，加上为确定净吨而从总吨中减去的机舱所占空间。

对于其余一切船舶，应采用净吨。

第四条

在不妨碍本公约第三条第2款的条件下，关于设立和分配限额基金的规则，以及一切程序规则，应受基金所在国家的法律约束。

第五条

1. 当船舶所有人有权根据本公约限制其责任，而其所拥有的船舶或另一艘船舶或其他财产,已在一个缔约国管辖区域内被扣,或为避免被扣已经提出保证金或其他担保,如能确定该船舶所有人已经提出充分保证金或保全,其数额相等于他在本公约规定下所应承担的全部责任限额,而这样提出的保证或其他保全,对于请求人的利益,按照其应享的权利,又真实有用,则该缔约国的法庭或其他主管部门得下令将上述船舶或其他财产,或所提出的保全发还。

2. 在本公约第一款所述情况下,如已在下列港口提交保证金或其他保全,则该法院或其他主管机关应根据本条第一款所述条件,下令放还船舶、保证金或其他保全,这些港口是:

(1) 引起请求的事故发生的港口;

(2) 如事故不在港内发生,则为事故发生后的第一个停泊港;

(3) 如果请求是人身请求,或有关货物损害的请求,则为旅客上岸港或卸货港;

3. 如已经提出的保证金或其他保全的数额,少于本公约所规定的全部责任限额,在对其差额提出充分的保证金或其他保全的情况下,本条第1、2款的规定同样适用。

4. 如船舶所有人已提交相等于其在本公约规定下的全部责任限额的保证金或其他保全,这种保证金或其他保全,应用以支付在一个特定场合发生的一切请求,而船舶所有人得在这方面限制其责任。

5. 关于根据本公约规定提起诉讼的程序和起诉时效问题,应根据诉讼所在缔约国的国内法决定。

第六条

1. 在本公约内,船舶所有人的责任,包括船舶本身的责任在内。

2. 除本条第3款另有规定外,本公约的条款应与适用于船舶所有人本身同样,适用于船舶的承租人、经理人和营运人,以及船长、船员和为船舶所有人、承租人、经理人或营运人服务的其他雇佣人员;但对发生于一个特定场合的人身请求和财物请求,船舶所有人和上述一切其他人员的责任限额总数,不得超过根据本公约第三条所确定的金额。

3. 对船长或船员提起诉讼时,即使引起索赔的事故是由于其中一人或数人的实际过失或私谋而发生,他们亦可限制其责任。但如船长或船员同时是船舶的所有人、共有人、承租人、经理人和营运人,则仅在其行为、疏忽或过失是该有关人员以该船船长或船员身分作出时,才能适用本款规定。

第七条

当船舶所有人或根据第六条规定具有与船舶所有人相同权利的任何人,在一个缔约国的法庭上限制或要求限制其责任,或要求放还被扣船舶或其他财产,或在该国管辖区域内提交的保证金或其他保全时,本公约应予适用。

但每一缔约国对于任何非缔约国,或根据第五条规定要求限制其责任,或放还其被扣船舶或其他财产,或其提交的保证金或其他保全时,不经常住在某一缔约国或在某一缔约国内没有主要营业所的任何人,或要求限制其责任或将其释放,而在上述期间未悬挂缔约国国旗的任何船舶,都有权剥夺其根据本公约应享的全部或一部分权益。

第八条

各缔约国保留确定某种其他类型船舶得与海船同样适用本公约的权利。

第九条

本公约应由出席第十届海洋法外交会议各国签字。

第十条

本公约须经批准。批准文件应送交比利时政府保存,并由比利时政府通过外交途径,将各批准书的收存情况通知所有签字国和参加国。

第十一条

1. 本公约应自至少收到十份批准书之日起六个月后生效。在这些批准书之中，至少应有五份系由拥有100万或100万总吨以上船舶的国家所交存。

2. 在本条第1款所规定决定公约生效的批准书收存之日以后，对于批准本公约的每一签字国，本公约应自其批准书交存6个月后生效。

第十二条

来参加第十届海洋法外交会议的国家，都可以参加本公约，表示加入的文件应交比利时政府保存，并由比利时政府将这项文件的交存情况，通过外交途径通知各签字国和参加国。

对于参加国，本公约应自该国交存加入文件之日起6个月后生效，但生效日期不得早于第十一条第1款所规定的公约生效日期。

第十三条

每一缔约国都有权在本公约对该国生效以后的任何时期退出本公约，但这种退出仅在自比利时政府收到退出本公约通知之日起1年后，方为有效。比利时政府应通过外交途径将此项通知告知所有签字国和参加国。

第十四条

1. 任何缔约国都可以在其批准或加入本公约当时或此后任何时期，以送交比利时政府的书面声明宣布，本公约的适用范围扩大至在国际关系方面由其负责的任何领土，本公约的适用范围即应自比利时政府收到该项通知之日起6个月以后扩大至通知中所述领土，但不得早于本公约对该国生效的日期。

2. 根据本条第1款宣布将本公约的适用范围扩大至国际关系方面由其负责的领土的缔约国，得在此后任何时期通过送交比利时政府的通知，宣布本公约不再扩大适用于上述领土。这种退出应自比利时政府收到上述通知之日起1年后生效。

3. 比利时政府应通过外交途径，将其收到本条所述通知的情况告知所有签字国和参加国。

第十五条

任何缔约国都可以在本公约对该国生效三年后或此后任何时期，要求召集会议，以便考虑对本公约进行修改。

欲行使这一权利的任何缔约国，应将此事通知比利时政府，比利时政府应于此后6个月内召集会议。

第十六条

在批准或加入本公约各国之间，本公约应代替并废除1924年8月25日在布鲁塞尔签署的统一海船船舶所有人责任限制的若干规定的国际公约。

经正式授权的各全权代表特签署本公约、以昭信守。

本公约于1957年10月10日在布鲁塞尔签订，正本一份，用英文和法文写成，两种文本具有同等效力。公约正本存于比利时政府档案库，经过核证无差的副本由比利时政府分发。

（资料来源：陈安、刘智中编选：《国际经济法资料选编》，法律出版社1991年版，第1090—1097页。）

修正海船所有人责任限制国际公约的 1979 年议定书

Protocol of 1979 Amending the International Convention Relating to the Limitation of the Liability of Owners of Sea-Going Ships, 1957, 1979

（本议定书于 1979 年 12 月 21 日在布鲁塞尔通过）

本议定书各缔约国，

均为 1957 年 10 月 10 日在布鲁塞尔签订的海船所有人责任限制国际公约的缔约国，

兹达成协议如下：

第 I 条

在本议定书中，“公约”意指 1957 年 10 月 10 日在布鲁塞尔签订的海船所有人责任限制国际公约及其签署议定书。

第 II 条

1. 公约第 3 条第 1 款用下述内容代替：

“1. 船舶所有人根据第 1 条规定，可以限制其责任的金额为：

（a）如事件只引起财产索赔，按船舶吨位每吨 66.67 计算单位计算的总额；

（b）如事件只引起人身索赔，按船舶吨位每吨 206.67 计算单位计算的总额；

（c）如事件既引起人身索赔，又引起财产索赔，按船舶吨位每吨 206.67 计算单位计算的总额，其中第一部分按船舶吨位每吨 140 计算单位计算的金额，应专门用于赔付人身索赔，而第二部分按船舶吨位每吨 66.67 计算单位计算的金额，用于赔付财产索赔，但如第一部分金额不足以赔付全部人身索赔，这项索赔的未赔付差额，应与财产索赔按比例并列，从第二部分基金中赔付。”

2. 公约第 3 条第 6 款用下述内容代替：

“6. 本条第 1 款所述的计算单位，是指国际货币基金组织规定的特别提款权。该款所述的数额应按照船舶所有人应设立责任限制基金之日、付款之日或根据寻求责任限制所在国的法律等同于此项付款的担保提供之日，该国货币的价值，折算成该国的货币。凡属国际货币基金组织成员国的缔约国，其以特别提款权表示的本国货币的价值，应按国际货币基金组织在上述日期在其进行营业和交易中适用的现行定值办法计算。非属国际货币基金组织成员国的缔约国，其以特别提款权表示的本国货币的价值，应按该缔约国确定的办法计算。

7. 但是，非属国际货币基金组织成员国，且其法律不允许适用本条第 6 款规定办法的缔约国，可在批准或加入 1979 年议定书之时，或在此后任何时候，声明在其领土内适用的本公

约所规定的责任限制,确定为如下:

(a) 有关本条第1款第(a)项,为1000货币单位;

(b) 有关本条第1款第(b)项,为3100货币单位;

(c) 有关本条第1款第(c)项,分别为3100、2100和1000货币单位。

本款所指的货币单位,相当于纯度为千分之九百的黄金65.5毫克。本款所述的数额折算成一国货币时,应按该国的法律办理。

8. 本条第6款末句所述的计算和本条第7款所述的折算,其方式应使本条第1款所述金额在以缔约国本国货币表示时,尽可能具有与这一金额以计算单位表示时的相同真实价值。缔约国应将本条第6款所述计算方式,或本条第7款所述折算结果,在交存1979年议定书的批准文件或加入文件时,或在利用本条第7款规定的选择权时,以及计算方式或折算结果发生变动时,通知保管人。"

3. 公约第3条第7款应重新编为第3条第9款。

第Ⅲ条

本议定书应向公约签字国或缔约国开放,以供签字。

第Ⅳ条

1. 本议定书须经批准。

2. 非公约缔约国的任何国家批准本议定书,具有批准公约的效力。

3. 批准书由比利时政府保存。

第Ⅴ条

1. 非第Ⅲ条所指的国家,可加入本议定书。

2. 加入本议定书具有加入公约的效力。

3. 加入文件应由比利时政府保存。

第Ⅵ条

1. 本议定书自六份批准书或加入书交存之日起3个月后生效。

2. 对于任何在第六份批准书或加入书交存后批准或加入本议定书的国家,本议定书自交存其批准书或加入书3个月后生效。

第Ⅶ条

1. 任何缔约国可通过向比利时政府提交通知退出本议定书。

2. 退出自比利时政府收到该项通知之日起1年后生效。

第Ⅷ条

1. 任何一个国家可在签署、批准或加入当时,或此后任何时候,通过向比利时政府提交书面通知,声明由其负责国际关系的领土中,哪些适用本议定书。本议定书自比利时政府收到该通知之日起3个月后扩大适用至通知中所述领土,但不得早于本议定书对该国生效之日。

2. 如果公约尚未适用于这些领土,则此种扩大同样适用于公约。

3. 根据本条第1款已作出声明的任何缔约国,均可以在其后任何时候,通过向比利时政府提交通知,声明本议定书停止扩大适用于此种领土。这种退出自比利时政府收到上述通知之日起1年后生效。

第Ⅸ条

比利时政府应将下列事项通知签字国和参加国：

1. 根据第Ⅲ、Ⅳ和Ⅴ条得到的签字、批准和加入的情况；
2. 根据第Ⅵ条本议定书将生效的日期；
3. 根据第Ⅷ条有关适用领土的通知；
4. 根据第Ⅱ条所作的声明和通知；
5. 根据第Ⅶ条得到的退出情况。

（资料来源：胡正良主编：《国际海事条约汇编》第六卷，大连海运学院出版社1994年版，第111—113页。）

油污损害民事责任国际公约(1969)
International Convention on Civil Liability for Oil Pollution Damage, 1969

(1969 年 11 月 20 日签订)

本公约各缔约国,意识到由于全球海上散装油类运输而出现的污染危险,确信有必要对由于船舶溢出或排放油类造成污染而遭受损害的人给予适当的赔偿,本着通过统一的国际规则和程序以便确定在上述情况下的责任问题,并提供适当赔偿的愿望,兹协议如下

第 I 条

在本公约中

1. "船舶",是指实际装运散装油类货物的任何类型的海洋船舶和海上船艇。

2. "人",是指任何个人或合伙,任何公营或私营机构(不论是否为法人),包括国家或其任何下属单位。

3. "船舶所有人",是指登记为船舶所有人的人,如果没有这种登记,则是指拥有该船的人。但如船舶为国家所有,而由在该国登记为船舶经营人的公司所经营,"船舶所有人"即指这种公司。

4. "船舶登记国",就登记的船舶而言,是指对船舶进行登记的国家,就未登记的船舶而言,是指其船旗国。

5. "油类",是指任何持久性油类,例如原油、燃料油、重柴油、润滑油以及鲸油,不论是作为货物装运于船上,或是作为船舶的燃料。

6. "污染损害",是指由于船舶溢出或排放油类(不论这种溢出或排放发生在何处),在运油船舶本身以外因污染而产生的灭失或损害,并包括采取预防措施的费用以及由于采取预防措施而造成的进一步灭失或损害。

7. "预防措施",是指事件发生后为防止或减轻污染损害而由任何人所采取的任何合理措施。

8. "事件",是指造成污染损害的任何事故,或是由于同一原因所引起的一系列事故。

9. "本组织",是指政府间海事协商组织。

第 II 条

本公约仅适用于在缔约国领土,包括领海上,发生的污染损害,以及为防止或减轻这种损害而采取的预防措施。

第 III 条

1. 除本条第 2 款和第 3 款另有规定外,在事件发生时,或者如果事件包括一系列事故,则在此种事故第一次发生时,船舶所有人应对事件引起的油类溢出或排放所造成的污染损害

负责。

2. 船舶所有人如证明损害系属于以下情况,便不得使其承担油污损害责任:

(a) 由于战争行为、敌对行为、内战、武装暴动,或特殊的、不可避免的和不可抗拒性质的自然现象所引起的损害;

(b) 完全是由于第三者有意造成损害的行为或不为所引起的损害;

(c) 完全是由于负责灯塔或其他助航设施管理的政府或其他主管当局在履行其职责时的疏忽或其他过错行为所造成的损害。

3. 如果船舶所有人证明,污染损害完全或部分地是由于遭受损害的人有意造成损害的行为或不为所引起,或是由于该人的疏忽所造成,则船舶所有人即可全部或部分地免除对该人所负的责任。

4. 不得要求船舶所有人对本公约没有规定的污染损害作出赔偿。不得要求船舶所有人的雇佣人员或代理人对本公约规定的或其他污染损害作出赔偿。

5. 本公约的任何规定不得影响船舶所有人向第三者追偿的权利。

第 IV 条

如果两艘或多艘船舶溢出或排放油类,因而造成损害时,则所有有关船舶的所有人,除非依第 III 条免责,都应对不能合理区分的损害负连带责任。

第 V 条

1. 船舶所有人有权将其依本公约对任何一个事件的赔偿责任总额限定为按船舶吨位计算每吨 2000 法郎,但这种赔偿总额在任何情况下不得超过 2.1 亿法郎。

2. 如果事件是由于船舶所有人的实际过失或私谋所造成,船舶所有人便无权援用本条第 1 款规定的责任限制。

3. 为取得本条第 1 款规定的责任限制的权利,船舶所有人应在按第 IX 条规定提起诉讼的任一缔约国的法院或其他主管当局设立相当于其责任限制总额的基金。设立该项基金可采取照数存入银行的方法,或是采取按设立基金的缔约国法律可以接受的,经法院或其他主管当局认可的银行担保或其他担保的方法。

4. 该项基金应在索赔人之间按其确定的索赔额比例分配。

5. 在分配基金以前,如船舶所有人或其任何雇佣人员或代理人,或向其提供保险或其他财务保证的任何人员,由于所述事件而支付了油污的损害赔偿,则上述人员在其已支付数额的范围内应以代位获得该受偿的人根据本公约应享有的权利。

6. 本条所规定的代位权,也可由该款所提到的人员以外对油污损害已支付任何赔偿金额的任何人行使,但这种代位权以所适用的国内法所许可的范围内为限。

7. 如船舶所有人或任何其他人认定,他可能在以后被强制支付此种赔偿金额的全部或一部分,而如此项赔偿在基金被分配以前已经付出,该人便可依本条第 5 款或第 6 款享有代位权,则基金所在国法院或其他主管当局得命令暂时留出一个足够数目,使该人以后能向基金索赔。

8. 对因船舶所有人主动防止或减轻油污损害而引起的合理费用或所作的合理牺牲所提出的索赔,应与其他索赔在基金分配中处于同等地位。

9. 本条所述法郎系指含有纯度为千分之九百的黄金 65.5 毫克的单位。本条第 1 款所述金额,应根据设立基金之日基金所在国的货币与上述货币单位的官方比值,折合为基金所在国的货币。

10. 在本条中，船舶吨位应为船舶的净吨位再加上为计算净吨位而从总吨位中扣除的机舱部分的数额。对于不能按照标准的吨位丈量规则测定的船舶，其吨位应为该船所能装运油类的重量吨(每吨2240磅)的40%。

11. 保险人或提供财务保证的其他人有权按照本条规定设立基金，其条件和效力与船舶所有人设立的基金相同。即使船舶所有人有实际过失或私谋，也可设立这项基金，但在这种情况下，基金的设立不应妨碍任何向船舶所有人索赔的权利。

第VI条

1. 当船舶所有人在事件发生之后已按第V条规定设立一项基金，并有权限制其赔偿责任时，则：

(a) 对上述事件造成的油污损害提出索赔的任何人，不得就其索赔对船舶所有人的任何其他财产行使任何权利；

(b) 各缔约国的法院或其他主管当局，应下令退还由于对该事件造成的油污损害提出索赔而扣留的属于船舶所有人的任何船舶或其他财产，对为避免扣留而提出的保证金或其他保证也同样应予退还。

2. 但是上述规定只在索赔人能向管理基金的法院提出索赔，并且该项基金对其索赔确能支付的情况之下，方可适用。

第VII条

1. 在缔约国登记的载运2000吨以上散装油类货物的船舶所有人，必须进行保险或取得其他财务保证，例如银行保证或国际赔偿基金出具的证书等。保证数额按第V条第1款中规定的责任限度决定，以便按本公约规定承担其对油污损害应负的责任。

2. 应对每一船舶签发一证书，证明该船按本公约规定进行的保险或取得的其他财务保证有效。此项证书应由船舶登记国有关当局在断定已符合本条第1款的要求之后签发或核证。证书的格式以所附范本为准，并应包括下列各项：

(a) 船名和船籍港；

(b) 船舶所有人姓名及其主要营业地点；

(c) 保证的类别；

(d) 保险人或提供保证的其他人的姓名及其主要营业地点，并根据情况，包括所设立的保险或保证的营业地点；

(e) 证书的有效期限，该有效期限不得长于保险或其他保证的有效期限。

3. 证书应以签发国的一种或数种官方文字签发，如所用文字既非英文又非法文，则应包括译成该二种文字之一的译文。

4. 该证书应随船携带，并应将副本送交保存船舶登记记录的当局存档。

5. 一项保险或其他财务保证，如果在向本条第4款所指的当局送交终止通知书之日起满3个月以前，非由于本条第2款所述证书上规定的该保险或保证的有效期限届满的原因，而可予终止，便属于不符合本条的要求。则除非该证书已送交上述有关当局，或在此期间内已签发新的证书，上述规定应同样适应于使保险或保证不再满足本公约的各项要求而作的任何修改。

6. 船舶登记国应按本条各项规定决定证书的签发条件和有效期限。

7. 一个缔约国当局签发或核证的证书,就本公约而言,其他各缔约国应予接受,并应认为与其签发或核证的证书具有同等效力。如一缔约国认为,证书上所列的保险人或保证人在财务上不能承担本公约所规定的义务,则可随时要求与船舶登记国进行协商。

8. 对油污损害的任何索赔,可向承担船舶所有人油污损害责任的保险人或提供财务保证的其他人直接提出。在上述情况下,即使船舶所有人有实际过失或私谋,被告可援引第V条第1款中的责任限制。被告人还可以进一步援引船舶所有人本人有权援引的抗辩(船舶所有人已告破产或关闭者不在此例)。除此以外,被告人可以提出抗辩,说明油污损害是由于船舶所有人有意的不当行为所造成,但不得援引他在船舶所有人向他提出的诉讼中可能有权援引的任何其他抗辩。在任何情况下,被告人有权要求船舶所有人参加诉讼。

9. 按照本条第1款规定由保险或由其他财务保证所提供的任何款项,应仅用于根据本公约提出的索赔。

10. 除非根据本条第2款或第12款已签发证书,各缔约国不得允许本条适用的悬挂其旗帜的船舶从事营运。

11. 除本条另有规定外,各缔约国应根据其国内法担保:在本条第1款规定范围内的保险或其他保证,对于进入或驶离其领土内的某一港口,或抵达或驶离其领海范围内的某一离岸终点站的任一船舶,不论该船在何处登记,只要它确实装有2000吨以上的散装油类货物,均发生效力。

12. 如果对缔约国所有的船舶未进行保险或未取得其他财务保证,本条与此有关的各项规定便不适用于该船。但该船应备有一份由船舶登记国有关当局签发的证书,声明该船为该国所有,并在第V条第1款规定的限度内,承担责任。上述证书应尽实际可能符合本条第2款所规定的范本。

第 VIII 条

如果不在损害发生之日起3年内提出诉讼,按本公约要求赔偿的权利即告失效。但是无论如何不得在引起损害的事件发生之日起6年之后提出诉讼,如该事件包括一系列事故,6年的期限应自第一个事故发生之日起算。

第 IX 条

1. 如已在一个或若干个缔约国领土(包括领海)内发生油污损害事件,或已在上述领土(包括领海)内采取防止或减轻油污损害的预防措施,赔偿诉讼便只能向上述的一个或若干个缔约国法院指出。任何上述诉讼的适当通知,均应送交被告人。

2. 每一缔约国都应保证它的法院具有处理上述赔偿诉讼的必要管辖权。

3. 在按照第V条规定设立基金之后,基金所在国的法院是决定有关基金分摊和分配的一切事项的唯一可以管辖的法院。

第 X 条

1. 由具有第IX条所述管辖权的法院所作的任何判决,如可在原判决国家实施而无需通常的复审手续时,除下列情况外,应为各缔约国所承认;

(a) 判决是以欺诈取得的;

(b) 未给被告人以适当的通知和陈述其立场的公正机会。

2. 按本条第1款确认的判决,一经履行各缔约国所规定的各项手续之后,便应在该国立即实施。在各项手续中不得允许重提该案的事非。

第 XI 条

1. 本公约各项规定,不适用于军舰或其他为国家所有或经营的,在当时仅用于政府的非商业性服务的船舶。

2. 关于为一缔约国所有而用于商业目的的船舶,每一国家都应接受第 IX 条所规定的管辖权范围内的控告,并放弃一切以主权国地位为根据的抗辩。

第 XII 条

本公约应取代正在施行中的或在本公约开放供签字之日处于开放供签字、批准或加入状态的任何国际公约,只限于与本公约有抵触者。但是本规定不得影响根据上述国际公约缔约国对非缔约国应负的各项义务。

第 XIII 条

1. 本公约将保持开放至 1970 年 12 月 31 日,以供签字,此后将继续开放,以供接受。

2. 联合国或任何专门机构或国际原子能机构的成员国,或国际法院规约缔约国,可按下列方式成为本公约缔约国:

(a) 签字,并对批准、接受或核准无保留;

(b) 签字,但有待批准、接受或核准作出保留,随后予以批准、接受或核准;

(c) 加入。

第 XV 条

1. 本公约应自有 8 个国家政府作了对批准、接受或核准没有保留的签字,或已将批准、接受、核准或加入的文件送交本组织秘书长收存之后第 90 天起生效。该 8 个国家中的 5 个国家应各拥有不少于 100 万总吨位的油轮。

2. 对于以后批准、接受、核准或加入的每一国家,本公约应自该国交存相应文件之后第 90 天起生效。

第 XVI 条

1. 任何各缔约国在本公约对该国生效之后可随时退出本公约。

2. 退出本公约应以文件送交本组织秘书长收存,方为有效。

3. 退出本公约应在本组织秘书长收到文件后 1 年,或文件中载明的较此为长的期限后开始生效。

第 XVII 条

1. 联合国如是某一领土的管理当局,或本公约的任何缔约国如对某一领土的国际关系负有责任,应尽早与该领土的相应当局协商或采取其他适当的措施,使本公约扩大适用于上述领土,并可随时书面通知本组织秘书长,声明本公约扩大适用于上述领土。

2. 本公约自收到通知之日起或通知中指定之日起扩大适用于通知中所述领土。

3. 根据本条第 1 款提出声明的联合国或任何缔约国,自本公约扩大适用于任何领土之日起可以随时书面通知本组织秘书长,声明本公约终止扩大适用于通知中所述领土。

4. 本组织秘书长收到通知之日起 1 年后,或在通知中所载明的较此为长的期限后,本公约应终止扩大适用于该通知中所述任何领土。

第 XVIII 条

1. 修订或修正本公约的会议,可由本组织召开。

2. 在不少于 1/3 缔约国提出要求时,本组织应召开缔约国代表会议,以修订或修正本公约。

第 XIX 条

1. 本公约应送交本组织秘书长收存。

2. 本组织秘书长应：

(a) 将下列情况通知所有签字或加入本公约的国家：

(i) 每一新的签字或文件的交存,以及交存文件的日期；

(ii) 交存退出本公约的任何文件以及交存的日期；

(iii) 按照第 17 条第 1 款规定本公约对任何领土的扩大适用和根据该条第 4 款的规定终止任何上述扩大适用,并注明扩大适用或终止扩大适用本公约每一情况的日期；

(b) 将本公约验证无误的副本分送给加入本公约的所有签字国。

第 XX 条

本公约一经生效,本组织秘书长应将公约文本送交联合国秘书处,以便根据联合国宪章第 120 条进行登记与公布。

第 XXI 条

本公约原本一份,用英文和法文写成,两种文本具有同等效力。俄文和西班牙文的正式译本应制成并与经签字的正本一并保存。

(资料来源:中国交通部网站,http://www.moc.gov.cn/guojihz/guojihz.htm)

油污损害民事责任国际公约的1976年议定书(1976)

Protocol of 1976 to the International Convention on Civil Liability for Oil Pollution Damage, 1969, 1976

（本议定书于1976年11月17日至19日原政府间海事协商组织在伦敦召开的修订1969年国际油污损害民事责任公约中计算单位会议上通过，1981年4月8日生效。）

本议定书各缔约方，

作为1969年11月29日在布鲁塞尔签订的国际油污损害民事责任公约的缔约方，

兹协议如下：

第I条

在议定书中：

1. “公约”系指1969年国际油污损害民事责任公约。

2. “本组织”与公约中的含义相同。

3. “秘书长”系指本组织秘书长。

第II条

公约第5条修正如下：

（1）用下列文字代替第一款：

“依照本公约，船舶所有人有权对任何一事件的赔偿责任总额限定为按船舶吨位每吨133计算单位，但这一总额在任何情况下不得超过1400万计算单位。”

（2）用下列文字代替第9款：

9(a) 本条第1款中所指的“计算单位”为国际货币基金组织规定的特别提款权。第1款所述的金额，应根据基金设立之日基金设立所在国货币的价值与特别提款权的比价折合成该国货币。凡属国际货币基金组织成员的国家，按特别提款权折合为该国货币的价值，应按国际货币基金组织于所述日期的业务和交易中适用的实际使用的定值方法计算。非属国际货币基金组织成员的国家，按特别提款权折合为该国货币的价值，应按该国确定的方式计算。

9(b) 但是，非属国际货币基金组织成员国，且其法律又不允许适用本条第9(a)款的规定的缔约国，在批准、接受、核准或加入本公约时，或在此后的任何时间，均可声明第1款中规定的适用于其领土，对任何一事件的赔偿责任，限于按船舶吨位每吨2000货币单位总额，但此总额在任何情况下不得超过2.1亿货币单位。本款所指货币单位相当于纯度为千分之九百的黄金65.5毫克。此金额折合成国家货币时，应按有关国家的法律办理。

9(c) 第 9(a)款末句中所述的计算和第 9(b)款中所述折算,其方式应尽可能使第 1 款中的金额在以缔约国货币表示时具有与该金额以计算单位表示时的相同真实价值。缔约国应视情况,将其按第 9(a)款的计算方法或按第 9(b)款的折合结果,在交存第 4 条所指的文件时,以及上述计算方法和折合结果发生变动时,通知保管人。

第Ⅲ条

1. 本议定书将开放供任何已签署或加入公约的国家和任何应邀参加于 1976 年 11 月 17 日到 19 日在伦敦召开的修订 1969 年国际油污损害民事责任公约计算单位会议的国家签字。本议定书自 1977 年 2 月 1 日起至 1977 年 12 月 31 日止在本组织总部开放,以供签字。

2. 除本条第 4 款另有规定外,本议定书有待已签署本议定书的国家批准、接受或核准。

3. 除本条 4 款另有规定外,本议定书应开放供未签署本议定书的国家加入。

4. 本议定书可由公约各缔约国批准、接受、核准或加入。

第Ⅳ条

1. 批准、接受、核准或加入应向秘书长交存一份相应的正式文件。

2. 在本议定书修正案对所有现有缔约国生效之后,或者在本修正案对所有现有缔约国的生效所需的各种手续完备之后,任何交存的批准、接受、核准或加入文件应视为适用于经修正案修改的本议定书。

第Ⅴ条

1. 本议定书应在包括五个各拥有油轮吨位不少于 100 万总吨的国家在内的八个国家向秘书长交存批准、接受、核准或加入书之日后第 90 天,对批准、接受、核准或加入本议定书的国家生效。

2. 对于在此后批准、接受、核准或加入本议定书的每一国家,本议定书应在该国交存相应文件之日后第 90 天对其生效。

第Ⅵ条

1. 任何缔约国可在本议定书对其生效之后,随时退出本议定书。

2. 退出应向秘书长交存一份文件,方为有效。

3. 退出应在向秘书长交存退出文件后 1 年后生效,或在退出文件中载明的更长的期限之后生效。

第Ⅶ条

1. 本组织可召开会议,修订或修正本议定书。

2. 经不少于 1/3 的缔约国的要求,本组织应召开本议定书的缔约国会议,对其进行修订或修正。

第Ⅷ条

1. 本议定书应交秘书长保存。

2. 秘书长应:

(a) 将下列事项通知所有已签署或加入本议定书的国家:

(1) 每一新的签署或新的文件的交存及其日期;

(2) 本议定书的生效日期;

(3) 任何退出本议定书的文件的交存及退出的生效日期;

(4) 本议定书的任何修正案;

(b) 将本议定书的核证无误的副本送交所有签署或加入本议定书的国家。

第Ⅸ条

本议定书一经生效，秘书长应按照联合国宪章第102条的规定，将本议定书的核证无误的副本送交联合国秘书处，供登记和公布。

第Ⅹ条

本议定书正本一份，用英文和法文写成，两种文本具有同等效力。俄文和西班牙文的正式译本应制成并与经签字的正本一并保存。

1976年11月19日订于伦敦

下列署名者，经正式授权，特签署本议定书，以昭信守。

决 议

修正1969年国际油污损害民事责任公约中计算单位规定的会议，

考虑到货币价值的变动会在很大程度上影响公约中确立的金额，

建议各参加国政府考虑此问题，为及时修正这些金额设立特别的和有效的程序，以保持其实际价值。

(资料来源：胡正良主编：《国际海事条约汇编》第六卷，大连海运学院出版社1994年版，第320—322页。)

修正油污损害民事责任国际公约的 1984 年议定书(1984)

Protocol of 1984 to Amend the International Convention on Civil Liability for Oil Pollution Damage, 1969, 1984

(1984 年 5 月 25 日签订,国际海事组织伦敦外交会议)

本议定书各缔约国,

考虑到为改进适用范围和提高赔偿限额,需要对 1969 年 11 月 29 日订于布鲁塞尔的国际油污损害民事责任公约进行修正,认识到为在 1971 年设立国际油污赔偿基金国际公约中作出相应修改,需要制订若干特殊条款,

兹协议如下:

第 1 条

本议定书各条所修正的公约是 1969 年国际油污损害民事责任公约,以下称为“1969 年责任公约”。对于 1969 年责任公约 1976 年议定书的缔约国而言,这种提法应被认为包括经该议定书所修正的 1969 年责任公约。

第 2 条

1969 年责任公约第 I 条修正如下:

1. 用下列文字代替第 1 款:

1. “船舶”是指为运输散装货油而建造或改建的任何类型的海船和海上运输工具,但是,一艘能够运输油类和其他货物的船舶,仅在其实际运载散装货油时,以及在进行这种运输之后的任何航次,方能被视为一艘船舶,除非能证明船上已不再装有散装油类的残余物。

2. 用下列文字代替第 5 款:

5. “油类”是指任何持久性烃类矿物油、例如原油、燃油、重柴油和润滑油,不论是作为货物装运于船上,或是作为这类船舶的燃料装运在燃料舱内。

3. 用下列文字代替第 6 款:

6. “污染损害”是指:

(a) 由于船舶溢出或排放油类(不管这种溢出或排放发生于何处)而在船舶之外因污染而造成的损失或损害。但是,对环境损害的赔偿,除这种损害所造成的盈利损失外,应限于已实际采取或行将采取的合理复原措施的费用;

(b) 预防措施的费用和因预防措施而造成的进一步损失或损害。

4. 用下列文字代替第 8 款:

8. “事件”是指造成污染损害或产生会导致这种损害的严重而紧迫的危险的任何事故，或由同一原因所引起的一系列事故。

5. 用下列文字代替第9款：

9. “本组织”是指国际海事组织。

6. 在第9款之后加列新的一款，其内容如下：

10. “1969年责任公约”是指1969年国际油污损害民事责任公约。对于该公约1976年议定书的缔约国而言，则应被认为包括经该议定书修正的1969年责任公约。

第3条

用下列文字代替1969年责任公约第Ⅱ条：

本公约专门适用于：

(a) 在下列区域内造成的污染损害：

(i) 缔约国的领土，包括领海，以及，

(ii) 缔约国根据国际法设立的专属经济区。如果缔约国尚未设立这种区域，则为该国根据国际法所确定的超出并与其领海毗连的区域，而自该国测量其领海宽度的基线算起，外延不超过200海里；

(b) 为预防或减轻这种损害而在任何地方采取的预防措施。

第4条

1969年责任公约第Ⅲ条修正如下：

1. 用下列文字代替第1款：

1. 除本条第2款和第3款另有规定外，在事件发生时，或如该事件包括一系列事故，则在其第一次事故发生时，船舶所有人应对该船因此事件所造成的任何污染损害负责赔偿。

2. 用下列文字代替第4款：

4. 除按本公约规定外，不得对船舶所有人提出污染损害赔偿要求。除本条第5款另有规定外，不论根据本公约与否，不得对下列人等提出污染损害赔偿要求：

(a) 船舶所有人的雇佣人员或代理人，或船员；

(b) 引航员或为船舶提供服务的非属船员的任何其他人；

(c) 任何承租人（任何类型的承租人，包括光船承租人），船舶经理人或营运人；

(d) 经船舶所有人同意或根据有关主管当局的指令进行救助作业的任何人；

(e) 采取预防措施的任何人；

(f) 第(c)、(d)、(e)项中提及的所有雇佣人员或代理人，除非损害是由于他们本人有意造成这种损害，或是明知可能造成这种损害而毫不在意的行为或不为所引起。

第5条

用下列文字代替1969年责任公约第Ⅳ条：

当发生涉及两艘或两艘以上船舶的事件并造成污染损害时，所有有关船舶的所有人，除按第Ⅲ条获得豁免者外，应对所有无法合理分开的这类损害负连带责任。

第6条

1969年责任公约第Ⅴ条修改如下：

1. 用下列文字代替第1款：

1. 船舶所有人有权按本公约将其对任一事件的赔偿责任限于按下列方法算出的总额：

(a) 不超过5000吨位单位的船舶为300万计算单位;

(b) 超过此吨位的船舶,除第(a)项所述的数额外,每增加一吨位单位,增加420计算单位;

但是,此总额在任何情况下不得超过5970万计算单位。

2. 用下列文字代替第2款:

2. 如经证明污染损害是由于船舶所有人本人有意造成这种损害,或是明知可能造成这种损害而毫不在意的行为或不为所引起,船舶所有人便无权按照本公约限制其责任。

3. 用下列文字代替第3款:

3. 为取得本条第1款所规定的责任限制权利,船舶所有人应在按第Ⅸ条提起诉讼的任何一个缔约国的法院或其他主管当局设立相当于其责任限额总数的基金;如未提起诉讼,则应在可以按第Ⅸ条提起诉讼的任何一个缔约国的任何一个法院或其他主管当局设立此项基金。设立此项基金时可将其总数存入银行,或设立基金的缔约国的法律可以接受、法院或其他主管当局认为合适的银行担保或其他担保。

4. 用下列文字代替第9款;

9(a). 本条第1款所述的"计算单位"为国际货币基金组织所规定的特别提款权。第1款中所述的数额,应根据本条第3款所述基金设立之日,该国货币与特别提款权相比的价值折算成该国货币。凡属国际货币基金组织成员国的缔约国,其按特别提款权折算的该国货币的价值,应按国际货币基金组织于上述日期在其经营和交易中适用的现行定值办法计算。非属国际货币基金组织成员国的缔约国,其按特别提款权折算的该国货币的价值,应按该国确定的办法计算。

9(b). 但是,非属国际货币基金组织成员国的缔约国,而其法律又不允许执行第9款第(a)项的规定时,可以在批准、接受、核准或加入本公约时,或在其后的任何时间,声明第9款第(a)项所述计算单位相当于15金法郎。本项所述金法郎相当于纯度为千分之九百的黄金65.5毫克,金法郎折算为国家货币时,应按该国的法律办理。

9(c). 第9款第(a)项末句中所述的计算和第9款第(b)项中所述的折算,其方式应尽可能使第1款中的金额在以该缔约国货币所表示时,具有与按第9款第(a)项前三句中所定办法而获得的结果相同的真实价值。缔约国在交存批准、接受、核准或加入本公约的文件时,以及上述计算或折算发生变动时,应视情况将其按第9款第(a)项进行计算的办法,或按第9款第(b)项进行折算的结果通知保管人。

5. 用下列文字代替第10款:

10. 在本条中,船舶吨位应为按照1969年国际船舶吨位丈量公约附则Ⅰ中的吨位丈量规则计算的总吨。

6. 用下列文字代替第11款的第2句:

即使在按照第2款规定船舶所有人无权限制其赔偿责任的情况下,仍可设立此项基金;但在这种情况下,基金的设立不得影响任何索赔人要求船舶所有人赔偿的权利。

第7条

1969年责任公约第Ⅶ条修正如下:

1. 用下列文字代替第2款的前两句:

缔约国的主管当局在确信第1款的要求已经得到满足之后,应向每艘船舶颁发一项证书，证明保险或其他财务担保根据本公约的规定是属有效。对于在缔约国登记的船舶，这种证书应由船舶登记国的主管当局颁发或签证；对于未在缔约国登记的船舶，证书可由任何一个缔约国的主管当局颁发或签证。

2. 用下列文字代替第 4 款：

4. 证书应存放船上，其副本一份应交由保存该船登记记录的主管当局收存。如该船未在缔约国登记，则应交由颁发或签证此证书的国家主管当局收存。

3. 用下列文字代替第 7 款第 1 句：

一缔约国主管当局按照第 2 款颁发或签证的证书，即使是未在缔约国登记的船舶所颁发或签证的证书，就本公约而言，亦应为其他缔约国所接受，并应被其他缔约国视为与其本国颁发或签证的证书具有同等效力。

4. 在第 7 款第 2 句中，用“颁发或签证国”代替“船舶登记国”。

5. 用下列文字代替第 8 款第 2 句：

在这种情况下，即使按照第Ⅴ条第 2 款船舶所有人无权限制其赔偿责任，被告人仍可援用第Ⅴ条第 1 款规定的责任限制。

第 8 条

《1969 年责任公约》第Ⅸ条修正如下：

用下列文字代替第 1 款：

1. 当某一事件在一个或若干个缔约国的领土，包括领海或第二条所述的区域中，造成了污染损害，或已在上述领土包括领海或区域中采取了防止或减轻污染损害的预防措施时，索赔诉讼仅可在上述任何一个缔约国或若干个缔约国的法院提起，任何上述诉讼的合理通知均应送交被告人。

第 9 条

在《1969 年责任公约》第Ⅻ条之后，增列两项新的条款如下：

第Ⅻ条之二 过渡条款

下列过渡条款，应适用于在事件发生时既是本《公约》的又是《1969 年责任公约》的缔约国：

(a) 如果一次事件已造成本公约范围内的污染损害，而如该事件也在《1969 年责任公约》范围之内，在此限度内的本公约的赔偿责任应视为已被解除；

(b) 如果一次事件已造成本《公约》范围内的污染损害，而且该国又是本《公约》和《1971 年设立国际油污损害赔偿基金国际公约》的缔约国，则在适用本条第(a)项后按本公约仍需承担的赔偿责任，仅应限于适用上述 1971 年公约之后仍未获得赔偿的污染损害范围之内。

(c) 在适用本《公约》第Ⅲ条第 4 款时，“本公约”一词应视情况被解释为本公约或 1969 年责任公约；

(d) 在适用本《公约》第Ⅴ条第 3 款时设立的基金总额，应减去按本条第(a)项已视为被解除的赔偿责任的数额。

第Ⅻ条之三

本《公约》的最后条款应为《1969 年责任公约》1984 年议定书的第 12 至 19 条。本《公约》所指的缔约国，应被视为该议定书的缔约国。

第 10 条

《1969 年责任公约》所附的证书样本，应被本议定书所附的证书样本所代替。

第 11 条

1. 在本议定书的缔约国之间,《1969 年责任公约》和本议定书应作为一个整体文件理解和解释。

2. 经本议定书修正的《1969 年责任公约》的第 Ⅰ 条至第 Ⅻ 条之三,包括证书样本,应被称为《1984 年国际油污损害民事责任公约》(《1984 年责任公约》)。

最后条款

第 12 条 签字、批准等

1. 本议定书自 1984 年 12 月 1 日起至 1985 年 11 月 30 日止在伦敦开放,以供各国签字。

2. 除第 4 款另有规定外,任何一个国家均可按下列方式成为本议定书的缔约国:

(a) 签字而有待批准,接受或核准,随后予以批准,接受或核准,或

(b) 加入。

3. 批准、接受、核准或加入本议定书应在向本组织秘书长交存有关的正式文件后生效。

4. 凡属 1971 年设立国际油污损害赔偿基金国际公约(以下称为 1971 年基金公约)的任何缔约国,仅在其同时批准、接受、核准或加入该公约的 1984 年议定书时,方可批准、接受、核准或加入本议定书,除非该国退出 1971 年基金公约,而且退出应在本议定书对该国生效之日生效。

5. 凡属本议定书的缔约国、但非属《1969 年责任公约》的缔约国的国家,对本议定书的其他缔约国而言,应受经本议定书修订的《1969 年责任公约》规定的约束,但对 1969 年责任公约的缔约国而言,应不受《1969 年责任公约》的规定的约束。

6. 在经本议定书修正的《1969 年责任公约》的一项修正案生效之后交存的任何批准、接受、核准或加入文件,应被视为适用于按此项修正案修改的修正后的本公约。

第 13 条 生 效

1. 本公约应自包括六个各拥有不少于 100 万油轮总吨单位的国家在内的十个国家向本组织秘书长交存批准、接受、核准或加入文件之日起 12 个月后生效。

2. 但是,凡属 1971 年基金公约的缔约国,可在其交存本议定书的批准、接受、核准或加入书时,声明:在 1971 年基金公约 1984 年议定书第 31 条所规定的 6 个月期限终止之前,就本条而言,该文件应属无效。非属 1971 年基金公约的缔约国,但交存 1971 年基金公约 1984 年议定书的批准、接受、核准或加入书的国家,也可同时按本款规定发表声明。

3. 凡按上款发表声明的国家,可在任何时候通过向本组织秘书长发出通知的方式将其声明撤回。任何这种撤回应在通知收到之日起生效,但是,这一国家应被视为已于该日交存了本议定书的批准、接受、核准或加入书。

4. 对于在第 1 款规定的生效条件已获满足后,批准、接受、核准或加入本议定书的国家,本议定书应自该国交存适当文件之日起 12 个月后生效。

第 14 条 修订与修正

1. 修订或修正 1984 年责任公约的会议,可由本组织召开。

2. 经不少于 1/3 的缔约国要求,本组织应召开修订或修正 1984 年责任公约的缔约国会议。

第15条 对限额的修正

1. 经不少于1/4的缔约国要求,对于经本议定书修正的本公约第Ⅴ条第1款中规定的责任限额的任何修正提案,应由秘书长散发给本组织的所有成员国和所有缔约国。

2. 按上述提出并散发的任何修正案,应在散发之日起至少6个月之后交由本组织法律委员会审议。

3. 经本议定书修正的本公约的所有缔约国,不论是否为本组织的成员国,均有权参加法律委员会审议和通过修正案的活动。

4. 修正案应在按第3款规定扩大的法律委员会上,经出席并投票的缔约国的2/3多数通过,但投票时至少应有缔约国的半数出席会议。

5. 就修正限额的提案采取行动时,法律委员会应考虑事件的经过,特别是事件所造成的损害金额、币值的变化以及所提修正案对保险费用的影响。委员会还应考虑经本议定书修正的本公约第Ⅴ条第1款的限额与1984年设立国际油污损害赔偿基金国际公约第4条第4款的限额之间的关系。

6. (a) 根据本条提出的对限额的任何修正案,不得在本议定书开放签字之日起5年之内,或按本条作出的前一修正案生效之日起5年之内予以审议。根据本条提出的任何修改案,不得在本议定书生效之前予以审议。

(b) 任何限额的增长,均不得超过按照经本议定书修正的本公约所规定的限额,并从本议定书开放签字之日起以每年递增6%复合计算而达到的数额。

(c) 任何限额的增长,均不得超过经本议定书修正的本公约所规定限额的3倍。

7. 根据第4款通过的任何修正案,应由本组织通知所有缔约国。该修正案在通知之日起经过18个月,就应被视为已获接受,除非在此期间内,有不少于1/4的在委员会通过该修正案时的缔约国通知本组织拒绝接受该修正案,在此情况下,该修正案即被拒绝,并属无效。

8. 根据第7款已被视为获得接受的修正案,应在获得接受后18个月生效。

9. 所有缔约国均应受该修正案的约束,除非它们根据第16条第1款和第2款,在修正案生效之前至少6个月退出本议定书。而此种退出,应在修正案生效时生效。

10. 当一项修正案已被委员会通过,但18个月的接受期限尚未届满时,如该修正案生效,则在此期间成为缔约国的国家应受其约束。在此期间之后成为缔约国的国家,应受根据第7款获得接受的修正案的约束。在本款所指的情况下,缔约国应在修正案生效时,或在本议定书对该国生效时(如发生在后),即受该修正案的约束。

第16条 退 出

1. 任何缔约国在本议定书对其生效之日以后,可随时退出本议定书。

2. 退出本议定书,应向本组织秘书长交存一份文件之后,方为有效。

3. 退出本议定书应在向本组织秘书长交存文件12个月之后,或在退出文件中载明的更长的期限之后生效。

4. 在本议定书各缔约国之间,任何一方根据1969年责任公约第XVI条退出1969年责任公约,均不得被解释为退出经本议定书修正的1969年责任公约。

5. 仍为1971年基金公约缔约国的国家,退出1971年基金公约1984年议定书,应被视为退出本议定书。这种退出应在按1971年基金公约1984年议定书第32条的规定,退出该议定书生效之日生效。

第17条　保　管

1. 本议定书和按第15条获得接受的任何修正案,应交本组织秘书长保管。

2. 本组织秘书长应:

(a) 通知所有已签署或加入本议定书的国家:

(i) 每一新的签署或新的文件的交存及其日期;

(ii) 根据第13条提交的每一声明和通告,以及按照1984年责任公约第V条第9款发表的每一声明和通知;

(iii) 本议定书的生效日期;

(iv) 根据第15条第1款提出的任何修正责任限制的提案;

(v) 根据第15条第4款获得通过的任何修正案;

(vi) 根据第15条第7款被视为已获得接受的任何修正案,连同按照该条第8款和第9款规定的该修正案应生效的日期;

(vii) 交存退出本议定书的任何文件,连同交存日期及其生效日期;

(viii) 按照第16条第5款被视为已提出的任何退出;

(ix) 本议定书任何条款所要求的通知。

(b) 将本议定书核正无误的副本分送所有签字国和所有加入本议定书的国家。

3. 本议定书一经生效,本组织秘书长应按照联合国宪章第102条的规定将本议定书的文本送交联合国秘书处,以供登记和公布。

第18条　文　字

本议定书正本一份,用阿拉伯文、中文、英文、法文、俄文和西班牙文写成,各种文本具有同等效力。

1984年5月25日订于伦敦。

下列署名者,经各自政府为此正式授权,特签署本议定书,以昭信守。

(资料来源:胡正良主编:《国际海事条约汇编》第六卷,大连海运学院出版社1994年版,第323—330页。)

油污损害民事责任国际公约的1992年议定书(1992)

Protocol of 1992 to the International Convention on Civil Liability for Oil Pollution Damage, 1969, 1992

(1992年11月27日签订)

本议定书各当事国,

审议了《1969年国际油污损害民事责任公约》及其《1984年议定书》,

注意到已对改进范围、增加赔偿作出规定的该公约《1984年议定书》仍未生效,

确认保持国际油污责任和赔偿系统生命力的重要性,

注意到确保《1984年议定书》的内容得以尽快生效的必要性,

认识到为了采用《1971年设立国际油污损害赔偿基金国际公约》的相应修正案,必须有一些特别的规定,

兹达成协议如下:

第1条

本议定书的规定所修正的公约是《1969年国际油污损害民事责任公约》(此后称《1969年责任公约》)。就《1969年责任公约》的《1976年议定书》的当事国而言,提及《1969年责任公约》应视为包括由该议定书修正的《1969年责任公约》。

第2条

对《1969年责任公约》第Ⅰ条作如下修正:

1. 以下列条文取代第1款:

1. "船舶"系指为运输散装油类货物而建造或改建的任何类型的海船和海上航行器;但是,能够运输油类和其他货物的船舶,仅在其实际运输散装油类货物时,以及在此种运输之后的任何航行(已证明船上没有此种散装油类运输的残余物者除外)期间,才应视作船舶。

2. 以下列条文取代第5款:

5. "油类"系指任何持久性烃类矿物油,如原油、燃料油、重柴油和润滑油,不论是在船上作为货物运输还是在此种船舶的燃料舱中。

3. 以下列条文取代第6款:

6. "污染损害"系指:

(a) 油类从船上溢出或排放引起的污染在该船之外造成的灭失或损害,不论此种溢出或排放发生于何处;但是,对环境损害(不包括此种损害的利润损失)的赔偿,应限于已实际采

取或将要采取的合理恢复措施的费用;

(b) 预防措施的费用及预防措施造成的进一步灭失或损害。

4. 以下列条文取代第8款:

8. "事故"系指具有同一起源的造成污染损害或形成造成此种损害的严重和紧迫威胁的任何一个或一系列事件。

5. 以下列条文取代第9款:

9. "本组织"系指国际海事组织。

6. 在第9款后加一新款,条文如下:

10. "《1969年责任公约》"系指《1969年国际油污损害民事责任公约》。就该公约的《1976年议定书》的当事国而言,该词应视为包括经该议定书修正的《1969年责任公约》。

第3条

以下列条文取代《1969年责任公约》的第Ⅱ条:

本公约仅适用于:

(a) 在下列区域内造成的污染损害:

(i) 缔约国的领土,包括领海;和

(ii) 缔约国按照国际法设立的专属经济区;或者,如果缔约国未设立此种区域,则为该国按照国际法确立的,在其领海之外并与其领海毗连的,从测量其领海宽度的基线向外延伸不超过200海里的区域;

(b) 不论在何处采取的用以防止或减少此种损害的预防措施。

第4条

对《1969年责任公约》第Ⅲ条作下列修正:

1. 以下列条文取代第1款:

1. 除本条第2款和第3款规定者外,在事故发生时的船舶所有人,或者,如果该事故系由一系列事件构成,则第一个此种事件发生时的船舶所有人,应对船舶因该事故而造成的任何污染损害负责。

2. 以下列条文取代第4款:

4. 除非符合本公约,否则不得向所有人提出污染损害的赔偿要求。以本条第5款为准,不得根据本公约或其他规定向下述人员提出污染损害赔偿要求:

(a) 船舶所有人的雇员或代理人,或船员;

(b) 引航员或为船舶提供服务但非属船员的任何其他人;

(c) 船舶的任何租赁人(不论如何定义,包括光船租赁人)、管理人或经营人;

(d) 经船舶所有人同意或根据主管公共当局指示进行救助作业的任何人;

(e) 采取预防措施的任何人;

(f) 第(c)、(d)和(e)项中所述人员的所有雇员或代理人;除非该损害系由故意造成或明知可能造成此种损害而毫不在意的个人行为或不为所致。

第5条

《1969年责任公约》第Ⅳ条由下列条文取代:

当发生涉及两艘或更多船舶的事故并造成污染损害时,所有有关船舶的所有人,除按第Ⅲ条被豁免者外,应对所有无法合理分开的此种损害负个别的连带责任。

第6条

对《1969年责任公约》第Ⅴ条作如下修正：

1. 以下列条文取代第1款：

1. 对于任何一次事故，船舶所有人应有权将本公约对其规定的赔偿责任限制在以下列方式计算得出的合计金额；

(a) 对于不超过5000吨位的船舶：3百万计算单位；

(b) 对于超过5000吨位的船舶：除(a)项所述金额外，对每一额外吨位另加420计算单位。

但该合计金额在任何情况下不应超过5970万计算单位。

2. 以下列条文取代第2款：

2. 如证明该污染损害系由所有人故意造成或明知可能造成此种损害而毫不在意的个人行为或不为所致，则该所有人无权根据本公约限制其赔偿责任。

3. 以下列条文取代第3款：

3. 为了利用本条第1款规定的限制其赔偿责任的权益，所有人应在按第Ⅸ条于任一缔约国提起诉讼的法院或其他主管当局设立总金额相当于其赔偿责任限额的基金；如未提起诉讼，则应在能按第Ⅸ条于任一缔约国提起诉讼的任何法院或其他主管当局设立此种基金。设立该基金的方式，可以是交存该金额，也可以是提交根据基金设立地缔约国的法律的规定可予接受、法院或其他当局认为足够的银行担保或其他担保。

4. 以下列条文取代第9款：

9. (a) 本条第1款所指"计算单位"，系指国际货币基金组织规定的特别提款权。第1款中所述金额，应折算成国内货币；折算应以在第3款所述基金的设立之日该国货币相对于特别提款权的价值为据。如该缔约国为国际货币基金组织的会员，则其国内货币相对于特别提款权的价值，应按照在上述日期中国际货币基金组织在营业和交易中使用的现行定值方法计算。如该缔约国不是国际货币基金组织的会员，则其国内货币相对于特别提款权的价值，应以该国确定的方式计算。

9. (b) 但是，如果缔约国不是国际货币基金组织的会员，且其法律不允许应用第9(a)款的规定，则该国可以在批准、接受、核准或加入本公约时，或在其后的任何时间宣布：第9(a)款所述计算单位等于15个金法郎。本款所述的金法郎相当于65.5毫克千分之九百纯度的黄金。将金法郎折算为国内货币，应按有关国家的法律。

9. (c) 第9(a)款最后一句中所述的计算和第9(b)款中所述的折算，应尽量做到以该缔约国的国内货币表示的金额与应用第9(a)款前三句所得金额具有真正相同的价值。缔约国在交存批准、接受、核准或加入本公约的文件时，应将按第9(a)款进行计算的方法，或第9(b)款中所述的折算结果通知本组织秘书长；每当上述计算方法或折算结果有变化时，也应向本组织秘书长作出这种通知。

5. 以下列条文取代第10款：

10. 在本条中，船舶吨位应为按照《1969年国际船舶吨位丈量公约》附件Ⅰ中的吨位丈量规则计算的总吨位。

6. 以下列条文取代第11款的第2句：

即使根据第2款规定船舶所有人无权限制其赔偿责任，仍可设立此种基金，但在这种情况下,基金的设立不应影响任何索赔人对所有人的索赔权。

第7条

对《1969年责任公约》第Ⅶ条作如下修正:

1. 以下列条文取代第2款第1、2句:

缔约国的有关当局在确信第1款的要求已获得满足之后,应向每艘船舶颁发一份证书,证明保险或其他财务担保根据本公约的规定确属有效。对于在缔约国登记的船舶,这种证书应由船舶登记国的有关当局颁发或签证;对于不在缔约国登记的船舶,证书可由任何一个缔约国的有关当局颁发或认证。

2. 以下列条文取代第4款:

4. 证书应携带在船上,其副本一份应存放于保管该船登记记录的当局,或如该船不在缔约国登记,则应存放于颁发或签证此证书的国家当局。

3. 以下列条文取代第7款第1句:

缔约国按照第2款授权颁发或签证的证书,即使是对于不在缔约国登记的船舶所颁发或签证的证书,就本公约而言,应为其他缔约国所接受并视为与其颁发或签证的证书具有同等效力。

4. 在第7款第2句中,用"颁发或签证国"取代"船舶登记国"。

5. 以下列条文取代第8款第2句:

在这种情况下,即使船舶所有人无权按照第Ⅴ条第2款限制其赔偿责任,被告人仍可利用第Ⅴ条第1款中规定的责任限制。

第8条

对《1969年责任公约》第Ⅸ条作如下修正:

以下列条文取代第1款:

1. 当某一事故在一个或多个缔约国的领土(包括领海)或第Ⅱ条所述的区域中造成了污染损害时,或在这种领土(包括领海)或区域中采取了防止或减少污染损害的预防措施时,索赔诉讼仅可在任何此种一个或多个缔约国的法院提起。应将任何此种诉讼向被告人作出合理通知。

第9条

在《1969年责任公约》第Ⅻ条后,增加如下两个新条文:

第Ⅻ条之二　过渡规定

下列过渡规定,应适用于在事故发生时,既是本公约又是《1969年责任公约》的当事国的国家。

(a) 对于已造成本公约范围内的污染损害的事故,如按《1969年责任公约》也产生赔偿责任,则在此范围内,本公约的赔偿责任应视为已被履行;

(b) 对于造成了本公约范围内的污染损害的事故,如该国既是本公约又是《1971年设立国际油污赔偿基金国际公约》的当事国,则仅在应用所述1971年公约之后污染损害仍未得到赔偿的范围内,在本公约中才产生在应用本条第(a)项后仍待履行的赔偿责任;

(c) 在应用本公约第Ⅲ条第4款时,"本公约"一词应酌情解释为系指本公约或《1969年责任公约》;

(d) 在应用本公约第Ⅴ条第3款时,应从有待建立的基金总额中减去按本条第(a)项已视为被履行的赔偿责任的数额。

第Ⅻ条之三 最终条款

本公约的最后条款应为修正《1969年责任公约》的《1992年议定书》的第12至18条。本公约提到缔约国处，应视为系指该议定书的缔约国。

第10条

《1969年责任公约》所附的证书范本，由本议定书所附的证书范本取代。

第11条

1. 在本议定书当事国之间，《1969年责任公约》和本议定书应作为一份单一文件一起理解和解释。

2. 经本议定书修正的《1969年责任公约》的第Ⅰ条至第Ⅻ条之三，包括证书范本，应被称为《1992年国际油污损害民事责任公约》(《1992年责任公约》)。

最后条款

第12条 签署、批准、接受、核准和加入

1. 本议定书应自1993年1月15日起至1994年1月14日止在伦敦开放供各国签署。

2. 在符合第4款规定的情况下，任何一个国家均可按下列方式成为本议定书的当事国：

(a) 签署而有待批准、接受或核准，随后予以批准、接受或核准；或

(b) 加入。

3. 批准、接受、核准或加入本议定书，应向本组织秘书长交存相应的正式文件。

4.《1971年设立国际油污损害赔偿基金国际公约》(以下称为《1971年基金公约》)的任何缔约国，仅在其同时也批准、接受、核准或加入修正该公约的《1992年议定书》时，方可批准、接受、核准或加入本议定书，除非该国退出《1971年基金公约》，并使退出在本议定书对该国生效之日生效。

5. 属本议定书的当事国但非属《1969年责任公约》当事国的国家，对经本议定书修正的《1969年责任公约》的其他当事国而言，受经本议定书修正的《1969年责任公约》的规定的约束，但对《1969年责任公约》的当事国而言，则不受《1969年责任公约》的规定的约束。

6. 在经本议定书修正的《1969年责任公约》的某一修正案生效之后交存的任何批准、接受、核准或加入文件，应视为适用于由此项修正案修改的经本议定书修正的公约。

第13条 生 效

1. 本公约应自包括4个各拥有不少于100万油轮总吨位的国家在内的10个国家向本组织秘书长交存了批准、接受、核准或加入文件之日后12个月生效。

2. 但是，《1971年基金公约》的任何缔约国，可在其交存本议定书的批准、接受、核准或加入文件时声明：在修正《1971年基金公约》的《1992年议定书》第31条所规定的6个月期限终止之前，就本条而言，该文件无效。非《1971年基金公约》的缔约国的国家，如交存了修正《1971年基金公约》的《1992年议定书》的批准、接受、核准或加入文件，也可同时按本款规定作出声明。

3. 按上一款作出声明的任何国家，可在任何时候向本组织秘书长发出通知，将其声明撤回。任何这种撤回将在通知收到之日起生效，但在该日期，此种国家应视为已交存了本议定

书的批准、接受、核准或加入文件。

4. 对于在第 1 款规定的生效条件已获满足后批准、接受、核准或加入本议定书的国家,本议定书应自该国交存适当文件之日后 12 个月生效。

第 14 条　修订与修正

1. 本组织可召开修订或修正《1992 年责任公约》的会议。

2. 经不少于 1/3 的缔约国的要求,本组织应召开修订或修正《1992 年责任公约》的缔约国会议。

第 15 条　有关限额的修正案

1. 经不少于 1/4 的缔约国的要求,秘书长应向本组织的所有会员国和所有缔约国分发有关修正经本议定书修正的《1969 年责任公约》第 V 条第 1 款中规定的责任限额的任何提案。

2. 提出并按上述方式分发的任何修正案,应提交本组织法律委员会,供在分发之日后至少 6 个月的某一日期审议。

3. 经本议定书修正的《1969 年责任公约》的所有缔约国,不论是否为本组织的会员国,均有权参加法律委员会审议和通过修正案的工作。

4. 修正案应在按第 3 款规定加以扩大的法律委员会上,由出席并参加表决的缔约国的 2/3 多数通过,但表决时至少应有半数缔约国出席。

5. 对修正限额的提案采取行动时,法律委员会应考虑已往的事故,特别是其造成的损害金额、币值的变化以及所提修正案对保险费用的影响。委员会还应考虑经本议定书修正的《1969 年责任公约》第 V 条第 1 款的限额与《1992 年设立国际油污损害赔偿基金国际公约》第 4 条第 4 款的限额之间的关系。

6. (a) 在 1998 年 1 月 15 日前,或自按本条作出的前一修正案的生效之日起算不足 5 年的期间内,不得审议本条规定的有关责任限额的任何修正案。本条规定的任何修正案不得在本议定书生效之前予以审议。

(b) 限额的增长,不得超过按照经本议定书修正的《1969 年责任公约》所规定的限额,从 1993 年 1 月 15 日起,以复合年均增长率为 6% 计算所达到的数额。

(c) 限额的增长,不得超过经本议定书修正的《1969 年责任公约》所规定的限额的 3 倍。

7. 根据第 4 款通过的任何修正案,应由本组织通知所有缔约国。该修正案在通知之日后的 18 个月的期限结束时,应视为已获接受,除非在此期限内,有不少于 1/4 的在委员会通过该修正案时为缔约国的国家通知本组织不接受该修正案,在此情况下,该修正案即被拒绝,并属无效。

8. 根据第 7 款视为已获得接受的修正案,应在获得接受后 18 个月开始生效。

9. 所有缔约国均应受该修正案的约束,除非它们根据第 16 条第 1 款和第 2 款,在该修正案生效之前至少 6 个月退出本议定书。而此种退出,应在该修正案生效时生效。

10. 当一项修正案已被委员会通过,但 18 个月的接受期限尚未结束,如该修正案生效,则在此期限内成为缔约国的国家应受其约束。在此期限之后成为缔约国的国家,应受根据第 7 款获得接受的修正案的约束。在本款所述的情况下,缔约国应在修正案生效时,或在本议定书对该国生效时(如迟于前者),受该修正案的约束。

第16条　退　　出

1. 任何当事国在本议定书对其生效之日以后,可随时退出本议定书。

2. 退出本议定书,应向本组织秘书长交存1份文件。

3. 退出本议定书,应在向本组织秘书长交存文件后12个月或在退出文件中载明的更长期限生效。

4. 在本议定书的当事国之间,任何国家根据《1969年责任公约》第XVI条退出《1969年责任公约》,不应以任何方式解释为退出经本议定书修正的《1969年责任公约》。

5. 对于仍为《1971年基金公约》当事国的国家,退出修正《1971年基金公约》的《1992年议定书》应视为退出本议定书。这种退出应在按修正《1971年基金公约》的《1992年议定书》第34条规定的退出该议定书的生效之日生效。

第17条　保　存　人

1. 本议定书以及按照第15条被接受的任何修正案,应交由本组织秘书长保存。

2. 本组织秘书长应:

(a) 将下列事项通知所有已签署或加入本议定书的国家:

(i) 每一新的签署或文件的交存及其日期;

(ii) 第13条规定的每一声明和通知和《1992年责任公约》第V条第9款规定的每一声明和通知;

(iii) 本议定书的生效日期;

(iv) 按第15条第1款提出的任何修改赔偿责任限额的提案;

(v) 按第15条第4款被通过的任何修正案;

(vi) 根据第15条第7款视为已获得接受的任何修正案及按照该条第8款和第9款,该修正案应生效的日期;

(vii) 交存退出本议定书的任何文件及其交存日期和生效日期;

(viii) 根据第16条第5款视为已作出的任何退出;

(ix) 本议定书任何条款所要求的通知。

(b) 将本议定书核证无误的副本分送本议定书的所有签署国和所有加入国。

3. 本议定书一经生效,本组织秘书长即应按照联合国宪章第102条的规定将其文本送交联合国秘书处,以供登记和公布。

第18条　文　　字

本议定书正本一份,用阿拉伯文、中文、英文、法文、俄文和西班牙文写成,各种文本具有同等效力。

1992年11月27日订于伦敦。

下列署名者,均经各自政府正式授权,特签署本议定书,以昭信守。

(资料来源:交通部国际合作司编:《国际海事条约汇编》第九卷,大连海事大学出版社1998年版,第466—473页。)

设立国际油污损害赔偿基金国际公约(1971)

International Convention on the Establishment of an International Fund for Compensation for Oil Pollution Damage, 1971

(1971 年 12 月 18 日在原政府间海事协商组织布鲁塞尔关于设立国际油污损害赔偿基金的会议通过,作为对 1969 年国际油污损害民事责任公约的补充)

本公约各缔约国,

作为 1969 年 11 月 29 日在布鲁塞尔通过的国际油污损害民事责任公约的缔约国,

意识到由于全球海上散装油类引起污染的危险,

确信对因从船上溢出或排放油类引起污染而遭受损害的人,有保证使其取得适当赔偿的必要,考虑到 1969 年 11 月 29 日关于油污损害民事责任的国际公约,已对各缔约国的油污损害,和在无论何处为避免及减少这类损害所采取的措施的费用规定了赔偿制度,从而标志着为达到这一目的前进了一大步,但考虑到这一制度不能在所有情况下对油污损害的受害人提供全部赔偿,而它却给船舶所有人增加了额外的经济负担。

还考虑到由于海上船舶运输的散装油类的溢出或排放而产生的油污损害的经济后果,不应全部由海运业承担,而须部分地由货油业承担,

确信为保证能对油污事件的受害者提供其全部损失的赔偿,而与此同时又能解除船舶所有人受该公约所加予的额外经济负担,有必要认真拟订一项赔偿和补偿制度,作为国际油污损害民事责任公约的补充。

注意到 1969 年 11 月 29 日在国际海上污染损害法律会议上通过的关于设立国际油污损害赔偿基金的决定,

兹协议如下:

总　　则

第 1 条

在本公约中:

1. "责任公约",是指 1969 年 11 月 29 日在布鲁塞尔通过的国际油污损害民事责任公约。

2. "船舶"、"人"、"船舶所有人"、"油类"、"油污损害"、"预防措施"、"事件"和"本组

织”,与该责任公约第 I 条含义相同,但在这些名词中,“油类”应限于持久性烃类矿物油。

3. “摊款石油”是指下列(a)和(b) 两项所定义的原油和燃料油:

(a) “原油”,是指任何发生于地下的天然烃类混合液体,不论是否已为便于运输而加以处理。还包括已经提出过某些蒸馏物的原油[有时称为“拔头”原油(topped crudes)]或已加入某些蒸镏物的原油[有时称为“穗油”(spiked crudes)或“改质油”(reconstituted crudes)]。

(b) “燃料油”,是指从原油炼出的重蒸馏物或渣滓物,或这些物质的混合物,用作发生热量或能量的燃料,其质量与“美国材料试验协会第四号燃料油规格(符号 D396—69)”相当或比之为大。

4. “法郎”,是指责任公约第 V 条第 9 款所述的单位。

5. “船舶吨位”,与责任公约第 V 条第 10 款中的含义相同。

6. “吨”,对于油类,意为公吨。

7. “保证人”是指按照责任公约第 Ⅶ 条第 1 款提供船舶所有人责任保险或其他财务保证的人。

8. “油站”,是指任何可以接收来自水路的油类、贮存散装油类的基地、包括位于近岸并与该基地连接的设备在内。

9. 当一事件由一系列事故组成时,应以第一个事故发生的日期为事件发生日。

第 2 条

1. 用作赔偿油污损害的国际基金,称为“国际油污赔偿基金”,以下所称的“本基金”系基于下列目的而设立:

(a) 在责任公约不能提供适当保护的范围内提供油污损害赔偿;

(b) 就责任公约加予的额外经济负担,给船舶所有人提供补偿,这种补偿须满足为保证符合海上安全和其他公约而规定的条件;

(c) 实现本公约中所列举的有关目的。

2. “本基金”在各缔约国应被认为法人,是能按照该国法律享有权利及承担义务,并能在该国法院的诉讼中作为一方。各缔约国应承认“本基金”的干事(以后称“干事”)为“本基金”的法定代表。

第 3 条

本公约适用于:

1. 关于按照第 4 条的赔偿,专指在缔约国领土,包括领海上造成的油污损害和为防止或减少这种损害而采取的预防措施。

2. 关于按照第 5 条规定对船舶所有人及其保证人的补偿,专指在责任公约某一缔约国的领土,包括领海上由某一缔约国所登记的船舶或是挂该国国旗的船舶造成的油污损害,和为防止或减少这种损害而采取的预防措施。

赔偿和补偿

第 4 条

1. 为履行第 2 条第 I 款第(a)项规定的职责,任何遭受油污损害的人,由于下列原因不能按照责任公约的规定得到损害的全部和足够赔偿时,“本基金”应付给赔偿金:

(a) 由于按照责任公约不产生损害赔偿责任;

(b) 由于按照责任公约对损害应负责任的船舶所有人,在财力上没有能力履行其全部义务,并且按照该公约第Ⅶ条规定提供的财务保证也不能了结或不足以满足损害赔偿的请求。在受害者采取所有合理以寻求其可以得到的合法补救办法后,仍不能得到其按照责任公约应得赔偿金额的全部赔偿,船舶所有人便被视为财力上不能履行其义务,并且认为财务保证不充分;

(c) 由于根据责任公约第Ⅴ条第1款的限定或根据在本公约生效时已经生效或者开放以便签字、批准或加入的任何其他国际公约的规定,损害超过船舶所有人的责任。

船舶所有人主动防止或减少油污损害而合理支出的费用或所作的牺牲,就本条而言,应视同油污损害。

2. 在下列情况下,"本基金"不承担前款规定的义务:

(a) 如经证实,油污损害是由于战争、敌对行为、内战或武装暴动而造成,或是由于从战舰中,或在事故发生时从某一国家拥有或经营的用于政府的非商业性服务的船舶溢出或排放的油类而造成的;或者

(b) 索赔人不能证明损害是由于一艘或者是多艘船舶的事件所造成。

3. 如"本基金"证明油污损害全部或部分地由于受害人有意造成损害的行为或不为,或者由于该人疏忽而造成,"本基金"可全部或部分地免除付给该人赔偿金的义务,但有关按第1款对预防措施的赔偿不予免除。"本基金"在任何情况下对赔偿义务的免除,应不超过船舶所有人按照责任公约第Ⅲ条第3款规定或免责的范围。

4. (a) 除本款第(b)项另有规定外,"本基金"按照本条对任一事件应付的赔偿金合计金额应有限制,即合计金额加上按照责任公约对缔约国领土上造成的油污损害所实际付出的赔偿金额,包括按照本公约第5条第1款"本基金"有义务补偿船舶所有人的金额在内,不应超过4亿5000万法郎。

(b) 由于特殊的,不可避免和不可抗拒性质的自然现象而造成的油污损害,按照本条规定,"本基金"应付的赔偿金合计金额不应超过4亿5000万法郎。

5. 当向"本基金"提出的已确立的索赔金额超过第4款规定的应付赔偿金的合计金额时,现有的金额的分配方式,应使任何已成立的索赔与索赔人按照责任公约和本公约实际取得的赔偿金额之间,对所有索赔人具有相同的比例。

6. "本基金"大会(以后称"大会")注意到已发生事件,特别是由此造成的损失金额的经验和币值的变化,可决定将第4款第(a)项和第(b)项所述4.5亿法郎的金额予以改变,但是,该金额决不应超过9亿法郎或低于4.5亿法郎。变后的金额应适用于决定变化之日后所发生的事件。

7. 经缔约国要求,"本基金"必要时应尽力帮助该国迅速获得使其能采取措施防止或减轻油污损害所需的人员、物料和服务。这种损害是按本公约规定可向"本基金"请求赔偿的事件所引起。

8. "本基金"在内部条例中可有条件地规定提供信贷便利,以便对按照本公约规定可向"本基金"请求赔偿的特别事件所引起的油污损害,采取预防措施。

第5条

1. 为了履行第2条第1款第(b)项的职责,"本基金"应补偿船舶所有人及其保证人按照

责任公约所承担责任的总额的一部分,此部分是:

(a) 超过相当于按船舶吨位每吨1500法郎计算的金额,或者总额1.25亿法郎,以较小者为准,而且

(b) 不超过相当于按上述吨位每吨2000法郎计算的金额,或者总额2.1亿法郎(以较小者为准),

但是,由于船舶所有人本人有意的不当行为造成的油污损害,"本基金"不承担按本款规定的义务。

2. 大会可决定"本基金"在内部条例中有条件地规定应负担保证人就第3条第2款所述船舶有关本条第1款规定承担的一部分义务。但是,"本基金"只在船舶所有人如此要求和他具有充分保险或其他财务保证时才承担此项义务。这种保险或财务保证足以承保船舶所有人根据责任公约承担的义务,达到按船舶吨位每吨1500法郎计算的金额,或总额1.5亿法郎,以较小者为准。如"本基金"承担该项义务,各缔约国应认为船舶所有人就其上述责任部分已符合责任公约第Ⅶ条的规定。

3. 如"本基金"证实由于船舶所有人的实际过失或私谋而产生下列情况时,"本基金"可全部或部分免除其对船舶所有人及其保证人按第1款所承担的义务:

(a) 溢出油类造成油污损害的船舶,未遵守下列公约所规定的要求:

(i) 1962年修正的1954年国际防止海上油污公约;或

(ii) 1960年国际海上人命安全公约;或

(iii) 1966年国际船舶载重线公约;或

(iv) 1960年国际海上避碰规则;或

(v) 依照上述公约(i)第XVI条第5款、公约(ii)第IX条第(e)项或公约(iii)第29条第3款第(d)项或第4款第(d)项,确定为重要性质的对上述公约的任何修正案,但该修正案在事件发生时应至少已生效12个月;

而且

(b) 事件或损害是由于完全或部分未遵守上述公约的规定而造成的。

不论船舶所登记或所悬挂旗帜的缔约国是否为参加有关公约的缔约国,本款规定均可适用。

4. 当拟行全部或部分替换第3款所规定的任何公约的新公约生效时,为了达到第3款的目的,大会可在至少6个月之前决定新公约将全部或部分取代该公约的日期。但是,本公约缔约国在这一日期前可向干事声明不接受此种取代;在这种情况下,大会的决定对事件发生时在该国登记或悬挂该国国旗的船舶无效。该声明可在此后任何时候撤回,并在该国成为上述新公约的缔约国时,不再发生效力。

5. 符合第3款所规定的某一公约的修正案的要求,或符合新公约要求的船舶,当该修正案或公约拟行全部或部分替换该公约时,就第3款而言,应认为符合该公约的要求。

6. 当"本基金"根据第2款作为保证人,已按责任公约付出油污损害赔偿金时,如果按第3款规定免除其按第1款对船舶所有人补偿的义务时,应有权在可免除的范围内向船舶所有人收回该赔偿金。

7. 船舶所有人主动防止或减少油污损害而合理支出的费用和所作的合理牺牲,就本条而言,应视为已包括在船舶所有人的责任之内。

第6条

1. 如不在事故发生之日起3年内按第4条或第5条提起诉讼或按第7条第6款作出通知,则按第4条取得赔偿或按第5条取得补偿的权利即行消失。但是,决不能在造成损害的事件发生之日起6年后起诉。

2. 虽有第1款规定,船舶所有人或其保证人根据第5条第1款要求“本基金”补偿的权利,决不能在船舶所有人或其保证人得知根据责任公约对其进行起诉之日满6个月之前消失。

第7条

1. 按照本条的下列规定,根据本公约第4条或第5条对“本基金”提出的赔偿或补偿的诉讼,只能向根据责任公约第IX条的规定,有权管辖向对事件造成的油污损害应负赔偿责任,或者若无责任公约第III条第2款规定,便本应负赔偿责任的船舶所有人提起的诉讼的法院提出。

2. 各缔约国应保证其法院有必要的管辖权,以便受理第1款所述的对“本基金”提起的诉讼。

3. 当向责任公约第IX条规定的主管法院提出对船舶所有人或其保证人油污损害赔偿的诉讼时,该法院应就同一损害按本公约第4条或第5条对“本基金”的赔偿或补偿的任何诉讼,具有专属管辖权。但是,当按照责任公约,向责任公约的缔约国但非本公约的缔约国,提起油污损害赔偿诉讼时,任何根据本公约第4条或第5条第1款向“本基金”提起的诉讼,可由索赔人选择向“本基金”设有总部的国家法院提起,或根据责任公约第IX条的规定向本公约缔约国内的任何主管法院提起。

4. 各缔约国应保证“本基金”有权作为一方参与根据责任公约第IX条向该国主管法院提出的对某一船舶所有人或其保证人的任何诉讼。

5. 除第6款另有规定外,“本基金”应不受对其未曾作为一方的诉讼所做的任何判决或决定,或者对其未曾作为一方的和解的约束。

6. 在无损于第4款所规定的情况下,当根据责任公约向缔约国主管法院对船舶所有人或其保证人提出油污损害赔偿诉讼时,应按该国法律授权诉讼各方将这一诉讼通知“本基金”。当按受理的法院所在地法律所要求的手续做出该通知,并在这样的时间和情况下,即事实上“本基金”已能实际作为诉讼的一方参与时,法院在诉讼中作出的任何判决在作出判决的国家已成为终局和可以实施以后,即使“本基金”并未实际参与诉讼,但该判决在“本基金”对其中的事实与判定不持异议的情况下,对“本基金”具有约束力。

第8条

根据第4条第5款所指的有关分配问题的任何决定,按照第7条第1款和第3款,具有管辖权的法院对“本基金”的任何判决,当它已在原缔约国可以实施和在该国不再受普通方式复审时,应在各缔约国中以与责任公约第X条所规定的同等条件,得到承认和实施。

第9条

1. 按本公约第4条第1款付出油污损害赔偿金后,根据第5条“本基金”应以代位方式取得受偿人按照责任公约对船舶所有人或其保证人所享有的权利。

2. 本公约不应损害“本基金”对前款所述以外的人员的追偿权或代位求偿权。“本基金”对该人的代位求偿权,无论如何不应少于接受赔偿或补偿的人的保险人具有的权利。

3. 在无损于对可能存在的“本基金”的任何其他代位求偿权或追偿权的情况下，按照国家法律的规定已付出油污损害赔偿的缔约国或其代理机构，应以代位方式获得受偿人按本公约所享的权利。

摊　款

第10条

1. 每一缔约国对“本基金”的摊款，应由在第11条第1款所指的日历年度中(就初次摊款而言)，或在第12条第2款第(a)或(b)项所指的日历年度中(就年度摊款而言)，

(a) 在该国领土内的港口或油站收到从海上运至这些港口或油站的摊款石油；和

(b) 在位于该缔约国领土内的任何油站，收到从海上运来而卸于非缔约国港口或油站的摊款石油(但这种摊款石油只应按照本款计入在该非缔约国卸载后第一个收到该项石油的缔约国的摊款石油量中)总量超过15万吨的任何人交付。

2. (a) 就第1款而言，当在缔约国领土内任何人在一个日历年度所收到的摊款石油量与该年度在此同一缔约国中的任何联营人所收到的摊款石油量合计超过15万吨时，即使此人收到的数量不超过15万吨，也应按其所收到的实际数量交付摊款。

(b) “联营人”一词意为任何附属机构或共同控制的实体。某人是否属于本定义中的“关系人”应根据有关国家的法律予以确定。

第11条

1. 关于各缔约国的初次摊款应按第10条所述每人所需缴纳的金额计算；每人所缴金额，应以其在本公约对该缔约国生效以前的一个日历年内所收到的摊款石油的每吨固定金额为基础计算。

2. 第1款所述金额，应由大会在本公约生效后两个月内决定。为完成这一任务，大会应在可能范围内，以初次摊款总额达到7500万法郎(如根据世界海运摊款石油量的90%计算摊款)的方法确定金额。

3. 各缔约国应在本公约对该国生效之日后3个月交付初次摊款。

第12条

为了估算按第10条所述每人所应缴纳的年度摊款金额和考虑到维持足够的流动基金的需要，大会须于每一日历年以预算的形式对下列项目作出估计：

(i) 经费：

(a) 在有关年份中“本基金”的管理成本及费用，和上年业务中的任何亏欠；

(b) 在有关年份中，须由“本基金”支付的为满足第4条或第5条对“本基金”提出的索赔而应付的款项，包括偿还“本基金”以前为满足该索赔而贷的款项，但以任一事件的索赔总额不超过1500万法郎为限；

(c) 在有关年份中，须由“本基金”支付的为满足按第4条或第5条对“本基金”提出的索赔而应付的款项，包括偿还“本基金”以前为满足该索赔而借贷的款项，但以任一事件的索赔总额超过1500万法郎为限；

(ii) 收入：

(a) 在以前各年业务中的基金剩余，包括各项利息；

(b) 在本年中应交付的初次摊款;

(c) 在需要平衡预算时的年度摊款;

(d) 各项其他收入。

2. 关于第十条所述的每人年度摊款金额,应由大会决定,而且,就每一缔约国而言,应当

(a) 在摊款是为了满足本条第1款(i) 第(a)和(b)项中所述款项的范围内,以有关国家中这些人在前一日历年度所收到的摊款石油,以每吨的固定金额为基础计算;和

(b) 在摊款是为了满足本条第1款(i) 第(c)项中所述款项的范围内,以该人在有关事件发生的前一日历年度所收到的摊款石油,以每吨的固定金额为基础计算,只要该国在事件发生之日系本公约的缔约国。

3. 以上第2款所述金额,应按需要摊款的总金额除以有关年度各缔约国接受的摊款石油总额计算。

4. 大会应决定年度摊款中应立即以现金交付的部分,并决定交付的日期。每一项年度摊款的剩余部分,应在接到干事的通知后交付。

5. 在某些情况下,干事可在"本基金"内部条例所规定的条件下,要求摊款人提供其应付款额的财务保证。

6. 根据第4款规定交付的款项,应向所有个别摊款人按其应负担的份额提出要求。

第13条

1. 按照第12条应付的任何摊款和欠款都负担利息,其利率应由大会按日历年决定,但对不同的情况可确定不同的利率。

2. 各缔约国应保证履行因在该国领土收到石油而根据本公约所引起的对"本基金"摊款的义务,并应根据本国法律采取适当措施,包括必要时给予制裁,以便有效地履行该项义务,但是,只应对有向"本基金"交付摊款义务的人采取这种措施。

3. 当按第10条和第11条的规定,某人应向"本基金"交付摊款而未履行关于交付该摊款或其任何部分的义务并拖欠超过三个月时,干事应代表"本基金"对该人采取一切相应的行动,以便得到其应交付的金额。但是,当不履行责任的摊款人显然无力缴纳,或在其他认为正当的情况下,经干事建议,大会可决定对摊款人不采取或不继续采取行动。

第14条

1. 各缔约国可在交存其批准或加入书时,或在以后的任何时间,声明由其自身承担有关在该国领土上收到的石油,按照本公约第10条第1款的规定本应由向"本基金"交付摊款的任何人所应尽的义务。该声明应以书面写成,并载明哪些义务由其承担。

2. 本公约按第40条的规定生效之前根据第1款做出声明时,该声明应交本组织秘书长收存。本组织秘书长应在本公约生效后将该声明通知干事。

3. 在本公约生效后按照第1款所做的声明应交干事收存。

4. 按本条所做的声明,有关国家可以书面通知干事予以撤回。该通知应在干事收到之日三个月后生效。

5. 受本条声明约束的任何国家,在主管法院就声明中所载任何义务对它提出的任何诉讼中,应放弃本来有权援引的任何豁免。

第15条

1. 各缔约国应保证将任何在其领土上接受的"摊款石油"达到应对"本基金"有摊款义

务的人,载入干事根据本条以下规定所制定并保持时效的表格内。

2. 为达到第 1 款所述目的,各缔约国应以在内部条例所规定的一定时间和方式,将该国按第 10 条有对"本基金"摊款义务的任何人的姓名和通讯处,以及在上一日历年度该人收到"摊款石油"的有关数量的资料通知干事。

3. 为了证实在一定时间内谁是按照第 10 条第 1 款有义务向"本基金"摊款的人,并为在决定他们的摊款金额时确定其应计入计算的油量,该表应为其中所列事实的初步证据。

组织和管理

第 16 条

"本基金"设有一个大会、一个以干事为首的秘书处,以及按照第 21 条规定的一个执行委员会。

大　会

第 17 条

大会应由本公约所有缔约国组成。

第 18 条

除第 26 条另有规定外,大会的职责为:

1. 在每届常会召开期间,选举主席一人和副主席一人,任期至下届常会召开时为止;

2. 根据本公约规定,决定大会议事规则;

3. 通过为正确行使"本基金"职责所需的内部条例;

4. 任命干事,并为必要的其他人员的任命和决定干事及其他人员的工作期限和条件,做出规定;

5. 通过年度预算和确定年度摊款;

6. 委任审计员并核准"本基金"账目;

7. 批准对"本基金"索赔的清付,确定按第 4 条第 5 款赔偿的有效金额在索赔人中的分配,并确定期限和条件,据以作出对索赔的临时付款,以保证油污损害的受害人尽快得到赔偿;

8. 根据第 21 条、第 22 条和第 23 条规定,在大会成员中选举执行委员会委员;

9. 在认为必要时设立任何临时性或永久性的附属机构;

10. 决定应参加(无表决权)大会、执行委员会和附属机构会议的非缔约国和政府间及其政府性国际组织;

11. 对干事、执行委员会和附属机构给予有关"本基金"管理工作的指示;

12. 审查和批准执行委员会的报告和活动;

13. 监督本公约和大会决定的正确执行;

14. 执行根据本公约所分派给大会的,或"本基金"正常业务所必需完成的其他方面的任务。

第 19 条

1. 大会常会每一日历年度开会一次，由干事召集；但如大会将第 18 条第 5 款所规定的任务交付执行委员会时，大会常会可每二年召开一次。

2. 经执行委员会或至少 1/3 大会会员的要求，干事应召集大会特别会议；干事在与大会主席协商后，也可主动召集大会特别会议。干事至少在会议召开前 30 天向各会员发出通知。

第 20 条

大会会员的多数构成其会议的法定人数。

执行委员会

第 21 条

在缔约国达到 15 个国家之日后，大会应在第一次常会上成立执行委员会。

第 22 条

1. 执行委员会应由大会 1/3 的成员组成，但不少于 7 名亦不多于 15 名。当大会成员国数目不能被三除尽时，此 1/3 应按下一可被三除尽的较大数计算。

2. 选举执行委员会委员时，大会应：

(a) 以特别易于遭受油污危险的缔约国，和拥有大油轮船队的缔约国的适当代表为基础，做好委员会席位的公平的地理分配；并且

(b) 应从在其领土上于上一日历年度按照第 10 条计算收到大石油量的缔约国中，选出委员会的半数委员。如所选委员总数是单数，则该委员会数应与总数减一的半数相同，但按照符合本项被选条件的国家数应限制在下表范围之内。

委员会中成员国总数	符合(b)项被选条件的国家数	按(b)项被选国家数
7	5	3
8	6	4
9	6	4
10	8	5
11	8	5
12	9	6
13	9	6
14	11	7
15	11	7

3. 符合被选条件的大会成员按第(b)项未当选时，对执行委员会的任何剩余席位都无被选权。

第 23 条

1. 执行委员会委员的任期至下届大会常会结束时为止。

2. 除为符合第 22 条的要求者外，大会成员国不应在执行委员会中连任两次以上。

第 24 条

执行委员会每一日历年度中至少应开会一次，由干事根据其本人的动议，或者主席或至

少 1/3 成员的请求,在通知发出 30 日后于适宜地点召开。

第 25 条

执行委员会会议的法定人数至少应由 2/3 的成员构成。

第 26 条

1. 执行委员会的职责为:

(a) 除本公约另有规定外,选举本委员会的主席和通过本身的议事规程;

(b) 代表大会承担并行使以下职权:

(i) 对干事以外人员的任命做出必要的规定,并决定此项人员的工作期限和条件;

(ii) 批准对"本基金"索赔的清付,并采取第 18 条第 7 款中规定的有关此项索赔的所有步骤;

(iii) 给予干事有关"本基金"的管理、监督本公约和大会决定以及委员会本身决定的正确执行等方面的指导。

(c) 完成大会分配的其他任务。

第 27 条

非执行委员会的大会成员,有权作为观察员参加委员会的会议。

秘 书 处

第 28 条

1. 秘书处应由干事和"本基金"的管理工作所需的职员组成。

2. 干事应为"本基金"的法定代表。

第 29 条

1. 干事为"本基金"的首席管理官员,根据大会和执行委员会的指示,完成本公约、内部条例、大会和执行委员会分派给他的任务。

2. 干事有以下特定职责:

(a) 委托"本基金"管理工作所需的人员;

(b) 采取各种适当措施以正确管理"本基金"的资产;

(c) 按本公约特别是依照第 13 条第 3 款的规定收集应收的摊款;

(d) 在处理对"本基金"的索赔和完成"本基金"的其他任务所必需的范围内,聘请法律、财务和其他专家担任工作;

(e) 采取各种适当措施,在内部条例所规定的限度和条件范围内,处理对"本基金"的索赔,包括未经大会或执行委员会预先批准(当该条例为此规定时)的索赔的最后清付;

(f) 根据情况做好每一日历年度的财务报告书和预算,提交大会或执行委员会;

(g) 协助执行委员会准备第 26 条第 2 款所规定的报告;

(h) 准备、收集和散发大会、执行委员会和附属单位工作上可能需要的文件、公文、议程、记录和资料。

第 30 条

干事及其所委任的职员和专家,在执行职务时不应寻求或接受任何政府或"本基金"外的任何官方的指示。他们应力戒任何可能对其作为国际官员地位发生不良影响的行动。各缔约国应尊重干事及其所委任的职员和专家责任的特有国际性质,而不要影响他们履行职务。

财　务

第31条

1. 各缔约国应负担本国出席大会的代表和执行委员会及附属机构中代表的薪金、旅费和其他费用。

2. “本基金”工作中所发生的任何其他费用应由“本基金”负担。

表　决

第32条

在大会和执行委员会的表决中,适用以下规定:

(a) 每一会员有一票表决权;

(b) 除第33条另有规定外,大会和执行委员会的决定须由到会并投票的会员多数做出;

(c) 要求由3/4或2/3多数做出的决定,应由到会会员3/4或2/3多数做出;

(d) 就本条而言,“到会会员”一词,意为“在表决时到会的会员”;“到会并投票的会员”一词意为“到会并投赞成票或反对票的会员”。投弃权票的会员被认为未参加投票。

第33条

1. 大会下述决定需要3/4多数作出:

(a) 根据第4条第6款对“本基金”付出赔偿的最高金额的增加;

(b) 根据第5条第4款所述关于文件的替换问题的决定;

(c) 第18条第5款中规定的对执行委员会任务的分配。

2. 大会下述决定需要2/3多数作出:

(a) 根据第13条第3款决定,对某摊款人不采取或不继续采取行动;

(b) 根据第18条第4款任命干事;

(c) 根据第18条第9款设立附属机构。

第34条

1. “本基金”、它的资产、收入(包括摊款)和其他财产,在各缔约国中应享受免除各种直接税的待遇。

2. 当“本基金”进行动产或不动产的大量购置,或在执行公务行动所必需进行的重要工作中,对所付费用中包括间接税或营业税时,会员国政府应尽可能采取适当措施以免除或偿还该项税款。

3. 对只在公用事业中交付的各项税费,不应给予豁免。

4. 对“本基金”或代表“本基金”为其公务用途而进出口的物品所征收的关税和其他有关捐税,“本基金”享有豁免待遇。该进口物品除按该国政府同意的条件之外,不应在进口国领土上作为酬劳或免费转让。

5. 向“本基金”摊款的人和受“本基金”赔偿的受害人和船舶所有人,应根据该国会计法纳税,对此无特殊豁免或其他便利。

6. 为本公约的目的而提供的有关个人摊款的资料,不得向“本基金”以外泄漏,但为使“本基金”能完成它的任务,包括诉讼中控告或答辩的任务在内而确定需要者除外。

7. 缔约国对“本基金”任何摊款或“本基金”付出的任何赔偿金,应授权批准汇划或支付,而不受现行或此后有关货币或汇划条例的任何限制。

过渡规定

第35条

1. 对本公约生效后120日以内所发生的第4条或第5条中的事件,“本基金”不负担任何义务。

2. 本公约生效后120日以后但不迟于240日所发生的事件,根据第4条关于赔偿金的要求和根据第5条关于补偿金的要求,不应在本公约生效后第240日以前向“本基金”提出。

第36条

本组织秘书长应召集大会第一次会议。本次会议应于本公约生效后尽快召开,且在任何情况下不应超过公约生效后30天。

最后条款

第37条

1. 本公约对已在责任公约上签字或已加入该公约各国,以及对参加1971年设立国际油污损害赔偿基金会议的国家开放,以供签字。本公约在1972年12月31日前继续开放,以供签字。

2. 本公约应根据第4款由已签字的国家批准、接受或核准。

3. 本公约根据第4款对未签字的国家开放,以供加入。

4. 本公约只能由已批准、接受、核准或加入责任公约各国批准、接受、核准或加入。

第38条

1. 批准、接受、核准或加入,应在正式文件交本组织秘书长收存后生效。

2. 凡在本公约某一修正案对现有缔约国生效之后,或在修正案对缔约各国生效所必需的措施完成之后交付的批准、接受、核准或加入书,应被认为适用于经修正的公约。

第39条

本公约生效前,任一国家在交存第38条第1款所述文件时,以及随后每年在本组织秘书长指定的日期内,应将该国按第10条规定负责向“本基金”摊款之人的姓名和地址,连同前一日历年度中在该国领土上其所接受的摊款石油有关数量资料,通知秘书长。

第40条

1. 本公约自下列要求完成之日后第90日起生效:

(a) 至少已有8个国家向本组织秘书长交存批准、接受、核准或加入书,而且

(b) 本组织秘书长已接到按照第39条的通知,表明这些国家中按照第10条应负责摊款

的人,在前一日历年度已收到的摊款石油总量至少达7.5亿吨。

2. 本公约不得在责任公约生效以前生效。

3. 对以后批准、接受、核准或加入的每一国家,本公约应自该国交存适当文件后第九十日起生效。

第41条

1. 任何缔约国在本公约对该国生效之后,可随时退出本公约。

2. 退出本公约应向本组织秘书长交存文件。

3. 退出本公约应在向本组织秘书长交存文件一年后,或文件中规定的较此为长的期限后生效。

4. 退出责任公约应视为退出本公约。这种退出应自根据责任公约第XVI条第3款退出该公约生效之日起同时生效。

5. 尽管缔约国根据本条退出本公约,本公约第10条关于摊款义务的任何规定,应继续适用于第12条第2款第(b)项所述并在退出生效前发生的事件。

第42条

1. 任何缔约国在某一退出文件交存后90日以内,如认为其退出将导致其余缔约国的摊款幅度大量增加,可要求干事召开大会特别会议。干事应在接到这一要求后不迟于60日内召开大会。

2. 如干事认为这种退出将导致其余缔约国的摊款幅度大量增加,可在任何退出文件交存后60日内主动召开大会特别会议。

3. 如大会在按照第1款或第2款所召开的特别会议上确定,退出将导致其余缔约国的摊款幅度大量增加,任一其余缔约国可在该退出生效日期前不迟于120日内退出本公约,并与该退出生效日期同时生效。

第43条

1. 本公约应自缔约国数目降至3个以下之日起停止生效。

2. 在本公约停止生效之日前受本公约约束的缔约国,应使"本基金"能行使其第44条所规定的职能,并只为此目的继续受本公约约束。

第44条

1. 如本公约停止生效,则"本基金"应当:

(a) 偿付在本公约失效前发生的任何事件的债务;

(b) 为在偿付第(a)项规定的债务(包括"本基金"为此目的所需的管理费用)所需的摊款范围内,有权对摊款行使权利。

2. 大会应采取一切适当措施完成"本基金"的结束工作,包括将任何剩余资产在"本基金"摊款人中进行公平分配。

3. 为了执行本条规定,"本基金"应保持其法人地位。

第45条

1. 以修订或修正本公约为目的的会议,可由本组织召开。

2. 经不少于1/3缔约国提出要求,本组织应召开缔约国会议,修正或修改本公约。

第 46 条

1. 本公约应交本组织秘书长保存。

2. 本组织秘书长应当：

(a) 通知已在本公约上签字或加入本公约的所有国家；

(i) 每一新的签字或新交存的文件及其日期；

(ii) 本公约生效日期；

(iii) 任何对本公约的退出和退出的生效日期；

(b) 将本公约核证无误的副本分送所有签字国和加入本公约的国家。

第 47 条

本公约一经生效，本组织秘书长应将核证无误的副本送交联合国秘书处，以便根据联合国宪章第 102 条登记和公布。

第 48 条

本公约原文共一份，用英文和法文写成，两种文本具有同等效力。俄文和西班牙文的正式译文应由本组织秘书长制成并与签字后的文本一并保存。

下列签名的全权代表，经为此正式授权，特签署本公约，以昭信守。

1971 年 12 月 18 日订于布鲁塞尔。

（资料来源：胡正良主编：《国际海事条约汇编》第六卷，大连海运学院出版社 1994 年版，第 331—345 页。）

设立国际油污损害赔偿基金国际公约的 1976年议定书(1976)

Protocol of 1976 to the International Convention on the Establishment of an International Fund for Compensation for Oil Pollution Damage, 1971, 1976

（1976年11月17日至19日原政府间海事协商组织在伦敦召开的修订1971年设立国际油污损害赔偿基金的国际公约中计算单位会议上通过。）

本议定书各缔约方，

经考虑1971年12月18日在布鲁塞尔制定的设立国际油污损害赔偿基金的国际公约，

兹协议如下：

第Ⅰ条

在本议定书中，

1. “公约”系指1971年设立国际油污损害赔偿基金的国际公约。
2. “责任公约”与公约中的含义相同。
3. “本组织”与公约中意义相同。
4. “秘书长”系指本组织秘书长。

第Ⅱ条

下列文字代替公约第1条第4款：

“计算单位”或“货币单位”视其情况，系指经1976年11月19日通过的议定书所修正的责任公约中第Ⅴ条所述的计算单位或货币单位。

第Ⅲ条

公约中所述的金额，无论在何处出现，均修正如下：

(a) 第4条

(i) 用“3000万计算单位或4.5亿货币单位”代替“4.5亿法郎”；

(ii) 用“6000万计算单位或9亿货币单位”代替“9亿法郎”。

(b) 在第5条中：

(i) 用“100计算单位或1500货币单位”代替“1500法郎”；

(ii) “用833.3万计算单位或1.25亿货币单位”代替“1.25亿法郎”；

(iii) 用“133 计算单位或 2000 货币单位”代替“2000 法郎”;

(iv) 用“1400 万计算单位或 2.1 亿货币单位”代替“2.1 亿法郎”;

(c) 在第 11 条中,用“500 万计算单位或 7500 万货币单位”代替“7500 万法郎”;

(d) 在第 12 条中用“100 万计算单位或 1500 万货币单位”代替“1500 万法郎”。

第Ⅳ条

1. 本议定书将开放供任何已签署或加入公约的国家和任何应邀参加于 1976 年 11 月 17 日至 19 日在伦敦召开的修订 1971 年设立国际油污损害赔偿基金的国际公约计算单位会议的国家签字。本议定书自 1977 年 2 月 1 日起至 1977 年 12 月 31 日止在本组织总部开放,以供签字。

2. 除本条第 4 款另有规定外,本议定书有待已签署本议定书的国家批准、接受或核准。

3. 除本条 4 款另有规定外,本议定书应开放供未签署本议定书的国家加入。

4. 本议定书可由公约各缔约国批准、接受、核准或加入。

第Ⅴ条

1. 批准、接受、核准或加入应向秘书长交存一份相应的正式文件。

2. 在本议定书修正案对所有现有缔约国生效之后,或者在本修正案对所有现有缔约国的生效所需的各种手续完备之后,任何交存的批准、接受、核准或加入文件应视为适用于经修正案修改的本议定书。

第Ⅵ条

1. 本议定书将在下列条件满足之日后第 90 天,对批准、接受、核准或加入本议定书的国家生效。

(a) 至少 8 个国家已向秘书长交存批准、接受、核准或加入书,并且

(b) 秘书长根据公约第 39 条已收到的资料表明,在这些国家中,根据公约第 10 条规定有义务缴纳摊款的人,在前一日历年度内接收的摊款油类总量至少达到 7.5 亿吨。

2. 但是,本议定书在公约生效前不得生效。

3. 对于每个随后批准、接受、核准或加入本议定书的国家,本议定书应自这些国家交存相应文件之日起 90 天后生效。

第Ⅶ条

1. 任何缔约国可在本议定书对其生效之后,随时退出本议定书。

2. 退出应向秘书长交存一份文件,方为有效。

3. 退出应在向秘书长交存退出文件 1 年后生效,或在退出文件中载明的更长的期限之后生效。

第Ⅷ条

1. 修订或修正本议定书的会议,可由本组织召开。

2. 经不少于 1/3 的缔约国的要求,本组织应召开本议定书的缔约国会议,对其进行修订或修正。

第Ⅸ条

1. 本议定书应交秘书长保存。

2. 秘书长应:

(a) 将下列事项通知所有已签署或加入本议定书的国家:

(i) 每一新的签署或新的文件的交存及其日期;

(ii) 本议定书的生效日期;

(iii) 任何退出本议定书的文件的交存及退出的生效日期;

(iv) 本议定书的任何修正案;

(b) 将本议定书的核证无误的副本送交所有签署或加入本议定书的国家。

第X条

本议定书一经生效,秘书长应按照《联合国宪章》第102条的规定,将本议定书的核证无误的副本送交联合国秘书处,供登记和公布。

第XI条

本议定书正本一份,用英文和法文写成,两种文本具有同等效力。俄文和西班牙文的正式译本应由本组织秘书处译就并与经签署的正本一并交存。

1976年11月19日订于伦敦

下列署名者,经正式授权,特签署本议定书,以昭信守。

决　议

修正1971年设立国际油污损害赔偿基金国际公约中计算单位规定的会议,

考虑到货币贬值会在很大程度上影响公约中确立的金额,

建议各参加国政府考虑此问题,为及时修正这些金额,设立特别的和有效的程序,以稳定其实际价值。

(资料来源:胡正良主编:《国际海事条约汇编》第六卷,大连海运学院出版社1994年版,第346—348页。)

修正设立国际油污损害赔偿基金国际公约的1984年议定书(1984)

Protocol of 1984 to Amend the International Convention on the Establishment of an International Fund for Compensation for Oil Pollution Damage, 1971, 1984

(1984年4月30日至5月25日国际海事组织在伦敦召开的外交会议上通过。经本议定书修正后的1971年设立国际油污损害赔偿基金的国际公约,称为1984年设立国际油污损害赔偿基金的国际公约。)

本议定书各缔约国,

考虑到为改进适用范围和提高赔偿限额,需要对1971年12月18日定于布鲁塞尔的关于设立国际油污损害赔偿基金的国际公约进行修订,

认识到各缔约国为使修正后的公约与原公约在过渡时期一并存在并对原公约进行补充而作出安排的益处,

确信由于船舶在海上运输散装油类而产生的污染损害的经济后果应继续由航运业和货油企业分担,

注意到修正1969年国际油污损害民事责任公约的1984年议定书已获通过,

兹协议如下:

第1条

本议定书各条所修正的公约是1971年设立国际油污损害赔偿基金国际公约,以下称为"1971年基金公约"。就1971年基金公约的1976年议定书的缔约国而言,这种提法应被认为包括经该议定书修正的1971年基金公约。

第2条

《1971年基金公约》第1条修正如下:

1. 用下列文字代替第1款:

(1)"1984年责任公约"是指1984年国际油污损害民事责任公约。

2. 在第1款之后,加上新款如下:

(1)之二,"1971年基金公约"是指1971年设立国际油污损害赔偿基金国际公约。就该公约的1976年议定书的缔约国而言,应被认为包括经该议定书修正的《1971年基金公约》。

3. 用下列文字代替第2款:

(2)“船舶”、“人”、“船舶所有人”、“油类”、“油污损害”、“预防措施”、“事件”和“本组织”等名词的含义与1984年责任公约第Ⅰ条有关名词的含义相同。

4. 用下列文字代替第4款:

(4)“计算单位”与1984年责任公约第Ⅴ条第9款所定含义相同。

5. 用下列文字代替第5款:

(5)“船舶吨位”与1984年责任公约第Ⅴ条第10款所定含义相同。

6. 用下列文字代替第7款:

(7)“保证人”是指根据1984年责任公约第Ⅶ条第1款为船舶所有人的赔偿责任提供保险或其他财务保证的人。

第3条

《1971年基金公约》第2条修正如下:

用下列文字代替第1款:

(1) 定名为“1984年国际油污赔偿基金”(以下称为“本基金”)的,用于赔偿污染损害国际基金是为下列目的而设立:

(a) 为1984年责任公约所提供保护的不足部分提供污染损害赔偿;

(b) 为实现本公约所规定的有关目的。

第4条

用下列文字代替《1971年基金公约》第3条:

本公约专门适用于:

(a) 在下列区域造成的污染损害:

(i) 缔约国的领土,包括领海;以及

(ii) 缔约国根据国际法设立的专属经济区;如果缔约国尚未设立这种区域,则为该国根据国际法所确定的超出并与其领海毗连的区域,而自该国测量其领海宽度的基线算起,外延不超过200海里;

(b) 为预防或减轻这种损害而在任何地方采取的预防措施。

第5条

修正《1971年基金公约》第4条至第9条的标题,删去“和补偿”。

第6条

《1971年基金公约》第4条修正如下:

1. 在第1款中,提到“责任公约”的五处均改为“1984年责任公约”。

2. 用下列文字代替第3款:

(3) 如经本基金证明,污染损害是全部或部分地由于受害人故意造成损害的行为或不为或由于受害人的疏忽所引起,本基金可全部或部分地免除对此人赔偿的义务。在任何情况下,本基金均可在船舶所有人按照1984责任公约第Ⅲ条第3款免除责任的范围内,免除其责任。但是,就预防措施而言,本基金不得享有此种免除。

3. 用下列文字代替第4款:

(4) (a) 除本款第(b)和第(c)项另有规定外,本基金按照本条对任一事件应付的赔偿总金额应有限制,即该总金额加上按照1984年责任公约在本公约第3条规定的适用范围内对污染损害所实际付出的赔偿金额不得超过1.35亿计算单位。

(b) 除第(c)项另有规定外,对于特殊的、不可避免的和不可抗拒的自然现象造成的污染损害,本基金按照本条应付的赔偿总额不得超过 1.35 亿计算单位。

(c) 如果在本公约三个缔约国的领土内的人所接收的有关摊款油类总量在前一日历年度等于或超过 6 亿吨,则不论发生何种事故,也不论何时发生事故,第(a)和第(b)项所述的最高赔偿金额应为 2 亿计算单位。

(d) 在计算本基金按照本条应付的最高赔偿金额时,不应把根据 1984 年责任公约第Ⅴ条第 3 款所设基金的应收利息考虑进去。

(e) 本条所述的金额应按照本基金大会决定支付赔偿金第一天的特别提款权与该国货币的比值折算成该国货币。

4. 用下列文字代替第 5 款:

(5) 如果向本基金提出的已成立的索赔金额超过根据第 4 款应付的赔偿总额,赔偿金额的分配应使任何已成立的索赔与其索赔人按照本公约所实际取得的赔偿金额之间的比例对所有索赔人均相同。

5. 用下列文字代替第 6 款:

(6) 本基金大会可以决定,在特殊情况下,即使船舶所有人未按照 1984 年责任公约第Ⅴ条第 3 款设立基金,也可支付根据本公约应付的赔偿金。在这种情况下,本条第 4 款第(e)项相应地适用。

第 7 条

删去《1971 年基金公约》的第 5 条。

第 8 条

《1971 年基金公约》第 6 条修正如下:

1. 在第 1 款中,删去该款编号和"或按第 5 条取得补偿"。

2. 删去第 2 款。

第 9 条

《1971 年基金公约》第 7 款修正如下:

1. 在第 1、3、4、和 6 款中,提到"责任公约"的七处均改为"1984 年责任公约。"

2. 在第 1 款中,删去"或按第 5 条取得补偿"。

3. 在第 3 款的第 1 句中删去"或补偿"和"或第 5 条"字样。

4. 在第 3 款的第 2 句中,删去"或第 5 条第 1 款"。

第 10 条

在《1971 年基金公约》第 8 条中,将"责任公约"改为"1984 年责任公约"。

第 11 条

《1971 年基金公约》第 9 条修正如下:

1. 用下列文字代替第 1 款

(1) 对于由本基金按照本公约第 4 条第 1 款对污染损害支付的任何赔偿金额,本基金应通过代位求偿取得受偿人根据 1984 年责任公约对船舶所有人或其担保人所能享有的权益。

2. 在第 2 款中,删去"或补偿"。

第 12 条

《1971 年基金公约》第 10 条修正如下:

用下列文字代替第 1 款的开头一句：

每一缔约国对本基金的年度摊款，应由在第 12 条第 2 款第(a)或第(b)项规定的日历年度中收到油类总量超过 150000 吨的人交付：

第 13 条

删去《1971 年基金公约》的第 11 条。

第 14 条

《1971 年基金公约》第 12 条修正如下：

1. 在第 1 款的开头一句中，删去"按第 10 条所述每人"。

2. 在第 1 款第(i)项第(b)和第(c)目中，删去"或第 5 条"，并用 400 万计算单位代替"1500 万法郎"。

3. 用下列文字代替第 2 款的开头一句：

大会应决定应收的摊款总额。根据大会决定，干事应对每一缔约国计算出第 10 条所述每人的年度摊款金额。

4. 用下列文字代替第 4 款：

(4) 年度摊款应在本基金内部条例规定的日期交付。大会可确定与上述日期不同的付款日期。

5. 用下列文字代替第 5 款：

(5) 大会可在本基金财务条例规定的条件下，决定在按第 12 条第 2 款第(a)项收到的基金和按第 12 条第 2 款第(b)项收到的基金之间转账。

6. 删去第 6 款。

第 15 条

《1971 年基金公约》第 13 条修正如下：

1. 用下列文字代替第 1 款：

(1) 按第 12 条应付而拖欠的任何摊款应负担利息，其利率按本基金的内部条例确定，但可对不同的情况定出不同的利率。

2. 在第 3 款中，用"第 10 条和第 12 条"代替"第 10 条和第 11 条"，并删去"超过三个月"。

第 16 条

在《1971 年基金公约》第 16 条中，增加新的第 4 款：

4. 如果一个缔约国未履行第 2 款所述的向干事提交通知的义务，并因此对本基金造成了财务损失，该缔约国应负有向本基金赔偿此种损失的责任。大会应根据干事的建议决定缔约国是否应支付这种赔偿金。

第 17 条

用下列文字代替《1971 年基金公约》第 16 条：

本基金应设有一个大会和一个以干事为首的秘书处。

第 18 条

《1971 年基金公约》第 18 条修正如下：

1. 删去第 8 款。

2. 用下列文字代替第 9 款：

(9) 在认为必要时设立任何临时性或永久性的附属机构,确定其职责范围,并授予它履行其受托职责所需要的权力;当任命此机构的成员时,大会应努力保证成员的公平的地理分布,并保证接收最大摊款油量的各缔约国均有适当的代表;大会议事规则可按实际情况作必要的改变或修正,以适用于这种附属机构的工作。

3. 在第 10 款中,删去“执行委员会”。

4. 在第 11 款中,删去“执行委员会”。

5. 删去第 12 款。

第 19 条

《1971 年基金公约》第 19 条修正如下:

1. 用下列文字代替第 1 款:

(1) 大会常会由干事召集,每一日历年度应开会一次。

(2) 在第 2 款中,删去“经执行委员会或”。

第 20 条

删去《1971 年基金公约》第 21 条至第 27 条以及这些条的标题。

第 21 条

《1971 年基金公约》第 29 条修正如下:

1. 用下列文字代替第 1 款:

(1) 干事为本基金的首席管理官员。遵照大会给予的指示,他应履行公约、本基金内部条例和大会赋予他的职责。

(2) 在第 2 款第(e)项中,删去“或执行委员会”。

(3) 在第 2 款第(f)项中,删去“根据情况”和“或执行委员会”等字样。

(4) 用下列文字代替第 2 款第(g)项:

(g) 在与大会主席协商的基础上起草并出版前一日历年度本基金的活动报告。

(5) 在第 2 款第(h)项中,删去“执行委员会”。

第 22 条

在《1971 年基金公约》第 31 条第 1 款中,删去“在执行委员会及”。

第 23 条

《1971 年基金公约》第 32 条修正如下:

1. 在开头一句中,删去“和执行委员会”。

2. 在第(b)项中,删去“和执行委员会”。

第 24 条

《1971 年基金公约》第 33 条修正如下:

1. 删去第 1 款。

2. 删去第 2 款的编号。

3. 用下列文字代替第(c)项:

(c) 根据第 18 条第 9 款设立附属机构和与设立这种机构有关的事项。

第 25 条

用下列文字代替《1971 年基金公约》第 35 条:

根据第 4 条提出的关于本公约生效后所发生事件的赔偿要求,不得在本公约生效后第

120天以前向本基金提出。

第26条

在《1971年基金公约》第36条之后,加列新的三条如下:

第36条之二

在本公约生效之日起至1971年基金公约1984议定书第31条规定的退出生效之日为止的期间(以下称为过渡期间),应适用下列过渡性条款:

(a) 在实施本公约第2条第1款第(a)项时,所提及的1984年责任公约应包括原本的或经1976年议定书修正的1969年国际油污损害民事责任公约(在本条中称为"1969年责任公约")和1971年基金公约。

(b) 如果一个事件造成了本公约范围内的污染损害,对于遭受污染损害的任何人,本基金仅在该人根据1969年责任公约、1971年基金公约和1984年责任公约的规定,未能取得全部和足够的损害赔偿金时,并在此限度内,给予赔偿。但是,就本公约范围内的污染损害而言,对于本公约的缔约国,但不是1971年基金公约的缔约国,而遭受污染损害的任何人,本基金仅在假定该国是上述每一公约的缔约国,而此人仍不能取得全部和足够的赔偿金时,并在此限度内,给予赔偿。

(c) 在实施本公约的第4条时,决定本基金应付的赔偿总额时,计入的金额应包括根据1969年责任公约实际支付的赔偿金额和根据1971年基金公约实际支付的或视为已支付的赔偿金额。

(d) 本公约第9条第1款还应适用于根据1969年责任公约所享有的权力。

第36条之三

尽管有本公约的规定,在1971年基金公约和本公约同时有效期间,下列规定适用于本基金的管理:

(a) 1971年基金公约(以下称为"1971年基金")设立的以干事为首的该基金秘书处也可履行本基金秘书处和干事的职责。

(b) 如果根据第(a)项,1971年基金的秘书处和干事也履行本基金秘书处和干事的职责,在1971年基金和本基金的利益发生冲突时,本基金的代表应是本基金大会的主席。

(c) 干事及其任命的工作人员和专家根据本公约和1971年基金公约履行其职责时,只要他们按照本条履行其职责,便不应被视为违反本公约第30条的规定。

(d) 本基金大会应努力做到不作出与1971年基金大会所作决定不相一致的决定。如果产生了关于共同管理问题的不同意见,本基金大会与1971年基金大会应以相互合作的精神,并考虑两个组织的共同目标努力达成一致意见。

(e) 如果1971年基金大会根据《1971年基金公约》第44条第2款作出决定,本基金可继承1971年基金的权利、义务和资产。

(f) 本基金应将1971年基金为本基金进行管理服务而产生的费用偿还1971年基金。

第36条之四　最后条款

本公约的最后条款应为1971年基金公约1984议定书的第28条至第39条。本公约所指的缔约国应被视为该议定书的缔约国。

第27条

1. 在本议定书各缔约国之间,1971年基金公约和本议定书应作为一个整体文件来理解和解释。

2. 经本议定书修正的《1971年基金公约》第1条至第36条之四应被称为1984年设立国际油污损害赔偿基金国际公约(1984年基金公约)。

最后条款

第28条 签字、批准等

1. 本议定书自1984年12月1日起至1985年11月30日止在伦敦开放,供已签署1984年责任公约的国家签字。

2. 除按第4款规定外,本议定书供已签署的国家批准、接受或核准。

3. 除按第4款规定外,本议定书对未签署的国家开放,以供加入。

4. 本议定书只能由已批准、接受、核准或加入1984年责任公约的国家批准、接受、核准或加入。

5. 批准、接受、核准或加入本议定书应在向本组织秘书长交存有关正式文件后生效。

6. 凡属本议定书的缔约国,但非属1971年基金公约缔约国的国家,对本议定书的其他缔约国而言,应受经本议定书修正的1971年基金公约的条款约束,但是,对1971年基金公约的缔约国而言,则不受1971年基金公约的条款约束。

7. 在经本议定书修正的1971年基金公约的一项修正案生效之后交存的任何批准、接受、核准或加入文件,应被视为适用于按此项修正案修改的经本议定书修正的公约。

第29条 摊款油类资料

1. 在本议定书对一个国家生效之前,该国在交存第28条第5款所述的文件,和在以后每年根据本组织秘书长决定的日期和根据经本议定书修正的1971年基金公约第10条规定,负责将本基金摊款的人的名称和地址,及其在前一日历年度在该国领土内接收有关摊款油量的资料,通知秘书长。

2. 在过渡期间,干事应每年将各缔约国根据经本议定书修正的1971年基金公约第10条负责缴纳本基金摊款的人所接收的摊款油量的资料,通知本组织秘书长。

第30条 生 效

1. 本议定书应自下列要求满足之日起12个月后生效:

(a) 至少已有8个国家向本组织秘书长交存了批准、接受、核准或加入书;

(b) 本组织秘书长根据第29条已收到的通知表明,根据经本议定书修正的1971年基金公约第10条负责缴纳摊款的人,在前一日历年度已收到的摊款油类总量至少达到6亿吨。

2. 但是,本议定书不得在1984年责任公约生效以前生效。

3. 对于在第1款规定的生效条件满足之后批准、接受、核准或加入本议定书的每一国家,本议定书应自该国交存有关文件之日起12个月后生效。

4. 任何国家可在交存本议定书的批准、接受、核准或加入文件时声明,该项文件不得在第31条规定的6个月期间结束之前生效。

5. 根据上款作出声明的任何国家,可在任何时候以送交本组织秘书长一份通知的形式撤回其声明。这种撤回均在接到通知之日生效。作出这种撤回的任何国家,即应被视为已在该日交存了本议定书的批准、接受、核准或加入文件。

6. 根据1969年责任公约1984年议定书第13条第2款作出声明的任何国家,应被视为亦即根据本条第4款作出了声明。根据上述第13条第2款对声明的撤回,应被视为亦即根据本条第5款作出了撤回。

第31条 退出1969年和1971年公约

根据第30条,在下列要求满足之日后的6个月内:

(a) 不论是否根据第30条第4款,至少有8个国家已成为本议定书的缔约国或已向本组织秘书长交存了批准、接受、核准或加入文件;

(b) 本组织秘书长按照第29条已收到的通知声明,根据经本议定书修正的1971年基金公约第10条负责或行将负责缴纳摊款的人,在前一日历年度已收到的摊款油量总量至少已达到7.5亿吨;

不论是否根据第30条第4款,本议定书的每一缔约国和已交存批准、接受、核准或加入文件的每一国家,如属1971年基金公约和1969年责任公约的缔约国,应退出这两个公约。退出应在上述的6个月期间届满之时起12个月后生效。

第32条 修订和修正

1. 修订或修正1984年基金公约的会议,可由本组织召开。

2. 经不少于1/3的缔约国的要求,本组织应召开修订或修正1984年基金公约的缔约国会议。

第33条 对赔偿限额的修正

1. 经至少1/4的缔约国要求,对于经本议定书修正的公约第4条第4款规定的赔偿限额的任何修正提案,应由秘书长散发给本组织的所有成员国和所有缔约国。

2. 按上述规定提出和散发的任何修正案应在散发之日起至少6个月之后交由本组织法律委员会审议。

3. 经本议定书修正的本公约的所有缔约国,不论是否为本组织的成员国,均有权参加法律委员会审议和通过修正案的活动。

4. 修正案应在按第3款规定扩大的法律委员会上,经出席并投票的缔约国的2/3多数通过,但投票时至少应有缔约国的半数出席会议。

5. 就修正限额的提案采取行动时,法律委员会应考虑事件的经过,特别是事件所造成的损害金额和币值的变化。它还应考虑经本议定书修正的本公约第4条第4款的限额和1984年国际油污损害民事责任公约第V条第1款的限额之间的关系。

6. (a) 对本条限额的任何修正案,不得在本议定书开放签字之日起5年之内或按本条作出的前一修正案生效之日起5年之内予以审议。根据本条提出的任何修正案,不得在本议定书生效之前予以审议。

(b) 任何限额的增长,均不得超过按照经本议定书修正的本公约规定的限额,从本议定书开放签字之日起,以每年递增6%计算而达到的数额。

(c) 任何限额的增长,均不得超过经本议定书修正的本公约所规定限额的三倍。

7. 根据第4款通过的任何修正案,应由本组织通知所有缔约国。修正案在通知之日起经过十八个月之后,应被视为已被接受,除非在此期间内,有不少于1/4的、在委员会通过修正案时是缔约国的国家,通知本组织拒绝接受该修正案,在此种情况下,该修正案即被拒绝,并属无效。

8. 根据第 7 款已被视为获得接受的修正案应在接受后 18 个月生效。

9. 所有缔约国均应受该修正案的约束,除非它们根据第 34 条第 1 款和第 2 款在修正案生效之前至少 6 个月退出本议定书,而此种退出应在修正案生效时生效。

10. 当一项修正案已被委员会通过,但 18 个月的接受期限尚未届满时,如该修正案已生效,则在此期间成为缔约国的国家应受其约束。在此期间之后成为缔约国的国家,应受根据第 7 款获得接受的修正案的约束。在本款所指的情况下,缔约国在修正案生效时,或在本议定书对该国生效时(如发生在后),即受该修正案的约束。

第 34 条 退 出

1. 任何缔约国,在本议定书对其生效之日以后,可随时退出本议定书。

2. 退出本议定书,应在向本组织秘书长交存一份文件之后方为有效。

3. 退出本议定书,应在向本组织秘书长交存文件 12 个月之后,或在退出文件中载明的更长的期限之后生效。

4. 退出 1984 年责任公约应被视为退出本议定书。这种退出,应在按照 1969 年责任公约 1984 年议定书第 16 条退出 1969 年责任公约 1984 年议定书生效之日生效。

5. 未按第 31 条要求退出 1971 年基金公约和 1969 年责任公约的本议定书缔约国,在该条规定的 6 个月期间届满之后 12 个月,应被视为已退出本议定书。在第 31 条规定的退出生效之日起,交存批准、接受、核准或加入 1969 年责任公约文件的本议定书的任何缔约国,应被视为已退出本议定书。这种退出应于上述文件生效之日起生效。

6. 在本议定书的缔约国之间,任何一个缔约国按照本议定书第 41 条退出 1971 年基金公约时,不得被推定为退出经本议定书修正的 1971 年基金公约。

7. 尽管缔约国已按照本条退出了本议定书,经本议定书修正的 1971 年基金公约第 10 条关于摊款义务的任何规定,仍应继续适用于经修正的公约第 12 条第 2 款第(b)项所指的,并发生于退出生效之前的事件。

第 35 条 大会特别会议

1. 任何缔约国在交存退出文件后 90 天之内,认为其退出将导致仍为缔约国国家的摊款幅度大量增加时,可要求干事召开大会特别会议。干事应在接到请求后 60 天内,召集大会开会。

2. 干事如果认为退出将导致仍为缔约国国家的摊款幅度大量增加时,则可在该退出文件交存后 60 天内主动召开大会特别会议。

3. 如果大会在根据第 1 款或第 2 款而召开的特别会议上决定,这一退出将导致仍为缔约国国家的摊款幅度大量增加,这种缔约国便可在不迟于该退出生效之日前 120 天内退出本议定书,并与该退出生效日期同时生效。

第 36 条 终 止

1. 本议定书应在缔约国的数目降至 3 个以下之日起,终止有效。

2. 在本议定书终止有效之日前受本议定书约束的国家,应使本基金能够行使其在本议定书第 37 条所规定的职能,并应仅为此目的而继续受本议定书的约束。

第 37 条 基金的结束

1. 如果本议定书终止有效,本基金仍应:

(a) 偿付其在本议定书终止有效前所发生的任何事件的债务;

(b) 在为偿付第(a)项规定的债务(包括本基金为此目的所需的管理费用)所需的摊款范围内,有权行使其对摊款的权利。

2. 大会应采取一切适当措施完成本基金的结束工作,包括将任何剩余的资产在向本基金提供摊款的人之间进行公平分配。

3. 就本条而言,本基金应保持其法人地位。

第38条　保　管　人

1. 本议定书及按第33条获得接受的任何修正案,应交本组织秘书长保管。

2. 本组织秘书长应:

(a) 通知所有已签署或加入本议定书的国家:

(i) 每一新的签署或新的文件的交存及其日期;

(ii) 根据第30条提出的每一声明和通知,包括被视为按照该条提出的声明和撤回事项;

(iii) 本议定书的生效日期;

(iv) 根据第31条规定,需要提出的退出日期;

(v) 根据第33条第1款提出的修正赔偿限额的任何提案;

(vi) 根据第33条第4款获得通过的任何修正案;

(vii) 根据第33条第7款被视为已获得接受的任何修正案;连同按照该条第8和第9款该修正案应生效的日期;

(viii) 交存退出本议定书的任何文件连同其交存日期和生效日期;

(ix) 根据第34条第5款被视为已提出的任何退出事项;

(x) 本议定书任何条款所要求的通信;

(b) 将本议定书核正无误的副本分送所有签字国和所有加入本议定书的国家。

3. 本议定书一经生效,本组织秘书长应按照联合国宪章第102条规定将本议定书的文本送交联合国秘书处,以供登记和公布。

第39条　文　　字

本议定书正本一份,用阿拉伯文、中文、英文、法文、俄文和西班牙文写成,各种文本具有同等效力。

1984年5月25日订于伦敦。

下列署名者,经正式授权,特签署本议定书,以昭信守。

(资料来源:胡正良主编:《国际海事条约汇编》第六卷,大连海运学院出版社1994年版,第349—359页。)

设立国际油污损害赔偿基金国际公约的 1992年议定书(1992)
Protocol of 1992 to the International Convention on the Establishment of an International Fund for Compensation for Oil Pollution Damage, 1971, 1992

（1992年11月27日签订）

本议定书各当事国，

审议了《1971年设立国际油污损害赔偿基金国际公约》及其《1984年议定书》，

注意到该公约对改进范围、提高赔偿限额作出规定的《1984年议定书》仍未生效，

确认保持国际油污责任和赔偿系统生命力的重要性，

意识到确保《1984年议定书》的内容得以尽快生效的必要性，

认识到各当事国作出安排，使经修正的公约在过渡期间与原公约共存并对原公约加以增补的好处，

确信船舶在海上运输散装油类产生的油污损害的经济后果应继续由航运业和货油业分担，

注意到通过了修正《1969年国际油污损害民事责任公约》的《1992年议定书》，

兹达成协议如下：

第1条

本议定书的规定所修正的公约是《1971年设立国际油污损害赔偿基金国际公约》(此后称《1971年基金公约》)。就《1971年基金公约》的《1976年议定书》的当事国而言，提及《1971年基金公约》应视为包括由该议定书修正的《1971年基金公约》。

第2条

对《1971年基金公约》第1条作如下修正：

1. 以下列条文取代第1款：

1.《1992年责任公约》系指《1992年国际油污损害民事责任公约》。

2. 在第1款之后，插入新的一款如下：

1之二.《1971年基金公约》系指《1971年设立国际油污损害赔偿基金国际公约》。就该公约《1976年议定书》的当事国而言，该词应视为包括由该议定书修正的《1971年基金公约》。

3. 以下列条文取代第2款：

2. “船舶”、“人”、“所有人”、“油类”、“污染损害”、“预防措施”、“事故”和“本组织”与《1992年责任公约》第1条规定者具有相同含义。

4. 以下列条文取代第4款:

4. “计算单位”与《1992年责任公约》第Ⅴ条第9款具有相同含义。

5. 以下列条文取代第5款:

5. “船舶吨位”与《1992年责任公约》第Ⅴ条第10款规定者具有相同含义。

6. 以下列条文取代第7款:

7. “担保人”系指按《1992年责任公约》第Ⅶ条第1款为船舶所有人的赔偿责任提供保险或其他经济担保的任何人。

第3条

对《1971年基金公约》第2条作如下修正:

以下列条文取代第1款:

1. 据此设立一个国际污染损害赔偿基金,定名为“1992年国际油污赔偿基金”,此后称为“本基金”,其目的如下:

(a) 在《1992年责任公约》不能提供适当保护的范围内提供油污损害赔偿;

(b) 实施本公约规定的有关宗旨。

第4条

以下列条文取代《1971年基金公约》的第3条:

本公约仅适用于:

(a) 在下列区域内造成的污染损害:

(i) 缔约国的领土,包括领海,和

(ii) 缔约国按照国际法设立的专属经济区,或者,如果缔约国未设立这种区域,则为该国按照国际法所确立的、在其领海之外并与其领海毗连的、从测量其领海宽度的基线向外延伸不超过200海里的区域;

(b) 不论在何处采取的用于防止或减少此种损害的预防措施。

第5条

修正《1971年基金公约》第4至第9条的标题,删去“和补偿”。

第6条

对《1971年基金公约》第4条作如下修正:

1. 在第1款中,提到“《责任公约》”的五个地方均改为“《1992年责任公约》”。

2. 以下列条文取代第3款:

3. 如经本基金证实,污染损害是全部或部分地由于受害人故意造成损害的行为或不为或疏忽所致,则本基金可全部或部分地免除对此种人员的赔偿义务。在任何情况下,本基金的赔偿责任均应在根据《1992年责任公约》第3条第3款规定船舶所有人可免除其赔偿责任的范围内被免除。但就预防措施而言,不免除本基金的此种责任。

3. 以下列条文取代第4款:

4. (a) 除本款(b)和(c)项另有规定外,本基金按本条对任一事故应付的赔偿累计金额应限制为:该金额与按《1992年责任公约》对在第3条规定的本公约适用范围内的污染损害所实际支付的赔偿金额之和,不应超过1.35亿计算单位。

(b) 除(c)项另有规定外,对于不可避免和不可抗拒的特殊自然现象造成的污染损害,本基金按本条的规定应付赔偿累计金额不应超过1.35亿计算单位。

(c) 当摊款人于前一日历年度内在本公约的三个当事国的领土内接收的有关摊款油类总量等于或超过6亿吨,对在任何期间发生的任何事故,(a)和(b)项所述的最高赔偿金额应为2亿计算单位。

(d) 在计算本基金按本条应付最高赔偿金额时,不应计入按《1992年责任公约》第Ⅴ条第3款所设基金产生的利息(如果有的话)。

(e) 本条所述金额,应根据在本基金的大会对第一个支付赔偿日作出决定之日该国货币相对于特别提款权的价值,折算成该国货币。

4. 以下列条文取代第5款:

5. 向本基金提出的已确认的索赔,如金额超过第4款规定的应付赔偿累计金额,则所获赔偿金额的分配,应使任何已确认的索赔与索赔人按本公约所实际取得的赔偿金额的比例,对所有索赔人均相同。

5. 以下列条文取代第6款:

6. 本基金大会可以决定:在特殊情况下,即使船舶所有人未按照《1992年责任公约》第Ⅴ条第3款设立基金,也可支付本公约规定的赔偿。在这种情况下,本条第4(e)款相应地适用。

第7条

删去《1971年基金公约》第5条。

第8条

对《1971年基金公约》第6条作如下修正:

1. 在第1款中,删去该款编号和"或第5条规定的补偿"。

2. 删去第2款。

第9条

对《1971年基金公约》第7条作如下修正:

1. 在第1、3、4和6款中,出现"《责任公约》"的七个地方均改为"《1992年责任公约》"。

2. 在第1款中,删去"或第5条规定的补偿"。

3. 在第3款第一句中,删去"或补偿"和"或第5条"。

4. 在第3款第二句中,删去"或根据第5条第1款"。

第10条

在《1971年基金公约》第8条中,将"《责任公约》"改为"《1992年责任公约》"。

第11条

对《1971年基金公约》第9条作如下修正:

1. 以下列条文取代第1款:

1. 对于本基金按照本公约第4条第1款对污染损害支付的任何赔偿金额,本基金应通过代位取得受偿人根据《1992年责任公约》对船舶所有人或其担保人所能享有的权益。

2. 在第2款中,删去"或补偿"。

第12条

对《1971年基金公约》第10条作如下修正:

以下列条文取代第 1 款开头语:

每一缔约国对本基金的年度摊款应由在第 12 条第 2(a) 或(b)款中规定的日历年度中所收总油量超过 15 万吨的任何人支付:

第 13 条

删去《1971 年基金公约》第 11 条。

第 14 条

对《1971 年基金公约》第 12 条作如下修正:

1. 在第 1 款开头语中,删去“对第 10 条所述的每个人”。

2. 在第 1(i)款(b)和(c)项中,删去“或第 5 条”,并用“400 万计算单位”代替“1500 万法郎”。

3. 删去第 1(ii)款(b)项。

4. 在第 1(ii)款中,(c)项改为(b),(d)项改为(c)项。

5. 以下列条文取代第 2 款开头语:

大会应决定应征收的摊款总额。在该决定的基础上,干事长应为每一缔约国计算出第 10 条所述的每个人的年度摊款额:

6. 以下列条文取代第 4 款:

4. 年度摊款应在《基金内部条例》规定的日期交付。大会可选定一个不同的付款日期。

7. 以下列条文取代第 5 款:

5. 大会可在《基金财务条例》规定的条件下,决定在按第 12 条第 2(a)款收到的基金和按第 12 条第 2(b)款收到的基金之间转账。

8. 删去第 6 款。

第 15 条

对《1971 年基金公约》第 13 条作如下修正:

1. 以下列条文取代第 1 款:

1. 按第 12 条应付的任何摊款额,如拖欠,则产生利息,其利率按《基金内部条例》确定,但对不同情况可定出不同利率。

2. 在第 3 款中,用“第 10 和 12 条”取代“第 10 和 11 条”,并删去“超过 3 个月的期限”。

第 16 条

在《1971 年基金公约》第 15 条中,增加新的第 4 款:

4. 如果一个缔约国因未履行向干事长提交第 2 款所述的通知的义务从而对本基金造成财务损失,则该缔约国应负有向本基金赔偿此种损失的责任。大会应根据干事长的建议决定该缔约国是否应支付这种赔偿。

第 17 条

以下列条文取代《1971 年基金公约》第 16 条:

本基金应设有大会和以干事长为首的秘书处。

第 18 条

对《1971 年基金公约》第 18 条作如下修正:

1. 在该条开头语中删去“根据第 26 条规定”。

2. 删去第 8 款。

3. 以下列条文取代第 9 款：

9. 设立其认为必要的任何临时或常设下属机构，确定其职责范围，并授予它履行其所授职责需要的权力；当任命这种机构的成员时，大会应努力保证成员的公平的地理分布，并保证接收最多摊款油的各缔约国得到适当代表；《大会议事规则》在细节上作必要修改后可适用于这种下属机构的工作；

4. 在第 10 款中，删去"执行委员会，"。

5. 在第 11 款中，删去"执行委员会，"。

6. 删去第 12 款。

第 19 条

对《1971 年基金公约》第 19 条作如下修正：

1. 以下列条文取代第 1 款：

1. 大会常会每一日历年度应召开一次，由干事长召集。

2. 在第 2 款中，删去"执行委员会或"。

第 20 条

删去《1971 年基金公约》第 21 至 27 条及这些条款的标题。

第 21 条

对《1971 年基金公约》第 29 条作如下修正：

1. 以下列条文取代第 1 款：

1. 干事长为基金的首席行政官员。他须遵照大会给他的指示履行本公约、《基金内部条例》和大会赋予他的职责。

2. 在第 2(e)款中，删去"，或执行委员会"。

3. 在第 2(f)款中，删去"，或执行委员会，视情而定"。

4. 以下列条文取代第 2(g)款：

(g) 与大会主席协商，起草并出版前一日历年度的基金活动报告；

5. 在第 2(h)款中，删去"，执行委员会"。

第 22 条

在《1971 年基金公约》第 31 条第 1 款中，删去"在执行委员会及"。

第 23 条

对《1971 年基金公约》第 32 条作如下修正：

1. 在开头语中，删去"和执行委员会"。

2. 在(b)项中，删去"和执行委员会"。

第 24 条

对《1971 年基金公约》第 33 条作如下修正：

1. 删去第 1 款。

2. 在第 2 款中，删去该款编号。

3. 以下列条文取代(c)项：

(c) 根据第 18 条第 9 款设立下属机构和与设立这种机构有关的事项。

第 25 条

以下列条文取代《1971 年基金公约》第 35 条：

第 4 条规定的索赔,如产生于公约生效之日后发生的事故,则不得早于本公约生效之日后的第 120 天向本基金提出。

第 26 条

在《1971 年基金公约》第 36 条后,插入下列三个新条款:

第 26 条之二

在从本公约生效之日起至修正《1971 年基金公约》的《1992 年议定书》第 31 条规定的退出之日止的期间(以下称为过渡时期),下列过渡性条款应适用:

(a) 在实施本公约第 2 条第 1(a)款时,提及《1992 年责任公约》应包括提及原来的和经《1976 年议定书》修正的《1969 年国际油污损害民事责任公约》(在本条中称为《1969 年责任公约》)和《1971 年基金公约》。

(b) 如果事故造成了本公约范围内的污染损害,对于遭受污染损害的任何人,本基金仅在此人根据《1969 年责任公约》、《1971 年基金公约》和《1992 年责任公约》的规定未能取得充分和足够的损害赔偿的情况下,才能在此限度内给予赔偿,但是,对于本公约范围内的污染损害,就属本公约的当事国但非属《1971 年基金公约》的当事国的国家而言,对于遭受污染损害的任何人,本基金仅在假定该国是上述每一公约的当事国时,此人不能取得充分或足够的赔偿的情况下,才能在此限度内给予赔偿。

(c) 在实施本公约第 4 条时,确定本基金的应付赔偿合计金额所应计入的金额,也应包括根据《1969 年责任公约》实际支付的赔偿金额(如有的话)和根据《1971 年基金公约》实际支付的或视为已支付的赔偿金额。

(d) 本公约第 9 条第 1 款也适用于根据《1969 年责任公约》所享有的权利。

第 26 条之三

1. 在符合本条第 4 款的条件下,对某一日历年度中在某单一缔约国中所收到的摊款油的应付合计年度摊款额,不应超过在该日历年度中修正《1971 年基金公约》的《1992 年议定书》所规定的年度摊款总额的 27.5%。

2. 如果应用第 12 条第 2 和 3 款中的规定会使某单一缔约国中的摊款人在某特定日历年度中的应付合计摊款额超过年度摊款总额的 27.5%,则该国中的所有摊款人的应付摊款额应按比例减少,使其合计摊款额等于在该日历年度中向基金支付的总年度摊款额的 27.5%。

3. 如果某特定缔约国中的摊款人的应付摊款额须按本条第 2 款予以减少,则所有其他缔约国中的摊款人的应付摊款额须作成比例的增加,以保证在所述日历年度中所有摊款人的应付摊款总额达到大会确定的摊款总额。

4. 本条第 1 至第 3 款的规定,应在所有缔约国于某日历年度中收到的摊款油总量未达到 7.5 亿吨时实施,或在从《1992 年议定书》的生效日期起算不足 5 年时实施,以早者为准。

第 26 条之四

尽管有本公约的规定,在《1971 年基金公约》和本公约同时实施期间,下述规定应适用于本基金的管理:

(a)《1971 年基金公约》设立的以干事长为首的该基金(以下称为"《1971 年基金》")秘书处也可履行本基金秘书处和干事长的职责。

(b) 如果按(a)项,《1971 年基金》的秘书处和干事长也履行本基金秘书处和干事长的职责,则当《1971 年基金》和本基金的利益发生冲突时,本基金应由本基金大会主席代表。

(c) 干事长及其任命的职员和专家,在履行本公约和《1971 年基金公约》规定的职责时,只要他们按照本条履行其职责,便不应被视为违反本公约第 30 条的规定。

(d) 本基金大会应努力不作出与《1971 年基金》大会不一致的决定。如果对于共同管理问题有不同意见,本基金大会应以相互合作的精神并根据两个组织的共同目标,努力与《1971 年基金》大会达成一致意见。

(e) 如果《1971 年基金》大会有此决定,则本基金可按照《1971 年基金公约》第 44 条第 2 款继承 1971 年基金的权利、义务和资产。

(f) 本基金应将《1971 年基金》为本基金进行管理服务而产生的所有费用和开支偿还给《1971 年基金》。

第 26 条之五 最终条款

本公约的最终条款应为修正《1971 年基金公约》的《1992 年议定书》的第 28 至 39 条。本公约所指缔约国应被视为该议定书的缔约国。

第 27 条

1. 在本议定书的当事国间,《1971 年基金公约》和本议定书应作为单一文件一起理解和解释。

2. 经本议定书修正的《1971 年基金公约》第 1 条至第 36 条之五应被称为《1992 年设立国际油污损害赔偿基金国际公约》(《1992 年基金公约》)。

最终条款

第 28 条 签署、批准、接受、核准和加入

1. 本议定书应自 1993 年 1 月 15 日起至 1994 年 1 月 14 日止在伦敦开放,供已签署《1992 年责任公约》的任何国家签署。

2. 在符合第 4 款的条件下,本议定书应由已签署本议定书的国家批准、接受或核准。

3. 在符合第 4 款的条件下,本议定书对未签署本议定书的国家开放以供加入。

4. 本议定书只能由已批准、接受、核准或加入《1992 年责任公约》的国家批准、接受、核准或加入。

5. 批准、接受、核准或加入,应向本组织秘书长交存一份相应的正式文件。

6. 属本议定书的当事国但非属《1971 年基金公约》的当事国的国家,对本议定书的其他当事国而言,应受经本议定书修正的《1971 年基金公约》的规定约束,但是对《1971 年基金公约》的当事国而言,不应受《1971 年基金公约》的条款约束。

7. 在经本议定书修正的《1971 年基金公约》的某项修正案生效之后交存的任何批准、接受、核准或加入文件,应视为适用于按此项修正案修改的经修正后的公约。

第 29 条 摊款油资料

1. 在本议定书对某一国家生效之前,该国应在交存第 28 条第 5 款所述文件和此后每年在本组织秘书长决定的日期,把该国根据经本议定书修正的《1971 年基金公约》第 10 条应向本基金摊款的任何人的姓名和地址及其在上一日历年度在该国领土内接收有关摊款油的数量的资料通知本组织秘书长。

2. 在过渡期间,干事长每年应为各当事国将按本议定书修正的《1971 年基金公约》第 10

条应向本基金缴纳摊款的人所接收的摊款油数量的资料报送本组织秘书长。

第 30 条　生　　效

1. 本议定书应在达到下列要求之日后 12 个月生效：

(a) 至少已有 8 个国家向本组织秘书长交存了批准、接受、核准或加入文件；和

(b) 本组织秘书长收到的第 29 条规定的资料表明，按经本议定书修正的《1971 年基金公约》第 10 条应缴纳摊款的人在前一日历年度收到的摊款油总量至少达到 4.5 亿吨。

2. 但是，本议定书不得在《1992 年责任公约》生效前生效。

3. 对于在第 1 款规定的生效条件满足之后批准、接受、核准或加入本议定书的每个国家，本议定书应自该国交存适当文件之日后 12 个月生效。

4. 任何国家可在交存本议定书的批准、接受、核准或加入文件时声明：就本条而言，此种文件不得在第 31 条规定的 6 个月期间结束之前生效。

5. 按照上款作出声明的任何国家，可随时向本组织秘书长发出通知，撤回其声明。任何这种撤回，均应在接到通知之日生效；作出这种撤回的任何国家应视为在该日交存了本议定书的批准、接受、核准或加入文件。

6. 作出修正《1969 年责任公约》的《1992 年议定书》第 13 条第 2 款规定的声明的任何国家应视为也作出了本条第 4 款规定的声明。撤回上述第 13 条第 2 款规定的声明应被视为也根据本条第 5 款作出了撤回。

第 31 条　退出 1969 年和 1971 年公约

在符合第 30 条规定的情况下，在达到下列要求之后 6 个月内：

(a) 至少有 8 个国家已成为本议定书的当事国或已向本组织秘书长交存了批准、接受、核准或加入的文件，不论是否以第 30 条第 4 款的规定为条件；和

(b) 本组织秘书长收到的第 29 条规定的资料表明：根据经本议定书修正的《1971 年基金公约》第 10 条应当或可能应缴纳摊款的那些人，在上一日历年度收到的摊款油总量至少达到 7.5 亿吨；

本议定书的每个当事国和已交存批准、接受、核准或加入的文件(不论是否以第 30 条第 4 款规定为条件)的每个国家，如属《1971 年基金公约》和《1969 年责任公约》的当事国，则应退出这两个公约，此种退出应在上述 6 个月期间结束后 12 个月生效。

第 32 条　修订和修正

1. 本组织可召开修订或修正《1992 年基金公约》的会议。

2. 应不少于 1/3 的缔约国的要求，本组织应召开修订或修正《1992 年基金公约》的缔约国会议。

第 33 条　对赔偿限额的修正

1. 应至少 1/4 缔约国的要求，秘书长应将要求修正经本议定书修正的《1971 年基金公约》的第 4 条第 4 款规定的赔偿限额的任何提案散发给本组织的所有成员国和所有缔约国。

2. 提出并按上述方式散发的任何修正案，应提交本组织法律委员会，供其在散发之日后至少 6 个月的某一日期审议。

3. 经本议定书修正的《1971 年基金公约》的所有缔约国，不论是否为本组织会员，均应有权参加法律委员会审议和通过修正案的活动。

4. 修正案应由在第3款规定的扩大的法律委员会上出席并参加表决的缔约国的2/3多数通过,但在投票时至少应有半数缔约国出席。

5. 就修改限额的提案采取行动时,该委员会应考虑事故的经验,特别是事故所造成的损害金额和币值的变化,还应考虑经本议定书修正的《1971年基金公约》第4条第4款的限额和《1992年国际油污损害民事责任公约》第V条第1款的限额之间的关系。

6. (a) 在1998年1月15日前或自按本条作出的前一修正案生效之日起算不足5年的期间内,不应审议本条规定的有关限额的任何修正案。本条规定的任何修正案不得在本议定书生效之前予以审议。

(b) 任何限额的增长,不得超过按照经本议定书修正的《1971年基金公约》规定的限额,从1993年1月15日起以复合年均增长率为6%计算所达到的数额。

(c) 任何限额的增长均不得超过相当于经本议定书修正的《1971年基金公约》所规定的限额的3倍。

7. 按照第4款通过的任何修正案,应由本组织通知所有缔约国。该修正案在通知之日后的18个月的期限结束时,应视为已被接受,除非在此期间内有不少于1/4的在法律委员会通过修正案时为缔约国的国家通知本组织不接受该修正案,在此情况下,该修正案即被拒绝,并属无效。

8. 按第7款视为已接受的修正案,应在其被接受后18个月生效。

9. 所有缔约国均应受该修正案的约束,除非它们按照第34条第1款和第2款在修正案生效前至少6个月退出本议定书。这种退出应在修正案生效时生效。

10. 当一项修正案已被该委员会通过,但18个月的接受期限尚未结束时,如该修正案生效,则在此期间成为缔约国的国家应受其约束。在此期间之后成为缔约国的国家应受按第7款被接受的修正案的约束。在本款所述情况下,缔约国应在修正案生效时,或在本议定书对该国生效时(如晚于前者),受该修正案的约束。

第34条 退 出

1. 任何当事国,在本议定书对该当事国生效之日后,可随时退出本议定书。

2. 退出应向本组织秘书长交存一份文件。

3. 退出应在向本组织秘书长交存文件后12个月或在退出文件中载明的更长的期限后生效。

4. 退出《1992年责任公约》应视为退出本议定书。这种退出应在按照修正《1969年责任公约》的《1992年议定书》的第16条退出该议定书之日生效。

5. 未按第31条要求退出《1971年基金公约》和《1969年责任公约》的本议定书的任何缔约国,在该条所规定的6个月期间结束后的12个月应视为已退出本议定书。自第31条规定的退出生效之日后交存批准、接受、核准或加入《1969年责任公约》文件的本议定书的任何当事国,应视为已退出本议定书,这种退出应于上述文件生效之日生效。

6. 在本议定书的当事国之间,任何当事国按照《1971年基金公约》第41条退出该公约时,不应以任何方式解释为退出经本议定书修正的《1971年基金公约》。

7. 尽管某一当事国按照本条退出了本议定书,但是如果经本议定书修正的《1971年基金公约》第12条第2(b)款所述的事故发生在退出之前,则本议定书关于应支付该经修正公约第10条规定的摊款的义务的任何规定,应继续适用。

第 35 条 大会特别会议

1. 在交存退出文件后 90 天之内,如任何缔约国认为此种退出将大大提高其余缔约国的摊款水平,则可要求干事长召开大会特别会议。干事长应在接到要求后不迟于 60 天召开大会。

2. 干事长如果认为任何退出将大大提高其余缔约国的摊款水平,则可在该退出文件交存后 60 天内主动召开大会特别会议。

3. 如果大会在按第 1 款或第 2 款召开的特别会议上确认,这一退出将大大提高其余缔约国的摊款水平,则任何此种国家可在不迟于该退出生效之日前 120 天退出本议定书;此种退出在同一日期生效。

第 36 条 失 效

1. 本议定书应在缔约国的数目降至不足 3 个之日起失效。

2. 在本议定书失效之日前仍受本议定书约束的国家,应使本基金能够履行本议定书第 37 条对其规定的职责,并仅此而言,应继续受本议定书的约束。

第 37 条 基金的解散

1. 如果本议定书失效,本基金仍应:

(a) 对在本议定书失效前所发生的任何事件履行义务;

(b) 在摊款对履行(a)项规定的义务为必需的范围内,有权行使摊款权,包括为此目的所必需的基金管理开支。

2. 大会应采取一切适当措施完成本基金的解散工作,包括将任何剩余资产在本基金的摊款人中进行公平的分配。

3. 就本条而言,本基金应仍然是法人。

第 38 条 保 存 人

1. 本议定书及任何根据第 33 条被接受的修正案,应交本组织秘书长保存。

2. 本组织秘书长应:

(a) 将下列情况通知所有已签署或加入本议定书的国家;

(i) 每一新的签署或文件交存及其日期;

(ii) 第 30 条规定的每一声明和通知,包括按照该条视为已作出的声明和声明的撤回;

(iii) 本议定书的生效日期;

(iv) 要求作出第 31 条规定的退出的日期;

(v) 按第 33 条第 1 款所提出的修改赔偿限额的任何提案;

(vi) 按第 33 条第 4 款获得通过的任何修正案;

(vii) 根据第 33 条第 7 款被视为已被接受的任何修正案及其按照该条第 8 款和第 9 款生效的日期;

(viii) 交存退出本议定书的文件及其交存日期和退出生效日期;

(ix) 根据第 34 条第 5 款视为已作出的所有退出;

(x) 本议定书任何条款所要求的任何通知;

(b) 将本议定书核证无误的副本分送所有签署国和加入本议定书的所有国家。

3. 本议定书一经生效,本组织秘书长即应按照《联合国宪章》第 102 条将本议定书的文本送交联合国秘书处,以供登记和公布。

第39条 文 字

本议定书正本一份,用阿拉伯文、中文、英文、法文、俄文和西班牙文写成,各文本具有同等效力。

1992年11月27日订于伦敦。

下列具名者,均经正式授权,特签署本议定书,以昭信守。

(资料来源:交通部国际合作司编:《国际海事条约汇编》第九卷,大连海事大学出版社1998年版,第488—499页。)

海事索赔责任限制公约(1976)

Convention on Limitation of Liability for Maritime Claims, 1976

(1976年11月19日签订,1986年12月1日生效)

本公约缔约国,

认识到通过协议确定关于海事索赔责任限制的某些统一规则的需要,决定为此目的而缔结一项公约,并已就此达成协议如下:

第一章　责任限制的权利

第一条　有权享受责任限制的人

1. 下述定义中所指的船舶所有人和救助人,可以根据本公约规定,对第二条所列索赔,限制其责任。

2. "船舶所有人"一词,是指海运船舶的所有人、承租人、经理人和营运人。

3. "救助人"是指从事与救助作业直接相关的服务工作的任何人。救助作业还包括第二条第1款第(4)、(5)、(6)项所述作业。

4. 如果第二条所规定的任何索赔,是向船舶所有人或救助人对其行为、疏忽或过失负有责任的任何人提出的,这种人便有权享受本公约所规定的责任限制。

5. 就本公约而言,船舶所有人的责任,应包括对船舶本身提起诉讼案件中的责任。

6. 对于按本公约规定须受责任限制的索赔承担责任的保险人,有权与被保险人本人在同一限度内享受本公约的利益。

7. 援用责任限制的行为,并不构成对责任的承认。

第二条　须受责任限制的索赔

1. 除按第三条和第四条的规定外,下列索赔,无论其责任的根据如何,均须受责任限制的制约:

(1) 有关在船上发生或与船舶营运或救助作业直接相关的人身伤亡或财产的灭失或损害(包括对港口工程、港池、航道和助航设施的损害),以及由此引起的相应损失的索赔;

(2) 有关海上货物、旅客或其行李运输的延迟所引起的损失的索赔;

(3) 有关与船舶营运或救助作业直接相关的侵犯除契约权利之外的权利引起的其他损失的索赔;

(4) 有关沉没、遇难、搁浅或被弃船舶(包括船上的任何物件)的起浮、清除、毁坏或使之变为无害的索赔;

(5) 有关船上货物的清除、毁坏或使之变为无害的索赔；

(6) 有关责任人以外的任何人，为避免或减少责任人按本公约规定可限制其责任的损失所采取的措施，以及由此措施而引起的进一步损失的索赔。

2. 第1款所列各项索赔，即使以追偿请求或者根据契约要求赔偿的方式或其他方式提出，也应受责任限制的制约。但第1款第(4)、(5)和(6)项所列索赔，在其涉及与责任人所订契约中所载报酬问题时，应不受责任限制的制约。

第三条 不受责任限制的索赔

本公约的规则不适用于：

(1) 有关救助或共同海损分摊的索赔；

(2) 有关1969年11月29日国际油污损害民事责任公约的规定，或实施中的该公约修正案或议定书中所载油污损害的索赔；

(3) 根据管辖或禁止核能损害责任限制的任何国际公约或国内法提出的索赔；

(4) 对核子船舶所有人提出的核子损害索赔；

(5) 所任职务与船舶或救助作业有关的船舶所有人或救助人的雇用人员，包括他们的继承人、亲属或有权提出索赔要求的其他人员所提出的索赔，如果按照船舶所有人或救助人同雇佣人之间的服务合同所适用的法律，船舶所有人或救助人无权在此类索赔方面限制其责任，或者根据此项法律，仅允许将其责任限制在较本公约第六条规定的限额为高时。

第四条 不得享受责任限制的行为

如经证明，损失是由于责任人本身为蓄意造成这一损失，或者明知可能造成这一损失，而轻率地采取的行为或不为所引起，该责任人便无权限制其责任。

第五条 反 索 赔

如果按照本公约规定有权享受责任限制的人，就同一事件向索赔人提出索赔，则双方提出的索赔应相互抵销，而本公约的规定则仅适用于其间的差额(如有差额)。

第二章 责任限制

第六条 一 般 限 制

1. 除第七条所列者外，在任一具体情况下提出的索赔的责任限制，应按下列方法计算：

(1) 有关人身伤亡的索赔：

① 凡吨位不超过500吨的船舶，为333,000计算单位；

② 凡吨位超过500吨的船舶，除第①项外，还应增加下列数额：

自501吨至3,000吨，每吨为500计算单位；

自3,001吨至30,000吨，每吨为333计算单位；

自30,001吨至70,000吨，每吨为250计算单位；

超过70,000吨，每吨为167计算单位。

(2) 有关其他方面的索赔：

① 凡吨位不超过500吨的船舶，为167,000计算单位；

② 凡吨位超过500吨的船舶，除第①项外，还应增加下列数额：

自501吨至30,000吨，每吨为167计算单位；

自30,000吨至70,000吨,每吨为125计算单位;

超过70,000吨,每吨为83计算单位。

2. 但是,如果依照第1款第(1)项计算的那部分款额不敷支付全部索赔,则依照第1款第(2)项计算的数额,应用以支付第1款第(1)项下所未支付的差额,而此项未付差额应同第1款第(2)项的索赔按比例取偿。

3. 但是,在无损于按第2款提出的关于人身伤亡的索赔权利的情况下,缔约国可在国内法中规定,对港口工程、港池、航道和助航设施的损害所提出的索赔,应依该法规定而享有较第1款第2项所载其他索赔优先受偿的权利。

4. 凡不从任何船舶进行施救工作的救助人,或者只是在对之进行施救工作的船上作业的救助人,其责任限制应按吨位为1,500吨的船舶计算。

5. 就本公约而言,船舶吨位应为根据《1969年国际船舶吨位丈量公约》附件I中所载吨位丈量规则计算的总吨位。

第七条　旅客索赔的责任限制

1. 对于在任一具体情况下提出的有关船上旅客人身伤亡的索赔,船舶所有人的责任限制,为46,666计算单位乘以船舶证书上规定的该船载客定额所得的数额,但不得超过25,000,000计算单位。

2. 就本条而言,"船上旅客人身伤亡的索赔",是指该船所载下列任何人所提出或代其提出的任何此种索赔,即:

(1) 根据旅客运输契约而载运者;或

(2) 经承运人同意,随同照料货物运输契约中所载车辆或活动物者。

第八条　计算单位

1. 上述第六条、第七条所述计算单位,是指国际货币基金组织所规定的特别提款权。第六条、第七条所述数额,应按照责任限制基金设立之日、付款之日或根据该国法律与此项付款等值的担保提出之日该国货币的价值,折算成谋求责任限制所有国家的本国货币。凡属国际货币基金组织成员国的本公约缔约国,其以特别提款权表示的本国货币的价值,应按国际货币基金组织在上述日期在进行营业和交易中适用的现行定价法计算。非属国际货币基金组织成员国的本公约缔约国,其以特别提款权表示的本国货币的价值,应按该缔约国确定的办法计算。

2. 但是,非属国际货币基金组织成员国,且其法律不允许实施本条第1款规定办法的国家,可在签字并无保留地批准、接受或认可之时,或在批准、接受、认可或加入之时,或在此后任何时期宣布,将在其领土内适用的本公约所规定的责任限制,确定如下:

(1) 有关第六条第1款第(1)项:

① 凡吨位不超过500吨的船舶,为5,000,000货币单位;

② 凡吨位不超过500吨的船舶,除第①项外,还应增加下列数额:

自501吨至3,000吨,每吨为7,500货币单位;

自3,001吨至30,000吨,每吨为5,000货币单位;

自30,001吨至70,000吨,每吨为3,750货币单位;

超过70,000吨,每吨为2,500货币单位。

(2) 有关第六条第1款第(2)项:

① 凡吨位不超过500吨的船舶,为2,500,000货币单位;

② 凡吨位超过500吨的船舶,除第①项外,还应增加下列数额;

自501吨至30,000吨,每吨为2,500货币单位;

自30,001吨至70,000吨,每吨为1,850货币单位;

超过70,000吨,每吨为1,250货币单位。

(3) 有关第七条第1款,为700,000货币单位乘以船舶证书上规定的载客定额所得的数额,但不得超过375,000,000货币单位。

第六条第2款和第3款的规定,相应地适用于本款第(1)和第(2)项。

3. 上述第2款所指货币单位,相当于纯度为千分之九百的黄金65.5毫克。将第2款规定的货币单位数额折算成国家货币时,应按有关国家的法律办理。

4. 第1款末句所述计算办法和第3款所述折算办法,应能使第六条和第七条所述数额在以缔约国本国货币计算时,尽可能表示出上述条款中按计算单位计算时的同一真实价值。缔约国在签字并无保留地批准、接受或认可之时,或在交存第十六条所指文件之时,应视情况向本公约保管人提交第1款所述计算办法,或第3款所述折算结果,并在其变更时作出相应的通知。

第九条 索赔总额

1. 根据第六条规定的责任限额,应适用于下列各项索赔总额:

(1) 对第一条第2款所指任何人以及他或他们对其行为、疏忽或过失负责的任何人提出的索赔;

(2) 对从另一艘船舶进行施救工作的该船船舶所有人,和从这种船舶进行施救工作的救助人,以及他或他们对其行为、疏忽或过失负责的任何人提出的索赔;

(3) 对不是从另一艘船舶进行施救工作的救助人,或者只是在对之进行施救工作的船上作业的救助人,以及他或他们对其行为、疏忽或过失负责的任何人提出的索赔。

2. 按第七条规定的责任限制,适用于可能在任何特定情况下,就第一条第2款所述有关第七条所指船舶的负有赔偿责任的任何人,以及他或他们对其行为、疏忽或过失负责的任何人提出的各项索赔的总额。

第十条 没有设立责任限制基金的责任限制

1. 尽管第十一条所述责任限制基金尚未设立,也可以援引责任限制。但是,缔约国可在其国内法中规定,当在其法院审理须受责任限制的索赔时,只有在责任人已按本公约规定设立责任限制基金,或在援用责任限制权利时设立该项基金,才能援用责任限制的权利。

2. 如在没有设立责任限制基金的情况下援用责任限制,应相应地适用第十二条的规定。

3. 根据本条规定发生的诉讼程序问题,应按受理诉讼的缔约国本国法律决定。

第三章 责任限制基金

第十一条 基金的设立

1. 被认定负有责任的任何人,可在提出责任限制索赔诉讼的任何缔约国法院或其他主管当局,设立基金。此项基金应为按照第六条和第七条规定适用于对该责任者提出索赔的金额,加上从事故发生引起责任之日起至基金设立之日为止的利息。此项基金仅可用于支付援用责任限制的索赔。

2. 设立基金可以储存专款,或提出为设立基金的缔约国法律所允许并经法院或其他主管当局认可的担保。

3. 由第九条第1款第(1)、(2) 或第(3)项所述当事人之一或其保险人所设立的基金,应被认为是由第1款第(1)、(2) 或第(3)项或第2款所述所有当事人所设立。

第十二条　基金的分配

1. 根据第六条第1款、第2款和第3款以及第七条的规定,基金应在索赔人之间,依其对该基金确立的索赔额,按比例分配。

2. 如在基金分配之前,责任人或其保险人已就对该基金的索赔付款结案,则他在已付金额范围内,应依代位权获得此受偿人根据本公约所可享有的权利。

3. 本条第2款所规定的代位权,也可由该款所述者之外的人在其已付赔偿金额内行使,但仅以所适用的国内法允许行使此种代位权为限。

4. 如果责任人或任何其他人认定,假若赔偿金在基金分配之前即已付出,他便可能在基金分配之后的某日被强制支付赔偿金额的全部或一部,而根据本条第2款及第3款,该人对此项赔偿本可享有代位权,则基金设在国的法院或主管当局可以下令暂时拨出一个足够数额,以便该人在上述日期对此基金行使其索赔权。

第十三条　其他法律行为的禁止

1. 如果责任限制基金已按第十一条的规定设立,则已向基金提出索赔的任何人,不得针对该项索赔而对由其设立或以其名义设立基金的人的任何其他财产,行使任何权利。

2. 责任限制基金已按第十一条规定设立之后,则以其名义设立基金之人所属任何船舶或其财产,凡是因向基金提出索赔而已依缔约国管辖权予以扣押或扣留的属于基金设立人名下的任何船舶或其他财产,或是由他提交的抵押品,均可由该国法院或其主管当局下令开释或退还。而如果此项基金已在下列地点设立,则应一律发出此种开释命令:

(1) 已在事故发生港设立,而如事故发生在港外,则已在下一停靠港设立;

(2) 对于人身伤亡的索赔,已在登陆港设立;

(3) 对于货损,已在卸货港设立;

(4) 已在执行扣押的国家设立。

3. 第1款和第2款的规则,仅在索赔人向管理责任限制基金的法院就该基金提出索赔,而且就该项索赔而言,确有基金可用,并可自由划拨时,才可适用。

第十四条　法律管辖

关于责任限制基金的设立与分配规则,以及与其有关的一切程序规则,除按本章规定办理外,应受基金设在国法律管辖。

第四章　适用范围

第十五条

1. 凡是第一条所指的任何人,当其谋求在缔约国法院获得责任限制,或谋求开释在此类国家管辖下的船舶或其他财产,或退还其所提交的任何抵押品时,均适用本公约,然而,当本公约的规则在缔约国法院被援用时,如果第一条所指的任何人,在缔约国并无常住地点,或在缔约国并无主要营业处所,或为其谋求责任限制或开释的任何船舶在当时并非悬挂缔约国国旗时,各缔约国可以全部或部分排除其对本公约的适用。

2. 缔约国可以通过国内法的具体规定,使责任限制制度适用于下列船舶:

(1) 依照该国法律规定,意欲在内陆水域航行的船舶;

(2) 小于300吨的船舶;

缔约国在行使本款规定的任选权时,应将国内法规定的责任限制或者并无此种规定的事实,通知本公约保管人。

3. 缔约国可以通过国内法的具体规定,使责任限制制度适用于毫不涉及其他缔约国国民利益的索赔。

4. 缔约国法院在下列情况下,不应使本公约适用于为钻探而建造或改建并从事钻探作业的船舶:

(1) 当该国已根据国内法规定制订一项高于本公约第六条规定的责任限制时;或者

(2) 当该国已成为调节有关这种船舶责任制度的一项国际公约的缔约国时。

在适用本款第1项的情况下,该缔约国应相应地通知本公约的保管人。

5. 本公约不适用于:

(1) 气垫船;

(2) 用于勘探或开采海底自然资源或其底土的浮动平台。

第五章 最后条款

第十六条 签字、批准和加入

1. 本公约自1977年2月1日起至1977年12月31日止,在政府海事协商组织(以下简称"海协")总部向所有国家开放,以供签字,并在其后继续开放,以供加入。

2. 各国可以通过下列方式成为本公约缔约国:

(1) 签字并无保留地批准、接受或认可;或者

(2) 签字并须经批准、接受或认可,随后予以批准、接受或认可;或者

(3) 加入。

3. 批准、接受、认可或加入本公约,应向"海协"秘书长(以下简称"秘书长")交存一份载有上述意图的正式文件。

第十七条 生 效

1. 本公约自12个国家已在本公约签字并无保留地批准,接受或认可,或者已经交存所需批准、接受、认可或加入文件之日1年后次月第一日起生效。

2. 对于在本公约生效条件已得到满足之后但却在生效之日以前交存批准、接受、认可或加入文件,或者签字并无保留地批准、接受或认可的国家,其批准、接受、认可或加入或者其签字并无保留地批准、接受、或认可等项,应自本公约生效之日或签字之日,或交存文件之日第90天后次月第一日起生效,二者之中以较迟者为准。

3. 对于任何一个在本公约生效之后成为本公约缔约国的国家,本公约应自该国交存其文件之日90天后次月第一日起生效。

4. 对于批准、接受、认可或加入本公约的国家之间的关系,本公约应取代并废止1957年

10月10日在布鲁塞尔签订的《海上船舶所有人责任限制公约》和1924年8月25日在布鲁塞尔签订的《关于统一海上船舶所有人责任限制某些规则的国际公约》。

第十八条　保　　留

1. 任何国家均可在签字、批准、接受、认可或加入本公约时,保留不适用第二条第1款第(4)项和第(5)项的权利。但对本公约的实质性条款,不得作任何其他保留。

2. 在签字时所作的保留,须在批准、接受或认可时予以确认。

3. 对本公约作出保留的任何国家,均可在任何时日通过寄交秘书长的通知而予以撤销。这种撤销,应自通知收到之日起生效。如果该通知声称,对于保留的撤销应自通知中具体规定的日期起生效,而这一日期又较秘书长收到通知之日为迟,则撤销应自这一较迟日期起生效。

第十九条　退　　出

1. 缔约国可在本公约对该国生效之日1年后的任何时日,退出本公约。

2. 退出本公约,应向秘书长交存一份文件。

3. 退出本公约,应自交存退出通知之日1年后次月第一日起,或自该通知中所载较此为长的期限起生效。

第二十条　修订和修正

1. 修订或修正本公约的会议,可由"海协"召开。

2. 经不少于1/3缔约国要求,"海协"应召开本公约缔约国会议,修订或修正本公约。

3. 凡在本公约的修正案生效之日以后交存的任何批准、接受、认可或加入文件,除非已在文件中表示相反意愿,便应视为适用于修正后的本公约。

第二十一条　对限额和计算单位或货币单位的修改

1. 尽管有第二十条的规定,"海协"仍可依照本条第2款和第3款的规定,召开专门会议,改变本公约第六条和第七条以及第八条第2款规定的限额,或以其他单位代替第八条第1款和第2款规定的两个单位,或其中之一。只有在其实际价值发生显著变化时,才能对限额作出改变。

2. 经不少于1/4的缔约国要求,"海协"应召开上述会议。

3. 改变限额或以其他计算单位代替原有单位的决定,应由上述会议到会并投票的缔约国2/3多数作出。

4. 凡在修正案生效后交存其批准、接受、认可或加入本公约的文件的国家,应适用修正后的本公约。

第二十二条　保　　管

1. 本公约应由秘书长保管。

2. 秘书长应当:

(1) 向被邀请出席海事索赔责任限制会议的所有国家和加入本公约的任何其他国家,分送经过核证无误的本公约副本;

(2) 通知已签署或加入本公约的所有国家:

① 每一新的签署和每一文件交存事项以及对其所作任何保留及其日期;

② 本公约或本公约的任何修正案的生效日期;

③ 任何退出本公约事项及其生效日期;

④ 依照第二十条或第二十一条规定通过的任何修正案；

⑤ 由本公约任何条文所要求的任何通知事项。

3. 本公约一经生效，秘书长便应依照联合国宪章第102条，将一份核证无误的本公约副本，送交联合国秘书长登记并公布。

第二十三条　语　　言

本公约以英文、法文、俄文和西班牙文写成，正本共一份，每种文本具有同等效力。

1976年11月19日订于伦敦。

为此而被正式授权的下列具名者，特签署本公约，以昭信守。

（资料来源：陈安、刘智中编选：《国际经济法资料选编》，法律出版社1991年版，第1044—1056页。）

国际救助公约(1989)
International Convention on Salvage, 1989

(1989年4月15日至28日国际海事组织伦敦外交大会通过)

本公约各缔约国,认识到有必要通过协议制订关于救助作业的统一的国际规则,注意到一些重大发展,尤其是人们对保护环境的日益关心,证明有必要审查1910年9月23日在布鲁塞尔制订的《统一海难援助和救助某些法律规定公约》所规定的国际规则,认识到及时有效的救助作业,对处于危险中的船舶和其他财产的安全以及对环境保护能起重大的作用,相信有必要确保对处于危险中的船舶和其他财产进行救助作业的人员能得到足够的鼓励,兹协议如下:

第一章 总 则

第1条 定 义

就本公约而言:

(a) 救助作业系指可航水域或其他任何水域中援救处于危险中的船舶或任何其他财产的行为或活动。

(b) 船舶系指任何船只、艇筏或任何能够航行的构造物。

(c) 财产系指非永久性和非有意地依附于岸线的任何财产,包括有风险的运费。

(d) 环境损害系指由污染、沾污、火灾、爆炸或类似的重大事故,对人身健康,对沿海、内水或其毗连区域中的海洋生物、海洋资源所造成的重大的有形损害。

(e) 支付款项系指按本公约规定应付的任何报酬、酬金或补偿。

(f) 组织系指国际海事组织。

(g) 秘书长系指本组织的秘书长。

第2条 适用范围

本公约适用于在一缔约国提起的有关公约所辖事项的诉讼或仲裁。

第3条 平台和钻井装置

本公约不适用于已就位的从事海底矿物资源的勘探、开发或生产的固定式、浮动式平台或移动式近海钻井装置。

第4条 国有船舶

1. 在不影响第5条规定的情况下,除一国另有规定外,本公约不适用于军舰或国家所有或经营的、根据公认的国际法准则在发生救助作业时享有主权豁免的其他非商业性船舶。

2. 如一缔约国决定其军舰或本条第1款所述的其他船舶适用本公约,它应将此事通知秘书长,并说明此种适用的条款和条件。

第5条 公共当局控制的救助作业

1. 本公约不影响国内法或国际公约有关由公共当局从事或控制的救助作业的任何规定。

2. 然而,从事此种救助作业的救助人,有权享有本公约所规定的有关救助作业的权利和补偿。

3. 负责进行救助作业的公共当局所能享有的本公约规定的权利和补偿的范围,应根据该当局所在国的法律确定。

第6条 救助合同

1. 除合同另有明示或默示的规定外,本公约适用于任何救助作业。

2. 船长有权代表船舶所有人签订救助合同。船长或船舶所有人有权代表船上财产所有人签订此种合同。

3. 本条不影响第7条的适用,也不影响防止或减轻环境损害的义务。

第7条 合同的废止和修改

如有以下情况,可以废止或修改合同或其任何条款:

(a) 在胁迫或危险情况影响下签订的合同,且其条款不公平;或

(b) 合同项下的支付款项同实际提供的服务大不相称,过高或过低。

第二章 救助作业的实施

第8条 救助人的义务及所有人和船长的义务

1. 救助人对处于危险中的船舶或其他财产的所有人负有下列义务:

(a) 以应有的谨慎进行救助作业;

(b) 在履行(a)项所规定的义务时,以应有的谨慎防止或减轻环境损害;

(c) 在合理需要的情况下,寻求其他救助人的援助;和

(d) 当处于危险中的船舶或其他财产的所有人或船长,合理地要求其他救助人介入时,接受这种介入;但是,如果发现这种要求是不合理的,其报酬金额不得受到影响。

2. 处于危险中的船舶或其他财产所有人和船长对救助人员有下列义务:

(a) 在救助作业的过程中,与救助人通力合作;

(b) 在进行此种合作时,以应有的谨慎防止或减轻环境损害;和

(c) 当船舶和其他财产已被送至安全地点后,如救助人提出合理的移交要求,接受此种移交。

第9条 沿海国的权利

本公约中的任何规定,均不得影响有关沿海国的下述权利:根据公认的国际法准则,在发生可以合理地预期足以造成重大损害后果的海上事故或与此项事故有关的行动时,采取措施保护其岸线或有关利益方免受污染或污染威胁的权利,包括沿海国就救助作业作出指示的权利。

第10条 提供救助的义务

1. 只要不致于对其船舶及船上人员造成严重危险,每个船长都有义务援救在海上有丧

生危险的任何人员。

2. 缔约国应采取必要措施履行第1款所规定的义务。

3. 船舶所有人对船长不履行第1款中的义务不承担责任。

第11条　合　作

在对诸如允许遇难船舶进港或向救助人提供便利等有关救助作业的事项做出规定或决定时,缔约国应考虑救助人、其他利益方同当局之间合作的需要,以保证为拯救处于危险中的生命或财产及为防止对总体环境造成损害而进行的救助作业得以有效、成功的实施。

第三章　救助人的权利

第12条　支付报酬的条件

1. 有效果的救助作业方有权获得报酬。

2. 除另有规定外,救助作业无效果,不应得到本公约规定的支付款项。

3. 如果被救船舶和救助船舶属于同一所有人,本章仍然适用。

第13条　评定报酬的标准

1. 确定报酬应从鼓励救助作业出发,并考虑下列因素,但与其排列顺序无关:

(a) 获救的船舶和其他财产的价值;

(b) 救助人在防止或减轻对环境损害方面的技能和努力;

(c) 救助人获得成功的程度;

(d) 危险的性质和程度;

(e) 救助人在救助船舶、其他财产及人命方面的技能和努力;

(f) 救助人所花的时间、费用及遭受的损失;

(g) 救助人或其设备的责任风险及其他风险;

(h) 提供服务的及时性;

(i) 用于救助作业的船舶及其他设备的可用性及使用情况;

(j) 救助设备的备用状况、效能和设备的价值。

2. 按照第1款确定的报酬应由船舶的所有人和其他财产利益方按其获救船舶和其他财产的价值比例进行支付,但是缔约国可在其国内法中做出规定,报酬须由这些利益方中的一方先行支付,该利益方有权向其他利益方按其分摊比例进行追偿。本条中的任何规定均不影响抗辩权。

3. 报酬金额不包括应付的利息及可追偿的法律费用,不得超过获救船舶和其他财产的价值。

第14条　特别补偿

1. 如一船或其船上货物对环境构成了损害威胁,救助人对其进行了救助作业,而未能根据第13条获得至少相当于按本条可得的特别补偿的报酬时,他有权按本条规定从该船的船舶所有人处获得相当于其所花费用的特别补偿。

2. 在第1款所述情况下,如果救助人因其救助作业防止或减轻了环境损害,船舶所有人根据第1款应向救助人支付的特别补偿可另行增加,其最大增加额可达救助人所发生费用的30%。然而,如果法院或仲裁庭认为公平、合理,并且考虑到第13条第1款中所列的有关因素,可将此项特别补偿进一步增加,但是,在任何情况下,其增加总额不得超过救助人所发生费用的百分之百。

3. 救助人所花费用,就第1款和第2款而言,系指救助人在救助作业中合理支出的现付费用和在救助作业中实际并合理使用设备和人员的公平费率。同时应考虑第13条第1款(h)(i)(j)项规定的标准。

4. 在任何情况下,本条规定的全部特别补偿,只有在其高于救助人根据第13条获得的报酬时,才能在所高出的范围内支付。

5. 如果由于救助人疏忽而未能防止或减轻环境损害,可全部或部分地剥夺其根据本规定应得的特别补偿。

6. 本条的任何规定不影响船舶所有人的任何追偿权。

第15条 救助人之间的报酬分配

1. 救助人之间的报酬分配应以第13条中的标准为基础。

2. 每一救助船的所有人、船长及船上其他工作人员之间的报酬分配应根据该船旗国的法律确定。如救助作业不是在救助船上进行的,其报酬分配应根据制约救助人与其受雇人所订合同的法律确定。

第16条 人命救助

1. 获救人无须支付报酬,但本条规定不影响国内法就此作出的规定。

2. 在发生需要救助的事故时,参与救助作业的人命救助人有权从支付给救助船舶,其他财产或防止或减轻环境损害的救助人的报酬中获得合理份额。

第17条 根据现有合同提供的服务

在危险发生之前所签署的合同,不得依本公约的规定支付款项,除非所提供的服务被合理地认为已超出正常履行该合同的范围。

第18条 救助人不当行为的后果

如因救助人的过失或疏忽或因救助人有欺诈或其他不诚实行为而使救助作业成为必需或更加困难,可剥夺救助人按本公约规定所得的全部或部分支付款项。

第19条 制止救助作业

不顾船舶所有人、船长或其他处于危险中的不在船上而且未曾装船的财产的所有人的明确而合理的制止而提供的报务,不产生本公约规定的支付款项。

第四章 索赔与诉讼

第20条 优先请求权

1. 本公约任何规定不影响根据任何国际公约或国内法规定的救助人的优先请求权。

2. 当已提交或提供了包括利息和诉讼费用在内的令人满意的担保后,救助人不可行使其优先请求权。

第21条 提供担保的义务

1. 应救助人要求,根据本公约规定应支付款项的人应对救助人的索赔,包括救助人的利息和诉讼费用,提供满意的担保。

2. 在不影响第1款的情况下,获救船舶的所有人,应尽力以保证在货物释放前,对货物所有人向其提出的索赔,包括利息和诉讼费用在内,提供满意的担保。

3. 在对救助人的有关船舶或财产的索赔提供满意的担保前,未经救助人同意,获救的船舶或其他财产不得从完成救助作业所最初抵达的港口或地点移走。

第22条 先行支付款项

1. 对救助人的索赔有管辖权的法院或仲裁庭可根据案情,以公正合理的条件,通过临时裁定或裁决,责令向救助人先付公正合理的金额,包括适当的担保。

2. 根据本条规定,如已先行支付款项,根据第21条所提供的担保则应作相应的扣减。

第23条 诉讼时效

1. 如在两年内没有提起诉讼或仲裁,本公约规定的有关支付款项的任何诉讼,便丧失时效。时效期限从救助作业结束之日起算。

2. 被索赔人可在时效期限内的任何时间,通过向索赔人提出声明,延长时效期限。该期限可以同样方式进一步延长。

3. 如果诉讼是在起诉地国的法律允许的时间内提起,即使上述两款规定的时效期限已届满,负有责任的人仍可提起要求补偿的诉讼。

第24条 利息

救助人根据本公约应得给付利息的权利,应按受理该案的法院或仲裁庭所在国的法律确定。

第25条 国有货物

除经国家所有人的同意外,本公约的任何规定均不得作为以任何法律程序或对物诉讼程序,扣留、扣押或留置国家拥有的、根据公认的国际法准则,在发生救助作业时享有主权豁免的非商业性货物的根据。

第26条 人道主义货物

如果一国已同意向对其人道主义的货物所提供的救助服务支付费用,本公约中的规定均不得作为扣留、扣押或留置该国捐助的人道主义货物的根据。

第27条 仲裁裁决的公布

缔约国应在征得当事方同意的条件下,尽量鼓励公布救助案的仲裁裁决。

第五章 最后条款

第28条 签字、批准、接受、核准和加入

1. 本公约自1989年7月1日到1990年6月30日在本组织总部开放供签字。此后继续开放供加入。

2. 各国可按下列方式表示同意受本公约的约束:

(a) 签字并对批准、接受或核准无保留;或

(b) 签字而有待批准、接受或核准,随后再批准、接受或核准;或

(c) 加入。

3. 批准、接受、核准或加入应向秘书长交存一份相应的文件。

第29条 生效

1. 本公约在15个国家表示同意受本公约约束之日后一年生效。

2. 对于在本公约生效条件满足后表示同意受本公约约束的国家,应在表示同意之日后一年生效。

第30条　保　留

1. 任何国家在签字、批准、接受、核准或加入时,就下列情况可保留不适用本公约规定的权利:

(a) 救助作业发生在内陆水域,而且所涉及的船舶均为内陆水域航行的船舶;

(b) 救助作业发生在内陆水域,而且并不涉及船舶;

(c) 所有的利益方都是该国的国民;

(d) 有关财产为位于海床上的具有史前的、考古的或历史价值的海上文化财产。

2. 在签字时做出的保留需在批准、接受或核准时加以确认。

3. 对本公约做出保留的国家可在任何时候以向秘书长发出通知的方式撤销保留。这种撤销从收到通知之日起生效。如果该通知声明对某一保留的撤销应在该通知中载明的某一日期生效,而且该日期迟于秘书长收到通知的日期,则该撤销应在较迟的日期生效。

第31条　退　出

1. 任一缔约国在本公约对其生效之日起一年后,可随时退出本公约。

2. 退出须向秘书长交存一份退出文件方为有效。

3. 退出本公约,应在秘书长收到退出文件一年后,或在退出文件中载明的较此更长的期限届满后生效。

第32条　修订和修正

1. 修订或修正本公约的会议,可由本组织召开。

2. 经八个或四分之一缔约国的要求,以数大者为准,秘书长应召集修订或修正本公约的缔约国会议。

3. 在本公约的修正案生效之后同意受本公约约束的任何表示应被视为适用于经修正的公约。

第33条　保　存

1. 本公约由秘书长保存。

2. 秘书长应:

(a) 将下列事项通知所有签署或加入本公约的国家以及本组织的所有会员国:

(i) 每一新的签字或每一新的批准、接受、核准或加入书的交存及其日期;

(ii) 本公约的生效日期;

(iii) 任何退出本公约的文件的交存及其收到日期和退出的生效日期;

(iv) 根据第32条规定通过的任何修正案;

(v) 收到根据本公约所作出的任何保留、声明或通知。

(b) 将本公约核正无误的副本分发给已签署或加入本公约的所有国家。

3. 本公约一经生效,其保存人应按照《联合国宪章》第102条的规定,将本公约核正无误的副本一份送交联合国秘书长,供登记和公布。

第34条　文　字

本公约正本一份,用阿拉伯文、中文、英文、法文、俄文和西班牙文写成,各种文本具有同等效力。

以下署名者,经各自政府正式授权,签署本公约,以昭信守。

1989 年 4 月 28 日订于伦敦。

附件 1 关于对 1989 年国际救助公约第 13 条和第 14 条的共同谅解

会议的共同谅解是:在确定 1989 年国际救助公约第 13 条项下的报酬和第 14 条项下的特别补偿时,在根据第 14 条规定应支付的特别补偿前,法庭或仲裁庭没有义务按第 13 条的规定将救助报酬确定至获救的船舶和其他财产的最高价值。

附件 2 关于建议修正 1974 年约克——安特卫普规则的决议

1989 年国际救助会议,通过了 1989 年国际救助公约,认为不拟在共同海损中包括按照第 14 条所确定的付款,请国际海事组织秘书长采取适当步骤保证尽快修正 1974 年约克—安特卫普规则,以确保根据第 14 条所支付的特别补偿并不列入共同海损。

附件 3 关于为实施 1989 年国际救助公约而进行国际合作的决议

1989 年国际救助会议,通过了 1989 年国际救助公约(以下简称"本公约"),考虑到希望有更多的国家成为本公约的成员国,认识到本公约的生效将为保护海洋环境起重要的补充作用,考虑到在国际范围内宣传并广泛实施本公约对于 达到其目标是极其重要的,

Ⅰ建议:

(a) 本组织通过举办各种研讨会、培训班、专题讨论会促使公众了解本公约;

(b) 由本组织主办的培训院校在其有关教学课程中包括对本公约的研究;

Ⅱ要求:

(a) 成员国将其颁布的属于本公约适用范围内的各事项有关的法律、命令、法令、规则的文本及其他文件送交本组织;

(b) 成员国同本组织协商,为促进实施本公约,在起草法律、命令、法令、规则和其他文件时,对要求给予技术援助的国家提供协助;和

(c) 本组织将其收到的Ⅱ(a)项下的任何文件通知各成员国。

(资料来源:中国交通部网站,http://www.moc.gov.cn/guojihz/guojihz.htm)

船舶优先权和抵押权国际公约(1993)
International Convention on Maritime Liens and Mortgages, 1993

(1993年4月19日至5月6日在日内瓦召开的联合国/国际海事组织船舶优先权和抵押权公约全权代表会议上通过)

本公约各缔约国,

认识到改善船舶融资条件和发展国家商船队的必要性,

确认宜在船舶优先权和抵押权领域实现国际统一性,因此

确信需要制订一项关于船舶优先权和抵押权的国际法律文书,

决定为此缔结一项公约,并因此协议如下:

第1条 抵押权、“质权”及担保物权的承认和执行

对海运船舶的抵押权、“质权”和性质相同的应登记担保物权(以下简称担保物权),如符合下述条件,应在缔约国得到承认和执行:

(a) 此种抵押权、“质权”或担保物权已根据船舶登记国法律设定和登记;

(b) 登记册和根据船舶登记国法律需要交存于登记处的任何文书均公开供公众查验,而且,登记册摘要及这类文书的副本可向登记处索取;和

(c) 登记册或(b)款中提到的任何文书中至少载明在其名下设定抵押权、“质权”或担保物权者的姓名和地址,或已向持有人颁发,登记国法律要求载明的最大担保金额,或者,该金额已在设立抵押权、“质权”或担保物权的文书中载明,以及按照登记国法律用以确定相对于其他已登记之抵押权、“质权”和担保物权的排列次序的日期和其他事项。

第2条 抵押权、“质权”和担保物权的排列次序和效力

已登记的抵押权、“质权”或担保物权彼此间的排列次序及其在不妨害本公约规定的条件下对第三方的效力应根据登记国法律确定;然而,在不妨害本公约规定的条件下,与执行程序有关的所有事项均应遵守执行国法律的规定。

第3条 所有权或登记的变更

1. 除第11条和第12条规定的情况外,在所有其他将导致船舶从一缔约国登记册中被注销登记的情况下,该缔约国不得允许所有人注销对船舶的登记,除非事先已注销了所有已登记的抵押权、“质权”或担保物权的登记,或已得到这种抵押权、“质权”或担保物权拥有人的书面同意。但是,在非属船舶自愿出售而按照缔约国法律必须注销船舶登记的情形下,所有已登记的抵押权、“质权”或担保物权拥有人应该得到将予注销登记的通知,以使这些拥有人能够采取适当行动保护他们的利益;除非拥有人同意,否则这种注销登记的执行不应早于一段合理期间结束后,这段期间不应少于对上述拥有人发出有关通知后3个月。

2. 在不妨害第12条第5款的情况下,已在一缔约国登记的船舶不得在另一缔约国登记,除非:

(a) 已由原登记国颁发证件,表明该船已注销登记;或

(b) 已由原登记国颁发证件,表明该船在重新登记的同时将立即注销原登记。注销登记的日期就是该船重新登记的日期。

第4条　船舶优先权

1. 对船舶所有人、光船承租人、船舶管理人或经营人的下述各项索赔可通过对船舶的优先权得到担保:

(a) 就船长、高级船员和其他船上在编人员由于在船上任职而应得到工资和其他款项的索赔,包括遣返费用和应为他们支付的社会保险费;

(b) 就直接与船舶营运有关的、无论是在陆地或水上发生的人身伤亡提出的索赔;

(c) 就船舶的救助报酬提出的索赔;

(d) 就港口、运河和其他水路规费和引航费提出的索赔;

(e) 根据侵权行为提出的索赔,该索赔是由于船舶营运直接造成的有形灭失或损坏所引起的,但不包括船舶所载运的货物、集装箱和旅客物品的灭失或损坏。

2. 由于以下原因引起或造成的第1款(b)项和(e)项中规定的索赔不得以船舶优先权予以担保:

(a) 与海上承运石油或其他危险或有毒物质有关的损害,已有国际公约或国家法律规定严格的赔偿责任以及强制保险或其他为索赔担保的手段,可据以向索赔人支付赔偿的;或

(b) 核燃料或放射性产品或废料的放射性或放射性兼有毒性、爆炸性或其他危险特性。

第5条　船舶优先权的优先顺序

1. 第4条所列船舶优先权应优先于已登记的抵押权、“质权”和担保物权、任何其他索赔均不得优先于此类船舶优先权或优先于符合第1条规定的抵押权、“质权”或担保物权,但第12条第3款和第4款所规定者除外。

2. 第4条所列船舶优先权应按顺序排列,但由船舶优先权所担保的关于船舶的救助报酬的索赔应优先于引起该船舶优先权的作业之前对船舶提出的任何其他船舶优先权。

3. 第4条第1款(a)、(b)、(d)和(e) 各项中所列船舶优先权相互之间,应按相同的顺序排列。

4. 由船舶优先权担保的关于船舶的救助报酬的索赔应按所担保的索赔发生的时间逆序排列。这项索赔应被视为在每一救助作业结束之日即已产生。

第6条　其他船舶优先权

每一缔约国均可按照其法律规定其他船舶优先权,以担保除第4条所规定者之外的对船舶的所有人、光船承租人、船舶管理人或经营人的索赔,但这些船舶优先权:

(a) 应遵守第8条、第10条和第12条的规定;

(b) 应在下列时间消灭:

(i) 自其担保的索赔发生后6个月的期间届满时,除非这一期间届满之前该船舶已被扣留或扣押,而且这一扣留或扣押导致强制出售;或

(ii) 该船舶出售给善意购船人后60天的期间届满时,该期间自按照船舶登记国法律在出售后进行出售登记之日起算;

以上列两个期间中先届满者为准；而且

(c) 应排列在第 4 条所列的船舶优先权和符合第 1 条规定的已登记的抵押权、"质权"或担保物权之后。

第 7 条　留　置　权

1. 每一缔约国均可按照其法律给予下述船舶占有人以船舶留置权：

(a) 造船厂，以担保与造船有关的索赔；或

(b) 修船厂，以担保与修船有关的索赔，包括在其占有期间进行的船舶改建；

2. 在船舶不再为造船厂和修船厂所占有时，这种船舶留置权应予取消，但船舶由于被扣留或扣押的原因除外。

第 8 条　船舶优先权的特性

除第 12 条规定的情况外，船舶优先权随船舶存在而存在，而不论船舶的所有权或登记或船旗有何变更。

第 9 条　船舶优先权的时效

1. 第 4 条所列船舶优先权一年后即行消灭，除非在这一期限终止前，船舶已被扣留或扣押，而这种扣留和扣押导致该船舶的强制出售。

2. 第 1 款所述一年期限：

(a) 对于第 4 条第 1 款(a)项所列船舶优先权，自索赔人从船上离职之时起算；

(b) 对于第 4 条第 1 款(b)至(e)项所列船舶优先权，自所担保的索赔产生之时起算；而且这一期限不得中止或中断，但法律不允许扣留或扣押船舶的期间不得计算在内。

第 10 条　转让和代位

1. 第 4 条所列船舶优先权所担保的索赔发生转让或代位，将同时造成该项船舶优先权的转让或代位。

2. 拥有船舶优先权的索赔人不得对根据保险合同向船舶所有人支付的保险赔偿金取得代位求偿。

第 11 条　关于强制出售的通知

1. 在一缔约国强制出售船舶之前，该国主管当局应保证按本条规定向下述各方发出通知：

(a) 登记国负责登记当局；

(b) 未向持有人颁发的已登记抵押权、"质权"或担保物权的所有拥有人；

(c) 已向持有人颁发的已登记抵押权、"质权"或担保物权的所有拥有人，和第 4 条所列船舶优先权的所有拥有人，但以进行强制出售的主管当局收到他们各自的索赔通知为条件；以及

(d) 已登记的船舶所有人。

2. 这种通知应当至少在强制出售前 30 天发出，并应包括下列内容：

(a) 强制出售的时间和地点以及由实施程序的缔约国决定的、足以保护有权得到通知者利益的有关强制出售或导致强制出售程序的事项；或

(b) 无法确切决定强制出售之时间和地点的情形下的约略时间和预期地点以及由实施程序的缔约国当局确定的、足以保护有权得到通知者利益的有关强制出售的事项。

如果已按照(b)项发出通知，则在强制出售的确切时间和地点通知后即应再发通知，但

无论如何,该通知的发出不得晚于强制出售前七天。

3. 本条第2款所指通知应采取书面形式,并以签收邮件或能确认收悉的任何电子或其他适当手段发给已知的第1款所指有关人员。此外,通知应在进行强制出售的国家报刊上公布,如果进行强制出售的当局认为适当,也应在其他出版物上公布。

第12条　强制出售的效力

1. 船舶一旦在一个缔约国被强制出售,除经抵押权、"质权"或担保物权拥有人同意由船舶购买人承担外,所有已登记的抵押权、"质权"或担保物权以及所有船舶优先权和无论任何性质的其他债权均不再与该船有关,但必须符合下列条件:

(a) 出售时,船舶在该缔约国管辖范围之内;以及

(b) 出售系根据该国法律和第11条和本条的规定进行。

2. 由于扣留或扣押和随后船舶出售引起的费用和开支应在出售所得款项中首先支付。这些费用和开支应包括特别是船舶被扣留或扣押之时起所引起的船舶维修保养费用和船员生活费用以及第4条第1款(a)项所指工资、其他款项和费用。出售所得的余下部分应按本公约的规定以满足有关各项索赔的程度进行分配。在所有索赔人都得到满足后,出售所得如果尚有任何剩余,应交付船舶所有人,并且该款项应可自由转移。

3. 缔约国可在本国法律中规定,在公共当局为航行安全或保护海洋环境而清除的搁浅或沉没船舶被强制出售的情况下,在由该船舶的船舶优先权担保的所有其他索赔得到满足之前,应首先从出售所得中支付此种清除费用。

4. 如在强制出售时,船舶为一造船厂或修船厂所占有并按照出售地所在缔约国法律享有留置权,这种造船厂或修船厂必须向买方交出其占有的船舶,但有权在第4条所指船舶优先权拥有人的索赔得到满足后,从售船所得中得到赔偿。

5. 当在某一缔约国登记的船舶在任一缔约国成为强制出售的标的时,主管当局应按购船人的要求开具证书,说明除购船人所承担者外,该船之出售不附带任何已登记的抵押权、"质权"或担保物权以及一切船舶优先权和其他债权,但必须符合第1款(a)和(b)项的要求。在出示这种证明时,登记处必须注销除购船人承担者外所有已登记的抵押权、"质权"或担保物权,并以购船人的名义登记此船或视情况为重新登记开具一份注销登记证明书。

6. 缔约国应当保证强制出售所得的任何款项均可实际得到并能自由转移。

第13条　适用范围

1. 除本公约另有规定外,本公约的规定适用于所有在缔约国或非缔约国登记的海船,但后者的船舶必须是受缔约国管辖的。

2. 本公约中的任何规定均不得对国家所有或经营并且仅充作政府非商业性服务的任何船舶产生任何权利或对其行使任何权利。

第14条　缔约国间的联系

就本公约第3条、第11条和第12条的规定而言,缔约国主管当局有权彼此直接联系。

第15条　公约的冲突

本公约的任何规定不得影响规定责任限制的任何国际公约或使其生效的国内法律的适用。

第16条 船旗的暂行变换

如果在一国登记的海船被准予临时改悬另一国国旗,应适用下列规定:

(a) 就本条而言,本公约中提及的“船舶登记国”或“登记国”应被视为在船舶刚换船旗前的船舶登记国,提到的“负责登记的当局”应视为在该国负责登记的当局。

(b) 就已登记的抵押权、“质权”和担保物权的承认而言,登记国的法律具有决定作用。

(c) 登记国应当要求在其登记册中载有相互参照的项目,指明船舶被批准暂时悬挂其国旗的国家,同样,准许船舶暂时悬挂其国旗的国家也应要求负责船舶记录的当局在记录中以相互参照项目指明该登记国。

(d) 缔约国不得准许在该国登记的船舶临时悬挂另一国的国旗,除非已取得该船舶所有已登记的抵押权、“质权”或担保物权的持有人的书面同意。

(e) 有关第11条的通知也应提供给准许船舶暂时悬挂其国旗的国家负责船舶记录的主管当局。

(f) 按照第12条第5款出示注销登记时,批准船舶暂时悬挂其国旗的国家负责船舶记录的当局应按购船人的要求,开具一份悬挂该国国旗权利已被取消的相应的证明。

(g) 本公约中任何规定不应理解为对缔约国强加任何义务,准许外国船暂时悬挂其国旗或本国船舶暂时悬挂外国国旗。

第17条 保 存 者

本公约应由联合国秘书长保存。

第18条 签署、批准、接受、核准和加入

1. 本公约应自1993年9月1日至1994年8月31日在联合国总部向任何国家开放以供签署,此后继续开放以供加入。

2. 各国可按照下列方式表示同意接受本公约的约束:

(a) 签署并对批准、接受或核准无保留;或

(b) 签署而有待批准、接受或核准,随后予以批准、接受或核准;或

(c) 加入。

3. 签署、接受、核准或加入须向保存者交存相应的文件,方为有效。

第19条 生 效

1. 本公约应在有10个国家已经表示同意接受本公约约束之日起6个月后生效。

2. 对于在本公约生效条件满足后才示明同意接受本公约约束的国家,这种同意应自示明之日起3个月后生效。

第20条 修订和修正

1. 经1/3的缔约国请求,联合国秘书长应召开缔约国会议,以修订或修正本公约。

2. 对在本公约修正案生效后表示同意接受公约约束的,这种同意应视为适用经修正的公约。

第21条 退 出

1. 任何缔约国,在本公约对其生效后,可随时退出。

2. 退出应向保存者交存退出的文件。

3. 退出应于保存者收到退出文件1年后或该退出文件中规定的更长期限后生效。

第22条 文　字

本公约正本一份,用阿拉伯文、中文、英文、法文、俄文和西班牙文写成,各种文本具有同等效力。

1993年5月6日订于日内瓦。

为此,各国政府正式授权的下列具名代表,特签署本公约,以昭信守。

(资料来源:中国交通部网站,http://www.moc.gov.cn/guojihz/guojihz.htm)

海上运输有害有毒物质损害责任和赔偿国际公约(1996)

International Convention on Liability and Compensation for Damage in Connection with the Carriage of Hazardous and Noxious Substances by Sea, 1996

(1996 年 5 月 3 日订于伦敦)

本公约各当事国,

意识到世界范围海上运输有害有毒物质造成的危险,

确信需要确保向蒙受此种物质的海上运输事故所致损害的人提供充分、迅速和有效的赔偿,

希望采用一致的国际规则和程序确定此种损害的责任和赔偿问题,

认为有害有毒物质海上运输所致损害的经济后果应由航运界和有关货方共同承担,

兹达成协议如下:

第Ⅰ章　总　　则

定　　义

第 1 条

就本公约而言:

1　“船舶”系指任何种类的海船和海上航行器。

2　“人”系指任何个人或合伙人或任何公共或私人机构,不论是否为法人,包括国家或其任何组成部分。

3　“所有人”系指登记为船舶所有人的人;或者,在没有登记时,系指拥有船舶的人。但是,如果船舶为国家所有并由在该国登记为船舶经营人的公司所经营,“所有人”应系指此种公司。

4　“接收人”系指:

(a) 实际接收卸于一当事国港口或码头的摊款货物的人;但是,如果在接收时实际接收该货物的人系受任何缔约国管辖的另一人的代理人并且该代理人向有害有毒物质基金指明了该委托人,则该委托人应被视为接收人;或

(b) 在当事国的并按该国的法律被视为卸于某一当事国港口或码头的摊款货物接收人的人,但是根据此种国家法律所接收的摊款货物总量应与根据(a)项所接收的总量基本一样。

5 “有害和有毒物质”(有害有毒物质)系指:

(a) 下列(i)至(vii)中所述的、在船上作为货物运输的任何物质、材料和物品:

(i) 经修正的《经1978年议定书修订的1973年国际防止船舶造成污染公约》附则I的附录I中所列散装运输的油类;

(ii) 经修正的《经1978年议定书修订的1973年国际防止船舶造成污染公约》附则II的附录II中所述的散装运输的有毒液体物质和按上述附则II第3(4)条被暂定为A,B,C或D污染类别的物质和混合物;

(iii) 经修正的《1983年国际散装危险化学品运输船舶构造和设备规则》第17章中所列的散装运输的危险液体物质以及主管机关和有关的港口管理部门按该规则第1.1.3段对其初步适运条件作出规定的危险产品;

(iv) 经修正的《国际海运危险货物规则》所包括的包装形式的危险、危害和有害物质、材料和物品;

(v) 经修正的《1983年国际散装液化气体运输船舶构造和设备规则》第19章中所列的液化气体以及主管机关和有关港口管理部门按该规则第1.1.6段对其初步适运条件作出规定的产品;

(vi) 闪点不超过60℃(由闭杯试验测量)的散装运输的液体物质;

(vii) 经修正的《固体散装货物安全操作规则》附录B所包括的具有化学危害的固体散装材料,但以此种物质在以包装形式运输时也需遵守《国际海运危险货物规则》的规定为条件;和

(b) 先前散装运输上文第(a)项(i)至(iii)和(v)至(vi)中所述物质的残余物。

6 “损害”系指:

(a) 由有害有毒物质造成的、在运输这些物质的船舶上或船舶外的人身死亡;

(b) 由有害有毒物质造成的、在运输这些物质的船舶外的财产的灭失或损坏;

(c) 由有害有毒物质造成的环境污染所致的灭失或损害,但对不包括环境损害所致的利润损失在内的环境损害的赔偿应限于实际采取或将要采取的合理恢复措施的费用;和

(d) 预防措施的费用和预防措施造成的新的灭失或损害。

当无法合理地区分有害有毒物质造成的损害与其他因素造成的损害时,除非其他因素造成的损害系第4条第3款中所述类型的损害,否则所有此种损害应视为系由有害有毒物质造成。

在本款中,“由有害有毒物质造成的”系指由此种物质的危害性或毒性造成的。

7 “预防措施”系指任何人在事故发生后为防止或减少损害而采取的任何合理措施。

8 “事故”系指所发生的具有同一起源的、造成损害或形成造成损害的严重和紧迫威胁的任何一个或一系列事件。

9 “海上运输”系指从在装船时有害有毒物质进入船舶设备的任何部分之时起至在卸船时它们不再存在于船舶设备的任何部分之时止的期间。如未使用任何船舶设备,则该期间分别起止于有害有毒物质越过船舷之时。

10 “摊款货物”系指作为货物由海上运输到一当事国境内的港口或码头并卸于该当事国的任何有害有毒物质。在从最初装船港口或码头至最后目的地港口或码头的运输过程中直接地或通过港口或码头从一船全部或部分地转到另一船的转口货物,仅应在最后目的地接收时,被视为摊款货物。

11 “有害有毒物质基金”系指根据第 13 条设立的国际有害有毒物质基金。

12 “计算单位”系指国际货币基金组织定义的特别提款权。

13 “船舶登记国”,就已登记的船舶而言,系指该船的登记国;就未登记的船舶而言,系指该船有权悬挂其国旗的国家。

14 “码头”系指存放收到的自水上运输的有害有毒物质的任何场地,包括由管道或其他设备与此种场地相连的任何离岸设施。

15 “干事”系指有害有毒物质基金的干事。

16 “本组织”系指国际海事组织。

17 “秘书长”系指本组织秘书长。

附　　件

第 2 条

本公约各附件应为本公约的组成部分。

适 用 范 围

第 3 条

本公约应仅适用于:

(a) 在当事国领土(包括领海)内造成的任何损害;

(b) 在当事国按国际法确定的专属经济区中造成的环境污染所致的损害;或者,如果当事国未确定此种区域,在该国按国际法确定的、在其领海之外并与其领海毗邻的、距测量其领海宽度的基线向外延伸不超过 200 海里的区域中造成的此种损害;

(c) 由在一当事国登记的船舶或者就未登记船舶而言,有权悬挂一当事国国旗的船舶运输的物质在任何国家的领土(包括领海)之外造成的非属环境污染损害的损害;和

(d) 不论在何处采取的预防措施。

第 4 条

1 本公约应适用于对海上运输有害有毒物质所致损害的索赔,但不包括任何货物或旅客运输合同引起的索赔。

2 本公约在其规定与有关工人赔偿或社会保障制度的适用法律的规定不一致的范围内不应适用。

3 本公约不应适用于:

(a) 经修正的《1969 年国际油污损害民事责任公约》中规定的污染损害,不论根据该公约对此是否应作出赔偿;和

(b) 由经修正的《国际海运危险货物规则》中或经修正的《固体散装货物安全操作规则》附录 B 中的第 7 类放射性物质造成的损害。

4 除第 5 款规定者外,本公约的规定不适用于军舰、海军辅助船或由国家所有或营运并

在当时仅用于政府非商业服务的其他船舶。

5　当事国可决定将本公约应用于第4款所述的军舰或其他船舶,在此种情况下,其应将此通知秘书长,说明此种适用的限制性规定。

6　对国家所有的、用于商业目的的船舶,每一国家都应接受在第38条所规定的管辖范围内的起诉并应放弃其基于主权国地位的所有抗辩。

第5条

1　一国可在批准、接受、核准或加入本公约时或此后的任何时间,声明本公约不适用于下列船舶:

(a) 不超过200总吨;并

(b) 仅运输包装形式的有害有毒物质;并

(c) 当其从事该国港口或设施间航行时。

2　如果两个相邻国家商定当第1款(a)和(b)项涵盖的船舶从事这些国家的港口或设施间的航行时本公约也不适用,则有关国家可以声明,按第1款声明的本公约所不适用的船舶也包括本款所述船舶。

3　根据第1或2款作出声明的任何国家可随时撤销此种声明。

4　应向秘书长交存根据第1或2款作出的声明和根据第3款作出的撤销声明;秘书长在本公约生效后应将其通知干事。

5　如果一国根据第1或2款作出了声明并且未予以撤销,则该款所述船舶运输的有毒有害物质,就第18条、20条、21条5款和43条的适用而言,不应被视为摊款货物。

6　有害有毒物质基金在下列情况下不负责对本公约因根据第1或2款所作声明而不适用的船舶运输的物质造成的损害支付赔偿金:

(a) 第1条6款(a)、(b)或(c)项定义的损害系在下述地方造成:

(i) 作出声明的国家的领土(包括领海)或者根据第2款作出声明的相邻国家的任一国的领土(包括领海);或

(ii) (i)中所述一个或多个国家的专属经济区或第3条(b)项所述的区域;

(b) 损害包括为防止或减少此种损害而采取的措施。

当事国的义务

第6条

每一当事国应确保履行本公约规定的义务并根据其法律采取适当措施,包括作出其认为必要的处罚,以有效履行任何此种义务。

第Ⅱ章　责　　任

所有人责任

第7条

1　除第2和3款中规定者外,事故发生时的所有人应对船舶海上运输的任何有害有毒物质造成的损害负责,但是如果事故系由具有同一起源的一系列事件构成,则责任应由发生第一个此种事件时的所有人承担。

2 如果所有人作出下列证明,则不承担任何责任:

(a) 损害系由战争、敌对、内战、暴动行为或由特殊的、不可避免的和不可抗拒的自然现象造成;或

(b) 损害完全系由第三方故意造成损害的行为或不为造成;或

(c) 损害完全系由负责维护灯塔或其他助航设备的任何政府或其他当局在履行该职责时的疏忽或其他错误行为造成;或

(d) 托运人或任何其他没有提供有关所运物质的危害性和毒性的信息从而:

(i) 完全或部分地造成损害;或

(ii) 使所有人无法按第 12 条取得保险;

但以所有人及其雇员或代理人均不知道或合理地不会知道所运货物的危害性和毒性为条件。

3 如果所有人证明损害全部或部分地系由遭受损害的人故意造成损害的行为或不为造成,或由此种人的疏忽造成,则可全部或部分地免除所有人对此种人的责任。

4 除非按照本公约,否则不应向所有人提出任何损害索赔。

5 以第 6 款为条件,不可向下列人提出本公约或非本公约规定的损害索赔:

(a) 所有人的雇员或代理人或船员;

(b) 引航员或为船舶提供服务但非属船员的任何其他人;

(c) 船舶的任何租赁人(不论如何定义,包括光船租赁人)、管理人或经营人;

(d) 经所有人同意或按主管公共当局的指示进行求助作业的任何人;

(e) 采取预防措施的任何人;和

(f) 第(c)、(d)和(e)项中所述人员的雇员或代理人;

除非损害系由故意造成或明知可能造成此种损害而毫不在意的个人行为或不为造成。

6 本公约中的任何规定不应损害所有人对任何第三方(包括但不限于造成损害的物质的托运人或接收人或第 5 款中指出的人)的任何现有追索权。

涉及两艘或更多艘船舶的事故

第 8 条

1 凡当损害系由涉及装有有害有毒物质的两艘或更多艘船舶的事故造成时,除非根据第 7 条被免除责任,每一所有人均应对损害负责。对无法合理区分的所有此种损害,这些所有人应负连带责任。

2 但所有人应有权享有第 9 条规定的适用其每一方的责任限额。

3 本条中的任何规定不应损害某一所有人对任何其他所有人的任何追索权。

责 任 限 制

第 9 条

1 船舶所有人应有权根据本公约将其对任何一次事故的责任限制为按下述计算的累计金额:

(a) 不超过 2000 吨位的船舶:1000 万计算单位;和

(b) 对超过该吨位的船舶,在(a)项中所述金额上加上下列金额:

从2001至50000吨位的每一吨位:1500计算单位;

超过50000吨位的每一吨位:360计算单位;

但该累计金额在任何情况下不应超过1亿计算单位。

2　如经证明,损害系由所有人故意造成或明知可能造成此种损害而毫不在意的个人行为或不为造成,则所有人无权根据本公约限制其责任。

3　为享有第1款规定的限制,所有人应在根据第38条在其境内提起诉讼的任一当事国的法院或其他主管当局或者如果没有提起诉讼,在根据第38条能够在其境内提起诉讼的任一当事国任何法院或其他主管当局,设立一个总额为按第1款确定的责任限额的基金。设立该基金的方式可以是交存该金额,也可以是提交根据基金设立当事国的法律可予接受、法院或其他主管当局认为足够的银行担保或其他担保。

4　以第11条的规定为条件,该基金应按索赔人被确认的索赔金额的比例在索赔人之间分配。

5　如果在基金分配前所有人或所有人的任何雇员或代理人或向所有人提供保险或其他经济担保的任何人已为事故导致的损害支付了赔偿金,则此种人应在其已付金额的范围内通过代位取得已被如此赔偿的人根据本公约本可享有的权利。

6　第5款中规定的代位权,也可由该款所述者外的其他人就其已支付的任何损害赔偿额加以行使,但仅在根据适用的国内法律此种代位被允许的范围内。

7　如果所有人或其他人员证实他们仅能在一较晚日期全部或部分地支付任何此种如在基金分配前支付便可根据第5或6款对其享有代位权的赔偿金额,则基金设立地国的的法院或其他主管当局可指令将一笔足够金额留出,以使此种人能在此较晚日期行使对该基金的索赔。

8　对合理产生的费用或对所有人为预防或减少损害而合理自动作出的牺牲的索赔,应与对基金的其他索赔具有同样地位。

9　(a)第1款中所述金额应按在第3款所述基金设立之日该货币相对于特别提款权的价值折算成国家货币。就属于国际货币基金组织成员的缔约国而言,其国家货币相对于特别提款权的价值应按国际货币基金组织于上述日期在其营业和交易中应用的现行定值方法计算。就非属国际货币基金组织成员的缔约国而言,其国家货币相对于特别提款权的价值应按该国确定的方法计算。

(b)但是,非国际货币基金组织成员且其法律不允许适用第9条(a)款的规定的当事国,可在批准、接受、核准或加入本公约时或在此后任何时间声明,第9条(a)款所述的计算单位等于15金法郎。本款所述金法郎相当于65.5毫克纯度为千分之九百的黄金。应按有关国家的法律将金法郎折算为国家货币。

(c)第9条(a)款末句所述的计算和第9条(b)款所述的折算应如此进行,以致用当事国的国家货币能表示出与适用第9条(a)款前两句得出尽可能相同真实的第1款金额的价值。当事国在交存批准、接受、核准或加入本公约的文件时,或每当计算方法或折算结果有改变时,应视情将按第9条(a)款确定的计算方法或按第9条(b)款的折算结果通知秘书长。

10　就本条而言,船舶吨位应为按《1969年国际船舶吨位丈量公约》附件I中所载的吨位丈量规则计算的总吨位。

11　保险人或提供经济担保的其他人应有权按本条设立基金,其条件和效力应与所有人设立基金相同。即使根据第2款的规定所有人无权享有责任限制亦可设立此种基金,但在此种情况下,基金的设立不应损害向所有人提出索赔的任何索赔人的权利。

第10条

1 当所有人在事故后按第9条设立了基金并有权限制责任时:

(a) 对该事故导致的损害有索赔权的任何人无权因此种索赔向所有人的任何其他财产行使任何权利;和

(b) 任何当事国的法院或其他主管当局应下令释放因该事故的损害索赔而被扣押的、属于所有人的任何船舶或财产,并应释放为避免此种扣押而提供的任何保释金或其他担保。

2 上述规定应仅在索赔人具有向管理该基金的法院提出索赔的权利并且该基金可向该索赔实际提供时适用。

死亡和损伤

第11条

死亡或人身损伤的索赔,除非其累计金额达到超过按第9条第1款确定的总额的三分之二的程度,否则应优先于其他索赔。

所有人的强制保险

第12条

1 在一当事国登记并实际运输有害有毒物质的船舶的所有人,须按适用第9条第1款所述责任限额确定的金额进行保险或取得其他经济担保,如银行或类似的金融机构的担保,以担保本公约规定的损害责任。

2 当事国有关当局确定第1款的要求已得到符合后,应向一船舶颁发一份强制保险证书,证明保险或其他经济担保按本公约的规定是有效的。对于在当事国登记的船舶,应由船舶登记国的有关当局颁发或签证此种强制保险证书;对于不在当事国登记的船舶,可由任何当事国的有关当局颁发或签证此种证书。该强制保险证书应采用附件I所列范本的格式并载有下列详细资料:

(a) 船名、船舶编号或呼号和登记港;

(b) 所有人姓名和主要营业地;

(c) 国际海事组织船舶识别号;

(d) 担保的类型和期间;

(e) 保险人或提供担保的其他人的姓名和主要营业地以及,在适当时,作出保险或担保的营业地;和

(f) 证书的有效期,该有效期应不比保险或其他担保的有效期更长。

3 强制保险证书应使用发证国的一种或多种官方文字写成。如使用的文字不是英文、法文或西班牙文,则条文应包括其中一种文字的译文。

4 强制保险证书应携带在船上,一份副本应交存保管船舶登记记录的当局,或者,如果不是在当事国登记,交存发证或签证国的当局。

5 保险或其他经济担保,如果在向本条第4款所指的当局送交终止通知书之日起满3个月以前,可因非第2款所述证书上规定的该保险或担保的有效期限届满的原因而终止,则

不符合本条的要求,除非在所述期间内已颁发强制保险证书,上述规定应同样适用于保险或担保不再满足本条各项要求而作的任何修改。

6　船舶登记国应以本条规定为准,确定强制保险证书的颁发条件和有效性。

7　就本公约而言,经当事国授权按第2款颁发或签证的强制保险证书,应得到其他当事国的接受并应被其他当事国视为与由其颁发或签证的强制保险证书具有同样效力,即使系对不在当事国登记的船舶所颁发或签证者亦然。当事国如认为强制保险书中所述的保险人或担保人在经济上不能履行本公约规定的义务,则可随时要求与发证或签证国磋商。

8　任何损害索赔可直接向保险人或所有人的损害责任提供经济担保的其他人提出。在此种情况下即使所有人无权享有责任限制,被告人仍可享有第1款中规定的责任限额。被告人还可援引所有人有权行使的辩护(不包括所有人的破产和停业)。此外,被告人可援引损害系由所有人的有意的不当行为造成的辩护,但被告人不应援引在所有人向被告人提起的诉讼中被告有权行使的任何其他辩护。被告人在任何情况下均应有权要求所有人参与诉讼。

9　按第1款保持的保险或其他经济担保提供的任何金额,应专供满足本公约规定的索赔使用。

10　除非按第2款或第12款颁发了证书,否则当事国不应允许本条所适用的、悬挂其国旗的船舶从事营运。

11　以本条规定为准,每一当事国应根据其法律确保第1款所述金额的保险或其他担保,就在任何地方登记的、进入或离开其领土的港口或抵达或离开其领海的离岸设施的任何船舶而言,都是有效的。

12　如果当事国拥有的船舶未持有保险或其他经济担保,则与其有关的本条规定应不适用于此种船舶,但此种船舶应携带船舶登记国有关当局颁发的强制保险证书,说明该船系由该国拥有,船舶的责任在第1款规定的限额内得到担保。此种强制保险证书应尽量与第2款中所述范本相同。

第Ⅲ章　国际有害和有毒物质基金(有害有毒物质基金)的赔偿

有害有毒物质基金的设立

第13条

1　特此设立国际有害和有毒物质基金(有害有毒物质基金),其目的是:

(a) 在第Ⅱ章提供的保护不足或无法得到的情况下为与海上运输有害有毒物质有关的损害提供赔偿;和

(b) 执行第15条所列的相关任务。

2　有害有毒物质基金在每一当事国中应被视为根据该国法律能享受权利和承担义务和能在该国法院的法律诉讼中作为一方的法人。每一当事国应将干事视为有害有毒物质基金的法定代表。

赔　偿

第14条

1　为履行第13条第1款(a)项规定的职责,有害有毒物质基金应向遭受损害但因下列原因无法根据第Ⅱ章的条款取得充分和足够的损害赔偿的任何人支付赔偿：

(a) 根据第Ⅱ章不产生损害责任；

(b) 根据第Ⅱ章对损害负有责任的所有人在经济上不能完全履行本公约规定的义务并且根据第Ⅱ章提供的任何经济担保不包括或不足以满足损害赔偿索赔；如果受到损失的人在采取了一切合理步骤以追索可得到的法定补偿后，仍无法获得第Ⅱ章规定的应付赔偿金额的全数赔偿，则所有人被视为在经济上不能履行这些义务并且经济担保被视为不足；

(c) 损害超过了第Ⅱ章条款规定的所有人责任。

2 为防止或减少损害而合理产生的费用或所有人为此而合理地自动作出的牺牲，就本条而言应被视为损害。

3. 在下列情况下，有害有毒物质基金不负有上述各款中规定的义务：

(a) 它证明损害系由战争、敌对、内战或暴乱行为造成，或系由军舰或由国家所有或使用、在发生事故时仅从事政府非商业服务的其他船舶溢出或排放的有害有毒物质所致；或

(b) 索赔人不能证明存在损害系涉及一艘或多艘船舶的事故造成的合理可能性。

4 如果有害有毒物质基金证明损害全部或部分地由遭受损害的人故意造成损害的行为或不为或此种人的疏忽所致，则有害有毒物质基金可全部或部分地免除向此种人支付赔偿金的义务。在任何情况下，有害有毒物质基金应在所有人根据第7条第3款得到免除的情况下得到免除。但对于预防措施，有害有毒物质基金不应得到任何此种免除。

5 (a)除(b)项另有规定外，有害有毒物质基金根据本条应支付的赔偿累计金额，对于任何一次事故而言，应被限制，以致该金额和根据第Ⅱ章对第3条中规定的本公约适用范围内的损害实际支付的任何赔偿金额的总额不应超过2.5亿计算单位。

(b) 有害有毒物质基金根据本条对由异常、不可避免和不可抗拒的自然现象造成的损害的应付赔偿金的累计金额不应超过2.5亿计算单位。

(c) 按第9条第3款设立的基金的累计利息(如果有)不应被计人本条规定的有害有毒物质基金的最大应付赔偿金的计算中。

(d) 本条中所述金额，应根据有害有毒物质基金大会在对第一个赔偿支付日期所作决定之日国家货币相对于特别提款权的价值被折算成该货币。

6 如果对有害有毒物质基金的确认索赔金额超过了第5款规定的应付赔偿的累计金额，则可提供的金额应按下述方式分配，即任何确认的索赔与索赔人根据本公约所实际取得的赔偿金额的比例对所有索赔人均应是同样的，但人身伤亡的索赔应优先于其他索赔，除非该索赔的累计金额超过按第5款确定的总金额的三分之二。

7 有害有毒物质基金大会可决定，在特殊情况下，即使所有人未按第Ⅱ章设立基金，也可支付本公约规定的赔偿。在此种情况下，第5款(d)项相应适用。

有害有毒物质基金的有关任务

第15条

就履行第13条1款(a)项规定的职责而言，有害有毒物质基金应有下列任务：

(a) 审议向有害有毒物质基金提出的索赔；

(b) 以预算形式制定每一日历年度的下列预算：

支出：

(i) 有害有毒物质基金在有关年度的管理成本和费用及以前年度营业的任何赤字;和

(ii) 有害有毒物质基金在有关年度应支付的款项;

收入:

(iii) 以前年度营业的盈余资金,包括价格利息;

(iv) 在该年度中要支付的初始摊款;

(v) 如果需要,平衡预算的年度摊款;

(vi) 任何其他收入;

(c) 应当事国要求,在必要时,尽力帮助该国迅速得到必要的人员、器材和服务,使该国能够采取措施防止或减轻根据本公约可能需由有害有毒物质基金支付赔偿的事故损害;和

(d) 在内部规则规定的条件下提供信贷,以便能够采取措施防止根据本公约可能须由有害有毒物质基金支付赔偿的特定事故的损害。

摊款的一般规定

第 16 条

1　有害有毒物质基金应有一个总账户,该总账户应分成多个组别。

2　以第 19 条第 3 和 4 款为条件,有害有毒物质基金还应有关于下列物质的分账户:

(a) 第 1 条第 5 款(a)项(i)规定的油类(油类账户);

(b) 以甲烷为主要成分的轻质烃类液化天然气(液化天然气)(液化天然气账户);和

(c) 以丙烷和丁烷为主要成分的轻质烃类液化石油气(液化石油气)(液化石油气账户)。

3　应向有害有毒物质基金交纳初始摊款和所要求的年度摊款。

4　有害有毒物质基金的摊款应按第 18 条缴入总账户,按第 19 条缴入分账户和按第 20 条或 21 条第 5 款缴入总账户或分账户。以第 19 条第 6 款为条件,总账户应被用于赔偿该账户规定的有害有毒物质造成的损害;分账户应被用于赔偿该账户规定的有害有毒物质造成的损害。

5　就第 18 条、第 19 条第 1 款(a)项(i)、1 款(a)项(ii)和 1 款(c)项、20 条和 21 条第 5 款而言,如果任何人于一日历年度中在一当事国领土内收到的某种摊款货物的数量在与任何一个或多个相关人于该年度中在同一当事国收到的同种货物的数量累计在一起时超过其各自款项中规定的限量,则此种人应对其收到的实际数量支付摊款,即使该数量未超过其限量。

6　"相关人"系指任何下属或共同管理的实体。某一人是否属于相关人的问题应由有关国家的国家法律确定。

年度摊款的一般规定

第 17 条

1　总账户和各分账户的年度摊款仅应按有关账户所需支付的款额征收。

2　按第 18 条、第 19 条和第 21 条第 5 款支付的年度摊款应由大会确定并应根据在上一年度或大会确定的不同年度中收到的摊款货物的单位数量,或者就第 19 条第 1 款(b)项所述货物而言,卸船的摊款货物的单位数量,按第 18 条、第 19 条和第 21 条第 5 款计算。

3　大会应决定向总账户和每一分账户征收的年度摊款总额。在作出该决定后,干事应

计算每一当事国中按第18条、第19条第1款和第21条第5款应支付摊款的每一人对每一账户的年度摊款金额；计算应根据报告的在上一日历年度或大会可能决定的不同日历年度中该人收到的摊款货物单位固定金额作出。就总账户而言，每一组别的摊款货物的上述单位固定金额，应按本公约附件Ⅱ的条款计算。就每一分账户而言，摊款货物的上述单位固定金额应按以该账户应征收的年度摊款总额除以该账户的摊款货物总量的方式计算。

4　大会也可以征收管理费用的年度摊款并决定此种费用在总账户各组别和分账户间的分配。

5　大会还应根据对被涉及的每一物质影响损害的程度的估计，决定属于不同账户或组别的两种或更多物质造成的损害支付的赔偿金额在有关账户和组别间的分配。

总账户的年度摊款

第18条

1　以第16条第5款为条件，每一当事国的总账户年度摊款应由在上一日历年度或大会决定的其他年度中在该当事国中接收了累计数量超过2万吨的属于下列组别但不属于第19条第1款所述物质的摊款货物的任何人支付：

(a) 第1条第5款(a)项(vii)所述固体散装物质；

(b) 第2款所述物质；和

(c) 其他物质。

2　总账户的年度摊款还应由若非因为某一分账户的运作按第19条被推迟或中止本应按第19条第1款向该账户支付摊款的人支付。根据第19条运作已被推迟或中止的每一分账户应在总账户中形成单独组别。

分账户的年度摊款

第19条

1　以第16条第5款为条件，每一当事国的分账户年度摊款应由下列人支付：

(a) 对油类账户：

(i) 在上一日历年度或大会决定的其他年度中在该当事国接收了总量超过15万吨、由经修正的《1971年设立国际油污损害赔偿基金国际公约》第1条第3款定义的摊款油并且按该公约第10条应向国际油污损害赔偿基金支付摊款的任何人；

(ii) 在上一日历年度或大会决定的其他年度中在该当事国接收了总量超过2万吨、在经修正的《经1978年议定书修订的1973年国际防止船舶造成污染公约》附则I的附录I中列出的其他散装油类的任何人；

(b) 对液化天然气账户，在上一日历年或大会决定的其他年度在卸船之刻前对在该国港口或码头中卸下的液化天然气货物具有所有权的任何人；

(c) 对液化石油气账户，在上一日历年度或大会决定的其他年度中在该国接收了总量超过2万吨液化石油气的任何人。

2　以第3款为条件，上述1款所述分账户应与总账户同时生效。

3　第16条第2款所述分账户的初期运作应被推迟至在上一日历年度或大会决定的其他年度中该账户的摊款货物数量超过下列水平之时：

(a) 关于油类账户,3.5 亿吨摊款货物;

(b) 关于液化天然气账户,2000 万吨摊款货物;和

(c) 关于液化石油气账户,1500 万吨摊款货物。

4　在下述情况下,大会可中止分账户的运作:

(a) 在上一日历年度中该账户的摊款货物数量低于第 3 款规定的各自水平;或

(b) 在摊款支付日期过了 6 个月时,该账户的未支付摊款总额超过第 1 款规定的该账户最新征收额的 10%。

5　大会可恢复按第 5 款被中止的分账户的运作。

6　应向其运作按第 3 款被推迟或按第 4 款被中止的分账户支付摊款的任何人应将其对该分账户的到期摊款付入总账户。就计算今后摊款而言,被推迟或中止的分账户应构成总账户的一个新组别并应遵守附件Ⅱ中规定的有害有毒物质点数系统。

初始摊款

第 20 条

1　每一当事国的初始摊款,应根据在本公约对该国生效的前一日历年度中在该国接收或,就液化天然气而言,卸下的摊款货物的每单位的确定金额(该确定金额对总账户的每一分账户均相同),由对按第 16 条第 5 款、18 条、19 条和 21 条第 5 款规定应支付摊款的每个人计算所得的金额构成。

2　第 1 款中所述该确定金额和总账户内不同组别及每一分账户的单位应由大会决定。

3　初始摊款应在向每一当事国中按第 1 款规定应支付摊款的人开出发票之日后的 3 个月内支付。

报　　告

第 21 条

1　每一当事国应确保按第 18 条、第 19 条或本条第 5 款应支付摊款的任何人均列入应由干事按本条规定制定和不断更新的名单中。

2　为第 1 款所述目的,每一当事国应在有害有毒物质基金内部规则规定的时间并以此种规则规定的方式向干事通报该当事国中按第 18 条、第 19 条或本条第 5 款应支付摊款的任何人的姓名和地址以及有关此种人在上一日历年度应对其支付摊款的摊款货物的有关数量和资料。

3　就查明在任何特定时间里谁是按第 18 条、第 19 条或本条第 5 款规定应支付摊款的人和,在适用时,查明在确定摊款金额时对任何此种人所计入的货物数量而言,该名单应是其中所述事实的表面证据。

4　如果当事国未履行向干事通报第 2 款中所述资料的义务从而造成有害有毒物质基金的经济损失,则该当事国应对此种损失向有害有毒物质基金作出赔偿。经干事建议,大会应确定此种赔偿是否应由某一当事国支付。

5　对于从某一当事国的某一港口或码头运至同一当事国的另一港口或码头并在其中卸下的摊款货物,当事国有权作出下列选择:向有害有毒物质基金提交一份报告,其中载有每一账户中接收的所有摊款货物的年度累计数量,包括按第 16 条第 5 款应支付摊款的任何数量。

当事国在报告时应：

(a) 通知有害有毒物质基金，该国将向有害有毒物质基金一次全数付清有关年度每一账户的累计金额；或

(b) 指示有害有毒物质基金以向该当事国管辖范围内的各个接收人或，对于液化天然气，卸货的产权持有人出具每人应付金额的发票的方式征收每一账户的累计金额。应按有关国家的法律对上述人员作出认定。

未支付摊款

第22条

1 第18条、第19条、第20条或第21条第5款规定的任何到期摊款金额如被拖欠，则应产生利息，其利率应按有害有毒物质基金的内部规则确定，但对不同情况可确定不同利率。

2 如果按第18条、第19条、第20条或第21条第5款应支付摊款的人未履行对任何此种摊款或其任何部分的义务并拖欠摊款，则干事应代表有害有毒物质基金对此种人采取一切适当行动，包括法院诉讼，来收回到期金额。但如果违约摊款人被证实已经破产，或情况需要求，经干事建议，大会可以决定不对摊款人采取或继续采取行动。

当事国对支付摊款的选择性责任

第23条

1 在不损害第21条第5款的情况下，当事国可在其交存批准、接受、核准或加入文件时或在此后任何时间声明，对于在其领土内被接收或卸下的有害有毒物质，由其承担本公约对按第18条、第19条、第20条和第21条第5款应支付摊款的任何人所规定的义务和责任。此种声明应书面作出并指明哪些义务由其承担。

2 如果第1款中规定的声明系在本公约按第46条生效之前作出，则应交秘书长保管；在本公约生效后，秘书长应将声明通知干事。

3 第1款规定的声明如在本公约生效后作出，则应交干事保管。

4 经向干事作出书面通知，有关国家可撤回按本条作出的声明。此种通知应在干事收到通知3个月后生效。

5 受到按本条所作通知约束的任何国家，在就声明中指明的任何义务向主管法院提起的诉讼中，应不享有它在其他情况下有权行使的任何豁免权。

组织和管理

第24条

有害有毒物质基金应设有大会和以干事为首的秘书处。

大　会

第25条

大会应由本公约的所有当事国组成。

第26条

大会的职责应为：

(a) 在每次例会上选举任期至下次例会的主席和两位副主席;

(b) 确定其本身的议事规则,但应符合本公约的规定;

(c) 制定、应用和不断检查与第 13 条第 1 款(a)项所述的有害有毒物质基金之目的有关的内部规则和财务规则和第 15 条中所列的有害有毒物质基金的有关任务;

(d) 任命干事和制定有关任命必需的其他人员的规定,确定干事和其他人员的任职条件;

(e) 通过按第 15 条(b)款制定的年度预算;

(f) 必要时审议和核准干事有关摊款货物界定范围的任何建议;

(g) 任命审计师和核准有害有毒物质基金的账目;

(h) 核准对有害有毒物质基金的索赔的处理决定,按第 14 条确定可提供的赔偿金额在索赔人之间的分配,确定以确保损害的受害人尽快得到赔偿为目的的临时支付索赔的条件;

(i) 设立由至少 7 位但不超过 15 位成员组成的索赔委员会及其认为必要的任何临时或永久性下属机构,规定其职责范围,给予履行其被授职责所需的权力;在任命此种机构的成员时,大会应努力确保成员的公平地理分配,确保各当事国得到适当代表;大会议事规则可用于此种下属机构的工作,但细节上可作更改;

(j) 确定非属本公约当事国的哪些国家、本组织的哪些联系会员和哪些政府间和国际非政府间组织可被允许在没有表决权的条件下参加大会和下属机构的会议;

(k) 向干事和下属机构作出有关有害有毒物质基金管理工作的指示;

(l) 监督本公约和其自己的决定得到正确执行;

(m) 每五年对本公约的实施情况作出检查,特别是征费计算系统和国内贸易摊款机制的运作情况进行审议;和

(n) 履行本公约赋予的其他职责或有害有毒物质基金正确运作所必需的其他职责。

第 27 条

1　由干事召集,每一日历年度应举行一次大会例会。

2　大会特别会议,经至少三分之一的大会成员的要求,应由干事召开,也可由干事提出在与大会主席协商后召开。干事应至少在此种会议召开前 30 天发出开会通知。

第 28 条

会议的法定人数应是大会成员的多数。

秘　书　处

第 29 条

1　秘书处应由干事和管理有害有毒物质基金所需的职员组成。

2　干事应是有害有毒物质基金的法定代表。

第 30 条

1　干事应是有害有毒物质基金的首席管理官员。经大会作出指示,干事应履行本公约、有害有毒物质基金的内部规则和大会赋予的职责。

2　特别是,干事应:

(a) 任命管理有害有毒物质基金所需的人员;

(b) 采取一切适当措施使有害有毒物质基金的资产得到正确管理;

(c) 收集本公约规定的到期摊款,同时特别要遵守第 22 条第 2 款的规定;

(d) 在处理对有害有毒物质基金的索赔和履行有害有毒物质基金的其他职责所必需的范围内,聘用法律、财务和其他专家的服务;

(e) 在有害有毒物质基金内部规则规定的限制和条件下,采取一切适当措施处理对有害有毒物质基金的索赔,包括在内部规则有此规定时不经大会事先批准对索赔作出最后处理决定;

(f) 制定并向大会提交每一日历年度的财务报告和预算概算。

(g) 经与大会主席协商后,准备和发表有关上一日历年度中有害有毒物质基金的活动的报告;和

(h) 制定、收集和分发大会和下属机构的工作所需的文件和资料。

第 31 条

在履行其职责时,干事和由干事任命的职员和专家不应征求或接受任何政府或有害有毒物质基金之外的任何主管机关的指示,他们不应从事有损其国际职员地位的任何行动。就其自身而言,每一当事国应承诺尊重干事和由干事任命的职员和专家的责任的完全国际特点,不在履行他们的职责方面向其施加影响。

财　务

第 32 条

1　每一当事国应承担其大会代表团和其下属机构代表的工资、旅费和其他费用。

2　有害有毒物质基金的运作产生的任何其他费用应由有害有毒物质基金承担。

表　决

第 33 条

下列规定应适用于大会中的表决:

(a) 每一成员应有一票;

(b) 除第 34 条另有规定者外,大会的决定应由出席并参加表决的成员的多数票作出。

(c) 需要三分之二多数作出的决定,应由出席成员的三分之二多数票作出;和

(d) 就本条而言,“出席成员”一语系指“在表决时出席会议的成员”,“出席并参加表决的成员”一语系指“出席并投赞成或反对票的成员”。表决时弃权的成员应视为未参加表决。

第 34 条

大会的下列决定应需要三分之二多数:

(a) 根据第 19 条第 4 或 5 款作出的关于中止或恢复分账户的运作的决定;

(b) 根据第 22 条第 2 款作出的关于不对某一摊款人采取或继续采取行动的决定;

(c) 根据第 26 条(d)项任命干事;

(d) 根据第 26 条(i)项设立下属机构及与设立此种机构有关的事项;和

(e) 根据第 51 条第 1 款作出的关于本公约应继续有效的决定。

免税和货币规则

第35条

1　有害有毒物质基金、其资产、收入(包括摊款)及履行其第13条第1款中规定之职责所需的其他财产,应在所有当事国被免除一切直接税。

2　当有害有毒物质基金为实现其第13条第1款中所述目的而对开展其公务活动所必需的动产或不动产或服务作巨额购买且其费用包括直接税或销售税时,所有当事国在可能时应采取适当措施免除或退还此种关税和捐税的金额。除非符合同意或支持此种免除或退还的当事国政府核准的条件,否则以上述方式得到的货物不应被有价出售或免费赠送。

3　对仅构成公共设施服务费的关税、捐税或手续费不应给予免除。

4　对出于公务用途而由其或为其进口的和出口的物品,有害有毒物质基金应享有对关税、捐税和其他有关税款的免除。以此种方式进口的物品,除非符合其进口地国政府同意的条件,否则不应在该国领土中被有偿或无偿转让。

5　向有害有毒物质基金摊款的人员和接收有害有毒物质基金赔偿的受害者和所有人均应遵守他们在其境内应支付税款的国家的财政立法。在此方面他们不享有特别的免除或其他优惠。

6　虽有现行或今后的货币或过户规则,当事国应不加任何限制地允许有害有毒物质基金的任何摊款和有害有毒物质基金的任何赔偿的过户和支付。

资料的保密

第36条

为本公约之目的而提供的有关各摊款的人的资料,除仅为使有害有毒物质基金能履行其职责(包括法律诉讼的提起和辩护在内)所必需外,不应在有害有毒物质基金之外被泄露。

第Ⅳ章　索赔和诉讼

诉讼限制

第37条

1　除非自受到损害的人知道或理应知道损害及所有人的身份之日起的3年内按本条提起了诉讼,否则第Ⅱ章规定的求偿权应丧失。

2　除非自受到损害的人知道或理应知道损害之日起的3年内根据本条提起了诉讼或按第39条第7款作出了通知,否则第Ⅲ章规定的求偿权应丧失。

3　但在任何情况下均不应自造成损害的事故发生之日起的10年后提起诉讼。

4　如果事故系由一系列事件构成,则第3款中所述的10年期限应从事故系列的最后一次事件起算。

对向所有人的诉讼的管辖权

第38条

1　如果事故在一个或多个当事国的领土(包括领海或第3条(b)项中所述区域)内造成

了损害，或在此种领土(包括领海或此种区域)内采取了旨在防止或减少损害的预防措施，则仅可在此种当事国的法院向所有人或为所有人的责任提供经济担保的其他人提起赔偿诉讼。

2　如果事故造成的损害完全在任何国家的领土(包括领海)之外，并且第3条(c)项列出的关于适用本公约的条件已得到满足或采取了旨在防止或减少损害的预防措施，则仅可在下列当事国的法院中向所有人或为所有人的责任提供经济担保的其他人提起赔偿诉讼：

(a) 船舶在其境内登记的当事国或，对于未登记的船舶，船舶有权悬挂其国旗的当事国；或

(b) 所有人的常住地或主要营业地在其境内的当事国；或

(c) 按第9条第3款已在其境内设立了基金的当事国。

3　应对根据第1或2款提起的任何诉讼向被告人作出合理通知。

4　每一当事国应确保其法院具有受理本公约规定的赔偿诉讼的管辖权。

5　在所有人或保险商或提供经济担保的其他人按第12条设立了第9条规定的基金后，此种基金的设立地国的法院应具有对与基金的分摊和分配有关的所有事项作出判决的专属管辖权。

对向有害有毒物质基金的诉讼和有害有毒物质基金提起的诉讼的管辖权

第39条

1　除本条下文中的规定外，根据第14条向有害有毒物质基金提起的请求赔偿的任何诉讼，仅可在根据第38条向对有关事故造成的损害负有责任的所有人提起的诉讼具有管辖权的法院提起或在所有人负有责任时，则应向当事国的主管法院提起。

2　在未能查明运输造成损害的有害有毒物质的船舶时，第38条第1款的规定应适用于对有害有毒物质基金的起诉，但细节上可作必要修改。

3　每一当事国应确保其法院对受理第1款中所述的对有害有毒物质基金的起诉具有管辖权。

4　如果对所有人或所有人的担保人的损害赔偿的诉讼已在某一法院提起，则此种法院应对因同一损害向有害有毒物质提起的任何第14条规定的赔偿诉讼具有专属管辖权。

5　每一当事国应确保有害有毒物质基金有权作为一方介入按本公约在该国主管法院对所有人或所有人的担保人提起诉讼。

6　除第7款另有规定外，有害有毒物质基金不受其未作为一方的诉讼判决或裁定或其未作为一方的任何决定的约束。

7　在不影响第5款规定的前提下，如果在一当事国的主管法院向所有人或所有人的担保人提起了本公约规定的损害赔偿诉讼，则该诉讼的每一方应有权根据该国的国家法律将诉讼通知有害有毒物质基金。如果按照受理法院的法律所要求的手续作出了此种通知，并且通知的时间和方式使有害有毒物质基金实际上能够作为一方有效介入诉讼，则法院在此种诉讼中作出的任何判决在裁判地国成为最终和有执行力的判决后，即使有害有毒物质基金未在实际上介入诉讼，如其对诉讼中的事实和结论可能无异议，则对有害有毒物质基金有约束力。

承认和执行

第40条

1　具有第38条规定的管辖权的法院作出的判决,如在原判决地国具有执行力而无需再作普通形式的复查,则应在任何当事国中得到承认,除非:

(a) 判决是以欺诈而取得;或

(b) 被告人未得到合理通知和没有公正机会陈述案情。

2　根据第1条被承认的判决,一俟符合该国要求的手续,便应在每一当事国具有执行力。手续不应允许对案情作出重新审理。

3　除有关第14条第6款所述分配问题的任何决定外,具有第39条第1和3款规定的管辖权的法院对有害有毒物质基金作出的任何判决,当在原判国成为具有执行力并在该国不再受到普通形式的复查时,应在每一当事国中得到承认并具有执行力。

代位和追索

第41条

1　对于有害有毒物质基金按第14条第1款支付的任何损害赔偿金额,有害有毒物质基金应通过代位取得获得赔偿的人员可对所有人或所有人的担保人享有的权利。

2　本公约的任何规定不应损害有害有毒物质基金对非属上款所述的任何人(包括第7条第2(d)款中所述人)的追索权和代位权,只要他们能限制其责任。在任何情况下,有害有毒物质基金对此种人的代位权,在优惠程度上不应低于为此种人支付了赔偿的保险人的代位权。

3　在不损害可能存在的对有害有毒物质基金的任何其他代位权或追索权的前提下,按国家法律规定支付了损害赔偿的当事国或其代理人应通过代位取得获得赔偿的人根据本条约可以享有的权利。

取代条款

第42条

本公约应取代在本公约开放供签署之日已实施的或开放供签署、批准或加入的任何公约,但仅在此种公约与其有冲突的范围内。然而,本条中的任何规定不应影响此种公约规定的本公约当事国对非属本公约当事国的国家的义务。

第Ⅴ章　过渡规定

摊款货物资料

第43条

在交存第45条第3款所述的文件时以及此后在本公约对一当事国生效前的每一年里,该当事国应向秘书长提交关于在上一日历年度中在该国接收或,对于液化天然气,卸下的总账户和每一分账户的摊款货物的有关数量的资料。

大会第一次会议

第 44 条

大会的第一次会议应由秘书长召开。该次会议应在本公约生效后尽早召开;在任何情况下不应超过公约生效后 30 天。

第Ⅵ章 最 终 条 款

签署、批准、接受、核准和加入

第 45 条

1 本公约应从 1996 年 10 月 1 日至 1997 年 9 月 30 日在本组织总部开放供签署,此后开放供加入。

2 各国可以下列方式表示同意受本公约约束:

(a) 签署并对批准、接受或核准无保留;或

(b) 签署而有待批准、接受或批准,随后予以批准、接受或核准;或

(c) 加入。

3 批准、接受、核准或加入应通过向秘书长交存有关文件作出。

生 效

第 46 条

1 本公约应在下列条件得到满足之日后 18 个月生效:

(a) 至少有 12 个国家,其中包括各有不少于 200 万总吨位的 4 个国家,表示同意受其约束;和

(b) 秘书长按第 43 条收到了关于此种国家内按第 18 条第 1 款(a)和(c)项应支付摊款的人员在上一日历年度中收到了总量至少为 4000 万吨向总账户摊款的货物的资料。

2 对于在生效条件得到满足后表示同意受本公约约束的国家,此种同意应在表示此种同意之日后的 3 个月或本公约按第 1 款生效之日生效(以晚者为准)。

修订和修正

第 47 条

1 本组织可召开修订或修正本公约的会议。

2 应 6 个当事国或三分之一当事国(以数目大者为准)的要求,秘书长应召开修订或修正本公约的本公约当事国会议。

3 在本公约某一修正案生效之日后表示同意受本公约约束,应视为适用于经修正的本公约。

限额的责任

第 48 条

1 在不损害第 47 条的规定的前提下,本条中的特别程序应仅适用于对第 9 条第 1 款和

第14条第5款中所列限额的修正。

2　当至少一半当事国但在任何情况下不少于6个当事国提出要求时,秘书长应将有关修正第9条第1款和第14条第5款中规定的限额的提案分发给本组织的所有会员国和本公约的所有缔约国。

3　按上述规定提议和分发的修正案应提交本组织的法律委员会,供在分发之日后至少6个月的某一日期审议。

4　所有缔约国,不论是否为本组织会员国,均应有权参加法律委员会审议和通过修正案的工作。

5　修正案应由在按第4款扩大的法律委员会中出席并参加表决的缔约国的三分之二多数通过,但在投票时应至少有一半缔约国出席。

6　在对修正限额的提案采取行动时,法律委员会应考虑到事故的经验,尤其是事故造成的损害金额、币值的变化和提议的修正案对保险费的影响,还应考虑到第9条第1款规定的限额与第14条第5款规定的限额间的关系。

7　(a)在从本公约开放供签署之日起算不足5年及从本条规定的前一修正案生效之日起算不足5年时,不应审议本条规定的任何限额修正案。

(b)任何限额不可被增加到超过将本公约规定的限额自本公约开放供签署之起按复合计算每年增加6%所得的金额。

(c)任何限额不可被增加到超过本公约规定的限额3倍的金额。

8　按第5款通过的任何修正案应由本组织向所有缔约国作出通知。该修正案应在通知之日后18个月的期限结束时被视为已被接受,除非在此期限内有不少于四分之一的在通过该修正案之时为缔约国的国家向秘书长作出不接受该修正案的通知,在此种情况下该修正案即被拒绝并属无效。

9　按第8款被视为已被接受的修正案应在其被接受后18个月生效。

10　所有缔约国均应受该修正案的约束,除非他们按第49条第1和2款在该修正案生效前至少6个月退出本公约。此种退出应在该修正案生效之时生效。

11　在一修正案已被通过但接受所需的18个月的期限尚未结束期间成为缔约国的国家,如该修正案生效,则应受其约束。在该期限后成为缔约国的国家应受按第8款被接受的修正案的约束。在本款所述的各种情况下,在修正案生效之时或在本公约对一国生效之时(如果后者晚于前者),该国应受该修正案的约束。

退　出

第49条

1　任何当事国,在本公约对其生效之日后,可随时退出本公约。

2　退出应通过向秘书长交存退出文件作出。

3　退出应在向秘书长交存退出文件后12个月或退出文件中可能规定的更长期限生效。

4　即使一国按本条退出,就大会可能对退出生效前发生的事故所决定的赔偿支付而言,本公约有关支付第18、19或20条规定的摊款的义务的任何规定仍应继续适用。

大会特别会议

第 50 条

1　任何当事国，如认为某一退出会极大地提高其余当事国的摊款水平，则应在退出文件被交存后的 90 天内要求干事召开大会特别会议。干事应在收到该要求后不少于 60 天开会。

2　干事如认为任何退出会造成其余当事国摊款水平的极大提高，则可在此种退出的文件被交存后 60 天内主动召开大会特别会议。

3　如果大会在按第 1 或 2 款召开的特别会议上确定该退出会造成其余当事国摊款水平的极大提高，则任何此种国家可在不迟于该退出生效之日前 120 天退出本公约并于同一日期生效。

终　止

第 51 条

1　本公约应在下列日期失效：

2　(a) 在当事国数目少于 6 个之日；或

(b) 如果有关上一日历年度的资料表明在该上一日历年度中在各当事国中收到的第 18 条第 1 款(a)和(c)项的总账户摊款货物总量不足 3000 万吨，在按第 21 条应将此种资料向干事作出通报之日后 12 个月。

虽有(b)项的规定，如果在上一日历年度中在各当事国接收的第 18 条第 1 款(a)和(c)项规定的总账户摊款货物总量少于 3000 万吨但多于 2500 万吨，而大会认为这是由于特殊情况所致并且不会再次出现，则大会可在上述 12 个月的期限结束前决定本公约应继续有效，但大会不可在多于两个相继的年度中作出此种决定。

2　在本公约失效之日前一天受本公约约束的国家，应使基金能够履行第 52 条规定的职责，并且仅就该目的而言，应仍受本公约的约束。

有害有毒物质基金的解散

第 52 条

1　如果本公约失效，有害有毒物质基金仍应：

(a) 履行其对在本公约失效前发生的任何事故的义务；和

(b) 在摊款系为履行(a)项规定之责任（包括为此目的所必需的有害有毒物质基金的管理费用）所必需的范围内有权行使其摊款权。

2　大会应采取一切适当措施完成有害有毒物质基金的解散工作，包括在向有害有毒物质基金交付了摊款的人员中公平分配任何剩余资产。

3　就本条而言，有害有毒物质基金应仍然是法人。

保　管　人

第 53 条

1　本公约及根据第 48 条通过的任何修正案，应交由秘书长保管。

2　秘书长应：

(a) 将下列事项通知签署或加入本公约的所有国家和本组织的所有会员国:

(i) 每一新的签署或批准、接受、核准或加入文件的交存及其日期;

(ii) 本公约的生效日期;

(iii) 按第48条第2款作出的关于修正赔偿限额的任何提案;

(iv) 按第48条第5款被通过的任何修正案;

(v) 根据第48条第8款被视为已获接受的任何修正案以及该修正案按本条第9和10款生效的日期;

(vi) 本公约的任何退出文件的交存以及收到日期和退出生效日期;和

(vii) 本公约任何条款要求的任何通知;和

(b) 将本公约的核证无误副本交送签署或加入本公约的所有国家。

3　本公约一经生效,保管人即应按《联合国宪章》第102条的规定,将其核证无误的副本送交联合国秘书长,以供登记和公布。

文　字

第54条

本公约正本一份,用阿拉伯文、中文、英文、法文、俄文和西班牙文写成,各文本具有同等效力。

1996年5月3日订于伦敦。

下列具名者,均经各自政府正式授权,特签署本公约,以昭信守。

(资料来源:交通部国际合作司编:《国际海事条约汇编》第九卷,大连海事大学出版社1998年版,第516—538页。)

扣船国际公约（1999）
International Convention on the Arrest of Ships, 1999

(March 12, 1999, Geneva)

The States Parties to this Convention, Recognizing the desirability of facilitating the harmonious and orderly development of world seaborne trade, Convinced of the necessity for a legal instrument establishing international uniformity in the field of arrest of ships which takes account of recent developments in related fields, Have agreed as follows:

Article 1
Definitions

For the purposes of this Convention:

1. "Maritime Claim" means a claim arising out of one or more of the following:

(a) loss or damage caused by the operation of the ship;

(b) loss of life or personal injury occurring, whether on land or on water, in direct connection with the operation of the ship;

(c) salvage operations or any salvage agreement, including, if applicable, special compensation relating to salvage operations in respect of a ship which by itself or its cargo threatened damage to the environment;

(d) damage or threat of damage caused by the ship to the environment, coastline or related interests; measures taken to prevent, minimize, or remove such damage; compensation for such damage; costs of reasonable measures of reinstatement of the environment actually undertaken or to be undertaken; loss incurred or likely to be incurred by third parties in connection with such damage; and damage, costs, or loss of a similar nature to those identified in this subparagraph (d);

(e) costs or expenses relating to the raising, removal, recovery, destruction or the rendering harmless of a ship which is sunk, wrecked, stranded or abandoned, including anything that is or has been on board such ship, and costs or expenses relating to the preservation of an abandoned ship and maintenance of its crew;

(f) any agreement relating to the use or hire of the ship, whether contained in a charter party or otherwise;

(g) any agreement relating to the carriage of goods or passengers on board the ship, whether contained in a charter party or otherwise;

(h) loss of or damage to or in connection with goods (including luggage) carried on board the ship;

(i) general average;

(j) towage;

(k) pilotage;

(l) goods, materials, provisions, bunkers, equipment (including containers) supplied or services rendered to the ship for its operation, management, preservation or maintenance;

(m) construction, reconstruction, repair, converting or equipping of the ship;

(n) port, canal, dock, harbour and other waterway dues and charges;

(o) wages and other sums due to the master, officers and other members of the ship's complement in respect of their employment on the ship, including costs of repatriation and social insurance contributions payable on their behalf;

(p) disbursements incurred on behalf of the ship or its owners;

(q) insurance premiums (including mutual insurance calls) in respect of the ship, payable by or on behalf of the shipowner or demise charterer;

(r) any commissions, brokerages or agency fees payable in respect of the ship by or on behalf of the shipowner or demise charterer;

(s) any dispute as to ownership or possession of the ship;

(t) any dispute between co-owners of the ship as to the employment or earnings of the ship;

(u) a mortgage or a "hypothèque" or a charge of the same nature on the ship;

(v) any dispute arising out of a contract for the sale of the ship.

2. "Arrest" means any detention or restriction on removal of a ship by order of a Court to secure a maritime claim, but does not include the seizure of a ship in execution or satisfaction of a judgment or other enforceable instrument.

3. "Person" means any individual or partnership or any public or private body, whether corporate or not, including a State or any of its constituent subdivisions.

4. "Claimant" means any person asserting a maritime claim.

5. "Court" means any competent judicial authority of a State.

Article 2

Powers of arrest

1. A ship may be arrested or released from arrest only under the authority of a Court of the State Party in which the arrest is effected.

2. A ship may only be arrested in respect of a maritime claim but in respect of no other claim.

3. A ship may be arrested for the purpose of obtaining security notwithstanding that, by virtue of a jurisdiction clause or arbitration clause in any relevant contract, or otherwise, the maritime claim in respect of which the arrest is effected is to be adjudicated in a State other than the State where the arrest is effected, or is to be arbitrated, or is to be adjudicated subject to the law of another State.

4. Subject to the provisions of this Convention, the procedure relating to the arrest of a ship or its release shall be governed by the law of the State in which the arrest was effected or applied for.

Article 3

Exercise of right of arrest

1. Arrest is permissible of any ship in respect of which a maritime claim is asserted if:

(a) the person who owned the ship at the time when the maritime claim arose is liable for the claim and is owner of the ship when the arrest is effected; or

(b) the demise charterer of the ship at the time when the maritime claim arose is liable for the claim and is demise charterer or owner of the ship when the arrest is effected; or

(c) the claim is based upon a mortgage or a "hypothèque" or a charge of the same nature on the ship; or

(d) the claim relates to the ownership or possession of the ship; or

(e) the claim is against the owner, demise charterer, manager or operator of the ship and is secured by a maritime lien which is granted or arises under the law of the State where the arrest is applied for.

2. Arrest is also permissible of any other ship or ships which, when the arrest is effected, is or are owned by the person who is liable for the maritime claim and who was, when the claim arose:

(a) owner of the ship in respect of which the maritime claim arose; or

(b) demise charterer, time charterer or voyage charterer of that ship.

This provision does not apply to claims in respect of ownership or possession of a ship.

3. Notwithstanding the provisions of paragraphs 1 and 2 of this article, the arrest of a ship which is not owned by the person liable for the claim shall be permissible only if, under the law of the State where the arrest is applied for, a judgment in respect of that claim can be enforced against that ship by judicial or forced sale of that ship.

Article 4

Release from arrest

1. A ship which has been arrested shall be released when sufficient security has been provided in a satisfactory form, save in cases in which a ship has been arrested in respect of any of the maritime claims enumerated in article 1, paragraphs 1 (s) and (t). In such cases, the Court may permit the person in possession of the ship to continue trading the ship, upon such person providing sufficient security, or may otherwise deal with the operation of the ship during the period of the arrest.

2. In the absence of agreement between the parties as to the sufficiency and form of the security, the Court shall determine its nature and the amount thereof, not exceeding the value of the arrested ship.

3. Any request for the ship to be released upon security being provided shall not be construed as an acknowledgement of liability nor as a waiver of any defence or any right to limit liability.

4. If a ship has been arrested in a non-party State and is not released although security in respect of that ship has been provided in a State Party in respect of the same claim, that security shall be ordered to be released on application to the Court in the State Party.

5. If in a non-party State the ship is released upon satisfactory security in respect of that ship being provided, any security provided in a State Party in respect of the same claim shall be ordered to be released to the extent that the total amount of security provided in the two States exceeds:

(a) the claim for which the ship has been arrested, or

(b) the value of the ship, whichever is the lower. Such release shall, however, not be ordered unless the security provided in the non-party State will actually be available to the claimant and will be freely transferable.

6. Where, pursuant to paragraph 1 of this article, security has been provided, the person providing such security may at any time apply to the Court to have that security reduced, modified, or cancelled.

Article 5
Right of rearrest and multiple arrest

1. Where in any State a ship has already been arrested and released or security in respect of that ship has already been provided to secure a maritime claim, that ship shall not thereafter be rearrested or arrested in respect of the same maritime claim unless:

(a) the nature or amount of the security in respect of that ship already provided in respect of the same claim is inadequate, on condition that the aggregate amount of security may not exceed the value of the ship; or

(b) the person who has already provided the security is not, or is unlikely to be, able to fulfil some or all of that person's obligations; or

(c) the ship arrested or the security previously provided was released either:

(i) upon the application or with the consent of the claimant acting on reasonable grounds, or

(ii) because the claimant could not by taking reasonable steps prevent the release.

2. Any other ship which would otherwise be subject to arrest in respect of the same maritime claim shall not be arrested unless:

(a) the nature or amount of the security already provided in respect of the same claim is inadequate; or

(b) the provisions of paragraph 1 (b) or (c) of this article are applicable.

3. "Release" for the purpose of this article shall not include any unlawful release or escape from arrest.

Article 6
Protection of owners and demise charterers of arrested ships

1. The Court may as a condition of the arrest of a ship, or of permitting an arrest already effected to be maintained, impose upon the claimant who seeks to arrest or who has procured the arrest of the ship the obligation to provide security of a kind and for an amount, and upon such terms, as may be determined by that Court for any loss which may be incurred by the defendant as a result of the arrest, and for which the claimant may be found liable, including but not restricted to such loss or damage as may be incurred by that defendant in consequence of:

(a) the arrest having been wrongful or unjustified; or

(b) excessive security having been demanded and provided.

2. The Courts of the State in which an arrest has been effected shall have jurisdiction to determine the extent of the liability, if any, of the claimant for loss or damage caused by the arrest of a ship, including but not restricted to such loss or damage as may be caused in consequence of:

(a) the arrest having been wrongful or unjustified, or

(b) excessive security having been demanded and provided.

3. The liability, if any, of the claimant in accordance with paragraph 2 of this article shall be determined by application of the law of the State where the arrest was effected.

4. If a Court in another State or an arbitral tribunal is to determine the merits of the case in accordance with the provisions of article 7, then proceedings relating to the liability of the claimant in accordance with paragraph 2 of this article may be stayed pending that decision.

5. Where pursuant to paragraph 1 of this article security has been provided, the person providing such security may at any time apply to the Court to have that security reduced, modified or cancelled.

Article 7

Jurisdiction on the merits of the case

1. The Courts of the State in which an arrest has been effected or security provided to obtain the release of the ship shall have jurisdiction to determine the case upon its merits, unless the parties validly agree or have validly agreed to submit the dispute to a Court of another State which accepts jurisdiction, or to arbitration.

2. Notwithstanding the provisions of paragraph 1 of this article, the Courts of the State in which an arrest has been effected, or security provided to obtain the release of the ship, may refuse to exercise that jurisdiction where that refusal is permitted by the law of that State and a Court of another State accepts jurisdiction.

3. In cases where a Court of the State where an arrest has been effected or security provided to obtain the release of the ship:

(a) does not have jurisdiction to determine the case upon its merits; or

(b) has refused to exercise jurisdiction in accordance with the provisions of paragraph 2 of this article, such Court may, and upon request shall, order a period of time within which the claimant shall bring proceedings before a competent Court or arbitral tribunal.

4. If proceedings are not brought within the period of time ordered in accordance with paragraph 3 of this article then the ship arrested or the security provided shall, upon request, be ordered to be released.

5. If proceedings are brought within the period of time ordered in accordance with paragraph 3 of this article, or if proceedings before a competent Court or arbitral tribunal in another State are brought in the absence of such order, any final decision resulting therefrom shall be recognized and given effect with respect to the arrested ship or to the security provided in order to obtain its release, on condition that:

(a) the defendant has been given reasonable notice of such proceedings and a reasonable opportunity to present the case for the defence; and

(b) such recognition is not against public policy (ordre public).

6. Nothing contained in the provisions of paragraph 5 of this article shall restrict any further effect given to a foreign judgment or arbitral award under the law of the State where the arrest of the ship was effected or security provided to obtain its release.

Article 8
Application

1. This Convention shall apply to any ship within the jurisdiction of any State Party, whether or not that ship is flying the flag of a State Party.

2. This Convention shall not apply to any warship, naval auxiliary or other ships owned or operated by a State and used, for the time being, only on government non-commercial service.

3. This Convention does not affect any rights or powers vested in any Government or its departments, or in any public authority, or in any dock or harbour authority, under any international convention or under any domestic law or regulation, to detain or otherwise prevent from sailing any ship within their jurisdiction.

4. This Convention shall not affect the power of any State or Court to make orders affecting the totality of a debtor's assets.

5. Nothing in this Convention shall affect the application of international conventions providing for limitation of liability, or domestic law giving effect thereto, in the State where an arrest is effected.

6. Nothing in this Convention shall modify or affect the rules of law in force in the States Parties relating to the arrest of any ship physically within the jurisdiction of the State of its flag procured by a person whose habitual residence or principal place of business is in that State, or by any other person who has acquired a claim from such person by subrogation, assignment or otherwise.

Article 9
Non-creation of maritime liens

Nothing in this Convention shall be construed as creating a maritime lien.

Article 10
Reservations

1. Any State may, at the time of signature, ratification, acceptance, approval, or accession, or at any time thereafter, reserve the right to exclude the application of this Convention to any or all of the following:

(a) ships which are not seagoing;

(b) ships not flying the flag of a State Party;

(c) claims under article 1, paragraph 1 (s).

2. A State may, when it is also a State Party to a specified treaty on navigation on inland waterways, declare when signing, ratifying, accepting, approving or acceding to this Convention, that

rules on jurisdiction, recognition and execution of court decisions provided for in such treaties shall prevail over the rules contained in article 7 of this Convention.

Article 11

Depositary

This Convention shall be deposited with the Secretary-General of the United Nations.

Article 12

Signature, ratification, acceptance, approval and accession

1. This Convention shall be open for signature by any State at the Headquarters of the United Nations, New York, from 1 September 1999 to 31 August 2000 and shall thereafter remain open for accession.

2. States may express their consent to be bound by this Convention by:

(a) signature without reservation as to ratification, acceptance or approval; or

(b) signature subject to ratification, acceptance or approval, followed by ratification, acceptance or approval; or

(c) accession.

3. Ratification, acceptance, approval or accession shall be effected by the deposit of an instrument to that effect with the depositary.

Article 13

States with more than one system of law

1. If a State has two or more territorial units in which different systems of law are applicable in relation to matters dealt with in this Convention, it may at the time of signature, ratification, acceptance, approval or accession declare that this Convention shall extend to all its territorial units or only to one or more of them and may modify this declaration by submitting another declaration at any time.

2. Any such declaration shall be notified to the depositary and shall state expressly the territorial units to which the Convention applies.

3. In relation to a State Party which has two or more systems of law with regard to arrest of ships applicable in different territorial units, references in this Convention to the Court of a State and the law of a State shall be respectively construed as referring to the Court of the relevant territorial unit within that State and the law of the relevant territorial unit of that State.

Article 14

Entry into force

1. This Convention shall enter into force six months following the date on which 10 States have expressed their consent to be bound by it.

2. For a State which expresses its consent to be bound by this Convention after the conditions for entry into force thereof have been met, such consent shall take effect three months after the date of expression of such consent.

Article 15

Revision and amendment

1. A conference of States Parties for the purpose of revising or amending this Convention shall be convened by the Secretary-General of the United Nations at the request of one-third of the States Parties.

2. Any consent to be bound by this Convention, expressed after the date of entry into force of an amendment to this Convention, shall be deemed to apply to the Convention, as amended.

Article 16

Denunciation

1. This Convention may be denounced by any State Party at any time after the date on which this Convention enters into force for that State.

2. Denunciation shall be effected by deposit of an instrument of denunciation with the depositary.

3. A denunciation shall take effect one year, or such longer period as may be specified in the instrument of denunciation, after the receipt of the instrument of denunciation by the depositary.

Article 17

Languages

This Convention is established in a single original in the Arabic, Chinese, English, French, Russian and Spanish languages, each text being equally authentic.

DONE AT Geneva this twelfth day of March, one thousand nine hundred and ninety-nine.

IN WITNESS WHEREOF the undersigned being duly authorized by their respective Governments for that purpose, have signed this Convention.

（资料来源：http://www.unctad.org/en/special/imo99ou.htm）

约克—安特卫普规则(2004)
York-Antwerp Rules 2004

(Approved by the Comité Maritime International at its conference held in Vancouver 31 May-4 June 2004)

Rule of Interpretation

In the adjustment of general average the following Rules shall apply to the exclusion of any Law and Practice inconsistent therewith.

Except as provided by the Rule Paramount and the numbered Rules, general average shall be adjusted according to the lettered Rules.

Rule Paramount

In no case shall there be any allowance for sacrifice or expenditure unless reasonably made or incurred.

Rule A

1. There is a general average act when, and only when, any extraordinary sacrifice or expenditure is intentionally and reasonably made or incurred for the common safety for the purpose of preserving from peril the property involved in a common maritime adventure.

2. General average sacrifices and expenditures shall be borne by the different contributing interests on the basis hereinafter provided.

Rule B

1. There is a common maritime adventure when one or more vessels are towing or pushing another vessel or vessels, provided that they are all involved in commercial activities and not in a salvage operation.

When measures are taken to preserve the vessels and their cargoes, if any, from a common peril, these Rules shall apply.

2. A vessel is not in common peril with another vessel or vessels if by simply disconnecting from the other vessel or vessels she is in safety; but if the disconnection is itself a general average act the common maritime adventure continues.

Rule C

1. Only such losses, damages or expenses which are the direct consequence of the general average act shall be allowed as general average.

2. In no case shall there be any allowance in general average for losses, damages or expenses incurred in respect of damage to the environment or in consequence of the escape or release of pollu-

tant substances from the property involved in the common maritime adventure.

3. Demurrage, loss of market, and any loss or damage sustained or expense incurred by reason of delay, whether on the voyage or subsequently, and any indirect loss whatsoever, shall not be allowed as general average.

Rule D

Rights to contribution in general average shall not be affected, though the event which gave rise to the sacrifice or expenditure may have been due to the fault of one of the parties to the adventure, but this shall not prejudice any remedies or defences which may be open against or to that party in respect of such fault.

Rule E

1. The onus of proof is upon the party claiming in general average to show that the loss or expense claimed is properly allowable as general average.

2. All parties claiming in general average shall give notice in writing to the average adjuster of the loss or expense in respect of which they claim contribution within 12 months of the date of the termination of the common maritime adventure.

3. Failing such notification, or if within 12 months of a request for the same any of the parties shall fail to supply evidence in support of a notified claim, or particulars of value in respect of a contributory interest, the average adjuster shall be at liberty to estimate the extent of the allowance or the contributory value on the basis of the information available to him, which estimate may be challenged only on the ground that it is manifestly incorrect.

Rule F

Any additional expense incurred in place of another expense, which would have been allowable as general average shall be deemed to be general average and so allowed without regard to the saving, if any, to other interests, but only up to the amount of the general average expense avoided.

Rule G

1. General average shall be adjusted as regards both loss and contribution upon the basis of values at the time and place when and where the adventure ends.

2. This rule shall not affect the determination of the place at which the average statement is to be made up.

3. When a ship is at any port or place in circumstances which would give rise to an allowance in general average under the provisions of Rules X and XI, and the cargo or part thereof is forwarded to destination by other means, rights and liabilities in general average shall, subject to cargo interests being notified if practicable, remain as nearly as possible the same as they would have been in the absence of such forwarding, as if the adventure had continued in the original ship for so long as justifiable under the contract of affreightment and the applicable law.

4. The proportion attaching to cargo of the allowances made in general average by reason of applying the third paragraph of this Rule shall not exceed the cost which would have been borne by the owners of cargo if the cargo had been forwarded at their expense.

Rule I. Jettison of Cargo

No jettison of cargo shall be allowed as general average, unless such cargo is carried in accordance with the recognised custom of the trade.

Rule II. Loss or Damage by Sacrifices for the Common Safety

Loss of or damage to the property involved in the common maritime adventure by or in consequence of a sacrifice made for the common safety, and by water which goes down a ship's hatches opened or other opening made for the purpose of making a jettison for the common safety, shall be allowed as general average.

Rule III. Extinguishing Fire on Shipboard

Damage done to a ship and cargo, or either of them, by water or otherwise, including damage by beaching or scuttling a burning ship, in extinguishing a fire on board the ship, shall be allowed as general average; except that no allowance shall be made for damage by smoke however caused or by heat of the fire.

Rule IV. Cutting away Wreck

Loss or damage sustained by cutting away wreck or parts of the ship which have been previously carried away or are effectively lost by accident shall not be allowed as general average.

Rule V. Voluntary Stranding

When a ship is intentionally run on shore for the common safety, whether or not she might have been driven on shore, the consequent loss or damage to the property involved in the common maritime adventure shall be allowed in general average.

Rule VI. Salvage Remuneration

a. Salvage payments, including interest thereon and legal fees associated with such payments, shall lie where they fall and shall not be allowed in general average, save only that if one party to the salvage shall have paid all or any of the proportion of salvage (including interest and legal fees) due from another party (calculated on the basis of salved values and not general average contributory values), the unpaid contribution to salvage due from that other party shall be credited in the adjustment to the party that has paid it, and debited to the party on whose behalf the payment was made.

b. Salvage payments referred to in paragraph (a) above shall include any salvage remuneration in which the skill and efforts of the salvors in preventing or minimising damage to the environment such as is referred to in Article 13 paragraph 1(b) of the International Convention on Salvage 1989 have been taken into account.

c. Special compensation payable to a salvor by the shipowner under Article 14 of the said Convention to the extent specified in paragraph 4 of that Article or under any other provision similar in substance (such as SCOPIC) shall not be allowed in general average and shall not be considered a salvage payment as referred to in paragraph (a) of this Rule.

Rule VII. Damage to Machinery and Boilers

Damage caused to any machinery and boilers of a ship which is ashore and in a position of peril, in endeavouring to refloat, shall be allowed in general average when shown to have arisen from an actual intention to float the ship for the common safety at the risk of such damage; but where a ship is afloat no loss or damage caused by working the propelling machinery and boilers shall in any circumstances be allowed as general average.

Rule VIII. Expenses Lightening a Ship When Ashore and Consequent Damage

When a ship is ashore and cargo and ship's fuel and stores or any of them are discharged as a general average act, the extra cost of lightening, lighter hire and reshipping (if incurred), and any loss or damage to the property involved in the common maritime adventure in consequence thereof, shall be allowed as general average.

Rule IX. Cargo, Ship's Materials and Stores Used for Fuel

Cargo, ship's materials and stores, or any of them, necessarily used for fuel for the common safety at a time of peril shall be allowed as general average, but when such an allowance is made for the cost of ship's materials and stores the general average shall be credited with the estimated cost of the fuel which would otherwise have been consumed in prosecuting the intended voyage.

Rule X. Expenses at Port of Refuge, etc.

a. (i) When a ship shall have entered a port or place of refuge or shall have returned to her port or place of loading in consequence of accident, sacrifice or other extraordinary circumstances which render that necessary for the common safety, the expenses of entering such port or place shall be allowed as general average; and when she shall have sailed thence with her original cargo, or a part of it, the corresponding expenses of leaving such port or place consequent upon such entry or return shall likewise be allowed as general average.

(ii) When a ship is at any port or place of refuge and is necessarily removed to another port or place of refuge because repairs cannot be carried out in the first port or place, the provisions of this Rule shall be applied to the second port or place of refuge as if it were a port or place of refuge and the cost of such removal including temporary repairs and towage shall be allowed as general average. The provisions of Rule XI shall be applied to the prolongation of the voyage occasioned by such removal.

b. (i) The cost of handling on board or discharging cargo, fuel or stores whether at a port or place of loading, call or refuge, shall be allowed as general average, when the handling or discharge was necessary for the common safety or to enable damage to the ship caused by sacrifice or accident to be repaired, if the repairs were necessary for the safe prosecution of the voyage, except in cases where the damage to the ship is discovered at a port or place of loading or call without any accident or other extraordinary circumstances connected with such damage having taken place during the voyage.

(ii) The cost of handling on board or discharging cargo, fuel or stores shall not be allowable as general average when incurred solely for the purpose of restowage due to shifting during the voyage, unless such restowage is necessary for the common safety.

c. Whenever the cost of handling or discharging cargo, fuel or stores is allowable as general average, the costs of storage, including insurance if reasonably incurred, reloading and stowing of such cargo, fuel or stores shall likewise be allowed as general average. The provisions of Rule XI shall be applied to the extra period of detention occasioned by such reloading or restowing.

But when the ship is condemned or does not proceed on her original voyage, storage expenses shall be allowed as general average only up to the date of the ship's condemnation or of the abandonment of the voyage or up to the date of completion of discharge of cargo if the condemnation or abandonment takes place before that date.

Rule XI. Wages and Maintenance of Crew and Other Expenses Putting in to and at a Port of Refuge, etc.

a. Wages and maintenance of master, officers and crew reasonably incurred and fuel and stores consumed during the prolongation of the voyage occasioned by a ship entering a port or place of refuge or returning to her port or place of loading shall be allowed as general average when the expenses of entering such port or place are allowable as general average in accordance with Rule X(a).

b. For the purpose of this and the other Rules wages shall include all payments made to or for the benefit of the master, officers and crew, whether such payments be imposed by law upon the shipowners or be made under the terms of articles of employment.

c. (i) When a ship shall have entered or been detained in any port or place in consequence of accident, sacrifice or other extraordinary circumstances which render that necessary for the common safety, or to enable damage to the ship caused by sacrifice or accident to be repaired, if the repairs were necessary for the safe prosecution of the voyage, fuel and stores consumed during the extra period of detention in such port or place until the ship shall or should have been made ready to proceed upon her voyage, shall be allowed as general average, except such fuel and stores as are consumed in effecting repairs not allowable in general average.

(ii) Port charges incurred during the extra period of detention shall likewise be allowed as general average except such charges as are incurred solely by reason of repairs not allowable in general average.

(iii) Provided that when damage to the ship is discovered at a port or place of loading or call without any accident or other extraordinary circumstance connected with such damage having taken place during the voyage, then fuel and stores consumed and port charges incurred during the extra detention for repairs to damages so discovered shall not be allowable as general average, even if the repairs are necessary for the safe prosecution of the voyage.

(iv) When the ship is condemned or does not proceed on her original voyage, fuel and stores consumed and port charges shall be allowed as general average only up to the date of the ship's condemnation or of the abandonment of the voyage or up to the date of completion of discharge of cargo if the condemnation or abandonment takes place before that date.

d. The cost of measures undertaken to prevent or minimise damage to the environment shall be allowed in general average when incurred in any or all of the following circumstances:

(i) as part of an operation performed for the common safety which, had it been undertaken by a party outside the common maritime adventure, would have entitled such party to a salvage reward;

(ii) as a condition of entry into or departure from any port or place in the circumstances prescribed in Rule X(a);

(iii) as a condition of remaining at any port or place in the circumstances prescribed in Rule XI(c), provided that when there is an actual escape or release of pollutant substances the cost of any additional measures required on that account to prevent or minimise pollution or environmental damage shall not be allowed as general average;

(iv) necessarily in connection with the discharging, storing or reloading of cargo whenever the cost of those operations is allowable as general average.

Rule XII. Damage to Cargo in Discharging, etc.

Damage to or loss of cargo, fuel or stores sustained in consequence of their handling, discharging, storing, reloading and stowing shall be allowed as general average, when and only when the cost of those measures respectively is allowed as general average.

Rule XIII. Deductions from Cost of Repairs

a. Repairs to be allowed in general average shall not be subject to deductions in respect of "new for old" where old material or parts are replaced by new unless the ship is over fifteen years old in which case there shall be a deduction of one third. The deductions shall be regulated by the age of the ship from the 31st December of the year of completion of construction to the date of the general average act, except for insulation, life and similar boats, communications and navigational apparatus and equipment, machinery and boilers for which the deductions shall be regulated by the age of the particular parts to which they apply.

b. The deductions shall be made only from the cost of the new material or parts when finished and ready to be installed in the ship. No deduction shall be made in respect of provisions, stores, anchors and chain cables. Drydock and slipway dues and costs of shifting the ship shall be allowed in full.

c. The costs of cleaning, painting or coating of bottom shall not be allowed in general average unless the bottom has been painted or coated within the twelve months preceding the date of the general average act in which case one half of such costs shall be allowed.

Rule XIV. Temporary Repairs

a. Where temporary repairs are effected to a ship at a port of loading, call or refuge, for the common safety, or of damage caused by general average sacrifice, the cost of such repairs shall be allowed as general average.

b. Where temporary repairs of accidental damage are effected in order to enable the adventure to be completed, the cost of such repairs shall be allowed as general average without regard to the saving, if any, to other interests, but only up to the saving in expense which would have been incurred and allowed in general average if such repairs had not been effected there. Provided that for the purposes of this paragraph only, the cost of temporary repairs falling for consideration shall be limited to the extent that the cost of temporary repairs effected at the port of loading, call or refuge, together with either the cost of permanent repairs eventually effected or, if unrepaired at the time of the adjustment, the reasonable depreciation in the value of the vessel at the completion of the voyage. exceeds the cost of permanent repairs had they been effected at the port of loading, call or refuge.

c. No deductions "new for old" shall be made from the cost of temporary repairs allowable as general average.

Rule XV. Loss of Freight

Loss of freight arising from damage to or loss of cargo shall be allowed as general average, either when caused by a general average act, or when the damage to or loss of cargo is so allowed.

Deduction shall be made from the amount of gross freight lost, of the charges which the owner thereof would have incurred to earn such freight, but has, in consequence of the sacrifice, not incurred.

Rule XVI. Amount to be Allowed for Cargo Lost or Damaged by Sacrifice

a. The amount to be allowed as general average for damage to or loss of cargo sacrificed shall be the loss which has been sustained thereby based on the value at the time of discharge, ascertained from the commercial invoice rendered to the receiver or if there is no such invoice from the shipped value. The value at the time of discharge shall include the cost of insurance and freight except insofar as such freight is at the risk of interests other than the cargo.

b. When cargo so damaged is sold and the amount of the damage has not been otherwise agreed, the loss to be allowed in general average shall be the difference between the net proceeds of sale and the net sound value as computed in the first paragraph of this Rule.

Rule XVII. Contributory Values

a. (i) The contribution to a general average shall be made upon the actual net values of the property at the termination of the adventure except that the value of cargo shall be the value at the time of discharge, ascertained from the commercial invoice rendered to the receiver or if there is no such invoice from the shipped value.

(ii) The value of the cargo shall include the cost of insurance and freight unless and insofar as such freight is at the risk of interests other than the cargo, deducting therefrom any loss or damage suffered by the cargo prior to or at the time of discharge.

(iii) The value of the ship shall be assessed without taking into account the beneficial or detrimental effect of any demise or time charterparty to which the ship may be committed.

b. To these values shall be added the amount allowed as general average for property sacrificed, if not already included, deduction being made from the freight and passage money at risk of such charges and crew's wages as would not have been incurred in earning the freight had the ship and cargo been totally lost at the date of the general average act and have not been allowed as general average; deduction being also made from the value of the property of all extra charges incurred in respect thereof subsequently to the general average act, except such charges as are allowed in general average or fall upon the ship by virtue of an award for special compensation under Art. 14 of the International Convention on Salvage, 1989 or under any other provision similar in substance.

c. In the circumstances envisaged in the third paragraph of Rule G, the cargo and other property shall contribute on the basis of its value upon delivery at original destination unless sold or otherwise disposed of short of that destination, and the ship shall contribute upon its actual net value at the time of completion of discharge of cargo.

d. Where cargo is sold short of destination, however, it shall contribute upon the actual net proceeds of sale, with the addition of any amount allowed as general average.

e. Mails, passengers' luggage, personal effects and accompanied private motor vehicles shall not contribute to general average.

Rule XVIII. Damage to Ship

The amount to be allowed as general average for damage or loss to the ship, her machinery and/or gear caused by a general average act shall be as follows:

a. When repaired or replaced,

The actual reasonable cost of repairing or replacing such damage or loss, subject to deductions in accordance with Rule XIII;

b. When not repaired or replaced,

The reasonable depreciation arising from such damage or loss, but not exceeding the estimated cost of repairs. But where the ship is an actual total loss or when the cost of repairs of the damage would exceed the value of the ship when repaired, the amount to be allowed as general average shall be the difference between the estimated sound value of the ship after deducting therefrom the estimated cost of repairing damage which is not general average and the value of the ship in her damaged state which may be measured by the net proceeds of sale, if any.

Rule XIX. Undeclared or Wrongfully Declared Cargo

a. Damage or loss caused to goods loaded without the knowledge of the shipowner or his agent or to goods wilfully misdescribed at time of shipment shall not be allowed as general average, but such goods shall remain liable to contribute, if saved.

b. Damage or loss caused to goods which have been wrongfully declared on shipment at a value which is lower than their real value shall be contributed for at the declared value, but such goods shall contribute upon their actual value.

Rule XX. Provision of Funds

a. The capital loss sustained by the owners of goods sold for the purpose of raising funds to defray general average disbursements shall be allowed in general average.

b. The cost of insuring average disbursements shall also be allowed in general average.

Rule XXI. Interest on Losses Allowed in General Average

a. Interest shall be allowed on expenditure, sacrifices and allowances in general average until three months after the date of issue of the general average adjustment, due allowance being made for any payment on account by the contributory interests or from the general average deposit fund.

b. Each year the Assembly of the Comité Maritime International shall decide the rate of interest which shall apply. This rate shall be used for calculating interest accruing during the following calendar year.

* The rate of interest fixed by the CMI Assembly on 16 April 2005 is 4.5%.

Rule XXII. Treatment of Cash Deposits

Where cash deposits have been collected in respect of cargo's liability for general average, salvage or special charges such deposits shall be paid without any delay into a special account in the joint names of a representative nominated on behalf of the shipowner and a representative nominated on behalf of the depositors in a bank to be approved by both. The sum so deposited together with accrued interest, if any, shall be held as security for payment to the parties entitled thereto of the general average, salvage or special charges payable by cargo in respect of which the deposits have been collected. Payments on account or refunds of deposits may be made if certified to in writing by the average adjuster. Such deposits and payments or refunds shall be without prejudice to the ultimate liability of the parties.

Rule XXIII. Time Bar for Contributions to General Average

a. Subject always to any mandatory rule on time limitation contained in any applicable law:

(i) Any rights to general average contribution, including any rights to claim under general average bonds and guarantees, shall be extinguished unless an action is brought by the party claiming such contribution within a period of one year after the date upon which the general average adjustment was issued. However, in no case shall such an action be brought after six years from the date of the termination of the common maritime adventure.

(ii) These periods may be extended if the parties so agree after the termination of the common maritime adventure.

b. This Rule shall not apply as between the parties to the general average and their respective insurer.

(资料来源:http://www.comitemaritime.org/cmidocs/yar.html)

劳合社救助合同标准格式(2000)

Lloyd's Standard Form of Salvage Agreement, 2000

(劳合社委员会批准公布)

"无效果——无报酬"

<table>
<tr><td>1. 救助人名称:

(以下简称"救助人")</td><td>2. 救助财产
船舶:

及其货物、运费、燃料、物料和任何其他财产,但不包括旅客、船长或船员的个人物品或行李(以下简称"财产")</td></tr>
<tr><td>3. 约定的安全地点</td><td>4. 约定的仲裁报酬和担保的币种(如果不是美元)</td></tr>
<tr><td>5. 合同签订日期</td><td>6. 合同签订地点</td></tr>
<tr><td colspan="2">7. 特别补偿条款是否并入本合同? 是/否</td></tr>
<tr><td>8. 救助人代表签字

签字:</td><td>9. 船长或代表财产签字的其他人

签字:</td></tr>
</table>

1. 救助人的基本义务:一栏中列明的救助人在此同意尽其最大努力救助二栏中列明的财产,并将它们送到三栏中列明的地点或事后约定的地点。如果在三栏中没有指定地点而且事后也没有约定地点,救助方应将财产送到任一安全地点。

2. 环境保护:在进行救助服务时,救助方应尽力防止或减轻对环境的损害。

3. 特别补偿条款:除非7栏中的选项"否"被删去,本合同应视为在特别补偿条款未并入,未成为合同组成部分的基础上订立。如果7栏中的选项"否"被删去,其本身不应被视为援引第(2)条所指的特别补偿条款的通知。

4. 其他救济的效果:除了英国法所吸收的《1989年国际救助公约》关于特别补偿的规定,以及所并入的特别补偿条款外,救助方的服务应作为以"无效果——无报酬"为原则的救助服务被提供和接受,任何救助方有权获得的救助补偿不应以"无效果——无报酬"的例外为由根据特别补偿条款在支付给救助方的特别补偿或补助中扣减。

5. 事先服务:救助方在本合同签订日之前及签订之日对财产进行的任何服务都应视为受本合同约束。

6. 财产所有人的义务:任何一个财产所有人都应与救助人全力合作,尤其是:

(1)救助人可以免费合理使用船上的机器、装置、设备,但不应该不必要地损害、抛弃或牺牲任何船上财产;

(2)救助人有权获得其合理需要的有关船舶或其他财产的所有信息,只要该信息与救助服务有关且能够在没有不合理的困难或迟延的情况下提供;

(3)财产所有人应与救助人通力合作以获得准许进入三栏中列明的地点或根据第1条约定或决定的地点。

7. 终止权:对于根据公约第12条和/或第13条可以产生救助报酬的有效结果不再有任何合理希望时,船舶所有人或救助人都有权事先以书面形式向对方发出合理通知后终止救助服务。

8. 视为完成:当财产到达三栏中指定的安全地点或根据第1条约定或决定的地点时,救助人的服务应视为完成。为此,即使财产(或部分)被损坏或需要维修,该财产仍应视为处于安全状态,如果:

(1)救助人没有义务继续参与以满足有关港口当局、政府机构或类似组织的要求;并且

(2)不再需要救助人或其他救助方继续提供技术性的救助服务,以避免财产灭失或进一步受到严重损坏或迟延。

9. 仲裁和"仲裁"条款:救助人的报酬或特别补偿应根据"劳合社标准救助和仲裁条款"("仲裁"条款)及"劳合社程序规则"规定的方式在伦敦仲裁确定。"劳合社标准救助和仲裁条款"("仲裁"条款)及"劳合社程序规则"应视为并入本合同,并构成本合同不可分割的部分。本合同或救助服务产生的任何其他争议也应同样提交仲裁。

10. 准据法:本合同及其仲裁都适用英国法。

11. 授权范围:船长或其他代表二栏中指定的财产签署本合同的人是代表其各自的财产所有人订立本合同,并对各方(除了为他人或其自己个人签订的)均有约束力。

12. 禁止劝诱:任何签署本合同的人或任何以其名义签署本合同的人都不应在任何时候、以任何方式提供、作出、使对方作出或许诺提供、要求、接受任何形式的劝诱,以订立本合同。

重要提示:

1. 救助担保:船长应尽快将订立本合同事宜通知船上其他财产的所有人。如果救助成功,财产所有人应根据第1条提及的"仲裁条款"第4条的规定向救助人提供救助担保。有关共同海损担保的规定并不减轻获救利益方向救助人提供救助担保的独立义务。

2. 并入规定:特别补偿条款、"仲裁"条款以及劳合社程序规则的文本可以从(1)救助人,(2)劳合社救助仲裁分会处获得。

劳合社标准救助和仲裁条款

1. 序言

1.1. 本条款("仲裁"条款)或任何由劳合社委员会批准公布的修订版被并入任何一个以劳合社救助合同标准格式(LOF2000)为条件提供救助服务的救助合同,且构成该合同不可分割部分。("合同"一词包括仲裁条款和第6条所指的劳合社程序规则)。

1.2. 所有通知、通讯和其他需要送至劳合社委员会的文件都应送到:

劳合社救助仲裁分会

地址: One Lime Street, London EC3M 7HA

电话: +44(0)2073275408/5407/5849

传真: +44(0)2073276827/5252

E-mail: lloyds-salvage@ lloyds. com

2. 在解释本协议或发出仲裁指令或报酬时,应首先考虑本协议的目的

(1) 为寻求提高海上人命安全、保护海上财产以及在救助服务中防止或减少环境损害;

(2) 保证本协议之规定是善意的,并且以合理有效率的方式理解它;

(3) 鼓励各方及有关当局之间的合作;

(4) 保证救助人和被救财产所有人的合理期望能够得以满足;

(5) 保证能在合理时间内,以合理的费用,公平有效地解决双方之间的争议,无论友好的调解还是仲裁。

3. 定义

除非另有明确约定,本协议中:

3.1. "裁决"包括暂行的或临时的裁决,"上诉裁决"指的是根据第 10.2 条指定的上诉仲裁员决定的包括暂行的或临时的裁决在内的所有裁决。

3.2. 本协议第二栏所指的"个人财产和行李"指旅客、船长、船员在其船舱内或其他地方自行占有、保管、控制的行李,包括任何旅客携带的私人车辆及该车辆上装载的任何财产或行李。

3.3. "公约"指被 1995 年商务航运法(及其修订)的目录二的第 224 条并入的 1989 年国际救助公约,本协议中使用的任何术语都与公约中的含义相同。

3.4. "委员会"指劳合社委员会。

3.5. "日"指日历日。

3.6. "所有人"指本合同第二栏中列明的财产所有人。

3.7. "船东"包括光船承租人。

3.8. "特别补偿"指依据公约第 14 条支付给救助人的补偿。

3.9. "特别补偿条款"指在(1) 国际救助联合会成员;(2) 国际保赔协会集团;(3) 有关 1999 年 8 月 1 日起生效的任何财产保险人之间订立的合同,包括其后的修订和补充。本合同所指的特别补偿条款应视为合同签订之日通用的特别补偿条款文本。

4. 有关担保,船舶优先权和扣押权的规定

4.1. 救助人应在救助服务结束后立即或尽快将其要求每个所有人提供的担保金额(包括各种费用,开支和利息)通知委员会,如果可行,也通知所有人。

4.2. 当救助人请求或可能请求特别补偿时,船东应根据救助人无论何时提出的要求,为救助人对特别补偿的请求提供担保,但一般这种要求应在服务结束后两年内提出。

4.3. 本条 4.1 和 4.2 所指的担保应以第 4 栏约定的货币提供,或者如果没有约定的货币,以美元计。

4.4. 根据救助人提出担保时所知情况,以及后来在担保提供前获知的任何情况,担保数额应是合理的。按照下面第 5 条指定的仲裁员可以根据情况,在仲裁过程中随时增加或减少担保金额。

4.5. 除另有约定外,此担保应提交(1) 给委员会;(2) 以委员会同意的形式;并且(3) 由救助人所能接受的或委员会所能接受的居住在英国的个人、商号或公司提供。委员会对应当提供的担保是否充分(不论在金额方面还是其他方面)不负责任,对提供担保的个人、商号或公司的违约或破产也不负责任。

4.6. 船东及其受雇人、代理人应尽最大努力确保在交付货物前,货主已根据 4.5 条提供他们的救助担保比例部分。

4.7. 在依上述要求提供担保前,救助人就其报酬对获救财产享有船舶优先权。

4.8. 在担保提供前,没有救助人的书面同意(这不应当被不合理地拒绝),获救财产不得从救助人依据第 1 条规定送到的地点移走。在完成该航次前向救助人提供了临时担保的情况下,征得救助人的此种同意时,救助人对获救财产保有必要的船舶优先权,使救助人能够根据第 4.5 条强制实施担保。

4.9. 救助人不得扣押或滞留获救财产,除非:(1) 担保未在救助服务结束后 21 天内提供,或者(2) 他有理由相信所有人将要违反第 4.8 条的规定移走获救财产,或者(3) 有违反第 4.8 条规定移走财产的任何企图。

5. 指定仲裁员

5.1. 不论担保是否已提供,委员会应在收到书面请求后指定一名仲裁员("仲裁员"),只要请求这种指定的任何一方当事人应委员会的要求承担支付委员会和/或任何仲裁员或上诉仲裁员的合理酬金和费用。

5.2. 不论仲裁是否开庭审理,仲裁员和委员会都可以就其服务收取合理的酬金和费用,并且该酬金和费用应视为仲裁成本的一部分。

6. 仲裁程序及仲裁员权利

6.1. 仲裁应按照指定仲裁员时有效的劳合社委员会通过的程序规则("劳合社程序规则")进行。

6.2. 仲裁应在伦敦进行,除非:(1) 所有当事方一致同意在其他地点进行全部或部分仲裁,及(2) 在支付仲裁员合理的差旅及住宿费的基础上,该合同经委员会批准。

6.3. 仲裁员有权自行决定在支付给救助人的款项中包括救助人合理发生的全部或部分开支:(1) 在确定、要求及取得根据 4.5 条合理要求的担保金额时;(2) 执行和/或保险保障或其他或采取合理措施执行/保护其优先权时。

6.4. 仲裁员有权但不是有义务在当事方之间达成救助报酬的协议,不论该协议是否有充分的仲裁理由。

6.5. 仲裁员有权以公平合理的条件对救助报酬作出临时裁决,包括先行支付款项。

6.6. 救助报酬或特别补偿的金额(包括支付金额)应按第 4 栏中约定的货币计算,如果没有约定币种,则以美元计。

6.7. 仲裁员的裁决(除按第 10 条上诉外)应是终局的,对所有当事人都有约束力,不论其是否出席仲裁审理,并且应由委员会在伦敦公布。

7. 当事人的代表

7.1. 任何希望出庭申诉或提供证据的一方当事人应指定一英国居民为其代理人或代表他接受文书的送达,并应将此指定书面通知委员会。

7.2. 用传真或邮件送达至该代理人或代表的应视为已妥善送达给指定该代理人或代表的当事人。

7.3. 任何未指定上述代理人或代表的当事人视为已放弃其出庭申诉或提供证据的权利。

8. 利息

8.1. 除非仲裁员根据其自决权另行规定,救助人有权按仲裁员决定的利率,获得从救助服务结束之日起至委员会公布救助报酬之日止,其应获的救助报酬或特别补偿(扣除已实际先行支付给救助人的款项)的利息。

8.2. 在通常情况下,救助人的利息请求权应以单利为限,但如果由于所有人的过失或其他意外情况导致救助人在一段额外时间内仍未能收到救助报酬或特别补偿,则仲裁员可以行使其法定权利决定用复利。

8.3. 如果应付给救助人的款项(包括5.2条所指的酬金和费用)未在11.1条规定的日期前付给救助人或委员会,救助人有权就未付清款项收取自应付款之日至救助人或委员会实际收到款项之日(包括起止日期)的额外利息,利率由仲裁员依其自决权决定。

9. 货币金额的调整

在考虑救助人提供救助服务中花费的金额和/或确定裁决和/或上诉裁决的金额时,仲裁员或上诉仲裁员应对自服务结束之日至作出裁决或上诉裁决之日期间内可能发生的相关汇率变化的后果予以考虑,将该金额调整到在所有情况下都公正合理的程度。

10. 上诉和反上诉

10.1. 任何一方当事人可以就裁决提起上诉,只要向委员会提交的书面上诉通知在委员会公布裁决之日起21日内到达委员会。

10.2. 在收到上诉通知后,委员会应将此通知交给其选定的上诉仲裁员进行开庭审理并作出决定。

10.3. 未按10.1条的要求给出上诉通知书的任何当事人可以在委员会向其告知已收到对方上诉通知之日起21日内向委员会提交反上诉通知。

10.4. 上诉通知或反上诉通知,应以信件、电传、传真或其他任何永久性的方式向委员会提交。

10.5. 如果上诉或反上诉通知在上诉仲裁开庭审理前被撤消,此上诉或反上诉通知的未审理部分仍应进行。

10.6. 上诉仲裁员应按照上诉时有效的劳合社程序规则审理上诉仲裁。

10.7. 除英国法和本合同赋予仲裁员的权利外,上诉仲裁员还有权:(1) 承认曾在仲裁员面前出示的证据、仲裁员的记录、裁决的理由,以及任何记录的副本和他认为适当的其他证据。(2) 维持、增加或减少仲裁员裁决的金额,并就这笔金额的利息支付作出他认为适当的决定。(3) 维持、取消或改变仲裁员作出的任何决定和/或公布的裁决。(4) 裁决根据10.8条收取的酬金和费用的利息,从委员会公布裁决之日后的28天届满时起算,直至救助人或委员会收到支付款之日,起止日计算在内。

10.8. 上诉仲裁员和委员会可以就其与上诉仲裁有关的服务收取合理的酬金和费用,不论上诉仲裁是否进行开庭审理,而且该酬金和费用应视为仲裁成本的一部分。

10.9. 上诉仲裁裁决应由委员会在伦敦公布。

11. 支付规定

11.1. 在公布裁决时,委员会应要求有关当事人在裁决公布日(付款日)起28日内支付裁决中裁定的所有金额(包括5.2条所指的酬金和费用)。

11.2. 如果11.1条所指的金额(包括其中任何部分)在裁决公布之日起56日内(或救助人允许的更长期限内)还未支付,且委员会未收到任何上诉或反上诉通知,委员会应当实现或执行由拖欠方或代表拖欠方依据4.5条提供给委员会的担保,只要救助人向委员会保证支付为实现或执行该担保所花费的费用。

11.3. 在上诉情况下,一旦公布上诉裁决,委员会应当要求有关当事人支付裁决的金额。若不支付,只要救助人向委员会保证支付11.2条所指的费用,委员会就应当实现或执行由拖欠方或代表拖欠方依据4.5条提供给委员会的担保。

11.4. 基于救助人和所有人或所有人中的任何一个达成的协议,应向救助人支付任何救助报酬或特别补偿(包括利息和/或费用)的款项未支付,委员会应根据要求实现或执行由拖欠方或代表拖欠方依据4.5条提供给委员会的担保,只要救助人向委员会保证支付11.2条所指的费用。

11.5. 如果(1)没有按照4.5条向委员会提供的担保,(2)当事人之间和解解决争议,因而仲裁员或上诉仲裁员(视具体情况)没有作出裁决,救助人应负责支付5.2条和10.8条(如果适用的话)所指的酬金和费用。救助人或其代表应在收到委员会的发票之日起28日内支付该酬金和费用。否则委员会有权对任何未付的款项,按照在发票日英国基本利率的基础上加2%的年利率收取利息,直到委员会收到付款为止。

11.6. 如果裁决或上诉裁决救助人应支付全部或部分仲裁和/或上诉仲裁的费用,委员会可以从其代表救助人接受的款项中扣除救助人应支付的该笔费用,除非救助人已就该项责任提供了满意的担保。

11.7. 除上述规定外,委员会依据本条收到的所有款项都应支付给救助人或其代表,以其收据为证。

11.8. 在不影响4.5条规定的前提下,委员会的责任以提交给它的担保金额为限。

一般规定

12. 劳合社文件

由劳合社主席或由委员会为此目的授权的任何人签署的任何裁决、通知、授权书、决定或其他文件,都应视为由委员会发出的,在任何方面都与由委员会全体成员签署的具有同等效力。

13. 救助人和职员和分救助人

13.1. 救助人可以代表参加救助服务的职员、其他受雇人或代理人索赔救助报酬,并依要求代表其职员、其他受雇人或代理人就他们提起的索赔或他们应负的责任提供合理满意的担保。

13.2. 救助人可以将救助服务委托给分救助人,以完成其合同第一条和第二条规定的义务。但救助人仍应对这些义务的正确履行向所有人承担责任。

13.3. 一旦分救助人如前所述加入救助服务,救助人可以代表分救助人包括其职员、受雇人员或代理人索赔救助报酬,如果有要求,应当就该分救助人及其职员、受雇人员提起的索赔或他们应负的责任向所有人提供合理满意的担保。

14. 特别补偿条款下的争议

任何由特别补偿条款(包括并入的和援引的)或履行该条款产生的争议应提交根据第5条指定的仲裁员解决,除第10条规定的上诉外,其裁决是终局的,有约束力的。

15. 劳合社公告

任何由委员会或代表委员会公布的有关问题的指南,如公约,著作或本合同的补充等,仅供参考,不构成本合同的组成部分。

程序规则
(依据LOF2000第一条制定)

1. 仲裁员的权力

除"1996年仲裁法"(或其修订版)赋予仲裁员的权利外,仲裁员有权:

(1) 认可他认为适当的口头或书面证据或情况;

(2) 在所有问题上,按照本程序规则及由劳合社委员会(委员会)随时通过的修订版,按其认为各方面均适当的方式进行仲裁;

(3) 公正合理地决定费用、酬金和开支,包括委员会按照"劳合社标准救助和仲裁条款"("仲裁"条款)5.2条和10.8条收取的酬金和费用;

(4) 决定可获偿付的仲裁费用或任何部分程序费用应限制在一特定数额内;

(5) 作出任何必要的决定,以保证仲裁公平有效地进行,从而满足尽量减少迟延和开支的目的,并为此目的安排会谈、决定当事人提出的所有申请事项;

(6) 如果当事人同意,召开电话会议;

(7) 应当事人申请或自行决定更正任何裁决(临时裁决或终局裁决),或作出补充裁决,以更正任何错误或遗漏,只要(1) 任何此种更正都应在委员会公布相关裁决之日起28日内作出;(2) 任何补充裁决都应在上述公布之日起56日内作出,或者在仲裁员依其自行决断权允许的更长期限内作出。

2. 预备会议

(1) 在接受指定的六个星期内,或依情况合理迅速的期限内,仲裁员应召集出庭的当事人召开预备会议,就仲裁进行的方式发出指令。

(2) 如果出庭的当事方同意采纳双方均认可的指令且仲裁员乐于批准的,仲裁员可以略去召开预备会议的要求。为获得此种批准,救助人或其代表必须以核对表的形式向仲裁员提供有关情况的简要报告,其他当事方应提供他们认为这样做合适的评论,使仲裁员得以决定是否许可该共同认可的指令。

(3) 在决定仲裁进行的方式时,仲裁员应考虑:

(4) 未出庭当事方的利益;

(5) 是否有适合的简易或短期的程序,包括仲裁能否根据简明的书面意见进行审理;

(6) 仲裁条款第2条规定的首要目的。

3. 指令

除有特殊原因外,初始指令应包括:

(1) 披露包括证人证词在内的文件(见第4条)的日期;

（2）提供财产价值证据的日期；

（3）在送达诉状成可能为必要的情况下，任何一方当事人必须确定其争议的日期；

（4）召开进展会议或额外的进展会议的日期，除非所有出庭当事方以合理的通知同意该会议是否必要的；

（5）开庭日期、仲裁员可能需要事先审阅证据的预计时间以及开庭所需时间，除非所有出庭当事方认为条件不成熟；

（6）仲裁员或任何一方当事人认为适合包括在初始指令中的任何其他事情。

4. 文件披露

除非另有约定或命令，披露应限于以下几类文件：

（1）航海日志及任何其他由参加全部或部分救助服务的船东雇员、救助人（包括分救助人）雇员及其检验员、顾问所保留的同时期的记录；

（2）工作图表、照片、影视记录；

（3）同时期的报告，包括电传、传真或电子邮件的打印件；

（4）检验报告；

（5）与下列证据有关的文件：

（i）实际支出；

（ii）救助财产价值；

（iii）一切相关的救助拖轮或其他船艇、设备的详情和价值；

（6）事实方面的证人证言或当事人想依赖的其他特许的文件。

5. 专家证据

（1）没有仲裁员的同意，仲裁中不得引证任何专家证据。

（2）除非该专家证据在正确确定仲裁争议中是合理必要的，否则仲裁员不应许可援引专家证据。

（3）除特殊情况外，任何当事方都不应被许可在需要专家证据的同一领域援引两个以上的专家证据。

（4）任何要求援引专家证据的申请都应在相关的文件披露之日届满起 14 天内提出。

6. 调解

仲裁员应确保在任何情况下都将可能从调解中获得的利益告知出庭的当事人。

7. 仲裁的开庭审理

（1）在确定或协商仲裁开庭日期时，未经所有当事方一致同意，仲裁员不得确定或接受一日期，除非能预留时间事先审阅主要证据、开庭及在庭审后一个月内向委员会提交裁决以供公布。

（2）确定的开庭日期应得到遵守，除非在文件披露后 14 日内向仲裁员提交改期申请，或仲裁员行使其自决权认为为公平公正起见，延期是必须的或可取的。

（3）除非出庭的所有当事人另有约定，否则如果由于仲裁员的责任而导致不能按照第 7 条（1）和（2）中的规定确定、协商或遵守开庭日期，仲裁员应放弃该任命。在这种情况下，委员会应另行指定一名能满足该规则要求的仲裁员替代原仲裁员。

8. 上诉

（1）如果情况允许，本规则中提及的所有仲裁员都包括上诉仲裁员。

(2) 一旦一方当事人提出上诉通知,主张仲裁员关于全部或部分获救财产的价值的结论是错误的,或对财产处于危险中的当事人的判断有错误,该上诉理由的陈述应在上诉通知中或与上诉通知一起提交。

(3) 除非同意延期,否则在任何情况下,上诉或反上诉的理由应在提出上诉或反上诉通知后21日内提交给仲裁员。

(4) 除非同意延期,上诉的被申请人若要主张基于不同于原裁决的理由维持原仲裁裁决,应在收到上述(3)中所提的上诉理由后14日内提交通知说明其主张的理由。

(资料来源:《中国海商法年刊》第11卷,大连海事大学出版社2001年版,第388—399页。)

21 世纪法学系列教材参考资料

国际经济法学资料新编

下册

◎主　编　陈　安　房　东
◎撰稿人　陈　安　房　东　程红星　王中美

北京大学出版社
PEKING UNIVERSITY PRESS

目录 Contents

下 册

第八编 国际经济组织法

第九编 国际经济争端解决法

第十编 世界贸易组织(WTO)争端解决成案汇编

下　册

第八编

国际经济组织法

联合国宪章(节录)(1945)
Charter of the United Nations (Excerpts), 1945

(1945年6月26日订于旧金山)

我联合国人民同兹决心

欲免后世再遭今代人类两度身历惨不堪言之战祸,

重申基本人权,人格尊严与价值,以及男女与大小各国平等权利之信念,

创造适当环境,俾克维持正义,尊重由条约与国际法其他渊源而起之义务,久而弗懈,

促成大自由中之社会进步及较善之民生,

并为达此目的

力行容恕,彼此以善邻之道,和睦相处,

集中力量,以维持国际和平及安全,

接受原则,确立力法,以保证非为公共利益,不得使用武力,

运用国际机构,以促成全球人民经济及社会之进展,

用是发愤立志,务当同心协力,以竟厥功。

• 爰由我各本国政府,经齐集旧金山市之代表各将所奉全权证书,互相校阅,均属妥善,议定本联合国宪章,并设立国际组织,定名联合国。

第一章　宗旨及原则

第一条

联合国之宗旨为:

一、维持国际和平及安全;并为此目的:采取有效集体办法、以防止且消除对于和平之威胁,制止侵略行为或其他和平之破坏;并以和平方法且依正义及国际法之原则,调整或解决足以破坏和平之国际争端或情势。

二、发展国际间以尊重人民平等权利及自决原则为根据之友好关系,并采取其他适当办法,以增强普遍和平。

三、促成国际合作,以解决国际间属于经济、社会、文化、及人类福利性质之国际问题,且不分种族、性别、语言、或宗教、增进并激励对于全体人类之人权及基本自由之尊重。

四、构成一协调各国行动之中心,以达成上述共同目的。

第二条

为求实现第一条所述各宗旨起见,本组织及其会员国应遵行下列原则:

一、本组织系基于各会员国主权平等之原则。

二、各会员国应一秉善意，履行其依本宪章所担负之义务，以保证全体会员国由加入本组织而发生之权益。

三、各会员国应以和平方法解决其国际争端，俾免危及国际和平、安全、及正义。

四、各会员国在其国际关系上不得使用威胁或武力，或以与联合国宗旨不符之任何其他方法，侵害任何会员国或国家之领土完整或政治独立。

五、各会员国对于联合国依本宪章规定而采取之行动，应尽力予以协助，联合国对于任何国家正在采取防止或执行行动时，各会员国对该国不得给予协助。

六、本组织在维持国际和平及安全之必要范围内，应保证非联合国会员国遵行上述原则。

七、本宪章不得认为授权联合国干涉在本质上属于任何国家国内管辖之事件，且并不要求会员国将该项事件依本宪章提请解决；但此项原则不妨碍第七章内执行办法之适用。

第二章 会 员

第三条

凡曾经参加旧金山联合国国际组织会议或前此曾签字于 1942 年 1 月 1 日联合国宣言之国家，签订本宪章，且依宪章第一百一十条规定而予以批准者，均为联合国之创始会员国

第四条

一、凡其他爱好和平之国家，接受本宪章所载之义务，经本组织认为确能并愿意履行该项义务者，得为联合国会员国。

二、准许上述国家为联合国会员国，将由大会经安全理事会之推荐以决议行之。

第五条

联合国会员国，业经安全理事会对其采取防止或执行行动者，大会经安全理事会之建议，得停止其会员权利及特权之行使。此项权利及特权之行使，得由安全理事会恢复之。

第六条

联合国之会员国中，有屡次违犯本宪章所载之原则者，大会经安全理事会之建议，得将其由本组织除名。

第三章 机 关

第七条

一、兹设联合国之主要机关如下：

大会、安全理事会、经济暨社会理事会、托管理事会、国际法院、及秘书处。

二、联合国得依本宪章设立认为必需之辅助机关。

第八条

联合国对于男女均得在其主要及辅助机关在平等条件之下，充任任何职务，不得加以限制。

第四章 大 会

组 织

第九条

一、大会由联合国所有会员国组织之。

二、每一会员国在大会之代表,不得超过五人。

职 权

第十条

大会得讨论本宪章范围内之任何问题或事项,或关于本宪章所规定任何机关之职权;并除第十二条所规定外,得向联合国会员国或安全理事会或兼向两者,提出对各该问题或事项之建议。

第十一条

一、大会得考虑关于维持国际和平及安全之合作之普通原则,包括军缩及军备管制之原则;并得向会员国或安全理事会或兼向两者提了对于该项原则之建议。

二、大会得讨论联合国任何会员国或安全理事会或非联合国会员国依第三十五条第二项之规定向大会所提关于维持国际和平及安全之任何问题;除第十二条所规定外,并得向会员国或安全理事会或兼向两者提出对于各该项问题之建议。凡对于需要行动之各该项问题,应由大会于讨论前或讨论后提交安全理事会。

三、大会对于足以危及国际和平与安全之情势,得提请安全理事会注意。

四、本条所载之大会权力并不限制第十条之概括范围。

第十二条

一、当安全理事会对于任何争端或情势,正在执行本宪章所授予该会之职务时,大会非经安全理事会请求,对于该项争端或情势,不得提出任何建议。

二、秘书长经安全理事会之同意,应于大会每次会议时,将安全理事会正在处理中关于维持国际和平及安全之任何事件,通知大会;于安全理事会停止处理该项事件时,亦应立即通知大会,或在大会闭会期内通知联合国会员国。

第十三条

一、大会应发动研究,并作成建议;

(子)以促进政治上之国际合作,并提倡国际法之逐渐发展与编纂。

(丑)以促进经济、社会、文化、教育、及卫生各部门之国际合作,且不分种族、性别、语言、或宗教,助成全体人类之人权及基本自由之实现。

二、大会关于本条第一项(丑)款所列事项之其他责任及职权,于第九章及第十章中规定之。

第十四条

大会对于其所认为足以妨害国际间公共福利或友好关系之任何情势,不论其起源如何,包括由违反本宪章所载联合国之宗旨及原则而起之情势,得建议和平调整办法,但以不违背第十二条之规定为限。

第十五条

一、大会应收受并审查安全理事会所送之常年及特别报告;该项报告应载有安全理事会对于维持国际和平及安全所已决定或施行之办法之陈述。

二、大会应收受并审查联合国其他机关所送之报告。

第十六条

大会应执行第十二章及第十三章所授予关于国际托管制度之职务,包括关于非战略防区托管协定之核准。

第十七条

一、大会应审核本组织之预算。

二、本组织之经费应由各会员国依照大会分配限额担负之。

三、大会应审核经与第五十七条所指各种专门机关订定之任何财政及预算办法,并应审查该项专门机关之行政预算,以便向关系机关提出建议。

投 票

第十八条

一、大会之每一会员国,应有一个投票权。

二、大会对于重要问题之决议应以到会及投票之会员国三分之二多数决定之。此项问题应包括:关于维持国际和平及安全之建议,安全理事会非常任理事国之选举,经济暨社会理事会理事国之选举,依第八十六条第一项(寅)款所规定托管理事会理事国之选举,对于新会员国加入联合国之准许,会员国权利及特权之停止,会员国之除名,关于施行托管制度之问题,以及预算问题。

三、关于其他问题之决议,包括另有何种事项应以三分之二多数决定之问题,应以到会及投票之会员国过半数决定之。

第十九条

凡拖欠本组织财政款项之会员国,其拖欠数目如等于或超过前两年所应缴纳之数目时,即丧失其在大会投票权。大会如认拖欠原因,确由于该会员国无法控制之情形者,得准许该会员国投票。

程 序

第二十条

大会每年应举行常会,并于必要时,举行特别会议。特别会议应由秘书长经安全理事会或联合国会员国过半数之请求召集之。

第二十一条

大会应自行制定其议事规则。大会应选举每次会议之主席。

第二十二条

大会得设立其认为于行使职务所必需之辅助机关。

第六章　争端之和平解决

第三十三条

一、任何争端之当事国,于争端之继续存在足以危及国际和平与安全之维持时,应尽先以谈判、调查、调停、和解、公断、司法解决、区域机关或区域办法之利用,或各该国自行选择之其他和平方法,求得解决。

二、安全理事会认为必要时,应促请各当事国以此项方法,解决其争端。

第三十四条

安全理事会得调查任何争端或可能引起国际磨擦或惹起争端之任何情势,以断定该项争端或情势之继续存在是否足以危及国际和平与安全之维持。

第三十五条

一、联合国任何会员国得将属于第三十四条所指之性质之任何争端或情势,提请安全理事会或大会注意。

二、非联合国会员国之国家如为任何争端之当事国,经预先声明就该争端而言接受本宪章所规定和平解决之义务后,得将该项争端,提请大会或安全理事会注意。

三、大会关于按照本条所提请注意事项之进行步骤,应遵守第十一条及第十二条之规定。

第三十六条

一、属于第三十三条所指之性质之争端或相似之情势,安全理事会在任何阶段,得建议适当程序或调整方法。

二、安全理事会对于当事国为解决争端业经采取之任何程序,理应予以考虑。

三、安全理事会按照本条作成建议时,同时理应注意凡具有法律性质之争端,在原则上,理应由当事国依国际法院规约之规定提交国际法院。

第三十七条

一、属于第三十三条所指之性质之争端,当事国如未能依该条所示方法解决时,应将该项争端提交安全理事会。

二、安全理事会如认为该项争端之继续存在,在事实上足以危及国际和平与安全之维持时,应决定是否当依第三十六条采取行动或建议其所认为适当之解决条件。

第三十八条

安全理事会如经所有争端当事国之请求,得向各当事国作成建议,以求争端之和平解决,但以不妨碍第三十三条至第三十七条之规定为限。

第九章　国际经济及社会合作

第五十五条

为造成国际间以尊重人民平等权利及自决原则为根据之和平友好关系所必要之安定及福利条件起见,联合国应促进:

(子)较高之生活程度,全民就业,及经济与社会进展。

(丑)国际间经济、社会、卫生、及有关问题之解决;国际间文化及教育合作。

(寅) 全体人类之人权及基本自由之普遍尊重与遵守,不分种族、性别、语言或宗教。

第五十六条

各会员国担允采取共同及个别行动与本组织合作,以达成第五十五条所载之宗旨。

第五十七条

一、由各国政府间协定所成立之各种专门机关,依其组织约章之规定,于经济、社会、文化、教育、卫生、及其他有关部门负有广大国际责任者,应依第六十三条之规定使与联合国发生关系。

二、上述与联合国发生关系之各专门机关,以下简称专门机关。

第五十八条

本组织应作成建议,以调整各专门机关之政策及工作。

第五十九条

本组织应于适当情形下,发动各关系国间之谈判,以创设为达成第五十五条规定宗旨所必要之新专门机关。

第六十条

履行本章所载本组织职务之责任,属于大会及大会权力下之经济及社会理事会。为此目的,该理事会应有第十章所载之权力。

第十四章 国际法院

第九十二条

国际法院为联合国之主要司法机关,应依所附规约执行其职务。该项规约系以国际常设法院为根据,并为本宪章之构成部分。

第九十三条

一、联合国各会员国为国际法院规约之当然当事国。

二、非联合国会员国之国家得为国际法院规约当事国之条件,应由大会经安全理事会之建议就各别情形决定之。

第九十四条

一、联合国每一会员国为任何案件之当事国者,承诺遵行国际法院之判决。

二、遇有一造不履行依法院判决应负之义务时,他造得向安全理事会申诉。安全理事会如认为必要时,得作成建议或决定应采办法,以执行判决。

第九十五条

本宪章不得认为禁止联合国会员国依据现有或以后缔结之协定,将其争端托付其他法院解决。

第九十六条

一、大会或安全理事会对于任何法律问题得请国际法院发表咨询意见。

二、联合国其他机关、及各种专门机关,对于其工作范围内之任何法律问题,得随时以大会之授权,请求国际法院发表咨询意见。

(资料来源:http://www.un.org/chinese/aboutun/charter)

马拉喀什建立世界贸易组织协定(1994)
Marrakesh Agreement Establishing the World Trade Organization, 1994

(1994年4月15日订于马拉喀什)

本协定各参加方,

认识到在处理它们在贸易和经济领域的关系时,应以提高生活水平、保证充分就业、保证实际收入和有效需求的大幅稳定增长以及扩大货物和服务的生产和贸易为目的,同时应依照可持续发展的目标,考虑对世界资源的最佳利用,寻求既保护和维护环境,又以与它们各自在不同经济发展水平的需要和关注相一致的方式,加强为此采取的措施,

进一步认识到需要作出积极努力,以保证发展中国家,特别是其中的最不发达国家,在国际贸易增长中获得与其经济发展需要相当的份额,

期望通过达成互惠互利安排,实质性削减关税和其他贸易壁垒,消除国际贸易关系中的歧视待遇,从而为实现这些目标作出贡献,

因此决定建立一个完整的、更可行的和更持久的多边贸易体制,以涵盖《关税与贸易总协定》、以往贸易自由化努力的结果以及乌拉圭回合多边贸易谈判的全部结果,

决心维护多边贸易体制的基本原则,并促进该体制目标的实现,

协议如下:

第1条

WTO的建立

特此建立世界贸易组织(下称"WTO")。

第2条

WTO的范围

1. WTO应在与本协定附件所含协定和相关法律文件有关的事项方面,为处理其成员间的贸易关系提供共同的组织机构。

2. 附件1、附件2和附件3所列协定及相关法律文件(下称"多边贸易协定")为本协定的组成部分,对所有成员具有约束力。

3. 附件4所列协定及相关法律文件(下称"诸边贸易协定"),对于接受的成员,也属本协定的一部分,并对这些成员具有约束力。诸边贸易协定对于未接受的成员既不产生权利也不产生义务。

4. 附件1A所列《1994年关税与贸易总协定》(下称"GATT 1994")在法律上显然不同于1947年10月30日的《关税与贸易总协定》,后者附在《联合国贸易与就业会议筹备委员会第

二次会议结束时通过的最后文件》之后，以后又历经更正、修正或修改（下称“GATT 1947”）。

第3条

WTO 的职能

1. WTO 应便利本协定和多边贸易协定的实施、管理和运用，并促进其目标的实现，还应为诸边贸易协定提供实施、管理和运用的体制。

2. WTO 在根据本协定附件所列协定处理的事项方面，应为其成员间就多边贸易关系进行的谈判提供场所。WTO 还可按部长级会议可能作出的决定，为其成员间就它们多边贸易关系的进一步谈判提供场所，并提供实施此类谈判结果的体制。

3. WTO 应管理本协定附件 2 所列《关于争端解决规则与程序的谅解》（下称“《争端解决谅解》”或“DSU”）。

4. WTO 应管理本协定附件 3 规定的《贸易政策审议机制》（下称“TPRM”）。

5. 为实现全球经济决策的更大程度上的一致性，WTO 应酌情与国际货币基金组织和国际复兴开发银行及其附属机构进行合作。

第4条

WTO 的结构

1. 设立由所有成员的代表组成的部长级会议，应至少每 2 年召开一次会议。部长级会议应履行 WTO 的职能，并为此采取必要的行动。如一成员提出请求，部长级会议有权依照本协议和有关多边贸易协定中关于决策的具体要求，对任何多边贸易协定项下的所有事项作出决定。

2. 设立由所有成员的代表组成的总理事会，适时召开会议。在部长级会议休会期间，其职能应由总理事会行使。总理事会还应行使本协定指定的职能。总理事会应制定自己的程序规则，并批准第 7 款规定的各委员会的程序规则。

3. 总理事会应适时召开会议，履行《争端解决谅解》规定的争端解决机构的职责。争端解决机构可有自己的主席，并制定其认为履行这些职责所必需的程序规则。

4. 总理事会应适时召开会议，履行 TPRM 中规定的贸易政策审议机构的职责。贸易政策审议机构可有自己的主席，并应制定其认为履行这些职责所必需的程序规则。

5. 设立货物贸易理事会、服务贸易理事会和与贸易有关的知识产权理事会（下称“TRIPS 理事会”），各理事会应根据总理事会的总体指导运作。货物贸易理事会应监督附件 1A 所列多边贸易协定的实施情况。服务贸易理事会应监督《服务贸易总协定》（下称“GATS”）的实施情况。TRIPS 理事会应监督《与贸易有关的知识产权协定》（下称“《TRIPS》协定”）的实施情况。各理事会应履行各自协定和总理事会指定的职能。它们应自行制定各自的程序规则，但需经总理事会批准。各理事会的成员资格应对所有成员的代表开放。各理事会应在必要时召开会议，以行使其职能。

6. 货物贸易理事会、服务贸易理事会和 TRIPS 理事会应按要求设立附属机构。各附属机构应自行制定各自的程序规则，但需经各自的理事会批准。

7. 部长级会议应设立贸易与发展委员会、国际收支限制委员会和预算、财务与行政委员会，各委员会应行使本协定和多边贸易协定指定的职能，以及总理事会指定的任何附加职能。部长级会议还可设立具有其认为适当的职能的其他委员会。作为其职能的一部分，贸易与发展委员会应定期审议多边贸易协定中有利于最不发达国家成员的特殊规定,并向总理事会报告以采取适当行动。各委员会的成员资格应对所有成员的代表开放。

8. 诸边贸易协定项下规定的机构履行这些协定指定的职责,并在 WTO 的组织机构内运作。各机构应定期向总理事会报告其活动。

第 5 条

与其他组织的关系

1. 总理事会应就与职责上同 WTO 有关的其他政府间组织进行有效合作作出适当安排。

2. 总理事会可就与涉及 WTO 有关事项的非政府组织进行磋商和合作作出适当安排。

第 6 条

秘　书　处

1. 设立由总干事领导的 WTO 秘书处(下称“秘书处”)。

2. 部长级会议应任命总干事,并通过列出总干事的权力、职责、服务条件和任期的条例。

3. 总干事应任命秘书处职员,并依照部长级会议通过的条例,确定他们的职责和服务条件。

4. 总干事和秘书处职员的职责纯属国际性质。在履行其职责时,总干事和秘书处职员不得寻求或接受 WTO 之外任何政府或任何其他权力机关的指示。他们应避免任何可能对其国际官员身份产生不利影响的行动。WTO 成员应尊重总干事和秘书处职员职责的国际性质,不得寻求在他们履行职责时对其施加影响。

第 7 条

预算和会费

1. 总干事应向预算、财务与行政委员会提交 WTO 的年度概算和决算。预算、财务与行政委员会应审议总干事提交的年度概算和决算,并就此向总理事会提出建议。年度概算应经总理事会批准。

2. 预算、财务与行政委员会应向总理事会提出有关财务条例的建议,该条例应包括列出下列内容的规定:

(a) 根据 WTO 费用确定的各成员会费分摊比例;及

(b) 对拖欠会费成员所采取的措施。

3. 总理事会应以 WTO 半数以上成员的三分之二多数通过财务条例和年度概算。

4. 每一成员应依照总理事会通过的财务条例,迅速向 WTO 交纳其在 WTO 费用中分摊的份额。

第 8 条

WTO 的地位

1. WTO 具有法律人格,WTO 每一成员均应给予 WTO 履行其职能所必需的法定资格。

2. WTO 每一成员均应给予 WTO 履行其职能所必需的特权和豁免。

3. WTO 每一成员应同样给予 WTO 官员和各成员代表独立履行与 WTO 有关的职能所必需的特权和豁免。

4. WTO 一成员给予 WTO、其官员及其成员的代表的特权和豁免应与 1947 年 11 月 21 日联合国大会批准的《专门机构特权及豁免公约》所规定的特权和豁免相似。

5. WTO可订立一总部协定。

第9条

决 策

1. WTO应继续实行GATT 1947所遵循的经协商一致作出决定的做法。① 除非另有规定,否则如无法经协商一致作出决定,则争论中的事项应通过投票决定。在部长级会议和总理事会会议上,WTO每一成员拥有一票。如欧洲共同体行使投票权,则其拥有的票数应与属WTO成员的欧洲共同体成员国的数目②相等。部长级会议和总理事会的决定应以所投票数的简单多数作出,除非本协定或有关多边贸易协定另有规定。③

2. 部长级会议和总理事会拥有通过对本协定和多边贸易协定所作解释的专有权力。对附件1中一多边贸易协定的解释,部长级会议和总理事会应根据监督该协定实施情况的理事会的建议行使其权力。通过一项解释的决定应由成员的四分之三多数作出。本款不得以损害第10条中有关修正规定的方式使用。

3. 在特殊情况下,部长级会议可决定豁免本协定或任何多边贸易协定要求一成员承担的义务,但是任何此类决定应由成员的四分之三④多数作出。

(a) 有关本协定的豁免请求,应根据经协商一致作出决定的做法,提交部长级会议审议。部长级会议应确定一不超过90天的期限审议该请求。如在此期限内未能协商一致,则任何给予豁免的决定应由成员的四分之三多数作出。

(b) 有关附件1A、附件1B或附件1C所列多边贸易协定及其附件的豁免请求,应首先分别提交货物贸易理事会、服务贸易理事会或TRIPS理事会,在不超过90天的期限内审议。在该期限结束时,有关理事会应向部长级会议提交一份报告。

4. 部长级会议给予豁免的决定应陈述可证明该决定合理的特殊情况、适用于实施豁免的条款和条件以及豁免终止的日期。所给予的期限超过1年的任何豁免应在给予后不迟于1年的时间内由部长级会议审议,并在此后每年审议一次,直至豁免终止。每次审议时,部长级会议应审查证明豁免合理的特殊情况是否仍然存在及豁免所附条款和条件是否得到满足。部长级会议根据年度审议情况,可延长、修改或终止该项豁免。

5. 一诸边贸易协定项下作出的决定,包括有关解释和豁免的任何决定,应按该协定的规定执行。

第10条

修 正

1. WTO任何成员均可提出修正本协定或附件1所列多边贸易协定条款的提案,提案应提交部长级会议。第4条第5款所列各理事会也可向部长级会议提交提案,以修正其监督实

---

① 如在作出决定时,出席会议的成员均未正式反对拟议的决定,则有关机构应被视为经协商一致对提交其审议的事项作出了决定。

② 欧洲共同体及其成员国的票数决不能超过欧洲共同体成员国的数目。

③ 对于作为争端解决机构召集的总理事会的决定,应仅依照《争端解决谅解》第2条第4款的规定作出。

④ 对于受过渡期或分阶段执行期限约束的任何义务,如提出豁免请求的成员在有关期限结束时未履行该义务,则关于豁免的决定只能经协商一致作出。

施情况的附件1所列相应多边贸易协定的条款。除非部长级会议决定一更长的期限,否则当提案正式提交部长级会议后90天内,部长级会议应经协商一致作出任何有关将拟议的修正提交各成员供接受的决定。除非第2款、第5款或第6款的规定适用,否则该决定应列明是否适用第3款或第4款的规定。如协商一致,部长级会议应立刻将拟议的修正提交各成员供接受。如在确定期限内,在部长级会议的一次会议上未能协商一致,则部长级会议应以成员的三分之二多数决定是否将拟议的修正提交各成员供接受。除第2款、第5款和第6款的规定外,第3款的规定适用于拟议的修正,除非部长级会议以成员的四分之三多数决定应适用第4款的规定。

2. 对本条的规定和下列各条款的修正应经所有成员接受方可生效:

本协定第9条;

GATT 1994第1条和第2条;

GATS第2条第1款;

《TRIPS协定》第4条。

3. 对本协定条款的修正或对附件1A和附件1C所列多边贸易协定条款的修正,除第2款和第6款所列条款外,如其具有改变各成员权利和义务的性质,则经成员的三分之二多数接受后,应对接受修正的成员生效,并在此后对接受修正的每一其他成员自其接受时起生效。部长级会议可以成员的四分之三多数决定根据本款生效的任何修正是否属如下性质:在部长级会议对每种情况指定的期限内未接受修正的任何成员有权退出WTO,或经部长级会议同意,仍为成员。

4. 对本协定条款的修正,或对附件1A和附件1C所列多边贸易协定条款的修正,除第2款和第6款所列条款外,如其具有不改变各成员权利和义务的性质,则经成员的三分之二多数接受后,应对所有成员生效。

5. 除以上第2款的规定外,对GATS第一部分、第二部分和第三部分及相应附件的修正,经成员的三分之二多数接受后,应对接受修正的成员生效,并在此后对接受修正的每一其他成员自其接受时起生效。部长级会议可以成员的四分之三多数决定根据前述规定生效的任何修正是否属如下性质:在部长级会议对每种情况指定的期限内未接受修正的任何成员有权退出WTO,或经部长级会议同意,仍为成员。对GATS第四部分、第五部分和第六部分及相应附件的修正,经成员的三分之二多数接受后,应对所有成员生效。

6. 尽管有本条其他规定,但是满足《TRIPS协定》第71条第2款要求的对该协定的修正,可由部长级会议通过,而无需进一步的正式接受程序。

7. 任何接受对本协定或附件1所列多边贸易协定修正的成员,应在部长级会议指定的接受期限内,将接受书交存WTO总干事。

8. WTO任何成员均可提出修正附件2和附件3所列多边贸易协定条款的提案,此类提案应提交部长级会议。批准对附件2所列多边贸易协定修正的决定应经协商一致作出,这些修正经部长级会议批准后,应对所有成员生效。批准对附件3所列多边贸易协定修正的决定,经部长级会议批准后,应对所有成员生效。

9. 应属一贸易协定参加方的成员请求,部长级会议可决定将该贸易协定加入附件4,但此种决定只能经协商一致作出。应属一诸边贸易协定参加方的成员请求,部长级会议可决定将该协定从附件4中删除。

10. 对一诸边贸易协定的修正应按该协定的规定执行。

第 11 条
创始成员资格

1. 本协定生效之日的 GATT 1947 缔约方和欧洲共同体,如接受本协定和多边贸易协定,并将其减让和承诺表附在 GATT 1994 之后,将具体承诺减让表附在 GATS 之后,则应成为 WTO 创始成员。

2. 联合国承认的最不发达国家只需承担与其各自发展、财政和贸易需要或其管理和机构能力相符的承诺和减让。

第 12 条
加　　入

1. 任何国家或在处理其对外贸易关系及本协定和多边贸易协定规定的其他事项方面拥有完全自主权的单独关税区,可按它与 WTO 议定的条件加入本协定。此加入适用于本协定及所附多边贸易协定。

2. 有关加入的决定应由部长级会议作出。部长级会议应以 WTO 成员的三分之二多数批准关于加入条件的协议。

3. 一诸边贸易协定的加入应按该协定的规定执行。

第 13 条
多边贸易协定在特定成员间的不适用

1. 任何成员,如在自己成为成员时或在另一成员成为成员时,不同意在彼此之间适用本协定及附件 1 和附件 2 所列多边贸易协定,则这些协定在该两成员之间不适用。

2. 对于原属 GATT 1947 缔约方的 WTO 创始成员,只有在这些缔约方以往已经援引 GATT 1947 第 35 条,且在本协定对其生效时,该条款仍然在它们之间有效的前提下,第 1 款的规定方可在它们之间援引。

3. 对于根据第 12 条加入 WTO 的成员,只有在不同意对另一成员适用的一成员在部长级会议批准关于加入条件的协议之前,已按此通知部长级会议的前提下,第 1 款的规定方可在该两成员之间适用。

4. 在任何成员请求下,部长级会议可审议本条在特殊情况下的运用情况,并提出适当建议。

5. 诸边贸易协定参加方之间的不适用应按该协定的规定执行。

第 14 条
接受、生效和交存

1. 本协定应开放供依照本协定第 11 条有资格成为 WTO 创始成员的 GATT 1947 缔约方和欧洲共同体以签字或其他方式接受。此接受应适用于本协定及其所附多边贸易协定。本协定及其所附多边贸易协定应在部长们依照《乌拉圭回合多边贸易谈判结果最后文件》第 3 段所确定的日期生效,并在此日期起 2 年内开放供接受,除非部长们另有决定。本协定生效之后的接受应在此接受之日后的第 30 天生效。

2. 在本协定生效之后接受本协定的成员,应执行自本协定生效开始的期限内应执行的多边贸易协定中的减让和义务,如同该成员在本协定生效之日接受本协定。

3. 在本协定生效之前，本协定和多边贸易协定的文本应交存 GATT 1947 缔约方全体的总干事。总干事应及时向已接受本协定的每一国政府和欧洲共同体提供一份本协定和多边贸易协定经核证无误的副本和每一份关于接受的通知。在本协定生效时，本协定和多边贸易协定及任何修正应交存 WTO 总干事。

4. 一诸边贸易协定的接受和生效应按该协定的规定执行。此类协定应交存 GATT 1947 缔约方全体的总干事。在本协定生效时，此类协定应交存 WTO 总干事。

第 15 条

退　出

1. 任何成员均可退出本协定。此退出适用于本协定和多边贸易协定，并在 WTO 总干事收到书面退出通知之日起 6 个月期满后生效。

2. 一诸边贸易协定的退出应按该协定的规定执行。

第 16 条

杂项条款

1. 除本协定或多边贸易协定项下另有规定外，WTO 应以 GATT 1947 缔约方全体和在 GATT 1947 框架内设立的机构所遵循的决定、程序和惯例为指导。

2. 在可行的情况下，GATT 1947 的秘书处应成为 WTO 秘书处，GATT 1947 缔约方全体的总干事在部长级会议依照本协定第 6 条第 2 款任命总干事之前，应担任 WTO 总干事。

3. 在本协定的条款与任何多边贸易协定的条款产生抵触时，应以本协定的条款为准。

4. 每一成员方均应确保其法律、条例和行政程序符合本协定各项附件协定所规定的相应义务。①。

5. 不得对本协定的任何条款做出保留。对多边贸易协定任何条款的保留应仅以这些协定规定的程度为限。对一诸边贸易协定条款的保留应按该协定的规定执行。

6. 本协定应依照《联合国宪章》第 102 条的规定予以登记。

1994 年 4 月 15 日订于马拉喀什，正本一份用英文、法文和西班牙文写成，三种文本具有同等效力。

解释性说明

本协定和多边贸易协定中使用的“国家”一词应理解为包括任何 WTO 单独关税区成员。

对于 WTO 单独关税区成员，如本协定和多边贸易协定中的措辞被冠以“国家（的）”一词，则此措辞应理解为与该单独关税区有关，除非另有规定。

---

① 英文原文为“Each Member shall ensure the conformity of its laws, regulations and administrative procedures with its obligations as provided in the annexed Agreements”，原译文为：每一成员应保证其法律、法规和行政程序与所附各协定对其规定的义务相一致。——房东注

附件清单

附 件 1

附件1A 货物贸易多边协定

1994年关税与贸易总协定

农业协定

实施卫生与植物卫生措施协定

纺织品与服装协定

技术性贸易壁垒协定

与贸易有关的投资措施协定

关于实施1994年关税与贸易总协定第6条的协定

关于实施1994年关税与贸易总协定第7条的规定

装运前检验协定

原产地规则协定

进口许可程序协定

补贴与反补贴措施协定

保障措施协定

附件1B 服务贸易总协定及附件

附件1C 与贸易有关的知识产权协定

附 件 2

关于争端解决规则与程序的谅解

附 件 3

贸易政策审议机制

附 件 4

诸边贸易协定

民用航空器及贸易协定

政府采购协定

国际奶制品协定

国际牛肉协定

"《国际奶制品协定》和《国际牛肉协定》已于1997年底终止(编者注)。"

(资料来源:广东省WTO事务咨询中心网站,http://www.gdwto.org.cn/list.asp? cid = 15&pid = 3.编者对其中的个别译法有所改动。)

欧洲经济共同体条约(节录)(1957)

Treaty Establishing the European Economic Community (Excerpts), 1957

(1957 年 3 月 25 日签订于罗马,1958 年 1 月 1 日起生效)

第一部分　原　　则

第一条　通过本条约,缔约各方在它们之间建立一个欧洲经济共同体。

第二条　共同体的目标应是:通过共同市场的建立和各成员国经济政策的逐步接近,在整个共同体内促进经济活动的和谐发展,不断的和平衡的扩展,日益增长的稳定,生活水平的加速提高以及各成员国间越来越密切的关系。

第三条　为了达到前条所述的目标,按照本条约所规定的条件和时机,共同体的活动应包括:

(1) 在各成员国之间取消商品进口和出口的关税和定量限制,以及具有同等影响的一切其他措施;

(2) 建立对待第三方国家的共同关税率和共同的贸易政策;

(3) 在各成员国之间,废除阻止人员、劳务和资本自由流动的各种障碍;

(4) 建立共同的农业政策;

(5) 建立共同的运输政策;

(6) 建立一种保证在共同市场中竞争不受到破坏的制度;

(7) 应用某种程序使调整各成员国的经济政策和补救它们的支付平衡的失调成为可能;

(8) 在共同市场发挥作用的必要限度内,使各国各自的国内法律趋于一致;

(9) 建立一笔欧洲社会基金以便增进工人就业的机会,并有助于提高他们的生活水平;

(10) 设立欧洲投资银行,以便通过新资源的发掘而有利于共同体经济的扩展;

(11) 使海外国家和领地同共同体取得联系,以便增加贸易并共同努力于经济和社会的发展。

第四条　一、赋予共同体的任务应通过下列机构予以保证执行:

议会;

理事会;

委员会;

法院。

每个机构应在本条约所赋予的职权范围内行事。

二、理事会和委员会应由具有咨询地位的经济和社会委员会予以协助。

第五条 各成员国应采取所有一般的或特别的适当措施，以保证本条约或共同体各机构的文件所产生的义务得以执行。各成员国应促进完成共同体的目标。

各成员国应避免采取可能妨碍完成本条约目标的任何措施。

第六条 一、各成员国和共同体各机构在密切合作下行动时，应在达到本条约目标的必要范围内，调整它们各自的经济政策。

二、共同体各机构应注意不损害各成员国内部和外部的金融稳定。

第七条 在本条约的实施范围内，并在不损及本条约所提到的特别规定下，应禁止以国籍为理由进行任何歧视。

理事会经委员会的建议并与议会协商后，得以特定多数制定旨在禁止任何这一类歧视的规则。

第八条 一、共同市场应在十二年的过渡期的过程中逐步建立起来。过渡期应分为三个阶段，每个阶段为四年。每个阶段的期限得按下列规定予以变更。

二、对每个阶段应安排一系列活动，这些活动应同时着手进行。

三、从第一阶段过渡到第二阶段，应以有下述证明书为条件，说明本条约所明确规定的第一阶段的目标是否在实际上已经完成，以及除了本条约所规定的例外和程序以外，义务是否已被遵守。

此项证明书应由理事会在第四年度结束时，就委员会的报告以一致同意提出。但是，一成员国不能诿称没有完成它自己的义务而妨碍一致同意。如未获得一致同意，第一阶段应自动延长一年。

在第五年度结束时，理事会应在同样条件下提出这种证明书。如未获得一致同意，第一阶段应自动再延长一年。

在第六年度结束时，理事会应就委员会的报告，以特定多数提出这种证明书。

四、自此项最后表决起一个月期间内，站在少数方面的每个成员国，或者在没有达到必要的多数时，任何成员国应有权请求理事会指定仲裁委员会进行仲裁，其决定对所有成员国和共同体各机构都有约束力。仲裁委员会应经委员会建议由理事会以一致同意指派三人组成。

如在规定日期起一个月内，理事会未指派仲裁委员会成员时，则应在以后一个月期间内由法院指派。

仲裁委员会应推选它的主席。

在本条第三款末项所指的理事会表决之日起六个月内，仲裁委员会应公布它的裁定。

五、除非理事会根据委员会的建议以一致同意作出决定，第二阶段和第三阶段均不得予以延长或缩短。

六、以上各款的规定应不具有自本条约生效起把过渡期的全部时间延长到十五年以上的效力。

七、除本条约规定有例外或变通办法外，过渡期的届满应对所制定的全部规则的生效和建立共同市场所必需的全部措施的完成构成最后的期限。

第二部分　共同体的基础

第一编　商品的自由流通

第九条　一、共同体应以关税同盟为基础,关税同盟涉及一切商品的交换,并包括在各成员国之间废止进口税和出口税以及具有同等影响的任何捐税,和在同第三方国家的关系上采取共同的关税率。

二、本编第一章第一节和第二章各项规定,应同样适用于各成员国本国生产的产品和各成员国为了消费而来自第三方国家的产品。

第十条　一、各成员国为了消费而输入的产品,如这种产品已办好必需的进口手续,在该成员国已缴付适当的关税或具有同等作用的捐税,以及这种产品并未享受全部或部分关税或捐税的退还,应被认为来自第三方国家的产品。

二、在本条约生效起第一年度结束以前,委员会应确定为应用第九条第二款而采用的行政合作的方法,并适当考虑到尽可能减少对贸易规定的手续。

在本条约生效起第一年度结束以前,在各成员国之间的贸易中,对于产自另一成员国的商品,如在其制造中所使用的产品并未在出口成员国缴付适当的关税或具有同等作用的捐税,或者已全部或部分享受关税或捐税的退还,委员会应对这种商品制定有关的规定。

在制定这种规定时,委员会应适当考虑到共同体内部为了废除关税和逐步实施共同关税率而制定的规则。

第十一条　各成员国应采取一切适当的措施,使各国政府在规定期间内能履行按照本条约应承担的有关关税的义务。

第一章　关 税 同 盟

第一节　在成员国间取消关税

第十二条　各成员国应避免在它们之间采用新的进口或出口关税或具有同等作用的捐税,并避免在它们的相互贸易关系中增加关税或捐税。

第十三条　一、各成员国间现行的进口关税,在过渡期期间,应由各成员国按照第十四条和第十五条规定的条件,逐步予以废止。

二、各成员国间现行的具有与进口关税同等作用的捐税,在过渡期期间,应由各成员国逐步予以废止。委员会应通过指示的方式确定废止的时机。委员会应遵循第十四条第二款和第三款所提到的规则以及理事会运用上述第二款所作的指示。

第十四条　一、对每种产品逐步进行削减关税,应以1957年1月1日所施行的关税为基数。

二、削减的时机应如下:

(1) 在第一阶段期间,第一次削减应在本条约生效一年后实行,第二次削减应在十八个月以后实行,第三次削减应在本条约生效后第四年度结束时实行。

(2) 在第二阶段期间,第一次削减应在本阶段开始十八个月后实行,第二次削减应在上次削减十八个月后实行,第三次削减应在再一年以后实行。

(3) 剩下的削减额应在第三阶段期间实行,理事会经委员会建议后,应以特定多数通过指示的方式决定削减的时机。

三、在第一次削减时,各成员国在它们之间应对每种产品在现行的关税基数上削减百分之十。

以后每次削减时,每个成员国应降低它的全部关税,务必使关税征收总额照第四款的规定,削减百分之十,经协议对每一产品的削减至少应等于关税基数的百分之五。

但对剩下的关税仍超过百分之三十的产品,其每次削减至少应等于关税基数的百分之十。

四、第三款所指每个成员国的关税征收总额,应按照 1956 年中从其他成员国进口的价值乘以关税基数来计算。

五、上列各款的实施所引起的任何特殊问题,应由理事会经委员会的建议,以特定多数通过指示予以解决。

六、各成员国应将上述关于削减关税规则的实施情况报告委员会。各成员国应力求保证使每种产品的关税削减达到下列程度:

到第一阶段结束时,至少削减关税基数的百分之二十五;

到第二阶段结束时,至少削减关税基数的百分之五十;

如委员会认为第十三条所规定的目标和本款所规定的百分比有不能达到的危险时,委员会应向各成员国作出适当的建议。

七、本条各项规定得由理事会经委员会建议并同议会协商后以一致同意予以修改。

[第十五条略,本条内容:在过渡期中,任何成员国都可以比预定计划提前废止或减低从其他成员国进口货物的关税。]①

第十六条 各成员国应在它们之间至迟在第一阶段结束时废止出口关税和具有同等作用的捐税。

[第十七条略,本条规定:第九条至第十五条的各项规定适用于具有财政收入性质的关税,并规定减低这些关税的做法。]

第二节 共同关税率的建立

第十八条 各成员国宣布愿意对发展国际贸易和减少贸易障碍作出贡献,在它们之间建立关税同盟,缔结互惠互利的协定,把关税削减到一般水平之下。

第十九条 一、在如下规定的条件和范围内,共同关税率应在共同体四个关税地区内所施行的关税的算术平均数水平上订出。

二、用以计算这个平均数之用的关税应是 1957 年 1 月 1 日各成员国所施行的关税。

但是,对于意大利的关税率,所施行的关税经同意不把临时削减的百分之十计算在内。另外,在关税率包括协定关税的项目下,则以该协定关税代替上述规定施行的关税,但以不超过百分之十为限。如协定关税超过上述规定施行的关税百分之十时,则应在此项施行的关税加上百分之十作为计算算术平均数之用。

关于清单(一)中所列举的关税项目,该清单上所载明的关税应被用来代替所施行的关

① 方括弧内是有关各条的简要内容,原条文从略。以下均同。——编者注。

税,作为计算算术平均数之用。

三、共同关税率应不超过以下规定:

(1) 对于清单(二)所列举的关税项目中的产品为百分之三;

(2) 对于清单(三)所列举的关税项目中的产品为百分之十;

(3) 对于清单(四)所列举的关税项目中的产品为百分之十五;

(4) 对于清单(五)所列举的关税项目中的产品为百分之二十五;如这些产品在比、荷、卢三国税率中的关税不超过百分之三时,则此项关税应增到百分之十二作为计算算术平均数之用。

四、清单(六) 规定的关税适用于该清单中所列举的产品。

五、本条及第二十条所指的关税项目清单应作为本条约的附件一。

第二十条 适用于清单(七)中的产品的关税,由各成员国间通过谈判予以确定。每个成员国得将其他产品加入该清单,但以 1956 年一年中自第三方国家输入的总值的百分之二为限。

委员会应采取一切适当的步骤以便于本条约生效后第二年度结束以前进行此项谈判,并于第一阶段结束以前结束谈判。

如在此期间,对某些产品未能达成协议时,理事会经委员会的建议,应对这些产品规定共同关税率,此项决定在第二阶段结束以前须经一致同意作出,以后则以特定多数作出。

第二十一条 一、应用第十九条和第二十条时可能发生的任何技术上困难,在本条约生效后两年内,应由理事会经委员会的建议,以特定多数发出指示予以解决。

二、在第一阶段结束以前,以及无论如何至迟到确定关税的日期,由于应用第十九条和第二十条所定的规则,尤其是考虑到与共同关税率有关的各种商品的不同加工程度,理事会经委员会的建议应以特定多数决定必要的调整,以保证共同关税率的内部和谐。

[第二十二条略,内容是关于对具有财政收入性质的共同关税率的计算问题。]

第二十三条 一、为了逐步采用共同关税率,各成员国应按照下列方式修改其对第三方国家所施行的关税率:

(1) 对于关税项目中 1957 年 1 月 1 日实际施行的关税,如与共同关税率的关税高低相差不超过百分之十五,则共同关税率应自本条约生效起第四年度结束时予以施行;

(2) 在其他关税项目下,每个成员国应从同一日期起将 1957 年 1 月 1 日实际施行的关税与共同关税率关税之间的差距,降低百分之三十;

(3) 到第二阶段结束时,应再将该差距降低百分之三十。

(4) 对第一阶段结束时共同关税率还不明确的关税项目,每个成员国应在理事会根据第二十条作出决定后六个月内,施行由本款各项规则所确定的关税。

二、被授予第十七条第四款所规定的特许的成员国,在该项特许有效期间,应免除对特许范围内关税项目实施上述规定。特许满期后,该成员国应施行由上款各项规则所确定的关税。

三、共同关税率至迟应在过渡期届满时全部施行。

第二十四条 为了向共同关税率看齐,各成员国应有自由按照比第二十三条规定更快的进度,修改这些关税。

第二十五条 一、如委员会认为各成员国对清单(二)、(三)和(四)中的某些产品不够供应其中的一个成员国,而该项供应在相当大的程度上历来是依靠第三方国家进口时,理事会经委员会的建议应以特定多数决定对该有关成员国给予减税或免税的关税定额。

该项定额不能超过一定限度,以免损害其他成员国的利益。

二、关于清单(五)和清单(六)中的产品应按照第二十条第三款规定的程序确定其关税;如在共同体内货源发生变化或供应不足,其性质足以对有关成员国的加工工业带来损害性的后果时,委员会经成员国的请求应对有关国家给予减税或免税的关税定额。

该项定额不能超过一定限度,以免损害其他成员国的利益。

三、关于本条约附件二所列举的产品,委员得特许任何成员国全部或部分地停止征收可以施行的关税,或者,委员会得对任何成员国给予减税或免税的关税定额,但以不使有关产品市场因而产生严重骚动为条件。

四、委员会应对应用本条而给予的关税定额进行定期审查。

第二十六条 委员会得特许面临特殊困难的成员国推迟施行根据第二十三条的规定应降低或提高的某些项目的关税率。

特许只能限于一个有限的期间,并在可以提出统计资料的最近一年中,以关税项目合计不超过该国来自第三方国家全部进口价值的百分之五为限。

第二十七条 在第一阶段结束以前,各成员国在必要范围内,应对它们有关关税事务的立法和行政规定采取步骤使其一致。委员会为此目的应向各成员国作出一切适当的建议。

第二十八条 共同关税率的任何单独修改或暂停实施,应由理事会一致同意予以决定。但是,在过渡期届满后,理事会经委员会的建议,得以特定多数决定修改或暂停实施,以每种关税不超过其税率百分之二十,为期至多六个月为限。该项修改或中止只能在同样条件下,再延长第二次六个月。

[第二十九条略,本条列举委员会在执行本节所赋予的任务时应遵循的各项原则。]

第二章 在成员国间取消定量限制

第三十条 在不影响下列规定下,各成员国间对进口的定量限制和具有同等影响的一切措施应予禁止。

第三十一条 各成员国应避免在它们之间采取任何新的定量限制或具有同等影响的措施。

但是,此项义务只适用于执行欧洲经济合作组织理事会1995年1月14日决定要达到的解除限制的水平为限。各成员国至迟于本条约生效后六个月内,应将它们执行此项决定所解除限制的产品清单通知委员会。这种清单于通知后应在各成员国间统一生效。

第三十二条 各成员国应避免在它们相互贸易中采取比本条约生效时所存在的限额或具有同等影响的措施更严的限制。

此项限额至迟应于过渡期届满时予以废止。在此时期中,此项限额应按照下列条件逐步予以废止。

第三十三条 一、本条约生效一年后,各成员国应将对其他成员国的双边限额改为对所有其他成员国开放而并无歧视的总额。

在同一日期,各成员国应扩大这样制定的全部总限额,使它们的总值同上年相比,至少增加百分之二十。但每一产品的总限额,则至少应增加百分之十。

限额应按照同样规则并按同样比例逐年增大。

第四次的扩大应于本条约生效后第四年度结束时实现,第五次的扩大应在第二阶段开始一年后实现。

二、如对一种尚未解除限制的产品,总限额未达到有关国家本国产量的百分之三时,则至迟应于本条约生效一年后对该项产品制定不低于百分之三的限额。第二年度结束时,该项限额应提高到百分之四;第三年度结束时,应提高到百分之五。嗣后,有关成员国每年至少应增加限额百分之十五。

如本国不生产此项产品时,委员会应通过决定方式确定适当的限额。

三、在第十年度结束时,每项限额至少应不低于本国产量的百分之二十。

四、如委员会通过决定认为某项产品的进口在连续两年中都低于限额水平,则该总限额得不予列入全部总限额价值计算之内。在此情形下,该成员国应废止该项产品的限额。

五、对超过本国有关产品产量百分之二十的限额,理事会经委员会的建议,得以特定多数降低第一款所规定的百分之十的最低百分比。但是,该项修改应不影响对全部总限额价值每年增加百分之二十的义务。

六、各成员国如遵照欧洲经济合作组织理事会1955年1月14日关于解除限制水平的决定,已经超额完成它们所承担的义务,则应有权在第一款所规定的每年全部增加百分之二十的计算中,以独立自主的方式考虑解除限制的进口总数。此项计算应提请委员会预先批准。

七、委员会对于各成员国在本条约生效之日所存在的与限额具有同等影响的措施,应发出指示确定在它们之间废止的程序和时机。

八、如委员会认为本条各项规定的施行,特别是有关百分比规定的施行未能按照第三十二条第2款的规定保证逐步取消限额时,则理事会经委员会的建议,得在第一阶段中以一致同意,嗣后以特定多数修改本条所规定的程序,特别是提高已确定的百分比。

第三十四条 一、出口定量限制和具有同等影响的任何措施,均应在各成员国间予以禁止。

二、各成员国至迟应在第一阶段结束时,废止在本条约生效时所存在的一切出口定量限制和具有同等影响的任何措施。

第三十五条 各成员国宣布如总的经济情况和有关部门的情况许可时,愿意对其他成员国以较前条规定更快的进度,取消进口和出口的定量限制。

委员会为此目的应向有关成员国提出建议。

第三十六条 第三十条至第三十四条的各项规定,应不妨碍由于公共道德、公共秩序、公共安全、对于人身和动物生命健康的保护、保存植物、保护具有艺术、历史或考古的国家文物或者保护工业和商业财产等方面的理由,对进口、出口或过境所作的禁止和限制。但是,此项禁止或限制既不应构成任意歧视的手段,也不应作为各成员国间贸易上的变相限制。

第三十七条 一、各成员国应逐步调整任何具有商业性质的国家专卖企业,务使在过渡期届满时足以保证在商品的供应和市场条件方面,排除对各成员国国民间的任何歧视。

本条的各项规定,应适用于使成员国能在法律上或事实上直接地或间接地控制或明显地影响各成员国间进口或出口的任何人。这些规定也应适用于由国家指定的专卖企业。

二、各成员国应避免采取与第一款所列举的原则相反的或对各成员国间废止关税和定量限制的有关各条限制其范围的一切新措施。

三、第一款所规定的措施,其时机应与第三十条至第三十四条所规定的关于同样产品定量限制的取消相适应。

如一种产品只在某个成员国或某些成员国中受具有商业性质的国家专卖企业支配时,委员会得特许其他成员国在第一款所规定的调整未能实现期内采取保护措施,保护措施的条件和细则由委员会规定。

四、如一个具有商业性质的专卖企业同时有旨在帮助农产品的销售或定价的规定时,则在应用本条的规则时,考虑到可能的调整时机和必要的专业化,应保证对有关生产者的就业和生活水平给予同等的保障。

五、各成员国所承担的义务范围应与现有的国际协定相一致。

六、委员会从第一阶段开始起,应就进行本条所规定的调整的细则和时机作出建议。

第二编　农　业

第三十八条　一、共同市场应扩大到农业和农产品的贸易。农产品应指农作物、畜产品和水产品,以及直接对这些产品进行初步加工的产品。

二、除有同第三十九条至第四十六条相反的规定外,为建立共同市场所规定的规则应适用于农产品。

三、适用于第三十九条至第四十六条的规定的产品列入本条约的附件二。在本条约生效后两年内,理事会经委员会的建议应以特定多数决定增加列入该项清单的产品。

四、随着共同市场在农产品方面的发挥作用和发展,应同时在成员国间建立共同的农业政策。

第三十九条　一、共同的农业政策应有以下目标:

(1) 发展技术进步、保证农业生产的合理发展,并最适当地利用生产的各种因素,特别是劳动力,以提高农业生产率;

(2) 保证农业人口有一个良好的生活水平,特别是通过增加从事农业的人员的个人收入;

(3) 稳定市场;

(4) 保证经常的供应;

(5) 保证对消费者合理的供应价格。

二、在制定共同的农业政策和由此引起的特殊方法时,应适当考虑到:

(1) 由农业的社会结构和各个农业区域的结构差别和自然差别所产生的农业活动的特殊性质;

(2) 逐渐作出适当调整的需要;

(3) 各成员国的农业是同整个经济密切联系的一个组成部分这样的事实。

第四十条　一、各成员国在过渡期中应逐步订出共同的农业政策,并应在过渡期结束以前建立这种政策。

二、为了达到第三十九条所提出的目标,应成立一个农业市场的共同组织。

这一组织应根据有关产品采取下列形式之一:

(1) 有关竞争的共同规则;

(2) 各国国内市场组织的强制协调;

(3) 一个欧洲市场组织。

三、按第2款所提到的形式之一而成立的共同组织,得包括为达到第三十九条所规定目标的一切必要措施,特别是:价格管理,对各种产品的生产和销售的津贴,对储存和转账的安排以及为稳定进口或出口而成立的共同机构。

这种组织应限于达到第三十九条所规定的目标,并应排除对共同体内部生产者之间或消费者之间的任何歧视。

如订有共同的价格政策时,则该项政策应以共同的标准和统一的计算方法为基础。

四、为了使第2款所指的共同组织能达到它的目标,得建立一种或几种农业指导和保证基金。

第四十一条 为了达到第三十九条所规定的目标,得在共同农业政策的范围内作出规定,其中包括:

(1) 对职业训练、农村经济的研究和宣传方面所作出的努力,进行有效的协调,包括需联合提供资金的计划和机构;

(2) 为推广某些产品的消费,采取一致的行动。

第四十二条 关于竞争的规则一章中的各项规定,应适用于农产品的生产和贸易,但只能以理事会所规定的范围,和按照第四十条第2款和第3款规定的程序为限,并须适当考虑第三十九条所提出的目标。

委员会得特别准许给予的援助如下:

(1) 为保护受结构条件和自然条件影响而处于不利地位的企业;

(2) 在经济发展计划的范围以内。

[第四十三条至第四十五条均略。其内容:第四十三条规定本条约实施之后,成员国将召开一次会议来通过制订农业政策的原则,并在条约实施后两年内提出草拟并执行该项政策的建议。第四十四条指出在过渡期中,每个成员国有权采取农产品最低价格制度,并说明制订最低价格政策的办法。第四十五条指出在共同市场代替各本国农业市场以前,贸易的发展将在成员国和进口者之间缔结长期协定或合同的情况下进行。]

第四十六条 如在一成员国中某种产品是本国市场组织或具有同等影响的任何内部管理的对象,以致影响另一成员国相同产品的竞争地位时,则其他成员国应对来自存在此项组织或管理的成员国的该项产品采取进口补偿税,除非该成员国采取出口补偿税。

委员会应在恢复平衡的必要范围内确定该项税额;委员会也得特许采用其他措施,其条件和细则由委员会确定。

[第四十七条略,内容是关于经济和社会委员会农业小组的职权问题。]

第三编 人员、劳务和资本的自由流动

第一章 工 人

第四十八条 一、至迟在过渡期届满时,工人的自由流动应在共同体范围内获得保证。

二、工人的自由流动应包括废止在各成员国工人之间关于就业、报酬和其他劳动条件方面基于国籍理由的任何歧视。

三、除因公共秩序、公共安全和公共卫生等理由而规定的正当限制外，工人的自由流动应包括下列权利：

(1) 接受实际上提供的工作；

(2) 在各成员国领土内为此目的而自由流动；

(3) 在任何成员国中停留，以便根据该国工人就业的立法和行政规定在该国就业；

(4) 在已经就业后，得按照委员会将制定的实施规则的条件，在该成员国领土内居住。

四、本条各项规定应不适用于行政机关的就业。

[第四十九条至第五十一条略，内容是规定实施第四十八条的条件。]

第二章　营　业　权

第五十二条　在下列规定的范围内，对于成员国国民在另一成员国领土内营业自由的限制应在过渡期中逐步予以废止。该项逐步废止也应扩大适用于对成员国国民在任何成员国领土内建立代理处、分支店或附属公司的限制。

营业自由应包括在遵照营业所在国立法对本国国民所规定的条件和关于资本一章的各项规定下，参加或进行无工资收入的活动，设立和管理企业，特别是按照第五十八条第2款所指的公司。

第五十三条　除本条约各项规定外，各成员国在各该国领土内对其他成员国国民的营业，应不采取任何新的限制。

[第五十四条略，规定了要采取办法制订关于废止营业自由的限制的总计划，并在第一阶段头两年内提出适当的建议。]

第五十五条　在任何成员国内，凡涉及行使公共权力的活动，即使是偶然的，对该国来说均不适用本章各项规定。

理事会经委员会的建议，得以特定多数规定某些活动不适用本章各项规定。

[第五十六条至第五十八条均略。内容系涉及由于第五十二条各款所引起的特殊问题。]

第三章　劳　　务

[第五十九条至第六十六条均略。内容：第五十九条是关于逐步废止共同体内对自由提供劳务所加的各项限制。第六十条指出本条所说的劳务是指正式从事工作以取得报酬而言，其范围不包括各款中有关商品、资本与个人的自由流通。第六十一条至第六十六条是关于废止对自由提供劳务所加的各项限制。]

第四章　资　　本

第六十七条　一、各成员国在过渡期中并在使共同市场发挥正常作用的必要范围内，应在它们之间逐步废止对住在成员国内的人员的资本流动的限制，和基于国籍、当事人的住址或投资的地方所作的任何歧视待遇。

二、各成员国间与资本流动有关的日常支付，至迟应于第一阶段结束时解除一切限制。

第六十八条　一、在本条约生效后，在汇兑许可制仍有必要的范围内，各成员国应在本章所指事项内，尽可能宽大地给予汇兑许可证。

二、当成员国根据本章规定对被解除限制的资本流动应用有关资本市场和信贷制度的国内条例时,该成员国应采取不歧视的方式。

三、直接或间接为成员国或为其部分地区提供资金的债券,除非同有关国家达成协议时,不能在其他成员国发行或出售。此项规定应不妨碍关于欧洲投资银行法规议定书第二十二条的施行。

[第六十九条至第七十二条均略。内容是关于执行第六十七条的规定,以及成员国货币政策的协调上所采取的措施。]

第七十三条 一、如资本流动对一成员国资本市场的发挥作用引起混乱情况时,委员会经咨询货币委员会后应准许该成员国在资本流动方面采取保护措施,其条件和细则由委员会确定。

理事会得以特定多数取消这种准许,并修改其条件和细则。

二、但是,遇到困难的成员国,得以机密性或紧急性为理由,在必要时径自采取此项措施。此项措施至迟于发生效力时应通知委员会和各成员国。在此情况下,委员会经咨询货币委员会后,得决定有关国家应否修改或废止该项措施。

第四编 运 输

[第七十四条至第八十四条均略。内容是关于对运输政策的协调问题。]

第三部分 共同体的政策

第一编 共同规则

第一章 关于竞争的规则

第一节 适用于企业的规则

第八十五条 一、凡足以影响各成员国之间的贸易和以阻止、限制或破坏共同市场内部竞争为目的或产生此项结果的一切企业间的协定,一切企业联合组织的决定和一切联合行动,均应被认为是与共同市场相抵触的,并应予以禁止,特别是下列各项:

(1) 直接或间接规定购买价格或出售价格或其他交易的条件;

(2) 限制或控制生产、市场、技术发展或投资;

(3) 市场或供货来源的分配;

(4) 对贸易各方在同等供应方面实行不平等的条件,使他们因此在竞争中蒙受不利。

(5) 把缔结合同从属于一方接受额外供货,而该项额外供货,按照它的性质或商业惯例都同该项合同的主题并无联系。

二、根据本条予以禁止的任何协定或决定,应在法律上无效。

三、但是,第1款各项规定得被宣布不适用于下列各项:

企业间的任何协定或任何种类的协定,企业联合组织的任何决定或任何种类的决定,以及任何联合行动或任何种类的联合行动,如它们有助于商品的生产和分配,或促进技术上或

经济上的进步,对使用者则保留由此而产生的利润的一个合理部分,同时它们:

(1) 不向有关企业强制施加为达到上述目标并非必不可少的限制;

(2) 不使这些企业能在有关商品的重大部分上消除竞争。

第八十六条 凡一个或几个企业滥用在其共同市场上或在共同市场上重大部分上的优势地位,其范围可影响各成员国间的贸易者,均被认为是与共同市场相抵触,并应予以禁止。

特别是如下一些滥用的做法:

(1) 以直接或间接方式强制规定不公平的购买价格或出售价格或其他不公平的交易条件;

(2) 限制生产、市场或技术上的发展以致消费者蒙受损害;

(3) 对贸易各方在同等供应方面实行不平等的条件,使他们因此在竞争中蒙受不利;

(4) 把缔结合同从属于一方接受额外供货,而该项额外供货,按照它的性质或商业惯例都同该项合同的主题并无联系。

第八十七条 一、从本条约生效起三年期间内,理事会经委员会的建议并同议会协商后,应以一致同意制定一切适当的条例或指示,以便应用第八十五条和第八十六条所规定的原则。

如该项规定未能在上述期间被采用时,则理事会经委员会建议并同议会协商后,应以特定多数制定该项规定。

二、第1款所指的规定特别是:

(1) 通过制定罚款和处罚,保证第八十五条第1款和第八十六条所指的禁止事项受到遵守;

(2) 确定第八十五条第3款的实施细则,并适当考虑到一方面需要保证有效的监督,另一方面又需要在最大可能范围内简化行政上的管制;

(3) 必要时,在各个经济部门中,确定第八十五条和第八十六条规定的实施范围;

(4) 确定委员会和法院在实施本款规定时各自所负的责任;

(5) 确定一方面各国法律和另一方面本节所载明的或实施本条所采用的各项规定之间的关系。

第八十八条 直至为实施第八十七条所采取的规定发生效力时止,各成员国当局应按照各该国法律和第八十五条,特别是该条第3款和第八十六条的规定就同意谅解的限度和滥用共同市场的优势地位,作出决定。

第八十九条 一、在不影响第八十八条的规定下,委员会从开始执行职务之日起应确保实施第八十五条和第八十六条所规定的原则。委员会经一成员国的申请,或由于本身职权并在成员国主管机关的协助下,与该主管机关取得联系,对于违反上述原则的情况加以审查。如认定违反属实时,委员会应提出适当措施,予以制止。

二、如违反继续存在时,委员会应通过附有理由的决定来证明违反原则属实。委员会得公布它的决定并得准许成员国采取必要措施予以纠正,其条件和细则由委员会决定。

第九十条 一、各成员国对公有企业和给予特权或专利的企业,既不应制定也不应强行维持任何违反本条约特别是违反第七条、第八十五条至第九十四条各项规则的措施。

二、承担管理一般经济性事务的任何企业,或具有财政收入性质的专利企业应服从本条约的规则,特别是关于竞争的规则,但以执行这些规则而不妨碍在法律上或事实上完成对其所承担的特殊任务为限。贸易的发展不得受到影响,以免违反共同体的利益。

三、委员会应确保本条各项规定的实施,必要时,应向各成员国发出适当的指示或决定。

第二节 倾销行为

第九十一条 一、如在过渡期中,委员会经一成员国或任何其他有关方面的申请,认为在共同市场内部存在倾销的行为,委员会应向这种行为的一个或几个负责人提出建议,以便制止此项行为。

如这种倾销的行为继续存在时,委员会应准许遭受损失的成员国采取保护措施,其条件和细则应由委员会确定。

二、一俟本条约生效,对于一成员国出产的产品,或者该成员国已经向另一成员国输出的产品,为了消费而被准许再输入原来国家的领土时,应免除任何关税、定量限制或具有同等影响的其他措施。委员会为实施本款应制定适当的规则。

第三节 由国家给予的援助

第九十二条 一、除本条约有相反的规定以外,由国家给予或通过国家资源而给予的援助,不论其方式如何,凡优待某些企业或某些产品,以致破坏竞争或威胁破坏竞争,对各成员国间的贸易造成不良影响时,应被认为是同共同市场相抵触的。

二、应被认为同共同市场相一致的援助如下:

(1) 给予个人消费者具有社会性质的援助,但以给予该项援助对有关产品的出产地并无歧视为条件;

(2) 旨在救济自然灾害或其他意外事件所造成的损失而作的援助;

(3) 对由于德国分裂而遭受影响的德意志联邦共和国某些地区的经济所给予的援助,但以这种援助补偿由于分裂而造成的经济不利情况所必需的程度为限。

三、得被认为同共同市场相一致的援助如下:

(1) 对旨在促进生活水平特别低的地区,或严重就业不足的地区的经济发展所作的援助;

(2) 旨在促进执行具有欧洲共同利益的重要计划或对一成员国经济的严重混乱进行救济的援助;

(3) 旨在帮助发展某些活动或某些经济地区的援助,以这些援助并不改变贸易条件以致违反共同利益为限。对于 1957 年 1 月 1 日在造船方面的任何援助,只在代替关税保护的范围内并在适用废止关税的相同条件下,应逐步予以减少,并须遵守本条约关于对第三方国家的共同贸易政策的各项规定;

(4) 理事会经委员会的建议,得以特定多数决定其他种类的援助。

[第九十三、九十四条略,规定了对执行第九十二条各款所作的审查。]

第二章 税务规定

[第九十五条至第九十九条均略。第九十五条规定任何成员国对其他成员国的产品直接或间接所征收的国内税,不得高于对相同的本国产品直接或间接所征收的国内税。第九十六条至第九十九条解释第九十五条的各项规定。]

第三章 使各国法律趋于一致

[第一百条至第一百零二条略,内容是关于使各国的立法和行政上的规定趋于一致,因为这对共同市场的建立与实施有直接关系。]

第二编 经济政策

第一章 关于经济趋势的政策

[第一百零三条略,规定成员国应把经济趋势政策看成为有关共同利益的事项。]

第二章 国际收支

第一百零四条 各成员国在保证高度就业水平和稳定物价水平的同时,应实行为保证其全部国际收支平衡和维持其通货信用所必需的经济政策。

第一百零五条 一、为了便于达到在第一百零四条中所述的目标,各成员国应协调它们的经济政策。为此目的,它们应在它们的行政部门主管业务之间和中央银行之间制定一种合作办法。

委员会应向理事会提出实行这种合作的建议。

二、为了促进各成员国有必要在货币事务的政策上充分协调,使共同市场发挥作用,应建立一个具有咨询性质的货币委员会,担负以下的任务:

注意各成员国和共同体的货币金融情况,以及成员国的一般收支制度,并定期向理事会和委员会提出这方面的报告;

经理事会或委员会要求,或自己创议,提出意见并送交上述机构。

各成员国和委员会应各任命货币委员会的两位委员。

第一百零六条 一、每一成员国应按债权人或收款人所居住的成员国的通货,负责核准因交换商品、劳务或资本而发生的任何支付事项,和任何资本与工资的汇拨,使实施本条约的成员国之间,商品、劳务、资本与人员的流动自由无阻。

成员国宣布只要它们的一般的经济情况,特别是它们的收支平衡的情况许可时,愿意对以上所规定的范围之外的支付事项予以自由。

二、当商品与劳务的交换、资本的流动仅仅为有关的支付上的限制所约束,关于废除定量限制、劳务自由活动、资本自由流动诸章的规定,应同样适用于此,以逐步废止这种限制。

三、各成员国承诺,对本条约附件三中所列举的各种无形交易有关的汇拨业务,不再在成员国之间施加任何新的限制。

对现有限制的逐步废止,应按第六十三条到第六十五条的规定办理,只要第1、2款或关于资本自由流动一章的规定对这种废止行动未予限制。

四、成员国为了使本条提到的支付和汇拨得以实现,应视需要,对所采取的措施达成协议。这些措施应与达到本章所规定的目的不相违背。

第一百零七条 一、各成员国应对有关汇率的政策,作为一件关系到共同利害的事项来看待。

二、如某一成员国改变其汇率,以致与第一百零四条中规定的目标不相容,并且严重地破坏竞争的条件时,委员会经与货币委员会协商后,得授权其他成员国,在一段严格限制的时间里,采取必要措施,来处理此种汇率改变的后果,其条件和细则由委员会决定。

第一百零八条 一、当某一成员国在收支方面或其所持有的货币的种类上,完全失去平衡,而陷于困难,或严重受到发生困难的威胁,而此种困难可能特别不利于共同市场的发挥作用,或不利于共同商业政策的逐步制订时,委员会应立即审查该国的情况,审查该国尽一切可能按照第一百零四条的规定所已采取或可以采取的行动。委员会应向有关国家指出它建议采取那些措施。

如某一成员国所采取的行动和委员会所建议的措施,证明不足以克服已发生的或行将发生的困难,委员会经与货币委员会协商后,应向理事会建议给予相互援助,和采取适当的方法。

委员会应定期向理事会报告情况及其进展过程。

二、理事会应以特定多数给予相互援助;并应发出指示或决定,规定援助的条件和细则。相互援助得特别取用以下形式:

(1) 对各成员国可向其求助的任何其他国际组织采取一致行动;

(2) 当发生困难的成员国对第三方国家维持或重新建立定量限制时,采取一切必要的措施,使商业往来不致改道;

(3) 经其他成员国的同意,由这些国家给以有限度的贷款。

此外,在过渡期中,相互援助还得采取特殊降低关税或扩大限额的形式,使来自困难国家的进口得以提高,但应取得将对其采取此类措施国家的同意。

三、如理事会不给予由委员会所建议的相互援助,或所给予的相互援助和所采取的措施不够有效,委员会应授权困难国家采取保卫措施,其条件和细则由委员会决定。

理事会得以特定多数撤销此项授权,并得修订其条件和细则。

第一百零九条 一、当国际收支发生突然危机,而未曾立即采取符合第一百零八条第2款含义的决定时,有关成员国得临时采用必要的保护措施。这种措施应对共同市场的发挥作用引起尽可能少的干扰,并不应为补救突然出现的困难而超过严格的必要的最低限度。

二、这种保护措施,至迟应在其生效之时,通知委员会和其他成员国。委员会得按第一百零八条的条文,向理事会提议相互援助。

三、理事会在委员会的意见的基础上,并与货币委员会协商后,得以特定多数作出有关国家应修订、中止或废止上述保护措施的决定。

第三章 贸易政策

第一百十条 成员国准备在符合共同利益的条件下,在它们之间建立关税同盟,对世界贸易的和谐发展,国际汇兑限制的逐步废止,以及关税壁垒的降低,作出贡献。

共同的贸易政策应考虑到,在成员国间废止关税,将有利于使这些国家的企业增长竞争能力。

第一百十一条 在过渡期中,在不妨碍第一百十五条与第一百十六条的条件下,应实施下列规定:

一、各成员国应和第三方国家协调其贸易关系,至迟在过渡期结束之时,形成必要的条件,以便在对外贸易事务方面执行一项共同的政策。

委员会应向理事会就有关过渡期中规定共同行动所采取的步骤，和有关达成统一的商业政策，提出建议。

二、委员会应就同第三方国家举行有关共同关税率的谈判，向理事会提出建议。

理事会应授权委员会开始这种谈判。

委员会在进行谈判时，应同理事会所指派的专门委员会协商，专门委员会在理事会所发出的指示的范围内，协助委员会进行这项工作。

三、理事会在行使本条所赋予的权力时，在前两个阶段中应以一致同意、嗣后则应以特定多数采取行动。

四、为了使共同关税率的生效不致推迟，各成员国应同委员会协商，采取一切必要的措施，特别是为了调整它们同第三方国家的现行关税协定。

五、各成员国应在它们之间取得一致，使它们对第三方国家或第三方国家集团解除限制的清单，达到尽可能高的水平。为此目的，委员会应向各成员国作出一切适当的建议。

如各成员国废止或减少对第三方国家的定量限制，它们应事先通知委员会，并对其他成员国给予相同待遇。

第一百十二条　一、在不妨碍各成员国在其他国际组织范围内应尽责任的条件下，各成员国在过渡期结束以前，应对帮助向第三方国家出口所采取的措施，逐渐加以协调，其程度以必须确保共同体内部企业间的竞争不受损害为限。

为此目的，理事会经委员会的提议，应在第二阶段结束前以一致同意、嗣后则以特定多数，发出必要的指示。

二、上项规定既不适用于关税或具有同等影响的捐税的退税，也不适用于某一成员国向第三方国家出口商品时所课征的各种间接捐税包括营业税、消费税和其他间接税的退款，其范围以这种退税或退款不超过对出口产品直接或间接所课征的捐税为限。

第一百十三条　一、在过渡期届满以后，共同的贸易政策，应以一致原则为基础，特别是有关关税率的修改，关税率或贸易协定的制订，解除限制措施的整顿，出口政策和保护性贸易措施，其中包括在出现倾销或津贴时采取的措施。

二、委员会应向理事会提出建议，以便将这项共同贸易政策付诸实施。

三、在需要同第三方国家谈判协定时，委员会应向理事会提出建议，由理事会授权委员会开始必要的谈判。

委员会在进行谈判时，应同理事会所指派的专门委员会协商，专门委员会在理事会所发出的指示的范围内协助委员会进行这项工作。

四、理事会行使本条所赋予的权力时，应以特定多数采取行动。

第一百十四条　第一百十一条第2款和第一百十三条所指的协定，应由理事会在前两阶段中以一致同意、嗣后以特定多数，代表共同体签订之。

第一百十五条　为了确保各成员国按本条约所采取的有关贸易政策的各种措施的执行，将不致因贸易往来的改变而受到阻碍，或这种措施之间的分歧在一个或几个成员国中引起经济困难时，委员会应建议其他成员国提供必要合作的方法。做不到这一点时，委员会应授权成员国采取必要的保护措施，其条件和细则由委员会决定。

遇到紧急情况时和在过渡期中，成员国得自行采取必要的措施并应通知其他成员国以及委员会，委员会得决定有关成员国应否修改或撤销这种措施。

在选择此种措施时,应优先采用这样的措施,它们对共同市场的发挥作用引起的干扰最少,并且考虑到尽可能加快实施共同关税率的必要性。

第一百十六条 从过渡期结束之时起,各成员国在任何经济性国际组织的范围内对有关共同市场特殊利益的一切事项,应以一致行动进行工作。为此目的,委员会应向理事会提出建议,由理事会以特定多数决定有关这种共同行动的范围和执行办法。

在过渡期中,成员国应相互协商,以求协调其行动并尽可能采取一致的态度。

第三编 社会政策

第一章 社会性的规定

[第一百十七、一百十八条均略。第一百十七条论及改善劳动人民的生活与劳动条件的必要性,并逐步使他们之间的水平趋于一致。第一百十八条提到各成员国之间在社会问题上的密切合作。]

第一百十九条 各成员国应保证在第一阶段内实施并在以后继续实施男女工人同样工作同等报酬的原则。

就本条的目的来说,报酬应了解为:基于工人被雇的理由,由雇主直接或间接以现金或实物支付给予工人的普通基本工资、最低工资、薪水或任何附加报酬。

不因性别而加以歧视的同等报酬包括:

(1) 对同样工作所给予的计件报酬应按同样的计量单位计算;

(2) 对工作所给予的计时报酬对同一工种应一样。

第一百二十条 各成员国应努力维持同现行假期照给工资制度相等的制度。

[第一百二十一、一百二十二条略,内容是澄清有关移入工人的社会安全问题和提供共同体内社会发展情况的报告]

第二章 欧洲社会基金

第一百二十三条 为了改进共同体市场内工人就业的机会,并从而有助于提高生活水平,应按下列规定成立一笔欧洲社会基金,其任务为促进共同体内就业的便利和工人在地域和职业上的流动性。

[第一百二十四条至第一百二十八条均略。第一百二十四条指出委员会有权管理基金。第一百二十五条至第一百二十七条规定从基金中提供援助的条件。第一百二十八条制定关于实行职业培养方面的共同政策的一般原则,此项政策将有助于各国经济和共同市场的全面发展。]

第四编 欧洲投资银行

第一百二十九条 具有法人资格的欧洲投资银行应予成立。

欧洲投资银行的成员应是各成员国。

欧洲投资银行的章程应以一项议定书的形式附于本条约。

第一百三十条 欧洲投资银行的任务应是:借助于资本市场和它自己的资源,为了共同体的利益而促进共同市场的平衡和顺利发展。为此目的,欧洲投资银行应在不谋求利润的基础上,通过拨给贷款和保证,在一切经济部门中对下列计划给予提供资金的便利:

(1)开发不发达地区的计划;

(2)由于逐步建立共同市场而将企业现代化或改造或增加新活动的各项计划,而这些计划按其规模或性质所需的资金,不能由每个成员国现有的各种手段所能全部提供的;

(3)对几个成员国具有共同利益的各项计划,而这些计划按其规模或性质所需的资金,不能由每个成员国现有的各种手段所能全部提供的。

第四部分 海外国家和领地的联系

[第一百三十一条略,内容是关于各成员国同意与比利时、法国、意大利和荷兰维持特殊关系的非欧洲国家和领地与本集团相联系。]

第一百三十二条 这种联系的目标应如下:

一、各成员国对这些国家与领地进行贸易时,应适用各成员国彼此之间根据本条约所适用的同样规则。

二、每一国家或领地同成员国和其他国家与领地进行贸易时,应适用同它维持特殊关系的欧洲国家所适用的同样规则。

三、各成员国对这些国家和领地的逐步开发,应提供所必需的投资。

四、关于共同体所提供的投资,其参加投标和物资供应应在相同条件下向作为各成员国或各国家与领地国民的自然人和法人开放。

五、就各成员国同各国家与领地之间的关系而言,国民和公司的营业权应适用关于营业权一章的规定和程序,并在无歧视的基础上加以管理,但第一百三十六条的特殊规定除外。

第一百三十三条 一、国家和领地为原产地的进口货在输入各成员国时,应享受各成员国间根据本条约的规定逐步实行的全部关税的废止。

二、从各成员国及国家或领地输入其他国家或领地的进口货,在输入时所课征的关税应根据第十二、十三、十四、十五和十七条的规定,予以逐步废止。

三、但是,国家和领地得征收关税以满足发展和工业化的需要,或者为了财政上充实预算的目的。

上面所指的关税应逐步削减到与各国家或领地具有特殊关系的成员国的输入产品时所缴关税的水平。来自与输入国家或领地具有特殊关系的成员国的产品所缴关税和来自共同体的同样产品输入该国家或领地时所缴关税之间的差别应适用本条约中所规定的削减关税的百分比和时机。

四、从本条约生效起基于所承担的特殊国际义务,早已实行无歧视的关税率的国家和领地应不适用第2款。

五、对输入各国家或领地的商品课征关税的制订或修改,在法律上或事实上,不应对来自各成员国的进口造成直接或间接的歧视。

第一百三十四条 如估计到实施第一百三十三条第1款的规定,对来自第三国的商品输入一个国家或领地所适用的关税水平,可能会引起转变运输方向而有损于某一成员国时,该成员国得请求委员会建议其他成员国采取必要措施,以便纠正这种情况。

第一百三十五条 除有关公共卫生、公共安全和公共秩序的规定外,各国家和领地的工人在成员国内以及成员国的工人在各国家和领土内的自由流动,将在以后由各成员国一致同意的协定予以规定。

第一百三十六条 附于本条约的一项执行协定,应确定从本条约生效起第一个五年的时期中关于各国家与领地和共同体之间联系的细则和程序。

在以上规定的协定满期以前,理事会应从已取得的结果出发并在本条约所规定的原则的基础上,以一致同意决定对以后一个时期的规定。

第五部分 共同体的机构

第一编 关于机构的规定

第一章 机 构

第一节 议 会

第一百三十七条 议会应由联合在共同体内的各国人民的代表组成,它应执行本条约所赋予的评议和监察的权力。

第一百三十八条 一、议会应由各国议会按照成员国各自规定的程序在其成员中推定的代表组成。

二、这些代表的名额应规定如下:比利时14人,德国36人,法国36人,意大利36人,卢森堡6人,荷兰14人。

三、议会应草拟建议以便按照一项统一的程序在所有成员国中进行直接普选。

理事会应以一致同意作出决定并建议各成员国根据各该国宪法条例采用这项规定。

[第一百三十九条至第一百四十三条均略。其内容是关于规定议会例会的程序。]

第一百四十四条 议会受理对委员会处理事务所提出的弹劾案时,得在提出该案至少三日后,以公开投票进行表决。

如该项弹劾案获得投票三分之二多数表明议会成员多数通过时,委员会的成员应集体辞职。但委员会仍应继续办理日常事务直至按照第一百五十八条的规定实行交代之日止。

第二节 理 事 会

第一百四十五条 为了确保本条约规定目标的完成,并按照本条约所规定的条件,理事会应:

确保协调各成员国的一般经济政策;

拥有决定的权力。

第一百四十六条 理事会应由各成员国的代表组成。每个政府应指定代表一人参加理事会。

理事会主席应由各理事按照各成员国字母次序轮流担任,任期六个月。

第一百四十七条 理事会会议应经主席或理事会的一位理事或委员会的提议,由主席召集。

第一百四十八条 一、除本条约另有相反的规定外,理事会的决议应由理事会理事的多数通过。

二、在理事会决议须获得特定多数时,理事票数的分配比例应如下:比利时2,德国4,法国4,意大利4,卢森堡1,荷兰2。

任何决议获得通过的多数规定如下:根据本条约,凡须委员会建议者应获得12票;在其他情况下,应获得12票,其中至少有四个理事投赞成票。

三、出席理事或代表理事的弃权应不影响理事会必须一致同意通过决议。

第一百四十九条 当理事会根据本条约处理委员会提出的一项建议时,应以一致同意才能对该提案进行修改。

在理事会尚未作出决定以前,委员会得改变它的原来的提案,特别是该项提案已同议会进行协商。

[第一百五十条至第一百五十四条均略。其内容是关于规定有关理事会工作的某些程序问题。]

第三节 委 员 会

第一百五十五条 为了确保共同市场的发挥作用和发展,委员会应:

确保本条约各项规定以及根据本条约共同体各机构所作各项规定的实施;

就本条约所规定的事项提出建议或意见,如本条约对此有明白规定或委员会认为必要;

在本条约所规定的条件下,拥有它自己的决定权力,并参与理事会和议会文件的起草;

执行理事会所赋予的权限,以便实施理事会所规定的规则。

第一百五十六条 委员会应在每年议会召开例会至少一个月以前公布关于共同体活动的总报告。

[第一百五十七条略,规定委员会由委员九人组成。经理事会一致同意,委员会委员名额可以改变,委员会委员必须为成员国公民,委员会中同一国籍的委员不得超过两人。]

第一百五十八条 委员会委员应由各成员国政府一致同意指派。

委员会委员任期应为四年,得连任。

[第一百五十九条至第一百六十一条均略。其内容是规定接替撤除委员会委员以及指定或接替其主席及两名副主席的办法。]

第一百六十二条 理事会和委员会应相互协商,并以相互同意制定它们合作的细则。

委员会按照本条约的规定,应采用程序规则以便确保其本身和它的各部门发挥作用。委员会应负责公布该项程序规则。

第一百六十三条 委员会通过决议,应获得按照第一百五十七条所规定的委员名额的多数。

委员会举行会议,应在它的程序规则所规定的委员人数到会时才为有效。

第四节 法 院

第一百六十四条 法院在解释及实施本条约时应确保法律和正义受到尊重。

[第一百六十五条至第一百七十条均略。第一百六十五条规定法院由法官六人组成。第一百六十六条规定由两名检察官协助。当法院认为有必要时,理事会得经全体一致同意,增

加检察官名额。第一百六十七条和一百六十八条涉及选举及更换法官与检察官的问题。第一百六十九条和一百七十条规定向法院提出申诉的办法。]

第一百七十一条 如果法院认为一成员国依照本条约的规定有任何一项义务未予履行时,该成员国应采取为执行法院裁定所必需的措施。

[第一百七十二条至第一百八十八条均略。其内容是关于规定法院的权力。]

第二章 几个机构的共同规定

[第一百八十九条至第一百九十二条均略。其内容是关于理事会和委员会的各项规则、指令和决议的执行。]

第三章 经济和社会委员会

[第一百九十三条至第一百九十八条均略。其内容是规定建立一个备咨询的经济与社会委员会,并规定其成立办法与职权。委员会的成员由经济与社会方面各个部门的代表组成,特别是工业家、房主、工人、商人、技师和自由职业者。]

第二编 财政规定

第一百九十九条 共同体的一切收入和支出,包括与欧洲社会基金有关的收入和支出在内,应按每个财政年度加以估计,并应列入预算。

预算的收入和支出应予平衡。

第二百条 一、除一切其他收入外,预算收入应包括各成员国的一切财政分摊额,按下列定额比例确定:比利时 7.9,德国 28,法国 28,意大利 28,卢森堡 0.2,荷兰 7.9。

二、但是,各成员国对支付欧洲社会基金各项费用的财政分摊额则应按照下列定额比例确定:比利时 8.8,德国 32,法国 32,意大利 20,卢森堡 0.2,荷兰 7.

三、定额比例得经理事会以一致同意修改。

[第二百零一条至第二百零九条均略。其内容是有关共同体预算得以实现的具体问题。]

第六部分 一般和最后条款

[第二百十条至第二百二十五条均略。其内容是关于共同体的法律地位,官员的职责和管理机构的席位等;其中第二百二十五条规定如在共同市场内发生了违反竞争条件的情况时,委员会与有关国家应根据本条约的规定,设法调解。]

第二百二十六条 一、在过渡期中,当某一经济活动部门,可能持续发生严重困难或其困难可能严重影响某区域经济情况时,一成员国得申请被特许采取保护措施,以便恢复局势并调整有关部门使其适应共同市场的经济。

二、经有关成员国的申请,委员会应通过一项紧急程序,立即确定其认为必要的保护措施,并明确规定其实施的条件和细则。

三、按照第二款规定所特许的措施,得包括本条约所规定的变通办法,但以达到第 1 款所指的目标严格必要的范围和时期为限。

[第二百二十七条至第二百四十条均略。第二百二十七条规定条约所适用的地区。第二百二十八条是关于共同体与一国或数国或国际组织之间缔结协定的办法。第二百二十九条规定与联合国机构和特别机构以及和"关税及贸易总协定"之间保持联系。第二百三十条和第二百三十一条述及与欧洲理事会和欧洲经济合作组织建立合作。第二百三十二条说明本条约各项规定不得改变欧洲煤钢联营条约和欧洲原子能联营条约的规定。第二百三十三条规定,本条约的各项规定不能妨碍现存于比利时和卢森堡以及比利时、卢森堡和荷兰之间的区域性联盟发挥其作用,但以这些区域性的联盟的目的不影响本条约的执行为限。第二百三十四条论及关于消除本条约的各项规定和现有与第三国之间的协议的矛盾。第二百三十五条至第二百三十九条说明修改本条约的办法,共同体可能扩大的程序,并论及共同体与第三国之间订立协定以及附于本条约的议定书。第二百四十条说明本条约是无限期的。]

机构的建立

[第二百四十一条至第二百四十六条均略。其内容是说明共同体各机构开始工作的问题。]

最后条款

第二百四十七条 本条约应由缔约各方按照各该国宪法条例予以批准。批准书应交存于意大利共和国政府。

本条约自最后交存批准书的签字国完成手续之日起生效。但是,如交存该项批准书距下月开始不满十五天时,则本条约应推迟至下月一日起生效。

第二百四十八条 本条约用德文、法文、意大利文和荷兰文各写成一份,四种文本具有同等效力,应存放在意大利共和国政府的档案库中,该国政府应以证明无误的副本分送其他签字国政府。

为此,各全权代表在本条约之末签字,以昭信守。

1957年3月25日订于罗马

签　字

(资料来源:陈安、刘智中编选:《国际经济法资料选编》,法律出版社1991年版,第93—130页。)

欧洲联盟条约(节录)(1992)
Treaty on European Union (Excerpts), 1992

(1992 年 2 月 7 日订立,1993 年 1 月 1 日起生效)

一、条 约 正 文

序　　言

比利时国王陛下
丹麦女王陛下
德意志联邦共和国总统
希腊共和国总统
西班牙国王陛下
法兰西共和国总统
爱尔兰共和国总统
意大利共和国总统
卢森堡大公殿下
荷兰女王陛下
葡萄牙共和国总统
大不列颠及北爱尔兰联合王国女王陛下:

决心把建立欧洲共同体为起点的欧洲一体化进程推向一个崭新的阶段;

重提结束欧洲大陆分裂状态的历史重要性以及为建设未来的欧洲奠定坚实基础的必要性;

确信自由、民主、尊重人权和基本自由以及法制等原则;

希望在尊重各成员国人民的历史、文化和传统的同时加深人民间的团结;

希望发扬共同体各机构的民主特点并提高其工作效率,以便使其在单一机构的框架内更好地完成所赋予的任务;

决心巩固和协调发展各成员国的经济,并依据本条约的规定建立一个包括单一和稳定的货币在内的经济和货币联盟;

决心通过完成内部市场、增强内聚力和保护自然环境来促进人民的经济和社会进步,并实施旨在保证经济一体化和其他领域同步发展的政策;

决心对各成员国的国民实行共同的国民身份制度;

决心实施将来包括一项包括最终构建共同防务政策的共同外交和安全政策,从而增强欧

洲的同一性和独立性,以便促进欧洲和世界的和平、安全及进步;

重申为人员流动提供方便的目标,本条约增加关于司法和内部事务的规定,以保障各成员国人民的保险和安全;

决心继续推动建立欧洲人民之间的不断的日益紧密的联盟的进程,并在该联盟内根据辅助原则尽可能地由靠近全体公民的层次作出决定;

鉴于促进欧洲一体化需要采取进一步的措施;

决定建立欧洲联盟并为此特指定全权代表如下:(略)

上述全权代表互相交换全权证书并认为妥善、合法后,议定条款如下:

第一编 共同条款

A条

通过本条约,缔约国各方在它们之间建立一个欧洲联盟,(以下简称为"联盟")。

本条约标志着在欧洲人民之间建立一个不断的、日益紧密的联盟的进程进入了一个崭新阶段,该联盟内一切决定的作出将尽可能以贴近公民的方式作出。

联盟应以欧洲共同体为基础,由本条约所确立的合作政策和形式予以辅助。联盟的任务是紧密一致地组织各成员国间及各成员国人民之间的关系。

B条

联盟确立下列目标:

——尤其是通过建立一个没有内部疆界的区域,通过加强经济和社会发展的协调一致,以及通过按照本条约的规定建立一个最终包括单一货币在内的经济和货币联盟,促进经济和社会的可持续发展与平衡;

——尤其通过实施一项可能在一定时间后导致共同防务行动的共同外交和安全政策,在国际舞台上显示欧洲联盟身份;

——通过实行联盟公民身份制度,加强对各成员国国民之权利和利益的保护;

——发展在司法和国内事务的紧密合作关系;

——完整地维护并发展共同体的成果,并以此为基础,按照第N条第二款所确定的程序,考虑在何种程度上对本条约所确立的政策和合作形式需要修改,以确保共同体机制和机构的效力。

联盟目标应依据本条约所确定的条件和时间表,以及在遵守建立欧洲共同体条约第三条B款界定的辅助原则的基础上予以实现。

C条

联盟在尊重和发展共同体成果的同时,拥有一个单一机构框架,以保证为实现其目标而采取的行动的一致性和连续性。

联盟应特别保证其在对外关系、安全、经济与发展等政策范围的整个对外行动的一致性。理事会和委员会负责确保此项一致性。理事会和委员会在其各自的权限范围内实施上述政策。

D条

欧洲理事会对联盟的发展给予必要的推动,并确定联盟的基本政策方针。

欧洲理事会由各成员国的国家元首或政府首脑和欧洲共同体委员会主席共同组成,由各成员国的外交部长和欧洲共同体委员会的一名成员协助。

欧洲理事会应每年至少召开两次会议。欧洲理事会会议由理事会轮值主席国的国家元首或政府首脑主持。

欧洲理事会应于每次会议结束之后向欧洲议会提出报告。欧洲理事会应向欧洲议会提出关于联盟发展的年度书面报告。

E 条

欧洲议会、理事会、委员会和法院根据建立欧洲共同体诸条和后来的旨在修改或补充该诸条约的协定和文件的条款以及本条约的其他条款所规定的条件和为了实现上述条约、协定和文件所规定的目的而行使其各自的职权。

F 条

一、联盟尊重其成员国的国家身份,民主原则是联盟各成员国政体的基础。

二、联盟尊重欧洲保护人权和基本自由公约(1950 年 11 月 4 日于罗马签署)所提供保证的和产生于各成员国共同的宪法传统的基本权利。联盟视基本权利为共同体法律的基本原则。

三、联盟拥有为实现其目标和贯彻其政策的必要手段。

第二编　为建立欧洲共同体而修改建立欧洲经济共同体条约的条款

G 条

为建立欧洲共同体而依照本条规定修改欧洲经济共同体条约。

a. 在整个条约中:

一、"欧洲经济共同体"改为"欧洲共同体"。

b. 关于第一部分"原则":

二、第二条由以下条款代替:

第二条

共同体的使命是,通过建立共同市场及经济和货币联盟,通过实施第三条和第三条 A 所指的共同政策或共同行动,促进整个共同体内的经济活动的协调和平衡发展,促进既保护自然环境又消灭通货膨胀的持续增长,促进经济成就的高度趋同,促进高水平的就业和社会保障,促进生活水平和质量的提高,以及促进各成员国间的团结和各成员国的经济和社会发展的协调一致。

三、第三条由以下条款代替:

第三条

为了实现前条所述的目标,根据本条约所规定的条件和进度,共同体的行动包括以下各个方面:

(1) 在各成员国之间取消货物进出口关税和数量限制以及其他具有同等影响的措施;

(2) 制定共同贸易政策;

(3) 建立一个以在各成员国之间消除关于人员、服务和资本的自由流动的各种障碍为特征的内部市场；

(4) 依照第一百条 C 的规定制定关于外部人员进入内部市场和在内部市场内流动的措施；

(5) 制定农业和渔业方面的共同政策；

(6) 制定运输方面的共同政策；

(7) 建立一个旨在保证内部市场内的正常竞争的制度；

(8) 在保证共同市场运转的必要范围内使各成员国的立法趋于接近；

(9) 制定包括欧洲社会基金在内的社会政策；

(10) 加强经济和社会发展的协调一致；

(11) 制定环境保护政策；

(12) 增强共同体工业的竞争能力；

(13) 促进研究和技术发展；

(14) 鼓励建立和发展贯穿欧洲的交通、通讯和能源基础设施的网络系统；

(15) 为实现高水平的卫生保护而作出贡献；

(16) 为教育、培训事业和各成员国的文化发展作出贡献；

(17) 制定发展合作方面的政策；

(18) 建立海外国家和领地与共同体的联系，以便增加贸易并共同致力于经济和社会的发展；

(19) 为加强消费者利益的保护作出贡献；

(20) 制定能源、民事保护和旅游方面的措施。

四、增加以下条款：

第三条 A

1. 为了实现第二条所述的目标，根据本条约所规定的条件和进度，各成员国和共同体的行动包括制定一项以紧密协调各成员国的经济政策、以内部市场和以确定共同目标为基础的经济政策，在实施此项经济政策的过程中应遵守自由竞争的开放的市场经济原则。

2. 同时，根据本条约所规定的条件、进度和程序，此项行动包括不得废止的固定汇率，以导致实行单一货币——埃居制度①，还包括确定和实施单一货币和单一汇率政策。单一货币和单一汇率政策的主要目标是维持价格稳定，以及在不损害维持价格稳定的目标的前提下，根据自由竞争的开放的市场经济原则，支持在共同体内实行一般经济政策。

3. 各成员国和共同体的此项行动意味着应遵守以下指导方针：稳定的价格，健康的公共财政和货币状况，以及稳定的收支平衡。

五、增加以下条款：

第三条 B

联盟在本条约所授予的范围内和为实现本条约所确定的目标而采取行动。

在那些超出联盟专属权限范围的领域，联盟只有当出现以下情况时才根据辅助原则采取行动：一方面，如果各成员国不能令人满意地实现拟议行动的目标；另一方面，考虑到拟议行

---

① 1995 年 12 月 15 日至 16 日的欧洲理事会马德里会议决定由欧元（EURO）取代埃居成为欧洲联盟单一货币制度的唯一法定货币。——译注

动的规模和效果,只有共同体才能更好地实现拟议行动的目标。

共同体所采取的任何行动都不能超出为实现本条约目标所必需的范围。

六、第四条由以下条款代替:

第四条

1. 赋予共同体的任务由以下机构负责执行:

——欧洲议会

——理事会

——委员会

——法院

——审计法院

各机构在本条约所授予的职权范围内采取行动。

2. 理事会和委员会由具有咨询职能的经济社会委员会和地区委员会协助工作。

七、增加以下诸条款:

第四条 A

根据本条约所规定的程序,建立欧洲中央银行体系(以下简称"ESCB")和设立欧洲中央银行(以下简称"ECB")。ESCB 和 ECB 在本条约和附入本条约的欧洲中央银行体系和欧洲中央银行规约(以下简称"ESCB"规约)所授予的职权范围内采取行动。

第四条 B

设立欧洲投资银行。欧洲投资银行在本条约和附入本条约的规约所授予的职权范围内采取行动。

八、第六条予以废除,第七条变为第六条。第六条的第二段由以下段落代替:

"理事会可根据第一百八十九条 C 所规定的程序,制定一切旨在禁止上述歧视的规则。"

九、第八条、第八条 A、第八条 B、第八条 C 各自变为第七条、第七条 A、第七条 B、第七条 C。

c. 增加以下第二部分:

第二部分　联盟公民身份制度

第八条

1. 建立联盟公民身份制度。

凡成员国的国民均是联盟的公民。

2. 联盟公民享有本条约所规定的权利和承担本条约所规定的义务。

第八条 A

1. 在不违反本条约和本条约的实施细则所规定的条件和限制的前提下,凡联盟公民均有权在各成员国的领土上自由流动和居住。

2. 理事会可制定旨在方便联盟公民享有前款所指权利的细则;除本条约另有规定外,理事会应根据委员会的提案并在征得欧洲议会的同意后以全体一致同意作出决定。

第八条 B

1. 凡居住在一成员国的联盟公民在其居住国的市镇选举中均享有选举权与被选举权,无论其是否为该成员国的国民。理事会应于 1994 年 12 月 31 日之前根据委员会的提案并同欧洲议会磋商后以全体一致同意制定出详细的办法。联盟公民依照该项详细办法行使其上述权利。如果某一成员国确实存在着某些特殊问题,理事会可在其详细办法中作出例外安排。

2. 在不影响本条约第一百三十八条第三款的规定以及第一百三十八条第三款实施细则的情况下,凡居住在一成员国的联盟公民,无论其是否为该成员国的国民,在其居住国的欧洲议会选举中均享有同该成员国国民同等条件下的选举权与被选举权。理事会应于1993年12月31日之前根据委员会的提案并同欧洲议会磋商后以全体一致同意制定出详细办法。联盟公民依照此项详细办法行使其上述权利。如果某一成员国国内确实存在着某些特殊问题,理事会可在其详细办法中作出例外安排。

第八条C

凡联盟公民在非欧共体国家的领土上均享有同任何一个成员国国民同等条件下的该任何一个成员国所提供的外交或领事保护,无论其国籍成员国是否在上述非欧共体国家的领土上设有代表机构。各成员国应于1993年12月31日之前制定各成员国间的必要规则,并开始进行为实施此项保护所必要的国际谈判。

第八条D

凡联盟公民均享有依照第一百三十八条D的规定向欧洲议会请愿的权利。

凡联盟公民均可投诉于依照第一百三十八条E的规定而设立的调查机构。

第八条E

委员会应于1993年12月31日之前,这以后每三年一次,就本条约第二部分的实施情况向欧洲议会、理事会和经济社会委员会提出报告,此项报告的内容应包括对联盟发展情况的考虑。

以此为基础,以及在不影响本条约其他条款的情况下,理事会可根据委员会的提案并同欧洲议会磋商后以全体一致同意制定旨在补充本条约第二部分所规定的权利的条款,并建议各成员国根据其各自的宪法规定予以通过。

d. 条约的原第二部分和第三部分合并为现在的第三部分:

第三部分 共同体的政策

在第三部分中,

十、第四十九条的第一句由以下内容代替:

“本条约一经生效,理事会根据第一百八十九条B所规定的程序并同经济社会委员会磋商后,以指令或规则的方式制定必要的措施,特别是制定以下措施,以便逐步实现第四十八条所规定的劳动者的自由流动。”

十一、第五十四条的第二款由以下款项代替:

“2. 为了实现总计划,或者在没有此项总计划时为了完成在一个确定的活动领域内实现开业自由的一个步骤,理事会根据第一百八十九条B所规定的程序并同经济社会委员会磋商后,以通过指令的方式作出决定。”

十二、第五十六条的第二款由以下款项代替:

“2. 在过渡时期届满之前,理事会应根据委员会的提案并同欧洲议会磋商后,以全体一致同意通过指令以协调上述法律、法规和行政条例。但是,在第二阶段结束后,理事会应根据

第一百八十九条B所规定的程序通过指令以协调各成员国的属于规章或行政条例范围的规定。”

十三、第五十七条由以下条款代替

第五十七条

1. 为便利进入并从事非雇佣性质活动,理事会应根据第一百八十九条B所定程序通过旨在互相承认文凭、证书和其他凭证的指令。

2. 为了同样的目的,理事会应于过渡时期届满之前通过旨在协调各成员国的关于进入并从事非雇佣性质活动的法律、法规和行政条例的指令。对在执行中涉及到至少是一个成员国的国内立法所规定的有关职业培训和自然人就业条件的现行原则需要修改的指令,理事会应根据委员会的提案并同欧洲议会磋商后以全体一致同意通过。在其他情况下,理事会应根据第一百八十九条B所规定的程序作出决定。

3. 随着各不同成员国的医疗、准医疗和药剂职业方面的从业条件的协调,有关上述职业的限制将逐步予以取消。

十四、第四章的标题由以下标题代替:

第四章　资本与支付

十五、增加以下诸条款

第七十三条A

自1994年1月1日起,第六十七条至第七十三条由以下第七十三条G款代替。

第七十三条B

1. 在本章条款的框架内,禁止对各成员国之间的和各成员国与第三国之间的资本流通采取任何限制措施。

2. 在本章条款的框架内,禁止对各成员国之间的和各成员国与第三国之间的日常支付采取任何限制措施。

第七十三条C

1. 第七十三条B不得影响1993年12月31日存在着的根据成员国或共同体法律在往来于第三国的资本流通方面(指包括不动产投资的直接投资、开业、金融服务给付,或资本市场上的证券输入)所采取的针对第三国的限制措施的实施。

2. 一方面,理事会应在不影响本条约其他章节的情况下为实现各成员国与第三国之间的资本自由流动目标作最大限度的努力;另一方面,理事会可根据委员会的提案以特定多数通过关于往来于第三国的资本流通(指包括不动产投资的直接投资、开业、金融服务给付,或资本市场上的证券输入)的措施。如果依照本款规定所采取的措施会使共同体法律在解除对往来于第三国的资本流通的限制方面出现倒退现象,此项措施应由理事会以全体一致同意通过。

第七十三条D

1. 第七十三条B不得损害各成员国采取以下行动的权利:

(1) 实施关于依据居住地或投资地标准区分纳税人的税法规定;

(2) 为防止尤其在税收和对财政机构的谨慎监督方面违反成员国国内法律或条例而采取一切必要措施;为获得行政或统计信息而制定资本流通申报程序,或为了维护公共秩序或公共安全而制定措施。

2. 本章条款不影响制定有关开业权方面的符合本条约精神的限制措施的可能性。

3. 本条第一款和第二款所指措施和程序既不得成为任意歧视的手段,也不得成为对第七十三条 B 所界定的资本和支付的自由流通的变相限制。

第七十三条 E

作为第七十三条 B 的例外,根据共同体现行法律于 1993 年 12 月 31 日享有例外待遇的成员国可在最迟不超过 1995 年 12 月 31 日的时间内维持于 1995 年 12 月 31 日仍然有效的例外待遇所允许的对资本流通的限制措施。

第七十三条 F

在特殊情况下,如果往来于第三国的资本流通给经济和货币联盟的运转带来或很可能带来严重的困难,理事会可根据委员会的提案并同 ECB 磋商后,以特定多数采取针对第三国的为期不超过六个月的和确实需要的保护措施。

第七十三条 G

1. 当出现第二百二十八条 A 所设想的情况时,如果有必要由共同体采取行动,理事会可根据第二百二十八条 A 所规定的程度,采取针对有关第三国的关于资本流通和支付的必要的紧急措施。

2. 如果理事会没有依照前款规定采取措施,在不影响第二百二十四条的情况下,一成员国可以严重的政治形势或情况紧急为理由,单方面采取针对第三国的关于资本流通和支付的措施。该成员国应最迟于此项措施生效之日将其内容通知委员会和其他成员国。

理事会可根据委员会的提案,以特定多数通过旨在使该成员国修改或取消此项措施的决定。理事会轮值主席应将理事会的决定通知欧洲议会。

第七十三条 H

下述规定一直到 1994 年 1 月 1 日有效:

(1) 各成员国保证,在依据本条约规定解除对成员国间的货物、服务、资本和人员自由流动的限制的范围内,一切货物、服务和资本交易以及资本和工资的转移均可被准许用债权人或受益人住所地成员国的货币支付。

各成员国声明,在总的经济情况和特别是收支平衡状况允许的情况下,各成员国将进一步放宽对支付的限制至超过前款所规定的范围。

(2) 如果对货物、服务和资本流通的限制仅限于与流通有关的支付方面,为了逐步取消此项限制,可类推适用本章规定和关于取消数量限制以及解除对服务自由的限制的各章规定。

(3) 各成员国保证不在成员国之间对涉及列入本条约附件(三)清单的无形交易的外汇转移采取新的限制措施。

对那些超出本条第一款和第二款以及本章其他条款适用范围的现存的限制措施,应按照第六十三条至第六十五条的规定逐步予以取消。

(4) 各成员国在必要时应彼此进行磋商以便采取有助于实现本条所指支付和转移的措施,但此项措施不得损害本章所确定的目标。

十六、第七十五条由以下条款代替:

第七十五条

1. 为了实现第七十四条,同时也考虑到运输领域的特殊情况,理事会应按照第一百八十

九条C所指程序并同经济社会委员会磋商后通过以下规定:

(1) 适用于从一成员国领土始发,或终点到达一成员国,或者中途路过一个或几个成员国领土的国际运输的共同规则;

(2) 非居民运输者在成员国内从事该成员国国内运输的许可条件;

(3) 关于改进运输安全的措施;

(4) 一切其他有益的规定。

2. 前款(1)和(2)所指的规定应在过渡时期内予以制定。

3. 作为第一款所定程序的例外,考虑到由于建立共同市场而产生的适应经济发展的必要性,凡由可能严重影响某些地区的生活就业水平以及影响运输装备利用的运输制度的原则,应由理事会根据委员会的提案并同欧洲议会和经济社会委员会磋商后,以全体一致同意予以制定。

十七、第三部分第一编的标题由以下标题代替:

第五编　竞争准则、税务条款和使各国立法趋于接近

十八、关于第九十二条第三款:

——以下条款插入现行的第九十二条第三款(3)和(4)之间:

"(4) 为促进文化和保护历史遗产而提供的援助,但条件是此项援助不得在违反共同利益的情况下改变共同体内的贸易和竞争条件。"

——现行的第九十二条第三款(4) 改为第九十二条第三款(5)。

十九、第九十四条由以下条款代替:

第九十四条

理事会可根据委员会的提案并同欧洲议会磋商后,以特定多数同意制定一切有益的规则,以便实施第九十二条和第九十三条。理事会尤其应确定第九十三条第三款的实施条件以及确定被免除适用该项程序的援助种类。

二十、第九十九条由以下条款代替:

第九十九条

理事会根据委员会的提案并同欧洲议会和经济社会委员会磋商后,以全体一致同意通过协调关于营业税、消费税和其他间接税的国内立法的规定。此项协调应以保证在第七条A所规定的期限内建立内部市场并使之运转的需要为限。

二十一、第一百条由以下条款代替:

第一百条

理事会应根据委员会的提案并同欧洲议会和经济社会委员会磋商后,以全体一致同意通过指令,以使各成员国的对共同市场的建立或运转发生直接影响的法律、法规和行政条例的各项规定趋于接近。

二十二、第一百条A由以下条款代替:

"1. 作为第一百条的例外和除非本条约有其他的规定外,以下规定适用于为实现第七条A所确定的目标:理事会按照第一百八十九条C所指程序并同经济社会委员会磋商后制定协调措施,以使各成员国通过国内法律、法规和行政条例作出的以建立内部市场并使之运转为

目的的规定接近一致。”

二十三、增加以下条款：

第一百条 C

1. 理事会应根据委员会的提案并同欧洲议会磋商后以全体一致同意确定那些其国民在跨越成员国边界时应持有签证的第三国名单。

2. 但是，当某第三国由于出现紧急情况而有可能造成其国民突然涌入共同体时，理事会应根据委员会的建议以特定多数同意制定为期不超过六个月的针对该第三国国民的申请签证的条件。此项根据本款而制定的申请签证的条件可按照前款所指程序予以延长。

3. 自1996年1月1日起，理事会应以特定多数同意通过第一款所指决定。在此之前，理事会应根据委员会的提案并同欧洲议会磋商后制定有关统一签证模式的措施。

4. 在本条所涉及的领域内，委员会有责任审查成员国提出的旨在建议委员会向理事会提出提案的一切请求。

5. 本条不得影响成员国为维持公共秩序和保护内部安全而担负的责任。

6. 本条（除表决程序外）适用于根据本条约关于司法和内部事务领域内合作的条款中K条九的规定而决定的其他领域。适用于上述其他领域的表决程序应在决定此项领域的同时予以确定。

7. 成员国间已经生效的关于与本条所涉及领域相同的协定应维持有效至理事会依照本条规定通过有关代替上述协定内容的指令或措施为止。

二十四、增加以下条款：

第一百条 D

依照本条约K条D而设立的由高级官员组成的协调委员会在不影响第一百五十一条的情况下负责理事会在第一百条C所指领域的会议准备工作。

二十五、第三部分第二编第一、二、三章由以下编章代替：

第六编 经济和货币政策

第一章 经济政策

第一百零二条 A

各成员国应在第一百零三条第二款所指基本方针的指导下，为实现第二条所确定的共同体的目标而实施其经济政策。各成员国和共同体应根据第三条A所确定的原则，并在遵守自由竞争的开放的市场经济原则和有助于资源的有效分配的前提下采取行动。

第一百零三条

1. 各成员国应视其经济政策为关乎共同利益的问题，应依照第一百零二条A的规定在理事会内部协调其经济政策。

2. 理事会应根据委员会的建议以特定多数制定关于共同体和各成员国经济政策基本方针的草案，并就该草案向欧洲理事会提出报告。

欧洲理事会应在理事会报告的基础上进行讨论，并作出关于共同体和各成员国经济政策基本方针的草案，并就该草案向欧洲理事会提出报告。

欧洲理事会应在理事会报告的基础上进行讨论，并作出关于共同体和各成员国经济政策基本方针的结论。

理事会应在上述结论的基础上以特定多数通过旨在确定上述基本方针上的建议,并将其建议通知欧洲议会。

3. 为了保证经济政策紧密协调和各成员国经济成就的持久趋同,理事会应在委员会所提报告的基础上,对各成员国和整个共同体的经济发展以及经济政策是否同第二款所指基本方针一致实行监督,并定期作出总的评估。

为保证实现上述多方面的监督,各成员国应将其采取的经济政策方面的重要措施及其他认为必要的情况通知委员会。

4. 如果根据第三款所指程序实行监督后认为其成员国的经济政策与第二款所指基本方针不相一致,或者,如果认为此项经济政策有损及经济和货币联盟的正常运转的危险,理事会可根据委员会的建议以特定多数同意向有关成员国提出必要的建议。理事会可根据委员会的提案以特定多数同意决定将此建议公布于众。

理事会轮值主席和委员会应将多方面监督的结果向欧洲议会提出报告。如果理事会将其建议公布于众,理事会轮值主席将有可能被邀请出席欧洲议会主管委员会的听证会。

5. 理事会可根据第一百八十九条C所指程序制定本条第三款和第四款所指多方面监督程序的实施细则。

第一百零三条A

1. 在不影响本条约所规定的其他程序的情况下,理事会可根据委员会的提案以全体一致同意决定对经济形势采取适当措施,尤其当某产品的供应出现严重短缺时。

2. 当某些成员国因对意外事件失去控制能力而遇到困难,或有遇到巨大困难的严重危险时,理事会可根据委员会的提案以全体一致同意决定向有关成员国提供附有某些条件的财政援助。如果巨大困难产生于自然灾害,此项援助国决定则应以特定多数予以通过。理事会轮值主席应将理事会的决定通知欧洲议会。

第一百零四条

1. 禁止ECB和成员国中央银行(以下简称"国家中央银行")向共同体的机构或组织,或向各成员国的中央政府、地区或地方政府、其他公共机关以及其他公共组织或企业提供透支或类似透支的贷款;禁止ECB和国家中央银行直接向上述机构购买债券。

2. 前款规定不适用于公共信贷组织。公共信贷组织在中央银行提供储备金方面享有ECB和国家中央银行给予私人信贷组织的同等待遇。

第一百零四条A

1. 任何未经谨慎考虑即通过的使共同体的机构或组织,或使各成员国的中央政府、地区或地方政府、其他公共机关以及其他公共组织或企业享有特权进入财政机构的措施应予以禁止。

2. 理事会应根据第一百八十九条C所指程序于1994年1月1日之前作出有关实施前款所指禁止的明确规定。

第一百零四条B

1. 在不影响为共同实现某一特别项目而相互提供财政担保的情况下,共同体不得为成员国的中央政府、地区或地方政府、其他公共机关以及其他公共组织或企业提供的担保承担责任,也不得为上述机构提供担保;在不影响为共同实现某一特别项目而相互提供财政担保的情况下,一成员国不得为另一成员国的中央政府、地区或地方政府,其他公共机关,以及其他公共组织或企业提供的担保承担责任,也不得为上述机构提供担保。

2. 理事会在必要时可根据第一百八十九条C所指程序制定实施第一百零四条和本条所指禁止的详细规定。

第一百零四条C

1. 各成员国应避免极度的公共赤字。

2. 委员会应对成员国的预算及公共债务总额的发展情况实行监督,以便及时发现明显的错误。委员会尤其应根据以下两条标准对是否遵守预算纪律进行审查:

(1) 看计划中的或实际的公共赤字对国内生产总值的比例是否超过了参考价值的水平;或者,此项比例虽超过了参考价值,但只是暂时性的或例外的情况,正常情况下的此项比例仍接近于参考价值。

(2) 看公共债务对国内生产总值的比例是否超过了参考价值,除非此项比例以令人满意的速度充分下降并已达到接近参考价值的水平。

附入本条约的关于防止极度赤字的程序的议定书将对参考价值作出明确的界定。

3. 如果某成员国未达到上述两条或其中一条的标准,委员会应就此种情况写出报告。委员会的报告考虑公共赤字是否超过了公共投资支出,还应考虑包括该成员国的中期经济和预算状况在内的其他因素。

如果委员会认为,尽管某成员国已达到上述两条标准的要求,但在该成员国内仍存在着极度赤字的危险,那么,委员会可就此种情况写出报告。

4. 根据第一百零九条C而设立的货币委员会应就委员会的报告提出意见。

5. 如果委员会认为在某一成员国内存在着或可能出现极度赤字,委员会应就此种情况向理事会提出意见。

6. 理事会根据委员会的建议并听取有关成员国可能提出的意见后,在作出总的评价的基础上,以特定多数同意作出是否存在着极度赤字的决定。

7. 理事会在根据第六款所指程序而作出关于存在着极度赤字的决定后,应向有关成员国提出建议,以便使该成员国在确定时间内结束上述极度赤字的状况。根据以下第八款的规定,此项建议一般不得公布于众。

8. 但是,当理事会认为有关成员国在规定的期限内未采取有效行动以贯彻其建议时,理事会可将此项建议公布于众。

9. 如果有关成员国坚持不执行理事会的建议,理事会要决定向该成员国发出通知,以便使其在确定的时间内采取措施,将赤字降低到理事会所断定的为进行补救而必要的水平。

在这种情况下,理事会可要求有关成员国按照一个确定的时间表向理事会提出报告,以便使理事会了解该成员国所作出的调整努力。

10. 本条约第一百六十九条和第一百七十条所规定的采取行动的权利不得适用于本条第一款和第九款所涉及的范围。

11. 只要某一成员国拒不执行理事会依照第九款而作出的决定,理事会便可实施或根据具体情况强化实施以下某项或多项措施:

(1) 要求该成员国在发行债券或证券之前公布由理事会确定内容的补充性信息资料;

(2) 邀请欧洲投资银行重新考虑其对有关成员国的货币政策;

(3) 要求有关成员国向共同体提供适当数额的无息存款。此项无息存款将一直存放到理事会认为极度赤字被消灭为止;

(4) 对有关成员国处以适当数额的罚金。

理事会轮值主席将理事会的决定通知欧洲议会。

12. 如果理事会认为极度赤字在某一成员国内已被消灭,理事会可废除其依照第六款至第九款以及第十一款而作出的某些或全部决定。如果理事会曾公开宣布过其建议,理事会应在废除其依照第八款而作出的决定之后,立即公开宣布极度赤字已在某一成员国内不复存在的事实。

13. 理事会应根据委员会的建议并依照第一百四十八条第二款的规定以各成员国加权票表决(有关成员国的表决除外)的三分之二多数同意,通过第七款至第九款以及第十一款和第十二款所指的决定。

14. 附入本条约的关于极度赤字程序的议定书将对如何实施本条所确定的程序作出进一步的规定。

理事会应根据委员会的提案并同欧洲议会和 ECB 磋商后,以全体一致同意通过旨在取代上述议定书的规定。

在不影响本款其他规定的情况下,理事会应根据委员会的提案并同欧洲议会磋商后,于1994 年 1 月 1 日之前制定上述议定书的实施细则和定义解释。

第二章 货币政策

第一百零五条

1. ESCB 的主要目标是稳定价格。在不影响稳定价格目标的前提下,ESCB 应支持在共同体内实行一般经济政策,以便为实现第二条所确定的共同体的目标作出贡献。ESCB 应根据第三条 A 所确定的原则,并在遵守自由竞争的开放的市场经济原则和有助于资源有效分配的前提下采取行动。

2. ESCB 的基本任务是:

(1) 制定并实施共同体的货币政策;

(2) 依据第一百零九条的规定开展外汇管理业务;

(3) 拥有并安排各成员国的国家外汇储备;

(4) 促进支出制度的正常运转。

3. 第二款(3)的规定不得影响各成员国政府对工作外汇基金的拥有和安排。

4. 共同体的各成员国在采取以下行动时应向 ECB 咨询:

(1) 当共同体拟议制定有关属于 ECB 权限范围的法律文件时;

(2) 当成员国政府制定有关属于 ECB 权限范围的立法草案时。但此项咨询不得超越理事会依照第一百零六条第六款所指程序而提出的条件和确定的范围。

ECB 可就属于其权限范围的问题向共同体的有关机构或组织,或向成员国的政府提出自己的意见。

5. ESCB 应为正确贯彻主管部门在对信贷组织的谨慎监督和稳定财政制度方面所提出的政策作出贡献。

6. 理事会可根据委员会的提案并同 EDB 磋商和征得欧洲议会的同意后,赋予 ECB 在执行对信贷组织和对除保险机构以外的财政部门的谨慎监督的政策方面的特殊任务。

第一百零五条 A

1. ECB 拥有审批在共同体内发行钞票的专属权。ECB 和国家中央银行可发行钞票。由 ECB 和国家中央银行发行的钞票是共同体内唯一合法的票面货币。

2. 各成员国可根据 ECB 所批准的发行量发行硬币。理事会可根据第一百八十九条 C 所指程序并同 ECB 磋商后,制定旨在协调一切流通硬币的货币的单位和技术规格并保证上述一切硬币在共同体内正常流通的必要措施。

第一百零六条

1. ESCB 由 ECB 和国家中央银行组成。

2. ECB 具有法人资格。

3. ESCB 由 ECB 的决策机构负责管理。ECB 的决策机构包括一个总裁委员会和一个执行委员会。

4. ESCB 的规约由附入本条约的一项议定书予以确定。

5. 理事会可根据 ECB 的建议并同委员会磋商和征得欧洲议会的同意后,以特定多数同意作出修改 ESCB 规则的第五条第一、二、三款、第十七条、第十八条、第十九条第一款、第二十二条、第二十三条、第二十四条、第二十六条、第三十二条第二、三、四、六款、第三十三条第一款第(1)段以及第三十六条的决定;或者,理事会可根据委员会的提案并同 ECB 磋商和征得欧洲议会的同意后,以全体一致同意作出修改上述条款的决定。

6. 理事会或者根据委员会的提案并同欧洲议会和 ECB 磋商后,或者根据 ECB 的建议并同欧洲议会和委员会磋商后,以特定多数同意制定 ESCB 规则第四条、第五条第四款、第十九条第二款、第二十条、第二十八条第一款、第二十九条第二款、第三十条第四款以及第三十四条第三款所指的各项文件。

第一百零七条

ECB、国家中央银行,以及 ECB 和国家中央银行的决策机构的成员在行使本条约及 ESCB 规约所授予的职权和完成本条约及 ESCB 规则所赋予的任务和职责时,既不请求也不接受来自共同体机构或组织、来自任何成员国政府,或来自任何其他组织的指示。共同体机构和组织以及各成员国政府应保证尊重这一原则,并保证在 ECB 和国家中央银行的决策机构的成员执行其任务时不谋求施加影响。

第一百零八条

各成员国应保证至迟在确立 ESCB 的时候使包括其国家中央银行规则在内的国内立法同本条约和 ESCB 规则相一致。

第一百零八条 A

1. ECB 应依照本条约的规定并根据 ESCB 规约所提出的条件采取以下行动,以完成 ESCB 所担负的任务:

——制定必要的规则,以完成 ESCB 规约第三条第一款第(1)段、第十九第一款、第二十二条和第二十五条第二款所确定的任务,并制定为应付第一百零六条第六款所指理事会各项文件所规定的情况的规则;

——通过必要的决定,以完成本条约和 ESCB 规约赋予 ESCB 的任务;

——提出建议和意见。

2. 规则具有普遍意义。规则的各个组成部分都具有约束力并直接适用于所有成员国。建议和意见不具有约束力。

决定的各个组成部分对其接受对象都具有约束力。

第一百九十条至第一百九十二条适用于ECB所制定的规则和决定。

ECB可决定公开宣布其决定、建议和意见。

3. ECB可根据理事会依照第一百零六条第六款所指程序而规定的条件和范围对违反其规则和决定的企业处以罚金或逾期罚款。

第一百零九条

1. 作为第二百二十八条的例外,理事会可根据ECB或委员会的建议,并同ECB磋商以求达成同稳定价格目标不相矛盾的一致意见后,以及同欧洲议会磋商后,按照本条第三款所指谈判安排的程序,缔结一项关于埃居对非欧共体货币的汇率体系的书面协定。理事会可根据ECB或委员会的建议,并同ECB磋商以求达成同稳定价格目标不相矛盾的一致意见后,以特定多数同意制定、调整或放弃埃居在汇率体系中的中央汇率。理事会轮值主席应将理事会关于制定、调整或放弃埃居中央汇率的决定通知欧洲议会。

2. 在缺乏一项对第一款所指的一种或多种非共同体货币的汇率体系的情况下,理事会或者根据委员会的建议并同ECB磋商后,或者根据ECB的建议,以特定多数同意制定针对上述非欧共体货币的汇率政策的指导方针,但此项指导方针不得影响ESCB的稳定价格的主要目标。

3. 作为第二百二十八条的例外,当共同体需要同一个或几个国家,或同国际组织就达成一项关于货币或外汇制度的协定而进行谈判时,理事会可根据委员会的建议,并同ECB磋商后,以特定多数同意作出关于此项协定的谈判和缔结安排。此项安排应保证表达共同体的单一立场。委员会应在谈判中起全力协助的作用。

依照本款而缔结的协定对共同体的机构以及对ECB和对各成员国均具有约束力。

4. 在不影响第一款的情况下,理事会可根据委员会的提案并同ECB磋商后,以特定多数同意就共同体在关乎经济和货币联盟特殊利益问题上的立场作出决定;同时,理事会应在遵守第一百零五条所确定的权限划分的情况下,根据委员会的提案并同ECB磋商后,以全体一致同意作出有关理事会的国际代表地位的决定。

5. 在不损害共同体的权限和共同体在经济和货币联盟范围内所缔结的协定的情况下,各成员国可在国际组织内进行谈判并缔结国际协定。

第三章 机构条款

第一百零九条A

1. ECB总裁委员会由ECB执行委员会的成员和国家中央银行的总裁组成。

2. (1) ECB执行委员会由主席、副主席和四名其他成员组成。

(2) ECB执行委员会的主席、副主席和其他成员应根据理事会的推荐并经理事会同欧洲议会和ECB总裁委员会磋商后,从那些具有公认的货币或银行工作经验和威望的人员中挑选,然后根据国家元首或政府首脑级的各成员国政府的一致同意予以任命。

ECB执行委员会的主席、副主席和其他成员的任期为八年,不得连任。

只有成员国国民才能成为ECB执行委员会的成员。

第一百零九条 B

1. 理事会的轮值主席和委员会的一名成员可在没有投票权的情况下出席 ECB 总裁委员会会议。

理事会的轮值主席可向 ECB 总裁委员会提出动议以供审议。

2. 当理事会讨论与 ESCB 目标和任务有关的问题时,ECB 的主席可应邀参加理事会会议。

3. ECB 应就 ESCB 的活动和就上年度和本年度的货币政策向欧洲议会、理事会、委员会和欧洲理事会提交年度报告。ECB 的主席应向理事会和欧洲议会宣读此项报告。欧洲议会可在此项报告的基础上展开一般辩论。

ECB 的主席和 ECB 执行委员会的其他成员可应欧洲议会的请求或根据其自己的倡议,向欧洲议会的主管委员会陈述意见。

第一百零九条 C

1. 为促进各成员国政策的协调以充分适应内部市场运转的需要,成立具有咨询性质的货币委员会。

货币委员会的任务是:

——跟踪研究各成员国和共同体的货币、财政以及各成员国的一般支付制度的状况,并定期就此种状况向理事会和委员会提出报告;

——或者根据理事会或委员会的请求,或者根据其自己的倡议,向理事会和委员会提出意见;

——在不影响第一百五十一条的情况下,参与第七十三条 F、第七十三条 G、第一百零三条第二、三、四、五款、第一百零三条 A、第一百零四条 B、第一百零四条 C、第一百零九条 E 第二款、第一百零九条 F 第六款、第一百零九条 H、第一百零九条 I、第一百零九条 J 第二款和第一百零九条 K 第五款所指的理事会会议的准备工作;

——至少每年一次对资本流动和自由支付在实施本条约和理事会措施方面的状况进行审查。审查内容应包括与资本流动和支付有关的一切措施。货币委员会应就此项审查结果向委员会和理事会提出报告。

货币委员会的四名成员由各成员国和委员会分别予以任命,其中由委员会任命两名,由各成员国联合任命两名。

2. 于第三阶段初成立经济和财政委员会,并解散依照第一款而成立的货币委员会。

经济和财政委员会的任务是:

——或者根据理事会或委员会的请求,或者根据其自己的倡议,向理事会和委员会提出意见;

——跟踪研究各成员国和共同体的经济和财政状况,并定期就此种状况向理事会和委员会提出报告;

——在不影响第一百五十五条的情况下,参与第七十三条 F、第七十三条 G、第一百零三条第二、三、四、五款、第一百零三条 A、第一百零四条 A、第一百零四条 B、第一百零四条 C、第一百零五条第六款、第一百零五条 A 第二款、第一百零六条第五、六款、第一百零九条、第一百零九条 H、第一百零九条 I 第二、三款、第一百零九条 K 第二款以及第一百零九条 L 第四款和第五款所指的理事会会议的准备工作,并完成理事会交给的其他咨询性和准备性工作;

——至少每年一次对资本流动和自由支付在实施本条约和理事会措施方面的状况进行审查,审查内容应包括与资本流动和支付有关的一切措施。经济和财政委员会应就此项审查结果向委员会和理事会提出报告。

经济和财政委员会的成员由各成员国、委员会和 ECB 分别予以任命,上述三方各自任命的人数不得超过两名。

3. 理事会应根据委员会的提案并同 ECB 和本条约所指货币委员会磋商后,制定有关经济和财政委员会组成的实施办法。理事会的轮值主席应将理事会的此项决定通知欧洲议会。

4. 除第二款所指任务外,经济和财政委员会还应跟踪研究依照第一百零九条 K 和第一百零九条 L 而享有例外待遇的成员国的货币、财政以及一般支付制度的状况,并定期就此种状况向理事会和委员会提出报告。

第一百零九条 D

理事会或成员国可请求委员会就第一百零三条第四款、第一百零四条 C(第十四款除外)、第一百零九条、第一百零九条 J、第一百零九条 K,以及第一百零九条 L 第四款和第五款所指范围的问题视情况提出建议或提案。委员会应对此项请求进行研究,并立即将其研究结论提交理事会。

第四章　过 渡 条 款

第一百零九条 E

1. 实现经济和货币联盟的第二阶段应从 1994 年 1 月 1 日开始。

2. 在此之前,

(1) 每个成员国应采取以下行动:

——在必要时以及在不影响第七十三条 E 的情况下,制定适当措施以遵守第七十三条 B、第一百零四条和一百零四条 A 第一款所规定的禁止条款;

——为方便以下第(2)段所指的评估,在必要时制定旨在保证为实现经济和货币联盟所必要的持久趋同的,特别是关于稳定价格和健全公共财政的多年计划。

(2) 理事会应在委员会所提报告的基础上,对经济和货币的趋同,特别是对稳定价格和健全公共财政的进展情况,以及对实施共同体内部市场法律的进展情况作评估。

3. 第一百零四条、第一百零四条 A 第一款、第一百零四条 B 第一款以及第一百零四条 C(第一、九、十一、十四款除外)的规定自第二阶段初开始实施。

4. 各成员国在第二阶段应努力避免极度公共赤字。

5. 各成员国在第二阶段内应按照第一百零八条的规定并根据实际情况开始旨在使其中央银行独立的进程。

第一百零九条 F

1. 欧洲货币筹备局(以下简称 EMI)应于第二阶段初开始成立并行使其职权。EMI 具有法人资格。一个由主席和国家中央银行诸总裁(其中一人为副主席)组成的理事会对 EMI 实行领导和管理。

EMI 的主席应从那些具有货币或银行工作经验和威望的人员中挑选。只有成员国国民才能成为 EMI 主席。根据情况,EMI 主席的人选或者由各成员国中央银行行长委员会(以下简称行长委员会)推荐,或者由 EMI 理事会推荐。国家元首或政府首脑级的各成员国政府根据此项推荐并同欧洲议会和理事会磋商后,以全体一致同意任命EMI主席。EMI的副主席由EMI理事会任命。

EMI的规约由附入本条约的一项议定书予以确定。

行长委员会应于第二阶段初予以解散。

2. EMI的职责是:

——促进国家中央银行间的合作;

——促进各成员国的货币政策的协调,以保证价格的稳定;

——对欧洲货币体系的运转实行监督;

——就涉及国家中央银行职权范围的和影响金融机构及市场的事项进行磋商;

——接管原来由欧洲货币合作基金所承担的任务。欧洲货币合作基金应予以撤销。欧洲货币合作基金的撤销办法由EMI规约予以确定。

——为埃居的使用提供便利并监督包括埃居结算制度的正常运转在内的埃居发展情况。

3. EMI应为做好第三阶段的准备工作而采取以下行动:

——为第三阶段实施单一货币政策而准备必要的手段和程序;

——必要时促进有关涉及其权限范围的资料收集、汇编和扩散的法律和惯例的协调;

——制定国家中央银行在ESCB框架内活动的行动准则;

——为提高跨国界支付的效率而做出努力;

——对埃居钞票的发行技术准备工作实行监督。

EMI应至迟于1996年12月31日确定ESCB为完成其在第三阶段的任务所必需的规章、组织及后援框架。此项框架应于ECB成立之日提交ECB决定。

4. EMI以其理事会成员三分之二的特定多数同意采取以下行动:

——就货币政策和汇率政策的总方向以及就各成员国所采取的与此项总方向有关的措施提出意见或建议;

——就可能影响到共同体的内部或外部货币状况以及尤其可能影响到欧洲货币体系运转的政策提出意见或建议;

——就各成员国货币当局实施其货币政策的问题向各成员国货币当局提出建议。

5. EMI可以全体一致同意作出关于公开宣布其意见或建议的决定。

6. 理事会在通过任何一项拟议中的属于EMI权限范围内的法律文件之前应向EMI咨询。

各成员国当局在制定任何属于EMI权限范围的法律草案之前,应按照理事会根据委员会的提案并同欧洲议会和EMI磋商后以特定多数同意规定的条件和范围向EMI咨询。

7. 理事会可根据委员会的提案并同欧洲议会和EMI磋商后,以全体一致同意赋予EMI在第三阶段准备工作的其他任务。

8. 在ECB成立之前,凡本条约关于赋予ECB咨询任务的条款可被认为是关于赋予EMI咨询任务的条款。

1994年1月1日之前,凡本条约关于赋予EMI咨询任务的条款可被理解为是关于赋予总裁委员会咨询任务的条款。

9. 在第二阶段,本条约第一百七十三条、第一百七十五条、第一百七十六条、第一百七十七条、第一百八十条和第二百一十五条所使用的“ECB”一词可被理解为EMI。

第一百零九条 G

埃居篮子(ECU)的货币组成保持不变。

自第三阶段初开始,埃居的价值将根据第一百零九条 L 第四款的规定不可撤消地固定下来。

第一百零九条 H

1. 当一成员国的收支平衡由于其总收支的不平衡或由于其所支配的外汇种类问题而面临困难或面临发生困难的严重威胁,并特别有可能危及共同市场的运转或共同贸易政策的逐步实现时,委员会应立即对该成员国的形势进行研究,并对该成员国根据本条约的规定运用掌握的一切手段所采取的或可能采取的行动进行审查。委员会应提出各项措施并建议有关成员国予以采用。

如果一成员国所采取的行动或委员会所建议的措施不足以克服困难或克服造成困难的威胁,委员会同第一百零九条 C 所指的货币委员会磋商后,可向理事会提出关于相互帮助及适当方式的建议。

委员会应定期向理事会报告形势以及形势的发展情况

2. 理事会以特定多数同意通过委员会提出的关于相互帮助的建议。理事会以指令或决定的形式确定此项互相帮助的条件和方式。互相帮助应主要采取以下办法:

(1) 各成员国在其能够求得帮助的国际组织内采取协调行动;

(2) 当面临困难的成员国维持或恢复对第三国的数量限制时,应采取必要措施以避免贸易转向;

(3) 在征得其他成员国的同意后,由该其他成员国提供限额贷款。

3. 如果委员会所建议的互相帮助和所采取的措施不足以克服困难,委员会应准许面临困难的成员国采取保护措施。此项保护措施的条件和方式由委员会予以确定。

理事会可以特定多数同意取消委员会的上述准许或修改上述委员会所确定的采取保护措施的条件和方式。

4. 在不影响第一百零九条 K 第六款的情况下,本条于第三阶段初开始失效。

第一百零九条 I

1. 当收支平衡突然发生危机而不可能立即作出第一百零九 H 第二款所指决定时,有关成员国可采取必要的保全名义的保障措施。此项保障措施应尽量减少给共同市场造成混乱,并不得超过为了救济突然出现的困难所绝对必需的范围。

2. 此项保障措施应至迟于开始生效时通知委员会和其他成员国。委员会应理事会提出建议以按照第一百零九条 H 的规定予以相互帮助。

3. 理事会应根据委员会的意见并同第一百零九条 C 所指的货币委员会磋商后,以特定多数同意通过决定,以便使原有成员国修改、中止或取消上述保障措施。

4. 在不影响第一百零九条 K 第六款的情况下,本条于第三阶段初开始失效。

第一百零九条 J

1. 委员会和 EMI 应就各成员国为实现经济和货币联盟而完成的义务和进展情况向理事会提出报告。此项报告主要审查各成员国的包括其中央银行规划在内的国内立法是否同本条约第一百零七条和第一百零八条以及 ESCB 规约相一致。此项报告还应对各成员国是否符合以下四项标准进行分析,并以此为基础对是否已实现持久的高度趋同进行审查。这四项标准是：

(1) 实现高度的价格稳定。此项结论得自于一项接近于最多不超过三个在稳定价格方面成绩显著的成员国的通货膨胀率；

(2) 公共财务状况的稳定不变。此项结论得自于一项未发生第一百零四条第六款所界定的极度赤字的预算状况；

(3) 至少在两年内未违反欧洲货币体系汇率机制所确定的正常波动幅度，也未采取针对另一成员国货币的货币贬值措施；

(4) 成员国所实现的趋同的持久性，以及成员国参加由长期利率水平所反映的欧洲货币体系汇率机制的持久性。

本款所指的四项标准以及相关阶段（在相关阶段内应遵守此四项标准）由附入本条约的一项议定书予以确定。

委员会和 EMI 的报告同时应考虑埃居的发展、市场一体化的结果以及日常收支平衡状况及发展等情况，还应对单位劳动成本和其他价格指数的情况进行审查。

2. 在委员会 EMI 报告的基础上，理事会应根据委员会的建议，以特定多数同意对以下情况进行评估：

(1) 是否每个成员国均已具备实行单一货币的必要条件；

(2) 是否大多数成员国已具备实行单一货币的必要条件；

理事会应将其评估结论以建议的形式提交各成员国国家元首或政府首脑级的理事会会议。理事会应向欧洲议会提出咨询。欧洲议会应将咨询意见转交各成员国国家元首或政府首脑级的理事会会议。

3. 各成员国国家元首或政府首脑级的理事会会议在正式考虑第一款所指报告和第二款所指欧洲议会意见之后，应至迟于 1996 年 12 月 31 日以特定多数同意作出以下决定：

(1) 以第二款所指理事会建议为基础，通过关于大多数成员国是否已具备实行单一货币的必要条件的决定；

(2) 通过关于共同体进入第三阶段是否合适的决定；

(3) 如果第二项决定持肯定意见，那么，确定第三阶段的开始日期。

4. 如果至 1997 年年底还未确定第三阶段的开始日期，那么，第三阶段应于 1999 年 1 月 1 日开始。1998 年 7 月 1 日之前，各成员国国家元首或政府首脑级的理事会会议应在重复第一款和第二款（第(2)项除外）所指程序之后，在考虑第一款所指报告和欧洲议会意见的基础上，根据第二款所指理事会建议，以特定多数同意对哪个成员国已具备实行单一货币作出确认。

第一百零九条 K

1. 如果依照第一百零九条 J 第三款而作出确定第三阶段开始日期的决定，理事会应以第一百零九条 J 第二款所指建议为基础，根据委员会的建议，以特定多数同意作出某些成员国是否应享受本条第三款所指例外待遇的决定。如果此项决定持肯定意见，则进一步作出哪些成员国应享受此项例外待遇的决定。本条约中称上述成员国为“享受例外待遇的成员国”。

如果理事会根据第一百零九条 J 第四款的规定对那些具备实行单一货币必要条件的成员国作出确认，那些尚未具备此项必要条件的成员国则应享受本条第三款所指例外待遇。本条约中称这些尚未具备条件的成员国为“享受例外待遇的成员国”。

2. 委员会和ECB或者至少每两年一次,或者根据享受例外待遇的成员国的请求,按照第一百零九条J第一款的规定向理事会提出报告。在同欧洲议会磋商并在各成员国国家元首或政府首脑级的理事会会议中讨论之后,理事会应根据委员会的提案,以特定多数同意作出哪些享受例外待遇的成员国根据第一百零九条J第一款所指标准已具备实行单一货币的必要条件的决定,并作出取消有关成员国的例外待遇的决定。

3. 第一款所指例外待遇意味着第一百零四条C第九款和第十一款、第一百零五条第一、二、三、五款、第一百零五条A、第一百零八条A、第一百零九条和第一百零九条A第二款第(2)段不适用于有关成员国。ESCB规约第九章将对该有关成员国在ESCB框架内既不享有权利又不承担义务的问题作出规定。

4. 一百零五条第一、二、三款、第一百零五条A、第一百零八条A、第一百零九条和第一百零九条A第二款第(2)段中的“各成员国”应被理解为不享受例外待遇的成员国。

5. 享受例外待遇的成员国中止参加对第三款所举的本条约各项条款所指的理事会决定的表决。在此种情况下,作为第一百四十八条和第一百八十九条A第一款的例外,特定多数应被界定为不享受例外待遇的成员国依照第一百四十八条第二款采用加权票表决的三分之二。一项要求全体一致同意的法律文件应由上述不享受例外待遇的成员国以全体一致同意予以通过。

6. 第一百零九条H和第一百零九条I继续适用于享受例外待遇的成员国。

第一百零九条L

1. 依照第一百零九条J第三款作出关于第三阶段开始日期的决定之后,或者根据具体情况,于1998年7月1日之后,

——理事会应当立即制定第一百零六条第六款所指的规定。

——不享受例外待遇的成员国的政府应立即根据ESCB规约第五十条所规定的程序任命ECB执行委员会的主席、副主席和其他成员。如果存在享受例外待遇的成员国,执行委员会的组成人员可少于ESCB规约第十一条第一款所规定的人数,但在任何情况下都不得少于四人。

执行委员会一经任命,ESCB和ECB即告成立。ESCB和ECB应立即为进入本条约和ESCB规约所设想的完全运转状态作准备工作。ESCB和ECB应自第三阶段首日起完全行使其职权。

2. 如果必要,ECB一经成立便立即接管EMI的工作,EMI应于ECB成立时进入停业清算状态。清算办法由EMI规约予以确定。

3. 在存在享受例外待遇的成员国的情况下,以及在不影响本条约第一百零六条第三款的情况下,ESCB规约第四十五条所指顾问委员会应作为ECB的第三决策机构予以设立。

4. 理事会根据委员会的提案并同ECB磋商后,应于第三阶段首日以不享受例外待遇的成员国的全体一致同意,确定上述成员国货币的不可废止的兑换率。埃居则根据此项兑换率取代上述成员国货币并成为一种完全独立的货币。但此项措施并不改变埃居的对外价值。理事会还应按照同样程序制定必要措施,以便使埃居迅速成为上述成员国的单一货币。

5. 如果按照第一百零九条K第二款所定程序决定取消例外待遇,理事会应根据委员会的提案并同ECB磋商后,以不享受例外待遇的成员国和有关成员国的全体一致同意确定一

项兑换率,埃居则根据该项兑换率取代该有关成员国货币。理事会还应按照同样程序制定必要措施,以便使埃居成为上述有关成员国的单一货币。

第一百零九条M

1. 直到第三阶段开始为止,各成员国应视其汇率政策为关乎共同利益的问题。在此过程中,各成员国应重视在欧洲货币体系(EMS)框架内合作所取得的和在发展埃居过程中已经取得的经验,并且尊重在这一领域内的现有职能部门。

2. 自第三阶段初开始,只要存在享受例外待遇的成员国,第一款的规定就应类推适用于该成员国的汇率政策。

二十六、第三部分第二编第四章由以下内容代替:

第七编　共同贸易政策

二十七、第一百一十一条应予以废除。

二十八、第一百一十三条由以下条款代替:

第一百一十三条

1. 共同贸易政策应建立在各项统一原则的基础之上。上述统一原则应主要涉及税率的修改、关税和贸易协定的缔结、解除贸易限制的统一化、出口政策以及保护贸易措施。其中包括为反对倾销和补贴所采取的保护贸易措施。

2. 为了实施此项共同贸易政策,委员会应向理事会提出提案。

3. 当需要同一个或多个第三国或同国际组织进行贸易协定谈判时,委员会应向理事会提出建议。委员会在理事会的授权下开始进行必要的谈判。

理事会应指派一个专门小组协助委员会进行谈判。委员会应同专门小组进行磋商,并在理事会可能向其发出的指令的范围内进行此项谈判。

第二百二十八条的有关规定适用于上述谈判。

4. 理事会在执行本条所授予的权限的过程中,应以特定多数通过有关决定。

二十九、第一百一十四条应予以废除。

三十、第一百一十五条由以下条款代替:

第一百一十五条

为了保证使所有成员国依照本条约而制定的贸易政策保护措施在执行中免遭贸易转向的干扰,或者当由于上述措施的不一致而导致一个或几个国家的经济发生困难时,委员会应推荐各种方法以便使各成员国根据这些方法采取必要的合作行动。如果委员会未能推荐上述方法,委员会应授权各成员国采取必要的保护措施,此项保护措施的条件和方式由委员会予以确定。

如遇紧急情况,各成员国应请求委员会准许其自行采取必要的措施,委员会应尽快予以答复。有关成员国应将其采取的措施通知其他成员国。委员会可随时通过决定以便使有关成员国修改或取消上述措施。

应优先选择那些对共同市场的运转最少带来混乱的必要的措施。

三十一、第一百一十六条应予以废除。

三十二、第三部分第三编的标题由以下标题代替:

（第八编　社会政策、教育、职业培训和青年；第九编　文化；第十编　公共卫生；第十一编　消费保护；第十二编　欧洲网络；第十三编　工业略去）

第十四编　经济和社会发展的协调一致

第一百三十条 A

为了促进全面的协调发展，共同体应发展并遵循能够加强经济和社会发展协调一致的行动。共同体尤其要为缩小各地区间的发展水平差距和改变包括乡村在内的最贫困地区的落后状况而努力。

第一百三十条 B

各成员国应实施并协调其经济政策以实现第一百三十条 A 所确定的目标。制定和实施共同体的政策和行动以及建成内部市场应考虑并为实现第一百三十条 A 所确定的目标作出贡献。共同体应通过利用结构基金（欧洲农业指导和保证基金的指导部分、欧洲社会基金、欧洲地区开发基金）、欧洲投资银行和其他现有的财政手段支持上述目标的实现。

委员会应每三年就实现经济和社会发展趋同的进度情况，以及就使用本条约所规定的为实现上述趋同作出贡献的各种手段的方式，向欧洲议会、理事会、经济社会委员会和地区委员会提出报告。

当有必要在各项基金以外采取特别行动时，在不影响共同体在其他政策框架内所采取的措施的情况下，理事会应根据委员会的提案并同欧洲议会、经济社会委员会和地区委员会磋商后，以全体一致同意通过此项特别行动。

第一百三十条 C

欧洲地区开发基金的目的是通过参加发展落后地区的开发和结构调整，以及参加工业衰退地区的变革，帮助消除地区发展的主要不平衡状态。

第一百三十条 D

在不影响第一百三十条 E 的情况下，理事会根据委员会的提案并征得欧洲议会的同意意见以及同经济社会委员会和地区委员会磋商后，以全体一致同意确定结构基金的任务、优先目标和组织形式。结构基金的组织形式可为基金集团。理事会还可按照同样的程序，制定结构基金的一般实施细则，并制定必要的规定以保证结构基金的效率和各项基金之间的以及结构基金同其他现存财政机构的协调。

理事会应依照同样程序，于 1993 年 12 月 31 日之前设立旨在为实现环境和欧洲网络领域的交通基础设施项目作出财政贡献的协调发展基金。

第一百三十条 E

理事会依照第一百八十九条 C 所定程序并同经济社会委员会和地区委员会磋商后，制定欧洲地区开发基金的实施细则。

至于欧洲农业指导和保证基金的指导部分和欧洲社会基金，仍分别适用第四十三条和第一百二十五条。

（第十五编　研究和技术发展略去）

第十六编　环　　境

第一百三十条 R

1. 共同体在环境方面所采取的行动应有助于实现以下目标：

(1) 维持、保护和改善环境质量；

(2) 保护人类健康；

(3) 谨慎和合理地利用自然资源；

(4) 促进采取国际措施以解决地区或全球的环境问题。

2. 共同体环境政策的目的在于实现高水平的环境保护，同时考虑共同体内不同地区的差异情况；共同体环境政策的基础是预防为主，并遵循以下原则：制定预防措施，优先根治破坏环境的问题以及污染环境者要被罚款等。保护环境的要求是制定和实施共同体其他政策的组成部分。

在此背景下，为适应上述保护环境要求的协调措施应在适当时包括保障条款，以便准许各成员国为了非经济的环境原因而采取临时措施，但此项临时措施应接受共同体监督程序的监督。

3. 共同体在制定具体环境政策时应考虑以下因素：

(1) 有效的科学和技术数据；

(2) 共同体各个地区的环境条件；

(3) 采取行动或不采取行动的各自潜在利益和成本；

(4) 共同体整体的经济社会发展和共同体不同地区的平衡发展。

4. 共同体和各成员国应在各自的权限范围内同第三国和国际主管组织开展合作。共同体和有关第三方可根据第二百二十八条的规定进行谈判并缔结协定，以便对上述共同体合作作出安排。

前段规定不得损害各成员国同国际组织进行谈判并缔结国际协定的动力。

第一百三十条 S

1. 理事会按照第一百八十九条 C 所定程序并同经济社会委员会磋商后，通过共同体应采取何种行动以实现第一百三十条 R 所定目标的决定。

2. 作为前款所指决策程序的例外以及在不影响第一百条 A 的情况下，理事会根据委员会的提案并同欧洲议会和经济社会委员会磋商后，以全体一致同意制定以下措施：

(1) 制定主要是财政性质的规定；

(2) 制定有关领土整治、土地使用(废物管理和一般性措施除外)和水资源管理的措施；

(3) 制定可明显影响一成员国对不同能源资源的选择和该成员国的能源供应的基本结构的措施。

理事会可根据前段所规定的条件确定那些应以特定多数同意作出决定的事项。

3. 在其他领域，理事会应按照第一百八十九条 B 所定程序并同经济社会委员会磋商后，制定确定优先目标的一般行动纲领。

理事会视情况根据第一款或第二款所规定的条件制定实施上述行动纲领的必要措施。

4. 在不影响某些具有共同体性质的措施的情况下，各成员国应资助并实施环境政策。

5. 在不损害污染环境者要被罚款这一原则的情况下,如果根据第一款规定而采取的措施给一成员国的政府当局带来不成比例的经济成本负担,理事会应在制定此项措施的文件中作出以下形式的适当规定:

(1) 暂时例外;

(2) 和/或者由依照第一百三十条D至迟于1993年12月31日设立的协调发展基金给予财政支持。

第一百三十条T

根据第一百三十条S的规定共同通过的保护措施不妨碍任何一个成员国维持或制定更严厉的保护措施。此项更严厉的保护措施应符合本条约精神。有关成员国应将其更严厉的保护措施通知委员会。

第十七编 发展合作

第一百三十条U

1. 共同体在发展合作领域的政策是各成员国政策的补充,共同体政策的目标是:

(1) 促进发展中国家、尤其条件最差的发展中国家持续的经济和社会发展;

(2) 促进发展中国家平稳地和逐步地同世界经济相结合;

(3) 促进同发展中国家的贫困作斗争。

2. 共同体在发展合作领域的政策应有助于发展和巩固民主与法制,尊重人权和基本自由等基本目标。

3. 共同体和各成员国应遵守承诺,并重视其在联合国和其他国际主管机构框架内表决同意了的目标。

第一百三十条V

共同体和各成员国在实施那些有可能影响到发展中国家的政策时,应考虑第一百三十条U所指目标。

第一百三十条W

1. 在不影响本条约其他条款的情况下,理事会应按照第一百八十条C所定程序制定必要措施以加速实现第一百三十条U所指目标。此项必要措施应采取多年计划的形式。

2. 欧洲投资银行应根据其规则所定条件为实施第一款所指必要措施作出贡献。

3. 本条规定不得影响在ACP-EEC协定①框架内同非洲、加勒比海和太平洋国家的合作。

第一百三十条X

1. 共同体和各成员国应协调其发展合作政策并就各自的援助计划相互磋商,包括在国际组织内和国际会议期间的协调和磋商。共同体和成员国可采取联合行动。各成员国必要时应为实施共同体的援助计划作出贡献。

2. 委员会可采取一切有益的主动行动以促进第一款所指协调。

---

① 即洛美协定。——译注

第一百三十条 Y

共同体和各成员国应在其各自的权限范围内同第三国和国际主管组织开展合作。共同体和有关第三方可根据第二百二十八条的规定进行谈判并缔结协定,以便对共同体合作作出安排。

前段规定不应损害各成员国同国际组织进行谈判并缔结国际协定的权力。

e. 关于第五部分“共同体的机构”:

三十九、第一百三十七条由以下条款代替:

第一百三十七条

欧洲议会由共同体各成员国的人民代表组成,行使本条约所授予的权力。

四十、第一百三十八条第三款由以下款项代替:

“3. 欧洲议会应制定方案以便使各成员国按照统一程序进行直接普选。

理事会在征得欧洲议会以其组成人员的多数所通过的赞同意见后,以全体一致同意通过文件条款,并建议各成员国根据其各自的宪法规定对上述文件条款予以批准。”

四十一、增加以下诸条款:

第一百三十八条 A

作为联盟内部一体化因素的欧洲政党是至关重要的。欧洲政党应为欧洲意识的形成和联盟公民政治意愿的表达作出贡献。

第一百三十八条 B

只要本条约有如此规定,欧洲议会就应通过按照第一百八十九条 B 和第一百八十九条 C 所定程序行使其权力和提出其同意意见或咨询意见等方式,参加导致制定共同体法律文件的过程。

欧洲议会可以其组成人员的多数同意,请求委员会就欧洲议会所认为的只有采取共同体行动才能达到实施本条约目的的事项提出一切适当的提案。

第一百三十八条

欧洲议会在执行其任务时可根据其四分之一组成人员的请求组成临时调查委员会。在不损害本条约授予其他机构或组织的权力的情况下,临时调查委员会对被指控的在执行共同体法律过程中的违法或弊政行为实施调查,但该委员会不得调查正在由法院审理的被指控案件。

临时调查委员会在提交其调查报告后便自行解散。

欧洲议会、理事会和委员会以一致同意制定关于临时调查委员会行使其调查权的详细规则。

第一百三十八条 D

任何联盟公民、任何在一成员国居住或有注册机构的自然人或法人,均有权单独或同其他人或公民联合,就属于共同体活动范围的并直接损害其利益的事项,向欧洲议会提出申诉。

第一百三十八条 E

1. 欧洲议会任命调查官。调查官有权受理任何联盟公民或任何在一成员国居住或有注册机构的自然人或法人所提出的关于指控共同体机构或组织(正在行使其司法职责的法院和初审法院除外)活动中的弊政行为的申诉。

调查官根据其所执行的任务,或采取主动行动,或以直接提交的或经欧洲议会议员转交的申诉状为基础,对有关案件进行其所认为应该进行的调查。但调查人不得对法院正在或已经审理的案件进行调查。当调查证实存在弊政行为时,调查官应将此项案件转交有关机构。有关机构应在三个月期限内将其意见通知调查官。接着,调查官向欧洲议会和有关机构提出报告。此项调查的结果应通知申诉人。

调查官应就其各项调查结果向欧洲议会提出年度报告。

2. 调查官应于每次欧洲议会选举之后予以任命。其任期与欧洲议会任期相同,可连任。

调查官如不再具备执行职务的必要条件,或犯有重大过失时,法院应欧洲议会的请求,解除该调查官的职务。

3. 调查官在执行职务时应持完全独立的态度。调查官在完成其职责时,既不请求也不接受来自任何组织的指示。调查官在任期内不得兼任任何其他的有报酬或无报酬的职务。

4. 欧洲议会在听取委员会的意见和得到理事会以特定多数同意通过的批准后,制定关于调查官行使职责的规则和一般条件。

四十二、第一百四十四条第二段由以下内容补充:

"在此种情况下,新任命的委员会成员接替者的任期应一直到其前任在正常情况下的任期届满为止。"

四十三、以下条款插入第五部分:

第一百四十六条

理事会应由各成员国的部长级代表组成。该部长级代表应有能力使其本国政府承担义务。

理事会主席任期为六个月,由理事会各成员国按以下循环顺序轮流担任。第一个六年循环为:比利时、丹麦、德国、希腊、西班牙、法国、爱尔兰、意大利、卢森堡、荷兰、葡萄牙、联合王国;下一个六年循环为:丹麦、比利时、希腊、德国、法国、西班牙、意大利、爱尔兰、荷兰、卢森堡、联合王国、葡萄牙。

四十四、以下条款插入第五部分:

第一百四十七条

理事会会议由轮值主席根据自己的倡议,或者根据理事会某一成员国的倡议或委员会的倡议予以召集。

四十五、第一百四十九条应予以废除。

四十六、以下条款插入第五部分:

第一百五十一条

1. 一个由各成员国常驻代表组成的委员会负责理事会会议的准备工作,并完成理事会所委托的任务。

2. 理事会设有一个由秘书长领导的总秘书处。该总秘书处协助理事会工作。理事会以全体一致同意任命秘书长。

总秘书处的组成由理事会决定。

3. 理事会制定其内部规则。

四十七、以下条款插入第五部分:

第一百五十四条

理事会以特定多数同意确定委员会主席和委员会成员、法院院长、法官、检察官以及书记官的薪水、津贴和退休金。理事会还以同样的特定多数同意确定作为报酬的一切津贴。

四十八、以下条款插入第五部分：

委员会每年应在欧洲议会前的一个月公布关于共同体活动的总报告。

第一百五十七条

1. 委员会由十七名成员组成。委员会应从那些能保证独立并具有全面能力的人员中挑选。

理事会可以全体一致同意决定对委员会成员名额的变更。

只有成员国国民才能成为委员会的成员。

委员会应由每一成员国的至少一位国民参加。同一国籍的国民在委员会的名额不得超过两人。

2. 委员会成员为了共同体的整体利益完全独立地行使职权。

委员会成员在完成其职责时，既不请求也不接受来自任何政府或组织的指示。委员会成员应避免任何与其职务特征不相容的行为。各成员国保证尊重这一原则，并保证在委员会成员执行其任务时不谋求施加影响。

委员会成员在其任何期间不得从事任何有报酬的或无报酬的职业活动。委员会成员在其就职时应作出如下庄严保证：在任职期间和退职以后，履行因担任职务而产生的义务。委员会成员如违反上述义务，法院可根据理事会或委员会的请求，并根据情况，或者依据第一百六十条宣布该委员会成员被强制辞职，或者取消其享受退休金或其他退休金替代利益的权利。

第一百五十八条

1. 委员会成员应按照第二款所定程序予以任命。委员会成员的任期为五年，但必要时可适用第一百四十四条的规定。

委员会成员可连选连任。

2. 各成员国政府在同欧洲议会磋商后，以一致同意提出其属意的委员会主席候选人。

各成员国政府在同委员会主席候选人磋商后，提出其属意的委员会其他成员候选人。

由此而提出的委员会主席和委员会其他成员候选人应作为一个集体由欧洲议会表决批准。待欧洲议会批准后，委员会主席和委员会其他成员应根据各成员政府的一致同意予以任命。

3. 第一款和第二款规定可首次适用于任期自1995年1月7日开始的委员会主席和委员会其他成员。

任期自1993年1月7日开始的委员会主席和委员会其他成员应根据各成员国政府的一致同意予以任命，其任期应于1995年1月6日届满。

第一百五十九条

除定期改任或死亡外，委员会成员的职务因自愿辞职或被强制辞职而个别地宣告终止。

由此而出现的空缺应由一名各成员国以一致同意任命的新成员替补。有关替补者继续其前任未完成的任期。理事会可以全体一致同意作出不补缺的决定。

因辞职、被强制辞职或死亡而出现的委员会主席空缺应有人替补。有关替补者继续其前任未完成的任期。委员会主席的替补适用第一百五十八条第二款所规定的程序。

除第一百六十条所规定的被强制辞职外，委员会成员一直留任到有接替者为止。

第一百六十条

委员会的任何成员,如不再具备执行职务的必要条件,或犯有重大的过失时,法院应理事会或委员会的请求,宣布其被强制辞职。

第一百六十一条

委员会可在委员会成员中任命一名或两名副主席。

第一百六十二条

1. 理事会或委员会实行相互磋商制度,并以一致同意规定其合作方式。

2. 委员会制定议事规则,以保证委员会及各部门在本条约所规定的条件下正常运转。委员会应保证公布其议事规则。

第一百六十三条

委员会通过决议须获得按照第一百五十七条所规定的委员会成员名额的多数同意。

委员会只有在其议事规则所规定的委员会成员人数到会后,才能有效地举行大会。

四十九、第一百六十五条由以下条款代替:

第一百六十五条

法院由十三名法官组成。

法院实行全体合议庭制。但法院可在其内部设立分庭,每个分庭由三至五名法官组成,以便在为此目的而制定的规则所规定的条件下,或者进行某些属于预审措施的工作,或对某些种类的案件进行审判。

法院应作为诉讼一方的成员国或共同体机构的请求,以全体合议庭形式就有关争端作出裁决。

理事会应法院的请求,可以全体一致同意增加法官的名额和对本条第二段和第三段以及第一百六十七条第二段作必要的修改。

五十、第一百六十八条 A 由以下条款代替:

第一百六十八条 A

1. 一个在审理和判决方面拥有初审管辖权的初审法院应隶属于法院。对于根据第二款所定条件而确定的某些类的诉讼,当事人有权根据法院规则所规定的条件和仅就法律部分向法院提出上诉。初审法院无权管辖应根据第一百七十七条适用先决裁定程序的争端。

2. 理事会应法院的请求并与欧洲议会和委员会磋商后,以全体一致同意确定第一款所指某些种类的诉讼,决定初审法院的组成,并通过对法院规则的必要修改和补充条款。除理事会有其他决定外,本条约有关法院的条款,特别是关于法院规约议定书的条款适用于初审法院。

3. 初审法院的成员应从那些能保证独立和具有担当法官职务能力的人员中挑选,并根据各成员国政府的一致同意予以任命。初审法院成员的任期为六年,每三年更换一次,任期届满的成员可被重新任命。

4. 初审法院在征得法院的同意后制定自己的程序规则。初审法院的程序规则应由理事会以全体一致同意予以批准。

五十一、第一百七十一条由以下条款代替:

第一百七十一条

1. 如果法院认为某一成员国未能履行依照本条约应该履行的各项义务中的某一项义

务，该成员国有义务采取为执行法院裁决所应采取的措施。

2. 如果委员会有关成员国未采取上述措施，委员会在邀请该成员国发表其看法后，应提出说明理由的意见。此项意见应详细说明有关成员国在哪些问题上没有执行法院的裁决。

如果有关成员国在委员会所规定的期限内未采取必要措施以执行法院的裁决，委员会可向法院提起诉讼，委员会在提起诉讼时，应指明有关成员国应支付的、在委员会看来是符合实际情况的、一次总付罚金的数额或逾期罚款的数额。

如果法院认为有关成员国未执行法院的裁决，那么，法院可对该成员国处以一次总付罚金或逾期罚款。

此项程序不得有损于第一百七十条的规定。

五十二、第一百七十二条由以下条款代替：

第一百七十二条

欧洲议会和理事会依据本条约联合制定的以及理事会依据本条约单独制定的各项规则，可授予法院对上述规则所规定的制裁①行使无限管辖权。

五十三、第一百七十三条由以下条款代替：

第一百七十三条

法院应对欧洲议会和理事会联合通过的，以及对理事会、委员会和 ECB 各自通过的除建议和意见以外的各项决议的合法性进行审查。法院应对欧洲议会通过的旨在对第三者产生法律效力的决议的合法性进行审查。

为此，对于成员国、理事会或委员会提起的关于某些决定因无权管辖、因违反基本形式要求、因违反本条约或违反本条约的任何实施规则，或者因权力使用不当而应该予以撤销的诉讼，法院有权作出判决。

法院在同样条件下对欧洲议会和 ECB 提起的旨在保护其特权的诉讼行使管辖权。

任何自然人或法人可在同样条件下，针对以其本身作为对象的决定和针对表面上虽然采取规则形式，或表面上虽然以他人作为对象但实际上却直接地和个别地涉及其自身利益的决定提起诉讼。

本条所指诉讼的起诉，应根据情况自有关决定公布或通知原告人之日起的两个月内，或者自原告人获悉上述公布或通知之起的两个月内向法院提出。

五十四、第一百七十五条由以下条款代替：

第一百七十五条

当欧洲议会、理事会或委员会因未能采取行动而违反本条约时，各成员国和共同体的其他机构可向法院提起诉讼，以便使法院确认此项违反行为。

上述诉讼的起诉只有在有关机构已预先被邀请过采取行动的情况下才可予以受理。如果在提出此项邀请后的两个月期限届满时该有关机构未能向其通知除建议或意见以外的决定的行为而提起诉讼。

法院在同样条件下对 ECB 就属于其权限范围的事项而提起诉讼或对指控 ECB 的诉讼行使管辖权。

---

① 指罚金和逾期罚款。——译注

五十五、第一百七十六条由以下条款代替:

第一百七十六条

所作决定被宣布为无效的机构或者因不作决定而被宣布为违反本条约的机构,应采取执行法院裁决所需采取的措施。

此项义务不影响因履行第二百一十五条第二段而承担的义务。

本条同样适用于 ECB。

五十六、第一百七十七条由以下条款代替:

第一百七十七条

法院有权对涉及以下事项的诉讼适用先决裁定程序:

(1) 关于本条约的解释;

(2) 关于共同体各机构和 ECB 所作决议的效力和解释;

(3) 对根据理事会的决定而成立的各机构的规则的解释,但条件是上述规则应有关于这方面的规定。

当涉及上述事项的争议在某一成员国的国内法院提出时,如果该法院认为其自己所要作的判决取决于对此项争议所作的裁决时,该法院应请求欧洲共同体法院对此项争议作出裁决。

当这样的争议在成员国国内法院所受理的案件中提出,但依据国内法却不能使此项争议得到司法方面的救济时,该法院有义务将此项案件提交欧洲共同体法院审理。

五十七、第一百八十条由以下条款代替:

第一百八十条

法院在以下范围内有权受理涉及以下方面的诉讼案件:

(1) 各成员国履行根据欧洲投资银行规约所承担的义务。欧洲投资银行董事会在这方面拥有第一百六十九条所授予委员会的权力。

(2) 欧洲投资银行总裁委员会的决议。各成员国、委员会和欧洲投资银行董事会可根据第一百七十三条规定的条件就涉及这方面的争议提起诉讼。

(3) 欧洲投资银行董事会的决议。指控董事会决议的起诉只能以该决议违反了欧洲投资银行规约第二十一条第二款、第五款、第六款所规定的形式要求为理由,并只能由各成员国或委员会根据第一百七十三条所规定的条件向法院提出。

(4) 各国家中央银行履行根据本条约和 ESCB 规约所承担的义务。在这方面,ECB 总裁委员会针对各国家中央银行的权力相当于第一百六十九条授予委员会的针对各成员国的权力。如果法院认为某一国家中央银行未能履行依照本条约应该履行的各项义务中的某一项义务,该某一国家中央银行有义务采取为执行法院裁决所应采取的措施。

五十八、第一百八十四条由以下条款代替:

第一百八十四条

尽管第一百七十三条第五段所规定的期限已经终止,但如果理事会和委员会联合制定的、理事会、委员会或 ECB 各自制定的规则具有违法性质,任何当事人可利用第一百七十三条第二段所规定的理由向法院提出上述规则的不可适用性。

五十九、以下第五节插入第五部分:

第五节 审计法院

第一百八十八条 A

审计法院行使对财务收支的审计监督。

第一百八十八条 B

1. 审计法院由十二名成员组成。

2. 审计法院的成员应从那些在本国对外监督机构任职或曾在该机构任职的人员中挑选,或者从那些具有担当此项职务的特殊才能的人员中挑选。审计法院的成员应提供独立保证。

3. 审计法院的成员由理事会同欧洲议会磋商后以全体一致同意予以任命,任期为六年。

但是,在第一次任命时,应以抽签的方法指定审计法院的四名成员任期为四年。

审计法院的成员可重新被任命。

审计法院的院长在审计法院的成员中选定,任期为三年,可连任。

4. 审计法院的成员为了共同体的整体利益而完全独立地行使其职权。

审计法院的成员在完成其职责时,既不请求也不接受自任何政府或组织的批示。审计法院的成员应避免任何与其职务特征不相容的行为。

5. 审计法院的成员在其任职期间不得从事任何有报酬的或无报酬的职业活动。审计法院的成员在其就职时应作出如下庄严保证:在任何期间和退职以后,履行因担任职务而产生的义务。当退职以后接受某种职务或某些好处时,尤其要履行诚实和谨慎的义务。

6. 除定期改任或死亡外,审计法院成员的职务因自愿辞职或因法院根据第七款的规定宣布其被强制辞职而个别地宣告终止。

有关接替者继续其前任未完成的任期。

除被强制辞职外,审计法院成员应留任一直到有接替者为止。

7. 除非法院应审计法院的请求,确定审计法院成员不再具备执行职务的必要条件或不能继续履行其因担任职务而产生的义务,否则,该审计法院成员不得被解除职务或被宣布取消其享受退休金或其他退休金替代利益的权利。

8. 理事会以特定多数同意确定审计法院院长和审计法院成员的薪水、津贴和退休金等工作待遇。理事会还以同样的特定多数同意确定一切作为报酬的津贴。

9. 关于欧洲共同体特权与豁免的议定书中适用于法院法官的规定同样适用于审计法院的成员。

第一百八十八条 C

1. 审计法院审计共同体的全部收入和支出的账目。审计法院还负责审计所有根据共同体命令而成立的组织的全部收入和支出的账目,除非共同体命令中有不受审计法院审计的规定。

审计法院应向欧洲议会和理事会提供关于账目可信和往来业务合法正常的保证声明。

2. 审计法院审查收入和支出是否合法和是否正常,并对财政的良好管理进行核实。

对收入的审计以应付和实付给共同体的总额为依据。

对支出的审计应以承诺支出和实际支出为依据。

以上审计应在有关预算年度结账前进行。

3. 审计分账面审计和必要的现场审计。现场审计在共同体的其他机构和成员国内进行。在成员国进行的现场审计应同国家审计部门取得联系。如果国家审计部门没有必要的权力,则同国家主管部门取得联系。国家审计部门或国家主管部门应将其是否愿意参加此项现场审计活动的决定通知审计法院。

共同体的其他机构和成员国的国家审计部门或主管部门,应根据审计法院的请求向后者提供能帮助其完成使命的所有必要文件或情况。

4. 审计法院应每年于预算年度终结后准备一份年度报告。年度报告送交共同体各机构,并在欧洲共同体公报上公布。共同体各机构对审计法院评论的答复也同时在欧洲共同体公报上公布。

此外,审计法院尤其以专门报告的形式随时就一些特别问题发表评论,并根据共同体其他机构的请求提出意见。

审计法院应以其组成人员的多数同意通过年度报告、专门报告或意见。

审计法院协助欧洲议会和理事会行使其对执行预算的监督权。

六十、第一百八十九条由以下条款代替:

第一百八十九条

欧洲议会、理事会和委员会为完成其使命,应在本条约所规定的条件下,或由欧洲议会和理事会联合,或由理事会或委员会分别制定规则、发出指令、作出决定和提出建议或意见。

规则具有普遍意义。规则的各个部分都具有约束力并直接适用于所有成员国。

指令中所规定的应达到何种结果的要求,对任何接受指令的成员国都具有约束力。但采取何种形式和方法以便达到指令所要求的结果则由该成员国的机构行使管辖权。

决定的各个组成部分对其接受对象都具有约束力。

建议和意见不具有约束力。

六十一、增加以下诸条款:

第一百八十九条A

1. 当理事会依照本条约根据委员会的提案作决定时,在保留实施第一百八十九条B第四款和第五款的情况下,理事会必须以全体一致同意才能通过旨在修改委员会提案的决定。

2. 只要理事会还没有作出决定,委员会就可在整个导致制定共同体法律文件的程序过程中随时修改自己的提案。

第一百八十九条B

1. 凡本条约规定的应依照第一百八十九条B才可予以通过的决定适用以下程序。

2. 委员会向欧洲议会和理事会提出提案。

理事会在听取欧洲议会的意见后,以特定多数同意采取共同立场。理事会的共同立场应通知欧洲议会,理事会应将其采取共同立场的原因全部告知欧洲议会。委员会应将其立场全部通知欧洲议会。

在通知送达后的三个月期限内,

(1) 如果欧洲议会批准理事会的共同立场,理事会应根据其共同立场正式地通过有关决定;

(2) 如果欧洲议会没有作出任何反应,理事会应根据其共同立场通过有关决定;

(3) 如果欧洲议会以其组成人员的绝对多数同意通过打算拒绝接受理事会共同立场的决定,欧洲议会应立即将其决定通知理事会。理事会可召集第四款所指协调委员会会议,以进一步解释理事会的立场。接着,欧洲议会或者以其组成人员的绝对多数同意通过确认其拒绝接受理事会共同立场的决定(在此情况下,委员会的提案应被视为没有被通过),或者,根据本款第(4)项的规定提出对理事会共同立场的修改建议;

(4) 欧洲议会以其组成人员的绝对多数同意通过对理事会共同立场的修正案。此项修正案的文本应送交理事会和委员会。委员会应就此项修正案发表意见。

3. 在收到上述修正案文本之后的三个月期限内,理事会应以特定多数同意批准欧洲议会的修正案的全部内容,并相应地修改其共同立场和通过有关决定。如果委员会对此项修正案提出反对意见,理事会应以全体一致同意批准上述修正案。如果理事会未能批准有关修正案,理事会轮值主席在征得欧洲议会主席的同意后,应立即召集调解委员会会议。

4. 调解委员会由理事会成员或理事会成员代表和同等人数的欧洲议会代表组成,其任务是以理事会成员或理事会成员代表的特定多数同意和欧洲议会代表的多数同意,就一项联合草案达成一致意见。委员会参加调解委员会工作。委员会应采取一切必要的主动行动以协调欧洲议会和理事会的立场。

5. 如果调解委员会会议在六个星期内批准上述联合草案,欧洲议会和理事会可在联合草案被批准之日起的六个星期内,以欧洲议会投票表决的绝对多数和理事会的特定多数同意根据联合草案通过有关文件。如果两个机构的其中一个机构未能批准文件草案,委员会的提案应被视为没有被通过。

6. 如果调解委员会未能批准联合草案,委员会的提案应被视为没有被通过,除非理事会在调解委员会六个星期的会议期限结束之后的六个星期内,以特定多数同意就理事会于调解委员会会议之前达成的共同立场作出确认,此项确认也可能附有欧洲议会所提出的修改建议。在此种情况下,有关文件应被正式通过,除非欧洲议会在理事会作出确认之后的六个星期内以其组成人员的绝对多数同意拒绝接受上述有关条件。在此种情况下,委员会的提案应被视为没有被通过。

7. 本条所指三个月和六个星期期限可根据欧洲议会和理事会的一致同意分别延长最多一个月和两个星期。如果适用第二款第(3)项的规定,第二款所指三个月期限应自动延长两个月。

8. 本条所定程序的适用范围可根据欧洲联盟条约 N 条第二款所规定的程序,并在委员会最迟于 1996 年提交理事会的一项报告的基础上予以扩大。

第一百八十九条 C

凡本条约规定的应依照第一百八十九条 C 才可予以通过的决定适用以下程序:

(1) 理事会根据委员会的提案并征得欧洲议会的意见后,以特定多数同意通过共同立场。

(2) 理事会的共同立场应通知欧洲议会。理事会和委员会应告知欧洲议会导致理事会采取共同立场和导致委员会所持立场的全部原因。

在通知送达后的三个月期限内,如果欧洲议会批准理事会的共同立场,或者欧洲议会在此期限内没有作出任何反应,理事会应依据其共同立场正式地通过有关规定。

(3) 欧洲议会可以在上述第(2)项所规定的三个月期限内,以其组成人员的绝对多数提出对理事会共同立场的修正案。欧洲议会还可以同样的绝对多数拒绝接受理事会的共同立场。欧洲议会的表决结果应通知理事会和委员会。

当欧洲议会作出拒绝理事会共同立场的决定时,理事会只有以全体一致同意才能根据二读作出决定。

(4) 委员会应在一个月的期限内重新审议导致理事会采取共同立场的提案,同时考虑欧洲议会提出的修正案。

委员会在重新审议提案的同样期限内,向理事会转交委员会所反对的由欧洲议会提出的修正案,并就该修正案表达自己的立场。理事会只有以全体一致同意才能通过上述修正案。

(5) 理事会以特定多数同意通过经委员会重新审议的提案。

理事会只有以全体一致同意才能就委员会重新审议的提案提出修正案。

(6) 在上述第(3)、(4)、(5)项的情况下,理事会必须在三个月的期限内作出决定。如果在此期限内没有作出决定,委员会的提案应被视为没有被通过。

(7) 上述第(2)、(6)项所规定的期限可根据理事会和欧洲议会的一致同意延长最多一个月。

六十二、第一百九十条由以下条款代替:

第一百九十条

欧洲议会和理事会联合制定的,以及理事会或委员会制定的规则、指令和决定应说明理由,并且应针对在实施本条约时所必须征集到的提案和意见。

六十三、第一百九十一条由以下条款代替:

第一百九十一条

1. 按照第一百八十九条B所定程序而制定的规则、指令和决定,应由欧洲议会主席和理事会轮值主席签字并在欧洲共同体公报上予以公布。上述文件应按其所规定的生效日期生效。如无此项规定,则应于公布之日起的第二十天生效。

2. 理事会和委员会所制定的适用于所有成员国的规则和指令,应在欧洲共同体公报上予以公布。上述规则和指令应按其所规定的生效日期生效,如无此项规定,则应于公布之日起的第二十天生效。

3. 其他指令和决定应通知其接受者,并于通知后发生效力。

六十四、第一百九十四条由以下条款代替:

第一百九十四条

经济社会委员会的成员名额确定如下:

比利时	12
丹麦	9
德国	24
希腊	12
西班牙	21
法国	24
爱尔兰	9
意大利	24
卢森堡	6
荷兰	12
葡萄牙	12

联合王国 24

经济社会委员会的成员由理事会以全体一致同意予以任命,任期四年,可连任。

经济社会委员会成员为了共同体的整体利益完全独立地行使职权,不受任何强制委托的约束。

理事会以特定多数同意确定经济社会委员会成员的津贴待遇。

六十五、第一百九十六条由以下条款代替:

第一百九十六条

经济社会委员会的主席和该委员会的领导机构应在委员会的成员中选定,任期为两年。

经济社会委员会制定其内部规则。

经济社会委员会由其主席根据理事会或委员会的请求召集会议。经济社会委员会还可根据其自己的倡议召集会议。

六十六、第一百九十八条由以下条款代替:

第一百九十八条

理事会或委员会每当遇到本条约所规定的应当咨询的情况时,应必须向经济社会委员会进行咨询。理事会和委员会可在其认为合适的一切情况下向经济社会委员会进行咨询。经济社会委员会可根据自己的倡议提出其认为适合有关情况的意见。

理事会或委员会在认为必要时,应给予经济社会委员会至少一个月的期限,以便利后者提出意见。此项期限应自经济社会委员会主席收到与咨询目的有关的通知之日算起。限期届满时如无意见,理事会或委员会可在没有咨询意见的情况下采取行动。

经济社会委员会的意见和专业组的意见以及会议的讨论记录应呈送理事会和委员会。

六十七、以下第四章插入第五部分:

第四章 地区委员会

第一百九十八条 A

成立具有咨询性质的、由地区和地方领土单位的代表组成的委员会(以下简称"地区委员会")。

地区委员会的成员名额确定如下:

比利时	12
丹麦	9
德国	24
希腊	12
西班牙	21
法国	24
爱尔兰	9
意大利	24
卢森堡	6
荷兰	12
葡萄牙	12
联合王国	24

地区委员会的成员和同等人数的候补成员由理事会根据各成员国的提议,以全体一致同意予以任命,任期四年,可连任。

地区委员会成员为了共同体的整体利益完全独立地行使职权,不受任何强制委托的约束。

第一百九十八条B

地区委员会的主席和该委员会的领导机构应在该委员会的成员中选定,任期为两年。

地区委员会制定其内部规则。此项内部规则应由理事会以全体一致同意予以批准。

地区委员会由其主席根据理事会或委员会的请求召集会议。地区委员会还可根据其自己的倡议召集会议。

第一百九十八条C

理事会或委员会每当遇到本条约所规定的应当咨询的情况时,应必须向地区委员会进行咨询。理事会或委员会可在其认为合适的其他一切情况下向地区委员会进行咨询。

理事会或委员会在认为必要时,应给予地区委员会至少一个月的期限,以便利后者提出意见。此项期限应自地区委员会主席收到与咨询目的有关的通知之日算起。限期届满时如无意见,理事会或委员会可在没有咨询意见的情况下采取行动。

当理事会或委员会依照第一百九十八条向经济社会委员会进行咨询时,应通知地区委员会以征求意见。当地区委员会认为事关地区特殊利益时,地区委员会应就此发表意见。

地区委员会可根据自己的倡议提出其认为适合有关情况的意见。

地区委员会的意见和该委员会的会议讨论记录应呈送理事会和委员会。

六十八,以下第五章插入第五部分:

第五章　欧洲投资银行

第一百九十八条D

欧洲投资银行具有法人资格。

欧洲投资银行的成员由共同体各成员国担任。

欧洲投资银行的规约由附入本条约的一项议定书予以确定。

第一百九十八条E

欧洲投资银行的使命在于借助资本市场及其自有财源和根据共同体的利益,为共同体的平衡而无冲突的发展作出贡献。为此目的,欧洲投资银行在不追逐利润的情况下,通过发放贷款和提供担保等手段在所有的经济部门为以下计划提供资金便利:

(1) 旨在开发落后地区的计划;

(2) 因计划的规模或性质而使各个成员国现有的提供资金的各种手段所不能全部负担的、旨在实现企业现代化或企业转产,或者开发新的生产活动以适应逐步建立共同市场需要的计划;

(3) 因计划的规模或性质而使各个成员国现有的提供资金的各种手段所不能全部负担的、为了几个成员国的共同利益的计划。

欧洲投资银行在实现其任务的过程中,应在结构基金和其他共同体财政手段的协同下为投资项目提供财政上的便利。

六十九、第一百九十九条由以下条款代替：

第一百九十九条

共同体的一切收入和支出，包括与欧洲社会基金有关的收入和支出应编入每个预算年度的概算方案并列入预算。

因欧洲联盟条约中关于共同外交和安全政策的条款以及关于司法和内部事务领域内合作的条款而引起的各机构的行政费用应由预算支付；因实施上述条款而引起的行动费用应由预算支付。

预算中的收入和支出应保持平衡。

七十、第二百条应予以废除。

七十一、第二百零一条由以下条款代替：

第二百零一条

共同体预算应在不影响其他收入的情况下完全由共同体自有财源提供。

理事会应根据委员会的提案并同欧洲议会磋商后，以全体一致同意通过关于共同体自有财源的规定，并建议各成员国按照其各自的宪法规则批准此项确定。

七十二、增加以下条款：

第二百零一条 A

为了维护预算纪律，委员会在不能保证由产生于理事会依照第二百零一条所作规定的共同体自有财源对其提案或措施提供资金的情况下，不得提出或修改有关可能对共同体预算产生重大影响的措施。

七十三、第二百零五条由以下条款代替：

第二百零五条

委员会根据第二百零九条实施规则的规定以及根据财政管理要健全的原则，由自己负责并在所拨经费的范围内执行预算。

上述实施规则应制定共同体各机构参加执行其本身开支所依据的特别办法。

在预算的内部，委员会可根据第二百零九条实施规则所规定的限度和条件，在章与章之间，或在细目与细目之间进行经费调整。

七十四、第二百零六条由以下条款代替：

第二百零六条

1. 欧洲议会根据理事会以特定多数同意通过的建议，作出关于解除委员会执行预算责任的决定。为此目的，欧洲议会应在理事会之后，审议第二百零五条 A 所指账目和财务平衡表，审议审计法院的年度报告和共同体机构对审计法院评论的答复，以及审议审计法院的其他有关专门报告。

2. 理事会在作出关于解除委员会执行预算责任的决定之前，或为了其他的在实施其执行预算权力方面的目的，可请求委员会就支出的执行情况或财政监督制度的运转情况向理事会作出说明。委员会应根据欧洲议会的请求向其提供一切必要的情况。

3. 委员会应采取一切适当步骤以根据以下评论或说明采取相应措施：欧洲议会的关于解除委员会执行预算责任的决定中的评论；欧洲议会的关于支出执行方面的评论；理事会的关于解除委员会执行预算责任的建议中的说明。

委员会应根据欧洲议会或理事会的请求，就其针对上述评论或说明而采取的措施情况，以及特别是就其所作的对执行预算主管部门的指示情况向欧洲议会或理事会提出报告。此项报告应同时抄送审计法院。

七十五、第二百零六条A和第二百零六条B应予以废除。

七十六、第二百零九条由以下条款代替:

第二百零九条

理事会根据委员会的提案并同欧洲议会磋商和征得审计法院的意见后,以全体一致同意采取以下行动:

(1) 通过主要关于制定和执行预算办法以及和核查账目办法的财政规则;

(2) 制定办法和程序,以便使委员会根据此项办法和程序来支配共同体自有财源体系所规定的预算收入,并制定必要的为应付现金需求而适用的措施;

(3) 确定责任监督标准并组织对财政监督人员、拨款审核者和会计人员的责任监督。

七十七、增加以下条款:

第二百零九条A

各成员国应采取措施同损害共同体财政利益的欺诈行为作斗争,就像各成员国采取同样措施同损害其本国财政利益的欺诈行为作斗争一样。

在不影响本条约其他规定的情况下,各成员国应协调其旨在反对欺诈以保护共同体财政利益的行动。为此目的,各成员国应在委员会的帮助下,组织其政府主管部门之间的密切和经常的合作。

七十八、第二百一十五条由以下条款代替:

第二百一十五条

共同体的契约性责任应受有关合同所适用的法律管辖。

在非契约性责任方面,共同体应根据各成员国所公认的一般原则,对由于共同体各机构或各机构的公务人员在执行职务时所造成的损害给予赔偿。

前段规定在同样条件下适用于由于ECB或ECB的公务人员在执行职务时所造成的损害。

公务人员对于共同体的个人责任应根据确定其地位的规定或根据适用于公务人员的规章予以解决。

七十九、对第二百二十七条作如下修改:

一、第二款由以下款项代替:

"2. 自本条约生效之日起,有关以下各方面的特别规定和一般规定适用于法国的海外各省:

——货物的自由流通;

——农业(第四十条第四款除外);

——服务的自由流动;

——竞争准则;

——第一百零九条H、第一百零九条I和第二百二十六条所规定的保障措施;

——各机构。

理事会应至迟于本条约生效后的第二个年度终结时,根据委员会的提案以全体一致同意,决定本条约的其他各项规定的实施条件。

共同体的各机构应在本条约以及特别是本条约第二百二十六条所定程序的框架内给予关照,以便使上述地区的社会和经济发展成为可能。”

二、第五款第(1)项由以下内容代替:

“(1) 本条约不适用于费罗埃群岛。”

八十、第二百二十八条由以下条款代替:

第二百二十八条

1. 当出现本条约所规定的由共同体同一个或几个国家或者同国际组织缔结协定的情况时,委员会应向理事会提出建议。理事会授权委员会开始进行必要的谈判。理事会应指派专门小组协助委员会进行谈判。委员会应同专门小组进行磋商,并在理事会可能向其发出的指令的范围内进行此项谈判。

理事会在行使本款所授予的权限的过程中,应以特定多数通过有关决定。但在第二款第二句所规定的情况下,理事会应以全体一致同意作出有关决定。

2. 除保留授予委员会的在该领域的权限外,协定应由理事会根据委员会的提案以特定多数同意予以缔结。对于涉及那些要求以全体一致同意制定内部规则的领域的协定,以及对于第二百三十八条所指的协定,理事会应以全体一致同意作出缔结有关协定的决定。

3. 除第一百一十三条第三款所指协定外,以及除那些涉及必须采用第一百八十九条 B 和第一百八十九条 C 所定程序以制定内部规则的领域的协定外,理事会应同欧洲议会磋商后缔结协定。欧洲议会应在理事会根据情况的紧急程度而规定的期限内提出意见。在限期届满而欧洲议会没有提出意见的情况下,理事会可作出决定。

作为前段的例外,对于第二百三十八条所指协定,对于通过组织合作程序建立特殊机构框架的协定,对于在预算方面对共同体有重大意义的协定,以及对于那些必须对按照第一百八十九条 B 所定程序而制定的文件进行修改的协定,理事会应在征得欧洲议会的同意意见后作出缔结协定的决定。

在紧急情况下,理事会和欧洲议会可以一致同意确定一个期限,以便利欧洲议会在此期限内提出其同意意见。

4. 在缔结一项协定时,如果此项协定中规定可按照简化程序或通过协议而设立的机构来批准对协定内容的修改,那么,作为第二款的例外,委员会可在理事会的授权下代表理事会批准对此项协定的修改。理事会可对此项授权附加专门条件。

5. 当理事会拟议缔结一项必须对本条约作出修改的协定时,此项修改应首先按照欧洲联盟条约 N 条所规定的程序予以通过。

6. 理事会、委员会或一成员国应就拟议中的协定是否符合本条约的规定一事,预先征求法院的意见。法院提出否定意见的协定只有在欧洲联盟条约 N 条所规定的条件下才能生效。

7. 根据本条所规定的条件而缔结的协定对共同体机构和各成员国均有约束力。

八十一、增加以下条款:

第二百二十八条 A

当依据欧洲联盟条约关于共同外交和安全政策条款而制定的共同立场或共同体行动中规定采取旨在全部或部分中断或减少同一个或几个第三国的经济关系的共同体行动时,理事会应根据委员会的提案,以特定多数同意制定必要的紧急措施。

八十二、第二百三十一条由以下条款代替：

第二百三十一条

共同体同经济合作与发展组织建立密切合作。合作的方式应根据一致同意予以确定。

八十三、第二百三十六条和第二百三十七条应予以废除。

八十四、第二百三十八条由以下条款代替：

第二百三十八条

共同体可同一个或几个第三国或者同国际组织缔结旨在以相互的权利和义务、共同的行动和特殊的程序为特点的联合的协定。

f. 关于附件(三)

八十五、附件(三)的标题由以下内容代替：

“本条约第七十三条 H 所指的无形交易的清单”

g. 关于欧洲投资银行规约的议定书：

八十六、提及第一百二十九条和第一百三十条的地方分别改为第一百九十八条 D 和第一百九十八条 E。

(第三编　关于修改建立欧洲煤铁共同体条约的条款；第四编　关于修改建立欧洲原子能共同体条约的条款略去)

第五编　关于共同外交和安全政策的条款

J 条

制定由以下诸条款指导的共同外交和安全政策。

J 条一

1. 联盟及其成员国制定并实施共同外交和安全政策。此项由本编诸条款指导的政策涵盖外交和安全政策的一切领域。

2. 共同外交和安全政策的目标是：

(1) 捍卫联盟的共同价值、根本利益和独立；

(2) 使用一切手段加强联盟及其成员国的安全；

(3) 根据联合国宪章和赫尔辛基最后文件的原则以及巴黎宪章所制定的目标，维护和平和加强国际安全；

(4) 促进国际合作；

(5) 发展和巩固民主与法制，尊重人权和基本自由。

3. 联盟通过建立以下制度追求上述目标的实施：

(1) 依照 J 条二的规定，建立各成员间的在执行政策方面的制度化合作；

(2) 依照 J 条三的规定，在涉及各成员国共同重大利益的领域逐步实施共同行动。

4. 各成员国应本着忠诚和相互团结的精神，积极地和毫无保留地支持联盟的对外和安全政策。各成员国应避免采取任何与联盟利益相违背的，或可能在国际关系中削弱内聚力和战斗力的行动。理事会应负责保证各成员国对上述原则的遵守。

J 条二

1. 各成员国应在理事会内部就任何涉及全体利益的外交和安全政策的事项互通情况并

彼此磋商,以确保通过其一致行动来尽可能有效地发挥联合影响。

2. 理事会在其认为必要的时候制定共同立场。

各成员国应保证使其国家政策同共同立场保持一致。

3. 各成员国应在国际组织内和国际会议期间协调其行动。各成员国应在上述国际论坛上坚持联盟的共同立场。

在由部分成员国参加的国际组织内和国际会议期间,该部分成员国应坚持联盟的共同立场。

J条三

外交和安全政策领域共同行动的制定适用以下程序:

1. 理事会根据欧洲理事会的基本指导方针,决定那些适合采取共同行动的事项。

当理事会在通过某项共同行动的原则时,理事会应确定此项行动的特定范围和联盟采取此项行动所要达到的一般及特别目标,以及完成此项行动的手段、程序和条件。理事会在必要时应确定此项共同行动的期限。

2. 理事会在制定共同行动时,以及在共同行动发展过程中的任何阶段,应确定那些要求以特定多数同意作出决定的事项。

当理事会根据前段规定以特定多数同意通过决议时,其成员应依照建立欧洲共同体条约第一百四十八条第二款以各自的加权票进行表决。在表决时,理事会的决议要求至少有五十四票赞成,并至少有八个成员国投赞成投票方能通过。

3. 如果情况的变化对适合采取共同行动的事项产生了实质性影响,理事会应重新审查此项共同行动的原则和目标,并作出必要的决定。在理事会作出上述必要决定之前,共同行动应继续进行。

4. 共同行动对各成员国所采取的立场和所进行的活动起约束作用。

5. 当成员国为实施共同行动而拟议制定国家立场或采取国家行动时,该成员国应在能保证必要时的理事会内部事先磋商的时间内,向理事会通报其计划。此项事先通报的义务不适用于那些仅是理事会决议翻版的国家措施。

6. 当由于情况变化而需要紧急采取措施时,如果理事会未能作出决定,成员国可在考虑共同行为基本目标的情况下紧急采取所应采取的措施。有关成员国应立即将其措施通报理事会。

7. 当成员国面临重大困难而不能实施共同行动时,该成员国应将此项困难提交理事会。理事会应对此进行讨论并寻求适当的解决办法。但此项解决办法不得与共同行动的目标相抵触,也不得有损于共同行动的效力。

J条四

1. 共同外交和安全政策应包括同联盟安全有关的所有问题,其中包括将来制定一项共同防务政策。此项共同防务政策将最终导致共同防务。

2. 西欧联盟(WEU)是欧洲联盟发展的组成部分。欧洲联盟要求西欧联盟制定并实施欧洲联盟的涉及防务领域的决定和行动。理事会在征得西欧联盟机构的同意后,制定必要的切实可行的办法。

3. 本条指导的涉及防务领域的问题不适用J条三所规定的程序。

4. 本条意义上的联盟政策不得损害某些成员国的安全与防务政策的特殊性;本条意义

上的联盟政策应尊重某些成员国根据北大西洋公约所承担的义务;本条意义上的联盟政策应同北大西洋公约框架内制定的集体安全与防务政策保持一致。

5. 本条规定不妨碍两个或几个成员国在西欧联盟和北大西洋公约组织框架内的双边水平的紧密合作的发展,但条件是此项双边使用不得违反或妨碍本编所规定的联盟合作。

6. 为促进本条约目标的实施并考虑到布鲁塞尔条约①第十二条所隐喻的1998年这一期限,本条的各项规定可在理事会于1996年向欧洲理事会提交的报告的基础上,依照N条第二款予以修改。上述理事会报告应对1996年以前所取得的经验和进展作出评估。

J条五

1. 轮值主席代表联盟处理共同外交和安全政策领域的事务。

2. 轮值主席负责实施共同措施。轮值主席以此身份在国际组织内和国际会议期间原则表达联盟的立场。

3. 轮值主席在执行第一款和第二款所赋予的任务时,必要时应由前任和继任轮值主席的成员国给予协助。委员会应完全参与对上述任务的完成。

4. 在不影响J条二第三款和J条三第四款的情况下,参加国际组织或国际会议的部分联盟成员国,应向其他未参加上述国际组织或国际会议的联盟成员国通报一切涉及共同利益的事项。

参加联合国安理会的联盟成员国应共同商讨问题,并向联盟其他成员国通报一切情况。任联合国安理会常任理事国的联盟成员国在行使其职责时,应在不影响其根据联合国宪章所承担的责任的情况下,确保维护联盟的立场和利益。

J条六

各成员国和委员会驻第三国和国际会议的外交领事使团和代表团,以及各成员国和委员会驻国际组织的代表,应为确保遵守并实施理事会所通过的共同立场和共同行动而进行合作。

上述使团、代表团和代表应通过互通情况、联合评估以及为实施建立欧洲共同体条约第八条C的规定作贡献等加强合作。

J条七

轮值主席应就共同外交和安全政策的主要方面和基本选择等问题同欧洲议会进行磋商,并保证充分考虑欧洲议会所提出的意见。轮值主席和委员会应定期向欧洲议会通报联盟的共同外交和安全政策的发展情况。

欧洲议会可向理事会提出问题或向理事会提出建议。欧洲议会应每年就执行共同外交和安全政策的进展情况举行辩论会。

J条八

1. 欧洲理事会应制定共同外交和安全政策的原则和基本指导方针。

2. 理事会根据欧洲理事会所制定的基本指导方针,通过有关确定和实施共同外交和安全政策的必要决定。

---

① 即1948年3月17日英、法、比、荷、卢五国在布鲁塞尔签订的关于经济、社会和文化合作以及集体防务体系的条约。布鲁塞尔条约实际上是建立"西欧联盟"的基础条约。根据该条约第十二条规定,布鲁塞尔条约的有效期为50年。——译注

理事会应确保联盟行动的统一性、连续性和有效性。

理事会以全体一致同意通过决定。但在作出涉及程序问题和J条三第二款所指情况的决定时,应适用特定多数同意的表决程序。

3. 任何成员国或委员会均可将有关共同外交和安全政策的问题提交理事会讨论;任何成员国或委员会均可向理事会提出提案。

4. 当遇到需要快速作出决定的情况时,轮值主席或者根据其自己的倡议,或者根据委员会或成员国的请求,应于四十八小时内召集理事会特别会议。如情况紧急,则应在更短的时间内召集理事会特别会议。

5. 在不影响建立欧洲共同体条约第一百五十一条的情况下,一个由政务司长①组成的政治委员会应密切关注共同外交和安全政策领域的国际形势。政治委员会或者根据其自己的主动行动,或者应理事会的请求向理事会提出意见,并以此为制定政策作出贡献。在不损害轮值主席和委员会所担负的责任的情况下,政治委员会还应监督对约定政策的实施。

J条九

委员会应完全参与共同外交和安全政策方面的工作。

J条十

当依照J条四对有关安全领域的规定作修改时,为此目的而召开的会议应同样考虑是否需要对其他涉及共同外交和安全政策的条款进行修改的问题。

J条十一

1. 建立欧洲共同体条约第一百三十七条、第一百三十八条、第一百三十九条至第一百四十二条、第一百四十六条、第一百四十七条、第一百五十条至第一百五十三条、第一百五十七条至第一百六十三条以及第二百一十七条的各项规定适用于有关本编所有领域的规定。

2. 因共同外交和安全政策条款而导致的各机构的行政支出应列入欧洲共同体预算。

理事会还可作出以下决定:

(1) 或者,理事会以全体一致同意,作出把由于实施上述共同外交和政策条款而导致的行动支出列入欧洲共同体预算的决定。在此种情况下,应适用建立欧洲共同体条约所规定的预算程序。

(2) 或者,理事会作出由各成员国适当时根据一项将予以确定的分摊比例而负担上述行动支出的决定。

第六编 关于司法和内部事务领域内合作的条款

K条

司法和内部事务领域的合作由以下诸条款指导。

K条一

为了实现联盟的目标,尤其是实现人员自由流动的目标,在不损害欧洲共同体权限的情况下,各成员国视下列领域为共同利益的问题:

(1) 避难政策;

---

① 指各成员国外交部的政务司长。——译注

(2) 人员跨越成员国边界及跨越边界的管理政策;

(3) 移民政策以及涉及第三国国民的政策;

(a) 第三国国民进入各成员国领土和第三国国民在各成员国领土内流动的条件;

(b) 第三国国民在各成员国领土内居住的条件,其中包括家庭团聚和就业;

(c) 同各成员国领土内的第三国国民的非法移民、非法居住和非法工作作斗争。

(4) 同不属于第(7)至第(9)项适用范围的吸毒作斗争;

(5) 同不属于第(7)至第(9)项适用范围的国际诈骗作斗争;

(6) 民事方面的司法合作;

(7) 刑事方面的司法合作;

(8) 海关合作;

(9) 以预防和打击恐怖主义,预防和打击毒品走私,预防和打击其他严重形式的国际犯罪为目的的警察合作。必要时包括某些方面的海关工作,并在欧洲警察(Europol)的框架内组织情报交流联盟体系。

K条二

1. 解决K条一所指问题应不违反1950年11月4日的欧洲保护人权和基本自由公约以及1951年7月28日的关于难民地位公约,同时还应考虑各成员国为那些因政治原因而遭迫害的人员所提供的保护。

2. 本编不得影响各成员国在维护法律和秩序,以及保护内部安全方面行使所承担的责任。

K条三

1. 各成员国应在理事会内部就K条一所指领域的事项互通情报并彼此磋商以协调其行动。各成员国就为此目的建立各政府有关部门的合作。

2. 理事会可根据任何成员国或委员会的倡议,就K条一第(1)至第(6)项所指领域的事项采取以下行动:

或者,理事会根据任何成员国的倡议,就K条一第(7)至第(9)项所指领域的事项采取以下行动:

(1) 制定共同立场,并采取适当形式和程序促进一切有利于实现联盟目标的合作;

(2) 考虑到拟议行动的规模和效果,如果采取共同行动与成员国采取单个行动相比,前者能更好地使联盟的目标得以实现,那么,理事会应决定采取共同行动;理事会还可决定哪些共同行动的实施措施应以特定多数同意予以通过的问题;

(3) 在不影响建立欧洲共同体条约第二百二十条的情况下,理事会应起草各项公约并建议各成员国根据其各自的宪法规定对上述公约予以批准。

如果上述公约中无相反规定,那么,该公约的实施措施应以缔约各国的三分之二多数同意在理事会内部予以通过。

上述公约应规定:法院有权对该公约的条款进行解释,法院有权根据缔约各国将要制定的办法解决公约实施过程中所发生的争端。

K条四

1. 设立由高级官员组成的协调委员会。该协调委员会除行使其协调职责外,还应完成以下任务:

(1) 根据理事会的请求,或根据协调委员会自己的倡议,向理事会提出意见;

(2) 在不影响建立欧洲共同体条约第一百五十一条的情况下,负责理事会在K条一所指领域的工作的准备工作,并根据建立欧洲共同体条约第一百条D所规定的条件,负责理事会在建立欧洲共同体条约第一百条C所指领域的工作的准备工作。

2. 委员会应完全参与本编所指领域的工作。

3. 理事会以全体一致同意通过决定。但在作出涉及程序问题和K条一所明确规定的适用其他表决程序的事项的决定时,应适用特定多数同意的表决程序。

当理事会需要以特定多数同意通过决议时,其成员应依照建立欧洲共同体条约第一百四十八条第二款,以各自的加权票进行表决。在表决时,理事会的决议要求至少有五十四票赞成,并至少有八个成员国投赞成票方能通过。

K条五

参加国际组织和国际会议的成员国应维护根据本编规定而制定的共同立场。

K条六

轮值主席和委员会应定期向欧洲议会通报关于本编所指领域的工作。

轮值主席就本编所指领域的活动的主要方面,同欧洲议会进行磋商并保证充分考虑欧洲议会所提出的意见。

欧洲议会可向理事会提出问题或向理事会提出建议。欧洲议会应每年就实施涉及本编所指领域的政策的进展情况举行辩论会。

K条七

本编的各项规定不妨碍两个或几个成员国建立或发展该成员国间的紧密合作,但条件是此项合作不得违反或妨碍本编所规定的联盟合作。

K条八

1. 建立欧洲共同体条约第一百三十七条、第一百三十八条、第一百三十九条至第一百四十二条、第一百四十六条、第一百四十七条、第一百五十条至第一百五十三条、第一百五十七条至第一百六十三条以及第二百一十七条的各项规定,适用有关本编所指领域的规定。

2. 因有关本编所指领域的条款而导致的各机构的行政支出应列入欧洲共同体预算。

理事会还可作出以下决定:

(1) 或者,理事会以全体一致同意作出把由于实施上述有关本编所指领域的条款而导致的行动支出列入欧洲共同体预算的决定。在这种情况下,应适用建立欧洲共同体条约所规定的预算程序;

(2) 或者,理事会作出由各成员国适当时根据一项将予以确定的分摊比例而负担上述行动支出的决定。

K条九

理事会可根据委员会或成员国的倡议,以全体一致同意作出使建立欧洲共同体条约第一百条C适用于K条一第(1)至第(6)项所指领域的行动的决定,并同时确立相关的表决条件。理事会应建议各成员国根据其各自的宪法规定通过上述理事会决定。

第七编　最后条款

L条

建立欧洲共同体条约、建立欧洲煤钢共同体条约和建立欧洲原子能共同体条约中的涉及欧洲共同体法院权限以及在此权限范围内行使职权的规定仅适用于本条约的以下条款：

(1) 关于修改建立欧洲经济共同体条约以建立欧洲共同体的条款,关于修改建立欧洲煤钢共同体条约的条款和关于修改建立欧洲原子能共同体条约的条款；

(2) K条三第二款(3)项的第三段；

(3) L条至S条。

M条

除关于修改建立欧洲经济共同体条约以建立欧洲共同体的条款,关于修改建立欧洲煤钢共同体条约的条款和关于修改建立欧洲原子能共同体条约的条款外,本条约的任何条款均不得损害建立欧洲共同体的诸条约,也不得损害有关修改或补充上述诸条约的协定和文件。

N条

1. 任何成员国政府或委员会,均可向理事会提出旨在修改联盟基础条约的提案。

如果理事会同欧洲议会以及必要时也同委员会磋商后提出同意召开各成员国政府代表会议的意见,此次会议应由理事会轮值主席负责召集。此次会议的目的是使各成员国政府代表以一致同意通过对上述联盟基础条约的修改。如果拟对有关货币领域的机构条款进行修改,理事会还应同欧洲中央银行进行磋商。

有关修改条款应在得到各成员国的批准后予以生效。各成员国应根据其各自的宪法规定对上述有关修改条款予以批准。

3. 各成员国政府代表将于1996年召开会议。此次会议的目的是根据A条和B条所宣布的目标,对本条约中的拟议修改的条款进行审查。

O条

任何一个欧洲国家都可以申请成为联盟的成员国。该欧洲国家应向理事会提出申请,理事会同委员会磋商并征得欧洲议会的同意意见后,以全体一致同意作出决定。欧洲议会以其组成人员的绝对多数同意通过其上述同意意见。

接受加入的条件和由于此项加入而导致的对联盟基础条约的修改应是各成员国与申请国之间的协定的内容。此项协定应由各缔约国按照其各自的宪法规定予以批准。

P条

1. 1965年4月8日于布鲁塞尔签订的关于建立欧洲共同体单一理事会和单一委员会的协定第二条至第七条以及第十条至第十九条应予废除。

2. 1986年2月17日和1986年2月28日分别于卢森堡和海牙签署的单一欧洲文件第二条、第三条和第二段和第三编应予以废除。

Q条

本条约的有效期为无限有效期。

R条

1. 本条约由缔约国根据其本国的宪法规定予以批准。批准书交由意大利共和国政府保存。

2. 如果所有签约国都能于1993年1月1日前完成交存批准书的手续,本条约自1993年1月1日起生效。否则,本条约自最后一个完成交存批准书手续和签约国交存批准书后的下个月首日起生效。

S条

本条约有正本一份,用丹麦文、荷兰文、英文、法文、德文、希腊文、爱尔兰文、意大利文、葡萄牙文和西班牙文等十种文字制定。十种具有同等效力的正文本存放于意大利共和国政府档案馆,意大利政府将证明无误的副本送交每一个其他签约国。

各全权代表在本条约上签名,以作见证。

1992年2月7日订于马斯特里赫特。

(资料来源:欧共体官方出版局编:《欧洲联盟条约》,苏明忠译,国际文化出版公司1998年版,第7—129页。)

北美自由贸易协定（节录）（1992）
North American Free Trade Agreement (Excerpts), 1992

（Adopted on 7 December, 1992）

Preamble

The Government of Canada, the Government of the United Mexican States and the Government of the United States of America, resolved to:

Strengthen the special bonds of friendship and cooperation among their nations;

Contribute to the harmonious development and expansion of world trade and provide a catalyst to broader international cooperation;

Create an expanded and secure market for the goods and services produced in their territories;

Reduce distortions to trade;

Establish clear and mutually advantageous rules governing their trade;

Ensure a predictable commercial framework for business planning and investment;

Build on their respective rights and obligations under the General Agreement on Tariffs and Trade and other multilateral and bilateral instruments of cooperation;

Enhance the competitiveness of their firms in global markets;

Foster creativity and innovation, and promote trade in goods and services that are the subject of intellectual property rights;

Create new employment opportunities and improve working conditions and living standards in their respective territories;

Undertake each of the preceding in a manner consistent with environmental protection and conservation;

Preserve their flexibility to safeguard the public welfare;

Promote sustainable development;

Strengthen the development and enforcement of environmental laws and regulations; and

Protect, enhance and enforce basic workers' rights;

Have Agreed as follows:

Chapter One: Objectives

Article 101: Establishment of the Free Trade Area

The Parties to this Agreement, consistent with Article XXIV of the *General Agreement on Tariffs and Trade*, hereby establish a free trade area.

Article 102: Objectives

1. The objectives of this Agreement, as elaborated more specifically through its principles and rules, including national treatment, most-favored-nation treatment and transparency, are to:

a) eliminate barriers to trade in, and facilitate the cross-border movement of, goods and services between the territories of the Parties;

b) promote conditions of fair competition in the free trade area;

c) increase substantially investment opportunities in the territories of the Parties;

d) provide adequate and effective protection and enforcement of intellectual property rights in each Party's territory;

e) create effective procedures for the implementation and application of this Agreement, for its joint administration and for the resolution of disputes; and

f) establish a framework for further trilateral, regional and multilateral cooperation to expand and enhance the benefits of this Agreement.

2. The Parties shall interpret and apply the provisions of this Agreement in the light of its objectives set out in paragraph 1 and in accordance with applicable rules of international law.

Article 103: Relation to Other Agreements

1. The Parties affirm their existing rights and obligations with respect to each other under the *General Agreement on Tariffs and Trade* and other agreements to which such Parties are party.

2. In the event of any inconsistency between this Agreement and such other agreements, this Agreement shall prevail to the extent of the inconsistency, except as otherwise provided in this Agreement.

Article 104: Relation to Environmental and Conservation Agreements

1. In the event of any inconsistency between this Agreement and the specific trade obligations set out in:

a) the *Convention on International Trade in Endangered Species of Wild Fauna and Flora*, done at Washington, March 3, 1973, as amended June 22, 1979,

b) the *Montreal Protocol on Substances that Deplete the Ozone Layer*, done at Montreal, September 16, 1987, as amended June 29, 1990,

c) the *Basel Convention on the Control of Trans-boundary Movements of Hazardous Wastes and Their Disposal*, done at Basel, March 22, 1989, on its entry into force for Canada, Mexico and the United States, or

d) the agreements set out in Annex 104.1, such obligations shall prevail to the extent of the inconsistency, provided that where a Party has a choice among equally effective and reasonably available means of complying with such obligations, the Party chooses the alternative that is the least inconsistent with the other provisions of this Agreement.

2. The Parties may agree in writing to modify Annex 104. 1 to include any amendment to an agreement referred to in paragraph 1, and any other environmental or conservation agreement.

Article 105: Extent of Obligations

The Parties shall ensure that all necessary measures are taken in order to give effect to the provisions of this Agreement, including their observance, except as otherwise provided in this Agreement, by state and provincial governments.

Annex 104. 1

Bilateral and Other Environmental and Conservation Agreements

1. *The Agreement Between the Government of Canada and the Government of the United States of America Concerning the Trans-boundary Movement of Hazardous Waste*, signed at Ottawa, October 28, 1986.

2. *The Agreement Between the United States of America and the United Mexican States on Cooperation for the Protection and Improvement of the Environment in the Border Area*, signed at La Paz, Baja California Sur, August 14, 1983.

Chapter Two: General Definition

Article 201: Definitions of General Application

1. For purposes of this Agreement, unless otherwise specified:

Commission means the Free Trade Commission established under Article 2001(1) (The Free Trade Commission);

Customs Valuation Code means the *Agreement on Implementation of Article VII of the General Agreement on Tariffs and Trade*, including its interpretative notes;

days means calendar days, including weekends and holidays;

enterprise means any entity constituted or organized under applicable law, whether or not for profit, and whether privately-owned or governmentally-owned, including any corporation, trust, partnership, sole proprietorship, joint venture or other association;

enterprise of a Party means an enterprise constituted or organized under the law of a Party;

existing means in effect on the date of entry into force of this Agreement;

Generally Accepted Accounting Principles means the recognized consensus or substantial authoritative support in the territory of a Party with respect to the recording of revenues, expenses, costs, assets and liabilities, disclosure of information and preparation of financial statements. These standards may be broad guidelines of general application as well as detailed standards, practices and procedures;

goods of a Party means domestic products as these are understood in the *General Agreement on Tariffs and Trade* or such goods as the Parties may agree, and includes originating goods of that Party;

Harmonized System (HS) means the *Harmonized Commodity Description and Coding System*, and its legal notes, and rules as adopted and implemented by the Parties in their respective tariff laws;

measure includes any law, regulation, procedure, requirement or practice;

national means a natural person who is a citizen or permanent resident of a Party and any other natural person referred to in Annex 201.1;

originating means qualifying under the rules of origin set out in Chapter Four (Rules of Origin);

person means a natural person or an enterprise;

person of a Party means a national, or an enterprise of a Party;

Secretariat means the Secretariat established under Article 2002(1) (The Secretariat);

state enterprise means an enterprise that is owned, or controlled through ownership interests, by a Party; and

territory means for a Party the territory of that Party as set out in Annex 201.1.

2. For purposes of this Agreement, unless otherwise specified, a reference to a state or province includes local governments of that state or province.

Annex 201.1

Country-Specific Definitions

For purposes of this Agreement, unless otherwise specified:

national also includes:

a) with respect to Mexico, a national or a citizen according to Articles 30 and 34, respectively, of the Mexican Constitution; and

b) with respect to the United States, "national of the United States" as defined in the existing provisions of the *Immigration and Nationality Act*;

territory means:

a) with respect to Canada, the territory to which its customs laws apply, including any areas beyond the territorial seas of Canada within which, in accordance with international law and its domestic law, Canada may exercise rights with respect to the seabed and subsoil and their natural resources;

b) with respect to Mexico,

(i) the states of the Federation and the Federal District,

(ii) the islands, including the reefs and keys, in adjacent seas,

(iii) the islands of Guadalupe and Revillagigedo situated in the Pacific Ocean,

(iv) the continental shelf and the submarine shelf of such islands, keys and reefs,

(v) the waters of the territorial seas, in accordance with international law, and its interior maritime waters,

(vi) the space located above the national territory, in accordance with international law, and Annex 201.1

(vii) any areas beyond the territorial seas of Mexico within which, in accordance with international law, including *the United Nations Convention on the Law of the Sea*, and its domestic law, Mexico may exercise rights with respect to the seabed and subsoil and their natural resources; and

c) with respect to the United States,

(i) the customs territory of the United States, which includes the 50 states, the District of Columbia and Puerto Rico,

(ii) the foreign trade zones located in the United States and Puerto Rico, and

(iii) any areas beyond the territorial seas of the United States within which, in accordance with international law and its domestic law, the United States may exercise rights with respect to the seabed and subsoil and their natural resources.

Part Two: Trade in Goods

Chapter Three: National Treatment and Market Access for Goods

Article 300: Scope and Coverage

This Chapter applies to trade in goods of a Party, including:

a) goods covered by Annex 300-A (Trade and Investment in the Automotive Sector),

b) goods covered by Annex 300-B (Textile and Apparel Goods), and

c) goods covered by another Chapter in this Part, except as provided in such Annex or Chapter.

Section A—National Treatment

Article 301: National Treatment

1. Each Party shall accord national treatment to the goods of another Party in accordance with Article III of the *General Agreement on Tariffs and Trade* (GATT), including its interpretative notes, and to this end Article III of the GATT and its interpretative notes, or any equivalent provision of a successor agreement to which all Parties are party, are incorporated into and made part of this Agreement.

2. The provisions of paragraph 1 regarding national treatment shall mean, with respect to a state or province, treatment no less favorable than the most favorable treatment accorded by such state or province to any like, directly competitive or substitutable goods, as the case may be, of the Party of which it forms a part.

3. Paragraphs 1 and 2 do not apply to the measures set out in Annex 301.3.

Section B—Tariffs

Article 302: Tariff Elimination

1. Except as otherwise provided in this Agreement, no Party may increase any existing customs duty, or adopt any customs duty, on an originating good.

2. Except as otherwise provided in this Agreement, each Party shall progressively eliminate its customs duties on originating goods in accordance with its Schedule to Annex 302.2.

3. On the request of any Party, the Parties shall consult to consider accelerating the elimination of customs duties set out in their Schedules. An agreement between two or more Parties to accelerate the elimination of a customs duty on a good shall supersede any duty rate or staging category determined pursuant to their Schedules for such good when approved by each such Party in accordance with its applicable legal procedures.

4. Each Party may adopt or maintain import measures to allocate in-quota imports made pursuant to a tariff rate quota set out in Annex 302.2, provided that such measures do not have trade restrictive effects on imports additional to those caused by the imposition of the tariff rate quota.

5. On written request of any Party, a Party applying or intending to apply measures pursuant to paragraph 4 shall consult to review the administration of those measures.

Article 303: Restriction on Drawback and Duty Deferral Programs

1. Except as otherwise provided in this Article, no Party may refund the amount of customs duties paid, or waive or reduce the amount of customs duties owed, on a good imported into its territory, on condition that the good is:

a) subsequently exported to the territory of another Party,

b) used as a material in the production of another good that is subsequently exported to the territory of another Party, or

c) substituted by an identical or similar good used as a material in the production of another good that is subsequently exported to the territory of another Party, in an amount that exceeds the lesser of the total amount of customs duties paid or owed on the good on importation into its territory and the total amount of customs duties paid to another Party on the good that has been subsequently exported to the territory of that other Party.

2. No Party may, on condition of export, refund, waive or reduce:

a) an antidumping or countervailing duty that is applied pursuant to a Party's domestic law and that is not applied inconsistently with Chapter Nineteen (Review and Dispute Settlement in Antidumping and Countervailing Duty Matters);

b) a premium offered or collected on an imported good arising out of any tendering system in respect of the administration of quantitative import restrictions, tariff rate quotas or tariff preference levels;

c) a fee applied pursuant to section 22 of the U.S. Agricultural Adjustment Act, subject to Chapter Seven (Agriculture and Sanitary and Phytosanitary Measures); or

d) customs duties paid or owed on a good imported into its territory and substituted by an identical or similar good that is subsequently exported to the territory of another Party.

3. Where a good is imported into the territory of a Party pursuant to a duty deferral program and is subsequently exported to the territory of another Party, or is used as a material in the production of another good that is subsequently exported to the territory of another Party, or is substituted by an identical or similar good used as a material in the production of another good that is subsequently exported to the territory of another Party, the Party from whose territory the good is exported:

a) shall assess the customs duties as if the exported good had been withdrawn for domestic consumption; and

b) may waive or reduce such customs duties to the extent permitted under paragraph 1.

4. In determining the amount of customs duties that may be refunded, waived or reduced pursuant to paragraph 1 on a good imported into its territory, each Party shall require presentation of satisfactory evidence of the amount of customs duties paid to another Party on the good that has been subsequently exported to the territory of that other Party.

5. Where satisfactory evidence of the customs duties paid to the Party to which a good is subsequently exported under a duty deferral program described in paragraph 3 is not presented within 60 days after the date of exportation, the Party from whose territory the good was exported:

a) shall collect customs duties as if the exported good had been withdrawn for domestic consumption; and

b) may refund such customs duties to the extent permitted under paragraph 1 on the timely presentation of such evidence under its laws and regulations.

6. This Article does not apply to:

a) a good entered under bond for transportation and exportation to the territory of another Party;

b) a good exported to the territory of another Party in the same condition as when imported into the territory of the Party from which the good was exported (processes such as testing, cleaning, repacking or inspecting the good, or preserving it in its same condition, shall not be considered to change a good's condition). Except as provided in Annex 703.2, Section A, paragraph 12, where such a good has been commingled with fungible goods and exported in the same condition, its origin for purposes of this subparagraph, may be determined on the basis of the inventory methods provided for in the Uniform Regulations established under Article 511 (Uniform Regulations);

c) a good imported into the territory of a Party that is deemed to be exported from its territory, or used as a material in the production of another good that is deemed to be exported to the territory of another Party, or is substituted by an identical or similar good used as a material in the production of another good that is deemed to be exported to the territory of another Party, by reason of

(i) delivery to a duty-free shop,

(ii) delivery for ship's stores or supplies for ships or aircraft, or

(iii) delivery for use in joint undertakings of two or more of the Parties and that will subsequently become the property of the Party into whose territory the good was deemed to be imported;

d) a refund of customs duties by a Party on a particular good imported into its territory and subsequently exported to the territory of another Party, where that refund is granted by reason of the failure of such good to conform to sample or specification, or by reason of the shipment of such good without the consent of the consignee;

e) an originating good that is imported into the territory of a Party and is subsequently exported to the territory of another Party, or used as a material in the production of another good that is subsequently exported to the territory of another Party, or is substituted by an identical or similar good used as a material in the production of another good that is subsequently exported to the territory of another Party; or

f) a good set out in Annex 303.6.

7. Except for paragraph 2(d), this Article shall apply as of the date set out in each Party's Section of Annex 303.7.

8. Notwithstanding any other provision of this Article and except as specifically provided in Annex 303.8, no Party may refund the amount of customs duties paid, or waive or reduce the amount of customs duties owed, on a non-originating good provided for in item 8540.11.aa (color cathode-ray television picture tubes, including video monitor tubes, with a diagonal exceeding 14 inches) or 8540.11.cc (color cathoderay television picture tubes for high definition television, with a diagonal exceeding 14 inches) that is imported into the Party's territory and subsequently exported to the territory of another Party, or is used as a material in the production of another good that is subsequently exported to the territory of another Party, or is substituted by an identical or similar good used as a material in the production of another good that is subsequently exported to the territory of another Party.

9. For purposes of this Article:

customs duties are the customs duties that would be applicable to a good entered for consumption in the customs territory of a Party if the good were not exported to the territory of another party;

identical or similar goods means "identical or similar goods" as defined in Article 415 (Rules of Origin Definitions);

material means "material" as defined in Article 415;

used means "used" as defined in Article 415.

10. For purposes of the Article:

Where a good referred to by a tariff item number in this Article is described in parentheses following the tariff item number, the description is provided for purposes of reference only.

Article 304: Waiver of Customs Duties

1. Except as set out in Annex 304.1, no Party may adopt any new waiver of customs duties, or expand with respect to existing recipients or extend to any new recipient the application of an existing waiver of customs duties, where the waiver is conditioned, explicitly or implicitly, on the fulfillment of a performance requirement.

2. Except as set out in Annex 304.2, no Party may, explicitly or implicitly, condition on the fulfillment of a performance requirement the continuation of any existing waiver of customs duties.

3. If a waiver or a combination of waivers of customs duties granted by a Party with respect to goods for commercial use by a designated person can be shown by another Party to have an adverse impact on the commercial interests of a person of that Party, or of a person owned or controlled by a person of that Party that is located in the territory of the Party granting the waiver, or on the other Party's economy, the Party granting the waiver shall either cease to grant it or make it generally available to any importer.

4. This Article shall not apply to measures subject to Article 303.

Article 305: Temporary Admission of Goods

1. Each Party shall grant duty-free temporary admission for:

a) professional equipment necessary for carrying out the business activity, trade or profession of a business person who qualifies for temporary entry pursuant to Chapter Sixteen (Temporary Entry for Business Persons),

b) equipment for the press or for sound or television broadcasting and cinematographic equipment,

c) goods imported for sports purposes and goods intended for display or demonstration, and

d) commercial samples and advertising films, imported from the territory of another Party, regardless of their origin and regardless of whether like, directly competitive or substitutable goods are available in the territory of the Party.

2. Except as otherwise provided in this Agreement, no Party may condition the duty-free temporary admission of a good referred to in paragraph 1(a), (b) or (c), other than to require that such good:

a) be imported by a national or resident of another Party who seeks temporary entry;

b) be used solely by or under the personal supervision of such person in the exercise of the business activity, trade or profession of that person;

c) not be sold or leased while in its territory;

d) be accompanied by a bond in an amount no greater than 110 percent of the charges that would otherwise be owed on entry or final importation, or by another form of security, releasable on exportation of the good, except that a bond for customs duties shall not be required for an originating good;

e) be capable of identification when exported;

f) be exported on the departure of that person or within such other period of time as is reasonably related to the purpose of the temporary admission; and

g) be imported in no greater quantity than is reasonable for its intended use.

3. Except as otherwise provided in this Agreement, no Party may condition the duty-free temporary admission of a good referred to in paragraph 1(d), other than to require that such good:

a) be imported solely for the solicitation of orders for goods, or services provided from the territory, of another Party or non-Party;

b) not be sold, leased or put to any use other than exhibition or demonstration while in its territory;

c) be capable of identification when exported;

d) be exported within such period as is reasonably related to the purpose of the temporary admission; and

e) be imported in no greater quantity than is reasonable for its intended use.

4. A Party may impose the customs duty and any other charge on a good temporarily admitted duty-free under paragraph 1 that would be owed on entry or final importation of such good if any con-

dition that the Party imposes under paragraph 2 or 3 has not been fulfilled.

5. Subject to Chapters Eleven (Investment) and Twelve (Cross Border Trade in Services):

a) each Party shall allow a vehicle or container used in international traffic that enters its territory from the territory of another Party to exit its territory on any route that is reasonably related to the economic and prompt departure of such vehicle or container;

b) no Party may require any bond or impose any penalty or charge solely by reason of any difference between the port of entry and the port of departure of a vehicle or container;

c) no Party may condition the release of any obligation, including any bond, that it imposes in respect of the entry of a vehicle or container into its territory on its exit through any particular port of departure; and

d) no Party may require that the vehicle or carrier bringing a container from the territory of another Party into its territory be the same vehicle or carrier that takes such container to the territory of another Party.

6. For purposes of paragraph 5, "vehicle" means a truck, a truck tractor, tractor, trailer unit or trailer, a locomotive, or a railway car or other railroad equipment.

Article 306: Duty-Free Entry of Certain Commercial Samples and Printed Advertising Materials

Each Party shall grant duty-free entry to commercial samples of negligible value, and to printed advertising materials, imported from the territory of another Party, regardless of their origin, but may require that:

a) such samples be imported solely for the solicitation of orders for goods, or services provided from the territory, of another Party or non-Party; or

b) such advertising materials be imported in packets that each contain no more than one copy of each such material and that neither such materials nor packets form part of a larger consignment.

Article 307: Goods Re-Entered after Repair or Alteration

1. Except as set out in Annex 307.1, no Party may apply a customs duty to a good, regardless of its origin, that re enters its territory after that good has been exported from its territory to the territory of another Party for repair or alteration, regardless of whether such repair or alteration could be performed in its territory.

2. Notwithstanding Article 303, no Party may apply a customs duty to a good, regardless of its origin, imported temporarily from the territory of another Party for repair or alteration.

3. Annex 307.3 applies to the Parties specified in that Annex respecting the repair and rebuilding of vessels.

Article 308: Most-Favored-Nation Rates of Duty on Certain Goods

1. Annex 308.1 applies to certain automatic data processing goods and their parts.

2. Annex 308.2 applies to certain color television tubes.

3. Each Party shall accord most-favored-nation duty-free treatment to any local area network apparatus imported into its territory, and shall consult in accordance with Annex 308.3.

Section C—Non-Tariff Measures

Article 309: Import and Export Restrictions

1. Except as otherwise provided in this Agreement, no Party may adopt or maintain any prohibition or restriction on the importation of any good of another Party or on the exportation or sale for export of any good destined for the territory of another Party, except in accordance with Article XI of the GATT, including its interpretative notes, and to this end Article XI of the GATT and its interpretative notes, or any equivalent provision of a successor agreement to which all Parties are party, are incorporated into and made a part of this Agreement.

2. The Parties understand that the GATT rights and obligations incorporated by paragraph 1 prohibit, in any circumstances in which any other form of restriction is prohibited, export price requirements and, except as permitted in enforcement of countervailing and antidumping orders and undertakings, import price requirements.

3. In the event that a Party adopts or maintains a prohibition or restriction on the importation from or exportation to a non-Party of a good, nothing in this Agreement shall be construed to prevent the Party from:

a) limiting or prohibiting the importation from the territory of another Party of such good of that non-Party; or

b) requiring as a condition of export of such good of the Party to the territory of another Party, that the good not be re-exported to the non-Party, directly or indirectly, without being consumed in the territory of the other Party.

4. In the event that a Party adopts or maintains a prohibition or restriction on the importation of a good from a non-Party, the Parties, on request of any Party, shall consult with a view to avoiding undue interference with or distortion of pricing, marketing and distribution arrangements in another Party.

5. Paragraphs 1 through 4 shall not apply to the measures set out in Annex 301.3.

Article 310: Customs User Fees

1. No Party may adopt any customs user fee of the type referred to in Annex 310.1 for originating goods.

2. The Parties specified in Annex 310.1 may maintain existing such fees in accordance with that Annex.

Article 311: Country of Origin Marking

Annex 311 applies to measures relating to country of origin marking.

Article 312: Wine and Distilled Spirits

1. No Party may adopt or maintain any measure requiring that distilled spirits imported from the territory of another Party for bottling be blended with any distilled spirits of the Party.

2. Annex 312.2 applies to other measures relating to wine and distilled spirits.

Article 313: Distinctive Products

Annex 313 applies to standards and labeling of the distinctive products set out in that Annex.

Article 314: Export Taxes

Except as set out in Annex 314, no Party may adopt or maintain any duty, tax or other charge on the export of any good to the territory of another Party, unless such duty, tax or charge is adopted or maintained on:

a) exports of any such good to the territory of all other Parties; and

b) any such good when destined for domestic consumption.

Article 315: Other Export Measures

1. Except as set out in Annex 315, a Party may adopt or maintain a restriction otherwise justified under Articles XI:2(a) or XX(g), (i) or (j) of the GATT with respect to the export of a good of the Party to the territory of another Party, only if:

a) the restriction does not reduce the proportion of the total export shipments of the specific good made available to that other Party relative to the total supply of that good of the Party maintaining the restriction as compared to the proportion prevailing in the most recent 36month period for which data are available prior to the imposition of the measure, or in such other representative period on which the Parties may agree;

b) the Party does not impose a higher price for exports of a good to that other Party than the price charged for such good when consumed domestically, by means of any measure, such as licenses, fees, taxation and minimum price requirements. The foregoing provision does not apply to a higher price that may result from a measure taken pursuant to subparagraph (a) that only restricts the volume of exports; and

c) the restriction does not require the disruption of normal channels of supply to that other Party or normal proportions among specific goods or categories of goods supplied to that other Party.

2. The Parties shall cooperate in the maintenance and development of effective controls on the export of each other's goods to a non-Party in implementing this Article.

Section D—Consultations

Article 316: Consultations and Committee on Trade in Goods

1. The Parties hereby establish a Committee on Trade in Goods, comprising representatives of each Party.

2. The Committee shall meet on the request of any Party or the Commission to consider any matter arising under this Chapter.

3. The Parties shall convene at least once each year a meeting of their officials responsible for customs, immigration, inspection of food and agricultural products, border inspection facilities, and regulation of transportation for the purpose of addressing issues related to movement of goods through the Parties' ports of entry.

Article 401: Originating Goods

Except as otherwise provided in this Chapter, a good shall originate in the territory of a Party where:

a) the good is wholly obtained or produced entirely in the territory of one or more of the Parties, as defined in Article 415;

b) each of the non-originating materials used in the production of the good undergoes an applicable change in tariff classification set out in Annex 401 as a result of production occurring entirely in the territory of one or more of the Parties, or the good otherwise satisfies the applicable requirements of that Annex where no change in tariff classification is required, and the good satisfies all other applicable requirements of this Chapter;

c) the good is produced entirely in the territory of one or more of the Parties exclusively from originating materials; or

d) except for a good provided for in Chapters 61 through 63 of the Harmonized System, the good is produced entirely in the territory of one or more of the Parties but one or more of the non-originating materials provided for as parts under the Harmonized System that are used in the production of the good does not undergo a change in tariff classification because

(i) the good was imported into the territory of a Party in an unassembled or a disassembled form but was classified as an assembled good pursuant to General Rule of Interpretation 2(a) of the Harmonized System, or

(ii) the heading for the good provides for and specifically describes both the good itself and its parts and is not further subdivided into subheadings, or the subheading for the good provides for and specifically describes both the good itself and its parts, provided that the regional value content of the good, determined in accordance with Article 402, is not less than 60 percent where the transaction value method is used, or is not less than 50 percent where the net cost method is used, and that the good satisfies all other applicable requirements of this Chapter.

Article 506: Origin Verifications

1. For purposes of determining whether a good imported into its territory from the territory of another Party qualifies as an originating good, a Party may, through its customs administration, conduct a verification solely by means of:

a) written questionnaires to an exporter or a producer in the territory of another Party;

b) visits to the premises of an exporter or a producer in the territory of another Party to review the records referred to in Article 505(a) and observe the facilities used in the production of the good; or

c) such other procedure as the Parties may agree.

2. Prior to conducting a verification visit pursuant to paragraph (1)(b), a Party shall, through its customs administration:

a) deliver a written notification of its intention to conduct the visit to

(i) the exporter or producer whose premises are to be visited,

(ii) the customs administration of the Party in whose territory the visit is to occur, and

(iii) if requested by the Party in whose territory the visit is to occur, the embassy of that Party in the territory of the Party proposing to conduct the visit; and

b) obtain the written consent of the exporter or producer whose premises are to be visited.

3. The notification referred to in paragraph 2 shall include:

a) the identity of the customs administration issuing the notification;

b) the name of the exporter or producer whose premises are to be visited;

c) the date and place of the proposed verification visit;

d) the object and scope of the proposed verification visit, including specific reference to the good that is the subject of the verification;

e) the names and titles of the officials performing the verification visit; and

f) the legal authority for the verification visit.

4. Where an exporter or a producer has not given its written consent to a proposed verification visit within 30 days of receipt of notification pursuant to paragraph 2, the notifying Party may deny preferential tariff treatment to the good that would have been the subject of the visit.

5. Each Party shall provide that, where its customs administration receives notification pursuant to paragraph 2, the customs administration may, within 15 days of receipt of the notification, postpone the proposed verification visit for a period not exceeding 60 days from the date of such receipt, or for such longer period as the Parties may agree.

6. A Party shall not deny preferential tariff treatment to a good based solely on the postponement of a verification visit pursuant to paragraph 5.

7. Each Party shall permit an exporter or a producer whose good is the subject of a verification visit by another Party to designate two observers to be present during the visit, provided that:

a) the observers do not participate in a manner other than as observers; and

b) the failure of the exporter or producer to designate observers shall not result in the postponement of the visit.

8. Each Party shall, through its customs administration, conduct a verification of a regional value-content requirement in accordance with the Generally Accepted Accounting Principles applied in the territory of the Party from which the good was exported.

9. The Party conducting a verification shall provide the exporter or producer whose good is the subject of the verification with a written determination of whether the good qualifies as an originating good, including findings of fact and the legal basis for the determination.

10. Where verifications by a Party indicate a pattern of conduct by an exporter or a producer of false or unsupported representations that a good imported into its territory qualifies as an originating good, the Party may withhold preferential tariff treatment to identical goods exported or produced by such person until that person establishes compliance with Chapter Four (Rules of Origin).

11. Each Party shall provide that where it determines that a certain good imported into its territory does not qualify as an originating good based on a tariff classification or a value applied by the Party to one or more materials used in the production of the good, which differs from the tariff classification or value applied to the materials by the Party from whose territory the good was exported, the

Party's determination shall not become effective until it notifies in writing both the importer of the good and the person that completed and signed the Certificate of Origin for the good of its determination.

12. A Party shall not apply a determination made under paragraph 11 to an importation made before the effective date of the determination where:

a) the customs administration of the Party from whose territory the good was exported has issued an advance ruling under Article 509 or any other ruling on the tariff classification or on the value of such materials, or has given consistent treatment to the entry of the materials under the tariff classification or value at issue, on which a person is entitled to rely; and

b) the advance ruling or consistent treatment was given prior to notification of the determination.

13. If a Party denies preferential tariff treatment to a good pursuant to a determination made under paragraph 11, it shall postpone the effective date of the denial for a period not exceeding 90 days where the importer of the good, or the person who completed and signed the Certificate of Origin for the good, demonstrates that it has relied in good faith to its detriment on the tariff classification or value applied to such materials by the customs administration of the Party from whose territory the good was exported.

Chapter Seven: Agriculture and Sanitary and Phytosanitary Measures

Article 701: Scope and Coverage

1. This Section applies to measures adopted or maintained by a Party relating to agricultural trade.

2. In the event of any inconsistency between this Section and another provision of this Agreement, this Section shall prevail to the extent of the inconsistency.

Article 702: International Obligations

1. Annex 702.1 applies to the Parties specified in that Annex with respect to agricultural trade under certain agreements between them.

2. Prior to adopting pursuant to an intergovernmental commodity agreement, a measure that may affect trade in an agricultural good between the Parties, the Party proposing to adopt the measure shall consult with the other Parties with a view to avoiding nullification or impairment of a concession granted by that Party in its Schedule to Annex 302.2.

3. Annex 702.3 applies to the Parties specified in that Annex with respect to measures adopted or maintained pursuant to an intergovernmental coffee agreement.

Article 703: Market Access

1. The Parties shall work together to improve access to their respective markets through the reduction or elimination of import barriers to trade between them in agricultural goods.

Customs Duties, Quantitative Restrictions, and Agricultural Grading and Marketing Standards

2. Annex 703.2 applies to the Parties specified in that Annex with respect to customs duties

and quantitative restrictions, trade in sugar and syrup goods, and agricultural grading and marketing standards.

Special Safeguard Provisions

3. Each Party may, in accordance with its Schedule to Annex 302.2, adopt or maintain a special safeguard in the form of a tariff rate quota on an agricultural good listed in its Section of Annex 703.3. Notwithstanding Article 302.2, a Party may not apply an over-quota tariff rate under a special safeguard that exceeds the lesser of:

a) the most-favored-nation (MFN) rate as of July 1, 1991; and

b) the prevailing MFN rate.

4. No Party may, with respect to the same good and the same country, at the same time:

a) apply an over-quota tariff rate under paragraph 3; and

b) take an emergency action covered by Chapter Eight (Emergency Action).

Article 704: Domestic Support

The Parties recognize that domestic support measures can be of crucial importance to their agricultural sectors but may also have trade distorting and production effects and that domestic support reduction commitments may result from agricultural multilateral trade negotiations under the *General Agreement on Tariffs and Trade (GATT)*. Accordingly, where a Party supports its agricultural producers, that Party should endeavor to work toward domestic support measures that:

a) have minimal or no trade distorting or production effects; or

b) are exempt from any applicable domestic support reduction commitments that may be negotiated under the GATT.

The Parties further recognize that a Party may change its domestic support measures, including those that may be subject to reduction commitments, at the Party's discretion, subject to its rights and obligations under the GATT.

Article 705: Export Subsidies

1. The Parties share the objective of the multilateral elimination of export subsidies for agricultural goods and shall cooperate in an effort to achieve an agreement under the GATT to eliminate those subsidies.

2. The Parties recognize that export subsidies for agricultural goods may prejudice the interests of importing and exporting Parties and, in particular, may disrupt the markets of importing Parties. Accordingly, in addition to the rights and obligations of the Parties specified in Annex 702.1, the Parties affirm that it is inappropriate for a Party to provide an export subsidy for an agricultural good exported to the territory of another Party where there are no other subsidized imports of that good into the territory of that other Party.

3. Except as provided in Annex 702.1, where an exporting Party considers that a non-Party is exporting an agricultural good to the territory of another Party with the benefit of export subsidies, the importing Party shall, on written request of the exporting Party, consult with the exporting Party with a view to agreeing on specific measures that the importing Party may adopt to counter the effect

of any such subsidized imports. If the importing Party adopts the agreed-upon measures, the exporting Party shall refrain from applying, or immediately cease to apply, any export subsidy to exports of such good to the territory of the importing Party.

4. Except as provided in Annex 702. 1, an exporting Party shall deliver written notice to the importing Party at least three days, excluding weekends, prior to adopting an export subsidy measure on an agricultural good exported to the territory of another Party. The exporting Party shall consult with the importing Party within 72 hours of receipt of the importing Party's written request, with a view to eliminating the subsidy or minimizing any adverse impact on the market of the importing Party for that good. The importing Party shall, when requesting consultations with the exporting Party, at the same time, deliver written notice to a third Party of the request. A third Party may request to participate in such consultations.

5. Each Party shall take into account the interests of the other Parties in the use of any export subsidy on an agricultural good, recognizing that such subsidies may have prejudicial effects on the interests of the other Parties.

6. The Parties hereby establish a Working Group on Agricultural Subsidies, comprising representatives of each Party, which shall meet at least semi-annually or as the Parties may otherwise agree, to work toward elimination of all export subsidies affecting agricultural trade between the Parties. The functions of the Working Group shall include:

a) monitoring the volume and price of imports into the territory of any Party of agricultural goods that have benefited from export subsidies;

b) providing a forum for the Parties to develop mutually acceptable criteria and procedures for reaching agreement on the limitation or elimination of export subsidies for imports of agricultural goods into the territories of the Parties; and

c) reporting annually to the Committee on Agricultural Trade, established under Article 706, on the implementation of this Article.

7. Notwithstanding any other provision of this Article:

a) if the importing and exporting Parties agree to an export subsidy for an agricultural good exported to the territory of the importing Party, the exporting Party or Parties may adopt or maintain such subsidy; and

b) each Party retains its rights to apply countervailing duties to subsidized imports of agricultural goods from the territory of a Party or non-Party.

Part Three: Technical Barriers to Trade

Chapter Nine: Standards-Related Measures

Article 901: Scope and Coverage

1. This Chapter applies to standards-related measures of a Party, other than those covered by Section B of Chapter Seven (Sanitary and Phytosanitary Measures), that may, directly or indirectly,

affect trade in goods or services between the Parties, and to measures of the Parties relating to such measures.

2. Technical specifications prepared by governmental bodies for production or consumption requirements of such bodies shall be governed exclusively by Chapter Ten (Government Procurement).

Article 902: Extent of Obligations

1. Article 105 (Extent of Obligations) does not apply to this Chapter.

2. Each Party shall seek, through appropriate measures, to ensure observance of Articles 904 through 908 by state or provincial governments and by non-governmental standardizing bodies in its territory.

Article 903: Affirmation of Agreement on Technical Barriers to Trade and Other Agreements

Further to Article 103 (Relation to Other Agreements), the Parties affirm with respect to each other their existing rights and obligations relating to standards-related measures under the *GATT Agreement on Technical Barriers to Trade* and all other international agreements, including environmental and conservation agreements, to which those Parties are party.

Article 904: Basic Rights and Obligations

Right to Take Standards-Related Measures

1. Each Party may, in accordance with this Agreement, adopt, maintain or apply any standards-related measure, including any such measure relating to safety, the protection of human, animal or plant life or health, the environment or consumers, and any measure to ensure its enforcement or implementation. Such measures include those to prohibit the importation of a good of another Party or the provision of a service by a service provider of another Party that fails to comply with the applicable requirements of those measures or to complete the Party's approval procedures.

Right to Establish Level of Protection

2. Notwithstanding any other provision of this Chapter, each Party may, in pursuing its legitimate objectives of safety or the protection of human, animal or plant life or health, the environment or consumers, establish the levels of protection that it considers appropriate in accordance with Article 907(2).

Non-Discriminatory Treatment

3. Each Party shall, in respect of its standards-related measures, accord to goods and service providers of another Party:

(a) national treatment in accordance with Article 301 (Market Access) or Article 1202 (Cross-Border Trade in Services); and

(b) treatment no less favorable than that it accords to like goods, or in like circumstances to service providers, of any other country.

Unnecessary Obstacles

4. No Party may prepare, adopt, maintain or apply any standards-related measure with a view

to or with the effect of creating an unnecessary obstacle to trade between the Parties. An unnecessary obstacle to trade shall not be deemed to be created where:

(a) the demonstrable purpose of the measure is to achieve a legitimate objective; and

(b) the measure does not operate to exclude goods of another Party that meet that legitimate objective.

Article 905: Use of International Standards

1. Each Party shall use, as a basis for its standards-related measures, relevant international standards or international standards whose completion is imminent, except where such standards would be an ineffective or inappropriate means to fulfill its legitimate objectives, for example because of fundamental climatic, geographical, technological or infrastructural factors, scientific justification or the level of protection that the Party considers appropriate.

2. A Party's standards-related measure that conforms to an international standard shall be presumed to be consistent with Article 904(3) and (4).

3. Nothing in paragraph 1 shall be construed to prevent a Party, in pursuing its legitimate objectives, from adopting, maintaining or applying any standards-related measure that results in a higher level of protection than would be achieved if the measure were based on the relevant international standard.

Article 906: Compatibility and Equivalence

1. Recognizing the crucial role of standards-related measures in achieving legitimate objectives, the Parties shall, in accordance with this Chapter, work jointly to enhance the level of safety and of protection of human, animal and plant life and health, the environment and consumers.

2. Without reducing the level of safety or of protection of human, animal or plant life or health, the environment or consumers, without prejudice to the rights of any Party under this Chapter, and taking into account international standardization activities, the Parties shall, to the greatest extent practicable, make compatible their respective standards-related measures, so as to facilitate trade in a good or service between the Parties.

3. Further to Articles 902 and 905, a Party shall, on request of another Party, seek, through appropriate measures, to promote the compatibility of a specific standard or conformity assessment procedure that is maintained in its territory with the standards or conformity assessment procedures maintained in the territory of the other Party.

4. Each importing Party shall treat a technical regulation adopted or maintained by an exporting Party as equivalent to its own where the exporting Party, in cooperation with the importing Party, demonstrates to the satisfaction of the importing Party that its technical regulation adequately fulfills the importing Party's legitimate objectives.

5. The importing Party shall provide to the exporting Party, on request, its reasons in writing for not treating a technical regulation as equivalent under paragraph 4.

6. Each Party shall, wherever possible, accept the results of a conformity assessment procedure conducted in the territory of another Party, provided that it is satisfied that the procedure offers

an assurance, equivalent to that provided by a procedure it conducts or a procedure conducted in its territory the results of which it accepts, that the relevant good or service complies with the applicable technical regulation or standard adopted or maintained in the Party's territory.

7. Prior to accepting the results of a conformity assessment procedure pursuant to paragraph 6, and to enhance confidence in the continued reliability of each other's conformity assessment results, the Parties may consult on such matters as the technical competence of the conformity assessment bodies involved, including verified compliance with relevant international standards through such means as accreditation.

Article 907: Assessment of Risk

1. A Party may, in pursuing its legitimate objectives, conduct an assessment of risk. In conducting an assessment, a Party may take into account, among other factors relating to a good or service:

(a) available scientific evidence or technical information;

(b) intended end uses;

(c) processes or production, operating, inspection, sampling or testing methods; or

(d) environmental conditions.

2. Where pursuant to Article 904(2) a Party establishes a level of protection that it considers appropriate and conducts an assessment of risk, it should avoid arbitrary or unjustifiable distinctions between similar goods or services in the level of protection it considers appropriate, where the distinctions:

(a) result in arbitrary or unjustifiable discrimination against goods or service providers of another Party;

(b) constitute a disguised restriction on trade between the Parties; or

(c) discriminate between similar goods or services for the same use under the same conditions that pose the same level of risk and provide similar benefits.

3. Where a Party conducting an assessment of risk determines that available scientific evidence or other information is insufficient to complete the assessment, it may adopt a provisional technical regulation on the basis of available relevant information. The Party shall, within a reasonable period after information sufficient to complete the assessment of risk is presented to it, complete its assessment, review and, where appropriate, revise the provisional technical regulation in the light of that assessment.

Article 908: Conformity Assessment

1. The Parties shall, further to Article 906 and recognizing the existence of substantial differences in the structure, organization and operation of conformity assessment procedures in their respective territories, make compatible those procedures to the greatest extent practicable.

2. Recognizing that it should be to the mutual advantage of the Parties concerned and except as set out in Annex 908.2, each Party shall accredit, approve, license or otherwise recognize conformity assessment bodies in the territory of another Party on terms no less favorable than those accorded

to conformity assessment bodies in its territory.

3. Each Party shall, with respect to its conformity assessment procedures:

(a) not adopt or maintain any such procedure that is stricter, nor apply the procedure more strictly, than necessary to give it confidence that a good or a service conforms with an applicable technical regulation or standard, taking into account the risks that non-conformity would create;

(b) initiate and complete the procedure as expeditiously as possible;

(c) in accordance with Article 904(3), undertake processing of applications in non-discriminatory order;

(d) publish the normal processing period for each such procedure or communicate the anticipated processing period to an applicant on request;

(e) ensure that the competent body

(i) on receipt of an application, promptly examines the completeness of the documentation and informs the applicant in a precise and complete manner of any deficiency,

(ii) transmits to the applicant as soon as possible the results of the conformity assessment procedure in a form that is precise and complete so that the applicant may take any necessary corrective action,

(iii) where the application is deficient, proceeds as far as practicable with the procedure where the applicant so requests, and

(iv) informs the applicant, on request, of the status of the application and the reasons for any delay;

(f) limit the information the applicant is required to supply to that necessary to conduct the procedure and to determine appropriate fees;

(g) accord confidential or proprietary information arising from, or supplied in connection with, the conduct of the procedure for a good of another Party or for a service provided by a person of another Party

(i) the same treatment as that for a good of the Party or a service provided by a person of the Party, and

(ii) in any event, treatment that protects an applicant's legitimate commercial interests to the extent provided under the Party's law;

(h) ensure that any fee it imposes for conducting the procedure is no higher for a good of another Party or a service provider of another Party than is equitable in relation to any such fee imposed for its like goods or service providers or for like goods or service providers of any other country, taking into account communication, transportation and other related costs;

(i) ensure that the location of facilities at which a conformity assessment procedure is conducted does not cause unnecessary inconvenience to an applicant or its agent;

(j) limit the procedure, for a good or service modified subsequent to a determination that the good or service conforms to the applicable technical regulation or standard, to that necessary to determine that the good or service continues to conform to the technical regulation or standard; and

(k) limit any requirement regarding samples of a good to that which is reasonable, and ensure that the selection of samples does not cause unnecessary inconvenience to an applicant or its agent.

4. Each Party shall apply, with such modifications as may be necessary, the relevant provisions of paragraph 3 to its approval procedures.

5. Each Party shall, on request of another Party, take such reasonable measures as may be available to it to facilitate access in its territory for conformity assessment activities.

6. Each Party shall give sympathetic consideration to a request by another Party to negotiate agreements for the mutual recognition of the results of that other Party's conformity assessment procedures.

Article 909: Notification, Publication, and Provision of Information

1. Further to Articles 1802 (Publication) and 1803 (Notification and Provision of Information), each Party proposing to adopt or modify a technical regulation shall:

(a) at least 60 days prior to the adoption or modification of the measure, other than a law, publish a notice and notify in writing the other Parties of the proposed measure in such a manner as to enable interested persons to become acquainted with the proposed measure, except that in the case of any such measure relating to perishable goods, each Party shall, to the greatest extent practicable, publish the notice and provide the notification at least 30 days prior to the adoption or modification of the measure, but no later than when notification is provided to domestic producers;

(b) identify in the notice and notification the good or service to which the measure would apply, and shall provide a brief description of the objective of, and reasons for the measure;

(c) provide a copy of the proposed measure to any Party or interested person that so requests, and shall, wherever possible, identify any provision that deviates in substance from relevant international standards; and

(d) without discrimination, allow other Parties and interested persons to make comments in writing and shall, on request, discuss the comments and take the comments and the results of the discussions into account.

2. Each Party proposing to adopt or modify a standard or any conformity assessment procedure not otherwise considered to be a technical regulation shall, where an international standard relevant to the proposed measure does not exist or such measure is not substantially the same as an international standard, and where the measure may have a significant effect on the trade of the other Parties:

(a) at an early appropriate stage, publish a notice and provide a notification of the type required in paragraph 1(a) and (b); and

(b) observe paragraph (c) and (d).

3. Each Party shall seek, through appropriate measures, to ensure, with respect to a technical regulation of a state or provincial government other than a local government:

(a) that, at an early appropriate stage, a notice and notification of the type required under paragraph 1(a) and (b) are made prior to their adoption; and

(b) observance of paragraph (c) and (d).

4. Where a Party considers it necessary to address an urgent problem relating to safety or to

protection of human, animal or plant life or health, the environment or consumers, it may omit any step set out in paragraph 1 or 3, provided that on adoption of a standards-related measure it shall:

(a) immediately provide to the other Parties a notification of the type required under paragraph 1(b), including a brief description of the urgent problem;

(b) provide a copy of the measure to any Party or interested person that so requests; and

(c) without discrimination, allow other Parties and interested persons to make comments in writing, and shall, on request, discuss the comments and take the comments and the results of the discussions into account.

5. Each Party shall, except where necessary to address an urgent problem referred to in paragraph 4, allow a reasonable period between the publication of a standards-related measure and the date that it becomes effective to allow time for interested persons to adapt to the measure.

6. Where a Party allows non-governmental persons in its territory to be present during the process of development of standards-related measures, it shall also allow non-governmental persons from the territories of the other Parties to be present.

7. Each Party shall notify the other Parties of the development of, amendment to, or change in the application of its standards-related measures no later than the time at which it notifies non-governmental persons in general or the relevant sector in its territory.

8. Each Party shall seek, through appropriate measures, to ensure the observance of paragraphs 6 and 7 by a state or provincial government, and by non-governmental standardizing bodies in its territory.

9. Each Party shall designate by January 1, 1994 a government authority responsible for the implementation at the federal level of the notification provisions of this Article, and shall notify the other Parties thereof. Where a Party designates two or more government authorities for that purpose, it shall provide to the other Parties complete and unambiguous information on the scope of responsibility of each such authority.

Article 910: Inquiry Points

1. Each Party shall ensure that there is an inquiry point that is able to answer all reasonable inquiries from other Parties and interested persons, and to provide relevant documents regarding:

(a) any standards-related measure proposed, adopted or maintained in its territory at the federal, state or provincial government level;

(b) the membership and participation of the Party, or its relevant federal, state or provincial government authorities, in international and regional standardizing bodies and conformity assessment systems, and in bilateral and multilateral arrangements regarding standards-related measures, and the provisions of those systems and arrangements;

(c) the location of notices published pursuant to Article 909, or where the information can be obtained;

(d) the location of the inquiry points referred to in paragraph 3; and

(e) the Party's procedures for assessment of risk, and factors it considers in conducting the assessment and in establishing, pursuant to Article 904(2), the levels of protection that it considers appropriate.

2. Where a Party designates more than one inquiry point, it shall:

(a) provide to the other Parties complete and unambiguous information on the scope of responsibility of each inquiry point; and

(b) ensure that any inquiry addressed to an incorrect inquiry point is promptly conveyed to the correct inquiry point.

3. Each Party shall take such reasonable measures as may be available to it to ensure that there is at least one inquiry point that is able to answer all reasonable inquiries from other Parties and interested persons and to provide relevant documents or information as to where they can be obtained regarding:

(a) any standard or conformity assessment procedure proposed, adopted or maintained by non-governmental standardizing bodies in its territory; and

(b) the membership and participation of relevant non-governmental bodies in its territory in international and regional standardizing bodies and conformity assessment systems.

4. Each Party shall ensure that where copies of documents are requested by another Party or by interested persons in accordance with this Chapter, they are supplied at the same price, apart from the actual cost of delivery, as the price for domestic purchase.

Part Five: Investment, Services and Related Matters

Chapter Eleven: Investment

Section A—Investment

Article 1101: Scope and Coverage

1. This Chapter applies to measures adopted or maintained by a Party relating to:

(a) investors of another Party;

(b) investments of investors of another Party in the territory of the Party; and

(c) with respect to Articles 1106 and 1114, all investments in the territory of the Party.

2. A Party has the right to perform exclusively the economic activities set out in Annex III and to refuse to permit the establishment of investment in such activities.

3. This Chapter does not apply to measures adopted or maintained by a Party to the extent that they are covered by Chapter Fourteen (Financial Services).

4. Nothing in this Chapter shall be construed to prevent a Party from providing a service or performing a function such as law enforcement, correctional services, income security or insurance, social security or insurance, social welfare, public education, public training, health, and child care, in a manner that is not inconsistent with this Chapter.

Article 1102: National Treatment

1. Each Party shall accord to investors of another Party treatment no less favorable than that it

accords, in like circumstances, to its own investors with respect to the establishment, acquisition, expansion, management, conduct, operation, and sale or other disposition of investments.

2. Each Party shall accord to investments of investors of another Party treatment no less favorable than that it accords, in like circumstances, to investments of its own investors with respect to the establishment, acquisition, expansion, management, conduct, operation, and sale or other disposition of investments.

3. The treatment accorded by a Party under paragraphs 1 and 2 means, with respect to a state or province, treatment no less favorable than the most favorable treatment accorded, in like circumstances, by that state or province to investors, and to investments of investors, of the Party of which it forms a part.

4. For greater certainty, no Party may:

(a) impose on an investor of another Party a requirement that a minimum level of equity in an enterprise in the territory of the Party be held by its nationals, other than nominal qualifying shares for directors or incorporators of corporations; or

(b) require an investor of another Party, by reason of its nationality, to sell or otherwise dispose of an investment in the territory of the Party.

Article 1103: Most-Favored-Nation Treatment

1. Each Party shall accord to investors of another Party treatment no less favorable than that it accords, in like circumstances, to investors of any other Party or of a non-Party with respect to the establishment, acquisition, expansion, management, conduct, operation, and sale or other disposition of investments.

2. Each Party shall accord to investments of investors of another Party treatment no less favorable than that it accords, in like circumstances, to investments of investors of any other Party or of a non-Party with respect to the establishment, acquisition, expansion, management, conduct, operation, and sale or other disposition of investments.

Article 1104: Standard of Treatment

Each Party shall accord to investors of another Party and to investments of investors of another Party the better of the treatment required by Articles 1102 and 1103.

Article 1105: Minimum Standard of Treatment

1. Each Party shall accord to investments of investors of another Party treatment in accordance with international law, including fair and equitable treatment and full protection and security.

2. Without prejudice to paragraph 1 and notwithstanding Article 1108(7)(b), each Party shall accord to investors of another Party, and to investments of investors of another Party, non-discriminatory treatment with respect to measures it adopts or maintains relating to losses suffered by investments in its territory owing to armed conflict or civil strife.

3. Paragraph 2 does not apply to existing measures relating to subsidies or grants that would be inconsistent with Article 1102 but for Article 1108(7)(b).

Article 1106: Performance Requirements

1. No Party may impose or enforce any of the following requirements, or enforce any commitment or undertaking, in connection with the establishment, acquisition, expansion, management, conduct or operation of an investment of an investor of a Party or of a non-Party in its territory:

(a) to export a given level or percentage of goods or services;

(b) to achieve a given level or percentage of domestic content;

(c) to purchase, use or accord a preference to goods produced or services provided in its territory, or to purchase goods or services from persons in its territory;

(d) to relate in any way the volume or value of imports to the volume or value of exports or to the amount of foreign exchange inflows associated with such investment;

(e) to restrict sales of goods or services in its territory that such investment produces or provides by relating such sales in any way to the volume or value of its exports or foreign exchange earnings;

(f) to transfer technology, a production process or other proprietary knowledge to a person in its territory, except when the requirement is imposed or the commitment or undertaking is enforced by a court, administrative tribunal or competition authority to remedy an alleged violation of competition laws or to act in a manner not inconsistent with other provisions of this Agreement; or

(g) to act as the exclusive supplier of the goods it produces or services it provides to a specific region or world market.

2. A measure that requires an investment to use a technology to meet generally applicable health, safety or environmental requirements shall not be construed to be inconsistent with paragraph 1(f). For greater certainty, Articles 1102 and 1103 apply to the measure.

3. No Party may condition the receipt or continued receipt of an advantage, in connection with an investment in its territory of an investor of a Party or of a non-Party, on compliance with any of the following requirements:

(a) to achieve a given level or percentage of domestic content;

(b) to purchase, use or accord a preference to goods produced in its territory, or to purchase goods from producers in its territory;

(c) to relate in any way the volume or value of imports to the volume or value of exports or to the amount of foreign exchange inflows associated with such investment; or

(d) to restrict sales of goods or services in its territory that such investment produces or provides by relating such sales in any way to the volume or value of its exports or foreign exchange earnings.

4. Nothing in paragraph 3 shall be construed to prevent a Party from conditioning the receipt or continued receipt of an advantage, in connection with an investment in its territory of an investor of a Party or of a non-Party, on compliance with a requirement to locate production, provide a service, train or employ workers, construct or expand particular facilities, or carry out research and development, in its territory.

5. Paragraphs 1 and 3 do not apply to any requirement other than the requirements set out in

those paragraphs.

6. Provided that such measures are not applied in an arbitrary or unjustifiable manner, or do not constitute a disguised restriction on international trade or investment, nothing in paragraph 1(b) or (c) or 3(a) or (b) shall be construed to prevent any Party from adopting or maintaining measures, including environmental measures:

(a) necessary to secure compliance with laws and regulations that are not inconsistent with the provisions of this Agreement;

(b) necessary to protect human, animal or plant life or health; or

(c) necessary for the conservation of living or non-living exhaustible natural resources.

Article 1107: Senior Management and Boards of Directors

1. No Party may require that an enterprise of that Party that is an investment of an investor of another Party appoint to senior management positions individuals of any particular nationality.

2. A Party may require that a majority of the board of directors, or any committee thereof, of an enterprise of that Party that is an investment of an investor of another Party, be of a particular nationality, or resident in the territory of the Party, provided that the requirement does not materially impair the ability of the investor to exercise control over its investment.

Article 1108: Reservations and Exceptions

1. Articles 1102, 1103, 1106 and 1107 do not apply to:

(a) any existing non-conforming measure that is maintained by

(i) a Party at the federal level, as set out in its Schedule to Annex I or III,

(ii) a state or province, for two years after the date of entry into force of this Agreement, and thereafter as set out by a Party in its Schedule to Annex I in accordance with paragraph 2, or

(iii) a local government;

(b) the continuation or prompt renewal of any non-conforming measure referred to in subparagraph (a); or

(c) an amendment to any non-conforming measure referred to in subparagraph (a) to the extent that the amendment does not decrease the conformity of the measure, as it existed immediately before the amendment, with Articles 1102, 1103, 1106 and 1107.

2. Each Party may set out in its Schedule to Annex I, within two years of the date of entry into force of this Agreement, any existing nonconforming measure maintained by a state or province, not including a local government.

3. Articles 1102, 1103, 1106 and 1107 do not apply to any measure that a Party adopts or maintains with respect to sectors, subsectors or activities, as set out in its Schedule to Annex II.

4. No Party may, under any measure adopted after the date of entry into force of this Agreement and covered by its Schedule to Annex II, require an investor of another Party, by reason of its nationality, to sell or otherwise dispose of an investment existing at the time the measure becomes effective.

5. Articles 1102 and 1103 do not apply to any measure that is an exception to, or derogation

from, the obligations under Article 1703 (Intellectual Property National Treatment) as specifically provided for in that Article.

6. Article 1103 does not apply to treatment accorded by a Party pursuant to agreements, or with respect to sectors, set out in its Schedule to Annex IV.

7. Articles 1102, 1103 and 1107 do not apply to:

(a) procurement by a Party or a state enterprise; or

(b) subsidies or grants provided by a Party or a state enterprise, including government supported loans, guarantees and insurance.

8. The provisions of:

(a) Article 1106(1)(a), (b) and (c), and (3)(a) and (b) do not apply to qualification requirements for goods or services with respect to export promotion and foreign aid programs;

(b) Article 1106(1)(b), (c), (f) and (g), and (3)(a) and (b) do not apply to procurement by a Party or a state enterprise; and

(c) Article 1106(3)(a) and (b) do not apply to requirements imposed by an importing Party relating to the content of goods necessary to qualify for preferential tariffs or preferential quotas.

Article 1109: Transfers

1. Each Party shall permit all transfers relating to an investment of an investor of another Party in the territory of the Party to be made freely and without delay. Such transfers include:

(a) profits, dividends, interest, capital gains, royalty payments, management fees, technical assistance and other fees, returns in kind and other amounts derived from the investment;

(b) proceeds from the sale of all or any part of the investment or from the partial or complete liquidation of the investment;

(c) payments made under a contract entered into by the investor, or its investment, including payments made pursuant to a loan agreement;

(d) payments made pursuant to Article 1110; and

(e) payments arising under Section B.

2. Each Party shall permit transfers to be made in a freely usable currency at the market rate of exchange prevailing on the date of transfer with respect to spot transactions in the currency to be transferred.

3. No Party may require its investors to transfer, or penalize its investors that fail to transfer, the income, earnings, profits or other amounts derived from, or attributable to, investments in the territory of another Party.

4. Notwithstanding paragraphs 1 and 2, a Party may prevent a transfer through the equitable, non-discriminatory and good faith application of its laws relating to:

(a) bankruptcy, insolvency or the protection of the rights of creditors;

(b) issuing, trading or dealing in securities;

(c) criminal or penal offenses;

(d) reports of transfers of currency or other monetary instruments; or

(e) ensuring the satisfaction of judgments in adjudicatory proceedings.

5. Paragraph 3 shall not be construed to prevent a Party from imposing any measure through the equitable, non-discriminatory and good faith application of its laws relating to the matters set out in subparagraphs (a) through (e) of paragraph 4.

6. Notwithstanding paragraph 1, a Party may restrict transfers of returns in kind in circumstances where it could otherwise restrict such transfers under this Agreement, including as set out in paragraph 4.

Article 1110: Expropriation and Compensation

1. No Party may directly or indirectly nationalize or expropriate an investment of an investor of another Party in its territory or take a measure tantamount to nationalization or expropriation of such an investment ("expropriation"), except:

(a) for a public purpose;

(b) on a non-discriminatory basis;

(c) in accordance with due process of law and Article 1105(1); and

(d) on payment of compensation in accordance with paragraphs 2 through 6.

2. Compensation shall be equivalent to the fair market value of the expropriated investment immediately before the expropriation took place ("date of expropriation"), and shall not reflect any change in value occurring because the intended expropriation had become known earlier. Valuation criteria shall include going concern value, asset value including declared tax value of tangible property, and other criteria, as appropriate, to determine fair market value.

3. Compensation shall be paid without delay and be fully realizable.

4. If payment is made in a G7 currency, compensation shall include interest at a commercially reasonable rate for that currency from the date of expropriation until the date of actual payment.

5. If a Party elects to pay in a currency other than a G7 currency, the amount paid on the date of payment, if converted into a G7 currency at the market rate of exchange prevailing on that date, shall be no less than if the amount of compensation owed on the date of expropriation had been converted into that G7 currency at the market rate of exchange prevailing on that date, and interest had accrued at a commercially reasonable rate for that G7 currency from the date of expropriation until the date of payment.

6. On payment, compensation shall be freely transferable as provided in Article 1109.

7. This Article does not apply to the issuance of compulsory licenses granted in relation to intellectual property rights, or to the revocation, limitation or creation of intellectual property rights, to the extent that such issuance, revocation, limitation or creation is consistent with Chapter Seventeen (Intellectual Property).

8. For purposes of this Article and for greater certainty, a non-discriminatory measure of general application shall not be considered a measure tantamount to an expropriation of a debt security or loan covered by this Chapter solely on the ground that the measure imposes costs on the debtor that cause it to default on the debt.

Article 1111: Special Formalities and Information Requirements

1. Nothing in Article 1102 shall be construed to prevent a Party from adopting or maintaining a measure that prescribes special formalities in connection with the establishment of investments by investors of another Party, such as a requirement that investors be residents of the Party or that investments be legally constituted under the laws or regulations of the Party, provided that such formalities do not materially impair the protections afforded by a Party to investors of another Party and investments of investors of another Party pursuant to this Chapter.

2. Notwithstanding Articles 1102 or 1103, a Party may require an investor of another Party, or its investment in its territory, to provide routine information concerning that investment solely for informational or statistical purposes. The Party shall protect such business information that is confidential from any disclosure that would prejudice the competitive position of the investor or the investment. Nothing in this paragraph shall be construed to prevent a Party from otherwise obtaining or disclosing information in connection with the equitable and good faith application of its law.

Article 1112: Relation to Other Chapters

1. In the event of any inconsistency between this Chapter and another Chapter, the other Chapter shall prevail to the extent of the inconsistency.

2. A requirement by a Party that a service provider of another Party post a bond or other form of financial security as a condition of providing a service into its territory does not of itself make this Chapter applicable to the provision of that cross-border service. This Chapter applies to that Party's treatment of the posted bond or financial security.

Article 1113: Denial of Benefits

1. A Party may deny the benefits of this Chapter to an investor of another Party that is an enterprise of such Party and to investments of such investor if investors of a non-Party own or control the enterprise and the denying Party:

(a) does not maintain diplomatic relations with the non-Party; or

(b) adopts or maintains measures with respect to the non-Party that prohibit transactions with the enterprise or that would be violated or circumvented if the benefits of this Chapter were accorded to the enterprise or to its investments.

2. Subject to prior notification and consultation in accordance with Articles 1803 (Notification and Provision of Information) and 2006 (Consultations), a Party may deny the benefits of this Chapter to an investor of another Party that is an enterprise of such Party and to investments of such investors if investors of a non-Party own or control the enterprise and the enterprise has no substantial business activities in the territory of the Party under whose law it is constituted or organized.

Article 1114: Environmental Measures

1. Nothing in this Chapter shall be construed to prevent a Party from adopting, maintaining or enforcing any measure otherwise consistent with this Chapter that it considers appropriate to ensure that investment activity in its territory is undertaken in a manner sensitive to environmental concerns.

2. The Parties recognize that it is inappropriate to encourage investment by relaxing domestic health, safety or environmental measures. Accordingly, a Party should not waive or otherwise derogate from, or offer to waive or otherwise derogate from, such measures as an encouragement for the establishment, acquisition, expansion or retention in its territory of an investment of an investor. If a Party considers that another Party has offered such an encouragement, it may request consultations with the other Party and the two Parties shall consult with a view to avoiding any such encouragement.

(资料来源:http://www.nafta-sec-alena.org/DefaultSite/index_e.aspx? DetailID = 78)

阿拉伯国家联盟公约(1945)
Pact of the League of Arab States, 1945

(1945年3月22日订于开罗)

为了加强团结阿拉伯国家的密切关系和各种联系;

为了关心在尊重上述国家独立和主权的基础上加紧和增强此项团结;

为了使彼等的努力导向全体阿拉伯国家的幸福、彼等共同的利益、彼等前途的保证和彼等愿望的实现。

为了响应全体阿拉伯国家内的公众舆论;

特一致同意缔结本公约,并委派下列全权代表:(从略)

上述全权代表交验全权证书认为妥善后,同意下列条款:

第一条

阿拉伯国家联盟应由签订本公约的、独立的阿拉伯国家组成。

每一独立的阿拉伯国家有权加入联盟。如欲加入,应将申请书交存常设秘书处,至下届第一次理事会开会时提交理事会。

第二条

联盟的宗旨为:使会员国间的关系更加密切,并为了实现彼此间的紧密合作而协调彼等的政治活动;保卫彼等的独立和主权;以及全面考虑阿拉伯国家的事务和利益。

其宗旨并包括:会员国间在下列事项中的紧密合作,同时对于每一会员国的政治结构和一般情况予以应有的注意:

甲、经济和财政事项,包括贸易、关税、货币、农业和工业;

乙、交通,包括铁路、公路、航空、航运和邮电;

丙、文化事项;

丁、有关国籍、护照、签证、判决的执行及引渡等事项;

戊、社会福利事项;

己、卫生事项。

第三条

联盟应设立一由会员国代表组成的理事会。每一会员国,不论其代表名额之多少,仅有一投票权。

理事会应负担的职务为实现联盟的宗旨并监督执行会员国间就前条规定的事项或其他事项所缔结的协定。

关于联盟与各国际组织合作的方法,理事会亦有予以决定的职务,此类国际组织可能于将来建立,以保证和平和安全,并组织经济和社会的关系。

第四条

应依第二条第一类的列举事项,组成一特别委员会,各会员国应派代表参加。此类委员会应担任以协定草案的形式建立合作的基础和范围。此项协定草案应提交理事会预先考虑,以便提交上述各会员国。

其他阿拉伯国家的代表得参加此类委员会为委员。理事会应决定容纳此等代表参加的情况以及代表权的根据。

第五条

解决两个或两个以上会员国间的争端不得诉之武力。倘彼等之间产生的争端不涉及一国的独立、主权或领土完整,而且争执双方请求理事会解决此争端者,则理事会的决议应为有效的,必须遵守。

在此情况下,发生争端的会员国不应参加理事会的审议和决议。

理事会应调解两会员国间或一会员国和另一国家间的可能导致战争的争端,务使彼等取得和解。

有关仲裁和调解的决议应取决于多数。

第六条

当一国侵略某一会员国,或对某一会员国有侵略的威胁时,受攻击或受威胁的一方得要求理事会立即召开会议。

理事会应决定必要措施以击退此项侵略,其决议应取得一致同意。如某一会员国实行侵略,则该国之投票不得计算在一致表决内。

如侵略行为使被攻击国的政府不及通知理事会时,理事会中的该国代表得请求理事会召开会议,以达前款规定的目的。如该代表不及通知理事会时,任何会员国有权要求理事会召开会议。

第七条

经一致通过的理事会的决议应对联盟全体会员国有拘束力;由多数票通过的理事会的决议仅对赞成国有拘束力。

上述两种情况中的理事会决议,应依照每一会员国家的组织规定在该国内执行。

第八条

联盟每一会员国应尊重联盟其他国家的政府制度,并承认现行的政体为这些国家的权利之一,同时保证不采取势将改变此项政体的任何行动。

第九条

阿拉伯联盟国家欲建立彼此间较本公约规定更紧密的合作和更巩固的联系,得在彼此间缔结彼等所愿意的任何协定。

一会员国与任何其他国家间已缔结的,或将来可能缔结的条约和协定,对其他会员国无拘束力。

第十条

阿拉伯国家联盟的永久地址为开罗。联盟理事会得在其他选定的地点召集开会。

第十一条

联盟理事会应于每年3月和10月召开例会各一次。必要时,经二会员国的请求应召开非常会议。

第十二条

联盟应设立常设秘书处，由秘书长一人、助理秘书若干人和相当数目的官员组成。

秘书长应经联盟会员国三分之二表决由理事会委派。助理秘书和主要官员应由秘书长委派再经理事会核准。

理事会应建立秘书处的内部组织以及官员们的服务条件。

秘书长应具有大使的官级；助理秘书应具有全权公使的官级。

联盟第一任秘书长已在本公约附件中指定。

第十三条

秘书长应准备联盟预算草案，于每届会计年度开始前提交理事会批准。

理事会应决定联盟每一国家分担的经费。必要时，可以修改此项分担额。

第十四条

联盟理事会会员、各委员会委员以及内部组织中所指定的官员在执行职务时应享有外交特权和豁免。

第十五条

理事会应由埃及政府总理邀请召集第一次会议。随后会议应由秘书长召集。

各届例会中由联盟各会员国代表轮流担任理事会主席。

第十六条

除本公约规定的情况外，理事会的决议对于下列事项只须多数票通过为有效：

甲、有关官员的事项；

乙、联盟预算的批准；

丙、理事会内部组织、各委员会和秘书处；

丁、各届会议的结束。

第十七条

联盟会员国应将其与他国（不论是否联盟会员国）已缔结或将缔结的一切条约和协定的副本存交秘书处。

第十八条

倘会员国中之一国欲退出联盟，应在退出生效一年前将其意愿通知理事会。

联盟理事会得考虑以全体会员国（上述国家除外）一致通过的决议，使不履行本公约义务的任何国家退出联盟。

第十九条

本公约经联盟会员国三分之二的同意可以修改，特别是为了加强彼此间的联系，设立阿拉伯法院以及调整因保证安全和和平而将来可能产生的国际组织与联盟之间的关系。

会议不应对修正案作出任何决议，但已在上届会议中提出的修正案不在此限。

不同意修正案的任何会员国得到修正案生效时退出联盟，不受前条规定的约束。

第二十条

本公约及其附件应依照每一缔约国的宪法规定批准之。

批准书应交存秘书处，且本公约自秘书长收到四会员国的批准书后经过十五日对批准国家有拘束力。

本公约于回历一三六四年四月八日（公历 1945 年 3 月 22 日）在开罗以阿拉伯文作成正

本一份,交存秘书处。

经过证明无误的副本一份应送联盟各成员国。

关于巴勒斯坦的附件

上次大战结束时,巴勒斯坦和其他阿拉伯国家一起脱离了奥托曼帝国,变成独立国,不隶属于其他任何国家。

洛桑条约宣布:它的命运应由同巴勒斯坦有关的各方面来决定。

即使巴勒斯坦不能支配其本身命运,但国际联盟盟约是在承认其独立的基础上为它决定了一个政府体系。

因此,它在各国间的存在和独立和其他任何阿拉伯国家的独立一样在法律上不能再有所疑问。

即使此独立的表现迹象由于不可抗力的原因,仍不明确,但不宜以此当作对巴勒斯坦参加联盟工作的一种障碍。

因此,阿拉伯联盟公约签字国认为:鉴于巴勒斯坦的特殊情况,联盟理事会应为巴勒斯坦指定阿拉伯代表一人参加联盟理事会工作,直至该国享受实际上的独立为止。

关于和非联盟理事会会员的阿拉伯国家合作的附件

联盟会员国应处理在理事会或各委员会中影响全阿拉伯世界的利益问题;

理事会不得不考虑非理事会会员的阿拉伯国家的愿望并促其实现;

阿拉伯联盟公约签字国极力主张:联盟理事会应尽可能与彼等合作,使彼等参加本公约中述及的各委员会,并在其他事项方面,应不遗余力地查明彼等的需要和了解彼等的愿望,同时更应以一切可能的政治方法为彼等共同福利及为保证彼等的前途而努力。

关于指派联盟秘书长的附件

本公约签字国业经同意指派阿卜杜勒·拉哈曼·阿柴姆 贝伊 为阿拉伯国家联盟秘书长。

其任期为二年,将来秘书处的组织应由联盟理事会容后决定。

(资料来源:王铁崖、田如萱主编:《国际法资料选编》,法律出版社 1982 年版,第 850—856 页。)

东非共同体条约(节录)(1999)
Eastern African Community Treaty (Excerpts), 1999

(Adopted on November 30, 1999)

Preamble

Whereas the Republic of Kenya, the Republic of Uganda and the United Republic of Tanzania have enjoyed close historical, commercial, industrial, cultural and other ties for many years;

And Whereas formal economic and social integration in the East African Region commenced with, among other things, the construction of the Kenya Uganda Railway 1897—1901, the establishment of the Customs Collection Centre 1900, the East African Currency Board 1905, the Postal Union 1905, the Court of Appeal for Eastern Africa 1909, the Customs Union 1919, the East African Governors Conference 1926, the East African Income Tax Board 1940 and the Joint Economic Council 1940;

And Whereas provision was made by the East Africa (High Commission) Orders in Council 1947—1961, the East African Common Services Organisation Agreements 1961—1966, and the Treaty for East African Co-operation 1967 for the establishment respectively, of the East Africa High Commission, the East African Common Services Organisation and the East African Community as successive joint organisations of the said countries to control and administer certain matters of common interest and to regulate the commercial and industrial relations and transactions between the said countries and by means of a central legislature to enact on behalf of the said countries laws relevant to the purposes of the said joint organisations;

And Whereas in 1977 the Treaty for East African Co-operation establishing the East African Community was officially dissolved, the main reasons contributing to the collapse of the East African Community being lack of strong political will, lack of strong participation of the private sector and civil society in the co-operation activities, the continued disproportionate sharing of benefits of the Community among the Partner States due to their differences in their levels of development and lack of adequate policies to address this situation;

And Whereas upon the dissolution of the East African Community the said countries signed on the 14th day of May, 1984, at Arusha, in Tanzania the East African Community Mediation Agreement 1984, hereinafter referred to as "the Mediation Agreement" for the division of the assets and liabilities of the former East African Community;

And Whereas pursuant to Article 14.02 of the Mediation Agreement the said countries agreed to explore and identify areas forfuture co-operation and to make arrangements for such co-operation;

And Whereas on the 30th day of November, 1993, provision was made by the Agreement for the Establishment of a Permanent Tripartite Commission for Co-operation Between the Republic of Kenya, the Republic of Uganda and the United Republic of Tanzania for the establishment of the Permanent Tripartite Commission for Co-operation hereinafter referred to as "the Tripartite Commission" to be responsible for the co-ordination of economic, social, cultural, security and political issues among the said countries and a Declaration was also made by the Heads of State of the said countries for closer East African Co-operation;

And Whereas on the 26th day of November, 1994, provision was made by the Protocol on the Establishment of a Secretariat of the Permanent Tripartite Commission for Co-operation Between the Republic of Kenya, the Republic of Uganda and the United Republic of Tanzania, for the establishment of the Secretariat of the Permanent Tripartite Commission for Co-operation Between the Republic of Kenya, the Republic of Uganda and the United Republic of Tanzania to act as the Secretariat of the Tripartite Commission, hereinafter referred to as "the Secretariat of the Tripartite Commission";

And Whereas on the 29th day of April 1997 at Arusha in Tanzania, the Heads of State of the said countries after reviewing the progress made by the Tripartite Commission, in the development of closer co-operation between the said countries in the fiscal, monetary, immigration, infrastructure and service fields and after approving the East African Co-operation Development Strategy for the period 1997—2000, directed the Tripartite Commission to embark on negotiations for the upgrading of the Agreement establishing the Tripartite Commission into a Treaty;

And Whereas the said countries, with a view to strengthening their co-operation are resolved to adhere themselves to the fundamental and operational principles that shall govern the achievement of the objectives set out herein and to the principles of international law governing relationships between sovereign states;

And Whereas the said countries, with a view to realising a fast and balanced regional development are resolved to creating an enabling environment in all the Partner States in order to attract investments and allow the private sector and civil society to play a leading role in the socio-economic development activities through the development of sound macro-economic and sectoral policies and their efficient management while taking cognisance of the developments in the world economy as contained in the Marrakesh Agreement Establishing the World Trade Organisation, 1995 referred to "as the WTO Agreement" and as may be decided by the Partner States, the development of technological capacity for improved productivity;

And Whereas the said countries desire to foster and to promote greater awareness of the shared interests of their people;

And Whereas the said countries are resolved to act in concert to achieve the objectives set out hereinbefore;

Now Therefore the Republic of Kenya, the Republic of Uganda and the United Republic of

Tanzania;

Determined to strengthen their economic, social, cultural, political, technological and other ties for their fast balanced and sustainable development by the establishment of an East African Community, with an East African Customs Union and a Common Market as transitional stages to and integral parts thereof, subsequently a Monetary Union and ultimately a Political Federation;

Convinced that co-operation at the sub-regional and regional levels in all fields of human endeavour will raise the standards of living of African peoples, maintain and enhance the economic stability, foster close and peaceful relations among African states and accelerate the successive stages in the realisation of the proposed African Economic Community and Political Union;

Agree as Follows:

Chapter One
Interpretation

Article 1
Interpretation

In this Treaty, except where the context otherwise requires-"Act of the Community" means an Act of the Community in accordance with this Treaty; "Audit Commission" means the Audit Commission established by Article 134 of this Treaty; "Assembly" means the East African Legislative Assembly established by Article 9 of this Treaty;

"Bill" means a Bill of the East African Legislative Assembly;

"civil society" means a realm of organised social life that is voluntary, self generating, self-supporting, autonomous from the state, and bound by a legal set of shared rules;

"Clerk of the Assembly" means the Clerk of the East African Legislative Assembly appointed under Article 48 of this Treaty;

"common carrier" includes a person or an undertaking engaged in the business of providing services for the carriage of goods and passengers for hire and operating as such under the laws of a Partner State;

"common external tariff" means an identical rate of tariff imposed on goods imported from third countries;

"Common Market" means the Partner States' markets integrated into a single market in which there is free movement of capital, labour, goods and services;

"common standard travel document" means a passport or any other valid travel document establishing the identity of the holder, issued by or on behalf of the Partner State of which he or she is a citizen and shall also include inter-state passes;

"Community" means the East African Community established by Article 2 of this Treaty;

"Contracting Parties" means the Republic of Kenya, the Republic of Uganda and the United Republic of Tanzania;

"co-operation" includes the undertaking by the Partner States in common, jointly or in concert, of activities undertaken in furtherance of the objectives of the Community as provided for under this Treaty or under any contract or agreement made thereunder or in relation to the objectives of the Community;

"Co-ordination Committee" means the Co-ordination Committee established by Article 9 of this Treaty;

"Council" means the Council of Ministers of the Community established by Article 9 of this Treaty;

"Counsel to the Community" means the Counsel to the Community provided for under Article 69 of this Treaty;

"countervailing duty" means a specific duty levied for purposes of offsetting a subsidy bestowed directly or indirectly upon the manufacture, production or export of that product;

"Court" means the East African Court of Justice established by Article 9 of this Treaty;

"customs clearing agent" means a person who is licensed in any of the Partner States to provide a service at a fee, in connection with documentation and customs clearance of import and export of consignments of goods;

"designated airline" means an airline which has been designated and authorised by a competent authority of a Partner State to operate the agreed services;

"duty drawback" means a refund of all or part of any excise or import duty paid in respect of goods confirmed to have been exported or used in a manner or for a purpose prescribed as a condition for granting duty drawback.

"East African Industrial Development Strategy" means the strategy provided for under Article 80 of this Treaty;

"East African Law Reports" means the published reports of the judgements of the former Court of Appeal for East Africa and the High Courts of Kenya, Tanzania and Uganda;

"East African Trade Regime" means a trade regime provided for under Article 74 of this Treaty;

"elected member" means an elected member of the Assembly elected under Article 50 of this Treaty;

"environment" means the natural resources of air, water, soil, fauna and flora, eco-systems, land, the man-made physical features, cultural heritage, the characteristic aspects of the landscape and the socio-economic interaction between the said factors and any living and non-living organisms;

"equitable distribution of benefits" means fair and proportionate distribution of benefits;

"financial year" means the financial year referred to under Article 132 of this Treaty;

"foreign country" means any country other than a Partner State;

"freight forwarder" means a person engaged at a fee, either as an agent for other transport operators or on his own account, in the management of transport services and related documentation;

"Gazette" means the Official Gazette of the Community;

"gender" means the role of women and men in society;

"Head of Government" means a person designated as such by a Partner State's Constitution;

"Head of State" means a person designated as such by a Partner State's Constitution;

"import" with its grammatical variations and cognate expressions means to bring or cause to be brought into the territories of the Partner States from a foreign country;

"indigenous entrepreneur" means a citizen who is a business person of a Partner State but who does not possess a foreign nationality;

"institutions of the Community" means the institutions of the Community established by Article 9 of this Treaty;

"international standards" means standards that are adopted by international standardising or standards organisations made available to the public;

"Judge" means a Judge of the East African Court of Justice and includes the President and the Vice President of the Court;

"judgment" shall where appropriate include a ruling, an opinion, an order, a directive or a decree of the Court;

"Minister" in relation to a Partner State, means a person appointed as a Minister of the Government of that Partner State and any other person, however entitled, who, in accordance with any law of that Partner State, acts as or performs the functions of a Minister in that State;

"multimodal transport" means the transport of goods and services from one point to another by two or more modes of transport on the basis of a single contract issued by the person organising such services and while such person assumes responsibility for the execution of the whole operation and also includes any other similar equipment or facility which may hereafter be used;

"multimodal transport facilities" includes items such as heavy lift swinging devices, twin deck cranes, gantry cranes, elevators, large carriers, mechanised storage, low loaders, access facilities, low-profile straddle carriers, mobile cranes, container gantry cranes, side loaders, heavy duty fork-lifts, heavy duty tractors, heavy duty trailers, portable ramps, flat wagons (flats) for containers, low tare special user wagons and trucks for containers, pallets, "web-slings for pre-slung cargoes for different commodities and any other similar equipment or facility which may hereafter be used."

"National Assemblies" with its grammatical variation and cognate expression means the national legislatures however designated of the Partner States;

"non-tariff barriers" means administrative and technical requirements imposed by a Partner State in the movement of goods;

"organs of the Community" means the organs of the Community established by Article 9 of this Treaty;

"other charges of equivalent effect" means any tax, surtax, levy or charge imposed on imports and not on like locally produced products but does not include fees and similar charges commensurate with the cost of services rendered;

"Partner States" means the Republic of Kenya, the Republic of Uganda and the United Republic of Tanzania and any other country granted membership to the Community under Article 3 of this Treaty;

"person" means a natural or legal person;

"President of the Court" means the person appointed as President of the Court under Article 24 of this Treaty;

"principle of asymmetry" means the principle which addresses variances in the implementation of measures in an economic integration process for purposes of achieving a common objective;

"principle of complementarity" means the principle which defines the extent to which economic variables support each other in economic activity;

"principle of subsidiarity" means the principle which emphasises multi-level participation of a wide range of participants in the process of economic integration;

"principle of variable geometry" means the principle of flexibility which allows for progression in co-operation among a sub-group of members in a larger integration scheme in a variety of areas and at different speeds;

"private sector" means the part of the economy that is not owned or directly controlled by a state;

"protocol" means any agreement that supplements, amends or qualifies this Treaty;

"Registrar" means the Registrar of the Court appointed under Article 45 of this Treaty;

"safeguard measures" means the measures taken by any Partner State as provided under Article 78 and 88 of this Treaty as the case may be;

"salary" and "terms and conditions of service" includes wages, overtime pay, salary and wage structures, leave, passages, transport for leave purposes, pensions and other retirement benefits, redundancy and severance payments, hours of duty, grading of posts, medical arrangements, housing, arrangements for transport and travelling on duty, and allowances;

"Secretariat" means the Secretariat of the Community established by Article 9 of this Treaty'

"Secretary General" means the Secretary General of the Community provided for under Article 67 of this Treaty;

"Sectoral Committees" means Sectoral Committees established by Article 20 of this Treaty;

"Sectoral Council" means the Sectoral Council provided for under Article 14 of this Treaty;

"shipping agent" means a local representative of a shipping company;

"Speaker of the Assembly" means the Speaker of the Assembly provided for under Article 53 of this Treaty.

"subsidy" means a financial contribution by Government or any public body within the territory of a Partner State or where there is any form of income or price support in the sense of Article XVI of GATT 1994;

"Summit" means the Summit established by Article 9 of this Treaty.

"surviving institutions of the former East African Community" means the East African Civil Aviation Academy, Soroti, the East African Development Bank, the East African School of Librarianship and the Inter-University Council for East Africa;

"telecommunications" means any form of transmission, emission or reception signal, writing, images and sounds or intelligence of any nature by wire, radio, optical or other electro-magnetic systems;

"trade procedure" means activities related to the collection, presentation, processing and dissemination of data and information concerning all activities constituting international trade;

"Treaty" means this Treaty establishing the East African Community and any annexes and protocols thereto;

In this Treaty, a reference to a law or protocol shall be construed as a reference to the law or protocol as from time to time amended, added to or repealed.

Chapter Two
Establishment and Principles of the Community

Article 2
Establishment of the Community

1. By this Treaty the Contracting Parties establish among themselves an East African Community hereinafter referred to as "the Community".

2. In furtherance of the provisions of paragraph 1 of this Article and in accordance with the protocols to be concluded in this regard, the Contracting Parties shall establish an East African Customs Union and a Common Market as transitional stages to and integral parts of the Community.

Article 3
Membership of the Community

1. The members of the Community, in this Treaty referred to as "the Partner States", shall be the Republic of Kenya, the Republic of Uganda and the United Republic of Tanzania and any other country granted membership to the Community under this Article.

2. The Partner States may, upon such terms and in such manner as they may determine, together negotiate with any foreign country the granting of membership to, or association of that country with, the Community or its participation in any of the activities of the Community.

3. Subject to paragraph 4 of this Article, the matters to be taken into account by the Partner States in considering the application by a foreign country to become a member of, be associated with, or participate in any of the activities of the Community, shall include that foreign country's:

(a) acceptance of the Community as set out in this Treaty;

(b) adherence to universally acceptable principles of good governance, democracy, the rule of law, observance of human rights and social justice;

(c) potential contribution to the strengthening of integration within the East African region;

(d) geographical proximity to and inter-dependence between it and the Partner States;

(e) establishment and maintenance of a market driven economy; and

(f) social and economic policies being compatible with those of the Community.

4. The conditions and other considerations that shall govern the membership or association of a foreign country with the Community or its participation in any of the activities of the Community shall be as those prescribed in this Article.

Article 4

Legal Capacity of the Community

1. The Community shall have the capacity, within each of the Partner States, of a body corporate with perpetual succession, and shall have power to acquire, hold, manage and dispose of land and other property, and to sue and be sued in its own name.

2. The Community shall have power to perform any of the functions conferred upon it by this Treaty and to do all things, including borrowing, that are necessary or desirable for the performance of those functions.

3. The Community shall, as a body corporate, be represented by the Secretary General.

Article 5

Objectives of the Community

1. The objectives of the Community shall be to develop policies and programmes aimed at widening and deepening co-operation among the Partner States in political, economic, social and cultural fields, research and technology, defence, security and legal and judicial affairs, for their mutual benefit.

2. In pursuance of the provisions of paragraph 1 of this Article, the Partner States undertake to establish among themselves and in accordance with the provisions of this Treaty, a Customs Union, a Common Market, subsequently a Monetary Union and ultimately a Political Federation in order to strengthen and regulate the industrial, commercial, infrastructural, cultural, social, political and other relations of the Partner States to the end that there shall be accelerated, harmonious and balanced development and sustained expansion of economic activities, the benefit of which shall be equitably shared.

3. For purposes set out in paragraph 1 of this Article and as subsequently provided in particular provisions of this Treaty, the Community shall ensure:

(a) the attainment of sustainable growth and development of the Partner States by the promotion of a more balanced and harmonious development of the Partner States;

(b) the strengthening and consolidation of co-operation in agreed fields that would lead to equitable economic development within the Partner States and which would in turn, raise the standard of living and improve the quality of life of their populations;

(c) the promotion of sustainable utilisation of the natural resources of the Partner States and the taking of measures that would effectively protect the natural environment of the Partner States;

(d) the strengthening and consolidation of the long standing political, economic, social, cultural and traditional ties and associations between the peoples of the Partner States so as to promote a people-centred mutual development of these ties and associations;

(e) the mainstreaming of gender in all its endeavours and the enhancement of the role of women in cultural, social, political, economic and technological development;

(f) the promotion of peace, security, and stability within, and good neighbourliness among, the Partner States;

(g) the enhancement and strengthening of partnerships with the private sector and civil society in order to achieve sustainable socio-economic and political development; and

(h) the undertaking of such other activities calculated to further the objectives of the Community, as the Partner States may from time to time decide to undertake in common.

Article 6

Fundamental Principles of the Community

The fundamental principles that shall govern the achievement of the objectives of the Community by the Partner States shall include:

(a) mutual trust, political will and sovereign equality;

(b) peaceful co-existence and good neighborliness;

(c) peaceful settlement of disputes;

(d) good governance including adherence to the principles of democracy, the rule of law, accountability, transparency, social justice, equal opportunities, gender equality, as well as the recognition, promotion and protection of human and peoples rights in accordance with the provisions of the African Charter on Human and Peoples' Rights;

(e) equitable distribution of benefits; and

(f) co-operation for mutual benefit.

Article 7

Operational Principles of the Community

1. The principles that shall govern the practical achievement of the objectives of the Community shall include:

(a) people-centred and market-driven co-operation;

(b) the provision by the Partner States of an adequate and appropriate enabling environment, such as conducive policies and basic infrastructure;

(c) the establishment of an export oriented economy for the Partner States in which there shall be free movement of goods, persons, labour, services, capital, information and technology;

(d) the principle of subsidiarity with emphasis on multi-level participation and the involvement of a wide range of stake-holders in the process of integration;

(e) the principle of variable geometry which allows for progression in co-operation among groups within the Community for wider integration schemes in various fields and at different speeds;

(f) the equitable distribution of benefits accruing or to be derived from the operations of the Community and measures to address economic imbalances that may arise from such operations;

(g) the principle of complementarity; and

(h) the principle of asymmetry.

2. The Partner States undertake to abide by the principles of good governance, including adherence to the principles of democracy, the rule of law, social justice and the maintenance of universally accepted standards of human rights.

Article 8
General Undertaking as to Implementation

1. The Partner States shall:

(a) plan and direct their policies and resources with a view to creating conditions favourable for the development and achievement of the objectives of the Community and the implementation of the provisions of this Treaty;

(b) co-ordinate, through the institutions of the Community, their economic and other policies to the extent necessary to achieve the objectives of the Community; and

(c) abstain from any measures likely to jeopardise the achievement of those objectives or the implementation of the provisions of this Treaty.

2. Each Partner State shall, within twelve months from the date of signing this Treaty, secure the enactment and the effective implementation of such legislation as is necessary to give effect to this Treaty, and in particular -

(a) to confer upon the Community the legal capacity and personality required for the performance of its functions; and

(b) to confer upon the legislation, regulations and directives of the Community and its institutions as provided for in this Treaty, the force of law within its territory.

3. Each Partner State shall -

(a) designate a Ministry with which the Secretary General may communicate in connection with any matter arising out of the implementation or the application of this Treaty, and shall notify the Secretary General of that designation;

(b) transmit to the Secretary General copies of all relevant existing and proposed legislation and its official gazettes; and

(c) where it is required under this Treaty, to supply to or exchange with another Partner State any information, send copies of such information to the Secretary General.

4. Community organs, institutions and laws shall take precedence over similar national ones on matters pertaining to the implementation of this Treaty.

5. In pursuance of the provisions of paragraph 4 of this Article, the Partner States undertake to make the necessary legal instruments to confer precedence of Community organs, institutions and laws over similar national ones.

Chapter Three
Establishment of the Organs and Institutions of the Community

Article 9
Establishment of the Organs and Institutions of the Community

1. There are hereby established as organs of the Community:

(a) the Summit;

(b) the Council;

(c) the Co-ordination Committee;

(d) Sectoral Committees;

(e) the East African Court of Justice;

(f) the East African Legislative Assembly;

(g) the Secretariat; and

(h) such other organs as may be established by the Summit.

2. The institutions of the Community shall be such bodies, departments and services as may be established by the Summit.

3. Upon the entry into force of this Treaty, the East African Development Bank established by the Treaty Amending and Re-enacting the Charter of the East African Development Bank, 1980 and the Lake Victoria Fisheries Organisation established by the Convention (Final Act) for the Establishment of the Lake Victoria Fisheries Organisation, 1994 and surviving institutions of the former East African Community shall be deemed to be institutions of the Community and shall be designated and function as such.

4. The organs and institutions of the Community shall perform the functions, and act within the limits of the powers conferred upon them by or under this Treaty.

5. In the appointment of staff and composition of the organs and institutions of the Community, gender balance shall be taken into account.

Chapter Four
The Summit

Article 10
Membership of the Summit

1. The Summit shall consist of the Heads of State or Government of the Partner States.

2. If a member of the Summit is unable to attend a meeting of the Summit and it is not convenient to postpone the meeting, that member may, after consultation with other members of the Summit, appoint a Minister of Government to attend the meeting. A Minister so appointed shall, for purposes of that meeting, have all the powers, duties and responsibilities of the member of the Summit for whom that person is acting.

Article 11
Functions of the Summit

1. The Summit shall give general directions and impetus as to the development and achievement of the objectives of the Community.

2. The Summit shall consider the annual progress reports and such other reports submitted to it by the Council as provided for by this Treaty.

3. The Summit shall review the state of peace, security and good governance within the Community and the progress achieved towards the establishment of a Political Federation of the Partner

States.

4. The Summit shall have such other functions as may be conferred upon it by this Treaty.

5. Subject to this Treaty, the Summit may delegate the exercise of any of its functions, subject to any conditions which it may think fit to impose, to a member of the Summit, to the Council or to the Secretary General.

6. An Act of the Community may provide for the delegation of any powers, including legislative powers, conferred on the Summit by this Treaty or by any Act of the Community, to the Council or to the Secretary General.

7. Subject to the provisions of any Act of the Community, the acts and decisions of the Summit may be signified under the hand of the Secretary General or of any officer in the service of the Community authorised in that behalf by the Summit.

8. The Summit shall cause all rules and orders made by it under this Treaty to be published in the Gazette; and any such rules or orders shall come into force on the date of publication unless otherwise provided in the rule or order.

9. The delegation of powers and functions referred to in paragraphs 5 and 6 of this Article, shall not include:

(a) the giving of general directions and impetus;

(b) the appointment of Judges to the East African Court of Justice;

(c) the admission of new Members and granting of Observer Status to foreign countries; and

(d) assent to Bills.

Article 12

Meetings of the Summit

1. The Summit shall meet at least once in every year and may hold extraordinary meetings at the request of any member of the Summit.

2. The tenure of office of the Chairperson of the Summit is one year and the office of the Chairperson shall be held in rotation among the Partner States.

3. The decisions of the Summit shall be by consensus.

4. The Summit shall discuss business submitted to it by the Council and any other matter which may have a bearing on the Community.

5. Subject to the provisions of this Treaty, the Summit shall determine its own procedure, including that for convening its meetings, for the conduct of business thereat and at other times, and for the rotation of the office of Chairperson among the members of the Summit.

Chapter Five
The Council

Article 13

Membership of the Council

The Council shall consist of the Ministers responsible for regional co-operation of each Partner

State and such other Ministers of the Partner States as each Partner State may determine.

Article 14

Functions of the Council

1. The Council shall be the policy organ of the Community.

2. The Council shall promote, monitor and keep under constant review the implementation of the programmes of the Community and ensure the proper functioning and development of the Community in accordance with this Treaty.

3. For purposes of paragraph 1 of this Article, the Council shall:

(a) make policy decisions for the efficient and harmonious functioning and development of the Community;

(b) initiate and submit Bills to the Assembly;

(c) subject to this Treaty, give directions to the Partner States and to all other organs and institutions of the Community other than the Summit, Court and the Assembly;

(d) make regulations, issue directives, take decisions, make recommendations and give opinions in accordance with the provisions of this Treaty;

(e) consider the budget of the Community;

(f) consider measures that should be taken by Partner States in order to promote the attainment of the objectives of the Community;

(g) make staff rules and regulations and financial rules and regulations of the Community;

(h) submit annual progress reports to the Summit and prepare the agenda for the meetings of the Summit;

(i) establish from among its members, Sectoral Councils to deal with such matters that arise under this Treaty as the Council may delegate or assign to them and the decisions of such Sectoral Councils shall be deemed to be decisions of the Council;

(j) establish the Sectoral Committees provided for under this Treaty;

(k) implement the decisions and directives of the Summit as may be addressed to it;

(l) endeavour to resolve matters that may be referred to it; and

(m) exercise such other powers and perform such other functions as are vested in or conferred on it by this Treaty.

4. The Council may request advisory opinions from the Court in accordance with this Treaty.

5. The Council shall cause all regulations and directives made or given by it under this Treaty to be published in the Gazette; and such regulations or directives shall come into force on the date of publication unless otherwise provided therein.

Article 15

Meetings of the Council

1. The Council shall meet twice in each year, one meeting of which shall be held immediately preceding a meeting of the Summit. Extraordinary meetings of the Council may be held at the request of a Partner State or the Chairperson of the Council.

2. The Council shall determine its own procedure including that for convening its meetings, for the conduct of business thereat and at other times, and for the rotation of the office of Chairperson among its members who are Ministers responsible for regional co-operation in the Partner States.

3. A member of the Council who is the leader of his or her Partner State's delegation to a meeting of the Council, may record his or her objection to a proposal submitted for the decision of the Council and, if any such objection is recorded, the Council shall not proceed with the proposal and shall, unless the objection is withdrawn refer the matter to the Summit for decision.

4. Subject to a protocol on decision-making, the decisions of the Council shall be by consensus.

5. The protocol referred to in paragraph 4 of this Article shall be concluded within a period of six months from the entry into force of this Treaty.

Article 16

Effects of Regulations, Directives, Decisions and Recommendations of the Council

Subject to the provisions of this Treaty, the regulations, directives and decisions of the Council taken or given in pursuance of the provisions of this Treaty shall be binding on the Partner States, on all organs and institutions of the Community other than the Summit, the Court and the Assembly within their jurisdictions, and on those to whom they may under this Treaty be addressed.

Chapter Six

The Co-ordination Committee

Article 17

Composition of the Co-ordination Committee

The Co-ordination Committee shall consist of the Permanent Secretaries responsible for regional co-operation in each Partner State and such other Permanent Secretaries of the Partner States as each Partner State may determine.

Article 18

Functions of the Co-ordination Committee

The Co-ordination Committee:

(a) shall submit from time to time, reports and recommendations to the Council either on its own initiative or upon the request of the Council, on the implementation of this Treaty;

(b) shall implement the decisions of the Council as the Council may direct;

(c) shall receive and consider reports of the Sectoral Committees and co-ordinate their activities;

(d) may request a Sectoral Committee to investigate any particular matter; and

(e) shall have such other functions as are conferred upon it by this Treaty.

Article 19

Meetings of the Co-ordination Committee

1. Subject to any directions which may be given by the Council, the Co-ordination Committee shall meet at least twice in each year preceding the meetings of the Council and may hold extraordinary meetings at the request of the Chairperson of the Co-ordination Committee.

2. The Co-ordination Committee shall determine its own procedure including that for convening its meetings, for the conduct of business thereat and at other times, and for the rotation of the office of Chairperson among its members who are Permanent Secretaries responsible for regional co-operation in the Partner States.

Chapter Seven
Sectoral Committees

Article 20

Establishment and Composition of Sectoral Committees

The Co-ordination Committee shall recommend to the Council the establishment, composition and functions of such Sectoral Committees as may be necessary for the achievement of the objectives of this Treaty.

Article 21

Functions of the Sectoral Committees

Subject to any directions the Council may give, each Sectoral Committee shall:

(a) be responsible for the preparation of a comprehensive implementation programme and the setting out of priorities with respect to its sector;

(b) monitor and keep under constant review the implementation of the programmes of the Community with respect to its sector;

(c) submit from time to time, reports and recommendations to the Co-ordination Committee either on its own initiative or upon the request of the Co-ordination Committee concerning the implementation of the provisions of this Treaty that affect its sector; and

(d) have such other functions as may be conferred on it by or under this Treaty.

Article 22

Meetings of the Sectoral Committees

Subject to any directions that may be given by the Council, the Sectoral Committees shall meet as often as necessary for the proper discharge of their functions and shall determine their own procedure.

Chapter Eight
The East African Court of Justice

Article 23

Role of the Court

The Court shall be a judicial body which shall ensure the adherence to law in the interpretation and application of and compliance with this Treaty.

Article 27

Jurisdiction of the Court

1. The Court shall initially have jurisdiction over the interpretation and application of this Treaty.

2. The Court shall have such other original, appellate, human rights and other jurisdiction as will be determined by the Council at a suitable subsequent date. To this end, the Partner States shall conclude a protocol to operationalise the extended jurisdiction.

Article 32

Arbitration Clauses and Special Agreements

The Court shall have jurisdiction to hear and determine any matter:

(a) arising from an arbitration clause contained in a contract or agreement which confers such jurisdiction to which the Community or any of its institutions is a party; or

(b) arising from a dispute between the Partner States regarding this Treaty if the dispute is submitted to it under a special agreement between the Partner States concerned; or

(c) arising from an arbitration clause contained in a commercial contract or agreement in which the parties have conferred jurisdiction on the Court.

Article 33

Jurisdiction of National Courts

1. Except where jurisdiction is conferred on the Court by this Treaty, disputes to which the Community is a party shall not on that ground alone, be excluded from the jurisdiction of the national courts of the Partner States.

2. Decisions of the Court on the interpretation and application of this Treaty shall have precedence over decisions of national courts on a similar matter.

Article 35

Judgment of the Court

1. The Court shall consider and determine every reference made to it pursuant to this Treaty in accordance with rules of the Court and shall deliver in public session, a reasoned judgment which, subject to rules of the Court as to review, shall be final, binding and conclusive and not open to appeal: Provided that if the Court considers that in the special circumstances of the case it is undesirable that its judgment be delivered in open court, the Court may make an order to that effect and de-

liver its judgment before the parties privately.

2. The Court shall deliver one judgment only in respect of every reference to it, which shall be the judgment of the Court reached in private by majority verdict: Provided that a Judge may deliver a dissenting judgment.

3. An application for review of a judgment may be made to the Court only if it is based upon the discovery of some fact which by its nature might have had a decisive influence on the judgment if it had been known to the Court at the time the judgment was given, but which fact, at that time, was unknown to both the Court and the party making the application, and which could not, with reasonable diligence, have been discovered by that party before the judgment was made, or on account of some mistake, fraud or error on the face of the record or because an injustice has been done.

Article 36

Advisory Opinions of the Court

1. The Summit, the Council or a Partner State may request the Court to give an advisory opinion regarding a question of law arising from this Treaty which affects the Community, and the Partner State, the Secretary General or any other Partner State shall in the case of every such request have the right to be represented and take part in the proceedings.

2. A request for an advisory opinion under paragraph 1 of this Article shall contain an exact statement of the question upon which an opinion is required and shall be accompanied by all relevant documents likely to be of assistance to the Court.

3. Upon the receipt of the request under paragraph 1 of this Article, the Registrar shall immediately give notice of the request, to all the Partner States, and shall notify them that the Court shall be prepared to accept, within a time fixed by the President of the Court, written submissions, or to hear oral submissions relating to the question.

4. In the exercise of its advisory function, the Court shall be governed by this Treaty and rules of the Court relating to references of disputes to the extent that the Court considers appropriate.

Article 38

Acceptance of Judgments of the Court

1. Any dispute concerning the interpretation or application of this Treaty or any of the matters referred to the Court pursuant to this Chapter shall not be subjected to any method of settlement other than those provided for in this Treaty.

2. Where a dispute has been referred to the Council or the Court, the Partner States shall refrain from any action which might be detrimental to the resolution of the dispute or might aggravate the dispute.

3. A Partner State or the Council shall take, without delay, the measures required to implement a judgment of the Court.

Article 39

Interim Orders

The Court may, in a case referred to it, make any interim orders or issue any directions which it considers necessary or desirable. Interim orders and other directions issued by the Court shall have the same effect *ad interim* as decisions of the Court.

Article 40

Intervention

A Partner State, the Secretary General or a resident of a Partner State who is not a party to a case before the Court may, with leave of the Court, intervene in that case, but the submissions of the intervening party shall be limited to evidence supporting or opposing the arguments of a party to the case.

Article 44

Execution of Judgments

The execution of a judgment of the Court which imposes a pecuniary obligation on a person shall be governed by the rules of civil procedure in force in the Partner State in which execution is to take place. The order for execution shall be appended to the judgment of the Court which shall require only the verification of the authenticity of the judgment by the Registrar whereupon, the party in whose favour execution is to take place, may proceed to execute the judgment.

Chapter Eleven
Co-operation in Trade Liberalisation and Development

Article 74

East African Trade Regime

In order to promote the achievement of the objectives of the Community as set out in Article 5 of this Treaty, and in furtherance of Article 2 of this Treaty, the Partner States shall develop and adopt an East African Trade Regime and co-operate in trade liberalization and development in accordance therewith.

Article 75

Establishment of a Customs Union

1. For purposes of this Chapter, the Partner States agree to establish a Customs Union details of which shall be contained in a Protocol which shall, *inter alia*, include the following:

(a) The application of the principle of asymmetry;

(b) The elimination of internal tariffs and other charges of equivalent effect;

(c) The elimination of non-tariff barriers;

(d) Establishment of a common external tariff;

(e) Rules of origin;

(f) Dumping;

(g) Subsidies and countervailing duties;

(h) Security and other restrictions to trade;

(i) Competition;

(j) Duty drawback, refund and remission of duties and taxes;

(k) Customs co-operation;

(l) Re-exportation of goods; and

(m) Simplification and harmonisation of trade documentation and procedures.

2. The establishment of the Customs Union shall be progressive in the course of a transitional period as shall be determined by the Council.

3. For purposes of this Article, the Council may establish and confer powers and authority upon such institutions as it may deem necessary to administer the Customs Union.

4. With effect from a date to be determined by the Council, the Partner States shall not impose any new duties and taxes or increase existing ones in respect of products traded within the Community and shall transmit to the Secretariat all information on any tariffs for study by the relevant institutions of the Community.

5. Except as may be provided for or permitted under this Treaty, the Partner States agree to remove all the existing non-tariff barriers on the importation into their territory of goods originating from the other Partner States and thereafter to refrain from imposing any further non-tariff barriers.

6. The Partner States shall refrain from enacting legislation or applying administrative measures which directly or indirectly discriminate against the same or like products of other Partner States.

7. For purposes of this Article, the Partner States shall within a period of four years conclude the Protocol on the Establishment of a Customs Union.

Article 76

Establishment of a Common Market

1. There shall be established a Common Market among the Partner States. Within the Common Market, and subject to the Protocol provided for in paragraph 4 of this Article, there shall be free movement of labour, goods, services, capital, and the right of establishment.

2. The establishment of the Common Market shall be progressive and in accordance with schedules approved by the Council.

3. For purposes of this Article, the Council may establish and confer powers and authority upon such institutions as it may deem necessary to administer the Common Market.

4. For the purpose of this Article, the Partner States shall conclude a Protocol on a Common Market.

Article 77

Measures to Address Imbalances Arising from the Application of the Provisions for the Establishment of a Customs Union and a Common Market

For purposes of this Article, the Partner States shall within the framework of the Protocols provided for under Articles 75 and 76 of this Treaty, take measures to address imbalances that may arise from the application of the provisions of this Treaty.

Article 78

Safeguard Clause

1. In the event of serious injury occurring to the economy of a Partner State following the application of the provisions of this Chapter, the Partner State concerned shall, after informing the Council through the Secretary General and the other Partner States, take necessary safeguard measures.

2. The Council shall examine the method and effect of the application of existing safeguard measures and take decisions thereon.

Chapter Twelve

Co-operation in Investment and Industrial Development

Article 79

Industrial Development

In order to promote the achievement of the objectives of the Community as set out in Article 5 of this Treaty, the Partner States shall take such steps in the field of industrial development that will:

(a) promote self-sustaining and balanced industrial growth;

(b) improve the competitiveness of the industrial sector so as to enhance the expansion of trade in industrial goods within the Community and the export of industrial goods from the Partner States in order to achieve the structural transformation of the economy that would foster the overall socio-economic development in the Partner States; and

(c) encourage the development of indigenous entrepreneurs.

Chapter Fourteen

Monetary and Financial Co-operation

Article 82

Scope of Co-operation

1. In order to promote the achievement of the objectives of the Community as set out in Article 5 of this Treaty, the Partner States undertake to co-operate in monetary and fiscal matters in accordance with the approved macro-economic policies harmonization programmes and convergence framework of the Community in order to establish monetary stability within the Community aimed at facilitating economic integration efforts and the attainment of sustainable economic development of the Community. To this end, the Partner States shall:

(a) co-operate in monetary and financial matters and maintain the convertibility of their currencies as a basis for the establishment of a Monetary Union;

(b) harmonise their macro-economic policies especially in exchange rate policy, interest rate policy, monetary and fiscal policies; and

(c) remove obstacles to the free movement of goods, services and capital within the Community.

2. The Partner States shall in order to implement the provisions of paragraph 1 of this Article, *inter alia*:

(a) maintain the existing convertibility of their currencies to promote the use of national currencies in the settlement of payments for all transactions among the Partner States thereby economising on the use of foreign currency;

(b) take measures that would facilitate trade and capital movement within the Community;

(c) develop, harmonise and eventually integrate the financial systems of the Partner States; and

(d) implement the provisions of this Treaty relating to monetary and financial co-operation.

Article 83

Monetary and Fiscal Policy Harmonisation

1. The Partner States undertake to adopt policy measures in accordance with an agreed macroeconomic policy framework.

2. For the purposes of paragraph 1 of this Article, the Partner States undertake to:

(a) remove all exchange restrictions on imports and exports within the Community;

(b) maintain free market determined exchange rates and enhance the levels of their international reserves;

(c) adjust their fiscal policies and net domestic credit to the government to ensure monetary stability and the achievement of sustained economic growth;

(d) liberalise their financial sectors by freeing and deregulating interest rates with a view to achieving positive real interest rates in order to promote savings for investment within the Community and to enhance competition and efficiency in their financial systems; and

(e) harmonise their tax policies with a view to removing tax distortions in order to bring about a more efficient allocation of resources within the Community.

Article 84

Macro-economic Co-ordination Within the Community

1. The Partner States shall co-ordinate through the Council their macro-economic policies and economic reform programmes with a view to promoting the socio-economic development of the Community.

2. In order to achieve balanced development within the Community, the Partner States undertake to evolve policies designed to improve their resource and production base.

Article 85

Banking and Capital Market Development

The Partner States undertake to implement within the Community, a capital market development programme to be determined by the Council and shall create a conducive environment for the movement of capital within the Community. To this end, the Partner States shall:

(a) take steps to achieve wider monetisation of the region's economies under a liberalised market economy;

(b) harmonise their banking Acts;

(c) harmonise capital market policies on cross-border listing, foreign portfolio investors, taxation of capital market transactions, accounting, auditing and financial reporting standards, procedures for setting commissions and other charges;

(d) harmonise the regulatory and legislative frameworks and regulatory structures;

(e) harmonise and implement common standards for market conduct;

(f) harmonise policies impacting on capital markets, particularly the granting of incentives for the development of capital markets within the region;

(g) promote co-operation among the stock-exchanges and capital markets and securities regulators within the region through mutual assistance and the exchange of information and training;

(h) promote the establishment of a regional stock exchange within the Community with trading floors in each of the Partner States;

(i) ensure adherence by their appropriate national authorities to harmonised stock trading systems, the promotion of for the movement of capital within the Community.

To this end, thePartner States shall:

(a) take steps to achieve wider monetisation of the region's economies under a liberalised market economy;

(b) harmonise their banking Acts;

(c) harmonise capital market policies on cross-border listing, foreign portfolio investors, taxation of capital market transactions, accounting, auditing and financial reporting standards, procedures for setting commissions and other charges;

(d) harmonise the regulatory and legislative frameworks and regulatory structures;

(e) harmonise and implement common standards for market conduct;

(f) harmonise policies impacting on capital markets, particularly the granting of incentives for the development of capital markets within the region;

(g) promote co-operation among the stock-exchanges and capital markets and securities regulators within the region through mutual assistance and the exchange of information and training;

(h) promote the establishment of a regional stock exchange within the Community with trading floors in each of the Partner States;

(i) ensure adherence by their appropriate national authorities to harmonised stock trading systems, the promotion of monetary instruments and to permitting residents of the Partner States to acquire and negotiate monetary instruments freely within the Community;

(j) establish within the Community a cross listing of stocks, a rating system of listed companies and an index of trading performance to facilitate the negotiation and sale of shares within and external to the Community; and

(k) institute measures to prevent money laundering activities.

Article 86

Movement of Capital

The Partner States shall in accordance with the time table to be determined by the Council, permit the free movement of capital within the Community, develop, harmonise and eventually integrate their financial systems. In this regard, the Partner States shall:

(a) ensure the unimpeded flow of capital within the Community through the removal of controls on the transfer of capital among the Partner States;

(b) ensure that the citizens of and persons resident in a Partner State are allowed to acquire stocks, shares and other securities or to invest in enterprises in the other Partner States; and

(c) encourage cross-border trade in financial instruments.

Article 88

Safeguard Measures

The Council may approve measures designed to remedy any adverse effects a Partner State may experience by reason of the implementation of the provisions of this Chapter, provided that such a Partner State shall furnish to the Council proof that it has taken all reasonable steps to overcome the difficulties, and that such measures are applied on a non-discriminatory basis.

Chapter Twenty-Nine

General, Transitional and Final Provisions

Article 136

Headquarters and Other Offices of the Community

1. The headquarters of the Community shall be in Arusha in the United Republic of Tanzania.

2. There may be established such offices of the Community in the Partner States and elsewhere as the Council may determine.

Article 137

Official Language

1. The official language of the Community shall be English.

2. Kiswahili shall be developed as a *lingua franca* of the Community.

Article 138

Status, Privileges and Immunities

1. The Community shall enjoy international legal personality.

2. The Secretary General shall conclude with the Governments of the Partner States in whose territory the headquarters or offices of the Community shall be situated, agreements relating to the privileges and immunities to be recognised and granted in connection with the Community.

3. Each of the Partner States undertakes to accord to the Community and its officers the privileges and immunities accorded to similar international organisations in its territory.

Article 139

Dissolution of the Permanent Tripartite Commission and its Secretariat

Upon the coming into force of this Treaty, hereinafter referred to as "the appointed day", the Tripartite Commission and the Secretariat of the Tripartite Commission respectively established on the 30th day of November, 1993, by the Agreement for the Establishment of a Permanent Tripartite Commission for Co-operation Between the Republic of Kenya, the Republic of Uganda and the United Republic of Tanzania, and on the 26th day of November, 1994, by the Protocol on the Establishment of the Secretariat of the Permanent Tripartite Commission for Co-operation Between the Republic of Kenya, the Republic of Uganda and the United Republic of Tanzania, shall both cease to exist.

Article 140

Transitional Provisions

1. On the appointed day, the Executive Secretary, the Deputy Executive Secretaries, the Legal Counsel and other staff of the Secretariat of the Tripartite Commission shall assume the offices of the Secretary General, Deputy Secretaries General, Counsel to the Community and other staff of the Community respectively and shall be deemed to have been appointed thereto under the provisions of Articles 67, 68, 69 and 70 of this Treaty respectively: Provided that the Executive Secretary and the Deputy Executive Secretaries shall serve for the remaining period of their current contractual terms.

2. Until the Council adopts its procedure, the procedure that applies to the Tripartite Commission shall apply to the Council.

3. Until the Community adopts its own staff rules and regulations and terms and conditions of service and financial rules and regulations, those of the Secretariat of the Tripartite Commission shall apply.

4. Until such time as the Council determines that the Court is fully operational, a Judge appointed under Article 24 of this Treaty shall serve on an *ad hoc* basis. Notwithstanding the provisions of paragraph 5 of Article 25 of this Treaty, the salary and other terms and conditions of service of a Judge serving on an *ad hoc* basis shall be determined by the Summit on the recommendation of the Council.

5. Until the Assembly is elected at a time to be determined by the Summit and first meets, the functions of the Assembly in respect of the approval of the budget of the Community, consideration of annual reports on the activities of the Community and annual audit reports of the Audit Commission, shall be performed by the Council.

6. Until the adoption of Protocols referred to in Article 151(1), the Council may make regulations, issue directives, take decisions, make recommendations and give opinions in accordance with the provisions of this Treaty.

7. Pending the conclusion of a Protocol under paragraph 1 of Article 75 of this Treaty, the Partner States agree to maintain the rules of origin currently applicable for the purpose of the preferential treatment of goods traded among them and originating in the Partner States.

Article 141

Transfer of Assets and Liabilities

1. On the appointed day there shall be transferred to and vested in the Community by virtue of this Article and without further assurance, all the assets and liabilities of the Secretariat of the Tripartite Commission and from that day, the Community shall, in respect of the assets and liabilities so transferred and vested in it, have all the rights, and be subject to all the liabilities, which the Secretariat of the Tripartite Commission had, or is subject to, immediately before that day.

2. Every contract made by or on behalf of the Secretariat of the Tripartite Commission in writing and whether or not of such a nature that rights and liabilities thereunder can be assigned by the Secretariat of the Tripartite Commission, shall have effect as if made by or, on behalf of the Community and as if references therein to the Secretariat of the Tripartite Commission or any officer or authority thereof, were references to the Community and to the corresponding officer or authority thereof.

3. Any proceedings by or against the Secretariat of the Tripartite Commission pending on the appointed day, shall be continued by or against the Community.

4. Reference to the Secretariat of the Tripartite Commission, in any law or document shall on and after the appointed day, be construed as references to the Community.

Article 142

Saving Provisions

1. Subject to the provisions of this Treaty, the operation of the following tripartite agreements after the coming into force of this Treaty shall not be affected by such coming into force, but the agreements shall be construed with such modifications, adaptations, qualifications and exceptions as may be necessary to bring them into conformity with the Treaty:

(a) Agreement for the Establishment of The Permanent Tripartite Commission for Co-operation Between the Republic of Kenya, the Republic of Uganda and the United Republic of Tanzania;

(b) Protocol on the Establishment of a Secretariat of the Permanent Tripartite Commission for Co-operationBetween the Republic of Kenya, the Republic of Uganda and the United Republic of Tanzania;

(c) Headquarters Agreement between the Secretariat of the Commission for East African Co-operation and the Government of the United Republic of Tanzania;

(d) Tripartite Agreement for the Avoidance of Double Taxation and the Prevention of Fiscal Evasion with respect to Taxes on Income;

(e) Memorandum of Understanding on Co-operation in Defence;

(f) Tripartite Agreement on Road Transport;

(g) Tripartite Agreement on Inland Waterways Transport;

(h) Memorandum of Understanding on Foreign Policy Co-ordination; and

(i) Memorandum of Understanding between the Republic of Kenya and the Republic of Uganda and the United Republic of Tanzania for Co-operation on Environment Management.

2. The dissolution of the Tripartite Commission in terms of Article 139 of this Treaty shall not affect the decisions of the Tripartite Commission but such decisions shall be construed and imple-

mented with such modifications, adaptations, qualifications and exceptions as may be necessary to bring them into conformity with this Treaty.

Article 143

Sanctions

A Partner State which defaults in meeting its financial and other obligations under this Treaty shall be subject to such action as the Summit may on the recommendation of the Council, determine.

Article 144

Duration of the Treaty

This Treaty shall have perpetual duration.

Article 145

Withdrawal of a Member

1. A Partner State may withdraw from the Community provided:

(a) the National Assembly of the Partner State so resolves by resolution supported by not less than two-thirds majority of all the members entitled to vote; and

(b) the Partner State gives to the Secretary General twelve month's written notice of its intention to withdraw, unless that State cancels the notice before the expiry of the twelve months.

2. A Partner State wishing to withdraw from the Community shall, during the period of twelve months referred to in paragraph 1of this Article, continue to be liable to discharge her obligations under the Treaty.

3. Notwithstanding the effective withdrawal from membership by such State, upon expiry of the notice that State shall remain liable to discharge all subsisting obligations and long term commitments incurred during membership.

Article 146

Suspension of a Member

1. The Summit may suspend a Partner State from taking part in the activities of the Community if that State fails to observe and fulfil the fundamental principles and objectives of the Treaty including failure to meet financial commitments to the Community within a period of eighteen (18) months.

2. A Partner State suspended, in accordance with paragraph 1 of this Article, shall cease to enjoy the benefits provided for under this Treaty but shall continue to be bound by membership obligations until the suspension is lifted.

Article 147

Expulsion of a Member

1. The Summit may expel a Partner State from the Community for gross and persistent violation of the principles and objectives of this Treaty after giving such Partner State twelve months' written notice.

2. Upon the expiration of the period specified in paragraph 1 of this Article, the Partner State concerned shall cease to be a member of the Community unless the notice is cancelled.

3. During the period referred to in paragraphs 1 and 2 of this Article the Partner State concerned shall continue to comply with the provisions of this Treaty and be liable to discharge all subsisting obligations and long-term commitments incurred during membership.

Article 148

Exceptions to the Rule of Consensus

Notwithstanding the provisions of paragraph 3 of Article 12 of this Treaty, the views of the Partner State being considered for suspension or expulsion shall not count, for the purposes of reaching a decision under the provisions of Articles 146 and 147 of this Treaty.

Article 150

Amendment of the Treaty

1. This Treaty may be amended at any time by agreement of all the Partner States.

2. Any Partner State or the Council may submit proposals for the amendment of this Treaty.

3. Any proposals for the amendment of this Treaty shall be submitted to the Secretary General in writing who shall, within thirty days (30) of its receipt, communicate the proposed amendment to the Partner States.

4. The Partner States which wish to comment on the proposals shall do so within ninety days (90) from the date of the dispatch of the proposal by the Secretary General.

5. After the expiration of the period prescribed under paragraph 4 of this Article, the Secretary General shall submit the proposals and any comments thereon received from the Partner States to the Summit through the Council. Any amendment to this Treaty shall be adopted by the Summit and shall enter into force when ratified by all the Partner States.

Article 151

Annexes and Protocols to the Treaty

1. The Partner States shall conclude such Protocols as may be necessary in each area of co-operation which shall spell out the objectives and scope of, and institutional mechanisms for co-operation and integration.

2. Each Protocol shall be approved by the Summit on the recommendation of the Council.

3. Each Protocol shall be subject to signature and ratification by the parties hereto.

4. The Annexes and Protocols to this Treaty shall form an integral part of this Treaty.

Article 152

Entry into Force

This Treaty shall enter into force upon ratification and deposit of instruments of ratification with the Secretary General by all Partner States.

Article 153

Depository and Registration

1. This Treaty and all instruments of ratification shall be deposited with the Secretary General

who shall transmit certified true copies thereof to all the Partner States.

2. The Secretary General shall register this Treaty with the Organisation of African Unity, the United Nations, and such other organisations as the Council may determine.

DONE at Arusha, Tanzania, on the 30th day of November, in the year One Thousand Nine Hundred and Ninety-Nine.

IN FAITH WHEREOF the undersigned have appended their signatures hereto: for the Republic of for the Republic of for the United Republic of Kenya Uganda Tanzania

(资料来源: http://www.eac.int/EAC_flag/documents/EAC%20Treaty.pdf)

南方共同市场条约(节录)(1991)
Southern Common Market Agreement (Excerpts), 1991

(Adopted on November 29, 1991)

Preamble

Treaty Establishing a Common Market between the Argentine Republic, the Federal Republic of Brazil, the Republic of Paraguay and the Eastern Republic of Uruguay.

The Argentine Republic, the Federative Republic of Brazil, the Republic of Paraguay and the Eastern Republic of Uruguay, hereinafter referred to as the "States Parties",

Considering that the expansion of their domestic markets, through integration, is a vital prerequisite for accelerating their processes of economic development with social justice,

Believing that this objective must be achieved by making optimum use of available resources, preserving the environment, improving physical links, coordinating macroeconomic policies and ensuring complementarily between the different sectors of the economy, based on the principles of gradualism, flexibility and balance,

Bearing in Mind international trends, particularly the integration of large economic areas. and the importance of securing their countries a proper place in the international economy.

Believing that this integration process is an appropriate response to such trends,

Aware that this Treaty must be viewed as a further step in efforts gradually to bring about Latin American integration, in keeping with the objectives of the Montevideo Treaty in 1980,

Convinced of the need to promote the scientific and technological development of the States Parties and to modernize their economies in order to expand the supply and improve the quality of available goods and services, with a view to enhancing the living conditions of their populations,

Reaffirming their political will to lay the bases for increasingly close ties between their peoples, with a view to achieving the above-mentioned objectives,

Hereby Agree as Follows:

Chapter I: Purposes, Principles and Instruments

Article 1

The States Parties hereby decide to establish a common market, which shall be in place by 31

December 1994 and shall be called the "common market of the southern cone" (MERCOSUR).

This common market shall involve: The free movement of goods, services and factors of production between countries through, inter alia, the elimination of customs duties and non-tariff restrictions on the movement of goods, and any other equivalent measures;

The establishment of a common external tariff and the adoption of a common trade policy in relation to third States or groups of States, and the co-ordination of positions in regional and international economic and commercial forums;

The co-ordination of macroeconomic and sectoral policies between the States Parties in the areas of foreign trade, agriculture, industry, fiscal and monetary matters, foreign exchange and capital, services, customs, transport and communications and any other areas that may be agreed upon, in order to ensure proper competition between the States Parties;

The commitment by States Parties to harmonize their legislation in the relevant areas in order to strengthen the integration process.

Article 2

The common market shall be based on reciprocity of rights and obligations between the States Parties.

Article 3

During the transition period, which shall last from the entry into force of this Treaty until 31 December 1994, and in order to facilitate the formation of the common market, the States Parties shall adopt general rules of origin, a system for the settlement of disputes and safeguard clauses, as contained in Annexes 11. III and IV respectively to this Treaty.

Article 4

The States Parties shall ensure equitable trade terms in their relations with third countries. To that end, they shall apply their domestic legislation to restrict imports whose prices are influenced by subsidies, dumping or any other unfair practice. At the same time, States Parties shall co-ordinate their respective domestic policies with a view to drafting common rules for trade competition.

Article 5

During the transition period, the main instruments for putting in place the common market shall be:

(a) A trade liberalization programma, which shall consist of progressive, linear and automatic tariff reductions accompanied by the elimination of non-tariff restrictions or equivalent measures, as well as any other restrictions on trade between the States Parties, with a view to arriving at a zero tariff and no non-tariff restrictions for the entire tariff area by 31 December 1994 (Annex I);

(b) The co-ordination of macroeconomic policies, which shall be carried out gradually and in parallel with the programmes for the reduction of tariffs and the elimination of non-tariff restrictions referred to in the preceding paragraph;

(c) A common external tariff which encourages the foreign competitiveness of the States Parties;

(d) The adoption of sectoral agreements in order to optimize the use and mobility of factors of production and to achieve efficient scales of operation.

Article 6

The States parties recognize certain differentials in the rate at which the Republic of Paraguay and the Eastern Republic of Uruguay will make the transition. These differentials are indicated in the trade liberalization programme (Annex 1).

Article 7

In the area of taxes, charges and other internal duties, products originating in the territory of one State Party shall enjoy, in the other States Parties, the same treatment as domestically produced products.

Article 8

The States Parties undertake to abide by commitments made prior to the date of signing of this Treaty, including agreements signed in the framework of the Latin American Integration Association (ALADI), and to co-ordinate their positions in any external trade negotiations they may undertake during the transitional period. To that end:

(a) They shall avoid affecting the interests of the States Parties in any trade negotiations they may conduct among themselves up to 31 December 1994;

(b) They shall avoid affecting the interests of the other States Parties or the aims of the common market in any agreements they may conclude with other countries members of the Latin American Integration Association during the transition period;

(c) They shall consult among themselves whenever negotiating comprehensive tariff reduction schemes for the formation of free trade areas with other countries members of the Latin American Integration Association;

(d) They shall extend automatically to the other States Parties any advantage, favour, exemption, immunity or privilege granted to a product originating in or destined for third countries which are not members of the Latin American Integration Association.

Chapter II: Organizational Structure

Article 9

The administration and implementation of this Treaty, and of any specific agreements or decisions adopted during the transition period within the legal framework established thereby, shall be entrusted to the following organs:

(a) The Council of the common market

(b) The Common Market Group

Article 10

The Council shall be the highest organ of the common market, with responsibility for its political leadership and for decision-making to ensure compliance with the objectives and time-limits set for the final establishment of the common market.

Article 11

The council shall consist of the Ministers for Foreign Affairs and the Ministers of the Economy of the States Parties.

It shall meet whenever its members deem appropriate, and at least once a year with the participation of the Presidents of the States Parties.

Article 12

The presidency of the Council shall rotate among the States Parties, in alphabetical order, for periods of six months.

Meetings of the Council shall be co-ordinated by the Minister for Foreign Affairs, and other ministers or ministerial authorities may be invited to participate in them.

Article 13

The Common Market Group shall be the executive organ of the common market and shall be co-ordinated by the Ministries of Foreign Affairs.

The Common Market Group shall have powers of initiative. Its duties shall be the following:

— to monitor compliance with the Treaty;

— to take the necessary steps to enforce decisions adopted by the Council;

— to propose specific measures for applying the trade liberalization programme, co-ordinating macroeconomic policies and negotiating agreements with third parties;

— to draw up programmes of work to ensure progress towards the formation of the common market.

The Common Market Group may set up whatever working groups are needed for it to perform its duties. To start with, it shall have the working groups mentioned in Annex V.

The Common Market Group shall draw up its own rules of procedure within 60 days of its establishment.

Article 14

The Common Market Group shall consist of four members and four alternates for each country, representing the following public bodies:

— Ministry of Foreign Affairs;

— Ministry of Economy or its equivalent (areas of industry, foreign trade and/or economic co-ordination);

— Central Bank.

In drafting and proposing specific measures as part of its work up to 31 December 1994, the Common Market Group may, whenever it deems appropriate, call on representatives of other government agencies or the private sector.

Article 15

The Common Market Group shall have an administrative secretariat whose main functions shall be to keep the Group's documents and report on its activities. It shall be headquartered in the city of Montevideo.

Article 16

During the transition period, decisions of the Council of the common market and the Common Market Group shall be taken by consensus, with all States Parties present.

Article 17

The official languages of the common market shall be Spanish and Portuguese, and the official version of its working documents shall be that drafted in the language of the country in which each meeting takes place.

Article 18

Prior to the establishment of the common market on 31 December 1994, the States Parties shall convene a special meeting to determine the final institutional structure of the administrative organs of the common market, as well as the specific powers of each organ and its decision-making procedures.

Chapter III: Period of Application

Article 19

This Treaty shall be of unlimited duration and shall enter into force 30 days after the date of deposit of the third instrument of ratification. The instruments of ratification shall be deposited with the Government of the Republic of Paraguay, which shall notify the Governments of the other States Parties of the date of deposit.

The Government of the Republic of Paraguay shall notify the Governments of each of the other States Parties of the date of entry into force of this Treaty.

Chapter IV: Accession

Article 20

This Treaty shall be open to accession, through negotiation, by other countries members of the Latin American Integration Association; their applications may be considered by the States Parties once this Treaty has been in force for five years.

Notwithstanding the above, applications made by countries members of the Latin American Integration Association who do not belong to subregional integration schemes or an extraregional association may be considered before the date specified.

Approval of applications shall require the unanimous decision of the States Parties.

Chapter V: Denunciation

Article 21

Any State Party wishing to withdraw from this Treaty shall inform the other States Parties of its intention expressly and formally and shall submit the document of denunciation within 60 days to the

Ministry of Foreign Affairs of the Republic of Paraguay, which shall distribute it to the other States Parties.

Article 22

Once the denunciation has been formalized, those rights and obligations of the denouncing State deriving from its status as a State Party shall cease, while those relating to the liberalization programme under this Treaty and any other aspect to which the States Parties, together with the denouncing State, may agree within the 60 days following the formalization of the denunciation shall continue. The latter rights and obligations of the denouncing Party shall remain in force for a period of two years from the date of the above-mentioned formalization.

Chapter VI: General Provisions

Article 23

This Treaty shall be called the "Treaty of Asuncion".

Article 24

In order to facilitate progress towards the formation of the common market, a Joint Parliamentary Commission of MERCOSUR shall be established. The executive branches of the States Parties shall keep their respective legislative branches informed of the progress of the common market established by this Treaty.

DONE at the city of Asuncion, on 26 March 1991, in one original in the Spanish and Portuguese languages, both texts being equally authentic. The Government of the Republic of Paraguay shall be the depositary of this Treaty and shall send a duly authenticated copy thereof to the Governments of signatory and acceding States Parties.

For the Government of the Argentine Republic:

Carlos Saul Menem

Guido di Tella

For the Government of the Federative Republic of Brazil:

Fernando Collor

Francisco Rezek

For the Government of the Republic of Paraguay:

Andres Rodriguez

Alexis Frutos Vaesken

For the Governrnent of the Eastern Republic of Uruguay:

Luis Alberto Lacalle Herrera

Hector Gros Espiell

Annex I: Trade Liberalization Programme

Article I

The States Parties hereby agree to eliminate, by: 31 December 1994 at the latest, any duties, charges and other restrictions applied in their reciprocal trade.

With regard to the schedules of exceptions submitted by the Republic of Paraguay and the Eastern Republic of Uruguay, the period for their elimination shall extend to 31 December 1995, on the terms of article 7 of this annex.

Article 2

For the purposes of the preceding article:

(a) "Duties and charges" shall mean customs duties and any other charges of equivalent effect, whether related to fiscal, monetary, foreign exchange or other matters, levied on foreign trade. This concept does not cover fees and similar charges corresponding to the approximate cost of services rendered; and

(b) "Restrictions" shall mean any administrative, financial, foreign exchange or other measures by which a State Party unilaterally prevents or impedes reciprocal trade. This concept does not cover measures taken in the situations envisaged in article 50 of the Montevideo Treaty of 1980.

Article 3

As of the date of entry into force of the Treaty, the States Parties shall begin a programme of gradual, linear and automatic tariff reductions, which shall benefit products classified according to the tariff nomenclature used by the Latin American Integration Association, observing the following timetable.

Preferences shall apply to the tariff in force at the time of their application and shall consist of a percentage reduction in the most favourable duties and charges applied to imports of products coming from third countries not members of the Latin American Integration Association.

If one of the States Parties increases this tariff for imports from third countries, the established timetable shall continue to apply at the tariff level in force on 1 January 1991.

If tariffs are reduced, the corresponding preference shall apply automatically to the new tariff on the date on which that new tariff enters into force.

For the above purposes, the States Parties shall exchange among themselves and shall transmit to the Latin American Integration Association, within 30 days of the entry into force of the Treaty, updated copies of their customs tariffs and of those in force on I January 1991.

Article 4

Preferences agreed to in partial scope agreements concluded by the States Parties among themselves in the framework of the Latin American Integration Association shall be expanded, under the present tariff reduction programme, according to the following timetable.

Article 5

Without prejudice to the mechanism described in articles 3 and 4, States Parties may also expand preferences by means of negotiations conducted in the framework of the agreements envisaged in the Montevideo Treaty of 1980.

Article 6

The tariff reduction timetable referred to in articles 3 and 4 of this annex shall not apply to products included in the schedules of exceptions submitted by each of the States Parties with the following quantifies of ALADI nomenclature items:

Argentine Republic: 394 Federative Republic of Brazil: 324 Republic of Paraguay: 439 Eastern Republic of Uruguay: 960

Article 7

The schedules of exceptions shall be reduced at the end of each calendar year in accordance with the following timetable:

(a) For the Argentine Republic and the Federative Republic of Brazil, by 20 per cent per year of the component items; this reduction applies from 31 December 1990;

(b) For the Republic of Paraguay and the Eastern Republic of Uruguay, the reduction shall be at the following rates: 10 per cent on the date of entry into force of the Treaty

10 per cent on 31 December 1991

20 per cent on 31 December 1992

20 per cent on 31 December 1993

20 per cent on 31 December 1994

20 per cent on 31 December 1995

Article 8

The schedules of exceptions contained in appendices I, II, III and IV include the first reduction envisaged in the preceding article.

Article 9

Products which are removed from schedules of exceptions on the terms set forth in Article 7 shall automatically benefit from the preferences resulting from the tariff reduction programme established in Article 3 of this annex. They shall benefit, at the least, from the minimum percentage reduction provided on the date on which they are removed from the schedules.

Article 10

States Parties may apply up to 31 December 1994, to products included in the tariff reduction programme, only the non-tariff restrictions expressly mentioned in the notes supplementing the complementarity agreement to be concluded by the States Parties in the framework of the Montevideo Treaty of 1980.

As of 31 December 1994, all non-tariff restrictions shall be eliminated from the common market area.

Article 11

In order to ensure observance of the tariff reduction timetable established in Articles 3 and 4, and also the formation of the common market, the States Parties shall co-ordinate any macroeconomic and sectoral policies which may be agreed upon and to which the Treaty establishing the common market refers, beginning with those connected with trade flows and the composition of the States Parties' productive sectors.

Article 12

The provisions of this Annex shall not apply to the partial scope agreements, economic complementarity agreements Nos. 1, 2, 13 and 14 or trade and agricultural agreements signed in the framework of the Montevideo Treaty of 1980, such agreements being governed exclusively by their own provisions.

(The Spanish and Portuguese read: THIS IS A TRUE COPY OF THE ORIGINAL WHICH IS IN THE POSSESSION OF THE TREATY DEPARTMENT OF THE MINISTRY OF FOREIGN AFFAIRS)

(Signed) Bernardino H. Saguier Caballero Under-Secretary for Foreign Affairs

Annex II: General Rules of Origin

Chapter I: General Rules for Classification of Origin

Article 1

The following shall be classified as originating in the States Parties:

(a) Products manufactured wholly in the territory of any of the Parties, when only materials originating in the States Parties are used in their manufacture;

(b) Products included in the chapters or headings of the tariff nomenclature of the Latin American Integration Association referred to in Annex 1 of resolution 78 of the Committee of Representatives of that Association, simply by virtue of the fact that they are produced in their respective territories.

The following shall be classified as produced in the territory of a State Party:

(i) Mineral, plant and animal products, including gathered, born and raised in its territory or in its territorial waters or exclusive economic zone;

(ii) Marine products extracted outside its territorial waters and exclusive economic zone by vessels flying its flag or leased by companies established in its territory; and

(iii) Products resulting from operations or processes carried out in its territory by which they acquire the final form in which they will be marketed, except when such processes or operations simply involve assembly, packaging, division into lots or volumes, selection and classification, marking, the putting together of assortments of goods or other equivalent operations or processes;

(c) Products in whose manufacture materials not originating in the States Parties are used, when such products are changed by a process carried out in the territory of one of the States Parties which results in their reclassification in the tariff nomenclature of the Latin American Integration Association under a heading different from that of such materials, except in cases where the States Parties determine that the requirement of Article 2 of this Annex must also be met.

However, products resulting from operations or processes carried out in the territory of a State Party, by which they acquire the final form in which they will be marketed, shall not be classified as originating in the States Parties when such operations or processes use only materials or inputs not originating in their respective countries and simply involve assembly, division into lots or volumes, selection, classification, marking, the putting together of assortments of goods or other similar operations or processes;

(d) Until 31 December 1994, products resulting from assembly operations carried out in the territory of a State Party using materials originating in the States Parties and third countries, when the value of those materials is not less than 40 per cent of the f. o. b. export value of the final product; and

(e) Products which, in addition to being produced in their territory, meet the specific requirements established in Annex 2 of Resolution 78 of the Committee of Representatives of the Latin American Integration Association.

Article 2

In cases where the requirement of Article 1 (c) cannot be met because the process carried out does not involve a change in nomenclature heading, it shall suffice that the c. i. f. value of the third country materials at the port of destination or the maritime port does not exceed 50 per cent of the f. o. b. export value of the goods in question.

In considering materials originating in third countries for States Parties with no outlet to the sea, warehouses and free zones granted by the other States Parties when the rnaterials arrive by sea shall be treated as the port of destination.

Article 3

The States Parties may establish, by mutual consent, specific requirements of origin which shall prevail over general classification criteria.

Article 4

In determining the specific requirements of origin referred to in Article 3 and in reviewing those already established, State Parties shall take the following elements, individually or jointly, as a basis:

I. Materials and other inputs used in production:

(a) Raw materials:

(i) Preponderant raw material or that which essentially characterizes the product; and

(ii) Main raw materials.

(b) Parts or components:

(i) Part or component which essentially characterizes the product;

(ii) Main parts or components; and

(iii) Percentage of parts or components in relation to total weight.

(c) Other inputs.

II. Type of processing used.

III. Maximum proportion of the value of materials imported from third countries in relation to the total value of the product arrived at using the valuation procedure agreed to in each case.

Article 5

In exceptional cases, where specific requirements cannot be met because of circumstantial supply problems: availability, technical specifications, delivery date and price, taking into account the provisions of Article 4 of the Treaty, materials not originating in the States Parties may be used.

In the situation envisaged in the preceding paragraph, the exporting country shall issue the corresponding certificate informing the importing State Party and the Common Market Group, together with any background information and evidence justifying the issue of that document.

If such cases occur repeatedly, the exporting State Party or the importing State Party shall inform the Common Market Group of the situation so that the specific requirement can be reviewed.

This article does not cover products resulting from assembly operations and shall apply pending the entry into force of the common external tariff for products subject to specific requirements of origin and their materials or inputs.

Article 6

Any State Party may request that requirements of origin established pursuant to Article 1 above be reviewed. Such requests shall propose and justify the requirements applicable to the product or products in question.

Article 7

For the purpose of meeting requirements of origin, materials and other inputs originating in the territory of any State Party and used by a State Party in the manufacture of a given product shall be classified as originating in the territory of this latter State Party.

Article 8

The criterion of maximum use of materials or other inputs originating in States Parties may not be taken into account in establishing requirements which involve the imposition of materials or other inputs of those States Parties when, in their view, such materials or inputs do not meet adequate supply, quality or price standards or are not adapted to the industrial processes or technologies used.

Article 9

In order for originating goods to benefit from preferential treatment, they must have been shipped directly from the exporting country to the importing country. For these purposes, the following shall be deemed direct shipment:

(a) Goods not shipped through the territory of a country that is not a party to the Treaty;

(b) Goods shipped in transit through one or more countries that are not parties to the Treaty, with or without transshipment or temporary storage, under the supervision of the competent customs authority in such countries, provided that:

(i) Transit is justified by geographical reasons or transport considerations;

(ii) The goods are not intended for trade or use in the country of transit; and

(iii) The goods are not subjected, during shipment and storage, to any operation other than loading, unloading or handling to keep them in good condition or ensure their conservation.

Article 10

For the purposes of these general rules, it shall be understood that:

(a) Products coming from free zones located within the geographical boundaries of any of the States Parties shall meet the requirements envisaged in these general rules;

(b) The term "materials" shall include raw materials, intermediate products and parts and components used in the manufacture of goods.

Chapter II: Declaration, Certification and Verification

Article 11

In order for imports of products originating in the States Parties to benefit from the reductions in duties, charges and restrictions they have granted each other, the export documentation for such products must include a declaration certifying that they meet the requirements of origin established in accordance with the preceding chapter.

Article 12

The declaration referred to in the preceding article shall be issued by the final producer or the exporter of the goods and certified by an official department or professional association with legal personality, authorized by the Government of the exporting State Party.

In authorizing professional associations, States Parties shall make sure that they are organizations which have national jurisdiction and can delegate authority to regional or local associations while remaining directly responsible for the veracity of the certifications issued.

The States Parties undertake to establish, within a period of 90 days from the entry into force of the Treaty, a harmonized regime of administrative penalties for cases of false certification, without prejudice to the corresponding criminal proceedings.

Article 13

Certificates of origin issued for the purposes of this Treaty shall be valid for 180 days from the date of their issue.

Article 14

In all cases, the standard form annexed to agreement No . 25 of the Committee of Representatives of the Latin American Integration Association shall be used until such time as another form approved by the States Parties comes into effect.

Article 15

States Parties shall transmit to the Latin American Integration Association the list of official departments and professional associations authorized to issue the certification referred to in the preceding article. with a record and exact copy of the authorized signatures.

Article 16

If a State Party considers that the certificates issued by an official department or professional association authorized by another State Party are not in compliance with the provisions of these general rules, it shall inform that State Party accordingly so that the latter can take whatever steps it deems necessary to solve the problems that have arisen.

In no case may the importing country hold up import procedures for products covered by the certificates referred to in the preceding paragraph. It may, however, in addition to requesting the corresponding additional information from the governmental authorities of the exporting country, take whatever measures it deems necessary to safeguard fiscal interests.

Article 17

For the purposes of subsequent verification, copies of certificates and the corresponding documents shall be kept for two years from the date of their issue.

Article 18

The provisions of these general rules and any amendments thereto shall not affect goods already loaded for shipment on the date of their adoption.

Article 19

The provisions of this Annex shall not apply to the partial scope agreements, economic complementarity agreements Nos. 1, 2, 13 and 14 or trade and agricultural agreements signed in the framework of the Montevideo Treaty of 1980, such agreements being governed exclusively by their own provisions.

(The Spanish and Portuguese versions read: THIS IS A TRUE COPY OF THE ORIGINAL WHICH IS IN THE POSSESSION OF THE TREATY DEPARTMENT OF THE MINISTRY OF FOREIGN AFFAIRS.)

(Signed) Bernardino H. Saguier Caballero Under-Secretary for Foreign Affairs

Annex III: Settlement of Disputes

1. Any dispute arising between the States Parties as a result of the application of the Treaty shall be settled by means of direct negotiations.

2. If no solution can be found, the States Parties shall refer the dispute to the Common Market Group which, after evaluating the situation, shall within a period of 60 days make the relevant recommendations to the Parties for settling the dispute. To that end, the Common Market Group may establish or convene panels of experts or groups of specialists in order to obtain the necessary technical advice.

If the Common Market Group also fails to find a solution, the dispute shall be referred to the Council of the common market to adopt the relevant recommendations.

1. Within 120 days of the entry into force of the Treaty, the Common Market Group shall propose to the Governments of States Parties a system for the settlement of disputes which shall apply during the transition period.

2. Before 31 December 1994, the States Parties shall adopt a permanent disputes settlement system for the common market.

(The Spanish and Portuguese read: THIS IS A TRUE COPY OF THE ORIGINAL WHICH IS IN THE POSSESSION OF THE TREATY DEPARTMENT OF THE MINISTRY OF FOREIGN AFFAIRS.)

(Signed) Bernardino H. Saguier Caballero Under-Secretary for Foreign Affairs

Annex IV: Safeguard Clauses

Article I

Each State Party may, up to 31 December 1994, apply safeguard clauses to imports of products benefiting from the trade liberalization programme established under the Treaty.

The States Parties hereby agree that they shall use these rules only in exceptional cases.

Article 2

If imports of a given product damage or threaten serious damage to its market as a result of a significant increase in imports of that product from the other States Parties over a short period of time, the importing country shall request the Common Market Group to hold consultations with a view to ending such a situation.

The importing country shall accompany its request with a detailed statement of the supporting facts, reasons and justifications.

The Common Market Group shall begin consultations within a maximum of 10 calendar days from the submission of the request by the importing country and shall conclude them, having taken a decision thereon, within 20 calendar days from the start of consultations.

Article 3

The existence or otherwise of damage or the threat of serious damage within the meaning of these rules shall be determined by each country, taking into account trends, inter alia, in the following aspects related to the product in question.

(a) Production level and capacity used;

(b) Employment level;

(c) Share of the market;

(d) Level of trade between the parties concerned or participating in the consultations;

(e) Performance of imports and exports in relation to third countries.

None of the above-mentioned factors shall, on its own, be decisive for determining the existence of damage or the threat of serious damage.

In determining the existence of damage or the threat of serious damage, factors such as technological changes or shifts in consumer preferences towards similar and/or directly competitive products in the same sector shall not be taken into account.

Application of the safeguard clause shall be subject, in each country, to the final approval of the national section of the Common Market Group.

Article 4

In order not to interrupt any trade flows which may have been generated, the importing country shall negotiate a quota for imports of the product in respect of which the safeguard clause has been invoked. This quota shall be governed by the same preferences and other conditions established in the trade liberalization programme.

The above-mentioned quota shall be negotiated with the State Party in which the imports originate, during the period of consultation referred to in Article 2. If the period of consultation ends without an agreement being reached, the importing country which considers itself affected may fix a quota which shall be maintained for one year.

In no event may a quota fixed unilaterally by the importing country be less than the average physical volume imported in the last three calendar years.

Article 5

Safeguard clauses shall apply for a year and may be extended for a further consecutive year on the terms established in this Annex. Such measures may be adopted only once for each product.

In no event may the application of safeguard clauses extend beyond 31 December 1994.

Article 6

The application of safeguard clauses shall not affect goods already loaded for shipment on the date of their adoption. Such goods shall be computed into the quota provided for in article 4.

Article 7

During the transition period, any State Party which considers itself affected by serious difficulties in its economic activities shall request the Common Market Group to hold consultations so that the necessary corrective measures can be taken.

Within the periods established in Article 2 of this Annex, the Common Market Group shall evaluate the situation and decide on the measures to be taken, according to the circumstances.

(The Spanish and Portuguese versions read: THIS IS A TRUE COPY OF THE ORIGINAL WHICH IS IN THE POSSESSION OF THE TREATY DEPARTMENT OF THE MINISTRY OF FOREIGN AFFAIRS.)

(Signed) Bernardino H. Saguier Caballero Under-Secretary for Foreign Affairs

Annex V: Working Groups of the Common Market Group

For the purposes of co-ordinating macroeconomic and sectoral policies, the Common Market Group shall establish. within 30 days of its formation, the following working groups:

Sub-Group 1: Commercial issues

Sub-Group 2: Customs issues

Sub-Group 3: Technical standards

Sub-Group 4: Fiscal and monetary policies relating to trade

Sub-Group 5: Inland transport

Sub-Group 6: Maritime transport

Sub-Group 7: Industrial and technological policy

Sub-Group 8: Agricultural policy

Sub-Group 9: Energy policy

Sub-Group 10: Co-ordination of rnacroeconomic policies

(The Spanish and Portuguese versions read: THIS IS A TRUE COPY OF THE ORIGINAL WHICH IS IN THE POSSESSION OF THE TREATY DEPARTMENT OF THE MINISTRY OF FOREIGN AFFAIRS.)

(Signed) Bernardino H. Saguier Caballero Under-Secretary for Foreign Affairs

(http://www.itcilo.it/english/actrav/telearn/global/ilo/blokit/mercoa.htm)

东南亚国家联盟成立宣言(1967)

The ASEAN Declaration, 1967

(1967年8月8日订于曼谷)

注意到东南亚国家之间有共同的利益和问题,并坚信必须进一步加强这一区域现存的团结和合作关系。

希望在东南亚地区本着平等和合作的精神为促进这一区域的合作建立共同行动的牢固基础,从而对这一地区的和平、进步和繁荣作出贡献;

了解到在这个越来越相互依赖的世界,要实现和平、自由、社会正义和经济发展的理想,必须靠由历史和文化的纽带紧密联系在一起的这个地区国家间的相互了解、良好的睦邻关系和有效合作;

考虑到东南亚国家共同负有主要责任来加强这个地区经济和社会的稳定和保证它们国家的和平和进步发展,考虑到东南亚国家决心保证它们的稳定和安全,不受任何形式的外来干涉,以便根据各自国家人民的理想和愿望维护国家的民族特性;

确认一切外国军事基地都是暂时的,能否继续保留,须经有关国家的同意,而且不能用来直接或间接地破坏这一区域国家的独立和自由或危害它们国家有条不紊的发展。

第一,成立东南亚国家区域合作联盟。

第二,该联盟的目标和宗旨如下:

一、本着平等和合作的精神,通过共同努力来加速这个区域的经济增长、社会进步和文化发展,以加强建立一个繁荣、和平的东南亚国家共同体的基础。

二、在这个区域的国家关系中严格尊重正义原则和法制,并遵守联合国宪章的原则,以促进区域的和平和稳定。

三、在经济、社会、文化、技术、科学和行政方面共同关心的问题上促进积极的合作和互助。

四、在教育、专业、技术和行政方面以训练和研究便利的形式相互提供援助。

五、更加有效地合作以求更大地利用它们的农业和工业,扩大它们的贸易,包括研究国际商品贸易问题、改进它们的运输和交通设施以及提高它们的人民的生活水准。

六、促进东南亚的研究。

七、同目标和宗旨相类似的现有国际组织和区域组织保持紧密和有利的合作,并且探索一切途径来进一步加强它们之间的合作。

第三,为了实现这些目标和宗旨,将成立下列机构:

(a)外交部长年会将作为东南亚国家联盟部长会议,轮流举行。外交部长特别会议必要时可以随时召开;

(b) 在东道国外交部长或他的代表的领导下设立常务委员会,其成员由其他会员国委任的大使组成。该机构在未举行外交部长会议期间进行联盟的工作;

(c) 由专家和官员组成的有关特别问题的特别委员会和常设委员会;

(d) 各会员国设立秘书处,代表各自的国家进行联盟的工作并为外交部长年会或特别会议服务,常务委员会或其他类似的委员会也可相应建立。

第四,凡同意上述目标、原则和宗旨的东南亚地区所有国家都可以参加联盟。

第五,联盟代表了东南亚国家要求在友好合作基础上的团结一致、并通过共同努力和牺牲以使它们的人民和子孙后代实现和平、民主和繁荣的共同意愿。

(资料来源:王铁崖、田如萱主编:《国际法资料选编》,法律出版社 1982 年版,第 847—849 页。)

东南亚友好、合作条约(1976)
Treaty of Amity and Cooperation in Southeast Asia, 1976

(February 24, 1976, Indonesia)

The High Contracting Parties:

Conscious of the existing ties of history, geography and culture, which have bound their peoples together;

Anxious to promote regional peace and stability through abiding respect for justice and the rule or law and enhancing regional resilience in their relations;

Desiring to enhance peace, friendship and mutual cooperation on matters affecting Southeast Asia consistent with the spirit and principles of the Charter of the United Nations, the Ten Principles adopted by the Asian-African Conference in Bandung on 25 April 1955, the Declaration of the Association of Southeast Asian Nations signed in Bangkok on 8 August 1967, and the Declaration signed in Kuala Lumpur on 27 November 1971;

Convinced that the settlement of differences or disputes between their countries should be regulated by rational, effective and sufficiently flexible procedures, avoiding negative attitudes which might endanger or hinder cooperation;

Believing in the need for cooperation with all peace-loving nations, both within and outside Southeast Asia, in the furtherance of world peace, stability and harmony;

Solemnly Agree to enter into a Treaty of Amity and Cooperation as follows:

Chapter Ⅰ: Purpose and Principles

Article 1

The purpose of this Treaty is to promote perpetual peace, everlasting amity and cooperation among their peoples which would contribute to their strength, solidarity and closer relationship.

Article 2

In their relations with one another, the High Contracting Parties shall be guided by the following fundamental principles:

a. Mutual respect for the independence, sovereignty, equality, territorial integrity and national identity of all nations;

b. The right of every State to lead its national existence free from external interference, subversion or coercion;

c. Non-interference in the internal affairs of one another;

d. Settlement of differences or disputes by peaceful means;

e. Renunciation of the threat or use of force;

f. Effective cooperation among themselves.

Chapter II: Amity

Article 3

In pursuance of the purpose of this Treaty the High Contracting Parties shall endeavor to develop and strengthen the traditional, cultural and historical ties of friendship, good neighborliness and cooperation which bind them together and shall fulfill in good faith the obligations assumed under this Treaty. In order to promote closer understanding among them, the High Contracting Parties shall encourage and facilitate contact and intercourse among their peoples.

Chapter III: Cooperation

Article 4

The High Contracting Parties shall promote active cooperation in the economic, social, technical, scientific and administrative fields as well as in matters of common ideals and aspiration of international peace and stability in the region and all other matters of common interest.

Article 5

Pursuant to Article 4 the High Contracting Parties shall exert their maximum efforts multilaterally as well as bilaterally on the basis of equality, non-discrimination and mutual benefit.

Article 6

The High Contracting Parties shall collaborate for the acceleration of the economic growth in the region in order to strengthen the foundation for a prosperous and peaceful community of nations in Southeast Asia. To this end, they shall promote the greater utilization of their agriculture and industries, the expansion of their trade and the improvement of their economic infrastructure for the mutual benefit of their peoples. In this regard, they shall continue to explore all avenues for close and beneficial cooperation with other States as well as international and regional organizations outside the region.

Article 7

The High Contracting Parties, in order to achieve social justice and to raise the standards of living of the peoples of the region, shall intensify economic cooperation. For this purpose, they shall adopt appropriate regional strategies for economic development and mutual assistance.

Article 8

The High Contracting Parties shall strive to achieve the closest cooperation on the widest scale and shall seek to provide assistance to one another in the form of training and research facilities in the social, cultural, technical, scientific and administrative fields.

Article 9

The High Contracting Parties shall endeavor to foster cooperation in the furtherance of the cause of peace, harmony, and stability in the region. To this end, the High Contracting Parties shall maintain regular contacts and consultations with one another on international and regional matters with a view to coordinating their views actions and policies.

Article 10

Each High Contracting Parties shall not in any manner of form participate in any activity which shall constitute a treat to the political and economic stability, sovereignty, or territorial integrity of another High Contracting Party.

Article 11

The High Contracting Parties shall endeavor to strengthen their respective national resilience in their political, economic, sociocultural as well as security fields in conformity with their respective ideals and aspirations, free from external interference as well as internal subversive activities in order to preserve their respective national identities.

Article 12

The High Contracting Parties in their efforts to achieve regional prosperity and security shall endeavor to cooperate in all fields for the promotion of regional resilience, based on the principles of self-confidence, self-reliance, mutual respect, cooperation of solidarity which will constitute the foundation for a strong and viable community of nations in Southeast Asia.

Chapter IV: Pacific Settlement of Disputes

Article 13

The High Contracting Parties shall have the determination and good faith to prevent disputes from arising. In case disputes on matters directly affecting them shall refrain from the threat or use of force and shall at all times settle such disputes among themselves through friendly negotiations.

Article 14

To settle disputes through regional processes, the High Contracting Parties shall constitute, as a continuing body, a High Council comprising a Representative at ministerial level from each of the High Contracting Parties to take cognizance of the existence of disputes or situations likely to disturb regional peace and harmony.

Article 15

In the event no solution is reached through direct negotiations, the High Council shall take cognizance of the dispute or the situation and shall recommend to the parties in dispute appropriate means of settlement such as good offices, mediation, inquiry or conciliation. The High Council may however offer its good offices, or upon agreement of the parties in dispute, constitute itself into a committee of mediation, inquiry or conciliation. When deemed necessary, the High Council shall recommend appropriate measures for the prevention of deterioration of the dispute or the situation.

Article 16

The foregoing provision of this Chapter shall not apply to a dispute unless all the parties to the dispute agree to their application to that dispute. However, this shall not preclude the other High Contracting Parties not party to the dispute from offering all possible assistance to settle the said dispute. Parties to the dispute should be well disposed towards such offers of assistance.

Article 17

Nothing in this Treaty shall preclude recourse to the modes of peaceful settlement contained in Article 33(1) of the Charter of the United Nations. The High Contracting Parties which are parties to a dispute should be encouraged to take initiatives to solve it by friendly negotiations before resorting to the other procedures provided for in the Charter of the United Nations.

Chapter V: General Provision

Article 18

This Treaty shall be signed by the Republic of Indonesia, Malaysia, the Republic of the Philippines, the Republic of Singapore and the Kingdom of Thailand. It shall be ratified in accordance with the constitutional procedures of each signatory State. It shall be open for accession by other States in Southeast Asia.

Article 19

This Treaty shall enter into force on the date of the deposit of the fifth instrument of ratification with the Governments of the signatory States which are designated Depositories of this Treaty and the instruments of ratification or accession.

Article 20

This Treaty is drawn up in the official languages of the High Contracting Parties, all of which are equally authoritative. There shall be an agreed common translation of the texts in the English language. Any divergent interpretation of the common text shall be settled by negotiation.

IN FAITH THEREOF the High Contracting Parties have signed the Treaty and have hereto affixed their Seals.

DONE at Denpasar, Bali, this twenty-fourth day of February in the year one thousand nine hundred and seventy-six.

(资料来源:http://www.aseansec.org/1217.htm)

美洲国家组织宪章(1948)
Charter of the Organization of American States, 1948

(1948年4月30日订于波哥大)

参加第九次美洲国家国际会议各国,以他们人民的名义

深信美洲的历史使命是予人类以一块自由地,和发展其人格并实现其公正愿望的一个有利环境。

意识到那个使命已经促成不少协定,协定的主要价值在于美洲各国人民和平相处的愿望,并通过他们的相互谅解及对每一国主权的尊重,使一切国家在独立、平等和法律方面获得改善的愿望;

相信美洲团结及睦邻的真正意义只能意味着这个大陆的巩固是在民主制度,基于对基本人权的尊重的个人自由和社会正义体系的范围内;

确信他们的福利和他们对世界进步与文明的贡献将更需要加强大陆上的合作;

决定坚持人类所交给联合国的高尚事业,对于联合国的原则和宗旨他们庄严地予以重申;

深信法定组织是基于道德秩序和正义的安全与和平的一个必要条件;并

依照在墨西哥市举行的美洲国家间和战问题会议的第九项决议,议定下列"美洲国家的组织的宪章"。

第一编

第一章　性质与宗旨

第一条

美洲国家以本宪章来建立它们已发展起来的国际组织,以期获得一种和平与正义的秩序,促进它们的团结,加强它们的合作并保卫它们的主权,它们的领土完整和它们的独立。在联合国中,美洲国家组织是一种区域机构。

第二条

所有批准本宪章的美洲国家都是本组织的会员国。

第三条

几个会员国合组起来的,以及以此地位批准本宪章的任何新政治单位应是本组织的一个会员。新政治单位加入本组织的后果应使组成该单位的每一国家丧失其会员国的资格。

第四条

美洲国家组织,为了实践建立本组织的原则及履行其在联合国宪章下的区域义务,特宣

告下列各主要宗旨：

（甲）加强美洲大陆的和平与安全；

（乙）防止会员国间所能引起困难的可能原因并保证会员国间可能发生的争端的和平解决；

（丙）为遭到侵略的那些国家规定共同行为；

（丁）寻求会员国间所引起的政治、法律及经济问题的解决；并

（戊）以合作行动来促进它们经济、社会及文化的发展。

第二章 原 则

第五条

美洲国家重申下述各原则：

（甲）国际法在国家相互关系上是国家行为的准绳；

（乙）国际秩序主要包含的是尊重国家的人格、主权及独立，以及忠实履行由条约及其他国际法渊源而来的义务；

（丙）善意应支配国家间的关系；

（丁）美洲国家间的团结以及由此追求的崇高目的，要求这些国家在有效实行代议制民主的基础上成立政治组织；

（戊）美洲国家谴责侵略战争；胜利不能给予权利；

（己）对一个美洲国家的侵略行为就是对所有其他美洲国家的侵略行为；

（庚）凡美洲两国或两国以上之间所发生的带有国际性的争端应用和平程序解决；

（辛）社会正义及社会安全是永久和平的基础；

（壬）经济合作是美洲大陆人民共同福利及繁荣的要件；

（癸）美洲国家宣布个人基本权利不因种族、国籍、信仰或性别而有差别；

（子）美洲大陆的精神统一是以尊重美洲各国的文化价值作根据的，并且要求这些国家为了这个崇高目的而密切合作；

（丑）人民的教育应指向正义、自由及和平。

第三章 国家的基本权利及义务

第六条

国家在法律上平等，享有平等权利和行使此等权利的平等能力，并具有平等义务。每一国家的权利并不依靠保证行使该项权利的权力，而是依靠该国在国际法上作为人格而存在这一仅有的事实。

第七条

每一美洲国家有责任尊重每一其他国家按照国际法而享有的权利。

第八条

国家的基本权利无论如何不得予以损害。

第九条

国家的政治的存在与其他国家的承认无关。即使在得到承认以前，国家有权保卫其领土完整和独立，保证其存在和繁荣，并从而成立其自己认为适宜的组织，对其有关利益进行立

法,管理其业务,以及决定其法院的管辖及权限。此等权利的行使仅受其他国家根据国际法而行使权利的限制。

第十条

承认意味着承认国接受新国家的人格与随同而来的该两国间由国际法所规定的权利和义务。

第十一条

每一个国家有保卫自身和度自己生活的权利,并不容许该国对另一国家作非正义的行为。

第十二条

国家在其领土范围以内对一切居民无论是国民或外侨,平等地行使其管辖权。

第十三条

每一国家具有自由地和自然地发展其文化、政治及经济生活的权利。在这种自由发展中,国家应尊重个人的权利及普遍道德的原则。

第十四条

尊重条约和忠实地遵守条约构成发展国家之间的和平关系的准则。国际条约和协定必须公开。

第十五条

国家或国家集团都没有权以任何理由直接地或间接地干涉任何其他国家的内政或对外事务。对国家的人格或其政治、经济和文化的因素,前述原则不仅禁止用武装力量而且禁止用任何其他干涉形式或企图威胁。

第十六条

国家不得采用或鼓励采用一种经济的或政治性质的强迫措施来胁迫另一国家的主权意志及从该国取得任何利益。

第十七条

一国的领土不可侵犯,领土无论任何理由不得直接地或间接地成为即使暂时的军事占领的客体或成为另一国家采用其他武力手段的客体。用武力或用其他强迫手段而取得的领土或获得的特殊利益均不应加以承认。

第十八条

美洲各国,除依照现存条约或履行现存条约规定而进行自卫的场合外,在它们的国际关系中,应约束它们本身不从事于使用武力。

第十九条

为了维持和平及安全,按照现存条约而采取的措施并不构成违反第十五条及第十七条所规定的原则。

第四章　和平解决争端

第二十条

美洲国家之间可能发生的一切国际争端,在提交联合国安全理事会之前,必须交由本宪章所规定的和平程序处理。

第二十一条

和平程序如下：

直接交涉、斡旋、调停、调查与和解、司法解决、仲裁以及争端当事国在任何时期中所特别同意的其他程序。

第二十二条

如果在两个或两个以上的美洲国家之间发生争端，而照当事国之一的意见，认为通过通常外交途径不能解决，当事国应同意用某些其他和平程序，俾能达到一种解决办法。

第二十三条

一种特别条约应建立和平解决争端的适当程序并决定应用这些程序的适当手段，务使美洲国家之间的任一争端不至在一个合理时期中不能得到确定的解决。

第五章 集体安全

第二十四条

一个国家对一个美洲国家的领土完整或领土的不可侵犯性或对其主权或政治独立的每一侵略行为应认为是对其他美洲各国的一种侵略行为。

第二十五条

如果任何美洲国家的领土不可侵犯性或完整或主权或政治独立遭受到一种武装攻击或一种非武装攻击的侵略行为，或被一种大陆以外的冲突，或被一种两个或两个以上美洲国家间的冲突，或被任何其他可能危及美洲和平的事实或情势所影响时，则美洲国家为了促进美洲大陆团结原则或集体自卫，应适用为此订立的特别条约所规定的手段及程序，

第六章 经济标准

第二十六条

会员国在它们在资源所允许的和它们法律所规定的范围内，以善邻的最宽大精神，同意相互合作来加强它们的经济结构，发展它们的农业和矿业，促进它们的工业和增加它们的贸易。

第二十七条

如果一个美洲国家的经济受到严重情况的影响而不能以其本身的单独无援的努力得到满意的补救，则该国可将其经济问题提交美洲国家间经济及社会理事会以寻求通过协商对该项问题的最适当的解决。

第七章 社会标准

第二十八条

会员国同意相互合作为它们的所有人口获得公平及适当的生活条件。

第二十九条

会员国同意在下列基础上发展它们社会立法的愿望：

（甲）所有人类，不分种族、国籍、性别、信仰或社会条件均有权在自由、尊严、机会平等及经济安全的情况下，获得物质福利及精神发展。

（乙）工作是一种权利及一种社会责任；工作不应当作一种商品；工作要求对集会自由及

工人尊严的尊重;工作要在保障生活、健康及一种适当的生活水平的条件下操作,无论在工作年代中及在年老时,或当任何情况使个人失去工作能力时。

第八章　文化标准

第三十条

会员国家根据它们宪法的规定及它们的物质资源,同意在下列基础上促进教育权利的行使;

(甲)初级教育应是强迫的并且由国家办理时,应不收费;

(乙)必须不分种族、国籍、性别、信仰及社会条件使所有人民有受到高等教育机会。

第三十一条

会员国家对每一国家的民族性作适当考虑后,应以各种表达工具便利文化的自由交流。

第二编

第九章　机　　关

第三十二条

美洲国家组织以下列机关来实现其宗旨:

(甲)美洲会议;

(乙)外交部长协商会议;

(丙)理事会;

(丁)泛美联盟;

(戊)各专门会议;及

(己)各专门机关。

第十章　美洲会议

第三十三条

美洲会议是美洲国家组织的最高机关。该机关决定本组织的一般行动及政策和决定其各种机关的组织及职能并具有考虑美洲国家间有关友好关系任何事宜的权力。这种职能应按照本宪章及其他美洲国家间之条约规定加以执行。

第三十四条

所有会员国均有派代表参加美洲会议的权利。每一国家有一投票权。

第三十五条

会议每五年召集一次。会期由美洲国家组织理事会与在举行会议国家的政府协商后决定。

第三十六条

在特别情况下并且在有三分之二的美洲国家政府同意,可举行一次特别美洲会议,或将下届常会改期举行。

第三十七条

每届美洲会议应指定举行下届会议的地点。如果由于不能预见原因而会议不能在预定地点举行时,美洲国家组织理事会应即指定新的地点。

第三十八条

美洲会议的议程及规则应由本组织理事会准备并提交会员国家审议。

第十一章 外交部长协商会议

第三十九条

外交部长协商会议应举行来考虑美洲国家的紧急性问题及其共同利益的问题,并且作为协商机关而服务。

第四十条

任何会员国家得要求召集协商会议。该项要求应交给本组织的理事会并应由其绝对多数决定会议应否召集。

第四十一条

协商会议的议程及规则应由本组织理事会准备并提交会员国家审议。

第四十二条

如由于例外的原因,某一外交部长不能出席会议,应由一特别代表代其参加。

第四十三条

如在一美洲国家领土之中或在有效条约规定的安全区域之内发生武力攻击,协商会议应即从速举行。该项会议应由本组织理事会的主席立即召开;主席同时应召开理事会。

第四十四条

应设立一个防御咨询委员会,来对协商机关关于集体安全现行特别条约的适用上可能引起的军事合作问题提供意见。

第四十五条

防御咨询委员会应由参加协商会议的美洲国家的最高军事当局组成。在特殊情况下,各政府可委派代理。每一个国家只有一个投票权。

第四十六条

当协商会议处理有关防御侵略的事宜时,防御咨询委员会应与召集协商机关的同样条件下加以召集。

第四十七条

当美洲会议或协商会议或各国政府以会员国三分之二之多数指定防御咨询委员会对专门问题作技术性研究或报告时,该委员会也应举行会议。

第十二章 理 事 会

第四十八条

美洲国家组织理事会由本组织的每一会员国政府特派一个大使级的代表组织之。可以委派驻在理事会所在国政府的外交代表。正式名义的代表缺席时,该政府得任命一临时代表。

第四十九条

理事会选举一主席和一副主席。主席和副主席任期均为一年,并且不得连选为紧接的下届任期的主席或副主席。

第五十条

理事会在本宪章和美洲国家间的条约及协定之范围内有权处理任何由美洲会议或外交部长协商会议提交的任何事宜。

第五十一条

理事会对泛美联盟适当执行其被指定的任何应负责任。

第五十二条

当本宪章第四十三条所预计的情况发生时,理事会应即临时地作为协商机关而服务。

第五十三条

理事会尚有下列各项服务:

(甲)起草关于建立新专门机关或合并,修改或裁撤现存的专门机关的建议,包括有关此种机关的财政及支持事宜,并将建议提交各政府及美洲会议;

(乙)在同这些组织协商以后,起草提交各政府、美洲会议、专门会议或专门机关为调整这些组织的活动及计划的建议;

(丙)同美洲专门机关缔结协定来决定本组织与各机关之间的现存关系;

(丁)同其他的公认有国际地位的美洲组织缔结合作协定或签订特种办法;

(戊)促进并便利美洲国家组织与联合国之间的以及美洲各专门机关与同类国际组织之间的合作;

(己)通过决议来使秘书长执行第八十四条所规定的职责;

(庚)执行由本宪章所授与的其他职责。

第五十四条

理事会应规定每一政府对维持泛美联盟所应分摊的会费定额的根据;这必须以公平方式考虑各个国家的负担能力及他们承担的意愿。经理事会同意后,预算案连同各国的年度分摊会费定额表至少在财政年度第一日起六个月前应交给各国政府,预算事宜的决定必须理事会会员三分之二的通过。

第五十五条

理事会应制定其自己的规则。

第五十六条

理事会应在泛美联盟地址内执行职务。

第五十七条

下列是美洲国家组织理事会的机关:

(甲)美洲经济及社会理事会;

(乙)美洲法律专家理事会;

(丙)美洲文化理事会。

第五十八条

上条所指的各机关在本宪章范围内应享技术性的自治权,但是这些机关的决定不得侵越本组织理事会的行动范围。

第五十九条

本组织理事会的机关由本组织全体会员国的代表组成。

第六十条

本组织理事会的各机关在可能范围内应对各政府提供它们所请求的技术性服务；并且这些机关应在其管辖范围内向本组织理事会提出意见。

第六十一条

本组织理事会的各机关，经理事会同意后，应与联合国相同机关及在各自行动范围内执行职务的各国或国际机构，建立合作关系。

第六十二条

本组织理事会咨询了有关机关并与各政府协商后，应依据本宪章的规定和为了执行本宪章的规定而制定各机关的规章。各机关应制定它们自己的规则。

甲、美洲经济及社会理事会

第六十三条

美洲经济及社会理事会的主要宗旨是促进美洲各国的经济及社会福利，这是要通过有效合作来较好地利用它们的资源，发展它们的农业及工业并提高它们人民的生活水平。

第六十四条

为实现上述宗旨理事会应：

（甲）建议各种方法使美洲各国互相给予技术协助来进行研究、制定出和执行计划以实现第二十六条所指明的宗旨，并发展和改善它们的社会服务工作；

（乙）作为所有美洲国家间带有经济和社会性质的官方活动的协调机构而行动；

（丙）担任其自身创议的及任何会员国所要求的研究工作；

（丁）搜集并准备为会员国使用的经济及社会事宜的报告；

（戊）向本组织理事会建议举行经济及社会事宜的专门会议的适当性；

（己）进行美洲会议、外交部长协商会议或本组织理事会所分派的任何其他活动。

第六十五条

美洲经济及社会理事会由每一会员国委派的技术代表组成；应在本身创议或本组织理事会创议下举行会议。

第六十六条

美洲经济及社会理事会应在泛美联盟地址执行职务；但经会员国多数的决定得在任何美洲的城市举行会议。

乙、美洲法律专家理事会

第六十七条

美洲法律专家理事会的宗旨是：作为一种对法律事宜的咨询机关而服务；促进国际公法和私法的发展及编纂；并在认为适宜的范围内研究各美洲国家取得立法一致的可能性。

第六十八条

在里约热内卢设立的美洲法务委员会应是美洲法律专家理事会的常设委员会。

第六十九条

法务委员会应由美洲会议选择的九个国家的法律专家组成。法律专家应由美洲法律专家理事会从美洲会议所选出的每一国家提出的名单中选择之。法务委员会委员代表本组织的全体会员国。本组织理事会有权补充在美洲会议及美洲法律专家理事会闭会期间所发生的委员缺额。

第七十条

法务委员会必须承担美洲的法律专家理事会、外交部长协商会议或本组织理事会所分派的研究及准备工作。法务委员会也可以承担其本身认为适宜的研究及计划。

第七十一条

美洲法律专家理事会及法务委员会必须寻求各国国际法编纂委员会、国际法和比较法学会,以及其他专门机构的合作。

第七十二条

美洲法律专家理事会由本组织理事会召集时,应在法律专家理事会前届会议所决定的地点举行会议。

丙、美洲文化理事会

第七十三条

美洲文化理事会的宗旨是促进美洲各国人民之间的友好关系和相互谅解,以便通过促进教育、科学及文化的交流,来巩固使美洲演进突出的和平情感。

第七十四条

为此目的,理事会的主要职能应是:

(甲)促进美洲国家间的文化活动;

(乙)搜集并供给国内及国际性的美洲国家公私机构在美洲各国之中和各国之间所进行的文化活动的情报;

(丙)促进采取适宜于美洲各国一切人口集团需要的基本教育计划;

(丁)此外应促进美洲各国土著民族采取特别的训练、教育及文化的规划;

(戊)合作以保护、保存及增进美洲的文化遗产;

(己)促进美洲各国间在教育、科学及文化方面的合作;其办法是通过交换研究及调查的资料和交换教员、学生、专家以及交换一般为实现此等目的而有用的其他人员和资料;

(庚)鼓励和睦国际关系的各国人民的教育;

(辛)进行美洲会议、外交部长协商会议或本组织理事会所指定的其他活动。

第七十五条

美洲文化理事会应决定其下次会议的地点,并应在本组织理事会与被选为举行会议地点的国家的政府同意的选定日期,由本组织理事会召开会议。

第七十六条

应设立一文化行动委员会,由每届美洲会议选出五个国家作为委员。组成文化行动委员会的委员个人应由美洲文化理事会从美洲会议选出的每一国家所提出的名单中选择之;委员们必须是教育或文化事宜的专家。美洲文化理事会和美洲会议闭会期间,本组织理事会得补充发生的缺额并得替换那些需要终止合作的国家。

第七十七条

文化行动委员会应作为美洲文化理事会的常设委员会执行职务,以便对美洲文化理事会的任何事宜进行研究准备。关于指定这些研究,该理事会应有最后决定权。

第十三章 泛美联盟

第七十八条

泛美联盟是美洲国家组织的中央及常设机关,并且是本组织的秘书处。泛美联盟应执行本宪章所指定的职务以及由其他美洲各国间的条约和协定所指定的其他职务。

第七十九条

本组织应设秘书长一人;由理事会选举;任期十年;不得连选并不得由一具有同一国籍的人继任。如果秘书长职位出缺,理事会应在出缺后九十天选举继任人来补足该职位所余任期;如果出缺发生在任期之后半期,该继任人可以连选。

第八十条

秘书长应指导泛美联盟并且是该联盟的法定代表。

第八十一条

秘书长应参加美洲会议、外交部长协商会议、各专门会议以及理事会和其机关会议的讨论,有发言权,但没有表决权。

第八十二条

泛美联盟,通过它的技术及情报机构,在理事会的指导之下,应促进本组织全体会员国之间的经济、社会、法律及文化关系。

第八十三条

泛美联盟还应执行下列任务:

(甲)按照职权对会员国转发召开美洲会议、外交部长协商会议及各专门会议的通知;

(乙)对理事会及其机关准备美洲会议、外交部长协商会议及各专门会议的议程和规则提供意见;

(丙)在其能力范围内,应将举行会议国家的政府所要求的技术协助及人员置于该政府支配之下;

(丁)作为美洲会议、外交部长协商会议的和在可能范围内作为专门会议的文件及档案的保管者而服务;

(戊)作为美洲各国协定批准书的保存者而服务;

(己)执行美洲会议和外交部长协商会议所指定的任务;

(庚)向理事会提出本组织活动的常年报告;

(辛)向美洲会议提出自上届会议以来本组织各机关所完成的工作报告。

第八十四条

秘书长的职务为:

(甲)经理事会的批准,设立为实现泛美联盟之宗旨所必需的泛美联盟专门及行政机构;

(乙)决定泛美联盟的各部门首长、干部及雇员的人数;委派此等人员,规定他们的权力及职务并按照理事会所建立的一般标准,决定他们的工资。

第八十五条

设立助理秘书长一人;由理事会选举;任期十年,可以连选。助理秘书长职位出缺时,理事会应于出缺后九十天选举继任人来补足该职位所余的任期。

第八十六条

助理秘书长应担任理事会的秘书。秘书长临时缺席或不能出席时,或按照第七十九条所提及的出缺的九十天期内,助理秘书长应行使秘书长的职权。助理秘书长还应作为秘书长的顾问服务,有权作为秘书长的代表执行秘书长交给他的一切任务。

第八十七条

无论何时,如为本组织的正当行使职务而有必要时,理事会经其会员国三分之二的票决,得将秘书长或助理秘书长免职。

第八十八条

秘书长委派的泛美联盟各有关部门的首长应为美洲经济及社会理事会,法律专家理事会以及文化理事会的各执行秘书。

第八十九条

工作人员在执行他们的职务时,不得向泛美联盟以外的任何政府或任何其他当局寻求或接受指示,他们必须避免任何可能妨及他们作为国际官员而仅对该联盟负责的地位的行为。

第九十条

每一美洲国家组织的会员国保证尊重秘书长及工作人员的绝对国际性责任,而不企图去影响他们对其职务的行为。

第九十一条

泛美联盟选任其工作人员时,应首先考虑效率、能力及忠实性,但同时又应重视在可能广泛的地理基础上招用人员的必要性。

第九十二条

泛美联盟地址设在华盛顿市。

第十四章　专门会议

第九十三条

当美洲会议或外交部长协商会议决定举行时;当美洲各国间的协定有此规定时;或本组织理事会由于其自身的创议或由于其所属机关之一或专门机关之一的要求而认为有必要时,应举行专门会议来处理特殊技术事宜或发展美洲合作的特定方面问题。

第九十四条

专门会议的议程及规则应由本组织理事会的机关或由有关的专门机关加以准备;议程及规则应交由各会员国审议并告知理事会。

第十五章　专门机关

第九十五条

本宪章所指的美洲专门机关是政府间的组织,以多边协定来设立的,并且对有关美洲国家共同利益的技术事宜具有特定的任务。

第九十六条

理事会为了第五十三条所指明的宗旨,应设立一个合乎前条规定条件的各种机关的登记处。

第九十七条

各专门机关根据本宪章的规定应享有充分的技术自主权,并应考虑理事会的建议。

第九十八条

各专门机关应向理事会提出其工作进度及其年度预算和开支的定期报告。

第九十九条

理事会与各专门机构之间,按照第五十三条(丙)款所提及的协定得规定此项专门机构应将其预算提交理事会核准。此项协定亦可订出办法使泛美联盟按照该项协定,接收交款国家的会费定额并予以分配。

第一百条

各专门机关应同世界性各种同类性质之机构建立合作关系以协调它们的活动。同一种世界性的国际机构缔结协定时,美洲专门机关应保存其作为美洲国家组织的组成部分的个性和地位,即使它们执行了国际机构的区域职务。

第一百零一条

决定各专门机关的地理位置时应考虑到全体美洲国家的利益。

第三编

第十六章 联 合 国

第一百零二条

本宪章的任何条款不得解释为妨害在联合国宪章下会员国的权利及义务。

第十七章 杂项条款

第一百零三条

美洲国家组织在每一会员国领土内应享有执行其职务、实现其宗旨所必需的法律能力、特权及豁免。

第一百零四条

本组织理事会的各政府代表,理事会各机关的代表,各代表团的工作人员以及秘书长和助理秘书长应为了独立行使他们的职务而享有必要的特权和豁免。

第一百零五条

美洲专门机关的法律地位及给予该机关和其工作人员,以及泛美联盟官员的特权和豁免都应对每一情况通过各机关和有关政府的协定来决定。

第一百零六条

美洲国家组织的通讯,包括印刷及邮包在内,盖有该组织免费印章,应由各会员国的邮政免费递送。

第一百零七条

美洲国家组织不承认对男子及女子参加各种机关的活动及在其中担任职位的选用条件有任何限制。

第十八章　批准及生效

第一百零八条

本宪章应对美洲国家开放签字,并应按照它们各自的宪法程序加以批准。本宪章的正本应交由泛美联盟保存,其西班牙文、英文、葡萄牙文及法文文本具有同等效力,联盟应将认证的副本转送各政府作批准之用。批准书应交泛美联盟保存,联盟应将此项交存情况通知各签字国。

第一百零九条

本宪章有三分之二签字国家交存批准书时,应在批准国家间生效。对其余国家,本宪章之生效应按其交存批准书之日程。

第一百一十条

本宪章应由泛美联盟交联合国秘书处登记。

第一百一十一条

本宪章的修正只可由为此目的而召开的美洲会议加以通过。修正应按照第一百零九条规定的条件及程序发生效力。

第一百一十二条

本宪章应无限期有效,但任何会员国得以书面通知向泛美联盟声明退出;联盟应将接到的每一退出通知书转知所有其他会员国。自泛美联盟接到退出通知书之日起两年后,本宪章应对通知退出的国家停止生效;该国于其履行由本宪章而起的义务后即不再属于本组织。

下面签字的各全权代表在交验全权证书,认为妥善后,特在哥伦比亚、波哥大城,于签名下所标日期,签署于本宪章,以昭信守。

(资料来源:王铁崖、田如萱主编:《国际法资料选编》,法律出版社 1982 年版,第 880—902 页。)

美洲国家组织宪章修正议定书（布宜诺斯艾利斯议定书）（1967）

The Protocol of Amendment to the Charter of the Organization of American States (Protocol of Buenos Aires), 1967

（1967 年 2 月 27 日订于布宜诺斯艾利斯）

出席第三届美洲国家特别会议的美洲国家组织成员国考虑到：

1948 年在波哥大签订的美洲国家组织宪章规定其目的为获得一种和平和正义的秩序，促进美洲国家之间的团结，加强它们的合作并保卫它们的主权，它们的领土完整和它们的独立；

1965 年在里约热内卢召开的第二届美洲国家特别会议声明，必须为美洲国家体系注入一种新的推动力，迫切需要修订美洲国家组织的工作结构，以及在宪章中制订新的目标和标准来促进本半球各国人民的经济、社会和文化发展，并加速经济一体化的进程。

有必要重申美洲国家的如下决心：他们将本着团结的精神，在创造一般福利条件以保证它们各国人民的尊严和自由的生活的永久性任务中协同努力；

协议如下：

修订美洲国家组织宪章的议定书

第一条

按照本议定书第二条到第十条的规定，美洲国家组织宪章第一编应包括第一章到第九章。

第二条

第一章"性质和宗旨"应包括现行的第一条和第四条，内容不变，只是第四条改为第二条。

第三条

第二章"原则"应为现行的第五条，内容不变，只是第五条改为第三条。

第四条

增加新的第三章，标题为"成员国"，内容包括第四条到第八条。现行的第二条和第三条分别改为第四条和第五条。新添第六、七、八条，内容如下：

第六条

希望成为本组织成员国的任何其他独立的美洲国家可以给秘书长去函表示这种愿望,信中声明它愿意签署并批准本组织宪章和接受成员国所承担的一切义务,特别是宪章第二十七条和第二十八条中所明确规定的有关集体安全的义务。

第七条

大会在本组织常设理事会的建议下,应确定授权秘书长允许申请国在宪章上签字和接受它交存批准书一事是否适宜,常设理事会的建议和大会的决定都需要取得三分之二成员国的赞成票。

第八条

如果一个政治实体的全部领土或部分领土,在第一届美洲国家特别会议规定的 1964 年 12 月 18 日这个日期之前,成为本大陆以外的某一国家同本组织的一个或几个成员国之间诉讼或权利要求的对象,常设理事会不得对该政治实体的加入申请提出任何建议,大会也不得对此申请作出任何决定,直到这一争端通过一些和平程序得到解决为止。

第五条

第三章“国家的基本权利和义务”应改为第四章,标题不变,内容包括现行的第六条到第十九条,但应改为第九条到第二十二条;但现行的第十九条即现改成第二十二条的条文中提到的“第十五条和第十七条”应改为“第十八条和第二十条”。

第六条

第四章“和平解决争端”应改为第五章,标题不变,内容包括现行的第二十条到第二十三条,但应改为第二十三条到第二十六条。

第七条

第五章“集体安全”应改为第六章,标题不变,内容包括现行的第二十四条和第二十五条,应分别改为第二十七条和第二十八条。

第八条

第六章“经济标准”应由同样标题的第七章来代替,包括第二十九条到第四十二条,内容如下:

第二十九条

各成员国受到美洲国家团结合作的原则的激励,保证它们作出一致努力来确保本半球的社会公正和使它们各国人民获得有力而均衡的经济发展,以作为和平和安全所必要的条件。

第三十条

各成员国保证通过适当的计划,动员它们本国的人力和物质资源,并认识到在高效率的国内机构内进行工作的重要性,这是它们经济和社会进步以及保证有效的美洲国家合作的基本条件。

第三十一条

为加速各国的经济和社会发展,各成员国同意按照各自的方法和程序并在民主原则的范围和美洲国家体系的制度之内,贡献一切力量来达到下列基本目标:

一、大量和依靠自己的力量增加按人口计算的国家产品;

二、均衡分配国家的收入;

三、实行适当和公平的税收制度;

四、实现农村生活现代化,进行实现公平而有效的土地租借制度的改革,增加农业生产

率,扩大利用未开发的土地,使生产多样化,改善农产品的加工和销售系统;加强和扩充一切设备以达到上述目的;

五、加速工业化并使之多样化,特别是资本货物和中间货物方面;

六、稳定国内价格水平,使之适合持续的经济发展和达到社会公正;

七、使所有的人都能得到公平的工资、就业的机会和可取的工作条件;

八、迅速消灭文盲并对所有的人扩大受教育的机会;

九、通过推广和应用现代医学科学,保护人类潜力;

十、给予适当的营养,特别是通过加速国家的努力来增加粮食的生产和增加可提供的粮食;

十一、对各区的居民提供足够的住房;

十二、创造提供健康、增加生产力和丰富生活的城市条件;

十三、促进同公共部门的行动相协调的私人创业和投资;

十四、扩充出口并使之多样化。

第三十二条

为实现本章所规定的目的,各成员国同意,本着美洲国家团结的最开阔的精神,在它们资源许可和法律规定的范围内,进行相互合作。

第三十三条

为尽快达到均衡和持续的发展,各成员国同意,按照上条由各国经常提供的资源应根据灵活情况供应,并应支持为满足受援国的需要而采取的国家和多国计划和作出的努力,特别应照顾到较不发达的国家。

它们还将在同样的情况下和为同样的目的,从本半球以外的资源和国际机构中谋求金融和技术合作。

第三十四条

各成员国应作出一切努力,避免采取对另一成员国的经济或社会发展有严重损害的政策、行动或措施。

第三十五条

各成员国同意联合起来寻求一项办法,来解决当任何成员国的经济发展或稳定由于发生了该国力量所不能补救的情况而受到严重不利影响时产生的紧迫或危急的问题。

第三十六条

各成员国应采取办法按照现有的条约和国家法律的规定,鼓励科学技术知识的交流和利用,使它们从科学和技术中得益。

第三十七条

各成员国认识到对外贸易同经济和社会发展之间的相互紧密依赖关系,应作出单独和一致的努力来实现下列各项:

一、由输入国削减或取消影响本组织成员国出口的关税和非关税壁垒;但如适用这些壁垒是为了使经济结构多样化、加速较不发达成员国的发展或加紧它们经济一体化的进程,或因这些壁垒同国家安全或同经济平衡的需要有关,则不在此限;

二、采取下列办法保持它们经济和社会发展的持续性;

(一)适当时通过国际协定改善基本商品的贸易条件;采取避免破坏市场的、有秩序的销售程序;和其他旨在促进扩大市场、为生产者取得可靠收入、为消费者得到充分和可靠供应和既对生产者有利又对消费者公平的稳定价格的措施;

(二)改善国际金融合作和采取其他手段,以减轻输出基本商品的国家所经受的因出口收入的剧烈波动而受到的不利冲击;

(三)使出口多样化并通过促进和加强国家和多国机构及为这些目的而确定的安排,扩大自发展中国家输出成品和半成品的机会。

第三十八条

各成员国重申如下原则:当较发达国家同意在国际贸易协定中给予某些特许,以降低或取消关税或其他对外贸易方面的壁垒以利于较不发达的国家时,较发达国家不应期待自这些国家获得不符合它们的经济发展、金融和贸易需要的互惠的特许。

第三十九条

各成员国为了加速它们的经济发展、地区一体化和扩大及改善它们的贸易状况,应在发展中国家中和各成员国中间提倡改善和协调交通运输。

第四十条

各成员国认识到本半球发展中国家的一体化是美洲国家体系的目标之一,因此它们应在这方面作出努力并采取必要的措施来加速一体化进程,以便尽速建立一个拉丁美洲共同市场。

第四十一条

为了在各方面加强和加速一体化,各成员国同意对多国工程项目的制订和实施以及对它们提供资金给予适当的优先考虑,并鼓励美洲国家体系的经济和金融机构继续最广泛地支持地区一体化的机构和计划。

第四十二条

各成员国同意,促进地区经济一体化的技术和金融合作应建立在和谐、均衡和高效率发展的原则上,特别要照顾到较不发达国家,这样就可能成为一个决定性因素,使它们能通过自己的努力推动它们基本设施计划的发展,采用新的生产方法和出口多样化。

第九条

第七章"社会标准"应由同样标题的第八章来代替,包括第四十三条和第四十四条,内容如下:

第四十三条

各成员国深信人类只有在公正的社会秩序下,以及在经济发展和真正和平的环境中才能充分实现他们的愿望,它们同意为实现下列原则和结构而贡献一切力量:

一、全人类不分种族、性别、国籍、信仰或社会条件,都有在自由、尊严、机会平等和经济保障的环境中享有物质福利和提高精神境界的权利;

二、工作是一种权利也是一种社会责任,它给予从事工作的人尊严,并应在下列条件下,包括在一项公平的工资制度下从事工作,即不论是在工人工作期间还是在年老时,或是当发生了任何情况而剥夺了工人的工作机会时,都能保证该工人及其家属的生存、健康和体面的生活;

三、城乡的雇员和工人都有按照现行法律自由结合起来捍卫和促进他们的利益的权利,包括集体议价和工人罢工的权利,和争取承认各种结社的法律人格和保卫它们的自由和独立的权利；

四、在生产各部门中建立协商和合作的公正而有效率的制度和程序，适当照顾到保护整个社会的利益；

五、经营公共管理、银行信贷、企业和销售分配的体系，使之同私人部门相协调，以满足社会的需求和利益；

六、吸收城乡地区居民中的多余部分，并使他们日益参加国家的经济、社会、公民、文化和政治生活，以便实现国内社会的充分一体化、加速社会流动的过程和巩固民主制度，鼓励群众从事一切筹办和合作的努力，其目的在于使社会得到发展和进步；

七、承认诸如工会、合作社和文化、职业、商业、邻里和居民会协会等团体对社会生活和发展过程所作贡献的重要意义；

八、开展一项有效的社会保险政策；

九、对所有的人充分提供应得到的法律上的援助，以确保他们的权利。

第四十四条

各成员国认识到，为了加速拉丁美洲地区一体化进程，有必要协调发展中国家的社会立法，特别是在劳工和社会保险方面，这样，工人的权利就将得到平等的保护，并且他们同意为达到这一目标尽最大的努力。

第十条

第八章“文化标准”应由第九章来代替，标题为“教育、科学和文化标准”，包括第四十五条到第五十条，内容如下：

第四十五条

各成员国在它们的发展计划中将对激励教育、科学和文化给予首要的重视，旨在使每个人都得到全面改善，作为民主、社会公正和进步的基础。

第四十六条

各成员国相互合作来满足它们各国的教育需要，促进科学研究和鼓励技术进步。它们认为它们每一个国家和全体国家都有义务来保存和丰富美洲各国人民的文化遗产。

第四十七条

各成员国将尽最大努力按照它们的宪法程序，保证受教育的权利在下列基础上有效地行使：

一、学龄儿童必须受到的初等教育也应提供可以从中得益的其他所有人，由国家提供时应予免费；

二、中等教育应逐步在尽可能多的居民中普及，以求取得社会改进，应进行多样化来满足每一个国家的发展需要而又不妨碍提供一种普通教育；

三、高等教育只要达到了相应的规定的标准或学术标准以保持其高水平，就应向所有的人开放。

第四十八条

各成员国将通过教育和研究机构以及扩充情报计划来发展科学和技术，它们将在这些方面有效地进行合作，并按照各国的目标和法律及现行的条约，大量增加知识的交流。

第五十条

各成员国在对它们每个国家的特点给予应有尊重的情况下，同意促进文化交流作为加强美洲国家之间谅解的有效办法;它们并认识到地区一体化计划应通过在教育、科学和文化各方面的紧密联系而得到加强。

第十一条

按照本议定书第十二条到第十八条的规定,宪章的第二编应包括第十章到第二十一章。

第十二条

第九章“机关”应改为第十章,标题不变,包括第五十一条,内容如下:

第五十一条

美洲国家组织以下列机关来实现其宗旨:

一、大会;

二、外交部长协商会议;

三、理事会;

四、美洲国家司法委员会;

五、美洲国家人权委员会;

六、总秘书处;

七、各专门会议;及

八、各专门机关。

除本宪章及其条款所规定的以外,可以建立被认为需要的辅助机关、机构和其他单位。

第十三条

第十章“美洲会议”应由第十一章来代替,标题为“大会”,包括第五十二条到五十八条,内容如下:

第五十二条

一、决定本组织的一般行动和政策,确定其机关的结构和职能和考虑美洲国家间有关友好关系的任何事宜;

二、制订措施以协调本组织各机关、机构和单位之间的活动,以及同美洲国家体系其他机构之间的活动;

三、加强和协调同联合国及其专门机构的合作;

四、促进其宗旨同美洲国家组织相同的其他国际组织进行合作,特别是在经济、社会和文化方面;

五、批准本组织的预算计划和确定各成员国的份额;

六、审议美洲国家体系的各机关、机构和单位提交的年度报告和特别报告;

七、核准指导总秘书长工作的一般标准;及

八、批准它本身的程序规则和以三分之二的票数通过其议程。

大会按照宪章和其他美洲国家条约的规定行使权力。

第五十三条

大会应在考虑到每个国家的支付能力和它们以公平的态度给予捐助的决心的情况下,确立规定每一国政府对本组织的经费捐助份额的基础。有关预算的事项须经成员国三分之二的赞成票作出决定。

第五十四条

所有成员国都有派代表参加大会的权利,每一国家有一个投票权。

第五十五条

大会在程序规则确定的期间内每年召开一次,按照轮流的原则选择地点,在每届常会上按照程序规则确定下届常会的日期和地点。

如因任何原因大会不能在选择地点召开时,应在总秘书处举行会议,除非某一成员国及时提出在其领土内召开,在此情况下,本组织常设理事会可以同意大会在该地举行。

第五十六条

在特别情况下并且有三分之二的成员国同意,常设理事会应举行一次大会的特别会议。

第五十七条

大会须经成员国的绝对多数赞成票才能通过决定,但宪章规定或大会可能在其程序规则中规定某些事项需要三分之二的票数通过的情况除外。

第五十八条

应建立一个大会筹备委员会,由所有成员国派代表组成,任务如下:

一、拟订每届大会的议程草案;

二、审查提出的预算计划和捐助份额的决议草案,并向大会提出包括它认为适当的建议的报告;及

三、执行大会指派给它的其他任务。

议程草案和报告在适当时应提交各成员国政府。

第十四条

第十一章"外交部长协商会议"应改为第十二章,标题不变,现行的第三十九条到第四十七条就改为第五十九条到第六十七条。

现行第四十一条即改后第六十二条中的"议程"一词应由"日程"来代替。

第十五条

第十二章"理事会"由第十三章到第十八章代替:第十三章标题为"本组织理事会;一般规定",包括第六十八条到第七十七条;第十四章标题为"本组织常任理事会",包括第七十八条到第九十二条(现行的第五十二条改为第八十一条,其中提到的第四十三条应改为第六十三条);第十五章标题为"美洲国家经济及社会理事会",包括第九十三到第九十八条;第十六章标题为"美洲国家教育、科学和文化理事会",包括第九十九条到第一百零四条;第十七章标题为"美洲国家司法委员会",包括第一百零五条到第一百一十一条;第十八章标题为"美洲国家人权委员会",包括第一百一十二条。

第六十八条到第八十条和第八十二条到第一百一十二条的内容如下:

第六十八条

本组织的常设理事会、美洲国家经济及社会理事会以及美洲国家教育、科学和文化理事会直接对大会负责,每一机构都拥有宪章和其他美洲国家文件所赋予的权力,并承担大会和外交部长协商会议所指派的任务。

第六十九条

所有成员国都有权派代表参加每一理事会,每一国家享有一个投票权。

第七十条

各理事会在宪章和其他美洲国家文件规定的范围内,可以就它们权限内的事项提出建议。

第七十一条

各理事会可以就它们各自职权范围内的事项向大会提出调查报告、建议和国际文件草案,提出关于举行专门会议,建立、修改或取消专门机构和其他美洲国家机构以及关于协调它们活动的建议。各理事会还可以向专门会议提出调查报告、建议和国际文件的草案。

第七十二条

遇紧急情况时,每一理事会在同成员国协商后可以就其职权范围内的事项召开专门会议,而不需履行第一百二十八条规定的程序。

第七十三条

各理事会在其力所能及的范围内和在总秘书处的合作下,应向各国政府提供它们所需要的特殊服务。

第七十四条

每一理事会有权要求其他理事会及其辅助机关和对它们负责的机构向该理事会就它们各自职权范围内的事项提供情况和咨询意见。各理事会也可以要求美洲国家体系的其他机构提供同样服务。

第七十五条

经大会事先批准,各理事会可建立它们为更好地执行职责而认为适当的辅助机关和机构。在大会闭幕期间,上述机关或机构可由相应的理事会暂时建立。各理事会应尽可能按照轮流和按地理公平分布代表的原则设置这些机构的人员。

第七十六条

各理事会在认为适宜并事先征得有关政府同意后,可在任何成员国内举行会议。

第七十七条

每一理事会应制订其章程并提交大会批准,它应通过自己的程序规则和它的辅助机关、机构和委员会的程序规则。

第七十八条

本组织的常设理事会由每一成员国政府特别指定一名大使级代表组成。每一国政府得委派一名代理代表以及它认为必要的候补代表和顾问。

第七十九条

常设理事会的主席职位由各国代表按照他们西班牙文国名字母的次序轮流担任。副主席的职位也照同样方法,但按字母的相反次序轮流担任。

主席和副主席任期不得超过六个月,由章程予以确定。

第八十条

常设理事会在本宪章和美洲国家间的条约和协定的范围内,有权处理由大会或外交部长协商会议提交的任何事宜。

第八十二条

常设理事会应注意各成员国之间保持友好关系,并为此目的有效地协助各成员国按照下列规定和平解决它们之间的争端。

第八十三条

为协助常设理事会行使这些权力,应建立美洲国家和平解决委员会,作为理事会的辅助机关。委员会的章程由理事会拟订,并由大会批准。

第八十四条

争端的各方可以要求常设理事会进行斡旋。在此情况下，理事会有权协助各方并提出它认为适宜于和平解决争端的程序。

如果争端各方愿意，理事会主席将争端直接提交美洲国家和平解决委员会。

第八十五条

常设理事会在行使这些权力时，通过美洲国家和平解决委员会或其他任何方式，可以查明争端的事实，并可在有关政府的同意下在争端任何一方的领土内进行。

第八十六条

未遵守本宪章第二十四条规定的任何一项和平程序的争端任何一方，可以要求常设理事会审理该项争端。

理事会应将此一请求立即提交美洲国家和平解决委员会，由该委员会考虑此事是否在其职权范围以内，如果认为适当，应向另一方或数方提供斡旋。一旦斡旋被接受，美洲国家和平解决委员会可以协助各方并提出它认为适宜和平解决争端的程序。

委员会在行使这些权力时，可以对争端中的事实进行调查，并可在有关政府的同意下在争端任何一方的领土内进行。

第八十七条

如果争端一方拒绝斡旋，美洲国家和平解决委员会应只限于将此事通知常设理事会，但不损及它采取步骤来恢复争端各方之间受到中断的关系，或在它们之间重建和谐的关系。

第八十八条

一俟常设理事会收到上述报告，得提出为了第八十七条的目的而把争端各方联合在一起的建议，如果它认为必要，可敦促各方避免采取可能加剧争端的任何行动。

如果争端的一方继续拒绝美洲国家和平解决委员会或理事会的斡旋，理事会应只限于向大会提出报告。

第八十九条

常设理事会在履行职责时，应根据除争端各方之外的三分之二成员国的赞成票作出决定，但程序规则规定的需要简单多数通过的决定除外。

第九十条

常设理事会和美洲国家和平解决委员会在履行有关和平解决争端的任务时，应遵守本宪章的规定和国际法的原则和准则，并考虑到争端各方之间存在的有效条约。

第九十一条

常设理事会还应：

一、执行大会或外交部长协商会议未指派其他任何机构执行的决定。

二、监督秘书处工作应遵循的标准是否得到遵守，并在大会闭幕期间批准规章性质的条款，以便秘书处能执行其行政职能。

三、按照本宪章第五十八条规定，作为大会筹备委员会进行工作，除非大会另有规定。

四、根据成员国的请求和同本组织有关机关的合作，拟订协定草案来促进和便利美洲国家组织和联合国之间，或本组织和其他公认具备国际性质的美洲机构之间的合作。这些协定草案应提交大会批准。

五、就本组织执行任务及其辅助机关、机构和委员会之间的协调问题向大会提出建议。

六、就美洲国家司法委员会和美洲国家人权委员会的报告向大会提出它可能有的任何意见。

七、执行宪章授予的其他职责。

第九十二条

常设理事会和总秘书处应设在同一地点。

第九十三条

美洲国家经济及社会理事会由每一成员国政府特别任命最高级首席代表一人组成。

第九十四条

美洲国家经济及社会理事会的宗旨是促进美洲国家之间的合作,以便按照第七章和第八章规定的标准达到经济和社会的加速发展。

第九十五条

美洲国家经济及社会理事会为完成其宗旨应:

一、提出各种计划和行动方针的建议,定期研究各成员国作出的努力并给予评价;

二、促进和协调本组织的一切经济和社会活动;

三、协调它和本组织其他理事会之间的活动;

四、同联合国的相应机关及其他国家和国际机构建立合作关系,特别是在协调美洲国家技术援助计划方面建立合作关系;及

五、促进解决宪章第三十五条规定的事项,制订适当的程序。

第九十六条

美洲国家经济及社会理事会每年至少举行一次部长级会议。由大会、外交部长协商会议召集时,由它本身主动提出时,或因宪章第三十五条规定的情况也可举行会议。

第九十七条

美洲国家经济及社会理事会应设一常设执行委员会,由理事会选出主席一人和至少七名其他委员组成,任期由理事会在章程中确定。每一委员会有一个投票权。在选举委员时,应尽可能考虑到按地理公平分配代表的原则和轮流的原则,常设执行委员会代表本组织的所有成员国。

第九十八条

常设执行委员会应按照美洲国家经济及社会理事会确立的一般标准执行理事会指派给它的任务。

第九十九条

美洲国家教育、科学和文化理事会由每一成员国政府特别任命最高级首席代表一人组成。

第一百条

美洲国家教育、科学和文化理事会的宗旨是通过各成员国之间教育、科学和文化的合作和交流来促进美洲各国人民之间的友好关系和相互谅解,以便提高各国人民的文化水平,重申他们的个人尊严,使他们为进步事业做好充分准备并加强对他们的进展中所特有的和平、民主和社会公正的献身精神。

第一百零一条

美洲国家教育、科学和文化理事会为完成其宗旨应:

一、促进和协调本组织的教育、科学和文化活动；

二、通过或建议采取有关措施来实现宪章第九章中所包含的标准；

三、支持各成员国作出单独或集体的努力来改进和扩展各级的教育，特别注意为社会发展所作的努力；

四、推荐和鼓励采取使各阶层居民统一在各自国家文化之中的教育计划；

五、鼓励和支持科学技术的教育和研究，特别是当上述教育和研究同国民发展计划有关时；

六、鼓励交换教授、研究工作者、技术人员和学生以及学习材料，鼓励就各级教育课程的逐步协调和毕业证书及学位的有效和同等资格签订双边或多边协定；

七、提倡对美洲各国人民进行旨在建立和睦国际关系和更好地了解美洲各国历史和文化渊源的教育，以便重视和保存他们共同的珍贵财产和命运；

八、有计划地鼓励文艺创造、文学作品和民间创作的交流以及发展美洲各不同文化地区的相互关系；

九、促进合作和技术援助来保护、保存和增进本半球的文化遗产；

十、协调它和其他理事会的活动，在同美洲国家经济及社会理事会的协作下，鼓励促进教育、科学和文化的计划同国家发展和区域一体化计划之间相互关系的发展；

十一、同联合国的相应机关及其他国家和国际机构建立合作关系；

十二、加强美洲各国人民的公民良心，作为有效行使民主和遵守人类权利和义务的一个基础；

十三、通过在教育、科学和文化方面的努力和计划，建议采取适当的程序来加紧本半球发展中国家的一体化；及

十四、定期研究和评价各成员国在教育、科学和文化方面所作的努力。

第一百零二条

美洲国家教育、科学和文化理事会每年至少举行一次部长级会议，由大会、外交部长协商会议召集时，或由它本身主动提出时，也可举行会议。

第一百零三条

美洲国家教育、科学和文化理事会应设一常设执行委员会，由理事会选出主席一名和至少七名其他委员组成，任期由理事会在章程中确定。每一委员有一个投票权。在选举委员时，应尽可能考虑到按地理公平分配代表的原则和轮流的原则，常设执行委员会代表本组织的所有成员国。

第一百零四条

常设执行委员会应按照美洲国家教育、科学和文化理事会确定的一般标准执行理事会指派给它的任务。

第一百零五条

美洲国家司法委员会的宗旨是作为对法律事务的咨询机关而为本组织服务；促进国际法的逐步发展和编纂；研究有关本半球发展中国家一体化的法律问题和在认为适宜的范围内研究各美洲国家取得立法一致的可能性。

第一百零六条

美洲国家司法委员会应承担大会、外交部长协商会议或本组织各理事会所指派给它的研

究和准备工作。它也可以主动承担它认为适宜的研究和准备工作,并建议召开专业性的司法会议。

第一百零七条

美洲国家司法委员会由大会各成员国送交的三个候选人名单中选出十一个属于成员国国民的法律专家组成,任期四年,选举时应采取考虑到局部替换成员和尽可能按地理公平分配代表的制度。在委员会内不得有两名成员同属一个国家,如出现缺额应照上述方法补缺。

第一百零八条

美洲国家司法委员会代表本组织全体成员国,并具尽可能广泛的技术上的自治能力。

第一百零九条

美洲国家司法委员会应同大学、学院和其他教学中心,以及国家和国际委员会和致力于学习、研究、教学或传播具有国际意义的法律事务情报的单位建立合作关系。

第一百一十条

美洲国家司法委员会应草拟委员会的章程提交大会批准。

委员会应通过它本身的议事规则。

第一百一十一条

美洲国家司法委员会的会址设在里约热内卢,但是在特殊情况下,委员会在同有关成员国协商后,可以在可能指定的其他任何地点举行会议。

第一百一十二条

应设立美洲国家人权委员会,其主要任务是促使人权得到遵守和保护,并作为本组织在这些事务方面的一个协商机关。

美洲国家人权公约应确定本委员会的结构、职权和程序,以及负责这些事务的其他机关的结构、职权和程序。

第十六条

第十三章"泛美联盟"应由第十九章来代替,标题为"总秘书处",包括第一百一十三条到第一百二十七条,现行的第九十二条应改为第一百二十七条。

第一百一十三条到第一百二十六条的内容如下:

第一百一十三条

总秘书处是美洲国家组织的中心常设机关。它应执行本宪章、其他美洲国家间条约和协定及大会所指派给给它的任务,并应履行大会、外交部长协商会议或各理事会赋予它的职责。

第一百一十四条

本组织的秘书长应由大会选出,任期五年,不得连选超过一次或由同一国籍的人继任。如遇秘书长职位出缺,助理秘书长应承担其职责直到大会选出一位具有全部任期的新秘书长为止。

第一百一十五条

秘书长应指导总秘书处的工作,是总秘书处的合法代表,尽管有第九十一条第二款的规定,秘书长应就总秘书处的职责和任务得到正当履行向大会负责。

第一百一十六条

秘书长或其代表参加本组织的所有会议,有发言权但无投票权。

第一百一十七条

总秘书处在符合大会决定的行动和政策及各理事会有关决定的情况下,促进本组织所有成员国之间的经济、社会、法律、教育、科学和文化关系。

第一百一十八条

总秘书处还应履行下列职能:

一、依据职权向各成员国发送召开大会,外交部长协商会议,美洲国家经济及社会理事会,美洲国家教育、科学和文化理事会和各专门会议的通知;

二、适当时为其他机关拟订日程和议事规则提出意见;

三、根据各理事会、各机构和其经费应包括在预算计划内的各单位所通过的计划,制订本组织拟提出的预算计划,并在同各理事会或其常设委员会协商之后向大会筹备委员会,然后向大会本身提交预算计划;

四、为大会和其他机关执行永久性的充分的秘书业务,并执行它们的指示和委派的任务。在力所能及的范围内为本组织的其他会议提供服务;

五、保管美洲国家会议、大会、外交部长协商会议、各理事会和各专门会议的文件和档案;

六、保存美洲国家条约和协定及其批准书;

七、向大会各届常会提交关于本组织活动及其财政情况的年度报告;及

八、按照大会或各理事会作出的决定,同各专门机构及其他国家和国际组织建立合作关系。

第一百一十九条

秘书长应:

一、建立为实现总秘书处宗旨而需要的各种办公室;及

二、确定总秘书处的官员和雇员人数,委派他们,规定他们的权力和职责,确定他们的报酬。

秘书长应按照大会可能制订的一般标准和预算规定来执行这些权力。

第一百二十条

助理秘书长应由大会选出,任期五年,不得连选超过一次或由同一国籍的人继任,如遇助理秘书长职位出缺,常设理事会应选出一代理人任职,直到大会选出一位具有全部任期的新助理秘书长为止。

第一百二十一条

助理秘书长应为常设理事会的秘书。他应作为秘书长的咨询官员并应在秘书长可委托于他的一切事项中充任秘书长的代表。在秘书长暂时缺席或丧失能力时,由助理秘书长履行其职责。

第一百二十二条

大会根据成员国三分之二的票数可以免去秘书长或助理秘书长或他们两人的职务,只要本组织在正当执行职责时有此要求。

第一百二十三条

秘书长在各有关理事会的同意下应任命一名经济及社会事务执行秘书和一名教育、科学和文化执行秘书,他们也应是各自的理事会的秘书。

第一百二十四条

秘书长和秘书处人员在履行职责时,不得谋求或接受本组织以外任何政府或任何权力机构的指示,并不得采取同其只对本组织负责的国际官员地位不相称的任何行动。

第一百二十五条

各成员国保证尊重秘书长和秘书处人员职责所专有的国际性质,并在他们履行职责时,不试图对他们施加影响。

第一百二十六条

在选择总秘书处人员时,首先考虑的是工作效率、能力和正直;但同时在招聘各级人员时,应注意获得在地理上尽量广泛代表的必要。

第十七条

第十四章"专门会议"应由第二十章来代替,标题不变,包括第一百二十八条和第一百二十九条,内容如下:

第一百二十八条

专门会议是政府之间的会议,处理特殊的技术问题或发展美洲国家在某些特定方面的合作。专门会议由大会或外交部长协商会议决定后召开,由它本身提出或经某一理事会或专门机关请求也可召开。

第一百二十九条

专门会议的日程和议事规则由有关理事会或专门机关拟订,送交各成员国政府审议。

第十八条

第十五章"专门机关"由第二十一章来代替,标题不变,包括第一百三十条到第一百三十六条。现行的第九十五条和第一百条应分别改为第一百三十条和一百三十五条;

第一百三十一条、一百三十二条、一百三十三条、一百三十四条和一百三十六条的内容如下:

第一百三十一条

总秘书处应设立一个机关登记处,登记那些由大会收到有关理事会的报告后确定为合乎前条规定条件的机关。

第一百三十二条

专门机关应享有最充分的技术自治能力,但应按照宪章的规定考虑大会和各理事会提出的建议。

第一百三十三条

专门机关应就它们工作的进展和年度预算和开支向大会提交年度报告。

第一百三十四条

专门机关和本组织之间应有的关系应经大会授权,由秘书长和每一机关之间订立协定确定。

第一百三十六条

在确定专门机关的地址时,应考虑到全体成员国的利益和在尽可能按地理公平分配代表的基础上选择机关地址的愿望。

第十九条

宪章的第三部分按照本议定书第二十条到第二十三条应包括第二十二章到第二十五章。

第二十条

第十六章“联合国”应改为第二十二章，标题不变，包括现行的第一百零二条，但应改为一百三十七条。

第二十一条

第十七章“杂项条款”应由第二十三章来代替，标题不变；包括第一百三十八到第一百四十三条。现行的第一百零三条和一百零六条应分别改为第一百三十九条和第一百四十二条。

第一百三十八、一百四十、一百四十一和一百四十三条的内容如下：

第一百三十八条

出席美洲国家组织常设机关的会议，或宪章中规定的大会和会议，或由本组织主持召开的大会和会议应符合上述机关、大会和会议的多边性质，而不决定于任何成员国政府和东道国政府之间的双边关系。

第一百四十条

各成员国驻本组织各机关的代表、各代表团人员以及秘书长和助理秘书长应享有适合他们身分和独立履行职责所需要的特权和豁免。

第一百四十一条

各专门机关的法律地位和应给予它们及其人员并总秘书处官员的特权和豁免，应在多边协定中予以确定，上述规定在必要时并不排除签订双边规定。

第一百四十三条

美洲国家组织不容许对于参加本组织活动和担任职位的资格，实行基于种族、信仰或性别的任何限制。

第二十二条

第十八章“批准和生效”应改为第二十四章，标题不变，包括现行的第一百零八条到一百一十二条，但应改为第一百四十四条到第一百四十八条；现行第一百一十一条中提到的“第一百零九条”，应改为“第一百四十五条”，第一百一十一条应改为第一百四十七条。

第二十三条

新的一章标题为“过渡条款”应写进宪章，包括第一百四十九条和第一百五十条，内容如下：

第一百四十九条

美洲国家争取进步联盟委员会在其工作期间，应成为美洲国家经济及社会理事会的常设执行委员会。

第一百五十条

在第十八章中提到的美洲国家人权公约生效以前，现有的美洲国家人权委员会应监督人权得以遵守。

第二十四条

在本议定书没有取消或未作专门修改的宪章条款中出现的“美洲国家会议”、“本组织理事会”或“理事会”和“泛美联盟”，应分别由“大会”、“本组织常设理事会”或“常设理事会”和“总秘书处”来代替。在这些条款的英文本中，“本大陆”或“本大陆的”应由“本半球”和“本半球的”来代替。

第二十五条

本议定书应向美洲国家开放签字,并应按照它们各国的宪法程序批准。正本一份交存总秘书处,由总秘书处核证无误的副本送交各国政府批准。议定书的英文本、法文本、葡萄牙文本和西班牙文本具有同等效力。批准书应交存总秘书处,由总秘书处将每次的交存通知签字各国。

第二十六条

在三分之二的本宪章签字国交存批准书后,本议定书即在批准的国家中生效。对其余的国家,在它们交存批准书后,即对各该国生效。

第二十七条

本议定书应通过本组织总秘书处向联合国秘书处登记。

下列签署的全权代表,经校阅全权证书认为妥善后,在本议定书即“布宜诺斯艾利斯议定书”上签字,以资证明。1967 年 2 月 27 日于阿根廷共和国布宜诺斯艾利斯城。

(资料来源:王铁崖、田如萱主编:《国际法资料选编》,法律出版社 1982 年版,第 903—926 页。)

美洲国家组织宪章修正议定书
（卡塔赫纳德印第亚斯议定书）（1985）
The Protocol of Amendment to the Charter of the Organization of American States （Protocol of Cartagena de Indias），1985

（1985 年 12 月 5 日）

参加在哥伦比亚卡塔赫纳德印第亚斯举行的美洲国家组织第十四届特别大会各国，以其人民的名义，现议定下列各条：

第一条 美洲国家组织宪章序言稍作变动修改为：

参加第九次美洲国家国际会议各国，以其人民的名义，

深信美洲的历史使命是赋予人类以一块自由的土地，和发展其人格并实现其公正愿望的有利环境；

意识到此项历史使命已经促成众多协议，这些协议的基本价值在于美洲各国人民和平相处，并通过他们的相互理解及对每一国主权的尊重，使一切国家在独立、平等和法律方面获得改善的愿望；

深信民主代议制是使这一地区稳定、和平与发展不可缺少的条件；

确信美洲团结及睦邻的真正意义仅在于这个大陆巩固在基于对基本人权的尊重的个人自由和社会正义的民主制度范围内；

相信他们的福利和他们对世界进步与文明的贡献将更需要加强这个大陆的合作；

决定庄严地重申联合国的原则和宗旨并坚持人类交与联合国的崇高事业；

深信司法组织是达到基于道德秩序和正义的安全与和平的必要条件；并

依照在墨西哥城举行的美洲国家间战争与和平问题会议的第九号决议。

第二条 美洲国家组织宪章下列各条修改为：

第一条 美洲国家通过本宪章建立它们已发展起来的国际组织，以谋求和平与正义的程序，促进它们的团结，加强它们的合作并捍卫它们的主权、领土完整和独立。美洲国家组织是联合国中的区域机构。

除本宪章明确授权，美洲国家组织不拥有任何其他权利。本宪章的任何规定均不授权其干涉属于成员国国内管辖的事项。

第二条 美洲国家组织，为了实践建立本组织的原则及履行其在联合国宪章下的区域义务，将宣告下列主要宗旨：

（一）加强美洲大陆的和平与安全；

(二) 促进和巩固民主代议制,对不干涉原则给予应有的尊重;

(三) 防止会员国间可能引起龃龉的原因并保证会员国间可能发生的争端的和平解决;

(四) 为遭到侵略的那些国家规定共同行动;

(五) 寻求解决会员国间可能产生的政治、法律及经济问题;

(六) 通过合作行动来促进它们经济、社会及文化的发展;

(七) 谋求有效地限制常规武器,从而使得有可能将最大数额的资源用于成员国的经济和社会发展。

第三条　美洲国家重申下述各原则:

(一) 国际法是国家在相互关系中的行为准绳;

(二) 国际秩序主要包含尊重国家的人格、主权及独立,以及忠实履行由条约及其他国际法渊源产生的义务;

(三) 国家间的关系应由诚信支配;

(四) 美洲国家间的团结以及由此追求的崇高目的,要求这些国家的政治组织建立在有效实行民主代议制的基础上;

(五) 每一国家都有权不受外来干涉,享有选择其政治、经济和社会制度并以最适合于自己的方式组织起来的权利,也都承担不干涉另一国事务的义务;在遵守前述规定的情况下,美洲国家应超越其政治、经济和社会制度的性质而相互间充分合作;

(六) 美洲国家谴责侵略战争,胜利不能给予权利;

(七) 对一个美洲国家的侵略行为就是对所有其他美洲国家的侵略行为;

(八) 两个或两个以上美洲国家带有国际性的争端应用和平程序解决;

(九) 社会正义及社会安全是持久和平的基础;

(十) 美洲大陆人民共同福利及繁荣离不开经济合作;

(十一)美洲国家宣布个人基本权利不因种族、国籍、信仰或性别而有差别;

(十二)美洲大陆的精神统一是以尊重美洲各国的文化价值作根据的,并且要求这些国家为了这一文明崇高目的而密切合作;

(十三)教育人民的方向是正义、自由及和平。

第八条　如果一政治实体的领土全部或部分在1964年11月18日,即第一次美洲国家间会议确定的日期之前,已成为非美洲大陆国家与美洲国家组织一个或多个成员国间的诉讼或权利主张对象,在此项争端通过和平程序结束之前,常设理事会不得就接纳该政治实体的请求作出任何建议,大会也不得作出任何决议。

第二十三条　成员国间的国际争端应交由本宪章规定的和平程序解决。

本条规定不得解释为损害成员国根据联合国宪章第三十四条和第三十五条所享有的权利和承担的义务。

第二十六条　应缔结一项特别条约,确立解决争端的适用手段并确定每项和平手段的适当程序,务使美洲国家间的任何争端不致在合理期限内不能得以确定的解决。

第二十九条　成员国在美洲国家间团结和合作原则的推动下,保证作出联合努力以确保在其关系及为其人民的协同发展中的国际社会正义,作为和平与安全不可缺少的条件。协同发展包括经济、社会教育、文化、科学和技术等领域,通过这种发展,每一国家确定达到的目标应予实现。

第三十四条　成员国不应实行严重影响其他成员国的发展的政策，亦不应采取此种行动或措施。

第三十七条　成员国认识到外贸、经济和社会发展的紧密相互依赖性、应作出单独和联合努力以实现下列各项：

（一）使这一地区发展中国家产品进入世界市场的有利条件，特别是通过进口国减少或消除影响本组织成员国出口的关税和非关税壁垒，除非此类壁垒是用于经济结构多元化、加速欠发达国的发展，以及加强成员国经济一体化的进程，或出于国家安全或经济平衡的需要；

（二）通过下列方式，获得其经济和社会的不断发展：

1. 如果适当，通过国际协议得到改善的初级商品的贸易条件，有序的销售程序以避免市场波动以及其他旨在促进市场扩展，使生产者获得可以依赖的收入、消费者获得充分可靠的供应以及使生产者有利可图并对消费者公平的稳定的价格的措施；

2. 得到改善的国际金融合作以及采取其他措施减少对出口初级商品国家由于其出口收益的剧烈波动而造成的不利影响；

3. 出口多元化以及发展中国家制成品和半制成品出口机会的扩大；和

4. 有利于增加成员国，特别是这一地区发展中国家的出口收益，并增强对国际贸易的参与的条件。

第四十五条　成员国将把鼓励教育、科学、技术和文化，侧重于个人素质的全面提高放在其发展计划的首位，并作为民主、社会和进步的基础。

第四十六条　成员国为协同发展，将相互合作以适应教育的需要，促进科学研究和鼓励技术进步。成员国认为它们单个和集体地承担了保护和丰富美洲人民文化继承财产的义务。

第四十九条　成员国将通过教育、研究和技术开发活动以及情报传播计划来发展科学和技术。成员国将激励技术领域的活动以适应协同发展的需要。它们将依照国家的目标、法律和现行条约，在这些领域卓有成效地组织相互合作并大幅度增强知识的交流。

第五十二条　大会是美洲国家组织的最高机关，除本宪章另有授权的以外，大会的主要权力如下：

（一）决定本组织总的行动和政策，确定本组织的结构及其各机关的职能，审议与美洲国家间友好关系有关的任何事项；

（二）制定本组织各机关、机构和实体相互协调活动，以及这些活动与美洲国家间体系其他机构活动协调的办法；

（三）加强和协调与联合国及其各专门机构的合作；

（四）促进与其他宗旨与美洲国家组织类似的组织，特别是在经济、社会和文化领域的合作；

（五）批准本组织的项目预算，确定成员国的份额；

（六）审议外交部长协商会议的报告和常设理事会关于其他机关和实体依照第九十一条已款规定提交报告的评价和建议，以及大会要求任何机关提交的报告；

（七）通过支配总秘书处活动的总的标准；并

（八）通过大会本身的程序规则并以三分之二多数票通过大会本身的议程。

大会应依照本宪章和其他美洲国家间条约的规定行使其权力。

第六十三条　在一个美洲国家的领土或现行条件划定的安全区内受到武装攻击的情况

下,常设理事会主席应不迟延地召集理事会会议,以决定是否召开协商会议,但就美洲国家间相互协助条约成员国而言,不影响该条约的规定。

第八十一条　常设理事会依照有关特别条约的规定临时作为协商机关。

第九十条　常设理事会和相应的临时委员会在执行其关于和平解决争端的职能时,应遵守本宪章的规定和国际法的原则和标准。并应考虑当事各方之间现行有效的条约。

第九十一条　常设理事会还应:

(一)执行大会或外交部长协商会议没有指定任何其他机构实施的决定。

(二)监督总秘书处遵守其活动标准,并且在大会不举行会议期间,通过能使总秘书处执行其行政职能的具有规范性的规定。

(三)除大会另有规定外,依照本宪章第五十八条的规定,作为大会的筹备委员会。

(四)应成员国的要求并与本组织适当机关合作,起草协议草案以促进美洲国家组织与联合国的合作,或者本组织与受到国际上承认的其他美洲机构的合作。此类协议草案应提交大会批准。

(五)向大会提交有关本组织职能和协调其下属机关、机构和委员会的建议。

(六)审议其他理事会、美洲国家间司法委员会、美洲国家间人权委员会、总秘书处、专门机构和会议以及其他单位和机构的报告,并向大会提交其认为必要的评价和建议。和

(七)执行宪章中指定其执行的其他职能。

第一百零七条　美洲国家间司法委员会由大会从每一成员国推举的三位候选人名单中选举的作为成员国国民的十一位法学家组成,任期四年。在选举中,应使用顾及到成员的部分轮换并尽可能地照顾地理代表的平均性制度。委员会不得有两成员为同一国家的国民。

由于非正常任期届满而出现的成员职位的空缺,应由本组织常设理事会依照前款规定标准补全。

第一百一十六条　秘书长或其代表可以参加本组织的所有会议并发言,但没有投票权。

秘书长可以提请大会或常设理事会注意任何其认为可能威胁这一半球的和平与安全或成员国发展的事项。

前款规定的职权应依照本宪章行使。

第一百二十七条　总秘书处设在华盛顿特区

第三条　在美洲国家组织宪章中删除下列各条:第三十、三十一、三十二、三十三、八十三、八十四、八十五、八十六、八十七、八十八条。

第四条　在美洲国家组织宪章中增加下列各条,条序如下:

第八条　本组织的成员资格限于1985年12月10日前为联合国成员 的本半球的独立国家以及1985年11月5日发出的第 OEA/ser. p, AG/doc. 1939/85 号文件中提到的非自治领土在其独立时。

第三十条　美洲国家间为协同发展的合作是成员国在民主原则和美洲国家间体系机构范围的共同和联合责任。合作应包括经济、社会、教育、文化和科学技术等领域,支持成员国达到国家目标并尊重每一国家在其发展计划中确立的优先项目,而不应有政治联系或条件。

第三十一条　美洲国家间为协同发展的合作应不断进行并宜通过多边组织渠道进行,而不影响成员国间的双边合作。

成员国应按照其资源和能力并依照其法律为美洲国家间为协同发展的合作作出贡献。

第三十二条　发展是每一国家的首要责任，并应构成一个完整和持续不断的进程，以建立公正的经济和社会秩序，使得个人的发挥成为可能并作出贡献。

第三十三条　成员国同意机会平等、公平分配财富与收入和人民充分参与其自身发展的决策，是协同发展的基本目的。为实现这些目标，成员国亦同意尽最大努力以达到下列基本目标：

（一）大幅度并持续地提高国民生产产值；

（二）公平分配国民收入；

（三）适当和公平的税收制度；

（四）乡村生活现代化以及朝向公正和有效率的土地出租制度的改革，提高的农业生产率，土地的扩大使用、生产的多元化和改善的农产品加工和销售系统；以及获得这些目标的手段的增强和扩大；

（五）加速的和多元化的工业化，特别是资本和中间产品；

（六）与持续的经济发展和获至社会正义相适应的国内价格水平的稳定；

（七）所有人的公平工资、就业机会以及可以接受的工作条件；

（八）迅速扫除文盲、扩大一切人的教育机会

（九）通过现代医学的扩展和应用，保护人类的潜力；

（十）适当的营养，特别是通过国家加速努力提高食品生产和供应；

（十一）人口各阶层的足够住房；

（十二）能提供健康、创造和充实生活机会的城市条件；

（十三）在与公营部门和谐行动的情况下，提高私营部门的领先作用和投资；和

（十四）出口的扩大与多元化。

第三十五条　跨国企业和外国私人投资应遵守东道国的立法，受东道国主管法院的管辖、受该国作为缔约一方的国际条约和协定的支配，并应符合接受国的发展政策。

第八十四条　依照本宪章的规定，争端任何一方在本宪章规定的和平程序发挥不了作用的情况下，可以诉诸常设理事会请其进行斡旋。常设理事会在遵守前条规定的情况下，应协助当事各方并建议适合于和平解决争端的程序。

第八十五条　在履行其职能并在争端当事各方同意的情况下，常设理事会可以设立临时委员会。

临时委员会的成员资格和职权，由常设理事会在各具体案件中商定，并经争端当事各方同意。

第八十六条　常设理事会也可以用其视为可取的方式，调查争端的事实并可以在有关政府同意下，在任一当事方的领土内进行。

第八十七条　如果常设理事会提议或有关临时委员会根据其权限建议的和平解决争端程序不为当事一方所接受，或当事人一方宣称该程序没有解决争端，常设理事会应告之大会，但不影响它采取步骤，以确保当事各方达成协议或恢复它们之间的关系。

第一百四十三条　在本宪章规定的范围内，主管机关应努力谋求与非本组织成员国在合作发展的领域更大规模的合作。

第五条　美洲国家组织宪章第七章、第八章和第九章合并组成第七章，标题为“协同发展”。

因此,宪章余下各章将在本宪章第十条提到的修订后的文本中的重新排列顺序。

第七条 本议定书向美洲国家组织成员国开放供签署,并须经成员国依照各自的宪法程序予以批准。正本一份,其英文、法文、葡萄牙文和西班牙文文本同一作准,并交存于总秘书处,总秘书处应将经核证无误之副本分送各成员国政府以便批准。批准书应交存于总秘书处,并同总秘书处将交存通知各签字国。

第八条 本议定书向其他美洲国家开放供签署和批准,这些国家应已依照其各自宪法程序,签署并批准了1948年4月30日的美洲国家组织宪章以及1967年2月27日修正宪章的布宜诺斯艾利斯议定书。

第九条 本议定书将于美洲国家组织现有成员国的三分之二已交存其批准书时生效。在符合 这一要求时,本议定书也将向目前的非本组织成员国但已成为本议定书缔约国,交存其批准书的国家生效。

本议定书对其余国家而言,将自它们分别交存批准书时向其生效。

第十条 在本议定书生效时,秘书处应准备经修订的美洲国家组织宪章文本,该文本应包括宪章没有修订的条款,布宜诺斯艾利斯议定书所载已经生效的修正案以及本议定书所载修正案。该经修订的文本应经本组织常设理事会批准后予以出版。

第十一条 本议定书应由美洲国家组织总秘书处向联合国秘书处登记。

下列经适当形式授权之全权代表于公元1985年12月5日在哥伦比亚的卡塔赫纳德印第亚斯,在本议定书上签字,本议定书得称之为"卡塔赫纳德印第亚斯议定书",以昭信守。

(资料来源:王铁崖、田如萱主编:《国际法资料选编(续编)》,法律出版社1993年版,第698—710页。)

安第斯区域一体化协定(卡塔赫纳协定)(1997)
Codification of the Andean Subregional Integration Agreement (Cartagena Agreement), 1997

(Adopted in Lima, August 1997)

Presentation

The Protocol of Trujillo was signed by the Andean Presidents during the Eighth Presidential Council that was held in the city of Trujillo, Peru, in March of 1996. It replaces Chapter II of the Cartagena Agreement and requests that the Commission adopt a codified text through a Decision.

It is in compliance with this Presidential Mandate that the Commission of the Andean Community, in its Eighty-seventh Special Term held in the city of Quito, Ecuador, on June 25, 1997, approved Decision 406: "Codification of the Andean Subregional Integration Agreement (Cartagena Agreement)".

This codified text includes the original Cartagena Agreement and its respective modifying instruments: the Additional Instrument for the accession of Venezuela (1973); the Protocol of Lima (1976); the Protocol of Arequipa (1978); the Protocol of Quito (1987), and the Protocol of Trujillo.

The Protocol of Trujillo, moreover, creates the Andean Community and establishes the Andean Integration System, with a series of bodies and institutions which have required that, in this text, the references "Commission of the Cartagena Agreement", "Board of the Cartagena Agreement", "Court of Justice of the Cartagena Agreement", and "Cartagena Agreement Law" be substituted for "Commission of the Andean Community", "General Secretariat of the Andean Community", "Court of Justice of the Andean Community", and "Andean Community Law", respectively.

In addition, the Protocol of Trujillo authorizes the necessary adjustments to the numbering of the articles, for which reason the numbering of the articles of the previous Codified Text (Decision 236) does not necessarily coincide with the present numbering (Decision 406).

This last point is particularly important to those who need to constantly refer to articles of the Agreement. For this reason, the final pages of this document include a Matching table between the Official Codified Text of the Cartagena Agreement after the Protocol of Quito (Decision 236), and that resulting from the Protocol of Trujillo (Decision 406).

Lima, August 1997

Decision 406
Codification of the Andean Subregional Integration Agreement (Cartagena Agreement)

The Commission of the Andean Community,

Having Seen: The second paragraph of the Modifying Protocol of the Andean Subregional Integration Agreement, adopted in Trujillo, and Proposal 307 of the Board;

Considering: That the Protocol of Trujillo entered into force on June 3, 1997;

That it is necessary and convenient to have a new codification of the Cartagena Agreement, in order to facilitate the knowledge, dissemination, and application of the fundamental rules by which the Andean subregional integration process is governed;

Decides:

Article 1.—To approve the codification of the Cartagena Agreement in the terms that appear in the annex to this Decision.

Article 2.—This Decision substitutes Decision 236 of July 15, 1988.

Adopted at the city of Quito, Ecuador, on the twenty-fifth day of the month of June nineteen ninety-seven.

Andean Subregional Integration Agreement (Cartagena Agreement)

The Governments of Bolivia, Colombia, Ecuador, Peru, and Venezuela,

Inspired by the Declaration of Bogota and by the Declaration of the Presidents of America;

Resolved to strengthen the union of their people and to lay the foundations to advance towards the formation of an Andean subregional community;

Aware that integration constitutes a historical, political, economic, social, and cultural mandate for their countries, in order to preserve their sovereignty and independence;

Based on the principles of equality, justice, peace, solidarity, and democracy;

Determined to attain such goals by creating an integration and cooperation system that tends towards a balanced, harmonious, and shared economic development of their countries;

Agree, through their duly authorized plenipotentiary representatives, to enter into the following SUBREGIONAL INTEGRATION AGREEMENT:

Chapter I
Objectives and Mechanisms

Article 1. —The objectives of this Agreement are to promote the balanced and harmonious development of the Member Countries under equitable conditions, through economic and social integration and cooperation; to accelerate their growth and the rate of creation of employment; to facilitate their participation in the process of regional integration, looking ahead toward the gradual formation of a Latin American Common Market.

Likewise, this Agreement seeks to reduce external vulnerability and to improve the position of the Member Countries within the international economic context; to strengthen subregional solidarity, and to reduce existing differences in the levels of development among the Member Countries.

The fulfillment of these objectives shall lead to an enduring improvement in the standard of living of the Subregion's population.

Article 2. —Balanced and harmonious development shall lead to a fair distribution, among the Member Countries, of the benefits derived from integration so as to reduce existing differences among them. The results of such process shall be evaluated periodically, bearing in mind, among other things, their effects on the growth of each country's total exports, the behavior of its trade balance with the Subregion, the evolution of its gross national product, the creation of new jobs, and the formation of capital.

Article 3. —To fulfill the objectives of this Agreement, the following mechanisms and measures, among others, shall be employed:

a) The gradual harmonization of economic and social policies and the approximation of national laws in regard to pertinent matters;

b) Common industrial policies, the intensification of the subregional industrialization process, the implementation of industrial policies, and other forms of industrial integration;

c) A more advanced schedule of trade liberalization than the commitments derived from the Treaty of Montevideo 1980;

d) A Common External Tariff, preceded by the adoption of a Common Minimum External Tariff;

e) Programs that accelerate the development of agricultural and agroindustrial sectors;

f) Channeling of internal and external resources to the Subregion to finance those investments that are needed in the integration process;

g) Physical integration; and

h) Preferential treatment given to Bolivia and Ecuador.

In addition to the mechanisms set out above, the following economic and social cooperation policies shall be carried out jointly:

a) External actions in the economic field, in subjects of common interest;

b) Programs to promote scientific and technological development;

c) Border integration policies;

d) Programs in the area of tourism;

e) Policies for the use and preservation of natural resources and of the environment;

f) Programs in the services sector;

g) Social development programs; and

h) Policies in the social communications field.

Article 4. —To carry out this Agreement in the best way possible, Member Countries shall make the necessary efforts to seek adequate solutions to the problems derived from Bolivia's land-locked condition.

Chapter II
On the Andean Community and the Andean Integration System

Article 5. —The "Andean Community" is hereby created, composed by the sovereign States of Bolivia, Colombia, Ecuador, Peru, and Venezuela, and by the bodies and institutions of the Andean Integration System, which is established by this Agreement.

Article 6. —The Andean Integration System is made up of the following bodies and institutions:

—The Andean Presidential Council;

—The Andean Council of Ministers of Foreign Affairs;

—The Commission of the Andean Community;

—The General Secretariat of the Andean Community;

—The Court of Justice of the Andean Community;

—The Andean Parliament;

—The Business Advisory Council;

—The Labor Advisory Council;

—The Andean Development Corporation;

—The Latin-American Reserve Fund;

—The Simón Rodríguez Agreement, the Social Agreements which join the Andean Integration System, and those that are created within its framework;

—The Simón Bolívar Andean University;

—The Advisory Councils established by the Commission; and

—The rest of the bodies and institutions created within the framework of Andean subregional integration.

Article 7. —The purpose of the System is to allow an effective coordination between the bodies and institutions that compose it, in order to deepen Andean subregional integration, to promote its external presence and to consolidate and strengthen actions related to the integration process.

Article 8. —The bodies and institutions of the Andean Integration System are governed by this Agreement, by their respective charters, and their modifying protocols.

Article 9. —With the purpose of achieving the best coordination within the Andean Integration System, the Chairman of the Andean Council of Ministers of Foreign Affairs will call and chair the Meeting of Representatives of the institutions that make up the System.

The main purposes of the Meeting shall be:

a) To exchange information about the actions taken by the respective institutions to carry out the Guidelines issued by the Andean Presidential Council;

b) To study the possibility and convenience of agreeing, among all the institutions or among some of them, to carry out coordinated actions, with the purpose of contributing to the achievement of the objectives of the Andean Integration System; and

c) To present to the Andean Council of Ministers of Foreign Affairs in enlarged meetings, reports about the actions carried out in fulfillment of the received Guidelines;

Article 10. —The Meetings of Representatives of the institutions which make up the Andean Integration System shall be held in regular sessions at least once a year and, in special sessions, every time that any of the institutions that comprise it requests so, and it shall be held at the place agreed upon before the meeting is called.

The General Secretariat of the Andean Community shall act as the Secretariat of the Meeting.

Section A—On The Andean Presidential Council

Article 11. —The Andean Presidential Council is the highest-level body of the Andean Integration System and it is made up of the Heads of State of the Member Countries of the Cartagena Agreement. It issues Guidelines about the different areas of Andean subregional integration, which are carried out by the System's bodies and institutions, that the Council determines, according to the responsibilities and mechanisms established in their respective Treaties or Charters.

The bodies and institutions of the System shall carry out the political orientations included in the Guidelines issued by the Andean Presidential Council.

Article 12. —It is the Andean Presidential Council's responsibility:

a) To define Andean subregional integration policy;

b) To orient and promote actions on matters of interest for the Subregion as a whole, as well as those related to the coordination among the bodies and institutions of the Andean Integration System;

c) To evaluate the development and results of the process of Andean subregional integration;

d) To consider and issue opinions about reports, initiatives, and recommendations submitted by the bodies and institutions of the Andean Integration System; and

e) To study all the subjects and matters concerning the development of the process of the Andean subregional integration and its external projection.

Article 13. —The Andean Presidential Council shall meet regularly once a year, preferably in the country that chairs it. In this meeting it will review the actions executed by the bodies and institutions of the Andean Integration System, as well as of their projects, programs, and suggestions. The members of the Andean Council of Ministers of Foreign Affairs, the Commission, and representatives of the bodies and institutions of the System shall be able to attend the meetings of the Andean Presidential Council, as observers.

The Andean Presidential Council shall be able to call a special meeting, whenever it considers it advisable, at the place agreed upon before the meeting is called.

Article 14. —The Andean Presidential Council shall have a Chairman who will be the Andean Community's top political representative, and who shall hold office for a period of one calendar year.

That position shall be filled, successively and in alphabetical order, by each one of the Member Countries.

The responsibilities of the Chairman of the Andean Presidential Council shall be:

a) To call and chair the regular and special meetings of the Council;

b) To represent the Council and the Andean Community;

c) To supervise that the Guidelines issued by the Council are carried out by the other bodies and institutions of the Andean Integration System; and

d) To carry out the tasks requested by the Council.

Section B—The Andean Council of Ministers of Foreign Affairs

Article 15. —The Andean Council of Ministers of Foreign Affairs is comprised by the Ministers of Foreign Affairs of the Member Countries of the Cartagena Agreement.

Article 16. —The responsibilities of the Andean Council of Ministers of Foreign Affairs shall be:

a) To formulate the Member Countries' foreign policy in matters of subregional interest, as well as to orient and coordinate the external actions of the different bodies and institutions of the Andean Integration System;

b) To formulate, carry out, and evaluate, in coordination with the Commission, the general policy of the process of Andean subregional integration;

c) To carry out the Guidelines given to it by the Andean Presidential Council and to ensure that those given to the other bodies and institutions of the Andean Integration System are carried out;

d) To sign Covenants and Agreements with third countries or groups of countries or with international organizations in regard to issues of global foreign policy and cooperation;

e) To coordinate the joint position of the Member Countries in international fora and negotiations, within its areas of responsibility;

f) To represent the Andean Community in matters and activities of common interest, within the framework of its responsibilities, in accordance with the rules and objectives of the Agreement;

g) To recommend or adopt the measures that ensure the accomplishment of the purposes and objectives of the Cartagena Agreement, within its area of responsibility;

h) To ensure harmonious compliance with the obligations set out in this Agreement and in the Treaty of Montevideo of 1980;

i) To approve and modify its own regulations;

j) To approve the Regulations of the General Secretariat and all amendments thereto upon the Commission's proposal; and

k) To hear and resolve all the other matters of common interest, within its area of responsibility.

Article 17. —The Andean Council of Ministers of Foreign Affairs shall express itself through Declarations and Decisions, adopted by consensus. The latter shall be part of the Andean Community Law.

Article 18. —The Andean Council of Ministers of Foreign Affairs shall meet in regular session twice a year, preferably in the country that holds its chair. Likewise, it shall be able to meet in special session, whenever deemed advisable, at the request of any of its members, in the place agreed upon before the meeting is called.

Article 19. —The Andean Council of Ministers of Foreign Affairs shall be presided by the Minister of Foreign Affairs of the country that chairs the Andean Presidential Council, who shall hold office for one calendar year.

The task of coordination that corresponds to the Chairman of this Council shall be fulfilled by the Ministry of Foreign Affairs of the country whose Head of State chairs the Andean Presidential Council, acting as the Pro Tempore Secretariat of both bodies and having the technical support of the General Secretariat of the Andean Community.

Article 20. —The Andean Council of Ministers of Foreign Affairs shall meet in enlarged sessions with the heads of the delegations to the Commission, at least once a year and, at the deputy level, every time it considers necessary, so as to discuss matters related to the Cartagena Agreement that are of interest to both bodies, such as:

a) To prepare the meetings of the Andean Presidential Council;

b) To choose and, when suitable, to remove the General Secretary of the Andean Community;

c) To propose any modifications to this Agreement to the Andean Presidential Council;

d) To evaluate the performance of the General Secretariat;

e) To consider the initiatives and proposals submitted for its consideration by the Member Countries or the General Secretariat; and

f) All other subjects that both bodies by consent decide to address jointly.

Section C—The Commission of the Andean Community

Article 21. —The Commission of the Andean Community shall be comprised by a plenipotentiary representative from each one of the governments of the Member Countries. Each Government shall accredit a head of delegation and a deputy.

The Commission shall express its will through Decisions.

Article 22. —It is the Commission of the Andean Community's responsibility:

a) To prepare, carry out, and evaluate Andean subregional integration policy in the area of trade and investment and when required, in coordination with the Andean Council of Ministers of Foreign Affairs;

b) To take the necessary measures to accomplish the objectives of the Cartagena Agreement, and to carry out the Guidelines of the Andean Presidential Council;

c) To coordinate the joint position of the Member Countries in international fora and negotiations, in its area of responsibility;

d) To ensure harmonious compliance with the obligations set out in this Agreement and in the Treaty of Montevideo of 1980;

e) To approve and modify its own regulations;

f) To approve, reject or amend the proposals submitted to it by the Member Countries, individually or collectively, or by the General Secretariat;

g) To maintain ongoing relations with the bodies and institutions that make up the Andean Integration System, aimed at making possible the coordination of programs and policies directed to the achievement of their common objectives;

h) To represent the Andean Community in matters and activities of common interest, within the framework of its responsibilities, in accordance with the rules and objectives of this Agreement;

i) To approve the annual budget and evaluate the budgetary performance of the General Secretariat and that of the Court of Justice of the Andean Community, and to set the contributions of each one of the Member Countries; and

j) To submit for consideration to the Andean Council of Ministers of Foreign Affairs the proposed Regulations of the General Secretariat.

In carrying out its responsibilities, the Commission shall give special consideration to the situation of Bolivia and Ecuador in terms of the objectives of this Agreement, the preferential treatments provided in their favor, and the landlocked situation of the former.

Article 23. —The Commission shall have a Chairman who shall hold office for one calendar year. Said office shall be held by the representative of the country that chairs the Andean Presidential Council.

Article 24. —The Commission shall meet on a regular basis three times a year and in special session whenever such a meeting is called by its Chairman at the request of any of the Member Countries or of the General Secretariat.

Its sessions shall be held at the headquarters of the General Secretariat, but they can also take place outside of it. The Commission shall meet with the presence of an absolute majority of the Member Countries.

Attendance to Commission meetings shall be compulsory and failure to attend shall be considered an abstention.

Article 25. —At the request of one or more of the Member Countries or of the General Secretariat, the Commission's Chairman shall call upon the Commission to meet as an Enlarged Commission, in order to address sectorial issues, to consider regulations for the coordination of development plans, and to harmonize the economic policies of the Member Countries, as well as to hear and resolve all other matters of common interest.

Such meetings shall be presided by the Commission's Chairman and shall be jointly comprised by the heads of delegation before the Commission and by the Ministers or Secretaries of State of the respective area. Each country shall exercise one vote in regard to the approval of Decisions, that shall be part of the Andean Community Law.

Article 26. —The Commission shall adopt its Decisions by affirmative vote of the absolute majority of the Member Countries. The exceptions to this general rule are:

a) The matters included in Annex 1 to this Agreement, in which the Commission shall adopt its Decisions by the affirmative vote of the Member Countries and with no negative votes being cast. The Commission shall be able to add new matters to said Annex with the affirmative vote of the absolute majority of the Member Countries;

b) In the cases listed in Annex II, the proposals of the General Secretariat shall be approved with the affirmative vote of the absolute majority of the Member Countries provided that no negative vote is cast. Proposals receiving the affirmative vote of the absolute majority of the Member Countries, but also a negative vote shall be returned to the General Secretariat for consideration of the grounds for said negative vote. Within a period of time not shorter than two months and not longer than six, the General Secretariat shall present the proposal again for consideration by the Commission with the modifications which it considers appropriate. And in that case, the proposal as modified shall be considered approved if it receives the affirmative vote of the absolute majority of the Member Countries, with no negative vote. The vote of the country that dissented in the previous opportunity shall not be computed as a negative vote;

c) Matters related to the special regime for Bolivia and Ecuador, that are listed in Annex III. In this case, the Commission's Decisions shall be adopted by the affirmative vote of the absolute majority provided that one of them is cast by Bolivia or Ecuador; and

d) Industrial Development Programs and Projects shall be approved with the affirmative vote of the absolute majority of the Member Countries provided that no negative vote is cast.

Article 27.—The General Secretariat or the Member Countries shall present their proposals at least fifteen days prior to the corresponding meeting of the Andean Council of Ministers of Foreign Affairs or of the Commission. Only in exceptional cases that are duly justified, and in accordance with the Andean Community Law, shall the required deadlines be ignored, provided that both the proponent and the other Member Countries agree to do so.

Proposals receiving the affirmative vote of the absolute majority of the Member Countries, but also a negative vote, shall be returned to the proponent for consideration of the grounds that gave rise to the negative vote.

In a period of time not shorter than a month and not longer than three, the proponent shall present the proposal again for consideration by the corresponding body with the modifications which it should consider appropriate and, in that case, the modified proposal shall be considered approved if it has the affirmative vote of the absolute majority of the Member Countries.

Article 28.—The Member Country that is behind more than four quarters in regard to the payment of its contributions to the General Secretariat or to the Court of Justice of the Andean Community, shall not be able to exercise the right to vote in the Commission until it solves its situation.

In such a case the quorum for attendance and voting shall be computed according to the number of contributing countries.

Section D—The General Secretariat of the Andean Community

Article 29.—The General Secretariat is the executive body of the Andean Community and as such it acts solely in accordance with the interests of the Subregion. The General Secretariat shall give technical support, when suitable, to the other bodies and institutions of the Andean Integration System.

The General Secretariat shall be headed by the General Secretary. For the fulfillment of his duties, the General Secretary shall rely on the Directors General, according to the respective regulation. Furthermore, the General Secretary shall have the technical and administrative staff required for the accomplishment of his duties. The General Secretariat shall express itself through Resolutions.

Article 30. —The Andean Community General Secretariat's responsibilities are:

a) To ensure application of this Agreement and compliance with the rules that make up the Andean Community Law;

b) To carry out the tasks assigned to it by the Andean Council of Ministers of Foreign Affairs and the Commission;

c) To present to the Andean Council of Ministers of Foreign Affairs and to the Commission, drafts of Decisions, according to their respective responsibilities, as well as initiatives and suggestions to the enlarged meeting of the Andean Council of Ministers of Foreign Affairs, aimed at facilitating or hastening the fulfillment of this Agreement, with the purpose of achieving its objectives in the shortest possible time frame;

d) To carry out studies and propose the necessary measures for the application of the special treatments favoring Bolivia and Ecuador and, in general, those regarding the participation of the two countries in this Agreement;

e) To study and report annually to the Andean Council of Ministers of Foreign Affairs and to the Commission, the results of the application of this Agreement and the achievement of its objectives, paying special attention to the fulfillment of the principle of fair distribution of the benefits of integration, and to propose pertinent corrective measures;

f) To carry out technical studies and the coordination entrusted to it by the other bodies of the Andean Integration System and those studies that it considers necessary;

g) To maintain permanent working relationships with the Member Countries, in coordination with the national integration body indicated by each country for such purpose;

h) To prepare its annual work program, in which it shall give preference to the tasks entrusted to it by the other bodies of the System;

i) To promote periodic meetings of the national organizations in charge of the formulation or the carrying out of economic policy and, specially, of those charged with economic planning;

j) To maintain working relationships with the executive bodies of the other regional integration and cooperation organizations, in order to strengthen their relationship and their reciprocal cooperation;

k) To maintain the records of the enlarged meetings of the Andean Council of Ministers of Foreign Affairs and those of the Commission, and to prepare a tentative agenda of their meetings, in coordination with the chairmen of said bodies;

l) To be depository of the records of the meetings and other documents of the Andean Integration System's bodies and to certify their authenticity;

m) To edit the Official Gazette of the Cartagena Agreement;

n) To act as the Secretariat of the Meeting of Representatives of the institutions making up the Andean Integration System; and

o) To carry out the other responsibilities expressly given to it by the Andean Community Law.

Article 31. —The General Secretariat shall operate on a permanent basis and its headquarters shall be in the city of Lima, Peru.

Article 32. —The General Secretariat shall be headed by a General Secretary who will be chosen by consensus for a five-year period by the Andean Council of Ministers of Foreign Affairs, and he may be reelected once.

The General Secretary shall be a person with broad representation, acknowledged prestige, and must be a national of one of the Member Countries. He will only act in the interest of the Subregion as a whole.

During his term in office, the General Secretary shall not be able to carry out any other activity; nor will he seek or accept instructions from any government, national entity or international body.

In case of vacancy, the Andean Council of Ministers of Foreign Affairs in an enlarged meeting shall immediately proceed to name a new Secretary General by consensus. Until such time, the Director-General with the most seniority shall temporarily head the General Secretariat.

Article 33. —The General Secretary can be removed, by consensus, at the request of a Member Country, only after committing a serious fault foreseen in the General Secretariat's Regulations, while exercising his duties.

Article 34. —The responsibilities of the Andean Community's General Secretary are:

a) To be the General Secretariat's legal representative;

b) To propose to the Commission or to the Andean Council of Ministers of Foreign Affairs initiatives in relation to the General Secretariat's Regulations;

c) To hire and remove, according to the General Secretariat's Regulations, technical and administrative staff;

d) To participate with the right to be heard in the sessions of the Andean Council of Ministers of Foreign Affairs, the Commission, respective enlarged meetings, and, when invited, in the meetings of the other bodies of the System;

e) To present the annual budget estimate to the Commission, for its approval; and

f) To present an annual report of the General Secretariat's activities to the Andean Council of Ministers of Foreign Affairs in an enlarged meeting.

Article 35. —The General Secretary shall appoint the Directors-General, with the advice of the Member Countries and according to the General Secretariat's functional-organic structure. The Directors-General shall be top-level professionals, appointed strictly due to their academic background, ability, reputation, and experience, and they shall be responsible for a determined technical area.

The Directors-General shall be nationals of one of the Member Countries and in their appointment the General Secretary shall ensure a balanced subregional geographic distribution. The appointment and removal of the Directors-General shall proceed according to the General Secretariat's Regulations.

Article 36. —In carrying out proceedings involving the interests of two or more Member Countries, the General Secretary shall have technical support from special experts, whose appointment and method of participation shall be determined according to the General Secretariat's Regulations.

Article 37. —The General Secretary, when hiring technical and administrative staff, who may be of any nationality, shall strictly bear in mind the ability, competence, and reputation of the candidates and shall ensure that, provided that it is compatible with the prior criteria, there should be a balanced subregional geographic distribution.

The appointment and removal of the staff shall take place according to the criteria and grounds established in the Regulations of the General Secretariat, without prejudice for what is provided for such purpose by the Charter of the Court of Justice and its modifying protocols.

Article 38. —The staff of the General Secretariat, shall refrain from any action which may be incompatible with the nature of its duties, and shall neither seek nor accept any instructions from a Government, national entity or international body.

Article 39. —In the case of proceedings that must culminate with the adoption of a Resolution or Opinion, the individuals, legal entities, public or private persons from the Member Countries, shall cooperate with the investigations performed by the General Secretariat in carrying out its duties and in this sense must supply the information they are requested for this purpose.

The General Secretariat shall keep the confidentiality of the documents and information furnished, according to the rules established about the matter.

Section E—On Court of Justice of the Andean Community

Article 40. —The Court of Justice is the judicial body of the Andean Community.

Article 41. —The Court of Justice of the Andean Community is governed by its Charter, its modifying protocols and this Agreement.

The Court has its headquarters in the city of Quito, Ecuador.

Section F—On The Andean Parliament

Article 42. —The Andean Parliament is the deliberative body of the System. It has a community nature, it represents the peoples of the Andean Community and it shall be made up of representatives chosen by universal and direct suffrage, according to the procedure that shall be adopted through an Additional Protocol that shall include adequate criteria for national representation.

Until the Additional Protocol establishing direct elections is in force, the Andean Parliament shall be comprised of representatives of the National Congresses, according to their internal regulations and to the General Regulations of the Andean Parliament.

The headquarters of the Andean Parliament shall be in the city of Santafé de Bogotá, Colombia.

Article 43. —The Andean Parliament's responsibilities are:

a) To participate in the promotion and direction of the Andean Subregional integration process, with the aim of consolidating Latin American integration;

b) To study the progress of the Andean subregional integration process and the fulfillment of its objectives, requesting for that purpose, periodic information from the bodies and institutions of the

System;

c) To formulate recommendations regarding the annual budget estimates of the bodies and institutions of the System, that are financed through direct contributions of the Member Countries;

d) To suggest to the bodies and institutions of the System actions or decisions, having as a goal or effect, the adoption of modifications, adjustments, or new general guidelines in relation to the programmed objectives and the institutional structure of the System;

e) To participate in the law-making process by suggesting to the bodies of the System draft rules and regulations on subjects of common interest, for incorporation to the Andean Community Law;

f) To promote the harmonization of Member Countries' legislation; and

g) To promote relationships for cooperation and coordination with the Parliaments of Member Countries, the bodies and institutions of the System, as well as with integration or cooperation parliamentary bodies from third countries.

Section G—On the Advisory Institutions

Article 44. —The Business Advisory Council and the Labor Advisory Council are the advisory institutions of the Andean Integration System. They are comprised by high-level delegates, who shall be directly chosen by the representative bodies in the business and labor sectors of each one of the Member Countries, according to their respective regulations, and officially accredited by them.

The responsibilities of the Advisory Councils shall be to express opinions before the Andean Council of Ministers of Foreign Affairs, the Commission or the General Secretariat, at the request of these bodies or upon their own initiative, with regard to programs or activities of the Andean subregional integration process that may be of interest to their respective sectors. They can also be called to meetings of working groups and of government experts, participate in the preparation of draft Decisions, and they shall be able to participate with a right to be heard in the meetings of the Commission.

Section H—On the Financial Institutions

Article 45. —The Andean Development Corporation and the Latin American Reserve Fund are the financial institutions of the System whose purpose is to promote the process of Andean subregional integration.

Article 46. —The General Secretariat and the executive bodies of the Andean Development Corporation and the Latin American Reserve Fund, shall keep working relationships, with the purpose of establishing an adequate coordination of activities and to facilitate, thereby, the achievement of the objectives of this Agreement.

Section I—On Dispute Resolution

Article 47. —The resolution of disputes that may arise due to the application of the Andean Community Law, shall be subject to the provisions of the Charter of the Court of Justice.

Section J—On the International Legal Capacity and the Privileges and Immunities

Article 48. —The Andean Community is a subregional organization with international legal capacity or international legal status

Article 49. —The General Secretariat, the Court of Justice, the Andean Parliament, the Andean Development Corporation, the Latin American Reserve Fund, and the Social Agreements which are part of the System, shall enjoy, within the territory of each one of the Member Countries, the privileges and immunities required for the fulfillment of their objectives. Their representatives and international staff shall have, likewise, the privileges and immunities required to carry out their duties, in relation to this agreement, with independence. Their premises are inviolable and their goods and property are immune to all judicial proceedings, unless expressly waived. Nevertheless, such a waiver shall not apply to any judicial executory measure.

Chapter III
Harmonization of Economic Policies and Coordination of Development Plans

Article 50. —Member Countries shall progressively adopt a strategy for the achievement of the subregional development objectives foreseen in this Agreement.

Article 51. —Member Countries shall coordinate their development plans in specific sectors and will gradually harmonize their economic and social policies, with the objective of achieving an integrated development of the area, through planned actions.

This process shall be carried out in parallel to and in coordination with the creation of the subregional market, by means of the following mechanisms, among others:

a) Industrial Development Programs;

b) Agricultural and Agroindustrial Development Programs;

c) Physical Infrastructure Development Programs;

d) The harmonization of foreign exchange, monetary, financial, and fiscal policies, including the treatment of subregional or foreign capital;

e) A common trade policy in relation to third countries; and

f) The harmonization of planning methods and techniques.

Article 52. —Before December 31, 1970, the Commission, shall at the General Secretariat's proposal, approve and submit to the Member Countries for their consideration a common regime on the treatment of foreign capital and, among others, about trademarks, patents, licenses, and royalties.

The Member Countries shall take the necessary measures to put this regime into effect within six months following its approval by the Commission.

Article 53. —Before December 31, 1971, the Commission shall, at the General Secretariat's proposal, approve and propose to the Member Countries a uniform regime that Andean multinational corporations must abide by.

Article 54. —The Commission shall, at the General Secretariat's proposal, establish permanent procedures and mechanisms deemed necessary to achieve the coordination and harmonization referred to in Article 51.

Article 55. —The Commission shall, at the General Secretariat's proposal and taking into account the progress and needs of the subregional integration process, as well as the balanced compliance with the mechanisms of the Agreement, approve rules, and determine dates for the gradual harmonization of the economic legislations and the instruments and mechanisms for the regulation and promotion of Member Countries' foreign trade that affect the mechanisms foreseen in this Agreement for the creation of the subregional market.

Article 56. —The Member Countries shall include in their national development plans and in the formulation of their economic policies, the necessary measures to ensure compliance with the preceding Articles.

Chapter IV
Industrial Development Programs

Article 57. —The Member Countries pledge themselves to promote a common process of industrial development to attain, among others, the following objectives:

a) The expansion, specialization, diversification, and promotion of industrial activity;

b) The development of economies of scale;

c) An optimum utilization of resources available in the area, specially through the industrialization of natural resources;

d) The improvement in productivity;

e) A greater degree of relationship, linkage, and complementarity among the industrial enterprises of the Subregion;

f) An equitable distribution of benefits; and

g) An improved degree of participation of subregional industry in the international context.

Article 58. —With respect to the previous Article, the following shall constitute modes of industrial integration:

a) Industrial Integration Programs;

b) Industrial Complementarity Agreements; and

c) Industrial Integration Projects.

Section A—On Industrial Integration Programs

Article 59. —The Commission shall, at the General Secretariat's proposal, adopt Industrial Integration Programs, preferably to promote new industrial production that is sectorial or intersectorial in scope, and that shall have the participation of at least four Member Countries.

The programs shall include clauses about:

a) Specific goals;

b) The determination of the products that are the subject matter of the Program;

c) Location of production facilities in the countries of the Subregion whenever required by the characteristics of the sector or sectors subject to the program, in which case, they must include rules regarding the commitment not to encourage production in countries which are not favored by the assignment;

d) A Tariff Reduction Program which may provide different rates of implementation by country and product;

e) A Common External Tariff;

f) Coordination of new investment on a subregional scale and measures to ensure its financing;

g) Harmonization of policies on aspects directly affecting the Program;

h) Complementary measures that may create greater industrial linkages and facilitate the fulfillment of the goals of the Program; and

i) The periods of time during which the rights and obligations arising from the Program shall be maintained, in case the Agreement is denounced.

Article 60. —In the Industrial Integration Programs, the non-participant country shall be subject to the following conditions:

a) When the products that are the subject matter of these programs belong to the list of reserved products, it may keep them as in a reserved position, with the commitment of improving the Tariff Reduction Program or the Common Minimum External Tariff, as the case may be, within a period which does not exceed that established in the Programs for these purposes; and

b) For the other products, by the general rules of this Agreement.

Article 61. —A country not participating in a Program of Industrial Integration may request its incorporation at any time in which case the Commission shall approve the conditions for said incorporation, through the voting system provided in paragraph b) of Article 26. In the respective proposals, the Commission shall take into account the negotiations carried out between participating and the nonparticipating countries.

Section B—On the Agreements of Industrial Complementarity

Article 62. —The Agreements of Industrial Complementarity shall promote industrial specialization among the Member Countries and may be entered into and carried out by two or more of them. Such Agreements must be notified to the Commission.

With respect to the preceding paragraph, the Agreements may include measures such as distribution of production, joint production, subcontracting of productive capacity, market agreements, and joint foreign trade operations, as well as others which may facilitate a greater articulation of the productive processes and entrepreneurial activity.

The Agreements of Industrial Complementarity shall be transitory in nature, and in addition to the determination of products that are their subject matter and of the expiration date of the rights and obligations of the participant Member Countries, may include special measures regarding tariff treatment, trade regulations, and the establishment of preferential margins, that are not applicable to nonparticipant countries, provided that such measures represent an equal or better level of conditions than those existing for reciprocal exchange. In this case, the duties applicable to third countries shall be determined.

Article 63. —In the case of Agreements of Industrial Complementarity, the following rules shall apply to the products subject to them:

a) Whenever they belong to the list of reserved products, the participant and nonparticipant countries may maintain them in it; and

b) Regarding the other products, the nonparticipant countries shall apply the general rules of this Agreement.

Article 64.—Countries not participating in the Agreements of Complementarity may request their incorporation at any time, in which case the conditions for said incorporation shall be approved by the participant countries. These conditions shall be notified to the Commission.

Section C—On Industrial Integration Projects

Article 65.—The Commission shall, at the General Secretariat's proposal, approve Industrial Integration Projects, which shall be carried out with regard to specified products or product families, preferably new ones, through collective cooperation policies and with the participation of all of the Member Countries.

In carrying out these Projects, the following tasks, among others, shall be performed:

a) Feasibility and design studies;

b) Supplying equipment, technical assistance, technology, and other goods and services, preferably of subregional origin;

c) Support by the Andean Development Corporation through financing or through equity; and

d) Joint negotiations with international entrepreneurs and government agencies to obtain foreign funds or the transfer of technology.

Industrial Integration Projects shall include clauses regarding the location of production facilities in the Member Countries whenever the characteristics of the corresponding sector or sectors so require and may include clauses that facilitate product access to the subregional market.

In the case of specific projects located in Bolivia or Ecuador, the Commission shall establish temporary and exclusive tariff treatment that improves the conditions of access of such products to the subregional market. Regarding products that are not produced in the Subregion, if these were to be included in this category, they shall include exceptions to the principle of irrevocability provided in the first paragraph of Article 75.

Other Provisions

Article 66.—In the application of the modes of industrial integration, the Commission and General Secretariat shall consider the situation and requirements of small and medium-sized industry, particularly those referred to the following aspects:

a) The installed capacity of the existing companies;

b) The financial and technical needs for the installation, expansion, modernization, or conversion of production facilities;

c) The perspectives for establishing joint marketing, technological and research systems, and other forms of cooperation among similar companies; and

d) Employee training requirements.

Article 67.—The modes of industrial integration may foresee industrial rationalization actions with the intention of achieving an optimum utilization of the factors of production and to reach higher levels of productivity and efficiency.

Article 68. —The General Secretariat may carry out or promote cooperation actions, including those for industrial rationalization and modernization, in favor of any activity of the sector and, particularly, of Subregional small and medium-sized industry, with the purpose of contributing to the industrial development of the Member Countries. These actions shall be carried out with priority in Bolivia and Ecuador.

Article 69. —When the General Secretariat deems it advisable and, in any case, in its periodic evaluations, it shall propose to the Commission the measures it considers essential for ensuring the equitable participation of the Member Countries in the modes of industrial integration that are covered under the present Chapter, in their execution, and in the attainment of their objectives.

Article 70. —It shall be the Commission and the General Secretariat's responsibility to maintain an adequate coordination with the Andean Development Corporation, and to arrange for the assistance of any other national or international institutions whose technical and financial contribution it considers desirable for:

a) Facilitating the coordination of policies and the joint programming of investments;

b) Channeling an increasing volume of funds to the solution of problems created for Member Countries by the process of industrial integration;

c) Promoting the financing of the investment projects that arise from the execution of the different modes of industrial integration;

d) Expanding, modernizing, or converting industrial plants that may be adversely affected by trade liberalization.

Chapter V
Tariff Reduction Program

Article 71. —The objective of the Tariff Reduction Program is to eliminate the levies and restrictions of all kinds that affect the importation of products originating in the territory of any Member Country.

Article 72. —"Levies" are understood to mean the customs duties and any other charge with equivalent effect, whether fiscal or monetary in nature or related to foreign exchange, that may affect imports. Not included in this concept are analogous assessments and surcharges that correspond to the approximate cost of the services rendered.

"Restrictions of all kinds" are understood to mean any administrative, financial, or foreign exchange measure, whereby a Member Country through an unilateral decision, obstructs or hinders imports. Not included in this concept are the adoption and enforcement of measures for:

a) The protection of public morality;

b) The application of laws and regulations related to security;

c) The regulation of arms, ammunition, and other implements of war, and under exceptional circumstances, of all other military articles, as long as it does not interfere with what is provided in treaties in force between Member Countries relating to the freedom of transit;

d) The protection of human, animal, or plant life and health;

e) Import and export of metallic gold and silver;

f) The protection of national treasures of artistic, historic, or archaeological value; and

g) The exportation, use, or consumption of nuclear materials, radioactive products, or any other material that may be used in the development and use of nuclear energy.

Article 73. —For the purpose of the previous articles, the General Secretariat, on its own initiative or at the request of a party, shall determine, when necessary, if a measure adopted unilaterally by a Member Country constitutes a "levy" or "restriction."

Article 74. —As regards taxes, assessments, and other internal charges, products originating in a Member Country shall enjoy in the territory of the other Member Country treatment that is no less favorable than that accorded to similar domestic products.

Article 75. —The Tariff Reduction Program shall be automatic and irrevocable and it shall cover the entire product universe, except for the provisions regarding exceptions that are established in this Agreement, so that a total reduction is achieved by the dates and in the modes referred to in this Agreement.

This Program shall apply, in its various forms to:

a) Products that are the subject matter of Industrial Integration Programs;

b) Products included in the Common List referred to in Article 4 of the Treaty of Montevideo of 1960;

c) Products that are not produced in any of the Subregional countries, included in the corresponding list; and

d) Products not included in the above sections.

Article 76. —Every kind of restriction shall be eliminated by December 31, 1970, at the latest.

Excepted from the previous rule are restrictions applied to products reserved for Sectorial Programs and modes of industrial integration, which shall be eliminated when the reduction in their tariffs is initiated according to their respective program or mode or as provided in Article 83.

Bolivia and Ecuador shall eliminate every kind of restriction at the moment in which they initiate the Tariff Reduction Program for each product, according to the procedures provided in Articles 130 and 138, but may replace them with levies that do not exceed the lowest level indicated in subsection a) of Article 82, in which case this shall apply to imports from the Subregion as well as from outside of it.

Article 77. —The Commission shall, within the time period provided in the preceding Article and at the General Secretariat's proposal, determine which products are to be reserved for Sectorial Programs of Industrial Development.

Before October 31, 1978, the Commission, at the General Secretariat's proposal, shall approve a list of products to be excluded from the list of those reserved for programming and shall reserve from among those not produced two lists of goods to be produced in Bolivia and Ecuador, indicating the conditions and time periods.

On December 31, 1978, Colombia, Peru, and Venezuela, shall adopt for the products on this list the starting point provided in subsection a) of Article 82, and shall eliminate all of their restrictions applicable to the importation of said goods.

The remaining levies shall be removed in five annual and successive reductions of ten, fifteen, twenty, twenty-five, and thirty percent, the first of which shall take place on December 31, 1979.

On December 31, 1978, Colombia, Peru, and Venezuela shall eliminate the levies applicable to imports originating in Bolivia and Ecuador.

Bolivia and Ecuador shall eliminate duties on the importation of these products as foreseen in section b) of Article 130 of this Agreement.

Before December 31, 1995, the Commission shall approve Industrial Integration Programs and Projects with respect to products that had been reserved for that purpose.

Article 78. —The Commission and the Member Countries shall, whenever appropriate and at any time, adopt the modes of industrial integration referred to in Article 58 and shall determine the pertinent rules, taking into account that which is provided in Chapter IV and considering the importance of industrial programming as a fundamental mechanism of the Agreement.

Article 79. —The products included in the first section of the Common List referred to in Article 4 of the Treaty of Montevideo of 1960, shall be totally freed from all restrictions and levies on April 14, 1970.

Article 80. —Before December 31, 1970 the Commission, at the proposal of the General Secretariat, shall draw up a list of the goods not produced in any of the countries of the Subregion and which have not been reserved for Sectorial Programs of Industrial Development. It shall select those that should be reserved for production in Bolivia and Ecuador, establishing, for the latter, the terms and reserve periods.

Products appearing on that list shall be totally freed of levies on February 28, 1971. The elimination of duties on the goods reserved for production in Bolivia and Ecuador, shall benefit those countries exclusively.

Notwithstanding the foregoing, and within the period stipulated in the first paragraph of this Article, the General Secretariat may propose to the Commission that some of the products on that list be allocated to Colombia, Peru, and Venezuela. The country benefiting from the allocation shall remove the duties on the respective goods as provided for in Article 82.

If the General Secretariat is able to confirm that, four years after the date of the allocation, the favored country has not initiated the corresponding production or that the project is not underway, then as of that moment the effects of that allocation shall cease and the country benefited shall immediately proceed to eliminate the tariff on the product in question.

Article 81. —At any time after the expiration of the period indicated in the second paragraph of the foregoing Article the Commission, at the General Secretariat's proposal, may add new products to the list referred to in the first paragraph of that same Article. Those goods shall be free from all levies sixty days after the date of approval of their inclusion on the list in question.

Whenever the General Secretariat considers it to be technically and economically feasible, it shall propose to the Commission that some of the new products be reserved for production in Bolivia and Ecuador; in that case it shall stipulate the period and term of the reservation.

Article 82. —Products not covered by Articles 77, 79, and 80 shall be freed of levies in the following manner:

a) The lowest levy for each product in any of the national schedules of customs duties of Colombia and Peru or in their respective National Lists on the date the Agreement is signed, shall be used as the starting point. Said starting point may not be higher than one hundred percent ad valorem of the CIF price of the merchandise;

b) On December 31, 1970, all of the duties above the level cited in the preceding subsection shall be reduced to that level; and

c) The remaining levies shall be eliminated in five annual and successive reductions of ten percent each, the first of which shall be made on December 31, 1971; seven annual and successive reductions of six percent each, the first of which shall be made on December 31, 1976, and a final reduction of eight percent, to be made on December 31, 1983.

Article 83. —With respect to the products which, having been selected for Sectorial Programs and modes of Industrial Integration and which are maintained in reserve until the expiration of the period specified in the final subsection of Article 77, the Member Countries shall carry out the Tariff Reduction Program in the following way:

a) The Commission, at the General Secretariat's proposal, shall choose two lists of not produced goods, to be produced in Bolivia and Ecuador, and shall set the periods and terms of the reservation; and

b) Before December 31, 1995, the Commission, at the General Secretariat's proposal shall adopt a gradual tariff reduction program for the remaining products, which shall be completed by December 31, 1997. Colombia, Peru, and Venezuela shall eliminate the levies applicable to imports from Bolivia and Ecuador at the time said tariff reduction program is initiated.

Article 84. —The Member Countries shall refrain from changing the levels of the levies and from introducing any new restrictions on the importation of products which originate in the Subregion, in any way that would create a less favorable situation than that in existence at the time the Agreement comes into effect.

Excluded from the above are the changes which Bolivia and Ecuador must make in their schedules of customs duties to obtain optimum use from their trade policy instruments in order to ensure that certain production activities are initiated or expanded within their territories. These exceptions are to be reviewed by the General Secretariat and authorized by the Commission.

Also excepted from this rule are changes in levies resulting from the replacement of restrictions by levies referred to in Article 46.

Article 85. —Up until December 31, 1970, each of the Member Countries may submit to the General Secretariat a list of products currently being produced in the Subregion, in order to exempt them from the Tariff Reduction Program and from the establishment of the External Tariff. Colombia and Peru's lists of exceptions cannot contain products that are included in more than two hundred and fifty items of the NABALALC.

Within one hundred and twenty days after its Instrument of Accession to the Agreement, Venezuela will present to the General Secretariat a list of exceptions which may not cover products that are already included in more than two hundred and fifty items of the NABALALC.

The products included in the lists of exceptions shall be completely free of levies and other restrictions and covered under the Minimum Common External Tariff or the Common External Tariff, whichever is appropriate, through a process that shall include three stages of 44, 44 and 87 items, the first of which shall be liberalized on December 31, 1993; the second on December 31, 1994, and the final one on December 31, 1995.

Colombia, Peru, and Venezuela may maintain, after December 31, 1995, a set of residual exceptions that shall contain products that are included in no more than 75 items of the NABALALC.

Article 86. —A Member Country's incorporation of a product in its list of exceptions shall prevent it from enjoying the benefits deriving from the Agreement for that product.

A Member Country may withdraw products from its list of exceptions at any time. In that case, the products shall comply with the Tariff Reduction Program and the External Tariff in effect for such products, in the ways and levels that are appropriate, and they shall simultaneously begin to enjoy the respective benefits.

In duly qualified cases, the General Secretariat may authorize a Member Country to incorporate in its list of exceptions products that, having been reserved for Industrial Integration Programs and Projects, were not programmed.

In no case shall the incorporation involve an increase in the number of corresponding items.

Article 87. —The General Secretariat shall consider the possibility of incorporating the products Member Countries included in their lists of exceptions and in their lists of administered trade, to the Industrial Integration modes.

For purposes of the previous section, interested countries shall inform the General Secretariat of their intention to participate and once the respective mode of industrial integration is agreed upon, shall withdraw the product from its list of exceptions or from its list of administered trade.

Member Countries shall enter into negotiations in order to seek formulas that may allow for the liberalization of the products included in the lists of exceptions or the elimination of quotas on the products incorporated in the lists of administered trade, prior to the expiration of the corresponding deadlines.

Article 88. —The inclusion of products in the lists of exceptions shall not affect the exportation of goods originating in Bolivia or Ecuador which have been the subject of significant trade between the respective country and Bolivia or Ecuador over the last three years or which show a strong likelihood of significant trade in the immediate future.

The same shall be the case in the future for those products from Bolivia or Ecuador which appear in the lists of exceptions of any of the Member Countries and which show clear and immediate prospects of being exported from Bolivia or Ecuador to the country which has exempted them from the reduction of trade restrictions.

It shall be the responsibility of the General Secretariat to determine when significant trade exists or when there is a clear likelihood that it will exist.

Article 89. —The Member Countries shall seek to jointly reach partial-scope trade agreements, agreements of economic complementation, agricultural agreements, and trade promotion agreements, with the other Latin American countries in those sectors where it is feasible, according to the provisions of Article 98 of this Agreement and of the Montevideo Treaty of 1980.

Chapter VI
Common External Tariff

Article 90. —Member Countries commit themselves to implementing a Common External Tariff within the time limits and in the manner established by the Commission.

Article 91. —The Commission, at the General Secretariat's proposal, shall approve a Common External Tariff that must provide adequate levels of protection in favor of subregional production, taking into account the Agreement's objective of gradually harmonizing the different economic policies of the Member Countries.

On the date indicated by the Commission, Colombia, Peru, and Venezuela will begin the process of approximating their levies, that apply under their national tariff schedules to the importation of products not originating within the Subregion, to the Common External Tariff, in an annual, automatic, and linear manner.

Article 92. —Before December 31, 1970, the Commission, at the proposal of the General Secretariat, shall approve a Minimum Common External Tariff, whose objectives shall be primarily the following:

a) To establish adequate protection for subregional production;

b) To progressively create a subregional margin of preference;

c) To facilitate the adoption of the Common External Tariff; and

d) To further the efficiency of subregional production.

Article 93. —On December 31, 1971, the Member Countries shall begin approximating their levies, that apply to imports from outside the Subregion, to the Minimum Common External Tariff, in those cases in which the former are lower than the latter, and they shall carry out this process in an annual, linear, and automatic manner, so that it is fully implemented by December 31, 1975.

Article 94. —Notwithstanding the provisions of Articles 91 and 93 the following rules shall be applied:

a) With respect to products that are subject matter of the Industrial Integration Programs, the rules established by said Programs regarding the Common External Tariff shall govern; and with respect to products that are the subject-matter of Industrial Integration Projects, the Commission, whenever appropriate, may determine, when approving the respective Decision, the levels of levies that apply to third countries and the corresponding conditions; and

b) At any time, in fulfilling the Tariff Reduction Program, a product is freed of levies and other restrictions, it shall be subject to the full and simultaneous application of the levies established in the Minimum Common External Tariff or in the Common External Tariff, as the case may be.

For goods not produced in the Subregion, each country may defer the application of the common levies until the General Secretariat verifies that its production has begun in the Subregion. Nevertheless, if in the General Secretariat's judgment the new production is insufficient to normally meet the needs of the Subregion, it shall propose to the Commission the necessary measures to reconcile the need to protect subregional production with that of ensuring a normal supply.

Article 95. —The Commission, at the General Secretariat's proposal, shall be able to approve subregional margins of preference with respect to the products that are still not required to comply with the Tariff Reduction Program and the Minimum Common External Tariff, providing in the corresponding Decision the conditions and terms for its application, until they are surpassed by the rules of the Tariff Reduction Program and the Minimum Common External Tariff or the Common External Tariff.

Article 96. —The Commission, at the General Secretariat's proposal, may modify the common tariff levels to the extent and at the time it deems advisable in order to:

a) Adjust them to the Subregion's needs; and

b) Provide for the special situation of Bolivia and Ecuador.

Article 97. —The General Secretariat may propose to the Commission the measures which it considers essential to ensure normal conditions of supply in the Subregion.

Any Member Country undergoing temporary supply shortages may present the problem to the General Secretariat, which shall verify the situation within a period commensurate with the urgency of the case. Once the General Secretariat verifies the existence of the problem in question and so informs the country adversely affected, the latter may take steps, such as to reduce or temporarily suspend the External Tariff duties, within the necessary limits for correcting the disturbance.

In the cases referred to in the previous section, the General Secretariat shall call a special meeting of the Commission, if such is in order, or shall inform it of the action taken at its following regular meeting.

Article 98. —The Member Countries commit themselves not to alter unilaterally the levies set in the various stages of the External Tariff. They also commit to hold the necessary consultations in the Commission before taking on obligations of a tariff nature with countries outside the Subregion. The Commission, at the General Secretariat's proposal and through a Decision, shall state its opinion regarding said consultations, and shall set the terms with which commitments of a tariff nature must comply.

Chapter VII

Agricultural Development Programs

Article 99. —With the purpose of promoting common agricultural and agroindustrial development and attaining greater subregional food security, the Member Countries shall carry out an Agricultural and Agroindustrial Development Program, harmonize their policies, and coordinate their national plans in the sector, bearing in mind, among others, the following objectives:

a) An improvement in the living standards of the rural population;

b) Taking care of the food and nutritional requirements of the population on satisfactory terms, to achieve the lowest possible dependence on supplies coming from outside the Subregion;

c) The appropriate and adequate supply of the subregional market and the protection against food shortage risks;

d) An increase in the production of staple foods and in productivity levels;

e) Subregional complementation and specialization of production with a view to improving the use of its inputs and to increase trade of agricultural and agroindustrial products; and

f) Subregional substitution of imports and the diversification and growth of exports.

Article 100. —To fulfill the objectives stated in the previous article, the Commission, at the proposal of the General Secretariat, shall take the following steps, among others:

a) To create an Andean System and National Systems of Food Security;

b) Joint policies for agricultural and agroindustrial development by products or groups of products;

c) Joint programs for agricultural and agroindustrial technological development, including policies for research, training, and the transfer of technology;

d) Promotion of intra-subregional agricultural and agroindustrial trade and entering into agreements for supplying agricultural products;

e) Joint programs and policies regarding agricultural and agroindustrial trade with third countries;

f) Common rules and programs about vegetable and animal health;

g) Creation of subregional funding mechanisms for the agricultural and agroindustrial sector;

h) Joint policies for the use and preservation of the natural resources of the sector; and

i) Joint cooperative policies in the fields of research and transfer of technology in areas of common interest for the Member Countries, such as genetics, floriculture, fishing, forestry, and those that the Commission determines in the future.

Article 101. —The Commission and the General Secretariat shall adopt the necessary steps to hasten the agricultural and agroindustrial development of Bolivia and Ecuador as well as their participation in the enlarged market.

Article 102. —Any Member Country may apply, in a non-discriminatory, manner, to the trade of products incorporated in the list referred to Article 104, the following measures destined to:

a) Restrict imports to what is necessary in order to cover internal production deficits; and

b) To level the prices of the imported product with those of the national product.

For the application of such measures, when appropriate, the Member Countries shall carry out actions through the existing national agencies, destined to the supply of agricultural and agroindustrial food products.

Article 103. —The country imposing the measures referred to in the previous article shall immediately notify the General Secretariat, enclosing a report on the underlying reasons for its action.

These measures shall be applied to Bolivia and Ecuador only in duly qualified cases and after the General Secretariat has confirmed that the damage arises essentially from their imports. The General Secretariat is required to express its views within fifteen days after receiving the report, and it may authorize application of the measures.

Any Member Country that considers itself affected by said measures may present its comments to the General Secretariat.

The General Secretariat shall study the case and propose to the Commission the positive measures that it deems advisable in the light of the objectives provided in Article 99.

The Commission shall decide with respect to the restrictions that were applied and the measures proposed by the General Secretariat.

Article 104. —Before December 31, 1970, the Commission, at the proposal of the General Secretariat, shall determine the list of agricultural products for purposes of applying Articles 102 and 103. Such list may be modified by the Commission, at the proposal of the General Secretariat.

Chapter VIII Competition

Article 105. —Before December 31, 1971, the Commission, shall adopt, at the General Secretariat's proposal, the rules which are needed to guard against or correct practices which may distort competition within the Subregion, such as dumping, improper price manipulations, maneuvers made to upset the normal supply of raw materials and others with a like effect. In this respect, the Commission shall consider the problems that could derive from the imposition of levies and other restrictions on exports.

It shall be the General Secretariat's responsibility to ensure the application of those rules in the particular cases that are reported.

Article 106. —The Member Countries may not adopt corrective measures without the General Secretariat's prior authorization. The Commission shall regulate the procedures for implementing the rules of this Chapter.

Chapter IX
Safeguard Clauses

Article 107. —A Member Country, that has adopted measures to correct a disequilibrium in its overall balance of payments, may extend such measures, when previously authorized by the General Secretariat in a transitory and nondiscriminatory manner, to intrasubregional trade of products incorporated to the Tariff Reduction Program.

The Member Countries shall seek to ensure that the application of restrictions due to a balance of payments situation does not affect, within the Subregion, trade in products incorporated to the Tariff Reduction Program.

When the situation provided for in this Article requires an immediate response, the interested Member Country may apply, on an emergency basis, the foreseen measures, having in that regard to immediately notify them to the General Secretariat, which shall express its views within the following thirty days, either authorizing, modifying, or suspending them.

If the application of the measures provided for in this Article lasts more than one year, the General Secretariat, on its own initiative or upon the request of any of the Member Countries, shall propose to the Commission that negotiations be immediately initiated in order to seek the elimination of the adopted restrictions.

Article 108. —If the execution of the Tariff Reduction Program of the Agreement causes or threatens to cause serious damage to the economy of a Member Country or to one of its significant economic sectors, that country may, with the prior permission of the General Secretariat, apply temporary corrective steps in a nondiscriminatory manner. When necessary, the General Secretariat may propose to the Commission collective cooperation measures for the purpose of surmounting the problems that arise.

The General Secretariat shall periodically study the evolution of the situation to keep the restrictive measures from lasting any longer than is strictly necessary or to consider new formulas for cooperation, if appropriate.

When the injuries dealt with in this Article are so serious that they require immediate steps, the Member Country adversely affected may apply corrective measures temporarily, on an emergency basis, subject to the subsequent pronouncement of the General Secretariat.

Those measures shall do the least damage possible to the Tariff Reduction Program, and so long as they are implemented unilaterally, they may not involve a decrease in the importation of the product or products in question in terms of the average for the twelve preceding months.

The Member Country which adopts those measures shall immediately inform the General Secretariat thereof and the latter shall issue its views on them within the thirty following days, either to authorize, modify, or suspend them.

Article 109. —When a product originating in the Subregion is being imported in such quantities or conditions as to cause a disturbance in the domestic production of specific products of a Member Country, it may apply corrective measures, that are nondiscriminatory and of a temporary nature, subject to the subsequent pronouncement of the General Secretariat.

The Member Country that applies the corrective measures, within no more than sixty days, must notify the General Secretariat and present a report regarding the underlying grounds for their application. The General Secretariat, within sixty days after receiving the aforementioned report, shall verify the disturbance and the origin of the imports causing it, and shall issue its pronouncement, either to suspend, modify, or authorize said measures, which may only be applied to the products of the Member Country where the disturbance originated. The corrective measures that are applied shall guarantee access for a volume of trade not inferior to the average for the last three years.

Article 110. —If a currency devaluation made by one of the Member Countries alters the normal conditions of competition, the country which considers itself to be adversely affected may bring the case before the General Secretariat, which should hand down its opinion briefly and summarily. Once the General Secretariat has verified, the existence of the disturbance, the adversely affected country may take temporary corrective measures so long as the condition exists, while abiding by the General Secretariat's recommendations. In any case, those measures may not involve a reduction in the levels of imports existing prior to the devaluation.

Without prejudice for the application of the temporary measures referred to, any of the Member Countries may request that the Commission give a final decision on the matter.

The Member Country which devalued its currency may request at any time that the General Secretariat review the situation, in order to ease or eliminate the cited corrective measures. The General Secretariat's opinion may be amended by the Commission.

In the situation referred to in this Article, the country which considers itself to be adversely affected may, in presenting the case to the General Secretariat, propose protective measures that are commensurate with the magnitude of the alleged disturbance, accompanied by the technical grounds for its proposal. The General Secretariat may request any supplementary information it considers advisable.

The brief and summary pronouncement of the General Secretariat shall be given within a period of one month after the request is received. If the General Secretariat does not hand down its opinion within that period and the requesting country feels that said delay may be harmful to its interests, it may adopt the initial measures which it proposed; it shall immediately inform the General Secretariat thereof and the latter, in its subsequent opinion, shall decide whether the measures taken should be maintained, modified, or eliminated.

In its pronouncement, the General Secretariat shall bear in mind, among other criteria, the economic indicators on the conditions of competition in the Subregion which the Commission may have adopted generally, at the General Secretariat's proposal, the individual characteristics of the foreign exchange systems of the Member Countries and any studies which the Monetary and Foreign Exchange Council carries out on the matter.

Until the system of economic indicators has been adopted by the Commission, the General Secretariat shall proceed according to its own criteria.

Notwithstanding the foregoing, if, during the period between the presentation in question and the General Secretariat's pronouncement, in the opinion of the applicant Member Country, there are background factors which give reasonable grounds to fear that, as a result of the devaluation, there shall be immediate harmful effects which may have serious implications for its economy and thus call for the adoption of protective measures on an emergency basis, it may bring the situation before the General Secretariat; the latter, if it finds the request to be well grounded may authorize the implementation of suitable measures, for which purpose it shall be given a period of seven continuous days. The General Secretariat's final pronouncement on the alteration of the normal conditions of competition shall, in any case, determine whether the authorized emergency measures shall be maintained, modified, or suspended.

The measures that are adopted in keeping with this Article may not involve a decrease in the levels of trade which existed prior to the devaluation.

The second and third subsections of this Article shall be fully applicable to these measures.

Article 111. —No safeguard clauses of any kind shall be applied to the importation of products originating in the Subregion and included in the Programs and Projects of Industrial Integration.

Chapter X Origin

Article 112. —The Commission shall, at the General Secretariat's proposal, adopt any special rules necessary for determining the origin of goods. Such rules shall constitute a dynamic instrument for the development of the Subregion and shall appropriately contribute to the attainment the Agreement's objectives.

Article 113. —It shall be the General Secretariat's responsibility to establish the specific requirements of origin for the products requiring so. When an Industrial Integration Program calls for setting specific requirements, the General Secretariat shall decide on them as the corresponding program is being approved.

Within the year following the establishment of a specific requirement, the Member Countries may request its review by the General Secretariat, which must give its opinion summarily.

If a Member Country so requests it, the Commission shall examine those requirements and make a final decision within six to twelve months after having been set by the General Secretariat.

The General Secretariat may, at any time, either on its own initiative or at the request of a party, set or modify said requirements in order to adjust them to the economic and technological progress of the Subregion.

Article 114. —In adopting and deciding on the special rules or specific requirements of origin, as the case may be, the Commission and the General Secretariat shall seek to ensure that they do not hinder Bolivia and Ecuador from taking advantage of the benefits of implementing the Agreement.

Article 115. —The General Secretariat shall ensure compliance with the rules and requirements of origin in subregional trade. It shall, moreover, propose any measures necessary for resolving problems of origin that hinder the attainment of the Agreement's objectives.

Chapter XI
Physical Integration

Article 116. —The Member Countries shall develop joint actions in order to improve the use of physical spaces, to strengthen the infrastructure and services that are necessary to promote the process of economic integration of the Subregion. This action shall be taken primarily in the fields of energy, transportation, and communications and shall cover the necessary measures for facilitating border traffic among the Member Countries.

To this end, the Member Countries shall seek to establish multinational entities or businesses when possible and desirable for assisting in the execution and administration of those projects.

Article 117. —The Commission shall, at the General Secretariat's proposal, adopt programs in the fields referred to in the preceding Article in order to promote a continuous process aimed at expanding and modernizing the physical infrastructure and the transportation and communications services of the Subregion. These programs shall include insofar as possible, the following:

a) The identification of specific projects for incorporation in the national development plans and an indication of the order of priority for their execution;

b) The essential steps for financing the necessary preinvestment studies;

c) The technical and financial assistance needs to ensure the execution of the projects; and

d) The methods of joint action before the Andean Development Corporation and the international lending institutions to ensure that the required financial resources shall be provided.

Article 118. —The Programs referred to in the foregoing Article, as well as the Programs and Projects of Industrial Integration, shall include measures of collective cooperation to adequately cover the essential infrastructure required for their execution and shall give special consideration to the situation of Ecuador and the landlocked situation of Bolivia.

Chapter XII
Financial Matters

Article 119. —The Member Countries shall carry out actions and coordinate their policies regarding financial and payments matters, to the extent necessary to facilitate the attainment of the Agreement's objectives.

For that purpose, the Commission, at the General Secretariat's proposal, shall adopt the following actions:

a) Recommendations to channel the financial resources through the appropriate bodies, to meet the development requirements for the Subregion;

b) Promotion of investments for the Andean integration programs;

c) Financing of trade between the Member Countries and with countries outside the Subregion;

d) Measures that facilitate the movement of capital within the Subregion and particularly the promotion of Andean multinational companies;

e) Coordination of positions to strengthen the reciprocal payments and lending mechanisms within the framework of the ALADI;

f) Establishment of an Andean lending and payments system that includes the Andean Reserve Fund, a common unit of accounting, lines of credit for trade, a subregional clearinghouse, and a system of reciprocal credits;

g) Cooperation and coordination of positions with respect to external funding problems of the

Member Countries; and

h) Coordination with the Andean Development Corporation and the Andean Reserve Fund for the purposes described in the preceding subsections.

Article 120. —If, as a result of the fulfillment of the Tariff Reduction Program of the Agreement, a Member Country experiences problems with its fiscal revenues, the General Secretariat may propose to the Commission, at the request of the country affected, measures for resolving those difficulties. In its proposals, the General Secretariat shall take into account the degrees of relative economic development of Member Countries.

Chapter XIII

Special Regime for Bolivia and Ecuador

Article 121. —In order to gradually lessen the differences in development currently existing in the Subregion, Bolivia and Ecuador shall enjoy a special regime; this shall enable them to attain more rapid economic growth through effective and immediate participation in the benefits of the industrialization of the area and of the liberalization of trade.

To fulfill the aim of this Article, the bodies of the Agreement shall propose and take necessary measures, in accordance with its rules.

Section A—On the Harmonization of Economic Policies and the Coordination of Development Plans

Article 122. —In harmonizing economic and social policies and coordinating the plans referred to in Chapter III, differential treatments and sufficient incentives shall be established to compensate for the structural weaknesses of Bolivia and Ecuador and to ensure that the essential resources for attaining the objectives envisaged for their benefit by the Agreement are mobilized and allocated.

Section B—On Industrial Policy

Article 123. —When carrying out the Industrial Development Programs, Bolivia and Ecuador's situation shall be given special consideration in assigning, on a priority basis, the productions in their favor and the corresponding locations of the production facilities in their territories, specially through participation in the modes of industrial integration provided in Article 58. It shall also consider the development of a program for the integral industrialization of the natural resources of Bolivia and Ecuador.

Article 124. —The Programs and Projects of Industrial Integration shall provide for exclusive benefits and effective preferential treatments for Bolivia and Ecuador to help them effectively take advantage of the subregional market.

Article 125. —The General Secretariat, in proposing to the Commission the complementary measures envisaged in Article 69, shall provide for exclusive advantages and preferential treatment for Bolivia and Ecuador, when necessary.

The Commission, at the General Secretariat's proposal, shall adopt the measures that are necessary to ensure that the allocations granted to Bolivia and Ecuador, are effective and fully utilized, specially those aimed at strengthening commitments to respect the allocations made to those countries, to extend the time periods for the maintenance of the allocations, and to carry out the projects assigned in the Industrial Development Programs.

Section C—On Trade Policy

Article 126.—To enable Bolivia and Ecuador to participate immediately in the benefits of the enlarged market, the Member Countries shall, in an irrevocable and exclusive manner, eliminate for them all levies and restrictions of all kinds on the importation of products originating in the territories of the two countries, in the terms provided in Articles 127 and 128.

Article 127.—For the purposes indicated in the previous Article, products originating in Bolivia and Ecuador shall be governed by the following rules:

a) By December 31, 1973 at the latest, the products included in subsection d) of Article 75 shall have free and definitive access to the subregional market. Accordingly, the levies shall be eliminated automatically in three annual and successive reductions of forty, thirty, and thirty percent, respectively, the first of which shall be made on December 31, 1971, using as a starting point the levels indicated in paragraph a) of Article 82;

b) The Commission, at the General Secretariat's proposal and prior to December 31, 1970, shall approve lists of products whose tariffs shall be eliminated for the benefit of Bolivia and Ecuador on January 1, 1971;

c) The products on the list referred to in the third subsection of Article 77 shall be totally freed from levies for Bolivia and Ecuador on December 31, 1978 and the products referred to in Article 83, shall be freed at the time the corresponding Tariff Reduction Program is begun.

d) Before March 31, 1971, the Commission, at the General Secretariat's proposal, shall establish margins of preference in favor of the two lists of products of special interest to Bolivia and Ecuador and shall decide on the length of time that such margins, which are to enter into force on April 1, 1971, shall be in effect. The list referred to in this paragraph is comprised of products from subsection d) of Article 75; and

e) The same procedure as that indicated in subsection d) shall be observed in connection with a list of products from those referred to in Article 83.

Article 128.—The elimination of levies on the products of the Common List for which the Member Countries have granted exclusive advantages to Bolivia and Ecuador, shall apply only for their benefit. Said exclusiveness is restricted to the country which granted that benefit.

Article 129.—The corrective measures referred to in Articles 102 and 108 shall be extended to imports from Bolivia and Ecuador only in duly qualified cases and when the General Secretariat has been able to ascertain that the serious adverse effects substantially derive from those imports. In this case, the General Secretariat shall observe the procedures of Articles 103 and 108 and the rules adopted by the Commission at the General Secretariat's proposal with respect to the corresponding safeguard regulations.

Article 130.—Bolivia and Ecuador shall carry out the Tariff Reduction Programs in the following way:

a) They shall liberalize the products incorporated in the Industrial Integration Programs in the manner provided for in each;

b) They shall liberalize the products referred to in Article 83 in the manner and within the time period determined by the Commission, at the General Secretariat's proposal. In making that decision, the Commission and the General Secretariat shall mainly take into account the benefits derived from the programming and site location referred to in Article 123. This time period may not exceed from December 31, 1999;

c) They shall liberalize the products that are not yet produced in the Subregion and that are not part of the reserve provided in their favor in Article 80, sixty days after the Commission approves said reserve. Nevertheless, those products that the General Secretariat, on its own initiative or upon Bolivia or Ecuador's request, determines to be luxuries or dispensable, may be excepted from this treatment. The subsequent tariff reduction for these products shall be subject to the procedure provided in paragraph d) of this Article; and

d) They shall begin on November 21, 1988, to carry out the Tariff Reduction Program for those products not covered under the previous paragraphs, through the elimination of all restrictions. They shall be followed by three annual and successive reductions of five percent each, starting on December 31, 1988. Once these reductions have taken place, said Program shall cease until the Commission, within ninety days, at the General Secretariat's proposal and after an evaluation of the compliance with the Tariff Reduction Program by all the Member Countries, adopts the appropriate adjustments and determines the time periods and methods for its continuation. With respect to the tariff reductions previously provided, the Commission, on August 23, 1988, shall establish the starting point for the tariff reduction, based on the respective national tariff schedules of Bolivia and Ecuador, bound and in effect on that date.

Article 131. —The General Secretariat shall periodically assess the results obtained by Bolivia and Ecuador in their trade with the rest of the Member Countries and the degree to which they are effectively taking advantage of the benefits of the enlarged market. On the basis of those evaluations, the Commission may revise the time periods indicated in paragraphs b) and d) of the preceding Article.

Article 132. —The Lists of Exceptions of Bolivia and Ecuador may include products comprised in no more than six hundred items of the NABALALC.

The products included by Bolivia and Ecuador in their lists of exceptions will be free from levies and other restrictions through a process that will include three segments of 105, 105, and 210 items, the first of which will be freed on December 31, 1997, the second on December 31, 1998, and the last one, on December 31, 1999. These time limits may be extended in duly qualified cases by the General Secretariat. After December 31, 1999 or after the termination of their extension, Bolivia and Ecuador shall maintain a residual set of exceptions which shall not comprise products included in over 180 items of the NABALALC.

Article 133. —Regarding the cooperation policies to which Article 68 refers to, the General Secretariat shall give special and priority attention to the industries of Bolivia and Ecuador whose products are excluded by such countries from their Tariff Reduction Programs, with the purpose of contributing to equip them to participate in the subregional market as rapidly as possible.

Section D—Common External Tariff

Article 134. —Bolivia and Ecuador shall begin the process of adoption of the Common External Tariff on an annual, automatic, and linear basis on the date established by the Commission. Bolivia and Ecuador shall be required to adopt the Minimum Common External Tariff with regard to products which are not produced in the Subregion, as referred to in Article 80. In relation to such products they shall adopt the minimum tariff levels through a linear and automatic process which shall be concluded three years after the date in which they are first produced in the Subregion. Without prejudice to the stipulations of the first subsection of this Article, the Commission, at the proposal of the General Secretariat, may determine that Bolivia and Ecuador should adopt the minimum tariff levels with regard to products of interest to the other Member Countries provided that the application of such levels does not cause disturbances to Bolivia or Ecuador.

The Commission, based on the evaluations referred to in Article 131, shall determine the procedure and time limit for the adoption of the Common Minimum Common External Tariff on the part of Bolivia and Ecuador. In any case, the Commission shall bear in mind the problems derived from the landlocked situation of Bolivia referred to in Article 4 of this Agreement.

At the General Secretariat's proposal, the Commission may also determine the adoption of the minimum tariff levels on the part of Bolivia and Ecuador regarding products whose importation from outside of the Subregion may cause serious disturbances to the Subregion.

In drafting its proposals about the Common External Tariff, the General Secretariat shall bear in mind the provisions of Article 4 in favor of Bolivia.

Article 135. —Bolivia and Ecuador may establish the exceptions authorized by the Commission, at the General Secretariat's proposal, to the process of approximation of their national tariff schedules to the Common External Tariff so as to enable them to apply their existing industrial development laws, mainly with respect to the importation of capital goods, intermediate goods, and raw materials necessary for their development.

Such exceptions shall not be applied in any case more than two years before the Common External Tariff is fully implemented.

Section E—On Financial Cooperation and Technical Assistance

Article 136. —The Member Countries commit themselves to act jointly before the Andean Development Corporation and any other subregional, national, or international organizations to secure technical assistance and financing for Bolivia and Ecuador's development needs and specially for projects related to the process of integration.

The allocation of the resources for those projects should be made in accordance with the basic objective of reducing the existing differences in development among the countries while making an attempt to favor Bolivia and Ecuador markedly.

The Member Countries, moreover, shall act jointly before the Andean Development Corporation so that it allocates its regular and special resources in such a way that Bolivia and Ecuador receive a substantially larger share than would result if the distribution were to be made proportional to the countries' contribution to the Corporation's capital.

Section F—General Provisions

Article 137. —In its periodic evaluations and annual reports, the General Secretariat shall give separate and special consideration to Bolivia and Ecuador's situation in the subregional integration effort and shall propose to the Commission the measures which it deems appropriate to substantially improve their possibilities for development and increasingly expedite their participation in the area's industrialization.

Article 138. —The Commission may establish in favor of any of the least developed countries more favorable condition's and procedures than those considered in this Chapter, bearing in mind the degree of development achieved and the conditions for taking advantage of the benefits of integration.

Chapter XIV
Economic and Social Cooperation

Article 139. —Member Countries may begin programs and policies in the area of economic and social cooperation, which must be agreed upon within the Commission and shall be limited to the responsibilities established by this Agreement.

Article 140. —Member Countries shall begin policies with an external scope, in matters of common interest, with the purpose of improving their participation in the international economy.

Article 141. —With respect to the provisions of the previous Article, the Commission shall adopt programs to direct the joint external actions of the Member Countries, particularly as regards to the negotiations with third countries and group of countries, as well as for the participation in fora and organizations specialized in matters related to the international economy.

Article 142. —Member Countries shall promote a joint scientific and technological development process to attain the following objectives:

a) The creation of the ability to respond subregionally to the challenges of the scientific-technological revolution in course;

b) The contribution of science and technology to the conception and execution of Andean development strategies and programs; and

c) Taking advantage of the mechanisms of economic integration in order to induce technological innovation and productive modernization.

Article 143. —With respect to the previous Article, the Member Countries shall adopt in the fields where there is a common interest:

a) Programs of cooperation and joint efforts in science and technology in which the subregional level is more effective to train human resources and to obtain the results of the investigation;

b) Technological development programs that contribute to the attainment of solutions to the common problems of the productive sectors; and

c) Programs for taking advantage of the enlarged market and of joint physical, human, and financial abilities, in order to induce technological development in sectors of common interest.

Article 144. —Member Countries shall undertake policies that promote the integral development of border regions and their effective incorporation to the domestic and Andean subregional economies.

Article 145. —In the area of tourism, the Member Countries shall develop joint programs seeking a better understanding of the Subregion and to stimulate economic activities related to this sector.

Article 146. —Member Countries shall undertake joint policies that enable a better use of their renewable and nonrenewable natural resources and the preservation and improvement of the environment.

Article 147. —Member countries shall undertake cooperation actions in the services sector. For that purpose the Commission shall adopt programs and projects in selected areas of the services sector, defining for each case the mechanisms and instruments to be applied.

Article 148. —Member Countries shall undertake joint cooperation actions destined to contribute to the attainment of the following objectives of social development of the Andean population:

a) The elimination of poverty among the excluded classes, in order to achieve social justice;

b) To strengthen the cultural identity of the Andean area;

c) Full participation of the inhabitants of the Subregion in the integration process; and

d) To meet the needs of the depressed areas, that are predominantly rural.

For the attainment of such objectives, programs and projects shall be developed in the areas of health, social security, social interest housing, education, and culture.

The fulfillment of the actions to be developed within the framework of this Article shall be coordinated with the different organizations of the Andean system.

Article 149. —Member Countries shall undertake policies in the area of social communication and policies oriented to promote a better understanding of the cultural, historical, and geographic heritage of the Subregion, its economic and social reality, and that of the Andean integration process.

Article 150. —The projects, policies, and programs to which this Chapter refers to shall be developed, in parallel and in coordination, with the improvement of the other mechanisms of the subregional integration process.

Chapter XV

Accession, Effective Date and Denouncement

Article 151. —This Agreement may not be signed with reservations and shall remain open to the accession of the rest of the Latin American countries. Least developed countries which accede to the Agreement shall be entitled to a treatment similar to that agreed upon in Chapter XIII for Bolivia and Ecuador.

The terms of the accession shall be defined by the Commission, which shall bear in mind that the incorporation of new members shall comply with the objectives of the Agreement.

Article 152. —This Agreement shall be submitted to the Permanent Executive Committee of the LAFTA for its considerations and once the Committee has declared its compatibility with the principals and objectives of the Treaty of Montevideo and with Resolution 203 (CM-II/VI-E), each of the Member Countries shall approve it in keeping with its respective national legal procedures and shall inform the Executive Secretariat of LAFTA of the corresponding act of approval. The Agreement shall become effective when three countries have communicated their approval to the Executive Secretariat of LAFTA.

For the rest of the countries the date of the Agreement's entry into force shall be that in which they communicate the respective instrument of approval in accordance with the procedure set forth in the first subsection of this Article.

This Agreement shall remain in effect indefinitely.

Article 153. —Any Member Country wishing to denounce this Treaty shall so inform the Commission. From that moment on it shall cease to enjoy the rights and have the obligations deriving from its status as Member, with the exception of the benefits received and granted in accordance with the Subregional Tariff Reduction Program, which will remain effective for a period of five years after the date of the denouncement.

The time period stipulated in the paragraph above may be shortened in duly grounded cases by decision of the Commission and at the request of the interested Member Country.

As regards the Programs of Industrial Integration, the stipulation of paragraph i) of Article 59 shall be applied.

Chapter XVI Final Dispositions

Article 154. —The Commission, at the proposal of the General Secretariat, and based upon the latter's periodic reports and evaluations, shall adopt the necessary mechanisms to ensure the attainment of the objectives of the Agreement once the process of liberalization of trade and the establishment of the Common External Tariff have concluded. Such mechanisms must include special treatment in favor of Bolivia and Ecuador so long as existing differences in the degree of development continue to exist.

Article 155. —Any advantage, favor, exemption, immunity, or privilege applied by a Member Country regarding a product originating in or destined for any other country, shall be immediately and unconditionally extended to the similar product originating in or destined for the territory of the other Member Countries.

Advantages, favors, exemptions, immunities, and privileges already granted or to be granted by virtue of agreements among Member Countries or between Member Countries and third countries, with the purpose of facilitating border traffic shall be excepted from the treatment referred to in the previous subsection.

Likewise, the advantages, favors, exemptions, immunities, and privileges granted by Bolivia or Ecuador to third countries are excepted from the referred treatment until the Commission adopts the corresponding Decision based on the evaluation of the Tariff Reduction Program foreseen in paragraph d) of Article 130.

Chapter XVII
Transitory Provisions

First. —The Commission, at the proposal of the General Secretariat, shall review the Sectorial Programs of Industrial Development that are approved and related to the products of the metallurgical, petrochemicals, and iron and steel industries, the products included in the lists of Decision 28 and the others related to it and those included in Annexes III and IV of Decision 137, in light of the provisions of Articles 59 and 60, and may redefine sectorial or inter-sectorially the Tariff Reduction Program and the Common External Tariff originally agreed for the products which are the subject of said Programs, bearing in mind the need to preserve the investments and trade flows that have been generated.

The General Secretariat, in its Proposal, shall bear in mind the particular situation of Bolivia and Ecuador with the purpose of ensuring for them an equitable participation in the benefits derived from the Program or Programs that may be adopted by the Commission based on this Provision.

Second. —The Commission, at the proposal of the General Secretariat, shall approve the creation of a new list of reserve to apply the modes of industrial integration referred to in Article 77, beginning with the products that having been reserved for the Sectorial Programs of Industrial Development, were not programmed; the products which are not produced in any country of the Subregion, and those produced only in one of them. For such purpose it shall determine a redefinition of the Tariff Reduction Program and of the Minimum Common External Tariff or the Common External Tariff, as the case may be, corresponding to the products that shall make up the above mentioned list of reserve.

Third. —

1. With the purpose of regulating the conditions of access to the subregional market of specific products comprised in paragraph d) of Article 75 of this Agreement, affected by special situations, a transitory trade administration regime shall be established through the application of import quotas. For these purposes, the Member Countries may present the General Secretariat with a list of products which are the subject of administered trade.

2. Such lists of administered trade shall be subject to the following common rules:

a) Colombia, Peru, and Venezuela may present their respective lists on June 24, 1988 at the latest, and Bolivia and Ecuador on July 9, 1988 at the latest. If after such time a country does not present its list, it will be understood that it gives up the right foreseen in this Provision. Once the lists are presented, they may not be increased, nor may their products be substituted by others;

b) The lists of administered trade shall be in force until December 31, 1997. Products included in such lists shall be totally freed from the quotas through a gradual process of enlargement of the same or by the withdrawal of items in the list. Global and individual product quotas shall be increased in three opportunities at least, the first and second of 30 percent each, and the third one of 40 percent of the average value of the imports of the 1980—1985 period, that shall take place in order, on December 31, 1992, 1995, and 1997, date in which they shall be eliminated; and

c) The Member Countries shall hold periodic negotiations with the purpose of establishing the import quotas, for which they may use as a basis the most appropriate reference period of their reciprocal trade, the enlargement of quotas, and the withdrawal of products from the lists.

3. The lists of administered trade of Colombia, Peru, and Venezuela shall be subject to the following special rules:

a) They may comprise products included in no more than fifty items of the NABANDINA;

b) The annual, global, and specific product quotas, applied by each country may not be lower than thirty percent of the annual average value of the corresponding imports originating in the Member Countries and recorded in the 1980—1985 period;

c) The quantities of imports below the quotas referred to in the previous paragraph, shall be totally free of levies and no restriction different to that required to administer the quota may be applied to them;

d) After negotiation, the annual quotas of each one of the products may be applied by a Member Country in a directed way at the imports of another Member Country; and

e) As long as a product is included in an administered trade list, it may not enjoy the advantages derived for it from the Tariff Reduction Program. At any time, a Member Country may remove products from its list and immediately enjoy the respective advantages.

4. The administered trade lists of Bolivia and Ecuador, directed at Colombia, Peru, and Venezuela, shall be subject to the following special rules:

a) Bolivia and Ecuador shall determine the annual quotas applicable to each one of the products of their respective lists, which must be balanced in relation to those established for their products of export; and

b) Imports carried out within the quotas referred to in the previous paragraph, shall be subject to the corresponding levies depending on their Tariff Reduction Program and no restriction different to that required to administer the quota may be applied to them.

Fourth. —The changes in levels that result from the conversion that Ecuador carries out in its National Custom Tariff as a consequence of the adoption of the Brussels Tariff Nomenclature, shall be excepted from what has been foreseen in Article 84.

Fifth. —The Commission may place the products of Decision 120, once it is derogated, in any of the categories of the Tariff Reduction Program; likewise, it may include them in the new list of reserve which the Second Transitory Provision refers to.

Annex 1

1. To delegate in the General Secretariat the attributions which it deems advisable.

2. To approve proposals that modify this Agreement.

3. To amend the proposals of the General Secretariat.

4. To approve the rules needed to make the coordination of the development plans and the harmonization of economic policies of the Member Countries possible.

5. To approve the rules and define the time limits for the gradual harmonization of the Member Countries' instruments of foreign trade regulation.

6. To approve the programs of physical integration.

7. To accelerate the Tariff Reduction Program, by products or group of products.

8. To approve the joint agricultural and agroindustrial development programs by products or group of products.

9. To approve and modify the list of agricultural products which Article 104 refers to.

10. To approve the measures of joint cooperation established in Article 108.

11. To approve, not to approve, or amend the proposals of the Member Countries.

12. To reduce the number of matters included in this Annex.

13. To establish the condition for accession to this Agreement.

14. To approve the extension of the time limits referred to paragraph 1) of Article 7 of this Agreement.

15. To approve the Common External Tariff according to the categories foreseen in Chapter VI, to establish the conditions of its application and to modify the common tariff levels.

16. To approve the measures referred to in the last subsection of Article 103.

17. To approve the margins of preference referred to in Article 95.

Annex II

1. To approve the conditions of incorporation for a non-participant Member Country in the Industrial Integration Programs.

2. To approve the list of products reserved for industrial integration modes.

3. To approve the Minimum Common External Tariff.

4. To approve the list of products which are not produced in any of the countries of the Subregion.

5. To approve the special rules of origin.

Annex III

1. To approve the list of products for immediate liberalization according to Article 127, paragraph b).

2. To fix margins of preference and to indicate the effective period for the lists of products of special interest to Bolivia and Ecuador (Article 127, paragraphs d) and e)).

3. To determine the way and time limits in which Bolivia and Ecuador shall liberalize the products referred to in Article 83 (Article 130, paragraph b).

4. To review the time limits for the liberalization of the products referred to in paragraphs b)

and d) of Article 130.

5. To determine the minimum tariff levels adopted by Bolivia and Ecuador for products of interest to the other Member Countries (Article 134).

6. To approve the list of products which are not produced, reserved for production in Bolivia and Ecuador, and to fix the conditions and time limit of the reserve (Article 80).

Done at the city of Trujillo, on the tenth day of the month of March of the year nineteen ninety-six, in five originals, all of them equally valid.

Matching table between the Official Codified Text of the Cartagena Agreement after the Protocol of Quito (Decision 236) and that resulting from the Protocol of Trujillo (Decision 406).

(资料来源:http://www.worldtradelaw.net/fta/agreements/cartagenafta.pdf)

非洲联盟基本法（2001）
Constitutive Act of the African Union, 2001

(Cen-Sad Khartoum Summit, 8—13 February)

We, Heads of State and Government of the Member States of the Organization of African Unity (OAU): (ommited)

Inspired by the noble ideals, which guided the founding fathers of our Continental Organization and generations of Pan-Africanists in their determination to promote unity, solidarity, cohesion and cooperation among the peoples of Africa and African States;

Considering the principles and objectives stated in the Charter of the Organization of African Unity and the Treaty establishing the African Economic Community;

Recalling the heroic struggles waged by our peoples and our countries for political independence, human dignity and economic emancipation;

Considering that since its inception, the Organization of African Unity has played a determining and invaluable role in the liberation of the continent, the affirmation of a common identity and the process of attainment of the unity of our continent and has provided a unique framework for our collective action in Africa and in our relations with the rest of the world;

Determined to take up the multifaceted challenges that confront our continent and peoples in the light of the social, economic and political changes taking place in the world;

Convinced of the need to accelerate the process of implementing the Treaty establishing the African Economic Community in order to promote the socio-economic development of Africa and to face more effectively the challenges posed by globalization;

Guided by our common vision of a united and strong Africa and by the need to build a partnership between governments and all segments of civil society, in particular women, youth and the private sector, in order to strengthen solidarity and cohesion among our peoples;

Conscious of the fact that the scourge of conflicts in Africa constitutes a major impediment to the socio-economic development of the continent and of the need to promote peace, security and stability as a prerequisite for the implementation of our development and integration agenda;

Determined to promote and protect human and peoples' rights, consolidate democratic institutions and culture, and to ensure good governance and the rule of law;

Further Determined to take all necessary measures to strengthen our common institutions and provide them with the necessary powers and resources to enable them discharge their respective mandates effectively;

Recalling the Declaration which we adopted at the Fourth Extraordinary Session of our Assembly in Sirte, the Great Socialist People's Libyan Arab Jamahiriya, on 9.9. 99, in which we decided to establish an African Union, in conformity with the ultimate objectives of the Charter of our Continental Organization and the Treaty establishing the African Economic Community;

Have Agreed as Follows:

Article 1
Definitions

In this Constitutive Act:

"Act" means the present Constitutive Act;

"AEC" means the African Economic Community;

"Assembly" means the Assembly of Heads of State and Government of the Union;

"Charter" means the Charter of the OAU;

"Commission" means the Secretariat of the Union;

"Committee" means a Specialized Technical Committee of the Union;

"Council" means the Economic, Social and Cultural Council of the Union;

"Court " means the Court of Justice of the Union;

"Executive Council" means the Executive Council of Ministers of the Union;

"Member State" means a Member State of the Union;

"OAU" means the Organization of African Unity;

"Parliament" means the Pan-African Parliament of the Union;

"Union" means the African Union established by the present Constitutive Act.

Article 2
Establishment

The African Union is hereby established in accordance with the provisions of this Act.

Article 3
Objectives

The objectives of the Union shall be to:

(a) achieve greater unity and solidarity between the African countries and the peoples of Africa;

(b) defend the sovereignty, territorial integrity and independence of its Member States;

(c) accelerate the political and socio-economic integration of the continent;

(d) promote and defend African common positions on issues of interest to the continent and its peoples;

(e) encourage international cooperation, taking due account of the Charter of the United Nations and the Universal Declaration of Human Rights;

(f) promote peace, security, and stability on the continent;

(g) promote democratic principles and institutions, popular participation and good governance;

(h) promote and protect human and peoples' rights in accordance with the African Charter on

Human and Peoples' Rights and other relevant human rights instruments;

(i) establish the necessary conditions which enable the continent to play its rightful role in the global economy and in international negotiations;

(j) promote sustainable development at the economic, social and cultural levels as well as the integration of African economies;

(k) promote co-operation in all fields of human activity to raise the living standards of African peoples;

(l) coordinate and harmonize the policies between the existing and future Regional Economic Communities for the gradual attainment of the objectives of the Union;

(m) advance the development of the continent by promoting research in all fields, in particular in science and technology;

(n) work with relevant international partners in the eradication of preventable diseases and the promotion of good health on the continent.

Article 4

Principles

The Union shall function in accordance with the following principles:

(a) sovereign equality and interdependence among Member States of the Union;

(b) respect of borders existing on achievement of independence;

(c) participation of the African peoples in the activities of the Union;

(d) establishment of a common defence policy for the African Continent;

(e) peaceful resolution of conflicts among Member States of the Union through such appropriate means as may be decided upon by the Assembly;

(f) prohibition of the use of force or threat to use force among Member States of the Union;

(g) non-interference by any Member State in the internal affairs of another;

(h) the right of the Union to intervene in a Member State pursuant to a decision of the Assembly in respect of grave circumstances, namely: war crimes, genocide and crimes against humanity;

(i) peaceful co-existence of Member States and their right to live in peace and security;

(j) the right of Member States to request intervention from the Union in order to restore peace and security;

(k) promotion of self-reliance within the framework of the Union;

(l) promotion of gender equality;

(m) respect for democratic principles, human rights, the rule of law and good governance;

(n) promotion of social justice to ensure balanced economic development;

(o) respect for the sanctity of human life, condemnation and rejection of impunity and political assassination, acts of terrorism and subversive activities;

(p) condemnation and rejection of unconstitutional changes of governments.

Article 5

Organs of the Union

1. The organs of the Union shall be:

(a) The Assembly of the Union;

(b) The Executive Council;

(c) The Pan-African Parliament;

(d) The Court of Justice;

(e) The Commission;

(f) The Permanent Representatives Committee;

(g) The Specialized Technical Committees;

(h) The Economic, Social and Cultural Council;

(i) The Financial Institutions.

2. Other organs that the Assembly may decide to establish.

Article 6

The Assembly

1. The Assembly shall be composed of Heads of States and Government or their duly accredited representatives.

2. The Assembly shall be the supreme organ of the Union.

3. The Assembly shall meet at least once a year in ordinary session. At the request of any Member State and on approval by a two-thirds majority of the Member States, the Assembly shall meet in extraordinary session.

4. The Office of the Chairman of the Assembly shall be held for a period of one year by a Head of State or Government elected after consultations among the Member States.

Article 7

Decisions of the Assembly

1. The Assembly shall take its decisions by consensus or, failing which, by a two-thirds majority of the Member States of the Union. However, procedural matters, including the question of whether a matter is one of procedure or not, shall be decided by a simple majority.

2. Two-thirds of the total membership of the Union shall form a quorum at any meeting of the Assembly.

Article 8

Rules of Procedure of the Assembly

The Assembly shall adopt its own Rules of Procedure.

Article 9

Powers and Functions of the Assembly

1. The functions of the Assembly shall be to:

(a) determine the common policies of the Union;

(b) receive, consider and take decisions on reports and recommendations from the other organs of the Union;

(c) consider requests for Membership of the Union;

(d) establish any organ of the Union;

(e) monitor the implementation of policies and decisions of the Union as well ensure compliance by all Member States;

(f) adopt the budget of the Union;

(g) give directives to the Executive Council on the management of conflicts, war and other emergency situations and the restoration of peace;

(h) appoint and terminate the appointment of the judges of the Court of Justice;

(i) appoint the Chairman of the Commission and his or her deputy or deputies and Commissioners of the Commission and determine their functions and terms of office.

2. The Assembly may delegate any of its powers and functions to any organ of the Union.

Article 10

The Executive Council

1. The Executive Council shall be composed of the Ministers of Foreign Affairs or such other Ministers or Authorities as are designated by the Governments of Member States.

2. The Executive Council shall meet at least twice a year in ordinary session. It shall also meet in an extra-ordinary session at the request of any Member State and upon approval by two-thirds of all Member States.

Article 11

Decisions of the Executive Council

1. The Executive Council shall take its decisions by consensus or, failing which, by a two-thirds majority of the Member States. However, procedural matters, including the question of whether a matter is one of procedure or not, shall be decided by a simple majority.

2. Two-thirds of the total membership of the Union shall form a quorum at any meeting of the Executive Council.

Article 12

Rules of Procedure of the Executive Council

The Executive Council shall adopt its own Rules of Procedure.

Article 13

Functions of the Executive Council

1. The Executive Council shall coordinate and take decisions on policies in areas of common interest to the Member States, including the following:

(a) foreign trade;

(b) energy, industry and mineral resources;

(c) food, agricultural and animal resources, livestock production and forestry;

(d) water resources and irrigation;

(e) environmental protection, humanitarian action and disaster response and relief;

(f) transport and communications;

(g) insurance;

(h) education, culture, health and human resources development;

(i) science and technology;

(j) nationality, residency and immigration matters;

(k) social security, including the formulation of mother and child care policies, as well as policies relating to the disabled and the handicapped;

(l) establishment of a system of African awards, medals and prizes.

2. The Executive Council shall be responsible to the Assembly. It shall consider issues referred to it and monitor the implementation of policies formulated by the Assembly.

3. The Executive Council may delegate any of its powers and functions mentioned in paragraph 1 of this Article to the Specialized Technical Committees established under Article 14 of this Act.

Article 14

The Specialized Technical Committees

Establishment and Composition

1. There is hereby established the following Specialized Technical Committees, which shall be responsible to the Executive Council:

(a) The Committee on Rural Economy and Agricultural Matters;

(b) The Committee on Monetary and Financial Affairs;

(c) The Committee on Trade, Customs and Immigration Matters;

(d) The Committee on Industry, Science and Technology, Energy, Natural Resources and Environment;

(e) The Committee on Transport, Communications and Tourism;

(f) The Committee on Health, Labour and Social Affairs; and

(g) The Committee on Education, Culture and Human Resources.

2. The Assembly shall, whenever it deems appropriate, restructure the existing Committees or establish other Committees.

3. The Specialized Technical Committees shall be composed of Ministers or senior officials responsible for sectors falling within their respective areas of competence.

Article 15

Functions of the Specialized Technical Committees

Each Committee shall within its field of competence:

(a) prepare projects and programmes of the Union and submit it to the Executive Council;

(b) ensure the supervision, follow-up and the evaluation of the implementation of decisions taken by the organs of the Union;

(c) ensure the coordination and harmonization of projects and programmes of the Union;

(d) submit to the Executive Council either on its own initiative or at the request of the Executive Council, reports and recommendations on the implementation of the provisions of this Act; and

(e) carry out any other functions assigned to it for the purpose of ensuring the implementation of the provisions of this Act.

Article 16

Meetings

Subject to any directives given by the Executive Council, each Committee shall meet as often as necessary and shall prepare its Rules of Procedure and submit them to the Executive Council for approval.

Article 17

The Pan-African Parliament

1. In order to ensure the full participation of African peoples in the development and economic integration of the continent, a Pan-African Parliament shall be established.

2. The composition, powers, functions and organization of the Pan-African Parliament shall be defined in a protocol relating thereto.

Article 18

The Court of Justice

1. A Court of Justice of the Union shall be established;

2. The statute, composition and functions of the Court of Justice shall be defined in a protocol relating thereto.

Article 19

The Financial Institutions

The Union shall have the following financial institutions whose rules and regulations shall be defined in protocols relating thereto:

(a) The African Central Bank;

(b) The African Monetary Fund;

(c) The African Investment Bank.

Article 20

The Commission

1. There shall be established a Commission of the Union, which shall be the Secretariat of the Union.

2. The Commission shall be composed of the Chairman, his or her deputy or deputies and the Commissioners. They shall be assisted by the necessary staff for the smooth functioning of the Commission.

3. The structure, functions and regulations of the Commission shall be determined by the Assembly.

Article 21

The Permanent Representatives Committee

1. There shall be established a Permanent Representatives Committee. It shall be composed of Permanent Representatives to the Union and other Plenipotentiaries of Member States.

2. The Permanent Representatives Committee shall be charged with the responsibility of preparing the work of the Executive Council and acting on the Executive Council's instructions. It may set up such sub-committees or working groups as it may deem necessary.

Article 22

The Economic, Social and Cultural Council

1. The Economic, Social and Cultural Council shall be an advisory organ composed of different social and professional groups of the Member States of the Union.

2. The functions, powers, composition and organization of the Economic, Social and Cultural Council shall be determined by the Assembly.

Article 23

Imposition of Sanctions

1. The Assembly shall determine the appropriate sanctions to be imposed on any Member State that defaults in the payment of its contributions to the budget of the Union in the following manner: denial of the right to speak at meetings, to vote, to present candidates for any position or post within the Union or to benefit from any activity or commitments, therefrom;

2. Furthermore, any Member State that fails to comply with the decisions and policies of the Union may be subjected to other sanctions, such as the denial of transport and communications links with other Member States, and other measures of a political and economic nature to be determined by the Assembly.

Article 24

The Headquarters of the Union

1. The Headquarters of the Union shall be in Addis Ababa in the Federal Democratic Republic of Ethiopia.

2. There may be established such other offices of the Union as the Assembly may, on the recommendation of the Executive Council, determine.

Article 25

Working Languages

The working languages of the Union and all its institutions shall be, if possible, African languages, Arabic, English, French and Portuguese.

Article 26

Interpretation

The Court shall be seized with matters of interpretation arising from the application or implementation of this Act. Pending its establishment, such matters shall be submitted to the Assembly of the Union, which shall decide by a two-thirds majority.

Article 27

Signature, Ratification and Accession

1. This Act shall be open to signature, ratification and accession by the Member States of the OAU in accordance with their respective constitutional procedures.

2. The instruments of ratification shall be deposited with the Secretary-General of the OAU.

3. Any Member State of the OAU acceding to this Act after its entry into force shall deposit the instrument of accession with the Chairman of the Commission.

Article 28

Entry into Force

This Act shall enter into force thirty (30) days after the deposit of the instruments of ratification by two-thirds of the Member States of the OAU.

Article 29

Admission to Membership

1. Any African State may, at any time after the entry into force of this Act, notify the Chairman of the Commission of its intention to accede to this Act and to be admitted as a member of the Union.

2. The Chairman of the Commission shall, upon receipt of such notification, transmit copies thereof to all Member States. Admission shall be decided by a simple majority of the Member States. The decision of each Member State shall be transmitted to the Chairman of the Commission who shall, upon receipt of the required number of votes, communicate the decision to the State concerned.

Article 30

Suspension

Governments which shall come to power through unconstitutional means shall not be allowed to participate in the activities of the Union.

Article 31

Cessation of Membership

1. Any State which desires to renounce its membership shall forward a written notification to the Chairman of the Commission, who shall inform Member States thereof. At the end of one year from the date of such notification, if not withdrawn, the Act shall cease to apply with respect to the renouncing State, which shall thereby cease to belong to the Union.

2. During the period of one year referred to in paragraph 1 of this Article, any Member State wishing to withdraw from the Union shall comply with the provisions of this Act and shall be bound to discharge its obligations under this Act up to the date of its withdrawal.

Article 32
Amendment and Revision

1. Any Member State may submit proposals for the amendment or revision of this Act.

2. Proposals for amendment or revision shall be submitted to the Chairman of the Commission who shall transmit same to Member States within thirty (30) days of receipt thereof.

3. The Assembly, upon the advice of the Executive Council, shall examine these proposals within a period of one year following notification of Member States, in accordance with the provisions of paragraph 2 of this Article.

4. Amendments or revisions shall be adopted by the Assembly by consensus or, failing which, by a two-thirds majority and submitted for ratification by all Member States in accordance with their respective constitutional procedures. They shall enter into force thirty (30) days after the deposit of the instruments of ratification with the Chairman of the Commission by a two-thirds majority of the Member States.

Article 33
Transitional Arrangements and Final Provisions

1. This Act shall replace the Charter of the Organization of African Unity. However, the Charter shall remain operative for a transitional period of one year or such further period as may be determined by the Assembly, following the entry into force of the Act, for the purpose of enabling the OAU/AEC to undertake the necessary measures regarding the devolution of its assets and liabilities to the Union and all matters relating thereto.

2. The provisions of this Act shall take precedence over and supersede any inconsistent or contrary provisions of the Treaty establishing the African Economic Community.

3. Upon the entry into force of this Act, all necessary measures shall be undertaken to implement its provisions and to ensure the establishment of the organs provided for under the Act in accordance with any directives or decisions which may be adopted in this regard by the Parties thereto within the transitional period stipulated above.

4. Pending the establishment of the Commission, the OAU General Secretariat shall be the interim Secretariat of the Union.

5. This Act, drawn up in four (4) original texts in the Arabic, English, French and Portuguese languages, all four (4) being equally authentic, shall be deposited with the Secretary-General of the OAU and, after its entry into force, with the Chairman of the Commission who shall transmit a certified true copy of the Act to the Government of each signatory State. The Secretary-General of the OAU and the Chairman of the Commission shall notify all signatory States of the dates of the deposit of the instruments of ratification or accession and shall upon entry into force of this Act register the same with the Secretariat of the United Nations.

(资料来源:http://www.africa-union.org/About_AU/AbConstitutive_Act.htm)

亚太经合组织经济领导人共同决心宣言(1994)

APEC Economic Leaders' Declaration of Common Resolve

(November 15, 1994, Bogor, Indonesia)

1. We, the economic leaders of APEC, came together at Bogor, Indonesia today to chart the future course of our economic cooperation which will enhance the prospects of an accelerated, balanced and equitable economic growth not only in the Asia-Pacific region, but throughout the world as well.

2. A year ago on Blake Island in Seattle, USA, we recognized that our diverse economies are becoming more interdependent and are moving toward a community of Asia-Pacific economies. We have issued a vision statement in which we pledged:

- to find cooperative solutions to the challenges of our rapidly changing regional and global economy;
- to support an expanding world economy and an open multilateral trading system;
- to continue to reduce barriers to trade and investment to enable goods, services and capital to flow freely among our economies;
- to ensure that our people share the benefits of economic growth, improve education and training, link our economies through advances in telecommunications and transportation, and use our resources sustainably.

3. We set our vision for the community of Asia-Pacific economies based on a recognition of the growing interdependence of our economically diverse region, which comprises developed, newly industrializing and developing economies. The Asia-Pacific industrialized economies will provide opportunities for developing economies to increase further their economic growth and their level of development. At the same time developing economies will strive to maintain high growth rates with the aim of attaining the level of prosperity now enjoyed by the newly industrializing economies. The approach will be coherent and comprehensive, embracing the three pillars of sustainable growth, equitable development and national stability. The narrowing gap in the stages of development among the Asia-Pacific economies will benefit all members and promote the attainment of Asia-Pacific economic progress as a whole.

4. As we approach the twenty-first century, APEC needs to reinforce economic cooperation in the Asia-Pacific region on the basis on equal partnership, shared responsibility, mutual respect, common interest, and common benefit, with the objective of APEC leading the way in:

- strengthening the open multilateral trading system;
- enhancing trade and investment liberalization in the Asia-Pacific; and
- intensifying Asia-Pacific development cooperation.

5. As the foundation of our market-driven economic growth has been the open multilateral trading system, it is fitting that APEC builds on the momentum generated by the outcome of the Uruguay Round of Multilateral Trade Negotiations and takes the lead in strengthening the open multilateral trading system.

We are pleased to note the significant contribution APEC made in bringing about a successful conclusion of the Uruguay Round. We agree to carry out our Uruguay Round commitments fully and without delay and call on all participants in the Uruguay Round to do the same.

To strengthen the open multilateral trading system we decide to accelerate the implementation of our Uruguay Round commitments and to undertake work aimed at deepening and broadening the outcome of the Uruguay Round. We also commit ourselves to our continuing process of unilateral trade and investment liberalization. As evidence of our commitment to the open multilateral trading system we further agree to a standstill under which we will endeavor to refrain from using measures which would have the effect of increasing levels of protection.

We call for the successful launching of the World Trade Organization (WTO). Full and active participation in and support of the WTO by all APEC economies is key to our ability to lead the way in strengthening the multilateral trading system. We call on all non-APEC members of the WTO to work together with APEC economies toward further multilateral liberalization.

6. With respect to our objective of enhancing trade and investment in the Asia-Pacific, we agree to adopt the long-term goal of free and open trade and investment in the Asia-Pacific. This goal will be pursued promptly by further reducing barriers to trade and investment and by promoting the free flow of goods, services and capital among our economies. We will achieve this goal in a GATT-consistent manner and believe our actions will be a powerful impetus for further liberalization at the multilateral level to which we remain fully committed.

We further agree to announce our commitment to complete the achievement of our goal of free and open trade and investment in the Asia-Pacific no later than the year 2020. The pace of implementation will take into account differing levels of economic development among APEC economies, with the industrialized economies achieving the goal of free and open trade and investment no later than the year 2010 and developing economies no later than the year 2020.

We wish to emphasize our strong opposition to the creation of an inward-looking trading bloc that would divert from the pursuit of global free trade. We are determined to pursue free and open trade and investment in the Asia-Pacific in a manner that will encourage and strengthen trade and investment liberalization in the world as a whole. Thus, the outcome of trade and investment liberalization in the Asia-Pacific will not only be the actual reduction of barriers among APEC economies but also between APEC economies and non-APEC economies. In this respect we will give particular attention to our trade with non-APEC developing countries to ensure that they will also benefit from our trade and investment liberalization, in conformity with GATT/WTO provisions.

7. To complement and support this substantial process of liberalization, we decide to expand and accelerate APEC'S trade and investment facilitation programs. This will promote further the flow of goods, services, and capital among APEC economies by eliminating administrative and other impediments to trade and investment.

We emphasize the importance of trade facilitation because trade liberalization efforts alone are insufficient to generate trade expansion. Efforts at facilitating trade are important if the benefits of trade are to be truly enjoyed by both business and consumers. Trade facilitation has also a pertinent role in furthering our goal of achieving the fullest liberalization within the global context.

In particular we ask our ministers and officials to submit proposals on APEC arrangements on customs, standards, investment principles and administrative barriers to market access.

To facilitate regional investment flows and to strengthen APEC's dialogue on economic policy issues, we agree to continue the valuable consultations on economic growth strategies, regional capital flows and other macro-economic issues.

8. Our objective to intensify development cooperation among the community of Asia-Pacific economies will enable us to develop more effectively the human and natural resources of the Asia-Pacific region so as to attain sustainable growth and equitable development of APEC economies, while reducing economic disparities among them, and improving the economic and social well-being of our people. Such efforts will also facilitate the growth of trade and investment in the Asia-Pacific region.

Cooperative programs in this area cover expanded human resource development (such as education and training and especially improving management and technical skills), the development of APEC study centers, cooperation in science and technology (including technology transfer), measures aimed at promoting small and medium scale enterprises and steps to improve economic infrastructure, such as energy, transportation, information, telecommunications and tourism, with the aim of contributing to sustainable development.

Economic growth and development of the Asia-Pacific region has mainly been market-driven, based on the growing interlinkages between our business sectors in the region to support Asia-Pacific economic cooperation. Recognizing the role of the business sector in economic development, we agree to integrate the business sector in our programs and to create an ongoing mechanism for that purpose.

9. In order to facilitate and accelerate our cooperation, we agree that APEC economies that are ready to initiate and implement a cooperative arrangement may proceed to do so while those that are not yet ready to participate may join at a later date.

Trade and other economic disputes among APEC economies have negative implications for the implementation of agreed cooperative arrangements as well as for the spirit of cooperating. To assist in resolving such disputes and in avoiding its recurrent, we agree to examine the possibility of a voluntary consultative dispute mediation service, to supplement the WTO dispute settlement mechanism, which should continue to be the primary channel for resolving disputes.

10. Our goal is an ambitious one. But we are determined to demonstrate APEC's leadership in fostering further global trade and investment liberalization. Our goal entails a multiple year effort.

We will start our concerted liberalization process form the very date of this statement.

We direct our ministers and officials to immediately begin preparing detailed proposals for implementing our present decisions. The proposals are to be submitted soon to the APEC economic leaders for their consideration and subsequent decisions. Such proposals should also address all impediments to achieving our goal. We ask ministers and officials to give serious consideration in their deliberations to the important recommendations contained in the reports of the Eminent Persons Group and the Pacific Business Forum.

11. We express our appreciation for the important and thoughtful recommendations contained in the reports of the Eminent Persons Groups and the Pacific Business Forum. The reports will be used as valuable points of reference in formulating policies in the cooperative framework of the community of Asia-Pacific economies. We agree to ask the two groups to continue with their activities to provide the APEC economic leaders with assessments of the progress of APEC and further recommendations for stepping up our cooperation.

We also ask the Eminent Persons Group and the Pacific Business Forum to review the interrelationships between APEC and the existing sub-regional arrangements (AFTA, ANZERTA and NAFTA) and to examine possible options to prevent obstacles to each other and to promote consistency in their relations.

（资料来源：http://www.apec.org/apec/leaders__declarations/1994.html）

中华人民共和国与东南亚国家联盟全面经济合作框架协议(2002)

Framework Agreement on Comprehensive Economic Co-Operation between the People's Republic of China and the Association of South East Asian Nations, 2002

(2002年11月4日签署)

序 言

我们,中华人民共和国(以下简称"中国")与文莱达鲁萨兰国,柬埔寨王国,印度尼西亚共和国,老挝人民民主共和国,马来西亚,缅甸联邦,菲律宾共和国,新加坡共和国,泰王国和越南社会主义共和国等东南亚国家联盟成员国(以下将其整体简称为"东盟"或"东盟各成员国",单独一国简称"东盟成员国")政府首脑或国家元首:

忆及我们2001年11月6日在文莱达鲁萨兰国斯里巴加湾东盟—中国领导人会上关于经济合作框架和在10年内建立中国—东盟自由贸易区(以下简称"中国—东盟自贸区")的决定,自由贸易区将对柬埔寨、老挝、缅甸和越南等东盟新成员国(以下简称"东盟新成员国")给予特殊和差别待遇及灵活性,并对早期收获做出规定,其涉及的产品及服务清单将通过相互磋商决定;

期望通过具有前瞻性的《中国与东盟(以下将其整体简称为"各缔约方",单独提及东盟一成员国或中国时简称为"一缔约方")全面经济合作框架协议》(以下简称"本协议"),以构筑双方在21世纪更紧密的经济联系;

期望最大限度地降低壁垒,加深各缔约方之间的经济联系;降低成本;增加区域内贸易与投资;提高经济效率;为各缔约方的工商业创造更大规模的市场,该市场将为商业活动提供更多机会和更大规模的经济容量;以及增强各缔约方对资本和人才的吸引力;

确信中国—东盟自贸区的建立将在各缔约方之间创造一种伙伴关系,并为东亚加强合作和维护经济稳定提供一个重要机制;

认识到工商部门在加强各缔约方之间的贸易和投资方面的重要作用和贡献,以及进一步推动和便利它们之间的合作并使它们充分利用中国—东盟自贸区带来的更多商业机会的必要性;

认识到东盟各成员国之间经济发展阶段的差异和对灵活性的要求,特别是为东盟新成员国更多地参与中国—东盟经济合作提供便利并扩大它们出口增长的需要，这要着重通过加强其国内能力、效率和竞争力来实现；

重申各缔约方在世界贸易组织（以下简称为WTO）和其他多边、区域及双边协议与安排中的权利、义务和承诺；

认识到区域贸易安排在加快区域和全球贸易自由化方面能够起到的促进作用，以及在多边贸易体制框架中起到的建设性作用。

现达成如下协议：

第一条 目 标

本协议的目标是：

（a）加强和增进各缔约方之间的经济、贸易和投资合作；

（b）促进货物和服务贸易，逐步实现货物和服务贸易自由化，并创造透明、自由和便利的投资机制；

（c）为各缔约方之间更紧密的经济合作开辟新领域，制定适当的措施；以及

（d）为东盟新成员国更有效地参与经济一体化提供便利，缩小各缔约方发展水平的差距。

第二条 全面经济合作措施

各缔约方同意迅速地进行谈判，以在10年内建立中国—东盟自贸区，并通过下列措施加强和增进合作：

（i）在实质上所有货物贸易中逐步取消关税与非关税壁垒；

（ii）逐步实现涵盖众多部门的服务贸易自由化；

（iii）建立开放和竞争的投资机制，便利和促进中国—东盟自贸区内的投资；

（iv）对东盟新成员国提供特殊和差别待遇及灵活性；

（v）在中国—东盟自贸区谈判中，给各缔约方提供灵活性，以解决它们各自在货物、服务和投资方面的敏感领域问题，此种灵活性应基于对等和互利的原则，经谈判和相互同意后提供；

（vi）建立有效的贸易与投资便利化措施，包括但不限于简化海关程序和制定相互认证安排；

（vii）在各缔约方相互同意的、对深化各缔约方贸易和投资联系有补充作用的领域扩大经济合作，编制行动计划和项目以实施在商定部门/领域的合作；以及

（viii）建立适当的机制以有效地执行本协议。

第一部分

第三条 货物贸易

1. 除本协议第六条所列的“早期收获”计划以外，为了加速货物贸易的扩展，各缔约方同意进行谈判，对各缔约方之间实质上所有货物贸易取消关税和其他限制性贸易法规（如必要，按照WTO关税与贸易总协定（以下简称为GATT）第24条（8）（b）允许的关税和限制性贸易法规除外）。

2. 就本条而言，应适用如下定义，除非文中另有解释：

(a)"东盟六国"指的是文莱、印度尼西亚、马来西亚、菲律宾、新加坡和泰国;

(b)"实施的最惠国关税税率"应包括配额内税率,并应:

(i)对于2003年7月1日时为WTO成员的东盟成员国及中国,指其2003年7月1日各自的实施的最惠国关税税率;以及

(ii)对于2003年7月1日时非WTO成员的东盟成员国,指其2003年7月1日对中国的实施税率;

(c)"非关税措施"应包括非关税壁垒。

3. 各缔约方的关税削减或取消计划应要求各缔约方逐步削减列入清单的产品关税并在适当时依照本条予以取消。

4. 依照本条纳入关税削减或取消计划的产品应包括所有未被本协议第六条所列的"早期收获"计划涵盖的产品,这些产品应分为如下两类:

(a)正常类:一缔约方根据自身安排纳入正常类的产品应:

(i)使其各自的实施的最惠国关税税率依照特定的减让表和税率(经各缔约方相互同意)逐步削减或取消,对于中国和东盟六国,实施期应从2005年1月1日到2010年,对于东盟新成员国,实施期应从2005年1月1日到2015年,并采用更高的起始税率和不同实施阶段;以及

(ii)按照上文第4款(a)(i)已经削减但未取消的关税,应在经各缔约方相互同意的时间框架内逐步取消。

(b)敏感类:一缔约方根据自身安排纳入敏感类的产品应:

(i)使其各自的实施的最惠国关税税率依照相互同意的最终税率和最终时间削减;以及

(ii)在适当时,使其各自的实施的最惠国关税税率在各缔约方相互同意的时间框架内逐步取消。

5. 敏感类产品的数量应在各缔约方相互同意的基础上设定一个上限。

6. 各缔约方依照本条及第六条所做的承诺应符合WTO对各缔约方之间实质上所有贸易取消关税的要求。

7. 各缔约方之间依照本条相互同意的特定的关税税率应仅列出各缔约方削减后适用关税税率的上限或在特定实施年份的削减幅度,不应阻止任一缔约方自愿加速进行关税削减或取消。

8. 各缔约方之间关于建立涵盖货物贸易的中国—东盟自贸区的谈判还应包括但不限于下列内容:

(a)管理正常类和敏感类产品的关税削减或取消计划以及本条前述各款未涉及的任何其他有关问题的其他具体规则,包括管理对等承诺的各项原则;

(b)原产地规则;

(c)配额外税率的处理;

(d)基于GATT第28条,对一缔约方在货物贸易协议中的承诺所做的修改;

(e)对本条或第六条涵盖的任何产品采用的非关税措施,包括但不限于对任何产品的进口或者对任何产品的出口或出口销售采取的数量限制或禁止,缺乏科学依据的动植物卫生检疫措施以及技术性贸易壁垒;

(f)基于GATT的保障措施,包括但不限于下列内容:透明度,涵盖范围,行动的客观标

准——包括严重损害或严重损害威胁的概念,以及临时性;

(g) 基于 GATT 现行规则的关于补贴、反补贴措施及反倾销措施的各项规则;以及

(h) 基于 WTO 及世界知识产权组织(简称 WIPO)现行规则和其他相关规则,便利和促进对与贸易有关的知识产权进行有效和充分的保护。

第四条 服务贸易

为了加速服务贸易的发展,各缔约方同意进行谈判,逐步实现涵盖众多部门的服务贸易自由化。此种谈判应致力于:

(a) 在各缔约方之间的服务贸易领域,逐步取消彼此或各缔约方间存在的实质所有歧视,和/或禁止采取新的或增加歧视性措施,但 WTO《服务贸易总协定》(以下简称为 GATS)第五条第 1 款(b)所允许的措施除外;

(b) 在中国与东盟各成员国根据 GATS 所做承诺的基础上,继续扩展服务贸易自由化的深度与广度;以及

(c) 增进各缔约方在服务领域的合作以提高效率和竞争力,实现各缔约方各自服务供应商的服务供给与分配的多样化。

第五条 投 资

为了促进投资并建立一个自由、便利、透明并具有竞争力的投资体制,各缔约方同意:

(a) 谈判以逐步实现投资机制的自由化;

(b) 加强投资领域的合作,便利投资并提高投资规章和法规的透明度;以及

(c) 提供投资保护。

第六条 早期收获

1. 为了加速实施本协议,各缔约方同意对下文第 3 款(a)所涵盖的产品实施"早期收获"计划(该计划为中国—东盟自贸区的组成部分),"早期收获"计划将按照本协议中规定的时间框架开始和结束。

2. 就本条而言,应适用如下定义,除非文中另有解释:

(a) "东盟六国"指的是文莱、印度尼西亚、马来西亚、菲律宾、新加坡和泰国;

(b) "实施的最惠国关税税率"应包括配额内税率,并应:

(i) 对于 2003 年 7 月 1 日时为 WTO 成员的东盟成员国及中国,指其 2003 年 7 月 1 日各自的实施的最惠国关税税率;以及

(ii) 对于 2003 年 7 月 1 日时非 WTO 成员的东盟成员国,指其 2003 年 7 月 1 日对中国的实施税率;

3. "早期收获"计划中适用的产品范围、关税削减和取消、实施的时间框架、原产地规则、贸易补偿及紧急措施等问题应遵循下列规定:

(a) 产品范围

(i) 下面各章中 HS8 或 9 位税号的所有产品都应包括在"早期收获"计划中,除非一缔约方在本协议附件 1 的例外清单中将其排除,此种情况下该缔约方的这些产品可以得到豁免:

章	描述
01	活动物
02	肉及食用杂碎
03	鱼

04 乳品

05 其他动物产品

06 活树

07 食用蔬菜

08 食用水果及坚果

(ii) 已将某些产品纳入例外清单的任何一缔约方可以在任何时候修改例外清单,将例外清单的一项或多项产品纳入"早期收获"计划。

(iii) 本协议附件2中所列的特定产品应涵盖在"早期收获"计划中,这些产品的关税减让应仅对附件2中列明的缔约方适用。这些缔约方必须就该部分产品相互提供关税减让。

(iv) 对于附件1或附件2所列的未能完成适当的产品清单的缔约方,经相互同意可在不迟于2003年3月1日前完成。

(b) 关税削减和取消

(i) "早期收获"计划中涵盖的所有产品都应按照规定划分为三类进行关税削减和取消,并按照本协议附件3中所列的时间框架执行。本款不应阻止任何缔约方自愿加速其关税削减或取消。

(ii) 所有实施的最惠国关税税率为零的产品,应继续保持零税率。

(iii) 实施税率降低到零的产品,税率应继续保持为零。

(iv) 一缔约方应享受所有其他缔约方就上文第3款(a)(i)所列的某一产品所作的关税减让,只要该缔约方的同一产品保持在第3款(a)(i)所列的"早期收获"计划中。

(c) 临时原产地规则

适用于"早期收获"计划所涵盖产品的临时原产地规则应在2003年7月以前谈判并完成制定。临时原产地规则应由各缔约方根据本协议第三条(8)(b)谈判制定并实施的原产地规则替换和取代。

(d) WTO条款的适用

WTO中有关承诺的修订、保障措施、紧急措施和其他贸易补偿措施——包括反倾销措施、补贴及反补贴措施等方面的条款,应临时性地适用于"早期收获"计划涵盖的产品。一旦各缔约方根据本协议第三条第8款谈判达成的相关规定得以执行,上述WTO的条款应被这些相关规定替换和取代。

4. 除了本条上面各款中规定的货物贸易方面的"早期收获"计划以外,各缔约方应在2003年初探讨在服务贸易方面推行早期收获计划的可行性。

5. 为了推动各缔约方之间的经济合作,本协议附件4中规定的各项活动应予执行或视情况要求加快实施。

第二部分

第七条 其他经济合作领域

1. 各缔约方同意在下列五个优先领域加强合作:

(a) 农业;

(b) 信息及通讯技术;

(c) 人力资源开发；

(d) 投资；以及

(e) 湄公河盆地的开发。

2. 合作应扩展到其他领域，包括但不限于银行、金融、旅游、工业合作、交通、电信、知识产权、中小企业、环境、生物技术、渔业、林业及林业产品、矿业、能源及次区域开发等。

3. 加强合作的措施应包括但不应仅限于：

(a) 推动和便利货物贸易、服务贸易及投资，如

(i) 标准及一致化评定；

(ii) 技术性贸易壁垒和非关税措施；以及

(iii) 海关合作。

(b) 提高中小企业竞争力；

(c) 促进电子商务；

(d) 能力建设；以及

(e) 技术转让。

4. 各缔约方同意实施能力建设计划以及实行技术援助，特别是针对东盟新成员国，以调整它们的经济结构，扩大它们与中国的贸易与投资。

第三部分

第八条 时间框架

1. 在货物贸易方面，关于本协议第三条中所列的关税削减或取消和其他问题的协议的谈判应于2003年初开始，2004年6月30日之前结束，以建立涵盖货物贸易的中国—东盟自贸区，对于文莱、中国、印度尼西亚、马来西亚、菲律宾、新加坡和泰国，建成自贸区的时间是2010年，东盟新成员国建成自贸区的时间是2015年。

2. 本协议第三条所列的关于货物贸易原产地规则的谈判应不迟于2003年12月结束。

3. 服务贸易和投资方面，各项协议的谈判应于2003年开始，并应尽快结束，以依照相互同意的时间框架付诸实施，实施时需要：(a) 考虑各缔约方的敏感领域；(b) 为东盟新成员国提供特殊和差别待遇及灵活性。

4. 对于本协议第二部分中所列的经济合作的其他领域，各缔约方应继续巩固实施本协议第七条中所列的现有的或经同意的各项计划，制定新的经济合作计划，并在经济合作的各个领域达成协议。各缔约方应迅速采取行动，以便以所有相关缔约方都能接受的方式和速度尽早实施。这些协议应包含实施其中各项承诺的时间框架。

第九条 最惠国待遇

中国自本协议签字之日起应给予所有非WTO成员的东盟成员国符合WTO规则和规定的最惠国待遇。

第十条 一般例外

在遵守关于此类措施的实施不在情形相同的各缔约方彼此或各缔约方之间构成任意或不合理歧视的手段或构成对中国—东盟自贸区内贸易的变相限制的要求前提下，本协定的任何规定不得阻止任何缔约方采取或实施保护其国家安全、保护具有艺术、历史或考古价值的

文物所采取的措施,或保护公共道德所必需的措施,或保护人类、动物或植物的生命和健康所必需的措施。

第十一条　争端解决机制

1. 各缔约方应在本协议生效1年内,为实施本协议建立适当的正式的争端解决程序与机制。

2. 在上文第1款所称的争端解决程序与机制建立前,任何关于本协议的解释、实施和适用的争端,应通过磋商和/或仲裁以友好的方式加以解决。

第十二条　谈判的机构安排

1. 已建立的中国—东盟贸易谈判委员会(以下简称"中国—东盟 TNC")应继续负责执行本协议中所列的谈判计划。

2. 各缔约方在必要时可以建立其他机构来协调和实施依照本协议开展的任何经济合作活动。

3. 中国—东盟 TNC 和上述所有机构应通过中国对外贸易经济合作部(以下简称"中国外经贸部")与东盟经济高官会(简称 SEOM),定期向中国外经贸部部长和东盟经济部长会议(简称 AEM)汇报其谈判进度及成果。

4. 无论中国—东盟 TNC 于何时何地进行谈判,东盟秘书处和外经贸部应联合给以必要的行政支持。

第十三条　杂 项 条 款

1. 本协议应包含所附附件及其内容,以及将来所有依照本协议通过的法律文件。

2. 除非本协议另有规定,本协议或依照本协议采取的任何行动不得影响或废止一缔约方依照其现为缔约方的协议所享受的权利和承担的义务。

3. 各缔约方应当努力避免增加影响实施本协议的约束或限制。

第十四条　修　　正

本协议的条款可经各缔约方以书面形式相互同意达成的修正案加以修订。

第十五条　交　存　方

对于东盟成员国,本协议应交存于东盟秘书长,东盟秘书长应及时向每一个东盟成员国提供一份经核证的副本。

第十六条　生　　效

1. 本协议于2003年7月1日生效。

2. 各缔约方应于2003年7月1日前完成使本协议生效的国内程序。

3. 如一缔约方未能在2003年7月1日之前完成使本协议生效的国内程序,该缔约方依照本协议的权利与义务应自其完成此类国内程序之日开始。

4. 一缔约方一俟完成使本协议生效的国内程序,即应以书面形式通报所有其他缔约方。鉴此,我们签署《中华人民共和国与东南亚国家联盟全面经济合作框架协议》。

本协议以英文书就,一式两份,2002年11月4日签署于柬埔寨金边。

(资料来源:中国—东盟自由贸易区官方网站,http://www.cafta.org.cn)

第九编
国际经济争端解决法

国际法院规约(1945)

Statue of the International Court of Justice, 1945

(1945 年 6 月 26 日)

第一条

联合国宪章所设之国际法院为联合国主要司法机关,其组织及职务之行使应依本规约之下列规定。

第一章　法院之组织

第二条

法院以独立法官若干人组织之。此项法官应不论国籍,就品格高尚并在各本国具有最高司法职位之任命资格或公认为国际法之法学家中选举之。

第三条

一、法院以法官十五人组织之,其中不得有二人为同一国家之国民。

二、就充任法院法官而言,一人而可视为一个国家以上之国民者,应认为属于其通常行使公民及政治权利之国家或会员国之国民。

第四条

一、法院法官应由大会及安全理事会依下列规定就常设公断法院各国团体所提出之名单内选举之。

二、在常设公断法院并无代表之联合国会员国,其候选人名单应由各该国政府专为此事而委派之团体提出;此项各国团体之委派,准用 1907 年海牙和平解决国际纷争条约第四十四条规定委派常设公断法院公断员之条件。

三、凡非联合国会员国而已接受法院规约之国家,其参加选举法院法官时,参加条件,如无特别协定,应由大会经安全理事会之提议规定之。

第五条

一、联合国秘书长至迟应于选举日期三个月前,用书面邀请属于本规约当事国之常设公断法院公断员,及依第四条第二项所委派之各国团体,于一定期间内分别由各国团体提出能接受法官职务之人员。

二、每一团体所提人数不得超过四人,其中属其本国国籍者不得超过二人。在任何情形下,每一团体所提候选人之人数不得超过应占席数之一倍。

第六条

各国团体在提出上项人员以前,宜咨询本国最高法院、大学法学院、法律学校、专研法律之国家研究院、及国际研究院在各国所设之各分院。

第七条

一、秘书长应依字母次序,编就上项所提人员之名单。除第十二条第二项规定外,仅此项人员有被选权。

二、秘书长应将前项名单提交大会及安全理事会。

第八条

大会及安全理事会各应独立举行法院法官之选举。

第九条

每次选举时,选举人不独应注意被选人必须各具必要资格,并应注意务使法官全体确能代表世界各大文化及各主要法系。

第十条

一、候选人在大会及在安全理事会得绝对多数票者应认为当选。

二、安全理事会之投票,或为法官之选举或为第十二条所称联席会议人员之指派,应不论安全理事会常任理事国及非常任理事国之区别。

三、如同一国家之国民得大会及安全理事会之绝对多数票者不止一人时,其年事最高者应认为当选。

第十一条

第一次选举会后,如有一席或一席以上尚待补选时,应举行第二次选举会,并于必要时举行第三次选举会。

第十二条

一、第三次选举会后,如仍有一席或一席以上尚待补选时,大会或安全理事会得随时申请组织联席会议,其人数为六人,由大会及安全理事会各派三人。此项联席会议就每一悬缺以绝对多数票选定一人提交大会及安全理事会分别请其接受。

二、具有必要资格人员,即未列入第七条所指之候选人名单,如经联席会议全体同意,亦得列入该会议名单。

三、如联席会议确认选举不能有结果时,应由已选出之法官,在安全理事会所定之期间内,就曾在大会或安全理事会得有选举票之候选人中,选定若干人补足缺额。

四、法官投票数相等时,年事最高之法官应投决定票。

第十三条

一、法官任期九年,并得连选,但第一次选举选出之法官中,五人任期应为三年,另五人为六年。

二、上述初期法官,任期孰为三年孰为六年,应于第一次选举完毕后立由秘书长以抽签方法决定之。

三、法官在其后任接替前,应继续行使其职务,虽经接替,仍应结束其已开始办理之案件。

四、法官辞职时应将辞职书致送法院院长转知秘书长。转知后,该法官之一席即行出缺。

第十四条

凡遇出缺,应照第一次选举时所定之办法补选之,但秘书长应于法官出缺后一个月内,发出第五条规定之邀请书并由安全理事会指定选举日期。

第十五条

法官被选以接替任期未满之法官者,应任职至其前任法官任期届满时为止。

第十六条

一、法官不得行使任何政治或行政职务,或执行任何其他职业性质之任务。

二、关于此点,如有疑义,应由法院裁决之。

第十七条

一、法官对于任何案件,不得充任代理人、律师、或辅佐人。

二、法官曾以当事国一造之代理人、律师、或辅佐人、或以国内法院或国际法院或调查委员会委员、或以其他资格参加任何案件者,不得参与该案件之裁决。

三、关于此点,如有疑义,应由法院决定之。

第十八条

一、法官除由其余法官一致认为不复适合必要条件外,不得免职。

二、法官之免职,应由书记官长正式通知秘书长。

三、此项通知一经送达秘书长,该法院之一席即行出缺。

第十九条

法官于执行法院职务时,应享受外交特权及豁免。

第二十条

法官于就职前应在公开法庭郑重宣言本人必当秉公竭诚行使职权。

第二十一条

一、法院应选举院长及副院长,其任期各三年,并得连选。

二、法院应委派书记官长,并得酌派其他必要之职员。

第二十二条

一、法院设在海牙,但法院如认为合宜时,得在他处开庭及行使职务。

二、院长及书记官长应驻于法院所在地。

第二十三条

一、法院除司法假期外,应常川办公。司法假期之日期及期间由法院定之。

二、法官得有定时假期,其日期及期间,由法院斟酌海牙与各法官住所之距离定之。

三、法官除在假期或因疾病或其他重大原由,不克视事,经向院长作适当之解释外,应常川备由法院分配工作。

第二十四条

一、法官如因特别原由认为于某案之裁决不应参与时,应通知院长。

二、院长如认为某法官因特别原由不应参与某案时,应以此通知该法官。

三、遇有此种情形,法官与院长意见不同时,应由法院决定之。

第二十五条

一、除本规约另有规定外,法院应由全体法官开庭。

二、法院规则得按情形并以轮流方法,规定准许法官一人或数人免予出席,但准备出席之法官人数不得因此减至少于十一人。

三、法官九人即足构成法院之法定人数。

第二十六条

一、法官得随时设立一个或数个分庭,并得决定由法官三人或三人以上组织之。此项分庭处理特种案件,例如劳工案件及关于过境与交通案件。

二、法院为处理某特定案件,得随时设立分庭,组织此项分庭法官之人数,应由法院得当事国之同意定之。

三、案件经当事国之请求应由本条规定之分庭审理裁判之。

第二十七条

第二十六条及第二十九条规定之任何分庭所为之裁判,应视为法院之裁判。

第二十八条

第二十六条及第二十九条规定之分庭,经当事国之同意,得在海牙以外地方开庭及行使职务。

第二十九条

法院为迅速处理事务,应于每年以法官五人组织一分庭。该分庭经当事国之请求,得用简易程序,审理及裁判案件。法院并应选定法官二人,以备接替不能出庭之法官。

第三十条

一、法院应订立规则,以执行其职务,尤应订定关于程序之规则。

二、法院规则得规定关于襄审官之出席法院或任何分庭,但无表决权。

第三十一条

一、属于诉讼当事国国籍之法官,于法院受理该诉讼案件时,保有其参与之权。

二、法院受理案件,如法官中有属于一造当事国之国籍者,任何他造当事国得选派一人为法官,参与该案。此项人员尤以就第四条及第五条规定所提之候选人中选充为宜。

三、法院受理案件,如当事国均无本国国籍法官时,各当事国均得依本条第二项之规定选派法官一人。

四、本条之规定于第二十六条及第二十九条之情形适用之。在此种情形下,院长应请分庭法官一人,或于必要时二人,让与属于关系当事国国籍之法官,如无各当事国国籍之法官或各该法官不能出席时,应让与各当事国特别选派之法官。

五、如数当事国具有同样利害关系时,在上列各规定适用范围内,只应作为一当事国。关于此点,如有疑义,由法院裁决之。

六、依本条第二项、第三项、及第四项规定所选派之法官,应适合本规约第二条、第十七条第二项、第二十条、及第二十四条规定之条件。各该法官参与案件之裁判时,与其同事立于完全平等地位。

第三十二条

一、法院法官应领年俸。

二、院长每年应领特别津贴。

三、副院长于代行院长职务时,应按日领特别津贴。

四、依第三十一条规定所选派之法官而非法院之法官者,于执行职务时,应按日领酬金。

五、上列俸给津贴及酬金由联合国大会定之,在任期内,不得减少。

六、书记官长之俸给,经法院之提议由大会定之。

七、法官及书记官长支给退休金及补领旅费之条件,由大会订立章程规定之。

八、上列俸给津贴及酬金,应免除一切税捐。

第三十三条

法院经费由联合国担负,其担负方法由大会定之。

第二章　法院之管辖

第三十四条

一、在法院得为诉讼当事者,限于国家。

二、法院得依其规则,请求公共国际团体供给关于正在审理案件之情报。该项团体自动供给之情报,法院应接受之。

三、法院于某一案件遇有公共国际团体之组织约章,或依该项约章所缔结之国际协约,发生解释问题时,书记官长应通知有关公共国际团体并向其递送所有书面程序之文件副本。

第三十五条

一、法院受理本规约各当事国之诉讼。

二、法院受理其他各国诉讼之条件,除现行条约另有特别规定外,由安全理事会定之,但无论如何,此项条件不得使当事国在法院处于不平等地位。

三、非联合国会员国为案件之当事国时,其应担负法院费用之数目由法院定之。如该国业已分担法院经费之一部,本项规定不适用之。

第三十六条

一、法院之管辖包括当事国提交之一切案件,及联合国宪章或现行条约及协约中所特定之一切事件。

二、本规约各当事国得随时声明关于具有下列性质之一切法律争端,对于接受同样义务之任何其他国家,承认法院之管辖为当然而具有强制性,不须另订特别协定:

(子)条约之解释。

(丑)国际法之任何问题。

(寅)任何事实之存在,如经确定即属违反国际义务者。

(卯)因违反国际义务而应予赔偿之性质及其范围。

三、上述声明,得无条件为之,或以数个或特定之国家间彼此拘束为条件,或以一定之期间为条件。

四、此项声明应交存联合国秘书长并由其将副本分送本规约各当事国及法院书记官长。

五、曾依常设国际法院规约第三十六条所为之声明而现仍有效者,就本规约当事国间而言,在该项声明期间尚未届满前并依其条款,应认为对于国际法院强制管辖之接受。

六、关于法院有无管辖权之争端,由法院裁决之。

第三十七条

现行条约或协约或规定某项事件应提交国际联合会所设之任何裁判机关或常设国际法院者,在本规约当事国间,该项事件应提交国际法院。

第三十八条

一、法院对于陈诉各项争端,应依国际法裁判之,裁判时应适用:

(子)不论普通或特别国际协约,确立诉讼当事国明白承认之规条者。

（丑）国际习惯，有证据表明已被接受为法律的通例。[①]

（寅）一般法律原则为文明各国所承认者。

（卯）在第五十九条规定之下，司法判例及各国权威最高之公法学家学说，作为确定法律原则之补助资料者。

二、前项规定不妨碍法院经当事国同意本"公允及善良"原则裁判案件之权。

第三章　程　　序

第三十九条

一、法院正式文字为英法两文。如各当事国同意用法文办理案件，其判决应以法文为之。如各当事国同意用英文办理案件，其判决应以英文为之。

二、如未经同意应用何种文字，每一当事国于陈述中得择用英法两文之一，而法院之判词应用英法两文。法院并应同时确定以何者为准。

三、法院经任何当事国之请求，应准该当事国用英法文以外之文字。

第四十条

一、向法院提出诉讼案件，应按其情形将所订特别协定通告书记官长或以请求书送达书记官长。不论用何项方法，均应叙明争端事由及各当事国。

二、书记官长应立将请求书通知有关各方。

三、书记官长并应经由秘书长通知联合国会员国及有权在法院出庭其他之国家。

第四十一条

一、法院如认情形有必要时，有权指示当事国应行遵守以保全彼此权利之临时办法。

二、在终局判决前，应将此项指示办法立即通知各当事国及安全理事会。

第四十二条

一、各当事国应由代理人代表之。

二、各当事国得派律师或辅佐人在法院予以协助。

三、各当事国之代理人、律师、及辅佐人应享受关于独立行使其职务所必要之特权及豁免。

第四十三条

一、诉讼程序应分书面与口述两部分。

二、书面程序系指以诉状、辩诉状、及必要时之答辩状连同可资佐证之各种文件及公文书、送达法院及各当事国。

三、此项送达应由书记官长依法院所定次序及期限为之。

四、当事国一造所提出之一切文件应将证明无讹之抄本一份送达他造。

五、口述程序系指法院审讯证人、鉴定人、代理人、律师及辅佐人。

第四十四条

一、法院遇有对于代理人、律师、及辅佐人以外之人送达通知书，而须在某国领土内行之

---

① 英文原文为"international custom, as evidence of a general practice accepted as law"，原译为"国际习惯作为通例之证明而经接受为法律者。"——陈安注

者,应径向该国政府接洽。

二、为就地搜集证据而须采取步骤时,适用前项规定。

第四十五条

法院之审讯应由院长指挥,院长不克出席时,由副院长指挥;院长副院长均不克出席时,由出席法官中之资深者主持。

第四十六条

法院之审讯应公开行之,但法院另有决定或各当事国要求拒绝公众旁听时,不在此限。

第四十七条

一、每次审讯应作成记录,由书记官长及院长签名。

二、前项记录为唯一可据之记录。

第四十八条

法院为进行办理案件应颁发命令;对于当事国每造,应决定其必须终结辩论之方式及时间,对于证据之搜集,应为一切之措施。

第四十九条

法院在开始审讯前,亦得令代理人提出任何文件,或提供任何解释。如经拒绝应予正式记载。

第五十条

法院得随时选择任何个人、团体、局所、委员会、或其他组织,委以调查或鉴定之责。

第五十一条

审讯时得依第三十条所指法院在其程序规则中所定之条件,向证人及鉴定人提出任何切要有关之诘问。

第五十二条

法院于所定期限内收到各项证明及证据后,得拒绝接受当事国一造欲提出之其他口头或书面证据,但经他造同意者,不在此限。

第五十三条

一、当事国一造不到法院或不辩护其主张时,他造得请求法院对自己主张为有利之裁判。

二、法院于允准前项请求前,应查明不特依第三十六条及第三十七条法院对本案有管辖权,且请求人之主张在事实及法律上均有根据。

第五十四条

一、代理人律师及辅佐人在法院指挥下陈述其主张已完毕时,院长应宣告辩论终结。

二、法官应退席讨论判决。

三、法官之评议应秘密为之,并永守秘密。

第五十五条

一、一切问题应由出席法官之过半数决定之。

二、如投票数相等时,院长或代理院长职务之法官应投决定票。

第五十六条

一、判词应叙明理由。

二、判词应载明参与裁判之法官姓名。

第五十七条

判词如全部或一部分不能代表法官一致意见时,任何法官得另行宣告其个别意见。

第五十八条

判词应由院长及书记官长签名,在法庭内公开宣读,并应先期通知各代理人。

第五十九条

法院之裁判除对于当事国及本案外,无拘束力。

第六十条

法院之判决系属确定,不得上诉。判词之意义或范围发生争端时,经任何当事国之请求后,法院应予解释。

第六十一条

一、声明法院复核判决,应根据发现具有决定性之事实,而此项事实在判决宣告时为法院及申请复核之当事国所不知者,但以非因过失而不知者为限。

二、复核程序之开始应由法院下以裁决,载明新事实之存在,承认此项新事实具有使本案应予复核之性质,并宣告复核之申请因此可予接受。

三、法院于接受复核诉讼前得令先行履行判决之内容。

四、申请复核至迟应于新事实发现后六个月内为之。

五、申请复核自判决日起逾十年后不得为之。

第六十二条

一、某一国家如认为某案件之判决可影响属于该国具有法律性质之利益时,得向法院申请参加。

二、此项申请应由法院裁决之。

第六十三条

一、凡协约发生解释问题,而诉讼当事国以外尚有其他国家为该协约之签字国者,应立由书记官长通知各该国家。

二、受前项通知之国家有参加程序之权;但如该国行使此项权利时,判决中之解释对该国具有同样拘束力。

第六十四条

除法院另有裁定外,诉讼费用由各造当事国自行担负。

第四章 咨询意见

第六十五条

一、法院对于任何法律问题如经任何团体由联合国宪章授权而请求或依照联合国宪章而请求时,得发表咨询意见。

二、凡向法院请求咨询意见之问题,应以申请书送交法院。此项申请书对于咨询意见之问题,应有确切之叙述,并应附送足以释明该问题之一切文件。

第六十六条

一、书记官长应立将咨询意见之申请,通知凡有权在法院出庭之国家。

二、书记官长并应以特别且直接之方法通知法院(或在法院不开庭时,院长)所认为对于咨询问题能供给情报之有权在法院出庭之任何国家、或能供给情报之国际团体,声明法院于院长所定之期限内准备接受关于该问题之书面陈述,或准备于本案公开审讯时听取口头陈述。

三、有权在法院出庭之任何国家如未接到本条第二项所指之特别通知时,该国家得表示愿以书面或口头陈述之意思,而由法院裁决之。

四、凡已经提出书面或口头陈述或两项陈述之国家及团体,对于其他国家或团体所提之陈述,准其依法院(或在法院不开放时,院长)所定关于每案之方式,范围及期限,予以评论。书记官长应于适当时间内将此项书面陈述通知已经提出此类陈述之国家及团体。

第六十七条

法院应将其咨询意见当庭公开宣告并先期通知秘书长、联合国会员国、及有直接关系之其他国家及国际团体之代表。

第六十八条

法院执行关于咨询意见之职务时,并应参照本规约关于诉讼案件各条款之规定,但以法院认为该项条款可以适用之范围为限。

第五章　修　　正

第六十九条

本规约之修正准用联合国宪章所规定关于修正宪章之程序,但大会经安全理事会之建议得制定关于本规约当事国而非联合国会员国参加该项程序之任何规定。

第七十条

法院认为必要时得以书面向秘书长提出对于本规约之修正案,由联合国依照第六十九条之规定,加以讨论。

(资料来源:http://www.un.org/chinese/law/icj/statute.htm)

关于争端解决规则与程序的谅解(1994)

Understanding on Rules and Procedures Governing the Settlement of Disputes, 1994

(1994 年 4 月 15 日订于马拉喀什)

各成员特此协议如下:

第 1 条

范围和适用

1. 本谅解的规则和程序应适用于按照本谅解附录 1 所列各项协定(本谅解中称"所涉相关协定"①)的磋商和争端解决规定所提出的争端。本谅解的规则和程序还应适用于各成员间有关它们在《建立世界贸易组织协定》(本谅解中称"《WTO 协定》")规定和本谅解规定下的权利和义务的磋商和争端解决,此类磋商和争端解决可单独进行,也可与任何其他所涉相关协定结合进行。

2. 本谅解的规则和程序的适用应遵守本谅解附录 2 所确定的所涉相关协定所含特殊或附加规则和程序。在本谅解的规则和程序与附录 2 所列特殊或附加规则和程序存在差异时,应以附录 2 中的特殊或附加规则和程序为准。在涉及一个以上所涉相关协定项下的规则和程序的争端中,如审议中的此类协定的特殊或附加规则和程序之间产生抵触,且如果争端各方在专家组设立 20 天内不能就规则和程序达成协议,则第 2 条第 1 款中规定的争端解决机构(本谅解中称"DSB")主席,在与争端各方磋商后,应在两成员中任一成员提出请求后 10 天内,确定应遵循的规则和程序。主席应按照以下原则,即在可能的情况下使用特殊或附加规则和程序,并应在避免抵触所必需的限度内使用本谅解所列规则和程序。

第 2 条

管　　理

1. 特此设立争端解决机构,负责管理这些规则和程序及所涉相关协定的磋商和争端解决规定,除非所涉相关协定另有规定。因此,DSB 有权设立专家组、通过专家组和上诉机构报告、监督裁决和建议的执行以及授权中止所涉相关协定项下的减让和其他义务。对于属诸边贸易协定的一所涉相关协定项下产生的争端,此处所用的"成员"一词仅指那些属相关诸边贸易协定参加方的成员。如 DSB 管理一诸边贸易协定的争端解决规定,则只有属该协定参加方的所涉相关协定成员方可参与 DSB 就该争端所作出的决定或所采取的行动。

---

① 此处"所涉相关协定"一词的英文原文是"covered agreements",即指本谅解附录 1 所附各项协定。原译为"适用协定",似不达意。——房东注。

2. DSB 应通知 WTO 相关理事会和委员会任何与其相应的所涉相关协定规定有关的争端的进展情况。

3. DSB 应视需要经常召开会议，以便在本谅解规定的时限内行使职能。

4. 如本谅解的规则和程序规定由 DSB 作出决定，则 DSB 应经协商一致作出决定。①

第 3 条
总　则

1. 各成员确认遵守迄今为止根据 GATT1947 第 22 条和第 23 条实施的管理争端的原则，及在此谅解中进一步详述和修改的规则和程序。

2. WTO 争端解决体制在为多边贸易体制提供安全性和可预测性方面是一个核心因素。各成员认识到该体制适于保护各成员在所涉相关协定项下的权利和义务，及依照解释国际公法的惯例澄清这些协定的现有规定。DSB 的建议和裁决不能增加或减少所涉相关协定所规定的权利和义务。

3. 在一成员认为其根据所涉相关协定直接或间接获得的利益正在因另一成员采取的措施而减损的情况下，迅速解决此类情况对 WTO 的有效运转及保持各成员权利和义务的适当平衡是关键的。

4. DSB 所提建议或所作裁决应旨在依照本谅解和所涉相关协定项下的权利和义务，实现问题的满意解决。

5. 对于根据所涉相关协定的磋商和争端解决规定正式提起的事项的所有解决办法，包括仲裁裁决，均与这些协定相一致，且不得使任何成员根据这些协定获得的利益丧失或减损，也不得妨碍这些所涉相关协定的任何目标的实现。

6. 对于根据所涉相关协定的磋商和争端解决规定正式提起事项的双方同意的解决办法应通知 DSB 及相关的理事会和委员会，在这些机构中任何成员可提出与此有关的任何问题。

7. 在提起诉讼前，一成员应就根据这些程序采取的措施是否有效作出判断。争端解决机制的目的在于保证争端得到有效解决。争端各方均可接受且与所涉相关协定相一致的解决办法无疑是首选办法。如不能达成双方同意的解决办法，则争端解决机制的首要目标通常是保证撤销被认为与任何所涉相关协定的规定不一致的相关措施。提供补偿的办法只能在立即撤销措施不可行时方可采取，且应作为在撤销与所涉相关协定不一致的措施前采取的临时措施。本谅解为诉诸争端解决程序的成员规定的最后手段是可以在歧视性的基础上针对另一成员中止实施所涉相关协定项下的减让或其他义务，但采取此类措施需经 DSB 授权。

8. 如发生违反在所涉相关协定项下所承担义务的情况，则该行为被视为初步构成利益丧失或减损案件。这通常意味着一种推定，即违反规则对所涉相关协定的其他成员方造成不利影响，在此种情况下，应由被起诉的成员方自行决定是否反驳此指控。

9. 本谅解的规定无损于各成员通过《WTO 协定》或一属诸边贸易协定的所涉相关协定项下的决策方法，寻求对一所涉相关协定规定的权威性解释的权利。

10. 各方达成共识，请求调解和使用争端解决程序不应被企图用作或被视为引起争议的行为，如争端发生，所有成员方将诚信地参与这些程序以努力解决争端。各方还共识，有关不

① 如在作出决定的 DSB 会议上，没有成员正式反对拟议的决定，则 DSB 即被视为经协商一致就提请审议的事项作出决定。

同事项的起诉和反诉不应联系在一起。

11. 本谅解只适用于《WTO 协定》生效之日或之后根据所涉相关协定的磋商规定提出的新的磋商请求。对于在《WTO 协定》生效之日前根据 GATT1947 或所涉相关协定的任何其他先前协定提出的磋商请求,在《WTO 协定》生效之日前有效的有关争端解决规则和程序应继续适用。①

12. 尽管有第 11 款的规定,但是如依据任何所涉相关协定的起诉是由一发展中国家成员针对一发达国家成员提出的,则起诉方有权援引《1966 年 4 月 5 日决定》,(BISD14 册 18 页)的相应规定,作为本谅解第 4 条、第 5 条、第 6 条和第 12 条所含规定的替代,除非如专家组认为该决定第 7 款规定的时限不足以提供报告,则在起诉方同意下,该时限可以延长。如第 4 条、第 5 条、第 6 条和第 12 条的规则和程序与该决定的相应规则和程序存在差异,则应以后者为准。

第 4 条
磋 商

1. 各成员确认决心加强和提高各成员使用的磋商程序的有效性。

2. 每一成员承诺对另一成员提出的有关在己方领土内采取的、影响任何所涉相关协定运行的措施的交涉给予积极考虑,并提供充分的磋商机会。②

3. 如磋商请求是按照一所涉相关协定提出的,则被请求成员方应在收到请求之日起 10 天内对该请求作出回应,并应在收到请求之日起不超过 30 天的期限内真诚地进行磋商,以达成双方满意的解决办法,除非双方另有议定。如该成员未在收到请求之日起 10 天内作出回应,或未在收到请求之日起不超过 30 天的期限内或双方同意的其他时间内进行磋商,则请求进行磋商的成员可直接开始请求设立专家组。

4. 所有此类磋商请求应由请求磋商的成员通知 DSB 及相关理事会和委员会。任何磋商请求应以书面形式提交,并应说明提出请求的理由,包括确认所争论的措施,并指出起诉的法律根据。

5. 在依照一所涉相关协定的规定进行磋商的过程中,在根据本谅解采取进一步行动之前,各成员应努力尝试对该事项作出令人满意的调整。

6. 磋商应保密,并无损于任何一方在任何后续程序中的权利。

7. 如在收到磋商请求之日起 60 天内,磋商未能解决争端,则申诉方可请求设立专家组。如磋商各方共同认为磋商已不能解决争端,则申诉方可在 60 天期限内请求设立专家组。

8. 在紧急案件中,包括涉及易腐货物的案件,各成员应在收到请求之日起不超过 10 天的期限内进行磋商。如在收到请求之日起 20 天的期限内,磋商未能解决争端,则申请方可请求设立专家组。

9. 在紧急案件中,包括有关易腐货物的案件,争端各方、专家组及上诉机构应尽一切努力尽最大可能加快诉讼程序。

10. 在磋商中,各成员应特别注意发展中国家成员的特殊问题和利益。

---

① 本款还适用于专家组报告未获通过或未全面执行的争端。

② 如任何其他所涉相关协定有关一成员领土内的地区或地方政府或主管机关所采取措施的规定包含与本款规定有差异的规定,则以此类其他所涉相关协定的规定为准。

11. 只要进行磋商的成员以外的任一成员认为按照 GATT1994 第 22 条第 1 款和 GATS 第 22 条第 1 款或其他所涉相关协定的相应规定①所进行的磋商涉及其实质贸易利益,则该成员即可在根据上述条款进行磋商的请求散发之日起 10 天内,将其参加磋商的愿望通知进行磋商的成员和 DSB。该成员应被允许参加入磋商,只要磋商请求所针对的成员同意实质利益的主张是有充分理由的。在这种情况下,它们应如此通知 DSB。如参加磋商的请求未予接受,则申请成员有权根据 GATT1994 第 22 条第 1 款或第 23 条第五款。GATS 第 22 条第 1 款或第 23 条第三款或其他所涉相关协定的相应规定提出磋商请求。

第 5 条

斡旋、调解和调停

1. 斡旋、调解和调停是在争端各方同意下自愿采取的程序。

2. 涉及斡旋、调解和调停的诉讼程序,特别是争端各方在这些诉讼程序中所采取的立场应保密,并无损于双方中任何一方根据这些程序进行任何进一步诉讼程序的权利。

3. 争端任何一方可随时请求进行斡旋、调解或调停。此程序可随时开始,随时终止。一旦斡旋、调解或调停程序终止,申诉方即可开始请求设立专家组。

4. 如斡旋、调解或调停在收到磋商请求之日起 60 天内开始,则申诉方在请求设立专家组,应在自收到磋商请求之日起 60 天之后。如争端各方共同认为斡旋、调解或调停过程未能解决争端,则申诉方可在 60 天期限内请求设立专家组。

5. 如争端各方同意,斡旋、调解或调停程序可在专家组程序进行的同时继续进行。

6. 总干事可依其职权提供斡旋、调解或调停,以期协助各成员方解决争端。

第 6 条

专家组的设立

1. 如申诉方提出请求,则专家组应最迟在此项请求首次作为一项议题列入 DSB 议程的会议之后的 DSB 会议上设立,除非在此次会上 DSB 经协商一致决定不设立专家组。②

2. 设立专家组的请求应以书面形式提出。请求应指出是否已进行磋商、确认争议中的措施并提供一份足以明确陈述问题的申请的法律根据概要。在申请方请求设立的专家组具有标准职责范围以外的职责的情况下,书面请求中应包括该特殊职权范围的拟议案文。

第 7 条

专家组的职责

1. 专家组应具有下列职责,除非争端各方在专家组设立后 20 天内另有议定:

"按照(争端各方引用的所涉相关协定名称)的有关规定,审查(争端方名称)在……文件

---

① 所涉相关协定中的相应的磋商程序如下:《农业协定》第 19 条;《实施卫生与植物卫生措施协定》第 11 条第 1 款;《纺织品与服装协定》第 8 条第 4 款;《技术贸易壁垒》第 14 条第 1 款;《与贸易有关的投资措施协定》第 8 条;《关于实施 1994 年关税与贸易总协定第 6 条的协定》第 17 条第 2 款;《关于实施 1994 年关税与贸易总协定第 67 条的协定》第 19 条第 2 款;《装运前检验协定》第 7 条;《原产地规则》第 7 条;《进口许可程序协定》第 6 条;《补贴与反补贴措施协定》第 30 条;《保障措施协定》第 14 条;《与贸易有关的知识产权协定》第 64 条第 1 款;以及每一诸边贸易协定主管机构确定并通知 DSB 的诸边贸易协定中任何相应的磋商规定。

② 如申诉方提出请求,DSB 应在提出请求后 15 天内为此召开会议,只要提前至少 10 天发出会议通知。

中提交 DSB 的事项,并作出决定将会协助 DSB 提出建议或作出该协定规定的裁决。”

2. 专家组应审议争端各方引用的任一或众多所涉相关协定的相关规定。①

3. 在设立专家组时,DSB 可授权其主席在遵守第 1 款规定的前提下,与争端各方协商,制定专家组的职责范围。由此制定的职责范围应分发全体成员。如议定的不是标准的职责范围,则任何成员均可在 DSB 中提出与此有关的任何问题。

第 8 条

专家组的组成

1. 专家组应由资深的政府和/或非政府个人组成,包括曾在专家组任职或曾向专家组陈述案件的人员、曾任一成员代表或一 GATT1947 缔约方代表或任何所涉相关协定或其先前协定的理事会或委员会的代表的人员、秘书处人员、曾讲授国际贸易法或政策或出版相关著作的人员,以及曾任一成员高级贸易政策官员的人员。

2. 专家组成员的选择应以确保各成员的独立性、完全不同的多种背景和丰富的经验为目的进行。

3. 政府②为争端方或为第 10 条第 2 款规定的第三方成员的公民不得在与该争端有关的专家组中任职,除非争端各方另有议定。

4. 为协助选择专家组成员,秘书处应保存一份具备第 1 款所述资格的政府和非政府个人的指示性名单,可从中酌情选出专家组成员。该名单应包括 1984 年 11 月 30 日制定的非政府专家组成员名册(BISD31 册 9 页),及在任何所涉相关协定项下制定的名册和指示性名单,并保留这些名册和指示性名单中在《WTO 协定》生效之时的人员的姓名。成员方可定期提出可供列入指示性名单的政府和非政府个人的姓名,并提供他们在国际贸易和所涉相关协定的部门或主题方面知识的有关信息,待 DSB 批准后,这些姓名应增加至该名单。对于名单中的每一个人,名单应注明其在所涉相关协定的部门或主题方面的具体阅历或专门知识。

5. 专家组应由 3 名成员组成,除非在专家组设立后 10 天内,争端各方同意专家组由 5 名成员组成。专家组的组成情况应迅速通知各成员。

6. 秘书处应向争端各方建议专家组成员的提名。争端各方不得反对提名,除非由于强制性原因。

7. 如在专家组设立之日起 20 天内,未就专家组成员达成协议,则总干事应在任何一方请求下,经与 DSB 主席和有关委员会或理事会主席磋商,在与争端各方磋商后,决定专家组的组成,依照争端中所争论的所涉相关协定的任何有关特殊或附加规则和程序,由总干事任命其认为是最适当的专家组成员。DSB 主席应在收到此种请求之日起 10 天内,通知各成员专家组如此组成。

8. 各成员应承诺,通常允许其官员担任专家组成员。

9. 专家组成员应以其个人身份任职,既不作为政府代表,也不作为任何组织的代表。因

① 该款英文原文为“Panels shall address the relevant provisions in any covered agreement or agreements cited by the parties to the dispute”,原译为“专家组应处理任何争端各方引用的任何适用协定的有关规定”。——房东注。

② 如关税同盟或共同市场为争端方,则本规定适用于关税同盟或共同市场的所有成员国的公民。

此,各成员不得就专家组审议的事项向他们作出指示或试图影响他们个人。①

10. 当争端发生在发展中国家成员与发达国家成员之间时,如发展中国家成员提出请求,专家组中应至少有1名成员来自发展中国家成员。

11. 专家组成员的费用,包括旅费和生活津贴,应依照总理事会在预算、财务与行政委员会所提建议基础上通过的标准,从WTO预算中支付。

第9条

多个申诉方的程序

1. 如一个以上成员就同一事项请求设立专家组,则可设立单一专家组审查这些申诉,同时考虑所有有关成员的权利。只要可行,即应设立单一专家组审查此类申诉。

2. 单一专家组应组织其审查并将其调查结果提交DSB,应保证争端各方在由若干专家组分开审查起诉时本可享受的权利决不受到减损。如争端任何一方提出请求,专家组应就有关争端提交单独的报告。每一申诉方提交的书面陈述应可为其他申诉方所获取,且每一申诉方有权在任何其申诉方向专家组陈述意见时在场。

3. 如设立一个以上专家组以审查与同一事项有关的起诉,则应在最大限度内由相同人员在各个独立的专家组中任职,此类争端中的专家组程序的时间表应进行协调。

第10条

第　三　方

1. 争端各方的利益和争端中所争论的一所涉相关协定项下的其他成员的利益应在专家组程序中得到充分考虑。

2. 任何对专家组审议的事项有实质利益且已将其利益通知DSB(本谅解中称“第三方”),专家组应听取其意见并给予其向专家组提出书面陈述的机会。这些书面陈述也应提交争端各方,并应反映在专家组报告中。

3. 第三方应收到争端各方提交专家组首次会议的陈述。

4. 如第三方认为已成为专家组程序主题的措施造成其根据任何所涉相关协定项下获得的利益丧失或减损,则该成员可援用本谅解项下的正常争端解决程序。只要可能,此种争端即应提交原专家组。

第11条

专家组的职能

专家组的职能是协助DSB履行本谅解和各所涉相关协定项下的职责。因此,专家组应对其审议的事项作出客观评估,包括对该案件事实及所涉相关协定的可适用性和与所涉相关协定的一致性的客观评估,并作出可协助DSB提出建议或提出所涉相关协定所规定的裁决的其他有关的认定结论。专家组应定期与争端各方磋商,并给予它们充分的机会以形成双方满意的解决办法。

---

① 该款的英文原文为:“Panelists shall serve in the individual capacities and not as government representatives, nor as representatives of any organization”,原译文为:“专家组成员应以其个人身份任职,既作为政府代表,也作为任何组织的代表”,显然不符合原文原意。——房东注

第12条
专家组程序

1. 专家组应遵循附录3中的工作程序，除非专家组在与争端各方磋商后另有决定。

2. 专家组程序应提供充分的灵活性，以保证高质量的专家组报告，而不应不适当地延误专家组程序。

3. 在与争端各方磋商后，专家组成员应尽快且只要可能，在专家组组成及职权范围议定后一周内，决定专家组程序的时间表，同时考虑第4条第9款的规定（如有关）。

4. 在确定专家组程序的时间表时，专家组应为争端各方提供充分的时间准备陈述。

5. 专家组应设定各方提供书面陈述的明确最后期限，各方应遵守此最后期限。

6. 每一方应将其书面陈述交存秘书处，以便立即转交专家组和其他争端方。申诉方应在应诉方提交的第一份陈述之前提交其第一份陈述，除非专家组在决定第3款提及的时间表时，经与争端各方磋商后，决定各方应同时提交第一份陈述。当对交存第一份陈述有顺序安排时，专家组应确定接受应诉方陈述的确定期限。任何随后的书面陈述应同时提交。

7. 如争端各方未能形成双方满意的解决办法，专家组应以书面报告形式向DSB提交认定结果。在此种情况下，专家组报告应列出对事实的认定结果、有关规定的可适用性及其所作任何认定结果和建议所包含的基本理由。如争端各方之间已找到问题的解决办法，则专家组报告应只限于对案件的简要描述，并报告已达成解决办法。

8. 为使该程序更加有效，专家组进行审查的期限，即自专家组组成和职责范围议定之日起至最终报告提交争端各方之日止，一般不应超过6个月。在紧急案件中，包括涉及易腐货物的案件，专家组应力求在3个月内将其报告提交争端各方。

9. 如专家组认为不能在6个月内或在紧急案件中不能在3个月内提交其报告，则应书面通知DSB迟延的原因和提交报告的估计期限。自专家组设立至报告散发各成员的期限无论如何不应超过9个月。

10. 在涉及发展中国家成员所采取措施的磋商情况下，各方可同意延长第4条第7款和第8款所确定的期限。如有关期限已过，进行磋商的各方不能同意磋商已经完成，则DSB主席应在与各方磋商后，决定是否延长有关期限，如决定延长，则决定延长多久。此外，在审查针对发展中国家成员的申诉时，专家组应给予该发展中国家成员充分的时间以准备和提交论据。第20条第1款和第21条第4款的规定不受按照本款所采取任何行动的影响。

11. 如一个或多个争端方为发展中国家成员，则专家组报告应明确说明以何种形式考虑对发展中国家成员在争端解决程序过程中提出的所涉相关协定中有关发展中国家成员的差别和更优惠待遇规定。

12. 专家组可随时应申诉方请求中止工作，期限不超过12个月。如发生此种中止，本条第8款和第9款、第20条第1款以及第21条第4款所列时限应按中止工作的时间顺延。如专家组的工作已中止12个月以上，则设立专家组的授权即告终止。

第13条
寻求信息的权利

1. 每一专家组有权向其认为适当的任何个人或机构寻求信息和技术建议。但是，在专家组向一成员方管辖范围内的任何个人或机构寻求此类信息或建议之前，应通知该成员方主管机关。成员方应迅速和全面地答复专家组提出的关于提供其认为必要和适当信息的任何请求。未经提供信息的个人、机构或成员主管机关正式授权,所提供的机密信息不得披露。

2. 专家组可向任何有关来源寻求信息,并与专家进行磋商并获得他们该事项某些方面的意见。对于一争端方所提科学或其他技术事项的事实问题,专家组可请求专家审议小组提供书面咨询报告。设立此类小组的规则及其程序列在附录4中。

第14条

保　密　性

1. 专家组的审议情况应保密。

2. 专家组报告应在争端各方不在场的情况下,按照提供的信息和所作的陈述起草。

3. 专家组报告中专家个人发表的意见应匿名。

第15条

中期审议阶段

1. 在考虑书面辩驳和口头辩论后,专家组应向争端各方提交其报告草案中的描述部分(事实和论据)。在专家组设定的期限内,各方应提交各自的书面意见。

2. 在接收争端各方书面意见的设定期限截止后,专家组应向各方提交一份中期报告,既包括描述部分也包括专家组的调查结果和结论。在专家组设定的期限内,一方可提出书面请求,请求专家组在最终报告散发各成员之前,审议中期报告中的具体方面。应一方请求,专家组应就书面意见中所确认的问题,与各方再次召开会议。如在征求意见期间未收到任何一方的意见,中期报告应被视为最终报告,并迅速散发各成员。

3. 专家组的最终报告中的认定结论应包括在中期审议阶段对论据的讨论情况。中期审议阶段应在第12条第8款所列期限内进行。

第16条

专家组报告的通过

1. 为给各成员提供充足的时间审议专家组报告,在报告散发各成员之日20天后,DSB方可审议通过此报告。

2. 对专家组报告有反对意见的成员应至少在审议该报告的DSB会议召开前10天,提交解释其反对意见的书面理由,供散发。

3. 争端各方有权全面参与DSB对专家报告的审议,它们的意见应完整记录在案。

4. 在专家组报告散发各成员之日起60天内,该报告应在DSB会议①上通过,除非一争端方正式通知DSB其上诉决定,或DSB经协商一致决定不通过该报告。如一方已通知其上诉决定,则在上诉完成之前,DSB将不审议通过该专家组报告、该通过程序不损害各成员就专家组报告发表意见的权利。

---

① 如未安排在此期间召开可满足第16条第1款和第4款要求的DSB会议,则应为此召开一次DSB会议。

第17条
上诉审议

常设上诉机构

1. DSB应设立一常设上诉机构。上诉机构应审理对专家组案件的上诉。该机构应由7人组成,任何一个案件应由其中3人任职。上诉机构人员任职应实行轮换。此轮换应在上诉机构的工作程序中予以确定。

2. DSB应任命在上诉机构任职的人员,任期4年,每人可连任一次。但是,对于在《WTO协定》生效后即被任命的7人,其中3人的任期经抽签决定应在2年期满后终止。空额一经出现即应补足。如一人被任命接替一任期未满人员,则此人的任期即为前任余下的任期。

3. 上诉机构应由具有公认权威并在法律、国际贸易和各所涉相关协定所涉主题方面具有公认专业知识的人员组成。他们不得附属于任何政府。上诉机构的成员资格应广泛代表WTO的成员资格。在上诉机构任职的所有人员应随时待命,并应致力于争端解决活动和WTO的其他有关活动。他们不得参与审议任何可产生直接或间接利益冲突的争端。

4. 只有争端各方,而非第三方,可对专家组报告进行上诉。按照第10条第2款已通知DSB其对该事项有实质利益的第三方,可向上诉机构提出书面陈述,该机构应给予听取其意见的机会。

5. 上诉程序自一争端方正式通知其上诉决定之日起至上诉机构散发其报告之日止通常不得超过60天。在决定其时间表时,上诉机构应考虑第4条第9款的规定(如有关)。当上诉机构认为不能在60天内提交报告时,应书面通知DSB迟延的原因及提交报告的估计期限。但该诉讼程序决不能超过90天。

6. 上诉应限于专家组报告涉及的法律问题和专家组所作的法律解释。

7. 如上诉机构要求,应向其提供适当的行政和法律支持。

8. 上诉机构任职人员的费用,包括旅费和生活津贴,应依照总理事会在预算、财务与行政委员会所提建议基础上通过的标准,从WTO预算中支付。

上诉审议的程序

9. 工作程序应由上诉机构经与DSB主席和总干事磋商后制定,并告知各成员,以征求他们的意见。

10. 上诉机构的程序应保密。上诉机构报告应在争端各方不在场的情况下,按照提供的信息和各方所作的陈述起草。

11. 上诉机构报告中由任职于上诉机构的个人发表的意见应匿名。

12. 上诉机构应在上诉程序中处理依照第6款提及的每一问题。

13. 上诉机构可维持、修改或撤销专家组的法律认定结果和结论。

上诉机构报告的通过

14. 上诉机构报告应由DSB通过,争端各方应无条件接受,除非在报告散发各成员后30

天内,DSB 经协商一致决定不通过该报告。[1] 此通过程序不损害各成员就上诉机构报告发表意见的权利。

第 18 条

与专家组或上诉机构的联系

1. 不得就专家组或上诉机构审议的事项与专家组或上诉机构进行单方面联系。

2. 提交专家组或上诉机构的书面陈述应被视为保密,但应使争端各方可获得。本谅解的任何规定不妨碍争端任何一方向公众披露有关其自身立场的陈述。各成员应将另一成员提交专家组或上诉机构、并由该另一成员指定为机密的信息按机密信息处理。应一成员请求,一争端方还应提供一份其书面陈述所含信息的可对外披露的非机密摘要。

第 19 条

专家组和上诉机构的建议

1. 如专家组或上诉机构认定一措施与一所涉相关协定不一致,则应建议有关成员[2]使该措施符合该协定。[3] 除其建议外,专家组或上诉机构还可就有关成员如何执行建议提出办法。

2. 依照第 3 条第 2 款,专家组和上诉机构在其认定结论和建议中,不能增加或减少所涉相关协定所规定的权利和义务。

第 20 条

DSB 决定的时限

除非争端各方另有议定,自 DSB 设立专家组之日起至 DSB 审议通过专家组报告或上诉机构报告之日止的期限,在未对专家组报告提出上诉的情况下一般不得超过 9 个月;在提出上诉的情况下通常不得超过 12 个月。如专家组或上诉机构按照第 12 条第 9 款或第 17 条第 5 款延长提交报告的时间,则所用的额外时间应加入以上期限。

第 21 条

对执行建议和裁决的监督

1. 为所有成员的利益而有效解决争端,遵守和迅速履行 DSB 的建议或裁决是必要的。

2. 对争端解决涉及的各项措施,应特别注意影响发展中国家成员利益的事项。

3. 在专家组或上诉机构报告通过后 30 天内[4]召开的 DSB 会议上,有关成员应通知 DSB 关于其执行 DSB 建议和裁决的意向。如立即遵守建议和裁决不可行,有关成员应确定一合理的执行期限。合理期限应为:

(a) 有关成员提议的期限,只要该期限获 DSB 批准;或,如未获批准,则为,

(b) 争端各方在通过建议和裁决之日起 45 天内双方同意的期限;或,如未同意则为,

(c) 在通过建议和裁决之日起 90 天内通过有约束力的仲裁确定的期限。[5] 在该仲裁

---

① 如未安排在此期间召开 DSB 会议,则应为此召开一次 DSB 会议。

② "有关成员"为专家组或上诉机构的建议所针对的争端方。

③ 对于有关不涉及违反 GATT1994 和任何其他所涉相关协定案件的建议,见第 26 条。

④ 如为安排在此期间召开 DSB 会议,则应为此召开一次 DSB 会议。

⑤ 如在将此事项提交仲裁后的 10 天内,各方不能就仲裁人达成一致,则仲裁人应由总干事经与各方磋商后在 10 天内任命。

中,仲裁人①的指导方针应为执行专家组或上诉机构建议的合理期限不超过自专家组或上诉机构报告通过之日起 15 个月。但是,此时间可视具体情况缩短或延长。

4. 除专家组或上诉机构按照第 12 条第 9 款或第 17 条第 5 款延长提交报告的时间外,自 DSB 设立专家组之日起至合理期限的确定之日止的时间不得超过 15 个月,除非争端各方另有议定。如专家组或上诉机构已延长提交报告的时间,则所用的额外时间应加入 15 个月的期限;但是除非争端各方同意存在例外情况,否则全部时间不得超过 18 个月。

5. 如在是否存在为遵守建议和裁决所采取的措施或此类措施是否与相关的所涉相关协定相一致的问题上存在分歧,则此争端也应通过援用这些争端解决程序加以决定,包括只要可能即诉诸于原审专家组。专家组应在此事项提交其后 90 天内散发其报告。如专家组认为在此时限内不能提交其报告,则应书面通知 DSB 迟延的原因和提交报告的估计期限。

6. DSB 应监督已通过的建议或裁决的执行。在建议或裁决通过后,任何成员可随时在 DSB 提出有关执行的问题。除非 DSB 另有决定,否则执行建议或裁决的问题在按照第 3 款确定合理期限之日起 6 个月后,应列入 DSB 会议的议程,并应保留在 DSB 的议程上,直到该问题解决。在 DSB 每一次会议召开前至少 10 天,有关成员应向 DSB 提交一份关于执行建议或裁决进展的书面情况报告。

7. 如有关事项是由发展中国家成员提出的,则 DSB 应考虑可能采取何种符合情况的进一步行动。

8. 如案件是由发展中国家成员提出的,则在考虑可能采取何种适当行动时,DSB 不但要考虑被申诉措施所涉及的贸易范围,还要考虑其对有关发展中国家成员经济的影响。

第 22 条

补偿和中止减让

1. 补偿和中止减让或其他义务属于在建议和裁决未在合理期限内执行时可获得的临时措施。但是,无论补偿还是中止减让或其他义务均不如完全执行建议以使一措施符合所涉相关协定。补偿是自愿的,且如果采取此措施,应与所涉相关协定相一致。

2. 如有关成员未能使被认定与一所涉相关协定不一致的措施符合该协定,或未能在按照第 21 条第 3 款确定的合理期限内使措施符合专家组的建议和裁决,则该成员如收到请求应在不迟于合理期限期满前,与援引争端解决程序的任何一方进行谈判,以期形成双方均可接受的补偿。如在合理期限结束期满之日起 20 天内未能议定令人满意的补偿,则援引争端解决程序的任何一方可向 DSB 请求授权中止对有关成员实施所涉相关协定项下的减让或其他义务。

3. 在考虑中止哪些减让或其他义务时,申诉方应适用下列原则和程序:

(a) 总的原则是,起诉方应首先寻求对与专家组或上诉机构认定有违反义务或其他造成利益丧失或减损情形的部门相同的部门中止减让或其他义务;

(b) 如该方认为对相同部门中止减让或其他义务不可行或无效,则可寻求中止对同一协定项下其他部门的减让或其他义务;

(c) 如该方认为对同一协定项下的其他部门中止减让或其他义务不可行或无效,且情况足够严重,则可寻求中止另一所涉相关协定项下的减让或其他义务;

① “仲裁人”一词应理解为一人或一小组。

(d) 在适用上述原则时,该方应考虑:

(i) 专家组或上诉机构认定有违反义务或其他造成利益丧失或减损情形的部门或协定项下的贸易,及此类贸易对该方的重要性;

(ii) 与利益丧失或减损相关的更广泛的经济因素及中止减让或其他义务的更广泛的经济后果;

(e) 如该方决定按照(b)项或(c)项请求授权中止减让或其他义务,则应在请求中说明有关理由。在请求送交 DSB 的同时,还应送交有关理事会,在按照(b)项提出请求的情况下,还应转交有关部门性机构;

(f) 就本款而言,"部门"一词:

(i) 对于货物,指所有货物;

(ii) 对于服务,指用于确认此类部门的现行"服务部门分类清单"中所确认的主要部门①;

(iii) 对于与贸易有关的知识产权,指《TRIPS 协定》第二部分第 1 节、第 2 节、第 3 节、第 4 节、第 5 节、第 6 节或第 7 节所涵盖的知识产权的每一类别,或第三部分或第四部分下的义务。

(g) 就本款而言,"协定"一词:

(i) 对于货物,指《WTO 协定》附录 1A 所列各项协定的总体,以及诸边贸易协定,只要有关争端方属这些协定的参加方;

(ii) 对于服务,指 GATS;

(iii) 对于知识产权,指《TRIPS 协定》。

4. DSB 授权的中止减让或其他义务的程度应等于利益丧失或减损的程度。

5. 如一所涉相关协定禁止此类中止,则 DSB 不得授权中止减让或其他义务。

6. 如发生第 2 款所述情况,则应请求,DSB 应在合理期限结束后 30 天内,给予中止减让或其他义务的授权,除非 DSB 经协商一致决定拒绝该请求。但是,如有关成员反对提议的中止程度,或声称在一申诉方提出请求根据第 3 款(b)项或(c)项授权中止减让或其他义务时,第 3 款所列原则和程序未得到遵守,则该事项应提交仲裁。如原专家组成员仍可请到,则此类仲裁应由原专家组作出,或由经总干事任命的仲裁人②作出,仲裁应在合理期限结束之日起 60 天内完成。减让或其他义务不得在仲裁过程中予以中止。

7. 按照第 6 款行事的仲裁人③不得审查拟予中止的减让或其他义务的性质,而应确定此类中止的程度是否等于利益丧失或减损的程度。仲裁人还可确定在所涉相关协定项下是否允许拟议的中止减让或其他义务。但是,如提交仲裁的问题包括关于第 3 款所列原则和程序未得到遵循的主张,则仲裁人应审议此项主张。如仲裁人确定这些原则和程序未得到遵循,则起诉方应以与第 3 款相一致的方式适用这些原则和程序。各方应将仲裁人的决定视为最终决定予以接受,有关各方不得寻求第二次仲裁。仲裁人的决定应迅速通知 DSB,应请求,

---

① 文件 MNT. GNS/W/120 中的清单确定了 11 个部门。

② "仲裁人"一词应理解为一个人或一小组。

③ "仲裁人"一词应理解为一个人或一小组,或当原专家组成员担任仲裁人时,应解释为指原专家组成员。

DSB应授权中止减让或其他义务,除非DSB经协商一致决定拒绝该请求。

8. 减让或其他义务的中止应是临时性的,且只应维持至被认定与所涉相关协定不一致的措施已取消,或必须执行建议或裁决的成员对利益丧失或减损已提供解决办法,或已达成双方满意的解决办法。依照第21条第6款,DSB应继续监督已通过的建议或裁决的执行,包括那些已提供补偿或已中止减让或其他义务、而未执行旨在使一措施符合所涉相关协定的建议的案件。

9. 如一成员领土内的地区或地方政府或主管机关采取了影响遵守所涉相关协定的措施,则可援引该协定中的争端解决规定。如DSB已裁决一所涉相关协定中的规定未得到遵守,则负有责任的成员应采取其可采取的合理措施,保证遵守该协定。在确保遵守协定已是不可能的案件中①,所涉相关协定及本谅解有关补偿和中止减让或其他义务的规定适用。

第23条
多边体制的加强

1. 当成员寻求纠正违反义务情形或寻求纠正其他造成所涉相关协定项下利益丧失或减损的情形,或寻求纠正妨碍所涉相关协定任何目标的实现的情形时,它们应援用并遵守本谅解的规则和程序。

2. 在此种情况下,各成员应:

(a) 不对违反义务已发生、利益已丧失或减损或所涉相关协定任何目标的实现已受到妨碍作出断定,除非通过依照本谅解的规则和程序援用争端解决,且应使任何此种确定与DSB通过的专家组或上诉机构报告所包含的调查结果或根据本谅解作出的仲裁裁决相一致;

(b) 遵循第21条所列程序,以断定有关成员执行建议和裁决的合理期限;以及

(c) 遵循第22条所列程序,断定中止减让或其他义务的程度,并针对有关成员未能在该合理期限内执行建议和裁决的情况,在中止所涉相关协定项下的减让或其他义务之前,依照这些程序获得DSB的授权。

第24条
涉及最不发达国家成员的特殊程序

1. 在确定涉及一最不发达国家成员争端的起因和争端解决程序的所有阶段,应特别考虑最不发达国家的特殊情况。在此方面,各成员在根据这些程序提出涉及最不发达国家的事项时应表现适当的克制。如认定利益的丧失或减损归因于最不发达国家成员所采取的措施,则起诉方在依照这些程序请求补偿或寻求中止实施减让或其他义务的授权时,应表现适当的克制。

2. 在涉及一最不发达国家成员的争端解决案件中,如在磋商中未能找到令人满意的解决办法,则应最不发达国家成员请求,总干事或DSB主席应进行斡旋、调解和调停,以期在提出设立专家组的请求前,协助各方解决争端。总干事或DSB主席在提供以上协助时,可向自己认为适当的任何来源进行咨询。

---

① 如任何所涉相关协定中有关在一成员领土内的地区或地方政府或主管机关采取措施的规定包含与本款规定不同的规定,则应以此所涉相关协定的规定为准。

第 25 条
仲　裁

1. WTO 中的迅速仲裁作为争端解决的一个替代手段,能够便利解决涉及有关双方已明确界定问题的争端。

2. 除本谅解另有规定外,诉诸仲裁需经各方同意,各方应议定将遵循的程序。诉诸仲裁的一致意见应在仲裁程序实际开始之前尽早通知各成员。

3. 只有经已同意诉诸仲裁的各方同意,其他成员方可成为仲裁程序的一方。仲裁当事方应同意遵守仲裁裁决。仲裁裁决应通知 DSB 和任何所涉相关协定的理事会或委员会,任何成员均可在此类机构中提出与之相关的任何问题。

4. 本谅解第 21 条和第 22 条在细节上作必要修改后应适用于仲裁裁决。

第 26 条

1. GATT 1994 第 23 条第 1 款(b)项所述类型的非违反起诉

如 GATT 1994 第 23 条第 1 款(b)项的规定适用于一所涉相关协定,则专家组和上诉机构只有在一争端方认为由于一成员实施任何措施而造成其根据所涉相关协定直接或间接获得的任何利益丧失或减损,或此种措施妨碍该协定任何目标的实现时,方可作出裁决和建议,无论该措施与该协定的规定是否产生抵触。如该方认为且专家组或上诉机构断定,一案件所涉及的措施与 GATT1994 第 23 条第 1 款(b)项规定所适用的所涉相关协定的规定不产生抵触,则应适用本谅解的程序,但需遵守下列规定:

(a) 该申诉方应提供详细的正当理由,以支持任何就一项不与所涉相关协定产生抵触的措施而提出的起诉;

(b) 如一措施被认定造成所涉相关协定项下的利益丧失或减损,或此种措施妨碍该协定目标的实现,但并未违反该协定,则无义务撤销该措施。但在此种情况下,专家组或上诉机构应建议有关成员作出使双方满意的调整;

(c) 尽管有第 21 条的规定,但是应双方中任何一方的请求,第 21 条第 3 款所规定的仲裁可包括对利益丧失或减损程度的确定,也可建议达成令双方满意的调整的方法:此类建议不得对争端各方具有约束力;

(d) 尽管有第 22 条第 1 款的规定,但是补偿可以成为作为争端最后解决办法的令双方满意的调整的一部分。

2. GATT 1994 第 23 条第 1 款(c4)项所述类型的起诉

如 GATT 1994 第 23 条第 1 款(c)项的规定适用于一所涉相关协定,则专家组只有在一方认为由于存在任何不属 GATT1994 第 23 条第 1 款(a)项和(b)项规定所适用的情况而造成其根据所涉相关协定直接或间接获得的任何利益丧失或减损,或此种情况妨碍该协定任何目标的实现时,方可作出裁决和提出建议。如该方认为且专家组确定本款已涵盖该事项,则本谅解的程序仅适用至有关程序中专家组报告散发各成员为止。《1989 年 4 月 12 日决定》(BISD36 册 61 至 67 页)所含争端解决规则和程序适用于建议和裁决的审议通过、监督和执行。下列规定也应适用:

(a) 该起诉方应提供详细理由,以支持就本款涵盖问题所提出的任何论据;

(b) 在涉及本款所涵盖事项的案件中,如专家组认定案件还涉及本款所涵盖事项之外的争端解决事项,则专家组应向 DSB 提交针对任何此类事项的报告,并提交一份属本款范围内事项的单独报告。

第 27 条

秘书处的职责

1. 秘书处应特别在所处理事项的法律、历史和程序方面负责协助专家组,并提供秘书和技术支持。

2. 在秘书处应成员请求在争端解决方面协助成员时,可能还需在争端解决方面向发展中国家成员提供额外的法律建议和协助。为此,秘书处应使提出请求的发展中国家成员可获得 WTO 技术合作部门一名合格法律专家的协助。该专家在协助发展中国家成员时应保证秘书处继续保持公正。

3. 秘书处应为利害关系成员提供有关争端解决程序和做法的特殊培训课程,以便各成员的专家能够更好地了解这方面的情况。

附录 1

本谅解的所涉相关协定

(A)《建立世界贸易组织协定》

(B) 多边贸易协定

附件 1A:多边货物贸易协定

附件 1B:《服务贸易总协定》

附件 1C:《与贸易有关的知识产权协定》

附件 2:《关于争端解决规则与程序的谅解》

(C) 诸边贸易协定:

附件 4:《民用航空器贸易协定》

《政府采购协定》

《国际奶制品协定》

《国际牛肉协定》

本谅解对诸边贸易协定的适用应由每一协定的参加方通过列出本谅解对各协定适用条件的决定,包括已通知 DSB 的、供包括在附录 2 中的任何特殊或附加规则或程序。

附录 2

所涉相关协定所含特殊或附加规则与程序

协定	规则与程序
《实施卫生与植物卫生措施协定》	11.2
《纺织品与服装协定》	2.14、2.21、4.4、5.2、5.4、5.6、6.9、6.10、6.11、8.1 至 8.12

《技术性贸易壁垒协定》	14.2 至 14.4、附件 2
《关于实施 1994 年关税与贸易总协定第 6 条的协定》	17.4 至 17.7
《关于实施 1994 年关税与贸易总协定第 7 条的协定》	19.3 至 19.5、附件 2.2(f)、3、9、21
《补贴与反补贴措施协定》	4.2 至 4.12、6.6、7.2 至 7.10、8.5、脚注 35、24.4、27.7、附件 5
《服务贸易总协定》	22.3、23.3
《关于金融服务的附件》	4
《关于空运服务的附件》	4
《关于 GATS 部分争端解决程序的决定》	1 至 5

本附录中的规则和程序清单包括仅有部分内容与此有关的条款。

诸边贸易协定中的任何特殊或附加规则或程序由各协定的主管机构确定，并通知 DSB。

附录 3

工 作 程 序

1. 在其程序中，专家组应遵循本谅解的有关规定。此外，应适用下列工作程序。

2. 专家组的会议不公开。争端各方和利害关系方只有在专家组邀请到场时方可出席会议。

3. 专家组的审议和提交专家组的文件应保密。本谅解的任何规定不得妨碍任何争端方向公众披露有关其自身立场的陈述。各成员应将另一成员提交专家组或上诉机构、并由该另一成员指定为机密的信息按机密信息对待。如一争端方向专家组提交其书面陈述的保密版本，则应一成员请求，该争端方还应提供一份其书面陈述所含信息的可对外公布的非机密摘要。

4. 在专家组与争端各方召开第一次实质性会议之前，争端各方应向专家组提交书面陈述，说明案件的事实和论据。

5. 在与各方召开的第一次实质性会议上，专家组应请提出起诉方陈述案情。随后，仍在此次会议上，请被诉方陈述其观点。

6. 应书面邀请所有已通知 DSB 其在争端中有利害关系的第三方，在专家组第一次实质性会议期间专门安排的一场会议上陈述其意见。所有此类第三方可出席该场会议的全过程。

7. 正式辩驳应在专家组第二次实质性会议上作出。被诉方有权首先发言，随后由申诉方发言。各方应在此次会议之前向专家组提交书面辩驳。

8. 专家组可随时向各方提出问题，并请它们在各方出席的会议过程中进行说明，或作出书面说明。

9. 争端各方和依照第 10 条应邀陈述意见的任何第三方应使专家组可获得其口头陈述的书面版本。

10. 为保持充分的透明度，第 5 款至第 9 款中所指的陈述、辩驳及陈述均应在各方在场的情况下作出。而且，每一方的书面陈述，包括对报告陈述部分的任何意见和对专家组所提问题的答复，均应使另一方或各方可获得。

11. 针对专家组的任何附加程序。

12. 专家组工作的建议时间表

(a) 收到各方的第一份书面陈述

(1) 申诉方： ——3 至 6 周

(2) 被诉方： ——2 至 3 周

(b) 各方出席的第一次实质性会议的日期、时间和地点：

第三方参加的会议： ——1 至 2 周

(c) 收到各方书面辩驳： ——2 至 3 周

(d) 各方出席第二次实质性会议的时间、日期和地点： ——1 至 2 周

(e) 向各方散发报告的描述部分： ——2 至 4 周

(f) 收到各方对报告描述部分的意见： ——2 周

(g) 向各方散发中期报告，包括结果和结论： ——2 至 4 周

(h) 各方请求审议报告部分内容的截止日期： ——1 周

(i) 专家组审议期限，包括可能与各方再次召开的会议： ——2 周

(j) 向争端各方散发最终报告： ——2 周

附录 4

专家审议小组

下列规则和程序应适用于依照第 13 条第 2 款的规定设立的专家审议小组。

1. 专家审议小组由专家组管辖。其职权范围和详细工作程序由专家组决定，小组应向专家组报告。

2. 专家审议小组的参加者仅限于对所涉领域具有专业名望和经验的人员。

3. 未经争端各方达成一致同意，争端各方的公民不得在专家审议小组中任职，除非出现专家组认为其他方法无法满足对特殊科学专业知识的需要的例外情况。争端各方的政府官员不得在专家审议小组中任职。专家审议小组成员以个人身份任职，既不是政府的代表也不是任何组织的代表。政府或组织因此不得就专家审议小组审议的事项向小组成员作出指示。

4. 专家审议小组可向其认为适当的任何来源进行咨询，并寻求信息和技术建议。在专家审议小组向一成员管辖范围内的来源寻求此类信息或建议之前，应通知该成员政府。任何成员应迅速和全面地答复专家审议小组提出的任何关于提供其认为必要和适当信息的请求。

5. 争端各方应可获得向专家审议小组提供的所有有关信息，除非此信息属机密性质。未经提供信息的政府、组织或个人的正式授权，不得披露提供给专家审议小组的机密信息。如专家审议小组请求获得此类信息，而专家审议小组无授权披露此类信息，则提供该信息的

政府、组织或个人将提供信息的非机密摘要。

6. 专家审议小组应向争端各方提交一份报告草案,以期得到它们的意见,并在最终报告中酌情予以考虑,最终报告在提交专家组时,还应向争端各方散发。专家审议小组的最终报告仅属咨询性质。

(资料来源:广东省 WTO 事务咨询中心网站,http://www.gdwto.org.cn/list.asp? cid = 15&pid = 3.编者对其中的某些译法有所改动。)

解决国家与他国国民间投资争端公约(1965)
The Convention on the Settlement of Investment Disputes between States and the Nationals of Other States, 1965

(1965 年 3 月 18 日订于华盛顿)

序 言

各缔约国,

考虑到经济开发需要进行国际合作和私人国际投资在这方面的作用;

鉴于各缔约国和其他缔约国国民之间对此项投资经常发生争端的可能性;

深信此类争端虽然通常受各国的法律程序管辖,但是在某些情况下,采取国际解决方法可能是适当的;

特别重视提供国际调解或仲裁的便利,各缔约国和其他缔约国国民如果有此要求,可将此类争端提交国际调解或仲裁;

愿意在国际复兴开发银行的赞助下建立此种便利;

承认双方同意借助此种便利将此种争端交付调解或仲裁,即构成有约束力的协议,该协议特别需要对调解员的任何建议给予适当考虑,对任何仲裁裁决予以遵守;及

宣告不能仅就缔约国批准、接受或认可本公约这事实而不经其同意就认为缔约国具有将任何特定的争端交付调解或仲裁的义务;

现共同议定下列各项:

本公约(1965 年 3 月 18 日在华盛顿开放签字)于 1966 年 10 月 14 日生效。

第一章 解决投资争端国际中心

第一节 建立和组织

第一条

一、兹建立解决投资争端国际中心(以下称“中心”)。

二、“中心”的宗旨是依据本公约的规定为各缔约国和其他缔约国国民之间的投资争端,提供调解和仲裁的便利。

第二条

“中心”的所在地应设在国际复兴开发银行(以下称“银行”)的主要办事处。该所在地可

以根据行政理事会经其成员的三分之二多数作出的决定迁往其他地点。

第三条

“中心”应设有一个行政理事会和一个秘书处,并应有一个调解员小组和一个仲裁员小组。

第二节　行政理事会

第四条

一、行政理事会由每一缔约国各派代表一人组成。在首席代表未能出席会议或不能执行任务时,可以由副代表担任代表。

二、如无相反的任命,一个缔约国所指派的银行的董事和候补董事应成为各该国的当然代表和副代表。

第五条

银行行长应为行政理事会的当然主席(以下称“主席”),但无表决权。在他缺席或不能执行任务时和在银行行长出缺时应由暂代理行长的人担任行政理事会主席。

第六条

一、行政理事会在不损害本公约其他条款赋予它的权力和职能的情况下,应:

(一) 通过“中心”的行政和财务条例;

(二) 通过提起调解和仲裁的程序规则;

(三) 通过调解和仲裁的程序规则(以下称“调解规则和仲裁规则”);

(四) 批准同银行达成的使用其行政设施和服务的协议;

(五) 确定秘书长和副秘书长的服务条件;

(六) 通过“中心”的年度收支预算;

(七) 批准“中心”活动的年度报告。

上述(一)、(二)、(三)和(六)项中决定,应由行政理事会成员的三分之二多数票通过。

二、行政理事会可以设立它认为必需的委员会。

三、行政理事会还应执行它确定为履行本公约规定所必需的其他权力和任务。

第七条

一、行政理事会每年应举行一次年度会议和理事会可能决定的或经理事会至少五个成员国的请求由主席或秘书长召开的其他会议。

二、行政理事会每个成员享有一个投票权,除本公约另有规定外,理事会所有的事项应以多数票作出决定。

三、行政理事会任何会议的法定人数应为其成员的多数。

四、行政理事会可由其成员的三分之二多数的决定建立一种程序,根据该程序主席可以不召开理事会的表决。该项表决只有理事会的多数成员在上述程序规定的限期内投票,才能认为有效。

第八条

对行政理事会成员和主席的服务,“中心”不付给报酬。

第三节 秘 书 处

第九条

秘书处由秘书长一人,副秘书长一人或数人以及工作人员组成。

第十条

一、秘书长或任何副秘书长由主席提名,经行政理事会根据其成员的三分之二多数票选举产生,任期不超过6年,可以连任,主席在同行政理事会成员磋商后,对上述每一职位得提出一个或几个候选人。

二、秘书长或副秘书长的职位同执行任何政治任务是不相容的。秘书长或任何副秘书长除经行政理事会批准外,不得受雇于其他任何人,或从事任何职业。

三、在秘书长缺席或不能执行任务时,或在秘书长职位出缺时,由副秘书长担任秘书长。如果有一个以上的副秘书长,应由行政理事会在事前决定他们担任秘书长的次序。

第十一条

秘书长是"中心"的法定代表和主要官员,并依照本公约的规定和行政理事会通过的规则负责其行政事务,包括任命工作人员。他应执行书记官的任务,有权认证根据本公约作出的仲裁裁决并核证其副本。

第四节 小 组

第十二条

调解员小组和仲裁员小组各由合格的人员组成,他们应根据以下规定指派,并愿意提供服务。

第十三条

一、每一缔约国可以向每个小组指派四人,他们可以是,但不一定是该缔约国国民。

二、主席可以向每个小组指派10人,向一个小组指派的人员应具有不同的国籍。

第十四条

一、指派在小组服务的人员应具有高度的道德品质,并且在法律、商务、工业或金融方面有公认的资格,他们可以被信赖作出独立的判断。对仲裁员小组的而言,在法律方面的资格尤其重要。

二、主席指派在小组中服务的人员时,还应适当注意保证世界上各种主要法律体系和主要的经济活动方式在小组中具有代表。

第十五条

一、小组成员的服务期限为6年,可以连任。

二、小组成员遇有一人死亡或辞职时,指派该成员的机构有权指派另一人在该成员剩余的任期内服务。

三、小组成员应继续任职,直至其继任人被指派时为止。

第十六条

一、一个人可以在两个小组服务。

二、如果一个人被一个以上的缔约国,或被一个或一个以上的缔约国和主席指派在同一个小组服务,则应认为他是被首先指派他的机构所指派,或者如果其中一个指派他的机构是他国籍所属的国家,则应认为他是被该国所指派。

三、一切指派应通知秘书长,并从接到通知之日起生效。

第五节　“中心”的经费

第十七条

如果“中心”的开支不能以使用其设施的收费或其他收入来偿付,则属于银行成员的缔约国应各按其认购的银行资本股份的比例,而不属于银行成员的缔约国则按行政理事会通过的规则来负担超支部分。

第六节　地位、豁免和特权

第十八条

“中心”具有完全的国际法律人格。“中心”的法律能力应包括:

(一)缔结契约的能力;

(二)取得和处理动产和不动产的能力;

(三)起诉的能力。

第十九条

为使“中心”能完成其任务,它在各缔约国领土内应有本节规定的豁免和特权。

第二十条

“中心”及其财产和资产享有豁免一切法律诉讼的权利,除非“中心”放弃此种豁免。

第二十一条

主席、行政理事会成员,担任调解员或仲裁员或按照第五十二条第三款任命的委员会成员以及秘书处的官员和雇员:

一、对他们在执行任务时所作的行为,享有豁免法律诉讼的权利,除非“中心”放弃此种豁免;

二、如不是当地的国民,则应享有缔约国给予其他缔约国相应级别的代表、官员和雇员在豁免移民限制、外国人登记要求和国民兵役义务方面的同等权利,在外汇限制方面的同等便利以及有关旅行的同等待遇。

第二十二条

第二十一条的规定应适用于根据本公约作为当事人、代理人、法律顾问、律师、证人或专家而在诉讼中出席的人,但该条第二款只适用于他们在诉讼所在地的停留和往返旅程。

第二十三条

一、“中心”的档案不论其在何处,应不可侵犯。

二、关于官方通讯,各缔约国给予“中心”的待遇不得低于给予其他国际组织的待遇。

第二十四条

一、“中心”、其资产、财产和收入以及本公约许可的业务活动和交易应免除一切税捐和关税。“中心”还应免除征收或偿付任何税捐或关税的义务。

二、除当地的国民外,对“中心”付给行政理事会主席或成员的津贴,或付给秘书处官员或雇员的薪金、津贴或其他报酬,均不得征税。

三、对担任调解员或仲裁员或依照第五十二条第三款所任命的委员会成员的人在本公约规定的诉讼中所得到的报酬或津贴，均不得征税，如果此项征税的唯一法律依据是"中心"的地点或诉讼的所在地或付给报酬或津贴的地点。

第二章　"中心"的管辖权

第二十五条

一、"中心"的管辖权适用于缔约国（或缔约国指派到"中心"的该国的任何下属单位或机构）和另一缔约国国民之间直接因投资而产生的任何法律争端，而该项争端经双方书面同意提交给"中心"。当双方表示同意后，不得单方面撤销其同意。

二、"另一缔约国国民"系指：

（一）在双方同意将争端交付调解或仲裁之日以及在根据第二十八条第三款或第三十六条第三款将请求予以登记之日，具有作为争端一方的国家以外的某一缔约国国籍的任何自然人，但不包括在上述任一日期也具有作为争端一方的缔约国国籍的任何人。

（二）在争端双方同意将争端交付调解或仲裁之日，具有作为争端一方的国家以外的某一缔约国国籍的任何法人，以及在上述日期也具有争端当事国的缔约国籍的任何自然人，但不包括在上述任一日期也具有作为争端另一方的缔约国国籍的任何人。

（三）在争端双方同意将争端交付调解或仲裁之日，具有作为争端一方的国家以外的某一缔约国国籍的任何法人，以及在上述日期也具有争端当事国的缔约国国籍的法人，而该法人因受外国控制，双方同意为了本公约的目的，应看作是另一缔约国国民。

三、某一缔约国的下属单位或机构表示的同意，须经该缔约国批准，除非该缔约国通知"中心"不需要予以批准。

四、任何缔约国可以在批准、接受或认可本公约时，或在此后任何时候，把它将考虑或不考虑提交给"中心"管辖的一类或几类争端通知"中心"，秘书长应立即将此项通知转交给所有缔约国。此项通知不构成第一款所要求的同意。

第二十六条

除非另有规定，双方同意根据本公约交付仲裁，应视为同意排除任何其他补救办法而交付上述仲裁。缔约国可以要求用尽当地各种行政或司法补救办法，作为其同意根据本公约交付仲裁的一个条件。

第二十七条

一、缔约国对于它本国的一个国民和另一缔约国根据本公约已同意交付或已交付仲裁的争端，不得给予外交保护或提出国际要求，除非该另一缔约国未能遵守和履行对此项争端所作出的裁决。

二、前款所称的"外交保护"，不包括纯为便利争端的解决所作的非正式外交接触。

第三章　调　　解

第一节　请求调解

第二十八条

一、希望采取调解程序的任何缔约国或缔约国的任何国民，应就此向秘书长提出书面请求,由秘书长将该项请求的副本送交另一方。

二、该项请求应包括关于发生争端的问题的材料、双方的身份以及他们同意依照采取调解或仲裁的程序规则进行调解等内容。

三、秘书长应登记此项请求,除非他根据请求中所包括的材料,发现此项争端显然在“中心”的管辖权范围之外。他应立即将登记或拒绝登记之事通知双方。

第二节　调解委员会的组成

第二十九条

一、调解委员会(以下称“委员会”)应在依照第二十八条提出的请求予以登记之后尽速组成。

二、(一)“委员会”应由双方同意任命的唯一的调解员或任何非偶数的调解员组成。

(二)如双方对调解员的人数和任命的方法不能取得协议,则“委员会”应由三名调解员组成,由每一方各任命调解员一名,第三人由双方协议任命,并担任“委员会”主席。

第三十条

如果在秘书长依照第二十八条第三款发出对请求已予以登记的通知后九十天内,或在双方可能同意的其他期限内未能组成“委员会”,主席经任一方请求,并尽可能同双方磋商后,得任命尚未任命的调解员或数名调解员。

第三十一条

一、除主席根据第三十条进行任命的情况外,可以从调解员小组以外来任命调解员。

二、从调解员小组以外任命的调解员应具备第十四条第一款所述的品质。

第三节　调解程序

第三十二条

一、“委员会”应是其本身权限的决定人。

二、争端一方提出的异议,认为该争端不属于“中心”的管辖权范围内,或因其他原因不属于“委员会”权限范围,应由“委员会”加以考虑,并决定是否将其他为先决问题处理,或与该争端的实体问题一并处理。

第三十三条

任何调解程序应依照本节规定,以及除双方另有协议外,依照双方同意调解之日起有效的调解规则进行。如发生任何本节或调解规则或双方同意的任何规则未加规定的程序问题,则该问题应由“委员会”决定。

第三十四条

一、“委员会”有责任澄清双方发生争端的问题,并努力使双方对共同可接受的条件达成协议。为此目的,“委员会”可以在程序进行的任何阶段,并可随时向双方建议解决的条件。双方应同“委员会”真诚合作,以便“委员会”能执行其任务,并对“委员会”的建议予以最认真的考虑。

二、如果双方达成协议,“委员会”应制定一项报告,指出发生争端的问题,并载明双方已达成协议。如果在程序进行的任何阶段,“委员会”认为双方已不可能达成协议则它应结束此项程序并制定一项报告,指出已将争端提交调解,并载明双方未能达成协议。如果一方未能出席或参加上述程序,"委员会"应结束此项程序并制定一报告,指出该方未能出席或参加。

第三十五条

除争端双方另有协议外,参加调解程序的任何一方均无权在其他任何程序中,不论是在仲裁员面前或在法院或其他机构,引用或依仗参加调解程序的另一方所表示的任何意见,所作的声明或许诺,或所提出的解决办法,也不得引用或依仗"委员会"提出的报告或任何建议。

第四章 仲 裁

第一节 请求仲裁

第三十六条

一、希望采取仲裁程序的任何缔约国或缔约国的任何国民,应就此向秘书长提出书面请求,由秘书长将此项请求的副本送交另一方。

二、该项请求应包括关于发生争端的问题的材料、双方的身份以及它们同意依照采取调解和仲裁的程序规则提交仲裁等内容。

三、秘书长应登记此项请求,除非他根据请求中所包括的材料,发现此项争端显然在"中心"的管辖权范围之外。他应立即将登记或拒绝登记之事通知双方。

第二节 仲裁庭的组成

第三十七条

一、仲裁庭应在依照第三十六条提出的请求登记之后尽速组成。

二、(一)仲裁庭应由双方同意任命的唯一的仲裁员或任何非偶数的仲裁员组成。

(二)如双方对仲裁员的人数和任命的方法不能取得协议,仲裁庭应由三名仲裁员组成,由每一方各任命仲裁员一名,第三人由双方协议任命,并担任仲裁庭庭长。

第三十八条

如果秘书长依照第三十六条第三款发出关于请求已予以登记的通知后90天内,或在双方可能同意的其他期限内未能组成仲裁庭,主席经任何一方请求,并尽可能同双方磋商后,得任命尚未任命的仲裁员或数名仲裁员。主席根据本条任命的仲裁员不得为争端一方的缔约国的国民或其国民是争端一方的缔约国的国民。

第三十九条

大多数仲裁员不得为争端一方的缔约国国民和其国民是争端一方的缔约国的国民。但如唯一的仲裁员或仲裁庭的每一成员是经双方协议任命的,则不适用本条的上述规定。

第四十条

一、除主席根据第三十八条进行任命的情况外,可以从仲裁员小组以外来任命仲裁员。

二、从仲裁员小组以外任命的仲裁员应具备第十四条第一款所述的品质。

第三节 仲裁庭的权力和职能

第四十一条

一、仲裁庭应是本身权限的决定人。

二、争端一方提出的异议,认为该争端不属于"中心"和管辖权范围内,或因其他原因不属于仲裁庭的权限范围,应由仲裁庭加以考虑,并决定是否将其作为先决问题处理,或与该争端的实体问题一并处理。

第四十二条

一、仲裁庭应依据当事人双方协议的法律规范处断争端。如无此种协议,仲裁庭应适用作为争端当事国的缔约国的法律(包括它的法律冲突规范)以及可以适用的国际法规范。

二、仲裁庭不得借口法律无明文规定或含义不清而暂不作出裁决。

三、第一款和第二款的规定不得损害仲裁庭在双方同意依据公平与正义原则裁断争端的权力。

第四十三条

除非双方另有协议,如果仲裁庭在程序的任何阶段认为有必要时,它可以:

(一)要求双方提出文件或其他证据;和

(二)访问与争端有关的场地,并在该地进行它可能认为适当的调查。

第四十四条

任何仲裁程序应依照本节规定,以及除双方另有协议外,依照双方同意提交仲裁之日有效的仲裁规则进行。如发生任何本节或仲裁规则或双方同意的任何规则未作规定的程序问题,则该问题应由仲裁庭决定。

第四十五条

一、一方未出席或陈述其案情,不得视为接受另一方的主张。

二、如果一方在程序的任何阶段未出席或陈述其案情,另一方可以请求仲裁庭处理向其提出的问题并作出裁决。仲裁庭在作出裁决之前,应通知未出席或陈述案情的一方,并给以宽限日期,除非仲裁庭确信该方不愿意这样做。

第四十六条

除非双方另有协议,如经一方请求,仲裁庭应对争端的主要问题直接引起的附带或附加的诉请或反诉请求作出决定,但上述要求应是在双方同意的范围内,否则则是在"中心"的管辖范围内。

第四十七条

除双方另有协议外,仲裁庭如果认为情况需要,得建议采取任何临时措施,以维护任何一方各自的权利。

第四节　裁　　决

第四十八条

一、仲裁庭应以其全体成员的多数票对问题作出决定。

二、仲裁庭的裁决应以书面作成,并由仲裁庭投票赞成的成员签字。

三、裁决应处理提交仲裁庭的每一个问题,并说明所根据的理由。

四、仲裁庭的任何成员可以在裁决上附上他个人的意见(不论他是否同意多数人的意见),或他持不同意见的声明。

五、"中心"未经双方的同意不得公布裁决。

第四十九条

一、秘书长应迅速将裁决的核证无误的副本送交双方。裁决应视为在送交上述副本之日作出。

二、仲裁庭经一方在作出裁决之日后45天内提出请求,可以在通知另一方后对裁决中遗漏的任何问题作出决定,并纠正裁决中的任何抄写、计算或类似的错误。其决定应为裁决一部分并应按裁决一样的方式通知双方。第五十一条第二款和第五十二条第二款规定的期限应从作出决定之日计算。

第五节 裁决的解释、修改和取消

第五十条

一、如果双方对裁决的意义或范围发生争端,任何一方可以向秘书长提出书面申请,要求对判决作出解释。

二、如有可能,该项要求应提交作出裁决的仲裁庭。如果不可能这样做,则应依照本章第二节组织新仲裁庭。仲裁庭如认为情况有此需要,可以在它作出决定前停止执行裁决。

第五十一条

一、任何一方可以根据发现一些其性质对裁决有决定性影响的事实,而向秘书长提出书面申请要求修改裁决,但必须以在作出裁决时,仲裁庭和申请人都不了解该事实为条件,而且申请人不知道该事实并非由于疏忽所致。

二、申请应在发现该事实后90天内,无论如何应在作出裁决之日后3年内提出。

三、如有可能,该项要求应提交作出裁决的仲裁庭。如果不可能这样做,则应依照本章第二节组织新仲裁庭。

四、仲裁庭如认为情况有些需要,可以在作出决定前,停止执行裁决。

如果申请人在申请书中要求停止执行裁决,则应暂停止执行,直到仲裁庭对该要求作出决定为止。

第五十二条

一、任何一方可以根据下列一个或几个理由,向秘书长提出书面申请,要求取消裁决:

(一)仲裁庭的组成不适当;

(二)仲裁庭显然超越其权力;

(三)仲裁庭的一个成员有受贿行为;

(四)有严重的背离基本的程序规则的情况;

(五)裁决未陈述其所依据的理由。

二、申请应在作出裁决之日后120天之内提出。但以受贿为理由而要取消除外,该项申请应在发现受贿行为后120天之内,并且无论如何在作出裁决之日后3年之内提出。

三、主席在接到要求时,应立即从仲裁小组中任命由三人组成的专门委员会。委员会的成员不得为作出裁决的仲裁庭的成员,不得具有与上述任何成员相同的国籍,不得为争端一方的国家的国民或其国民是争端一方的国家的国民,不得为上述任何一国指派参加仲裁员小组的成员,也不得在同一争端中担任调解员。委员会根据第一款规定的任何理由有权取消裁决或裁决中的任何部分。

四、第四十一至第四十五条、第四十八条、第四十九条、第五十三条和第五十四条以及第六章和第七章的规定,准用于委员会的程序。

五、委员会如认为情况有此需要,可以在作出决定前,停止执行裁决。如果申请人在申请书中要求停止执行裁决,则应暂时停止执行,直到委员会对该要求作出决定为止。

六、如果裁决被取消,则经任何一方的请求,应将争端提交给依照本章第二节组织的新仲裁庭。

第六节　裁决的承认和执行

第五十三条

一、裁决对双方有约束力。不得进行任何上诉或采取任何其他除本公约规定外的补救办法。除依照本公约有关规定予以停止执行的情况外,每一方应遵守和履行裁决的规定。

二、在本节中,“裁决”应包括依照第五十条、第五十一条或第五十二条对裁决作出解释、修改或取消的任何决定。

第五十四条

一、每一缔约国应承认依照本公约作出的裁决具有约束力,并在其领土内履行该裁决所课予的金钱义务,如同该裁决是该国法院的终局判决一样。具有联邦宪法的缔约国可以在联邦法院或通过该法院执行该裁决,并可规定联邦法院应视该裁决如同是其组成的一邦的法院作出终局判决。

二、要求在一缔约国领土内予以承认或执行的一方,应向该缔约国为此目的而指定的主管法院或其他机构提供经秘书长核证无误的该裁决的副本一份。每一缔约国应将为此目的而指定的主管法院或其他机构以及随后关于此项指定的任何变动通知秘书长。

三、裁决的执行应受要求在其领土内执行的国家关于执行判决的现行法律的管辖。

第五十五条

第五十四条的规定不得解释为背弃任何缔约国现行的关于免除该国或任何外国予以执行的法律。

第五章　调解员和仲裁员的更换和取消资格

第五十六条

一、在委员会或仲裁庭业已组成,程序已经开始之后,其组成应保持不变;但如有一调解员或一仲裁员死亡、丧失资格或辞职,其空缺应依照第三章第二节或第四章第二节的规定予以补充。

二、尽管委员会或仲裁庭的某一成员已停止成为调解员或仲裁员小组的成员,他应继续在该委员会或仲裁庭服务。

三、任何由一方任命的调解员或仲裁员未经委员会或仲裁庭(该调解员或仲裁员是该委员会或仲裁庭的成员)的同意而辞职,造成的空缺应由主席从有关的小组中指定一人补充。

第五十七条

一方可以根据明显缺乏第十四条第一款规定的品质的任何事实,向委员会或仲裁庭建议取消其任何成员的资格。参加仲裁程序的一方还可以以某一仲裁员根据第四章第二节无资格在仲裁庭任职为理由,建议取消该仲裁员的资格。

第五十八条

对任何取消调解员或仲裁员资格的建议的决定应视情况由委员会或仲裁庭的其他成员作出，但如在成员中，双方人数相等，或遇到建议取消唯一的调解员或仲裁员的资格，或取消大多数调解员或仲裁员资格时，则应由主席作出决定。如决定认为该建议理由充分，则该决定所指的调解员或仲裁员应依照第三章第二节或第四章第二节的规定予以更换。

第六章 程序的费用

第五十九条

双方为使用“中心”的设施而应付的费用由秘书长依照行政理事会通过的条例予以确定。

第六十条

一、第一委员会和每一仲裁庭应在行政理事会随时规定的限度内并在同秘书长磋商后，决定其成员的费用和开支。

二、本条第一款的规定并不排除双方事先同有关的委员会或仲裁庭就其成员的费用和开支取得协议。

第六十一条

一、就调解程序而言，委员会成员的费用和开支以及使用“中心”的设施的费用，应由双方平均分摊。每一方应负担与程序有关的任何其他开支。

二、就仲裁程序而言，除双方另有协议外，仲裁庭应估计双方同程序有关的开支，并决定该项开支、仲裁庭成员的费用和开支以及使用“中心”的设施的费用应如何和由何人偿付。此项决定应成为裁决的一部分。

第七章 程序进行的地点

第六十二条

调解和仲裁程序除以下条文的规定外，应在“中心”的所在地举行。

第六十三条

如果双方同意，调解和仲裁程序可以在下列地点举行：

（一）常设仲裁法庭或任何其他适当的公私机构的所在地，“中心”可以同上述机构就此目的作出安排；或

（二）委员会或仲裁庭在同秘书长磋商后所批准的任何其他地点。

第八章 缔约国之间的争端

第六十四条

缔约国之间发生的不能通过谈判解决的有关本公约的解释或适用的任何争端，经争端任何一方的申请，得提交国际法院，除非有关国家同意采取另一种解决方法。

第九章 修 改

第六十五条

任何缔约国得建议修改本公约。建议修改的文本应在审议该修改案的行政理事会召开会议之前至少90天送交秘书长,并由秘书长立即转交行政理事会所有成员。

第六十六条

一、如果行政理事会根据其成员的三分之二多数决定修改,则建议修改的文本应分送给所有缔约国予以批准、接受或认可。每次修改应在本公约的保存者向各缔约国发出关于所有缔约国已经批准、接受或认可该项修改的通知之后30天开始生效。

二、任何修改不得影响任何缔约国或其任何下属单位或机构或该国的任何国民,在修改生效之日以前表示同意受"中心"管辖而产生的由本公约规定的权利和义务。

第十章 最后条款

第六十七条

本公约应开放供银行的成员国签字。本公约也向参加国际法院规约、而行政理事会根据其成员的三分之二多数票邀请其签署本公约的任何其他国家开放签字。

第六十八条

一、本公约须由签字国依照其各自的宪法程序予以批准、接受或认可。

二、本公约在交存第20份批准书、接受或认可书之日后30天开始生效。对以后每一个交存其批准、接受或认可书的国家,本公约在其交存之日后30天开始生效。

第六十九条

每一缔约国应采取使本公约的规定在其领土内有效所必需的立法或其他措施。

第七十条

本公约应适用于由一缔约国负责其国际关系的所有领土,但不包括缔约国在批准、接受或认可时,或其后以书面通知本公约的保存者予以除外的领土。

第七十一条

任何缔约国得以书面通知本公约的保存者废除本公约。该项废除自收到该通知后六个月开始生效。

第七十二条

缔约国依照第七十条或第七十一条发出的通知,不得影响该国或其任何下属单位或机构或该国的任何国民在保存者接到上述通知以前由它们当中之一所表示的同意受"中心"管辖而产生的由本公约规定的权利和义务。

第七十三条

本公约的批准书,接受或认可书以及修改的文本应交存于世界银行,它是本公约的保存者。保存者应将本公约核证无误的副本送交银行的成员国和被邀请签署本公约的任何其他国家。

第七十四条

保存者应依照联合国宪章第一〇二条和大会通过的有关条例向联合国秘书处登记本公约。

第七十五条

保存者应将下列各项通知所有签字国：

(一) 依照第六十七条的签字；

(二) 依照第七十三条交存批准书、接受和认可书；

(三) 依照第六十八条本公约的生效日期；

(四) 依照第七十条不适用本公约的领土；

(五) 依照第六十六条对本公约的任何修改的生效日期；和

(六) 依照第七十一条废除本公约。

订于华盛顿，用英文、法文和西班牙文写成，三种文本具有同等效力，共一份，存放在国际复兴开发银行档案库，银行已在后面签字，以表明它同意履行根据本公约所承担的任务。

国际复兴开发银行代表：

行长：乔治·伍兹；法律顾问：布罗切斯

[签字国家有：突尼斯、联合王国、牙买加、科特迪瓦、巴基斯坦、尼日利亚、毛里塔尼亚、尼日尔、中非共和国、美国、利比里亚、达荷美、上沃尔特、埃塞俄比亚、加蓬、喀麦隆、日本、瑞典、索马里、塞拉利昂、尼泊尔、卢森堡、丹麦、摩洛哥、马来西亚、意大利、加纳、比利时、法国、刚果(布)、多哥、德意志联邦共和国、塞浦路斯、希腊、乍得、奥地利、肯尼亚、荷兰、马尔加什、乌干达、马拉维、挪威、冰岛、爱尔兰、塞内加尔、阿富汗、特立尼达和多巴哥。台湾和南朝鲜也签了字。签字代表姓名从略——原编者]

（资料来源：陈安主编：《国际投资争端仲裁——"解决投资争端国际中心"机制研究》，复旦大学出版社 2001 年版，第 569—587 页。）

解决投资争端国际中心请求调解和仲裁程序规则(1984)

ICSID Rules of Procedure for the Institution of Conciliation and Arbitration Proceedings, 1984

(1984年9月26日)

请求规则

规则一 请求书

(1)任何缔约国或缔约国的国民,如希望根据《公约》之规定提请调解或仲裁,均应向"中心"所在地的秘书长递交调解或仲裁的书面请求书。请求书应指明是有关调解程序还是仲裁程序。请求书应用"中心"的正式官方文字作成,应注明日期,并由提出请求的当事人签名。

(2)请求可由争端双方当事人共同提出。

规则二 请求书的内容

(1)请求书

① 应指明争端之各方当事人,并说明各方当事人的地址。

② 如果一方当事人是某一缔约国之下属单位或机构,应声明该国根据《公约》第25条第(1)款之规定,已向"中心"指明该下属单位或机构。

③ 应指明同意的日期以及其中记录有该同意的文件。如果一方当事人是缔约国的下属单位或机构,则除非该缔约国已通知"中心",此种同意无需经该国批准,否则上述文件应包括批准的类似资料。

④ 对于作为缔约国国民的当事人:

(i)应指明同意之日其所属国籍,以及

(ⅱ) 如果该当事人是自然人,还应指明:

A) 请求之日其所属的国籍,以及

B) 无论同意之日或请求之日均不具有争端缔约国当事人的国籍。

(ⅲ) 如果当事人是法人,并且在同意之日具有争端之缔约当事人的国籍,则应指明双方当事人关于该法人为《公约》之目的应视作另一缔约国国民的协议。

⑤ 应包含有关于争议问题的资料,指明当事人之间存在着直接产生于投资的争端。

(2) 第1条第(3)款和第1条第(4)款第(ⅲ)项应有证明文件的证实。

(3) "同意之日"是指争端双方当事人书面同意把争端提交给"中心"之日;如果双方当事人不在同一天同意,则指后一当事人同意之日。

规则三　请求书中的任意性资料

此外,请求书还可以就双方当事人同意的调解员或仲裁员人数及其指定方法,并可以就双方同意的争端解决办法作出任何其他规定。

规则四　请求书副本

(1) 请求书应附五份经签字之副本。秘书长如认为需要,可要求再提交此种副本。

(2) 与请求书一并提交之任何证明文件均应符合《行政和财务条例》第三十条的要求。

规则五　请求书之确认

(1) 秘书长收到请求书时:

① 应向请求方当事人发出一份确认书;

② 在收到规定的费用之前不应就该请求采取任何其他行为。

(2) 一经收到提出请求的费用,秘书长即应将请求书副本及随附证明文件送一份给另一方当事人。

规则六　请求之登记

(1) 在不违反第5条第(1)款第②项的条件下,秘书长应尽速:

① 在调解或仲裁登记簿上登记当事人的请求,并在同一天将登记事宜通知双方当事人;或者

② 如果秘书长根据请求书所包含的资料发现争端明显不在"中心"管辖权之内,他应通知当事人拒绝登记该请求,并说明理由。

(2) 请求登记之日应视为根据《公约》进行的程序提请之日。

规则七　登记的通知

登记请求的通知应:

① 记录请求已登记事宜,并指明登记日及其通知发出之日;

② 告知各方当事人,除非已向"中心"指明另外的地址,与程序有关的一切函件和通知将按请求书中说明的地址送发;

③ 请求当事人就调解员或仲裁员的人数及其指定方法约定的条款告知秘书长,除非此种条款已经提供;

④ 请求当事人尽速依照《公约》第29条至31条的规定设立调解委员会或依照《公约》第37条至第40条的规定设立仲裁庭。

⑤ 附上一份“中心”调解员或仲裁员名单。

规则八　请求书的撤回

提出请求的一方当事人在请求登记之前,可以书面通知秘书长撤回请求,除非根据规则五第(1)款第②项的规定,该请求尚未送达另一方当事人,否则秘书长应立即通知该另一方当事人。

规则九　最后条款

(1) 本规则各“中心”正式语言文本具有同等效力。

(2) 本规则可引作“中心”“提起规则”。

(资料来源:陈安主编:《国际投资争端仲裁——“解决投资争端国际中心”机制研究》,复旦大学出版社2001年版,第588—591页。)

解决投资争端国际中心调解程序规则(1965)
ICSID Rules of Procedure for Conciliation Proceedings, 1965

(1965年通过)

第一章　委员会之成立

规则一　一般性义务

(一)当事者收到申请调解之登记通知书后,应参照《公约》第三章第二节之规定,尽快成立委员会。

(二)除非调解申请书已经包括了当事者就有关调解员人数和他们的任命方式所达成的协议,否则,当事者应尽快将此种情况通知秘书长。

规则二　没有先约时委员会之任命方式

(一)在登记调解申请书时,除当事者另有协议外,如他们未就调解员人数及其任命方式达成协议,应遵守如下规则:

(1)申请方应在调解申请书登记后的10日内,向他方当事者建议任命独任调解员或特定奇数调解员,并且确定建议任命的方式;

(2)他方当事者在收到申请方建议的20日内,应:

1. 接受此种建议;

2. 提出有关调解员人数及其任命方式之其他建议。

(3)申请方在收到具有任何类似之答复的20日内,应通知他方当事者是否接受该建议。

(二)上款规定的信函应以书面形式作成或以书面形式及时确认,并且应通过秘书长送达或在当事人之间直接送达,将副本送交秘书长。当事者应将达成协议之内容及时通知秘书长。

(三)调解申请书登记后的60日内,如还未就其他程序达成协议,其一方当事者可随时通知秘书长其选择《公约》第二十九条第二款第二项规定的任命方式。此后,秘书长应将委员会依上述条款成立之事项通知他方当事者。

规则三　依《公约》第二十九条第二款第二项任命组成委员会之调解员

(一)如果委员会依《公约》第二十九条第二款第二项成立:

(1)其一方当事者在发往他方当事者之信函中,应:

1. 提名两人,指定其中一名为所任命之调解员,另一名为所建议为委员会主席之调解员;并且

2. 邀请他方当事者任命另一名调解员并共同任命建议为委员会主席之调解员。

(2) 他方当事者收到信函后,应在其答复中及时:

1. 提名一人为所任命之调解员;并且

2. 同意任命建议为委员会主席之调解员或者提名另一人为所建议为主席的调解员。

(3) 原当事者收到含有此种建议的答复后,应及时通知他方当事者是否同意任命由他方当事者所建议为委员会主席之调解员。

(二) 本规则所规定之信函应以书面形式作成或以书面形式及时确认,并应通知秘书长送达或在当事者之间直接送达。将信函副本送交秘书长。

规则四　行政理事会主席任命调解员

(一) 如果委员会未在秘书长发出登记通知书后的 90 日内成立,或未在当事者另行约定的期限内设立,任何一方当事者可以通过秘书长向行政理事会主席提交书面申请,请求任命调解员或任命尚未任命之调解员,并指定一名调解员推举委员会主席而未能推举之情形。

(二) 上款规定应准予适用于当事者同意由调解员推举委员会主席而未能推举之情形。

(三) 秘书长应立即将申请书副本送达他方当事者。

(四) 行政理事会主席应参照《公约》第三十一条第一款之规定,并在尽可能征询当事者的意见后,于收到申请书后 30 日内,满足该要求。

(五) 秘书长应将行政理事会主席之任何任命或指定即时通知当事者。

规则五　任命之接受

(一) 有关一方或双方当事者应将各名调解员之任命通知秘书长,并说明其任命方式。

(二) 秘书长一旦收到当事者或行政理事会主席任命调解员的通知后,应尽快求得被任命者之接受。

(三) 如果调解员未在 15 日内接受任命,秘书长应及时通知当事者,如该调解员系由主席任命,还应通知主席,邀请他们,按先前之任命方式任命其他调解员。

规则六　调解员应签署声明

(一) 秘书长通知当事者全体调解员均已接受任命之日,应视为委员会已经成立和调解程序已经开始。

(二) 在委员会举行第一次会议之前或在第一次会议中,各调解员得签署如下声明:

"就本人所知,本人没有理由推辞在解决投资争端国际中心就……与……之间的争端所成立之调解委员会任职。

"对于本人由参与本调解程序所知之任何情事以及委员会起草之任何报告之内容,吾将严守秘密。

"除解决投资争端的公约和依其制定的条例及规则的规定外,吾将不再接受来自任何方面的有关调解的任何指示和报酬。

"关于本人过去和现在的职业及与当事者之其他关系(如果存在的话)之陈述在此附上。"

任何调解员在委员会第一次会议结束时未能签署声明的,应视为已经辞职。

规则七　调解员之撤换

委员会成立前之任何时候，一方当事者可以撤换其所任命之调解员，双方当事者可以共同协商撤换任命调解员。此种撤换之程序应依规则一、规则五和规则六执行之。

规则八　调解员无行为能力或辞职

（一）如果调解员丧失行为能力或不能履行职务，则应适用规则九所载之调解员资格不合之程序。

（二）通过向委员会其他成员和秘书长提交辞呈，调解员可以辞职。如果该调解员系由一方当事者任命，委员会应及时审查其辞职之理由并决定是否予以同意。委员会应将其决定及时通知秘书长。

规则九　调解员资格不合

（一）依《公约》第五十七条提出调解员资格不合的一方当事者，必须于委员会首次向当事者建议争端的解决条件之前或在调解程序终止（不论何者发生在前）之前将建议提交给秘书长并就此陈明理由。

（二）秘书长应立即：

（1）将建议送交委员会成员，并且，如果建议涉及独任调解员或委员会之多数成员，将建议送交行政理事会主席；以及

（2）将此项建议通知他方当事者。

（三）一旦此种情况发生，建议所涉及的调解员可立即向委员会或行政理事会主席提出辩解。

（四）除非建议涉及委员会之多数成员，否则，其他成员应在有关调解员缺席的情况下及时进行审查和投票。如果赞成票与反对票票数相等，他们通过秘书长将建议，有关调解员的辩解以及未能作出决定之情形及时通知行政理事会主席。

（五）主席必须在收到建议后的30日内对要求撤销调解员资格之建议作出决定。

（六）在对建议作出决定前，调解程序应予中止。

规则十　委员会空缺之程序

（一）秘书长应将调解员资格不合、死亡、无行为能力或辞职以及委员会对辞职之同意及时通知双方当事者，必要时通知行政理事会主席。

（二）秘书长发出委员会空缺之通知后直至空缺填补前，调解程序应该或继续予以中止。

规则十一　委员会之补缺

（一）除第二款之规定外，因调解员资格不合、死亡、无行为能力或辞职产生之空缺应以其被任命之相同办法及时填补之。

（二）行政理事会主席因调解员补缺外，还应从调解员名单中任命一人：

（1）在委员会未达成一致意见时，填补因一方当事者任命的调解员辞职产生的空缺；并且

（2）如果在秘书长发出空缺通知后的30日内没有作出和接受新的任命，则依一方当事者之申请，填补其他空缺。

（三）填补空缺之程序应遵守规则一、规则四的第四款和第五款、规则五，并准予适用规

则六的第二款。

规则十二　填补空缺后调解程序之恢复

一旦委员会之空缺填补后,应继续进行因空缺而中止之调解程序。但是新任命之调解员可以要求重审案件之一部分或全部。

第二章　委员会之工作

规则十三　委员会之会议

(一) 委员会得在组成后6日内或在当事者协议之其他期限内举行第一次会议。会议日期在委员会主席与委员会成员和秘书长磋商之后确定之。如果双方当事者协议由委员会成员推选主席,因而在委员会成立时没有主席,则由秘书长确定日期。在这两种情况下,应尽量与双方当事者磋商。

(二) 以后的会议日期由委员会在尽量与秘书长和双方当事者磋商以后确定之。

(三) 委员会应在"中心"所在地或在双方当事者依《公约》第六十三条所协议之其他地点举行会议。如果双方当事者协议在"中心"所在地或在"中心"已作必要安排之机构所在地以外之地点进行调解程序,则应与秘书长磋商并请求委员会批准。如果未获批准,委员会应在"中心"所在地举行会议。

(四) 秘书长应在适当期间内将委员会举行会议之日期和地点通知委员会成员和双方当事者。

规则十四　委员会之听证

(一) 委员会主席应主持委员会之听证和评议。

(二) 除非双方当事者另有协议,委员会之成员多数出席应视其听证之必要条件。

(三) 委员会主席应确定听证之日期与期限。

规则十五　委员会之评议

(一) 委员会之评议应不公开进行并保守秘密。

(二) 参加评议者限委员会成员。除非委员会另有决定,他人不得参加。

规则十六　委员会之决定

(一) 委员会之决定得以其所有成员之多数票为之。弃权票以反对票计算。

(二) 除本规则另有规定或委员会另有决定外,委员会之任何决定可以由其成员间之通信方式作出,但应以全体成员协商为限。以此种方式作出之决定应由委员会主席核实之。

规则十七　主席之无行为能力

(一) 委员会主席一旦丧失行为能力,其职务应由委员会另一成员担任,此种顺序以秘书长收到接受委员会任命的通知的先后排列之。

规则十八　当事者之代理

(一) 一方当事者可以由代理人或律师予以代理或协助,该当事者应将代理人或律师之姓名及其权限通知秘书长。秘书长应将其及时通知委员会和他方当事者。

（二）为适用本规则，条文中采用的“当事者”之表述包括经授权代表当事者的代理人或律师。

第三章 一般程序条款

规则十九 程序性决定

委员会应依进行调解程序之需要作出决定。

规则二十 事先程序事务协商

（一）委员会成立后，主席应尽快查明当事者对程序问题之意见。为此他可以要求与当事者会谈。他应特别征求当事者对以下问题之意见：

（1）构成委员会听证之法定人数所必需之调解人数；

（2）调解中使用一种或几种语言；

（3）各当事者欲提出或要求委员会收集之口头或书面证据、当事者欲提出书面陈述以及此种证据和陈述应提交之期限；

（4）各方当事者所需他方当事者提交之文件副本之数额；

（5）听证记录之保存方式。

（二）除《公约》或《行政和财务条例》另有规定外，在调解过程中，委员会应适用双方当事者就程序事项所达成之任何协议。

规则二十一 工作语言

（一）双方当事者可以协议在调解中使用一种或两种语言，但是，如果双方协议使用之语言非为“中心”之正式语言，则由委员会在与秘书长磋商之后决定是否予以同意。如果当事方未就工作语言达成协议，各方可以为此选择任何一种语言（即英语、法语和西班牙语）。

（二）如果双方当事者选择两种工作语言，任何文件可以用任何一种语言提交。审理过程中可以使用任何一种语言，如果委员会有要求，以在笔译和口译的条件下为限。委员会之建立与报告应以两种语言提交，记录也应以两种语言保存，两种文本具有同等效力。

第四章 调解程序

规则二十二 委员会的职责

（一）为澄清双方当事者争端之事实，委员会应听取当事者之陈述并努力获取有关之任何资料。当事者应尽量予以紧密合作。

（二）为促成双方达成协议，委员会可以在整个调解过程中随时向双方提出口头或书面建议。它可以建议当事者接受某种解决条件，或者为求得双方达成协议，建议其放弃某种可能使争端恶化之行为。它应向当事者提出其建议之理由。对于各方当事者通知委员会其就建议之决定，委员会可确定期限。

（三）委员会为收集资料、履行职责，可以在整个调解过程中：

（1）要求当事者作口头说明、提供文件和其他资料；

（2）要求其他人提供证据；并且

(3) 经有关当事者同意,对有关争端现场进行勘察或调查,但以双方可以参加这种勘察和调查为限。

规则二十三 当事人之合作

(一) 当事者应一秉善意与委员会合作,特别应根据委员会的要求,提供所有有关文件、资料和作出说明,并应采取措施,使委员会得以听取其欲听取之证人证词和专家意见。当事者还对委员会所欲进行之有关争端现场之勘察与调查,提供便利。

(二) 当事者应遵守委员会同意或确定之任何期限。

规则二十四 申请书之送达

委员会一旦成立,秘书长即应向每一成员送达请求调解之申请书副本、证明文件、登记通知以及所收到的有关当事者之任何信函之副本。

规则二十五 书面陈述

(一) 委员会成立后,主席应邀请各方当事者在30日内或在其确定的其他较长期限内,提出反映各方主张之书面陈述。如果委员会成立时没有主席,则此种邀请和其他较长期限应由秘书长发出和确定。在整个调解过程中,当事者应在委员会确定的期限内,提交被认为有用和有关之其他书面陈述。

(二) 除非委员会在与当事者和秘书长磋商以后另有规定,所有书面陈述或其他文件提交都应有署名原本,并有比委员会成员人数多出两份之附加副本。

规则二十六 证明文件

(一) 当事者提交所有书面陈述或其他文件都可附有证明文件,其形式和数额应遵循行政及财务条例第三十条之规定。

(二) 证明文件一般应与其所相关之文件一并提交,并在为提交该文件所确定的期限内提交。

规则二十七 委员会之听证

(一) 委员会之听证应不公开进行,并除非当事者另有协议,均应保守秘密。

(二) 委员会经当事者同意,可以决定当事者、其代理人、律师、作证时的证人和专家以及委员会的工作人员以外的其他人可否参加听证。

规则二十八 证人与专家

(一) 在整个调解过程中,各当事者可以要求委员会听取其认为相关的证人证词和专家意见,委员会应确定此种听证的期限。

(二) 按惯例,在主席的主持下,证人和专家应由当事者当场进行询问。委员会成员也可以进行询问。

(三) 如果证人或专家不能到会,委员会与当事者协商后,可以恰当安排其书面作证或在其他地方进行询问。任何此种询问,当事者均可参加。

第五章　调解程序之终止

规则二十九　管辖权异议

（一）关于争端不属于“中心”的管辖范围或由于其他原因不属于委员会的职权范围的异议应尽早提出。当事者至迟得在第一份书面陈述中或在早于前者之首次听证会上向秘书长提出异议，除非当事者当时不知异议所依据之事实。

（二）委员会应在整个调解过程中主动审查提请调解之争端是否属于“中心”的管辖范围和委员会职权范围。

（三）在异议正式提出后，有关实质性问题的调解程序应予中止。委员会应征求各方当事者对异议的意见。

（四）委员会可以将异议作为先决问题受理，也可以使之与争议的实质性问题一并受理。如果委员会驳回异议或使之与实质性问题一并受理，它应立即恢复对实质性问题的审议。

（五）如果委员会认定争端不属于“中心”的管辖范围或不属于委员会的职权范围，它应终止调解，并就此起草报告，陈明理由。

规则三十　调解程序之终止

（一）如果当事者就争端事项达成协议，委员会应终止调解程序并起草报告，指出争端事项，载明当事者已达成协定。如果当事者申请，报告还应载明协议的条件及其详细规定。

（二）在整个调解过程中，如果在委员会看来当事者之间不可能达成协议，委员会应在通知双方当事者以后，终止调解程序并起草报告，指出提交调解之争端，载明该当事者未能出席或参加调解程序。

规则三十一　报告之准备

委员会应在调解程序终止后30日内起草和签字。

规则三十二　报告

（一）报告应以书面形式作成，并除第二款和规则三十的规定外，还应包括：

（1）各方当事者之确切名称；

（2）委员会依《公约》成立之陈述，其成立方式之陈述；

（3）委员会成员之姓名，其委任权之证明；

（4）当事者之代理人和律师之姓名；

（5）委员会听证之时间与地点；以及

（6）调解之概述。

（二）根据《公约》第三十五条之规定，对于在其他程序中可引用调解程序中的表达意见、声明、认可或和解之提议或委员会之报告或建议之事项所达成的协议，报告中应予以记载。

（三）报告应由委员会成员签字并应标明签字日期。成员拒绝签字之事实应予以记载。

规则三十三　报告之送达

（一）在所有调解员签字以后，秘书长应及时：

(1) 核实报告原本并存入“中心”档案;以及

(2) 向各当事者送达一份核实无误之副本,并在原本和副本上标明送达日期。

(二) 秘书长应根据申请,经一方当事者要求增加核实无误之报告副本。

(三) “中心”非经双方当事者同意,不得公布该报告。

第六章　一般性条款

规则三十四　最后之条款

(一) 本规则所使用“中心”各正式语言之文本具有同等效力。

(二) 本规则可以作为“中心”的调解规则加以引用。

(资料来源:陈安主编:《国际投资争端仲裁——“解决投资争端国际中心”机制研究》,复旦大学出版社 2001 年版,第 592—603 页。)

解决投资争端国际中心示范条款(1965)
ICSID Model Clauses, 1965

(1965 年通过)

1.《解决国家与他国国民间投资争端公约》(《公约》)规定同意将争端提交解决投资争端国际中心管辖的表示必须是书面形式。

同意之表示可产生于:

(a) 投资协议中的调解或仲裁条款;或

(b) 将现有争端提交"中心"调解或仲裁的协议。

对同意之表示的具体形式或特殊语言,《公约》未作规定。然而,同意之表示须明确无误和毫无保留。

2. "中心"调解或仲裁条款的形式和内容须根据各个不同情况而变化。

特建议以下条款作为标准条款。

第一节 基本意见条款

A. 一缔约国和另一缔约国国民之间投资协议中的调解和仲裁条款

3. 以下特定的基本条款假定:(i) 争端的政府一方是缔约国本身(而不是子公司或代理机构:见第 11 段);(ii) 投资方明显是另一缔约国国民:见第 12 段);(iii) 当事人双方接受《公约》第 42 条规定的法律选择条款:见第 22 段);和(iv) 当事人双方不希望违背"中心"调解或仲裁规则。

条款 1

"双方兹特同意将与本协议有关或因本协议产生的任何争端提交解决投资争端国际中心依照《解决国家与他国国民间投资争端公约》,通过调解或仲裁方法解决。"

B. 具体意见条款

条款 2

"(政府)(缔约国名称)和(投资者名称)特此同意将直接由下述投资引起的以下争端提交解决投资争端国际中心依照《解决国家与他国国民间投资争端公约》,通过调解或仲裁方法解决:

(a) (争端说明);

(b) (投资说明)。"

C. 非缔约国随后批准或先期同意

4.《公约》要求一方是缔约国(或缔约国指定的下属单位或机构)和另一方是另一缔约

国国民。当事人在将争端提交“中心”调解或仲裁时,或在程序开始时已具备《公约》成员资格。

5. 在当事人希望在投资协议中规定“中心”调解或仲裁,或希望将现有争端提交“中心”调解或仲裁时,争端的国家一方或投资一方可能尚非《公约》成员,因此,不具备《公约》制定的关于成员资格的条件。

6. 然而,如果可以预期涉及争端的国家或投资者所属国可能在不久的将来能批准《公约》时,则当事人可先期将争端提交“中心”管辖。为此,当事人均可以使用基本条款 1 或基本条款 2,并对有关条款增加下述规定。为防止发生成员资格得不到满足的可能,当事人均须规定可供备用的另一种可行程序。以下条款可实现上述两个目的:

条款 3

“(a) (基本条款 1 或 2)

(b) 由于(东道国国名或投资者所属国国名)尚未成为《公约》成员,特此同意上述条款(a) 应于《公约》对(国名)生效时发生效力,并且该日期应被视为当事人均表示将争端提交‘中心’调解或仲裁的同意日。

(c) 按照(b)条规定,于上述条款(a)生效前,(该项争端)(与本协议相关或因本协议而产生的任何争端)应通过和《公约》规定的相同程序由调解或仲裁解决,但以下情况应属另外:(i) 程序应由直接通知另一方才得开始者;和(ii) 如可能发生在接到通知后的 90 天内调解委员会或仲裁庭未能组成,任何一方当事人可要求(‘中心’行政理事会主席)或(‘中心’秘书长)任命尚未任命的调解员或仲裁员。”

第二节　有关争端性质的特别条款

7.《公约》规定争端必须是因投资引起的法律争端,然而《公约》没有给“投资”一词下定义。这是有意的疏忽。因为私人和外国官方实体间交易的多样性,使任何定义都无法将之全部囊括。

明显属于投资概念之交易包括诸如贷款、产权资本的提供和工业产权。

明显不包含通常的商业交易者有,如货物买卖。

介于以上两者之间的例子很多,如一项设备买卖的交易兼带融资便利、建设合同或工业合同或其他形式的合作合同。

——为消除任何含糊不清,建议当事人双方在文件中明确声明依《公约》之目的双方之间的某特定交易构成一项投资。

——同时,须重申双方同意的投资定义不得剥夺:(i) 秘书长根据请求中包含的资料发现提交的争端明显不在“中心”管辖范围之内时,拒绝登记一项要求“中心”调解或仲裁的请求的权力(例如是一项“商业性”而不是“投资”的争端);或(ii) 调解委员会或仲裁庭裁定所涉及的争端是否归属其权限之内的权力。

8. 以下形式的条款亦可使用:

条款 4

“双方兹特同意,为《公约》第二十五条第一款的目的,(此争端)(任何与本协议相关或因本协议而产生的争端)是直接因投资而产生的法律争端。”

9. 如果双方希望条款更确切些，双方可对一项投资的某些特点，如投资的性质、规模或期限补充说明，充实标准条款。

10. 双方可使用前述条款中的普通用语，双方也可以将其同意仅限于某类争端上表示对“中心”调解或仲裁的同意。在这种情况下，双方不得使用基本条款 1 而需改变其措辞如下：

条款 5

“双方特此同意将与本协议相关或因本协议而产生的以下任何争端提交解决投资争端国际中心依照《解决国家与他国国民间投资争端公约》通过调解或仲裁方法解决，但涉及以下事项的争端除外：

(i) ……；

(ii) ……。”

第三节　关于当事人的特别条款

A. 下列单位或政府机构

11. 当“中心”调解或仲裁条款的当事人之一方不是缔约国，而是该缔约国的下属单位或机构时，依照《公约》第二十五条第一款和第三款须满足两项特殊要求：

——该下属单位或机构必须是该缔约国指派到“中心”的；和

——该下属单位或机构表示的同意，须经该缔约国批准，除非该缔约国通知“中心”该批准为不必要。

以下条款旨在表明上述条件符合：

条款 6

“（该下属单位或机构名称）是（该东道国名称）的（一下属单位）（一机构）按照《解决国家与他国国民间投资争端公约》（《公约》）第二十五条第一款的规定，已被指派到解决投资争端国际中心（‘中心’）。根据《公约》第二十五条第二款规定，（该东道国名称）：

——特批准（该下属单位或机构的名称）和（投资方名称）之间于（____年____月____日）签订的协议（____基本条款之一）（____条____款____项）所作的同意协议。

——根据（该下属单位或机构名称）和（投资方名称）于____年____日）签订的协议的规定，已通知‘中心’对（该下属单位或机构名称）对‘中心’（调解）（仲裁）表示的同意无需批准。”

B. 投资者国籍

12. 如果投资者是自然人，《公约》要求该自然人满足以下管辖权方面的要求：在同意将争端交付调解或仲裁之日和登记请求之日，他必须是一缔约国的国民而不是东道国国民，并且不得在以上任何之日同时具有东道国国籍。如果私人一方是法人，在同意之日时只能具有一缔约国籍而不得具有东道国国籍。当《公约》未要求在同意协议中指明国籍，有关国籍条款又不能改变实际上的资格不符时，有效办法是通过以下条款之一规定投资者国籍：

条款 7

“为《公约》第二十五条第二款的目的，特此同意（投资者名称）是（另一缔约名称）的国民。”

13.《公约》第二十五条第二款(b)项的规定，如果投资者在同意之日是具有东道国国籍的法人,双方同意因该法人受“外来控制”,为本《公约》之目的,该法人“应被视为另一缔约国的国民”,则“中心”对之仍有管辖权。在此情况下,双方可按下述条款制作有关投资者国籍的协议。

条款 8

“为《公约》第二十五条第二款(b)项的目的,虽然(投资者名称)是(东道国名称)的国民,但受(另一缔约国或几个缔约国名称的)国民控制,特此同意,为本《公约》之目的,该投资者应被视为(该)(这些)缔约国的国民。”

C. 投资者获得赔偿后权利的保留

14. 许多国家为其国民可能在外国投资中遭受的损失提供保险。这些保险计划通常由政府机构承担。一旦这类机构向投资者作了赔偿,便成为投资者权利的取代者,但该机构不可适用最初由投资者和东道国政府达成的“中心”条款。其理由是“中心”调解或仲裁不适用于缔约国之间或其机构之间的争端。

因此,要将争端交付“中心”,此项程序必须由投资者提起,以下条款可适用于该种情形:

条款 9

“兹同意(投资者名称)将争端交付‘中心’调解或仲裁的权利不得因已从任何第三方获得对争端客体的任何损失或损害的充分或部分赔偿的事实而影响;[但是(东道国名称)可以要求证明该第三方同意(投资者名称)行使此项权利]。”

第四节　关于调解或仲裁程序的条款

A. 调解委员会或仲裁庭的组成

15. 除了《公约》第二十九条第二款(a)项和第三十一条第二款,或第三十七条第二款(a)项、第三十九条和第四十条第二款作出的诸项要求外。当事人均可自由按其希望的方式组成调解委员会或仲裁庭。如果双方在请求登记时对此未达成协议,则采取调解程序规则(“调解规则”)规则二和仲裁程序规则(“仲裁规则”)规则二提出的关于协议如何组成调解委员会和仲裁庭的程序;但是,如果双方不能达成协议,则在调解和仲裁规则规则二第三款规定的 60 日期限届满时,任何一方可援用《公约》第二十九条第二款(b)项或第三十七条第二款(b)项规定的自动方案。如果双方能事前对调解委员会或仲裁庭的构成达成协议,最好通过下列条款形式将此记载于以方同意将争端交付仲裁的协议中(当然,如果一项争端已实际发生,双方可协议采用另一种方案):

条款 10

“依本协议构成的任何‘中心’[调解委员会][仲裁庭]应由[双方协议指定]的[一名独任调解员或仲裁员][(三名或任一奇数的)调解员或仲裁员]组成。[每一方指定的一名(数名)调解员或仲裁员并由双方协议任命(第三人或第五人作为调解委员会主席或仲裁庭庭长)][或若双方未能达成协议,由(中立方的官员名称)中指定]。”

B. 程序进行的地点

16. 如果双方同意,程序将在华盛顿特区、开罗、吉隆坡或海牙进行。经调解委员会或仲裁庭的批准,程序也可在双方协商的其他任何地点进行。双方未能达成协议时,程序将在华盛顿特区所在地进行。为了事前解决程序进行的地点问题,双方可在同意协议中对此专门规定一项条款。

条款 11

“依本协议进行的调解或仲裁程序应在[机构名称或地点名称]进行。”

C. 调解员和仲裁员的酬金

17. 按照行政与财务条例第十三条第一款的规定(1981 年 2 月 1 日修订本),调解委员会或仲裁员的每日酬金为 400 个单位特别提款权(约相当于 500 美元)。

如果双方欲变更该酬金标准,可直接作如下明确规定:

条款 12

“对按本协议指定的任何调解员或仲裁员因参加调解委员会或仲裁庭的会议或执行其他与程序相关的工作而支付的每日酬金[为][不得超过][指定数额和货币]。”

D. 程序费用的分摊

18.《公约》第六十一条第一款规定,调解程序的费用应由双方平均分摊。

《公约》第六十一条第二款规定,除双方另有协议外,仲裁庭应估计仲裁程序的费用,并决定该项费用应如何和由何人偿付。如果双方希望就仲裁费用的分摊事前达成协议,则可通过规定以下条款实现:

条款 13

“就依本协议进行的仲裁程序而言,仲裁庭成员的酬金和开支以及使用‘中心’设施的费用应[由双方平均分摊][在双方之间作如下分摊:……]。”

第五节 仲裁条款

A. 用尽当地救济

19. 除另有规定外,将争端交付“中心”仲裁的同意被视为排除任何其他救济办法。但是,东道国可以规定事先用尽当地救济办法为其同意交付仲裁之条件。下列条款用于该情形:

条款 14

“在[投资者姓名]按照本协议规定开始仲裁程序之前[投资者姓名]必须用尽[当地救济办法][如下行政或司法救济办法],[除非(东道国名称)书面放弃该项要求]。”

B. 不排除其他救济的协议

20.《公约》第二十六条第一句规定双方将争端交付仲裁的同意“除另有规定外,应视为排除任何其他救济办法而交付上述仲裁。”既然本规定允许双方另作规定,则双方可规定如下条款:

条款 15

“载于[即基本条款]中的将争端交付‘中心’仲裁的同意不排除双方任何一方诉诸以下其他救济办法:[即其他形式的程序]。当上述其他程序仍进行时,不得开始《公约》规定的任何仲裁程序。”

C. 保全措施

21. 除非双方另有协议,同意将争端交付“中心”仲裁的协议就排除任何其他救济办法。所以,双方不得请求当地法律或司法机构命令采取保全措施。如果双方欲保留该项特权,应作出如下适当规定：

条款 16

“载于[即基本条款]中的将争端交付‘中心’仲裁的同意不应排除双方任何一方在仲裁程序开始之前或进行之中采取或要求司法或其他权力机构命令采取任何临时或保全措施，包括扣押财产，以维护其权利和利益。”

D. 适用的法律

22.《公约》赋予当事人决定仲裁庭应适用的法律规则的无限自由。

法律选择条款可如下所述：

条款 17

“按本协议组成的任何仲裁庭应适用[国家名称]的[在本协议订立之日正在执行和有效]的国内法，[但是，以下为例外：……][以及可能适用的(习惯规则)(国际法原则)]。”

E. 公平和善意裁决

23.《公约》第四十二条第三款规定仲裁庭在双方同意时可依据公平与正义原则裁断争端。如果双方希望授予仲裁庭以公平和正义裁决的权力，他们可规定使用如下条款：

条款 18

“根据本协议成立的任何仲裁庭，应根据公平与正义原则裁决任何争端。”

F. 主权执行豁免权的放弃

24.《公约》第五十五条规定适用于承认和执行“中心”仲裁裁决可适用的简化程序(见《公约》第五十四条)“不得被解释为背离任何缔约国现行的对该国或任何外国豁免于执行的法律”。

鉴于国家豁免法律制度之间的差别，“中心”裁决在不同缔约国中可能受到不同待遇。

为了预防豁免原则对执行“中心”裁决的影响，当事人可明确规定争端之缔约国一方放弃关于执行“中心”裁决的任何执行豁免权。可采取以下放弃形式：

条款 19

“[缔约国名称]特此约定不可撤销地放弃对关于执行由依本协议组成的仲裁庭作出的任何仲裁裁决的措施提出的豁免请求，包括[但不限于]诉讼送达豁免、任何法院的管辖豁免和对其他任何财产的执行豁免。”

(资料来源：陈安主编：《国际投资争端仲裁——“解决投资争端国际中心”机制研究》，复旦大学出版社 2001 年版，第 625—633 页。)

解决投资争端国际中心仲裁程序规则(1965)
ICSID Rules for Arbitration Proceedings, 1965

第一章　仲裁庭之成立

规则一　一般性义务

(一) 当事者收到申请仲裁予以登记之通知书后,应参照《公约》第四章第二节的规定,尽快成立仲裁庭。

(二) 除非仲裁申请书已经包括了当事者就有关仲裁员人数和他们的任命方式所达成的协议,否则当事者应尽快将此种情况通知秘书长。

(三) 除当事者就各名仲裁员之任命达成协议外,只有争端双方当事者所任命之相同人数的仲裁员中争端当事国国民或者其国民是当事者之国家的国民不会形成具有以上国籍之仲裁员的多数,一方当事者才可任命以上国家的国民。

(四) 在任何解决争端的先前程序中担任过调解员或仲裁员之人员均不得被任命为仲裁庭成员。

规则二　没有先约时组成仲裁庭之方式

(一) 在进行申请仲裁登记时,除当事者另有协议外,如其未就仲裁员人数及其任命方式达成协议,应遵循如下程序:

(1) 申请方在进行申请仲裁登记后的10日内,应向他方当事者建议任命独任仲裁员或特定奇数仲裁员以及确定其任命的方式。

(2) 他方当事者在收到申请方建议后的20日内,应:

① 接受此种建议;

② 提出有关仲裁员人数和其任命方式的其他建议。

(3) 申请方在收到具有类似建议之答复后的20日内,应通知他方当事者是否接受此种建议。

(二) 上款规定之通信应以书面形式作成或及时予以书面确认,并且应通过秘书长送达,或当事者间直接送达,将副本送交秘书长。当事者应将达成协议之内容及时通知秘书长。

(三) 在予以申请书登记后的60日内,如还未就其他程序达成协议,任何一方当事者可随时通知秘书长其选择《公约》第三十七条第二款第二项规定之任命方式。此后秘书长应及时通知他方当事者仲裁庭将依上述《公约》条款成立。

规则三　依《公约》第三十七条第二款第二项组成仲裁庭之仲裁员之任命

(一) 如仲裁庭依《公约》第三十七条第二款第二项成立:

(1) 任何一方当事者在发往他方当事者之信函中应:

① 提名两人,指定其中一名既不具有任何一方当事者之国籍又不是任何一方当事者之国民者为其所任命之仲裁员;指定另一人为其建议的仲裁庭庭长之仲裁员;

② 邀请他方当事者任命另一名仲裁员并共同任命建议为仲裁庭庭长之仲裁员。

(2) 他方当事者收到以上信函后,在其答复中应及时:

① 提名一人作为其所任命之仲裁员,但其既不得具有任何一方当事者之国籍,也不得为任何一方当事者之国民;

② 同意任命建议为仲裁庭庭长之仲裁员,或提名另一人为建议的仲裁庭庭长之仲裁员。

(3) 原当事者在收到包含有此种建议的答复后,应及时通知他方当事者是否同意任命由他方当事者所建议作为仲裁庭庭长之仲裁员。

(二) 本规则规定之信函应以书面形式作成或及时予以书面确认,并且应通过秘书长送达或双方当事者间送达,将副本送交秘书长。

规则四 行政理事会主席任命仲裁员

(一) 如果仲裁庭未在秘书长送达准予登记通知书后的90日内或未在当事者另行约定的期限内成立,任何一方当事者可通过秘书长向行政理事会主席提交书面申请,请求任命尚未任命之一名或数名仲裁员,并指定一名仲裁员为仲裁庭庭长。

(二) 如双方当事者已经达成协议由仲裁员推选仲裁庭庭长而未选出,则应适用上款之规定。

(三) 秘书长应立即将申请书副本送达他方当事者。

(四) 主席应参照《公约》第三十八条和第四十条第一款,在尽量与双方当事者磋商后,并且于收到申请书后的30日内同意此项申请。

(五) 秘书长应及时通知双方当事者有关主席作出的任命或指定。

规则五 任命之接受

(一) 有关一方或双方当事者应将各名仲裁员之任命通知秘书长,并应说明任命之方式。

(二) 秘书长一旦收到当事者或行政理事会主席有关任命仲裁员之通知后,即应寻求被任命者之接受。

(三) 如果仲裁员在15日内未接受任命,秘书长应及时通知双方当事者,如该仲裁员系主席任命者,还应通知主席,并且邀请他们依先前方式任命另一人为仲裁员。

规则六 仲裁庭之成立

(一) 秘书长通知双方当事者全体仲裁员均已接受任命之日,应视为仲裁庭已经组成并且仲裁程序已经开始。

(二) 仲裁庭开庭前或第一次开庭时,各名仲裁员应以如下方式签署声明:

"据本人所知,我没有理由推辞在解决投资争端国际中心成立的有关……和……之间争端的仲裁庭内任职。

"我对由于本人参加本仲裁程序而知之所有情事及仲裁庭作出的任何裁决之内容,将保守秘密。

"我将依准据法,在双方当事者间公正裁判,并且除解决投资争端公约和依其制订的条例、规则之决定外,将不接受来自任何方面的有关仲裁的指示或报酬。

"在此附上有关本人过去和现在职业以及与当事者双方的其他关系(如系存在)之声

明书。”

在仲裁庭第一次开庭结束时，任何未签署声明书之仲裁员应被视为已经辞职。

规则七　仲裁员的撤换

仲裁庭成立前，各方当事者可随时撤换任何其所指定的仲裁员，并且双方当事者可合意撤换任何仲裁员。以上撤换程序应根据规则一、规则五和规则六执行之。

规则八　仲裁员无行为能力或辞职

（一）如仲裁员失去行为能力或不能履行职责，应适用规则九所规定的有关仲裁员资格不合的程序。

（二）仲裁员可通过向其他仲裁庭成员和秘书长提交辞呈方式辞职。如仲裁员系由一方当事者任命者，仲裁庭应及时考虑其辞职的理由，并决定是否同意其辞职。仲裁庭应及时将其决定通知秘书长。

规则九　仲裁员之资格不合

（一）根据《公约》第五十七条，提议仲裁员资格不合之当事者应在仲裁宣布终结前的期间向秘书长及时提交建议，说明理由。

（二）秘书长应立即：

（1）将建议送达仲裁庭成员，并且如建议涉及独任仲裁员或大多数仲裁庭成员，将此项建议送交行政理事会主席；

（2）通知建议的他方当事者。

（三）一旦发生此种情况，与建议有关之仲裁员应立即向仲裁庭或行政理事会主席作出说明。

（四）除非建议涉及到仲裁庭之大多数成员，其他成员应在有关仲裁员不参加的情况下对建议及时审议和投票。如赞成票与反对票相等，他们应通知秘书长及时将建议、有关仲裁员作出之说明以及他们未作成决定之情况通知行政理事会主席。

（五）主席必须在收到建议后的20日内就仲裁员资格不合之建议作出决定。

（六）对建议之决定作出后，仲裁程序才可继续进行。

规则十　仲裁庭空缺之程序

（一）秘书长应将仲裁员资格不合、死亡、无行为能力或辞职以及仲裁庭准予辞职（如其发生）立即通知双方当事者，并如系必要，通知行政理事会主席。

（二）秘书长通知仲裁庭产生空缺后至补缺完毕前，仲裁程序应中止或继续中止。

规则十一　仲裁庭之补缺

（一）除第二款另有规定外，由仲裁员资格不合、死亡、无行为能力或辞职而产生的空缺应通过其被任命时相同方法及时填补之。

（二）行政理事会主席除了应对其任命之仲裁员补缺外，还应从仲裁员名单中任命一人：

（1）在仲裁庭未达成一致意见时，填补由于一方当事者任命的仲裁员辞职所产生之空缺；

（2）如在秘书长通知空缺后的30日内，新的任命没有作出并且没有被接受时，根据任何一方当事者之请求，填补任何其他空缺。

(三) 补缺之程序应适用规则一、规则四第四款、第五款,并适当适用规则六第二款。

规则十二　补缺后仲裁程序之恢复

一旦补缺完毕,仲裁庭应继续进行因空缺而中止之仲裁程序。但如口头辩论已经开始,新任仲裁员可要求其重新进行。

第二章　仲裁庭之工作

规则十三　仲裁庭之开庭期

(一) 仲裁庭应在成立后的60日内或双方同意之相应期间首次开庭,仲裁庭庭长应在与仲裁庭成员和秘书长磋商后,指定开庭日期。如由于双方当事者达成协议由仲裁庭成员推选产生庭长,而仲裁庭成立后还未选出庭长,秘书长应指定开庭日期。在以上两种情况下,均应尽量与双方当事者磋商。

(二) 仲裁庭尽量与秘书长及双方当事者磋商后,应确定后续开庭日期。

(三) 仲裁程序应在"中心"所在地或依照《公约》第六十三条由双方当事者协议之其他地点进行。双方当事者如果同意仲裁程序在"中心"或者"中心"作了必要安排之仲裁机构以外地点进行,应与秘书长协商,并请求仲裁庭批准。如未获批准,仲裁程序应在"中心"所在地进行。

(四) 秘书长应在适当期间内,将仲裁庭开庭的日期和地点通知仲裁庭成员或双方当事者。

规则十四　仲裁庭之开庭

(一) 庭长应主持仲裁庭之审理和评议。

(二) 除双方当事者另有协议外,仲裁庭多数成员出庭应是仲裁庭开庭之必要条件。

(三) 仲裁庭庭长应确定开庭日期和开庭时间。

规则十五　仲裁庭之评议

(一) 仲裁庭的评议应秘密进行并应保守秘密。

(二) 只有仲裁庭成员才可参加仲裁庭评议。除仲裁庭作出决定外,他人不得参加。

规则十六　仲裁庭的决定

(一) 仲裁庭之决定由全体成员之多数票决定之。弃权应作为否决票计算之。

(二) 除以上规则有其他规定或仲裁庭作出其他决定外,仲裁庭可通过成员间通信方式作出任何决定,但以与全体成员协商为限。此种决定应得到仲裁庭庭长之确认。

规则十七　庭长之无行为能力

仲裁庭庭长一旦丧失行为能力,其职责应由仲裁庭其他成员之一履行之,其顺序依秘书长收到仲裁员接受任职通知书之先后确定之。

规则十八　当事者的代理

(一) 各方当事者可由代理人或律师代理或协助之。该当事者应将代理人、律师的姓名及权限通知秘书长。秘书长应及时通知仲裁庭和他方当事者。

（二）本规则之条文采用当事者之表述包括：授权代表当事者之代理人、律师。

第三章 一般程序条款

规则十九 程序性决议

仲裁庭应按进行仲裁程序之要求，作出决议。

规则二十 审前程序事务之协商

（一）仲裁庭成立后，庭长应尽快查明双方当事者关于程序问题的意见。为此，他可要求与双方当事者会谈。他应特别征求当事者对下列事项的意见：

（1）构成仲裁庭开庭之法定人数所必要之仲裁员人数；

（2）仲裁中使用的一种或数种语言；

（3）申辩文书的数额及顺序，以及它们提交之期限；

（4）各方当事者要求他方当事者提交文件之副本数额；

（5）书面预审或口头辩论之免除；

（6）仲裁费用之分担方式；

（7）保存审理记录之方式。

（二）仲裁庭在仲裁程序中，应适用双方当事者有关程序问题的任何协议，但《公约》或行政和财务条例另有规定者除外。

规则二十一 预审会议

（一）根据秘书长要求或仲裁庭庭长决定，仲裁庭与双方当事者可举行预审会议，交换文件及确定无争端之事实，以便简化仲裁程序。

（二）根据当事者请求，仲裁庭与当事者或经授权之合法代理人可举行预审会议，审查争端事项，以便达成和解。

规则二十二 工作语言

（一）双方当事者可达成协议，在仲裁中使用一种或两种语言，但如达成协议之语言不是“中心”之正式语言，以仲裁庭在与秘书长协商后予以批准为限。如双方当事者未就任何非正式语言达成协议，当事者为此可各自选择一种正式语言（即英语、法语和西班牙语）。

（二）如双方当事者选择两种工作语言，任何文件可以其中之一作成。仲裁庭可使用其中任何一种语言，但仲裁庭有此项要求，则以在提供笔译和口译的条件下为限，仲裁庭应以此两种语言作成决定和裁决以及保存记录，两种文本有相同效力。

规则二十三 文件之副本

除仲裁庭与双方当事者及秘书长磋商后另有规定外，申请书、申诉书、请求书、书面意见、证明文件或其他文件（如系存在）应以署名原本附加下列数额副本之方式提交：

（1）仲裁庭人数确定以前：五份；

（2）仲裁庭人数确定以后：多于人数两份。

规则二十四 证明文件

证明文件通常应与其有关的文件一同提交，并且必须在规定的期限内提交。

规则二十五　错误之改正

经他方当事者之同意或仲裁庭之许可,任何文件或证明文件中的错误可在裁决作出前予以改正。

规则二十六　期限

(一)为完成仲裁程序各步骤之需要,仲裁庭应以指定日期之方式确定期限。仲裁庭可将此种权力授予庭长。

(二)仲裁庭可延长其期限。

规则二十七　确定期限

(一)为完成仲裁程序各步骤之需要,仲裁庭应以指定日期之方式确定期限。仲裁庭可将此种权力授予庭长。

(二)仲裁庭可延长其确定的任何期限。如仲裁庭不在开庭期,此种权力应由庭长行使。

(三)有效期限届满后,不得为任何法律行为。除非在特殊情况下并给予他方当事者陈述意见的机会后,仲裁庭才能作出相反的裁定。

规则二十八　弃权

一方当事者未遵守其知道或应当知道之行政和财务条例、本规则及任何其他规则之规定、或仲裁所适用之协议、仲裁庭裁定,并且未及时陈述其主张,应视为——依《公约》第四十五条——放弃了提出异议之权利。

规则二十九　仲裁费用

(一)除非双方当事者另有协议,仲裁庭在不影响关于支付仲裁费用之最后裁定的情况下,可决定:

(1)根据行政和财务条例第十四条,各方当事者在整个仲裁期间应支付仲裁庭之酬金,支出以及使用"中心"设施之费用的份额;

(2)应由一方当事者完全承担或按特定比例分担之有关仲裁费用(由秘书长确定之)。

(二)仲裁程序终结后,各方当事者应及时向仲裁庭提交由合理产生或其担负之费用结算表,秘书长应及时向仲裁庭提交各方当事者向"中心"支付款项之总数以及"中心"在仲裁中支出之全部费用的账目。仲裁庭在裁决作出前,可以要求双方当事者和秘书长提供有关仲裁费用之附加资料。

第四章　书面审理和口头辩论

规则三十　正常程序

除双方当事者另外达成协议外,仲裁程序应包括两个阶段:书面审理和口头辩论。

规则三十一　申请书之送达

仲裁庭一旦成立,秘书长即应将提交仲裁之申请书、证明文件、登记通知书以及收到之各方当事者应答信函的副本送达各名仲裁员。

规则三十二 书面审理

（一）除仲裁申请书外，书面审理应包括下列在仲裁庭规定之期限内提交的申诉书：

（1）申请方之纪要书；

（2）他方当事者之纪要答辩书；

并且，如果双方当事者达成此项协议或者仲裁庭认为必要：

（3）申请方之答辩书；

（4）他方当事者之第二答辩书。

（二）如申请由双方共同提出，各方当事者应在仲裁庭规定之相同期间内，提交纪要书，并且由双方当事者达成此项协议或者仲裁庭认为必要，还应提交答辩书；但双方当事者为适用上款之规定，可代之而同意其中一方当事者为申请方。

（三）纪要书应包括：有关事实之陈述；法律之陈述；意见。纪要答辩书、申请方之答辩书或第二答辩书应包括：对前申诉书陈述事实之承认或否认；必要附加事实；对前申诉书之法律陈述的意见；其答辩对法律之陈述；意见。

规则三十三 口头辩论

（一）口头辩论应由双方当事者、其代理人、律师、证人和专家参加进行。

（二）仲裁庭征得双方当事者的同意，应决定除双方当事者、其代理人、律师、作证之证人和专家以及仲裁庭工作人员以外其他人员可参加听证会。

（三）仲裁庭成员在听证期间，可向双方当事者、其代理人、律师询问，并要求其作出说明。

规则三十三四 证据之提供

在不影响有关提供书证规则之情况下，各方当事者为达到向仲裁庭和他方当事者建议之目的应在仲裁庭规定的期限内，将准备提供之证据以及准备请求仲裁庭收集之证据，连同与证据有关之某些案情特征的确切情况通知秘书长。

规则三十五 证据：一般原则

（一）仲裁庭对于所提供的证据，应就其是否接受及其证明价值作出判断。

（二）仲裁庭在整个仲裁期间如认为必要，可：

1. 要求双方当事者提供文件、证人和专家；并且

2. 勘察争端所涉及的现场，或在此现场进行调查。

（三）双方当事者在提供证据和采取第二款规定之措施时，应与仲裁庭合作。仲裁庭应将一方当事者未履行本款规定之义务及未履行之理由作正式记录。

（四）提供证据和依第二款规定采取之其他措施所产生的费用应被认为构成《公约》第六十一条第二款意义上双方当事者开支的一部分。

规则三十六 询问证人及专家

（一）在仲裁庭庭长的领导下，双方当事者可当庭向证人、专家提出询问，仲裁庭成员也可提出询问。

（二）各证人在其作证前应作如下声明："本人谨以荣誉和良知慎重起誓：我将陈述事实、全部事实、并且仅仅是事实。"

(三)各专家在其作鉴定书前应作如下声明:

"本人谨以荣誉和良知慎重起誓:我将一秉信诚提供鉴定结论。"

规则三十七 证人及专家:特殊规则

除规则三十五之外,仲裁庭还可:

(1)接受证人或专家在笔录证词中提供之证据;

(2)征得双方当事者同意,以非当庭方式对证人和专家进行询问。仲裁庭应限定询问之项目、期限、遵循之程序以及其他细节。双方当事者可参加询问。

规则三十八 勘察和调查

如仲裁庭认为必须对有关争端现场进行勘察或调查,则应作成决议。此项决议应限定勘察之范围或调查之项目、期限、遵循之程序及其他细节。双方当事者可参加勘察或调查。

规则三十九 仲裁程序之终止

(一)双方当事者当庭申辩结束后,应宣布仲裁程序终止。

(二)在裁决作出前的例外情况下,仲裁庭因发现对裁决有决定性影响的新证据或对澄清某此具体案情必要时,可进行再审程序。

第五章 特别程序

规则四十 保全措施

(一)在整个仲裁期间,一方当事者可请求仲裁庭采取维护其权利之保全措施。此种请求应列举被保全之权利、请求采取之措施以及需要采取此种措施之情形。

(二)仲裁庭应优先审议依上款提出之请求。

(三)仲裁庭也可主动采取保全措施或者采取请求书列举之外的其他措施。仲裁庭可随时修改和取消此种措施。

(四)仲裁庭仅在给予各方当事者发表意见机会后,才可采取保全措施或者修改、取消此种措施。

(五)经双方当事者同意并在书面协议中作出规定,本规则不得禁止双方当事者在仲裁程序开始前或在仲裁期间,请求任何司法机关或其他机关采取保全措施以保全相应的权益。

规规四十一 附带请求

(一)除双方当事者另有协议外,一方当事者可直接对争端之标的提出附带请求、附加请求或反请求,但以此种附带请求在双方当事者同意之范围内或在"中心"管辖范围内为限。

(二)附带请求或附加请求应在提交答辩书前提出,反请求应在提交纪要答辩书前提出,除非仲裁庭考虑到提出附带请求之当事者之正当理由及他方当事者之反对理由,准予其在仲裁之较晚阶段上提出此项请求。

(三)仲裁庭应确定附带请求之他方当事者提出意见之期限。

规则四十二 管辖权之异议

(一)对于争端或附带请求不属于"中心"管辖范围或其他认为不属于仲裁庭职权范围之主张应尽早提出。当事者应在确定提交纪要答辩书期限届满前向秘书长提出异议,或者此种异议涉及附带请求,应在提交第二答辩书期限届满前提出——除非异议所基于事实在此时为当事者所不知。

（二）在整个仲裁期间,仲裁庭可主动审议向其提交之争端或附带请求是否属于“中心”管辖范围和其本身之职权范围。

（三）有关争端之异议正式提出后,就实质事项之程序即应中止。仲裁庭庭长在与其他仲裁员协商后,应确定当事者对此项异议提出意见之期限。

（四）仲裁庭应决定此项异议之续行程序是否应口头辩论。它可将此项异议作为一个先决问题加以解决,也可将其并入争端之实质事项一并审理。如仲裁庭对异议作出裁定,或将其并入实质事项一并审理,它应再次确定续行程序之期限。

（五）如仲裁庭裁定争端不属于“中心”管辖范围或不属于仲裁庭职权范围,它应就此作出裁决。

规则四十三　缺席

（一）如一方当事者（本规则称为缺席方）未出庭或在整个仲裁期间未作申辩,他方当事者在仲裁中止前,可随时请求仲裁庭审理提交之问题,并作出裁决。

（二）仲裁庭应及时将此项请求通知缺席方。除非该当事者显然无意出庭或在仲裁期间无意申辩,仲裁庭应同时给予一个宽限期,并且应:

1. 在该当事者如未于确定的期限内提交答辩状或其他文书的情况下,指定其提交之新期限;

2. 在该当事者如未出庭或在仲裁审理中未作申辩的情况下指定新的审理日期。

未经他方当事者之同意,宽限期不得超过60日。

（三）宽限期届满后或依上款规定无此宽限期时,仲裁庭应对争端进行重新审理。缺席方未出庭或未作申辩不应认为其接受了他方当事者之主张。

（四）仲裁庭应审查尚存异议之“中心”管辖权和仲裁庭本身之职权,并且如它们有管辖权,应裁定意见书在事实和法律上有无充分根据。为此,仲裁庭在整个仲裁期间可传唤当事者到庭提出意见、提供证据或作口头说明。

规则四十四　和解与中止

（一）如在裁决作出前,当事者就解决争端或中止裁决达成协议,仲裁庭或秘书长（如仲裁庭还未成立）应依双方当事者之书面请求,作出中止仲裁之裁定书。

（二）如双方当事者向秘书长提交经签署之和解书文本并且书面请求仲裁庭在裁决中载入此项和解,仲裁庭可以其裁决书裁定之。

规则四十五　一方当事者请求之中止

如一方当事者请求中止仲裁,仲裁庭或秘书长（如仲裁庭还未成立）应在裁决书中确定他方当事者可陈述其是否反对此项中止之期限。如在此期限内他方当事者没有提出书面反对意见,应视为其已经默许了此项中止,并且仲裁庭或秘书长（如仲裁庭还未成立）应在裁决书中载入此项中止。但如有异议,仲裁应继续进行。

规则四十六　双方当事者不作为之中止

如双方当事者在连续6个月期间或其达成协议并获仲裁庭或秘书长（如仲裁庭还未成

立)批准之期限内,未实施任何法律行为,应视为他们已经中止仲裁,并且仲裁庭或秘书长(如仲裁庭还未成立)应在通知双方当事者之后,在裁定书中载入此项中止。

第六章 裁 决

规则四十七 裁决之准备

仲裁裁决(包括任何个人意见或反对意见)应在仲裁终结后的60日内起草和签署。但如仲裁庭由于其他原因不能起草裁决书,可延长30日。

规则四十八 裁决

(一)裁决书以书面形式作成并且应包括:

(1)各方当事者确切名称;

(2)仲裁庭依《公约》成立之陈述,及仲裁庭成立方式之表述;

(3)仲裁庭各名成员姓名,以及其委任权之证明;

(4)双方当事者之代理人、律师之姓名;

(5)仲裁庭开庭日期和地点;

(6)仲裁之概要;

(7)仲裁庭查明事实之陈述;

(8)双方当事者之意见书;

(9)仲裁庭对向其提交的每一问题之决定以及决定所依据之理由;并且

(10)仲裁庭就仲裁费用作出之全部裁决。

(二)裁决书应由投赞成票之仲裁员署名;还应标明仲裁庭各成员签署之日期。

(三)仲裁庭之任何成员不论其是否与多数仲裁员存在分歧,还是陈述其反对意见,均可在裁决书后附其个人意见。

规则四十九 裁决书之作出

(一)在全体仲裁员签署后,秘书长应及时:

(1)查明裁决书原本之真实性并将其连同所有个人意见及反对意见之陈述存入"中心"档案;

(2)将核对无误之裁决书(包括个人意见及反对意见之陈述)副本发送各方当事者,标明原文及所有副本之发送日期。

(二)核对无误之裁决书副本发送之日,应视为裁决书已经作出。

(三)秘书长根据请求,应向当事者提供适当数额之附加裁决书副本。

(四)未经双方当事者同意,"中心"不得公布裁决书。但"中心"可将裁决所适用之法律规则之摘录刊登在其发行刊物上。

规则五十 补充决定与修改

(一)在裁决书作出后的45日内,任何一方当事者依《公约》第四十九条第二款之规定,可请求对裁决作补充决定或进行修改。此项请求应以书面形式提交秘书长。请求书应:

(1)确定有关裁决;

(2)标明请求日期;

(3) 详细陈述:

① 请求方认为仲裁庭遗漏了的问题;

② 请求方要求修改的裁决之错误。

(4) 交付手续费。

(二) 秘书长收到请求书和手续费后,应及时:

(1) 准予请求书登记;

(2) 将此项登记通知当事者;

(3) 将请求书和有关附件之副本送达他方当事者;

(4) 将准予登记通知书副本,连同请求书及有关附件之副本送达仲裁庭各成员。

(三) 仲裁庭庭长应与其成员协商有无必要开庭审理此项请求。仲裁庭应确定双方当事者就请求书发表意见之期限,并且应确定其审理之程序。

(四) 依本规则,仲裁庭之任何决定可适当适用规则四十六至规则四十八规定。

(五) 如秘书长在裁决书作出的45日后收到请求书,他应拒绝予以登记,并就此及时通知请求方。

第七章　裁决之解释、修改及撤销

规则五十一　申请

(一) 解释、修改及撤销裁决之申请应以书面形式提交秘书长,并且应:

(1) 确定有关裁决;

(2) 标明申请日期;

(3) 详细陈述:

① 申请解释之尚存异议的明确要点;

② 以《公约》第五十一条第一款为根据之申请修改裁决的要点及理由:请求对裁决的修改、所发现对裁决有决定性影响之事实、此种事实在裁决作出时为仲裁庭和申请人所不知之证据,及申请人不知此种事实亦非其过失所致;

③ 以《公约》第五十二条第二款为根据之申请撤销裁决之理由。以上理由以如下为限:

甲　仲裁庭成立有缺陷;

乙　仲裁庭明显越权;

丙　仲裁庭成员受贿;

丁　严重违反基本程序规则;

戊　裁决未说明理由。

(4) 交付手续费。

(二) 在不影响第三款规定的情况下,秘书长收到申请书和手续费后,应立即:

(1) 准予申请书登记;

(2) 将此项登记通知双方当事者;

(3) 将申请书副本及所有附件副本送达他方当事者。

(三) 秘书长对以下日期内提交之申请书应拒绝予以登记:

(1) 如其依《公约》第五十一条第二款,未在新事实发现后的90日内并且在裁决(或任

何后续决定或其修改)作出后的3年内请求修改裁决;

(2) 如其依《公约》第五十二条第二款,未在以下日期内请求撤销裁决:

1. 裁决(或任何后续决定或其修改)作出后的120日内,如申请书以如下理由为根据:

甲　仲裁庭成立有缺陷;

乙　仲裁庭明显越权;

丙　严重违反基本程序规则;

丁　裁决未说明理由。

2. 有关仲裁庭成员受贿,在其被发现后的120日内并在裁决(或任何后续决定或其修改)作出后的3年内。

(四) 如秘书长拒绝予以修改及撤销裁决之申请书进行登记,他应立即通知申请方。

规则五十二　解释或修改:后续程序

(一) 秘书长准予解释或修改裁决之申请书登记后,应立即:

(1) 将准予登记通知书副本,连同申请书及所有附件之副本送达原仲裁庭成员;并且

(2) 要求各仲裁庭成员在指定期限内通知其是否愿意参加此项申请之审理。

(二) 如全体仲裁庭成员表示愿意参加此项申请之审理,秘书长应将其通知仲裁庭成员及双方当事者。在以上通知发出之后,应视为仲裁庭重新成立。

(三) 根据上款仲裁庭未能成立,秘书长应将此种情况通知双方当事者,并请其尽早成立与原仲裁庭相同仲裁员人数、相同任命方式之新仲裁庭。

规则五十三　撤销:后续程序

(一) 秘书长准予撤销裁决申请书登记后,应立即请求行政理事会主席依《公约》第五十二条第二款任命一个临时委员会。

(二) 秘书长通知双方当事者全体委员会成员均已接受任命之日,应视为委员会已经成立。在委员会第一次会议之前或会上,各成员应按照规则六第一款之规定,签署声明书。

规则五十三四　程序规则

本规则之条款应适当适用于任何有关裁决之解释、修改、撤销之程序及有关仲裁庭或委员会决定之程序。

规则五十五　裁决执行之中止

(一) 申请解释、修改或撤销裁决之当事者可在其申请书中,并且任何一方当事者可在最后审理此种申请前的任何时候,请求中止执行与申请书有关之部分或全部裁决。仲裁庭或委员会应优先审理此项请求。

(二) 如修改、撤销裁决申请书包括中止执行裁决之请求,秘书长应通知双方当事者暂时中止执行,并送达准予登记通知书,一旦仲裁庭或委员会成立,如经任何一方当事者之请求,其应在30日内裁定是否继续此项中止;除非其决定继续此项中止,否则中止应自动结束。

(三) 如根据第一款已经准予中止执行,或根据第二款已经准予中止执行,经其一方当事者之请求,仲裁庭或委员会可随时更改或结束此项中止。所有中止应在申请书之最后决定作出之日自动结束。但准予部分撤销裁决之委员会可决定暂时中止执行,未撤销部分除外,以便给予任何一方当事者请求依《公约》第五十二条第六款成立之新仲裁庭根据规则五十五条

第三款之规定准予中止执行之机会。

（四）根据第一款、第二款（第二句）或第三款，请求书应详细列出要求中止、中止之更改或中止之结束的情形。只有仲裁庭或委员会在给予各方当事者提出意见之机会后，才可准予此项请求。

（五）秘书长应将中止执行裁决、其更改及其结束及时通知双方当事者。此项中止、其更改或其结束应在发送此通知之日生效。

规则五十六　撤销裁决后争端之复核

（一）如委员会撤销了一部或全部裁决，任何一方当事者可向新仲裁庭请求复核争端。此项请求书应以书面形式提交秘书长，并且应：

（1）确定有关裁决；

（2）标明请求日期；

（3）详细说明将提交仲裁庭之争端的情况；

（4）交付手续费。

（二）秘书长在收到请求书和手续费后，应立即：

（1）将其登记在仲裁登记簿上；

（2）将此项登记通知双方当事者；

（3）将请求书及所有附件之副本送达他方当事者；

（4）请双方当事者尽快成立与原仲裁庭相同仲裁员人数、相同任命方式之新仲裁庭。

（三）如仅仅部分撤销原裁决，新仲裁庭应不再审理裁决之未撤销部分。但根据规则五十四规定之程序，它可在其裁决作出前，中止或继续中止执行未撤销之裁决部分。

（四）除第一款至第三款另有规定外，本规则应适用于再次将争端提交仲裁之程序，如同根据提起规则将此项争端第一次提交仲裁之适用情形。

第八章　一般性条款

规则五十七　最后条款

（一）本规则以“中心”正式语言作成之文本应具有相同效力。

（二）本规则可作为“中心”之仲裁规则援引。

（资料来源：陈安主编：《国际投资争端仲裁——“解决投资争端国际中心”机制研究》，复旦大学出版社2001年版，第604—624页。）

北美自由贸易协定第二十章:制度性安排和争端解决程序(1992)

Chapter Twenty(NAFTA): Institutional Arrangements and Dispute Settlement Procedures, 1992

(Adopted on December 7, 1992)

Section A—Institutions

Article 2001: The Free Trade Commission

1. The Parties hereby establish the Free Trade Commission, comprising cabinet-level representatives of the Parties or their designees.

2. The Commission shall:

(a) supervise the implementation of this Agreement;

(b) oversee its further elaboration;

(c) resolve disputes that may arise regarding its interpretation or application;

(d) supervise the work of all committees and working groups established under this Agreement, referred to in Annex 2001.2; and

(e) consider any other matter that may affect the operation of this Agreement.

3. The Commission may:

(a) establish, and delegate responsibilities to, ad hoc or standing committees, working groups or expert groups;

(b) seek the advice of non-governmental persons or groups; and

(c) take such other action in the exercise of its functions as the Parties may agree.

4. The Commission shall establish its rules and procedures. All decisions of the Commission shall be taken by consensus, except as the Commission may otherwise agree.

5. The Commission shall convene at least once a year in regular session. Regular sessions of the Commission shall be chaired successively by each Party.

Article 2002: The Secretariat

1. The Commission shall establish and oversee a Secretariat comprising national Sections.

2. Each Party shall:

(a) establish a permanent office of its Section;

(b) be responsible for

(i) the operation and costs of its Section; and

(ii) the remuneration and payment of expenses of panelists and members of committees and scientific review boards established under this Agreement, as set out in Annex 2002.2;

(c) designate an individual to serve as Secretary for its Section, who shall be responsible for its administration and management; and

(d) notify the Commission of the location of its Section's office.

3. The Secretariat shall:

(a) provide assistance to the Commission;

(b) provide administrative assistance to

(i) panels and committees established under Chapter Nineteen (Review and Dispute Settlement in Antidumping and Countervailing Duty Matters), in accordance with the procedures established pursuant to Article 1908, and

(ii) panels established under this Chapter, in accordance with procedures established pursuant to Article 2012; and

(c) as the Commission may direct

(i) support the work of other committees and groups established under this Agreement; and

(ii) otherwise facilitate the operation of this Agreement.

Section B—Dispute Settlement

Article 2003: Cooperation

The Parties shall at all times endeavor to agree on the interpretation and application of this Agreement, and shall make every attempt through cooperation and consultations to arrive at a mutually satisfactory resolution of any matter that might affect its operation.

Article 2004: Recourse to Dispute Settlement Procedures

Except for the matters covered in Chapter Nineteen (Review and Dispute Settlement in Antidumping and Countervailing Duty Matters) and as otherwise provided in this Agreement, the dispute settlement provisions of this Chapter shall apply with respect to the avoidance or settlement of all disputes between the Parties regarding the interpretation or application of this Agreement or wherever a Party considers that an actual or proposed measure of another Party is or would be inconsistent with the obligations of this Agreement or cause nullification or impairment in the sense of Annex 2004.

Article 2005: GATT Dispute Settlement

1. Subject to paragraphs 2, 3 and 4, disputes regarding any matter arising under both this Agreement and the *General Agreement on Tariffs and Trade*, any agreement negotiated thereunder, or any successor agreement (GATT), may be settled in either forum at the discretion of the complaining Party.

2. Before a Party initiates a dispute settlement proceeding in the GATT against another Party on grounds that are substantially equivalent to those available to that Party under this Agreement, that Party shall notify any third Party of its intention. If a third Party wishes to have recourse to dispute

settlement procedures under this Agreement regarding the matter, it shall inform promptly the notifying Party and those Parties shall consult with a view to agreement on a single forum. If those Parties cannot agree, the dispute normally shall be settled under this Agreement.

3. In any dispute referred to in paragraph 1 where the responding Party claims that its action is subject to Article 104 (Relation to Environmental and Conservation Agreements) and requests in writing that the matter be considered under this Agreement, the complaining Party may, in respect of that matter, thereafter have recourse to dispute settlement procedures solely under this Agreement.

4. In any dispute referred to in paragraph 1 that arises under Section B of Chapter Seven (Sanitary and Phytosanitary Measures) or Chapter Nine (Standards-Related Measures):

(a) concerning a measure adopted or maintained by a Party to protect its human, animal or plant life or health, or to protect its environment, and

(b) that raises factual issues concerning the environment, health, safety or conservation, including directly related scientific matters.

where the responding Party requests in writing that the matter be considered under this Agreement, the complaining Party may, in respect of that matter, thereafter have recourse to dispute settlement procedures solely under this Agreement.

5. The responding Party shall deliver a copy of a request made pursuant to paragraph 3 or 4 to the other Parties and to its Section of the Secretariat. Where the complaining Party has initiated dispute settlement proceedings regarding any matter subject to paragraph 3 or 4, the responding Party shall deliver its request no later than 15 days thereafter. On receipt of such request, the complaining Party shall promptly withdraw from participation in those proceedings and may initiate dispute settlement procedures under Article 2007.

6. Once dispute settlement procedures have been initiated under Article 2007 or dispute settlement proceedings have been initiated under the GATT, the forum selected shall be used to the exclusion of the other, unless a Party makes a request pursuant to paragraph 3 or 4.

7. For purposes of this Article, dispute settlement proceedings under the GATT are deemed to be initiated by a Party's request for a panel, such as under Article XXIII:2 of the *General Agreement on Tariffs and Trade 1947*, or for a committee investigation, such as under Article 20.1 of the Customs Valuation Code.

Consultations

Article 2006: Consultations

1. Any Party may request in writing consultations with any other Party regarding any actual or proposed measure or any other matter that it considers might affect the operation of this Agreement.

2. The requesting Party shall deliver the request to the other Parties and to its Section of the Secretariat.

3. Unless the Commission otherwise provides in its rules and procedures established under Article 2001(4), a third Party that considers it has a substantial interest in the matter shall be entitled

to participate in the consultations on delivery of written notice to the other Parties and to its Section of the Secretariat.

4. Consultations on matters regarding perishable agricultural goods shall commence within 15 days of the date of delivery of the request.

5. The consulting Parties shall make every attempt to arrive at a mutually satisfactory resolution of any matter through consultations under this Article or other consultative provisions of this Agreement. To this end, the consulting Parties shall:

(a) provide sufficient information to enable a full examination of how the actual or proposed measure or other matter might affect the operation of this Agreement;

(b) treat any confidential or proprietary information exchanged in the course of consultations on the same basis as the Party providing the information; and

(c) seek to avoid any resolution that adversely affects the interests under this Agreement of any other Party.

Initiation of Procedures

Article 2007: Commission—Good Offices, Conciliation and Mediation

1. If the consulting Parties fail to resolve a matter pursuant to Article 2006 within:

(a) 30 days of delivery of a request for consultations,

(b) 45 days of delivery of such request if any other Party has subsequently requested or has participated in consultations regarding the same matter,

(c) 15 days of delivery of a request for consultations in matters regarding perishable agricultural goods, or

(d) such other period as they may agree, any such Party may request in writing a meeting of the Commission.

2. A Party may also request in writing a meeting of the Commission where:

(a) it has initiated dispute settlement proceedings under the GATT regarding any matter subject to Article 2005(3) or (4), and has received a request pursuant to Article 2005(5) for recourse to dispute settlement procedures under this Chapter; or

(b) consultations have been held pursuant to Article 513 (Working Group on Rules of Origin), Article 723 (Sanitary and Phytosanitary Measures Technical Consultations) and Article 914 (Standards-Related Measures Technical Consultations).

3. The requesting Party shall state in the request the measure or other matter complained of and indicate the provisions of this Agreement that it considers relevant, and shall deliver the request to the other Parties and to its Section of the Secretariat.

4. Unless it decides otherwise, the Commission shall convene within 10 days of delivery of the request and shall endeavor to resolve the dispute promptly.

5. The Commission may:

(a) call on such technical advisers or create such working groups or expert groups as it deems necessary,

(b) have recourse to good offices, conciliation, mediation or such other dispute resolution procedures, or

(c) make recommendations, as may assist the consulting Parties to reach a mutually satisfactory resolution of the dispute.

6. Unless it decides otherwise, the Commission shall consolidate two or more proceedings before it pursuant to this Article regarding the same measure. The Commission may consolidate two or more proceedings regarding other matters before it pursuant to this Article that it determines are appropriate to be considered jointly.

Panel Proceedings

Article 2008: Request for an Arbitral Panel

1. If the Commission has convened pursuant to Article 2007(4), and the matter has not been resolved within:

(a) 30 days thereafter,

(b) 30 days after the Commission has convened in respect of the matter most recently referred to it, where proceedings have been consolidated pursuant to Article 2007(6), or

(c) such other period as the consulting Parties may agree, any consulting Party may request in writing the establishment of an arbitral panel. The requesting Party shall deliver the request to the other Parties and to its Section of the Secretariat.

2. On delivery of the request, the Commission shall establish an arbitral panel.

3. A third Party that considers it has a substantial interest in the matter shall be entitled to join as a complaining Party on delivery of written notice of its intention to participate to the disputing Parties and its Section of the Secretariat. The notice shall be delivered at the earliest possible time, and in any event no later than seven days after the date of delivery of a request by a Party for the establishment of a panel.

4. If a third Party does not join as a complaining Party in accordance with paragraph 3, it normally shall refrain thereafter from initiating or continuing:

(a) a dispute settlement procedure under this Agreement, or

(b) a dispute settlement proceeding in the GATT on grounds that are substantially equivalent to those available to that Party under this Agreement, regarding the same matter in the absence of a significant change in economic or commercial circumstances.

5. Unless otherwise agreed by the disputing Parties, the panel shall be established and perform its functions in a manner consistent with the provisions of this Chapter.

Article 2009: Roster

1. The Parties shall establish by January 1, 1994 and maintain a roster of up to 30 individuals who are willing and able to serve as panelists. The roster members shall be appointed by consensus for terms of three years, and may be reappointed.

2. Roster members shall:

(a) have expertise or experience in law, international trade, other matters covered by this Agreement or the resolution of disputes arising under international trade agreements, and shall be chosen strictly on the basis of objectivity, reliability and sound judgment;

(b) be independent of, and not be affiliated with or take instructions from, any Party; and

(c) comply with a code of conduct to be established by the Commission.

Article 2010: Qualifications of Panelists

1. All panelists shall meet the qualifications set out in Article 2009(2).

2. Individuals may not serve as panelists for a dispute in which they have participated pursuant to Article 2007(5).

Article 2011: Panel Selection

1. Where there are two disputing Parties, the following procedures shall apply:

(a) The panel shall comprise five members.

(b) The disputing Parties shall endeavor to agree on the chair of the panel within 15 days of the delivery of the request for the establishment of the panel. If the disputing Parties are unable to agree on the chair within this period, the disputing Party chosen by lot shall select within five days as chair an individual who is not a citizen of that Party.

(c) Within 15 days of selection of the chair, each disputing Party shall select two panelists who are citizens of the other disputing Party.

(d) If a disputing Party fails to select its panelists within such period, such panelists shall be selected by lot from among the roster members who are citizens of the other disputing Party.

2. Where there are more than two disputing Parties, the following procedures shall apply:

(a) The panel shall comprise five members.

(b) The disputing Parties shall endeavor to agree on the chair of the panel within 15 days of the delivery of the request for the establishment of the panel. If the disputing Parties are unable to agree on the chair within this period, the Party or Parties on the side of the dispute chosen by lot shall select within 10 days a chair who is not a citizen of such Party or Parties.

(c) Within 15 days of selection of the chair, the Party complained against shall select two panelists, one of whom is a citizen of a complaining Party, and the other of whom is a citizen of another complaining Party. The complaining Parties shall select two panelists who are citizens of the Party complained against.

(d) If any disputing Party fails to select a panelist within such period, such panelist shall be selected by lot in accordance with the citizenship criteria of subparagraph (c).

3. Panelists shall normally be selected from the roster. Any disputing Party may exercise a peremptory challenge against any individual not on the roster who is proposed as a panelist by a disputing Party within 15 days after the individual has been proposed.

4. If a disputing Party believes that a panelist is in violation of the code of conduct, the disputing Parties shall consult and if they agree, the panelist shall be removed and a new panelist shall be selected in accordance with this Article.

Article 2012: Rules of Procedure

1. The Commission shall establish by January 1, 1994 Model Rules of Procedure, in accord-

ance with the following principles:

(a) the procedures shall assure a right to at least one hearing before the panel as well as the opportunity to provide initial and rebuttal written submissions; and

(b) the panel's hearings, deliberations and initial report, and all written submissions to and communications with the panel shall be confidential.

2. Unless the disputing Parties otherwise agree, the panel shall conduct its proceedings in accordance with the Model Rules of Procedure.

3. Unless the disputing Parties otherwise agree within 20 days from the date of the delivery of the request for the establishment of the panel, the terms of reference shall be:

"To examine, in the light of the relevant provisions of the Agreement, the matter referred to the Commission (as set out in the request for a Commission meeting) and to make findings, determinations and recommendations as provided in Article 2016(2)."

4. If a complaining Party wishes to argue that a matter has nullified or impaired benefits, the terms of reference shall so indicate.

5. If a disputing Party wishes the panel to make findings as to the degree of adverse trade effects on any Party of any measure found not to conform with the obligations of the Agreement or to have caused nullification or impairment in the sense of Annex 2004, the terms of reference shall so indicate.

Article 2013: Third Party Participation

A Party that is not a disputing Party, on delivery of a written notice to the disputing Parties and to its Section of the Secretariat, shall be entitled to attend all hearings, to make written and oral submissions to the panel and to receive written submissions of the disputing Parties.

Article 2014: Role of Experts

On request of a disputing Party, or on its own initiative, the panel may seek information and technical advice from any person or body that it deems appropriate, provided that the disputing Parties so agree and subject to such terms and conditions as such Parties may agree.

Article 2015: Scientific Review Boards

1. On request of a disputing Party or, unless the disputing Parties disapprove, on its own initiative, the panel may request a written report of a scientific review board on any factual issue concerning environmental, health, safety or other scientific matters raised by a disputing Party in a proceeding, subject to such terms and conditions as such Parties may agree.

2. The board shall be selected by the panel from among highly qualified, independent experts in the scientific matters, after consultations with the disputing Parties and the scientific bodies set out in the Model Rules of Procedure established pursuant to Article 2012(1).

3. The participating Parties shall be provided:

(a) advance notice of, and an opportunity to provide comments to the panel on, the proposed factual issues to be referred to the board; and

(b) a copy of the board's report and an opportunity to provide comments on the report to the panel.

4. The panel shall take the board's report and any comments by the Parties on the report into account in the preparation of its report.

Article 2016: Initial Report

1. Unless the disputing Parties otherwise agree, the panel shall base its report on the submissions and arguments of the Parties and on any information before it pursuant to Article 2014 or 2015.

2. Unless the disputing Parties otherwise agree, the panel shall, within 90 days after the last panelist is selected or such other period as the Model Rules of Procedure established pursuant to Article 2012(1) may provide, present to the disputing Parties an initial report containing:

(a) findings of fact, including any findings pursuant to a request under Article 2012(5);

(b) its determination as to whether the measure at issue is or would be inconsistent with the obligations of this Agreement or cause nullification or impairment in the sense of Annex 2004, or any other determination requested in the terms of reference; and

(c) its recommendations, if any, for resolution of the dispute.

3. Panelists may furnish separate opinions on matters not unanimously agreed.

4. A disputing Party may submit written comments to the panel on its initial report within 14 days of presentation of the report.

5. In such an event, and after considering such written comments, the panel, on its own initiative or on the request of any disputing Party, may:

(a) request the views of any participating Party;

(b) reconsider its report; and

(c) make any further examination that it considers appropriate.

Article 2017: Final Report

1. The panel shall present to the disputing Parties a final report, including any separate opinions on matters not unanimously agreed, within 30 days of presentation of the initial report, unless the disputing Parties otherwise agree.

2. No panel may, either in its initial report or its final report, disclose which panelists are associated with majority or minority opinions.

3. The disputing Parties shall transmit to the Commission the final report of the panel, including any report of a scientific review board established under Article 2015, as well as any written views that a disputing Party desires to be appended, on a confidential basis within a reasonable period of time after it is presented to them.

4. Unless the Commission decides otherwise, the final report of the panel shall be published 15 days after it is transmitted to the Commission.

Implementation of Panel Reports

Article 2018: Implementation of Final Report

1. On receipt of the final report of a panel, the disputing Parties shall agree on the resolution of the dispute, which normally shall conform with the determinations and recommendations of the panel, and shall notify their Sections of the Secretariat of any agreed resolution of any dispute.

2. Wherever possible, the resolution shall be non-implementation or removal of a measure not conforming with this Agreement or causing nullification or impairment in the sense of Annex 2004 or, failing such a resolution, compensation.

Article 2019: Non-Implementation-Suspension of Benefits

1. If in its final report a panel has determined that a measure is inconsistent with the obligations of this Agreement or causes nullification or impairment in the sense of Annex 2004 and the Party complained against has not reached agreement with any complaining Party on a mutually satisfactory resolution pursuant to Article 2018(1) within 30 days of receiving the final report, such complaining Party may suspend the application to the Party complained against of benefits of equivalent effect until such time as they have reached agreement on a resolution of the dispute.

2. In considering what benefits to suspend pursuant to paragraph 1:

(a) a complaining Party should first seek to suspend benefits in the same sector or sectors as that affected by the measure or other matter that the panel has found to be inconsistent with the obligations of this Agreement or to have caused nullification or impairment in the sense of Annex 2004; and

(b) a complaining Party that considers it is not practicable or effective to suspend benefits in the same sector or sectors may suspend benefits in other sectors.

3. On the written request of any disputing Party delivered to the other Parties and its Section of the Secretariat, the Commission shall establish a panel to determine whether the level of benefits suspended by a Party pursuant to paragraph 1 is manifestly excessive.

4. The panel proceedings shall be conducted in accordance with the Model Rules of Procedure. The panel shall present its determination within 60 days after the last panelist is selected or such other period as the disputing Parties may agree.

Section C—Domestic Proceedings and Private Commercial Dispute Settlement

Article 2020: Referrals of Matters from Judicial or Administrative Proceedings

1. If an issue of interpretation or application of this Agreement arises in any domestic judicial or administrative proceeding of a Party that any Party considers would merit its intervention, or if a court or administrative body solicits the views of a Party, that Party shall notify the other Parties and its Section of the Secretariat. The Commission shall endeavor to agree on an appropriate response as expeditiously as possible.

2. The Party in whose territory the court or administrative body is located shall submit any agreed interpretation of the Commission to the court or administrative body in accordance with the rules of that forum.

3. If the Commission is unable to agree, any Party may submit its own views to the court or administrative body in accordance with the rules of that forum.

Article 2021: Private Rights

No Party may provide for a right of action under its domestic law against any other Party on the ground that a measure of another Party is inconsistent with this Agreement.

Article 2022: Alternative Dispute Resolution

1. Each Party shall, to the maximum extent possible, encourage and facilitate the use of arbitration and other means of alternative dispute resolution for the settlement of international commercial disputes between private parties in the free trade area.

2. To this end, each Party shall provide appropriate procedures to ensure observance of agreements to arbitrate and for the recognition and enforcement of arbitral awards in such disputes.

3. A Party shall be deemed to be in compliance with paragraph 2 if it is a party to and is in compliance with the 1958 *United Nations Convention on the Recognition and Enforcement of* ***Foreign Arbitral Awards or the* 1975 *Inter-American Convention on International Commercial Arbitration.***

4. The Commission shall establish an Advisory Committee on Private Commercial Disputes comprising persons with expertise or experience in the resolution of private international commercial disputes. The Committee shall report and provide recommendations to the Commission on general issues referred to it by the Commission respecting the availability, use and effectiveness of arbitration and other procedures for the resolution of such disputes in the free trade area.

（资料来源：http://www.nafta-sec-alena.org/DefaultSite/index_e.aspx? DetailID = 175）

承认及执行外国仲裁裁决公约(1958)
Convention on the Recognition and Enforcement of Foreign Arbitral Awards, 1958

(1958 年 6 月 10 日订于纽约)

第一条

一、仲裁裁决,因自然人或法人间之争议而产生且在申请承认及执行地所在国以外之国家领土内作成者,其承认及执行适用本公约。本公约对于仲裁裁决经申请承认及执行地所在国认为非内国裁决者,亦适用之。

二、"仲裁裁决"一词不仅指专案选派之仲裁员所作裁决,亦指当事人提请仲裁之常设仲裁机关所作裁决。

三、任何国家得于签署、批准或加入本公约时,或于本公约第十条通知推广适用时,本交互原则声明该国适用本公约,以承认及执行在另一缔约国领土内作成之裁决为限。任何国家亦得声明,该国唯于争议起于法律关系,不论其为契约性质与否,而依提出声明国家之国内法认为系属商事关系者,始适用本公约。

第二条

一、当事人以书面协定承允彼此间所发生或可能发生之一切或任何争议,如关涉可以仲裁解决事项之确定法律关系,不论为契约性质与否,应提交仲裁时,各缔约国应承认此项协定。

二、称"书面协定"者,谓当事人所签订或在互换函电中所载明之契约仲裁条款或仲裁协定。

三、当事人就诉讼事项订有本条所称之协定者,缔约国法院受理诉讼时应依当事人一造之请求,命当事人提交仲裁,但前述协定经法院认定无效、失效或不能实行者不在此限。

第三条

各缔约国应承认仲裁裁决具有拘束力,并依援引裁决地之程序规则及下列各条所载条件执行之。承认或执行适用本公约之仲裁裁决时,不得较承认或执行内国仲裁裁决附加过苛之条件或征收过多之费用。

第四条

一、申请承认及执行之一造,为取得前条所称之承认及执行,应于申请时提具:

(甲)原裁决之正本或其正式副本,

(乙)第二条所称协定之原本或其正式副本。

二、倘前述裁决或协定所用文字非为援引裁决地所在国之正式文字,申请承认及执行裁决之一造应备具各该文件之此项文字译本。译本应由公设或宣誓之翻译员或外交或领事人员认证之。

第五条

一、裁决唯有于受裁决援用之一造向申请承认及执行地之主管机关提具证据证明有下列情形之一时，始得依该造之请求，拒予承认及执行：

（甲）第二条所称协定之当事人依对其适用之法律有某种无行为能力情形者，或该项协定依当事人作为协定准据之法律系属无效，或未指明以何法律为准时，依裁决地所在国法律系属无效者；

（乙）受裁决援用之一造未接获关于指派仲裁员或仲裁程序之适当通知，或因他故，致未能申辩者；

（丙）裁决所处理之争议非为交付仲裁之标的或不在其条款之列，或裁决载有关于交付仲裁范围以外事项之决定者，但交付仲裁事项之决定可与未交付仲裁之事项划分时，裁决中关于交付仲裁事项之决定部分得予承认及执行；

（丁）仲裁机关之组成或仲裁程序与各造间之协议不符，或无协议而与仲裁地所在国法律不符者；

（戊）裁决对各造尚无拘束力，或业经裁决地所在国或裁决所依据法律之国家之主管机关撤销或停止执行者。

二、倘申请承认及执行地所在国之主管机关认定有下列情形之一，亦得拒不承认及执行仲裁裁决：

（甲）依该国法律，争议事项系不能以仲裁解决者；

（乙）承认或执行裁决有违该国公共政策者。

第六条

倘裁决业经向第五条第一项（戊）款所称之主管机关申请撤销或停止执行，受理援引裁决案件之机关得于其认为适当时延缓关于执行裁决之决定，并得依请求执行一造之申请，命他造提供妥适之担保。

第七条

一、本公约之规定不影响缔约国间所订关于承认及执行仲裁裁决之多边或双边协定之效力，亦不剥夺任何利害关系人可依援引裁决地所在国之法律或条约所认许之方式，在其许可范围内，援用仲裁裁决之任何权利。

二、1923 年日内瓦仲裁条款议定书及 1927 年日内瓦执行外国仲裁裁决公约在缔约国间，于其受本公约拘束后，在其受拘束之范围内不再生效。

第八条

一、本公约在 1958 年 12 月 31 日以前听由任何联合国会员国及现为或嗣后成为任何联合国专门机关会员国或国际法院规约当事国之任何其他国家，或经联合国大会邀请之任何其他国家签署。

二、本公约应予批准。批准文件应送交联合国秘书长存放。

第九条

一、本公约听由第八条所称各国加入。

二、加入应以加入文件送交联合国秘书长存放为之。

第十条

一、任何国家得于签署、批准或加入时声明将本公约推广适用于由其负责国际关系之一切或任何领土。此项声明于本公约对关系国家生效时发生效力。

二、嗣后关于推广适用之声明应向联合秘书长提出通知为之,自联合国秘书长收到此项通知之日后第90日起,或自本公约对关系国家生效之日起发生效力,此两日期以较迟者为准。

三、关于在签署、批准或加入时未经将本公约推广适用之领土,各关系国家应考虑可否采取必要步骤将本公约推广适用于此等领土,但因宪政关系确有必要时,自须征得此等领土政府之同意。

第十一条

下列规定对联邦制或非单一制国家适用之:

(甲)关于本公约内属于联邦机关立法权限之条款,联邦政府之义务在此范围内与非联邦制缔约国之义务同;

(乙)关于本公约内属于组成联邦各州或各省立法权限之条款,如各州或各省依联邦宪法制度并无采取立法行动之义务,联邦政府应尽速将此等条款提请各州或各省主管机关注意,并附有利之建议;

(丙)参加本公约之联邦国家遇任何其他缔约国经由联合国秘书长转达请求时,应提供叙述联邦及其组成单位关于本公约特定规定之法律及惯例之情报,说明以立法或其他行动实施此项规定之程度。

第十二条

一、本公约应自第三件批准或加入文件存放之日后第90日起发生效力。

二、对于第三件批准或加入文件存放后批准或加入本公约之国家,本公约应自各该国存放批准或加入文件后第90日起发生效力。

第十三条

一、任何缔约国得以书面通知联合国秘书长宣告退出本公约。退约应于秘书长收到通知之日1年后发生效力。

二、依第十条规定提出声明或通知之国家,嗣后得随时通知联合国秘书长声明本公约自秘书长收到通知之日1年后停止适用于关系领土。

三、在退约生效前已进行承认或执行程序之仲裁裁决,应继续适用本公约。

第十四条

缔约国除在本国负有适用本公约义务之范围外,无权对其他缔约国援用本公约。

第十五条

联合国秘书长应将下列事项通知第八条所称各国:

(甲)依第八条所为之签署及批准;

(乙)依第九条所为之加入;

(丙)依第一条、第十条及第十一条所为之声明及通知;

(丁)依第十二条本公约发生效力之日期;

(戊)依第十三条所为之退约及通知。

第十六条

一、本公约应存放联合国档库，其中文、英文、法文、俄文及西班牙文各本同一作准。

二、联合国秘书长应将本公约正式副本分送第八条所称各国。

（资料来源：陈安、刘智中编选：《国际经济法资料选编》，法律出版社 1991 年版，第 71—76 页。）

联合国国际贸易法委员会国际商事仲裁示范法(1985)

UNCITRAL Model Law on International Commercial Arbitration, 1985

(联合国国际贸易法委员会1985年6月21日通过)

第一章 总 则

第一条 适用范围

(1) 本法适用于国际商事①仲裁。但须服从在本国与其他任何一国或多国之间有效力的任何协定。

(2) 本法之规定,除第八、九、三十五及三十六条外,只适用于仲裁地点在本国领土内的情况。

(3) 仲裁如有下列情况即为国际仲裁:

(A) 仲裁协议的当事各方在缔结协议时,他们的营业地点位于不同的国家;或

(B) 下列地点之一位于当事各方营业地点所在国以外:

(a) 仲裁协议中确定的或根据仲裁协议而确定的仲裁地点;

(b) 履行商事关系的大部分义务的任何地点或与争议标的关系最密切的地点;或

(C) 当事各方明确地同意,仲裁协议的标的与一个以上的国家有关。

(4) 为了第(3)款的目的:

(A) 如当事一方有一个以上的营业地点,营业地点为与仲裁协议关系最密切的营业地点;

(B) 如当事一方没有营业地点,以其惯常住所为准。

(5) 本法不得影响规定某些争议不可以交付仲裁或只有根据非本法规定的规定才可以交付仲裁的本国其他任何法律。

第二条 定义及解释规则

为了本法的目的:

(A) "仲裁"是指无论是否由常设仲裁机构进行的任何仲裁;

---

① 对"商事"一词应作广义的解释,使其包括不论是契约性或非契约性的一切商事性质的关系所引起的种种情事。商事性质的关系包括但不限于下列交易:供应或交换货物或服务的任何贸易交易;销售协议;商事代表或代理;代理;租赁;建造工厂;咨询;工程;许可证;投资;银行;保险;开发协议或特许;合营和其他形式工业或商业合并,空中、海上、铁路或公路的客运或货运。

(B)“仲裁庭”是指一名独任仲裁员或一组仲裁员；

(C)“法院”是指一国司法系统的一个机构或机关；

(D)本法第三章、第四章或第五章的条款，第二十八条除外，允许当事各方自由确定某一问题时，这种自由包括当事各方授权第三者(包括机构)作出这种规定的权利；

(E)本法的规定提到当事各方已达成协议或可能达成协议的事实时，或在任何其他情况下提到当事各方的一项协议时，这种协议包括该协议内所提到的任何仲裁规则；

(F)本法条文，除第二十五条(A)项第三十二条(2)款(A)项外，提及索赔申诉时，也适用于反诉；提及答辩时，也适用于对这种反诉的答辩。

第三条 收到书面信件

(1)除非当事各方另有协议：

(A)任何书面信件，如经当面递交收件人，或投递到收件的营业地点、惯常住所或通信地址，或经合理查询仍不能找一上述任一地点而以挂号信或能提供作过投递企图的记录的其他任何方式投递到收件人最后一个为人所知的营业地点、惯常住所或通信地址，即应视为已经收到；

(B)信件应被视为已于以上述方式投递之日收到。

第四条 放弃提出异议的权利

当事一方如知道本法中当事各方可以背离的任何规定或仲裁协议规定的任何要求未得到遵守，但仍继续进行仲裁而没有不过分迟延地或在为此订有时限的情况下没有在此时限以内对此种不遵守情事提出异议，则应视为已放弃其提出异议权利。

第五条 法院干预的限度

由本法管辖的事情，任何法院均不得干预，除非本法有此规定。

第六条 履行协助和监督仲裁的某种职责的法院或其他机构

第十一条第(3)款和第(4)款、第13条第(3)款、第十四条和第三十四条第(2)款所指的职责应由……(实施本示范法的每个国家具体指明履行这些职责的一个法院或一个以上的法院或其他有权力的机构)履行。

第二章 仲裁协议

第七条 仲裁协议的定义和形式

(1)“仲裁协议”是指当事各方同意将在他们之间确定的不论是契约性或非契约性的法律关系上已经发生或可以发生的一切或某些争议提交仲裁的协议。仲裁协议可以采取合同中的仲裁条款形式或单独的协议形式。

(2)仲裁协议应是书面的。协议如载于当事各方签字的文件中，或载于往来的书信、电传、电报或提供协议记录的其他电讯手段中，或在申诉书和答辩书的交换中当事一方声称有协议而当事他方不否认即为书面协议。在合同中提出参照载有仲裁条款的一项文件即构成仲裁协议，如果该合同是书面的而且这种参照足以使该仲裁条款构成该合同的一部分的话。

第八条 仲裁协议和向法院提出的实质性申诉

(1)向法院提起仲裁协议标的诉讼时，如当事一方在不迟于其就争议实质提出第一次申述的时候要求仲裁，法院应让当事各方付诸仲裁，除非法院发现仲裁协议无效、不能实行或不能履行。

(2) 在本条第(1)款提及的诉讼已提起时,仍然可以开始或继续进行仲裁程序,并可作出裁决,同时等待法院对该问题的判决。

第九条　仲裁协议和法院的临时措施

在仲裁程序进行前或进行期间内,当事一方请求法院采取临时保护措施和法院准予采取这种措施,均与仲裁协议不相抵触。

第三章　仲裁庭的组成

第十条　仲裁员人数

(1) 当事各方可以自由确定仲裁员的人数。

(2) 如未作此确定,则仲裁员的人数应为三名。

第十一条　仲裁员的指定

(1) 除非当事各方另有协议,否则不应以所属国籍为理由排除任何人作为仲裁员。

(2) 当事各方可以自由地就指定一名或数名仲裁员的程序达成协议,但须服从本条第(4)和第(5)款的规定。

(3) 如未达成这种协议:

(A) 在仲裁员为三名的仲裁中,当事每一方均应指定一名仲裁员,这样指定的两名仲裁员应指定第三名仲裁员;如果当事一方未在收到当事他方提出这样做的要求30天内未指定仲裁员或两名仲裁员在被指定后30天内未就第三名仲裁员达成协议,则经当事一方请求,应由第六条规定的法院或其他机构指定;

(B) 在独任仲裁员的仲裁中,如果当事各方不能就仲裁员达成协议,则应由第六条规定的法院或其他机构指定。

(4) 如果,根据当事各方协议的指定程序:

(A) 当事一方未按这种程序规定的要求行事;或

(B) 当事各方或两名仲裁员未能根据这种程序达成预期的协议;或

(C) 第三者,包括机构,未履行根据这种程序交托给它的任何职责,则当事任何一方均可请求第六条规定的法院或其他机构采取必要措施,除非指定程序的协议订有确保能指定仲裁员的其他方法。

(5) 就本条第(3)款或第(4)款交托给第6条规定的法院或其他机构的事情所作出的决定,不容上诉。该法院或其他机构在指定仲裁员时应适当顾及当事各方协议的仲裁员需要具备的任何资格,并适当顾及可能确保能指定独立和公正的仲裁员的种种考虑,而且在指定独任仲裁员或第三名仲裁员时,还应考虑到指定一名所属国籍与当事各方均不相同的仲裁员的可取性。

第十二条　提出异议的理由

(1) 某人被询有关他可能被指定为仲裁员的事情时,他应该可能会对他的公正性或独立性引起正当的怀疑的任何情况说清楚。仲裁员从被指定之时起以至在整个仲裁程序进行期间,应不迟延地向当事各方说清楚任何这类情况,除非他已将这类情况告知当事各方。

(2) 只有存在对仲裁员的公正性或独立性引起正当的怀疑的情况或他不具备当事各方

商定的资格时，才可以对仲裁员提出异议。当事一方只有根据作出指定之后才得知的理由才可以对他所指定的或他参加指定的仲裁员提出异议。

第十三条　提出异议和程序

(1) 当事各方可以自由地就对仲裁员提出异议的程序达成协议，但须服从本条第(3)款的规定。

(2) 如未达成这种协议，拟对仲裁员提出异议的当事一方，应在他得知仲裁庭组成或得知第十二条第(2)款所指的任何情况后15天内向仲裁庭提出书面陈述，说明提出异议的理由。除非他提出异议的仲裁员辞职或当事他方同意所提出的异议，否则仲裁庭应就所提出的异议作出决定。

(3) 如根据当事各方协议的任何程序或根据本条第(2)款的程序提出的异议未能成立，提出异议的当事一方可以在收到驳回所提出的异议的决定的通知后30天内请求第六条规定的法院或其他机构就该异议作出决定，该决定不容上诉；在等待对该请求作出决定的同时，仲裁庭包括被提出异议的仲裁员可以继续进行仲裁程序和作出裁决。

第十四条　未行事或不能行事

(1) 如果仲裁员在法律上或事实上不能履行他的职责或由于其他原因未能不过分迟延地行事，他的任命即告终止，如果他辞职或当事各方就终止他的任命达成协议的话。但如对上述任何原因仍有争议，当事任何一方均可以请求第六条规定的法院或其他机构就终止其任何一事作出决定，该决定不容上诉。

(2) 如果按照本条或第十三条第(2)款的规定，一名仲裁员辞职或当事一方同意终止对一名仲裁员的任命，这并不暗示接受本条或第十二条第(2)款所指的任何理由的有效性。

第十五条　指定替代仲裁员

因根据第十三条或第十四条的规定或因仲裁员由于任何其他原因而辞职或因当事各方协议解除仲裁员的任命而终止仲裁员的任命或在任何其他情况下终止仲裁员的任命时，应按照原来适用于指定被替换的仲裁员的规则指定替代仲裁员。

第四章　仲裁庭的管辖权

第十六条　仲裁庭对自己的管辖权作出裁定的权力

(1) 仲裁庭可以对它自己的管辖权包括对仲裁协议的存在或效力的任何异议，作出裁定。为此目的，构成合同的一部分的仲裁条款应视为独立于其他合同条款以外的一项协议。仲裁庭作出关于合同无效的决定，不应在法律上导致仲裁条款的无效。

(2) 有关仲裁庭无权管辖的抗辩不得在提出答辩书之后提出。当事一方已指定或参与指定仲裁员的事实，不得阻止该当事一方提出这种抗辩。有关仲裁庭超越其权力范围的抗辩，应在仲裁程序过程中提出越权的事情后立即提出。在这两种情况下，仲裁庭如认为推迟提出抗辩有正当理由，均可准许待后提出抗辩。

(3) 仲裁庭可以根据案情将本条第(2)款所指的抗辩作为一个初步问题裁定或在裁决中裁定。如果仲裁庭作为一个初步问题裁定它有管辖权，当事任何一方均可以在收到裁定通知后三十天内要求第六条规定的法院对这一问题作出决定。该决定不容上诉，在等待对这种要求作出决定的同时，仲裁庭可以继续进行仲裁程序和作出裁决。

第十七条　仲裁庭命令采取临时措施的权力

除非当事各方另有协议,仲裁庭经当事一方请求,可以命令当事任何一方就争议的标的采取仲裁庭可能认为有必要的任何临时性保全措施。仲裁庭可以要求当事任何一方提供有关此种措施的适当的担保。

第五章　仲裁程序的进行

第十八条　对当事各方平等相待

应对当事各方平等相待,应给予当事每一方充分的机会陈述其案情。

第十九条　程序规则的确定

(1) 以服从本法的规定为准,当事各方可以自由地就仲裁庭进行仲裁所应遵循的程序达成协议。

(2) 如未达成这种协议,仲裁庭可以在本法的规定的限制下,按照它认为适当的方式进行仲裁。授予仲裁庭的权力包括确定任何证据的可采性、相关性、实质性和重要性的权力。

第二十条　仲裁地点

(1) 当事各方可以自由地就仲裁地点达成协议。如未达成这种协议,仲裁地点应由仲裁庭确定,要照顾到案件的情况,包括当事各方的方便。

(2) 虽有本条第(1)款的规定,除非当事各方另有协议,仲裁庭可以在它认为适当的任何地点聚会,以便在它的成员间进行磋商,听取证人、专家或当事各方的意见或检查货物、其他财产或文件。

第二十一条　仲裁程序的开始

除非当事各方另有协议,特定争议的仲裁程序,于应诉人收到将该争议提交仲裁的请求之日开始。

第二十二条　语言

(1) 当事各方可以自由地就仲裁程序中要使用的一种或数种语言达成协议。如未达成这种协议,仲裁庭应确定仲裁程序中要使用的一种或数种语言。除非其中另有规定,这种协议或确定应适用于当事一方的任何书面陈述、仲裁庭的任何开庭、任何裁决、决定或其他信件。

(2) 仲裁庭可以命令任何文件证据附具当事各方协议的或仲裁庭确定的一种或数种语言的译本。

第二十三条　申诉书和答辩书

(1) 在当事各方协议的或仲裁庭确定的期间内,申诉人应申述支持其申诉的种种事实、争论之点以及所寻求的救济或补救,应诉人应逐项作出答辩,除非当事各方对这种申述和答辩所要求的项目另有协议。当事各方可以随同他们的申诉书和答辩书提交他们认为有关的一切文件,也可以附注说明他们将要提交的文件或其他证据。

(2) 除非当事各方另有协议,在仲裁程序进行中,当事任何一方均可以修改或补充其申诉书或答辩书,除非仲裁庭考虑到提出已迟而认为不宜允许提出这种改动。

第二十四条　开庭和书面审理程序

(1) 除当事各方有任何相反协议外,仲裁庭应决定是否进行口头审理,以便提出证据或进行口头辩论,或者是否应以文件和其他材料为基础进行仲裁程序。然而,除非当事各方商定不开庭,仲裁庭应在进行仲裁程序的适当阶段开庭,如果当事一方如此要求的话。

(2) 任何开庭和仲裁庭为了检查货物、其他财产或文件而举行的任何会议,均应充分提前通知当事各方。

(3) 当事一方向仲裁提供的一切陈述书、文件或其他资料均应送交当事他方,仲裁庭可能据以作出决定的任何专家报告或证据性文件也应送交当事各方。

第二十五条　当事一方不履行责任

除非当事各方另有协议,如在不提出充分理由的情况下:

(A) 申诉人不按照第二十三条第(1)款的规定提交申诉书,仲裁庭应终止程序;

(B) 应诉人不按照第二十三条第(1)款的规定提交答辩书,仲裁庭应继续进行仲裁程序,但不把这种不提交答辩书的行动本身视为是认可了申诉人的申诉;

(C) 当事任何一方不出庭或不提供文件证据,仲裁庭可以继续进行仲裁程序并根据它所收到的证据作出裁决。

第二十六条　仲裁庭指定的专家

(1) 除非当事各方另有协议,仲裁庭:

(A) 可以指定一名或一名以上的专家就仲裁庭要确定的具体问题向仲裁庭提出报告;

(B) 可以要求当事人一方向专家提供任何有关的资料,或出示或让他接触任何有关的文件、货物或其他财产,供他检验。

(2) 除非当事各方另有协议,如当事一方有此要求或仲裁庭认为有必要,专家在提出他的书面或口头报告后,应参加开庭,使当事各方有机会向他提出问题并派出专家证人就争论之点作证。

第二十七条　在获取证据方面的法院协助

仲裁庭或当事一方在仲裁庭同意之下,可以请求本国主管法院协助获取证据。法院可以在其权限范围内并按照其获取证据的规则的规定执行上述请求。

第六章　裁决的作出和程序的终止

第二十八条　适用于争议实体的规则

(1) 仲裁庭应按照当事各方选定的适用于争议实体的法律规则对争议作出决定。除非另有表明,否则规定适用某一国的法律或法律制度应认为是直接指该国的实体法而不是指该国的法律冲突规则。

(2) 如当事各方没有任何规定,仲裁庭应适用它认为可以适用的法律冲突规则所确定的法律。

(3) 在一切情形下,仲裁庭均应按照合同的条款作出决定,并应考虑到适用于该项交易的贸易习惯。

(4) 仲裁庭只有在当事各方明确授权的情况下,才应按照公平合理的原则或作为友好调解人作出决定。

第二十九条　一组仲裁员作出的决定

在有一名以上仲裁员的仲裁程序中,除非当事各方另有协议,仲裁庭任何决定,均应由其全体成员的多数作出。但是,如果有当事各方或仲裁庭全体成员的授权,首席仲裁员可以就程序问题作出决定。

第三十条 和解

(1) 如果在仲裁程序中当事各方和解解决争议,仲裁庭应终止仲裁程序,而且如果当事各方提出请求而仲裁庭又无异议,则应按和解的条件以仲裁裁决书的形式记录此和解。

(2) 根据和解的条件作出的裁决应按照第三十一条的规定作出,并应说明它是一项裁决。这种裁决应与根据案情作出的任何其他裁决具有同等的地位和效力。

第三十一条 裁决的形式和内容

(1) 裁决应以书面作出,并应由一名或数名仲裁员签字,在有一名以上仲裁员程序中,仲裁庭全体成员的多数签字即可,但须对任何省去的签字说明原因。

(2) 裁决应说明它所根据的理由,除非当事各方协议不要说明理由或该裁决是根据第30条的规定按和解条件作出的裁决。

(3) 裁决应写其日期和按照第二十条第(1)款的规定所确定的仲裁地点,该裁决应视为是在该地点作出的。

(4) 裁决作出后,经各仲裁员按照本条第(1)款的规定签字的裁决书应送给当事各方各一份。

第三十二条 程序的终止

(1) 仲裁程序依终局裁决或仲裁庭按照本条第(2)款发出的命令予以终止。

(2) 仲裁庭在下列情况下应发出终止仲裁程序的命令:

(A) 申诉人撤回其申诉。除非应诉人对此表示反对而且仲裁庭承认彻底解决争议对他来说是有正当的利益的;

(B) 当事各方同意终止程序;

(C) 仲裁庭认定仲裁程序在任何其他理由之下均无必要或不可能继续进行。

(3) 仲裁庭的任务随着仲裁程序的终止而结束,但须服从第三十三条和第三十四条第(4)款的规定。

第三十三条 裁决的改正和解释;追加裁决

(1) 除非当事各方已就另一期限达成协议,在收到裁决书后30天内:

(A) 当事一方可以在通知当事另一方后请求仲裁庭改正裁决书中的任何计算错误,任何抄写或排印错误或任何类似性质的错误;

(B) 如果当事各方有此协议,当事一方可以在通知当事国一方后请求仲裁庭对裁决书的具体一点或一部分作出解释。

如果仲裁庭认为此种请求合理,它应在收到请求后30天内作出改正或加以解释,解释应构成裁决的一部分。

(2) 仲裁庭可以在作出裁决之日起30天内主动改正本条第(1)款(A)项所指的类型的任何错误。

(3) 除非当事各方另有协议,当事一方在收到裁决书后30天内可以在通知当事他方后请求仲裁庭对已在仲裁程序中提出但在裁决书中遗漏的申诉事项作出追加裁决。如果仲裁庭认为其请求合理,仲裁庭在60天内作出追加裁决。

(4) 如果必要,仲裁庭可以将根据本条第(1)或第(2)款作出的改正、解释或追加裁决的期限，予以延长。

(5) 第三十一条的规定应适用于裁决的改正或解释并适用于追加裁决。

第七章 对裁决的追诉

第三十四条 申请撤销作为对仲裁裁决唯一的追诉

(1) 只有按照本条第(2)和第(3)款的规定申请撤销，才可以对仲裁裁决向法院追诉。

(2) 仲裁裁决只有在下列情况下才可以被第六条规定的法院撤销：

(A) 提出申请的当事一方提出证据证明：

(a) 第七条所指的仲裁协议的当事一方欠缺行为能力；或根据当事各方所同意遵守的法律，或未认明有任何这种法律，则根据本国法律，上述协议是无效的；或

(b) 未将有关指定仲裁员或仲裁程序的事情适当地通知提出申请的当事一方，或该方因其他理由未能陈述其案情；或

(c) 裁决处理了不是提交仲裁的条款所考虑的或不是其范围以内的争议，或裁决包括有对提交仲裁以外的事项作出的决定，但如果对提交仲裁的事项所作的决定与对未提交仲裁的事项所作出的决定能分开的话，只可以撤销包括有对未提交仲裁的事项作出决定的那一部分裁决；或

(d) 仲裁庭的组成或仲裁程序与当事各方的协议不一致，除非这种协议与当事各方不能背离的本法的规定相抵触，或当事各方并无此种协议，则与本法不符；或

(B) 法院认为：

(a) 根据本国的法律，争议的标的不能通过仲裁解决；或

(b) 该裁决与本国的公共政策相抵触。

(3) 提出申请的当事一方自收到裁决书之日起，3 个月后不得申请撤销；如根据第三十三条提出了请求，则从该请求被仲裁庭处理完毕之日起 3 个月后不得申请撤销。

(4) 法院被请求撤销裁决时，如果适当而且当事一方也要求暂时停止进行撤销程序，则可以在法院确定的一段期间内暂时停止进行，以便给予仲裁庭一个机会重新进行仲裁程序或采取仲裁庭认为能够消除请求撤销裁决的理由的其他行动。

第八章 裁决的承认和执行

第三十五条 承认和执行

(1) 仲裁裁决不论在何国境内作出，均应承认具有约束力，而且经向主管法院提出书面申请，即应予以执行，但须服从本条和第三十六条的规定。

(2) 援用裁决或申请予以执行的当事一方，应提供经正式认证的裁决书正本或经正式认证的裁决书副本与第七条所指的仲裁协议正本或经正式认证的仲裁协议副本。如果裁决或协议不是用本国的正式语言作成，则申请执行该裁决的当事一方应提供这些文件译成本国正式语言的经正式认证的文本。

第三十六条 拒绝承认或执行的理由

(1) 只有在下列情况下才可拒绝承认或执行不论在何国作出的仲裁裁决：

(A) 经根据裁决被提出要求的当事一方请求,如果该当事一方向被要求承认或执行裁决的主管法院提出证据证明:

(a) 第七条所指的仲裁协议的当事一方欠缺行为能力,或根据当事各方所同意遵守的法律,或未订明有任何这种法律,则根据作出裁决的国家的法律,上述协议是无效的;或

(b) 未将有关指定仲裁员或仲裁程序的事情适当地通知依据裁决被提出要求的当事一方,或该方因其他理由未能陈述其案情;或

(c) 裁决处理了不是提交仲裁的条款所考虑的或不是其范围以内的争议,或裁决包括有对提交仲裁以外的事项作出的决定,但如果对提交仲裁的事项所作出的决定与对未提交仲裁的事项所作出的决定能分开的话,可以承认并执行包括有就提交仲裁的事项作决定的那一部分裁决;或

(d) 仲裁庭的组成或仲裁程序与当事各方的协议不一致,或并无这种协议,则与仲裁所在国的法律不符;或

(e) 裁决尚未对当事各方具有约束力,或作出裁决的国家的法院,或根据其法律作出裁决的国家的法院已将裁决撤销或中止;或

(B) 如经法院认定:

(a) 根据本国的法律,该争议的标的不能通过仲裁解决;或

(b) 承认或执行该裁决与本国的公共政策相抵触。

(2) 如已向本条第(1)款(A)项(e)目所指的法院申请撤销或中止裁决,被请求承认或执行的法院如认为适当,可以暂停作出决定,而且如经要求承认或执行裁决的当事一方提出申请,还可以命令当事他方提供适当的担保。

(资料来源:http://www.uncitral.org/pdf/chinese/texts/arbitration/ml-arb/ml-arb-c.pdf)

欧洲国际商事仲裁公约(1961)
European Convention on International Commercial Arbitration, 1961

(1961 年 4 月 21 日签订于日内瓦)

签字者经正式授权:

由联合国欧洲经济委员会主持召集

已经注意到 1958 年 6 月 10 日在联合国国际商事仲裁会议上在纽约已经签订《承认及执行外国仲裁裁决公约》;

希望尽可能排除阻碍欧洲各国的自然人或法人相互间在有关国际商事仲裁的组织和工作中的一定困难,以期推动欧洲贸易的发展。

协议如下:

第一条 [公约的范围]

(一) 本公约适用于:

1. 自然人或法人为解决其相互间在国际贸易中发生的争议而缔约的仲裁协议,但以签订协议时,该自然人或法人在常住地或所在地在各缔约国家中为限。

2. 根据本条第一款第一项所述协议而进行的仲裁程序和作出的裁决。

(二) 在本公约中:

1. "仲裁协议"一词既指合同中的仲裁条款,也指仲裁协议;该合同或仲裁协议,是指经当事人签订的,或包括在当事人交换的书信和电报中或电传通讯中的。如在法律并不要求仲裁协议必须以书面形式签订的国家,则指依该国法律所许可的形式所订立的一切仲裁协议。

2. "仲裁"一词不仅指为每个案件指定仲裁员解决争议(临时仲裁),而且指由常设仲裁机构解决争议。

3. "所在地"一词是指签订仲裁协议的企业所在的地方。

第二条 [公法法人提请仲裁的权利]

(一) 在有关本《公约》第一条第一款的情况下,被其所适用的法律视作"公法法人"的法人,有权缔结有效的仲裁协议。

(二) 任何国家在签署、批准或加入本《公约》时,有权声明,把上述各项限制在它所声明的情况之内。

第三条 [外国人被指派为仲裁员的权利]

在根据本《公约》进行的仲裁中,外国人可指派为仲裁员。

第四条 [仲裁组织]

(一) 仲裁协议的当事人,可自行决定将其争议提交于:

1. 常设仲裁机构；在这种情况下，仲裁程序应按该机构的规则进行；

2. 临时仲裁；在这种情况下，当事人自行决定：

甲、指派仲裁员，或者确定如果发生争议时指派仲裁员的方法；

乙、确定仲裁地点；

丙、规定仲裁员遵循的程序。

（二）当事人已协议一致把争议提交临时仲裁，在申请仲裁的通知书送达被诉人后的30天内，如当事人一方没有指派仲裁员，无其他规定时，依另一方当事人的请求，仲裁员即由未指派仲裁员的一方当事人在提请仲裁时的常住地或所在地的国家的主管商会管理人员指定之。本款规定也适用于由一方当事人指派的或由上述商会管理人员所指派的仲裁员的更换。

（三）当事人已协议一致将争议提交由1名或数名仲裁员进行临时仲裁，但仲裁协议中没有规定本条第一款所规定的仲裁组织，除当事人能就此取得协议并不违反上述第二款规定外，业已指派的仲裁员（们）即应采取必要的步骤。如果当事人未能就指派独任仲裁员达成协议，或者被指派的数名仲裁员未能就采取的措施达成协议时，申诉人可自由选择向协议同意的仲裁地（如果当事人就仲裁地点达成了协议）的商会管理人员，或者向被诉人在提请仲裁时的常住地或所在地的主管商会管理人员，请求采取必要的行动。如果没有就仲裁地点达成协议，申诉人有权选择向被诉人在提请仲裁时的常住地或所在地的国家的主管商会会长，或者向专门委员会（其机构和程序见本公约附件规定），请求采取必要的行动。如果申诉人没有行使本款赋予的权利，被诉人或者仲裁员（们）有权如此办理。

（四）专门委员会会长接受请求后，如果需要，有以下权力：

1. 指派独任仲裁员、主任仲裁员、首席仲裁员或鉴定人；

2. 在本条第二款规定外的其他任何程序，更换原指派的仲裁员；

3. 如仲裁员可以确定另一仲裁地点时，确定仲裁地点；

4. 直接制定或者参考常设仲裁机构的规则和章程制定仲裁员（们）遵循的程序规则，假如当事人之间没有此项协议，而仲裁员也没有制定这项规则的话。

（五）如果当事人协议一致将其争议提交常设仲裁机构，但没有选定这一机构，也未能就此达成协议，申请人可按上述第三款规定的程序，请求确定这一机构。

（六）如果当事人协议一致将其争议提交仲裁，但仲裁协议没有对仲裁方式（由常设仲裁机构或依临时仲裁程序仲裁）作出规定，当事人也未能对此达成协议，申诉人有权就此案件，按上述第三款规定的程序，以决定之。主管商会的会长或专门委员会，有权令当事人向常设仲裁机构提出申请，或者要求当事人在主管商会会长或专门委员会所规定的期限内指定仲裁员，并协商仲裁活动的必要措施。后一种情况，可适用本条第二、三、四款的规定。

（七）依据本条第二至第六款规定被委以职责的商会会长，在接受完成上述各款规定中的一项活动的请求后的60天内，没有完成此项活动时，提出请求的当事人有权要求专门委员会完成这项活动。

第五条 ［关于仲裁管辖权的抗辩］

（一）当事人根据不存在仲裁协议、或仲裁协议无效、或已失效等事实，对仲裁庭的管辖权提出抗辩时，此项抗辩应在发出仲裁请求书或提出争议实体答辩之前的期间提出；基于仲裁庭超越其职权范围的事实提出抗辩，应在仲裁庭被认定无管辖权的问题在仲裁程序中发生后，立即提出之。抗辩延迟提出时，仲裁庭如认为其延迟有正当理由应即宣布准许其抗辩。

（二）上述第一款对管辖权的抗辩，如未在上述期限内提出，随后既不能在仲裁的下一阶段提出（在此阶段，这种抗辩，依仲裁庭所适用的法律，只能由当事人自行决定），也没有在以后对裁决的实质或执行进行审理的法院诉讼中提出（在法院程序中，这种抗辩只能由当事人依审理裁决的实质或执行的法院的冲突规则决定）。仲裁庭对不按时提出抗辩的裁决，须受司法监督。

（三）管辖权有问题的仲裁庭，有权继续进行仲裁，并对自己的管辖权作出决定，并能决定仲裁协议或者包括此协议在内的合同是否存在或无效力，但应受仲裁地法所规定的以后的司法的监督。

第六条 ［法院管辖权］

（一）依据存在仲裁协议这一事实，仲裁协议的一方当事人向法院或该法院无管辖权提出的抗辩，应该根据该法院的法律认为该抗辩是程序上的还是实质性的，而后决定，该抗辩必须在被诉人提出他的实质性答辩之前提出（否则应受关于禁止反言的处罚）。

（二）缔约国的法院在作出关于仲裁协议是否存在或有效的决定时，应从各方面审查这一协议的有效性。关于双方当事人的能力，根据适用于他们的法律，至于其他问题，则应：

1. 根据当事人的仲裁协议同意适用所依据的法律；

2. 如未就此点确定时，根据裁决地的国家的法律；

3. 如无当事人的仲裁协议所依据的法律，而在向法院提出问题时，还不能确定将在哪一国作出裁决，就根据受理争议的法院的冲突规则所决定的法律。

如果按照法院地国家的法律，该争议是不能通过仲裁解决的，法院也可拒绝承认仲裁协议。

（三）如仲裁协议一方当事人在向法院起诉之前，已经提请仲裁，缔约国的法院以后在审理该当事人间的同一事项，或审理该仲裁协议是否存在或无效、或已失效等问题时，在仲裁裁决作出之前，应停止对仲裁庭的管辖权作出裁决；有正当而真实的相反理由者除外。

（四）向司法当局请求临时处分或保全处分，不应看作同仲裁协议不相一致，也不应看作是就案件实质问题向法院提出申诉。

第七条 ［适用的法律］

（一）当事人可通过协议自行决定仲裁员就争议所适用的实体法。如果当事人没有决定应适用的法律。仲裁员可按照其认为可适用的冲突规则的规定，适用某种准据法。在上述两种情况下，仲裁员均应考虑到合同条款和商业惯例。

（二）如当事人作出此种决定，而且仲裁员依照仲裁所适用的法律可以进行“友谊仲裁”时，仲裁员可即进行“友谊仲裁”。

第八条 ［裁决理由］

除有下列情况外，当事人即被认为已协商同意裁决应附具理由：

1. 当事人明确表示不必附具理由；

2. 当事人已赞成采用习惯上不需要裁决理由的仲裁程序，但以在审理结束前或者在裁决作出前（如没有审理程序的话），双方当事人都没有要求附具裁决理由时为限。

第九条 ［仲裁裁决的撤销］

（一）一缔约国撤销按本公约作出的仲裁裁决，只有在下列情况下，才构成另一缔约国拒绝承认和执行裁决的理由，即裁决是由在该国或按该国法律作出裁决的国家撤销的，并且具

有下述理由之一:

1. 仲裁协议的当事人,按对其适用的法律规定,是无能力人;或者按当事人所依据的法律,协议是无效的,如协议中未规定此项法律,依裁决地国家的法律规定,这项协议无效;

2. 请求撤销裁决的当事人,没有得到关于仲裁员任命或仲裁程序的正式通知,或者有其他理由未能出席仲裁;

3. 裁决涉及到仲裁申请中没有提及的或不属于仲裁申请项目的一种争议,或者裁决中包含了超出仲裁申请范围的裁决事项;如果仲裁申请范围内的裁决事项可以同仲裁申请范围外的裁决事项分开,则申请范围内的裁决事项可以不予撤销;

4. 仲裁机构的组成和仲裁程序不是按照当事人的协议办理的,或者如无此项协议,不是按照本公约第四条的规定办理的。

(二) 缔约国同时是 1958 年 6 月 10 日关于承认和执行外国仲裁裁决的纽约公约的参加国时,在缔约国的关系中,本条第一款对纽约公约第五条第一款第五项,仅在按本条第一款规定撤销裁决的情况下,予以限制。

第十条　[最后条款]

(一) 凡欧洲经济委员会成员国家,均可签署或加入本公约,依该委员会规章第八条被承认为该委员会咨询机构的国家也可签署或加入本公约。

(二) 凡按欧洲经济委员会规章第十一条规定,可以参加该委员会一定活动的国家,在本公约生效后,也可以加入本公约,成为本公约的缔约国。

(三) 本《公约》在 1961 年 12 月 31 日以前,公开接受国家签署。在这以后,公开接受加入。

(四) 本《公约》应经批准。

(五) 批准或加入,将在向联合国秘书长交存文件后生效。

(六) 缔约国在签署、批准或加入本《公约》时,应向联合国秘书长报送一份关于他们国家内商会或其他能履行本《公约》第四条所规定的商会会长职责的其他机构的名单。

(七) 本《公约》的规定不影响本公约缔约国之间缔结的其他多边或双边协定的效力。

(八) 本《公约》在有本条第一款所述五个国家交存其批准或加入的文件后的第 90 天起开始生效。若有的国家嗣后批准或加入,本《公约》将自该国交存其批准或加入的文件后第 90 天起,开始对该国生效。

(九) 任一缔约国可以通知联合国秘书长,退出本公约。退出自秘书长收到退出通知之日起 1 年后生效。

(十) 本《公约》如在生效之后,由于有国家退出,缔约国减少到五国以下时,将从最后退出公约的国家的退出生效之日起,本公约停止生效。

(十一) 联合国秘书长应将下列事项通知本条第一款所述国家,以及按本条第二款规定成为缔约国的国家:

1. 按本《公约》第二条第二款规定提出的声明;

2. 按本条第一款第二款规定提出的批准或加入;

3. 按本条第六款执行时报送来的名单;

4. 按本条第八款规定本公约开始生效的日期;

5. 按本条第九款规定的提出;

6. 按本条第十款规定本公约的停止生效。

(十二) 1961 年 12 月 31 日以后,本《公约》原本将交存于联合国秘书长处,并由联合国秘书长把证明无误的副本,分送给本条第一款第二款的各个国家。

1961 年 4 月 21 日于日内瓦。正本一份,以英文、法文、俄文写成,各种文本具有同等效力。

[**附注**] 1958 年,在联合国经济及社会理事会主持下,制定并通过了《承认及执行外国仲裁裁决公约》(即《纽约公约》)。其后,该理事会于 1959 年 4 月 17 日通过了一项关于国际商事仲裁的决议,并对联合国各地区经济委员会提出了有关的建议。基于这个建议,联合国欧洲经济委员会于 1961 年 4 月 21 日主持欧洲各国订立了本《公约》(《欧洲国际商事仲裁公约》)。本《公约》于 1964 年 1 月 7 日生效。

(资料来源:http://www.lawtime.cn/zhishi/guojizhongcai/xiangguanfagui/2007052868376.html)

英国1996年仲裁法

The Arbitration Act 1996[UK]

(1996年6月17日通过,1997年1月31日起施行)

第一部分　依据仲裁协议仲裁

导　论

第1条　[总则]

本部分的规定依据如下原则,并以此为基础,作出如下阐释:

(a) 仲裁之目的在于通过一个公正的仲裁庭在减少延误和节省费用的前提下,使争议获得公平解决;

(b) 在充分保障维护公共利益的前提下,当事人拥有充分自由决定解决他们之间争议的方式;

(c) 除非另有规定,在本部分所规定事项中,法院不得进行干预。

第2条　[适用范围]

(1) 本部分之规定适用于仲裁地点在英格兰、威尔士或北爱尔兰。

(2) 下列各节仅适用于仲裁地点不在英格兰、威尔士或北爱尔兰或没有指定或决定仲裁地点之情况:

(a) 第9—11节(司法程序的中止,等),和

(b) 第66节(仲裁裁决的执行)

(3) 下列各节是对仲裁地点不在英格兰、威尔士或北爱尔兰或没有指定或决定仲裁地点之情况所赋予的权力:

(a) 第43节(保证证人出庭),和

(b) 第44节(法院在支付仲裁程序当中行使权力)。

然而,如果法院认为,仲裁地点在英格兰、威尔士或北爱尔兰之外,或被指定的或决定的地点似乎不在英格兰、威尔士或北爱尔兰,在此情况下,法院行使上述权力如有不当,它也可以拒绝行使此项权力。

(4) 为了支付法院程序之目的,在下述情况下法院可行使权力,尽管这些情况未在本部分第(2)或第(3) 节中提及:

(a) 仲裁地点未被指定或决定,和

(b) 基于某种理由,仲裁与英格兰、威尔士或北爱尔兰有联系,且法院认为是适当的,法院可以行使权力。

(5) 第7节(仲裁协议的独立性)和第8节(一方当事人死亡)适用于仲裁协议准据法为

英格兰、威尔士或北爱尔兰法律时,尽管仲裁地点是在英格兰、威尔士或北爱尔兰之外或者仲裁地点未被指定或决定。

第3条 [仲裁地点]

本部分中"仲裁地点"一词意为被指定的仲裁审理地点,由

(a) 仲裁协议的当事人指定,或

(b) 任何获得当事人授权的仲裁机构或其他机构或个人指定,或

(c) 经当事人授权的仲裁庭指定。

在缺乏上述各种指定情形,经对当事人之间的仲裁协议和全部有关情况进行考虑后,前述各种人可以对仲裁地点作出决定。

第4条 [适用规则]

(1) 本部分之强制性规定已被列在附表中,对于任何在协议中有相反规定的内容亦产生效力。

(2) 本部分其他规定("非强制性规定"),允许当事人通过协议作出他们自己的安排,但没有这种协议时,得提供应适用的规则。

(3) 当事人可约定适用某种仲裁机构的规则或提供对某项问题作出决定的方式。

(4) 对于依据当事人的协议,准据法是否为英格兰、威尔士或北爱尔兰的法律,这并不重要。

(5) 根据本部分之非强制性的规定,通过法律选择而产生的准据法并依据该法,它并非是英格兰、威尔士或北爱尔兰法对某一事项所作出的决定,其等同于当事人在协议中约定对该事项所作出的决定。

基于此目的,根据当事人协议所决定出的适用法,或缺乏明示或默示的决定,应被视为由当事人所选择的准据法。

第5条 [书面形式]

(1) 本部分规定仅适用于仲裁协议为书面形式,以及任何其他的当事人为本部分之目的而签订的有效的书面协议。

"协议"、"同意"、"同意的"等词应被解释为:

(2) 一个书面的协议——

(a) 如果该协议是书面形式达成的;

(b) 如果该协议是通过书面通讯交换的形式达成的;或

(c) 如果该协议被证明是书面形式的。

(3) 如果当事人约定,只要有关条款是书面的,他们之间的协议即为书面协议。

(4) 如果一项协议被当事人中的一方或第三方以及当事人的授权人所记录下来,该协议即被证实为书面协议。

(5) 当事人之间虽无书面协议但在他们之间的书面文件交换过程中,或在仲裁或司法程序当中,一方当事人声称他们之间存在一个协议,而另一方当事人在其答复中不作否认表示的,关于书面协议的声称即为有效。

(6) 其他有关参考文件,即以任何方式被记载的或以任何方式被记录的。

仲裁协议

第 6 条 [仲裁协议]

(1) 在本部分中"仲裁协议"意为将现存的或将要产生的争议提交仲裁的协议。

(2) 在一个协议中包含一个书面形式的仲裁条款,或在一个文件当中包含一个仲裁条款,只要该条款构成了该协议或文件的一部分。

第 7 条 [仲裁条款的独立性]

除非当事人另有约定,不能因为一个协议的无效、不存在或已经失效,而将构成该协议一部分的仲裁条款视为无效、不存在或已经失效。该协议应被视为可分割的协议。

第 8 条 [仲裁协议的延续性]

(1) 除非当事人另有约定,一个仲裁协议不因一方当事人的死亡而解除,它仍可由该当事人的代表执行或被执行。

(2) 在上节中,当事人的死亡导致其实体上权利义务的消灭,但不影响法律和规则的实施。

诉讼程序的中止

第 9 条 [中止条件]

(1) 当仲裁协议的一方当事人正在进行诉讼程序(无论本诉还是反诉),其所涉及的问题按照仲裁协议应该提交仲裁的(经向该当事人发出通知后),另一方当事人可向法院提出申请,要求法院中止已经进行的程序。

(2) 前述关于对该事项应提交仲裁而向法院提出的申请,经用尽其他争议解决程序之后,方可提出。

(3) 一方当事人在采取适当的程序步骤通知法院或已采取了有关步骤答复了实体性的起诉之前,不得提出中止诉讼程序的申请。

(4) 本节中经当事人向法院申请,法院应发出一个中止通知,除非仲裁协议是无效的、不可操作或不能履行的。

(5) 如果法院拒绝中止诉讼程序,任何与该程序有关的规定,如裁决是提起诉讼之前提条件等,都将无效。

第 10 条 [法院裁定]

(1) 诉讼程序因当事人之间互诉而解除或申诉人和反诉人之间存在仲裁条款而中止,同意中止的法院得发出指令要求该问题应按双方的协议办理,除非申诉人提交诉讼程序的各项问题是不应中止的事项。

(2) 当前述情况出现,但法院并未发出指令要求该问题应按双方的协议办理,那么,任何有关裁决是诉讼之前提的规定都不应影响法院对该事项的决定。

第 11 条 [法院对海事诉讼程序的权限]

(1) 海事诉讼程序由于所提交的争议应提交仲裁而中止,如果在这些程序中的财产被扣押或提供担保要求获得释放,法院可以:

(a) 命令该被扣押的财产作为担保,用以对此争议作出裁决后的执行;

(b) 命令中止这种程序但应以存在相当于提供担保的规定为前提条件,用以对裁决的执行。

(2)遵照任何法院的规定及对该规定的任何修改,在法院作出命令的程序中,为执行法院命令之目的,而与被扣押的财产有关的法律与习惯,亦应适用。

仲裁程序的开始

第12条 [提出异议的期限]

(1)当一条关于将来发生的争议的仲裁协议规定了如果申诉人没有在规定的期限内采取如下步骤,该申诉将被拒绝,或申请人的权力将丧失,这些步骤是:

(a)开始仲裁程序,或

(b)开始其他争议解决的程序,在仲裁程序之前,必须用尽其他它程序。

法院可以通过命令延长采用该步骤的期限。

(2)仲裁协议的任何一方当事人可以向法院申请延长期限(经通知另一方当事人),但只有在其仲裁程序已经提起和为了获得延长期限之目的而进行了任何必要的仲裁程序,方可提出此项申请。

(3)如果满足如下条件,法院应作出命令:

(a)出现了当事人在签约之时所合理预料之外的情况,而对此作出的延期是合理的,或

(b)因一方当事人的行为而要求另外一方当事人遵照严格的条件将会造成不公平。

(4)如果法院认为是适当的,在前述情况下,它可以延长该期限并作出命令,无论合同中所规定的时效是否已经过期。

(5)此条下法院作出的命令不影响《时效法》的履行。(见第13条)

(6)在此条之情况下,要求法院作出决定之前,须先得到法院的准许。

第13条 [时效]

(1)对于《时效法》的适用,仲裁程序与诉讼程序相同。

(2)对于下述争议事项,法院可以按照《时效法》的计算方法决定程序(包括仲裁程序)的开始:

(a)法院下达命令对一个裁决的撤销或宣布该裁决的无效,或

(b)命令对裁决的一部分撤销,或宣布该部分无效。

(a)、(b)不包括仲裁开始和法院作出命令之间的时间。

(3)当诉讼的原因产生后,为《时效法》之目的而作出决定时,在仲裁协议中,就某一问题而言,任何关于裁决是提起诉讼的先决条件的规定,都将不予考虑。

(4)本部分中的"时效法"意为:

(a)在英格兰和威尔士是指《1980年时效法》《1984年涉外时效期限法》和任何其他有关诉讼时效的规定(无论何时通过的)。

(b)在北爱尔兰是指《1989年(北爱尔兰)时效法令》和《1985年(爱尔兰)涉外时期限法》和任何其他有关诉讼时效的规定。

第14条 [仲裁程序开始的时间]

(1)基于本部分之目的和时效法之目的,当事人可自由约定,仲裁程序从何时开始。

(2)如果没有这样的约定则适用以下规定。

(3)当仲裁协议中指定了或选任了仲裁员,仲裁程序起始于一方当事人向另一方当事人

(1 个或数个)送达一份书面通知,要求他或他们将争议事项提交他或他们指定的或选任的仲裁员。

(4) 仲裁员(1 名或几名)是由当事人指定的,则仲裁程序起始于一方当事人向另一方当事人送达一份指定的书面通过,要求他或他们指定一名仲裁员或同意另一方已经作出的指定。

(5) 当仲裁员(1 名或几名)是由某一个人而不是由程序中的当事人指定的,仲裁程序则起始于一方当事人交给那个人一份书面通知,要求他作出对仲裁员的指定。

仲　裁　庭

第 15 条　[仲裁庭的组成]

(1) 当事人要自由约定组成仲裁庭的仲裁员和是否有一名首席仲裁员或公断人。

(2) 除非当事人另有约定,如协议中仲裁员的人数为两名或其他偶数时,应被理解为要求指定另外一名仲裁员作为首席仲裁员或公断人。

(3) 如果对仲裁员的人数没有约定,仲裁庭应由 1 名独任仲裁员组成。

第 16 条　[仲裁员的指定]

(1) 当事人可自由约定指定仲裁员(1 名或数名)的程序,包括对首席仲裁员或公断人的指定程序。

(2) 如果当事人对此没有约定,则遵守以下规定。

(3) 如果仲裁庭由一名独任仲裁员组成,当事人应在一方向另一方送达书面这种要求的通知后的 28 天之内,共同作出指定。

(4) 如果仲裁庭由两名仲裁员组成,各方当事人应在一方向另一方送达书面的这种要求的通知后 14 天之内,各自指定 1 名仲裁员。

(5) 如果仲裁庭由 3 名仲裁员组成——

(a) 各方当事人应在一方向另一方送达书面的通知后的 14 天之内各自指定 1 名仲裁员,和

(b) 两名被指定的仲裁员立即推举出第三名仲裁员作为首席仲裁员。

(6) 如果仲裁庭是由两名仲裁员和一名公断人组成——

(a) 各方当事人应在一方向另一方送达书面的通知后的 14 天内各自指定 1 名仲裁员,和

(b) 该被指定出的两名仲裁员得在任何实体问题庭审之前随时指定 1 名公断人或当他们对一项有关仲裁的事项不能达成一致时,得立即推举出 1 名公断人。

(7) 在任何其他情况下(特别是当事人为两个以上),第 18 节适用于在缺乏共同协议指定程序之情况。

第 17 条　[拒绝指定仲裁员]

(1) 除非当事人另有约定,当仲裁协议中的一方当事人指定了 1 名仲裁员而另一方当事人("消极行事的当事人")拒绝指定或没有在规定的期限内这么做,而此一方当事人,已合理地指定了他的仲裁员,则可以书面通知消极行事的当事人,建议以他所指定的那名仲裁员担任独任仲裁员。

(2) 如果消极行事的一方当事人,在得到通知后 7 个净工作日之内,仍没有——

(a) 按要求作出指定，和

(b) 通知另一方当事人他已作出了指定，则

另一方当事人可以将他所指定的那位仲裁员作为独任仲裁员，该仲裁员所作出的裁决对双方均有约束力，就如同他是按照约定被指定出来的。

(3) 在前述第(2)小节之下，独任仲裁员被指定后，消极行事的一方当事人(经通知指定仲裁员的一方当事人)可以向法院申请，要求法院撤销该指定。

(4) 在本节之下，任何请求法院作出决定之前，须先得到法院的准许。

第18条　[缺乏指定仲裁员]

(1) 当事人可自由约定在缺乏指定仲裁员组成仲裁庭的程序情况下将如何行事。

只要在第17节之下作出了合理的指定(在对方未能指定独任仲裁员的情况下之权力)，就不是缺乏指定，除非该指定被撤销。

(2) 如果或进一步说，在本节没有这种约定，任何仲裁协议的一方(经通知另一方当事人)可以请求法院行使权力。

(3) 这些权力是：

(a) 对于作出任何必要的指定作出指令；

(b) 指令仲裁庭应由已被指定出的仲裁员(其中一名或其中数名)组成；

(c) 撤销任何已经作出的指定；

(d) 由它自己作出必要的指定。

(4) 在本节之下，法院所作出的指定的效力与当事人约定的效力是相同的。

(5) 本节之下的任何请求法院作出决定之前，须先得到法院的准许。

第19条　[法院指定仲裁员]

在决定是否行使和考虑如何行使在第16节之下(仲裁员指定程序)和第18节之下(缺乏指定程序)之权力时，法院应充分尊重当事人之间协议中关于仲裁员资格的规定。

第20条　[仲裁员的权限]

(1) 在当事人已约定设有首席仲裁员的情况下，他们可自由约定该首席仲裁员在关于作出决定、命令和裁决的职权范围。

(2) 如果或进一步讲，当事人没有这样的约定，须遵守以下的规定。

(3) 决定、命令和裁决应由全体或多数仲裁员(包括首席仲裁员)作出。

(4) 在第(3)小节之下，如果既未出现全体一致，亦未形成多数意见之情形，有关决定、命令或裁决则依首席仲裁员之意见作出。

第21条　[公断人的权限]

(1) 在当事人已约定设有公断人的情况下，他们可以自由约定该公断人的职权范围，特别是——

(a) 他是否要出席仲裁程序；和

(b) 他何时可以代替其他仲裁员以行使作出决定、命令和裁决的权力。

(2) 如果或进一步讲，当事人无此约定，则须遵守以下的规定。

(3) 公断人应出席仲裁程序并与其他仲裁员一样获取同样的文件和材料。

(4) 决定、命令和裁决应由其他仲裁员作出，除非他们对有关仲裁事项不能达成一致。

在此情况下，他们应立即书面通知当事人和公断人，公断人将代替他们行使仲裁庭的职

权去作出决定、命令和裁决,就如同他是一名独任仲裁员。

(5) 如果仲裁员们未能就有关事项达成一致,且没有将情况通报,或其中任何人未参与通报,则任何当事人(经通知另一方当事人和仲裁庭)可以向法院提出申请,法院可以命令公断人代替其他仲裁员,作为仲裁庭行使职权去作出决定、命令和裁决,就如同他是一名独任仲裁员。

第 22 条 [仲裁裁决的作出]

(1) 在当事人同意设两名或两名以上仲裁员但无首席仲裁员或公断人之情况下,当事人可自由约定仲裁如何作出决定、命令和裁决。

(2) 如果无此约定,决定、命令和裁决应依全体仲裁员或多数仲裁员之意见作出。

第 23 条 [仲裁员权限的撤销]

(1) 当事人可自由约定在何种情况下仲裁员的权力将被撤销。

(2) 如果或进一步讲他们无此约定,则应遵照如下规定。

(3) 仲裁员的职权可在下列情况撤销:

(a) 当事人共同请求,或

(b) 经当事人授权的仲裁机构、其他机构或个人提出请求。

(4) 当事人共同提出撤销仲裁员职权的请求必须为书面形式,除非当事人同意(无论书面是否)终止仲裁协议。

(5) 本节中的任何规定,均不影响法院行使如下权力:

(a) 撤销第 18 节下之指定(在无指定程序情况下行使权力),或

(b) 在第 24 节情况下撤换仲裁员。

第 24 条 [申请撤换仲裁员的理由]

(1) 在下列情况下仲裁程序中的一方当事人(经通知另一方当事人、与之有关的仲裁员和其他当事人)可向法院提出申请,要求撤换仲裁员——

(a) 导致当事人有合理的理由怀疑该仲裁员公正性的情况;

(b) 他不具备仲裁协议所要求的资格;

(c) 他在体力上或精神上无力操作仲裁程序或有合理的理由怀疑他不具备此能力;

(d) 他拒绝或未能——

(i) 适当地操作仲裁程序,或

(ii) 尽全力合理、高效地操作仲裁程序或作出裁决。

这些实质性的问题已经或将要导致当事人提出申请。

(2) 如果当事人已经授权某个仲裁机构或其他机构或某一个人撤换仲裁员,则法院就不能行使其撤换之权,除非当事人已首先用尽了前述机构或个人的力量。

(3) 在本节之下如果当事人向法院的申请悬而未决,此时,仲裁庭可以继续仲裁程序和作出裁决。

(4) 当法院撤换仲裁员时,如果它认为合适,在其权力范围之内可以发出命令,要求当事人支付费用或花销或再次支付费用或花销。

(5) 本节中,在法院发出命令之前,与撤销有关的仲裁员,有权出席法院的听证。

(6) 本节中,任何要求法院作出决定之申请,须先获得法院之准许。

第 25 条 [仲裁员辞职]

(1) 当事人可以自由约定关于仲裁员辞职后的有关情况:

(a) 他关于费用和花销(如有)的权利;

(b) 他由此所导致的任何责任。

(2) 如果或进而言之,当事人无此约定,则应遵照如下规定。

(3) 提出辞职的仲裁员可以(经通知当事人)向法院提出申请,要求法院——

(a) 免除由此他导致的责任;

(b) 发出它认为适当的命令,关于它对有关费用或花销,或再次获得有关费用或花销的权利。

(4) 如果法院认为关于该仲裁员辞职的所有情况都是合理的,第(3)条(a)项中所述情况下,它可以免除该仲裁员的责任。

(5) 本节中,任何要求法院作出决定的申请,须先获得法院的准许。

第 26 条 [仲裁员职权的停止]

(1) 一个仲裁员的职权属于个人性质,且因其死亡而终止。

(2) 除非当事人之间另有约定,指定仲裁员的那个人的死亡并不能撤销仲裁员的职权。

第 27 条 [仲裁员职权停止后的处理]

(1) 对于一个仲裁员停止了其职权,当事人可自由约定——

(a) 是否和如何填补其空缺。

(b) 是否以及到什么程度,先前的仲裁程序将被停止。

(c) 他职权的停止,对于他的以前指定(单独或共同)的其他仲裁员有什么影响。

(2) 如果或进而言之,当事人无此约定,则应遵照如下规定。

(3) 第 16 节(仲裁员的指定程序)和第 18 节(缺乏指定程序)适用于对仲裁员的填补空缺在操作上与最初的指定程序相同。

(4) 仲裁庭(重新组成的)应决定是否以及到何种程度先前的仲裁程序应当停止。

此点并不影响当事人关于程序问题所提的异议,而该异议在仲裁员停止其职权之前即已提出。

(5) 他的职权的停止并不影响他对另外仲裁员所作出的指定(单独或共同),特别是对首席仲裁员或公断人的指定。

第 28 条 [仲裁员费用]

(1) 当事人有责任共同地或分别地在适当情况下向仲裁员支付合理的费用和开销(如有)。

(2) 任何一方当事人可向法院申请(经通知其他当事人和仲裁员)要求法院对仲裁员的费用和开销的数额作出命令,以同样方式,法院亦可下达指令对该费用和开销作出调整。

(3) 如果当事人已经向仲裁员支付了一部分费用和开销,仲裁员又向法院申请,要求当事人再次支付,因为费用已超支,法院可以发出命令要求当事人再次支付,但法院必须在认为合理的情况下,它才能作出这样的命令。

(4) 前述规定之效力从属于在 24 节(2)或 25 节(b)之下法院作出的命令(关于在仲裁员撤换和仲裁员辞职的情况下,其得到费用或花销的权利)。

(5) 本节的规定,对于一方当事人有责任向另一方当事人支付全部或部分仲裁费(见第

59节至65节)或依据合同,向仲裁员支付费用和开销,不产生任何影响。

(6)本节中关于仲裁员的规定,包括已停止工作的仲裁员和尚未代替其他仲裁员的公断人。

第29条　[仲裁员责任]

(1)仲裁员对其在履行或试图履行其职权过程中的作为或不作为不承担任何责任,除非其行为或不作为显示出其违反了诚信原则。

(2)第(1)小节之规定,同样适用于仲裁员所雇佣的人和仲裁员的代理人。

(3)本节不影响仲裁员因辞职的原因而产生责任(见第25节)。

仲裁庭的管辖权

第30条　[仲裁庭的管辖权限]

(1)除非当事人之间另有约定,仲裁庭有权规定其自身对实质性问题的管辖权,即

(a)是否存在着一个有效的仲裁协议;

(b)仲裁庭的组成是否适当;和

(c)根据仲裁协议的规定,哪些问题可以提交仲裁。

(2)当事人可以通过必要的上诉、复审程序或依据本部分的规定,对仲裁庭的管辖权提出异议。

第31条　[对仲裁庭管辖权的异议]

(1)对于仲裁庭在仲裁程序的初期的管辖权的异议,当事人必须将与异议有关的证据材料在仲裁程序的最初步骤中提出。

一方当事人不能因它已指定了或参与指定了仲裁员而使其提出管辖权异议的权力受到阻碍。

(2)在仲裁程序进行当中,任何对于仲裁庭超出其管辖权范围的异议,必须在仲裁庭超出其管辖权范围之事项出现之后,尽快提出。

(3)在第(1)或(2)小节之下仲裁庭可以迟于规定的时间接受当事人的异议,保要他认为迟延是合理的。

(4)如果当事人合理地向仲裁庭提出了管辖权异议且仲裁庭有权决定它是否有管辖权,它可以——

(a)就管辖权问题专门作出裁定,或

(b)在其裁决书中对管辖权问题作出交代。

如果当事人约定仲裁庭应以上述方式进行,则仲裁庭即应依当事人的约定办理。

(5)如果当事人在第32节之下已(对管辖权作出初步决定)向法院提出了申请,在任何情况下仲裁庭可以且当事人亦同意,中止仲裁程序。

第32条　[法院对仲裁庭管辖权的决定]

(1)在一方当事人的请求下(经通知另一方当事人),法院可以对有关仲裁庭的管辖权的任何问题作出决定。

当事人并可失去它提出异议的权力(见第73节)

(2)法院只有在下列情况下才可考虑当事人的申请:

(a)该当事人与其他所有当事人达成书面协议;或

(b) 它的提出得到了仲裁庭的准许且须满足法院——

(i) 对该问题的决定应节省费用;

(ii) 该申请就不迟延地提出;

(iii) 该问题之所以由法院作出决定是有合理的理由的。

(3) 除非与所有其他当事人达成协议,在本节之下申请,当事人须对该问题由法院作出决定的理由,提供证据。

(4) 除非当事人之间另有约定,如果当事人向法院的申请正在搁置之中,仲裁庭可以继续进行仲裁程序并作出裁决。

(5) 除非得到法院的许可,无论在第 2 小节之下所规定的条件是否达到,当事人都不得对法院的决定提出上诉。

(6) 上诉法院对于管辖权问题的决定应被视为法院的一个判决。

但是,没有法院的准许,上诉是不成立的,而法院轻易不会准许,除非它认为该问题与法律观点有关,或上诉法院考虑到该上诉存在着特别的理由。

仲裁程序

第 33 条 [仲裁的职责]

(1) 仲裁庭应

(a) 公平公正地对待双方当事人,给予他们以平等的机会陈述案情,和

(b) 对特定的案子采用适当的程序,避免不必要的迟延和花费,同样,对于正在决定的事项,并应采用适当的方式加以解决。

(2) 仲裁庭在操作仲裁程序中,在它对程序问题和证据问题作出决定时,在行使其他权力中,应当遵守其基本职责。

第 34 条 [仲裁庭的权限]

(1) 在当事人的约定范围内,仲裁庭可以决定所有的程序问题和证据问题。

(2) 程序问题和证据问题包括——

(a) 何时何地一部分程序之进行;

(b) 程序中应使用的一种或多种语言,以及对提交的有关文件是否要求翻译;

(c) 是否以及应采用何种书面的申诉和答辩形式,这些文件应在何时提供以及以后在什么范围内可以修改;

(d) 当事人所提供的文件是否在任何情况下都应该披露,到什么程度;

(e) 是否以及什么样的问题应向当事人提出要求回答,以及在什么时候以什么方式提出这样的问题;

(f) 是否应遵守严格的证据规则(或任何其他规则)来采纳当事人所提供的证据,诸如当事人所提交的关于事实和法律问题的任何材料(口头的、书面的或其他的)的关联、份量,以及什么时候,以何种方式和形式对这些材料进行交换和出示;

(g) 是否和到什么程度仲裁庭可对事实和法律进行初步的认定;

(h) 是否和到什么程度采用口头的或书面的证据或意见。

(3) 仲裁庭可以规定期限,当事人应在该期限内遵守仲裁庭的指令,仲裁庭如认为适当亦可延长它规定的期限(无论该期限是否已经过期)

第35条 [合并审理]

(1) 当事人可自由约定

(a) 一个仲裁程序应与另一个仲裁程序联合起来,或

(b) 可举行合并审理。

(2) 除非当事人对仲裁庭进行授权,仲裁庭无权命令进行联合程序或合并审理。

第36条 [仲裁代理]

除非当事人之间另有约定,当事人可以由律师或其他它所选择的人作为它的代理人参与仲裁程序。

第37条 [专家]

(1) 除非当事人之间另有约定,

(a) 仲裁庭可以——

(i) 指定专家或法律顾问向它和当事人报告;或

(ii) 指定鉴定人在技术方面提供帮助,以及可以让任何专家、法律顾问或鉴定人参加仲裁程序;以及

(b) 应给予当事人以合理的机会对前述人员所提出的材料、意见或建议进行评论。

第38条 [仲裁庭的权力]

(1) 当事人可自由约定仲裁庭应行使的与仲裁程序有关的权力。

(2) 除非当事人之间另有约定,仲裁庭有如下权力。

(3) 仲裁庭可以命令申请人对仲裁费用提供担保。

如申请人有下列情况者,仲裁庭不得行使该项权力:

(a) 一个普通的居住在联合王国之外的个人,或

(b) 一个依照联合王国之外的法律而设立的公司或联合法人,或这些公司的经营控制权是在联合王国之外行使的。

(4) 仲裁庭可以对任何与仲裁程序有关的或在程序过程中任何问题所涉及到的财产问题作出指令,该财产为一方当事人所拥有或占有,该指令的内容包括:

(a) 仲裁庭、专家或一方当事人对该财产的检查、拍照、保全、保管、扣押,或

(b) 命令从财产中提取样品或对实验的过程进行观察。

(5) 仲裁庭可命令一方当事人或证人在被监督的情况下作出宣誓或声明,以及为此目的,仲裁庭监督他们的宣誓或声明。

(6) 仲裁庭可以命令一方当事人对它所保管或控制下的任何证据提供保全。

第39条 [补救办法]

(1) 当事人可自由约定仲裁庭应有权对临时发生的情况作出救济性的命令而这些命令将成为最后裁决的内容。

(2) 它包括,例如,作出

(a) 关于当事人之间的金钱支付或财产处置的命令,或

(b) 对仲裁费用一部分进行中间支付的命令。

(3) 任何这种命令都将从属于仲裁庭的最终裁定或裁决,对于费用问题的认定,应考虑任何此类命令的因素。

(4) 除非当事人授权,否则仲裁庭无此项权力。

此点并不影响仲裁庭在第47节中所拥有的权力(对不同问题作出裁决等)。

第40条　[对仲裁庭和法院决定的遵守]

(1) 当事人在仲裁程序中应采取适当的、迅速的行为。

(2) 它包括

(a) 不迟延地遵守仲裁庭作出的关于程序和证据问题的决定,或任何仲裁庭作出的其他命令或指示,和

(b) 如有必要,不迟延地采取必要步骤,获取法院对管辖权或法律问题的决定。

(第32和45节)

第41条　[仲裁庭作出必要行为的权力]

(1) 当事人可自由约定关于仲裁庭对一方当事人未能在仲裁程序中适当迅速地作出必要的行为所具有的权力。

(2) 除非当事人之间另有约定,它们应遵守以下规定。

(3) 如果法院认为,在申诉人一方存在着过分的不可原谅的迟延之情事,且该迟延

(a) 引起或可能引起一个实质性的风险,即在它申请中的问题不可能会得到一个公平的解决,或

(b) 已经导致或可能导致对被诉人的严重不公。仲裁庭可以作出裁定驳回该申请。

(4) 如果未提供充足的理由,一方当事人——

(a) 收到通知后,没有出席或委托代理人出席口头听证,或

(b) 收到要求提供书面证据材料或其他书面材料的通知后,没有提供书面材料。

仲裁庭在该当事人缺席的情况下,可以继续程序的进行,在该当事人未提供任何书面证据或其他材料的情况下,在现有的证据材料的基础上作出裁决。

(5) 如果未提供充足的理由,一方当事人没有遵照仲裁庭的任何命令或指示,如果认为适当,仲裁庭可以对同样的问题作出一个强制性命令,限期要求该当事人遵守。

(6) 如果申诉人没有遵照仲裁庭要求其提供费用担保的命令,仲裁庭可以作出裁定,驳回它的仲裁请求。

(7) 如果一方当事人没有遵照任何各类的强制性命令,在不偏离第42条规定的情况下(法院对仲裁庭强制命令的执行),仲裁庭可以采取以下任何作法:

(a) 指令有过错的一方当事人不得对强制性命令中所涉及的陈述、材料进行引证;

(b) 在适当情况下,对不遵守命令的非法影响予以排除;

(c) 在现有的当事人提供的材料的基础上,作出裁决;

(d) 如果它认为适当,发布命令,要求有过错的一方当事人支付因其不遵守命令的后果而产生的仲裁费用。

法院在仲裁程序中的权力

第42条　[法院命令]

(1) 除非当事人之间另有约定,法院可以发布命令要求一方当事人遵守仲裁庭作出的强制性命令。

(2) 下列人可以向法院提出申请:

(a) 仲裁庭(经通知当事人);

(b) 经仲裁庭准许,一方当事人(经通知其他当事人);或

(c) 当事人如已达成一致同意法院具有本节之下的此种权力,可共同提出申请。

(3) 法院的命令,是在申请人对不执行仲裁庭命令的行为用尽了仲裁程序的情况下,方可作出。

(4) 法院的命令只有在一方当事人在规定的期限内或未规定期限而在合理的时间内没有执行仲裁庭的命令的情况下,方可作出。

(5) 本节中,任何要求法院作出决定之申请,须先获得法院之准许。

第43条 [强制证人作证]

(1) 仲裁程序的一方当事人可以采用法院的诉讼程序,以保证证人出席仲裁庭,使之可以提供口头证言、书面文件或其他材料。

(2) 此种作法只有经仲裁庭的准许或其他当事人的同意,才可适用。

(3) 法院程序只有在下列情况下方可适用——

(a) 证人在联合王国,和

(b) 仲裁程序进行地是在英格兰和威尔士,或也可以是北爱尔兰。

(4) 任何人不得被强迫提供任何文件或其他证据材料,如同他在诉讼程序中不能被迫作证一样。

第44条 [法院权限]

(1) 除非当事人之间另有约定,法院有权对下列与仲裁程序有关的问题作出命令,就如同它对与诉讼程序有关的事项作出决定一样。

(2) 这些事项是——

(a) 提取证人提供的证据;

(b) 证据保全;

(c) 对有关的财产作出命令,而该财产正是仲裁程序中引起争议的财产;

(i) 对该财产进行检验、拍照、保全、保管或扣押,或

(ii) 对财产进行抽样,或对试验过程进行观察,以及为此目的,授权任何人占有或控制财产的占有一方当事人的财产所在地。

(d) 出售程序当中所涉及的货物;

(e) 发出临时禁止令或指定一名接管人。

(3) 如果案情紧急,法院可以在一定当事人的申请下或建议当事人提出申请,并认为确有必要时,可以采取证据保全或财产保全。

(4) 如果案情并不紧急,法院只有经一方当事人的申请(经通知另一方当事人和仲裁庭)并得到仲裁庭的准许,或其他当事人的书面同意,方可采取保全措施。

(5) 在任何情况下,如果当事人已对该仲裁庭,或其他仲裁机构或其他机构或个人已经授权行使此项权力,则法院无权或不能行使此项权力。

(6) 如果法院已经作出了命令,根据本节,该仲裁庭或其他仲裁机构,其他机构或个人有权对该命令所指的事项作出命令时,则法院的命令将全部或部分地停止生效。

(7) 本节之下任何要求法院作出决定之申请,须先取得法院之准许。

第45条 [请求法院对法律问题作出决定的条件]

(1) 除非当事人之间另有约定,经仲裁程序中的一方当事人申请(经通知另一方当事

人),法院可以对在仲裁程序当中产生的法律问题作出决定。而这个法律问题是法院认为对一方或几方当事人具有实质性影响的。

一个关于不需要裁决理由的协议应被视为排除法院在本节之下的管辖权。

(2) 只有下列情况,当事人的申请可被考虑:

(a) 经全体仲裁程序中的当事人达成协议,或

(b) 经过仲裁庭的许可且须满足法院——

(i) 对该问题的决定可能会节省费用,和

(ii) 该申请须不迟延地提出。

(3) 在当事人的申请中,应将其向法院提出的法律问题明确下来,除非全体当事人另有约定,该要求法院作出决定的申请应陈述理由。

(4) 除非当事人另有约定,当事人向法院的申请如被搁置,仲裁庭可以继续进行仲裁程序。

(5) 除非法院准许,否则,无论是否达到了(2)小节规定的条件,都不能得到法院的决定。

(6) 就向法院上诉的意义而言,法院对法律问题的决定应被视为法院的一项判决。

未经法院的准许,不得上诉;法院一般不予准许,除非法院认为该问题是一项重要的问题,或上诉法院认为该上诉有特殊的理由。

裁　决

第46条 [裁决应适用的法律]

(1) 仲裁庭应对争议作出裁决——

(a) 依照当事人所选择的解决实体问题所应适用的法律,或

(b) 根据当事人所同意的或仲裁庭所决定的其他方式。

(2) 基于此目的,对一国法律的选择,应视为对该国实体法的选择而不是对该国冲突法规则的选择。

(3) 如果或进而言之,当事人没有选择或约定;则仲裁庭应依据冲突法规则来决定应适用的法律。

第47条 [裁决书的形式]

(1) 除非当事人另有约定,仲裁庭可以就不同的问题在不同的时间作出一个或几个裁决书。

(2) 仲裁庭作出的裁决可以按下列方式

(a) 对整个当事人的仲裁申请作出决定,或

(b) 仅对部分申请或交叉申请作出决定。

(3) 如果仲裁庭按此方式裁决,它应在裁决书中就全部申请或部分申请所作出的决定予以明确写明。

第48条 [补救措施]

(1) 当事人可自由约定仲裁庭在有关问题上行使补救的权力。

(2) 除非当事人另有约定,仲裁庭有如下权力。

(3) 仲裁庭可以对程序中任何一个将要决定的事项作出声明。

(4) 仲裁庭可以命令一笔款项的支付,无论以何币种。

(5) 仲裁庭在如下方面与法院具有同样的权力——

(a) 命令一方当事人去做或禁止去做任何事情;

(b) 命令对一个合同的实际履行(与土地有关的合同不在此限);

(c) 命令对一项文据或其他文件的修改、撤销或取消。

第49条 [利息]

(1) 当事人可自由约定仲裁庭在裁决利息方面的权利。

(2) 除非当事人之间另有约定,它们应遵守以下规定。

(3) 仲裁庭可以,如果它认为是公平的,裁决单息或复息,以及计息日、利率、盈余等:

(a) 仲裁庭对一笔数额的全部或部分作出裁决并规定自裁决作出之日起的计息期。

(b) 对于申请人的仲裁请求中的全部或部分金额作出裁定,在仲裁程序开始之后和最终裁决作出之前,任何一个日期要求当事人支付。

(4) 仲裁庭可以裁决单息或复息,计息期为自裁决作出之日(或稍后日期)至支付之日,如果它认为合理,亦可裁决额外的数额(包括任何在第3小节之下的利息和其他费用)。

(5) 在本节下,与仲裁庭对一笔款作出的裁决有关的情况包括仲裁庭作出的宣告式裁决可支付的数额。

(6) 上述规定并不影响仲裁庭对裁决利息的其他权利。

第50条 [期限的延长]

(1) 如果在仲裁协议中规定了作出裁决的期限,除非当事人之间另有约定,法院可以依据下列规定作出延长该期限的命令。

(2) 请求法院作出延期的人可以是:

(a) 仲裁庭(经通知当事人)或

(b) 当事人(经通知仲裁庭和其他当事人)

但在取得法院的延期通知之前必须用尽必要的仲裁程序。

(3) 法院可以对一项实质性的不公平事项作出命令。

(4) 如果法院认为适当,它可以对延期的阶段作出决定,无论该期限是否有事先的规定(仲裁协议或先前的命令)且该期限是否已经过期。

(5) 本节中任何请求法院作出决定的申请,须先取得法院的准许。

第51条 [裁决的效力]

(1) 如果在仲裁程序进行当中,当事人之间解决了争议,则当事人应遵守以下规定,除非它们之间另有约定。

(2) 仲裁庭应停止实体性的程序,如果当事人提出请求且仲裁庭产并不反对,仲裁庭应将当事人之间的和解协议以和裁的方式确定下来。

(3) 一个和裁应声明它是仲裁庭作出的裁决且它与仲裁庭对其他案件所作出的裁决具有同等的地位和效力。

(4) 在本部分中的以下有关裁决书规定(第52—58条)也适用于和裁。

(5) 除非当事人之间就仲裁费用的支付问题已经达成了协议,以下关于费用的规定(第59至65节)将继续适用。

第 52 条 [裁决形式]

(1) 当事人可自由约定关于裁决书的形式。

(2) 如果或进而言之当事人无此约定,它们应遵守以下规定。

(3) 裁决书应以书面形式作出,所有仲裁员在裁决书上签名或所有仲裁员对该裁决书一致同意。

(4) 裁决书应附具理由,除非它是一个依据和解协议作出的裁决书(和裁)或当事人之间同意省去理由部分。

(5) 裁决书中应写明裁决作出的地点和日期。

第 53 条 [裁决的送达]

除非当事人之间另有约定,只要仲裁地点是在英格兰和威尔士或北爱尔兰,任何裁决均应被视为在这些地方作出,而无须考虑它是在什么地方签字的,在什么地方办理的或在什么地方向当事人送达的。

第 54 条 [裁决作出的日期]

(1) 除非当事人之间另有约定,仲裁庭可以决定裁决书作出的具体日期。

(2) 如果仲裁庭未作决定,裁决书作出的日期,应以仲裁员签名之日为准,如果有一名以上仲裁员,则以最后那位仲裁员的签名之日为准。

第 55 条 [通知]

(1) 当事人可自由约定对裁决书的通知问题。

(2) 如无此约定,当事人将在裁决书送达之时得到通知,裁决书一经作出,应不迟延地送达当事人。

(3) 本节之规定对第 56 节的规定毫无影响(在当事人未支付的情况下,仲裁庭扣留裁决书之权力)。

第 56 条 [仲裁费与裁决书的交付]

(1) 仲裁庭可以拒绝将裁决书交给当事人,除非他们对仲裁员的费用和开销支付完毕。

(2) 如果仲裁庭以上述理由拒交裁决书,一方当事人可以(经通知另外当事人和仲裁庭)向法院提出申请,法院可以命令——

(a) 仲裁应将裁决书交予当事人,申请人按照要求将有关费用上缴法院,或由法院规定减少须支付的费用。

(b) 法院对费用和开销的支付方式和条件,作出指示,和

(c) 当事人对法院支付的款项如有剩余,应将该剩余部分还给申请人。

(3) 为了此目的,在第 28 节之下或任何有关对仲裁员支付的协议,当事人所适当支付的费用和开销,是它有责任支付的数额。

(4) 如果在仲裁程序中应进行的对费用问题进行上诉或复审,则在裁决阶段不得向法院对此问题提出申请。

(5) 本节中有关对仲裁员规定,也适用于已停止了工作的仲裁员和尚未代替其他仲裁员的公断人。

(6) 本节中的前述规定也适用于经当事人授权的在送达仲裁庭的裁决书方面也享有权力的仲裁机构、其他机构或个人。

(7) 本节中任何要求法院作出决定之请求,须先得到法院的准许。

(8) 本节规定不得被解释为在第28节之下排除当事人为了取得裁决书而支付费用之申请。

第57条 [裁决的更正和补充]

(1) 当事人可自由约定,仲裁庭有权对裁决书作出更正或作出补充裁决。

(2) 如果或进而言之无此约定,则应遵守如下规定。

(3) 仲裁庭可以主动地或经当事人的申请:

(a) 对裁决书作出更正,如取消任何因失误或疏忽而引起的明显的错误或问题或对裁决书中的含糊不清的内容加以明确或取消。

(b) 对任何仲裁请求(包括关于利息或费用的请求)作出补充裁决。该问题已向仲裁庭陈述过,但在裁决书中却没有涉及。

这些权力只有在为当事人提供一个合理的机会让他们进行陈述之后,方可行使。

(4) 任何行使这些权力的请求,须在裁决书作出之日起28天之内提出或当事人同意的更长一些时间。

(5) 对裁决书的任何更正,仲裁庭须在收到当事人申请之日起28天之内作出,如果系仲裁庭自己发现后作出的,应在裁决书作出之日起28天之内作出,在这两种情况下,如果当事人同意,亦可延长该期限。

(6) 任何补充裁决应在原裁决作出之日起26天之内作出或当事人同意的更长一些时间。

(7) 任何对裁决书的更正应构成裁决书之一部分。

第58条 [裁决的终局性]

(1) 除非当事人另有约定,依据——本仲裁协议作出的裁决系终局的,对双方当事人均有约束力且对任何通过此程序或在此程序之下提出申请的人均产生效力;

(2) 此节并不影响任何人通过必要的上诉或复审的程序或根据本部分之规定,对裁决书提出异议之权利。

仲裁费用

第59条 [仲裁费用]

(1) 本部分关于仲裁费用的范围是指:

(a) 仲裁员的费用和开销,

(b) 有关仲裁机构的费用和开销,以及

(c) 当事人诉讼的或其他的费用。

(2) 这类范围还包括有时发生的任何程序的费用,以决定可补偿之仲裁费用的数额(见第63条)。

第60条 [协议支付费用]

争议发生后,当事人之间达成的一方当事人支付全部或部分仲裁费用的协议,方为有效。

第61条 [裁决费用]

(1) 仲裁庭可在裁决中依据当事人的协议规定当事人承担仲裁费用的情况。

(2) 除非当事人另有约定,仲裁庭应根据仲裁结果决定的一般原则裁决仲裁费用的承担责任,如果情况表明一方当事人承担全部或部分仲裁是不合适的,则不在此列。

第 62 条 ［关于费用的协议与裁决的效力］

除非当事人另有约定，仲裁费用支付的义务，依据当事人达成的协议，或仲裁庭作出的裁决。

第 63 条 ［可补偿的仲裁费用］

（1）当事人自由约定可补偿的仲裁费用的范围。

（2）如果或进而言之，没有这种约定，以下规定应予适用。

（3）仲裁庭认为适当，可在裁决中规定仲裁费用的承担。

如果仲裁对仲裁费用作出裁决，应具体写明：

（a）仲裁庭裁决的依据，以及

（b）可补偿的仲裁费用之项目及每项数额。

（4）如果仲裁庭未对仲裁费用作出裁决，参与仲裁的任何一方当事人可向法院提出申请（经通知其他当事人），法院可以：

（a）以法院认为合适的理由，判决仲裁费用，或

（b）命令仲裁庭以法院规定的方式和条件，对仲裁费用作出裁决。

（5）除非仲裁庭或法院作出相反的规定，否则：

（a）仲裁费用应基于合理开支予以决定，并且

（b）关于开支及数额是否合理的争议解决应有利于支付的一方当事人。

（6）以上规定从属于第 64 条（仲裁员可补偿的费用和开销）时有效。

（7）本条规定不得影响对仲裁员、仲裁庭或仲裁机构指定的专家、法律顾问及鉴定人的费用和开销的支付。

第 64 条 ［仲裁员的可补偿费用与开销］

（1）除非当事人另有约定，可补偿的仲裁费用应包括具体情况下仲裁员合理的费用和开销。

（2）如果在具体情况下出现仲裁员费用和开销是否合理的问题，但并未依据第 63 条（4）款的规定向法院提出申请，法院可根据当事人的申请（经通知其他当事人）：

（a）对此事项作出判决，或

（b）命令应依法院规定的方式和条件作出裁决。

（3）前述第（1）款在法院依第 24 条第（4）款或第 25 条第（3）款（b）项（仲裁员撤换时有权取得仲裁费用和开销的命令）作出命令时方为有效。

（4）本条并不影响仲裁员要求支付其费用和开销之权利。

第 65 条 ［限制可补偿费用的权力］

（1）除非当事人另有约定，仲裁庭可指示，仲裁费用或仲裁程序的部分费用应限定于一个具体数额。

（2）仲裁庭限定仲裁费用的指示可在仲裁阶段作出或修改，但必须在有关费用发生之前，或对为此受到影响的程序采取步骤之前有效地作出。

法院对仲裁裁决的权力

第 66 条 ［裁决的强制执行］

（1）仲裁庭依仲裁协议作出的裁决，经法院批准，可强制执行，如法院判决或命令一样具

有同等效力。

(2) 仲裁裁决一经法院批准,该法院批准的判决可成为裁决的执行依据。

(3) 被申请强制执行的当事人若表明仲裁庭对裁决的事项无管辖权,强制执行裁决将不予批准。

提起此种抗辩的权利可能会丧失(见第73条)。

(4) 本条并不影响根据其他法规或法律原则,特别是《1950年仲裁法》第二部分(日内瓦承认和执行外国仲裁裁决公约规定的裁决执行),或该仲裁法第三部分与纽约公约规定的仲裁裁决承认与执行有关条款的承认与执行。

第67条 [抗辩裁决:实体管辖权]

(1) 参与仲裁程序的一方当事人可(经通知其他当事人和仲裁庭)向法院申请:

(a) 对仲裁庭裁决有关实质管辖权提出抗辩;或

(b) 由于仲裁庭无实质管辖权,要求法院宣布仲裁庭关于实体方面作出的裁决全部或部分无效。

当事人可能会丧失抗辩权利(见第73条),申请人抗辩权利应符合第70条第(2)款和第(3)款的限制规定。

(2) 法院对依本条款裁决的管辖权提出抗辩申请未决时,仲裁庭可继续进行仲裁程序,并进一步作出裁决。

(3) 当事人根据本条就仲裁实体管辖权提出抗辩申请时,法院可以命令方式:

(a) 确认裁决,

(b) 修改裁决,或

(c) 撤销全部或部分裁决。

(4) 对法院依本条所作决定的上诉,须经该法院的准许。

第68条 [抗辩裁决:严重不规范性]

(1) 仲裁程序中的一方当事人可(经通知其他当事人和仲裁庭)因仲裁程序严重不规范影响仲裁庭、仲裁程序或裁决为由,向法院申请抗辩裁决。

当事人可能会丧失抗辩权利(见第73条),此抗辩权利则应符合第70条第(2)款和第(3)款的限制规定。

(2) 严重不规范性是指法院认为的下列一种或几种不规范已造成或将对申请人造成实质性的不公平:

(a) 仲裁庭不符合第33条(仲裁庭的一般责任)的规定;

(b) 仲裁庭超出其权力范围(除超出实体管辖权外,见第67条);

(c) 仲裁庭未根据当事人同意的程序进行仲裁;

(d) 仲裁庭未审理当事人请求的所有事项;

(e) 由当事人授予仲裁机构、其他机构或个人所适用的仲裁程序或作出裁决的权力超出授权范围;

(f) 裁决的有效性不确定或模棱两可;

(g) 裁决因欺诈行为作出、所作的裁决或作出裁决的方式违背公共秩序;

(h) 裁决形式不符合条件;或

(i) 由当事人指定并授权可选择仲裁程序或作出裁决的仲裁庭、仲裁机构、其他机构或

个人,在适用仲裁程序或制作裁决过程中容许不规范性存在;

(3) 严重不规范性影响仲裁庭、仲裁程序或裁决,法院可以:

(a) 发回裁决,要求仲裁庭对裁决全部或部分重审;

(b) 撤销裁决的全部或部分;

(c) 宣布裁决全部或部分无效。

法院不应行使撤销裁决或宣布裁决全部或部分无效的权力,除非法院认为将有异议的裁决发回仲裁庭重审是不合适的。

(4) 对法院依本条所作决定的上诉,须经该法院的准许。

第 69 条　[对法律要点的上诉]

(1) 除非当事人另有约定,仲裁的一方当事人可(经通知其他当事人和仲裁庭)就所作的裁决的法律要点向法院提起上诉。

当事人约定仲裁庭裁决不附具理由的,应视为当事人同意排除法院根据本条所作的管辖。

(2) 当事人不得根据本条上诉,除非:

(a) 仲裁的所有其他当事人一致同意,或

(b) 经法院批准。

上诉的权利也应符合第 70 条第(2)款和第(3)款的限制规定。

(3) 法院认为符合下列条件的应准许上诉:

(a) 有关问题的判决将实质性地影响一方或多方当事人的权利;

(b) 有关问题是仲裁庭根据请求作出裁决的;

(c) 裁决所依据的事实基础为:

(i) 仲裁庭对有关事项的裁决有明显错误,或

(ii) 该事项具有普遍的公共重要性,仲裁庭的裁决至少有严重的疑问。

以及

(d) 尽管当事人约定通过仲裁解决争议,但在各种情况下由法院对此事项作出判决是适当的。

(4) 根据本条向法院提出准许上诉的申请,应与要判决的法律问题相吻合,并应说明要求准许上诉的理由。

(5) 法院应判决依本条上诉的申请,而不需听证,但法院认为需开庭审理的除外。

(6) 对法院依本条所作出的批准或拒绝上诉的判决之上诉,需经该法院的准许。

(7) 根据本条提出的上诉,法院可以命令方式:

(a) 确认裁决;

(b) 修改裁决;

(c) 将裁决发回仲裁庭,要求根据法院的判决对裁决的全部或部分予以重审;或

(d) 撤销全部或部分裁决。

法院不应行使撤销全部或部分裁决的权力,除非法院认为将有关问题发回仲裁庭重审是不合适的。

(8) 法院对依本条上诉的决定,应视为进一步上诉之目的法院所作的判决。

未经法院准许,不得有这类上诉,除非法院认为问题具有普遍的重要性,或有其他特殊原

因应由上诉法院审理的。

第70条 ［抗辩与上诉：补充规定］

（1）下列规定适用于根据第67条、第68条及第69条提出的申请或上诉。

（2）申请人或上诉人未首先用尽下列程序的则不得提出申请或上诉：

（a）上诉或复审的适当仲裁程序，以及

（b）根据第57条（仲裁裁决的更正与补充）行使适当的追索权。

（3）申请或上诉必须在仲裁裁决作出之日起28天内提出，如果已经存在上诉或复审的仲裁程序的，则自申请人或上诉人接到该程序结果的通知之日起算。

（4）当事人提出申请或上诉时，法院对如下裁决：

（a）未附具裁决理由的，或

（b）未详细写明足以使法院能适当地考虑当事人申请或上诉的裁决理由的，可以命令仲裁庭附具详细的裁决理由，以便达到审理申请或上诉之目的。

（5）法院依据上述第（4）款作出命令时，如果认为适当，可对因此命令增加额外的仲裁费用进一步作出支付命令。

（6）法院可以命令申请人或上诉人为申请或上诉费用提供担保，如果当事人不执行担保命令，法院可以指示驳回申请或上诉。

申请人或上诉人属下列情况的，则法院不得行使费用担保命令之权力：

（a）联合王国境外的普通居住个人，或

（b）依据联合王国以外国家法律成立或组成的公司或社团，或其经营管理中心是在联合王国境外的。

（7）法院可以命令依裁决的所有支付应提交法院，否则，在判决当事人的申请或上诉期间要提供担保，如果不执行上述命令，法院可以指示驳回申请或上诉。

（8）本条第（6）款或第（7）款的命令条件或类似条件成立，法院可以准许当事人的上诉。本条并不影响法院行使一般自由裁量权，以批准符合条件的申请或上诉。

第71条 ［抗辩与上诉、法院命令的效力］

（1）法院依据第67条、第68条或和第69条对裁决问题作出命令时，下列规定有效。

（2）裁决修改时，修改部分作为仲裁庭的裁决部分有效。

（3）裁决的全部或部分被发回仲裁庭，仲裁庭应自法院作出发回命令之日起3个月内或在法院可以规定的延长或缩短期限内对发回事项重新作出裁决。

（4）裁决全部或部分被撤销或被宣布无效时，法院也可命令，仲裁协议关于请求事项的裁决优于诉讼程序的任何规定，就裁决主体事项，在有些情况下就裁决的相关事项而言，均为无效。

杂　　项

第72条 ［未参与仲裁程序的当事人保留权利］

（1）称之为仲裁程序为当事人，但都未参与仲裁程序的，可以提出：

（a）是否存在有效的仲裁协议，

（b）仲裁庭组成是否合适，或者

（c）根据仲裁协议规定，提交仲裁的是何种请求事项，要求法院发布声明,作出禁令或采取其他适当的补救方法。

(2) 他作为仲裁一方当事人也有同样的权利对仲裁裁决提出抗辩:

(a) 根据第 67 条规定,以对它无实质管辖权为由提出申请;或者

(b) 根据第 68 条规定,以严重不规范性(第 68 条中的含义)从而影响他为由提出申请;而且第 70 条(2)款(用尽快仲裁程序的职责)并不适用于他的案情。

第 73 条 [抗辩权利的丧失]

(1) 仲裁的一方当事人参与并继续参与程序,即不拖延,也未在仲裁协议、仲裁庭允许或本部分任何条款规定的期限内提出下列异议:

(a) 仲裁庭缺乏实质性管辖权,

(b) 仲裁程序的产生不合适,

(c) 不符合仲裁协议的规定,或不符合本部分条款的规定,或者

(d) 有其他不规范影响仲裁庭或仲裁程序,

那么该当事人不得过期后向仲裁庭或法院提出抗辩。除非该当事人表明,参加或继续参加仲裁程序时他不知悉,也不可能合理勤勉地了解抗辩的原因。

(2) 仲裁庭裁决,它有实体管辖权,对该裁定有异议的当事人可以:

(a) 通过适当的上诉或复审仲裁程序就此抗辩;

(b) 对裁决提出抗辩。

但未采取以上措施,或在仲裁协议与本部分规定准许的期限内并未这么做,该当事人以后不准以裁决不当为由对仲裁庭实质管辖权提出抗辩。

第 74 条 [仲裁机构等的免责]

(1) 由当事人指定或选定的仲裁机构、其他机构或个人指定或提名仲裁员的,对其不履行或意欲不履行此职时的作为与不作为均予免责,但是这种作为与不作为表明是出于恶意的则除外。

(2) 指定或提名仲裁员的仲裁机构、其他机构或个人,不因选定或提名而对该仲裁员(或他的被雇人员或代理人)不履行或意欲不履行仲裁员职责的作为与不作为负责。

(3) 上述规定适用于仲裁机构、其他机构或个人的被雇人员及代理人,如用适用于该机构或个人自己的情况一样。

第 75 条 [责任保证支付律师的费用]

根据《1974 年律师法》第 73 条或《1976 年律师(北爱尔兰)法令》第 71 条(关于决定在财产赔偿程序中律师费用支付的权力),法院发布声明和作出命令的权力可以在有关仲裁程序中实施,如同法院程序的情况一样。

增 补

第 76 条 [通知送达]

(1) 当事人可以自由约定依据仲裁协议及为仲裁程序之目的,要求或授权给予的任何通知或其他文件送达的方式。

(2) 如果或进而言之,当事人之间未有这种约定,则适用下列规定。

(3) 通知或其他文件可由个人以任何有效方式送达。

(4) 如果通知或其他文件写明地址、支付了邮费、通过邮局送到:

(a) 收信人最后的主要居住地,如果该当事人正在或已在从事贸易、专业或商务活动,则为他最后一个为人知悉的主要营业地,或

(b) 如果收信人是社团法人,则为该登记注册地或主要办公地,视为有效送达。

(5) 本条并不适用于诉讼程序之目的的文件送达,这类送达由法庭规则规定。

(6) 本部分关于通知或其他送达方式包括书面通讯的形式,递交或送达通知与其他文件的方式应作相应解释。

第 77 条 [法院在送达文件中的权力]

(1) 本条适用于自然人依当事人协议方式送达文件,或者当事人没有约定而依第 76 条规定方式送达均无法合理操作的情况。

(2) 除非当事人另有约定,法院可以其认为适当的方式作出命令:

(a) 以法院指示的方式送达,或

(b) 免除文件送达。

(3) 仲裁协议任何一方当事人可向法院申请作出送达的命令,但必须首先为解决此事项用尽适当的仲裁程序。

(4) 对法院依本条所作决定的上诉,须经该法院的准许。

第 78 条 [期限的计算]

(1) 当事人可以自由约定他们协议的方式计算期限,如果未有协议,则适用本部分规定的方法计算期限。

(2) 如果或进而言之,当事人未达成这种协议,将根据下列规定计算期限。

(3) 如果要求的行为是在规定日之后或从规定日起算的期限内作出,该期限应自规定日之后起算。

(4) 如果要求的行为是在规定日之后特定天数内作出,那么至少这些天数须介于行为之日与规定日之间。

(5) 如果期限为含星期六、星期日或公共节假日在内的 7 天或少于 7 天,必须行为的事项在所在地规定的期限内不能实施,那么该日(星期六、星期日或公共节假日)不应包括在内。

英格兰、威尔士或北爱尔兰的"公共节假日"是指圣诞节、复活节或根据《1991 年银行金融法》规定的银行假日。

第 79 条 [法院扩大仲裁程序期限之权力]

(1) 除非当事人中另有约定,法院可以命令方式对当事人约定的仲裁程序期限或由于无此约定适用本部分规定的期限予以延长。

本条不适用于第 12 条规定的期限(延长仲裁程序启始日期限的法院权力)

(2) 要求法院命令的申请,可以由下列人员提出:

(a) 参与仲裁的任何一方当事人(经通知其他方当事人和仲裁庭),

(b) 仲裁庭(经通知当事人)。

(3) 法院不得行使延长期限的权力,除非其认为:

(a) 当事人授权的仲裁庭、仲裁机构、其他机构或个人首先用尽救济申请,以及

(b) 实质性不公平已经形成。

(4) 法院根据本条行使的权力,不论期限是否已过。

(5) 法院根据本条作出的命令可在法院认为合适的期限内作出。

(6) 对法院依本条所作决定的上诉,须经该法院的准许。

第 80 条 [与诉讼程序有关的通知和其他条件]

(1) 本部分关于通知仲裁其他当事人、仲裁庭申请、上诉或与诉讼程序相关步骤的范围,为法庭规则要求的原程序通知,且不得强加分开条件。

(2) 法庭规则应:

(a) 要求这类通知依本部分的规定制作,并且

(b) 规定这类通知的方式、形式与内容。

(3) 根据法院规则的规定,要求向仲裁庭发出诉讼程序的通知应予解释为:

(a) 如果一名以上仲裁员,要求向每一名仲裁员发出通知,并且

(b) 如果仲裁庭未完成组成,要求向每一名已指定的仲裁员发出通知。

(4) 本部分关于在规定期限内向法院提出申请或上诉的范围,应是符合法庭规则的原程序期限内的事项。

(5) 本部分的规定在特定期限内向法院申请或上诉时,计算期限的法庭规则,延长或缩短期限,以及规则规定在期限内不采取步骤产生的后果,均适用于相关的规定。

(6) 法庭规则可修改本部分的规定:

(a) 关于必须由法院作出申请或上诉规定的期限,

(b) 为使本部分关于仲裁程序的规定与法庭规则适用于诉讼程序的相应规定吻合,或

(c) 为使本部分关于诉讼程序的规定与法庭规则适用于普通诉讼程序的相应规定吻合。

(7) 本条并不影响制订法庭规则权力的普遍性。

第 81 条 [普通法规定的某此事项的免责]

(1) 本部分规定不得解释为排除与本部分规定相一致的任何法律规则之适用,特别是如下法律规定的事项:

(a) 仲裁不能解决的事项,

(b) 口头仲裁协议的有效性,或

(c) 因公共秩序而拒绝承认或执行仲裁裁决。

(2) 本法不得解释为,法院鉴于裁决表面的事实或法律错误,恢复对撤销仲裁裁决或发回仲裁裁决的裁量权。

第 82 条 [少数定义]

(1) 在本部分

"仲裁员"包括公断人,上下文有相反意思的除外;

"适当的仲裁程序"所涉及的有关事项,包括由当事人授权的仲裁机构、其他机构及个人所作该事项的上诉程序或复审;

"申请人"包括反请求人、上下文有相反意思的除外;有关的表达作相应解释;

"争议"包括任何分歧;

"法规"包括北爱尔兰立法通过的法规;

"诉讼程序"指高等法院或郡法院的民事诉讼程序;

"强制性命令"指根据第 41 条第(5)款作出的命令或由当事人授予的相关权力所采取的措施;

“房产”包括土地、房屋、移动建筑物、交通工具、船舶、航空器和气垫船。

“法律问题”是指：

(a) 对英格兰和威尔士法院而言，指英格兰和威尔士的法律问题，以及

(b) 对北爱尔兰法院而言，指北爱尔兰的法律问题；

“实质性管辖权”与仲裁庭有关，涉及第30条第(1)款(a)项至(c)项的内容，超过实质性管辖权的仲裁范围作相应解释。

(2) 本部分提及仲裁协议的当事人包括请求在仲裁协议当事人名下或通过他提出请求的当事人。

第83条 [确定表述之索引：第一部分]

本部分下列表述予以明确，或者由注明的条款作出解释：

协议、同意及同意的	第5条第(1)款
书面协议	第5条第(2)款至第(5)款
仲裁协议	第6条和第5条第(1)款
仲裁员	第82条第(1)款
适当的仲裁程序	第82条第(1)款
申请人	第82条第(1)款
启始(与仲裁程序有关)	第14条
仲裁费用	第59条
法院	第105条
争议	第85条第(1)款
法规	第82条第(1)款
诉讼程序	第82条第(4)款
时效法	第13条第(4)款
通知(或其他文件)	第76条第(6)款
与仲裁协议有关的当事人	第82条第(2)款
第106条第(2)款或第(3)款适用的协议	第106条第(4)款
强制性命令	第82条第(1)款(见第41条第(5)款)
房产	第82条第(1)款
法律问题	第82条第(1)款
可补偿的费用	第63条和第64条
仲裁地点	第3条
送达(通知与其他文件)	第76条第(6)款
实质管辖权(与仲裁庭有关)	第82条第(1)款并见第30条第(1)款(a)项至(c)项
通知(当事人和仲裁庭)	第80条
记载和书面形式	第5条第(6)款

第84条 [过渡性规定]

(1) 本部分规定不适用本部分生效之日前已开始的仲裁程序。

(2) 本部分规定适用依仲裁条款订立之日或之后开始的仲裁程序。

(3) 上述两款附属任何过渡性规定时予以生效，该过渡性规定依据第109条第(2)款

（包括在开始命令中作出过渡性规定的权力）以命令方式作出。

第二部分　与仲裁有关的其他规定

国内仲裁

第85条　[与国内仲裁协议相关的第一部分之修改]

（1）在有国内仲裁协议的情况下，第一部分的规定依据下列规定予以修改。

（2）为此目的，"国内仲裁法"指非下列当事人签订的仲裁协议：

（a）联合王国以外的其他国籍或惯常居住地在联合王国以外的个人；

（b）联合王国以外成立的或其中心控制和管理活动在境外的实体法人；

以及根据仲裁协议，仲裁地点（如果仲裁地点已指定或确立）在联合王国。

（3）前述第（2）款中的"仲裁协议"和"仲裁地点"与第一部分一样，有相同的含义（见第3条、第5条第（1）款及第（6）款）。

第86条　[诉讼程序的中止]

（1）第9条（诉讼程序的中止）的第（4）款（除非仲裁协议是无效的、不可操作的、不能履行的，否则应予中止）并不适用于国内仲裁协议。

（2）根据与国内仲裁协议有关的第9条提出申请时，法院应批准中止仲裁程序，除非法院认为：

（a）仲裁协议是无效的、不可操作的或无法履行的，或

（b）有其他充分理由不要求当事人遵循仲裁协议。

（3）法院可依据第（2）款（b）项以下列事实作为充分理由，即申请人现在或过去在关键时刻不准备，并不愿意为仲裁的适当行为采取一切必要行动，未在提起仲裁前用尽其他解决争议的措施。

（4）为本条之目的，关于仲裁协议是否为国内仲裁协议的问题应根据诉讼程序开始时的事实来作决定。

第87条　[协议排除法院管辖权的有效性]

（1）在有国内仲裁协议的情况下，根据下列规定，任何排除法院管辖的协议：

（a）第45条（强制性法律问题的决定），或

（b）第69条（对裁决的抗辩：法律要点的上诉），

均为无效，除非这种排除协议是在法律要点的争议已产生，或者裁决已作出的仲裁程序之后达成的。

（2）为此目的，仲裁程序启始与第一部分（见第14条）有相同的含义。

（3）为本条之目的，关于仲裁协议是否为国内仲裁协议的问题将参考达成协议时的事实来判断。

第88条　[撤销或修改第85条至第87条的权力]

（1）大臣可以命令方式撤销或修改第85条至第87条的内容。

（2）根据本条所作命令可包括大臣认为适当的补充条款、附带条款及过渡性条款。

（3）根据本条款所作的命令应由法定文件发布，除非该命令提案提交经上院和下院批准，其他机构不得作出。

消费者仲裁协议

第89条 [不公平条款法规对消费仲裁协议的适用]

(1) 下列条款扩大《1994年消费者合同不公平条款法规》中有关仲裁条款的适用范围。

为此目的,"仲裁协议"是指将现在或将来争议或分歧(不论是否契约性的)提交仲裁的协议。

(2) 那些条款中的《法规》是指那些规则,并包括对那些规则的修改及替代。

(3) 那些条款适用于仲裁协议可适用的法律。

第90条 [法规适用于消费者为法人]

《1994年消费者合同不公平条款法规》适用于消费者为法人,与消费者是自然人的情况相同。

第91条 [限定请求数额的仲裁协议即为不公平]

(1) 含有仲裁协议的条款,只要其限定金钱补偿请求不超过依本条款规定的数额,就执行上述《法规》目的而言,即构成不公平。

(2) 根据本条款所作出的命令可以因不同案情与不同目的而有不同的规定。

(3) 根据本条款作出命令的权力可予以实施:

(a) 大臣与上议院院长意见一致时,适用于英格兰和威尔士。

(b) 大臣与检察长意见一致时,适用于苏格兰。

(c) 北爱尔兰经济开发部与上院院长意见一致时,适用于北爱尔兰。

(4) 在英格兰、威尔士及苏格兰,这类命令由法定文件公布,并应根据上院或下院决议而予以废止。

(5) 为北爱尔兰作出的这类命令,是为执行《1979年(北爱尔兰)法定规则训令》目的的法定规则,而按《1954(北爱尔兰)解释法令》第41条(6)款的解释含义则应是相反的结论。

郡法院中小额索赔的仲裁

第92条 [排除第一部分关于郡法院受理小额索赔的仲裁]

本法第一部分不适用于依《1984年郡法院法》第64条规定的仲裁。

指定法官为仲裁员

第93条 [指定法官为仲裁员]

(1) 商事法院的法官和受法庭委托的鉴定人,如果在各种情况下法院认为合适,可根据仲裁协议或仲裁协议的方式接受指定,担任独任仲裁员或公断人。

(2) 除非首席大法官从高等法院和王座庭的公务考虑,通知商事法院的法官担任独任仲裁员或公断人是合适的,否则该法官不得接受这种指定。

(3) 除非首席大法官从受法庭委托鉴定人的业务情况考虑,通知他担任独任仲裁员或公断人是合适的,否则该鉴定人不得接受这种指定。

(4) 商事法院法官或受法庭委托鉴定人担任独任仲裁员或公断人的仲裁费用支付应由高等法院决定。

(5) 本条款中:

“仲裁协议”与第一部分的含义相同;且

“受法庭委托的鉴定人”是指根据《1981 年最高法院法》第 68 条(1)款(a)项规定指定的从事鉴定业务的人。

(6) 本法第一部分的规定均适用于依据本条和附录二所限定的被指定人员进行的仲裁。

法定仲裁

第 94 条 [第一部分法定仲裁的适用]

(1) 第一部分规定适用于根据第 95 条至第 98 条选定或排除的法定仲裁,不论这种法规是在本法生效前还是生效后通过或产生的。

(2) 第一部分的规定不适用于一种法定仲裁,如果或进而言之,其仲裁申请:

(a) 在英格兰和威尔士,包括《1978 年解释法》所指的二级立法范围的法律。

(b) 在北爱尔兰是指《1954 年(北爱尔兰)解释法》第 1 条第(1)款所含的法定条款。

第 95 条 [关于法定仲裁规定的一般适用]

(1) 第一部分的规定法定仲裁:

(a) 假设仲裁是依仲裁协议,并且假设法规是依协议规定的,且

(b) 假设依该法规提起或已提起仲裁请求的人和作为被请求的人是协议的当事人。

(2) 每一法定仲裁应被视为仲裁地点在英格兰和威尔士,如案情发生在北爱尔兰,则仲裁地点在北爱尔兰。

第 96 条 [关于法定仲裁规定的特别选定]

(1) 第一部分下列规定适用于以下选定的法定仲裁。

(2) 第 30 条第(1)款(仲裁庭在其管辖权内作规定的资格),其(a)项关于是否存在有效仲裁协议的规定应成为法规是否适用于争议或不同分歧的解释。

(3) 依据相同法规,第 35 条(程序合并和合并听证)只有在对程序合并或合并听证授权时才适用。

(4) 第 46 条(适用于争议实体规则)适用时省略第(1)款(b)项(根据当事人约定的方式作裁定)

第 97 条 [排除适用法定仲裁的规定]

第一部分下列规定不适用于有关法定仲裁:

(a) 第 8 条(一方当事人的死亡是否解释协议);

(b) 第 12 条(法院延长约定期限的权力);

(c) 第 9 条第(5)款、第 10 条第(2)款和第 71 条第(4)款(严格限制有关裁决是诉讼之前提的规定)。

第 98 条 [依法规进一步作出规定的权力]

(1) 大臣为选定或排除第一部分与普遍法定仲裁或特定法定仲裁有关的条款可进一步专门作出规定。

(2) 不论有关法规在本法生效前或生效后通过或制定,大臣的上述权力都是可实施的。

(3) 根据本条所作的规定应通过法定文件发布,并应根据上院或下院的决议而废止。

第三部分　承认和执行外国仲裁裁决

日内瓦公约仲裁裁决的执行

第99条　[《1950年仲裁法》第二部分继续适用]

《1950年仲裁法》第二部分(某些外国裁决的执行)仍然适用于该部分所指的有关外国裁决,这些并不是纽约公约所规定的裁决。

纽约公约仲裁裁决的承认和执行

第100条　[《纽约公约》裁决]

(1)本部分的"纽约公约裁决"是指根据仲裁协议,一方当事人是在纽约公约签字国境内(而非联合王国境内)所作出的仲裁裁决。

(2)为第(1)款及本部分与这类裁决有关规定之目的:

(a)"仲裁协议"是指书面形式的仲裁协议,并且

(b)裁决应被看作是在仲裁地点所作出的,而不考虑签字地、递交地或送达地。

本款的"书面协议"和"仲裁地点"与第一部分的含义相同。

(3)女王陛下在枢密院训令时宣布训令中所规定的国家是纽约公约的成员国,或者所规定的地区,则训令具有强制性,应作为事实的确定证据。

(4)本条中的《纽约公约》是指1958年6月10日国际商事仲裁联合国会议所通过的《承认和执行外国仲裁裁决公约》。

第101条　[裁决的承认和执行]

(1)纽约公约的裁决应予承认,对当事人具有约束力,而且应被诉人、反诉人或在英格兰、威尔士或北爱尔兰为此提出诉讼程序的当事人所承认对其有拘束力。

(2)纽约公约的裁决经法院的批准,可以当作判决或法院命令产生相同效力的方式予以强制执行。

关于"法院"的含义见第105条。

(3)如果经法院批准,该判决应成为裁决执行的依据。

第102条　[当事人请求承认与执行应提交的证明]

(1)请求对纽约公约的裁决予以承认或执行的一方当事人应提交:

(a)已经生效的裁决书正本或经公证的裁决书副本,以及

(b)仲裁协议正本或经公证的仲裁协议副本。

(2)裁决书或仲裁协议正本为外国语的,一方当事人也必须提交经官方公证的译本,或经宣誓翻译人或外交部门及领事代理人证明的译本。

第103条　[承认与执行的拒绝]

(1)对《纽约公约》的裁决之承认与执行下列情况外不得予以拒绝:

(2)被诉的一方当事人能证明以下情况的,裁决的承认与执行可以被拒绝:

(a)仲裁协议的一方当事人(根据适用于他的法律)是无行为能力者;

(b)根据当事人所选择适用的法律,或当事人未指明适用的法律,根据裁决制作地国法律规定,该仲裁协议为无效的;

(c) 一方当事人未给予指定仲裁员或仲裁程序的通知,或无法为代表自己的利益参与仲裁程序的;

(d) 裁决所涉及的并不是当事人所预期的争议,或者不是提交仲裁条款中的内容,也不是基于仲裁条款而由法院作出决定的事项(见第(4)款);

(e) 仲裁庭组成或仲裁程序并未依当事人的协议,若无仲裁协议,则并未依仲裁发生地国家法律的规定;

(f) 仲裁裁决对当事人还未有拘束力,或已被裁决制作地依法有资格的机构撤销或中止。

(3) 裁决涉及事项是不可仲裁的,或者承认与执行仲裁裁决与公共秩序相违背的,则对此仲裁裁决的承认与执行请求予以拒绝。

(4) 对未提交仲裁的事项作出决定的裁决可以得到承认与执行,前提是提交仲裁的事项可以从未提交仲裁的事项中分离出来,裁决时对此作出决定。

(5) 对裁决撤销或中止的申请已向上述第(2)款(f)项规定的有资格机构提出,裁决提交有管辖权的法院,如果法院认为合适,可延期对裁决的承认与执行作出决定。

申请对裁决的承认与执行的一方当事人也可以要求另一方当事人提供适当的担保。

第 104 条 [对承认与执行其他依据的保留]

本部分上述规定不影响依普通法或根据第 66 条承认与执行纽约公约的裁决之权利。

第四部分 一般规定

第 105 条 [“法院”的含义:高等法院和郡法院的管辖权]

(1) 本法中的“法院”是指依下列规定的高等法院或郡法院。

(2) 首席大法官可以命令方式作出规定:

(a) 根据本法将程序交由高等法院或郡法院决定,或者

(b) 根据本法,特别程序只能在高等法院或在郡法院开始及进行。

(3) 首席大法官可以命令方式作出规定,依据本法具体载明的与郡法院管辖权有关的程序,应在一个或几个特定的郡法院开始或进行。

特定的郡法院有操作性的管辖权可在全英格兰和威尔士得到实施,根据案情,也可在北爱尔兰得到实施。

(4) 根据本条,一个命令:

(a) 参照首席大法官认为合适的标准,使不同的程序略有区别,并且

(b) 在首席大法官认为必要或适当时,作出这类附带的或过渡性的规定。

(5) 依本条为英格兰和威尔士所作的命令应通过法定文件发布,并应根据上院或下院的决议予以废止。

(6) 依本条为北爱尔兰所作的命令应为《1979 年法定规则(北爱尔兰)》之目的的一个法令,通过法定文件发布,并应根据上院或下院的决议予以废止,《1946 年法定文件法》应相应地适用。

第 106 条 [对君王的适用]

(1) 本法第一部分适用于女王陛下为一方当事人或康沃尔公爵为一方当事人的仲裁协

议，不论以君王的权限还是以兰卡斯特或其他王室领地的权限。

(2) 除了君王的权限外，女王陛下是仲裁协议的一方当事人时，为任何仲裁程序之目的，女王陛下应由下列人作代表：

(a) 兰卡斯特王室领地以女王陛下亲笔签名以书面指定的人作代表；

(b) 在其他情况下，由女王陛下亲笔签名以书面指定的人作代表。

(3) 康沃尔公爵为仲裁协议一方当事人时，为任何仲裁之目的，由公爵指定的人作代表。

(4) 第一部分关于仲裁协议或仲裁程序的一方当事人或多方当事人的范围应予推定，本条第(2)款或第(3)款适用时，该代表视为女王陛下或康沃尔公爵的代表。

第107条 [重要的修改与撤销]

(1) 附录三载明的法规根据该附录作修改，修改部分成为本法规定的重要内容。

(2) 附录四载明的法规在特定情况下予以废除。

第108条 [扩大]

(1) 本法规定扩大到英格兰和威尔士，除以下限定情况外还可扩大到北爱尔兰。

(2) 第二部分的下列规定不得扩大到北爱尔兰：

第92条(第一部分关于在郡法院小额索赔仲裁的部分予以排除)，且

第93条和附录二(法官被指定为仲裁员)。

(3) 第89条、第90条和第91条(消费者仲裁协议)可扩大到苏格兰，附录三和附录四(相应的修改和撤销)有关规定只要与扩大的法规有关，可扩大到苏格兰。

(4) 1975年仲裁法的撤销部分只可扩大到英格兰、威尔士和北爱尔兰。

第109条 [启始]

(1) 本法规定自大臣在法定文件上发布命令指定之日起生效，为不同目的的指定之日不同。

(2) 依第(1)款发布的命令可以包括大臣认为适合目的的过渡性条款。

第110条 [简称]

本法可称作1996年仲裁法。

(资料来源：赵秀文主编：《国际经济贸易仲裁法教学参考资料》，中国法制出版社1999年版，第141—195页。)

美国联邦仲裁法(1990)
The Federal Arbitration Act[U. S.], 1990

(1990年修订本)

美利坚合众国参议院和众议院制定:

第1条　"海事"及"商事"之定义;实施本法案之例外

本法案所谓"海事"是指如果发生争执,属于海事法庭管辖权之内的租船契约、海洋运输工具的提单、关于码头设备、供给船只用品或者船只修理的协议、碰撞和其他对外贸易方面的事务。所谓"商事"是指各州之间的或者和外国的贸易,在合众国属地或者哥伦比亚特区的贸易和各属地之间、属地同任何一州或者外国之间、哥伦比亚特区同任何一州、属地或者外国之间的贸易;但是本法案对海员、铁路员工和服务于对外贸易或者各州间贸易的各种工人的雇佣契约都不适用。

第2条　仲裁协议之有效性,不可撤销,及执行

在任何海事或者商事契约中,为了用仲裁方式解决可能由于契约引起的或者由于拒绝履行契约全部或者部分引起的争执所作的书面规定,又或者将由于这种契约引起的、或者由于拒绝履行契约引起的现在的争执提交仲裁的书面协议,都是有效的、不可撤销的和有强制性的,但是具有法律或者衡平法所规定撤销契约的理由者除外。

第3条　诉讼争议可提交仲裁时停止诉讼程序

任何争执,如果已经有提交仲裁的书面协议,而向美国法院提出诉讼,法院根据一方当事人的请求,并且查明争执可以依照仲裁协议提交仲裁后,如果请求人不违反仲裁程序,应当停止诉讼审理,到依照协议规定完成仲裁的时候为止。

第4条　根据协议未能仲裁;请求享有管辖权的美国法院作了强制仲裁之命令;请求通知与送达;审理与裁定

双方当事人签订了书面仲裁协议,对于对方不履行、拖延或者拒绝仲裁而受侵害的一方可以请求依照法律、衡平法或者海事法庭的法典的规定对争执引起的诉讼有管辖权的任何美国法院,命令依照协议规定进行仲裁。上述请求应当用书面通知违约方,并给予五日的期限。通知书应当依照法定送达传票的办法送达。法院应当审问双方当事人,如果关于仲裁协议的签订或者违背一点没有异议,法院应当命令双方当事人依照协议规定进行仲裁,但是审问和其他程序必须在提出请求的地区进行。如果关于仲裁协议的签订或者违背一点有异议,法院应当进行审判。如果被认为违约的一方不要求用陪审制审判,或者争执属于海事法庭管辖权之内,即由法院审问并作出决定。如果争执不是海事案件,被认为违约的一方可以在通知书应当缴回之日或者以前提出用陪审制审判的要求。法院接到要求,应当命令按照法律规定,用陪审制审判衡平法诉讼案件的办法交给陪审团审问,或者特别召集陪审团。如果陪审团查明,确实没有书面仲裁协议并且有违约情形,法院应当命令双方当事人依照协议规定进行仲裁。

第5条 指定仲裁或公断人

如果协议中已经规定指定仲裁员或首席仲裁员的方法,应当按照这个方法指定。如果没有规定,或者有规定而当事人不履行,或者由于任何原因拖延指定或者拖延补充缺额,法院根据任何一方当事人的请求,应当依照需要指定仲裁员或者首席仲裁员。由法院指定的仲裁员或者首席仲裁员处理案件,与协议所指定者有同样的权力和效力,除协议另有规定外,应当由仲裁员一人仲裁。

第6条 审理作为申请的请求

对法院所提出的一切请求,提出和审问的方式都应当依照法律中关于申请的提出和审问的规定办理,但是本法案有其他规定的除外。

第7条 仲裁员传唤证人;费用;强迫出庭

不论是否依照本法案所指定的仲裁员全体或者过半数,都可以用书面传唤任何人出席作证,并且可以命令提出被认为是案件实质证据的簿册、记录、证件或者文件。证人的出席费用同美国法院证人的费用一样。传票应当用仲裁员全体或者过半数的名义签发,并且应当送达被传唤人,传票的送达方式同法院传票一样,如果被传唤作证却拒绝或者拖延出席,仲裁员全体或者过半数所在地区的美国法院,根据请求,可以强迫他出席,或者按照美国法院关于保证证人出席或者处罚拖延、拒绝出席的规定,给予处罚。

第8条 在海事法院由原告提出诉状开始的程序及扣留船只或财产

如果管辖权的基础成为诉讼的原因,而诉讼本来是可以由海事法庭审判的,那么,不论本法案有何相反规定,自以为受侵害的一方可以依照海事法庭的一般诉讼程序用诉状提出诉讼,并且扣留对方的船只或者其他财产,法院以后有权命令当事人进行仲裁,并保留对仲裁裁决发出命令的权力。

第9条 仲裁员裁决;确认;管辖权;程序

如果当事人在协议中已经同意将仲裁裁决提交法院裁判,并且指定裁判的法院,在仲裁裁决后1年内,任何当事人可以随时请求指定的法院确认仲裁裁决,除非裁决依照以下两条的规定而被撤销、修改,法院必须发出确认的命令。如果当事人在协议中不指定法院,可以向仲裁裁决地所属区内的任何美国法院提出请求。请求应当通知对方当事人,法院因此对这个当事人也有管辖权,如同他曾经出席法院程序一样。如果对方当事人居住在仲裁裁决地所属区内,通知书应当按照法院送达诉讼申请通知书的规定方法送达,否则由对方当事人所在地区的书记员依照法院的其他手续送达。

第10条 撤销;理由;重新审理

遇到下列任何情形,仲裁裁决地所属区内的美国法院根据任何当事人的请求,可裁定撤销仲裁裁决:

(1) 裁决以贿赂、欺诈或者不正当方法取得。

(2) 仲裁员全体或者任何一人显然有偏袒或者贪污受贿情形。

(3) 仲裁员有拒绝合理的延期审理的请求的错误行为,有拒绝审理适当和实质的证据的错误行为或者有损害当事人的权利的其他错误行为。

(4) 仲裁员超越权力或者没有充分运用权力,以致对仲裁事件没有作成共同的、终局的、确定的裁决。

(5) 裁决已经撤销,但是仲裁协议规定的裁决的期限尚未终了,法院可以斟酌指示仲裁员重新审理。

第 11 条　修改或更正;理由;命令

遇到下列任何情形,仲裁裁决地区所属区内的美国法院根据任何当事人的请示,可以用命令将裁决修改:

(1) 裁决中显然有数字计算的错误,或者对任何有关的人、物或者财产的叙述有错误。

(2) 裁决了未请求的事件,除非这个事件对于请求的事件的决定的实质没有影响。

(3) 裁决的形式不完备,对于争执的实质没有影响。

裁决可以用命令修改,以贯彻裁决的意图,并使裁决公平。

第 12 条　申请撤销或修改通知;送达;暂停程序

撤销、修改仲裁裁决的请求必须在仲裁裁决提交或者送达后 3 个月内通知对方当事人或者他的代理人,如果对方当事人居住在仲裁裁决地所属区内,通知书应当按照法院送达诉讼申请通知书的规定方法送达,否则由对方当事人所在地区的书记员依照法院的其他手续送达。为了上述请求,有权停止本法院诉讼程序的法官可以命令停止对方当事人的执行裁决的程序,命令和通知书同时送达。

第 13 条　文件与请求命令一并提交;判决;存档;效力;执行

请求法院发出确认、修改仲裁裁决的命令的当事人,在命令提交书记员以便对裁决进行裁判的时候,应当将下列文件一并提交书记员:

(1) 仲裁协议,关于选任追加仲裁员或者首席仲裁员的证件(如果有的话),延长裁决期限的证件(如果有的话)。

(2) 仲裁裁决书。

(3) 同请求确认、修改裁决有关的一切通知、宣誓书或者其他文件,和法院对请求作出的每一项命令的副本。

判决应当如同诉讼案件中作成的判决一样作成记录。

上述判决在一切方面都同诉讼判决有同样的效力,同时服从有关诉讼判决的一切法律规定,并且可以如同法院的诉讼判决一样执行。

第 14 条　不受影响的契约

本法案不适用于 1926 年 1 月 1 日之前签订的契约。

第 15 条　国家行为原则不适用

不得以国家行为原则为理由拒绝仲裁协议的执行、仲裁裁决的确认以及基于确认此等仲裁裁决的命令所做判决的执行。

第 16 条　上诉

(a) 可以基于下列事由提起上诉:

(1) 就下列事项作出的裁定:

(A) 拒绝中止本篇第 3 条项下之诉讼;

(B) 驳回本篇第 4 条项下之诉讼请求并命令进行仲裁;

(C) 驳回本篇第 206 条项下之申请并命令进行仲裁;

(D) 确认或拒绝对某一仲裁裁决或部分裁决的确认;

(E) 修改、更正或撤销仲裁裁决;

(2) 一项中间命令授予、继续或修改对本标题项下之仲裁所做的禁令;或者

(3) 对本篇项下的仲裁所做的终局决定。

(b) 除非第28篇第1292(b)条另有规定,不得就以下中间裁决提起上诉:

(1) 根据本篇第3条中止诉讼;

(2) 命令按照本篇第4条进行仲裁;

(3) 强迫按照本篇第206条进行仲裁;或者

(4) 拒绝命令进行本篇项下的仲裁。

根据本法案第一章,本条款项下转移的任何诉讼或程序,应视为已向被转移的地区法院提出。

第二章　承认及执行外国仲裁裁决公约

第201条　实施公约

1958年6月10日签署的《承认及执行外国仲裁裁决公约》应由美国法院按照本章予以执行。

第202条　属于公约管辖范围内的仲裁协议或裁决

无论契约或非契约,凡是产生于法律关系的仲裁协议或仲裁裁决,并将视为包括本法案所述的交易,契约或协议在内的商事性质者,均属于公约管辖范围。产生于这种关系的仲裁协议或裁决,但完全系美国公民之间者,则不应视为公约管辖范围,除该关系涉及国外财产,发行或执行将来在国外进行,或与一个或多个外国某种其他的合理联系者不在此限。根据本条款,如果一个公司设在、或有其主要营业地在美国,则该公司法人系美国公民。

第203条　管辖;争议金额

属于公约管辖范围内的诉讼或程序,应视为根据美国法律和条约产生的。对于这种诉讼或程序,无论其争议金额多少,美国地区法院(包括《美国法典》第二十八编第四百六十条列举的法院)均应有原始管辖权。

第204条　地点

地区法院根据本法案第二百零三条享有管辖权的诉讼或程序可以在任何一个法院提起,除了仲裁协议外,有关当事人之间的纠纷可以在法院进行诉讼或程序,或在这样的地区及区域法院,即在协议中指定为仲裁地的法院,只要该地点在美国,也可以进行诉讼或程序。

第205条　从州法院转移案件

如果正在州法院进行诉讼或程序的标的涉及公约管辖范围内的仲裁协议或裁决,被告可以在审理前的任何时候将该诉讼或程序转移到美国地区法院,其原因是,该地区或区域系正在进行诉讼或程序的地点。除了本条款规定转移的理由无需于诉状中写明,但可以在转移申请中提出之外,除法律另有规定者,应适用转移诉讼的程序。

第206条　强制仲裁令;指定仲裁员

根据本案享有管辖权的法院可责令,仲裁应按照仲裁协议在该协议规定的任何地点进行,无论该地点在美国或在美国以外,均应如此。

该法院也可按照仲裁协议规定指定仲裁员。

第 207 条 仲裁员裁决;确认;管辖权;程序

在属于公约管辖范围内的一项仲裁裁决作出后 3 年之内,仲裁当事人的任何一方可以向根据本章享有管辖权的法院申请,请求法院作出一项命令,确认不利于仲裁当事人的任何其他一方的裁决。除非法院发现有该公约中列举的拒绝或延缓承认或执行裁决的理由之一,则应确认裁决。

第 208 条 第一章重新申请

第一章适用于根据本章进行的诉讼和程序,但以该章与本章或美国承认的公约不相抵触为限度。

第三章 美洲国际商事仲裁公约

第 301 条 公约的执行

1975 年 1 月 30 日的《美洲国际商事仲裁公约》应当按照本章的规定在美国法院被执行。

第 302 条 本篇其他条款的适用

本篇第 202 条、第 203 条、第 204 条、第 205 条和第 207 条应被视为本章之特别规定而适用于本章,除非为了本章的目的,《公约》是指《美洲国际商事仲裁公约》

第 303 条 强制仲裁的命令;仲裁员的指定;现场

(a) 本章下有管辖权的法院是命令在仲裁协议规定的任何地点进行仲裁,而不论仲裁地点是否在美国境内。法院得根据仲裁协议的规定任命仲裁员。

(b) 如果仲裁协议没有规定仲裁地点或仲裁员的任命,法院应当命令按照《美洲国际商事仲裁公约》第 3 条的规定进行仲裁并指定仲裁员。

第 304 条 承认和执行外国仲裁裁决;互惠

根据互惠原则,只有在某一外国国家已经批准或加入了《美洲国际商事仲裁公约》的条件下,在该外国国家领域内所做的仲裁裁决应当按照本章被承认和执行。

第 305 条 《美洲国际商事仲裁公约》和 1958 年 6 月 10 日的《承认与执行外国仲裁裁决的公约》之间的关系

当适用《美洲国际商事仲裁公约》和 1958 年 6 月 10 日的《承认与执行外国仲裁裁决的公约》的条件都具备时,除非当事人另有明确协议,应当按照如下规定决定适用哪一个公约:

(1) 如果仲裁协议的大多数当事人是已经批准或加入《美洲国际商事仲裁公约》并且是美洲国家组织成员国的国民,应当适用《美洲国际商事仲裁公约》。

(2) 在所有其他情况下,应当适用 1958 年 6 月 10 日的《承认与执行外国仲裁裁决的公约》。

第 306 条 适用《美洲国际商事仲裁公约》的规则

(a) 为了本章之目的,《美洲国际商事仲裁公约》第 3 条提及的程序规则,根据本条第 2 款的规定,是指由委员会于 1988 年 7 月 1 日颁布的那些规则。

(b) 如果根据修改委员会规则的程序对《美洲国际商事仲裁公约》的程序规则进行了修改和补充,依照第 5 篇第 553 条的规定,并且与《美洲国际商事仲裁公约》的目标和目的一致。国务卿得规定为了本章的目的,此等修改和补充应当有效。

第307条　第一章及其他条款的适用

在第一章的规定与本章的规定以及美国批准的《美洲国际商事仲裁公约》的规定不发生冲突的条件下,第一章的规定适用于根据本章提起的诉讼。

(资料来源:赵秀文主编:《国际经济贸易仲裁法教学参考资料》,中国法制出版社1999年版,第240—248页。)

德国1998年仲裁法
German Arbitration Law 1998

（1998年1月1日起施行）

第一章　总　　则

第1025条　适用范围

1. 本篇各条规定适用于本法第1043条第1款规定的仲裁地点在德国境内的仲裁。

2. 如果仲裁地点在德国境外或尚未确定，本篇第1032、1033和1050条同样予以适用。

3. 如果仲裁地点尚未确定，且申请人或被申请人在德国有习惯居所或营业所，则德国法院有权行使第1034、1035、1037和1038条规定的各项法院职能。

4. 本法第1061和1065条适用于外国仲裁裁决的承认与执行。

第1026条　法院干预的范围

除本篇第1025至1061条规定的情况外，法院不干预仲裁事项。

第1027条　提出异议的权利的丧失

任何一方当事人知道本篇中可以背离的规定或协议规定的仲裁程序的要求未得到遵守，但仍继续进行仲裁而未能及时地或在时效规定的期限内对此项未遵守提出异议，不得在以后再提出此项异议。

第1028条　在不知道确切地址的情况下书证的送达

1. 除非当事各方另有约定，如果有权收取或代表其收取书证的一方当事人的地址不明，则该书证的收到日期为通过挂号信、所要求的回执或其他可提供送达此项书证的记录的方式邮寄其最后的为人所知的营业所或惯常居所时应该收到的日期。

2. 前款规定不适用于法院诉讼程序中的文件的送达。

第二章　仲裁协议

第1029条　定义

1. “仲裁协议”是当事人之间订立的将他们之间已经发生的或将来可能发生的契约性或非契约性的确定的法律关系的所有或特定的争议提交仲裁解决的协议。

2. 仲裁协议可以采用单独协议的方式（即单独的仲裁协议），也可以是合同中的一个条款（仲裁条款）的形式。

第1030条　可仲裁事项

1. 任何一项涉及经济利益的请求，都可成为仲裁协议的标的。对于不涉及经济利益的索赔请求所达成的仲裁协议的法律效力,仅限于当事人有权就争议事项达成和解协议的范围。

2. 有关在德国境内出租房屋的争议达成的仲裁协议无效。但此项规定不适用于民法典第556a条第8款专门规定的房屋出租。

3. 本篇规定以外的法规中关于特定争议在某些特定的条件下不能提交仲裁解决的规定仍然继续适用。

第1031条 仲裁协议的形式

1. 仲裁协议应当包括在当事各方签署的文件中,也可表现在当事人相互间交换的信件、传真、电报或其他可纪录此项协议的通讯方式之中。

2. 如果仲裁协议包括在一方当事人向另一方当事人发出的或由第三方向另外两方当事人发出的文件中,当事人在合理的期限内未对此提出异议,此项文件中的内容按照一般的惯例即被视为合同中的一部分,前款规定的关于仲裁协议的形式的要求视为得以遵守。

3. 合同中涉及的符合上述1、2款规定的形式要求的仲裁条款的文件,即构成仲裁协议。但提及此文件为合同条款的一部分者除外。

4. 仲裁协议也可通过签发提单的方式订立,如果提单中明确地提及了租船合同中的仲裁条款。

5. 消费者为一方当事人的仲裁协议,必须包括在当事各方亲自签署的文件中,而只有提及仲裁程序的协议才能包括在该文件中。但此款不适用于经公证的文件。消费者作为交易中争议的一方当事人为自然人时,他所为的行为的目的可被视为在其所从事职业或自我雇佣的职业之外。

6. 任何未能遵守上述形式上要求的,均可在就争议的实体问题进行辩论的仲裁程序中予以补救。

第1032条 仲裁协议与在法院提出的实体索赔请求

1. 在向法院提起的诉讼中,如涉及仲裁协议项下的事项,如被申请人在就争议实体问题开始进行辩论之前提出异议,法院应当拒绝此项诉讼,除非法院认定仲裁协议无效、失效,不可或不能履行。

2. 在仲裁庭成立之前,可向法院提出申请,由法院决定是否允许仲裁。

3. 如果当事人已经提出上述1、2款的诉讼,即便法院正在审理争议事项,仲裁程序也可以开始或继续进行,并作出仲裁裁决。

第1033条 仲裁协议与法院采取的临时性的措施

在仲裁程序开始之前或进行之中法院根据一方当事人的申请对与仲裁有关的标的物采取的临时性的保护措施,与仲裁协议无悖。

第三章 仲裁庭的组成

第1034条 仲裁庭的组成

1. 当事人可自由地约定仲裁员人数。如无此约定,仲裁员的人数为三人。

2. 如果仲裁协议在仲裁庭组成问题上赋予一方当事人以特殊的权利而使另一方当事人处于不利地位,该另一方当事人可请求法院在已经被指定的仲裁员或双方约定的指定程序之外另行指定一名或多名仲裁员。但须此项请求在其知道了仲裁庭的组成后的两周内提出。第 1032 条(3)款同样予以适用。

第 1035 条 仲裁员的指定

1. 当事人可自由地约定指定 1 名或多名仲裁员的程序。

2. 除非当事各方另有约定,在另一方当事人收到关于指定仲裁员的通知之前,当事人应当受其所指定的仲裁员的约束。

3. 如果当事人就独任或多名仲裁员的指定不能达成协议,法院可根据任何一方当事人的申请,指定 1 名独任仲裁员。在由 3 人仲裁员进行仲裁的情况下,每一方当事人各指定 1 名仲裁员,第三名仲裁员由双方指定的仲裁员共同指定,该第三名仲裁员为首席仲裁员。如果一方当事人在收到另一方当事人关于指定仲裁员的通知后 1 个月内未指定仲裁员,法院可根据一方当事人的申请对此仲裁员作出指定。

4. 在当事双方约定指定仲裁员的程序的情况下,如果一方当事人未按此程序行事,或者双方当事人或双方指定的两名仲裁员不能依此程序达成一致,或者首席仲裁员未能依此程序履行其职责,任何一方当事人可请求法院采取适当措施,除非关于指定仲裁员的程序的约定规定了其他保障指定的方法。

5. 法院在指定仲裁员的过程中,应当适当的考虑当事人约定的仲裁员的资格,以便确保指定 1 名公正、独立的仲裁员。法院在指定独任仲裁员或首席仲裁员的情况下,应当适当地考虑该被指定的仲裁员的国籍应不同于当事各方的国籍的可取性。

第 1036 条 对仲裁员的异议

1. 当某人可能被指定为仲裁员时,应当披露可能对他的独立性和公正性产生正当怀疑的各种情况。仲裁员自其被指定之时和在仲裁程序进行期间,应当毫不迟延地向当事各方披露上述有关情况,除非他已经将上述情况告知当事各方。

2. 只有在对仲裁员的公正性和独立性产生正当怀疑或仲裁员不具备当事各方约定的资格时,才能对该仲裁员提出回避的请求。当事人对其指定的仲裁员或参与了对该仲裁员的指定,只能就其在指定后所得知的理由对该仲裁员提出回避请求。

第 1037 条 请求仲裁员回避的程序

1. 当事人可根据本条第 3 款的规定,自由地约定请求仲裁员回避的程序。

2. 如无上述约定,一方当事人试图对某一仲裁员提出回避请求,此项请求应当在得知仲裁庭组庭或第 1036 条第 2 款规定的情况后两周内向仲裁庭递交请求该仲裁员回避的书面陈述的理由。除非被请求回避的仲裁员辞职或另一方当事人同意此项回避,应当由仲裁庭对此项回避作出决定。

3. 如果按照当事人约定的程序或上述两款规定的程序提出的回避请求未能得以满足,请求回避的一方当事人可在收到驳回其请求之日起一个月内或当事双方约定的期限内请求法院对此作出裁定。在一方当事人提出此项请求期间,仲裁庭,包括被请求回避的仲裁员,可以继续进行仲裁程序并作出裁决。

第 1038 条 仲裁员未能或不能履行其职责

1. 如果仲裁员在事实上或法律上不能履行其职责,或由于其他原因未能及时地履行其职责,其作为仲裁员的职责即告终止,如果该仲裁员辞职或当事双方同意此项终止。如果该仲裁员未能辞职或双方当事人未能就此项终止达成一致,任何一方当事人都可请求法院对此项终止作出裁定。

2. 根据本条第1款和第1037条第2款的规定，如果仲裁员辞职或一方当事人同意终止该仲裁员的职责，这并不意味着接受本条第1款或1036条第2款规定的理由的有效性。

第1039条 对替代仲裁员的指定

1. 根据第1037或1038条终止仲裁员的职责，包括仲裁员由于其他原因辞职，或由于双方当事人的约定而终止仲裁员的职责时，应当按照指定仲裁员应当适用的规则指定替代仲裁员。

2. 当事各方也可约定另外的指定程序。

第四章 仲裁庭的管辖权

第1040条 仲裁庭对其管辖权作出裁定的权限

1. 仲裁庭可以对其管辖权和与此有关的仲裁协议的存在及其效力作出裁定。为此，构成合同一部分的体裁条款应当被视为一项独立于合同其他条款的协议。

2. 对仲裁庭无管辖权的抗辩不得在提交答辩书之后提出。一方当事人已指定仲裁员或参与指定仲裁员的事实，不得阻止该方当事人提出此项抗辩。有关仲裁庭超越其权限的抗辩，应当在仲裁程序期间出现了此项事件之后立即提出。在上述任何一种情况下，仲裁庭如果认为推迟提出此项抗辩有正当的理由，可以准许该延迟提出的抗辩。

3. 如果仲裁庭认为有管辖权，即可对本条第2款项下的抗辩通过先决裁定的方式作出裁决。在此情况下，任何一方当事人都可在收到此项裁决后1个月内请求法院对此作出裁定。在提出此项请求期间，仲裁庭可继续进行仲裁程序并作出裁决。

第1041条 临时性保护措施

1. 除非当事双方另有约定，仲裁庭可根据任何一方当事人的请求，对与争议有关的标的作出采取它认为必要的临时性保护措施的裁定。仲裁庭可要求任何一方当事人提供与此措施有关的适当的担保。

2. 法院可根据一方当事人的请求，准许强制执行本条第1款项下的措施，除非与此相关的临时性措施已经在法院实施。如果为强制执行措施所必须，法院可重新作出此项裁定。

3. 法院可根据一方当事人的请求，撤销或修正本条第2款项下的裁定。

4. 如果本条第1款项下的措施表面上被证明为不合理，得到强制执行此项措施的一方当事人应当补偿另一方当事人由于采取此项措施或提供担保以避免此项强制执行而遭受的损失。此项请求可在仲裁程序进行期间提出。

第五章 仲裁程序的进行

第1042条 进行仲裁程序的一般规则

1. 当事各方应当得到平等地对待，任何一方当事人都应有陈述其案情的机会。

2. 律师不应被禁止作为授权代表而履行其职责。

3. 除本篇中的强制性的规定外，当事各方可自由地约定所适用的仲裁规则或援引某仲裁规则。

4. 当事人未能就应当适用的仲裁规则达成一致和本篇未作规定的情况下,仲裁庭可按其认为适当的方式进行仲裁。仲裁庭有权决定证据的可接受性,调查取证和自由地对所取得的证据作出评估。

第 1043 条 仲裁地点

1. 当事人得自由地对仲裁地点作出约定。如无此约定,仲裁庭可在考虑到包括对双方当事人的便利和具体的案情后进行的仲裁地点作出决定。

2. 尽管有前述第 1 款的规定,除当事双方另有约定者外,仲裁庭可以在它认为适当的任何地点开庭,听取证人、专家或当事各方的意见;仲裁庭成员进行合议;或对有关的财产或文件进行查验。

第 1044 条 仲裁程序的开始

除非当事双方另有约定,有关特定争议的仲裁程序自被申请人收到将该特定争议提交仲裁的申请之日开始。仲裁申请应当包括当事各方的名称、争议事项,以及所依据的仲裁协议。

第 1045 条 仲裁程序所使用的语言

1. 当事人可自由约定使用一种或多种语言进行仲裁程序。如无此约定,由仲裁庭决定仲裁程序所使用的一种或多种语言。除另有其他规定外,此项约定或决定应当适用于当事人提交的任何书面陈述、开庭、裁决、仲裁庭作出的决定和其他通讯往来中所使用的语言。

2. 仲裁庭可令当事人提交的任何书面证据附具当事双方约定的或仲裁庭决定的一种或多种语言的译本。

第 1046 条 索赔请求与答辩

1. 在双方当事人约定的或仲裁庭决定的期限内,申请人应当提出其索赔请求及其所依据的事实,被申请人应当就此提出其答辩书。当事人可提交其认为与其陈述有关的文件,也可就他们将要提出的证据作出说明。

2. 除非当事双方另有约定,在仲裁程序进行期间,任何一方当事人都可就其索赔请求或答辩书作出修正或补充,除非仲裁庭认为允许此项毫无正当理由的延续的修正是不当的。

3. 本条第 1 款、第 2 款同样适用于反诉请求。

第 1047 条 开庭与书面审理程序

1. 除当事双方另有约定,仲裁庭应决定是否开庭审理或只按双方当事人提交的文件或其他材料进行书面审理。除双方当事人约定不进行开庭审理外,如果一方当事人提出开庭审理案件,仲裁庭应当在仲裁程序的适当阶段开庭审理案件。

2. 为了取证的目的,仲裁庭在开庭审理案件或与当事人会面之前,应当给予当事人以足够的事先通知。

3. 一方当事人向仲裁庭提供的所有的陈述、文件或任何其他的信息都提供给对方当事人。同仲裁庭作出其决定所依据的任何专家报告或证据性的文件也应送达给双方当事人。

第 1048 条 一方当事人不履行责任

1. 如果申请人未按第 1046 条第 1 款的规定提交其索赔请求的陈述,仲裁庭得终止仲裁程序。

2. 如果被申请人按第 1046 条第 1 款的规定提交其答辩书,仲裁庭得继续进行仲裁程序,但不把这种未提交答辩书的行为本身视为认可了申请人的索赔请求。

3. 任何一方当事人未出庭或在规定的期限内未提供书面证据,仲裁庭可继续进行仲裁程序并依据它所掌握的证据作出裁决。

4. 仲裁庭认定的任何不履行责任的行为将不予考虑。此外,当事各方也可就此项不履行责任的后果作出另外的约定。

第1049条　仲裁庭指定的专家

1. 除非当事双方另有约定,仲裁庭可以指定一名或多名专家,就仲裁庭决定调查的具体问题向仲裁庭提出报告。仲裁庭也可要求一方当事人向此项专家提供任何有关资料、或出示或让专家接触任何有关的文件或财产,以供该专家查验。

2. 除非当事双方另有约定,如果一方当事人提出请求或仲裁庭认为必要,专家在提出其书面或口头报告后参加开庭审理,以便双方当事人有机会向他(们)提出问题和派出他们自己的专家证人就争议的问题出庭作证。

第1050条　法院在获取证据和其他司法行为方面提供的协助

仲裁庭或一方当事人经仲裁庭同意,可以请求法院在获取证据及履行那些仲裁无权履行的司法行为方面提供协助。除法院认为此项申请为不可接受者外,法院应当按照其调查取证或履行其他司法行为的规则实施此项请求。仲裁员有权参加此项司法取证和提出问题。

第六章　仲裁裁决的作出与仲裁程序的终止

第1051条　适用于争议实体的规则

1. 仲裁庭应当按照双方当事人共同选择的适用于解决争议实体问题的法律规则解决争议。除另有明示约定者外,任何对特定国家的法律或法律制度的指定,应当解释为直接使用该国的实体法,而不是法律冲突规则。

2. 如当事各方未能就应当适用的法律作出指定,仲裁庭应当适用与仲裁程序的标的有最密切联系的国家的法律。

3. 只有在当事人明示授权的情况下,仲裁庭才能按照公平合理或作为友好公断人解决争议。当事人应当在仲裁庭作出其决定之前予以授权。

4. 所有情况下,仲裁庭均应按照合同条款作出决定,并应考虑到适用于特定行业的惯例。

第1052条　由两名以上的仲裁员作出的决定

1. 在由1名以上的仲裁员进行的仲裁程序中,除当事各方另有约定外,仲裁庭所作的任何决定,都应按其多数成员的意见作出。

2. 如果某一仲裁员拒绝参加决定的作出程序,其他仲裁员得在该仲裁员不参加的情况下作出决定,除非当事各方另有约定。但须应当事先告知双方当事人关于仲裁庭试图在该仲裁员拒绝参加的情况下作出裁决。在作出其他决定的情况下,应当在决定作出后告知当事各方关于仲裁员拒绝参加的情况。

3. 程序中的个别问题可以由首席仲裁员自行作出,如果各方当事人和仲裁庭所有成员授予他此项权利。

第1053条　和解

1. 如果当事人在仲裁程序进行中就其争议的解决达成和解协议,仲裁庭应当终止仲裁程序。如果双方当事人提出请求,此项解决应当将和解协议的内容作出仲裁裁决的形式,除非此项协议的内容违背公共政策。

2. 按照当事各方约定的条件作出的裁决应当符合第1054条的规定,并应说明它是一项裁决。此项裁决与其他任何就争议的是非曲直作出的裁决具有相同的效力。

3. 如果公证书要求当事人作出声明后生效,在裁决根据当事人约定的条件作出时,应当在此项裁决中附上当事人的声明。

4. 按照当事人约定的条件作出的裁决经双方当事人同意后也可以被公证机关宣布为有效,但须该公证机关位于依照第1062条第1款(2)项的规定有权宣布该项裁决有效的法院所在地区。如果不符合上述条款规定的条件,公证机关应当拒绝宣布此项裁决的效力。

第1054条 仲裁裁决的形式和内容

1. 裁决应当采用书面形式作出,并应由一名或多名仲裁员签署。在有一名以上的仲裁员进行的仲裁程序中,裁决由多数仲裁员签署即可。但须说明未签署此裁决的原因。

2. 裁决应当说明其所依据的理由,除非当事各方已经同意该裁决不必说明理由,或者裁决依据第1053条按照双方当事人约定的条件作出。

3. 裁决应当述明日期和按照第1043条第1款确定的仲裁地点。裁决应当视为在其载明的日期和地点作出。

4. 经仲裁员签署的裁决书文本应当向当事各方送达。

第1055条 仲裁裁决的效力

仲裁裁决是终局的,对当事人具有相当于法院判决的拘束力。

第1056条 仲裁程序的终止

1. 仲裁程序依仲裁庭作出的终局裁决或本条第2款的规定作出裁定而终止。

2. 仲裁庭可在下述情况下作出终止仲裁程序的裁定:

(1) 申请人未能按第1046条第1款陈述其索赔请求,第1048条第4款不予适用;或者撤回其索赔请求,除非被申请人对此提出异议且仲裁庭认定争议的解决对申请人具有合法的利益,或

(2) 当事各方约定终止此仲裁程序,或

(3) 当事人未能遵守仲裁庭所作要求遵守的仲裁程序,或者由于其他原因已不可能继续进行该仲裁程序。

3. 仲裁庭的职责随着仲裁程序的终止而终止,但须服从第1057条第2款、第1058条和第1059条第4款的规定。

第1057条 仲裁费用

1. 除非当事各方另有约定,仲裁庭应当在裁决中列明双方当事人应当分摊的仲裁费用,包括当事人由于正当地提出仲裁申请与答辩而发生的必要的费用。仲裁庭在行使此项权力时,应考虑到具体的案情,特别是仲裁程序的结果。

2. 在仲裁费用已经确定的情况下,仲裁庭应当决定每一方当事人应当承担的费用金额。如果此项费用尚未确定,或者只能在仲裁程序结束确定,此项决定应当采用单独裁决的形式。

第1058条 裁决的更正和解释;追加裁决

1. 任何一方当事人均可请求仲裁庭:

(1) 更正裁决中任何计算、抄写、排印错误或其他任何类似性质的错误;

(2) 对裁决中的任何部分作出解释;

(3) 对当事人在仲裁程序中提出的但在裁决中遗漏的请求作出追加裁决。

2. 除非当事各方另有约定,上述请求应在收到裁决后1个月内提出。

3. 仲裁庭应当在1个月内作出更正和解释,两个月内作出追加裁决。

第七章　对裁决的追诉

第1059条　申请撤销裁决

1. 对仲裁裁决的唯一追诉是按本条第2款、第3款的规定申请撤销此裁决。

2. 仲裁裁决只有在下列情况下才可以被撤销:如果

1. 申请人有足够的理由证明:

(A) 第1029条和第1031条规定的仲裁协议的一方当事人按照对其适用的法律有着某种无行为能力;或者仲裁协议依照当事人约定适用的法律无效;如无此约定,依德国法无效;或

(B) 申请人未能给予指定仲裁员或进行仲裁程序的适当通知,或者不能陈述其案情;或

(C) 裁决所处理的争议不是仲裁协议所涵盖的事项,或者裁决的事项超出了仲裁协议的范围,但如果就提交仲裁的事项所作的决定可以与未提交仲裁的事项所作的决定区别开来的话,只能撤销对未提交仲裁的事项所作的裁决的部分;或

(D) 仲裁庭的组成或仲裁程序不符合本篇的规定或者当事双方认可的协议,而这势必影响到裁决的效力;或者

(2) 法院如查明:

(A) 争议事项按德国法不能通过仲裁方式解决;或

(B) 承认与执行该裁决与公共政策相抵触。

3. 除非当事各方另有约定,向法院申请撤销裁决不得超过3个月,期限自当事人收到裁决之日起算。如果当事人提出了第1058条项下的申请,此项期限自申请人收到就此请求作出的决定之日起顺延1个月。一旦德国法院作出执行裁决的裁定,不得就此裁决提起撤销的诉讼。

4. 当事人提出撤销裁决的诉讼后,法院可以根据案情,作出撤销此项裁决或将案件发回仲裁庭重审。

5. 裁决被撤销后,在无相反指定的情况下,与争议标的有关的仲裁协议继续有效。

第八章　仲裁裁决的承认与执行

第1060条　国内裁决

1. 如果仲裁裁决被宣布可执行,此裁决即可得以强制执行。

2. 如果存在着第1059条第2款规定的情况之一,法院得驳回请求宣布裁决的可执行性的申请。一旦法院宣布了裁决的可执行性,撤销裁决的理由则不予考虑,并最终驳回以此为理由而提出的撤销此项裁决的申请。如果第1059条第3款规定的期限已届满,而任何当事人在此期间均未提出撤销裁决的申请,第1059条第2款1项的理由也不予考虑。

第 1061 条　外国裁决

1. 外国仲裁裁决的承认与执行适用 1958 年 6 月 10 日的《承认与执行外国仲裁裁决公约》。其他关于承认与执行仲裁裁决的条约中的各项规定不受任何影响。

2. 如果宣布裁决为可执行的申请被拒绝，法院得作出该裁决不为德国法院所承认的裁定。

3. 如果裁决在德国被宣布为可执行后而在外国被撤销，当事人可申请撤销对该裁决所宣布的可执行的裁定。

第九章　法 院 程 序

第 1062 条　权限范围

1. 仲裁裁决中指定的地区（Oberlandesgericht）高等法院，如无此项指定为仲裁地所在地区的高等法院有权就以下事项作出决定：

（1）指定仲裁员（第 1034 和 1035 条），决定仲裁员回避（第 1037 条），终止对仲裁员的任命（第 1038 条）；

（2）决定仲裁是否是可接受的（第 1031 条），或决定仲裁庭就其管辖权作出的先决裁定（第 1040 条）；

（3）执行、撤销或修订仲裁庭作出的临时性保全措施的裁定（第 1041 条）；

（4）撤销（第 1059 条）、宣布裁决的可执行性（第 1060 条）或撤销对裁决的可执行性作出的宣布（第 1061 条）。

2. 如果前款 2、3、4 项下的仲裁地点不在德国，此项管辖权由被申请人的营业地或其惯常居所，或该方的资产或争议的财产或由于某种措施的采取而受到影响的财产所在地区（Oberlandesgericht）的高等法院行使。如无此项法院，由柏林地区高等法院（Kammergericht）行使此项管辖权。

3. 对第 1025 条规定的情况，申请人或被申请人的主营业所或其惯常居所所在地区的高等法院（Oberlandesgericht）有权管辖。

4. 关于第 1050 条规定的对调查取证或其他司法行为的协助，该司法行为实施地所在地区的地方法院（Amtsgericht）有权管辖。

5. 如果一个地区有数个地区高等法院，当地政府可通过发布命令的方式将管辖权授予其中一个法院，或者地区最高法院（Oberstes Landesgericht），如有此项法院存在的话；当地政府还可以将此项权限通过命令的方式转让给当地的司法部。几个地区可就跨地区的管辖权授予一个地区高等法院作出约定。

第 1063 条　一般规定

1. 法院可决定不开庭审理而只通过签署裁定的方式作出判决。但在作出判决前，应当给予被申请人对此发表评论的机会。

2. 对于当事人提出的撤销裁决的申请，或请求承认或宣布裁决的可执行性，法院得决定开庭审理。为此，第 1059 条第 2 款规定的撤销的理由应当予以考虑。

3. 民事法院（Zivilsenat）的首席法官可以在未听取被申请人的意见和就所提出的申请作出决定之前签发如下的裁定：申请人可强制执行裁决或仲裁院根据第 1041 条作出的临时性

保全措施。在仲裁裁决的情况下,裁决的执行不得超过保全措施的范畴。被申请人可以通过提供担保的方式阻止此项强制执行,担保金额应当与申请人请求执行的金额相适应。

4. 如无开庭审理的裁定,有关的申请与宣布的事项应当在法院的注册处存档。

第1064条　执行裁决的规定

1. 申请宣布仲裁裁决的可执行性,应当提供裁决原来或经确认无误的裁决副本。此项确认也可由在司法诉讼中被授权代表一方当事人的律师作出。

2. 宣布裁决为可执行的裁定应当宣布为临时可执行。

3. 除非条约另有规定,前述1、2款适用于外国裁决。

第1065条　法律补救

1. 当事人就法院第1062条第1款2至4项所决定中的法律问题的申诉,可上诉到联邦法院(Bundesgerichtshof),该法院对此作出的决定是终局的。但对第1062条第1款规定的其他问题在诉讼程序中所作的决定,不得追诉。

2. 联邦法院只审查所作的裁定是否违反了某一条约或法律。第546条第1款第3项和第2款、第549条第2款、第550至554b、556、558、559、561、563、573条第1款、第575、707、717条同样适用。

第十章　未通过约定设立的仲裁庭

第1066条　第十篇规定的同样适用

本篇规定同样适用由于死亡或其他让与而未能通过约定而合法设立的仲裁庭。

第二部分　过渡性的法律

第四条　过渡性的规定

1. 在本法生效前订立的仲裁协议的效力,适用在此之前有效的法律。

2. 在本法生效前进行的但尚未终止的仲裁程序受本法生效前的法律的支配,除非仲裁以当事人约定的条件作出裁决的形式而告终。当事人可就新法的适用作出约定。

3. 本法生效前在法院进行的诉讼程序适用以前有效的法律。

4. 本法生效前作出的裁决和宣布裁决的可执行性适用于强制执行,但须就裁决的可执行性作出的决定推定法律上有效,或被宣布为暂时可执行。

(资料来源:赵秀文主编:《国际经济贸易仲裁法教学参考资料》,中国法制出版社1999年版,第123—140页。)

联合国国际贸易法委员会仲裁规则(1976)
UNCITRAL Arbitration Rules, 1976

(1976 年 4 月 28 日制订)

第一节 总 则

适 用 范 围

第 1 条

一、在合同双方当事人书面同意凡与该合同有关的争议应按联合国国际国际贸易法委员会仲裁规则交付仲裁时,该争议应根据本规则予以解决,但双方当事人倘书面约定对此有所修改时,则从其约定。

二、仲裁应受本规则的支配,但本规则的任何规定如与双方当事人必须遵守的适用于仲裁的法律规定相抵触时,应服从法律的规定。

示范仲裁条款

由于本合同而发生的或与本合同有关的任何争议、争端或请求,或有关本合同的违约、终止、无效应按照目前有效的联合国国际贸易法委员会仲裁规则予以解决。

附注——当事人双方得要求加入:

(一) 任命机构应为……(机构或个人的名称或姓名);

(二) 仲裁员人数应为……(1 人或 3 人);

(三) 仲裁地点应为……(城镇或国家);

(四) 仲裁进程所用的一种或多种语言应为……

通知期限的计算

第 2 条

一、为了实施本规则,一切通知(包括通知书、通告或建议)如经确实送达收件人或已送达其惯常居所、营业所或通讯处,则被认为已经送交,或如经适当调查未能发现上述各处所,则可送交最后所知的收件人居所或营业所。按本条规定送交的通知应认为送交日即已收到。

二、为了计算本规则规定的期限,此项期限应自收到通知书、通告或建议之次日起算。如期限的最后一日在收件人居所或营业所为法定假日或非营业日,则期限将延长到随后的第一个营业日。期限中的法定假日或非营业日应包括在计算期限之内。

仲裁的通知

第3条

申请仲裁的一方当事人(以下称“申诉人”)应将仲裁通知书送交他方当事人(以下称“被诉人”)。

自被诉人收到仲裁通知书之日起,仲裁程序应被认为即已开始。

仲裁通知书应包括下列各点:

(一) 将争议提交仲裁的要求;

(二) 当事人双方的名称和地址;

(三) 所根据的仲裁条款或另行订定的单独仲裁协议;

(四) 争议所由发生或与争议发生有关的合同的说明;

(五) 请求的一般性质,如涉及金额时,指明其数额;

(六) 所要求的救济或补偿;

(七) 如当事人双方事先对仲裁员未有约定时,应就仲裁员的人数(即1人和3人)提出建议。

四、仲裁通知书亦可包括下列各点:

(一) 提议任命一独任仲裁员和第6条第一项提及的任命机构;

(二) 按第7条的规定任命1名仲裁员的通知;

(三) 按第18条的规定关于请求的陈述。

代理和辅助

第4条

当事人双方得自行选定代理人或辅助人。此项人员的姓名和地址应以书面通知对方,该通知书中应载明所选任的目的属于代理性质还是属于辅助性质。

第一节　仲裁庭的组成

仲裁员的人数

第5条

如当事人双方对于仲裁员的人数(即1人或3人)事先并无约定而在被诉人收到仲裁通知书后15日内双方又未能同意仲裁员仅为1人时,则应任命3名仲裁员。

仲裁员的任命

第6条

一、如任命1名独任仲裁员时,当事人任何一方得向对方提出:

(一) 1人或数人的姓名,其中1人将作为独任仲裁员;

(二) 如当事人双方对任何机构尚无约定时,得提出1个或1个以上的机构或人员的名称或姓名,其中之一将作为任命机构。

二、如当事人一方收到上项提议30日内,双方当事人尚未就1名独任仲裁员的选定达成协议时，应由双方当事人所同意的任何机构任命1名独任仲裁员。如双方当事人就任命机构尚未达成协议，或经双方当事人同意的任命机构拒绝或未能在收到一方请求后60日内任命仲裁员，则任何一方当事人可请求海牙常设仲裁法庭秘书长指定一个任命机构。

三、任命机构，经当事人任何一方的请求，应尽可能立即任命1名独任仲裁员。除双方当事人同意不使用提名征询办法或任命机构根据其自己判断认为该案不适宜使用提名征询办法外，该机构作出任命时应使用下列提名征询办法：

（一）任命机构经当事人任何一方的请求，应以至少列有3人的姓名的同样名单送达双方当事人；

（二）当事人各方在收到名单后15日内，可在名单中剔除其反对的1人或数人的姓名并按照其优先次序编号，排列名单上其余人的姓名，将名单送还该机构；

（三）在上述时间届满后，任命机构应从送还的名单上已经被认可的姓名中按照双方当事人所指出的优先次序任命1名独任仲裁员。

（四）如由于任何原因不能按此办法作出任命时，任命机构得自行决定任命1名独任仲裁员。

四、在作出任命中，任命机构应尽可能考虑到确保任命1名独立的和公正的仲裁员，并应同时注意到任命1名不属于双方当事人国籍的仲裁员的适当性。

第7条

一、在任命3名仲裁员时，则当事人应各自任命1名仲裁员，并由此两名仲裁员选择将充当仲裁法官首席仲裁员的第三名仲裁员。

二、如在收到一方当事人任命1名仲裁员的通知书后30天内，他方当事人尚未以其任命的仲裁员通知第一方时，则：

（一）第一方得请求以前由双方指定的任命机构任命第二名仲裁员；

（二）如双方当事人以前未指定任命机构或以前指定的任命机构在收到一方的请求后30日内拒绝执行任务或未能任命仲裁员时，则第一方得请求海牙常设仲裁法庭秘书长指定一任命机构。然后第一方得请求所指定的任命机构任命第二名仲裁员，不论在何种情况下，任命机构在任命仲裁员时得行使自由决定权。

三、在任命第二名仲裁员后30天内，如两名仲裁员就选择首席仲裁员尚未达成协议时，任命机构应按照第六条规定，以任命独任仲裁员的同样方法任命首席仲裁员。

第8条

一、任命机构被请求的一方当事人应送交任命机关仲裁通知书副本，争议所由发生或与争议有关的合同副本1份以及不列入合同以内的仲裁协议书副本1份，任命机构得要求任何一方提供其认为履行职责所必需的资料。

二、在提出1人或数人的姓名作为任命仲裁员的人选时，应提出其全名、地址和国籍、连同其资历的说明书。

对仲裁员提出的异议（第9条至第12条）

第9条

预期充任仲裁员的人，如有任何情况可能使与其联系的人对其公正性及独立性有理由可怀疑时，应事前作出解释。仲裁员一经任命或选定，亦应将此项情况向双方当事人说明，但双方均已于事前被告知时,则不在此限。

第 10 条

一、对任何仲裁员的公正性或独立性有理由可以怀疑时,得提出异议。

二、当事人对自己所任命的仲裁员,只能根据在任命后所知的理由,提出异议。

第 11 条

一、对仲裁员打算提出异议的一方当事人,应在该仲裁员的任命已被通知后 15 日内或在第 9 条和第 10 条所述及的情况为该方获悉后 15 日内,发出其异议通知书。

二、异议应通知另一方和通知被提出异议的仲裁员以及仲裁庭其他成员。通知应以书面为之,并应说明提出异议的理由。

三、当事人一方对仲裁员提出异议时,另一方对异议得表示同意。仲裁员亦可在被提出异议后离职。上述两种情况都不意味着承认异议所提出的理由的有效性。在这两种情况下,都应充分使用第 6 条或第 7 条中规定的程序任命替代的仲裁员,即使在任命被提出异议的仲裁员的过程中一方当事人当时未行使其任命或参与任命的权利。

第 12 条

一、如另一方当事人对异议表示不同意而被提出异议的仲裁员亦未离职,则应按照下列规定对该异议作出决定:

(一) 如系由任命机构作出最初任命,仍由该任命机构对异议作出决定;

(二) 如最初任命并非由任命机构作出,但前已指定任命机构时,则应由该任命机构对异议作出决定;

(三) 在所有其他情况下,由按照第 6 条规定的指定任命机构的程序所指定的任命机构对异议作出决定。

二、如任命机构支持该异议,则应按照第 6 条至第 9 条中适用于任命或选择仲裁员的规定程序任命或选定一名替代仲裁员,但如在此程序中要求指定一任命机构时,应由对异议作出决定的任命机构作出仲裁员的任命。

仲裁员的更替

第 13 条

一、在仲裁程序进行中,倘发生仲裁员死亡或辞职情况时,应按照第 6 条至第 9 条中适用于任命或选择原仲裁员的规定任命或选择一名替代的仲裁员。

二、倘仲裁员未能参加工作或倘由于法律上或事实上的原因未能执行其职务时,应适用上述关于对仲裁员的异议和更替等条规定的程序。

在发生更替仲裁员的情况时的重复听证

第 14 条

倘按照第 12 条至第 13 条的规定,独任仲裁员或首席仲裁员被更替时,以前举行过的任何听证均应重复进行。倘其他仲裁员被更替时,仲裁庭得自行决定哪类听证得予重复。

第三节 仲裁程序

总 则

第15条

一、按照本规则的规定,仲裁庭得以它认为适当的方式进行仲裁,但必须对当事人各方给予公平待遇,并应在程序进行中的各个阶段给予每一方以陈述其案情的充分机会。

二、在程序进行中的任何阶段,倘任何一方要求仲裁庭听取证人包括专家证人的证词或进行口头辩论时,应即举行听证。

倘无这一要求,仲裁庭应自行决定是否开庭听证或是否根据文件和其他资料进行仲裁程序。

三、当事人一方提交仲裁庭的一切文件或资料应同时由该方送达对方。

仲裁地点

第16条

一、除当事人双方对仲裁在何地举行已达成协议外,仲裁地点由仲裁庭在考虑仲裁的各种情况后决定之。

二、仲裁庭得在当事人各方已同意的国家内决定仲裁地点。仲裁庭在考虑仲裁的案情以后得在它视为适当的任何地点听取证言或由其成员举行协商会议。

三、仲裁庭得在它认为适当的任何地点举行会议以检验货物、其他财产或文件。仲裁庭并应在充分的时间以前通知当事人各方,俾得准时到场。

四、仲裁裁决应在仲裁地点作成。

文 字

第17条

一、除当事人双方另有协议外,仲裁庭应在被任命以后立即决定在程序中所使用的文字或几种文字。这一决定适用于申诉书、答辩书以及其他任何书面的陈述,如举行口头听证时,也适用于这类听证中所使用的文字或几种文字。

二、仲裁庭对凡附在申诉书、答辩书中的各种文件以及在程序进行中提供的补充文件或证据使用原文者,得命令附有当事人各方同意使用的或仲裁庭决定的文字或几种文字的译本。

申 诉 书

第18条

一、除申诉书已包括在仲裁通知书内外,在仲裁庭所决定的期限内,申诉人应将其申诉写成书面送达被诉人及每一仲裁员。合同副本、仲裁协议副本(如仲裁协议未列入合同以内者),应一并随同附人。

二、申诉书应包括下列各点:

(一)有关当事人双方的姓名(名称)和地址;

(二) 关于申诉所依据的事实的陈述;

(三) 争执点;

(四) 所寻求的救济或补偿。

申诉人得于其申诉书中附入他认为有关的一切文件或增列他愿意提供的文件或其他证据的清单。

答 辩 书

第 19 条

一、在仲裁庭决定的期限内,应将答辩意旨写成书面送达申诉人及每一仲裁员。

二、答辩书应对第 18 条第 2 款第(二)、(三)、(四)项各点作出回答。被诉人得将其答辩所依据的文件附入答辩书或增列他愿意提供的文件或其他证据的清单。

三、被诉人得在其答辩中,或其迟延情由经仲裁庭认为出于合理的情况时,得在其后仲裁程序进行的各阶段中,根据同一合同提出反诉或根据同一合同提出抵销的请求。

四、第 18 条第二款的规定适用于反诉或以抵销为目的所依据请求。

申诉和答辩的改正

第 20 条

在仲裁程序进行中,当事人任何一方得改正或补充其申诉或答辩,但仲裁庭考虑到它的延期提出,或它对其他一方造成的损害或其他情况,认为允许这种修正是不适宜的,则不在此限。但申诉的变更不得超出仲裁条款或单独仲裁协议的范围。

对仲裁庭管辖权的抗辩

第 21 条

一、仲裁庭应有权就该庭管辖权所提出的异议,包括对仲裁条款或单独的仲裁庭协议的存在和效力所提出的任何异议,进行裁决。

二、仲裁庭应有权决定包括仲裁条款为其组成部分的合同的存在和效力。在适用第 21 条的规定时,作为组成部分并规定按本规则进行仲裁的仲裁条款将被视为独立于该合同其他条款的一种协议。仲裁庭所作合同为无效的和撤销的裁决并不在法律上影响仲裁条款的效力。

三、对仲裁庭不具有管辖权的抗辩不得迟于在答辩书中或在有反诉的情况下,在对反诉的答复中提出。

四、总之,仲裁庭应就关于其管辖权的抗辩作为先决问题予以裁决。但仲裁庭可以继续进行仲裁并在最终裁决中对这一抗辩加以裁定。

其 他 书 状

第 22 条

仲裁庭应决定是否需要当事人在申诉书和答辩书以外提出或可以由他们提出其他书状,并应确定送达这些书状的限期。

期　　限

第 23 条

仲裁庭规定送达书状(包括申诉书和答辩书)的期限不得超过 45 天。但仲裁庭认为延期具有正当理由时得延长之。

证据和听证(第 24 条及第 25 条)

第 24 条

一、当事人各方对其申诉或答辩所依据的事实应负举证之责。

二、仲裁庭倘认为适当,得要求一方当事人在法庭规定的限期内将其意图提出支持申诉书或答辩书内所陈述的争议事实的有关文件摘要或其他证据提交该庭和另一方当事人。

三、在仲裁程序进行中的任何时期,仲裁庭得要求当事人在该庭规定的限期内提供书证、物证或其他证据。

第 25 条

一、举行口头听证时,仲裁庭应就有关日期、时间和地点在适当时期前预先通知当事人。

二、倘需要传讯证人,当事人各方至少应在听证 15 天前将其要邀请出庭的证人、姓名和地址以及该证人提供证词所涉及的问题和使用的文字通知仲裁庭及他方当事人。

三、仲裁庭应就听证时口头陈述的翻译及听证记录作出安排,如仲裁庭根据案情认为有此必要,或当事人双方就此已达成协议,并至少于听证 15 天前已将该协议通知仲裁庭。

四、除当事人另有相反意见处,听证应秘密进行。仲裁庭在某一证人提供证词时,得要求其他证人或所有证人退庭。仲裁庭得自由决定询问证人的方法。

五、证人证词亦得以提供经其签署的书面方式为之。

六、仲裁庭应决定证人证词的可接受性、有关性、实质性和重要性。

临时性的保全措施

第 26 条

一、应当事人任何一方的要求,仲裁庭认为有必要时,得对争议标的采取任何临时措施,包括成为争议标的货物的保存在内,诸如将货物交由第三者保存或出售易损的货品。

二、这些临时措施得以临时性裁决的方式为之。仲裁庭有权要求为这些措施的费用提供保证。

三、当事人中任何一方向司法机关要求采取临时措施不得被认为与仲裁协议的规定有抵触或认为系对该协议的摒弃。

专　　家

第 27 条

一、仲裁庭得指定专家一人或数人对有待该庭决断的某些争论问题提出书面报告。仲裁庭应将其制定的介绍专家的情况书副本送交各方当事人。

二、当事人各方应向专家提供任何有关资料,或经专家要求时,提供任何有关文件或货物以供检验。当事人各方与专家之间就要求提供的资料,或要求提供的货物或文件是否与案情有关而发生的任何争议应交由仲裁庭裁决。

三、在收到专家报告以后,仲裁庭应将报告副本送达当事人,以便当事人有机会以书面方式表达其对报告的意见。当事人中任何一方均有权检阅专家在报告中所依据的任何文件。

四、送达专家报告以后,在当事人任何一方的要求下,得举行当事人均有出席并诘问专家机会的听证会。在听证会上,当事人双方均得提出具有专业知识的证人,以便就争执点出庭作证。第25条的规定适用于这些程序。

迟　误

第28条

一、申诉人在仲裁庭规定的期限内,如无充分理由而未将其申诉书送交仲裁庭时,仲裁庭应作出终止仲裁程序的规定。被诉人在仲裁庭规定的期限内,如无充足理由而未将其答辩书送交该庭时,仲裁庭应作出仲裁程序继续进行的命令。

二、如当事人一方,经按照本规则如期、合法通知后,无充分理由而不出席听证会时,仲裁庭得继续进行其仲裁程序。

三、当事人一方被正式邀请提供书面证据和如无充分理由而不在规定限期内照办时,仲裁庭得根据以前的证据作出裁决。

听证的终止

第29条

一、仲裁庭得征询当事人是否尚有其他证据有待提供,或有证人待出席作证,或有意见待提出。如无上述任何情况,仲裁庭得宣告听证结束。

二、仲裁庭,如认为由于特殊情况有必要时,得自行动议或根据当事人一方的请求,决定在作出裁决前重新听证。

对于适用规则的弃权

第30条

如本规则规定的任何条款或任何条件未被遵行,而当事人一方明知其不符合规定的情况但仍参加仲裁并对此表示反对意见时,应认为已放弃其反对的权利。

第四节　裁　　决

决　定

第31条

一、在有3名仲裁员的情况下,任何仲裁或其他决定应由仲裁员的多数作出。

二、关于程序问题,在未取得多数的情况下或由仲裁庭授权时,首席仲裁员得单独作出决定,但应遵从仲裁庭的可能修正。

裁决的方式和效果

第32条

一、除作出最终裁决外,仲裁庭亦有作出临时性的、中间的或部分的裁决之权。

二、裁决应以书面为之,并应是终局的和对当事人双方具有约束力的。双方有承担立即履行裁决的义务。

三、除当事人双方同意无需说明理由外,仲裁庭应说明裁决所根据的理由。

四、裁决应由仲裁员签署并应包括作出仲裁的时间和地点。倘有3名仲裁员而其中之一不能签署时,仲裁裁决应说明缺少签署的原因。

五、仲裁庭仅在当事人双方同意的情况下,方得公开其裁决。

六、仲裁庭应将由仲裁员签署的仲裁裁决副本送达双方当事人。

七、仲裁地国家的仲裁法规如要求仲裁庭将其裁决进行归档或登记,仲裁庭应在法规规定限期内遵照办理。

适用的法律,友好仲裁

第33条

一、仲裁庭应适用当事人双方预先指定的适用于争端实质的法律,当事人未有此项指定时,仲裁庭应适用法律冲突法所决定的认为可以适用的法律。

二、仲裁庭仅在当事人双方明白授权和适用于仲裁程序的法规同意这种仲裁时,方得运用友好仲裁或按公平和善良的原则进行裁决。

三、无论属于哪一种情况,仲裁庭应按照合同条款进行裁决,并应考虑到适用法地该具体交易的贸易惯例。

和解或其他终止原因

第34条

一、在作成裁决以前,如当事人双方就争端取得一项解决办法,仲裁庭得发出终止仲裁的命令,如经双方要求并为该庭接受时,亦得用仲裁裁决的形式根据同意的条款将和解作成记录。仲裁庭对这种裁决无需提出理由。

二、在作成裁决以前,如由于上列第一款以外的任何原因致仲裁程序的继续成为不需要或不可能时,仲裁庭应将拟发布命令以终止程序的意图通知各方当事人。除一方当事人有正当理由提出异议时,仲裁庭有权发布此项命令。

三、由各仲裁员签署的终止仲裁程序的命令或依据协议条款而作成的仲裁裁决的副本均应由仲裁庭送达双方当事人。如系根据和解条款作出的仲裁裁决,应适用第32条第2款及第4款至第7款的规定。

仲裁裁决的解释

第35条

一、在收到裁决后30天内,任何一方当事人,经通知他方,得要求仲裁庭就该裁决进行解释。

二、仲裁庭应于收到要求后45天内作出书面解释。此项解释应构成裁决的一部分,并适用第32条第2款至第7款的规定。

裁决的更正

第36条

一、在收到裁决后30天内,任何一方当事人,经通知他方,得要求仲裁庭更正任何计算上的错误,任何誊抄或打字上的错误,或其他类似性质的错误。仲裁庭在送达仲裁裁决后30天内亦得自行作出上述更正。

二、此项更正应以书面形式作出,并适用第32条第2款至第7款的规定。

补充裁决

第37条

一、在收到裁决后30天内,任何一方当事人,经通知他方,得申请仲裁庭就其在仲裁程序中已经提出而在仲裁裁决内遗漏未提及的要求事项作出补充裁决。

二、如仲裁庭认为要求一项补充的裁决是合理的并认为补充原裁决中的遗漏部分可毋庸继续任何其他听证或提示证据时,应在收到该要求后60天内完成其裁决。

三、在作出补充的裁决时,应适用第32条第2款至第7款的规定。

费　用

第38条

仲裁庭应在其裁决内确定仲裁的费用。所谓"费用"只指下列诸项:

(一) 仲裁庭的仲裁费应按每仲裁员分别规定,由该庭按照第39条自行确定之;

(二) 仲裁员因参加仲裁而支出的旅费和其他费用;

(三) 专家的咨询费用和经仲裁庭要求支付的其他辅助费用;

(四) 在仲裁庭所同意的限度内有关证人的差旅费用和其他费用;

(五) 胜诉一方当事人支付的法律事务代理人和辅助人的费用,但此项费用要求应于仲裁程序进行中提出,其数额不得超过仲裁庭认为合理的限度;

(六) 任命机构的酬金及所支付的费用以及海牙常设仲裁法庭秘书长所支付的费用。

第39条

一、仲裁庭应根据争议的金额,争议标的的复杂性,仲裁所花费的时间以及和该案有关的其他情况,合理地决定应收的仲裁费。

二、任命机构,无论系属当事人双方同意决定或为海牙常设仲裁法庭秘书长所指定,如曾颁布在其管理下有关国际案件仲裁员收费表,该仲裁庭在确定费用时应就它认为适合于案件情况的范围内注意到该收费表的内容。

三、如该任命机构并未颁布国际案件仲裁员收费表,当事人任何一方得在任何时候请求该任命机构提供说明书说明由其任命的仲裁员在仲裁国际案件时通常遵循的收费依据。如该任命机构同意提供该项说明,仲裁庭在确定其仲裁费时,应就它认为适合于案件情况的范围内注意到这种资料。

四、关于第2款和第3款的案件,如当事人一方提出这样的要求而任命机构同意行使其职责时,该仲裁庭应与任命机构协商后方得确定其应收的仲裁费用。任命机构就费用问题得向仲裁庭提出其认为适当的任何意见。

第 40 条

一、除第二款规定外,仲裁费用在原则上应由败诉一方当事人负担,但仲裁庭在考虑有关案件的具体情况后,认为以分摊合理时,得决定由当事人双方摊付其费用。

二、关于第 38 条第五款所指的法律事务代理人和辅助人的费用,仲裁庭在考虑案件具体情况后,得自由决定应由何方负担其费用。

三、在仲裁庭发出终止仲裁程序的命令或根据当事人双方和解作出裁决时,它应在命令或裁决文本中决定第 38 条、第 39 条第一款所涉及的仲裁费用。

四、仲裁庭对依第 35 条第 37 条的规定作出解释,更改或补充裁决不得再行收费。

费用保证金

第 41 条

一、仲裁庭在其成立时,得要求当事人各方就第 38 条第一、二、三款所指的各项费用预先提供同等数量的保证金。

二、在仲裁程序进行中,仲裁庭得向当事人双方要求追加保证金。

三、任命机构无论系属当事人各方同意决定或为海牙常设仲裁法庭秘书长指派,经当事人一方提出要求而该机构同意行使职责时,仲裁庭应与任命机构协商后,方得确定任何保证金或补充保证金的数额。任何机构就保证金和补充保证金的数额问题得向仲裁庭提出它认为适当的任何意见。

四、如在收到通知后 30 天内未能如数交付应纳的保证金时,仲裁庭应通知当事人双方以便其中一方或他方得交足应付款项,如仍未照付,仲裁庭得命令中止或终止仲裁程序。

五、在作出仲裁裁决以后,仲裁庭应向当事人双方提供所收保证金的账目并退还任何尚未使用的结余。

(资料来源:赵秀文主编:《国际经济贸易仲裁法教学参考资料》,中国法制出版社 1999 年版,第 47—65 页)

国际商会仲裁规则(1998)
Rules of Arbitration of the International Chamber of Commerce, 1998

(1998年1月1日起实施)

前　　言

本世纪70年代中以来,国际商事仲裁作为解决国际商事争议的一般方式,已经得到举世公认。各大洲都有现代化的仲裁立法。各国签署或加入的国际仲裁公约的成功尤为引人注目。仲裁也已成为许多法学院的课程之一。随着全球政治和贸易壁垒的逐步削弱和世界经济全球化进程的加快,在适应当事人日趋增长的解决国际争议方面所迫切需要的确定性和可预见性、快速灵活、中立及有效性等方面,仲裁机构面临着新的挑战。不仅案件的数量及其复杂程序、争议标的金额、所涉及的当事人有了实质性的增加,当事人对程序的要求也日趋严格。

自国际仲裁院于1923年成立以来,国际商会(International Chamber of Commerce,简称ICC)国际仲裁院从它所经办的1万件国际仲裁案件中积累了丰富的经验。目前,每年经办的案件所涉及的当事人和仲裁员都来自一百多个国家,涉及不同的法律、经济、文化和语言。

自1998年1月1日起生效的现行的仲裁规则,对实施20多年的仲裁程序作了大量的修订,广泛参照了世界范围内的程序。其中所变更的部分主要考虑到仲裁的发展,目的在于减少延迟和模棱两可的规则,并填补空白点。但国际商会仲裁制度的基本特点,如普遍性和灵活性、国际仲裁院在仲裁案件管理中所发挥的中心作用等,仍未改变。

国际商会仲裁院的仲裁均由仲裁庭负责审查案件的实体问题并作出终局裁决。ICC仲裁每年都在大约40个国家进行,仲裁员来自60多个国家,使用多种语言。仲裁庭的工作由ICC国际仲裁院实施监督,仲裁院每年至少举行3次,有时是4次会议。目前仲裁院的成员有65人,分别来自55个国家。该院的作用是组织与监督按照ICC仲裁规则进行的仲裁。仲裁院必须时刻注意世界各地有关仲裁立法与实践方面的变化,以便使其工作方法适应当事人和仲裁员的需要。仲裁院的日常工作使用若干种语言进行,由设在巴黎国际商会总部的秘书处协助。

尽管ICC仲裁规则专门为审理国际案件制订,但这些规则也可适用于非国际案件。

ICC选择性调解规则

现行的ICC调解规则是1988年1月1日起生效的。调解是独立于仲裁的程序。这些规则完全是选择性的,除非当事各方另有约定。ICC仲裁规则不要求当事人在开始仲裁之前进行调解。同样,如果调解失败,该规则也不要求必须将争议提交仲裁。

ICC 示范仲裁条款

ICC 建议,所有希望将他们之间的合同争议提交 ICC 仲裁的当事人在合同中使用如下的示范仲裁条款:“由于本合同引起的或与本合同有关的一切争议,均应由按照国际商会仲裁规则指定的 1 个和 1 个以上的仲裁员依照本规则作出最终裁决。”

在此还要提醒当事人的是:最好在条款中就支配合同的法律、仲裁员人数、仲裁地点和仲裁应当使用的语言等作出规定。ICC 仲裁规则对当事人自由选择合同的适用法律、仲裁地点和仲裁使用的语言不予限制。

还应提请注意的是:一些国家的法律要求合同当事人明示接受仲裁条款,有时应当采用特定的和明确的方式。

第一章 总 则

第 1 条 国际仲裁院

1. 国际商会(以下简称 ICC)国际仲裁院(以下简称仲裁院)是附属于 ICC 的仲裁机构。仲裁院的规章规定在附件一中。仲裁院的成员由 ICC 与理事会任命。仲裁院的作用是依照 ICC 仲裁规则(简称规则)通过仲裁方式解决国际商事争议。如经仲裁协议授权,本仲裁院本院也可依照本规则通过仲裁方式解决不具有国际性质的商事争议。

2. 仲裁院本身不负责争议的解决,其职能是保障本规则的适用。本院制订有内部规章(附件二)。

3. 仲裁院院长有权代表本院作出紧急决定;院长不在时或根据院长的请求,此项权力由一位副院长行使,但须将此项决定向下一届会议报告。

4. 仲裁院可以依其内部规章将作出某些决定的权力,授予由其成员组成的 1 个或 1 个以上的委员会。但须将此项决定向下一届会议报告。

5. 仲裁院秘书处(以下简称秘书处)设在 ICC 总部所在地,由秘书长领导。

第 2 条 定义

在本规则中:

(1)“仲裁庭”包括 1 个或多个仲裁员。

(2)“申请人”包括 1 个或多个申请人,“被申请人”也包括 1 个或多个被申请人。

(3)“裁决”包括中间裁决、部分裁决或终局裁决。

第 3 条 通知书或通告文件

1. 任何一方当事人提交的书状和其他书面通告及其附属文件的数量,应当足以满足分别将其副本送交对方当事人、各位仲裁员,及秘书处各一份。仲裁庭向当事各方发出的通知书,应将其副本向秘书处提供。

2. 由秘书处和仲裁庭向一方当事人发出的通知书或通告,应当送交的地址是该方当事人或对方当事人通告的最后知悉的地址或其代理人。此项通知或通告的送达可以采取交付送达、挂号信、邮寄、传真、电传,或者其他任何可供备案的通讯方式。

3. 通知或通告于当事人或其代理人依照上述的方式收到或应收到之日起视为送达。

4. 本规则规定的期限,自通知或通告依照前款规定被视为送达或应该送达之日的次日起算。如按所在国规定通知或通告被送达的次日是工休日或非营业日,期限自此后的第一个营业日起算。工休日和非营业日一并计算在期限内。如果有关规定的期限的最后一天是通知或公告送达或应该送达的日期,此项期限自此后的第一个营业日结束时起算。

第二章　仲裁开始

第4条　仲裁申请

1. 依本规则提起仲裁的一方当事人,应当向秘书处提交仲裁申请,秘书处应当将收到此项申请和收到日期通知申请人和被申请人。

2. 秘书处收到仲裁申请的日期,在各方面应当被视为仲裁程序开始之日。

3. 仲裁申请应当包括以下内容:

(1) 各方当事人的全称、职业和地址;

(2) 提出索赔的争议的性质和产生情况;

(3) 寻求补救的方式,尽可能对请求索赔的金额;

(4) 有关的协议,特别是仲裁协议;

(5) 依照本规则第8、9、10条规定有关仲裁人数、对指定仲裁员的要求的细节;及

(6) 对仲裁地点、仲裁应当适用的法律规则和语言等事项的要求。

4. 申请人提交仲裁申请时,应当按照第3条(1)款规定提供相应的副本,并按提交仲裁申请的有效日期按附件三(仲裁费用)规定预交管理费。如果申请人未能遵守其中的任何一项要求,秘书处得确定由申请人履行上述事项的期限,如申请人仍未能遵守,此项案件终结。申请人可就同一索赔再重新提出仲裁申请。

5. 秘书处收到申请人提交的足够的副本和预交的费用后,应当立即将仲裁申请的副本及其附属文件送达被申请人,以便后者提出答辩。

6. 当一方当事人提交的仲裁申请与按本规则正在进行的相同当事人之间的仲裁程序有关的法律关系时,仲裁院可根据一方当事人的请求,决定将该仲裁申请中的索赔请求纳入正在进行之中的程序,但须审理事项尚未经仲裁院签署或批准。一旦仲裁院签署或批准此审理事项,此项索赔请求中能依照本规则第19条包括在正在进行的程序中。

第5条　答辩与反诉

1. 被申请人应当在收到秘书处转交的仲裁申请之日后的30天内提出答辩书。答辩书应当包括以下内容:

(1) 被申请人的全称、职业和地址;

(2) 对索赔请求的争议性质和背景的评述;

(3) 对所寻求的补救办法的答辩;

(4) 对申请人提出的依照本规则第8、9、10条规定有关仲裁员人数、对指定仲裁员的要求的意见;及

(5) 对仲裁地点、仲裁应当适用的法律规则和语言等事项的意见。

2. 秘书处得对被申请人提出答辩的日期展期,但须展期申请包括被申请人对仲裁员人数及其选择的意见,如第8、9、10条要求,还包括对指定一位仲裁员的意见。如果被申请人未能提出上述意见,仲裁院则依照本规则继续进行已经开始的程序。

3. 答辩书的副本数量应当按照第3条(1)款规定提交。

4. 答辩书副本及其附属文件由秘书处向申请人提交。

5. 被申请人提出的反诉应当与其答辩书一同提出。反诉应当包括以下内容：

(1) 反诉涉及的争议的性质及其背景；及

(2) 对所寻求的救济的陈述，并尽可能地包括反诉金额。

6. 申请人应当自收到秘书处转交的反诉之日起30日内就该反诉内容提出答辩。秘书处可就此答辩的日期予以展期。

第6条　仲裁协议的效力

1. 当事人约定按本规则提交仲裁时，视为自仲裁程序开始之日事实上同意本规则的效力，但当事人已经约定本规则自他们订立仲裁协议之日起生效。

2. 如果被申请人未能按第5条规定提出答辩，或者任何一方当事人就仲裁协议的存在、有效性或范围提出一项或多项抗辩，仲裁院如根据初步证据查明仲裁协议按本规则存在的话，在不使此项抗辩的可接受性或其内容受到损害的情况下，作出继续进行仲裁程序的决定。在此情况下，仲裁庭的管辖权将由仲裁庭自行作出。仲裁院如对此有异议，可通知当事人中止仲裁程序。在此情况下，任何一方当事人均有权请求对此案有管辖权的法院对该案项下的有效仲裁协议的存在与否作出裁定。

3. 如果任何一方当事人拒绝或未能参加仲裁或仲裁的任何阶段，仲裁将继续进行。

4. 除非当事各方另有约定，只要仲裁庭认定仲裁协议有效，其对该协议项下的管辖权不是由于任何一方当事人主张合同无效或失效或提出合同不存在而终止。即便合同本身并不存在或无效和失效，仲裁庭继续行使管辖权，以便对当事各方的有关权利和他们的索赔请求和抗辩作出裁定。

第三章　仲　裁　庭

第7条　一般规定

1. 每一位仲裁员必须并始终独立于仲裁各方当事人。

2. 仲裁员在接受或确认对他的指定时，应当签署一项独立声明，并向秘书处书面披露当事各方可能对该仲裁员的独立性产生疑义的有关事实及其性质。秘书处应将此项信息向当事各方发出书面通知，并确定当事人对此作出评论的期限。

3. 仲裁员应立即向秘书处和当事各方书面披露仲裁中可能产生的具有类似性质的事实和情况。

4. 仲裁院作出的关于对仲裁员的指定、确认、回避和替代仲裁员的决定是终局的。作出此项决定的理由无须通告。

5. 每一位仲裁员在接受指定时，应当承诺依照本规则履行其职责。

6. 当事各方在无其他约定的情况下，仲裁庭按本规则第8、9、10条的规定组成。

第8条　仲裁员人数

1. 争议由独任仲裁员或3位仲裁员解决。

2. 如果当事人未能就仲裁员的人数作出约定，仲裁院将指定1位独任仲裁员；除非仲裁院认定此项争议应当由3位仲裁员解决。在此情况下，申请人应当在收到仲裁院的上述决定之日后15日内指定1位仲裁员，被申请人自收到关于申请人指定的仲裁员的通知后15日内指定1位仲裁员。

3. 如果当事人约定争议由独任仲裁员审理,他们应该通过协议的方式任命该独任仲裁员报仲裁院确认。如果被申请人在收到申请人的仲裁请求之日起30日内,或者在秘书处允许在额外时间内,仍未能就此独任仲裁员的选定达成一致,该独任仲裁员由仲裁院指定。

4. 如果争议由3位仲裁员审理,各方当事人应当在其仲裁申请或答辩中各指定1位仲裁员供确认。[①] 如果一方当事人未能对此仲裁作出指定,此项仲裁员由仲裁院指定。作为仲裁庭主席的第三位仲裁员由仲裁院指定,除非当事人已经就该仲裁员的指定约定了其他的程序。在此情况下,该第三位仲裁员应按第9条规定确认。如在当事人约定的或仲裁院规定的期限内通过此项程序仍未能就此仲裁员作出指定,该第三位仲裁员由仲裁院按第9条规定指定。

第9条 仲裁员的指定与确认

1. 仲裁院在确认或指定仲裁员时应当考虑该被提名的仲裁员的国籍、住所和当事人和仲裁员所属国家的其他关系,以及该仲裁员依照本规则进行仲裁的能力。秘书长在按第9条(2)款确认此仲裁员时,适用上述相同的规定。

2. 对于当事人指定的或依照他们之间的协议指定的人员,秘书长可确认他们为仲裁员、独任仲裁员和首席仲裁员,但须这些人员已经提交了无任何保留条件的独立声明或有保留的独立声明未引起异议。此项确认应当向下一次会议通报。如果秘书长认为某一仲裁员、独任仲裁员或首席仲裁员不应予以确认,应当将此事项提交仲裁院。

3. 仲裁院在指定独任仲裁员或首席仲裁员时,应当考虑ICC国家委员会的提名是否适当,如果仲裁院不接受此项提名,或者国家委员会未能在仲裁院规定的期限内提出人选,仲裁院可重新提出此项要求或要求它所认为适当的另一国家委员会提出此项人选。

4. 如果仲裁院认为情况需要,可从没有国家委员会的国家中指定独任仲裁员,但须当事各方均在仲裁院规定的期限内对此项指定提出异议。

5. 独任仲裁员或首席仲裁员的国籍应当不同于当事各方所属国的国籍。然而,在适当的场合下或当事各方在仲裁院规定的期限内均未提出异议时,独任仲裁员或首席仲裁员也可以从一方当事人所属国中选任。

6. 仲裁院在为未能指定仲裁员的一方当事人指定仲裁员时,应当由该当事人所属国的国家委员会提出建议。如果仲裁院拒绝此项建议,或者国家委员会未能在仲裁院规定的期限内提出建议,或者该方当事人所属国内无国家委员会,则仲裁院得自由选定它认为合适的人选。秘书处应当向该方当事人所属国的国家委员会(如果存在此项委员会)通报。

第10条 多方当事人

1. 如果有多方当事人,无论是申请人还是被申请人,当争议提交由3位仲裁员组成的仲裁庭时,多数申请人或多数被申请人共同指定一位仲裁员按第9条规定申请确认。

2. 如果多方当事人不能对仲裁员作出共同指定,或者不能就仲裁庭的组成方法达成协

---

① 在国际商会印制的该仲裁规则1997年10月和1998年5月的版本中,此处英文原文为"confirmed by the court",原中文译文为"供仲裁院确认"。后来国际商会考虑到根据该仲裁规则第9(2)条,仲裁员也可以由秘书长来确认,所以在1999年印制的版本中,就将"供仲裁院"(by the court)删去了,并对附件二第2(2)条也作了同样的处理。相关情况可参见国际商会网站:http://www.iccwbo.org/court/arbitration/id4424/index.html.——编者注。

议，则由仲裁院对这3位仲裁员作出指定，并指定其中的一位为首席仲裁员。在此种情况下，仲裁院可根据第9条指定其认为适当的任何人选作为仲裁员。

第11条　请求仲裁员回避

1. 请求某仲裁员回避，无论由于缺乏独立性，或者由于其他原因，应当以书面形式向秘书处提出对请求回避所依据的事实与理由。

2. 为了使回避请求得以接受，当事人必须自收到对该仲裁员的指定或者确认的通知之日起30日内提出，如果请求回避的一方当事人在收到指定或者确认该仲裁员的通知后得知请求回避所依据的事实，则应在得知此项事实之日后30日内提出。

3. 仲裁院应当在秘书处给予有关仲裁员、另一方当事人和仲裁庭其他成员在适当的时间内发表评论后就此项回避请求的可接受性，如必要的话，同时就请求回避的实体问题作出决定。此项评论应当告知当事各方和仲裁员。

第12条　仲裁员的替代

1. 因仲裁员死亡、仲裁院接受仲裁员辞职或回避、或应双方当事人的请求，应当指定替代仲裁员。

2. 如果仲裁院认为，某仲裁员在法律上或事实上不能履行其职责，或者不能依照本规则或在规定的期限内不能履行其职责时，可自行决定对该仲裁员的替代。

3. 仲裁院依据其注意到的情况考虑适用第12条第2款时，得在有关的仲裁员、各方当事人和仲裁庭其他成员有在适当的期限内书面发表评论的机会后，方可对该仲裁员的替代作出决定。这些评论应当告知当事各方和仲裁庭成员。

4. 当某一仲裁员被替代后，仲裁院有权决定是否继续进行已经开始的程序。一旦程序恢复并在各方当事人发表评论后，仲裁庭得决定重新组成的仲裁庭是否重复和在多大程度上重复先前的程序。

5. 在程序结束后，仲裁员已经死亡或已被仲裁院依据第12条第1款和第12条第2款免职时，仲裁院如认为适当，可以决定其余的仲裁员继续进行仲裁。仲裁院在作此决定时，应当考虑到其他仲裁员和当事各方的意见，以及仲裁院认为在当时情况下适当的其他事项。

第四章　仲裁程序

第13条　案卷移交仲裁庭

仲裁庭组成后，秘书处应当尽快将案卷移交仲裁庭，但须此阶段秘书处所要求的预付款和费用已付清。

第14条　仲裁地点

1. 仲裁地点由仲裁院决定，除非当事各方另有约定。

2. 除非当事各方另有约定，仲裁庭协商当事人后，可以决定在它认为适当的任何地点开庭和会面。

3. 仲裁庭可以在它认为适当的任何地点进行合议。

第15条　支配程序的规则

1. 仲裁庭进行的程序受本规则支配。本规则无规定时，适用当事人约定的规则；如无此约定，适用仲裁庭确定的规则，无论是否提及仲裁应当适用的某一国家的法律中的程序规则。

2. 在所有情况下，仲裁庭应当独立、公正地审理案件，确保每一方当事人有合理的机会陈述其案情。

第16条 仲裁使用的语言

当事人无约定时，仲裁庭在适当考虑各种情况，包括合同所使用的语言后，决定仲裁使用的一种或多种语言。

第17条 适用的法律规则

1. 当事人得自由约定仲裁庭解决争议实体问题所适用的法律规则。如无此约定，仲裁庭得适用它所认为适当的法律规则。

2. 在所有情况下，仲裁庭应当考虑合同中的各项规定和有关的贸易惯例。

3. 仲裁庭有权作为友好公断人或按照公平合理的原则解决争议，但须当事人已经同意授予仲裁庭此项权力。

第18条 审理事项；程序进行日程表

1. 仲裁庭收到秘书处移交的案卷后，应立即跟进这些文件或在双方当事人出席的情况下并按照当事人最近的主张，草拟出被称为“审理事项”的文件。该文件应特别包括如下内容：

（1）当事各方的全称和事由；

（2）仲裁过程中通知和通讯可送达的双方当事人的地址；

（3）简要说明当事人各自的索赔请求和寻求救济的办法，并尽可能地明确索赔或反诉的金额；

（4）除非仲裁庭认为不当，列出待解决的问题清单；

（5）每一位仲裁员的全名、职业和地址；

（6）仲裁地点；

（7）应予适用的程序规则的细节，以及为此而赋予仲裁庭作为友好公断人及其按照公平合理的原则作出裁决的权力。

2. 审理事项由双方当事人和仲裁庭共同签署。仲裁庭应当在案卷移交之日后两个月内向仲裁院提交经它和双方当事人共同签署的审理事项。仲裁院可依照仲裁庭的合理请求或认为有必要时自行决定延长此项期限。

3. 如果任何一方当事人拒绝参加起草审理事项或签署此项文件，该文件应当由仲裁院批准。审理事项应依第18条第2款经签署后或经仲裁院批准后，进行仲裁审理程序。

4. 仲裁庭在起草审理事项时，或在此之后协商双方当事人，尽快提出一项关于进行仲裁的临时日程表的独立文件，并将此文件送交仲裁院和当事各方。对此日程表日后所作的任何修改均应提交仲裁院和当事各方。

第19条 新的索赔请求

审理事项签署或经仲裁院批准后，任何当事人不得在审理事项之外提出新的索赔请求或反诉，除非经仲裁庭授权。仲裁庭在作出此项授权时，应顾及这些新的索赔请求或反诉的性质、仲裁审理阶段和其他有关情况。

第20条 确定案件的事实

1. 仲裁庭应当在尽可能短的期限内通过一切合理的手段查明案件的事实。

2. 仲裁庭在对双方各自的主张及其所依据的文件进行研究后，应根据一方当事人的请求开庭审理案件。如果当事人未提出此项请求,仲裁庭也可自行决定开庭审理。

3. 仲裁庭可决定在双方当事人出席或经适当通知但未出场的情况下听取双方当事人或其他任何人指定的证人和专家作证。

4. 仲裁庭协商当事人后可指定一位或多位专家,界定他们的权限范围并听取他们的报告。根据一方当事人的请求,双方当事人都可给予在听证会上向该仲裁庭指定的专家提问的机会。

5. 在仲裁审理过程中,仲裁庭得随时令当事任何一方提供补充证据。

6. 除非一方当事人要求开庭审理,仲裁庭可决定只根据双方提交的文件审理。

7. 仲裁庭可采取措施保护当事人的商业秘密和秘密情报。

第21条 开庭

1. 仲裁庭在开庭前应给予双方当事人合理的通知,以便当事人在仲裁庭确定的时间和地点参加庭审。

2. 如果任何一方当事人虽经适当通知,但在无合法理由的情况下仍未出庭,仲裁庭有权决定继续开庭。

3. 仲裁庭主持开庭,当事各方均有权参加庭审。除非经仲裁庭和当事各方批准,所有与仲裁程序无关的人员不得参加庭审。

4. 当事人本人可出庭,也可授权其代表参加庭审。此外,当事人的顾问也可在庭审中提供协助。

第22条 仲裁审理程序的结束

1. 仲裁庭认定双方当事人已有合理的机会陈述其案情时,即可宣布审理程序结束。除非仲裁庭要求或授权,任何当事人不得在此之后提出新的主张、抗辩和证据。

2. 仲裁庭在宣布审理程序结束后,应向秘书处提出其打算按照第27条作出裁决草案并提交仲裁院批准的日期。对此项日期的展期,仲裁庭应当告知秘书处。

第23条 保全和临时措施

1. 除非当事各方另有约定,案卷移交仲裁庭后,仲裁庭可根据一方当事人的请求,立即作出它认为适当的临时性的保全措施的裁定。仲裁庭请求采取此项措施的当事人一方提供适当的担保。此项措施的采用以仲裁庭认为适当的裁定或裁决的方式作出,并应附具理由。

2. 案卷移交仲裁庭之前和在此之后的适当场合,当事人也可请求有管辖权的司法机构采取临时性的保全措施。一方当事人向司法机关提出的采取此项措施的请求或请求执行仲裁庭作出的采取此项措施的裁决或裁定,不应视为违背或放弃仲裁协议,也不影响向仲裁庭授予的有关权力。任何此项申请和司法机关采取的任何措施必须毫不迟延地通知秘书处。秘书处应将此告知仲裁庭。

第五章 仲裁裁决

第24条 作出裁决的期限

1. 仲裁庭必须在6个月内作出裁决。此项期限自仲裁庭或当事人最后在审理事项上签字之日起算;在适用第18条第3款的情况下,自秘书处通知仲裁庭关于仲裁院已批准审理事项之日起算。

2. 仲裁院可根据仲裁庭的合理请求或认为有必要时,自行决定延长此项期限。

第 25 条　仲裁裁决的作出

1. 仲裁庭由一个以上的仲裁员组成时,裁决根据多数仲裁员的意见作出。如果形不成多数意见,裁决由首席仲裁员自行作出。

2. 裁决应当说明所依据的理由。

3. 裁决应当视为在仲裁地点作出;作出的日期为裁决中注明的日期。

第 26 条　按照双方当事人一致同意作出的裁决

如果当事人在案卷依第 13 条移交仲裁庭后达成和解协议,该和解协议应以裁决的形式记录和解协议的内容,若当事人提出此项请求并经仲裁庭同意,作为当事人一致同意的裁决作出。

第 27 条　仲裁院对裁决的审查

仲裁庭在签署裁决前,应将其草稿提交仲裁院。仲裁院可在不影响仲裁庭对案件的实体问题作出决定的情况下提出对裁决形式的修改意见。仲裁院也可提起仲裁院对实体问题的注意。在仲裁院批准裁决的形式之前,仲裁庭不得签发裁决。

第 28 条　仲裁裁决的通知、交存和执行

1. 裁决作出后,秘书处应立即将由仲裁签署的文本通知给双方当事人,但须当事双方或其中的一方当事人已向 ICC 付清全部仲裁费用。

2. 由秘书长证明无误的裁决书的副本可应当事人的请求随时向当事人提供,但不得向其他任何人提供。

3. 裁决已按本条第一款通知后,当事人得放弃以任何形式要求仲裁庭通知或提交裁决书。

4. 按照本规则作出的裁决的原本应当由秘书处保存。

5. 仲裁庭和秘书处应协助当事人遵守所要求的必要手续。

6. 裁决对当事各方具有法律上的拘束力,将争议据此规则提交仲裁,当事各方即承担了毫不迟延地执行裁决的义务,并被视为可以有效放弃的范围内放弃对裁决进行上诉的权利。

第 29 条　仲裁裁决的更正和解释

1. 仲裁庭可主动更正裁决中的书写、计算、打印,或具有类似性质的错误,但须此项更改在裁决作出之日起 30 日内提交仲裁院批准。

2. 一方当事人提出的修改第 29 条第 1 款的错误的申请,或者请求对裁决的解释,应当自该方当事人收到裁决之日起 30 日内向秘书处按第 3 条第 1 款规定的份数提出。此项申请转交仲裁庭后,仲裁庭应当规定一个期限,通常自另一方当事人收到此项申请之日后的 30 日内,由该另一方当事人对此作出评论。如果仲裁庭决定更改或解释此裁决,则应将其决定的草案在上述收到另一方当事人的评论的期限届满后 30 日内,或者由仲裁院规定的期限届满后 30 日同提交仲裁院。

3. 更正或解释裁决应当采用附加说明的形式,并构成裁决的一部分。本规则第 25、27 和 28 条应适用于已作必要修改的部分。

第六章 费　　用

第 30 条　预付仲裁费

1. 秘书长收到仲裁申请后,可以要求申请人预付一定金额的费用,以便支付审理事项之前的仲裁费用。

2. 仲裁院应当切实可行地确定应当收取的预付款金额,以便支付仲裁费用和 ICC 的对当事人提交的索赔请求和反诉的行政管理费用。此项费用在仲裁过程中随时可重新调整。除了提交仲裁的索赔请求和反诉外,仲裁院可就此项索赔请求和反诉的金额收取另外的预付款。

3. 仲裁院确定的预付款金额应当由申请人和被申请人均摊。任何按照第 30 条第 1 款预付的款项视为该预付款的一部分,然而,任何一方当事人都可自主决定就其索赔或反诉的金额的全部预付款,若另一方当事人未能支付此项金额。如果仲裁院根据第 30 条第 2 款确定了分别支付的预付款,每一方当事人都应就其索赔的相应金额支付此项预付款。

4. 如未能履行应当支付的预付款,秘书长经协商仲裁庭后,可令仲裁在规定的不少于 15 天的期限内中止审理。此项期限届满后,有关的索赔请求和反诉视为已被撤销。有关当事人对此措施持有异议的,必须在上述期限内提出请求。然后由仲裁院对此作出决定。但该当事人还可以在以后的另外的程序中基于被撤销的相同的理由重新提出索赔或反诉。

5. 如果一方当事人请求抵销索赔请求或反诉请求的权利,此项抵销应当与请求仲裁庭考虑额外事项的单独请求的相同方式决定应当支付的预付款。

第 31 条　仲裁费用

1. 仲裁费用包括由仲裁院确定的仲裁员的费用和 ICC 的行政管理费用。此项费用的确定的依据是仲裁开始现行有效的收费标准、仲裁庭指定的专家的费用、以及当事人由于仲裁而发生的合理的律师费和其他费用。

2. 仲裁院确定的仲裁员的费用可以视需要在特殊情况下高于或低于所适用的收费标准。除仲裁院确定的费用外,仲裁庭在进行仲裁的过程中,可随时对此作出决定。

3. 终局裁决应当就仲裁费用作出裁定,并说明此项费用由哪一方当事人承担或者由双方当事人分摊此项金额的比例。

第七章 其他规定

第 32 条　期限的变更

1. 当事人可以约定缩短本规则规定的期限。仲裁庭成立后双方当事人达成的任何此项协议须经仲裁庭批准后生效。

2. 仲裁院可以自行决定延长第 32 条第 1 款项下的期限,如果它认为有这样做的必要,以使仲裁庭或仲裁院履行本规则项下的职责。

第 33 条　放弃异议

当事人在参与仲裁的过程中对本规则、或者应予适用的其他规则、仲裁庭的指令、或者与仲裁庭的组成有关的仲裁协议中的要求、或者进行仲裁程序的规则等未被遵守而未提出异议的，视为已经放弃了提出异议的权利。

第 34 条　免责

仲裁员、仲裁院及其成员、ICC 及其雇员、ICC 国家委员会对与仲裁有关的作为或不作为，均不对任何人承担责任。

第 35 条　一般规则

本规则未作明示规定的所有事项，仲裁院和仲裁庭应当本着本规则的精神行事，并尽力确保裁决在法律上得以执行。

附件一

ICC 国际仲裁院规章

第 1 条　职能

1. 国际商会国际仲裁院（简称仲裁院）的职能是确保国际商会仲裁规则和调解规则的适用，为此，仲裁院具有必要的权限。

2. 仲裁院作为一个自治机构，在行使上述职能时完全独立于国际商会及其其他机构。

3. 仲裁院的成员独立于 ICC 国家委员会。

第 2 条　仲裁院的组成

仲裁院由一位院长、副院长若干人、成员和候补成员若干组成。其工作由仲裁院秘书处协助。

第 3 条　仲裁院组成人员的任命

1. 院长由 ICC 理事会根据 ICC 执行董事会的提议选举产生。

2. 副院长由 ICC 理事会从仲裁院成员或其他人员中任命。

3. 仲裁院成员由 ICC 理事会根据国家委员会的提议任命。每个国家委员会中有 1 名成员。

4. 根据仲裁院院长的提议，理事会可以任命候补成员。

5. 所有成员的任期为 3 年，如果某一成员不再适于履行其职责，其继任人由理事会任命，在其余的任期内履行其职责。

第 4 条　仲裁院全体会议

仲裁院全体会议由院长主持，院长不在时由他指定的副院长主持。会议至少由 6 名成员出席时，所进行的合议事项有效。决议由多数通过，形不成多数时，由院长决定。

第 5 条　委员会

仲裁院可建立 1 个或多个委员会，并就此项委员会的职能和组织作出规定。

第 6 条　保密

仲裁院的工作具有保密性，它应当受到参加此项工作的每一个人的尊重，无论他担任什么样的工作。仲裁院指定各种规则，就哪些人可以参加仲裁院及其委员会的会议、哪些人有权接触向仲裁院和秘书处提交的材料作出规定。

第 7 条　仲裁规则的修订

仲裁院关于修订仲裁规则的任何提议首先应由国际仲裁院委员会提出，然后再报到 ICC

执行董事会和 ICC 理事会批准。

附件二

ICC 国际仲裁院内部规章

第 1 条 国际仲裁院工作的保密性

1. 仲裁院的会议，无论是全体会议，还是仲裁院委员会的会议，只有其成员和秘书人员可以参加。

2. 然而，在特殊情况下，仲裁院院长可以邀请其他人员参加。这些人必须遵守仲裁院的保密规则。

3. 向仲裁院提交的或在仲裁程序中起草的文件，只向仲裁院的成员、秘书处和经院长授权的参加仲裁院会议的人员发放。

4. 仲裁院院长或秘书长可以授权从事国际贸易研究的人员接触一般的裁决和其他文件，但不得接触仲裁程序中当事人提交的备忘录、便条、陈述意见，及其他有关文件。

5. 除非接触有关文件的受益人保证遵守保密义务，在获得仲裁院秘书长批准之前不得公开发表先前提供的文本，否则不予授权。

6. 秘书处应当将所有的裁决、审理事项、仲裁院的决定，以及秘书处的往来文件存档。

7. 当事人或仲裁庭提交的任何文件、通知或往来信函可以销毁，除非当事人或仲裁员在秘书处规定的期限内提出书面请求归还这些文件。与归还这些文件有关的所有费用应当由提出此项请求的当事人或仲裁员承担。

第 2 条 国际仲裁院的成员参加 ICC 仲裁

1. 院长和仲裁院秘书处的成员不得作为提交 ICC 仲裁的案件的仲裁员和律师。

2. 仲裁院不任命仲裁院副院长或其成员为该院所受理的案件的仲裁员。然而，他们可以为一方或多方当事人所指定作为仲裁员履行其职责或参与当事双方约定的其他程序，但须经确认。

3. 当仲裁院的院长、副院长或仲裁院及秘书处成员涉及本院正在进行的程序时，无论他们以何种身份参加，必须向秘书长报告，以便了解此项参与。

4. 上述人员不得参加仲裁院关于该有关程序的讨论和决定，仲裁院讨论此事时应当予以回避。

5. 上述人员也不能得到有关此项程序的任何资料、文件或情报。

第 3 条 仲裁院成员与 ICC 国家委员会之间的关系

1. 仲裁院成员依其身份独立于 ICC 理事会要求 ICC 国家委员会指定他们的国家委员会。

2. 此外，他们必须对他们以其仲裁院成员身份而获得的有关个案的情报应对上述国家委员会保密，除非仲裁院院长或秘书长要求他们将特定的情报向相关的国家委员会通报。

第 4 条 仲裁院委员会

1. 按照《仲裁院仲裁规则》第 1 条第 4 款和《仲裁院内部规章》(附件一)第 5 条的规定，仲裁院设立仲裁委员会。

2. 该委员会的委员由院长和至少两名仲裁院成员组成。仲裁院的院长为该委员会主席。如主席不在,主席可指定仲裁院的1名副主席,在特殊情况下也可指定仲裁院的1名成员为该委员会的出席。

3. 委员会的另外两名委员由仲裁院自副院长或其他委员中指定。在每一次全体会议上,仲裁院应当指定两名成员参加下一次全体会议之前举行的委员会会议。

4. 委员会会议由主席召集。两名委员即构成法定人数。

5. (1) 仲裁院得决定委员会通过的决议;

(2) 委员会的决议应当一致通过;

(3) 委员会不能形成决议或认为某项决议最好不予表决时,可将其提交下一次全体会议讨论,并提出其认为是适当的建议;

(4) 委员会通过的决议应当向仲裁院下一次举行的全体会议上通报。

第5条 仲裁院秘书处

1. 秘书长不在时,可以授权法律总顾问和副秘书长依照《ICC仲裁规则》第9条第2款、第28条第2款和第30条第1款的规定确认仲裁员、证明裁决书副本准确无误、要求有关当事人预付仲裁费。

2. 经仲裁院批准,秘书处可以向当事人和仲裁员发布为使仲裁程序适当进行的必要通知和文件。

第6条 对仲裁裁决的审查

当仲裁院根据《ICC仲裁规则》第27条审查裁决书草案时,应当切实可行地考虑仲裁地的强制性的法律规定。

附件三

仲裁费用

第1条 预付仲裁费

1. 任何按本仲裁规则(以下简称《规则》)进行仲裁的仲裁申请应当交纳2500美元的预付款作为行政管理费。此项预付款不予退还,从申请人应当预付的款项中抵免。

2. 秘书长根据本《规则》第30条第1款确定的临时预付款一般不超过行政管理费用的金额,仲裁费用表中规定的最低费用依据索赔金额和补偿仲裁庭在起草审理事项的过程中所发生的费用。如果此项费用的金额不能确定,则由秘书长对此金额作出决定。申请人支付的预付款应当自仲裁院决定的应当支付的份额中抵免。

3. 一般而言,在审理项签署或经仲裁院批准,及临时日程表确定后,仲裁庭应当按照本规则第30条第4款只审理与预付款金额有关的索赔请求或反诉请求。

4. 仲裁院依照《规则》第30条第3款确定的预付款包括仲裁员的费用、仲裁员花费的与仲裁有关的费用、及行政管理费用。

5. 各方当事人应当用现金支付预付款。然而,如果其份额超出了仲裁院确定的金额,该方当事人应当就其超出的金额提供银行担保。

6. 已经按照《规则》第30条第3款全部付清仲裁院确定的预付款的一方当事人,可以通过提供银行担保的方式,就未支付预付款的一方当事人尚未支付的款项作出支付。

7. 仲裁院按《规则》第30条第2款分别确定各方当事人应当支付的预付款的情况下,秘书处得要求每一方当事人按照其各自请求索赔的金额支付项预付款。

8. 在分别支付预付款的情况下,任何一方当事人的索赔请求应当分别支付的预付款超出确定的总金额的一半时,应当就此超出的费用提供银行担保。如果后来此项费用增加,此项增加的费用的50%应当以现金支付。

9. 秘书处决定所有支配银行担保的条款,当事人应当依据此项条款开具银行担保。

10. 按照《规则》第30条第2款的规定,在仲裁进行中,此项预付款的金额可随时加以调整,特别应考虑到争议金额通货膨胀的因素、所估计的仲裁员的花费、仲裁程序的逐渐增加的困难和复杂程度等。

11. 在仲裁庭指定的专家作证前,当事各方,或者其中的一方当事人,应当按仲裁庭确立的金额支付足以补偿仲裁庭指定的专家的费用和花费的预付款。仲裁庭应当确保当事人对此项费用的支付。

第2条 费用

1. 按照《规则》第31条第2款,仲裁院在争议金额尚无确定的情况下有权根据这里的收费标准决定仲裁员的费用。

2. 在确定仲裁员的费用时,仲裁院应当考虑到特定仲裁员的勤勉程度、处理案件所花费的时间、进行仲裁程序的速度、争议的复杂程度等在规定的限额内计算;在31条(2)款规定的特殊情况下,可以达成一致或高于此项收费标准。

3. 当案件提交1个以上的仲裁员时,仲裁院有权在最高收费标准内增加总的收费金额。此项金额一般不得超过3倍于1位仲裁员的收费标准。

4. 仲裁员的费用与花费只能由仲裁院依照规则确定。当事人与仲裁员之间单独安排的收费与仲裁规则相抵触。

5. 仲裁院在争议金额尚未说明的情况下,有权按照仲裁费用表确定每一仲裁案件应当收取的行政管理费用。在特殊情况下,仲裁院可以按高于或低于表中的费用确定应当收取的费用。但须此项费用一般不得超过表中规定的最高限额。此外,仲裁院还可以根据当事人双方或者一方当事人请求而征得另一方默认的情况下,在按表中支付费用之外再付一笔行政管理费用,并以此作为继续进行仲裁的先决条件。

6. 如果仲裁在作出裁决前结束,仲裁院有权就其仲裁费用作用决定。在作出此项决定时,应当考虑到仲裁进行的阶段和其他有关情况。

7. 在适用《规则》第29条第2款时,仲裁院可在收取ICC应当收取的行政管理费用时,确定一笔由仲裁庭花费的费用,并将此项费用转交给仲裁庭。仲裁院在批准仲裁庭作出的决定时,有权决定仲裁员可能收取的费用。

8. 如果在仲裁前先行调解,则应当将当事人提交的50%进行调解的行政费在仲裁费用中抵免。

9. 向仲裁员支付的费用中不包括仲裁员应当或可能支付的增殖税或其他税费或费用,及关税等。这些费用应当由当事人支付。但对于这些税费的偿付,则只是仲裁员与当事人之间的安排。

第 3 条　仲裁员的指定

1. 对于不按本规则进行仲裁的当事人请求 ICC 为其指定仲裁员时,要求指定的一方当事人一般应当交纳不超过 2500 美元的注册费。如不交纳此项费用,则不予指定仲裁员。此项费用为 ICC 的财产,不予退还。

2. 以上费用用于支付 ICC 提供的有关服务,如指定仲裁员、作出仲裁员回避的决定,及指定替代仲裁员。

第 4 条　行政费用和仲裁员费用的范围

1. 下面的行政费用和仲裁员费用表自 1998 年 1 月 1 日起生效。适用于自该日期或在此之后开始的仲裁,无论此项仲裁适用何种规则。

2. 行政费用和仲裁员费用的计算,以争议标的金额为基础累计计算。但争议标的超过 8000 万美元的,全部行政费用为 7.58 万美元。

A. 行政费用

争议标的金额(美元)	收费标准
50,000 以内	2,500
50,001 至 100,000	3.50%
100,001 至 100,000	1.70%
500,001 至 1,000,000	1.15%
1,000,001 至 2,000,000	0.60%
2,000,001 至 5,000,000	0.20%
5,000,001 至 10,000,000	0.10%
10,000,001 至 50,000,000	0.06%
50,000,001 至 80,000,000	0.06%
80,000,000 以上	75,800

B. 仲裁员费用表

争议标的金额(美元)	收费最低和最高标准
50,000 以内	2,500 至 17%
50,001 至 100,000	2.00% 至 11%
100,001 至 500,000	1.00% 至 5.50%
500,001 至 1,000,000	0.75% 至 3.50%
1,000,001 至 2,000,000	0.50% 至 2.50%
2,000,001 至 5,000,000	0.25% 至 1.00%
5,000,001 至 10,000,000	0.10% 至 0.55%
10,000,001 至 50,000,000	0.05% 至 0.17%
50,000,001 至 80,000,000	0.30% 至 0.12%
80,000,001 至 100,000,000	0.02% 至 0.10%
100,000,000 以上	0.01% 至 0.05%

(资料来源:赵秀文主编:《国际经济贸易仲裁法教学参考资料》,中国法制出版社 1999 年版,第 249—275 页。)

世界知识产权组织仲裁规则(1994)
World Intellectual Property Organization Arbitration Rules, 1994

(1994年10月1日起实施)

一、总　　则

缩　略　语

第1条

在本《规则》中,

"仲裁协议"指当事人将他们之间已经发生的或将来可能发生的全部或特定争议提交仲裁解决的协议。仲裁协议可以表现为合同中的仲裁条款,也可表现为单独合同的形式;

"申诉人"指首先提出仲裁的一方当事人;

"被诉人"指仲裁申请书中指明的对其提起仲裁的一方当事人;

"仲裁庭"包括独任仲裁员或被指定的一名以上的全体仲裁员;

"WIPO"指世界知识产权组织;

"中心"指WIPO仲裁中心,即WIPO国际局的一个机构。

本规则中使用的单数词兼指复数词,反之亦然,视上下文要求而定。

仲裁规则的适用范围

第2条

当仲裁协议规定争议依WIPO仲裁规则仲裁解决时,本《规则》即视为该仲裁协议的组成部分;自仲裁开始之日起,应按本规则解决争议,除非双方当事人另有其他约定。

第3条

1. 本《规则》得适用于仲裁,但当本《规则》的任何条款与仲裁应适用法律中当事人不得背离的某项规定相抵触时,应适用该适用法律中的规定。

2. 仲裁应适用的法律根据本《规则》第59条第2款确定。

通知与期限

第4条

1. 本《规则》所要求的任何通知或通讯均应采用书面形式,并通过快速邮寄或专门信使传递,也可通过可留档的电传、传真或其他通讯方式传递。

2. 为了通知或其他通讯的目的,一方当事人在变更其住所或营业所而专作任何通报的情况下,该方当事人最后为人所知的住所或营业所为其有效的传送文件的地址。通讯应按规定的方式传递给对方当事人;如未就传递方式作出规定,则按当事人在交易过程中采用的方法进行。

3. 为了确定时限开始的日期,通知或其他通讯发出的日期视为收到的日期,电子通讯传递按本条第1、2款的规定进行。

4. 为确定期限的遵守情况,通知或通讯一旦在期限届满以前或当日按本条第(1)、(2)款的规定发出,即视为已送出或传递出。

5. 为计算本规则项下的期限,此项期限自收到通知或通讯的第二天起算。如果此项期限的最后一天为被送达一方住所或营业所所在地的官方节假日或非营业日,期限开始的时间则顺延至此后的第一个工作日。期限期间的官方节假日或非营业日则应计算在期限期间。

6. 双方当事人可能通过协议延长或缩短第11条、第15条第2款、第16条第2款、第17条第2、3款、第18条第2款、第19条第2款第3项、第41条第1款和第2款所规定的期限。

7. 本中心可以自行决定或应一方当事人的请求,延长第11条、第15条第2款、第16条第2款、第17条第2、3款、第18条第2款、第19条第2款第3项、第67条第4款、第68条第5款和第70条第6款中所规定的期限。

提起仲裁应提交的文件

第5条

1. 在中心发出组建仲裁庭通知之前,当事人对本规则第6条至第36条所要求的或允许提交的任何书面陈述、通知或其他通讯,应提交给中心,同时,该当事人还应将上述文件的副本传递给对方当事人。

2. 向中心提交的任何书面陈述、通知或其他通讯的数量,应包括给每位仲裁员各一份,以及中心的一份。

3. 中心在发出组庭通知后,一方当事人提交的任何书面陈述、通知或其他通讯应直接提交给仲裁庭,同时应将上述文件的副本提交给对方当事人。

4. 仲裁庭应向中心提交其作出的每一项裁定或其他决定的副本。

二、开始仲裁

仲裁请求

第6条

申诉人应将其仲裁申请提交给中心和被诉人。

第7条

仲裁开始的日期为中心收到仲裁申请书的日期。

第8条

中心应将收到仲裁申请书和仲裁开始的日期通知给申诉人和被诉人。

第9条

仲裁申请书应包括以下内容:

（1）争议通过仲裁方式并依WIPO仲裁规则解决的请求；

（2）当事各方及申诉人代表的名称、地址和电话、电传、传真或其他通讯号码；

（3）仲裁协议副本和单独的法律选择条款，如果适用此项条款的话；

（4）简要说明争议的性质及情况，包括所涉及的权利和财产，以及任何技术的性质；

（5）关于请求救济的陈述，并在可能的范围内，提出索赔金额；

（6）本《规则》第14条至第20条所要求的仲裁员的指定，或提出申诉人认为与此有关的有益的意见。

第10条

提交仲裁申请书时，也可提交本《规则》第41条规定的仲裁申诉书。

答　辩

第11条

被诉人应在收到仲裁申请书之日起的30天内，向中心提出答辩。答辩书应包括对仲裁申请书中的任何事项作出评论，也可提出反诉或抵销。

第12条

如果申诉人根据第10条在提出仲裁申请的同时也提交了仲裁申诉书，则被诉人在提出答辩的同时也应提交第42条规定的答辩书。

代　理　人

第13条

1. 当事人可以选派其代理人参加仲裁，对代理人的国籍和专业等没有任何限制。当事人应将其代理人的姓名、住址、电话、电传、传真和其他通讯方法通知给中心和对方当事人，仲裁庭成立后，也应向仲裁庭发出通知。

2. 每一方当事人都应保证其代理人有足够的时间参与仲裁，以使仲裁程序迅速进行。

3. 当事人也可以由他们各自选派的人员协助进行仲裁程序。

三、仲裁庭的组成和设立

仲裁员人数

第14条

1. 仲裁庭由当事双方约定的仲裁员人数组成。

2. 如果当事人未能就仲裁员人数作出约定，仲裁庭由独任仲裁员组成，除非中心根据案件的具体情况依其职权作出决定：由3人组成的仲裁庭适合于对特定案件的审理。

按照当事人约定的程序作出指定

第15条

1. 果当事双方就仲裁员的指定程序作出约定，而不是依第16条至第20条规定的程序，则适用当事人约定的程序。

2. 如依上述程序，当事人在其约定的时间内未能组成仲裁庭，或在未能就上述期限作出约定时在仲裁开始后45天内未能组成仲裁庭,仲裁庭应要根据第19条规定的情况组成仲裁庭。

独任仲裁员的指定

第16条

1. 如指定独任仲裁员,而当事人未能就指定程序作出约定,则此独任仲裁员应由当事双方共同指定。

2. 如果当事双方未能在其约定的期限内指定该独任仲裁员,如未约定期限在仲裁开始后的30天内未作出指定,则依本《规则》第19条作出指定。

三人仲裁员的指定

第17条

1. 如果仲裁庭由3位仲裁员组成,而当事双方未能就指定程序作出约定,则应按本条规定作出指定。

2. 申诉人在仲裁申请中指定1名仲裁员,被诉人自收到仲裁申请书后30天内指定1位仲裁员,这两位仲裁员为首席仲裁员。

3. 除前款规定的情况外,如果指定3位仲裁员是由中心依其职权根据第14条第2款作出的决定,则申诉人应自收到中心关于仲裁庭由3位仲裁员组成的通知之日起30天内指定一名仲裁员。第二名仲裁员指定后的20天内,这两名仲裁员再指定第三位仲裁员。第三位仲裁员为首席仲裁员。

4. 如果以上仲裁员未能在以上各款规定的期限内作出指定,则按本《规则》第19条的规定予以指定。

在有两个以上的申诉人或被诉人的情况下3位仲裁员的指定

第18条

1. 如果:

(1) 仲裁庭由3位仲裁员组成;

(2) 当事各方未能就指定仲裁员的程序作出约定;

(3) 仲裁答辩中涉及一个以上的申诉人。

申诉人应在其仲裁申请书中共同指定1位仲裁员。根据本条第2款规定,第二位仲裁员和首席仲裁员应按第17条第2、3或4款规定的情况作出指定。

2. 如果:

(1) 仲裁庭由3位仲裁员组成;

(2) 当事各方未能就指定程序作出约定;

(3) 仲裁申请书涉及1个以上的被诉人;

被诉方应共同指定1名仲裁员。如果被诉人在收到仲裁申请书后30天内无论由于什么原因未能共同指定1位仲裁员,则申诉人以前对仲裁员的指定视为无效。这两位仲裁员则由中心指定。第二位仲裁员指定后的30天内,再由这两位仲裁员指定第三位仲裁员。第三位仲裁员为首席仲裁员。

3. 如果：

(1) 仲裁庭由3位仲裁员组成；

(2) 当事各方已就仲裁员的指定程序作出约定；

(3) 仲裁申请书中指明1个以上的申诉人或被诉人；

尽管有15条第1款规定，本条第1、2款适用于仲裁员指定程序，而仲裁协议中的合同性规定不予考虑，除非这些规定明示排除本条的适用。

未能指定仲裁员

第19条

1. 如果当事人未能按第15条、第17条或第18条规定指定1名仲裁员，中心将代该方当事人作出指定。

2. 如果独任仲裁员或首席仲裁员未能按第15条、第16条、第17条或条18条指定，应按以下程序指定：

(1) 中心分别向每一方当事人递送一份相同的候选人名册，名册中至少应包括3位按字母顺序排列的仲裁员的名字，并含有每一位仲裁员资历的简介。如果当事双方已就仲裁员的特定资历作出约定，则名册中应包括满足双方当事人对资历要求的候选人的姓名。

(2) 各方当事人均有权删去反对让其充任仲裁员的候选者的姓名，将其余候选人按各自优先指定的顺序编号排列。

(3) 各方应在收到名册后20日内，将排列好的名册退还给中心。如在此期间未能将上述名册退还中心，将视为同意名册中的所有候选人。

(4) 中心一旦收到当事各方退还的名册，如未能退还，则在前款规定的期限届满后，中心根据当事双方所表达的赞成和反对意见，从名册中指定独任或首席仲裁员。

(5) 如果退回的名册不能证明，某人可为当事双方接受为仲裁员，中心则有权指定独任或首席仲裁员。如果某人不能或不愿意接受中心指派作为独任或首席仲裁员，或者由于其他原因妨碍某人作为独任或首席仲裁员，以及名册上没有为当事双方接受的仲裁员，中心也有权作出上述指定。

3. 尽管有本条第2款规定，如果中心依其职权认为，前款规定的程序不适合某一特定案件，中心仍有权对独任或首席仲裁员作出指定。

仲裁员的国籍

第20条

1. 当事人之间作出的有关仲裁员国籍的约定应予以尊重。

2. 如果当事人未能就独任或首席仲裁员的国籍作出约定，除非在特殊场合，如被指定的仲裁员必须具有特定的资历，此项仲裁员应为当事双方所属国以外的国家的国民。

当事人与被指定的仲裁员候选人之间的联系

第21条

任何一方当事人或其代理人不得单方面与仲裁员候选人联系，除非就有关该仲裁员的资历、可行性或独立性进行协商。

公正性与独立性

第 22 条

1. 仲裁员必须公正、独立。

2. 每一位仲裁员候选人在接受指定前,应向当事人双方、中心和其他已被指定的仲裁员对就其作为仲裁员的公正性和独立性可能产生正当怀疑的情况作出披露,或者书面确认不存在上述情况。

3. 在仲裁程序进行中的任何阶段,如果出现了可能对某仲裁员的公正性和独立性产生正当怀疑的新情况,该仲裁员应立即向当事各方、中心和其他仲裁员公开上述情况。

可行性、接受与通知

第 23 条

1. 每位仲裁员一旦接受对他的指定,即视为他已保证有足够的时间进行仲裁,并高效率地完成此项工作。

2. 仲裁员候选人应书面接受对其作出的指定,并向中心发出接受此项指定的通知。

3. 中心应向当事各方发出组庭通知。

对仲裁员的异议

第 24 条

1. 如果存在着对某仲裁员的公正性与独立性产生正当怀疑的情况,可要求该仲裁员回避。

2. 当事人也可要求其指定的仲裁员回避,如果回避的原因是在指定仲裁员之后方为该指定方所了解。

第 25 条

要求某仲裁员回避的当事人应在收到该指定仲裁员的通知后或在得知对该仲裁员的公正性与独立性产生正当怀疑的情况后 15 天内,向中心、仲裁庭和对方当事人发出要求该仲裁员回避的通知,并说明回避理由。

第 26 条

如果一方当事人要求某仲裁员回避,另一方当事人有权对此项回避要求作出反应。如果行使这一权利,则应在收到第 25 条项下的通知后 15 天内,将其所作反应的文本分别寄交中心、要求回避的一方当事人和仲裁员。

第 27 条

在要求某仲裁员回避的过程中,仲裁庭有权作出中止或继续进行仲裁程序的决定。

第 28 条

对方当事人可以同意要求某仲裁员回避的请求,仲裁员也可自愿回避。在这种情况下,仲裁员应予以替代,但这并不能说明要求回避的理由是正当的。

第 29 条

如果对方当事人不同意仲裁员回避,且被要求回避的仲裁员也未能辞职,则关于仲裁员回避的决定应由中心依其内部程序作出。此项决定是行政性的终局决定。中心不得被要求说明作出此项决定的理由。

放弃对仲裁员的指定

第 30 条

经当事双方或中心同意,仲裁员本人可请求放弃对他的指派。

第 31 条

无论仲裁员是否提出请求,双方当事人可以共同解除对某仲裁员的指定,并应立即将此项解除通知中心。

第 32 条

中心可根据一方当事人的请求和自行动议,解除某仲裁员的职务,如果该仲裁员事实上或法律上已无能力或不能履行其作为仲裁员的职责。在此种情况下,应给当事双方表明其各自意见的机会,在适用本《规则》第 26 条至第 29 条的规定时也可伴以必要的变更。

仲裁员的替代

第 33 条

1. 本《规则》第 15 条到第 19 条规定的被替代仲裁员的指定程序适用于替代仲裁员的指定。

2. 如果一方当事人指定的仲裁员由于指定时该方当事人已经知道或应该知道的原因被宣布回避,或者根据第 32 条被解除仲裁员职务,中心有权不准该方当事人重新指定。如果中心行使了这一权限,该替代仲裁员应由中心指派。

3. 除双方当事人另有约定者外,在替代仲裁员指定之前,仲裁程序应予以中止。

第 34 条

替代仲裁员指定后,仲裁庭在考虑到双方当事人的意见后,完全有权决定以前进行过的部分或全部审理程序是否将重新进行。

三人仲裁员

第 35 条

1. 如果三人仲裁庭的仲裁员虽经及时通知,但不参加仲裁庭的工作且无正当理由,另外两位仲裁员有权在上述第三位仲裁员缺席的情况下继续进行仲裁程序并作裁决、裁定或其他决定,除非一方当事人已提出适用本《规则》第 32 条。在一位仲裁员不参加的情况下作出是否继续进行仲裁程序或作出任何裁决、裁定或其他决定时,其余两位仲裁员应顾及仲裁所处的阶段及未能参加审理的仲裁员所表述的理由,如果有的话,以及仲裁庭认为在该案情况下应予适当考虑的其他有关事项。

2. 如果另外 2 位仲裁员在第三位仲裁员未能参加仲裁程序时决定不再进行仲裁程序时,中心得根据向它提供的仲裁员未能参加仲裁庭工作的令其满意的证据,宣布仲裁员职位空缺,并有权依据第 33 条指派 1 名替代仲裁员,除非双方当事人另有约定。

对仲裁庭管辖权的抗辩

第 36 条

1. 仲裁庭有权审理并决定对其管辖权提出的异议,包括对根据第 59 条第 2 款审理的仲裁协议的形式、存在、效力及其范围等提出的异议。

2. 仲裁庭有权决定仲裁协议为其组成部分的合同或与此有关的合同的存在及其效力。

3. 对仲裁庭管辖权的抗辩应不迟于答辩状提出,在反诉或抵销的场合,也应在答辩书中提出。如未能提出上述抗辩时,此项抗辩不得再在以后的仲裁程序和法院中提出。关于仲裁庭越权的抗辩应在仲裁程序中发现超权事项后立即提出。但在上述任何一种情况下,如果仲裁庭认为延迟提出的抗辩有正当理由,则应予以认定。

4. 对前款的抗辩,仲裁庭可作为先决问题作出裁定,并有权在终局裁决中对此抗辩作出决定。

5. 对仲裁庭无管辖权的抗辩不妨碍中心对仲裁程序实施的管理。

四、仲裁的进行

案卷移交仲裁庭

第 37 条

一旦仲裁员已被指定,中心得立即将案卷移交给每一位仲裁员。

仲裁庭的一般权限

第 38 条

1. 根据本规则第 3 条,仲裁庭可依其认为适当的方式进行仲裁。

2. 在任何情况下,仲裁庭都应保证平等地对等待各方当事人,给每一方当事人以陈述其意见的均等机会。

3. 仲裁庭应确保仲裁程序迅速进行,它可根据一方当事人的请求或自行动议,在特殊情况下延长本规则规定的或仲裁庭确定的或双方当事人约定的期限。在紧急情况下,此项延长的决定可由首席仲裁员自行作出。

仲　裁　地

第 39 条

1. 除非双方当事人另有约定,仲裁地点应由中心确定,并应考虑双方当事人的意见和仲裁案件的具体情况。

2. 仲裁庭协商当事各方后,可在它认为合适的任何地点开庭,对此开庭地点应作周密考虑。

3. 裁决应视为在仲裁地点作出。

仲 裁 语 言

第 40 条

1. 除非双方当事人另有约定,仲裁语言为仲裁协议中使用的语言,但仲裁庭在考虑到当事各方的意见和仲裁的具体情况后,有权决定使用其他语言。

2. 仲裁庭可责令提交的用非仲裁语言作成的文件的全部或部分附具仲裁语言译本。

仲裁申诉书

第 41 条

1. 除非仲裁申诉书附具仲裁申请书，申诉人应自收到中心组庭通知后 30 天内，将其申诉书分别寄交被诉人和仲裁庭。

2. 仲裁申诉书应包括对事实的综合陈述和请求权项的法律依据，以及对所寻求的救济方法的陈述。

3. 申诉书应尽可能多附一些请求救济所依据的证明文件和此项文件细目表。如果此项文件特别多，申诉人可对其准备继续提交的文件作一说明。

答 辩 状

第 42 条

1. 被诉人自收到仲裁申诉书或中心发出的组庭通知之日起 30 日内（以最迟收到者为准），将其答辩状分别寄交申诉人和仲裁庭。

2. 答辩状应对第 41 条第 2 款所要求的仲裁申请书中提出的事项作出答复，并附具第 41 条第 3 款规定的有关证据。

3. 被诉人提出的反诉或抵销请求应在答辩状中载明。在特殊情况下，也可根据仲裁庭的决定在仲裁程序开始后的晚些时候提出。任何反诉或抵销请求都应包括第 41 条第 2、3 款规定的事项。

其他书面陈述

第 43 条

1. 在反诉或抵销请求的场合，申诉人应对此作出答复。本《规则》第 42 条第 1、2 款应予以适用，也可作必要修正。

2. 仲裁庭在其权限内允许或要求提交其他书面陈述。

对申诉书或答辩状的修正

第 44 条

只有在双方当事人没有任何相反约定的情况下，当事人才可在仲裁程序中对其申诉、反诉、答辩或抵销等方面的请求予以修正，除非仲裁庭在考虑到此项修正的性质及其延误后，或根据第 38 条第 2、3 款，认为允许此项修正是不当的。

当事人与仲裁庭之间的通讯联系

第 45 条

除本规则或仲裁庭许可，任何当事人或其代理人不得就与仲裁有关的任何实质性问题与任何仲裁员进行单方联系，但本条并不禁止当事人就任何有关组织方面的问题，如开庭所需要的设施、地点、日期或时间等进行单方面的联系。

临时性保护措施;请求权项与费用担保

第 46 条

1. 仲裁庭可根据一方当事人的请示签发临时性命令或者采用它所认为必要的其他暂时措施,包括对构成争议标的的货物所发出的禁令或采取的保存措施,如签发将这些货物交由第三方保存或出售易腐烂货物的命令。在要求采取上述措施的一方当事人提供适当担保的情况下,仲裁庭可予以准许。

2. 根据一方当事人的请求,仲裁庭如认为由于特殊情况所必须,可责令另一方当事人就其申诉或反诉及本《规则》第 72 条所规定的费用按仲裁庭确定的方式提供担保。

3. 本条项下的措施或命令可采取临时裁决的形式。

4. 一方当事人向司法机构提出的关于采取临时措施或为其申诉或反诉提供担保,或执行仲裁庭对上述措施的准许等方面的请求,不视为与仲裁协议不符,或对该协议的放弃。

预备性会议

第 47 条

在答辩状提交后,仲裁庭一般可与当事双方举行预备性会议,以便就今后的程序的组织工作与日程表作出安排。

证　据

第 48 条

1. 仲裁庭得决定证据的可接受性、可靠性及其重要性程度。

2. 在仲裁进行中,仲裁庭可随时根据一方当事人的请求或自行动议,令一方当事人提供仲裁庭认为必要或适当的单据或其他证据,以及令一方当事人对其占有或控制的财产供仲裁庭或其指派的专家或对方当事人进行检验或测试。

实　验

第 49 条

1. 当事人可在开庭前的合理期限内将其打算依据的特定试验情况通知仲裁庭和对方当事人。通知应说明实验的目的、摘要、方法、结果和结论。另一方当事人也可向仲裁庭发出通知,要求将上述实验在其在场的情况下重复一遍。如果仲裁庭认为此项要求合法,将对重复上述实验的日程作出决定。

2. 为了本条款的目的,“实验”得包括测试和其他确认程序。

现 场 参 观

第 50 条

仲裁庭可根据一方当事人的请求或自行动议视察或要求视察其所认为适当的现场、财产、机器、设备、设施、生产线、式样、影片、材料、产品或工艺。当事人也可在开庭前的合理时间内提出此项请求,如果仲裁庭准许此项请求,还应就视察的时间和日程作出安排。

约定的数据和式样

第 51 条

如果当事双方同意，仲裁庭可以决定双方当事人共同提供：

(1) 为充分理解争议事项所必须的科技或其他专门知识的背景而确定的技术数据；及

(2) 仲裁庭或当事人要求在开庭时参考的式样、图画或其他材料。

商业秘密的披露和其他秘密资料

第 52 条

1. 为了本条款的目的，秘密资料指以下所有资料，无论它是否表现在介质上：

(1) 为一方当事人所占有；

(2) 不向公众公开；

(3) 具有商业、金融或工业价值；

(4) 占有此项资料的当事人视其为秘密的。

2. 希望将某一资料视为秘密资料的当事人被要求将此提交仲裁，包括提交给仲裁庭指定的专家时，应通知仲裁庭，申请将此资料归属于秘密资料，并将此申请书的副本提交给另一方当事人。当事人在通知中说明为何将此项资料视为秘密资料的原因，而不必披露此项资料的实质性内容。

3. 仲裁庭应决定某一资料是否应归属于保密资料，在仲裁程序中如对其不采取专门的保护措施是否很可能造成对请求保密的一方当事人的严重损害。如果仲裁庭的回答是肯定的，还应决定该秘密资料在什么样的条件下向谁做部分或全部披露，并要求听取秘密资料披露的人员签署一项适当承担保密义务的保证。

4. 在特殊情况下，作为替代仲裁庭本身决定某一资料是否应归属于保密资料，在仲裁程序中如不对其采取专门的保护措施是否很可能造成对请求保密的一方当事人的损害，仲裁庭可根据一方当事人的请求或自行动议，在与双方当事人协商后指定 1 名对外保密的顾问，由他来决定此资料是否应归属于保密资料，如果是的话，在什么样的条件下可对谁作全部或部分披露。该对外保密的顾问也必须签署一项适当承担保密义务的保证。

5. 仲裁庭还可根据一方当事人的请求或自行动议，根据第 55 条指派 1 名专家为其对外保密的顾问，以便向仲裁庭报告保密资料的依据和仲裁庭指定的各专门事项，而不必向非提交该秘密资料的一方当事人或仲裁庭披露该秘密资料的内容。

开　庭

第 53 条

1. 仲裁庭得根据任何一方当事人的请求开庭审理案件，以听取证人（包括专家证人）证言及一方或双方当事人的辩争。如果当事人未提出上述请求，由仲裁庭决定是否开庭审理。如果不开庭，则只依据书面文件和其他资料进行仲裁程序。

2. 在开庭审理的情况下，仲裁庭得预先将开庭日期、时间和地点等适当通知给各方当事人。

3. 除非当事双方另有约定，所有的开庭将不公开进行。

4. 仲裁庭决定是否应有开庭记录,如有的话,应采用何种方式。

证　　据

第 54 条

1. 仲裁庭可在开庭前要求当事各方将其各自出庭作证的证人的身份、作证内容及其与作证事项的关系告知仲裁庭。

2. 仲裁庭有权以作证事项多余或与证明事项无关为依据,限制或拒绝事实证人或专家证人出庭作证。

3. 当事任何一方均可在仲裁庭的监督下询问出庭作证的证人。仲裁庭可在调查证人的任何阶段向证人提问。

4. 证人提供的证据可根据一方当事人的选择或按仲裁庭要求采用书面形式,或采用在陈述上签字,或宣誓后提出的证词,或采用其他可为仲裁庭在相当于口头作证时可采用的其他方式。

5. 当事人得对其所要求作证的证人的安排、费用及效力承担责任。

6. 仲裁庭得决定某一证人在仲裁程序进行中的退出,特别是在其他证人作证期间的退出。

仲裁庭指定的专家

第 55 条

1. 仲裁庭可在协商双方当事人后指定一名或多名独立的专家,就仲裁庭提出的专门问题提出报告。仲裁庭在考虑双方当事人意见后所确定的专家职权范围的副本,应向当事双方提供。任何上述专家应在适当承担保密义务的文件上签字。

2. 仲裁庭收到第 52 条项下的专家报告后,应将此报告副本提交给双方当事人,以便给他们对报告提出书面意见的机会。根据第 52 条,当事人也可对专家报告所依据的任何证据进行调查。

3. 根据一方当事人的请求,应给予当事各方在开庭中询问专家的机会。各方当事人均可有其各自的专家在庭审中为所争议的问题作证。

4. 向仲裁庭指派的专家提出的,各方专家就一个或几个问题所发表的意见,应由仲裁庭根据案件的具体情况对这些问题作出评估,除非双方当事人已约定,该专家就某一特定问题作出的决定是终局的。

缺 席 审 理

第 56 条

1. 如果申诉人无正当理由未能提交第 41 条项下的仲裁申诉书,仲裁庭将终止仲裁程序。

2. 如果被诉人无正当理由未能提交第 42 条项下的答辩状,仲裁庭应继续进行仲裁程序并作出裁决。

3. 如果一方当事人无正当理由未能在仲裁庭规定的期限内利用其陈述案件的机会,仲裁庭可继续进行仲裁程序并作出裁决。

4. 如果一方当事人无正当理由未能遵守本规则的规定或要求,或仲裁庭的指令,仲裁庭可从中得出它所认为适当的结论。

仲裁审理终结

第57条

1. 仲裁庭可宣布仲裁审理终结,如果认为当事双方已得到充分表达其各自意见并提出证据的机会。

2. 如果仲裁庭认为,由于特殊情况所必须,可自行动议或根据一方当事人的请求,在裁决作出之前重新进行它已宣布审理终结的仲裁程序。

放弃异议

第58条

当事人知道在本规则的任何规定或要求,或者仲裁庭的指令未能得到遵守的情况下仲裁程序继续进行,而未能及时对此未遵守的情况提出异议,则视为放弃其提出异议的权利。

五、仲裁裁决与其他决定

适用于争议实体、仲裁和仲裁协议的法律

第59条

1. 仲裁庭得按照当事双方选择的法律或法律规则决定争议的实体问题。所指定的某一特定国家的法律应解释为直接适用该国的实体法,而不是该国的冲突法规则,除非另有明确的表示。如果当事人未能作出上述选择,仲裁庭得适用它认为适当的法律或法律规则。在任何情况下,仲裁庭应适当考虑合同中的有关条款和贸易惯例的适用。如果经当事双方明示授权,仲裁庭也可作为友好调停人,或按照公平合理的原则,作出裁决。

2. 仲裁适用的法律为仲裁地的仲裁法,除非当事双方已明示约定适用其他仲裁法,并且仲裁地法允许此项约定。

3. 仲裁协议视为有效,如果此协议在形式、存在、效力和范围等方面符合本条第1款的适用法律或法律规则,或者本条第2款的适用法律的各项要求。

货币与利息

第60条

1. 裁决中的货币金额可用任何货币表示。

2. 仲裁庭可就一方当事人向另一方当事人支付的金额的简单或复合利息作出裁决,可自由决定它所认为适当的利率,而不必受法定利率的约束,并可自由地决定支付利息的期限。

决　策

第61条

除非当事双方另有约定,如果仲裁庭由1个以上的仲裁员组成,则任何裁决、裁定或其他决定应由仲裁庭的多数票决定。如不能形成多数票,由首席仲裁员作出上述裁决、裁定或其

他决定,就像独任仲裁员一样。

裁决形式和通知

第 62 条

1. 仲裁庭可以作出先决裁决、临时裁决、中间裁决、部分裁决或终局裁决。

2. 裁决应以书面形式作出,并应载明作出的时间,以及第 39 条第 1 款项下的仲裁地。

3. 裁决应说明其所依据的理由,或者仲裁适用的法律不要求说明理由。

4. 裁决应由仲裁员签署。裁决有多数仲裁员签字即可,在第 61 条第二个句子的情况下,由首席仲裁员签字即可。如果有一位仲裁员未能签字,裁决中应说明其未能签字的理由。

5. 有关裁决形式的问题,特别是确保裁决执行方面的问题,仲裁庭应与中心协商。

6. 仲裁庭应向中心提交足够数量的裁决书原本,包括给各方当事人、各位仲裁员和中心的裁决书原本。中心应正式将裁决书原本交由每一方当事人和各位仲裁员。

7. 中心可根据一方当事人的请求由该方当事人付费,向其提供经中心确认的裁决书文本。经确认的文本视为符合 1958 年 6 月 10 日纽约《承认与执行外国仲裁裁决公约》第 4 条第 1 款第 1 项的要求。

作出终局裁决的期限

第 63 条

1. 仲裁案件应在尽可能合理的期限内审理终结。自提交答辩书或组庭之日起(比较晚的日期为准),不得超过 9 个月。最终裁决应尽可能在案件审理终结后的 3 个月内作出。

2. 如果案件未能在前款规定的期限内审理终结,仲裁庭应向中心提交一份关于案件审理情况的报告,并将其副本提交给各方当事人。在此之后的每 3 个月,如果还未审理终结的话,仲裁庭还应继续向中心提交审理情况的报告,并将其副本向当事各方提供。

3. 如果最终裁决未能在案件审理终结后的 3 个月内作出,仲裁庭应向中心书面说明此项延误的理由,并应将其副本分别向当事各方提供。在此之后的每一个月月末,仲裁庭还应继续向中心作出上述书面说明,并将此副本向当事各方提供,直至作出最终裁决。

裁决的效力

第 64 条

1. 当事双方同意按本规则仲裁时,即承担了毫不延迟地执行仲裁裁决的义务,放弃他们上诉法院或其他司法机构的权利,在此范围内的放弃依照应适用的法律为有效。

2. 自中心将裁决按第 62 条第 6 款第二个句子规定通知之日起,裁决即为有效并约束各方当事人。

争议解决与终止仲裁的理由

第 65 条

1. 仲裁庭可在其认为适当的时间建议双方当事人寻求争议的解决。

2. 如果当事双方在裁决作出之前就争议的解决达成的协议,仲裁庭应终止仲裁。如果双方当事人一致要求,解决争议的记录可采取双方同意裁决的形式。仲裁庭对此种裁决,不必说明理由。

3. 在裁决作出之前,如果由于本条第2款以外的原因致使仲裁无必要或不可能,仲裁庭应将其打算终止仲裁的想法告知双方当事人。仲裁庭有权签发终止仲裁的裁定,除非一方当事人在仲裁庭确定的期限内提出反对此项裁定的正当理由。

4. 当事人同意的裁决或终止仲裁的裁定应由仲裁员依第62条第4款规定签署。仲裁庭应向中心提供足够数量的原本,以便向每一方当事人、各位仲裁员和中心送达。中心应正式将双方当事人同意的裁决或终止仲裁的裁定的原本提交给每一方当事人和每一位仲裁员。

裁决的更正与追加裁决

第66条

1. 当事一方可以在收到裁决后的30日内通知仲裁庭,并将此通知副本送达中心和另一方当事人,请求仲裁庭对裁决中的誊写、打印或计算错误予以更正。如果仲裁庭认为上述请求是正常的,则应在收到此项要求后的30天内作出更正。更正应采取单独备忘录的形式,由仲裁庭根据第62条第4款签署后即作为裁决的组成部分。

2. 仲裁庭可以在裁决作出后的30日内主动对本条1款项下的错误作出更正。

3. 当事一方可以在收到裁决后的30日内通知仲裁庭,并将此通知副本送达中心和另一方当事人,请求仲裁庭对在仲裁程序中提出的但在裁决中遗漏的申诉事项作出追加裁决。仲裁庭在对此请求作出决定时,应给双方当事人表达其各自意见的机会。如果仲裁庭认为请求是正当的,则应在收到此请求后的60日内,在合理可能的地点作出追加裁决。

六、费用与开支

中心的费用

第67条

1. 提交仲裁申请书时应向中心交纳注册费,此笔费用属于世界知识产权组织国际局。注册费金额规定在中心收到仲裁申请书之日所适用的费用表中。

2. 注册费不予返还。

3. 中心在收到注册费之前,不对仲裁申请书采取任何行动。

4. 如果申诉人在收到中心第二个提醒支付注册费的通知后的15日内仍未交纳注册费,视为撤回仲裁申请。

第68条

1. 申诉人应在仲裁开始后30内向中心支付行政管理费,此笔费用属于世界知识产权组织国际局。中心收到仲裁申请书后,应尽快将行政管理费的金额告知申诉人。

2. 在反诉的情况下,被诉人应在提出第42条第3款项下的反诉之日起30日内支付行政管理费。中心收到反诉通知后,应尽快将行政管理费的金额告知被诉人。

3. 行政管理费金额根据仲裁开始之日适用的费用表计算。

4. 如果申诉或反诉的标的增加,则行政管理费的金额也应按前款项下适用的费用的规定随之增加,增加部分的金额视具体情况由申诉人或被诉人支付。

5. 如果当事一方未能在收到中心发出的第二个提醒付费的书面通知之日后15日内支

付的行政管理费,视为已撤回其申诉或反诉,或者申诉或反诉中增加的金额,视具体情况而定。

6. 仲裁庭应及时向中心通报仲裁案件的申诉和反诉金额,以及任何增加部分的金额。

仲裁员费用

第 69 条

1. 仲裁员费用使用的货币及金额、支付方式和时间等由中心与仲裁员和双方当事人协商后根据本条规定确定。

2. 除非当事双方与仲裁员之间另有约定,仲裁员费用的金额根据仲裁开始之日适用的费用表中规定的最高和最低金额之间的范围内确定,同时考虑到仲裁员进行仲裁约需要的时间、争议金额、争议标的的复杂程度、案件的紧迫性及其他与案件有关的各种情况。

预　付　金

第 70 条

1. 自收到中心发出的组庭通知之日起,申诉人和被诉人应按第 71 条规定预付金额的仲裁费用开支,具体金额由中心确定。

2. 在仲裁过程中,中心可以要求双方当事人支付追加预付金。

3. 如果应付预付金自收到有关通知后 30 日内未能缴足,中心应通知双方当事人,以便使他们之中的一方或另一方当事人补足应付款项。

4. 如果反诉金额远远超出申诉金额,或者涉及对重大不同事项的审议,或者其出现在其他场合更为合适,中心有权设立单独的申诉和反诉预付金账号。如果设立了上述单独账号,申诉总预付金由申诉人支付,反诉预付金由被诉人支付。

5. 如果当事一方未能在中心第二次书面催款后 15 日内仍未缴足预付款,则视为已撤销有关的申诉或反诉。

6. 裁决作出后,中心应根据裁决向双方当事人开出已收到的预付金账单,向双方返还未花费的余额,或者要求双方当事人支付欠款。

仲裁费用的裁决

第 71 条

1. 仲裁庭在裁决中应叙明下列仲裁费用的金额:

(1) 仲裁员的费用;

(2) 仲裁员由于旅行、通讯和其他支出所发生的合理费用;

(3) 仲裁庭根据本规则所需要的专家咨询及类似其他协助所支出的费用;及

(4) 进行仲裁程序所必须的其他花费,如会谈和听审设施所需要的费用。

2. 上面提到的各项费用应尽可能地记入第 70 条项下的预付款中。

3. 仲裁庭可根据双方当事人的约定,将中心收取的仲裁费、注册费和行政费根据案件的具体情况和仲裁结果等在双方当事人之间按一定的比例分担。

由一方当事人承担费用的裁决

第72条

除非当事双方另有相反的约定及根据案件的情况和仲裁结果，仲裁庭可在其裁决中令一方当事人支付另一方当事人由于该案所发生的全部或部分合理支出的费用，包括法定代表人和证人的费用。

七、保　　密

仲裁存在的秘密

第73条

1. 除非在法院对仲裁提出异议或涉及执行裁决的诉讼所必须的范围，任何当事方不得单方面将任何有关仲裁的资料向任何第三方披露，如法律或制定规章的机构要求作上述披露，则披露仅限于：

(1) 只能在法律所需要的范围内披露；

(2) 如果披露发生在仲裁期间，则应向仲裁庭和对方当事人讲明其披露的内容并说明其原因。如果披露发生在仲裁终止之后，只要向对方当事人讲明披露的内容并说明其原因即可。

2. 除前款规定者外，当事一方可以向其负有善意履行债务的第三方披露仲裁双方当事人的名称和所寻求的救济，但只能为此目的。

仲裁期间披露的秘密

第74条

1. 除了第52条规定的专门措施外，一方当事人或证人在仲裁中提供的文据或其他证据应视为秘密的，在这些证据所阐述的信息资料尚未为公众所知的范围内，完全是由于参加仲裁而接触到此信息的当事一方，无论出于何种目的，如果没有当事双方同意或管辖法院发布的命令，都不得使用或将其泄露给第三方。

2. 为了本条的目的，一方当事人传唤的证人不得视为第三方。证人在仲裁中为准备证人证言而接触到的证据或其他资料的范围内，要求传唤此证人的当事一方应对该证人应承担与该方当事人相同的保密义务承担责任。

仲裁的保密

第75条

双方当事人应对裁决承担保密义务，只有在下列情况下，才可以向第三方披露：

(1) 当事双方同意；或

(2) 由于在一国法院或其他主管机构涉诉而进入公共领域；或

(3) 为遵守对一方当事人所提出的法律上的要求或为保护一方当事人的法定权利免遭第三方侵害所必须进行的披露。

中心和仲裁员的保密义务

第 76 条

1. 除非当事双方另有约定,中心和仲裁员应对仲裁及尚未进入公共领域的裁决,以及仲裁中披露的任何文件及证据等,承担保密义务,但与裁决有关的法院诉讼所必须的和法律另有规定的资料除外。

2. 除前款规定者外,中心在公布其活动时,可以包括有关仲裁的汇总统计资料。但不得暴露争议双方当事人的名称及其争议的具体内容。

八、其　　他

免　　责

第 77 条

除非为故意的错误行为,仲裁庭成员、世界知识产权组织和中心对仲裁有关的任何行为或疏忽,不对当事人承担责任。

放弃在名誉案件中的引证权

第 78 条

当事各方和接受指定的仲裁员同意:他们或其代表在准备仲裁和仲裁过程中所作的或使用的任何书面或口头陈述和评论不得用于或支持任何诬陷、诽谤、中伤之诉及任何有关的申诉,并且,可援引本条阻止任何此类诉讼。

(费用表略去)

(资料来源:赵秀文主编:《国际经济贸易仲裁法教学参考资料》,中国法制出版社 1999 年版,第 290—322 页。)

美国仲裁协会国际争端解决程序
（含调解和仲裁规则）（2007）
International Dispute Resolution Procedures of the American Arbitration Association (Including Mediation and Arbitration Rules), 2007

(Amended and Effective September 1, 2007)

Table of Contents

Introduction

The international business community uses arbitration to resolve commercial disputes arising in the global marketplace. Supportive laws are in place. The New York Convention of 1958 has been widely adopted, providing a favorable legislative climate that enables the enforcement of arbitration clauses. International commercial arbitration awards are recognized by national courts in most parts of the world, even more than foreign court judgments. A key component to the successful resolution of an international commercial dispute is the role played by the administrative institution. The International Centre for Dispute Resolution® (ICDR) is the international division of the American Arbitration Association (AAA) charged with the exclusive administration of all of the AAA's international matters. The ICDR's experience, international expertise and multilingual staff forms an integral part of the dispute resolution process. The ICDR's international system is premised on its ability to move the matter forward, facilitate communications, ensure that qualified arbitrators and mediators are appointed, control costs, understand cultural sensitivities, resolve procedural impasses and properly interpret and apply its International Arbitration and Mediation Rules. Additionally, the ICDR has many cooperative agreements with arbitral institutions around the world for facilitating the administration of its international cases.

International Mediation

The parties might wish to submit their dispute to an international mediation prior to arbitration. In mediation, an impartial and independent mediator assists the parties in reaching a settlement but does not have the authority to make a binding decision or award. International Mediation is administered by the ICDR in accordance with its International Mediation Rules. There is no additional administrative fee where parties to a pending arbitration attempt to mediate their dispute under the ICDR's auspices.

If the parties want to adopt mediation as a part of their contractual dispute settlement procedure, they can insert the following mediation clause into their contract in conjunction with a standard arbitration provision:

If a dispute arises out of or relates to this contract, or the breach thereof, and if the dispute cannot be settled through negotiation, the parties agree first to try in good faith to settle the dispute by mediation in accordance with the International Mediation Rules of the International Centre for Dispute Resolution before resorting to arbitration, litigation, or some other dispute resolution procedure.

If the parties want to use a mediator to resolve an existing dispute, they can enter into the following submission:

The parties hereby submit the following dispute to mediation administered by the International Centre for Dispute Resolution in accordance with its International Mediation Rules. (The clause may also provide for the qualifications of the mediator(s), method of payment, locale of meetings, and any other item of concern to the parties.)

The ICDR can schedule the mediation anywhere in the world and will propose a list of specialized international mediators.

International Arbitration

As the ICDR is a division of the AAA, parties can arbitrate future disputes under these rules by inserting either of the following clauses into their contracts:

"Any controversy or claim arising out of or relating to this contract, or the breach thereof, shall be determined by arbitration administered by the International Centre for Dispute Resolution in accordance with its International Arbitration Rules."

or

"Any controversy or claim arising out of or relating to this contract, or the breach thereof, shall be determined by arbitration administered by the American Arbitration Association in accordance with its International Arbitration Rules."

The parties may wish to consider adding:

(a) "The number of arbitrators shall be (one or three)";

(b) "The place of arbitration shall be (city and/or country)"; or

(c) "The language(s) of the arbitration shall be ______________________."

Parties are encouraged, when writing their contracts or when a dispute arises, to request a conference, in person or by telephone, with the ICDR, to discuss an appropriate method for selection of arbitrators or any other matter that might facilitate efficient arbitration of the dispute. Under these rules, the parties are free to adopt any mutually agreeable procedure for appointing arbitrators, or may designate arbitrators upon whom they agree. Parties can reach agreements concerning appointing arbitrators either when writing their contracts or after a dispute has arisen. This flexible procedure permits parties to utilize whatever method they consider best suits their needs. For example, parties may choose to have a sole arbitrator or a tribunal of three or more. They may agree that arbitrators shall be appointed by the ICDR, or that each side shall designate one arbitrator and those two shall name a third, with the ICDR making appointments if the tribunal is not promptly formed by that procedure. Parties may mutually request the ICDR to submit to them a list of arbitrators from which each can delete names not acceptable to it, or the parties may instruct the ICDR to appoint arbitrators without the submission of lists, or may leave that matter to the sole discretion of the ICDR. Parties also may agree on a variety of other methods for establishing the tribunal. In any event, if parties are unable to agree on a procedure for appointing arbitrators or on the designation of arbitrators, the ICDR, after inviting consultation by the parties, will appoint the arbitrators. The rules thus provide for the fullest exercise of party autonomy, while assuring that the ICDR is available to act if the parties cannot reach mutual agreement. By providing for arbitration under these rules, parties can avoid the uncertainty of having to petition a local court to resolve procedural impasses. These rules, as administered by the IDCR, are intended to provide prompt, effective and economical arbitration services to the global business community.

Whenever a singular term is used in the rules, such as "party," "claimant" or "arbitrator," that term shall include the plural if there is more than one such entity.

Parties filing an international case with the International Centre for Dispute Resolution, or the AAA, may do so by directly contacting the ICDR in New York or the Dublin, Ireland office, or by contacting any one of the AAA's regional offices.

Further information about these rules can be secured by contacting the International Centre for Dispute Resolution at 888-855-9575 or by visiting the ICDR's Web site at www. icdr. org.

International Mediation Rules

M-1 Agreement of Parties

Whenever parties have agreed in writing to mediate disputes under these International Mediation Rules, or have provided for mediation or conciliation of existing or future international disputes under the auspices of the International Centre for Dispute Resolution, the international division of the American Arbitration Association, or the American Arbitration Association without designating particular rules, they shall be deemed to have made these rules, as amended and in effect as of the date of the submission of the dispute, a part of their agreement.

The parties by mutual agreement may vary any part of these procedures including, but not limited to, agreeing to conduct the mediation via telephone or other electronic or technical means.

M-2 Initiation of Mediation

Any party or parties to a dispute may initiate mediation under the ICDR's auspices by making a request for mediation to any of the ICDR's regional offices or case management centers via telephone, email, regular mail or fax. Requests for mediation may also be filed online via AAA Web-File at www. adr. org.

The party initiating the mediation shall simultaneously notify the other party or parties of the request. The initiating party shall provide the following information to the ICDR and the other party or parties as applicable:

1. A copy of the mediation provision of the parties' contract or the parties' stipulation to mediate.

2. The names, regular mail addresses, email addresses, and telephone numbers of all parties to the dispute and representatives, if any, in the mediation.

3. A brief statement of the nature of the dispute and the relief requested.

4. Any specific qualifications the mediator should possess.

Where there is no preexisting stipulation or contract by which the parties have provided for mediation of existing or future disputes under the auspices of the ICDR a party may request the ICDR to invite another party to participate in "mediation by voluntary submission". Upon receipt of such a request, the ICDR will contact the other party or parties involved in the dispute and attempt to obtain a submission to mediation.

M-3 Representation

Subject to any applicable law, any party may be represented by persons of the party's choice. The names and addresses of such persons shall be communicated in writing to all parties and to the ICDR

M-4 Appointment of the Mediator

Parties may search the online profiles of the ICDR's Panel of Mediators at www. aaamediation. com in an effort to agree on a mediator. If the parties have not agreed to the appointment of a mediator and have not provided any other method of appointment, the mediator shall be appointed in the following manner:

1. Upon receipt of a request for mediation, the ICDR will send to each party a list of mediators from the ICDR's Panel of Mediators. The parties are encouraged to agree to a mediator from the submitted list and to advise the ICDR of their agreement.

2. If the parties are unable to agree upon a mediator, each party shall strike unacceptable names from the list, number the remaining names in order of preference, and return the list to the ICDR If a party does not return the list within the time specified, all mediators on the list shall be deemed acceptable. From among the mediators who have been mutually approved by the parties, and in accordance with the designated order of mutual preference, the ICDR shall invite a mediator to serve.

3. If the parties fail to agree on any of the mediators listed, or if acceptable mediators are unable to serve, or if for any other reason the appointment cannot be made from the submitted list, the ICDR shall have the authority to make the appointment from among other members of the Panel of Mediators without the submission of additional lists.

M-5 Mediator's Impartiality and Duty to Disclose

ICDR mediators are required to abide by the *Model Standards of Conduct for Mediators* in effect at the time a mediator is appointed to a case. Where there is a conflict between the *Model Standards* and any provision of these Mediation Procedures, these Mediation Procedures shall govern. The *Standards* require mediators to (i) decline a mediation if the mediator cannot conduct it in an impartial manner, and (ii) disclose, as soon as practicable, all actual and potential conflicts of interest that are reasonably known to the mediator and could reasonably be seen as raising a question about the mediator's impartiality.

Prior to accepting an appointment, ICDR mediators are required to make a reasonable inquiry to determine whether there are any facts that a reasonable individual would consider likely to create a potential or actual conflict of interest for the mediator. ICDR mediators are required to disclose any circumstance likely to create a presumption of bias or prevent a resolution of the parties' dispute within the time-frame desired by the parties. Upon receipt of such disclosures, the ICDR shall immediately communicate the disclosures to the parties for their comments.

The parties may, upon receiving disclosure of actual or potential conflicts of interest of the mediator, waive such conflicts and proceed with the mediation. In the event that a party disagrees as to whether the mediator shall serve, or in the event that the mediator's conflict of interest might reasonably be viewed as undermining the integrity of the mediation, the mediator shall be replaced.

M-6 Vacancies

If any mediator shall become unwilling or unable to serve, the ICDR will appoint another mediator, unless the parties agree otherwise, in accordance with section M-4.

M-7 Duties and Responsibilities of the Mediator

1. The mediator shall conduct the mediation based on the principle of party self-determination. Self-determination is the act of coming to a voluntary, uncoerced decision in which each party makes free and informed choices as to process and outcome.

2. The mediator is authorized to conduct separate or ex parte meetings and other communications with the parties and/or their representatives, before, during, and after any scheduled mediation conference. Such communications may be conducted via telephone, in writing, via email, online, in person or otherwise.

3. The parties are encouraged to exchange all documents pertinent to the relief requested. The mediator may request the exchange of memoranda on issues, including the underlying interests and the history of the parties' negotiations. Information that a party wishes to keep confidential may be sent to the mediator, as necessary, in a separate communication with the mediator.

4. The mediator does not have the authority to impose a settlement on the parties but will attempt to help them reach a satisfactory resolution of their dispute. Subject to the discretion of the mediator, the mediator may make oral or written recommendations for settlement to a party privately or, if the parties agree, to all parties jointly.

5. In the event a complete settlement of all or some issues in dispute is not achieved within the scheduled mediation session(s), the mediator may continue to communicate with the parties, for a period of time, in an ongoing effort to facilitate a complete settlement.

6. The mediator is not a legal representative of any party and has no fiduciary duty to any party.

M-8 Responsibilities of the Parties

The parties shall ensure that appropriate representatives of each party, having authority to consummate a settlement, attend the mediation conference.

Prior to and during the scheduled mediation conference session(s) the parties and their representatives shall, as appropriate to each party's circumstances, exercise their best efforts to prepare for and engage in a meaningful and productive mediation.

M-9 Privacy

Mediation sessions and related mediation communications are private proceedings. The parties and their representatives may attend mediation sessions. Other persons may attend only with the permission of the parties and with the consent of the mediator.

M-10 Confidentiality

Subject to applicable law or the parties' agreement, confidential information disclosed to a mediator by the parties or by other participants (witnesses) in the course of the mediation shall not be divulged by the mediator. The mediator shall maintain the confidentiality of all information obtained in the mediation, and all records, reports, or other documents received by a mediator while serving in that capacity shall be confidential.

The mediator shall not be compelled to divulge such records or to testify in regard to the mediation in any adversary proceeding or judicial forum.

The parties shall maintain the confidentiality of the mediation and shall not rely on, or introduce as evidence in any arbitral, judicial, or other proceeding the following, unless agreed to by the parties or required by applicable law:

1. Views expressed or suggestions made by a party or other participant with respect to a possible settlement of the dispute;

2. Admissions made by a party or other participant in the course of the mediation proceedings;

3. Proposals made or views expressed by the mediator; or

4. The fact that a party had or had not indicated willingness to accept a proposal for settlement made by the mediator.

M-11 No Stenographic Record

There shall be no stenographic record of the mediation process.

M-12 Termination of Mediation

The mediation shall be terminated:

1. By the execution of a settlement agreement by the parties; or

2. By a written or verbal declaration of the mediator to the effect that further efforts at mediation would not contribute to a resolution of the parties' dispute; or

3. By a written or verbal declaration of all parties to the effect that the mediation proceedings are terminated; or

4. When there has been no communication between the mediator and any party or party's representative for 21 days following the conclusion of the mediation conference.

M-13 Exclusion of Liability

Neither the ICDR nor any mediator is a necessary party in judicial proceedings relating to the mediation. Neither the ICDR nor any mediator shall be liable to any party for any error, act or omission in connection with any mediation conducted under these procedures.

M-14 Interpretation and Application of Procedures

The mediator shall interpret and apply these procedures insofar as they relate to the mediator's duties and responsibilities. All other procedures shall be interpreted and applied by the ICDR.

M-15 Deposits

Unless otherwise directed by the mediator, the ICDR will require the parties to deposit in advance of the mediation conference such sums of money as it, in consultation with the mediator, deems necessary to cover the costs and expenses of the mediation and shall render an accounting to the parties and return any unexpended balance at the conclusion of the mediation.

M-16 Expenses

All expenses of the mediation, including required traveling and other expenses or charges of the mediator, shall be borne equally by the parties unless they agree otherwise. The expenses of participants for either side shall be paid by the party requesting the attendance of such participants.

M-17 Cost of the Mediation

There is no filing fee to initiate a mediation or a fee to request the ICDR to invite parties to mediate.

The cost of mediation is based on the hourly mediation rate published on the mediator's ICDR profile. This rate covers both mediator compensation and an allocated portion for the ICDR's services. There is a fouR-hour minimum charge for a mediation conference. Expenses referenced in Section M-16 may also apply.

If a matter submitted for mediation is withdrawn or cancelled or results in a settlement after the agreement to mediate is filed but prior to the mediation conference the cost is $ 250 plus any mediator time and charges incurred.

The parties will be billed equally for all costs unless they agree otherwise.

If you have question about mediation costs or services visit our website at www. icdr. org or contact us at +01. 888. 855. 9575.

M-18 Language

If the parties have not agreed otherwise, the language(s) of the mediation shall be that of the documents containing the mediation agreement.

Conference Room Rental

The costs described above do not include the use of ICDR conference rooms. Conference rooms are available on a rental basis. Please contact your local ICDR office for availability and rates.

International Arbitration Rules

Article 1

1. Where parties have agreed in writing to arbitrate disputes under these International Arbitration Rules or have provided for arbitration of an international dispute by the International Centre for Dispute Resolution or the American Arbitration Association without designating particular rules, the arbitration shall take place in accordance with these rules, as in effect at the date of commencement of the arbitration, subject to whatever modifications the parties may adopt in writing.

2. These rules govern the arbitration, except that, where any such rule is in conflict with any

provision of the law applicable to the arbitration from which the parties cannot derogate, that provision shall prevail.

3. These rules specify the duties and responsibilities of the administrator, the International Centre for Dispute Resolution, a division of the American Arbitration Association. The administrator may provide services through its Centre, located in New York, or through the facilities of arbitral institutions with which it has agreements of cooperation.

R-1 Commencing the Arbitration Notice of Arbitration and Statement of Claim

Article 2

1. The party initiating arbitration ("claimant") shall give written notice of arbitration to the administrator and at the same time to the party against whom a claim is being made ("respondent").

2. Arbitral proceedings shall be deemed to commence on the date on which the administrator receives the notice of arbitration.

3. The notice of arbitration shall contain a statement of claim including the following:

(a) a demand that the dispute be referred to arbitration;

(b) the names, addresses and telephone numbers of the parties;

(c) a reference to the arbitration clause or agreement that is invoked;

(d) a reference to any contract out of or in relation to which the dispute arises;

(e) a description of the claim and an indication of the facts supporting it;

(f) the relief or remedy sought and the amount claimed; and

(g) may include proposals as to the means of designating and the number of arbitrators, the place of arbitration and the language(s) of the arbitration.

4. Upon receipt of the notice of arbitration, the administrator shall communicate with all parties with respect to the arbitration and shall acknowledge the commencement of the arbitration.

Statement of Defense and Counterclaim

Article 3

1. Within 30 days after the commencement of the arbitration, a respondent shall submit a written statement of defense, responding to the issues raised in the notice of arbitration, to the claimant and any other parties, and to the administrator.

2. At the time a respondent submits its statement of defense, a respondent may make counterclaims or assert setoffs as to any claim covered by the agreement to arbitrate, as to which the claimant shall within 30 days submit a written statement of defense to the respondent and any other parties and to the administrator.

3. A respondent shall respond to the administrator, the claimant and other parties within 30 days after the commencement of the arbitration as to any proposals the claimant may have made as to

the number of arbitrators, the place of the arbitration or the language(s) of the arbitration, except to the extent that the parties have previously agreed as to these matters.

4. The arbitral tribunal, or the administrator if the arbitral tribunal has not yet been formed, may extend any of the time limits established in this article if it considers such an extension justified.

Amendments to Claims

Article 4

During the arbitral proceedings, any party may amend or supplement its claim, counterclaim or defense, unless the tribunal considers it inappropriate to allow such amendment or supplement because of the party's delay in making it, prejudice to the other parties or any other circumstances. A party may not amend or supplement a claim or counterclaim if the amendment or supplement would fall outside the scope of the agreement to arbitrate.

R-2 The Tribunal

Number of Arbitrators

Article 5

If the parties have not agreed on the number of arbitrators, one arbitrator shall be appointed unless the administrator determines in its discretion that three arbitrators are appropriate because of the large size, complexity or other circumstances of the case.

Appointment of Arbitrators

Article 6

1. The parties may mutually agree upon any procedure for appointing arbitrators and shall inform the administrator as to such procedure.

2. The parties may mutually designate arbitrators, with or without the assistance of the administrator. When such designations are made, the parties shall notify the administrator so that notice of the appointment can be communicated to the arbitrators, together with a copy of these rules.

3. If within 45 days after the commencement of the arbitration, all of the parties have not mutually agreed on a procedure for appointing the arbitrator(s) or have not mutually agreed on the designation of the arbitrator(s), the administrator shall, at the written request of any party, appoint the arbitrator(s) and designate the presiding arbitrator. If all of the parties have mutually agreed upon a procedure for appointing the arbitrator(s), but all appointments have not been made within the time limits provided in that procedure, the administrator shall, at the written request of any party, perform all functions provided for in that procedure that remain to be performed.

4. In making such appointments, the administrator, after inviting consultation with the parties, shall endeavor to select suitable arbitrators. At the request of any party or on its own initiative, the administrator may appoint nationals of a country other than that of any of the parties.

5. Unless the parties have agreed otherwise no later than 45 days after the commencement of the arbitration, if the notice of arbitration names two or more claimants or two or more respondents, the administrator shall appoint all the arbitrators.

Impartiality and Independence of Arbitrators

Article 7

1. Arbitrators acting under these rules shall be impartial and independent. Prior to accepting appointment, a prospective arbitrator shall disclose to the administrator any circumstance likely to give rise to justifiable doubts as to the arbitrator's impartiality or independence. If, at any stage during the arbitration, new circumstances arise that may give rise to such doubts, an arbitrator shall promptly disclose such circumstances to the parties and to the administrator. Upon receipt of such information from an arbitrator or a party, the administrator shall communicate it to the other parties and to the tribunal.

2. No party or anyone acting on its behalf shall have any ex parte communication relating to the case with any arbitrator, or with any candidate for appointment as party-appointed arbitrator except to advise the candidate of the general nature of the controversy and of the anticipated proceedings and to discuss the candidate's qualifications, availability or independence in relation to the parties, or to discuss the suitability of candidates for selection as a third arbitrator where the parties or party designated arbitrators are to participate in that selection. No party or anyone acting on its behalf shall have any ex parte communication relating to the case with any candidate for presiding arbitrator.

Challenge of Arbitrators

Article 8

1. A party may challenge any arbitrator whenever circumstances exist that give rise to justifiable doubts as to the arbitrator's impartiality or independence. A party wishing to challenge an arbitrator shall send notice of the challenge to the administrator within 15 days after being notified of the appointment of the arbitrator or within 15 days after the circumstances giving rise to the challenge become known to that party.

2. The challenge shall state in writing the reasons for the challenge.

3. Upon receipt of such a challenge, the administrator shall notify the other parties of the challenge. When an arbitrator has been challenged by one party, the other party or parties may agree to the acceptance of the challenge and, if there is agreement, the arbitrator shall withdraw. The challenged arbitrator may also withdraw from office in the absence of such agreement. In neither case does withdrawal imply acceptance of the validity of the grounds for the challenge.

Article 9

If the other party or parties do not agree to the challenge or the challenged arbitrator does not withdraw, the administrator in its sole discretion shall make the decision on the challenge.

Replacement of an Arbitrator

Article 10

If an arbitrator withdraws after a challenge, or the administrator sustains the challenge, or the administrator determines that there are sufficient reasons to accept the resignation of an arbitrator, or an arbitrator dies, a substitute arbitrator shall be appointed pursuant to the provisions of Article 6, unless the parties otherwise agree.

Article 11

1. If an arbitrator on a three-person tribunal fails to participate in the arbitration for reasons other than those identified in Article 10, the two other arbitrators shall have the power in their sole discretion to continue the arbitration and to make any decision, ruling or award, notwithstanding the failure of the third arbitrator to participate. In determining whether to continue the arbitration or to render any decision, ruling or award without the participation of an arbitrator, the two other arbitrators shall take into account the stage of the arbitration, the reason, if any, expressed by the third arbitrator for such nonparticipation, and such other matters as they consider appropriate in the circumstances of the case. In the event that the two other arbitrators determine not to continue the arbitration without the participation of the third arbitrator, the administrator on proof satisfactory to it shall declare the office vacant, and a substitute arbitrator shall be appointed pursuant to the provisions of Article 6, unless the parties otherwise agree.

2. If a substitute arbitrator is appointed under either Article 10 or Article 11, the tribunal shall determine at its sole discretion whether all or part of any prior hearings shall be repeated.

R-3 General Conditions

Representation

Article 12

Any party may be represented in the arbitration. The names, addresses and telephone numbers of representatives shall be communicated in writing to the other parties and to the administrator. Once the tribunal has been established, the parties or their representatives may communicate in writing directly with the tribunal.

Place of Arbitration

Article 13

1. If the parties disagree as to the place of arbitration, the administrator may initially determine the place of arbitration, subject to the power of the tribunal to determine finally the place of arbitration within 60 days after its constitution. All such determinations shall be made having regard for the contentions of the parties and the circumstances of the arbitration.

2. The tribunal may hold conferences or hear witnesses or inspect property or documents at any place it deems appropriate. The parties shall be given sufficient written notice to enable them to be

present at any such proceedings.

Language

Article 14

If the parties have not agreed otherwise, the language(s) of the arbitration shall be that of the documents containing the arbitration agreement, subject to the power of the tribunal to determine otherwise based upon the contentions of the parties and the circumstances of the arbitration. The tribunal may order that any documents delivered in another language shall be accompanied by a translation into the language(s) of the arbitration.

Pleas as to Jurisdiction

Article 15

1. The tribunal shall have the power to rule on its own jurisdiction, including any objections with respect to the existence, scope or validity of the arbitration agreement.

2. The tribunal shall have the power to determine the existence or validity of a contract of which an arbitration clause forms a part. Such an arbitration clause shall be treated as an agreement independent of the other terms of the contract. A decision by the tribunal that the contract is null and void shall not for that reason alone render invalid the arbitration clause.

3. A party must object to the jurisdiction of the tribunal or to the arbitrability of a claim or counterclaim no later than the filing of the statement of defense, as provided in Article 3, to the claim or counterclaim that gives rise to the objection. The tribunal may rule on such objections as a preliminary matter or as part of the final award.

Conduct of the Arbitration

Article 16

1. Subject to these rules, the tribunal may conduct the arbitration in whatever manner it considers appropriate, provided that the parties are treated with equality and that each party has the right to be heard and is given a fair opportunity to present its case.

2. The tribunal, exercising its discretion, shall conduct the proceedings with a view to expediting the resolution of the dispute. It may conduct a preparatory conference with the parties for the purpose of organizing, scheduling and agreeing to procedures to expedite the subsequent proceedings.

3. The tribunal may in its discretion direct the order of proof, bifurcate proceedings, exclude cumulative or irrelevant testimony or other evidence, and direct the parties to focus their presentations on issues the decision of which could dispose of all or part of the case.

4. Documents or information supplied to the tribunal by one party shall at the same time be communicated by that party to the other party or parties.

Further Written Statements

Article 17

1. The tribunal may decide whether the parties shall present any written statements in addition to statements of claims and counterclaims and statements of defense, and it shall fix the periods of time for submitting any such statements.

2. The periods of time fixed by the tribunal for the communication of such written statements should not exceed 45 days. However, the tribunal may extend such time limits if it considers such an extension justified.

Notices

Article 18

1. Unless otherwise agreed by the parties or ordered by the tribunal, all notices, statements and written communications may be served on a party by air mail, air courier, facsimile transmission, telex, telegram or other written forms of electronic communication addressed to the party or its representative at its last known address or by personal service.

2. For the purpose of calculating a period of time under these rules, such period shall begin to run on the day following the day when a notice, statement or written communication is received. If the last day of such period is an official holiday at the place received, the period is extended until the first business day which follows. Official holidays occurring during the running of the period of time are included in calculating the period.

Evidence

Article 19

1. Each party shall have the burden of proving the facts relied on to support its claim or defense.

2. The tribunal may order a party to deliver to the tribunal and to the other parties a summary of the documents and other evidence which that party intends to present in support of its claim, counterclaim or defense.

3. At any time during the proceedings, the tribunal may order parties to produce other documents, exhibits or other evidence it deems necessary or appropriate.

Hearings

Article 20

1. The tribunal shall give the parties at least 30 days advance notice of the date, time and place of the initial oral hearing. The tribunal shall give reasonable notice of subsequent hearings.

2. At least 15 days before the hearings, each party shall give the tribunal and the other parties the names and addresses of any witnesses it intends to present, the subject of their testimony and the languages in which such witnesses will give their testimony.

3. At the request of the tribunal or pursuant to mutual agreement of the parties, the administrator shall make arrangements for the interpretation of oral testimony or for a record of the hearing.

4. Hearings are private unless the parties agree otherwise or the law provides to the contrary. The tribunal may require any witness or witnesses to retire during the testimony of other witnesses. The tribunal may determine the manner in which witnesses are examined.

5. Evidence of witnesses may also be presented in the form of written statements signed by them.

6. The tribunal shall determine the admissibility, relevance, materiality and weight of the evidence offered by any party. The tribunal shall take into account applicable principles of legal privilege, such as those involving the confidentiality of communications between a lawyer and client.

Interim Measures of Protection

Article 21

1. At the request of any party, the tribunal may take whatever interim measures it deems necessary, including injunctive relief and measures for the protection or conservation of property.

2. Such interim measures may take the form of an interim award, and the tribunal may require security for the costs of such measures.

3. A request for interim measures addressed by a party to a judicial authority shall not be deemed incompatible with the agreement to arbitrate or a waiver of the right to arbitrate.

4. The tribunal may in its discretion apportion costs associated with applications for interim relief in any interim award or in the final award.

Experts

Article 22

1. The tribunal may appoint one or more independent experts to report to it, in writing, on specific issues designated by the tribunal and communicated to the parties.

2. The parties shall provide such an expert with any relevant information or produce for inspection any relevant documents or goods that the expert may require. Any dispute between a party and the expert as to the relevance of the requested information or goods shall be referred to the tribunal for decision.

3. Upon receipt of an expert's report, the tribunal shall send a copy of the report to all parties and shall give the parties an opportunity to express, in writing, their opinion on the report. A party may examine any document on which the expert has relied in such a report.

4. At the request of any party, the tribunal shall give the parties an opportunity to question the expert at a hearing. At this hearing, parties may present expert witnesses to testify on the points at issue.

Default

Article 23

1. If a party fails to file a statement of defense within the time established by the tribunal without showing sufficient cause for such failure, as determined by the tribunal, the tribunal may proceed with the arbitration.

2. If a party, duly notified under these rules, fails to appear at a hearing without showing sufficient cause for such failure, as determined by the tribunal, the tribunal may proceed with the arbitration.

3. If a party, duly invited to produce evidence or take any other steps in the proceedings, fails to do so within the time established by the tribunal without showing sufficient cause for such failure, as determined by the tribunal, the tribunal may make the award on the evidence before it.

Closure of Hearing

Article 24

1. After asking the parties if they have any further testimony or evidentiary submissions and upon receiving negative replies or if satisfied that the record is complete, the tribunal may declare the hearings closed.

2. The tribunal in its discretion, on its own motion or upon application of a party, may reopen the hearings at any time before the award is made.

Waiver of Rules

Article 25

A party who knows that any provision of the rules or requirement under the rules has not been complied with, but proceeds with the arbitration without promptly stating an objection in writing thereto, shall be deemed to have waived the right to object.

Awards, Decisions and Rulings

Article 26

1. When there is more than one arbitrator, any award, decision or ruling of the arbitral tribunal shall be made by a majority of the arbitrators. If any arbitrator fails to sign the award, it shall be accompanied by a statement of the reason for the absence of such signature.

2. When the parties or the tribunal so authorize, the presiding arbitrator may make decisions or rulings on questions of procedure, subject to revision by the tribunal.

Form and Effect of the Award

Article 27

1. Awards shall be made in writing, promptly by the tribunal, and shall be final and binding on the parties. The parties undertake to carry out any such award without delay.

2. The tribunal shall state the reasons upon which the award is based, unless the parties have agreed that no reasons need be given.

3. The award shall contain the date and the place where the award was made, which shall be the place designated pursuant to Article 13.

4. An award may be made public only with the consent of all parties or as required by law.

5. Copies of the award shall be communicated to the parties by the administrator.

6. If the arbitration law of the country where the award is made requires the award to be filed or registered, the tribunal shall comply with such requirement.

7. In addition to making a final award, the tribunal may make interim, interlocutory or partial orders and awards.

8. Unless otherwise agreed by the parties, the administrator may publish or otherwise make publicly available selected awards, decisions and rulings that have been edited to conceal the names of the parties and other identifying details or that have been made publicly available in the course of enforcement or otherwise.

Applicable Laws and Remedies

Article 28

1. The tribunal shall apply the substantive law(s) or rules of law designated by the parties as applicable to the dispute. Failing such a designation by the parties, the tribunal shall apply such law(s) or rules of law as it determines to be appropriate.

2. In arbitrations involving the application of contracts, the tribunal shall decide in accordance with the terms of the contract and shall take into account usages of the trade applicable to the contract.

3. The tribunal shall not decide as amiable compositeur or ex aequo et bono unless the parties have expressly authorized it to do so.

4. A monetary award shall be in the currency or currencies of the contract unless the tribunal considers another currency more appropriate, and the tribunal may award such pre-award and post-award interest, simple or compound, as it considers appropriate, taking into consideration the contract and applicable law.

5. Unless the parties agree otherwise, the parties expressly waive and forego any right to punitive, exemplary or similar damages unless a statute requires that compensatory damages be increased in a specified manner. This provision shall not apply to any award of arbitration costs to a party to compensate for dilatory or bad faith conduct in the arbitration.

Settlement or Other Reasons for Termination

Article 29

1. If the parties settle the dispute before an award is made, the tribunal shall terminate the arbitration and, if requested by all parties, may record the settlement in the form of an award on agreed terms. The tribunal is not obliged to give reasons for such an award.

2. If the continuation of the proceedings becomes unnecessary or impossible for any other reason, the tribunal shall inform the parties of its intention to terminate the proceedings. The tribunal shall thereafter issue an order terminating the arbitration, unless a party raises justifiable grounds for objection.

Interpretation or Correction of the Award

Article 30

1. Within 30 days after the receipt of an award, any party, with notice to the other parties, may request the tribunal to interpret the award or correct any clerical, typographical or computation errors or make an additional award as to claims presented but omitted from the award.

2. If the tribunal considers such a request justified, after considering the contentions of the parties, it shall comply with such a request within 30 days after the request.

Costs

Article 31

The tribunal shall fix the costs of arbitration in its award. The tribunal may apportion such costs among the parties if it determines that such apportionment is reasonable, taking into account the circumstances of the case.

Such costs may include:

(a) the fees and expenses of the arbitrators;

(b) the costs of assistance required by the tribunal, including its experts;

(c) the fees and expenses of the administrator;

(d) the reasonable costs for legal representation of a successful party; and

(e) any such costs incurred in connection with an application for interim or emergency relief pursuant to Article 21.

Compensation of Arbitrators

Article 32

Arbitrators shall be compensated based upon their amount of service, taking into account their stated rate of compensation and the size and complexity of the case. The administrator shall arrange an appropriate daily or hourly rate, based on such considerations, with the parties and with each of the arbitrators as soon as practicable after the commencement of the arbitration. If the parties fail to agree on the terms of compensation, the administrator shall establish an appropriate rate and communicate it in writing to the parties.

Deposit of Costs

Article 33

1. When a party files claims, the administrator may request the filing party to deposit appropriate amounts as an advance for the costs referred to in Article 31, paragraphs (a), (b) and (c).

2. During the course of the arbitral proceedings, the tribunal may request supplementary deposits from the parties.

3. If the deposits requested are not paid in full within 30 days after the receipt of the request, the administrator shall so inform the parties, in order that one or the other of them may make the required payment. If such payments are not made, the tribunal may order the suspension or termination of the proceedings.

4. After the award has been made, the administrator shall render an accounting to the parties of the deposits received and return any unexpended balance to the parties.

Confidentiality

Article 34

Confidential information disclosed during the proceedings by the parties or by witnesses shall not be divulged by an arbitrator or by the administrator. Except as provided in Article 27, unless otherwise agreed by the parties, or required by applicable law, the members of the tribunal and the administrator shall keep confidential all matters relating to the arbitration or the award.

Exclusion of Liability

Article 35

The members of the tribunal and the administrator shall not be liable to any party for any act or omission in connection with any arbitration conducted under these rules, except that they may be liable for the consequences of conscious and deliberate wrongdoing.

Interpretation of Rules

Article 36

The tribunal shall interpret and apply these rules insofar as they relate to its powers and duties. The administrator shall interpret and apply all other rules.

Emergency Measures of Protection

Article 37

1. Unless the parties agree otherwise, the provisions of this Article 37 shall apply to arbitrations conducted under arbitration clauses or agreements entered on or after May 1, 2006.

2. A party in need of emergency relief prior to the constitution of the tribunal shall notify the administrator and all other parties in writing of the nature of the relief sought and the reasons why such relief is required on an emergency basis. The application shall also set forth the reasons why the party is entitled to such relief. Such notice may be given by e-mail, facsimile transmission, or other reliable means, but must include a statement certifying that all other parties have been notified or an explanation of the steps taken in good faith to notify other parties.

3. Within one business day of receipt of notice as provided in paragraph 2, the administrator shall appoint a single emergency arbitrator from a special panel of emergency arbitrators designated

to rule on emergency applications. Prior to accepting appointment, a prospective emergency arbitrator shall disclose to the administrator any circumstance likely to give rise to justifiable doubts to the arbitrator's impartiality or independence. Any challenge to the appointment of the emergency arbitrator must be made within one business day of the communication by the administrator to the parties of the appointment of the emergency arbitrator and the circumstances disclosed.

4. The emergency arbitrator shall as soon as possible, but in any event within two business days of appointment, establish a schedule for consideration of the application for emergency relief. Such schedule shall provide a reasonable opportunity to all parties to be heard, but may provide for proceedings by telephone conference or on written submissions as alternatives to a formal hearing. The emergency arbitrator shall have the authority vested in the tribunal under Article 15, including the authority to rule on her/his own jurisdiction, and shall resolve any disputes over the applicability of this Article 37.

5. The emergency arbitrator shall have the power to order or award any interim or conservancy measure the emergency arbitrator deems necessary, including injunctive relief and measures for the protection or conservation of property. Any such measure may take the form of an interim award or of an order. The emergency arbitrator shall give reasons in either case. The emergency arbitrator may modify or vacate the interim award or order for good cause shown.

6. The emergency arbitrator shall have no further power to act after the tribunal is constituted. Once the tribunal has been constituted, the tribunal may reconsider, modify or vacate the interim award or order of emergency relief issued by the emergency arbitrator. The emergency arbitrator may not serve as a member of the tribunal unless the parties agree otherwise.

7. Any interim award or order of emergency relief may be conditioned on provision by the party seeking such relief of appropriate security.

8. A request for interim measures addressed by a party to a judicial authority shall not be deemed incompatible with this Article 37 or with the agreement to arbitrate or a waiver of the right to arbitrate. If the administrator is directed by a judicial authority to nominate a special master to consider and report on an application for emergency relief, the administrator shall proceed as in Paragraph 2 of this article and the references to the emergency arbitrator shall be read to mean the special master, except that the special master shall issue a report rather than an interim award.

9. The costs associated with applications for emergency relief shall initially be apportioned by the emergency arbitrator or special master, subject to the power of the tribunal to determine finally the apportionment of such costs.

Administrative Fees

The administrative fees of the ICDR are based on the amount of the claim or counterclaim. Arbitrator compensation is not included in this schedule. Unless the parties agree otherwise, arbitrator compensation and administrative fees are subject to allocation by the arbitrator in the award.

Fees

An initial filing fee is payable in full by a filing party when a claim, counterclaim or additional claim is filed. A case service fee will be incurred for all cases that proceed to their first hearing. This fee will be payable in advance at the time that the first hearing is scheduled. This fee will be refunded at the conclusion of the case if no hearings have occurred.

However, if the administrator is not notified at least 24 hours before the time of the scheduled hearing, the case service fee will remain due and will not be refunded.

These fees will be billed in accordance with the following schedule:

Amount of Claim	Initial Filing Fee	Case Service Fee
Above $ 0 to $ 10,000	$ 750	$ 200
Above $ 10,000 to $ 75,000	$ 950	$ 300
Above $ 75,000 to $ 150,000	$ 1,800	$ 750
Above $ 150,000 to $ 300,000	$ 2,750	$ 1,250
Above $ 300,000 to $ 500,000	$ 4,250	$ 1,750
Above $ 500,000 to $ 1,000,000	$ 6,000	$ 2,500
Above $ 1,000,000 to $ 5,000,000	$ 8,000	$ 3,250
Above $ 5,000,000 to $ 10,000,000	$ 10,000	$ 4,000
Above $ 10,000,000 *		
Nonmonetary Claims * *	$ 3,250	$ 1,250

Fee Schedule for Claims in Excess of $ 10 Million.

The following is the fee schedule for use in disputes involving claims in excess of $ 10 million. If you have any questions, please consult your local AAA office or case management center.

Claim Size	Fee	Case Service Fee
$ 10 million and above	Base fee of $ 12,500 plus .01% of the amount of claim above $ 10 million.	$ 6,000
	Filing fees capped at $ 65,000	

* * This fee is applicable only when a claim or counterclaim is not for a monetary amount. Where a monetary claim amount is not known, parties will be required to state a range of claims or be subject to the highest possible filing fee.

Fees are subject to increase if the amount of a claim or counterclaim is modified after the initial filing date. Fees are subject to decrease if the amount of a claim or counterclaim is modified before the first hearing.

The minimum fees for any case having three or more arbitrators are $ 2,750 for the filing fee, plus a $ 1,250 case service fee.

Parties on cases held in abeyance for one year by agreement, will be assessed an annual abeyance fee of ＄300. If a party refuses to pay the assessed fee, the other party or parties may pay the entire fee on behalf of all parties, otherwise the matter will be closed.

Refund Schedule

The ICDR offers a refund schedule on filing fees. For cases with claims up to ＄75,000, a minimum filing fee of ＄300 will not be refunded. For all other cases, a minimum fee of ＄500 will not be refunded. Subject to the minimum fee requirements, refunds will be calculated as follows:

' 100% of the filing fee, above the minimum fee, will be refunded if the case is settled or withdrawn within five calendar days of filing.

' 50% of the filing fee will be refunded if the case is settled or withdrawn between six and 30 calendar days of filing.

' 25% of the filing fee will be refunded if the case is settled or withdrawn between 31 and 60 calendar days of filing. No refund will be made once an arbitrator has been appointed (this includes one arbitrator on a three-arbitrator panel). No refunds will be granted on awarded cases.

Note: the date of receipt of the demand for arbitration with the ICDR will be used to calculate refunds of filing fees for both claims and counterclaims.

Suspension for Nonpayment

If arbitrator compensation or administrative charges have not been paid in full, the administrator may so inform the parties in order that one of them may advance the required payment. If such payments are not made, the tribunal may order the suspension or termination of the proceedings. If no arbitrator has yet been appointed, the ICDR may suspend the proceedings.

Hearing Room Rental

The fees described above do not cover the rental of hearing rooms, which are available on a rental basis. Check with the ICDR for availability and rates.

（资料来源：http://www.adr.org/sp.asp? id=28144）

第十编

世界贸易组织(WTO)争端解决成案汇编*

* 本编是根据 WTO 官方网站发布的"WTO 争端解决案件最新概览"(Update of WTO Dispute Settlement Cases)中"专家组和上诉机构成案简介"(Completed Panel and Appellate Body Review)部分的内容翻译而来的,资料文号为 WT/DS/OV/27,出处为 http://docsonline.wto.org/DDFDocuments/t/WT/DS/OV27-00.doc;http://docsonline.wto.org/DDFDocuments/t/WT/DS/OV27-01.doc.

为了行文便利,译文中常会使用一些术语的简称,列表如下:

术语全称	术语简写
世界贸易组织	WTO
争端解决机构	DSB
《马拉喀什建立世界贸易组织协定》	《WTO 协定》
《1994 年关税与贸易总协定》	GATT1994
《实施卫生与植物卫生措施协定》	《SPS 协定》
《纺织品与服装协定》	ATC
《技术性贸易壁垒协定》	《TBT 协定》
《与贸易有关的投资措施协定》	《TRIMs 协定》
《关于实施 1994 年关税与贸易总协定第 6 条的协定》	《反倾销协定》
《关于实施 1994 年关税与贸易总协定第 7 条的规定》	《海关估价协定》
《补贴与反补贴措施协定》	《SCM 协定》
《服务贸易总协定》	GATS
《与贸易有关的知识产权协定》	《TRIPs 协定》
《关于争端解决规则与程序的谅解》	DSU

A. 已通过的专家组和上诉机构报告

1. 韩国——对于来自印尼的进口纸征收反倾销税(WT/DS312)

Korea—Anti-Dumping Duties on Imports of Certain Paper from Indonesia

由印度尼西亚提出申诉。2004 年 6 月 4 日，就韩国对自印尼进口的商业信息/新闻纸及打印纸征收最终反倾销税，以及导致征收此税的调查程序某些方面的问题，印尼请求与韩国进行磋商。

依照印尼的磋商请求，韩国在以下方面违反了其 WTO 义务：

虽然存在若干瑕疵，如申诉方的申诉中未包括关于倾销、损害和因果联系的充分充足的证据，韩国仍发起调查；

韩国未在开始调查的通知中提供是根据哪些因素而声称存在损害的任何信息；

韩国对申诉中的信息准予保密处理的方式；

韩国向不在调查范围内的公司提出信息请求，并未获得该公司同意，也未通知印尼政府该请求；

韩国拒绝接受涉及某一公司销售的信息，而未解释原因；

韩国在以下方面的初步裁决：类似产品、构成价值、最佳可获得信息、拒绝获取信息的途径，以及拒绝给出口商表达意见的机会；

韩国在以下方面的最终裁决：类似产品、个别倾销幅度、构成价值、将某一公司和其他公司作为单一经济实体、倾销进口对本国产业及本国市场价格的影响和后果、未能评估所有相关的经济因素和指标、拒绝获取信息。

印尼认为，韩国以上措施与下列规定不符：GATT 1994 第 6 条，包括但不限于第 6 条第 1 款、第 2 款和第 6 款；《反倾销协定》附件一第 1 条、第 2 条第 1 款、第 2 条第 2 款、第 2 条第 2 款第 1 项第 1 目、第 2 条第 2 款第 2 项、第 2 条第 4 款、第 2 条第 6 款、第 3 条第 1 款、第 3 条第 2 款、第 3 条第 4 款、第 3 条第 5 款、第 4 条第 1 款第 1 项、第 5 条第 2 款、第 5 条第 3 款、第 5 条第 4 款、第 5 条第 7 款、第 6 条第 1 款第 2 项、第 6 条第 2 款、第 6 条第 4 款、第 6 条第 5 款、第 6 条第 5 款第 1 项、第 6 条第 5 款第 2 项、第 6 条第 7 款、第 6 条第 8 款、第 6 条第 10 款、第 9 条第 3 款、第 12 条第 1 款第 1 项第 4 目、第 12 条第 2 款、第 12 条第 3 款，以及附件二第 3

段、第6段、第7段。

2004年8月16日,印尼请求成立专家组。在2004年8月31日的会议上,争端解决机构决定推迟成立专家组。在印尼再次提出该请求后,争端解决机构在2004年9月27日的会议上决定成立专家组。加拿大、中国、欧共体、日本和美国保留作为第三方的权利。2004年10月18日,印尼请求WTO总干事就专家组的组成人员做出决定。2004年10月25日,专家组组成。

2005年4月25日,专家组主席告知争端解决机构,考虑到时间安排上的冲突,专家组不可能在6个月内完成工作,它期望在2005年7月完成工作。

2005年10月28日,专家组报告向各成员方发布。在报告中:

专家组认为,在以下方面,韩国贸易委员会(KTC)的行为与《反倾销协定》的相关规定不符:对于一印尼公司倾销幅度之确定;对于构成正常价格之计算的核实结果和详细资料,未能适当加以披露;在利用二手信息、而不是由该两家印尼公司提供的本国销售数据时,未能尽到特别谨慎义务。关于KTC的损害认定,专家组认为,KTC对于倾销进口对本国产业影响的评估存在错误。关于申诉中提交的本身属于机密的信息,KTC未要求提出须保密处理的充分理由,也是错误的。

专家组断定,在以下方面,KTC的行为并未违反《反倾销协定》相关条款:利用与两家印尼公司有关的可用事实,拒绝由该两家公司提交的本国销售数据,对他们使用构成正常价值,将属于同一集团的三家印尼公司作为单一/单独出口商对待并为其划定单独倾销幅度。至于损害认定,专家组也断定,在价格分析方面、在对韩国生产商自涉案国家的倾销进口的处理方面、在披露其关于倾销进口的价格对于韩国产业影响的决定等方面,KTC并没有错误。

对于印尼提出的随之而来的主张/要求,专家组行使了司法经济权,而对于印尼撤回的其他主张,专家组未予解决。

对于印尼请求专家组建议韩国废止系争反倾销措施、而使其措施与其WTO义务相符,专家组予以拒绝。

在2005年11月28日的会议上,争端解决机构通过了专家组报告。

2. 墨西哥——对软饮料及其他饮料的课税措施(WT/DS308)

Mexico—Tax Measures on Soft Drinks and Other Beverages

由美国提出申诉。2004 年 3 月 16 日,就墨西哥对使用除蔗糖外任何甜料的软饮料及其他饮料施加一定的课税措施,美国请求与墨西哥进行磋商。

相关课税措施包括:(1) 对使用除蔗糖外任何甜料的软饮料及其他饮料征收 20% 的税("饮料税"),该税对于使用蔗糖的饮料并不适用;以及(2) 对使用除蔗糖外任何甜料的软饮料及其他饮料的代销、居间、代理、代表、经纪、寄售和分销征收 20% 的税("分销税")。

美国认为,这些税收与 GATT1994 第 3 条、特别是第 3 条第 2 款第 1 句和第 2 句,以及第 3 条第 4 款不符。

2004 年 3 月 26 日,加拿大请求加入磋商。2004 年 5 月 14 日,墨西哥通知 DSB,其接受加拿大的请求。

2004 年 6 月 10 日,美国请求成立专家组。在 2004 年 6 月 22 日的会议上,争端解决机构决定推迟成立专家组。在美国再次提出该请求后,争端解决机构在 2004 年 7 月 6 日的会议上决定成立专家组。加拿大、中国、欧共体、日本和巴基斯坦保留作为第三方的权利。2004 年 7 月 15 日,危地马拉保留其作为第三方的权利。2004 年 8 月 20 日,巴基斯坦通知 DSB,其不想作为第三方参与专家组程序。

2004 年 8 月 18 日,专家组组成。2005 年 2 月 1 日,专家组主席通知 DSB,期望在 2005 年 5 月底之前完成工作,正如经当事方磋商通过的时间表所预计。2005 年 5 月 4 日,专家组主席通知 DSB,期望在 2005 年 8 月完成工作,按当事方协议,临时报告在发布前须翻译为西班牙语,该日期即考虑到翻译所需的时间。

2005 年 10 月 7 日,专家组报告向各成员方发布。专家组认为:

对进口甜料和进口软饮料及糖浆征收的软饮料税及分销税与 GATT1994 第 3 条第 2 款不符;

对进口甜料征收的软饮料税、分销税和施加的簿记要求与 GATT1994 第 3 条第 4 款不符;

上述措施无法根据 GATT 1994 第 20 条第 4 款而取得正当性。

2005 年 12 月 6 日,墨西哥通报了它拟就专家组报告中的一些法律问题和法律解释向上诉机构提出上诉的决定。2006 年 2 月 2 日,上诉机构通知 DSB,它无法在 60 天内提供报告,估计其报告将不迟于 2006 年 3 月 6 日向 WTO 各成员方发布。

2006 年 3 月 6 日,上诉机构报告向 WTO 各成员方发布。上诉机构认为,就墨西哥请求专家组拒绝行使管辖权一事,专家组予以拒绝并没有错误。此外,上诉机构维持了专家组的下列裁定(但是基于不同理由):墨西哥的措施不构成 GATT 1994 第 20 条第 4 款意义下的"确保符合法律或规章"的措施,因为该规定没有允许 WTO 成员方采取那些寻求确保另一成员方遵守其国际义务的措施。

在 2006 年 3 月 24 日的会议上,DSB 通过了上诉机构报告和经上诉机构报告修改后的专家组报告。

3. 多米尼加共和国——影响香烟进口及国内销售的措施(WT/DS302)

Dominican Republic—Measures Affecting the Importation and Internal Sale of Cigarettes

由洪都拉斯提出申诉。2003 年 10 月 8 日,就影响香烟进口及国内销售的某些措施,洪都拉斯请求与多米尼加共和国进行磋商。该请求是洪都拉斯在 2003 年 8 月所提申诉(WT/DS300/1)的扩大了的新版本。

根据洪都拉斯的主张,多米尼加共和国:

适用特别规则、程序和行政做法,来为适用选择性消费税之目的决定进口香烟的价值(特别是,在某些情况下,认为进口香烟的价值等于国内市场上“最近似”产品的价值),并且未能确立并适用决定进口香烟的价值的透明和普遍适用的标准(特别是,未能确立并适用该种标准来认定“最近似”产品);

没有公布由中央银行进行的调查,该调查将被用于为适用选择性消费税之目的决定香烟的价值;

通过要求在多米尼加共和国领土内在香烟包装盒上加贴标记,对进口香烟给予较之给予本国香烟更加不利的竞争条件;

通过要求香烟进口商提供保证金,使之承担妨碍香烟进口的成本和行政负担;

按照进口货物价值的 2% 征收过渡性的经济稳定附加税;

按照进口商品价值的 4.75% 征收外汇费。

洪都拉斯认为,多米尼加共和国上述措施违反了 GATT 1994 第 2 条第 1 款 b 项、第 3 条第 2 款、第 3 条第 4 款、第 10 条第 1 款、第 10 条第 3 款 a 项、第 11 条第 1 款以及第 15 条第 4 款。

2003 年 10 月 23 日,危地马拉和尼加拉瓜请求加入磋商。2003 年 10 月 28 日,多米尼加共和国接受请求。

2003 年 12 月 8 日,洪都拉斯请求成立专家组。在 2003 年 12 月 19 日的会议上,争端解决机构决定推迟成立专家组。在洪都拉斯再次提出该请求后,争端解决机构在 2004 年 1 月 9 日的会议上决定成立专家组。中国、智利、欧共体和美国保留作为第三方的权利。2004 年 1 月 19 日, 危地马拉、尼加拉瓜和萨尔瓦多保留其作为第三方的权利。

2004 年 2 月 17 日,专家组组成。2004 年 8 月 23 日,专家组主席通知 DSB,专家组期望在 2004 年 10 月之前完成工作。

2004 年 11 月 26 日,专家组报告向各成员方发布。专家组认为:

多米尼加共和国征收的过渡性附加费和外汇费与 GATT 1994 第 2 条第 1 款 b 项不符。

GATT 1994 第 14 条第 9 款 a 项不能证明外汇费是正当的;

多米尼加共和国对香烟加贴标记的要求与 GATT 1994 第 3 条第 4 款不符;

洪都拉斯没有证明多米尼加共和国对香烟进口商施加的合同要求违反了 GATT 1994 第 10 条第 1 款或者第 3 条第 4 款;以及

在 2004 年 1 月修正立法前,多米尼加共和国对进口香烟征收选择性消费税的方式与 GATT 1994 第 3 条第 2 款和第 10 条不符。

接着,专家组建议,多米尼加共和国应使其措施(即外汇费、过渡性附加税以及标记要求)与其 WTO 义务相符合。

2005 年 1 月 24 日,多米尼加通报了它拟就某些法律问题和专家组所作的法律解释提出上诉的意图。2005 年 2 月 7 日,洪都拉斯通报了它拟就某些法律问题和专家组所作的法律解释提出上诉的意图。

2005 年 3 月 22 日,上诉机构主席通知 DSB,由于完成和翻译报告所需的时间,上诉机构无法在 60 天内发布报告,估计报告将不迟于 2005 年 4 月 25 日向 WTO 各成员方发布。

2005 年 4 月 25 日,上诉机构报告向各成员方发布。上诉机构维持了专家组的法律认定。上诉机构:

维持了专家组的以下裁定:多米尼加共和国对香烟施加的标记要求与 GATT 1994 第 3 条第 4 款不符,且不能根据第 20 条第 4 款的例外规定而取得正当性;

维持了专家组的以下裁定:洪都拉斯未能证明多米尼加共和国对香烟进口商施加的合同要求违反 GATT 1994 第 3 条第 4 款;以及

驳回了关于专家组对事件未能进行客观评估的上诉。

在 2005 年 5 月 19 日的会议上,DSB 通过了上诉机构报告和经上诉机构报告修改后的专家组报告。

4. 欧共体——影响商船贸易的措施(WT/DS301)

European Communities—Measures Affecting Trade in Commercial Vessels

由韩国提出申诉。2003 年 9 月 3 日,就欧共体及其成员国某些有利于其造船产业的措施,韩国认为与其 WTO 义务不符,请求与欧共体进行磋商。

此类措施如下:

欧共体第 1177/2002 号条例("TDM 条例")和欧共体第 1540/98 号条例,以及欧共体成员国的实施规定。上述措施规定了各种形式的有利于商船的补贴;

欧共体及其成员国支持欧共体内所造商船的补贴规定,形式有:(a) 以赠与、出口信贷、担保、或优惠税额等形式,基于合同给予的运营/运转性援助,(b) 重组援助,(c) 区域性或其他投资援助,(d) 研究和开发援助,(e) 环境保护援助以及(f) 破产和关闭援助。

韩国认为,上述措施违反了欧共体及其成员国在 WTO 协定项下的义务,特别是:

《补贴与反补贴措施协定》("《SCM 协定》")第 1 条、第 2 条、第 3 条第 1 款、第 5 条 a 项及 c 项、第 6 条第 3 款 a 项、b 项或 c 项、第 6 条第 4 款以及第 6 条第 5 款;

GATT 1994 第 1 条第 1 款及第 3 条第 4 款;以及

DSU 第 23 条第 1 款和第 2 款,以及《SCM 协定》第 4 条、第 7 条和第 32 条第 1 款。

关于最后一点,韩国的请求中宣称,TDM 条例和成员国的实施措施"被作为就韩国违反《SCM 协定》项下义务寻求补偿的单边措施而设计并实施",并"构成针对另一成员方补贴的特定行为"。这一点可参见关于韩国自身提供补贴的争端,该争端已于 2003 年 7 月成立专家组(WT/DS273)。

韩国还认为,根据 GATT 1994 第 23 条第 1 款 a 项和 b 项以及《SCM 协定》第 5 条 b 项的规定,上述措施抵消或减损了韩国在 WTO 协定项下可获得的利益。

2003 年 9 月 12 日,中国请求加入磋商。

2004 年 2 月 5 日,韩国请求成立专家组。在 2004 年 2 月 17 日的会议上,争端解决机构决定推迟成立专家组。在韩国再次提出该请求后,争端解决机构在 2004 年 3 月 19 日的会议上决定成立专家组。中国、日本和美国保留其作为第三方的权利。

2004 年 5 月 13 日,专家组组成。

2004 年 11 月 5 日,专家组主席通知 DSB,由于专家组时间表的某些延期和其他时间安排上的困难,将无法在 6 个月内完成工作,专家组希望在 2005 年 2 月底之前完成工作。

2005 年 4 月 22 日,专家组报告向各成员方发布。

关于韩国根据 GATT 1994 第 3 条第 4 款提出的主张,专家组认定,TDM 条例所授权的补贴已为 GATT 1994 第 3 条第 8 款 b 项中"仅向本国生产商进行的补贴支付"的概念所涵盖,因此第 3 条并不"阻止"该补贴。

关于韩国根据 GATT 1994 第 1 条第 1 款提出的要求,专家组认定,就 TDM 条例所授权的补贴而言,根据 GATT 1994 第 3 条第 8 款 b 项的规定,其不在第 3 条第 4 款的涵盖范围内,那么也就不在第 1 条第 1 款所规定的"第 3 条第 2 款、第 4 款提到的所有事项"的涵盖范围之内。

关于韩国根据《SCM 协定》第 32 条第 1 款提出的要求,专家组认定,虽然系争措施按照上诉机构的解释属于该条款所指的"特定的",但按照专家组对"针对"一词的解释,系争措施并不构成"针对"另一成员方的补贴的行为。

关于韩国根据 DSU 第 23 条第 1 款提出的要求,专家组将该条款解释为对 WTO 成员方施加的一项普遍义务,即在寻求对违反 WTO 协定义务的救济时不应单方面行为。专家组认定,欧共体通过 TDM 机制是为了应对它所认为的韩国违反《SCM 协定》项下义务的行为,欧共体是在寻求促使韩国取消其据称与 WTO 规定不符的补贴。相应地,专家组认定,欧共体的行为与 DSU 第 23 条第 1 款不符。

如上所述,虽然专家组拒绝了韩国关于系争措施违反 GATT 1994 第 1 条、第 3 条及《SCM 协定》第 23 条第 1 款的主张,但仍然认定系争措施违反了 DSU 第 23 条第 1 款。

2005 年 6 月 20 日,争端解决机构通过了专家组报告。

5. 欧共体——对产自韩国的动态随机存储器芯片的反补贴措施(WT/DS299)

European Communities—Countervailing Measures on Dynamic Random Access Memory Chips from Korea

由韩国提出申诉。2003 年 7 月 25 日,就欧共体针对产自韩国的动态随机存储器芯片("DRAMs")的临时性反补贴措施及当年稍后可能被最终确定并执行的最终反补贴措施,韩国请求与欧共体进行磋商。

按照韩国的观点,欧共体在考虑关于对韩国 DRAMs 的临时措施的决定(该决定已被执行)和关于相同产品的最终措施(该措施可能在今年稍后最终确定并执行)时,未能遵守 WTO 各项实体和程序要求,包括证明财政资助和授予利益的存在,以及证明相关补贴的专向性。

按照韩国的观点,欧共体上述措施与其在 WTO 下列条款项下的义务不符:

GATT 1994 第 6 条第 3 款和第 10 条第 3 款;

《补贴与反补贴措施协定》第 1 条、第 2 条、第 10 条、第 11 条、第 12 条、第 14 条、第 15 条、第 17 条、第 22 条及第 32 条第 1 款。

2003 年 8 月 25 日,韩国请求与欧共体就其最终反补贴措施进一步进行磋商,该措施于 2003 年 8 月 11 日由欧洲理事会通过,并于 2003 年 8 月 22 日在欧共体公报上发布。

韩国希望就其在前次磋商请求中提到的相同事项,从已通过的最终措施的另一视角进行磋商。

韩国进一步阐述了欧共体对《SCM 协定》第 15 条的违反。韩国主张,欧共体所作的实质性损害认定,特别与《SCM 协定》第 15 条第 1 款、第 2 款、第 4 款及第 5 款不符。

2003 年 11 月 19 日,韩国请求成立专家组。在 2003 年 12 月 1 日的会议上,争端解决机构决定推迟成立专家组。在韩国再次提出该请求后,争端解决机构在 2004 年 1 月 23 日的会议上决定成立专家组。中国、日本、中国台北和美国保留其作为第三方的权利。

2004 年 3 月 24 日,专家组组成。在 2004 年 6 月 22 日主席辞职之后,专家组新主席于 2004 年 7 月 27 日被指定。

2005 年 6 月 17 日,专家组报告向各成员方发布。专家组认定如下:

专家组拒绝了韩国关于补贴问题的多数主张,并认定,对于五项计划之中的三项,欧共体就财政资助和利益所作的决定符合《SCM 协定》。专家组支持了韩国关于欧共体计算利益数额使用的所谓"赠与方法"的主张,即认定其与《SCM 协定》不符。

关于损害的确定,专家组也拒绝了韩国的多数主张。然而,专家组支持了韩国的一项主张,即欧共体未能将"工资"这一因素作为影响国内产业的相关因素来加以考察。关于调查当局的因果关系分析,专家组作出了不利于欧共体的认定,即认为该分析没有遵守"不将由其他因素造成的损害归因于补贴进口"这一要求。

在 2005 年 8 月 3 日的会议上,DSB 通过了专家组报告。

6. 美国——对产自韩国的动态随机存储器芯片的反补贴税调查(WT/DS296)
United States—Countervailing Duty Investigation on Dynamic Random Access Memory Semiconductors (DRAMs) from Korea

由韩国提出申诉。2003年6月30日,就美国当局作出的肯定性初步和最终反补贴税决定、初步损害决定,以及可能在损害调查中作出的任何后续决定,韩国请求与美国进行磋商。韩国还对所有相关的法律规章提出了质疑,分别包括《1930年美国关税法》第771条及联邦规章法典第19章第351条。

韩国主张,上述决定特别与GATT 1994第6条第3款、第10条第3款以及《SCM协定》第1条、第2条、第10条、第11条、第12条、第14条、第17条、第22条、第32条第1款不符。

2003年8月18日,韩国请求就美国当局对韩国动态随机存储器芯片及其模块的反补贴税决定进一步进行磋商。该请求涉及到美国国际贸易委员会(ITC)的肯定性最终损害决定,以及商务部的最终反补贴税令,这两项决定均发布于2003年8月11日,即在韩国提出第一次磋商请求之后。韩国主张,上述决定特别与《SCM协定》第15条第1款、第2款、第4款和第5款不符。

2003年11月19日,韩国请求成立专家组。在2003年12月1日的会议上,争端解决机构决定推迟成立专家组。在韩国再次提出该请求后,争端解决机构在2004年1月23日的会议上决定成立专家组。中国、欧共体、日本和中国台北保留其作为第三方的权利。

2004年2月23日,韩国请求总干事组成专家组。2004年3月5日,总干事组成专家组。

2004年8月16日,专家组主席通知DSB,按照与当事方经过磋商达成一致的时间表,专家组将无法在6个月内完成工作,它期望在2004年12月完成工作。

2005年2月21日,专家组报告向各成员方发布。

关于商务部所作的Hynex公司受财政资助的认定,专家组认为,商务部没有适当地证明韩国政府利用其身份来委托并指引所有B、C集团的债权人(韩国政府并非100%拥有的两个债权人集团)参与提供本案中引发争议的所有财政资助。专家组因此认定,不存在充分证据支持一项关于在调查期内对所有私人团体和多重交易进行委托和指引的一般化认定。因此,专家组断定,商务部关于委托和指引那些债权人的决定与《SCM协定》第1条第1款a项1目(iv)不符。

关于商务部所作的对Hynex公司授予利益的认定,专家组认为,既然没有认定B和C集团的债权人受韩国政府委托和指引(因此它们与Hynix的财政关系不被认为是财政资助),他们本可被作为认定利益的可能基准来使用。因而,专家组认定,商务部就利益所作的决定与

《SCM 协定》第 1 条第 1 款 b 项不符。

关于专向性,专家组认为,商务部就委托和指引所作的认定,不能为关于 B 集团和 C 集团债权人提供的所谓补贴的专向性之确定提供一个适当的基础。然而,商务部就 A 集团债权人的专向性所作认定,是基于韩国政府的行为是专门针对 Hynix 公司的,在这个意义上,专家组认为该认定符合《SCM 协定》第 2 条。

关于 ITC 的损害决定,除了一项关于"不归因"的主张,专家组拒绝了韩国的其他所有主张。专家组认为,ITC 没有适当地确保由一项除所称补贴外的已知因素导致的损害不被归因于接受补贴的进口。因此,专家组认定,ITC 违反了其在《SCM 协定》第 15 条第 5 款项下的义务。

对于韩国提出的涉及听证会、举证责任、DSU 第 4 条第 4 款、反补贴税的征收(《SCM 协定》第 19 条第 4 款及 GATT 1994 第 6 条第 3 款)、《SCM 协定》第 10 条、第 32 条第 1 款以及《SCM 协定》第 22 条第 3 款等的其他所有主张,专家组或者拒绝、或者行使司法经济权。

2005 年 3 月 29 日,美国通报了它拟就某些法律问题和专家组所作的法律解释提出上诉的意图(美国对关于商务部的补贴决定部分进行上诉,但未对 ITC 的损害决定部分上诉)。2005 年 6 月 27 日,上诉机构报告向各成员方发布。在报告中:

上诉机构修正了专家组对《SCM 协定》第 1 条第 1 款 a 项(1)目(iv)的解释,并认定专家组对支持美国商务部就委托和指引所作裁定之证据的审查存在错误。上诉机构认定,这些错误破坏了专家组认为该证据不能支持美国商务部对委托和指引的认定的结论,因此,上诉机构推翻了这一结论,以及专家组关于美国违反第 1 条第 1 款 a 项 1 目(iv)的认定。上诉机构进一步裁定,基于其自身的分析,它无法就美国商务部的补贴裁决是否符合第 1 条第 1 款 a 项 1 目(iv)作出结论。

上诉机构还推翻了专家组关于美国违反《SCM 协定》第 1 条第 1 款 b 项(利益)和第 2 条(专向性)的认定,因为该裁定的前提即是关于违反第 1 条第 1 款 a 项 1 目(iv)的裁定。上诉机构认定,不存在充分的事实认定,记录中也不存在争议的事实,允许专家组完成分析。

上诉机构还认定,专家组未能履行其在 DSU 第 11 条项下"对其审议的事件进行客观评估,包括对案件事实的客观评估"的义务,特别是,未能适用恰当的审查标准。

作为上诉机构撤销的结果,仍然没有关于美国商务部的补贴决定不符 WTO 的认定。

在 2005 年 7 月 20 日的会议上,DSB 通过了上诉机构报告和经上诉机构报告修改后的专家组报告。

7. 美国——计算倾销幅度的法律、规章和方法(归零法)(WT/DS294)

United States—Laws, Regulations and Methodology for Calculating Dumping Margins (Zeroing)

由欧共体提出申诉。2003年6月12日,就美国计算倾销幅度所采用方法中一种称之为"归零"的方法,欧共体请求与美国进行磋商。一般来说,"归零"这种方法涉及的做法就是,在计算加权平均倾销幅度时,将那些不能表明倾销的特定价格比较作为零值处理。

该请求涉及到《1930年美国关税法》和商务部实施条例中的特定条款、美国商务部的方法及其在涉及从欧共体进口产品的特定案件中的裁决。

欧共体指明了在磋商中会提出的归零方法的特定方面,包括在计算倾销幅度时该方法的适用方式、对损害裁决的影响、在本应为微量倾销幅度案件中的影响,以及在21起美国反倾销特定案件中的倾销幅度水平。

欧共体在请求中还附上了那些具体案件的详细资料,称美国在每个案件中都使用了归零方法。这些案件中大多数产品是钢材。欧共体声称,如不作归零,每个案件中的倾销幅度都会更低、仅为微量水平或者是负的。按照欧共体的观点,该法案、条例、方法论和这些特定的裁决看起来都与美国在WTO以下条款项下的义务不符:

《反倾销协定》第1条、第2条第4款、第3条、第5条第8款、第9条第3款、第9条第5款、第11条、第18条第3款以及第18条第4款;

GATT 1994第6条第1款及第2款;

《WTO协定》第16条第4款。

2003年6月27日,印度和韩国请求加入磋商。2003年6月30日,日本和墨西哥请求加入磋商。

2003年9月8日,欧共体请求与美国进一步磋商。欧共体希望在特定案件的清单上再增加10起案件。

欧共体指明了在补充磋商中会提出的归零方法的特定方面,包括在计算倾销幅度时该方法的适用方式、对损害裁决的影响、在本应为微量倾销幅度案件中的影响,以及在美国反倾销特定案件中的倾销幅度水平。

2003年9月25日,墨西哥请求加入磋商。

2004年2月5日,欧共体请求成立专家组。2004年2月16日,欧共体提交了经修订的成立专家组的请求。在2004年2月17日的会议上,争端解决机构决定推迟成立专家组。在2004年3月19日的会议上,争端解决机构决定成立专家组。阿根廷、巴西、中国、印度、日本、韩国、墨西哥、挪威和中国台北保留其作为第三方的权利。2004年3月23日,中国香港保留其作为第三方的权利。2004 年 3 月 30 日,土耳其保留其作为第三方的权利。2004 年 10 月 27 日,专家组组成。

2005 年 3 月 22 日,专家组主席通知 DSB,根据与当事方经过磋商达成一致的时间表,专家组将无法在 6 个月内完成工作,它期望在 2005 年 7 月完成工作。2005 年 7 月 1 日,专家组通知 DSB,由于对本争端的持续考虑,专家组将无法在 7 月底之前完成工作,它期望在 2005 年 9 月完成工作。

2005 年 10 月 31 日,专家组报告向各成员方发布。在其报告中:

专家组一致支持了欧共体的主张,认为它们与美国商务部在产生争议的 15 起初步调查中作出的特定倾销决定有关联。专家组还一致支持了欧共体关于专家组在初始调查中称之为美国归零"方法"的主张。因此,专家组认定,美国的归零"方法"是一个可能在 WTO 争端解决程序中被质疑的"概念"。

专家组一致拒绝了欧共体关于美国法律的主张,认定争议中的条款并不涉及归零问题。

专家组拒绝了欧共体关于审查既存措施的所有主张。然而,专家组的一位成员对专家组此点认定持不同意见。该成员原本支持欧共体的主张,认为它们与审查中的 16 件特定的倾销裁决以及审查中的美国归零的"方法"有关联。专家组该成员本还认定,美国规章中的一项条款在审查的问题上与 WTO 不符。

专家组建议 DSB 要求美国使其措施与其在《反倾销协定》项下的义务相符。

在 2005 年 12 月 6 日的会议上,经当事方共同请求,DSB 同意将通过专家组报告的时间延长至 2006 年 1 月 31 日。2006 年 1 月 17 日,欧共体通报了拟就专家组报告中的某些法律问题和法律解释向上诉机构提出上诉的决定。2006 年 1 月 30 日,美国通报了拟就专家组报告中的某些法律问题和法律解释向上诉机构提出上诉的决定。2006 年 3 月 15 日,上诉机构主席通知 DSB,由于完成和翻译报告所需的时间,它将无法在 60 天内发布其报告,估计报告将不迟于 2006 年 4 月 18 日向 WTO 各成员方发布。

2006 年 4 月 18 日,上诉机构报告向各成员方发布。上诉机构推翻了专家组的如下裁定:美国商务部在行政审查中评估特定进口商的最终反倾销税责任时使用的归零方法,与《反倾销协定》第 9 条第 3 款及 GATT 1994 第 6 条第 2 款并无不符。

上诉机构维持专家组的如下裁定:由于与初始调查相关联,归零方法本身即与《反倾销协定》第 2 条第 4 款第 2 项不符。

2006 年 5 月 9 日,DSB 通过了上诉机构报告和经上诉机构报告修改后的专家组报告。

8. 墨西哥——对牛肉和大米的最终反倾销措施（WT/DS295）

Mexico—Definitive Anti-Dumping Measures on Beef and Rice

由美国提出申诉。2003年6月16日，就墨西哥对牛肉和长粒白米采取的最终反倾销措施以及墨西哥《外贸法》和《联邦民事诉讼法典》的某些条款，美国请求与墨西哥进行磋商。

美国主张，这些措施与墨西哥在GATT 1994、《反倾销协定》及《SCM协定》诸条款项下的义务不符。特别地，美国主张：

墨西哥对牛肉和长粒白米采取的最终反倾销措施至少与《反倾销协定》第3条、第5条第8款、第6条、第9条、第12条、第11条第1款及附件二不符。

墨西哥《外贸法》和《联邦民事诉讼法典》的某些条款与《反倾销协定》第5条第8款、第6条、第6条第1款第1项、第6条第8款、第7条、第9条、第9条第5款、第10条第6款、第11条和第11条第1款以及《SCM协定》第11条第9款、第12条第1款第1项、第12条第7款、第17条、第19条、第19条第3款、第20条第6款、第21条和第21条第1款不符。

美国还主张，墨西哥的措施取消或损害了美国根据所援引的协定直接或间接获取的利益。

2003年9月19日，美国请求成立专家组。在2003年10月2日的会议上，争端解决机构决定推迟成立专家组。在2004年11月7日的会议上，争端解决机构决定成立专家组。中国、欧共体、和土耳其保留其作为第三方的权利。

2004年2月4日，美国请求总干事组成专家组。2004年2月13日，总干事组成专家组。

2004年8月11日，专家组主席通知DSB，由于事件的复杂性，专家组将无法在6个月内完成工作，它期望在2004年11月向当事方发布其最终报告。2004年11月26日，专家组主席组通知DSB，它期望在2005年3月完成工作。

2005年6月6日，专家组报告向各成员方发布。在其报告中：

关于墨西哥调查当局在大米调查中对损害和倾销幅度的裁决，专家组支持了美国的所有主张，对其他一些相关主张行使了司法经济权。

对于涉及墨西哥《外贸法》的主张，专家组实际上在所有方面作出了对美国有利的认定。专家组拒绝了关于墨西哥《联邦民事诉讼法典》的主张。

（虽然美国最初在其磋商请求中包括了墨西哥对自美国进口的牛肉采取的最终反倾销措施，但美国在其成立专家组的请求中并没有包括与牛肉相关的主张。）

2005年7月20日，墨西哥提交了上诉通知。2005年9月14日，上诉机构通知DSB，考虑到当事方请求将当事方及各第三方提交的文件加以翻译，它将无法在60日内提供报告，报告将不迟于2005年11月29日向各成员方发布。

2005年11月29日,上诉机构向各成员方发布其报告。在报告中,上诉机构维持了专家组的大部分裁定。对于专家组认为墨西哥行为与《反倾销协定》第6条第1款、第6条第10款和第12条第1款不符的裁定,上诉机构予以推翻。

在2005年12月20日的会议上,DSB通过了上诉机构报告和经上诉机构报告修改后的专家组报告。

9. 美国——影响赌博服务的跨境提供的措施（WT/DS285）

United States—Measures Affecting the Cross-Border Supply of Gambling and Betting Services

由安提瓜和巴布达提出申诉。2003 年 3 月 21 日，就美国中央、地区和地方当局所采取的影响赌博服务跨境提供的措施，安提瓜和巴布达请求与美国进行磋商。安提瓜和巴布达认为，美国措施的累积效应就是防止从 WTO 其他成员方向美国跨境提供赌博服务。

按照安提瓜和巴布达的主张，系争措施可能与美国在 GATS 项下、特别是第 2 条、第 6 条、第 8 条、第 11 条、第 16 条和第 17 条项下的义务不符，还可能与 GATS 附录的美国具体承诺清单不符。

2003 年 6 月 12 日，安提瓜岛和布巴达岛请求成立专家组。在 2003 年 6 月 24 日的会议上，争端解决机构决定推迟成立专家组。在安提瓜岛和布巴达岛再次提出该请求后，在 2003 年 7 月 21 日的会议上，争端解决机构决定成立专家组。加拿大、欧共体、墨西哥和中国台北保留其作为第三方的权利。2003 年 7 月 23 日，日本保留其作为第三方的权利。

2003 年 8 月 15 日，安提瓜岛和布巴达岛请求总干事组成专家组。2003 年 8 月 25 日，总干事组成专家组。2004 年 1 月 29 日，专家组主席通知 DSB，由于各种因素对专家组时间表的影响，如一当事方请求作出初步裁决、假期的打断、专家组成员的繁重日程以及所提法律和事实问题的复杂性等等，专家组将无法在 6 个月内完成工作，它希望在 2004 年 4 月底之前完成工作。

在为寻求多方协议解决当前争议而谈判的情况下，依照 DSU 第 12 条第 12 款，当事方请求专家组中止专家组程序，直至 2004 年 8 月 23 日。2004 年 6 月 25 日，专家组同意该请求。当事方随后请求将中止延至 2004 年 10 月 4 日，专家组于 2004 年 8 月 18 日同意该请求。当事方又请求将中止继续延至 2004 年 11 月 16 日，专家组于 2004 年 10 月 8 日同意该请求。2004 年 11 月 5 日，安提瓜请求专家组恢复专家组程序，对此美国未提出反对。因此专家组同意自 2004 年 11 月 8 日恢复专家组程序。

2004 年 11 月 10 日，专家组报告向各成员方发布。专家组认定：

美国的 GATS 具体承诺清单已被解释为，在“其他娱乐服务（除运动外）”这一分项下包括了赌博服务的特别承诺；

与美国对 GATS 模式一中赌博服务的具体市场准入承诺相反，三部美国联邦法律（《电信法》、《旅行法》和《非法赌博营业法》）及美国四个州的法律（路易斯安那州、马萨诸塞州、南达科他州和尤他州）的规定在表面上禁止模式一（即跨境提供）中包括的一种、若干种或所有各种交付方式。因此，美国未能按照其具体承诺清单中列明的条款、限制和条件，向安提瓜的服务和服务提供商提供规定的待遇,违反了GATS第16条第1款和第2款(关于市场准入)。

安提瓜没能证明系争措施与GATS第6条第1款和第3款(关于国内规章)不符。

美国没能成功援用GATS的例外规定。在这方面,美国没能证明,《电信法》、《旅行法》及《非法赌博营业法》构成GATS第14条a项和c项(即例外规定,包括公共道德)之下的"必要的"措施,并满足GATS第14条前言的要求;

关于安提瓜根据GATS第11条(关于支付和转移)及第17条(关于国民待遇)提出的主张,专家组决定行使司法经济权。

2005年1月7日,美国通报了它拟就专家组提出的一些法律问题和法律解释提出上诉的意图。2005年1月19日,安提瓜和巴布达通报了它拟就专家组提出的一些法律问题和法律解释提出上诉的意图。

2005年3月8日,上诉机构主席通知DSB,由于完成和翻译报告所需的时间,上诉机构无法在60天内发布报告,估计报告将不迟于2005年4月7日向WTO各成员方发布。

2005年4月7日,上诉机构报告发布。上诉机构:

维持了专家组的如下裁定,即,所谓的对赌博服务跨境提供的全面禁止,就其本身来说,不能构成受GATS下争端解决管辖的"措施";

裁定:对于安提瓜提出的有关美国八个州法律的主张,因其没有就此提供与GATS不符的表面证据,专家组不应对该主张作出裁决;

虽然出于不同的原因,仍维持了专家组的如下裁定,即美国的具体承诺清单包括了一项对赌博服务给予全面市场准入的承诺。特别地,在对美国具体承诺清单进行解释的过程中,上诉机构不同意专家组将W/120和1993列表指南这两项文件作为解释成员方的具体承诺清单的"上下文",相反,上诉机构认定它们构成"准备工作";

维持专家组的如下裁定,美国维持了具体承诺清单中未列明的对于市场准入的某些限制,其行为与第16条第1款及第16条第2款a项、c项不符;

推翻了专家组关于美国没有证明那三部联邦法律是第14条a项所规定的"为保护公共道德或维持公共秩序所必需的"措施之裁定;上诉机构裁定认定,美国的措施在GATS第14条a项下被证明是"为保护公共道德或维持公共秩序所必需的"措施;并且,虽然基于更有限的理由,上诉机构仍维持专家组关于美国未能证明这些措施满足了第14条前言的所规定的条件之裁定。

在2005年4月20日的会议上,DSB通过了上诉机构报告和经上诉机构报告修改后的专家组报告。

10. 美国——对产自墨西哥的石油管的反倾销措施（WT/DS282）

United States—Anti-Dumping Measures on Oil Country Tubular Goods（OCTG）from Mexico

由墨西哥提出申诉。2003 年 2 月 18 日，就美国对从墨西哥进口的 OCTG 采取的若干反倾销措施，包括一些行政复议和日落复审中的最终裁决、美国当局延长反倾销令的决定，墨西哥请求与美国进行磋商。除上述措施外，墨西哥的请求还包括美国当局在以上裁决中适用的一些法律、规章和行政惯例（如“归零”）。墨西哥认为，以上反倾销措施与《反倾销协定》第 1 条、第 2 条、第 3 条、第 6 条、第 11 条和第 18 条、GATT 1994 第 6 条和第 10 条、以及《WTO 协定》第 16 条第 4 款相冲突。

2003 年 7 月 29 日，墨西哥请求成立专家组。在 2003 年 8 月 18 日的会议上，争端解决机构决定推迟成立专家组。在墨西哥再次提出该请求后，在 2003 年 8 月 29 日的会议上，争端解决机构决定成立专家组。阿根廷、中国、欧共体、日本、中国台北和委内瑞拉保留其作为第三方的权利。2003 年 9 月 5 日，加拿大保留其作为第三方的权利。2004 年 2 月 11 日，专家组组成。

2004 年 8 月 16 日，专家组主席通知 DSB，按照与当事各方磋商达成一致的时间表，专家组将无法在 6 个月内完成工作，它期望在 2005 年 3 月完成工作。

2005 年 6 月 20 日，专家组报告向各成员方发布。在其报告中：

关于墨西哥对调整倾销复发可能性决定的法律文件提出的主张，专家组认定，在日落复审中，美国商务部的做法并不属于适合由其审理的措施，因而拒绝对墨西哥该方面的主张作出裁决。专家组进一步认定，美国法律和《政府行政声明》（SAA）本身并无与《反倾销协定》第 11 条第 3 款不符之处，但日落政策公告（SPB）本身却与第 11 条第 3 款不符。

关于墨西哥对美国商务部就倾销复发可能性所作决定的主张，专家组认定，美国商务部就倾销继续或复发可能性作出的决定完全是基于进口数量的下降，而没有考虑相关的潜在证据。因此，专家组裁定，日落裁决与第 11 条第 3 款不符。

专家组还认定，美国国际贸易委员会（ITC）断定对墨西哥 OCTG 反倾销措施的期满很可能会导致损害的继续或复发，其行为没有与第 11 条第 3 款不符，美国商务部基于特定情况而决定不终止对两家墨西哥出口商的反倾销措施，其行为也没有与第 11 条第 2 款不符之处。专家组还断定，墨西哥援引的某些条款不适用于复审，另外它不需要对一些从属和后续主张作出裁决。

2005 年 8 月 4 日，墨西哥通报了它拟就专家组报告中的某些法律问题向上诉机构提出上诉的决定。2005 年 8 月 16 日，美国通报了它拟就专家组报告中的某些法律问题向上诉机构提出上诉的决定。2005年9月26日,上诉机构通知DSB,由于完成和翻译报告所需的时间,上诉机构无法在60天内发布报告,估计报告将不迟于2005年11月2日向各成员方发布。

2005年11月2日,上诉机构报告向各成员方发布。上诉机构维持了专家组关于美国ITC没有违反《反倾销协定》第11条第3款的认定,并裁定,无需在可能的倾销和可能的损害之间确立因果关系的存在。然而,上诉机构推翻了专家组关于日落政策公告的认定,裁定专家组未能按照DSU第11条的要求对事件作出客观评估,包括对案件事实的客观评估。基本上,上诉机构认定,专家组没有充分评估证据以得出如下结论:关于倾销继续或复发的可能性,该公告确立了不可反驳的推定。

在2005年11月28日的会议上,DSB通过了上诉机构报告和经上诉机构报告修改后的专家组报告。

11. 美国——国际贸易委员会对加拿大软木的调查（WT/DS277）

United States—Investigation of the International Trade Commission in Softwood Lumber from Canada

由加拿大提出申诉。2002 年 12 月 20 日，加拿大请求与美国进行磋商，针对的事项是，美国国际贸易委员会（ITC）对产自加拿大软木进行的调查（调查序号 701-TA-414、731-TA-928（最终））以及因 2002 年 5 月 2 日美国 ITC 的最终裁定而导致征收的最终确定反倾销税和反补贴税。关于该最终裁定的通知发布在 2002 年 5 月 22 日的美国联邦公报上（第 67 卷，第 99 期，第 36022—36023 页），裁定的内容为美国一产业由于加拿大的软木进口而受到重大损害的威胁，该进口已被商务部确定为接受补贴并在美国以低于公平价值销售。

加拿大主张，美国的上述措施违反了其在 GATT 1994 第 6 条第 6 款 a 项、《反倾销协定》第 1 条、第 3 条第 1 款、第 3 条第 2 款、第 3 条第 3 款、第 3 条第 4 款、第 3 条第 5 款、第 3 条 7 款、第 3 条第 8 款、第 12 条和第 18 条第 1 款、以及《SCM 协定》第 10 条、第 15 条第 1 款、第 15 条第 2 款、第 15 条第 3 款、第 15 条第 4 款、第 15 条第 5 款、第 15 条第 7 款、第 15 条第 8 款、第 22 条和第 32 条第 1 款项下的义务。

2003 年 4 月 3 日，加拿大请求成立专家组。在 2003 年 4 月 15 日的会议上，争端解决机构决定推迟成立专家组。在加拿大再次提出该请求后，在 2003 年 5 月 7 日的会议上，争端解决机构决定成立专家组。欧共体和日本保留其作为第三方的权利。2003 年 5 月 16 日，韩国保留其作为第三方的权利。2003 年 6 月 12 日，加拿大请求总干事就专家组的组成人员做出决定。2003 年 6 月 19 日，总干事组成专家组。2003 年 12 月 19 日，专家组主席通知 DSB，由于时间安排上的冲突，专家组将不可能在 6 个月内完成工作，它期望在 2004 年 2 月完成工作。

2004 年 3 月 22 日，专家组报告向各成员方发布。专家组认定，在关于损害威胁的最终裁决中，ITC 认定存在可能的、逼近的进口大幅度增长，以及进口与对美国国内软木生产业的损害威胁之间存在因果联系，在这点上，ITC 没有满足《反倾销协定》第 3 条第 5 款、第 3 条第 7 款及《SCM 协定》第 15 条第 5 款和第 15 条第 7 款的要求。专家组认为，ITC 对大幅度增长进口的可能性所作的裁决与各协定的要求不符，还认为其关于因果关系的结论也是基于该不符裁决而作出的。因此，专家组认定，美国对加拿大软木所采取的反倾销和反补贴措施与美国在前述条款项下的义务不符，并建议美国使这些措施与其义务相一致。

在 2004 年 4 月 26 日的会议上，DSB 通过了专家组报告。

12. 加拿大——涉及小麦出口和进口谷类待遇的措施(WT/DS276)
Canada—Measures Relating to Exports of Wheat and Treatment of Imported Grain

由美国提出申诉。2002年12月17日,就加拿大小麦委员会(Wheat Board)的小麦出口和加拿大对进口谷类给予的待遇等相关事项,美国请求与加拿大进行磋商。

根据美国的主张,加拿大政府和加拿大小麦委员会(对于加拿大西部小麦的消费拥有专有买卖权的实体)涉及小麦出口的行为,与GATT 1994第17条第1款a项和b项不符。

关于加拿大对进口谷类的待遇,美国认为,因歧视进口谷类,加拿大下列措施与GATT 1994第3条和TRIMs协定第2条不符:

根据《加拿大谷物法》和加拿大的规章,进口小麦不能与收至和卸出谷仓的加拿大国内谷物相混合,并且

加拿大法律对铁路可从国内谷物装运中收取的最大收入设定了上限,但未对进口谷物的装运收入设定上限;在分配政府所有的火车时,加拿大对国内谷物给予比进口谷物更优惠的待遇。

2002年12月20日,欧共体、日本和墨西哥请求加入磋商。2002年12月24日,澳大利亚请求加入磋商。2003年3月6日,美国请求成立专家组。在2003年3月18日的会议上,争端解决机构决定推迟成立专家组。在美国再次提出该请求后,在2003年3月31日的会议上,争端解决机构决定成立专家组。智利、中国台北、欧共体、日本和墨西哥保留其作为第三方的权利。2003年4月9日和10日,中国和澳大利亚分别保留其作为第三方的权利。2003年5月2日,加拿大请求总干事就专家组的组成人员做出决定。2003年5月12日,总干事组成专家组。2003年6月30日,美国提交了一项成立专家组的新请求。2003年7月1日,专家组主席通知DSB,专家组已同意美国关于从2003年7月1日至21日中止该专家组三周的请求。在2003年7月11日的会议上,DSB决定成立另一个专家组。澳大利亚、智利、中国、欧共体、日本和中国台北保留其作为第三方的权利。2003年7月25日,墨西哥保留其作为第三方的权利。2003年7月11日,第二个专家组组成。经美国请求和专家组同意,2003年7月21日,专家组的初步裁决向各成员方发布供其参考。2003年10月30日,专家组主席通知DSB,由于在专家组发布初步裁决后美国请求中止三周,以及该专家组与第二个专家组时间表的协调,第一个专家组将无法在6个月内完成工作,它期望在2004年2月向当事方发布其最终报告。

2004年4月6日,专家组报告向各成员方发布。专家组认定:

美国未能证明其如下主张,即在加拿大小麦委员会(CWB)这一事项上,加拿大违反了其

在 GATT 1994 第 17 条第 1 款项下的义务；

《加拿大谷物法》第 57 条第 3 款及《加拿大谷物条例》第 56 条第 1 款与 GATT 1994 第 3 条第 4 款不符，且不能根据 GATT 1994 第 20 条第 4 款而取得正当性；

《加拿大运输法》第 150 条第 1 款和第 2 款与 GATT 1994 第 3 条第 4 款不符；

美国未能证明其如下主张：《加拿大谷物法》第 87 条与 GATT 1994 第 3 条第 4 款及《TRIMs 协定》不符。

2004 年 6 月 1 日，美国通报了它拟就专家组报告中的某些法律问题和专家组所作的某些法律解释向上诉机构提出上诉的决定。

2004 年 8 月 30 日，上诉机构报告向各成员方发布。上诉机构维持了专家组的如下裁决：即美国没有证明加拿大小麦委员会（CWB）出口体制与 GATT 1994 第 17 条第 1 款不符。在 2004 年 9 月 27 日的会议上，DSB 通过了上诉机构报告和经上诉机构报告修改后的专家组报告。

13. 韩国——影响商船贸易的措施(WT/DS273)
Korea—Measures Affecting Trade in Commercial Vessels

由欧共体提出申诉。2002 年 10 月 21 日,就韩国对其造船产业提供补贴的某些措施,欧共体请求与韩国进行磋商。按照欧共体的主张,该补贴与韩国在《SCM 协定》项下的义务不符。这些措施包括:

通过政府所有或政府控股的银行提供,以债务免除、债务和利息免除、债转股等方式进行的公司重组补贴;

在《特别税收待遇控制法》中规定的、对实物捐款的特别课税和对让产易股安排的特别课税,该法确立了对重组中的公司适用的两种税收安排,并对大宇公司提供了税收减让;

由国有的韩国进出口银行(KEXIM)向所有韩国造船厂提供的装运前贷款(PSLs)及预付款退款担保(APRGs)。

欧共体指出,产生争议的补贴是向那些用于国际商务的商船生产提供的,包括散装货轮、集装箱货轮、油轮、化学品运输船、液化天然气/液化石油气运输船、客运渡船和其他非货运船舶(包括近海船舶)。

欧共体认为,韩国的措施违反了其在《SCM 协定》项下的义务,特别是、但不限于:《SCM 协定》第 1 条、第 2 条、第 3 条第 1 款、第 5 条 a 项、第 5 条 c 项、第 6 条第 3 款、第 6 条第 5 款。

2003 年 6 月 12 日,欧共体请求成立专家组。在 2003 年 6 月 24 日的会议上,争端解决机构决定推迟成立专家组。在欧共体再次提出该请求后,在 2003 年 7 月 21 日的会议上,争端解决机构决定成立专家组。中国、日本、墨西哥、挪威、美国和中国台北保留其作为第三方的权利。经欧共体请求,争端解决机构还同意按照《SCM 协定》附件五第 2 段的规定,启动附件五程序,收集关于严重损害的信息。

2003 年 8 月 11 日,加拿大请求总干事就专家组的组成人员做出决定。2003 年 8 月 20 日,总干事组成专家组。

在专家组主席于 2004 年 4 月 11 日去世后,根据 2004 年 5 月 6 日当事各方的共同请求,总干事于 2004 年 5 月 11 日指定一名新的专家组主席。

2005 年 3 月 7 日,专家组报告向各成员发布。专家组认定,某些(但不是全部)KEXIM 的装运前贷款和预付款退款担保是被禁止的出口补贴,因此韩国违反了《SCM 协定》第 3 条第 1 款 a 项和第 3 条第 2 款。按照《SCM 协定》第 4 条第 7 款,专家组建议韩国不加迟延地,即在 90 天内,取消相关补贴。

关于 KEXIM 的法律体制,专家组认定关于强制/任意的区别仍然是有效的,并认为该体制未曾要求提供出口补贴,因此其并未违反《SCM 协定》第 3 条第 1 款 a 项和第 3 条第 2 款。

关于欧共体指出的具体 APRGs 和 PSLs,都属于视出口实绩而定的政府财政资助。然而,专家组认定,欧共体只是在某些特定情形中已经证实,收取的费用和利率处在受益人在市场上可以获得的条件之下。专家组认为,以低于市场的条件提供的那些 APRG 和 PSL 是被禁止的出口补贴,违反了《SCM 协定》第 3 条第 1 款 a 项和第 3 条第 2 款。

关于公司重组,专家组认为,虽然交易构成了"财政资助"、政府所有的债权人是《SCM 协定》第 1 条第 1 款 a 项(1)目所规定的"公共机构",但欧共体仍没有证明,私有部门的债权人是由政府"委托或指引"来提供财政资助。在审查重组条款时,专家组认定,欧共体没有证明重组而不清算的决定与商业考虑不符,也没有证明重组中单个因素的条件与商业考虑不符。因此,专家组认定欧共体没有证明重组涉及到补贴。

关于严重损害,专家组审查了该主张,仅从 KEXIM 融资的个别事例 认为构成被禁止的出口补贴,(液化天然气船、集装箱货轮以及化学品运输船)。专家组认为,欧共体没有证明这些接受补贴的交易,严重抑制了这三种船舶其中之一的国际价格,因为与这些船舶在国际市场上的销售总额相比,此种交易的数量相对较小,并且欧共体没有提供明确的证据,将这些交易与此类船舶的国际价格水平全面受到抑制联系起来,甚至未曾试图去证明这一点。

2005 年 4 月 11 日,DSB 通过了专家组报告。

14. 欧共体——冰冻去骨鸡块的关税分类(WT/DS269，WT/DS286)

European Communities—Customs Classification of Frozen Boneless Chicken Cuts

由巴西(WT/DS269)和泰国(WT/DS286)提出申诉。2002年7月8日的欧委会第1223/2002号条例("第1223/2002号条例")在欧共体综合分类表第0207.14.10项下规定了一项新的冰冻去骨鸡块的分类。就此事,巴西于2002年10月11日请求与欧共体进行磋商。巴西认为,这项新的分类在产品中包括了之前并不存在的盐分,并使这些进口产品所缴纳的关税比GATT1994项下欧共体关税分类表中盐腌肉类(准则号0210)所适用的关税更高。

巴西提出,第1223/2002号条例自动地迫使那些从前按照准则号0210.99.39进口、适用15.4%从价税率的产品被归类到准则号0207.14.10项下,并适用更高的102.4欧元/净100公斤的关税税率。102.4欧元/净100公斤这一税率超过了GATT 1994项下欧共体关税分类表中所规定的盐腌肉类(准则号0210)的税率。

巴西认为,作为这种措施的结果,其出口产品受到的待遇比欧共体关税分类表中规定的更为不利,这违反了欧共体在GATT 1994第2条和第28条项下的义务。此外,巴西还主张,根据GATT 1994第23条第1款的规定,欧共体所采用的措施抵消或削减了巴西直接或间接获得的利益。

2002年10月25日,美国请求加入磋商。

2003年3月25日,泰国就同一事项请求与欧共体进行磋商。按照泰国的主张,系争措施与欧共体在GATT 1994第2条第1款a项、第2条第1款b项及其关税分类表项下的义务不符。2003年4月3日和10日,巴西和美国请求加入磋商。欧共体通知DSB,它已接受巴西加入磋商的请求。

2003年9月19日,巴西请求成立专家组。在2003年10月2日的会议上,DSB决定推迟成立专家组。在巴西再次提出该请求后,DSB在2003年11月7日的会议上决定成立专家组。智利、中国、泰国和美国保留其作为第三方的权利。

2003年10月27日,泰国请求成立专家组。在2003年11月7日的会议上,DSB决定推迟成立专家组。在泰国再次提出该请求后,在2003年11月21日的会议上,按照当事双方的协议及DSU第9条第1款,DSB决定成立独任专家组。那些在根据巴西请求成立的专家组中保留其第三方权利的成员方,在此独任专家组中也被视作第三方。此外,巴西、哥伦比亚和智利保留其在独任专家组中作为第三方的权利。

2004年6月17日,巴西和泰国请求总干事就专家组的组成人员做出决定。

2004年6月28日,总干事决定专家组组成。2004年7月14日,智利通知专家组,它不想作为第三方参与本次专家组程序。

2004 年 9 月 14 日，哥伦比亚通知专家组，它不想作为第三方参与本次专家组程序。2004 年 11 月 19 日，专家组主席通知 DSB，由于案件的复杂性和所涉法律与事实问题的敏感性，它将无法在 6 个月内完成工作，专家组期望在 2005 年 3 月底之前完成工作。

2005 年 5 月 30 日，专家组报告向各成员方发布。专家组认为，系争措施与 GATT 1994 第 2 条第 1 款 a 项和第 2 条第 1 款 b 项之下欧共体的义务不符，因为相关产品属于 02.10 项下包含的减让范围之内，然而系争措施将相关产品归类到 02.07 项下，这导致对相关产品征收的关税超出了 02.10 项下所规定的关税。2005 年 6 月 13 日，欧共体通报了它拟就专家组报告中的某些法律问题和专家组所作的某些法律解释提出上诉的决定。2005 年 6 月 27 日，巴西也通报了它拟就专家组报告中的某些法律问题和专家组所作的某些法律解释向上诉机构提出上诉的决定。2005 年 8 月 11 日，上诉机构主席通知 DSB，由于完成和翻译报告所需的时间，上诉机构将无法在 2005 年 8 月 12 日前发布报告，估计本次上诉报告将不迟于 2005 年 9 月 12 日向 WTO 各成员方发布。2005 年 9 月 12 日，上诉机构向各成员方发布报告。上诉机构基本上维持了专家组的程序和实体结论，尽管基于不同的推理，上诉机构也认为欧共体的措施与 WTO 不符。然而，上诉机构推翻了专家组下述裁定：欧共体在 1996 年至 2002 年间将相关产品归类为盐腌肉类的做法构成了《维也纳条约法公约》第 31 条第 3 款 b 项所指的“在条约适用中确立当事方对其解释协议的后续惯例”。在 2005 年 9 月 27 日的会议上，DSB 通过了上诉机构报告和经上诉机构报告修改后的专家组报告。

15. 美国——对来自阿根廷的石油管反倾销措施的日落复审(WT/DS268)

United States—Sunset Reviews of Anti-Dumping Measures on Oil Country Tubular Goods from Argentina

由阿根廷提出申诉。2002 年 10 月 7 日,阿根廷请求与美国进行磋商,所针对的事项是,在对阿根廷 OCTG 反倾销税令的日落复审中,美国商务部(DOC)和美国国际贸易委员会(ITC)分别于 2000 年 11 月 7 日(联邦公报 65 66701)和 2001 年 6 月(USITC 第 3434 号出版物)发布的最终裁决,以及商务部于 2001 年 7 月 25 日发布的延续对阿根廷 OCTG 反倾销税令的裁决(联邦公报 66 38630)。

阿根廷认为,涉及日落复审行政及反倾销措施适用的一般性美国法律、规章、政策和程序,或者在表面上或者在适用中与《反倾销协定》第 1 条、第 2 条、第 3 条、第 5 条、第 6 条、第 11 条、第 12 条和第 18 条,GATT 1994 第 6 条和第 10 条,以及《WTO 协定》第 16 条第 4 款不符。

此外,阿根廷主张,商务部进行的日落复审与《反倾销协定》第 2 条、第 5 条、第 5 条第 8 款、第 11 条第 3 款、第 11 条第 4 款、第 12 条第 1 款和第 12 条第 3 款不符。它还主张,国际贸易委员会进行的日落复审与《反倾销协定》第 3 条和第 11 条第 3 款不符。

2003 年 4 月 3 日,阿根廷请求成立专家组。在 2003 年 4 月 15 日的会议上,DSB 决定推迟成立专家组。在阿根廷再次提出该请求后,DSB 在 2003 年 5 月 19 日的会议上决定成立专家组。欧共体、日本、韩国、墨西哥和中国台北保留其作为第三方的权利。2003 年 8 月 22 日,阿根廷请求总干事就专家组的组成人员做出决定。2004 年 9 月 4 日,总干事决定专家组组成。

2004 年 3 月 4 日,专家组主席通知 DSB,考虑到时间安排上的冲突,它将无法在 6 个月内完成工作,专家组期望在 2004 年 6 月完成工作。

2004 年 7 月 16 日,专家组报告向各成员方发布。专家组认定:

美国法律中关于日落复审中弃权的某些规定,以及日落政策公报(SPB)中关于商务部在日落复审中确定倾销继续或复发可能性的义务的某些规定,与美国在《反倾销协定》某些条款项下的义务不符。关于商务部在 OCTG 日落复审中所作的可能性裁决,专家组认为,商务部的行为与《反倾销协定》某些条款不符,但并未与该协定的其他条款不符。

美国法律关于日落复审中损害继续或复发的可能性的标准,以及国际贸易委员会在 OCTG 日落复审中的裁决,与《反倾销协定》的有关条款不符。

2004 年 8 月 31 日,美国通报了它拟就一些法律问题和专家组做出的法律解释提出上诉的意图。2004 年 10 月 28 日,上诉机构主席通知 DSB,由于完成和翻译报告所需的时间,它将无法在60日内发布其报告,上诉机构期望不迟于2004年11月29日完成工作。2004年11月29日,上诉机构报告向各成员方发布。上诉机构:

关于美国提出上诉的问题:

维持了专家组的如下裁定:即阿根廷对美国法律某些规定(即《1930年关税法》第751条第3款和第752条第3款、行政措施陈述以及日落政策公报)提出的质疑,在其成立专家组的请求中已充分清晰地阐述,正如DSU第6条第2款所要求的。

维持了专家组的如下裁定:即日落政策公报是WTO争端解决程序管辖范围内的一项"措施"。

推翻了专家组的下述裁定:日落政策公报与《反倾销协定》第11条第3款(调整5年后对反倾销税的复审)不符。上诉机构认定,专家组得出上述结论所运用的分析,没有履行其在DSU第11条项下"对事件进行客观评估"的义务,因为专家组完全依赖于总体的统计数据,而没有对作为证据的那些案件进行定性分析。

维持了专家组的如下裁定:1930年关税法第751条第3款第4项B目及美国商务部规章第351节第218条第4款第2项第3目,使得当事方在某些情况下可被认为已放弃其参与日落复审程序的权利,与《反倾销协定》第11条第3款不符,因为美国商务部基于此种弃权做出的裁决,不是基于确实肯定的证据而得出的理由充分的结论。

维持了专家组的如下裁定:美国商务部条例第351条218款(d)(2)(iii)项使得当事方在某些情况下可被"视作"放弃参与日落复审程序权利,这项规定与《反倾销协定》第6条第1款和第6条第2款不符,因为这否定了第6条第1款和第2款所要求的当事方提供证据的充分机会和维护其权益的全部机会。

认定:在做出有关弃权结论(上述第4点和第5点)的过程中,专家组没有履行其在DSU第11条项下的义务,即"对其审议的事件作出客观评估,包括对案件事实的客观评估"。

关于阿根廷提出上诉的问题:

维持了专家组的如下裁定:《反倾销协定》第3条中关于损害初步裁决的要求不适用于调查当局在日落复审中做出当然裁决。上诉机构进一步认定,专家组对《反倾销协定》第11条第3款中"损害"之解释,以及对于调查当局在日落复审中做出裁决所必须考虑的因素之分析,都没有出现错误。

维持了专家组的如下裁定:在确定终止反倾销税后对国内产业的损害是否可能继续或复发时,调查当局并不因《反倾销协定》第11条第3款而被禁止"累积考虑"可能倾销进口的效果。上诉机构进一步维持了专家组的如下裁定:按照第11条第3款,《反倾销协定》第3条第3款规定的适用于此种"累积"的条件在日落复审的情况中并不适用。

认定:在解释《反倾销协定》第11条第3款中的"可能"这一术语时,专家组没有错误,并维持了专家组的如下裁定:即美国国际贸易委员会(ITC)就终止反倾销税后对国内产业损害继续或复发的可能性所作的裁决与《反倾销协定》第11条第3款并无不符。

维持了专家组的如下裁定:即《1930年关税法》第752条第1款第1项和第752条第1款第5项使得ITC可"在一段可合理预见的时间内"考虑损害复发的可能性,该规定并未违反《反倾销协定》第11条第3款。上诉机构进一步维持了专家组的如下裁定:美国ITC在导致本争端的日落复审裁决中适用这些规定,其行为并未违反《反倾销协定》第11条第3款。

拒绝对阿根廷就两项问题提出的附条件上诉做出裁决,一项关系到《反倾销协定》下美国商务部在日落复审中的“惯例”,另一项关系到 GATT 1994 项下商务部对日落复审法律的执行。

在 2004 年 12 月 17 日的会议上,DSB 通过了上诉机构报告和经上诉机构报告修改后的专家组报告。

16. 美国——对旱地棉的补贴（WT/DS267）
United States—Subsidies on Upland Cotton

由巴西提出申诉。2002 年 9 月 27 日，就向美国旱地棉的生产商、使用者和/或出口商提供的禁止或可诉的补贴，以及向美国旱地棉生产商、使用者和出口商（美国旱地棉产业）提供此种补贴（包括出口信贷）、赠与或其他援助的立法、条例、立法性文件及其附件，巴西请求与美国进行磋商。

巴西主张，这些措施与美国在下列条款项下的义务不符：《SCM 协定》第 5 条 c 项、第 6 条第 3 款 b 项、c 项和 d 项、第 3 条第 1 款 a 项（包括附件一出口补贴例示清单中的 j 项）、第 3 条第 1 款 b 项及第 3 条第 2 款；《农业协定》第 3 条第 3 款、第 7 条第 1 款、第 8 条、第 9 条第 1 款及第 10 条第 1 款；以及 GATT 1994 的第 3 条第 4 款。巴西的观点是，以上所列的美国法律、规章和行政程序本身和适用都与这些条款不符。

2002 年 10 月 9 日和 10 月 11 日，津巴布韦和印度分别请求加入磋商。2002 年 10 月 14 日，阿根廷和加拿大请求加入磋商。美国通知 DSB 其接受阿根廷和印度加入磋商的请求。

2003 年 2 月 6 日，巴西请求成立专家组。在 2003 年 2 月 19 日的会议上，争端解决机构决定推迟成立专家组。在巴西再次提出该请求后，在 2003 年 3 月 18 日的会议上，争端解决机构决定成立专家组。阿根廷、加拿大、中国、中国台北、欧共体、印度、巴基斯坦和委内瑞拉保留其作为第三方参加专家组程序的权利。在会议上，DSB 主席宣布，根据《SCM 协定》附件五的程序，就巴西在其成立专家组请求中提出的指定一名 DSB 代表协助信息收集程序之事宜，他继续与巴西和美国进行磋商。2003 年 3 月 24 日，贝宁保留其作为第三方的权利。2003 年 3 月 25 日，澳大利亚保留其作为第三方的权利。2003 年 3 月 26 日，巴拉圭保留其作为第三方的权利。2003 年 3 月 28 日，新西兰保留其作为第三方的权利。2003 年 4 月 4 日，乍得保留其作为第三方的权利。2003 年 5 月 9 日，巴西请求总干事就专家组的组成人员做出决定。2003 年 5 月 19 日，总干事组成专家组。

2003 年 11 月 17 日，专家组主席通知 DSB，由于事件的复杂性，它将无法在 6 个月内完成工作，专家组期望在 2004 年 5 月向各当事方发布最终报告。

2004 年 9 月 8 日，专家组报告向各成员方发布。专家组认定：

农业出口信贷担保属于 WTO 出口补贴管制的范围，美国的三个出口信贷担保项目是禁止性补贴，不享有和平条款保护，违反了这些规定；

美国还提供了关于棉花的其他被禁止的补贴；

美国关于棉花方面的国内支持项目不受和平条款保护，通过抑制国际市场价格的方式，这些项目严重损害了巴西的利益。

关于被禁止的补贴，专家组建议美国立即，即在 DSB 通过专家组报告之日起或 2005 年 7 月 1 日起 6 个月内（以两者较早的为准），撤消那些被认为不符的补贴。关于可诉的补贴，专家组援引了《SCM 协定》第 7 条第 8 款。

2004 年 10 月 18 日,美国通报了它拟就某些法律问题和法律解释提出上诉的意图。2004 年 12 月 16 日,上诉机构主席通知 DSB,由于本争端中出现的诸多复杂问题,上诉机构将无法在 2004 年 12 月 17 日(星期五)之前发布报告。主席在信中接着声明,考虑到出现的众多复杂问题、上诉机构增加的负担和翻译服务、中间的假期,以及上诉机构将在未来几周评判二或三起其他上诉案件这一事实,上诉机构估计本次上诉的报告将不迟于 2005 年 3 月 3 日(星期四)向 WTO 各成员方发布。

2005 年 3 月 3 日,上诉机构报告向各成员方发布。上诉机构特别认定以下几点:

(a) 关于和平条款对于本争端的适用性问题,上诉机构:

维持了专家组的如下裁定:受到质疑的两项措施(生产灵活性合同和直接支付)关系到基本周期之后所从事生产的类型,因而不是全面符合《农业协定》附件二第 6 段 b 项的绿箱措施;因此,不能因第 13 条第 1 款第 2 项而被免除 GATT 1994 第 16 条和《SCM 协定》第三部分项下的诉讼;

修正了专家组就第 13 条第 2 款第 2 项中"对特定商品的支持"所作的解释,但维持了专家组的如下结论,即受质疑的国内资助措施对旱地棉给予了资助;

维持了专家组的如下裁定,即在 1999 年至 2002 年间,受质疑的国内支持措施对旱地棉给予的资助超出了在 1992 年基准期间确定的幅度,因此,这些措施不因第 13 条第 2 款第 2 项而免于根据 GATT 1994 第 16 条第 1 款和《SCM 协定》第三部分提起的诉讼。

(b) 关于严重损害,上诉机构:

依次维持专家组的如下裁定:(1) 第 6 条第 3 款中的"相同市场"可以是"世界市场",存在旱地棉的"世界市场","反映旱地棉世界市场上的世界价格";(2) 在价格补贴和重大价格抑制之间"存在因果关系",该关系不因美国提出的其他因素而削弱;(3) 专家组不需要精确量化通过依据价格补贴而给予旱地棉的利益;(4) 1999 至 2000 交易年间依据价格补贴的后果是同期的重大价格抑制。因此,维持专家组的如下裁定,即争议中由价格决定的补贴(交易贷款项目支付、用户交易(步骤二)支付、丧失市场援助支付以及反周期支付)所产生的效果,属于《SCM 协定》规定的重大价格抑制;

认定专家组已按照 DSU 第 12 条第 7 款的要求,阐明了事实的认定、相关条款的适用性及得出相关裁决的基本原理;

认定它无需对《SCM 协定》第 6 条第 3 款 a 项中"世界市场份额"一词的解释作出裁决,对于专家组认为该词意味着世界供应份额的裁决,上诉机构既没有维持也没有推翻。

(c) 关于用户交易(步骤二)支付,上诉机构:

维持了专家组的如下裁定,即根据 2002 年《农业安全与乡村投资法》第 1207 条第 1 款对美国旱地棉国内用户进行的步骤二支付,是取决于使用本国货物以替代进口货物而提供的补贴,该补贴与《SCM 协定》第 3 条第 1 款 b 项和第 3 条第 2 款不符;

维持了专家组的如下裁定,即根据 2002 年《农业安全与乡村投资法》第 1207 条第 1 款对美国旱地棉出口商进行的步骤二支付是《农业协定》第 9 条第 1 款 a 项所指的取决于出口业绩的补贴,该补贴与《农业协定》第 3 条第 3 款和第 8 条及《SCM 协定》第 3 条第 1 款 a 项和第 3 条第 2 款不符。

(d) 关于出口信贷担保项目,上诉机构:

根据多数意见,维持了专家组的如下裁定,即《农业协定》第 10 条第 2 款并未使出口信贷担保免受该协定第 10 条第 1 款对出口补贴的管制;

小组的一名成员在单独意见中表达了相反的观点,其认为在就相关国际规则达成一致以前,《农业协定》第 10 条第 2 款使出口信贷担保免受该协定第 10 条第 1 款对出口补贴的管制;

认定,专家组在做出如下裁决时没有适当地适用举证责任规则,即认为美国的出口信贷担保项目是《SCM 协定》第 3 条第 1 款 a 项下被禁止的出口补贴,从而与该协定第 3 条第 2 款不符;

维持了专家组的如下裁定,即"系争的美国出口信贷担保项目——GSM102、GSM103 和 SCGP——本身构成了《SCM 协定》附件一中出口补贴例示清单之 j 项所指的出口补贴",还维持了专家组的如下裁定,即这些出口信贷担保项目是《SCM 协定》第 3 条第 1 款 a 项意义所指的出口补贴,并与该协定第 3 条第 1 款 a 项和第 3 条第 2 款不符;

关于巴西所声称的美国出口信贷担保项目是《SCM 协定》第 3 条第 1 款 a 项下被禁止的出口补贴,因为它们授予了一种属于该协定第 1 条第 1 款意义下的"利益",认定专家组行使司法经济权并没有错误。

在 2005 年 3 月 21 日的会议上,DSB 通过了上诉机构报告和经上诉机构报告修改后的专家组报告。

17. 欧共体——对糖的出口补贴
(WT/DS265, WT/DS266, WT/DS283)
European Communities—Export Subsidies on Sugar

由澳大利亚(WT/DS265)、巴西(WT/DS266)和泰国(WT/DS283)提出申诉。2002年9月27日,就欧共体在其糖业市场共同组织框架中规定的出口补贴,澳大利亚和巴西请求与欧共体进行磋商。请求涉及到2001年6月19日关于欧共体糖业市场共同组织的理事会第1260/2001号条例、与欧共体糖和含糖产品体制有关的其他所有立法、条例、行政政策及其他文件,包括按照理事会第1260/2001号条例第42条第2款规定的程序通过的各项规则及其他任何相关规定。2003年3月14日,就相同事项,泰国请求与欧共体进行磋商。

澳大利亚主张,对于C糖、每年160万吨的糖、还可能包括合成产品中的糖,欧共体通过上述措施提供的出口补贴,超出了在其关税减让表第四部分第二节中规定的出口补贴承诺。澳大利亚进一步主张,欧共体还可能在对合成产品支付比初级产品更高的单位补贴。此外,在欧共体糖业体制下,精炼厂商因精炼欧共体糖而接受补贴(以干预价格的形式),对进口糖则不存在此补贴,因此对进口产品给予了更加不利的待遇。

澳大利亚认为,欧共体的条例、相关文件及所采取的措施至少与下列条款不符:

《农业协定》第3条第3款、第8条、第9条第1款、第10条第1款及第11条;

《SCM协定》第3条第1款及第3条第2款;以及

GATT 1994第3条第4款及第16条。

巴西认为,根据第1260/2001号理事会条例,欧共体对糖和含糖产品提供的出口补贴超过了在其关税减让表第四部分第二节中规定的承诺水平。巴西解释说,欧共体对糖的干预价格制度保证了在一定生产限额(A和B限额)之内生产的糖会有较高的价格。超过这些限额生产的糖(称作C糖)不能在其生产年度境内销售:它必须出口或贮存以满足下一年度的生产限额。在欧共体糖业市场共同组织及其规章制度下,C糖出口商能够以低于其生产总成本的价格出口C糖。

此外,根据欧共体的食糖关税分类表及其向WTO提交的1995/1996至2000/2001交易年度农业通知,欧共体对每年约160万吨糖提供的出口补贴超出了其承诺水平。欧共体提供的出口补贴(在第1260/2001号理事会条例中称为“出口退款”)弥补了争议产品在在世界市场上价格与在欧共体内高价间的差价,因而使这些产品得以出口。

巴西还认为,欧共体糖业体制对进口糖给予更不利的待遇,因此它违反了GATT 1994第3条第4款。

巴西主张,欧共体对糖提供的出口补贴超出了其减让承诺水平,其行为至少与下列条款的要求不符:

《农业协定》第3条第3款、第8条、第9条第1款a项与c项、第10条第1款;

《SCM 协定》第 3 条第 1 款 a 项及第 3 条第 2 款；

GATT 1994 第 3 条第 4 款及第 16 条。

泰国认为：

欧共体的糖业体制对进口糖给予的待遇比本国糖更加不利，并对使用国内产品替代进口产品的行为提供补贴；

欧共体的糖业体制对于超过生产配额生产的糖（通常称作 C 糖）给予的出口补贴，高于其在关税分类表第四部分第二节中规定的减让承诺水平；

欧共体提供的出口补贴（被称为"出口退款"）弥补了争议产品在世界市场上的价格与在欧共体内高价间的差价，因而使这些产品得以出口。

泰国认为，以上补贴与欧共体在下列条款之下的义务不符：

GATT 1994 第 3 条第 4 款；

《SCM 协定》第 3 条第 1 款 a 项、第 3 条第 1 款 b 项及第 3 条第 2 款；

《农业协定》第 3 条第 3 款、第 8 条、第 9 条第 1 款及第 10 条第 1 款。

在 WT/DS265 号争端中，巴巴多斯、伯利兹、加拿大、哥伦比亚、刚果、科特迪瓦、斐济、圭亚那、印度、牙买加、肯尼亚、马达加斯加、马拉维、毛里求斯、圣基茨和尼维斯、斯威士兰和津巴布韦请求加入磋商。2002 年 10 月 24 日，欧共体通知 DSB，它已接受巴巴多斯、伯利兹、加拿大、哥伦比亚、刚果、科特迪瓦、斐济、圭亚那、印度、牙买加、肯尼亚、马达加斯加、马拉维、毛里求斯、圣基茨和尼维斯、斯威士兰和津巴布韦加入磋商的请求。

在 WT/DS266 号争端中，澳大利亚、巴巴多斯、伯利兹、加拿大、哥伦比亚、刚果、科特迪瓦、斐济、圭亚那、印度、牙买加、肯尼亚、马达加斯加、马拉维、毛里求斯、圣基茨和尼维斯、斯威士兰和津巴布韦请求加入磋商。2002 年 10 月 24 日，欧共体通知 DSB，它已接受澳大利亚、巴巴多斯、伯利兹、加拿大、哥伦比亚、刚果、科特迪瓦、斐济、圭亚那、印度、牙买加、肯尼亚、马达加斯加、马拉维、毛里求斯、圣基茨和尼维斯、斯威士兰和津巴布韦加入磋商的请求。

2003 年 7 月 9 日，澳大利亚、巴西和泰国各自请求成立专家组。在 2003 年 7 月 21 日的会议上，争端解决机构决定推迟成立专家组。在澳大利亚、巴西和泰国再次提出该请求后，在 2003 年 8 月 29 日的会议上，争端解决机构决定成立独任专家组。巴巴多斯、加拿大、中国、哥伦比亚、牙买加、毛里求斯、新西兰、特立尼达和多巴哥以及美国保留其作为第三方的权利。2003 年 9 月 1 日，伯里兹、古巴、斐济和圭亚那保留其作为第三方的权利。2003 年 9 月 2 日，巴拉圭和斯威士兰保留其作为第三方的权利。2003 年 9 月 5 日，印度、马达加斯加和马拉维保留其作为第三方的权利。2003 年 9 月 8 日，澳大利亚、巴西、圣基茨和尼维斯、坦桑尼亚和泰国保留其作为第三方的权利。2003 年 9 月 26 日，肯尼亚保留其作为第三方的权利。2003 年 11 月 5 日，科特迪瓦保留其作为第三方的权利。

2003 年 12 月 15 日，澳大利亚、巴西和泰国请求总干事就专家组的组成人员做出决定。2003 年 12 月 23 日，总干事组成专家组。2004 年 6 月 23 日，专家组主席通知 DSB，由于事件的复杂性，专家组将无法在 6 个月内完成其工作，专家组期望在 2004 年 9 月初之前完成其工作。

2004 年 10 月 15 日，专家组向各成员方分别就 WT/DS283、WT/DS266 及 WT/DS265 三起争端单独发布相同的报告。专家组特别认定：

欧共体对于接受补贴的糖的出口年度预算费用和数量承诺水平，是根据其关税分类表第四部分第二节中规定的条目来确定的,关于这些条目的脚注 1 的内容没有法律效力,也没有扩大或修改欧共体确定的承诺水平。

自 1995 年起,特别是自 2000/2001 交易年度起,欧共体的糖出口已经超出其年度承诺水平。

超过欧共体减让承诺水平的“非加太/印度 同等糖”的生产商/出口商接受了《农业协定》第 9 条第 1 款 a 项所指的补贴。

超过欧共体减让承诺水平的 C 糖的生产商/出口商接受了《农业协定》第 9 条第 1 款 c 项所指的政府对出口进行的支付。

《农业协定》第 10 条第 3 款规定,当成员方出口一种农业产品的数量超出了其数量承诺水平的时候,该成员方将被视为其对超出的数量给予了与 WTO 不符的补贴,除非该成员方提供了充分的证据“证明”情况相反。据此规定,专家组得出结论,欧共体没有证明超出其年度承诺水平而出口的 C 糖和“非加太/印度 同等糖”,没有接受补贴。

专家组认定,通过其糖业体制,欧共体提供了《农业协定》第 9 条第 1 款 a 项和 c 项所指的出口补贴,超出了其关税减让表第四部分第二节中规定的数量承诺水平和预算费用承诺水平,与其在《农业协定》第 3 条第 3 款和第 8 条项下的义务不符。

在 2004 年 12 月 13 日的会议上,应所有当事方的请求,DSB 同意将通过专家组报告的 60 日期间延长至 2005 年 1 月 31 日。2005 年 1 月 13 日,欧共体通报了它拟就专家组报告中的某些法律问题和法律解释提出上诉的意图。

2006 年 4 月 28 日,上诉机构报告发布。上诉机构认为:

脚注 1 没有扩大或修改欧共体在其关税分类表中明确的承诺水平;脚注 1 也没有包括限制对“非加太/印度 同等糖”出口补贴的承诺;脚注 1 与《农业协定》不符,因为其没有包括一项预算费用的承诺,也没有使“非加太/印度 同等糖”的补贴出口受制于减让承诺。

在本争端的特殊情况下,存在一种《农业协定》第 9 条第 1 款 c 项意义下的“支付”,其表现形式是财政资源从 A 糖和 B 糖带来的高额收入向 C 糖的出口生产转移;此种支付是第 9 条第 1 款 c 项所指的“对出口”进行的支付,因为按照欧共体法律,C 糖必须出口;欧共体提供的出口补贴超出了其关税减让表中规定的承诺水平,其行为与《农业协定》第 3 条第 3 款和第 8 条不符。

专家组未对申诉方根据《SCM 协定》提出的主张作出裁决,这是错误的,因为专家组根据《农业协定》所作的裁决不足以完全解决本争端,特别是涉及到救济的实现;但是因为提供给上诉机构的材料不充分,所以它不适于完成法律分析并审查申诉方根据《SCM 协定》提出、专家组未加处理的那些主张。

在 2005 年 5 月 19 日的会议上,DSB 通过了上诉机构报告和经上诉机构报告修改后的专家组报告。

18. 美国——对加拿大软木的最终倾销裁决（WT/DS264）

United States—Final Dumping Determination on Softwood Lumber from Canada

由加拿大提出申诉。2002 年 9 月 13 日，就美国商务部根据《1930 年关税法》第 735 条款于 2002 年 3 月 21 日发布、2002 年 5 月 22 日修订的针对加拿大某种软木（调查号 No. A-122-838）的低于公平价格销售（倾销）的最终确定性裁决（“最终裁决”），加拿大根据 DSU 第 4 条第 8 款（紧急程序）请求与美国进行磋商。系争措施包括调查的启动、调查的进行以及最终裁决。

加拿大认为这些措施，特别是商务部根据《1930 年关税法》授权做出的裁决以及其中采用的方法，违反了《反倾销协定》第 1 条、第 2 条第 1 款、第 2 条第 2 款、第 2 条第 4 款、第 2 条第 6 款、第 5 条第 1 款、第 5 条第 2 款、第 5 条第 3 款、第 5 条第 4 款、第 5 条第 8 款、第 6 条第 1 款、第 6 条第 2 款、第 6 条第 4 款、第 6 条第 9 款和第 9 条第 3 款以及 GATT 1994 第 6 条和第 10 条第 3 款 a 项。

2002 年 12 月 6 日，加拿大请求成立专家组。在 2002 年 12 月 19 日的会议上，争端解决机构决定推迟成立专家组。在加拿大再次提出该请求后，在 2003 年 1 月 8 日的会议上，争端解决机构决定成立专家组。欧共体和印度保留其作为第三方的权利。2003 年 1 月 15 日，日本保留其作为第三方的权利。2003 年 2 月 25 日，专家组组成。

2003 年 8 月 25 日，专家组主席通知 DSB，由于事件的复杂性，专家组将无法在六个月内完成其工作。专家组期望在 2003 年 12 月向当事各方发布其最终报告。2003 年 12 月 2 日，专家组主席通知 DSB，专家组期望在 2004 年 2 月向当事各方发布其最终报告。

2004 年 4 月 13 日，专家组报告向各成员方发布。专家组认定，美国商务部的最终倾销裁决未能遵照《反倾销协定》第 2 条第 4 款第 2 项的要求，因为商务部在计算倾销幅度是适用“归零”方法，因而没有考虑所有的出口交易（专家组的一名成员针对“归零”事项的裁决发表了不同意见）。专家组认定，加拿大提出的其他所有主张都不成立。

2004 年 5 月 13 日，美国通报了它拟就专家组报告中的某些法律问题和专家组做出的某些法律解释向上诉机构提出上诉的决定。2004 年 7 月 8 日，上诉机构主席通知 DSB，由于完成和翻译报告所需的时间，它将不可能在 60 天内完成其工作。上诉机构期望不迟于 2004 年 8 月 11 日完成其工作。

2004 年 8 月 11 日，上诉机构报告向各成员方发布。上诉机构：

维持了专家组的如下裁定，即美国基于并入“归零”做法的一套方法来计算倾销幅度，与《反倾销协定》不符；

推翻了专家组的如下裁定,即美国在对 Abitibi(被调查的一家加拿大公司)计算可归于软木生产的财政支出数额时,其行为没有违反《反倾销协定》。虽然上诉机构在这个问题上推翻了专家组的裁定,但它本身并不需要对美国的行为是否符合其在这方面的 WTO 义务做出裁决;

维持了专家组的如下裁定,即美国在对 Tembec(被调查的另一家加拿大公司)计算销售"木屑"带来的副产品收入时,其行为并没有违反《反倾销协定》的某些规定。对于专家组关于美国没有以偏袒、不客观或不公平的方式行事的裁定,上诉机构没有干涉。

在 2004 年 8 月 31 日的会议上,DSB 通过了上诉机构报告和经上诉机构报告修改后的专家组报告。

19. 美国——对加拿大软木的最终反补贴税裁定（WT/DS257）

United States—Final Countervailing Duty Determination with respect to certain Softwood Lumber from Canada

由加拿大提出申诉。2002年5月3日，加拿大请求与美国进行磋商。该请求涉及到美国商务部于2002年3月25日发布的针对加拿大某种软木的最终肯定性反补贴税裁决（档案号C-122839）。系争措施包括调查的开始和进行、最终裁决、加速审查的规定，以及与上述措施有关的其他事项。加拿大主张，这些措施违反了美国在《SCM协定》第1条、第2条、第10条、第11条、第12条、第14条、第15条、第19条、第22条和第32条第1款、以及GATT 1994第6条第3款和第10条第3款项下的义务。

2002年7月18日，加拿大请求成立专家组。在2002年7月29日的会议上，DSB决定推迟成立专家组。2002年8月19日，加拿大请求撤回其之前成立专家组的请求，并提交了一项新的请求。加拿大特别主张，美国启动软木四号调查（Lumber IV investigation）违反了《SCM协定》第10条、第11条第4款和第32条第1款。在其他所有主张中，新的请求与前一次的请求（2002年7月18日）一致。在2002年8月30日的会议上，DSB决定推迟成立专家组。在2002年10月1日的会议上，DSB决定成立专家组。欧共体、印度和日本保留其在专家组程序中作为第三方的权利。2002年11月8日，专家组组成。

2003年8月29日，专家组报告向各成员方发布。专家组认为，美国商务部的最终反补贴税裁决与《SCM协定》第10条、第14条、第14条d项、第32条第1款、以及GATT 1994第6条第3款不符。关于加拿大根据《SCM协定》第19条第4款和GATT 1994第6条第3款提出的、涉及补贴率计算方法的主张，以及其关于违反《SCM协定》第12条规定的证据程序规则的主张，专家组决定运用司法经济原则。在专家组与当事方的第一次实体会议上，加拿大曾指出，它认为压制其根据《SCM协定》第10条、第11条第4款和第32条第1款提出的主张并不合适，对于这些主张，专家组也不予处理和裁决。因此，专家组建议DSB要求美国使其措施与其在《SCM协定》和GATT 1994项下的义务相符。

2003年10月2日，美国通报了它拟就专家组报告中的某些法律问题和专家组做出的某些法律解释向上诉机构提出上诉的决定。然而，2003年10月3日，由于时间安排原因，美国撤回了其上诉通知，尽管该撤回是以美国有权在DSU允许的时间范围内提交新的上诉通知为条件的。

2003年10月21日，美国通报了它拟就专家组报告中的一些法律问题和法律解释重新向上诉机构提出上诉的决定。

2003年12月17日，上诉机构主席通知DSB，由于完成和翻译报告所需的时间，上诉机构将无法在60天内发布其报告,估计上诉机构报告将不迟于2004年1月19日向WTO各成员方发布。

2004年1月19日,上诉机构报告向各成员方发布。上诉机构:

维持了专家组的如下认定,即美国关于加拿大省政府对建筑用材授予的收获权属于《SCM协定》第1条第1款所规定的提供货物的裁决是正确的;

推翻了专家组对《SCM协定》第14条第4款所作的解释以及如下认定,即美国关于提供财政捐赠而产生的"利益"之存在和数额的裁决是不适当的。接着,上诉机构认为,对于美国在本次调查中是否正确地就利益做出裁决,它无法完成法律分析,因为专家组的事实认定不充分、专家组记录中的无异议事实也不充分;

维持了专家组的如下认定,即对于补贴是否在锯木厂所有的收割者向无关的木材生产商进行的原木销售中传递,美国并未加以分析,其行为与《SCM协定》和GATT 1994的规定不符。另一方面,上诉机构推翻了专家组的如下认定,即美国未能考虑补贴是否在锯木厂向无关的木材改制商进行的初级木材销售中传递,其行为与WTO义务不符,因为初级木材和改制木材都是须接受美国商务部综合调查的产品。

在2004年2月17日的会议上,DSB通过了上诉机构报告和经上诉机构报告修改后的专家组报告。

20. 美国——对某些钢产品进口的确定性保障措施（WT/DS248，WT/DS249，WT/DS251，WT/DS252，WT/DS253，WT/DS254，WT/DS258，WT/DS259）

United States—Definitive Safeguard Measures on Imports of Certain Steel Products

由欧共体((WT/DS248)、日本(WT/DS249)、韩国(WT/DS251)、中国(WT/DS252)、瑞士(WT/DS253)、挪威(WT/DS254)、新西兰(WT/DS258)和巴西(WT/DS259)提出申诉。

2002年3月7日，就美国实施的、自2002年3月20日起生效的确定性保障措施，欧共体请求与美国进行磋商。该保障措施的形式有，增加进口扁钢、热轧棒、冷精轧棒、钢筋、焊接管材、碳合金配件、不锈钢棒、不锈钢杆、锡轧制成品和不锈钢电线的税收，以及对钢板的进口采取关税比率配额。欧共体认为，美国上述措施违反了其在《保障措施协定》和GATT 1994项下的义务，特别是《保障措施协定》第2条第1款、第2条第2款、第3条第1款、第3条第2款、第4条第1款、第4条第2款、第5条第1款、第5条第2款、第7条第1款和第9条第1款以及GATT 1994第1条第1款、第13条和第19条第1款。欧共体还保留了其寻求《保障措施协定》和DSU规定的各种救济的所有权利。

2002年3月14日，日本和韩国请求加入磋商。2002年3月15日，瑞士和加拿大也请求加入磋商。2002年3月20日，委内瑞拉也请求加入磋商。2002年3月21日，挪威和中国也请求加入磋商。2002年3月22日，墨西哥也请求加入磋商。2002年3月25日，新西兰也请求加入磋商。美国通知DSB，它已接受加拿大、中国、日本、韩国、墨西哥、新西兰、挪威、瑞士和委内瑞拉加入磋商的请求。

2002年3月20日，同样就美国对某种钢产品进口实施的确定性保障措施，日本请求与美国进行磋商(WT/DS249)，并主张它们违反了《保障措施协定》第2条第1款、第2条第2款、第3条第1款、第3条第2款、第4条第1款、第4条第2款、第5条第1款、第7条第1款、第7条第4款、第8条第1款、第12条第1款、第12条第2款和第12条第3款以及GATT 1994第1条第1款、第2条、第10条第3款、第13条和第19条第2款。2002年3月27日，挪威请求加入磋商。4月5日，墨西哥请求加入磋商。4月9日，新西兰请求加入磋商。美国通知DSB，它已接受墨西哥、新西兰和挪威加入磋商的请求。

2002年3月20日，同样就美国对某种钢产品进口实施的确定性保障措施，以及美国的相关法律，包括《1974年贸易法》第201条款、202条款及《NAFTA实施法》第311条款，韩国请求与美国进行磋商(WT/DS251)。韩国主张它们违反了《保障措施协定》第2条第1款、第2条第2款、第3条、第4条、第5条、第7条第1款、第7条第4款、第8条第1款、第9条第1款和第12条、GATT 1994第10条第3款和第19条第1款以及《马拉喀什协定》第16条第4款。

2002年3月27日,日本和挪威请求加入磋商。4月5日,墨西哥和新西兰请求加入磋商。美国通知DSB,它已接受日本、墨西哥、新西兰和挪威加入磋商的请求。

2002年3月26日,同样就美国对某种钢产品进口实施的确定性保障措施,中国请求与美国进行磋商(WT/DS252),并主张它们违反了《保障措施协定》第2条第1款、第2条第2款、第3条第1款、第3条第2款、第4条第1款、第4条第2款、第5条第1款、第5条第2款、第7条第1款、第8条第1款、第9条第1款和第12条以及GATT 1994第1条第1款、第2条、第10条第3款、第19条第1款和第19条第2款。2002年4月4日,日本请求加入磋商。2002年4月5日,新西兰也请求加入磋商。美国通知DSB,它已接受日本和新西兰加入磋商的请求。

2002年4月3日,就美国对某种钢产品进口实施的确定性保障措施,瑞士也请求与美国进行磋商(WT/DS253),并主张它们违反了《保障措施协定》第2条第1款、第2条第2款、第3条、第4条第1款、第4条第2款、第5条第1款、第7条第1款、第8条第1款和第12条以及GATT 1994第1条第1款和第19条第1款。2002年4月11日,新西兰请求加入磋商。2002年4月15日,日本请求加入磋商。美国通知DSB,它已接受日本和新西兰加入磋商的请求。

2002年4月4日,就美国对某种钢产品进口实施的相同保障措施,挪威请求与美国进行磋商(WT/DS254),并主张它们违反了《保障措施协定》第3条、第4条第1款、第4条第2款、第5条第1款、第7条、第8条第1款、第9条第1款和第12条以及GATT 1994第1条第1款、第2条、第10条第3款和第19条。2002年4月11日,新西兰请求加入磋商。2002年4月15日,日本请求加入磋商。美国通知DSB,它已接受日本和新西兰加入磋商的请求。

2002年5月14日,就美国对某种钢产品进口实施的相同保障措施,新西兰请求与美国进行磋商(WT/DS258),并主张它们违反了《保障措施协定》第2条第1款、第2条第2款、第3条第1款、第3条第2款、第4条第1款、第4条第2款、第5条第1款、第7条、第8条第1款和第12条以及GATT 1994第1条第1款、第10条和第19条第1款。2002年5月24日,欧共体请求加入磋商。2002年5月27日,日本请求加入磋商。2002年5月30日,韩国请求加入磋商。2002年5月31日,挪威、中国和墨西哥请求加入磋商。美国通知DSB,它已接受中国、欧共体、日本、韩国、墨西哥和挪威加入磋商的请求。

2002年5月21日,就美国对某种钢产品进口实施的相同确定性保障措施,巴西请求与美国进行磋商(WT/DS259)。2002年5月24日,欧共体请求加入磋商。2002年5月27日,日本请求加入磋商。2002年5月30日,韩国请求加入磋商。2002年5月31日,挪威、中国和墨西哥请求加入磋商。美国通知DSB,它已接受中国、欧共体、日本、韩国、墨西哥和挪威加入磋商的请求。

在八个申诉方分别在以下DSB会议上提出成立专家组的个别请求之后:

2002年6月3日——欧共体主张,美国的措施违反了《保障措施协定》第2条第1款、第3条第1款、第4条第2款a项、第4条第2款b项、第4条第2款c项和第5条第1款以及GATT 1994第19条第1款;

2002年6月14日——日本主张,美国的措施违反了《保障措施协定》第2条、第3条、第4条和第5条以及GATT 1994第1条第1款、第10条第3款和第19条第1款。韩国主张,美国的措施违反了《保障措施协定》第2条、第3条、第4条、第5条、第7条第1款、第8条第1

款、第 9 条第 1 款和第 12 条以及 GATT 1994 第 10 条第 3 款、第 13 条和第 19 条；

2002 年 6 月 24 日——中国主张，美国的措施违反了《保障措施协定》第 2 条第 1 款、第 3 条第 1 款、第 4 条第 1 款、第 4 条第 2 款、第 5 条第 1 款、第 5 条第 2 款、第 8 条第 1 款、第 9 条第 1 款和第 12 条以及 GATT 1994 第 1 条第 1 款、第 2 条和第 19 条。瑞士主张，美国的措施违反了《保障措施协定》第 2 条第 1 款、第 2 条第 2 款、第 3 条第 1 款、第 4 条、第 5 条第 1 款和第 8 条以及 GATT 1994 第 19 条第 1 款。挪威主张，美国的措施违反了《保障措施协定》第 2 条、第 3 条、第 4 条、第 5 条第 1 款、第 7 条第 1 款和第 9 条第 1 款以及 GATT 1994 第 1 条第 1 款、第 10 条第 3 款 a 项和第 19 条；

2002 年 7 月 8 日——新西兰主张，美国的措施违反了《保障措施协定》第 2 条第 1 款、第 2 条第 2 款、第 3 条第 1 款、第 4 条第 2 款、第 5 条第 1 款、第 7 条和第 8 条第 1 款以及 GATT 1994 第 10 条第 3 款 a 项和第 19 条第 1 款；

2002 年 7 月 29 日——巴西主张，美国的措施违反了《保障措施协定》第 2 条第 1 款、第 2 条第 2 款、第 3 条第 1 款、第 4 条和第 5 条以及 GATT 1994 第 1 条第 1 款、第 10 条第 3 款和第 19 条第 1 款；

根据当事各方的协议、按照 DSU 第 9 条第 1 款，DSB 成立独任专家组。

在根据当事各方请求而成立的各专家组中保留其第三方权利的成员方，在独任专家组中仍然被视为第三方。加拿大、中国台北、古巴、马来西亚、墨西哥、泰国、土耳其和委内瑞拉保留其作为第三方参加专家组程序的权利。

2002 年 7 月 15 日，DSB 接到美国与欧共体、日本、韩国、中国、瑞士、挪威和新西兰达成程序协议的通报。2002 年 7 月 18 日，DSB 接到美国与巴西达成程序协议的通报。2002 年 7 月 15 日，欧共体、日本、韩国、中国、瑞士、挪威和新西兰请求总干事就专家组的组成人员做出决定。2002 年 7 月 25 日，专家组组成。

2002 年 10 月 23 日，马来西亚决定作为第三方退出专家组程序。

2003 年 2 月 20 日，专家组主席通知 DSB，由于所提出法律和事实问题的数量、复杂性和敏感度，专家组将无法在六个月内完成工作。专家组希望在 2003 年 4 月底之前完成其工作。

2003 年 7 月 11 日，专家组向争端个成员方发布其报告。① 专家组认为，产生争议的美国所有的保障措施与 WTO 规定的实施保障措施的下列前提条件中至少一项不符：(1) 未预见的发展；(2) 进口增加；(3) 因果关系；及(4) 平行性。专家组因此要求美国使相关保障措施与其在《保障措施协定》和 GATT 1994 项下的义务相符。

2003 年 8 月 11 日，美国通报了它拟就专家组报告中的某些法律问题和专家组做出的某些法律解释向上诉机构提出上诉的决定。

2003 年 10 月 8 日，上诉机构主席通知 DSB，由于完成和翻译报告所需的时间，上诉机构

① 虽然八个共同申诉方提出的所有申诉都在一个独任专家组程序中审理，但美国要求发布八份独立的专家组报告，主张不这样做就会侵害其 WTO 权利，包括其与个别申诉方解决争端的权利。申诉方强烈反对这一要求，指出这样做只会延误专家组程序。专家组决定以“一份文件构成八个专家组报告”的方式发布其裁决。这样，为 WTO 之目的，这份文件被视为八个独立的报告，分别指向本争端的八个申诉方。该文件包括一张共同的封面、一项共同的叙述部分和共同的一组认定。然而，该文件还包括针对每个申诉方而“特定化”的结论和建议，对每个申诉方都带有单独的号码(代码)。按照专家组的观点，这种方法尊重了所有当事方的权利，同时确保了争端的快捷和有效解决。

将无法在60天内发布其报告,估计本次上诉报告将不迟于2003年11月10日向WTO各成员方发布。

2003年11月10日,上诉机构报告向各成员方发布。上诉机构维持了专家组的最终结论,即本争端中的十项系争保障措施都与美国在GATT 1994第19条第1款a项和《保障措施协定》项下的义务不符。上诉机构推翻了专家组的如下认定,即对于十项保障措施中的两项,美国未能对"进口增加"以及进口增加与严重损害之间存在"因果关系"提供合理、充分的解释。然而,即使这两项措施最终也以其他理由而被认定为与《WTO协定》不符。

在2003年12月10日的会议上,DSB通过了上诉机构报告和经上诉机构报告修改后的专家组报告。

21. 欧共体——对发展中国家给予关税优惠的条件(WT/DS246)

European Communities—Conditions for the Granting of Tariff Preferences to Developing Countries

由印度提出申诉。2002 年 3 月 5 日,就欧共体在其现行普遍关税优惠体制(普惠制)下对发展中国家给予关税优惠的条件,印度请求与欧共体进行磋商。

印度是按照 DSU 第 4 条、GATT 1994 第 23 条第 1 款以及授权条款的第 4 段 b 项提出该请求的。

印度认为,欧共体根据特殊安排在(1) 打击毒品生产、交易以及(2) 保护劳工权利和环境方面给予的关税优惠为印度向欧共体的出口、包括在欧共体普惠制一般安排下的出口,造成了过度的困难,而且抵消或减损了印度根据 GATT 1994 第 1 条第 1 款关于最惠国的规定以及授权条款第 2 款 a 项、第 3 款 a 项和第 3 款 c 项可获得的利益。

按照印度的观点,欧共体根据特殊安排授予关税优惠的条件不可能与授权条款第 2 款 a 项、第 3 款 a 项和第 3 款 c 项之下的要求相一致。

2002 年 3 月 20 日,委内瑞拉请求加入磋商。2002 年 3 月 21 日,哥伦比亚请求加入磋商。

2002 年 12 月 6 日,印度请求成立专家组。在 2002 年 12 月 19 日的会议上,争端解决机构决定推迟成立专家组。在 2003 年 1 月 27 日的会议上,争端解决机构决定成立专家组。在会议期间,巴西、哥伦比亚、哥斯达黎加、古巴、厄瓜多尔、萨尔瓦多、危地马拉、洪都拉斯、巴拉圭、秘鲁、斯里兰卡、委内瑞拉和美国保留其作为第三方的权利。2003 年 1 月 28 日,尼加拉瓜保留其作为第三方的权利。2003 年 1 月 29 日,巴拿马保留其作为第三方的权利。2 月 3 日,毛里求斯和巴基斯坦保留其作为第三方的权利。2 月 6 日,玻利维亚保留其作为第三方的权利。2003 年 2 月 24 日,印度请求总干事就专家组的组成人员做出决定。2003 年 3 月 6 日,总干事组成专家组。

2003 年 9 月 22 日,专家组主席通知 DSB,由于所涉事件的复杂性,专家组将不可能在 6 个月内完成工作,专家组期望在 2003 年 10 月底完成其工作。

2003 年 12 月 1 日,专家组报告向各成员方发布。专家组认定:(1) 印度已证明,根据欧共体普惠制中规定的《打击毒品生产及交易的特殊安排》(“《毒品安排》”)给予的关税优惠与 GATT 1994 第 1 条第 1 款不符;(2) 欧共体未能证明,《毒品安排》可根据授权条款第 2 款 a 项而取得正当性,该规定要求普惠制利益应在“非歧视”的基础上提供;(3) 欧共体未能证明,《毒品安排》可根据 GATT 1994 第 20 条 b 项而证明正当,因为该措施对于保护欧共体内人类的生命或健康并非“必需”,与第 20 条的前言也不相符。(专家组的一名成员提出不同意见,即授权条款不是第 1 条第 1 款的例外,印度并没有依据授权条款提出主张。)

2004年1月8日,欧共体通报了它拟就专家组报告中的某些法律问题向上诉机构提出上诉的决定。2004年3月5日,上诉机构主席通知DSB,上诉机构将不可能在60天内完成其工作。上诉机构估计报告将不迟于2004年4月7日向各成员方发布。

2004年4月7日,上诉机构报告向各成员方发布。在报告中:

上诉机构维持了专家组的下列两项裁定:(1)授权条款作为GATT 1994第1条第1款的一项例外而适用;(2)授权条款没有排除GATT 1994第1条第1款的可适用性。然而,上诉机构修正了专家组关于GATT 1994第1条第1款与授权条款之间关系的一项裁定。上诉机构认为,申诉方不仅必须主张系争措施与GATT 1994第1条第1款不符,还必须提出他认为系争措施没有满足的授权条款的相关规定。基于以上认定,并且由于欧共体未就专家组对第1条第1款论证的其他方面提出上诉,上诉机构认为,它无需对专家组就系争措施与GATT 1994一致性问题的结论做出裁决。

上诉机构推翻了专家组对授权条款第2款a项及其脚注3的法律解释,上诉机构认为,在授予差别关税待遇时,由于"非歧视"一词,给惠国必需确保普惠制中所有情况相似的受惠国都可以获得相同的待遇,"情况相似"也就是指,具有相同的"发展、财政和贸易需求"的所有普惠制受惠国。关于系争措施与授权条款的一致性问题,虽然基于不同的理由,上述机构仍维持了专家组的结论,即欧共体未能证明系争措施可根据授权条款第2款a项而取得正当性。

在2004年4月20日的会议上,DSB通过了上诉机构报告和经上诉机构报告修改后的专家组报告。

22. 日本——影响苹果进口的措施(WT/DS245)

Japan—Measures Affecting the Importation of Apples

由美国提出申诉。2002 年 3 月 1 日，就日本对美国苹果进口施加的限制措施，美国请求与日本进行磋商。

美国的申诉是由于日本对向其本国进口的苹果维持检疫限制而引发的，这些限制据称是为防止梨火疫传入而必需的。美国申诉的措施中包括，对于被检测出任何一例梨火疫的果园，既禁止进口产自该果园的苹果；要求出口果园须每年进行三次梨火疫存在率检查；以及若在任一果园周围 500 米缓冲区内检测出梨火疫，则取消该果园向日本出口苹果的资格。

美国主张，这些措施可能与日本在下列条款项下的义务不符：

GATT 1994 第 11 条，

《SPS 协定》附件 B 第 2 条第 2 款、第 2 条第 3 款、第 5 条第 1 款、第 5 条第 2 款、第 5 条第 3 款、第 5 条第 6 款、第 6 条第 1 款、第 6 条第 2 款和第 7 条，以及

《农业协定》第 14 条。

2002 年 5 月 7 日，美国请求成立专家组。在 2002 年 5 月 22 日的会议上，DSB 决定推迟成立专家组。在美国再次提出该请求后，DSB 在 2002 年 6 月 3 日的会议上决定成立专家组。澳大利亚、巴西和欧共体保留作为第三方的权利。2002 年 6 月 10 日，新西兰保留作为第三方的权利。2002 年 6 月 12 日，中国台北保留作为第三方的权利

2002 年 7 月 9 日，美国请求总干事就专家组的组成人员做出决定。2002 年 7 月 17 日，专家组组成。2003 年 1 月 16 日，专家组主席通知 DSB，专家组将无法在组成后的六个月内完成工作。专家组期望在 2003 年 5 月底之前向当事各方发布其最终报告。

2003 年 7 月 15 日，专家组向各成员方发布其报告。专家组认定，日本对美国苹果进口施加的植物检疫措施违反了《SPS 协定》第 2 条第 2 款，且不能根据《SPS 协定》第 5 条第 7 款而被证明正当，还认定日本 1999 年《害虫风险评估》没有满足《SPS 协定》第 5 条第 1 款的要求。

2003 年 8 月 28 日，日本通报了它拟就专家组报告中的某些法律问题和专家组做出的某些法律解释向上诉机构提出上诉的决定。

2003 年 10 月 23 日，上诉机构主席通知 DSB，由于完成和翻译报告所需的时间，上诉机构将无法在 60 天内发布报告，估计本次上诉的上诉机构报告将不迟于 2003 年 11 月 26 日向 WTO 各成员方发布。

2003 年 11 月 26 日，上诉机构报告发布。上诉机构驳回了日本全部四项上诉主张。上诉机构维持了专家组的如下裁定，即争议中的日本植物检疫措施与日本在《SPS 协定》第 2 条第 2 款、第 5 条第 7 款和第 5 条第 1 款项下的义务不符。上诉机构还认定，专家组对案件事实的评估适当地履行了其在 DSU 第 11 条之下的职责。美国在上诉中的唯一主张是对于专家组是否“有权”就除“成熟、无症状的”苹果以外的苹果进行认定提出了质疑。上诉机构驳回了

这一主张,认定专家组确实“有权”对所有可能从美国向日本出口的苹果做出裁决,包括那些“成熟、无症状的”苹果以外的苹果。

在2003年12月10日的会议上,DSB通过了上诉机构报告和经过上诉机构报告修改的专家组报告。

23. 美国——对日本抗腐蚀碳钢扁平轧材的反倾销税的日落复审(WT/DS244)

United States—Sunset Review of Anti-Dumping Duties on Corrosion-Resistant Carbon Steel Flat Products from Japan

由日本提出申诉。2002 年 1 月 30 日，就美国商务部(DOC)和美国国际贸易委员会(ITC)在对日本抗腐蚀碳钢扁平轧材进口征收反倾销税的全面日落复审中做出的最终裁决，日本请求与美国进行磋商。上述裁决分别于 2000 年 8 月 2 日和 2000 年 11 月 21 日发布。

日本主张，上述裁决是错误的，是基于美国《1930 年关税法》修正案("法案")及相关条例的有瑕疵的裁决、程序和规定做出。

日本进一步主张，该法案及相关条例的程序和条款、连同上述裁决，特别地，与 GATT 1994 第 6 条和第 10 条、《反倾销协定》第 2 条、第 3 条、第 5 条、第 6 条(包括附件二)、第 11 条、第 12 条和第 18 条第 4 款以及《WTO 协定》第 16 条第 4 款不符。

2002 年 2 月 13 日，欧共体请求加入磋商。2002 年 2 月 14 日，印度请求加入磋商。

2002 年 4 月 4 日，日本请求成立专家组。在 2002 年 4 月 17 日的会议上，DSB 决定推迟成立专家组。在日本再次提出该请求后，DSB 在 2002 年 5 月 22 日的会议上决定成立专家组。巴西、加拿大、智利、欧共体、印度、韩国、挪威和委内瑞拉保留作为第三方参加专家组程序的权利。

2002 年 7 月 9 日，日本请求总干事就专家组的组成人员做出决定。2002 年 7 月 17 日，专家组组成。

2002 年 8 月 5 日，委内瑞拉决定作为第三方退出专家组程序。

2003 年 1 月 9 日，专家组主席通知 DSB，由于在听取各方观点后通过的时间表及 DSU 附件三规定的时间等缘故，专家组将不可能在 6 个月内完成工作。专家组期望在 2003 年 4 月之前完成其工作。2003 年 5 月 22 日，专家组向争端当事方发布其报告。2003 年 8 月 14 日，专家组向各成员方发布其报告。专家组驳回了日本对根据美国法律对反倾销税进行日落复审的各个方面加以质疑的所有主张。专家组特别认为，与调查中的自我启动的证明标准和微量标准有关的义务不适用于日落复审。专家组还驳回了日本的如下主张，即美国的日落复审公报——按其自己的表达，对那些美国立法和条例没有明确处理的方法问题或分析性问题提供指引——是一项可在 WTO 争端解决下对其本身加以质疑的强制性文件。相反，专家组认为，对于该公报，仅可以在特定案件中对美国商务部的具体运用提出质疑。专家组进一步认定，美国商务部在本案件中对倾销继续或复发可能性的裁决并无违反 WTO 规定之处。因此，专家组没有做出任何建议。

2003年9月15日,日本向DSB发出上诉通知,并向上诉机构提交上诉通知书。

2003年11月12日,上诉机构主席通知DSB,由于完成和翻译报告所需的时间,上诉机构将无法在60天内发布其报告,估计本次上诉的上诉机构报告将不迟于2003年12月15日向WTO各成员方发布。

2005年4月25日,上诉机构报告向各成员方发布。上诉机构维持了三项法律认定,但推翻了专家组的四项法律认定。与专家组相反,上诉机构认为,可以在WTO争端解决中对公报提出质疑。然而,上诉机构认定公报中没有任何条款与《反倾销协定》或《WTO协定》不符。尽管其对日本主张的分析在一些重要方面与专家组不同,但上诉机构没有做出有关美国行为与其在《反倾销协定》或《WTO协定》项下义务不符的认定。

在2004年1月9日的会议上,DSB通过了上诉机构报告和经上诉机构报告修改后的专家组报告。

24. 美国——纺织品和服饰产品的原产地规则(WT/DS243)

United States—Rules of Origin for Textiles and Apparel Products

由印度提出申诉。2002 年 1 月 11 日,就美国在《乌拉圭回合协定法》第 334 条、2000 年《贸易发展法》第 405 条以及实施上述规定的海关条例中规定的、适用于进口纺织品和服饰产品的原产地规则,印度请求与美国进行磋商。

印度主张,在前述 334 条款出台之前,适用于纺织品和服饰产品的原产地规则是"实质性改变"规则。印度认为,334 条款确定了为不同种类的纺织品和服饰产品赋予原产地特征的特定加工操作,因而改变了这一制度。按照印度的观点,这些改变看来是为了保护美国纺织品和服装产业免于进口竞争而做出的。印度指出,欧共体已经对 334 条款引起的改变提出过质疑,理由是它们与美国在《原产地规则协定》及其他 WTO 协定项下的义务相冲突(WT/DS151)。印度解释说,该争端是通过官方纪录(*procès-verbal*)方式解决的,美国同意通过立法修订 334 条款。印度认为,该修订立法(即 405 条款)所引起的变化,旨在将欧共体特定的出口利益纳入考虑范围。

按照印度的观点,334 条款和 405 条款引起的改变已导致非常复杂的规则,根据这些规则,赋予原产地特征的标准在相似产品和加工操作之间变动。印度主张,这些改变的结构、其得以采用的形势及其对纺织品和服饰产品竞争条件的影响,都暗示着它们是为贸易政策之目的而服务的。根据上述理由,对于这些改变与《原产地规则协定》第 2 条第 2 款、第 3 款、第 4 款和第 5 款是否一致,印度提出质疑。

2002 年 5 月 7 日,印度请求成立专家组。在 2002 年 5 月 22 日的会议上,DSB 决定推迟成立专家组。在印度再次提出该请求后,DSB 在 2002 年 6 月 24 日的会议上决定成立专家组。欧共体、巴基斯坦和菲律宾保留其作为第三方的权利。2002 年 7 月 3 日,孟加拉国保留其作为第三方的权利。2002 年 7 月 4 日,中国保留其作为第三方的权利。2002 年 10 月 10 日,专家组组成。2003 年 4 月 9 日,专家组主席通知 DSB,由于事件的复杂性,专家组将无法在 6 个月内完成工作。专家组期望在 2003 年 5 月上旬向当事各方发布其最终报告。

2003 年 6 月 20 日,专家组报告向各成员方发布。专家组认定:

印度没能证明《乌拉圭回合协定法案》第 334 条与《原产地规则协定》第 2 条第 2 款或第 2 条第 3 款不符;

印度没能证明《贸易发展法》第 405 条与《原产地规则协定》第 2 条第 2 款、第 2 条第 3 款或第 2 条第 4 款不符；

印度没能证明包含于美国《联邦行政法典》第 19 章第 102.21 节的海关条例与《原产地规则协定》第 2 条第 2 款、第 2 条第 3 款或第 2 条第 4 款不符。

在 2003 年 7 月 21 日的会议上，DSB 通过了专家组报告。

25. 阿根廷——对巴西进口家禽的最终反倾销税(WT/DS241)

Argentina—Definitive Anti-Dumping Duties on Poultry from Brazil

由巴西提出申诉。2001 年 11 月 7 日,巴西请求和阿根廷就阿根廷对巴西进口家禽征收的最终反倾销税进行磋商,该反倾销税被归为南部共同市场税列 0207.11.00 和 0207.12.00。阿根廷经济部自 2000 年 7 月 1 日在其第 574 号决议中采取该项措施,2000 年 7 月 24 日发布于阿根廷政府公告。巴西认为,此最终反倾销税的实施和阿根廷当局进行的调查可能存在缺陷,并基于错误或不充分的程序作出,和阿根廷在《反倾销协定》第 1 条、第 2 条、第 3 条、第 4 条、第 5 条、第 6 条、第 9 条、第 12 条和附录Ⅱ,以及 GATT1994 第 6 条和《海关估价协定》第 1 条、第 7 条项下承担的义务不一致。

2001 年 11 月 19 日,欧共体请求加入磋商。2002 年 2 月 25 日,巴西请求设立专家组。DSB 在其 2002 年 3 月 8 日会议上推迟成立专家组。在 DSB2002 年 4 月 17 日召开的会议上,专家组设立。阿根廷提出,尽管专家组在此次会议上设立,但双方仍有希望达成相互满意的解决方法。加拿大、智利、欧共体、危地马拉、巴拉圭和美国保留了它们的第三方权利。

2002 年 6 月 17 日,巴西请求总干事组成专家组。2002 年 6 月 27 日,专家组组成。2002 年 12 月 18 日,专家组主席通知 DSB,由于当事方达成的日程安排,专家组无法在 6 个月内结案,但有望于 2003 年 4 月初审结。2003 年 4 月 22 日,专家组向成员方发布报告。专家组认定阿根廷行为和《反倾销协定》第 2 条第 4 款、第 2 条第 4 款第 2 项、第 3 条第 1 款、第 3 条第 2 款、第 3 条第 3 款、第 3 条第 4 款、第 3 条第 5 款、第 5 条第 1 款、第 5 条第 8 款、第 6 条第 1 款第 1 项、第 6 条第 1 款第 3 项、第 6 条第 8 条 和附录 II 第 6 条第 10 款、第 12 条第 1 款项下义务不一致。专家组还得出结论,阿根廷行为和《反倾销协定》很多其他条款不一致,由于司法经济的原因,专家组对这些指控不予裁决。

在 2003 年 5 月 19 日的会议上,DSB 通过了专家组报告。

26. 阿根廷——对进口保藏桃的最终保障措施(WT/DS238)

Argentina—Definitive Safeguard Measure on Imports of Preserved Peaches

由智利提出申诉。2001 年 9 月 14 日,智利请求和阿根廷就阿根廷对保存在含增甜物质的水中(包括糖浆)及其他形式水中的进口桃适用的最终保障措施进行磋商。智利认为阿根廷的最终保障措施和《SCM 协议》第 2 条、第 4 条、第 5 条和第 12 条,以及 GATT1994 第 19 条第 1 款不一致。

2001 年 12 月 6 日,智利请求设立专家组。DSB 于其 2002 年 12 月 18 日会议上推迟设立专家组。在 DSB2002 年 1 月 18 日会议上,专家组设立。专家组成立后,智利表明它将暂时不指定专家组成员,因为它希望和阿根廷达成相互满意的解决方案。欧共体、巴拉圭和美国保留它们作为第三方参加专家组程序的权利。2002 年 3 月 13 日,智利通知 DSB 主席它希望专家组组成程序继续进行。2002 年 4 月 16 日专家组组成。

2002 年 10 月 15 日,专家组主席通知 DSB,根据双方共同达成的日程安排,专家组将不能在 6 个月内结案,但有望于 2003 年 1 月底发布报告。2003 年 2 月 14 日,专家组向各成员国发布报告,得出的结论是,阿根廷对保藏桃实施的措施和《SCM 协定》、GATT1994 中的一些条款不一致。特别是

因阿根廷未能按要求证明不可预见发展的存在,其行为和 GATT1994 第 19 条第 1 款第(a)项项下的义务不一致;

因阿根廷未能按要求作出进口绝对或相对增长的认定,其行为和 GATT1994 第 19 条第 1 款第(a)项、《SCM 协定》第 2 条第 1 款和第 4 条第 2 款第(a)项下的义务不一致;

阿根廷的行为和其 GATT1994 第 19 条第 1 款第(a)项、《SCM 协定》第 2 条第 1 款、第 4 条第 1 款第(b)项和第 4 条第 2 款第(a)项项下的义务不一致,因为有关当局在认定严重损害威胁存在时:

(i) 没有评估对国内产业境况有影响的所有相关因素;

(ii) 没有就相关事实如何支持其结论,提供合理和充分的解释;

(iii) 没有认定严重损害明显是即将发生的。

专家组认为阿根廷仅将损害威胁的裁定建立在无证据指控、推测和极小可能性的基础上,其行为和《SCM 协定》第 2 条第 1 款和第 4 条第 1 款第(b)项项下义务不一致。专家组对其他指控运用了司法经济权。

在 2003 年 4 月 15 日的会议上,DSB 通过了专家组报告。

27. 美国——对从加拿大进口的特定软木木材的初步裁定(WT/DS236)

United States—Preliminary Determinations with Respect to Certain Softwood Lumber from Canada

由加拿大提出申诉。2001 年 8 月 21 日,加拿大请求和美国就美国商务部 2001 年 8 月 9 日所作出的、有关从加拿大进口的特定软木木材的反补贴税初步裁定和紧急情形初步裁定进行磋商。

此请求还和美国针对具体公司的快速审查和行政审查有关。尤其是:

就反补贴税初步裁定而言,加拿大认为此裁定和美国在《SCM 协定》第 1 条、第 2 条、第 10 条、第 14 条、第 17 条第 1 项、第 19 条第 4 项和第 32 条第 1 项项下承担的义务不一致;和美国 GATT1994 第 6 条第 3 款项下义务也不一致。

有关紧急情形初步裁定,加拿大认为此裁定和《SCM 协定》第 17 条第 1 项、第 17 条第 3 项、第 17 条第 4 项、第 19 条第 4 项和第 20 条第 6 项不一致。

就美国针对具体公司的快速审查和行政审查而言,加拿大认为这些措施和美国根据 GATT1994 第 6 条第 3 款、《SCM 协定》第 10 条、第 19 条第 3 项、第 21 条第 2 项、第 21 条第 2 项和第 32 条第 1 项所承担的义务不一致。

加拿大还认为,美国未能按《SCM 协定》第 32 条第 5 款和《WTO 协定》第 16 条第 4 款要求,确保其法律和规章符合 WTO 项下义务。

鉴于肯定性的初步反补贴税和紧急情形裁定具有即时和重大贸易影响,加拿大根据 DSU 第 4 条第 8 款请求紧急磋商。尽管接受加拿大的磋商请求,美国并不接受该案是 DSU 第 4 条第 8 款意义上的紧急措施,因为争议的措施所涉及已入账和保存初步反补贴税可全额或部分返还。

2001 年 10 月 25 日,加拿大请求设立专家组。DSB 在其 2001 年 11 月 5 日会议上推迟设立专家组。在其 2001 年 12 月 5 日会议上,DSB 设立专家组。欧共体和印度保留了它们作为第三方参加专家组程序的权利。2001 年 12 月 17 日,日本请求作为第三方参加专家组程序。2002 年 1 月 22 日,加拿大请求总干事决定专家组的组成。2002 年 2 月 1 日,总干事组成专家组。2002 年 9 月 27 日,专家组报告发布。专家组对美国商务部的初步反补贴税作出如下裁定:

美国商务部认定无论是通过提供货物还是服务的方式提供未伐木材,均构成财政资助,这并未违反《SCM 协定》第 1 条第 1 款第 1 项的规定;

美国商务部没有按《SCM 协定》第 1 条第 1 款第 2 项、第 14 条和第 14 条第 4 项的要求,依据加拿大的普遍市场情况认定是否存在给予被调查商品的生产商某些利益以及该利益的

数量;和

由于美国商务部没有审查不相关上游生产商的木材投入是否以利益的方式转移给下游商品生产者,美国未能证明利益被给予一些木材商品生产者。

据此,专家组得出结论认为,美国商务部根据初步反补贴税裁定实施的临时措施和美国在《SCM 协定》第 1 条第 1 款第 2 项、第 14 条和、第 14 条第 4 款和第 17 条第 1 款第 2 项下义务不一致。

专家组针对加拿大的一项指控运用了司法经济原则:美国商务部 2001 年 9 月 4 日传达给美国海关总署的指示超出初步补贴裁定的临时措施,这种方式违反了《SCM 协定》第 10 条、第 17 条第 2 款、第 17 条第 5 款、第 19 条第 4 款和第 32 条第 1 款,以及 GATT1994 第 6 条第 3 款。

专家组进一步得出结论,美国商务部依据对初步紧急情形的裁定,追溯实施临时措施和《SCM 协定》第 20 条第 6 款、第 17 条第 3 款和第 17 条第 4 款不一致。专家组对加拿大下述指控运用了司法经济原则:美国商务部未能根据《SCM 协定》,在其初步紧急情形裁定中确定存在紧急情形。

最后,专家组得出结论,加拿大指控的美国关于快速审查和行政审查的国内法律和法规并不违反《SCM 协定》,因为这些国内法律和法规不要求行政当局以违反《SCM 协定》第 19 条和第 21 条关于快速和行政审查规定的方式行事。因此专家组驳回加拿大的指控,即美国未能确保其法律和条例和《SCM 协定》第 32 条第 5 款以及《WTO 协定》第 16 条第 4 款的规定相一致。

专家组建议 DSB 要求美国使其措施和在《SCM 协定》项下的义务一致。

在 2002 年 11 月 1 日的会议上,DSB 通过了专家组报告。

28. 欧共体——沙丁鱼贸易标识(WT/DS231)

European Communities—Trade Description of Sardines

由秘鲁提出申诉。2001 年 3 月 20 日,秘鲁请求和欧共体就欧共体 2136/89 号管理条例进行磋商。秘鲁认为该条例阻碍秘鲁出口商继续用“沙丁鱼”标识它们的产品。秘鲁声称,根据相关的食品法典标准(STAN 94-181 rev. 1995),南美沙丁鱼被列为可作为沙丁鱼进行交易的种类。因此,秘鲁认为上述管理条例构成对贸易的不正当壁垒,从而违反了《TBT 协定》第 2 条、第 12 条和 GATT1994 第 11 条第 1 款。另外,秘鲁声称该管理条例和非歧视基本原则不一致,从而违反 GATT1994 第 1 条和第 3 条。

应秘鲁的进一步请求,在 2001 年 7 月 24 日的会议上,DSB 设立了专家组。加拿大、智利、哥伦比亚、厄瓜多尔、委内瑞拉和美国保留它们作为第三方的权利。2001 年 8 月 31 日,秘鲁请求总干事决定专家组的人员组成。2001 年 9 月 11 日,专家组组成。2002 年 3 月 11 日,专家组通知 DSB,由于争端的复杂,加之日程安排的限制,其无法在 6 个月的期限内发布报告。专家组有望于 2002 年 4 月结案。2002 年 5 月 3 日,争端当事方请求专家组根据 DSU 第 12 条第 12 款暂停其争端解决程序,直到 2002 年 5 月 21 日再恢复。2002 年 5 月 6 日,专家组同意该请求。

专家组报告于 2002 年 5 月 29 日向成员方发布。专家组得出结论,欧共体的管理条例和《TBT 协定》第 2 条第 4 款不一致。

2002 年 6 月 28 日,欧共体通报了它拟就专家组报告中的一些法律问题和法律解释提出上诉的意图。上诉机构报告于 2002 年 9 月 26 日发布。上诉机构:

认定 2002 年 6 月 25 日的撤回上诉通知所附条件是允许的,欧共体根据 2002 年 6 月 28 日上诉通知提出上诉是可接受的;

认定提交的法庭之友简报是可接受的,但它们的内容对上诉审理没有帮助;

维持专家组在其报告第 7.60 段中的认定,即《TBT 协定》第 2 条第 4 款适用于 1995 年 1 月 1 日前采取,但尚未终止的措施。维持专家组报告第 7.83 段的认定,即《TBT 协定》适用于现有的技术规则,包括欧共体的法规;

维持专家组在其报告第 7.70 段中的认定,即 94 食品标准是《TBT 协定》第 2 条第 4 款项下的“相关国际标准”;

维持专家组在其报告第 7.112 段中的认定,即根据《TBT 协定》第 2 条第 4 款的规定,94 食品标准没有被作为欧共体规章的基础;

推翻专家组在其报告第 7.52 段中的认定。根据《TBT 协定》第 2 条第 4 款第二部分,欧共体应当负有举证责任,证明 94 食品标准不是欧共体通过制定规章实现其所追求的合理目标之有效、合适方式;然而,专家组却认定秘鲁应承担证明责任,论证 94 食品标准是实现这些合理目标的有效、合适方法。维持专家组在其报告第 7.138 段中的认定,即秘鲁已提出充分的证据和法律观点证明94食品标准对于欧共体法规实现合理目标并非无效、并非不合适；

驳回欧共体的诉求，即专家组没有按DSU第11条的要求，对案件事实作出客观的评估；

驳回欧共体的指控，即专家组在其报告第7.127段中已经作出认定，证明欧共体法规具有限制贸易的性质，同时，上述机构宣布专家组报告第6.11段及其脚注35中有关欧共体规章贸易限制属性的认定悬而未决、不具法律效力；和

认为没有必要对《TBT协定》第2条第2款、第2条第1款和GATT1994第3条第4款作出分析。

因此，上诉机构维持专家组在其报告第8.1段中的认定，即欧共体条例和《TBT协定》第2条第4款不一致。上诉机构建议DSB，要求欧共体按照上诉机构报告和经过上诉机构修改的专家组报告的要求，使其法规与《TBT协定》第2条第4款的规定及在该协定项下的义务相一致。

2002年10月23日，DSB通过了上诉机构报告和经上诉机构修改的专家组报告。

29. 加拿大——对区域航空产业的出口信贷和贷款担保(WT/DS222)

Canada—Export Credits and Loan Guarantees for Regional Aircraft

由巴西提出申诉。2001 年 1 月 22 日,就所指称的加拿大给予区域航空产业的补贴,巴西请求和加拿大进行磋商。巴西的主张如下:

加拿大出口发展公司(EDC)和加拿大账户向加拿大区域航空产业提供了《SCM 协定》附录Ⅰ(k)项所指的出口信贷。

EDC、加拿大工业部和魁北克省向加拿大区域航空产业提供了《SCM 协定》附录Ⅰ(j)项所指的贷款担保,以促进出口

巴西认为上述措施是《SCM 协定》第 1 条意义上的补贴,因为它们是给予利益的财政资助。

在巴西看来,无论在事实上或法律上,这些措施与出口有关,违反了《SCM 协定》第 3 条的规定。

应巴西的进一步请求,DSB 在其 2001 年 3 月 12 日的会议上设立了专家组。澳大利亚、欧共体、印度和美国保留了它们的第三方权利。2001 年 5 月 7 日,巴西请求总干事决定专家组的组成。2001 年 5 月 11 日专家组组成。

2001 年 8 月 9 日,专家组通知 DSB 其无法在自组成之日起三个月的期限内完成工作。专家组表示预期在 2001 年 10 月结案。2002 年 1 月 28 日,专家组向成员方发布报告。专家组:

驳回巴西的指控,即 EDC 公司账户、加拿大账户、魁北克投资计划(IQ)“本身”构成《SCM 协定》第 3 条第 1 款(a)项所禁止的出口补贴;

驳回巴西的指控,即 EDC 公司账户、加拿大账户、魁北克投资计划(IQ)的“适用”构成《SCM 协定》第 3 条第 1 款(a)项所禁止的出口补贴;

支持巴西的指控,即 EDC 公司的加拿大账户对威斯康辛飞机公司、Nostrum 飞机公司和 Comair 飞机公司提供的的融资构成构成《SCM 协定》第 3 条第 1 款(a)项所禁止的出口补贴;

驳回巴西的指控,即 EDC 公司的加拿大账户于 1996 年 12 月、1997 年 3 月和 1998 年 3 月对 ASA、ACA、Kendel、Nostrum 和 Comair 飞机公司提供的的融资构成《SCM 协定》第 3 条第 1 款(a)项所禁止的出口补贴;

驳回巴西的指控,即魁北克投资计划为 ACA、Littoral、Midway、Mesa、Nostrum 和威斯康辛飞机公司提供的股权保证构成《SCM 协定》第 3 条第 1 款(a)项所禁止的出口补贴;

驳回巴西的指控：魁北克投资计划为 Mesa 飞机集团公司和威斯康辛飞机公司提供的贷款担保构成《SCM 协定》第 3 条第 1 款（a）项所禁止的出口补贴；

专家组建议加拿大于 90 日内撤销被认定为违反了《SCM 协定》的补贴。

在 2002 年 2 月 19 日的会议上，DSB 通过了专家组报告。

30. 美国——《乌拉圭回合协定法案》第129(c)(1)节(WT/DS221)

United States—Section 129(c)(1) of the Uruguay Round Agreements Act

由加拿大提出申诉。2001年1月17日,加拿大请求和美国就《乌拉圭回合协定法案》(“URAA”)第129(c)(1)节和其所附的《行政行为声明》进行磋商。加拿大认为,在DSB裁决美国在反倾销或反补贴程序中违反《反倾销协定》和《SCM协定》项下义务的情形下,美国的国内法禁止美国完全履行DSB裁决。美国法规定,是否征收反倾销税或反补贴税的认定在进口发生后作出。对于美国在履行DSB裁决之前发生的进口,国内法规定的措施要求美国当局在作此认定时忽略DSB裁定,即便有时是否征收反倾销税或反补贴税的认定是在DSB确定的履行日期之后作出。在这种情形下,美国征收反倾销税或反补贴税的决定和其《反倾销协定》和《SCM协定》项下的义务不一致。

加拿大认为,根据DSU第3条第1款、第3条第2款、第3条第7款和第21条第1款,这些措施和下列条款中规定的义务不一致:DSU第21条第3款;GATT1994第6条;《SCM协定》第10条及脚注36、第19条第2款、第19条第4款及脚注51、第21条第1款、第32条第1款、第32条第3款和第5款;《反倾销协定》第1条、第9条第3款、第11条第1款、第18条第1—4款及脚注12;《WTO协定》第16条第4款。

应加拿大的进一步要求,DSB在2001年8月23日的会议上设立了专家组。智利、欧共体、印度和日本保留他们的第三方权利。2001年10月30日,专家组组成。2002年4月30日,专家组主席通知DSB,由于案件的复杂性,专家组无法在6个月内结案,但有望于2002年6月底向当事方发布报告。2002年7月15日,专家组向成员方发布报告。专家组得出结论认为,加拿大未能证明《乌拉圭回合协定法案》第129(c)(1)节和下列条款不一致:GATT1994第6条第2款、第6条第3款和第6条第6款(a)项;《反倾销协定》第1条、第9条第3款、第11条第1款、第18条第1款和第4款;《SCM协定》第10条、第19条第4款、第21条第1款、第32条第1款、第32条第5款;和《WTO协定》第16条第4款。根据其结论,专家组未向DSB提出任何建议。

2002年8月30日,DSB通过了专家组报告。

31. 欧共体——对来自巴西的柔性铸铁管或导管配件征收反倾销税(WT/DS219)

European Communities—Anti-Dumping Duties on Malleable Cast Iron Tube or Pipe Fittings from Brazil

由巴西提出申诉。2000 年 12 月 21 日,就欧共体委员会第 1784/2000 号指令对来自巴西的柔性铸铁管或导管配件征收最终反倾销税,巴西请求和欧共体进行磋商。

巴西认为,欧共体在作出临时性裁定和最终裁定时,对事实的认定是不恰当的,对这些事实的评估是有偏见和不客观的,这尤其体现在调查的发起和相关的调查行为(包括对倾销、损害和两者之间的因果关系的评估、裁定和决定)。

巴西还对有关"共同体利益"的评估和裁决提出质疑。

总之,巴西认为欧共体违反了 GATT 1994 第 6 条和《反倾销协定》第 1 条、第 2 条、第 3 条、第 4 条、第 5 条、第 6 条、第 7 条、第 9 条、第 11 条、第 12 条、第 15 条的规定。

根据巴西的进一步请求,DSB 在 2001 年 7 月 24 日的会议上设立了专家组。智利、日本、墨西哥和美国保留作为第三方的权利。2001 年 9 月 5 日,专家组组成。

2002 年 1 月 15 日,当事双方要求专家组在 2002 年 3 月 1 日前暂停其工作,以便他们能达成一致同意的解决方案,专家组同意了该请求。2002 年 2 月 28 日,当事双方要求专家组暂停其工作直至 2002 年 4 月 5 日,以便他们能达成一致同意的解决方案,专家组同意了该请求。2002 年 4 月 22 日,根据巴西的请求,专家组重新开始工作。2002 年 5 月 3 日,专家组主席通知 DSB,由于日程上的冲突,专家组无法在 6 个月内完成工作。专家组预计将在 2002 年 12 月完成工作。2003 年 3 月 7 日,专家组向各成员发布了其报告。专家组认定欧共体违反了下列规定项下的义务:

《反倾销协定》第 2 条第 4 款第 2 项。因为其在确定倾销时,将负倾销幅度"归零";

《反倾销协定》第 12 条第 2 款和第 12 条第 2 款第 2 项。因为从已公布的临时或最终决定中,不能直接看出欧共体已对《反倾销协定》第 3 条第 4 款所列举的某些损害要素的明显缺失作了说明或解释。

专家组驳回了巴西的其他诉求。2003 年 4 月 23 日,巴西通知了其就专家组报告中的某些法律问题和法律解释提出上诉的决定。

2003 年 7 月 22 日,上诉机构报告发布。在巴西上诉中提出的七个问题,上诉机构驳回了巴西对其中六个问题的主张。上诉机构支持专家组的裁定,即欧共体并未违反 GATT 1994 第 6 条第 2 款或《反倾销协定》第 1 条、第 2 条第 2 款第 2 项、第 3 条第 1 款、第 3 条第 2 款、第 3 条第 3 款、第 3 条第 4 款或第 3 条第 5 款。在支持这些裁定时,上诉机构也驳回了巴西的下述主张:专家组未能履行其在第 17 条第 6 款(i)项下的义务,在将欧共体提交的编号为 EC-12

的材料作为证据采信时，未能恰当评估相关事实。上诉机构推翻了专家组关于一个问题的裁定。上诉机构裁定，与专家组的认定相反的是，欧共体在反倾销调查期间未能向利害关系人披露编号为 EC-12 的证据材料中所包含的关于国内产业状况的信息，违反了《反倾销协定》第 6 条第 2 款和第 4 款的规定。

2003 年 8 月 18 日，DSB 通过了上诉机构报告和经过上诉机构报告修改的专家组报告。

32. 美国——《2000 年持续倾销与补贴抵消法》(WT/DS217, WT/DS234)

United States—Continued Dumping and Subsidy Offset Act of 2000

澳大利亚、巴西、智利、欧共体、印度、印度尼西亚、日本、韩国、泰国(WT/DS217)和加拿大、墨西哥(WT/DS234)共同申诉。2000 年 12 月 21 日,2001 年 5 月 21 日,两大申诉方分别请求和美国就 2000 年 10 月 28 日修改生效的美国《1930 年关税法》中的《2000 年持续倾销与补贴抵消法》(通称"伯尔德修正案,Byrd Amendment"或 CDSOA)进行磋商。申诉方认为该法案和在美国 GATT 若干条款、《反倾销协定》、《补贴与反补贴措施协定》和《WTO 协定》项下承担的义务不符。该法案具体被指控为和下列条款不符:(1)《反倾销协定》第 18 条第 1 款,连同 GATT 第 6 条第 2 款和《反倾销协定》第 1 条;(2)《补贴与反补贴措施协定》第 32 条第 1 款,连同将 GATT 第 6 条第 3 款、《补贴与反补贴措施协定》第 4 条第 10 款、第 7 条第 9 款和第 10 条;(3) GATT 第 10 条第 3 款(a)项;(4)《反倾销协定》第 5 条第 4 款、《补贴与反补贴措施协定》第 11 条第 4 款;(5)《反倾销协定》第 8 条、《补贴与反补贴措施协定》第 18 条;(6)《补贴与反补贴措施协定》第 5 条;(7)《马拉喀什建立世界贸易组织协定》第 16 条第 4 款、《反倾销协定》第 18 条第 4 款和《补贴与反补贴措施协定》第 32 条第 5 款。

2001 年 7 月 12 日,WT/DS217 争端申诉方请求设立专家组。在 2001 年 7 月 24 日的会议上,DSB 决定推迟设立专家组。因申诉方进一步请求设立专家组,DSB 在其 2001 年 8 月 23 日的会议上设立了专家组。阿根廷、加拿大、哥斯达黎加、中国香港、以色列、挪威和墨西哥保留它们的第三方权利。

2001 年 8 月 10 日,加拿大和墨西哥请求设立专家组。在 2001 年 8 月 23 日的会议上,DSB 决定推迟设立专家组。应加拿大和墨西哥的进一步请求,DSB 在其 2001 年 9 月 10 日的会议上设立了专家组。依据 DSU 第 9 条,DSB 还同意 2001 年 8 月 23 日设立的、审理澳大利亚、巴西、智利、欧共体、印度、印度尼西亚、日本、韩国、泰国(WT/DS217)申诉的专家组也审理加拿大、墨西哥(WT/DS234)的申诉。

2001 年 10 月 15 日,所有的 11 个申诉方请求总干事决定专家组的组成。2001 年 10 月 25 日,专家组组成。2001 年 4 月 17 日,专家组主席通知 DSB,由于给予当事方准备答辩状和口头陈述的时限为最长时限,因此专家组将不能在 6 个月的时限内结案。专家组有望于 2002 年 7 月结案。

2002 年 9 月 16 日,专家组报告发布给成员方。专家组得出结论认为,CDSOA 和《反倾销协定》第 5 条第 4 款、第 18 条第 1 款和第 4 款、《补贴与反补贴措施协定》第 11 条第 4 款、第 32 条第 1 款和第 5 款、GATT1994 第 6 条第 2 款和第 3 款及《WTO 协定》第 16 条第 4 款不一致。专家组驳回申诉方的下列指控:CDSOA 和《反倾销协定》第 8 条第 3 款、第 15 条、《补贴与反补贴措施协定》第 4 条第 10 款、第 7 条第 9 款、第 18 条第 3 款、GATT 第 6 条第 3 款(a)项不一致。专家组也驳回墨西哥关于 CDSOA 违反《补贴与反补贴措施协定》第 5 条(b)项的指控。CDSOA 是在复杂的法律环境中适用的新的复杂措施。在认定 CDSOA 违反上述条款时,专家组面临的是有关使用补贴作为贸易救济的敏感问题。如果成员方认为,为了不公平贸易行为,可以使用补贴,专家组建议它们通过谈判澄清此问题。根据 DSU 第 3 条第 8 款,专家组得出结论,就 CDSOA 与《反倾销协定》、《补贴与反补贴措施协定》、GATT1994 的有关条文不一致而言,CDSOA 使得申诉方在这些协定项下的利益丧失或被减损。专家组建议 DSB 要求美国使 CDSOA 与其在《反倾销协定》、《补贴与反补贴措施协定》、GATT1994 项下所承担的义务相一致。

2002 年 10 月 18 日,美国通报了就专家组报告所涉及的法律问题和法律解释进行上诉的决定。2002 年 12 月 13 日,上诉机构通知 DSB 它不能自上诉之日起 60 天内发布报告,但将在 2003 年 1 月 16 日前发布报告。2003 年 1 月 16 日,上诉机构发布报告。上诉机构:

维持专家组在其报告第 7.51 段和第 8.1 段中的认定,即 CDSOA 是一不被允许的针对倾销或补贴的具体措施,违反了《反倾销协定》第 18 条第 1 款、《补贴与反补贴措施协定》第 32 条第 1 款的规定;

进而维持专家组在其报告第 7.93 段和第 8.1 段中的认定,即 CDSOA 和《反倾销协定》、《补贴与反补贴措施协定》的一些条文不一致,因此美国违反了《反倾销协定》第 18 条第 1 款、《补贴与反补贴措施协定》第 32 条第 1 款和《WTO 协定》第 16 条第 4 款的规定;

维持专家组在其报告第 8.4 段中的认定,即根据 DSU 第 3 条第 8 款,就 CDSOA 与《反倾销协定》和《补贴与反补贴措施协定》有关条文不一致而言,CDSOA 使得申诉方在这些协定项下的利益丧失或被减损。推翻专家组在其报告第 7.66 段和第 8.1 段的结论,即 CDSOA 和《反倾销协定》第 5 条第 4 款、《反补贴措施协定》第 11 条第 4 款不一致;

推翻专家组在其报告第 7.63 段中的结论,即美国可被视为未能诚信地履行其在《反倾销协定》第 5 条第 4 款、《反补贴措施协定》第 11 条第 4 款项下的义务;和

驳回美国的指控,即专家组未对墨西哥提起的争端发表一份独立的报告。违反了 DSU 第 9 条第 2 款的规定。

上诉机构建议 DSB 要求美国使 CDSOA 符合其在《反倾销协定》、《补贴与反补贴措施协定》和 GATT1994 项下的义务。应加拿大的进一步请求,在 2003 年 1 月 27 日的会议上,DSB 通过了上诉机构报告和经上诉机构更正的专家组报告。

33. 美国——对从德国进口的特定抗腐蚀碳钢钢板产品征收反补贴税(WT/DS213)

United States—Countervailing Duties on Certain Corrosion-Resistant Carbon Steel Flat Products from Germany

由欧共体提出申诉。2000 年 11 月 10 日,欧共体请求和美国就美国对特定抗腐蚀碳钢钢板产品(“抗腐蚀钢”)征收反补贴税进行磋商,该案在美国的编号为 C-428-817。该争端和美国商务部(DOC)对上述措施的全面日落复审结果有关,该结果被刊登于 2000 年 8 月 2 日美国第 65 FR 47407 号联邦公告。在此裁定中,DOC 认定撤销反补贴税将可能导致可诉补贴的继续或再发生。欧共体认为该裁定和美国在《SCM 协定》项下的义务不一致,尤其是违反了其中的第 10 条、第 11 条第 9 款和第 21 条(尤其是第 21 条第 3 款)。

2001 年 2 月 5 日,欧共体请求进一步磋商。由于磋商失败,应欧共体的进一步请求,DSB 于 2001 年 9 月 10 日设立了专家组。日本和挪威保留它们作为第三方的权利。2001 年 10 月 18 日,欧共体请求总干事决定专家组的组成。2001 年 10 月 26 日,总干事组成专家组。2002 年 4 月 12 日,专家组主席通知 DSB,由于当事方意图援引 DSU 附录 3 规定的最长期限,专家组将不能在 6 个月内结案。专家组预期于 2002 年 7 月审结此案。2002 年 7 月 3 日,专家组报告发布给成员方。专家组得出如下结论:

(1) 在主动发起日落复审的明显标准的适用问题上,美国反补贴法及相应的规章和《SCM 协定》第 21 条第 1 款、第 21 条第 3 款以及第 10 条的规定不符;

(2) 在有关日落复审中 0.5% 微量标准的适用问题上,美国反补贴法及相应的规章和《SCM 协定》第 21 条第 3 款的规定不一致,因此违反了《SCM 协定》第 32 条第 5 款,并进而违反了《WTO 协定》第 16 条第 4 款;

(3) 美国在紧急日落复审中适用 0.5% 微量标准的行为违反了《SCM 协定》第 21 条第 3 款;

(4) 在日落复审中确定补贴可能继续或再发生的义务问题上,美国反补贴法、相应的规章和政策惯例的声明和《SCM 协定》第 21 条第 3 款的规定是一致的;和

(5) 美国在对碳质钢进行日落复审时未能合理认定补贴继续或再发生的可能性,其行为违反了《SCM 协定》第 21 条第 3 款的规定。

专家组建议 DSB 要求美国调整上述第(2)、(3)和(5)段所提到的措施,使之与其在《WTO 协定》项下承担的义务一致。

一专家组成员不赞同专家组对于美国反补贴法条文本身,及其在碳质钢日落复审中有关日落复审 0.5% 微量标准适用的评估。该成员不赞成专家组多数成员的观点,即《SCM 协定》

第21条第3款未就因微量标准在日落复审中的适用作出规定，意味着可以在日落复审中适用微量标准。因此，该专家组成员的结论和专家组的上述认定相反：

（1）在有关日落复审中0.5%微量标准的适用问题上，美国反补贴法及相应的规章和《SCM协定》第21条第3款的规定是一致的；和

（2）美国在紧急日落复审中适用0.5%微量标准的行为没有违反《SCM协定》第21条第3款；

2002年8月30日，美国通报了它拟就专家组报告中的一些法律问题和法律解释提出上诉的决定。上诉机构报告于2002年11月28日分发给成员方。上诉机构：

（1）维持专家组有关自身职权范围的认定，即美国的国内法和有关国内机关主动发起日落复审的义务的一致性；美国的国内法和其在日落复审中做出相关认定的义务的一致性；

（2）推翻专家组就《SCM协定》第21条第3款有关日落复审中微量补贴的解释。相应地，上诉机构也推翻了专家组有关美国的国内法条文及其适用和该款不符的认定。

2002年12月19日，DSB通过了上诉机构报告和经上诉机构修改的专家组报告。

34. 美国——对从欧共体进口的特定产品的反补贴措施(WT/DS212)

United States—Countervailing Measures Concerning Certain Products from the European Communities

由欧共体提出申诉。2000 年 11 月 10 日,欧共体请求同美国就美国持续对一些产品适用反补贴税进行磋商。欧共体特别指控,因为没有按《SCM 协定》第 1 条第 1 款第(b)项的要求对被调查商品生产商所获利益合理地加以认定,美国使用的“同一人”方法和基于该方法继续征收的反补贴税违反《SCM 协定》第 10 条、第 19 条和第 21 条。欧共体的磋商请求中包括美国根据“同一人”方法所发布的 14 项反补贴税令。所有这些案件都涉及到所谓“不再发生补贴”,这些补贴授予的对象是那些所有权变更前的企业。

2001 年 2 月 1 日,欧共体请求和美国进一步磋商。由于磋商失败,应欧共体的进一步请求,争端解决机构在 2001 年 9 月 10 日的会议上设立了专家组。巴西、印度和墨西哥保留它们的第三方权利。2001 年 10 月 25 日,欧共体请求总干事确定专家组的组成。2001 年 11 月 5 日,专家组组成。2002 年 4 月 18 日,专家组主席通知争端解决机构,由于争议复杂,专家组不能在 6 个月期限内审结该案。专家组预期于 2002 年 7 月中旬审理完毕。

2002 年 7 月 31 日,专家组报告发布给成员方。专家组得出结论认为,在私有化基于公平交易和公平市场价值的情况下,以前给予国有生产商的财政补贴将不再转移给私有化后的生产厂商。专家组因此认定该 12 项反补贴税决定和美国法典第 19 编第 1677(5)(F)节违反 WTO 法。

2002 年 9 月 9 日,美国通报了它拟就专家组报告中的一些法律问题和法律解释提出上诉的决定。美国请求上诉机构审查专家组在其报告第 8.1(a)—(d)段和第 8.2 段公布的结论。

2002 年 12 月 9 日,上诉机构报告发布。上诉机构:

(1) 维持专家组在其报告第 8.1(a) 段、第 8.1(b)段和第 8.1 (c)段的认定,即美国未认定某一项利益是否存在于 12 项反补贴税决定中就继续征收反补贴税的行为,和《SCM 协定》第 10 条、第 14 条、第 19 条第 1 款、第 19 条第 4 款、第 21 条第 1 款、第 21 条第 2 款和第 21 条第 3 款不符;

(2) 推翻专家组报告第 8.1(d)段第一句的认定,即“一旦进口国认定私有化基于公平交易原则和公平市场价值,其必须得出结论:以前的财政资助(或补贴)不再转移给私有化的生产商”;和

(3) 推翻专家组报告第 8.1(d)段第二句的结论,即被修改为美国法典第 19 编第 1677(5)(F)节的美国《1930 年关税法》第 771(5)(F)节和《SCM 协定》不符。

(4) 维持专家组报告第 8.2 段的结论,即基于专家组报告第 8.1(a)、(b)和(c)段的认

定，美国违反了其在《SCM 协定》项下的义务，根据 DSU 第 3 条第 8 款，美国的行为构成对欧共体可获得利益的初步抵消或损害；因为美国未能反驳此假设，其事实上已造成欧共体在《SCM 协定》项下利益的丧失或受损。

上诉机构建议争端解决机构要求美国调整其措施和行政习惯做法（"同一人"方法），使之与其在《SCM 协定》项下的义务相一致。2003 年 1 月 8 日，DSB 通过了上诉机构报告和经上诉机构报告修改的专家组报告。

35. 埃及——对从土耳其进口的螺纹钢的最终反倾销措施(WT/DS211)

Egypt—Definitive Anti-Dumping Measures on Steel Rebar from Turkey

由土耳其提出申诉。2000 年 11 月 6 日,土耳其请求和埃及就埃及贸易和供给部对从土耳其进口螺纹钢的反倾销调查进行磋商。此调查于 1999 年 10 月 21 日结束并发布最终报告。调查结果是,埃及对土耳其螺纹钢征收了 22.63%—61.00% 的从价关税。

土耳其认为:

(1) 埃及在调查中没有合理确立事实,而是基于既不公正,又不客观的事实评估,作出了损害和倾销的认定;

(2) 在调查重大损害或重大损害威胁以及因果关系时,埃及违反了《反倾销协定》第 3 条第 1 款、第 3 条第 2 款、第 3 条第 4 款、第 3 条第 5 款、第 6 条第 1 款和第 6 条第 2 款的规定;

(3) 在调查低于正常价格销售时,埃及违反了 GATT1994 第 10 条第 3 款的规定,同时违反了《反倾销协定》第 2 条第 2 款、第 2 条第 4 款、第 6 条第 1 款、第 6 条第 2 款、第 6 条第 6 款、第 6 条第 7 款和第 6 条第 8 款;附录Ⅱ第 1 段、第 3 段、第 5 段、第 6 段、第 7 段和附录Ⅰ第 7 段。

2001 年 5 月 3 日,土耳其请求设立专家组。在其 2001 年 5 月 16 日会议上,DSB 推迟设立专家组。应土耳其的再一次请求,DSB 在 2001 年 6 月 20 日的会议上设立了专家组。智利、欧共体和美国保留它们的第三方权利。2001 年 7 月 8 日,专家组组成。

2002 年 8 月 8 日,专家组报告分发给各成员。专家组得出结论认为,埃及的行为并未违反其在下列条款项下的义务:

(1)《反倾销协定》第 3 条第 4 款,土耳其认为埃及调查机关必须审查和评价对国内产业状况有影响的"相关因素和标志",但对此土耳其并未提供证明;

(2)《反倾销协定》第 3 条第 2 款,因为土耳其没有证明,埃及调查机关有法定义务,进行土耳其所指称的压价分析;

(3)《反倾销协定》第 3 条第 1 款,由于土耳其没有证明埃及调查机关的低价销售认定缺乏肯定性证据;

(4)《反倾销协定》第 6 条第 1 款和第 2 款中有关指控损害调查范围从实质损害威胁变为目前的实质损害的规定,及由此产生的给土耳其出口商的通知问题;

(5)《反倾销协定》第 3 条第 1 款和第 5 款,因为土耳其不能仅根据埃及调查机关没有提供一些特定种类的证据就得出结论认为埃及调查机关违反第 3 条第 1 款的肯定性证据要求;土耳其也未能证明埃及因此就违反了第 3 条第 5 款证明倾销进口和国内产业损害间的因果关系的要求；

(6)《反倾销协定》第3条第5款，因为土耳其没有证明埃及调查机关对倾销进口外其他造成损害因素的评估不符合第3条第5款；

(7)《反倾销协定》第3条第1款和第5款，因为土耳其未能证明，根据第3条第1款和第5款，埃及调查机关有义务进行"进口是否通过倾销效果造成损害"的分析和认定；

(8)《反倾销协定》第6条第8款和附录Ⅱ第5段的规定，就三个土耳其出口商而言，任何一个没有偏见、公正的调查机关都会认定该三出口商未能提供必需的信息，因此在计算该三出口商的生产成本时诉诸可获取事实是合理的；

(9)《反倾销协定》第6条第1款第1项，因为提供的信息要求不是该款意义上的"问卷"，因此该款规定的最短时限对提供信息要求不适用；

(10)《反倾销协定》第6条第2款，或附录Ⅱ第6段。就1999年8月19日的提供信息要求而言，土耳其未能证明埃及调查机关所允许的、提交被要求信息的时限是不合理的，进而埃及调查机关未能为土耳其出口商提供为自身利益辩护的充分机会；

(11)《反倾销协定》第6条第2款，或附录Ⅱ第6段。就1999年9月23日的提供信息要求而言，土耳其未能证明埃及调查机关所允许的，提交被要求信息的时限是不合理的，进而埃及调查机关未能为土耳其出口商提供为自身利益辩护的充分机会；

(12)《反倾销协定》附录Ⅱ第3段，因为该款不适用于选择特定的"可获取事实"信息；

(13)《反倾销协定》附录Ⅱ第7段，因为土耳其未能证明埃及调查机关在估测土耳其普遍通货膨胀率时没有运用"特别谨慎"原则，该原则按每月5%通货膨胀率适用于一被申诉方报告的数据；

(14)《反倾销协定》第6条第7款，附录Ⅰ第7段，附录Ⅱ第1段、第6段，因为土耳其未能证明这些条款中包含土耳其主张的义务，就是说，土耳其未能证明：调查机关被强制要求对提交的信息进行现场核准；调查机关在调查过程中被阻止索要其他信息；土耳其出口商的权利受到严重损害；埃及调查机关的行为损害了它们进一步进行辩解的机会；

(15)《反倾销协定》第2条第4款，因为土耳其未能证明该款的举证责任规定适用于埃及调查机关1999年8月19日信中要求的特定成本信息，即使对此要求适用，此要求也没有对土耳其被申诉方施加不合理的举证责任；

(16)《反倾销协定》第6条第2款和附录Ⅱ第6段，因为土耳其未能证明埃及调查机关否定了土耳其出口商要求召开会议的请求；

(17)《反倾销协定》第2条第4款，因为土耳其未能初步证明，埃及调查机关未能就销售正常价值的差异进行调整的行为，违反了该条的规定；

(18)《反倾销协定》第2条第2款第1项第1目和第2条第2款第2项，因为土耳其未能初步证明，埃及调查机关在计算生产成本和构成正常价格时，不作利息收入抵消的决定违反了这些条款；

(19) GATT1994第10条第3款，因为土耳其未能证明埃及在决定不接受一些土耳其被申诉方赴埃及和埃及调查机关会商的请求时，是以非统一的、非公正的或不合理的方式实施其相关法律、管理条例、决定或裁定；

专家组得出结论认为，埃及的行为和下列条款项下的义务不一致；

(20)《反倾销协定》第3条第4款，因为埃及调查机关在收集第3条第4款列举事实的

数据时,未能评价所有的因素,包括生产率,以及对资金流、用工和工资的现实和潜在负面效果、筹集资本和投资的能力;和

(21)《反倾销协定》第6条第8款,附录Ⅱ第6段,就两个土耳其出口商而言,埃及调查机关在接受他们提供的必要信息后,却仍然认定它们未能提供必需的信息,并且未将认定的结构通知该两个出口商,在诉诸可获得事实前,未按要求给予它们进行进一步解释的机会。

就上述未涉及的土耳其指控而言,专家组得出结论认为:

(22)此指控不属于专家组的职权范围(《反倾销协定》第17条第6款第(i)项和GATT 1994第10条第3款有关选取特定可获得事实的指控);或土耳其放弃指控(GATT 1994第10条第3款有关诉诸可获得事实的指控);或

(23)基于司法经济的考虑,做出这些认定既无必要,也不合适。

专家组建议埃及调整对土耳其进口螺纹钢采取的特定反倾销措施,以达到符合《反倾销协定》相关条文规定的目的。

2002年10月1日,DSB通过了专家组报告。

36. 智利——特定农产品的价格分段体制和保障措施（WT/DS207）

Chile—Price Band System and Safeguard Measures Relating to Certain Agricultural Products

由阿根廷提出申诉。2000 年 10 月 5 日，阿根廷请求与智利就下列问题进行磋商：

（1）智利第 18.525 号法律确定的价格带体制（后来被第 18.591 号法律和第 19.546 号法律修改），和其实施条例和补充和/或修改条文；

（2）有关诸多产品进口，包括小麦、小麦粉和可食用蔬菜油的法令：经济部 1999 年 11 月 19 日通过的 339 号临时保障措施法令；经济部 2000 年 1 月 20 日实施的特定保障措施第 9 号法令。

阿根廷认为，这些措施引发有关智利承担多项协定项下义务的问题。在阿根廷看来，智利对于所述价格体制采取的有关措施和下列 WTO 条款不一致，包括但不限于 GATT1994 第 2 条和《农产品协定》第 4 条。阿根廷认为，这些保障措施和下列条文不一致，包括但不限于：《保障措施协定》第 2 条、第 3 条、第 4 条、第 5 条、第 6 条和第 12 条；GATT1994 第 19 条第 1 款第（a）项。

2001 年 1 月 19 日，阿根廷请求成立专家组。DSB 在其 2001 年 2 月 1 日会议上推迟成立专家组。由于阿根廷再一次请求成立专家组，DSB 在其 2001 年 3 月 12 日的会议上成立了专家组。澳大利亚、巴西、哥伦比亚、波多黎各、欧共体、厄瓜多尔、萨尔瓦多、危地马拉、洪都拉斯、日本、尼加拉瓜、巴拉圭、美国和委内瑞拉保留它们的第三方权利。2001 年 5 月 7 日，阿根廷请求总干事决定专家组的组成。2001 年 5 月 17 日，专家组成立。

2001 年 11 月 23 日，专家组通知 DSB，由于当事方所列诸多请求，其不能在 6 个月内结案，专家组预计于 2002 年 3 月底结案。2002 年 5 月 3 日，专家组向成员方发布报告。专家组得出结论认为：

（1）智利价格分段体制和《农产品协定》第 4 条第 2 款、GATT1994 第 2 条第 1 款第（b）项不一致；

（2）就智利有关小麦、小麦粉和可食用植物油的保障措施：

（i）智利未能通过适当途径，使智利（贸易）扭曲委员会（CDC）会议相关记录公开，使之成为“公布”的报告，其行为和《保障措施协定》第 3 条第 1 款不一致；

（ii）CDC 未能证明存在不可预见的发展，智利上午行为和 GATT1994 第 19 条第 1 款第（a）项不一致；因 CDC 未能在报告中阐明其认定和合理结论，智利的行为和《保障措施协定》第 3 条第 1 款不一致；

（iii）因 CDC 未能阐述国内产业产品的相似性和直接竞争的问题，结果导致未能对国内产业作出界定,智利的行为和 GATT1994 第 19 条第 1 款第(a)项、《保障措施协定》第 2 条、第 4 条不一致;

(iv) 智利的行为和 GATT1994 第 19 条第 1 款第(a)项、《保障措施协定》第 2 条第 1 款、第 4 条第 2 款第(a)项不一致,因为 CDC 未能按照这些条文的要求,证明被采取保障措施产品进口的增加;

(v) 因 CDC 未能证明重大损害危胁的存在,智利行为和 GATT1994 第 19 条第 1 款第(a)项、《保障措施协定》第 4 条第 1 款第(a)项、第 4 条第 1 款第(b)项和第 4 条第 2 款第(a)项不一致;

(vi) 智利行为和《保障措施协定》第 2 条第 1 款、第 4 条第 2 款第(b)项不一致,因 CDC 未能证明因果关系的存在;

(vii) 智利行为和 GATT1994 第 19 条第 1 款第(a)项、《保障措施协定》第 5 条第 1 款不一致,因 CDC 并未确保此措施限于阻止或救济损害和便利调整的必需范围内;

(viii) 阿根廷未能证明智利的行为违反了《保障措施协定》第 3 条第 1 款以及第 3 条第 2 款中所要求的进行"适当调查",理由是,据称阿根廷未能获得秘密信息的公开摘要,而智利当局可能基于这些信息作出认定。

2002 年 6 月 24 日,智利发出通知,即针对专家组报告中涉及的一些法律问题以及专家组所作法律解释向上诉机构提出上诉的决定。

2002 年 9 月 23 日,上诉机构发布报告。上诉机构:

(a) 认定专家组违反 DSU 第 11 条,专家组根据 GATT1994 第 2 条第 1 款第(b)条第二句,在其报告 7.108 段中认定源于智利的价格分段体制和 GATT1994 第 2 条第 1 款第(b)条不一致,当事方未提起此请求,因而推翻此认定;

(b) 认定专家组在审查阿根廷根据 GATT1994 第 2 条第 1 款第(b)项下提出的指控前,选择审查阿根廷在《农产品协定》项下的指控,并没有错误;

(c) 关于《农产品协定》第 4 条第 2 款:

(i) 维持专家组在其报告第 7.47 段、第 7.65 段中的认定,即智利的价格分段体制类似于可变进口征税和最低进口价的边境措施;

(ii) 推翻专家组在其报告第 7.52 段、第 7.60 段中的认定,即"一般关税"应理解为"指不基于外部性质因素所征的关税";

(iii) 维持专家组报告第 7.102 段和第 8.1(a)段的认定,即智利价格分段体制和农产品协定第 4 条第 2 款不一致;

(d) 基于这些认定,决定没有必要裁定智利的价格分段体制是否和 GATT1994 第 2 条第(b)款第一句一致。

上诉机构建议 DSB 要求智利根据上诉机构报告和经上级机构修改的专家组报告中的认定,使其被认定为和《农产品协定》不一致的价格分段体制和其该协定项下义务相符。

DSB 在 2002 年 10 月 23 日的会议上,通过了上诉机构报告和经上诉机构报告修改的专家组报告。

37. 美国——对进口印度钢板实施反倾销、反补贴措施(WT/DS206)

United States—Anti-Dumping and Countervailing Measures on Steel Plate from India

由印度提出申诉:2000 年 10 月 4 日,印度请求与美国就如下问题进行磋商:

(1) 美国商务部于 1999 年 12 月 13 日作出最终认定,并于 2000 年 2 月 10 日再次确认的,关于印度特定等长碳质钢板销售价格低于公平价格的认定;

(2) 美国商务部对在反倾销和反补贴税调查中可获得的事实相关之条文的解释和应用;

(3) 美国国际贸易委员会对所述进口印度钢铁造成的可忽略、累加和重大损害的认定和解释。

印度认为,这些认定是错误的,是基于美国反倾销和反补贴税法诸多条款中所含的不完善程序所作出的。在印度看来,这些认定和条款引发有关美国在 GATT1994、《反倾销协定》、《SCM 协定》和《WTO 协定》项下义务的问题。印度认为,这些措施和条款看起来和这些协定中的下列条款不符,且不仅限于这些条款:GATT1994 第 6 条和第 10 条;《反倾销协定》第 1 条、第 2 条、第 3 条(尤其是第 3 条第 3 款)和第 5 条(尤其是第 5 条第 8 款)、第 6 条(尤其是 6 条第 8 款)、第 12 条、第 15 条、第 18 条第 4 款和附件Ⅱ;《SCM 协定》第 10 条、第 11 条(尤其是第 11 条第 9 款)、第 15 条(尤其是第 15 条第 3 款)、第 22 条、第 27 条(尤其是第 27 条第 10 款);《WTO 协定》第 16 条。

应印度的进一步请求,DSB 在 2001 年 7 月 24 日的会议上设立了专家组。智利、欧共体和日本保留其第三方权利。2001 年 10 月 16 日,印度请求总干事决定专家组的组成。2001 年 10 月 26 日,总干事组成专家组。2002 年 4 月 16 日,专家组主席通知 DSB,专家组由于进度冲突不能在 6 个月内结案,预期结案时间将推迟到 2002 年 6 月,这还有赖于翻译进度。

2002 年 6 月 28 日,专家组将其报告分发给成员方。专家组得出结论认为:

(1) 美国关于利用可获得事实的成文法条文,即修改后的《1930 年关税法》第 776(a)节和第 782(d)、(e)节,并未违反《反倾销协定》第 6 条第 8 款、附件Ⅱ中的第 3 段、第 5 段和第 7 段的规定。

(2) 就引发本争端的,对印度进行的反倾销调查而言,美国行为并未违反《反倾销协定》第 15 条的规定。

专家组还得出结论认为,美国商务部关于适用"所有可获得事实"的"实践"并不能引发违反《反倾销协定》的独立指控,因而专家组不对印度此方面的指控作出裁定。

有关上面未解决的印度指控,专家组得出结论认为:

(1) 它将不对印度放弃的指控作裁定;

(2) 基于司法经济的考虑,就印度其他的指控作认定既不必要又不合适。专家组因而建议 DSB 对美国提出明确要求,即要求美国确保其采取的措施和在《反倾销协定》项下的义务一致。

在 2002 年 7 月 29 日的会议上,DSB 通过了专家报告。

38. 墨西哥——影响电信服务的措施(WT/DS204)

Mexico—Measures Affecting Telecommunications Services

由美国提出申诉。2000年8月17日,美国要求与墨西哥就墨西哥在GATS项下的基础电信和增值电信承诺和义务进行磋商。美国认为,自GATS生效以来,在基础电信和增值电信领域墨西哥一直采取或维持了反竞争的歧视性管制措施,对私人性质的市场准入壁垒采取放任态度,没有采取必要的管制行动。美国举例证明,墨西哥:

制定和维持了否认或限制其市场准入、国民待遇及其他承诺的法律、规章、规则和其他措施,此类承诺针对的是意图在墨西哥境内或向墨西哥境内提供基础电信和增值电信服务的服务提供者;

未能制定和发布规章、许可或其他措施,以确保墨西哥的市场准入、国民待遇及其他承诺得以履行,此类承诺针对的是意图在墨西哥境内或向墨西哥境内提供基础电信和增值电信服务的服务提供者;

未能执行相关的规章和其他措施,以确保墨西哥的市场准入、国民待遇及其他承诺得到遵守;此类承诺针对的是意图在墨西哥境内或向墨西哥境内提供基础电信和增值电信服务的服务提供者;

未能对其主要电信服务供应商墨西哥电信公司进行管理和控制,并阻止其否认或限制墨西哥的市场准入、国民待遇及其他承诺的行为,此类承诺针对的是意图在墨西哥境内或向墨西哥境内提供基础电信和增值电信服务的服务提供者;

未能以合理、客观和公正的方式来执行普遍适用于基础电信和增值电信服务的措施;未能确保墨西哥电信主管当局的决定和所采用的程序对所有市场参与者都保持公正;未能确保公共电信传输网络和服务,基于合理和非歧视的条款和条件,供基础电信和增值电信服务供应商进入和使用。

美国认为,其所指称的墨西哥的作为或不作为可能违反了墨西哥在GATS项下的承诺和义务,所涉条文包括:第6条、第16条和第17条;墨西哥根据第18条在其具体承诺清单中作出的关于《参考文件》的承诺,包括《参考文件》第1条、第2条、第3条和第5条;GATS《电信服务附件》,包括第4条和第5条。

2000年11月10日,美国请求成立专家组。在同一天,美国通知争端解决机构,要求与墨西哥就其新近采取的影响电信服务的措施进行磋商。在2000年12月12日的会议上,争端解决机构决定推迟成立专家组。2002年2月13日,美国请求成立专家组。美国特别主张墨西哥:

未能确保墨西哥电信公司按照合理的费率、条款和条件向跨境提供基础电信服务的美国供应商提供互联服务;

未能确保美国基础电信供应商按照合理和非歧视的条件进入和使用墨西哥的公共电信

网络和服务；

未能向美国的商业机构提供国民待遇；

未能阻止墨西哥电信公司的反竞争行为。

在 2002 年 3 月 8 日的会议上,争端解决机构决定推迟成立专家组。在美国再次提出该请求后,争端解决机构在 2002 年 4 月 17 日的会议上决定成立专家组。加拿大、古巴、欧共体、危地马拉、日本和尼加拉瓜保留作为第三方的权利。2002 年 4 月 18 日,日本作为第三方加入争端。2002 年 4 月 19 日,洪都拉斯作为第三方加入争端。2002 年 4 月 23 日,澳大利亚作为第三方加入。2002 年 4 月 24 日,巴西作为第三方加入。2002 年 8 月 16 日, 美国请求 WTO 总干事就专家组的组成人员做出决定。2002 年 8 月 26 日,专家组组成。

2003 年 3 月 13 日,专家组主席通知争端解决机构,由于需要时间将所有的相关文件翻译成英语和西班牙语,加之所涉及的问题复杂,专家组无法在六个月内完成工作。专家组预期将在 2003 年 8 月完成工作。2003 年 8 月 6 日,专家组主席通知争端解决机构,专家组预期将在 2003 年 12 月完成工作。

2004 年 4 月 2 日,专家组报告分发给各成员。专家组裁定墨西哥违反了其在 GATS 项下的承诺,因为:

墨西哥未能确保按照“成本导向费率”,为跨境提供的基于设备的基础电信服务提供“互联”服务,违反了《参考文件》第 2 条第 2 款(b)项的规定；

墨西哥未能维持适当的措施,以阻止作为主要电信运营商的公司采取反竞争行为,违反了《参考文件》第 1 条第 1 款的规定；

墨西哥未能确保其电信网络按照合理和非歧视的条件开放及供使用,违反了 GATS《电信服务附件》第 5 条(a)项和(b)项的规定。

但是,就基于租赁线路在墨西哥跨境提供的电信服务而言,专家组裁定墨西哥并没有作出相关的承诺,也就没有违反其义务。

2004 年 6 月 1 日,争端解决机构通过了专家组报告。

39. 美国——对从韩国进口的圆形焊接碳质线管的最终保障措施(WTO/DS202)

United States—Definitive Safeguard Measures on Imports of Circular Welded Carbon Quality Line Pipe From Korea

由韩国提出申诉。2000 年 6 月 13 日,韩国请求美国,就美国从韩国进口的圆形焊接碳质线管 (线管)实行最终保障措施一事进行磋商。韩国提及,2000 年 2 月 18 日,美国宣告对线管进口实行最终保障措施(美国协调关税表副标题 7306. 10. 10 和 7306. 10. 50)。在此宣告中,美国宣布此措施拟施行的生效日期为 2001 年 3 月 1 日,生效期限为 3 年零一天。韩国认为,引发美国实施该项保障措施的程序和决定,以及该措施本身与《保障措施协定》、GATT1994 中的诸项条款相抵触。尤其是,韩国认为该措施和《保障措施协定》项下第 2 条、第 3 条、第 4 条、第 5 条、第 11 条和第 12 条,以及 GATT1994 中的第 1 条、第 13 条和第 19 条不相符。

应韩国的进一步请求,DSB 在其 2000 年 10 月 23 日的会议上成立了专家组。澳大利亚、加拿大、欧共体、日本和墨西哥保留它们作为第三方的权利。2001 年 1 月 12 日,韩国请求总干事决定专家组的组成。2001 年 1 月 22 日,专家组组成。

专家组于 2001 年 10 月 29 日将其报告分发给成员方。专家组得出结论认为,美国针对线管实行的保障措施和 GATT1994 和/或保障措施协定中的某些条款不一致,尤其是:

(1) 该线管措施和 GATT1994 第 3 条第 2 款“导言”中的一般规则不符,因为其适用未尊重传统贸易模式;

(2) 该线管措施和 GATT1994 第 13 条第 2 款第(a)项不符,因为它在适用时未确定允许以较低关税税率进口的产品总数;

(3) 美国的行为和《保障措施协定》第 3 条第 1 款和第 4 条第 2 款第(c)项不符,因在其出版的报告中,并未做出下列认定或者结论:一、增长的进口已造成严重损害;或者二、增长的进口有造成严重损害的威胁。

(4) 美国的行为和《保障措施协定》第 4 条第 2 款第(b)项不符,因为它未能证明进口增长和严重损害或由此而产生的威胁之间的因果联系;

(5) 美国未能履行《保障措施协定》第 9 条第 1 项下的义务,因为它对发展中国家适用该保障措施,而这些国家的出口未超过该项规定的单个和共同的最低标准;

(6) 美国违背了《保障措施协定》第 19 条项下的义务,因为其未论证在适用线管措施之前存在不可预见的发展;

(7) 美国未能给具有重大利益的线管出口方提供充分的预先磋商机会,这一行为与其在

《保障措施协定》第 12 条第 3 款项下的义务不一致;

(8) 美国未能按照第 8 条第 1 款的要求,尽力保持实质相当水平的减让,并履行其他义务;

韩国的其他指控被专家组驳回。专家组拒绝接受韩国的请求,即认定美国的保障措施应立即解除,美国国际贸易委员会对线管的保障调查应终止。

2001 年 11 月 6 日,美国通报了其就专家组报告中包含的某些法律裁定和法律解释提起上诉的决定。然而,2001 年 11 月 13 日,美国撤回其上诉通知。其后,2001 年 12 月 19 日,美国发出通知,决定再向上诉机构提起上诉。2002 年 1 月 18 日,上诉机构通知 DSB,报告将迟延发布,但不迟于 2002 年 2 月 15 日。2002 年 2 月 15 日,上诉机构向成员方发布报告。

上诉机构:

(1) 尽管基于不同的原因,维持专家组在其报告 8.1(7)段中的认定:美国未能给对线管出口具有重大利益的韩国提供一个充分预先磋商的机会,其行为违反了美国在《保障措施协定》第 12 条第 3 款项下的义务;

(2) 维持专家组在其报告 8.1(8)段中的认定:美国未能履行《保障措施协定》第 8 款第 1 款项下的义务,即尽力保持实质相当水平的减让和其他义务;

(3) 维持专家组在其报告 8.1(5)段中的认定:美国未履行《保障措施协定》第 9 条第 1 款项下的义务,即只要进口不超过此条款中规定的单一或整体最低标准,保障措施不应针对原产于发展中国家的产品适用;

(4) 推翻专家组报告 8.1(3)段专家组的认定,即美国的行为违反了其在《保障措施协定》第 3 条第 1 款和第 4 条第 2 款第(c)项下承担的义务,理由是在其出版的报告中,并未做出下列认定或者结论:一、增长的进口已造成严重损害;或者二、增长的进口有造成严重损害的威胁;

(5) 推翻专家组报告 8.2(9)段专家组的认定,即美国免除对加拿大和墨西哥适用线管措施未违反其在《保障措施协定》第 2 条和第 4 条项下的义务;

(6) 修改专家组报告 8.2(1)段专家组的认定,即美国在一项不具有法律效力的动议中免除对加拿大和墨西哥适用线管措施的做法不违反其在 GATT1994 第 1 条、第 13 条第 1 款和第 19 条项下的义务;

(7) 维持专家组报告 8.1(4)段专家组的认定:美国未能建立进口增长和由此产生的严重损害或损害威胁之间的因果联系,其行为和《保障措施协定》第 4 条第 2 款第(b)项下义务不一致;

(8) 维持专家组报告 7.81 段专家组的认定:《保障措施协定》第 5 条第 1 款第一句并未要求美国在实施线管措施时,证明线管措施对防止或补救严重损害,以及便利调整是必要的;

(9) 推翻专家组报告 8.2(2)段专家组的认定:韩国未能达到初步证明的标准,即证明美国实施超出“防止或补救严重损害和便利调整所必需”限度的措施,违反其在《保障措施协定》第 5 条第 1 款中第一句项下的义务,并且也无法认定认定美国适用线管措施的做法超出“防止或补救严重损害并便利调整所必需的限度”。

2002 年 3 月 8 日,DSB 通过了上诉机构报告和经上诉机构报告修改的专家组报告。

40. 美国——关于将出口限制作为补贴的措施(WT/DS194)

United States—Measures Treating Export Restraints as Subsidies

2000 年 5 月 19 日,加拿大要求与美国磋商,所涉及的问题为:如果一国对某种产品的出口限制影响到了该种产品的国内价格,美国就将此类限制视为对在制造过程中使用了该受限产品的其他产品的补贴。产生争议的措施包括与 1994 年美国《乌拉圭回合协定法》(URAA)同时通过的《政府行政声明》(SAA)的相关条款和美国商务部所发布的“对最终规则的解释”(对经过 URAA 修正的、《1930 年美国关税法》第 771(5)条所作的解释)。

加拿大的诉求如下:

加拿大认为这些措施规定美国将对不属于《补贴与反补贴措施协定》第 1 条第 1 款所界定的补贴的行为征收反补贴税,违反了美国根据《补贴与反补贴措施协定》第 10 条第 1 款第 1 项(就与第 10 条的要求相关而言,还包括第 11 条、第 17 条和第 19 条)以及第 32 条第 1 款的规定所承担的义务。

加拿大还认为美国未能按照《WTO 协定》第 16 条第 4 款和《补贴与反补贴措施协定》第 32 条第 5 款的要求,使其国内法律、法规和行政程序与其在 WTO 中承担的国际义务保持一致。

2000 年 7 月 24 日,加拿大请求成立专家组。在 2000 年 8 月 4 日的会议上,争端解决机构决定推迟成立专家组。在加拿大再次提出该请求后,在 2000 年 9 月 11 日的会议上,争端解决机构决定成立专家组。澳大利亚、欧共体和印度保留作为第三方介入的权利。2000 年 10 月 23 日,专家组组成。2001 年 6 月 29 日,专家组报告发布。专家组裁定:

本案中所指的出口限制不构成《补贴与反补贴措施协定》第 1 条第 1 款(a)项第 4 段所规定的政府直接提供或委托私营机构提供的货物,不构成财政资助。

结合美国《政府行政声明》和《反补贴条例》前言的规定来看,《1930 年美国关税法》第 771 条(5)款(B)项(iii) 关于“对不属于第 1 条第 1 款所规定的补贴的行为征收反倾销税”的规定并未违反《补贴与反补贴措施协定》第 1 条第 1 款的规定。

就加拿大的其他诉求而言,根据司法经济原则,即无必要也不适宜作出裁决。因此,专家组不对美国根据《WTO 协定》和《补贴与反补贴措施协定》承担的义务提供建议。

2001 年 8 月 23 日,争端解决机构通过了专家组报告。

41. 美国——对从巴基斯坦进口的精梳棉线采取过渡保障措施(WT/DS192)

United States—Transitional Safeguard Measure on Combed Cotton Yarn from Pakistan

2000年4月3日,巴基斯坦要求与美国就美国自1999年3月17日开始采取的、针对从巴基斯坦进口的精梳棉线的过渡保障措施进行磋商。1999年3月5日,美国根据《纺织品和服装协定》(ATC)第6条第10款的规定,通知纺织品监督机构(TMB),在无法与巴基斯坦就是否存在采取限制措施的情势达成双方满意的解决方案情况下,其决定采取单边限制措施。1999年4月,TMB根据ATC第6条第10款的规定审查了美国的限制措施并建议将其取消。1999年5月28日,美国根据ATC第8条第10款的规定,通知TMB其无法遵守这一建议。尽管TMB根据ATC第8条第10款的规定进一步建议美国重新考虑其立场,美国仍继续维持单边限制,问题并未得到解决。

巴基斯坦主张:

美国采取的过渡保障措施违反了其在ATC第2条第4款项下的义务,也不能以ATC第6条为抗辩根据;

美国的限制措施不符合ATC第6条第2款、第3款、第4款和第7款对过渡保障措施的要求。

2000年4月3日,巴基斯坦请求成立专家组。在2000年5月18日的会议上,争端解决机构决定推迟成立专家组。在巴基斯坦再次提出该请求后,争端解决机构在2000年6月19日的会议上决定成立专家组。印度和欧共体保留他们作为第三方的权利。2000年8月30日,专家组组成。

2001年5月31日,专家组报告发布。专家组认定:美国自1999年3月17日开始采取并在2000年3月17日继续展期一年的、针对从巴基斯坦进口的精梳棉线的过渡保障措施(数量限制)不符合ATC第6条的规定。特别是,专家组裁定:

美国将垂直一体化生产商自用的精梳棉线的生产,排除在与进口精梳棉线"生产类似和/或直接竞争产品的国内产业"之外,违反了其在ATC第6条第2款项下的义务。

美国没有对从墨西哥(以及可能的其他适当成员方)进口的精梳棉线对其国内产业的影响进行单独调查,违反了其在ATC第6条第4款项下的义务。

美国未能证明保障措施所针对的进口精梳棉线对国内产业造成了严重损害的"实际威胁",违反了其ATC在第6条第2款和第6条第4款项下的义务。

就其他指控而言,专家组认为巴基斯坦未能证明美国的有关措施违反了其在ATC第6条项下的义务。特别是,专家组裁定:(a) 巴基斯坦未能证明美国在认定严重损害时,没有正确地以其调查当局所收集的数据为基础;(b) 巴基斯坦未能证明美国在认定严重损害时,没有正确地考虑其调查当局对停止生产精梳棉线的企业所做的评估;(c) 巴基斯坦未能证明美国在认定严重损害和因果关系时,没有正确地选择调查期间,而只选择了偶然存在严重损害和因果关系的时段。

专家组建议争端解决机构要求美国使其相关措施与其在 ATC 项下的义务保持一致,并认为最好的解决方案是立即取消进口限制。

2001 年 7 月 9 日,美国通知争端解决机构将对专家组报告中的某些法律问题以及专家组做出的某些法律解释提出上诉。2001 年 9 月 5 日,上诉机构通知争端解决机构其无法在 9 月 7 日的最终期限前发布报告。2001 年 10 月 8 日,上诉机构报告分发给各成员。上诉机构支持了专家组所作的美国对从巴基斯坦进口的精梳棉线所采取的过渡保障措施不符合 ATC 的规定的基本结论,并特别支持了专家组的下述结论:美国在对自巴基斯坦进口的棉线采取保障措施时,(a) 没有正确地界定生产棉线的相关"国内产业";(b) 在将严重损害归责于巴基斯坦进口产品时,没有对其他的主要棉线供应国的进口所产生的影响进行单独调查。此外,上诉机构认定专家组不应考虑在美国确定国内产业受到严重损害时尚不存在的统计数据。上诉机构拒绝就进口成员是否必须将严重损害归责于对此种损害的形成有影响的所有出口成员的一般问题作出裁断,并认定专家组对此问题的解释没有法律上的效果。

2001 年 11 月 5 日,争端解决机构通过了上诉机构报告和经上诉机构报告修改的专家组报告。

42. 阿根廷——对从意大利进口的瓷质地板砖采取最终反倾销措施(WT/DS189)

Argentina—Definitive Anti-Dumping Measures on Carton-Board Imports from Germany and Definitive Anti-Dumping Measures on Imports of Ceramic Tiles from Italy

2000 年 1 月 26 日,欧共体要求与阿根廷磋商,解决关于阿根廷从 1999 年 11 月 12 日起对从意大利进口的瓷质地板砖采取最终反倾销措施的问题。欧共体主张:阿根廷调查机构完全忽略抽样中的出口商提供的关于正常价值和出口价格的信息的做法没有正当理由;没有为抽样中的每个出口商单独计算倾销幅度;没有适当考虑出口到阿根廷的产品和在意大利国内销售的产品之间存在的物理特征上的差异;没有将构成是否采取最终反倾销措施决定依据的关于存在倾销的基本事实对意大利出口商进行披露。欧共体认为该反倾销措施违反了《反倾销协定》第 2 条第 4 款、第 6 条第 8 款及相关的附件二、第 6 条第 9 款和第 6 条第 10 款的规定。

2000 年 11 月 7 日,欧共体请求成立专家组。在 2000 年 9 月 26 日的会议上,争端解决机构决定推迟成立专家组。在欧共体再次提出该请求后,争端解决机构在 2000 年 10 月 17 日的会议上决定成立专家组(此时欧共体减少了诉讼请求,只涉及对从意大利进口的瓷质地板砖采取的最终反倾销措施)。日本、土耳其和美国保留作为第三方介入的权利。2001 年 1 月 12 日,专家组组成。

2001 年 9 月 28 日,专家组向各成员分发了其报告。专家组裁定:

阿根廷在确定正常价值和出口价格时基本上忽略了出口商提供的相关信息而且未向出口商说明拒绝采纳相关信息的理由,违反了《反倾销协定》第 6 条第 8 款及附件二的规定。

阿根廷没有为抽样中的每个出口商单独计算倾销幅度,违反了《反倾销协定》第 6 条第 10 款的规定。

阿根廷没有适当考虑影响价格可比性的产品物理特征上的差异,违反了《反倾销协定》第 2 条第 4 款的规定。

阿根廷没有将其所考虑的、构成是否采取最终反倾销措施决定依据的基本事实对出口商进行披露,违反了《反倾销协定》第 6 条第 9 款的规定。

2001 年 11 月 5 日,争端解决机构通过了专家组报告。

43. 美国——对从日本进口的热轧钢制品采取反倾销措施(WT/DS184)

United States—Anti-Dumping Measures on Certain Hot-Rolled Steel Products from Japan

1999 年 11 月 18 日,日本要求与美国进行磋商,所涉及的问题为美国商务部和国际贸易委员会在对从日本进口的热轧钢制品进行反倾销调查过程中,于 1998 年 11 月 25 日和 30 日、1999 年 2 月 12 日、1999 年 4 月 28 日和 1999 年 6 月 23 日分别作出的初步裁定及最终裁定。

日本认为这些裁定是错误的,根据《1930 年美国关税法》及相关法规所采取的程序也是有缺陷的。日本的申诉还涉及 1930 年关税法及相关法规的特定条款,认为它们违反了 GATT1994 第 6 条和第 10 条,《反倾销协定》第 2 条、第 3 条、第 6 条(包括附件二)、第 9 条和第 10 条的规定。

2000 年 2 月 11 日,日本请求成立专家组。在 2000 年 2 月 24 日的会议上,争端解决机构决定推迟成立专家组。在日本再次提出该请求后,争端解决机构在 2000 年 3 月 20 日的会议上决定成立专家组。巴西、加拿大、智利、欧共体和韩国保留作为第三方介入的权利。2000 年 5 月 9 日, 日本请求 WTO 总干事就专家组的组成人员做出决定。2000 年 5 月 24 日,专家组组成。2001 年 2 月 28 日,专家组报告发布。专家组裁定:

美国在对日本 KSC,NSC,NKK 公司适用“可获得事实”规则的过程中,违反了《反倾销协定》第 6 条第 8 款和附件 2 的规定。

经修正的《1930 年美国关税法》第 735 条第 3 款(5)(A)的规定授权美国商务部在决定其他所有企业的倾销幅度时,仅排除以可获得事实为基础的倾销幅度,违反了《反倾销协定》第 9 条第 4 款的规定。由此,美国未能使该条款与《反倾销协定》相一致,违反了其在《反倾销协定》第 18 条第 4 款以及《马拉喀什建立世界贸易组织协定》第 16 条第 4 款项下的义务。

美国将关联方的若干国内市场销售排除在“正常贸易”测试基础上的正常价值的计算之外,违反了《反倾销协定》第 2 条第 1 款的规定。此外,根据以上事实,专家组认为,美国以“向无关的下游购买者的销售”代替这些销售的作法违反了《反倾销协定》第 2 条第 1 款的规定。

就日本提出的其他诉讼请求,专家组裁定:(1) 关于相反的可获得事实的“普遍实践”以及关于将特定的国内销售排除在正常价值的计算之外的“普遍实践”,都不在本专家组的职权范围之内,或者说(2) 出于司法经济的考虑,专家组没有必要也不适合对此作出裁断。

2001 年 4 月 25 日,美国通知争端解决机构,决定就专家组报告中的特定法律问题及专家组的某些法律解释提起上诉。2001 年 7 月 24 日,上诉机构报告发布。上诉机构推翻了专家

组报告中的部分裁定:

推翻专家组关于美国在计算正常价值的过程中,使用被调查出口商的关联方向独立购买人的下游销售价格的方法违反了《反倾销协定》第2条第1款的裁定;

认定没有充分的事实资料支持日本根据《反倾销协定》第2条第4款的主张,即美国在使用下游销售价格计算正常价值时没有进行公正比较;

推翻专家组关于美国适用“受制生产条款”确定国内热轧钢产业所受损害的作法违反《反倾销协定》的裁定;

推翻专家组关于美国国际贸易委员会已证明倾销产品和国内产业的实质损害之间存在着《反倾销协定》第3条第5款项下的因果关系的裁定,但认定没有充分的事实资料支持日本关于因果关系的分析。

2001年8月23日,争端解决机构通过了上诉机构报告和经上诉机构报告修改的专家组报告。

44. 美国——对从韩国进口的不锈钢板材以及不锈钢薄板和卷材采取反倾销措施(WT/DS179)

United States—Anti-Dumping Measures on Stainless Steel Plate in Coils and Stainless Steel Sheet and Strip from Korea

1999 年 7 月 30 日,韩国要求与进行美国磋商,所涉及的事项为美国商务部于 1998 年 11 月 4 日、1999 年 3 月 31 日分别作出的针对从韩国进口的不锈钢板材的反倾销初裁和终裁,以及美国商务部于 1999 年 1 月 20 日、1999 年 6 月 8 日分别作出的针对从韩国进口的不锈钢薄板和卷材的反倾销初裁和终裁。韩国认为美国在作出这些裁定时犯了若干错误,致使相关决定、结论以及对反倾销幅度的计算和征收都存在着缺陷,违反了 GATT1994 第 6 条和《反倾销协定》的规定,尤其是(但并不限于)《反倾销协定》第 2 条、第 6 条和第 12 条的规定。韩国认为,美国对下述问题的处理违反了这些条款的规定:对一家破产企业的美国国内销售;对出口销售的计值使用两个不同的汇率期间;对以美元计值销售的正常价值的货币换算。

1999 年 10 月 14 日,韩国请求成立专家组。在 1999 年 10 月 27 日的会议上,争端解决机构决定推迟成立专家组。在韩国再次提出该请求后,在 1999 年 11 月 19 日的会议上,争端解决机构决定成立专家组。欧共体和日本保留作为第三方介入的权利。2000 年 3 月 24 日,专家组组成。2000 年 12 月 22 日,专家组报告发布。专家组裁定:

(1) 就“当地销售”而言:

美国在不锈钢板材反倾销调查中的行为符合其按照《反倾销协定》第 2 条第 4 款第 1 项、第 2 条第 4 款前言(“公平比较”)和第 12 条第 2 款,以及 GATT1994 第 20 条第 3 款(a)项的规定所承担的义务。

美国在不锈钢薄板反倾销调查中实施了不必要的货币换算,违反了《反倾销协定》第 2 条第 4 款第 1 项的规定。

(2) 就对未付款销售额的处理而言:

美国在不锈钢板材和薄板反倾销调查中对独立进口商的销售所作出的调整,不属于对影响价格可比性的差异的适当调整,违反了《反倾销协定》第 2 条第 4 款前言的规定。

美国在不锈钢板材和薄板反倾销调查中对关联进口商的销售所作出的调整,不属于对出口价格推定中进口和转售之间的费用的适当调整,违反了《反倾销协定》第 2 条第 4 款前言的规定。

(3) 就多重平均而言:

美国在不锈钢板材和薄板反倾销调查中对多重平均期间的使用,不符合《反倾销协定》第 2 条第 4 款第 2 项规定的对“加权平均正常价值与全部可比出口交易的加权平均价格”进行比较的要求。

美国在不锈钢板材和薄板反倾销调查中对多重平均期间的使用,符合《反倾销协定》第2条第4款第1项的规定。

美国在不锈钢板材和薄板反倾销调查中对多重平均期间的使用,符合《反倾销协定》第2条第4款前言第一句("公平比较")的规定。

(4) 就美国对《反倾销协定》的违反而言,已经给韩国在该协定项下的利益造成了丧失或减损。

在2001年2月1日的会议上,争端解决机构通过了专家组报告。

45. 美国——对从新西兰和澳大利亚进口的新鲜、冷藏或冷冻羊肉采取保障措施（WT/DS177，WT/DS178）

United States—Safeguard Measure on Imports of Fresh, Chilled or Frozen Lamb from New Zealand

1999年7月16日,新西兰要求与美国就美国对从新西兰进口的羊肉采取保障措施的问题进行磋商(案号为WT/DS177)。新西兰指出,美国依据《1974年美国贸易法》第203条发布的总统文告,自1999年7月22日起以关税配额的形式对进口的新鲜、冷藏和冷冻羊肉采取最终保障措施。新西兰认为,该措施违反了《保障措施协定》第2条、第4条、第5条、第11条和第12条,以及GATT1994第1条和第19条的规定。

1999年7月23日,澳大利亚要求与美国就美国对进口羊肉采取最终保障措施的问题进行磋商(案号为WT/DS178)。澳大利亚指出,美国依据《1974年美国贸易法》第203条发布的总统文告,自1999年7月22日起以关税配额的形式,对从澳大利亚进口的新鲜、冷藏和冷冻羊肉采取最终保障措施。澳大利亚认为,该措施违反了《保障措施协定》第2条、第3条、第4条、第5条、第8条、第11条和第12条,以及GATT1994第1条、第2条和第19条的规定。

1999年10月14日,新西兰和澳大利亚请求成立专家组。在1999年10月27日的会议上,争端解决机构决定推迟成立专家组。在新西兰和澳大利亚再次提出该请求后,在1999年11月19日的会议上,争端解决机构根据DSU第9条第1款的规定,决定成立一个专家组一并审查案号为WT/DS177和WT/DS178的两起申诉。加拿大、欧共体、冰岛、日本、澳大利亚(在新西兰的申诉中)和新西兰(在澳大利亚的申诉中)保留作为第三方介入的权利。2000年12月21日,专家组报告发布。专家组裁定:

美国未能证明事实上存在着“不可预见的情况”,违反了GATT1994第19条第1款(a)项的规定;

美国国际贸易委员会在对进口羊肉的保障措施调查中,将上游生产者作为类似产品的生产者纳入了羊肉国内产业的范围,美国因此违反了《保障措施协定》第4条第1款(c)项的规定;

申诉方不能证明,美国国际贸易委员会裁定存在严重损害威胁的分析方法(尤其是关于前景分析和所采用的时间段),违反了《保障措施协定》第4条第1款(b)项的规定;

申诉方不能证明,美国国际贸易委员会在就进口的增长是否会对国内产业造成严重损害作出裁定时,对《保障措施协定》第4条第2款(a)项所列的各项因素进行评估的分析方法,违反了该项规定;

美国国际贸易委员会未能取得代表调查中的国内产业较大部分产量的生产者的数据,美国因此违反了《保障措施协定》第 4 条第 1 款（c）项的规定；

美国国际贸易委员会关于羊肉保障措施因果关系的裁定，不能证明进口的增长和严重损害威胁之间存在因果关系，因为该裁定没有证明进口增长本身是造成严重损害威胁的必要的、充分的原因，也不能保证因"其他因素"造成的严重损害威胁没有被归咎于增长的进口，美国因此违反了《保障措施协定》第 4 条第 2 款（b）项的规定；

因为上述对《保障措施协定》第 4 条的违反，美国也就违反了《保障措施协定》第 2 条第 1 款的规定。

2001 年 1 月 31 日，美国通知争端解决机构，决定就专家组报告中的特定法律问题及专家组的某些法律解释提起上诉。2001 年 5 月 1 日，上诉机构报告发布。上诉机构：

维持专家组的下述裁定：美国未能证明事实上存在着"不可预见的情况"，违反了 GATT1994 第 19 条第 1 款（a）项的规定；

维持专家组的下述裁定：美国国际贸易委员会将活羊饲养者纳入了相关"国内产业"的范围，美国违反了《保障措施协定》第 4 条第 1 款（c）项的规定；

维持专家组的下述裁定：美国国际贸易委员会关于"国内产业"的裁定所依据的数据不具有充分代表性；但将专家组所做出的美国因此违反了《保障措施协定》第 2 条第 1 款和第 4 条第 1 款（c）项的最终裁定，修正为美国因此违反了《保障措施协定》第 2 条第 1 款和第 4 条第 2 款（a）项的规定。

认定专家组对 DSU 第 11 条所规定的审查标准的解释正确，该标准适用于对根据《保障措施协定》第 4 条第 2 款提出的申诉的审查；但裁定专家组在对关于美国国际贸易委员会存在严重损害威胁的裁定的申诉进行审查时，对该标准的适用有误；此外裁定美国国际贸易委员会的报告未能对其所做出的国内产业存在严重损害威胁的裁定进行充分解释，美国因此违反了《保障措施协定》第 2 条第 1 款和第 4 条第 2 款（a）项的规定。

推翻专家组对《保障措施协定》中因果关系要求的解释，但是基于其他原因，维持专家组的下述最终裁定：美国国际贸易委员会关于进口增长和严重损害威胁之间存在因果关系的裁定，不能保证因进口增长之外的其他因素对国内产业造成的严重损害威胁不被归咎于增长的进口，美国因此违反了《保障措施协定》第 2 条第 1 款和第 4 条第 2 款（b）项的规定；

支持专家组的下述做法：基于"司法经济"的考虑，拒绝对新西兰根据《保障措施协定》第 5 条第 1 款提出的申诉作出裁定。

对新西兰和澳大利亚各自提出的有条件上诉（关涉 GATT1994 第 1 条、第 2 条和第 19 条第 1 款（a）项，以及《保障措施协定》第 2 条第 2 款、第 3 条第 1 款、第 5 条第 1 款、第 8 条第 1 款、第 11 条第 1 款（a）项和第 12 条第 3 款），不予裁定。

在 2001 年 5 月 16 日的会议上，争端解决机构通过了上诉机构报告和为上诉机构报告所修改的专家组报告。

46. 美国——《1988 年综合拨款法》第 211 条 (WT/DS176)

United States—Section 211 Omnibus Appropriations Act of 1998

由欧共体和其成员国提出申诉。1999 年 7 月 8 日,欧共体要求与美国就《美国综合拨款法》第 211 条进行磋商。欧共体和其成员国的主张如下:

根据 1998 年 10 月 21 日生效的第 211 条,如果某一商标被所有人放弃,而该所有人的企业或财产根据古巴法律被加以没收,则该商标就不能在美国注册或续展。

该法律规定美国法院不能承认或执行任何关于此类权利的主张。

《美国综合拨款法》第 211 条与美国在《TRIPs 协定》项下的义务不符,尤其是第 2 条连同《巴黎公约》第 3 条、第 4 条、第 15 条至第 21 条、第 41 条、第 42 条和第 62 条。

根据欧共体和其成员国的进一步请求,DSB 在 2000 年 9 月 26 日的会议上设立了专家组。加拿大、日本和尼加拉瓜保留作为第三方的权利。2000 年 10 月 17 日,欧共体和其成员国请求 WTO 总干事就专家组的组成人员做出决定。2000 年 10 月 26 日,专家组组成。

2001 年 8 月 6 日,专家组报告发布。专家组驳回了欧共体和其成员国的大部分主张,有关第 211 条第 1 款第(2)项与《TRIPs 协定》第 42 条不符的主张除外。在这一点上,专家组认定该条款与《TRIPs 协定》的相关条款不符,理由是在特定情形中,该条款限制了权利人有效获取和利用民事司法程序。

2001 年 10 月 4 日,欧共体和其成员国通知了其就专家组报告中的某些法律问题和法律解释提出上诉的决定。2002 年 1 月 12 日,上诉机构报告分发给各成员。上诉机构:

认定,就商标保护而言,《美国综合拨款法》第 211 条第 1 款第(2)项和第 2 款违反了《TRIPs 协定》项下的国民待遇和最惠国待遇义务以及《保护工业产权的巴黎公约》,因此推翻了专家组的裁定;

推翻了专家组关于第 211 条第 1 款第(2)项与《TRIPs 协定》第 42 条不符的裁定,并认定第 42 条规定的是程序义务,而第 211 条影响的实体的商标权利。

支持了专家组的下述裁定:第 211 条并未违反美国在《TRIPs 协定》第 2 条第 1 款连同《巴黎公约》(1967)第 6 条之五 A(1)、《TRIPs 协定》第 15 条和第 16 条项下的义务。也支持专家组在《TRIPs 协定》第 42 条项下所作的关于第 211 条第 2 款的裁定;并且

推翻专家组的结论,即商号不属于《TRIPs 协定》所保护的一种知识产权。上诉机构完善了相关分析,对商号和商标得出了同样的结论。其还认定第 211 条第 1 款第(2)项和第 2 款并未违反《TRIPs 协定》第 2 条第 1 款连同《巴黎公约》(1967)第 8 条的规定。

在 2002 年 1 月 2 日的会议上,DSB 通过了上诉机构报告和得到上诉机构报告支持的专家组报告。

47. 欧共体——对农产品和食品原料商标和地理标志的保护(WT/DS174，WT/DS290)

European Communities—Protection of Trademarks and Geographical Indications for Agricultural Products and Foodstuffs

由美国(WT/DS174)和澳大利亚(WT/DS290)提出申诉。

1999年6月1日,美国请求和欧共体就后者领域内缺乏对农产品和食品原料商标和地理标志的保护问题进行磋商。美国主张,欧共体修正后的2081/92号条例,没有在地理标志方面提供国民待遇,也没有对先前存在的、与地理标志相同或类似的商标提供充分的保护。美国认为,这种情况和欧共体在《TRIPs协定》项下的义务不符,具体所涉及的规定包括但并不必然限于《TRIPs协定》第3条、第16条、第24条、第63条和第65条的规定。

2003年4月4日,美国提交了就欧共体对农产品和食品原料商标和地理标志的保护问题进行磋商的另一份请求。该请求并未取代而是补充了1999年的那份请求。所涉及的措施是欧共体修正后的2081/92号条例,以及相关的实施和执行措施(统称为“欧共体条例”)。美国认为,欧共体条例限制了受保护的地理标志的范围,还限制了其他成员方的自然人利用该条例所规定的地理标志程序和保护的权利。美国主张,欧共体条例违反了《TRIPs协定》第2条、第3条、第4条、第16条、第22条、第24条、第63条和第65条的规定,以及GATT 1994第1条和第3条第4款的规定。

2003年4月17日,澳大利亚请求与欧共体就其对农产品和食品原料商标和地理标志的保护的问题进行磋商。引发争议的措施包括1992年7月14日颁布的保护农产品和食品原料商标和地理标志的2081/92号欧共体条例和相关的措施(统称为“欧共体措施”)。

澳大利亚认为:

(1) 欧共体措施未能将给予其他WTO成员的自然人和/或类似产品的利益、优惠、特权或豁免,立即无条件地给予任何WTO成员的自然人和/或产品。

(2) 欧共体措施未能赋予任何WTO成员的自然人和/或产品,不低于欧共体自然人和/或类似产品的待遇。

(3) 欧共体措施降低了对商标的法律保护水平。

(4) 欧共体措施可能与其在1967年《巴黎公约》第10条之二项下的义务不符,该义务要求欧共体向利害关系人提供法律手段,以防止地理标志被误导性使用或以构成不正当竞争的方式使用;

(5) 欧共体措施可能不符合其透明度义务,以及

(6) 考虑到未实施可能造成的风险,欧共体措施的贸易限制效应可能超出了为实现合法

目标所必需的程度。

澳大利亚主张，欧共体措施违反了其在《TRIPs 协定》第 1 条、第 2 条、第 3 条、第 4 条、第 16 条、第 20 条、第 22 条、第 24 条、第 41 条、第 42 条、第 63 条和第 65 条，GATT 1994 第 1 条和第 3 条，《TBT 协定》第 2 条以及《WTO 协定》第 16 条第 4 款项下的义务。

在 WT/DS174 号纠纷中，斯里兰卡、澳大利亚、匈牙利、印度、阿根廷、保加利亚、捷克、马耳他、斯洛文尼亚、罗马尼亚、斯洛伐克和土耳其保留了参加进一步磋商的权利。欧共体通知 DSB，它已经接受了阿根廷、澳大利亚、保加利亚、塞浦路斯、捷克、匈牙利、印度、马耳他、墨西哥、新西兰、罗马尼亚、斯洛伐克、斯洛文尼亚、斯里兰卡和土耳其加入磋商的请求。

在 WT/DS290 号纠纷中，保加利亚、塞浦路斯、捷克、马耳他、美国、匈牙利、斯洛文尼亚、中国台北、土耳其、阿根廷、哥伦比亚和墨西哥请求参加磋商。欧共体通知 DSB，它已经接受了阿根廷、保加利亚、哥伦比亚、塞浦路斯、捷克、匈牙利、马耳他、墨西哥、新西兰、罗马尼亚、斯洛伐克、斯洛文尼亚、中国台北、土耳其、和美国加入磋商的请求。

2003 年 8 月 18 日，美国和澳大利亚分别请求设立专家组。在 2003 年 8 月 29 日的会议上，DSB 推迟了专家组的成立。在美国和澳大利亚第二次提出设立专家组的请求后，DSB 在 2003 年 10 月 2 日的会议上成立了一个专家组。澳大利亚、哥伦比亚、危地马拉、印度、墨西哥、新西兰、挪威、中国台北和土耳其保留作为第三方的权利。10 月 6 日，中国保留作为第三方的权利。10 月 10 日，阿根廷保留作为第三方的权利。10 月 13 日，巴西保留作为第三方的权利。

2004 年 2 月 13 日，美国和澳大利亚要求总干事决定专家组的组成人员。2004 年 2 月 23 日，总干事组成了专家组。

2004 年 8 月 17 日，专家组主席通知 DSB 由于案情复杂，无法在 6 个月内结案，专家组预期在 2004 年底前向当事方提交最终报告。

2005 年 3 月 15 日，专家组报告分发给成员方：

(1) 专家组同意美国和澳大利亚关于欧共体的地理标志条例未能向其他 WTO 成员的权利人和产品提供国民待遇的主张，因为(i) 注册来自欧盟以外的国家的地理标志，取决于该国采用了与欧盟体系具有同等效果的地理标志制度并向欧共体的地理标志提供互惠的保护；(ii) 欧共体条例的程序要求来自其他 WTO 成员的申请或异议必须通过成员方政府检查和转交，并且要求这些政府执行和欧共体成员类似的产品审查制度。因此，在欧共体的地理标志制度中，外国自然人就不能像欧共体自然人那样获得充足的保障；

(2) 然而，欧共体地理标志保护制度中要求产品检查的实体规范，并未违反 WTO 义务，而且

(3) 专家组同意欧共体的主张，即尽管其地理标志条例允许与在先商标相冲突的情况下，将地理标志加以登记，但条例的条文足以表明这只是商标权的“有限例外”。然而，专家组赞同美国和澳大利亚的主张，即《TRIPs 协定》不容许地理标志和在先商标间无限制的共存。

2005 年 4 月 20 日，DSB 通过了专家组报告。

48. 加拿大——专利保护期(WT/DS170)
Canada—Term of Patent Protection

1999年5月6日,美国要求与加拿大就1989年10月1日前在加拿大申请登记的专利的保护期限问题进行磋商。美国强调,《TRIPs协定》要求WTO成员对专利提供自申请登记之日起至少20年的保护,并应对在《TRIPs协定》对其生效之日时仍有效的专利权提供上述20年期限的保护;而根据《加拿大专利法》第45条的规定,在1989年10月1日前提出的专利申请,其专利保护期为自授权日起17年。美国认为这不符合《TRIPs协定》第33条、第65条和第70条的规定。

1999年7月15日,美国请求成立专家组。在1999年7月26日的会议上,争端解决机构决定推迟成立专家组。在美国再次提出该请求后,争端解决机构在1999年9月22日的会议上决定成立专家组。1999年10月13日,美国请求WTO总干事就专家组的组成人员做出决定。1999年10月22日,专家组组成。2000年5月5日,专家组报告分发至各成员。专家组裁定:

根据TRIPs协定第70条第2款,加拿大在《TRIPs协定》项下的义务应适用于1996年1月1日(即《TRIPs协定》对加拿大生效的日期)仍受到有效保护的发明专利。

《加拿大专利法》第45条没有按照《TRIPs协定》第33条的要求,提供自专利权授予之日起不少于20年的保护期;由于在专利申请过程中存在的平均未决期间、非正式和法定的延迟等因素,不接受加拿大关于其专利法所设定的17年保护期限实际上等同于《TRIPs协定》的20年保护期的主张。

2000年6月19日,加拿大通知争端解决机构,决定就专家组报告中的特定法律问题及法律解释提起上诉。2000年9月18日,上诉机构报告分发给各成员。上诉机构维持了专家组报告中被上诉的所有裁定和结论。

2000年10月12日,争端解决机构通过了上诉机构报告和为上诉机构报告所维持的专家组报告。

49. 美国——对从欧共体进口的小麦面精采取最终保障措施(WT/DS166)

United States—Definitive Safeguard Measures on Imports of Wheat Gluten from the European Communities

1999年3月17日,就美国对从欧共体进口的小麦面精采取最终保障措施的问题,欧共体要求与美国进行磋商。欧共体指出,根据1998年5月30日美国总统颁布的命令及备忘录,美国自1998年6月1日起以数量限制的形式对从欧共体进口的小麦面精采取最终保障措施。欧共体认为,这些措施违反了《保障措施协定》第2条、第4条、第5条和第12条,《农产品协定》第4条第2款,GATT1994第1条和第19条的规定。

1999年6月3日,欧共体请求成立专家组。在1999年6月16日的会议上,争端解决机构决定推迟成立专家组。在欧共体再次提出该请求后,争端解决机构在1999年7月26日的会议上决定成立专家组。澳大利亚、加拿大和新西兰保留作为第三方的权利。1999年10月11日,专家组组成。2000年7月31日,专家组报告分发至各成员。专家组裁定:

(1) 美国从公布的国际贸易委员会的报告中删除有关保密信息以及确定进口的数量增长或严重损害方面的行为,没有违反《保障措施协定》第2条第1款、第4条或GATT1994第19条第1款(a)项的规定。

(2) 美国基于自身的调查和决定对特定的进口小麦面精所采取的最终保障措施违反了《保障措施协定》第2条第1款和第4条的规定:美国国际贸易委员会对因果关系的分析不能保证由其他因素所造成的损害不被归咎于进口;美国在对所有来源的进口展开调查以确定进口增加所造成的严重损害之后,又对从加拿大(《北美自由贸易协定》的成员)的进口是否在进口总量中占有"重大份额"以及是否对整体进口所造成的"严重损害"起到了重要作用进行单独调查,并将从加拿大的进口排除在保障措施的适用范围之外。

(3) 专家组进一步认定,美国没有分别按照《保障措施协定》第12条第1款(a)项和(b)项的要求就调查的发起以及严重损害的裁定立即作出通知。

(4) 美国在实际采取了保障措施以后才就采取措施的决定作出通知,没有按照《保障措施协定》第12条第1款(c)项的要求及时进行通知。基于同样的理由,美国也违反了《保障措施协定》第12条第3款关于提供充分的事先磋商机会的规定。

(5) 根据《保障措施协定》第12条第3款的规定,美国也违反了其根据《保障措施协定》第8条第1款所承担的义务:努力在它与可能受该措施影响的出口成员之间维持与在GATT1994项下存在的水平实质相等的减让和其他义务水平。

2000年9月26日,美国通知争端解决机构,决定就专家组报告中的特定法律问题及法律解释提起上诉。2000年12月22日,上诉机构报告分发给各成员。上诉机构:

维持专家组的结论:美国的相关行为与其根据《保障措施协定》第 4 条第 2 款(a)项和(b)项承担的义务并无不符之处;但与此同时推翻专家组对《保障措施协定》第 4 条第 2 款(a)项规定所作的解释:主管当局只需对第 4 条第 2 款(a)项所列的"相关因素"和国内调查程序中的利害关系方认为相关并明确提出的其他"因素"进行评估;

推翻专家组对《保障措施协定》第 4 条第 2 款(b)项规定所作的解释:进口增加本身必须能造成严重损害,推翻专家组对因果关系问题所作的结论;

仍然裁定美国违反了其根据《保障措施协定》第 4 条第 2 款 (b)项承担的义务;

维持专家组的裁定:美国违反了其根据《保障措施协定》第 2 条第 1 款和第 4 条第 2 款承担的义务;

维持专家组的裁定:美国违反了其根据《保障措施协定》第 12 条第 1 款(a)项和(b)项承担的义务;

推翻专家组的裁定:美国违反了其根据《保障措施协定》第 12 条第 1 款(c)项承担的义务;裁定美国履行了《保障措施协定》第 12 条第 1 款(c)项规定的"立即"就适用保障措施的决定作出通知的义务。

维持专家组的裁定:美国违反了其根据《保障措施协定》第 12 条第 3 款承担的义务,并因此维持专家组的裁定:美国违反了其根据《保障措施协定》第 8 条第 1 款承担的义务;

裁定专家组的下述行为或裁定没有违反 DSU 第 11 条的规定:得出美国国际贸易委员会"按照《保障措施协定》第 4 条第 2 款(a)项的要求考虑了行业生产率"的结论;根据《保障措施协定》第 4 条第 2 款(a)项的规定,不要求美国国际贸易委员会在 1994 年后的调查期内,将小麦的蛋白质含量和小麦面精价格间的总体关系作为"相关因素"加以评估;当专家组根据 DSU 第 13 条第 1 款的规定要求美国提供据称为保密的信息但未获同意时,拒绝得出对美国不利的推论;

裁定专家组的下述裁定违反了 DSU 第 11 条的规定:"美国国际贸易委员会的报告对'利润和损失'提供了充分的、合理的和合乎逻辑的解释",因而推翻其裁定;裁定专家组的下述行为没有错误:根据司法经济原则,不对欧共体根据 GATT1994 第 1 条、第 19 条第 1 款(a)项以及《保障措施协定》第 5 条的规定提出的诉讼请求进行审查。

在 2001 年 1 月 19 日的会议上,争端解决机构通过了上诉机构报告和为上诉机构报告所修改的专家组报告。

50. 美国——对来自欧共体的某些产品采取进口措施(WT/DS165)

United States—Import Measures on Certain Products from the European Communities

1999 年 3 月 4 日,欧共体要求与美国进行磋商,所涉问题为美国作出的从 1999 年 3 月 3 日起生效的决定:对来自欧共体的每年价值为五亿美元的一系列产品暂停清关,以及对受影响的每单进口产品施加 100% 关税的或有责任。

因为欧共体未能履行争端解决机构就其香蕉体制提出的建议(案号为 WT/DS27),美国要求仲裁员确定中止减让的水平,1999 年 3 月 2 日,仲裁员要求争端当事方提供额外的数据,并通知争端当事方无法在 DSU 规定的 60 天期限内发布报告。欧共体主张,自 1999 年 3 月 3 日起生效的美国措施剥夺了来自欧共体的相关产品享有不超过美国减让表中的约束税率的关税的权利。欧共体进一步主张,美国海关要求提交担保 100% 关税的或有责任的保函,实际上等于对每单进口征收 100% 的关税。欧共体指控美国违反了 DSU 第 3 条、第 21 条、第 22 条和第 23 条,以及 GATT1994 第 1 条、第 2 条、第 8 条和第 11 条的规定。欧共体还指控美国使其在 GATT1994 项下的利益遭受了丧失或减损,并阻碍了 DSU 和 GATT1994 目标的实现。欧共体根据 DSU 第 4 条第 8 款提出了紧急磋商的要求。

1999 年 5 月 11 日,欧共体请求成立专家组。在 1999 年 5 月 26 日的会议上,争端解决机构决定推迟成立专家组。在欧共体再次提出该请求后,争端解决机构在 1999 年 6 月 16 日的会议上决定成立专家组。多米尼加、厄瓜多尔、印度、牙买加、日本和圣卢西亚保留作为第三方的权利。1999 年 9 月 29 日,欧共体请求 WTO 总干事就专家组的组成人员做出决定。1999 年 10 月 8 日,专家组组成。2000 年 7 月 17 日,专家组报告分发至各成员。专家组裁定:

自 1999 年 3 月 3 日起生效的美国措施,是为了对违反《WTO 协定》的行为寻求救济,属于 DSU 第 23 条第 1 款的调整范围;

美国在取得争端解决机构授权之前就采取此种措施,等于是单方面裁定修改后的欧共体香蕉进口、销售和分销体制违反了 WTO 规则,这与 DSU 第 23 条第 2 款(a)项和第 21 条第 5 款第一句的规定相抵触。美国的行为没有遵循 DSU 的规定,违反了 DSU 第 23 条第 1 款、第 23 条第 2 款(a)项和第 21 条第 5 款的规定

1999 年 3 月 3 日的措施提高了保函要求,违反了 GATT1994 第 2 条第 1 款(a)项和(b)项第一句的规定(有一位专家组成员持不同意见,认为此种要求违反了 GATT1994 第 11 条第 1 款的规定);

1999 年 3 月 3 日的措施导致利息、成本和费用增加,违反了 GATT1994 第 2 条第 1 款(b)项最后一句的规定;

该措施也违反了 GATT1994 第 1 条的规定；

考虑到上述结论，1999 年 3 月 3 日的措施构成了 DSU 第 3 条第 7 款、第 22 条第 6 款和第 23 条第 2 款(c)项所指的、在第 22 条第 6 款的仲裁程序进行中未经争端解决机构授权即中止减让或其他义务的行为；

美国在此种情形下中止减让，没有遵循 DSU 的规定，违反了 DSU 第 23 条第 1 款、第 3 条第 7 款、第 22 条第 6 款和第 23 条第 2 款(c)项的规定。

2000 年 9 月 12 日，欧共体通知争端解决机构，决定就专家组报告中的特定法律问题及法律解释提起上诉。2000 年 12 月 11 日，上诉机构报告分发给各成员。上诉机构：

认定专家组的下述观点是错误的，没有法律效力：

根据 DSU 第 22 条第 6 款所指定的仲裁员可以确定一成员为遵循争端解决机构的建议和裁决所采取的措施与 WTO 规范的一致性；

只要一成员按照争端解决机构的授权中止减让或其他义务，其措施与 WTO 规范就是相一致的（获得争端解决机构的明示授权）。

推翻专家组的下述裁定：

1999 年 3 月 3 日的措施提高了保函要求，违反了 GATT1994 第 2 条第 1 款(a)项和(b)项第一句的规定；

美国采取了 1999 年 3 月 3 日的措施，与 DSU 第 23 条第 2 款(a)项的规定相抵触。

上诉机构支持专家组所作出的本案争议措施为 1999 年 3 月 3 日的措施的裁定，由于该措施已不复存在，根据 DSU 第 19 条第 1 款的规定，上诉机构不向争端解决机构作出任何建议。

在 2001 年 1 月 10 日的会议上，争端解决机构通过了上诉机构报告和为上诉机构报告所修改的专家组报告。

51. 韩国——影响政府采购的措施(WT/DS163)
Korea—Measures Affecting Government Procurement

1999年2月16日,美国要求与韩国进行磋商,主要涉及韩国机场建设管理局以及其他与机场建设采购相关的实体的政府采购行为。美国指出,这些行为与韩国在《政府采购协定》项下的义务不符,具体包括对主承包商投标资格的限制,国内合作要求,以及未按《政府采购协定》的要求提供国内异议程序。美国认为,韩国机场建设管理局以及其他相关实体都属于《政府采购协定》附录1中韩国附件1所列明的中央政府机构,根据《政府采购协定》第1条第1款的规定,机场建设采购应适用《政府采购协定》。

1999年5月11日,美国请求成立专家组。在1999年5月26日的会议上,争端解决机构决定推迟成立专家组。在美国再次提出该请求后,争端解决机构在1999年6月16日的会议上决定成立专家组。欧共体和日本保留作为第三方的权利。1999年8月30日,专家组组成。2000年5月1日,专家组报告分发至各成员。专家组裁定:

从事本案所涉项目政府采购的实体不在《政府采购协定》韩国附件1所包括的机构之列,因而不属于韩国根据《政府采购协定》所承担义务的范围;

在韩国加入《政府采购协定》的谈判中,韩国对美国提出的某些问题的答复不完整,使得美国在何种韩国机构负责本案所涉项目政府采购的问题上发生了错误。但是,从所有事实来看,存在着使美国发现其错误的情形,美国至少应该在谈判结束以前进一步明确这个问题。

美国未能证明其根据《政府采购协定》产生的合理预期利益,以及在韩国加入《政府采购协定》的谈判中产生的合理预期利益,按照《政府采购协定》第22条第2款的规定,因韩国采取的措施(无论是否与《政府采购协定》的条款相抵触)遭受了丧失或减损。

2000年6月19日,争端解决机构通过了专家组报告。

52. 美国——1916年反倾销法(WT/DS162)

United States—Anti-Dumping Act of 1916

1999年2月10日,日本要求与美国就《美国1916年反倾销法》进行磋商。日本指出,该法规定在特定情形下进口或在美国市场销售进口产品是非法的,构成刑事罪行,且要承担民事责任。日本进一步指出,根据该法作出司法裁决的过程缺乏《反倾销协定》所要求的程序保障。日本声称曾发生过一起根据该法向日本公司的分支机构起诉的案例。日本认为《美国1916年反倾销法》违反了GATT1994第3条、第6条、第11条和《反倾销协定》的规定。

1999年6月3日,日本请求成立专家组。在1999年6月16日的会议上,争端解决机构决定推迟成立专家组。在日本再次提出该请求后,争端解决机构在1999年7月26日的会议上决定成立专家组。1999年8月11日,专家组组成。2000年5月29日,专家组报告分发至各成员。专家组认为,GATT1994第6条第1款适用于一成员对该条款所指的跨境价格歧视进行处理的任何情势。专家组随后认定,从《美国1916年反倾销法》的用语、立法史和美国法院的相关解释来看,该法中的跨境价格歧视标准符合GATT1994第6条第1款的定义。专家组接下来裁定:

《美国1916年反倾销法》以三倍的赔偿、罚金或监禁替代反倾销税,违反了GATT1994第6条第2款和《反倾销协定》第18条第1款的规定。

《美国1916年反倾销法》没有提供GATT1994第6条第1款和《反倾销协定》所要求的一系列程序,违反了GATT1994第6条第1款以及《反倾销协定》第1条、第4条第1款、第5条第1款、第5条第2款、第5条第4款和第18条第1款的规定;

由于违反了上述条款,《美国1916年反倾销法》也就违反了《WTO协定》第16条第4款和《反倾销协定》第18条第4款的规定。

2000年5月29日,美国通知争端解决机构,决定就专家组报告中的特定法律问题及法律解释提起上诉。上诉机构将该上诉请求和“欧共体诉美国关于1916年反倾销法的纠纷案”(案号为WT/DS136)的上诉请求一并加以审查。2000年8月28日,上诉机构报告分发给各成员。上诉机构维持了专家组报告中被上诉的所有裁定和结论。

2000年9月26日,争端解决机构通过了上诉机构报告和为上诉机构报告所维持的专家组报告。

53. 韩国——影响新鲜及冷冻牛肉进口的措施
(WT/DS161, WT/DS169)
Korea—Measures Affecting Imports of Fresh, Chilled and Frozen Beef

1999年2月1日,美国要求与韩国进行磋商,所涉及的问题为韩国的相关制度对进口牛肉的歧视:将进口牛肉的销售限制在特定商店(双重零售制度);限制进口牛肉的摆放方式以及在其他方面限制进口牛肉的销售机会。美国指出,韩国对进口牛肉的销售有着特定标签要求,将进口商限定为“超级集团”和“牲畜生产商销售组织”,对国内牛肉产业提供的支持超过了其减让表中规定的支持总量。美国认为,这些限制措施只针对进口牛肉,违反了国民待遇义务,对国内产业的支持则构成一种补贴,与《农产品协定》相抵触。美国认为韩国违反了下列规定:GATT1994第2条、第3条、第11条和第17条,《农产品协定》第3条、第4条、第6条和第7条,《进口许可程序协定》第1条和第3条。

1999年4月13日,澳大利亚基于和美国相同的主张,提出与韩国磋商的要求。

1999年4月15日,美国请求成立专家组(案号为WT/DS161)。在1999年4月28日的会议上,争端解决机构决定推迟成立专家组。在美国再次提出该请求后,争端解决机构在1999年5月26日的会议上决定成立专家组。澳大利亚、加拿大和新西兰保留作为第三方的权利。在澳大利亚提出成立专家组的请求后(案号为WT/DS169),争端解决机构在1999年7月26日的会议上决定成立专家组。加拿大、新西兰和美国保留作为第三方的权利。根据韩国的要求,按照DSU第9条第1款的规定,争端解决机构同意WT/DS161项下的专家组一并审查WT/DS169项下的申诉。1999年8月4日,专家组组成。2000年7月31日,专家组报告分发至各成员。专家组裁定:

根据韩国减让表相关注释的规定,某些产生争议的韩国措施受益于到2001年1月1日的过渡期,期限届满时应予取消或使之与《WTO协定》相一致;

韩国将通过牲畜生产商销售组织的批发市场供应的进口牛肉限定在指定的进口牛肉店销售,并且要求这些商店具有“指定进口牛肉店”的特殊标记,违反了GATT1994第3条第4款的规定,而且不能取得GATT1994第20条(d)项的豁免。

韩国对进口牛肉的购买人施加的更为严格的记录要求,以及规范进口牛肉的进口和分销的其他制度也违反了GATT1994第3条第4款的规定。

1997年11月至1998年5月,牲畜生产商销售组织没有招标、延迟招标及其放行的做法,构成了进口限制措施,违反了GATT1994第11条第1款和《农产品协定》第4条第2款的规定。此外,专家组认为,牲畜生产商销售组织对食草类牛肉和食谷类牛肉进行区别的招标要求,构成了与GATT1994第11条第1款规定不符的进口限制;此类要求给予食草类牛肉的待遇较韩国减让表中的规定待遇为低,违反了 GATT1994 第 2 条第 1 款(a)项的规定。

此外,韩国没有正确计算其 1997 年和 1998 年对牛肉的国内支持量,该支持量已超过了最低水平,违反了《农产品协定》第 6 条的规定,并且未被包括在韩国的现行支持总量中,违反了《农产品协定》第 7 条第 2 款(a)项的规定。

韩国 1997 年和 1998 年的国内支持量(现行支持总量)超过了其减让表第四部分第一节的承诺水平,违反了《农产品协定》第 3 条第 2 款的规定。

2000 年 9 月 11 日,韩国通知争端解决机构,决定就专家组报告中的特定法律问题及法律解释提起上诉。2000 年 12 月 11 日,上诉机构报告发布。上诉机构推翻了专家组重新计算韩国 1997 年和 1998 年对牛肉的国内支持量的裁定,因为专家组使用的计算方法与《农产品协定》第 1 条(a) (ii)项和附件 3 的规定不符;因而推翻专家组基于重新计算的数额所作出的下列裁定:

韩国 1997 年和 1998 年对牛肉的国内支持量超过了最低水平,违反了《农产品协定》第 6 条的规定;

韩国没有将对牛肉的现行国内支持量包括在其现行支持总量中,违反了《农产品协定》第 7 条第 2 款(a)项的规定;

韩国 1997 年和 1998 年的国内支持总量超过了其承诺水平,违反了《农产品协定》第 3 条第 2 款的规定。

由于专家组对事实问题的裁定有欠充分,上诉机构无法完成对下列事项的法律分析:

韩国对牛肉的国内支持量是否超过了最低水平,违反了《农产品协定》第 6 条的规定;

韩国没有将对牛肉的现行国内支持量包括在其现行支持总量中,是否违反了《农产品协定》第 7 条第 2 款(a)项的规定;

韩国 1997 年和 1998 年的国内支持总量是否超过了其承诺水平,违反了《农产品协定》第 3 条第 2 款的规定。

在 2001 年 1 月 10 日的会议上,争端解决机构通过了上诉机构报告和为上诉机构报告所修改的专家组报告。

54. 美国——美国版权法第110(5)条(WT/DS160)
United States—Section 110(5) of US Copyright Act

1999年1月26日,欧共体要求与美国进行磋商,所涉问题为美国版权法第110(5)条(经1998年10月27日通过的《音乐许可公平法》修正)。欧共体认为,美国版权法第110(5)条允许酒吧、轮船、餐馆等公共场所在一定条件下不用支付版权使用费就可播放广播和电视音乐,这违反了美国根据《与贸易有关的知识产权协定》(《TRIPs协定》)第9条第1款所承担的义务,该款规定要求WTO成员遵守《伯尔尼公约》第1—21条。

根据《TRIPs协定》第13条的规定,各成员可以对版权持有人的专有权规定某些限制或例外,但此类限制应限于仅限于某些特殊情况,且与作品的正常利用不相冲突,也不得对权利持有人的合法权益造成不合理的损害。本案争议的焦点即在于《美国版权法》第110(5)条所规定的两项例外是否符合《TRIPs协定》第13条的要求:

第110(5)条(B)项所规定的"营业例外":允许经营规模不超过特定平方英尺以及经营规模超过该特定平方英尺、但使用的播放设备符合特定的限制规定的餐饮服务企业和零售企业,在未经授权和付费的情况下播放音乐节目。

第110(5)条(A)项所规定"家庭型例外":允许只使用家庭型播放设备(即在私人家庭中普遍使用的设备)的小型餐馆和零售商店,在未经权利持有人授权和付费的情况下播放音乐节目。

1999年4月15日,欧共体请求成立专家组。在1999年4月28日的会议上,争端解决机构决定推迟成立专家组。在欧共体再次提出该请求后,争端解决机构在1999年5月26日的会议上决定成立专家组。澳大利亚、巴西、加拿大、日本和瑞士保留作为第三方的权利。1999年7月27日,欧共体请求WTO总干事就专家组的组成人员做出决定。1999年8月6日,专家组组成。2000年6月15日,专家组报告分发至各成员。专家组裁定:

《美国版权法》第110(5)条(B)项所规定的"营业例外"不符合《TRIPs协定》第13条的要求,因而不符合根据《TRIPs协定》第9条第1款而被纳入该协定的《伯尔尼公约》(1971年)第11条之二第(1)(iii)款和第11条第(1)(ii)款的规定。专家组特别指出,绝大多数餐饮企业和近一半的零售企业适用该营业例外。

《美国版权法》第110(5)条(A)项所规定的"家庭型例外"符合《TRIPs协定》第13条的要求,因而也符合根据《TRIPs协定》第9条第1款而被纳入该协定的《伯尔尼公约》(1971年)第11条之二第(1)(iii)款和第11条第(1)(ii)款的规定。

争端解决机构在2000年7月27日召开的会议通过了专家组报告。

55. 危地马拉——对从墨西哥进口的灰色水泥采取最终反倾销措施(WT/DS156)
Guatemala—Definitive Anti-Dumping Measure on Grey Portland Cement from Mexico

1999年1月5日,墨西哥要求与危地马拉就危地马拉主管当局对从墨西哥进口的灰色水泥发动的反倾销调查程序及征收的最终反倾销税进行磋商。墨西哥认为该最终反倾销措施违反了《反倾销协定》第1条、第2条、第3条、第5条、第6条、第7条、第12条、第18条、附件1、附件2以及GATT1994第6条的规定。可参见墨西哥诉危地马拉关于对从墨西哥进口的水泥进行反倾销调查的纠纷,案号为WT/DS60。

1999年7月15日,墨西哥请求成立专家组。在1999年7月26日的会议上,争端解决机构决定推迟成立专家组。在墨西哥再次提出该请求后,争端解决机构在1999年9月22日的会议上决定成立专家组。厄瓜多尔、萨尔瓦多、欧共体、洪都拉斯和美国保留作为第三方的权利。1999年10月12日,墨西哥请求WTO总干事就专家组的组成人员做出决定。1999年11月2日,专家组组成。2000年10月24日,专家组报告发布。专家组认定危地马拉反倾销调查的发起、在调查中的行为及对从墨西哥进口的灰色水泥采取的最终反倾销措施,不符合《反倾销协定》的要求:

危地马拉裁定存在足够的倾销和损害威胁的证据支持发起反倾销调查,违反了《反倾销协定》第5条第3款的规定;

危地马拉裁定存在足够的倾销和损害威胁的证据支持发起反倾销调查,因而没有拒绝国内水泥生产商的反倾销调查申请,违反了《反倾销协定》第5条第8款的规定;

危地马拉未按照《反倾销协定》第5条第5款的要求及时通知墨西哥,违反了该款规定;

危地马拉未满足发起调查应公开通知的要求,违反了《反倾销协定》第12条第1款第1项的规定;

危地马拉未及时向墨西哥及其生产商提供反倾销调查申请的全文,违反了《反倾销协定》第6条第1款第3项的规定;

危地马拉未向墨西哥提供获取调查文件的途径,违反了《反倾销协定》第6条第1款第2项和第6条第4款的规定;

直到1997年1月8日以前,危地马拉未将国内生产商在1996年12月19日提交的材料及时提供给墨西哥生产商,违反了《反倾销协定》第6条第1款第2项的规定;

危地马拉未向墨西哥生产商提供其所要求的调查文件的两份副本,违反了《反倾销协定》第6条第1款第2项的规定;

危地马拉应国内生产商的要求延长了调查期,却未向墨西哥生产商提供维护其自身利益的充分机会，违反了《反倾销协定》第 6 条第 2 款的规定；

危地马拉未通知墨西哥在现场调查人员中包括非政府专家，违反了《反倾销协定》附件 1 第 2 段的规定；

危地马拉未要求其国内生产商就无法对在现场调查中提供的信息进行概括的原因作出说明，违反了《反倾销协定》第 6 条第 5 款第 1 项的规定；

危地马拉自行决定给予其国内生产商 12 月 19 日提供的信息以保密待遇，违反了《反倾销协定》第 6 条第 5 款的规定；

危地马拉未将"考虑中的、构成是否实施最终措施决定依据的基本事实通知所有利害关系方"，违反了《反倾销协定》第 6 条第 9 款的规定；

危地马拉为了作出终局性倾销裁定，诉诸"可获得的最佳信息"，违反了《反倾销协定》第 6 条第 8 款的规定；

危地马拉关于损害和因果关系的裁定没有考虑某其他来源的进口，违反了《反倾销协定》第 3 条第 1 款、第 2 款和第 5 款的规定；

危地马拉在就受控倾销产品对国内产业的影响进行调查时，没有对所有相关因素加以评估，违反了《反倾销协定》第 3 条第 4 款的规定。

2000 年 11 月 17 日，争端解决机构通过了专家组报告。

56. 阿根廷——影响牛皮出口和皮革进口的措施（WT/DS155）

Argentina—Measures Affecting the Export of Bovine Hides and the Import of Finished Leather

1998 年 12 月 24 日，欧共体要求与阿根廷就阿根廷对牛皮出口和皮革进口的措施进行磋商。欧共体宣称，阿根廷对生牛皮和半鞣牛皮的事实性出口限制（这种限制部分地通过阿根廷政府授权本国皮革制造企业参与牛皮出口的海关程序来实施）违反了 GATT 第 11 条第 1 款，该款规定禁止法律上的出口限制以及具有相同效用的措施；授权“阿根廷制革业协会”的代表协助海关当局工作的做法则违反了 GATT 第 10 条第 3 款（a）项，该项规定要求以统一、公正的方式管理有关法律、法规。欧共体还认为，阿根廷对进口货物征收 9% 的“附加增值税”和根据进口货物价格对进口商征收 3% 的“预提所得税”的做法违反了 GATT 第 3 条第 2 款，该款规定禁止对与国产品相似以及直接竞争或可替代的外国产品在税收上的歧视。

1999 年 5 月 31 日，欧共体请求成立专家组。在 1999 年 6 月 16 日的会议上，争端解决机构决定推迟成立专家组。在欧共体再次提出该请求后，争端解决机构在 1999 年 7 月 26 日的会议上决定成立专家组。2000 年 1 月 31 日，专家组组成。2000 年 12 月 19 日，专家组报告发布。专家组认定：

阿根廷的 2235/96 号决议不违反其在 GATT1994 第 11 条第 1 款项下的义务；

阿根廷的 2235/96 号决议违反了其在 GATT1994 第 10 条第 3 款（a）项下的义务；

阿根廷税收总则的 3431/91 号规则违反了 GATT1994 第 3 条第 2 款第一句的规定；

阿根廷税收总则的 3453/92 号规则违反了 GATT1994 第 3 条第 2 款第一句的规定；

阿根廷税收总则的 3431/91 号和 3453/92 号规则虽然符合 GATT1994 第 20 条（d）项的规定，但并不符合第 20 条引言的要求，因而不能享受第 20 条的豁免；

欧共体在 GATT1994 项下的利益并未丧失或受到减损。

2001 年 2 月 16 日，争端解决机构通过了专家组报告。

57. 美国——1974年贸易法第301—310条（WT/DS152）

United States—Sections 301—310 of the Trade Act 1974

1998年11月25日，欧共体要求与美国磋商，涉及的问题是经修正的《美国1974年贸易法》第三部分第一章（第301—310条），尤其是该法的第305和306条。欧共体指出：

《美国1974年贸易法》第305和306条规定了必须作出单边裁定并实施贸易制裁措施的严格时限，如果此时根据DSU所作出的、关于贯彻争端解决机构建议之实施措施的一致性的多边裁定还没有被争端解决机构通过，美国就无法遵守DSU规则。

在第305和306条规定的时限内，即使在执行的合理期限终了后立即开始，也无法完成DSU程序并形成一项多边裁定，随后的寻求补偿或中止减让的DSU程序也无法得到遵守。

经修正的《美国1974年贸易法》第三部分第一章（第301—310条），尤其是该法的第305和306条，违反了下列规定：DSU第3条、第21条、第22条和第23条，《WTO协定》第16条第4款，GATT 1994第1条、第2条、第3条、第8条和第11条。

《美国1974年贸易法》使欧共体在GATT 1994项下的利益直接或间接地落空或受损，也阻碍了GATT 1994和WTO目标的实现。

1999年1月26日，欧共体请求成立专家组。在1999年2月17日的会议上，争端解决机构决定推迟成立专家组。在欧共体再次提出该请求后，争端解决机构在1999年3月2日的会议上决定成立专家组。巴西、加拿大、哥伦比亚、哥斯达黎加、古巴、多米尼加、多米尼加共和国、厄瓜多尔、中国香港、印度、以色列、牙买加、日本、韩国、圣卢西亚和泰国保留作为第三方的权利。1999年3月24日，欧共体请求WTO总干事就专家组的组成人员做出决定。1999年3月31日，专家组组成。1999年12月22日，专家组报告分发至各成员。专家组裁定，《美国1974年贸易法》第304条（a）（2）（A）、第305条（a）和第306条（b）的规定并未违反DSU第23条第2款（a）项、（c）项以及前引GATT 1994各条的规定。专家组指出，此裁定是全部或部分地以美国在《政府行政声明》中的承诺为基础的，该《声明》是美国国会为实施乌拉圭回合协定所批准的，美国在向专家组的陈述中确认了此种承诺。因此，专家组声明，一旦美国背弃了或以其他任何方式取消了这些承诺，其所作出的一致性裁定就不再继续有效。在2000年1月27日的会议上，DSB通过了专家组报告。

58. 印度——影响汽车产业的措施（WT/DS146，WT/DS175）

India—Measures Affecting the Automotive Sector

由欧共体提出申诉（WT/DS146）。1998年10月6日，欧共体要求针对印度采取的汽车零部件进口限制措施与印度进行磋商，欧共体称这些进口限制措施包括以下文件：《1997—2002进出口政策报告》、《1997—2002进出口政策分类报告》、1997年12月12日颁布的《第60号公告》、《1997年4月至2002年3月进出口政策报告》以及根据这些政策而推行并实施的立法和行政规定，以及印度政府和一些汽车制造商之间签订的备忘录。欧共体宣称：

根据这些措施，汽车及其零配件的进口将受制于进口非机械产品许可证的体系。

根据《第60号公告》，进口许可证的颁发对象仅仅限于当地的合资企业，即那些和印度政府签订了备忘录的汽车生产商，这些企业根据与政府的备忘录承担遵守平衡进出口的要求。

欧共体宣称这些措施违反了GATT1994第3条和第11条，以及《TRIMs协定》第2条。

1999年5月1日，美国请求和印度就印度在机动车领域所采取的影响贸易和投资的措施进行磋商（WT/DS175）。美国宣称这些存在问题的措施对机动车制造商施加了如下要求：（1）达到一定程度的当地成分要求；（2）在指定的期限内，通过平衡出口额以及汽车和配件进口额，从而达到外汇平衡的目的；（3）基于以往几年的出口情况，有意地限制进口量。

美国称，这些措施通过印度国内的法律和律令可以得到强制执行，这些机动车行业的生产商必须遵守这些要求，才能获得印度政府颁发的汽车零配件进口许可证。美国认为这些措施违反了印度政府在GATT1994第3条和第11条，以及《TRIMs协定》第2条项下的义务。

2000年5月15日，美国请求成立专家组。在2000年6月19日的会谈中，DSB推迟了专家组的建立。在美国第二次提出请求之后，DSB于2000年7月27日的一次会议中建立了专家组。欧共体、日本和韩国保留了他们作为第三方的权利。

2000年10月12日，欧共体也提出请求成立专家组。在2000年10月23日的会议上，DSB推迟了专家组的建立。在欧共体第二次提出请求之后，DSB于2000年11月17日的一次会议中建立了专家组。考虑到在上述案件中（WT/DS175）的框架内，基于相似的要求，已经建立了一个专家组，于是DSB作出决定，根据DSU第9条第1款将两个专家组进行合并。日本保留了作为第三方的权利。2000年11月14日，美国请求总干事决定专家组的组成。2000年11月24日，专家组组成。

2001年12月21日，专家组将其报告发给各成员方，其结论是：

印度对机动车制造商施加当地成分的作为（“本土化”要求）要求违反了其在GATT1994中根据第3条第4款所承担的义务。

印度强制要求进口零配件和出口额相等（“贸易进出口平衡”的要求）的行为违反了

GATT1994 第 11 条的规定。

印度政府在贸易进出口平衡的框架下,要求以出口量抵消生产商在印度市场上有限的零配件进口额,这一行为违反了 GATT1994 第 3 条第 4 款。

专家组建议 DSB 要求印度修改其政策,使之与其在 WTO 协定项下的义务相一致。

2002 年 1 月 31 日,印度就专家组的报告提出上诉。印度认为,对于法律问题和所依照的相关法律文件,专家组所得出的下列结论所依据的根据和事实有误,具体包括:

根据 DSU 第 11 条和第 19 条第 1 款,专家组理应对以下问题进行阐述,即印度在诉讼进行期间所采取的措施,是否已经对专家组认定为违反 GATT1994 第 3 条第 4 款和第 11 条第 1 款的措施进行了纠正,从而符合了总协定的要求。

在先前的进口许可证框架下,印度要求机动车制造商执行在 2001 年 4 月 1 日之前所产生的出口义务,违反了 GATT1994 第 3 条第 4 款和第 11 条第 1 款的规定。

2002 年 3 月 14 日,印度撤回了上诉请求。在此之后,上诉机构发布了一个简短的报告描述了案件发展的进程。在 2002 年 4 月 5 日的 DSB 会议上,美国对印度撤回其上诉请求的决定表示赞赏,并就印度对专家组报告第八部分提出的保留意见表示赞同。而欧共体则认为专家组的结论很公正。印度方面则表示,虽然因引入了新的机动车政策,印度作出了撤回上诉的决定,但是它坚持认为,报告中第八部分中认定的事实超出了专家组的职权范围,无论从事实或者是法律角度看都是不正确的。印度请求 DSB 仅采纳部分专家组的报告,并在下一次的会议中进一步考虑是否采纳报告中的第八部分。欧共体对此的回应是,报告应当为当事国各方无条件地接受,因此印度的该项请求缺乏正当性。DSB 最终完全采纳了上诉机构和专家组报告。

59. 欧共体——对从印度进口的棉质床单征收反倾销税(WT/DS141)

European Communities—Anti-Dumping Duties on Imports of Cotton-Type Bed-Linen from India

由印度提出申诉。1998 年 8 月 3 日,就 1997 年 11 月 28 日针对印度的棉质床单进口的第 2398/97 号(欧共体)理事会条例,印度要求与欧共体进行磋商。印度声称,欧共体于 1996 年 9 月公布了发起调查的通告,对来自印度的棉质床单进口启动反倾销调查程序。1997 年 6 月 12 日,欧共体第 1069/97 号理事会条例规定征收临时反倾销税。随后,上述 1997 年 11 月 28 日欧共体第 2398/97 号理事会条例规定征收最终反倾销税。印度认为:

关于申请人地位的确定、程序的发起、倾销和损害的确定以及对欧共体当局对裁决的解释都不符合 WTO 规则;

欧共体当局对事实的认定是不适当的,对事实的评价是不公正和不客观的;

欧共体未能考虑印度作为一个发展中国家的特殊情况;

欧共体违反了《反倾销协定》第 2 条第 2 款第 2 项、第 3 条第 1 款、第 3 条第 2 款、第 3 条第 4 款、第 3 条第 5 款、第 5 条第 2 款、第 5 条第 3 款、第 5 条第 4 款、第 5 条第 8 款、第 6 条、第 12 条第 2 款第 2 项和第 15 条的规定,还违反了 GATT 1994 第 1 条和第 6 条的规定。

1999 年 9 月 7 日,印度请求成立专家组。在 1999 年 9 月 22 日的会议上,DSB 决定推迟专家组的成立。在印度再次提出该请求后,DSB 在 1999 年 10 月 27 日的会议上决定成立专家组。埃及、日本和美国保留作为第三方的权利。2000 年 1 月 12 日,印度请求总干事指定专家组的组成人员。2000 年 1 月 24 日,专家组组成。2000 年 10 月 30 日,专家组报告发布。专家组认定:

(1) 欧共体在以下方面的行为并未违反其在《反倾销协定》第 2 条第 2 款、第 2 条第 2 款第 2 项、第 3 条第 1 款、第 3 条第 4 款、第 3 条第 5 款、第 5 条第 3 款、第 5 条第 4 款和第 12 条第 2 款第 2 项项下的义务:

对于构成正常价值的利润总额的计算;

在分析倾销性进口引起的损害时,将来自印度(以及埃及、巴基斯坦)的所有进口视为倾销;

在分析产业的状态时,考虑构成国内产业、但不属于抽样生产者的那些生产者的信息;

在发起调查前对于证据准确性和充分性的审查;

确定企业对实施该措施的支持;以及

发出其最后决定的公开通知。

(2) 然而,专家组也认为欧共体以下方面的行为不符合其在《反倾销协定》第 2 条第 4 款第 2 项、第 3 条第 4 款和第 15 条项下的义务：

以归零方法为基础确定倾销幅度的存在；

未能评估与国内产业的地位有关的所有相关因素，特别是第 3 条第 4 款中列明的所有因素；

在分析产业的状态时，考虑了不属于调查机构所界定的国内产业的生产者的信息；以及

未能在征收反倾销税之前寻求建设性补救的可能。

2000 年 12 月 1 日，欧共体通报了它拟就专家组提出的一些法律问题和法律解释提出上诉的意图。上诉机构于 2001 年 3 月 1 日发布了报告。上诉机构：

(1) 支持专家组的下述结论：欧共体在本争议所涉及的反倾销调查中，在确定“倾销幅度的存在”时的“归零”做法不符合反倾销协定第 2 条第 4 款第 2 项的规定；

(2) 推翻了专家组的以下裁定：

《反倾销协定》第 2 条第 2 款第 2 项(ii)目所规定的行政管理、销售和一般成本及利润的总额的计算方法，可以适用于只有一个其他出口商或生产者有相应数据的情况；以及在依《反倾销协定》第 2 条第 2 款第 2 项(ii)目计算利润总额时，一成员可以排除其他出口商或生产者不在正常贸易过程中的销售量；以及

(3) 因此，判定欧共体在本争议所涉及的反倾销调查中，在计算行政管理、销售和一般成本与利润时，违反了《反倾销协定》第 2 条第 2 款第 2 项(ii)目。

2001 年 3 月 12 日，DSB 通过了上诉机构报告和经上诉机构报告修改过的专家组报告。

60. 加拿大——影响汽车工业的某些措施
(WT/DS139 and WT/DS142)
Canada—Certain Measures Affecting the Automotive Industry

由日本和欧共体提出申诉。1998 年 7 月 3 日,日本要求与加拿大就加拿大在汽车工业上采取的措施进行磋商。日本认为根据加拿大为实施美国与加拿大之间的一项汽车产品协定(《汽车协定》)的国内立法,只有有限数量的机车制造商可以免税进口汽车到加拿大以及在加拿大内批发和零售汽车。日本进一步指出,免税待遇取决于两个要求:

(1) 适用于货物和服务的加拿大增值(CVA)内容要求;以及

(2) 制造和销售要求。

日本认为这些措施不符合 GATT 1994 第 1 条第 1 款、第 3 条第 4 款和第 24 条,《TRIMs 协定》第 2 条,《SCM 协定》第 3 条和 GATS 第 2 条、第 4 条和第 17 条的规定。

1998 年 8 月 17 日,欧共体要求与加拿大就日本在 WT/DS139 中提出的相同措施进行磋商,并引述了同样的据称违反的条款,除了 GATT 1994 第 24 条。该条被日本引述,但未被欧共体引述。

1998 年 11 月 12 日,日本请求就 WT/DS139 号申诉成立专家组。在 1998 年 11 月 25 日的会议上,DSB 决定推迟专家组的成立。在日本和欧共体再次提出该请求后,DSB 在 1999 年 2 月 1 日的会议上,依据 DSU 第 9 条第 1 款,决定成立同一专家组来一并审查 WT/DS139 和 WT/DS142 号申诉。印度、韩国和美国保留作为第三方的权利。1999 年 3 月 15 日,欧共体和日本请求总干事指定专家组的组成人员。1999 年 3 月 25 日,专家组组成。2000 年 2 月 11 日,专家组报告向各成员方发布。专家组认定:

加拿大授予进口关税豁免的条件不符合 GATT 1994 第 1 条的规定,并且无法依据 GATT 1994 第 24 条获得正当性;

CVA 要求的实施不符合 GATT 1994 第 3 条第 4 款的规定;

进口关税豁免构成被禁止的出口补贴,违反了《SCM 协定》第 3 条第 1 款(a)项的规定;

加拿大对进口关税豁免的获得施加条件的方式不符合 GATS 第 2 条的规定,并且无法依据 GATS 第 5 条获得正当性;

CVA 要求的实施违反了 GATS 第 17 条的规定。

2000 年 3 月 2 日,加拿大通报了它拟就专家组提出的一些法律问题和法律解释提出上诉的意图。2000 年 5 月 31 日,上诉机构报告向各成员方发布。上诉机构:

推翻了专家组关于《SCM 协定》第第 3 条第 1 款(b)项不能延伸至“事实”偶然性的结论;

认为专家组未能按照 GATS 第 1 条第 1 款的要求审查被诉措施是否影响了服务贸易；

推翻了专家组关于进口关税豁免不符合 GATS 第 2 条第 1 款要求的结论，以及专家组得出这一结论的裁定。

2000 年 6 月 19 日，DSB 通过了上诉机构报告和经上诉机构报告修改过的专家组报告。

61. 美国——对产自英国的某些热轧铅条和铋碳钢制品征收反补贴税(WT/DS138)

United States—Imposition of Countervailing Duties on Certain Hot-Rolled Lead and Bismuth Carbon Steel Products Originating in the United Kingdom

由欧共体提出申诉。1998 年 6 月 30 日,就美国对某些来自英国的热轧铅条和铋碳钢制品征收反补贴税一事,欧共体要求与美国进行磋商。欧共体声称,美国基于对英国钢铁公司(BSC)接受补贴的认定,对联合钢铁工程有限公司(UES)在 1994 年 1 月 1 日到 1994 年 12 月 31 日的审查期内征收了 1.69% 的反补贴税,在 1995 年 1 月 1 日到 1995 年 3 月 20 日的审查期内征收了 2.4% 的反补贴税。欧共体还声称,美国以 BSC 在 1988 年私有化之前曾接受补贴为由,对英国钢铁公众有限公司(BSplc)/英国钢铁工程股份公司(BSES)在 1996 年 1 月 1 日至 1996 年 12 月 31 日期间内征收反补贴税。欧共体认为这些反补贴税的征收违反了《SCM 协定》第 1 条第 1 款(b)项、第 10 条、第 14 条和第 19 条第 4 款的规定。

1999 年 1 月 14 日,欧共体请求成立专家组。在 1999 年 2 月 1 日的会议上,DSB 决定推迟专家组的成立。在欧共体再次提出该请求后,DSB 在 1999 年 2 月 17 日的会议上决定成立专家组。巴西和墨西哥保留作为第三方的权利。1999 年 3 月 16 日,专家组组成。1999 年 12 月 23 日,专家组报告向各成员方发布。专家组认定,美国对 1994、1995 和 1996 年由 UES 和 BSES 生产的铅条进口分别征收反补贴税,违反了《SCM 协定》第 10 条。在得出这一结论时,专家组特别提到,在所有权变动导致 UES 和 BSplc/BSES 设立的情形中,关于已消除的一次性财政资助所产生的利益,在所有权变动后也不发生变化的推定已被驳回,因为所有权的变更涉及到上述实体从 BSC 处获得生产性资产等支付的对价。专家组认为,美国因此应当审查 UES 和 BSplc/BSES 各自的铅条生产是否得到了补贴,而不是审查 BSC 是否得到补贴。

2000 年 1 月 27 日,美国通报了它拟就专家组提出的一些法律问题和法律解释提出上诉的意图。2000 年 5 月 10 日,上诉机构报告向各成员方发布。上诉机构支持了所有被上诉的专家组的裁定,但纠正了专家组的推理中的一处错误。

2000 年 6 月 7 日,DSB 通过了上诉机构报告和得到上诉机构支持的专家组报告。

62. 美国——1916年《反倾销法》(WT/DS136)
United States—Anti-Dumping Act of 1916

由欧共体提出申诉。1988年6月9日,欧共体要求美国就其未能撤销1916年《反倾销法》一事进行磋商。欧共体主张,美国1916年《反倾销法》仍然有效,并适用于任何外国产品(无论来自哪里)的进口和国内销售,包括来自WTO成员的产品。欧共体还宣称,1916年法律在美国法规汇编中与经修改的《1930年关税法》平行存在,后者包括美国实施多边反倾销规定的立法。欧共体宣称美国违反了GATT 1994第3条第4款、第6条第1款、第6条第2款,《WTO协定》第16条第4款,以及《反倾销协定》第1—5条的规定。

1998年11月1日,欧共体请求成立专家组。在1998年11月25日的会议上,DSB决定推迟专家组的成立。应欧共体就成立专家组的再次请求,DSB在1999年2月1日的会议上成立专家组。印度、日本和墨西哥保留作为第三方的权利。1999年4月1日,专家组组成。2000年3月31日,专家组报告向各成员方发布。专家组认为:

GATT 1994第6条第1款适用于成员国对该条所界定的跨境价格歧视的类型做出规定的任何情况;

依照1916年法案的条款、立法史和美国法院的解释,1916年法中所规定的跨境价格歧视的标准符合GATT 1994第6条第1款的界定;

1916年法案未排他性地规定GATT 1994第6条中列明的损害标准,因此违反了第6条第1款;

1916年法案规定施加三倍损害赔偿、罚金或监禁替代反倾销税,因此违反了GATT1994第6条第2款;

1916年法案未规定《反倾销协定》中规定的大量程序性要求,因此违反了《反倾销协定》第1条、第4条和第5条第5款;以及

因为违反GATT 1994第6条第1款和第2款,1916年法案也违反了《WTO协定》第16条第4款。

2000年5月29日,美国通报了它拟就专家组提出的一些法律问题和法律解释提出上诉的意图。上诉机构审查了本上诉及WT/DS162号案的上诉。2000年8月28日,上诉机构报告向各成员方发布。上诉机构支持了被上诉的专家组的所有认定和结论。

在2000年9月26日的会议上,DSB通过了上诉机构报告和被上诉机构报告支持的专家组报告。

63. 欧共体——影响石棉和石棉制品禁令的措施 (WT/DS135)

European Communities—Measures Affecting the Prohibition of Asbestos and Asbestos Products

由加拿大提出申诉。1998 年 5 月 28 日，就法国所采取的措施，特别是 1996 年 12 月 24 日的法令，加拿大要求与欧共体进行磋商。上述措施涉及对石棉和含石棉产品的禁止，包括对此类产品的进口禁止。加拿大宣称这些措施违反了《SPS 协定》第 2 条、第 3 条、第 5 条，《TBT 协定》第 2 条和 GATT 1994 第 3 条、第 11 条和第 13 条的规定。加拿大还声称其在所引各协定项下的利益因此落空或受损。

1998 年 10 月 8 日，加拿大请求成立专家组。在 1998 年 10 月 21 日的会议上，DSB 决定推迟专家组的成立。在加拿大再次提出该请求后，DSB 在 1998 年 11 月 25 日的会议上决定成立专家组。美国保留作为第三方的权利。2000 年 9 月 18 日，专家组报告向各成员方发布。专家组认定：

1996 年 12 月 24 日法令的"禁令"部分不属于《TBT 协定》的范畴；

该法令有关"例外"的部分不属于《TBT 协定》的范畴。但是因为加拿大并未对该法令的这一例外部分是否符合《TBT 协定》提出诉求，专家组也不对此作出任何结论；

温石棉纤维和可替代的纤维产品是 GATT 1994 第 3 条第 4 款所指的类似产品；

含石棉制品和含非帛罗(一种人造粘胶纤维)的制品是 GATT 1994 第 3 条第 4 款所指的类似产品，这些产品的充分信息已提交专家组；

对于已认定为相似的产品，该法令违反了 GATT 1994 第 3 条第 4 款的规定；

在该法令对这些产品施加了属于 1994 第 3 条第 4 款所指的歧视待遇的范围内，该法令本身及其实施可依照 GATT1994 第 20 条(b)项和前言的规定而取得正当性。

加拿大未能证明非违约行为使其遭受了 GATT1994 第 23 条第 1 款(b)项所指的利益落空或受损。

2000 年 10 月 23 日，加拿大通报了它拟就专家组提出的一些法律问题和法律解释提出上诉的意图。2001 年 3 月 12 日，上诉机构报告发布。上诉机构：

裁定法国禁止石棉和含石棉制品的法令并未违反欧共体在 WTO 协定项下的义务；

推翻了专家组关于《TBT 协定》不适用于有关禁止石棉和含石棉制品措施的认定，并认定《TBT 协定》可被适用于被认为是一个整体的措施。上诉机构判定其不能审查加拿大提出的该措施不符合《TBT 协定》的诉求；

推翻了专家组对 GATT 1994 第 3 条第 4 款项下"类似产品"的认定。上诉机构特别判决，专家组从其对"相似性"的审查中排除与石棉联系的健康风险是错误的；

推翻了专家组关于该措施不符合 GATT 1994 1994 第 3 条第 4 款的结论。上诉机构自己审查了加拿大依 GATT1994 提出的诉求，并判定加拿大未能尽到证明该条所称的“相似产品”存在的举证责任；以及

支持了专家组依据 GATT 1994 第 20 条(b)项得出的结论，即法国的法令“对于保护人类的……生活或健康是必需的”。

在上诉中，上诉机构“仅为本次上诉之目的”采纳了一项附加程序以解决接受法庭之友意见的问题。上诉机构收到并驳回了 17 份提交这种意见的申请。上诉机构还拒绝了 14 项由非政府组织主动提供的未通过附加程序提交的意见。

在 2001 年 4 月 5 日的会议上，DSB 通过了上诉机构报告和经上诉机构修改过的专家组报告。

64. 墨西哥——对美国高果糖谷物糖浆的反倾销调查(WT/DS132)

Mexico—Anti-Dumping Investigation of High-Fructose Corn Syrup (HFCS) from the United States

由美国提出申诉。1998年5月8日,就墨西哥对来自美国的42级和55级的高果糖谷物糖浆进行的反倾销调查,美国要求与墨西哥进行磋商。美国宣称,基于1997年1月14日墨西哥国内糖和酒精行会提出的申请,墨西哥政府于1997年2月27日公布了发起此项反倾销调查的通告。美国进一步宣称,1998年1月23日,墨西哥发布了对该次调查中倾销和损害的最后认定的通知,并随之对这些来自美国的进口产品征收了最终反倾销税。美国认为该项反倾销调查申请的方式,以及关于损害威胁的确认方式,都不符合《反倾销协定》第2条、第3条、第4条、第5条、第6条、第7条、第9条、第10条和第12条的规定。

1998年10月8日,美国请求成立专家组。在1998年10月21日的会议上,DSB决定推迟专家组的成立。在美国再次提出该请求后,DSB在1998年11月25日的会议上决定成立专家组。牙买加和毛里求斯保留作为第三方的权利。1999年1月13日,专家组组成。2000年1月28日,专家组报告向各成员方发布。专家组认定:

墨西哥对来自美国的HFCS进口发起反倾销调查符合《反倾销协定》第5条第2款、第3款、第8款、第12条第1款和第12条第1款第1项(iv)目的规定;

墨西哥对来自美国的HFCS进口征收的最终反倾销税违反了《反倾销协定》的下述条款:第3条第1款、第2款、第4款、第7款和第7款第1项;第7条第4款;第10条第2款、第4款;第12条第2款和第2款第2项。

在2000年2月24日的会议上,DSB通过了专家组报告。

65. 澳大利亚——向汽车皮革生产商和出口商提供的补贴(WT/DS126)

Australia—Subsidies Provided to Producers and Exporters of Automotive Leather

由美国提出申诉。1998年5月4日,就澳大利亚向汽车皮革生产商和制造商,包括对Howe and Company Proprietary公司(或任何其附属和/或母公司)提供被禁止的补贴一事,美国要求与澳大利亚进行磋商,该补贴涉及约2500万澳元的优惠政府贷款以及约3000万澳元的非商业性条款贷款。美国认为这些措施违反了澳大利亚在《SCM协定》第3条项下的义务。

应美国的请求,DSB在1998年6月22日的会议上决定成立专家组(也见WT/DS106).1998年10月27日,美国请求总干事决定专家组的组成。1998年11月2日,专家组组成。1999年5月25日,专家组报告向各成员方发布。专家组认定,澳大利亚政府向Howe/ALH提供的贷款不是按照出口业绩授予的,不属于《SCM协定》第3条第1款(a)项所指的出口实绩补贴,但根据赠与合同进行的支付则视该协定第3条第1款(a)项意义下的出口业绩而定,属于《SCM协定》第1条所指的补贴,在1999年6月16日的会议上,DSB通过了专家组报告。

66. 泰国——对波兰的铁或非合金钢角架、模型和零件以及H梁的反倾销税(WT/DS122)

Thailand—Anti-Dumping Duties on Angles, Shapes and Sections of Iron or Non-Alloy Steel and H-Beams from Poland

由波兰提出申诉。1998年4月6日,就泰国对铁或非合金钢角架、模型和零件和H梁征收最终反倾销税一事,波兰要求与泰国进行磋商。波兰宣称,泰国已于1996年12月27日征收了临时反倾销税,并于1997年5月26日对由波兰厂商生产或出口商出口的这些产品加诸了相当于CIF价值27.78%的最终反倾销税。波兰进一步诉称泰国两次拒绝了波兰提出的公布裁定的请求。波兰主张,泰国的这些做法违反了《反倾销协定》第2条、第3条、第5条和第6条的规定。

1999年10月13日,波兰请求成立专家组。在1999年10月27日的会议上,DSB决定推迟专家组的成立。在波兰再次提出该请求后,DSB在1999年11月19日的会议上决定成立专家组。欧共体、日本和美国保留作为第三方的权利。1999年12月20日,专家组组成。2000年9月28日,专家组报告向各成员方发布。专家组认定:

(1)波兰未能证明泰国在计算构成正常价值的利润总额时的做法不符合其在《反倾销协定》第2条或GATT 1994第6条项下的义务。

(2)泰国对来自波兰的进口H梁施加的最终反倾销措施不符合《反倾销协定》第3条,因为:

泰国当局并未基于对已披露事实中"积极证据"的"客观审查"而考虑倾销进口的价格影响,这不符合第3条第2款的第二句和第3条第1款的规定;

泰国调查机构未能考虑第3条第4款中所列的一些因素,也未能合理解释基于对已披露事实中"积极证据"的"无偏见的或客观的评价"或"客观审查",如何能得出损害的结论,这不符合第3条第4款和第3条第1款的规定;

泰国当局基于下列因素而判定倾销进口与任何可能损害之间存在因果联系,这不符合第3条第5款和第3条第1款:(a)它们关于倾销进口的价格影响之判定,而这一判定已被专家组认定为不符合第3条第2款的第二句和第3条第1款的规定;(b)它们有关损害的判定,而这一判定已被专家组认定是不符合第3条第4款和第3条第1款的规定。

(3)依照DSU第3条第8款,如有损害相关协定下所承担的义务的行动,该行动就被认为在表面上构成使该协定下的利益落空或受损的情况,相应地,泰国的行为不符合《反倾销协定》的规定,也使波兰在该协定项下的可得利益落空或受损。

2000年10月23日,泰国通报了它拟就专家组提出的一些法律问题和法律解释提出上诉

的意图。2001 年 3 月 12 日,上诉机构报告发布。上诉机构:

(1) 支持专家组的如下认定,即关于依《反倾销协定》第 2 条、第 3 条和第 5 条提出的申诉,在本案中波兰提交的成立专家组的请求足以符合 DSU 第 6 条第 2 款的要求;

(2) 推翻专家组的如下认定,即《反倾销协定》要求专家组在审查一项征收反倾销税的行为时,只能考虑在最后确定倾销时已向波兰公司披露的或其可辨别的事实、证据和推理。上诉机构认为专家组的推理是没有基础的,无论是依《反倾销协定》第 3 条第 1 款——该款规定了成员方在认定损害时的义务,还是依《反倾销协定》第 17 条第 6 款——该款规定了专家组审查的标准;

(3) 尽管已经推翻了专家组在这一问题上的推理,这并无碍于专家组对违法的主要认定;

(4) 支持专家组依《反倾销协定》第 3 条第 4 款做出的结论。上诉机构赞同专家组关于第 3 第 3 条第 4 款要求对该条中列出的所有因素进行强制性评价的观点;

(5) 认为专家组在适用举证责任或适用《反倾销协定》第 17 条第 6 款(i)项下的审查标准时并无错误。

在 2001 年 4 月 5 日的会议上,DSB 通过了上诉机构报告和经上诉机构报告修改过的专家组报告。

67. 阿根廷——对鞋类进口的保障措施(WT/DS121)
Argentina—Safeguard Measures on Imports of Footwear

由欧共体提出申诉。1998 年 4 月 3 日,欧共体要求与阿根廷就阿根廷对鞋类的临时和最终保障措施进行磋商。欧共体声称,阿根廷依照其 1997 年 2 月 24 日第 226/97 号决定,自 1997 年 9 月 13 日开始以特别关税的形式对鞋类进口适用临时保障措施。欧共体认为上述措施违反了《保障措施协定》第 2 条、第 4 条、第 5 条、第 6 条、第 12 条和 GATT 1994 第 19 条。

1998 年 6 月 10 日,欧共体请求成立专家组。在 1998 年 6 月 22 日的会议上,DSB 决定推迟专家组的成立。在欧共体再次提出该请求后,DSB 在 1998 年 7 月 23 日的会议上决定成立专家组。巴西、印度尼西亚、巴拉圭、美国和乌拉圭保留了作为第三方的权利。1998 年 9 月 15 日,专家组组成。1999 年 6 月 25 日,专家组报告发布。专家组认定阿根廷的措施不符合《保障措施协定》第 2 条和第 4 条的规定。

1999 年 9 月 15 日,阿根廷通报了它拟就专家组阐述的一些法律问题和法律解释提出上诉的意图。1999 年 12 月 14 日,上诉机构报告向各成员方发布。上诉机构支持了专家组关于阿根廷的措施不符合《保障措施协定》第 2 条和第 4 条的认定,但是推翻了专家组关于《保障措施协定》与 GATT1994 第 19 条之间的关系以及对来自非南方共同市场的第三国货源施加保障措施的正当性的认定和结论。

2000 年 1 月 12 日,DSB 通过了上诉机构报告和经上诉机构报告修改过的专家组报告。

68. 加拿大——对药品的专利保护(WT/DS114)
Canada—Patent Protection of Pharmaceutical Products

由欧共体及其成员国提出申诉。1997年12月19日,就加拿大在实施法律,特别是《专利法》的相关规定下缺少对药品领域发明的保护一事,欧共体要求与加拿大进行磋商。欧共体宣称加拿大的立法未能遵守其在《TRIPs协定》项下的义务,因为其未能对被授予专利的药品在《TRIPs协定》第27条第1款、第28条和第33条所规定的整个保护期内提供充分的保护。

1998年11月11日,欧共体请求成立专家组。在1998年11月25日的会议上,DSB决定推迟专家组的成立。在欧共体再次提出该请求后,DSB在1999年2月1日的会议上决定成立专家组。澳大利亚、巴西、哥伦比亚、古巴、印度、以色列、日本、波兰、瑞典、泰国和美国保留作为第三方的权利。1999年3月15日,欧共体及其成员国要求总干事确定专家组的组成人员。1999年3月25日,专家组组成。2000年3月17日,专家组报告向各成员方发布。专家组认定:

加拿大《专利法》中所谓的规范性审查例外(第55条第2款第(1)项)——欧共体对《专利法》异议的第一个方面——不符合《TRIPs协定》第27条第1款,它属于《TRIPs协定》第30条中的例外,因此不符合《TRIPs协定》第28条第1款。在规范性审查例外下,如果为了获得政府的交易许可,专利所有者的潜在竞争者被允许使用已授予专利的发明,在专利期内也无须专利所有者的授权,这样他们将有法定许可,与专利所有者在专利到期之前进行竞争销售。

所谓的储备性例外(第55条第2款第(2)项)——欧共体对《专利法》异议的第二个方面——不符合《TRIPs协定》第28条第1款,属于《TRIPs协定》第30条中的例外。在储备性例外下,竞争者被允许在专利期满前的一定时间内制造和储备专利产品,但是这些产品不得销售直到专利期满。专家组认为,与规范性审查例外不同,储备例外构成了对第28条第1款要求授予专利所有者的排他权利的重大损害,因此它不应属于《TRIPs协定》第30条意义上的有限例外。

2000年4月7日,DSB通过了专家组报告。

69. 美国——“海外销售公司”税收待遇(WT/DS108)

United States—Tax Treatment for “Foreign Sales Corporations”

由欧共体提出申诉。1997年11月18日,欧共体要求与美国就《美国国内税法》第921—927条和相关措施进行磋商,该法和相关措施为“海外销售公司”(FSC)设立了特别税收待遇。欧共体认为,这些规定不符合美国在GATT 1994第3条第4款和第16条,《SCM协定》第3条第1款(a)项和(b)项,以及《农业协定》第3条第8款项下的义务。

1998年7月1日,欧共体请求成立专家组。在该请求中,欧共体援引了《SCM协定》第3条第1款(a)项和(b)项以及《农业协定》第3条、第8条、第9条和第10条的规定,但未根据GATT 1994提出申诉。在1998年7月23日的会议上,DSB决定推迟专家组的成立。在欧共体再次提出该请求后,DSB在1998年9月22日的会议上决定成立专家组。巴巴多斯、加拿大和日本保留作为第三方的权利。1998年11月9日,专家组组成。1999年10月8日,专家组报告向各成员方发布。专家组认定,通过“FSC”体制,美国的做法违反了其在《SCM协定》第3条第1款(a)项、《农业协定》第3条第3款(同时也违反了该协定第8条)项下的义务。

1999年10月28日,美国通报了它拟就专家组提出的一些法律问题和法律解释进行上诉的意图。1999年11月2日,美国撤回了它依照《上诉审工作程序》第30条规则提交的上诉通知,并声明撤回是以其依《工作程序》第20条有权提出新上诉为条件的。1999年11月26日,美国通报了它拟就专家组提出的一些法律问题和法律解释进行上诉的意图。2000年2月24日,上诉机构报告向各成员方发布。上诉机构裁决如下:

支持专家组关于FSC措施构成了《SCM协定》第3条第1款(a)项所禁止的补贴的认定。

推翻了专家组关于FSC措施涉及《农业协定》第9条第1款(d)项规定的对农业产品“提供补贴以减少出口营销的成本”,并随之推翻了专家组关于美国的做法不符合《农业协定》第3条第3款的认定。

认定美国通过FSC措施实施出口补贴,导致或可能导致规避其就农产品所作的出口补贴承诺,其行为违反了其在《农业协定》第10条第1款和第8条项下的义务。

上诉机构还强调,它并非裁定成员方必须选择一种、而非他种税收体制,以符合该成员方的WTO义务。

在2000年3月20日的会议上,DSB通过了上诉机构报告和经上诉机构报告修改后的专家组报告。

70. 加拿大——影响牛奶进口和奶制品出口的措施（WT/DS103 and WT/DS113）

Canada—Measures Affecting the Importation of Milk and the Exportation of Dairy Products

由美国和新西兰提出申诉。1997年10月8日，就加拿大给予奶制品的出口补贴以及加拿大对牛奶的税率配额的实施，美国要求与加拿大进行磋商。美国认为加拿大的出口补贴扭曲了奶制品市场，对美国的奶制品销售造成负面影响。美国宣称加拿大违反了GATT 1994第2条、第10条、第11条，《农业协定》第3条、第4条、第8条、第9条、第10条，《SCM协定》第3条和《进口许可证协定》第1条、第2条、第3条。

1997年12月29日，新西兰要求与加拿大就一般被称为“特别牛奶分级”制度的奶制品出口补贴制度进行磋商。新西兰认为加拿大的“特别牛奶分级”制度不符合GATT第11条，《农业协定》第3条、第8条、第9条、第10条。

1998年2月2日，美国请求成立专家组。在1998年2月13日的会议上，DSB决定推迟专家组的成立。在美国和新西兰再次提出该请求后，DSB在1998年3月25日的会议上决定成立专家组，并依据DSU第9.1条，由同一专家组审查WT/DS103和WT/DS113号申诉。澳大利亚和日本保留作为第三方的权利。1998年8月12日，专家组组成。1999年5月17日，专家组报告向各成员方发布。专家组认定被诉措施提供了《农业协定》第9条第1款(a)项和(c)项所列的出口补贴，因此不符合加拿大在GATT 1994第2条第1款(b)项、《农业协定》第3条第3款和第8条项下的义务。

1999年7月15日，印度通报了它拟就专家组提出的一些法律问题和法律解释提出上诉的意图。1999年10月13日，上诉机构报告向各成员方发布。上诉机构裁决如下：

推翻了专家组对第9条第1款(a)项的解释，因此又推翻了专家组关于加拿大违反《农业协定》第3条第3款和第8条项下的义务的认定；

支持了专家组关于加拿大在第9条第1款(c)项所列的出口补贴方面违反了《农业协定》第3条第3款和第8条的认定；

部分推翻了专家组关于加拿大的做法不符合GATT 1994第2条第1款(b)项下义务的认定。

在1999年10月27日的会议上，DSB通过了上诉机构报告和经上诉机构报告修改后的专家组报告。

71. 美国——对韩国一兆及一兆以上半导体动态随机存储器征收反倾销税(WT/DS99)

United States—Anti-Dumping Duty on Dynamic Random Access Memory Semiconductors (DRAMS) of One Megabit or Above from Korea

由韩国提出申诉。1997 年 8 月 14 日,就美国商业部关于不取消对来自韩国的一兆以上动态随机存取存储器(DRAMS)的反倾销税的决定,韩国要求与美国进行磋商。韩国声称,尽管认定韩国的 DRAM 生产商已经连续超过三年半未倾销产品,尽管有证据结论性地证明韩国 DRAM 生产商在将来不会进行倾销,商业部仍然做出了上诉决定。韩国认为这些措施违反了《反倾销协定》第 6 条和第 11 条。

1997 年 11 月 6 日,韩国请求成立专家组。在 1997 年 11 月 18 日的会议上,DSB 决定推迟专家组的成立。在韩国再次提出该请求后,DSB 在 1998 年 1 月 16 日的会议上决定成立专家组。1998 年 3 月 10 日,韩国请求总干事决定专家组的组成。1998 年 3 月 19 日,专家组组成。1999 年 1 月 29 日,专家组报告向各成员方发布。专家组认定被诉措施违反了《反倾销协定》第 11 条第 2 款。1999 年 3 月 19 日,DSB 通过了专家组报告。

72. 韩国——对某些奶制品的最终保障措施(WT/DS98)

Korea—Definitive Safeguard Measure on Imports of Certain Dairy Products

由欧共体提出申诉。1997年8月12日,就韩国对某些进口奶制品采取的最终保障措施,欧共体要求与韩国进行磋商。欧共体认为,在不同政府措施的规定下,韩国对某些奶制品的进口施加了进口配额形式的保障措施。欧共体认为这些措施违反了《保障措施协定》第2条、第4条、第5条、第12条以及GATT 1994第19条的规定。

1998年1月9日,欧共体请求成立专家组。在1998年1月22日的会议上,欧共体通知DSB暂时不继续该请求。1998年6月10日,欧共体再次请求成立专家组。在1998年6月22日的会议上,DSB决定推迟专家组的成立。DSB在1998年7月23日的会议上决定成立专家组。美国保留作为第三方的权利。1998年8月20日,专家组组成。1999年6月21日,专家组报告向各成员方发布。专家组认定韩国的措施不符合《保障措施协定》第4条第2款(a)项和第5条的规定,但是驳回了欧共体根据GATT 1994第19条,《保障措施协定》第2条第1款、第12条第1款(尽管其认为韩国向保障所措施委员会作的通知不及时,因此在这一点上有违第12条第1款)、第2款和第1款提出的诉求。

1999年9月15日,韩国通报了它拟就专家组提出的一些法律问题和法律解释提出上诉的意图。1999年12月14日,上诉机构报告向各成员方发布。上诉机构推翻了专家组在GATT 1994第19条之解释及其与《保障措施协定》关系上的一项结论;支持了一项,但推翻了另一项对《保障措施协定》第5条第1款)的解释;并得出结论韩国违反了《保障措施协定》第12条第2款,由此部分地推翻了专家组的结论。

2000年1月12日,DSB通过了上诉机构报告和经上诉机构报告修改后的专家组报告。

73. 印度——对农产品、纺织品和工业产品进口的数量限制(WT/DS90)

India—Quantitative Restrictions on Imports of Agricultural, Textile and Industrial Products

由美国提出申诉。1997年7月15日,就印度在大部分农产品、纺织品和工业产品进口上仍然维持的数量限制,美国要求与印度进行磋商。美国认为,这些数量限制——包括已通知WTO的2700多项农产品和工业产品的关税条目——是不符合印度在GATT 1994第11条第1款和第18条第11款、《农业协定》第4条第2款和《进口许可证程序协定》第3条项下的义务的。

1997年10月3日,美国请求成立专家组。在1997年10月16日的会议上,DSB决定推迟专家组的成立。在美国再次提出该请求后,DSB于1997年11月18日的会议上决定成立专家组。1998年2月10日美国请求总干事指定专家组的组成。1998年2月20日,专家组组成。1999年4月6日,专家组报告向各成员方发布。专家组认定,所诉措施不符合印度在GATT 1994第11条和第18条第11款项下的义务,而且,这些措施适用于《农业协定》下的各项产品,在这个意义上,它们也不符合《农业协定》的第4条第2款。专家组还认定,这些措施使美国在GATT 1994和《农业协定》项下可得的利益落空和受损。

1999年5月26日,印度通报了它拟就专家组提出的一些法律问题和法律解释提出上诉的意图。1999年8月23日,上诉机构报告向各成员方发布。上诉机构支持了被上诉的全部专家组决定。

在1999年9月22日的会议上,DSB通过了专家组报告和上诉机构报告。

74. 智利——对酒精饮料的征税
(WT/DS87 and WT/DS110)
Chile—Taxes on Alcoholic Beverages

由欧共体提出申诉。1997 年 6 月 4 日和 1997 年 12 月 15 日,欧共体要求与智利就智利对烈酒的特别销售税进行磋商,这一征税据称对进口烈酒施加了比对 Pisco(一种国内酿造的烈酒)更重的税负。欧共体的第二次要求(WT/DS110)对智利应 WT/DS87 案中欧共体的关注而通过的对酒精饮料征税法律的修改提出了异议。欧共体认为这种对进口酒的差别待遇违反了 GATT 1994 第 3 条第 2 款。

1997 年 10 月 3 日,欧共体请求成立专家组审查其 WT/DS87 号申诉。在 1997 年 10 月 16 日的会议上,DSB 决定推迟专家组的成立。在欧共体再次提出该请求后,DSB 在 1997 年 11 月 18 日的会议上决定成立专家组。加拿大、墨西哥、秘鲁和美国保留作为第三方的权利。

又应欧共体 WT/DS110 号申诉,DSB 在 1998 年 3 月 25 日的会议上决定成立专家组。DSB 也同意将由同一专家组一并审查两项申诉。秘鲁、加拿大和美国保留作为第三方的权利。1998 年 6 月 10 日和 11 日,欧共体和智利分别请求总干事决定专家组的组成。1998 年 7 月 1 日,专家组组成。1999 年 6 月 15 日,专家组报告向各成员方发布。专家组认定,智利对经蒸馏的酒精饮料征税的过渡期体制和新体制不符合 GATT 1994 第 3 条第 2 款的规定。

1999 年 9 月 13 日,智利通报了它拟就专家组提出的一些法律问题和法律解释提出上诉的意图。1999 年 12 月 13 日,上诉机构报告向各成员方发布。上诉机构支持了专家组对 GATT 1994 第 3 条第 2 款的解释和适用,但排除了专家组所依赖的某些考虑因素。

2000 年 1 月 12 日,DSB 通过了上诉机构报告和经上诉机构报告修改后的专家组报告。

75. 印度——对药品和农用化学产品的专利保护 (WT/DS79)

India—Patent Protection for Pharmaceutical and Agricultural Chemical Products

由欧共体提出申诉。1997 年 4 月 28 日,就印度缺少对药品和农用化学产品的专利保护,以及缺少允许这些产品申请专利和对其授予排他交易权的正式体制一事,欧共体要求与印度进行磋商。欧共体认为,这不符合印度在《TRIPs 协定》第 70 条第 8 款和第 9 款项下的义务(参见类似的美国 WT/DS50 号申诉,该案的专家组报告和上诉机构报告已于 1998 年 1 月 16 日被通过)。

1997 年 9 月 9 日,欧共体请求成立专家组。在 1997 年 9 月 25 日的会议上,DSB 决定推迟专家组的成立。在欧共体再次提出该请求后,DSB 在 1997 年 10 月 16 日的会议上决定成立专家组。美国保留作为第三方的权利。1998 年 8 月 24 日,专家组报告向各成员方发布。专家组认定,印度未能遵守其在《TRIPs 协定》第 70 条第 8 款(a)项下的义务,在药品和农用化学产品专利的实施中未能建立充分保护创新性和优先权的法律基础,也未遵守其在《TRIPs 协定》第 70 条第 9 款项下的义务,因其未能建立授予排他交易权的体制。在 1998 年 9 月 22 日的会议上,DSB 通过了专家组报告。

76. 日本——影响农业产品的措施(WT/DS76)

Japan—Measures Affecting Agricultural Products

由美国提出申诉。1997 年 4 月 7 日,就日本通过检疫措施禁止某类农产品进口一事,美国要求与日本进行磋商。美国宣称,对需要检疫处理的产品,日本禁止其每一品种的进口,直到对该品种的检疫处理经过检测,即使已经证明这种处理对相同产品的其他品种亦是有效的。美国宣称这违反了《SPS 协定》第 2 条、第 5 条、第 8 条,GATT 1994 第 11 条以及《农业协定》第 4 条。除此,美国还认为其利益因此落空或受损。

1997 年 10 月 3 日,美国请求成立专家组。在 1997 年 10 月 16 日的会议上,DSB 决定推迟专家组的成立。在美国再次提出该请求后,DSB 于 1997 年 11 月 18 日的会议上决定成立专家组。欧共体、匈牙利和巴西保留作为第三方的权利。1998 年 10 月 27 日,专家组报告向各成员方发布。专家组认定,日本的做法不符合《SPS 协定》第 2 条第 2 款和第 5 条第 6 款、附件 B 以及《SPS 协定》第 7 条的规定。

1998 年 11 月 24 日,日本通报了它拟就专家组提出的一些法律问题和法律解释提出上诉的意图。1999 年 2 月 22 日,上诉机构报告向各成员方发布。上诉机构支持了关于日本对苹果、樱挑、油桃和胡桃的品种检测不符合《SPS 协定》要求的基本认定。

1999 年 3 月 19 日,DSB 通过了上诉机构报告和经上诉机构报告修改后的专家组报告。

77. 韩国——对含酒精饮料的征税
(WT/DS75 and WT/DS84)
Korea—Taxes on Alcoholic Beverages

由欧共体和美国提出申诉。1997年4月4日,就韩国依据《酒税法》和《教育税法》对某些含酒精饮料征收国内税一事,欧共体要求与韩国进行磋商。欧共体认为韩国的《酒税法》和《教育税法》不符合韩国在GATT 1994第3条第2款项下的义务。1997年5月23日,美国要求与韩国就欧共体所诉的同一措施进行磋商。美国也宣称该措施违反了GATT 1994第3条第2款。

1997年9月10日,欧共体和美国请求成立专家组。在1997年9月25日的会议上,DSB决定推迟专家组的成立。在欧共体和美国再次提出该请求后,DSB于1997年10月16日的会议上决定成立专家组。加拿大和墨西哥保留作为第三方的权利。1997年11月26日,欧共体和美国请求总干事决定专家组的组成。1997年12月5日,专家组组成。1998年9月17日,专家组报告向各成员方发布。专家组认定:

韩国烧酒(包括经稀释和经蒸馏的),与争议中的进口蒸馏含酒精饮料,即威士忌、白兰地、朗姆酒、杜松子酒、伏特加、龙舌兰酒、利口酒和上述的混合酒,是直接竞争和可替代产品;

韩国对进口产品征收不同的税收,这种税收的差距超过了微量标准,是用以保护本国产品的;

专家组因此得出结论,韩国违反了GATT 1994第3条第2款的规定。

1998年10月20日,韩国通报了它拟就专家组提出的一些法律问题和法律解释提出上诉的意图。1999年1月18日,上诉机构报告向各成员方发布。上诉机构支持了专家组的全部各项认定。

1999年2月17日,DSB通过了专家组报告和上诉机构报告。

78. 加拿大——影响民用飞机出口的措施

（WT/DS70）

Canada—Measures Affecting the Export of Civilian Aircraft

由巴西提出申诉。1997 年 3 月 10 日，就加拿大政府和各省为支持民用飞机出口而给予的某些补贴，巴西要求与加拿大进行磋商。该要求是依据《SCM 协定》第 4 条提出的。巴西认为这些措施不符合《SCM 协定》第 3 条。

在 1998 年 7 月 23 日的会议上，DSB 决定成立专家组。美国保留了作为第三方的权利。1998 年 10 月 16 日，巴西请求总干事指定专家组的组成。1998 年 10 月 22 日，专家组组成。1999 年 4 月 14 日，专家组报告向各成员方发布。专家组认定，加拿大的某些措施不符合《SCM 协定》第 3 条第 1 款（a）项和第 2 款的规定，但是驳回了巴西关于加拿大给予区域航空产业的出口发展援助构成了出口补贴的主张。

1999 年 5 月 3 日，加拿大通报了它拟就专家组提出的一些法律问题和法律解释提出上诉的意图。1999 年 8 月 2 日，上诉机构报告向各成员方发布。上诉机构支持了专家组的决定。

1999 年 8 月 20 日，DSB 通过了上诉机构报告和专家组报告。

79. 欧共体——影响某些家禽产品进口的措施（WT/DS69）

European Communities—Measures Affecting Importation of Certain Poultry Products

由巴西提出申诉。1997 年 2 月 24 日，就欧共体的家禽进口体制和欧共体对这些产品的配额实施情况，巴西要求与欧共体进行磋商。巴西认为欧共体的这些措施不符合 GATT 1994 第 10 条、第 27 条和《进口许可证协定》第 1 条、第 3 条。巴西还认为这些措施使其在 GATT 1994 下直接或间接可得的利益落空或受损。

1997 年 6 月 12 日，巴西请求成立专家组。在 1997 年 6 月 25 日的会议上，DSB 决定推迟专家组的成立。在巴西再次提出该请求后，DSB 在 1997 年 7 月 30 日的会议上决定成立专家组。泰国和美国保留了作为第三方的权利。1997 年 8 月 11 日，专家组组成。1998 年 3 月 12 日，专家组报告向各成员方发布。专家组认定，巴西未能证明欧共体在家禽关税税率配额的实施上未遵守其在上述协定下的义务。

1998 年 4 月 29 日，巴西通报了它拟就专家组提出的一些法律问题和法律解释提出上诉的意图。1998 年 7 月 13 日，上诉机构报告向各成员方发布。上诉机构支持了专家组的大部分决定和结论，但是推翻了专家组关于欧共体的行为不符合《农业协定》第 5 条第 1 款（b）项的认定。不过上诉机构仍然认为欧共体的行为不符合《农业协定》第 5 条第 5 款的规定。

在 1998 年 7 月 23 日的会议上，DSB 通过了上诉机构报告和经上诉机构报告修改后的专家组报告。

80. 欧共体——对某些计算机设备的关税分类 (WT/DS62, WT/DS67 and WT/DS68) European Communities—Customs Classification of Certain Computer Equipment

由美国提出申诉。这一申诉针对欧共体对某些局域网适配器和具有多媒体功能的个人计算机为关税目的进行再分类一事。美国宣称这些措施违反了 GATT 1994 第 2 条。

在 1997 年 2 月 25 日的会议上,DSB 决定成立一个专家组审查 WT/DS62 号申诉。日本、韩国、印度和新加坡保留作为第三方的权利。在 1997 年 3 月 20 日的会议上,DSB 决定成立一个专家组审查 WT/DS67 和 WT/DS68 号申诉。依据 DSU 第 9 条第 1 款,DSB 同意成立单个专家组来一并审查 WT/DS62、WT/DS67 和 WT/DS68 号申诉。

1998 年 2 月 5 日,专家组报告向各成员方发布。专家组认定,欧共体未能给予来自美国的进口局域网设备以不低于在其承诺清单中规定的待遇,因此违反了 GATT1994 第 2 条第 1 款。

1998 年 3 月 24 日,欧共体通报了它拟就专家组提出的一些法律问题和法律解释提出上诉的意图。1998 年 6 月 5 日,上诉机构报告向各成员方发布。上诉机构推翻了专家组关于欧共体给予局域网设备的关税待遇不符合 GATT 1994 第 2 条第 1 款的认定。

在 1998 年 6 月 22 日的会议上,DSB 通过了上诉机构报告和经上诉机构报告修改后的专家组报告。

81. 危地马拉——对来自墨西哥的波特兰水泥的反倾销调查(WT/DS60)

Guatemala—Anti-Dumping Investigation Regarding Imports of Portland Cement from Mexico

由墨西哥提出申诉。1996 年 10 月 15 日,就危地马拉对来自墨西哥的波特兰水泥进行反倾销调查一事,墨西哥要求与危地马拉进行磋商。墨西哥宣称这一调查违反了危地马拉在《反倾销协定》第 2 条、第 3 条、第 5 条和第 7 条第 1 款项下的义务。

1997 年 2 月 4 日,墨西哥请求成立专家组。在 1997 年 2 月 25 日的会议上,DSB 决定推迟专家组的成立。在墨西哥再次提出该请求后,DSB 在 1997 年 3 月 20 日的会议上决定成立专家组。美国、加拿大、洪都拉斯和萨尔瓦多保留了作为第三方的权利。1997 年 4 月 21 日,墨西哥要求总干事指定专家组的组成人员。1997 年 5 月 1 日,专家组组成。1998 年 6 月 19 日,专家组报告向各成员方发布。专家组认定,危地马拉未能遵守《反倾销协定》第 5 条第 3 款的要求,发起的反倾销调查依据的是倾销、损害和偶然联系方面的证据,不足以证明发起调查的正当性。

1998 年 8 月 4 日,危地马拉通报了它拟就专家组提出的一些法律问题和法律解释提出上诉的意图。1998 年 11 月 2 日,上诉机构报告向各成员方发布。上诉机构推翻了专家组关于争议已适当地交由专家组审查的认定,理由是墨西哥未能遵守 DSU 第 6 条第 2 款的要求,因其在成立专家组的请求中未能明确申诉所针对的措施。既然已认定争议未曾适当地提交给专家组,上诉机构即不能对专家组就实体问题所作的认定(也是上诉所针对的内容)得出任何结论。上诉机构强调它的决定并不损害墨西哥就此事寻求新的争端解决程序的权利。

在 1998 年 11 月 25 日的会议上,DSB 通过了上诉机构报告和经上诉机构报告修改后的专家组报告。

82. 美国——对虾和虾制品的进口禁令(WT/DS58)
United States—Import Prohibition of Certain Shrimp and Shrimp Products

由印度、马来西亚、巴基斯坦和泰国提出申诉。1996 年 10 月 8 日，就美国依据《美国公共法典》第 101—162 条第 609 节禁止申诉方的虾和虾制品进口一事，印度、马来西亚、巴基斯坦和泰国要求与美国进行磋商。它们宣称美国违反了 GATT1994 第 1 条、第 6 条和第 8 条，使它们的利益落空或受损。

1997 年 1 月 9 日，马来西亚和泰国请求成立专家组。在 1997 年 1 月 22 日的会议上，DSB 决定推迟专家组的成立。1997 年 1 月 30 日，巴基斯坦也请求成立专家组。在马来西亚、巴基斯坦和泰国再次提出该请求后，DSB 在 1997 年 2 月 25 日的会议上决定成立专家组。澳大利亚、哥伦比亚、哥斯达黎加、厄瓜多尔、欧共体、危地马拉、香港、印度、日本、墨西哥、尼日利亚、菲律宾、塞内加尔、新加坡和斯里兰卡保留了作为第三方的权利。

1997 年 2 月 25 日，印度也请求就同一事项成立专家组。1997 年 3 月 20 日的会议上，DSB 决定推迟专家组的成立。在印度再次提出该请求后，DSB 在 1997 年 4 月 10 日的会议上同意成立专家组，还同意将该专家组并入其他申诉方已成立的专家组中。除了那些已经在马来西亚、巴基斯坦和泰国已成立的专家组中保留第三方权利的成员方之外，萨尔瓦多和委内瑞拉也保留它们作为第三方的权利。

1997 年 4 月 15 日专家组组成。

专家组报告于 1998 年 5 月 15 日向各成员方发布。专家组认定，美国对虾和虾制品实施的进口禁令不符合 GATT1994 第 11 条第 1 款的规定，也不能依据 GATT1994 第 20 条而获得正当性。

1998 年 7 月 13 日，美国通报了它拟就专家组提出的一些法律问题和法律解释提出上诉的意图。1998 年 10 月 12 日，上诉机构报告向各成员方发布。上诉机构推翻了专家组关于美国的这些措施不属于 GATT1994 第 20 条允许的措施范围的认定，但是得出结论认为，尽管美国的这些措施能根据第 20 条(g)项的规定取得临时正当性，却不符合第 20 条前言的要求。

1998 年 11 月 6 日，DSB 通过了上诉机构报告和经上诉机构报告修改后的专家组报告。

83. 阿根廷——影响鞋类、纺织品、制衣以及其他商品的特定措施(WT/DS56)
Argentina—Certain Measures Affecting Imports of Footwear, Textiles, Apparel and Other Items

由美国提出申诉。1996年10月4日,就阿根廷对这些商品施加超过约束税率的特别关税以及其他措施,美国要求与阿根廷进行磋商。美国认为,这些措施违反了GATT1994第2条、第7条、第8条、第10条,《TBT协定》第2条,《海关估价协定》第1至第8条以及ATC第7条。

1997年1月9日,美国请求成立专家组。在1997年1月22日的会议上,DSB决定推迟专家组的成立。在美国再次提出该请求后,DSB在1997年2月25日的会议上决定成立专家组。欧共体和印度保留了作为第三方的权利。1997年4月4日,专家组组成。1997年11月25日,专家组报告向各成员方发布。专家组认定,阿根廷对纺织品和制衣施加的最低特别关税不符合GATT第2条的要求,阿根廷施加的3%从价统计关税也不符合GATT第7条的要求。

1998年1月21日,阿根廷通报了它拟就专家组提出的一些法律问题和法律解释提出上诉的意图。1998年3月27日,上诉机构报告向各成员方发布。上诉机构支持了专家组的认定和结论,但作了部分修改。

1998年4月22日,DSB通过了上诉机构报告和经上诉机构报告修改后的专家组报告。

84. 印度尼西亚——影响汽车工业的特定措施（WT/DS54，WT/DS55，WT/DS59 and WT/DS64）
Indonesia—Certain Measures Affecting the Automobile Industry

由欧共体（WT/DS54）、日本（WT/DS55 和 WT/DS64）和美国（WT/DS59）提出申诉。1996年10月3日，欧共体要求与印尼磋商，1996年10月4日和1996年11月29日，日本要求与印尼磋商，1996年10月8日，美国要求与印尼磋商，都涉及到印尼的国产汽车计划。欧共体宣称印尼对国产汽车及其零配件的进口豁免关税和十分宽松的税收，以及其他相关措施违反了印尼在GATT1994第1条、第3条、《TRIMs协定》第2条和《SCM协定》第3条项下的义务。日本认为这些措施违反了印尼在GATT1994第1条第1款、第3条第2款和第4款、第10条第3款(a)项，以及《TRIMs协定》第2条、第5条第4款项下的义务。美国认为这些措施违反了印尼在GATT 1994第1条、第3条，《TRIMs协定》第2条，《SCM协定》第3条、第6条和第28条以及《TRIPs协定》第3条、第20条和 第65条项下的义务。

1997年4月17日，日本在提交的申诉（WT/DS55 及 WT/DS64）中请求成立专家组，在1997年4月30日的会议上，DSB决定推迟专家组的成立。1997年5月12日，欧共体请求成立专家组（WT/DS54），在1997年5月23日的会议上，DSB决定推迟专家组的成立。在欧共体和日本再次提出该请求后，DSB在1997年6月12日的会议上决定成立专家组。依据DSU第9条第1款，DSB决定将由同一专家组审查WT/DS54，WT/DS55 和 WT/DS64号申诉。印度、韩国和美国保留作为第三方的权利。

1997年6月12日，美国请求成立专家组，在1997年6月25日的会议上，DSB决定推迟专家组的成立。在美国再次提出该请求后，DSB在1997年7月30日的会议上决定成立专家组。依据DSU第9条第1款，DSB决定将由同一专家组审查WT/DS54，WT/DS55 and WT/DS64号的申诉。印度和韩国保留其作为第三方的权利。

1997年7月25日，欧共体请求总干事指定专家组的组成。1997年7月29日，专家组组成。

1998年7月2日，专家组报告向成员方发布。专家组认定，印尼违反了GATT 1994第1条、第2条第2款，《TRIMs协定》第2条，《SCM协定》第5条第3款的规定，但未违反《SCM协定》第28条第2款。然而，专家组认定，各申诉方未能证明印尼违反了《TRIPs协定》第3条和第65条第5款的规定。在1998年7月23日的会议上，DSB通过了专家组报告。

85. 印度——药品和农用化学产品的专利保护（WT/DS50）

India—Patent Protection for Pharmaceutical and Agricultural Chemical Products

由美国提出申诉。1996 年 7 月 2 日，就其所称印度缺乏对药品和农用化学产品的专利保护一事，美国要求与印度进行磋商。申诉方主张印度违反了《TRIPs 协定》第 27 条、第 65 条和第 70 条的规定。

在 1996 年 11 月 20 日的会议上，DSB 决定成立专家组。欧共体保留作为第三方的权利。1997 年 1 月 29 日，专家组组成。1997 年 9 月 5 日，专家组报告向各成员方发布。专家组认定印度未遵守其在《TRIPs 协定》第 70 条第 8 款第 1 项、第 63 条第 1 项和第 2 项下的义务，未能在药品和化学农用产品专利的实施上建立充分保护新颖性和优先权的机制，并且未能建立授予排他交易权的体制，因而违反了《TRIPs 协定》第 70 条第 9 款的规定。

1997 年 10 月 15 日，印度通报了它拟就专家组提出的一些法律问题和法律解释提出上诉的意图。1997 年 12 月 19 日，上诉机构报告向各成员方发布。上诉机构有部分修改地支持了专家组对第 70 条第 8 款和第 9 款的认定，但裁定第 63 条第 1 项不在专家组的职权范围内。

1998 年 1 月 16 日，DSB 通过了上诉机构报告和经上诉机构修改后的专家组报告。

86. 欧共体——影响家畜和肉类制品(荷尔蒙)的措施(WT/DS48)

European Communities—Measures Affecting Livestock and Meat (Hormones)

由加拿大提出申诉。1996年6月28日,就欧共体对注射有荷尔蒙成分的激素的家畜和家畜肉的进口措施,依照GATT第22条、《SPS协定》、《TBT协定》和《农业协定》的相应条款,加拿大要求与欧共体进行磋商。加拿大声称上述措施违反了《SPS协定》第2条、第3条、第5条、GATT第3条、第11条、《TBT协定》第2条和《农业协定》第4条。加拿大的申诉与美国的申诉(WT/DS26)大体相同,后者已在更早时候成立了专家组。

1996年9月16日,加拿大请求成立专家组。在1996年9月27日的会议上,DSB决定推迟专家组的成立。在加拿大再次提出该请求后,DSB在1996年10月16日的会议上决定成立专家组。1996年11月4日,专家组组成。专家组报告于1997年8月18日向各成员方发布。专家组认定,欧共体对为促进生长而注射有六种特定荷尔蒙的牛肉和牛肉制品的进口的禁令,与《SPS协定》第3条第1款、第5条第1款和第5款的规定不符。

1997年9月24日,欧共体通报了它拟就专家组提出的一些法律问题和法律解释提出上诉的意图。上诉机构审查了这一上诉与WT/DS26案的上诉。上诉机构报告于1998年1月16日向各成员方发布。上诉机构支持了专家组关于欧共体的进口禁令不符合《SPS协定》第3条第3款、第5条第1款的认定,但是推翻了专家组关于欧共体的进口禁令不符合《SPS协定》第3条第1款、第5条第5款的认定。在一般性和程序性问题上,上诉机构支持了专家组的大部分认定和结论,除了关于在《SPS协定》项下的程序中举证责任的认定。

1998年2月13日,DSB通过了上诉机构报告和经上诉机构报告修改后的专家组报告。

87. 巴西——对航空器的出口融资计划(WT/DS46)
Brazil—Export Financing Programme for Aircraft

由加拿大提出申诉。1996年6月19日,加拿大请求与巴西基于《SCM协定》第4条进行磋商,该条规定了出口补贴的特别程序。加拿大宣称巴西在出口资助计划(*PROEX*)项下向巴西Embraer飞机的外国买者提供出口补贴,不符合补贴协定的第3条、第27条第4款和第5款的规定。

1996年9月16日,加拿大请求成立专家组,宣称巴西违反《SCM协定》和GATT 1994。DSB在1996年9月27日的会议上考虑了它的请求。因为巴西反对成立专家组,加拿大同意修改其请求,将请求范围限定在《SCM协定》。加拿大于1996年10月3日提交了修改后的请求,但随之在审查该请求的DSB会议召开之前撤回。

1998年7月10日,加拿大再次请求成立专家组。DSB在1998年7月23日的会议上决定成立专家组。欧共体和美国保留了作为第三方的权利。1998年10月16日,加拿大请求总干事指定专家组的组成。1998年10月22日,专家组组成。1999年4月14日,专家组报告向各成员方发布。专家组认定巴西的措施不符合《SCM协定》第3条第1款(a)项和第27条第4款的规定。

1999年5月3日,巴西通报了它拟就专家组提出的一些法律问题和法律解释提出上诉的意图。1999年8月2日,上诉机构报告向各成员方发布。上诉机构支持了专家组的所有认定,但推翻和修改了专家组对《SCM协定》附件I中出口补贴列举性清单(k)项中"重大优势"条款的解释。

1999年8月20日,DSB通过了上诉机构报告和经上诉机构报告修改后的专家组报告。

88. 日本——影响消费型照相胶卷和相纸的措施（WT/DS44）

Japan—Measures Affecting Consumer Photographic Film and Paper

由美国提出申诉。1996 年 6 月 13 日，就影响进口消费型照相胶卷和相纸的分销、供货和内销的日本法律、规章和要求等，美国要求与日本进行磋商。美国宣称：

通过这些措施，日本政府给予进口胶卷和相纸的待遇相较国内产品更差，这违反了 GATT 第 3 条和第 10 条；

这些措施使美国的可得利益落空或受损（非违约之诉）。

1996 年 9 月 20 日，美国请求成立专家组。在 1996 年 10 月 3 日的会议上，DSB 决定推迟专家组的成立。在美国再次提出该请求后，DSB 在 1996 年 10 月 16 日的会议上决定成立专家组。欧共体和墨西哥保留了其作为第三方的权利。1996 年 12 月 12 日，美国请求总干事决定专家组的组成。1996 年 12 月 17 日，专家组组成。1998 年 3 月 31 日，专家组报告向各成员方发布。专家组认定：

（1）美国并未证明其所引据的日本“措施”，不论是单个的还是集合的，使美国在 GATT 第 23 条第 1 款（b）项下的利益落空或受损；

（2）美国并未证明其所引据的日本分销“措施”对进口胶卷和相纸施加了 GATT 第 3 条第 4 款所指的较差待遇；以及

（3）美国并未证明日本未公开普遍适用的行政指令，从而违反了 GATT 第 10 条第 1 款。

1998 年 4 月 22 日，DSB 通过了专家组报告。

89. 土耳其——对纺织品的进口限制(WT/DS34)
Turkey—Restrictions on Imports of Textile and Clothing Products

由印度提出申诉。1996年3月21日,就土耳其对大范围的纺织品进口施加数量限制一事,印度要求与土耳其进行磋商。印度宣称这些限制违反了GATT 1994第11条、第13条和ATC第2条。此前,印度就已要求加入香港与土耳其之间就同一事项的磋商。

1998年2月2日,印度请求成立专家组。在1998年2月13日的会议上,DSB决定推迟专家组的成立。在印度再次提出该请求后,DSB在1998年3月13日的会议上决定成立专家组。日本、菲律宾、泰国、美国和中国香港保留了它们作为第三方的权利。1998年6月11日,专家组组成。1999年5月31日,专家组报告向各成员方发布。专家组认定,土耳其的措施不符合GATT 1994第11条、第13条,因此也不符合ATC第2条第4款。专家组也驳回了土耳其关于其措施符合GATT 1994第24条的抗辩。

1999年7月26日土耳其通报了它拟就专家组提出的一些法律问题和法律解释提出上诉的意图。1999年10月21日,上诉机构报告向各成员方发布。上诉机构支持了专家组的结论,即GATT 1994第24条并不允许土耳其在与欧共体建立关税联盟时,采用与GATT 1994第11条、第13条和ATC第2条第4款不符的数量限制。但是,上诉机构认为专家组在解释GATT第24条时的法律推理有错误。

在1999年11月19日的会议上,DSB通过了上诉机构报告和经上诉机构报告修改后的专家组报告。

90. 美国——影响羊毛制衣进口的措施(WT/DS33)

United States—Measure Affecting Imports of Woven Wool Shirts and Blouses

由印度提出申诉。1994 年 12 月 30 日,印度要求与美国就美国实施的过渡性保障措施进行磋商。印度宣称这些保障措施不符合 ATC 的第 2 条、第 6 条和第 8 条。

1996 年 3 月 14 日,印度请求成立专家组。在 1996 年 3 月 27 日的会议上,DSB 决定推迟专家组的成立。在印度再次提出该请求后,DSB 在 1996 年 4 月 17 日的会议上决定成立专家组。加拿大、欧共体、挪威、巴基斯坦和土耳其保留了作为第三方的权利。1996 年 6 月 24 日,专家组组成。1997 年 1 月 6 日,专家组报告向各成员方发布。专家组认定美国实施的这些保障措施违反了 ATC 的规定。

1997 年 2 月 24 日,印度通报了它拟就专家组提出的一些法律问题和法律解释提出上诉的意图。1997 年 4 月 25 日,上诉机构报告向各成员方发布。上诉机构支持了专家组就提出上诉的法律问题和法律解释所作的决定。

1997 年 5 月 23 日,DSB 通过了上诉机构报告和经上诉机构报告修改后的专家组报告。

91. 加拿大——有关期刊杂志的特定措施
(WT/DS31)
Canada—Certain Measures Concerning Periodicals

由美国提出申诉。1996 年 3 月 11 日,就有关禁止或限制某些期刊杂志进口到加拿大的特定措施,美国要求与加拿大进行磋商。美国宣称这些措施违反了 GATT 第 11 条。美国进一步宣称,加拿大对所谓的"外国期刊分刊"的税收待遇以及对加拿大某些杂志适用更优惠的邮资费率的做法是不符合 GATT 第 3 条规定的。

1996 年 5 月 24 日,美国请求建立专家组。在 1996 年 6 月 6 日的会议上,DSB 决定推迟专家组的成立。在美国再次提出该请求后,DSB 在 1996 年 6 月 19 日的会议上决定成立专家组。1996 年 7 月 25 日,专家组组成。1997 年 3 月 14 日,专家组报告向各成员方发布。专家组认定加拿大实施的这些措施违反了 GATT。

1997 年 4 月 29 日,加拿大通报了它拟就专家组提出的一些法律问题和法律解释提出上诉的意图。1997 年 6 月 30 日,上诉机构报告向各成员方发布。上诉机构支持了专家组关于将 GATT 适用于加拿大《消费税法》第 5.1 部分的认定和结论,但是推翻了专家组关于《特许权税法》第 5.1 部分不符合 GATT 第 3 条第 2 款第一句话的认定。上诉机构进一步得出结论,《特许权税法》第 5.1 部分不符合 GATT 第 3 条第 2 款第二句话。上诉机构也推翻了专家组关于加拿大"被资助的"邮政费率体制可依据 GATT1994 第 3 条第 8 款(b)项取得正当性的结论。

1997 年 7 月 30 日,DSB 通过了上诉机构报告和经上诉机构报告修改后的专家组报告。

92. 欧共体——关于香蕉的进口、销售和分销体制（WT/DS27）

European Communities—Regime for the Importation, Sale and Distribution of Bananas

由厄瓜多尔、危地马拉、洪都拉斯、墨西哥和美国提出申诉。本案的申诉方除厄瓜多尔以外，都于1995年9月28日要求就同一问题与欧共体进行磋商（WT/DS16）。在厄瓜多尔加入WTO后，现有的申诉方再次于1996年2月5日要求与欧共体进行磋商。申诉方宣称欧共体的香蕉进口、销售和分销体制不符合GATT第1条、第2条、第3条、第10条、第11条和第13条，以及《进口许可证协定》、《农业协定》、《TRIMs协定》和GATS的条款。

1996年4月11日，五个申诉方请求成立专家组。在1996年4月24日的会议上，DSB决定推迟专家组的成立。在五个申诉方再次提出该请求后，DSB在1996年5月8日的会议上决定成立专家组。1996年5月29日，五个申诉方请求总干事决定专家组的组成。1996年6月7日，专家组组成。1997年5月22日，专家组报告向各成员方发布。专家组认定，欧共体的香蕉进口体制以及这一体制中的香蕉进口许可证程序与GATT不符。专家组进一步认定关于《洛美协定》的豁免许可豁免了其与GATT第13条的不符，但并未豁免因许可证程序而产生的不符。

1997年6月11日欧共体通报了它拟就专家组提出的一些法律问题和法律解释提出上诉的意图。1997年9月9日，上诉机构报告向各成员方发布。上诉机构支持了专家组的大部分认定，但是推翻了专家组关于《洛美协定》豁免许可豁免了其与第13条不符的认定，以及许可证体制的某些方面违反了GATT第10条和《进口许可证协定》的认定。

1997年9月25日，DSB通过了上诉机构报告和经上诉机构报告修改后的专家组报告。

93. 欧共体——影响肉类和肉类产品(荷尔蒙)的措施(WT/DS26)

European Communities—Measures Affecting Meat and Meat Products (Hormones)

由美国提出申诉。1996年1月26日,美国要求与欧共体进行磋商,宣称欧共体依据《欧洲理事会禁止在家畜养殖中使用某些具有荷尔蒙作用的成分的指令》而采取的措施限制或禁止了美国的肉类和肉类产品的进口,因此显然不符合GATT第3条、第11条,《SPS协定》第2条、第3条、第5条,TBT协定第2条和农业协定第4条。

1996年4月25日,美国请求成立专家组。DSB在1996年5月8日的会议上推迟成立专家组。在美国再次提出该请求后,DSB在1996年5月20日的会议上决定成立专家组。1996年7月2日,专家组组成。专家组报告于1997年8月18日向各成员方发布。专家组认定欧共体对为促进生长而注射有六种特定荷尔蒙的牛肉和牛肉制品的进口的禁令,与《SPS协定》第3条第1款、第5条第1款、第5条第5款的规定不符。

1997年9月24日,欧共体通报了它拟就专家组提出的一些法律问题和法律解释提出上诉的意图。上诉机构审查了这一上诉与WT/DS48案的上诉。上诉机构报告于1998年1月16日向各成员方发布。上诉机构支持了专家组关于欧共体的进口禁令不符合《SPS协定》第3条第3款、第5条第1款的认定,但是推翻了专家组关于欧共体的进口禁令不符合《SPS协定》第3条第1款、第5条第3款的认定。在一般性和程序性问题上,上诉机构支持了专家组的大部分认定和结论,除了关于在《SPS协定》项下的程序中举证责任的认定。

1998年2月13日,DSB通过了上诉机构报告和经上诉机构报告修改后的专家组报告。

94. 美国——对棉制和人造纤维内衣的进口限制（WT/DS24）
United States—Restrictions on Imports of Cotton and Man-Made Fibre Underwear

由哥斯达黎加提出申诉。1995 年 12 月 22 日，就美国对来自哥斯达黎加的纺织品实施的进口限制，哥斯达黎加要求与美国进行磋商。哥斯达黎加宣称这些限制违反了 ATC。

在哥斯达黎加再次提出该请求后，DSB 在 1996 年 3 月 5 日的会议上决定成立专家组。印度保留其作为第三方的权利。1996 年 4 月 4 日专家组组成。专家组报告于 1996 年 11 月 8 日向各成员方发布。专家组认定美国的限制是不正当的。

1996 年 11 月 11 日，哥斯达黎加通报了它拟就专家组报告的一个方面提起上诉的决定。上诉机构的报告于 1997 年 2 月 10 日向各成员方发布。上诉机构报告支持了哥斯达黎加就该点提出的上诉意见。1997 年 2 月 25 日，DSB 通过了上诉机构报告和经上诉机构报告修改后的专家组报告。

95. 巴西——影响干椰子的措施(WT/DS22)
Brazil—Measures Affecting Desiccated Coconut

由菲律宾提出申诉。1995 年 11 月 27 日,就巴西对菲律宾出口的干椰子征收反倾销税一事,菲律宾要求与巴西进行磋商。菲律宾宣称这一征税不符合 GATT 和 WTO 规则。

1996 年 2 月 5 日,菲律宾请求成立专家组。在 1996 年 2 月 21 日的会议上,DSB 决定推迟专家组的成立。在菲律宾再次提出该请求后,DSB 在 1996 年 3 月 5 日的会议上决定成立专家组。加拿大、欧共体、印度尼西亚、马来西亚、斯里兰卡和美国保留了它们作为第三方的权利。1996 年 4 月 16 日,专家组组成。1996 年 10 月 17 日,专家组报告向各成员方发布。专家组报告认定申诉方所依据的协定条款不适用于本案。

1996 年 12 月 16 日,菲律宾通报了它拟就专家组提出的一些法律问题和法律解释提出上诉的意图。上诉机构报告于 1997 年 2 月 21 日向各成员方发布。上诉机构支持了专家组的认定和法律解释。

1997 年 3 月 20 日,DSB 通过了上诉机构报告和经上诉机构报告修改后的专家组报告。

96. 澳大利亚——影响鲑鱼进口的措施(WT/DS18)
Australia—Measures Affecting the Importation of Salmon

由加拿大提起申诉。1995 年 10 月 5 日,就澳大利亚基于数量管制而禁止加拿大鲑鱼进口一事,加拿大要求与澳大利亚进行磋商。加拿大宣称这一禁止不符合 GATT 第 11 条和第 13 条,也不符合《SPS 协定》。

1997 年 3 月 7 日,加拿大请求成立专家组。在 1997 年 3 月 20 日的会议上,DSB 决定推迟成立专家组。在加拿大再次提出该请求后,DSB 在 1997 年 4 月 10 日的会议上成立了专家组。欧共体、印度、挪威和美国保留了它们作为第三方的权利。1997 年 5 月 28 日。专家组组成。专家组报告于 1998 年 6 月 12 日向各成员方发布。专家组报告认定,澳大利亚的被诉措施不符合《SPS 协定》的第 2 条第 2 款、第 2 条第 3 款、第 5 条第 1 款、第 5 条第 3 款、第 5 条第 6 款,并损害了加拿大在《SPS 协定》项下的利益。

1998 年 7 月 22 日,澳大利亚通报了它拟就专家组提出的一些法律问题和法律解释提出上诉的意图。上诉机构报告于 1998 年 10 月 20 日向各成员方发布。上诉机构推翻了专家组关于《SPS 协定》第 5 条第 5 款和第 2 条第 2 款的推理,但是仍然认定:

(1) 澳大利亚的做法不符合《SPS 协定》第 5 条第 1 款和第 2 条第 2 款;

(2) 扩展专家组关于澳大利亚的做法不符合《SPS 协定》第 5 条第 5 款和第 2 条第 3 款的认定;

(3) 推翻专家组关于澳大利亚的做法不符合《SPS 协定》第 5 条第 6 款的认定,但是由于专家组事实确认上的不足,也无法得出结论澳大利亚的措施是否符合第 5 条第 6 款。

1998 年 11 月 6 日,DSB 通过了上诉机构报告和经上诉机构报告修改后的专家组报告。

97. 日本——对含酒精饮料征税
(WT/DS8, WT/DS10 and WT/DS11)
Japan—Taxes on Alcoholic Beverages

由欧共体、加拿大和美国提起申诉。欧共体在 1995 年 6 月 21 日,加拿大和美国在 1995 年 7 月 7 日要求磋商。申诉方宣称出口到日本的烈酒在日本对酒精饮料征税体制下受到歧视,它们认为对日本清酒的征税远远低于对威士忌、白兰地和白酒的征税。

在 1995 年 9 月 27 日的会议上,DSB 建立了一个联合专家组。1995 年 10 月 30 日,专家组组成。1996 年 7 月 11 日,专家组报告向各成员方发布,其中认定日本征税体制不符合 GATT 第 3 条第 2 款的规定。

1996 年 8 月 8 日,日本提起上诉。1996 年 10 月 4 日,上诉机构报告向各成员方发布。上诉机构肯定了专家组报告关于日本征税体制不符合 GATT 第 3 条第 2 款的结论,但是指出专家组在法律推理上有几个错误。1996 年 11 月 1 日,DSB 通过了上诉机构报告和经上诉机构报告修改后的专家组报告。

98. 美国——关于精炼汽油和常规汽油的标准（WT/DS2 and WT/DS4）

United States—Standards for Reformulated and Conventional Gasoline（WT/DS2 and WT/DS4）

由委内瑞拉和巴西申诉。巴西和委内瑞拉分别于1995年4月10日和1995年1月24日要求磋商。申诉方宣称美国有关汽油的管理规定是对申诉方汽油产品的歧视，违反了GATT第1条和第3条以及《TBT协定》第2条的规定。

在委内瑞拉再次提出该请求后，DSB在1995年4月10日的会议上决定成立专家组。1995年4月26日专家组组成。在巴西再次提出该请求后，DSB在1995年6月19日的会议上决定成立专家组。1995年5月31日，根据DSU第9条，各方同意由单个专家组一并审查委内瑞拉和巴西的申诉。1996年1月29日，专家组报告向各成员方发布。专家组报告认定上述规定不符合GATT第3条第4款的规定，并且不适用第20条的例外规定。

美国于1996年2月21日提起上诉。4月22日上诉机构发布其报告，纠正了专家组报告有关于GATT第20条(g)项的解释，但是认为第20条(g)项不应适用于本案。1996年5月20日，DSB通过了上诉机构报告和经上诉机构报告修改后的专家组报告。

B. 上诉机构和专家组通过的履行报告（DSU 第 21 条第 5 款）

1. 美国——国际贸易委员会对加拿大软木的调查（WT/DS277）

United States—Investigation of the International Trade Commission in Softwood Lumber from Canada

由加拿大提起申诉。考虑到美国所采取的遵守 DSB 的建议和裁定之措施，将违反其在 WTO 协定项下的义务，2005 年 2 月 14 日，加拿大请求 DSB 根据 DSU 第 21 条第 5 款的规定成立专家组。

2005 年 2 月 23 日，加拿大和美国向 DSB 递交了两国之间根据 DSU 第 21 条和第 22 条的程序规定达成的备忘录，根据该备忘录，在 DSB 通过根据第 21 条第 5 款的相符程序所作出的建议和裁决之前，第 22 条第 6 款的仲裁程序暂时停止。

在 2005 年 2 月 25 日的会议上，DSB 决定将加拿大所提交的事项转交给先前成立的专家组。中国和欧共体保留了作为第三方的权利。2005 年 3 月 2 日，专家组组成。

2005 年 5 月 25 日，专家组的主席向 DSB 发出通知，称考虑到日程安排的冲突，专家组无法在 90 日内完成任务，预期将在 2005 年 9 月完成工作。

2005 年 11 月 15 日，专家组将其完成的报告提交给各相关成员方。在报告中，专家组发现在原先的争议中，美国国际贸易委员会关于执行专家组和 DSB 建议的决定与美国在《反倾销协定》和《SCM 协定》项下所承担的义务不符。

2006 年 1 月 13 日，加拿大通报了它拟就专家组报告中的一些法律问题和法律解释提出上诉的意图。2006 年 3 月 10 日，上诉机构主席通知 DSB，称由于完成报告并翻译所需时间的限制，上诉机构无法在 60 日内将其报告发给所有的成员方，因此估计报告发布的时间不迟于 2006 年 4 月 13 日。

2006 年 4 月 13 日，上诉机构将报告分发给各成员方。上诉机构澄清了专家组在对“损害威胁”进行评估时应遵循的标准。上诉机构指出，专家组在对美国国际贸易委员会根据 129 条款所作出的裁定进行审查时，所阐述和适用的标准并不恰当，违反了 DSU 第 11 条的规定。专家组的认定不符合 DSU 中第 11 条的规定，因为其对于美国国际贸易委员会 129 条款的陈述及适用标准不当。最终,上诉机构推翻了专家组的两项认定:其一、美国国际贸易委员会的裁定并未违反美国在《反倾销协定》第 3 条第 5 款和第 3 条第 7 款项下以及《SCM 协定》第 15 条第 5 款和第 15 条第 7 款项下所承担的义务;其二,美国已经实施了 DSB 在先前的争议中的所作出的建议和裁定。

然而,由于缺乏相关的事实佐证,在专家组的记录中也找不到双方共同确认的事实,因此,上诉机构无法完成全部的分析与论证,并最终得出定论,即美国国际贸易委员会根据 129 条款所作出的裁定是否符合其在《反倾销协定》第 3 条第 5 款和第 3 条第 7 款项下以及《SCM 协定》第 15 条第 5 款和第 15 条第 7 款项下所承担的义务。

2006 年 5 月 9 日,DSB 通过了上诉机构报告和被上诉机构报告推翻的专家组报告。

2. 美国——对加拿大软木的最终反补贴税裁定（WT/DS257）

United States—Final Countervailing Duty Determination with Respect to Certain Softwood Lumber from Canada

加拿大认为，美国所采取的“遵守 DSB 建议和决定的措施”与其在 WTO 协定项下所承担的义务不符，因此于 2004 年 12 月 30 日，要求 DSB 根据 DSU 第 21 条第 5 款的规定成立专家组。

加拿大主张，美国根据 DSB 建议和决定所采取的措施与其在《SCM 协定》第 10 条和第 32 条第 1 款以及 GATT1994 第 6 条第 3 款项下所承担的义务相违背。

2005 年 1 月 14 日，加拿大和美国向 DSB 发出双方之间根据 DSU 第 21 条和第 22 条的程序规定达成的备忘录。根据该备忘录，在 DSB 通过根据第 21 条第 5 款的相符程序所作出的建议和裁决之前，第 22 条第 6 款的仲裁程序暂时停止。

在 2005 年 1 月 14 日的会议上，DSB 决定将加拿大所提交的事项转交给先前成立的专家组。中国和欧共体保留了作为第三方的权利。

2005 年 8 月 1 日，专家组将其报告分发给各成员方。专家组认定，美国违反了《SCM 协定》第 10 条和第 32 条第 1 款以及 GATT1994 第 6 条第 3 款的规定。2005 年 9 月 6 日，美国通知上诉机构，决定对专家组报告中的部分法律问题和法律解释提起上诉。

2005 年 11 月 2 日，上诉机构通知 DSB，称由于完成报告并翻译所需时间的限制，上诉机构无法在 60 日内将其报告发给所有的成员方，因此估计报告发布的时间不迟于 2005 年 12 月 5 日。

2005 年 12 月 5 日，上诉机构将报告分发给各成员方。在报告中，上诉机构参考了先前的案例，并证实了这样的结论，即哪些措施应当由专家组根据第 21 条第 5 款进行审查是一个需要留待于专家组和上诉机构回答的问题，而不应由争议双方自行决定。虽然成员国宣称其为了遵守 WTO 规定所采取某个具体措施的主张可能与这个问题存在一定的相关性，但是这样的宣称并没有决定性的效力。有些措施可能与成员国所宣称的“为了遵守规则而采取的措施”之间有密切的联系，也与某个先前的争议中 DSB 所提出的建议和决定有关，但是对于这些措施，专家组仍然可以依据第 21 条第 5 款进行审查。为了准确地判断一个具体的措施是否在管辖范围内，专家组需要仔细辨别相关措施之间的联系和实施这些措施的时间、性质和效果。上诉机构认定，这是专家组应严格遵守的认定步骤和方法。

上诉机构特别指出，在该案中，专家组并未认定所有的“首次评估复查”都在其管辖范围内，其审查范围仅限于美国商务部所采用的“传达分析法”。上诉机构认为，专家组正确地考量了“首次评估复查”、“129 条款裁定”中的“传达分析法”与最终反补贴税裁定之间多重的、具体的联系，这正是先前程序中争议的焦点。这三个程序都牵涉到“传达分析法”，并涵盖了对加拿大软木的进口。在时间上，“首次评估复查”和“129 条款裁定”的发布时间正好非常接近(前后相隔四天)。除此之外，“首次评估复查”对“129 条款裁定”产生了直接的影响，体现在“129 条款裁定”(根据其中“传达分析法”的规定，体现了小幅度下调)中规定的现金存款率在 10 天之后就为“首次评估复查”中规定的现金存款率(根据其中“传达分析法”的规定，未体现下调)所取代。

基于这些原因，上诉机构支持专家组的认定，即考虑到“传达分析法”的相关性，该文件“首次评估回顾”应属于第 21 条第 5 款程序的审查范围。

鉴于美国并未要求上诉机构审查专家组对于“首次评估复查”中“传达分析法”所认定的实体问题，因此，上诉机构拒绝介入专家组对实体部分所作出的认定，即关于“传达分析法”是否违反了美国在《SCM 协定》及 GATT1994 项下所承担义务。因此，上诉机构得出的结论是：专家组的认定是在其管辖范围内作出的。

在 2005 年 12 月 20 日的会议上，DSB 通过了第 21 条第 5 款程序的上诉机构报告和得到上诉机构报告支持的专家组报告。

3. 日本——影响苹果进口的措施(WT/DS245)
Japan—Measures Affecting the Importation of Apples

2004年6月30日,日本和美国向DSB发出双方之间根据DSU第21条和第22条的程序规定达成的备忘录。

考虑到日本未能在合理时间截至之前实施DSB所提出的建议和裁决,2004年7月19日,美国请求DSB根据DSU第21条第5款的规定成立专家组。

美国主张,日本对于从美国进口的苹果所采取的植物检疫措施与其在《SPS协定》、GATT1994以及《农产品协定》中所承担的义务不符。其违反的条款具体包括:

《SPS协定》:第2条第2款、第2条第3款、第5条第1款、第5条第2款、第5条第3款、第5条第5款、第5条第6款、第6条第1款、第6条第2款。

GATT1994第11条。

《农产品协定》第4条第2款。

在2004年7月30日的会议中,DSB决定将美国提起的事项转交给先前成立的专家组。澳大利亚、巴西、中国、欧共体、新西兰和中国台北保留了作为第三方的权利。

2004年10月29日,根据DSU第21条第5款的规定,专家组向DSB发出通知,称由于需要咨询专家的缘故,无法在90日内发布报告,专家组预期将在2005年5月后半个月将最终的报告发给各成员国。

2005年6月23日,专家组将报告分发给各成员方。专家组在报告中认定,日本对于从美国进口的苹果所采取的植物检疫措施与《SPS协定》第2条第2款以及第5条第1款的规定不符。假如美国出口的仅是成熟且无症状的苹果,那么美国所提出的替代性措施就应被认定为符合《SPS协定》第5条第6款的要求。在2005年7月20日的会议上,DSB通过了专家组报告。

4. 美国——对从欧共体进口的特定产品的反补贴措施(WT/DS212)

United States—Countervailing Measures Concerning Certain Products from the European Communities

2004 年 4 月 17 日,由于不满美国所采取的所谓遵守 WTO 义务的措施,欧共体要求美国根据 DSU 第 4 条和第 21 条第 5 款以及《SCM 协定》第 30 条的规定与其展开磋商。2004 年 9 月 16 日,由于在认定美国所采取的措施是否确实存在以及是否与 DSB 建议相一致的问题上存在异议,欧共体根据 DSU 第 6 条和第 21 条第 5 款、《SCM 协定》第 30 条以及 GATT1994 第 23 条的规定,请求成立专家组。

在诉求中,欧共体特别指出并请求专家组审查以下事项:

(1) 在欧共体诉美国对防腐碳钢板产品的反补贴税的日落复审纠纷中,美国未能对其补贴行为的存在、延续和重复发生的可能性进行妥善审查。尤其是涉及私有化的问题,美国在给予员工和退休者股票价格是否构成补贴或者是否将导致可抵消补贴的延续的问题上,分析错误,违背了《SCM 协定》中第 10 条、第 14 条、第 19 条第 4 款、第 21 条第 1 款和第 21 条第 3 款以及 GATT1994 中第 6 条第 3 款的规定。

(2) 下列日落复审纠纷:

英国切割碳素钢板纠纷(C-412-815)(Case No. 8)

日本切割碳素钢板纠纷(C-469-804)(Case No. 11)

欧共体认为美国在这些案件中,对补贴或者损害的现象是否延续与重复发生之判断标准不当,其原因在于美国并未审查这些私有化行为的性质以及私有化对于其所谓的"补贴行为"延续之影响。欧共体认为这一做法与《SCM 协定》第 10 条、第 14 条、第 19 条第 4 款、第 21 条第 1 款和第 21 条第 3 款,以及 GATT1994 第 6 条第 3 款的规定不符。

在 2004 年 9 月 27 日的会议中,DSB 成立专家组。巴西、韩国和中国保留了作为第三方的权利。2004 年 10 月 8 日,专家组组成。

2005 年 1 月 4 日,专家组的主席通知 DSB,称专家组将在 2005 年 5 月完成报告任务。

2005 年 8 月 17 日,专家组将报告发布给各成员。在专家组的报告中,欧共体仅有以下诉求得到支持:1) 美国对英国 BS plc 公司和西班牙 Aceralia 公司的私有化未进行审查;2) 在涉及英国的 129 条款程序中对新证据的处理方式。而欧共体的其他诉求均遭到驳回或者拒绝。

2005 年 9 月 27 日,DSB 通过了专家组报告。

5. 欧共体——对从印度进口的棉质床单征收反倾销税(WT/DS141)

European Communities—Anti-Dumping Duties on Imports of Cotton-type Bed Linen from India

2002 年 3 月 8 日,印度通过 DSU 第 21 条第 5 款提出诉求(请求磋商),表示对欧共体是否为执行建议和裁决采取了措施、及该措施是否与所涉相关协定相符存在歧见,2002 年 4 月 4 日,印度请求成立履行专家组,印度特别提出,欧共体违反了反倾销协定的第 2、3、5、7、6、9、12 和 15 条。

相应地,印度请求专家组作出结论:

(a) 欧共体经修改后的重新裁定以及上述所指的后续行为与《反倾销协定》及 GATT1994 的规定不符;

(b) 欧共体没有撤销与反倾销协定不符的措施,并使其措施与《反倾销协定》和 GATT1994 项下的义务一致,因此欧共体未能执行 DSB 在该争端中的建议和裁定。

在 DSB2002 年 4 月 17 日的会议上,印度通知 DSB,根据欧共体和印度之间达成的一项谅解,印度请求依据 WTO 会议的议事规则的第 6 项在日程表中取消该事项。DSB 同意了印度的请求。

2002 年 5 月 7 日,印度再次请求成立履行审查专家组。在 DSB2002 年 5 月 22 日的会议上,DSB 同意若有可能的话,将该事项提交给原专家组。日本和美国保留了它们的第三方权利。2002 年 5 月 27 日,韩国保留了其第三方权利。2002 年 6 月 25 日,履行专家组成立,2002 年 8 月 19 日,专家组主席通知 DSB,专家组预期于 2002 年 11 月审结。2002 年 11 月 29 日,报告向成员方发布。专家组的结论是,欧共体向从印度进口的棉床单征收最终反倾销税的措施和欧共体的 1644/2001 规章与《反倾销协定》或 DSU 并无抵触,因此欧共体执行了原专家组、上诉机构和 DSB 的建议,已使其措施与《反倾销协定》项下义务一致。

2003 年 1 月 8 日,印度通知 DSB,印度想就几个法律问题和专家组在报告中所作的法律解释提起上诉。2003 年 3 月 6 日,上诉机构通知 DSB 它无法在 60 天的期限内发布报告,但将不迟于 2003 年 4 月 8 日发布。2003 年 4 月 8 日,上诉机构发布报告,上诉机构:

维持专家组的认定,即印度根据第 3 条第 5 款提出的主张并非专家组适宜审理的问题,因此拒绝就此问题做出裁决;

推翻专家组做出的欧共体的行为与其在《反倾销协定》第 3 条第 1 款和第 2 款项下的义务不符的裁决;

拒绝就专家组的下列认定做出裁定,即欧共体为限制其调查中的审查,适用了第 6 条第 10 款第二句中的替代方法。

认定专家组适当地履行了其在反倾销协定第 17 条第 6 款、DSU 第 11 条项下的义务,因此维持专家组的认定,即欧共体在作出损害认定时掌握了《反倾销协定》第 3 条第 4 款所列的、相关经济因素的信息。

上诉机构建议 DSB 要求欧共体使得其措施和《反倾销协定》项下义务一致。DSB 在其 2003 年 4 月 24 日会议上通过了上诉机构报告、经上诉机构报告修改的专家组报告。

6. 墨西哥——对美国高果糖谷物糖浆的反倾销调查(WT/DS132)

Mexico—Anti-Dumping Investigation of High-Fructose Corn Syrup (HFCS) from the United States

2000年10月12日,美国根据DSU第21条第5款请求DSB把争议提交给原专家组,以确定墨西哥是否正确执行了DSB的建议,DSB在2000年10月23日的会议上根据DSU第21条第5款把争议提交给了原专家组。欧共体、牙买加和毛里求斯保留了第三方权利。美国和墨西哥通知DSB,它们正根据DSU第21条和第22条就双方都能接受的,适用于该事项的程序进行讨论,2000年11月13日,专家组成立。

第21条第5款专家组于2001年6月22日发布其报告。专家组得出结论,墨西哥根据其商业与发展秘书处的重新裁定,对来自于美国的HFCS征收最终反倾销税的举措违反了《反倾销协定》的要求,因为墨西哥没有充分考虑倾销产品对国内产业的影响,在确定大量增长进口的可能性时也没有考虑所谓的约束协议的潜在效果,这违反了《反倾销协定》第3条第1款、第4款、第7款和第7款第1项。专家组因此认为墨西哥没有执行原专家组和DSU的建议,以使其措施和其在《反倾销协定》项下的义务相符。

2001年7月24日,墨西哥对上述专家组报告提出了上诉。特别是墨西哥请求上诉机构审查并推翻专家组的结论,即墨西哥根据其商业与发展秘书处的重新裁定,对来自于美国的HFCS征收最终反倾销税不符合《反倾销协定》的要求,因为:

- 墨西哥没有充分考虑倾销产品对国内产业的影响,在确定大量增长进口的可能性时也没有考虑所谓的约束协议的潜在效果,这违反了《反倾销协定》第3条第1款、第4款、第7款和第7款第1项;
- 墨西哥因此未能执行原专家组和DSB建议,使其措施符合《反倾销协定》项下的义务;
- 墨西哥的做法抵销或损害了美日在该协定项下享有的利益。

墨西哥认为,这些结论是建立在错误的法律问题以及对《反倾销协定》和DSU多项条款的错误法律解释基础之上的。

2001年9月20日,上诉机构通知推迟发布报告,报告于2001年10月22日向成员方发布,上诉机构支持专家组的裁决,因此建议DSB要求墨西哥采取措施,使其反倾销措施与《反倾销协定》项下义务一致。2001年11月21日,DSB通过了上诉机构报告和被上诉机构报告维持的专家组报告。

7. 澳大利亚——向汽车皮革生产商和出口商提供的补贴(WT/DS126)

Australia—Subsidies Provided to Producers and Exporters of Automotive Leather

1999 年 10 月 4 日,美国通知 DSB,它认为澳大利亚为执行 DSB 裁定和建议采取的措施与《补贴与反补贴措施协定》和 DSU 的规定不符,因此请求根据 DSU 第 21 条第 5 款重新启动原专家组程序,DSB 在 1999 年 10 月 14 日的会议上同意根据 DSU 第 21 条第 5 款重组原专家组。欧共体和墨西哥保留它们的第三方权利,1999 年 11 月 1 日,履行专家组组成。

专家组的报告于 2000 年 1 月 21 日公布。专家组确认,澳大利亚未能在 90 天内执行 DSB 的建议。DSB 于 2000 年 2 月 11 日通过了复审专家组报告。2000 年 7 月 24 日,双方通知 DSB,双方已就执行复审专家组的裁定达成了令人满意的解决方式。

8. 美国——“海外销售公司”税收待遇(WT/DS108)
United States—Tax Treatment for “Foreign Sales Corporations”

2000 年 12 月 7 日，欧共体通知 DSB 协商未能解决争端，因此请求根据 DSU 第 21 条第 5 款成立专家组。DSB 在其 2000 年 12 月 20 日的会议上同意把问题提交给原专家组。澳大利亚、加拿大、印度、牙买加和日本保留了它们的第三方权利。2001 年 1 月 5 日，专家组组成。2000 年 12 月 21 日，美国和欧共体根据它们之间达成的协议一致请求根据 DSU 第 22 条第 6 款行使职权的仲裁员暂时中止仲裁程序，直到专家组报告通过，若出现上诉，则到上诉机构的报告通过。于是仲裁暂时中止。

2001 年 8 月 20 日，履行专家组的报告发布给各成员方，专家组得出结论，2000 年海外销售公司《取消和域外收入排除法案》(修正后的海外销售公司立法)仍然和《SCM 协定》第 3 条第 1 款(a)项、第 3 条第 2 款、《农业协定》第 10 条第 1 款、第 8 条以及 GATT1994 第 3 条第 4 款的规定不符。

2001 年 10 月 15 日，美国通知 DSB，决定就专家组报告中的某些法律问题和法律解释提出上诉。2002 年 1 月 14 日，上诉机构向成员方发布报告，上诉机构：

支持专家组的认定，即尽管美国为执行 DSB 在“美国——海外销售公司案”中做出的裁决和建议重新修改了海外销售公司立法，但这一举措仍与其在《SCM 协定》，《农业协定》和 GATT1994 项下的义务不符。

关于第三方权利，上诉机构认定，专家组的错误在于对 DSU 第 10 条第 3 款做出解释时，拒绝裁定当事方在第一次专家组会议召开前提交的所有书面材料都必须提供给第三方。

在 2002 年 1 月 29 日的会议上，DSB 通过了上诉机构报告和被上诉机构报告维持的专家组报告。

9. 加拿大——影响牛奶进口和奶制品出口的措施（WT/DS103，WT/DS113）

Canada—Measures Affecting the Importation of Milk and the Exportation of Dairy Products

2001年2月16日，美国和新西兰根据DSU第21条第5款，请求DSB把原报告执行问题提交给原专家组。DSB在其2001年3月1日会议上将该事项提交给原专家组，澳大利亚、欧共体和墨西哥保留了作为第三方的权利，2001年4月21日，履行专家组组成。

履行专家组于2001年7月11日公布其报告。该报告得出结论，加拿大通过CEM（商业出口牛奶）体制和特别牛奶分级5(d)的持续运作，提供了《农业协定》第9条第1款(c)项所指的出口补贴，并超出了其减让表中规定的2000/2001市场年度出口奶酪数量承诺水平，违反了《农业协定》第3条第3款和第3条第8款的规定。

2001年9月4日，加拿大就履行专家组报告向上诉机构提出了上诉。尤其是，加拿大对专家组的下述认定提起上诉：加拿大引发争议的措施构成了《农业协定》第9条第1款(c)项所指的出口补贴。加拿大认为，专家组关于商业性出口销售接受政府行为的资助从而构成支付的认定，是建立在对法律问题的错误认定和对第9条第1款(c)项错误解释和适用的基础之上的。

上认机构的报告于2001年12月3日向成员方发布。上诉机构推翻了专家组的认定，即国内牛奶生产商向国内奶制品加工商提供CEM涉及到第9条第1款(c)项所指的、"国内政府行为"对出口牛奶的资助支付，上诉机构的结论是，根据专家组做出的事实认定和专家组记录中的毫无争议的事实，对新西兰和美国根据农业协定第9条第1款(c)项或第10条第1款所提出的主张，或美国根据《SCM协定》第3条第1款所提出的主张进行完整的分析是不可能的。DSB在2001年12月18日的会议上通过了上诉机构报告和被上诉机构报告推翻的专家组报告。

2001年12月6日，美国再次向DSB请求根据DSU第21条第5款设立专家组。美国提出，因为上诉机构根据DSU第21条第5款所作的报告没有就加拿大的新措施是否与WTO协定相符做出任何认定，美国仍然认为加拿大未能履行DSB原先的建议和裁定。同一天新西兰也提出了同样的请求。

DSB在其2001年12月18日的会议上同意根据DSU第21条第5款，再次把新西兰和美国提起的这一问题提交原专家组。在这次会议上，欧共体和澳大利亚保留了其作为第三方参加专家组程序的权利。2001年12月28日，阿根廷也保留了其参加专家组程序的第三方权利。

2001年12月18日，加拿大就DSU第21条和第22条项下程序分别与新西兰和美国达成了一项额外的谅解。根据这两项谅解,加拿大和各方一致提出请求加拿大根据 DSU 第 22 条第 6 款提请的仲裁在履行专家组工作期间暂时中止。

2002 年 1 月 17 日,专家组组成。2002 年 7 月 26 日,专家组报告向成员方发布。该报告得出结论,加拿大通过 CEM 体制和特别牛奶分级 5(d)的持续运作,提供了《农业协定》第 9 条第 1 款(c)项所指的出口补贴,并超出了其减让表中对奶酪和其他奶制品规定的出口数量承诺水平,违反了《农业协定》第 3 条第 3 款和第 3 条第 8 款的规定。专家组同时认定,加拿大违反了《农业协定》第 10 条第 1 款项下的义务,因此也就违反了《农业协定》第 8 条项下的义务。相应地,专家组建议 DSB 要求加拿大采取行动,使其奶制品销售机制与其在《农业协定》项下有关出口补贴的义务相符。

2002 年 9 月 23 日,加拿大通知 DSB,表示想就几个法律问题和履行专家组所作的法律解释提起上诉。2002 年 12 月 20 日,上诉机构发布其报告。上诉机构支持专家组的认定,认为引发争议的加拿大措施——加拿大牛奶生产者向奶制品加工商提供“商业出口牛奶”(“CEM”)——涉及到《农业协定》第 9 条第 1 款(c)项所指的出口补贴,其形式是“由政府行为提供资助”从而对出口牛奶进行“支付”。上诉机构推翻了专家组对《农业协定》第 10 条第 3 款举证责任规则所做的解释。然而,上诉机构认为,这项错误并没有影响到专家组根据农业协定所做的其他裁决。由于其根据农业协定第 9 条第 1 款(c)项已得出了结论,上诉机构拒绝对专家组根据农业协定第 10 条第 1 款做出的认定进行裁决。

2003 年 1 月 17 日,DSB 通过了上诉机构报告和经上诉机构报告修改的专家组报告。

10. 美国——对韩国一兆及一兆以上半导体动态随机存储器征收反倾销税(WT/DS99)

United States—Anti-Dumping Duty on Dynamic Random Access Memory Semiconductors (DRAMS) of One Megabit or Above from Korea

2000 年 3 月 9 日,韩国通知 DSB,它认为美国为履行 DSB 裁决和建议采取的措施与《反倾销协定》和 GATT1994 第 10 条第 1 款的规定不符。韩国因此根据 DSU 第 21 条第 5 款请求将该争端提交原专家组。2000 年 4 月 6 日,韩国根据 DSU 第 21 条第 5 款提出了将争端提交原专家组的新请求,DSB 在 2000 年 4 月 25 日的会议上同意根据 DSU 第 21 条第 5 款重组原专家组,欧共体保留了其第三方权利。2000 年 5 月 11 日,履行专家组成立。

2000 年 9 月 19 日,韩国请求专家组暂时中止审理,包括发布中期报告,直到其作出 DSU 第 12 条第 12 款所规定的"进一步通知"才恢复。专家组在 2000 年 9 月 21 日发给当事方的信件中同意了这一请求。2000 年 10 月 20 日,双方通知 DSB 其已就该争端达成了彼此满意的解决方法,美国商务部在进行 5 年一次的"日落复审"后取消了有争议的反倾销税令。

11. 加拿大——影响民用飞机出口的措施
(WT/DS70)
Canada—Measures Affecting the Export of Civilian Aircraft

1999年11月23日,巴西根据第21条第5款请求设立专家组,因为巴西认为加拿大没有采取措施充分履行DSB的裁决和建议。巴西和加拿大根据DSU的第21和第22条以及《SCM协定》的第4条就可适用的程序达成了一项协议。DSB在1999年12月9日的会议上同意根据DSU第21条第5款重组原专家组。澳大利亚、欧共体和美国保留了它们的第三方权利,1999年12月17日,履行专家组组成。

履行专家组报告于2000年5月9日向成员方发布,专家组认定:

(1) 加拿大已执行了DSB关于在90天内取消"加国伙伴计划"对加拿大区域航空产业的援助的建议;

(2) 加拿大未能执行DSB关于在90天内取消加拿大账户对加拿大区域航空产业的资助的建议。

就后一项裁决来说,专家组认为,加拿大采取的措施不足以确保将来在加拿大区域航空产业所进行的加拿大账户交易会符合OECD安排中的利率条款,并因此符合《SCM协定》附件1(k)项中有关"安全港"的规定。由此,专家组得出结论,加拿大的措施不能确保其加拿大账户交易不属于被禁止的出口补贴。

2000年5月22日,巴西通知DSB,表示要就某些法律问题和履行专家组所做的法律解释提出上诉。上诉机构报告于2000年7月21日发布。上诉机构认定,审查专家组的错误在于拒绝审查巴西有关修改后的TPC计划不符合《SCM协定》第3条第1款(a)项的主张。然而,上诉机构同时也认定,巴西也未能证明修改后的TPC计划不符合《SCM协定》第3条第1款(a)项的规定,相应地巴西也就未能证明加拿大没有执行DSB的建议。DSB在2000年8月4日的会议上通过了上诉机构报告和经上诉机构报告修改后的专家组报告。加拿大表示将执行DSB关于加拿大账户计划的建议。

12. 美国——对虾和虾制品的进口禁令（WT/DS58）
United States—Import Prohibition of Certain Shrimp and Shrimp Products

2000 年 10 月 12 日，马来西亚以美国没有正确执行 DSB 的建议为理由，根据 DSU 第 21 条第 5 款请求把该问题提交原专家组。尤其是，马来西亚认为美国没有取消进口禁令，也没有采取必要措施允许特定的虾和虾制品以非限制性的方式进口，美国未能履行 DSB 的建议与裁决。在 2000 年 10 月 23 日的会议上，DSB 根据 DSU 第 21 条第 5 款把该问题提交给了原专家组。澳大利亚、加拿大、欧共体、厄瓜多尔、印度、日本、墨西哥、巴基斯坦、泰国和中国香港保留了它们的第三方权利。2000 年 11 月 8 日，专家组组成。专家组于 2001 年 6 月 15 日发布报告。专家组的结论如下：

美国为履行 DSB 的建议和裁决所采取的措施违反了 GATT1994 第 11 条第 1 款。

依据 DSB 的建议和裁决来看，只要本报告中规定的条件得到满足，特别是为达成多边协定而正在表现出来的认真善意的努力令人满意，那么以 1997 年 7 月 8 日的修订条例作为执行措施，并至今为美国政府所奉行的公共法典 101—162 条第 609 节就能够根据 GATT1994 第 20 条的规定获得正当性。

如果上述条件中的任何一个在将来不再被满足，DSB 的建议可能不再得到遵守。在这种情形下，原来案件中的任何申诉方都有权利进一步诉诸 DSU 第 21 条第 5 款。

2001 年 7 月 23 日，马来西亚通知 DSB 其意欲就上述报告提出上诉，马来西亚尤其要求上诉机构审查专家组的下述裁断：在存在同样条件的国家间，美国引发争议的措施没有构成对这些国家的不公正的或武断的歧视，只要专家组报告中阐述的条件，特别是为达成多边协定而正在表现出来的认真善意的努力令人满意，美国的措施就是为 GATT1994 第 20 条所允许的。9 月 19 日，上诉机构通知 DSB 将推迟发布上诉报告。该项报告于 2001 年 10 月 22 日发布给成员方。上诉机构维持了这一受到质疑的专家组报告。由于上诉机构支持专家组的裁决，认为美国当前实施措施的方式符合 GATT1994 第 20 条的要求，上诉机构避免做出任何建议。2001 年 11 月 21 日，DSB 通过了上诉机构报告和为上诉机构报告所支持的专家组报告。

13. 巴西——对航空器的出口融资计划(WT/DS46)
Brazil—Export Financing Programme for Aircraft

1999 年 11 月 23 日，加拿大根据 DSU 第 21 条第 5 款请求成立专家组，请求专家组裁决巴西没有采取完全履行 DSB 的裁决和建议的措施，加拿大和巴西根据 DSU 第 21 条、第 22 条和《SCM 协定》第 4 条就适用程序达成了一项协议，DSB 在 1999 年 12 月 9 日的会议上，同意根据 DSU 第 21 条第 5 款重组原专家组，澳大利亚、欧共体和美国保留了其第三方权利。1999 年 12 月 17 日，履行专家组组成。

履行专家组报告于 2000 年 5 月 9 日发布给成员方。专家组认定，巴西或者是没有根据 DSB 建议和裁决采取措施，或者是采取的措施和《SCM 协定》不符。在做出结论时，专家组很显然驳斥了巴西关于其出口融资项目(PROEX)是为《SCM 协定》附件 1(k)项所许可的抗辩。专家组同时补充道，如果某 WTO 成员面临着其他成员方提供和《SCM 协定》不符的出口信贷的情况，正确的反应就是在 WTO 争端解决机制中就该项出口信贷提出申诉。

2000 年 5 月 22 日，巴西表示其意图就几个法律问题和评审专家组所作的法律解释提出上诉。上诉机构报告于 2000 年 7 月 21 日发布给成员方。上诉机构支持专家组的结论，认为巴西没能够执行 DSB 的建议，原因是巴西在 1999 年 11 月 18 日后，仍然根据其 1999 年 11 月 18 日以前发出的承诺信，持续发行 NTN-1 债券。上诉机构也支持专家组的另一认定，认为根据修改后的 PROEX 进行的支付是为《SCM 协定》第 3 条所禁止的，也不能根据《SCM 协定》的列举性清单(k)项取得正当性。由此，上诉机构同意专家组的结论，即巴西未能执行 DSB 的建议。在 2000 年 8 月 4 日的会议上，DSB 通过了上诉机构报告和经上诉机构报告修改的专家组报告。

2001 年 1 月 22 日，加拿大根据 DSU 第 21 条第 5 款请求 DSB 把这一问题再次提交给原专家组。在 2001 年 2 月 16 日的会议上，DSB 把这一问题再次提交给原专家组，澳大利亚、欧共体和日本保留了它们的第三方权利，专家组于 2001 年 7 月 26 日发布报告，专家组的结论如下：

- 目前尚未确定 PROEXIII 条文本身与《SCM 协定》第 3 条第 1 款(a)项不符；
- 根据《SCM 协定》附件 1 关于出口补贴列举性清单(k) 项的规定，PROEXIII 条文本身是正当的。
- PROEXIII 不能根据上述第一点结论而取得正当性。

在 2001 年 8 月 23 日的会议上，DSB 通过了再次诉诸 DSU 第 21 条第 5 款请求的专家组报告。

14. 欧共体——关于香蕉的进口、销售和分销体制（WT/DS27）

European Communities—Regime for the Importation, Sale and Distribution of Bananas

1998年12月15日，欧共体要求根据第21条第5款成立专家组，以确定在没有被依据DSU程序加以质疑的情况下，欧共体的执行措施应被推定为和WTO规则相符。1998年12月18日，厄瓜多尔要求重组原先的专家组，审查欧共体实施DSB建议的措施是否符合WTO的要求。在1999年1月12日的大会上，DSB根据DSU第21条第5款同意重组原专家组，同时审查厄瓜多尔和欧共体的请求。尼加拉瓜、哥伦比亚、波多黎各、多米尼加共和国、多米尼加、圣卢西亚、毛里求斯、圣文森特表示它们有意作为这两项请求的第三方参加，厄瓜多尔和印度表示它们仅有意作为欧共体请求中的第三方，1999年1月18日，履行专家组组成。1999年4月12日，两份履行专家组报告发布。

欧共体请求成立的专家组根据DSU第21条第5款做出了裁决，认为由于厄瓜多尔实际上已经对欧共体执行DSB建议的措施与WTO的相符性问题提出了申诉，因此，专家组就无法再同意欧共体的请求，即欧共体的执行措施必须被推定为与DSB的建议相符。欧共体请求成立的履行专家组根据DSU第21条第5款做出的报告没有被DSB通过。厄瓜多尔请求成立的专家组根据DSU第21条第5款作出了裁决，认为欧共体根据DSB的建议采取的执行措施并没有完全符合其WTO项下的义务。1999年5月6日，DSB通过了厄瓜多尔请求成立的专家组根据DSU第21条第5款做出的报告。

15. 澳大利亚——影响鲑鱼进口的措施(WT/DS18)
Australia—Measures Affecting the Importation of Salmon

加拿大根据 DSU 第 21 条第 5 款请求原审专家组认定,澳大利亚采取的履行 DSB 建议的措施是否和 WTO 的要求相一致。在 1999 年 7 月 28 日的会议上,DSB 同意加拿大的请求,将履行措施的 WTO 相符性争议提交原审专家组。欧共体、挪威和美国保留它们的第三方权利,因为澳大利亚质疑加拿大遭受损害的水平,DSB 还将加拿大中止减让的请求提交仲裁。1999 年 9 月 7 日,履行专家组组成,仲裁员人选确定。

2000 年 2 月 18 日,根据 DSU 第 21 条第 5 款成立的专家组的报告发布给成员方。专家组认定:

- 由于澳大利亚没有在必须执行 DSB 建议的合理期间内使几项执行措施生效,就多种涉及到的产品而言,在该特定期间内,实际上就不存在 DSU 第 21 条第 5 款所要求的的履行措施。因此,在该期间内,澳大利亚未能按照 DSU 第 22 条第 6 款的要求,使其措施和《SPS 协定》相符。
- 澳大利亚要求,只有特别标明"直接用于消费"的鲑鱼产品才可以进口到本国并免于检疫,就这一举措来说,澳大利亚实际上一直维持着不基于风险评估的卫生检疫措施,这违反了《SPS 协定》第 5 条第 1 款和第 2 条第 2 款,同时违反了《SPS 协定》第 5 条第 6 款。
- 最后,专家组还裁定由于澳大利亚塔斯马尼亚州政府颁布的措施有效阻止了加拿大鲑鱼产品有效进口到塔斯马尼亚的大部分地区,而该措施既没有建立在风险评估的基础之上,也缺乏足够的科学根据,澳大利亚因此违反了 SPS 协定第 5 条第 1 款和第 2 条第 2 款。

在 2000 年 3 月 20 日的会议上,DSB 通过了履行专家组的报告。

后　　记

本书分工如下：

陈安、房东：主编

房东：第一编、第二编、第七编、第十编。

王中美：第三编、第四编、第五编。

程红星：第六编、第八编、第九编。

其中第十编翻译工作的具体分工是：

于湛旻：A1—24；程红星：A25—30、32—37、39、B5—15；房东 A31、38、40—56；王中美：A57、59—98；邱冬梅：A58、B1—4。校译工作由房东承担。

全书由陈安、房东负责统稿。

厦门大学法学院讲师王海浪博士以及博士、硕士研究生张泽忠、何亮、徐慰、黄雅嘉、程晓丽等人也参加了本书的校对工作，在此一并表示感谢。

陈安　房东